VILLE DE PARIS

PUBLICATIONS RELATIVES A LA RÉVOLUTION FRANÇAISE

BIBLIOGRAPHIE
DE
L'HISTOIRE DE PARIS
PENDANT
LA RÉVOLUTION FRANÇAISE

PAR

MAURICE TOURNEUX

TOME QUATRIÈME

DOCUMENTS BIOGRAPHIQUES

PARIS HORS LES MURS. — ADDITIONS ET CORRECTIONS

Armes de la Municipalité de Paris, en 1790

PARIS
IMPRIMERIE NOUVELLE (ASSOCIATION OUVRIÈRE)
11, RUE CADET

1906

BIBLIOGRAPHIE

DE

L'HISTOIRE DE PARIS

PENDANT

LA RÉVOLUTION FRANÇAISE

L'administration municipale laisse à chaque auteur la responsabilité des opinions émises dans les ouvrages publiés sous les auspices de la Ville de Paris.

TOUS DROITS RÉSERVÉS

NOTICE PRÉLIMINAIRE

Les trois premières parties de cette *Bibliographie* ont pour complément logique et nécessaire celle que je présente aujourd'hui aux lecteurs. Les événements qui constituent la trame même de la Révolution à Paris, les circonstances, les théories, les passions qui les ont fait naître, les institutions qu'elle a déracinées, transformées ou créées de toutes pièces ont eu pour acteurs, pour protagonistes, pour apologistes ou pour adversaires des hommes. Or, parmi ces hommes, beaucoup d'entre eux ont trouvé à leur tour, soit de leur vivant, soit aussitôt ou longtemps après leur mort, des historiens, des détracteurs ou des panégyristes; non moins nombreux sont ceux qui, prenant les devants et ayant à sauver leur tête ou leur renom posthume, se sont efforcés de se laver des accusations qui pesaient sur eux et de se dégager des responsabilités qu'ils avaient encourues. De là est née toute une littérature spéciale à laquelle appartiennent aussi bien les Mémoires écrits à loisir, retouchés suivant les exigences des situations nouvelles, ou expurgés par des mains officieuses, que la brochure de quatre pages griffonnée en hâte, imprimée à la diable et criée aux coins des rues par les colporteurs.

Après les fièvres de la lutte, et quand il fut permis de parler du passé, surgit à son tour toute une cohorte de répertoires biographiques qui, sous couleur de le raconter, continuaient par la plume la guerre d'idées et de personnes pour laquelle les hécatombes humaines du premier Empire n'avaient été qu'une trêve. A côté de ces dictionnaires généraux ou présentés comme tels, il faut aussi faire place à ces pamphlets de toute valeur, à ces listes sérieuses ou satiriques qui, à tort ou à raison, avaient la prétention d'énumérer les représentants d'une caste, d'un parti ou d'une profession. Il fallait enfin tenir compte des factums judiciaires, des

est en effet par sa date, sinon par sa forme, la tentative la plus ancienne de l'application de l'ordre alphabétique aux actes et aux acteurs des temps nouveaux, et l'auteur expliquait dans une lettre au *Journal de Paris* que l'épithète de « néologique » signifiait qu'il n'avait pas remonté au delà de quinze ans : à l'en croire, le total des articles rédigés ou prêts pour l'impression se serait élevé à trente mille environ, mais Beffroy de Reigny avait compté sans la police du Consulat : sur un ordre émanant de Fouché, les trois premiers volumes du *Dictionnaire néologique* furent recherchés et détruits avec tant de rigueur qu'il en subsiste à peine quelques exemplaires : M. Paul Desjardins, arrière petit-fils de l'auteur, conserve celui que Beffroy avait soustrait au pilon ; la Bibliothèque nationale en possède un autre ; un second et un troisième appartiennent à deux curieux et lettrés laonnais, M. Charles Glinel et M. Albert Cortilliot. Charles Nodier, tout fraîchement débarqué de Besançon et cherchant sa voie sur le pavé de Paris, était, on ne sait comment, en relations avec Beffroy et lui avait fourni quelques articles, entre autres celui de son compatriote Briot qu'il se flatte d'avoir « adouci ». Un écrivassier bien oublié aujourd'hui, mais dont les bavardages nous apprennent quelques particularités curieuses, Jean-Salbigoton Quesné, s'est donné aussi dans ses *Confessions* pour un collaborateur de Beffroy de Reigny, à qui, s'il faut l'en croire, la cour d'Autriche aurait fourni les éléments de l'article *Collier (affaire du)*.

La saisie du *Dictionnaire néologique* n'était point de nature à encourager ceux qui se proposaient une tâche semblable. Aussi est-ce hors de France que parurent vers la même époque les *Biographical memoirs of the french Revolution* [20359] de John Adolphus, dont la rareté sur le continent est le principal mérite, et le *Dictionnaire biographique et historique des hommes marquants de la fin du XVIIIe siècle* [20360] qui a une toute autre valeur. Intitulé en 1806 *Biographie moderne ou Dictionnaire biographique...* et augmenté d'un volume, mais couramment désigné sous le titre de *Biographie de Londres, de Breslau* ou *de Leipzig*, en raison des rubriques diverses inscrites sur ses frontispices, ce répertoire est une œuvre de parti et l'on ne peut s'en servir qu'avec circonspection, car il émane de l'officine de Hambourg où s'élaboraient *le Spectateur du Nord* et d'autres publications de même nature. Sur la foi de Barbier, on a longtemps fait honneur de cette *Biographie moderne* au marquis Dubois de La Maisonfort, mais une note relevée sur un exemplaire par un correspondant de Quérard, qui signait V. A. S. et insérée au tome XI de *la France littéraire*, restitue la paternité de ce livre au baron Henri-Louis Coiffier de Verseux : « Un homme, dit cette note, que la vieille

jugements rendus par les tribunaux réguliers ou extraordinaires, des écrits polémiques, des catalogues de livres, de tableaux ou de curiosités, qui font partie intégrante du *curriculum vitæ* de tel ou tel personnage et qu'un chercheur a le devoir de consulter, s'il veut le connaître à toutes les phases de sa vie.

Ce n'est pas toutefois à cette série, la plus variée, la plus piquante et, numériquement, la plus considérable que j'ai donné la première place, mais bien, pour obéir aux règles immuables de la bibliographie historique, aux répertoires collectifs qui, postérieurs par leurs dates aux événements, en constituent néanmoins les généralités. Les chapitres suivants appartiennent à Louis XVI, à Marie-Antoinette, aux divers membres de la famille royale et se subdivisent en un certain nombre de paragraphes exigés par l'abondance même des écrits que j'avais à enregistrer. Sous ce titre : *Biographies individuelles*, le chapitre VI groupe à la suite du nom de chaque personnage les unités bibliographiques qui éclairent ou révèlent les détails de sa vie. C'est à l'ensemble de ces renseignements patiemment et parfois péniblement accumulés que j'ai cru pouvoir donner le titre générique de *Documents biographiques* : ce sont surtout, en effet, des matériaux que j'ai colligés et ce répertoire ne doit pas être tenu pour autre chose que pour une sorte de magasin où chacun viendra s'approvisionner suivant la direction qu'auront prise ses recherches. Ne perdant jamais de vue le rôle que je m'étais assigné, je me suis borné à enregistrer et à décrire les pièces qui passaient sous mes yeux ; je n'ai pas tenté de reconstituer la biographie dont elles ne présentaient qu'un ou plusieurs fragments. Quelquefois, cependant, lorsque le personnage est trop obscur ou que le titre de la pièce qui le concerne est tout à fait énigmatique, j'ai cru devoir ajouter de brèves explications ; mais, en général, j'ai préféré laisser la parole aux documents eux-mêmes et le plus souvent d'ailleurs leurs titres sont assez clairs ou assez suggestifs pour se passer de commentaires.

I

L'honneur d'ouvrir la marche dans le défilé des *Biographies générales et spéciales* rassemblées au Chapitre premier appartient à un polygraphe essentiellement fantaisiste et extraordinairement fécond : le *Dictionnaire néologique des hommes et des choses* du Cousin Jacques (Beffroy de Reigny)

amitié qui m'unit à sa famille m'empêche de nommer, a cru pouvoir, à cette époque et dans l'intérêt de son avancement, s'attribuer le *Dictionnaire biographique* que j'ai rédigé seul, à Brunswick, de 1799 à 1800 ; ouvrage très imparfait sans doute, comme sont nécessairement tous les premiers essais en ce genre, mais qui n'en a pas moins servi de base aux compilations semblables faites depuis cette époque. Je suis loin d'attacher une grande importance ni à ce livre, ni à aucun écrit de ma jeunesse ; cependant il est toujours bon que la vérité perce et surtout il est juste que chacun réponde de ses œuvres, mais ne réponde que des siennes ».

Le texte primitif du *Dictionnaire biographique* a subi dans la réimpression des additions dues, selon le rédacteur du catalogue Boulard, à Alphonse de Beauchamp, de Caubrières, Félix-Joseph Giraud et Joseph Michaud qui, sauf le second de ces associés, ont compté parmi les publicistes les plus actifs de la Restauration. Si Fouché avait dû, sur l'ordre du maître, anéantir le *Dictionnaire néologique* de l'inoffensif Beffroy, la *Biographie moderne* fut, de la part de Savary, ministre de la police, et du général de Pommereul, devenu en 1810 directeur de l'imprimerie et de la librairie, l'objet de poursuites et de saisies dont on trouve la trace dans les *Documents* mis au jour par Ch. Thuriot sur l'exécution du fameux décret du 5 février 1810, qui resserrait encore les liens étroits où, depuis le 18 brumaire, se débattait la liberté de la presse. Malgré le pourchas dont elle fut l'objet à Paris et en province, la *Biographie moderne*, tirée probablement à grand nombre, a longtemps peuplé les boîtes des quais ; mais le réveil des études historiques sur la période qu'elle embrasse lui a rendu de nos jours une valeur qu'elle avait perdue et que la réédition modifiée due à Étienne Psaume [20564-20565] et diverses concurrences n'avaient pas peu contribué à lui enlever aux yeux des contemporains.

En cette même année 1810 parut le prospectus rédigé par L.-S. Auger du *Dictionnaire universel de biographie ancienne et moderne*, exposant le plan d'où devait sortir cette *Biographie universelle*, dite de Michaud, qui fut en France la première et la plus considérable des entreprises de cette nature, mais d'où, par prudence, étaient exclus les personnages que la Révolution avait mis en lumière. C'est beaucoup plus tard que les éditeurs se décidèrent à les y introduire et leurs successeurs ont conservé et augmenté dans l'édition Thoisnier-Desplaces cette partie volontairement absente de la rédaction primitive.

Gabriel Michaud et un certain nombre des collaborateurs de la *Biographie universelle* avaient du moins, dès 1816, comblé cette lacune par la mise au jour d'une *Biographie des hommes vivants* [20556] empreinte, comme celle de Leipzig et au même point de vue, de passions violentes (1), mais, comme elle, digne cependant d'être consultée aujourd'hui parce que là sont enregistrés des noms que l'éloignement des âges a rendu tout à fait obscurs et que des recueils plus modernes ont presque tous éliminés.

Jusqu'alors, on le voit, les royalistes ou les émigrés avaient seuls élevé la voix, et leurs jugements se ressentaient étrangement des rancunes qu'ils avaient nourries au delà du Rhin et rapportées après la chute définitive de l'« usurpateur ». Les libéraux, à qui la Restauration n'épargnait ni les vexations ni les mécomptes, sentirent la nécessité de leur tenir tête sur ce point comme dans la presse quotidienne et, de 1820 à 1825, parut la *Biographie universelle des contemporains* [20570] dirigée, au moins nominalement, par Antoine-Vincent Arnault, « ancien membre de l'Institut » (2), Jay et Jouy, de l'Académie française, et Jacques de Norvins (3). Dès l'apparition des premiers volumes, le comte Fortia de Piles mit au jour un *Préservatif* [20571] que la mort ne lui permit pas d'achever et où sont relevées d'assez graves erreurs. Dans un article anonyme fort caustique (4), comme tout ce qu'il a écrit, Jules Taschereau s'est aussi égayé de quelques bévues échappées aux sous-ordres qui se partageaient la besogne et auxquels manquait une direction effective (5).

---

(1) Aussi avait-on surnommé cette *Biographie des hommes vivants* le « Manuel des proscripteurs ». Pour contrebalancer l'effet de ces dénonciations et mettant à profit la présence à Bruxelles d'un grand nombre de bannis, un libraire, Auguste Wahlen, eut l'idée de publier une *Galerie historique des contemporains* [20568] : le principal rédacteur de la partie française de cette entreprise fut un ancien agent de Fouché, Pierre-Louis-Pascal Jullian, dont le baron de Reiffenberg a tracé d'après nature un piquant portrait physique et moral (*Bulletin du bibliophile belge*, 1846, pp. 463-467) et qui a laissé des *Souvenirs* [23123] où il n'a pas dit tout ce qu'il savait sur lui-même et sur les autres. Barère qui, d'ailleurs, a confondu Pascal Jullian avec Jullian de Carentan, prétend (*Mémoires*, tome III, p. 352) qu'il s'était refusé à fournir à cette *Galerie* sa propre notice, tandis que d'autres réfugiés, Sieyès, Lecointe-Puyraveau, Jouenne-Longchamps, Chazal, Bonet de Treiches, etc. avaient saisi l'occasion de se justifier ou de se glorifier de leurs actes.

La *Galerie historique* a eu un *Supplément* [20569] rédigé par un ancien universitaire français, Michel-Désiré Marie, que la misère et l'alcoolisme poussèrent plus tard au suicide (cf. le Quérard, 1856, p. 642). Une réimpression augmentée ou plutôt une refonte de la *Galerie historique* [20574] avait été commencée par un certain P. Barthélemy, de Boulogne-sur-Mer, que ses rivaux semblent avoir tenu en mince estime, mais elle ne dépassa pas le tome II.

(2) Compris dans l'ordonnance royale du 20 mars 1816 qui « épurait » la seconde classe de l'Institut, Arnault fut réélu en 1829 et vint occuper le fauteuil de Picard. Appelé en 1833 au poste de secrétaire perpétuel, il mourut subitement l'année suivante.

(3) S'il fallait en croire les *Mémoires d'un bourgeois de Paris* du dr Véron (éd. Bourdilliat, tome IV, p. 25), Louis-Philippe, alors duc d'Orléans, aurait fourni des renseignements aux rédacteurs de la *Biographie* Jay, Jouy et Norvins et revu les épreuves de certains articles.

(4) *Des biographies françaises* (*Revue française*, n° 11, septembre 1829, pp. 41-51). Bien que l'article soit surtout consacré à la *Biographie universelle* et au *Dictionnaire biographique ou Biographie universelle classique* connue sous le nom du général Beauvais (Ch. Gosselin, 1826-1829, 3 forts vol. in-8°), l'auteur a dit quelques mots des répertoires spéciaux de biographie contemporaine.

(5) D'autres erreurs et certaines expressions malsonnantes pour des oreilles royalistes avaient

Fondé en même temps que la *Biographie* patronnée par Arnault et ses amis, l'*Annuaire nécrologique* de Mahul [20572] a conservé une valeur réelle et le droit à des qualités, rares en tout temps, de précision et de mesure. La postérité n'a pas fait moins bon accueil à la *Biographie universelle et portative des contemporains* [20576], dont Alphonse Rabbe, Vieilh de Boisjolin et Binet, dit Sainte-Preuve, avaient pris la direction des mains de Aucher-Eloy, qui en fut au début le propriétaire, le rédacteur et l'imprimeur; on la cite néanmoins presque toujours sous le nom seul de Rabbe, bien que sa mort prématurée l'ait empêché d'y prendre une part très active (1). Imprimée en caractères microscopiques et avec une correction remarquable, la *Biographie universelle et portative des contemporains* contient en ses cinq volumes au moins autant de matières que la *Biographie* Arnault et lui est infiniment supérieure. Sans doute la forme en est parfois verbeuse : c'est là un défaut à peu près inévitable, commun à presque tous les recueils de cette nature, — et la participation directe et forcément apologétique des intéressés vivants y est parfois trop sensible ; telle quelle, la *Biographie* Rabbe clôt dignement ce qu'on pourrait appeler la période des tâtonnements de la bio-bibliographie contemporaine, cherchant sa voie à travers mille embûches et quand les passions politiques n'avaient rien perdu de leur âpreté ou de leurs illusions. Après elle on ne peut guère citer d'ailleurs qu'une tentative promptement avortée, celle d'une *Biographie contemporaine* [20581] dont Louis-Pierre Babeuf, le petit-fils du chef de la conspiration des Égaux, avait demandé le prospectus à Charles Nodier et pour laquelle il s'était assuré la collaboration de Sainte-Beuve et de Jules Favre. Une *Galerie des hommes illustres de la Révolution* [20582], par Alfred de Meilheurat, qui ne dépassa non plus deux livraisons, et une *Vie politique et privée des hommes illustres de la Révolution française* [20583] interrompue au milieu du tome II, témoignent assez,

---

excité la verve toute juvénile et blessé les convictions intransigeantes d'un polémiste de dix-neuf ans. On les trouvera signalées dans une lettre qui clôt le trentième et dernier numéro du *Conservateur littéraire* (mars 1821), p. 389-392. L'auteur reconnaît en terminant que ses attaques ont été « un peu plus vives ». et « pour s'en rendre responsable », il signe en toutes lettres : VICTOR-MARIE HUGO.

Cet article n'a été mentionné ni par M. Biré, ni par M. Maurice Souriau, auteur d'une étude sur *le Conservateur littéraire* (Caen, 1888, in-8°).

(1) « Un seul de ces *Dictionnaires*, dit Taschereau dans l'article visé par une note précédente, mérite une honorable exception : c'est la *Biographie* dirigée quelque temps par M. Rabbe et que recommandent plusieurs notices pleines de couleur et de vie comme toutes les productions de cet écrivain distingué. »

D'après l'article même que le *Supplément* de cette *Biographie* lui consacre, Alph. Rabbe n'aurait dirigé la publication que jusqu'à la dix-septième livraison, mais il en demeura le collaborateur ; parmi les notices qu'il lui avait fournies, on cite celles de *Canning*, de *Catherine II*, de *B. Constant*, de *J.-L. David*, et aussi, semble-t-il bien, celle de *Mirabeau l'aîné*.

par leur insuccès, du discrédit où ce genre de travaux était alors tombé. Sous la seconde République comme sous le second Empire, on ne peut citer que des publications de propagande dont il n'y a point lieu de faire état : *le Panthéon des martyrs de la liberté* de Lucien Bessières [20584] n'a pas plus de valeur que *les Hommes de la Terreur, biographies et anecdotes* éditées par la Société de Saint-Victor [20585], ou que *le Panthéon révolutionnaire démoli* de Mathurin de Lescure [20586] ; le point de vue respectif des auteurs diffère, l'absence de méthode, de documentation et de critique est flagrante dans les deux camps.

Peut-on du moins demander l'impartialité objective et l'information scrupuleuse qui sont — ou plutôt qui seraient — les qualités idéales d'un bon Dictionnaire historique, aux diverses tentatives spéciales ébauchées ou achevées dans la seconde moitié du XIXe siècle ? Pas davantage. Les premières de ces tentatives (voyez tome Ier de la *Bibliographie*, n°s 216-217, 232, 256) remontent à une date où ni les bibliothèques, ni les archives publiques n'étaient en mesure de communiquer des richesses dont leurs propres gardiens ignoraient l'étendue et l'importance. L'*Encyclopédie* rêvée par MM. Anatole France et Louis-Xavier de Ricard (voyez *ibid.*, n° 235), n'est jamais sortie des limbes, non plus qu'un autre projet plus récent et, semble-t-il, indéfiniment ajourné. Depuis lors, deux autres *Dictionnaires* ont vu le jour, mais ils ont suscité tant de critiques si justifiées qu'ils sont comme non avenus et l'on ne peut les signaler que pour mettre en garde contre eux les chercheurs novices ou trop confiants ; celui de MM. Boursin et Challamel [20590] a été, croyons-nous, retiré du commerce ; un penseur des plus estimables et dont le souvenir est cher à tous ceux qui l'ont connu, le Dr Robinet, avait, à son insu, prêté l'appui de son nom (1) à une spéculation de même nature [20591], dont le promoteur a eu depuis à répondre devant les tribunaux et dans laquelle on ne peut guère faire usage que des notices biographiques, fournies par M. Adolphe Robert sur les membres des assemblées délibérantes. Encore ces notices sont-elles pour la plupart extraites ou résumées du *Dictionnaire des parlementaires français* [20681] d'Adolphe Robert, Edgar Bourloton et Gaston Cougny qui, abstraction faite de quelques critiques de détail, est un livre consciencieux et utile (2).

---

(1) Sur la part prise par M. le Dr Robinet à cette publication, voyez les notes envoyées à l'*Intermédiaire des chercheurs* (10 décembre 1905, col. 931-935), par MM. Lucien Delabrousse et Edmond Beaurepaire.

(2) Il ne pouvait être question de faire figurer dans ce chapitre les nombreux dictionnaires soit « universels », soit exclusivement biographiques qui ont pullulé au XIXe siècle et qui ont

Le pamphlet a été par excellence, surtout au début de la Révolution, l'arme favorite des polémistes : qu'il affecte la forme alphabétique, comme le *Petit Almanach des grands hommes* et ses nombreuses suites, imitations en parodies, ou celles d'un catalogue de livres imaginaires, d'une liste d'adresses ou d'une affiche de vente, le procédé est à la portée de tous les partis et personne n'a été épargné : aussi ai-je dû lui faire une large place dans les paragraphes consacrés aux députés des diverses législatures, aux écrivains et publicistes, aux auteurs et artistes dramatiques, aux médecins et chirurgiens, aux femmes, aux émigrés et condamnés, enfin aux personnages divers que je ne pouvais raisonnablement rattacher à aucune de ces séries.

II

Ce n'est pas, on peut le croire, pour me conformer à l'antique préséance que j'ai ouvert les quatre chapitres suivants aux deux souverains et aux membres de la famille royale, mais bien parce qu'en procédant ainsi je me donnais le moyen de réunir sous leurs noms tout ce qui a trait à leur histoire, y compris les témoignages contemporains de très inégale valeur, dont il y avait lieu de tenir compte plus loin dans le chapitre des *Biographies individuelles* où ils forment de simples rappels.

Si les fausses lettres de Louis XVI, fabriquées en 1803 par Babié de Bercenay et Imbert de La Platière trompent encore quelques lecteurs crédules, ce n'est pas assurément faute d'avertissements multiples : sans parler de la protestation immédiate de Bertrand de Moleville [20830] qui, publiée en anglais, resta comme non avenue sur le continent, ni des aveux formels échappés au premier des deux complices et mis au jour en 1838 par M. Louis Barbier, deux royalistes assez soucieux de la vérité pour lui donner toujours le pas sur les légendes, si flatteuses et si touchantes qu'elles soient, l'ex-notaire Jean Eckard et M. Du Fresne de Beaucourt ont accumulé les preuves les plus évidentes d'une mystification qui a duré pendant trois quarts de siècle ; on trouvera sous les n°° 20828-20844 la description du corps du délit sur ses divers avatars et tous les éléments

---

nécessairement fait une part plus ou moins large aux hommes et aux choses de la Révolution, mais il est juste de signaler comme au courant de la science actuelle les articles de la *Grande Encyclopédie* consacrés aux faits et aux acteurs de cette période par MM. Aulard, Etienne Charavay, Auguste Kuscinski et Hipp. Monin.

d'un procès qui devrait être, ce semble, amplement et définitivement jugé.

Les quatre autres paragraphes du même chapitre renferment la liste raisonnée des *Mémoires* et correspondances plus spécialement nécessaires à consulter sur la famille royale et son chef, les particularités relatives à sa vie privée, à son règne (à partir de 1788) et à sa mort, les hommages posthumes dont il a été l'objet et les historiens modernes qui ne lui ont pas manqué depuis les apologistes *quand même*, dont la Restauration encourageait le zèle jusqu'aux travaux, dont quelques-uns sont plus critiques, parus en ces récentes années. Toutefois les investigations consignées dans le § 3 n'ont porté que sur les écrits qui n'avaient pas figuré au tome Ier de la *Bibliographie*, soit lorsque Louis XVI était encore sur le trône, soit durant sa captivité et après son exécution ; je n'ai eu garde d'y omettre l'excellent recueil de textes publié par M. Du Fresne de Beaucourt, sous le titre de : *Captivité et derniers moments de Louis XVI* [20876]. Les hommages posthumes qui remplissent le § 4 n'ont pas, tant s'en faut, la même valeur, et les oraisons funèbres publiées par des prêtres ou de simples laïques sont dans le même cas ; encore me suis-je borné à décrire celles qui avaient été prononcées ou imprimées à Paris et qui peuvent donner une idée très suffisante de ce genre d'exercice littéraire dont l'Histoire n'a aucun profit à tirer.

La nomenclature des écrits relatifs à Marie-Antoinette (1) a déjà fait l'objet de deux monographies rédigées à une époque où la Bibliothèque n'avait pas encore acquis les fonds La Bédoyère et Hennequin répartis depuis dans les séries précédemment constituées de l'histoire révolutionnaire et, lorsque les archives de France et d'Autriche demeuraient encore closes ou inexplorées : toutes deux sont donc nécessairement aujourd'hui fort incomplètes.

Quérard avait détaché la première de la vaste *Encyclopédie du bibliothécaire* à laquelle il travailla une partie de sa vie et dont l'indifférence du public et de l'Etat ne lui permit même pas d'entreprendre la mise au jour. Cette monographie, que Ch. Brunet avait signée avec lui, parut, ainsi que plusieurs autres fragments de même provenance et de même nature, dans la revue à laquelle le bibliographe avait donné son propre nom (*le Quérard*, 2e année, 1856, pp. 401-439), et fut bientôt

---

(1) Je réimprime ici, en la modifiant sur quelques points, en l'augmentant sur d'autres, la préface d'un essai, lui-même refondu dans le Chapitre III et qui avait paru sous le titre de : *Marie-Antoinette devant l'histoire*, d'abord dans le *Bulletin du bibliophile* (1895), puis en un volume in-4° (1901). Voyez aux *Additions et corrections* (n°s 26591-26591^a) la description de ces deux éditions et les différences qui les distinguent.

suivie (pp. 479-486) de diverses additions ou rectifications proposées par Paul Lacroix, ou signées B*** (Gustave Brunet, de Bordeaux). Le second travail, intitulé : *Bio-Bibliographie de Marie-Antoinette*, dû à la collaboration de MM. de La Sicotière et de Lescure, est extrait du volume publié par celui-ci sous ce titre : *la Vraie Marie-Antoinette* (1865) et il en fut fait un tirage à part de cent exemplaires, presque tous détruits à cause des fautes typographiques qui le défiguraient.

Quérard et Charles Brunet avaient pu réunir un nombre considérable de titres répartis en deux chapitres et de nombreuses subdivisions : I. *Ecrits de Marie-Antoinette*. — II. *Ouvrages pour et contre Marie-Antoinette* (A. Années 1774-1784. — B. Affaire du Collier. — C. Historiens et pamphlétaires de Marie-Antoinette de 1788 à 1790. — D. Fuite de la Famille royale. — E. Détention de la Reine ; le Temple et la Conciergerie. — F. Aménités révolutionnaires à l'égard de la Reine, en 1792 et 1793. — G. Procès de la Reine. — H. Exécution de Marie-Antoinette. — I. Historiens et détracteurs de Marie-Antoinette de la fin du XVIIIe siècle. — J. Historiens et apologistes de Marie-Antoinette depuis le commencement du siècle jusqu'en 1853).

Les pamphlets occupaient légitimement une très large place dans cette énumération, et en transcrivant leurs titres, les deux bibliographes n'obéissaient, on peut le croire, à aucune pensée hostile envers la femme désignée à la fureur populaire. En sollicitant le concours de M. de La Sicotière, M. de Lescure lui traçait au contraire un programme inspiré d'un sentiment assurément plus chevaleresque que critique. « Je refuse, lui écrivait-il, l'entrée du temple aux témoins souillés. Dehors les infâmes ! Dehors les sacrilèges ! Qu'ils déposent leur venin à la porte du monument, s'ils le veulent, mais qu'ils n'en franchissent point le seuil sacré ! » Afin « d'aider les recherches honnêtes, de favoriser les curiosités chastes » ; M. de La Sicotière avait dû omettre les livres à titres ordurières et à frontispices obscènes stigmatisés par son collaborateur en termes véhéments et déclamatoires. Peut-être ne pensait-il pas, comme lui, qu' « on ne doit brûler que des parfums devant les autels », et n'eut-il pas, s'il en eût été libre, « refusé l'enregistrement aux dépositions calomniatrices et véhémentes, aux puérilités, aux infamies » ; toujours est-il qu'ainsi amendé, ce travail « auquel il aurait fallu consacrer des mois et auquel il n'avait pu donner que quelques jours » est appelé à rendre encore moins de services que celui de Quérard.

Je n'ai adopté ni les mêmes divisions que les premiers de mes prédécesseurs, ni obéi aux mêmes scrupules que les seconds ; j'ai cru inutile de faire figurer ici ce qui a trait aux journées des 5 et 6 octobre, du

20 juin, du 10 août, à la fuite de Varennes, à la captivité de Marie-Antoinette au Temple et à la Conciergerie, à son procès et à sa mort, puisque ces événements ont fait l'objet de nombreuses mentions dans le tome Ier de la *Bibliographie*. En dépit de ce que j'ai dû emprunter à mes devanciers, je crois pouvoir dire que ce travail ne fait nullement double emploi avec le leur et pour cause, car depuis 1865 la question a été renouvelée à tous les points de vue et sous toutes ses faces.

Quérard s'étonnait en 1856 qu'on n'eût point encore songé à réunir les lettres de Marie-Antoinette. Son vœu n'a été que trop bien exaucé huit ans plus tard, et si la mort ne l'eût frappé peu après, il aurait pu ajouter un piquant article à ses *Supercheries littéraires*. En 1864 parurent simultanément deux recueils accueillis avec une faveur marquée, puis bientôt mis à néant par la critique lorsqu'elle eut répondu au cri d'alarme poussé par Edmond Scherer. Je n'avais pas à reprendre par le menu ce long débat, résumé par M. de Beaucourt en tête du premier recueil de lettres authentiques de la Reine qui ait été publié [20995], mais j'ai cru devoir indiquer toutes les pièces de cette procédure déjà lointaine et qui marque une date dans l'histoire de la critique moderne.

Tandis que la lumière se faisait peu à peu sur la mystification dont M. d'Hunolstein avait été la victime et dont Feuillet de Conches s'était constitué le défenseur plus bruyant que désintéressé, M. d'Arneth tirait des archives de la Couronne d'Autriche d'irréfutables documents; grâce à lui, et plus tard à ses deux collaborateurs français, MM. Geffroy et Flammermont, la vraie Marie-Antoinette est apparue enfin, d'abord à travers ses propres lettres, si différentes par le fond et par la forme de celles que lui attribuaient d'impudents faussaires, puis dévoilée par les correspondances incessamment entretenues entre la cour de Vienne et ses représentants à Paris et à Versailles.

L'iconographie de la Reine a singulièrement attiré la critique actuelle et l'on trouvera décrit ici tout ce que je crois exister sur ce point, depuis la curieuse brochure de Quentin Crawfurd, un contemporain et un familier, jusqu'à l'étude, très documentée comme toujours, du regretté Jules Flammermont sur les portraits de la petite archiduchesse et de la jeune Dauphine [20997-21002].

Le Petit-Trianon voit chaque année défiler des milliers de visiteurs qui évoquent l'image de celle dont le souvenir en est demeuré inséparable; les plus lettrés d'entre ces pèlerins connaissent les travaux de M. Ad. Jullien [21004, 21007] sur les divertissements dramatiques auxquels la jeune souveraine se complaisait et le beau livre de Gustave Desjardins sur l'histoire du palais [21008]. Bien que Marie-Antoinette n'ait eu, semble-t-il, à aucune époque de sa vie, le goût de la lecture, sa bibliothèque particulière n'en était pas moins fort importante et elle a connu, comme tout ce qui lui a appartenu, de singulières vicissitudes. Saisie en vertu des lois révolutionnaires, cette bibliothèque est aujourd'hui répartie entre la Bibliothèque nationale, celles de Versailles, de Bourges et de Périgueux ; mais divers ouvrages en ont été distraits et sont tombés entre les mains des amateurs qui se les disputent. Pour parer à la disette de cette marchandise très demandée, de trop ingénieux spéculateurs ont fabriqué des fers aux armes de France et d'Autriche et les ont apposés sur des livres dont on chercherait vainement la trace dans les catalogues authentiques de la Bibliothèque. Une autre supercherie, d'ordre tout politique, a consisté à tirer d'un choix de livres fait par Campan dans les armoires des petits appartements de Versailles pour les transporter à Trianon, un témoignage écrasant contre la moralité de la Reine ! Ces livres sont parmi ceux que l'on rencontre dans toutes les collections particulières du XVIII° siècle et alors même que la Reine les eût feuilletés, le péché serait des plus véniels ; mais elle lisait fort peu : ses conférences avec les marchands de modes et les bijoutiers jusqu'en 1778, plus tard les soins exigés par sa santé ou l'éducation de ses enfants ne lui en auraient d'ailleurs guère laissé le loisir. La fameuse Mlle Rose Bertin (1) a détruit pendant la Terreur ses livres de caisse et ses factures ; mais Mme Eloffe n'avait pas pris les mêmes précautions et M. de Reiset a extrait de ses papiers un livre spécial qui n'est point sans intérêt. Des circonstances particulières ont permis à M. Auguste Nicaise, puis à M. Alvin Beaumont (2), de recueillir d'autres objets que le Petit Palais a momentanément abrités pendant l'Exposition universelle de 1900 et qui ont été à nouveau dispersés depuis.

L'alliance d'un petit-fils de Louis XV avec la fille d'une impératrice d'Autriche fût le couronnement de la politique de Choiseul, bientôt suivi de son éclatante disgrâce. Les préliminaires et les conséquences de ce mariage ont fait l'objet de correspondances diplomatiques dont la divul-

---

(1) Les recherches de M. Lucien Lazard sur les *Lettres de ratification hypothécaire*, aujourd'hui versées par la Direction de l'Enregistrement aux Archives de la Seine, lui ont permis de retrouver l'acte de décès de la célèbre modiste et de rectifier son état civil : Marie-Jeanne [et non Rose] Bertin, née à Abbeville (Somme), le 2 juillet 1747, est morte à Epinay-sur-Seine, le 22 septembre 1813. Le travail de M. Lucien Lazard, publié dans le *Bulletin de la Société de l'histoire de Paris* (tome XXX, 1903) a été tiré à part à quelques exemplaires.

(2) *Collection Alvin Beaumont. Objets ayant appartenu à la reine Marie-Antoinette et à la famille royale de France*. Vente le 7 juin 1905, à l'hôtel Drouot. Me Delestre, commissaire-priseur ; M. Loys Delteil, expert, in-8°, 13 p., portrait et fac-similé. L'*Avertissement* est de l'auteur de cette *Bibliographie*.

gation est de date toute récente. Jules Flammermont avait été sur place recueillir dans les principales archives de l'Europe le complément de ce que MM. d'Arneth, Geffroy et lui-même avaient déjà mis au jour, ou des bruits que recueillaient soit les rédacteurs de bulletins manuscrits, soit les auteurs de mémoires dont beaucoup ne furent écrits que longtemps après les événements. Le rôle de l'historien est précisément de dégager de ces témoignages souvent contradictoires la vérité toujours relative qu'ils contiennent. Le bibliographe ne peut et ne doit que mettre sous les yeux du lecteur les éléments du débat. J'ai donc décrit dans l'ordre chronologique de leur apparition les mémoires de Mme de Polignac, de Joseph Weber, de Mlle Bertin, de Mme Campan, du duc de Lauzun, de Tilly, d'Augeard, de Mme de Tourzel, de Fersen et aussi, — pour ne rien omettre, — des affabulations déterminément apocryphes, telles que les *Souvenirs* de Mme la comtesse d'Adhémar ou ceux du coiffeur Léonard qui, de temps à autre, et malgré les avertissements de la critique, font encore des dupes et trouvent des éditeurs. L'authenticité même de quelques-uns de ces mémoires a été parfois suspectée, non sans raison ; d'autres ont été désavoués par les ayants droit de leurs auteurs présumés ; d'autres, enfin, ont donné lieu à des poursuites judiciaires. Ces particularités n'ont pas été négligées ici, de même que j'ai placé sous l'énoncé des pamphlets qui ont, au même titre, droit d'entrée dans un travail de cette nature, les rares renseignements que l'on possède sur leurs origines.

Que le signal de ces attaques soit parti de certaines coteries de la Cour même, il n'y a plus aujourd'hui de doute, ni de contradiction sur ce point ; mais dans quelles officines et par quelles mains se manipulaient ces poisons, il sera fort probablement toujours impossible de le dire. Il y aurait un chapitre curieux à faire et auquel la mémorable définition de la calomnie par Beaumarchais fournirait une épigraphe toute indiquée, sur la marche de ce fléau qui, dénaturant et envenimant les plus excusables imperfections de la jeune Reine, transforme en crimes ses moindres imprudences, épie jusqu'à ses gestes, voit un double sens dans chacune de ses paroles et prenant tour à tour les formes des noëls, de la chanson, de l'épigramme, aboutit aux odieux libelles dont la destruction, toujours illusoire, grève jusqu'à l'épuisement la cassette royale. De ces libelles quelques-uns tels que *l'Aurore* (ou *le Lever de l'Aurore*), qui daterait du lendemain même de l'avènement au trône, ou les *Passetemps d'Antoinette*, semblent avoir été écrasés dans l'œuf ; mais les *Amours de Charlot et de Toinette*, le *Portefeuille d'un talon rouge*, survivent à leur destruction officielle ; les *Essais historiques sur la vie de Marie-Antoinette*, dont les éditions, contrefaçons et traductions sont pour le bibliographe une cause de soucis et d'ennuis, se multiplient dans une proportion qui n'atteste que trop leur vogue. D'où viennent ces *Essais ?* Le catalogue du fameux bibliomane Boulard, rédigé par le libraire Bleuet, les attribue à un policier nommé Pierre-Etienne-Auguste Goupil. Si vague que soit cette indication, on en doit faire plus de cas que des propos tenus au bibliophile Jacob par un « vieux bouquiniste » qui désignait Brissot comme l'auteur de l'*Essai* ou des *Essais.* C'est là calomnie pure et, jusqu'à preuve du contraire, il faut la tenir pour telle : l'auteur de la *Théorie des lois criminelles* et de tant d'autres écrits de philosophie et d'économie politique n'a jamais prostitué sa plume à de pareilles besognes, bonnes pour des Goupil, des Boisset, des Delaunay et devant lesquels Hébert lui-même, arrivant à Paris et gardant encore quelque vergogne, aurait, dit-on, reculé. En pareil cas, d'ailleurs, le nom du plumitif importe assez peu à l'affaire ; il serait plus intéressant de savoir où s'élaborait la besogne et qui payait les frais d'impression (1).

Quel constraste forment ces *Essais* directement issus, selon la remarque de Gustave Desjardins, des propos qui devaient se tenir dans les cuisines et dans les écuries de Versailles, cette *Vie privée, libertine et scandaleuse de Marie-Antoinette,* ce *Cadran de la volupté* et tant d'autres élucubrations du même ordre, avec les adulations en vers, en prose, en latin, voire en hébreu, que provoquaient le mariage de la jeune princesse, ses deux seules visites à Paris en 1773 et en 1782, la naissance tardive du premier, puis du second Dauphin ! A peine celui-ci est-il venu au monde qu'éclate cette affaire du Collier qui se prolonge à coups de fac-

---

(1) D'après un témoignage oral recueilli par M. Léon de La Sicotière de M. Daulne, mort bibliothécaire à Alençon, un nommé Durand Du Vignaud, venu à Paris avant la Révolution, pour y exercer le métier de typographe et partout repoussé, aurait été accosté au Palais-Royal par des inconnus, qui, après l'avoir questionné sur sa profession, l'auraient embauché et retenu plusieurs jours dans une cave du Palais-Royal où s'imprimaient des pamphlets contre la Reine. Durand Du Vignaud, pourvu plus tard d'un petit emploi de finance, est mort à Alençon dans les premières années du dix-neuvième siècle.

D'autre part, les *Souvenirs d'un homme de lettres* d'Auguste Jal (L. Techener, 1877, in-12) rédigés, il est vrai, par Pierre Margry, contiennent (p. 33) un passage relatif à un pamphlet que lui aurait communiqué un M. Devaux, ancien page du duc de Penthièvre et ami de Florian, plus tard commandant de l'artillerie de terre à Brest. Selon Jal, le titre de ce pamphlet serait *le Prix de ces dames et de ces demoiselles* et Marie-Antoinette n'y serait pas épargnée. « Fruit du loisir de trois jeunes princes rebutés par la Reine », il aurait été imprimé au château de Chantilly et tiré à très petit nombre. M. Devaux aurait brûlé son exemplaire sous la Restauration, alors que deux des auteurs avaient leur place auprès du trône. Si ce livret a véritablement existé, il faut que la destruction en ait été bien rigoureuse, puisqu'il n'a été, que je sache, signalé dans aucune des collections spéciales connues. Puis l'ancien château de Chantilly renfermait-il une imprimerie ? Jusqu'à plus ample informé, il est prudent de ne point tenir pour acquises à l'histoire les allégations de Jal, ou de l'écrivain qui avait, en les dénaturant peut-être involontairement, recueilli de sa bouche les anecdotes et les réminiscences dont ce livre est l'écho.

tums, de lettres, de répliques jusqu'à la veille de la convocation des États-Généraux. Les *Mémoires justificatifs* de la femme de La Motte circulent et se réimpriment encore lorsque la Bastille tombe au pouvoir du peuple. Trois jours plus tard, au moment même de la célèbre visite de Louis XVI à l'Hôtel de Ville, paraît une brochure apologétique : *Marie-Antoinette, reine de France, à la Nation* puis un peu après, sa *Déclaration admirable*..., timides ou imprudentes tentatives en faveur d'un retour à une popularité qui ne renaîtra plus et auxquelles répond un feu roulant de calomnies, de perfidies et d'obscénités qui redouble au lendemain du 10 août et que n'arrête même pas l'exécution du 21 janvier. Un instant, toutefois, l'opinion publique surexcitée par la marche des événements extérieurs et intérieurs, se détourne des prisonniers du Temple et pendant quelques mois le nom de la Reine n'est point journellement accolé aux épithètes les plus injurieuses; mais les pourvoyeurs de la guillotine ne perdent pas de vue leur proie : enhardie par l'indifférence de l'Europe sur son sort et aussi par le refus de l'Autriche de négocier l'échange de la Reine contre celui des délégués de la Convention et de Beurnonville livrés par Dumouriez (1), avisée des tentatives d'évasion qui se fomentent au Temple, la Convention décrète le transfert de Marie-Antoinette à la Conciergerie. Là, de nouveaux incidents, tels que « la conspiration de l'œillet », l'arrestation et la mise en jugement des Girondins, la condamnation de Custine ramènent l'attention sur la « veuve Capet ». Déférée au Tribunal révolutionnaire, pressée de questions insidieuses auxquelles elle répond avec une présence d'esprit et une lucidité extraordinaires, impassible jusqu'au moment où Hébert formule cette imputation qui arrache à l'accusée un cri sublime, elle entend prononcer son arrêt et monte quelques heures plus tard les marches de la guillotine sans que sa fermeté se démente un instant; sa tête tombe et ses restes, jetés dans une bière de « six livres » que la Trésorerie nationale solde au fossoyeur, sont calcinés par la chaux vive mêlée à la terre dont les recouvre une main pieuse.

Tandis qu'en Belgique, en Allemagne, en Suisse, en Espagne et jusque dans la Flandre française, pendant la courte occupation de Valenciennes par les armées coalisées, éclatait la douleur ou la fureur provoquée par cette fin tragique, un dernier pamphlet, — et non le moins ignoble de tous — fait dialoguer aux enfers Marie-Antoinette avec

---

(1) Voir dans la *Revue rétrospective* de Taschereau (2ᵉ série, tome II, ou tome VI de la collection, pp. 432-457), la correspondance échangée entre Metternich et Trautmansdorf à ce sujet.

Mme Du Barry, traînée sous le couperet le 8 décembre 1793 [21232]; mais ce cas de cannibalisme politique est isolé et quand la Terreur cesse, les premiers apologistes osent élever la voix (1). Le Directoire d'abord, ensuite et surtout le régime consulaire et impérial ne sont guère favorables à cette glorification et les romanciers eux-mêmes l'apprennent à leurs dépens : Mme Guénard, Willemain d'Abancourt, Regnault-Warin voient, qui ses *Augustes victimes* ou ses *Prisonniers du Temple*, ceux-là leur *Cimetière de la Madeleine*, saisis, mis au pilon, traqués en province et aux frontières. De 1802 à 1814, la consigne est de se taire et les inspecteurs de la librairie rappellent brutalement à l'ordre les délinquants. Le « retour des lys », d'abord éphémère, puis définitif, voit éclore toute une littérature de panégyriques, d'élégies, de souvenirs et aussi de palinodies. Un événement, qualifié officiellement de « providentiel », fournit un nouvel aliment à ce culte si longtemps proscrit. Dans l'espoir, d'ailleurs déçu, d'échapper aux conséquences du décret de bannissement des régicides, Courtois fait hommage à l'Etat de la lettre écrite par Marie-Antoinette à Madame Elisabeth en attendant le bourreau : le contexte de cette lettre, le nom de sa destinataire qui n'a pu en avoir connaissance, puisque l'original, transmis par Fouquier-Tinville au Comité de salut public, s'est retrouvé dans les papiers de Robespierre, les circonstances tragiques où ces mots ont été tracés, tout concourt à faire de ce chiffon de papier un document sans prix. Le gouvernement en ordonne la lecture par ses ministres aux Chambres réunies en séance solennelle et par l'intermédiaire des préfets, invite les curés de chaque église à en donner connaissance à leurs ouailles, tandis que la typographie et la gravure en multiplient le texte dans tous les formats et sous toutes les formes. Louis XVIII prescrit en même temps l'exhumation des ossements enfouis dans le jardin de M. Desclozeaux et la construction d'un cénotaphe sur l'emplacement même du cachot de la Conciergerie. Combien seraient cependant

---

(1) Le plus imprévu de ces défenseurs est assurément le comte de Provence, comme l'établissent deux documents révélés par M. Ernest Daudet dans la *Revue des deux-mondes* du 15 juillet 1904, pp. 241-263 : ce sont des *Réflexions historiques sur Marie-Antoinette, reine de France et de Navarre*, datées de novembre 1798, ornées d'une épigraphe tirée de Tacite et précédées d'une longue lettre au comte *** [d'Avaray?], dans laquelle le prince déclare qu'il ne veut pas laisser le soin de défendre la mémoire de sa belle-sœur à « l'emphatique chevalier de Mayer [cf. n°s 21267-21267^a.b] et à un autre [Montjoie?] qui ne nous a donné qu'un recueil d'anecdotes d'antichambre ». Il prie en conséquence son correspondant de faire imprimer son travail chez Fauche et d'obtenir qu'il soit annoncé par Baudus dans *le Spectateur du Nord*. Or, ce journal a précisément donné des extraits d'une *Vie de Marie-Antoinette, reine de France*, publiés en 1798 chez Fauche [cf. n° 21274] et que je n'ai pu voir; mais la lettre du comte de Provence est postérieure à cet article et les fragments cités par *le Spectateur du Nord* n'ont aucun rapport avec le texte, demeuré inédit durant plus d'un siècle, dont M. Ernest Daudet n'indique pas la provenance et dont néanmoins l'authenticité ne paraît pas douteuse.

demeurés plus émouvants dans leur nudité les murs sombres et humides de la vieille prison, ou les carrés de buis de l'enclos de la Madeleine que nous montrent les planches naïves de Pernot et de Desaulx !

Un détail non moins imprévu que la découverte du testament de la Reine en est alors comme le corollaire. La lettre est précisément interrompue à l'endroit où Marie-Antoinette déclare que si un prêtre [assermenté] se présente, elle ne lui dira pas « un seul mot et le traitera absolument comme un étranger ». Un prêtre a été en effet envoyé auprès d'elle ; elle a refusé ses consolations, mais non son aide matériel et il ne l'a point quittée jusqu'à la minute suprême. Les contemporains sont donc en droit de conclure de cette attitude que la Reine était morte privée de sacrements. Or, d'après un petit livre paru en 1824 et signé par le comte de Robiano, la Reine a pu, antérieurement à sa condamnation, recevoir les exhortations d'un prêtre réfractaire et même communier dans sa cellule ! Bien plus, l'auteur nomme les deux personnes encore vivantes qui ont réussi à vaincre tous les obstacles et à forcer toutes les consignes : l'abbé Magnin et Mlle Fouché. Tout aussitôt, un individu, en qui les plus indulgents ont voulu voir un fou et les mieux informés un escroc (1), Lafont d'Aussonne, accuse bruyamment, dans deux factums successifs, l'abbé Magnin d'imposture et fait surgir à l'appui de sa thèse un témoin inconnu jusqu'alors : c'est une servante nommée Rosalie Lamorlière (2), qui aurait aidé la femme Bault dans le service de la prisonnière à la Conciergerie et lui aurait apprêté son dernier repas. Quarante ans plus tard, lors de la publication du livre de M. Émile Campardon, portant le même titre que celui du comte de Robiano, la question se pose de nouveau sur le fait de cette communion *in extremis*. Un archéologue parisien, M. Troche, qui avait connu l'abbé Magnin, évoque les entretiens

---

(1) D'après les renseignements recueillis par M. Victor Pierre et complétés ici par les communications de M. Alfred Bégis, François-Gaspard Lafont, né le 27 août 1769 à Aussonne (Haute-Garonne), serait tardivement entré dans les ordres et, après avoir fait ses études théologiques au séminaire d'Evreux, aurait été ordonné prêtre en 1811 ; curé de Drancy (Seine) en 1813-1814, il aurait été ensuite prêtre habitué à Saint-Étienne-du-Mont ; mais ce sont là des traditions qu'aucun document positif n'est venu confirmer. Il est mort à Paris, quai de Béthune, 28, le 30 mars 1849, âgé de quatre-vingts ans. L'acte de décès relevé par M. Victor Pierre portait la signature du neveu du défunt, Ch. Lafont, littérateur estimable, auteur des *Légendes de la charité* et d'autres ouvrages. On sera édifié sur la moralité de son oncle en lisant la brochure de M. Victor Pierre [21219].

(2) Lafont d'Aussonne, Hyde de Neuville dans ses *Mémoires*, Mme Simon-Viennot ont recueilli tour à tour les déclarations de Rosalie Lamorlière qui sont en contradiction formelle avec les dires de la femme Bault et des autres témoins, encore vivants sous la Restauration : aucun d'entre eux d'ailleurs ne paraît l'avoir connue. Née à Breteuil (Oise), le 19 mars 1768, Marie-Rosalie de Lamorlière (sic) aurait été, avant la Révolution, servante de la mère du comédien Beaulieu ; admise le 24 mars 1824, sur la présentation de Richard d'Aubigny, membre du comité général des hospices, comme pensionnaire à l'hospice des Incurables, elle y est morte le 2 février 1848. Je dois également ces renseignements précis à l'obligeance de M. Alfred Bégis.

qu'il avait eus à ce propos avec lui et provoque le témoignage du propre neveu de Mlle Fouché qui verse aux débats les attestations écrites par l'abbé Magnin en réponse aux insinuations de Lafont d'Aussonne (1). Deux fois encore, en 1870 et en 1890, M. de La Rocheterie et M. Victor Pierre ont examiné la question et conclu en faveur de la version du comte de Robiano (2).

Durant la monarchie de juillet, il n'y a guère à signaler, en dehors du livre de Mme Simon-Viennot, que les piteuses compilations affublées par Lamothe-Langon et Cie des noms les plus sonores ou les moins justifiés et d'où procèdent directement, mais avec la verve qui manque à leurs modèles, *Joseph Balsamo*, le *Collier de la Reine*, le *Chevalier de Maison-Rouge*, etc. Vers le milieu du second Empire, on fouille les cartons longtemps inaccessibles des archives publiques ou privées, on s'enquiert des correspondances enfouies ou disparues, on demande à l'iconographie des informations trop longtemps négligées : mais, si l'on en excepte le recueil de documents publiés par M. Émile Campardon sous le titre de *Marie-Antoinette à la Conciergerie* (I, 4193) et le livre d'Edmond et Jules de Goncourt [21297-21297^{a-d}], la plupart des études consacrées à la

---

(1) Voyez ci-après n°s 21214-21217. Voyez aussi *les Travaux d'un amateur parisien, Nicolas-Marie Troche. Essai bibliographique*, par PAUL LACOMBE, parisien. Extrait de la « Correspondance historique et archéologique » (Année 1901). Paris, aux dépens de l'auteur, 1901, in-8°, 37 p. et 1 f. n. ch. (adresse de l'imprimeur, papier vergé (cf. n°s 60 à 63).

(2) *Les Annales religieuses du diocèse d'Orléans* (1901, pp. 462-464) contiennent sous le titre de : *Un confesseur inconnu de la reine Marie-Antoinette à la Conciergerie*, un article signé T. C. D'après l'auteur de cet article, la Reine aurait eu pour voisin de cellule un prêtre nommé l'abbé Desquirou, né à Aurillac, le 10 décembre 1749, et docteur en droit de l'Université de Toulouse, qui aurait correspondu avec elle par l'intermédiaire d'un domestique et aurait réussi à obtenir une entrevue pendant laquelle il l'aurait confessée. Maître de pension à Orléans après le Concordat, l'abbé Desquirou fut appelé en 1810 au poste de desservant de La Motte-Beuvron et en 1815 à la cure de Meung-sur-Loire. L'année précédente, il avait eu de la duchesse d'Angoulême une audience où il lui aurait rapporté les paroles qu'il aurait recueillies de la bouche de sa mère. Il mourut à Meung-sur-Loire le 25 décembre 1830.

L'histoire de la Révolution s'écrit aujourd'hui sur des preuves indiscutables et non sur des légendes. Or l'abbé Desquirou ne semble pas avoir appartenu au diocèse de Paris, comme l'avance son biographe ; s'il a été poursuivi pour avoir favorisé l'émigration, il n'a point été condamné à huit ans de galères (sic) par le Tribunal révolutionnaire de Paris ; son nom manque dans les répertoires de M. Campardon et de M. Wallon comme dans la série W des Archives nationales et il n'est trace de son arrestation et de son emprisonnement dans la série F⁷ des mêmes Archives, non plus que dans les précieuses transcriptions des registres d'écrou exécutées par MM. Labat père et fils et conservées à la Bibliothèque de la Ville.

J'ai décrit plus loin [21268], d'après un ex. de la collection Auguste Ducoin, un opuscule imprimé à Mons (S. d.) *sur les Malheurs et la Mort de Marie-Antoinette*, signé l'abbé Esquirou de Duyé, de la province d'Auvergne, mais je n'ai pu revoir cette pièce et j'ignore s'il s'agit d'un homonyme ou — ce qui paraît plus vraisemblable — du même personnage. Aucun des répertoires biographiques que j'ai pu consulter ne m'a fourni la solution du petit problème posé par l'article des *Annales religieuses du diocèse d'Orléans* et que complique encore l'existence d'une pièce (in-4°, 2 p.) intitulée : *Pétition adressée à la Convention nationale par les prisonniers républicains*, signée D'ESQUIROU, au nom des détenus de la Conciergerie. [B. N. Lb⁴¹ 2822.] Rien dans dans cette demande de mise en jugement et d'envoi aux frontières ne trahit la personnalité d'un ecclésiastique.

Reine trahissent des préoccupations romanesques et sentimentales, ou une arrière pensée de flatterie à l'égard de la souveraine qui encourage de son patronage une première exposition rétrospective organisée à Trianon (1867). Les recueils de MM. d'Hunolstein et Feuillet de Conches arrivent à point nommé pour aviver et entretenir ce culte renaissant jusqu'au jour où l'éclat d'un véritable scandale scientifique désabuse ceux qui leur avaient d'abord accordé quelque crédit. Le plus illustre d'entre eux, Sainte-Beuve, a fait, à propos de l'édition française du recueil de M. d'Arneth (1), amende honorable dans une page exquise, que j'abrège à regret :

..... « Que la vérité est donc chose délicate à connaître et comme il nuit ensuite de la trop bien savoir à qui voudrait créer et imaginer! Voilà une figure touchante entre toutes, une figure épique et tragique, s'il en fût, image et victime de la plus grande calamité qui ait passionné le monde. Dans l'antiquité, la poésie s'en fût saisie aussitôt... Après la poésie, la rhétorique, à son tour, serait venue s'en mêler; après l'âge du chant, si l'on avait voulu absolument des écrits, on n'eût certes pas été embarrassé d'en fournir; un rhéteur habile aurait fait des lettres de la Reine comme il y en a tant de personnages illustres. On n'aurait vu là qu'une preuve de talent, un exercice d'esprit; pas même une peccadille historique. La plupart même y auraient cru sans soupçon, sans examen. Les La Beaumelle avaient beau jeu dans l'antiquité. Au lieu de cela, aujourd'hui, tout est grave, on est ramené au fait de tous les côtés; l'archiviste, ce monsieur en lunettes, est en définitive le juge du camp, l'arbitre en dernier ressort. Plus de don Carlos romanesque et sentimental, M. Gachard ne le veut pas. Plus de Marie-Antoinette Dauphine toute ravissante, toute sentimentale aussi et pastorale, une merveille accomplie, réunissant tous les dons, traînant après soi tous les cœurs; M. d'Arneth, ses lettres en main, s'y oppose. Il n'y a plus moyen d'ajouter un trait, de pousser à la perfection, à l'art, de composer sa *Princesse de Clèves* à souhait. La chevalerie et le roman sont contrariés. Qu'y faire? Les pièces originales sont là, telles quelles; elles parlent ou elles se taisent, elles font foi. Les conditions modernes de l'histoire sont à ce prix. »

Sainte-Beuve écrivait ceci en 1866, et depuis lors tous ceux qui ont abordé ce sujet soit dans son ensemble, soit par quelque côté, ont tenu à honneur de suivre la démarcation qu'il avait tracée, non sans une pointe de regret et d'ironie, entre les procédés de l'ancienne et de la nouvelle école. Adversaires et défenseurs sont du moins tombés d'accord sur la nécessité de ne rien alléguer que sur preuves, et si tous les écrits auxquels a donné lieu cette louable préoccupation ne sont pas de même valeur,

(1) *Nouveaux lundis*, tome X, pp. 354-355.

personne n'oserait se contenter de *l'à peu près* qui répondrait le mieux à une préférence secrète. C'est de cette méthode que sont sortis les travaux d'ensemble de M de La Rocheterie et de M. de Nolhac; c'est sur des informations en grande partie neuves et puisées aux sources mêmes que Jules Flammermont comptait écrire ce *Règne de Marie-Antoinette*, dont le titre disait la pensée maîtresse de l'auteur et qui ne verra jamais le jour.

Sur tous les faits allégués dans ce paragraphe, on trouvera plus loin les mentions bibliographiques qui s'y rattachent, mais si abondante que soit la littérature d'un pareil sujet, je me suis efforcé de ne point sortir des limites qu'il comporte. Ainsi l'affaire du Collier n'est représentée ici que par les pièces où la Reine est directement visée et par les travaux modernes qui ont repris l'instruction du procès; pour le surplus, on pourra se reporter à l'énumération très abondante donnée par *le Quérard* (1856, pp. 406-415). S'il m'a fallu remuer le bourbier des libelles où tout ce que l'imagination la plus déréglée peut rêver est mis au service de la haine la plus implacable (1), j'ai dû faire un choix dans les mémoires du temps, en me plaçant au même point de vue que pour l'affaire du Collier, ne demander à la presse proprement dite que de rares mentions et négliger volontairement toutes les histoires générales de la Révolution, ainsi que les notices des dictionnaires biographiques qui se sont succédés presque aussi nombreux. Quérard avait cité l'intitulé d'un ou deux numéros du *Père Duchesne* d'Hébert : à cet égard il eût fallu en indiquer bien d'autres. Or, ce travail a été fait et bien fait par Charles Brunet (2) et je me contenterai de donner ci-dessous en note la liste des numéros où Marie-Antoinette est particulièrement molestée (3). J'ai dû me montrer également sévère pour les rimeurs modernes qui ont chanté les grandeurs et les misères de la fille de Marie-Thérèse, et impitoyable pour les romanciers et les dramaturges du XIX° siècle qui avaient trouvé grâce devant Quérard.

---

(1) Les collections de MM. Auguste Ducoin et Alfred Bégis, qui m'avaient fourni de nombreuses additions et rectifications aux recherches de Quérard, sont aujourd'hui dispersées ; mais celle de M. Otto Friedrichs renferme diverses pièces que je n'avais vues nulle part ailleurs et que leur propriétaire m'avait très obligeamment communiquées.

(2) Voyez tome II de la *Bibliographie*, n° 10129.

(3) Le journal d'Hébert comporte deux séries, l'une non numérotée et l'autre chiffrée de 1 à 355. Dans la première [11505], classée assez arbitrairement par le premier mot du titre, je ne vois à signaler qu'un seul d'entre eux : le *Père Duchesne à la toilette de la Reine ou Détail des vérités qu'il lui a apprises et les bons souhaits qu'il lui a adressés* (1790), mais la série chiffrée [11506] en renferme bien d'autres dont Ch. Brunet a reproduit les termes dans tout leur cynisme : [1791], n°s 71, 80, 93 ; [1792], n°s 104, 107, 110, 115, 116, 119, 120, 122, 124, 125, 134,

III

A peine âgée de quatorze ans lors de son internement au Temple, séparée d'abord de son père qu'elle put embrasser la veille de son départ pour l'échafaud, arrachée quelques mois plus tard des bras de sa mère et de son frère, restée seule après avoir partagé la captivité de Madame Elisabeth, privée de la plupart des objets indispensables à la vie matérielle, échangée au bout de cinq ans de prison contre les conventionnels ôtages de l'Autriche, mariée à un prince médiocre et dépravé, fuyant avec son oncle, le comte de Provence, devant les armées françaises victorieuses, ramenée une première fois aux Tuileries par les Alliés, obligée de fuir encore lorsque Bordeaux arbore l'année suivante les trois couleurs, chassée de nouveau par la colère populaire, en 1830, et morte en exil vingt ans après, Madame Royale, épargnée par les pamphlétaires les plus orduriers de la Révolution, semblait digne de tous les respects à ceux-là même qui ne partagent en aucune façon ni sa foi religieuse, ni ses convictions politiques. Le bruyant parti des Naündorffistes ne l'entend pas ainsi : le crime irrémissible à leurs yeux de la duchesse d'Angoulême est de s'être toujours refusée à entrer en rapports directs avec les divers intrigants qui briguaient une succession éventuelle au trône de France et escomptaient son témoignage. Je ne ferai pas l'historique de cette querelle qui passionne encore quelques très honnêtes gens et fournit un thème facile à un plus grand nombre de farceurs ; je me suis seulement efforcé d'exposer de mon mieux la bibliographie assez complexe de la question, puisqu'il y eut un moment concurrence entre Naündorff et Richemont, tous deux prétendant au titre de « duc de Normandie » et qu'ils furent précédés ou suivis dans cette lutte contre les pouvoirs publics et contre le bon sens par Mathurin Bruneau et par Hervagault, sans parler

---

136, 138, 143, 144, 146, 150, 157, 159, 162, 164, 166, 173, 180, 191, 192, 194, 200 ; [1793], 217, 280, 287, 295, 298, 299.

Parmi l'une des nombreuses concurrences suscitées à Lemaire, puis à Hébert, par le succès du type populaire dont ils s'étaient fait les porte-paroles, je note encore dans la 3e série du *Père Duchesne* dit « de la rue du Vieux-Colombier », rédigé par l'ex-abbé Jumel [11510], l'intitulé suivant, probablement allusif aux bruits d'évasion qui précédèrent l'affaire de Varennes : la *Reine arrêtée hier soir avec le Dauphin par le Père Duchesne à la barrière du Trône, disant qu'elle allait promener à Vincennes.*

de comparses plus obscurs ou de simples aliénés, tels que Fontolive, Linossier, Persat, Augustin Mèves et Elzear Williams. Quelques-uns de ces candidats ont laissé postérité et les descendants du premier ont à plusieurs reprises réclamé leurs « droits »; mais fidèle au plan que je m'étais tracé, j'ai borné mes recherches sur ce point à la vie et à la mort de Naündorff.

« La question Louis XVII » est d'ailleurs fort ancienne, puisque du vivant même du petit prince des intrigues s'étaient nouées qui avaient pour but d'introduire dans son cachot, en son lieu et place, un enfant muet et rachitique; mais le résultat ne répondit pas aux efforts et aux dépenses dont le chimérique espoir de cette évasion fut le prétexte. Le dévouement romanesque d'une Anglaise, Mrs. Atkyns, n'a été que tout récemment mis en lumière par le P. Delaporte [21688] et surtout par M. Frédéric Barbey [26602] dont le livre a soulevé de vives polémiques sans que la lumière définitive en soit sortie. Il semble certain en effet, aujourd'hui, que tout fut mis en œuvre pour ravir l'enfant à ses gardiens, mais, soit impossibilité matérielle absolue, soit duperie et duplicité de la part de ceux qui avaient assumé cette tâche, les murs du Temple ne livrèrent pas leur captif. A la constatation seule de ces tentatives doit s'arrêter la critique historique véritablement digne de foi, car son premier devoir est de bannir de son domaine le merveilleux qui a eu de tout temps une si profonde influence sur l'esprit humain; or il faut reconnaître qu'à l'exception de Louis Blanc, dont la candeur fut jadis abusée par les premiers manifestes du duc de Normandie et de ses caudataires, pas un historien soucieux de son bon renom n'a donné son adhésion aux théories et aux raisonnements vingt fois exposés et vingt fois réfutés des partisans de la « survivance ». Le doyen de cette vaillante phalange est encore Jean Eckard qui, de 1831 à 1835, publiait coup sur coup six brochures où sont mis à néant les arguments des premiers défenseurs de Naündorff et de Richemont. Ces preuves, et quelques autres encore qu'il ne pouvait connaître, ont été reprises de nos jours par A. de Beauchesne, Frédéric Bulau, Régis Chantelauze, Jules Loiseleur, Ernest Bertin, P. de La Bigne-Villeneuve, Léon de La Sicotière, Alfred Bégis, le Dr de Santi, sans avoir recours aux injures qui alternent, dans le camp adverse, avec des emprunts aux livres les plus suspects et des citations de « témoins » morts longtemps avant qu'on ait songé à les mettre en cause.

Les frères et la sœur de Louis XVI n'ont pas, à beaucoup près, fourni une littérature aussi abondante : l'émigration prématurée des deux premiers n'a guère donné prétexte qu'à des pamphlets dont on trouvera ci-après l'énumération [21426-21478]. Les libellistes n'ont pas davantage épargné Madame Elisabeth et ses défenseurs ont eu trop volontiers recours, dans leur zèle intempestif, au procédé dont Sainte-Beuve a pu dire (dans le passage cité plus haut) « qu'on n'aurait vu là jadis qu'une preuve de talent, pas même une peccadille historique ». La critique se montre à bon droit plus exigeante aujourd'hui et c'est encore à M. Du Fresne de Beaucourt [21508] que l'on doit d'avoir mis à néant nombre de lettres apocryphes ou falsifiées dont Ferrand, Feuillet de Conches et A. de Beauchesne avaient inséré le texte dans leurs ouvrages.

Le duc d'Orléans a porté devant la postérité comme devant ses contemporains la peine d'avoir, en toutes circonstances, prêté à l'équivoque et son attitude politique lui a valu d'être tour à tour honni par les royalistes et désavoué par les républicains. Victime de ses propres intrigues, il a payé de sa tête les visées ambitieuses qu'on est en droit de lui attribuer, mais que n'atteste aucun document positif. Les scandales de sa vie privée, la dilapidation de son immense fortune offraient une matière à peu près inépuisable aux pamphlétaires de tous les partis et l'on trouvera ci-après l'énumération, presque complète sans doute, des écrits apologétiques ou satiriques qui ont, de 1784 à 1793, constamment appelé l'attention publique sur ce prince [21511-21585] et de ceux qui, depuis Rivarol jusqu'à Auguste Ducoin, ont prolongé, mais non tranché un débat envenimé après 1830 par l'accession au trône du « fils d'Egalité ». Une dernière section du paragraphe qui le concerne est dévolue à la duchesse d'Orléans, que la calomnie ne put atteindre, ainsi qu'à ses deux fils, le duc de Chartres et le duc de Montpensier qui saluèrent, comme leur père, les débuts de la Révolution et servirent dans les rangs de ses armées jusqu'au jour où la défection de Dumouriez obligea l'aîné à prendre le chemin de l'exil et valut au second une captivité rigoureuse suivie d'une mort prématurée.

Les princes de Condé et de Conti avaient, en même temps que le comte d'Artois, donné le signal de l'émigration et j'aurais pu, en vertu du plan de ce livre, passer sous silence les écrits qui les concernent, mais si effacé que fut leur rôle dans les crises de la capitale, il importait cependant d'en reconstituer les éléments bibliographiques, tout comme je ne pouvais négliger ceux qui se rattachent au départ, à l'exil et à la mort de Mesdames, tantes du Roi, puisque ce départ avait été en son temps un événement essentiellement parisien.

IV

Le *Catalogue de l'histoire de France* de la Bibliothèque nationale a placé en tête de chaque période une série spécialement affectée aux Mémoires de contemporains de cette même période. Je n'ai pas cru devoir conserver cette division un peu factice et les souvenirs personnels, quelle que soit la forme que leurs auteurs leur aient donnée, ont été répartis soit, comme je l'ai dit plus haut, dans les chapitres concernant les divers membres de la famille royale, soit dans la nomenclature alphabétique qui constitue les *Biographies individuelles*.

De très bonne heure divers personnages mêlés à des événements tout récents entreprirent de les raconter et de revendiquer ou d'atténuer la part qu'ils y avaient prise. Dès le lendemain du 9 thermidor, — en l'an III, — paraissent la relation, par Louvet, des périls qu'il avait courus après le 31 mai, celle d'Arnaud Meilhan sur la même journée et ses conséquences, le célèbre *Appel à l'impartiale postérité*, de la citoyenne Roland, et l'apologie, par Dominique-Joseph Garat, de son passage au ministère de la Justice. En l'an VII, voici les *Mémoires* de Ferrières sur la Constituante que complètent, en 1804, ceux de Marmontel sur les prodromes de la Révolution à Paris, et ceux de Bailly sur son rôle de maire et de député de Paris; mais à partir de cette date, et jusqu'à la première Restauration, il est sévèrement interdit d'évoquer d'aucune manière ce passé encore si proche et si intimement lié au présent. En 1814 et après les Cent-Jours, ce sont surtout — et pour cause — les royalistes qui se donnent carrière : tout livre qui conte les souffrances de la famille royale ou des émigrés est assuré d'un prompt débit; l'heure est propice à Mme Campan, à Hüe, à Cléry, à Harmand (de la Meuse), aux serviteurs de l'ancienne cour qui se prévalent de leur dévouement, comme aux anciens gardiens du Temple qui étalent bruyamment leur repentir ou réclament le prix de leur pitié. En revanche, s'il s'élève une voix importune, comme celle de Lauzun, par exemple, la presse officieuse traite ses *Mémoires* de « sale roman » et l'éditeur est invité à ne point récidiver.

Un homme d'esprit qui, né sous l'ancien régime, vécut jusqu'à la fin du second Empire, François Barrière (1786-1868) comprit qu'il y avait dans cet ordre d'idées une mine féconde à exploiter et, de concert avec un de ses amis, l'avocat Saint-Albin Berville, il entreprit cette *Collection des Mémoires relatifs à la Révolution française* désignée couramment, soit sous le nom du libraire Baudouin, soit sous ceux des deux littérateurs qu'il s'était associés (1). Un premier prospectus, paru en 1821 (et non en 1819, comme le dit Paul Chéron), annonçait seulement douze volumes, mais dans un second tirage, postérieur de quelques mois, on en promettait vingt : les circonstances et le succès entraînèrent les éditeurs bien au delà des limites qu'ils s'étaient primitivement fixées. Berville et Barrière se proposaient, au début, de réimprimer purement et simplement des mémoires déjà connus, mais devenus rares et sur la plupart desquels il n'y avait aucune redevance à payer en vertu de la courte durée des droits d'auteur accordée par la loi des 19-24 juillet 1793 sur la propriété littéraire. Le travail préparatoire consistait à se procurer les exemplaires nécessaires à cette réimpression et à y joindre une introduction, des notes et des éclaircissements dont le *Moniteur* de Panckoucke fournissait le plus souvent la matière. Parfois cependant les éditeurs tentaient quelques recherches dans les archives départementales de la Seine alors intactes, et sauvaient ainsi d'une destruction que nul ne pouvait prévoir des bribes aujourd'hui précieuses. Parfois aussi la prudence et la courtoisie les obligeait à laisser en blanc ou à ne désigner que par une initiale les noms des acteurs survivants ou de leurs descendants directs. Parfois enfin ils eurent des démêlés judiciaires, comme lorsque Joseph Weber leur intenta un procès en contrefaçon qu'il perdit, pour la reproduction des *Mémoires* publiés sous son nom, mais rédigés en réalité par Lally-Tolendal. L'entreprise bénéficia de ces difficultés mêmes et la plupart des ouvrages non tomés, mais portant le titre collectif adopté par Baudouin (2), s'épuisaient assez rapidement pour exiger des

---

(1) D'après une *Notice biographique sur M. Saint-Albin Berville*, par M. L. Wiesener, son gendre (Paris, E. Maillet, 1872, in-12), Berville rédigea en 1821 les introductions des *Mémoires* de Bailly, de Ferrières, de Louvet et, en 1824, celle des extraits du *Journal politique-national* de Rivarol; mais, ajoute M. Wiesener, « il trouvait que son collaborateur sacrifiait trop à la Révolution [sic] et se retira de cette publication, quoiqu'il y laissât son nom par complaisance amicale ».

(2) Les répertoires de bibliographie générale ne sont point d'accord sur le nombre exact de volumes que doit comporter, pour être complète, la *Collection des Mémoires relatifs à la Révolution française*. Brunet et M. Alfred Franklin (*les Sources de l'histoire de France*) comptent cinquante-cinq volumes; Paul Chéron en énumère quarante-sept et M. Georges Vicaire cinquante-sept; mais ces différences proviennent des additions ou suppressions admises par les uns et rejetées par les autres; en l'état, les mentions inscrites aux faux-titres de chaque volume établissent seules la corrélation des diverses parties de la *Collection* et l'analogie qui peut exister, par le titre ou le contenu, entre celle-ci et des publications similaires ne suffit pas pour les y faire accepter. Brunet supprime les *Mémoires* de Gaudin, duc de Gaëte, et ajoute qu'on peut annexer à la série les *Débats*

réimpressions immédiates : quatre d'entre elles (*Mémoires* de Mme Roland, de Bouillé, de Charles Barbaroux et de Besenval) furent exécutées au cours de l'année 1827 par l'imprimerie H. Balzac, d'où sortit aussi un prospectus (qui paraît avoir échappé aux recherches de M. Georges Vicaire) annonçant des gravures et des fac-similé dont la réunion forme, selon le *Manuel du libraire* de Jacques-Charles Brunet, un volume séparé; mais M. Vicaire n'a pu voir ce volume et je n'ai pas été plus heureux que lui.

Les concurrences, comme on peut le penser, ne manquèrent pas à la collection Baudouin; la première en date fut celle que lui suscita Gabriel Michaud avec une *Collection complémentaire des Mémoires relatifs à la Révolution française* (1823, 8 vol. in-8°) dont les quatre premiers, remplis par les *Mémoires* de Bertrand de Moleville, de François Hüe et de Cléry, doivent seuls être rappelés ici et qui n'étaient en réalité que le rajeunissement, au moyen de titres et de couvertures de relai, des soldes d'éditions antérieures. Ladvocat ouvrit simultanément trois séries afférentes à des *Mémoires sur le XVIII° siècle et la Révolution française*, dont ceux de Mme de Genlis constituent, si je ne me trompe, l'unique et volumineux

---

de la Convention nationale, les *Papiers inédits trouvés chez Robespierre* et les *Mémoires* de Sénar. Paul Chéron écarte également Gaudin, plus les *Mémoires sur les guerres de Vendée* et ceux de Meilhan, soit neuf volumes. M. Vicaire inscrit au contraire ces trois ouvrages à leur rang alphabétique et y joint, à titre éventuel, les *Mémoires* de Sénar et ceux de Mlle Bertin, les *Débuts de la Convention* et les *Papiers inédits trouvés chez Robespierre*. M. Franklin adopte le total de cinquante-cinq volumes répartis en trente-quatre ouvrages dont il donne le contenu, sans tenir compte des additions proposées par l'auteur du *Manuel du libraire*, qui a eu le tort d'ajouter : « Cette même collection peut être augmentée indéfiniment de tous les mémoires véritables ou supposés dont d'avides spéculateurs ne cessent d'inonder la France depuis quelques années. » La remarque est spirituelle, mais bien peu scientifique. En fait, les *Papiers inédits trouvés chez Robespierre* peuvent et doivent seuls être annexés à la collection telle que l'a décrite M. Vicaire et qui comporterait en ce cas soixante volumes, puisque le prospectus de ces *Papiers* les désigne expressément comme y faisant suite, tandis que les autres ouvrages parus chez d'autres éditeurs ne sauraient en faire partie. Sans doute la réimpression du *Vieux Cordelier*, du *Journal politique national* de Rivarol, du *Précis de Méda sur le 9 thermidor*, ou le recueil de témoignages divers sur les *Guerres des Vendéens et des Chouans* ne sont point à leur place dans une collection dite de « Mémoires », mais les réserves formulées par le bon sens ne sauraient prévaloir contre la matérialité des faits et il faut accepter sans les discuter les choix de Baudouin et de ses deux associés.

De 1846 à 1866 la librairie Didot publia, sous la direction de François Barrière, une *Bibliothèque des mémoires relatifs à l'histoire de France pendant le XVIII° siècle* (28 vol. in-12), dont M. Georges Vicaire a également donné le détail à la suite de la *Collection des Mémoires relatifs à la Révolution française* et dans laquelle furent réimprimés en totalité ou plus souvent en partie quelques-uns des textes de cette *Collection* (Besenval, Bouillé, Mme Campan, Cléry, Dumouriez, Louvet, Montpensier, Riouffe, les relations des journées de septembre, etc.). La tâche de l'éditeur s'était bornée à élaguer ce qu'il jugeait superflu et à reproduire telles quelles ses anciennes notices préliminaires. Le format et le prix modique de cette collection lui ont assuré un très grand débit. En 1875 la maison Didot adjoignit à cette première série une série nouvelle dirigée par M. de Lescure qui, fidèle aux errements de son prédécesseur, abrégea les textes groupés sous les titres collectifs en un ou plusieurs volumes et tomés XXIX-XXXVII. On trouvera dans la présente *Bibliographie* (tome Ier et tome IV) à leurs places respectives la mention des *Mémoires* intégralement reproduits ou mutilés que Barrière et de Lescure ont fait entrer dans l'ancienne et dans la nouvelle série.

spécimen, à des *Mémoires sur la Révolution française*, représentés par ceux de Lombard de Langres (1823) et de Brissot (1830), enfin à des *Mémoires contemporains* que fournirent les plumes verbeuses de Mme d'Abrantès et de Bourrienne ou de ses teinturiers et dont je n'ai pas d'ailleurs à m'occuper ici. Les frères Bossange éditaient en 1824 les *Mémoires* de Mlle Rose Bertin [21033], presque aussitôt retirés du commerce, et ceux de L.-J. Gohier [22909] formant la tête d'une *Collection de mémoires relatifs à la Révolution française*, dont le titre générique était calqué, moins une lettre, sur celui de l'entreprise de Baudouin et qui semble d'ailleurs n'avoir pas été poursuivie plus loin. Enfin de 1834 à 1837, Alphonse Levavasseur mit au jour les *Mémoires de tous* [20580]; cette étiquette commode permettait à la fois de réunir dans un même tome les opinions et les époques les plus disparates en donnant ainsi satisfaction aux partisans ou aux adversaires des trois régimes sous lesquels la France avait vécu de 1789 à 1830, et de faire une part assez large aux événements survenus en Italie, en Espagne, en Portugal et jusqu'aux Indes anglaises; mais cette diversité même donne aux *Mémoires de tous* le caractère d'une sorte de revue historique (1) bien plus que celui d'un répertoire homogène, et si on n'y trouvait pas des documents sur Louis XVII, La Fayette, Charlotte Robespierre, Talleyrand, etc., je n'aurais pas eu à les faire figurer dans la présente *Bibliographie*.

Il ne faut citer qu'à cause de son titre le projet presque aussi vite avorté que conçu d'une *Collection des principaux mémoires, brochures, notices et pamphlets relatifs à la Révolution française*, dont M. Jules Ravenel se proposait de diriger la réimpression et à laquelle se rattache une édition des *Mémoires* de Mme Roland [25415e], tardivement désavouée par l'éditeur, qui semblait d'abord en avoir accepté la paternité.

Deux autres tentatives du même ordre, prématurément interrompues toutes deux, sont de date plus récente. Outre le *Nouveau Paris* de Sébastien Mercier et la réimpression du livre de Senac de Meilhan sur *le Gouvernement, les mœurs et les conditions en France avant la Révolution*, la série des *Mémoires et Documents sur la Révolution française*, commencée en 1862 par Poulet-Malassis comprenait, d'une part, les *Mémoires* de Garat, publiés par Eugène Maron [22796], d'autre part, ceux de Louvet et de Dulaure réunis sous la même couverture [22595 et 23728] et qui avaient pour

---

(1) L'idée a été reprise de nos jours par M. Paul Bonnefon qui a publié des *Souvenirs et Mémoires, recueil mensuel de documents autobiographiques, souvenirs, mémoires, correspondances* (Lucien Gougy, 1898-1901, 6 vol. in-8°) où la Révolution et le XIXe siècle sont largement représentés et que j'ai eu plusieurs fois l'occasion de citer.

éditeurs respectifs Eugène Maron et Léon de La Sicotière ; enfin Damase Jouaust avait introduit dans une *Nouvelle Bibliothèque des Mémoires relatifs à l'histoire de France* ceux de Louvet, de Linguet et Dusaulx sur la Bastille et de Marmontel, dont il avait demandé l'annotation à MM. Aulard, H. Monin et Maurice Tourneux.

Sous la Restauration et dans les premières années de la monarchie de Juillet, la critique historique était encore à naître et personne ne s'avisait de mettre en doute la valeur de ces témoignages qui surgissaient à l'envi, toujours à point nommé : beaucoup d'entre eux cependant, présentés comme émanant de personnages considérables n'offraient aucune des garanties que nous exigeons aujourd'hui. Trop souvent à des notes et à des ébauches, la piété filiale et aussi la spéculation ont substitué des récits mieux ordonnés, plus complets, et, par cela même, en partie dépourvus d'autorité : tel est le cas des *Mémoires* de Barbaroux et de Guadet, publiés par leurs fils, de Tilly, de Brissot, de Grégoire, de Levasseur (de la Sarthe), de La Fayette, de Mirabeau qui ont pour garants de leur authenticité relative les noms de Alph. de Beauchamp et H. Cavé, de Lhéritier (de l'Ain), d'Hippolyte Carnot, d'Achille Roche, de François de Corcelle, de Lucas de Montigny. Heureux encore quand ces amplifications ou adaptations ont eu pour point de départ soit le consentement tacite du survivant, soit les papiers qu'il avait mis en réserve ! En plus d'un cas les éditeurs, ou prétendus tels, n'y ont pas apporté tant de vergogne : c'était le beau temps des *Mémoires authentiques* de Robespierre [25041] fabriqués par Charles Reybaud, de ceux de Sanson [I, 3903], pour lesquels Balzac et Lhéritier (de l'Ain) ont trouvé de nos jours des continuateurs, de Mme Du Barry [22523], sortis de l'officine de Lamothe-Langon, tout comme ceux de la comtesse d'Adhémar [21044], de Mme de Fars-Fausse-Lendry [I, 3484], de Léonard [21045], etc. Ces scandaleux abus n'ont d'ailleurs soulevé que bien peu de protestations de la part des familles dont les ascendants servaient aussi d'appât à la curiosité publique ; je ne connais, pour ma part, que celles des héritiers de Rose Bertin [21032] et de Condorcet [22237] qui, d'ailleurs, obtinrent les unes et les autres gain de cause. Ce débordement de révélations de toute valeur rencontra cependant des incrédules, mais ni M. de Salaberry, dans les cinq lettres qui précèdent les *Mémoires* du marquis de Moré, son beau-frère [24340], ni la préface des *Souvenirs d'un sexagénaire* d'Arnault n'ont essayé de donner les raisons de leur scepticisme. M. de Salaberry, par exemple, déclare apocryphes les *Mémoires* de Lauzun, uniquement parce qu'il n'aurait pas eu, dit-il, le temps de les écrire et persifle, comme Louis de Sévelinges, Mme de Genlis sur ses nombreuses métamorphoses. Arnault met sur le même plan les *Mémoires* de Tilly, « recueil de faits tous plus scandaleux les uns que les autres », ceux d'Henriette Wilson, de Vidocq, du duc de Rovigo, de Bourrienne et de Constant, valet de chambre de Napoléon, sans alléguer quelques-uns des motifs variés qui pouvaient mettre le lecteur en légitime défiance.

La faveur publique continua néanmoins à en encourager ces honteuses mystifications et d'autres encore, telles que les *Souvenirs* de la marquise de Créquy, très goûtés par le faubourg Saint-Germain dont ils soulageaient les rancunes contre la branche cadette, et ceux où Georges Duval se moquait cyniquement de ses lecteurs, tandis que la *Revue rétrospective* de Taschereau et la *Revue de bibliographie analytique* de Miller et Aubenas, qui s'efforçaient d'apporter à l'histoire des matériaux solides ou d'ouvrir à la critique des routes nouvelles et sûres, traînèrent pendant quelques années une existence précaire.

Le silence imposé à la conscience publique par le régime du 2 décembre eut du moins pour résultat de ramener la curiosité vers un passé dont il était permis de parler à peu près impunément. Pendant que les journaux intimes d'Héroard, de Dangeau, de Buvat, de Mathieu Marais, de d'Argenson, du duc de Luynes, de Barbier renouvelaient sur bien des points la chronique de deux siècles, les documents accumulés dans les cartons des Archives permettaient à M. Emile Campardon de reconstituer pour la première fois l'histoire du Tribunal révolutionnaire, à Charles Vatel, à Ernest Hamel, à Alfred Bougeart de dégager de la légende Charlotte Corday, Robespierre, Danton et Marat.

En 1864 une vente publique, annoncée sous de mystérieuses initiales, fit entrer à la Bibliothèque les originaux ou des copies authentiques des *Mémoires* de Buzot, de Pétion, de Louvet, de Mme Roland, dont les confessions suprêmes nous furent livrées dans un texte définitif ou tout au moins mieux établi. A l'exemple des dépôts publics devenus enfin plus accessibles, quelques familles se décidèrent à révéler le contenu de portefeuilles jusque-là jalousement fermés ou entr'ouverts en de rares occurrences ; nous devons à cette louable émulation les *Mémoires* d'Augeard [21039] édités par Evariste Bavoux, de Beugnot [21858] rassemblés par son petit-fils, de Malouet, publiés par son fils, qui en donna six ans après une édition plus ample [23837-23837*]. D'autres lumières sont demeurées longtemps encore sous le boisseau ; dix fois peut-être fut annoncée, puis démentie la mise au jour des *Mémoires* de Barras [21769], soustraits la veille ou le matin même de sa mort aux investigations de la police de la Restauration et qui ont enfin trouvé dans M. George Duruy un éditeur plus consciencieux que bien informé. Les *Mémoires* de La Révellière-Lépeaux ont passé plus de vingt ans dans une cave et, par suite d'un scrupule fort honorable, n'ont circulé qu'après la mort tragique du président Sadi Carnot. On n'a pas oublié quelles polémiques ardentes souleva l'apparition tant de fois reculée des *Mémoires* de Talleyrand [25471] ; depuis la passe d'armes provoquée en 1864 par la correspondance apocryphe de Marie-Antoinette on n'avait pas vu, de part et d'autre, semblable acharnement; sans prendre parti dans la querelle, je me suis efforcé de fournir à l'historien futur de cette petite guerre les éléments bibliographiques qui en constituent les épisodes.

Tenus pour suspects par le plus grand nombre ou considérés par quelques esprits sceptiques ou obstinés comme renfermant l'expression exacte et intégrale de la pensée du prince, les *Mémoires* de Talleyrand ont néanmoins causé une déception à peu près unanime; et il semble bien, en effet, que si l'ère de ces révélations posthumes n'est pas entièrement close, le temps n'est plus où elles pouvaient provoquer la surprise et le scandale qui étaient l'élément même de leur succès. L'histoire moderne a fait en ces trente dernières années de tels progrès et mis à la portée de tous des éléments d'informations tellement nombreux que les secrets trop jalousement gardés par les survivants de cette grande époque ou par leurs ayants droit sont depuis longtemps éventés. Pareille mésaventure attend peut-être les *Mémoires* de Maret, duc de Bassano, dont leur auteur avait plusieurs fois parlé à un homme digne de foi, mais que ses héritiers déclarent ignorer, ou encore ceux de Cambacérès, dont l'existence n'est pas douteuse, puisque divers historiens en ont eu de nos jours communication.

V

Les *Mémoires*, quels qu'ils soient, forment par leur caractère nécessairement rétrospectif un contraste piquant avec les pamphlets, les apologies, les dénonciations qui constituent, ainsi que les notices biographiques anciennes ou récentes, la série Ln[27] du *Catalogue de l'histoire de France* où elle remplit une partie des tomes IX et X; à un *Supplément* autographié, en 1884, sont venues s'ajouter de nombreuses additions incorporées dans les recueils factices constitués par les découpures des *Bulletins des nouvelles acquisitions françaises et étrangères*. Toutefois, pour des raisons mal définies, l'administration de la Bibliothèque a interrompu le répertoire de l'histoire de France de 1875 à 1881 inclus, et j'ai dû suppléer de mon mieux à cette lacune sans me flatter d'y avoir toujours réussi.

Dans les séries Lb^{39} (*Règne de Louis XVI*), Lb^{40} (*Municipalités et Sociétés populaires*), Lb^{41} (*Convention nationale*), Lb^{42} (*Directoire*) de ce même catalogue, j'ai pu relever nombre de documents se rattachant plutôt à la biographie individuelle qu'à l'histoire générale et j'ai complété ce qu'elles m'ont fourni par des investigations dans les factums et mémoires judiciaires, les jugements du Tribunal révolutionnaire, les affiches de ventes des biens saisis en vertu des lois sur l'émigration et sur la peine capitale, enfin les catalogues de tableaux, d'objets d'art et de livres vendus librement par leurs propriétaires ou leurs héritiers, ou pour obéir à ces lois d'exception.

La Bibliothèque nationale a fait imprimer en cinq volumes un catalogue des factums qu'elle possède, mais ce catalogue s'arrête précisément à 1789, et là encore les chances d'omission sont à peu près inévitables, puisque le hasard seul peut mettre le chercheur sur la piste d'une instance engagée à partir de 1790 entre deux parties.

L'exemplaire le plus complet, malgré ses lacunes, des jugements du Tribunal révolutionnaire, que possède la Bibliothèque nationale, est celui qui provient de Deschiens, et que celui-ci tenait, assurait-il, du greffier même du Tribunal; les recherches y sont d'ailleurs assez difficiles, parce que les jugements y sont classés suivant un numéro d'ordre qu'il faut connaître d'avance et non par ordre chronologique. Un second recueil ainsi classé et coté Lb^{41} 2232 est d'un usage beaucoup plus pratique, et c'est celui-là dont j'ai fait usage; mais il s'arrête à prairial an II. A cette date d'ailleurs les comparutions des inculpés sont presque toutes collectives, et les sinistres « fournées » se succèdent presque de jour en jour. Enfin un second recueil factice (coté Lb^{41} 2233), exclusivement formé d'ordonnances et non de jugements, et ne comportant que des acquittements (du 24 juillet 1793 au 5 messidor an II) est lui-même incomplet. Bien que les réquisitoires de Fouquier-Tinville ou de ses assesseurs soient le plus souvent résumés et parfois même reproduits *in extenso* en tête du jugement, il importe de toujours contrôler le texte des débats tel qu'il est fourni par le *Bulletin du Tribunal révolutionnaire* (Lc^2 714). Il ne faut pas négliger non plus les deux ouvrages, très importants en l'espèce, de MM. Émile Campardon et Henri Wallon. Le *Tribunal révolutionnaire* du premier ne contient qu'un choix de procès et de jugements, mais il est terminé par une liste fort utile de tous les prévenus qui ont été cités à la barre. L'*Histoire* de ce même Tribunal, par M. Wallon, a pour sous-titre :

Avec le journal de ses actes; il complète et rectifie sur bien des points le livre de M. Campardon; c'est la deuxième édition (1866) de celui-ci qu'il faut consulter de préférence, tandis que la deuxième édition du livre de M. Wallon, publiée en 1899, ne peut rendre les mêmes services que la première, l'auteur y ayant amoindri la partie documentaire et réduit, par suite, la table générale qu'il avait primitivement dressée.

Les catalogues de tableaux et d'objets d'art et ceux de livres forment deux fonds très importants et aujourd'hui entièrement répertoriés sous les V, Q et Δ, auxquels je ne me suis pas fait faute de puiser, car les collections privées étaient plus nombreuses et presque toujours plus importantes qu'aujourd'hui. « Il y a, écrivait Georges Pouchet (1), dans chaque révolutionnaire de l'an II, deux hommes : l'un fils aimable de ce XVIIIe siècle si curieux des choses de science; l'autre, fils de ses œuvres, épris d'un formidable labeur prêt à étouffer dans les ruines et à noyer dans le sang tout ce qui signifie à ses yeux contre-révolution. » De cette dualité de nombreux témoignages subsistent, aussi bien dans les inventaires manuscrits dressés par les membres de la Commission temporaire des arts, après les jugements du Tribunal révolutionnaire, que dans les mentions relevées au cours même de cette partie de la *Bibliographie* : la collection des classiques latins de Barbou, reliés en maroquin vert, décrite dans l'inventaire dressé au domicile de Danton après la mort de sa première femme, aurait fait bonne figure dans les bibliothèques plusieurs fois renouvelées et chaque fois épurées de Marie-Joseph Chénier ou de Mirabeau, et Courtois lui-même mérite quelqu'indulgence pour le soin qu'il avait apporté à réunir une série aussi complète que possible des poètes latins modernes. Les émigrés et les condamnés ont néanmoins fourni la part la plus considérable à cette diffusion de richesses dont trop souvent les émissaires de l'étranger ont seuls profité : la galerie de tableaux de Ducloz-Dufresnoy, les bibliothèques d'Anisson-Duperron, de Loménie de Brienne, des Noailles, des Trudaine, de Champcenetz père, de Malesherbes, ne nous sont connues aujourd'hui que par les catalogues qui les ont décrites et qui, par cela même, avaient droit de figurer ici aussi bien que ceux des survivants de la Révolution : Garran de Coulon, Ginguené, Gohier, Guillotin, Hassenfratz, ou que le splendide « cabinet de livres » tant de fois fait, défait et refait par Talleyrand.

L'une des parties les plus délicates de ma tâche, — sinon même la plus délicate, — a été de déterminer à quel titre tel ou tel personnage devait

---

(1) *Les Sciences pendant la Terreur* (cf. tome III, n°s 16926-16926^a).

figurer dans ce répertoire : il ne suffisait pas en effet pour cela d'être né à Paris, ni même d'y être mort sur l'échafaud, mais il fallait surtout que par un point quelconque cette mention pût se rattacher à un épisode de l'histoire générale ou en constituât elle-même un détail. Je n'ai pas cru devoir mettre le lecteur dans la confidence des raisons qui ont influé sur mes choix, mais j'espère qu'on voudra bien croire qu'aucune de ces admissions n'a été décidée sans examen. Plus d'un de ces noms frappera pour la première fois, sans doute, les yeux du lecteur et il en est parmi eux de tout à fait obscurs; d'autres, au contraire, ne semblent devoir jamais lasser l'attention de la postérité. Ici comme ailleurs je n'ai jamais perdu de vue que je traitais de l'histoire de Paris seulement et pour une période circonscrite par les événements mêmes : aussi pourrai-je répéter ici les déclarations que j'ai déjà faites (voyez tome Ier, p. XLVI) à propos de l'exclusion de tout ce qui était étranger à mon sujet. C'est pour obéir à ce scrupule que les articles de Beaumarchais, de La Fayette, de Mirabeau sont sciemment et volontairement incomplets. Les démêlés judiciaires et littéraires de Beaumarchais, antérieurs à la Révolution, ne rentraient pas plus, il m'a semblé, dans mon sujet que les polémiques financières et les démêlés de famille de Mirabeau, ou que le rôle de La Fayette en Amérique, pendant la guerre de l'Indépendance, en France sous la Restauration et sous la Monarchie de juillet. Napoléon et Lucien Bonaparte ne sont représentés ici que par un très petit nombre de panégyriques ou de pamphlets allusifs aux journées fameuses où ils jouèrent un rôle et que relatent les *Mémoires* du prince de Canino. Bien que je me sois montré moins strict pour des personnages de second et de troisième plans, je n'ai pas cru devoir tenir compte de tout ce qui pouvait à la rigueur se rattacher à leur histoire, comme, pour m'en tenir à ces deux exemples, la brochure du Dr Armand Després sur l'illustration des *Lettres à Emilie* de Demoustiers, ou les listes de souscription ouvertes en 1850 par les habitants de Lure (Haute-Saône) pour élever un monument au Dr Desault; mais ces cas d'ostracisme ont été peu nombreux et j'aurais plutôt à me reprocher trop d'indulgence à l'égard de livres que leurs titres signalaient à mon attention et que l'examen de leur contenu aurait dû faire exclure d'un répertoire destiné à guider et non à égarer le lecteur; je n'ai vraiment proscrit que deux ou trois élucubrations dont la faiblesse ou l'ineptie défie toute analyse.

VI

Tour à tour annoncée comme devant prendre place à la fin du tome II, puis du tome III, la bibliographie des communes suburbaines, successivement désignées sous le nom de *Paris hors les murs*, de *Département de Paris* et de *Département de la Seine*, n'a rien perdu à se voir ainsi ajournée, car elle a bénéficié des travaux de dates toutes récentes dus à MM. Bournon, Sigismond Lacroix, Lanfant, qui m'ont aidé à tracer le plan dans lequel je l'ai circonscrite. Ce plan d'ailleurs est fort simple : après avoir traité des généralités du sujet, j'ai groupé sous le vocable de chaque commune les documents qui la concernaient, sans avoir égard aux divisions administratives plusieurs fois remaniées pendant le cours même de la Révolution qui ont modifié la répartition première (1). En outre, j'ai admis dans

---

(1) Il n'est et ne peut être ici question que du Département tel qu'il fut constitué à la suite des délibérations des districts (16-19 décembre 1789) et après que, sur le rapport de Condorcet, l'Assemblée nationale en eut ratifié le tracé. Outre la brochure de M. F. Bournon sur la *Création de ce département et son étendue* [25814], on consultera pour la période immédiatement antérieure un travail du même érudit, paru dans la *Correspondance historique* (1899), puis réimprimé dans le *Bulletin de la Société historique de Corbeil, d'Etampes et du Hurepoix* (1901) et tiré à part à cent exemplaires : *L'Assemblée provinciale de l'Ile-de-France. Les départements de Saint-Germain et de Corbeil* (1787-1790), in-8°, 34 p.

Le détail très complexe des votes émis par les bailliages de Choisy-le-Roi, de Vincennes, de Meudon et de Versailles, secondaires de la Prévôté et Vicomté de Paris hors les murs, a été exposé avec le plus grand soin par M. Armand Brette dans le tome III de son *Recueil de documents relatifs à la convocation des Etats-Généraux* [25784], tome III, pp. 262-289 et la 5ᵉ carte de l'*Atlas* qui accompagne ce *Recueil* met le chercheur à même de se rendre compte des modifications profondes que subirent en vue de l'unification territoriale et administrative les anciennes divisions civiles et ecclésiastiques abolies par la loi nouvelle.

L'état de choses déterminé par ce décret du 19 janvier 1790 provoqua, comme on devait s'y attendre, diverses réclamations auxquelles, pour la plupart, il fut fait droit, soit par l'Assemblée législative, soit par la Convention et par les deux Conseils. Les divisions du département de Paris, devenu en l'an III le département de la Seine, furent plusieurs fois modifiées sur la plainte des communes elles-mêmes jalouses de leur autonomie, ou selon que le vent soufflait pour ou contre la centralisation. M. Lanfant a recueilli à cet égard de nombreux renseignements que l'on trouve dans son livre [25815] et que je me contente de signaler.

M. Lanfant a de plus donné en appendice trois cartes : celle du Département de Paris (1790) en seize cantons d'après la minute même contresignée par les commissaires de l'Assemblée constituante et conservée aux Archives nationales, celle du Département de la Seine (1801), réduit en huit cantons en vertu de l'arrêté des Conseils du 21 fructidor an IX (12 septembre 1801) et enfin celle du département actuel (1902).

Quant au personnel chargé d'administrer les districts, cantons et communes de la banlieue, l'*Almanach général du Département de Paris pour l'année 1791* (III, n° 12633), pp. 270-415, et l'*Almanach du Département de la Seine pour l'an VII* [-VIII] (III, 12635-11635ᵃ), pp. 159-172, fournissent toutes les références nécessaires; le premier même indique les prénoms qui rendent les identifications plus faciles.

cette nomenclature alphabétique diverses localités qui, géographiquement, appartiennent au département de Seine-et-Oise, mais qui ont joué bon gré malgré, dans l'histoire même de Paris, un rôle assez important pour justifier cette infraction aux règles que je m'étais fixées. Argenteuil, Meudon, Nanterre, Sèvres ont subi plus d'une fois les conséquences du voisinage de la grande ville et leur territoire s'est vu fréquemment envahi par les gardes nationales des agglomérations les plus proches, ou par des incursions de gens sans aveu à qui la terrible question des subsistances servait de motif ou de prétexte.

A l'exception de Saint-Denis, dont l'histoire civile et celle de sa basilique m'ont fourni un nombre d'articles relativement important, la plupart des autres communes ne m'ont apporté qu'un bien faible contingent et plus d'une d'entr'elles n'aurait pas eu à figurer ici, si le Conseil général de la Seine n'avait pas voté en 1895 les crédits nécessaires pour assurer la publication d'un *Etat des communes... à la fin du XIX° siècle*. Chacune de ces monographies comporte deux parties : une *Notice historique*, par M. Fernand Bournon et des *Renseignements administratifs* coordonnés par la Direction des Affaires départementales. En historien scrupuleux, M. Bournon a examiné sur place les archives de chaque localité et y a parfois glané, entr'autres renseignements curieux, les plaintes confiées au papier par quelques natifs ou par tel ou tel bourgeois en villégiature au moment de la convocation des Etats-Généraux; mais trop souvent il a dû se contenter d'emprunter aux *Archives parlementaires* des textes déjà connus et constater la disparition totale ou partielle des registres qui auraient permis de les vérifier.

L'*Etat des communes... à la fin du XIX° siècle* — son titre même l'indique — n'avait pas à tenir compte des subdivisions et dénominations suburbaines antérieures au décret du 16 juin 1859, qui incorpora dans le périmètre de Paris les communes de Vaugirard, de Grenelle, de la Villette, de Belleville et la majeure partie de celles d'Auteuil, de Passy, des Batignolles-Monceau, de Montmartre, de La Chapelle, de Charonne et de Bercy, plus un démembrement considérable des territoires de Neuilly, Clichy, Saint-Ouen, Aubervilliers, Pantin, les Prés-Saint-Gervais, Saint-Mandé, Bagnolet, Ivry, Gentilly, Montrouge, Vanves et Issy. Aussi cet *Etat* est-il forcément muet sur les quatres premières de ces localités, et j'ai dû suppléer à son silence en reconstituant les rares vestiges que m'offraient les séries Lb^{39}-Lb^{42} du *Catalogue de l'histoire de France*, celles de la Bibliothèque de la Ville et les cartons si riches et toujours libéralement ouverts de M. Paul Lacombe.

VII

C'est au commencement de 1886 que le projet de publication de cette *Bibliographie* fut voté par le Conseil municipal et que je me suis mis à l'œuvre; c'est au bout de vingt ans qu'elle s'achève, et je crois pouvoir me rendre ce témoignage que, distrait en apparence par d'autres tâches, je n'ai jamais perdu celle-ci de vue. Durant cette gestation poursuivie à travers les incidents quotidiens, les deuils réitérés, les chagrins petits et grands qui sont le lot de toute vie humaine, bien des travaux ont surgi dont il m'était impossible de tenir compte; soit en raison des lenteurs du dépôt légal, soit parce que j'en avais tardivement connaissance, soit enfin parce qu'ils ont tout récemment paru. Diverses omissions sont imputables à ma seule inadvertance et quelques-unes m'ont été reprochées avec une amertume qui me les ont rendues plus sensibles (1); d'autres lacunes que je ne pouvais soupçonner quand j'explorais les richesses de nos dépôts publics, seront en partie comblées par le *Catalogue général des livres imprimés de la Bibliothèque nationale (Auteurs)* dont vingt-sept volumes ont déjà paru. La refonte en une série alphabétique unique des divers fonds de la Bibliothèque a révélé de nombreuses pièces qui n'avaient pu prendre place dans le *Catalogue de l'histoire de France*, et je dois à MM. Alexandre Vidier, Louis Denise, Henri Maître, Ledos, Trudon des Ormes, etc. plus d'une rectification dont je suis heureux de les remercier. Quant aux écrits anonymes et polyonymes qui échappent plus aisément au bibliographe que les pièces signées d'un nom réel ou fictif, le supplément autographié de l'*Histoire constitutionnelle* (1895) m'a fourni d'abondantes additions, notamment pour les chapitres V et VI du

---

(1) Voyez les *Actes de la Commune de Paris* [26214] publiés par M. Sigismond Lacroix, *passim*. M. Lacroix et ses collaborateurs ont relevé dans divers recueils factices ou dossiers de la Bibliothèque de la Ville, de celle de la Chambre des Députés, du Département des Manuscrits de la Bibliothèque nationale, un certain nombre d'arrêtés de districts ou de sections, de feuilles volantes et d'affiches qui m'avaient échappé. J'ai réparé de mon mieux dans les *Nouvelles additions et corrections du tome II* les plus notables de ces omissions, et j'ai pour cela dépouillé les papiers conservés rue de Richelieu sous les cotes Mss. fr. nouv. acq. 2638-2720. Achetées en 1867 au fameux bouquiniste Lefèvre et reliées deux ans plus tard, ces liasses manuscrites renferment quantités d'imprimés qui auraient dû, ce semble, venir prendre place dans les tomes X et XI du *Catalogue de l'histoire de France*, tandis qu'ils sont restés mêlés avec les pièces et circulaires reçues par diverses sections, mais n'émanant point d'elles; en sorte que dans les registres de la section Le Peletier, par exemple, on trouve des centaines de lettres à elle adressées, mais rien qui permette de reconstituer sa vie propre. Il en est de même pour les imprimés dont les exemplaires échangés par les diverses fractions de la « Commune » se rencontrent dans les registres de chacune d'elles et parfois à plusieurs exemplaires.

tome II (*Actes et délibérations des districts et des sections*); la plupart de ces délibérations ont trait aux décrets de la Convention sur la réélection forcée des deux tiers de ses membres qui provoquèrent la journée du 13 vendémiaire et elles semblent avoir fait partie d'un groupement systématique ancien.

Déjà les trois premiers volumes de cette *Bibliographie* avaient comporté des *Additions et Corrections;* j'ai cru devoir distinguer les secondes des premières par les mots (*Nouv. Add.*) qui seront reproduits à la *Table générale*. En ce qui concerne les accroissements dus à des publications nouvelles, j'ai définitivement limité mes recherches au 31 décembre 1905.

Au moment de poser la plume, et dut-on sourire de la comparaison, je ne puis m'empêcher de songer à la page célèbre et charmante où Gibbon a dit quelles émotions l'agitaient après avoir écrit le mot *fin* au bas de son *Histoire de l'Empire romain;* ce sentiment de délivrance et de regret qui naît de l'achèvement d'une œuvre à laquelle on a donné, sans compter, son temps et ses peines, bien d'autres l'ont éprouvé avant moi, mais tous n'ont pas eu la joie de se dire que dans ce champ si laborieusement défriché et ensemencé germeraient d'amples moissons, ou, si l'on trouve cette comparaison abusive et banale, qu'un élan est donné qui de longtemps ne s'arrêtera pas. On pourra sur bien des points améliorer cette *Bibliographie;* j'espère du moins qu'il ne sera pas nécessaire de la refaire en entier, mais on étudiera de plus en plus la Révolution française dans toutes ses manifestations et dans toutes ses conséquences, à Paris et ailleurs. Or, un instrument d'information est d'ores et déjà à la disposition de tous ceux qui, après s'être enquis de ce que l'on pourrait définir le passé de la science dont la *Bibliographie* s'est efforcée de retracer une image fidèle, veulent savoir où en est la question qui les intéresse ou qu'ils se proposent de traiter : c'est le *Répertoire méthodique de l'histoire moderne et contemporaine* créé en 1898 par MM. Gaston Brière et Pierre Caron, et dont je me suis plus d'une fois servi pour mettre au point certains articles de la quatrième partie. Cette forme d'annuaire, pourvu qu'il soit tenu à jour, est désormais, ce me semble, celle qui répondra le mieux aux exigences de la critique historique et le seul remède aux redites fréquentes qui, en entravant sa marche, la font dévier du but unique auquel elle doit tendre : la Vérité.

MAURICE TOURNEUX.

Juillet 1906.

NOTE A CONSULTER

Le titre de chaque pièce, quelle que soit sa longueur, a été reproduit intégralement, sauf la date révolutionnaire inscrite sur le frontispice ou à la rubrique typographique d'un grand nombre d'entre eux : *le premier floréal an troisième de la République française, une et indivisible* (ou : *de la République française une, indivisible et impérissable*), est réduit à : 1ᵉʳ *floréal an III* et la date grégorienne a été rétablie entre parenthèses.

— Il n'a pas été tenu compte des négligences typographiques des titres, non plus que des majuscules ou italiques qu'ils peuvent renfermer, excepté lorsque ces négligences ou ces caractères peuvent servir à identifier la pièce.

— Les discours, circulaires, prospectus, etc., qui n'ont point de titre sont précédés d'un résumé analytique aussi succinct que possible placé entre crochets et suivi des premiers mots du texte.

Lorsque, dans un titre, il est fait mention d'un autre ouvrage, le titre de celui-ci est placé entre guillemets.

— Les titres en langue allemande sont traduits et placés entre parenthèses à la suite du texte original.

— Les noms d'auteurs traducteurs, éditeurs libraires, dessinateurs, graveurs, sont en petites capitales, soit dans le corps du titre, soit en note.

— Les indications bibliographiques sont en italique ; comme la plupart des pièces volantes n'ont qu'un titre de départ, ces indications figurent d'ordinaire à la dernière page ; elles ont subi l'abréviation d'usage, par exemple : *A Paris, chez Garnery*, devient : *Paris, Garnery*. On n'a mentionné le nom de l'imprimeur qu'à défaut de celui du libraire et en suivant la même règle.

— Le nombre des pages a été soigneusement spécifié pour les plaquettes et les ouvrages en un seul volume, ainsi que pour les ouvrages en plusieurs volumes qui ont été l'objet de réimpressions. Lorsque le feuillet double ou simple du titre n'est pas mentionné, c'est qu'il est compris dans la pagination du texte qu'il précède ; il en est de même pour les tables ou errata qui terminent ce texte.

— Un grand nombre de pièces ne portent pas de lieu d'impression (*S. l.*), ou de date (*S. d.*), et, plus souvent encore, ni l'un ni l'autre (*S. l. n. d.*). A défaut du nom de l'imprimeur qu'il était impossible de retrouver, j'ai inscrit entre crochets la date déterminée par le sujet de la pièce ou par son titre même et, pour les pièces postérieures à l'événement, j'ai proposé la date la plus vraisemblable.

— Les renvois se font toujours au numéro d'ordre de la pièce et non à la page du volume (sauf pour les recueils iconographiques dont le contenu a été détaillé).

— Le signe ⚑, appelé en typographie *pavillon*, a été employé pour appeler l'attention du lecteur sur un travail paru dans une publication périodique, ou sur des documents publiés ailleurs.

― Une numérotation unique a été adoptée pour l'ensemble de la publication, sans égard à ses divisions méthodiques.

― La mention d'une seule cote n'implique pas que la pièce n'existe point ailleurs, mais j'ai cité de préférence celle de la Bibliothèque nationale, parce que les catalogues mis à la disposition du public permettent de contrôler mon dire. Parfois cependant la pièce décrite n'existe que dans une seule bibliothèque, où l'exemplaire que j'y ai vu présente des particularités notables.

― Les lettres supérieures a b c d, etc., placées en exposant du numéro d'ordre et répétées en majuscules après la cote, désignent les éditions ou réimpressions *sans changement de titre*. En ce cas, les premiers mots du titre de l'édition A sont seuls répétés et le surplus est remplacé par des points suspensifs. S'il y a désaccord entre ces deux lettres, c'est que la Bibliothèque nationale n'a pu se procurer la première ou la seconde édition d'un livre que lorsqu'elle avait déjà la troisième (voyez, par exemple, les n°s 4367 et 4307 b c de la *Bibliographie*).

― L'astérisque placée à la suite d'une cote désigne un recueil de pièces; s'il comporte plusieurs volumes, le tome est spécifié.

― Dans le corps des notes, la Bibliothèque nationale est désignée par B. N. et celle de la Ville par B. V. P.; mais dans les cotes placées entre crochets, il a été fait usage des abréviations suivantes :

BIBLIOTHÈQUE NATIONALE.

Département des Imprimés	N.
Département des Manuscrits	N. Mss. fr.
Département des Estampes	N. Est.

ARCHIVES NATIONALES.

Collection Rondonneau	R. AD.

La cote en chiffres romains est celle de la série, la cote en chiffres arabes celle du carton. La collection *Camus* ou collection *verte*, annexée au fonds Rondonneau, porte également la lettre R et la cote AD. XVIIIe.

Les imprimés conservés dans les cartons des Archives proprement dites sont désignés par les lettres	A. N.
BIBLIOTHÈQUE DE LA VILLE DE PARIS (hôtel Saint-Fargeau)	P.
BIBLIOTHÈQUE DE L'ARSENAL	Ars.
BIBLIOTHÈQUE DU SÉNAT	S.
BIBLIOTHÈQUE DE LA CHAMBRE DES DÉPUTÉS	D.
BIBLIOTHÈQUE DE L'ÉCOLE LIBRE DES SCIENCES POLITIQUES	Éc. sc. pol.

(Ces trois dernières bibliothèques ne sont pas publiques.)

ARCHIVES DE LA SEINE	A. S.
BIBLIOTHÈQUE DE ZURICH (COLLECTION USTERI)	Z. U. B.
BRITISH MUSEUM (*French Revolution*)	Br. M. F. R.
COLLECTION LEBER (BIBLIOTHÈQUE DE ROUEN)	*Rouen*, coll. Leber.

Les pièces sans indication de provenance ont été vues chez les libraires ou font partie des collections de l'auteur. Les ouvrages courants ou tout à fait récents ne portent également pas de cote.

QUATRIÈME PARTIE

DOCUMENTS BIOGRAPHIQUES

CHAPITRE PREMIER

BIOGRAPHIES GÉNÉRALES ET SPÉCIALES

§ 1. — Dictionnaires, répertoires et pamphlets généraux.

A. — RECUEILS BIOGRAPHIQUES

20558. — Dictionnaire néologique des hommes et des choses ou Notice alphabétique des hommes de la Révolution..., des monuments, découvertes, institutions les plus remarquables..., par le cousin JACQUES [LOUIS-ABEL BEFFROY DE REIGNY]. (An VIII.)

Voyez tome Ier de la *Bibliographie*, n° 70.

Dans une lettre adressée au *Journal de Paris* (25 germinal. an VIII-15 avril 1800), l'auteur annonçait que ce *Dictionnaire*, appelé *néologique* « parce qu'il ne remontait pas au delà de quinze ans », renfermerait environ 30,000 articles, la plupart fort courts, excepté ceux de *Bonaparte*, *Carnot*, *Pichegru*, *Dix-huit brumaire*, *Déportation*, *Culte*, *Apparence* (sic), que quinze mille articles étaient tout prêts et dix mille autres préparés. Ce qu'il ne dit pas, c'est qu'il avait eu au moins un collaborateur : CH. NODIER, écrivait à Weiss, dans une lettre non datée, mais qui doit être de l'an VIII : « Beffroy de Reigny est un autre original qui m'aime beaucoup et qui a de jolies filles assez riches [sic : rieuses], assez aimables, mais pas mal extravagantes, comme le cher papa. J'ai donné des articles pour le *Dictionnaire néologique* et un peu adouci celui de Briot [représentant du Doubs au Conseil des Cinq-Cents] ».

Le *Dictionnaire néologique*, interrompu à l'article *Côtes-du-Nord*, fut mis au pilon sur l'ordre de Fouché, préfet de police, et peu d'exemplaires ont échappé à cette destruction. Dans un article de la *Revue biblio-iconographique* (juillet-octobre 1900, pp. 340-349), intitulé : *Un Dictionnaire incomplet et rare*, M. Ch. Glinel a décrit deux de ces ex., l'un lui appartenant, l'autre faisant partie de la bibliothèque de M. Albert Cortillot, directeur du *Journal de l'Aisne*.

20559. — Biographical Memoirs of the french Revolution, by JOHN ADOLPHUS, F. S. A. London, T. Cadell junior and W. Davies, 1799, 2 vol. in-8°. [Br. M. 285, I. 28.]

Tome Ier. Notices biographiques par ordre alphabétique sur Louis XVI et la famille royale, Bailly, Benoit (concierge du Luxembourg), Loménie de Brienne, J.-P. Brissot, Chabot,

Clootz, Condorcet, Danton, C. Desmoulins. Dumouriez, Fabre d'Eglantine, Favras, La Fayette, Gobet (sic), Hébert, Henriot.

Tome II. Michel Le Peletier, P. Manuel, Marat, Mirabeau, Necker, le duc d'Orléans, Thomas Paine, Pétion, Robespierre.

Appendice. I. Lettre du Roi à l'Assemblée nationale (5 octobre 1789). II. Lettre de BERTRAND DE MOLEVILLE à la Convention nationale (voyez tome Ier de la *Bibliographie*, n° 3705). III. Dénonciation des prévarications commises dans le procès de Louis XVI (voyez également tome Ier, n° 3785). IV. Lettre de BAILLY (voyez tome Ier, n° 4157), sur le procès de la Reine. V. Lettre de CHARLOTTE CORDAY à Barbaroux. VI. Brevet d'admission à une loge de francs-maçons de Palerme. VII. Préface de l'introduction de l'*Essai* de Mirabeau *sur la secte des Illuminés*. VIII. Lettre de THOMAS PAINE à Sir Archibald Macdonald, attorney général. (Paris, 11 novembre, an I.) IX. Discours et lettre de PÉTION contre Robespierre (novembre 1792). X. Lettre de ROBESPIERRE à Pétion. Toutes ces pièces sont traduites en anglais.

20560. — Dictionnaire biographique et historique des hommes marquants de la fin du XVIIIe siècle, et plus particulièrement de ceux qui ont figuré dans la Révolution française, suivi d'un Supplément et de quatre tableaux des massacres et proscriptions. Rédigé par une société de gens de lettres. *Londres* [*Hambourg*], 1800, 3 vol. in-8°. [N. Ln² 45.]

Par le marquis L. DUBOIS DE LA MAISONFORT, d'après Barbier; mais la *France littéraire* de Quérard (tome XI, v° *Coiffier de Verseux*) reproduit une note trouvée sur un ex. de ce *Dictionnaire biographique*, et d'où il résulte que le marquis de La Maisonfort se serait attribué « à une certaine époque et dans l'intérêt de son avancement » ce travail que HENRI-LOUIS COIFFIER DE VERSEUX dit avoir rédigé seul à Brunswick, de 1799 à 1800. Ce *Dictionnaire biographique* a été réimp. à Paris, en 1806, sous le titre de *Biographie moderne* et sans la participation du premier auteur.

Voyez le numéro suivant.

20561. — Biographie moderne ou Dictionnaire biographique de tous les hommes morts et vivants qui ont marqué à la fin du XVIIIe siècle et au commencement de celui-ci par leurs écrits, leur rang, leurs emplois, leurs talents, leurs malheurs, leurs vertus, leurs crimes et où tous les faits qui les concernent sont rapportés de la manière la plus impartiale et la plus authentique. Deuxième édition, corrigée et augmentée d'un grand nombre d'articles. *A Breslau, Guillaume-Théophile Korn*, 1806, 4 vol. in-8°. [N. Inv. G. 20094-20097.]

Barbier dit que l'ouvrage réimprimé à Paris, en 1802, fut saisi par la police. Malgré l'autorité qu'il convient de reconnaître aux allégations du savant bibliographe, il doit y avoir ici quelque confusion, car cette réimpression n'est mentionnée nulle part, et si la saisie eut lieu, ce fut sans doute à l'imprimerie même où elle s'élaborait, tandis que l'édition de 1806 fut réellement retirée de la circulation, mais non point si exactement qu'il n'en ait subsisté bon nombre d'exemplaires.

Les *Documents relatifs à l'exécution du décret du 5 février* 1810, publiés en 1870 dans la *Revue critique* par CH. THUROT, et dont il existe un tirage à part à la date de 1872 (libr. A. Franck [F. Vieweg], in-8°, 36 p.), renfermait au sujet de ce livre deux rapports dont voici les extraits :

« Au commencement du mois [décembre 1810] le directeur général de la librairie avertit M. le préfet de police que, soit que l'on cherchât à placer des ex. d'un ouvrage intitulé : *la Biographie moderne*, autrefois saisie, soit, comme quelques personnes le pensaient, qu'on l'eut réimprimé sous le titre de : *Dictionnaire des grands hommes de la Révolution ou des géants* (sic) *révolutionnaires*, des agents couraient et s'agitaient chez des libraires et bouquinistes de Paris pour en vendre des exemplaires à 96 fr. Les uns prétendaient que l'édition venait des départements et d'autres directement d'Angleterre. On assurait que l'Empereur et sa famille étaient très mal traités dans cet ouvrage. Les informations prises par M. le Préfet de police donnaient à penser que c'était du côté de Bruxelles que devait se diriger la surveillance. L'inspecteur de la librairie à la résidence de Rouen mande que, vers le 15 du courant, un individu de cette ville y a offert cet ouvrage à plusieurs libraires qui l'ont refusé. Leur opinion est que c'est le reste de l'édition saisie en 1807. On continue à suivre cette affaire qui paraît prouver que les ennemis de la France cherchent à continuer de sourdes hostilités par la voie des pamphlets et des calomnies.

« ... On a parlé dans le bulletin précédent des tentatives obscures faites pour placer des exemplaires de l'ancienne édition de la *Biographie ou Dictionnaire des personnages vivants ou morts qui ont joué un rôle dans la Révolution*, ou pour faire circuler des exemplaires d'une nouvelle édition dans laquelle le nom sacré de Sa Majesté et son auguste famille ne seraient pas respectés. L'inspecteur de la librairie à la résidence de Lyon mande, en date du 22 [décembre] courant, qu'on en a vendu en grand secret dans cette ville au prix de quatre louis. Il ajoute qu'aucun libraire ne s'en mêle ou ne parvient à s'en mêler, qu'on les recherchait vainement dans les magasins, qu'on ignore où on est le dépôt, et que les exemplaires se débitent par l'entremise de personnes étrangères à la librairie. Il espère obtenir quelques résultats plus certains de ses recherches ultérieures. »

Malgré les mesures prohibitives dont elle fut l'objet, la *Biographie moderne*, tirée sans doute à grand nombre, s'est rencontrée pendant longtemps dans les boîtes des quais; elle est aujourd'hui rare et recherchée. Le titre en a plusieurs fois varié, mais qu'il porte la date de 1806 ou celle de 1807, le nom de *G.-Th. Korn* ou celui de *Paul-Jacques Bresson*, la rubrique de *Leipzig*, de *Londres* ou de *Breslau*, le texte est toujours le même. Elle a été en outre, en 1815, l'objet d'une réimpression modifiée; voyez le n° 20564 ci-dessous.

Le catalogue Boulard (tome III, n° 5755) et la dernière édition du *Dictionnaire des anonymes* désignent comme rédacteurs de cette *Biographie* : ALPH. DE BEAUCHAMP, DE CAUBRIÈRES, P.-FR.-FÉLIX-JOSEPH GIRAUD, JOSEPH MICHAUD « et autres », mais ils ajoutent à tort le nom de COIFFIER DE VERSEUX. On a vu, à l'article précédent, qu'il désavouait toute participation à cette refonte de son travail primitif.

20562. — Lexicon der Französischen Revolution oder Sammlung von Biographien der wichtigsten Mænner die fich im Laufe derselben besonders ausgezeichnet haben, von D. ERNST-LUDWIG POSSELT. Erster Band. (Dictionnaire de la Révolution française ou Recueil de biographies des hommes les plus importants qui se sont principalement distingués dans son cours, par le Dr ERNEST-LOUIS POSSELT. Tome premier.) *Nuremberg, Bauer et Mann*, 1802, in-8°. [N. Ln² 47.]

Le tome Ier a seul paru et forme l'introduction de : *Chronologisches Register der Französischen Revolutionen*, du même auteur. Voyez tome Ier de la *Bibliographie*, n° 99.

Sur le titre, fleuron allégorique à l'eau-forte, signé B. LIX *del. et sculp.*

Notices sur *Sieyès, Carnot, Latour-d'Auvergne, March, Hohe, François de Neufchâteau, Godefroy Isarn, marquis de Valady, Kléber, Schérer, Metternich, Treilhard, Albini.*

20563. — The Revolutionary Plutarch, exhibiting the most distinguished characters, literary, military and political in the recent annals of the French Republic, the greater part from the original information of a gentleman resident at Paris. Fifth edition in three volumes. *London,* J. *Murray*; J. *Harding*, 1806, 3 vol. in-8°. [*Br. M.* 283, c. 4.]

Attribué à LEWIS GOLDSMITH, par Halkett et Laing.

Tome Ier. Dédicace à Louis XVI et à Edmond Burke. Extraits des journaux en faveur du livre. Préface. Moreau, Sieyès, Fouché, Barras, Rœderer, Volney; généraux de l'armée d'Angleterre : Soult, Dumas, Dufour, Saint-Hilaire, Loison, Vandamme, Augereau, Lasnes, Masséna, Andréossy, amiral Bruix, le tribun consulaire Riouffe, David, Talleyrand.

Volume II. Général Pichegru; Conversation du docteur Gilbert Blanc avec le général Pichegru; la famille Buonaparte; Carlo Buonaparte; Lœtititia Ramolini; Joseph Buonaparte; Madame Napoleone Buonaparte; Eugenius de Beauharnais; Fanny de Beauharnais; Lucien Buonaparte; Louis Buonaparte; Jérôme Buonaparte; Madame Bacciochi; la princesse de Santa Cruce; Madame Murat; la princesse Borghèse, ci-devant Mme Leclerc.

Volume III. Louis-Antoine-Henry de Bourbon, duc d'Enghien; Louis XVIII; le général royaliste George Cadoudal; épisodes de la guerre vendéenne et chouanne; le général Alex. Berthier; le général Abdallah Menou; le général Murat; le général Rochambeau; le général Boyer; l'amiral Lenoir; J. Cambacérès; le grand juge Regnier; Jacques-Alexis Thuriot; P.-F. Réal; Méhée de la Touche; Garat; Fontanes; Marie-Joseph Chénier; général Frère; Rutger John Schimmelpenninck, grand pensionnaire et chef de la République batave.

Le tome III renferme un fragment fac-simile d'une longue lettre adressée par MÉHÉE DE LA TOUCHE au rédacteur d'un *Dictionnaire historique* sur son rôle politique pendant la Révolution.

En tête du tome Ier, portrait de Moreau. (GÉRARD, *pinxit.*, R. DAGLEY, *sculp.*)
En tête du tome II, Pichegru. (*Engraved from a painting by* GÉRARD.)
En tête du tome III, le duc d'Enghien. (*Engraved by* R. DAGLEY, *from an original drawing by* Genl comte DE CELY.)

20564. — Biographie moderne ou Galerie historique, civile, militaire, politique et judiciaire, contenant les portraits politiques des Français de l'un et de l'autre sexe, morts ou vivants, qui se sont rendus plus ou moins célèbres depuis le commencement de la Révolution jusqu'à nos jours, par leurs talents, leurs emplois, leurs malheurs, leur courage, leurs vertus ou leurs crimes. *Paris, A. Eymery*; *Delaunay*, 1815, 2 vol. in-8°. [N. Ln² 49.]

Du propre aveu des éditeurs, cette *Biographie* était la réimpression de celle dite de *Leipzig*,

supprimée par la police de Bonaparte (voyez les n°s 20560-20561 ci-dessus), mais corrigée et augmentée d'articles nouveaux. Le principal collaborateur de cette réimpression fut, paraît-il, ETIENNE PSAUME, né à Commercy, en 1769, assassiné par ses gendres dans un bois voisin de sa ville natale, le 27 octobre 1829.
Voyez le numéro suivant.

20564ᵃ. — Biographie moderne ou Galerie historique, civile, militaire, politique, littéraire et judiciaire... Deuxième édition, revue, corrigée, considérablement augmentée et ornée de cent cinquante portraits en taille-douce, à laquelle on a ajouté un Précis historique de tous les événements qui se sont succédés depuis la convocation des Notables jusqu'au rétablissement de S. M. Louis XVIII sur le trône de France. *Paris, Alexis Eymery; Delaunay; Mons, Leroux*, 1816, 3 vol. in-8°. [*N*. Ln² 49 A.]

ÉPIGR. :

Nihil offensione vel gratiæ dabitur.
SÉNEC.

L'Avertissement de la première édition a disparu et il est remplacé par un autre. Les portraits joints à cette nouvelle édition sont au-dessous du médiocre et n'ont aucune valeur documentaire.

20565. — Grande Biographie du « Moniteur universel ». — L'Anti « Moniteur » (30 juin 1816). *Paris, imp. Cordier*. S. d., in-8°, 4 p. [*N*. Ln² 50.]

Prospectus divisé en deux parties : la *Grande Biographie* devait renfermer les articles omis dans les tables du *Moniteur*, publiées en 1804 ; l'*Anti-Moniteur* devait contenir les rectifications et les réclamations, dûment motivées et légalisées, de tous ceux, — émigrés, vendéens, ministres de l'Evangile et même les officiers des armées de la République et de l'Empire, — que le *Moniteur* avait lésés en parlant d'eux, ou, tout au contraire, en n'en parlant pas. Ces deux projets n'ont pas été mis à exécution.

20566. — Biographie des hommes vivants ou Histoire par ordre alphabétique de la vie publique de tous les hommes qui se sont fait remarquer par leurs actions ou leurs écrits. Ouvrage entièrement neuf, rédigé par une société de gens de lettres et de savants. *Paris, L.-G. Michaud*, septembre 1816-janvier 1819, 5 vol. in-8°. [*N* Inv. G. 20000-20004.]

ÉPIGR. :

On doit des égards aux vivants ; on ne doit aux morts que la vérité.
VOLTAIRE, 1ʳᵉ lettre sur *Œdipe.*

L'ouvrage, présenté comme la suite et le complément de la *Biographie universelle*, était annoncé comme devant former six volumes, mais le tome V s'arrête à la lettre Z. Il y a deux *Suppléments* ou *Errata* à la fin des tomes III et V.

Les collaborateurs de la *Biographie des hommes vivants* furent, d'après une note du catalogue Boulard (III, p. 723, n° 5760), L.-G. MICHAUD, STANISLAS DE L'AULNAYE, C.-F. BEAULIEU, BERTRAND DE MOLEVILLE (articles signés B. M.), BEUCHOT (articles signés Or. et T.), JOSEPH BOCOUS, DUROSOIR, GALLAIS, GENCE, l'abbé GUILLON DE MONTLÉON, HIPP. DE LA PORTE, PESSON et CAMILLE SAINT-AUBIN. La plupart des initiales dont sont signés les articles de la *Biographie*, ne correspondent point, il est vrai, aux noms des écrivains que cite le catalogue Boulard et il faudrait, pour faire la part exacte de chacun, retrouver un ex, annoté par l'un d'eux.

20567. — Biographie nationale ou Recueil impartial des belles actions civiles et militaires des Français, depuis 1789 jusqu'en 1818. *Paris, Plancher*. S. d., in-8°, 4 p. [*N*. Ln² 97.]

Prospectus annonçant un volume de 600 pages à deux colonnes qui devait paraître en octobre 1818. Il n'a pas été publié.

20568. — Galerie historique des contemporains ou Nouvelle Biographie dans laquelle se trouvent réunis les hommes morts et vivants de toutes les nations qui se sont fait remarquer à la fin du XVIIIᵉ siècle par leurs écrits, leurs actions, leurs talents, leurs vertus ou leurs crimes. *Bruxelles, Auguste Wahlen*, 1818-1820, 8 vol. in-8°. [*N*. Inv. G. 27737-27745.]

Il y a un carton au tome III pour l'article *Cavaignac* et un autre au tome VI pour les articles *Lynden, Lynedoch, Maanen.*

Le baron de Reiffenberg a consacré dans le tome III (1846) du *Bulletin du bibliophile belge* un long et curieux article à la *Galerie historique des contemporains*, rédigée pour la partie politique par PIERRE-LOUIS-PASCAL JULLIAN, de Montpellier, pour les notices concernant les littérateurs, les savants et les artistes, par PH. LESBROUSSART, et, pour les articles concernant la Hollande, par G. VAN LENNEP.

Les ex. invendus ont été remis en circulation avec un titre de relai portant : *Troisième édition, Mons, Le Roux*, 1827. M. de Reiffenberg ajoute que des portraits très médiocres étaient joints à cette soi-disant troisième édition; ils manquent dans l'ex. de la B. N.

Voyez aussi le numéro suivant.

20569. — Supplément à la Galerie historique des contemporains imprimée à Bruxelles, de 1807 à 1820, et Complément de toutes les autres Biographies. *Bruxelles, Tarlier; Mons, Leroux*, 1828, 2 vol. in-8°. [N. Inv. G. 23745.]

Par D. Mahul, ancien professeur de rhétorique en France et attaché à la librairie Quesné, à Bruxelles.

Ce *Supplément*, comprenant les articles *Abad y Queipo-Zurlo*, est lui-même suivi d'un deuxième *Supplément* [*Agar, comte de Mosbourg-Lucas (Ch.)*]. La plupart des articles sont signés D. M.; les autres sont anonymes.

20570. — Biographie nouvelle des contemporains ou Dictionnaire historique et raisonné de tous les hommes qui, depuis la Révolution française, ont acquis de la célébrité par leurs actions, leurs écrits, leurs erreurs ou leurs crimes, soit en France, soit dans les pays étrangers, précédée d'un Tableau par ordre chronologique des époques célèbres et des événements remarquables, tant en France qu'à l'étranger, depuis 1789 jusqu'à ce jour, et d'une Table alphabétique des Assemblées législatives à partir de l'Assemblée constituante jusqu'aux dernières Chambres des pairs et des députés. Par MM. A.-V. Arnault, ancien membre de l'Institut; A. Jay, E. Jouy, de l'Académie française; J. Norvins et autres hommes de lettres, magistrats et militaires. Ornée de trois cents portraits au burin, d'après les plus célèbres artistes. *Paris, à la librairie historique, hôtel d'Aligre, rue Saint-Honoré*, 123, 1820-1825, 20 vol. in-8°. [N. Inv. G. 20074-20093.]

Au verso du faux-titre de chaque volume on trouve un cartouche renfermant le fac-similé des signatures des quatre auteurs nommés sur le titre. Le tome XX est terminé par un *Supplément général* des articles omis dans les vingt volumes de cet ouvrage, avec indication, suivant l'ordre alphabétique, des noms des personnes qui ont des notices dans les *Supplément* placés à la suite de chacun des volumes précédents.
Voyez le numéro suivant.

20571. — Préservatif contre la « Biographie nouvelle des contemporains », par le comte de Fortia de Piles, ancien officier au régiment du Roi, auteur du « Nouveau Dictionnaire français », des « Cinq Mots » qui en sont la suite, etc. *Paris, imp. V° Porthmann*, 1822-1825, in-8°. [N. Inv. G. 23621-23636. — P. Usuels.]

Publié en six livraisons, ainsi réparties :
N° 1, *A.-By.* (mars 1822), VIII-166 p.
N° 2, *C.-Ez.* (novembre 1822), VIII-156 p.
N° 3, *F.-Joun.* (mai 1823), 2 ff. et 152 p.
N° 4, *Jouy-Maile.* (janvier 1824), 2 ff. et 156 p.
N° 5, *Man-Oz.* (décembre 1824), VIII-170 p.
N° 6, *P.-Sand.* (octobre 1825), 2 ff. et 192 p.
Il y a de plus, à la fin de ce fascicule, des notices sur le général *Leclerc*, l'avocat *Joseph Mérithou*, le général *Morand* et *Riquet, comte de Caraman, prince de Chimay*, troisième mari de M°° *Tallien*.

L'Avertissement annonçait que les 7° et 8° livraisons paraîtraient en juin et en septembre 1826, mais l'auteur mourut le 18 février de cette même année et le *Préservatif* ne fut jamais achevé.

20572. — Annuaire nécrologique ou Supplément annuel et Continuation de toutes les biographies et dictionnaires historiques, contenant la vie de tous les hommes remarquables par leurs actes ou leurs productions, morts dans le cours de chaque année, à partir de 1820-1825. Orné de portraits. Rédigé et publié par A. Mahul. *Paris, Baudouin frères* [puis] *Ponthieu*, 1820-1825, 6 vol. in-8°. [N. Inv. G 26203-26208.]

A partir du tome II, le sous-titre porte : *ou Complément annuel*, et le nom et l'adresse de Ponthieu sont substitués à la rubrique de Baudouin.

Les portraits énoncés sur le titre, mais non indiqués dans le corps du volume et qui manquent parfois, ont été gravés au trait par Réveil; ce sont les suivants:
Tome I°°. Duc de *Berry, Fouché, Kellermann, Volney*.
Tome II. *Buonaparte* et *Napoléon* (en regard), C. *Jourdan*.
Tome III. Le général *Berton*, le duc de *Richelieu*, l'abbé *Sicard*.
Tome IV. *Carnot, Dumouriez, Ali-pacha, Canova*.
Tome V. L'ex. de la B. N. ne contient pas de portraits.

Tome VI. *David (J.-L.)*, le général *Foy*, *Lacépède*, le cardinal *Consalvi*.

Le tome VI renferme une Table générale des notices contenues dans les six premières années. Voyez le numéro 20577 ci-dessous.

20573. — Prospectus (tiré à 50,000 exemplaires) de la Biographie BARTHÉLEMY, édition complétée sur celle de la Belgique, augmentée de 2,000 articles et Quelques Mots à MM. les journalistes se disant libéraux-constitutionnels. *Bruxelles, De Buscher, imprimeur.* S. d., in-8°, 16 p. [*N.* Inv. G. 31068.]

La première partie, toute polémique, de ce prospectus, est dirigée contre les journaux qui avaient refusé d'insérer les annonces de cette *Biographie* et contre les entreprises rivales, nommément contre la *Biographie* dite d'Arnault; la seconde partie sert de préface à la publication décrite sous le numéro suivant.

20574. — Biographie et Galerie historique des contemporains ou Revue des législateurs, ministres, juges, administrateurs, guerriers, diplomates, savants, gens de lettres, artistes, négociants et citoyens morts ou vivants de toutes les nations qui ont acquis de la célébrité par leurs écrits, leurs actions, leurs vertus ou leurs crimes depuis l'indépendance des Etats-Unis d'Amérique. Edition complétée sur celle de la Belgique, augmentée de plus de deux mille articles et plus étendue que toutes les biographies qui ont paru jusqu'à ce jour à Londres, à Bruxelles et à Paris. Par une société de gens de lettres français et étrangers. *Paris, chez M. P. Barthélemy, éditeur et l'un des collaborateurs, boulevard du Temple, n° 6*, 1822, 2 vol. in-8°. [*N.* Inv. G. 20072-20073.]

ÉPIGR. :
> Nous tenons pour vrai ce qui est vrai, pour juste ce qui est juste, pour sacré ce qui est sacré.
> PLUTARQUE.

La publication s'est arrêtée à l'article de l'amiral *Brueys*.

20575. — Petite Biographie nationale des contemporains ou Dictionnaire historique des Français qui se sont rendus célèbres ou fameux par leurs vertus ou leurs vices depuis la Révolution jusqu'à nos jours, par TARMINI ALMERTÉ. *Paris, Bouquin de La Souche*, 1825, in-12, 352 p. [*N.* I, n° 52.]

TARMINI ALMERTÉ est l'anagramme de MARTIN LEMAITRE, de Nogent-sur-Seine.

20576. — Biographie universelle et portative des contemporains ou Dictionnaire historique des hommes vivants et des hommes morts depuis 1788 jusqu'à nos jours, qui se sont fait remarquer chez la plupart des peuples et particulièrement en France par leurs écrits, leurs actions, leurs talents, leurs vertus ou leurs crimes; ouvrage entièrement neuf, contenant un grand nombre de notices qui ne se trouvent dans aucune des biographies déjà publiées, et rédigé d'après les documents les plus authentiques, orné d'un atlas renfermant deux cents portraits gravés avec un grand soin par MONTAUT, publié sous la direction de M. VIEILH DE BOISJOLIN (précédemment sous celle de M. RABBE). *Paris, Vieilh de Boisjolin et C*ⁱᵉ; *Ledentu; Lecointe; V*ᵉ *Ch. Béchet,* 1830, 4 vol. in-8°. [*N.* Inv. G. 27899-27902.]

Publiée en livraisons. La première est annoncée dans la *Bibliographie de la France*, du 8 avril 1826, la dernière dans le numéro du 13 mars 1830. Les tomes I-II, formant ensemble 2,259 pp. à deux colonnes, en caractères minuscules, sont imprimés chez *Aucher-Eloy* et *E. Dezairs*, à Blois; les tomes III-IV, formant 1,639 pp., sortent des presses de *H. Fournier*, à Paris.

Dans l'ex. de la B. N. sont insérées quelques-unes des pl. destinées à constituer l'atlas annoncé par le titre et qui sont loin de justifier la mention qui les y accompagne. Comme ces planches sont fort rares et tout à fait différentes de celles de la seconde édition, j'en donne ci-après le détail :

1ʳᵉ livraison. Titre gravé intitulé : *Portraits de la Biographie universelle et portative des contemporains. Cette édition sera ornée de 250 portraits.* 1ʳᵉ *livraison. Paris, bureau de la Biographie, rue Saint-André-des-Arts,* 65, *près le passage du Commerce.* 1826. *Gravé par* MONTAUT. Ce titre, en forme de carré long, est accompagné des portraits suivants : *Abbatucci. Abad y Queipo. J.-A. Adams. Adamson et sa fille. Mesdames Adelaïde et Victoire de France. Aga Mahmed, empereur de Perse. Ali, pacha de Janina. Suchet, duc d'Albuféra. Aignan. Adelung.*

2ᵉ livraison, p. 65. *Alexandre I*ᵉʳ*. Alfieri. Duc d'Angoulême. Marie-Antoinette. Duchesse d'Angoulême. Antonio le Trappiste, général* espagnol. *Anharstromus. Andréossy. Ali Mohamed. Andrieux.*

3e livraison, p. 113. *D'Ansse de Villoison. Fr. Arago. Augereau. Vicomte d'Arlincourt. A.-V. Arnault. Lucien Arnault. Voyer-d'Argenson. La Tour-d'Auvergne. Athanase Auger.*

4e livraison, p. 61. *Aubert de la Bouchardie, général de division d'artillerie. Arnold. P. Azaïs. Sophie Arnould. Jean-Sylvain Bailly. Bacler d'Albe. Babeuf. Badia y Leblich. Banks. Bacciochi (Elisa), princesse de Lucques et de Piombino.*

5e livraison, p. 209. *Baron. Ballesterros. Barbanègre. Barnave. Barbaroux. Barbé-Marbois. Barra (sic). Barras. Madame Du Barry. Barthe [Félix].*

6e livraison, p. 257. *Beaumarchais. Beauharnais (Eugène de). Béclard. Beauharnais (vicomte de). Belliard. Beauvais, conventionnel. C^{al} de Belloy. C^{al} de Bausset. J.-J. Barthélemy.*

20576a. — Biographie universelle et portative des contemporains ou Dictionnaire historique des hommes vivants et des hommes morts, depuis 1788 jusqu'à nos jours... Orné d'un bel atlas renfermant deux cents portraits gravés avec un grand soin par Montaut, publié sous la direction de MM. Rabbe, Vieilh de Boisjolin et Sainte-Preuve. *Paris, chez F.-G. Levrault, libraire, rue de la Harpe, n° 81, et Strasbourg, rue des Juifs, n° 33,* 1834, 5 vol. in-8°. [N. Inv. G. 27903-27907.]

Le texte des quatre premiers volumes est celui de la première édition; le cinquième volume est formé par un *Supplément.*

L'« Atlas » des portraits se compose de vingt planches comportant chacune dix portraits en médaillons, dessinés et gravés par Montaut (différents pour les cinq premières planches de celles de 1830). Comme ces planches manquent dans presque tous les exemplaires (y compris ceux de la B. N.), je crois devoir donner ici, d'après le mien et dans l'ordre quelque peu arbitraire adopté par l'artiste, la liste des personnages qui y sont représentés.

Tome Ier. Pl. I : *J.-Q. Adams. Suchet, duc d'Albuféra. Alexandre Ier. Augereau. P.-A. Béclard. Béranger. Bernadotte. Berthier. Bessières. X. Bichat.*

Pl. II : *Boissy-d'Anglas. Bolivar. Nap. Bonaparte. Bory de Saint-Vincent. Boïeldieu. Boyer* (président de la république d'Haïti). *Broussais. Brune. Byron. Cabanis.*

Pl. III : *Cambacérès. Carital de Condorcet. Canova. Canning. Catherine II. Caroline* [reine de Naples]. *Carnot. Charlotte Corday. Cochrane. P.-L. Courier.*

Pl. IV : *B. Constant. Chaptal. Charette. Cobbett. Châteaubriand. M.-J. Chénier. Chauvelin. Czaki. Chérubini. G. Cuvier.*

Pl. V : *A.-X. Czartoriski. Danton. David. Denis. Desaix. Denon. Daru. Delambre. Casimir Delavigne. J. Delille.*

Tome II. Pl. VI : *Mlle Duchesnois. Dumouriez. Antoine Dubois. Alex. Delaborde. Dupin aîné. Ch. Dupin. Duc d'Enghien. J.-G. Eynard. C.-G. Etienne. Fabre d'Eglantine.*

Pl. VII : *Esquirol. Le général Foy. Le comte de Forbin. Gall. Fourcroy. Geoffroy Saint-Hilaire. Mlle Georges. George IV. Mme de Gentis. Stanislas de Girardin.*

Pl. VIII : *Girodet. Frédéric-Guillaume III,* roi de Prusse. *Gourgaud. Grétry. Thomas Jefferson. Henri Grégoire. Gœthe. Humboldt. Camille Jordan. Henry Hunt.*

Pl. IX : *Duc de Berri. Fox. Botzaris. Charles X. Gauthier,* député. *François Ier,* empereur d'Autriche. *Herschell. Gouras* (patriote grec). *Lord Holland. Prince de Hohenlohe.*

Pl. X : *Humphry Davy. E. Jouy. Hoche. L'impératrice Joséphine. Géricault. Kemble. Kosciusko. Kléber. Kirke White. Kotzebue.*

Tome III. Pl. XI : *Labbey de Pompierres. Lacretelle jeune. Lacretelle aîné. Labourdonnaye. Jacques Laffitte. Lafayette. Lacépède. Lally-Tolendal. Lalande. Lamartine.*

Pl. XII : *Alex. de Lameth. Ch. Lameth. La Pérouse. Luce de Lancival. Law. Duc de Lauriston. Laplace. Lavater. Lavoisier. P.-D. Ecouchard-Lebrun. Lebrun, duc de Plaisance.*

Pl. XIII : *Llorente. Linguet. G. Legouvé.* Comte de Liverpool. *Malte-Brun.* Le général *Maison. Louis XVI. Masséna. Lamennais. Louis XVIII.*

Pl. XIV : *Miaoulis,* patriote grec. *Méchin. Gaspard Monge. Mina.* Le maréchal *Moncey. Murat. Montlosier. Montalivet. Moreau* (Victor). *Mourat-bey.*

Pl. XV : *Mortier,* duc de Trévise. Le maréchal *Ney. Orfila. François de Neufchâteau. Oudinot,* duc de Reggio. Duc d'Orléans [*Louis-Philippe*]. *Fouché,* duc d'Otrante. *Comte Ostrowski. Oberkampf. Paisiello.*

Tome IV. Pl. XVI : Le baron [plus tard duc] *Pasquier. Parny. Don Pedro Ier. Poniatowski. Pichegru. Casimir-Perier. Pouqueville. W. Pitt. Piis. Portal.*

Pl. XVII : *Prony. Riego. Quiroga. Mme Récamier. Mme Roland. Mlle Raucourt.* Le duc de Richelieu. Le duc de La Rochefoucauld. La Rochejacquelin. *J.-L. Lagrange.*

Pl. XVIII : *Royer-Collard. Sedaine. Baron de Schonen. Silvestre de Sacy. Sicard* (l'abbé). *Sébastiani. Schiller. Sieyès.* Le comte de *Ségur.* Le marquis de *Sémonville.*

Pl. XIX : *Soult. Mme de Staël. S. Straszic. Bernardin de Saint-Pierre. Rabaut Saint-Etienne. Saint-Just. Talleyrand. Talma. Ternaux. Vauquelin.*

Pl. XX : *Vergniaud. Carle Vernet. Horace Vernet. Volney. Washington. Villemain. Walter Scott. Weber. A. Zamoyski. Thomas Zan.*

La Biographie universelle et portative des contemporains a été de nouveau remise en circulation avec des titres portant la date de 1836.

Au verso du titre du tome V, un avertissement prévient le lecteur qu'on n'a pas eu le loisir de refondre ce supplément dans l'ouvrage primitif.

20577. — **Annales biographiques ou Complément annuel et Continuation de toutes les biographies et dictionnaires historiques, contenant la vie de toutes les personnes remarquables en tous genres, mortes dans le cours de chaque année.** *Paris, Ponthieu et Cie,* [puis] *Schubart et Heideloff,* 1827-1828, 2 vol. in-8°. [*N.* Inv. G 26209-26210.]

Voyez le n° 20572 ci-dessus.

Les années 1826 et 1827, qui forment la suite de l'*Annuaire nécrologique*, ont été publiées en deux parties parfois reliées isolément, mais dont la pagination est continue.

Année 1826, VIII-50 p. Année 1827, 2 f. et 652 p.

Elu député de l'Aude, MAHUL a eu pour les *Annales* divers collaborateurs : ALPH. TAILLANDIER, CH. DE RÉMUSAT, DE STASSART, OZERAY, DUGAS-MONTBEL, DEPPING, LABOUISSE DE ROCHEFORT.

A l'ex. de la B. N. est joint un prospectus annonçant la reprise de la publication sous son titre primitif et la prochaine mise au jour des année 1827 (2e partie), 1828, 1829, avec la liste des principaux personnages qui devaient y figurer. La 2e partie de l'année 1827 porte bien *Annuaire nécrologique*, mais la suite annoncée n'a pas paru.

20578. — **Annuaire biographique ou Supplément annuel et Continuation de toutes les biographies et dictionnaires historiques, contenant la vie de tous les hommes célèbres par leurs écrits, leurs actes politiques, leurs vertus ou leurs crimes, morts dans le cours de chaque année, par M.-R.-A.** HENRION, avocat à la Cour royale de Paris, des Académies et Sociétés royales de Metz et de Nancy. Années 1830-1834. *Paris, Paul Méquignon; Ed. Lagny,* 1834, 2 vol. in-8°. [*N.* Inv. G 24428.]

20579. — **Nécrologe de 1832 ou Notices historiques sur les hommes les plus marquants, tant en France que dans** (sic) **l'étranger, morts pendant l'année 1832.** *Paris, chez l'auteur-éditeur, place Royale,* n° 7; *rue Montmartre,* 144, *et chez les principaux libraires de France, février* 1833, in-8°, VI-322 et IV p. [*N.* Inv. G 27072.]

Les quatre dernières pages, chiffrées en caractères romains, contiennent un *Résumé du Nécrologe de* 1832.

Au verso du faux-titre, signature de l'auteur : P.-C.-TH. DESROCHES.

20580. — **Mémoires de tous, collection de souvenirs contemporains tendant à établir la vérité dans l'histoire.** *Paris, Alph. Levavasseur,* 1834-1837, 6 vol. in-8°. [*N.* G. Inv. 26628-26632.]

Un prospectus de 8 pages est relié en tête de l'ex. de la B. N. L'avertissement de l'éditeur énumère les personnalités politiques qui devaient prendre part à la publication et qui n'y sont pas toutes représentées.

Voici, sommairement relevé, le contenu des six volumes, avec l'indication approximative de la période à laquelle se rapporte chacun de ces récits.

Tome Ier. — P. 1. *Mémoires de M. le comte de Peyronnet* (1823-1824).

P. 65. *Mémoires de la reine* HORTENSE. *Son voyage en France. Causes qui l'ont amené* (1831).

P. 285. Lettre du général LA FAYETTE [à M. d'Hennenge, bailli de Ploën, datée de Wittmold, 15 janvier 1799, sur son rôle jusqu'à la fuite de Varennes].

Cette *Lettre* est précédée de l'avertissement suivant :

« Nous ne tenons point ce fragment des mains de l'illustre général. Ayant fait l'acquisition de manuscrits provenant de la bibliothèque d'un archiviste de la police (M. Peuchet), qui a exercé ces fonctions pendant plus de trente ans, nous avons rencontré cet important document dont la lecture ne nous laissait pas d'incertitude et qui, d'ailleurs, portait attachée avec une épingle une note de M. Peuchet indiquant le nom de l'auteur. Nous nous sommes fait un devoir de communiquer cette pièce historique au général et de nous assurer de son authenticité; M. de La Fayette, à peine remis de la douloureuse maladie qui a causé tant d'alarmes au pays, nous a donné la certitude que ce fragment est de sa main. »

P. 341. *Mémoires de lord* CORNWALLIS, expédition d'Irlande. [Rapport sur l'expédition du général Humbert, 1798.]

Tome II. — P. 1. Mémoire de ROUGET DE LISLE [sur l'expédition de Quiberon.]

P. 131. Mémoire de M. le comte THIBAUDEAU [congrès de Rastadt.]

P. 177. AMÉDÉE GABOURD. *Mémoires sur les troubles du Midi* [et sur la conspiration de Paul Didier, à Grenoble, en 1816.]

P. 277. AUGEREAU. Récit de la bataille de Castiglione.

P. 317. PEUCHET. *Recherches sur l'exhuma-*

tion du corps de Louis XVII, mort dans la prison du Temple, le 20 prairial an III (8 juin 1795).

Tome III. — P. 1. *Mémoires de* Charlotte Robespierre (avec Introduction par Laponneraye, et pièces justificatives) *sur ses deux frères.* Ces *Mémoires* furent écrits en 1827.

P. 153. Général de Vincent. *Mémorial de l'île d'Elbe ou Détails sur l'arrivée et le séjour de Napoléon dans l'île d'Elbe* (1814).

P. 207. *Déposition de M. de Saint-Mars, gouverneur de l'Homme au masque de fer, révélant le secret de sa naissance.* [Copie d'un mémoire appartenant aux archives des Affaires étrangères, d'après l'original communiqué par M. d'Hauterive, garde des archives, à M. de Montalivet.]

P. 225. *Assassinat du général Ramel, le 15 août 1815.* [Rapport de M. le vicomte Combette de Caumont à la cour royale de Toulouse.]

P. 281. *Mémoires de M. le baron* de Goguelat, *fragment sauvé du feu, contenant une lettre inédite de Louis XVI à ses frères* (précédé d'une lettre de M. Arthur de Bonisal à l'éditeur, contenant de curieuses particularités sur l'auteur et sur ses *Mémoires* qu'il aurait devant lui jetés au feu, et qu'il ne faut pas confondre avec sa réfutation du récit de Bouillé [voy. tome I⁺ʳ de la *Bibliographie*, n° 3005].

Ce fragment est relatif au rôle du duc d'Orléans dans les journées des 5 et 6 octobre, et aux tentatives faites par Louis XVI pour obtenir de ses frères qu'ils rentrent en France.

Tome IV. — P. 1. *Esquisse des Mémoires du général* La Fayette, *tracée par lui-même.*

« Nous devons avertir le lecteur que dans l'esquisse des *Mémoires* de La Fayette tous les alinéas commençant par un tiret (—) appartiennent au texte de cette esquisse, tandis que les guillemets (») indiquent que le général se cite lui-même. Les passages que ne précèdent ni le guillemet ni le tiret, sont de la personne qui a bien voulu se charger de mettre en ordre ces fragments et de remplacer par la scrupuleuse analyse de leur contenu une multitude de pièces trop longues à rapporter. »

P. 201. Fragments tirés des *Mémoires de* M. le vicomte [Sosthènes] de La Rochefoucauld (précédés d'une lettre à l'éditeur, datée du 1ᵉʳ mars 1834).

P. 363. *Mémoires d'un homme d'État en mission dans le Nord de l'Europe pendant les dernières années de l'Empire.* [Voyez tome VI.]

Tome V. — *Mœurs de la cour et des peuples des Deux-Siciles*, par Michel Palmieri de Micciché.

Tome VI. — P. 1. *Souvenirs d'une mission dans le Nord de l'Europe pendant les guerres de l'Empire* [par un homme d'État.]

P. 35. *Négociations relatives au duché de Mecklembourg.*

P. 67. *Le baron de Géramb.* [Notice sur cet aventurier.]

P. 101. *Mémoire sur les événements qui, en 1803, ont contribué à étendre la puissance des Anglais au Bengale et dans l'Inde*, par Louis Bourquin, officier supérieur au service de Dowlut Rao Scindiah, chef suprême de la confédération des Marattes.

P. 145. *Mémoires sur l'insurrection royaliste dans le Midi de la France et notamment dans le département de la Haute-Garonne en 1799*, par M. le baron Rougé, maréchal de camp, l'un des principaux chefs de cette insurrection.

P. 220. *Eclaircissements donnés par le citoyen* Talleyrand *à ses concitoyens.* (An VII.)

P. 255. *Evénements de Girone* (1808). [Procès-verbal de nomination de saint Narcisse comme généralissime de l'armée catalane.]

P. 267. *Eclaircissements historiques sur mes négociations relatives aux affaires du Portugal depuis la mort du roi Don Jean VI jusqu'à mon arrivée en France comme ministre de cette cour*, par M. le marquis de Rezende, gentilhomme de la chambre de S. M. I. le duc de Bragance et ancien ministre du Brésil à Vienne, à Paris et à Saint-Pétersbourg (1826.)

20581. — Biographie contemporaine ou Histoire de la vie publique et privée de tous les hommes morts ou vivants qui ont acquis de la célébrité depuis la Révolution française jusqu'à nos jours, par une réunion de savants, de publicistes, de magistrats, de militaires, de littérateurs, d'artistes et d'industriels. *Paris, L. Babeuf*, 1837, gr. in-8°. [N. Ln² 54.]

La publication devait comporter quarante livraisons et former dix volumes. Les deux premières livraisons ont seules paru. J'y signale, à titre de curiosité, une notice de Jules Favre sur *Abd-el-Kader*.

A l'ex. de la B. N. sont joints un prospectus rédigé par Ch. Nodier et l'acte de société passé le 20 octobre 1836, entre Louis-Pierre Babeuf, d'une part et, d'autre part, Ch. Nodier, Sainte-Beuve (Charles-Augustin), « homme de lettres, demeurant rue du Montparnasse, 1ᵉʳ », Jules Favre, avocat; A. Everat, imprimeur et le baron de Chapuys-Montlaville, député, représenté par L.-P. Babeuf.

Le prospectus de Ch. Nodier lui avait été payé 500 francs. C'est lui-même qui donne ce détail dans une lettre à Ch. Weiss (cf. *Correspondance inédite*, publiée par A. Estignard, Paris, 1876, in-8°, p. 279). La collaboration ou, plus exactement, la velléité de collaboration de Sainte-Beuve n'a été, que je sache, connue d'aucun de ses biographes.

Quérard, chargé de la révision des articles au point de vue bibliographique, a reproduit la majeure partie du prospectus de Nodier dans la préface de *la Littérature contemporaine* destinée à faire suite à la *France littéraire* et dont la rédaction lui fut enlevée à la suite d'un procès avec son éditeur.

20582. — Galerie des hommes illustres de la Révolution, par l'historiographe Alf*** (Meilheurat). *Paris, Desloges,* 1847, in-18. [*N.* Ln² 56.]

Les livraisons 1 et 2, renfermant les biographies de *Camille Desmoulins* et de *Robespierre,* ont seules paru. Elles comportent chacune 36 p. La couverture imprimée sert de titre.
A l'ex. de la B. N. sont joints un prospectus donnant le détail des notices qui devaient former les quatre volumes de cette Galerie et une affiche d'intérieur ornée de quatre portraits gravés sur bois.

20583. — Vie politique et privée des hommes illustres de la Révolution française, par une société de gens de lettres. *Paris, rue Neuve-des-Petits-Champs, n° 36,* 1847, 2 vol. gr. in-8°. [*N.* Ln² 57.]

La publication du tome II a été interrompue à la page 30.
Le tome Ier renferme les notices de *Mirabeau,* par Peauger, de *Barnave,* par Arthur Guillot, de l'abbé *Maury,* par Eugène Maron, de *Bailly,* par Eug. Faure, de *Cazalès,* par P. Sénard, de *Necker,* par Arthur Guillot, de *Pétion,* par Eugène Faure.
Le tome II devait s'ouvrir par une biographie, restée inachevée, de *Roland,* ou plutôt de Mme Roland.
Chacune de ces notices est accompagnée d'un portrait gravé sur acier avec soin, mais sans valeur historique.

20584. — Le Panthéon des martyrs de la liberté ou Histoire des révolutions politiques et des personnages qui se sont dévoués pour le bien de la liberté des nations, par M. Lucien Bessières. Dessins de R. de Moraine. *Paris, Eugène et Victor Penaud frères.* S. d. (1848-1850), 5 vol. in-8°. [*N.* Inv. G. 5372-5376.]

La période révolutionnaire remplit une partie des tomes IV et V.

20585. — Les Hommes de la Terreur ; Robespierre, Marat, Saint-Just, Danton, Carrier, Camille Desmoulins, Hébert, Fouquier-Tinville, etc., etc. Biographies et anecdotes, avec portraits et gravures. *Paris et Plancy, société de Saint-Victor,* 1854, in-18, 4 ff. et 324 p. [*N.* Ln² 61.]

Portraits et vignettes gravés sur bois hors texte et dans le texte et qui, pour la plupart, avaient déjà paru dans d'autres publications. Le livre a été remis en circulation avec un titre de relai portant l'adresse de *Putois-Cretté* et la date de 1861.

20586. — Le Panthéon révolutionnaire démoli. Portraits historiques et politiques, par M. de Lescure. Illustrations de MM. Bocourt, G. Fath, Boulay, Hildebrandt, Trouvé, etc. *Paris, librairie parisienne (Dupray de la Mahérie),* 1864, gr. in-8°, 2 ff. et XIV-353 p. [*N.* Ln² 143.]

Préface (sous forme de dédicace à Louis Blanc). *Necker, Mirabeau, Sieyès, Barnave, Bailly, La Fayette, Marat, Danton, Biron, Mme Roland, Camille Desmoulins, Robespierre, Saint-Just, Fouquier-Tinville, Joseph Le Bon. Pièces justificatives.*
Le volume n'a pas de table.
Les portraits, gravés sur bois, sont des plus médiocres.

20587. — Les Hommes de la Révolution, par A. de Lamartine, membre de l'Académie française. Mirabeau, Danton, Vergniaud. *Paris, A. Lacroix, Verboeckhoven et Cie,* 1865, in-8°, 2 ff. et 396 p. (la dernière non chiffrée). [*N.* Ln² 145.]

20588. — Grandes Figures de la Révolution, par Décembre-Alonnier, auteur du « Dictionnaire de la Révolution française », du « Dictionnaire populaire illustré d'histoire, de géographie, de biographie », du « Dictionnaire d'histoire naturelle ». Mirabeau, Desmoulins, Robespierre, Marat, Danton. *Paris, en vente chez tous les libraires,* 1873, in-12, 86 p. [*N.* Ln² 199.]

Sur le *Dictionnaire de la Révolution française,* voyez tome Ier de la *Bibliographie,* n° 232.

20589. — Grand Dictionnaire des hommes et des choses de la Révolution française (1789-1799), publié... sous la direction littéraire et artistique de MM. Arcès et Rochet (1880).

Sur cette publication avortée, voyez tome Ier de la *Bibliographie,* n° 256.

20590. — Dictionnaire de la Révolution française. Institutions, hommes et faits. France sous Louis XVI. Institution de l'ancien Régime. Etats-Généraux. Serment du Jeu de paume. La Constituante. L'Assemblée législative. La Convention. Les armées de la République. Guerres de la Vendée. Le Directoire. Conseil des Cinq-Cents. Conseil des Anciens. Le 18 brumaire. Le Consulat. Par E. Bournin et Augustin Challamel, conservateur honoraire à la bibliothèque Sainte-Geneviève. *Paris, librairie Furne, Jouvet et C*[ie]*, éditeurs,* 1893, in-4°, VIII-935 p. [*N*. La^{32} 675.]

Voyez le numéro suivant.

20591. — Dictionnaire historique et biographique de la Révolution et de l'Empire, 1789-1815, contenant pour la partie historique : les actes et décrets des différentes Assemblées et du Comité de salut public, les journées révolutionnaires, les représentants en mission, les sièges, les batailles, les combats de terre et de mer, les traités de paix, les procès célèbres, etc., avec documents inédits ; pour la partie biographique : les ministres, les députés et leurs suppléants, ayant siégé ou non à la Constituante, à la Législative, à la Convention, au Conseil des Anciens, au Conseil des Cinq-Cents ; les membres des administrations élues, municipales ou départementales, les députés au Corps législatif, les candidats élus pour le Corps législatif, les membres du Sénat conservateur et du Tribunat, la Chambre des Cent-Jours, les officiers généraux de terre et de mer, les préfets, les évêques de 1789, les évêques constitutionnels et les évêques concordataires, les magistrats, les savants, les artistes, les commerçants notables et les patriotes les plus en vue, etc., etc., avec leurs noms, prénoms, surnoms et pseudonymes, le lieu et la date de leur naissance et de leur mort, leur famille, leurs professions ou fonctions successives avant, pendant et après la Révolution et l'Empire. Ouvrage rédigé pour l'histoire générale par le Dr Robinet, sous-conservateur à la bibliothèque Carnavalet, membre de la Commission des travaux historiques de la ville de Paris, auteur de mémoires et de travaux sur la Révolution ; pour la partie descriptive et biographique, par Adolphe Robert, auteur du « Dictionnaire des parlementaires français » ; pour les matières constitutionnelles et législatives, par J. Le Chaplain, avocat à la cour d'Appel de Paris. *Paris, librairie historique de la Révolution et de l'Empire. S. d.* (1899), 2 vol. in-8°.

Au verso du faux-titre de chaque volume, liste des autres collaborateurs.

Sur la valeur de ce travail et celle du précédent et les critiques qu'ils ont soulevées, voyez la Notice préliminaire du présent volume.

B. — RECUEILS ICONOGRAPHIQUES

20592. — Portraits de personnages célèbres de la Révolution, par François Bonneville, avec tableau historique et notices, par P. Quénard (1796-1802).

Voyez tome Ier de la *Bibliographie*, n° 294.

29593. — Corps législatif. Discours prononcé par Poultier en faisant hommage au Corps législatif des premières livraisons du « Médaillier des hommes célèbres de la Révolution ». Séance du 19 ventôse an IX (10 mars 1801). *Paris, imp. Nationale, an IX,* in-8°, 2 p. [*N*. Le^{50} 56.]

Ces « livraisons » étaient en réalité deux cadres contenant chacun vingt-cinq médaillons exécutés par le graveur P.... G.... Liénard et qui sont aujourd'hui conservés au Cabinet des médailles de la B. N.

Sur les publications de Millin, de Hennin et de Ch. Lenormant relatives à la numismatique, voyez tome Ier de la *Bibliographie*, n°[s] 295, 296 et 5200.

20594. — Galerie historique de la Révolution française (1787 à 1799), par M. Albert Maurin (1843).

Voyez tome Ier, n°s 192-192[a].

Publiée en 48 livraisons.

En regard de chaque notice, portrait lithographié à deux teintes, par A. Lacauchie. Bien que les trois volumes aient chacun une pagination continue, les mots : *Galerie historique de la Révolution française,* répétés en tête de toutes les notices, portent en outre ce sous-titre : *Vie privée et publique des principaux personnages qui ont paru sur la scène politique depuis l'Assemblée des notables jusqu'au Consulat,* mais ces mots ne figurent point sur les titres définitifs.

Voyez les deux numéros suivants.

20595. — Panthéon des hommes célèbres de la Révolution et de l'Empire français, par M. ALBERT MAURIN, ancien rédacteur en chef des journaux « la Patrie » et « le Commerce ». Illustré de 72 magnifiques portraits en pied gravés sur acier par nos meilleurs artistes. *Paris, administration, rue Saint-Joseph, n° 6*, 1853, gr. in-8°. [*N*. Ln² 59.]

Publication avortée dont il n'a paru qu'un prospectus et une couverture imprimée, mais qui fut reprise sous une autre forme. Voyez le numéro suivant.

20596. — Galerie historique de la Révolution française. 1789-1793. Album de cinquante portraits en pied des personnages les plus remarquables de cette grande époque, dessinés et gravés par les meilleurs artistes, accompagnés de cinquante notices biographiques. *Paris, librairie, rue Visconti*, 22. S. *d*. (1869), in-folio, 2 ff., 4 p. et 50 pl. non chiffrés. [*N*.Ln² 176.]

Titre rouge et noir. Epigraphe empruntée à Thiers.
Dans l'ex. de la B. N. manquent les portraits de Bailly, de Mirabeau, de Charette et de Camille Desmoulins.
La plupart des autres portraits sont gravés sur acier, d'après les lithographies de Lacauchie.
L'ex. de la B. N. est également accompagné de nombreux prospectus offrant, au nom de divers journaux, cet album en prime à tous ceux qui possédaient les ouvrages de M. Thiers, et « même à ceux qui ne les possédaient pas ».

C. — RECUEILS SATIRIQUES ET FACÉTIEUX

20597. — Le Maréchal des logis des ordres (15 mars 1789). Les billets de logement se trouvent chez le maréchal des logis, en son hôtel (la Liberté), rue Simon-le-Franc. S. *d*., in-8°, 15 p. [*N*. Lb³⁹ 1410.]

20597ª. — Le Maréchal des logis... S. *l. n. d.*, in-8°, 16 p. [*N*. Lb³⁹ 1410 A.] .

20597ᵇ. — Le Maréchal des logis des trois ordres. Seconde partie. S. *d*. (avril 1789), in-8°, 24 p. [*N*. Lb³⁹ 1410.]

20598. — Bibliothèque de la cour et de la ville. S. *l*., 1789, in-8°, 16 p. [*N*. Lb³⁹ 2553.]

Au verso du titre, on lit cet *Avertissement* : « On observera que dans ce petit ouvrage tous les livres qu'on y cite existent réellement et qu'il n'en est pas comme d'une contrefaçon du *Maréchal des logis*, où l'on imagina des rues qui, loin de rendre cette feuille piquante, en ôtent tout l'agrément. »

20599. — Nouveautés du Palais-Royal ou Livres nouveaux des charlatans, des roués, etc., de la France, accompagnés de notes impartiales, par M. G. C. D. C. *De l'imprimerie de la Vérité, et se trouve au Palais-Royal, chez Madame l'Ironie*, 1789, in-8°, 16 p. [*N*. Ln² 27.]

ÉPIGR. :

Fouettons en plaisantant ces grands hommes du jour.

Liste commentée de livres imaginaires à titres ou à sous-entendus satiriques, dont les auteurs supposés sont Beaumarchais, Mᵐᵉ de Sillery [Genlis], le marquis de Villette, Baculard d'Arnaud, Mᵐᵉ Dufresnoy, Feydel, Mˡˡᵉ Raucourt, Linguet, Sicard, Champcenetz, Rivarol, de Droiture, Moranges [sic : Thevenot de Morande], Caraccioli, Mirabeau, La Harpe, Mᵐᵉ de Polignac, Mˡˡᵉ Adeline, l'abbé Maury, l'abbé d'Espagnac, etc.

20600. — Galerie des hommes célèbres de France pour l'année 1790, proposée par souscription par une société de graveurs anglais. S. *l. n. d.*, in-8°, 8 p. [*N*. Ln² 28.]

P. 1, *Catalogue de portraits* [imaginaires et satiriques] : le Roi, le comte d'Artois, le duc et la duchesse d'Orléans, Necker, Bailly, La Fayette, le maréchal de Ségur, Mᵐᵉ de Noailles, Mᵐᵉ Du Barry, l'abbé Maury, le vicomte de Mirabeau, l'évêque de Nancy [La Fare], Cazalès, Mirabeau, Lally-Tolendal, Bergasse, Lenoir, Loménie, Mᵐᵉ Le Brun, Mᵐᵉ de Staël, Calonne, Mᵐᵉ Necker, d'Esprémesnil, l'archevêque de Paris [Juigné], l'évêque de Nîmes [Cortois de Balore], plusieurs portraits ensemble (les princes de Condé et de Conti, Lambesc, Broglio, Saint-Priest, Du Châtelet).
On lit, p. 8 : « La suite prochainement. »

20601. — Nouveau Dictionnaire Français à l'usage de toutes les municipalités, des milices nationales, et de tous les patriotes, composé par un aristocrate, dédié à l'Assemblée dite nationale, pour servir à l'histoire de la Révolution de France. *En France, d'une imprimerie aristocratique, et se trouve à Paris, au manège des Tuileries ; au club des Jacobins ; à l'Hôtel de Ville ; chez le général Motier ; chez les présidents des districts ; dans les départements, chez les quarante-quatre mille maires*, juin 1790, in-8°, 2 ff. et 72 p. [N. Lb³⁹ 3976.]

Frontispice au lavis représentant un prisonnier enchaîné par le cou et la taille. Au-dessus de l'estampe : *Vive la liberté ! Vive la liberté !*

20601ᵃ. — Nouveau Dictionnaire Français... *Paris, au manège des Tuileries, août* 1790, in-8°, 1 f., II-136 p. [N. Lb³⁹ 3976 A.]

20602. — Supplément au Nouveau Dictionnaire Français ou les Bustes vivants du sieur Curtius distribués en appartements. *De l'imprimerie du sieur Motier, et trouve chez Mᵐᵉ Bailly, rue Trousse-Vache*, 1790, in-8°, 32 p. [N. Lb³⁹ 3977.]

On trouve, p. 22 : *Lettre d'un citoyen très actif du faubourg Saint-Antoine. De la caserne Saint-Antoine, ce 29 août 1790...* signée : NÉRONET, directeur général du comité des réverbères...

20603. — Petit Dictionnaire des grands hommes de la Révolution, par un citoyen actif, ci-devant rien. *Au Palais-Royal, imp. Nationale*, 1790, in-8°, XV-72 p. [N. Lb³⁹ 3899.]

Par RIVAROL et CHAMPCENETZ, d'après Barbier. Non réimprimé dans l'édition des prétendues *Œuvres complètes* de Rivarol (1808).

20603ᵃ. — Petit Dictionnaires des grands hommes de la Révolution... *Au Palais-Royal, imp. Nationale*, 1790, in-12, XXIV-119 p. [N. Lb³⁹ 3899 A.]

20604. — Petit Dictionnaire des grands hommes et des grandes choses qui ont rapport à la Révolution, composé par une société d'aristocrates, dédié aux Etats-Généraux dits Assemblée nationale, pour servir de suite à l'histoire du brigandage du nouveau royaume de France, adressé à ses douze cents tyrans. *A Paris, de l'imp. de l'ordre judiciaire, et se trouve chez les présidents des districts, des directoires des départements et chez les quarante-huit mille maires des quarante-huit mille municipalités*, 1790, in-8°, 1 f., II-102 p. [N. Lb³⁹ 4131.]

ÉPIGR. :

Nous n'avons plus ni Foi, ni Loi, ni Roi.
CONDILLAC.

Il va sans dire que l'épigraphe est apocryphe.

20605. — Extrait d'un Dictionnaire inutile, composé par une société en commandite, et rédigé par un homme seul. *A 500 lieues de l'Assemblée nationale*, 1790, in-8°, VIII-286 p. (la dernière non chiffrée). [N. Lb³⁹ 3901.]

Par GALLAIS, d'après Barbier.
Voyez le numéro suivant.

20606. — Lisez ceci, bon Français. S. l. n. d., in-8°, 36 p. [N. Lb³⁹ 4268.]

Extrait du *Dictionnaire inutile*, par M. G...
Voyez le numéro précédent.

20607. — Le Guide national ou Liste des noms et demeures des principaux personnages de la capitale. *Paris, chez tous les marchands d'assignats*. S. d., in-8°, 6 p. [N. Lb³⁹ 9425.]

Facétie de même ordre et de même valeur que le *Maréchal des logis des trois ordres*. Voyez le n° 10597 ci-dessus.

20608. — Liste des sans-culottes de Paris, avec leurs noms, surnoms et demeures. *Imp. Rey*, 1794, in-8°, 8 p. [N. Lb³⁹ 10279.]

Facétie.

20609. — Dialogue des morts de la Révolution, entre Loustallot et l'abbé Royou, sur la liberté des opinions; entre Marat et Vergniaux (sic), sur le fédéralisme, par l'auteur du « Club infernal ». *Paris, chez les marchands de nouveautés*. S. d., in-8°, 132 p. [N. Lb⁴¹ 1761.]

ÉPIGR. :

Nemo enim unquàm imperium flagitio quæsitum bonis artibus exercuit.
TACIT., *Hist.*

Au bas du titre cette note : « L'application de cette épigraphe ne sera parfaitement sentie qu'au cinquième dialogue. »
Il y a en tout sept dialogues (dont les deux premiers seuls sont indiqués sur le titre), précédés d'un Avis (p. 2-4).
P. 3-16, *Premier dialogue entre Loustalot et l'abbé Royou, sur la liberté de la presse.*
P. 17, *Second dialogue entre Vergniaux* (sic) *et Marat. Fédéralisme, empire des mots.*
Les deux dialogues signés (p. 24) PILPAY (JEAN-PIERRE GALLAIS) ont été probablement publiés avant les suivants, car le troisième et le quatrième portent au titre de départ (p. 25) :

Dialogues des morts de la Révolution entre Gustave, roi de Suède, et Mirabeau sur les révolutions (p. 35), entre Custine fils et Basseville sur les prisons, par l'auteur du « Club infernal ». Ils sont signés (p. 48) PILPAY et datés du 28 brumaire an III (18 novembre 1794). Viennent ensuite : les *Paradoxes ou Cinquième dialogue des morts de la Révolution, entre Linguet et Charlotte Corday sur la démocratie, les beaux-arts et la paix*, par l'auteur du « Club infernal ». (Paris, Br. Mathé et les marchands de nouveautés, an III.) Au verso du titre, *Avertissement* (3 p. non chiffrées) et *Cinquième dialogue* (p. 49-70), signé PILPAY, daté du 16 frimaire an III (6 décembre 1794) et suivi d'une *Observation* (p. 71-72). *Le Marchand de nouveautés ou Sixième dialogue des morts de la Révolution entre Philippe d'Orléans, Phélippeaux, Suleau et M*ᵐᵉ *Roland, sur les réputations, les journaux, les pamphlets et les mots nouveaux* (p. 73-112). Signé PILPAY et daté du 14 pluviôse [an III-2 février 1795]. *Les Revenants ou Septième dialogue des morts de la Révolution entre Hérault-Séchelles et Condorcet sur les constitutions* (p. 115-132). Signé PILPAY et daté du 4 floréal an III (23 avril 1795).

20610. — Colloques des morts les plus fameux, condamnés par la loi portée contre les conspirateurs, ouvrage précédé d'une description rapide des vices de l'ancien régime. *Paris, chez les marchands de nouveautés, an II*, 2 vol. in-18. [*N*. Lb⁴¹ 2235.]

Noms des interlocuteurs.
Tome I. — Dialogue I. Châtelet, Biron. II. Gilbert de Voisins, Laverdy. III. Fauchet, Gorsas. IV. Duport, Lebrun. V. Marie Roland, Charlotte Corday. VII. Kolly et son épouse. VIII. Barnave, Sillery. IX. Brissot, Manuel. X. Miacinski, Olympe de Gouges. XI. Rabaut, Kersaint, Lasource. XII. Vergniaud, Lamourette. XIII. Jeanne Dubarry, Catherine Alberet. XIV. Reverseaux, Maussion. XV. La Balmondière, Gensonné.

Tome II. — XVI. Laporte, Bachmann. XVII. Fonfrède, François Desilles. XVIII. Bailly, Lamarlière, Carra. XIX. Ducor, Venance, Duprat. XX. Coustard, Tassin. XXI. Philippe-Egalité, Hébert ou le Père Duchesne. XXII. Gouttes, Houchard. XXIII. Chamborand, Courtin. XXIV. Duparc, Saint-Paul. XXV. Lavergne, Victoire Régnier. XXVI. Caron (le Nautonnier), Chabot, d'Espagnac, Danton. XXVII Camille Desmoulins, Ronsin, Momoro. XVIII. Delaigle, Balleroy, d'Apchon. XXIX. Gobel, Chaumette, Dillon. XXX. Grammont, Fabre d'Eglantine. XXXI. Saron, Gourgues, Rosambeau, d'Ormesson, Laborde. XXXII. Malesherbes, d'Eprémesnil. XXXIII. Béatrix Grammont, Choiseul, l'ex-président Nicolaï. XXXIV. D'Estaing, Villeroi, Béthune, Latour du Pin, de Crosne, Angran. XXXV. Charles Iᵉʳ, Louis XVI, Marie-Antoinette et Marie-Stuart.

20611. — Galerie de portraits vivants, par le citoyen P..... J..... N° 1. *Paris, chez les marchands de nouveautés, an III*, in-8°, 24 p. [*N*. Ln² 40.]

Ce n° 1 (et unique) renferme douze « tableaux » ou portraits dont les modèles ne sont désignés que par des anagrammes d'autant plus difficiles à expliquer que la plupart d'entre elles semblent allusives à des personnalités de second plan. Voici la liste de ces douze portraits, avec l'indication des noms réels que j'ai pu reconnaître, laissant à des chercheurs plus avisés le soin de lever les masques dont je n'ai pu dénouer les cordons.

Edrelgen [Legendre, député de Paris à la Convention].
Mitthea.
Seriex [Sieyès].
Cephreni [Chénier].
Naboud.
Thévelot [Louvet].
Creimer. [Sébastien Mercier.]
Lerminat. [Martinel (Joseph-Marie-Philippe), député de la Drôme à la Convention nationale?]
Mandard.
Elsophos. [Le Sage (D.-F.), député d'Eure-et-Loir à la Convention?]
Loyal. [P.-A. Laloy.]
Rondoub. [Bourdon, de l'Oise.]
Yssioby. [Boissy (d'Anglas).]

20612. — Journal des bons et des mauvais ou Galerie des personnages remarquables qui, depuis la Révolution française, se sont distingués dans les fonctions publiques, ou de toute autre manière, par une société d'historiens. *Imp. Bertrand-Quinquet*, in-8°, 4 p. [*N*. Lc² 928.]

ÉPIGR. :
Incedo per ignes
Suppositos cineri doloso.
Hor., lib. 2, od. 1.

Prospectus. Le journal y est annoncé pour le 15 frimaire an V (5 décembre 1796) et devait paraître par cahiers bi-mensuels de 96 p. Il n'en a été publié qu'un seul ; voyez le numéro suivant.

20613. — Galerie des bons et des mauvais, par une société d'historiens. Tome I. *Paris, à l'imprimerie, rue Germain-l'Auxerrois, n° 53, an V* (-1797), in-8°, 96 p. [*N*. Ln² 42.]

Même épigraphe qu'au numéro précédent.
P. 13, *Pichegru*. P. 25, *Barras*. P. 65, *Charlotte Corday*. P. 85, *Benezech*.

20614. — Les Crimes de Robespierre et de ses principaux complices, leur supplice, la mort de Marat, son apothéose, le procès et le supplice de Charlotte Corday. *Paris, Des Essarts, an V*, 1797, 3 vol. in-18. [*N.* Lb⁴¹ 2111. *Rés*.]

L'avertissement est signé DES ESSARTS.
Tome I, 2 ff. et 126 p.; tome II, 120 p.; tome III, 99 p., plus un catalogue de l'éditeur.
Mauvais portraits anonymes au pointillé de Robespierre, Couthon, Marat et Charlotte Corday.

20614ª. — Les Crimes de Robespierre... *Paris, Delongchamps*, 1823, 3 vol. in-18. [*N.* Lb⁴¹ 2111 A.]

Tome I, 2 ff., IV-126 p.; tome II, 122 p.; tome III, 101 p. et la table.
Le tirage des portraits est encore plus défectueux.
Le tout a encore été réimp. en 1830 avec l'adresse de Lelièvre et de *l'éditeur* (30, *rue Hautefeuille*).

20615. — Liste des coquins qui se sont enrichis de l'or et de l'argent de la République, [ont] soumissionné des domaines nationaux, pillé chez les émigrés et chez les victimes condamnées à mort sous Robespierre. *Paris, Lachave, an V*, in-8°, 8 p. [*N.* Lb⁴² 1326.]

Cette « liste » ne renferme en réalité aucun nom propre.

20616. — Liste des députés enrichis depuis la Révolution et leur commerce secret. *Provost. S. d.*, in-8°, 8 p. [*N.* Lb⁴² 1641.]

La plupart des personnages visés sont désignés par leurs noms propres et quelques-uns par de simples allusions. Voyez le numéro suivant.

20617. — Histoire curieuse et véritable des enrichis de la Révolution. Liste des principaux et leur commerce secret. *Paris, chez l'éditeur, an VI* (1798), in-8°, 30 p. [*N.* Lb⁴² 1719.]

Frontispice anonyme représentant un élégant et une muscadine en cabriolet; le premier lorgne un piéton. Au-dessous ce dialogue : « Bonjour, mon ami. — Ah ! te voilà, La Pierre ! Comme tu es beau depuis que tu n'es plus chez moi ! »
La liste annoncée n'existe que sur le titre; les personnages visés ne sont indiqués que par des initiales.

20618. — Liste des noms et qualités des fripons et nouveaux enrichis qui ont volé la République et à qui le gouvernement fera rendre compte de leur conduite et restituer les sommes immenses qu'ils ont volées. *Imp. De la Chave. S. d.*, in-8°, 8 p. [*N.* Lb⁴² 1720.]

Signé : HENNEQUIN.

20619. — Liste générale et qualités des fripons qui ont volé la République. *Imp. De la Chave. S. d.*, in-8°, 8 p. [*N.* Lb⁴² 1721.]

Même pièce que la précédente.
Signée : HENNEQUIN.

20620. — N° II. Liste et noms des coquins qui se sont enrichis de l'or et de l'argent de la République, dont on a fait justice et dont le gouvernement ordonnera bientôt l'arrestation et la mise en jugement. *Paris, imp. Lachave. S. d.*, in-8°, 8 p. [*N.* Lb⁴² 1722.]

20621. — Liste véritable des personnes qui seront pendues en 1798, et de celles qui seront portées en triomphe. *Chez la citoyenne Prévost. S. d.*, 4 numéros in-8°. [*N.* Lb⁴² 1473.]

Chaque numéro a huit pages.
Dialogues et portraits satiriques. Le premier numéro est consacré à Louis XVI, « roi méchant, inhumain et plus cruel que Charles IX ».

20622. — Dictionnaire des jacobins vivants, dans lequel on verra les hauts faits de ces messieurs. Dédié aux frères et amis, par QUELQU'UN, citoyen français. *Hambourg*, 1799; *de l'imprimerie de Chartres, rue de l'Egalité, aux armes d'Orléans, an VIII*, in-12, 192 p. [*N.* Lb⁴² 752.]

En regard du titre, frontispice très grossièrement gravé, représentant une tête de mort, des ossements, des larmes, deux bonnets phrygiens et deux guillotines; au-dessus et au-dessous les mots : *Egalité. Fraternité*.
Attribué à L. CALINAU, de Metz, ou à POULTIER et à FÉLIX LE PELETIER.

20623. — Dictionnaire des grands hommes du jour, par une société de très petits individus. *Paris, chez les marchands de nouveautés, floréal an VIII*, in-12, XIV-231 p. [*N.* Lb⁴³ 79.]

La pagination en chiffres arabes continue la pagination en chiffres romains.

P. XIII, *Epître d'un nouveau genre à Girouette-Hilarion-Arlequin-Sancho Poultier*, signée les Rédacteurs abécédaires : A. B. C. D. E. F., etc.

20624. — Nouveaux dialogues des morts entre les plus fameux personnages de la Révolution française et plusieurs hommes célèbres, anciens et modernes, morts avant la Révolution. Suivis de plusieurs autres dialogues entre des personnages vivants restés en France ou émigrés, et d'autres interlocuteurs de différentes nations sur les divers événements de notre Révolution jusqu'au moment actuel. Par F. PAGÈS, auteur de différents ouvrages. *Paris, Laurens jeune, an VIII-1800*, in-8°, VIII-232 p. [*N.* La³² 341.]

Epigraphe empruntée à Mirabeau.
Dialogues des morts : I. Démosthènes, Mirabeau. II. Charles Ier, Louis XVI. III. Catilina, Robespierre. IV. Danton, Couthon. V. Marie-Antoinette, Cécile (*sic*) Du Barry. VI. Solon, Condorcet. VII. Pie VII, Gobel. VIII. J.-J. Rousseau, Voltaire. IX. Marceau, Joubert. X. Arrie, Charlotte Corday. XI. Bailly, Malesherbes. XII. Racine, Roucher. XIII. Henri IV, d'Orléans dit *Egalité*. XIV. Fontenelle, Murinais, le serf du Mont-Jura. XV. Barnave, Brissot. XVI. Marat, Mirabeau. XVII. Sylla, Robespierre. XVIII. Christophe Colomb, Lavoisier. *Dialogues des vivants* : I. Necker, Calonne. II. Maury, le grand maître de l'ordre de Malte. III. Pitt, Fox. IV. Une ex-religieuse, un ancien directeur. V. Un ex-constituant, un président au Parlement, un ex-ministre, un ex-noble et un ci-devant évêque émigré. VI. Billaud-Varenne, Barthélemy. VII. Bonaparte, un mameluck. VIII. La Fayette, Dumouriez, Pichegru, Souwarow.

D'après une note (n° 940) du catalogue H. G*** (voir tome Ier de la *Bibliographie*, p. LXXI), l'édition des *Nouveaux Dialogues des morts* aurait été rachetée et détruite par ordre du duc de Chartres (Louis-Philippe), en raison du dialogue entre Henri IV et Egalité, indiqué plus haut.

20625. — Dictionnaire des girouettes ou Nos Contemporains peints par eux-mêmes, ouvrage dans lequel sont rapportés les discours, proclamations, chansons, extraits d'ouvrages écrits sous les gouvernements qui ont eu lieu en France depuis vingt-cinq ans, et les places, faveurs et titres qu'ont obtenus dans les différentes circonstances les hommes d'Etat, gens de lettres, généraux, artistes, sénateurs, chansonniers, évêques, préfets, journalistes, ministres, etc., etc., par une société de Girouettes, orné d'une gravure allégorique. *Paris, Alexis Eymery*, 1815, in-8°, 443 p. [*N.* Lb⁴⁸ 82.]

La gravure allégorique en couleur porte cette légende :

Si la peste donnait des pensions, la peste trouverait encore des flatteurs et des serviteurs.
(SAADDI.)

La *Préface*, qui s'ouvre par ce même adage, est paginée en chiffres romains et comprise dans la pagination totale.

ÉPIGR. :
Verba volant, scripta manent.

Par ALEXIS EYMERY, sur des notes fournies par P.-J. CHARRIN, TASTU, RENÉ PÉRIN, et surtout par le comte CÉSAR DE PROISSY D'EPPE, à qui ce pamphlet a été souvent attribué, de même qu'à BEUCHOT; mais celui-ci a protesté contre cette supposition dans la *Bibliographie de la France* (1815, p. 445).

Voyez les quatre numéros suivants.

20626. — Le Censeur du « Dictionnaire des Girouettes » ou les Honnêtes Gens vengés, par M. C. D****. *Paris, Germain Mathiot, septembre 1815*, in-8°, VIII-216 p. [*N.* Lb⁴⁸ 83.]

Par CHARLES DORIS, de Bourges, suivant Barbier.

20627. — Dictionnaire des immobiles, par un homme qui jusqu'à présent n'a rien juré et n'ose jurer de rien. *Paris, rue du Roi-de-Sicile, ci-devant des Droits-de-l'Homme, n° 89, et chez Delaunay; Pelicier; Eymery; Marchand; Colas*, 1815, in-8°, VIII-38 p. [*N.* Lb⁴⁸ 283.]

ÉPIGR. :
Libertas quæ sera tamen...
VIRG.

La dédicace : *A messieurs les éteignoirs de tous les partis*, est signée *Gallus liberalis* [ADRIEN-JEAN-QUENTIN BEUCHOT].

La B. N. a placé dans sa Réserve un ex. sur papier tricolore.

20628. — Dictionnaire des protées modernes ou Biographie des personnages vivants qui ont figuré dans la Révolution française depuis le 14 juillet 1789, jusques et y compris 1815, par leurs actions, leur conduite ou leurs écrits, par un homme retiré du monde. *Paris, Davi et Locard; Delaunay*, 1815, in-12, 2 ff. et IV-260 p. [*N*. Lb⁴⁸ 415.]

· Épigr. :
*Pudor te malus urget,
Insanos qui inter vereare insanus haberi.*
Horat., l. II, sat. III.

20629. — Dictionnaire des braves et des non-girouettes, nomenclature curieuse, intéressante et impartiale des Français, royalistes ou patriotes, républicains ou bonapartistes, qui, depuis le commencement de la Révolution jusqu'à la seconde Restauration, ont montré un grand caractère, ont été fidèles à leur parti et ont tout sacrifié pour la défense de leurs opinions et de leurs principes, par une société de non-girouettes. *Paris, Lévêque; Laurens ainé; Delaunay; Pélicier*, 1816, in-8°, 2 ff., XVI-308 p. et 1 f. n. ch. [*N*. Lb⁴⁸ 736.]

Le feuillet non chiffré contient un *Supplément* consacré à Cambronne.

En regard du titre, frontispice signé Compagnie, sc., portant cette légende :

« La force et la fidélité soutiennent le brave ; la gloire le couronne. »

*Fidèle à son pays et fidèle à la gloire,
Son nom doit être inscrit au temple de mémoire.*

Par François Babié de Bercenay, d'après Barbier.

§ 2. — Dictionnaires, répertoires et pamphlets spéciaux.

A. — Assemblées délibérantes

20630. — Almanach législatif, contenant un précis chronologique sur les Etats généraux qui ont eu lieu depuis le commencement de la monarchie jusqu'en 1789; sur l'Assemblée constituante, l'Assemblée législative et la Convention; sur le Conseil des Cinq-Cents, le Sénat conservateur, le Tribunat et le Corps législatif, avec les noms des députés, des sénateurs et des législateurs qui ont été appelés à ces diverses assemblées constitutionnelles, par M. de Saint-A****. (de Saint-Allais.) *Paris, Audibert*, 1814, in-18, 5 ff. non chiffrés et 250 p. [*N*. Lc²⁴ 1.]

D'autres ex. sous la même date portent l'adresse de *Rosa*, au Palais-Royal.

20631. — Dictionnaire des parlementaires français, comprenant tous les membres des Assemblées françaises et tous les ministres français, depuis le 1ᵉʳ mai 1789 jusqu'au 1ᵉʳ mai 1889, avec leur état-civil, leurs états de service, actes politiques, votes parlementaires, etc., publié sous la direction de MM. Ad. Robert et Gaston Cougny. *Paris, Bourloton*, 1889-1891, 5 vol. in-8°. [*N*. et *P*. Usuels.]

A partir du tome III, le nom de M. Edgar Bourloton figure entre ceux de MM. Robert et Cougny.

Le tome V renferme en outre les listes des ministres, de mai 1789 à mai 1889, des membres du Sénat conservateur, de 1789 à 1814, du Tribunat (1799-1807), des Pairs de France (1814-1848), des sénateurs du second Empire (1852-1870), des députés par départements et par législatures (mai 1789-mai 1889), des sénateurs inamovibles et des sénateurs élus (1875-1889).

B. — États-généraux et Assemblée constituante

20632. — Liste, par ordre alphabétique de bailliages et de sénéchaussées, de MM. les députés aux Etats-Généraux convoqués à Versailles, le 27 avril 1789 (1789)

Voyez tome Iᵉʳ de la *Bibliographie*, nº 435, et pour d'autres documents de même nature, *ibid.*, nᵒˢ 436 à 447. Voyez aussi les deux numéros suivants.

20633. — Portrait des députés aux Etats-Généraux qui s'y sont déjà distingués, précédé d'une idée critique des discours d'ouverture, et de celle des motions sur les faits principaux qui y ont eu lieu pendant le premier mois. *Chez les marchands de nouveautés*, 1789, in-8°, 1 f. et 30 p. [*N.* Lb³⁹ 1785.]

20634. — Les Chevaux au Manège. Ouvrage trouvé dans le portefeuille de monseigneur le prince de Lambesc, grand écuyer de France. *Aux Tuileries*, 1789, 3 parties in-8°, 28, 29 et 22 p. [*N.* Lb³⁹ 2463.]

La clé des trois parties se trouve à la fin de la troisième, mais la plupart des noms ou des titres ne sont donnés qu'en abrégé.

Pamphlet contre divers membres de l'Assemblée constituante.

20635ª. — La Galerie des Etats-Généraux. S. l., 1789, 2 vol. in-8°. [*N.* Lb³⁹ 1784.]

Tome Iᵉʳ, 215 p. et 1 f. n. ch. (clé imprimée). Tome II, 174 p. et autre clé imprimée.

20635ᵇ. — La Galerie des Etats-Généraux. S. l., 1789, 2 vol. in-8°. [*N.* Lb³⁹ 1784 A.]

Tome Iᵉʳ, 204 p. et la clé. Tome II, 172 p. et la clé, plus un errata non chiffré entre l'avis de l'éditeur et l'introduction.

20636. — La Galerie des Etats-Généraux. S. l., 1789, VIII-130 p. et la clé. [*N.* Lb³⁹ 1784 B.]

Réimpression du tome Iᵉʳ. Un autre ex. (coté Lb³⁹ 1784 C.) est en tout semblable, moins la clé.

En rendant compte de ce livre aux souscripteurs de la *Correspondance littéraire*, Meister, successeur de Grimm, observe que le comte de Mirabeau et deux ou trois de ses amis y sont loués sans mesure : « Presque tous les autres [modèles] y sont égratignés ou déchirés avec plus ou moins de haine et d'adresse. Il faut avouer, cependant que, quoiqu'écrit avec beaucoup d'inégalité, c'est l'ouvrage d'un homme de talent et d'esprit, d'un homme du monde, qui connaît même en général assez bien les personnes dont le caractère a pu tenter sa malignité. On l'a d'abord attribué à MM. de Champcenetz et de Rivarol, ensuite à M. le marquis de Luchet; des gens mieux instruits ont cru y reconnaître la manière de M. Sénac de Meilhan... ».

Barbier s'est autorisé d'une brochure devenue fort rare : *Le comte de Mirabeau dévoilé, ouvrage posthume, trouvé dans les papiers d'un de ses amis qui le connaissait bien* (1789, in-8°), pour alléguer que Mirabeau aurait seulement tracé le portrait de Necker (*Narsès*) et le sien (*Iramba*), tandis que Rivarol se serait peint sous le nom de *Cneis* dans lequel Barbier avait voulu d'abord reconnaître Laclos.

La perspicacité du savant bibliographe a été très certainement ici mise en défaut. D'abord, comment admettre que Rivarol, qui avait attaqué ou persiflé Luchet, Mirabeau et Laclos dans le *Petit Dictionnaire des grands hommes de la Révolution*, les *Actes des apôtres* et le *Journal politique national*, ait recherché ou accepté leur collaboration ? Il a d'avance protesté contre cette supposition dans quelques lignes du n° 19 de la 1ʳᵉ série du *Journal politique national*. « Il a paru ces jours derniers une *Galerie des Etats-Généraux*. Il faut que l'ouvrage soit mal écrit, puisqu'on l'attribue à M. de Luchet, ou que M. de Mirabeau n'y soit pas peint au naturel, puisqu'on l'en a soupçonné l'auteur. »

Pour M. André Le Breton, auteur d'une récente thèse de doctorat sur Rivarol, il n'y a pas dans la *Galerie* une ligne qu'on puisse sérieusement attribuer non seulement à Rivarol, mais aussi à Mirabeau ou à Laclos. M. Aulard, qui avait étudié la question avant M. Le Breton (*La Révolution française*, tome VI, janvier-juin 1884, p. 785 et suiv.), a écarté comme lui et pour les mêmes causes les noms de Rivarol et de Laclos, mais il considère comme très vraisemblable la coopération de Mirabeau à son propre portrait; il signale dans celui de Malouet deux phrases où l'on peut retrouver un écho de la conversation du grand tribun, et il propose pour la rédaction du surplus de la *Galerie* le nom de Cérutti. Ne serait-ce pas lui, en effet, qui se serait affublé du masque de *Cneis*? « Il nous a paru plaisant et utile, peut-être, dit l'auteur (II, pp. 134-139), de mêler à ces portraits celui du peintre de la galerie ». En conséquence, il se donne comme « doux dans la société, caustique dans ses écrits, peu sensible à la renommée, ayant l'extérieur de la faiblesse, parce qu'elle rend aimable, et faisant toujours le bien ». Il ajoute : « Cneis aura prodigieusement écrit et ne laissera aucun ouvrage. » Un peu plus loin il est question de son « acharnement au travail ». Ce sont là des traits qui s'appliqueraient, on l'avouera, infiniment mieux à Cérutti qu'à Rivarol. Si la supposition émise par M. Aulard s'étaie un jour de quelque preuve matérielle, cette vérification corroborera la remarque de Meister sur la partialité avec laquelle Mirabeau et ses amis avaient été ou s'étaient présentés au public.

Le succès de la *Galerie des Etats-Généraux* suscita d'autres imitations décrites ci-après et dont les véritables auteurs ne sont pas non plus exactement connus. (Voyez les n°ˢ 20636ª⁻ᵇ⁻ 20638 ci-dessous.)

20636ª. — Supplément à la « Galerie de l'Assemblée nationale ». *S. l., octobre*

1789, in-8°, 49 p. et 1 f. n. ch. [N. Lb³⁹ 2548.]

ÉPIGR. :
Eh! Pourquoi ne dirions-nous pas la vérité?

Le feuillet non chiffré contient la liste ou clé des portraits.
Voyez le numéro suivant.

20636ᵇ. — Supplément à la « Galerie de l'Assemblée nationale ». Deuxième édition, corrigée et augmentée. S. l., 1789, in-8°, 40 p. [N. Lb³⁹ 2548 A.]

Même épigraphe qu'au numéro précédent. Les noms réels sont rétablis.

20637. — Les Grands Hommes du jour. S. l., 1790-1791, 3 parties in-8°. [N. Lb³⁹ 5461.]

Première partie, 158 p. et 1 f. n. ch. (table des noms cités en abrégé dans le texte).

ÉPIGR. :
Laudantur ubi non sunt.

Deuxième partie, 168 p. et 1 f. n. ch. (errata). Le titre porte en plus : Par M...
Épigraphe empruntée à Mably.
Troisième partie, 148 p. (la dernière non chiffrée) et 2 ff. (errata).
Epigraphe emprunté au *Contrat social.*
P. 109 de cette troisième partie, l'auteur désavoue en note toute participation à la *Galerie des Etats-Généraux* : « Ce ne sont pas nos principes, dit-il; ce n'est pas notre style, ce n'est pas notre coup d'œil ».

20638. — Mes Etrennes aux douze cents ou Almanach des députés à l'Assemblée nationale. S. l., 1791, in-12, 2 ff. et 131 p. [N. Lc²³ 30.]

Liste par ordre alphabétique des constituants, accompagnée de notes plus ou moins malicieuses, mais en général assez anodines.

20639. — Le Véritable Portrait de nos législateurs ou Galerie des tableaux exposés à la vue du public, depuis le 5 mai 1789 jusqu'au 1ᵉʳ octobre 1791 (1792).

Par DUBOIS-CRANCÉ ; voir tome Iᵉʳ, n° 431.

C. — ASSEMBLÉE LÉGISLATIVE

20640. — Liste de MM. les députés à l'Assemblée nationale législative et de MM. les suppléants (1791).

Voyez tome Iᵉʳ de la *Bibliographie*, n° 470, et pour d'autres documents de même nature les n°ˢ 471-477. Voyez aussi le numéro suivant.

20641. — Almanach historique et critique des députés à la première Assemblée législative, pour l'année 1792. Avec gravure analogue à leur mérite. *A Coblentz, de l'imprimerie des princes français, sous les yeux de MM. l'abbé Maury et marquis de La Queille, et se trouve en France, chez tous les libraires monarchiques.* S. d., in-12, 7 ff. non chiffrés, 4 et 158 p. [N. Lc²² 40.]

Le frontispice représente les préliminaires de la pendaison d'une douzaine de députés désignés par des chiffres renvoyant à une liste placée en dehors du trait carré et ne donnant que leurs initiales, tels que Ga...de Co... [Garran de Coulon], Is...d [Isnard], l'évêque F... [Fauchet], Ba...e [Bazire], Br...t [Brissot].
L'abbé Maury et le cardinal de Rohan remplissent les fonctions d'aumôniers. Le roi de Suède préside l'exécution à la tête d'un peloton de cavaliers où sont désignés le comte d'Artois, le vicomte de Mirabeau, le marquis de Bouillé, le prince de Condé, le maréchal de Broglie, etc.
L'Epitre dédicatoire à M. le Président de l'Assemblée nationale, signée Mˢ DE S. G....., a une pagination séparée. Les noms des députés (dont beaucoup sont estropiés) sont classés par ordre de départements.

20642. — Société de l'histoire de la Révolution française. Les Députés à l'Assemblée législative de 1791. Listes par département et par ordre alphabétique des députés et des suppléants, avec de nombreux détails biographiques inédits, par AUGUSTE KUSCINSKI, membre de la Société. *Paris, au siège de la Société,* 3, rue de Furstenberg, 1900, in-8°, 2 ff., V-171 p. et 1 f. n. ch. (table des matières).

D. — CONVENTION NATIONALE

20643. — Liste des citoyens députés à la Convention nationale, par ordre alphabétique de leurs départements et par ordre alphabétique de leurs noms (an I de la République [1792]).

Voyez tome Iᵉʳ de la *Bibliographie*, n° 425 et pour d'autres documents de même nature, *ibid.,* n°ˢ 526-529. Sur les répertoires satiriques dont la même Assemblée a été l'objet, voyez *ibid.,* n°ˢ 536-541. Voyez aussi les numéros suivants.

20644. — Manuel des Assemblées primaires et électorales de France (1795).

Voyez tome Iᵉʳ, n°ˢ 4534-4534ᵃ.

20645. — Célébrités révolutionnaires. Les Régicides, par Ch. de B... *Paris, Desloges*, 1865, in-12, 72 p. [*N.* Ln⁶ 379.]

Sur les plats recto et verso de la couverture imprimée, portraits de Robespierre et de Marat.

P. 13-60, *Notice biographique des régicides* empruntée en grande partie à la *Petite Biographie conventionnelle* (voyez tome I*er*, n°ˢ 539-539ª), ainsi que le *Résultat des votes dans le jugement de Louis XVI* et la *Récapitulation morale des 749 conventionnels*.

Ch. de B... est le pseudonyme de Charles Marchal, dit de Bussy.

20646. — Société de l'histoire de la Révolution française. Les Conventionnels. Listes par départements et par ordre alphabétique des députés et des suppléants à la Convention nationale, dressées d'après les documents originaux des Archives nationales, avec nombreux détails biographiques inédits, par Jules Guiffrey. *Paris, au siège de la Société, 4, rue de Furstenberg*, 1889, in-8°, 2 ff. et XL-169 p.

20647. — Société de l'histoire de la Révolution française. Les Régicides, par E. Belhomme, ancien inspecteur d'Académie. *Paris, au siège de la Société*, 1893, in-8°, 47 p. (la dernière non chiffrée).

La p. non chiffrée contient la table des divisions adoptées par l'auteur.

E. — Corps législatif (Anciens et Cinq-Cents)

20648. — Liste, par ordre alphabétique, des représentants du peuple au Corps législatif (an IV).

Voyez tome I*er* de la *Bibliographie*, n° 548, et pour d'autres documents de même nature, *ibid.*, n°ˢ 549-553.

20649. — Les Candidats à la nouvelle législature ou les Grands Hommes de l'an V, avec les véritables noms, prénoms et surnoms qu'ils ont acquis pendant la Révolution. Par le cousin Luc, petit frère du grand cousin Jacques. *Paris, chez Maret, libraire de la Société ou, à son refus, chez tous les marchands de nouveautés et dans toute la République, chez les rieurs*, an V, 4 numéros in-8°, 110 p. [*N.* Lc²² 2662.]

Le n° 2 porte, ainsi que les n°ˢ 3-4, la rubrique : *Imp. R. Valar. Les Candidats chez Benezech...*

Épigr. :
   Ridiculum acri.

Poème satirique en quatre chants, avec notes en prose.

20650. — Liste, par ordre alphabétique, des représentants du peuple au Corps législatif depuis le 1*er* prairial an VI, avec leur demeure et l'indication de leur département, le Directoire exécutif, les bureaux des ministres et leurs attributions. *Paris, Lefort, an VI*, in-18, 94 p. [*N.* Lc²² 574ᵇⁱˢ.]

20651. — Manuel des députés ou Liste des représentants du peuple, contenant leurs noms et demeures par ordre alphabétique et de départements, le temps de leur gestion, l'indication des bureaux des deux Conseils et leurs attributions, le Directoire exécutif et les ministres, par Lacroix, secrétaire analyseur au secrétariat de la Commission des inspecteurs du palais des Cinq-Cents, éditeur. *Se vend à Paris, à l'imprimerie de la Mouche, journal des Grâces, rue Caumartin, aux ci-devant Capucins, n° 269, aux bureaux de distribution et libraires des deux Conseils et des départements, an VII*, in-18, 144 p. [*N.* Lc²² 574.]

Au verso du titre, griffe de l'éditeur et avis sur les conditions de publication de *la Mouche*. (Voyez tome II, n° 20263.)

F. — Ministres et chefs du pouvoir exécutif

20652. — Tableau des douze fripons vendus au ci-devant roi des Français, comparés aux anciens ministres. *Paris, rue du Renard*, 1791, in-18.

D'après un catalogue qui mentionne un curieux frontispice et des pronostics pour tous les mois de l'année.

20653. — Biographie de tous les ministres, depuis la constitution de 1791 jusqu'à nos jours. *Paris, chez tous les marchands de nouveautés*, 1825, in-8°, XII-586 p. [*N.* Ln⁵ 2.]

Frontispice lithographié à la plume, représentant la Vérité sortant de son puits. Par LÉONARD GALLOIS.
Voyez les deux numéros suivants.

20654. — Biographie des ministres français, depuis le juillet 1789 jusqu'à ce jour. Edition faite sur celle de Paris, corrigée et augmentée de vingt-huit articles nouveaux et de notes, par plusieurs hommes de lettres, belges et étrangers. *Bruxelles, H. Tarlier et Grignon,* 1826, in-8°, 2 ff., VIII-516 p. et 2 ff. n. ch. [*N.* Ln⁵ 3.]

Les deux feuillets non chiffrés contiennent ; l'un, la table alphabétique des noms des ministres ; l'autre, la reproduction d'une *Note autographe communiquée aux éditeurs après l'impression de l'article Clarke* [et relative à La Valette].
Les articles nouveaux sont empruntés à la *Galerie historique des Contemporains*, dite *Biographie de Bruxelles*. (Voyez le n° 20568 ci-dessus.)

20655. — Dictionnaire historique de tous les ministres, depuis la Révolution jusqu'en 1827, publié par M. LÉONARD GALLOIS, auteur de l'« Histoire de Napoléon d'après lui-même », de l'« Histoire abrégée de l'Inquisition d'Espagne ». *Paris, Ch. Béchet ; Ambroise Dupont*, 1828, in-8°, XII-502 p. [*N.* Ln⁵ 4.]

Même ouvrage que les deux numéros précédents.

20656. — Les Trois Rois de la France, Barras, Lareveillière-Lépaux et Rewbell. Ah ! qu'ils sont bêtes ! *Guilhemat. S. d.*, in-8°, 8 p. [*Br. M. F. R.* 423, 4.]

20657. — Les Cinq Hommes, par JOSEPH DESPAZE. *Paris, chez l'auteur, rue de la Loi, maison des Landes ; Desenne ; Maret ; Deroy,* 1796, in-8°, III-132 p. [*Br. M. F. R.* 1104, 7.]

P. 21. Letourneur. P. 35. Rewbell. P. 49. Revellière-Lepaux (sic). P. 74. Barras. P. 105. Carnot.
Voyez le numéro suivant.

20657ª. — Les Cinq Hommes, par JOSEPH DESPAZE. *Paris, chez l'auteur, rue de la Loi, maison des Landes ; Desenne ; Maret ; Deroy,* 1796, *an V*, in-32, 2 ff. et VI-239 p. [*N.* Lb⁴² 1191.]

P. I.-VI. Introduction.
P. 1. Du Directoire.
P. 37. Letourneur.
P. 62. Rewbell.
P. 89. Reveillère-Lépaux.
P. 134. Barras.
P. 192. Carnot.
P. 236. Réflexions.
Voyez le numéro précédent.

20658. — Vie privée des cinq membres du Directoire ou les Puissants tels qu'ils sont. *Imp. du bureau central des abonnements. S. d.*, in-8°, 8 p. [*N.* Lb⁴² 16.]

Voyez le numéro suivant.

20659. — Aux Curieux. Vie privée des cinq membres du Directoire exécutif séant au palais du Luxembourg, à Paris, ou les Puissants tels qu'ils sont. *Imp. Nationale, an V*, in-8°, 8 p. [*N.* Lb⁴² 1396.]

Même ouvrage que le numéro précédent.

G. — CLERGÉ

20660. — Vie privée des ecclésiastiques, prélats et autres fonctionnaires publics qui n'ont point prêté leur serment sur la constitution civile du clergé (1791).

Pamphlet attribué à DULAURE et décrit, tome III, n° 15633.

20661. — Les Martyrs de la foi pendant la Révolution française ou Martyrologe des pontifes, prêtres, religieux, religieuses, laïcs de l'un et de l'autre sexe, qui périrent alors pour la foi, par M. l'abbé AIMÉ GUILLON (1821).

Voyez tome III, n°s 15380 et 15381.

20662. — Histoire du clergé pendant la Révolution française, ouvrage dédié à la nation anglaise, par l'abbé BARRUEL, aumônier de S. A. S. la princesse de Conti (1793).

Voyez tome III, n°s 15375-15375ª-ᶜ et le numéro suivant.

20662ª. — Histoire du clergé pendant la Révolution française, par M. l'abbé BARRUEL, aumônier de Mᵐᵉ la princesse de

Conti. Edition augmentée. *Londres, imp. Baylis,* 1800, 2 vol. in-8°. [*P.* 23867.]

Tome I*er*, 240 p.; tome II, 178 p.

H. — NOBLESSE

20663. — Collection de la liste des ci-devant ducs, marquis, comtes, barons, etc., excellences, monseigneurs, grandeurs, demi-seigneurs et anoblis. *A Paris, de l'imprimerie des ci-devant nobles, l'an second de la liberté* (1791), 33 numéros in-8°. [*N.* Lb^{39} 3594.]

ÉPIGR. :
Si notre père Adam eut acheté une charge
de secrétaire du Roi, nous serions tous nobles.
ARLEQUIN.

Par J.-A. DULAURE.

Dans l'ex. de la B. N. manquent les six premiers numéros. Les n°s VII et suivants portent au titre de départ : *Suite de la liste des noms des nobles, avec des notes sur leur famille.*

20664. — Liste des noms des ci-devant nobles, nobles de race, robins, financiers, intrigants, et de tous les aspirants à la noblesse ou escrocs d'icelle, avec des notes sur leurs familles. *Paris, Garnery, l'an second de la liberté* (1791), 3 parties in-8°. [*N.* Lb^{39} 3595.]

Les deux premières parties sont la réimpression de l'ouvrage précédent et portent la même épigraphe.

La première partie forme 16 numéros à pagination distincte; la seconde a 120 et 7 p.; la troisième, VI et 96 p. (table alphabétique).

La B. N. a enregistré, sous la cote Lb^{39} 3595 A, une réimpression des n°s 7, 16 et 18.

20664a. — Liste des noms des ci-devant nobles... Première partie, avec une table alphabétique. Seconde édition, corrigée et augmentée. *Paris, Garnery. S. d.* (1792), in-8°, 112 p. [*N.* Lb^{39} 3595 B.]

20665. — Etrennes à la noblesse ou Précis historique et critique sur l'origine des ci-devant ducs, comtes, barons, etc., excellences, monseigneurs, grandeurs, demi-seigneurs et anoblis. *Londres et Paris, J. Thomas, l'an troisième de la liberté* (1792), in-8°, VIII-230 p. [*N.* Lb^{39} 4479.]

Frontispice gravé, avec cette légende :
Etrennes à la Noblies (sic).

Réimpression des deux premières parties du n° 20664 ci-dessus.
Voyez le numéro suivant.

20666. — Lettre de M. le ci-devant vicomte de... ou ci-devant comte de... sur la licence de la presse. *S. l. n. d.,* in-8°, 4 p. [*N.* Lb^{39} 4480.]

Diatribe contre les *Etrennes à la noblesse,* mais qui ressemble plutôt à une réclame déguisée.

20667. — Les Métamorphoses ou Liste des noms de famille et patronymiques des ci-devant ducs, marquis, comtes, barons, etc., excellences, monseigneurs, grandeurs, demi-seigneurs et anoblis. *S. l. n. d.,* in-8°, 8 p. — N° 2. Les Revenants ou Suite de la Liste des ci-devant ducs, marquis... *S. l. n. d.,* in-8°. — N° 3 (-11). Suite de la Liste des noms de famille et patronymiques des ci-devant princes, ducs, marquis... *Brossard. S. d.,* in-8°. [*N.* Lb^{39} 3596.]

Par LOUIS BROSSARD.

20668. — Liste des noms de famille et patronymiques des ci-devant ducs, marquis, comtes, barons, etc., excellences, monseigneurs, grandeurs, demi-seigneurs et anoblis. *S. l. n. d.,* in-8°. [*N.* Lb^{39} 3597.]

Réimpression des six premiers numéros de l'ouvrage précédent.
Voyez le numéro suivant.

20669. — Suite de la Liste des noms de famille. *S. l. n. d.,* in-8°. [*N.* Lb^{39} 3597 A.]

Autre réimpression des n°s 1-6.

20670. — Catalogue général des noms de famille et patronymique des ci-devant ducs, marquis, comtes, barons, etc., excellences, monseigneurs, grandeurs, demi-seigneurs et anoblis. *Paris,* 1790, in-8°, 36 p. [*N.* Lb^{39} 3598.]

Réimpression des six premiers numéros des *Métamorphoses.*

¶ Paul Lacroix a consacré la 11e de ses *Dissertations sur quelques points curieux de l'histoire de France et de l'histoire littéraire* (1838-1842, 12 fascicules in-8°) à la *Réfutation du fameux pamphlet de Dulaure intitulé :* « Liste des ci-devant nobles, etc. » Cette dissertation (1841, in-8°, 96 p.) a été réimprimée dans les

Curiosités de l'histoire de France (1858, 2 séries in-12) faisant partie de la *Bibliothèque de poche* publiée par la librairie Delahays. Paul Lacroix n'a rien dit du pamphlet concurrent de Louis BROSSARD.

20671. — Liste des aristocrates masculins et féminins, par le portier de M. de Cazalès. (N°ˢ 1-2.) S. l. n. d., in-8°. [N. Lb^{39} 3941.]

Les deux numéros ont chacun 8 p.

Facétie provoquée par l'affluence des visiteurs qui se présentaient à l'hôtel de Cazalès après son duel avec Barnave. (Voyez tome Ier de la *Bibliographie*, n°ˢ 1859-1861.)

I. — LISTES ÉLECTORALES ET MUNICIPALES

20672. — État général des électeurs du tiers-état nommés par les IX districts de la ville et faubourgs de Paris et par l'Université (1789).

Voyez tome Ier, n° 847 et les n°ˢ 848-853.

20673. — Liste générale des cent quarante-quatre citoyens élus par les quarante-huit sections pour composer le Conseil général et le Corps municipal de la ville de Paris (4 septembre 1790).

Voyez tome II, n° 5283 et les n°ˢ 5285-5289.

20674. — Tableau de MM. les électeurs composant l'Assemblée électorale du département de Paris, séante à l'évêché métropolitain (1790).

Voyez tome II, n° 5403.

20675. — Le Personnel municipal de Paris pendant la Révolution (période constitutionnelle), par PAUL ROBIQUET (1890).

Voyez tome II, n° 5273.

20676. — Assemblée électorale de Paris, 18 novembre 1790-15 juin 1791. Procès-verbaux de l'élection des juges, des administrateurs, du procureur-syndic, de l'évêque, des curés, du président du tribunal criminel et de l'accusateur public, publiés d'après les originaux des Archives nationales, avec des notes historiques et biographiques, par ÉTIENNE CHARAVAY(1890).

Collection de documents relatifs à l'histoire de Paris pendant la Révolution française, publiée sous le patronage du Conseil municipal. Voy. tome II, n° 5417 et le n° 20680 ci-dessous.

20677. — Liste de MM. les électeurs du département de Paris de mil sept cent quatre-vingt-onze (1791).

Voyez tome II, n° 5448.

Cette liste comporte en outre deux appendices que je décris d'après l'ex. qui m'appartient : une *Nomenclature alphabétique des XLVIII sections et des XVI cantons du département de Paris* (2 p.) et les *Noms de MM. les électeurs du département de Paris par ordre alphabétique, avec les numéros de la page où ils se trouvent sur la liste imprimée en 1791* (23 p.). Ces deux pièces sont précédées chacune d'un titre semblable à celui du n° 5448.

20678. — Assemblée électorale de Paris, 26 août 1791-12 août 1792. Procès-verbaux de l'élection des députés à l'Assemblée législative, des hauts jurés, des administrateurs, du procureur général syndic, du président du tribunal criminel et de son substitut, des juges suppléants, de l'accusateur public, de curés, publiés d'après les originaux des Archives nationales, avec des notices historiques et biographiques, par ÉTIENNE CHARAVAY, archiviste paléographe. *Paris, Cerf; Ch. Noblet; maison Quantin*, 1894, in-8°, 2 ff. et LVII-628 p. [N. et P. Usuels.]

Collection de documents relatifs à l'histoire de Paris..., publiée sous le patronage du Conseil municipal.

20679. — Liste des électeurs du département de Paris de 1792.(1792).

Voyez tome II, n° 5467.

20680. — Liste générale des cent quarante-quatre citoyens élus par les quarante-huit sections pour composer le Conseil général, le Corps et le Bureau municipal de la ville de Paris (1793).

Voyez tome II, n° 5291 et les n°ˢ 5292-5295.

20681. — Liste des électeurs du département de la Seine. (An IV.)

Voyez tome II, n° 5481 et les deux numéros suivants.

20682. — Liste générale des électeurs nommés par les douze arrondissements de Paris et seize cantons ruraux, imprimée par ordre de l'Assemblée électorale du département de la Seine. *S. l. n. d.*, in-4°, † f., 44 p. et 1 f. n. c. (*Rectifications*). [*N.* Le⁴⁰ 127.]

20683. — Liste générale des électeurs du département de la Seine en l'an IV. Réimprimée par ordre de l'administration centrale du Département. *Imp. Ballard, an V*, in-8°, 1 f. et 69 p. [*N.* Le⁴⁰ 77.]

20684. — Liste des électeurs du département de la Seine. Imprimée par ordre de l'Assemblée électorale de l'an V.

Voyez tome II, n° 5483.

20685. — Liste générale des électeurs du département de la Seine pour l'an VI.

Voyez tome II de la *Bibliographie*, n° 5494 et le numéro suivant.

20686. — Tableau des électeurs de l'an VI nommés par les Assemblées primaires des douze arrondissements et des cantons ruraux du département de la Seine. *Firmin, éditeur. S. d.*, in-8°, 16 p. [*N.* Le⁴⁰ 152.]

20687. — An VII. Assemblée électorale. Liste générale par ordre alphabétique des électeurs du département de la Seine. *Imp. Jacquin. S. d.*, in-8°, 64 p. [*N.* Le⁴⁰ 33.]

20688. — Liberté. Egalité. Liste des noms, qualités, et demeures des électeurs nommés par les assemblées primaires du département de la Seine, avec l'indication du local où ils se réuniront. *Imp. Bicant. S. d.*, in-8°, 8 p. [*N.* Le⁴⁰ 119.]

Le « local » était le temple de la Reconnaissance (« ci-devant Germain-l'Auxerrois ».)

20689. — Liste, noms et professions des électeurs du département de la Seine, nommés tant à Paris que dans les cantons ruraux pour l'an VII. *Imp. Guilhemat. S. d.*, in-8°, 8 p. [*N.* Le⁴⁰ 120.]

20690. — République française. Liste générale et complète des électeurs nommés dans le département de la Seine, leurs demeures et numéros de leurs maisons. *Imp. Clermont. S. d.*, in-8°, 4 p. [*N.* Le⁴⁰ 117.]

Liste criblée de fautes et où la plupart des adresses manquent ou sont incomplètes.

J. — ÉCRIVAINS ET PUBLICISTES

20691. — Tableau de nos poètes vivants, par ordre alphabétique. (Année 1789.) *A Londres et se trouve à Paris, chez l'auteur, hôtel de La Fautrière, rue des Fossés-Saint-Germain-des-Prés, et chez les marchands de nouveautés*, 1789, in-8°, 117 p. [*N.* Lc³⁶ 3.]

Par JACQUES LABLÉE. Voyez le numéro suivant.

20691ª. — Tableau de nos poètes vivants, par ordre alphabétique. Année 1790. *Paris, Desenne; Debray; Cussac; M*ᵐᵉ *Vaufleury; Bailly; D*ˡˡᵉ *Lesclapart; Royer. S. d.*, in-8°, 117 p. et 1 f. n. ch. (errata). [*N.* Lc³⁶ 3.]

Voyez le numéro précédent.

20692. — Tableau des écrivains français où l'on voit le lieu, l'époque de la naissance et de la mort des savants, des gens de lettres et des historiens, le genre dans lequel ils se sont distingués, leurs ouvrages les plus connus ou les éditions les plus recherchées, par E. N. F. D. S. [ETIENNE-NICOLAS FANTIN DES ODOARDS]. *Paris, A.-G. Debray*, 1809, 2 vol. in-12 carré. [*N.* Ln⁹ 39 A.]

20693. — Nouveau Nécrologe français ou Liste alphabétique des auteurs nés en France ou qui ont écrit en français, morts depuis le 1ᵉʳ janvier 1800. *Paris, Guitel*, 1812, in-8°, 3 ff. et 48 p. [*N.* Ln⁹ 40.]

L'*Avis* préliminaire est signé A. J. Q. B. [ADRIEN-JEAN-QUENTIN BEUCHOT.]

20694. — Histoire des journaux et des journalistes de la Révolution française (1789-1796), par LÉONARD GALLOIS (1845-1846).

Voyez tome III, n° 10103.

20695. — Les Oubliés et les Dédaignés, figures littéraires de la fin du XVIIIᵉ siècle, par M. CHARLES MONSELET. *Alençon, Poulet-*

Malassis et de Broise, 1857, 2 vol. in-12. [*N.* Ln⁹ 59.]

Titres rouges et noirs.

Celui du tome I⁽ᵉʳ⁾ contient en plus les noms suivants, encadrés de filets rouges : *Linguet. Mercier. Cubières. Olympe de Gouges. Le cousin Jacques. Le chevalier de la Morlière. Le chevalier de Mouhy.*

Le titre du tome II indique de même : *Desforges. Gorjy. Dorvigny. La Morency. Plancher-Valcour. Baculard d'Arnaud. Grimod de la Reynière.*

La couverture imprimée donne l'adresse des éditeurs : 4, rue de Buci, à Paris.

Il a été tiré à vingt ex. sur papier vergé.

En 1859, les deux tomes furent brochés en un seul et réunis sous un titre unique, portant la liste des portraits contenus dans l'ouvrage, la marque des éditeurs (*Concordiæ fructus*) et leur nouvelle adresse à Paris : 9, rue des Beaux-Arts.

Voyez les trois numéros suivants.

20695ᵃ. — Les Originaux du siècle dernier. — Les Oubliés et les Dédaignés —, par CHARLES MONSELET. *Paris, Michel Lévy frères*, 1864, in-18, 2 ff., 379 p. et 1 f. n. c. (table des matières). [*N.* Ln² 36.]

Cette réimpression présente avec l'édition originale les différences suivantes : les appendices de la notice du *Cousin Jacques* renferment diverses additions ; l'étude sur [Choudard] *Desforges* est supprimée ; à l'article de *Dorvigny* sont ajoutés un premier paragraphe et deux notes en appendices ; le dernier paragraphe de *Plancher-Valcour* est supprimé ; enfin la *Postface* générale de l'ouvrage a disparu.

L'étude sur [Choudard] *Desforges* était entrée dans le volume intitulé : *les Galanteries du XVIIIᵉ siècle* (Michel Lévy, 1862, in-18), réimp. depuis sous le titre de : *les Amours du temps passé* (1874, in-18).

20695ᵇ. — Les Oubliés et les Dédaignés, figures de la fin du XVIIIᵉ siècle, par CHARLES MONSELET. Nouvelle édition définitive. *Paris, Charpentier et Cᵉ*, 1876, in-18, 2 ff., IV-382 p. et 1 f. n. c. (table). [*N.* Lc⁹ 59 A.]

Le texte présente quelques variantes avec celui de l'édition Lévy, et l'étude sur Grimod de la Reynière avait été supprimée pour entrer dans le volume intitulé *Gastronomie, récits de table* (1874, in-18), publié chez le même éditeur.

20695ᶜ. — CHARLES MONSELET. Oubliés et Dédaignés. Linguet. Fréron. Rétif de la Bretonne. Mercier. Cubières. *Paris, Buchelin-Deflorenne et Cᵉ*, MDCCCLXXXV, in-8°, 2 ff., IV-306 p. et 2 ff. n. c. (table des matières et achevé d'imprimer). [*N.* Ln⁹ 185.]

Titre rouge et noir.

La couverture imprimée porte en haut : *Bibliothèque littéraire du XXᵉ siècle* et à la rubrique la date de 1886.

Les études sur *Restif de la Bretonne* et sur *Fréron* ne faisaient point partie des éditions précédentes ; elles avaient été publiées isolément, l'une en 1854 et l'autre en 1864. La première sera décrite en son lieu.

20696. — Les Poètes pendant la Révolution française. Essai d'histoire littéraire, par M. ALPH. DORLHAC, directeur de l'Ecole normale primaire d'Auxerre, officier de l'instruction publique. Première partie : Ecouchard-Lebrun, Rouget de Lisle et Roucher. Conférence faite à Auxerre, le 5 mars 1866. *Auxerre, imp. Ch. Gallot*, 1868, in-8°, 62 p. [*N.* Ln² 170.]

20697. — Le Petit Almanach de nos grands hommes. Année 1788. S. d., in-12, 6, XIV-236 p. et un calendrier non chiffré. [*N.* Lc³⁶ 2.]

Au verso du faux-titre tenant lieu de titre, on lit l'épigraphe suivante :

*Questi chi son c'hanno cotanta honranza
Che dal modo degli altri gli diparte ?*
DANTE.

Quelle est cette foule d'esprits que la gloire distingue des autres enfants des hommes ?
IV ch. de *l'Enfer*.

Titre gravé ; l'inscription : *Diis ignotis*, est placée sur un autel où brûle le feu sacré et sa traduction : *Aux dieux inconnus* est inscrite en dehors du trait carré.

La dédicace : *A M. de Cailhava de l'Estandoux, président du grand Musée de Paris*, est paginée en chiffres arabes (p. 3-6). Le *P. S.* de la *Préface* est imprimé (sauf une phrase) en italiques.

P. 15. *Le Petit Almanach* .. P. 209. *Supplément* (faux-titre) avec cette épigraphe :

Plus on ne *loue* et plus il s'en présente.
VOLTAIRE, *le Pauvre Diable*.

P. 211. *Avertissement*. P. 217. *Supplément*. P. 234-236. *Errata*.

P. 231-232 de ce *Supplément* figure un article sur le libraire *Panckouke*, remplacé dans les éditions subséquentes par un article sur l'abbé *Percheron*.

M. Paul Lacombe possède un ex. où le texte

primitif a été conservé en regard du carton qui le remplace.

20697ª. — Le Petit Almanach de nos grands homme pour l'année 1788. S. l., in-12, 1 f. et XII-236 p. [N. Lc³⁶ 2 D.]

Épigr. :
Dis ignotis.

Cette épigraphe est inscrite dans un cartouche au milieu du faux-titre (il n'y a pas de titre).
P. I-VII. *Avis sur cette nouvelle édition ou Lettre d'adieu à nos amis et lecteurs.* P. VIII. *A M. de Cailhava...* P. III-XIV. *Préface.* Cette préface, paginée en chiffres romains, compte néanmoins dans la pagination totale et son postscriptum est en caractères romains. P. 15, *le Petit Almanach...* Le surplus du volume est conforme à celui de l'édition originale, sauf toutefois le remplacement de *Panckouke* par *Percheron.*

20697ᵇ. — Le Petit Almanach de nos grands hommes. Nouvelle édition revue, corrigée et augmentée. 1788. *Dis ignotis.* Aux Dieux inconnus. S. l., in-12, VII et XVI-285 p. [P. 9363.]

Second tirage du titre gravé décrit sous le précédent numéro et dans lequel on a inscrit les mots : *Nouvelle édition...*
P. III, *Avis sur cette nouvelle édition ou Lettre d'adieu à nos amis et lecteurs.* P. IX-XII. *A M. de Cailhava de l'Estandoux, président du grand Musée de Paris.* P. I-XVI. *Préface.* P. 1. *Le Petit Almanach...* P. 235. *Supplément au Petit Almanach* (avec faux-titre et l'épigraphe déjà citée). P. 261. *Errata.* P. 286. *Les Aveux ou l'Arche de Noé.* P. 273. *Dialogue entre M. Candide et M. l'abbé *** touchant le Petit Almanach de nos grands hommes.*

20697ᶜ. — Le Petit Almanach de nos grands hommes, deuxième édition revue, corrigée et augmentée de plus de mille noms très connus, et suivie des Aveux ou l'Arche de Noé, d'un dialogue entre M. Candide et M. l'abbé *** et d'une liste de mille autres noms encore plus connus, mais qui sont venus trop tard. 1788, in-12, titre gravé.

D'après un catalogue.

20697ᵈ. — Le Petit Almanach de nos grands hommes pour l'année 1790. S. l., 1790, in-18, 1 f., XII-236 p. [N. Lc³⁶ 2.]

La date seule est changée. Les mots *Dis ignotis* sont inscrits dans le même cartouche que celui de 1788 et le texte est semblable à celui du numéro ci-dessus.

20697ᵉ. — Le Petit Almanach de nos grands hommes pour l'année 1788, suivi d'un grand nombre de pièces inédites, par M. de Rivarol. Orné du portrait de l'auteur. *Paris, Léopold Collin*, 1808, in-8°, 2 ff., XII et XII-360 p. [N. Lc³⁶ 2 A.]

Titre spécialement imprimé pour le 5ᵉ volume des prétendues Œuvres complètes de Rivarol, publiées en 1808 par Fayolle et Chénedollé chez Léopold Collin. Le portrait annoncé sur le titre n'existe pas et le « grand nombre de pièces inédites » consiste en un choix succinct de pensées et de bons mots. Voyez le numéro suivant.

20697ᶠ. — Le Petit Almanach de nos grands hommes. Seconde édition, avec supplément et diverses pièces inédites, de Rivarol. *Paris, Léopold Collin*, 1808, in-8°, 2 ff., XII et XII-360 p. [N. Lc³⁶ 2 B.]

Les douze premières pages sont occupées par une *Lettre sur M. de Rivarol*, adressée à M. Léopold Collin, par Mᵐᵉ de Rívarol, sa veuve. Cette lettre a été intercalée entre le titre et le texte du volume, ainsi réparti : P. III-XII. *Les Aveux ou l'Arche de Noé.* P. 1. *Avis sur cette nouvelle édition* [celle de 1788]. P. 7. *A M. de Cailhava.* P. 11. *Préface.* P. 25. *Le Petit Almanach et son Supplément.* P. 230. *Notes sur cette nouvelle édition* [liste et titres des contemporains de Rivarol nommés dans le *Petit Almanach* et devenus célèbres]. P. 237. *Dialogue du public et de l'anonyme*, par M.-J. Chénier (voyez le n° 20709 ci-dessous). P. 259. *La Confession du comte Griffolin.* P. 261. *Recueil d'épigrammes* (voyez également n° 20707 ci-dessous). P. 299. *Portraits du duc d'Orléans et de Mᵐᵉ de G[enlis].* P. 305. *Vie politique de M. de La F*** [La Fayette].* P. 328. *Mélanges, pensées, traits et bons mots.*

20698. — Supplément à la nouvelle édition du « Petit Almanach de nos grands hommes », augmenté de l'Arche de Noé et de plusieurs pièces fugitives adressées aux estimables rédacteurs du « Petit Almanach ». *A Liège, chez Bollen, libraire*, 1788, in-12, XII-49 p. [P. 9363*.]

P. III-XII. *Avis sur cette nouvelle édition...* P. 1. *A M. Cailhava de l'Estandoux.* P. 35. *Dialogue entre M. Candide et M. l'abbé ***.* P. 44. *Liste des noms qui sont venus trop tard.* P. 47. *Articles oubliés.* P. 49. *Épigrammes* (en vers) : *Sur une parente de Franklin et vers à la brocheuse du Petit Almanach, fille d'un relieur.*

Il ne faut pas confondre ce *Supplément* avec celui que décrit le numéro suivant.

20698ᵃ. — Supplément à la nouvelle édition du « Petit Almanach des grands hommes » ou Lettre à MM. de Rivarol et de Champcenetz, par un des grands hommes de l'« Almanach ». *S. l.*, MDCCLXXXVIII, in-18, 31 p.

Attribué à Pierre Manuel.
Voyez le numéro suivant.

20699. — Lettre d'une Muséenne à M. Manuel, auteur du « Supplément au Petit Almanach de nos grands hommes », adressé à MM. de Rivarol et de Champcenetz, qu'il cite comme auteurs de cet Almanach. *S. l. n. d.*, in-12, 12 p. [*P.* 9363*.]

20700. — Sur le Petit Almanach de nos grands hommes. A mon cousin L. O. N. C. H. A. M. P., dit comte de R. I. V. A. R. O. L., et audit sieur marquis de C. H. A. M. P. C. E. N. E. T. Z., son ami. Innocuis. *A Paris, rue de l'Echelle, au Bonnet de Moïse*, 1788, in-12, 12 p. [*P.* 9363*.]

20701. — Au Rédacteur en chef du « Petit Almanach de nos grands hommes ». Paris, ce février 1788. *S. l. n. d.*, in-8°, 72 p. [*N.* Ln² 20.]

20702. — Mon Avis sur le très- « Petit Almanach de nos grands hommes ». *Londres, et Paris, Cailleau*, 1788, in-12, 1 f., 65 p. et 1 f. n. c. (table des auteurs cités dans cet ouvrage). [*N.* Ln² 21.]

Épigr. :

Deo ignoto.

Au verso du titre :

I fui di natura buona simia.
Dante.

Je fus naturellement bon singe.
XXIXᵉ ch[ant] de l'*Enfer*.

20703. — Dialogue au sujet du « Petit Almanach de nos grands hommes », par MM. Briquet et Braquet. *S. l. n. d.*, in-12, 47 p. [*N.* Ln² 22.]

Épigr. :

Terra malos homines nunc educat.
Juv. Sat. 15.

20704. — Petit Dialogue entre deux petits hommes infiniment petits. *A Berne, chez les associés, aux Deux Pies-Grièches*, 1788, in-8°, 16 p. [*N.* Ln² 23.]

Épigr. :

Sur le haut Hélicon leur veine méprisée
Fut toujours des neuf Sœurs la fable et la risée.
Boileau, *Discours au Roi*.

20705. — Recueil d'épigrammes, chansons et pièces fugitives contre l'auteur ou les auteurs du « Petit Almanach de nos grands hommes » *S. l.*, 1788, in-12, 22 p. [*N.* Ln² 24.]

20706. — La Satire universelle, prospectus dédié à toutes les puissances de l'Europe. *En 1788, à Paris, rue de l'Echelle*, in-8°, 2 ff. et 35 p. [*N.* Lc³⁶ 2 bis. — *P.* 12030*.]

P. 1. *Epître dédicatoire à toutes les puissances de l'Europe*, signée Le Jay, Champcenetz et Rivarol.
Par J.-A.-J. Cérutti et P.-A. Grouvelle, selon Barbier.

« De toutes les réponses faites au *Petit Almanach de nos grands hommes*, dit Meister (*Correspondance litt.* de Grimm, XV, 310), c'est, je crois, la moins mauvaise : aussi l'a-t-on attribuée à M. Cérutti. Ce prospectus annonce que le sieur Le Jay, convaincu par le prodigieux débit de la parodie d'*Athalie* [satire des mêmes auteurs contre Mᵐᵉ de Genlis] et du *Petit Almanach*, que la satire est le premier genre de la littérature, vient de solliciter et d'obtenir le privilège exclusif des libelles ; qu'en conséquence, il a ouvert dans sa maison, rue de l'Echelle, le *Bureau de la satire universelle*, où tous les honnêtes gens pourront faire inscrire sur un registre les noms des personnes qu'ils voudront livrer innocemment à la dérision publique ; les différents prix qu'il faudra payer suivant la quantité des satires et le rang des personnes seront classés avec un art admirable... », etc.

Barbier a enregistré *la Satire universelle* sous son véritable titre et lui attribue 33 p. L'ex. compris dans la collection des écrits de Cérutti [B. N. Inv. Z 23802], publiée en 1792-1793 par le libraire Desenne au moyen de titres collectifs, mais sans réimpression, n'a que 32 p. et porte la date erronée de 1792.

Un autre ex. est porté au catalogue imprimé de la B. N. sous la cote Ln² 26 et sous le titre erroné de *Prospectus de la satyre universelle* ; il est incomplet des feuillets liminaires et des pp. 25 et suivantes.

20707. — Dialogue du public et de l'anonyme, par M.-J. DE CHÉNIER. *A Bagnol*, 1788, in-12, 31 p. [*N.* 8° Ye 1583*.]

Épigraphe en vers.
L'*Avis* (p. 5) et les *Notes* (p. 24-31) sont en prose.

20708. — La Confession du comte Griffolin, facétie en dialogue, par M. DE MARIBARON. *S. l.*, 1788, in-18, 30 p. [*N.* 8° Ye 6129.]

ÉPIGR. :
>Sifflez-moi bien, je vous le rends, mes frères.
>VOLTAIRE.

L'*Avis des éditeurs* (p. 3-8) et les *Notes* (p. 24-30) sont en prose. Le *Dialogue entre le comte Griffolin et le marquis Zinzolin* est en vers.
Attribuée parfois à Beaumarchais, mais plus que probablement due à CUBIÈRES-PALMEZEAUX, bien que celui-ci l'ait présentée comme émanant d'un homme « depuis longtemps célèbre dans la littérature », en réimprimant ce dialogue « avec des corrections que l'auteur y a faites et qui le rendent pour ainsi dire un ouvrage nouveau » dans les appendices de la *Vie de Rivarol*, jointe à *Fontenelle, Colardeau et Dorat ou Eloges de ces trois écrivains célèbres* (an XI-1803, in-8°).
La chronique de la *Bibliographie de la France* (1865, p. 90) a reproduit, d'après la *Presse*, une lettre de Beaumarchais à Fanny de Beauharnais, où il est question de cette brochure qu'il refusait de faire imprimer à Kehl, parce que les caractères de Baskerville eussent trahi son origine et que le va-et-vient des épreuves eut demandé six semaines. « Or, ajoute-t-il, ces petits pâtés doivent se manger tout brûlants. »

20709. — Dialogue entre l'auteur et le frondeur sur les ennemis des lettres et les faiseurs de libelles anonymes, suivi d'un Préservatif. *S. l. n. d.* (1788), 8°, 32 p. [*N.* Inv. Ye 22467.]

Le *Dialogue* est en vers, accompagné de Notes en prose contre Champcenetz et surtout contre Rivarol. P. 23-32. *Lettre à l'éditeur qui avait envoyé à un de ses amis le Petit Almanach de nos grands hommes*.
Par CL.-MARIE-LOUIS-EMMANUEL CARBON DE FLINS DES OLIVIERS.

20710. — Epître au comte de R......, auteur du « Petit Almanach des grands hommes ». *S. l. n. d.*, in-8°, 4 p. [*N.* Inv. Ye 21371.]

En vers libres. P. 1. Note en prose relative à Mme de Rivarol et à la récompense que l'Académie française avait décernée à sa servante.

20711. — Lettre de M. SOBRY à M. le comte de Rivarol sur l'utilité de la critique (1er janvier 1789). *S. l. n. d.*, in-8°, 35 p. [*N.* Inv. Z 3861.]

20712. — Les Bagnolaises ou les Etrennes de M. le comte de Rivarol, présentées à Son Excellence par une société de grands hommes. *Londres et Paris, chez les marchands de nouveautés*, 1789, in-8°, 1 f., XII-82 p. [*N.* Ln² 25.]

ÉPIGR. :
>Ne dis plus, ô Bagnol ! que ton seigneur sommeille.

Recueil de lettres diffamatoires attribuées à Rivarol lui-même ou à ses proches.
« Je ne sais, dit Olivier Barbier dans la dernière édition du *Dictionnaire des anonymes*, sur quoi Leber (*Catalogue*, tome II, n° 4952) s'est fondé pour attribuer à Cérutti cet opuscule qui est spirituel, mais qui n'est pas cité par le P. de Backer. » Il n'a pas été recueilli non plus dans la collection factice et posthume des écrits de Cérutti publiés par Desenne (1792-1793, 3 vol. in-8°).
Voyez le n° 20706 ci-dessus.

20713. — Revue des auteurs vivants, grands et petits. Coup d'œil sur la République des lettres en France, 6ᵉ année de la République française. Par un impartial s'il en est [PASCAL BUHAN]. *A Lausanne, et se trouve à Paris chez les marchands de nouveautés. S. d.* (1798), in-18, 2 ff. et 86 p.

« Ce pamphlet, dit Barbier, fut attribué à tort à FABIEN PILLET et lui fit beaucoup d'ennemis. »

20714. — Le Tribunal d'Apollon ou Jugement en dernier ressort de tous les auteurs vivants, libelle injurieux, partial et diffamatoire, par une société de Pygmées littéraires. *Paris, Marchand, an VIII*, 2 vol. in-18. [*N.* Inv. Z 61741-61742.]

ÉPIGR. :
>Veritas odium parit.

La plupart des articles sont signés des initiales des auteurs : J. R. (JOSEPH ROSNY); M. ou C. M. D. C. (MERCIER de Compiègne); F. P. (FABIEN PILLET); F. N. (FÉLIX NOGARET), etc., etc.
En regard du titre du tome Iᵉʳ, portrait de Voltaire à l'aqua-tinte.

20715. — Paris littéraire. Première partie. *Hambourg; et se vend à Paris chez R. O. Meslant, libraire, au Cabinet littéraire de la rue Hillerin-Bertin, près celle de Grenelle, faubourg Germain, an VII*, in-12, VIII-120 p. [*N*. Ln² 182.]

Au verso du faux-titre, citation empruntée au *Voyage en Espagne*, de l'auteur, et griffe du libraire dépositaire.

ÉPIGR. :
> Je ne donne pas mon opinion pour bonne, mais pour mienne.
> MONTAIGNE.

Les parties suivantes n'ont pas été publiées. Par le marquis J.-M.-J. FLEURIAU DE LANGLE. Suivant Barbier, *Paris littéraire* fut remis en circulation en l'an IX, sous le titre de *l'Alchimiste littéraire* et moyennant la recomposition des pp. 1-2 et 119-120, puis, en 1807, sous le titre de : *Nécrologe des auteurs vivants*. Voyez le numéro suivant.

Dans une lettre à Félix Nogaret, datée du 22 messidor an VII (10 juillet 1799), Sébastien Mercier a formellement désavoué la paternité de ce pamphlet, et il ajoutait que le véritable auteur « en rougissait lui-même ». Cette lettre a été publiée par la *Revue anecdotique* (tome IX, 1859, p. 276).

20716. — Nécrologe des auteurs vivants, par L. M. D. L.****. *Paris, Fréchet*, MDCCCVII, in-12, 1 f. et VI-215 p.

ÉPIGR. :
> Ci-gissent......

Entre l'*Avis de l'éditeur* et le *Nécrologe* est intercalé un calendrier pour l'année 1807. P. 193-215, *Table des auteurs cités*.

20717. — N° Ier. Livre rouge ou Recueil de quelques petitesses de nos grands hommes. *Paris, Lefort. S. d.*, in-18, 48 p. [*N*. Ln² 189.]

La couverture en papier rouge sert de titre. Recueil d'épigrammes commentées, inspirées par la *Revue des auteurs vivants*, les satires de Victor Campagne (voyez tome III, n° 20043), l'*Indicateur dramatique* (voyez ibid., n° 18128), etc.

20718. — Les Ombres ou les Vivants qui sont morts. Fantasmagorie littéraire. Almanach pour l'an X. *Paris, imp. de la rue Cassette, n° 913, an X-1801*, in-8°, 176 p.

ÉPIGR. :
> Tenez, vous croyez vivre, on s'y trompe souvent ;
> Vous êtes morts, bien morts et Voltaire est vivant.

Le texte est précédé d'un calendrier républicain et grégorien non compris dans la pagination.

En regard du titre, frontispice plié, signé DESRAIS, del., BENOIST, sculp.

20719. — A l'Institut national de France. Sur la destitution des citoyens Carnot, Barthélemy, Pastoret, Sicard et Fontanes. Par leur collègue J. DE SALES. *Paris, 25 ventôse an VIII (16 mars 1800)*, in-8°, VIII-158 p. [*N*. Ln⁹ 10.]

P. 1, *Mémoire sur la destitution des cinq membres de l'Institut... demandée par le gouvernement à la suite des événements révolutionnaires du 18 fructidor*. P. 24, *Résultats* (25 ventôse an VIII [16 mars 1800]). P. 37, *A l'Institut national de France, sur la destitution des citoyens..... (sic) Barthélemy, Pastoret, Sicard et Fontanes. Second mémoire* (25 germinal an VIII-15 avril 1800). P. 97. [Même titre]. *Troisième et dernier mémoire*.

Voyez les deux numéros suivants.

20720. — J. DE SALES aux membres de l'Institut national rassemblés en séance générale. *S. l. n. d.*, in-8°, 4 p. [*N*. Ln⁹ 11.]

Voyez le numéro précédent et le numéro suivant.

20721. — Recueil des mémoires adressés à l'Institut national de France sur la destitution des citoyens Carnot, Barthélemy, Pastoret, Sicard et Fontanes, par leur collègue J. DE SALES. Nouvelle édition, augmentée d'un Supplément. *Paris, J.-J. Fuchs, prairial an VIII*, in-8°, 1 f. et VIII-189 p. [*N*. Lb⁴² 439.]

P. 157. *Supplément aux trois mémoires sur la radiation illégale des déportés de la liste de l'Institut*.

20722. — Les Nouveaux Saints. *Paris, Dabin, an IX (1801)*, in-8°, 24 p. [*N*. Inv. Ye 18355.]

P. 13-24. *Notes en prose*.

ÉPIGR. :
> *Gloria in excelsis Deo.*

Par MARIE-JOSEPH CHÉNIER.
Voyez les trois numéros suivants.

20722ᵃ. — Les Nouveaux Saints. Cinquième édition, augmentée d'Observations sur le projet d'un nouveau Dictionnaire de la langue française et sur le Dictionnaire de l'Académie. *Paris, Dabin, an IX* (1801), in-8°, 39 p. [*N.* 8° Ye 1583*.]

Même épigraphe qu'au numéro précédent.

20723. — Les Petits Saints ou Epître à Chénier, pour servir de supplément aux « Nouveaux Saints », par une petite société littéraire. *Paris, Parisot et les marchands de nouveautés.* S. d., in-8°, 27 p. [*P.* 7798.]

ÉPIGR. :
Vis unita fortior.

P. 3-4, *la Petite société au lecteur*, avertissement en prose daté du 1er thermidor an IX (20 juillet 1801). P. 14-27, *Notes* (en prose).

20724. — Les Nouveaux Athées ou Réfutation des « Nouveaux Saints ». Ouvrage en moins de deux cent cinquante vers, enrichis de notes curieuses et historiques, par RENÉ PÉRIN et BIZET. *Paris, Marchand, an IX* (1801), in-8°, 12 p. [*P.* 9024.]

ÉPIGR. :
Ab uno disce omnes.

P. 4-12, *Notes curieuses et historiques.*

K. — AUTEURS ET ARTISTES DRAMATIQUES

20725. — Les Pantins des boulevards ou les Bordels de Thalie, confessions paillardes des tribades et catins des tréteaux du boulevard, recueillies par le compère MATHIEU, au Théâtre-Français comique et lyrique, à l'Ambigu-Comique, à celui des Délassements-Comiques, au théâtre de Nicolet, aux Associés, aux Beaujolais, ouvrage aussi utile qu'agréable, dédié à tous les baladins de la fin du XVIIIe siècle et enrichi de figures, par leur espion ordinaire. *Paris, imp. de Nicodème dans la lune*, 1791, in-12.

Sur les diverses réimpressions de ce pamphlet, comprenant six dialogues avec figures obscènes et dont l'édition originale a passé dans la vente Goncourt (n° 505), il faut consulter la plus récente édition de la *Bibliographie des ouvrages relatifs à l'amour* (v° *Pantins*).

20726. — Critique des acteurs et actrices des différents théâtres de Paris. *A Paris, chez les marchands de nouveautés*, 1797, in-18, 51 p. [*Op.* 4343.]

Au verso du titre, *Avertissement* signé : Pour la société : THÉATROPHILE.

20727. — La Lorgnette de spectacle, par un journaliste. *Paris, Hollier, an VII*, in-18, 192 p. [*P.* 10395.]

Au verso du faux-titre, initiales de l'auteur [FABIUS PILLET] en forme de griffe. Sur le titre, longue épigraphe empruntée aux *Sentiments de l'Académie française sur la tragédie du Cid*. Au verso du titre un huitain : *Envoi de ce livre à Z.*

Voyez les deux numéros suivants.

20727a. — La Lorgnette de spectacle ou la Revue des acteurs, par FABIEN PILLET et autres habitués du parterre. Seconde édition. *Paris, Hollier, an VII*, in-18, 1 f. et 292 p.

L'épigraphe est supprimée.

Sur l'exemplaire de la Comédie-Française le huitain à Z. porte la mention manuscrite : « Zoraïme [Mme Crétu]. »

20728. — La Nouvelle Lorgnette des spectacles, par FABIEN PILLET et autres. *Paris, de l'imp. de Dufay et chez les marchands de nouveautés, an IX* (1801), in-18, 287 p. [*N. Inv.* Yf 1889.]

L'*Avis du libraire* et l'*Auteur au lecteur*, quoique paginés en chiffres romains, sont compris dans la pagination totale.

En regard du titre, frontispice anonyme à l'aquatinte portant cette légende : « La critique présente aux acteurs le miroir de la vérité et foule aux pieds les attributs de la satire et de la flatterie. »

Réimpression de la première *Lorgnette*, augmentée d'articles nouveaux.

20729. — Petites Vérités au grand jour sur les acteurs, les actrices, les peintres, les journalistes, l'Institut, le Portique républicain, Bonaparte, etc., etc. Par une société d'envieux, d'intrigants et de cabaleurs. *Se trouve partout. An VIII*, in-12, 2 ff. et 136 p. [*N. Inv.* Z 57590bis.]

ÉPIGR. :
Rien n'est beau que le vrai, le vrai seul est aimable.

L'*Epître dédicatoire* est signée : P....T [PILLET], V......S [PIERRE VILLIERS], M.... [SYLVAIN

Maréchal ou Martainville, F......e [F.-J.-M. Fayolle], L....y [Ledhuy], D.....l [Ducray-Duminil]. Ces six auteurs sont désignés par Barbier.
Sur le titre, en fleuron, initiales enlacées (M. D. T.?). La couverture imprimée porte, au lieu de ce fleuron, un écu fantaisiste décoré de deux sifflets accolés et accompagné de ces mots : *Pinto. Epicure. Deshoulières.* La rubrique : *Se vend partout*, est remplacée par : *A Paris, chez Maréchal, rue Française, n° 2.*
Barbier indique une édition datée de l'an VII-1800 et comportant 140 pp., que je ne connais pas.

20730. — L'Espion des coulisses ou Nouvelle Critique sur les acteurs des principaux théâtres de Paris. Deuxième édition corrigée et augmentée [*sic*]. *De l'imprimerie d'Egron, Paris, les marchands de nouveautés, an VIII*, in-18, 2 ff. et 144 p. [P. 3420.]

Signé, p. 136 : La Rancune.

Épigr. :
    Comme avec irrévérence
    Parle des dieux ce maraud !

L'auteur passe en revue les acteurs du Théâtre des Arts, du Théâtre-Français, de l'Opéra-Comique, de Feydeau et du Vaudeville.
Frontispice colorié, avec cette légende : « L'avis fut suivi et, le soir même, Saint-P... fut battu. »
Voyez le numéro suivant.

20731. — Le Nouvel Espion des boulevards. *De l'imprimerie d'Egron, Paris, les marchands de nouveautés, an VIII*, in-18, 2 ff. et VI-96 p. [P. 3421.]

Suite du numéro précédent. L'auteur passe en revue les acteurs des théâtres suivants : Troubadours, Montansier, Cité-Variétés, Ambigu-Comique, Gaîté, Jeunes-Artistes.
Frontispice colorié, avec cette légende : « Jérôme dans Vadé à la Grenouillière. »

20732. — Chronique scandaleuse de l'an 1800, pour l'an 1801. Recueil d'anecdotes, jugements, méchancetés et vérités sur les hommes du jour, les artistes, auteurs, acteurs, entrepreneurs, ceux qui sont connus et ceux qui veulent se faire connaître, ceux qui ont de l'esprit et ceux qui croient en avoir. *A Paris, dans un endroit d'où l'on voit tout, et se trouve chez les marchands de nouveautés, an IX*-1801, in-12, VI-238 p. et 1 f. n. c. [*N.* Ln² 46.]

Épigr. :
    Ridebis et licet rideas.

En regard du titre, frontispice anonyme dont l'explication se trouve p. 56.
Le feuillet non chiffré contient deux *errata*.

20733. — Le Coup de fouet ou Revue de tous les théâtres de Paris..., par un observateur impartial (1802).

Voyez tome III, n°s 18155-18155a-b.

20734. — Les Acteurs et Actrices du jour, par l'ombre de Collé, avec les notes du bedeau de Saint-Roch. *Paris, Surosne, an XI* (1802), in-8°, VIII-30 p. [P. 11318*.]

Par Théophile Marion Dumersan, d'après une note communiquée par Paul Lacroix à Quérard (*Supercheries littéraires*, II, col. 1305).

20735. — Le Tribunal volatile ou Nouveau Jugement porté sur les acteurs, actrices, auteurs et sur divers endroits publics de Paris. Par Ch. R. C****u. *Paris, Tiger, pour l'an XI*, in-18, 144 p. [*N.* 8° Yf 286. — P. 3423.]

Frontispice allégorique anonyme. Ce frontispice manque dans l'ex. de la B. N.

20736. — Mes Visites du jour de l'an à tous les auteurs mes confrères. *Paris, Goury et tous les marchands de nouveautés, an XII*-1804, in-18, 108 p. [*N.* Ln° 134.]

Épigr. :
    J'abhorre un envieux, je méprise un flatteur.

En regard du titre, frontispice anonyme à l'eau-forte portant cette légende : *Veritas odium parit*, et dont l'*Explication* est imprimée au verso du faux-titre.
Notices satiriques sur les auteurs dramatiques.

20737. — Revue des comédiens ou Critique raisonnée de tous les acteurs, danseurs et mimes de la capitale, par M***, vieux comédien, et par l'auteur de « la Lorgnette des spectacles ». *Paris, Favre*, 1808, 2 vol. in-12. [*N.* Inv. Yf 12328.]

Par A.-B.-L. Grimod de la Reynière et Fabien Pillet, selon Barbier ; mais plusieurs articles sont signés d'initiales inexpliquées : St-M..., M... D., V...rs [Villiers?],

V. Z..., N. N..., V. J..., S... M... N., V. B., S. V., B...L, Le N..., etc.

Ces articles sont classés par ordre alphabétique et, par suite, les deux volumes n'ont point de table.

Malgré sa date, ce. *tevue* concerne des artistes qui, pour la p... rt, avaient débuté dans les dix dernières années du siècle précédent, et j'ai cru devoir la faire figurer ici, ainsi que le numéro suivant.

20738. — Acteurs et Actrices qui se sont illustrés sur les trois grands théâtres de Paris, ouvrage orné de trente portraits coloriés, par J. G. [Grasset] Saint-Sauveur. *Paris, Latour*, 1808, in-16.

D'après le cat. Soleinne (tome V, n° 734) qui signale une seconde édition augmentée, omise, ainsi que la première, par Quérard et décrite sous le numéro suivant.

20739. — Galerie dramatique ou Acteurs et Actrices célèbres qui se sont illustrés sur les trois grands théâtres de Paris. Ornée de soixante portraits. *Paris, Mme Ve Hacquart*, 1809, 2 vol. in-16 carré. [P. 9942.]

Tome Ier, XI et VIII-102 p.; tome II, 128 et III p.

20740. — Abrégé de la vie et aventures des acteurs et actrices de l'Opéra, enrichi d'observations philosophiques et d'anecdotes récréatives. *A Paris, chez Grangé. S. d.* (1790), in-8°. [Op. 8093.]

C'est la remise en circulation, au moyen d'un nouveau titre, du pamphlet intitulé : *le Vol plus haut ou l'Espion des principaux théâtres de la capitale*... A Memphis, 1784, in-8°.

20741. — Le Poète au foyer ou l'Eloge des grands hommes du théâtre de la Nation, y compris celui de Mirabeau. Scène lyrique nouvelle, par M. de Valigny. *Paris, l'auteur, rue Saint-Honoré, n° 85, près Saint-Roch*, 1791, in-8°, 15 p. [N. Ln¹⁰ 28.]

P. 2. « Le théâtre représente le foyer du théâtre de la Nation, où sont rangés les bustes des grands hommes. »

20742. — Les Variétés-Amusantes ou les Ribauds du Palais-Royal, comédie en trois actes et en prose, par Monvel le sodomite. Avec figures. *A Paris, se trouve aux Variétés-Amusantes, à la nouvelle salle*, 1791, in-18.

Épigr. :

Eh bien ! Qui mieux que moi pouvait peindre ces faits ?
Mes penchants, mes goûts, ma brutale luxure,
L'amour passionné de tromper la nature
Sont des moyens certains de vous voir satisfaits.

Quatre figures libres.

Cynique pamphlet dialogué dirigé contre Monvel, Fleury, Frogère, Michaud, Noël, Fusil, Boucher, MM^{mes} Saint-Clair et Leprieur. Alex. Duval, alors comédien, est à peu près le seul qui soit épargné dans cette diatribe obscène.

Paul Lacroix (cat. Soleinne, n° 3872) « ne croyait pas faire injure » à Mayeur de Saint-Paul en la lui attribuant, mais cette supposition n'est étayée d'aucune preuve. L'ex. de M. de Soleinne ne contenait que trois figures au lieu de quatre, comme dans l'ex. possédé par MM. de Goncourt.

L. — Médecins et Chirurgiens

20743. — Dictionnaire des médecins, chirurgiens et pharmaciens français, légalement reçus avant et depuis la fondation de la République. *Paris, Moreau, an X*, in-8° [N. T5⁴.]

Le texte comporte 2 ff. et 610 pp., plus deux suppléments, le premier intitulé : *Envois tardifs* (32 p.), le second renfermant une liste de chirurgiens (36 p.). A l'ex. de la B. N. est jointe une circulaire de l'éditeur (3 p. in-4°).

20744. — Les Médecins pendant la Révolution (1789-99), par le docteur Constant Saucerotte, chevalier de la Légion d'honneur, officier de l'instruction publique, médecin en chef honoraire d'hôpital, membre correspondant de l'Académie de médecine, etc. Ouvrage posthume publié par sa famille. *Paris, librairie académique Didier et Cie*, 1887, in-8°, 2 ff. et V-163 p. [N. T² 39.]

Epigraphe empruntée à l'*Eloge de Hallé*, par Dubois d'Amiens. Titre rouge et noir, papier teinté.

M. — Femmes

20745. — Le Petit Almanach de nos grandes femmes, accompagné de quelques prédictions pour l'année 1789. *Londres. S. d.*, in-12, 118 p. [N. Ln¹⁷ 21.]

Épigr. :

Notum quid fœmina possit.
Virg., Æneid.

La préface, paginée en chiffres romains, est comprise dans la pagination totale.

Très médiocre imitation du *Petit Almanach de nos grands hommes*, et que, pour cette cause, on a parfois attribuée à RIVAROL, qui y est resté absolument étranger.

20746. — Chronique arétine ou Recherches pour servir à l'histoire des mœurs du dix-huitième siècle. Première livraison. *A Caprée*, 1789, in-8°, 104 p. [*N*. Li³ 434.]

La dédicace de M*me* D. R. D. renferme des allusions qu'un érudit bordelais, au courant de la chronique scandaleuse de la fin du XVIII* siècle, pourrait peut-être expliquer : « Te rappelles-tu encore, dit l'auteur, les jours heureux où nous faisions les délices de Bordeaux? Tu étais l'ornement des bals, l'âme des orgies les plus tumultueuses; maître de ton cœur, je partageais tes triomphes. Cinquante-huit hivers bien comptés, accumulés sur nos têtes, des jouissances trop multipliées nous font partager, quoique vivants, les horreurs du néant... »

P. 102-104, liste des demoiselles dont les articles sont contenus dans la première livraison, suivie de celle des noms qui devaient composer la seconde livraison, annoncée pour le mois d'avril et des noms qui devaient figurer dans les livraisons subséquentes. La première a seule paru.

L'ex. de la B. N. est annoté par un contemporain qui a inscrit en marge les noms d'un certain nombre de personnages désignés par des abréviations.

Sur d'autres listes du même genre, voyez tome III de la *Bibliographie*, n°ˢ 20428-20411.

20747. — Essais historiques du Dʳ WILLIS sur le tempérament des dames françaises, avec le nom de celles qui l'ont le plus vigoureux. Traduit de l'anglais. *Imp. Bupi*, 1790, in-8°, 8 p. [*N*. Lb³⁹ 9240.]

C'est une simple liste de noms propres précédée d'un court avertissement.

Le Dʳ Willis (1717-1807) était médecin de George III, roi d'Angleterre, et Louvet avait mis son nom à la mode en le citant dans les derniers chapitres de *Faublas*. Il va sans dire que l'attribution de ces *Essais* au vieux praticien anglais est de pure fantaisie.

20748. — Almanach des honnêtes femmes, pour l'année 1790. *De l'imprimerie de la Société joyeuse*. S. d., in-8°, 30 p. [*N*. Lc²² 43. Réserve.]

ÉPIGR. :

Et lassata viris nondum satiata recessit.

Chaque mois est placé sous l'invocation d'un vice différent ; les noms des saints sont remplacés par ceux des femmes accusées de ces pratiques, et des *Notes historiques* imprimées en regard renferment des particularités diffamatoires sur quelques-unes des femmes nommées dans ce calendrier.

Attribué sans preuves à SYLVAIN MARÉCHAL par la *Bibliothèque des ouvrages relatifs à l'amour*, l'*Almanach des honnêtes femmes* a été l'objet d'une réimpression faite à Bruxelles, en 1863, et accompagnée d'une figure libre qui n'a point de rapport avec ce libelle.

20749. — La Galerie des dames françaises, pour servir de suite à « la Galerie des Etats-Généraux », par le même auteur. Troisième partie. *Londres*, 1790, in-8°, 207 p. et 1 f. non ch. [*N*. Lb³⁹ 2754.]

Voyez le numéro 20636 ci-dessus.

ÉPIGR. :

Nullo discrimine habebo
Tros, Rutulusve fuat.
Virg.

Telle quelle, l'épigraphe est intervertie ; son véritable texte (*Æn.*, X, 108) est celui-ci :

Tros Rutulusve fuat, nullo discrimine habebo.

Le feuillet non chiffré contient la clé des noms véritables. Il a été imprimé après coup et sur un papier différent de celui du texte. Deux noms seuls n'ont pas été ouvertement désignés dans cette liste: *Balzaïs* : M*me* *la princesse de L......e* [Lamballe] et *Orphosis* : M*me* *la duchesse de B......n* [Bourbon], mère du duc d'Enghien.

L'auteur de cette *Galerie* n'est pas plus exactement connu que le principal rédacteur des deux parties auxquelles elle fait suite. « C'est M. le marquis de LUCHET qui l'avoue, écrit Meister, au mois de février 1790 (*Corresp. litt.*, tome XV, p. 587), mais c'est toujours le style et la manière de M. SÉNAC DE MEILHAN que l'on croit y reconnaître... Le portrait de M*me* la baronne de Staël semble être le produit de deux compositions fort différentes : on croit y remarquer tantôt l'impartialité d'un homme de beaucoup d'esprit, tantôt le ressentiment d'une rivale offensée. Aux sarcasmes de la satire, aux soupçons vagues de la malignité, aux traits de pure fantaisie et qui n'ont aucune espèce de vérité, sont mêlées quelquefois dans cet ouvrage des observations d'une sagacité peu commune, d'une justesse ingénieuse et dont le résultat annonce du moins un assez grande connaissance de nos mœurs et des femmes qui les font. »

Voyez le numéro suivant.

20750. — Portræte einiger noch lebenden Damen des französischen Hofs. Nach dem Leben gezeichnet. (Portraits de quelques dames encore vivantes de la cour de France, dessinés d'après nature.) *Riga, Hartknoch*, 1791, in-8°, 6 ff., 224 p. et 1 f. n. c. (Errata.) [*N.* Ln17 22.]

Traduction du numéro précédent et de la clé qui l'accompagne; les noms de Mme de Lamballe et de la duchesse de Bourbon y sont restés en blanc.

20751. — L'Année des dames nationales ou Histoire jour par jour d'une femme de France, par N.-E. RESTIF DE LA BRETONNE. *Genève et Paris*, 1791-1794, 12 vol. in-12.

Le nom de l'auteur ne se trouve que sur les deux premiers volumes.

La *Bibliographie... de tous les ouvrages de Restif de la Bretonne*, par P.-L. JACOB (Aug. Fontaine, 1875, in-8°) ne consacre pas moins de vingt-quatre pages à ce livre qui ne figure ici qu'en raison des notices intitulées *Hors-d'œuvre*. Voici la liste de ces *Hors-d'œuvre* telle qu'elle est donnée par Paul Lacroix (p. 353) :

Volume de juin (1794), p. 1902 et suiv. : Mlle Déon. Catherine Estinès. La fille Salmon. La Lyonnaise [Andréolle]. Jeanne-Françoise Camin, dite de Valois, autrement ex-comtesse de Lamotte. Les époux de Pontchartrain. Le meunier Sauvage et sa fille. Mlle Romaine de Montguyon. La Salpêtrière. La femme Desrues. La princesse Lamballe.

Volume de décembre (1794), p. 3802 et suiv. : Marie-Antoinette. Madame Elisabeth. La fille Capet. La fille d'Orléans. La Genlis. La Theroucigne (sic). La Rivarole. Olimpe de Gouges. La Dubarry. La Momoro. La femme Hébert. La femme Lavergne. La femme Danton. La jeune Duplessis, femme de Camille Desmoulins.

20752. — Hommage aux plus jolies et vertueuses femmes de Paris ou Nomenclature de la classe la moins nombreuse (1792).

Voyez tome III, n° 20434.

20753. — Les Femmes célèbres de la Révolution, par DUBROCA. *Paris, chez l'auteur, libraire, rue de Thionville*, n° 170, vis-à-vis *de la rue Christine; Bonneville, imprimeur*, rue Saint-Jacques, n° 195, an X (1802), in-12, XIII (XIV) -324 p. [*N.* Ln17 23.]

Frontispice signé BONNEVILLE *invenit*, et accompagné de ce distique :

Le temps avec respect rend hommage à leur gloire,
Clio grave leurs noms au temple de mémoire.

Voyez le numéro suivant.

20754. — Interesting Anecdotes of the heroic conduct of women during the french Revolution. Translated from the french of M. DU BROCA. Embellished with an elegant frontispice. *London, printed by C. Wittingham for H.-D. Symonds*, 1802, in-8°, 2 ff. et 220 p. (la dernière non chiffrée). [*N.* Ln17 24.]

L'« élégant frontispice » est la copie de celui de l'édition française; il est signé F. SPRINGSGUTH *sculp.* et accompagné de la traduction du distique reproduit sous le numéro précédent.

20755. — The Female revolutionary Plutarch, containing biographical, historical and revolutionary sketches, characters and anecdotes, by the author of « the Revolutionary Plutarch » and « Memoirs of Talleyrand ». *London, John Murray*, 1806, 3 vol. in-12. [*Br. M.* 613, d. 13.]

Dédicace à la mémoire de Marie-Antoinette.

Tome I. — Joséphine Bonaparte. Joséphine Dessalines, impératrice révolutionnaire d'Haïti. Mme Récamier. La comtesse de Villeneuve La Forêt. Mme de Staël. Les Furies de la guillotine (les tricoteuses). Marianne des Hayes, la martyre de Lyon. Clubs féminins. Mme de Genlis. Les *Bals des victimes*. Mme Fouché. Maria Tarbé, la courtisane sensible. Annette La Vigne, l'orpheline lyonnaise. Modes révolutionnaires. Martha Clar, l'héroïne suisse.

En regard du titre, portrait de l'impératrice Joséphine Dessalines (*the revolutionary empress*). [MEYER, sc.].

Tome II. — Marie-Antoinette. La reine d'Espagne. La reine de Prusse. La reine douairière d'Étrurie. Mme Necker. Cécile Renault. Sophie et Henriette de Sainte-Marie. Mme Le Grand, « le loyal grenadier ». Mme Momoro (la déesse de la Raison). Mme Tallien. Banquets fraternels. Suzanne Sorel, la femme athée. Félicité Chaussée, la généreuse dénonciatrice. Louisa Le Roy (la femme colonel Louisa, dévouement filial). Carbinot la Lyonnaise. La comtesse de Sauvignac et ses fille. Les victimes vendéennes. Adélaïde Langenois, la capitaine de dragons. Écoles et pensions révolutionnaires. La comtesse de Villelume [Mme de Sombreuil]. La folle Marie-Antoinette [une des pensionnaires de la Salpêtrière]. Victoire Lavergne, l'héroïne conjugale.

En regard du titre, portrait de Marie-Antoinette (FREEMAN, sc.).

Tome III. — Mme de Lamballe. Mme Elisabeth. La duchesse d'Angoulême. Lœtitia Bonaparte. La princesse Joseph Bonaparte. Mme Lucien Bonaparte. La princesse Louis Bonaparte. Mme Jérôme Bonaparte (ci-devant miss Paterson). La princesse Elisa Bonaparte, princesse de Piombino, alias Mme Bacciochi. Charlotte Bonaparte, princesse de Santa-Cruce

Marie-Paulette Bonaparte, princesse Borghèse, ci-devant M#me# Le Clerc. La princesse Annonciade-Caroline Bonaparte, ci-devant M#me# Murat. Les Prisons françaises: la Bastille sous la royauté; les geôles républicaines; le Temple sous l'Empire. La République française et les flatteurs révolutionnaires. M#me# Talleyrand. Agnès-Barbe Gérard, l'orpheline d'Arras. M#me# Roland. Théroigne de Méricourt. M#lle# de La Rochefoucauld; l'héroïne vendéenne.

En regard du titre, portrait de la princesse de Lamballe.

J'ai, sous le n° 20563 ci-dessus, et sur la foi de Halkett and Laing (*A Dictionary of the anonymous and pseudonymous of Great Britain*), attribué à Lewis Goldsmith *The Revolutionary Plutarch*. Depuis le tirage de cette première feuille, j'ai constaté que le catalogué imprimé du British Museum, d'accord avec la *Bibliotheca britannica* de Watt, donnait à un nommé Stewarton, dont le prénom ne semble pas connu, *The Revolutionary Plutarch*, *the Female Revolutionary Plutarch*, ainsi que les prétendus *Mémoires de Talleyrand* énoncés sur le titre de ce second ouvrage et qu'une *Histoire secrète de la cour et du cabinet de Saint-Cloud* (1806), dont Lewis Goldsmith passait également pour l'auteur. Stewarton n'a d'ailleurs aucun article dans les répertoires biographiques que j'ai pu consulter, et la paternité exacte de ces divers ouvrages ne me semble pas péremptoirement établie.

20756. — Les Femmes célèbres de 1789 à 1795 et leur influence dans la Révolution, pour servir de suite et de complément à toutes les Histoires de la Révolution française, par E. Lairtullier, avocat. Paris, France, 1840, 2 vol. in-8°. [*N.* Ln^{17} 26.]

Tome I : 2 ff., 393 pp. et 1 f. n. ch. (table). Le titre porte en plus : *I. Théroigne de Méricourt. Madame Necker. Charlotte Corday. Suzette Labrousse. Madame Roland. La Mère Duchesne.*

Tome II : 2 ff., 415 pp. et 1 p. n. ch. (table). Le titre porte en plus : *II. Lucile Desmoulins. Olympe de Gouges. Mademoiselle d'Orbe. Rose Lacombe. Les Furies de guillotine. Mademoiselle Maillard. Sophie Momoro. Catherine Théot. Madame Tallien. Aspasie Carlemigelli. Sophie Lapierre. Marie-Antoinette. Madame de Staël. Madame de Stainville. Cécile Renaud*; etc.

20757. — Les Femmes devant la guillotine, par Alexandre Rémy. Paris, Moutonnet, 1848, in-32, 31 p. [*N.* Li^4 25.]

20758. — Esquisses historiques de la Révolution, par M. Amédée Thomas-Latour, ancien magistrat. Toulouse, Jougla; Delboy, 1851, in-8°, 17 p. [*N.* Lb^{41} 2133.]

Le faux-titre porte : *Les Femmes pendant la Révolution. Episodes des séances du Tribunal révolutionnaire, du Conseil général de la Commune de Paris, de la Société des Jacobins et de la Convention*. La couverture imprimée sert de titre.

20759. — Une préface pour servir de prospectus. Les Femmes sous la Terreur. Imp. W. Rémquet. S. d. (1853), in-8°, 4 p. [*N.* Lb^{41} 74.]

Signée : Alphonse Balleydier.

Le livre qu'annonçait cette préface n'a pas paru.

20760. — Les Femmes de la Révolution par J. Michelet. Paris, A. Delahays, 1854, in-18, 2 ff. et 327 p. [*N.* La^{32} 289.]

« L'espèce de galerie ou musée biographique que le lecteur va parcourir (dit un court avertissement sans titre) se compose principalement des portraits de femmes que M. Michelet a tracés dans son *Histoire de la Révolution*;

« Quelques-uns étaient incomplets, l'historien n'ayant dû, dans cette histoire générale, les esquisser que de profil. Il y a suppléé d'après les meilleures sources biographiques.

« Plusieurs articles sont neufs, comme on le verra; d'autres ont été refondus ou considérablement développés. »

Les Femmes de la Révolution ont été l'objet de diverses réimpressions en 1863, chez Chamerot; en 1877 et 1898, chez Calmann-Lévy. Malgré la mention : « édition revue et corrigée » que portent ces nouveaux tirages, le texte est resté le même et je crois superflu de les décrire. L'édition de 1898 est précédée d'une *Étude* par M. Jules Claretie.

20761. — Les Femmes célèbres de la Révolution, par Alexandre de Laval. Paris, rue Mézières, n° 7. S. d. (1856) in-4°. [*N.* Ln^{17} 27.]

La couverture imprimée sert de titre.

La publication devait former deux volumes in-4°, divisés en cent livraisons et ornés de cinquante portraits « dessinés par les meilleurs artistes et tirés à part sur papier de Chine », empruntés aux sources les plus nouvelles et les plus authentiques. » Il n'a paru que 56 pp. sans gravures et contenant les notices suivantes : M#lle# de Sombreuil, l'impératrice Joséphine, M#me# Cottin, M#me# Dechézeaux (de l'île de Ré), biographie inachevée.

20762. — Les Femmes célèbres de la Révolution, par C.-B. Noisy. *Rouen, Mégard*, 1860, in-8°, 283 p. [*N.* Ln17 28.]

Bibliothèque morale de la jeunesse.
Le texte a de grandes analogies avec celui des *Femmes célèbres* de Dubroca (voyez le n° 20753 ci-dessus) et les divisions qu'il avait adoptées.

20763. — Louis Jourdan. Les Femmes devant l'échafaud. *Paris, Ballay*, 1862, in-18, 3 ff., 317 p. et 1 f. n. c. [*N.* Ln17 29.]

Le feuillet non chiffré contient la table des onze chapitres dont se compose le livre.

20764. — Les Déesses de la liberté. Les Femmes de la Convention et du Directoire, par M. Capefigue. *Paris, Amyot*, 1862, in-18, 260 p. [*N.* Ln17 36.]

La couverture imprimée porte en plus : *Les Reines de la main gauche*.
En regard du titre, portrait héliogravé de Mme Tallien, d'après celui de Gérard, gravé par Baudran (musée de Versailles).

20765. — Franska Revolutioneus Quinnor, af A. Hedin. (Les Femmes de la Révolution française, par A. Hédin.) *Stockholm, C.-E. Fritze*, 1880, in-8°, 4 ff. et 461 p. [*N.* Ln17 103.]

Couverture illustrée gravée sur bois.
L'auteur, M. Adolf Hédin, était en 1880 membre de la Chambre des députés de Suède.
Entre la table et le titre de départ, portrait de Marie-Antoinette gravé sur acier.
Les études contenues dans ce volume ont trait à divers épisodes de la Révolution et aux personnages suivants : Marie-Antoinette, Mme Legros, la princesse de Lamballe, Mlle Cazotte, Mlle de Sombreuil, Théroigne de Méricourt, Olympe de Gouges, Rose Lacombe, Cécile Renaud, Mlle de Corday, la famille de Noailles, Lucile Desmoulins, Mme Tallien, Mme Récamier, Mme Roland, Mme de Condorcet, les sœurs de Fernig, Mme de Staël.

20766. — La Société française pendant la Révolution. L'Amour sous la Terreur, par M. de Lescure. *Paris, E. Dentu*, 1882, in-12, 2 ff., 401 p. et la table. [*N.* Li2 99.]

I. Les Amoureux de Charlotte Corday. II. Le Cœur de Marat. III. Le Roman de Robespierre. IV. Les Amours de prison. V. La Dernière semaine de la vie d'André Chénier. VI. Les Chemises rouges. VII. Le Dernier Amour de Philippe-Egalité.

20767. — Luigi Beduzzi. Pel primo centenario della Revoluzione francese. La Donna nella Revoluzione. *Parma, tip. Ferrari e Pellegrini*, 1888, in-8°, XV-113 p. [*N.* Ln17 140.]

Maria (sic) Roland, Théroigne de Méricourt, Mme de La Rochefoucauld, Mlle de Sombreuil, Lucile Desmoulins, Marie-Antoinette, Charlotte Corday, Madame Elisabeth, la princesse de Lamballe.

20768. — Influence de la femme pendant la Révolution, par Mlle J.-A. Chabrol. Ouvrage couronné d'une médaille d'argent (sic) par l'Académie de Paris-Province. *Châlons-sur-Marne, Martin frères*, 1895, in-8°, XI-102 p. [*N.* Ln17 177.]

P. VII-XI, *Quelques mots de préface*, par Armand Bourgeois.
Courtes notices biographiques, sans notes ni références, sur les femmes célèbres à divers titres, qui jouèrent un rôle depuis le début de la Révolution jusqu'à la fin du Directoire.

20769. — Les Grandes Dames pendant la Révolution et sous l'Empire. Mesdames de France pendant l'émigration. Les Vierges de Verdun. Madame de Custine. Les Effets du divorce sous le Directoire. Les Femmes à l'armée. Madame de La Valette. Par le comte Fleury. *Paris, Henri Vivien*, 1900, in-8°, 2 ff., 358 p. et 1 f. n. c. (table des matières). [*N.* Ln17 199.]

20770. — Les Origines du féminisme contemporain. Trois Femmes de la Révolution : Olympe de Gouges, Théroigne de Méricourt, Rose Lacombe, par Léopold Lacour. Avec cinq portraits. *Paris, Plon, Nourrit et Cie*, 1900, in-8°, 2 ff. et VII-432 p. [*N.* Ln17 196.]

N. — ÉMIGRÉS ET CONDAMNÉS

20771. — Noms, qualités et derniers domiciles des personnes dont les biens ont été portés sur les listes d'émigrés arrêtés par le Directoire du Département de Paris, en exécution de l'art. VIII de la loi du 8 avril 1792 (23 octobre 1792). *Imp. Ballard* (1792), in-4°, 12 p. n. ch. [*N.* La34 2.]

Pièce contresignée Raisson, secrétaire général, déjà citée tome III, n° 13692, mais dont je n'avais pas indiqué la cote qu'elle porte à la B. N.

20772. — Liste par ordre alphabétique des émigrés du Département de Paris (an II).

Voyez tome III de la *Bibliographie*, n° 13694.

20773. — Liste générale par ordre alphabétique des émigrés de toute la République, dressée en exécution de l'article XVI de la loi du 28 mars et de l'article Ier du paragraphe II de celle du 28 juillet 1793. *Paris, imp. de l'administration des domaines nationaux, an II* (1794), 4 vol. in-folio. [*N.* La³⁴ 4.]

Précédée d'un *Avertissement* de dix pages.
Tome I. A.-C.
Tome II. D.-H.
Tome III. I.-O.
Tome IV. P.-Z.

20774. — Premier [-sixième] Supplément à la Liste générale, par ordre alphabétique, des émigrés de toute la République, dressée en exécution de l'article 29 du § 2, 5ᵉ section, de la loi du 25 juillet 1793 (vieux style). *Paris, imp. des domaines nationaux, an II* (*-an IV*) (1794-1796), 10 vol. in-8°. [*N.* La³⁴ 5.]

Par ordre alphabétique de noms de personnes.

20775. — Liste des prévenus d'émigration dont les noms ont été rayés de la liste des émigrés par arrêtés du Comité de législation, en conformité des dispositions de la loi du 25 brumaire an III (15 novembre 1794), depuis le 30 du même mois (20 novembre 1794), jusques et y compris le 9 germinal dernier (8 avril 1795). *Paris, imp. de la République, an III* (1795), 4 parties in-8°. [*N.* La³⁴ 6.]

Par ordre alphabétique de départements.

20776. — République française. Liste formée en exécution de l'article XXVIII, section 3, titre 3, de la loi du 25 brumaire, 3ᵉ année (15 novembre 1794), des citoyens qui ont obtenu la radiation définitive de leurs noms des listes d'émigrés, soit par décrets de la Convention nationale ou arrêtés du Comité de législation (19 ventôse an III-1ᵉʳ thermidor an VI [9 mars 1795-19 juillet 1798]). *S. l. n. d.*, 9 parties in-8°. [*N.* La³⁴ 29.]

La 9ᵉ liste a pour titre : *Neuvième liste de radiation...*

La B. N. a enregistré, sous la cote La³⁴ 29 A., une réimpression augmentée de la première Liste.

20777. — Liste supplémentaire des prévenus d'émigration dont les noms ont été rayés de la liste des émigrés par arrêté du Comité de législation, en conformité de la loi du 25 brumaire an troisième, depuis le 21 germinal suivant jusques et y compris le 6 floréal an III [10-25 avril 1795] (14 messidor an III-2 juillet 1795), *Paris, imp. de la République, messidor an III*, in-8°, 31 p. [*N.* La³⁴ 30.]

20778. — Etat des prévenus d'émigration dont les noms ont été sur la liste des émigrés, et dont la radiation a été provisoirement arrêtée par le Comité de législation, depuis le 6 floréal dernier (25 avril 1795), distribué à la Convention nationale et affiché dans le lieu de ses séances, en exécution du décret du 20 prairial an III (8 juin 1795), 15 messidor et 5 fructidor an III (3 et 23 juillet 1795). *Paris, imp. de la République*, 2 parties in-8°. [*N.* La³⁴ 32.]

20779. — Noms des individus du département de la Seine qui ont été rayés définitivement de la liste des émigrés. *Paris, imp. Denis. S. d.*, in-8°, 8 p. [*N.* La³⁴ 28.]

P. 7-8. *Liste des ex-députés qui ont été rayés définitivement de la liste des émigrés.*
La première de ces listes est criblée d'erreurs matérielles; la seconde n'est guère plus exacte.

20780. — République française. Ministère des finances. Liste des personnes qui ont été maintenues ou rétablies sur les listes des émigrés, par arrêtés du Directoire exécutif (9 germinal an V [29 mars 1797], 9 thermidor an VI [27 juillet 1798] et 12 germinal an VII [1ᵉʳ août 1799]). *Paris, imp. de la République*, 3 parties in-8°. [*N.* La³⁴ 31.]

20781. — Journal criminel du Châtelet de Paris (1790).

Voyez tome III, n° 13859.
Comptes rendus des affaires d'Augeard, de Besenval, de Laizer et de l'abbé Delaunay.

20782. — Choix de causes célèbres jugées par les tribunaux de Paris depuis l'origine de la Révolution. *Paris, an II,* in-8°.

D'après un catalogue.

20783. — [Recueil des jugements du tribunal criminel révolutionnaire de Paris et des ordonnances du président.]

Sur les diverses parties de ce recueil formé par Deschiens et dont le titre est factice, voyez tome Ier, n°s 3946 et 3949.
Le *Bulletin du tribunal criminel révolutionnaire* est décrit sous le n° 3950.

20784. — Répertoire des jugements rendus par le tribunal révolutionnaire établi à Paris (an III).

Voyez tome Ier, n° 3951.

20785. — Compte rendu aux sans-culottes de la République française par très haute, très puissante et très expéditive dame Guillotine (an II).

Par TISSET.
Voyez tome Ier, n° 3954.

20786. — Le Glaive vengeur de la République française ou Galerie révolutionnaire contenant les noms, prénoms... de tous les grands conspirateurs et traîtres à la patrie dont la tête est tombée sous le glaive national (an II).

Par H.-G. DULAC.
Voyez tome Ier, n° 3955.

20787. — Liste générale des individus condamnés par jugements ou mis hors la loi par décrets et dont les biens ont été déclarés confisqués au profit de la République (an II-an III).

Recueil officiel. Voyez tome Ier, n° 3956.

20788. — Liste générale et très exacte des noms, âges, qualités et demeures de tous les conspirateurs qui ont été condamnés à mort par le tribunal révolutionnaire établi à Paris par la loi du 17 août 1792 et par le second tribunal établi à Paris par la loi du 10 mars 1793 (an II-an III).

Sur ce recueil et sur un autre de même nature, voyez tome Ier, n°s 3957-3958.

20789. — Histoire générale des crimes commis pendant la Révolution française sous les quatre législatures et particulièrement sous le règne de la Convention nationale, par L. PRUDHOMME (1796-1797).

Voyez tome Ier de la *Bibliographie*, n° 47. Cette compilation est rappelée ici en raison du contenu des deux premiers volumes : *Dictionnaire des individus envoyés à la mort judiciairement, révolutionnairement et contrerévolutionnairement...*

20790. — Causes criminelles traitées et plaidées par GABRIEL LEBLANC, défenseur officieux, ex-propriétaire-rédacteur de la « Tribune publique ou Journal des élections », condamné en cette dernière qualité à la déportation par décret du 21 fructidor an V (jeudi 6 septembre 1797). Publiées par un des ses amis. *Paris*, 1797, in-12, 214 p. [N. 8° F. 4212.]

P. 3. *Préface de l'éditeur.* P. 15. Affaire de Durand, maire de Montpellier. P. 39. Affaire du général Richardot. P. 61. Acte d'accusation de Collot, Billaud, Barère, Vadier. P. 96. Plaidoyer contre Billaud, Collot, Barère et Vadier. P. 140. Rapport fait à l'assemblée générale de la section du Mont-Blanc sur les délits imputés à l'ancien Comité révolutionnaire. P. 172. Appel au Conseil des Anciens en faveur de quatre victimes du 13. vendémiaire [Cadet-Gassicourt, Salverte, Daureville et Langeac]. P. 192. Plaidoyer prononcé au Conseil de guerre de la 17e division en faveur de Guillemot de la Houssaye et Le Serteur].

20791. — Procès fameux jugés depuis la Révolution, contenant le détail des circonstances qui ont accompagné la condamnation des grands criminels et des victimes qui ont péri sur l'échafaud, par N.-L.-M. DESESSARTS. *Paris, chez l'auteur,* an VII-X, 10 vol. in-12. [N. Lb⁴¹ 2239.]

De 1778 à 1784, Desessarts avait publié un recueil intitulé : *Essai sur l'histoire générale des tribunaux des peuples anciens et modernes ou Dictionnaire historique et judiciaire contenant des anecdotes piquantes et les jugements fameux des tribunaux...*, (9 vol. in-8°), dont les *Procès fameux* formaient la suite. Aussi chaque volume de la nouvelle série a-t-il une tomaison différente au titre et à la dernière page; le tome Ier porte : *Fin du tome onzième* et ainsi de suite.
Le tome X (ou XX) renferme une table alphabétique des procès reproduits ou résumés dans cette seconde série.

20792. — Mémoire en revision des procès criminels rendus pendant la Révolution française, appel à la justice, à la politique au gouvernement français, par D.-N. JOBERT aîné, défenseur officieux près les tribunaux criminel et de cassation. *Paris, Gillé*, 1802, in-4°.

D'après la *Bibliothèque française* de Pougens, n° V (fructidor an X), p. 188.

20793. — Levensbeschiijingen van de Voornaamste persoonen die ten lyde der Revolution Vrankrijk zijes geguillotineerd geworden, behelzende schetten van hun caracter en opgraam hunner misdaaden... (Biographie des personnes les plus célèbres qui ont été guillotinées en France à l'époque de la Révolution, contenant des esquisses de leurs caractères et l'indication de leurs crimes...) 9e édition, traduite du français en hollandais. *La Haye, J.-C. Leeuwestijn*, 1802, in-8°, 294 p. [*N*. Ln² 193.]

Le volume est terminé par une table alphabétique des personnages cités et les noms de quelques-uns d'entre eux sont mentionnés sur le frontispice même du livre.

20794. — Procès célèbres de la Révolution, ou Tableau historique de plusieurs procès fameux, tenant aux principaux événements de l'interrègne révolutionnaire, notamment ceux des agents royaux arrêtés en l'an V (1797), celui d'Arena et autres; celui de la Machine infernale; celui de Georges, Pichegru, Moreau et autres; celui relatif à la prétendue conspiration de la reine d'Etrurie; celui de la conspiration Mallet, etc. Par M. G., avocat. *Paris, Garnery; Mame; Fantin*, 1814, 2 vol. in-8°. [*N*. La³² 358.]

Par AUGUSTE-CHARLES GUICHARD, d'après Barbier.

20795. — Souscription. Martyrologe de la Révolution française ou Recueil monumental consacré à la mémoire des victimes par leurs familles. *Imp. P. Gueffier*. S. d. [1817], in-8°, 4 p. [*N*. Lb⁴¹ 2421.]

Prospectus d'une publication en plusieurs volumes dont le premier, consacré au « Roi martyr », devait paraître le 1ᵉʳ janvier 1818.

Outre quelques ex. sur papier vélin satiné, il devait être tiré un ex. unique sur papier noir en lettres d'argent, « destiné en cadeau à la personne qui aura le plus concouru au succès de l'entreprise. »

La publication a dû en rester là, la *Bibliographie de la France* n'a rien enregistré de plus.

20796. — Le Livre rouge. Histoire de l'échafaud en France, par MM. B. MAURICE, A. DE BAST, E. FOURNIER, L. DE LA MONTAGNE, J. MOREL, E. ASSE, M. PROTH, H. BABOU, P. DUPRAY DE LA MAHÉRIE, DE LESCURE, H. BOSCOWITZ. Ouvrage orné de 50 portraits, dessinés et gravés par MM. C. BOULAY, L. BAILLY, Y[AN] D'ARGENT, C. VERNIER, BOCQURT, G. FATH, ALLARD, CAMBRAY, HOTELIN, PANNEMAKER, HILDEBRAND, GUSMAND, CHAPON, TROUVÉ, BARBANT, etc. *Paris, librairie parisienne*, 14, *rue d'Enghien*, 1863, in-4°, V (VI) 358 p. et 1 f. non chiffré (table des matières). [*N*. Ln¹⁶ 3.]

Divisé en onze chapitres, les trois derniers sont intitulés : *l'Echafaud révolutionnaire, Héroïnes et Pécheresses et les Martyrs*. Chaque chapitre comporte diverses monographies dues à plusieurs écrivains et dont voici le résumé, par ordre alphabétique des noms de leurs auteurs.

ASSE (Eugène) : *Barnave, Babœuf* (sic).
BABOU (Hipp.) : *Vergniaud, Camille Desmoulins, M*ᵐᵉ *Roland*.
BAST (Amédée de) : *Antoine Simon* [le gardien du Dauphin], *Carrier*.
BOSCOWITZ (Arnold) : *Cazotte, Bailly, Lavoisier*.
LESCURE (M. de) : *Philippe-Egalité, Danton, Lauzun, Robespierre, Joseph Le Bon, Charlotte Corday, Cécile Renault, M*ᵐᵉˢ *Du Barry, Louis XVI, Marie-Antoinette* (en vers), *Madame Elisabeth*.
MAURICE (B.) : *Hébert*.
PROTH (Mario) : *Saint-Just, Fouquier-Tinville*.

La *Préface* et la notice sur *Malesherbes* sont signées par l'éditeur Dupray de la Mahérie, mais je crois y reconnaître la main de M. de Lescure.

Les portraits sont très médiocres et plusieurs sont de pure fantaisie.

20797. — Le Tribunal révolutionnaire de Paris, par EMILE CAMPARDON (1866).

La première édition (1862) est intitulée : *Histoire du tribunal révolutionnaire de Paris*. Voyez tome Iᵉʳ, n°ˢ 3972-3973.

20798. — Histoire du tribunal révolutionnaire de Paris avec le journal de ses actes, par H. WALLON (1880-1882).

Voyez tome Ier, n° 3974.

O. — PERSONNAGES DIVERS

20799. — Etat nominatif des pensions sur le Trésor royal imprimé par ordre de l'Assemblée nationale (1789-1791).

Voyez tome III, n° 13456 et, pour le *Supplément* de cet *État nominatif*, voyez le n° 13457 ; les réfutations, pamphlets, compléments, etc., que ces deux publications ont provoqués sont décrits sous les n°s 13458-13484.

20800. — Convention nationale. Annales de civisme et de la vertu. N° 1, présenté à la Convention nationale, au nom de la section du Comité d'instruction publique chargée de leur rédaction, par LÉONARD BOURDON, député par le département du Loiret. Imprimées par ordre de la Convention nationale. *Paris, imp. Nationale, an II*, in-8°, 22 p. [*N*. Ln² 38.]

Réimprimées en tête de la collection décrite sous le numéro suivant.

20801. — Convention nationale. Recueil des actions héroïques et civiques des républicains français. N° I (-V), présenté à la Convention nationale, au nom de son Comité d'instruction publique, par LÉONARD BOURDON, député par le département du Loiret. Imprimé par ordre de la Convention nationale. *Paris, imp. Nationale an II*, 5 numéros in-8°. [*N*. Ln² 39.]

Le n° V porte : Par A.-C. THIBAUDEAU.
M. JAMES GUILLAUME a réimprimé, avec introduction et notes, ces cinq numéros dans la *Revue pédagogique* de 1896 (2e semestre). Il a retrouvé depuis, dans le carton F¹⁷ 1022 des Archives nationales et publié dans le même recueil (15 mars, 15 juin et 15 août 1900) un n° 6 resté jusqu'alors inédit, dont le manuscrit est presqu'entièrement de la main de Thibaudeau, ainsi qu'un fragment du n° 5, supprimé après le 9 thermidor, très probablement, parce qu'il y était question de la conduite glorieuse d'Augustin Robespierre aux armées d'Italie et des Alpes, hommage que la réaction thermidorienne avait tout intérêt à laisser dans l'ombre.

20802. — Notices des actions héroïques, des découvertes utiles, des productions dans les sciences, la littérature et les beaux-arts, dont les auteurs ont mérité d'être désignés à la reconnaissance et à l'estime publiques dans la fête du 1er vendémiaire an VII (et an VIII). (*An IV-an VII*).

Voyez tome Ier de la *Bibliographie*, n° 5125.

20803. — L'Honneur français ou Tableau des personnages qui depuis 1789 jusqu'à ce jour ont contribué, à quelque titre que ce soit, à honorer le nom français. *Paris, L. Collin*, 1808, 2 vol. in-8°. [*N*. Ln² 48.].

Par J. BRAYER, de Soissons.

20804. — Anecdotes relatives à quelques personnes et à plusieurs événements remarquables de la Révolution, par J.-B. HARMAND (de la Meuse) (1814-1820).

Voyez tome Ier, n°s 105-105^a.

20805. — Les Enfants de la République. Viala, Bara, Sthrau, Mermet, Casabianca, par ETIENNE CHARAVAY, archiviste paléographe. *Paris, Charavay frères*, 1882, in-16, 64 p. [*N*. Ln² 244.]

Des tirages plus récents portent pour rubrique : *Librairie d'éducation de la jeunesse.* S. d.

20806. — Les Prisonniers d'Etat pendant la Révolution, par M. ROBERT. Tome Ier. *Paris, l'auteur, rue Sainte-Anne, n° 18 ; Petit*, 1815, in-8°, 2 ff. et 332 p. [*N*. Ln² 488.]

On lit au verso du faux-titre : « Le second volume paraîtra le 25 avril 1815. » Il n'a pas été publié.
P. 331-322, Table des prisonniers qui avaient fourni chacun leur notice. Ainsi que la préface de l'éditeur le donne à entendre, la plupart de ces notices, rédigées parfois en termes fort naïfs, ne sont que des demandes de secours plus ou moins déguisées. Cette préface n'est guère elle-même qu'une longue et véhémente diatribe contre Carnot, à propos de son *Mémoire au Roi*.

20807. — Mémoire pour les six habitants d'Auxerre dénoncés, d'abord conduits en prison, mis ensuite en état d'arrestation, pour s'être offerts comme otages de la liberté du Roi (4 août 1791); S. l. n. d., in-8°, 8 p. [N. Lb³⁹ 5247.]

Le titre de départ porte : *A MM. les maire et officiers municipaux de la ville d'Auxerre.*
Signé : DE ROZOI, membre de plusieurs académies, auteur de la *Gazette de Paris.*
Les six Auxerrois étaient MM. Bonneville, Boulage, plus tard professeur à l'Ecole de droit, Baudelot fils, Caveret fils, Bondeaux, avocat, et Jeannin, procureur au Parlement de Paris. Ils furent acquittés le 25 août suivant par le tribunal du district d'Auxerre. (Cf. H. Monceaux, *la Révolution dans le département de l'Yonne, essai bibliographique,* Auxerre, 1890, in-8°, nᵒˢ 623 et 638-640.)

20808. — Les Otages de Louis XVI et de sa famille. *Paris, Pillet,* 1814, in-8°, 2 ff., XVI-163 p. (y compris la table des matières et l'errata). [N. Lb⁴¹ 2647.]

ÉPIGR. :

Le pur sang des Bourbons est toujours adoré.
VOLTAIRE.

Par THÉODORE-PASCAL BOULAGE.
P. 117-156. Liste des otages des deux sexes.
Voyez le numéro suivant.

20809. — Liste générale des otages de Louis XVI et de sa famille. *Paris, Pillet,* 1816, in-8°, 198 p. [N. Lb⁴⁵ 390.]

Le faux-titre, le titre et l'*Avertissement* non chiffrés précèdent la *Liste générale* paginée [163], 164-198, comme faisant suite à celle du numéro précédent. Après avoir été arrêtée et vérifiée par Boulage, d'Auxerre, et Regnaud, de Paris, elle avait été contresignée aux Tuileries, dans le bureau du premier gentilhomme de la Chambre, le 19 décembre 1814, par BOULAGE, REGNAUD, de Paris, l'abbé CARRON le jeune, le marquis DE LA HAYE-MONTBAULT.
P. 197 se trouve une note sur la bannière remise en 1814 aux volontaires royaux de l'École de droit par les dames qui l'avaient brodée. P. 198, le Comité proteste contre la proposition d'une « personne sans mission » (le chevalier d'Antibes ; voyez le numéro suivant) qui demandait l'inscription des noms de tous les otages sur « les pierres monumentales » érigées en l'honneur de Louis XVI et de Marie-Antoinette. Le Comité fait observer que ces noms couvriraient au moins 150 toises carrées et rappelle qu'il avait seul pris l'initiative de la souscription ouverte aux bureaux de la *Gazette de France.*

20810. — A MM. les président et membres de la Chambre des députés. Mémoire tendant à obtenir que le Roi soit supplié d'ordonner : 1° qu'une allégorie, exprimée aux bas-reliefs des monuments nationaux qui vont être érigés à Louis XVI et à Marie-Antoinette, reproduise à tous les yeux l'acte de dévouement par lequel des sujets de l'un et de l'autre sexe se sont, en 1791, offerts en otages, les hommes pour le Roi, les dames pour la Reine ; 2° que les noms de ces fidèles et dévoués sujets soient inscrits, dans l'ordre chronologique de leurs soumissions respectives, sur les monuments dont il s'agit, savoir : les noms des hommes au pied du monument à Louis XVI, et les noms des dames au pied du monument à Marie-Antoinette (24 février 1816). Imp. A. Égron. S. d., in-4°, 8 p. [N. Lb⁴¹ 473.]

Par le chevalier D'ANTIBES, qui rappelle complaisamment (p. 2 et 3) les souffrances et les dangers qu'il avait affrontés pour la cause royaliste.

20811. — Les Défenseurs de Louis XVI, par EDMOND BIRÉ. Lyon, *librairie générale catholique et classique Emmanuel Vitte,* 1896, in-12, 2 ff. et 307 p. [N. Lb³⁹ 11576.]

Etudes sur les personnages de tout rang qui, durant le cours de la Révolution, prirent la défense de la personne du Roi ou du principe monarchique. Les derniers chapitres sont consacrés aux polémiques soulevées par l'exhortation fameuse de l'abbé Edgeworth, et le projet de démolition de la Chapelle expiatoire. Le volume contient en appendice la réimpression de la liste des otages de Louis XVI.

20812. — Souvenirs et portraits, 1780-1789, par M. DE LÉVIS. *Paris, F. Buisson,* 1813, in-8°, 2 ff. et XXIII-268 p. [N. Lb³⁹ 63.]

Il existe de cette première édition une réimp. page pour page, exécutée à Londres, et portant la rubrique : *A Paris,* 1813, *et se trouve à Londres chez L. Decouchy, libraire,* n° 100, *New Bond street.* Elle a en plus un f. n. c. intitulé : *Books published for L .Decouchy.*
Voyez le numéro suivant.

20812ᵃ. — Souvenirs et portraits, 1780-1789, par M. le duc DE LÉVIS. Nouvelle édition, augmentée d'articles supprimés par la censure de Buonaparte. *Paris, Lau-*

rent Beaupré, 1815, in-8°, 2 ff. et XXIII-332 p. [*N.* Lb⁵⁰ 64.]

Les articles supprimés étaient une notice sur George III, roi d'Angleterre, et une étude sur l'opinion publique, qui devait s'intercaler dans le chapitre consacré au duc de Biron, et que la censure avait d'abord acceptés moyennant quelques changements.

Le duc de Lévis s'était proposé de donner une seconde partie contenant ses observations sur les principaux personnages qu'il avait eu occasion de connaître en Angleterre, en Allemagne et en Russie, mais les événements politiques et son élévation à la pairie l'empêchèrent de publier ce complément.

20813. — Portraits politiques et révolutionnaires, par CUVILLIER-FLEURY. *Paris, Michel Lévy frères*, 1851, in-18. [*N.* Ln³ 30.]

Articles sur Barère, d'après ses *Mémoires*, publiés par Hipp. Carnot et David d'Angers, sur Camille Desmoulins, à propos du livre d'Édouard Fleury, et sur *les Vierges de Verdun*.

Un seconde édition augmentée, publiée l'année suivante (2 vol. in-18), renferme une étude sur *le Poème de Saint-Just* [*Organt*] d'après le livre d'Ed. Fleury. Ces divers articles avaient paru dans le *Journal des débats*.

20814. — J. LE FÈVRE-DEUMIER. Célébrités d'autrefois, essais biographiques et littéraires. Le comte de Rivarol. L'abbé Maury. Carloman de Rulhière. L'abbé de Bernis. La Motte-Houdart. *Paris, Amyot*, 1853, in-12, 2 ff., 492 p. et 1 f. n. c. (table). [*N.* Ln³ 34.]

Le livre a été rajeuni au moyen d'un titre de relai portant la date de 1869.

20815. — VICTOR DU BLED. Les Causeurs de la Révolution : Rivarol, Maury, Delille, Montlosier, Mallet du Pan, Mirabeau, Marmontel, Talleyrand, Boufflers, Ségur, Lévis, Lauraguais, La Fayette, Narbonne, Beugnot, Arnault, Fiévée, Michaud, Andrieux, Lemercier, Ducis, etc. Avec une préface du duc DE BROGLIE, de l'Académie française. *Paris, Calmann-Lévy*, 1889, in-18, 3 ff. et IV-400 p. [*N.* La³² 648.]

20816. — Variétés révolutionnaires (troisième série), par MARCELLIN PELLET. *Paris, Alcan*, 1890, in-18, 3 ff., 292 p. et 1 f. n. c. (table des matières). [*N.* La³² 586.]

Pour les deux premières séries, voyez tome I*er* de la *Bibliographie*, nos 273-274.

Parmi les études qui composent cette troisième série, il faut signaler *la Cassette de Babeuf* et *Théroigne de Méricourt*, réimpression d'un travail publié d'abord isolément et qui sera décrit en son lieu.

20817. — CHARLES NAUROY. Révolutionnaires. *Paris, Albert Savine*, 1891, in-12, 318 p. et 1 f. n. c. (table des matières). [*N.* Ln² 287.]

Réimpression de diverses études publiées par l'auteur dans son journal le *Curieux* sur M*me* Tallien, Dumouriez et la campagne de 1792. Lauzun, la Mort de Le Peletier de Saint-Fargeau, les Carnot, etc.

20818. — Etudes et Leçons sur la Révolution française, par F.-A. AULARD, professeur à la Faculté des lettres de Paris. *Paris, Félix Alcan*, 1893, in-12, 2 ff., 300 p. et 1 f. n. ch. (table des matières). [*N.* La³² 695.]

André Chénier, homme politique. Les Comptes de Danton. Les Responsabilités de Carnot. Aux Apologistes de Robespierre. Robespierre et le gendarme Méda. L'article sur *les Responsabilités de Carnot* est accompagné de trois fac-similés hors texte.

Voyez les deux numéros suivants.

20818ᵃ. — Etudes et Leçons sur la Révolution française, par F.-A. AULARD, professeur à l'Université de Paris. Seconde série. *Paris, Félix Alcan*, 1898, in-12, 2 ff. et 308 pp. (la dernière non chiffrée). [*N.* La³² 695.]

Danton et les massacres de septembre. L'Authenticité des Mémoires de Talleyrand.

Voyez le numéro précédent et le numéro suivant.

20818ᵇ. — Etudes et Leçons sur la Révolution française, par ALPHONSE AULARD, professeur à la Faculté des lettres de Paris. Troisième série. *Paris, Félix Alcan*, 1902 [1901], in-12, 2 ff. et 314 p. (la dernière non chiffrée).

Le Tutoiement pendant la Révolution. La Querelle de la Marseillaise et du Réveil du peuple. Bonaparte et les poignards des Cinq-Cents.

20819. — D*r* CABANÈS. Le Cabinet secret de l'histoire. *Paris, A. Charles, et au bureau de la Chronique médicale*, 1897-1900, 4 vol. in-8° carré. [*N.* T²¹ 596.]

Le premier volume est précédé d'une lettre de M. VICTORIEN SARDOU.

Recueil d'articles publiés dans divers journaux ou périodiques et ayant trait aux époques les plus variées. La Révolution y est représentée par plusieurs travaux dont voici l'indication succincte.

1re série (1897). *L'Impuissance de Louis XVI. La première grossesse de Marie-Antoinette. Un juge de Marie-Antoinette* [le Dr Souberbielle]. *Quelle était la maladie de Marat ?*

2e série (1897). *La vraie Charlotte Corday. Les Maladies de Sophie Arnould. Guillotin. Vie intime de Robespierre.*

3e série (1898). *Un Médecin maire de Paris Chambon de Monteaux*]. *Deux Illustres culs-de-jatte : Scarron et Couthon.*

4e série (1900). *Comment fut consommé le mariage de Louis XVI. L'Accusation d'inceste portée par Hébert contre Marie-Antoinette. La Prétendue folie du marquis de Sade.*

20820. — Englishmen in the French Revolution, by JOHN-G. ALGER, author of the « New Paris sketch book ». *London, Sampson Low, Marston, Searke and Rivington*, 1889, in-8°, XL-364 p. [N. La³² 635.]

Divisé en treize chapitres et suivi de six appendices. L'auteur a conduit son récit jusqu'au règne de Napoléon Ier. Deux de ses appendices renferment la liste des prisonniers politiques anglais, en 1793 et 1803. La Préface et le sommaire des chapitres ont été tirés à part.

Voyez le numéro suivant.

20821. — Glimpses of the French Revolution. Myths, ideals and realities, by JOHN-G. ALGER, author of « Englishmen in the french Revolution ». *London, Sampson Low, Marston and company*, 1894, in-8°, XI-303 p. [N. La³² 690.]

Sous ce titre bizarre sont groupés divers chapitres dont plusieurs portent des titres non moins singuliers, tels que les *Mythes* (consacrés à la réfutation, d'après Louis Combes et divers historiens, des légendes de M¹¹ᵉ de Sombreuil, du serrurier Gamain, du banquet des Girondins) ; l'*Adoration des Mages* (c'est-à-dire la part prise aux prodromes de la Révolution ou à la Révolution elle-même, par Paul Jones, Olavides, Miranda, Anacharsis Clootz) ; *Prophétesses et viragos* (Théroigne de Méricourt, Louis-André, Rose Lacombe, Olympe de Gouges) ; *Enfants et femmes victimes* (les Vierges de Verdun, la mère de George Sand, les Carmélites de Compiègne) ; enfin les *Prisons* (d'après Nougaret, Riouffe, Delahante, la comtesse de Béarn, Alexandrine des Echerolles).

20822. — Figuren und Ansichten der Pariser Schreckenzeit (1791 bis 1794), von JULIUS ECKART. (Hommes et spectacles au temps de la Terreur parisienne (1791-1794). *Leipzig, Duncker und Humblot*, 1893, in-8°, 4 ff. et 449 p. [N. Lb⁴¹ 5134.]

Divisé en dix chapitres : *Robespierre, Danton. Saint-Just, le Tribunal révolutionnaire, Mᵐᵉ Tallien, Joséphine Beauharnais et Delphine de Custine, J.-P. Marat, Hébert et Chaumette, les Etrangers à Paris durant la Révolution, Drouet, le Maître de poste de Sainte-Menehould.*

Les erreurs de détails fourmillent dans ce livre, d'ailleurs intéressant ; elles ont été relevées par M. A. CHUQUET, dans la *Revue critique* du 6 novembre 1893, p. 308.

CHAPITRE II

LOUIS XVI ET LA FAMILLE ROYALE

§ 1. — Écrits authentiques et apocryphes de Louis XVI.

20823. — Journal de Louis XVI, publié par Louis Nicolardot. Paris, E. Dentu, 1873, in-8°, 2 ff. et 336 p. [N. Lb^{39} 11077.]

Relevé par catégories des dépenses et remarques que le Roi inscrivait sur divers carnets conservés aux Archives nationales.

¶ La *Revue rétrospective* de J. Taschereau (1re série, tome V, pp. 117-141) avait déjà donné des analyses ou des fragments de ces carnets tenus ponctuellement à jour, du 1er janvier 1766 au 31 juillet 1792. La publication intégrale en a été depuis commencée par les soins de M. le comte de Beauchamps, comme annexe aux n°s 22-36 de la revue intitulée *Souvenirs et Mémoires* (Lucien Gougy, éditeur); elle a été interrompue par la cessation de cette revue le 15 juin 1901 et forme 224 p.

20824. — Fac-similé de lettres de Louis XVI à M. le marquis de Bouillé, suivis d'un plein pouvoir de Monsieur, depuis Louis XVIII, et d'une lettre du même prince. *Paris, lith. A. Appert,* 1845, gr. in-8°, 9 feuillets non chiffrés. [N. Lb^{39} 42.]

Le titre (non compris dans les 9 feuillets) est autographié.

20825. — Construction of the speech addressed by Louis XVI to the Etats-Généraux. *S. l n. d.,* petit in-4°, 33 p. [N. Inv. Z. 3676.]

Tirage à part du tome Ier des *Philobiblon Society bibliographical and historical Miscellanies.* (London, printed by Ch. Whittingham, 1854.) Chacune des pièces formant ces Mélanges a une pagination distincte.

Le texte comprend diverses rédactions proposées par Necker, Rayneval, Saint-Priest, le duc de Nivernois et Barentin, suivies de trois brouillons différents, dont le premier a été revu par Marie-Antoinette et le second par Montmorin; le troisième projet est celui qui fut définitivement adopté.

Les originaux appartenaient à M. Danby Seymour; l'éditeur était sir Richard Moukton Milnes, M. P., plus tard lord Houghton.

20826. — Négociations secrètes de Louis XVI et du baron de Breteuil avec la cour de Berlin (décembre 1791 - juillet 1792). Lettres et documents authentiques, publiés par Jules Flammermont, docteur ès-lettres, lauréat de l'Institut, chargé du cours d'histoire à la Faculté des lettres de Poitiers. *Paris, Alph. Picard,* 1885, in-8°, 31 p. [N. Lg^6 853.]

Au verso du faux-titre : « Extrait du *Bulletin mensuel de la Faculté des lettres de Poitiers.* »

20827. — Réflexions sur mes entretiens avec M. le duc de La Vauguyon, par Louis-Auguste, Dauphin (Louis XVI), précédées d'une introduction, par M. de Falloux, représentant du peuple, ancien ministre de l'instruction publique, accompagnées d'un fac-similé du manuscrit. *Paris, J.-P. Aillaud; Garnier frères,* 1851, in-8°, 3 ff. et CXXXVI-292 p. [N. Lb^{39} 105.]

La B. N. a placé dans sa réserve un ex. en grand papier, auquel on a joint une lettre d'envoi de M. de Falloux à la Bibliothèque, au nom de Mme la comtesse de Marnes (la duchesse d'Angoulême).

Entre le titre et l'*Avis de l'éditeur*, fac-similé de la p. 41 (verso), du manuscrit et des attestations d'authenticité, rédigées et signées par PAULIN PARIS et par FEUILLET DE CONCHES, constatant que la copie de ce manuscrit était, sauf quelques mots, de la main du comte de Provence (plus tard Louis XVIII).

Ces *Réflexions* ne sont en réalité que des cahiers de préceptes mis au net par les jeunes princes et dans lesquels leur précepteur les faisait parler à la première personne.

Parmi les très nombreuses éditions du Testament authentique de Louis XVI j'ai noté les principales d'entr'elles, tome Ier, n°s 3833-3847 et d'autres, renfermant également la dernière lettre de Marie-Antoinette, seront rappelées ci-après, chapitre III. On trouvera aussi dans ce même chapitre la description du grand recueil épistolaire de la famille royale publié par Feuillet de Conches et l'indication des polémiques qu'il souleva, principalement au sujet de l'authenticité des lettres de Marie-Antoinette.

20828. — Correspondance politique et confidentielle inédite de Louis XVI avec ses frères et plusieurs personnes célèbres, pendant les dernières années de son règne et jusqu'à sa mort, avec des observations, par HÉLÈNE-MARIA WILLIAMS. *Paris, Debray, an XI*-1803, 2 vol. in-8°. [*N.* Lb^{39} 37.]

Dès 1809 Barbier signalait brièvement dans le tome du *Dictionnaire des anonymes* (2e Supplément) la supercherie historique et littéraire dont s'étaient rendus coupables deux écrivains fort médiocres, FRANÇOIS BADIÉ DE BERCENAY et SULPICE IMBERT DE LA PLATIÈRE. De l'aveu du premier, neveu de l'abbé de Radonvilliers (sous-précepteur de Louis XVI), ces lettres avaient été composées par les deux amis comme en se jouant, et lorsque la collection leur en avait paru suffisamment nombreuse, ils l'avaient vendue au libraire Levrault la somme considérable de 2,400 francs. Levrault la rétrocéda à Miss Helena Williams, qui la publia en la faisant précéder d'une préface où elle attestait son authenticité, et en accompagnant chacune des soixante-onze lettres dont se composait le recueil de commentaires plus ou moins étendus. Elle y avait joint deux lettres à Vergennes (17 octobre 1774 et 8 avril 1775) déjà publiées lors du procès de Louis XVI, quatre lettres supplémentaires (à Breteuil, au roi de Prusse, à l'abbé d'Avaux, sur l'éducation du Dauphin, et une lettre des frères du Roi à Breteuil), des maximes et pensées extraites en grande partie des *Œuvres* de Stanislas Leczinski, des annotations sur divers mémoires de Turgot et de Necker et sur le manifeste de 1779 contre l'Angleterre. A la fin du tome II se trouve en outre une *Notice des pièces et lettres omises qui ont déjà été publiées dans divers ouvrages*. Le tout fut traduit en anglais la même année. Voyez les deux numéros suivants.

29829. — The political and confidential Correspondance of LEWIS XVI, with observations on each letter, by HÉLEN-MARIA WILLIAMS. *New-York, Caritat*, 1803, 3 vol. in-8°. [*N.* Lb^{39} 6188.]

Traduction du numéro précédent.

20830. — A Refutation of the libel of the memory of the late king of France, published by Helen-Maria Williams, under the title of : « Political and confidential Correspondance of Lewis the sixteenth »; by A.-F. BERTRAND DE MOLEVILLE, Minister of State, translated of the original manuscript, by R.-C. DALLAS (esq.). *London, Cadell and Davies*, 1804, in-8°, 102 p. et 1 f. non chiffré. [*N.* Lb^{39} 6189.]

Il ne semble pas que cette réfutation ait été publiée en français, ni qu'elle ait été réimprimée par l'auteur.

20831. — Louis XVI peint par lui-même ou Correspondance et autres écrits de ce monarque, précédés d'une notice sur la vie de ce prince, avec des notes historiques sur sa correspondance et ses autres écrits. *Paris, Gide fils*, 1817, in-8°, XLIV-468 p. [*N.* Lb^{39} 38.]

Réimpression du recueil de 1803, moins les deux premières lettres à Vergennes et quelques autres retranchements, mais augmentée des Instructions rédigées par le Roi pour le dernier voyage de La Pérouse. Le nouvel éditeur, J.-B. PUJOULX avait, lui aussi, commenté chacune des lettres apocryphes.

La critique n'avait plus les mêmes raisons qu'en 1803 pour garder le silence, et cette seconde édition provoqua de la part d'Eckard, dans un travail spécial (voyez le numéro suivant), et de Beuchot, dans la *Bibliographie de la France*, des protestations nettement motivées auxquelles leurs adversaires ne répondirent que par des déclamations ou des injures également méprisables. Barbier, de son côté, put en 1822, dans la seconde édition de son *Dictionnaire*, confirmer ce qu'il avait dit dans la première et ce que certifia un aveu formel de la main de Babié. (Cf. *Bulletin du bibliophile*, 1838, pp. 74-75.) Néanmoins, en 1837, un royaliste fervent, Auguste Séguin, réimprima textuellement soixante et une des lettres de l'édition Pujoulx dans un volume intitulé : les *Actes du martyre de Louis XVI* (cf. n° 20926 ci-dessous) et, de nos jours encore, cette mystification a été renouvelée par des éditeurs ignorants où peu scrupuleux. Voyez les n°s 20836-20841 ci-dessous.

20832. — Une Lettre sur l'éducation du Dauphin, attribuée à Louis XVI, est-elle authentique ? et Observations sur les recueils de lettres publiées en 1803 et 1817 sous le nom de ce prince, par l'auteur des « Mémoires historiques sur Louis XVII » (ECKARD). *Paris, H. Nicolle*, 1819, in-8°, 56 p. [*N*. Lb³⁹ 40.]

Le faux-titre porte : *Lettres attribuées à Louis XVI*.

La lettre visée par la première partie du titre est celle que Louis XVI aurait adressée, le 11 mars 1791, à l'abbé d'Avaux, sous-précepteur du Dauphin, et dont l'original aurait été trouvé sur le cadavre du duc de Brissac, massacré à Versailles, en septembre 1792 !

Voyez le numéro suivant.

20833. — Au nouvel éditeur d'une Lettre attribuée à Louis XVI, par ECKARD. *Versailles, imp. Dufaure. S. d.* (1834), in-8°, 16 p. [*N*. Lb³⁹ 41.]

Réfutation d'une erreur commise par A. HAVARD, qui, en réimprimant l'*Opinion de Géorges Couthon sur le procès de Louis XVI* (1833, in-8°), l'avait fait suivre d'une prétendue « lettre secrète » de Louis XVI à Frédéric-Guillaume, roi de Prusse, insérée dans le recueil de Babié comme écrite en décembre 1791, et remise en circulation par Havard avec la date du 6 décembre 1790. ECKARD réimprimé à ce propos le contenu de la brochure décrite sous le numéro précédent et qui était épuisée.

20833ᵃ. — Aux Mânes de Louis XVI (21 janvier 1819), par F.-L. CROSNIER. *Imp. de M*ᵐᵉ *Jeunehomme-Crémière. S. d.*, in-8°, 19 p. [*N*. Ye 41157.]

Épigraphe tirée de la *Défense préliminaire de Louis XVI*, de Foulaines (cf. tome Iᵉʳ, n° 3592 de la *Bibliographie*).

Longue pièce de vers suivie de notes où l'auteur s'efforce, sans alléguer d'ailleurs aucune preuve palpable, d'établir l'authenticité de la correspondance apocryphe et notamment de la lettre à l'abbé d'Avaux.

Publiée le 6 février 1819, cette brochure eut presqu'aussitôt une seconde édition ; voyez le numéro suivant.

20833ᵇ. — Aux Mânes de Louis XVI ou De l'Authenticité des lettres de ce prince, publiées par Miss Williams (*sic*) et par MM. Saint-Avit, Péricaud, Laroche et Gide, et déclarées apocryphes par MM. Grappard [*sic* : Eckard], de La Martinière, Barbier, Aubouenne, Feydel, B...., Laroche, Beuchot, Babié, par F.-L. CROSNIER. *Paris, imp. de M*ᵐᵉ *Jeunehomme-Crémière*, 1819, in-8°, 16 p. [*N*. Ye 41158.]

Deux épigraphes ; la seconde est tirée des *Considérations sur la journée du 10 août*, de Drappeau, censément publiées dès le 13 novembre 1792.

Dans les notes Eckard est appelé (p. 12) *Frappart* et Beuchot (p. 14) est transformé en *Menchot* !

L'Epitre *Aux Mânes de Louis XVI* a été réimprimée dix ans plus tard dans un opuscule intitulé : *Louis XVI et Marie-Antoinette*, par le ch⁰ʳ F.-N. DE FOULAINES. (Nantes, chez l'auteur, rue Franklin, n° 12, XXI décembre MDCCCXXIX, in-12, 24 p.). Elle est suivie de notes en prose.

20834. — Aux Détracteurs de Louis XVI ou De l'Authencité des lettres de ce prince, publiées par Miss Williams et par MM. de Saint-Avit, Péricaud, de Créqui, Ransemon, Laroche et Gide, et déclarées apocryphes par MM. Eckard, de La Martinière, Barbier, Aubouenne, Feydel, B...., Ransemon, Laroche, Beuchot et Babié, par J.-B.-G. DRAPPEAU, ancien professeur d'éloquence en l'Université de Valence. *Imp. Migneret. S. d.*, in-8°, 24 p.

D'après le *Journal de la librairie*, du 8 mai 1819, n° 1751. Cette brochure fut, quelques semaines plus tard, jointe à d'autres opuscules décrits sous le numéro suivant.

20835. — De l'Authenticité des lettres de Louis XVI, par J.-B.-G. DRAPPEAU. Des notices du chevalier de Foulaines sur le duc de Penthièvre et sur le lord Dormer, par R. DE CARONDELEY. Correspondance du roi-martyr. Dédié à P.-P. Guélon-Marc, défenseur et otage de Louis XVI, par J.-B. BOURCIER, de Nantes. *Paris, Migneret, juillet 1819*, in-8°, 1 f. et 65 p. [*N*. Lb³⁰ 39.]

Le titre reproduit ci-dessus précède la brochure décrite sous le numéro précédent. Viennent ensuite : (p. 25), IIᵉ partie, les *Notices de M. le chevalier de Foulaines* ; IIIᵉ partie (p. 30), du lord C. Dormer ; IVᵉ partie (p. 34), *Lettres de Louis XVI et suit des lettres qui démontrent* (p. 6 et suivantes) *leur authenticité*.

20835a. — De l'Authenticité des lettres de Louis XVI, par J.-B.-G. Drappeau. *Paris, Migneret, juillet* 1819, in-8°, 1 f. et 75 p. [N. Lb³⁹ 39 A.]

Ce second tirage est augmenté de quelques lettres du Roi déjà publiées par les éditeurs de 1803 et de 1817 et présentées ici comme négligées par eux.

Les diverses notes et répliques de Beuchot ont été textuellement réimprimées dans la dernière édition des *Supercheries littéraires*, de Quérard, v° *Louis XVI*.

20836. — Lettres de Louis XVI, correspondance inédite, discours, maximes, pensées, observations diverses, etc., avec une introduction et des notes, par B. Chauvelot. *Paris, Dillet,* 1862, in-8°, 2 ff. et I.-256 p. [N. Lb³⁹ 6190.]

L'introduction est paginée en chiffres romains.
Réimpression des lettres apocryphes de 1803 et de 1817 et de leurs annexes, plus divers discours prononcés par le Roi aux Etats-Généraux et à l'Assemblée constituante et son testament. Voyez le numéro suivant.

20836a. — Lettres de Louis XVI et preuves de leur authenticité, par B. Chauvelot. Deuxième édition. *Paris, C. Dillet,* 1864, in-8°. [N. Lb³⁹ 6190 A.]

Cette prétendue seconde édition n'est que la première dans laquelle on a intercalé entre le titre et l'Introduction huit pages intitulées : *Authenticité de la correspondance de Louis XVI*; elles décèlent la plus piteuse ignorance et la plus arrogante outrecuidance, mais pas un fait — et pour cause — n'y est allégué en faveur de l'authenticité de ces lettres où, si l'on en croyait B. Chauvelot, se trouvent fondus « la sensibilité de Fénelon, le sublime de Bossuet et le trait de La Bruyère ».

20837. — Marie-Antoinette, ses derniers historiens. Une supercherie littéraire : Lettres inédites de Louis XVI. Les récents travaux sur la Terreur : MM. Mortimer-Ternaux et Campardon. Par G. Du Fresne de Beaucourt. Extrait de la « Revue indépendante », octobre 1863. *Lille, imp. Béhague,* 1863, in-8°, 14 pp. [N. Lb³⁹ 6216.]

On lit au verso du titre : « Tiré à 25 exemplaires. »
Réunion d'articles parus d'abord dans la *Revue indépendante*. Les observations présentées par l'auteur sur la publication de B. Chauvelot ont été reprises et développées deux ans plus tard dans un travail spécial. Voyez le n° 20840 ci-dessous.

20838. — Œuvres de Louis XVI, précédées d'une histoire de ce monarque. Ouvrage dédié à M. Berryer, avec son autorisation, et précédé d'une lettre de lui. *Paris, chez l'éditeur des Œuvres de Louis XVI, rue Rossini,* 20, 1864, 2 vol. in-8°. [N. Lb³⁹ 6191.]

Le titre du tome II porte : *Œuvres de Louis XVI, précédées d'une histoire de ce monarque et d'une lettre de M. Berryer*.

Cette lettre fort courte (elle a sept lignes) est un simple accusé de réception de quelque prospectus et n'a en rien le caractère que l'éditeur prétendait lui attribuer. Quant aux Œuvres annoncées, elles se composent de *Réflexions sur les entretiens avec M. de La Vauguyon*, du *Mémoire pour La Pérouse*, de diverses maximes, pensées et réflexions, des discours et proclamations reproduits partout, de la correspondance apocryphe, du Testament et de la traduction d'après Horace Walpole du *Règne de Richard III*, traduction dont l'authenticité n'est pas démontrée. Pour grossir cette compilation, on a réimprimé à la suite la *Petite Biographie des conventionnels*, de Raupt de Baptestein, parue en 1815 (cf. *Bibliographie*, tome I⁻ʳ, n° 539), mais sans en indiquer l'auteur et sous le titre de *Biographie des régicides*.

Dans l'ex. de la B. N. on a relié à la fin du tome II deux titres différents, l'un ainsi libellé : *Œuvres de Louis XVI, précédées d'une histoire de ce monarque, par M. Ch. Moussy*. Paris, chez tous les libraires (tomes I et II); l'autre portant le nom et l'adresse de C. Desloges et attribuant la publication au chevalier Du Saussois du Jonc. D'autres ex. enfin ont été remis en circulation avec un titre modifié pour la quatrième fois. Voyez le numéro suivant.

20839. — Louis XVI, sa vie, ses œuvres et ses mémoires, avec une préface de M. Berryer, et suivie de la Biographie des régicides. *Paris, Martin-Beaupré frères,* 1865, 2 vol. in-8°.

Titres imprimés pour une partie des exemplaires des *Œuvres de Louis XVI*, catalogués sous le numéro précédent.

20840. — Une Supercherie littéraire. Les lettres de Louis XVI, par G. Du Fresne de Beaucourt. (Extrait de la « Revue bibliographique et littéraire »). *Paris, imp. Divry,* 1865, in-8°, 19 p. [N. Lb³⁹ 6179.]

On lit au verso du titre : « Tiré à 50 exemplaires ».
Voyez les cinq numéros précédents et le numéro suivant.

20841. — Lettres de Louis XVI. Ouvrage entièrement épuisé et réédité d'après les manuscrits originaux. *Librairie Blériot, Henri Gautier, successeur.* S. d. (1887), in-8°, 32 p. [*N.* 8° Z. 10658.]

N° 1 d'une *Nouvelle Bibliothèque populaire* à 10 centimes.

Réimpression, sans notes ni avertissements, de cinquante-six des lettres apocryphes de l'édition de 1817. Voyez au sujet de cette réimpression une note anonyme (mais dont M. de Beaucourt doit être l'auteur) dans la chronique du *Polybiblion* de mai 1887, pp. 466-467.

⊄ Voy. aussi une note d'A.-A. Barbier dans la *Revue encyclopédique*, 1819, t. IV, p. 611.

§ 2. — Mémoires et témoignages contemporains sur Louis XVI et la famille royale.

20842. — Mémoires secrets pour servir à l'histoire de la dernière année du règne de Louis XVI, par Ant.-Fr. Bertrand de Moleville (1797).

Voyez tome Ier de la *Bibliographie*, n°s 71 et 338 et le numéro suivant.

20843. — Mémoires particuliers pour servir à l'histoire de la fin du règne de Louis XVI, par A.-F. Bertrand de Moleville (1816).

Voyez tome Ier de la *Bibliographie*, n° 339.

20844. — Mémoires de M. le baron de Besenval, lieutenant-général des armées du Roi, sous Louis XV et Louis XVI, grand-croix de l'ordre de Saint-Louis, gouverneur de Haguenau, commandant des provinces de l'intérieur, lieutenant-colonel du régiment des Gardes-Suisses, etc., écrits par lui-même, imprimés sur le manuscrit original et publiés par son exécuteur testamentaire, contenant beaucoup de particularités et d'anecdotes sur la cour, sur les ministres et les règnes de Louis XV et Louis XVI, et sur les événements du temps; précédés d'une notice sur la vie de l'auteur. *Paris, an treizième*, 1805, 4 vol. in-8°. [*N.* La^{20} 6.]

En regard du titre, portrait dessiné par P.-H. Danloux et gravé par Dupréel.

La *Revue* [ancienne *Décade*] *philosophique* (tome XLVII, p. 125) a inséré une protestation signée U.-J.-A. de Besenval et de Besenval le jeune, datée de Soleure, 27 septembre 1805, contre cette publication faite à leur insu par A.-J. de Ségur. Le quatrième volume est composé de diverses fantaisies en vers et en prose écrites par un groupe d'officiers durant l'hiver de la campagne de 1757 et qui s'intitulait l'*Académie de Drevenich*. Un manuscrit, provenant sans doute de Ségur et renfermant presque tous les morceaux que l'on retrouve ici, est décrit tome III, n° 3857, du catalogue Soleinne.

20845. — Mémoires ou Souvenirs et Anecdotes, par M. le comte de Ségur, de l'Académie française. *Paris, Alexis Eymery*, 1825-1826, 3 vol. in-8°. [*N.* La^{33} 68.]

En regard du titre portrait signé C.-M. Dien, *del.*, Bertonnier, *sculpt.* Entre le titre et la p. 1, fac-similé d'une lettre de l'auteur à son éditeur.

20846. — Mémoires autographes de M. le prince de Montbarey, ministre secrétaire d'État au département de la guerre sous Louis XVI, grand d'Espagne de la première classe, prince du Saint-Empire, grand préfet des dix villes impériales d'Alsace, lieutenant-général des armées du Roi, etc., avec un fac-similé de son écriture, contenant le portrait moral de Mgr le comte d'Artois, aujourd'hui S. M. Charles X. *Paris, A. Eymery*, 1826-1827, 3 vol. in-8°. [*N.* Lb^{39} 65.]

Le fac-similé est placé entre le faux-titre et le titre.

20847. — Secret Memoirs of the Royal Family of France during the Revolution, with original and authentic anecdotes of contemporary sovereign, and other distinguished personages of that eventful period, now first published from the Journal, letters, and conversations of the Princess Lamballe, by a lady of Rank, in the confidential service of that unfortunate princess. With a portrait and cipher of the secret correspondence of Marie-Antoinette. *London, Treuttel et Würtz; Treuttel junior et Richter*, 1826, 2 vol. in-8°. [*Br. M.* 1200 h. 17.]

Portrait lithographié (*Drawn after a miniature by* Gauci, *printed by* C. Hullmandel) en regard du titre du tome Ier.
Voyez le numéro suivant.

20848. — Mémoires relatifs à la famille royale de France pendant la Révolution, accompagnés d'anecdotes inconnues et authentiques sur les princes contemporains et autres personnages célèbres de cette époque, publiés pour la première fois d'après le journal, les lettres et les entretiens de la princesse de Lamballe, par une dame de qualité, attachée au service de cette infortunée princesse. *Paris, Treuttel et Würtz; Strasbourg, même maison*, 1826, 2 vol. in-8°. [*N.* La^{33} 66.]

Par Catherine Hyde, marquise Govion-Broglio-Solari, d'après Quérard. Traduit de l'anglais par Théodore Licquet.
En regard du titre du tome Ier, portrait de Mme de Lamballe, dessiné d'après une miniature par Gauci, gravé par J.-W. Cook.
En regard du titre du tome II, *chiffre de S. M. Marie-Antoinette, reine de France.*

20849. — Mémoire autographe de M. de Barentin, chancelier et garde des sceaux, sur les derniers conseils du roi Louis XVI, publié d'après le manuscrit original de la Bibliothèque royale, entièrement inédit, avec notes et pièces justificatives, et précédé d'une notice biographique sur M. de Barentin, par M. Maurice Champion. *Paris, comptoir des imprimeurs-unis*, 1844, in-8°, 2 ff. et III-292 p. et 1 f. n. c. (table des matières). [*N.* Lb^{39} 44.]

20850. — Marie-Antoinette, Louis XVI et la famille royale. Journal anecdotique tiré des « Mémoires secrets pour servir à l'histoire de la république des lettres ». Mars 1763-février 1782. *Paris, Fr. Henry*, 1866, in-18, XXIV-264 p. [*N.* Lb^{39} 6220.]

L'avertissement sans titre (p. V-X) est daté d'avril 1866 et signé : Ludovic Lalanne.

T. IV.

20851. — Correspondance secrète de plusieurs grands personnages illustres à la fin du XVIIIe siècle ou Mémoires importants pour servir à l'histoire du temps. *A Londres et se trouve à Paris, chez Lerouge*, 1802, in-8°, 2 ff. et 279 p. [*N.* La^{31} 1.]

La *Préface*, paginée en chiffres romains, est comprise dans la pagination totale.
Publication due à Pierre-Joseph Roussel, d'Epinal, dit Roussel *le jeune*, de lettres ou fragments de lettres qui ne sont pas toutes apocryphes, mais dont l'éditeur a déguisé les auteurs et les destinataires, ainsi que les personnages et les lieux dont il est question, sous des anagrammes parfois peu intelligibles. Le volume est terminé par la reproduction de plusieurs lettres de Créqui-Montmorency à Louis XVI et à Marie-Antoinette et de Biron à Hérault de Séchelles, qui ne semblent pas avoir subi d'altérations.
Quelques ex. renferment, paraît-il, un très joli portrait de Biron en regard du frontispice et une clé imprimée après coup, rédigée par le libraire Lerouge. Cette clé, qui manque dans l'ex. de la B. N. et dans celui de la B. V. P., a été réimpr. par M. F. Drujon, dans son travail sur *les Livres à clé*, tome II, col. 1035-1038.
Le livre, qui s'était sans doute peu vendu, fut remis en circulation la même année sous un nouveau titre destiné à piquer davantage la curiosité. Voyez le numéro suivant.

20852. — Correspondance de plusieurs personnages illustres dans laquelle on découvre les causes qui divisèrent les membres de la famille royale pendant les dernières années du règne de Louis XVI et de l'inimitié qui existait entre la Reine et Philippe d'Orléans. *Londres et Paris, Lerouge*, 1802, in-8°, 2 ff. et 279 p. [*P.* 12160.]

Le titre seul du numéro précédent est changé.

20853. — Correspondance entre le comte de Mirabeau et le comte de La Marck pendant les années 1789, 1790 et 1791, recueillie, mise en ordre et publiée par M. Ad. de Bacourt, ancien ambassadeur de France près la cour de Sardaigne. *Paris, librairie Ve Lenormand*, 1851, 3 vol. in-8°. [*N.* Lb^{39} 4801.]

Au tome Ier, pp. 29-61, on trouve un important fragment des souvenirs personnels de M. de La Marck sur Marie-Antoinette.
Jules Flammermont a signalé dans *la Révolution française*, tome XXIV, p. 345-362, les libertés prises par M. de Bacourt avec les

textes qu'il avait sous les yeux, à propos de *Remarques sur la Révolution française et sur la guerre à laquelle elle a donné lieu*, datées du 9 octobre 1792, dont l'original transcrit sous les yeux de Mercy-Argenteau existe aux Archives d'Etat de Vienne.

20854. — Correspondance secrète inédite sur Louis XVI, Marie-Antoinette, la cour et la ville, de 1777 à 1792, publiée d'après les manuscrits de la Bibliothèque impériale de Saint-Pétersbourg, avec une préface, des notes et un index alphabétique, par M. DE LESCURE. *Paris, Henri Plon*, 1866, 2 vol. in-8°. [*N.* Lb^{39} 6180.]

Publiée sur une copie exécutée par M. V. de Porochine, ancien professeur de l'Université de Saint-Pétersbourg, d'après un manuscrit provenant de la bibliothèque Zaluski incorporée en 1795 à la Bibliothèque impériale de Russie et comprenant cinq volumes in-4° intitulés : *Bulletins de Versailles*, 1777-1782.

Par, une série d'inductions plus ou moins plausibles, l'éditeur s'est efforcé d'établir que la paternité de cette correspondance, adressée, selon lui, à Stanislas Poniatowski, pouvait être attribuée à Jean-Louis Favier (mort en 1784), chef de la correspondance secrète dirigée par Louis XV, ou à Du Bucq, premier commis de la marine sous le ministère Choiseul. Rien absolument ne justifie ces conjectures en ce qui touche la personnalité du rédacteur ou celle du destinataire. Le manuscrit de Saint-Pétersbourg est de la main d'un copiste, et toute trace d'envoi a disparu.

M. de Lescure ignorait d'ailleurs qu'il existe au moins deux autres copies de cette correspondance, l'une à la Bibliothèque Royale de Berlin, l'autre retrouvée en Suède il y a quelques années.

Durant un très court séjour à Berlin, et en raison du règlement suranné appliqué à la communication des manuscrits de la Bibliothèque Royale, je n'ai pu procéder qu'à un examen fort rapide du premier de ces recueils, également intitulé *Bulletins de Versailles*, mais je me suis assuré que s'il présentait une analogie évidente avec le mss. de Saint-Pétersbourg, il offrait aussi des additions et des lacunes dont un nouvel éditeur aurait à tenir compte. Dans le texte transcrit par M. de Porochine manquent les mois de mars, avril, mai, juin 1779, le mois de novembre 1781, les années 1783 et 1784 tout entières et, en le comparant à la copie dite de M. de Kageneck, j'y ai noté diverses autres lacunes partielles. Voyez le numéro suivant.

20855. — Lettres de M. de KAGENECK, brigadier des gardes du corps, au baron Alströmer, conseiller de commerce et directeur de la Compagnie des Indes à Gothembourg, sur la période du règne de Louis XVI de 1779 à 1784, affaires politiques, la Cour et la Ville, mœurs du temps, publiées avec une préface, par L. LÉOUZON LE DUC. *Paris, G. Charpentier et Ce*, 1884, in-8°, 2 ff. et XIII-528 p. [*N.* Lb^{39} 11327.]

Les originaux de ces lettres rapportés de Suède par M. Henri Fournier, ancien ministre plénipotentiaire, sont tous cachetés aux armes de Kageneck, d'où l'éditeur a conclu qu'elles émanaient de ce personnage. Fils de Jacques-Armand de Kageneck et de Françoise de La Morlière, Jacques-Bruno de Kageneck, né à Paris le 18 juin 1734, fut admis à quinze ans parmi les pages ; entré en 1751 aux gardes du corps (compagnie écossaise), il obtint en 1779 le grade de brigadier et prit sa retraite en 1783. Dans sa préface, M. Léouzon Le Duc insiste sur les facilités de tout voir et de tout savoir que donnait à Kageneck sa situation près de la cour, fait observer que les dates de ces lettres (1779-1782) coïncident précisément avec celles de ses années de service, qu'elles font défaut pour l'année 1783, époque de sa retraite, et que les quatre dernières sont écrites de Paris où il s'était retiré. « Sans exagérer l'importance de ces lettres, ajoute-t-il, nous ne craignons pas d'affirmer qu'elles pourront rivaliser avantageusement avec toutes les publications analogues relatives à la même période de notre histoire. » Or, il aurait suffi à M. Léouzon Le Duc de jeter les yeux sur une de ces « publications analogues », mentionnées dans une note que lui avaient fournie son fils et M. Lucien Faucou, pour s'assurer ques les prétendues lettres de Kageneck n'étaient, en réalité, qu'un duplicata d'une partie de la correspondance décrite sous le précédent numéro. Ni le cachet apposé par l'expéditeur, ni le nom du destinataire ne sauraient infirmer cette constatation. Souscripteur, comme beaucoup d'autres personnages du temps, ds l'une de ces correspondances secrètes dont le mutisme des organes officiels assurait la fortune, le baron Alströmer avait chargé Kageneck de lui faire tenir celle-ci sous forme de lettres particulières, et le cachet, encore intact, adhèrent au revers des enveloppes, n'a pas assurément d'autre signification. Les deux recueils, qu'on me permettra de désigner par les lettres K et L, sont toutefois absolument semblables, et la collation attentive à laquelle je me suis livré m'a amené à constater les différences suivantes :

1779. — Les six premières lettres du recueil K (datées du 10 juillet au 13 septembre) manquent dans L qui a en plus celle du 16-19 août, ainsi que les lettres 8-11 (26 septembre-17 octobre). La dernière phrase de la lettre des 5-10 décembre manque dans L.

1780. — Les n°s 22-55 (1er janvier-22 août) du recueil K manquent totalement dans L, ainsi que la lettre du 20 septembre (K 60). La lettre chiffrée 70 dans K est, par erreur évidente, datée du 12 mars et non, comme elle l'est dans le recueil L' et le doit être, du 8 décembre.

1781. — Dans le recueil K la lettre 8? (L 9) des 26-28 février se termine par deux pièces satiriques attribuées à Voltaire et supprimées par M. de Lescure : un conte intitulé le Moliniste et le Janséniste ;

Père Simon, doucereux moliniste.
Frère Augustin, sauvage janséniste.

et une épigramme :

Usé du jeu que pratiquait Socrate,
Un loyoliste auprès d'une béate...

Les lettres K 97 (12-16 juin), 102 (17-19 juillet), 116 (18-23 octobre), 118 à 122 (30 octobre-8 décembre) manquent dans L qui a en plus une lettre chiffrée 28 des 14-17 juillet.

1782. — Les lettres K 127 (7-12 janvier), 143-146 (1er-19 mai), 148 (1er-9 juin), 152-155 (2-26 juillet), 174 (2-6 décembre) manquent dans L qui a en plus deux lettres chiffrées 38-39 (25-27 novembre) et 15-17 décembre). Dans les lettres K 151-L 19, K 164-L 28, K 172-L 36, il y a aussi, aux premiers et aux derniers paragraphes, des divergences à noter.

L'année 1783 manque dans les deux recueils et l'année 1784 n'est représentée dans le recueil K que par quatre lettres (175-178, 6 février-5 mars). On a vu plus haut que la copie de Saint-Pétersbourg ne reprend qu'au 26 janvier 1785. A part quelques variantes insignifiantes et provenant des copistes, à part aussi quelques noms mal lus par le second éditeur, les deux publications font donc, comme on le voit, double emploi pour la majeure partie des années qu'elles embrassent. M. Léouzon Le Duc n'a joint à son texte ni notes, ni index ; l'édition de M. de Lescure comporte un trop petit nombre de notes et une table analytique quelque peu prolixe.

20856. — Souvenirs du comte de SEMALLÉ, page de Louis XVI, publiés pour la Société d'histoire contemporaine, par son petit-fils. Portrait en héliogravure. *Paris, Alph. Picard*, 1898, in-8°, 3 ff., 444 p. et 1 f. n. c. [*N. L*46 63.]

Le feuillet non chiffré contient les errata.

L'auteur ayant émigré au mois de février 1791, le premier chapitre de ses *Souvenirs* est le seul qui ait trait aux événements de la Révolution dont il put être témoin à Versailles et à Paris.

§ 3. — Particularités sur la vie privée, le règne et la mort de Louis XVI.

Les écrits très nombreux dont Louis XVI a été l'objet pendant la Révolution se trouvent décrits à leurs dates respectives au tome Ier de cette *Bibliographie* ; j'ai réservé pour le présent paragraphe ceux d'entre eux qui, tout en ne s'appliquant pas à une circonstance déterminée, complètent néanmoins la série des pamphlets et des apologies publiés de 1789 à 1793. J'y ai joint la description de l'important recueil de textes sur la captivité et l'exécution de Louis XVI que M. de Beaucourt a publié pour la Société d'histoire contemporaine.

20857. — Bien-Né. Nouvelles et Anecdotes. Apologie de la flatterie. *Paris*, 1788, in-8°, 39 p. [*N. Lb*39 6366.]

Après *Bien-Né* viennent (p. 22), une *Lettre d'un Conseiller au Parlement de Paris au Roi* et (p. 27) la *Requête d'un Conseiller au Parlement*. P. 30, *Nouvelles et Anecdotes*. P. 33, *Apologie de la flatterie*.

L'auteur de la *Correspondance secrète* (voyez n° 20854 ci-dessus) écrit à la date du 16 août 1788 : « Le Roi, ayant lu la brochure intitulée *Bien-Né*, où l'on se permet des recherches sur sa vie privée et de lui donner des leçons, s'est imposé, dit-on, la loi de ne plus boire que de l'eau. »

D'après une note ancienne sur un ex. de *Bien-Né*, mis en vente par le libraire Aug. Aubry (voyez *Bulletin du bouquiniste*, 1864, n° 9116), cette brochure aurait été saisie et des poursuites auraient été intentées contre les vendeurs.

20858. — Le Règne de Louis XVI. *Imp. veuve Hérissant*, 1789, in-8°, 4 p. [*N. Lb*29 6166.]

Prospectus annonçant la publication décrite sous le numéro suivant et qui primitivement devait comporter douze volumes.

P. 3-4, réclame pour le *Courrier de Paris ou le Publiciste français*, annoncé comme hebdomadaire à partir du 14 octobre 1789. (Cf. tome II, n° 1034?.)

20859. — Anecdotes du règne de Louis XVI, contenant tout ce qui concerne ce monarque, sa famille et la reine ; les vertus et les vices des personnages qui ont le plus contribué aux événements ; les princes, les ministres, etc. ; les assemblées des notables ; l'Assemblée nationale, des anecdotes particulières sur plusieurs de ses membres ; avec l'esprit des principaux décrets qui forment la constitution du royaume, et les passages les plus frappants ou les plus curieux de quelques discours prononcés à la tribune ou dans diverses parties du royaume ; les détails intéressants et secrets de la Révolution, ainsi que des mouvements patriotiques ou criminels qui ont eu lieu dans la plupart des villes, des colonies et possessions françaises ; les événements de la dernière guerre ; les États-Unis de l'Amérique septentrionale ; la marine, les finances, l'administration judiciaire et militaire ; les faits dignes de remarques, etc. *Paris, 1791*, 6 vol. in-12. [*N*. Lb^{39} 5.]

Les titres courants portent : *Le Règne de Louis XVI.*
Par P.-J.-B. NOUGARET.
Voyez le numéro précédent.

20860. — Vie de Louis XVI. S. *l. n. d.*, in-8°, 1 f. et 88 p. [*N*. Lb^{39} 6.]

En regard du titre de départ, portrait à l'aquatinte, avec cette légende : *Louis XVI, premier citoyen actif, né à Versailles le 23 août 1754.*

ÉPIGR. :

Amicus Plato, sed magis amica veritas.

J'aime mon Roi, je suis prêt à verser mon sang pour lui, mais j'aime encore mieux la vérité.

20860ª. — Vie de Louis XVI, revue, corrigée et augmentée, par M... *Londres, 1790*, in-18, 125 p. [*N*. Lb^{39} 6167.]

En regard du titre, portrait de face dans un médaillon ovale. Au bas, une enclume, un fourneau, un fauteuil et une table portant un verre et deux bouteilles. Au-dessous cette légende :

Louis XVI, père des Français,
Roy d'un peuple libre.

Il y a, de plus, trois autres estampes anonymes dont les deux premières n'ont aucun rapport avec le texte. (P. 20) : « Seigneur, je ne suis pas digne que vous entriez dans ma maison. » (P. 44) : « Je profiterai de tes leçons, tu peux profiter de ces trésors. » (P. 90) : « Le comte d'Artois ayant ordonné de faire feu du Palais sur le peuple, il fut hué et sifflé. »

20860ᵇ. — Vie de Louis XVI, revue corrigée et augmentée de nouvelles anecdotes très intéressantes, par M... *Londres, 1790*, in-18, 106 p. [*N*. Lb^{39} 6167 A.]

Même portrait et mêmes planches qu'au numéro précédent.

20861. — Siècle de Louis XVI, par J.-J. REGNAULT. *Bar-le-Duc, Moucheron et Duval, an II de la liberté* (1790), in-8°, 355 p. [*N*. Lb^{39} 6168.]

Frontispice signé : *Fecit* TABOUILLOT-MOREAU.
Le titre de départ (p. 9) porte en outre : *Siècle de Louis XVI ou Tableau historique, philosophique, politique, critique et analytique des causes, des progrès et des suites de la Révolution, des dangers, des travaux et des opérations de l'Assemblée nationale, et des circonstances qui ont précédé, accompagné et suivi l'établissement de la Constitution française.*
Le tome Iᵉʳ a seul paru. Il est terminé par une table des chapitres et par une table alphabétique des matières.

20862. — L'Aventure extraordinaire arrivée à notre bon roi Louis XVI, suivie d'un Petit Avis au peuple. *Paris, Volland, 1789*, in-8°, 7 p. [*N*. Lb^{39} 2237.]

Anecdote remise en circulation plus tard sous Napoléon Iᵉʳ. Un valet de chambre du Roi, enrôlé par son ordre dans la garde nationale, et placé en faction dans la cour de l'Orangerie, refuse de le laisser passer pour ne pas désobéir à sa consigne.

20863. — *Pange lingua*, suite du « Domine salvum fac regem ». *Sur les bords du Gange, 7 novembre 1789*, in-8°, 22 p. [*N*. Lb^{39} 2576.]

Par J.-G. PELTIER.
Voyez tome Iᵉʳ, nᵒˢ 1428-1430 et le numéro suivant.

20864. — Un Petit mot sur le « Pange lingua », suite du « Domine salvum fac regem ». *Se vend rue du Sépulcre, nᵒ 15*, in-8°, 7 p. [*N*. Lb^{39} 2577.]

Signé : Par un homme de lettres patriote, citoyen du district des Petits-Augustins.
Voyez tome Iᵉʳ, nᵒ 1431 et le numéro précédent.

20865. — Contrition et confession de Louis XVI au pape ou Jeannot converti par le diable. S. *l. n. d.* (1790), in-8°, 16 p. [*N*. Lb^{39} 2775.]

20866. — Conseil au Roi. *S. l. n. d.*, in-8°, 69 p. [*N.* Lb³⁹ 3165.]

20867. — Dialogue entre Joseph II, empereur d'Allemagne, et Louis XVI, roi de France. S. l., 1790, in-8°, 32 p. [L.b³⁹ 3166.]

20867ª. — Dialogue entre Joseph II, empereur d'Allemagne, et Louis XVI, roi de France. *Paris et Mons, A. Jevenois*, in-12. [*N.* Lb³⁹ 3166 A.]

20868. — La Passion de 1790, ou Louis XVI sacrifié pour et par son peuple. Extraits tirés des évangélistes nationaux. *A la Résurrection prochaine, de l'imprimerie de Philippe Parabole, imprimeur du Caïphe moderne, rue Neuve-des-Capucines*, 1790, in-8°, 24 p. [*N.* Lb³⁹ 3179.]

20869. — La Passion et la mort de Louis XVI, roi des juifs et des chrétiens. *N. B.* Le lecteur est prié de ne pas confondre cet écrit patriotique avec une rapsodie aussi plate que ridicule, qu'on a affublée du même titre que le nôtre. *A Jérusalem*, 1790, in-8°, 27 p. [*N.* Lb³⁹ 3180.]

Frontispice anonyme à l'eau-forte, avec cette légende : *Crucifixerunt eum inter duos latrones*, représentant Louis XVI attaché sur la croix entre le clergé et la noblesse. L'ex. de la B. N. a été cartonné sur sa couverture originale à fleurs de lys rouge sur fond bleu.

La dédicace est signée : Le baron DE MENOU, évangéliste et président du Manège.

Les six premières pages sont paginées en chiffres romains.

20869ª. — La Passion et la mort de Louis XVI... Troisième édition revue et corrigée. *A Jérusalem*, 1790, in-8°, 27 p. [*N.* Lb³⁹ 3180 A.]

20870. — Louis IX à Saint-Cloud, ou Apparition de saint Louis à Louis XVI. Dialogue. *Imp. des patriotes*, in-8°, 16 p. [*N.* Lb³⁹ 4266.]

Frontispice gravé représentant Louis IX apparaissant à Louis XVI dans sa forge; au-dessous ces deux vers :

O Père des Bourbons, soulage donc mes peines !
Dois-je passer mes jours à me forger des chaînes ?
UN AMI DU ROI.

20871. — Louis XIV à Saint-Cloud, au chevet de Louis XVI, Dialogue. *S. l. n. d.* — Louis XIV trouvant Louis XVI dans son cabinet, un verre de barbade à la main. Second dialogue. *De l'imprimerie des patriotes. S. d.* — Louis XIV trouvant Louis XVI qui forgeait des chaînes... Troisième dialogue. *De l'imprimerie des patriotes. S. d.* — Henri IV et Louis XIV au petit coucher de Louis XVI, à Saint-Cloud. Quatrième dialogue. *S. l. n. d.* — Louis XIV trouvant Louis XVI sur la terrasse de Saint-Cloud, ayant pour couronne un bourrelet, pour sceptre un hochet, et pour cordon une lisière Cinquième dialogue. *S. l. n. d.* — Le Songe de Louis XVI et sa conversation avec Henri IV à Saint-Cloud, pour faire suite aux entretiens de Louis XIV, Henri IV et Louis XVI. Sixième dialogue. *De l'imprimerie des patriotes. S. d.* — Les Entretiens des Bourbons, ou Dialogues entre Louis XIV, Henri IV et Louis XVI à Saint-Cloud. Septième dialogue. *De l'imprimerie des patriotes. S. d.* — Les Entretiens des Bourbons. Huitième dialogue. Henri IV, Louis XVI, Marie-Antoinette. *S. l. n. d.*, in-8°. [*N.* Lb³⁹ 4267.]

Chacun de ces pamphlets royalistes à 8 p. On lit au bas du septième dialogue : « Le huitième entretien sera orné d'une estampe gravée par un artiste célèbre de la capitale. » Elle n'a pas paru.

20872. — Crimes de Louis XVI, roi des Français. *S. l. n. d.*, in-8°, 7 p. [*N.* Lb³⁹ 5225.]

« Fait au château de P***, en Normandie, le 15 juillet 1791, et signé : le comte DE SANOIS, ancien aide-major de la garde française de Sa Majesté. »

Suite en trente-quatre articles des bienfaits de Louis XVI. « J'ai tiré, dit l'auteur, une grande partie de ces trente-quatre articles du *Mercure de France*, du 23 juillet 1791, n° 30, p. 292, afin de les réunir dans un cahier que, malgré ma détresse, j'ai fait imprimer pour le distribuer aux habitants trompés des quatre paroisses de campagne dans lesquelles je jouissais ci-devant des droits de la féodalité et au travers desquels le Roy a passé en revenant de Varennes, par Meaux et par Bondy. »

20872ª. — Crimes de Louis XVI. Troisième édition. *A Paris, 22 juin 1792*, in-8°, 17 p. [*N.* Lb³⁹ 10632.]

Sur l'ex. de la B. N. l'adresse a été enlevée et le nom de l'auteur coupé avec un canif.

Le titre de départ porte : *Crimes du Roi.* Réimpression de l'adresse *Au Roi* (voy. tome Ier, n° 3235) et des *Crimes de Louis XVI*. Malgré la date inscrite au titre, cette réimpression est postérieure au 22 juin 1792, puisqu'il y est question de l'exécution de Louis XVI et des paroles prêtées à l'abbé Edgeworth ; il y a de plus un quatrain sur le testament de Louis XVI et son « épitaphe en forme de prophétie ».

20873. — Hommage et bouquet à Louis XVI le jour de sa fête, 1791. S. *l. n. d.*, in-8°, 8 p. [*Br. M. F. R.* 892, 1.]

Signé : L. de L. [LUBERSAC, selon une note mss. sur l'ex. du British Museum.]

En regard du titre : portrait ovale au pointillé avec cette légende : *Louis XVI, Roi de France et de Navarre, dit le Bienfaisant. Une foi, un roi, une loi.*

20874. — Rapprochement et Parallèle des souffrances de Jésus-Christ, lors de sa grande mission sur la terre, avec celles de Louis XVI, surnommé le Bienfaisant, dans sa prison royale, dédiées à S. S. Pie VI, vicaire de J.-C., à tous les ordres hiérarchiques de l'Église universelle, aux rois chrétiens de la terre, à la famille royale de France et à tous les généreux Français des deux sexes restés constamment fidèles à leur Dieu, à leur Roi, à leur honneur, par M. l'abbé DE LUBERSAC, ancien vicaire général de Narbonne, abbé de Noirlac et prieur de Brives. *A Paris, chez les marchands de nouveautés et de livres de piété*, 1792, in-8°, 47 p.

ÉPIGR. :

Una fides, unus Rex, una lex, unus honor.

Cri de l'ancienne chevalerie française.

Domine, salvos fac et exaudi nos in die tribulationis.

Publié avant le 10 août 1792. P. 29-45, relation de la journée du 20 juin, d'après Peltier et le *Récit historique et exact...* (Cf. tome Ier de la *Bibliographie*, n°s 3232 et 3249). P. 45-46, *Noms des personnes que le zèle, l'intérêt et le bonheur amenèrent au château à l'instant des troubles.*

20875. — Le Réveil de Louis XVI ou les Matinées secrètes des Tuileries. *Paris, Cuchet*, 1792, in-8°, 1 f. et 270 p. [*N.* Lb³⁹ 5703.]

P. 214, *Suite aux Matinées secrètes des Tuileries ou le Conseil intime de Marie-Antoinette, reine de France.*
P. 269, *Note du bonhomme JÉROME à ses enfants.*

Écrit royaliste.

20876. — Captivité et Derniers moments de Louis XVI, récits originaux et documents officiels recueillis et publiés pour la Société d'histoire contemporaine, par le marquis DE BEAUCOURT. *Paris, Alphonse Picard et fils*, 1892, 2 vol. in-8°. [*N.* L^b63.]

Tome Ier, *Récits originaux* (LXVII-399 (400) p. Introductions, fragments empruntés à Madame Royale, Mme de Tourzel, Hue, Cléry, Turgy, Goret, Verdier, Moelle, Lepitre, Malesherbes, l'abbé Edgeworth de Firmont ; récits tirés des journaux et écrits contemporains.

Tome II, *Documents officiels* (414 p.). Extraits des délibérations du Conseil exécutif, de la Convention, du Département et de la Commune de Paris ; en appendice, *Testament de Louis XVI*, *Louis XVI au Temple* (extrait des *Détails intéressants relatifs à la captivité de Louis XVI et à sa comparution à la barre* (Cf. tome Ier de la *Bibliographie*, n° 3622), *la Journée du 3 septembre* [1792] *au Temple*, d'après la relation de DANJOU (mss. de la bibliothèque de Saint-Germain-en-Laye), *le Mot de l'abbé Edgeworth*, *les Comptes du Temple*. Le volume est terminé par une *Table alphabétique* très détaillée.

§ 4. — Hommages posthumes.

20877. — Les Six vingt-un. Anecdotes sur Louis XVI. S. *l. n. d.*, in-4°, 1 p. [*N.* Lb⁴¹ 387.]

Liste de six anniversaires mémorables de la vie du Roi :

21 avril 1770. Son mariage à Vienne ; envoi de l'anneau.

21 juin 1770. Fête pour le mariage.
21 janvier 1782. Fête à la Ville de Paris pour la naissance du Dauphin.
21 juin 1792. Fuite à Varennes.
21 septembre 1792. Abolition de la royauté.
21 janvier 1793. Sa mort sur un échafaud, place de la Révolution, ci-devant place Louis XV, à dix heures vingt-cinq minutes du matin.

20878. — Monument d'anecdotes immortelles sur le roi Louis XVI, d'honorable et éternelle mémoire. *Fait en France, l'an* 1793, in-4°, 2 p. [*N.* Lb⁴¹ 388.]

20879. — Piis manibus Ludovici XVI, Galliæ regis christianissimi, die vigesima prima mensis januarii MDCCXCIII injuste et incredulitcr (*sic*) ab impiis trucidati, Condæus, serenissimi principes Borbonii nobiliumque turmæ, mœrentes, posuere. *Parisiis, typ. J. Girouard* (*s. d.*), in-4°, 1 p. [*N.* Lb⁴¹ 389.]

Cette épitaphe n'est pas mentionnée parmi les écrits saisis au domicile de Girouard, ni dans les interrogatoires qui précédèrent sa condamnation par le Tribunal révolutionnaire, le 19 nivôse an II (8 janvier 1794); cf. le travail de M. Alfred Bégis dans le *Livre* du 10 juin 1884, pp. 177-190, sur cet imprimeur et ses co-accusés.

20880. — Une Fleur sur le tombeau de Louis XVI, roi de France et de Navarre, immolé le 21 janvier 1793, par un ami de la justice et de l'humanité. *Bruxelles, Benoît Le Francq*, 1793, in-8°, 2 ff. et 132 p. [*N.* Lb⁴¹ 393 A.]

Portrait anonyme ovale de trois quarts à g. entouré de cette légende : *Louis XVI, roi de France et de Navarre, né le 23 août 1754, immolé le 21 janvier 1793.*

Épigr. :

Où le peuple commande, on n'agit qu'en tumulte.
CORNEILLE.

20880ᵃ. — Une Fleur sur le tombeau de Louis XVI, par un ami de la justice et de l'humanité. *Berlin*, 1798, in-8°, 2 ff. et 179 p. [*N.* Lb⁴¹ 393 B.]

Frontispice signé : J. WERMEIS (?). *del. et sculp.*

20880ᵇ. — Une Fleur sur le tombeau de Louis XVI, ou Tableau véridique de son règne, de sa vie privée et de sa mort édifiante, où se trouvent beaucoup d'anecdotes, de portraits caractéristiques des principaux personnages qui ont figuré dans la Révolution, et qui en dévoile les causes politiques, par un ami de la justice et de l'humanité [FORTIS]. Troisième édition revue et corrigée. *Berlin et Maestricht, Cavelier*, 1793, in-8°, 1 f. et 104 p, [*N.* Lb⁴¹ 392.]

20880ᶜ. — Une Fleur sur le tombeau de Louis XVI. Nouvelle édition, corrigée et augmentée, par un ami de la justice et de l'humanité. *Berlin*, 1793, in-8°, 1 f. et 112 p. [*N.* Lb⁴¹ 393.]

Frontispice à l'eau-forte signé : J. W*, *del.*, G. JACOWICK, *f.*

20881. — Épines ôtées de dessus le tombeau de Louis XVI, Roi de France et de Navarre, ou Réfutation d'un ouvrage intitulé : « Une Fleur sur le tombeau de Louis XVI », etc., par M. l'abbé MOUTET. *Bruxelles*, 1793, in-8°, 104 p. [*N.* Lb⁴¹ 2672.]

Épigr. :

Latet anguis in herba.
VIRGILE.

20882. — Monument érigé à la mémoire de Louis XVI. *Paris*, 1793, in-8°, 27 p. [*N.* Lb⁴¹ 2701.]

P. 10, description du monument.
P. 11-13, inscription française et latine.
P. 14-27, notes biographiques très violentes contre Philippe-Egalité, Robespierre, Danton, Basire, Collot-d'Herbois, Fabre d'Eglantine, Pétion, etc.

20883. — Allocutio papæ PIE VI in mortem Ludovici XVI, e latino versa in gallicum et notis illustrata a M.-N.-S. GUILLON, sacræ eloquentiæ professore in facultate theologiæ parisiensi. *Lutetiæ Parisiorum, apud Méquignon filium natu majorem.* — Discours du pape PIE VI sur la mort de Louis XVI, traduit du latin et accompagné de notes par M.-N.-S. GUILLON, professeur d'éloquence sacrée [à la] faculté de théologie de Paris. *Paris, Méquignon-fils aîné*, 1818, in-8°, VII-78 p. [*N.* Lb⁴¹ 394.]

Les deux titres sont placés en regard l'un de l'autre, de même que le texte et la traduction.
Ce discours avait été prononcé à Rome le 17 juin 1793 dans un consistoire secret.
Voyez le numéro suivant.

20884. — Le Martyre de Louis XVI. Allocution de notre saint-père le pape PIE VI au consistoire du 17 juin 1793, sur la mort du roi de France. *Paris, Douniol,* 1872, in-8°, 16 p. [*N.* Lb⁴¹ 2679.]

ÉPIGR. :
Madame, votre fils est mon roi.
Chateaubriand à la mère d'Henri V.

Extrait du tome IX de la continuation du *Bullaire romain.*
Réimpression du numéro précédent faite au moment des tentatives de restauration légitimiste.

20885. — Oraison funèbre de très haut, très puissant, très excellent prince Louis XVI, roi de France et de Navarre, et de très haute, très puissante, très excellente princesse Marie-Antoinette, reine de France, prononcée le 21 janvier 1794, à Valenciennes, par M. DE LÉVIS, vicaire général de Lescar et prédicateur du Roi. *Valenciennes, imp. J.-B. Henry,* 1794, in-4°, 2 ff. et 36 p.

Bibliothèque de M. Otto Friedrichs.

Le contexte du titre, les qualificatifs pris par l'orateur, la date et le lieu de son discours ne laissent pas de surprendre au premier abord, mais s'expliquent d'eux-mêmes lorsqu'on se rappelle que Valenciennes avait capitulé devant l'armée austro-anglaise le 28 juillet 1793 et que les Français n'en reprirent possession que le 10 fructidor an II (27 août 1794). Dans cet intervalle les émigrés rentrèrent en foule et organisèrent une sorte de Municipalité ou *Jointe* (réminiscence de la *junte* espagnole) devant laquelle l'abbé de Lévis prononça cette oraison funèbre. Elle est devenue excessivement rare. La B. N. ne la possède pas et je n'en ai trouvé mention qu'au catalogue de la bibliothèque Arthur Dinaux (3ᵉ partie, n° 2042); c'est peut-être le même exemplaire que celui dont je dois la communication à M. Otto Friedrichs.

20886. — Éloge historique et funèbre de Louis XVIᵉ du nom, roi de France et de Navarre. *Neuchâtel, imp. royale,* 1796, in-8°, 2 ff., LXII-368 et 4 p. [*N.* Lb⁴¹ 430 A.]

Par F.-L.-C. MONTJOYE.
P. I. *Avertissement des éditeurs.* P. VII. *Préface.* P. XIII. *Avant-propos. Fastes des Bourbons.* P. 1-331. *Éloge.* P. 332. *Déclaration du roi adressée à tous les Français à sa sortie de Paris.* P. 353. *Interrogatoire de Louis XVI* (11 décembre 1792). Le *Testament de Louis XVI* a une pagination séparée.
Sur la *Déclaration du roi,* voyez tome Iᵉʳ, nᵒˢ 466, 2196, 2197 et 3829.
Voyez aussi le numéro suivant.

20886ᵃ. — Éloge historique et funèbre de Louis XVI, roi de France et de Navarre, précédé des Fastes des Bourbons, suivi de la déclaration de Sa Majesté, adressée à tous les Français, à sa sortie de Paris, le 20 juin 1791, par M. MONTJOYE. Nouvelle édition, augmentée d'une table chronologique des rois et reines de France de la troisième dynastie. *Paris, Lebègue; Crapart; Petit; Plancher,* avril 1814, in-8°, 2 ff., LII-316 p. [*N.* Lb⁴¹ 430.]

En regard du titre, portrait de Louis XVI de profil en buste à dr. Signé à la pointe au-dessous du trait carré : FORTIER.
L'Avertissement des éditeurs contient ce passage :
« L'ouvrage que nous donnons aujourd'hui au public fut commencé aussitôt après la mort de Louis XVI. Dès les premiers jours de mars 1793, il était entièrement composé et on en avait déjà imprimé les trois premières parties, ainsi que la préface et les observations préliminaires qui le précèdent; mais, devant les craintes manifestées par l'imprimeur, l'auteur reprit son manuscrit, et les feuilles déjà composées furent détruites. » La réimpression de 1814 aurait été faite sur le manuscrit même de Montjoye « tel qu'il était sorti de sa plume en 1793 ».

20887. — Examen impartial de la vie privée et publique de Louis XVI. *Hambourg et Paris, chez tous les marchands de nouveautés,* 1797, in-8°, VIII-394 p. et 6 ff. non chiffrés. [*N.* Lb³⁹ 6171.]

Par J.-FR. ANDRÉ, dit des Vosges, d'après Barbier. Par le général DANICAN, d'après une note manuscrite sur l'ex. de la B. N.
En regard du titre, portrait de Louis XVI de profil à g. dans un nimbe et portant en sautoir le cordon de Saint-Louis. Au bas, légende en prose, commençant ainsi : « La victime étendue sur l'autel, le glaive tomba... »; P. 288, le Roi enseignant la géographie à son fils; p. 374, les adieux de la famille royale. (Ces deux pl. anonymes et très médiocres ont des légendes en vers.)
Les feuillets non chiffrés renferment le texte du testament de Louis XVI.

20888. — Ludoviciana, ou Recueil d'anecdotes, traits historiques et réponses de Louis XVI, précédé d'un sommaire sur les principaux événements de sa vie, par L. C... fils. *Paris, Pillot, an IX*-1801, in-18, 1 f., XIV et 124 p. [*N.* Lb⁴¹ 476.]

La pagination en chiffres arabes continue la pagination en chiffres romains.
Portrait anonyme de Louis XVI en médaillon.

20889. — Oraisons funèbres de Louis XVI, roi de France et de Navarre, de Marie-Antoinette, archiduchesse d'Autriche, reine de France et de Navarre, de Madame Élisabeth - Philippine - Marie - Hélène de France, sœur de Louis XVI, et de Louis-Charles, Dauphin de France ou Louis XVII, prononcées en 1793, 1794 et 1795, dans plusieurs églises du royaume d'Espagne, en présence des Grands du royaume, de la noblesse et du clergé de France réfugiés, par feu M. l'abbé VITRAC; suivies de Robespierre aux enfers, poème héroï-comique du même auteur. *Limoges, Bargeas*, 1814, in-8°, 3 ff. et 295 p. [*N.* Lb⁴¹ 429.]

20890. — Éloge funèbre de Louis XVI, roi de France et de Navarre, prononcé par M. l'abbé SIRET, licencié en théologie, ancien chanoine régulier, prieur de la congrégation de France et vicaire de Saint-Rémy, dans l'église royale et paroissiale de Saint-Germain-l'Auxerrois, le 23 mai 1814. *Paris, Méquignon l'ainé père*, 1814, in-8°, 48 p. [*N.* Lb⁴¹ 431.]

20891. — Oraison funèbre de Louis XVI, dédiée à S. A. R. Monsieur, lieutenant-général du royaume, par M. ROULLION-PETIT, ancien professeur d'éloquence et de philosophie. *Paris, Cérioux jeune; Chaignicau aîné*, 1814, in-8°, 4 ff. et 34 p. [*N.* Lb⁴¹ 2689.]

20892. — Éloge de Louis XVI, par ALEXANDRE SOUMET, ex-auditeur au Conseil d'État. *Paris, imp. Gratiot*, 1814, in-8°, 42 p. [*N.* Lb⁴¹ 2691.]

ÉPIGR. :

Jamais tant de respect n'admit tant de pitié.

Voyez le n° 20917 ci-dessous.

20893. — Vœu du roi-martyr Louis XVI, par lequel il consacre sa personne, sa famille et son royaume au sacré cœur de Jésus, etc.; suivi des paroles qu'il adressa à Madame Royale le jour qu'elle fit sa première communion, de la prière que la reine de France faisait réciter à son jeune fils le Dauphin, dans la tour du Temple, et de celle que Madame Royale, aujourd'hui duchesse d'Angoulême, disait chaque jour dans la même prison. *Montpellier, A. Seguin*, 1814, in-12, 21 p. [*N.* Lb⁴¹ 477.]

20894. — La Véritable Grandeur ou Constance et Magnanimité de Louis XVI dans ses maux, dans ses liens et dans sa mort. *Lyon, Guyot frères*, 1814, in-8°, 42 p. et 1 f. n. c. (*Errata*).

La dédicace en prose : *Aux puissances alliées qui ont délivré la France*, est signée HERVEY. Elle est suivie d'un *Avis aux lecteurs* également en prose, d'un poème en huit chants et de *Notes*.

20895. — Nouvel Élysée, ou Projet de monument à la mémoire de Louis XVI et des plus illustres victimes de la Révolution. *Paris, G.-J. Dentu*, 1814, in-8°, 1 f. et 20 p. [*N.* Lb⁴¹ 468.]

Par AMAURY-DUVAL, selon une note inscrite sur un ex. de la collection La Bédoyère.

20896. — Sur le projet d'un monument à ériger à la mémoire de Louis XVI. *Paris, Delaunay*, 1814, in-8°, 1 f. et 23 p. [*N.* Lb⁴¹ 469.]

20897. — Portraits et Pièces intéressantes relatives à la famille royale. *Paris, imp. Louis-Étienne Herhan*, 1814, in-8°, 40 p. [*N.* Lm³ 129.]

Sur le titre, en fleuron, un cippe et un saule pleureur dont les blancs donnent les profils de Louis XVI et de Marie-Antoinette.

Par ARMAND-LOUIS, duc de SÉRENT, pair de France (1736-1822).

« Cet ouvrage, dit la *Préface*, est extrait d'un manuscrit que la reconnaissance et l'amitié avaient destiné à feu M. le marquis de Buckingham et qui, après sa mort, a été déposé dans le Museum Britannicum, à Londres.

« Il contient, avec plusieurs articles intéressants, les portraits dessinés des cinq membres de la famille royale de France, lors de leur détention dans la tour du Temple, ainsi que les portraits de Louis XVIII, de sa femme, la reine Marie-Joséphine-Louise de Savoie, de LL. AA. RR. Monsieur, frère du roi, Mgr le duc d'Angoulême, Mᵐᵉ la duchesse d'Angoulême, Mgr le duc de Berry, et des trois princes de la maison de Condé. A chacun de ces portraits était attachée une épigraphe tirée de différents auteurs anciens.

« C'est de l'application et du développement plus étendu de chacune de ces épigraphes placées à la fin de l'ouvrage sous lettre de *Notices* que l'on désire conserver séparément quelques copies par la voie de l'impression. »

20898. — La France en deuil ou le Vingt-un janvier, collection contenant les pièces officielles relatives à la translation des victimes royales, le détail des honneurs funèbres qui leur ont été rendus soit en France, soit en pays étrangers, et les écrits ou discours les plus frappants, publiés ou prononcés sur cette mémorable journée, par MM. le comte DE LALLY-TOLENDAL, le vicomte DE CHATEAU-BRIAND (sic), VILLEMAIN, Mgr DE BOULOGNE, évêque de Troyes, etc., etc. *Paris, V° Lepetit*, 1815, in-8°, XVI-128 p. [*N.* Lb⁴¹ 463.]

L'article de Villemain, daté du 21 janvier, est intitulé : *De la mort, de l'anniversaire et des obsèques de Louis XVI.*

20899. — Le Vingt et un janvier dix-huit cent quinze, suivi du Tombeau de Louis XVI et de Marie-Antoinette au cimetière de la Madeleine, dédié à M. Desclozeaux, par P.-A. VIEILLARD. *Paris, Mame fils*, 1815, in-8°, 12 p.

P. 8-10, notes en prose. P. 11, *le Tombeau*, romance (juillet 1814, musique de NADERMANN).

ÉPIGR. :
Post tenebras lux.

Bibliothèque de M. Otto Friedrichs.
Réimp. dans les *Poésies nationales* de l'auteur (1817, in-12).

20900. — Oraison funèbre de Louis XVI, prononcée dans l'église royale de Saint-Denis, le 21 janvier 1814 [*sic :* 1815], jour de l'anniversaire de la mort du Roi et du transport solennel de ses cendres, ainsi que de celles de la Reine, en présence de Leurs Altesses Royales Monsieur, frère du Roi, monseigneur le duc d'Angoulême, monseigneur le duc de Berry, de tous les princes et princesses du sang royal, par M. ETIENNE-ANTOINE DE BOULOGNE, évêque de Troyes. *Paris, A. Le Clère*, 1817, in-8°, VIII-84 p. [*N.* Lb⁴¹ 440.]

Voyez le numéro suivant.

20901. — Lettre à monseigneur l'évêque de Troyes, au sujet de l'oraison funèbre de Louis XVI (20 mars 1817). *Imp. P. Gueffier* (1817), in-8°, 16 p. [*N.* Lb⁴¹ 454.]

Le titre de départ sert de titre.
Signée : N. N., docteur en théologie.

Attribuée par de Manne à l'abbé THÉOPHILE JAIRRY, né à Saint-Pierre-sur-Dives en 1764, docteur en théologie, chanoine tréfoncier de Liège pendant l'émigration.
Voyez le numéro précédent.

20902. — Oraison funèbre de Louis XVI, roi de France et de Navarre, mis à mort sur la place de la Révolution, le 21 janvier 1793, prononcée à Paris le 21 janvier 1793, en l'église paroissiale de Saint-Vincent-de-Paule, après la restauration de Louis XVIII, dédiée à S. A. R. Mᵐᵉ la duchesse d'Angoulême, par M. l'abbé de VILLEFORT, ancien vicaire général de Châlons-sur-Marne. *Paris, chez les marchands de nouveautés*, 1816, in-8°, 54 p. [*N.* Lb⁴¹ 441.]

20903. — Oraison funèbre du très haut, très puissant et très excellent prince Louis XVI, roi très chrétien de France et de Navarre, prononcée en l'église de Saint-Roch, le 21 janvier 1815, par M. L. PARADIS, vicaire de cette paroisse. *Paris, Le Clère*, 1819, in-8°, 2 ff. et 42 p. [*N.* Lb⁴¹ 2693.]

29904. — Discours prononcé dans l'église paroissiale de Saint-Élisabeth, à l'occasion du service solennel que MM. les baillis, commandeurs et chevaliers de l'ordre de Malte, composant les trois langues de France, ont fait célébrer pour très haut, très puissant, très excellent prince Louis XVI, roi de France et de Navarre, et autres membres de la famille royale, le 9 février 1815, par M. l'abbé DE QUÉLEN, vicaire général de la Grande Aumônerie de France. *Paris, Le Normant*, 1815, in-8°, 54 p. [*N.* Lb⁴¹ 446.]

20905. — Louis XVI, poème en quatre chants, suivi de quelques Réflexions sur l'état du règne précédent et de beaucoup de notes instructives sur les principaux faits de la vie privée et publique de ce monarque martyr, par JEAN-JUSTIN-ARISTIPPE DE MONVEL. *Paris, chez l'éditeur, rue des Maçons-Sorbonne, n° 4, et Pillet, rue Christine, n° 5*, 1815, in-8°, 103 p. [*N.* Ye 199.6.]

Les notes sont à la fin de chaque chant.

20906. — Le Roi-Martyr ou Esquisse du portrait de Louis XVI, dédiée à Son Exc. M. le duc d'Aumont, pair de France, premier gentilhomme de la Chambre du Roi, lieutenant général des armées de Sa Majesté, par A.-J.-R.-D.-B. DE MOULIÈRES, de plusieurs Académies et sociétés savantes, censeur royal honoraire. On y a joint textuellement comme monuments historiques : une déclaration de l'impératrice de Russie, après le meurtre du 21 janvier 1794 (sic); le testament de Louis XVI; une lettre de Louis XVIII à M. l'abbé de Firmont; et les procès-verbaux d'exhumation et de translation à Saint-Denis des précieux restes de Louis XVI et de la reine Marie-Antoinette. *Paris, A. Eymery*, 1815, in-8°, 7 ff. non chiffrés et 96 p. [N. Lb⁴¹ 478.]

Voyez le numéro suivant.

20906ᵃ. — Le Roi-Martyr..., par A.-J.-R.-D.-B. DE MOULIÈRES... Seconde édition, augmentée de la loi sur le deuil général du 21 janvier ; du discours de M. DE SÈZE, dans la séance de la Chambre des pairs du 9 janvier 1816 ; de la circulaire de Son Exc. le ministre de l'intérieur, concernant la lecture du Testament de Louis XVI ; du Testament de la reine Marie-Antoinette, etc., etc. *Paris, A. Eymery*, 1816, in-8°, 6 ff. non chiffrés et 28 p. [N. Lb⁴¹ 478 A.]

20907. — Éloge de Louis XVI, proposé par l'Académie de Toulouse, pour le 1ᵉʳ janvier 1816... Le prix est un lys d'or. Ce discours a été envoyé au concours. Par PIERRE-ÉTIENNE REGNAUD, de Paris. *Paris, L.-G. Michaud*, 1816, in-8°, 32 p. (la dernière non chiffrée). [N. Lb⁴¹ 459.]

ÉPIGR. :
   At rex erat sanctus et mitis.

Le titre de départ, p. 5, porte en plus : *Éloge de Louis XVI, par* PIERRE-ÉTIENNE REGNAUD, *de Paris, doyen des otages et défenseur du roi Louis XVI.*
Voyez le n° 20809 ci-dessus.

20908. — Éloge de S. M. Louis XVI, roi de France et de Navarre, dédié à Mᵐᵉ la princesse de Poix, par R.-A. ODIOT, étudiant en droit. *Paris, Petit*, 21 *janvier* 1816, in-12, 23 p. [N. Lb⁴¹ 451.]

20909. — Éloge de Louis XVI, roi de France et de Navarre, par M. WOBBE (de Dreux), avocat, docteur en médecine, ancien chirurgien des camps et armées du roi, ancien professeur de physique et de chimie à l'École centrale du département de la Loire, et médecin de l'hôpital de Roanne, etc. *Paris, A. Eymery*, 1816, in-8°, IV-45 p. [N. Lb⁴¹ 452.]

20910. — Éloge de Louis XVI, roi de France et de Navarre, par M. V. DE N... *Paris, A. Eymery ; Delauncy*, 1816, in-8°, 24 p. [N. Lb⁴¹ 453.]

20911. — Projet de pompe funèbre à célébrer à perpétuité dans tout le royaume de France et autres possessions étant sous sa domination, le 21 janvier de chaque année, à dater du 21 janvier prochain 1816, en expiation de la mort de Louis XVI, détrôné, jugé et condamné à Paris et exécuté sur un échafaud le 21 janvier 1793, jour d'exécrable mémoire, crime qui fut commis par une troupe de factieux qui se disaient les représentants du peuple français ; pouvant faire suite au « Mémoire justificatif de Louis XVI », par M. LÉOPOLD, avocat. Seconde édition, revue, corrigée et considérablement augmentée de morceaux analogues et de notes historiques. La première a paru en février 1793 et a été totalement épuisée. *Paris, chez tous les libraires, imp. J.-L. Scherff*, 1816, in-8°, 1 f. et 49 p. [N. Lb³¹ 471.]

Signé par M. S....D., avocat.
Le *Mémoire justificatif*... a été décrit tome Iᵉʳ, n° 3680 de la *Bibliographie*.

20912. — Projet d'apothéose à la mémoire de Louis XVI, par M. G. DE M... *Paris, imp. Gueffier*, 1816, in-8°. [N. Lb⁴¹ 2702.]

D'après le catalogue de la B. N.

20913. — Monuments commémoratifs projetés en l'honneur de Louis XVI et de sa famille, par PIERRE VIGNON (1816).

Voyez tome III, n° 16674.

20914. — Aux Mânes de Louis XVI et de Marie-Antoinette ou Recueil authentique des discours, opinions, observations de MM. Desèze, de Chateaubriand, de Cazes, de Lally-Tolendal, Marcellus et autres pièces qui ont paru en faveur de leur justification, recueillis par ***. *Paris, Pouplin; les libraires marchands de nouveautés*, 1816, in-12, 132 p. [*N.* Lb⁴¹ 397.]

Frontispice anonyme représentant Louis XVI, Marie-Antoinette et le Dauphin dans un médaillon.
Publié par André Migon, employé à la Bibliothèque de la ville de Paris, selon de Manne.

20915. — Inscriptions composées par feu M. l'abbé Sachetti, sur la mort de Louis XVI, et pour le tableau de S. M. Madame Clotilde de France, reine de Sardaigne, transcrites à Suze, par A.-L. Millin. *Paris, Wassermann*, 1816, in-8°, 7 p. et 2 tableaux. [*N.* Lb⁴¹ 2703.]

Extrait du *Magasin encyclopédique*.

20916. — Vertus, esprit et grandeur du bon roi Louis XVI, par Demonville. *A Paris, chez Demonville, imprimeur-libraire, rue Christine, n° 2*, 1816, in-8°, 1 f. et 211 p. [*N.* Lb⁴¹ 480.]

Panégyrique divisé en plusieurs points comme un sermon.

20917. — Oraison funèbre de Louis XVI, par Alexandre Soumet. *Se trouve à Paris, chez les libraires du Palais-Royal*, 1817, in-8°, 2 ff. et 66 p. [*N.* Lb⁴¹ 455.]

Voyez le n° 20892 ci-dessus.

20918. — Projet d'inscription pour le monument à élever à la mémoire de Louis XVI. *Paris, Blaise*, 1817, in-4°, 15 p. [*N.* Lb⁴¹ 2704.]

L'ex. de la B. N. porte un envoi de l'auteur, Camille-Hilaire Durand, à Mme la présidente Hocquart.

20919. — Prières au tombeau des Bourbons moissonnés par la Révolution, suivies de l'Urne des Stuart et des Bourbons et de l'Analyse de mes malheurs depuis vingt-sept ans. Ouvrage approuvé par le Souverain Pontife Pie VII et par les prélats de l'Eglise de France. Par L.-A. Pitou. *A Paris, chez L.-A. Pitou, libraire de S. A. R. Madame la duchesse d'Orléans, rue de Lully, n° 1, près la Bibliothèque du Roi, MDCCCXVII* (1817), in-8°, 20 p. [*N.* Lb⁴¹ 466.]

Voyez le numéro suivant.

20919°. — Prières au tombeau des Bourbons moissonnés par la Révolution, suivies des Testaments du Roi et de la Reine, d'une prière composée au Temple par Madame Elisabeth, de notes historiques sur les destinées des députés et officiers municipaux signataires; de l'Urne des Stuart et des Bourbons et de l'Analyse de mes malheurs depuis vingt-sept ans, ouvrage approuvé par le Souverain Pontife et par les prélats de l'Eglise de France. Par L.-A. Pitou. *Paris, chez L.-A. Pitou, libraire de S. A. R. Madame la duchesse d'Orléans, rue de Lully, n° 1, près de la Bibliothèque du Roy, MDCCCXVIII* (1818), in-8°, 24 p. [*N.* Lb⁴¹ 466 A.]

Les « députés et officiers municipaux signataires » sont ceux qui ont contresigné les testaments de Louis XVI et de Marie-Antoinette.

20920. — Beaux-arts. Sur la Nécessité d'ériger un monument à Louis XVI, projeté d'après le vœu des Chambres, présenté au roi et sanctionné le 20 janvier 1816, dédié à tous les souverains de l'Europe et aux peuples de France et de Navarre, par M. J.-B. Dedéban, architecte, le premier des lauréats de l'Institut de France (Académie royale des beaux-arts), ancien pensionnaire du roi à Rome. *Paris, E. Béchet*, 1819, in-4°, 12 p. [*N.* Lb⁴¹ 474.]

20921. — Éloge de Louis XVI, par M. de Levrac. *Paris, Adrien Égron, imprimeur; Pichard*, 1821, in-8°, 36 p. [*N.* Lb⁴¹ 458.]

20922. — Hommage offert à la mémoire de Louis XVI. Projet d'un monument à élever aux mânes de Louis XVI, dans la plaine de Saint-Denis, près Paris, proposé aux Français, par Antoine Raynal, garde au corps royal du génie. *Provins, Lebeau*, 1824, in-folio, 2 ff. et 4 p. [*N.* Lb⁴¹ 475.]

¶ Ce *Projet* très singulier a été réimprimé en partie par les soins de Jules Cousin, qui a signé de ses initiales l'avertissement préliminaire, dans l'*Intermédiaire* du 25 avril 1887, col. 255-256.

20923. — Éloge historique de Louis XVI, roi de France et de Navarre, par M. l'abbé Verninac, ancien vicaire général de Mgr Champion de Cicé, archevêque de Bordeaux. *Paris, Béchet aîné*, 1825, in-8°, 2 ff. et 101 p. [*N.* Lb⁴¹ 459.]

20924. — Anniversaire du vingt-un janvier ou Oraison funèbre de Louis XVI, roi de France et de Navarre, par M***, d'Orléans. *Paris, Duret et Lecointe; Ladvocat*, 1826, in-8°, 51 p. [*N.* Lb⁴¹ 460.]

28925. — Considérations sur la mort de Louis XVI, pour servir à la béatification et canonisation de ce saint roi, par un habitant de Montpellier. *Montpellier, Séguin*, 1829, in-8°, 32 p. [*N.* Lb⁴¹ 400.]

La dédicace est signée : Auguste Séguin.

20925ᵃ. — Considérations sur la mort de Louis XVI... *Paris, chez l'éditeur; Rusand; Blaise; Delaunay; Potey*, 1829, in-8°, 30 p. [*N.* Lb⁴¹ 400 A.]

* Voyez le numéro suivant.

20926. — Les Actes du martyre de Louis XVI, roi de France et de Navarre, recueillis et mis en ordre, d'après les témoins oculaires, par Auguste Séguin, suivis de la Correspondance particulière de ce monarque. Ouvrage orné d'un beau portrait de Louis XVI, d'après Boizot, sculpteur du roi, et du fac-similé du testament de ce prince. *Valence, F. Jamonet; Paris, Dentu; Hivert; Vaton*, 1837, in-8°. [*N.* Lb⁴¹ 401.]

Réimpression des *Considérations* précédentes, du *Récit* de Hue, du *Journal* de Cléry, des *Mémoires* de l'abbé Edgeworth, etc., etc., ainsi que d'une partie des lettres fabriquées par Barbier et Imbert de La Platière. (Voyez les nᵒˢ 20828-20841 ci-dessus.)

20927. — Louis XVI, martyr dans sa royauté, dans sa foi. Éloge funèbre, par Am. Burion. *Paris, C. Petit*, 1854, in-8°, 32 p. [*N.* Lb⁴¹ 461.]

20928. — A une dame, lectrice zélée de la « Semaine catholique », le 21 janvier 1867. *Toulouse, imp. Viguier*, 1867, in-4°, 2 p. [*N.* Lb⁴¹ 2700.]

En vers et en prose. Signé : Alph. des Plas, ancien directeur de l'Observatoire, fondateur de la Société générale des Echecs..

20929. — Célébration du 21 janvier, depuis 1793 jusqu'à nos jours, par Joseph Mathieu. *Marseille, Marius Lebon*, 1865, in-12, 131 p. [*N.* Lb⁴¹ 2698.]

Tiré à 250 ex. dont 50 sur hollande.

20930. — [Recueil de lettres d'invitation pour l'anniversaire du 21 janvier.] [*N.* Lb⁴¹ 2699.]

D'après le catalogue de la B. N.

20931. — Louis XVI, tragédie en vers et en cinq actes. *En Allemagne, mars 1793*, in-8°, 110 p. [*N.* Yth. 21883.]

Par le comte de Saint-Roman, selon Barbier, qui indique une autre édition sous la même date, portant cette rubrique : *Francfort et Bruxelles, Benoit Le Francq* et comportant en plus un feuillet de notes.

20932. — La Mort de Louis XVI, roi de France et de Navarre, drame historique en trois actes, traduit de l'allemand [de François Hochkirch], par le chᵉʳ de B. de Montjay. *A Liège, chez Lemarié, imprimeur et libraire de Son Altesse, et chez les principaux libraires des autres villes de l'Europe*, 1793, in-8°, 8 et 50 p. [*P.* 8342.]

Sur le titre, une gravure dont l'explication se trouve en regard, au verso du faux-titre. Elle représente une médaille « frappée à Berlin par ordre du Roi » et qui s'y vendait chez Looz, « médailliste de la cour ». Son prix était de « un écu en argent et seize écus en or de ducats ».
Face : Buste de Louis XVI, couronné de cyprès, avec cette légende : *Louis XVI, roi de Fr., immolé par les factieux.*
Revers : « La France éplorée est assise et appuyée sur l'urne de Louis XVI; elle montre un faisceau romain délié, simbole (sic) du lien social rompu, et les attributs de la royauté, le livre de la loi, renversés au pied de l'urne. D'une nuée, la foudre éclate, se dirige vers le glaive de Bellone, déesse de la guerre et en allume le flambeau. On lit au milieu de l'urne : Louis XVI. La légende : *Pleurez et vengez-le.* Au-dessous est la date de sa mort : *Le XXI janvier MDCCXCIII.* »

20933. — La Mort de Louis XVI, tragédie en trois actes. *A Paris, chez les marchands de nouveautés*, 1793, in-8°, 36 p. [*N.* Yth. 12340.]

Sur le titre, profil de Louis XVI tourné à gauche et sous lequel sont gravés en caractères cursifs : *Décapité à Paris le 21 janvier 1793*.
Epigraphe tirée du testament du Roi.
L'ex. de la B. N. porte la signature du bibliophile Devize.
Par ETIENNE AIGNAN et J.-J.-G. BERTHEVIN.
Voyez les numéros suivants.

20933ᵃ. — La Mort de Louis XVI, tragédie en trois actes. *A Paris, chez les marchands de nouveautés*, 1793, in-8°, 38 p. [*N.* Yth. 12341.]

Même profil sur le titre et même épigraphe qu'au numéro précédent.
P. 55. *Faits historiques* (détails sur l'exécution).
P. 36-38. *Testament*, d'après la copie faite sur l'original par le citoyen Baudrais. (Voyez tome Iᵉʳ de la *Bibliographie*, n° 3833.)

20933ᵇ. — La Mort de Louis XVI, tragédie en trois actes. *A Paris, chez les marchands de nouveautés*, 1793, in-8°, 39 p. [*N.* Yth. 12342.]

Même épigraphe qu'aux deux numéros précédents. Sur le titre, armes royales, gravées sur bois.
Les *Faits historiques* et le *Testament* sont réimp. à la suite de la tragédie.

20933ᶜ. — La Mort de Louis XVI, tragédie en trois actes, suivie de son Testament. *Paris, les marchands de nouveautés*, 1793, in-8°, 36 p. [*Com.-Fr.*]

Même épigraphe qu'aux numéros précédents.
Le testament occupe les pp. 31-36.

20933ᵈ. — La Mort de Louis XVI, tragédie en trois actes, suivie de son Testament et d'une Lettre à son confesseur. *Paris, Eliot, imprimeur, rue Perdue, n° 215*, 1797, in-18, 72 p. [*N.* Yth. 12343.]

Même épigraphe qu'aux trois numéros précédents.
En regard du titre, portraits accolés en forme de médaillon de Louis XVI et de Marie-Antoinette, accompagnés de ce quatrain :

Dans les fers, sur le trône, à l'aspect de la mort,
Leur fermeté ne s'est point démentie ;
En tout temps au-dessus du sort,
La palme du martyre a couronné leur vie.

P. 61, *Testament*. P. 69, *Lettre du Roi* [sic : le comte de Provence] à *M. l'abbé Fermond (sir) confesseur de Louis XVI*, datée de Blankenbourg, 19 septembre 1796. P. 71, *Jugement du Tribunal criminel du département de la Seine*, 8 nivôse an V (27 janvier 1797), acquittant Emilie Durand et Jacques Ignoette, vendeurs et colporteurs d'une brochure intitulée : *la Révolution des Welches prédite dans les jours anciens* et de la *Mort de Louis XVI*.

20933ᵉ. — La Mort de Louis XVI, tragédie en trois actes. *Paris, Gueffier jeune et les marchands de nouveautés*, 1814, in-8°, 40 p. [*N.* Yth. 21275 (1).]

P. 35, *Faits historiques*. P. 41, *Testament*.

20934. — La Mort de Louis XVI, scènes historiques de juin 1792 à janvier 1793. *Paris, Moutardier*, 1828, VII-443 p. [*N.* Lb⁴¹ 399.]

Epigraphe anonyme empruntée à Chateaubriand.
Par ARMAND-RENÉ MAUFRAS DU CHATELIER, plus tard correspondant de l'Institut (Académie des sciences morales et politiques).
Voyez le numéro suivant.

20934ᵃ. — La Mort de Louis XVI, scènes historiques. Le 10 août. Le 2 septembre. Le 21 janvier. Par A. DU CHATELLIER, correspondant de l'Institut de France. Troisième édition. *Paris, Alph. Picard*, 1875, in-8°, 2 ff. et III-330 p. [*N.* Inv. Yf. 12228.]

Deux épigraphes empruntées, l'une à Chateaubriand, l'autre à Edgar Quinet.
La seconde édition avait été remise en circulation au moyen d'un changement de titre en 1830.

¶ LÉON DE LA SICOTIÈRE a publié un compte rendu de ce drame dans le *Journal d'Alençon* du 27 novembre 1875 et passé en revue, à ce propos, quelques-unes des nombreuses pièces analogues dont divers personnages de la Révolution ont été l'objet. Cette étude a été tirée à part sur papier vergé, sous ce titre : *La Mort de Louis XVI, scènes historiques*. (Alençon, imp. E. de Broise, nov. 1875, in-8°, 11 p.)

§ 5. — Historiens modernes.

20935. — La Vie et la Mort de Louis Capet, dit de Bourbon, seigneur du nom et dernier roi de France et celle d'Antoinette d'Autriche, par Pithoud. *A Paris, chez l'auteur, rue du Hurepoix, la boutique à côté de l'horloger, au bout du quai de la Vallée, an II,* in-8°, 66 p. [*N.* Lb^{39} 619.]

Devise :
> Taire ou bien dire.
> Demeurer ou bien faire.

Épigr. :
> Mensonge est toujours prêt.
> Vérité se fait entendre (*sic :* attendre).

En regard du titre, frontispice signé Pithoud, *inv.* ; Louvion, *sculp.*

20936. — Schilderung des hauslichen Lebens, des Karakters und der Regierung Ludwigs des sechszehnten, Königs von Frankreich und Navarra. [Tableau de la vie domestique, du caractère et du règne de Louis XVI, roi de France et de Navarre.] Von Christoph Girtanner. *Berlin, J.-F. Unger,* 1793, in-18, 166 p. [*N.* Lb^{39} 11102.]

20937. — Histoire du dernier règne de la monarchie française, la chute des Bourbons et leur procès, contenant des détails historiques sur la journée du 10 août 1792, les événements qui ont précédé, accompagné et suivi le jugement de Louis XVI, les procès de Marie-Antoinette, de Louis-Philippe d'Orléans, d'Élisabeth, et de plusieurs particularités sur la maladie de Louis-Charles, fils de Louis XVI, l'échange de Marie-Charlotte et le départ des derniers membres de la famille pour l'Espagne, auxquels on a joint un grand nombre de pièces importantes et secrètes ; avec figures. *Paris, Lerouge; Hambourg, Im-Friscœnik.* S. d., 2 vol. in-8°. [*N.* Lb^{39} 6170.]

Les titres courants des deux volumes portent : *Procès des Bourbons.* Cette histoire n'est, en effet, qu'une nouvelle transformation, moyennant de nouveaux frontispices et la réimpression de la première page de chaque volume, du livre de Pierre Turbat, qui portait primitivement ce titre. (Voyez tome Ier, n°s 3587-3587^{a} et 3588-3588^{a}.)

Les « figures » annoncées ici sont les mêmes.

20938. — Louis XVI détrôné avant d'être roi ou Tableau des causes nécessitantes de la Révolution française et de l'ébranlement de tous les trônes, faisant partie intégrante d'une vie de Louis XVI qui suivra, par M. l'abbé Proyart. Édition dédiée aux Belges. *Hambourg,* 1800, in-8°, 419 p. [*N.* Lb^{39} 11.]

20938^{a}. — Louis XVI détrôné avant d'être roi... par M. l'abbé Proyart. *Londres,* 1809, in-8°, 1 f. et 532 p. (la dernière non chiffrée). [*N.* Lb^{39} 11 A.]

Épigr. :
> *Honor regis judicium diligit.*
> Ps. 89, 3.

20938^{b}. — Louis XVI détrôné avant d'être roi, par M. l'abbé Proyart. Nouvelle édition. *Paris, Méquignon fils aîné,* 1819, in-8°, XII-431 p. [*N.* Lb^{39} 11 B.]

En regard du titre, portrait de Louis XVI avec cette légende : *Peint par* Boze *en* 1785. *Gravé par* Mougeot.

20939. — Louis XVI et ses vertus aux prises avec la perversité de son siècle, faisant suite à « Louis XVI détrôné avant d'être roi », par M. l'abbé Proyart. *Paris, Société typographique; Lyon, Rusand,* 1808, 5 vol. in-8°. [*N.* Lb^{39} 12.]

Épigr. :
> *Scribantur hæc in generatione altera.*
> Ps. CI, 19.

20939^{a}. — Louis XVI et ses vertus aux prises avec la perversité de son siècle...., par M. l'abbé Proyart. *Paris, Méquignon fils aîné,* 1819, 5 vol. in-8°. [*N.* Lb^{39} 12 A.]

Les titres du numéro précédent sont seuls changés.

20940. — Mémoires historiques et politiques du règne de Louis XVI, depuis son mariage jusqu'à sa mort. Ouvrage composé sur des pièces authentiques fournies à l'auteur, avant la Révolution, par plusieurs ministres et hommes d'État et sur plusieurs pièces justificatives recueillies après le 10 août dans les cabinets de Louis XVI à Versailles et au château des Tuileries, par JEAN-LOUIS SOULAVIE (l'aîné), correspondant de l'ancienne Académie des inscriptions, etc., etc. *Paris, Treuttel et Würtz, an X, 1801,* 6 vol. in-8°. [*N.* Lb³⁹ 69.]

Tome I*er*. p. XI-XIV. *Nomenclature des 114 portraits contenus dans cet ouvrage.*

Ces portraits, assez habilement gravés au trait par un artiste anonyme, et portant chacun un numéro de renvoi à cette nomenclature, sont ainsi répartis :

Tome Iᵉʳ. *Célèbres personnages sous l'ancienne monarchie française.*

2°. *Ministres réformateurs, magistrats célèbres dans l'opposition.*

3°. *Notables constituants et premiers révolutionnaires de 1789.*

Tome VI, pl. III, 1ʳᵉ série. *Notables dans la minorité de l'Assemblée constituante.*

2ᵉ série. *Notables de la faction des Girondins.*

3ᵉ série. *Notables de la faction des Cordeliers et des Montagnards.*

Il y a de plus divers tableaux pliés intercalés dans l'ouvrage et portant pour la plupart des intitulés fort longs dont je ne donne ici que les premiers mots.

Tome IV (entre les p. 196-197) : *Tableau analytique de l'accroissement de l'opposition en France pendant le premier ministère de M. Necker.*

Tome V (entre les p. 96-97) : *Tableau des relations politiques de la maison d'Autriche, allemande et espagnole, avec la maison de Bourbon avant et pendant la Révolution.* (Entre les p. 124-125) : *Tableau analytique de l'anarchie introduite, pendant le règne de Louis XVI, dans les finances.*

Tome VI (entre les p. 326-327) : *Tableau analytique du mécanisme de l'ancien gouvernement français tel que Louis XVI l'avait reçu de ses ancêtres.* (Entre les p. 359-360) : *Tableau analytique et méthodique du mécanisme de la Révolution française depuis la chute de l'ancien régime, du 14 juillet jusqu'à l'établissement du Consulat.* (Entre les p. 526-527) : *Cinquième Tableau analytique du mécanisme de la Révolution française représentant la décomposition méthodique de l'ancien régime... (pour servir de supplément au précédent).*

Voyez le numéro suivant.

20941. — Les Illustres Victimes vengées des injustices des contemporains et Réfutation des paradoxes de M. Soulavie, auteur des « Mémoires historiques et politiques du règne de Louis XVI, etc. » *Paris, Perlet,* 1802, in-8°, 1 f. et 416 p. [*N.* Lb³⁹ 70.]

Voyez le numéro précédent.

Attribuée par Barbier à CHARLES-CLAUDE DE MONTIGNY, ancien avocat au Parlement, né à Caen en 1744, mort en 1818, cette réfutation a passé pour être de GASPARD-JEAN-ANDRÉ-JOSEPH JAUFFRET (1759-1823), plus tard évêque de Metz (1806) et archevêque d'Aix (1811).

20942. — Histoire de Louis XVI, précédée d'un Aperçu sur le gouvernement de France, depuis Louis XIV jusqu'à nos jours. *Hambourg,* 1802, 2 vol. in-12. [*N.* Lb³⁹ 13.]

ÉPIGR. :

Fils de saint Louis, montez au ciel.

En regard du titre du tome Iᵉʳ, portrait au pointillé, avec cette légende : « Louis XVI, né à Versailles le 23 août 1754, décapité à Paris le 21 janvier 1793. »

20943. — Nascita, carattere e alcuni fatti notabili di Luigi XVI, re di Francia. Sua prigionia nel Tempio, tradotta dal giornale del sʳ CLÉRY... Con una breve appendice al giornale. *Oxford,* 1802, gr. in-8°. [*Br. M.,* 182, *d.* 20.]

Le catalogue de la Bibliothèque de M. M*** (Bohaire, à la fois propriétaire et vendeur, 18 mars 1839 et j. s.), enregistre sous le n° 2533 un ex., en riche reliure anglaise, portant un envoi du traducteur à l'archevêque de Reims, mais il ne fait pas connaître le nom de ce traducteur.

20944. — Maximes et pensées de Louis XVI et d'Antoinette, avec des notes secrètes sur différents grands personnages. *Hambourg, et Paris, Lerouge,* 1802, in-8°, 2 ff. et 230 p. [*N.* Lb³⁹ 6187.]

C'est en réalité une collection d'anecdotes sur le roi et la reine, depuis l'origine de la Révolution jusqu'à leur mort. L'auteur s'y montre particulièrement sévère pour Marie-Antoinette.

20945. — Annales françaises, depuis le commencement du règne de Louis XVI jusqu'aux Etats généraux, 1774 à 1789, par GUY-MARIE SALLIER, ancien conseiller au Parlement de Paris. *Paris, Leriche,* 1813, in-8°, 1 f. et IV-324 p. [*N.* Lb³⁹ 14.]

20946. — Annales françaises, mai 1789-mai 1790, par GUY-MARIE SALLIER, ancien conseiller au Parlement de Paris, ex-député de la Côte-d'Or, etc. *Paris, Leriche*, 1832, 2 vol. in-8°. [*N.* Lb³⁹ 15.]

20947. — Vie privée et publique de Louis XVI, roi de France. *Avignon, Chaillot jeune*, 1814, 2 vol. in-12. [*N.* Lb³⁹ 6172.]

20948. — Vie de Louis XVI, roi de France et de Navarre, contenant un précis historique des événements qui se sont passés sous son règne, sa captivité au Temple, et tous les traits de bonté qui caractérisèrent ce monarque, publiée par J.-M. GASSIER. *Paris, Montaudon*, 1814, in-18, 106 p. [*N.* Lb³⁹ 16.]

ÉPIGR. :

De tes aimables lois chacun goûtait les fruits ;
Revenez, heureux temps, sous un autre Louis.
                                    Henriade, ch. 7.

En regard du titre, portrait au pointillé, avec cette légende : « A Dieu ne plaise qu'un seul homme puisse jamais épouser ma querelle. »

20949. — Notice historique sur Louis XVI, suivie de son Testament, et ornée de son portrait. *Paris, J.-N. Barba*, 1814, in-8°, 36 p. [*N.* Lb³⁹ 17.]

20950. — Vie civile et politique de Louis XVI, roi de France et de Navarre, précédée d'un Précis historique qui développe les causes de la Révolution de 1789, publiée par M. DEVOUZIERS. *Paris, Tiger*, 1814, in-18, 108 p. [*N.* Lb³⁹ 18.]

Le nom véritable de l'auteur est P.-J. MOITHEY, de Vouziers, d'après Quérard.

En regard du titre, portrait grossièrement gravé sur bois, signé DURONCHAU, avec cette légende :

Sous le fer des bourreaux il pria pour la France
Et pardonna le crime avant le repentir.

20951. — Vie publique et privée de Louis XVI, avec un Précis historique sur Marie-Antoinette, Mᵐᵉ Élisabeth, Marie-Thérèse-Charlotte et Charles-Louis, par M. A***. *Paris, F. Louis*, 1814, in-12. [*N.* Lb³⁹ 19.]

Portrait anonyme.
La *Vie publique et privée...* comporte 2 ff.

et 440 p. (la dernière non chiffrée). Elle est suivie d'une *Liste des députés qui ont voté la mort de Louis XVI*, formant 16 p.

20952. — Histoire de la vie privée et politique du vertueux Louis XVI, contenant des faits ignorés des historiens, recueillis par un grand personnage de l'Allemagne, autour de l'Histoire du duc d'Enghien, précédée de pièces servant à démontrer que Buonaparte redoutait la liberté de la presse ; tyrannie qu'il a exercée sur la pensée ; sa haine invétérée contre la dynastie des Bourbons ; ornée du portrait de Louis XVI. *Paris, Desauges ; bureau du Lavater*, 1814, in-8°, 1 f. et XVI-58 p. [*N.* Lb³⁹ 6173.]

Signé : L. PAUDHOMME.

20953. — Récit historique des grandes choses opérées sous le règne de Louis XVI ; réflexions importantes sur divers sujets, prouvant que l'intérêt de tous les Français est de se réunir autour du trône de Louis XVIII, par M. le marquis DE VAQUIER LIMON, ancien officier de chevau-légers de la garde du roi, colonel de cavalerie, chevalier de l'ordre royal et militaire de Saint-Louis, auteur d'« Augusta », roman moral, de « Théodore », roman historique et politique, etc., etc. *Paris, J.-G. Dentu*, 1816, in-8°, 2 ff. et IV-92 p. [*N.* Lb³⁹ 20.]

ÉPIGR. :

Celui qui met un frein à la fureur des flots
Sait aussi des méchants arrêter les complots.

20954. — Histoire de Louis XVI, roi de France et de Navarre, terminée par le fac-similé du testament de ce monarque, et suivie d'un appendice contenant la liste alphabétique des régicides, avec de courtes notices sur la plupart d'entre eux. Dédiée aux jeunes Français, par R.-J. DURDENT. *Paris, Pillet*, 1817, in-8°, 2 ff., IV-350 p. et 1 f. n. c. [*N.* Lb³⁹ 21.]

Le feuillet non chiffré contient la table des chapitres. Le fac-similé est entre les pages 290 et 291.

20954ᵃ. — Histoire de Louis XVI..., par R.-J. DURDENT. *Paris, Pillet*, 1821, in-8°, 2 ff., III-214 et 1 f. n. c. [*N.* Lb³⁹ 21 A.]

20955. — Notice historique sur Louis XVI. Imp. Éverat, 1820, in-8°, 20 p. [N. Lb³² 6174.]

Par M. DE BONALD, d'après une note manuscrite sur l'ex. de la B. N.
Tirage à part d'un article de la *Biographie Michaud*.

20956. — Précis historique de la vie de Louis XVI, de son procès et des principales circonstances qui ont accompagné son martyre, arrivé le 21 janvier 1793, suivi de l'horrible assassinat de Marie-Antoinette de Lorraine d'Autriche, reine de France, commis le seize octobre 1793. Besançon, imp. V° Métoyer, 1821, in-8°, 151 p. [N. Lb⁴¹ 398.]

On lit au verso du titre : « Sur la fin de 1793, M. F... [JEAN FENOUILLOT] fit imprimer ces deux précis à Neuf-Châtel (sic), chez M. Fauche-Borel, qui, pour ce fait, fut poursuivi, en suite (sic) des plaintes de la Convention et se vit obligé de s'éloigner pendant plusieurs mois de sa patrie et de son intéressante famille. »

20957. — Martyrologe royal. Vie de Louis XVI, par A.-J.-C. SAINT-PROSPER. Paris, N. Pichard, 1821, in-18, X-203 p. [N. Lb³⁹ 22.]

La préface est datée de Paris, faubourg Saint-Germain, le 20 août 1821.
L'ex. de la B. N. est précédé d'un prospectus du *Martyrologe royal ou Vies particulières des Bourbons morts révolutionnairement depuis 1789*, par A.-J.-C. SAINT-PROSPER, annoncé comme devant former six volumes.

20957ª. — Martyrologe royal. Vie de Louis XVI. Seconde édition revue, corrigée et considérablement augmentée, par A.-J.-C. SAINT-PROSPER, auteur de l'« Observateur au XIX° siècle, etc. ». Paris, N. Pichard, MDCCCXXI, in-18, XII-312 p. [N. Lb³⁹ 22 A.]

La préface est datée du 7 septembre 1821.

20958. — Histoire de Louis XVI, roi de France et de Navarre, par A.-J.-B. BOUVET DE CRESSÉ, ancien professeur de rhétorique à l'École du génie et de la marine. Paris, Aimé Payen, 1825, in-12, 2 ff. et VIII-398 p. [N. Lb³⁹ 23.]

20959. — Histoire de Louis XVI, avec les anecdotes de son règne, par P.-V.-J. DE BOURNISEAUX, membre de la Société des sciences, belles-lettres et arts de Paris et de plusieurs sociétés savantes, auteur du « Charlatanisme philosophique dévoilé », de l'« Histoire des guerres de la Vendée » et de divers autres ouvrages. *Paris, Rosier et Mame*, 1829, 4 vol. in-8°. [N. Lb³⁹ 24.]

Le livre a été remis en circulation l'année suivante avec des titres portant la rubrique de *Moreau-Rosier*.

20960. — Louis XVI, par le vicomte DE FALLOUX. Paris, Delloye, 1840, gr. in-8°, VII-524 p. et 2 fl. n. c. [N. Lb³⁹ 26.]

Les éditions suivantes, à partir de 1843, sont de format in-12 ; la B. N. a enregistré la 6° en 1841 [N. Lb³⁹ 26 E.]
Voyez le numéro suivant.

20961. — Louis XVI, par M. le vicomte DE FALLOUX. Extrait de la « Gazette de France ». Imp. Sapia, 1840, in-8°, 8 p. [N. Lb³⁹ 24.]

Signé : N. [NETTEMENT]. Compte rendu de l'ouvrage décrit sous le numéro précédent.

20962. — Notice historique sur Louis XVI, par M. HENNEQUIN, ancien chef de bureau au ministère de la marine. Paris, imp. Bourgogne et Martinet, 1841, in-8°, 18 p. [N. Lb³⁹ 6178.]

En regard du titre de départ, portrait lithographié et fac-similé de la signature de Louis XVI.

20963. — Histoire du règne de Louis XVI, pendant les années où l'on pouvait prévenir ou diriger la Révolution française, par JOSEPH DROZ, de l'Académie française et de l'Académie des sciences morales et politiques. Paris, J. Renouard, 1839-1842, 3 vol. in-8°. [N. Lb³⁹ 25.]

20963ª. — Histoire du règne de Louis XVI, par JOSEPH DROZ, précédée d'une notice sur l'auteur, par M. ÉMILE DE BONNECHOSE. Paris, V° Jules Renouard, 1858, 3 vol. in-12. [N. Lb³⁹ 25 A.]

20964. — Notices sur Louis XVI et Louis XVII, par M. P.-A. VIEILLARD. Paris, imp. E. Duverger, 1842, in-8°, 16 p. [N. Lb³⁹ 29.]

Extrait de l'*Encyclopédie des gens du monde*.

20965. — Louis XVI, son administration et ses relations diplomatiques avec l'Europe, par M. CAPEFIGUE. Paris, Belin-Leprieur, 1844, 4 vol. in-8°. [N. Lb³⁹ 30.]

20966. — Louis XVI le Vertueux. Sa vie. Son testament. Monument expiatoire élevé à sa mémoire. Paris, Desloges, 1845, in-18, 104 p. (les trois dernières non chiffrées.) [N. Lb³⁹ 31.]

La couverture imprimée porte seule le nom et l'adresse de *Desloges*, 39, *rue Saint-André-des-Arts*. La rubrique du titre est : *Paris, chez l'éditeur, rue du Petit-Carreau, n° 32*.

20967. — Coup d'œil sur le règne de Louis XVI, depuis son avènement à la couronne jusqu'à la séance royale du 23 juin 1789, pour faire suite à l'« Histoire philosophique du règne de Louis XV », par le comte DE TOCQUEVILLE. Deuxième édition. *Paris, Amyot*, 1850, in-8°, 2 ff. et II-403 p. [N. Lb³⁹ 32.]

Dans l'ex. de la B. N. la couverture imprimée ne porte pas les mots : « Deuxième édition ».

20968. — Louis XVI, par ALEXANDRE DUMAS. *Paris, A. Cadot*, 1850-1851, 5 vol. in-8°. [N. Lb³⁹ 33.]

20969. — Histoire de Louis XVI et de Marie-Antoinette, par M. ALEXANDRE DUMAS. *Paris, Dufour et Mulat*, 1852, 3 vol. gr. in-8°. [N. Lb³⁹ 34.]

Ornée de quarante gravures hors texte, d'après Philippoteaux, dont le classement est indiqué tome III, p. 395-396.

20970. — Histoire de Louis XVI, roi de France. Édition revue par M. l'abbé PAUL JOUHANNEAUD, chanoine honoraire, directeur de l'Œuvre des bons livres. *Limoges et Paris, Ardant frères*, 1853, in-8°, 309 p. [N. Lb³⁹ 35.]

Cette *Histoire de Louis XVI* est, en réalité, une réimpression littérale (sauf quelques suppressions) de l'*Examen impartial*... attribué à André, des Vosges, ou à Danican (voyez le n° 20887 ci-dessus), mais dont l'abbé Jouhanneaud n'a point cherché à déterminer l'auteur.

20971. — Anecdotes du temps de Louis XVI. *Paris, L. Hachette*, 1854, in-16, 2 ff. et 220 p. [N. Lb³⁹ 36.]

Bibliothèque des chemins de fer.

20972. — Louis XVI et Madame Elisabeth, sa sœur, par l'abbé C**. *Paris, Adrien Le Clère. S. d.* (1855), in-12, 2 ff. et 204 p. (la dernière non chiffrée). [N. Inv. Z. 42937.]

Bibliothèque de la famille... publiée sous la direction de M. l'abbé ORSE, 24ᵉ livraison.
Ces deux récits distincts sont deux centons de passages empruntés à divers écrivains royalistes, mais dont il n'est pas toujours facile de déterminer la provenance, parce que l'abbé C** en a parfois modifié la forme; par contre il a pris dans l'*Eloge de Madame Elisabeth*, de Ferrand (voyez ci-après ch. IV) des passages entiers qu'il n'a point guillemettés.

20973. — Louis XVI et sa cour, par AMÉDÉE RENÉE. Deuxième édition, revue et enrichie de nouveaux documents. *Paris, Didot frères, fils et Cᵉ*, 1858, in-8°, 3 ff. et 441 p. [N. Lb³⁹ 6176.]

« Il y a quelques années, dit l'auteur, je fus appelé à l'honneur inespéré de mettre une dernière main à l'*Histoire* de Sismondi, ce monument de la science historique que la mort avait laissé inachevé. Le travail complémentaire qui me fut confié comprenait le règne de Louis XVI jusqu'à la grande époque de la Révolution. C'est cet ouvrage que je réimprime après avoir soumis le fond et la forme à une revision laborieuse et l'avoir en quelque sorte renouvelé par des recherches et des documents nouveaux. »

20974. — Louis XVI, Marie-Antoinette et le comte de Provence en face de la Révolution, par L. TOMÈRE, professeur agrégé d'histoire, officier de l'instruction publique, membre de plusieurs Sociétés savantes. *Paris, Lagny frères. S. d.* (1863), 2 vol. in-8°. [N. Lb³⁹ 6177.]

La B. N. n'a reçu par le dépôt légal que le tome Iᵉʳ. L'ouvrage devait former quatre volumes, mais, dit Otto Lorenz, la faillite des éditeurs interrompit la publication.

20975. — Louis XVI et Turgot, d'après des documents inédits, par R. DE LARCY. Extrait du « Correspondant ». *Paris, Douniol*, 1866, in-8°, 39 p. [N. Lb³⁹ 6182.]

20976. — Louis XVI et les successeurs de Turgot jusqu'en 1789, par R. DE LARCY. Extrait du « Correspondant », 25 mars 1867. Paris, Douniol, 1867, in-8°, 48 p. [N. Lb^{39} 6183.]

20977. — Louis XVI et les Etats-Généraux jusqu'aux journées de 5 et 6 octobre 1789, par R. DE LARCY. Extrait du « Correspondant ». Paris, Douniol, 1868, in-8°, 99 p. [N. Lb^{39} 6185.]

20978. — Louis XVI et la Révolution, par MAURICE SOURIAU, professeur à la Faculté des lettres de Poitiers. Paris, ancienne maison Quantin, librairies-imprimeries réunies. S. d. (1893), in-8°, 2 ff. et XVI-316 p. [N. Lb^{39} 11520.]

Bibliothèque d'histoire illustrée, publiée sous la direction de MM. J. Zeller, membre de l'Institut, et Vast, docteur ès-lettres.

20979. — Le Roi martyr, par le P. V. DELAPORTE, S. J., extrait des « Etudes », janvier 1893, suivi de la relation de l'abbé EDGEWORTH DE FIRMONT sur la mort de Louis XVI. — L'allocution du pape Pie VI. — Le testament de Louis XVI. — Le vœu de Louis XVI au Sacré-Cœur. — Réflexions chrétiennes de Louis XVI. — Oraison funèbre de Louis XVI, par le R. P. LE DORÉ, etc. Paris, Dumoulin et Ce, 1893, in-8°, 2 ff., 212 p. et 2 ff. n. c. [N. Lb^{39} 11528.]

Les feuillets non chiffrés contiennent le faux-titre, le titre, la table des matières et celle des gravures hors texte. Ces gravures, empruntées à diverses publications, sont comprises dans la pagination totale.

CHAPITRE III

MARIE-ANTOINETTE

§ 1. — Écrits authentiques et apocryphes de la Reine.

20980. — Lettres inédites de Henri II, Diane de Poitiers, Marie Stuart, François, dauphin, adressées au connétable Anne de Montmorency, ou Correspondance secrète de la Cour sous Henri II, suivie de lettres inédites de LL. MM. Louis XVI et Marie-Antoinette, de leurs testaments et de l'inscription du monument expiatoire de la Conciergerie, avec de nombreux fac-similés. Par J.-B. Gail, de l'Institut, conservateur des manuscrits de la Bibliothèque du Roi, etc. *Paris, Ch. Gail neveu; Delalain; Treuttel et Wurtz; Dufart*, 1828, in-8°, VI-100 p. et 18 pl. de fac-similés. [*N.* Lb³¹ 8.]

Plusieurs de ces fac-similés sont sur les mêmes planches.

La première édition de ce travail avait paru en 1819; celle-ci contient de plus le texte et le fac-similé de quatre lettres de Marie-Antoinette tirées des archives de la famille de Polignac, où elles sont encore, et dont l'authenticité n'est pas douteuse.

20981. — Secret letter from the comte de Provence to the marquis of Favras. Intercepted letter from Queen Marie-Antoinette to the emperor of Austria. *S. l. n. d.*, in-4°, 10 p.

Fait partie du *Miscellanies of Philobiblon society*, tome III, London, 1862-1863, ainsi que le numéro suivant.

La lettre de la Reine, datée du 12 août 1791, était adressée à Léopold II, sous le couvert de Mercy-Argenteau. Elle n'a pas été comprise dans le recueil de MM. de Beaucourt et de La Rocheterie.

Sur la lettre du comte de Provence et la date manifestement erronée (1ᵉʳ novembre 1790) que porterait l'original, si elle est vraiment adressée à Favras (exécuté le 19 février précédent), voyez la note jointe au n° 1632 de la *Bibliographie* et le travail de M. Welvert décrit plus loin.

Les deux documents publiés dans les *Miscellanies* sont précédés d'une courte introduction signée R. M.M. (Richard Monkton Milnes, membre du Parlement, plus tard lord Houghton, auquel les autographes appartenaient; voyez le n° 20825 ci-dessus).

20982. — Letter from Marie-Antoinette to the princesse de Lamballe. Formerly in the collection of Mr. Donnadieu, now in the possession of the rev. W. Sneyd (2 octobre 1791). *S. l. n. d.*, in-4°, 5 p.

Fait partie des *Miscellanies of Philobiblon society*, tome III (London, 1862-1863), ainsi que le numéro précédent ; cette lettre n'a pas été comprise non plus dans le recueil de MM. de Beaucourt et de La Rocheterie. Une autre lettre de la Reine à la même destinataire a été reproduite en tête d'une brochure de M. Alfred Bégis sur *le Massacre de la princesse de Lamballe dans la prison de la Force, le 7 septembre 1792*. (Paris, imp. pour les Amis des livres, 1891, in-8°.) Elle a été de même rejetée par les éditeurs des *Lettres de Marie-Antoinette*.

20983. — Correspondance inédite de Marie-Antoinette, publiée sur les documents originaux, par M. le comte Paul Vogt d'Hunolstein, ancien député de la

Moselle. — Supplément à la Correspondance inédite publiée sur les originaux, par le comte Paul Vogt d'Hunolstein... *Paris, Dentu*, 1864, in-8°. [N. Lb³⁹ 6192.]

La *Correspondance inédite* comporte 2 ff. et III-304 p.; le *Supplément* forme VII-29 p. et un f. non chiffré pour la table.

Ce *Supplément* fait défaut dans un tirage portant *Deuxième édition*, qui ne présente aucune autre différence et que, par suite, je crois superflu de décrire.

La *Correspondance* proprement dite avait été déposée le 20 juin 1864 au ministère de l'Intérieur; le *Supplément* y fut inscrit le 15 juillet. Dès le 12 juillet, M. Edmond Scherer exprimait dans le *Temps* les doutes que lui inspiraient plusieurs des lettres mises au jour par M. d'Hunolstein, mais sans incriminer en rien la bonne foi de l'éditeur. Ses arguments furent aussitôt repris dans une correspondance parisienne adressée le 16 juillet à la *Wiener Press* et dans un supplément de la *Gazette d'Augsbourg* du 24.

20983ᵃ. — Correspondance inédite de Marie-Antoinette, publiée sur les documents originaux, par le comte Paul Vogt d'Hunolstein... Troisième édition, revue avec soin et augmentée de dix-neuf lettres. *Paris, E. Dentu*, 1864, in-8°, XXXI-333 p. [N. Lb³⁹ 6192 B.]

P. V, *Avant-propos* (conforme à celui des deux premiers tirages). P. IX, *Avertissement de la troisième édition*. P. XIII, *Introduction*.

Les lettres contenues dans le *Supplément* de la première édition sont refondues dans celle-ci.

20983ᵇ. — Correspondance inédite de Marie-Antoinette, publiée sur les documents originaux, par Paul Vogt d'Hunolstein... Quatrième édition, revue et augmentée d'un portrait authentique gravé par Flemmeng (sic), d'une préface nouvelle et de nombreux fac-similés. *Paris, E. Dentu*, 1868, in-8°, CXVI-333 p. et 1 f. d'*errata*. [N. Lb³⁹ 6192 C.]

En regard du titre, portrait gravé à l'eau-forte par Léopold Flameng d'après l'esquisse de Kucharsky.

P. V, *Avant-propos* (conforme à ceux des éditions précédentes). P. IX, *Avertissement de la troisième édition* (même remarque). P. XIII, *Introduction*. P. XXXIII, *Notice sur le portrait de la reine Marie-Antoinette qui se trouve en tête de cette quatrième édition*. P. XXXIV, Lettre de M. le marquis de Laborde à l'auteur (30 mai 1866). P. XLI, *Mémoire pour la quatrième édition*.

Le feuillet d'*errata* est suivi de 13 lettres reproduites en fac-similé, non numérotées et formant 27 pages.

Dans le *Mémoire pour la quatrième édition*, M. d'Hunolstein expose les raisons qui, selon lui, militaient en faveur de l'authenticité des autographes dont il ne révèle pas la provenance. Plus tard il les soumit à l'examen de MM. d'Arneth et Sybel, qui se prononcèrent en un sens tout opposé.

20984. — Louis XVI, Marie-Antoinette et Mᵐᵉ Élisabeth, lettres et documents inédits publiés par F. Feuillet de Conches. *Paris, Henri Plon*, 1864-1873, 6 vol. in-8°. [N. Lb³⁹ 6178.]

Tomes I et II. Publiés en août et septembre 1863. Le tome Iᵉʳ est accompagné d'un prospectus rédigé en termes ronflants par lequel le libraire-éditeur (ou son prête-nom) annonçait la mise au jour de « *mille lettres inédites*, copiées, en vertu d'une autorisation exclusive et privilégiée, aux archives d'Autriche, de Moscou, de Suède, de Paris, ou provenant de communications et d'acquisitions sans nombre depuis vingt ans. » L'ensemble de la publication comporte en tout non pas mille, mais 870 documents dont beaucoup n'étaient pas inédits. Chacun d'eux, même le plus insignifiant, est pourvu d'un sommaire analytique à la table des matières.

Le tome Iᵉʳ est également précédé d'une longue introduction où l'auteur s'élève avec véhémence contre les faussaires et rappelle, à propos de Louis XVI, la mystification de Babié de Bercenay et de Sulpice de la Platière. (Voyez les nᵒˢ 20828-20841 ci-dessus.)

Le tome II est orné de quatre fac-similés indiqués à la table.

A peine parus, ces deux premiers volumes furent épuisés, et aussitôt réimprimés pour satisfaire à de nombreuses demandes, mais aussi, pour parer à quelques-unes des critiques qu'ils avaient soulevées, Feuillet de Conches introduisit d'assez importantes retouches dans ce second tirage, telles que des indications de provenances primitivement omises et, ce qui parut plus singulier, la suppression de signatures précédemment figurées au bas de lettres dont M. d'Hunolstein croyait posséder les originaux. Inscrit au catalogue imprimé de la B. N. (tome IX), ce second tirage a été porté depuis au « relevé des absents » et M. de Sybel, l'un des adversaires les plus déterminés de Feuillet de Conches, n'avait pu se le procurer au moment même où il fut annoncé.

Tome III (1865). En regard du titre, portrait de Louis XVI gravé par Levasseur, sous la direction de Henriquel-Dupont, d'après un portrait de Duplessis appartenant au marquis de Biencourt. Cinq fac-similés non mentionnés à la table, savoir : lettres de la Reine à Marie-Thérèse (14 juin 1777), p. XXVIII ; à la duchesse de la Trémoille, p. 5 ; à Joseph (20 novembre 1777), p. 242; à Mme de Polignac (31 août 1791), p. 304, et une lettre de Marie-Thérèse à sa fille Marie-Christine, p. 447 (appendice).

Tome IV (1866). En regard du titre, portrait de Madame Élisabeth gravé par Morse, sous la direction de Henriquel-Dupont, d'après le portrait peint en 1787 par Mme Deville (cabinet du marquis de Casteja).

Tome V (1869). En regard du titre, portrait de Marie-Antoinette gravé par Morse, sous la direction de Henriquel-Dupont, d'après le buste de Pajou, appartenant à Feuillet de Conches.

Tome VI (1873). Autre portrait de Marie-Antoinette gravé par Morse, sous la direction de Henriquel-Dupont, d'après Wertmuller, et nouveau prospectus où l'auteur se flatte d'avoir repoussé « les insinuations sans preuves par lesquelles la critique révolutionnaire (?) avait essayé de ruiner le crédit d'une publication de bonne foi, dont les éléments, puisés aux sources officielles, ont tour à tour subi victorieusement l'épreuve de la discussion. »

Voici maintenant, dans l'ordre chronologique, la liste des articles publiés en France et à l'étranger sur les quatre premiers volumes. Deux autres de ces articles ont été tirés à part et seront, sous cette nouvelle forme, mentionnés plus loin.

a) Sainte-Beuve. — *Le Constitutionnel*, 8, 15 et 22 août 1864. Réimp. avec additions et corrections importantes, dans les *Nouveaux lundis*, tome VIII (1867).

b) *Gazette d'Ausbourg*, 28 septembre, 1er octobre 1864, 4 et 5 février 1865. Annonce du premier recueil d'Arneth et examen sévère des deux publications françaises.

c) H. de Sybel. — *Briefwechsel der Königin Marie-Antoinette*. — *Historische Zeitschrift* de Munich, 1er mars 1865, p. 164-178.

d) P. Ristelhuber. — *L'Intermédiaire des chercheurs et curieux*, 25 mars 1865, col. 191. Réponse de Feuillet de Conches, 10 avril, col. 221 (reproduite dans l'*Amateur d'autographes* du 16 avril) et réplique de M. Ristelhuber, 10 mai, col. 284.

e) *Gazette d'Augsbourg*, 7, 8 et 9 avril 1865 (Supplément). Examen du tome II de Feuillet de Conches.

f) *L'Indépendance belge*, 18 juillet 1865. Réponse de Feuillet de Conches. Autre article du même dans le *Journal des Débats* du 25 juillet. Repris et développé dans la préface du tome III de la publication.

g) Ch. de Mazade. — *Polémiques historiques et livres nouveaux* — *Revue des Deux-Mondes*, 15 juillet 1865, p. 504-515. Favorable aux recueils français.

h) Élie Reclus. — *Correspondance de la reine Marie-Antoinette*. — *Revue moderne*, 1er juillet 1865, tome XXIV, p. 170-173. Suivi d'une note de M. de Sybel sur les relations épistolaires de la Reine et de Marie-Christine, archiduchesse de Saxe-Teschen.

i) Edmond Scherer. — *Les Lettres de Marie-Antoinette*. — *Le Temps*, 15 août 1865. Réponse datée d'Étretat (3 octobre) de Feuillet de Conches, ibid., 12 et 13 octobre. Réplique de Scherer, ibid., 19 octobre.

j) Eugène Veuillot. — *Une Enquête sur les lettres de Marie-Antoinette*. — *Revue du monde catholique*, tome XIII, 25 août 1865, p. 124-136. Reprise et complétée dans un nouvel article, plus sévère que le premier, intitulé : *Polémique sur les lettres de Marie-Antoinette* (ibid., p. 862-871).

l) M. de Lescure. — *De l'Authenticité des lettres de Marie-Antoinette récemment publiées*. — *Revue contemporaine*, 1er septembre 1865 (2e série, tome XLVII, où 82e de la collection, p. 62-94). Apologie sans réserves et sans mesure du recueil Feuillet de Conches.

m) A. Geffroy. — *Marie-Antoinette et les Suédois à Versailles*. — *Revue des Deux-Mondes*, 15 septembre 1865. Début d'une polémique qui prit l'année suivante un caractère aigu.

n) Ch. de Moüy. — *La Presse*, 29 septembre 1865.

o) Ch. Aubertin. — *La France*, 2 octobre 1865.

p) H. de Sybel. — *Les Lettres de Marie-Antoinette et leurs derniers éditeurs*. — *Revue moderne*, 1er décembre 1865, tome XXXV, p. 426-465, avec une pl. hors texte de fac-similés de signatures de la Reine à diverses époques. Article publié simultanément en allemand dans l'*Historische Zeitschrift*, et en partie dans le *Temps* du 9 décembre, avec apostille de Scherer.

q) Feuillet de Conches. — Lettre, en réponse à la citation précédente, et nouvelle apostille de Scherer. — *Le Temps*, 24 décembre 1865.

r) Ch. de Moüy. — *Le Constitutionnel*, 1er janvier 1866. Article sur le tome IV du recueil Feuillet, auquel Aug. Geffroy répondit le 21 janvier dans le même journal.

s) A. Geffroy. — *Encore les Lettres de Marie-Antoinette*. — *Le Temps*, 5 janvier 1866. Tiré à part (in-4°, 4 p. à deux col.) sous le titre : *Extrait du journal le Temps*.

t) D. Nisard. — *Moniteur universel*, 20, 22 et 29 janvier 1866. Articles qui provoquèrent une réponse de H. de Sybel (2 février); suivie d'une réplique de Nisard (même numéro) et d'*Observations* de M. de Lescure (3 février).

u) J. Charavay aîné. — *La Question de l'écriture dans les Lettres de Marie-Antoinette*. — *L'Amateur d'autographes*, 16 mars 1866. *Encore les Lettres de Marie-Antoinette*. — Ibid., 16 avril 1866 (renfermant une lettre de M. Alfred d'Arneth). *De l'Authenticité des lettres de Marie-Antoinette*. — Ibid., 1er mai 1866 (Nouvelle lettre de M. d'Arneth et nouvelle réponse de J. Charavay aîné).

v) A. Geffroy. — *La Reine Marie-Antoinette d'après les documents authentiques de*

Vienne. — *Revue des Deux-Mondes*, 1er juin 1866.

x) FEUILLET DE CONCHES. — *De l'Authenticité des lettres de Marie-Antoinette*. — *Revue des Deux-Mondes*, 15 juillet 1866, p. 446-503, suivie (p. 503-515) d'une réplique sans titre (intitulée à la table générale : *Réponse à ce débat*) de M. A. GEFFROY. L'article de Feuillet de Conches n'était, à peu de chose près, qu'un extrait de l'introduction du tome IV de sa publication.

y) A. GEFFROY. — Lettre au directeur de la Revue. — *Revue des Deux-Mondes*, 15 août 1866, p. 1033-1038. L'auteur a repris et développé ses arguments dans les appendices de son livre sur *Gustave III et la cour de France*. Voyez le n° 20994 ci-après.

Voyez aussi les trois numéros suivants.

20985. — A propos d'autographes. Marie-Antoinette, Mme Roland, Charlotte Corday, par M. DE LA SICOTIÈRE, ancien directeur de la Société des Antiquaires de Normandie, correspondant du ministère de l'instruction publique pour les travaux historiques. *Rouen, imp. E. Cagniard*, 1864, in-8°, 2 ff. et 60 p. [N. La^{32} 435.]

Le titre de départ, p. 1, porte en plus : « Extrait de la *Revue de la Normandie*, juillet 1864. »

Etude écrite à l'occasion de l'insertion dans le *Courrier du Pas-de-Calais* d'une lettre soi-disant inédite et datée du 7 janvier 1793 (sic), adressée par Marie-Antoinette et par Louis XVI à Mme de Polignac, lettre déjà publiée par MM. de Beauchesne, de Goncourt et de Lescure ; le reste de cette étude est consacré aux lettres de Mme Roland à Buzot, à deux lettres inédites de Charlotte Corday et à divers documents la concernant.

La lettre de Marie-Antoinette, apostillée par Louis XVI, aurait été écrite non en 1793, mais en 1790. L'original appartenait à Feuillet de Conches qui l'a reproduite, tome III, p. 129.

20986. — De l'Authenticité des lettres de Marie-Antoinette récemment publiées, par GEORGES GANDY. Extrait de la « Revue des questions historiques ». *Paris, Palmé*, 1867, in-8°, V-39 p. [N. Lb^{39} 6195.]

Tirage à part du numéro de janvier 1867. Le texte est suivi de trois feuilles de fac-similés d'après les signatures de la Reine, de 1770 à 1788.

20987. — Lettres de Marie-Antoinette. Nouvelle pièce versée au dossier de M. Feuillet de Conches. *Saint-Germain, imp. Toinon*. S. d., in-8°, 8 p. [N. Lb^{39} 6196.]

Signées : H. DE SYBEL.

On lit au bas de la dernière page : Extrait de la *Revue moderne* du 1er janvier 1867.

20988. — Maria Theresia und Marie Antoinette. Ihr Briefwechsel wæhrend der Jahre 1778-1780, herausgegeben von ALFRED RITTER VON ARNETH. (Marie-Thérèse et Marie-Antoinette, leur correspondance de 1770 à 1780, publiée par le chevalier ALFRED D'ARNETH). *Paris, Ed. Jung-Treuttel ; Wien, Braumüller*, 1865, in-8°, XI-348 p. et 2 p. de fac-simile. [N. Inv. M. 29459.]

Au verso du faux-titre, déclaration du dépôt effectué en décembre 1864 au ministère de l'intérieur (direction de la librairie).

20988^a. — Maria Theresia und MARIE ANTOINETTE... Zweite vermehrte Auflage, mit Briefen des abbé DE VERMOND an den Grafen Mercy. *Leipzig, Kœhler ; Paris, Ed. Jung-Treuttel ; Wien, W. Braumüller*, 1866, in-8°, XVI-415 p. et 8 p. de fac-similés.

Deuxième édition, augmentée d'une instruction et d'une lettre de Marie-Antoinette à la Dauphine (21 avril et 4 mai 1770), de divers billets de Marie-Antoinette à Mercy, à Kaunitz, au comte de Rosenberg, et de seize lettres de l'abbé de Vermond à Mercy.

20989. — Marie-Antoinette, Joseph II und Leopold II. Ihr Briefwechsel. (Marie-Antoinette, Joseph II et Léopold II, leur correspondance, publiée par le chevalier ALFRED D'ARNETH.) *Leipzig, Kœhler ; Paris, Ed. Jung-Treuttel ; Vienne, W. Braumüller*, 1866, in-8°, XII-300 p. [N. Lb^{39} 6194.]

20990. — ALFRED VON ARNETH. Marie-Antoinette nach ihren Briefen. Vortrag gehalten in der feierlichen Sitzung der Akademie der Wissenschaft, am 31 Mai 1867. *Wien, Gerold's Sohn*, in-8°, 29 p.

D'après l'*Index locupletissimus* de Kayser.

20991. — Marie-Antoinette. Correspondance secrète entre Marie-Thérèse et le comte Mercy-Argenteau, avec lettres de Marie-Thérèse et de Marie-Antoinette, publiées avec une introduction et des notes, par M. le chevalier ALFRED D'AR-

NETH, directeur des archives de la maison impériale et de l'État d'Autriche, et M. A. GEFFROY, professeur à la Faculté des lettres de Paris. *Paris, Firmin Didot frères, fils et C*, 1874, 3 vol. in-8°. [*N.* Lb³⁹ 11092.]

20992. — Lettres de la reine MARIE-ANTOINETTE à la landgrave Louise de Hesse-Darmstadt. *Paris, Henri Plon*, 1865, in-8°, 68 p. [*N.* Lb³⁹ 6193.]

La *Préface* datée de Hanovre, 20 mars 1865, est signée : Comte DE RÉISET.
Les originaux des lettres publiées pour la première fois appartiennent aux archives ducales de Darmstadt.
L'éditeur a publié d'autres lettres et billets provenant du même fonds. Voyez les deux numéros suivants.

20993. — Lettres inédites de MARIE-ANTOINETTE et de MARIE-CLOTILDE de France (sœur de Louis XVI), reine de Sardaigne, publiées et annotées par le comte DE RÉISET, ancien ministre plénipotentiaire. Gravure par LERAT, fac-similé par PILINSKI. *Paris, Firmin Didot et C*, 1876, in-12, 1 f. et 394 p. [*N.* Lb³⁹ 11209.]

P. 388 (non chiffrée), *Errata*. P. 391 (non chiffrée), *Table des gravures*.
Les lettres adressées à la princesse Charlotte de Hesse-Darmstadt, sœur de la landgrave Louise, proviennent des archives de Hanovre. Voyez le numéro suivant.

20993ᵃ. — Lettres inédites de MARIE-ANTOINETTE et de MARIE-CLOTILDE de France... publiées et annotées par le comte DE RÉISET... Deuxième édition. *Paris, Firmin Didot et C*, 1877, in-12, 2 ff. et 408 p. [*N.* Lb³⁹ 11209 A.]

Dans cette nouvelle édition, les fautes signalées par les errata de la première sont corrigées ; de plus on y trouve, p. 393 et suivantes, des lettres inédites du Roi et de la Reine tirées des archives de M. le duc de Gramont.

20994. — Gustave III et la cour de France, suivie d'une étude critique sur Marie-Antoinette et Louis XVI apocryphes, avec portraits inédits de Marie-Antoinette, etc. et fac-similé, par A. GEFFROY, professeur suppléant à la Faculté des lettres de Paris. *Paris, Didier et C*, 1869, 2 vol. in-8°. [*N.* M. 26554-26555.]

L'étude sur *Marie-Antoinette et Louis XVI apocryphes* (voyez le n° 20984 ci-dessus) forme la première pièce de l'*Appendice*. Elle est accompagnée de deux pl. de fac-similés et suivie de fragments du *Journal* manuscrit de Louis XVI, conservé aux Archives nationales.

20995. — Lettres de MARIE-ANTOINETTE. Recueil des lettres authentiques de la Reine, publié pour la Société d'histoire contemporaine, par MAXIME DE LA ROCHETERIE et le marquis DE BEAUCOURT. *Paris, Alph. Picard et fils*, 1895-1896, 2 vol. in-8°. [*N.* L⁴⁵ 63.]

Tome Iᵉʳ, CXXVI-216 p.
L'*Introduction* comporte deux parties : p. VII-XC, *Etude critique*, par M. DE BEAUCOURT ; p. XCI-CXXVI, *Etude historique*, par M. DE LA ROCHETERIE.
L'*Etude critique* de M. de Beaucourt se subdivise elle-même en plusieurs chapitres. I. *Premières lettres apocryphes*. II. *Recueils de MM. d'Hunolstein et Feuillet de Conches*. III. *Lettres ayant passé dans les ventes d'autographes*. IV. *Lettres à la duchesse de Polignac*. V. *Lettres à la princesse de Lamballe*. VI. *Lettres à diverses personnes*. VII. *Lettres authentiques* (divisé en huit paragraphes).
L'*Etude historique* de M. de la Rocheterie est, comme son titre l'indique, un résumé du rôle politique et de la vie privée de la Reine, d'après des témoignages contemporains qui lui sont le plus favorables.
Ce premier volume renferme 128 lettres, dont 90 empruntées au recueil de MM. d'Arneth et Geffroy, une au recueil de MM. d'Arneth et Flammermont, 9 aux autres publications du savant directeur des Archives d'Autriche, et les 19 autres à divers éditeurs. M. Flammermont (*la Révolution française*, 14 mai 1895, p. 478), a signalé comme faux un billet, d'ailleurs insignifiant, à la duchesse de La Trémoille (p. 70). L'original a fait partie du cabinet Feuillet de Conches qui en a donné le fac-similé au tome III (p. 51) de son recueil.

Tome II, X-472 p.
Les lettres comprises dans ce second volume sont chiffrées CXXIX-CCCLXXXVI ; il y a de plus, en appendice, une lettre à Louis XV (Vienne, 20 avril 1770) et un billet (sans date) à la princesse de Monaco (Marie-Catherine de Brignoles-Sales).
Jules Flammermont a successivement rendu compte de ces deux volumes dans la *Révolution française*, tome XXVIII, p. 476-480 et tome XXXIII, p. 491-509. Ce second article provoqua une réponse de M. de Beaucourt

(tome XXXIV, p. 178-187), suivie elle-même d'une courte réplique de Flammermont. On trouve dans le même volume (p. 140-147), trois lettres inédites et adressées à la princesse de Guéménée, également publiées par Flammermont qui en avait reçu communication du D* H. Schlitter. Les originaux appartiennent aux archives du château de Sichow en Bohême.

20996. — Un autographe de Marie-Antoinette. Lettre à la comtesse d'Ossun avant la fuite de Varennes. Texte et documents publiés par E. Coüard, archiviste de Seine-et-Oise, correspondant du ministère de l'instruction publique. *Versailles, imp. Aubert,* 1895, in-8°, 27 p.

Ce travail, extrait du tome XIX (1895) des *Mémoires de la Société des sciences morales... de Seine-et-Oise,* forme le n° VII d'une série de *Mémoires et recueils composés à l'aide des documents conservés dans les archives du département de Seine-et-Oise,* publiée par le même éditeur.

Entre les pp. 10 et 11, fac-similé de la lettre dont le cachet est reproduit en fleuron, p. 5.

La dissertation de M. Coüard a pour but d'établir que cette lettre, saisie entre les mains de la destinataire et arguée de faux par la municipalité de Versailles, est parfaitement authentique.

§ 2. — Particularités relatives à la personne et à la vie privée de Marie-Antoinette.

A. — ICONOGRAPHIE

20997. — Notices sur Marie Stuart, reine d'Écosse, et sur Marie-Antoinette, reine de France, extraites du catalogue raisonné des portraits de M. Craufurd. *Paris, imp. J. Gratiot,* 1819, in-8°, 2 ff. et 61 p.

La *Notice sur Marie-Antoinette* occupe les pp. 25-61.

« Cette notice, dit Craufurd dans une note (p. 25-26), a été écrite par moi et en 1809 j'en ai fait imprimer un petit nombre d'exemplaires telle qu'elle se trouve ici, sauf quelques additions que j'y ai faites depuis.

« M. le duc de Lévis a publié en mai 1813 un *Portrait* de la feue reine de France comme étant tiré des manuscrits de M. Sénac de Meilhan. Il ne dit pas comment il a lu ces manuscrits. M. de Meilhan m'avait annoncé que, par ses dispositions testamentaires, il m'avait légué tous ceux qui lui restaient; pourtant, depuis sa mort, je n'en ai reçu aucun.

« Dans le portrait de la Reine publié par M. de Lévis il se trouve des passages parfaitement semblables pour la pensée, et même quelquefois pour l'expression, à des passages que je donne ici et que j'ai rédigés pour tout ce qui concerne la Reine d'après des notes et des souvenirs écrits par moi longtemps avant la publication de ce portrait. Je n'accuse pas M. de Lévis d'avoir profité de ce que j'ai fait imprimer en 1809, car je ne doute pas qu'en ce cas il n'eût pas manqué d'en faire l'aveu, mais voici comment cela peut s'expliquer. Dans une conversation avec M. de Meilhan à Vienne, il était quelquefois question de la Reine. En supposant que le portrait de M. de Lévis soit l'ouvrage de M. de Meilhan, il est vraisemblable que celui-ci auroit fait usage de quelques-unes de mes remarques, comme, dans le mien, je puis m'être servi de quelques-unes des siennes. Je me souviens que ce fut lui qui me rappela l'observation du duc d'Estrées au sujet du maréchal d'Ancre et qui convient si bien à l'infortunée Reine. Je n'eus que la peine de la vérifier. »

Au début de cette note, Craufurd fait allusion à une première édition qu'il ne spécifie pas expressément et qui se retrouve dans le *Supplément* de ses *Mélanges d'histoire, de littératurs, etc., tirés d'un portefeuille* (Paris, 1809, in-4°), supplément de 118 p. indiqué par Brunet, et dont Quérard a mis en doute l'existence ; la Bibliothèque nationale ne le possède pas, mais M. Ahsbee l'a signalé dans une notice sur Craufurd qu'il a communiquée à l'*Annuaire de la Société des Amis des livres* pour 1891. Selon Ahsbee, le portrait de la Reine occupe les pp. 66-103 de ce *Supplément.* Quant au portrait de la Reine par Sénac de Meilhan, il a été publié pour la première fois par le duc de Lévis dans la réimpression posthume des fragments intitulés : *Du Gouvernement et des mœurs en France avant la Révolution* (Hambourg et Paris, 1795, in-8°, nouv. éd., 1814, in-8°), et M. de Lescure lui a donné place à son tour dans une autre réimpression de ces mêmes fragments qu'il a faite en 1862, chez Poulet-Malassis.

La galerie de Craufurd renfermait un buste de Marie-Antoinette en marbre blanc, de grandeur naturelle « et d'une parfaite ressemblance », par Sauvage.

20998. — Iconographie de Marie-Antoinette (1770-1793), par le baron de Vinck.

Bruxelles, *Fr.-J. Olivier* et à la librairie de *l'Office de publicité*, 1878, in-8°, 31 p., papier vergé.

Liste de portraits groupés par ordre alphabétique de noms de graveurs et appartenant aux collections Mühlbacher et de la Béraudière, ainsi qu'à celle de l'auteur.
On lit au verso du faux-titre : « Extrait du *Bibliophile belge*, tome XIII. »

20999. — Iconographie de la reine Marie-Antoinette. Catalogue descriptif et raisonné de la collection de portraits, pièces historiques et allégoriques, caricatures, etc., formée par lord RONALD GOWER, précédée d'une lettre de M. GEORGES DUPLESSIS, conservateur adjoint à la Bibliothèque nationale. Ouvrage orné de nombreuses reproductions en noir et en couleur, d'après des originaux faisant partie de ses collections. *Paris, A. Quantin*, 1883, gr. in-8°, XV-250 p. [N. Lb^{39} 11303.]

21000. — Miniatures et autographes concernant Marie-Antoinette et la famille royale, provenant de la duchesse Yolande de Polignac, gouvernante des Enfants de France. Vente à Paris, hôtel Drouot, le jeudi 1er février 1877: Me Mme Delestre, commissaire-priseur, assisté de M. Ch. Mannheim, expert, et de M. Etienne Charavay, archiviste [-paléographe]. *Imp. Motteroz*, in-8°, 12 p., papier vergé.

Cette collection renfermait une miniature de la Reine attribuée à Sicardi et une lettre à Mme de Polignac du 23 mars 1790 (2 p. 1/4) sur la mort de Joseph II.

21001. — Catalogue de l'exposition de Marie-Antoinette. Préface par M. GERMAIN BAPST. *Galerie Sedelmeyer*, 1894, in-8°, 80 p. [N. Lb^{39} 11544.]

P. 21. *Souvenirs personnels*. P. 41. *Tableaux et dessins*. P. 58. *Sculpture*. P. 64. *Ameublement*. P. 70. *Bronze et horlogerie*. P. 73. *Bijoux et miniatures*. P. 78. *Objets divers*.
Reproductions de portraits dans le texte.

¶ On peut consulter à ce propos deux articles de M. HENRI BOUCHOT : *Marie-Antoinette et ses peintres*, dans *les Lettres et les Arts* du 1er janvier 1887, p. 23-59, avec reproductions d'estampes et de dessins du temps, et *Marie-Antoinette était-elle jolie ?* dans un recueil collectif publié à l'occasion du centenaire du 16 octobre 1793 et qui sera décrit plus loin.

21002. — JULES FLAMMERMONT. Les Portraits de Marie-Antoinette. Extrait de la « Gazette des Beaux-Arts ». *Paris, Gazette des Beaux-Arts*, 8, rue Favart, 8, 1898, in-8°, 66 p. [N. Lb^{39} 11690.]

La couverture imprimée porte en outre, après le nom de l'auteur : « professeur d'histoire à la Faculté des lettres de l'Université de Lille », et, en fleuron, un médaillon de la Reine reproduit dans le texte, mais non la mention de la revue dont ce travail est un tirage à part.
Jules Flammermont avait surtout étudié les portraits peints antérieurement au mariage de la Reine et conservés dans les palais impériaux d'Autriche. Un érudit allemand, M. le Dr A. LEFFENBERG-HARTROTTE, avait publié sur le même sujet un article dans le *Bulletin du bibliophile* de 1894, pp. 188-195.

¶ Sous ce titre : *Marie-Antoinette et la manufacture de Sèvres*, M. E.-S. AUSCHER a publié dans la *Revue de l'histoire de Versailles et de Seine-et-Oise*, mai 1901, pp. 97-113, un article accompagné de diverses reproductions iconographiques : un groupe allégorique en porcelaine dure (1772) du mariage royal, trois bustes de la Reine d'après BOIZOT, PAJOU et un anonyme (pl. hors texte) et, en fleuron, la médaille commémorative de l'avènement au trône, par DUVIVIER.

B. — RÉSIDENCES ET DISTRACTIONS FAVORITES

21003. — Le Palais de Trianon, histoire, description, catalogue des objets exposés sous les auspices de Sa Majesté l'Impératrice, par M. DE LESCURE, secrétaire de la commission d'organisation. *Paris, Henri Plon*. S. d. (1867), in-12, 2 ff., VII-246 p. et 1 f. non chiffré. [N. Lk^7 13295.]

Le feuillet non chiffré est celui de la table.
Dessins de H. CLERGET gravés sur bois hors texte et pl. d'après divers objets du cabinet de M. Léopold Double.

21004. — ADOLPHE JULLIEN. La Comédie à la cour de Louis XVI. Le théâtre de la Reine à Trianon d'après des documents nouveaux et inédits. *Paris, J. Baur*, 1875, in-8°, 2 ff. et 43 p.

On lit au verso du titre : « Extrait de la *Revue de France*. Tiré à 275 ex.; dont 25 sur papier vergé. »
Voyez le numéro suivant.

21005. — ADOLPHE JULLIEN. La Comédie à la cour. Les Théâtres de société royale pendant le siècle dernier. La Duchesse du Maine et les Grandes Nuits de Sceaux. Madame de Pompadour et le Théâtre des Petits-Cabinets. Le Théâtre de Marie-Antoinette à Trianon. *Paris, Firmin Didot et C°.* S. d. (1885), in-4°, 2 ff. et VII-323 p. [*N.* 4° Yf. 18.]

Nombreuses illustrations.

21006. — Trianon, Marie-Antoinette, les Arts et le Théâtre, par M. Maxime de la Rocheterie, membre de l'Académie de Sainte-Croix. *Orléans, H. Herluison,* 1879, in-8°, 56 p.

On lit au verso du faux titre : « Extrait du tome IV des Lectures et Mémoires de l'Académie de Sainte-Croix. »

21007. — La Ville et la Cour au XVIIIe siècle. Mozart, Marie-Antoinette, les Philosophes, par Adolphe Jullien. *Paris, Edouard Rouveyre,* 1881, in-8°, 5 ff. non chiff. et 208 p. [*N.* Li² 51.]

P. 61-104, *Marie-Antoinette musicienne.*

21008. — Le Petit-Trianon, histoire et description, par Gustave Desjardins, ancien archiviste du département de Seine-et-Oise. *Versailles, L. Bernard,* 1885, in-8°, XVI-470 p. et 21 pl. hors texte. [*N.* Lk⁷ 24503.]

Nombreux plans et fac-similés dans le texte. Voyez le numéro suivant.

21009. — Supplément à l'histoire du Petit-Trianon, par Gustave Desjardins, ancien archiviste du département de Seine-et-Oise. *Versailles, imp. Aubert; en vente chez Marpon et Flammarion, 9, rue Satory.* S. d. (1894), in-8°, 44 p.

On lit au verso du faux-titre : « Extrait des Mémoires de la Société des sciences morales, des lettres et des arts de Seine-et-Oise, tome XVIII, année 1894. »

21010. — Petit Trianon. Le Théâtre de la Reine, par Albert Terrade. Avant-propos de M. Philippe Gille. Dessins de F. Prodhomme *Paris, Léopold Cerf,* 1892, in-8°, 72 p. [*N.* Lk⁷ 27903.]

En regard du titre, plan du théâtre. Sur la couverture tirée en bleu et sur le titre, armes royales.

Travail publié à l'occasion de la représentation organisée par la Comédie-Française le 1er juin 1891 pour subvenir aux frais de la statue de Jean Houdon, érigée à Versailles, et due au ciseau de M. Tony Noël. P. 60-64, Prologue en vers composé par M. Jules Claretie pour la circonstance.

21011. — Pierre de Nolhac. Les Consignes de Marie-Antoinette au Petit-Trianon. « Revue de l'histoire de Versailles, et de Seine-et-Oise ». *Versailles, librairie Léon Bernard ; Paris, librairie H. Champion,* 1899, in-8°, 10 p. et 1 plan.

Ce plan inédit est celui du jardin du Petit-Trianon vers 1780.

¶ M. Henry de Chennevières a publié dans la *Gazette des Beaux-Arts* (tome XXXIII, janvier-juin 1886, p. 499-508), un article sur *les Bals de Marie-Antoinette* d'après des documents inédits, tiré des comptes des Menus-Plaisirs conservés aux Archives nationales.

C. — BIBLIOTHÈQUES

21012. — Bibliothèque de Madame la Dauphine. N° I. Histoire. *Paris, Saillant et Nyon; Moutard,* 1770, in-8°, 182 p. et 1 f. non chiffré. (Errata.) [*N.* Inv. Z. 55889.]

En regard du titre, frontispice signé : C. Eisen, *invenit* [et] *sculpsit.,* 1770.

Ce livre, qui figure ici en raison de son titre, n'est point un catalogue de la bibliothèque de la princesse, mais un discours sur l'histoire divisé en trois points et terminé par un « triage » des meilleurs livres dont on puisse composer une bibliothèque historique et comportant 167 numéros.

L'auteur de ce travail, dont la suite annoncée n'a pas paru, est Jacob-Nicolas Moreau, historiographe de France et bibliothécaire de la Reine (1717-1803).

Dans ses *Souvenirs,* publiés par M. C. Hermelin (E. Plon, 1898, tome Ier), Moreau se plaint (p. 220-222) de la cabale qui le desservit à ce propos auprès de Marie-Antoinette ; la Dauphine reçut son livre sans rien dire, ne lui en parla pas plus tard et ne l'ouvrit très probablement jamais.

21013. — Livres du boudoir de Marie-Antoinette. Catalogue authentique et original publié pour la première fois, avec préface et notes, par Louis Lacour. *Paris, J. Gay.* S. d. (1862), in-18, 2 ff. et LXXVI-144. [*N.* Inv. Q. 926. Réserve.]

Tiré à 317 ex. (2 sur peau vélin, 15 sur Chine, 300 sur Hollande).

Le manuscrit, reproduit et commenté par Louis Lacour, appartenait alors au département des imprimés de la Bibliothèque nationale qui l'acquit en 1839, à l'une des nombreuses ventes anonymes faites par M. Motteley. Il est passé depuis au département des Manuscrits où il a reçu la cote Fr. nouv. acq. 1699. C'est un petit in-4° remboîté dans une reliure frappée d'abord aux armes de la Dauphine, puis à celles de la Reine. La liste qu'il renferme est celle des livres que Campan avait distraits de la bibliothèque de Trianon pour les disposer dans un cabinet séparé.

Cette publication donna lieu à deux procès. Lacour, vivement attaqué par le *Mercure de France*, qu'un groupe d'écrivains légitimistes avait essayé de ressusciter, avait déposé, puis retiré une plainte contre l'auteur de l'article, M. Jean-Louis Restout, *dit* Du Coudray; mais, par mesure reconventionnelle, les rédacteurs du *Mercure* l'attaquèrent à raison du préjudice que cette plainte avait causé au journal, et, sur la plaidoirie de Me Baze, obtinrent gain de cause. On peut lire au sujet de cette singulière affaire un article de M. de Lescure intitulé : *Marie-Antoinette à la 6e chambre*, dans le *Figaro* du 18 janvier 1863.

En même temps M. Taschereau, directeur de la Bibliothèque impériale, poursuivait les éditeurs pour avoir reproduit sans autorisation préalable un manuscrit appartenant à l'Etat. Le tribunal n'admit point les arguments présentés par le ministère public et, le 22 mai 1863, acquitta Gay et Lacour. Celui-ci a recueilli les pièces de ce second débat dans la plaquette décrite sous le numéro suivant et qui n'a pas été, je crois, mise dans le commerce.

21014. — Procès relatif à la publication du catalogue intitulé « Livres du boudoir de Marie-Antoinette ». Prétendue contrefaçon imputée aux éditeurs sur la plainte de M. J. Taschereau, directeur de la Bibliothèque impériale. Réquisitoire de M. Hémon. Plaidoyer de Me Gallien. Jugement en faveur de M. Gay, éditeur, et de M. Lacour, auteur de la publication. Extrait de la « Gazette des Tribunaux ». *Paris, au bureau, rue du Foin-au-Marais, 6, 1864, in-8°, 48 p.*

On lit, p. 48 : « Achevé d'imprimer le 30 juin 1864, offert à M... — Louis Lacour. » Le « bureau » mentionné dans la rubrique n'était point celui de la *Gazette*, mais le domicile de Lacour.

21015. — Bibliothèque de la reine Marie-Antoinette au Petit-Trianon, d'après l'inventaire original dressé par ordre de la Convention. Catalogue avec des notes du marquis de Paulmy, mis en ordre et publié par Paul Lacroix, conservateur de (*sic*) la bibliothèque de l'Arsenal. *Paris, Jules Gay, 1863, in-12, XXVIII-128 p. [N. Inv. Q. 927. Réserve.]*

Tirage identique à celui des *Livres du boudoir*.

Au premier abord le contexte du titre adopté par Paul Lacroix ne laisse pas de surprendre, car on ne s'explique point comment le marquis de Paulmy, mort en 1786, aurait pu annoter un catalogue rédigé par ordre de la Convention. Dans sa préface en forme de lettre à Jules Janin, l'auteur nous donne la clé de cette énigme. La bibliothèque de la Reine à Trianon renfermait un grand nombre de romans qu'on retrouve d'ailleurs dans toutes les collections du temps, entre autres dans celle de l'Arsenal dont le premier possesseur, le marquis de Paulmy, apostillait volontiers de ses remarques les livres qu'il lisait, voire même de simples catalogues de ventes. (Cf. *Bulletin du bibliophile* de 1857.) De plus, en reproduisant ces notes, le bibliophile Jacob, au lieu de publier intégralement la copie (appartenant aussi à l'Arsenal) du *Catalogue des livres provenant de chez la femme Capet au Petit-Trianon*, avait reclassé selon les règles traditionnelles cette simple liste alphabétique et, par suite de ce remaniement, dix-sept ouvrages, conservés aujourd'hui à la Bibliothèque publique de Versailles, lui avaient échappé. Ils ont été restitués par M. G. Desjardins dans la reproduction qu'il a donnée à son tour du travail des commissaires chargés d'inventorier les palais royaux. (Voyez le *Palais de Trianon*, p. 408-461.)

21016. — Bibliothèque de la reine Marie-Antoinette au château des Tuileries. Catalogue authentique publié d'après le manuscrit de la Bibliothèque nationale, par E. Q. B. (E. Quentin-Bauchart). *Paris, Damascène Morgand, 1884, in-18, 2 ff., XXI et IX-118 p., plus 1 f. non chiffré (Table des divisions). [N. 8° Q. 914.]*

Reproduction intégrale du catalogue manuscrit portant la cote Fr. 13001 au département des mss. de la B. N. Outre ce répertoire usuel, le même département conserve un second catalogue alphabétique par titres de la bibliothèque des Tuileries, avec table des noms d'auteurs et renvois à leurs ouvrages (Fr. nouv. acq. 2512-2513).

M. Quentin-Bauchart a depuis donné, dans son ouvrage sur *les Femmes bibliophiles* (D. Morgand, 1886, 2 vol. petit in-4°), tome II, p. 225-294, une liste de livres provenant de la Reine et appartenant soit à des établissements publics, soit à des particuliers. Ceux des Tuileries ont passé à la Bibliothèque nationale et sont répartis dans ses nombreuses divisions; ceux de Trianon (y compris les livres dits du Boudoir) appartiennent en majeure partie à la bibliothèque publique de Versailles (entr'autres l'*Encyclopédie*, éd. de Lausanne, 72 vol.), aux bibliothèques de Bourges et de Périgueux, auxquelles ils avaient été attribués lors de la formation des écoles centrales, enfin chez divers bibliophiles. Cette provenance très recherchée a donné lieu à une spéculation contre laquelle les amateurs doivent se tenir en garde : le fer aux armes de la Reine a été habilement copié et frappé sur des livres qui ne figurent sur aucun de ces inventaires.

La dénomination de « bibliothèque des Tuileries », consacrée par l'usage, est néanmoins tout à fait erronée. Comment admettre que la Reine qui, avant les journées d'octobre, n'avait jamais séjourné aux Tuileries — pas même lors des fêtes données par la Ville en 1782, pour la naissance du premier Dauphin — y eût trouvé, tout installée et répertoriée, une bibliothèque relativement considérable ? A Versailles, au contraire, un local spécial, et qui existe encore sous la même désignation, était réservé à cet emploi. Or c'est cette bibliothèque qui, au moment du retour de la famille royale à Paris, fit partie du déménagement. Aussi, lors d'une visite domiciliaire du palais de Versailles en janvier 1791, les commissaires de la section des Champs-Elysées (cf. tome II de la *Bibliographie*, n° 7980) constatèrent que cette bibliothèque était « sans livres » et que « quelques feuilles de musique en garnissaient les tablettes ». Par suite, les membres de la Commission temporaire des Arts ne purent inventorier au château de Versailles, en 1792, que les ex. en nombre de divers ouvrages auxquels la Reine avait souscrit, tels que les *Mémoires* de Goldoni (41 ex.), les *Œuvres* de Métastase (23 ex.), et la *Gerusalemme liberata* du Tasse, illustrée par Cochin (17 ex.).

¶ On peut lire dans le *Bibliophile illustré* de juin 1870 un article signé *** [Gustave Brunet] sur *Marie-Antoinette bibliophile*.

D. — OBJETS D'ART, BIJOUX, MODES ET MOBILIER

21017. — Inventaire de la collection de la reine Marie-Antoinette, publié par Ch. Ephrussi. *Paris, imp. A. Quantin*, 1880, in-8°.

Tirage à part à petit nombre d'un article de la *Gazette des beaux-arts* du 1er novembre 1879, p. 389-408.

L'inventaire en question est conservé aux Archives du Musée du Louvre.

21018. — Modes et usages au temps de Marie-Antoinette, par le comte de Reiset, ancien ministre plénipotentiaire. Livre-journal de Mme Éloffe, marchande de modes, couturière-lingère ordinaire de la Reine et des dames de sa cour. Ouvrage illustré de près de 200 gravures dont 11 grandes planches, 60 coloriées. *Paris, Firmin Didot et C°*, 1885, 2 vol. in-4°. [N. Li⁷ 45.]

Le titre du tome II porte en plus : *Les Amies de la Reine. La Reine à la Conciergerie. Sa mort*. A la fin de chaque volume il y a une table des planches.

21019. — Collection Auguste Nicaise. Autour d'une vitrine. Etude et description d'objets ayant appartenu à Marie-Antoinette, [à] Louis XVI et à la Dauphine Marie-Thérèse de France. *Châlons-sur-Marne, imp. Thouille*, 1894, in-8°, 1 f. et 11 p. [N. Lb³⁰ 11550.]

Voyez le numéro suivant.

21020. — Collection A. B. Etude et description d'objets ayant appartenu à Marie-Antoinette, [à] Louis XVI, à la Dauphine Marie-Thérèse de France, suivie d'une notice sur le conventionnel Courtois, de lettres inédites de M. l'abbé Barthélemy et de Mme la duchesse de Choiseul. *Paris, librairie E. Bernard, imprimeur-éditeur, 29, rue des Grands-Augustins. S. d.* (1899), in-8°, 80 p. (la dernière non chiffrée), papier teinté.

Entre le faux-titre et le titre, profils de Louis XVI, de Marie-Antoinette et du Dauphin, réunis en un médaillon ovale.

L'auteur de ce travail, M. Alvin Beaumont, est devenu possesseur des curiosités précédemment acquises par M. Nicaise, consistant en livres imprimés et manuscrits, éventails, couteaux, boucles de cheveux, etc., dont il indique les diverses provenances, et qu'il a depuis fait figurer à l'Exposition universelle de 1900, dans une des salles du Petit-Palais. Il a joint à cette notice une note sur Courtois d'après de nouveaux documents retrouvés par hasard et au nombre desquels se trouvaient les lettres de l'abbé Barthélemy et de Mme de Choiseul énoncées sur le titre.

§ 3. — Vie publique, Règne et Mort de Marie-Antoinette.

A. — CORRESPONDANCES DIPLOMATIQUES

21021. — Correspondance secrète du comte de Mercy-Argenteau avec l'empereur Joseph II et le prince de Kaunitz, publiée par M. le chevalier Alfred d'Arneth, directeur des archives de la Maison, de la Cour et de l'Etat d'Autriche, et M. Jules Flammermont, professeur d'histoire à la Faculté des lettres de Lille. *Paris, imp. Nationale*, 1889-1891, 2 vol. in-8°. [*N.* L^{45} 30 ff.]

L'*Introduction* formant LXXXVIII pp., a été publiée postérieurement à l'apparition du tome II et en un fascicule séparé. Il n'existe point de table analytique ni onomastique pour l'ensemble de l'ouvrage, mais le contenu de chaque lettre est sommairement indiqué à la table des matières des deux volumes.
Cette publication fait partie de la nouvelle série des Documents inédits sur l'histoire de France entreprise sous les auspices du ministère de l'instruction publique et dans laquelle figurent les *Actes du Comité de salut public* coordonnés par M. Aulard, la *Correspondance de Carnot*, publiée par Etienne Charavay, les *Procès-verbaux* des comités d'instruction publique de la Législative et de la Convention, annotés par M. J. Guillaume, les *Lettres de Mme Roland*, éditées par M. Cl. Perroud, le *Recueil de documents relatifs à la convocation des Etats-Généraux*, dû à M. Brette.

21022. — Les Correspondances des agents diplomatiques étrangers en France avant la Révolution, conservées dans les archives de Berlin, Dresde, Genève, Turin, Gênes, Florence, Naples, Simancas, Lisbonne, Londres, La Haye et Vienne, par Jules Flammermont, professeur d'histoire à l'Université de Lille. (Extrait des « Nouvelles Archives des Missions scientifiques », tome VIII.) *Paris, Imp. Nationale, Ernest Leroux, éditeur, rue Bonaparte, 28, MDCCCXCVI*, in-8°, 2 ff. et XXI-628 p. [*N.* Lg^1 12.]

La plupart des fragments cités de ces dépêches concernent Marie-Antoinette, les intrigues de la Cour et les premiers événements de la Révolution française.

¶ M. E. Wertheimer a publié dans la *Revue historique* de juillet-août 1884, pp. 322-355, sous le titre de *Documents inédits relatifs à Marie-Antoinette*, diverses lettres ou notes recueillies dans les Archives de Vienne et de Paris et relatives au mariage de la jeune princesse, à son attitude politique et à ses dépenses personnelles.

B. — MÉMOIRES ET TÉMOIGNAGES AUTHENTIQUES ET APOCRYPHES

21023. — Mémoires sur la vie et le caractère des Mme la duchesse de Polignac, avec des anecdotes intéressantes sur la Révolution française et sur la personne de Marie-Antoinette de France, par la comtesse Diane de Polignac. *Hambourg, P.-F. Fauche*, 1796, in-8°, X-52 p. [*N.* Ln^{27} 16455.]

P. V-X, *Introduction* (en anglais), datée de London, 1 January 1796. P. 1-2, *Epître dédicatoire à la duchesse de Polignac*, sœur de l'auteur.
Voyez le numéro suivant.

21024. — Mémoires de Mme la duchesse de Polignac, avec des particularités sur sa liaison avec Marie-Antoinette de France, par la comtesse Diane de Polignac. *Paris, au bureau général des nouveautés, an V*, in-18, 108 p. [*N.* Ln^{27} 16456.]

Le *Discours de l'éditeur* (p. 7-12) est la traduction de l'*Introduction* du précédent numéro.

21025. — Mémoires concernant Marie-Antoinette, archiduchesse d'Autriche, reine de France, et sur plusieurs époques importantes de la Révolution française, depuis son origine jusqu'au 16 octobre 1793, jour du martyre de Sa Majesté, suivis du récit historique du procès et du martyre de Mme Elisabeth, de l'empoisonnement de Louis XVII dans la Tour du Temple, de la délivrance de Madame royale, fille de Louis XVI, et de quelques événements ultérieurs, par Joseph Weber, frère de lait de cette infortunée souveraine, ci-devant employé dans le département des finances de France et aujourd'hui pensionnaire de S. A. R. Monseigneur le duc Albert de Saxe-Teschen. *A Londres, imp. Daponte et Vogel. Se trouve chez l'auteur, n° 48, Leicester square, et chez tous les principaux libraires de l'Europe*, 1804-1809, 3 vol. gr. in-8°. [*N.* Lb^{39} 77.]

Épigr. :

Quæque ipse miserrima vidi.

Virg.

Tirage sur papier fort, orné de pl. gravées avec plus de luxe que de souci de la vérité historique.
Tome Ier, en regard du titre de départ : Marie-Antoinette, reine de France et de Navarre, née le 2 nov. 1755 (Edw. Stroehling, *pinx.*; L. Schiavonetti, *pinx.*). P. 42-43, Marie-Thérèse-Charlotte d'Angoulême de France, duchesse d'Angoulême, née le 19 déc. 1778 (mêmes artistes). P. 162-163, Louis XVI (F. Boze, *pinx.*, L. Schiavonetti, *sculp.*). P. 404, Louis XVII, roi de France et de Navarre (Ed. Stroehling. *pinx.*, Schiavonetti, *sculp.*).
Tome II, en regard du titre de départ : Louis XVIII, roi de France (Edwd Stroehling, *pinx.* L. Schiavonetti, *sculp.*). P. 124, Charles-Philippe de France (H. Danloux, *pinx.* L. Schiavonetti, *sculp.*). P. 306-307, Marie-Joséphine-Louise de Savoie, reine de France et de Navarre (sic) (*Pinted at Versailles*. L. Schiavonetti, *sculp.*).
Tome III, en regard du titre : Louis-Antoine de France, duc d'Angoulême (H. Danloux, *pinx.* L. Schiavonetti, *sculp.*). P. 98-99, pl. allégorique, signée : J. Weber, inv. 1790, P. Audinet, *sculp.*, représentant la couronne et les fleurs de lys, avec cette légende : « Lâche qui les abandonne ». P. 198, Elisabeth-Philippine-Marie-Hélène de France, née le 3 may 1764 (Edwd Stroehling, *pinx.* L. Schiavonetti, *sculp.*). P. 400, circulaire adressée par Weber à ses souscripteurs (l'ex. de la B. N., adressé au prince de Condé, porte des corrections manuscrites). Cette circulaire annonçait un supplément paginé en chiffres romains, intitulé : *Notes biographiques des chapitres V et VI*, suivies elles-mêmes de *Notes et développements historiques* (CXI pp.).

21026. — Memoirs of Maria-Antoinetta, archduchess of Austria, queen of France and Navarre, including several important periods of the french revolution, from its origin to the 16th of october 1793, the day of Her Majesty's martyrdom; with a narrative of the trial and martyrdom of Madame Elizabeth, the poisoning of Louis XVII in the Temple; the liberation of Madame royale, daughter of Louis XVI; and various subsequent events. By Joseph Weber, foster-brother of the unfortunate queen... Translated from the french, by R.-C. Dallas, esq. *London, sold by the author*, 1805-1806, 3 vol. in-8°. [*N.* Lb^{39} 79.]

Mêmes portraits que dans l'édition française.
D'après le catalogue imprimé du British Museum, le tome II avait été traduit par R. May et le tome III par Mrs. Jevers. Ce dernier volume manque dans l'ex. de la B. N.

21027. — Mémoires concernant Marie-Antoinette, archiduchesse d'Autriche et reine de France et de Navarre, par Weber, frère de lait de la Reine. Nouvelle édition. *Paris, Baudouin frères*, 1822, 2 vol. in-8°. [*N.* Lb^{39} 78.]

L'*Avant-propos* de Barrière établit d'abord que les *Mémoires* de Weber ayant paru à l'étranger, un petit nombre d'exemplaires aussitôt saisis avait passé la frontière, et ce serait même sur le seul ex. échappé à la police impériale que cette réimpression aurait été effectuée. Puis l'éditeur fait observer qu'il y a dans le texte des disparates trop évidents pour qu'il soit sorti tout entier de la même plume et désigne, par une allusion fort claire pour les contemporains, le marquis Gérard-Trophime de Lally-Tolendal comme le principal coopérateur de Weber. Mais la « prolixité rebutante » d'autres parties de ces *Mémoires* avait amené le nouvel éditeur à faire des retranchements nombreux ; de plus, il avait rectifié dans les notes des jugements « trop peu impartiaux » et ajouté en appendices diverses pièces justificatives. Weber protesta aussitôt contre les mutilations infligées au livre qui portait son nom. Voyez le numéro suivant.

21028. — Cour royale. Chambre des appels de police correctionnelle, 8 avril 1823. Appel du chevalier de Weber contre les frères Baudouin, imprimeurs. *Imp.* Ve *Porthmann. S. d.*, in-4°, 15 p. [*N.* 4° F^a 33006.]

Le mémoire est contresigné par M. Mestadier, conseiller rapporteur, Me Berryer père, avocat plaidant, Me Sorbet, avoué.
Après avoir dénoncé la « manœuvre frauduleuse » dont il était victime, par l'annonce d'une nouvelle édition de son livre, quand la sienne était loin d'être épuisée — il lui restait, paraît-il, 800 ex. en feuilles représentant une valeur de 75,000 francs — Weber protestait contre « la plus odieuse diffamation », puisque l'avant-propos de Barrière lui déniait ses droits d'auteur sur ses mémoires originaux et jusqu'à

la qualité de sujet français. Les lettres de naturalité de Weber avaient été en effet enregistrées au *Bulletin des lois* du 25 mars 1817 et, le 18 août 1818, la Cour royale avait entériné les lettres de noblesse que lui accordait Louis XVIII. Weber réclamait en outre contre les suppressions, les adjonctions et les altérations dont ses *Mémoires* avaient été l'objet et qui en dénaturaient le fond et la forme.

Malgré la plaidoirie de P.-N. Berryer, il fut débouté de sa plainte, les frères Baudouin ayant produit à l'audience une lettre de Lally-Tolendal par laquelle il reconnaissait avoir rédigé, d'après ses souvenirs personnels et ceux du duc de Choiseul, ce qui concernait l'intérieur de la Reine, et d'après un petit nombre de notes de Weber, l'avant-propos et les trois premiers chapitres. Barbier ajoute (table de la 2ᵉ éd. des *Anonymes*, vº *Lally-Tolendal*) qu'à partir de la p. 359, le premier volume (édition originale) était l'œuvre « d'un écrivain de Paris voué à des principes en opposition avec ceux de Lally (?\ ». Peuchet, dans une note inscrite sur l'ex. qui a passé dans sa vente posthume [1831] (voyez tome Iᵉʳ de la *Bibliographie*, p. XLII), désigne au contraire comme second collaborateur « ce fou de PELTIER ».

Sous ce titre : *Ma Bibliothèque française* (imp. Claye, 1855, in-12), la librairie Hector Bossange avait fait rédiger par Hipp. Cocheris un répertoire de livres courants à l'usage de ses correspondants d'Amérique. Dans la nomenclature de la première collection Barrière figuraient sous les nᵒˢ XIV et XV (bien que la collection ne fût pas tomée), les *Mémoires de* MESLIER (sic) *concernant Marie-Antoinette* qui avaient fort intrigué Quérard. Il est évident qu'un lapsus typographique a transformé *Weber* en MESLIER, et je ne relève la méprise de Quérard que pour montrer combien les plus expérimentés bibliographes sont exposés à l'erreur.

21029. — Mémoires de WEBER, frère de lait de Marie-Antoinette, avec avant-propos et notes par Fs. BARRIÈRE. *Paris, Firmin Didot frères*, 1847, in-12, 2 ff. et 250 p. [*N*. L⁴⁵ 24.]

Le faux-titre porte : *Bibliothèque des Mémoires relatifs à l'histoire de France pendant le 18ᵉ siècle...* Tome VII.

A l'exception d'une partie de l'avant-dernier et du dernier paragraphe, l'*Avant-propos* de cette édition est entièrement différent de celui de 1822 et celui de l'auteur supprimé ; mais le texte est le même que celui de l'édition Baudouin.

21030. — Marie-Antoinette, reine de France et de Navarre. Extraits des Mémoires de WEBER, continués depuis la journée du 10 août 1892 (sic) jusqu'à la mort de la Reine, par M. l'abbé ORSE.

Paris, Adrien Leclère. S. d. (1855), in-18, 216 p. [*N*. Inv. Z. 42938.]

Bibliothèque de la famille... 25ᵉ livraison.

21031. — Conversations recueillies à Londres, pour servir à l'histoire d'une grande reine, par M***. *Paris, Hénée et Dumas; Lerouge*, 1807, in-8º, 2 ff. et 262 p. [*N*. Lb³⁹ 80.]

L'*Avis de l'éditeur* et l'*Introduction*, quoique paginés en chiffres romains, sont compris dans la pagination générale.

Ces *Conversations*, rédigées, selon Eckard (*Notice sur Peuchet*), « par un membre distingué de l'Assemblée nationale » (LALLY-TOLENDAL ?), ont fait l'objet d'une autre publication décrite sous le numéro suivant.

21032. — Mémoires de Mˡˡᵉ BERTIN sur la reine Marie-Antoinette, avec des notes et des éclaircissements. *Paris, Bossange frères*, 1824, in-8º, 1 f. et 291 p. [*N*. Inv. Y² 52566.]

Le faux-titre porte : *Collection des Mémoires relatifs à la Révolution française*. Dans l'ex. de la B. N. un second titre, relié à la suite du premier, porte comme rubrique : *Paris et Leipzig, Bossange frères*.

Les *Mémoires* attribués à la célèbre modiste sont en réalité une réédition des *Conversations* décrites sous le numéro précédent, mais que PEUCHET avait dépouillées de la forme du dialogue et qu'il avait fait suivre, pp. 161-291, de pièces justificatives et de notes historiques dont voici le détail : I. *Sur le comte de Charolais*. II. *Sur la duchesse d'Orléans, femme de Louis-Philippe*. III. *Sur Louis-Philippe d'Orléans (Egalité)*. IV. *Sur le mariage de Marie-Antoinette avec le Dauphin*. V. *Marie-Antoinette, épouse de Louis XVI*. VI. *Sur les princesses tantes de Louis XVI*. VII. *Sur le comte de Maurepas*. VIII. *Sur Choiseul*. X. (sic : IX) et XI (X). *Sur* Mᵐᵉ *Dubarry, sa mort et ses trésors*. XII. Mᵐᵉ *de Mackau*. XIII. *Souvenirs sur Marie-Thérèse de France*. XIV. *Arrêt du 31 mai 1786* (affaire du Collier).

Les héritiers de Mˡˡᵉ Bertin réclamèrent contre l'abus qui avait été fait du nom de leur tante ; dans une lettre adressée à *la Semaine, journal littéraire* (22ᵉ livraison, pp. 174-177), leur représentant, M. Petit-Dauterive ajoutait que Mˡˡᵉ Bertin non seulement n'avait pas laissé de Mémoires, mais encore qu'elle avait, par prudence, détruit, durant la Terreur, ses livres de comptes, en sorte que sa succession n'avait pu, lors de la Restauration, exercer aucune répétition auprès de la liste civile.

En présence de ce désaveu, les frères Bossange s'exécutèrent de fort bonne grâce : « Trompés, disaient-ils, par quelqu'un qu'il serait, peu généreux de nommer, puisqu'il avoue sa faute », ils déclarèrent qu'ils s'interdisaient toute vente ou publication ultérieure de ces *Mémoires* et qu'ils remettaient aux plaignants la presque totalité de l'édition.

Cette lettre, également publiée par *la Semaine*, a été reproduite par Beuchot dans le *Journal de la librairie* du 29 janvier 1825, avec une apostille flatteuse pour la délicatesse et le désintéressement des frères Bossange.

¶ Je signale ici, à titre de curiosité, que le premier article de Sainte-Beuve publié dans le *Globe* (11 nov. 1824) est consacré aux *Mémoires* de Mlle Bertin. Il a été réimp. par M. Jules Troubat dans les *Premiers lundis* (tome Ier, 1874, in-18).

21033. — Mémoires sur la vie privée de Marie-Antoinette, reine de France et de Navarre, suivis de souvenirs et anecdotes historiques sur les règnes de Louis XIV, de Louis XV et de Louis XVI, par Mme CAMPAN, lectrice de Mesdames et première femme de chambre de la Reine. *Paris, Baudouin frères*, 1822, 3 vol. in-8°. [N. Lb³⁹ 86.]

Le faux-titre porte : *Collection des mémoires relatifs à la Révolution française*.

21033^a. — Mémoires sur la vie privée de Marie-Antoinette..., par Mme. CAMPAN... Deuxième édition. *Paris, Baudouin frères*, 1823, 3 vol. in-8°. [N. Lb³⁹ 86 A.]

En regard du titre du tome Ier, portrait gravé de Mme Campan, signé : M. F. DIEN, *sculp*.

Le texte est identique comme tirage à celui du numéro précédent. Il en est de même de ceux qui portent : 3e édition, *P. Mongie l'aîné*; *Baudouin frères*, 1823 ; 4e édition, *Baudouin frères*, 1823, avec la mention : mis en ordre et publié par M. BARRIÈRE.

21033^b. — Mémoires sur la vie privée de Marie-Antoinette..., par Mme CAMPAN..., publiés et mis en ordre par F. Barrière. *Paris, Baudouin frères*, 1826, 3 vol. in-8°. [N. Lb³⁹ 86 E.]

Le texte est réimprimé.

21033^c. — Mémoires sur la vie privée de Marie-Antoinette..., par Mme CAMPAN... Cinquième édition. *Paris, Baudouin frères*, 1823, 2 vol. in-12. [N. Uu 2099-2100.]

En regard du titre du tome Ier, portrait de Mme Campan (FAUCHERY, *del. et sculp.*).

En regard du titre du tome II, portraits dessinés et gravés par le même, sur une seule pl., de Marie-Lezcinska, Marie-Thérèse, Marie-Antoinette, Madame Victoire, Madame Louise, la comtesse d'Artois, la duchesse d'Angoulême et Madame Elisabeth.

21033^d. — Mémoires de Mme CAMPAN sur la vie privée de Marie-Antoinette, reine de France et de Navarre, suivis de quelques souvenirs et anecdotes historiques sur les règnes de Louis XIV, Louis XV et Louis XVI. *Londres, Colburn et Bossange*, 1823, 2 vol. in-8°.

En regard du titre, portrait de Mme Campan.

21033e. — Mémoires sur la vie de Marie-Antoinette, reine de France et de Navarre, suivis de souvenirs et anecdotes historiques sur les règnes de Louis XIV, de Louis XV et de Louis XVI, par Mme CAMPAN, lectrice de Mesdames, première femme de chambre de la Reine et depuis surintendante de la maison d'Ecouen, avec une notice et des notes, par Fs. BARRIÈRE. *Paris, Firmin Didot frères*, 1849, in-12, 488 p. [N. L⁴⁵ 24.]

Le faux-titre porte : *Bibliothèque des mémoires relatifs à l'histoire de France pendant le 18e siècle*. Tome X.

J'ai vu dans la bibliothèque de M. Otto Friedrichs un ex. des *Mémoires* de Mme Campan en 7 fascicules in-16, formant les n°s 35-41 d'une *Collection portative d'œuvres choisies de la littérature ancienne et moderne*, publiée sous la direction de l'abbé Mozin et M. Ch. Courtin. (Stuttgart, Ch. Hoffmann, 1829.)

Œttinger signale aussi des traductions de ces *Mémoires* en allemand, en anglais et en néerlandais (1823-1824).

21034. — Observations sur les Mémoires de Mme Campan, par M. le baron D'AUBIER, gentilhomme ordinaire de la chambre du Roi, chambellan ordinaire de S. M. le roi de Prusse, colonel, chevalier de Saint-Louis, officier de la Légion d'honneur et de l'Ordre royal de l'Aigle-Rouge de Prusse de seconde classe. *Imp. Rignoux*, 1823, in-8°, 59 p. [N. Lb³⁹ 87.]

21034^a. — Observations sur les Mémoires de Mme Campan, par M. le baron D'AUBIER... *Paris, C.-F. Trouvé*, 1823, in-8°, 2 ff. et 70 p. [N. Lb³⁹ 87 A.]

21035. — JULES FLAMMERMONT, professeur à la Faculté des lettres de Poitiers. Etudes critiques sur les sources de l'histoire du XVIIIe siècle. I. Les Mémoires de Mme Campan. (Extrait du « Bulletin de la Faculté des lettres de Poitiers ».) *Paris, Alph. Picard*, 1886, in-8°, 43 p. [N. La²⁹ 41.]

21036. — Mémoires de M. le duc DE LAUZUN. *Paris, Barrois aîné*, 1822, in-8°, 2 ff., XX-399 p. [N. Ln²⁷ 11752.]

La B. N. conserve dans la Réserve et sous la même cote un autre exemplaire avec portrait rapporté, une lettre autographe de la duchesse Des Cars au prince de Talleyrand, pour le remercier d'avoir déclaré ces Mémoires supposés, et des notes manuscrites dans lesquelles on a rétabli les passages supprimés et les noms propres désignés par des initiales. Ce fut seulement, en effet, au prix de ces mutilations que Barrois obtint de mettre en vente ce livre aussitôt argué de faux par les intéressés et leurs caudataires. Il y aurait eu, ce semble, un moyen fort simple de confondre les prétendus imposteurs : puisque la famille du duc et son ami M. de Talleyrand reconnaissaient que Lauzun avait bien réellement laissé des *Mémoires* personnels et puisque Mme Gay (dont l'intervention en cette affaire demeure inexpliquée pour nous) faisait annoncer que « dépositaire du ms. depuis quinze ans », elle l'avait confié à un notaire « pour qu'il ne fût ni perdu, ni imprimé », pourquoi ne pas faire sortir un instant de l'ombre tutélaire où il se cachait le texte authentique et en détacher quelques pages qui eussent dévoilé la supercherie? On préféra traiter la publication de Barrois de « sale roman » et s'étonner que la police de Louis XVIII laissât circuler « des ouvrages antiroyalistes et antireligieux que les ministres de l'usurpateur lui-même envoyaient au pilon ». (*Gazette de France*, 1er janvier 1822.)

D'où venait donc ce manuscrit dont Barrois avait risqué la mise au jour? De toutes les versions qui circulèrent alors sur sa mystérieuse origine, la plus plausible est celle que lui prêtèrent Salgues, ex-censeur de la police impériale, devenu le collaborateur de Martainville au *Drapeau blanc*, et son ancien chef, Savary, duc de Rovigo, ministre de la police de 1810 à 1814. D'après Salgues (*Drapeau blanc*, du 21 décembre 1821), le libraire Buisson lui aurait soumis une copie « défectueuse » (comment pouvait-il le savoir?) des *Mémoires* en lui demandant conseil sur l'opportunité de la publication. Salgues l'en aurait détourné, ainsi que son collègue Lacretelle aîné, également consulté; mais Savary, avisé de cette communication officieuse, chargea son subordonné, le général Pommereul, d' « emprunter » à Buisson son manuscrit contre récépissé et, après avis préalable de la commission de censure, étrangère à celle de la librairie, le susdit manuscrit fut « classé » avec ceux de la même espèce. Du propre aveu de Salgues, Buisson réclama « cent fois » contre cette spoliation et mourut avant d'avoir obtenu gain de cause.

A ces détails, le *Journal des Débats* du 13 janvier 1822 en ajouta d'autres qui ne furent point démentis par la presse royaliste. Selon lui, le manuscrit des *Mémoires* aurait été « présenté » à « Bonaparte » par Savary de la part d'un ami de Lauzun. « Si je laisse publier ceci, aurait dit l'empereur, tout Paris jettera les hauts cris; donnez 40,000 francs à cet homme et je garderai le manuscrit. » Il aurait été, en effet, retrouvé dans ses papiers en 1814. Comment un pamphlétaire aussi décrié que Lewis Goldsmith en obtint-il communication en 1817, lors d'un de ses séjours à Paris, de la main d'un personnage des plus qualifiés (*by a nobleman of very high character*)? C'est ce que les *Débats* n'auraient pas dit s'ils l'avaient su. Toujours est-il qu'à partir du 30 juillet 1818, Lewis Goldsmith publia dans trente numéros consécutifs de son journal, *The British monitor*, la traduction des *Mémoires*, en ayant soin toutefois d'omettre un grand nombre de passages « indécents ». Ces passages visaient, non Marie-Antoinette et son entourage, mais des « dames anglaises du plus haut rang encore vivantes », comme le fit remarquer un correspondant de la *Quotidienne* (14 janvier 1822).

Selon le plus récent biographe de Lauzun, M. Gaston Maugras (*Le Duc de Lauzun et la Cour de Louis XVI*, 1895, in-8°), le manuscrit original aurait été saisi, puis détruit sous les propres yeux de Napoléon, non pas toutefois avant que la Reine Hortense n'en eût obtenu communication pour quelques jours durant lesquels elle se hâta de le faire transcrire, et c'est sur cette copie qu'aurait été donnée l'édition de 1822.

Quérard a prétendu que Louis XVIII, dans une pensée de ressentiment contre sa belle-sœur, avait tacitement autorisé ce que Napoléon avait défendu; quelle que soit la valeur de cette allégation, dont il faut lui laisser la responsabilité, il est constant que diverses copies des *Mémoires* circulaient à Paris dans les premières années de la Restauration et qu'en 1818 il fut question d'imprimer l'une d'elles. C'est alors que Talleyrand adressa, le 25 mars au *Moniteur*, un désaveu préventif, inséré le surlendemain et réimprimé sur l'original dans l'*Amateur d'autographes* de 1863, p. 382. Ni cette protestation, ni celle du duc de Choiseul (*Moniteur* du 22 décembre 1821), ni, à plus forte raison, celles de Mmes Campan et de Genlis, ne persuadèrent le public et la question d'authenticité n'a même plus été soulevée depuis lors. La critique historique n'a pas à se prononcer sur l'exactitude des dires de Lauzun touchant ses innombrables bonnes fortunes, mais elle a qualité pour constater que les faits et les dates allégués par lui dans ses campagnes de Corse et d'Amérique sont d'une scrupuleuse exactitude, qu'un arrangeur eut donné à ses *Mémoires* un tour plus littéraire et qu'ils sont demeurés inachevés, car ils s'interrompent au moment où l'auteur reçut l'ordre de ramener en France les troupes envoyées au secours des *insurgents* (1783).

21036ª. — Mémoires de M. le duc DE LAUZUN. Seconde édition. *Paris, Barrois l'ainé*, 1822, 2 vol. in-12. [*N.* Ln²⁷ 11751 A.]

On lit au verso du titre de chaque volume : « En terminant cette édition, nous croyons devoir avertir le public de se tenir en garde contre toute contrefaçon des *Mémoires* de M. le duc de Lauzun que l'on annoncerait avec des augmentations. Les *Mémoires* que nous avons publiés sont *conformes au manuscrit de l'auteur* et les seuls véritables. Toutes les contrefaçons que l'on pourra annoncer avec des augmentations seront falsifiées, ces additions n'appartenant point à l'auteur et n'étant puisées que dans les *Mémoires* de Bachaumont ou autres ouvrages du temps. »

Cette note n'était qu'à moitié exacte, puisque l'éditeur avait dû pratiquer dans les deux tirages des coupures moins importantes en somme qu'on aurait été en droit de le supposer, ainsi qu'on put en juger lorsque Taschereau en eut rétabli le texte dans la *Revue rétrospective* (1ʳᵉ série, tome Iᵉʳ, 1833, pp. 84-101). C'est de cette version ainsi complétée que Sainte-Beuve se servit pour consacrer à Lauzun l'une de ses premières *Causeries du lundi* (1851) ; il y citait en outre la partie principale de la lettre de Mᵐᵉ Des Cars, dont il a été question plus haut et revendiquait à ce propos, en termes éloquents, les droits imprescriptibles de l'histoire.

C'est seulement en 1858 que les *Mémoires* furent intégralement reproduits pour la première fois ; voyez les deux numéros suivants.

21036ᵇ. — Mémoires du duc DE LAUZUN (1747-1783), publiés pour la première fois avec les passages supprimés, les noms propres, une étude sur la vie de l'auteur, des notes et une table générale, par LOUIS LACOUR. *Paris, Poulet-Malassis et de Broise*, 1858, in-12, 2 ff. et LII-330 p. [*N.* Ln²⁷ 11753.]

Il a été tiré un ex. sur Chine et quelques ex. sur papier fort et il existe un prospectus de quatre pages. C'est en raison des termes mêmes dans lesquels la publication y était annoncée que M. le baron Pichon, dont Louis Lacour était le locataire, lui fit donner congé et que la Société des Bibliophiles français rompit les conventions passées avec le même érudit pour la publication des *Mémoires* inédits de Gassot, secrétaire de divers princes de la maison de Valois.

En même temps le livre était saisi pour outrage à la morale publique, mais une ordonnance de non-lieu intervint presqu'aussitôt et cette première édition fut rapidement épuisée. Louis Lacour avait établi le texte sur deux copies certifiées, ainsi que sur l'ex. de réserve de la B. N. et il en avait restitué les passages cités intégralement dans la *Revue rétrospective*.

21036ᶜ. — Mémoires du duc DE LAUZUN (1747-1783), publiés entièrement conformes au manuscrit, avec une étude sur la vie de l'auteur. Seconde édition sans suppression et augmentée d'une préface et de notes nouvelles par LOUIS LACOUR. *Paris, Poulet-Malassis et de Broise*, 1858, petit in-8°, 2 ff. et LXVII-440 p., plus 1 f. non chiffré (table des matières). [*N.* Ln²⁷ 11753 A.]

La nouvelle préface (pp. I-XI) est intitulée : *Tribulations d'un éditeur. Bref exposé des conséquences que la première édition sans suppressions des Mémoires de Lauzun a eues pour moi*, et datée de Paris, 14 octobre 1858.

Le texte des *Mémoires* et celui de la Notice sont conformes à ceux de la première édition, mais il y a, pp. 379-400, un *Appendice*; diverses notes ont été corrigées et les signes matériels employés pour indiquer les additions ont disparu.

De nouvelles poursuites furent dirigées contre Lacour et Malassis, tant au nom de M. Pichon, pris à partie dans les *Tribulations d'un éditeur*, qu'en celui des princes Czartorysky, à raison de divers passages des *Mémoires* et de deux notes qu'ils tenaient pour injurieuses. Le délit d'outrage à la moralité publique, un moment invoqué, fut écarté de nouveau, mais le 26 janvier 1859, les plaignants obtinrent la destruction des ex. saisis ; de plus, par le même jugement, confirmé en appel, le tribunal condamna Louis Lacour à trois mois de prison et 1,000 francs d'amende, Poulet-Malassis et De Broise à un mois de prison et 500 francs d'amende.

Les *Mémoires* furent en 1862 l'objet de deux nouvelles réimpressions. Voyez les deux numéros suivants.

21036ᵈ. — Mémoires du duc DE LAUZUN et du comte DE TILLY, avec avant-propos et notes par M. Fs. BARRIÈRE. *Paris, Firmin Didot frères, fils et Cᵉ*, 1862, in-12, 2 ff., 435 p. et 1 f. de table. [*N.* L⁴⁵ 24.]

Le faux-titre porte : *Bibliothèque des Mémoires relatifs à l'histoire de France pendant le XVIIIᵉ siècle... Tome XXV*.

Pour les *Mémoires* de Lauzun, l'éditeur a

suivi le texte de l'édition Lacour, ainsi qu'il l'a reconnu p. 98 et il a, comme lui, rétabli tous les noms propres.

21036e. — Mémoires du duc DE LAUZUN (1749-1783), publiés entièrement conformes au manuscrit, avec une étude sur la vie de l'auteur. Sixième édition sans suppressions et augmentée d'une préface, de notes nouvelles et du plaidoyer de Me FALATEUF, avocat à la cour de Paris, par LOUIS LACOUR. *Naumbourg s/ S., Gottfried Paetz,* 1862, in-8°, LXXXIII-412 p.

Le texte et les notes sont, en effet, conformes à la seconde édition de 1858, mais les *Tribulations d'un éditeur* sont supprimées et remplacées par un avertissement emprunté pour la majeure partie à un article de Léon de Wailly paru dans *l'Illustration*. Le plaidoyer de Me Falateuf occupe les pp. LXVIII-LXXXIII.

Cette réimpression, dont l'éditeur est resté inconnu, eut lieu à l'insu de Louis Lacour, ainsi que l'atteste une note inscrite par lui sur un ex. signalé dans un catalogue à prix marqués : « Vu et reconnu exact. Remerciements à mon cher collègue Jules Picard de m'avoir le premier communiqué ce livre, 19 août 1864. LOUIS LACOUR. »

21036f. — Mémoires du duc DE LAUZUN. Edition complète, précédée d'une étude sur Lauzun et ses Mémoires, par GEORGES D'HEYLLI. *Paris, Edouard Rouveyre,* 1880, in-8°, XLVI-266 p. et 1 f. non chiffré (achevé d'imprimer). [*N.* Ln27 33819.]

Frontispice en tête et culs-de-lampe par DE MALVAL.

M. d'Heylli a suivi le texte établi par Louis Lacour, mais il l'a divisé en chapitres qui n'existent point dans les éditions précédentes.

21037. — Memoiren des Grafen ALEXANDER VON TILLY, aus den französischen Handschrift übersetzt, mit einer biographischen Notiz über den Grafen von Tilly. *Berlin,* 1825, 3 vol. in-8°.

D'après le *Quérard,* n° 11, et d'après OEttinger.

21038. — Mémoires du comte ALEXANDRE DE TILLY, pour servir à l'histoire des mœurs de la fin du XVIIIe siècle. *Paris,* chez les marchands de nouveautés, 1828, 3 vol. in-8° [*N.* Lb39 71.]

L'authenticité de ces *Mémoires* n'est rien moins que certaine : une partie du texte serait due à ALPHONSE DE BEAUCHAMP et son travail aurait été achevé par AUGUSTE CAVÉ, auteur (avec Dittmer) des *Soirées de Neuilly*, publiées sous le nom de M. de Fongeray.

21038a. — Mémoires du comte ALEXANDRE DE TILLY, ancien page de la reine Marie-Antoinette, pour servir à l'histoire des mœurs de la fin du XVIIIe siècle. *Paris, Ch. Heideloff,* 1830, 3 vol. in-8°. [*N.* Lb39 71 A.]

Le titre seul du précédent numéro est changé.

21039. — Mémoires secrets de J.-M. AUGEARD, secrétaire des commandements de la reine Marie-Antoinette (1760-1800). Documents inédits sur les événements accomplis en France pendant les dernières années du règne de Louis XV, le règne de Louis XVI et la Révolution, jusqu'au 18 brumaire, précédés d'une introduction par M. EVARISTE BAVOUX. *Paris, Henri Plon,* 1866, in-8°, 2 ff. et 372 p. [*N.* Lb39 6198.]

21040. — Souvenirs d'un page de la cour de Louis XVI, par FÉLIX, comte DE FRANCE D'HÉZECQUES, baron de MAILLY, publiés par M. le comte D'HÉZECQUES, ancien député au Corps législatif, membre du Conseil général de la Somme. *Paris, Didier et Cie,* 1873, in-12, 2 ff. et VIII-360 p. [*N.* Lb39 11016.]

Une nouvelle édition a été publiée en 1895 sans changements.

21041. — Le comte de Fersen et la cour de France. Extraits des papiers du grand maréchal de Suède, comte JEAN-AXEL DE FERSEN, publiés par son petit-neveu, le baron R.-M. DE KLINCKOWSTRŒM, colonel suédois. *Paris, Firmin Didot et Cie,* 1877-1878, 2 vol. in-8°. [*N.* Lb39 11221.]

Tome I, LXXVII-321 p. et 1 f. d'errata. En regard du titre, gravure anonyme au burin, d'après une miniature représentant Fersen à vingt-huit ans. — *La Guerre d'Amérique du Nord.* — *Fuite du Roi et de la Reine de France pour Varennes.* — *La Contre-Révolution.*

Tome II, 2 ff., 440 p. et 1 f. d'errata. — *Formation d'un congrès armé des puissances*

étrangères. — Coalition contre la France. — Différents projets de délivrer la famille royale de France. — Les deux premières campagnes des puissances coalisées contre la France.
Voyez le numéro suivant.

21042. — Reale Academia dei Lincei.. Anno CCLXXVI (1878-1879). Marie-Antoinette et Fersen. Mémoire du membre M.-A. GEFFROY. *Roma, coi tipo del Salviucci,* 1879, in-4°, 26 p. [*N.* Lb^{39} 11245.]

Compte rendu de la publication décrite sous le numéro précédent.

21043. — Mémoires de Mme la duchesse DE TOURZEL, gouvernante des Enfants de France pendant les années 1789, 1790, 1791, 1792, 1793, 1795, publiés par le duc DES CARS. Ouvrage enrichi du dernier portrait de la Reine. *Paris, E. Plon et Ce,* 1883, 2 vol. in-8°. [*N.* La^{32} 572.]

En regard du titre du tome Ier, portrait gravé par LÉOPOLD FLAMENG, d'après KUCHARSKY. C'est un nouveau tirage de la pl. mentionnée sous le n° 20983^{b} ci-dessus, L'*Introduction* est signée LA FERRONAYS.

21044. — Souvenirs sur Marie-Antoinette, archiduchesse d'Autriche, reine de France, et sur la cour de Versailles, par Mme la comtesse D'ADHÉMAR, dame du palais. *Paris, L. Mame,* 1836, 4 vol. in-8°. [*N.* Inv. Y^{2} 13011-13014.]

Par le baron DE LAMOTHE-LANGON, d'après Quérard.

21045. — Souvenirs de LÉONARD, coiffeur de la reine Marie-Antoinette. *Paris, Alph. Levavasseur et Ce,* 1838, 4 vol. in-8°. [*N.* Inv. Y^{2} 63942-63945.]

Mémoires apocryphes, attribués, comme les précédents, à LAMOTHE-LANGON. Sur le personnage que les romanciers modernes ont plusieurs fois mis en scène, voir une note très précise de M. Alfred Bégis dans l'*Intermédiaire* du 10 juillet 1890, col. 408-409. Jean-François Autié, dit *Léonard,* né à Pamiers en 1758, coiffeur et valet de chambre d'honneur de la Reine, condamné à mort le 7 thermidor an II, échappa au supplice par suite d'une confusion de noms, passa en Russie, d'où il ne revint qu'en 1814, et mourut à Paris le 24 mars 1820. En 1818 il était ordonnateur général des pompes funèbres.

C. — PAMPHLETS ET SATIRES EN VERS ET EN PROSE

21046. — Les Amours de Charlot et Toinette, pièce dérobée à V... *S. l., MDCCLXXIX* (1779), in-8°, 8 p.

ÉPIGR. :
Scilicet is superis labor est, ea cura quietos Sollicitat...
                                   VIRG., *Æneid.*

Satire en vers irréguliers dont la destruction coûta plus de 17,400 livres à la cassette de Louis XVI, ainsi que l'atteste la quittance du libraire Boissière, publiée par P. Manuel.(*Police dévoilée,* I, pp. 237-238.) Deux ex. au moins échappèrent à cette destruction, si rigoureuse qu'elle fût : celui qui a appartenu à M. Hankey renferme deux pl. gravées et très finement gouachées, attribuées à DESRAIS, représentant, l'une, Marie-Antoinette en tête-à-tête avec le comte d'Artois, l'autre, Louis XVI se soumettant à l'examen de la Faculté de médecine. Un second ex. (provenant de Leber, qui l'a décrit sous le n° 2281 de son catalogue et qui appartient aujourd'hui à la bibliothèque de Rouen) est orné d'un dessin également attribué à Desrais; mais si les attitudes des deux personnages sont les mêmes que dans l'ex. Hankey, leurs traits et leurs costumes rappellent plutôt ceux de Mme de Staël et de La Fayette.

L'ex. Hankey a passé dans la vente Bégis (2e partie, n° 274); il a été adjugé 925 francs à M. Ed. Rahir.

Les *Amours de Charlot et Toinette* ont été plusieurs fois réimp. à partir de 1789, entre autres dans le *Momus redivivus* de Mercier (de Compiègne), 1796, 2 vol. in-18.

21047. -- Portefeuille d'un talon rouge, contenant des anecdotes galantes et secrètes de la cour de France. *Paris, imp. du comte de Paradès, l'an 178*,* in-24, 42 p. [*N.* Lb^{39} 7. Réserve.]

P. 3. *Avis de l'éditeur.* P. 5. *A M. de la H...* (La Harpe), de l'Académie française. P. 29. *Lettre à Milady St...,* datée de Versailles, 18 juin 1779.

Pamphlet dont l'auteur est demeuré inconnu et que l'on attribue sans preuves à Gédéon Lafitte, marquis de Pelleport (cf. l'*Intermédiaire* de 1880, col. 136, 190, 209, 270). Quant à la rubrique inscrite sur le titre, elle fait allusion à un aventurier nommé en réalité Richard, issu d'un pâtissier de Phalsbourg, qui se donnait pour fils naturel d'un grand d'Espagne et sur qui une détention à la Bastille pour cause d'espionnage avait attiré l'attention publique; aussi l'emploi de son nom était-il un appât tendu à la curiosité des badauds.

Le *Portefeuille d'un talon rouge* dut être saisi

avant même d'être mis en vente, car il n'en est trace ni dans les *Mémoires secrets*, ni dans la *Correspondance* dite de Métra, et on ne le voit inscrit dans la *Police dévoilée* de Manuel (tome Ier, p. 38) avec cette mention : « Toute l'édition, ou à peu près », parmi les livres envoyés au pilon sur l'ordre de Lenoir, le 19 mai 1783. Si exacte en effet qu'ait été la recherche, quelques ex. échappés à la destruction ont figuré aux ventes Chaponay (1863). L. Potier (1870), ou sur divers catalogues à prix marqués; enfin à la vente posthume du relieur Capé (1868), il s'en retrouva jusqu'à 21 ex. en feuilles qui, achetés par un libraire du quai des Grands-Augustins et reliés par ses soins, sont peu à peu entrés dans la circulation.

Au point de vue historique, le *Portefeuille d'un talon rouge* n'est pas, comme le répètent à l'envi ceux qui ne l'ont jamais ouvert, « d'une violence inouïe », mais bien plutôt d'une perfidie notoire, car, sous couleur de disculper la Reine des imputations dont elle était l'objet, l'auteur énumère toutes les calomnies et médisances mises en œuvre contre elle. C'est ainsi qu'on y lit, pp. 14-18, un prétendu dénombrement des dames de la cour fait par Marie-Antoinette à Joseph II lors de sa visite en France et qu'on y relève pour la première fois, ce me semble, ces dénominations de « siècles », de « collets montés » et de « paquets » qui provoquèrent dans l'entourage même de la Reine d'irréconciliables rancunes.

Le *Portefeuille* a été réimprimé en 1872 par Gay sous la rubrique de Neuchatel et forme la 13e livraison d'une Bibliothèque libre tirée à cent ex.

21048. — Histoire d'un pou français, ou l'Espion d'une nouvelle espèce, tant en France qu'en Angleterre, contenant les portraits de personnages intéressants dans ces deux royaumes, et donnant la clef des principaux événements de l'an 1779 et de ceux qui doivent arriver en 1780. *Paris, imp. Royale*, 1784, in-8°, 115 p. [N. I.b^{39} 256.]

Par DELAUNEY, d'après Barbier.

Le rédacteur de la *Correspondance secrète* publiée par de Loscure et par Léouzon-le-Duc (cf. n°^{s} 20854-20855 ci-dessus) écrit à la date du 4 novembre 1780 : « Il circule en France une douzaine d'exemplaires d'un libelle écrit contre les personnes les plus respectables de la Cour. Il est intitulé *le Pou*. L'animal immonde se promène sur les cuisses les plus augustes, de là sur les différentes parties du corps de nos plus illustres personnages; enfin il se fourre dans un vieux carton où se trouve un manuscrit dont il rend compte, et qui contient les détails les plus infâmes et les plus extravagants sur toute la Cour. La calomnie dont ce vil insecte est l'organe a principalement la Reine en vue. Les anecdotes que cette infâme brochure renferme sont toutes fausses ou controuvées. Elle est l'objet des plus sévères perquisitions de la police et l'on a envoyé un émissaire en Hollande pour s'emparer de l'auteur et de l'édition. » On lit encore dans la lettre du 12 du même mois : « La police vient de faire arrêter deux personnes pour avoir distribué le libelle infâme dont je vous ai parlé. L'inspecteur envoyé en Hollande ne revient pas; on croit que le rédacteur, averti à temps, a disparu avec son édition. »

D'après *la Bastille dévoilée* (7e livraison, pp. 126 et 132), les deux personnes arrêtées étaient Antoine-François Le Tellier, de Caen, auteur de nouvelles à la main, et Jean-Philippe-Louis Barth, de Strasbourg, entrepreneur des eaux du Roi, à Ville-d'Avray ; mais leur culpabilité ne put être établie et leur détention ne dura que quelques jours.

21049. — Essais historiques sur la vie de Marie-Antoinette d'Autriche, reine de France, pour servir à l'histoire de cette princesse. *A Londres, chez Stampe, libraire*, MDCCLXXXIX, in-8°, VIII-80 p.

Les notes occupent les pp. 70-80.

Le seul ex. que j'ai vu de cette édition, et qui fait partie d'une collection particulière, est orné de deux figures satiriques à l'aquatinte finement gravées.

La première a pour légende :

> Pars, vole, annonce en tous lieux
> Qu'un Dauphin est né (*sic*) la France,
> Mais garde-toi d'ouvrir les yeux
> Sur le secret de sa naissance.

La deuxième intitulée *Occupation du R...*, porte en outre :

> Car, après tout, n'en pouvant faire,
> Il peut bien bercer celui-là.
> Le débonnaire !
>
> (*Vie de Mme de L. M.*)

Ces trois vers terminent les strophes imitées de Boufflers qu'on trouve en effet à la fin du *Supplément à la Vie et aux Aventures de Mme de La Motte*, décrit plus loin.

Il existe de cette première édition un ex. de format grand in-4° et orné d'un frontispice libre, gravé spécialement pour ce tirage, portant en légende : *Vie privée de Marie-Antoinette*. A la suite les *Essais* se trouvent imprimés, sans titre séparé, mais avec une pagination distincte, les *Amours de Chariot et Toinette*. Cet ex. signalé dans la 5e édition du *Guide* de Cohen, revue par M. Roger Portalis, a appartenu à M. Hankey.

21049^a. — Essais historiques sur la vie de Marie-Antoinette d'Autriche, reine de

France, pour servir à l'histoire de cette princesse. *A Londres*, 1789, pet. in-8°, 1 f. et 58 p.

P. 3. *Introduction.*
Au-dessous du titre de départ (p. 6), cette épigraphe :

Dum vitant stulti vitia, in contraria currunt.
HORAT., sat. 2.

Cat. Aug. Ducoin (1895), 4e partie, n° 144.
Ce tirage, criblé de fautes typographiques, semble sortir d'une imprimerie sinon étrangère, du moins clandestine. Les notes au bas des pages sont chiffrées de 1 à 21.

21049b. — Essais historiques sur la vie de Marie-Antoinette d'Autriche... *Londres*, 1789, in-8°, VIII-83 p. [*N.* Lb39 73 B. Réserve.]

21049c. — Essais historiques sur la vie de Marie-Antoinette d'Autriche... S. l. n. d., in-8°, 1 f. et 58 p. [*N.* Lb39 C. Réserve.]

21049d. — Essai historique sur la vie de Marie-Antoinette. S. l. n. d., in-8°, 1 f., 8 et 114 p. [*N.* Lb39 73 D. Réserve.]

P. 6 (des préliminaires), *Avis de l'éditeur* : « Pour la plus grande facilité du lecteur, nous avons renvoyé les notes à la fin de l'ouvrage. » Elles se trouvent en effet pp. 101-114.

21049e. — Essai historique sur la vie privée de Marie-Antoinette d'Autriche, reine de France. *A Vienne*, 1789, in-8°, 80 p.

L'*Introduction* est chiffrée III-VI.

21049f. — Essai historique sur la vie privée de Marie-Antoinette d'Autriche, reine de France. *A Rome, chez le successeur de Pierre Marteau*, 1789, in-8°, 79 p.

Armes papales gravées en bois sur le titre.

21049g. — Essai historique sur la vie privée de Marie-Antoinette d'Autriche, reine de France. S. l., 1789, in-8°, 1 f., VI-72 et 15 p.

Un premier faux-titre porte : *Supplément aux Essais historiques sur la vie de Marie-Antoinette, reine de France*, et précède l'*Introduction* paginée en chiffres romains et terminé par le mot *Essais* (sic) en réclame typographique. Viennent ensuite le titre reproduit ci-dessus, puis un second faux-titre, identique à ceux des tirages précédents, et orné de la même épigraphe. Les *Notes pour éclaircir le texte* ont une pagination distincte de l'*Essai* proprement dit.

21049h. — Essais historiques sur la vie de Marie-Antoinette d'Autriche, pour servir à l'histoire de cette princesse. *A Londres*, 1789, in-18, XIV-140 p.

Cat. Aug. Ducoin, 4e partie, n° 146.
En regard du titre, portrait de profil à g. dans un médaillon ovale avec la légende :

Marie-Antoinette, archiduchesse d'Autriche Reine de France.

Même épigraphe sous le titre de départ qu'au numéro précédent.
Les notes emplissent les pp. 125-140.

21049i. — Essai historique sur la vie de Marie-Antoinette d'Autriche, reine de France, pour servir à l'histoire de cette princesse. S. l., *MDCCLXXXIX*, in-8°, VIII-87 p. [*Br. M. F. R.* 9341.]

Même épigraphe qu'aux deux numéros précédents.

21050. — Marie Antonette (sic) von Oesterreich, Kœniginn von Frankreich. Ein biographischer Bertuch ihres Privatlebens aus den Französischen. (Marie-Antoinette... *Essai sur sa vie privée*... Traduit du français). S. l., 1789, in-8°, 1 f. et 97 p. [*N.* LL39 6207.]

Traduction de la première partie de l'*Essai* et même épigraphe qu'en tête du texte français.

21051. — Essais historiques sur la vie de Marie-Antoinette d'Autriche. *A Londres*, 1789, in-8°, XIV-140 p. — Essai historique... seconde partie. *A Versailles, chez la Montensier, hôtel des Courtisanes*, 2 vol. in-18, 140 et 151 p.

Cat. Aug. Ducoin, 4e partie, n° 145.
Ce tirage renferme le portrait, quatre très médiocres pl. accompagnées des légendes suivantes :
P. 53. *L'Attouchement de Dilon* (sic) *à Marie-Antoinette au bal.* P. 78. *Le Premier baiser avec le jeune commis de la Guerre.* P. 89. *Le Decampativos.* P. 113. *Visite chez M. de Maurepas.*
Dans la seconde partie, ornée du même portrait que la première, se trouve p. 3, en regard du titre de départ, une autre figure accompagnée

de cette légende : *La Reine se jette dans les bras du Roi, le jour de la Révolution à Versailles* (journées des 5 et 6 octobre).

21051ª. — Essais historiques sur la vie de Marie-Antoinette d'Autriche, reine de France, pour servir à l'histoire de cette princesse. *Londres*, 1789, in-8°, VI-79 p. — Essais historiques sur la vie de Marie-Antoinette, reine de France et de Navarre, née archiduchesse d'Autriche, le 2 novembre 1755, orné de son portrait et rédigé sur plusieurs manuscrits de sa main. Seconde partie. *De l'an de la liberté française*, 1789. *Versailles, chez la Montensier, hôtel des Courtisanes.* S. d., in-8°, 146 p.

En regard du titre de la seconde partie, portrait au pointillé, anonyme, de profil à dr. Sur la tablette, on lit : ..

Marie-Antoinette, archiduchesse d'Autriche Reine de France

Au-dessous, le blason aux armes de France et d'Autriche et la légende : *Marie-Antoinette, archiduchesse d'Autriche, sœur de l'Empereur, reine de France, née à Vienne le 2 novembre 1755.*

Les *Notes* de la première partie occupent les pp. 73-83.

P. 146 de cette même partie se trouve la note suivante :

« *N. B.* — L'éditeur de ces Mémoires prévient le public que ce n'est qu'à ceux-ci qu'il peut réellement croire. Depuis nombre d'années à l'affût de ce qui s'est passé à la cour de France [il a été] quelquefois témoin des orgies de la Reine. A l'instant où il a terminé cet ouvrage, il a brûlé les matériaux qui lui ont été confiés. Prompt à saisir toutes les actions de l'infâme Messaline dont il emprunte le langage, il poursuivra à (sic) les transmettre au public, bien persuadé que la barbare méchanceté de cette infernale furie lui en fournira l'occasion. »

21051ᵇ. — Essais historiques sur la vie de Marie-Antoinette d'Autriche... *A Londres*, 1789, in-8°, 88 p. — Essai historique... Seconde partie. De l'an de la liberté françoise, 1789. *A Versailles, chez la Montensier, hôtel des Courtisanes,* in-8°, 146 p. et 1 f. non chiffré. [N. Lb³⁹ 73.]

En regard du titre, le petit portrait de profil à gauche de l'édition in-18.

P. 146 de la seconde partie, le *N. B.* du numéro ci-dessus, et sur le feuillet non chiffré l'*avis* suivant :

« *Avis.* On prévient le public qu'il paraît une édition de cet ouvrage où il se trouve deux pièces absolument inutiles et étrangères, qui paraissent depuis très longtemps, intitulées : *Réception* et *Pénitence du comte d'Artois*; nous n'avons pas jugé à propos de grossir notre édition de ces deux feuilles qui n'ont été ajoutées que pour débarrasser les magasins du marchand et grossir le volume. »

Voyez le numéro suivant.

21051ᶜ. — Essai historique (*sic*) sur la vie de Marie-Antoinette... suivi de la Réception du comte d'Artois chez l'Electeur de Cologne, frère de la Reine, et de la Pénitence du comte d'Artois. — Seconde partie. *De l'an de la liberté française* 1789. *Versailles, chez la Montensier, hôtel des Courtisanes.* S. d., in-8°, 146 p. — Réception du comte d'Artois chez M. l'Electeur de Cologne, frère de la reine de France. *Bruxelles, imp. de Linguet,* 1789, in-8°, 40 p. — Pénitence du comte d'Artois imposée par le R. P. Dom Jérôme, grand inquisiteur d'Espagne, pour servir de suite à la Confession. S. *l. n. d.*, in-8°, 16 p. [N. Lb³⁹ 73 A. Réserve.]

En regard du titre, portrait anonyme au pointillé décrit sous le n° 75 ci-dessus. Le *N. B.* du même numéro est reproduit p. 146, mais l'*Avis* est naturellement supprimé.

21051ᵈ. — Essai historique sur la vie de Marie-Antoinette, reine de France et de Navarre, née archiduchesse d'Autriche, le deux novembre 1755, orné de son portrait et rédigé sur plusieurs manuscrits de sa main. Seconde partie. De l'an de la liberté française 1789. *A Versailles, chez le* (sic) *Montensier, hôtel des Courtisannes, MDCCLXXC,* in-8°, 1 f. et 96 p. [*Br. M.* 15298, 4.]

P. 96, les deux notes sur la prétendue authenticité de ces Mémoires et sur la *Réception* et la *Pénitence du comte d'Artois.*

21051ᵉ. — Essais historiques sur la vie de Marie-Antoinette d'Autriche, reine de France. *A Londres*, 1789, in-8°, VIII-57 p. — Seconde partie des Essais historiques sur la vie de Marie-Antoinette, reine de France et de Navarre, née archiduchesse d'Autriche le 2 novembre 1755, rédigé (sic) sur plusieurs manuscrits de sa main. De l'an de la liberté française 1789. *A Ver-*

sailles, *chez la Montensier, hôtel des Courtisanes*, in-8°, 72 p.

Catalogue Aug. Ducoin, 4ᵉ partie, n° 149.

Malgré la date inscrite sur les exemplaires des nombreuses éditions de ce pamphlet qui ont passé sous mes yeux, la première partie de l'*Essai* ou des *Essais* fut certainement rédigée longtemps avant 1789, puisque les dernières pages font allusion à la grossesse tant attendue de la Reine (accouchée le 22 octobre 1781 du Dauphin, mort à Versailles le 4 juin 1789), et qu'à plusieurs reprises les *Mémoires secrets*, dits de Bachaumont, enregistrent les bruits qui circulaient au sujet de ce libelle. Il n'était d'abord question que de « couplets abominables » en forme de « Noël » (15 et 20 décembre 1781). Le 22 décembre, il se répand la nouvelle, d'ailleurs controuvée, qu'un sieur Jacquet de la Doué, exempt de police, a été furtivement exécuté à la Bastille, comme dûment convaincu d'avoir fabriqué le libelle qu'il était chargé de détruire. Le 26 janvier 1782, on donne comme auteurs ou propagateurs de ce même pamphlet intitulé, dit-on, *Vie d'Antoinette*, outre le sieur Jacquet, un libraire banqueroutier nommé Costar et un « M. de Marcenay, homme du monde, mais libertin et mauvais sujet » ; il s'agit non du graveur amateur Marcenay de Ghuy, mais d'un parent ou homonyme, employé dans le bureau des voitures, sur qui *la Bastille dévoilée* (3ᵉ livraison, p. 39) donne quelques détails. La saisie avait réellement eu lieu, car l'*Essai*, qualifié de « libelle abominable », figure au nombre des 534 exemplaires sur l'état des livres mis au pilon, à la Bastille, le 19 mai 1783, par ordre de Lenoir [P. Manuel, *La Police de Paris dévoilée*, I, p. 37] ; mais il suffit d'un exemplaire dérobé à cette destruction pour donner le jour à d'innombrables réimpressions.

Dans une note du *Bulletin du Bibliophile* de septembre 1836, reprise avec additions, à la fin de ses *Enigmes et découvertes bibliographiques* (1866, in-18), Paul Lacroix a cru pouvoir, sur de vagues témoignages de contemporains survivants et contre toute vraisemblance et toute équité, attribuer ces *Essais* à Brissot. Il est plus probable que cette mise en œuvre des « à propos d'une domesticité malveillante » — l'expression est de M. G. Desjardins — provient de ces officines de Londres où, vers la fin du règne de Louis XV et jusqu'en 1789 se sont fabriqués tant de libelles, avec la connivence de ceux qui étaient chargés de les poursuivre. La seconde partie a-t-elle la même origine ? C'est probable et le nom de de Sade, que Paul Lacroix avait d'abord allégué, ne se justifie pas plus dans l'espèce que celui de Marat, auquel il avait plus tard songé et qu'il nous montre imprimant ce pamphlet, en même temps que l'*Ami du peuple*, dans une cave du Palais-Royal prêtée par le duc d'Orléans !

21052. — La Cour de Louis XVI dévoilée, ou Mémoires pour servir à l'histoire des intrigues secrètes, actions et débordements de Marie-Antoinette, dispensatrice et usurpatrice du pouvoir exécutif pour le royaume de France. Orné de 26 gravures en taille-douce, en deux volumes et trois parties. *A Paris, se vend aux Tuileries et ailleurs*, 1791, 3 parties in-16.

Premier titre d'une publication remise en circulation et augmentée sous le titre du n° suivant.

Je ne connais de celui que je viens de transcrire qu'un seul exemplaire décrit dans le catalogue de la vente Bégis (2ᵉ partie, n° 299) où il a été adjugé 90 francs à M. Rahir.

21053. — Vie privée, libertine et scandaleuse de Marie-Antoinette d'Autriche, ci-devant reine des Français, depuis son arrivée en France jusqu'à sa détention au Temple. *Paris, au palais de la Révolution*, 1793, 3 vol. in-18. [N. Lb³⁹ 6208. Réserve.]

Tome 1ᵉʳ, 144 pp.; tome II, 1 f. et 142 pp. (la 3ᵉ partie commence p. 107); tome III (4ᵉ partie), 1 f. et 138 pp. Les figures des trois premières parties (la plupart obscènes et accompagnées de légendes en distiques) sont numérotées de 1 à 26, y compris le portrait au bas duquel on remarque un attribut libre. Les figures du tome III ne portent pas de numéros, mais seulement une pagination. Trois d'entre elles (Affaire du Champ-de-Mars) [17 juillet 1791], Attaque des Tuileries et Entrée de la famille royale à l'Assemblée législative [10 août 1792] semblent appartenir à une autre publication, car les légendes ne sont point conformes au texte des passages correspondants. Les deux autres représentent un épisode des soi-disant rendez-vous de la reine et de La Fayette et l'Apparition de Frédégonde à Marie-Antoinette, mais elles ne sont point indécentes.

Dans l'ex. de réserve (enfer) de la B. N. est relié un premier titre portant :

— Vie de Marie-Antoinette d'Autriche, reine de France, femme de Louis XVI, roi des Français, depuis la perte de son pucelage jusqu'au 1ᵉʳ mai 1791, ornée de vingt-six figures, augmentée d'une 3ᵉ partie. *Avec permission de la Liberté. Paris, chez l'auteur et ailleurs*.

La rubrique des trois volumes de la *Vie privée, libertine et scandaleuse...* porte au contraire : *Aux Tuileries et au Temple, et se trouve au Palais de l'Egalité, chez les marchands de nouveautés, l'an I*.

En annonçant sous son n° 3844 cette *Vie privée, libertine et scandaleuse...* et en ajoutant que le troisième volume paraîtrait le 1ᵉʳ décembre suivant, le rédacteur de la *Feuille de correspondance du libraire* [Dubroca] apostillait cet avis de la singulière appréciation que voici :

« Nous avertissons par avance les pères de famille de ne pas laisser tomber cet ouvrage dans les mains de leurs enfants. Les gravures libres dont il est accompagné, le style non moins libre dont il est écrit pourraient bien produire en eux des ravages dont ils se repentiraient et nous sommes au moment où des mœurs sévères doivent présider à l'éducation de notre jeunesse. Il ne faut donc mettre cet ouvrage que dans les mains des hommes faits; encore doit-on les prévenir que ce n'est pas la vérité tout entière qu'ils liront, mais bien de fortes présomptions sur la plupart des faits racontés. Au surplus, le mal que la calomnie pourrait répandre sur une famille aussi perverse est si peu de chose en comparaison de celui qu'elle a voulu nous faire, que, quand il arriverait que les traits les plus faux de cette histoire seraient crus à la lettre, ce ne serait encore qu'une juste peine que subiraient des êtres malveillants auxquels une nation généreuse avait voulu assurer le plus beau sort de l'univers et qui, pour prix d'un semblable bienfait, tramèrent le complot le plus affreux dont jamais l'histoire nous a transmis le détail. »

21054. — Vie de Marie-Antoinette d'Autriche, femme du dernier tyran des Français, depuis son arrivée en France jusqu'à sa mort. Ornée de gravures. *Paris, Maison Égalité. Seconde année de la République,* 4 parties en 3 tomes in-18.

Cat. A. Ducoin, 4ᵉ partie, nº 177.

En regard du titre du tome Iᵉʳ (1 f. et 130 pp.), portrait de profil à g. dans un cadre ovale, avec cette légende :

Marie-Antoinette d'Autriche
Femme du dernier tyran des Français.

Le frontispice du tome II (1 f. et 130 pp.), représente la comparution de la reine devant le tribunal.

Une loi juste autant que nécessaire
Va punir une femme hardie et téméraire.

La 3ᵉ partie commence p. 97 du tome II.
Le frontispice du tome III (1 f. et 138 pp.), montre la reine sur l'échafaud au moment de l'exécution.

De l'audace et du crime ainsi telle est la fin,
Tremblez, conspirateurs; c'est là votre destin.

La rubrique est : *Paris, au Palais de la Révolution.*
Le titre de départ porte : *Vie politique et libertine de Marie-Antoinette, tome III, 4ᵉ partie.*
P. 113-138. *Lettres* (apocryphes) *trouvées dans un petit portefeuille vert renfermé dans un compartiment secret du bureau de la reine.*

Parmi les témoins à charge du procès d'Hébert, figure une femme Dubois, née Quingrez, qui tenait, boulevard du Temple, un cabinet de lecture et une officine de pamphlets. Dans sa déposition, faite en l'absence ou peut-être après la mort du véritable intéressé, elle désigne comme victime des escroqueries d'Hébert un citoyen BOISSET, son « pensionnaire », qui travaillait (en 1790) à une *Vie de Marie-Antoinette.* Ce publiciste, demeuré tout à fait obscur, qu'il ne faut pas confondre avec Joseph-Antoine Boisset, député de la Drôme à la Convention nationale, est très probablement l'auteur du libelle décrit ici et qui a été parfois attribué à Hébert lui-même.

21055. — Le Cadran des plaisirs de la Cour ou les Aventures du petit page Chérubin, pour servir de suite à la Vie de Marie-Antoinette, ci-devant reine de France. Suivi de la Confession de Mademoiselle SAPHO. *A Paris, chez les marchands de nouveautés.* S. d. (1793), in-18, 1 f. et 270 p.

Entre le titre du volume et le titre de départ est inséré le *Cadran des plaisirs de la Cour. Invention de Cagliostro.*

Sur d'autres éditions et réimpressions modernes de ce pamphlet, où l'absurde le dispute à l'obscène, et qui vise spécialement la reine et Mᵐᵉ de Polignac, voyez la *Bibliographie des ouvrages relatifs à l'amour,* vº Cadran. Il a été encore réédité sous le titre de *Chérubin ou l'Heureux libertin* [Lyon, 1796], in-18, avec des additions étrangères au sujet.

La *Confession de Mademoiselle Sapho* est la réimpression de trois chapitres de *l'Espion anglais* (tome X), réédités maintes fois depuis sous des titres variés. Dans cette relation de l'initiation d'une néophyte aux pratiques de Lesbos par les soins de diverses grandes dames dont les noms sont anagrammatisés, il n'est fait aucune allusion à la Reine et rien ne justifie donc la présence de la *Confession* à la suite du *Cadran des plaisirs,* si ce n'est la nécessité de grossir le volume. Elle avait été rééditée dès 1789 sous le titre d'*Anandria ou Confession de Mademoiselle Sapho...,* et c'est sous ce titre qu'on trouve à son sujet des détails bibliographiques étendus dans la dernière édition de la *Bibliographie des ouvrages relatifs à l'amour.* L'une de ces éditions, donnée par Poulet-Malassis dans une collection intitulée : *Petite Bibliothèque de la curiosité érotique et galante,* porte la rubrique de *Lesbos* [Bruxelles], 1866, in-32; elle est accompagnée d'une clé et ornée d'un frontispice de FÉLICIEN ROPS.

Voyez le numéro suivant.

21056. — Le Cadran de la volupté ou les Aventures de Chérubin. *A Paris, au théâtre* de la Montansier. S. d.; in-8°, 108 pp. [N. Inv. Enfer 611.]

Cinq figures, dont quatre sont obscènes : les deux premières sont intitulées le *Cadran de la Volupté. Invention de Cagliostro* (voyez le numéro précédent), et le *Cadran de la Volupté* (pièce différente). Les trois autres figures ne portent point de légende.

D. — ARRIVÉE EN FRANCE ET MARIAGE DE LA DAUPHINE (MAI 1770)

21057. — Beschreibung der feyerlichkeiten welche bey gelegenheit der Durchreise Ehrer Koniglichen Hoheit, der Kanserlich auch zu Hungarn und Boheim Koniglichen prinzeszin Maria Antonia Erzherzogin zu Oestereich und Durchleuchtesten Dauphine von Frankreich. Auf Anordnung Lœbrichen Magistrats der K. K. V. Oest. Stadt Freyburg in Breyssgau, den 4, 5 und 6ten may 1770 abgehalten worden. *Gedruckt bey Franz Joseph Kerkenmayer*, 1770, in-folio, 30 p.

Relation officielle de la fête donnée à Fribourg en Brisgau, à l'occasion du passage de Marie-Antoinette, future Dauphine de France.

Cette relation est accompagnée d'une très belle planche de JOSEPH RŒCH, gravée par J.-B. HAAS et représentant les illuminations de la ville.

21058. — Description des fêtes données par la ville de Strasbourg à Madame Marie-Antoinette, Dauphine de France, lors de son passage en ladite ville, le 7 mai 1770. *Strasbourg, Louis Lorenz, avec permission des supérieurs.* S. d. (1770), in-4°, 16 p. [N. Lb³⁹ 11860. Réserve.]

Voyez le n° 21060 ci-dessous.

21059. — Relation de l'entrée de la Dauphine Marie-Antoinette à Châlons, le 11 mai 1770, accompagnée d'une introduction historique, de notes et suivie de relations des diverses entrées des souverains dans cette ville, par M. EDOUARD DE BARTHÉLEMY. *Paris, Auguste Aubry* (Châlons, imp. H. Laurent), MDCCCLXI, in-12, 2 ff. et 27 p. [N. Lk⁷ 1782.]

La lettre anonyme que renferme cette relation a été réimpr. par J. Carnandet au tome Ier de son *Trésor des pièces rares et curieuses de la Champagne et de la Brie*. (Chaumont et Paris, 1863-1864, 2 vol. in-8°.)

21060. — La Dauphine Marie-Antoinette en Champagne (1770), par EDOUARD DE BARTHÉLEMY, membre titulaire du Comité national des travaux historiques. *Paris, H. Menu* (Châlons, imp. Le Roy), MDCCCLXXXII, in-8°, 84 p.

Réimpression de la *Description des fêtes données par la ville de Strasbourg*... (voyez le n° 21058 ci-dessus) qui se trouvait en original dans le dossier des Archives de la Marne d'où l'éditeur a également extrait la correspondance administrative échangée au sujet du passage en Champagne de la Dauphine. Il y a joint d'autres documents relatifs aux voyages de diverses princesses, du roi de Danemark et du duc de Cumberland dans la même province, ainsi qu'à la visite faite en 1782 par Marie-Antoinette au château de Louvois.

Ce petit volume ne fait nullement double emploi avec la plaquette décrite sous le numéro précédent et que son auteur ne cite même pas.

21061. — Description des décorations des deux portes de Dieu-Lumière et de Vesle, et des arcs de triomphe érigés par les soins de MM. les lieutenants, gens du conseil et échevins de la ville de Reims, pour le passage de Madame l'archiduchesse Marie-Antoinette d'Autriche, Dauphine de France, le 12 mai 1770. *Reims, Jeunehomme*, 1770, in-4°, 23 p.

On lit, p. 23 : « Les devises et emblèmes ont été imaginés, les explications en vers, les inscriptions et la Description composées par M. DELOCHE, chanoine de l'église de Reims.

« Les arcs de triomphe et la décoration des portes ont été exécutés d'après les dessins et sous la direction de M. Capron, inspecteur des ouvrages de la ville. Les bas reliefs des médaillons ont été dessinés par le sieur SUSAN, élève des écoles de cette ville. »

21062. — Description des fêtes et spectacles donnés à Versailles à l'occasion du mariage de Monseigneur le Dauphin. *A Paris, chez Vente, libraire des Menus-Plaisirs du Roi, au bas de la Montagne-Sainte-Geneviève.* S. d. (1770), in-8°, 1 f. et 64 p. [Ars. H. 7728.]

Ce titre est inscrit dans un cartouche orné et fleurdelysé.

Le texte renferme trois pl. tirées à mi-page. P. 1 (titre de départ), face et revers de la médaille commémorative du mariage du Dauphin et de Marie-Antoinette d'Autriche; p. 17, autre médaille commémorative (face et revers); p. 33, jeton au chiffre royal couronné, dont le revers porte les lettres M. P. (Menus-Plaisirs) et trois fleurs de lys inscrites dans une guirlande.

Les originaux de ces trois pièces sont rares, mais le texte pour lequel elles ont été librement interprétées est pour le moins aussi rare, car je ne connais de cette *Description* que l'ex. de la bibliothèque de l'Arsenal.

Le texte, subdivisé en plusieurs chapitres, est en grande partie emprunté, avec de légères variantes, à un manuscrit intitulé : *Description et relation de tout ce qui a été fait et de tout ce qui s'est passé à l'occasion du mariage de L. A., Dauphin de France avec Marie-Antoinette-Josèphe-Jeanne, archiduchesse d'Autriche,* par M. DE LA FERTÉ, intendant des Menus (in-4°).

Il existe de ce mss. au moins quatre copies: l'une à la Bibliothèque Mazarine en mar. rouge aux armes de France (n° 2401, ancien n° 2937); l'autre aux Archives nationales (O¹ 3254), aux armes de France et au chiffre des Menus-Plaisirs; une troisième (en mar. rouge aux armes de France) a passé dans la vente de M. Ruggieri (3 mars 1873 et j. s.); une quatrième appartenait à M. Pichon, qui en a publié un extrait jusqu'alors inédit. (Voyez le numéro suivant.)

De la collation entre la *Description* imprimée et le mss. de la Mazarine, il résulte que les emprunts dont j'ai parlé plus haut ont porté sur la *Description de la salle du festin royal* (p. 5-14; mss., f°⁸ 455-459) des *Spectacles* (p. 12-16; mss., f°⁸ 460-478) du *Bal paré* (p. 17-33; mss., f°⁸ 479-482) du *Feu d'artifice et de l'illumination des jardins de Versailles* (p. 33-48; mss., f°⁸ 483-498). Le texte de la relation du *Bal masqué* (p. 49-51; mss., f°⁸ 499-500) est très différent, mais dans la *Suite des spectacles* (p. 56-64; mss., f°⁸ 504-528) les premiers mots sont seuls changés.

Le *Journal de* PAPILLON DE LA FERTÉ, publié par M. Ernest Boysse (P. Ollendorff, 1887, in-8°), contient de nombreux passages relatifs à ces fêtes sur lesquelles on peut consulter aussi un article fort sévère de Grimm (*Corr. litt.*, t. IX, p. 75-80), mais il n'y est fait aucune allusion à l'impression de la plaquette imprimée que je viens de décrire.

21063. — État de distribution des présents de la corbeille de Madame la Dauphine. *Paris, typ. Lahure,* MDCCCLXXVI, in-8°, 2 ff. et 31 p.

On lit sur le titre : (Extrait du volume des *Mélanges* de 1877 et tiré à vingt-cinq exemplaires non mis dans le commerce, avec la permission de la société des Bibliophiles [français].

L'avertissement est signé : le baron J. PICHON. (Voyez le numéro précédent.)

Le mss. ayant appartenu à l'éditeur est décrit sous le n° 1296 du catalogue de sa vente posthume (1897); il y a été adjugé 725 francs.

21064. — Projets ou plutôt Idées de fêtes à exécuter pour le prochain mariage de monseigneur le Dauphin, ou, si elles sont déjà déterminées, pour ceux de monseigneur le comte de Provence, de monseigneur le comte d'Artois, dans le temps ainsi que pour les naissances à venir de monseigneur le duc de Bourgogne et autres princes à espérer de leurs augustes alliances, par M***. *Vienne en Autriche, et Paris, Lottin l'aîné,* 1770, in-12, VI-94 p. [*N.* Lb³⁹ 106.]

ÉPIGR. :

Gallia, tu felix !...
... tu felix Austria, nube !

Par MICHEL CHAPPOTIN DE SAINT-LAURENT, attaché à la Bibliothèque du Roi, mort à Paris le 27 juillet 1775.

L'auteur avait remanié pour la circonstance un mémoire qu'il avait rédigé en 1763 à l'occasion de la proclamation de la paix et des fêtes qui la célébrèrent.

21065. — Lettre sur le mariage de monseigneur Louis-Auguste de Bourbon, Dauphin de France, avec l'archiduchesse Marie-Antoinette-Josèphe-Jeanne d'Autriche, sœur de l'empereur Joseph II, co-régent des États d'Autriche et fille de S. M. Impériale, Royale et Apostolique l'Impératrice reine de Hongrie et de Bohème. *Amsterdam et Paris, Gueffier,* 1770, in-8°, 32 p. [*N.* Lb³⁹ 6229.]

Relation des fêtes et cérémonies qui avaient eu lieu à l'occasion de l'arrivée de la Dauphine en France et de son mariage.

21066. — Collection des ouvrages les plus intéressants présentés à la Cour à l'occasion du mariage de Monseigneur le Dauphin et de Madame la Dauphine. *Paris, Desnos,* 1770, in-4°.

Ouvrage peu commun, non cité par Brunet, ni par Cohen, contenant : 1° les portraits de Louis Dauphin et de Marie-Antoinette Dauphine, grav. par DESNOS; 2° Chiffre généalogique, contenant les degrés de consanguinité entre Mgr le Dauphin et Mme la Dauphine, avec un grand tableau gravé; 3° *les Vœux de la France et de l'Empire* (1 titre et 6 pl. gravés par CHENU, d'après GRAVELOT et autres); 4° Allégorie sur l'alliance célébrée le 16 mai, pièce repliée, gravée par AUVRAY; 5° *les Bouquets de noce, dialogues sur le mariage*, frontispice de DUGOURC, gravé par INGOUF.

L'ex. de la bibliothèque de M. Ducoin (4e partie, n° 2) a été adjugé 166 francs.

21067. — Fête à la place de Louis XV, pour le mariage de monseigneur le Dauphin, avec des inscriptions latines et françaises. *Genève et Paris, Vente; Desventes de la Doué*, 1770, in-8°, 30 p. [*N.* Lb^{39} 408.]

21068. — Ode à M. le duc de Choiseul, à l'occasion du mariage de monseigneur le Dauphin, par M. l'abbé A***. *Imp. de la veuve Ballard*, 1770, in-8°, 7 p. [*N.* Ye 20201.]

ÉPIGR. :
Quem virum !
HORAT. Od. 2, lib. I.

Le visa de Marin et celui de Sartines sont datés du 15 mai 1770.

D'après un ex. appartenant à M. Frédéric Masson, l'auteur s'appelait l'abbé ALFREDONE.

21069. — Vers au Roi sur le mariage de monseigneur le Dauphin. *En France*, 1770, in-4°, 5 ff. n. ch. et 4 p. [*N.* 4° Ye 1635.]

ÉPIGR. :
Primus inter pares.

Sur l'un des feuillets non chiffrés sont imprimées les premières mesures d'un *Menuet Dauphin*.

Epître dédicatoire au Roi (en prose) signée D'AUTHEUIL.

21070. — Epithalame et vers lyriques dédiés à Monseigneur le Dauphin à l'occasion de son mariage avec Madame Marie-Antoinette, archiduchesse, sœur de l'Empereur. *En France*, 1770, in-4°, 2 ff. et 4 p. [*N.* 4° Ye 1636.]

ÉPIGR. :
Le savoir a son aigle, l'amour a le sien ;
Le lys a sa candeur, l'honneur est mon soutien.

Dédicace en prose signée D'AUTHEUIL.

21071. — Epitre à un ami étranger, sur le mariage de monseigneur le Dauphin, par M. B***. *A Paris*, 1770, in-8°, 14 p. [*N.* Ye 21474.]

ÉPIGR. :
Lætus ut ad thalamos carmina pangit hymen.
OVID.

21072. — A monseigneur le Dauphin et Madame la Dauphine, sur son (*sic*) mariage, par la Muse limonadière. *Imp. Jorry. S. d.*, in-8°, 2 ff. [*N.* Ye 16107.]

Approbation et permission des 16 et 18 avril 1770.

Signé : la Muse limonadière [Mme BOURETTE], rue Croix-des-Petits-Champs.

21073. — A Madame la Dauphine. *Imp. Jorry. S. d.*, in-8°, 2 ff. [*N.* Ye 16098.]

Signé : la Muse limonadière [Mme BOURETTE], rue Croix-des-Petits-Champs.

Sur le second feuillet une note en prose rappelle que l'auteur avait depuis vingt ans célébré tous les événements intéressant la famille royale et que Stanislas lui avait fait don d'une tabatière en or.

21074. — In serenissimi Delphini nuptias. Ode. *S. l.* [*ex typographia viduæ Thiboust*], MDCCLXX, in-4°, 7 p. [*N.* 4° Ye 2518.]

Armes de France et d'Autriche gravées en bois sur le titre. Signé (p. 7) : *Cecinit* J. CERISIER, *rhetoricæ professor in collegio Grassinæo*.

21075. — In augustissimas Delphini nuptias. Ode. *S. l.* [*ex typographia viduæ Thiboust*], 1770, in-4°, 6 p. [*N.* 4° Ye 2579.]

Signé (p. 7) : *Cecinit* FR.-MARIA COGER, *licentiatus theologus et eloquentiæ professor in collegio Mazarinæo*.

21076. — Sur le mariage de monseigneur le Dauphin avec Madame l'archiduchesse Antoinette. *Cambrai, Samuel Berthoud*, 1770, in-4°, 16 p. [*N.* Ye 2408.]

En vers.

Signé (p. 16) : par M. COUPÉ, professeur de rhétorique au collège de Cambrai.

L'auteur s'est depuis fait connaître par un recueil estimé, *les Soirées littéraires* (an IV-an VIII, 19 vol. in-8°).

21077. — Antoinette, ou la Nouvelle Pandore, par Mlle DIONIS. *S. l. n. d.*, in-18, 13 p. [*N.* Lb^{39} 6233.]

Titre et cul-de-lampe gravés. Le premier est signé en caractères minuscules : *a. s. f.*

Allégorie en prose. L'ex. de la B. N. porte cette note manuscrite : « Présentée à Madame la Dauphine » et, p. 13, une correction également manuscrite.

21078. — Discours à l'occasion du mariage de Mgr le Dauphin, prononcé à l'ouverture de l'exercice de troisième du collège de La Flèche, par DOLBEAU, professeur. *La Flèche, Louis de la Fosse*, 1770, in-8°, 35 p. [*N.* Lb³⁹ 6232.]

21079. — Idylles de Saint-Cyr ou l'Hommage du cœur, à l'occasion du mariage de M. le Dauphin avec Marie-Antoinette d'Autriche, archiduchesse, et de monseigneur le comte de Provence avec Joséphine, princesse de Savoie. *Amsterdam et Paris, Delalain*, 1771, in-8°, 21 p. [*N.* Inv. Yf 2585. Réserve.]

Par CLAUDE-JOSEPH DORAT.
Frontispice et fleuron signés C.-P. MARILLIER, inv., E. DE GHENDT, sculpt. et (p. 10) un cul-de-lampe du même gravé par DUCLOS.

21080. — Ad serenissimam Delphinam Invitatio. S. l. [*Ex typographiâ viduæ Thiboust*], MDCCLXX, in-4°, 7 p. [*N.* 4° Ye 2738.]

Signé (p. 7) : *Offerebat* JOANNES-BAPTISTA DUBOSC, *litterarum professor in Lexoveo* [collegio].

21081. — Rheni Vaticinium in faustissimas serenissimi Delphini ac serenissimæ archiducissæ nuptias. S. l. [*Ex typographiâ viduæ Thiboust*], 1770, in-4°, 7 p. [*N.* 4° Yc 2740.]

Sur le titre armes de France et d'Autriche, gravées en bois. Signé (p. 7) : *Offerebat* JOANNES-BAPTISTA DUBOSC, *litterarum professor in Lexoveo* [collegio].

21082. — Chanson sur le mariage de Monseigneur le Dauphin. *A Vienne et se trouve à Paris, chez Le Jay*, 1770, in-8°, 8 p. [*N.* Ye 20673.]

Signée (p. 8) : Par JOACHIM DUCREUX, magister de Troissereux, près Beauvais.
Dans l'ex. de la B. N. cette chanson est précédée de couplets manuscrits attribués à un malade de l'Hôtel-Dieu, et il y a, p. 8, un couplet également manuscrit intercalé avant les deux derniers.

21083. — Ode sur le mariage de monseigneur le Dauphin, suivie d'une Epître à M. le cardinal de Bernis, sur le même sujet, par M. l'abbé DU ROUZEAU. *Paris,* *veuve Duchesne*, 1770, in-8°, 16 p. [*N.* Ye 35443.]

ÉPIGR. :
    Cara Deûm soboles.
                        VIRG.

21084. — L'Pompier ou l'Jasement du Marais et d'partout, ouvrage en deux morciaux, décoré d'une note si tellement curieuse qu'all' vous apprend comme quoi l's enfants pouvont queuqu' fois avoir plus d'âge qu'leux père. S. l. n. d., in-8°, 8 et 12 p.

Le Premier Morciau comporte en réalité deux chansons, la première sur l'air : *Ah ! ça, v'la qu'est donc bâclé !* est intitulée : *Chanson en magnière d'Epitralame, décomposée le 23 mars 1770 par* GEORGET L'ETEIGNOIR, *l'un des douze pompiers du corps de garde de l'hôtel Soubise, au sujet d'l'occasion du prochain mariage d'Monseigneur Louis-Auguste d'Bourbon, Dauphin d' France, âgé de quinze ans, six mois, trois s'maines et deux jours, avec Mamsell' l'archiduchesse Marie-Antoinette d'Lorraine, encore moins vieille.*
Une note (p. 5) dit que l'auteur, « né natif de la paroisse archipresbytérale de Saint-Séverin », y a été baptisé « le 32 mai ou, pour mieux dire, le 1er juin 1705 ».
La seconde chanson (sur l'air de *Manon Girou*) fait allusion au mariage de Louis-Henri-Joseph de Bourbon, prince de Condé, avec Louise-Marie-Thérèse-Bathilde d'Orléans, célébré le 24 avril 1770.
La seconde partie est intitulée : *L'Maréchal ferrant, la R'vendeuse et l'Suisse d'la Merci ou le Deuxième jasement du Marais et d'partout*, ouvrage en trois morciaux, servant d'allonge au « Pompier d'l'hôtel Soubise ». Il y a en réalité quatre chansons en l'honneur du Dauphin et de la Dauphine, suivies d'un *Errata* ou *Petite ébauche d'un grand tableau* et d'une note en prose.
Un ex. de cette facétie, relié en maroquin rouge par Chambolle-Duru, figure au cat. de la vente de l'abbé Bossuet (1888) sous le n° 1685 ; il a été acquis par M. Paul Lacombe.

21085. — In augustissimas serenissimi Delphini nuptias Carmen elegiacum. *Flexiæ, Lud. de La Fosse*, MDCCLXX, in-4°, 8 p. [*N.* 4° Ye 2926.]

Signé (p. 8) : *Cecinit* JOSEPHUS FRANCISCUS XAVIERUS DE FOURNAS DE LA BROSSE DE FABREZAN, *Collegii regii Flexiensis nobilis alumnus, in secundo ordine auditor.*

21086. — Le Pacte du Destin, de l'Amour, de l'Hymen et de la Félicité, poème, ou Epitre à l'hymen, sur le mariage de monseigneur le Dauphin avec Madame Antoinette, archiduchesse, sœur de l'Empereur, présenté à Msr le Dauphin le 29 avril 1770, par M. HURTAUT, maître ès arts de l'Université de Paris, ci-devant professeur à l'Ecole royale militaire et, en cette qualité, pensionnaire de Sa Majesté. *Paris, Pillot,* 1770, in-8°, 23 p. [*N.* Ye 24319.]

En regard du titre, frontispice gravé, signé BABION, *inv.* BOSSE, *sculp.*, portant en légende les derniers vers du poème.

21087. — Ode à l'occasion du mariage de Monseigneur le Dauphin, par le sieur LE PRIEUR, garçon ordinaire de la chambre du Roi. *Paris, V° Regnard et Demonville,* 1770, in-8°, 9 p.

21088. — Le Temple du Destin ou l'Hommage des cœurs français à Madame la Dauphine. Poème en cinq chants, en prose, par Mme DE MARCILLAC. *Paris, la V° Regnard et Demonville; Vente,* 1770, in-12, IV-60 p. [*N.* Inv. Ye 10073.]

21089. — In felices nuptias Ludovici-Augusti, Galliarum Delphini, et Mariæ-Antoniæ archiducissæ, Oratio gratulatoria, celeberrimæ cadomensis Universitatis nomine habita a FRANCISCO MOYSANT, saluberrimæ facultatis Medicinæ doctore, antiquo venerandæ artium Facultatis decano, eloquentiæ professore in Montano, regiæ litteratorum hujus urbis Academiæ Antiquo directore, nec non Societatis agrariæ directoris vices gerente, in æde sacra Divi Pietri, die 16ᵃ junii ann. D. 1770, et ejusdem Universitatis jussu edita. *Cadomi, J.-Cl. Pyron,* 1770, in-4°, 26 p. [*N.* Lb³⁹ 6231.]

21090. — Epithalame de Monseigneur le Dauphin et de Madame Antoinette, présentée à Msr le Dauphin, par M. PERRIER, principal du collège de Conches. *Paris, Desnos,* 1770, in-8°, 7 p.

D'après l'*Almanach des Muses* pour 1771, p. 182.

Grimm (tome VIII, p. 509) déclare cette feuille d'une platitude incroyable.

21091. — Les Vœux de la France et de l'empire. Médaillons allégoriques pour le mariage de monseigneur le Dauphin, 1770, par messire JEAN-RAYMOND DE PETITY, prédicateur de la Reine, prieur commendataire de Vieux-Vicq et Dangeau. *Paris, P. Chenu, graveur.* S. d., in-4°. [*N.* Lb²⁹ 107.]

Titre gravé, signé PAILLASSON *scripsit,* LAURENT *sculpsit* et texte gravé comportant six planches d'allégories, avec devises et légendes signées : *Abbas* DE PETITY *inv.,* L'ÉLU *delineavit,* P. CHENU *sculpsit.*

21092. — Discours prononcé en province, le 12 juin 1770, à l'occasion du mariage de monseigneur le Dauphin. Nouvelle édition. Sur *l'imprimé en Languedoc; Paris, Valleyre l'aîné,* 1770, in-8°, 40 p. [*N.* Lb³⁹ 109.]

Le faux-titre porte : *Discours d'un protestant sur le mariage...*

L'auteur de ce *Discours* est VINCENT PIERREDON, pasteur des Hautes-Cévennes en 1773 : la Bibliothèque de la Société de l'histoire du protestantisme français a recueilli deux autres éditions qui portent son nom.

21093. — In augustas serenissimi Delphini nuptias Oratio gratulatoria regii collegii Flexiensis nomine habita, die lunæ 21ᵃ mensis maii 1770, a JULIANO-ADR. PILON, rhetoricæ professore. *Flexiæ, Lud. de La Fosse,* 1770, in-4°, 28 p. [*N.* Lb³⁹ 6230.]

21094. — In faustas serenissimi Delphini nuptias Carmen. *Flexiæ, Lud. de La Fosse.* S. d., in-4°, 5 p. [*N.* 4° Yc 3934.]

Signé, p. 5, PETRUS-JOSEPHUS PORION, *presbyter ambianensis, Academiæ parisiensis aggregatus doctor, nec non in regio Flexiæ Collegio philosophiæ professor.*

21095. — Le Cosmopolisme publié à Londres à l'occasion du mariage de Louis-AUGUSTE, Dauphin de France. Ouvrage traduit de l'anglais. *Amsterdam,* 1770, in-8°, 96 p. [*N.* Inv. Z. 17332.]

Le faux-titre porte au recto : *L'Anglais à Paris* et au verso l'adresse du libraire Valade. Epigr. empruntée à Térence.

En regard du titre, portrait de profil à dr. de *Louis-Auguste, Dauphin de France, né à Versailles, le 23 août 1754,* signé LEBERT *del. et sculp.*

La dédicace à M. de S. H. A. et l'*Avertissement du traducteur*, paginés en chiffres romains, comptent dans la pagination totale.

Traduction supposée : l'auteur est l'abbé JOSEPH-HONORÉ RÉMY, avocat au Parlement de Paris. Ce livre, qui n'est cité ici qu'à raison de son premier titre, a été remis en circulation la même année. Voyez le numéro suivant.

21096. — L'Anglais à Paris ou le Cosmopolisme publié à Londres. Ouvrage traduit de l'anglais. Nouvelle édition. *Amsterdam*, 1770, in-8°, 96 p. [*P.* 11791.]

Voyez le numéro précédent.
Même faux-titre et même adresse au verso, même épigraphe, même pagination. L'ex. de la B. V. P. n'a pas le portrait indiqué ci-dessus.

21097. — Oratio gratulatoria in nuptias Ludovici-Augusti, Delphini, et Mariæ-Antoniæ, archiducissæ Austriacæ, præsentibus omnium ordinum viris, dicta, die sabbati 23ᵃ mensis junii, anno Domini 1770, a M. DOMINICO RICARD, eloquentiæ professore, in aula majore collegii. *Autissiodori, typ. F. Fournier*, 1770, in-4°, 46 p. [*N.* Lb^{39} 111.]

21098. — Epithalamium Ludovico, illustrissimo Franciæ Delphino, et Mariæ-Antoniæ, serenissimæ archiducissæ, solemni pompa nuptias celebrantibus. *Bruxellis, apud Antonium-d'Ours, prope S. Joannem venditur et Parisiis, apud Lalain* (sic) *bibliopolam*, in-4°, 20 p. [*N.* Yc 4042.]

Signé : *Cecinit* J. RIDDERBOSCH.

21099. — Les Muses patriotiques ou Poème sur le mariage de Monseigneur le Dauphin, par M. ROCHER, avec une Ode sur le même sujet, par M. IMBERT, de Nîmes. *Paris, P. Delormel*, 1770, in-8°, 13 et 12 p. [*N.* Ye 32301.]

ÉPIGR. :

.... *Pacem æternam pactosque hymeneos*
Exercemus.

VIRG. *Æneidos*, l. IV.

Frontispice gravé, signé : RESTOUT *in* [*v*], *del.* J. FESSARD, *sculptor regius sculp.*, 1770.

21100. — Le Bouquet de noces ou les Deux Bouquetières, dialogue sur le mariage de Monseigneur Louis-Auguste, Dauphin de France, avec S. A. R. Madame Marie-Antoinette, archiduchesse d'Autriche, par M. ROSSEL. *Paris, Michel Lambert; Delalain*, 1770, in-8°, 35 p. [*N.* Yf 7052.]

En prose, avec couplets.
Le permis d'imprimer est du 24 mai 1770.

21101. — In faustum serenissimi Delphini conjugium, Carmen. *Flexiæ, L. de La Fosse*, 1770, in-4°, 4 p. [*N.* 4° Yc 4185.]

Signé (p. 4) : *Cecinit* JOAN.-BAPT.-FRANC. DE SERAN D'AUDRIEU, *Collegii regii Flexiensis nobilis alumnus, in secunde ordine auditor.*

21102. — Ode sur le mariage de Monseigneur le Dauphin, par M. SORET, avocat au Parlement, de la Société royale des sciences et belles-lettres de Nancy. *Paris, Vᵉ Regnard et Demonville*, 1770, in-8°, 10 p.

21103. — Le Mariage de Monseigneur le Dauphin, ode, par M. TANNEVOT, ancien premier commis des finances. *Paris, Vente*, 1770, in-4°, 25 p.

D'après l'*Almanach des Muses* pour 1771, p. 183.

21104. — Divertissements patriotiques à l'occasion du mariage de Monseigneur le Dauphin. *Paris, Vente*, 1770, in-8°, 16 p.

D'après l'*Almanach des Muses* pour 1771, p. 182.

E. — RÉSIDENCES OFFICIELLES

21105. — Le Château de Versailles, histoire et description, par L. DUSSIEUX, professeur honoraire à l'Ecole militaire de Saint-Cyr, chevalier de la Légion d'honneur, officier de l'Instruction publique, correspondant honoraire du Comité des travaux historiques. *Versailles, L. Bernard*, 1881, 2 vol. in-8°. [*N.* Lk⁷ 22269.]

Vingt-deux pl. dont une est chiffrée 18ᵇⁱˢ. Il a été tiré de ce livre quelques ex. sur grand papier.

21106. — Le Château de Versailles au temps de Marie-Antoinette, 1770-1789, par PIERRE DE NOLHAC, des Musées nationaux.

Versailles, imp. E. Aubert, 1889, in-8°, 108 p. et un plan. [N. Lk⁷ 30000.]

Extrait sur papier vergé du tome XVI (1889) des *Mémoires* de la Société des sciences morales de Seine-et-Oise.

¶ Sur les séjours annuels de Marie-Antoinette au palais de Fontainebleau, où d'ailleurs elle se déplaisait, on peut lire dans les *Petites Notes d'histoire gâtinaise* (Paris et Nemours, 1894, in-12), de M. Eugène Thoison, un chapitre intitulé *Marie-Antoinette à Achères* : c'est le récit, d'après Hardy et les gazettes du temps, d'un acte de bienfaisance accompli par la Dauphine, le 16 octobre 1773, au village d'Achères (Seine-et-Marne).

21107. — Le Château des Tuileries ou Récit de ce qui s'est passé dans l'intérieur de ce palais, depuis sa construction jusqu'au 18 brumaire de l'an VIII... par P.-J.-A. R. [PIERRE-ANTOINE-JOSEPH ROUSSEL, d'Epinal] (1802).

Voyez tome III, n° 12117.

E. — VISITE AU CHATEAU DE CHILLY-MAZARIN

21108. — Louis XVI et Marie-Antoinette à Chilly-Mazarin. Récit d'une fête qu'a offerte au Dauphin et à la Dauphine la duchesse de Duras-Mazarin en son château de Chilly, par l'abbé F. GÉHIN, curé de Chilly-Mazarin (S.-et-O.), membre de la Société archéologique de Corbeil et du Hurepoix. Versailles, Henry Lebon, 1895, in-8°, 26 p. [N. Lb³⁹ 11569.]

En regard du titre, portrait de la Reine d'après Mme Vigée-Le Brun, et hors texte, reproduction du portrait de Madame Victoire d'après Nattier, de deux vues anciennes du château de Chilly, et d'un croquis de M. MARIUS PALLANDRE, représentant Louis XVI conduisant une charrue.

M. l'abbé Géhin allègue deux documents relatifs à cette fête, dont Patrice Salin n'a point parlé dans sa *Notice sur Chilly-Mazarin* (1869, in-4°) : une lettre (apocryphe) de Marie-Antoinette à Marie-Christine (Versailles, 29 septembre 1770) et un article du *Mercure de France* de novembre 1770. Le baron Pichon possédait un manuscrit de onze feuillets, calligraphié par Fyot, et richement relié aux armes de la Dauphine, renfermant divers couplets chantés à cette fête. Ce manuscrit a été adjugé 35,000 francs à la vente posthume (n° 963) de M. Pichon, et acquis par le baron Ferdinand de Rothschild. Il existe trois reproductions différentes de la reliure qui le recouvre : le plat extérieur (en noir) dans *les Femmes bibliophiles* de M. Quentin-Bauchard, la doublure (tirée en rouge) dans les ex. de luxe du catalogue Pichon (n° 963) et le dos et le plat dans le *Catalogue des livres français de la bibliothèque du baron Ferdinand de Rothschild à Waddesdon*. S. l. (Dryden press, à Londres), 1897, in-4°, tome Ier (seul paru).

F. — SÉJOUR A PARIS (JUIN 1773)

21109. — Rues par où passeront Monseigneur le Dauphin et Madame la Dauphine, le mardi 8 juin 1773, le matin et l'après-midi. *L.-F. Delatour*, 1773, in-4°, 3 p. non chiffrés. [N. Lb³⁹ 112.]

21110. — A Madame la Dauphine, sur son entrée à Paris, le mardi 8 juin 1773. *Imp. L. Jorry*, in-8°, 2 p. [N. Ye 16099.]

Par Mme BOURETTE.

21111. — Chanson nouvelle. Entrée de Madame la Dauphine. *Imp. L. Jorry*, in-8°, 7 p. (la dernière non chiffrée).

Air : *Reçois dans ton galetas*. Le visa du censeur Marin est du 16 juin 1773 et le permis d'imprimer, contresigné par Sartine, est du lendemain.

Couplets en l'honneur du court séjour que le Dauphin et la Dauphine firent à Paris en juin 1773. (Voir *Mémoires secrets*, à cette date.)

G. — AVÈNEMENT AU TRONE (10 MAI 1774)

21112. — La Joie des halles, conversation entre Mme Giroflée, marchande bouquetière, Mme Saumon, marchande de marée, et M. Jacquot-la-Grosse-Patte, marinier, sur le joyeux avènement du Roi à la couronne. *Imp. d'Houry*. S. d., in-8°, 15 p. [N. Lb³⁹ 6234.]

ÉPIGR. :
Trahit sua quemque voluptas.

21113. — Le Gonflement de la rate ou Entretiens du jour, dialogue au Palais-Royal, entre Mlle Trotte-Menu, marchande à la toilette, et M. Dix-Huit, tailleur. *Paris, Gueffier*, 1774, in-8°, 15 p. [N. Lb³⁹ 6235.]

ÉPIGR. :
Titillo ad ridendum.

P. 7-9. *Plainte* (en vers) *des bourgeois de Passy contre les parasites curieux.* P. 10-12. *Le Temple de la Justice,* allégorie (en prose) en l'honneur du Roi et de la Reine. P. 14-16. *Bouquet* (en vers) *à tous les Jeans du monde.*

21114. — La Joie de la nation, par M. Dru, compagnon savetier, mis au jour par Mlle Fontanges, son amante. *Paris, imp. Quilleau,* 1774, in-8°, 15 p. [*N.* Lb³⁹ 113.]

Dialogue en prose. P. 11-12, *Chanson sur l'heureux avènement de Louis-Auguste au trône de France,* sur l'air : *Reçois dans ton galetas.*

21115. — La Jubilation ou la Ribote des mariniers, maîtres-pêcheurs, bout-à-port, maîtres de berges et de tous les ouvriers de rivière sur la Seine depuis le Port à l'Anglais jusqu'à Saint-Cloud. *Paris, imp. Quillau,* 1774, in-8°, 16 p. [*N.* Lb³⁹ 114.]

21116. — Ode sur le glorieux avènement de Louis-Auguste au trône, présentée à la Reine par l'abbé de Barruel. *Paris, Valade,* 1774, in-8°, 11 p. [*N.* Inv. Ye 14898.]

Sur l'ex. de la B. N. il y a, p. 6, plusieurs corrections qui paraissent autographes.

21117. — Le Retour de l'âge d'or ou le Règne de Louis XVI, poème présenté à la Reine, par M. Gallois. *Paris, Valade. S. d.,* in-8°, 8 p. [*N.* Inv. Yc 22970.]

21118. — Bouquet au Roi, ode présentée à S. M., par M. l'abbé Gueullette de Beaufort. *Imp. d'Houry. S. d.,* in-8°, 6 p. [*N.* Ye 10046.]

Epigraphe tirée de *la Henriade.* L'approbation et le permis d'imprimer sont datés du 20 août 1774.

21119. — L'Hommage de l'enfance adressé au Roi et à la Reine, par Charlotte-Éléonore Nougaret, âgée de six ans. *S. l.,* in-8°, 8 p. [*N.* Ye 10085.]

P. 3. *Avertissement* en prose. L'approbation est du 28 septembre et le permis d'imprimer est du 1er octobre 1774. Il est à peine nécessaire d'ajouter que cette pièce ne peut être de l'enfant à qui elle est attribuée et que c'est une demande de secours rimée par son père.

H. — Naissance de Madame (19 décembre 1778)

21120. — Vœux patriotiques ou Discours prononcé à l'occasion de la grossesse de la Reine et des autres circonstances où se trouve actuellement le royaume, par J.-P. Bl., pasteur au Désert de l'Agenois et Condomois. *S. l.,* MDCCLXXVIII, in-8°, 46 p. [*N.* Lb³⁹ 6259.]

L'auteur de ces *Vœux* est Jean-Pierre Blachon, pasteur dans le Haut-Vivarais. (Cf. Edmond Hugues, *les Synodes du désert,* 1885-1887, 3 vol. in-4°.)

21121. — Prône en forme de discours fait et prêché par M. Tardiveau, recteur de Couëron, près Nantes en Bretagne, dans son église paroissiale, le 1er novembre 1778, fête de tous les saints, à l'occasion de la grossesse de Marie-Antoinette-Josèphe-Jeanne, archiduchesse d'Autriche, reine de France et de Navarre. *Nantes, imp. A.-J. Malassis,* 1778, *avec permission,* in-4°, 21 p. [*N.* Lb³⁹ 6260.]

Épigr. :

Docet et erudit quasi pastor gregem suum.
Eccl. ch. 18, v. 13.

21122. — Mandement de Monseigneur l'archevêque de Paris [Christophe de Beaumont] pour ordonner des prières au sujet de la grossesse de la Reine. (24 août 1778.) *Paris, imp. Cl. Simon,* in-4°, 6 p. [*N.* Inv. E. 2400.]

21123. — [Lettre d'invitation, en date du 22 décembre 1778, adressée aux évêques par les agents généraux du clergé de France, pour le *Te Deum* chanté le 24 du même mois dans l'église de Notre-Dame, en action de grâce de la naissance de Madame, commençant par ces mots :] Monseigneur, nous venons de recevoir l'ordre du Roi de vous inviter... *S. l. n. d.,* in-folio. [*N.* Lb³⁹ 235.]

21124. — Mandement de monseigneur l'archevêque de Paris [Christophe de Beaumont], qui ordonne que le *Te Deum* sera chanté dans toutes les églises de son diocèse, en action de grâces de l'heureux accouchement de la Reine. (23 décembre 1778.) *Paris, Cl. Simon*, 1778, in-4°, 7 p. (la dernière non chiffrée). [*N.* Inv. E. 2400.]

La page non chiffrée contient la lettre du Roi à l'archevêque pour lui demander les prières d'usage.

21125. — Mars trompé. Ode présentée à Leurs Majestés au nom du collège de Montaigu, sur la naissance d'une princesse. *Imp. de la V° Thiboust. S. d.* (1779), in-4°, 7 p. [*N.* Inv. Ye 2321.]

Signé (p. 7) : par M.-A.-F. CHIVOT, professeur de seconde au collège de Montaigu.

21126. — Ode sur l'accouchement de la Reine. par M. NOEL, architecte. *A Paris, MDCCLXXIX (imp. Quillau)*, in-8°, 8 p. [*N.* Inv. Ye 48300.]

EPIGR. :
... *Nos cedamus amori.*

¶ Le tome X de l'*Espion anglais* renferme une lettre très curieuse, intitulée : *Sur l'accouchement de la Reine, sur la naissance de Madame, fille du Roi; mariages, fêtes, réjouissances et spectacles à ce sujet.*

I. — NAISSANCE DU PREMIER DAUPHIN
(22 OCTOBRE 1781)

21127. — Songe ou Horoscope sur l'accouchement futur de Marie-Antoinette-Jeanne-Joséphine de Lorraine, archiduchesse d'Autriche, reine de France et de Navarre. *Paris, imp. Clousier*, 1781, in-8°, 10 p. [*N.* Lb^{39} 297.]

La Reine était grosse du premier Dauphin, mort en 1789.

21128. — Discours à l'occasion de la naissance de monseigneur le Dauphin, prononcé dans la loge du Contrat social, mère loge du Rite écossais, à l'Orient de Paris, par le F∴ abbé B***, avocat au Parlement et orateur de la L∴... *Heredon*, 1781, in-4°, 10 p. [*N.* Lb^{39} 6272.]

21129. — Traduction de la prière hébraïque récitée journellement après les psaumes dans la synagogue des juifs de Metz, pour l'heureux accouchement de la Reine et envoyée par leurs syndics aux synagogues particulières du département, avec invitation expresse de se conformer à celle du chef-lieu de la communauté (20 juin 1781) *Metz, Joseph Antoine. S. d.*, in-4°, 3 p. [*N.* Lb^{39} 6271.]

21130. — Route que tiendra la Reine en allant à Notre-Dame, de Notre-Dame à Sainte-Geneviève, de Sainte-Geneviève à l'Hôtel de Ville et de l'Hôtel de Ville à la place Louis XV, le lundi 21 janvier 1782. *Imp. P.-D. Pierres*, 1782, in-4°, 8 p. [*N.* Lb^{39} 311.]

P. 3. *Route que tiendra le Roi pour aller le même jour à l'Hôtel de Ville.* P. 4. Itinéraire du Roi et de la Reine pour leur retour à la Muette, depuis le quai Pelletier jusqu'à la place Louis XV.

21131. — Avis au public, pour l'arrivée à l'Hôtel de Ville, le lundi 21 janvier 1782. *Paris, imp. P.-D. Pierres*, 1782, in-4°, 8 p. [*N.* Lb^{29} 312.]

21132. — La Fête Dauphine ou le Monument français, comédie en un acte et prose, mêlée de chants et de vaudevilles et terminée par un divertissement, composée pour célébrer la naissance de Monseigneur le Dauphin. Représentée sur le théâtre de Rouen, le 5 novembre 1781. Par COLLOT-D'HERBOIS. *Rouen, V° Machuel*, 1781, in-8°, 27 p. [*Br. M. F. R.* 932, 1.]

21133. — Vers sur la naissance de Monseigneur le Dauphin adressés à la Reine. *Ex typographiâ viduæ Thiboust. S. d.*, in-4°, 24 p. [*N.* Ye 4036.]

Signé : *Cecinit* NICOLAUS RICHARD, *Bellofortensis, rhetor veteranus in collegio Lexovæo, 25 januarii* 1782.
Vers latins, avec traduction en vers français, précédés d'une dédicace en vers à la Reine.
En-têtes gravés sur bois, représentant les écussons de la Reine et du Dauphin.
Voyez le numéro suivant.

21134. — Epître à un anonyme qui a délivré deux cents prisonniers à la naissance de Monseigneur le Dauphin. *Paris*, 1782, in-8°.

Par NICOLAS RICHARD, d'après Barbier, qui ajoute, à tort, « alors professeur au collège d'Harcourt, ex-jésuite.». Le savant bibliographe a évidemment confondu l'auteur de cette pièce, que je n'ai pu voir, avec son compatriote et très probablement son parent, Jean-Pierre Richard. Celui-ci né à Belfort le 9 février 1743, élève des Jésuites de Colmar, puis régent de cinquième au collège de Reims, plus tard précepteur des enfants du maréchal de Broglie, mourut chanoine de Notre-Dame à Paris, le 29 septembre 1820. Il a laissé des *Sermons* (1822, 4 vol. in-12, portrait) recueillis par un anonyme.

Nicolas Richard, né à Belfort, quitta sa ville natale à l'âge de neuf ans pour suivre les cours du collège de Lisieux, à Paris, et fut, sur la recommandation du maréchal de Castries, pourvu d'un emploi lucratif à Saint-Domingue, où il mourut à vingt et un ans. L'abbé Descharrières, dans son *Essai sur l'histoire littéraire de Belfort et du voisinage* (Belfort, 1808, in-12), a consacré à Nicolas Richard une notice qui a échappé à Barbier et à Quérard.

Voyez le numéro précédent.

21135. — De la bonne royne et d'un sien bon curé, fabliau d'une bonne femme gauloise, retrouvé et mis au jour par M*lle* Cosson de la Cressonnière. *Paris, Didot l'aîné,* 1782, in-18, 36 p.

D'après *les Supercheries littéraires* de Quérard (v° *Cosson*), cet opuscule, tiré à très petit nombre, fut composé à l'occasion de la naissance du premier Dauphin. L'auteur serait l'abbé Bossu (Pierre-Louis), curé de Saint-Paul, prédicateur du Roi et titulaire, après le Concordat, de la cure de Saint-Eustache.

21136. — Discours sur la naissance de Monseigneur le Dauphin, prononcé dans la salle du Collège Royal, le 18 février 1782, au nom de MM. les lecteurs et professeurs royaux, par M. Poissonnier, doyen de la Compagnie. *Paris, imp. Ph.-D. Pierres,* 1782, in-4°, 48 p. [*N.* Lb^{39} 314.]

J. — Naissance du second Dauphin
(27 mars 1785)

21137. — Prières faites pour l'heureuse délivrance de la Reine, en hébreu, depuis le 15 février 1785, dans l'assemblée des juifs de la nation espagnole et portugaise, résidant à Paris, par ordre du sieur Silveyra, syndic et agent de cette nation. *Imp. d'Houry,* 1785, in-4°, 6 p. [*N.* Lb^{39} 6288.].

A l'occasion de la naissance du duc de Normandie, plus tard Dauphin, mort au Temple. (Voyez ci-après chapitre IV.)

21138. — Mandement de monseigneur l'archevêque de Paris [Antoine-Eléonor-Léon Le Clerc de Juigné], qui ordonne que le *Te Deum* sera chanté dans toutes les églises de son diocèse, en action de grâces de l'heureux accouchement de la Reine et de la naissance du duc de Normandie. (31 mars 1785.) *Paris, Cl. Simon, imprimeur de Mgr l'Archevêque,* 1785, in-4°, 10 p. [*N.* Inv. E. 2400.]

21139. — Ordonnance de police, qui ordonne à tous les habitants de cette ville (de Paris) et faubourgs d'illuminer les façades de leurs maisons et aux marchands et artisans de tenir leurs boutiques fermées, le vendredi premier avril, jour indiqué pour le *Te Deum*, à l'occasion de la naissance du duc de Normandie. (29 mars 1785.) *Ph.-D. Pierres, imprimeur ordinaire du Roi,* 1785, in-4°, 3 p.

21140. — Ordonnance de police, qui enjoint à tous les habitants de la ville et des faubourgs de Paris d'illuminer les façades de leurs maisons et aux marchands et artisans de tenir leurs boutiques fermées, le mardi vingt-quatre de ce mois, jour auquel la Reine viendra à Notre-Dame et à Sainte-Geneviève, pour rendre des actions de grâce à Dieu à l'occasion de la naissance du duc de Normandie. (20 mai 1785.) *Ph.-D. Pierres, imp. ordinaire du Roi,* 1785, in-4°, 4 p.

K. — Procès du collier

21141. — Mémoires justificatifs de la comtesse de Valois de La Motte, écrits par elle-même. *Imprimés à Londres,* 1788, in-8°, 232 et 46 p. [*N.* Ln^{27} 11288. Réserve.]

L'ex. de la B. N. porte, p. 232, la signature autographe de l'auteur. Les *Pièces justificatives* qui suivent et qui ont une pagination distincte sont en réalité une correspondance apocryphe entre la Reine et le cardinal de Rohan.

21141ª. — Mémoires justificatifs de la comtesse de Valois de La Motte, écrits par elle-même. *Imprimés à Londres,* 1789, in-8°, 1 f. et 260 p. [*N.* Ln^{27} 11288.]

Les mots « Ecrits par elle-même » sont en caractères italiques. Les *Pièces justificatives* sont comprises dans la pagination.

21141b. — Mémoire justificatif (sic) de la comtesse DE VALOIS DE LA MOTTE... *Londres*, 1789, in-8°, 1 f. et 215 p. [*N*. Ln²⁷ 11288 B.]

Même remarque que pour les *Pièces justificatives* qu'au numéro précédent et aux deux numéros suivants.

21141c. — Mémoires justificatifs de la comtesse DE VALOIS DE LA MOTTE... *Imprimés à Londres*, MDCCLXXXIX, in-8°, 2 ff. et 204 p. [*N*. Ln²⁷ 11288 C.]

21141d. — Mémoires justificatifs de la comtesse DE VALOIS DE LA MOTTE... *Imprimés à Londres*, MDCCLXXXIX, in-8°, 2 ff. et 258 p. [*N*. Ln²⁷ 11288 D.]

21141e. — Mémoires justificatifs de la comtesse DE VALOIS DE LA MOTTE, écrits par elle-même, avec figures. *S. l.*, MDCCLXXXIX, 2 vol. petit in-8°. [*N*. Ln²⁷ 11288 E.]

Les *Pièces justificatives* ont, à la fin du tome II, une pagination distincte.

Dans l'ex. de la B. N. il n'y a en fait de « figures » qu'un portrait anonyme, dont le modèle porte un vaste chapeau, et qui est placé en regard du titre de départ du tome Ier.

21141f. — Affaire du Collier. Mémoires de la comtesse DE VALOIS DE LA MOTTE, écrits par elle-même, avec figures. Préface par FÉLIX CAGNART. *Frison, éditeur, 15, rue du Croissant. S. d.* (1887), in-18, XIII-263 p. [*N*. Ln²⁷ 11288 ter.]

Le titre reproduit ci-dessus est celui de la couverture illustrée et tirée en bleu qui porte de plus : Première édition. Le titre du volume est : *Mémoires justificatifs... S. l.*, MDCCLXXXIX.

En regard du titre, copie du portrait au grand chapeau reproduit sur la couverture, avec la scène dite du bosquet.

21142. — Memoirs of the countess DE VALOIS DE LA MOTTE, containing a complete justification of her conduct and an explanation of the intrigues and artifices used against her by her enemies relative to the diamond necklace, also the correspondence between the Queen and the cardinal de Rohan, and concluding with an address to the King of France supplicating a re-investigation of that apparently mysterious business. Translated from the french written by herself. *Dublin, printed by Graisberry and Campbell for John Archer*, MDCCXC, in-12, 1 f. et 312 p. [*N*. Ln²⁷ 11288bis.]

En tête de l'ex. de la B. N. est collé un très mauvais portrait gravé de l'auteur.

Traduction du numéro précédent.

21143. — Second Mémoire justificatif de la comtesse DE VALOIS DE LA MOTTE, écrit par elle-même. *Londres*, 1789, in-8°, 78 p. [*N*. Ln² 11289. Réserve.]

En regard du titre, frontispice anonyme avec cette légende : « Suis satisfaite, il va rejoindre Maurepas. »

P. 67-78. *Pièces justificatives*. Ce sont de nouvelles lettres de la Reine et du cardinal, soi-disant retrouvées à Bar-sur-Aube, dans un secrétaire dont le secret avait échappé à toutes les perquisitions.

Le *Second Mémoire* a été réimprimé sous le titre : Supplément à la Vie et Aventures de la comtesse de Valois. Voyez les deux numéros suivants.

21144. — Vie et Aventures de la comtesse DE VALOIS DE LA MOTTE, écrites par elle-même. Avec figures. *Londres*, 1793, in-12, 2 ff. et VIII-425 p. [*N*. Ln²⁷ 11295. Réserve.]

En regard du titre, charmant portrait à l'aquatinte de la comtesse *de Valois de La Motte*. P. 78, autre pl. à l'aquatinte intitulée *le Bosquet*. P. 258, autre fig. libre avec cette légende : C*** [Coigny] *un des 8 favoris de la Reine*, et ces trois vers :

Coigny, brûlant d'un feu nouveau,
D'amour allumait le flambeau
Sans moucher la chandelle.

Réimpression des *Mémoires* de l'auteur, précédée du même *Appel au public* et suivie des mêmes *Pièces justificatives*.

Dans l'ex. de la B. N., cette réimp. est reliée avec un *Supplément* décrit sous le numéro suivant.

21145. — Supplément à la Vie et aux Aventures de la comtesse DE VALOIS DE LA MOTTE, suivi de quelques pièces intéressantes trouvées à la Bastille. *S. l.*, 1793, in-12, 100 p. [*N*. Ln²⁷ 11295. Réserve.]

En regard du titre, portrait à l'aquatinte de *Marie-Antoinette, reine de France*, de trois quarts, en buste, épaules découvertes, haute coiffure de plumes.

Réimpression du *Second Mémoire* de Mme de La Motte, suivie de la correspondance apocryphe qui l'accompagne. Les *Pièces justificatives*, soi-disant trouvées à la Bastille, sont au nombre de trois : *les Amours de Charlot et Toinon* (voy. le n° 21046 ci-dessus), un *Noël* satirique sur la naissance du Dauphin :

> Du Dauphin la naissance
> Enchantait tout Paris.

Et des strophes sans titre commençant ainsi :

> Votre patronne
> Fit un enfant sans son mari ;
> Bel exemple qu'elle vous donne ! etc.

Réimpression, avec variantes et huit strophes ajoutées, de vers adressés par Boufflers et non par Voltaire (auquel ils ont été souvent attribués) *à une jeune dame du nom de Marie qui se plaignait à Ferney de n'avoir point d'enfants*. On les trouvera sous leur première forme dans la dernière édition de la *Correspondance littéraire* de Grimm, janvier 1771, tome IX, p. 225.

A l'ex. de la vente Bégis (2ᵉ partie, n° 273) étaient jointes quatre figures très bien gravées, dont trois sont obscènes. 1° (p. 34) : *Occupation de la Rei...* (avec quatrain) ; 2° (p. 54) : *Il voit la fille des Césars...* ; 3° (p. 90) : *Le Sopha* ; 4° (p. 108) : *Occupation sérieuse du R...*

21146. — Lettre de la comtesse DE VALOIS DE LA MOTTE à la reine de France. *A Oxford, l'année séculaire de la destruction du colosse de Rhodes*, in-8°, 16 p. [N. Ln²⁷ 11291.]

ÉPIGR. :

Femme audacieuse et barbare, ta méchanceté te survivra.
Morto serpente, non e morto il veneno.

Apocryphe.

21147. — An Address to the public, explaining the motives have hitherto delayed the publication of the Memoirs of the countess DE VALOIS DE LA MOTTE, which contains a justification of her conduct, and exposing the various artifices which have been used for the suppression of their appearance. *London, printed for the author*, 1789, in-8°, 1 f. et 45 p. [N. Ln²⁷ 11296.]

21148. — Supplique à la nation et Requête à l'Assemblée nationale, par JEANNE DE SAINT-REMY DE VALOIS, ci-devant comtesse DE LA MOTTE, en révision de son procès. *Imp. Patriotique. S. d.*, in-8°, 8 p. [N. Lb³⁹ 3639.]

Apocryphe. Voyez le numéro suivant.

21149. — Réponse à la Requête de Jeanne de La Motte. *S. l. n. d.*, in-8°, 7 p. [N. Lb³⁹ 4394.]

Voyez le numéro précédent.

21150. — Adresse de la comtesse DE LA MOTTE-VALOIS à l'Assemblée nationale, pour être déclarée citoyenne active. *Londres*, 1790, in-8°, 1 f. et 14 p. [N. Lb³⁹ 3640.]

Facétie datée de Londres, le 20 mai 1790 et terminée par ce nota : « Nous donnerons incessamment la réponse du président de l'Assemblée nationale à Mᵐᵉ de La Motte et la lettre écrite à cette comtesse par le cardinal de Rohan. »

21151. — Le Capitaine TEMPÊTE à Jeanne de La Motte. *S. l. n. d.*, in-8°, 8 p. [N. Ln²⁷ 11292.]

ÉPIGR. :

Quelque masque trompeur que le méchant endosse,
Sa figure à travers fait toujours quelque bosse.
                                    LA FONTAINE.

En faveur de la Reine et contre le duc d'Orléans.

21152. — Vie de Jeanne de Saint-Remy de Valois, ci-devant comtesse de La Motte, contenant un récit détaillé et exact des événements extraordinaires auxquels cette dame infortunée a eu part depuis sa naissance et qui ont contribué à l'élever à la dignité de confidente et favorite de la Reine de France. Avec plusieurs particularités ultérieures, propres à éclaircir les transactions mystérieuses relatives au collier de diamants, à son emprisonnement et à son évasion presque miraculeuse, etc., etc., et sa requête à l'Assemblée nationale, à l'effet d'obtenir une révision de son procès. Écrit par elle-même. *Londres, imp. J. Bew, n° 18, Paster-Noster Row*, 1791, 2 vol. in-8°.

Le seul exemplaire connu de l'édition originale, achetée tout entière par de Laporte, intendant de la Liste civile, et brûlée dans les fours de la manufacture de Sèvres, le 26 mai 1792, a passé dans la vente de la bibliothèque de M. Alfred Bégis (2ᵉ partie, n° 272) ; il porte la signature de Mᵐᵉ de La Motte. Le texte, rédigé par SERRES DE LATOUR, rédacteur du *Courrier de l'Europe*, sur les notes fournies par Mᵐᵉ de La Motte, diffère entièrement de celui des *Mémoires*.

Tome I*r*, XIV-480 p. En regard du titre, portrait de M*me* de La Motte avec ses armes. Tome II, 480 p. P. 218 et 225, deux fig. signées DODD *del.*, GOLDOR *sculpt.*

Voyez le numéro suivant.

21153. — Vie de JEANNE DE SAINT-REMY DE VALOIS, ci-devant comtesse DE LA MOTTE, contenant un récit détaillé et exact des événements extraordinaires auxquels cette dame infortunée a eu part depuis sa naissance, et qui ont contribué à l'élever à la dignité de confidente et favorite de la reine de France, avec plusieurs particularités ultérieures propres à éclaircir les transactions mystérieuses relatives au collier de diamants, à son emprisonnement et son évasion presque miraculeuse, et sa requête à l'Assemblée nationale, à l'effet d'obtenir une révision de son procès, écrite par elle-même. Deuxième édition. *Paris, Gattey, an I*er *de la République française*, 2 vol. in-8°. [*N.* Ln^{27} 11294.]

Tome I*er*, 368 p.; tome II, 427 p.

P. 13 de la Préface, l'auteur dénonce comme apocryphes une prétendue continuation de ses *Mémoires* (voyez le n° 21143 ci-dessus) et une *Adresse à l'Assemblée nationale* (voyez également ci-dessus, n°s 21148-21150) et déclare que le présent ouvrage est conforme à l'original écrit de sa propre main, déposé chez M. Bew, n° 18, Paternoster-Row. Un *Nota* prévient en outre que le seul ex. qui reste de l'édition faite à Londres et brûlée à Sèvres est signé à la main Jeanne de Saint-Rémy de Valois de La Motte. « Cet ouvrage est réimprimé sur l'ex. trouvé dans les papiers du sieur Laporte, intendant de la Liste civile et déposé au Comité de sûreté de la Convention nationale. Les démarches et les sacrifices que la Cour avait faits pour empêcher ce livre de paraître prouvent assez combien elle en redoutait la publication, et combien il renferme d'anecdotes qu'elle était bien aise de soustraire à la curiosité du public. »

21154. — Marie-Antoinette et le procès du collier, d'après la procédure instruite devant le Parlement de Paris, par M. EMILE CAMPARDON, archiviste aux Archives de l'Empire. Ouvrage orné de la gravure en taille-douce du collier et enrichi de divers autographes inédits du Roi, de la Reine, du comte et de la comtesse de La Motte. *Paris, Henri Plon*, 1863, in-8°, VIII-452 p. (la dernière non chiffrée). [*N.* Lb^{39} 6917.]

21155. — L'Intrigue du collier. Épisode du règne de Louis XVI (1785-1786), par L. SEUBERT. *Paris, Jules Tardieu*, 1864, in-12, 2 ff. et 176 p. [*N.* Lb^{39} 6295.]

21156. — LOUIS COMBES. Marie-Antoinette et l'intrigue du collier. *Paris, Georges Decaux. S. d.* (1876), in-16, 125 p. [*N.* Lb^{39} 11196.]

21157. — Barreau de Paris. Discours prononcé par M. F. LABORI, avocat à la Cour d'appel, secrétaire de la conférence, à l'ouverture de la conférence des avocats, le 26 novembre 1888. Imprimé aux frais de l'ordre. *Paris, imp. Alcan-Lévy*, 1888, in-8°, 54 p. [*N.* 8° Fn^3 884.]

L'orateur avait choisi pour sujet le procès du collier.

21158. — Marie-Antoinette et le procès du collier, suivi du Procès de la reine Marie-Antoinette, par G. CHAIX D'EST-ANGE, publié par son fils. *Paris, maison Quantin*, 1889, in-8°, 2 ff., 363 p. et 1 f. de table. [*N.* Lb^{39} 11458.]

21159. — Marie-Antoinette and the Diamond necklace, from another point of view, by F. DE ALBINI. *London, Swan Sonnenschein and C°*, 1900, in-8°, XXIII-204 p. [*N.* Lb^{39} 11859.]

La légende : *Audi alteram partem* précède le titre, suivi lui-même d'une épigraphe empruntée à Louis Blanc.

En regard du titre, portrait de M*me* de La Motte avec fac-similé de sa signature; p. 39, reproduction du collier; p. 74, portrait du cardinal de Rohan; p. 102, portrait de Marie-Antoinette d'après M*me* Vigée-Lebrun. Ces quatre planches sont fac-similées d'après des gravures contemporaines du procès.

21160. — L'Affaire du collier de la Reine, d'après la correspondance inédite du chevalier de Pujol, par PAUL AUDEBERT. *Rouen, J. Giricud et C°*, 1901, in-8°, 31 p.

Les lettres dont s'est servi l'auteur sont conservées à la bibliothèque de Dijon dans le fonds légué par M. de Juigné, ancien officier d'état-major. Elles y sont classées sous le n° 1428 du cat. des mss. formant le tome V de la collection dirigée par M. Ulysse Robert. Le chevalier de Pujol, originaire de Toulouse, était maréchal de camp, ainsi que son correspondant, J.-B. Antide Fevret, connu sous le nom de chevalier de Fontette (1713-1796).

21161. — Frantz Funck-Brentano. L'Affaire du collier, d'après de nouveaux documents recueillis en partie par M. A. Bégis. Ouvrage contenant 12 planches hors texte. *Paris, librairie Hachette et Cie*, 1901, in-12, 3 ff. et 356 p.

Voyez le numéro suivant.

21162. — Frantz Funck-Brentano. La Mort de la Reine. (Les Suites de l'affaire du collier), d'après de nouveaux documents recueillis en partie par M. A. Bégis. Ouvrage contenant neuf planches hors texte. *Paris, Hachette et Cie*, 1902, in-12, 264 p. et 2 ff. n. ch.

Les deux feuillets non chiffrés contiennent la table des gravures et celle des chapitres.
Le sous-titre de ce second volume devrait être en réalité son vrai titre, car M. Funck-Brentano a surtout retracé ici les dernières années et la fin misérable des époux de La Motte. Le chapitre XIV (*la Mort de la Reine*) peut donc être considéré comme un véritable hors-d'œuvre, alors même que l'on adopterait l'opinion de l'auteur, qui voit dans l'affaire du collier l'origine de l'impopularité, du procès et du supplice de Marie-Antoinette.

L. — DE LA CONVOCATION DES ÉTATS-GÉNÉRAUX AU 10 AOUT 1792

21163. — Marie-Antoinette d'Autriche, reine de France, à la Nation (17 juillet 1789).

Apocryphe, mais favorable à la Reine. Voyez tome Ier de la *Bibliographie*, n° 1249, et pour les diverses réponses que provoqua cette brochure, les n°s 1250-1254.

21164. — Les Poissardes à la Reine. *Rue du Sépulcre*, 1789, in-8°, 8 p. [*N.* Lb³⁹ 2089.]

En langage populaire.

21165. — Déclaration admirable de Marie-Antoinette... envers la Nation et son entretien avec le Roi sur la diminution du pain (1789).

Apocryphe, mais favorable à la Reine. Voyez tome Ier de la *Bibliographie*, n° 1356. Cette brochure a été citée dans le travail de MM. de Lescure et de La Sicotière sous ce titre bizarre : *Déclaration administrative de Marie-Antoinette...*

21166. — Le Godmiché royal. S. l., 1789, in-8°, 16 p.

L'*Avis de l'éditeur* est en prose. L'*Entretien de Junon et d'Hébé* et le *Mea culpa R**** sont en vers.

21167. — Ode à la Reine. S. l. n. d., in-8°, 7 p.

Pièce très violente attribuée à Ponce-Denis Ecouchard-Lebrun et plusieurs fois réimp. Voyez le numéro suivant.

21168. — C'est ce qui manquait à la collection. *A Vienne en Autriche*, 1789, in-8°, 8 p. et 1 f. non chiffré.

P. 3. *Ode à la Reine*. Au verso du feuillet non chiffré, petite eau-forte représentant une femme en grand chapeau, à califourchon et à rebours sur un âne dont elle tient la queue ; le conducteur de l'animal porte un bonnet surmonté de cornes.
Cette vignette a servi pour les *Etrennes aux grisettes* ; voyez tome III, n° 20419.

21169. — L'Autrichienne en goguette ou l'Orgie royale, opéra proverbe, composé par un garde du corps, publié depuis la liberté de la presse, et mis en musique par la Reine. S. l., 1789, in-8°, 16 p. [*N.* Lb³⁹ 2401. Réserve.]

Attribué par Barbier à François Mayeur de Saint-Paul. Si cette attribution est exacte, l'auteur est venu plus tard à résipiscence, car on le voit en 1795 collaborer au *Portefeuille d'un chouan*, de Villiers, et en 1814 publier la *Renaissance des lys* ou le *Petit Chansonnier royaliste* (in-32).

21170. — Antoinette d'Autriche ou Dialogue entre Catherine de Médicis et Frédégonde, reines de France, aux Enfers, pour servir de supplément et de suite à tout ce qui a paru sur la vie de cette princesse. *Londres*, 1789, in-8°, 16 p. [*N.* Lb³⁹ 2402.]

Voyez le numéro suivant.

21171. — Le Petit Charles IX ou Médicis justifiée. S. l., 1789, in-8°, 16 p. [*N.* Lb³⁹ 2403.]

Même ouvrage que le précédent.

21172. — Bord...r....; suivi d'un Entretien secret entre la Reine et le cardinal de Rohan, après son entrée aux États-Généraux. Le b... se trouve à Versailles, dans l'appartement de la Reine. S. l. n. d., in-8°, 16 p. [N. Lb^{39} 2404. Réserve.]

21173. — **La Reine dévoilée ou Supplément au Mémoire de Madame la comtesse de Valois de La Motte**. *Imprimé à Londres*, 1789, in-8°, 144 p. [N. Ln^{27} 11290.]

Épigr. :

Dis les malheurs du peuple et les fautes des princes.
VOLTAIRE.

Collection de lettres apocryphes de la Reine et des principaux personnages de la Cour.
Voyez le numéro suivant.

21174. — **Correspondance de la Reine avec d'illustres personnages**. S. l., 1790, in-8°, 144 p. [N. Lb^{39} 3638.]

C'est la même pièce que la pièce décrite sous le numéro précédent sous un nouveau titre.
On lit, page 7 : « Ces lettres pourront servir de supplément aux *Mémoires de Mme de La Motte*. »
Portrait de Mme de Polignac.

21174^a. — **Correspondance de la Reine...** S. l., 1790, in-12, 126 p. [N. Lb^{39} 3638 A.]

Portrait de Mme de Polignac en contre-partie de celui de l'édition in-8°.

21175. — **Adresse à la Reine sur les finances**. *Imp. P. André*. S. d., in-8°, 7 p. [N. Lb^{39} 2621.]

Signée : Un vieux fou irlandais fort dévoué à la nation française et à Votre Majesté.
Projets de réformes politiques et financières.

21176. — **Profitez-en**. S. l., in-8°, 8 p. [H. AD. 1, 70.]

Le titre de départ, p. 3, porte : *Un Romain aux Français*.
Pamphlet contre le comte d'Artois, Marie-Antoinette et la Commune de Paris.

21177. — **Les Fantoccini français ou les Grands Comédiens de Marly**, intermède héroï-histori-tragi-comique, dédié au vénérable réverbère. N° 5. S. l. n. d. (1790), in-8°, 16 p. [N. Lb^{39} 11769.]

Pamphlet dialogué dont les personnages sont affublés de noms à désinences italiennes.
Arliquino : *Antonio-Eleonor* [M. de Juigné].
Prima Amorosa : *Maria-Antonia*.

Il signor Pantalone : *Maurizzi* [l'abbé Maury].
Primo Amoroso : *Carlo Xavieri* [le comte d'Artois].
Servitor : *il signor Duvallo Despremisnilli* [Duval d'Éprémesnil].
Serva : *Diana-Julietta* [Mme de Polignac].
Suggeritone (le souffleur) : *il padre Duchesne*.
J'ignore à quoi correspond le chiffre 5 énoncé sur le titre.

21178. — **La Destruction de l'aristocratisme** (sic), drame en cinq actes en prose, destiné à être représenté sur le théâtre de la Liberté. *A Chantilly, imprimé par ordre et sous la direction des princes fugitifs*, 1789, in-8°, 128 p. [N. Yth 22127.]

Orné de cinq figures, assez finement gravées, représentant : Marie-Antoinette et Mme de Polignac tendrement enlacées avec cette légende : « Je ne respire plus que pour toi ! Un baiser, mon bel ange ! », le comte d'Artois et le duc de Châtelet, la mort de Flesselles, Louis XVI quittant Versailles le 17 juillet 1789, et le massacre de Foulon et de Berthier.
Attribué à l'abbé Gabriel Brizard.
Voyez le numéro suivant.

21179. — **Les Imitateurs de Charles IX ou les Conspirateurs foudroyés**, drame en cinq actes et en prose, orné de cinq gravures, par le rédacteur des « Vêpres siciliennes » et du « Massacre de la Saint-Barthélemy ». *A Paris, de l'imprimerie du Clergé et de la Noblesse, dans une des caves ignorées des Grands-Augustins*, 1790, in-8°, 128 p. [N. Lb^{39} 2773.]

Remise en circulation du pamphlet dialogué décrit sous le numéro précédent.

21180. — **Le Véritable Ami de la Reine ou Journal des dames**, par une société de citoyennes. *Paris, rue Notre-Dame-des-Victoires, n° 19*, in-8°. [N. Lc^2 2305.]

Hebdomadaire. Le journal avait commencé à paraître le 1er janvier 1790. La B. N. n'a que le n° 4.

21181. — **Requête de la Reine à nos seigneurs du tribunal de police de l'Hôtel de Ville de Paris**. (15 mars 1790.) *De l'imprimerie de la Reine*. S. d., in-8°, 8 p. [N. Lb^{39} 3079.]

Facétie à propos d'un passage des *Révolutions de France et de Brabant* où Desmoulins avait appelé Marie-Antoinette *la femme du Roi*.

21182. — Discours à la Reine, prononcé le 18 juillet 1790, par Joseph Delaunay, d'Angers, au nom des gardes nationales du département de Maine-et-Loire. *Desenne. S. d.*, in-8°, 4 p. [*N.* Lb39 3798.]

21183. — La Cause de la Révolution française ou la Conduite secrète de M... A... n. tte. d'Autr... R. de France. Enrichie d'une collection de notes intéressantes et critiques sur les auteurs de cette Révolution comme sur celle des autres parties de l'Europe, par un de ses témoins, le Chev. de —. *A l'Enseigne de la Liberté*, 1790, in-8°, 30 p.

Épigr. :
> Fraus sublimi regnat in aulâ.
> Senec., in *Hipp.*

Violent pamphlet, imprimé, semble-t-il, à Londres. P. 13-19. *Vérités dédiées à Marie-Antoinette d'Autriche, reine de France*, en vers, suivies de notes en prose. En regard du titre, frontispice anonyme décrit sous le n° 21143 ci-dessous, où sa présence n'est nullement justifiée, tandis qu'il offre une allusion évidente à ces vers de la p. 16 :

> .... C'est Maurepas qui tombe,
> Par ton ordre expirant, victime du poison.
> Là, te dirais-je encore, Vergennes qui succombe,
> Ministre, ami des rois et l'honneur de son nom.

21183ᵃ. — Semonce à la Reine. *S. l. n. d.* (1790), in-8°, 3 p. [*N.* Lb39 3637.]

Violent pamphlet.

21184. — Soirées amoureuses du général Mottier et de la belle Antoinette, par le petit épagneul de l'Autrichienne. *A Persépolis, à l'enseigne de l'Astuce et de la Vertu délaissée*, 1790, in-8°, 32 p. [*N.* Lb39 4281. Réserve.]

21185. — Marie-Antoinette dans l'embarras ou Correspondance de La Fayette avec le Roi, la Reine, La Tour-du-Pin et Saint-Priest (19-26 octobre 1790). *S. l. n. d.*, in-8°, 48 p. [*N.* Lb39 9479. Réserve.]

Frontispice obscène, avec cette légende : *Bravo! bravo! la Reine se pénètre de la patrie.*

21186. — Le Cri du sentiment ou Observations sur des écrits incendiaires, des libelles touchant la Reine, etc., etc. *Paris, imp. Vezard et Le Normand*, 1790, in-8°, 76 p. [*N.* Lb39 9197.]

Signé : Darragon.

21187. — Réponses du Roi et de la Reine aux discours de M. le Maire, à la tête d'une députation de la Municipalité de Paris, le 25 novembre 1790. *Paris, imp. Royale*, 1790, in-8°, 2 p. [*N.* Lb39 4389.]

P. 2, Réponse de la Reine.

21188. — Testament de Marie-Antoinette d'Autriche, ci-devant reine de France. *Imp. Le Gros. S. d.* (1790), in-8°, 16 p. [*N.* Lb39 9489. Réserve.]

Le titre de départ, p. 3, porte en plus : *Fait et rédigé dans son cabinet, à Saint-Cloud.*

Le catalogue imprimé de la B. N. a enregistré sous le n° Lb39 10824 et classé au mois d'août 1792 un second ex. de cette pièce qui a exactement la même justification typographique, mais dont les marges sont plus petites.

21189. — La Garce en pleurs. *Au bordel et se trouve au Magasin, dans les appartements de la Reine, l'an de la fouterie* 5790, in-8°, 12 p. [*N. Y.* Réserve.]

Frontispice obscène. Voyez le numéro suivant.

21190. — Les Derniers Soupirs de la garce en pleurs adressés à la ci-devant noblesse, et dédiés à la triste, sèche et délaissée Désullan, libraire au Palais-Royal, en qualité de garce au premier chef. *A Branlinos, etc., l'an de la bienheureuse fouterie*, 5790, in-8°, 15 p. [*N. Y.* Réserve.]

Frontispice obscène différent du précédent.

21191. — Catherine de Médicis dans le cabinet de Marie-Antoinette, à Saint-Cloud. Premier (-douzième) dialogue. *De l'imprimerie Royale. S. d.* (1791), in-8°. [*N.* Lb39 4482.]

Chacun de ces douze dialogues (formant une première livraison) a huit pages. Dans l'ex. de la B. N., on a relié à la suite : *Catherine de Médicis dans le cabinet de Marie-Antoinette, à l'instant que Louis XVI reçoit une députation de 48 sections de la ville de Paris, présidée par M. Bailly*, treizième dialogue. *De l'imprimerie Royale*, in-8°, 8 p., et *Catherine de Médicis, Quatorzième dialogue* [entre Louis XVI, Marie-

Antoinette et plusieurs députés]. *Imp. Chaudriet.* S. d., in-8°, 8 p.

21192. — Fureurs utérines de Marie-Antoinette, femme de Louis XVI. La mère en proscrira la lecture à sa fille. *Au manège et dans tous les bordels de Paris*, 1791, in-12, 58 p. [N. Lb^{39} 10259. Réserve.]

P. 13, *le Triomphe de la fouterie ou les Apparences sauvées*, comédie en deux actes et en vers, « très libre et très bête », comme le dit avec raison le rédacteur du catalogue Soleinne (III, 3877), mais qui ne renferme aucune allusion à la Reine.
Deux figures obscènes coloriées.

21193. — Description de la ménagerie royale d'animaux vivants établie aux Tuileries, près la terrasse nationale, avec leurs noms, qualités, couleurs et propriétés. *Imp. des Patriotes.* S. d., in-8°, 8 p. [N. Lb^{39} 6056.]

Signée : P. DANTALLE.
Violent et grossier pamphlet. Voyez le numéro suivant.

21194. — Vente nationale de la ménagerie royale de tous les animaux vivants et féroces établie aux Tuileries. Conformément aux décrets qui ordonnent la vente des biens nationaux, on exposera sous huitaine les animaux de la ménagerie de Versailles, transférés aux Tuileries. *Imp. des Patriotes.* S. d., in-8°, 8 p. [N. Lb^{39} 6058.]

Signée : P. DANTALLE.
Texte différent de celui du numéro précédent, mais non moins grossier.
Les deux pièces sont postérieures à la fuite de Varennes.

21195. — Lettres d'un philosophe à Marie-Antoinette, épouse du Roi des Français, écrites depuis le retour de Varennes jusque vers les derniers jours de mars 1792. *Paris, imp. Mayer et C*^{e}. S. d., in-8°, 1 f. et 40 p.

ÉPIGR. :
Tempus et oleum perdidit.

La Préface *des éditeurs* présente ces seize lettres « comme non supposées, mais réellement adressées à la Reine, reçues et lues par cette princesse ». La dernière de ces lettres est signée J. B.

21196. — La Purification de Marie-Antoinette. *Imp. Royale.* S. d., in-18.

Pamphlet en vers dont je n'ai pu voir un ex. et que je n'ai trouvé cité qu'au catalogue de la vente Jérôme Bignon (1848), n° 2697.

21197. — Désespoir de Marie-Antoinette sur la mort de son frère Léopold II, empereur des Romains, et sur la maladie désespérée de Monsieur, frère du roi de France. *De l'imprimerie de la Liberté.* S. d. (1792), in-8°, 8 p.

Pamphlet.

M. — CAPTIVITÉ AU TEMPLE (14 AOUT 1792-1er AOUT 1793)

21198. — Liste civile, suivie des noms et qualités de ceux qui la composent, et la punition due à leurs crimes. Récompense honnête aux citoyens qui rapporteront des têtes connues de plusieurs qui sont émigrés et la liste des affidés de la ci-devant Reine. *Imp. de la Liberté.* S. d. (1792), in-8°, 24 p. [N. Lb^{39} 10910.]

Signée : SILVAIN.
P. 21, *Liste de toutes les personnes avec lesquelles la Reine a eu des liaisons de débauche.* P. 23. *Liste d'une partie de ceux dont on donnera le sommaire de leur patriotisme ou de leurs crimes dans le troisième numéro, ainsi que le prix de leurs têtes selon leurs crimes.*
Voyez les deux numéros suivants.

21198ᵃ. — Liste civile, suivie des noms et qualités de ceux qui la composent... et la liste des affidés de la ci-devant Reine. *Imp. de la Liberté.* S. d., in-8°, 24 p. [N. Lb^{39} 10910.]

Sous le titre, fleuron sur bois représentant des fleurs et des fruits.
P. 3-20, *Liste civile* conforme à celle du numéro précédent.

21199. — N° II. Liste civile, et les têtes à prix des personnes soldées par cette Liste, dont la plupart étaient poursuivies par la cour martiale et les autres prisonniers qui sont à Orléans, ainsi que ceux qui ont échappé à la vengeance du peuple et qui se sont fait enrôler pour les frontières, avec l'abrégé de leurs crimes. Mort de la royauté. *Paris, imp. de la Liberté*, 1792, in-8°, 32 p. [*N.* Lb[39] 10911.]

P. 3. *Notice intéressante sur quelques criminels de lèse-nation et les premiers conspirateurs reconnus dans l'affaire du 10. Bertrand (de Moleville), ministre de le marine, a perdu la confiance de la nation.* P. 23-25. *La Fayette a-t-il quitté son armée pour se rendre à Paris sur un congé du ministre de la guerre? Y a-t-il lieu à accusation contre La Fayette?* P. 26. *Liste des personnes qui méritent d'être inculpées sur cette liste.* P. 28. *Liste des hommes qui peuvent être admis à la Convention nationale et qui ont le mieux mérité de la patrie.* P. 23 (sic : 32). *Liste de partie de ceux dont on donnera le sommaire de la vie et des crimes dans le 3e numéro.*

21200. — N° III. Liste des personnes soldées par cette Liste dont la plupart étaient poursuivies par la cour martiale et les autres prisonniers qui sont à Orléans, ainsi que ceux qui ont échappé à la vengeance du peuple et qui se sont enrôlés pour les frontières. Avec l'abrégé de leurs crimes. *Paris, imp. de la Liberté*, 1792, in-8°, 32 p. [*N.* Lb[39] 10911.]

Dans l'ex. de la B. N., les n°s II et III sont cartonnés sous la même couverture. On lit au verso du n° III l'*Avis* suivant :

« L'on a empêché pendant quelques jours la publicité de la *Liste civile* on le devait de toute nécessité, parce qu'on avait contrefait cette liste et qu'il était arrivé que des personnes honnêtes et de bons citoyens avaient été impliqués dans ces contrefaçons; mais, comme on ne peut empêcher le public de connaître ses ennemis, on a lu ces listes avant de les imprimer (?). Nous ne croyons pas qu'il y ait rien de faux dans la nouvelle édition que nous donnons aujourd'hui. »

P. 3-11. Réimpression modifiée des passages correspondants du n° II sur Du Rosoy, Dangremont, La Reynie, etc. P. 12. *Liste de tous les prisonniers traîtres à leur patrie, conspirateurs qui étaient détenus dans les prisons d'Orléans et qui ont été jugés en dernier ressort par le peuple souverain à Versailles.* P. 14. *Suite des prisonniers détenus ès-prisons d'Orléans pour crime de lèse-nation qui étaient dans la maison Saint-Charles, au rez-de-chaussée.* P. 17-3?. *Suite de la liste des dénonciations annoncées par le titre.* (Breteuil, ex-ministre, abbé de Vermont.)

21201. — Têtes à prix. Suivi de la liste de toutes les personnes avec lesquelles la Reine a eu des liaisons de débauches. Par ordre exprès de l'assemblée des Feuillants. Seconde édition. *Paris, de l'imp. de Pierre-sans-Peur*, 1792, in-8°, 22 p. — N° 2. Têtes à prix, avec le sommaire de leur vie et de leurs crimes, copie reçue fidèlement par un commis patriote, sur l'extrait des pièces remises au comité, avec une nombreuse liste de partie de ceux qui paraîtront dans le n° 3. Par ordre de l'assemblée des Feuillants. *Paris, de l'imprimerie de Pierre-sans-Peur*, 1792, in-8°, 23 p. [*N.* Lb[39] 6055.]

P. 3 (du n° 1). *Décret suivi de la liste des personnes dénoncées*, semblable ou peu s'en faut à celle du n° 21198 ci-dessus, mais où chaque nom est suivi du chiffre auquel on taxait la capture. P. 26. *Liste de toutes les personnes avec lesquelles la Reine a eu des liaisons de débauche*. (Liste également semblable à celle du n° 21198; le nom de Dugazon y est apostillé d'une note sur les libertés que l'acteur, travesti en poissarde, aurait prises avec la Reine le mardi gras 1778.)

F° II. P. 3. *Avis de l'éditeur*, suivi d'une nouvelle liste de dénonciations et de taxations (réimp. modifiée et augmentée de la liste mentionnée dans le n° II de la *Liste civile*). P. 22-23. *Liste de partie de ceux dont on donnera le sommaire de la vie et des crimes dans le 3e numéro*, entièrement semblable à celle du n° II de la *Liste civile*.

21201°. — Têtes à prix... *Paris, imp. de Pierre-sans-Peur*, 1792, in-8°, 28 p. [*N.* Lb[39] 6055 A.]

Réimpression du n° 1.

Dans cette réimpression, le mot « Feuillants » a été ajouté sur le titre au moyen d'un papier découpé.

Les *Têtes à prix* et la *Description de la ménagerie royale d'animaux vivants* (voyez le n° 21193 ci-dessus) ont été réimpr. par J. Gay (Neuchâtel, 1874, in-18) en une plaquette faisant partie de la série intitulée *Bibliothèque libre.*

21202. — La Journée amoureuse ou les Derniers Plaisirs de M.... A......... Comédie en trois actes, en prose, représentée pour la première fois au Temple, le 20 août 1792. *Au Temple, chez Louis Capet, l'an Ier de la République*, in-24, 67 p. et 1 f. non ch. [*N.* Lb[39] 10821. Réserve.]

Deux figures, dont une obscène.
Le feuillet non chiffré renferme une annonce de la *Vie privée de Marie-Antoinette* dont le

3e volume vient de paraître ». Voyez ci-dessus, nos 21052-21053.

La *Journée amoureuse*... a été aussi l'objet d'une réimpr. (Neuchâtel, 1872), comprise par J. Gay dans la série intitulée *Bibliothèque libre*.

21203. — La Confession de MARIE-ANTOINETTE, ci-devant reine de France, au peuple franc, sur ses amours et ses intrigues avec M. de La Fayette, les principaux membres de l'Assemblée nationale, et sur ses projets de contre-révolution. *De l'imp. du cabinet de la Reine. S. d.*, in-8°, 16 p. [*N*. Lb^{39} 10822. Réserve.]

21204. — Observations et Précis sur le caractère et la conduite de Marie-Antoinette d'Autriche, par la citoyenne Marie-Thérèse. *Chez tous les marchands de nouveautés*, 1793, in-8°, 46 p. [*Br. M. F. R.* 931, 8.]

ÉPIGR. :

Les écarts de l'esprit ne sont pas ceux du cœur.
L'Anglais à Bordeaux.

En faveur de Marie-Antoinette.

21204ª. — La Grande Colère de Marie-Antoinette contre le citoyen Egalité de ce qu'il a voté pour la mort de Louis Capet, son cousin germain. *Imp. P. Provost. S. d.*, in-8°, 8 p. [*Br. M. F. R.* 263, 10.]

Dialogue plein d'invectives grossières échangées entre la Reine et le duc d'Orléans.

21205. — Que ferons-nous de Marie-Antoinette qui sans doute inspire à son fils, dans la prison du Temple, la haine et la fureur qui la transportent contre le peuple français et lui rend les honneurs qu'elle croit devoir à Louis XVII? *Imp. Guilhemat. S. d.*, in-8°, 8 p.

Signé, p. 8 : Par un vrai républicain.
Bibliothèque de M. Otto Friedrichs.
Sur d'autres pamphlets de même nature parus avant et après la mort de Louis XVI, voyez tome Ier, nos 3517-3550 *passim* et sur les relations contemporaines de la captivité au Temple, voyez ibid., nos 3551-3579 ; voyez aussi les trois numéros suivants.

21206. — Mémoire de M. le baron DE GOGUELAT, lieutenant général, sur les événements relatifs au voyage de Louis XVI à Varennes, suivi d'un Précis des tentatives qui ont été faites pour arracher la Reine à la captivité du Temple (1823).

Collection des Mémoires relatifs à la Révolution française.
Voyez tome Ier de la *Bibliographie*, n° 3005.
Cette pièce est rappelée ici en raison du Précis annoncé par le titre et qui renferme l'exposé du plan d'évasion conçu par M. de Jarjayes et par Toulan. Les six fac-similé joints à cette brochure sont ceux de billets que la Reine avait réussi à faire parvenir à Jarjayes par l'intermédiaire de Toulan.

21207. — Les Dernières Lectures des prisonniers du Temple. Souvenirs de l'Exposition rétrospective de 1877 (*sic*), par M. MAXIME DE LA ROCHETERIE, membre de l'Académie de Sainte-Croix. *Orléans, imp. Ernest Colas*, 1878, in-8°, 36 p.

On lit au verso du faux-titre : « Extrait du tome III des *Lectures et Mémoires* de l'Académie de Sainte-Croix », et sur le titre de départ : *Souvenirs de l'Exposition rétrospective de 1876.*
L'Exposition rétrospective dont il s'agit est en effet celle qui eut lieu à Orléans en mai et juin 1876, à l'occasion d'un concours régional.

21208. — PAUL GAULOT. Un Complot sous la Terreur. Marie-Antoinette, Toulan, Jarjayes, avec six portraits et fac-similé. *Paris, Paul Ollendorf*, 1889, in-18, X-330 p. [*N*. Lb^{41} 5146.]

En regard du titre, portrait de Marie-Antoinette d'après l'esquisse attribuée à Prieur. Dans le cours du volume, vues du Temple ; pp. 42, 82-83, 153, 173-174, fac-similé d'autographes de Marie-Antoinette et du comte de Provence.
L'auteur annonçait comme en préparation deux études destinées à faire suite à celle-ci : *Un Ami de la Reine ; Pour sauver la Reine*. La première a seule paru.

¶ Sous le titre de : *Trois mois à la Tour du Temple*, M. GASTON MAUGRAS a publié dans la *Revue bleue* (30 avril 1892) quelques extraits de notes de JEAN (dit MARTIN) VERDIER, l'un des commissaires de la Commune, d'après les mss. de l'auteur acquis par la Bibliothèque de la ville de Paris. M. de Beaucourt a fait usage des mêmes documents, en déchiffrant la minute originale de l'auteur et non la copie fautive qu'avait consultée M. Maugras ; cf. *Captivité et derniers moments de Louis XVI* [voy n° 20876 ci-dessus], tome Ier, pp. 229-252. Sur les autres relations émanées des contemporains Cléry, Moelle, Goret, Turgy, Lepître, etc., voyez tome Ier, nos 3551-3578.

N. — TRANSFERT DE LA REINE A LA CONCIERGERIE (2 AOUT 1793)

Sur la Conspiration dite de *l'Œillet*, voyez tome Ier, nos 4150-4153.

Sur les polémiques soulevées par la communion que Marie-Antoinette aurait reçue dans son cachot, voyez tome Ier, nos 4187-4194 et les onze numéros suivants.

21209. — Marie-Antoinette à la Conciergerie, fragment historique publié par le comte Fr. de Robiano. *Paris, Baudouin frères*, 1824, in-12, 2 ff. et 89 p. [*N.* Lb^{39} 89.]

Le faux-titre porte : *Mémoires sur la Révolution.*
En regard du titre, frontispice intitulé : *Dernière communion de la Reine*, signé Devéria del. Couché fils aquaforti. Lejeune sculp.
Relation des tentatives faites par l'abbé Magnin et par Mlle Fouché pour que la Reine pût entendre la messe et communier. Selon Quérard, le comte de Robiano de Borsbeck n'aurait été que l'éditeur de ce petit volume, dont il existe deux traductions allemandes contemporaines, et même comme bibliographe nomme comme auteurs de ce récit Mme de Marbeuf et l'abbé Gillet ; mais M. de La Rocheterie (voyez le n° 21218 ci-dessous) ne croit pas à cette collaboration et assure que le comte de Robiano écrivit en quelque sorte sous la dictée de l'abbé Magnin, alors curé de Saint-Germain-l'Auxerrois, et de Mlle Fouché. Il fait observer en outre que l'article de *la France littéraire* attribue au comte de Robiano divers ouvrages de son frère.
Voyez les deux numéros suivants.

21210. — La Fausse Communion de la Reine soutenue au moyen d'un faux. Nouvelle réfutation, appuyée de nouvelles preuves, par l'auteur des « Mémoires secrets et universels de la Reine de France ». (1824.)

Par Lafont d'Aussonne.
Voyez tome Ier de la *Bibliographie*, n° 4187, et le numéro suivant.
Les *Mémoires secrets et universels...* sont décrits ci-après, § 4.

21211. — Mémoire au Roi sur l'imposture et le faux matériel de la Conciergerie, par l'auteur des « Mémoires secrets et universels de la Reine de France » (1825).

Par Lafont d'Aussonne.
Voyez tome Ier de la *Bibliographie*, n° 4188, et le numéro précédent.

21212. — La Communion de la reine Marie-Antoinette à la Conciergerie, par V. Alphonse Flayol, pièce qui a remporté le prix de poésie proposé par la Société d'études littéraires. *Paris, J.-G. Dentu*, 1825, in-8°, 15 p. [*N.* Inv. Ye 22367.]

Epigraphe empruntée aux Actes des Apôtres.

21213. — Marie-Antoinette à la Conciergerie (du 1er août au 16 octobre 1793). Pièces originales conservées aux Archives de l'Empire, suivies de notes historiques et du procès imprimé de la Reine, par M. Emile Campardon, archiviste aux Archives de l'Empire... (1863).

Voyez tome Ier de la *Bibliographie*, n° 4193.
La deuxième édition (J. Gay, 1864) est augmentée d'un index alphabétique. En regard du titre, portrait de la Reine photographié d'après l'esquisse qui aurait été peinte par le dessinateur d'architecture Prieur à la Conciergerie. Cette seconde édition existe également dans les deux formats.

21214. — La Communion de la reine Marie-Antoinette à la Conciergerie, par N.-M. Troche, chevalier de l'ordre pontifical de Saint-Grégoire le Grand. Lettre extraite du « Monde » du 31 mars 1863. *Paris, imp. Hennuyer*, 1863, in-8°, 13 p. [*N.* Lb^{41} 3408.]

Signée : Troche, auteur d'une Monographie inédite de l'église Saint-Germain-l'Auxerrois.

21214^a. — La Communion de la reine Marie-Antoinette..., par N.-M. Troche... *Imp. Divry et Ce*, 1863, in-8°, 16 p. [*N.* Lb^{41} 3408 A.]

En rendant compte dans le *Monde* (23 janvier 1863) du livre de M. Campardon, Léon Gautier avait déclaré que « toute consolation sacramentelle avait été refusée à la Reine ». C'est pour réfuter cette assertion que M. Troche évoqua, d'après ses souvenirs personnels, le témoignage contraire, oral et manuscrit, de l'abbé Magnin, témoignage corroboré par un article de M. Eug. de la Gournerie dans un article de la *Revue de Bretagne et de Vendée*. (1863, p. 90-105.)

21215. — Nouvelles preuve de la communion de la reine Marie-Antoinette à la Conciergerie, par N.-M. Troche, chevalier de l'ordre pontifical de Saint-Grégoire le

Grand. Extrait du journal « le Monde » du 17 juillet 1864. *Paris, imp. Divry*, in-8°, 16 p. [*N*. Lb⁴¹ 3409.]

Nouvelles allégations et citations en faveur de la thèse soutenue dans la brochure décrite sous le numéro précédent.

21216. — La reine Marie-Antoinette à la Conciergerie. Extrait du journal « le Monde » du 23 juillet 1864. *Bourbonne-les-Bains, V. Guillemin*, 1864, in-8°, 23 p. [*N*, Lb⁴¹ 3413.]

La lettre d'envoi de la déclaration de l'abbé Magnin, curé de Saint-Germain-l'Auxerrois, touchant la communion de Marie-Antoinette, est signée : FOUCHÉ. On retrouve cette signature au-dessous de deux notes, pp. 6 et 20. C'est celle du P. SIMON FOUCHÉ, professeur de mathématiques dans divers collèges de la Compagnie de Jésus en Amérique et neveu de la courageuse femme qui avait réussi à pénétrer auprès de la Reine et à introduire l'abbé Magnin dans sa prison.

21217. — Extrait du journal « le Monde » du 12 septembre 1864. *Paris, imp. Juteau. S. d.*, in-8°, 4 p. [*N*. Lb⁴¹ 3410.]

Signé : TROCHE.
Lettre datée de Bourbonne-les-Bains, le 28 juillet 1864 et où l'auteur se félicite d'avoir provoqué la preuve administrée par le P. Fouché.

21218. — La Communion de Marie-Antoinette à la Conciergerie, par MAXIME DE LA ROCHETERIE. (Extrait de la « Revue des questions historiques ».) *Paris, Palmé*, 1870, in-8°, 64 p. [*N*. Lb⁴¹ 3411.]

On lit au verso du faux-titre : Tiré à cent exemplaires.

21219. — Marie-Antoinette à la Conciergerie, par VICTOR PIERRE. Extrait de la « Revue des questions historiques », janvier 1890. *Paris, Bureau de la Revue, 5, rue Saint-Simon*, 1890, in-8°, 72 p.

Tiré à part à cinquante ex.
Examen des preuves alléguées pour et contre la vraisemblance de l'admission auprès de Marie-Antoinette d'un prêtre non assermenté et de la communion qu'il lui aurait donnée. M. Victor Pierre conclut par l'affirmative et s'attache à démontrer le peu de cas qu'il convient de faire des dires d'un personnage aussi décrié que Lafont d'Aussonne et des témoignages qu'il avait invoqués.

O. — PROCÈS, CONDAMNATION ET DERNIÈRE LETTRE DE LA REINE

Sur les préliminaires et l'issue du procès intenté à la Reine, voyez tome Ier, n°s 4154-4175.
Sur la lettre qu'elle écrivit le matin même de sa mort à Madame Elisabeth et dont le texte ne fut connu qu'en 1816, voyez tome Ier, n°s 4182-4186 et les numéros suivants qui les complètent.

21220. — Précis historique sur le testament de Marie-Antoinette, reine de France, trouvé en 1815 chez l'ex-conventionnel Courtois, pour prouver authentiquement de quelle manière cette pièce intéressante tomba entre les mains de la maison de Bourbon, par A. COURTOIS. *Liège, C.-A. Bassompierre. S. d.* (1816?), in-8°, 16 p.

D'après la *Bibliographie liégeoise* de M. X. de Theux (2e éd. 1885, col. 858).
Voyez le numéro suivant.

21221. — EUGÈNE WELVERT. La Saisie des papiers du conventionnel Courtois (1816). Testament de Marie-Antoinette. Papiers de Robespierre. Lettres du comte de Provence. *Bourloton, éditeur. S. d.* (1890), in-8°, 50 p.

Tirage à part du tome II des *Archives historiques, artistiques et littéraires* fondées et dirigées par MM. Bernard Prost et Eug. Welvert.
Historique, d'après les documents conservés aux Archives nationales, des perquisitions opérées en 1816 à Rambluzin (Meuse), au domicile de Courtois, et des réclamations en restitution intentées par l'un de ses fils au gouvernement de Louis-Philippe.
Voyez tome Ier de la *Bibliographie*, n° 4180.
ᶲ M. PAUL DESPIQUES a publié dans la *Révolution française* (tome XXX, 1896, pp. 430-441) quelques documents complémentaires sur ces perquisitions.

21222. — Testament de MARIE-ANTOINETTE-JOSÈPHE-JEANNE DE LORRAINE, archiduchesse d'Autriche, reine de France et de Navarre, née à Vienne le 2 novembre 1755, morte martyre le 16 octobre 1793. Ce Testament, découvert en février 1816, accompagné de réflexions, de notes historiques et de toutes les pièces qui y sont relatives, fait suite au Testament du Roi qui a été publié dans le même genre un mois auparavant. *Dijon, imp. Noellat, février 1816*, in-8°, 31 p.

Tiré à 500 ex., plus 10 sur papier vélin, 4 sur papier terre d'ombre, 4 sur papier vert pâle, 4 sur papier bleu, 4 sur papier rouge ocre.

L'éditeur et annotateur était GABRIEL PEIGNOT qui avait en effet publié au mois de janvier 1816 deux éditions du *Testament de Louis XVI*, tirées l'une à 75 ex. et l'autre au même nombre (y compris les ex. de luxe). Voyez tome I*er*, n° 3844.

21223. — Aux Maires du département de la Moselle (Metz, 27 février 1816). *Metz, imp. C.-M.-B. Antoine*. S. d., in-4°, 6 p. [N. Lb⁴⁸ 3585.]

Circulaire signée : le Préfet de la Moselle, LACHADENÈDE, adressant aux maires le texte de la dernière lettre de Marie-Antoinette destinée à être lue au prône par le curé ou le desservant de leur commune.

21224. — Dernières Dispositions de Marie-Antoinette, reine de France, précédées du Précis historique de son horrible assassinat. *Besançon, Petit, avril 1816*, in-8°, 15 p.

Bibliothèque de M. Otto Friedrichs.

La préface de l'éditeur, signée PETIT, est relative à l'auteur du *Précis*, JEAN FENOUILLOT et à son dévouement à la cause royale.

Né à Salins en 1748, mort à Besançon en 1826 et frère puîné du dramaturge Fenouillot de Falbaire, il fut, avant la Révolution, avocat et inspecteur de la librairie à Besançon. Émigré en 1792, il joua un rôle actif dans les menées royalistes dont Fauche-Borel fut le chef le plus en vue. Ch. Weiss, dans un excellent article de la *Biographie Michaud*, a énuméré les divers écrits, la plupart anonymes, de Jean Fenouillot qui n'ont pas été cités par Quérard.

21225. — Récit fidèle et complet de tout ce qui a précédé et suivi la découverte du testament de la Reine, avec le fac-similé de ce testament beaucoup plus correct que tous ceux qui ont paru jusqu'à présent, par M. MONTJOYE, auteur de l' « Histoire de Marie-Antoinette ». *Paris, veuve Lepetit, 1816*, in-8°, 24 p. et un fac-similé. [N. Lb⁴⁸ 474.]

La première édition est annoncée dans la *Bibliographie de la France* du 6 avril 1816; la seconde dans le numéro du 4 mai suivant.

21226. — Testament de MARIE-ANTOINETTE, née le 2 novembre 1755, morte le 25 (sic) octobre 1793. *Paris, imp. A. Egron*. S. d., in-folio plano. [N. Lb⁴⁸ 479.]

21226ᵃ. — Testament de MARIE-ANTOINETTE, reine de France et de Navarre, morte le 16 octobre 1793. *Lille, Cailleaux-Lecocq*. S. d., in-folio plano. [N. Lb⁴⁸ 480.]

21227. — Fac-similé du Testament de MARIE-ANTOINETTE d'Autriche, reine de France et de Navarre, morte martyre le 18 (sic) octobre 1793, calqué et gravé avec la plus scrupuleuse exactitude sur un exemplaire distribué aux membres des deux Chambres. *Paris, Gueffier, 1816*, in-4°, 3 p. [N. Lb⁴⁸ 481.]

21227ᵃ. — Fac-similé du Testament de Louis XVI, seule édition autorisée par Son Exc. le ministre de la police générale comme conforme à celle faite sur l'original, gravé par PIERRE PICQUET, chargé par Son Exc. de la gravure des exemplaires distribués au nom du Roi. On y a joint le fac-similé d'un fragment d'écrit de Mᵐᵉ Elisabeth et des signatures de la reine Marie-Antoinette et du jeune Louis XVII; accompagnés d'une Notice historique, contenant des détails très intéressants et inconnus jusqu'à ce jour sur le testament du roi Louis XVI et sur l'origine du testament de la Reine, par L.-E. AUDOT. *Paris, Gueffier; Audot; Plancher; Pierre Picquet*. S. d. (1816), in-4°, 16 p. et 4 planches de fac-similé. [N. Lb⁴⁴ 409.]

La couverture imprimée sert de titre.
Voyez le numéro suivant.

21228. — Supplément à la Notice historique sur le testament de la Reine, suivi d'Anecdotes inédites et d'un Précis historique sur sa prison à la Conciergerie et sur la chapelle et le monument expiatoire qui y ont été élevés. *Paris, Audot, XXI janvier 1817*, in-4°; 24 p. (la dernière non chiffrée). [N. Lb⁴⁸ 774.]

La couverture imprimée et ornée d'un encadrement fleurdelysé sert de titre. Le texte est accompagné de deux pl. coloriées : la première, intitulée *Dernier séjour d'une illustre victime*, est signée CLOQUET *del.*, SIMONET *fils sculp.*; elle est placée en regard du titre de départ. La seconde, anonyme, porte en haut : *Cénotaphe expiatoire élevé dans la prison de la Conciergerie à la mémoire de la reine Marie-Antoinette d'Autriche;* au-dessus de ce cénotaphe sont gravés les plans de la cellule en 1793 et en 1816.

La page non chiffrée contient un erratum.

21229. — Lettre de MARIE-ANTOINETTE d'Autriche, reine de France et de Navarre, imprimée par M. Jules Didot ainé avec des caractères gravés et fondus exprès par Dallut, employé au département de la Seine. Prospectus. *Imp. J. Didot ainé. S. d.* (1827), in-8°, 3 p. [*N.* Lb^{48} 2689.]

Dallut, qui avait déjà publié une édition du Testament de Louis XVI, avait fait graver un nouveau caractère « dont le type neuf, expressif et frappant » était destiné à offrir « sous des formes sombres et mélancoliques la dernière lettre de la plus infortunée des reines ».

Voyez le numéro suivant.

21229ª. — Lettre de MARIE-ANTOINETTE d'Autriche, reine de France et de Navarre, à Madame Elisabeth. Gravé et fondu par J.-P.-M. Dallut. *Paris, Colnet. S. d.* (1823), in-folio plano maximo. [*N.* Lb^{48} 488.]

Voyez le numéro précédent.

Le texte est encadré d'une large bordure fleurdelysée et séparé en deux colonnes par des larmes.

21230. — La Dernière Lettre de la reine Marie-Antoinette (16 octobre 1793), avec une Notice historique sur la vie de cette princesse et sur les événements de l'époque. *Paris, A. Courcier,* 1851, in-12, 2 ff., VII-52 p. et 1 fac-similé de 3 p. [*N.* Lb^{48} 2888.]

On lit au verso du faux-titre l'avis suivant : « L'original de cette lettre, original dont l'authenticité est constatée et sur lequel la trace des larmes de l'épouse infortunée de Louis XVI se trouve encore, est entre les mains de M. Garrigues, propriétaire à Poissy (Seine-et-Oise), qui se fera un devoir de le soumettre à toutes les personnes qui posséderont un exemplaire de la notice sur Marie-Antoinette.

Suit la formule relative aux poursuites en cas contrefaçon, apostillée de la griffe de l'auteur : V. A. GARRIGUES.

La brochure ne fournit d'ailleurs aucun détail sur la provenance ou l'authenticité du document dont M. Garrigues croyait posséder l'original.

P. — OUTRAGES ET HOMMAGES POSTHUMES

21231. — Jugement général de toutes les p...tains françaises et de la reine des g...es, par un des envoyés du Père Eternel. *De l'imp. des Séraphins. S. d.* (1793), in-8°, 16 p.

Frontispice obscène.

21232. — Descente de la Dubarry aux enfers, sa réception à la cour de Pluton par la femme Capet, devenue la furie favorite de Proserpine. Caquetage entre ces deux catins. *Paris, Galletti. S. d.,* in-8°, 16 p. [*N.* Lb^{41} 3569.]

Mme Du Barry fut exécutée le 18 frimaire an II (8 décembre 1793). Ce pamphlet est le dernier où la mémoire de Marie-Antoinette ait été insultée. Il a pour auteur un certain DULAC (H.-G.) qui le cite parmi ses écrits dans un mémoire imprimé : *Aux représentants du peuple composant le Comité de sûreté générale* (imp. Renaudière. S. d. (1794), in-4°, 8 p.).

21233. — Le Cri de la douleur sur la tombe de Marie-Antoinette. *Londres et La Haye, P.-F. Gosse,* 1793, in-8°, 55 p. [*Br. M.* 10658, bb, 11.]

21234. — Chant funèbre sur la mort de Marie-Antoinette d'Autriche, reine de France et de Navarre, immolée par les factieux, le 16 octobre 1793, dédié à S. A. R. Monseigneur, régent du royaume de France et à Monseigneur, comte d'Artois, lieutenant général du royaume, par un chevalier français. *Londres,* 1793, in-8°, 13 p.

Catalogue Bégis, 2ᵉ partie (1897), n° 316.

21235. — Ode sur la mort de Marie-Antoinette d'Autriche, reine de France et Navarre, par un gendarme. *S. l.,* 1793, in-8°, 8 p.

Catalogue Bégis, 2ᵉ partie (1897), n° 316.

21236. — Le Martyre de Marie-Antoinette d'Autriche, reine de France, tragédie en cinq actes. *A Amsterdam,* 1794, in-8°, 2 ff. et 68 p. [*N.* Yth. 11320.]

Par ETIENNE AIGNAN, plus tard membre de l'Académie française, et non pas BARTHÈS DE MARMORIÈRE, comme l'indique Barbier.

Cette pièce a été réimprimée sous un titre différent et avec des modifications. Voyez les deux numéros suivants.

21237. — La Mort de Marie-Antoinette d'Autriche, reine de France, tragédie en cinq actes et en vers, faisant suite à la « Mort de Louis XVI ». *A Paris, chez Boncompte, imprimeur, rue Pavée,* n° 180, 1797, in-18, 108 p. [*N.* Yth. 12347.]

Voyez le numéro précédent.

En regard du titre, portraits accolés de Louis XVI et de Marie-Antoinette, accompagnés du quatrain déjà cité ci-dessus, n° 20933ᵈ.

Dans cette dernière édition, la scène dernière entre deux royalistes et un constitutionnel est réduite à ce dialogue :

Le Royaliste
Elle n'est plus, hélas !
Le Constitutionnel
Cette sublime Reine,
Ainsi qu'elle vivait, est morte en souveraine.

Paul Lacroix a, dans le catalogue Soleinne (n° 2466), attribué cette tragédie à BERTHEVIN plutôt qu'à Aignan, mais Quérard dit posséder une note autographe de Berthevin, par laquelle il réclame sa part dans la *Mort de Louis XVI* et ne fait aucune allusion à la seconde tragédie.

21237ᵃ. — La Mort de Marie-Antoinette d'Autriche, reine de France, tragédie en cinq actes et en vers, faisant suite à la « Mort de Louis XVI ». *Paris, Lebègue; Petit; Blanchard; Plancher,* 1814, in-8°, 57 p. [*N.* Yth. 12348.]

Dans cette nouvelle édition, la dernière scène du cinquième acte comporte les mêmes personnages, mais offre ce singulier hiatus :

... Cette sublime reine,
Ainsi qu'elle a vécu, est morte en souveraine.

21238. — Marie-Antoinette, tragédie en trois actes et en vers, par le vicomte D. *Londres, W. et C. Spitsbury,* 1800, in-8°, 59 p., et 2 ff. pour les noms des souscripteurs.

« C'est une étrange chose, dit une note du catalogue Soleinne, n° 2565, que les lieux communs de la vieille tragédie classique dans un pareil sujet. Osman, Volsan, Merval, sont officiers de garde, c'est-à-dire geôliers de la tour du Temple; Zamor (Santerre) est l'officier de la garde armée, c'est-à-dire de la garde nationale, etc. » Ces deux vers sont censés représenter l'exécution de Marie-Antoinette :

La Reine, au même instant, voit s'entr'ouvrir sa tombe,
Le fer est détaché, la victime succombe.

Q. — RELATIONS CONTEMPORAINES ET TRAVAUX MODERNES

21239. — Procès de Marie-Antoinette de Lorraine d'Autriche, veuve Capet, du 23 du premier mois, l'an 2 de la République (octobre 14, 1793), imprimé mot pour mot selon la teneur de la « Gazette nationale ou Moniteur universel » des 16, 17, 18, 19, 20, 21, 23, 24, 25, 26, 27 d'octobre 1793. Orné d'un portrait en miniature le plus vraisemblant (*sic*) de tous ceux qui paru ce jour. *A Londres, chez J. De Boffe, libraire, Gerard street, Soho,* MDCCXCIII, in-8°, 1 f. et 116 p.

En regard du titre, joli petit portrait en médaillon (trois quarts à dr.), gravé au pointillé, signé CAMPONAS *pinxit.*; L. LEGOUX, *sculp.* Au-dessus : *Marie-Antoinette d'Autriche. Published by* L. Legoux, n° 62, *Poland street, Oxfort street, july* 1 1793.

Catalogue Bégis, 2ᵉ partie (1897), n° 312.

21240. — Procès de Marie-Antoinette de Lorraine d'Autriche, reine de France. *A Bruxelles,* 1793, in-8°; 82 p.

Catalogue Bégis, 2ᵉ partie (1897), n° 313.

21241. — Authentic trial at large of Marie Antoinette, late queen of France, before the revolutionary tribunal at Paris, on tuesday, october 15, 1793, on a charge of having been accessary to, and having cooperated in divers manœuvres against the liberties of France, entertained a correspondance with the ennemies of the Republic, and participated in a plot tending to kindle civil war in the interior of the Republic by arming citizens against each other; to which are prefixed her life and a verbal copy of her private examination previous to her public trial, with a supplement containing the particulars of her execution. *London, printed for Chapman and Cº,* 1793, in-8°, 92 p. [*Br. M.* 1103, 1, 8.]

En regard du titre, portrait de trois quarts à dr. *Drawn and engraved by* J. CONDÉ, *published by* J. PARSONS, *Paternoster row, April* 15, 1793.

21242. — Les Crimes de Marie-Antoinette d'Autriche, dernière reine de France, avec les pièces justificatives de son procès, pour servir de supplément aux premières éditions des « Crimes des reines de France ». Publiés par L. PRUDHOMME. A Paris, au bureau des Révolutions de Paris, an II de la République, in-8°. [N. Lb³⁹ 74.]

Extrait paginé 433-50, précédé d'un faux-titre et suivi d'une table des matières du volume dont il est tiré.

21243. — A History of the trial, indictement and execution of the late queen of France for treasonable conspiracies before the revolutionary tribunal at Paris, October 15th 1793. Edinburgh, printed and sold by A. Robertson, Cowgate, opposite the old assembly close, 1797, in-12, 23 p. [Br. M. 11621, b. 31,9.]

Les pp. 21-24 sont occupées par une traduction en vers anglais de l'*Hymne à l'Être Suprême* de Marie-Joseph Chénier.

21244. — Notice sur l'exhumation de Leurs Majestés Louis XVI et Marie-Antoinette, archiduchesse d'Autriche, par EDME-LOUIS BARBIER. Paris, Le Normant, janvier 1815, in-8°, 36 p. [N. Lb⁴¹ 462.]

Sur diverses pièces relatives au cimetière de la Madeleine et à la Chapelle expiatoire, voyez tome III, nos 12435-12443.

21245. — Note historique sur le procès de Marie-Antoinette d'Autriche, reine de France, et de Madame Elisabeth de France au tribunal révolutionnaire, par M. CHAUVEAU-LAGARDE, avocat, leur défenseur. Paris, Gide; Delaunay, 1816, in-8°, 2 ff. et 64 p. [N. Lb⁴¹ 858.]

21245ᵃ. — Note historique..., par M. CHAUVEAU-LAGARDE. Bordeaux, Fernel. S. d. (1816), in-4°. [N. Lb⁴¹ 858 A.]

Extrait du *Mémorial*.

Sur la procédure suivie à l'égard de la Reine, voyez le n° 21158 ci-dessus. Le travail de Chaix d'Est-Ange, cité sous ce numéro, avait paru en janvier 1869 dans le *Moniteur*; il n'a été réimprimé que vingt ans plus tard par les soins de son fils.

⒡ Sous ce titre : le *Procès de Marie-Antoinette*, M. CH. OSTYNN a publié dans la *Révolution française* (tomes III, IV et VI) le texte des interrogatoires subis par la Reine et ses gardiens, lors de la « conspiration de l'Œillet », ainsi que les questions à elles posées et les réponses qu'elle avait faites devant le tribunal révolutionnaire. M. Ch. Ostynn avait reproduit des copies littéralement transcrites sur les originaux conservés aux Archives de la Ville et détruits en 1871.

21246. — Récit exact des derniers moments de captivité de la Reine, depuis le 11 septembre 1793 jusqu'au 16 octobre suivant, par la dame BAULT, veuve de son dernier concierge (1817).

Voyez tome Iᵉʳ de la *Bibliographie*, n° 4177.

Rédigé, suivant Paul Chéron (*Catalogue général de la librairie française*), par CHARLES-EDOUARD BOSCHERON DES PORTES, mort président honoraire à la cour d'appel d'Orléans (1753-1832).

21247. — Martyre de la Reine de France ou le 16 octobre 1793 (1822).

Voyez tome Iᵉʳ de la *Bibliographie*, n° 4178. Par M. DE LESPINASSE-LANGEAC.

21248. — Die letzten Lebenstage der unglücklichen Kœnigin Marie Antoinette, dem volke ezzält von W. HERCHENBACH. *Mülheim am der Ruhr, verlag von Jul Vogel*. S. d. (1866), in-12, 92 p. [Br. M. 12430 aaa 30 (4).]

Couverture coloriée et illustrée représentant, ou plutôt ayant la prétention de représenter Marie-Antoinette dans la charrette. Le bourreau est coiffé d'un feutre du temps de Henri IV et un moine tonsuré assiste la condamnée !

21249. — Annales révolutionnaires. Marie-Antoinette devant le tribunal révolutionnaire, son interrogatoire, sa condamnation, son exécution. Extraits de la « Gazette générale de l'Europe » (1868).

Voyez tome Iᵉʳ de la *Bibliographie*, n° 4195.

21250. — Le 16 octobre 1793, par M. MAXIME DE LA ROCHETERIE. Extrait de la « Revue des questions historiques » (1876).

Voyez tome Iᵉʳ de la *Bibliographie*, n° 4196.

21251. — Last Days of Marie-Antoinette. An historical Sketch, by lord RONALD GOWER. With portraits and fac-similes. *Londres, Kegan Paul, Trench and Cᵒ*, 1885, in-8°, 163 p. [N. Lb³⁹ 11365.]

En regard du titre, portrait de Marie-Antoinette, héliogravure « from original in the collection of the prince d'Aremberg, Brussels ».

Entre les pp. 130-131; photogravure de la lettre de la Reine à Madame Elisabeth, d'après l'autographe des Archives nationales.

21252. — Les Tentatives d'évasion de Marie-Antoinette au Temple et à la Conciergerie, par Léon Lecestre. Extrait de la « Revue des questions historiques », avril 1886. Paris, Victor Palmé, 1886, in-8°, 63 p. [*A. N. J. I.* 189.]

Tiré à cinquante exemplaires.

21253. — The Prison Life of Marie-Antoinette and her children, the Dauphin and the duchesse d'Angoulême, by M.-C. Bishop. New and revised edition. With portrait. London, Kegan Paul, Trench, Trübner and C°, 1893, in-8°, VIII-313 p. [*N.* Lb³⁹. 11542.]

En regard du titre, reproduction du portrait attribué à Prieur.

Je ne connais pas la première édition de ce livre.

21254. — La Captivité et la Mort de Marie-Antoinette. Les Feuillants, le Temple, la Conciergerie, d'après des relations de témoins oculaires et des documents inédits, par G. Lenôtre. Paris, Perrin et C°, 1897, in-8°, XXI-439 p. et 15 gr. et pl. hors texte. [*N.* Lb³⁹. 11592.]

P. 427. Table des gravures.

§ 4. — Historiens de Marie-Antoinette.

21255. — Leben der Kœnigin Marie-Antoinette von Frankreich. Cœln, 1789-1790, 2 vol. in-8° (et) Nüremberg, 1793, 2 vol. in-8°.

Par Ludwig-Albrecht Schubart.

D'après le Quérard (n° 93) et d'après Œttinger.

21256. — Memoirs of Antonina, queen of Abo, displaying her private intrigues and uncommon passions, with family sketches and curious anecdotes of great persons, translated from the french. London, E. Bentley, 1791, 2 vol. in-12. [*Br. M.* 12510. dd. 23.]

« Ces prétendus Mémoires de Marie-Antoinette, dit M. Drujon (les Livres à clef, I, col. 620) semblent être restés inconnus à Quérard et à la plupart des bibliographes. Ceci est, comme on peut le croire, un odieux pamphlet, inspiré sans doute par les publications analogues qui se faisaient alors en France. Les personnages mis en scène sont faciles à reconnaître. » C'est en réalité une adaptation des deux parties des Essais sur la vie privée de Marie-Antoinette.

Une note manuscrite sur l'ex. du British Museum attribue, contre toute vraisemblance, d'après Cobbett dans le Political Register (1804, pp. 336-345), cette adaptation à John Gifford. Le catalogue imprimé de ce même établissement signale un frontispice en tête du tome 1er.

21257. — Biographie Marien-Antonien's weiland Kœnigin in Frankreich. Bamberg, 1793, in-8°.

Avec portrait. D'après le Quérard (n° 226) et d'après Œttinger.

21258. — Leben Marien-Antonien's Kœnigin von Frankreich. Wien, 1793, in-8° (et) Augsbourg, 1793, in-8°.

D'après le Quérard (n° 227) et d'après Œttinger.

21259. — Wypsáni smirti Marie-Antonie Králowy francouské, von W.-M. Kamerarius. Praze (Prague), 1793, in-8°.

D'après le Quérard (n° 228) et d'après Œttinger.

21260. — Anecdoten aus dem Leben Ludwig's und Marie-Antoinette. Berlin, 1793-1795, 2 vol. in-8°.

D'après le Quérard (n° 229) et d'après Œttinger.

21261. — Storia di Maria Antonietta, regina di Francia, suo processo e sua morte. Trieste, 1794, in-8°.

D'après le Quérard (n° 231) et d'après Œttinger.

21262. — Scenen aus den letzten Tagen Marie-Antoinetten's Kœnigin von Frankreich, von ALOYS-WILHELM SCHREIBER. *Offenburg*, 1794, in-12.

D'après *le Quérard* (n° 232) et d'après Œttinger.

21263. — Marie Stuart und Marie-Antoinette in der Unterwelt, von JOHANN-FERDINAND GAUM. *Ulm*, 1794, in-8°.

D'après *le Quérard* (n° 233) et d'après Œttinger.

21264. — Tableau des malheurs de la Reine. S. *l. n. d.*, in-8°.

D'après *le Quérard* (n° 218).

21265. — La Vie et la Mort de Louis Capet..., et celle d'Antoinette d'Autriche, sa femme, par PITHOUD (an II).

Voyez le n° 20935 ci-dessus.

21266. — Recueil de quelques anecdotes de la vie de Marie-Antoinette, archiduchesse d'Autriche, reine de France et de Navarre. S. *l.*, 1794, in-8°, 38 p. et 1 f. d'errata.

ÉPIGR. :

Fundite lugubres, socii, nunc fundite fletus.

Epître dédicatoire signée W. : *Au peuple le plus malheureux de l'univers.*

P. 2. Lettre de mon ami, signée DECHASSIN, écuyer de Mme la Ctesse d'Artois.

21267. — Marie-Antoinette d'Autriche, reine de France, ou Causes et Tableau de la Révolution, par le chev. de M***. S. *l.* (Turin), 1794, in-8°, 142 p. (la dernière non chiffrée). [*N.* Lb^{39} 6209.]

ÉPIGR. :

Nolite tangere Christos meos.

Les *errata* sont mentionnés sur la page non chiffrée.
Voyez les deux numéros suivants.

21267ᵃ. — Marie-Antoinette, archiduchesse d'Autriche..., par le chevalier de M... Nouvelle édition, revue et augmentée. S. *l.*, 1795, in-12, 132 p. et 1 f. d'errata. [*N.* Lb^{39} 6209 A.]

Même épigraphe qu'au numéro précédent.
Voyez le numéro suivant.

21267ᵇ. — Marie-Antoinette, archiduchesse d'Autriche... ou Causes et Tableau de la Révolution, par M. le chevalier DE MAYER, etc., etc. S. *l.*, 1794, in-8°, 142 p. (la dernière non chiffrée). [*N.* Lb^{39} 6209 B.]

Même épigraphe qu'aux deux numéros précédents. La page non chiffrée contient les *errata*.

Frontispice à l'eau-forte représentant un tombeau surmonté d'un buste voilé et portant l'inscription suivante qué trace un personnage (l'auteur) et qui se retrouve p. 10 du texte : « Un trône brillant lui avait été promis; elle n'a pas même un tombeau... » Cette pl. est signée VIVIER *f.* sur l'épreuve du Cabinet des Estampes.

Six autres eaux-fortes anonymes ornent le volume : P. 48 : « Ils prient pour nous ! Quel plaisir l'on goûte à faire du bien ! » p. 62 : « J'ai tout vu, j'ai tout su et j'ai tout oublié »; p. 74 : « Le palais de ce bon prince [l'électeur de Trèves] était devenu le Louvre, et Coblentz la première caserne de l'oriflamme sacré »; p. 111 : « La nuit venait, on les séparait, ils se taisaient encore »; p. 132 : « Seule, recueillie comme les premiers chrétiens devant une image sacrée »; p. 131 : « Elle est bien faible et bien vile, la nation qui pleure et qui égorge en pleurant ses victimes ».

L'ex. de la B. N. ne renferme de ces eaux-fortes que les deux premières et la cinquième, mais Michel Hennin les avait détachées du volume dont elle font partie et elles sont classées dans le tome 132, n°ˢ 11652-11653, de la collection par lui léguée au Cabinet des Estampes. Le frontispice et la seconde planche y sont représentés par deux états différents.

21268. — Les Malheurs et la Mort de Marie - Antoinette, archiduchesse d'Autriche, reine de France, immolée à Paris le 16 octobre 1793, par M. l'abbé ESQUIROU DE DUYÉ, de la province d'Auvergne. *Mons, Monjot.* S. *d.*, in-8°, 42 p.

Catalogue Aug. Ducoin, 4ᵉ partie, n° 186.

21269. — Discours historique sur la mort de Marie-Antoinette, reine de France et de Navarre, assassinée par la Convention nationale, le 16 octobre 1793, suivi de quelques pièces de vers relatives à la Révolution, par le chevalier DE GASTON. *Liège*, 1794, in-8°, 56 p.

Epigraphe empruntée à la vie de *Marie Stuart* par Brantôme.
Bibliothèque de M. Otto Friedrichs.

21270. — Différentes Anecdotes sur le martyre de Marie-Antoinette d'Autriche, infortunée reine de France et de Navarre. *Vienne, chez Ignace Alberti*, MDCCXCIV, in-8°, 40 p.

Collection de l'auteur.

Les douze premières pages non chiffrées renferment le titre, une épître dédicatoire à l'impératrice Marie-Thérèse, datée de Vienne, 29 novembre 1793, signée LOUISE DE RYAMPERRE et un *Avertissement*.

Quant aux *Anecdotes* annoncées, il serait inutile de les chercher dans cette déclamation ampoulée et hérissée de points suspensifs et de points d'exclamation.

L'*Avertissement* fait allusion à une première brochure où l'auteur disait, paraît-il, beaucoup de bien des femmes et du peuple français ; je ne la connais pas.

21271. — Verschiedene Anekdoten von Marie-Antonie von Oesterreich, der unglücklichen Kœniginn von Frankreich und Navarra, wæhrend ihrer leiden aus dem Franzosischen übersetzt, von CARL LEBERECHT, Bille Factor der Albertischen Buchdrückeren. *Wien, Ignaz Alberti*, 1794, in-12, 87 p. [Br. M. 1064, a5, 1.]

21272. — Schilderung des Lebens und Charakters der Kœnigin Marie-Antoinette von Frankreich, mit dem Bildnisse der Kœnigin, von dem verfaner des Lebens und Regierungsgeschichte Ludwigs des Sechzehnten. (Tableau de la vie et du caractère de la reine Marie-Antoinette de France, avec le portrait de la Reine, par l'éditeur de l'histoire de la vie et du règne de Louis XVI). *Brême, Fred. Wilmans*, 1794, in-12, 150 p. [N. Lb³⁹ 11100.]

Par CHRISTOPHE GIRTANER ; voyez le n° 20936 ci-dessus.

Portrait de Marie-Antoinette au pointillé, signé : STOLTRUP sc.

21273. — Histoire de Marie-Antoinette-Josèphe-Jeanne de Lorraine, archiduchesse d'Autriche, reine de France, par l'auteur de l'« Eloge de Louis XVI » (MONTJOYE). *Paris, imp. H.-L. Perronneau*, 1797, in-8°, XX-535 p. [N. Lb³⁹ 75.]

En regard du titre, portrait anonyme de face, en buste dans un ovale, avec la légende en caractères d'écriture : *Marie-Antoinette de Lorraine, archiduchesse d'Autriche, reine de France*. Entre les pp. 464 et 465, pl. anonyme repliée représentant Marie-Antoinette dans son cachot, le plan de ce cachot et de ses annexes. Voyez les deux numéros suivants.

21273ᵃ. — Histoire de Marie-Antoinette, reine de France, par l'auteur de l'« Eloge de Louis XVI ». Nouvelle édition, dédiée à Mme la duchesse d'Angoulême, revue, corrigée, augmentée et ornée de figures. *Paris, veuve Lepetit*, 1814, 2 vol. in-8°.

D'après le Quérard, n° 238.

Par une lettre adressée à *la Quotidienne* (11 décembre 1814), Bertrand de Moleville a protesté contre le rôle que l'auteur lui attribuait dans les conseils de Louis XVI.

21273ᵇ. — Histoire de Marie-Antoinette-Josèphe-Jeanne de Lorraine... Troisième édition dédiée à S. A. R. Madame duchesse d'Angoulême, revue, corrigée et augmentée du fac-similé du testament de la Reine, calqué sur l'original et beaucoup plus correct que ceux qui ont paru jusqu'à présent, et de toutes les pièces relatives à la découverte de ce testament, ornée de figures, par M. MONTJOYE, auteur de l' « Ami du Roi », de l' « Eloge de Louis XVI », etc. *Paris, Mme veuve Lepetit*, 1816, 2 vol. in-8°. [N. Lb³⁹ 73 A.]

En regard du titre du tome Ier, portrait de Marie-Antoinette signé : FORSELL sculpt. En regard du titre du tome II, pl. intitulée : *la Reine de France dans sa dernière prison*, signée DESSENNE (sic) del.; FORSELL sculpt. P. 158, plan du cachot de la Conciergerie. P. 288, fac-similé de la dernière lettre de Marie-Antoinette à Madame Elisabeth.

P. XXI-XXIII, de l'*Avertissement*, l'auteur déclare ne reconnaître que cette édition et celle de 1797 et rappelle avec complaisance les contrefaçons dont ses livres avaient été l'objet. A l'en croire, il était sorti d'une seule imprimerie 60,000 ex. de son *Histoire de la conjuration d'Orléans* et 30,000 de son *Eloge de Louis XVI* !

21274. — Vie de Marie-Antoinette, reine de France. *Hambourg et Brunswick, P.-F. Fauche et Ce*, 1798, in-8°.

ÉPIGR. :

Elle fut malheureuse et bien mal jugée.
Lettre de Louis XVI à la duchesse de Polignac.

D'après *le Spectateur du Nord*, tome V (janvier-mars 1798), pp. 81-92. L'article signé B. D. L. débute ainsi : « Plusieurs écrivains, et notamment M. Montjoye, auteur de *l'Ami du Roi*, ont tracé l'histoire de Marie-Antoinette, mais sans vouloir déprimer l'ouvrage d'aucun de ceux qui l'ont précédé, il nous a paru que l'auteur, en donnant autant de détails, a su resserrer davantage sa narration sans nuire à la vérité et à la clarté. »

Suivent d'assez longs extraits relatifs à la captivité et à la mort de la Reine, mais que je n'ai pu identifier avec aucune des relations contemporaines qui ont passé sous mes yeux. Cette Vie de Marie-Antoinette n'a été décrite par aucun bibliographe et je ne l'ai pas retrouvée dans les divers catalogues de bibliothèques publiques ou privées que j'ai compulsés.

21275. — Vie de Marie-Antoinette-Josèphe-Jeanne de Lorraine, archiduchesse d'Autriche, reine de France et de Navarre. *Paris, Capelle, an X, 1802, 3 vol. in-12.* [N. Lb39 76.]

En regard du tome Ier, portrait anonyme (de face, en buste, toque et panache). Au tome II, portraits sur une seule pl. de Louis XVI, Marie-Thérèse, le Dauphin, Madame Première, le comte d'Artois, Madame Elisabeth. Au tome III, portraits sur une seule pl. de Mmes de Polignac, de Lamballe, de La Motte, du cardinal de Rohan, du duc d'Orléans et de La Fayette.

Par FRANÇOIS BABIÉ DE BERCENAY, sur des matériaux fournis par CAPELLE et SULPICE IMBERT DE LA PLATIÈRE, d'après Barbier, ou, au contraire, suivant une note de Beuchot, par CAPELLE et LA PLATIÈRE, qui auraient mis en œuvre les éléments recueillis par Babié.

Au sujet de ce livre, saisi par ordre de Fouché, préfet de police, je crois intéressant de donner ici le texte de deux documents que je possède; le premier est une lettre du libraire-éditeur se soumettant d'avance à tous les changements que l'on exigerait, pourvu qu'on lui rendît son bien.

Au Citoyen Préfet de police.

Citoyen Préfet,

« Victime d'une mesure que je crois rigoureuse, je réclame aujourd'hui votre attention.

« Je suis éditeur d'un ouvrage intitulé Vie de Marie-Antoinette, reine de France. Cet ouvrage, qui n'est pas plus dangereux pour les mœurs et la politique que les Mémoires de Mme de Lamballe, la Vie de Madame Elizabeth, les Mémoires de Louis XVI, le Procès des Bourbons, Elenathan [?], etc., etc. (que l'on vend publiquement), mérite autant d'indulgence de la part de l'autorité, et cependant on vient de me l'enlever par votre ordre.

« Citoyen Préfet, sous le règne des lois et de la paix, le citoyen tranquille, l'ami constant de son pays, l'individu enfin à qui votre ministère n'a encore rien à reprocher, quand la loi le frappe, doit savoir pourquoi.

« J'attends donc de votre justice, Citoyen Préfet, que vous vous ferez rendre un nouveau compte de cet ouvrage, dont le titre seul et peut-être la sagesse avec laquelle il est écrit, peuvent avoir suscité la mesure dont je suis victime et que vous voudrez bien m'indiquer les changements à faire pour sa libre circulation.

« Recevez, Citoyen Préfet, l'assurance de mon estime et de mon respect.

« CAPELLE,
« Libre, rue J.-J. Rousseau. »
« Paris, le 9 floréal an X. »
(29 avril 1802.)

Un second rapport fut, en effet, demandé par Fouché, mais n'obtint pas un meilleur accueil. En voici le texte :

17 floréal an X.
(7 mai 1802.)

« Le citoyen Capelle, en demandant la remise de cet ouvrage qui a été saisi, offre de faire tous les changements qui lui seraient indiqués. Il prie M. le Préfet de police de se faire rendre un nouveau compte et réclame de l'autorité la même indulgence que celle qu'il dit exister pour les Mémoires de Mme de Lamballe, la Vie de Madame Elizabeth, etc.

« La lecture du premier rapport fait sur l'ouvrage donne à croire que les changements dont les pages 135, 142 et 183 du second volume sont susceptibles une fois opérés, les nuances de partialité qui règnent dans les détails se trouveraient infiniment atténuées. Il serait difficile alors que l'ouvrage ait quelqu'influence sur l'opinion. Il rentrerait simplement dans la foule de ces spéculations qui avortent, pour ainsi dire, en naissant.

« J'observe de nouveau que cet écrit, faible compilation des ouvrages cités ci-dessus et qui circulent librement, est dénué de toute espèce de mérite littéraire, mais on pense qu'il ne pourrait pas paraître avec la gravure représentant Marie-Antoinette. On proposerait, en conséquence, de la faire retirer et même de ne point permettre l'exposition publique de l'ouvrage.

« Le chef de la 5e division,
« J.-B. BOUCHESEICHE. »

Cet accommodement ne fut pas du goût de l'administration supérieure et un sec : *Refusé*, apostillé d'un paraphe impérieux, qu'on lit en marge du rapport de Boucheseiche, fut sans doute le dernier mot de cette correspondance.

21276. — Five letters on an important and delicate subject, written by one of the best of wives and most accomplished of women at Vienna to the countess de ***, at Paris, 1793, translated from the French Mss. and followed by a vindication of the late queen of France, with notes. *London, printed by G. Sidney, 1807, in-8o, 103 p.* [Br. M. 8416, dd. 36.]

Conseils adressés à une jeune femme de la Cour par une dame âgée qui, s'autorisant des calomnies répandues contre la Reine au sujet de ses liaisons avec Mmes de Polignac et de Lamballe, recommande à sa correspondante de n'aimer que son mari.

Ces lettres, censément écrites par ordre de Marie-Thérèse, n'ont aucun caractère d'authenticité et leur contexte même permet de supposer que leur véritable auteur était un homme.

21277. — Vie de Marie-Antoinette, reine de France et de Navarre, contenant le détail historique des principaux événements de son règne, ses traits de bonté et de bienfaisance, sa détention au Temple et à la Conciergerie, et son procès, par J.-B.-M.-J. MESLÉ. *Paris, Aubry. S. d.* (1814), in-18, 108 p. [N. Lb³⁹ 81.]

Épigr. :

Infandum jubes renovare dolorem.
VIRG.

Portrait en regard du titre.

21278. — Marie-Antoinette, archiduchesse d'Autriche, reine de France. *Paris, Le Fuel,* 1814, in-18, 2 ff. et 108 p. [N. Lb³⁹ 82.]

Titre gravé et trois portraits et vignettes signés SÉB. LE ROY *del.*, NOËL, *sculp.*

P. 100, fac-similé des billets de Marie-Antoinette et Madame Elisabeth au comte de Provence déjà publiés par Cléry. Voyez tome Ier de la *Bibliographie,* n°s 3551 et suivants.

21279. — Oraison funèbre de Marie-Antoinette, archiduchesse d'Autriche, fille de l'impératrice-reine Marie-Thérèse, femme de Louis XVI. Dédié à S. A. R. Madame, duchesse d'Angoulême, par F. ROUILLON-PETIT, professeur d'éloquence et de philosophie. *Paris, Cérioux jeune; Chaignieau jeune* (imp. Chaignieau jeune), 1814, in-8°, 36 p.

Voyez le n° 20891 ci-dessus.

21280. — Les Adieux de Marie-Antoinette d'Autriche, reine de France, à Marie-Thérèse-Charlotte de France, sa fille, aujourd'hui Madame la duchesse d'Angoulême, héroïne, par le comte CÉSAR DU BOUCHET, avec des notes historiques. *Paris, Lerouge,* 1814, in-8°, 32 p.

P. 5, *Avant-propos.* P. 18, les *Adieux de la Reine.* P. 23-32, *Notes* (en prose).

21281. — Marie-Antoinette d'Autriche, reine de France et de Navarre. Précis historique de la vie de cette infortunée princesse, par M. DE VOUZIERS. *Paris, Tiger,* 1815, in-18, 108 p. [N. Lb³⁹ 83.]

Portrait en regard du titre.

Le véritable nom de l'auteur est P.-J. MOITHEY, de Vouziers, d'après Quérard; voyez le n° 20950 ci-dessus.

21282. — Marie-Antoinette d'Autriche, reine de France. Recueil historique des principaux événements arrivés à cette auguste princesse, suivis de ceux dont Louis XVII fut victime au Temple, etc., publié par L. DE SAINT-HUGUES. *Paris, H. Vauquelin,* 1815, in-18, 108 p. [N. Lb³⁹ 84.]

Le titre imprimé est précédé d'un portrait et d'un titre gravé représentant Louis XVII, avec cette légende : « Les vœux de l'innocence ont été exaucés », et cette rubrique : *A la librairie du Lys d'Or,* à Paris.

L. de Saint-Hugues est le pseudonyme de J.-M. GASSIER.

« De tous nos Plutarques à la douzaine, c'est sans contredit le plus expéditif, le plus fécond et le plus mauvais », dit L.-S. Auger dans l'un de ses rapports adressés en qualité de censeur à la Direction de la Librairie et qu'a publiés J. Taschereau. (*Revue rétrospective,* 2ᵉ série, tome III, 1835, p. 288 et suivantes.)

21283. — Oraison funèbre de Marie-Antoinette-Josèphe-Jeanne de Lorraine, archiduchesse d'Autriche, reine de France, mise à mort sur la place de la Révolution, le 16 octobre 1793. Par M. l'abbé DE VILLEFORT, ancien vicaire général de Châlons-sur-Marne, auteur de l'Oraison funèbre de Louis XVI, dédiée à S. A. R. Madame, duchesse d'Angoulême, et prononcée à Paris le 21 janvier 1815, en l'église paroissiale de Saint-Vincent-de-Paul, après la restauration de Louis XVIII. *Paris, Beaucé,* 1816, in-8°, 48 p. [N. Lb⁴¹ 857.]

L'Oraison funèbre de Marie-Antoinette avait été prononcée à Paris le 6 octobre 1815; pour celle de Louis XVI, voyez le n° 20902 ci-dessus.

21284. — Les Bienfaits et les Malheurs de Marie-Antoinette d'Autriche, reine de

France. *Bordeaux, imp. Fernel.* S. d. (1816), in-12, 12 p. [*N.* Lb^{39} 85.]

Signé : par JH. BOUVET.
Un second ex. en tout semblable est porté au catalogue imprimé de la B. N. sous la cote Lb^{41} 3415.

21285. — **Le Crime du seize octobre ou les Fantômes de Marly**, monument poétique et historique élevé à la mémoire de Marie-Antoinette d'Autriche, reine de France et du jeune roi, son fils, par M. LAFONT D'AUSSONNE, auteur de l' « Histoire de Mme de Maintenon et de la cour de Louis XVI ». *Paris, Pichard; Dentu; Ferry; Alexis Eymery,* 1820, in-8°, 40 et 2 p. (table des matières).

P. 11-40, *Notes historiques*.

21286. — **Mémoires secrets et universels des malheurs et de la mort de la reine de France**, par M. LAFONT D'AUSSONE, auteur de l' « Histoire de Mme de Maintenon et de la cour de Louis XIV », suivis d'une Notice historique sur la garde Brissac, et de la Liste générale des souscripteurs au grand portrait en pied de la Reine. *Paris, Petit; Pichard,* 1824, in-8°, VIII-432 p. [*N.* Lb^{39} 88.]

EPIGR. :

Que deviendra mon royaume quand je ne serai plus ?
(*Paroles de Louis XIV*.)

21286^a. — **Mémoires secrets et universels des malheurs et de la mort de la reine de France**, par M. LAFONT D'AUSSONNE... Nouvelle édition augmentée des plus importantes révélations et ornée des ressemblants portraits de la Reine et du jeune roi, son fils, Louis XVII, avec le fac-similé du testament de mort de Marie-Antoinette. *Paris, A. Philippe,* 1836, 2 vol. in-8°. [*N.* Lb^{39} 88 A.]

En regard du titre du tome Ier, vue du Temple (CIVETON *del.,* COUCHÉ fils, *sculp.*), empruntée à la collection Baudouin; tome II, fac-similé des billets de Marie-Antoinette à Jarjayes.

¶ Un extrait de ce livre et de celui de Mme Simon-Viennot (voyez le n° 21289 ci-dessous) a été réimpr. en 1897 sous le titre de : *la Dernière Prison de Marie-Antoinette. Récit de Rosalie La Morlière, native de Breteuil en Picardie, suivie de la conversation de Mme Simon-Viennot avec Rosalie*. Cet extrait forme la 4e livraison d'une collection à bas prix intitulée *Récits des grands jours de l'histoire,* publiée par M. Paul Gaulot.

21287. — **Histoire de Marie-Antoinette**, archiduchesse d'Autriche, reine de France et de Navarre, rédigée d'après les mémoires et traditions les plus authentiques, par N.-L. ACHAINTRE, pensionnaire du Roi. Dédiée à Son Altesse Royale Madame la duchesse d'Angoulême. *Paris, Mme Picard,* 1824, in-12, XVI-436 p. [*N.* Lb^{39} 11420.]

21288. — **Tribut de regrets et d'hommages payés à la mémoire de Marie-Antoinette**, reine de France et archiduchesse d'Autriche, avec des notes ou éclaircissements historiques et des anecdotes recueillies des meilleurs auteurs qui ont écrit sur cette princesse. *Bordeaux, chez la Ve J. Cavazza, imprimeur de l'Archevêché.* S. d. (1827), in-8°, 67 p. [*N.* Ye 34009.]

P. 23-67, *Notes ou éclaircissements historiques et anecdotes*.

21289. — **Marie-Antoinette devant le dix-neuvième siècle**, par Mme SIMON-VIENNOT. *Paris, J. Angé,* 1838, 2 vol. in-8°. [*N.* Lb^{39} 90.]

Le livre a été remis en circulation avec un nouveau titre portant « 3e édition », *Paris, Amyot,* 1843, et un détestable portrait anonyme de la Reine.

21290. — **Les Femmes célèbres de 1789 à 1795 et leur influence dans la Révolution**, pour servir de suite et de complément à toutes les histoires de la Révolution française, par E. LAIRTULLIER, avocat. (1840.)

Tome II, p. 365 et suivantes, *Marie-Antoinette*.
Voyez le n° 20756 ci-dessus.

21291. — **Histoire de Marie-Antoinette**, suivie d'un Précis de la vie de Madame Élisabeth. *Lille, L. Lefort,* 1842, in-12. [*N.* Lb^{39} 91.]

Par FRANÇOIS-JOSEPH LAFUITE, bibliothécaire de Lille (1775-1842). Ce petit livre de propagande est une publication posthume.
La B. N. a enregistré sous les cotes Lb^{39} 91 A-E diverses réimp. publiées de 1845 à 1864.
Le frontispice représentant la Reine séparée

du Dauphin n'est point le même dans ces divers tirages. Voyez le numéro suivant.

21292. — F. LAFUITE. Marie-Antoinette et Madame Elisabeth. Septième édition. *Lille et Paris, Lefort,* S. *d.* (1873), in-8°, 228 p. [*N.* Lb³⁸ 91ᵇⁱˢ.]

Frontispice différent de celui du numéro précédent.
Plusieurs fois réimp.

21293. — The Life of Maria-Antoinette, queen of France, by J.-S.-C. ABBOTT, author of « The Mother at home ». *London, Thomas Altmann.* S. *d.* (1850), in-18, 1 f. et 222 p.

En regard du titre, portrait gravé (de profil à dr.) dans un cadre octogone.

21294. — Vie de Marie-Antoinette, reine de France, par L. DE SAINT-GERMAIN. *Rouen, imp. Mégard,* 1853, in-18, 213 p. [*N.* Lb³⁹ 92.]

Bibliothèque morale de la jeunesse.
Plusieurs fois réimpr.

21295. — Marie-Antoinette de Lorraine, reine de France, par ARTHUR DE SEINE. *Limoges, Barbou frères,* 1854, in-8°, 192 p. [*N.* Lb³⁸ 93.]

Bibliothèque chrétienne et morale.

21296. — Kœniglichen Martyrthum. Geschichte der Gefangenschaft der Kœnigin Marie-Antoinette, der Kœnigs Ludwig XVI, der Dauphine Maria Theresia, von GEORGE HESEKIEL. *Berlin, Rauh,* 1856, in-8°, VIII-137 p.

D'après *le Quérard,* n° 136.

21297. — Histoire de Marie-Antoinette, par EDMOND et JULES DE GONCOURT. *Paris, Didot frères,* 1858, in-8°, 2 ff. et 429 p. [*N.* Lb³⁹ 6210.]

Parmi les articles publiés sur cette première édition, il faut signaler ceux de FRANÇOIS BARRIÈRE (*Journal des Débats* des 26 et 28 août 1858) et de J. BARBEY D'AUREVILLY dans *le Réveil,* réimpr. dans *les Œuvres et les Hommes,* tome II (1861).
Il a paru en 1859, à Prague, une traduction de ce livre par SCHMIDT-WEIKENFELS, avec portrait de la Reine gravé par MARKEL, d'après PAUL DELAROCHE.

21297ᵃ. — Histoire de Marie-Antoinette, par EDMOND et JULES DE GONCOURT. Deuxième édition, revue et augmentée de documents inédits et de pièces tirées des Archives de l'Empire. *Paris, Didot frères,* 1859, in-8°, 2 ff. et 471 p. [*N.* Lb³⁹ 6210 A.]

21297ᵇ. — Histoire de Marie-Antoinette, par EDMOND et JULES DE GONCOURT. Troisième édition, revue et augmentée... *Paris, Firmin Didot frères,* 1863, in-12, 2 ff. et 463 p. [*N.* Lb³⁹ 6210 B.]

Dans ce nouveau tirage, les références au bas des pages sont supprimées.

21297ᶜ. — Histoire de Marie-Antoinette, par EDMOND et JULES DE GONCOURT. Nouvelle édition, revue et augmentée de lettres inédites et de documents nouveaux tirés des Archives nationales. *Paris, G. Charpentier,* 1879, in-18, VI-496 p. [*N.* Lb³⁹ 6210 D.]

P. V-VI, *Préface* nouvelle, signée EDMOND DE GONCOURT.

21297ᵈ. — E. et J. DE GONCOURT. Histoire de Marie-Antoinette, édition ornée d'encadrements à chaque page par GIACOMELLI et de douze planches hors texte, reproduction d'originaux du XVIIIᵉ siècle. *Paris, G. Charpentier,* 1878, in-4°, VIII-512 p. [*N.* Lb³⁹ 6210 E.]

La liste des pl. hors texte occupe deux pages non chiffrées après la *Préface ;* elle mentionne non point douze, mais treize pl. Un ex., pour être complet, doit en contenir quatorze ; cette pl. supplémentaire représente un bol-sein fabriqué à Sèvres, pour les jardins de Rambouillet, et adopté pour Trianon, suivant une note de Sauvageot collée sous le spécimen appartenant à la princesse Mathilde et reproduit en couleur par la photochromie Vidal.
Les notes, indiquées dans le texte par des chiffres, sont groupées p. 475-505.

21298. — Souvenirs historiques sur la reine Marie-Antoinette, par le comte H. DE VIEL-CASTEL. *Paris, J. Techener,* 1858, in-8°, 24 p. [*N.* Lb³⁹ 6211.]

Extrait du *Bulletin du bibliophile* de 1857, suivi (p. 24) d'une note de J. TECHENER annonçant une publication illustrée qui n'a pas eu lieu. Voyez le numéro suivant.

21299. — Marie-Antoinette et la Révolution française, recherches historiques, par le comte Horace de Viel-Castel, suivies des Instructions morales remises par l'impératrice Marie-Thérèse à la reine Marie-Antoinette, lors de son départ pour la France en 1770, et publiées d'après le manuscrit inédit de l'empereur François, son père. *Paris, J. Techener*, 1859, in-18, 2 ff., 4-360-LXXXII p. et 2 ff. (nom. de l'imprimeur et errata). [N. Lb^{39} 6212.]

L'*Instruction pour mes enfants, tant pour la vie spirituelle que temporelle*, est paginée en chiffres romains.

L'éditeur se proposait de publier une seconde partie de format in-4°, dont il existe même une feuille imprimée, et qui devait être ornée de planches. Trois d'entre elles, gravées par A. Guillaumot et demeurées jusqu'à ce jour inédites, ornent la seconde édition du travail que j'ai publié sous le titre de *Marie-Antoinette devant l'histoire*. Voyez la *Notice préliminaire* du présent volume.

21300. — Louis XVI, Marie-Antoinette et le comte de Provence en face de la Révolution, par L. Todière, professeur agrégé d'histoire, officier de l'instruction publique, membre de plusieurs Sociétés savantes. *Paris, Lagny frères*. S. d. (1863), 2 vol. in-8°. [N. Lb^{39} 6177.]

L'ouvrage devait former quatre volumes, mais, dit Otto Lorenz, la faillite des éditeurs interrompit la publication.

21301. — Bio-bibliographie de la reine Marie-Antoinette. *Paris, Dupray de la Mahérie*, 1863, in-8°, 62 p. [N. Lb^{39} 6215.]

Par MM. Léon de La Sicotière et de Lescure.

Extrait du numéro suivant. Sur la valeur de ce travail, voyez la *Notice préliminaire* du présent volume.

21302. — La Vraie Marie-Antoinette, étude historique, politique et morale, suivie du recueil réuni pour la première fois de toutes les lettres de la Reine connues jusqu'à ce jour, dont plusieurs inédites, et de divers documents, par M. de Lescure. *Paris, Dupray de La Mahérie*, 1863, in-8°, 256 p. [N. Lb^{39} 6214.]

Voyez le numéro précédent et le numéro suivant.

21302ª. — La Vraie Marie-Antoinette..., par M. de Lescure. Troisième édition augmentée d'une préface de l'auteur. *Paris, Henri Plon*, 1867, in-8°, XXXII-256 p. [N. Lb^{39} 6214 A.]

Cette « troisième édition » n'est en réalité que la première dont on a réimprimé le titre et la table, et à laquelle on a ajouté, en guise de préface, l'article publié par l'auteur dans la *Revue contemporaine* sur les recueils d'Hunolstein et Feuillet de Conches. Voyez le n° 20984 ci-dessus.

En regard du titre, portrait gravé sur acier par Adrien Nargeot d'après la peinture attribuée à Prieur.

P. 53. *Documents*. I. Liste de toutes les lettres de Marie-Antoinette qui ont passé dans les ventes depuis 1800, avec les prix (rédigée par Gabriel Charavay). P. 65. II. Correspondance de la Reine connue jusqu'à ce jour et réunie pour la première fois, comprenant plusieurs lettres inédites [et apocryphes]. P. 157. III. Catalogue des portraits de la reine Marie-Antoinette. P. 179. IV. Bio-bibliographie de Marie-Antoinette (voyez le n° 21301 ci-dessus). P. 241. V. Relation inédite du baron du Charmel, intendant de Trianon.

Pierre-Charles Bonnefoy du Plan, originaire du village du Charmel (Aisne) avait été anobli, paraît-il, en 1782 par lettres patentes. Il ne remplissait pas à Trianon les fonctions d'intendant, mais celles de concierge-tapissier, dans lesquelles il avait succédé à son père : c'est ce qu'a péremptoirement établi M. Gustave Desjardins, p. 22 de son *Supplément à l'histoire du Petit Trianon* (cf. n° 20109 ci-dessus). Le portrait de Bonnefoy du Plan a été acquis en 1894 par le Musée de Versailles.

La *Relation* qui lui est attribuée n'émane pas de lui, mais de quelqu'un de ses proches ; elle ne contient aucun détail vraiment neuf ou utile et semble rédigée par une personne peu au fait de la chronologie la plus élémentaire, car on y lit que Marie Leczinska (morte le 24 février 1768) avait, à son lit de mort, recommandé Bonnefoy du Plan à la sollicitude de la jeune Dauphine, arrivée à Versailles au mois de mai 1770.

21303. — Marie-Antoinette, ses derniers historiens. Une supercherie littéraire : Lettres inédites de Louis XVI. Les récents travaux sur la Terreur : MM. Mortimer-Ternaux et Campardon. Par G. Du Fresne de Beaucourt (1863).

Voyez le n° 20837 ci-dessus.

21304. — Marie-Antoinette et sa famille, d'après les nouveaux documents, par M. de Lescure. Illustré de dix gravures par G. STAAL. Paris, Ducrocq. S. d. (1865), gr. in-8°, VIII-668 p. [N. Lb³⁹ 6218.]

Le portrait et les compositions de G. Staal n'ont aucune valeur historique.

Le livre a eu l'année suivante une seconde édition réelle ornée des mêmes planches et rajeunie en 1872 par un nouveau titre portant *Troisième édition*. Il a été depuis l'objet d'un nouveau tirage. Voyez le numéro suivant.

21304ª. — M. DE LESCURE. Marie-Antoinette et sa famille. Quatrième édition. Soixante-dix compositions de MM. DELORT, DU PATY, GERLIER, MONGINOT, SCOTT, TOFANI, gravure de J. MÉAULLE. Paris, P. Ducrocq, 1879, gr. in-8°, VIII-566 p. [N. Lb³⁹ 6218 C.]

Préface nouvelle datée de Maisons, 20 octobre 1878. Dans un nouveau tirage (1888) la date est supprimée.

21305. — Mémoires sur Marie-Antoinette, d'après des documents authentiques et inédits, par M. ADOLPHE HUARD, membre et lauréat de plusieurs Académies. Ouvrage suivi de l'Oraison funèbre de la reine de France, par l'abbé VITRAC, promoteur métropolitain du diocèse de Limoges. Paris, Martin-Beaupré frères, 1865, in-18, 364 p. (la dernière non chiffrée). [N. Lb³⁹ 6219.]

L'*Oraison funèbre* de l'abbé Vitrac avait été prononcée en Espagne durant l'émigration de l'auteur et imprimée à Limoges en 1814, avec d'autres morceaux de même nature. Voyez le n° 20889 ci-dessus.

21305ª. — Mémoires sur Marie-Antoinette..., par M. AD. HUARD. Deuxième édition. Paris, Sarlit, 1866, in-18. [N. Lb³⁹ 6219 A.]

21306. — Les Derniers Jours de Trianon. La Duchesse Gabrielle de Polignac et les Amis de la Reine, par M. CAPEFIGUE. Paris, Amyot, 1866, in-18, 2 ff. et IV-257 p. [N. Lk⁷ 12178.]

En regard du titre, portrait de Marie-Antoinette gravé sur acier, signé E. CHAVANNE sc. Au-dessous, fac-similé de la signature de la Reine.

21307. — Esquisses historiques. Quatre Femmes au temps de la Révolution, par l'auteur des « Souvenirs de Mme Récamier » [Mme CH. LENORMANT]. Paris, Didier et Ce, 1866, in-12, VIII-399 p. et 1 f. non chiffré (table). [N. Ln¹⁷ 75.]

Marie-Antoinette. Madame Roland. Charlotte Corday. Madame de Montagu.

21308. — Deux Femmes de la Révolution, par CHARLES DE MAZADE. Paris, Michel Lévy frères, 1866, in-18, 2 ff. et XII-272 p. [N. Ln¹⁷ 78.]

P. 1. *Madame Roland.* P. 99. *Marie-Antoinette.*

Réimpression, avec introduction nouvelle, de deux articles parus dans la *Revue des Deux-Mondes* du 15 octobre 1864 et du 1er janvier 1865. Dans sa seconde étude, l'auteur a fait usage des documents suspects publiés par MM. d'Hunolstein et Feuillet de Conches.

M. GEORGES GANDY a publié dans la *Revue des questions historiques*, 1er avril 1867, p. 385-463, une importante étude sur *Marie-Antoinette, sa vie privée, sa vie publique*, qui n'a été ni tirée à part, ni réimprimée.

21309. — Marie-Antoinette, reine de France, par JAMES DE CHAMBRIER. Paris, L. Hachette et Ce; Neuchâtel (Suisse); J. Sandoz, 1868, 2 vol. in-18. [N. Lb³⁹ 6221.]

21309ª. — Marie-Antoinette..., par JAMES DE CHAMBRIER. Deuxième édition revue. Paris, Didier et Ce; Neuchâtel, J. Sandoz, 1871, 2 vol. in-18. [N. Lb³⁹ 6221 A.]

Imprimé chez Lahure. Voyez le numéro suivant.

21309ᵇ. — Marie-Antoinette..., par JAMES DE CHAMBRIER. Troisième édition revue. Paris, Perrin et Ce, 1887, 2 vol. in-18. [N. Lb³⁹ 6221 B.]

Imprimé (sauf les titres et couvertures) chez Marchessou, au Puy.

21310. — La Mère et la Fille. Marie-Thérèse et Marie-Antoinette, par Mme la comtesse D'ARMAILLÉ, née DE SÉGUR. Paris, Didier et Ce, 1870, in-12, 2 ff. et II-346 p. [N. Inv. M. 23454.]

Les mots : *la Mère et la Fille* ne figurent que sur la couverture du livre.

L'auteur emprunte exclusivement ses citations aux recueils d'Arneth.

21311. — Extrait du « Correspondant ». Marie-Antoinette et l'émigration, d'après des documents inédits, par MAXIME DE LA ROCHETERIE. *Paris, Ch. Douniol et C°*, 1875, in-8°, 146 p. [*N.* Lb^{39} 11119.]

L'auteur s'est particulièrement servi des papiers et de la correspondance de la marquise de Raigecourt, née de Causans, qu'il a publiée depuis pour le compte de la Société d'histoire contemporaine (1892, in-8°).

21312. — GEORGES AVENEL. La Vraie Marie-Antoinette. *Paris, à la Librairie illustrée*. S. d. (1876), in-18, 117 p. et 3 ff. non chiffrés. [*N.* Lb^{39} 11135.]

Les feuillets non chiffrés contiennent une table et la liste des publications de l'auteur.

Réimpression de l'étude consacrée à la *Correspondance de Mercy-Argenteau avec Marie-Thérèse* et formant le chapitre XXV des *Lundis révolutionnaires* d'Avenel (1875, in-8°); voyez tome Ier de la *Bibliographie*, n° 272.

21313. — The Life of Marie-Antoinette, queen of France, by CHARLES DUKE YONGE, regius professor of modern history and english literature in Queen's college, Belfast, author of « The History of the british Navy », etc., etc. *London, Hurst and Blackett*, 1876, 2 vol. in-8°. [*N.* Lb^{39} 11195.]

Portrait en regard du titre du tome Ier.

21314. — Les Femmes de Versailles. Les Beaux Jours de Marie-Antoinette, par IMBERT DE SAINT-AMAND. *Paris, E. Dentu*, 1879, in-12, 2 ff. et 360 p. [*N.* Lb^{39} 11302.]

Voyez les deux numéros suivants.

21315. — Les Femmes de Versailles. La Fin de l'ancien régime, par IMBERT DE SAINT-AMAND. *Paris, E. Dentu*, 1879, in-12, 2 ff. et 330 p. [*N.* Lb^{39} 11232.]

Remis en circulation sous le titre du numéro suivant.

21316. — Les Femmes de Versailles. Marie-Antoinette et la Fin de l'ancien régime, 1781-1789, par IMBERT DE SAINT-AMAND. *Paris, E. Dentu*, 1882, in-12, 2 ff. et 330 p.

21317. — Les Femmes des Tuileries. Marie-Antoinette et l'Agonie de la royauté, par IMBERT DE SAINT-AMAND. *Paris, E. Dentu*, 1882, in-12, 2 ff. et 444 p. [*N.* Lb^{39} 11290.]

21318. — IMBERT DE SAINT-AMAND. Les Femmes de Versailles. La Cour de Marie-Antoinette. *Paris, E. Dentu*, 1887, in-4°, 2 ff. et 503 p. [*N.* Lb^{39} 11411.]

Réimpression sous un titre unique de deux études du même écrivain : *les Beaux Jours de Marie-Antoinette* et *Marie-Antoinette et la Fin de l'ancien régime*.
Portraits et planches sur acier empruntés aux *Galeries de Versailles* de Gavard.

21319. — Les Femmes des Tuileries. La Dernière Année de Marie-Antoinette, par IMBERT DE SAINT-AMAND. *Paris, E. Dentu*, 1884, in-12, 2 ff. et 344 p. [*N.* Lb^{39} 11216.]

21320. — Les Femmes des Tuileries, par IMBERT DE SAINT-AMAND. *Paris, E. Dentu*, 1882, in-12, 2 ff. et 318 p. [*N.* Lb^{39} 11280.]

21321. — IMBERT DE SAINT-AMAND. Les Femmes des Tuileries. Les Dernières Années de Marie-Antoinette. *Paris, E. Dentu*, 1889, in-4°, 2 ff. et 715 p. [*N.* Lb^{39} 11456.]

Réimpression de *Marie-Antoinette aux Tuileries*, de *Marie-Antoinette et l'Agonie de la royauté* et de la *Dernière Année de Marie-Antoinette*.
Planches et portraits en phototypie d'après des documents contemporains.

21322. — Marie-Antoinette, Mirabeau, Robespierre, von SIGMUND KOLISCH. *Wien, Verlag von L. Rosner*, 1880, in-8° carré, XXIII p., 1 f. et 102 p. [*Br. M.* 10658 bb. 33.]

21323. — Marie-Antoinette, the woman and queen, by SARAH TYTLER. *London, Marcus Ward et C°*, 1883, in-8°, 232 p. et 1 f. non chiffré. [*N.* 8° G. 6477.]

En regard du titre, portrait gravé sur bois et fac-similé de signature.
Ce volume fait partie d'une collection intitulée *The New Plutarch*.
Sarah Tytler est le pseudonyme de Miss HENRIETTE KEDDIE, d'après Cushing.

21324. — LUIGI BEDUZZI. Pel primo centenario della Revoluzione francese. La Donna nella Revoluzione. (1888.)

P. 45-76, *Marie-Antoinette*.
Voyez le n° 20767 ci-dessus.

21325. — Maria Antonietta, regina di Francia. Lettura fatta al circolo filologico di Livorno, la sera del 7 gennaio 1888, dal professore Licurgo Cappelletti. *Foligno, Pietro Scariglia*, 1888, in-12; 53 p. [*N.* Lb³⁹ 11448.]

Dédiée à « Leone Duchesne de La Sicotière, scrittore insigne, representante nel senato di Francia il dipartimento del l'Orne ».

21326. — F. de Vyré. Marie-Antoinette, sa vie, sa mort, 1755-1793. *Paris, E. Plon, Nourrit et Cⁱᵉ*, 1889, in-8°, 2 ff. et 484 p. [*N.* Lb³⁹ 11443.]

21327. — Histoire de Marie-Antoinette, par Maxime de La Rocheterie. *Paris, Perrin et Cⁱᵉ*, 1890, 2 vol. in-8°. [*N.* Lb³⁹ 11467.]

Avant de prendre leur forme définitive, quelques-uns des principaux chapitres de ce livre (*Journées des 5 et 6 octobre, la Communion de Marie-Antoinette à la Conciergerie, le 16 octobre 1793, Marie-Antoinette et l'émigration*) avaient paru dans la *Revue des questions historiques*, ou dans *le Correspondant*. D'autres épisodes (*Trianon, Marie-Antoinette, les Arts et le Théâtre, les Dernières Lectures des prisonniers du Temple*) ont été publiés dans les *Mémoires de l'Académie de Sainte-Croix d'Orléans*; les tirages à part de chacun de ces chapitres ont été décrits en leur lieu.

21328. — La Reine Marie-Antoinette, par Pierre de Nolhac. *Paris, Boussod, Valadon et Cⁱᵉ, éditeurs*, 1890, in-4°, 189 p. et 1 f. non chiffré. [*N.* Lb³⁹ 11462.]

P. 188-189, table des matières et des illustrations comportant trente-sept planches hors texte et dans le texte, toutes empruntées à des documents originaux et reproduites soit en noir, soit en couleur, par les procédés les plus perfectionnés.

21328ᵃ. — Pierre de Nolhac. La Reine Marie-Antoinette. Nouvelle édition d'après les derniers documents. *Paris, Alph. Lemerre*, 1892, in-12, 2 ff., 309 p. et 1 f. n. c. (nom de l'imprimeur). [*N.* Lb³⁹ 11462 A.]

Le faux-titre porte : *Etudes sur la cour de France*. Un abrégé comportant trois épisodes du livre : *Marie-Antoinette à Trianon, les Journées d'octobre, la Mort de la Reine* forme le n° 356 d'une *Nouvelle Bibliothèque populaire* à dix centimes, publiée par le libraire Henri Gautier (ancienne maison Blériot). Ils sont précédés d'une courte notice sur l'auteur signée Charles Simond.

21328ᵇ. — Etudes sur la cour de France. La Reine Marie-Antoinette, par Pierre de Nolhac. Huitième édition revue d'après de nouveaux documents. *Paris, Calmann-Lévy*, 1899, in-18, 2 ff. et 332 p.

21329. — Mirabeau und Marie-Antoinette, zwei charakterbilder aus der franz. Revolution, von Ferdinand Schwarz. *Basel, R. Reich*, 1891, in-8°, 86 p. (la dernière non chiffrée). [*N.* Lb³⁹ 11505.]

Ce sont deux études distinctes. P. 45, *Marie-Antoinette*.

21330. — Paul Gaulot. Un Ami de la Reine (Marie-Antoinette — M. de Fersen). *Paris, Paul Ollendorff*, 1892, in-12, VIII-379 p. [*N.* Lb³⁹ 11510.]

Voyez les nᵒˢ 21141-21142 ci-dessus.

21331. — Clarisse Bader. Marie-Antoinette en 1782 et en 1793, d'après des documents manuscrits et en partie inédits. Extrait du « *Correspondant* ». *Paris, Desoye et fils, imprimeurs*, 1893, in-8°, 24 p. [*N.* 8° Z. Larrey 156.]

Ces documents sont empruntés à des notes retrouvées dans les papiers de François Barrière et extraites, les unes des manuscrits de Mᵐᵉ Campan, les autres des registres de la Commune de 1792 détruits en 1871.

21332. — Kœnigin Marie Antoinette. Bilder aus ihrem Leben, von Robert Prœlz. *Leipzig, Carl Reibner*, 1894, in-8°, 2 ff. et 244 p. [*N.* Lb³⁹ 11822.]

Contient six chapitres : I. *Les goûts et les modes de la souveraine*. II. *Aptitudes musicales*. III. *Le Petit Trianon*. IV. *Le procès du Collier*. V. *Le comte Axel de Fersen*. VI. *Marie-Antoinette et la politique*.

21333. — Marie-Antoinette. *Paris, la Vie contemporaine; librairie Nilsson*, 1894, in-8°, 2 ff., 114 p. et 2 ff. non chiffrés (tables des matières et des gravures).

Tirage à part, sous un nouveau titre, du numéro du 15 octobre 1893 de *la Vie contemporaine*, exclusivement consacré à la Reine et ainsi composé : *Marie-Antoinette*, par Jules Simon. *Le Mariage de Marie-Antoinette*, par Pierre de Nolhac. *La Reine*, par Gaston Maugras. *Le Collier de la Reine*, par Germain Bapst. *Marie-Antoinette et le comte de Fersen*, par.. Mme la duchesse de FITZ-JAMES. *Marie-Antoinette était-elle jolie?* par HENRI BOUCHOT. *Marie-Antoinette musicienne*, par GEORGES VANOR. *Trois projets d'évasion de Marie-Antoinette*, par MAURICE TOURNEUX. *Les Derniers moments de Marie-Antoinette*, par ROBERT VALLIER. *Marie-Antoinette et l'impératrice Eugénie*, par Mme CARRETTE, née BOUVET. *Notes et croquis* : (*Une miniature de Marie-Antoinette* [appartenant à Mme la duchesse de Mouchy.] *Les mauvais présages. Marie-Antoinette et le peuple de Paris*).

21334. — La Fin d'une société. Le Duc de Lauzun et la cour de Marie-Antoinette, par GASTON MAUGRAS. *Paris, E. Plon, Nourrit et Ce*, 1893, in-8°, 2 ff. et 550 p. [*N*. Ln^{27} 43257.]

Un premier volume (non tomé, de même que celui-ci) est intitulé *Le Duc de Lauzun et la cour de Louis XV* [1747-1774] (Paris, Plon, 1893, in-8°).

21335. — La Dauphine Marie-Antoinette, par PIERRE DE NOLHAC. *Paris, Boussod et Valadon*. S. d. (1896), in-4°, 2 ff., 181 p. et 1 f. non chiffré (achevé d'imprimer). [*N*. Lb^{39} 11585.]

Titre rouge et noir.

Au verso du faux-titre, justification du tirage (mille ex. sur papier vélin du Marais, numérotés à la presse de 1 à 1000). Il a été tiré en outre 50 ex. sur papier impérial du Japon.

Une traduction anglaise a été publiée en même temps que l'édition française par la même maison.

P. 179-181. Table des illustrations.

Chacune d'elles (pl. hors texte, fleurons et culs-de-lampe) est protégée par un feuillet de garde en papier fin, avec légende imprimée en rouge.

P. 55, dans le texte, fac-similé des derniers mots et des signatures de l'acte de mariage du Dauphin et de la Dauphine inscrit sur le registre de la paroisse de Notre-Dame de Versailles.

Voyez le numéro suivant.

21335^a. — Etudes sur la cour de France. Marie-Antoinette Dauphine, d'après de nouveaux documents, par PIERRE DE NOLHAC. *Paris, Calmann-Lévy*, 1898 (sic : 1897), in-18, 2 ff. et 339 p. [*N*. Lb^{39} 11600.]

P. 105, fac-similé (réduit) des signatures de la famille royale apposées au bas de l'acte de mariage inscrit sur le registre de la paroisse de Notre-Dame de Versailles.

Voyez le numéro précédent.

21336. — CLARA TSCHUDI. Marie Antoinette og Revolutionen. *Kjobenhaven, Gyldendal*, 1895-1896, 2 vol. in-16. [*N*. Lb^{39} 11584.]

21337. — The Story of Marie-Antoinette, by ANNA L. BICKNELL, author of « Life in the Tuileries under the second Empire ». *London, T. Fisher Unwin*, 1897, in-8°, XIV-334 p. et 28 pl. hors texte. [*N*. Lb^{39} 11661.]

Imprimé à New-York.

21338. — Die Beziehungen Kœnig Gustafs III von Schweden zur Kœnigin Marie-Antoinette von Frankreich, von Dr G.-A. CRUWELL. *Berlin, Alex. Duncker*, 1897, in-8°, V-107 p. [*N*. 8° M. 10073.]

La Préface est datée de Londres, janvier 1897. Voyez le n° 20994 ci-dessus.

CHAPITRE IV

MADAME ROYALE ET LE DAUPHIN

§ 1. — Madame Royale, plus tard duchesse d'Angoulême (1778-1851).

Sur diverses pièces en prose et en vers relatives à la naissance de la princesse, voyez les n°⁸ 21120-21126 ci-dessus.

21339. — Mémoires particuliers formant, avec l'ouvrage de M. Hue et le Journal de Cléry, l'histoire complète de la captivité de la famille royale à la Tour du Temple. (1817.)

Première version imprimée de la relation écrite par la princesse; sur les diverses réimpressions dont cette relation a été l'objet, voyez tome Ier de la *Bibliographie*, n°⁸ 3568-3573 et les deux numéros suivants.

21340. — Mémoire écrit par Marie-Thérèse-Charlotte de France sur la captivité des princes et princesses, ses parents, depuis le 10 août 1792 jusqu'à la mort de son frère, arrivée le 9 juin 1795. Publié sur le manuscrit autographe appartenant à Madame la duchesse de Madrid. *Paris, E. Plon, Nourrit et Ce. S. d.* (1892), in-8°, 2 ff., 167 p. et 1 f. non chiffré. (Achevé d'imprimer.) [N. Lb^{41} 5130.]

Titre rouge et noir; vue du Temple en fleuron sur le titre et six pl. (héliogr. Dujardin).

21341. — Journal de Marie-Thérèse de France, duchesse d'Angoulême (5 octobre 1789-2 septembre 1792), corrigé et annoté par Louis XVIII. Journal entièrement inédit, publié par les soins de la famille Hue. Introduction par le baron Imbert de Saint-Amand. *Paris, librairie Firmin Didot et Ce. S. d.* (1893), in-8°, 2 ff. et XXIV-167 p. [N. Lb^{39} 11539.]

P. 7, fac-similé d'une page du manuscrit recopiée par Louis XVIII. Deux portraits de Marie-Thérèse de France et un portrait du comte de Provence reproduits en héliogravure d'après les pl. de la première édition des *Mémoires* de Weber; portrait de Hue, héliogravé d'après une peinture de Bacciarelli.

Le texte comporte, outre le journal inédit annoncé par le titre, la relation de la captivité de la famille royale au Temple, d'après le texte de l'édition Barrière.

21342. — Mémoire adressé à la nation pour Marie-Thérèse-Charlotte de Bourbon, fille de Louis XVI..., suivi du décret de la Convention nationale du 12 messidor, qui permet l'échange de la fille de Louis XVI contre les représentants livrés à l'Autriche. Seconde édition, considérablement augmentée. *A Paris, chez les marchands de nouveautés; Bruxelles, A.-J.-D. de Brackenier*, 1795, in-8°, 32 p.

Collection Alfred Bégis.
Attribué à Claude-François Beaulieu.
Sur les premiers tirages de ce *Mémoire*, voyez tome Ier, n° 4612.

Dans celui-ci les notes sont placées au bas des pages et le texte est suivi des procès-verbaux relatant la mort et l'autopsie du Dauphin, de réflexions sur sa fin prématurée et, comme le titre l'indique, du décret qui stipulait l'échange de Madame contre les représentants trahis par Dumouriez. La brochure se termine

T. IV. 9

par un appel à la libéralité de la Convention en faveur de Stéphanie-Louise de Bourbon-Conti, se disant fille légitime du ci-devant prince de Conti.

21343. — Les Adieux de Marie-Thérèse-Charlotte de Bourbon, almanach pour l'année 1796, contenant : une vie de Marie-Thérèse-Charlotte de Bourbon, fille de Louis XVI; un recueil de romances, de chansons, d'idylles, d'allégories; des anecdotes sur le Temple avec la description de cette prison; l'histoire des négociations pour l'échange de l'illustre prisonnière et le récit de son départ, par M. D'ALBINS. *Bâle, Tournesen*, 1796, in-16, 8 ff. non chiffrés et 148 p. [*N.* Lc^{22} 61.]

En regard du titre, profil de la princesse à dr. dans un médaillon rond sur fond noir, surmonté de cinq étoiles. Au-dessous : *Me T^{se} Cte de Bourbon*.
D'ALBINS est le pseudonyme de LOUIS-GABRIEL MICHAUD; voyez tome Ier de la *Bibliographie*, n° 4607, et sur d'autres pièces relatives à la mise en liberté et à l'échange de Madame, voyez *ibid.*, n°^{s} 4606-4615.

21344. — Lettre sur l'arrivée de Madame Thérèse de France à Mittau, suivie de réflexions du rédacteur du « Spectateur du Nord » sur la présente Lettre, et Réponse aux malveillants qui répandent des soupçons injurieux sur les projets des puissances coalisées. (7 juin 1799.) *Mittau*, 7 juin 1799, in-8°, 14 p. [*N.* Lb^{42} 696.]

La *Lettre* énoncée sur le titre est de l'abbé DE TRESSAN.

21345. — L'Orpheline du Temple, élégie, par M. TRENEUIL. *Paris, Firmin Didot; Petit*, 1814, in-8°, 31 p.

Bibliothèque de M. Paul Lacombe.

ÉPIGR. :

Sunt lacrymæ rerum et mentem mortalia tangunt.

La pitié donne ici des pleurs à l'infortune.

P. 3-10, *Préface*. P. 27-31, *Notes* en prose.
Cette élégie avait déjà été imprimée seize ans auparavant, mais toute l'édition en avait été détruite au moment du 18 fructidor; toutefois l'auteur en avait fait, avant et après ce coup d'État, de nombreuses lectures particulières.
Voyez les deux numéros suivants.

21345^a. — L'Orpheline du Temple, élégie, par M. TRENEUIL. Deuxième édition, revue et augmentée. *Paris, Firmin Didot; Petit*, 1814, in-8°, 31 p. [*N.* Yc 53122.]

21345^b. — L'Orpheline du Temple, élégie, par M. TRENEUIL. Troisième édition revue et corrigée. *Paris, Firmin Didot; Petit*, 1814, in-8°, 32 p. [*N.* Y*.]

Dans les notes de cette troisième édition, l'auteur a reproduit le texte de la pétition adressée le 28 floréal an IV (17 mai 1796) à la Convention nationale par divers habitants d'Orléans pour lui demander la mise en liberté de Madame Royale.

21346. — La Fille de Louis XVI ou Précis des événements remarquables qui ont eu quelqu'influence sur la destinée de la fille des rois, par Mme de RENNEVILLE. *Paris, Mame frères*, 1814, in-12, 124 p.

D'après le *Journal de l'imprimerie et de la librairie* de 1814, n° 985.

21347. — Madame la duchesse d'Angoulême ou la Nouvelle Antigone. Mémoire historique sur ce qui est arrivé à cette illustre princesse, depuis sa naissance jusqu'à son retour en France. Par L. DE SAINT-HUGUES. *Paris, H. Vauquelin*, 1814, in-18, 108 p. [*N.* Ln^{27} 431.]

Le titre imprimé est précédé d'un portrait de la princesse en buste, couronnée par deux petits génies, sous lequel on lit ce quatrain :

Français, l'auguste bienfaisance
Suit votre Antigone en tous lieux;
Le bonheur naît de sa présence,
Comme il naît d'un regard des dieux.

Le frontispice représentant la duchesse recevant des placets, est accompagné de cette légende : « C'est avec plaisir que je serai votre protectrice », et porte cette rubrique gravée : *A la librairie du Lys d'or, à Paris*.
La *Revue rétrospective* (cf. n° 21282) a publié un rapport de L.-S. Auger sur cette nouvelle production de Gassier, où il se plaint que cet auteur lui ait emprunté en entier un article du *Journal des débats* (3 juillet 1814) sur les *Anecdotes* de J.-B. Harmand (cf. tome Ier de la *Bibliographie*, n° 105). « En entier » est inexact, mais il est certain qu'un assez long fragment de cet article, depuis : « Son palais fut une horrible prison » jusqu'à : « et tenant difficilement son ouvrage », se retrouve textuellement pp. 61-66 du petit volume de Gassier. Si la conjecture d'Auger touchant le nom réel de l'écrivain caché sous le pseudonyme de L. DE

Saint-Hugues est exacte, Gassier aurait, cette fois sous son véritable nom, publié la même année sur le même sujet un nouveau volume tout à fait différent de celui-ci; voyez le numéro suivant.

21348. — L'Antigone française ou Mémoires historiques sur Marie-Thérèse-Charlotte de France, fille de Louis XVI, duchesse d'Angoulême, contenant des détails intéressants sur sa naissance, sa captivité dans la Tour du Temple, les principaux événements qui lui sont arrivés et son retour en France, publiés par J.-M. GASSIER. *Paris, Aubry; Petit. S. d.* (1814), in-18, 108 p. [*N.* Ln^{27} 432.]

Voyez le numéro précédent.

ÉPIGR. :

Vertus ! consolez-vous ; votre noble modèle,
Thérèse est de retour. Accourez auprès d'elle,
Famille d'indigents ; elle a pour vous toujours
Les trésors du malheur, des pleurs et des secours.

En regard du titre, portrait gravé au pointillé, avec légende donnant les titres et la date de naissance de la princesse.

21349. — Notice pour servir à la Vie de S. A. R. Madame, duchesse d'Angoulême, par P. MALBEC fils, auteur d'un Précis historique sur le passage de Mgr le duc d'Angoulême à Montpellier. *Montpellier, Seguin, octobre* 1816, in-8°, 56 p. [*N.* Ln^{27} 433.]

Épigraphe empruntée à Pline le jeune.

21350. — Notice sur S. A. R. Madame, duchesse d'Angoulême, depuis ses premières années jusqu'à sa rentrée en France le 3 mai 1814. *Aix, F. Guigue* (1823), in-8°, 8 p. [*N.* Ln^{27} 434.]

21351. — Madame ou Recueil de quelques traits relatifs à cette auguste princesse. *Nantes, imp. Mellinet-Malassis*, 1823, in-12, 22 p. [*N.* Ln^{27} 435.]

Signé : A.
Le catalogue imprimé de la bibliothèque de Nantes ne dévoile pas cet initialisme.

21352. — Vie anecdotique de Mme la Dauphine, depuis sa naissance jusqu'à ce jour, par E.-M. DE SAINT-HILAIRE. *Paris,*

A.-J. Sanson, 1825, in-18, 2 ff. et XIII-339 p. [*N.* Ln^{27} 436.]

En regard du titre portrait ovale signé HOCQUART j^{ne} sc.

21353. — Marie-Thérèse d'Autriche, impératrice-reine. Marie-Thérèse de France, dauphine, par M. QUATREMÈRE DE ROISSY, auteur de l'« Histoire de Mme de La Vallière ». *Paris, Le Normant père,* 1825, in-18, 132 p. [*N.* Ln^{27} 437.]

La Préface paginée en chiffres romains est comprise dans la pagination totale.

21354. — Histoire scandaleuse, politique, anecdotique et bigote des duchesses d'Angoulême et de Berry, formant le complément indispensable de l'histoire scandaleuse de Charles X. *Paris, chez les marchands de nouveautés,* 1830, in-18, 224 p. [*N.* Ln^{27} 438.]

Ignoble pamphlet.

21355. — Vie de Marie-Thérèse de France, fille de Louis XVI, par M. ALFRED NETTEMENT. *Paris, de Signy et Dubey; Jeulin,* 1843, in-8°, XVI-528 p. [*N.* Ln^{27} 439.]

21355^a. — Vie de Marie-Thérèse de France, fille de Louis XVI, par M. ALFRED NETTEMENT. Nouvelle édition revue et considérablement augmentée. *Paris, Jacques Lecoffre et Ce,* 1859, in-8°, 2 ff. et VI-564 p. [*N.* Ln^{27} 439 A.]

Les appendices contiennent les Testaments de Louis XVI et de Marie-Antoinette et une lettre de M. de Partounaux à son père sur le passage de Madame à Tonnerre, en 1830.

21356. — Quinze Ans de la vie de Marie-Thérèse de France, fille de Louis XVI, par M. AUG. GÉRARD. *Paris, Dentu,* 1846, in-8°, 4 ff. et 109 p. [*N.* Ln^{27} 440.]

21357. — Notice biographique sur Marie-Thérèse-Charlotte de France, duchesse d'Angoulême, par A. COHEN. *Paris, Jeanne,* 1851, in-12, 12 p. [*N.* Ln^{27} 441.]

ÉPIGR. :

Elle passa en faisant le bien.

21358. — Marie-Thérèse de France, fille de Louis XVI. Relation du voyage de Varennes et Récit de sa captivité à la Tour du Temple écrit par elle-même, précédés d'une Notice par le marquis DE PASTORET. *Paris, Auguste Vaton,* 1852, in-8°, 2 ff. et 136 p. [*N.* Lb⁴² 48.]

Madame Marie-Thérèse-Charlotte de France, par M. DE PASTORET. Relation du voyage de Varennes (extrait des *Mémoires* de Weber). Récit de la captivité de la famille royale [d'après le texte arrangé de 1817]. Récit des derniers moments de Marie-Thérèse, par M. DE MONTBEL, suivi de son Testament. Fragments d'articles de SAINTE-BEUVE (*Constitutionnel* du 2 novembre 1851), JOHN LEMOINNE (*Journal des débats*) et LA GUÉRONNIÈRE (*le Pays*), suivis d'un acrostiche signé ALPHONSE SAINTIN. L'article de Sainte-Beuve a été reproduit dans les *Causeries du lundi*, tome V.

En regard du titre, portrait lithographié anonyme, accompagné d'un fac-similé de la signature de la princesse, avec ces mots : « Dieu sauve la France ! Frohsdorff, 15 janvier 1851. »

21359. — Mémoires de MARIE-THÉRÈSE, duchesse d'ANGOULÊME. Nouvelle édition revue, annotée et augmentée de pièces justificatives, par M. de BARGHON-FORTRION.

Paris, au bureau de la Mode nouvelle, 1858, in-8°, XXXVI-336 p. [*N.* La³³ 118.]

L'auteur, dans son *Introduction*, proteste, avec raison, contre les mémoires apocryphes dont la vogue, au début de ce siècle, n'a que trop longtemps duré, et cependant le titre de son livre est fait pour donner le change au lecteur. La part de la duchesse d'Angoulême se borne ici à la reproduction de son court récit de la fuite de Varennes et de celui de sa captivité au Temple, que M. de Barghon a divisé en chapitres et pour laquelle il a suivi les textes interpolés de la Restauration. Le surplus est une biographie très prolixe de la duchesse depuis sa sortie du Temple jusqu'à sa mort.

Les *Pièces justificatives* qui occupent les pages 231-328 comportent la réimpression de pièces déjà décrites en leur lieu au tome I⁰ʳ de la *Bibliographie* : une partie du *Témoignage* de Goret (voy. n° 3578); le *Mémoire pour Marie-Thérèse-Charlotte de Bourbon* par Beaulieu (voy. n° 4612); l'*Opinion d'un Français* de L.-G. Michaud (voy. n° 4607); la *Pétition d'un grand nombre de citoyens d'Orléans* (voy. n° 4606), le récit de la première entrevue de Gomin avec Madame, des extraits des *Mémoires* de Mᵐᵉ de Tourzel et d'autres emprunts au livre de M. de Beauchesne, enfin la lettre de la Reine à Madame Elisabeth.

§ 2. — Louis-Charles, second Dauphin (1785-1795).

Sur diverses pièces relatives à la naissance du second Dauphin, voyez les n⁰ˢ 21137-21140 ci-dessus.

21360. — Motion curieuse des dames de la place Maubert. *Paris, Vᵉ Guillaume,* 1789, in-8°, 8 p. [*N.* Lb³⁹ 2421.]

Mᵐᵉ Tripodin, poissarde, propose d'élever le Dauphin aux Halles.

21361. — Discours sur l'éducation de M. le Dauphin et sur l'adoption, par Mᵐᵉ DE BRULART, ci-devant Mᵐᵉ DE SILLERY, gouvernante des enfants de la maison d'Orléans. *Paris, Onfroy; Née de La Rochelle,* 1790, in-8°, 72 p. [*N.* Lb³⁹ 4391.]

En regard du titre, portrait signé MIRIS *pinx*. COPIA *sculp.*, portant cette légende et ce quatrain :
Stéphanie-Félicité Ducrest, marquise de Sillery, ci-devant cᵗᵉˢˢᵉ de Genlis, gouvernante des Enfants de S. A. Mgr le duc d'Orléans.

Vertus, grâces, talents, esprit juste, enchanteur,
Elle a tout ce qu'il faut pour embellir la vie ;
C'est le charme des yeux, de l'oreille, du cœur,
Et le désespoir de l'envie.

Le titre de départ porte en outre : *Discours dans lequel on prouve qu'une nation libre a le devoir de surveiller l'éducation du prince qui doit la gouverner, qu'elle en doit connaître tous les détails, que les moyens de lui donner journellement cette connaissance sont simples et d'une facile exécution et que, sans cette condition équitable et nécessaire, toute législation contraire au despotisme sera privée de la seule base qui puisse la rendre inébranlable.*

21362. — Copie d'une lettre écrite à M. Alexandre de Beauharnais, président de l'Assemblée nationale. (2 juillet 1791.) S. l. n. d., in-4°, 3 p. [*N.* Lb³⁹ 5121.]

Signée : THOMAS, maître de pension, rue du Faubourg-Saint-Jacques, vis-à-vis Sainte-Marie.
L'auteur se propose comme précepteur du Dauphin.

21363. — Lettre écrite à l'Assemblée nationale, au sujet de la nomination du gouverneur de M. le Dauphin. (6 juillet 1791.) S. l. n. d., in-8°, 6 p. [*N.* Lb³⁵ 5164.]

Signée : BACON, électeur de 1790.

21364. — Indication du choix à faire d'un gouverneur pour l'héritier présomptif de la couronne, par un citoyen patriote. *Imp. Pellier. S. d.*, in-8°, 15 p. [N. Lb³⁹ 5165.].

Signée : DELUSSAULT. Le choix de l'auteur se porte, « à défaut de l'auteur d'*Emile* et du *Contrat social* », sur Louis de Bourbon-Conti, dont il vante longuement les mérites et les vertus.

21365. — A l'Assemblée nationale. Réflexions sur le choix d'un instituteur du Dauphin, par J.-J. LE ROUX, médecin et officier municipal. *Imp. du Journal des clubs. S. d.*, in-8°, 22 p. [N. Lb³⁹ 5166.]

21366. — Idées sur l'éducation du prince royal. *Paris, imp. L.-P. Couret. S. d.*, in-8°, 7 p. [N. Lb³⁹ 5167.]

Signées : LOUIS BOURDON-LA CROSNIÈRE, électeur de 1789.

21367. — Instruction patriotique au Dauphin. *S. l. n. d.* (1790), in-8°, 8 p. [R. AD. I, 75.]

L'auteur engage le jeune prince à préférer « à la lyre de Frédéric à l'enclume de Louis XVI » et lui assure que « faire des heureux, c'est l'être ».

21368. — Dénonciation de l'enlèvement de M. le Dauphin, faite par la Société de la Loi, à la Société des Jacobins, dans la séance du 29 février (1791).

Facétie royaliste.
Voyez tome II, n° 9505.

21369. — Résultat du scrutin indicatif pour la nomination du gouverneur de l'héritier présomptif de la couronne. Imprimé par ordre de l'Assemblée nationale. (1ᵉʳ juillet 1791.) *Paris, imp. Nationale,* 1791, in-8°, 7 p. [N. Le²⁹ 1614.]

21370. — Lettre du Roi au président de l'Assemblée nationale concernant la nomination des gouverneurs du Prince Royal, le 18 avril 1792. Imprimée par ordre de l'Assemblée nationale. *Imp. Nationale. S. d.*, in-8°, 2 p. [R. AD I, 74.]

Nomination de M. de Fleurieu.

21371. — Quæ disputationes de educando Delphino, secundo Ludovici XVI filio, habitæ essent. Recognoscebat examinabatque M[AURICE] PELLISSON, Scholæ normalis olim alumnus. *Parisiis, apud Lecène, Oudin et soc. bibliopolas,* 1895, in-8°, 76 p.

Dédicace à la mémoire d'Ernest Bersot, mort directeur de l'Ecole normale.

Thèse de doctorat ès lettres présentée à la Sorbonne en même temps qu'une thèse française sur Condorcet, qui sera décrite en son lieu.
Les références bibliographiques et les textes allégués par l'auteur dans les notes sont en français.

21372. — Le Ci-devant Prince royal à la Nation française. *S. l. n. d.*, in-8°, 2 p. [N. Ye 18634.]

Sept couplets en faveur de Louis XVI sur l'air : *Pauvre Jacques*, et dont voici le refrain :

Peuple français, je suis encore enfant,
Mais déjà la raison m'éclaire ;
Autant que moi, Louis est innocent
Des maux qu'on a voulu nous faire. (*Bis*).

21373. — Un mot pour deux individus auxquels personne ne pense (an III).

Par GERMAIN PETITAIN.
Voyez tome Iᵉʳ de la *Bibliographie,* n° 4487.
Les deux « individus » étaient le Dauphin et Madame.

21374. — Procès-verbal de l'ouverture du corps du fils de défunt Louis Capet. (21 prairial an III-9 juin 1795.)

Voyez tome Iᵉʳ, n° 4490.

21375. — Question importante sur la mort de Louis XVII (15 juin 1795).

Voyez tome Iᵉʳ, n° 4491.

21376. — Les Derniers Régicides ou Madame Elisabeth et Louis XVII (1796).

Voyez tome Iᵉʳ, n° 4492.

21377. — Vies des enfants célèbres ou les Modèles du jeune âge, suivies des plus beaux traits de piété filiale pour servir de lecture et d'instruction à la jeunesse, par A.-F.-J. FRÉVILLE, auteur des « Nouveaux Essais d'éducation », professeur de littérature à l'Ecole centrale de

Seine-et-Oise, etc. *Paris, A.-J. Dugour et Durand, an VI*, 2 vol. in-12. [*N*. Inv. G. 23661-23662.]

Deux frontispices anonymes. Le premier avait été fourni à l'auteur, suivant une note, tome Ier, p. 412, par la citoyenne Montreuil, institutrice, « si connue par de rares talents et son superbe cabinet d'histoire naturelle qu'on peut voir à Paris, rue Barbet ». Le second est le tombeau du petit Emilien à qui Fréville, son père, a consacré une longue notice (ch. XXVI).

Le chapitre XXIV (p. 87-120) renferme une notice sur *le Petit Capet, né au château de Versailles en 1785 et mort dans la prison du Temple à dix ans*, qui fut dénoncée par lettre anonyme dans le *Républicain* du 16 messidor an VI (4 juillet 1798) et l'auteur de ce « livre empoisonné » fut immédiatement destitué. Je n'ai pu voir les deuxième et troisième éditions de la *Vie des enfants célèbres* et j'ignore leurs dates; mais, sous la Restauration, Fréville, en réimprimant son livre, y introduisit de nouveau la biographie du Dauphin, non sans y pratiquer, comme l'on peut le croire, de nombreux changements; voyez le numéro suivant.

21378. — Vie des enfants célèbres ou Modèles du jeune âge, par A.-J.-F. Fréville, auteur des « Lectures poétiques », des « Nouveaux Essais d'éducation », etc., etc. Quatrième édition revue, corrigée et augmentée d'une nouvelle Vie de Louis XVII. *Paris, Genets jeune*, 1818, 2 vol. in-12. [*N*. Inv. G. 23665-23666.]

Voyez le numéro précédent.

Tome II, pp. 311-389, *Vie du jeune Roi martyr, fils et successeur de Louis XVI, né à Versailles le 27 mars 1785, et mort à Paris dans la prison du Temple le 1er juin 1795*, suivie d'une *Epitaphe de Louis XVII* (en vers) par Fréville et de vers sur ses malheurs et sa mort prématurée, extraits de *la Pitié* de Delille.

21379. — Notice historique sur la vie, les persécutions, la captivité au Temple et la mort de Louis XVII, dont l'exhumation aura lieu au cimetière Sainte-Marguerite, le 8 du présent (8 juin 1816). *Imp. C.-F. Patris. S. d.* (1816), in-4°, 4 p. [*N*. Lb³⁹ 94.]

21380. — Vie du jeune Louis XVII, par A. Antoine. *Paris, P. Blanchard* (1815), in-18, 178 p. [*N*. Lb³⁹ 95.]

Frontispice et titre gravés.
Plusieurs fois réimp.
L'auteur a le plus souvent signé ses autres productions Antoine de Saint-Gervais.

21381. — Louis XVII, roi de France, sa vie et ses infortunes. Ouvrage contenant plusieurs révélations authentiques inédites, et des recherches historiques sur sa captivité et sur sa mort, par M. Ch***. - *Paris, Tiger. S. d.* (1816), in-18, 90 p. [*N*. Lb³⁹ 96.]

21382. — Malheurs, souffrances et fin déplorable de Louis XVII, fils du Roi-martyr, précédés de plusieurs traits de bonté et d'intelligence de cet enfant-Roi. *Montpellier, A. Seguin*, 1816, in-8°, 40 p. [*N*. Lb³⁹ 97.]

21383. — L'Ange des prisons, élégide, par M. Regnault de Warin, avec le portrait du jeune Roi, dessiné d'après le buste du cabinet de Madame, duchesse d'Angoulême, et des romances gravées. *Paris, L'Huillier; Delaunay; Pillet*, 1817, in-12, XXI-249 p. [*N*. Lb⁴¹ 1848.]

Les pp. 172-249 sont remplies par des *Notes historiques*.
A la suite sont reliées *les Romances royales*, paroles de J.-J. Regnault de Warin, musique de Ch. d'Ennery, avec accompagnement de harpe ou piano (9 p. in-12).
En regard du titre, portrait anonyme de face entouré de rayons, au-dessous quatrain de l'auteur :

Dans les temps orageux des crimes politiques...

21384. — Le Règne de Louis XVII, contenant des détails sur la régence de Monsieur, diverses particularités, publiées pour la première fois, concernant les principaux événements depuis la mort de Louis XVI jusqu'à celle de Louis XVII; les stratagèmes employés pour dérober de grandes victimes à la faulx révolutionnaire : MM. de Verdun, de Florian, de Fontanes, le poète Delille, Mme de Caraman et plusieurs autres, par un ancien professeur d'histoire en l'Université royale de France. *Paris, Plancher*, 1817, in-8°, in-8°, VIII-205 p. [*N*. Lb³⁹ 98.]

Par Antoine Sérieys, d'après Barbier.

21385. — Louis XVII. Ouvrage fait sur des arrêtés originaux, des procès-verbaux et les dépositions des témoins oculaires, par Simien-Despréaux, ancien professeur de belles-lettres au collège royal de Louis-le-Grand et auteur des « Annales historiques de la Maison de France ». *Paris, Larnault; Rousseau,* 1817, in-12, 200 p. [*N.* Lb^{39} 99.]

ÉPIGR. :

Purpureus veluti cum flos succisus aratro.
Virg. Livre 9 de l'*Énéide*.

21386. — Mémoires historiques sur Louis XVII, roi de France et de Navarre, avec notes et pièces justificatives, et ornés du portrait de Sa Majesté, par M. ECKARD, ancien avocat, chevalier de l'ordre royal de la Légion d'honneur. *Paris, H. Nicolle,* 1817, in-8°, XVI-344 p. (la dernière non chiffrée). [*N.* Lb^{39} 100.]

Portrait du Dauphin (KUCHARSKY *pinx.* 1792 ; MANCEAU *del. et sculp.*).
Voyez les deux articles suivants.

21386^a. — Mémoires historiques sur Louis XVII, par M. ECKARD... Seconde édition. *Paris, H. Nicolle,* 1817, in-8°, XXIII-364 p. (la dernière non chiffrée). [*N.* Lb^{39} 100 A.]

21386^b. — Mémoires historiques sur Louis XVII..., suivis de fragments historiques recueillis au Temple par M. de Turgy, dédiés et présentés à S. A. R. Madame la duchesse d'Angoulême, par M. ECKARD... Troisième édition. *Paris, H. Nicolle,* 1817, in-8°, XVI-496 p. et 2 ff. non chiffrés. [*N.* Lb^{39} 100 B.]

P. 321, *Relation du voyage de Varennes,* par S. A. R. Marie-Thérèse-Charlotte de France, Madame, duchesse d'Angoulême. P. 333, *Fragments historiques sur la captivité de la famille royale à la Tour du Temple,* recueillis par M. de Turgy pendant son service du 13 août 1792 au 13 octobre 1793 et publiés par M. Eckard, auteur des *Mémoires historiques sur Louis XVII.* P. 385, *Notes et pièces justificatives.* P. 491, Table sommaire des matières principales. Les feuillets non chiffrés sont occupés par diverses *Additions et Corrections.*

Dans la 4e partie de la vente Aug. Ducoin (1895) figurait sous le n° 193 un ex. de ces *Mémoires,* enrichi par Eckard de précieuses additions et dont il avait fait présent à sa fille aînée.

21387. — Vie de Louis XVII, suivie de notices intéressantes sur les augustes victimes du Temple, par H. PRÉVAULT. *Lille, L. Lefort,* 1827, 2 parties in-18. [*N.* Lb^{39} 101.]

Plusieurs fois réimprimée.

21388. — Précis curieux et intéressant sur la vie de Louis XVII, Louis-Charles, duc de Normandie, Dauphin de France. Détails historiques sur les malheurs de cet auguste prince, ses souffrances à la prison du Temple et sa mort arrivée le 8 juin 1795. *Imp. C.-F. Patris.* S. d. (1818?), in-4°, 4 p. [*N.* Lb^{39} 6223.]

Publié au moment de la seconde tentative de Mathurin Bruneau pour se faire reconnaître comme fils de Louis XVI et de sa condamnation par le tribunal correctionnel de Rouen (février 1818).

Bien qu'on lise à la 4e page : « Cinq ex. ont été déposés à la Direction [de la librairie] », cette pièce n'a pas figuré dans la *Bibliographie de la France.*

21389. — Révélation sur l'existence de Louis XVII, duc de Normandie, par M. LABRELI DE FONTAINE, bibliothécaire de S. A. S. Mme la duchesse douairière d'Orléans. *Paris, chez les marchands de nouveautés,* 1831, in-8°, 27 p. — Nouvelles Révélations sur l'enlèvement et l'existence du duc de Normandie, fils de Louis XVI... Deuxième partie. *Paris, chez les marchands de nouveautés,* 1832, in-8°, 20 p. [*N.* Ln^{27} 15063.]

Dans l'ex. de la B. N. les deux parties sont cartonnées ensemble et portent la même cote.

21389^a. — Révélations sur l'existence de Louis XVII..., par M. LABRELI DE FONTAINE... *Paris, chez les marchands de nouveautés,* 1831, in-8°, 27 p. [*N.* Ln^{27} 15063 A.]

Remise en circulation de la première partie du numéro précédent.

21390. — Preuves authentiques de la mort du jeune Louis XVII, détails sur ses derniers moments, pièces justificatives, documents inédits, et Réfutation des Mémoires du soi-disant duc de Normandie, fils de Louis XVI, par A. ANTOINE, de Saint-Gervais, auteur de la « Vie du jeune

Louis XVII... » *Paris, L.-F. Hivert, septembre 1831, in-8°, 46 p.* [N. Lb⁴¹ 1849.]

Voyez le n° 21380 ci-dessus et le n° 21394 ci-dessous.

Les *Mémoires du duc de Normandie écrits et publiés par lui-même* (Paris, David, 1831, in-8°) ont été, selon Quérard, rédigés par BOURG, dit SAINT-EDME. Le duc de Normandie s'appelait en réalité HENRI HÉBERT et non Claude Perrin, natif de Lagnieu (Ain), comme l'avait supposé Quérard (*Sup. litt.* v° *Normandie [duc de]*) sur la foi d'un renseignement erroné.

21391. — L'Enlèvement et l'existence actuelle de Louis XVII, démontrés chimériques, par M. ECKARD, auteur des « Mémoires historiques » sur ce prince. *Paris, A.-J. Ducollet, 1831, in-8°, 1 f. et 56 p.* [N. Ln²⁷ 15064.]

ÉPIGR. :

L'homme est de glace aux vérités ;
Il est de feu pour les mensonges.
LA FONTAINE.

Eckard avait, par inadvertance, laissé imprimer *Fabreti* pour *Labreti*, chaque fois qu'il avait eu à le citer. Cette erreur lui fut signalée par un correspondant à qui il répondit aussitôt. Voyez le numéro suivant.

21392. — Sur une Honnêteté littéraire. A Monsieur M.... I, A. M. *Imp. Lefebvre. S. d.* (1831), in-8°, 3 p. [N. Ln²⁷ 15064ᵇⁱˢ.]

Signé : ECKARD.
Voyez le numéro précédent.

21393. — Réplique à une réponse évasive. Décembre 1831. *Imp. Lefebvre. S. d.*, in-8°, 4 p. [N. Lb⁴¹ 1850.]

Signée : ECKARD. Réponse à une brochure signée A..., dont le titre n'est point spécifié.

21394. — L'Existence de Louis XVII prouvée par les faits et les prophéties, et Réponse aux brochures de MM. de Saint-Gervais et Eckard, intitulées, l'une : « Pièces authentiques de la mort du jeune Louis XVII... », l'autre : « l'Enlèvement et l'existence actuelle de Louis XVII démontrés chimériques ». Par M. FORTIN. *Paris, Mᵐᵉ Goulet, janvier 1832, in-8°, 32 p.* [N. Ln²⁷ 15065.]

L'ex. de la B. N. s'arrête p. 16. Le nombre exact des pages est spécifié d'après la *Bibliographie de la France.*

21395. — Un Dernier Mot sur Louis XVII et Observations en ce qui concerne ce prince, sur un ouvrage intitulé : « le Passé et l'Avenir, etc. », par M. ECKARD. *Paris, Ducollet, 1832, in-8°, 60 p.* (la dernière non chiffrée). [N. Lb³⁹ 102.]

La réfutation d'Eckard vise l'ouvrage intitulé : *le Passé et l'Avenir expliqués par des événements extraordinaires arrivés à Thomas Martin, laboureur de la Beauce* (Paris, Bricon, 1832, in-8°), nouvelle édition de la *Révélation des événements arrivés à Thomas Martin, laboureur à Gallardon, en Beauce, en 1816* (Paris, imp. A. Egron, 1817, in-8°).

21396. — Quelques Souvenirs destinés à servir de complément aux preuves de l'existence du duc de Normandie, fils de Louis XVI, par A.-J. MORIN DE GUÉRIVIÈRE. *Paris, chez tous les marchands de nouveautés, novembre 1832, in-8°, 35 p.* [N. Ln²⁷ 15067.]

Voyez le numéro suivant.

21397. — L'Ombre du baron de Batz à M. P... de M... [Prousteau de Montlouis] au sujet d'une brochure intitulée « Quelques souvenirs, etc., du fils de Louis XVI ». *Paris, Ducollet, 1833, in-8°, 27 p.* [N. Ln²⁷ 15068.]

ÉPIGR. :

Dicere verum quid vetat ?
HORACE.

P. 5, *Note de l'éditeur* [sur les ancêtres du baron de Batz]. P. 7, *l'Ombre du baron de Batz...* P. 19, *Réponse de l'auteur des « Mémoires historiques »*, signée ECKARD (auteur des deux autres parties).

21398. — PEUCHET, archiviste. Recherches pour l'exhumation du corps de Louis XVII, mort dans la prison du Temple, le 20 prairial an III (8 juin 1795).

Publié dans les *Mémoires de tous, collection de souvenirs contemporains tendant à établir la vérité dans l'histoire* (1834-1837), tome II, p. 319-366.

Voyez ci-dessus, n° 20580.

P. 363, procès-verbal d'ouverture du corps du Dauphin, signé par Dumangin, Pelletan, Lassus et Jeanroy. Voyez également le n° 20580 ci-dessus et le numéro suivant.

21399. — Remarques sur un écrit posthume de Peuchet intitulé : « Recherches pour l'exhumation du corps de Louis XVII. » On y a joint, comme preuve historique, un portrait de ce prince. *Paris, Delaunay,* 1835, in-8°, 24 p. [*N.* Lb⁴¹ 1831.]

Tiré à 100 exemplaires. Le faux-titre porte : *Supplément au tome II des « Mémoires de tous ».*

ÉPIGR. :

Cujusvis hominis est errare.
CIC.

Par ECKARD.

Le portrait est gravé par C. HOURDAIN, d'après KUCHARSKY.

21400. — Naundorff ou Mémoire à consulter sur l'intrigue du dernier des faux Louis XVII, suivi des jugements et condamnations d'Ervagault sous le Consulat, de Mathurin Bruneau sous la Restauration et du baron de Richemont sous le gouvernement actuel. Par A.-F.-V. THOMAS, chevalier de la Légion d'honneur, ex-inspecteur général de l'approvisionnement des combustibles de la ville de Paris, etc. *Paris, Dentu; Delaunay,* 1837, in-8°, 2 ff. et 233 p. [*N.* Ln²⁷ 15083.]

Travail qui n'est cité à cette place que parce qu'il renferme, p. 25-56, l'énumération des preuves alléguées en faveur de la mort du Dauphin au Temple.
Sur les divers personnages qui ont successivement occupé l'attention publique par la réclamation de leurs prétendus droits à la couronne, voyez ci-après chapitre VI, au nom de chacun d'eux.

21401. — Louis XVII, sa Vie, son Agonie, sa Mort. Captivité de la famille royale au Temple, par A. DE BEAUCHESNE. (1852.)

Voyez tome I⁰ʳ de la *Bibliographie,* n⁰ˢ 4493-4493ᵃ.

21402. — Le Dauphin de France, suivi de Maxime, épisodes, par RENÉ DE MONT-LOUIS. *Limoges, Ardant frères,* 1859, in-18. [*N.* Lb³⁹ 6225.]

21403. — Extrait de la « Biographie universelle » (Michaud), publiée par Mme C. Desplaces, 52, rue de Verneuil à Paris (tome XXV). Louis XVII — Charles de Bourbon — par A. BOULLÉE. *Paris, imp.* *Henri Plon* (1859), gr. in-8°, 8 p. [*N.* Lb³⁹ 6226.]

21404. — Louis de France (Louis XVII), poème épisodique, suivi de documents historiques et justificatifs, par J.-A. D'ESCODECA DE BOISSE. *Paris, imprimé par autorisation du garde des sceaux à l'Imprimerie impériale,* MDCCCLXI, in-8°, 2 ff., 292 p. et 1 f. n. c. (table). [*N.* Inv. Ye 21517.]

Les notes placées au bas des pages sont pour la plupart empruntées à Beauchesne. Les *Documents historiques* remplissent les pp. 163 et suivantes; tous sont fort connus; ils ont trait à la déchéance, au procès et à la mort de Louis XVI, au procès et au supplice de la Reine, à la captivité et à l'autopsie du Dauphin, etc.

21405. — Lettre de Mgr DUPANLOUP, évêque d'Orléans, adressée à un de ses amis, sur l'ouvrage de M. de Beauchesne, intitulé : « Histoire de Louis XVII ». Mai 1866. *Paris, Henri Plon,* 1866, in-8°, XXIV p. [*N.* Lb³⁹ 6228.]

Tirage à part des préliminaires de la 4ᵉ édition du livre de M. de Beauchesne (voyez tome Ier de la *Bibliographie,* n⁰ 4493ᵃ) qui n'est point intitulé *Histoire de Louis XVII,* comme l'indique le titre de ce tirage à part.

21406. — Histoire populaire de Louis XVII, par F. NETTEMENT. *Paris, C. Dillet,* 1864, in-18, VII-316 p. [*N.* Lb³⁹ 6227.]

21407. — La Mort de Louis XVII, par le Dr A. CORLIEU, lauréat de l'Académie de médecine, chevalier de la Légion d'honneur, etc. *Paris, H. Champion,* 1876, in-8°, 15 p. [*N.* Lb³⁹ 11204.]

21408. — Les Secrets des Bourbons, par CHARLES NAUROY. *Paris, Charavay frères,* 1882, in-16, 151 p. (les trois dernières non chiffrées). [*N.* La²⁶ 29.]

La Première femme du duc de Berry. Le Vrai Louis XVII. Les Faux Louis XVII. Le Vrai Louis XVII, épilogue.

L'étude sur les *Faux Louis XVII* comprend trois listes d'indications bibliographiques relatives l'une à Bruneau (p. 113), l'autre à Richemont (pp. 124-130), la troisième à Naündorff (pp. 133-142).

21409. — Les Faux Louis XVII, par L. DE LA SICOTIÈRE. *Paris, Victor Palmé,* 1882, in-8°, 164 p.

ÉPIGR. :

Quoi ! tu veux qu'on t'épargne et n'as rien épargné !
CORNEILLE, *Cinna.*

Tirage à part de la *Revue des questions historiques*, tome XXXII, pp. 147-209 et 494-591.
D'après la bibliographie rédigée par M. M.-L. Polain pour le volume intitulé : *Léon de La Sicotière, avocat, sénateur de l'Orne, membre* [sic] *correspondant de l'Institut (1812-1895). Sa Vie et ses Œuvres*, par ROBERT TRIGER. *Bibliographie de ses écrits,* par M.-L. POLAIN. (Alençon, E. Renaut-De Broise, 1900, in-8°.)

21410. — Louis XVII, son Enfance, sa Prison et sa Mort au Temple, par R. CHANTELAUZE (1884).

Voyez tome Ier de la *Bibliographie*, n° 4494 et le numéro suivant.

21411. — R. CHANTELAUZE. Les Derniers Chapitres de mon « Louis XVII ». Découverte des ossements du Dauphin en 1846 dans le cimetière Sainte-Marguerite (1887).

Voyez tome Ier de la *Bibliographie*, n° 4495.

21412. — Dr FÉLIX DE BACKER. Louis XVII au cimetière de Sainte-Marguerite. Enquêtes médicales. *Paris, Paul Ollendorff,* 1894, in-8°, 31 p. et 2 pl. hors texte. [N. Lb^{39} 11575.]

Les deux pl. photogravées représentent, l'une l'examen des ossements par divers médecins, et l'autre trois de ces ossements. D'autres dessins d'après diverses parties du squelette sont intercalés dans le texte.

21413. — R. CHANTELAUZE. Louis XVII, son Enfance, sa Prison et sa Mort au Temple, d'après des documents inédits des Archives nationales. *Paris, Firmin Didot et Ce,* 1895, in-12, XVII-377 p.

En regard du titre, portrait gravé sur bois d'après un original attribué à Mme VIGÉE-LEBRUN. P. VII-XIX, *Avant-propos* signé PAUL COTTIN.
Réimpression du livre publié en 1884 sous le même titre (voy. tome Ier de la *Bibliographie*, n° 4494) et d'extraits du *Dernier Chapitre* mis au jour par l'auteur en 1887 (voy. *ibid.*, n° 4495), augmentée de documents relatifs au cœur du Dauphin conservé par le chirurgien Pelletan. Ces documents, résumés ici et accompagnés d'une pl. représentant l'urne qui renferme ce viscère, avaient été donnés antérieurement *in extenso* par M. Paul Cottin dans sa *Revue rétrospective* (1894), tome XX.

21414. — Curiosités révolutionnaires. Louis XVII, sa Mort dans la Tour du Temple, le 18 juin 1795 (20 prairial an III), d'après les documents officiels et les témoignages des contemporains, par ALFRED BÉGIS. *Paris, H. Champion; Riom, Ulysse Jouvet, imprimeur,* 1896, in-8°, 112 p. [N. I.b^{39} 11586.]

Reproduction, revue et complétée, d'articles parus dans *l'Intermédiaire des chercheurs et curieux.*

21415. — P.-A. CHANGEUR. Louis XVII, sa Vie, son Martyre. Ouvrage illustré de nombreuses gravures et de dessins d'après les originaux de l'époque. *Paris, librairie d'éducation, A. Hatier. S. d.* (1896), gr. in-8°, 355 p. et 1 f. n. c. (table des matières). [N. Lb^{39} 11588.]

21416. — Dr CABANÈS. Les Morts mystérieuses de l'histoire. Souverains et princes français, de Charlemagne jusqu'à Louis XVII. Préface du professeur LACASSAGNE. *Paris, A. Maloine,* 1901, in-8°, XVIII-540 p.

Épigraphe empruntée à Balzac.
P. 418-512 et pp. 535-536 (*Appendices*), *Louis XVII.*

CHAPITRE V

PRINCES ET PRINCESSES DU SANG

§ 1. — Généralités de l'histoire des princes de Bourbon (1789-1815).

21417. — Histoire secrète de Coblence (sic), dans la Révolution des Français, extraite du cabinet diplomatique électoral et de celui des princes frères de Louis XVI. *Londres*, 1795, in-8°, 238 p. [*N.* La^{34} 7.]

Par J.-G.-M. ROCQUES, dit DE MONTGAILLARD.

21417a. — Histoire secrète de Coblence (sic) dans la Révolution des Français..., attribuée à M. DE RIVAROL. *Londres*, 1795, in-8°, 2 ff. et 152 p. [*N.* La^{34} 7 A.]

Un autre tirage sous la même date comporte également 152 p., plus 1 f. n. ch. (table des chapitres). La *Biographie* Rabbe, la *Biographie* Michaud et Quérard allèguent qu'en 1814 cette *Histoire secrète* a été réimp. avec le nom de l'auteur supposé; j'en ai vainement cherché la trace dans la *Bibliographie de la France* de 1814 et de 1815.

Quant à l'attribution à Rivarol de cette très médiocre composition, elle ne soutient pas un instant l'examen.

21418. — De la Conduite des princes de la maison de Bourbon depuis 1789 jusqu'en 1805. *A Paris, chez les marchands de nouveautés, an XI*, in-8°, 2 ff., 134 p. et 1 f. n. ch. (table des matières). [*N.* Lb^{44} 918.]

Epigraphe empruntée à Young, avec traduction française.

Par BERTRAND BARÈRE DE VIEUZAC.

Voyez le numéro suivant.

21418a. — Conduite des princes de la maison de Bourbon durant la Révolution, l'émigration et le Consulat (1790 à 1795), par M. BARRÈRE (sic). Ouvrage commandé à l'auteur par Napoléon Bonaparte, et enrichi de notes de M. le comte RÉAL. *Paris, Tenon; Roret*, 1835, in-8°, 342 p. [*N.* La^{34} 21.]

Le faux-titre porte : *Histoire des princes de la maison de Bourbon*. Sur le titre, l'épigraphe empruntée à Young avec sa traduction. Entre le titre et l'avertissement, fac-similé sur deux pages d'une note de Barère et d'une lettre de Duroc (9 prairial an XIII-29 mai 1805) à lui adressée.

La dernière page est, par erreur, chiffrée 295.

21419. — Mémoire concernant la trahison de Pichegru dans les années III, IV et V, rédigé en l'an VI par M. R. DE MONTGAILLARD, et dont l'original se trouve aux Archives du gouvernement. *Paris, imp. de la République, germinal an XII*, in-8°, 159 p. [*N.* Lb^{43} 326.]

Suivant une note de Montgaillard sur ses ouvrages communiquée à Quérard, cette édition aurait été tirée, par ordre du Premier Consul, à 40,000 ex., dont 6,000 envoyés aux Etats-Unis, sans la participation de l'auteur et même à son insu. Le mémoire original et les pièces qui l'accompagnaient auraient été, d'après l'auteur, remis dès le mois de mars 1798, à Roberjot, ministre de la République française à Hambourg; mais la *Biographie* Michaud s'inscrit en faux contre cette assertion et assure que Montgaillard avait composé ce mémoire à l'instigation de Bonaparte, en vue de perdre dans l'opinion Moreau et Pichegru.

21420. — Mémoires secrets de J.-G.-M. DE MONTGAILLARD, pendant les années de son émigration, contenant de nouvelles informations sur le caractère des princes français et sur les intrigues des agents de l'Angleterre, par J.-G.-M. ROCQUES DE MONTGAILLARD. *Paris, chez tous les marchands de nouveautés, an XII*, in-8°, 188 p. [*N.* La³⁴ 9.]

Un autre tirage sous la même date n'a que 181 p.

Ces *Mémoires secrets* auraient été, toujours d'après l'auteur, écrits, publiés et imprimés par ordre du Premier Consul.

21421. — Histoire des trois derniers princes de la maison de Condé. Prince de Condé. Duc de Bourbon. Duc d'Enghien. D'après les correspondances originales et inédites de ces princes. Par J. CRÉTINEAU-JOLY. *Paris, Amyot*, 1867, 2 vol. in-8°. [*N.* Lm³ 1025.]

En regard du titre du tome Iᵉʳ, portrait du duc d'Enghien gravé par BAUDRAN, d'après un portrait du musée de Versailles; en regard du titre du tome II, portrait de la princesse Louise de Condé (sœur Marie-Josèphe de la Miséricorde), gravé par le même artiste.

21422. — Histoire de l'émigration. Les Bourbons et la Russie pendant la Révolution française d'après des documents inédits, par ERNEST DAUDET. *Paris, librairie illustrée*. S. d. (1886), in-8°, 4 ff., 397 p. et 1 f. blanc. [*N.* La³⁴ 49.]

Voyez les deux numéros suivants.

21423. — Histoire de l'émigration. Les Emigrés et la seconde coalition (1797-1900), d'après des documents inédits, par ERNEST DAUDET. *Paris, librairie illustrée*. S. d. (1886), in-8°, 4 ff., 381 p. et 1 f. blanc. [*N.* La³⁴ 50.]

21424. — Histoire de l'émigration. Coblentz (1789-1793), d'après des documents inédits, par ERNEST DAUDET. Suivi de lettres du comte DE PROVENCE, du comte D'ARTOIS, de GUSTAVE III, du comte DE CALONNE, du maréchal DE CASTRIES, du baron DE BRETEUIL, publiées pour la première fois. *Paris, Ernest Kolb*. S. d. (1889), in-8°, 1 f., IX-382 p. et 1 f. blanc. [*N.* La³⁴ 50ᵇⁱˢ.]

21425. — Une Correspondance pendant l'émigration, 1792-1797. Quarante-huit lettres inédites de LOUIS-JOSEPH DE BOURBON, prince DE CONDÉ, du duc DE BERRY et du duc D'ENGHIEN, publiées par le P. C. SOMMERVOGEL, de la Compagnie de Jésus. Extrait des « Etudes religieuses, historiques et littéraires ». *Paris, Douniol*, 1867, in-8°, 54 p. [*N.* La³⁴ 37.]

Ces lettres sont adressées au comte de Foucquet, fils d'un ancien major de place à Wissembourg et lui-même émigré à Carlsruhe.

§ 2. — Monsieur, comte de Provence (plus tard Louis XVIII).

21426. — Eclaircissements sur le « Livre rouge » en ce qui concerne Monsieur, frère du Roi (1790).

Voyez tome III, n° 13467 et sur diverses pièces relatives au même objet, *ibid.*, nᵒˢ 12519-12522.

21427. — Départ précipité de Monsieur, frère du Roi, et de Madame, comtesse d'Artois. Songez-y bien. *Imp. P. de Lormel*. S. d., in-8°, 4 p. [*R.* AD. I, 75.]

Signé (p. 4) : Par un zélé patriote, membre du district des Récollets.

21428. — Relation d'un voyage à Bruxelles et à Coblentz, 1791. *Paris, Baudouin frères*, 1823, in-8°, 2 ff. et 120 p. [*N.* Lb³⁹ 5057.]

En regard du titre, portrait du duc d'Avaray, lithographié par MAURIN.

Par LOUIS-STANISLAS-XAVIER DE FRANCE. Edition originale, suivie de nombreuses réimpressions toutes parues la même année et que la B. N. a enregistrées sous les cotes Lb³⁹ 5057ᵃ⁻ᵇ. La seule qui mérite d'être signalée est celle d'Urbain Canel (in-18) ornée d'un titre gravé (CHASSELAT del. F.-M. FONTAINE sculp.). Le texte de la *Relation* est précédé et suivi de

Poésies diverses attribuées à Louis XVIII et non désavouées par lui.
Voyez les trois numéros suivants.

21429. — **Problème historique**, par M. WILHELM ROBERTS. *Paris, Plancher,* 1823, in-8°, 98 p. [*N.* Lb³⁹ 5058.]

Au verso du faux-titre, *Errata.*
Sur le titre cette épigraphe :
« Si ce fut un Prince qui voyagea, ce fut un auteur qui écrivit et l'on ne voit pas ce qu'une narration historique aurait de commun avec l'inviolabilité. »
Par REGNAULT-WARIN, qui a donné à sa critique la forme du dialogue. Le « problème » qu'examinent « un vieux malade » et un de ses amis est de savoir si la *Relation* émane bien du prince à qui elle est attribuée. L'auteur relève, au cours de l'entretien, de nombreuses incorrections grammaticales et impropriétés de termes.

21430. — **Examen critique de la Relation d'un voyage fait en 1791 à Bruxelles et à Coblentz, ou Problème historique,** par M. R****** W*****. Seconde édition, augmentée d'un avertissement polémique. *Paris, Plancher,* 1823, in-8°, 98 p. [*N.* Lb³⁹ 5059.]

Entre le titre et le titre de départ, on a intercalé un *Avertissement de l'éditeur,* chiffré V-XII et ne comptant pas dans la pagination totale qui est celle de l'édition décrite sous le numéro précédent, simplement augmentée de cette addition, empruntée en grande partie à Châteaubriand.
Les initiales placées sur le titre sont celles de REGNAULT-WARIN et non, comme le dit le catalogue imprimé de la B. N., celles du pseudonyme qu'il avait adopté.

21431. — **Notice sur le manuscrit original de la relation des derniers événements de la captivité de Monsieur, frère de Louis XVI, roi de France, suivie de variantes, de notes historiques, et d'une lettre de M. le comte** D'AVARAY **à son ami, sur le voyage de Louis XVIII, de Mittau à Memel, en 1801.** Publié par M. ECKARD. *Paris, G.-L. Michaud,* 1823, in-8°, 32 p. [*N.* Lb³⁹ 5060.]

ÉPIGR. :
Vicit iter durum pietas.
VIRG. Æn., lib. VI, v. 688.

21432. — **Détail de l'arrestation de Monsieur, frère du Roi, à trois lieues des frontières, avec son arrivée à Paris.** *Imp. Laurent,* 1791, in-8°, 8 p. [*N.* Lb³⁹ 5278.]

La nouvelle de cette arrestation et de ses conséquences était controuvée.

21433. — **Lettre de Monsieur et de M. le comte d'Artois au Roi, leur frère, avec la Déclaration signée à Pilnitz, le 27 août 1791, par l'Empereur et le roi de Prusse. Lettre au Roi, par M. le prince de Condé, M. le duc de Bourbon, M. le duc d'Enguhien** (sic). *Paris, Laurent.* S. d., in-8°, 25 p. [*R.* AD I, 75.]

21434. — **Lettres des princes, frères du Roi, aux chefs des troupes rassemblées autour d'eux, à laquelle ils ont joint l'exposé de leurs véritables sentiments, signée par Louis-Stanislas-Xavier et Charles-Philippe, datée de Schonborlust, le 30 octobre 1791.** *Imp. Gueffier.* S. d., in-8°, 7 p. [*R.* AD I, 75.]

21435. — **Lettre furieuse et menaçante de la part de Monsieur, régent, et au nom du futur roi Louis XVIII et de toutes les puissances de l'Europe, adressée au Procureur syndic de la Commune de Paris, qui lui enjoint et ordonne, s'il ne veut point être massacré, de faire arrêter tous les députés qui ont voté pour la mort du ci-devant Roi, les Jacobins, et de faire enchaîner l'Égalité.** *Imp. Féret.* S. d., in-8°, 8 p. [*N.* Lb⁴¹ 2733.]

Lettre datée de Wissembourg, 26 janvier 1793 et contresignée GREUM.
P. 3. Pétition du citoyen SPART, conducteur d'artillerie de l'armée du Var, molesté sur le territoire des Prussiens. P. 4-8. Nouvelles diverses de la guerre.

21436. — **Réponse du ci-devant Dauphin à la lettre de Monsieur, qui s'est qualifié du titre de régent, suivie de sa profession de foi, écrite par lui-même.** Imprimée par son ordre. *Imp. de la citoyenne Tremblay.* S. d., in-8°, 8 p. [*N.* Lb⁴¹ 2734.]

Apocryphe.

21437. — **Avis aux citoyens.** Cette lettre est conforme à l'original qui est déposé au Comité de surveillance de la Convention nationale et se trouve chez Provost, rue

Mazarine, n° 1709. Véritable lettre adressée au procureur de la Commune de Paris, écrite par ci-devant Monsieur, qui se qualifie du titre de Régent et Louis XVII et signée Greum, son secrétaire, datée de Weissembourg, l'an dernier du brigandage 1793, et envoyée à la Convention nationale par la Commune. Suivie de l'arrivée de la flotte anglaise sur les côtes de la République. Descente de 6,000 Anglais dans l'Ile de Ré. Détail intéressant des armées. (26-31 janvier 1793.) *Provost. S. d.*, in-8°, 8 p. [*N.* Lb⁴¹ 2748.]

21438. — Manifeste du Régent de France, Monsieur, frère du feu roi Louis XVI, qui déclare au peuple français que le Dauphin est proclamé roi de France et de Navarre, sous le nom de Louis XVII. (28 janvier 1794.) *Ham, et se trouve à Paris, chez Mongie*, 1793, in-8°, 8 p. [*Br. M. F. R.* 927, 4.]

21439. — Le Bouquet de la Saint-Louis. Bouquet à Louis XVIII, roi de France, de Navarre, etc., etc., etc., pour le jour de Saint-Louis, sa fête. S. *l. n. d.*, in-8°, 7 p. [*N.* Lb⁴² 1585.]

Signé : REGI-PHILE.

21440. — Favras sacrifié ou les Avantages de se dévouer à la cause des Bourbons. Un mot sur les émigrés et sur les premiers moteurs de la Révolution.

Pièce signée C. P. déjà citée tome Iᵉʳ de la *Bibliographie*, n° 1661, d'après un ex. de la collection Leber à Rouen. La B. N. en possède un autre sous la cote Lb⁴⁶ 508.

21441. — La Vérité!!! 20 et 30 germinal an VI. *Paris, chez les marchands de nouveautés*. S. *d.* [1814], in-8°, 18 p. [*N.* Lb⁴² 559.]

Recueil de pièces contre Louis XVIII ainsi composé :
P. 1. Discours prononcé par Monsieur, frère du Roi, à l'Assemblée générale des représentants de la Commune, le 26 décembre 1789 (voy. tome Iᵉʳ, n° 1631). P. 5. Réponse de BAILLY (voy. *ibid.*). P. 7. Extrait du *Moniteur* du 20 germinal an VI (pièce trouvée dans les papiers de Durand-Maillane). P. 8. Lettre de JEAN ROUSSEAU, du Conseil des Anciens, sur l'influence occulte de Monsieur dans tous les événements de la Révolution (extrait du *Moniteur* du 20 germinal an VI). P, 17. *Portrait du comte de Lille* (extrait du Mémoire concernant la trahison de Pichegru par M. le comte de Montgaillard).

P. 2, on lit en note un extrait des *Mémoires secrets*, dits de Bachaumont, en date du 12 janvier 1779, relatif à une observation singulière que le comte de Provence aurait faite à haute voix lors du baptême de Madame Royale.

21442. — Extraits du « Moniteur ». (Prairial an VI.) S. *l. n. d.* [1815], in-8°, 32 p. [*N.* Lb⁴⁶ 507.]

Reproduction, à l'occasion des Cent-Jours, des pièces relatives à Louis XVIII, énumérées dans l'article précédent; la note empruntée aux *Mémoires secrets* est supprimée.

Suivant la *Biographie universelle... des contemporains* de Rabbe (v° *Auguis*), ces *Extraits* auraient été fournis aux libraires Froullé et Ferra par PIERRE-RENÉ AUGUIS, qui, condamné, en septembre 1814, à cinq ans de détention, puis relâché durant les Cent-Jours, fut, après la chute définitive de Napoléon, réincarcéré à la Force et détenu jusqu'au 27 septembre 1817.

Les mêmes documents, les uns authentiques, les autres absolument apocryphes, ont fait l'objet de diverses autres réimpressions décrites sous les trois numéros ci-après.

21443. — Secrets de la cour de Louis XVIII, recueil de pièces authentiques, lettres confidentielles au général Pichegru, au comte d'Artois, au duc de Fitz-James, aux généraux vendéens; liste des membres de la Convention qui devaient être livrés aux derniers supplices; lettre de George III au duc d'Angoulême, etc. Suivi des fanfaronnades et projets de vengeance des émigrés extraits de leur correspondance. Par M*** R***. *Paris, Eymery; Delaunay; Plancher*, avril 1815, in-8°, XXIV-84 p. [*N.* Lb⁴⁶ 133.]

Les pièces contenues dans ce volume sont les suivantes :
P. V. *Précis historique*.
P. XIII. Portrait de Louis XVIII, par le comte DE MONTGAILLARD.
P. XVI. Manifeste de Monsieur, comte de Lille, daté du château de Schoenburnst, près Coblentz, 10 septembre 1791.
Les quatre premières pages suivantes manquent dans l'ex. de la B. N.
P. 5. *Secrets de la cour de Louis XVIII* [titre de départ]. Manifeste de Louis XVIII (juillet 1795).
P. 24-49. Listes diverses.

P. 50. Lettre du comte de Provence au duc de Fitz-James (Versailles, 13 mai 1787) et note extraite des *Mémoires secrets*.
P. 52. Lettre du même à Favras (1er novembre 1789). Voyez tome Ier de la *Bibliographie*, n° 1632.
P. 53. Lettre du même à Mme de Favras (21 janvier 1790).
P. 54. Discours aux représentants de la Commune et réponse de Bailly. (Voy. le n° 21441 ci-dessus.)
P. 58-63. Lettres de Monsieur au comte d'Artois, de George III, de Charette, de Mme *** à M. de Lambertye, son frère, de M. Pont-l'Abbé à d'Hervilly.
P. 63. *Fanfaronnades des émigrés*.
P. 74-84. Louis XVIII au général Pichegru (Mulheim, 20 janvier 1796) et à l'archiduc Charles (Riegel, 24 mai 1796).

21443ª. — Secrets de la cour de Louis XVIII... Seconde édition. *Paris, Eymery; Plancher,* mai 1815, in-8°, XXIV-84 p. [*N.* Lb¹⁶ 133 A.]

Les initiales du nom de l'éditeur ont disparu du titre.

21444. — Correspondance de Louis XVIII, avec le duc de Fitz-James, le marquis et la marquise de Favras et le comte d'Artois, la liste dressée par les ordres de ce prince, des personnages de la Révolution qui devaient être condamnés à être écartelés, roués, pendus ou envoyés aux galères, le tout précédé d'un Précis historique sur sa conduite depuis l'Assemblée des Notables jusqu'à la conquête de l'Italie par les armées françaises, publiée par P. R. A. *Paris, Béchet; Delaunay; Charles,* avril, 1815, in-8°, 2 ff. et 178 p. [*N.* Lb⁴⁶ 134.]

C'est à peu de chose près la même compilation que celle dont j'ai donné l'énumération dans le précédent numéro.
Les initiales inscrites sur le titre sont celles de Pierre-René Auguis.

21445. — Louis XVIII assassin de Louis XVI et fléau de la France, ouvrage précédé d'extraits d'histoire sur les crimes des Bourbons et contenant une énumération abrégée des assassinats juridiques, commutations de peines, déportations, exils et suicides, etc., qui ont eu lieu sous son régime, par S... C... *Paris, de l'imprimerie de la Vérité,* 31 *décembre* 1816, in-8°, 2 ff. (titre et avertissement) et 100 p.

Épigr. :

Mœurs, lois, tout est perdu; c'en est fait de la France.
Sang, trésors, rien ne peut assouvir leur vengeance;
Leur foi, leur piété, le zèle qu'ils étalent
C'est par la barbarie, hélas! qu'ils les signalent;
Et poursuivant nos jours au nom de l'Éternel,
Dans leurs lâches fureurs ils invoquent le ciel!

Barbier qui n'a point parlé (et pour cause) de ce pamphlet dans la seconde édition du *Dictionnaire des anonymes* (1822), en avait cependant connaissance et a laissé à ce propos une note que ses continuateurs ont recueillie, mais le titre, la rubrique et la date sous lesquels ils l'ont enregistrée ne sont pas conformes à ceux que j'ai relevés sur l'original.
Voici ce que dit Barbier :
« Louis XVIII assassin de Louis XVI. Par M. le colonel S. *Bruxelles,* 1817, in-8° et in-12. » Il ajoute : « La partie du raisonnement, de la discussion, l'état de la France, tout enfin, à l'exception de la liste des condamnés, est de M. Edme-Théodore Bourg, dit Saint-Edme. Le manuscrit fut porté à Bruxelles par M. Arnaud, employé supérieur de la Maison du Roi ».
M. Eug. Welvert, auteur d'un intéressant travail sur les papiers du conventionnel Courtois (cf. n° 21221 ci-dessus) avait inutilement cherché cette brochure à Paris et à Londres et il révoque en doute l'exactitude de l'intitulé fourni par la *Bibliographie biographique* d'OEttinger; tout abrégé qu'il soit, il est cependant préférable à celui du *Dictionnaire des anonymes* :
« C... (P...) Louis XVIII assassin de Louis XVI et fléau de la France, etc. *Paris,* 1816, in-8°. »
« Le lieu et la date, dit M. Welvert, sont évidemment une distraction. » On a vu plus haut qu'il n'en était rien.
Après un *Avertissement* déclamatoire et vide, un long chapitre intitulé *Origine et crimes des Bourbons,* où il est surtout question du rôle du comte de Provence de 1789 à 1815, occupe les pp. 26-64. Le reste de la brochure est rempli par l'énumération des crimes et des actes de violence commis durant la Terreur blanche. L'auteur a reproduit les lettres à M. et Mme de Favras (cf. n° 21443 ci-dessus), ainsi que les dénonciations formulées par Jean Rousseau et par Durand-Maillanne.

§ 3. — Monsieur, comte d'Artois (plus tard Charles X).

21446. — Fratricide sacrilège (1789).

Voyez tome Ier, n° 1191 et les n°^s 1192-1194 qui s'y rattachent.

21447. — Exil de Monseigneur le comte d'Artois. *Imp. Momoro*, 1789, in-8°, 8 p. [*N*. Lb³⁹ 7401.]

Violent pamphlet. L'ex de la B. N. paraît incomplet.

21448. — Les Adieux de Madame, comtesse d'Artois, à la nation. *Paris, Pain. S. d.*, in-8°, 8 p. [*N*. Lb³⁹ 1992.]

Un second tirage ne porte point le nom et l'adresse de l'imprimeur-libraire Pain. [*B N.* Lb³⁹ 1992 A.]

21449. — Confession générale de Son Altesse sérénissime monseigneur le comte d'Artois, déposée, à son arrivée à Madrid, dans le sein du T. R. P. Dom Jérôme, grand inquisiteur, et rendue publiquement (*sic*) par les ordres de Son Altesse, pour donner à la nation un témoignage authentique de son repentir. Imprimé dans les décombres de la Bastille. *A Paris, chez le secrétaire des commandements de monseigneur l'archevêque de Paris, et chez tous les supérieurs de communautés, même celle de Saint-Lazare, le 23 juillet* 1789, in-8°, 30 p. [*N*. Lb³⁹ 2052.]

21449^a. — Confession générale de Son Altesse sérénissime monseigneur le comte d'Artois... rendue publique... pour donner à la nation un témoignage authentique de son repentir. Seconde édition. *A Bruxelles, et se trouve à Paris, chez le secrétaire des commandements de monseigneur l'archevêque de Paris, etc.* [sic], *le* 1er *août* 1789, in-8°, 32 p. [*N*. Lb³⁹ 2052 A.]

21449^b. — Confession générale de S. A. S. Mgr le comte d'Artois... rendue publique... pour donner à la nation un témoignage authentique de son repentir. *A Paris, chez le secrétaire des commandements de monseigneur l'archevêque de Paris, etc.* [sic], *août* 1789, in-8°, 31 p. [*N*. Lb³⁹ 2052 B.]

Épigr. : *Confiteor Deo et populo.*

Voyez les trois numéros suivants.

21450. — Réponse à la « Confession de S. A. R. Mgr le comte d'Artois », renvoyée au T. R. P. dom Jérôme, mais rendue publique par ordre de Son Altesse. *Bruxelles, et Paris, chez le secrétaire des commandements de monseigneur l'archevêque de Paris, et chez tous les supérieurs de communautés, même celle de Saint-Lazare. S. d.*, in-8°, 12 p. [*N*. Lb³⁹ 7464.]

Voyez le numéro précédent.

21451. — Le Comte d'Artois à l'agonie, à la suite de sa Confession. Rêve d'un membre du clergé. *S. l.*, 1789, in-8°, 21 p. [*N*. Lb³⁹ 2052bis. Réserve.]

21452. — Pénitence du comte d'Artois, par le R. P. Dom Jérôme, grand inquisiteur d'Espagne, pour servir de suite à sa Confession. *S. l. n. d.*, in-8°, 16 p. [*N*. Lb³⁹ 2052ter.]

21453. — Le Comte d'Ar*** en pèlerinage. *S. l. n. d.*, in-8°, 4 p. [*N*. Lb³⁹ 2053.]

Voyez le numéro suivant.

21454. — Réponse au pèlerinage de M. le comte d'Ar.... (d'Artois). *S. l. n. d.*, in-8°, 8 p. [*N*. Lb³⁹ 2054.]

21455. — L'Ordre national ou le Comte d'Artois inspiré par Mentor. Dédié aux Etats-Généraux. *S. l.*, 1789, in-8°, 24 p. [*N*. Lb³⁹ 2055.]

Par Olympe de Gouges, d'après Barbier. Projets de réformes.

21456. — Réception du comte d'Artois chez M. l'Electeur de Cologne, frère de la reine de France. *Bruxelles, imprimerie de*

Linguet. S. d., in-8°, 40 p. [N. Lb³⁹ 2118. Réserve.]

ÉPIGR. :

Le chagrin monte en croupe et galope avec lui.
BOILEAU.

21456ᵇ. — Réception du comte d'Artois chez M. l'Electeur de Cologne, frère de la reine de France. *A Bruxelles, de l'imp. de Linguet,* 1789, in-8°, 40 p. [N. Lb³⁹ 2118 A.]

Sur une réimp. de la *Pénitence* et de la *Réception*, voyez ci-dessus, n° 21051ᶜ.

21457. — Dîner de monseigneur le comte d'Artois avec M. de Calonne, suivi de nouvelles sûres, touchant les princes et les autres illustres fugitifs. *C. Volland.* S. d., in-8°, 7 p. [N. Lb³⁹ 2120.]

21458. — Le faux Comte d'Artois. (22 août 1789.) *Imp. Momoro,* 1789, in-8°, 8 p. [N. Lb³⁹ 7720.]

Le titre de départ, p. 3, porte en plus : *Le faux comte d'Artois pendu à Strasbourg. Lettre d'un bourgeois de Paris à M. Manchon, marchand fourreur, rue Saint-Honoré.*

21459. — Jugement national rendu en dernier ressort par le comité général des diétines du Palais-Royal (25 août 1789).

Voyez tome II, n° 11290.

21460. — Seconde lettre à Monsieur le comte d'Artois. S. l. n. d., in-8°, 14 p. [R. AD I, 75.]

Signée (p. 14) : L'Ami du Tiers.

21461. — Réponse de Monseigneur, comte D'ARTOIS, aux lettres adressées à Son Altesse Royale. S. l. n. d., in-8°, 16 p. [N. Lb³⁹ 7721.]

Apocryphes.

21462. — Va-t'en voir s'ils viennent ou le Repentir des princes fugitifs aux eaux de Spa. Scène lyrique. *En Westphalie, imp. du Statouder.* S. d., in-8°, 8 p. [N. Lb³⁹ 7722.]

ÉPIGR. :

Infundum (sic), *regina, jubes renovare dolores* (sic).

21463. — Arrivée de Madame la comtesse d'Artois à Turin et son entretien avec M. le comte d'Artois. (Turin, 16 septembre [1789].) S. l. n. d., in-8°. 8 p. [N. Lb³⁹ 2355.]

21464. — Mémoire adressé à l'Assemblée nationale, par S. A. R. monseigneur le comte D'ARTOIS et les princes du sang fugitifs. *Volland.* S. d., in-8°, 8 p. [N. Lb³⁹ 3167.]

Apocryphe.

21465. — Le Retour des Hirondelles et de nos princes fugitifs, précédé en Galilée par Salomé Conti, aujourd'hui Jean le bon apôtre, qui court plus vite que les autres disciples. *A Francfort, de l'imprimerie de J. Laporte,* 1790, in-8°, 7 p. [N. Lb³⁹ 3284.]

P. 3, *Dialogue entre une hirondelle et un moineau sur le retour des princes fugitifs,* recueilli par « Mistigri V, respectable chat des Carmes de la place Maubert ».

21466. — Départ de M. d'Artois pour se rendre à Paris et Détail intéressant de la réception qu'il a faite aux dames de la Halle, députées pour le ramener. *Imp. Calais et Dubois.* S. d. (1790), in 8°, 8 p. [N. Lb³⁹ 9193.]

Les dames de la Halle étaient conduites par la Reine de Hongrie.

21467. — Le comte d'Artois, roi de Botany-Bay, à tous les fuyards, traîtres, proscrits de la France. S. l. n. d., in-8°, 19 p. [N. Lb³⁹ 3288.]

21468. — Les Vœux et Doléances de Monsieur comte d'Artois, frère du Roi, aux Parisiens et au peuple français. S. l. n. d., in-8°, 1 f. et 30 p. [N. Lb³⁹ 3376.]

En regard du titre de départ, frontispice représentant le comte d'Artois, un genou en terre, dans la salle du manège des Tuileries, avec cette légende : « L'Assemblée vous pardonne. »

21469. — Arrivée du ci-devant comte d'Artois en France, ses démarches auprès de la nation pour en obtenir le pardon de ses projets contre-révolutionnaires. Dessein de la nation à ce sujet, proposé aux 48 sections. Décret du peuple (premier souverain), contre tous ceux qui oseront, soit par des motions, soit par des libelles, attenter à la liberté individuelle ou collective des citoyens. *Imp. du cercle social, l'an second de la liberté*, in-8°, 8 p. [N. Lb³⁹ 3705.]

21470. — Mémoire adressé à l'Assemblée nationale, le 1er août 1790, par le premier ministre des finances [NECKER]. *Paris, imp. Royale*, 1790, in-4°, 8 p. [N. Le²⁹ 818.]

Au sujet de l'ordonnancement des deux paiements faits, l'un aux créanciers du comte d'Artois, l'autre à la comtesse de La Marck, et qui avaient été dénoncés par Camus.
Voyez les cinq numéros suivants.

21470ᵃ. — Mémoire adressé à l'Assemblée nationale, le 1er août 1790, par M. NECKER. *Imp. Nationale*. S. d., in-8°, 7 p. [N. Le²⁹ 819.]

Même texte que celui du numéro précédent.

21471. — Réponse de M. CAMUS au mémoire adressé par M. Necker à l'Assemblée nationale, le premier août 1790. *Imp. Nationale*. S. d., in-8°, 35 p. [N. Lb³⁹ 3863.]

21472. — Addition à la Réponse de M. CAMUS au Mémoire de M. Necker, du premier août. *Paris, imp. Nationale*. S. d., in-8°, 4 p. non chiffrées. [N. Lb³⁹ 3864.]

21473. — Réponse au mémoire de M. Camus, du 6 août 1790, et Courtes Observations sur la partie de ce mémoire qui regarde M. d'Artois, par M. MATHIEU MONTMORENCY, député de l'Assemblée nationale. *Paris, imp. Baudouin*, 1790, in-8°, 14 p. [N. Lb³⁹ 3887.]

21474. — Lettre d'un créancier de la maison d'Artois à M. Camus. S. *l. n. d.*, in-8°, 23 p. [N. Lb³⁹ 3888.]

En faveur du prince.

21475. — Grand détail d'un malheur arrivé au ci-devant comte d'Artois, qui a été jeté par la fenêtre après avoir voulu débaucher la femme d'un citoyen de Turin, sous le costume d'un abbé. Ordre du roi de Sardaigne, son beau-frère, qui lui enjoint de sortir de ses États à cause de ses sottises et de ses dettes. *Tremblay*. S. d., in-8°, 8 p. [N. Lb³⁹ 4283.]

21476. — M. d'Artois et le Père Duchêne à Venise (1790).

Voyez tome II, n° 11581.

21477. — Vie privée de Charles-Philippe de France, ci-devant comte d'Artois, frère du Roi, et sa correspondance avec ses complices, ornée de son portrait, gravé d'après nature, pour servir de clé à la Révolution française, et de suite aux Vies de Marie-Antoinette d'Autriche, reine de France, de Louis-Philippe d'Orléans, de Louis-François-Joseph de Conti, de Louis-Joseph de Condé, de l'agioteur Necker, ci-devant directeur général des finances, de Jean-Sylvain Bailly, maire de Paris, et du général Mottier, dit La Fayette, commandant général des Bleuets parisiens. *Turin*, 1790, in-8°, 95 p. [N. Lb³⁹ 4282. Réserve.]

Portrait du comte d'Artois de profil au pointillé; au-dessous quatre vers :

Sujet rebelle, homme sans foi,
Des Français trop longtemps j'ai bravé la vengeance;
J'ai tenté d'égorger mon frère dans leur Roi
Et j'ai causé les maux qui déchirent la France.

21477ᵃ. — Vie privée de Charles-Philippe de France, ci-devant comte d'Artois... Seconde édition corrigée et augmentée. *A Turin*, 1791, in-8°, 80 p. [N. Lb³⁹ 4282 A. Réserve.]

Portrait de profil à dr. en très médiocre tirage.

21478. — Lettre de CHARLES-PHILIPPE BOURBON, ci-devant comte d'ARTOIS, à l'Assemblée nationale. *Imp. patriotique*. S. d., in-8°, 8 p. [N. Lb³⁹ 4977.]

Lettre supposée, à l'Assemblée nationale, pour la remercier d'une prétendue allocation destinée à l'entretien de sa maison.

21479. — Le Comte d'Artois et l'émigration, histoire impartiale, par P. PIERRE DE CHAMPROBERT. *Paris, Victor Magen*, 1837, in-8°, 45 p. et 2 ff. non chiffrés (table des chapitres). [N. La³⁴ 22.]

Le livre a été remis en circulation avec un

titre de relai portant la rubrique de A. Pougin et la date de 1838.

21480. — **Correspondance intime du comte DE VAUDREUIL et du comte D'ARTOIS** pendant l'émigration (1789-1815), publiée avec introduction, notes et appendices, par M. LÉONCE PINGAUD. Ouvrage orné de quatre portraits en héliogravure. *Paris, Plon, Nourrit et C*ⁱᵉ, 1901, 2 vol. in-8°.

§ 4. — Madame Élisabeth (1764-1794).

21481. — **Le Rendez-vous de Madame Elisabeth, sœur du Roi, avec l'abbé de Saint-Martin, aumônier de la garde nationale, dans le jardin des Tuileries.** *Paris, imp. de la Foutromanie*, 1790, in-8°, 23 p. [N. Lb³⁹ 9196. Réserve.]

Frontispice libre à l'eau-forte, emprunté à l'*Arétin français* de Félix Nogaret.

21482. — **Complainte de M**ᵐᵉ **Elisabeth**, envoyée par elle aux sans-culottes pour l'engager à la tirer de sa tour, suivie de la Confession de Marie-Antoinette. *Imp. Feret. S. d.*, in-8°, 8 p.

P. 1, *Complainte...* sur l'air: *Jeanneton prend sa faucille*. P. 5: *Confession de Marie-Antoinette à M. de Talleyrand Périgord* (sic), *ci-devant archevêque de Reims, et depuis escamoteur de la sainte empoule* (sic), sur l'air du *Confiteor* et signée (p. 8) : CHARLES BOURSEMART, patriote sans moustache.

Une autre édition de la *Confession de Marie-Antoinette...* est décrite tome Iᵉʳ, n° 3534.

21483. — **Jugement rendu par le tribunal criminel révolutionnaire établi à Paris par loi du 10 mars pour juger sans appel les conspirateurs, qui condamne à la peine de mort, sur la place de la Révolution, Anne-Elisabeth Capet et vingt-quatre autres conspirateurs**, tous atteints et convaincus d'avoir conspiré contre la sûreté du peuple français, d'avoir coopéré à l'assassinat des citoyens le 10 août, d'avoir voulu exciter la guerre civile, l'envahissement du territoire de la République par les ennemis extérieurs et de leur avoir fait passer de l'argent, notamment Elisabeth Capet, qui a envoyé ses diamants à ses brigands de frères. *Imp. Millin. S. d.*, in-4°, 4 p. [N. Lb⁴¹ 1060.]

21484. — **Éloge funèbre de Madame Elisabeth de France. Par M. FERRAND, conseiller au Parlement de Paris.** *Ratisbonne, imp. chez J.-B. Rottermundt, imprimeur de la cour du Prince Évêque*, 1795, in-8°, 134 p. [N. Ln²⁷ 7046.]

Daté de mars 1795. Voyez les deux numéros suivants.

21484ᵃ. — **Eloge funèbre d'Elisabeth-Philippine-Marie-Hélène, sœur de Louis XVI, ci-devant roi des Français:** *Paris, chez les marchands de nouveautés* (1795), in-8°, 52 p. [N. Ln²⁷ 7047.]

Le titre de départ porte :

Sicut et lilium inter spinas.

Le texte a pour épigraphe :

Fortis et infelix et plusquam femina virgo.
Ovid.

D'après Barbier, cette nouvelle édition avait été imprimée à Lyon par les soins de l'abbé AIMÉ GUILLON.

21484ᵇ. — **Eloge historique de Madame Elisabeth de France, suivi de plusieurs lettres de cette princesse, par ANTOINE FERRAND, ancien magistrat**, auteur de « l'Esprit de l'Histoire ». *Paris, V. Desenne, libraire de Monsieur, comte d'Artois, frère du Roi, rue du Chantre-Saint-Honoré, n° 26 (imp. Royale)*, 1814, in-8°, XXXII-316 p. [N. Ln²⁷ 7048.]

Une seconde édition, portant la même date, est identique à celle-ci.

21484ᶜ. — **Eloge historique de Madame Elisabeth de France, suivi de plusieurs lettres de cette princesse, par ANTOINE FERRAND, ancien magistrat**, auteur de « l'Esprit de l'histoire ». Nouvelle édition enrichie d'un grand nombre de lettres inédites, de notes, de fac-similé et d'un portrait de Madame Elisabeth. *Paris, Adrien Le Clère et C*, 1861, in-8°, 1 f., XXII-330 p. et 1 f. n. ch. (Errata.) [*N.* Ln²⁷ 7048 B.]

En regard du titre, portrait lith. par DESMAISONS, d'après une miniature donnée par la princesse à la marquise de Raigecourt. Entre les pp. 312 et 313, fac-similé de signature, d'écriture et de divers cachets employés par Madame Elisabeth.
Cette édition, disent les continuateurs de Barbier, est due aux soins du duc Aimé-Marie-Gaspard de Clermont-Tonnerre, ancien ministre de la marine et de la guerre sous la Restauration.

21485. — Les Derniers Régicides ou Madame Elizabeth de France et Louis XVII. Causes premières de la Révolution. Esprit des Républiques. Par le chev... de M*** [MAYER]. *S. l.*, 1796, in-8°, 1 f. et 104 p. (la dernière non chiffrée).

Pièce déjà signalée, tome Iᵉʳ, n° 4492, d'après Quérard et incomplètement décrite.
En regard du titre, frontispice à l'eau-forte avec cette légende : « Mon Dieu ! Pardonnez-leur, ils ne savent ce qu'ils font! » Sur le titre, médaillon représentant la Dauphine penchée sur une urne, auprès d'un cippe portant les dates des 21 janvier, 16 octobre 1793, 10 mai 1794, 5 juin 1795. On lit au-dessous : « Elle survit, mais c'est pour pleurer tous les siens. »

21486. — Elisabeth de France, sœur de Louis XVI, tragédie en trois actes et en vers. *Paris, Robert,* 1797, in-12, XVI-88 p.

Frontispice représentant un tombeau surmonté du médaillon de la princesse et orné d'emblèmes.

ÉPIGR. :
Semper honos, nomenque tuum laudesque manebunt.
VIRGILE.

Par GAMOT, ancien préfet de l'Yonne, suivant Barbier.

21487. — Fragments de l'Éloge historique et religieux de S. A. R. très auguste et très excellente princesse Madame Elisabeth-Philippine-Marie-Hélène, sœur du feu roi Louis XVI et tante de Louis XVII, martyrisée à Paris le 12 mai 1794, prononcé à Dusseldorff, le 26 juillet 1794, dans la chapelle de la congrégation des anciens Jésuites, par M. l'abbé DE LUBERSAC, vicaire général de Narbonne. *Londres, Dulau*, 1802, in-8°, 32 p. [*N.* Ln²⁷ 7049.]

ÉPIGR. :
Constante dans sa piété,
Elle vécut comme son père,
Sublime dans sa fermeté,
Elle mourut comme son frère.

21488. — Histoire de Madame Elisabeth de France, sœur de Louis XVI, avec des détails sur ce qui s'est passé dans l'intérieur des châteaux de Versailles et des Tuileries, et ce qui lui est arrivé de plus remarquable pendant sa détention au Temple, auxquels on a joint un grand nombre de lettres écrites par elle-même. Par Mᵐᵉ GUÉNARD. *Paris, Lerouge,* 1802, 3 vol. in-12. [*N.* Ln²⁷ 7050.]

En regard du titre du tome Iᵉʳ, portrait anonyme assez joli, en médaillon. Au-dessous, sur une tablette : *Elisabeth-Philippine-Marie-Hélène de France.*

21489. — Notice biographique sur Madame Elisabeth, sœur de Louis XVI. *Paris, L.-G. Michaud,* 1814, in-8°, 14 p. [*N.* Ln²⁷ 7051.]

Signée : L—S—E [LA SALLE].
Extrait du tome XII, alors sous presse, de la *Biographie universelle*.

21490. — Les deux Saintes du sang royal des Bourbons ou Esquisse d'un parallèle religieux et historique entre la bienheureuse Isabelle de France, sœur de saint Louis, et Madame Elisabeth de France, sœur de Louis XVI. Dédié à S. A. R. Madame, duchesse d'Angoulême. Par MAGNIER. *Paris, Laurent Beaupré,* 1814, in-12, 1 f. et IV-75 p. [*N.* Ln²⁷ 7053.]

21491. — Vie de Madame Elisabeth de France, sœur de Louis XVI, contenant les détails et les anecdotes susceptibles de faire connaître sa conduite admirable avant la Révolution, courageuse pendant sa captivité, sublime à l'instant de sa mort, son acte d'accusation, son interrogatoire, etc. *Paris, H. Vauquelin,* 1814, in-18, 105 p. [*N.* Ln²⁷ 7052.]

Par PARISOT, d'après Barbier.
En regard du titre, portrait de face anonyme au pointillé dans un médaillon ovale.

21492. — Parallèle de Madame Elisabeth de France avec sainte Elisabeth de Hongrie, extrait du panégyrique de cette sainte, prononcé, le 20 novembre 1814, dans l'église paroissiale de Sainte-Elisabeth, quartier du Temple, par M. l'abbé M*** (Monrocq), du clergé de Saint-Jacques-du-Haut-Pas. *Paris, A. Le Clère; A.-G. Debray*, 1815, in-8°, 8 p. [*N.* Ln²⁷ 7054.]

P. 3, un *Avis* signé M..GET-D...VI prévient que ce *Parallèle* a été imprimé non sans peine avec le consentement de l'auteur.

Une seconde édition, publiée la même année avec le nom de l'auteur, n'a que 7 p. et se termine par une courte-note sur la prison du Temple.

21493. — Madame Elisabeth de France, sœur du Roi. *Paris, Le Fuel*. S. d. (1814), in-12, 1 f. et 108 p. [*N.* Ln²⁷ 7055.]

Un portrait, un titre gravé et quatre fig. signés Séb. Le Roy *del*. Pomel *sc*.

21494. — Madame Elisabeth de France, sœur de Louis XVI. Tableau des malheurs éprouvés par cette auguste victime, par M. de Vouziers. *Paris, Tiger*, 1815, in-18, 107 p. [*N.* Ln²⁷ 7056.]

En regard du titre, portrait de profil, à dr. en buste.

M. de Vouziers est le pseudonyme de P.-J. Moithey ; voyez les n°ˢ 20950 et 21281 ci-dessus.

21495. — Note historique sur le procès de Marie-Antoinette... et de Madame Elisabeth... au Tribunal révolutionnaire, par Chauveau-Lagarde (1816).

Voyez le n° 21245 ci-dessus.

21496. — Oraison funèbre de Madame Elisabeth de France, sœur de Louis XVI, imprimée pour le 10 mai 1817, époque de la translation de ses dépouilles mortelles à l'église de Saint-Denis, par ordre de S. M. Louis XVIII, son auguste frère, roi de France et de Navarre, par M. l'abbé de Villefort, ancien vicaire de Châlons-sur-Marne, auteur de l'Oraison funèbre de Louis XVI et de celle de Marie-Antoinette, archiduchesse d'Autriche, reine de France. *Paris, A. Le Clère*, 1817, in-8°, VIII-76 p. [*N.* Ln²⁷ 7057.]

Voyez les n°ˢ 20902 et 21283 ci-dessus.

21497. — Documents relatifs à un monument à ériger à la mémoire de Madame Elisabeth, sœur de Leurs Majestés Louis XVI et Louis XVIII. *Imp. Ballard*. S. d., in-4°, 1 f. et 15 p. [*N.* Lb⁴¹ 3854.]

Sur le faux-titre de l'ex. de la B. N. (il n'y a pas de titre) on lit cette note manuscrite : « Publié à la rentrée du Roi. Donné à M. Hennequin. » Néanmoins il est question dans cette pièce d'enquêtes et de déclarations faites en 1816 et en 1817. J'ai vainement cherché dans la *Bibliographie de la France* la trace et, par suite, date probable de ces *Documents*.

L'auteur proposait d'acquérir un terrain attenant à une maison connue sous le nom de *Maison du Christ*, appartenant à M. Viger de Jolival, près du parc Monceau et dépendant du cimetière destiné pendant la Terreur à recevoir les restes des suppliciés. Voyez le numéro suivant.

Les *Pièces justificatives* commencent p. 5. Il y a eu deux tirages (réunis ici) des quatre premières pages : le texte est identique, mais l'ordre des paragraphes est différent.

21498. — Pétition relative aux honneurs à rendre à la mémoire de Madame Elisabeth. *Imp. Hocquet*. S. d. (1821), in-4°, 2 p. [*N.* Lb⁴¹ 1069.]

Signée : Viger, conservateur de l'enceinte, rue de Valois-Saint-Honoré, n° 15.

Voyez le numéro précédent.

21499. — Mémoires de Madame Elisabeth de France, sœur de Louis XVI, annotés et mis en ordre par F. de Barghon Fort-Rion. *Paris, Vaton*, 1858, in-8°, XI-382 p. et 1 f. de table. [*N.* Lb³⁹ 6203.]

Sous ce titre trompeur sont groupés, après une *Introduction* et une *Vie* de la princesse, les lettres déjà publiées par Ferrand, les pièces de son procès, l'extrait de la brochure de Chauveau-Lagarde qui la concerne, les fragments historiques de Turgy déjà donnés par Eckard (*Mémoires sur Louis XVII*) ; l'auteur ou plutôt l'éditeur présente en outre comme « inédites et tirées d'une collection particulière » une anecdote sur Simon, encore empruntée à Ferrand, et une relation du procès de Madame Elisabeth extraite du *Procès de Louis XVI*.

21500. — Madame Elisabeth de France, sœur de Louis XVI, ses vertus, sa correspondance et son martyre, par Alphonse Cordier (de Tours), auteur des « Martyrs et Bourreaux de 1793 », des « Lettres sur les catacombes romaines », etc. *Paris, J. Vermot. S. d.* (1859), in-12, XV-369 p. [*N.* Ln²⁷ 7059.]

21501. — **Madame Elisabeth et son temps.** *Paris, Victor Sarlit*, 1861, in-12, XII-213 p. [*N.* Ln²⁷ 7060.]

Attribué à la comtesse DE LUDRE, par un catalogue de la librairie Plihon, de Rennes.

21502. — **Etude sur Madame Elisabeth d'après sa correspondance**, suivie de lettres inédites et autres documents, par G. DU FRESNE DE BEAUCOURT. *Paris, Auguste Aubry*, 1864, in-8°, VII-119 p. et 2 ff. non chiffrés (table des matières et achevé d'imprimer). [*N.* Ln²⁷ 7061.]

On lit au verso du faux-titre : « Tiré à petit nombre, dont 50 sur papier vergé. »
Cette Etude avait paru dans la *Revue indépendante* des 15 février, 15 mars et 1er avril 1863.

21503. — **Elisabeth von Frankreich, das Bild einer Heldin im christlichen Entsagen und Dulden**, vom Verfasser der « Makrina ». (Elisabeth de France, portrait d'une héroïne d'abnégation et de résignation chrétienne, par l'auteur de « Makrina » [P. L. PFOTENHAUER]). *Hambourg, agentur der hansen Ranhes. S. d.* (1865), in-8°, 2 ff. et 266 p. (la dernière n. ch.). [*N.* Ln²⁷ 22407.]

21504. — **Correspondance de Madame ELISABETH de France, sœur de Louis XVI**, publiée par F. FEUILLET DE CONCHES sur les originaux autographes, et précédée d'une lettre de Mgr l'archevêque de Paris. *Paris, Plon*, 1868, in-8°, 2 ff., XXIV-468 p. [*N.* Lb³⁹ 6204.]

En regard du titre, portrait gravé sur acier par MORSE, sous la direction d'HENRIQUEL-DUPONT, d'après une miniature de SICARDI, appartenant à M. le marquis de Raigecourt et différent de celui qui a été décrit plus haut.
L'éditeur dit, dans son *Introduction*, que ces lettres sont, pour la plus grande partie, tirées du recueil décrit sous le n° 20984 ci-dessus.

21505. — **Lettre de Mgr l'archevêque de Paris (DARBOY) à M. Feuillet de Conches, sur la publication de la correspondance de Madame Elisabeth de France.** *Paris, Plon*, 1868, in-8°, XXIV p. [*N.* Lb³⁹ 6205.]

Tirage à part du numéro précédent. La couverture imprimée sert de titre.

21506. — **Derniers Moments de Madame Elisabeth.** *Le Mans, imp. Ed. Monnoyer. S. d.* (1868), in-8°, 32 p. [*N.* Ln²⁷ 24565.]

On lit, p. 32 : « Extrait de la *Revue des questions historiques*. » C'est un fragment du livre de Beauchesne qui l'a repris textuellement, à quelques mots près, tome II, p. 175-235.
Voyez le numéro suivant.

21507. — **La Vie de Madame Elisabeth, sœur de Louis XVI**, par A. DE BEAUCHESNE. Ouvrage enrichi de deux portraits gravés en taille-douce, sous la direction de M. HENRIQUEL-DUPONT, par MORSE et E. ROUSSEAU[X], de fac-similé d'autographes et de plans et précédé d'une lettre de Mgr DUPANLOUP. *Paris, Henri Plon*, 1868, 2 vol. in-8°. [*N.* Ln²⁷ 24648.]

En regard du titre du tome Ier, portrait de la princesse à l'âge de seize ans, gravé par E. MORSE, d'après un portrait peint en 1787 (?) par Mme DEVILLE, appartenant à M. le marquis de Casteja. P. 208, plan de la propriété de Montreuil-Versailles (1787).
En regard du titre du tome II, *Madame Elisabeth à vingt-neuf ans*, gravé par E. ROUSSEAUX, d'après CARDON. P. 204, fac-similé de l'acte d'accusation. P. 230, fac-similé du procès-verbal d'exécution. P. 232, plan du cimetière de Monceaux. P. 251, plan de l'ancien cimetière de la Madeleine.
Voyez le numéro précédent.

21508. — **Etude critique sur les lettres de Madame Elisabeth**, par G. DU FRESNE DE BEAUCOURT. Extrait de la « Revue des questions historiques ». *Paris, Victor Palmé*, 1869, in-8°, 71 p. [*N.* Lb³⁹ 6206.]

On lit au verso du faux-titre : Tiré à 50 exemplaires.
Examen des documents cités dans l'*Eloge de Ferrand* (voy. ci-dessus, n°ˢ 21484-21484ᶜ), dans les ouvrages de Feuillet de Conches (voy. ci-dessus, n°ˢ 20984 et 21504) et dans la *Vie de Madame Elisabeth* de Beauchesne (voyez le numéro précédent).

Sous ce titre : *Un faux autographe de Madame Elisabeth*, M. G. de Beaucourt a signalé et décrit dans le *Polybiblion*, tome XIII (1875), p. 448, une lettre annoncée par Etienne Charavay dans le catalogue des autographes provenant de M. Guizot (3 mai 1875). Cette lettre qui, selon M. de Beaucourt, était un double modifié et abrégé de la lettre du 7 août 1791 à la marquise de Raigecourt, fut retirée de la vente.

21509. — Madame Elisabeth devant le Tribunal révolutionnaire (10 mai 1794), par Maxime de La Rocheterie. Paris, librairie de la Société bibliographique. S. d. (1878), in-12, 36 p. [N. La^{32} 501*.]

Brochures sur la Révolution française, n° 18. La couverture imprimée sert de titre.

21510. — Madame Elisabeth, sœur de Louis XVI, par Mme la comtesse d'Armaillé. Paris, Perrin et Cie, 1886, in-12, 2 ff., V-509 p. et 1 f. n. c. (table). [N. Ln^{27} 41234.]

Voyez dans les Variétés révolutionnaires de M. Marcelin Pellet (2° série; cf. tome Ier de la Bibliographie, n° 274), un article sur ce livre.

§ 5. — Le duc d'Orléans (Philippe-Égalité) (1747-1793).

A. — APANAGES ET FORTUNE PRIVÉE

21511. — Exposé des changements à faire au Palais-Royal, imprimé par ordre de S. A. S. Monseigneur le duc de Chartres, prince du sang (1780).

Voyez tome III, n° 12184 et pour tout ce qui a trait aux changements introduits par le prince dans son palais, ibid., n°s 12185-12191.

21512. — Résultats du Conseil de S. A. S. Monseigneur le duc d'Orléans (1788).

Voyez tome III, n°s 12527-12535 et sur les revendications du duc d'Orléans touchant le remboursement de la dot constituée, en 1721, à Louise-Elisabeth d'Orléans, et la propriété du Palais-Royal, les n°s 12536-12546.

21513. — Etat des biens et revenus de toute nature dont jouit M. d'Orléans, et des dettes et charges de toute espèce dont ils sont grevés, tant celles personnelles à M. d'Orléans que celles provenant de la succession de feu M. d'Orléans, son père (12 août 1790). Imp. V^e D'Houry. S. d., in-4°, 13 p. [N. Lb^{39} 9242.]

On lit, p. 13 : « Certifié véritable par moi, soussigné, surintendant des finances de M. d'Orléans, La Touche. »

21514. — Vente très considérable de beaux meubles et effets appartenant à M. Louis-Philippe-Joseph d'Orléans, au château de Villers-Cotterets. Imp. V^e D'Houry. S. d., in-8° oblong. [N. Ln^{27} 15520.]

Vente annoncée pour le 15 septembre...

21515. — Vente considérable de meubles et effets appartenant à M. Louis-Philippe-Joseph d'Orléans, à l'hôtel de sa chancellerie, sur la grande place de la ville d'Orléans, le mercredi 3 novembre, à dix heures du matin de relevée. Imp. V^e d'Houry. S. d., in-8° oblong. [N. Ln^{27} 23752.]

21516. — Emprunt de six millions, ouvert par S. A. S. Mgr le duc d'Orléans, premier prince du sang, autorisé par lettres patentes du Roi enregistrées en Parlement, produisant deux cent quarante mille livres de rentes survivancières, ou tontines, et cent trente cinq mille livres de rentes viagères, qui seront distribuées par la voie du sort. S. l. n. d., in-4°, 8 p. [N. Ln^{27} 15513.]

21517. — Etat de situation de M. Louis-Philippe-Joseph, prince français, et Projet de libération et d'union qu'il propose à ses créanciers. Paris, Nyon, 1791, in-4°, 1 f. et 16 p. [N. Ln^{27} 15516.]

21518. — Etat nominatif des créanciers de M. Louis-Philippe-Joseph, prince français. S. l. n. d., in-folio, 45 p. [N. Ln^{27} 15517.]

21519. — [Contrat d'union du duc d'Orléans avec ses créanciers, daté du 9 janvier 1792 et commençant par ces mots :] Par-devant les notaires à Paris soussignés, furent présents... Paris, imp. Nyon, 1792, in-folio, 14 p. [N. Ln^{27} 15518.]

21520. — Union des créanciers de M. d'Orléans. Assemblée générale du 31 mai 1792. Imp. P.-L. Siret, 1791 (sic), in-4°, 13 p. [N. Ln^{27} 15519.]

21521. — [Circulaire du syndic de l'Union des créanciers du duc d'Orléans, commençant par ces mots :] Paris, ce 21 nivôse, l'an II° (10 janvier 1794). Citoyens, les mandataires des créanciers de feu d'Orléans... S. l. n. d., in-4°, 1 p. [N. I.n²⁷ 15523.]

Signée : ARNOULT, syndic de l'Union des créanciers d'Orléans et ci-devant son receveur et trésorier général, demeurant cour des Fontaines, près la rue des Bons-Enfants.

21522. — Vente du mobilier national, appartenant au ci-devant d'Orléans, maison du Raincy, près Bondy... le 6 pluviôse an VI (26 janvier 1796) et jours suivants. Paris, imp. de la République, an VI, in-folio plano.

Un ex. imprimé au verso d'une feuille de billets de la Loterie royale de France, est signalé dans un catalogue.

21523. — The Orleans Gallery now exhibited at the great room late the Royal Academy. London, april 1793, in-4°.

Comprenant les peintures des écoles flamande, hollandaise et française.

21524. — Catalogue of the Orlean's italian pictures, which will be exhibited for sale by private contract... at M. Bryan's Gallery. London, 1798, in-8°.

La vente a eu lieu le 26 décembre et les jours suivants.

Ces deux catalogues sont cités d'après celui de la bibliothèque d'art de feu M. Georges Duplessis (Lille et Paris, 1900, in-8°). Leur possesseur les avait antérieurement signalés dans son essai de bibliographie intitulé : *les Ventes de tableaux, dessins, estampes et objets d'art aux XVII° et XVIII° siècles*. (Rapilly, 1874, in-8°.)

B. — VIE PRIVÉE ET PUBLIQUE DU DUC D'ORLÉANS

21525. — Vie privée ou Apologie de Monseigneur le duc de Chartres, contre un libelle diffamatoire écrit en 1781, mais qui n'a point paru à cause des menaces que nous avons faites à l'auteur de le déceler, par une société d'amis du prince. A cent lieues de la Bastille, 1784, in-8°, 98 p. et 1 f. n. ch. [N. Ln²⁷ 15512. Réserve.]

ÉPIGR. :

Nos lèvres n'ont jamais trahi la vérité.

Entre le titre et le titre de départ sont intercalés une *Epitre dédiée aux admirateurs des grands hommes* et un *Discours préliminaire* qui ne sont point compris dans la pagination. Le feuillet non chiffré contient cette indication : « En vente chez Hodger Reeves, à Londres et Darling, à Edimbourg, où se trouvent aussi *le Diable dans un bénitier*, 1 vol., *la Gazette noire*, 2 vol. et *les Contes couleur de rose*, 1 vol. »

Les deux premiers de ces pamphlets sont bien connus : *le Diable dans un bénitier* (S. d.) est le complément du *Gazetier cuirassé* (1772, in-8°). *La Gazette noire*... (1784, in-8°) n'a qu'un vol. et non pas deux. *Les Contes couleur de rose* n'ont été signalés de visu par aucun bibliographe. *La Vie privée*... a été attribuée par Barbier à CHARLES THÉVENEAU DE MORANDE, auteur de deux des trois pamphlets rappelés ci-dessus, et cette attribution est fort vraisemblable.

21525ᵃ. — Vie privée ou Apologie de Monseigneur le duc de Chartres... A cent lieues de la Bastille, 1784, in-8°, 134 p. et 1 f. n. ch. [N. Ln²⁷ 15512 A.]

21526. — Vie de Louis-Philippe-Joseph d'Orléans. Traduit de l'anglais, par M. R. D. W. *Londres, imp. du palais Saint-James*, 1789, in-8°, 1 f. et 94 p. [N. Lb³⁹ 2489.]

Précédée de : *Portrait de monseigneur le duc d'Orléans. Acrostiche*.

Voyez les trois numéros suivants.

21526ᵃ. — Vie de Louis-Philippe-Joseph d'Orléans... Nouvelle édition revue et corrigée, avec l'histoire de son voyage à Londres, de ses intrigues politiques et de ses complots contre sa patrie. Traduit de l'anglais. *Londres, imp. du palais Saint-James*, 1789, in-8°, 72 p. et 1 f. non chiffré. [N. Lb³⁹ 2489 A.]

Sur le titre des deux éditions, fleuron renfermant les initiales enlacées R. D. W., entourées de cette devise : *La Liberté, voilà mon Dieu!* et sous le titre de départ : *Amicus Plato, magis amica veritas*.

L'acrostiche placé dans la première édition avant le titre est placé dans la seconde après le dernier feuillet chiffré 72. De plus, cette seconde édition est précédée d'un *Discours* préliminaire qu'il importe de reproduire :

« Je ne m'attendais pas, en donnant la première édition de la *Vie de Louis-Philippe-Joseph d'Orléans*, qu'on se hâterait de contrefaire grossièrement mon ouvrage et que, pour abuser des lecteurs, on eût recours au charlatanisme de le faire précéder du portrait gravé de ce prince. Si cet éditeur infidèle eut bien consulté ses intérêts, il aurait eu soin de ne point copier certains passages, certains épisodes apocryphes qu'on avait imprimés sans ma participation et à mon insu. Il n'en est pas de même de cette nouvelle édition : je puis assurer que je l'ai revue, corrigée et augmentée de plus d'une feuille. Alors le lecteur sera du moins certain, en se la procurant, d'avoir une histoire authentique et fidèle.

« S'il arrivait qu'on osât encore me contrefaire, peut-être ma devise et surtout mon chiffre apprendront aux acquéreurs à se défier de la supercherie des libraires et colporteurs affamés. »

Voyez le numéro suivant qui est très probablement la contrefaçon dont se plaint l'auteur inconnu de la *Vie de Louis-Philippe-Joseph d'Orléans*.

21526ᵇ. — Vie de Louis-Philippe-Joseph, duc d'Orléans. Traduit de l'anglais, par M. R. D. W. *A Londres, de l'imprimerie du palais Saint-James*, 1789, in-8°, 1 f. et 94 p. [*N.* Lb³⁹ 2489 C.]

Sur le titre, fleuron ovale portant la devise : *La Liberté, voilà mon Dieu!* au centre d'un écusson, soutenu par deux branches de laurier et deux sabres, encadrant un bonnet phrygien au bout d'une pique.

Cette devise et ces emblèmes se retrouvent sur le frontispice du pamphlet intitulé *le Livre rouge* et sur sa contrefaçon (cf. tome III, n°ˢ 13482 et 13482ᵃ⁻ᵇ). L'abbé de La Reynie serait-il l'auteur de celle-ci?

En regard de l'acrostiche (p. 1), portrait anonyme à l'aquatinte de trois quarts à dr. Au-dessous, les armes du prince et la même légende qu'au numéro suivant.

21526ᶜ. — Vie de Louis-Philippe-Joseph, duc d'Orléans. Troisième et dernière édition revue, corrigée et considérablement augmentée par l'auteur. Traduite de l'anglais, par M. R. D. W. *A Londres, de l'imprimerie du palais Saint-James*, 1790, in-8°, 1 f. et 79 p. [*N.* Lb³⁹ 2489 B.]

Sur le titre la devise : *La Liberté, voilà mon Dieu!* au-dessus d'un sabre surmonté d'un bonnet phrygien et entouré de palmes. L'acrostiche est placé au verso du premier feuillet et l'épigraphe est sous le titre de départ.

En regard du titre, portrait anonyme à l'eau-forte de trois quarts à g., avec les armes du prince et cette légende :

Louis Phil. Joseph, duc d'Orléans, Député de Crépy-en-Valois, né le 13 avril 1747.

Le *Discours préliminaire* est entièrement différent de celui du n° 21526ᵃ ci-dessus et mérite aussi d'être reproduit.

« Quand j'ai donné la seconde édition de la *Vie de Louis-Philippe-Joseph, duc d'Orléans*, je n'ai pris ce parti que parce qu'il avait plu à certain libraire famélique de contrefaire mon ouvrage et d'y joindre des infidélités rebutantes. Les lecteurs délicats qui connaissent, qui sentent, qui aiment la majesté de l'histoire m'ont sans doute su bon gré d'avoir rectifié les erreurs et les impostures de mon copiste intéressé. Je me suis déterminé à donner au public une troisième édition, plus correcte encore, plus suivie et plus instructive, que parce que je me suis mis à même de savoir avec certitude beaucoup de particularités sur la vie, les intrigues et les projets de mon héros expatrié. Je n'ai pas pu dire, dans la première et la seconde édition, ce que j'ignorais. Les instructions que j'ai reçues depuis, les anecdotes curieuses qu'on m'a fournies, feront un vrai plaisir à la classe des lecteurs qui recherchent avec empressement jusqu'aux moindres détails de la vie d'un prince contemporain, célèbre dans les quatre parties du monde par les ressorts de son caractère et les manèges de sa politique. Je n'ai pas lieu de craindre une nouvelle contrefaçon. Mes intérêts ne peuvent être compromis. Je n'ai fait tirer que peu d'exemplaires de cette troisième édition, qui sera la dernière. Je l'offre à mes amis et au petit nombre des lecteurs éclairés et curieux dont l'estime et les suffrages me tiennent lieu de récompense. »

Selon Aug. Ducoin (voyez le n° 21583 ci-dessous) les initiales R. D. W. cacheraient RODOLPHE DE WEISSE, écrivain absolument inconnu. On retrouve ces initiales et la devise qui les accompagne sur une brochure apologétique : *Louis-Philippe d'Orléans, père de la patrie* (cf. tome Iᵉʳ, n° 1536).

21527. — Lettre d'un laboureur de Villers-Cotterets à un laboureur du Raincy (3 janvier 1788). *Soissons*, 1788, in-8°, 8 p. [*N.* Lb³⁹ 496.]

En langage rustique.

ÉPIGR. :

Les bienfaiteurs des hommes en deviennent les dieux.

Le titre de départ, page 3, porte : *Lettre de* LÉONARD LEBAS, *laboureur à Villers-Cotterets, à* MATHURIN, *son beau-frère...* Au sujet du voyage du duc d'Orléans à Villers-Cotterets durant l'exil qui lui avait été infligé par Louis XVI à la suite de la séance du 19 novembre 1787

où le Parlement avait refusé d'enregistrer l'édit d'un emprunt de 420 millions.
Voyez le numéro suivant.

21528. — Arrêté du 4 janvier 1787. S. l. n. d., in-8°, 3 p. [N. Lb³⁹ 497.]

Texte des remontrances du Parlement contre les lettres de cachet, à propos de l'exil du duc d'Orléans et de l'emprisonnement de MM. Fréteau et Sabatier.
Voyez le numéro précédent.
Les remontrances présentées au Roi à ce sujet ont été publiées par Jules Flammermont, tome III, p. 702 et suivantes des *Remontrances du Parlement de Paris*. (Collection des Documents inédits.)

21529. — Scandales de Son Altesse sérénissime monsieur le duc d'Orléans, par PUBLIUS. S. l., 1789, in-8°, 22 p. [N. Lb³⁹ 1382.]

Par J.-FR. ANDRÉ, de Ligniville, dit des Vosges, d'après Barbier.

ÉPIGR. :
Le flot qui l'apporta recule épouvanté.
RACINE.

Sous un titre fait pour attirer l'attention du lecteur, l'auteur énumère, comme autant de « scandales », diverses propositions libérales contenues dans le *Résultat du Conseil de S. A. S. Mgr le duc d'Orléans...* (cf. tome III, n° 12527) et dans les *Instructions* qui en furent tirées (cf. ibid., n° 12529).

21530. — Éloge de Mgr le duc d'Orléans trouvé à la porte du Cirque, ce 25 juin 1789.

Voyez tome Iᵉʳ, n° 1017.

21531. — A Mᵐᵉ la duchesse d'Orléans. S. l. n. d., 7 p. [N. Ln²⁷ 15514.]

Apologie du duc d'Orléans.
Signé : LE CLERC DEVIÈVE.

21532. — Lettre adressée à Mgr le duc d'Orléans, sur l'éloignement de ses enfants, proposé et projeté dernièrement par Mᵐᵉ de Sillery. Imp. de Laporte. S. d., in-8°, 6 p. [N. Ln²⁷ 15515.]

21533. — Adresse des forçats de Toulon à M. Chabroud, pour lui demander un rapport sur leur compte. Paris, 1790, in-8°, 15 p.

D'après Tournois (*Histoire de L. Ph. J. d'Orléans*, 2ᵉ éd., tome I, p. 534). Voyez le n° 21581ᵃ ci-dessous.

21534. — Atelier de blanchissage général établi à Paris par M. Chabroud, blanchisseur de fil, breveté de Son Altesse Sérénissime le duc d'Orléans. *Paris*, 1790, in-8°, 6 p.

D'après Tournois. Voyez le numéro précédent.

21535. — Lettre écrite à Son Altesse Sérénissime Mgʳ le duc d'Orléans, premier prince du sang, où se trouvent exposées quelques gentillesses des sieurs Bachois de Villefort, lieutenant criminel; Flandre de Brunville, procureur du Roi; Le Noir, ancien lieutenant général de police, encore conseiller d'État, encore bibliothécaire du Roi, et Shée, secrétaire général des hussards, par DE LA TOUCHE, officier réformé des hussards. S. l., 1789, in-8°, 42 p. [N. Lb³⁹ 11639.]

Ce pamphlet et les deux numéros précédents ont trait à la part attribuée au duc d'Orléans dans les journées des 5 et 6 octobre 1789 et à la procédure devant le Châtelet qui en fut la conséquence; voyez tome Iᵉʳ, nᵒˢ 1490-1573.

21536. — Lettre de Mgʳ le duc D'ORLÉANS à M. le Président de l'Assemblée nationale, en date du 13 février. *Paris, imp. Chaudrillié.* S. d., in-8°, 4 p. [N. Lb³⁹ 8426.]

21537. — Lettre de M. le duc D'ORLÉANS à M. le chevalier Laclos, sur ce qui s'est passé les 12 et 13 avril à Paris. S. l. n. d. (1790), in-8°, 7 p. [N. Lb³⁹ 8648.]

Apocryphe.

21538. — Lettre de M. ROTTONDO à M. le duc d'Orléans (19 avril 1789 [sic : 1790]). S. l. n. d., in-8°, 4 p. [N. Lb³⁹ 4538.]

Apocryphe.

21539. — La Faction d'Orléans mieux dévoilée. Lettre de M. le duc D'ORLÉANS à M. de Laclos (10 mai 1790). S. l. n. d., in-8°, 8 p. [N. Lb³⁹ 3402.]

La lettre est apocryphe.

21540. — Les Etrennes ou Pardon général du duc d'Orléans au marquis de La Fayette. Dédiés aux partisans du général La Fayette et aux ennemis jurés de M. le duc d'Orléans *Paris, imprimerie de Benoist, imprimeur secret du général La Fayette, rue de Seine.* F. S. G., 1791, in-12, 24 p. [N. Lb^{39} 9636.]

Frontispice assez grossièrement gravé à l'aquatinte, avec cette légende : *Le Pardon du duc Dorléans à Monsieur La Fayette.* La brochure est signée : RENOUD, du bataillon des Feuillants.

21541. — La Métamorphose des gueux en Crésus ou le Masque des hypocrites déchiré. *Imp. de Jean Bart*, in-8°, 7 p. [*Br. M. F. R.* 444, 3.]

Contre l'Assemblée et contre le duc d'Orléans.

21542. — Aux Derniers les bons ou le Trou d'enfer au caveau du Palais-Royal. S. l. n. d., in-8°, 16 p. [N. Lb^{39} 9552.]

Signé : DESMARETS, sergent, rue des Prouvaires.
Contre le duc d'Orléans.

21543. — Extrait des délibérations prises dans le conciliabule secret de la chancellerie d'Orléans. S. l. n. d., in-8°, 7 p. [N. Lb^{39} 4669.]

21544. — Les Actes du concile de Trente. Feuillet arraché des registres de la chancellerie d'Orléans. Petit discours du président. S. l. n. d., in-8°, 8 p. [N. Lb^{39} 4752.]

Signé : SILVESTRE.

21545. — Le Sieur d'Orléans tout entier ou Extrait de la véritable « Chronique de Paris » du 17 et du 18 avril 1791 (1791).

Voyez tome Ier, n° 2133 et les n°^{s} 2154, 2166, 2179, relatifs à la tentative avortée de Louis XVI pour se rendre à Saint-Cloud et à la démission offerte, puis reprise par La Fayette.

21546. — A moi, Philippe, un mot. S. l. n. d., in-8°, 16 p. [N. Lb^{39} 10156.]

21547. — L'Ecouteur ou une Soirée au palais de Philippe, par l'auteur des « Mille et une fadaises ». *A Cocopolis, l'an III de la papirocratie.* S. d. (1791), in-8°, 47 p. [N. Lb^{39} 5500.]

21548. — Lettre de M. LACLOS à M. d'Orléans (27 novembre 1791). S. l. n. d., in-8°, 15 p. [N. Lb^{39} 10327.]

Apocryphe.
Sur la convocation de la Haute Cour.

21549. — Lettre de LOUIS-PHILIPPE-JOSEPH au Conseil provisoire de la Commune de Paris. Paris, ce 4 septembre 1792... S. l. n. d., in-4°, 1 p. [N. Lb^{39} 10928.]

Le duc déclare qu'il a été inscrit à tort parmi les électeurs de la section de la Butte-des-Moulins sous le nom de d'Orléans et demande que le Conseil décide quel nom il doit prendre. Il le prie également de donner « à la maison qu'il habite » (le Palais-Royal) un nom différent de celui qu'elle porte.

¶ Cette lettre a été reproduite et commentée par M. H. MONIN, dans un article de *la Révolution française*, tome XX (1891), pp. 442-451, intitulé : *Philippe-Egalité*.

21550. — Convention nationale. Discours de F.-N.-L. BUZOT, député du département de l'Eure, sur la famille des Bourbons. Imprimé par ordre la Convention nationale, le 16 décembre 1792. *Imp. Nationale.* S. d., in-8°, 6 p. [N. Le^{38} 2508.]

L'orateur réclame le bannissement de la branche d'Orléans et des autres membres de la famille de Bourbon.
Voyez le numéro suivant.

21551. — Opinion d'un patriote germain sur la motion du citoyen Buzot. S. l. n. d., in-8°, 4 p. [N. Lb^{41} 2485.]

Par le Dr SEIFFERT, médecin du duc d'Orléans, d'après une note manuscrite sur l'ex. de la B. N.
Voyez le numéro précédent et le numéro suivant.

21552. — Observations sur cette question : Convient-il d'exclure M. d'Orléans et ses enfants du territoire de la République? S. l. n. d. (1792), in-8°, 4 p. [*Br. M. F. R.* 126, 28.]

D'après le catalogue imprimé du British Museum.

21553. — La Grande Colère de Marie-Antoinette contre le citoyen Egalité de ce qu'il a voté la mort de Louis Capet, son cousin germain (1793).

Voyez le n° 21204, ci-dessus.

21554. — LOUIS-PHILIPPE-JOSEPH EGALITÉ au citoyen Milscent. Paris, 22 février 1793, l'an 2ᵐᵉ de la République. *Imp. du Républicain*, in-8°, 3 p. [*Br. M. F. R.* 260, 2.]

21555. — Jérôme Pétion traité comme il le mérite, dans l'affaire de Louis Capet. *Imp. de la République, rue Jacob*. S. d., in-8°, 8 p. [*N.* Lb⁴¹ 245.]

Signé : Par un vrai républicain sans-culotte. Malgré son titre, cette pièce est surtout une apologie de Philippe-Egalité. Voyez le numéro suivant.

21556. — L.-Ph. Egalité, ci-devant duc d'Orléans, traité comme il le mérite, dans l'affaire du scélérat Louis XVI. *Imp. Nationale, rue Percée*. S. d., in-8°, 8 p. [*N.* Lb⁴¹ 246.]

Signé : Par un vrai républicain sans-culotte. Même ouvrage que le précédent, avec variantes.

21557. — A la Convention nationale et à mes commettants sur la conjuration du 10 mars et la faction d'Orléans. J.-B. LOUVET, député de la France par le Loiret. *Imp. A.-J. Gorsas*. S. d., in-8°, 30 p. [*N.* Lb⁴¹ 623.]

Voyez le numéro suivant.

• 21558. — La Vérité sur la faction d'Orléans et la conspiration du 10 mars 1793. *Paris, Vᵉ A.-J. Gorsas, la citoyenne Malhé*, l'an IIIᵉ, in-8°, 55 p. [*N.* Lb⁴¹ 624.]

Le titre de départ, p. 3, est conforme au titre du numéro précédent.

21559. — Recherches de SALLE, député de la Meurthe, sur les agents et les moyens de la faction d'Orléans. *Imp Gorsas*. S. d., in-8°, 16 p. [*N.* Lb⁴¹ 2915.]

21560. — JEAN-GEORGES-CHARLES VOIDEL à ses concitoyens, sur l'affaire de Louis-Philippe-Joseph d'Orléans. *R. Vatar*. S. d., in-8°, 8 p. [*N.* Lb⁴¹ 611.]

Satire sous forme d'apologie. Le nom du signataire est apocryphe.

21561. — Copie de l'expédition du procès-verbal fait chez la citoyenne Cépoy, ci-devant Buffon, après la recherche ordonnée et faite par le tribunal révolutionnaire de sa section. Section du Faubourg-Montmartre. Comité de surveillance et [de] salut public. — Déclaration de la citoyenne CÉPOY-BUFFON sur les faits à sa connaissance concernant le citoyen Egalité et ses enfants (18 avril 1793). S. l. n. d., in-8°, 4 p. [*N.* Lb⁴¹ 2914.]

La *Déclaration* est p. 3-4.
Sur la liaison du duc d'Orléans et de Mᵐᵉ de Buffon, voyez le n° 20766 ci-dessus.

21562. — Lettre de LOUIS-PHILIPPE-JOSEPH EGALITÉ, ci-devant d'ORLÉANS, envoyée hier à Paris, suivie de son interrogatoire subi par-devant le tribunal criminel révolutionnaire établi à Marseille pour juger la famille des Bourbons. Imprimés à Paris, par ordre de son défenseur. *Imp. Dancour*. S. d., in-8°, 8 p. [*N.* l.b⁴¹ 887.]

21563. — Réponse aux pamphlets calomnieux répandus depuis quinze jours sous le titre d'interrogatoire de Louis-Philippe-Joseph Orléans. Véritable interrogatoire et véritables réponses de Louis-Philippe-Joseph Orléans. *Paris*, 1793, in-8°, 14 p. [*Br. M.* 93562 (36).]

D'après le catalogue imprimé du British Museum.

21564. — Récit de la translation de Louis-Philippe-Joseph, duc d'Orléans. *Paris, imp. Gaultier-Laguionie* (1827), in-8°, 14 p. [*N.* Lb⁴¹ 3463.]

Le titre de départ, p. 3, porte en plus :... *des prisons de Marseille à la Conciergerie de Paris*, en 1793, par LOUIS-FRANÇOIS GAMACHE.

21565. — La Vie et les crimes de Philippe, duc d'Orléans. *Cologne*, 1793, in-8°, VIII-102 p. [*N.* Ln²⁷ 15521.]

ÉPIGR. :

Ainsi que la vertu, le vice a ses héros.
VOLTAIRE.

21566. — Jugement rendu par le Tribunal révolutionnaire, qui condamne... Louis-Joseph-Philippe-Egalité et Antoine-Pierre-Coustard à la peine de mort (16 brumaire an II-6 novembre 1793). In-4°, 50 p. [*N.* Lc² 2232.]

Le faux-titre (formant titre) porte : *Jugement de Philippe-Egalité et de Pierre Coustard.*

21567. — Testament de Louis-Philippe-Joseph d'Orléans, ci-devant premier prince du sang du tyran des Français, surnommé Egalité, membre de la Convention et traître à sa patrie. *Imp. du véritable Créole patriote.* S. d., in-8°, 8 p. [*N.* Lb⁴¹ 3462.]

Epigr. :

Qui croit monter au trône arrive à l'échafaud.

21568. — Chronique infernale. Grand Conseil extraordinaire à l'occasion de l'arrivée de Pelletier de Saint-Fargeau, Marat, Beauvais, Gorsas, La Fayette, les vingt-deux brissotins et Philippe-Egalité, par le paysan bas-breton. *Au Tartare, et se trouve à Bruxelles chez les marchands de nouveautés et dans les poches de ceux qui veulent lire pour se distraire de leurs malheurs,* 1793, in-8°, 20 p. [*N.* Lb⁴¹ 5017. Réserve.]

Epigr. :

Sur terre ils causaient de l'horreur.
Au diable même ils ont fait peur.

En vers et en prose. Pamphlet dirigé surtout contre Philippe-Egalité.

C. — HISTORIENS MODERNES

21569. — Portrait du duc d'Orléans et de Mme de Genlis, par M. de Rivarol. S. l. n. d., in-8°, 3 p. [*N.* Ln²⁷ 15524.]

Ce double *Portrait,* tracé, selon toute apparence, au lendemain de l'exécution de Philippe-Egalité, semble plutôt la conclusion que le début d'une étude, car il commence ainsi : « Tel a été ce prince que tous ses vices n'ont pu conduire au crime... » Il a été reproduit par Barère (voyez le n° 21418 ci-dessus) comme « extrait de l'Histoire manuscrite de la Révolution (?) par Rivarol » et dans l'édition dite des *Œuvres complètes* du même, publiée par Fayolle et Chénedollé, tome V, p. 299-303.

21570. — Vie de L.-P.-J. Capet, ci-devant duc d'Orléans, ou Mémoires pour servir à l'histoire de la Révolution française. *Paris, imp. Franklin, et chez les libraires du Palais de l'Egalité, an II,* in-8°, 56 p. [*N.* Ln²⁷ 15522.]

L'*Avant-propos,* chiffré V-IX, est compris dans la pagination totale.

En regard du titre, portrait de trois quarts, au pointillé, avec cette légende : *L. P. J. d'Orléans, né le 13 avril 1747, guillotiné le 17 brumaire de l'an 2e de la République française. Infidèle au tyran et traître à la patrie.*

21571. — Histoire de la conjuration de Louis-Philippe-Joseph d'Orléans, premier prince du sang, duc d'Orléans, de Chartres, de Nemours, de Montpensier et d'Etampes, comte de Beaujolais, de Vermandois et de Soissons, surnommé Egalité, par l'auteur de l'« Histoire de la conjuration de Maximilien Robespierre. » *Paris,* 1796, 3 vol. in-8°. [*N.* Lb⁴¹ 888 B.]

Par Christophe-Félix-Louis Ventre de Latouloubre, connu sous le nom de Galart de Montjoye.

En tête du premier volume, portrait anonyme de trois quarts à dr. dans un ovale. La tablette porte cette légende : *Louis-Philippe-Joseph d'Orléans, député à la Convention nationale, né le 13 avril 1747, décapité le 6 novembre 1793* (vieux style).

Voyez les sept numéros suivants.

21571ᵃ. — Histoire de la conjuration de L.-P.-J. d'Orléans, surnommé Egalité. *Paris, chez les marchands de nouveautés,* 1800, 6 vol. in-18. [*N.* Lb⁴¹ 888.]

51571ᵇ. — Histoire de la conjuration de L.-P.-J. d'Orléans, surnommé Egalité, par Montjoie. *Paris, Dentu; Hivert,* 1834, 3 vol. in-8°. [*N.* Lb⁴¹ 888 A.]

En tête de l'ex. de la B. N. est relié un prospectus daté de Paris, 12 février 1829, annonçant l'*Histoire de la conjuration* comme publiée avec des notes et observations par M. La********* et promise en deux volumes.

Le premier volume renferme une notice anonyme sur Montjoie et une *Introduction à l'édition nouvelle.* A la fin du tome III est résumé le procès intenté par Magnant, éditeur réel du livre, à Baudouin qui avait refusé de réimprimer deux passages qu'il jugeait diffamatoire pour le roi Louis-Philippe. Le tribunal de 1re instance de la Seine (3e chambre) donna gain de cause à Magnant, « attendu que le droit public actuel ne permet que la *répression* des crimes et délits de la presse et jamais les voies préventives ».

Il est à remarquer que les trois volumes portent le nom et l'adresse d'Everat, imprimeur, 16, rue du Cadran, et que la *Bibliographie de la France* de 1831, en les annonçant sous les n°ˢ 1838, 1975, 2507 et 4203, indique le sous-titre suivant qui ne figure sur aucun de ces volumes :

« Nouvelle édition, augmentée d'une notice sur la vie et les ouvrages de l'auteur et de notes sur les principaux personnages qui figurent dans ce livre, rédigées et ajoutées au texte par un homme d'Etat qui a traversé toutes les phases de la Révolution. » Je n'ai retrouvé, ni dans le journal de Beuchot, ni dans la *Gazette des tribunaux* le compte rendu du procès Magnant contre Baudouin.

21572. — Explication de l'énigme du roman intitulé : « Histoire de la conjuration de Louis-Philippe-Joseph d'Orléans. » A *Veredishtad, chez les marchands de nouveautés.* S. d., 4 parties in-8°. [N. Lb⁴¹ 3464. Réserve.]

Par JACQUES-MARIE ROUZET DE FOLMONT, ancien député de la Haute-Garonne à la Convention.

Première partie, 1 f. et 220 p.; deuxième partie, VIII-296 p.; troisième partie, VIII-359 p.; quatrième partie, XXVII-387 p., plus un *Errata des quatre volumes*, 5 p. non chiffrées.

EPIGR. :

Quæque ipse miserrima vidi et quorum...

Aucun ex. de ce livre, imprimé aux frais de la duchesse d'Orléans avant 1814, ne fut distribué de son vivant.

21573. — Extrait de l'Histoire de la conjuration de L.-Phil.-Joseph d'Orléans, surnommé Egalité. Ouvrage imprimé pour la première fois en 1796, à Paris, par M. DE MONTJOIE. *Paris, E. Bricon; Marseille, même maison,* 1831, in-18, 72 p. [N. Lb⁴¹ 889.]

Cet *Extrait* est attribué par les continuateurs de Barbier au marquis DE FRIMEUR.

21574. — Conjuration de Louis-Philippe-Joseph d'Orléans, surnommé Egalité, d'après l'Histoire qu'en a publiée Montjoie en 1796. *Paris, G.-A. Dentu, décembre* 1831, in-8°, 2 ff. et 152 p. [N. Lb⁴¹ 890.]

Un second tirage porte la date de janvier 1832 et le mot : Deuxième édition. [N. Lb⁴¹ 890 A.]

21574ᵃ. — Conjuration de Louis-Philippe Joseph d'Orléans, surnommé Egalité; d'après l'Histoire qu'en a publiée Montjoie en 1796. *Paris, G.-A. Dentu,* 1833, in-8°, 1 f. et 45 p. [N. Lb⁴¹ 890 B.]

Malgré son titre, ce n'est qu'un abrégé très écourté de l'article précédent.

21575. — Précis de la conjuration du duc d'Orléans, dit Egalité; rédigée d'après Montjoie, par M. C.... *Paris, chez l'auteur, rue Dauphine,* 26, 1838, in-8°, 16 p. [N. Lb⁴¹ 3465.]

Remis en circulation l'année suivante avec un frontispice daté de 1839.

21576. — Correspondance de LOUIS-PHILIPPE-JOSEPH D'ORLÉANS avec Louis XVI, la Reine, Montmorin, Liancourt, Biron, La Fayette, etc.; avec des détails sur son exil à Villers-Cotterets et sur la conduite qu'il a tenue au 5 et 6 octobre, écrite par lui; suivie de ses lettres à sa femme, à ses enfants, et de celles de Mme DE GENLIS, auxquels on a joint un extrait du journal du fils aîné de d'Orléans, écrit jour par jour par lui-même. Publiée par L.-C. R. (L.-C. ROUSSEL). Les originaux de cet ouvrage sont déposés chez l'imprimeur jusqu'au 1ᵉʳ brumaire an IX (23 octobre 1800). *Paris, Marchand; Debray; Lerouge,* 1800, in-8°, 2 ff., 282 p. et 3 ff. n. c. (table des matières). [N. Lb³⁹ 67.]

En regard du titre, portrait anonyme de trois quarts à g. dans un médaillon.

21577. — L'Ecole des factieux, des peuples et des rois, ou Supplément à l'histoire des conjurations de Louis-Philippe-Joseph d'Orléans et de Maximilien Robespierre, par un témoin oculaire (RICHER-SERISY). *Paris,* 1800, 2 vol. in-12. [N. La³² 341.]

21578. — Conjuration de Louis-Philippe-Joseph d'Orléans et de Maximilien Robespierre ou l'Ecole des factieux, des peuples et des rois, par RICHER-SERISY. *Toulouse, Fage,* 1806, 2 vol. in-12. [N. La³² 342.]

Remise en circulation, au moyen d'un titre de relai, du numéro précédent.

21579. — **Vie politique de Louis-Philippe-Joseph, dernier duc d'Orléans.** *Paris, Barba, an X* (1802), in=12; 2 ff., 234 p. et f. non chiffré. [*N.* Lb⁴¹ 891.]

Le feuillet non chiffré contient une liste des livres qui se trouvent chez Barba.
En regard du titre, portrait anonyme au pointillé. Réduction de celui qui accompagne la première édition du livre de Montjoie. (Voyez ci-dessus, n° 21571.) Même légende, sauf pour la date de mort : 16 brumaire an II, au lieu de 6 novembre 1793.
Par ÉTIENNE et MARTAINVILLE, selon M. Ducoin.

21580. — **Vie politique de Louis-Philippe-Joseph d'Orléans-Egalité, premier prince du sang et membre de la Convention.** *Paris, Hiveri; Dentu et les principaux libraires de Paris,* 1832, in-8°, 2 ff. et 152 p. [*N.* Lb⁴¹ 892.]

Par ALISSAN DE CHAZET, suivant Œttinger.

21581. — **Histoire de Philippe d'Orléans et du parti d'Orléans, dans ses rapports avec la Révolution française, rédigée sur les documents du temps, pour servir d'introduction à un ouvrage inédit, et précédée de quelques réflexions sur l'historiographie générale de cette époque, par M. TOURNOIS.** *Paris, Bohaire; Amable Rigaud; Charpentier,* 1840, in-8°, 2 ff., XXXIX-499 p. [*N.* Lb⁴¹ 893.]

La pagination en chiffres arabes continue la pagination en chiffres romains.

21581ᵃ. — **Histoire de Louis-Philippe-Joseph, duc d'Orléans et du parti d'Orléans dans ses rapports avec la Révolution française par M. TOURNOIS.** *Paris, Charpentier,* 1842, 2 vol. in-8°. [*N.* Lb⁴¹ 893 A.]

Tome Iᵉʳ; 2 ff., IV-554 p.; tome II, 2 ff., 584 p.

21582. — **Philippe-Egalité.** Extrait de « La Mode » du 5 novembre 1842. *Paris; au bureau de* la Mode, *rue Taitbout,* 28, 1842, in-8°, 16 p. (la dernière non chiffrée). [*N.* Ln²⁷ 15525.]

En épigraphe le texte du vote du duc d'Orléans dans le jugement de Louis XVI.
Signé : N. [NETTEMENT.]

21583. — **Etudes révolutionnaires. Philippe d'Orléans-Egalité. Monographie, par AUGUSTE DUCOIN, auteur de « Paul Didier, histoire de la conspiration de 1816 ». Ouvrage contenant des documents inédits sur Philippe d'Orléans. Orné d'un fac-similé.** *Paris, G.-A. Dentu,* 1845, in-8°, 2 ff. et 336 p. [*N.* Lb⁴¹ 894.]

Le fac-similé est celui de l'ordre d'exécution du prince, signé par Fouquier-Tinville.
En 1861, le livre a été remis en circulation avec un frontispice portant la même date de 1845, précédé d'un prospectus de trois pages (jugements de la presse de 1845) et suivi de *Notes* paginées 337-356 (Lyon, imp. A. Vingtrinier) entre lesquelles est intercalé le fac-similé de l'ordre d'exécution ; p. 346-355, *Bibliographie* [par ordre alphabétique] *des écrits publiés sur Philippe d'Orléans-Egalité, histoires, pièces apologétiques et pamphlets pour servir de complément à la présente monographie.*
On lit au bas de la table des chapitres ce *Nota* : « Il a été fait deux tirages de ce livre. Le premier, avec quatre cartons, s'arrête à la page 336 et se termine par le fac-similé de l'ordre d'exécution ; le second n'a que deux cartons et contient de plus les *Notes*, la *Bibliographie* et la *Table des chapitres* »:

21584. — **Crimes du père Egalité et de Louis-Philippe Iᵉʳ, dernier roi des Français, par F. ZÈGUE.** *Paris, imp. J.-B. Gros,* 1848, in-18, 2 ff. et 35 p. [*N.* Ln²⁷ 15526.]

21585. — **A propos du 21 janvier 1793. Un des juges de Louis XVI.** *Nontron, imp. Goubault.* S. d., in-8°, 15 p. [*N.* Lb⁴¹ 5127.]

La couverture imprimée sert de titre.
Daté de Nice, février 1887; signé : AD. CAILLÉ, officier de la Légion d'honneur.
Rappel du rôle de Philippe-Egalité dans le procès de Louis XVI.

§ 6. — La Duchesse d'Orléans et ses enfants.

A. — LOUISE-MARIE-ADÉLAÏDE DE BOURBON-PENTHIÈVRE, DUCHESSE D'ORLÉANS (1753-1821).

21586. — Réclamation de toutes les poissardes, avec un petit mot à la gloire de notre bonne duchesse d'Orléans. *Paris, Guillaume junior. S. d.*, in-8°, 8 p. [*N.* Lb^{39} 2352.]

Pamphlet en langage populaire.

21587. — Le Cri d'un honnête homme. *Imp. Laillet. S. d.* [1787], in-8°, 4 p. [*N.* Lb^{39} 7975.]

Signé : Par un citoyen de Paris.
En faveur de la duchesse d'Orléans.

21588. — Vie secrète de Louise-Marie-Adélaïde de Bourbon-Penthièvre, duchesse d'Orléans, avec ses correspondances politiques. *Londres, imp. Werland*, 1790, in-18, VIII-83 p. [*N.* Lb^{39} 4392.]

En regard du titre, médiocre portrait anonyme à l'eau-forte.

21589. — Opinion de JOSEPH DELAUNAY, d'Angers, sur les pétitions des citoyennes Egalité, Sillery, Pamela et Seymour, prononcée le 22 novembre 1792, l'an I de la République. *Imp. Nationale*, in-8°, 7 p. [*Br. M. F. R.* 258, 11.]

21590. — Les Adieux de la citoyenne Egalité, ci-devant d'Orléans, à ses compatriotes. *Imp. Provost. S. d.*, in-8°, 8 p. [*N.* Lb^{41} 2484.]

21591. — Corps législatif. Conseil des Anciens. Rapport fait par TRONCHET sur la résolution du 6 messidor. Séance du 10 messidor an V (24 juin 1797). *Paris, imp. Nationale, messidor an V*, in-8°, 8 p. [*N.* Le^{45} 431.]

Sur la levée du séquestre dont étaient frappés les biens de Louis-François-Joseph de Bourbon Conty et de Louise-Marie-Adélaïde de Penthièvre, veuve d'Orléans.
Voyez le numéro suivant.

21592. — Corps législatif. Conseil des Cinq-Cents. Rapport fait par VASSE, au nom d'une commission chargée de l'examen d'une pétition de L.-M.-A. Penthièvre, veuve d'Orléans, et L.-F. Bourbon-Conty. Séance du 6 messidor an V (24 juin 1797). *Paris, imp. Nationale, messidor an V*, in-8°, 12 p. [*N.* Le^{43} 1085.]

Voyez le numéro précédent.

21593. — Analyse des faits relatifs à la réclamation de S. A. S. Mme la duchesse douairière D'ORLÉANS, sur le fondement du principe que ses biens n'ont jamais été que séquestrés. (1er mai 1818.) *Imp. P. Gueffier. S. d.*, in-4°, 18 p. [*N.* Ln^{27} 15527.]

21594. — Discours prononcé, le 2 juillet 1821, pour la présentation à l'église paroissiale de Dreux du corps de S. A. S. Mme Louise-Marie-Adélaïde de Bourbon-Penthièvre, duchesse d'Orléans, première princesse du sang, douairière, et le lendemain, avant son inhumation, dans l'église destinée par S. A. S. à la sépulture des princes et princesses de sa famille, par Mgr ANNE-LOUIS HENRI DE LA FARE, archevêque de Sens, premier aumônier de S. A. R. Madame, duchesse d'Angoulême. *Paris, imp. M.-P. Guyot. S. d.*, in-4°, 8 p. [*N.* Ln^{27} 15528.]

21595. — Oraison funèbre de S. A. S. la duchesse douairière d'Orléans, prononcée dans l'église Notre-Dame de Paris, le 7 août 1821, par M. l'abbé FEUTRIER, vicaire général de la grande aumônerie de France, etc., etc. Seconde édition. *Paris, A. Le Clere*, 1821, in-8°, 47 p. [*N.* Ln^{27} 15529.]

Beuchot déclare que la première édition lui est inconnue.

21596. — Journal de la vie de S. A. S. Mme la duchesse d'Orléans, douairière, par E. DELILLE, son secrétaire intime. Orné du portrait de S. A. et du fac-similé de son écriture. *Paris, J.-J. Blaise*, 1822,in-8°, 2 ff. et III-288 p. [*N.* Ln²⁷ 15530.]

Le portrait est dessiné et gravé par J.-M. DIEN.

21597. — Extrait des Mémoires inédits de Mᵐᵉ DE GENLIS. *Imp. Guiraudet et Jouaust.* S. d., in-8°, 4 p. [*N.* Ln²⁷ 15531.]

Fragments relatifs à la mort de la duchesse et à la transformation, par ses soins, de la collégiale de Dreux en chapelle funéraire.

B. — LE DUC DE CHARTRES [LOUIS-PHILIPPE Iᵉʳ] (1773-1850).

21598. — Mémorial des pensées et actions du duc de CHARTRES, aujourd'hui LOUIS-PHILIPPE Iᵉʳ, roi des Français, écrit par lui-même en 1790 et 1791, tiré de la « Correspondance de Louis-Philippe-Joseph d'Orléans, avec Louis XVI, la Reine, Montmorin, Liancourt, etc. », imprimée et publiée en 1800, avec un discours préliminaire, notes et appendice. *Paris, Delaunay; Lecointe,* 1830, in-8°, XXVI-68 p. [*N.* Lb⁵¹ 82.]

Voyez le nᵒ 21576 ci-dessus et les deux numéros suivants.

21599. — Un An de la vie de LOUIS-PHILIPPE Iᵉʳ, écrite par lui-même, ou Journal authentique du duc de Chartres. 1790-1791. *Paris, Perrotin*, 1831, in-8°, 118 p. [*N.* Lb⁵¹ 83.]

21600. — Variétés. « Un An de la vie de Louis-Philippe Iᵉʳ, écrite par lui-même, ou Journal authentique du duc de Chartres. 1790-1791 », avec cette épigraphe : « Je suis né sous une bien heureuse étoile : toutes les occasions se présentent, je n'ai qu'à en profiter. » Journal, 3 août 1791. *Bordeaux, imp. J. Lebreton.* S. d., in-8°, 8 p. [*N.* Lb⁵¹ 84.]

Extrait de la *Gazette de France* du 22 mars 1831.
Signé : COLNET.
Compte rendu de l'ouvrage décrit sous les deux numéros précédents. Ce compte rendu a été réimp. dans le recueil des articles de l'auteur intitulé : *L'Ermite de Belleville* (1833 et 1834, 2 vol. in-8°).

T. IV.

21601. — Lettre à M. le ci-devant duc de Chartres, huissier du Club des Amis de la Constitution. S. l. n. d., in-8°, 8 p. [*R.* AD. I, 76.]

21602. — Le Duc d'Orléans et les émigrés français en Sicile ou les Italiens justifiés. *Paris, Delaunay et Dentu*, 1831, in-8°, 48 p. [*N.* Lb⁵¹ 85.]

La couverture imprimée porte en plus : Par MICHEL PALMIERI DE MICCICHÉ, proscrit italien, auteur des « Pensées et Souvenirs ».

21603. — Lettre de Mᵐᵉ DE GENLIS à M. de Chartres. A Silk, pays de Holstein, le 18 février 1796. *Desenne*, in-8°, 11 p. [*Br. M.* F. R. 263, 8.]

Voyez les quatre numéros suivants.

21604. — Etrennes politiques pour 1828. Lettre au duc d'Orléans, par Mᵐᵉ la comtesse DE GENLIS, son institutrice, ou Profession de foi politique en harmonie avec ses actions depuis plus de trente ans, en réponse aux pamphlets passés, présents et futurs. *Paris, E. Babeuf*, 1828, in-8°, 16 p. [*N.* Lb⁵¹ 86.]

Le titre de départ, p. 7, porte : *Lettre de Mᵐᵉ DE GENLIS à M. de Chartres. A Silk, pays de Holstein, le 18 février 1796.*

21605. — Lettre de Mᵐᵉ DE GENLIS à M. de Chartres, à Silk, pays de Holstein. (18 février 1796.) *Paris, imp. J. Smith,* 1829, in-12, 12 p. [*N.* Lb⁵¹ 87.]

Même ouvrage que le précédent.

21606. — Lettre écrite le 8 mars (sic) 1796, par Mᵐᵉ DE GENLIS à M. de Chartres, aujourd'hui, 25 juin 1831, Philippe Iᵉʳ. *Paris, G. Dentu,* 1831, in-8°, 8 p. [*N.* Lb⁵¹ 88.]

Même ouvrage que les deux précédents.

21607. — Lettre de Mᵐᵉ DE GENLIS à M. de Chartres. Silk, pays d'Holstein, 8 mars (sic) 1796. *Paris, imp. Guiraudet et Jouaust* (1839), in-8°, 7 p. [*N.* Lb⁵¹ 89.]

Même ouvrage que les trois précédents.

21608. — Extrait de la « Gazette de France » du 11 janvier 1841. Documents historiques. Lettres écrites pendant l'émigration, par le duc d'Orléans. *Paris, imp. Vrayet de Surcy* (1841), in-16. [*N.* Lb⁵¹ 90.]

Paginé 179 à 194.

Sur ces lettres et le procès qu'entraîna leur publication, voyez *les Supercheries littéraires* de Quérard (v° *Louis-Philippe*, nᵒˢ VII et VIII).

C. — LE DUC DE MONTPENSIER (1775-1807).

21609. — Relation de la captivité de S. A. S. Mgr le duc de Montpensier pendant les années 1793, 1794, 1795 et 1796, écrite par lui-même. *A Twickenham, de l'imp. G. White*, 1816, in-8°, 144 p. et 1 f. n. ch. (table des matières). [*N.* La³³ 140.]

Édition originale seule publiée sous ce titre ; les suivantes sont intitulées *Mémoires*. Voyez les six numéros ci-dessous.

21610. — Mémoires de S. A. S. Louis-Antoine-Philippe d'Orléans, duc de Montpensier, prince du sang. *Paris, Baudouin frères*, 1824, in-8°, XV-207 p. [*N.* La³³ 86.]

En regard du titre, portrait de l'auteur « dessiné par lui-même » et gravé au pointillé par un artiste anonyme.
En tête de l'ex. de la B. N. est relié un prospectus de quatre pages.

21610ᵃ. — Mémoires de S. A. S. Louis-Antoine-Philippe d'Orléans, duc de Montpensier... Seconde édition. *Paris, Baudouin frères*, 1824, in-8°, XV-288 p. [*N.* La³³ 86 A.]

En regard du titre, portrait décrit sous le numéro précédent.

21610ᵇ. — Mémoires de S. A. S. Louis-Antoine-Philippe d'Orléans, duc de Montpensier... Troisième édition, revue et corrigée. *Paris, Baudouin frères*, 1824, in-8°, 304 p. [*N.* La³³ 86 B.]

Portrait.

Cette troisième édition a été remise en circulation dix ans plus tard sous le titre du numéro suivant et sans le portrait.

21611. — Mémoires secrets d'Antoine-Philippe d'Orléans, duc de Montpensier, relatifs à la Révolution française. *Paris, chez les marchands de nouveautés*, 1834, in-8°, 304 p. [*N.* La³³ 87.]

Voyez le numéro précédent.

21612. — Mémoires du duc de Montpensier (Antoine-Philippe d'Orléans), prince du sang. *Paris, imp. Royale*, MDCCCXXXVII, in-8°, XV-231 p. [*N.* La³³ 88.]

P. 217, Appendice. *Récit de la translation de Louis-Philippe-Joseph, duc d'Orléans, des prisons de Marseille à la Conciergerie de Paris en 1793*, par Louis-François Gamache.
Voyez le n° 21564 ci-dessus et le numéro suivant.

21612ᵃ. — Mémoires du duc de Montpensier... *Paris, imp. Royale*, MDCCCXXXVII, in-4°, XV-201 p. [*N.* La³³ 88 A.]

P. 189. *Récit...* de L.-F. Gamache.
Les *Supercheries littéraires* de Quérard attribuent à Jean Vatout la rédaction de ces *Mémoires*, sans étayer d'aucune preuve cette affirmation. Vatout, né en 1791, était en 1816 sous-préfet de Semur et ses fonctions antérieures à Angoulême et à Libourne, sous l'Empire, ne semblent guère lui avoir laissé le loisir de rédiger un livre imprimé pour la première fois aux portes de Londres en cette même année 1816.

D. — MADAME ADÉLAÏDE (1777-1847).

21613. — Déclaration de la citoyenne Topin, sous-gouvernante de Louise-Eugénie-Adélaïde d'Orléans. Enregistré à Paris le 25 avril 1793, l'an IIᵉ de la République. *Imp. du Républicain, R. Vatar*, in-8°, 7 p. [*N.* Lb⁴¹ 631.]

§ 7. — Les princes de Condé [Louis-Joseph de Bourbon (1736-1818) et Louis-Henri-Joseph de Bourbon (1756-1830)]. — Le Prince de Conti [Louis-François-Joseph] (1734-1814).

21614. — Confessions générales des princes du sang royal, auteurs de la cabale aristocratique; *item*, de deux catins distinguées qui ont le plus contribué à cette infernale conspiration ; plus, un acte de repentir de monseigneur de Juigné, archevêque de Paris. Copié littéralement sur les manuscrits originaux de ces vils destructeurs de la liberté, et donné au public par un homme qui s'en rit. *A Aristocratie, chez Mainmorte, imprimeur des commandements secrets de S. A. R. monseigneur le comte d'Artois*, 1789, in-8°, 59 p. [N. Lb³⁹ 2095. Réserve.]

Frontispice au lavis très finement gravé, représentant Louis XVI assis de face dans un confessionnal ; à gauche, la princesse de Monaco agenouillée ; à droite, le prince de Condé, accoudé dans l'attitude de la douleur. Au-dessous, à g., ces mots gravés à la pointe : *Dessiné et gravé par un citoyen* et ce titre : *La Confession générale de deux Personnes connus* (sic).

P. 5-9, on lit :

« N. B. L'éditeur de ces *Confessions* recommande au public la même précaution à l'égard de ces aveux que pour la *Confession du comte d'Artois*. Les faits seuls sont véritables et ont été recueillis avec la plus scrupuleuse attention ; il n'y entre point de partialité et la vérité seule en a dicté toutes les phrases.

« Cet ouvrage peut servir de pendant à la *Réception du comte d'Artois chez l'électeur de Cologne*, contenant 40 pages d'impression. » (Voyez le n° 21546 ci-dessus.)

Pamphlet en forme de confessions du prince de Conti (Louis-François-Joseph), de la princesse de Monaco (Marie-Catherine de Brignole-Sale), de Louis-Joseph de Bourbon, prince de Condé, de la duchesse de Bourbon (Louise-Bathilde d'Orléans), de Louis-Henri-Joseph, duc de Bourbon, de la marquise de Fleury, du duc d'Enghien (alors âgé de dix-huit ans) et de M. de Juigné, archevêque de Paris.

21615. — Vie politique et privée de Louis-Joseph de Condé, prince du sang. *A Chantilly, et se trouve à Paris, chez les marchands de nouveautés*, 1790, in-8°, 80 p. [N. Lb³⁹ 3287. Réserve.]

En regard du titre, médiocre portrait anonyme à l'eau-forte, accompagné de ces cinq vers :

En deux mots voici mon histoire :
Sot, ignare comme un oison,
Je suis jaloux d'un vain renom,
Mais je ne suis (l'on peut m'en croire)
Qu'un magnifique fanfaron.

21616. — Nouvelles découvertes à Chantilly sur le projet des aristocrates et Nouvelles Anecdotes sur les traîtres fuyards. *Cressonnier. S. d.*, in-8°, 3 p. [N. Lb³⁹ 2098.]

21617. — Réception des princes fugitifs chez l'étranger, avec des détails nouveaux. Ce 4 août 1789. *Imp. P. de Lormel*, 1789, in-8°, 8 p. [N. Lb³⁹ 2117.]

Signée : PRUDHOMME, rue Jacob, n° 28.

21618. — La Ligue aristocratique ou les Catilinaires françaises, par un membre du comité patriotique du Caveau. *Au Palais-Royal, imp. de Josseran, auteur des « Motions nouvelles »*, 1789, in-8°, 14 p. [N. Lb³⁹ 2119.]

ÉPIGR. :

Illustres scélérats, patricides pervers,
Je veux de vos forfaits instruire l'Univers.

Sur le titre, fleuron avec la devise : *La Liberté, voilà mon Dieu* et les initiales D. L. R., qui sont celles de l'abbé DE LA REYNIE. (Voyez tome III, n° 13482 et le n° 21526° ci-dessus.)

21619. — Nouvelle Conspiration du ci-devant prince de Condé et le manifeste qu'il a envoyé à différentes municipalités pour rétablir l'ancien régime; Courrier du ci-devant comte d'Artois arrêté. *Imp. Laillet et Garnery. S. d.*, in-8°, 8 p. [N. Lb³⁹ 9194.]

21620. — Mémoire adressé à l'Assemblée nationale et au peuple français par

Louis-Joseph de Bourbon-Condé, en réponse au décret du 11 du mois de juin. *Lallemand. S. d.*, in-8°, 7 p. [*N.* Lb³⁹ 5002.]

Signé, p. 7, Louis-Joseph Bourbon-Condé.

21620ª. — Mémoire adressé à l'Assemblée nationale... par Louis-Joseph de Bourbon-Condé... *Worms, imp. J.-B. Crescoff. S. d.*, in-8°, 8 p. [*N.* Lb³⁹ 5002 A.]

21621. — Les Sentiments de Louis-Joseph de Bourbon-Condé, adressés par lui-même à la nation française, relativement au décret lancé contre lui. *Imp. à Worms. S. d.*, in-8°, 8 p. [*N.* Lb³⁹ 5003.]

Signé, p. 8, Louis-Joseph de Bourbon-Condé. Voyez le numéro suivant.

21622. — Eternelle Perfidie des Condés. Preuves qu'ils ont, depuis 250 ans, sans cesse sacrifié, par toutes sortes de crimes, le bien et le repos de la nation à leur ambition et à leur ressentiment de vengeance, et que l'on doit faire et parfaire le procès à Louis-Joseph de Bourbon-Condé en sa présence ou par contumace, s'il retarde à rentrer en France; pour servir de réponse à une feuille séductrice contenant une fausse expression des sentiments de Louis-Joseph de Bourbon-Condé, qui s'est répandue dans Paris avec profusion à l'instant qu'il se proposait de consommer le plus grand de tous les forfaits et d'exécuter les projets les plus coupables. *Rue de la Calandre, n° 67. S. d.*, in-8°, 8 p. [*N.* Lb³⁹ 5004.]

Voyez le numéro précédent.

21623. — Réponse au manifeste de Louis-Joseph de Bourbon, dit Condé, par le Républicain. *Imp. Sentiés père. S. d.*, in-8°, 8 p. [*N.* Lb³⁹ 9978.]

21624. — Vie de L.-J. de Bourbon-Condé, prince du sang, grand-maître de la maison du Roi, colonel général de l'infanterie et gouverneur du duché de Bourgogne, dédiée à l'armée française, par Claude-Antoine Chambeland. *Paris, Dentu*, 1819-1820, 3 vol. in-8°. [*N.* Ln²⁷ 4744.]

Le tome III renferme (pp. 402-484) des *Pièces justificatives* précédées de deux pl. lithographiées, l'une par F.-A. Pernot : *Chantilly en 1789*, l'autre portant la signature de Chambeland, groupant les portraits des trois princes accompagnés de ce quatrain :

Du trône et de l'autel défenseur intrépide,
Condé fixa la gloire à son royal drapeau ;
D'Enghien mourut sanglant sous les coups d'un perfide ;
Bourbon reste, mais seul, pleurant sur leur tombeau.

21625. — Histoire des trois derniers princes de la maison de Condé, prince de Condé, duc de Bourbon, duc d'Enghien..., par J. Crétineau-Joly (1867).

Voyez le n° 21421 ci-dessus et le numéro suivant.

21626. — Une Correspondance pendant l'émigration... Quarante-huit lettres inédites de L.-J. de Bourbon, du duc de Berry et du duc d'Enghien, publiées par le P. Sommervogel (1867).

Voyez le n° 21425 ci-dessus.

21627. — La Dernière des Condé : Louise-Adélaïde de Condé. Marie-Catherine de Brignole, princesse de Monaco. Lettres inédites du prince L.-J. de Condé. Par Pierre de Ségur. *Paris, Calmann-Lévy*, 1899, in-8°, 2 ff., VI-463 p. et 1 f. n. ch. (table). [*N.* Ln²⁷ 46813.]

Comme son titre l'indique, ce volume comporte trois parties distinctes : la première est une étude sur l'ancienne abbesse de Remiremont, plus tard religieuse et prieure des Bénédictines de l'Adoration perpétuelle (1757-1824), fille de L.-J. de Condé; la liaison de celui-ci avec la princesse de Monaco et diverses lettres tirées des archives de Chantilly se rattachent plus spécialement au sujet du présent paragraphe.

21628. — Amours de Louise-Thérèse-Mathurine d'Orléans, duchesse de Bourbon, suivies de ses aventures et de ses correspondances galantes. *De l'imp. de la Volupté, au château des Délices*, 1790, in-18, 66 p. [*N.* Lb³⁹ 4373.]

En regard du titre, mauvais portrait au pointillé, de face, les seins découverts, dans un cadre ovale.

Fille des Dieux, l'amour la forma dans Cythère.

A la p. 66, *Errata* rectifiant ainsi le troisième prénom de la duchesse : Balthide (sic : Bathilde).

Les « Correspondances galantes » annoncées sur le titre ne figurent pas dans le texte.

21629. — Comte Ducos. La Mère du duc d'Enghien. 1750-1822. Ouvrage accompagné d'un portrait en héliogravure et d'un fac-similé d'autographe. *Paris, E. Plon, Nourrit et C°*, 1900, in-8°, 2 ff. et II-442 p. [N. Ln27 47086.]

Le portrait, d'après une peinture du musée de Versailles, est placé en regard du titre; le fac-similé est intercalé entre les pp. 418 et 419.

21630. — Vie privée et politique de Louis-François-Joseph de Conti, prince du sang, et sa correspondance avec les complices fugitifs. Ornée de son portrait, gravé d'après nature, par J. P****. *Turin, chez Garin, imprimeur du Roi, rue des Boucheries*, 1790, in-8°, 100 p. [N. Lb39 3286.]

Le titre est précédé d'un portrait de profil à dr. et d'un feuillet sur lequel est imprimé un acrostiche intitulé : *Portrait du prince de Conti*. Le portrait gravé a pour légende : « J'ai trahi mon père, ma femme, mes parents, l'Etat et mon roi. »

21631. — Le Retour des hirondelles et de nos princes fugitifs, précédé en Galilée par Salomé Conti, aujourd'hui Jean le bon Apôtre, qui court plus vite que les autres disciples (1790).

Voyez le n° 21465 ci-dessus.

21632. — Le Prince de Conti ou le Serpent caché sous l'herbe. S. l. n. d., in-8°, 8 p. [N. Lb39 3285.]

21633. — Interrogatoire du citoyen Bourbon-Conty. L'an II° de la République française. *Imp. Quillau*. S. d., in-8°, 15 p. [N. Lb41 641.]

Reproduction sans commentaires du procès-verbal de l'interrogatoire subi à Marseille, le 6 mai 1793, par le prince de Conti et (p. 11) de sa Pétition à la Convention, datée du fort Saint-Jean à Marseille, le 14 juin 1793. Les deux pièces sont contresignées et certifiées conformes par le conseil d'administration du prince.

21634. — Corps législatif. Conseil des Cinq-Cents. Rapport fait par GAURAN, député du Gers, sur la pétition des créanciers de Bourbon-Conty. Séance du 18 frimaire an VI (8 décembre 1797). *Imp. Nationale, an VI*, in-8°, 6 p. [N. Le43 1603.]

Voyez aussi les nos 21591-21592 ci-dessus.

§ 8. — Mesdames, tantes du Roi.

21635. — Adresses présentées à l'Assemblée nationale et au Roi sur le départ de Mesdames (14 et 15 février 1791).

Voyez tome Ier, n° 2047 et les nos 2046-2071 relatifs à la même affaire.

21636. — Mémoires historiques de Mesdames Adélaïde et Victoire de France, filles de Louis XV, renfermant des particularités intéressantes sur leur voyage de Bellevue à Rome ; leur fuite de cette ville lors de l'occupation de l'Italie par l'armée française ; leur arrivée à Naples ; leur départ de Caserte pour se rendre à Trieste ; ce qu'elles ont éprouvé dans ce trajet, tant sur terre que sur mer, pendant cinq mois et trois jours; mort de ces princesses dans cette dernière ville quelques jours après leur débarquement. Par M. T***. *Paris, Lerouge*, 1802, 3 vol. in-12. [N. Ln27 87.]

Trois frontispices signés : NAUDET, del.; BONNET, sculp.

Par CHARLES-CLAUDE DE MONTIGNY. Première édition, désavouée par l'auteur. Voyez le numéro suivant.

21636a. — Mémoires historiques de Mesdames Adélaïde et Victoire de France. Nouvelle édition publiée par l'auteur, corrigée et augmentée de notes inédites sur les révolutions de France et les principaux événements de celles de Sardaigne, de Rome et de Naples, par M*** T***. *Paris, Vᵉ Tilliard; Vᵉ Nyon; Leclère; Petit et Le Normant, an XI-1803*, 2 vol. in-12. [N. Ln27 87 A.]

Voyez le numéro précédent.
En tête du tome Ier, médiocres portraits au pointillé ; l'un d'eux est signé MÉCOU *sculp*.

L'auteur, dans sa *Préface*, se plaint que le premier éditeur ait, malgré lui, reproduit des documents reconnus apocryphes empruntés à la *Correspondance de plusieurs personnages illustres* (cf. n°s 20851-20852 ci-dessus) et au *Château des Tuileries* de Roussel (cf. tome III, 2117), ainsi qu'à diverses compilations de Soulavie.

21637. — Relation du voyage de Mesdames, tantes du Roi, depuis leur départ de Caserte, le 23 décembre 1798 jusqu'à leur arrivée à Trieste, le 20 mai 1799, et de la mort de Madame Victoire, le 7 juin suivant, écrite par le comte DE CHASTELLUX, chevalier d'honneur de Madame Victoire (en 1799), et publiée par son fils. *Paris, L.-G. Michaud, décembre 1816*, in-8°, 79 p. [*N*. Lb⁴² 695.]

Voyez le numéro suivant.

21638. — Dernier Voyage de Mesdames, tantes du roi Louis XVI, de Caserte à Trieste, et mort de Madame Victoire. Extrait de la « Revue contemporaine », livraison du 15 avril. *Paris, bureau de la Revue contemporaine*, 1854, in-8°, 31 p. [*N*.Lb³⁹ 4636.]

P. 7-31, Journal du voyage rédigé par le comte DE CHASTELLUX, réimpr. avec introduction, note et conclusion par le comte DE MARCELLUS et le comte CÉSAR DE CHASTELLUX.

Dans cette réimp. (qui n'est point indiquée comme telle) l'introduction et les notes de 1816 sont reproduites intégralement, ou peu s'en faut, et l'auteur du *Journal* s'exprime non plus à la troisième, mais à la première personne ; ce sont, avec la part qui revient à M. de Marcellus, les seules différences que présentent les deux éditions.

¶ M. H. BAULED a publié dans la *Révolution française* (tomes XX, p. 418-441 et XXI, p. 51-75) une étude intitulée *le Départ de Mesdames, tantes du Roi* (19 février 1791).

21639. — Mesdames de France, filles de Louis XV, par EDOUARD DE BARTHÉLEMY. *Paris, Didier et Cⁱᵉ*, 1870, in-8°, VII-50 p. et 1 f. n. ch. (*Table des matières*.) [*N*. Lm³ 1359.]

21640. — Louis XVI et sa famille, d'après des lettres et des documents inédits, par HONORÉ BONHOMME. *Paris, E. Dentu*, 1873, in-12, 2 ff. et 356 p. (la dernière non chiffrée). [*N*. Lb³⁸ 1610.]

Les divers chapitres de ce livre avaient d'abord paru dans la *Revue contemporaine* de 1869, sous le titre de : *les Filles de Louis XV, Mesdames de France*. Plus tard l'auteur ajouta un chapitre sur le Dauphin et modifia en conséquence le premier intitulé de son travail.

21641. — Les Grandes Dames pendant la Révolution et sous l'Empire, par le comte Fleury (1900).

Voyez le n° 20769 ci-dessus.

CHAPITRE VI

BIOGRAPHIES INDIVIDUELLES

21642. — [**Acart.**] « Citoyens électeurs, Georges Acart, père de famille, demeurant depuis environ vingt ans rue de la Poterie, section des Arcis... » *Imp. Millet.* S. d. (1793), in-4° plano. [*N.* Ln²⁷ 33234.]

Demande d'une place de greffier près l'un des tribunaux de Paris.

21643. — [**Aché** (d').] Tableau historique des malheurs de la substitution, par M. D'Aché. *Voroux Goreux, chez l'auteur, juillet* 1809, 6 vol. in-8°. [*N.* Ln²⁷ 72. Réserve.]

Le premier tome a une épigr. empruntée aux *Proverbes de Salomon*, et c'est le seul qui porte la date de juillet 1809.

A l'ex. de la B. N. se trouve joint un recueil relié en un volume petit in-folio, comprenant le procès-verbal et la saisie de l'ouvrage dans l'imprimerie particulière de l'auteur, document daté du 3 février 1812, dressé et signé par Antoine-Joseph [Raupt de Baptestein] de Moulières, inspecteur de l'imprimerie et de la librairie pour les départements de l'Ourthe, de Sambre-et-Meuse, de la Meuse-Inférieure et de la Roër, en résidence à Liège, une lettre de d'Aché réclamant les troix ex. de son livre qu'on avait promis de lui laisser ; diverses lettres échangées entre le général de Pommereul, directeur de l'imprimerie et de la librairie, et Micoud d'Umons, préfet du département de l'Ourthe, relatives au pilonage de quatre cents ex. du *Tableau historique* et à la vente du matériel confisqué.

Un second ex. a passé en 1850 dans la vente des livres de Beuchot (n° 504). C'était sans doute l'un de ceux que l'auteur avait adressés à Réal, à Pommereul et au préfet de l'Ourthe.

Selon O. Delepierre (*Histoire littéraire des fous*, Londres, 1860, in-12), Daché ou d'Aché était né à Liège en 1748. Élève des Jésuites,

il aurait prononcé ses vœux en 1768 dans l'abbaye de Floreffe (ordre de Prémontré). Plus tard il se crut et se dit frère aîné de Louis XVI (qu'il n'appelle jamais que le duc de Berry) et fiancé à sa nièce Madame Royale (devenue duchesse d'Angoulème), et c'est pour établir ses « droits » qu'il avait lui-même imprimé ce livre inintelligible dédié aux *Indiens*. Il tenta de nouveau, et sans plus de succès, en 1817, d'obtenir satisfaction. Voyez le numéro suivant.

Le nom de ce singulier personnage a servi à deux romanciers qui se sont d'ailleurs bornés à cet emprunt : *le Vicomte d'Aché*, par Hipp. Bonnelier (Paris, J. Lainé, 1839, 2 vol. in-8°), et *le Baron d'Aché*, par la comtesse de Mirabeau, née de Gonneville (Paris, Maillet, 1869, in-12) semblent avoir été tous deux inspirés par l'épisode historique dont Balzac a tiré *l'Envers de l'histoire contemporaine* et que M. G. Lenôtre a plus récemment conté dans *Tournebut*.

21644. — Réclamation de Louis-Joseph-Xavier contre la spoliation de ses biens. *Paris, Dentu.* S. d. (1817), in-8°, 1 f. et 58 p.

Voyez le numéro précédent.

L'imprimeur, selon Beuchot (*Bibliographie de la France*, 1839, n° 2577), ne voulut à cette époque se désaisir d'aucun ex. Cependant l'un de ceux qu'il avait dû déposer était tombé entre les mains de Beuchot, mais il n'a pas figuré dans le catalogue de sa bibliothèque.

21645. — [**Adam.**] Réclamations du citoyen Adam au Conseil des Cinq-Cents (an VII). *Imp. R. Jacquin.* S. d., in-4°, 11 p. [*N.* Ln²⁷ 31943.]

Protestation de l'acquéreur de la maison de Saint-Lazare et de ses dépendances. Expulsé et même emprisonné lorsqu'on transforma le couvent en maison de détention, Adam était également accusé d'accaparement. Il reconnaît avoir traité avec Benezech, ministre de l'intérieur, par devant le citoyen Paulmier, notaire à Paris, le 27 brumaire an IV, pour la fourniture de 400,000 quintaux de blés et de farines.

21646. — [**Adrien**.] Jugement prévôtal rendu publiquement... qui condamne Michel Adrien, gagne-deniers, à être pendu en place de Grève pour avoir cherché à exciter une sédition (22 octobre 1789).

Voyez tome Ier, n° 1360.

21647. — [**Advenel**.] Jugement prévôtal rendu publiquement... qui condamne Joseph Advenel, dit *Noble Épine,* doreur sur métaux, au bannissement pour neuf ans pour, en cédant à la fureur des assassins du nommé François, boulanger, avoir coupé la tête dudit François après sa mort... (20 octobre 1789).

Voyez tome Ier de la *Bibliographie*, n° 1369.

21648. — [**Agasse**.] Arrêt de la cour de Parlement qui condamne Augustin-Jean Agasse et Anne-Jean-Baptiste Agasse à être pendus et étranglés jusqu'à ce que mort s'ensuive, par l'exécuteur de la Haute Justice, à des potences qui, pour cet effet, seront plantées en la place de Grève, pour avoir fait faire en pays étranger de fausses éditions des billets de l'emprunt de novembre 1787 et d'actions de la compagnie de la Caisse d'Escompte; tracé sur ces billets et actions les fausses signatures qui leur étaient nécessaires ; appliqué sur ces actions de faux poinçons qu'ils ont aussi fait faire et voulu négocier lesdits effets faux. Et ledit Anne-Jean-Baptiste Agasse escroqué des sommes d'argent à différentes personnes auxquelles il a donné en nantissement des billets et actions ci-dessus énoncés, de faux bordereaux de rentes liquidées du Trésor royal et autres faux titres de propriétés apparentes qu'il a lui-même fabriqués. *Paris, N.-H. Nyon,* 1790, in-4°, 4 p. [*R.* AD. III, 45.]

21649. — Mémoire qui intéresse l'honneur des familles. *Imp.* Ve *Hérissant,* 24 novembre 1789, in-4°, 3 p. [*N.* Lb^{39} 8128.]

Sur le préjugé qui entache les familles des condamnés et motion du docteur Guillotin, présentée à propos de l'exécution des frères Agasse, le 9 octobre précédent, à l'Assemblée nationale.

21650. — [**Agier**.] Catalogue des livres de la bibliothèque de feu M. Agier, doyen d'âge et de services des présidents à la Cour royale de Paris, chevalier de la Légion d'honneur, dont la vente se fera le 4 février 1824, en son hôtel, rue de la Harpe, n° 81. *Paris, Dehansy,* 1824, in-8°, XIV-48 p. (la dernière non chiffrée). [*N.* Δ 14276.]

P. III-XIV, *Aperçu sur la vie et les ouvrages de feu M. le Président Agier,* extrait, suivant une note, d'un plus grand travail consacré à sa mémoire qu'un ami se proposait de publier incessamment avec des pièces justificatives. Ce travail n'a pas paru.

21651. — [**Aiguillon** (Armand de Vignerod, duc d').] Copie de la lettre écrite par M. D'Aiguillon aux auteurs du « Journal de Paris », le 20 mai 1790.

Voyez tome Ier de la *Bibliographie*, n° 1489.

21652. — [**Alibert** (Jean-Guill.).] Réponse du citoyen Alibert au mémoire du citoyen Lemaître. *Imp. Prault aîné, an II de la République,* in-8°, 24 p. [*N.* Ln^{27} 240.]

Le titre de départ porte en plus : *Aux citoyens composant le Comité de salut public.*
Alibert et Lemaître appartenaient tous deux à la section des Gardes-Françaises (ancienne section de l'Oratoire). Le mémoire auquel répond Alibert m'est inconnu.

21653. — [**Albitte**.] Albitte l'aîné, représentant du peuple, à qui il appartiendra. Paris, le 2 prairial an III (21 mai 1795) de la République. *S. l. n. d.,* in-4°, 7 p. [*N.* Lb^{41} 1823.]

Exposé de son rôle durant les journées de prairial.

21654. — [**Aleis**.] Evénement malheureux arrivé hier au soir au Jardin national, ci-devant des Tuileries, à un riche particulier très connu dans Paris, qui s'est brûlé lui-même la cervelle, son nom, sa demeure et le sujet pourquoi il s'est détruit. *Paris, Dumaka. S. d.,* in-8°, 4 p. [*N.* Ln^{27} 217.]

Le suicidé, nommé Aleis, était dentiste et demeurait rue Jean Fleuri (sic).

21655. — [**Ameilhon.**] Institut impérial de France. Funérailles de M. Ameilhon, le 15 novembre 1811. *Imp. de F. Didot.* S. d., in-4°, 7 p. [*N.* Ln^{27} 336.]

Discours de L. PETIT-RADEL.

21656. — Discours prononcé le 15 novembre 1811, en présence de MM. de l'Institut impérial de France, par A.-J. RONESSE, ancien conservateur de dépôt littéraire. *Paris, imp. V° Delaguette.* S. d., in-4°, 6 p. [*N.* Ln^{27} 337.]

Eloge du même savant.

21657. — [**Amelot.**] Extrait des délibérations du Conseil général du district des Petits-Augustins (13 octobre 1789). *Imp. P. de Lormel.* S. d., in-folio plano. [*N.* Mss. fr. nouv. acq. 2642, fol. 35.]

Délibération et protestation au sujet d'un article paru dans le n° 35 du *Courrier national, politique et littéraire* (voyez tome II, n° 10315), injurieux pour M. Amelot, ci-devant ministre de la maison du Roi et pour son fils, M. Amelot de Chaillou, intendant de Bourgogne.

Voyez le numéro suivant.

21658. — [Paris, ce 17 octobre 1789. « Un événement inattendu, Monsieur... »] S. l. n. d., in-4°, 2 p. [*N.* Mss. fr. nouv. acq. 2642, fol. 36.]

Justification de M. Amelot, conseiller au Parlement, arrêté rue de la Verrerie par une patrouille du district de Saint-Merry. Cette circulaire imprimée porte la signature autographe de M. AMELOT, intendant de Bourgogne, cousin de l'inculpé. Sur cet incident, voyez les *Actes de la Commune de Paris*, publiés par M. S. Lacroix, tome II, pp. 291 et 296.

21659. — Catalogue des livres et de quelques manuscrits précieux composant la bibliothèque de feu le cit. Amelot, ancien ministre d'Etat. Vente le 1er floréal an V (20 avril 1797) et j. s., en sa maison, rue de l'Université, n° 29. *Paris, G. De Bure l'aîné* (1797), an V, in-8°, 118 p. et 3 ff. n. ch. (ordre des vacations). [*N.* Δ 7373.]

Le catalogue comporte 1,203 numéros ; mais on devait vendre en lots de bons livres de littérature italienne.

21660. — [**André** (A.-B.-J. d').] Aux Citoyens de Paris. *Paris, imp. Nationale,* 1791, in-8°, 8 p. [*N.* Ln^{27} 377.]

Signé : D'ANDRÉ.
Exposé de sa conduite à Marseille.

21661. — Notice biographique sur M. Ant.-Balth.-Joseph D'André, membre de la Société royale et centrale d'agriculture, par le baron A.-F. DE SILVESTRE, secrétaire perpétuel de la Société royale et centrale d'agriculture, membre de l'Institut, etc., etc. *Paris, imp. de Mme Huzard,* 1827, in-8°, 24 p. [*N.* Ln^{27} 378.]

Extrait des *Mémoires de la Société royale et centrale d'agriculture.*

21662. — [**Angeloz.**] Justification du sieur ANGELOZ, marchand papetier du coin de la rue de Choiseul, contre le sieur Martel, rédacteur de l'« Orateur du peuple » (n° 20). S. l. n., in-8°, 8 p. [*N.* Lb^{39} 9952.]

Réplique à une accusation d'agiotage.

21663. — [**Angivilliers** (d').] Lettre à M. Barrère (*sic*) de Vieusac, député à l'Assemblée nationale, par M. DUPLESSIS, peintre du Roi. *Paris, chez les marchands de nouveautés,* in-8°, 8 p. [*N.* Lb^{39} 4946.]

Réponse à diverses attaques contre M. d'Angivilliers et notamment au sujet de la création projetée du Muséum (Louvre).

21664. — Lettre d'un patriote de Paris à un patriote de la campagne, sur les ministres en général et en particulier sur le ministre des bâtiments du Roi, le sieur d'Angivilliers. S. l. n. d., in-8°, 32 p. [*N.* Lb^{39} 4969.]

Pamphlet contre d'Angivilliers, l'architecte Mique, Cuvillier, premier commis des bâtiments, Trouard, Jardin, de Wailly, etc.

21665. — Lettres de M. BARRÈRE (*sic*) DE VIEUSAC et de M. DUPLESSIS, peintre du Roi (30 et 31 mai 1791). *Paris, chez les marchands de nouveautés.* S. d., in-8°, 4 p. [*N.* Lb^{39} 4970.]

Excuses réciproques.

21666. — Loi (n° 1034) relative au sieur d'Angivilliers, directeur et administrateur général des bâtiments du Roi. Donnée à Paris le 28 juin 1791. *Paris, imp. Royale,* 1791, in-4°, 3 p. [*R. AD. X, 16.*]

Remplacement de d'Angivilliers dans ses fonctions à raison de son absence, et saisie de ses biens meubles et immeubles.

21667. — Convention nationale. Rapport et projet de décret sur un jugement du Tribunal de cassation, rendu le 3 août 1793, en faveur de Charles-François Flahaut, ci-devant comte d'Angivilliers, intendant des bâtiments de la Liste civile, condamné à mort, le 20 mai précédent, par le Tribunal criminel du département du Pas-de-Calais, pour introduction de faux assignats en France, présentés (le 1er brumaire an II-22 octobre 1793), au nom du Comité de législation, par Ph.-Ant. Merlin (de Douai). Imprimés par ordre de la Convention nationale. *Imp. Nationale.* S. d., in-8°, 11 p. [*N. Le³⁸ 524.*]

21668. — [**Angran D'Alleray.**] Notice sur M. Angrand (*sic*) D'Alleray, lieutenant civil au Châtelet de Paris, mort, condamné révolutionnairement, le 28 avril 1794, par M. Delamalle, conseiller d'Etat. *Paris, imp. P. Renouard,* 1826, in-8°, 15 p. [*N. Ln²⁷ 442.*]

21669. — [**Anisson-Duperron.**] E.-A.-J. Anisson-Dupéron (*sic*) à ses concitoyens. *Paris, imp. Nationale exécutive du Louvre,* 1793, in-4°, 4 p. [*N. Lb⁴¹ 808.*]

Au sujet d'une accusation d'accaparement de bois à brûler.

Anisson-Duperron fut condamné et exécuté le 6 floréal an II (25 avril 1794).

21670. — Catalogue d'objets rares et précieux, tels que collection de dessins de G. Lairesse, J.-M. Moreau, J.-P. Choffard et autres, estampes encadrées et en feuilles, par les plus habiles graveurs modernes..., bronzes, marbres, porcelaines, pendules précieuses, meubles en laque et en acajou, instruments de géométrie et de mathématiques et autres objets curieux qui composaient le cabinet de feu le citoyen Anisson-Duperron. Par F.-L. Regnault. Vente le 24 fructidor an III (10 septembre 1795) et j. s., maison Longueville, place du Carrousel. *Paris, F.-L. Regnault; Lepeureux, huissier; Silvestre, libraire,* an III, in-8°, 2 ff. et 42 p. [*N. Δ 1268 (3).*]

21671. — Catalogue des livres rares et précieux de feu le citoyen Anisson-Duperron. La vente en sa maison, rue des Orties, sera annoncée par affiches. *Paris, Guillaume De Bure l'aîné,* 1795-an IV, in-8°, X-132 p. et 1 f. n. ch. [*N. Δ 9750.*]

Le feuillet non chiffré contient l'ordre des vacations qui eurent lieu du 25 frimaire au 25 nivôse an IV (16 décembre 1795-15 janvier 1796). Le catalogue comporte 1,409 numéros, plus des boîtes en forme de portefeuille, des corps de bibliothèque et un bureau qui devaient être vendus à la dernière vacation.

« Peu d'amateurs, dit l'*Avertissement*, ont mis autant de recherche dans le choix des éditions, des exemplaires et des conditions que le citoyen Anisson-Dupéron... La plus grande partie des ouvrages imprimés à l'Imprimerie royale, lorsqu'il en était directeur, et qu'il n'a pas eu le temps de faire relier, sont tirés sur papier fort, sur papier fin, sur papier de soie et toutes les feuilles en ont été choisies et satinées ; il en usait de même pour avoir les plus beaux exemplaires des meilleurs ouvrages qui paraissaient, ainsi que pour ceux qui sont ornés d'estampes qu'il se procurait des premières épreuves ou des épreuves avant la lettre. » Parfois même il y joignait des dessins originaux comme ceux d'Eisen pour les *Contes* de La Fontaine (édition des Fermiers généraux), ou de Gravelot pour le *Racine* de Luneau de Boisjermain et pour le *Tacite* de l'abbé de La Bletterie. Parmi les exemplaires que certaines particularités rendaient uniques, citons : les *Confessions* de saint Augustin, trad. de Dubois (Imp. royale, 1759) avec trois dessins de Boucher, l'*Histoire naturelle*, avec le dessin original du portrait de Buffon, l'*Encyclopédie* en grand papier et en maroquin rouge, avec le dessin original du frontispice de Cochin, plus un volume renfermant les cartons, les pièces relatives à cet ouvrage, un Mémoire rédigé par Diderot au nom des libraires et remis à M. de Sartine ; un recueil en 80 volumes d'épreuves de caractères typographiques de toutes les nations européennes ; l'œuvre de J.-M. Papillon arrangée par lui-même, et des additions autographes à son *Traité de la gravure sur bois* ; les *Contes et Nouvelles en vers* de La Fontaine (Amst. 1699, 2 part. in-8°), avec des additions, par Piron et Meusnier de Querlon ; les *Amours de Daphnis et Chloé* (1718), avec des notes et corrections de Lancelot et un projet de la main du Régent pour l'illustration du livre ; la *Méthode pour étudier l'histoire*, de Lenglet du Fresnoy, exemplaire unique avec tous les cartons provenant de de Boze, de La Vallière et de Le Camus de Limare.

Sous le n° 1289 on trouve le recueil en 78 portefeuilles in-folio et in-4° formé par Joseph d'Hémery sur l'imprimerie, la librairie et les arts et métiers qui s'y rattachent et dont la Bibliothèque nationale se rendit acquéreur. L'inventaire de cette collection a été rédigé par M. Ernest Coyecque sous ce titre : *Inventaire de la collection Anisson sur l'histoire de l'imprimerie et la librairie à Paris, principalement du XIII° au XVIII° siècle.* (Paris, Ernest Leroux, 1899-1900, 2 vol. in-8°.)

Le produit total de la vente fut de 8,757,785 livres en assignats, soit environ 44,000 francs, c'est-à-dire à peine le tiers du chiffre qu'elle atteindrait aujourd'hui.

Une seconde vente anonyme renfermait encore quelques beaux livres provenant du château de Ris (Seine-et-Oise); voyez le numéro suivant.

21672. — Catalogue des livres de feu le citoyen *** [Anisson-Duperron] dont la vente se fera le 24 ventôse an VI (14 mars 1798) et j. s., rue des Bons-Enfants, n° 62. *Paris, G. de Bure l'aîné,* 1798-an VI, in-8°, 1 f., 32 p. et 1 f. n. ch. (tableau des vacations). [*N.* Δ 12363.]

Ce nouveau catalogue comporte 403 numéros.

21673. — Réclamation de la famille du citoyen Anisson contre la vente de la manufacture de Buges faite par la Convention nationale au citoyen Léorier de Lisle. *Paris, imp. du Dépôt des lois,* an VII, in-4°, 19 p. [*R.* AD. II, 39.]

Signées : DALOZ (sic), fondé de pouvoir des héritiers Anisson.

Voyez les trois numéros suivants.

21674. — Corps législatif. Conseil des Cinq-Cents. Rapport fait au nom d'une Commission spéciale, par BONNAIRE (du Cher), sur les réclamations de la veuve et des héritiers Anisson-Duperron, contre la vente de la manufacture de Buges. Séance du 2 nivôse an VII (22 décembre 1798). *Paris, imp. Nationale, nivôse an VII,* in-8°, 12 p. [*N.* Le⁴³ 3937.]

21675. — Corps législatif. Conseil des Cinq-Cents. Opinion de CROCHON (de l'Eure) sur les réclamations de la veuve et des héritiers Anisson-Duperron contre la vente de la papeterie de Buges. Séance du 4 pluviôse an VII (23 janvier 1799). *Paris, imp. Nationale, pluviôse an VII,* in-8°, 10 p. [*N.* Le⁴³ 2717.]

21676. — Corps législatif. Conseil des Cinq-Cents. Opinion de P.-F. DUCHESNE, député de la Drôme, sur la réclamation de la famille Anisson-Duperron contre la vente de la manufacture de Buges faite au citoyen Léorier-Delisle par décret de la Convention du 24 ventôse an III. Séance du 4 pluviôse an VII (23 janvier 1799). *Paris, imp. Nationale, pluviôse an VII,* in-8°, 14 p. [*N.* Le⁴³ 2718.]

21677. — [**Antibes** (d').] Actes de dévouement d'un bon Français, depuis 1789. Preuves extraites, quant aux faits principaux, de la « Gazette de Paris » et d'une brochure intitulée : « Papiers saisis à Bayreuth et à Mende », etc. Avec des notes du rédacteur du journal, de l'éditeur de la brochure et de l'écrivain des extraits, le chevalier D'ANTIBES. *Paris, imp. A. Egron,* août 1816, in-8°, 50 p. [*N.* Ln²⁷ 482.]

L'ex. de la B. N. porte une dédicace manuscrite à Son Exc. M. le comte de Goltz, ministre plénipotentiaire de S. M. le roi de Prusse près de S. M. T. C.

Voyez le n° 20810 ci-dessus.

21678. — [**Antoine** (JACQ.).] Notice historique sur défunt Jacques-Denis Antoine, architecte des Monnaies, membre de l'Institut national, lue à l'assemblée générale du Lycée des Arts, le 25 fructidor an IX (12 septembre 1801), par le citoyen LUSSAULT. *Paris, imp. du Journal des bâtiments civils,* an X-1801, in-8°, 17 p. [*N.* Ln²⁷ 485.]

21679. — Notice des ouvrages et de la vie du c. Antoine, architecte, membre de l'Institut national et de la Société des sciences, lettres et arts de Paris, par le citoyen RENOU, surveillant, secrétaire des écoles de peinture, sculpture et architecture, lue à la séance du 9 nivôse [an X-30 décembre 1801] de la Société libre des sciences, lettres et arts. S. l. n. d., in-8°, 14 p. [*N.* Ln²⁷ 486.]

21680. — Notice sur la vie et les travaux du c. Antoine, architecte, de l'ancienne Académie d'architecture, de la Société des sciences, lettres et arts de Paris et membre de l'Institut national de France, lue dans la séance publique de l'Institut du 8 vendémiaire an XII (1er octobre 1803), par Joachim Le Breton, secrétaire perpétuel de la classe des Beaux-Arts et membre de celle d'Histoire et de Littérature ancienne. *S. l. n. d.*, in-8°, 6 p. [*N.* Est. coll. Deloynes, tome 50, n° 1396.]

Extrait du *Magasin encyclopédique*, 1803, tome IV, pp. 128-135.
Réimp. dans la *Revue universelle des arts*, tome XXII, pp. 108-112.

21681. — Hommage rendu au citoyen Antoine mis au bas de son buste qui doit être incessamment placé dans le grand salon de la Monnaie. *S. l. n. d.*, in-4°.

Par le citoyen Barjonville, d'après M. Mazerolle (voyez le n° 21683 ci-dessous).

21682. — Notice des principaux articles de la vente après décès des livres de feu le citoyen Antoine, architecte de l'hôtel des Monnaies, le 16 et 17 nivôse an X (6 et 7 janvier 1802). *Paris, Bernard, an X*, in-8°, 15 p. [*N.* Δ 12690.]

Les articles ne sont point numérotés.
La vente avait été annoncée par erreur pour les 16 et 18 pluviôse; cette double date a été corrigée à la main sur les deux ex. que j'ai vus.

21683. — Jacques-Denis Antoine, architecte de la Monnaie (1733-1801), par F. Mazerolle, correspondant de la Commission des antiquités de la Côte-d'Or à Paris. *Paris, typ. Plon, Nourrit et Cie*, 1897, in-8°, 15 p. [*N.* Ln27 45337.]

Mémoire lu à la réunion des Sociétés des beaux-arts des départements, tenue à Paris le 21 avril 1897, extrait du tome XXI de ces mêmes Mémoires.
M. Mazerolle a retrouvé dans les archives de la direction de la Monnaie quatre documents dont voici la brève énumération : lettre de l'abbé de Lubersac à Antoine (1783) sur divers projets d'embellissement de Paris; deux lettres d'Antoine relatives à son emprisonnement durant la Terreur et une autre lettre écrite, quelques mois avant sa mort, à l'un de ses collègues, Julien-David Le Roy.

21684. — [**Antonnelle** (d').]. Dimanche, 28 octobre, l'an Ier de la République française, 8 heures du soir. P.-A. Antonnelle au corps municipal de Paris. *Paris, imp. G.-F. Galletti. S. d.*, in-8°, 11 p. [*N.* Lb41 146.]

Refus des fonctions de maire de Paris.

21685. — Déclarations motivées d'Antonnelle, juré au Tribunal révolutionnaire, dans diverses affaires. *Paris, imp. G.-F. Galletti. S. d.*, in-8°, 71 p. [*N.* Lb41 1735.]

Affaires de l'ex-jésuite d'Hervilly, de Biron [Lauzun], de l'ex-maréchal Luckner, de la femme Feuchère, maîtresse de Du Rozoy; de quatre sans-culottes de Luthenai (Nièvre), accusés de propos séditieux; du tambour-major du 73e régiment d'infanterie, accusé de propos contre-révolutionnaires; d'Etienne-Augustin Benoît, ci-devant curé constitutionnel du Cunffin (Haute-Marne); de huit prévenus de Bordeaux pour faits de fédéralisme; de P. Ducourneau, capitaine dans un des bataillons de Bordeaux envoyés contre les brigands de la Vendée; de Claude Hollier, ci-devant vicaire de l'évêque constitutionnel de Bordeaux; de Jules Dudon, autrefois procureur général au Parlement de la même ville; de Ch.-Alexis Descharmes, condamné à huit ans de fers pour dilapidation et faux; de Ch.-Nicolas Ducloz-Dufresnoy, ex-notaire à Paris; de Nicolas Paquin, ci-devant valet de pied d'Elisabeth, « sœur du tyran », et tenant à Paris un hôtel garni, sous le nom d'*Hôtel du roi de France*; de Louis Quélin, ci-devant prêtre constitutionnel, desservant à l'hôpital général de la Salpêtrière; de L.-J. Josset Saint-Laurent, ex-commissaire des guerres, agent et complice de Condé; de Jean-Antoine Chevalier, ci-devant curé constitutionnel de Lusillat (Puy-de-Dôme); de Sébastien Mando, ci-devant curé vendéen à Cunault (Maine-et-Loire).
A la suite de ces Déclarations et des réflexions générales qui les terminent, on trouve *Quelques mots encore sur l'étrange début d'un nouvel acteur au Théâtre de la République*, datées du 6 ventôse [an II-24 février 1794] et paginées 73-76. Il s'agit de l'acteur Larochelle et de la façon dont il interprétait le rôle de Dave dans l'*Andrienne* de Térence.

21685bis. — [**Aréna** (Barthélemy).] Causes secrètes de l'assassinat commis par le voleur Aréna sur le général Bonaparte (1791).

Voyez tome Ier de la *Bibliographie* et le numéro suivant. Voyez aussi dans les *Études et Leçons...* de M. Aulard (3e série; cf. n° 20818b) le chapitre intitulé : *Bonaparte et les poignards des Cinq-Cents*.

21685ter. — [**Aréna** (Joseph-Antoine).] Plaidoyer du citoyen Guichard pour Joseph Aréna, natif de l'île de Corse, ci-devant adjudant général, chef de brigade, âgé de vingt-neuf ans, accusé d'avoir pris part à un complot tendant au meurtre du Premier Consul et condamné à la peine de mort par le jugement du Tribunal criminel de Paris du 19 nivôse an IX (9 janvier 1801), suivi d'un extrait de la requête en cassation contre ledit jugement. S. l. n. d., in-8°, 57 p. [N. Lb43 143.]

Le faux-titre tient lieu de titre. Au-dessous des mots « chef de brigade, âgé de vingt-neuf ans », on lit cette note : « Pour quelles raisons a-t-on affecté de le qualifier partout : ex-législateur et de lui donner trente-neuf ans, tandis qu'il n'en a que vingt-neuf ? »

Cette confusion avait pour but évident de provoquer dans l'opinion publique une méprise entre B. Aréna, ex-membre du Conseil des Cinq-Cents, et son frère, qui fut exécuté le 30 janvier 1802 comme complice de l'attentat de la rue Saint-Nicaise, alors qu'il était depuis un an détenu au Temple.

21686. — [**Arné.**] Le Héros de la Bastille sans récompense ou le Vrai Mérite oublié (1789).

Voyez tome Ier de la *Bibliographie*, n° 1151.

21687. — [**Arnould** (Sophie).] Sophie Arnould, d'après sa correspondance et ses mémoires inédits, par MM. Edmond et Jules de Goncourt. *Paris, Poulet-Malassis et De Broise*, 1857, petit in-8°, IV-208 p., titre rouge et noir. [N. Ln27 666.]

Tirage à 750 ex., plus 10 ex. papier vergé. L'appendice (deux pages de texte sur un seul feuillet) fut tiré à 10 ex. papier vergé et 30 papier ordinaire. Un libraire l'a fait réimprimer pour le joindre aux exemplaires qu'il a eus en solde ; ces exemplaires avaient un titre de relai en noir avec la mention : 2e édition, et l'adresse des éditeurs, 9, rue des Beaux-Arts, 1859.

Voyez les deux numéros suivants.

21687a. — Sophie Arnould d'après sa correspondance et ses mémoires inédits, par Ed. et J. de Goncourt. *Paris, E. Dentu*, 1877, in-4°, VII-223 p. et 1 f. n. ch. [N. Ln27 29747. Réserve.]

Le feuillet non chiffré contient l'indication des ornements de cette édition, encadrement dessiné par Popelin et gravé par Méaulle (un cadre de roses et un cadre de branches de houx alternés), un portrait de Sophie d'après un dessin du XVIIIe siècle (appartenant à M. Mahérault), le costume de Sophie dans le rôle d'*Argie*, d'après Boquet, un fleuron d'après une terre-cuite d'Angelo Rossi, tous trois aquafortisés par François Flameng, l'ex-libris de Sophie gravé par Méaulle et tiré en rouge sur le titre, enfin le fac-similé d'une lettre (p. 197) reproduite par Isidore Meyer.

Malgré les soins typographiques apportés à ce beau livre et les additions nombreuses faites au texte, la première édition, quand elle renferme le carton, n'a rien perdu de sa valeur, car, sauf un passage reproduit dans la lettre fac-similée, tous les autres passages sont supprimés dans la réimpression.

21687b. — Les Actrices du XVIIIe siècle. Sophie Arnould d'après sa correspondance et ses mémoires inédits, par Edmond et Jules de Goncourt. *Paris, G. Charpentier et Cie*, 1885, in-18, XV-327 p. et 4 p. (Liste des œuvres des auteurs). [N. Ln27 35726.]

Il a été tiré 50 ex. numérotés sur papier de Hollande.

Texte remanié et augmenté, additions importantes dans la préface et dans les notes.

21688. — [**Atkyns.**] Centenaire de Marie-Antoinette. Documents inédits publiés par le P. V. Delaporte, S.-J. Extrait des « Etudes » du 15 octobre 1893. *Paris, imp. D. Dumoulin*, 1893, in-8°, 24 p.

Portrait en regard du titre.

Notice sur une Anglaise, Mrs. Atkyns, qui aurait réussi à pénétrer auprès de Marie-Antoinette à la Conciergerie et qui était en correspondance avec Peltier, le comte de Frotté et le prince Louis-Joseph de Bourbon ; ces lettres remplissent la majeure partie de cette brochure que je n'ai pu voir et dont la description m'est fournie par une communication bénévole.

21689. — [**Aubert** (l'abbé).] Discours de M. Aubert, premier vicaire de Sainte-Marguerite, prononcé... au sujet de l'adresse de M. l'Evêque de Paris contre son mariage (1792).

Voyez tome II, nos 8506-8508 et tome III, nos 16155-16156.

21690. — [**Aubigni** (d').] Mémoire justificatif pour J.-L.-M.-V. D'Aubigni, citoyen de la section des Tuileries. *Imp. C.-F. Patris. S. d.*, in-4°, 40 p. [N. Ln27 719.]

Voyez le numéro suivant.

21691. — V. d'Aubigny, membre du Comité révolutionnaire de la section des Tuileries et adjoint au ministre de la guerre, à Philippeaux, député à la Convention nationale. *Imp. du département de la guerre, l'an 2 (sic) républicain*, in-8°, 1 f. et 76 p. [*N.* Lb⁴¹ 931.]

21692. — [**Aublay.**] Pétition aux membres du Comité de sûreté générale de la Convention nationale. *Imp. de Franklin*. S. d., in-4°, 5 p. [*N.* Lb⁴¹ 3514.]

Signé à la main : A.-J. Aublay.
Au sujet de l'arrestation de son père, Pierre Aublay, âgé de quatre-vingt-un ans, demeurant rue Sainte-Croix-de-la-Bretonnerie, 55, emprisonné à la Force comme père d'un fils aîné émigré. Aublay fils avait été envoyé à Philadelphie par une maison du Hâvre pour y fonder une maison de correspondance.

21693. — [**Aubry Dumesnil.**] Mémoire pour M. Aubry Dumesnil, avocat en Parlement, greffier de la direction de l'Hôpital général et économe de la maison de la Pitié. *Imp. Quillau*, 1790, in-4°, 20 p. [*N.* Ln²⁷ 730.]

Au sujet de sa destitution.

21694. — [**Audu.**] Protestation d'incompétence, dictée par Reine-Louise Audu, accusée dans l'affaire des 5 et 6 octobre 1789, et lue publiquement en l'une des salles du Châtelet, par M. de La Huproie, le 30 septembre 1790. *Paris, imp. Roland*. S. d., in-8°, 3 p. [*N.* Lb³⁹ 9426.]

Signée : Reine Audu; Chenaux, procureur.

21695. — Requête présentée à l'Assemblée nationale par Reine-Louise Audu, accusée dans l'affaire des 5 et 6 octobre, détenue ès-prisons du Châtelet. Lue à la Société des Amis de la Constitution le 24 octobre 1790.

Voyez tome II, n° 9098.

21696. — Aux Citoyens dignes de ce nom. *Paris, imp. Prudhomme*. S. d. (1792), in-8°, 4 p. [*N.* Lb³⁹ 10281.]

Réclamation en faveur de Reine Audu.

21697. — Pétition pour Reine-Louise Audu, lue à l'Assemblée nationale le 24 janvier 1792, au nom de plus de trois cents citoyens actifs. S. l., 1792, in-8°, 7 p. [*N.* Ln²⁷ 754.]

Signée : Reine-Louise Audu et Chenaux, défenseur officieux, orateur de la députation.

21698. — [**Aufauvre.**] Mémoire ou Observations sur l'accusation intentée contre le citoyen Aufauvre, ex-juge de paix de la division du Mail. S. l. n. d., in-4°, 8 p. [*Br. M.* F. R. 43*, 16.]

Protestation contre une inculpation de forfaiture.

21699. — [**Augeard.**] Mémoire pour M. Augeard, secrétaire des commandements de la Reine. *Imp. Valleyre aîné*, 1789, in-8°, 7 p. [*N.* Lb³⁹ 8124.]

Voyez les neuf numéros suivants.

21700. — Réponse au mémoire de M. Augeard, secrétaire des commandements de la Reine et fermier-général du Roi, détenu aux prisons de l'Abbaye, par M. Séguin de Rougemont, ci-devant son secrétaire. *Imp. de la Nation*. S. d., in-8°, 4 p. [*N.* Lb³⁹ 8125.]

21701. — La Vérité ou Réponse à un libelle publié par le nommé Séguin, dit Rougemont, se disant ci-devant secrétaire de M. Augeard, par M. Rayer, avocat, secrétaire de M. Augeard. *Paris, imp. Prudhomme*. S. d., in-8°, 16 p. [*N.* Lb³⁹ 2598.]

21702. — Lettre de M. Blonde, ancien avocat au Parlement, à M. Agier, président du Comité des recherches de la Ville (16 décembre 1789). *Imp. Baudouin*. S. d., in-8°, 14 p. [*N.* Lb³⁹ 2680.]

Le titre de départ porte en outre : Au sujet de son Compte rendu à la Commune de l'affaire du sieur Augeard.
Voyez le numéro suivant.

21703. — Eclaircissements donnés à un de MM. de l'Assemblée nationale par M. Agier, au sujet de la lettre de M. Blonde (5 janvier 1790). *Imp. Lottin l'aîné et Lottin* de *Saint-Germain*, 1790, in-8°, 1 f. et 52 p. [*N.* Lb³⁹ 2866.]

Voyez le numéro précédent et le numéro suivant.

21704. — Réponse de M. BLONDE aux éclaircissements donnés par M. Agier dans l'affaire de M. Augeard (29 janvier 1790). *S. l. n. d.*, in-8°, 1 f. et 65 p. [*N.* Lb³⁹ 2867.]

21705. — Lettre de M. D*** à M. C***, avocat au Parlement (10 février 1790). *S. l. n. d.*, in-8°, 12 p. [*N.* Lb³⁹ 2942.]

Sur la mise en accusation de M. Augeard, prévenu d'avoir projeté la fuite de Louis XVI.

21706. — Mémoire de M. AUGEARD. *Imp. Desaint. S. d.*, in-8°. [*N.* Lb³⁹ 8594.]

D'après le catalogue de la B. N.

21707. — Plaidoyer pour M. Augeard. *Paris, N.-H. Nyon. S. d.*, in-8°, 46 p. [*N.* Lb³⁹ 8595.]

Signé : Mᵉ DE BONNIÈRES, avocat.

21708. — Jugement en dernier ressort rendu publiquement à l'audience du parc civil du Châtelet de Paris, la compagnie assemblée, qui décharge le sieur Augeard des plaintes et accusations contre lui intentées à la requête de Monsieur le Procureur du Roi, sur les dénonciations faites par le Procureur syndic de la Commune de Paris, les 30 octobre 1791 et 15 janvier dernier au Tribunal du Châtelet, en conséquence des arrêtés du Comité des recherches établi à l'Hôtel de Ville des 29 dudit mois d'octobre et 9 dudit mois de janvier; ordonne l'impression et affiche dudit jugement à la requête de M. le Procureur du Roi. Extrait des registres du greffe de la compagnie du Châtelet de Paris (29 mars 1790). Vᵉ *Desaint. S. d.*, in-4°, 3 p. [*N.* Lb³⁹ 8596.]

21709. — Mémoires secrets de J.-M. AUGEARD, secrétaire des commandements de la reine Marie-Antoinette (1760-1800)... précédés d'une Introduction par EVARISTE BAVOUX (1866).

Voyez le n° 21039 ci-dessus.

21710. — [**Auger.**] Eloge d'Athanase Auger, de l'Académie des belles-lettres, par M. HÉRAULT-SÉCHELLES, député à l'Assemblée nationale, lu à la séance publique de la Société des Neuf-Sœurs, le 25 mars 1792. *Paris, imp. de la Société. S. d.*, in-8°, 20 p. [*N.* Ln²⁷ 758.]

21711. — [**Auzat.**] Manifeste de bonne guerre déclarée à Vigier des Bains et à Lefèvre-Laboulaie, ci-devant notaire, accusés de vol et d'escroquerie, par ANTOINE AUZAT, ex-commissaire du gouvernement à la Radiation des émigrés, membre de l'Académie de jurisprudence de Paris. *Paris, imp. des Anciennes Petites Affiches. S. d.*, in-8°, 80 p. [*N.* Ln²⁷ 820.]

Epigraphe empruntée à Isaïe et à La Fontaine.

21712. — [**Ayen** (d).] Notice sur la vie de la duchesse d'Ayen, par Mᵐᵉ DE LA FAYETTE, sa fille. *Dampierre, an IX* (1801), petit in-4°.

D'après une liste publiée par Ph. Van der Haeghen dans le *Livre* (1885, p. 289-291) des ouvrages imprimés au château de Dampierre (Seine-et-Oise) par la duchesse de Montmorency-Albert-Luynes.
Cette *Notice* a été réimp. sur un ex. corrigé par l'auteur dans l'ouvrage décrit sous le numéro suivant.

21713. — Vie de Madame de La Fayette, par Mᵐᵉ DE LASTEYRIE, sa fille, précédée d'une notice sur la vie de sa mère, Mᵐᵉ la duchesse d'Ayen (1737-1807). *Paris, Léon Techener fils*, 1868, in-8°, 2 ff. et III-484 p. [*N.* Ln²⁷ 24068.]

Voyez le numéro précédent.
P. 1-150, *Notice sur Mᵐᵉ d'Ayen.*
P. 151, Note par la citoyenne LEVET, prisonnière à la Conciergerie en même temps que Mᵐᵉˢ d'Ayen et de Noailles. P. 159, Relation de M. CARICHON, prêtre de l'Oratoire. (Voyez tome Iᵉʳ de la *Bibliographie*, n° 4366.) P. 187, Mᵐᵉ *de La Fayette.*
Il a paru à Londres, chez Barther et Lowell, et à Paris chez Techener, en 1872, une traduction de ce livre due à M. CH. DE LASTEYRIE.

21714. — [**Babeuf.**] A MM. du comité des recherches de l'Assemblée nationale. *S. l. n. d.*, in-8°, 4 p. [*N.* Ln²⁷ 877.]

Signé : BABEUF, soldat citoyen, à Roye. [10 mai 1790.]

Au sujet de la dénonciation de sa brochure sur les aides et gabelles.

21715. — Biographie de Babœuf (sic). Etudes révolutionnaires, par Ed. Fleury. *Laon, imp. Ed. Fleury et A. Chevergny.* S. d., in-8°, XI-176 p. [*N.* Ln^{27} 878.]

Voyez le numéro suivant.

21716. — Etudes révolutionnaires. Babœuf (sic) et le Socialisme en 1796, par Ed. Fleury. Deuxième édition (1850).

Voyez tome Ier, n° 4688 et le numéro précédent.

21717. — Victor Advielle. Histoire de Gracchus Babeuf et du babouvisme, d'après de nombreux documents inédits (1884).

Voyez tome Ier de la *Bibliographie*, n° 4689, et sur un rapport présenté à la Société académique de Saint-Quentin touchant le même ouvrage, *ibid.*, n° 4690.

21718. — [**Bacon.**] Réponse de M. Bacon, électeur du Département de Paris, à une accusation de M. Carra faite au club électoral. S. l. n. d., in-8°, 11 p. [*N.* Ln^{27} 889.]

21718^a. — Réponse de M. Bacon... Seconde édition, avec un Supplément. S. l. n. d., in-8°, 11 p. [*N.* Ln^{27} 889 A.]

21719. — Suite des raisons de M. Bacon, électeur du Département de Paris, et des injures de M. Carra, secrétaire du cardinal de Rohan et de M. Lenoir. *Imp. L. Pottier de Lille.* S. d., in-8°, 11 p. [*N.* Ln^{27} 890.]

21720. — Copie de la lettre écrite au président des Amis de la Constitution (25 février 1791). S. l. n. d., in-4° plano. [*N.* Ln^{27} 891.]

Signée : Bacon.

21721. — [**Bailliet.**] Eloge de M. Augustin-François Bailliet, prêtre du diocèse de Paris, décédé en cette ville le 21 juin 1808. *Paris, G.-A. Charpentier,* 1808, in-8°, 2 ff. et 71 p. [*N.* Ln^{27} 907.]

Par Ch.-J. Saillant, d'après Barbier.
Epigraphe latine et française tirée du ps. 115.
P. 61-71, réimpr. de la *Lettre d'un volontaire du bataillon de l'Oratoire à P. Manuel, procureur de la Commune de Paris,* signée : A.-F. Bailliet. (Voyez tome Ier de la *Bibliographie,* n° 3219.)

Né à Paris en 1749 et ordonné prêtre à quarante-quatre ans, après son veuvage, A.-F. Bailliet avait été curé de Saint-Médard, puis troisième vicaire de Saint-Séverin. Son nom ne doit pas être confondu avec celui de l'abbé Paul Baillet qui fut curé de Saint-Séverin. (Voyez tome III, n°s 15616-15618.)

21722. — [**Bailly.**] L'Enthousiasme du cœur patriotique à l'honneur du Roi, de Nation et de M. Bailly qui a présidé à l'Assemblée nationale et [a été] nommé maire de Paris. Présenté à M. Bailly par son très humble et très obéissant serviteur Bertin, assisté par une partie des citoyens de la garde bourgeoise du district des Feuillants (2 août 1789). S. l. n. d., in-4°, 8 p. [*N.* Ye 762.]

Couplets gravés, couplets imprimés, vers à Mme Bailly, acrostiche, compliment en prose et chanson poissarde.

21723. — Les Crimes de M. Bailly dévoilés. *Imp. Tremblay.* S. d., in-8°, 8 p. [*N.* Lb^{39} 4385.]

Brochure apologétique sous un titre fallacieux.

21724. — Confession générale de très haut et très puissant seigneur messire Sylvain Bailly, roi de Paris, et de ses complices (14 février 1790). S. l. n. d., in-8°, 16 p. [*N.* Lb^{39} 8441.]

Pamphlet royaliste.

21725. — Vie de M. Jean-Silvain Bailly, premier maire de Paris, dédiée et présentée à l'Assemblée nationale. *Paris, de l'imprimerie de la Liberté, de la Vérité et surtout de l'Impartialité,* 1790, in-12, VI-57 p. [*N.* Ln^{27} 913.]

Portrait ou plutôt charge anonyme à l'eau-forte en regard du titre. Au-dessous on lit ce quatrain :

Quand Le Noir, ce coquin vomi par les enfers,
Déserta le Fauteuil de la police affreuse,
Chacun disait : Grands dieux ! voilà la France heureuse !
Mais hélas ! Bailly vint pour augmenter nos fers.

Épigr. :

L'exemple d'un grand homme est un flambeau sacré,
Que le ciel bienfaisant, en cette nuit profonde,
Allume quelquefois pour le bonheur du monde.

L'*Epître dédicatoire* à *l'Assemblée nationale* est signée Detrou.

21725ᵃ. — Vie de M. Jean-Sylvain Bailly... *Paris, imp. de la Liberté, de la Vérité et surtout de l'Impartialité*, 1790, in-8°, VIII-47 p. [*N.* Ln²⁷ 913 A.]

Même épigraphe et même dédicace que celles du numéro précédent. Le portrait, gravé au pointillé et très supérieur à celui de l'édition in-12, est accompagné du même quatrain.

21726. — Lettre à M. Bailly, maire de Paris, par un de ses disciples. *Paris*, 1791, in-8°, 176 p. [*N.* Lb³⁹ 5407.]

Par RENÉ THOMÉ, maréchal de camp, d'après Barbier.

Dans l'ex. de la B. N. est relié, en regard du titre, le portrait de Bailly au pointillé, décrit sous le numéro précédent, mais la *Feuille de correspondance du libraire* de 1791, en annonçant ce pamphlet sous son n° 1409, n'indique pas ce portrait comme faisant partie intégrante de l'ouvrage.

21727. — M. Bailly, maire de Paris, traité sans égards et comme il le mérite. (1791). *Imp. Dumaha.* S. d., in-8°, 8 p. [*N.* Lb³⁹ 10314.]

Signé : BARDIN.
Pamphlet moins violent que son titre ne pourrait le faire supposer.

21728. — Département de Paris. Arrêté pour dénoncer à l'accusateur public du Tribunal révolutionnaire les administrateurs contre-révolutionnaires du Département de 1791 et les membres du Tribunal du sixième arrondissement qui ont prononcé sur l'affaire du Champ de Mars. Du 24ᵉ jour du 1ᵉʳ mois de l'an II (15 octobre 1793). Séance publique. *Imp. Ballard.* S. d., in-folio plano. [*N.* Lb⁴⁰ 3210.]

Dénonciation de Bailly.

¶ M. G. LEROY a publié dans l'*Almanach historique, topographique et statistique de Seine-et-Marne* pour 1862 (Meaux, Le Blondel), p. 109-112, un article sur la maison dite de *la Vicomté*, à Melun, où Bailly fut arrêté en juillet 1793.

21730. — Procès de Jean-Sylvain Bailly. *Paris, Clément*, sextidi 6 nivôse, l'an II de la République, in-8°, 31 p. [*N.* Lb⁴¹ 899.]

21731. — Jugement rendu par le Tribunal criminel révolutionnaire établi au Palais, à Paris, par la loi du 10 mars 1793, pour juger sans appel les conspirateurs, qui condamne Jean-Sylvain Bailly, ci-devant maire de Paris, à la peine de mort sur la place de l'esplanade du Champ de Mars, qui se trouve entre l'autel de la Patrie et les rives de la Seine ; ordonne que le drapeau rouge, trouvé à la Municipalité, sera attaché à la voiture de l'exécuteur et brûlé avant l'exécution (20 brumaire an II-10 novembre 1793). *Imp. Clément.* S. d., in-4°, 4 p. [*N.* Lb⁴¹ 900.]

21732. — Jugement du Tribunal révolutionnaire... qui condamne Louis-Silvain Bailly, ex-premier maire de Paris, à la peine de mort. *Paris, Galletti.* S. d., in-4°, 4 p. [*N.* Lb⁴¹ 3485.]

21733. — Jugement rendu par le Tribunal criminel révolutionnaire, qui condamne Jean-Silvain Bailly à la peine de mort (20 brumaire an II-10 novembre 1793). In-4°, 8 p. [*N.* Lc² 2232.]

¶ La *Gazette anecdotique* de Jouaust et G. d'Heylli a publié (1882, tome Iᵉʳ, p. 299) le fac-similé (réduit) de l'ordre d'exécution de Bailly.

Sous ce titre : *Le mot de Bailly allant à l'échafaud* (*Revue des questions historiques*, tome XX (1876), pp. 544-553), M. LOUIS AUDIAT a énuméré les diverses versions des circonstances où ce mot aurait été prononcé et combattu les dires de Louis Blanc s'appuyant sur le témoignage de Riouffe.

21734. — Notice des livres du citoyen ** [Bailly], dont la vente se fera le jeudi 4 juillet 1793 et j. s., en l'une des salles de la maison de Bullion, rue J.-J.-Rousseau. *Paris, G. De Bure l'aîné*, 1793, in-8°, 24 p. et 1 f. n. ch. (ordre des vacations). [*N.* Δ 12175.]

Les livres ne sont point numérotés, mais groupés en 31 lots d'inégale importance.
A l'ex. de la B. N. sont joints deux portraits et une lettre signée de Bailly.
Voyez le numéro suivant.

21735. — Catalogue du restant de livres de feu le citoyen Bailly, des Académies française, des sciences, des belles-lettres, etc., dont la vente se fera le 22 germinal an VI (11 avril 1798) et j. s., rue des

Bons-Enfants, n° 12. *Paris, G. De Burc l'aîné*, 1798-*an VI*, in-8°, 26 p. [*N.* Δ 76.]

Voyez le numéro précédent.

21736. — Eloge historique de Jean-Sylvain Bailly, au nom de la république des lettres, par une société de gens de lettres, suivi de notes et de quelques pièces en prose et vers. *Londres, dans le Strand, S.-P. Rinistad-Stumear*, 1794, *décembre*, in-18, 2 ff. et 266 p. [*N.* Ln^{27} 914. Réserve.]

ÉPIGR. :

Le jour, dans mon sommeil, en tous lieux je le voi;
En parler, et sans cesse, est un besoin pour moi.
M. S. J.-S. P.

Tiré à 25 ex. sur papier vélin.
La Réserve de la B. N. possède en outre un ex. sur peau de vélin (tome IV, n° 47 du catalogue spécial de Van Praët et 2042 du *Supplément* à ce catalogue rédigé par M. Léopold Delisle), et l'un des six ex. sur papier vélin, avec un titre portant en outre : Par S.-P..DE MÉRARD SAINT-JUST. *A Paris, rue Helvetius, ci-devant Sainte-Anne, n°* 605. *Imp. P. Didot l'aîné*, décembre 1794.
Un autre ex. en ancienne reliure et contenant les deux titres, fait partie à la Bibliothèque de la Ville de la donation Liesville.

¶ J.-FR. DE LALANDE a publié dans la *Décade philosophique* (30 pluviôse an III-18 février 1795, tome IV, pp. 321-330) une notice sur Bailly qui ne semble pas avoir été tirée à part.

21737. — Corps législatif. Conseil des Cinq-Cents. Motion d'ordre faite par EMM. PASTORET pour la veuve de Bailly. Séance du 18 frimaire an V (8 décembre 1796). *Paris, imp. Nationale, frimaire an V*, in-8°, 3 p. [*N.* Le^{43} 618.]

Demande de secours, suivie d'un projet de décret conforme.

21738. — Sylvain Bailly, maire de Paris et membre de ses trois Académies. Hommage à sa mémoire, précédé de la préface générale d'une édition projetée d'œuvres dramatiques et littéraires, et suivi d'un Essai sur la nature et les éléments de l'éloge, ainsi que de divers opuscules. Ouvrage imprimé au nombre de quinze exemplaires, et destiné à servir de tribut à l'amitié. *S. l. n. d.* (1809), in-8°, 2 ff. et XLVIII-208 p. [*N.* Ln^{27} 915. Réserve.]

Par JEAN-CLAUDE IZOUARD, dit DELISLE DE SALES.

Le faux-titre porte : *Hommage à la mémoire de Bailly*. Après le titre se trouve la *Préface générale* (paginée I-XLVIII) annoncée par le titre. P. 9-12, *Avant-propos*, où Delisle de Sales a reproduit un passage de l'éloge du premier maire de Paris prononcé par TALLEYRAND, en 1796, devant la Classe des Sciences morales et politiques.
La *Vie littéraire et politique de Bailly* occupe les pp. 3-115, y compris, en pièce justificative, le texte du jugement du Tribunal révolutionnaire. P. 195-208, *Discours prononcé aux funérailles d'Armand-Gaston Camus, membre des Assemblées nationale et de l'Institut de France, garde des archives du Corps législatif* (12 brumaire an XIII-3 novembre 1804). Ce *Discours* est également précédé d'un *Avant-propos*. Le reste du volume est rempli par diverses élucubrations de Delisle de Sales qu'il n'y a pas lieu de mentionner ici. Le tout semble la réunion de tirages à part du tome Ier et du tome IV des *Œuvres dramatiques et littéraires* de l'auteur (Paris, 1809, 6 vol. in-8°), dont je n'ai pu voir un ex.

21738. — Mémoires d'un témoin de la Révolution ou Journal des faits qui se sont passés sous ses yeux... Ouvrage posthume de JEAN-SYLVAIN BAILLY (1804).

Voyez tome Ier de la *Bibliographie*, n° 416 et les deux numéros suivants.

21739. — Avant-Moniteur ou Tableau sommaire des huit premiers mois de la Révolution française, principalement composé des Mémoires de JEAN-SYLVAIN BAILLY..., pouvant servir d'introduction au « Moniteur » (1805).

Voyez tome Ier de la *Bibliographie*, n° 417, le numéro précédent et le numéro suivant.

21740. — Mémoires de BAILLY, avec une notice sur sa vie, des notes et des éclaircissements historiques, par MM. BERVILLE et BARRIÈRE (1821-1822).

Voyez tome Ier de la *Bibliographie*, n° 418, et les deux numéros précédents.

¶ Dans l'édition de 1805 et dans celle de la collection Barrière, les *Mémoires* de Bailly sont suivis d'un *Extrait de notes inédites de feu M..., membre de l'Assemblée constituante* que j'avais indiqué, sous forme dubitative, comme pouvant émaner de Camus. M. Fréd. Morraw Fling, professeur de l'Université de Nebraska à Lincoln (U. S. A.), en comparant le texte de cet *Extrait* avec ceux du *Courrier de Provence*, de Mirabeau, du *Point du Jour* de Barère et des *Révolutions de Paris* de Prudhomme, est arrivé à cette conclusion que ces prétendues *Notes* étaient en réalité autant d'emprunts à ces trois journaux, que l'arrangeur inconnu avait pris soin de déguiser en mettant « nous » là où il y avait « les représentants », ou en parlant à la première personne. Voyez la *Révolution française*, du 14 novembre 1902, pp. 466-469.

21741. — Institut national de France. Biographie de Jean-Sylvain Bailly, astronome de l'ancienne Académie des sciences, membre de l'Académie française et de l'Académie des inscriptions et belles-lettres, premier président de l'Assemblée constituante, premier maire de Paris, etc., par M. Arago, secrétaire perpétuel de l'Académie des sciences, lue le lundi 26 février 1844. *Paris, typographie Firmin Didot frères*, 1852, in-4°, 1 f. et 172 p. [*N*. Ln^{27} 916.]

Réimp. au tome II des *Œuvres complètes* de l'auteur publiées par J.-A. Barral (1854-1862), 17 vol. in-8°.

21742. — Bailly, par Nourrisson, membre de l'Institut, professeur au Collège de France. *Typ. A. Pougin. S. d.* (1876), in-8°, 1 f. et 62 p. [*N*. Ln^{27} 28947.]

Tirage à part non spécifié de la *Revue de France*.
La couverture imprimée et le faux-titre tiennent lieu de titre.
Réimp. avec deux autres études du même auteur, sous le titre de : *Trois Révolutionnaires, Turgot, Necker, Bailly* (Paris, Perrin et Cie, 1885, in-8°).

21743. — [**Baldran**.] [Pétition à la Convention, signée : Baldran, dit Le Brun, et commençant par ces mots :] Liberté, égalité. L'administration de police m'a fait arrêter... *S. l. n. d.*, in-8°, 2 p. [*N*. Ln^{27} 925.]

L'auteur de cette pétition, citoyen de la section des Tuileries, dénoncé par Héron, se réclame de Marat, qui avait jadis trouvé un refuge chez lui.

21744. — [**Baran** (de).] Notice des services d'Alexandre de Baran, chargé par MM. de l'Hôtel de Ville, et par le district de Saint-Louis-de-la-Culture, de l'enlèvement des archives et des effets de la Bastille, avec les attestations de MM. de Mirabeau, de La Fayette et autres (22 juillet 1789). *S. l. n. d.*, in-8°, 8 p. [*N*. Ln^{27} 970.]

Signée (p. 7) : de Baran.

21745. — [**Bardy**.] Adresse à MM. les députés de l'Assemblée nationale concernant les prisonniers des Bastilles du royaume, par le sieur Bardy, renfermé pendant plusieurs années au château de Pierre-Scise, actuellement détenu aux prisons du Châtelet. *S. l.*, 1790, in-8°, 12 p.

Signé : Bardy, homme de loi. On lit au dessus : « Fait au Châtelet, ce 28 octobre 1790 », mais un ex. appartenant à M. Paul Cottin porte la date manuscrite du « 15 novembre ».
L'auteur de cette *Adresse* dit (p. 2) que ses persécuteurs lui imputèrent, pour obtenir son extradition, « un crime atroce qui fait frémir la nature » ; le surplus de la brochure est consacré à la discussion de l'article 5 du décret du 16 mars 1790 concernant les personnes détenues en vertu d'ordres particuliers et il propose (p. 11) à cet article une addition dont il demande à bénéficier.

21746. — [**Barère**.] Défense de B. Barère. Appel à la Convention nationale et aux Républicains français (26 pluviôse an III-14 février 1795). *Paris, imp. Charpentier, an III*, in-8°, 1 f. et 62 p. [*N*. Lb^{41} 1629.]

21747. — Opinion. *S. l. n. d.*, in-8°, 19 p. [*N*. Lb^{42} 1347.]

Sur la qualité d'électeur contestée à Barère.

21748. — Mémoires de B. Barère, membre de la Constituante, de la Convention, du Comité de salut public et de la Chambre des représentants, publiés par M. Hippolyte Carnot, membre de la Chambre des députés, et David (d'Angers), membre de l'Institut, précédés d'une notice historique, par H. Carnot. *Paris, Jules Labitte*, 1842-1844, 4 vol. in-8°. [*N*. La^{33} 10.]

Le faux-titre porte : *Mémoires de B. Barère, ancien rapporteur du Comité de salut public*.
L'ex. de la B. N. est précédé d'un prospectus annonçant que les tomes III et IV seraient accompagnés d'un portrait de Barère dessiné par Isabey et gravé sur acier par Vallot sous la direction d'Henriquel-Dupont. Ce portrait manque dans l'ex. de la B. N.

21749. — Notice historique sur Barère, député à l'Assemblée constituante, à la Convention nationale et à la Chambre des représentants, par M. Carnot, membre de la Chambre des représentants. *Paris, Jules Labitte*, 1842, in-8°, 1 f. et 202 p. [*N.* Ln²⁷ 1017.]

Tirage à part de la notice indiquée dans le numéro précédent.

21750. — Opinions anglaises sur la Révolution de 1789, ses causes et ses conséquences, par H.-L. Montgirard. *Paris, Manginot-Hellitasse*, 1878, in-8°, 99 p. [*N.* La³² 525.]

P. 94-99, *Notes* [du traducteur].
Traduction de l'étude de Macaulay, publiée en 1844 dans l'*Edinburg Review* sur les *Mémoires* de Barère, et réimpr. dans diverses éditions de ses *Essays*.
Voyez le numéro suivant.

21751. — Macaulay. Bertrand Barère, traduit de l'anglais par Edouard Gibert, docteur en droit. *Paris, E. Dentu*, 1888, in-8°, 178 p. [*N.* Ln²⁷ 37496.]

L'*Avant-propos*, paginé en chiffres romains, est compris dans la pagination totale.
P. 142-152, *Notes* [du traducteur]. P. 153-178, *L'un des meilleurs maires de Paris* [Pache], étude signée Edouard Gibert.
Le titre de cette étude est emprunté à une définition du rôle de Pache formulée par un conseiller municipal, plus tard député (?) ; mais tel n'est pas l'avis de l'auteur, car, selon lui, « l'ignoble » Pache est, « à coup sûr, l'un des êtres les plus haïssables d'une époque si féconde en monstres de toute espèce ».

21752. — [**Barmond** (l'abbé Perrotin de).] Discours de M. l'abbé. de Barmond à l'Assemblée nationale (18 août 1790).

Voyez tome Iᵉʳ de la *Bibliographie*, nᵒˢ 1234-1240.

21753. — [**Barnave**.] Lettre d'un soldat de la garde nationale de Paris à un de ses correspondants en province. *S. l. n. d.*, in-8°, 4 p. [*N.* Lb³⁹ 9631.]

Violent pamphlet contre Barnave.

21754. — Les Grandes Prédictions du grand Nostradamus trouvées dans la grande culotte de peau de messire Honoré Barnave. *S. l. n. d.*, in-8°, 7 p. [*N.* Lb³⁹ 9632.]

21755. — Nécrologie. Grande Mort du Petit Barnave. *S. l. n. d.* (1791), 3 p. [*N.* Lb³⁹ 9745.]

Pamphlet en forme de relation des derniers moments, des dispositions testamentaires et des obsèques de Barnave.

21756. — [**Barras**.] Extrait de baptême de J.-N.-P.-F. Barras. Extrait des registres constatant les naissances, les mariages et les sépultures dans la commune de Fox-Amphoux (30 juin 1755). *S. l. n. d.*, in-folio oblong. [*N.* Ln²⁷ 1045.]

21757. — La Faction thermidorienne dévoilée. Extrait de « l'Ennemi des tyrans ». *Imp. de la rue du Fouare, n° 8. S. d.*, in-8°, 4 p. [*N.* Lb⁴² 707.]

Violent pamphlet contre Barras.

21758. — La Vérité au peuple français sur les intrigues de Barras et de ses favorites ou Qu'allons-nous devenir ? et que deviendra-t-il ? *Gauthier. S. d.*, in-8°, 8 p. [*N.* Lb⁴² 709.]

Signé : La Vérité.
Apologie de Barras.

21759. — Les Crimes de Barras, pour servir de base à son acte d'accusation. *Imp. Guilhemat. S. d.*, in-8°, 8 p. [*N.* Lb⁴² 1488.]

Apologie.

21760. — Les Brigands démasqués ou Mémoires pour servir à l'histoire du temps présent..., par Auguste Danican (1796).

Voyez tome Iᵉʳ, n° 4602.

21761. — Quelques Vérités frappantes sur le directeur Barras, et conduite de ce membre du Directoire envers un malheureux artiste, âgé de soixante-douze ans, et son épouse. *Imp. Philippe. S. d.*, in-8°, 4 p. [*N.* Lb⁴² 1489.]

Signées : Rousset, homme de loi.
L'artiste en question n'est point nommé, mais l'auteur nous apprend qu'il avait sacrifié à la

caste nobiliaire le mérite (sic) de ses pinceaux et qu'il s'était vu enlever « par la coupable émigration le fruit de ses talents ».

21762. — La Nourrice de Barras au président du Conseil des Cinq-Cents. *Paris, imp. Cocsnon-Pellerin.* S. d., in-plano. [D.]

Signée : la Mère GAUDICHON, nourrice du directeur Barras, âgée de 61 ans.
Extrait du journal *l'Ami de la Patrie*.

21763. — Dénonciation par des représentants du peuple des manœuvres infâmes employées pour faire destituer les directeurs Barras et Sieyès, qui ont sauvé la République avec le Corps législatif. Noms des citoyens que des scélérats voudraient porter au Directoire au lieu et place de Barras et Sieyès. Découverte et arrestation d'une correspondance infâme. *Imp. Lachave.* S. d., in-8°, 8 p. [N. Lb^{42} 2463.]

21764. — La Journée de l'homme en place, satire, par J. R. *Paris, Laloi; Moller, au dépôt des nouveautés,* an VIII, in-12, 24 p. [N. Li^5 326.]

ÉPIGR. :
Ecce iterum Crispinus.
Juv. Sat. IV.

Au verso du titre se trouve ce *Nota* :
« Cette satire fut composée l'an VI. Grâce au choix du nouveau gouvernement, nous n'avons plus sous les yeux le héros qui a servi de modèle à l'auteur. »

21765. — Amours et aventures du vicomte de Barras, ex-membre du Directoire exécutif, avec Mmes Joséphine de B. [Beauharnais], Tallien, la douairière du Baillet, Mlle Sophie Arnould, etc., par le baron de B*** [CH. DORIS], auteur du « Précis historique sur Napoléon », des « Mémoires secrets », de la « Défense du peuple français », de la « Vie de l'ex-ministre Carnot », des « Amours secrètes de Napoléon et de sa famille ». *Paris, Germain Mathiot; Bruxelles, même maison,* 1816, 3 vol. in-12. [N. Y^2 51575.]

21766. — Le Général BARRAS à ses concitoyens (20 juin 1819). *Imp. Baudouin,* S. d., in-4°, 3 p. [N. Ln^{27} 1046.]

Réponse à un pamphlet intitulé : *Souvenirs et Anecdotes secrètes,* que je ne connais pas, et annonce de la prochaine publication des *Mémoires* de l'auteur.

21767. — Obsèques du général Barras (1er février 1829). *Paris, imp. J. Tastu,* 1829, in-8°, 12 p. [N. Ln^{27} 1047.]

21768. — Tentative d'enlèvement des papiers politiques de l'ex-directeur Paul Barras. Consultation à ce sujet, par M. PIERREGRAND, avocat à la Cour royale, suivie des adhésions motivées de MM. ISAMBERT, BARTHE, BOURGUIGNON, CHAIX D'EST-ANGE, NICOD, MÉRILHOU, ROUTHIER, COFFINIÈRES, ODILON BARROT, RENOUARD, FRANQUE et BERVILLE. *Paris, Delaforest; Delaunay; Warée,* 1829, in-8°, 32 p. [N. Lb^{49} 1009.]

Les *Mémoires* de Barras, transportés le matin même de sa mort chez Rousselin de Saint-Albin, avaient échappé à cette saisie.
Les instances engagées pour obtenir la restitution des autres papiers confisqués se prolongèrent jusqu'en 1833, mais ce fut seulement après la révolution de 1848 que les dossiers retrouvés aux Tuileries furent rendus à la famille de Rousselin de Saint-Albin.

21769. — Mémoires de BARRAS, membre du Directoire, publiés avec une Introduction générale, des Préfaces et des Appendices, par GEORGE DURUY. *Paris, Hachette et Ce,* 1895-1896, 4 vol. in-8°. [N. La^{31} 42.]

Le titre du tome Ier porte en plus : *Ouvrage* (sic) *orné de deux portraits en héliogravure, d'un fac-similé et de deux cartes. Ancien régime. - Révolution.*
Les deux portraits sont ceux de *Robespierre,* d'après un croquis attribué à GÉRARD (en regard du titre) et, entre les pp. 156-157, de *Danton,* d'après un croquis de DAVID ; le fac-similé (entre les pp. 194-195) est l'appel aux armes rédigé par la Commune le 9 thermidor et au bas duquel Robespierre ne put tracer que la syllabe Ro.... Les deux plans du siège de Toulon sont intercalés dans le texte de la *Préface,* pp. LXV. et LXXV.
Le titre du tome II porte en plus : *Ouvrage* (sic) *orné de deux portraits. Le Directoire jusqu'au 18 fructidor.* Les deux portraits sont (en regard du titre) celui de *Barras* en costume de Directeur, dessin de HILAIRE LE DRU (cabinet des Estampes) et, entre les pp. 256-257, celui de *Joséphine* (1798), par ISABEY (coll. Edmond Taigny).
Le titre du tome III porte en plus : *Volume orné de deux portraits, Le Directoire du 18 fructidor au 18 brumaire.*
Les deux portraits sont, en regard du titre,

celui de *Bonaparte*, d'après GUÉRIN (an V), gravure anonyme (?) tirée du Cabinet des Estampes et, entre les pp. 180-181, *Talleyrand jeune*, par GREUZE (coll. Chaix d'Est-Ange).

Le titre du tome IV porte en plus : *Volume orné d'un portrait en héliogravure et de deux fac-similé d'autographes, Consulat. Empire. Restauration. Index analytique.*

En regard du titre : *Barras vieux*, dessin de VIGNERON, lith. par LANGLUMÉ ; p. 402 et 408, fac-similé d'un billet et d'une lettre de Barras à Alex. de Saint-Albin.

La publication des *Mémoires* de Barras a été maintes fois annoncée et toujours ajournée. Un seul fragment, inexactement copié et incomplet, selon M. G. Duruy, relatif au 9 thermidor, avait été communiqué à la *Revue du XIXᵉ siècle*, d'Arsène Houssaye et réimp. par M. G. Bord et par M. de Lescure ; voyez tome Iᵉʳ de la *Bibliographie*, nᵒ 4309.

¶ Parmi les nombreux articles dont l'édition de M. Duruy a été l'objet, je me contenterai de citer ceux de M. AULARD dans la *Révolution française* du 14 juillet 1895, p, 5-14, et dans la *Revue bleue* du 4 juillet 1896 et une note de M. CL. PERROUD dans la *Révolution française* du 14 juin 1902 (p. 529-531), parce que ces trois articles renferment diverses rectifications aux faits et aux noms propres que ces *Mémoires* contiennent.

21770. — [**Barras** (Marie-Thérèse, née **Quiqueran de Beaujeu**).] Détails de l'arrestation de la citoyenne Barras et de deux citoyens très connus, leur translation au Temple, comme prévenus d'avoir employé des manœuvres coupables pour faire rayer des individus sur la liste des émigrés. Déclaration du jury d'accusation sur cette affaire. *Denis. S. d.*, in-8°, 4 p. [N. Lb⁴² 1634.]

21771. — [**Barruel-Beauvert** (de).] Adresse d'un proscrit par la Convention à l'Assemblée législative. Le 15 novembre 1795, style de l'Europe. *Paris, imp. des Patriotes opprimés, rue de Brie. S. d.*, in-8°, 16 p. [N. Lb⁴² 29.]

Signé : Par le défenseur officieux du C. DE BARRUEL-BEAUVERT.

ÉPIGR. :

Ce que vous avez fait sera défait par d'autres.

Par « Assemblée législative » l'auteur entend les deux Conseils.

21772. — Dix-huit Gentilshommes purs, au nom de tous les royalistes, sollicitant en faveur de M. le comte de Barruel-Beauvert, leur digne client, frère d'armes et ancien compagnon d'infortune, les justes récompenses de S. M. Louis le Désiré et l'Obtenu. *Paris, imp. Doublet*, 1816, in-8°, 15 p. [N. Ln²⁷ 1068.]

Les attestations et signatures des dix-huit témoins occupent les pages 11-15.

21773. — [**Batz** (de).] Un Conspirateur royaliste pendant la Terreur. Le baron de Batz (1792-1795), d'après des documents inédits, par G. LENÔTRE. *Paris, Perrin et Cⁱᵉ*, 1896, in-8°, XIII-391 p. et 2 ff. n. ch. (table des matières et nom de l'imprimeur). [N. Ln²⁷ 48916.]

¶ Dans un article du *Correspondant*, tome CLX (25 août 1899), p. 747-770, intitulé : *Un conspirateur royaliste sous la Révolution, le baron de Batz*, M. PIERRE DE VAISSIÈRE a publié ou analysé des documents cotés F⁷ 5610 aux Archives nationales, qui avaient échappé à M. G. Lenôtre.

21774. — [**Baud**.] Rapport fait par la section centrale de la liquidation des dettes des émigrés du département de la Seine au directeur de cette administration, sur la réclamation du citoyen Baud, contre l'union des créanciers de Rohan Guéménée, et arrêté du directeur (BERGEROT) du 4 brumaire de l'an VI (25 octobre 1797). *Paris, imp. Bertrand-Quinquet, an VI*, in-4°, 1 f. et 66 p. [N. Lb⁴² 1652.]

21775. — [**Baudouin**.] Réponse de l'imprimeur de l'Assemblée nationale à un avis distribué par le sieur Devaux, libraire au Palais-Royal, le 16 juin 1790. *S. l. n. d.*, in-8°, 2 p.

Au sujet d'une concurrence suscitée à Baudouin pour la publication des Décrets de l'Assemblée nationale. (Voyez tome Iᵉʳ de la *Bibliographie*, nᵒˢ 596, 596ᵇⁱˢ et 597.)

21776. — Convention nationale. Commission extraordinaire des vingt-quatre établie par le décret du 1ᵉʳ octobre [1792]. *Imp. Nationale. S. d.*, in-8°, 2 p. [R. AD I, 97.]

Certificat de civisme délivré à Baudouin.

21777. — FRANÇOIS-JEAN BAUDOUIN, imprimeur de la Convention nationale, à ses concitoyens. Du 1er octobre 1792. *Imp. Nationale. S. d.*, in-8°, 3 p. [*N.* Ln²⁷ 1149.]

La signature est en forme de griffe.

Protestation contre toute relation avec les agents de l'« infâme » Liste civile sur laquelle on l'accusait d'avoir touché 200,000 livres pour la publication du *Logographe*. (Voyez tome II de la *Bibliographie*, n° 10663.)

22778. — BAUDOUIN, imprimeur de la Convention nationale, aux citoyens députés. Samedi 15 décembre 1792. *Imp. Nationale. S. d.*, in-8°, 3 p. [*R.* AD I, 49.]

Réfutation des griefs articulés contre lui par Thuriot au sujet des retards dans l'impression des procès-verbaux de la Constituante, de la Législative et de la Convention.

21779. — Rapport fait à la Convention nationale au nom du comité des inspecteurs de la salle et de l'imprimerie (le 23 août 1793), par SERGENT, député élu dans le département de Paris, sur la conduite du citoyen Baudouin, imprimeur de la Convention nationale. *Paris, imp. Nationale. S. d.*, in-8°, 4 p. [*N.* Le³⁸ 428.]

Attestation de civisme en faveur de Baudouin.

21780. — [**Bayard** (F.-L.).] Exposé de la conduite du sieur BAYARD, ex-inspecteur du Garde-Meuble national, premier commis de la troisième division du département de l'intérieur, depuis le 1er mai 1789. *Paris, imp. Pellier. S. d.*, in-4°, 4 p. [*N.* Ln²⁷ 1192.]

L'auteur rappelle qu'il avait publié en mai 1789 une brochure intitulée : *le Vœu de Paris* (voyez tome Ier, n° 924) et rédigé le *Journal de la municipalité et des districts* (voyez tome II, n°⁸ 5562-5572).

21781. — [**Bayard**.] Notice sur J.-B.-F. Bayard (19 fructidor an VIII-6 septembre 1800). *S. l. n. d.*, in-8°, 14 p. [*N.* Ln²⁷ 1195.]

Extrait du *Magasin encyclopédique*. Une note à la suite de la pièce, signée : A.-L.-M. [AUBIN-LOUIS MILLIN, rédacteur en chef du *Magasin encyclopédique*], lui a fait attribuer par de Manne et Œttinger cette Notice signée, p. 13 : J.-B-E.-B. SOREAU.

21782. — Notice biographique sur Bayard d'Auteuil, lue à la séance publique de la Société libre des lettres, sciences et arts de Paris, le 19 vendémiaire an IX (11 octobre 1800), par GUYOT DESHERBIERS. *S. l. n. d.*, in-8°, 4 p. [*N.* Ln²⁷ 1196.]

21783. — [**Bazoncourt** (de).] Récit exact du combat de M. de Bazoncourt, major de la sixième division. *Imp. Potier de Lille,* 1790, in-8°, 8 p. [*Br. M.* F. R. 835, 14.]

Extrait du n° I de *l'Orateur du peuple*, par Martel, suivi d'*Observations*, signées D'ARBLAY, major de la deuxième division, pour tous mes camarades. Paris, 6 octobre 1790.

21784. — [**Béarn** (H. de).] Souvenirs de quarante ans. 1789-1830. Récits d'une dame de Madame la Dauphine [Mᵐᵉ la comtesse H. DE BÉARN]. *Paris, Lecoffre,* 1861, in-18, 2 ff. et 319 p. [*N.* La³³ 159.]

L'*Introduction* est signée H. B. Le rédacteur de ces *Souvenirs* était un prêtre dont le nom est resté inconnu et dont ALFRED NETTEMENT aurait revu le manuscrit.

21784ᵃ. — Souvenirs de quarante ans. 1789-1830. Par Mᵐᵉ la comtesse DE BÉARN, née PAULINE DE TOURZEL, dame de Madame la Dauphine. Nouvelle édition, augmentée d'annotations historiques, mises en ordre par M. le comte DE BÉARN, son fils. *Paris, Sarlit,* 1868, in-8°, 304 p. [*N.* La³³ 159 A.]

Les liminaires, quoique chiffrés en chiffres romains, sont compris dans la pagination totale.

2178. — [**Beaugeard**.] L'Héroïsme d'un Français en janvier 1793. *Imp. Huzard-Courcier* (1828), in-8°, 8 p. [*N.* Ln²⁷ 1268.]

Réclamation en faveur de la veuve d'un royaliste qui, le 21 janvier 1793, aurait fait partie de la petite troupe recrutée par le baron de Batz pour enlever Louis XVI durant le trajet du Temple à l'échafaud. Le nom de Beaugeard n'a été cité ni par M. de Beaucourt (voyez le n° 20876 ci-dessus), ni par M. G. Lenôtre (voyez également le n° 21733 ci-dessus).

21786. — [**Beauharnais** (Alex. de).] Esquisses historiques. Tribunal révolutionnaire. Courage des condamnés. Le général Beauharnais. *Carcassonne, imp. P. Polère. S. d.*, in-8°, 8 p. [*N.* Ln²⁷ 1269.]

Signées : A. THOMAS-LATOUR.
Extrait de l'*Echo de l'Aude* du 19 avril 1856,

publié par M. Dardé, avoué à Carcassonne, membre de l'Institut historique de France.

Sur une autre publication de A. Thomas-Latour, voyez le n° 20758 ci-dessus.

21787. — Frédéric Masson. Joséphine de Beauharnais. 1763-1796. *Paris, Paul Ollendorff*, 1899, in-8°, 2 ff. et 300 p. [*N.* Lb⁴⁴ 1594.]

Il a été tiré vingt ex. sur papier de Hollande numérotés à la presse.

21788. — [Beaulieu (J.-Fr. Brémont, dit.)] Discours de M. Baron de Saint-Giron, représentant de la Commune, juge de paix du district Saint-Honoré, en présentant M. Beaulieu (28 janvier 1790). *Lottin aîné et Lottin de Saint-Germain*, 1789 (*sic*), in-8°, 10 p. [*N.* Lb⁴⁰ 1204.]

Affaire des frères Agasse (voyez les n°⁸ 21048, 21649 ci-dessus).

[**Beaubourg** (Poupart de)]. Voyez **Poupart** et ci-dessous **Beaupoil**.

21789. — [**Beaumarchais**.] A Messieurs les Représentants de la Commune de Paris. Mémoire pour Henri Michelin contre Caron de Beaumarchais. *Imp. Momoro*, 1789, in-8°, 4 p. [*N.* 4° Fm. 36176.]

Épigr. : *Facit indignatio versum.*

Signé : Michelin, concierge.
A propos de son rôle dans l'affaire Kornmann et de son renvoi par Beaumarchais.
Il est probable que le signataire de ce Mémoire n'en est pas l'auteur.

21790. — Avis à MM. les Parisiens (19 août 1789). *S. l. n. d.*, in-4°, 4 p. [*N.* Lc²³ 136.]

Contre la nomination de Beaumarchais comme représentant de la Commune par le district de Sainte-Marguerite.
Voyez à ce sujet d'autres protestations émanées du district des Récollets, tome II, n°⁸ 7442-7443 et 7445. Voyez aussi les trois numéros suivants.

21791. — District de Sorbonne (21 août 1789. *S. l. n. d.*, in-folio plano.

Bibliothèque de M. Paul Lacombe.

Mise en demeure, signifiée à Beaumarchais, d'avoir, dans un délai de huit jours, à se justifier devant un jury d'honneur des accusations portées contre lui, ou de se voir exclu de l'Assemblée des représentants de la Commune.

21792. — Requête à MM. les représentants de la Commune de Paris (6 septembre 1789). *Paris, Maradan*, 1789, in-4°, 40 p. [*N.* Ln²⁷ 1325.]

Réimp. dans les *Œuvres complètes* de Beaumarchais (Laplace, Sanchez et Cⁱᵉ, 1876, gr. in-8°), publiées par Ed. Fournier, pp. 488-500.
Le titre de départ porte en plus : *par* Pierre-Augustin Caron de Beaumarchais, *membre de ladite représentation.*

21793. — Précis et jugement du procès de Pierre-Augustin Caron de Beaumarchais, membre de la représentation de la Commune de Paris (19 août-18 septembre 1789). *Paris, N.-H. Nyon*, 1789, in-4°, 3 p. [*N.* Le²³ 137.]

Réimp. dans l'éd. Fournier, p. 500.

21794. — Vieille Ronde gauloise et civique, pour la rentrée d'Eugénie Beaumarchais, de son couvent, dans la maison paternelle. Dédiée à sa mère, et brochée par Pierre-Augustin, son père, le premier poète de Paris, en entrant par la porte Saint-Antoine. Ce 1ᵉʳ mai 1791, grand jour de joie dans toutes les villes de France. *S. l. n. d.*, in-8°, 7 p. [*N.* Ye 5120.]

Réimp. dans l'éd. Fournier, p. 777.

21795. — Pétition à l'Assemblée nationale, par Pierre-Augustin Caron Beaumarchais, contre l'usurpation des propriétés des auteurs par des directeurs de spectacles, lue par l'auteur au Comité d'instruction publique (1791).

Voyez tome III, n° 18220.
Réimp. dans l'éd. Fournier, p. 632.

21796. — Beaumarchais à M. Manuel (16 avril 1792). *S. l. n. d.*, in-8°, 6 p. [*N.* Ln²⁷ 1327.]

Réimp. dans l'éd. Fournier, p. 677-679.
Réponse aux dénonciations dont Manuel s'était fait l'écho dans la *Chronique de Paris.*

21797. — A l'Assemblée nationale (12 mai 1792). *Imp. Dupont*, 1792, in-8°, 4 p. [*N.* Lb³⁹ 5918.]

Signé : CARON BEAUMARCHAIS.
Offre d'abandonner le produit de ses droits d'auteur pendant toute la durée de la guerre.

21798. — A l'Assemblée électorale. *S. l. n.-d.* (1792), in-8°, 3 p. [*N.* Lb³⁹ 10162.]

Signé : CARON BEAUMARCHAIS, électeur.
Justification d'un propos injurieux pour l'Assemblée électorale qu'on l'accusait d'avoir tenu. Cet incident n'a pas été connu d'Étienne Charavay et ne semble pas avoir laissé d'autres traces.

21799. — BEAUMARCHAIS à M. Chabot (7 juin 1792). *Imp. Dupont. S. d.*, in-8°, 8 p. [*N.* Lb³⁹ 5965.]

Réimp. dans l'éd. Fournier, p. 679.

21800. — Réponse de M. COLMAR, membre du Comité général de la Commune, aux inculpations portées contre lui à l'Assemblée générale de la section de la section de la Croix-Rouge, le 27 août 1792, par M. La Barre et adhérents, suivie d'une dénonciation contre ceux qui ont relâché des prisons plusieurs prévenus de crimes, agents et conspirateurs en chef. Pièce de conviction servant de réplique à M. Martin, qui se déclare le défenseur officieux de Caron Beaumarchais. *Imp. Mayer et Cⁿ. S. d.*, in-8°, 8 p. [*N.* Lb³⁹ 10863.]

Sur le titre de l'ex. de la B. N., le mot *Comité* est biffé et remplacé par *Conseil*.
P. 6, *Pièce de conviction contre le sieur Caron, dit Beaumarchais*.

21801. — BEAUMARCHAIS à sa famille (Londres, 9 décembre 1792). *S. l. n. d.*, in-8°, 4 p. [*N.* Lb⁴¹ 224.]

Réimp. dans l'éd. Fournier, p. 684.
Le tirage décrit ici sort évidemment d'une imprimerie anglaise.

21802. — Pétition de PIERRE-AUGUSTIN CARON BEAUMARCHAIS à la Convention nationale (Londres, 16 décembre 1792). *Paris, imp. Nationale*, 1792, in-8°, 15 p. [*N.* Lb⁴¹ 258.]

Au sujet de l'accusation portée contre lui par Lecointre, dans la séance du 28 novembre 1792. Voyez le numéro suivant.

21802ᵃ. — Pétition de PIERRE-AUGUSTIN CARON BEAUMARCHAIS, relative au décret d'accusation rendu contre lui dans la séance du 28 novembre 1792. *Paris, imp. Nationale*, 1792, in-8°, 1 f. et 18 p. [*N.* Lb⁴¹ 258 A.]

Tirage différent de la *Pétition* décrite sous le numéro précédent.
Réimp. dans l'éd. Fournier, p. 501.

21803. — A la Convention nationale. *S. l. n. d.*, in-8°, 4 p. [*N.* Ln²⁷ 1330.]

Pétition à l'effet d'obtenir le rapport du décret pris contre Beaumarchais et la levée des scellés apposés sur sa maison. Pièce très probablement rédigée par Mᵐᵉ DE BEAUMARCHAIS, ainsi que la suivante.

21804. — Observations soumises à l'examen des citoyens députés à la Convention nationale, par la citoyenne épouse de PIERRE-AUGUSTIN CARON BEAUMARCHAIS. *S. l. n. d.*, in-8°, 4 p. [*N.* Ln²⁷ 1331.]

Affaire des fusils. Voyez le numéro précédent et le numéro suivant.

21805. — BEAUMARCHAIS à Lecointre, son dénonciateur, ou Compte Rendu des neufs mois les plus pénibles de ma vie. Première [sixième et dernière] époques (3 avril-9 décembre 1792). *S. l. n. d.*, six parties in-4°. [*N.* Ln²⁷ 1328.]

— *Première époque*, 38 p. Le titre de départ porte : BEAUMARCHAIS à Lecointre.
— *Deuxième époque*, 37 p. Même titre de départ.
— *Troisième époque*, 50 p. Le faux-titre (formant titre) porte en outre : *ou Suite du Compte rendu...* Même titre de départ.
— *Quatrième époque*, 67 p. Même faux-titre et même titre de départ.
Ce mémoire est suivi (p. 56) d'une lettre de l'auteur à sa fille, datée du 12 août 1792 et plusieurs fois réimprimée isolément, par Nougaret (avec suppressions) dans l'*Histoire des prisons de Paris*, tome Iᵉʳ (cf. n° 4373 de la Bibliographie), dans les *Mémoires sur les prisons* de la collection Barrière (cf. n° 4374) et dans le livre de Dauban (cf. n° 4378).
— *Cinquième époque*, 56 p. Même faux-titre et même titre de départ.
— *Sixième et dernière époque*, 104 p. Même faux-titre et même titre de départ. Voyez le numéro suivant.
Le tout a été réimprimé dans l'édition Fournier, pp. 506-584.

◊ On peut également consulter sur le même sujet et sur l'émigration forcée de Beaumarchais un article de M. Louis Farges dans la *Nouvelle Revue* (1er décembre 1885, pp. 548-571) intitulé : *Beaumarchais et la Révolution*, renfermant diverses lettres à Dumouriez, à de Grave, à Lacoste, à Lebrun-Tondu et à Talleyrand, extraites des archives du ministère des Affaires étrangères, et un travail de M. Eugène Lintilhac (cf. n° 21813 ci-dessous) paru dans *le Journal* des 12, 14, 16, 17, 18, 19, 23 avril et 1er mai 1897, contenant un mémoire inédit adressé au Comité de salut public sur l'affaire des « fusils » et postérieur aux *Six Époques*.
Voyez aussi les trois numéros suivants.

21806. — Examen du décret d'accusation de P.-A. Caron Beaumarchais, sur l'affaire des fusils de Hollande. Résumé de sa justification, extrait de sa sixième « Epoque » et publié à part en faveur de tous ceux qu'un obstacle quelconque a empêchés de lire le long Mémoire en six parties qu'il n'a pas eu le temps de rendre meilleur, plus intéressant ou plus court; opposé à regret au dénonciateur Lecointre (Paris, 6 mars 1793). S. l., in-8°, 32 p. [N. Lb⁴¹ 582.]

21807. — Note à l'occasion de la diatribe intitulée : « Beaumarchais à Lecointre son dénonciateur », imprimée récemment par le grand patriote M. P.-A. Caron de Beaumarchais, divisée en six cahiers, sous le titre touchant d'« Epoques les plus pénibles de sa vie » honnête et édifiante (17 avril 1793). *Imp. Mayer.* S. d., in-8°, 8 p. [N. Ln²⁷ 1329.]

Signée : Colmar, l'un des représentants de la Commune nommée la nuit du 9 au 10 août 1792.

21808. — Réponse de A. Constantini à P.-A. Caron de Beaumarchais, suivie de celle de Larcher à l'occasion de 60 mille fusils arrêtés à Terveere, en Zélande (Paris, ce 24 mai 1793). *Imp. Mayer.* S. d., in-8°, 1 f. et 34 p. [N. Ln²⁷ 1332.]

Epigr. empruntée à Térence (*Heautontimorumenos*).
P. 31, Réponse de Larcher, suivie de pièces justificatives.

21809. — Convention nationale. Rapport et Projet de décret, au nom des Comités de salut public et de législation, par J.-P. Chazal, député du Gard. Imprimés par ordre de la Convention nationale. *Imp. Nationale, floréal an III*, in-8°, 2 p. [N. Le³⁸ 1429.]

Pour la radiation de Beaumarchais de la liste des émigrés.

21810. — Les Créanciers de la succession de Beaumarchais au citoyen Bonnaire (du Cher), représentant du peuple (Paris, 2 thermidor an VII-20 juillet 1799). *Imp. Ant. Bailleul.* S. d., in-4°, 13 p.

D'après la *Bibliographie des œuvres de Beaumarchais*, par M. Henri Cordier (A. Quantin, 1883, in-8°, n° 455).

21811. — Beaumarchais et son temps, études sur la Société en France au XVIII° siècle d'après des documents inédits, par Louis de Loménie. *Paris, Michel Lévy frères*, 1856, 2 vol. in-8°. [N. Ln²⁷ 13387.]

M. Henri Cordier signale (n° 503) une traduction anglaise (Londres, 1856, 4 vol. in-12).

21811ª. — Beaumarchais et son temps, études sur la société en France au XVIII° siècle, par Louis de Loménie, de l'Académie française. Troisième édition, revue et corrigée. *Paris, Michel Lévy frères*, 1873, 2 vol. in-18. [N. Ln²⁷ 13387 B.]

21812. — Beaumarchais. Eine Biographie, von Anton Bettelheim. *Frankfurt a/M., Rutten et Lœning*, 1886, in-8° X [XI]-659 p. [N. Ln²⁷ 36334.]

En regard du titre, portrait photogravé d'après le portrait de Houdwood.
Voyez spécialement pp. 546-573.

21813. — Beaumarchais et ses œuvres, précis de sa vie et histoire de son esprit d'après des documents inédits, avec un portrait et un fac-similé, par E. Lintilhac, agrégé de l'Université. *Paris, Hachette et Cⁱᵉ*, 1887, in-8°, 3 ff. et V-447 p. [N. Ln²⁷ 38861.]

Le portrait en phototypie d'après Perronneau (?) est placé en regard du titre; le fac-similé est inséré entre la dernière page des appendices et la table des matières.
Il a été tiré de cette thèse de doctorat quelques ex. sur papier vergé. Le rôle de Beaumarchais pendant la Révolution y est sommai-

rement traité (p. 108-120); mais l'auteur a publié depuis, avec commentaires, un mémoire inconnu de Beaumarchais sur l'affaire des « fusils » (voyez le n° 21805 ci-dessus).

21814. — Histoire de Beaumarchais, par GUDIN DE LA BRENELLERIE. Mémoires inédits publiés sur les manuscrits originaux, par MAURICE TOURNEUX. *Paris, E. Plon, Nourrit et C°*, 1888, petit in-8°, 2 ff. et XXVIII-508 p. [N. Ln27 37528.]

21815. — [**Beaupoil de Saint-Aulaire**.] Observations au public par le marquis de BEAUPOIL SAINT-AULAIRE, à l'occasion d'un libelle du sieur Poupart, dit Beaubourg. *S. l. n. d.*, in-4°, 49 p. [Br. M. F. R. 43, 6.]

21816. — [**Beausire** (J.-B.-T.).] La Vérité, rien que la vérité. *Imp. des femmes, sous les auspices de la Convention nationale*. S. d., in-8°, 26 p. [N. Ln27 1358.]

Signé : J.-B.-T. BEAUSIRE.
Dans l'ex. de la B. N. on a relié à la suite un fragment, paginé 25-32, d'un second tirage de cette brochure, et s'arrêtant sur une phrase incomplète.
Beausire était procureur de la commune de Choisy-sur-Seine [Choisy-le-Roi], lorsqu'il fut arrêté le 15 brumaire an II (5 novembre 1793); il fut acquitté le 17 floréal suivant (6 mai 1794).

21817. — [**Beauvais de Préau**.] Une Cérémonie funèbre à Marseille pendant la Terreur, par JOSEPH-MATHIEU (3 avril 1794). *Marseille, Marius Lebon*, 1865, in-8°, 7 p. [N. Lk7 13419. Réserve.]

On lit au verso du titre : Tiré à cent exemplaires.
Compte rendu de la cérémonie funèbre célébrée par la Commune de Marseille, le 14 germinal an II, en l'honneur du représentant Beauvais de Préau, décédé à Montpellier, le 27 mars 1794, des suites des mauvais traitements auxquels il avait été soumis dans les prisons de Toulon.
Les détails de cette cérémonie sont extraits de la *Tribune* de la Société populaire de Marseille.

21818. — [**Beauvau** (de).] Eloge de M. de Beauvau, l'un des quarante de la ci-devant Académie française, prononcé à une séance publique de la 2e classe de l'Institut, le 12 thermidor an XIII (31 juillet 1805), par M. de BOUFFLERS, membre de la classe de la langue et de la littérature française de l'Institut national. *Paris, Xhrouet; Déterville; Lenormant; Petit*, 1805, in-8°, 1 f. et 41 p. [N. Ln27 1372.]

Voyez les deux numéros suivants.

21819. — Hommage à la mémoire de Mme la maréchale de Beauvau. Imprimé par Mme de Luynes, née Montmorency. *Dampierre*, 1807, in-12, 14 p. [N. Ln27 1373. Réserve.]

21820. — Souvenirs de la maréchale princesse DE BEAUVAU (née ROHAN-CHABOT); suivie des Mémoires du maréchal prince de BEAUVAU, recueillis et mis en ordre par Mme STANDISH (née NOAILLES), son arrière-petite-fille. *Paris, Léon Techener*, 1872, in-8°. [N. Ln27 27179.]

Ce volume comporte en réalité deux parties distinctes, avec titres spéciaux tirés en rouge et en noir.
Les *Souvenirs* (3 ff. et XIV-175 p.) sont ornés d'un portrait de la maréchale en Diane chasseresse, gravé à l'eau-forte par EDMOND HÉDOUIN, d'après un tableau du temps.
Les *Mémoires* (2 ff. et 153 p.), suivis d'un Appendice ou *Pièces justificatives* (85 p.), sont précédés d'un médaillon également gravé par EDMOND HÉDOUIN, d'après COCHIN.
Un *Avis*, rédigé par le prince de POIX, prévient que ces *Mémoires*, dus à la plume de SAINT-LAMBERT, avaient été revisés par SUARD, d'après les notes de Mme de Beauvau.
L'ouvrage a été tiré à un petit nombre d'exemplaires, dont quelques-uns sur papier vergé et sur grand papier de Hollande.

21821. — [**Becdelièvre**.] Département de Paris. Domaines nationaux. Au nom de la République française. Vente après l'émigration de N. Becdelièvre, rue Blanche, n° 7, section du Mont-Blanc, le 7 floréal an II (26 avril 1794). *Imp. Ballard.* S. d., in-folio plano.

Collection Paul Dablin.

21822. — [**Beffroy de Reigny**.] Testament d'un électeur de Paris, par LOUIS-ABEL BEFFROY-REIGNY (sic), dit le Cousin Jacques. Orné du portrait de l'auteur (9 brumaire an IV-31 octobre 1795). *Paris, Mayeur; Desenne; Belin; Maradan; au bureau du*

Courrier de la librairie et maison Bratier et Cᵉ, l'an IV, in-8°, 192 p. [*N.* Lb⁴² 14.]

En regard du titre, portrait signé : P. Violet *delin.*, N. Bureau *sculp.* Sur le titre même au-dessus de ces mots : « Orné du portrait de l'auteur », une tête de mort gravée sur bois. Au verso du titre sont annoncés comme sous presse chez le même libraire (Mayeur, sans doute), les *Amours de l'Eucyppe* (sic) *et de Clitophon*, trad. du grec, 2 vol. in-18 avec 4 gravures ; *Histoire galante de Léonidas et de Sophronie*, 2 vol. in-18 ; les *Amours d'Hyparchie et de Cratès, philosophe cynique*, 1 vol. fig. ; *le Noir et le Blanc*, drame en quatre actes du c. Pigault-Lebrun, « quelques ouvrages libres » non désignés et un assortiment de toutes les pièces de théâtre.

21823. — Georges Lecocq. Notes et documents sur Beffroy de Reigny, dit le Cousin Jacques. *Laon, imp. H. Jacob, gérant du « Journal de l'Aisne »*, 1874, in-8°, 14 p.

Publication d'une demande d'emploi adressée par Beffroy de Reigny à Fontanes, grand maître de l'Université impériale, et d'un certificat facétieux et galant délivré par le même en l'an IV à la citoyenne Devienne, artiste du Théâtre-Français. Cette seconde pièce, reproduite en fac-similé, a reparu dans la *Revue des documents historiques* d'Etienne Charavay (tome VI, 1879).

21824. — [**Béhourt**.] Mémoire présenté au Comité de sûreté général de la Convention nationale, par le citoyen Béhourt (Jean-François), de la section de Beaurepaire de Paris, depuis le 14 juillet 1789 jusqu'au 30 septembre 1793 (vieux style) : 1° comme citoyen ; 2° comme fonctionnaire public ; 3° sur ses opinions politiques relatives à la Révolution, appuyé de pièces justificatives. *Rouen, imp. P. Seyer et Béhourt, deuxième année républicaine*, in-4°, 51 p. [*R.* AD. I, 49.]

21825. — [**Bélanger** (Fr.-Jos.).] Réclamation par Bélanger. — Bélanger, architecte à la Convention nationale. *S. l. n. d.* (1795 ?), in-4°, 4 p. [*A. N.*, F⁷ 4592.]

Les premiers mots du titre sont inscrits dans un cartouche gravé sur bois.
Revendication d'une maison sise rue Le Peletier, n° 8, dont Bélanger, son propriétaire, avait été expulsé par l'ancien comité révolutionnaire de la section des Piques.

21826. — Nécrologie. *Imp. C. Ballard. S. d.*, in-8°, 14 p. [*N.* Ln²⁷ 1412.]

Signé : Loiseau.
Réimp. dans la *Revue universelle des arts*, tome XXII, pp. 95-101.
L'auteur était une femme, élève et amie de Bélanger.

21827. — Catalogue de gouaches, aquarelles et dessins encadrés et en feuilles, estampes, objets d'histoire naturelle, pierres gravées, marbres, bronzes, terres cuites, une croix en bois sculpté par Albert Dürer, connue sous la dénomination de Croix Maximilienne, curiosités, armes, modèles, instruments de mathématiques et de physique, porcelaines de Chine, de Saxe, de Sèvres et objets divers, composant le cabinet de feu M. Bélanger, dessinateur ordinaire de la Chambre et du Cabinet du Roi, premier architecte intendant des bâtiments de S. A. R. Monsieur, architecte des Menus-Plaisirs de S. M., membre de plusieurs sociétés savantes et de la Légion d'honneur. Vente le lundi 15 juin et j. s., hôtel de Bullion. *F. Sallé, peintre-dessinateur, naturaliste et marchand de tableaux*, 1818, in-8°, 23 p. ; 294 numéros.

P. 3-6, *Introduction*, contenant la notice sommaire des principaux travaux de Bélanger et des curiosités de son cabinet.

21828. — Catalogue des livres d'architecture et autres du cabinet de M. Bélanger... Vente le 22 juin 1818 et j. s., hôtel Bullion. *Paris, Brunet*, 1818, in-8°, 19 p. ; 295 numéros. [*N.* Δ 13837.]

⁋ *L'Autographe* de G. Bourdin et Villemessant a reproduit, p. 355, en fac-similé, une longue lettre de Bélanger à Sophie Arnould, datée du 27 nivôse an III (16 janvier 1795) et lui contant sa vie pendant la Révolution. Elle a été reprise par Edmond de Goncourt dans les éditions nouvelles de *Sophie Arnould* (voyez les nᵒˢ 21687ª-21687ᵇ ci-dessus).

21829. — [**Belin**.] Précis pour le citoyen Belin, imprimeur, rue Jacques, à Paris. *S. l. n. d.*, in-8°, 4 p. [*N.* Ln²⁷ 1418.]

Arrêté le 27 germinal an II (16 avril 1794), Belin fut relâché le 21 thermidor suivant (8 août 1794).

21830. — [**Bénézech.**] Notice biographique sur Bénézech, par ANTOINE-ALEXIS CADET DE VAUX, lue à la séance publique de la Société d'agriculture du département de la Seine, le 2° jour complémentaire an X (19 septembre 1802). Extrait des « Mémoires de la Société d'agriculture ». *Paris, imp. de Mme Huzard, an XI*, in-8°, 20 p. [*N*. Ln^{27} 1516.]

21831. — Eloge historique de Pierre Bénézech, conseiller d'Etat, décédé préfet colonial à Saint-Domingue, prononcé à la séance publique de la Société d'agriculture de département de Seine-et-Oise, dont il était membre, le 7 messidor an XI (26 juin 1803), par ANTOINE-D.-J.-B. CHALLAN, tribun, membre de cette Société et de plusieurs Sociétés savantes. *Versailles, Jacob; Paris, Rondonneau; Lenormand, an XI-1803*, in-8°, 1 f. et 28 p. [*N*. Ln^{27} 1517.]

21832. — Un Ministre de l'intérieur sous le Directoire, par le P. C. SOMMERVOGEL, de la compagnie de Jésus. Extrait des « Etudes religieuses, historiques et littéraires », numéro de septembre 1868. *Paris, Aug. Durand*, 1868, in-8°, 32 p. [*N*. Ln^{27} 24357.]

Le P. Sommervogel était l'arrière-petit-fils de Bénézech.

21833. — [**Benoist.**] Appel au public. Le citoyen BENOIST, caissier du théâtre de la République et des Arts, contre le citoyen Devismes, administrateur dudit théâtre. *Imp. des Sourds-Muets. S. d.*, in-folio plano. [*N*. Ln^{27} 26462.]

Dénonciation d'escroquerie dont Devismes se serait rendu coupable.

21834. — [**Bercheny.**] Avis d'un citoyen impartial. *S. l. n. d.*, in-4°, 1 p. [*N*. Mss. fr. nouv. acq. 2042, f° 32.]

Protestation en faveur du comte Bercheny et de M. de Lambert, accusés d'avoir fait partie de l'armée du maréchal de Broglie.

21835. — [**Bergasse.**] Arrêt de cassation du jugement rendu contre Bergasse (15 mai 1790). *S. l. n. d.*, in-8°, 15 p. [*N*. Ln^{27} 1611.]

Facétie en style judiciaire.

21836. — Pourquoi l'accusez-vous, n'a-t-il pas fait ses preuves ? *S. l. n. d.*, in-8°, 18 p. [*N*. Lb^{39} 3476.]

A propos du bruit qui avait couru de l'émigration de Bergasse.

21837. — Lettre de M. BERGASSE aux rédacteurs de la « Correspondance politique », en réponse à une inculpation de Gorsas, et à une lettre insérée dans le n° 34 de la «Correspondance»(15 avril 1792). *Paris, Lallement. S. d.*, in-8°, 15 p. [*N*. Lb^{39} 5878.]

Sur la *Correspondance politique des véritables amis du Roi et de la patrie*, voyez tome II, n° 10731.

21838. — Réflexions du citoyen BERGASSE sur sa translation à Paris. *S. l. n. d.*, in-8°, 18 p. [*N*. Ln^{27} 1612.]

Arrêté trois jours après le 9 thermidor, il fut condamné à la détention jusqu'à la paix le 13 brumaire an III (3 novembre 1794).

21839. — Nicolas Bergasse, publiciste, avocat au Parlement de Paris, député de Lyon à l'Assemblée constituante, né à Lyon en 1750, mort à Paris en 1832. Discours de réception prononcé en séance publique de l'Académie de Lyon, le 8 avril 1862, par M. LÉOPOLD DE GAILLARD. *Lyon, imp. Girard et Josserand*, 1862, in-8°, 80 p. [*N*. Ln^{27} 1631.]

Réimp. avec quelques modifications et suppressions, dans un volume du même auteur intitulé : *Autres temps. Nicolas Bergasse, député de Lyon à l'Assemblée constituante. Deux enclaves de l'ancienne France. Orange et Avignon.* (E. Plon, Nourrit et Ce, 1893, in-12.)

21840. — [**Bernet de Boislorette.**] Protestation solennelle de l'aumônier du bataillon de Popincourt contre la messe de *Requiem* chantée dans l'église dudit Popincourt pour le repos de l'âme des gardes du corps tués dans l'affaire de Versailles. *S. l. n. d.*, in-8°, 7 p. [*Br. M. F. R.* 117, 10.]

Signée : ETIENNE BERNET DE BOISLORETTE. Voyez le numéro suivant.

21841. — Réponse du chevalier DE PAWLET à l'imprimé scandaleux répandu par le sieur Boislorette sous le nom de « Protestation » contre la messe de Requiem pour les âmes des Gardes du Roi, tués à Versailles la nuit du 5 au 6 octobre. S. l. n. d. (1790), in-8°, 12 p. [N. Lb^{39} 4199.]

21842. — Aumônier scandaleux. S. l. n. d., in-8°, 12 p. [N. Lb^{39} 7786.]

Reproduction d'une lettre publiée à la fin de la brochure intitulée : le Mariage des prêtres (cf. tome II, n°s 7498-7499), adressée à Rabaut de Saint-Etienne, président de l'Assemblée nationale, par l'abbé Bernet de Boislaurette (sic) et (p. 11), dénonciation anonyme du scandale qu'il causait aux fidèles.

21843. — Pétition à l'Assemblée nationale faite par FRANÇOIS-ETIENNE BERNET (DEBOIS-LORETTE) (sic), l'un des aumôniers de l'armée parisienne, prêtre catholique, marié constitutionnellement à une Anglaise protestante. Imp. C.-F. Perlet, an IV de la liberté (1792), in-8°, 12 p. [N. Ln^{27} 1726.]

Demande de secours suivie (p. 11) de la réponse de GUADET, président de l'Assemblée législative, d'un couplet du pétitionnaire et d'attestations en sa faveur délivrées par le maire de Montmartre, le général DE GOUVION et le chef du bataillon de Popincourt.
Voyez aussi le numéro suivant.

21844. — Souscription pour Lidie Kirkham, Anglaise protestante, veuve de Thomas Lovesueth, manufacturier-instructeur en bonneteries et soieries, remariée constitutionnellement en France, à François-Etienne Bernet-Boislorette, prêtre catholique, l'un des aumôniers gratuits de la garde nationale parisienne. Imp. du Patriote français. S. d., in-8°, 4 p. [N. Ln^{27} 1728.]

P. 3-4, liste des souscripteurs, avec le chiffre de leurs cotisations. On y remarque les noms de La Fayette, Condorcet, Anacharsis Clootz, Talma, Rabaut Saint-Etienne, Laurent Lecointre, Ch. Pougens, de Lessart, de Narbonne, etc.

21845. — [Berryer.] Souvenirs de M. BERRYER, doyen des avocats de Paris, de 1774 à 1838. Paris, Ambroise Dupont, 1839, 2 vol. in-8°. [N. La^{31} 5.]

ÉPIGR. :
> Quaeque ipse miserrima vidi
> Et quorum pars magna fui.
> Æn., lib. II.

Les chapitres IX-XIX du tome Ier sont consacrés à la période révolutionnaire et il est question dans le tome II de divers procès plaidés par l'auteur qui se rattachent à la même période (affaire Sembat de la Matelle, Weber, etc.).

21846. — [Berthier.] La liberté ou la mort. Réponse à l'imprimé intitulé : « Le général Tuncq à ses concitoyens », en ce qui concerne ALEXANDRE BERTHIER. Paris, imp. G.-F. Galletti. S. d., in-4°, 3 p. [N. Lb^{41} 802.]

Réfutation de diverses attaques, suivies de pièces justificatives.

21847. — [Bertier de Sauvigny.] Notice biographique sur M. de Bertier, intendant de Paris. Paris, imp. Sapia. S. d. (1847), in-8°, 15 p. [N. Ln^{27} 1791.]

Le faux-titre tient lieu de titre.

¶ M. LÉON MIROT a publié dans la Correspondance historique (1897, pp. 245-248 et 1898, pp. 41-51) divers documents relatifs à des sommes importantes que Bertier de Sauvigny aurait fait cacher en juillet 1789 par quelques-uns de ses domestiques et dont ceux-ci auraient plus tard révélé l'existence, mais il semble bien que ces documents appartiennent à la catégorie de ceux qu'on appelle dans l'argot des prisons des « lettres de Jérusalem » et dont j'ai déjà eu l'occasion de citer (tome II, n° 14260) d'autres exemples.

21848. — Bertin (Rose). Mémoires de Mlle BERTIN sur la reine Marie-Antoinette, avec des notes et des éclaircissements (1824).

Voyez les n°s 21031-21032 ci-dessus et le numéro suivant.

21849. — Un Moment d'humeur de Mlle Rose Bertin, par E. COÜARD, archiviste de Seine-et-Oise. Versailles, imp. Aubert, 1894, in-8°, 14 p. [N. Lk^{4} 2263.]

N° 4 d'une série de Mémoires et recueils publiés à l'aide de documents conservés dans les archives du département de Seine-et-Oise.
Plainte pour sévices et voies de fait déposée par Mlle Picot contre Mlle Rose Bertin dont elle

avait été l'ouvrière et dont elle était devenue la concurrente. L'affaire fut évoquée au Grand Conseil et se termina par la condamnation à l'amende prononcée contre Mlle Bertin (13 juillet 1782).

21850. — [**Bertin d'Antilly.**] Couplets chantés à la fête patriotique qui a eu lieu le 9 juin 1793, l'an 2ᵉ de la République française, rue d'Anjou, section du Marais, dans la maison, ci-devant hôtel, des parties casuelles, faisant partie des biens de feu Auguste-Louis Bertin, à la succession duquel le citoyen Bertin d'Antilly et la citoyenne Bertin-Robineau, ses enfants naturels, reconnus et en possession d'état, ont été appelés par la Déclaration des droits de l'homme et par le décret du 4 juin du présent mois. *Imp. Potier de Lille.* S. d., in-8°, 10 p. [*Br. M. F. R.*, 368, 1.]

Amusant pamphlet en vers et en prose, signé BERTIN D'ANTILLY, auteur de différents ouvrages dramatiques et notamment du *Siège de Lille* de la rue Feydeau et de *l'Apothéose de Lepelletier* à la Comédie-Italienne. Ces deux pièces n'ont pas été imprimées.

21851. — [**Bertrand de Moleville.**] Lettre de M. BERTRAND DE MOLEVILLE à M. le président de la Convention nationale (Londres, 11 février 1793). S. l. n. d., in-8°, 8 p. [*N.* Lb⁴¹ 552.]

Protestation contre l'arrestation de Mme Bertrand de Moleville et de son père, inculpés d'avoir reçu d'Angleterre une caisse de faux assignats.

Voyez le numéro suivant.

21852. — Seconde lettre de M. BERTRAND DE MOLEVILLE au président de la Convention nationale et Pièces justificatives (Londres, 15 février 1793). S. l. n. d., in-8°, 12 p. [*N.* Lb⁴¹ 2783.]

Voyez le numéro précédent.

¶ M. de Lescure a publié dans les appendices du volume intitulé : *les Autographes en France et à l'étranger* (J. Gay, 1864, in-8°), une note de Monmerqué relative à un second envoi de faux assignats effectué par Bertrand de Moleville et qui coûta la vie à M. de Flahaut.

21853. — Mémoires secrets pour servir à l'histoire de la dernière année du règne de Louis XVI, par ANT.-FR. BERTRAND DE MOLEVILLE (1797).

Voyez tome Iᵉʳ de la *Bibliographie*, nᵒˢ 71, 338, le n° 20843 ci-dessus et le numéro suivant.

21854. — Mémoires particuliers pour servir à l'histoire de la fin du règne de Louis XVI, par A.-F. DE BERTRAND MOLEVILLE (1816).

Voyez tome Iᵉʳ de la *Bibliographie*, n° 339, le n° 20844 ci-dessus et le numéro précédent.

¶ M. GUSTAVE MASSON a signalé dans le *Cabinet historique*, tome XI (1865), pp. 382-388, l'intérêt que présentent les manuscrits des *Mémoires* de Bertrand de Moleville (British Museum, fonds Egerton), dont de nombreux passages ont été supprimés ou modifiés à l'impression et il a cité la déclaration de l'auteur touchant « beaucoup de faits et de noms qu'il n'a cru ni convenable, ni prudent de publier ».

21855. — [**Besenval.**] Mémoires de M. le baron DE BESENVAL, lieutenant général des armées du Roi, sous Louis XV et Louis XVI..., écrits par lui-même, imprimés sur le manuscrit original et publiés par son exécuteur testamentaire... (1805).

Voyez le n° 20844 ci-dessus.

21856. — [**Béthune-Charost.**] Discours prononcé à la mairie du 10ᵉ arrondissement du canton de Paris, le 7 brumaire an IX (29 octobre 1800), aux obsèques du citoyen Béthune-Charost, en présence du citoyen Nicolas-Thérèse-Benoît Frochot, préfet du département de la Seine. *Imp. Gagnard.* S. d., in-8°, 36 p. [*N.* Ln²⁷ 1892.]

P. 1, *Discours prononcé... le 7 brumaire an IX, jour de la célébration de la pompe funèbre du cit. Béthune-Charost, décédé maire de cet arrondissement, le 5 de ce mois, dans sa 63ᵉ année, par le cit.* PIAULT, *adjoint dudit arrondissement.*

P. 20, *Discours prononcé par le citoyen* MO-REAU DE SAINT-MÉRY, *conseiller d'État, au nom de la Société d'agriculture du département de la Seine, au moment de l'exposition du corps du cit. Béthune-Charost, maire du 10ᵉ arrondissement... dans la grande salle de cette municipalité, le 7 brumaire an IX.*

P. 26, *Discours prononcé par le cit.* DRUJON, *secrétaire de la mairie du 10ᵉ arrondissement...*

P. 32, *Discours prononcé à la cérémonie des funérailles du cit. Béthune-Charost, l'un des administrateurs de l'institution nationale des Sourds-Muets de naissance, par le cit.* SICARD, *directeur de cette institution.*

21857. — Notice biographique sur Armand Béthune-Charost, lue au Lycée Républicain, le 3 frimaire an IX (24 novembre 1800), par A.-F. Silvestre, membre de plusieurs sociétés savantes nationales et étrangères. S. l. n. d., in-8°. [N. Ln^{27} 32487.]

Extrait paginé 99-128.

21858. — [**Beugnot.**] Mémoires du comte Beugnot, ancien ministre (1783-1815), publiés par le comte Albert Beugnot, son petit-fils. Paris, Dentu, 1866, 2 vol. in-8°. [N. La^{31} 7.]

Les *Mémoires* de Beugnot comportent un certain nombre d'épisodes dont la chronologie se trouve interrompue par de fréquentes lacunes et qui ont été publiés à de longs intervalles, d'abord dans la *Revue française* (1838-1839), puis dans la *Revue contemporaine* (1852-1854). En les réunissant, le petit-fils de l'auteur y a joint divers fragments inédits relatifs au séjour de Louis XVIII à Gand et à la seconde Restauration.

La relation de la détention de Beugnot à la Conciergerie, puis à la Force, a déjà été citée sous les n°^{s} 4365 et 4378 de la *Bibliographie*.

21859. — [**Bexon.**] Paris, ce 12 vendémiaire an XI (4 octobre 1802). Aux citoyens président et membres de la section civile du Tribunal de cassation. S. l. n. d., in-8°, 19 p. [N. Ln^{27} 1907.]

Signé : Bexon.

Aveu d'une irrégularité involontaire commise dans la procédure d'une affaire pendante devant ce tribunal.

21860. — Paris, vendémiaire an XI. Scipion Bexon, vice-président du tribunal de première instance du département de la Seine, au citoyen grand juge et ministre de la Justice de la République française. S. l. n. d., in-8°, 28 p. [N. Ln^{27} 1908.]

Exposé de ses services.

21861. — Note des services de M. Bexon, et sur sa proscription. S. d. (1816?), in-8°, 22 p. [N. Ln^{27} 1909.]

21862. — [**Bijot.**] Observations de M. René-Claude Bijot, ancien procureur au ci-devant Parlement de Paris. *Paris, imp. Guillot. S. d.*, in-4°, 7 p. [R. AD IX, 540.]

Au sujet de la liquidation de l'office qu'il avait acquis en 1782.

21863. — [**Billardon-Sauvigny.**] Pau, 25 pluviôse, troisième année démocratique. « Citoyens représentants, sous le triumvirat du coquinisme, du vandalisme et du terrorisme... » S. l. n. d., in-8°, 4 p. [N. Ln^{27} 1971.]

Pétition de Billardon-Sauvigny, à l'effet d'obtenir la levée de la suspension de ses deux drames d'*Aratus* et de *M. Pitt*.

21864. — [**Billaud-Varenne.**] Mémoires de Billaud-Varenne, ex-conventionnel, écrits au Port-au-Prince en 1818, contenant la relation de ses voyages et aventures dans le Mexique, depuis 1805 jusqu'en 1817, avec des notes historiques et un précis de l'insurrection américaine, depuis son origine jusqu'en 1820. Par M*******. *Paris, Plancher; Domère*, 1821, 2 vol. in-8°. [N. Ln^{27} 1972.]

Publication apocryphe, sans la moindre valeur, et qui n'est mentionnée ici qu'en raison de son titre.

M. Aulard a publié dans la *Révolution française*, tome XIV (janvier-juin 1888) des fragments de mémoires authentiques retrouvés aux Archives nationales dans les papiers de Billaud-Varenne saisis lors de son arrestation et de sa déportation. Ces fragments n'ont trait qu'à son enfance et à sa première jeunesse. Le texte édité par M. Aulard est précédé d'une bibliographie des écrits et discours de Billaud-Varenne.

Voyez le numéro suivant.

21865. — Curiosités révolutionnaires. Billaud-Varenne, membre du Comité de salut public. Mémoires inédits et Correspondance accompagnés de notes biographiques sur Billaud-Varenne et Collot-d'Herbois, par Alfred Bégis, de la Société des Amis des livres. *Paris, librairie de la Nouvelle Revue*, 1893, in-8°, X-455 p. [N. Ln^{27} 41333.]

Les deux portraits annoncés sont placés, le premier (celui de Billaud-Varenne) en regard du titre; le second (celui de Collot-d'Herbois) en regard de la p. 261. Tous deux sont fac-similés d'après la série iconographique de F. Bonneville.

Ce volume, qui n'a ni table, ni index, est ainsi composé : P. V, *Préface*. P. 1, *Billaud-Varenne. Notice biographique*. P. 261, *Collot d'Herbois. Notice biographique*. P. 291, *Mémoires inédits de Billaud-Varenne. Le Pour et le Contre ou Réflexions morales et politiques sur un passage de la Description des Alpes de M. Bourrit*.

Ces *Mémoires* ne sont en réalité que des amplifications déclamatoires et sentimentales dont l'histoire n'a rien à tirer.

Entre les pp. 272 et 273 est intercalé le fac-similé d'une note autographe de Sergent-Marceau en marge d'un passage des *Mémoires* de Garat relatifs aux massacres de septembre.

¶ Sur la vieillesse et la fin du conventionnel on consultera plus utilement, dans *la Nouvelle Minerve*, tome Ier (1835), un article anonyme intitulé : *les Dernières années de Billaud-Varenne*, et dans le même recueil, tome II, un article du général Bernard, intitulé : *Billaud-Varenne à Cayenne*, ainsi que le *Journal d'un déporté non jugé*, par Barbé-Marbois (cf. tome Ier de la Bibliographie, n° 4876).

21866. — [**Billecocq**.] Lettre écrite à M. le président du Club des Jacobins, par J. B. L. J. BILLECOCQ, citoyen français et électeur du département de Paris (17 juillet 1791). *Imp. Boulard*. S. d., in-8°, 7 p. [*N.* Lb³⁹ 5200.]

Démission motivée de ses fonctions de secrétaire.

21867. — [**Billin**.] Détails d'un événement malheureux arrivé au faubourg Montmartre; coup de pistolet tiré sur le juge de paix de cet arrondissement; arrestation de ce citoyen qui a obtenu justice du Tribunal criminel, exemple terrible pour les brigands qui brouyent (*sic*) les ménages. *Imp. Lachave*. S. d., in-8°, 4 p. [*N.* Ln²⁷ 31483.]

Jalousie et fureur d'un mari trompé, le c. Jean Billin, serrurier, demeurant rue de Sèvres.

21868. — [**Billot**.] Candidature du sieur ANDRÉ BILLOT aux fonctions d'huissier au Tribunat. *Paris, ce 17 nivôse an VIII (7 janvier 1800).* S. *l. n. d.*, in-4°. [*N.* Ln²⁷ 1987.]

D'après le catalogue imprimé de la Bibliothèque nationale.

21869. — [**Blignières**.] A la Convention nationale. Réclamation du citoyen BLI-GNIÈRES, ancien ingénieur à la Guyane, ci-devant professeur à l'Ecole militaire et capitaine retiré aux Invalides. *Imp. française de Mnémosyne*. S. d., in-8°, 12 p. [*N.* Ln²⁷ 2115.]

Exposé de ses services militaires et scientifiques et demande de secours.

21870. — [**Bochart de Saron**.] Eloge historique de Jean-Bapt.-Gasp. Bochart de Saron, premier président du Parlement de Paris, membre honoraire de l'Académie des sciences, par F.-L.-C. MONTJOYE. *Paris, Le Normant*. S. d., in-12, 184 et 8 p. [*N.* Ln²⁷ 2161.]

Les huit pages complémentaires renferment le catalogue des livres de fonds et d'assortiment de la librairie Le Normant.

Bochart de Saron était mort sur l'échafaud le 1er floréal an II (20 avril 1794).

21871. — [**Bohm** (Mme DE), née GIRARDIN.] Les Prisons en 1793 (1830).

Voyez tome Ier, n° 4362.

21872. — [**Boilly**.] HENRY HARRISSE. L.-L. Boilly, peintre, dessinateur et lithographe, sa vie et son œuvre (1761-1745). Etude suivie d'une description de treize cent soixante tableaux, portraits, dessins et lithographies de cet artiste. *Paris, Société de propagation des livres d'art*, 1898, in-4°, 3 ff. n. ch., 228 p. et 4 ff. n. ch. [*N.* Ln²⁷ 46206.]

Les feuillets non chiffrés contiennent la *Table des gravures*, la *Table des matières* et une liste des publications de l'auteur. Quelques ex. renferment en outre un carton pour les pp. 19-20 ; le premier tirage de cette page présentait un schéma des personnages groupés dans l'*Atelier d'Isabey*, dont une héliogravure devait être placée en regard du texte, mais cette planche n'ayant pu être exécutée, le passage fut modifié en conséquence.

21873. — [**Boisseau**.] Liberté, égalité, fraternité. *Paris, le 14 floréal, l'an II (3 mai 1794).* Aux représentants du peuple. S. *l. n. d.*, in-8°, 7 p. [*N.* Ln²⁷ 2232.]

Signé : M.-J. BOISSEAU.

Protestation d'un adjudicataire du service de l'habillement et demande de levée des scellés apposés sur ses magasins.

21874. — [**Boissy d'Anglas**.] Deux Onces de pain ou les Crimes de Boissy-d'Anglas dévoilés et dénoncés au peuple. *Imp. Lamberté. S. d.*, in-8°, 8 p. [*N.* Lb⁴² 1465.]

Signé : J.-M.-L. LEFRANC.

21875. — BOISSY D'ANGLAS à ses collègues. *Imp. Dupont. S. d.*, in-4°, 8 p. [*Br. M. F. R.* 32, 44.]

Réponse à un « infâme libelliste » au sujet des subsistances.

21876. — BAILLEUL, membre du Conseil des Cinq-Cents, à ses collègues, sur Boissy-d'Anglas, aussi membre du Conseil. *Chez les libraires du Conseil. S. d.*, in-8°, 14 p. [*N.* Lb⁴² 224.]

Violente diatribe. Voyez le numéro suivant.

21877. — La Vie de Boissy-d'Anglas, membre des Cinq-Cents, traité sans égard, et comme il le mérite. *Imp. N.-M. Dumaka. S. d.*, in-8°, 8 p. [*N.* Ln²⁷ 2239.]

Réimpression d'une partie du numéro précédent.

Signé : Par le citoyen B.....

21878. — « La France chrétienne ». Extrait du n° 30, 28 octobre 1826. Boissy-d'Anglas. *Paris, imp. David. S. d.*, in-8°, 8 p. [*N.* Ln²⁷ 2250.]

Le titre de départ, p. 3, porte : *Nécrologie*.

21879. — Chambre des Pairs. Séance du 3 janvier 1827. Discours prononcé par M. le marquis DE PASTORET, à l'occasion de la mort de M. le comte de Boissy-d'Anglas. *S. l. n. d.*, in-8°, 10 p. [*N.* Le⁵⁸ 2.]

Ce discours forme le n° 7 du recueil des « Impressions diverses » de la Chambre des Pairs pour l'année 1827 (tome Ier).

21880. — Institut royal de France. Notice historique sur la vie et les ouvrages de M. le comte Boissy-d'Anglas, par M. DACIER, secrétaire perpétuel de l'Académie royale des inscriptions et belles-lettres, lue dans la séance publique du vendredi 27 juillet 1827. *Paris, imp. Vᵉ Agasse. S. d.*, in-8°, 15 p. [*N.* Ln²⁷ 2234.]

Extrait du *Moniteur*.

21881. — [**Bonaparte** (Lucien).] Mémoires sur la vie privée, politique et littéraire de Lucien Bonaparte, prince de Canino, liés aux principaux événements du règne de son frère, et contenant sa participation à la révolution du 20 mars, rédigés sur sa correspondance et sur des pièces authentiques et inédites. *Paris, Delaunay; Eymery*, 1816, 2 vol. in-12. [*N.* Ln²⁷ 2317.]

En regard du titre du tome Ier, frontispice signé : *Dessiné et gravé par* AMBR. TARDIEU... portant cette légende : « Tout ce qui est factieux se cache, tout ce qui est Français se montre », avec renvoi à la page 113 où cette phrase est reproduite.

Le frontispice du tome II est anonyme; il représente Napoléon assis près d'une table, la main sur le front. Au-dessous : « La fumée du mont Saint-Jean lui a tourné la tête : c'est un homme perdu. » Cette phrase est également reproduite p. 136.

Ces *Mémoires secrets* n'ont pas été annoncés dans le *Journal de la librairie* de 1816, mais seulement en même temps que l'édition de 1818 (voyez le n° 21883 ci-dessous) à la *Table méthodique* (p. 43) et sans renvoi au corps du journal. Faut-il donc supposer que Lucien Bonaparte avait eu encore, au début de la Restauration, assez de crédit pour faire supprimer ce pamphlet?

21882. — Memoirs of the private and political life of LUCIEN BONAPARTE, prince of CANINO, translated from the French. *London*, 1818, 2 vol. in-8°. [*Br. M.* 1200, i. 27.]

D'après le catalogue imprimé du British Museum.

21883. — Mémoires secrets sur la vie privée, politique et littéraire de Lucien Bonaparte, prince de Canino, réimprimés sur l'édition qui vient de paraître à Londres. *Paris, chez tous les marchands de nouveautés*, 1818, in-8°, 382 p. [*N.* Ln²⁷ 2318.]

En regard du titre, portrait anonyme de trois quarts à droite, avec cette légende : *Lucien Bonaparte, prince de Canino*.

Réimpression de l'édition de 1816, mais très probablement revue, comme l'indique le titre, sur la traduction anglaise et présentant, outre de nombreuses variantes ou additions, de longues notes qui n'existent point dans l'édition originale, ainsi que le rétablissement de la plupart des noms propres désignés primitivement par de simples initiales.

21884. — Mémoires de LUCIEN BONAPARTE, prince DE CANINO, écrits par lui-même. Tome Ier. *Paris, Ch. Gosselin et Ce; Londres, Saunders et Ottley,* 1836, in-8°, 2 ff. et 488 p. [*N.* La³³ 17.]

Au verso du faux-titre, déclaration datée de Londres, 7 septembre 1836, désignant MM. Saunders et Ottley et Ch. Gosselin comme seuls éditeurs du premier volume des *Mémoires* et désaveu de toute autre publication portant un titre similaire. Voyez les deux numéros précédents et les trois numéros suivants.

Les *Mémoires* de 1836 ne comportent que cinq chapitres et s'arrêtent à fructidor an VII, mais un récit du coup d'État du 18 brumaire a été publié la même année dans *la Presse* et réimprimé en 1845 en volume (cf. tome Ier de la *Bibliographie,* n° 5191). Il a reparu depuis dans la publication du général Iung (voyez le n° 21889 ci-dessous).

Ch. Gosselin a mis en vente, en même temps que l'édition in-8° des *Mémoires,* une édition in-12 mentionnée sous le n° 5304 du *Journal de la librairie* de 1836.

21885. — Memoirs of LUCIEN BONAPARTE (prince OF CANINO), written by himself, translated from the original manuscript, under the immediate superintendance of the author. Part the first. (From the year 1792 to the year 8 of the Republic.) *New-York, Harper et Brothers,* 1836, in-12, 176 et 42 p. [*N.* La³³ 120.]

Les *Notes* ont une pagination distincte.

21886. — Au public, le libraire éditeur (25 octobre 1836). *Imp. Everat. S. d.,* in-8°, 7 p. [*N.* La³³ 121.]

Signé : C. LADVOCAT.

Protestation au sujet de la publication des *Mémoires* de Lucien Bonaparte annoncée chez d'autres éditeurs, alors que Ladvocat avait précédemment traité avec le prince.

21887. — Appel à la justice des contemporains de Lucien Bonaparte ou Réfutation des assertions de M. Thiers dans son « Histoire du Consulat et de l'Empire », par Mme la princesse DE CANINO, veuve LUCIEN BONAPARTE. *Paris, Garnier frères,* 1845, in-8°, 112 p. [*N.* Lb⁴³ 20.]

21888. — A M. le général de Fleischmann, aide de camp du roi de Wurtemberg [à] Stuttgard. *Passy, imp. Mansion. S. d.,* in-4°. [*N.* Ln²⁷ 2319.]

Lettre autographiée datée du 3 juillet 1858, signée : PIERRE-NAPOLÉON BONAPARTE, Paris, Grande-Rue, n° 27, à Auteuil. Protestation violente contre un passage des *Mémoires* de Miot de Melito (dont le général de Fleischmann, son gendre, était l'éditeur), et demande de réparation par les armes.

Le passage qui avait suscité cette provocation est sans doute celui où, parlant de Lucien, alors ministre de l'intérieur, Miot flétrit « l'immoralité publique, l'improbité civile de son administration, les concussions honteuses, la cupidité insatiable des agents dont il était entouré ». (*Mémoires,* Michel Lévy, 1858, tome Ier, p. 281).

21889. — TH. IUNG. Lucien Bonaparte et ses mémoires (1775-1840), d'après les papiers déposés aux Archives étrangères (*sic*) et d'autres documents inédits. *Paris, G. Charpentier,* 1882-1883, 3 vol. in-8°. [*N.* Ln²⁷ 33352.]

Épigraphe empruntée à Augustin Thierry.

Il a été tiré de cet ouvrage 30 ex. numérotés sur papier de Hollande.

L'auteur a intercalé dans son propre texte les fragments déjà publiés des *Mémoires* de Lucien Bonaparte.

21890. — Le Prince Lucien Bonaparte et sa famille. Ouvrage accompagné de portraits. *Paris, E. Plon, Nourrit et Ce,* 1889, in-8°, 2 ff. et XV-224 p. [*N.* Ln²⁷ 38028.]

21891. — FERNAND ENGERAND. Un Républicain. Le Prince Lucien Bonaparte. Conférence faite à Paris, salle des Capucines, le 21 mai 1890. *Caen, imp. lith. A. Le Boyteux,* 1890, in-8°, 3 ff. et 37 p. [*N.* Ln²⁷ 39219.]

Tiré à 200 ex., dont cinq sur papier de Hollande.

21892. — [**Bonaparte** (Napoléon).] Conduite politique et militaire du général Buonaparte, depuis son entrée dans l'Italie jusqu'à la conclusion définitive de la paix avec l'empereur, contenant les révolutions, combats, batailles, sièges, capitulations, armistices et traités de paix conclus entre les différentes puissances étrangères et la République française.

Paris, *Allut.* S. d., in-8°, 32 p. [*N.* Lb⁴² 1704.]

Signé : DENIS.
L'ex. de la B. N. porte la date manuscrite du 20 frimaire an VI (10 décembre 1797).

21893. — Correctif à la gloire de Bonaparte ou Lettre à ce général. (Frimaire.) *Venise et Paris, Lenfant,* an VI, in-8°, 29 p. [*N.* Lb⁴² 1706. Réserve.]

Signé : P. S. M. l'H. S. D. [P.-SYLVAIN MARÉCHAL, l'homme sans Dieu.]

21894. — Vie privée du général Buonaparte dès sa tendre enfance et sa conduite politique aux armées. *Imp. Augustin.* S. d., in-8°, 8 p. [*N.* Lb⁴² 1705.]

Extrait du n° 20 du *Tribun du peuple.*

21895. — Le Tribut de la gloire ou Essais historiques sur les honneurs que les anciens rendaient aux grands hommes et que nous devons leur rendre, par F. M***. *Paris, Bicant; Dentu,* an VI, in-8°, 35 p. [*N.* Lb⁴² 1707.]

En l'honneur du général Bonaparte.

21896. — Horrible Complot découvert, tendant d'empoisonner le général Buonaparte et le Directoire. Arrestation de celle qui devait exécuter ce crime atroce. *Imp. Allut.* S. d., in-8°, 4 p. [*N.* Lb⁴² 1708.]

Canard signé : CHARDON.

21897. — Grand Combat au bois de Boulogne entre deux députés, un colonel de dragons, un entrepreneur, un gros fournisseur de la République et un architecte, pour des propos tenus contre Buonaparte, qu'on disait être embaumé par les Égyptiens et envoyé en France pour figurer en momie au cabinet d'histoire naturelle, par ROUSSET, homme de loi. *Imp. Philippe.* S. d., in-8°, 8 p. [*N.* Lb⁴² 2221.]

21898. — Éloges du premier Consul Bonaparte et du jurisconsulte de Bonnière, par le citoyen BRUNETIÈRE aîné, ancien jurisconsulte et défenseur au Tribunal de cassation, rue Hyacinthe, prononcés le 17 nivôse an VII (6 janvier 1799), à la première section du Tribunal civil du département de la Seine. *Imp. Lesguiller frères.* S. d., in-8°, 4 p. [*N.* Lb¹³ 142.]

21899. — [**Boncerf.**] Récit et Réfutation de quelques calomnies (25 septembre 1791). S. l. n. d., in-8°, 12 p. [*N.* Lb³⁹ 5429.]

Une note contemporaine sur l'ex. de la B. N. porte : par M. BONCERF. Réponse aux attaques dont il était l'objet à propos de sa candidature à l'Assemblée législative.

21900. — Précis de la défense du citoyen BONCERF au Tribunal révolutionnaire, le 18 ventôse, l'an II (8 mars 1794). *Imp. rue du Théâtre-Français.* S. d., in-8°, 8 p. [*N.* Lb⁴¹ 3749.]

Il fut acquitté le même jour.

21901. — [**Bondu.**] État des services de FRANÇOIS-MARIE BONDU, secrétaire-contrôleur au Tribunal, employé depuis 1789 (avec le titre de chef de bureau) près les commissions administratives des diverses Assemblées nationales. *Imp. Baudouin, vendémiaire an XIII,* in-4°, 6 p. [*N.* Ln²⁷ 2351.]

Demande d'emploi.

21902. — [**Bonet de Treiches.**] Un ancien Conventionnel directeur de l'Opéra, Bonet de Treiches, par HENRY MOSNIER. *Le Puy, imp. Marchessou et fils,* 1891, in-8°, 29 p. [*N.* Ln²⁷ 40387.]

On lit au verso du faux-titre : Extrait du journal la *Haute-Loire.*

21903. — [**Bonjour.**] PAUL BONJOUR, adjoint de la quatrième division du ministère de la marine, à la Société populaire de la section Poissonnière, à celle des Jacobins et à tous les patriotes (29 frimaire an II-19 décembre 1793). S. l. n. d., in-8°, 12 p. [*N.* Ln²⁷ 2347.]

Protestation contre diverses inculpations. Voyez le numéro suivant.

21904. — Supplément à la justification de PAUL BONJOUR... (6 niv. an II-26 décembre 1793). *Paris, Galletti.* S. d., in-8°, 8 p. [*N.* Ln²⁷ 2348.]

21905. — [**Bonnard**.] Requête et Observations à MM. les membres composant le Directoire du département de Paris, pour M. Bonnard, contre les officiers municipaux de Neuilly (20 février 1792). *Imp. Potier de Lille. S. d.*, in-4°, 15 p. [*Br. M. F. R. 9° 2.*]

21906. — Mémoire pour le citoyen Bonnard, cultivateur à Villiers-la-Garenne. Municipalité de Neuilly-sur-Seine (22 ventôse an II-12 mars 1794). *Imp. Potier. S. d.*, in-4°, 7 p. [*N. Lb⁴¹ 3756.*]

Voyez le numéro suivant.

21907. — Pièces justificatives pour le citoyen Bonnard. *Imp. Potier. S. d.*, in-4°, 6 p. [*N. Lb⁴¹ 3757.*]

Voyez le numéro précédent.

21908. — [**Bonnecarrère**.] Exposé de la conduite de Guillaume Bonnecarrère, depuis le commencement de la Révolution jusqu'à ce jour. *R. Vatar. S. d.*, in-4°, 18 p. [*N. Lb⁴¹ 796.*]

Le titre de départ, page 3, porte : *Le jeudi 5 septembre, l'an II de la République une et indivisible.* Guillaume Bonnecarrère *aux citoyens composant le Comité révolutionnaire de la section de la Fontaine-de-Grenelle.*

21909. — Guillaume Bonnecarrère à ses concitoyens. *S. l. n. d.*, in 8°, 6 p. [*R. AD. I, 50.*]

21910. — [**Bonne-Savardin**.] Rapport fait au comité des recherches... par Jean-Philippe Garran..., tendant à dénoncer MM. Maillebois, Bonne-Savardin et Guignard Saint-Priest (1790).

Voyez tome Iᵉʳ, nᵒˢ 1221-1233.

21911. — [**Bonneval**.] Lettres de M. l'abbé de Bonneval, député du clergé de Paris, à ses commettants. *Paris, imp. Guerbart. S. d.*, in-8°, 216 p. — Troisième lettre de M. l'abbé de Bonneval..., suivie de sa protestation contre l'acte constitutionnel. Ce 20 septembre. *S. l.*, 1791, in-8°, 96 p. [*N. Lb³⁹ 5411.*]

La seconde lettre se trouve p. 91.

21912. — [**Bonnière** (de).] Éloges du Premier Consul Bonaparte et du jurisconsulte de Bonnière, par le citoyen Brunetière aîné... (1799).

Voyez le n° 21898 ci-dessus.

21913. — [**Bordier** (François).] Mort de Bordier, acteur des Variétés. *Paris, imp. de la Porte. S. d.*, in-8°, 6 p. [*N. Ln²⁷ 2425.*]

Signé : Dumaniant, acteur des Variétés.

Épign. :

Le crime fait la honte et non pas l'échafaud.

21914. — La Mort subite du sieur Bordier, acteur des Variétés. Lettre d'un négociant de Rouen à M. Guillaume, marchand de draps, rue Saint-Denis, du 22 août 1789. *Imp. Grangé. S. d.*, in-8°, 8 p. [*N. Ln²¹ 2426.*]

21915. — Les Iniquités découvertes ou l'Innocence reconnue des sieurs Bordier et Jourdain, démontrée par les dépositions des témoins, sur lesquelles néanmoins le sieur Flambart, lieutenant de la maréchaussée de Rouen, a prononcé la peine infamante de leur mort. Dédié aux destructeurs des aristocrates par ordre des ennemis du despotisme, 1789. *Se distribue gratis, chez M. le marquis d'Herbouville, colonel général des volontaires de Rouen, de l'imprimerie de la Prévôté à Paris*, in-8°, 28 p. [*N. Lb³⁹ 2116.*]

Épign. :

Des mortels ici-bas à quoi tient l'existence ?

21916. — Jugement de Bordier dans l'Empire des Morts ou Lettre de Lekain aux amateurs. *Se trouve chez l'auteur, rue du Coq-Saint-Honoré, n° 6. S. d.*, in-8°, 8 p. [*Br. M. F. R. 405, 15.*]

21917. — Bordier aux enfers, comédie en un acte, par M. L. B. D. Dʳ M. B. *Paris*, 1789, in-8°, 28 p. [*N. Lb³⁹ 2591.*]

Attribuée sans preuves par M. E. Jauffret (*Théâtre révolutionnaire*, p. 51) à Beffroy de Reigny. François Bordier, né à Paris le 2 août 1758, acteur de l'Ambigu et des Variétés-Amusantes, fut arrêté à Rouen le 3 août 1789, pour avoir fomenté une émeute, et pendu le 21 du même mois. Sa mémoire fut réhabilitée en 1793 par les soins de son camarade Ribié. (E. Campardon, *les Spectacles de la Foire*.)

Les personnages de *Bordier aux enfers* sont, outre Bordier lui-même, deux gardes du corps et une poissarde tués dans les journées des 5 et 6 octobre. Pièce contre-révolutionnaire.

21918. — [Bosc.] Note pour le C[en] Bosc. S. l. n. d., in-4°, 1 p. [*N.* Ln^{27} 2446.]

Candidature à l'Institut (section de zoologie) et exposé de ses titres.

21919. — Institut royal de France. Académie royale des sciences. Funérailles de M. Bosc. Discours de M. DUMÉRIL, membre de l'Académie royale des sciences, prononcé aux funérailles de M. Bosc, le 12 juillet 1828. *Paris, imp. F. Didot. S. d.*, in-4°, 8 p. [*N.* Ln^{27} 2447.]

Suivi des discours de CUVIER et de SILVESTRE.

21920. — Académie royale de médecine. Discours prononcé aux funérailles de M. Louis-Augustin-Guillaume Bosc, membre de l'Institut, associé de l'Académie royale de médecine, professeur au Jardin du Roi, etc., par J.-J. VIREY, membre titulaire et l'un des secrétaires de l'Académie royale de médecine, le 12 juillet 1828. *Paris, imp. Rignoux. S. d.*, in-4°, 4 p. [*N.* T^7 74.]

21921. — Notice sur M. Bosc. *Paris, imp. Fain. S. d.* (1828), in-4°, 3 p. [*N.* Ln^{27} 2448.]

Signé : POITEAU.

L'auteur était jardinier en chef du jardin botanique de l'Ecole de médecine. Œttinger lui donne pour collaborateur à cette courte notice (sans doute extraite de l'*Almanach du bon jardinier*) le botaniste P.-J.-Fr. TURPIN.

21922. — Notice biographique sur M. Louis-Augustin-Guillaume Bosc, membre de l'Institut et de la Société royale et centrale d'agriculture, lue à la séance publique de la Société, le 20 avril 1829, par le baron A.-F. DE SILVESTRE, secrétaire perpétuel de la Société royale et centrale d'agriculture, membre de l'Institut, etc., etc. *Paris, M*^{me} *Huzard*, 1829, in-8°, 28 p. [*N.* L^1 20°, n° 36.]

Extrait des *Mémoires* de la Société.

21923. — Institut royal de France. Eloge historique de M. Bosc, lu à la séance publique de l'Académie royale des sciences, le 15 juin 1829, par M. le baron CUVIER, secrétaire perpétuel. *Paris, imp. A.-F. Didot. S. d.*, in-4°, 28 p. [*N.* Ln^{27} 2449.]

21924. — Notice nécrologique sur M. Bosc, par M. DE PRONVILLE, bibliothécaire perpétuel de la Société d'agriculture et des arts du département de Seine-et-Oise, lue dans sa séance publique du 19 juillet 1829. *Versailles, imp. F.-N. Allois. S. d.*, in-8°, 15 p. [*N.* Ln^{27} 2450.]

21925. — Notes sur mon village. Le Naturaliste Bosc et les Girondins à Saint-Prix (canton de Montmorency), par AUGUSTE REY. *Paris (Pontoise, imp. A. Páris)*, 1882, in-8°, 2 ff. et 45 p. [*N.* Lk^7 23162.]

Au verso du faux-titre, dédicace à M. Alex. Beljame, maître de conférences à la Sorbonne, petit-fils de Bosc. En regard du titre : [Ermitage de] *Sainte-Radegonde dans la forêt de Montmorency*, héliogravure de Dujardin, d'après une photographie de l'auteur.

Tiré à un très petit nombre d'ex., tous sur papier vergé et dont quelques-uns seulement ont été mis en vente.

21926. — A. REY. Le naturaliste Bosc. Un girondin herborisant. *Revue de l'histoire de Versailles et de Seine-et-Oise. Versailles, Léon Bernard; Paris, Alph. Picard,* 1901, in-8°, 2 ff. et 70 p.

En regard du titre, portrait de L.-A.-C. Bosc gravé au acier d'après un portrait offert au Muséum par Mme Beljame, née Bosc.

Seconde édition, augmentée, du travail décrit sous le numéro précédent et renfermant, comme la première, la vue héliogravée de l'ermitage de Sainte-Radegonde.

21927. — [Bouchaud.] [Lettre-circulaire commençant ainsi :] « L'an 5 de la République. Citoyens, je me suis présenté à la seconde classe de l'Institut national pour une place vacante dans la section de l'histoire... » *S. l. n. d.*, feuillet in-8°. [*N.* Ln^{27} 30509.]

Exposé des titres de l'impétrant au siège qu'il sollicitait.

Mathieu-Antoine Bouchaud (1719-1804), érudit et jurisconsulte, collaborateur de l'*Encyclopédie*, ancien associé et pensionnaire de l'Académie des inscriptions, fut élu membre de la 2e classe de l'Institut, le 5 thermidor an V (23 juillet 1797) et passa dans la 3e classe lors de l'organisation de 1803.

21928. — [**Boucher**.] Adresse à l'Assemblée nationale pour NICOLAS-DENIS BOUCHER fils aîné, marchand de bois, expert des bois et domaines et capitaine de la garde nationale du Pecq. Mars 1791. *Saint-Germain-en-Laye, imp. Perreault*, mars 1791, in-8°, 15 p. [*N*. Ln27 2527.]

Réclamations d'indemnités pour pertes subies sous l'ancien régime.

L'ex. de la B. N. porte un envoi à Grégoire.

21929. — [**Boucher-René**.] Réponse de BOUCHER-RENÉ aux dénonciations faites par le Conseil général [de la Commune de Paris], du 10 août 1792. S. l. n. d., in-8°, 20 p. [*N*. Lb41 2551.]

21930. — [**Boucher-Saint-Sauveur** (A.-S.).] BOUCHER-SAUVEUR; injurié par Bourdon de l'Oise, à ses concitoyens. *Imp. Mayer. S. d.*, in-8°, 6 p. [*N*. Lb41 1240.]

21931. — [**Boucher d'Argis** (Alex.-Jean).] Plaidoyer prononcé au tribunal du 6e arrondissement, le 25 janvier 1791, par M. BOUCHER D'ARGIS, ancien magistrat, sur une demande en prise à partie formée contre lui. *Paris, imp. Du Pont*, 1792; in-8°, 1 f. et 40 p. [*R*. AD III, 47.]

Le titre de départ, p. 1, porte : Plaidoyer de M. BOUCHER D'ARGIS, tiers opposant au jugement du 19 novembre 1791 et intervenant contre le sieur Maurice Nécart, se disant avocat, demandeur et défendeur, en présence des sieur et dame de Caumont de la Force, défendeur du sieur Deschamps, ancien procureur au Châtelet, avoué aux Tribunaux de Paris, tiers opposant, et de Monsieur le commissaire du Roi.

Boucher d'Argis mourut sur l'échafaud le 5 thermidor an II (23 juillet 1794).

Le *Moniteur* du 16 nivôse an VI (6 janvier 1796) contient un avis relatif à la mise en vente, en totalité ou par lots, de la bibliothèque de « feu Boucher Dargis (sic), mort sous le régime décemviral ». « Cette bibliothèque, dit le c. Gide, libraire (Jardin-Egalité, 13 et 14), l'une des plus complètes en son genre, est d'autant plus précieuse qu'un grand nombre des ouvrages qui la composent sont enrichis de notes savantes faites en grande partie par M. Boucher d'Argis le père. » Elle fut sans doute cédée à l'amiable, car je n'ai pu trouver trace des enchères, ni du catalogue que distribuait le citoyen Gide.

21932. — [**Boucheron**.] Pétition d'un citoyen qui a dévoué sa vie pour la chose publique à Messieurs de la municipalité de Paris et à toutes les sections, corporations et clubs des Amis de la Constitution, avec pièces à l'appui (25 novembre 1790). *Imp. du Patriote français. S. d.*, in-8°, 18 p. [*N*. Ln27 31354.]

Épigr. empruntée au *Contrat social*.

Demande d'emploi signée (p. 8) : BOUCHERON, capitaine par brevet d'honneur de la garde nationale et ancien secrétaire, puis commissaire des comités civil et militaire du district de Saint-Gervais. P. 18, *Pièces justificatives* (lettres et attestations du président du district; de POUPART DE BEAUBOURG, du comte DE PIQUOD SAINTE-HONORINE, ancien commissaire du district des Minimes, de MILLY, ancien président de la section de la Bibliothèque, de JOANNON, capitaine d'une compagnie du centre, et d'ETHIS DE CORNY).

Voyez aussi tome Ier, n° 1101.

21933. — [**Bouchet**.] Département de Paris. Domaines nationaux. Au nom de la République française. Vente après la mort de Michel-Joseph Boucher, tailleur, condamné par le Tribunal révolutionnaire, rue de Thionville, n° 1842, section de l'Unité, le 13 germinal an II (2 avril 1794). *Imp. Ballard. S. d.*, in-folio plano.

Collection Paul Dablin.

Bouchet (et non Boucher) avait été condamné le 19 frimaire an II (9 décembre 1793), ainsi que cinq autres accusés, comme complice d'une « fourniture infidèle d'habits » aux armées de la République.

21934. — [**Bouchez**.] Premier jugement de divorce prononcé par M. le juge de paix de la section de Mil-sept-cent-quatre-vingt-douze, le 12 septembre présent mois. Imprimé par ordre de M. le Ministre de la Justice. *Imp. Nationale exécutive du Louvre*, 1792, in-4°, 4 p. [*N*. 4° F. M. 3760.]

Divorce prononcé contre Joseph Bouchez, tailleur, rue Neuve-Saint-Augustin, 25, et Cécile-Hélène Caux, son épouse.

21935. — [**Boudelet**.] Détail exact et intéressant de ce qui est arrivé hier soir aux Champs-Elysées: Duel qui a eu lieu entre le citoyen Boudelet, employé, demeurant rue du Faubourg-Honoré, n° 42.

et la citoyenne Eugénie Ridol, âgée de dix-huit ans, demeurant cloître Notre-Dame, qui était déguisée en homme. Motifs de leur combat. Défense vigoureuse de cette jeune fille. Surprise du citoyen Boudelet en la reconnaissant. Ses dernières paroles après avoir été blessé d'un coup d'épée. *Imp. Lacroix. S. d.*, in-8°, 4 p. [*N.* Ln²⁷ 2554.]

Signé : GEFAR.

21936. — [**Boudot (Louise).**] Liberté, égalité. Tableau d'un crime affreux commis par une jeune fille, âgée de vingt-trois ans, qui a coupé avec un couteau le cou de son enfant nouveau-né et qui ensuite est allée elle-même le précipiter dans les lieux d'aisance de la maison dite Lamoignon, rue Pavée, n° 1, division des Droits de l'homme. Son nom, son arrestation et sa translation aux Madelonettes, où elle est maintenant à l'Infirmerie. Détails des circonstances qui ont précédé et suivi son horrible attentat. Epoque à laquelle cette meurtrière paraîtra au Tribunal criminel du département de la Seine. *Imp. Philippe. S. d.*, in-8°, 4 p. [*N.* Ln²⁷ 2573.]

Signé : ROUSSET, homme de loi.

21937. — [**Boufflers.**] [Réclamations de la citoyenne CAMPET, veuve d'EDOUARD BOUFFLERS, commençant par ces mots :] Citoyens représentants, j'ose réclamer, dans la loi contre les parents des émigrés, une exception qui me regarde seule... *S. l. n. d.*, in-4°, 2 p. [*N.* Lb⁴¹ 1716.]

Signée : CAMPET, veuve BOUFFLERS.
Protestation contre le décret du 20 frimaire an II sur la séquestration des biens de parents d'émigrés. La pétitionnaire fait observer que son fils unique, marié et père de famille, est mort à l'âge de quarante ans, et qu'elle a été elle-même détenue neuf mois à la Conciergerie.
La citoyenne Campet, veuve Boufflers, s'appelait en réalité Marie-Charlotte-Hippolyte de Campet de Saujon. Née en 1725 sur la paroisse de Saint-Sulpice, mariée en 1746 au marquis Edouard de Boufflers-Rouvrel, elle avait été la correspondante de J.-J. Rousseau et de David Hûme, l'amie de Gustave III, roi de Suède, et la maîtresse du prince de Conti (ce qui l'avait fait surnommer, par Mme du Deffand, l'*Idole du Temple*). La date et le lieu de son décès ont été longtemps ignorés, mais M. Ch. Nauroy (*le Curieux*, I, 294) a établi qu'elle était morte à Rouen, le 7 frimaire an IX (28 novembre 1800).
Jal lui a consacré, dans son *Dictionnaire critique*, un article dont il avait communiqué les éléments à Sainte-Beuve pour une étude réimp. au tome IV des *Nouveaux lundis*, dans laquelle l'auteur a fait également usage de notes extraites par M. Parent de Rosan des registres de la commune d'Auteuil concernant la citoyenne Boufflers et sa belle-fille, la comtesse Amélie (née Puchot des Alleurs).

21938. — ANTOINE GUILLOIS. Les Boufflers à Auteuil. Conférence faite le 22 décembre 1894, à la séance solennelle de la Société historique d'Auteuil et de Passy. *Auteuil*, 1895, in-8°, 39 p. (les deux dernières non chiffrées). [*N.* Lm³ 2324.]

Les deux dernières pages sont occupées par le plan de la propriété des Boufflers à Auteuil, dressé d'après le plan manuscrit de Rozy (1658, *A. N.*) et d'après la carte de Roussel (1765).

21939. — [**Bourbon-Conti.**] Mémoire de STÉPHANIE-LOUISE DE BOURBON [CONTI-MONT-CAIR-ZAIN], fille majeure légitimée, citoyenne française, à la Convention nationale et au peuple français. *Imp. Poignée, an IV*, in-8°, 16 p. [*N.* Ln²⁷ 4831.]

Les véritables noms de cette soi-disant princesse étaient Anne-Louise-Françoise Delorme. Née à Paris en 1756 ou en 1762 et mariée à un sieur Billet, qui obtint le divorce en 1795, elle se disait fille naturelle du prince de Conti et de la duchesse de Mazarin et avait adopté le nom de Conti-Mont-Cair-Zain, destiné à rappeler ses prétendues origines. Elle mourut à Paris en 1825. Ch. Weiss lui a consacré, dans la *Biographie Michaud*, un excellent article (v° *Bourbon-Conti*).
Voyez les cinq numéros suivants.

21940. — Mémoires historiques de STÉPHANIE-LOUISE DE BOURBON-CONTI, écrits par elle-même. *Paris, chez l'auteur, rue Cassette, n° 914, floréal an VI*, 2 vol. in-8°. [*N.* Ln²⁷ 4832.]

Au verso du faux-titre du tome Ier, signature de l'auteur.
Epigraphe empruntée à Racine.
Ces *Mémoires* ont été rédigés, selon Ch. Weiss, par JACQUES-CORENTIN ROYOU, également auteur du *Portrait* décrit sous le numéro suivant.

21941. — Portrait d'une grande princesse fait après la lecture de son ouvrage, à elle envoyé par Royou. S. l. n. d., in-8°, 3 p. [N. Ln²⁷ 4833.]

Voyez le numéro précédent.

« On trouve dans les *Affiches* de vendémiaire an V, p. 67, une curieuse réclame sur les talents d'institutrice dont la princesse offrait de faire la preuve « en attendant que le sort des Bourbons soit réglé ».

21942. — Réclamations de STÉPHANIE-LOUISE DE BOURBON-CONTI adressées au Premier Consul (3 prairial an XI-23 mai 1803). Imp. Le Normant. S. d., in-4°, 8 p. [P. 29070*.]

21943. — Histoire tragi-comique de la soi-disant princesse Stéphanie de Bourbon-Conti, par un homme présenté à l'ancienne cour, ruiné par la Révolution, aujourd'hui presqu'enterré, presqu'entièrement oublié. *Besançon*, 1810, in-8°.

Par le comte A.-J. DE BARRUEL-BEAUVERT, d'après le *Dictionnaire des anonymes*. Quérard (*France littéraire*) ajoute que le livre fut saisi par la police.

21944. — Mémoire présenté au Roi et adressé par ses ordres au ministre de l'intérieur. Paris, ce 20 juillet 1819. *Imp. Brasseur aîné*. S. d., in-4°. [N. Ln²⁷ 4834.]

Signé : S.-L. DE BOURBON-CONTI.

Le *Mémoire* (4 p.) est suivi de trois autres pièces ayant une pagination distincte : *Reconnaissance de Louis XVI* [lettres et pièces de comptabilité], 8 p. ; *Extrait des pièces qui prouvent la reconnaissance de Louis XVIII étant Monsieur* (4 p.); *Extrait des pièces qui prouvent la reconnaissance de la nation* (8 p.).

21945. — **Bourdon** (Léonard).] LÉONARD BOURDON, substitut du procureur de la Commune de Paris, à Marat. *Galletti, an IV* (1792), in-8°, 4 p. [N. Lb⁴¹ 2304.]

Apologie de sa conduite politique.

21946. — [Certificat donné au député Bourdon par JEAN DEBRY et L.-E. BEFFROY, commençant par ces mots :] Je déclare que le citoyen Bourdon... S. l. n. d., in-8°, 1 p. [N. Lb⁴¹ 2305.]

21947. — Copie de la déclaration faite aux autorités constituées d'Orléans, par Léonard Bourdon, député à la Convention nationale. Conforme à l'extrait en forme envoyé au président de la Convention (17 mars 1793). S. l. n. d., in-8°, 12 p. [N. Lb⁴¹ 587.]

Au sujet d'une attaque à main armée dirigée contre lui.

Voyez les quatre numéros suivants.

21948. — [Adresse des maires et officiers municipaux d'Orléans aux habitants de cette ville, en date du 20 mars, au sujet de l'affaire de Léonard Bourdon, commençant par ces mots :] Citoyens, la malveillance s'est plu à dénaturer les événements qui ont affligé notre ville le 16 de ce mois... S. l. n. d., in-4°, 1 p. [N. Lb⁴¹ 589.]

Envoi du procès-verbal de leurs délibérations. Il n'est pas joint à cette lettre.

21949. — Jugement du Tribunal criminel révolutionnaire établi au Palais, à Paris, par la loi du 10 mars 1793, pour juger sans appel les conspirateurs, qui condamne à la peine de mort, en robe rouge, 9 chefs de la conspiration de la ville d'Orléans et de l'assassinat de Léonard Bourdon, député du département du Loiret à la Convention nationale. *Imp. Guilhemat*. S. d., in-4°, 4 p. [N. Lb⁴¹ 740.]

21950. — Jugement du Tribunal extraordinaire et révolutionnaire, qui condamne à la peine de mort, avec une chemise rouge, les surnommés ci-après : François-Benoît Couet, Joseph-Hippolyte-Adrien Buissot, Jean-Henri Gallet Duvivier, Jacques-Nicolas Jacquet jeune, Tassin Moncourt, Jean-Baptiste Quesnel, Charles-Philippe Nonneville et Jacques Broue de La Salle, comme auteurs et complices de l'assassinat de Léonard Bourdon, et qui met en liberté les nommés Pierre-Etienne Gombault, Germain Grenon, Charles Johanneton fils, Louis Thomain, non convaincus d'être complices de cet assassinat. *Imp. P. Lerouge et Berthelot*. S. d., in-4°, 4 p. [N. Lb⁴¹ 741.]

21951. — Jugement rendu par le Tribunal révolutionnaire, qui condamne à la peine de mort neuf des prévenus dans l'assassinat de Léonard Bourdon à Orléans, et qui acquitte quatre autres prévenus dans la même affaire. *Imp. F. Gourdin. S. d.*, in-4°, 4 p. [*N.* Lb⁴¹ 742.]

Même jugement que le précédent.

21952. — Léonard Bourdon, représentant du peuple, à ses concitoyens. *Imp. de la Société des Jeunes-Français, an III*, in-4°, 8 p. [*N.* Lb⁴¹ 1393.]

Au sujet d'une série d'accusations portées contre lui par Fréron et notamment de vols au garde-meuble du palais de Versailles.

21953. — [**Bournonville** (Marguerite Tauberelle, femme).] Jugement prévôtal, rendu en la chambre criminelle du Châtelet de Paris, qui condame Marguerite Tauberelle, femme de Jean-Baptiste Bournonville, à être attachée au carcan dans la place de Grève, depuis midi jusqu'à deux heures, avec écriteau devant et derrière portant ces mots : « Femme violente et séditieuse », et, audit lieu, flétrie d'un fer chaud en forme d'une fleur de lys, sur l'épaule droite, et de suite conduite à l'Hôpital, pour y être renfermée pendant trois ans. Extrait des registres du greffe de la prévôté et maréchaussée générale de l'Ile de France. Du vingt août mil sept cent quatre-vingt-neuf. *Paris, imp. Vᵉ Valade. S. d.*, in-4°, 3 p. [*N.* Lb³⁹ 2228.]

Pour avoir « tenu des propos séditieux, et excité par ces propos un attroupement ».

21954. — [**Boursault**, dit **Malherbe**.] Assemblée électorale du département de Paris. Du 23 janvier 1793... *Duplain. S. d.*, in-folio plano. [*N.* Lb⁴¹ 2724.]

Annulation, pour cause de faillite, de l'élection de Boursault, dit Malherbe, comme député suppléant à la Convention.

21955. — Réflexions nécessaires à l'intelligence de l'état actif et passif présenté par le citoyen Boursault à ses soi-disant créanciers, relativement à la situation où se trouve le théâtre Molière. *Imp. Doublet*, 1821, in-4°, 8 p.

Réimp. d'une pièce dont je n'ai pu retrouver l'édition originale.
Voyez les trois numéros suivants.

21956. — Réponse des citoyens Jean-Baptiste Godefert, marchand de bois; Jacques-Charles Protain, peintre; Vital Beverdy, serrurier; Etienne Lenoble, tourneur; Etienne-Louis-Anne Sauvate, marchand tapissier; André Guérard, menuisier; François Ponson, menuisier; Jean-Charles Génisson, menuisier; Claude Brillet, ferblantier; Pierre-François Josse, marchand mercier, etc., etc., à un écrit imprimé chez Limodin... intitulé : « Réflexions nécessaires à l'intelligence de l'état actif et passif, présenté par le citoyen Boursault à ses créanciers... *Imp. Clément. S. d.*, in-4°, 12 p. [*R.* AD II, 39.]

Voyez le numéro précédent et les deux numéros suivants.

21957. — Boursault à ses concitoyens, en réponse au libelle des citoyens Godfert, Reverdy, Lenoble, L'Huillier, sculpteur; Ponson, Génisson, Guérard, Josse, Dominé, Sauvat. *Paris, imp. Nationale exécutive du Louvre*, 1793, in-4°, 11 p. [*N.* Lb⁴¹ 2731.]

Voyez le numéro précédent et le numéro suivant.

21958. — Réplique des créanciers de Boursault, directeur et acteur du théâtre Molière, à son écrit intitulé : « Boursault à ses concitoyens... », imprimé à l'Imprimerie nationale exécutive du Louvre, 1793. *Imp. Clément*, 1793, in-4°, 12 p. [*N.* Lb⁴¹ 2732.]

21959. — Des intrigues et des actes arbitraires concernant les ventes des biens nationaux, et notamment de Boursault, dit Malherbe, principal machinateur (25 messidor an IV-13 juillet 1796). *Imp. Laurens aîné. S. d.*, in-4°, 8 p. [*N.* Lb⁴² 152.]

Signé : C.-C. Robin, rue Projetée-Choiseul.
Au sujet de l'acquisition du parc et du château de Grosbois.

21960. — Sur le système d'avilissement et de calomnie dont les ennemis de tout gouvernement ne cessent d'abreuver les députés qui ont été et sont encore au Corps législatif. Boursault à Robin-Marat, rue Projetée, n° 8. *Imp. C.-F. Cramer. S. d., in-8°, 4 p. [N. Lb⁵² 153.]*

21961. — M. J.-F. Boursault-Malherbe livré à l'opinion publique. *Paris, Mongie; Delaunay et les marchands de nouveautés,* 1819, in-8°, 2 ff. et 33 p. [*N.* Lf¹³⁸ 9.]

Suivi d'une lettre d'envoi à Boursault, datée du 16 mars.
Signé : BOUVARD.
Voyez le numéro suivant.

21962. — Appel fait à l'honneur et à la probité de M. Boursault-Malherbe, par C. BOUVARD. *Paris, Mongie; Delaunay et les marchands de nouveautés,* 1819, in-8°, 56 p. [*N.* Lf¹³⁸ 10.]

Même pièce que la précédente, plus (p. 56) deux lettres de Bouvard à Boursault datées du 31 mars et du 1ᵉʳ avril 1819.

21963. — Notice sur la vie publique et privée de J.-F. BOURSAULT-MALHERBE, en réponse à quelques pamphlets. *Paris, imp. Lebègue,* 1819, in-8°, 40 p. [*N.* Lf¹³⁸ 11.]

ÉPIGR. :

Nihil affirmat sapiens quin probet.

21964. — Quelques Observations sur la notice de M. Boursault-Malherbe, par C. BOUVARD. *Paris, Mongie,* 1819, in-8°, 15 p. [*N.* Lf¹³⁸ 12.]

ÉPIGR. :

Semel mendax, semper mendax.

21965. — Factum de M. BOURSAULT contre ses calomniateurs. *Paris, imp. Lebègue* (1819), in-8°, 1 f. et 11 p. [*N.* Lf¹³⁸ 13.]

ÉPIGR. :

Multa paucis.

21966. — Observations pour servir de supplément à la Notice de M. BOURSAULT, par suite de l'appel interjeté par le sieur Bouvard, sur sa condamnation en police correctionnelle (laquelle Notice est à la p. 36). *Paris, imp. Lebègue,* 1819, in-8°, 1 f., 36 et 40 p. [*N.* Lf¹³⁸ 14.]

21967. — Encore l'Observateur des maisons de jeu. *Paris, Petit,* 1819, in-8°, 1 f. et 32 p. [*N.* Lf¹³⁸ 15.]

Par A.-M. CAHAISSE.

21968. — L'Observateur des maisons de jeu à M. Boursault ou Réponse à ses dernières Observations. *Paris, imp. P. Gueffier,* 1819, in-8°, IV-15 p. [*N.* Lf¹³⁸ 16.]

Par CAHAISSE.

21969. — Le 21 Janvier ou Fragments pour servir à la continuation de la vie de J.-F. Boursault, publiée par lui-même en 1819. *Imp. Pillet aîné. S. d.,* in-8°. [*N.* Lf¹³⁸ 17.]

Par CAHAISSE.

21970. — Les deux Boursault, macédoine précédée et suivie de quelques réflexions sur la ferme des jeux. *Imp. Pillet aîné* (1820), in-8°, 16 p. [*N.* Lf¹³⁸ 18.]

Par CAHAISSE.

21970ᵃ. — Les Deux Boursault... Deuxième édition revue, corrigée et augmentée. *Paris, Petit,* 1820, in-8°, VII-16 p. [*N.* Lf¹³⁸ 18 A.]

Entre l'*Introduction* et le texte du pamphlet est intercalée une lith. anonyme repliée (Lith. C. Motte) portant cette légende : N° 1. L'Électeur de 1792 haranguant le peuple. N° 2. Son homonime (sic).

21971. — Procès sur procès ou Résultat du choix qu'on a fait de M. Boursault-Malherbe comme fermier des jeux, suivi d'une Réponse aux demandes qui me sont faites relativement aux deux Boursault. *Paris, Corbet,* 1820, in-8°, 44 p. [*N.* Lf¹³⁸ 19.]

Par CAHAISSE.

21972. — L'Argus des maisons de jeu et des établissements consacrés à nos plaisirs. *Paris, Petit,* 1820, 4 parties in-8°. [*N.* Lf¹³⁸ 20.]

Par CAHAISSE.

21973. — Petite Lettre adressée à un grand homme. *Paris, Bataille et Bousquet,* 1820, in-8°, 16 p. [*N.* Lf¹³⁸ 21.]

Par CAHAISSE.

21974. — Copie de la lettre d'un mort, habitant du Ténare, à l'illustre et honoré Tartuffe Bégearss, son ami, chef d'une des Académies de jeux établies dans Lutèce. Au royaume de Pluton, novembre 1820. S. l. n. d., in-8°, 14 p. [N. Lf¹³⁸ 22.]

Signé : Ton ami l'alétophile, Du......LY.

21975. — Adresse à MM. les membres composant la Chambre des Pairs et la Chambre des Députés. Imp. V. Renaudière, 1821, in-8°, 1 f. et 17 p. [N. Lf¹³⁸ 23.]

Signé : CAHAISSE.
Contre Boursault.

21976. — Indication de quelques pièces qui feront juger de la véracité de l'auteur d'une pétition adressée à MM. les Pairs de France et à MM. les Députés des départements contre le fermier des jeux de Paris (26 février 1821). Paris, imp. V° J.-L. Scherff. S. d., in-8°, 26 p. [N. Lf¹³⁸ 24.]

A l'ex. de la B. N. est jointe une lettre d'envoi imprimée, datée du 6 mars.
Signé : BOURSAULT.

21977. — L'Observateur des maisons de jeux. Imp. V° Renaudière (1821), in-8°, 1 f. et 42 p. [N. Lf¹³⁸ 25.]

Par CAHAISSE.
Le titre de départ, p. 1, porte en plus : Réponse à Boursault, fermier des jeux.

21978. — Réveil de « l'Observateur des maisons de jeux ». Paris, chez les marchands de nouveautés, 1821, in-8°, 1 f. et 24 p. [N. Lf¹³⁸ 26.]

Par CAHAISSE.

21979. — Le Défenseur des maisons de jeu ou Réflexions sur une pétition présentée à MM. les députés, à l'effet d'obtenir la suppression de ces maisons. Paris, Petit, 1821, in-8°, 55 p. [N. Lf¹³⁸ 27.]

Par CAHAISSE.

21980. — [**Boutron-Pasquier.**] Corps législatif. Conseil des Cinq-Cents. Projet de résolution présenté par JARD-PANVILLIER. Paris, imp. Nationale, floréal an IV, in-8°, 2 p. [N. Le⁴³ 272.]

Sur la pétition de la citoyenne Boutron-Pasquier, tendant à obtenir la liquidation d'une pension qu'elle avait sur les biens de « l'émigré » d'Artois.

21981. — [**Boze.**] Le Comte Joseph de Boze, peintre du Roi Louis XVI, roi de France, par VOLCY-BOZE, auteur des « Conventionnels en mission dans le Midi ». Marseille, imp. Marius Olive, 1873, in-12, 93 p. [N. Ln²⁷ 27252.]

◊ M. ANDRÉ FOULON DE VAULX a publié dans le Carnet (juin-août 1901) trois articles intitulés : Un pastelliste du XVIII° siècle, Joseph Boze, accompagnés de planches.

21982. — [**Breteuil.**] Trahison du baron de Breteuil, principal ministre, envers la Nation, envers le Roi, envers Mgr le duc d'Orléans, son bienfaiteur, avec les noms de quelques-uns de ses abominables complices et ceux que S. A. S. a chassés de son palais. Chez Comyn, premier secrétaire du baron de Breteuil, l'an de grâce 1789 et le second mois du recouvrement de la Liberté nationale, in-8°, 8 p. [N. Lb³⁹ 7525.]

21983. — [**Brichard.**] Département de Paris. Domaines nationaux. Au nom de la République française. Vente après le décès du nommé Brichard, condamné à mort, en sa maison rue André-des-Arts, section de Marat, le 15 prairial an II (3 juin 1794). Imp. Ballard. S. d., in-folio plano.

Collection Paul Dablin.
Brichard (François-Romain), notaire à Paris, avait été condamné le 25 pluviôse an II (13 février 1794), avec quatre autres accusés, comme ayant mis en circulation « mille actions de cent livres sterling au profit des fils du roi d'Angleterre ».

21984. — [**Brissot.**] Réponse de JACQUES-PIERRE BRISSOT à tous les libellistes qui ont attaqué et attaquent sa vie passée. Paris, au bureau du « Courrier de Provence », 10 août 1791, in-8°, 1 f. et 48 p. [N. Lb³⁹ 5258.]

P. 46, Précis sur le sieur Thevenot (sic) de Morande (extrait de la Police dévoilée de Manuel).

21985. — Réponse de J.-P. BRISSOT à Charles Théveneau-Morande. Paris, imp. du « Patriote français », 30 août 1791, in-8°, 1 f. et 31 p. [N. Lb³⁹ 5307.]

21986. — Lettre aux électeurs du département de Paris sur Jacques-Pierre Brissot, par CHARLES THÉVENEAU-MORANDE (3 septembre 1791). *Paris, Froullé,* 1791, in-8°, 1 f. et 22 p. [*N.* Lb³⁹ 5318.]

Réponse à la *Réplique.*

21987. — Jean-Pierre Brissot démasqué par CAMILLE DESMOULINS (1ᵉʳ février 1792). *S. l. n. d.*, in-8°, 60 p. [*N.* Lb³⁹ 5746.]

21988. — A tous les républicains de France, sur la Société des Jacobins de Paris, par J.-P. BRISSOT, député à la Convention nationale (24 octobre 1792). *Paris, chez les directeurs de l'imp. du Cercle social,* 1792, *l'an Iᵉʳ de la République,* in-8°. 40 p. [*N.* Lb⁴¹ 142.]

Voyez le numéro suivant.

21989. — J.-P. BRISSOT, député à la Convention nationale, à tous les républicains de France, sur la Société des Jacobins de Paris. *Paris, imp. du Patriote français,* 29 *octobre* 1792, in-8°, 47 p. [*N.* Lb⁴¹ 143.]

Même ouvrage que le précédent.

21990. — Vie secrète et politique de Brissot. *Paris, imp. Franklin, et chez les libraires du palais de l'Egalité, l'an II,* in-8°, 47 p. [*N.* Lb⁴¹ 882.]

Portrait anonyme au pointillé en regard du titre de départ. Au-dessous ce quatrain :

Cet auteur si fameux qui de la comédie
Atteignit le vrai but, fit de si beaux portraits,
Un siècle avant le mien, devina mon génie ;
Il composa Tartuffe et rendit tous mes traits.

21991. — Vie privée et politique de Brissot. *Paris, imp. Franklin, et chez tous les libraires du palais de l'Egalité, l'an II de la République,* in-8°, IX-47 p. [*N.* Lb⁴¹ 883.]

Même ouvrage que le précédent.

ÉPIGR. :

Cui fidas cave.

Le portrait est également placé en regard du titre de départ.

21992. — Historique de l'arrestation de Brissot. Le citoyen ROUYER, commissaire national du district de Moulins et membre de la Société populaire, au citoyen Vidalin, député à la Convention nationale par le département de l'Allier. Moulins, le 11 juin 1793. *Paris, Galletti. S. d.,* in-8°, 8 p. [*N.* Lb⁴¹ 3072.]

21993. — Procès de J.-P. Brissot et complices, ex-députés à la Convention nationale, condamnés à mort par le Tribunal révolutionnaire établi au Palais, à Paris, par la loi du 10 mars 1793, pour juger sans appel les conspirateurs. *Paris, Clément ; Prault ; Rondonneau et Cᵉ ; Tessier et Girod, nivôse l'an II de la République française,* in-8°, 2 ff. et 278 p. et 1 f. n. c. (*Avis de l'éditeur*). [*N.* Lb⁴¹ 884.]

ÉPIGR. :

Celui qui met un frein à la fureur des flots
Sait aussi des méchants arrêter les complots.

21994. — Jugement du Tribunal révolutionnaire... qui condame à la peine de mort Jean-Pierre Brissot et vingt de ses complices (9 brumaire an II-30 octobre 1793). *Paris, imp. G.-F. Galletti. S. d.,* in-4°, 4 p. [*N.* Lb⁴¹ 3447.]

21995. — Mémoires de BRISSOT, membre de l'Assemblée législative et de la Convention nationale, sur ses contemporains et la Révolutions française, publiés par son fils, avec des notes et des éclaircissements historiques, par M. F. DE MONTROL. *Paris, Ladvocat,* 1830-1832, 4 vol. in-8°. [*N.* La³³ 24.]

Le faux-titre porte : *Mémoires relatifs à la Révolution française.*

Les *Mémoires* de Brissot ont été, comme ceux de Mme Roland, rédigés dans l'intervalle qui s'écoula entre son arrestation et sa comparution devant le Tribunal révolutionnaire, et ils s'interrompent au début même de la Révolution. Restés entre les mains de la famille du condamné et confiés par elle à plusieurs amis, Mrs. Helena Williams, Mentelle, Bailleul, etc., ils ne furent publiés qu'en 1830 dans le but avoué de procurer quelques ressources à ses descendants. Aussi le manuscrit primitif fut-il amplifié par les soins de F. de Montrol, puis de Lhéritier de l'Ain, de suppléments empruntés à d'autres écrits de Brissot, à des documents plus ou moins suspects et à divers contemporains.

La publication, annoncée par un prospectus de 8 p., fut interrompue après les journées de juillet 1830 et ne s'acheva qu'en 1832. L'*Aver-*

tissement du tome III fait connaître que ces retards étaient imputables à un voyage d'Anacharsis Brissot dans l'Amérique espagnole et au dérangement des affaires de Ladvocat; il signale des fragments intervertis dans les deux premiers volumes et prévient que M. de Montrol n'ayant pu donner ses soins au tome IV, c'est M. L. [LHÉRITIER, de l'Ain] qui avait fourni les notices insérées aux pp. 118, 216, 254, 425 et 429 de ce quatrième volume qui, dans l'ex. de la B. N., contient des cartons aux pp. 15-16, 119-120, 169-170, 175-176, 257-258.

Vatel (*Recherches historiques sur les Girondins, Vergniaud*, etc., tome Ier, p. LX) fait observer avec raison que le premier de ces Appendices : *Sur un roi honnête homme* est certainement apocryphe, puisque l'auteur y cite un passage d'une prétendue lettre de Louis XVI à M. de N., relative à Vergniaud et que ce passage est textuellement emprunté au recueil de Babié et d'Imbert de la Platière. (Voyez les n°s 20828-20841 ci-dessus.)

Les autres pièces annexes sont un fragment intitulé : *Mon Voyage* (relation de l'arrestation de Brissot à Moulins), une protestation, datée du même lieu (16 juin 1793), adressée au Comité de salut public, une Réponse au rapport de Saint-Just, un Projet de défense devant le Tribunal révolutionnaire en réponse au rapport d'Amar, enfin les dernières lettres de Brissot à sa famille.

Dauban (voyez le n° 22013 ci-dessous) a publié le procès-verbal de l'arrestation de Brissot à Moulins d'après l'original inédit conservé aux Archives nationales, un *Portrait* également inédit de *Brissot*, par Buzot, et il annonçait sur « le chef de la Gironde » un travail qui n'a pas vu le jour.

Voyez aussi le numéro suivant.

21995ª. — Mémoires de BRISSOT, avec introduction, notices et notes, par M. DE LESCURE. *Paris, Firmin Didot et Cie*, 1877, in-12, 2 ff. et XIX-486 p. [*N.* L.^{45} 24.]

Le faux-titre porte : *Bibliothèque des Mémoires relatifs à l'histoire de France pendant le 18e siècle. Nouvelle série...* Tome XXXII.

M. de Lescure se flatte (p. LXVIII) d'avoir élagué les « luxuriances parasites non du texte original, toujours respecté, mais des notes et de leurs accessoires, digressions, répétitions, pièces, documents ». En réalité, il a supprimé dans le tome Ier les liminaires (*Un legs à mes enfants* et le *Portrait de Phédor* [Brissot par lui-même], le chapitre XVII (sur Franklin) et les appendices : *Éloge de Maupeou* par Linguet, Linguet rédacteur du journal de Marat (extrait d'un pamphlet intitulé : *Confession générale de Linguet*) et le récit, emprunté aux *Mémoires* de Besenval, du duel du comte d'Artois et du duc de Bourbon; dans le tome II les chapitres XXII-XXVI (séjour à Londres) et le chapitre XXXVII;

ainsi que les appendices (lettres du marquis Ducrest); le tome III tout entier (séjour de Brissot en Amérique); dans le tome IV le chapitre Ier et les pièces annexes; enfin, il n'a presque jamais complété les notes de Montelle et de Montrol qu'il a conservées et, ce qui est plus grave, il n'a même pas corrigé les nombreuses et parfois grossières erreurs de lecture que l'on constate dans les noms propres et les titres cités soit par Brissot, soit par ses premiers éditeurs.

Par tout ce qui précède, on voit combien il s'en faut qu'on possède un texte des *Mémoires* de Brissot vraiment digne de confiance.

21996. — Brissot et l'Académie de Besançon, par LÉONCE PINGAUD, secrétaire perpétuel. *Besançon, imp. Paul Jacquin*. S. d. (1891), in-8°, 16 p. [*N.* L.^{27} 39953.]

Extrait non spécifié des *Mémoires* de l'Académie des sciences, belles-lettres et arts de Besançon. Le titre de départ tient lieu de titre.

En 1780, Brissot avait concouru sans succès sur un sujet proposé par l'Académie. M. Pingaud a retrouvé et publié la correspondance échangée à ce propos entre le jeune publiciste et le jurisconsulte Droz, secrétaire de l'Académie.

21997. — [**Brosselard.**] EMMANUEL BROSSELARD à l'auteur du « Courrier des 83 départements », 19 mars 1792, an IV de la Liberté. *Imp. Du Pont. S. d.*, in-4°, 4 p. [*Br. M. F. R.* 34, 8.]

Au sujet de son abstention lors du vote sur la publicité des séances du corps municipal, abstention que le journaliste avait qualifiée de lâcheté.

21998. — [**Brugière.**] Mémoire apologétique de PIERRE BRUGIÈRE, curé de Saint-Paul (1804).

Voyez tome III, n° 16784.

21999. — [**Brullée.**] Mémoire pour la veuve de Jean-Pierre Brullée, ingénieur, auteur du projet du Canal royal de Paris. *Imp. Cosson. S. d.*, in-4°, 8 p. [*N.* Ln^{27} 3128.]

Exposé des travaux du défunt et demande d'une pension viagère.

22000. — [**Bruneau (Jean).**] Justification de M. BRUNEAU, juge de paix de la section de la place de Louis XIV, ci-devant avocat au Parlement de Paris et actuellement homme de loi dans les tribunaux du district, défenseur officieux, etc., outrageusement calomnié, dans un libelle imprimé et distribué avec une profusion affectée sous le nom de « Défense », par M. Chauveau de La Garde, premier électeur de la même section en 1790 et 1791. *Imp. Prault*, 1791, in-8°, 33 et 7 p. [*N.* Ln²⁷ 3161.]

Le *Prononcé du jugement rendu au tribunal du 2° arrondissement* a une pagination distincte.

Bruneau était inculpé par Chauveau-Lagarde de n'avoir point fait le nécessaire pour empêcher divers détournements lors de l'apposition des scellés (24 mars 1791) chez le baron de Bagge, fameux mélomane dont il est question dans le *Neveu de Rameau*.

Je n'ai pu retrouver un ex. de la *Défense* à laquelle répond la *Réfutation* de Bruneau.

Voyez les deux numéros suivants.

22001. — Le Juge de paix de la section de Louis XIV, jugé par lui-même ou Ma profession de foi sur la « Justification » de M. Chauveau de Lagarde, par M. Chauveau de Lagarde, homme de loi. S. *l. n. d.*, in-4°, 4 p. [*Br. M.* F. R. 47*, 7.]

22002. — Courte et dernière Réponse aux nouvelles injures de M. Chauveau de La Garde, par M. Bruneau, juge de paix de la section de la place Louis XIV. *Imp. Prault*, 1791, in-8°, 8 p. [*N.* Ln²⁷ 3162.]

22003. — [**Bruneau** (Mathurin).] Affaire du faux Dauphin. *Rouen, F. Mari*, 1818, in-8°, 68 p. [*N.* Lb⁴⁸ 1020.]

La couverture imprimée sert de titre.

22004. — Débats dans l'instruction du procès de Mathurin Bruno, devant la chambre de police correctionnelle du tribunal civil du département de la Seine-Inférieure, recueillis par M. Robert, ancien avocat au Parlement de Normandie, auteur de l'ouvrage ayant pour titre : « Causes en partie inconnues des principaux événements qui ont eu lieu en France depuis trente-deux ans. » *Paris, l'auteur, rue Traversière-Saint-Honoré, n° 15; Delaunay; Petit; Pélicier; Chaumenet; Hubert; M*ᵐᵉˢ *Jacob*, 1818, in-8°, 313 p. [*N.* Lb⁴⁸ 1021.]

Publié en 8 numéros ou fascicules.
Voyez le numéro suivant.

22005. — Procédure de Mathurin Bruneau, se disant Charles de Navarre et fils de Louis XVI. Débats de ce procès, notices sur les personnes qui y ont figuré, etc. Tribunal de police correctionnelle de Rouen, février 1818. *Lille, Bohem-Vacquet, graveur*. S. *d.*, in-8°, 48 p. [*N.* Lb⁴⁸ 1022.]

Épigr. :

A bon menteur il faut bonne mémoire.

Sur la couverture, portrait gravé au burin et à la roulette, de profil à gauche, avec cette légende : *Mathurin Bruneau, se disant Charles de Navarre, jugé à Rouen en février* 1818.

22006. — Le faux Dauphin ou la Vie, les aventures, le procès et le jugement de Mathurin Bruneau, se disant Charles de Navarre et fils de Louis XVI. *Paris, Tiger*, in-18, 108 p. [*N.* Ln²⁷ 3158.]

Frontispice grossièrement gravé, avec cette légende : « Et je fais des sabots, ne pouvant plus faire le Dauphin. »

22007. — [**Bruneton**.] Aux citoyens représentants du peuple composant l'auguste assemblée de la Convention nationale (23 thermidor an II-12 août 1794). *Imp. du citoyen Vinsard*. S. *d.*, in-8°, 4 p. [*N.* Lb⁴¹ 1193.]

Signé : Salve Bruneton, rue des Marais, n° 16, faubourg Martin, section de Bondy.
Au sujet de son arrestation.

22008. — [**Buffon**.] Mémoire à consulter pour la dame Elizabeth-Georgette Daubenton, veuve de Buffon, contre la dame Marguerite Cépoy, épouse divorcée du citoyen de Buffon, et aujourd'hui femme du cit. Renouard de Bussière. S. *l.*, an IX, in-4°.

D'après un catalogue.

Le fils de Buffon avait obtenu, le 14 janvier 1793, le divorce contre Marguerite-Françoise Bouvier de Cepoy et s'était remarié, le 2 septembre suivant, à Elisabeth-Georgette (dite Betsy) Daubenton. Il mourut sur l'échafaud le 22 messidor an II (10 juillet 1794). Sa première femme, maîtresse affichée du duc d'Orléans, avait épousé à Rome, en 1798, Raphaël-Julien Renouard de Bussière, alors commissaire des guerres à l'armée d'Italie. Elle mourut en 1804, tandis que la seconde femme de Buffon fils, née en 1775, ne s'éteignit qu'en 1852. (Cf. *L'Amour sous la Terreur*, par M. de Lescure, n° 20766 ci-dessus).

22009. — [**Buonarotti.**] Au nom de la République française. Le Tribunal du 2e arrondissement du département de Paris a rendu le jugement suivant contre le citoyen Philippe Buonarotti, natif de Toscane, naturalisé français, par décret du 27 mai dernier (vieux style), demeurant à Paris, rue Fromenteau, n° 188, section des Tuileries, demandeur, comparant en personne d'une part, et le citoyen Constantini, natif du département de Corse, domicilié à Paris, rue de Grenelle-Saint-Honoré, section des Halles, n° 55, défendeur et comparant par le ministère du citoyen Thomas, son fondé de procuration et pouvoir, d'autre part (29 brumaire an II-19 novembre 1793). S. l. n. d., in-8°, 13 p. [*N.* Lb⁴¹ 3523.]

Rétractation par Constantini de passages de sa *Correspondance* injurieux pour Buonarotti.

22010. — [**Burguburu.**] Burguburu à ses concitoyens, frères de la section des Gardes-Françaises (28 fructidor an II-14 septembre 1794). S. l. n. d., in-4°, 4 p. [*N.* Lb⁴¹ 4049.]

Reproduction annotée de son interrogatoire après son arrestation effectuée le 9 thermidor.

22011. — [**Bussy.**] Bureau du domaine national du Département de Paris. Au nom et au droit de la République française. Vente du mobilier de la femme veuve Bussy, condamnée, rue du Grand-Chantier, n° 11, section de l'Homme-Armé, le 6 germinal an III (25 mars 1795). *Imp. Ballard.* S. d., in-folio plano.

Collection Paul Dablin.

« Louise-Antoinette Fargeon, veuve Bussy, ci-devant comtesse », avait été condamnée le 9 floréal an II (29 mars 1794), avec trente autres accusés, sous l'inculpation d'intelligence avec l'ennemi.

22012. — [**Buzot.**] Mémoires sur la Révolution française, par Buzot, député à la Convention nationale, précédés d'un précis de sa vie et de recherches historiques sur les Girondins, par M. Guadet. *Paris, Béchet aîné*, 1823, in-8°, 2 ff. et XV-112-363 p. [*N.* La³³ 26.]

Les *Recherches historiques* ont une pagination distincte. Les *Mémoires* sont divisés en chapitres et suivis (p. 188) de *Morceaux détachés* trouvés dans les papiers de Buzot, de ses *Lettres* à ses commettants, d'un *Précis des événements qui ont eu lieu à Evreux après le 31 mai*, d'une *Notice sur les derniers jours des députés réfugiés dans le département de la Gironde* et de *Pièces justificatives*.

Dans l'ex. de la B. N. on a relié un titre portant : *Mémoires de Buzot, député à la Convention nationale, précédés de sa vie et de recherches historiques sur les Girondins.* Paris, Baudouin frères, 1822.

Voyez les deux numéros suivants.

22013. — Mémoires inédits de Pétion et Mémoires de Buzot et de Barbaroux, accompagnés de notes inédites de Buzot et de nombreux documents inédits sur Barbaroux, Buzot, Brissot, etc., précédé d'une introduction, par C.-A. Dauban. Avec le fac-similé d'un autographe de Barbaroux et les portraits de Pétion, Buzot, Brissot, Barbaroux, gravés par Adrien Nargeot. *Paris, Henri Plon*, 1866, in-8°, 2 ff. et LXXVI-544 p. [*N.* La³³ 154.]

Les portraits, gravés sur une seule planche, sont placés en regard du titre. Entre l'*Introduction* et le texte des *Mémoires* se trouve le fac-similé d'une dédicace de Barbaroux à la belle-sœur de Guadet, Mᵐᵉ Bouquey, qui avait longtemps caché les proscrits.

Dans cette édition, les *Mémoires* de Buzot ne sont point, comme dans l'édition Guadet, divisés en chapitres. Dauban y a joint un *Portrait de Brissot*, tracé par Buzot, jusqu'alors inédit.

Les manuscrits dont s'est servi l'éditeur sont ceux qui avaient figuré en 1864 dans la vente G*** de L*** (voir tome Iᵉʳ de la *Bibliographie*, p. LXXII) et qui provenaient de Jullien de Paris. Voyez le numéro suivant.

22014. — Révélation historique au sujet des manuscrits de Mᵐᵉ Roland, de Salle, de Pétion, de Barbaroux, de Buzot, de Louvet, récemment mis en vente. Par J. Guadet. Extrait de la « Revue française » (août 1865). *Paris, typ. Ad. Lainé et J. Havard*, 1865, in-8°, 20 p. [*N.* Lnᵇ 38.]

La couverture porte en plus au-dessus du titre : Publications de la *Revue française*.

22015. — [**Cabanis**.] Notice sur Cabanis. *Paris, imp. Bourgogne et Martinet.* S. d. (1843), in-8°, VIII p. [*N.* Ln²⁷ 3309.]

Extrait, non spécifié, des préliminaires de l'édition des *Rapports du physique et du moral de l'homme*, publiée par L. Peisse (J.-B. Baillière, 1844, in-8°).

22016. — Notice historique sur la vie et les travaux de Cabanis, lue dans la séance publique annuelle de l'Académie des sciences morales et politiques, le 15 juillet 1850, par M. Mignet. *Paris, imp. F. Didot,* 1850, in-8°, 40 p.

D'après la *Bibliographie de la France*.
Tirage à part des *Mémoires* de l'Académie.
Réimp. dans les *Notices historiques* de l'auteur (Paris, Paulin et Lheureux, 1853, 2 vol. in-8°) dont les éditions plus récentes portent le titre de *Notices et portraits historiques et littéraires*.

22017. — Antoine Guillois. Le Salon de Mᵐᵉ Helvétius. Cabanis et les idéologues. Ouvrage orné de deux portraits d'après des originaux inédits. *Paris, Calmann Lévy,* 1894, in-12, 2 ff. et IV-340 p. [*N.* Li² 119.]

Le livre comporte trois études distinctes : *Madame Helvétius, Cabanis, Destutt de Tracy*. Les deux portraits sont, en regard du titre, celui de Mᵐᵉ Helvétius, d'après une miniature appartenant à M. Alfred Dutens et, entre les pp. 188-189, celui de Mᵐᵉ Cabanis, d'après un tableau de Girodet, appartenant à M. Fernand d'Orval.

22018. — [**Cadet** (Michel).] Hôtel de Ville. Tribunal de Police. Jugement contradictoire, qui condamne le nommé Michel Cadet à un mois de prison à l'hôtel de la Force, pour avoir insulté un ecclésiastique et s'être porté envers lui à des violences ; lui fait défense de récidiver sous peine de punition exemplaire, ordonne l'impression du jugement et l'envoi aux soixante districts. Du samedi 17 avril 1790. *Imp. Lottin aîné et Lottin de Saint-Germain,* 1790, in-4°, 6 p. [*N.* Lb⁴⁰ 1167*.]

22019. — [**Cadet-Gassicourt** (Louis-Claude).] Notice sur la vie et les ouvrages de Louis-Claude Cadet-Gassicourt, de la ci-devant Académie des sciences de Paris, de l'Académie impériale des Curieux de la Nature, de celles de Lyon, de Toulouse, etc., lue à la rentrée du Lycée républicain, le 1ᵉʳ frimaire an VIII (22 novembre 1799), par Eusèbe Salverte. *Paris, imp. Chaigneau aîné,* an VIII, in-8°, 19 p. [*N.* Ln²⁷ 3328.]

22020. — Notice historique sur la vie et les travaux de L.-Cl. Cadet-Gassicourt, de l'Académie des sciences et du Collège de pharmacie de Paris, etc. Par P.-F.-G. Boullay, pharmacien des Sociétés de médecine et de pharmacie de Paris, etc. *Paris, Gagnard,* an XIV, in-8°, 20 p. [*N.* Ln²⁷ 3329.]

22021. — [**Cadet-Gassicourt** (Charles-Louis).] Notice sur la vie et les ouvrages de Charles-Louis Cadet-Gassicourt, pharmacien, membre de l'Académie de médecine, etc., par Eusèbe Salverte. *Paris, Baudouin fils,* 1822, in-8°, 1 f. et 40 p. [*N.* Ln²⁷ 3326.]

22022. — Notice sur la vie et les travaux de Ch.-Louis Cadet-de-Gassicourt, pharmacien, membre de l'Académie royale de médecine, etc., par J.-J. Virey. *Imp. J. Fain.* S. d., in-8°, 15 p. [*N.* Ln²⁷ 3327.]

22023. — [**Cafféri** (J.-J.).] Lettre d'un amateur des beaux-arts à M*** (1791).

Voyez tome III, n° 16954.
Sur une statue de saint Alype placée dans l'hôtel des Invalides.
Par l'abbé Gaspard Michel, dit Le Blond.
Réimp. dans *les Caffiéri* par M. Jules Guiffrey (Paris, D. Morgand et Ch. Fatout, 1877, in-8°), p. 449-452. M. V.-J. Vaillant a publié depuis dans la *Gazette des beaux-arts* du 1ᵉʳ octobre 1881, pp. 342-359, une notice inédite d'Alex. Lenoir sur J.-J. Caffiéri où cette lettre est également reproduite, ainsi que la lettre de Caffiéri lui-même, sur le monument de la place des Victoires (voyez tome Iᵉʳ de la *Bibliographie*, n° 1751), dont Lenoir a donné le texte intégral, mutilé dans le *Journal général de France* de l'abbé de Fontenai.

22024. — [**Cahier** (Bon-Claude) de Gerville.] Compte rendu par Bon-Claude Cahier, ministre de l'intérieur, à l'Assemblée nationale, dans la séance du samedi 18 février 1792. *Paris, imp. Royale,* 1792, in-4°, 51 p. [*N.* Le³⁴ 51.]

T. IV.   14

22024*. — Compte rendu par Bon-Claude Cahier, ministre de l'intérieur... Imprimé par ordre de l'Assemblée nationale. *Paris, imp. Nationale*, 1792, in-8°, 74 p. [*N.* Le³₊ 51 A.]

22025. — [**Cailhava**.] Mémoire pour Jean-François Cailhava, en réponse à des défenses faites par les Comédiens français aux Directeurs du Palais-Royal de jouer ses pièces. *Imp. Boulard*. S. d., in-4°, 22 p. [*N.* Ln²⁷ 3354.]

Amusant récit des déboires de l'auteur depuis son entrée dans la carrière dramatique.
Réimp. en partie par M. Paul Cottin dans la *Revue rétrospective*, tome XVII (1894), pp. 374-401.

22026. — Cailhava aux citoyens composant le comité du Théâtre-Français de la République. (Paris, ce 28 brumaire), in-4°, 3 p.

P. 1, *Première lettre*, non datée.
P. 2, *Seconde lettre*, du 4 brumaire.
Au sujet du *Dépit amoureux* refondu en cinq actes et que l'auteur ne put réussir à faire jouer. Il le fit imprimer en 1801.

22027. — [**Caillières de l'Étang**.] Liberté, égalité. Discours prononcé par le c. Baron de Saint-Girons, commandant en chef le bataillon des vétérans volontaires du département de la Seine, sur la tombe de Caillières de l'Etang, leur instituteur. *Imp. Renaudière*. S. d., in-8°, 3 p. [*Br. M.* F. R. 19*, 11.]

22028. — [**Cailly** (A.-G).] Éloge de Cailly père, prononcé à la Société des belles-lettres, séante au Palais national des sciences et des arts. S. l., 1800, in-32, 15 p. [*N.* Ln²⁷ 3370.]

Signé : René Chazet, membre et secrétaire de la Société des belles-lettres.

22029. — [**Callet**.] L'Égalité n'est-elle qu'un mot? (1797).

Voyez tome III, n° 17655.
Contre Molinos, qui l'avait emporté sur son concurrent pour l'agrandissement du Jardin des Plantes.

22030. — [**Calonne**.] Adieux des Anglais à M. de Calonne, l'ex-ministre, suivis de deux lettres intéressantes. *Letellier (imp. L. Cellot)*. S. d., in-8°, 4 p. [*N.* Lb³⁹ 2121.]

22031. — Remercîment du peuple français aux Anglais, sur la remise par eux à nous faite de M. de Calonne. *Imp. Ballard*. S. d., in-8°, 4 p. [*N.* Lb³⁹ 2122.]

Signé : Lebois.

22032. — La Confession de M. de Calonne à monseigneur l'archevêque de Sens. *Amsterdam*, 1789, in-8°, 15 p. [*N.* Lb³⁹ 2123.]

22033. — Le Ministère de M. de Calonne dévoilé, avec les détails de ses intrigues et le nom de ses agents. S. l., 1789, in-8°, 27 p. [*N.* Lb³⁹ 2124.]

22034. — La Place de Grève. S. l. n. d., in-8°, 8 p. [*N.* Lb³⁹ 7571.]

Pamphlet contre Calonne.

22035. — Lettre de Mme Lebrun à M. de Calonne. S. l., 1789, in-8°, 14 p. [*N.* Ln²⁷ 3408.]

Pamphlet.
Un second tirage, comportant le même nombre de pages, est suivi de ce *Nota* : « Nous avons en main la Réponse de M. de Calonne à Mme Lebrun en date du 24 avril, actuellement sous presse. »
Voyez le numéro suivant.

22036. — Réponse de M. de Calonne à la dernière lettre de Mme Lebrun, publiée par M. l'abbé de Calonne, et se trouve chez Laurent, libraire, distribuée par les associés de ces deux messieurs qui, sans contredit, sont bien appareillés. S. l., in-8°, 23 p. [*N.* Ln²⁷ 3409.]

22037. — [**Cambacérès**.] Précis historique de la fête donnée à S. A. S. Mgr le prince Cambacérès, archi-chancelier de l'Empire, dans le sein de la R∴ mère loge écossaise de France, sous le titre distinctif de Saint-Alexandre d'Écosse et le Contrat social réunis à l'Orient de Paris, le 30 mars 1807. Extrait des « Annales maçonniques », ouvrage dédié à S. A. S. le prince Cambacérès. *Paris, imp.*

du F∴ *Caillot*. S. d., in-8°, 40 p. [*N.* Ln²⁷ 3451.]

Le faux-titre porte en plus : *à l'occasion de l'installation du S. A. S. à la dignité de grand maître du rite écossais philosophique en France.*
En fleuron sur le titre, médaille de Napoléon Ier tirée en rouge, avec cette légende : *Que Dieu bénisse l'Empereur et notre Ordre.*

22038. — Vie de Cambacérès, ex-archichancelier, par M. A. A****** [ANT. AUBRIET]. *Paris, Tourneux, libraire; Aug. Imbert, éditeur*, 1824, in-18, 2 ff. et VI-324 p. [*N.* Ln²⁷ 3452.]

ÉPIGR. :
Vérité et impartialité.

En regard du titre, portrait lithographié ovale (SÉB. LEROY, *lith. Lenglumé*).
Le livre a été remis en circulation l'année suivante avec la mention : *Seconde édition, revue et corrigée.* Elle a le même nombre de pages.
¶ Cambacérès a laissé des mémoires inédits qui furent saisis au moment de sa mort, mais très probablement rendus plus tard à sa famille. Thiers, M. Boulay de la Meurthe et M. Albert Vandal semblent en avoir eu communication. Voyez dans *la Révolution française* du 14 novembre 1902, un article signé P. M.

22039. — [**Cambon**.] Coup d'œil d'un aveugle sur l'administration du contrôleur général Cambon. S. l. n. d., in-8°, 4 p. [*N.* Lb⁴¹ 1413.]

Signé : FELHÉMÉSI [MÉHÉE fils].
Extrait de *l'Ami des citoyens*, n° 6.

22040. — Terray-Cambon traité comme il le mérite, par un très petit créancier de l'État. *De l'imprimerie de Bonne-Foi, rue de la Sincérité*, n° 1. S. d., in-8°, 8 p. [*N.* Lb⁴¹ 1414.]

Signé : LEVRAY.

22041. — [**Cambry** (de).] Notice historique sur M. de Cambry, membre de l'Académie celtique, de celle des Antiquaires de Cortone et de plusieurs Sociétés savantes. Par un associé correspondant de l'Académie celtique. *Dôle, imp. Florent Prudont*, 1808, in-8°, 19 p. [*N.* Ln²⁷ 3462.]

Le titre de départ, page 3, porte en plus : *lue à la Société des sciences et belles-lettres de Mâcon.*

En 1808, PRUDENCE-GUILLAUME DE ROUJOUX, alors sous-préfet de Dôle, était associé correspondant de l'Académie celtique et de la Société des sciences, arts et belles-lettres de Mâcon. Je crois donc pouvoir lui attribuer cette notice en toute certitude.

¶ Les *Mémoires de l'Académie celtique* (tome Ier, pp. 389-393) renferment une autre notice sur Cambry par MANGOURIT ; on y trouve ce détail curieux que Cambry fut enterré à Bièvre (S.-et-O.) dans le jardin de M. Dodun de Neuvry, son beau-fils.

22042. — Commandeurs du Mont-Thabor. Rit écossais philosophique. Fête funèbre votée le 2° du 9° de l'an de la G∴ L∴ 5808 et célébrée le 25° du 12° même année (E∴ V∴ 27 février 1809), en mémoire du R∴ commandeur fondateur Jacques de Cambry, candidat du département du Morbihan au Sénat conservateur, de l'Académie celtique de France, de l'Académie de Cortone, etc., décédé le 30 décembre 1807. *Mont-Thabor* [*Paris*], 5809, in-8°, 54 p. [*N.* Ln²⁷ 31241.]

ÉPIGR. :
Patrios servavit lares.... Tunc flebis.
TIBULLE.

P. 3, *Discours d'ouverture* par JOSEPH LAVALLÉE, V∴ en exercice. P. 8, *Stances funèbres*, paroles du c∴ SAINT-AMAND, musique du F∴ FOIGNET, chantées par le c∴ Laforêt, accompagnées sur la harpe par le c∴ Foignet fils. P. 10, *Éloge funèbre* par le S∴ C∴ MANGOURIT, Orateur. P. 49, *Stances funèbres*, paroles du S∴ C∴ J.-F. ROGER, musique du C∴ comte DE SORGO. P. 51, *Chant funèbre*, paroles du Vénérable Commandeur JOSEPH LAVALLÉE, musique du C∴ FOIGNET père.

22043. — [**Campan** (J.-L.-H. **Genet**, dame).] Mémoires sur la vie privée de Marie-Antoinette, reine de France et de Navarre, suivis de souvenirs et anecdotes historiques sur les règnes de Louis XIV, de Louis XV et de Louis XVI, par Mme CAMPAN... (1822).

Voyez les n°s 21033-21033° ci-dessus. Voyez aussi les trois numéros suivants.

22044. — Observations sur les Mémoires de Mme Campan par M. le baron D'AUBIER, gentilhomme ordinaire de la chambre du Roi... (1823).

Voyez les n°s 21034-21034ª ci-dessus.

22045. — JULES FLAMMERMONT... Etudes critiques sur les sources de l'histoire du XVIIIe siècle. Mémoires de Mme Campan (1866).

Voyez le n° 21035 ci-dessus.

22046. — Journal anecdotique de Mme Campan ou Souvenirs recueillis dans ses entretiens, par M. MAIGNE, médecin aux hôpitaux de Mantes, suivi d'une Correspondance inédite de Mme CAMPAN avec son fils. *Paris, Baudouin frères*, 1824, in-8°, 2 ff. et 250 p. [*N*. La³³ 28.]

En regard du titre, portrait dessiné et gravé sur acier par FAUCHERY, déjà publié en tête de la 5e édition des *Mémoires* de Mme Campan sur *la vie privée de Marie-Antoinette*.

22047. — [**Campenon**.] Précis pour le citoyen CAMPENON, tant en son nom qu'en celui des citoyens co-condamnés par jugement de la section des vacations du tribunal civil du département de la Seine au remboursement d'une somme de cinq mille vingt-neuf livres neuf sols par eux déposés entre les mains du citoyen Mathagon, percepteur des deniers publics. *S. l. n. d.* (1793), in-4°, 16 p. [*R*. AD II, 39.]

Protestation contre une accusation de détournement de fonds commis lors des perquisitions faites chez les citoyens Daubarède et la femme Tourzel.

22048. — [**Camus** (Armand-Gaston).] Lettre de M. CAMUS à M. Brissot. *Paris, imp. Nationale*, 1791, in-8°, 3 p. [*N*. Ln²⁷ 3477.]

Justification personnelle contre un article du *Patriote français*.

22049. — Mes Pensées et ma Déclaration sur la religion, par ARMAND-GASTON CAMUS, représentant du peuple. *Imprimerie-librairie chrétienne*. S. d., in-8°, 48 p. [*N*. Ln²⁷ 3478.]

22050. — A.-G. CAMUS, l'un des représentants du peuple, à ses collègues et à ses concitoyens (4 ventôse an V-22 février 1797). *Imp. Baudouin*. S. d., in-8°, 4 p. [*R*. AD. I, 50.]

Réponse à un passage d'un message du Directoire sur la suppression des fonds affectés aux hospices et aux indigents.

22051. — Institut de France. Funérailles d'Armand-Gaston Camus. Discours prononcé au champ de la sépulture, par J. DE SALES (12 brumaire an XIII-3 novembre 1804). *Imp. Baudouin*. S. d., in-4°. [*N*. Ln²⁷ 3479.]

Sur une réimpression de ce discours, voyez le n° 21738 ci-dessus.

22052. — Eloge historique de A.-G. Camus, membre de l'Institut national, par F.-E. TOULONGEON, membre de l'Institut national et du Corps législatif. *Paris, Baudouin*, 1806, in-8°, 2 ff. et 44 p. [*N*. Ln²⁷ 3480.]

P. 42-44 est reproduite la liste des travaux de Camus publiée dans le *Nouveau Dictionnaire historique... de tous les écrivains français* de N.-L.-M. Desessarts.

22053. — [**Camus**.] Mémoire pour Jean-Ambroise-Porcien Camus, ci-devant commissaire du gouvernement, prisonnier à la Conciergerie, contre l'accusateur public. *Imp. Bertrand Quinquet*. S. d. (1795), in-4°, 24 p. [*P*. 29070*.]

Le *Mémoire* signé p. 22 MATON (DE LA VARENNE), conseil, est suivi d'attestation favorables signées par HASSENFRATZ et URBAIN JAUMET, membre de la commission des armes et par AUBERT DU BAYET, ministre de la guerre.

22054. — [**Cancey** (de).] Réflexions rapides de M. DE CANCEY, commandant du bataillon de Popincourt, sur le mémoire de M. Vialla, aide-major dudit bataillon. *Imp. Ballard*. S. d., in-4°, 8 p. [*N*. Ln²⁷ 3493.]

Signées : COLLIN DE CANCEY, commandant du 8e bataillon de la 5e division.

Candeille (Julie). — Voyez **Simons-Candeille**.

22055. — [**Cange**.] Cange ou le Commissionnaire, trait historique en vers, par FÉLIX NOGARET. *Paris, chez Linaut, marchand d'estampes au Palais national, pavillon de l'Unité; à Versailles, chez l'auteur, rue du Chenil, n° 12; Augé; Lebel, libraire*. XVI frimaire an III (11 décembre 1794), in-8°, 20 p. (la dernière non chiffrée. [S.]

P. 3, *Au lecteur* (avertissement en prose). P. 9, *Cange, trait historique*. P. 17-19, *Développement* (en prose). P. 20, *Nota* (annonce d'un opuscule de l'auteur).

Le théâtre s'était également emparé de l'anecdote chantée par Félix Nogaret; voyez tome III, nos 18515, 18621, 18870, 19061 et 19463.

22056. — [**Canolle** (de).] Arrestation injuste d'un bon citoyen dans le sein de l'Assemblée nationale, traduit au Châtelet; persécutions atroces exercées envers lui; mis sous les yeux des représentants de la nation et de Sa Majesté. *Paris, imp. Brune*, 1790, in-8°, 27 p. [N. Ln27 3505.]

Signé : DE CANOLLE.

22057. — [**Capron** (J.-S.).] Jugement prévôtal, rendu publiquement en la chambre criminelle du Châtelet de Paris, qui condamne Jean-Silvain Capron, marchand de quincaillerie, à être attaché au carcan dans la place de Grève, et y demeurer depuis midi jusqu'à deux heures, ayant écriteau devant et derrière portant ces mots : « Homme séditieux. » Extrait des registres du greffe de la prévôté et maréchaussée générale de l'Ile de France. Du dix-neuf novembre mil sept cent quatre-vingt-neuf. *Paris, imprimerie de la prévôté et maréchaussée générale de l'Ile de France*. S. d., in-4°, 3 p. [N. Lb39 2595.]

22058. — [**Cardot**.] Copie de la lettre écrite par M. Cardot, officier municipal, à M. le ministre de la justice, relativement à un billet qui lui avait été adressé dans la nuit du 5 au 6 de ce mois (Chaillot, 5 août 1792). — Copie de la lettre écrite le 7 août par M. le ministre de la justice [DEJOLY], en réponse à celle qui lui a été adressée par M. Cardot... *Imp. de la Municipalité*, 1792, in-folio plano. [N. Lb39 11152.]

Explication d'un malentendu résultant de l'envoi d'une convocation anonyme au château des Tuileries que Cadot avait prise pour un piège tendu à son patriotisme.

22059. — [**Carle** (Raphaël).] Dénonciation d'un fait de guerre récent du sieur Carle..., par L.-C.-P. VALLÉE, marchand d'estampes (1790).

Voyez tome Ier, n° 1825.

22060. — [**Carnot** (N.-L.-M.)] Réponse de L.-N.-M. CARNOT... au rapport fait sur la conjuration du 18 fructidor au Conseil des Cinq-Cents par J.-Ch. Bailleul (an VI).

Voyez tome Ier, nos 4882-4884.

22061. — De la tyrannie de Carnot ou les Carnutes, anecdote druidique (an VI).

Voyez tome Ier, n° 4881. Attribué par M. Frédéric Masson (*le Département des affaires étrangères pendant la Révolution*, p. 324) à MICHEL-ANGE-BERNARD MANGOURIT.

22062. — Carnot, sa vie politique et privée, contenant des particularités intéressantes qui n'ont jamais été imprimées, suivie d'un précis de la conduite de Robert Lindet à la Convention nationale. Ornée d'un portrait. *Paris, Plancher; Eymery; Delaunay*, 1816, in-12, X-214 p. [N. Ln27 3558.]

22063. — Vie privée, politique et morale de Lazare-Nicolas-Marguerite Carnot, ex-lieutenant général, ex-ministre, etc., etc. Par M. le baron DE B*** [CHARLES DORIS], auteur du « Précis historique », de la « Défense du peuple français », des « Amours secrètes de Napoléon Buonaparte » et des « Amours secrètes des quatre frères de Napoléon ». *Paris, G. Mathiot*, 1816, in-12, VI-202 p. [N. Ln27 3559.]

22064. — Carnot, par M[ATHIEU]. N[OEL] RIOUST. *Paris, imp. Ve Perronneau*, 1817, in-8°.

ÉPIGR. :
Fruitur famâ sui.
TAC. *De Germaniâ*.

Ce livre, tiré à 600 ex. et saisi chez l'imprimeur, fut déféré aux tribunaux qui en ordonnèrent la destruction immédiate et totale; cependant trois ex. au moins furent épargnés : celui qui servit à la réimpression décrite sous le numéro suivant, un autre, que l'auteur déposa chez Me Impens, notaire à Gand, et un troisième qui a figuré sous le n° 2696 de la vente posthume de Monmerqué (J. Techener, 1861).

Les poursuites contre la Ve Perronneau furent

abandonnées par le ministère public, mais celui-ci requit contre l'auteur une condamnation exceptionnellement sévère : le 1er avril 1817, le tribunal correctionnel frappa Rioust de deux ans de prison, 10,000 francs d'amende, cinq ans de surveillance de haute police, avec cautionnement de 1,000 francs et dix ans de privation de ses droits civiques ! La sentence fut confirmée en appel le 30 du même mois.

Rioust, qui avait présenté lui-même sa défense, réussit à gagner la Belgique avant l'exécution de cet arrêt et fit aussitôt reparaître son livre.

Voyez le numéro suivant.

22064a. — Carnot, par N.-M. Rioust. — Procès du sieur N.-M. Rioust sur son ouvrage ayant pour titre « Carnot », pour faire suite à cet écrit dont il forme la seconde partie, contenant son plaidoyer, sa réplique au ministère public, le jugement de première instance, son mémoire à consulter, la consultation qui l'a suivi, sa requête à la Cour royale et l'arrêt rendu par elle contre lui. *Gand, G. Busscher et fils*, 1817, 2 parties in-8°. [*N*. Lb48 823.]

La première partie a la même épigraphe que celle du numéro précédent et comporte 2 ff. (faux-titre et titre), une *Table des matières*, paginée 1-3, CXVI (*Motifs de cette réimpression, Avertissement, Avant-propos, Introduction*) et 294 p. La seconde partie, dont le titre porte une épigraphe empruntée à Montesquieu, a 2 ff. et 163 p.

Malgré les rigueurs déployés dans la circonstance, le procès de Rioust ne lui a pas valu grande notoriété auprès des contemporains et la *Biographie* Rabbe n'enregistre même pas son nom ! Hipp. Carnot (*Mémoires sur Carnot*, 1re éd, tome II, p. 593) le dit ancien prédicateur de Louis XVI (?), âgé de soixante-dix ans, et ajoute qu'il mourut durant son exil volontaire. D'après une question signée F. C., posée dans *l'Intermédiaire* (XXXII, col. 196) et restée sans réponse, Mathieu-Noël Rioust, originaire de Nîmes, aurait été en 1789 ou 1790 curé de Saint-Pierre de Nevers et vicaire général de Suffren de Saint-Tropez, évêque du diocèse. En cette double qualité il se serait montré l'adversaire ardent de la constitution civile du clergé. Hipp. Carnot le représente comme un « royaliste libéral », mais il ajoute que son père n'eut aucun rapport avec Rioust, ni avant, ni depuis la publication de son livre.

22065. — Notice biographique sur le général Carnot et le duc d'Otrante. *Paris, imp. Plassan*, 1818, in-4°, 8 p. n. ch. [*N*. Ln27 3560.]

Signée : Théophile Mandar.

22865. — Notice biographique sur le général Carnot. *Paris, chez l'éditeur, rue des Francs-Bourgeois-Saint-Michel*, n° 6 ; *imp. Plassan*, 1818, in-8°, 8 p. [*N*. Ln27 3560 A.]

Signée, p. 8 : Théophile Mandar.

22066. — Das Leben L.-N.-M. Carnots... (Vie de L.-N.-M. Carnot, d'après les meilleurs documents tant imprimés que manuscrits, par Guillaume Kœrte. Avec un supplément contenant les poésies inédites de Carnot.) *Leipzig, F.-A. Brockhaus*, 1820, in-8°. [*N*. Ln27 3561.]

D'après le catalogue imprimé de la B. N.

22067. — Mémoires historiques et militaires sur Carnot, rédigés d'après ses manuscrits, sa correspondance inédite et ses écrits, précédés d'une notice par P.-F. Tissot. *Paris, Baudouin frères*, 1824, in-8°, 3 ff. et XXVIII-394 p. [*N*. La33 30.]

En regard du titre, portrait gravé par Dien.

22068. — Institut national de France. Biographie de Lazare-Nicolas-Marguerite Carnot, membre de la première classe de l'Institut de France (section de mécanique), par M. Arago, secrétaire perpétuel de l'Académie des sciences, lue le lundi 21 août 1837. *Imp. F. Didot*, 1850, in-4°, 124 p.

Extrait du tome XXII des *Mémoires de l'Académie des sciences*. D'après le *Journal de la librairie*. Réimp. au tome Ier des *Œuvres complètes* de l'auteur, publiées par J.-A. Barral (1854 et années suivantes).

22069. — Mémoires sur Carnot, par son fils. *Paris, Pagnerre*, 1861-1864, 2 vol. in-8°. [*N*. Ln27 3562.]

Rédigés par Hippolyte Carnot, d'après les notes de son père et ses souvenirs personnels. Il a intercalé dans son propre travail divers fragments autobiographiques de Lazare Carnot, notamment un récit des périls qu'il courut après le 18 fructidor.

Voyez le numéro suivant.

22069a. — Mémoires sur Carnot, par son fils. Nouvelle édition. *Charavay, Mantoux,*

Martin, éditeurs, 1893, 2 vol. gr. in-8°. [*N.* Ln²⁷ 3562 A.]

Ainsi que le constate un court Avertissement, Hipp. Carnot avait laissé un ex. préparé pour une réimpression. Celle-ci a été exécutée aux frais du Président de la République et par les soins d'Etienne Charavay, qui s'est borné d'ailleurs à une revision matérielle. Le tome premier est orné de dix et le second de treize pl. hors texte, d'après les originaux appartenant pour la plupart à la famille; le détail en est donné dans une table spéciale placée à la fin de chaque volume.

22070. — Etude sur les « Mémoires de Carnot, par son fils ». (Tome I.) Notes d'histoire charentaise, par L. BABAUD-LARIBIÈRE, ancien représentant du peuple. *Paris, Michel Lévy frères; Angoulême, F. Goumard*, 1862, in-8°, 26 p. [*N.* Ln²⁷ 3563.]

Alliances et relations de la famille Carnot avec diverses personnalités de la Charente.

22071. — Carnot, par GEORGES MICHEL. *Paris, librairie de la Société bibliographique*, 1875, in-18, 36 p. [*N.* La²² 501*.]

La couverture imprimée sert de titre.
Brochure populaire sur la Révolution française, n° 5.

22072. — Lazare Carnot, d'après sa correspondance. Conférence faite au Cercle Saint-Simon, le 10 novembre 1890, par ETIENNE CHARAVAY, archiviste paléographe. *Au siège de la Société de l'histoire de la Révolution, 4, rue de Furstenberg, à Paris.* S. d., in-8°, 32 p., papier vergé.

Au verso du faux-titre, fac-similé d'une lettre de Carnot à M.-J. Chénier. En regard du titre, portrait de Lazare Carnot d'après BOILLY; p. 32, reproduction d'un autre portrait d'après un physionotrace et fac-similé des signatures de Carnot et de Prieur (de la Côte-d'Or). Le second portrait est également reproduit sur le plat verso de la couverture.

22073. — Correspondance générale de CARNOT, publiée avec des notes historiques et biographiques par ETIENNE CHARAVAY, archiviste paléographe. *Paris, imp. Nationale*, MDCCCXCII-MDCCCXCVII, 3 vol. in-4°. [*N.* Usuels.]

T. Iᵉʳ (1892), avril 1792-mars 1793, 2 ff. et 1 f. non ch. (Table générale).
En regard du titre, fac-similé d'un portrait, au crayon, de Carnot en uniforme de chef de bataillon.
T. II (1894), mars-avril 1793, 2 ff., IV-558 p. et 1 f. non chiffré (Table générale).
Tome III (1897), août-octobre 1793, 2 ff., VII-620 p. et 1 f. non chiffré (Table générale).
La publication, interrompue par la mort de l'éditeur, doit être achevée par M. Mautouchet.

22074. — Carnot, membre du Comité de salut public. Son emprisonnement sous Louis XVI à Béthune, en exécution d'une lettre de cachet. Documents inédits publiés par ALFRED BÉGIS. *Paris, imprimé pour les Amis des livres*, 1900, in-8°, 2 ff. et 58 p. [*N.* Ln²⁷ 47398.]

Extrait non spécifié de l'*Annuaire de la Société des Amis des livres*.
Voyez le numéro suivant.

22075. — Lazare Carnot, son emprisonnement sous Louis XVI. Complément au XXIᵉ Annuaire de la Société des Amis des livres. *Coulommiers, imp. P. Brodard.* S. d. (1901), in-8°, 44 p. [*N.* Ln²⁷ 48945. Réserve.]

On lit au verso du faux-titre : « Imprimé à petit nombre » et, p. 44 : CARNOT, capitaine au 130ᵉ régiment d'infanterie, Mayenne, décembre 1901.
Cette réfutation de la brochure décrite sous le numéro précédent n'a pas été mise dans le commerce.

22076. — [**Carra**.]. Le faux Philosophe démasqué ou Mémoire du Sʳ CARRA, collaborateur aux Suppléments de la grande « Encyclopédie » de Paris, contre le Sʳ Robinet, éditeur desdits Suppléments. *Bouillon, aux dépens de la Société typographique*, 1772, in-12, 144 p. [*N.* Ln²⁷ 3582.]

22077. — Description d'un employé subalterne à la Bibliothèque du Roi ou Kara (sic) tout entier. S. l. n. d., in-4°, 3 p.

Texte gravé.
Violent pamphlet qui semble une sorte de réponse à l'*An 1787* (voyez tome III, n° 17762).
« On l'a vu, dit l'auteur, calomnier par des libelles infâmes, par des personnalités, l'administration de la Bibliothèque, se prêter à la passion des ennemis puissants du magistrat qui en est le chef. »
Plus loin, il est fait allusion à sa candidature comme député du tiers aux Etats-Généraux.

22078. — Réception de Cara (sic) au club monarchique. Dialogues. S. l. n. d. (1791), in-8°, 16 p. [N. Lb³⁹ 4617.]

22079. — Correspondance de MM. DE MONTMORIN et DE BERTRAND, ministres d'Etat, sur le Comité autrichien. Dénonciations et plaintes rendues par ces deux ministres contre le sieur Carra. S. l., 1792, in-8°, 16 p. [Br. M. F. R. 577, 13.]

22080. — Articles, notes et extraits d'articles de J.-L. CARRA, tirés des « Annales patriotiques », depuis juin 1791 jusqu'au 31 juillet 1793, imprimés par ordre chronologique, en réponse à ses accusateurs. S. l., 1793, l'an II de la République, in-8°, 2 ff. et 90 p. [N. Lb⁴¹ 879.]

22081. — Lettre du citoyen CARRA au président de la Convention nationale, datée de l'Abbaye, le 4 août, l'an II... S. l. n. d., in-4°, 2 p. [N. Lb⁴¹ 3219.]

22082. — De la Conciergerie, ce 2 du 2ᵉ mois de la République (23 octobre 1793). CARRA à ses concitoyens de tous les départements. S. l. n. d., in-8°, 4 p. [N. Lb⁴¹ 3430.]

Réfutation de trois passages du rapport d'Amar contre plusieurs membres de la Convention présenté le 3 octobre précédent (Voyez tome Iᵉʳ, n° 4047).

22083. — Précis de la défense de CARRA, député de la Convention nationale, contre ses accusateurs. S. l., l'an II de la République, in-8°, 2 ff. et 60 p. [N. Lb⁴¹ 880.]

22084. — [**Carrette.**] Mémoire pour PIERRE CARRETTE, menuisier, citoyen de la section du Mont-Blanc. S. l. n. d., in-4°, 8 p. [Br. M. F. R. 38*, 7.]

Signé : L.-G. CAHIER, défenseur officieux.
Au sujet d'un affût et d'un caisson dont il avait obtenu l'adjudication et qui avait été jugé assez défectueux pour provoquer son arrestation.
Il fut acquitté le 5 pluviôse an II (24 janvier 1794).

22085. — [**Cassini.**] Mémoires pour servir à l'histoire des sciences et à celle de l'Observatoire royal de Paris, suivis de la vie de J.-D. Cassini, écrite par lui-même et des éloges de plusieurs académiciens morts pendant la Révolution, par J.-D. CASSINI, ci-devant directeur de l'Observatoire royal de Paris et membre de l'Académie royale des sciences, de l'Institut et de la Légion d'honneur. Paris, Bleuet, 1810, in-4°, VIII-396 p. (la dernière non chiffrée). [N. Inv. V 8065.]

La page non chiffrée contient les Errata.
Les trois « académiciens » dont J.-D. Cassini IV a écrit les éloges sont J.-D. Maraldi (1709-1788), Legentil de La Galaisière (1735-1792) et Bochard de Saron (1730-1794), premier président au Parlement de Paris, mort sur l'échafaud. (Voyez le n° 21870 ci-dessus).

22086. — Histoire de la vie et des ouvrages scientifiques et littéraires de J.-D. Cassini IV, ancien directeur de l'Observatoire, membre de l'ancienne et de la nouvelle Académie des sciences, de l'Institut de Bologne, de la plupart des Académies étrangères, chevalier de Saint-Louis et de la Légion d'honneur. Par M. J.-F.-S. DEVIC. Clermont (Oise), A. Daix, 1851, in-8°, XIX-554 p. et 1 f. non chiffré (Errata). [N. Ln²⁷ 3641.]

22087. — [**Castagnis de Poulpry.**] Département de Paris. Domaines nationaux. Au nom de la République française... Vente de meubles et effets après l'émigration de la nommée Castagnis de Poulpry, rue de l'Université, n° 374, le 28 ventôse, an II (18 mars 1794) et jours suivants, s'il y lieu. Imp. Ballard. S. d., in-folio plano. [P.]

22088. — [**Castel.**] Aux Législateurs du peuple français. Imp. de la Société typographique des trois amis. S. d., in-8°, 3 p. [N. Ln²⁷ 3644.]

Signé : C. CASTEL, rue Hautefeuille, n° 10.
Protestation contre une réduction de rentes.

22089. — [**Castille.**] Le Citoyen CASTILLE, économe de l'hospice des Enfants de la patrie, faubourg Saint-Antoine, au citoyen Daujon, de la section de Bondy, administrateur des hôpitaux de Paris. S. l. n. d., in-4°, 12 p. [N. Ln²⁷ 3661.]

P. 5, Rapport fait à l'administration par l'économe des Enfants de la patrie..., le 12 bru-

maire an II (2 décembre 1793) *relativement au citoyen Baillet, dit Maître de classe.*
Dénonciation dudit citoyen Baillet en raison des sévices qu'il exerçait sur les enfants confiés à ses soins et de son insubordination.

22090. — [**Castries.**] PIERRE DE CROZE. Un duel politique et ses conséquences pendant la Révolution. Extrait du « Correspondant ». *Paris, De Soye et fils, imprimeurs*, 1895, in-8°, 120 p.

Duel d'Armand de Castries et Ch. de Lameth, le 12 novembre 1790. Voyez tome Ier de la *Bibliographia*, n°s 2019-2036.
P. 77, reproduction de la pl. de Janinet, représentant la dévastation de l'hôtel de Castries. (Voyez également tome Ier, n° 288.)

22091. — [**Catalan.**] Précis adressé au Département par le sieur CATALAN, chirurgien dentiste. *Paris, imp. Demonville*, 1791, in-4°, 7 p. [Z. U. B.]

Au sujet de l'acquisition d'une maison de la rue Saint-Dominique appartenant à Mme de de Broglie et des contestations que cette vente avait provoquées.

22092. — [**Cavaignac** (Marie-Julie DE CORANCEZ, dame).] Les Mémoires d'une inconnue publiés sur le manuscrit original. 1780-1816. *Paris, E. Plon, Nourrit et Ce*, 1894, in-8°, XI-419 p. [N. Ln[27] 42474.]

Sur cette publication faite sans le consentement de M. Godefroy Cavaignac et retirée du commerce, voyez deux articles d'ETIENNE CHARAVAY dans *la Révolution française*, tome XXIII (1892), pp. 194-198 et tome XXVI (1894), pp. 451-463, plus un Erratum, p. 576.

22093. — [**Cavanagh.**] Exploits glorieux du célèbre CAVANAGH. Cause première de la liberté française. *Paris, Cressonnier*. S. d. (1789), in-8°, 15 p. [N. Ln[27] 3729.]

22094. — [**Cazalès** (J.-A.-M. de).] Confession testamentaire de M. Cazalès à l'abbé Maury. *De l'imprimerie des Aricots, rue des Ballets, faubourg Saint-Antoine, à côté d'un tas de neige qui fond au clair de la lune, dans le mois de janvier.* S. d., in-8°, 7 p. [N. Lb[39] 2797.]

Voyez le numéro suivant.

22095. — Mort de M. de Cazalès, avec le grand détail des cérémonies qui vont être observées à ses funérailles et enterrement. *Imp. Dies.* S. d., in-8°, 7 p. [N. Lb[39] 3643.]

Facétie criblée de fautes typographiques.

22096. — [**Cazotte** (Jacques).] Correspondance mystique de J. CAZOTTE avec Laporte et Pouteau, intendant et secrétaire de la liste civile, pendant les années 1790, 91 et 92, contenant des détails intéressants sur le voyage du ci-devant Roi à Varennes, précédée d'une notice historique sur la vie et les ouvrages de cet homme célèbre, suivie de son interrogatoire et de son jugement (25 septembre 1792). *Paris, Lerouge ; Deroy ; Maret*, an VI, in-18, 2 ff., IV-182 p. [N. Lb[41] 81.]

Portrait anonyme (de face) de Jacques Cazotte. Voyez le numéro suivant.

22097. — Procès de Jacques Cazotte, condamné à mort par le Tribunal criminel du 17 août 1792, pour avoir écrit des lettres à M. Laporte, intendant de la liste civile, avec des détails authentiques sur sa détention dans la prison de l'Abbaye. Sa fille obtient sa grâce et le sauve des mains des assassins du 2 septembre 1792, etc., etc. *Paris, Hedde.* S. d., in-18, 2 ff., IV-182 p.

Même texte et même portrait que ceux du numéro précédent. Le titre seul est changé.
Bibliothèque de M. Paul Lacombe.

22098. — [**Cazotte** (Jacques-Scévola).] Témoignage d'un royaliste par J.-S. CAZOTTE, chevalier de l'ordre royal et militaire de Saint-Louis. *Paris, Adrien Le Clère*, 1839, in-8°, 2 ff. et VIII-303 p. [N. La[33] 124. — P. 6229.]

22099. — [**Céard.**] Mémoire à consulter et Consultation pour le sieur CÉARD, citoyen actif, garde national et l'un des gardes de la Bibliothèque Mazarine. *Paris, imp. N.-H. Nyon*, 1791, in-4°, 12 p. [N. Ld[4] 3634.]

Céard avait été destitué à la suite du bibliothécaire en chef, l'abbé Hooke, pour refus de serment.

La Consultation est signée : VERRIER, homme de loi, accusateur public du second Tribunal criminel établi au Palais et datée du 26 mai 1791.

22100. — [**Cellerier**.] (Circulaire annonçant la reddition de comptes du Sr Cellerier, signée : C....., et commençant par ces mots :) Le citoyen CELLERIER, directeur du théâtre des Arts... S. l. n. d. (an X), feuillet in-8°. [N. Ln²⁷ 3763.]

22101. — [**Ceracchi**.] Procès instruit par le Tribunal criminel du département de la Seine, contre Demerville, Ceracchi, Aréna et autres, prévenus de conspiration contre la personne du Premier Consul Bonaparte, suivi des débats et du jugement intervenus sur le pourvoi en cassation des condamnés. Recueilli par des sténographes [IGONEL et BRETON]. *Paris, imp. de la République, pluviôse an IX*, in-8°. [N. Lb⁴³ 148.]

Voyez les nᵒˢ 21685ᵇⁱˢ-21685¹ᵉʳ ci-dessus.

22102. — [**Cérutti** (J.-A.-J).] Coup d'œil rapide sur J.-A.-J. Cérutti, par MICHEL CUBIÈRES-PALMEZEAUX. *Paris*, 1792, in-12.

D'après Œttinger.

22103. — Éloge funèbre de J.-A.-J. Cérutti, député à l'Assemblée nationale et principal rédacteur de « la Feuille villageoise », prononcé par E.-M. SIAUVE, curé d'Ampuis, dans l'église de Condrieu, à la suite du service célébré en mémoire de ce législateur philosophe et auquel ont assisté les membres de la Société populaire et fraternelle, les officiers municipaux, etc., etc. Lu dans la séance publique du comité central de Lyon, le 16 février 1792, et imprimé d'après le vœu de la Société populaire de Condrieu. *Lyon, J.-A. Revol*, 1792, in-8°, 15 p.

D'après la *Bibliographie historique de la ville de Lyon pendant la Révolution française* de P.-M. Gonon (Lyon, 1846, in-8°), n° 864.

22104. — [**Chabot**.] FRANÇOIS CHABOT à Jean-Pierre Brissot. S. l. n. d., in-8°, 8 p. [N. Lb⁴¹ 272.]

Voyez le numéro suivant.

22105. — Société des Amis de la liberté et de la légalité séante aux ci-devant Jacobins, rue Saint-Honoré, à Paris. FRANÇOIS CHABOT à Jean-Pierre Brissot. *Imp. L. Potier de Lille*. S. d., in-8°, 8 p. [N. Lb⁴¹ 272 A.]

Réimpression de la pièce précédente.

22106. — Détails de la conspiration découverte de l'assassinat prémédité du citoyen Chabot, député à la Convention nationale, par Julie Calvon, de Bayeux, département du Calvados et amie intime de Charlotte Corday, assassin de Marat. *Imp. de l'Ami des sans-culottes (Lebois)*. S. d., in-8°, 8 p.

Signé : LEBOIS, l'ami des sans-culottes et l'ennemi des jean-foutres.

22107. — Tableau de la vie politique et privée des députés de la Législature actuelle. 1ᵉʳ cahier. Vie de M. Chabot. *Paris, imp. du Tableau, etc., rue de Chartres, n° 67, 1792, an IV de la Liberté*, in-8°, 20 p. [N. Le³² 9.]

Pamphlet signé de la griffe J.-M. Un avis préliminaire indique les mêmes initiales pour la réception des souscriptions.

22108. — Vie privée de l'ex-capucin François Chabot et de Gaspard Chaumette, pour servir de suite aux « Vies des fameux scélérats de ce siècle ». *Paris, imp. de Franklin, rue de Cléry, n° 15, l'an II*, in-8°, 43 et 16 p. [N. Ln²⁷ 3795.]

ÉPIGR. :

Plus le crime est caché, plus il est dangereux.

Sur le titre en fleuron initiales de Tremblay (D. T.).

La seconde pièce a pour faux-titre : *Vie privée de P.-G. Chaumette, ci-devant procureur de la Commune de Paris*, et pour épigraphe :

Nul ne sut mieux cacher sous des dehors trompeurs
Des plus lâches desseins les noires profondeurs.

22109. — [**Chabouillé**.] Mémoire en demande de liberté d'une condamnation de six années de fers expirée le 15 ventôse présent mois, adressé au Consulat et à son ministre de la justice. S. l. n. d. (1801), in-4°, 8 p. [*N.* Ln²⁷ 31498.]

Signé : CHABOUILLÉ.
Le signataire de ce *Mémoire* était un banqueroutier condamné le 15 ventôse an III (5 mars 1795) et qui avait purgé sa peine à Bicêtre.

22110. — [**Chabroud**.] Faits et gestes de l'honorable Charles Chabroud, procureur, avocat, député à l'Assemblée nationale, blanchisseur du héros d'Ouessant, enfin un des juges de la ville de Paris (1790).

Voyez tome Iᵉʳ, n° 1482.

22111. — [**Chalgrin**.] CASIMIR STRIENSKY. Deux Victimes de la Terreur. La princesse Rosalie Lubomirska. Madame Chalgrin. Deuxième édition. *Paris, Girard et Villerelle.* S. d. (1899), in-12 carré, 2 ff., 174 p. et 1 f. n. ch. (achevé d'imprimer). [*N.* Lb⁴¹ 5362.]

En regard du titre, portrait de la princesse Lubomirska, reproduit en simili-gravure d'après une miniature du musée Czartoryski.
Mᵐᵉ Chalgrin (Émilie-Félicité Vernet), femme de l'architecte, était fille de Joseph Vernet.

22112. — [**Chambon** (J.-J.).] Adresse à la Convention nationale. *Imp. de la Société typographique des Trois Amis.* S. d., in-4°, 4 p. [*N.* Ln²⁷ 3830.]

Requête, signée : CHAMBON; GOBERT, défenseur officieux, au sujet d'une condamnation à mort pour le vol des bijoux du Garde-Meuble.
La peine fut commuée en détention perpétuelle par le Tribunal criminel de Beauvais (mai-juin 1793), selon M. Bapst (cf. tome Iᵉʳ de la *Bibliographie*, n° 3516), p. 528.

22113. — [**Chambon de Montaux** (Nicolas).] Le Feu à l'Hôpital ou l'Espion parisien. *Imp. Quidore.* S. d., in-8°, 8 p. [*Br. M. F. R.* 467, 10.]

En faveur de Chambon, médecin de l'Hôpital-Général contre les religieuses attachées à cet établissement.

22114. — Lettre de NICOLAS CHAMBON, maire de Paris, aux citoyens composant la section de la Halle-aux-Blés. Paris, le 19 janvier 1793... *Imp. Patris.* S. d., in-4°, 6 p. [*N.* Lb⁴¹ 2619.]

Réfutation des calomnies répandues sur son compte et des propos qu'on lui prêtait.

22115. — Lettre à M. C.... sur les calomnies répandues autrefois contre moi comme maire de Paris et renouvelées dans ce temps. (Paris, 17 mai 1814.) *Imp. Mame frères.* S. d., in-8°, 15 p. [*P.* 41925.]

Signée : CHAMBON DE MONTAUX, de l'ancienne Faculté de médecine de Paris, de la Société royale de médecine, ancien médecin de la Salpêtrière, ancien premier médecin des armées et inspecteur général des hôpitaux militaires.

¶ On trouve dans la *Revue de Champagne et de Brie*, tome XVII (1884), pp. 221-228 et 300-317, une notice sur Chambon, signée V...F. [VICTOR FROUSSART], de Chaumont (Haute-Marne), et dans le même volume, p. 496, une lettre de M. TRUELLE SAINT-ÉVRON, disant posséder l'original de la proclamation adressée par Chambon aux citoyens de Paris, le 21 janvier 1793 (cf. tome Iᵉʳ, n° 3850). Voyez aussi la 3ᵉ série du *Cabinet secret de l'histoire* de M. le Dʳ A. Cabanès (cf. n° 20819 ci-dessus) et un article de M. SIGISMOND LACROIX dans *la Révolution française* (tome XXXVIII, p. 500-522, janvier-juin 1900), intitulé : *l'Élection d'un maire de Paris*.

22116. — [**Chameroy** (Adrienne).] Saint-Roch et Saint-Thomas, nouvelle. *Paris, Dabin, an XI-1802,* in-8°, 15 p. [*P.* 41318².]

ÉPIGR. :

Sæpè premente Deo, fert Deus alter opem.
OVID. *Trist.* lib. 1, élég. 2.

Par ANDRIEUX.
En vers.

22116ᵃ. — Saint-Roch et Saint-Thomas... Seconde édition augmentée. *Paris, Dabin, an XI-1802,* in-8°, 16 p.

Même épigraphe.
P. 13, à la fin : *Saint-Thomas, patron de la France,* par P. G.

22117. — Querelle de Saint-Roch et de Saint-Thomas sur l'ouverture du Manoir céleste à Mademoiselle Chameroy. *A Paris, de l'imprimerie de Pierre, rue du Paradis, n° 3.* S. d., in-8°, 8 p.

Même épigraphe qu'aux deux numéros précédents.

Réimpression de *Saint-Roch et de Saint-Thomas* d'après le texte de la première édition.

Mˡˡᵉ Chameroy était une danseuse de l'Opéra qui mourut à l'âge de vingt-quatre ans, le 15 octobre 1802, et à laquelle l'abbé Marduel, curé de Saint-Roch, refusa les honneurs funèbres que lui accorda le desservant de la chapelle des Filles-Saint-Thomas. Cet incident provoqua de la part du Premier Consul des mesures de rigueur contre l'abbé Marduel et fut l'origine de toute une série de facéties rimées et de caricatures. L'épître d'Andrieux n'a pas été réimpr. dans ses *Œuvres complètes* (1817-1823, 4 vol. in-8°), mais on la retrouve dans les *Satiriques du XVIIIᵉ siècle* (Paris, Masgana, 1840, 1ʳᵉ (et unique) série, et dans d'autres recueils. Elle fut également l'objet d'un plagiat singulier : en 1836, un certain S. Champion Lajarry publia sous ce titre : *une Actrice au Paradis* (imp. Belin, in-8°, 16 p.) et, avec une vignette empruntée à *la Tour de Londres* d'Alph. Brot, une copie littérale, moins quelques mots, de l'opuscule d'Andrieux et ne craignit pas de le présenter comme son œuvre personnelle. La supercherie fut aussitôt signalée par Beuchot dans la *Bibliographie de la France* de 1836, n° 2057.
Voyez les six numéros suivants.

22118. — Réponse de Saint-Roch et de Saint-Thomas à Saint-Andrieu. *Paris, J.-F. Girard, an XI*-1802, in-8°, 12 p. et 1 f. n. ch.

Réimp. dans les *Satiriques du XVIIIᵉ siècle* (voyez le numéro précédent), p. 329-334.

22119. — Dispute de Saint-Roch et de Saint-Thomas sur la réception de Mˡˡᵉ Chameroy, danseuse de l'Opéra, à son arrivée au Paradis. Dialogue. S. l. n. d., in-8°, 4 p.

Signée, p. 4 : Cadot.

22120. — Saint-Roch à Andrieux, par H. D. *Paris, Dabin, an XI*-1802, in-8°, 7 p. [P. 11318*.]

Épigr. :

Je tremble pour nos saints : ces maudits philosophes
Leur préparent, dit-on, d'horribles catastrophes.

Au recueil factice formé par un contemporain et que possède la B. V. P., le premier possesseur a joint trois estampes relatives au même sujet : Mˡˡᵉ *Chameroy refusée à Saint-Roch, l'an onze*-1802 ; *la Bienvenue, le Début de* Mˡˡᵉ *Chameroy en paradis*; *Amende honorable*. Mˡˡᵉ *Chameroy reçue par Saint-Thomas l'an onze*-1802. Cette dernière pièce est, au point de vue des costumes et des accessoires, particulièrement curieuse.

22121. — Amende honorable d'An... [drieux] à Saint-Roch. *Paris, Dabin, an XI*-1802, in-8°, 8 p. [P. 11318*.]

En vers.

22122. — Chameroi et l'Opéra vengés par le Père éternel. *Paris, les marchands de nouveautés, an XI*-1802, in-12, 24 p.

P. 3, après le titre de départ, on lit : « 2ᵉ *Nouvelle*. »

22123. — Ordonnance de M. l'Archevêque de Paris sur le refus du curé de Saint-Roch de rendre les honneurs funèbres à Mˡˡᵉ Chameroy, actrice de l'Opéra. Peine infligée par M. de Belloy audit pasteur. Belle conduite du desservant de l'église Saint-Thomas. Lettre du conseiller d'État Portalis sur les prêtres qui frapperaient scandaleusement leur mariage d'anathème. *Se distribue chez Duchon, rue Saint-Julien-le-Pauvre, n° 5*, in-4°, 4 p. [P. 11318*.]

Canard comportant l'article du *Moniteur*, relatif à cet incident, et dont la rédaction fut attribuée au Premier Consul lui-même, suivie d'une lettre du ministre des cultes au préfet de la Somme, sur la rétractation d'un curé du diocèse d'Amiens. La seconde pièce n'a, comme on le voit, aucun rapport avec la première.

22124. — [**Chamfort.**] Sébastien Chamfort à ses concitoyens, en réponse aux calomnies de Tobiesen-Duby (18ᵉ jour de l'an I-9 octobre 1792). S. l. n. d., in-8°, 11 p. [N. Ln²⁷ 3838.]

22125. — Chamfort, étude sur sa vie, son caractère et ses écrits, par Maurice Pellisson, ancien élève de l'École normale supérieure, agrégé des lettres. *Paris, Lecène, Oudin et Cⁱᵉ*, 1895, in-8°, 3 ff. et 309 p. [N. Ln²⁷ 45255.]

22126. — [**Champcenetz.**] Catalogue des livres du cabinet du citoyen Champcenetz, dont la vente se fera en son domicile, rue du Mail, n° 19, le quintidi 5 frimaire an IV (jeudi 26 novembre 1795) et j. s. *Paris, Mauger*, in-8°, 103 p. ; 1,293 numéros. [N. Δ 736 et 12258.]

Selon Jourgniac Saint-Méard, cette bibliothèque aurait appartenu au rédacteur du *Petit*

Almanach de nos grands hommes et des *Actes des apôtres*, mais il est beaucoup plus probable, comme le croit M. Bégis, qu'elle était la propriété de M. Jean-Louis Quentin de Richebourg, marquis de Champcenetz, père du pamphlétaire et ancien gouverneur du château des Tuileries; il avait cédé cette charge en 1789 à un autre de ses fils, Louis-Pierre, qui échappa, le 10 août 1792, aux envahisseurs du palais et réussit à gagner l'Angleterre.

Le chevalier de Champcenetz (Louis-René Quentin de Richebourg) mourut sur l'échafaud le 5 thermidor an II (5 juillet 1794).

L'ex-libris qui décorait les livres de cette bibliothèque a été reproduit par A. Poulet-Malassis dans *les Ex-libris français*, 2ᵉ éd. (P. Rouquette, 1875, gr. in-8°.)

Chapelier. — Voyez **Le Chapelier.**

22127. — [**Chappe.**] ROBERT TRIGER. Claude Chappe et le Centenaire du télégraphe. *Mamers, G. Fleury et A. Dangin,* 1892, in-8°, 7 p. [*N.* Ln27 40715.]

En regard du titre, phototypie d'un buste de Claude Chappe, par M. Filleul, appartenant à l'hôtel des postes du Mans.

22128. — Claude Chappe. Notice biographique par ERNEST JACQUEZ, bibliothécaire des postes et des télégraphes, secrétaire du comité du Centenaire de Chappe. *Paris, Alph. Picard et fils,* 1893, in-8°, 78 p. et 1 f. non chiffré. [*N.* Ln27 42195.]

22129. — Centenaire de la télégraphie. 1793-1893. L'Œuvre de Claude Chappe, créateur de l'administration française des télégraphes, inventeur du télégraphe aérien établi sous les auspices de la Convention nationale, par FRANÇOIS GAUTIER, du poste central des télégraphes de Paris (hors cadre), auteur de plusieurs ouvrages, avec une préface de F.-F. STEENACKERS, ancien directeur général des télégraphes et des postes. *Paris, librairie de la porte Saint-Denis, 18, boulevard Saint-Denis, etc.; Poitiers, Blais, Roy et Cⁱᵉ, imprimeurs-éditeurs,* 1893, in-8°, 81 p. [*N.* Ln27 41662.]

22130. — [**Chardin** (Charles).] Société populaire de Brutus (28 brumaire an II-18 novembre 1793). Imp. de la section de *Brutus. S. d.*, in-8°, 4 p. [*R.* AD. XVI, 72.]

Attestation de civisme délivrée à Chardin, accusé d'être « un traître vendu à la puissance anglaise, salarié par elle, sous le prétexte qu'il n'est que le dépositaire d'une riche bibliothèque appartenant à un Anglais avec lequel il est en correspondance, tandis qu'il est de notoriété publique que ce citoyen, célèbre dans la bibliographie, était, bien avant la Révolution, possesseur de ces chefs-d'œuvre de typographie, qui font toute sa fortune ».

L'Anglais à qui ce certificat fait allusion était William Beckford (1760-1844), bibliophile et collectionneur célèbre, auteur du conte oriental de *Vathech* (1787), écrit en français et souvent traduit ou réimprimé. Il était venu maintes fois en France, et notamment après le 10 août (voyez tome III, n° 12117); il y revint aussitôt après les préliminaires de paix entre la France et l'Angleterre (voyez *ibid.*, n° 19134). Ses collections, d'abord vendues à l'amiable, puis dispersées aux enchères par l'acquéreur (1823), alimentèrent les principales galeries et bibliothèques d'Angleterre ; une partie des livres d'Hamilton-Palace, dispersés en 1883, provenait des acquisitions faites par Beckford et par Chardin à la vente du prince de Soubise (1788), héritier de ce qui subsistait de l'ancienne collection des de Thou.

22131. — Section de Brutus. Discours du citoyen CHARDIN... après avoir été acquitté par le Tribunal révolutionnaire (25 germinal an II-14 avril 1794).

Voyez tome II, n° 8144.

22132. — Réponse du citoyen CHARDIN, de la section de Brutus, à la lettre vraiment contre-révolutionnaire de Leymerie, ci-devant médecin de Couthon (6 fructidor an II-23 août 1794). *Se distribue rue Poch-Poissonnière, n° 9. S. d.*, in-8°, 12 p. [*N.* Lb41 1214.]

Voyez tome Iᵉʳ, n° 4448, cette lettre où Chardin était violemment pris à partie, toujours au sujet de ses relations avec Beckford.

22133. — [**Charton.**] Lettre adressée le 26 décembre à MM. Vandermonde et Bosquillon, représentants de la Commune. *S. l.*, 1789, in-4°, 8 p. [*N.* Ln27 4024.]

Signée : CHARTON, chef de la 1ʳᵉ division.

Au sujet de l'affaire Guillotte et du Marché aux chevaux (voyez tome II, n° 7692 et tome III, n° 14851).

Jean Charton fut condamné à mort le 9 messidor an II (27 juin 1794), pour sa participation au massacre du Champ de Mars.

22134. — [**Chas**.] Liste des ouvrages que M. J. Chas a publiés depuis l'époque mémorable du 18 brumaire (15 frimaire an XIII-6 décembre 1804). S. l. n. d., in-8°, 2 p. [N. Ln^{27} 4030.]

L'auteur cite parmi ces ouvrages un *Parallèle de Napoléon et de Charlemagne* qu'il dit « antérieur à tout ce qui a paru sur cette matière » et un *Coup d'œil sur les grandes actions de Napoléon* ; il se flatte « sous un gouvernement régénérateur et paternel » d'obtenir « la récompense de sa fidélité, de ses travaux et de ses sacrifices ».

Voyez le numéro suivant.

22135. — [Note des services du sieur Chas, datée d'avril 1814 et commençant par ces mots :] Sous l'ancienne dynastie de mes rois légitimes, j'ai défendu... Imp. *Brasseur ainé.* S. d., in-8°, 3 p. [N. Ln^{27} 4031.]

Chas évoque le souvenir du « gouvernement oppresseur que la Providence et la volonté nationale viennent de renverser pour le bonheur de la France et le repos de l'Europe. »

Voyez le numéro précédent.

22136. — [**Chasles** (Pierre-Jacques-Michel).] A mes collègues (13 fructidor an II-30 août 1794). Imp. de *l'Ami des sans-culottes* (Lebois). S. d., in-8°, 4 p. [N. Ln^{27} 4033.]

Signé : Chasles, représentant du peuple.

Protestation contre toute pensée d'immixtion dans les délibérations de l'assemblée primaire de la section du Museum qui avait pris un arrêté contre lui.

22137. — Ruse innocente d'un honnête journaliste (23 pluviôse an III-11 février 1795). S. l. n. d., in-8°, 3 p. [N. Ln^{27} 4034.]

Signée : Chales (sic).

Protestation véhémente contre l'imprimeur Galetti qui avait imprimé les *députés* pour les « députés ».

22138. — [**Châteauneuf**.] Notice sur Agricol Lapierre Chateauneuf, sollicitant du Comité de salut public une place dans la commission d'instruction publique ou dans un autre département. Imp. *du directoire du Lycée des arts.* S. d., in-8°, 4 p. [N. Ln^{27} 4097.]

Enumération de ses travaux et exposé de sa conduite politique depuis le début de la Révolution.

22139. — [**Chaudot** (Vivant.-J.-B.).] Précis sur l'affaire de Chaudot. Imp. *Massot.* S. d., in-4°. [R. AD. I 50.]

22140. — Résumé de l'affaire de Chaudot. Imp. *Paris.* S. d., in-4°, 4 p. [R. AD. I, 50.]

Le notaire Chaudot était accusé d'avoir signé en second, le 4 décembre 1790, des extraits de pièces déposées chez Brichard et concernant un emprunt souscrit par « le fils du tyran d'Angleterre ». Brichard avait été condamné à mort pour le même fait, le 25 pluviôse an II (13 février 1794); voyez le n° 21983 ci-dessus.

22140. — Observations sur l'affaire de Chaudot, notaire, condamné à mort, et en faveur duquel la Convention a décrété un sursis. Imp. *Massot.* S. d., in-8°, 3 p. [R. AD. I, 50.]

22141. — Pétition du comité révolutionnaire et de la Société populaire de la section du Contrat-Social sur l'affaire de Chaudot (28 pluviôse an II-16 février 1794).

Voyez tome II, n° 8754.

22142. — Egalité, liberté. A la Société populaire et au comité révolutionnaire de la section du Contrat-Social, sur la mort de l'infortuné Chaudot, et dénonciation de trois brigands, plus puissants que la Convention. Imp. *Devergne.* S. d., in-4°, 8 p. [Br. M. F. R. 48*, 4.]

Signé : J.-B. Poupart Beaubourg.

Épigr. :
Une seule vérité utile vaut toujours
mieux que celui qui nous la dit.
P. B.

22143. — Rapport fait sur le citoyen Chaudot, notaire, en l'assemblée générale de la section du Contrat-Social, en vertu de l'arrêté pris par elle le 30 ventôse an III (20 mars 1795), portant en outre qu'il sera fait une pétition à la Convention nationale pour lui demander la réhabilitation de la mémoire de ce citoyen.

Voyez tome II, n° 8757.

22144. — [**Chaumette** (P.-G.).] Chaumette, procureur de la Commune, à ses concitoyens. *Imp. C.-F. Patris. S. d.*, in-8°, 3 p. [*R.* AD. I, 50.]

Au sujet de sa motion sur les enrôlements pour la Vendée. Il avait réclamé le départ des célibataires, des clercs de notaire et de procureur et des commis banquiers, estimant que celui qui fait le pain, l'habit ou les souliers, doit être plus ménagé que celui qui écrit dans un bureau ou dans une étude.

22145. — Vie privée de Pierre-Gaspard Chaumette, dit Anaxagoras, ex-procureur de la Commune de Paris, traduit au Tribunal révolutionnaire, avec plusieurs de ses complices, présentée aux sans-culottes, par le citoyen Tisset, rue de la Barillerie, n° 13. *Paris, chez la citoyenne Lefèvre, la citoyenne Toubon, le citoyen Lenormant et chez tous les marchands de nouveautés*, an II, in-8°, 8 p. [*N.* Ln^{27} 4123.j

La B. N. possède de cette pièce un second exemplaire coté Ln^{27} 4123 A, auquel son ancien possesseur a joint un portrait de Chaumette tiré de la collection Bonneville, ainsi que des couplets de Cubières-Palmezeaux à Chaumette, et un fragment d'une circulaire de celui-ci sur ses antécédents ; ces couplets et cette circulaire, paginés 17-20, font partie d'un hommage de Cubières à Marat et à Le Peletier, qui sera décrit plus loin.

22146. — Vie privée de l'ex-capucin François Chabot et de Gaspard Chaumette, pour servir de suite aux « Vies des plus fameux scélérats de ce siècle » (an II).

Voyez le n° 22108 ci-dessus.

22147. — Chaumette et la Commune de 93. Contribution à l'histoire de l'hébertisme, par A. Regnard. *Paris, librairie de la Revue socialiste*, an 98, 1889, in-8°, 23 p. [*N.* Lb^{41} 5164.]

Une note (p. 1) prévient que ce travail a paru pour la première fois traduit en anglais par M. Frédéric Harrisson dans la *Fornightly Review* de janvier 1872 et que, sauf les corrections de détail, les additions ont été faites sous forme de notes.

22148. — Société de l'histoire de la Révolution française. Mémoires de Chaumette sur la révolution du 10 août 1792, avec une introduction et des notes, par F.-A. Aulard. *Paris, au siège de la Société, 3, rue de Furstenberg*, 1893, in-8°, 2 ff., XVI-67 p. [*N.* Lb^{39} 11533.]

Réunion d'un fragment publié dans l'*Amateur d'autographes* en 1866 et d'autres pages retrouvées dans les cartons T 604-605 des Archives nationales. Chaumette n'y parle presque pas de lui-même. L'*Introduction* de M. Aulard renferme une biographie et une bibliographie de l'auteur.

¶ Voyez dans *la Révolution française*, tome XXXII (janvier-juin 1897), pp. 385-402, un article de M. J. Guillaume, intitulé : *le Vandalisme de Chaumette*, où sont réfutées diverses calomnies mises en circulation par Grégoire.

22149 — [**Chauveau-Lagarde.**] Quelques Esquisses de la vie judiciaire de M. Chauveau-Lagarde, par Louis-Aimé Martin. *Paris, imp. Le Normant*, 1841, in-8°, 16 p. [*N.* Ln^{27} 4138.]

Extrait du *Journal des Débats*.

22150. — Chauveau-Lagarde, par M. Doublet de Boisthibault, avocat. *Chartres, Garnier*, 1841, in-8°, 8 p. [*N.* Ln^{27} 4139.]

22151. — Éloge de M. Chauveau-Lagarde, le 24 décembre 1854, à la rentrée solennelle des conférences des avocats, par M. Vital Pillore, ancien avocat stagiaire près la Cour impériale de Toulouse. *Toulouse, typ. Bonnal et Gibrac*, 1855, in-8°, 29 p. [*N.* Ln^{27} 4140.]

22152. — Notice biographique sur M. Claude-François Chauveau-Lagarde, d'abord avocat, puis conseiller à la Cour de cassation, chevalier de la Légion d'honneur, etc., etc. Extrait du « Biographe et l'historien ». *Paris, au bureau de la Revue*, 1856, in-8°, 12 p. [*N.* Ln^{27} 4141.]

Signée : E. Pascallet.
Voyez aussi les n°s 21245 et 22000-22002.

22153. — [**Chauvet.**] A la Convention nationale, au comité de sûreté générale, à ses concitoyens. Chauvet (François-Siméon), âgé de cinquante et un ans, ci-devant chef d'un bureau de la 6e division du département de la guerre, pour lui et pour Chauvet, son fils (Charles-Elisabeth-François-Juvénal), âgé de seize ans, commis-expéditionnaire dans le même bureau. S. l. n. d., in-4°, 11 p. [N. Ln²⁷ 4144.]

Protestation contre sa destitution et celle de son fils. Le pétitionnaire allègue pour sa défense divers écrits dont il ne donne pas les titres et que je n'ai pu retrouver : l'un, publié *sous un autre nom que le sien* (?) sur la nécessité de décréter la responsabilité des chefs des bureaux, opinion qu'il avait, dit-il, « ravivée » à la tribune des Jacobins (voyez tome II, n° 9076); un petit ouvrage sur les pensions en général et en particulier sur celles du département de la guerre ; un projet pour la réforme de l'hôtel des Invalides, enfin, en décembre 1792, des Idées sur la constitution du pouvoir exécutif dans un gouvernement démocratique.

22154. — [**Chavaignes-Maillé** (de).] A Nosseigneurs de l'Assemblée nationale. Mémoire pour M. Pierre-André-Charles, comte de Chavaignes-Maillé, détenu par ordre du gouvernement à la Bastille, depuis le 24 décembre 1776 jusqu'au 7 janvier 1787. *Baudouin.* S. d., in-8°, 1 f. et 92 p. [N. Ln²⁷ 4151.]

22155. — [**Chazot** (Cl.).] Aux citoyens composant le Tribunat. S. l. n. d., in-4°, 2 p. [N. Ln²⁷ 4159.]

Signées : Chazot, rues des Poulies, n° 209. Demande d'une place de secrétaire-rédacteur. L'auteur ajoute qu'il avait été chargé précédemment de rédiger le compte rendu des séances du Corps législatif dans le *Républicain français*. Or, il y a eu trois feuilles de ce nom ; peut-être voulait-il désigner celle de Ch. Ilis et de Gouget Deslandres (voyez tome II, n° 10843).

22156. — [**Chénier**.] La Vérité sur la famille de Chénier, par L.-J.-G. de Chénier, avocat, neveu d'André et de Marie-Joseph. *Paris, J. Dumaine*, 1844, in-12, 2 ff. et IV-85 p. [N. Lm³ 206.]

ÉPIGR. :

Nous avons parmi nous détruit la tyrannie ;
Ne détruirons-nous pas l'impure calomnie ?
M.-J. de Chénier. *Discours sur la calomnie.*

Réfutation des erreurs commises par Alfred de Vigny dans *Stello* et par Paul Lacroix dans la *Notice des Œuvres en prose* d'André Chénier (voyez le n° 22182 ci-dessous); rappel de la conduite de Marie-Joseph à l'égard de ses frères durant la Terreur et annonce d'une notice sur Louis-Sauveur Chénier, qui n'a pas paru.

22157. — Achille Rouquet. Les Chénier, portraits, lettres et fragments inédits. Ouvrage illustré de quatre photogravures artistiques hors texte et d'une eau-forte d'Adrien Nargeot. *Paris aux bureaux de l'Artiste*, 1891, gr. in-8°, 30 p. et 1 f. n. ch. (nom et adresse de l'imprimeur). [N. Lm³ 2130.]

On lit au verso du titre : « Cet ouvrage a été tiré à cent ex. seulement. »

Les photogravures représentent André Chénier enfant d'après Cazes fils (1773), le même d'après Mallet, Mme Chénier en costume levantin et la famille Chénier d'après Cazes fils ; cette dernière pl. est protégée par un papier fin contenant les croquis des divers personnages du tableau et l'indication de leurs noms. L'eau-forte d'Adrien Nargeot a été gravée d'après le groupe de Denys Puech, intitulé : *la Muse d'André Chénier*.

Les portraits font partie du legs de Mme Gabriel de Chénier au musée de Carcassonne. Les documents publiés par M. Rouquet ont la même provenance.

22158. — [**Chénier** (Louis).] Procès-verbal des honneurs funèbres rendus à la mémoire de Louis Chénier par l'assemblée générale de la section de Brutus (8 prairial an III-27 mai 1795).

Voyez tome II, n° 8152.

22159. — [**Chénier** (Elisabeth Sancti Lhomaka).] Lettres grecques de Madame Chénier, précédées d'une étude sur sa vie, par Robert de Bonnières. Illustrations de G. Dubufe fils. *Paris, Charavay frères*, 1879, in-12 carré, 2 ff. et 203 p., papier vergé.

De la *Collection choisie* publiée par les mêmes éditeurs.

La *Vie de Mme Chénier*, suivie de pièces justificatives, occupe les pp. 11-106 ; c'est une étude importante sur sa vie pendant la Révolution et celle de son fils Marie-Joseph.

22160. — [**Chénier** (Marie-Joseph).] Discours de M. de Chénier, auteur de la tragédie de « Charles IX », à l'assemblée générale des représentants de la Commune de Paris (23 août 1789). *Imp. Ve Hérissant.* S. d., in-8°, 8 p. [N. Lb⁴⁰ 1187.]

Voyez tome III, n°⁸ 18441-18443.

22161. — Ai-je tort ou raison ? ou La Harpe et Chénier sur la Révolution française, satire, par CHARLES MULLOT. *Paris, Desenne; Deroi; Maret,* an V*, in-8°, 1 f. et 28 p. [*N.* Inv. Ye 28246.]

ÉPIGR. :
   Inextricabilis error.
         V_{IRG.}
Notes en prose.

22162. — Epître sur l'orgueil, dédiée à Marie-Joseph Chénier, poète tragique, par SEWRIN. *Paris, Durand,* an V (1796), in-8°, 16 p.

D'après Quérard (*France littéraire*, v° *Chénier (M.-J.)*.

22163. — Copie de la lettre du citoyen CHÉNIER à l'assemblée électorale séante à l'Institut (29 germinal an VI-18 avril 1798). S. l. n. d., in-8°, 3 p. [*N.* Lb⁴² 1858.]

Remerciements de Marie-Joseph après sa réélection au Conseil des Cinq-Cents. Il opta néanmoins pour le département de Seine-et-Oise qui l'avait également élu.

22164. — Lettre à M. J.-J. Dussault, auteur de deux diatribes signées : Y, dans le « Journal de l'empire », contre M. Chénier et son cours de littérature (7 février 1807). *Paris, Dabin,* 1807, in-8°, 18 p. [*N.* Ln²⁷ 4172.]

Par DESCHIENS. Voy. tome Ier de la *Bibliographie,* p. XX, et le numéro suivant. Une seconde édition, revue et augmentée, de cette *Lettre* a 24 p.

22165. — Lettre adressée à M. Chénier, membre de l'Institut et de la Légion d'honneur, par M. DUSSAULT, un des rédacteurs du « Journal de l'empire » (24 février 1807). *Paris, Le Normant,* 1807, in-8°, 25 p. [*N.* Ln²⁷ 6947.]

Le post-scriptum de cette *Lettre* contient un passage violent contre l'auteur du numéro précédent, qu'une note de la main de Beuchot (sur l'ex. de la B. N. de la *Lettre à M. Dussault* que Barbier a restituée à Deschiens) attribue par erreur à Gobet.

22166. — Institut de France. Funérailles de M. Chénier, le 12 janvier 1811. *Imp. Baudouin.* S. d., in-4°, 10 p. [*N.* Ln²⁷ 4173.]

P. 1, discours d'ARNAULT; p. 9, *Notes* (citation des vers de Marie-Joseph sur André Chénier).

22167. — Catalogue des livres de la bibliothèque de feu M.-J. de Chénier, de l'Institut de France, précédé d'une notice historique sur sa vie et ses ouvrages, par M*** [DAUNOU]. *Paris, Bleuet, successeur de Jombert; Arthus-Bertrand; Dabin,* 1811, in-8°, 6 ff. n. ch., XXIII p., 2 ff. n. ch. (*Table des divisions*) et 115 p.; 985 numéros. [*N.* Δ 32589.]

Les feuillets liminaires comprennent un faux-titre et un titre, un *Avis sur le catalogue de M. Chénier,* l'ordre des vacations, une note sur le lieu de la vente (au domicile du défunt, à l'ancien hôtel Foulon, rue des Fossés-du-Temple, n° 77) et sur sa date (26 août et jours suivants), l'indication de trois corps de bibliothèques en acajou avec glaces, qui devaient être adjugés après les enchères, enfin un *Errata.*

L'*Avis* est ainsi conçu : « Les catalogues distribués avant le 3 de ce mois contiennent des livres qui ont été retirés. Les ouvrages indiqués ci-après sous les mêmes numéros sont ceux qui seront exposés en vente. » En conséquence, les n°⁸ 33 à 45, 84, 86, 87, 220 et 615, ayant trait à des matières hétérodoxes et philosophiques ou renfermant des facéties graveleuses (voyez le n° 615) étaient remplacés par des articles de même nature, mais qui avaient trouvé grâce devant les inspecteurs de la librairie.

« De tous les dons de la fortune, dit l'auteur de la *Notice* (p. XXI), en parlant de Chénier, le plus cher à ses yeux aurait été une magnifique bibliothèque. Celle que l'on expose en vente aujourd'hui n'offre que les débris de trois ou quatre autres qu'il a successivement formées, démembrées, recommencées à grands frais. On y trouve cependant encore d'excellentes éditions des poètes grecs, latins, italiens, anglais et français; un assez grand nombre de volumes imprimés par les Alde, par les Junte, par Galliot - Dupré, par les Estienne; plusieurs *Variorum,* beaucoup plus d'Elzévirs, les plus célèbres éditions d'Ibarra, les collections de Baskerville, de Barbou et de Didot presque complètes; il ne manque à la dernière que les in-folio qui ont disparu depuis fort peu de temps de la bibliothèque de M. Chénier. On y rencontre encore quelques-uns de ces livres singuliers et rares auxquels les amateurs attachent un grand prix. Nous devons ajouter que la plupart des exemplaires annoncés dans le catalogue qu'on va lire ont été choisis avec un soin extrême et qu'ils sont richement conditionnés; ce que nous remarquons beaucoup moins pour en relever la valeur que pour parler du motif, ou plutôt même du sentiment qui entraînait M. Chénier à ce genre de dépense. En effet, ce n'était point là un simple résultat de son goût naturel pour la magnificence, mais une sorte d'hommage, ou même de culte, qu'il croyait dû aux grands monuments de l'art d'écrire; il voyait et honorait dans un livre l'auteur même.

Les personnes qui n'ont connu Chénier que par ses vers auront peine à se figurer qu'il ait été un bibliographe très habile; rien n'est plus vrai, cependant. Il avait mûrement étudié l'histoire de l'imprimerie, comparé les plus riches catalogues, examiné des milliers de livres; non seulement il savait d'une manière imperturbable les dates de toutes les éditions qui sont dignes de quelque souvenir, mais il en avait observé et retenu toutes les circonstances distinctives. S'il estimait tant la bibliographie, c'est qu'il l'envisageait sous son véritable point de vue, c'est-à-dire comme une branche de l'histoire littéraire, de cette histoire de toutes les connaissances humaines qui est elle-même l'une des plus utiles connaissances. »

22168. — Notice sur la vie et les ouvrages de M.-J. de Chénier, de l'Institut de France. Par M*** (DAUNOU). *Paris, Dabin*, 1811, in-8°, 27 p. [*N.* Ln^{27} 4174.]

Tirage à part, paginé en chiffres arabes, de la notice indiquée sous le numéro précédent.

22169. — Lettre à M. le comte de B*** pendant son séjour aux eaux d'Aix-la-Chapelle (1er octobre 1812). *Paris, J.-G. Dentu et tous les marchands de nouveautés*, 1812, in-8°, 40 p. [*N.* Ln^{27} 45375.]

La couverture imprimée a pour titre : *Parallèle entre M. de Châteaubriand et M. de Chénier*. Par CHARLES HIS, suivant Barbier.

Elu, par ordre de Napoléon, membre de l'Académie française en remplacement de Marie-Joseph Chénier, Châteaubriand se vit interdire de prononcer son discours de réception, mais il s'était répandu de celui-ci tant de copies (neuf cents, dit-on) que ce morceau célèbre se trouva promptement entre toutes les mains. Pour contrebalancer l'effet produit par cette circulation clandestine, Napoléon fit exhumer l'*Essai sur les révolutions*, publié par l'auteur en 1797 et placer en parallèle les théories contradictoires du *Génie du christianisme*. Tel est l'objet de la brochure de Charles His. Voyez les deux numéros suivants.

22170. — Réponse aux attaques dirigées contre M. de Châteaubriand, accompagnée de pièces justificatives, par M. DAMAZE DE RAYMOND. *Paris, Rosa*, 1812, in-8°, 2 ff. et 160 p. [*N.* Ln^{27} 4070.]

Les pp. 94 et suivantes sont remplies par divers extraits de l'*Essai sur les révolutions* et du *Voyage en Amérique*.

22171. — Discours de réception de M. CHATEAUBRIANT (*sic*) à l'Académie française, en remplacement de M. Chénier. *Paris, Chaumerot aîné*, 1815, in-8°, 16 p. [*N.* Inv. Z. 28258*.]

Edition désavouée par l'auteur et qui, selon Quérard, fut réimp. la même année à Limoges. Le texte intégral se trouve dans une édition belge de l'*Essai sur les révolutions* (Bruxelles, 1824) et dans les *Mémoires d'outre-tombe*.

22172. — Eloge de M.-J. de Chénier, membre de l'Académie française et de la Légion d'honneur, suivi d'un catalogue raisonné de tous ses ouvrages. Par J. L. (JOSEPH LINGAY). *Paris, Rosa*, 1814, in-8°, 3 ff. et II-99 p. [*N.* Ln^{27} 4175.]

22173. — Plaidoyer pour Mme Lesparda de Maisonnave contre les héritiers de Marie-Joseph Chénier. *Paris, imp. de Mme Huzard (née Vallat La Chapelle)*, 1816, in-4°. 63 p. [*N.* 4° F^3 19241.]

Signé (p. 63) : CHARRIÉ, avocat; COLMET DE SANTERRE, avoué; EUGÉNIE DE LESPARDA. Au sujet de la propriété des manuscrits du poète; ce furent ses héritiers naturels qui obtinrent gain de cause.

22174. — Lettre sur M.-J. Chénier, par M. A.-V. ARNAULT. *Paris, imp. F. Didot*, 1826, in-8°, XLVIII p. [*N.* Ln^{27} 4176.]

Le titre de départ (p. VII) porte en plus : *à l'éditeur de ses œuvres*. Tirage à part du tome Ier des *Œuvres* publiées par D.-C. Robert (1824-1826, 8 vol. in-8°).

22175. — Extrait du journal « la Réforme ». Marie-Joseph Chénier et le prince des critiques, par FÉLIX PYAT. *Paris, Leriche et tous les marchands de nouveautés*, 1844, in-8°, 15 p. [*N.* Ln^{27} 10189.]

A propos de la première représentation de *Tibère* (15 décembre 1843) au Théâtre-Français et de l'article que Jules Janin avait consacré à cette pièce et à son auteur dans le *Journal des Débats*. Ce fut le début d'une polémique aiguë qui se termina par la condamnation de Félix Pyat à six mois de prison.

22176. — Poésies de M.-J. CHÉNIER, précédées d'une notice et accompagnées de notes par M. CH. LABITTE, professeur suppléant au collège de France. *Paris, Charpentier*, 1844, in-18, 2 ff., XXXI et 428-151 p.

La notice, intitulée : *Marie-Joseph Chénier, sa vie et ses écrits*, avait d'abord paru dans la

Revue des Deux-Mondes (15 janvier 1844) ; elle a été réimp. dans le recueil posthume des *Études littéraires* de l'auteur (1846, 2 vol. in-8°). Les *Œuvres anciennes* et les *Œuvres posthumes* de M.-J. Chénier ont deux paginations distinctes.

22177. — Etude littéraire sur « Tibère », tragédie de Marie-Joseph Chénier, par G. GLEY. *Epinal, imp. V. Collot,* 1886, in-8°, 29 p. [*N.* 8° Yf 60.]

ÉPIGR. :

Germanicus aimait la liberté romaine ;
Jugez si de Tibère il méritait la haine.
(Acte IV, sc. III.)

La couverture imprimée sert de titre.
Extrait non spécifié des *Annales* de la Société d'émulation des Vosges.
Une note (p. 5) prévient que ce travail a été rédigé en 1870.

22178. — Etude sur le théâtre de Marie-Joseph Chénier, par A. LIÉBY, ancien élève de l'Ecole normale supérieure, agrégé des lettres, docteur ès lettres. *Paris, Société française d'imprimerie et de librairie,* 1902, gr. in-8°, 514 p. [*N.* Yf 179.]

22179. — [**Chénier** (Louis-Sauveur).] Pièces justificatives oubliées dans le Compte rendu d'André Dumont, dédiées au corps électoral de France. *Imp. Louvet. S. d.,* in-8°, 24 p. [*N.* Lb⁴² 1307.]

Signées : LOUIS-SAUVEUR CHÉNIER.

22180. — [**Chénier** (André).] Poésies de ANDRÉ CHÉNIER. Edition critique. Etude sur la vie et les œuvres d'André Chénier, variantes, notes et commentaires, lexique et index par L. BECQ DE FOUQUIÈRES. Edition ornée d'un portrait d'André Chénier. *Paris, Charpentier,* 1862, in-8°, 2 ff., XCI-493 p. et 1 f. n. ch. (*Errata*). [*N.* Inv. Ye 3714. Réserve.]

La partie paginée en chiffres romains contient l'*Avertissement*, les notices biographiques et bibliographiques et les deux seules pièces de vers publiées du vivant de l'auteur : le *Jeu de Paume* et l'*Hymne* (sur l'entrée triomphale des soldats de Châteauvieux).

L'original du portrait, gravé en 1838 par HENRIQUEL-DUPONT d'après SUVÉE, appartenait à M. de Cailloux. Il est inscrit dans un carré long formant cadre et portant sur une tablette : *André Chénier*. A droite du modèle se lisent le nom du peintre et la date : 29 messidor an II.
Il a été tiré de cette édition deux cents ex. sur grand papier vergé de Rives, dit de Hollande, brochés en deux tomes avec titres et couvertures provisoires, mais que l'on pouvait faire relier en un seul volume.

22180ª. — Poésies d'ANDRÉ CHÉNIER. Edition critique, étude sur la vie et les œuvres d'André Chénier, bibliographie des œuvres posthumes, aperçu sur les œuvres inédites, variantes, notes, commentaires et index, par L. BECQ DE FOUQUIÈRES. Deuxième édition, revue et corrigée, ornée d'un portrait d'André Chénier. *Paris, Charpentier et Cᵉ,* 1872, in-18, 2 ff. et CXXIII-491 p. [*N.* Ye 18333.]

Le portrait est gravé par CYPRIEN JACQUEMIN d'après le dessin d'HENRIQUEL DUPONT. Au bas, fac-similé de la signature d'André Chénier.
Sur l'édition des *Poésies* donnée en 1819 par H. de Latouche et plusieurs fois réimp. dans le format Charpentier, avec additions et commentaires, antérieurement aux travaux de Becq de Fouquières, voyez le *Manuel de l'amateur de livres du XIXᵉ siècle* de M. Georges Vicaire.

22181. — Œuvres poétiques de ANDRÉ CHÉNIER, avec une notice et des notes par M. GABRIEL DE CHÉNIER. *Paris, Alph. Lemerre,* 1874, 3 vol. in-12. [*N.* Ye 18335.]

Papier teinté. Portrait d'André Chénier gravé par RAJON. Il a été tiré cent ex. sur Whatman et 30 sur papier de Chine.

22182. — Œuvres en prose de ANDRÉ CHÉNIER, augmentées d'un grand nombre de morceaux inédits et précédées d'une notice littéraire par EUGÈNE HUGO et d'une notice historique, contenant toutes les pièces relatives à son procès devant le Tribunal révolutionnaire, par le bibliophile JACOB. Seule édition complète publiée sur les manuscrits autographes de l'auteur communiqués par la famille. *Paris, Ch. Gosselin,* 1840, in-12, 2 ff. et LVIII-332 p. [*N.* Inv. Z 45106.]

La notice littéraire d'EUGÈNE HUGO (mort en 1837) avait paru en 1819 dans le premier volume du *Conservateur littéraire,* au moment de la publication des poésies d'André Chénier par H. de Latouche. La *Notice historique* de Paul Lacroix a été réimpr. dans ses *Curiosités de l'histoire de France* (Ad. Delahays, 1858, 2 vol. in-16), tome II.

Sur les lacunes et les défauts des textes recueillis dans cette édition; voyez l'*Avertissement* du numéro suivant.

¶ SAINTE-BEUVE a publié en 1851 un article sur *André Chénier homme politique*, qu'il a réimprimé au tome IV des *Causeries du lundi*, en le faisant suivre du texte de l'interrogatoire du poète après son arrestation à Passy, d'après l'original (détruit en 1871), provenant des Archives de la Seine. Cette pièce a été reproduite par Becq de Fouquières dans la notice préliminaire des *Œuvres en prose*. Voyez le numéro suivant.

La première série des *Etudes et leçons* de M. AULARD (voyez le n° 20818 ci-dessus) renferme un chapitre également intitulé : *André Chénier, homme politique*.

22182a. — OEuvres en prose de ANDRÉ CHÉNIER. Nouvelle édition, revue sur les textes originaux, précédées d'une étude sur la vie et les écrits politiques d'André Chénier et sur la conspiration de Saint-Lazare, par L. BECQ DE FOUQUIÈRES. *Paris, G. Charpentier*, 1881, in-18, 2 ff. et CXX-408 p. [*N.* Z 45108.]

¶ D'autres œuvres en prose, mais celles-ci exclusivement littéraires, ont été publiées d'après les manuscrits originaux, déposés à la B. N. en vertu d'un legs de Mme Gabriel de Chénier, par M. ABEL LEFRANC, dans la *Revue de Paris* des 15 octobre et 1er novembre 1899, la *Revue bleue* du 5 mai 1900 et la *Revue d'histoire littéraire de la France* d'avril-juin 1901.

22183. — André Chénier, par M. LOMBARD, membre correspondant de l'Académie de Stanislas. *Nancy, imp. Ve Raybois*, 1862, in-8°, 68 p. [*N.* Ln^{27} 4169.]

Extrait des *Mémoires de l'Académie de Stanislas*.

22184. — Un Poète antique au siècle dernier, par DÉCEMBRE ALONNIER, rédacteur en chef de la « Décentralisation litéraire et scientifique ». Extrait de la livraison de décembre 1863. *Paris, Dupray de la Mahérie*, 1864, in-8°, 23 p. [*N.* Ln^{27} 4170.]

22185. — Documents nouveaux sur André Chénier et Examen critique de la nouvelle édition de ses œuvres, accompagnés d'appendices relatifs au marquis de Brazais, aux frères Trudaine, à F. de Pange, à Mme de Bonneuil, à la duchesse de Fleury, par L. BECQ DE FOUQUIÈRES. *Paris, Charpentier et Cie*, 1875, in-18, 2 ff. et XII-372 p. [*N.* Ln^{27} 28305.]

Il a été tiré 25 ex. numérotés sur papier de Hollande.

La « nouvelle édition » examinée par Becq de Fouquières est celle qu'a donnée Gabriel de Chénier des *Œuvres poétiques* de son oncle. Voyez le n° 22181 ci-dessus.

22186. — Lettres critiques sur la vie, les œuvres, les manuscrits d'André Chénier, par L. BECQ DE FOUQUIÈRES. *Paris, Charavay frères*, 1881, in-12 carré, 193 p. et 1 f. n. ch. [*N.* Ln^{27} 32953.]

22187. — André Chénier et les Jacobins, par OSCAR DE VALLÉE. *Paris, Calmann Lévy*, 1881, in-18, 2 ff. et IV-328 p. [*N.* Ln^{27} 32757.]

22188. — Etude sur André Chénier, par A.-M. TODESCHINI, professeur à l'Institut technique de Milan. *L.-F. Cogliati, Milan*, 1891, in-18, XVI-180 p.

22189. — Les Grands Ecrivains français. André Chénier, par EMILE FAGUET, de l'Académie française. *Paris, Huchette et Cie*, 1902, in-12, 188 p. et 1 f. n. ch. (table).

En regard du titre, héliogravure d'après le portrait de SUVÉE, gravé par HENRIQUEL-DUPONT.

22190. — [**Chépy** (P.-P.).] P. CHÉPY à ses concitoyens. *Imp. P.-L. Siret, l'an II de la République française*, in-8°, 16 p. [*N.* Lb^{41} 972.]

Au sujet de son arrestation. Résumé de sa carrière politique et pièces à l'appui.

22191. — Un Agent politique sous la Révolution. Pierre Chépy (1792-1803), par R. DELACHENAL. *Grenoble, imp. F. Allier et fils*, 1890, in-8°, 2 ff. et 80 p. [*N.* Ln^{27} 39562.]

Papier teinté. Titre rouge et noir.

¶ M. DELACHENAL a réimprimé depuis cette notice avec additions en tête de l'ouvrage suivant : *Un Agent politique à l'armée des Alpes. Correspondance de PIERRE CHÉPY avec le ministre des affaires étrangères (mai 1793-janvier 1794)*. Grenoble, Allier et Paris, Alph. Picard, 1894, in-8°.

22192. — [**Chéron** (Aug.-Athanase).] Mémoire pour les sieurs et dame Chéron, premiers sujets du chant à l'Académie royale de musique, contre l'administration de ladite Académie. *Paris, imp. Grangé,* 1790, in-8°, 1 f. et 70 p. [*N.* Vz 1676.]

Signé (p. 61) : MITTIÉ, fondé de procuration ; M° TRONSON DU COUDRAY, avocat ; DUVERGIER, procureur. P. 62-70, *Pièces justificatives*.

22193. — [**Chéron** (François).] Mémoires et Récits de FRANÇOIS CHÉRON, membre du conseil secret de Louis XVI au 10 août, commissaire du roi Louis XVIII près le Théâtre-Français, de 1818 à 1825, auteur dramatique et critique de littérature sous la Restauration, publiés, avec lettres inédites des principaux écrivains de la Restauration, par F. HERVÉ-BAZIN, professeur à l'Université catholique d'Angers. *Paris, librairie de la Société bibliographique,* 1882, in-12, VIII-278 p. et la table. [*N.* Ln^{27} 33140.]

Portrait gravé sur bois du père et de la mère de Fr. Chéron, de lui-même, de sa femme et de son fils aîné.

22194. — [**Chéry** (H.-F.).] Compte que le citoyen HONORÉ-FRANÇOIS CHÉRY rend de sa conduite, depuis le 1er mai 1789, pour se conformer à la loi du 8 ventôse de l'an II de la République. *Imp. Millet.* S. d., in-8°, 8 p. [*Br. M.* F. R. 59*, 3.]

22195. — [**Cheviron.**] Aux citoyens représentants du peuple français, députés à la Convention nationale. S. l. n. d., in-4°. — Observations relatives à la prétendue émigration de Cheviron fils. *Imp. Clément.* S. d., in-4°, 2 et 4 p. [*N.* Lb^{41} 613.]

Signé : CHEVIRON.
Réclamation en faveur du fils du pétitionnaire prévenu d'émigration et qui était entré en 1791 au couvent des Trappistes de la Valsainte, près de Fribourg. Le père plaide l'imbécillité.

22196. — [**Cheyré.**] Réponse du citoyen CHEYRÉ, dépositaire des archives domaniales, au compte du citoyen Camus, garde des archives du Corps législatif, qu'il a rendu desdites archives domaniales pour l'an VII.

Voyez tome III, n° 17817.

22197. — [**Choiseul.**] Corps législatif. Conseil des Cinq-Cents. Projet de résolution présenté dans la séance du 1er prairial, par SIMÉON. *Paris, imp. Nationale, prairial, an IV,* in-8°, 2 p. [*N.* Le^{43} 273.]

Sur la demande des créanciers unis de la succession d'E.-F. Choiseul.

22198. — Catalogue des livres très bien conditionnés de feue Mme de Choiseul, dont la vente se fera les 27 et 28 ventôse an X (18 et 19 mars 1802), en sa maison, rue de Grenelle, faubourg St-Germain, n° 375. *Paris, G. De Bure l'aîné, an X-1802,* in-8°, 16 p. (les deux dernières non ch.) ; 126 numéros. [*N.* Δ 12704.]

Les deux dernières pages contiennent la liste des livres grecs et latins du fonds de De Bure l'aîné. L'ex. décrit ci-dessus porte les prix d'adjudication et les noms des acquéreurs.

22199. — GASTON MAUGRAS. La duchesse de Choiseul et le patriarche de Ferney. *Paris, Calmann Lévy,* 1889, in-8° carré, 3 ff., 190 p. et 1 f. n. ch. (table des matières). [*N.* Ln^{27} 38140.]

Tiré à 500 ex. numérotés.
Papier vergé. Titre rouge et noir.
En regard du titre, héliogravure d'après un portrait appartenant à M. le comte de Ludre.
Malgré son titre, cette étude devait être signalée ici, car elle renferme des documents inédits sur la vie de Mme de Choiseul pendant la Révolution et sur sa mort.

22200. — [**Cholat.**] Service fait à l'attaque et à la prise de la Bastille (1789).

Voyez tome Ier de la *Bibliographie*, n° 1102.

22201. — [**Clareton.**] Convention nationale. Rapport et projet de décret présentés au nom du comité d'instruction publique, par P.-C.-L. BAUDIN, député des Ardennes, sur la concession d'un local pour y donner des leçons publiques que plusieurs élèves recevront gratuitement. Imprimés par ordre de la Convention nationale. *Imp. Nationale.* S. d. (1793), in-8°, 3 p. [*N.* Le^{38} 2310.]

En faveur du citoyen Clareton, d'Avignon, auteur d'un système perfectionné d'enseignement de la musique et qui avait obtenu de la Commune du 10 août un emplacement provisoire dans la maison des Filles-Saint-Thomas ;

Baudin proposait d'autoriser le Conseil exécutif provisoire à concéder dans un domaine national, non susceptible de vente ou de location, un emplacement convenable.

Le décret conforme fut rendu le 6 juillet 1793 sur la proposition de Lakanal (cf. J. Guillaume, *Procès-verbaux du comité d'instruction publique de la Convention nationale*, tome II, p. 13).

22202. — [**Clémence.**] Mémoire justificatif. CLÉMENCE et MARCHAND, détenus au Luxembourg, à leurs concitoyens. S. l. n. d., in-4°, 8 p. [*N.* Ln^{27} 4395.]

Le texte, criblé de fautes d'orthographe et de ponctuation, semble sortir d'une imprimerie particulière. Les auteurs de ce *Mémoire* s'y défendent vivement d'avoir commis à Gonesse et au château de Marly les exactions dont un dénonciateur, nommé Goureau, les accusait.

22203. — [**Clermont-Gallerande** (de).] Mémoires particuliers pour servir à l'histoire de la Révolution qui s'est opérée en France en 1789, par CH.-GEORGES DE CLERMONT-GALLERANDE, pair de France, lieutenant général des armées du Roi, grand'croix de l'ordre royal et militaire de Saint Louis. *Paris, J.-G. Dentu, 1826*, 3 vol. in-8°. [*N.* La^{33} 35.]

Entre les pp. XXII et XXIII du tome Ier est intercalé le fac-similé d'une lettre du comte de Provence à l'auteur (Varsovie, 22 mars 1801).

22204. — [**Cléry.**] Notice sur J.-B.-C. Hanet Cléry, dernier serviteur de Louis XVI, et sur le « Journal de la Tour du Temple », suivie de quelques autres notices, par l'auteur des « Mémoires historiques sur Louis XVII ». *Paris, imp. Everat, 1825*, in-8°, 86 p. [*N.* Ln^{27} 4426. Réserve.]

Signée : J. ECKARD.
Épigr. empruntée au testament de Louis XVI.
Tirage à part à cent ex. d'une partie des préliminaires de la *Captivité de Louis XVI* (voyez tome Ier de la *Bibliographie*, n° 3560).

22205. — Mémoires de P.-L. HANET CLÉRY, ancien valet de chambre de Madame Royale, aujourd'hui Dauphine, et frère de Cléry, dernier valet de chambre de Louis XVI, munitionnaire général des armées, agent général des hôpitaux militaires à Saint-Domingue, conservateur des forêts dans l'île de Corse, etc., chevalier de la Légion d'honneur, 1776-1823; avec les portraits des deux frères, lithographiés par MORIN. *Paris, A. Eymery, 1825*, 2 vol. in-8°. [*N.* Lb^{39} 57.]

22206. — [**Clootz.**] Anacharsis Clootz, l'orateur du genre humain, par GEORGES AVENEL. *Paris, librairie internationale Lacroix, Verbœckoven et C°, 1865*, 2 vol. in-8°. [*N.* Ln^{27} 21972.]

ÉPIGR. :
Paris! France! Univers!

22207. — Anacharsis Clootz. Ein historisches Bild aus der französischen Revolution von 1789. Dargestellt von Dr KARL RICHTER. *Berlin, Julius Springer, 1865*, in-8°, 78 p. et 1 f. d. ch. [*N.* Ln^{27} 22065.]

ᛠ M. H. BAULIG a publié trois articles sur *Anacharsis Clootz* dans la *Révolution française*, tome XLI (janvier-juin 1902), pp. 123-154, 311-355 et 401-438.

22208. — [**Codieu.**] ANTOINE CODIEU à ses concitoyens de la section des Gardes-Françaises. *Imp. Lesguilliez. S. d.*, in-8°, 4 p. [*N.* Ln^{27} 4469.]

Exposé de sa conduite lors des journées de septembre durant lesquelles il avait accompagné Billaud-Varenne à l'Abbaye.

22209. — [**Coëffier.**] Mémoire pour le sieur COEFFIER, maître maçon, entrepreneur de bâtiments, à MM. du comité de liquidation de l'Assemblée nationale (1790).

Voyez tome III, n° 11886 et le n° 11887 relatif au même personnage.

22210. — [**Coigny** (Louise-Marthe DE CONFLANS, marquise de).] Lettres de la marquise de COIGNY et de quelques autres personnes appartenant à la Société française de la fin du XVIIIe siècle. Publié sur les autographes, avec notes et notices explicatives. *Paris, imp. Jouaust et Sigaux, MDCCCLXXXIV*, in-8°, 2 ff. et IV-320 p.

En regard du titre rouge et noir, portrait de Mme de Coigny gravé à l'eau-forte par AD. LALAUZE, d'après THOMAS LAWRENCE. Au verso du faux-titre : indication du tirage : cinq ex. sur Whatman et 100 sur papier de Hollande : aucun n'a été mis dans le commerce et quelques-uns seulement ont été distribués en France.

La *Préface* est signée PAUL LACHOIX. La

Notice qui suit et les annotations qui accompagnent chaque lettre sont dues au prince LABANOF, aux frais de qui le volume avait été imprimé.

Les pp. 287-301 sont occupées par des facsimilé d'autographes.

22211. — [**Coigny** (Anne-Fr.-Aimée FRANQUETOT DE), duchesse de FLEURY.] Mémoires de AIMÉE DE COIGNY. Introduction et notes par ETIENNE LAMY. *Paris, Calmann Lévy. S. d.* (1902), in-8°, 2 ff., 293 p. et 1 f. n. ch. (table). [*N.* Ln^{27} 49104.]

Portrait en héliogr. d'après WERTMULLER (1797). Les *Mémoires* proprement dits occupent les pp. 147-254 et sont suivis de trois appendices : *Origines de la famille de Coigny; Inventaire de Mme la comtesse de Coigny; les Portraits d'Aimée de Coigny.*

22212. — [**Colier de La Marlière**.] Mémoire pour le sieur Jean-Baptiste Métra, ancien soldat au régiment de Monseigneur le Dauphin-infanterie, depuis lieutenant en premier de chasseurs, par le chevalier COLIER DE LA MARLIÈRE, ancien chevalier de l'ordre de Malte, élève de l'Ecole royale et militaire, ex-officier au régiment du Dauphin-infanterie, ex-émigré, demeurant à Meaux, département de Seine-et-Marne. *Meaux, Guédon, imprimeur, mai* 1814, in-4°, 10 p. [*N.* Lb^{45} 218.]

Le faux-titre (il n'y pas de titre) porte : *Mémoire présenté à S. M. Louis XVIII, roi de France et de Navarre* et la dernière page, la signature manuscrite de COLIER DE LA MARLIÈRE.

Arrêté comme émigré un an après le 18 fructidor et enfermé au Temple, Colier de La Marlière, reconnu par un de ses anciens subordonnés, avait trouvé, grâce à lui, moyen de s'évader et de se réfugier en lieu sûr, tandis que Métra, dénoncé par le concierge du Temple, se voyait, malgré la plaidoirie de Dommanget, cassé, dégradé, condamné à l'exposition publique et à quatre ans de fers. Colier de La Marlière réclamait pour son libérateur une pension égale au traitement de capitaine, grade que Métra allait obtenir lorsqu'il s'était sacrifié pour lui.

22213. — [**Colin.**] Compte rendu par le C. ANT. COLIN, administrateur du département de Paris, membre du directoire élu par le peuple le 10 août dernier, aux nouveaux administrateurs élus par l'assemblée générale, en présence des administrateurs sortants, tous réunis au Conseil général (18 janvier 1793). *Paris, imp. Comminges. S. d.*, in-4°, 24 p. [*N.* Ln^{27} 4593.]

22214. — Justification du citoyen COLIN, ex-administrateur du département de Paris, membre du directoire élu par le peuple au mois d'août dernier, électeur et depuis envoyé dans la Belgique en qualité de commissaire national, sur diverses accusations faites contre lui à l'assemblée électorale, au club des Cordeliers, à la section de la Butte-des-Moulins, aux Jacobins et enfin au Conseil exécutif (6 mars 1793). *Paris, imp. Laurens ainé et Comminges. S. d.*, in-4°, 1 f. et 26 p. [*N.* Ln^{27} 4594. — P. 29070*.]

22215. — [**Collard.**] Adresse au bataillon de Saint-Germain-l'Auxerrois, par M. COLLARD, citoyen. *Paris, imp. des Révolutions de Paris,* 1790, in-8°, 8 p. [*N.* Ln^{27} 4568.]

Voyez le numéro suivant.

22216. — Réponse à l'Adresse de M. Collard au bataillon de Saint-Germain-l'Auxerrois (26 mai 1790). *Imp. L. Potier de Lille. S. d.*, in-8°, 16 p. [*N.* Ln^{27} 4569.]

Signée : D'ARBLAY, major de la 2e division. P. 13-16, apostille signée BAZONCOURT, major de la 6e division.

22217. — [**Collot d'Herbois**.] Convention nationale. Rapport sur l'assassinat de Collot d'Herbois..., par BARÈRE (mars 1794).

Attentat d'Henri Ladmiral. Voyez tome Ier, n° 4230 et les n°s 4231-4232.

22218. — Convention nationale. Eclaircissements nécessaires sur ce qui s'est passé à Lyon (alors Commune-Affranchie), l'année dernière, pour faire suite aux Rapports des représentants du peuple envoyés vers cette commune avant, pendant et après le siège. Donnés par J.-M. COLLOT, représentant du peuple. Imprimés par ordre de la Convention nationale. *Paris, imp. Nationale, nivôse an III,* in-8°, 68 p. [*N.* Le^{39} 101.]

22219. — Convention nationale. Suite aux « Eclaircissements nécessaires », etc. Imprimés par ordre de la Convention nationale (25 nivôse an III-14 janvier 1795). Imp. Nationale, nivôse an III, in-8°, 4 p. [N. Le³⁹ 102.]

Signé : J.-M. COLLOT, représentant du peuple.

22220. — Collot mitraillé par Tallien. Eclaircissements véridiques de TALLIEN, envoyé en mission à Bordeaux, en réponse aux « Eclaircissements nécessaires » de Collot, ancien membre du Comité de salut public. S. l. n. d., in-8°, 24 p. [N. Lb⁴¹ 1676.]

Voyez le numéro précédent et le numéro suivant.

22221. — Convention nationale. Seconde Suite aux « Eclaircissements nécessaires », etc., donnés par J.-M. COLLOT, représentant du peuple. Imprimée par ordre de la Convention nationale. Imp. Nationale, pluviôse an III, in-8°, 8 p. [N. Le³⁹ 156.]

Réponse à Tallien.

22222. — Le Peuple de Lyon aux sections de Paris. 25 ventôse de l'an III (5 mars 1795). Imp. Laurens aîné. S. d., in-8°, 3 p. [N. Lb⁴¹ 4284.]

Dénonciation de Collot d'Herbois.
Signé : CHANGEUX, MATRAT fils, DUTEL, députés du peuple de Lyon.
Voyez le numéro suivant.

22223. — Convention nationale. Réponse de J.-M. COLLOT, représentant du peuple, à la pétition des Lyonnais. Imprimée par ordre de la Convention nationale (27 ventôse an III-17 mars 1795). Imp. Nationale, ventôse an III, in-8°, 32 p. [N. Le³⁹ 210.]

Voyez le numéro précédent.

22224. — Convention nationale. Rapport au nom de la Commission des vingt et un... pour l'examen de la conduite des représentants du peuple Billaud-Varenne, Collot d'Herbois et Barère..., par SALADIN (mars 1795).

Voyez tome I⁶ʳ, n° 4405, ainsi que les n°ˢ 4406, 4408, 4416-4419 et le numéro suivant.

22225. — Convention nationale. Discours fait à la Convention nationale par J.-M. COLLOT... le 4 germinal an III (24 mars 1795) sur le Rapport de la Commission des vingt et un...

Voyez tome I⁶ʳ, n° 4431. Voyez également les n°ˢ 4432-4434.

22226. — [Colmar.] Réponse de M. COLMAR aux inculpations portées contre lui à l'assemblée générale de la section de la Croix-Rouge par le sieur La Barre et adhérents (1792).

Voyez le n° 21800 ci-dessus.

22227. — [Combe de Saint-Genié.] Jugement prévôtal, rendu en la chambre criminelle du Châtelet de Paris, qui condamne Jean-Baptiste de Combe de Saint-Genié, écuyer, à être attaché au carcan dans la place du Palais-Royal, et y demeurer depuis midi jusqu'à deux heures, ayant écriteau devant et derrière portant ces mots : « Homme prenant faussement la qualité d'aide de camp du commandant général de la garde nationale parisienne »; ce fait, banni pour trois ans. Extrait des registres du greffe de la prévôté et maréchaussée générale de l'Ile de France. Du dix-sept septembre mil sept cent quatre-vingt-neuf. Paris, imprimerie de la prévôté et maréchaussée générale de l'Ile de France. S. d., in-4°, 3 p. [N. Lb³⁹ 2336.]

22228. — [Concedieu.] Mémoire justificatif pour C.-F.-JUSTE-J.-M. CONCEDIEU, ex-administrateur du département de Paris, obligé de se soustraire à la persécution préparée par une dénonciation faite contre lui aux comités des secours, finances et sûreté générale de la Convention nationale, par un nouveau mémoire qu'on a fait adresser au comité de législation. S. l. n. d., in-8°, 50 p. [N. Ln²⁷ 4662.]

Voyez tome III, n°ˢ 13834 et 13837-13837ᵇⁱˢ.

22229. — [Condorcet (M.-J.-A.-N. CARITAT DE).] Lettre à M. de Condorcet. S. l., 1791, in-8°, 12 p. [N. Ln²⁷ 4768.]

Signé : CHAS, homme de loi.

22230. — Ma Soirée d'hier ou Réflexions sur l'opinion de Condorcet. *Paris, chez les marchands de nouveautés*, 1792, in-8°, 16 p. [*N*. Lb⁴¹ 2460.]

Discite justitiam moniti.
VIRGILE.

22231. — Convention nationale. Rapport fait à la Convention nationale dans sa séance du 13 germinal [an III-2 avril 1795], au nom du comité d'instruction publique, par P.-C.-F. DAUNOU, représentant du peuple. Imprimé par ordre de la Convention nationale. *Imp. Nationale, germinal an III*, in-8°, 3 p. [*N*. Le³⁸ 1328.]

Pour l'acquisition de 3,000 ex. de l'*Esquisse d'un tableau historique des progrès de l'esprit humain*, ouvrage posthume de Condorcet.

22232. — Notice sur la vie et les ouvrages de Condorcet, par ANTOINE DIANNYÈRE, associé de l'Institut national. *Paris, P.-J. Duplan, an IV*, in-8°, 50 p. [*N*. Ln²⁷ 4769.]

Épigraphe empruntée à Horace.

22233. — Notice sur la vie et les ouvrages de Condorcet, par ANTOINE DIANNYÈRE, associé de l'Institut national et membre de la Société d'économie rurale des sciences naturelles et des arts de Moulins. Nouvelle édition revue, corrigée et augmentée. *Paris, Debray, an VII*, in-8°, 84 p. [*N*. Ln²⁷ 4769 A.]

Même épigraphe qu'au numéro précédent.

¶ JÉROME DE LALANDE a publié dans le *Mercure français* (ancien *Mercure de France*), n° 21 (30 nivôse an IV-20 janvier 1796), pp. 141-162, une *Notice sur la vie et les ouvrages de Condorcet*, au sujet de laquelle DIANNYÈRE lui adressa une lettre (*ibid.*, n° 26) (20 ventôse an IV-10 mars 1796), pp. 87-92, où il annonçait la prochaine publication de son propre travail. La première édition de celui-ci fut à son tour l'objet d'un article anonyme d'ANTOINE-ALEXANDRE BARBIER, *ibid.* (20 floréal an IV-9 mai 1796), pp. 83-89.

22234. — Observations pour les instituteurs sur les « Eléments d'arithmétique à l'usage des écoles primaires », précédées d'une Notice sur la vie de Condorcet pendant sa proscription. Ouvrage qui a obtenu le suffrage du jury des livres élémentaires et qui a été couronné et jugé digne d'être imprimé par une loi du 11 germinal an IV (31 mars 1796). Par J.-B. SARRET. *Paris, Didot; Déterville, an VII*, in-8°, 2 ff. et XXXII (?)-192 p. [*N*. Inv. V 19573.]

Lors de la publication en l'an IV de ces *Éléments*, une note anonyme parue dans la *Décade* (30 messidor an IV, p. 176) insinua que Sarret n'était que le copiste de Condorcet dont il se serait approprié ce travail. Sarret adressa aussitôt à la *Décade* une lettre rectificative qu'elle refusa d'insérer et que publièrent le *Moniteur* du 19 thermidor et le *Mercure français* du 20. J.-B. SAY répondit à ses allégations dans le *Moniteur* du 1ᵉʳ fructidor, p. 1322. Il résulte de ce débat que, si l'idée première et l'ébauche des *Éléments* appartenaient à Condorcet, Sarret en avait rédigé les développements.

Pendant le séjour de Condorcet rue Férou, chez Mᵐᵉ Vornet, Sarret vivait maritalement avec celle-ci et plus tard il l'épousa.

Dans l'ex. des *Observations* appartenant à la B. N., la *Notice sur la vie de Condorcet* paraît incomplète.

22235. — Extrait du « Mercure de France » du samedi 26 décembre 1812. Avis d'un père proscrit à sa fille. *S. l. n. d.*, in-8°, 8 p. [*N*. Lb⁴¹ 3779.]

Adressé par Condorcet à sa fille, alors âgée de cinq ans. Voyez le n° 22238 ci-dessous.

22236. — Notice historique sur la vie et les ouvrages de Condorcet, par S.-F. LACROIX. *Paris, imp. J.-B. Sajou*, 1813, in-8°, 24 p. [*N*. Ln²⁷ 4770.]

On lit au verso du titre : Extrait du *Magasin encyclopédique*, numéro de novembre 1813.

22237. — Mémoires de CONDORCET sur la Révolution française, extraits de sa correspondance et de celles de ses amis. *Paris, Ponthieu*, 1824, 2 vol. in-8°. [*N*. La³³ 36 A. Réserve.]

En tête de l'ex. de réserve de la B. N. est relié un prospectus de quatre pages. Cet ex., qui provient de Beuchot, renferme en outre diverses notes relatives à l'annonce des *Mémoires* dans la *Bibliographie de la France*, les brouillons des réponses de Beuchot, deux lettres du marquis FRÉDÉRIC-GAETAN DE LA ROCHEFOUCAULD-LIANCOURT, véritable rédacteur du livre, et deux autres de M. et Mᵐᵉ DE CONDORCET O'CONNOR relatives à la publication de ces prétendus *Mémoires*. L'une de ces lettres, datée de

Dieppe, 18 juillet 1824, a été publiée dans le *Journal de la librairie* et reproduite par Quérard dans les *Supercherie littéraires*, v° Condorcet.

22238. — Dernier Ecrit de CONDORCET, précédé d'une notice sur ses derniers moments, par Mme SUARD. *Paris, J.-L.-J. Brière*, 1825, in-8°, 32 p. [N. Ln²⁷ 4771.]

Réimp. de l'*Avis d'un proscrit à sa fille* (voyez le n° 22235 ci-dessus) précédé d'une *Note importante* et de la *Notice* de Mme Suard, extraite de ses *Mémoires* sur son mari (1817). La *Note importante* présente diverses rectifications de détails à ce récit et signale quelques divergences avec ceux que donnent la *Biographie* Michaud et la notice de S. Lacroix (voyez le n° 22236 ci-dessus).

22239. — Institut national de France. Biographie de Marie-Jean-Antoine-Nicolas Caritat de Condorcet, secrétaire perpétuel de l'ancienne Académie des sciences, par M. ARAGO, lue à la séance publique du 28 décembre 1841. *Paris, typ. Firmin Didot frères*, 1849, in-4°, 113 p.

Tirage à part non spécifié et tiré à très petit nombre des *Mémoires* de l'Académie des sciences (tome XX, 1849), où cette notice est paginée en chiffres romains. Elle a été réimpr. en tête des *Œuvres* de Condorcet (voyez le numéro suivant) et au tome II des *Œuvres complètes* d'Arago, publiées par J.-A. Barral. Dans l'une et dans l'autre de ces réimpressions le texte est suivi de *Remarques sur divers passages de l'Histoire des Girondins relatifs à Condorcet*.

22240. — Œuvres de CONDORCET, publiées par A. CONDORCET-O'CONNOR, lieutenant général, et M. F. ARAGO, secrétaire perpétuel de l'Académie des sciences. *Paris, Firmin Didot frères*, 1847-1849, 12 vol. in-8°. [N. Z 28850-28861.]

Le titre du tome Ier de cette édition porte la double date : 1847-1849 et une note au bas de la première page du texte prévient que la *Biographie de Condorcet* et les *Remarques*... (voyez le numéro précédent) ont été imprimées en 1849, tandis que l'impression de la *Correspondance* et des *Œuvres diverses* était achevée en 1847.

22241. — Condorcet, sa vie et ses œuvres, par M. A. CHARMA, professeur de philosophie à la Faculté des lettres de Caen, chevalier de l'ordre impérial de la Légion d'honneur. *Caen, A. Hardel*, 1863 in-8°, 1 f. et 82 p. [N. Ln²⁷ 4772.]

Extrait des *Mémoires* de l'Académie de Caen.

22242. — Pèlerinage de Bourg-la-Reine. Les derniers jours de Condorcet. (Extrait de la « Revue occidentale » du 1er mars 1890.) *Chalon-sur-Saône, imp. L. Marceau*. S. d., in-8°, 32 p. [N. Ln²⁷ 39125.]

Signé : EMILE ANTOINE.
L'intitulé ci-dessus est celui d'un titre de départ au recto duquel est un portrait de Condorcet dans un encadrement signé LOUIS TINAYRE. Au-dessus on lit : *Fête de Condorcet* et au-dessous du portrait quatre vers extraits d'une *Épître de Condorcet à sa femme* (décembre 1793).

¶ M. MARIUS BARROUX a publié dans la *Révolution française*, tome VII (1889), pp. 173-185, diverses pièces relatives au jugement rectificatif de l'acte de décès de Condorcet (12 ventôse an III-2 mars 1795), d'après les expéditions conservées à la mairie de Bourg-la-Reine (les originaux ont été détruits en 1871). Antérieurement le procès-verbal d'arrestation de Condorcet avait été publié en partie dans l'album intitulé : *Musée des Archives nationales* (1872, n° 1399, p. 790) et en entier dans la *Revue de la Révolution* de M. G. Bord (octobre 1887), d'après une copie fautive. M. Barroux rappelle aussi que l'acte de décès avait été reproduit dans l'*Annuaire de l'arrondissement de Sceaux* pour 1868, d'après une copie également fautive.

22243. — Condorcet, sa vie, son œuvre (1743-1794), par le Dr ROBINET, auteur de la « Notice sur la vie d'Auguste Comte », de « Mémoires historiques sur Danton », etc. *Paris, Librairies-Imprimeries réunies*. S. d. (1895), in-8°, 2 ff. et X-397 p. [N. Ln²⁷ 42945.]

En regard du titre, reproduction du portrait de BONNEVILLE, gravé par GUIBERT.

22244. — De Condorceto institutionis liberalis ad popularis civitatis formam accomodatæ conditore thesim proponebat Facultati litterarum universitatis parisiensis FRANCISQUE VIAL, Normalis scholæ olim alumnus, nunc in Lakanalensi lycæo professor. *Lutetiæ Parisiorum, edebant Armand Colin et socii*. S. d. 1902, in-8°, 2 ff. et 91 p.

Étude sur le plan d'instruction publique rédigé par Condorcet et présenté à l'Assemblée législative (voyez tome III de la *Bibliographie*, n°s 16979-16081).

22245. — [**Condorcet** (Marie-Louise-Sophie DE GROUCHY, marquise de).] ANTOINE GUILLOIS. La marquise de Condorcet, sa famille, son salon, ses œuvres, 1764-1822. *Paris, Paul Ollendorff*, 1897, in-8°, 2 ff. et V-255 p. [*N*. Ln²⁷ 44417.]

Sur la couverture et en regard du titre, reproduction d'une miniature de Mᵐᵉ de Condorcet peinte par elle-même. La seconde pl. du même portrait est tirée en bistre.

22246. — [**Coquilliard.**] Mémoire au Corps législatif. *Imp. Vᵉ Delaguette, floréal an V*, in-8°, 10 p. [*Br. M. F. R.* 570, 17.]

Signé : BOUCRY DE SAINT-VENANT.
Protestation du juge de paix de la Halle-aux-Blés contre un huissier, le sieur Coquilliard, nommé par son prédécesseur, le C. Baudrais.

22247. — [**Corbin.**] Pétition sur la réclamation de la citoyenne Corbin à la Convention nationale (1793).

Affaire du vol des diamants de la Couronne. Voyez tome Iᵉʳ, n° 3513.

22248. — [**Corday** (Charlotte).] Jugement rendu par le Tribunal criminel révolutionnaire qui... condamne Marie-Anne-Charlotte Corday, ci-devant Dormant (*sic*), à la peine de mort, préalablement conduite au lieu de l'exécution, revêtue d'une chemise rouge... (17 juillet 1793). *Imp. du Tribunal criminel révolutionnaire*. S. d., in-4°, 8 p. [*N*. Lb⁴¹ 2232.]

Voyez aussi tome Iᵉʳ de la *Bibliographie*, nᵒˢ 4102-4104 et dans la 2ᵉ série du *Cabinet secret de l'histoire* du Dʳ Cabanès (cf. le n° 20819 ci-dessus) cinq articles intitulés : *la Vraie Charlotte Corday*, relatifs à son portrait physique, aux passions qu'elle aurait inspirées de son vivant, au soufflet du valet du bourreau après l'exécution, à l'autopsie et à la profanation de son cadavre, enfin au crâne possédé par le prince Roland Bonaparte (voyez le n° 22283 ci-dessous).

22249. — L'Ami du peuple ou la Mort de Marat, fait historique en un acte et en prose, suivi de sa pompe funèbre, par J.-M. GASSIER SAINT-AMAND (1794).

Voyez tome III, n° 19406.

22250. — La Mort de Marat, tragédie en trois actes et en vers, suivie de son apothéose, en un acte et en vers, par JEAN-FRANÇOIS BARRAU, citoyen de Toulouse. Représentée pour la première fois à Toulouse sur le théâtre de la République, le 15 pluviôse an II (3 février 1794). *Toulouse, imp. du citoyen Jean-Florent Baour*, 1793, in-8°, 48 p.

Le *Catalogue général des livres imprimés de la B. N.* a enregistré un ex. d'une autre édition portant la rubrique de : *Lyon, imp. des Droits de l'homme, an III*, in-8°, 32 p. [8° Yth. 22061.]

22251. — C. Corday. Ein Versuch, von KLAUSE. *Altona*, 1794, in-8°.

Le récit de l'exécution de Charlotte Corday qui, à une erreur près, semble émaner d'un témoin oculaire, a été reproduit par Ch. Vatel (voyez le n° 22265 ci-dessous) et par tous ceux qui l'ont copié.

22252. — Interessante Nachricht von Leben und Tode Marat's, nebst einer Kurzen Geschichte seiner Mœrderin, C. Corday, von EUGEN CARL LUDWIG VON SCHELER. *Manheim*, 1795, in-8°.

D'après Œttinger et d'après le *Quérard*, 1856, p. 441.

22253. — Deux Mémoires pour servir à l'histoire de la Révolution française, par ADAM LUX (an III).

Voyez tome Iᵉʳ de la *Bibliographie*, n° 4104 et le n° 22282 ci-dessous.

22254. — Charlotte Corday, tragédie en trois actes et en vers. S. l., 1795, in-8°, 84 p. [*N*. Yth. 22628.]

EPIGR. :
Dulce pro patriâ mori.

La tragédie proprement dite est précédée d'*Observations* (p. 3) et (p. 10) de l'*Affaire de Charlotte Corday*, c'est-à-dire de son interrogatoire devant le Tribunal révolutionnaire, de sa lettre à Barbaroux (p. 26) et de sa lettre à son père (p. 33).
L'auteur de cette pièce, publiée, paraît-il, sans son aveu à l'étranger (chez Pott, à Lausanne, selon Quérard) est FRANÇOIS-JOSEPH GAMON, député de l'Ardèche à la Convention nationale; il en a réclamé la paternité au verso du titre d'une plaquette de *Poésies* (Privas, Agard, an XII, in-8°) et il en annonçait même une nouvelle édition qui n'a pas vu le jour.
Vatel ignorait ces particularités lorsqu'il a donné divers fragments de cette tragédie dans

la *Bibliographie* raisonnée qui ouvre son travail sur *Charlotte Corday et les Girondins* (voyez le n° 22272 ci-dessous).

C'est une note de P. LE B. [LE BLANC de Brioude], parue dans l'*Intermédiaire* (tome XIII, 1880, col. 459) qui a fait depuis connaître la revendication de Gamon, dont la pièce très médiocre, pour ne pas dire pis, a du moins le mérite d'une extrême rareté.

22255. — Charlotte Corday, décapitée à Paris le 16 juillet 1793 ou Mémoire pour servir à l'histoire de la vie de cette femme célèbre, par COUET-GIRONVILLE. *Paris, Gilbert; Mayeur; la citoyenne Durand; Maret*, an IV, in 8°, XVI-144 p. [N. Ln^{27} 4868.]

ÉPIGR. :
La publicité des traits de courage contre les tyrans est la sauvegarde de la liberté.

En regard du titre, portrait anonyme en buste de Charlotte Corday coiffée d'un chapeau; au-dessous de l'ovale, quatre vers :

Quand Marat exhalait le poison de sa rage...

22256. — Charlotte Cordé (sic) dans son cachot, héroïne. *A Paris et se trouve à Rouen, chez les marchands de nouveautés*, 1797, gr. in-8°, 19 p.

En l'honneur de Charlotte Corday.
D'après *le Quérard*, tome II (1856), p. 489.

22257. — Charlotte Corday ou la Judith moderne, tragédie en trois actes et en vers. *A Caen, de l'imprimerie des Nouveautés*, 1797, in-18, XI (XII)-59 p. [N. Yth. 22629.]

En regard du titre, frontispice, signé MERMAND, *sculp.*, représentant Charlotte Corday drapée dans une tunique, les cheveux bouclés et retenus par une bandelette, un poignard à la main, se dirigeant vers une tente entr'ouverte. Au-dessous, six vers commençant ainsi :

Tandis que l'on tremblait au seul nom de Marat...

L'auteur de cette pièce, qu'il ne faut pas confondre avec celle de Gamon (voyez le n° 22254 ci-dessus) et dont il existe un tirage in-8°, est inconnu. Son affabulation n'est pas moins absurde et Vatel l'a longuement analysée (cf. le n° 22272 ci-dessous).

22258. — Extrait de la « Chronique édifiante », 4e livraison. Novembre 1828. Ouvrage utile aux personnes qui veulent travailler sérieusement à leur salut. Marie-Anne-Charlotte Corday d'Armont ou le Danger des mauvais livres. *Paris, imp. ecclésiastique Poussielgue-Rusand*. S. d. (1828), in-8°, 8 p. [N. Ln^{27} 24920.]

Dans un court récit de la vie et de la mort de Charlotte Corday, le rédacteur allègue la lecture de l'*Histoire philosophique*... de Raynal comme l'ayant poussée au crime. Les pp. 3 et suivantes n'ont aucun rapport avec le sous-titre de ce tirage à part.

22259. — Charlotte de Corday, essai historique, offrant enfin des détails authentiques sur la personne et l'attentat de cette héroïne, avec pièces justificatives, portrait et fac-similé, par M. LOUIS DU BOIS, membre de plusieurs Académies de Paris, des départements et de l'étranger, chevalier de la Légion d'honneur. *Paris, librairie historique de la Révolution* [France] *et chez Techener*, 1838, in-8°, 2 ff., IX-188 p., plus 1 f. non chiffré. [N. Ln^{27} 4869.]

En regard du titre, portrait lithogr. anonyme (*lith. Delpech*) de Charlotte Corday, avec fac-similé de sa signature.
Le feuillet non chiffré contient une liste intéressante des principales curiosités révolutionnaires en vente à la librairie France.

22260. — Charlotte Corday, par ALPHONSE ESQUIROS. Deuxième édition. *Paris, Legallois*, 1841, 2 vol. in-18. [N. Ln^{27} 4870.]

L'*Avis de l'éditeur* est suivi de la reproduction d'un article de LÉON GOZLAN sur le livre.
La première édition de ce roman historique a paru en 1840 chez Desessart (2 vol. in-8°).

22261. — Charlotte Corday, par PAUL DELASALLE. *Paris, Charpentier*, 1845, in-8°, 95 p. [N. Ln^{27} 4871.]

Réimpr. dans *Une voie perdue* (Paris, Charpentier, 1847, gr. in-8°), recueil posthume publié par Émile Souvestre.

¶ M. LÉON DE LA SICOTIÈRE a publié dans *Mosaïque de l'Ouest* (3e année, 1846-1847), pp. 135-138, un article intitulé : *Charlotte Corday, nouveaux détails*, accompagné de deux gravures : l'une d'elles représente le château du Ronceray où était née Charlotte Corday.

22262. — Charlotte Corday. Gemælde aus Frankreich erster Revolution, von FRED. EISELE. *Erfurt*, 1848, in-8°.

D'après Œttinger et d'après *le Quérard*.

22263. — Notice sur la maison habitée à Caen par Charlotte Corday. Rapport lu à la Société des Antiquaires de Normandie, le 2 juillet 1847, par M. F. DEMIAU DE CROUZILHAC. Saint-Calais, Peltier-Voisin. S. d., in-4°, 2 ff. et 5 p. [N. Lk⁷ 1530.]

Voyez le numéro suivant.

22263ª. — Notice sur la maison habitée à Caen par Charlotte Corday, par M. F. DEMIAU DE CROUZILHAC, conseiller à la Cour d'appel de Caen, membre de la Société des Antiquaires de Normandie. Caen, imp. E. Poisson, 1852, in-8°, 14 p. et 1 f. n. ch. [N. Lk⁷ 1530 A.]

Le feuillet non chiffré contient une Note sur la démolition récente de la maison existant encore en 1847.

22264. — Charlotte Corday et Doulcet de Pontécoulant, par un collectionneur normand. Caen, Le Gost-Clérisse; Paris, Charavay, 1860, in-8°, 22 p. et 1 f. non ch. [N. Ln²⁷ 4872.]

La dédicace à M. Georges Mancel et l'avertissement sont signés CH. RD. (CHARLES RENARD).
Le feuillet non chiffré porte la marque du libraire.
Reproduction d'après les originaux du billet adressé par Charlotte Corday à Pontécoulant lorsqu'elle croyait qu'il avait refusé de la défendre, lettres de Fouquier-Tinville et de Montané au même, et documents divers relatifs au même personnage. P. 17-22, essai de bibliographie et d'iconographie des deux compatriotes.

22265. — Dossiers du procès criminel de Charlotte de Corday devant le Tribunal révolutionnaire..., par C. VATEL, avocat (1861).

Voyez tome Iᵉʳ, n° 4105.

22266. — Notes sur l'authenticité du portrait de Charlotte de Corday, par Hauer (1861).

Par CHARLES VATEL. Voyez tome Iᵉʳ, n° 4106, le numéro précédent et le numéro suivant.

22267. — Notes et renseignements sur le fac-similé de la lettre de Charlotte de Corday à Barbaroux (1861).

Par CH. VATEL. Voyez tome Iᵉʳ, n° 4107 et les deux numéros précédents.

22268. — Charlotte de Corday. Extrait du « Journal des villes et des campagnes ». Paris, imp. A. Pillet fils aîné, 1862, in-16, 34 p. [N. Ln²⁷ 4873.]

Signé : VICTOR PIERRE.
Compte rendu du travail de Vatel.

22269. — HENRY DE MONTEYREMAR. Charlotte de Corday, étude historique, avec documents inédits. Paris, F. Sartorius; Orléans, H. Herluison, 1862, in-8°, 158 p. (la dernière non chiffrée). [N. Ln²⁷ 24582.]

Epigraphe empruntée à Klopstock.
Les documents « inédits » énoncés par le titre sont ceux qu'avaient publiés Louis Du Bois et Ch. Vatel.

22270. — La Jeunesse de Charlotte Corday, par M. CASIMIR PERIER. Extrait de la « Revue des Deux-Mondes », livraison du 1ᵉʳ avril 1862. Paris, imp. J. Claye, 1862, in-8°, 24 p. [N. Ln²⁷ 4874.]

Fragments des souvenirs de Mᵐᵉ de M..., née L... [LOYER DE MAROMME], parente de M. Casimir Perier, suivis de deux lettres inédites de Charlotte Corday, datées de mars et de mai 1792 et adressées à la même personne.
¶ M. PIERRE CALMETTES a publié depuis, dans la Revue hebdomadaire (12 et 19 mars 1898), le texte intégral de ses souvenirs que Casimir Perier avait, paraît-il, quelque peu retouchés. Le premier article (p. 185-213) a trait aux réminiscences personnelles de Mᵐᵉ Loyer de Maromme; le second (p. 316-332) est une réfutation parfois véhémente des allégations d'Alph. Esquiros (voyez le n° 22260 ci-dessus) et des erreurs de Lamartine dans l'Histoire des Girondins.

22271. — Œuvres politiques de CHARLOTTE DE CORDAY, décapitée à Paris le 17 juillet 1793, réunies par un bibliophile normand, avec un fac-similé inédit. Caen, Le Gost; Paris, France, 1863, in-8°, XXII-50 p. — Supplément aux œuvres de CHARLOTTE CORDAY, publiées par un bibliophile normand en 1863. Caen, Le Gost; Paris, France, 1864, in-8°, 22 p. [N. Lb⁴¹ 2265.]

Le bibliophile normand est M. CHARLES RENARD, de Caen, qui a signé de ses initiales une dédicace à la mémoire de son aïeul Claude-Joseph Renard, sergent au régiment du Roi en 1781, décédé général de brigade le 20 juillet 1801.

22272. — Charlotte de Corday et les Girondins, pièces classées et annotées par M. Ch. Vatel (1864-1872).

Voyez tome Ier de la *Bibliographie*, n° 521.

22273. — Charlotte Corday, tragédie en cinq actes et en vers, par J.-B. Salles, député girondin, publiée pour la première fois d'après le manuscrit original, avec une lettre inédite de Barbaroux, par M. Georges Moreau-Chaslon. *Paris, J. Miard*, MDCCCLXIV, in-4°, 224 p., papier vergé, titre rouge et noir. [*N*. Yf. 1297.]

Trois fac-similé sont intercalés hors texte : entre les pp. 22 et 23, celui des trois premières pages du mss. de Salles; entre les pp. 158 et 159, celui de la lettre de Barbaroux à Salles sur sa tragédie; entre les pp. 196 et 197, celui de l'*Adresse de Charlotte Corday aux Français amis des lois et de la paix*.

L'éditeur a reproduit en appendices les interrogatoires et les diverses lettres connues à cette date de l'héroïne de Salles, la notice que la *Biographie* Michaud a consacrée à celui-ci, des détails sur l'arrestation des Girondins à Saint-Emilion d'après le *Moniteur*, et donné une *Notice des pièces dramatiques publiées sur Charlotte Corday* d'après le catalogue Soleinne et ses recherches personnelles.

La tragédie de Salles a été publiée aussi par Vatel dans le recueil rappelé sous le numéro précédent.

22274. — Charlotte de Corday, eene historische studie, door Théod. Jorissen. *Groningen, J.-B. Wolters*, 1864, in-8°, XIX-110 p. [*N*. Ln{27} 27502.]

22275. — Marie-Anne-Charlotte de Corday d'Armont, sa vie, son temps, ses écrits, son procès, sa mort, par Chéron de Villiers. *Paris, Amyot*, 1865, gr. in-8°, VIII-469 p. [*N*. Ln{27} 21285.]

En regard du titre, portrait lithographié par Devéria (?) d'après un portrait attribué à Sicardi (?).
Voyez le numéro suivant.

22275ª. — Marie-Anne-Charlotte de Corday d'Armont, par Chéron de Villiers. Atlas de portraits et d'autographes exécutés par Emile Bellot. *Paris, Amyot*, 1865, in-folio. [*N*. Ln{27} 21285.]

Voyez le numéro précédent.
La couverture imprimée sert de titre. L'album qui suit contient 22 pl. non chiffrées dont quelques-unes occupent deux pages et d'autres renferment plusieurs sujets.

Une partie des pièces de cet album avait paru, accompagnée d'un texte de Chéron de Villiers, dans l'*Autographe* du 1er octobre 1864.

22276. — Mémoires sur Charlotte Corday d'après des documents authentiques et inédits par M. Ad. Huard, membre de l'Académie des sciences, arts et belles-lettres de Caen. *Paris, Léon Roudier*, 1866, in-12, IX-345 p. et 1 f. n. ch. (*Table des matières*). [*N*. Ln{27} 22221.]

En regard du titre, détestable portrait gravé sur bois d'après le tableau de Hauer.
Les documents « inédits » n'existent que sur le titre ; ce sont ceux que Louis Du Bois et Vatel avaient déjà fait connaître.

22277. — Esquisses historiques. Quatre femmes du temps de la Révolution [par Mme Ch. Lenormant] (1866).

Voyez le n° 21307 ci-dessus.
Sur d'autres études relatives à Charlotte Corday contenues dans des publications spéciales à l'histoire des femmes pendant la Révolution, voyez les n{os} 20753-20768 *passim*.

22278. — Charlotte Corday et Fualdès, par L. de La Sicotière. Extrait de la « Revue des questions historiques ». *Paris, Victor Palmé*, 1867, in-8°, 32 p. [*N*. Ln{27} 23000.]

Remaniement très augmenté d'un article publié dans *le Droit* du 23 juin 1861.

22279. — Charlotte de Corday, par Victor Brunet. *Vire, imp. Ve Barbot. S. d.* (1867), in-4°, 8 p. (la dernière non chiffrée). [*N*. Ln{27} 23600.]

22280. — Dossier historique de Charlotte Corday. La maison de la rue du Bègle à Argentan. Documents inédits, avec deux gravures et deux plans publiés par C. Vatel, avocat à la Cour d'appel de Paris. *Paris, Rouquette; Aubry*, 1872, in-8°, 1 f. et 74 p. [*N*. Ln{27} 32959.]

A la suite du *Dossier*... est brochée une *Note sur le portrait de Charlotte Corday* par J.-B. Hauer, faisant suite à la Notice publiée avec le dossier judiciaire du procès criminel (Nogent-le-Rotrou, imp. A. Gouverneur. S. d., in-8°, 8 p.). Voyez le n° 22266 ci-dessus.
Les deux pl. sont, en frontispice, le portrait

de Charlotte Corday, le chapeau sur la tête et le poignard à la main, dessiné par HAUER, gravé par TASSAERT et la Cour Besnier, rue du Bègle, à Argentan (héliogravure). Les plans sont également hors texte.

Cette maison d'Argentan était celle où s'était réfugié le père de Charlotte Corday après qu'il avait été, en 1792, l'objet d'une tentative criminelle. C'est là qu'il subit, le 20 juillet 1793, un long interrogatoire que Ch. Vatel avait tardivement retrouvé, mais dont il signalait l'existence dès 1861 (voyez le n° 22265 ci-dessus), et il y avait joint d'autres pièces tirées du greffe de Caen relatives à l'attentat auquel M. d'Armont avait échappé.

22281. — VICTOR LAMY. Deux Femmes célèbres (Madame Roland et Charlotte Corday). Précédé d'une préface de M. EDMOND DE PRESSENSÉ. *Paris, Paul Monnerat; Lausanne, Arthur Imer*, 1884, in-12, 322 p. [N. Ln¹⁷ 114.]

22282. — Adam Lux et Charlotte Corday, par HENRY WELSCHINGER. (Lecture faite à la séance publique de la Société des études historiques. *Amiens, imp. Delattre-Lenoel*, 1888, in-8°, 26 p. et 1 f. n. ch. (nom et adresse de l'imprimeur). [N. Ln²⁷ 37891.]

On lit au verso du titre : Extrait de la *Revue de la Société des études historiques* (mai-juin 1888).
Réimp. dans un recueil d'études historiques intitulé : *le Roman de Dumouriez* (Paris, E. Plon, Nourrit et Cᵉ, 1890, in-12).

22283. — L'Anthropologie. Essais de craniométrie, à propos du crâne de Charlotte Corday, par le Dʳ PAUL TOPINARD. S. l. n. d., in-8°, 26 p. [N. Tb⁶⁰ 183.]

Cet intitulé est pris sur un titre de départ précédant la couverture imprimée de la revue *l'Anthropologie* (janvier-février 1890, tome Iᵉʳ, n° 1).
Le crâne en question, provenant de la famille de Saint-Albin, appartient au prince Roland Bonaparte. Il est reproduit dans le texte sous trois aspects différents.
Voyez aussi la note qui suit le n° 22233 ci-dessus.

22284. — Corday d'Armont, petit-fils de Corneille et père de Charlotte Corday. Discours lu à la séance publique de la Société historique et archéologique de l'Orne, le 25 octobre 1888, par M. L. DE LA SICOTIÈRE, président de cette Société. *Alençon, typ. Renaut-De Broise*, 1888, in-8°, 32 p.

La couverture imprimée sert de titre. Tirage à part du *Bulletin* de la Société historique et archéologique de l'Orne, tome VII (1888).
D'après la *Bibliographie* des travaux de M. de La Sicotière, rédigée par M. M.-L. Polain.

22285. — Four Frenchwomen, by AUSTIN DOBSON. *New-York, Dodd, Mead and Cy.* S. d. (1890), in-8°, 5 ff. n. ch. et 207 p. [N. Ln¹⁷ 155.]

Charlotte Corday. Mᵐᵉ Roland. La princesse de Lamballe. Mᵐᵉ de Genlis.
En regard du titre, portrait à l'eau-forte de Charlotte Corday, signé : THOS JOHNSON.

22286. — A propos du monument des Girondins. Les trois Girondines : Madame Roland, Charlotte Corday, Madame Bouquey et les Girondins. Etude de critique historique, par M. ARMAND DUCOS, licencié en droit, petit neveu des Girondins Ducos et Fonfrède, avec le martyrologe complet des Girondins, quatorze portraits de l'époque, dont deux inédits, des vues de lieux historiques, des fac-similé d'autographes et de nombreux documents en grande partie inédits, dont deux lettres *in extenso* de Vergniaud, une de Brissot et deux de Grangeneuve, ainsi que le programme et la description avec gravure du monument des Girondins par son auteur même. *Bordeaux, imp. du Midi, Paul Cassignol*, 1895, in-8°, 7 ff. n. ch., 188-CVI p. [N. Lb⁴¹ 5250.]

Epigraphe empruntée à Buzot.
Les feuillets non chiffrés contiennent les faux-titre et titre, la dédicace, la table de l'*Appendice*, celle des planches et l'*Introduction*. L'Appendice est paginé en chiffres romains.

22287. — Charlotte Corday. Eine kritische Darstellung ihres Lebens und ihrer Persœnlichkeit, von Dʳ RUDOLF FOCKE, Bibliothekar an der Kœniglichen Universitatsbibliothek zu Gœttingen. Mit einem Bildnis nach dem Gemælde, von J.-J. HAUER und einer Stammtafel. *Leipzig, Duncker und Humblot*, 1895, in-8°, XIV-162 p. [N. Ln²⁷ 44126.]

Les pp. XI-XIV contiennent une *Bibliographie*.

22288. — Charlotte Corday et ses portraits, et spécialement le pastel de Brard, conservé à la Collection Mancel de Caen, par ABEL DECAUVILLE-LACHÉNÉE, conservateur adjoint de la bibliothèque de Caen et de la collection Mancel. *Caen, imp. E. Adeline*, 1896, in-8°, 22 p. [*N.* Ln^{27} 44471.]

On lit au verso du titre : Extrait des *Études caennaises*, livraisons 8, 9 et 10, publiées par la Société de photographie de Caen.
En regard du titre de départ, pl. en phototypie, contenant sept portraits authentiques ou fantaisistes de Charlotte Corday (y compris la scène du meurtre). Entre les pp. 18 et 19, autre pl. contenant trois portraits, celui de BRARD, un pastel appartenant à la bibliothèque de Caen et *la Solitude*, gravure en couleur de N. TRESCA d'après BOILLY.

22289. — [**Cordier.**] Département de Paris. Domaines nationaux. Au nom de la République française. Vente chez le nommé Cordier, ex-prêtre, émigré, rue du Canivet, n° 6, le 30 floréal an III (27 avril 1794). *Imp. Ballard. S. d.*, in-folio plano.

Collection Paul Dablin.
D'après l'abbé Delarc (*l'Église de Paris pendant la Révolution*, I, 363) l'abbé Cordier, de la paroisse Saint-Sulpice, avait refusé de prêter le serment.

22290. — [**Coster.**] Avis aux gens bien intentionnés. *S. l. n. d.*, in-8°, 1 p. [*N.* Lb^{39} 1348.]

Avis satirique contre M. Coster, premier commis de M. Necker et contre Necker lui-même. On lit au bas cette mention apocryphe : « *Lu et approuvé*, SUARD. »

22291. — [**Courtois** (Edme-Bonaventure).] Courtois. Le voilà! *Imp. R. Vatar. S. d.*, in-8°, 7 p. [*N.* Lb^{42} 2405.]

Violente diatribe:

ÉPIGR. :
Auri sacra fames.

22292. — Lettre adressée au Président du Tribunat (3 pluviôse an VIII-23 janvier 1800). Réponse à l'Aperçu du citoyen Fulchiron, banquier du gouvernement en l'an III. *Imp. Demonville. S. d.*, in-4°, 4 p. [*N.* Ln^{27} 32490.]

La *Lettre* est signée, p. 1 : COURTOIS, membre du Tribunat et la *Réponse*, p. 4 : COURTOIS, négociant à Arcis-sur-Aube, fournisseur des hôpitaux civils de Paris, depuis 1776 jusqu'à l'an IV, ex-législatif (sic), ex-conventionnel, ex-législateur, actuellement membre du Tribunat.

22293. — Catalogue des livres composant la bibliothèque de feu Edme-Bonaventure Courtois. *Paris, J.-S. Merlin*, 1819, in-8°, XII (XI)-444 p.; 3,723 numéros. [*N.* Δ 32711.]

L'*Avertissement* (p. III-IV) rappelle sommairement la carrière politique de Courtois et donne l'énumération des principales curiosités de sa bibliothèque riche en classiques sur papier de luxe et surtout en poètes latins modernes dont le classement avait été réparti suivant l'objet traité et non, comme on l'avait fait jusqu'alors, suivant la nationalité de chaque écrivain.
La Table imprimée des prix de vente, annoncée au verso du titre, n'a point paru.

22294. — EUGÈNE WELVERT. La Saisie des papiers du conventionnel Courtois (1890).

Voyez le n° 21221 ci-dessus.

22295. — Le Conventionnel E.-B. Courtois, par H. LABOURASSE, officier d'Académie, membre associé de la Société académique de l'Aube, de l'Académie de Stanislas de Nancy et de plusieurs autres Sociétés savantes. *Bar-sur-Aube, typ. et lith. A. Lebois*, 1892, in-8°, 98 p. et 1 f. non chiffré.

Le feuillet non chiffré contient la liste des ouvrages de l'auteur.
En regard du titre, portrait lith. (signé : E. FRANÇOIS) et fac-similé de la signature de Courtois.

22296. — Collection A. B. Etude et Description d'objets ayant appartenu à Marie-Antoinette..., suivie d'une notice sur le conventionnel Courtois [et] de lettres inédites de M. l'abbé Barthélemy et de Mme la duchesse de Choiseul (1899).

Voyez le n° 21020 ci-dessus.
Le billet de l'abbé Barthélemy et ceux de Mme de Choiseul sont adressés à Courtois.

22297. — **[Cousin** (Jacques-Antoine-Joseph).] Adresse au peuple. *Paris, imp. Leroux.* S. d., in-8°, 7. [*N.* Lb⁴¹ 966.]

Signé : Les frères du citoyen Cousin, ci-devant administrateur des Subsistances. Cousin avait été dénoncé pour avoir signé, en qualité d'officier municipal, l'arrêté du 17 juillet 1791.
Une note ms. sur l'ex. de la B. N. porte : « Reçu le mer. [credi] 9 janvier 1794, en l'église des Jacobins. »

22298. — **[Cousin**.] Pétition pour le citoyen Cousin, ancien percepteur des contributions du 6ᵉ arrondissement de la Commune de Paris. *Imp. Pougin.* S. d., in-4°, 4 p. [*R.* AD. IX, 548.]

L'ex. de la collection Rondonneau porte la note manuscrite suivante : « Remis au Conseil des Cinq-Cents le 20 ventôse an V (10 mars 1797), Cousin, rue des Pères, n° 1194. »

22299. — **[Coutault**.] Eloge funèbre de feu M. Claude Coutault, curé de Saint-Germain-le-Vieil, prononcé par L.-F.-A. Lambert, son premier vicaire (1791).

Voyez tome III, n° 16581.

22300. — [**Coutelle**.] Notice sur M. Coutelle, lue à la Société d'agriculture, sciences et arts du Mans, dans la séance du 15 avril 1835, par M. Dagoneau, son président. *S. l. n. d.*, in-16. [*N.* Ln²⁷ 31642.]

Extrait précédé d'un faux-titre et paginé 196 (195)-200 du *Bulletin* de cette Société. Voyez aussi tome III de la *Bibliographie*, n°ˢ 17617-17620.

22301. — [**Couthon**.] Vies secrètes et politiques de Couthon, Saint-Just, Robespierre jeune, complices du tyran Robespierre et assassins de la République. *Paris, Prévost, l'an II de la République française*, in-12, 36 p. [*N.* Lb⁴¹ 1162.]

Signé : J. Leblanc.

22302. — Documents inédits sur la Révolution française. Correspondance de Georges Couthon, député du Puy-de-Dôme, à l'Assemblée législative et à la Convention nationale (1791-1794), suivie de « l'Aristocrate converti », comédie en deux actes de Couthon. *Paris, Aug. Aubry,* 1872,

in-8°, 2 ff., 391 p. et 1 f. n. ch. (Table des matières). [*N.* La³² 493.]

On lit au verso du faux-titre : « Publication de l'Académie de Clermont-Ferrand, tirée à 115 exemplaires. »
La *Note préliminaire* (p. 1-25) est signée : Francisque Mège et datée de juillet 1870.
Le même érudit a publié de *Nouveaux documents sur G. Couthon* (Clermont-Ferrand, 1890, in-8°, 38 p.), extraits du *Bulletin historique et scientifique de l'Auvergne*. Ils renferment principalement les inventaires dressés à Clermont après la mise à mort de Couthon.

22303. — **[Couvert**.] Pétition adressée à la Convention nationale par la citoyenne Couvert. *Imp. L. Potier.* S. d. (1794), in-4°, 4 p. [*N.* Ln²⁷ 5116.]

En faveur de son mari chargé du dépôt des « chevaux malingres » à Sèvres et arrêté comme suspect.
Sur l'ex. de la B. N., la signature imprimée « Favre, homme de lettres », a été biffée et remplacée par la signature manuscrite : Millet, f. Couvert.

22304. — [**Crassous** (Paulin).] Œuvres politiques de Paulin Crassous, du département de l'Hérault, ancien commis de la comptabilité. Deuxième édition. *S. l.,* 1809, in-8°, 12 p. [*N.* Lb⁴¹ 2267.]

Le titre de départ, p. 3, porte : *Eloge funèbre de Michel Lepeletier et de Marat*, par Paulin Crassous, *du département de l'Hérault, employé au bureau de comptabilité, à l'occasion de la fête de ces deux martyrs de la liberté.*
Réimpression suivie de cette note : « L'auteur prévient le public qu'il donnera sous peu une troisième édition où il réunira le surplus de ses œuvres et diverses réponses qui lui ont été adressées. »
La *Biographie* Michaud dit que cette réimpression, dont je n'ai pu retrouver le texte original, fut l'œuvre d'un collègue de Paulin Crassous à la Cour des Comptes et que celui-ci protesta par une circulaire adressée au personnel de la Cour.

22305. — [**Craufurd** (Quintin).] Catalogue de tableaux, gravures, miniatures, tabatières précieuses ornées de portraits, dont plusieurs en émail, terres cuites, marbres et bronze antiques et modernes, pendules, candélabres, meubles par Boulle; porcelaines de la Chine, du Japon, de Saxe, de Sèvres et autres articles de haute curiosité composant le cabinet de feu

M. Craufurd. Vente le 20 novembre 1820 et jours suivants en son hôtel, rue d'Anjou-Saint-Honoré, n° 21. *Paris, H. Delaroche; Paillet,* etc., 1820, in-8°, 4 ff. et 133 p.; 519 numéros.

Les feuillets non chiffrés contiennent un *Avertissement* donnant quelques détails biographiques sur Craufurd et son séjour en France. P. 120-133, *Table des portraits décrits au catalogue.*

22306. — Catalogue des livres de la bibliothèque de feu M. Quintin Craufurd, dont la vente se fera le jeudi 14 décembre 1820 et j. s... en son hôtel, rue d'Anjou, fbg Saint-Honoré, n° 21. *Paris, De Bure frères; Gabriel Warée,* 1820, in-8°, 2 ff. et 92 p.; 1,056 numéros. [*N.* Δ 32724.]

22307. — Quintin Craufurd, par H.-S. ASHBEE. *Paris,* 1891 (*Compiègne, imp. A. Mènecier*), in-8°, 23 p. [*N.* Ln²⁷ 39920.]

On lit au verso du faux-titre : Extrait de l'*Annuaire de la Société des Amis des livres,* imprimé à 50 exemplaires.

22308. — [**Créquy** (Renée-Caroline DE FROULLAY, marquise de).] Souvenirs de la marquise DE CRÉQUY, 1710 à 1900. *Paris, Fournier jeune,* 1834-1835, 7 vol. in-8°. [*N.* La³⁰ 15.]

Plublication apocryphe, plusieurs fois réimp. en divers formats, qui ne figure ici qu'en raison du nom de son auteur supposé et dont le véritable rédacteur était un aventurier nommé MAURICE CAUSEN ou COUSIN, se disant comte DE COURCHAMPS. Voyez à son sujet *les Supercheries littéraires* de Quérard (v⁹ *Cagliostro, Courchamps et Créquy*), les *Causeries du lundi* de Sainte-Beuve, les *Hommes et choses de divers temps* de Ch. Romey (Dentu, 1864, in-12), *les Soupeurs de mon temps* de Roger de Beauvoir (Achille Faure, 1865, in-12). Les prétendus *Souvenirs* de Mᵐᵉ de Créquy ont été en outre l'objet de réfutations mentionnées ici pour mémoire, puisqu'aucune d'entre elles n'a trait à la période révolutionnaire.

1° *Voltaire étrangement défiguré par l'auteur des* « *Souvenirs de* Mᵐᵉ *de Créquy* » (Compiègne, 1836, in-8°, 31 p.). Par M. DE CAYROL. Tiré à 150 ex. non mis dans le commerce.

2° *L'Ombre de la marquise de Créquy aux lecteurs des Souvenirs publiés sous le nom de cette dame, suivie d'une Notice historique sur* Mᵐᵉ *de Créquy et sa famille et orné d'un fac-similé de son écriture* (Paris, Roret; Delaunay, 1836, in-8°, 2 ff. et 48 p., plus un fac-similé). Par Mᵐᵉ LOUISE BRAYER DE SAINT-LÉON.

3° *Notions claires et précises sur l'ancienne noblesse de France ou Réfutation des prétendus Mémoires de la marquise de Créqui,* par le comte DE SOYECOURT (Paris, Bréauté, 1855, in-8°).

22309. — Notice sur la marquise de Créquy. *Paris,* 1855 (*imp. G. Gratiot*), in-12, 86 p. [*N.* Ln²⁷ 5132. Réserve.]

On lit au verso du faux-titre : Tiré à 25 exemplaires. N°....
Epigraphe empruntée au portrait d'*Arsène* [Mᵐᵉ de Créquy] par SÉNAC DE MEILHAN.
En regard du titre, buste de Mᵐᵉ de Créquy d'après le moulage exécuté par HOUDON sur son cadavre, et blason des familles de Froullay et de Créqui. Cette pl. est tirée sur papier de Chine.
L'*Avertissement* (sans titre) est signé : A. PERCHERON.

22310. — Lettres inédites de la marquise DE CRÉQUY à Sénac de Meilhan (1782-1789), mises en ordre et annotées par M. ÉDOUARD FOURNIER, précédées d'une introduction par M. SAINTE-BEUVE, de l'Académie française. *Paris, L. Potier,* MDCCCLVI, in-12, 2 ff., CXXII-299 p. et 1 f. n. ch. (Table des matières).

Lettres publiées d'après les originaux appartenant aux héritiers de Le Couteulx de Canteleu qui les tenait directement de Sénac de Meilhan. Elles sont suivies de lettres à la comtesse de Noailles, à l'abbé Lenfant et à M***; ces deux dernières lettres ont trait à divers ouvrages de Mᵐᵉ de Genlis.
L'*Introduction* de Sainte-Beuve avait d'abord paru dans le *Moniteur;* elle a été réimpr. dans les *Causeries du lundi,* tome XII.

22311. — [**Créquy** (Charles-Alexandre de).] Vérités effrayantes concernant Charles de Créquy, né Bourbon-Montmorency. *Imp. Pougin.* S. *d.,* in-8°, 6 p. [*N.* Ln²³ 5135.]

Signé : ALBERT, officier de Monsieur, cour du Commerce, maison de M. Boulnois, A ses propres frais et dépens.

22312. — A l'auguste Assemblée nationale. Pétition par ALEXANDRE DE CRÉQUI MONTMORENCY, à fins d'indemnités. Sept. 1791. S. *l. n. d.,* in-4°, 29 p. [*N.* Ln²⁷ 5136.]

Voyez le numéro suivant.

22313. — Pétition à fin d'emprunt d'une somme de 20,000 livres à la nation. A l'auguste Assemblée nationale de France, séante à Paris. S. l. n. d., in-4°, 25 p. [N. Ln²⁷ 5137.]

Même pièce que la précédente.
Signé : ALEX. DE CRÉQUY.

22314. — Pétition à l'Assemblée nationale. Imp. Le Hodey. S. d., in-4°, 7 p. [N. Ln²⁷ 5138.]

Signé : ALEXANDRE DE CRÉQUY.

22315. — Pétition à l'Assemblée nationale de France, par CHARLES DE BOURBON-MONTMORENCY, ci-devant marquis DE CRÉQUI, pour obtenir les pressants secours que demandent en ce moment les malheurs si connus dans toutes les îles de France, particulièrement au Cap, présentée le 22 janvier 1791. S. l. n. d., in-8°, 11 p. [N. Ln²⁷ 5139.]

22316. — Pétition et Pièces présentées à l'Assemblée nationale, le 13 novembre 1791, par l'infortuné CHARLES DE BOURBON-MONTMORENCY, connu sous le nom d'ALEXANDRE DE CRÉQUY, détenu 46 ans en différentes forteresses et prisons, par lesquelles il dévoile à la nation le comble des horreurs de la tyrannie et du despotisme sous les règnes de Louis XV et de Louis XVI. Cette pétition a été généralement applaudie de l'Assemblée nationale et du public. Paris, imp. Pougin; Labour, libraire. S. d., in-8°, 72 p. [N. Lb⁴⁰ 5140.]

Voyez le numéro suivant.

22317. — Pétition et Pièces présentées à l'Assemblée nationale, le 13 novembre 1791, par l'infortuné CHARLES DE BOURBON-MONTMORENCY... Deuxième édition, augmentée de sa seconde Pétition à l'Assemblée nationale, de son Adresse aux sections de Paris et Note justificative, Paris, Labour. S. d., in-8°, 56 p. [N. Ln²⁷ 5140 A.]

22318. — Adresse aux sections de Paris. Imp. Pougin. S. d., in-8°, 4 p. [N. Ln²⁷ 5141.]

Signé : CHARLES DE BOURBON-MONTMORENCY, connu si longtemps par ses malheurs sous le nom d'ALEXANDRE DE CRÉQUY.

22319. — Adresse à toutes les sections de Paris et aux députés de l'Assemblée nationale. Janvier 1792. S. l. n. d., feuillet in-8°. [N. Ln²⁷ 5142.]

Signé : CH. DE BOURBON-MONTMORENCY.

22320. — Pétition à l'auguste Assemblée nationale de France, séante à Paris. Imp. Pougin. S. d., in-8°, 4 p. [N. Ln²⁷ 5143.]

Signé : CHARLES DE BOURBON-MONTMORENCY.

22321. — Mémoire pour servir d'observations propres à éclairer et guider M. le rapporteur du comité de législation dans l'affaire sur la demande ou pétition à fin de pension provisoire alimentaire de sire CH. DE BOURBON-MONTMORENCY. On y trouve aussi un abrégé historique de son infortunée vie et la liste des noms, titres, qualités et demeures de toutes les personnes qui doivent et qui ont attesté ses malheurs et ses droits. Paris, Pougin, 1792, in-8°, 1 f. et 38 p. [N. Ln²⁷ 5144.]

22322. — Une grande Victime du despotisme à ses concitoyens. Paris, imp. Pougin. S. d., in-8°, 4 p. [N. Ln²⁷ 5145.]

Signé : CHARLES-ALEXANDRE DE CRÉQUY.

22323. — Paris, le 5 juillet 1793... Le citoyen CRÉQUY-MONTMORENCY à ses concitoyens. S. l. n. d., in-4°, 3 p. [N. Ln²⁷ 5146.]

22324. — Paris, le 16 août 1793... Pour être lue en l'assemblée générale de la Cité. S. l. n. d., in-4°, 2 p. [N. Ln²⁷ 5147.]

Signé : CRÉQUY-MONTMORENCY.

22325. — Justification du C. CRÉQUI-MONTMORENCY, sur la persécution qu'on exerce à son égard (6-7 septembre 1793). S. l. n. d., in-8°, 16 p. [N. Ln²⁷ 5148.]

Charles de Créqui-Montmorency fut guillotiné le 7 thermidor an II, en même temps qu'André Chénier, Roucher, etc.

22326. — [Croissant.] CROISSANT, commandant en chef de la section du Pont-Neuf, à ses concitoyens. Imp. Pelletié. S. d. (1794), in-4°, 3 p. [N. Ln²⁷ 5185.]

Protestation contre un arrêté pris contre lui

par l'assemblée générale de la section après le 9 thermidor.

22327. — [**Curé** (Pierre).] Jugement en dernier ressort, rendu publiquement à l'audience du parc civil du Châtelet de Paris, la compagnie assemblée, qui condamne Pierre Curé à faire amende honorable devant la principale porte de l'église de Paris, où il sera conduit par l'exécuteur de la haute justice, dans un tombereau, ayant écriteaux devant et derrière portant ces mots : « Séditieux, perturbateur de l'ordre public », à trois jours de carcan, à être battu nu, fustigé de verges, marqué des lettres Gal. sur les deux épaules, et aux galères à perpétuité, pour avoir proféré publiquement des propos incendiaires et séditieux, comme aussi d'avoir proféré contre la Reine des propos criminels, attentatoires au respect dû à Sa Majesté, etc. Extrait des registres du greffe de la chambre du conseil du Châtelet de Paris, la compagnie assemblée. Du quinze mars mil sept cent quatre-vingt-dix. *Imp. V*⁰ *Desaint. S. d.*, in-4°, 4 p. [*N.* Lb³⁹ 3083.]

22328. — [**Curtius** (J.-B. Kraft, dit).] Services du sieur Curtius, vainqueur de la Bastille, depuis le 12 juillet jusqu'au 6 octobre 1789. A la Nation. *Paris*, 1790, in-8°, 27 p. [*N.* Lb³⁹ 2434.]

Épigr. :

Ex libertate nascitur Patriæ felicitas.

P. 5. *Services du sieur Curtius...* P. 13. *Assemblée nationale. Extrait de la séance du samedi 19 juin 1790, six heures du soir.* [Considérants du projet de décret présenté par Camus au sujet des vainqueurs de la Bastille.] P. 16. *Réflexions historiques* [sur ce décret.] P. 18. *Preuves authentiques des services du sieur Curtius, vainqueur de la Bastille* (douze pièces et attestations diverses), suivies d'un certificat de Palloy sur la provenance d'une des pierres de la Bastille.

22329. — [**Custine** (Louise-Eléonore-Mélanie-Delphine de Sabran, marquise de).] Etudes sociales et littéraires. Madame de Custine, d'après des documents inédits, par A. Bardoux. Avec un portrait gravé à l'eau-forte. *Paris, Calmann-Lévy*, 1888,

in-8°, 2 ff., III-431 p. et 1 f. n. ch. (Table). [*N.* Ln²⁷ 38821.]

En regard du titre, portrait gravé par Jules Henriot d'après Campana.

22330. — [**Damien** (Fr.-R.).] Aux citoyens représentants du peuple, membres du Comité de sûreté générale. (Au Luxembourg, 24 ventôse an II (14 mars 1794). *S. l. n. d.*, in-4°, 4 p. [*P.* 29070*.]

En qualité d'huissier à cheval au ci-devant Châtelet, Damien avait été chargé de signifier à Danton, au cours de l'assemblée électorale de 1791, le décret de prise de corps porté contre lui à propos de l'affaire du Champ de Mars. Arrêté lui-même pour ce fait, qui souleva l'opinion, et relâché sur les instances de Danton, Damien fut arrêté une seconde fois le 11 pluviôse an II (30 janvier 1794) et condamné à mort le 21 messidor suivant (9 juillet 1794).

22331. — [**Dancourt** (Louis).] Département de Paris. Domaines nationaux. Au nom de la République française. Vente après le décès du nommé Dancourt, condamné à mort par la loi, en sa maison, rue de Caumartin, n° 32, section des Piques, les 4 et 5 floréal an III (23 et 24 avril 1795). *Imp. Ballard. S. d.*, in-folio plano.

Louis Dancourt, ancien secrétaire de la Ferme générale, avait été condamné le 3 nivôse an II (23 décembre 1793) « pour versements infidèles dans les caisses de l'armée des Alpes ».

22332. — [**Danton** (Georges-Jacques),] Grande Motion sur le grand forfait du grand M. Danton, perpétré dans le grand district des grands Cordeliers, et sur les suites d'icelui. *S. l. n. d.*, in-8°, 7 p. [*N.* Lb³⁹ 8466.]

Facétie, signée Monsieur Jourdain, au sujet de la protestation de Danton au club des Cordeliers contre l'arrestation de Marat. Cette pièce a été réimp. par M. Aulard (voyez le n° 22352 ci-dessous) dans la Révolution française, tome XXIV, pp. 130-132.

22333. — Lettre à l'auteur du « Patriote français ». (Arcis-sur-Aube, 20 août 1791). *S. l. n. d.*, in-8°, 16 p. [*N.* Lb³⁹ 10160.]

Réponse au n° 733 du Journal, signée Courtois, commandant de la garde nationale d'Arcis-sur-Aube et suivie d'un arrêté approbatif de la

Société des Amis de la Constitution de cette ville.

Chaleureuse défense de Danton.

22334. — Notice sur la vie et les ouvrages de Condorcet, par ANTOINE DIANNYÈRE (an III).

Voyez le n° 22232 ci-dessus. Sous ce titre : *Une Apologie de Danton en l'an IV*, M. Aulard a réimprimé dans *la Révolution française* (t. IX, juillet-décembre 1885, pp. 134-140) deux longs passages de la notice de Diannyère décrite plus haut.

22335. — Vie de Danton, épisode de la Révolution de 1793, par JOFFRIN DES JARDINS. *Paris, P. Martinon*, 1851, in-16, 2 ff. et IV-248 p. [*N.* Ln^{27} 5359.]

En regard du titre, portrait (lith. à deux teintes) signé LAURENT del., d'après GRÉVEDON et fac-similé de la signature.

22336. — Danton. Documents authentiques pour servir à l'histoire de la Révolution française, par ALFRED BOUGEART. *Paris, E. Jung-Treutel; Bruxelles, A. Lacroix, Van Meenen et C*^{e}, 1861, in-8°, 400 p. [*N.* Ln^{27} 5360.]

L'*Avant-propos* et la notice bibliographique, quoique paginés en chiffres romains, sont compris dans la pagination totale.

22337. — Danton. Mémoire sur sa vie privée, appuyé de pièces justificatives, par le Dr ROBINET, auteur de la « Notice sur l'œuvre et la vie d'Auguste Comte ». *Paris, Chamerot et Lauwereyns*, 1865, in-8°, XX-318 p. [*N.* Ln^{27} 21305.]

ÉPIGR. :
Si on ne doit aux morts que la vérité, au moins leur doit-on la vérité.

Les *Pièces justificatives*, au nombre de trente-sept, commencent p. 151. L'une d'elles est l'inventaire de la bibliothèque de Danton après la mort de sa femme (février-mars 1793); cette pièce a fait l'objet d'un article de PIERRE JANNET dans le *Bulletin du bouquiniste* du 1er septembre 1865, pp. 427-428. Suivant une annonce des *Affiches et avis divers* signalée par E. et J. de Goncourt (*Histoire de la société française pendant la Révolution*, 3e éd., p. 6), la collection des classiques latins de Barbou (70 vol. reliés en maroquin vert) était à vendre au domicile du condamné, cour du Commerce, en messidor an III.

Un autre de ces appendices, et beaucoup plus important, est un fragment de CORBEAU ROUSSELIN DE SAINT-ALBIN sur Danton, publié pour la première fois par son fils (Hortensius de Saint-Albin) dans *la Critique française* en 1864 et réimp. dans un volume de *Documents relatifs à la Révolution française*, tiré de ses papiers (Paris, Dentu, 1873, gr. in-8°).

22337^a. — Danton. Mémoire de sa vie privée, par le docteur ROBINET. Troisième édition. *Paris, Charavay frères*, 1884, in-8° carré, 324 p. et 1 f. n. ch. (*Table des matières.*) [*N.* Ln^{27} 21305 A.]

Même épigraphe qu'au numéro précédent.

Les *Pièces justificatives*, au nombre de vingt-trois, ne sont pas toutes celles de la première édition.

Extrait non spécifié des tomes III, IV et V de *la Révolution française*. Réimpression, avec quelques additions peu importantes, des *Mémoires* de 1865. L'auteur a néanmoins considéré cette réimp. comme une 2e édition et qualifié de 3e édition le tirage à part décrit ici.

22338. — L'Entrée de Danton aux enfers, poème inédit de J.-B. SALLE, publié d'après le manuscrit original par GEORGES MOREAU-CHASLON. *Paris, J. Miard*, MDCCCLXV, in-12, XI-52 p. et 2 ff. n. ch. [*N.* Ye 32872.]

On lit au verso du faux-titre : Tiré à 150 exemplaires sur papier vergé et 4 sur peau de vélin. Titre rouge et noir. P. IV-XI, dédicace à Jules Janin. P. 21, *Variantes*. P. 27-52, *Notes*. Les feuillets non chiffrés contiennent la Table et l'achevé d'imprimer chez Jouaust.

22339. — Œuvres de DANTON, recueillies et annotées par A. VERMOREL. *Paris, Cournol*, 1866, in-18, 2 ff. et 316 p. [*N.* Lb^{41} 2268.]

Le livre a été remis en circulation l'année suivante avec un titre portant « 2e édition » et l'adresse d'*Achille Faure*.

22340. — EDOUARD ACHARD. Des causes d'erreur en histoire, réponse à une condamnation du parti dantonien. *Paris, Ernest Leroux*, 1873, in-12, 15 p. [*N.* La^{22} 497.]

Réfutation d'un passage de l'*Histoire de la République française* d'Elie Sorin. (Voyez tome Ier de la *Bibliographie*, n° 246.)

22341. — Le Dix août et la Symbolique positiviste, par le Dr ROBINET (1873).

Voyez tome Ier, n° 3428.

22342. — Documents pour servir à l'histoire de la Révolution. Notes de TOPINO LEBRUN, juré au Tribunal révolutionnaire, sur le procès de Danton et sur Fouquier-Tinville, publiées par J.-F.-E. CHARDOILLET (1875).

Voyez tome 1er, no 4226.
CHARDOILLET est le pseudonyme du dr Robinet.

22343. — Camille Desmoulins, Lucile Desmoulins, étude sur les Dantonistes..., JULES CLARETIE (1875).

Voyez tome Ier, no 4227.

22344. — Danton et la politique contemporaine. *Versailles, imp. Cerf et fils. S. d.*, in-8°, 198 p. [*N.* Ln²⁷ 30105.]

Signé : ANTONIN DUBOST.
Extrait de la *Philosophie positive*, revue dirigée par MM. E. Littré et G. Wyrouboff, janvier-février 1877.
L'intitulé ci-dessus est pris sur un titre de départ qui tient lieu de titre.

22344ª. — Danton et la politique contemporaine, par ANTONIN DUBOST. *Paris, G. Charpentier, 1880*, in-18, 2 ff., V-368 p. et 1 f. n. ch. (*Table des matières*).

Réimpression du travail décrit sous le numéro précédent.

22345. — Danton et Victor Hugo. Aux 100,000 lecteurs de « Quatre-vingt-treize », par un vieux cordelier. *Paris, chez tous les libraires*, 1877, in-8°, 1 f. et 35 p. [*N.* Ln²⁷ 20711.]

Réfutation des erreurs accumulées dans un dialogue fameux entre Marat, Danton et Robespierre.
Par le Dr ROBINET.

22346. — Danton, par G. LENNOX. *Paris, Sandoz et Fischbacher*, 1878, in-12, 380 p. [*N.* Ln²⁷ 31109.]

22347. — Le Procès des Dantonistes d'après les documents. Recherches pour servir à l'histoire de la Révolution française, par le Dr ROBINET (1879).

Voyez tome Ier, no 4228 et la note qui l'accompagne.

22348. — Société républicaine d'instruction de l'arrondissement de Langres. Danton. Conférence faite au théâtre de Langres, le 27 juin 1880, par M. H. BOISNER, rédacteur en chef du « Spectateur ». *Langres, imp. Dessoye et Cie*, 1880, in-18, 75 p. [*N.* Ln²⁷ 32209.]

22349. — Danton. Le Règne de la justice et des lois en 1792, par LÉON PAGÈS (1880).

Voyez tome Ier, no 3430.

22350. — Danton, par VICTOR PIERRE. *Paris, librairie de la Société bibliographique*, 1882, in-18, 36 p. [*N.* La³² 501*.]

La couverture imprimée sert de titre.
Brochures sur la Révolution française, no 20.

22351. — Collection Picard. Bibliothèque d'éducation nationale. Les Grands Français. Danton, par F.-A. AULARD, ancien élève de l'Ecole normale supérieure, docteur ès lettres, professeur à la Faculté des lettres de Poitiers. Avec portraits et gravures dans le texte. *Paris, Picard-Bernheim. S. d.* (1884), in-12, 82 p. [*N.* Ln²⁷ 34818.]

En regard du titre, portrait de Danton à la tribune. P. 25, 34, 61, vignettes dans le texte.
Une 2e édition, augmentée, a paru en 1887 et la 6e a été publiée en 1903.

22352. — Notes sur l'éloquence de Danton, par F.-A. AULARD. *Paris, Charavay frères*, 1882, in-8°, 48 p.

Extrait non spécifié de la *Révolution française*, tome III.
Ces *Notes* ont été depuis refondues dans les *Orateurs de la Législative et de la Convention*, tome II, pp. 163-224 (voyez tome Ier de la *Bibliographie*, no 524).

¶ M. Aulard a publié dans la *Révolution française* toute une série d'articles qu'il se propose de réunir en volume : *Danton au district des Cordeliers et à la Commune de Paris* (XXIV, p. 115-144); *Danton au club des Jacobins et au département de Paris* (*ibid.*, p. 226-246); *Danton en 1791 et en 1792* (*ibid.*, p. 304-344); *Danton et la Révolution du 10 août 1792* (*ibid.*, p. 385-406); *Danton ministre de la justice* (*ibid.*, p. 481-504); *Danton et les massacres de septembre* (XXV, p. 10-45); *Danton à la Convention nationale* (*ibid.*, p. 126-153).
Seul, l'article sur *Danton et les massacres de septembre* a été reproduit dans les *Études et leçons* de l'auteur, 2e série (voyez no 20818ª

ci-dessus). On trouve également dans la 1re série de ce même ouvrage deux autres articles parus d'abord dans la *Révolution française* : *les Comptes de Danton et la Statue de Danton*.

M. Aulard a publié en outre dans la *Revue encyclopédique* du 15 mai 1893 un article sur *l'Enfance et la jeunesse de Danton*.

22353. — Bibliothèque des notions générales. Une page d'histoire. Danton et les massacres de septembre, par ANTONIN DUBOST (1885).

Voyez tome Ier, no 3510.

22354. — Dr ROBINET. Danton émigré. Recherches sur la diplomatie de la République (an Ier-1793). *Paris, H. Le Soudier*, 1887, in-12, VIII-280 p. et 1 f. n. ch. (*Errata*). [N. Ln^{27} 36489.]

22355. — Ça ira! or Danton in the french Revolution. A study, by LAURENCE GRONLUND, A. M., author of «the Cooperative commonwealth». *Boston, Lee and Shepard; New-York, Charles T. Dillingham*, 1888, in-8o, VI-264 p. [N. Ln^{27} 37794.]

Épigraphe empruntée à Victor Hugo, mais traduite en anglais.

22356. — Centenaire de 1789. Danton homme d'État, par le docteur ROBINET, membre de la Commission municipale des recherches sur l'histoire de Paris pendant la Révolution. *Paris, Charavay frères*, 1889, in-8o, 4 ff. et 463 p. [N. Ln^{27} 38001.]

Entre les feuillets liminaires et le texte, médaillon de Danton d'après un camaïeu du temps.

¶ Le Dr Robinet a écrit aussi l'article *Danton* de la *Grande Encyclopédie*.

22357. — Danton, sa première femme et ses propriétés, par M. ALBERT BABEAU, correspondant de l'Institut, ancien président de la Société académique de l'Aube, président de la Commission du musée de Troyes. *Troyes, imp. et lith. Paul Nouel*, 1898, in-8o, 20 p.

On lit au verso du titre : Extrait de l'*Annuaire de l'Aube*, année 1898.

En regard du titre de départ, phototypie de Mme Danton, née Antoinette-Gabrielle Charpentier, d'après un buste de DESEINE, appartenant au musée de Troyes.

22358. — Life of Danton, by A.-H. BEESLY, author of « the Gracchi », « Marius and Sulla », « Life of sir John Franklin », « Ballades and other verse », « Danton and other verse ». [*London.*] *Longmans, Green and Co*, 1899, in-8o, XIV-385 p. et 1 f. n. ch. [N. Ln^{27} 46909.]

Trois pl. hors texte en héliogravure : portraits de Danton et de sa mère et vue de la maison natale du tribun à Arcis-sur-Aube.

22359. — Danton. A study, by HILAIRE BELLOC, B. A., late Brackenbury Scholar of Balliol College, Oxford. *London, James Nisbet and Co*, 1899, in-8o, XIII (XIV)-440 p. [N. Ln^{27} 46910.]

En regard du titre, héliogravure du portrait de Danton attribué à David.

Les appendices comprennent onze pièces, les unes dans le texte original, les autres traduites en anglais, provenant des recherches du Dr Robinet.

22360. — [**Danty.**] Mémoire en forme de lettre adressée, le 8 octobre 1789, par le sieur DANTY, à MM. les députés de l'Assemblée nationale formant le Comité des finances, au sujet de sa place et de son traitement dans l'administration des monnaies. *Paris, imp. Prault*, 1790, in-4o, 20 p. [N. Ln^{27} 5362.]

Le titre de départ, p. 8, porte en plus : *suivi de l'extrait des pièces produites en preuve des faits qu'il y expose.*

22361. — Observations pour le sieur DANTY, sur un article du premier rapport du Comité des pensions. *Paris, imp. Nationale*. S. d., in-8o. [N. Ln^{27} 5363.]

L'ex. de la B. N. est incomplet.

Danty était le collègue de Condorcet au contrôle général des monnaies.

22362. — [**Dasse.**] Réplique à M. Gouin, ci-devant inspecteur du bureau du départ des postes. (1792.)

Voyez tome III, no 14537 et les nos 14534-14536.

22363. — [**Daubenton** (Antoine-Grégoire).] Référé au Corps législatif. Précis pour le citoyen DAUBANTON (*sic*), juge de paix de la division du Pont-Neuf, prévenu de deux délits, acquitté sur l'un au jury d'accusation et accusé sur l'autre. *Imp. J.-R. Lottin, an VII*, in-4°, 3 p. [*N.* Ln^{27} 5399.]

22364. — Corps législatif. Conseil des Cinq-Cents. Rapport fait par RICHARD (des Vosges), au nom d'une commission spéciale, sur un référé du tribunal criminel du département de la Seine, relatif au citoyen Daubenton, juge de paix de la division du Pont-Neuf. Séance du 9 ventôse an VII (27 février 1799). *Imp. Nationale, ventôse an VII*, in-8°, 7 p. [*N.* Le^{42} 2831.]

22365. — Plaidoyer du citoyen LEBON, pour Antoine-Grégoire Daubenton, juge de paix de la division du Pont-Neuf, à Paris, audience du 5 prairial an VII (24 mai 1799). *Imp. J.-R. Lottin, an VII*, in-4°, 1 f. et 57 p. [*Br. M. F. R.* (54), 22.]

22366. — [**Daubenton** (Louis-Jean-Marie).] Extrait des registres du Muséum national d'histoire naturelle, sur la fête funéraire relative à l'inhumation du corps du citoyen Daubenton dans le jardin de cet établissement. (An VIII.)

Voyez tome III, n° 17645.

22367. — Discours d'ouverture et de clôture du cours d'histoire naturelle donné dans le Muséum national d'histoire naturelle, l'an VIII de la République, par le c^{en} LACÉPÈDE, membre du Sénat et de l'Institut national de France, l'un des professeurs du Muséum d'histoire naturelle, membre de l'Institut national de la République cisalpine, de la Société d'Aragon; de celle des Curieux de la nature, de Berlin; des Sociétés d'histoire naturelle, des Pharmaciens, Philotechnique et Philomatique de Paris; de celle d'agriculture d'Agen; de la Société des sciences et arts de Montauban; du Lycée d'Alençon, etc. *Paris, Plassan, an VIII*, in-4°, 20 et 20 p. [*N.* Sp. 649.]

Le titre de départ de la première pièce, p. 3, porte : *Discours d'ouverture. Sur la vie et les ouvrages de Daubenton, considérés relativement à la manière d'étudier l'histoire naturelle.*
La seconde pièce n'a qu'un titre de départ ainsi conçu : *Discours de clôture des cours d'histoire naturelle de l'an VIII, par le c^{en} LACÉPÈDE. Sur les avantages que les naturalistes peuvent procurer au corps social dans l'état actuel de la civilisation et des connaissances humaines.*

22368. — Notice historique sur Daubenton, lue à la séance publique de l'Institut national de France, du 15 germinal an VIII (5 avril 1800), par G. CUVIER, l'un des secrétaires de la classe des sciences mathématiques et physiques. *Paris, Baudouin, an IX*, in-4°, 1 f. et 32 p. [*N.* Ln^{27} 5401.]

¶ Un passage de cette notice a donné lieu à une réfutation de M. J. GUILLAUME, intitulée : Le « berger Daubenton », encore une légende contre-révolutionnaire (*La Révolution française*, tome XLII (janvier-juin 1902), pp. 385-398).

Daubigny (VILLAIN). — Voyez **Aubigni** (d').

22369. — [**Daunou** (Pierre-Claude-François).] Note sur la création de l'Institut, par un ami de la vérité [A.-H. TAILLANDIER] (1840).

Voyez tome III, n° 17883 et aussi les n°^{s} 17882 et 17884.

Sur la part prise par Daunou à la création de l'Institut dont Lakanal n'attribuait la pensée première qu'à lui seul.

22370. — Catalogue des livres de la bibliothèque de feu M. Daunou, pair de France, secrétaire perpétuel de l'Académie des inscriptions et belles-lettres, garde général des Archives du royaume, dont la vente aura lieu le 12 janvier 1841 et j. s. *Paris, J. Techener*, 1841, in-8°, XVI-302 p. et 1 f. n. ch. (ordre des vacations); 2487 numéros.

Les liminaires contiennent une *Notice sur M. Daunou* par N. DE WAILLY et la reproduction du *Mémoire*, lu par Daunou à l'Institut, le 22 brumaire an IX (13 novembre 1800), *sur la classification des livres d'une grande bibliothèque*. Ce système avait été suivi par le libraire pour présenter la propre bibliothèque de l'auteur de ce *Mémoire*.

22371. — Institut royal de France. Académie royale des inscriptions et belles-lettres. Notice historique sur la vie et les ouvrages de M. Daunou, par M. le baron WALCKENAER, serétaire perpétuel de l'Académie royale des inscriptions et belles-lettres, lue à la séance publique du 30 juillet 1841. *Paris, imp. F. Didot*, 1841, in-4°, 48 p.

Tirage à part des *Mémoires* de l'Académie. Réimp. dans le *Recueil des notices historiques...* lues par l'auteur, de 1841 à 1850, aux séances publiques de cette classe. (*Typ. F. Didot frères*, 1850, gr. in-8°; tiré à 200 ex.)

22372. — Eloge de Pierre-Claude-Fr. Daunou, pair de France, secrétaire perpétuel de l'Académie des inscriptions, correspondant de l'Académie royale des sciences et belles-lettres de Bruxelles, etc., etc., né à Boulogne-sur-Mer le 18 août 1761, mort à Paris le 20 juin 1840. Par le baron DE REIFFENBERG, [correspondant] de l'Institut de France, de l'Académie royale des sciences et belles-lettres de Bruxelles, etc. *Bruxelles, imp. de M. Hayez, imprimeur de l'Académie royale*, 1841, in-12, 12 p. [N. Ln^{27} 5415.]

Extrait de l'*Annuaire de l'Académie royale de Bruxelles*.

22373. — Documents biographiques sur P.-C.-F. Daunou, par M. A.-H. TAILLANDIER, membre de la Chambre des députés, conseiller à la Cour royale de Paris. *Paris, Firmin Didot frères*, 1841, in-8°, VIII-220 p. [N. Ln^{27} 5416.]

L'auteur y a publié un fragment de *Mémoires* inachevés de Daunou sur son rôle à la Convention nationale; voyez tome Ier de la *Bibliographie*, n° 482 et voyez aussi le numéro suivant.

22373^a. — Documents biographiques sur P.-C.-F. Daunou, par M. A.-H. TAILLANDIER, membre de la Chambre des députés, conseiller à la Cour royale de Paris. Seconde édition, revue et augmentée. *Paris, Firmin Didot frères*, 1847, in-8°, XII-383 p. [N. Ln^{27} 5416 A.]

En regard du titre, portrait de Daunou, gravé sur bois et accompagné du fac-similé de sa signature.
P. 363-378, *Liste des ouvrages imprimés de M. Daunou.*

22374. — Notice historique sur la vie et les travaux de M. Daunou, par M. MIGNET, secrétaire perpétuel de l'Académie des sciences morales et politiques, lue à la séance publique annuelle du 27 mai 1843. *Paris, imp. Firmin Didot*, 1843, in-4°, 27 p.

22375. — Notice sur M. Daunou, par M. B. GUÉRARD, membre de l'Académie des inscriptions et belles-lettres, suivie d'une notice sur M. Guérard, par M. N. DE WAILLY, membre de l'Académie des inscriptions et belles-lettres. *Paris, Dumoulin*, 1855, in-8°, 2 ff., 365 p. et 1 f. n. ch. (table des matières). [N. Ln^{27} 5417.]

En regard du titre, portrait lithographié de Guérard, signé LÉVEILLÉ *del.* (imp. Lemercier).
Une partie de la *Notice sur Daunou* avait été publiée dans la *Bibliothèque de l'Ecole des chartes* (1re série), tome III (1842), pp. 209-257 et tirée à part (49 p. in-8°), après qu'un fragment en eut été lu à l'Académie des inscriptions.
La *Notice sur Guérard* est suivie de la liste chronologique de ses publications, p. 361-365.

22376. — [**David** (Jacques-Louis).] Convention nationale. Discours prononcé... le 29 mars 1793, par le citoyen DAVID...; en lui offrant un tableau de sa composition représentant Michel Le Peletier au lit de mort.

Voyez tome Ier, n° 3910 et la note qui l'accompagne.

22377. — Discours prononcé à la Convention nationale par DAVID..., en lui offrant le tableau représentant Marat assassiné (24 brumaire an II-14 novembre 1793).

Voyez tome Ier, n° 4114, et le n° 22397 ci-dessous.

22378. — Convention nationale. DAVID, représentant du peuple, au président de la Convention nationale. Imprimé par ordre de la Convention nationale (8 germinal an III-28 mars 1795). *Imp. Nationale, germinal an III*, in-8°, 3 p. [N. Le^{38} 1318.]

Au sujet d'une dénonciation faite contre lui par Legendre d'un propos tenu le 8 thermidor.
Réimp. par Jules David (voyez le n° 22398 ci-dessous), p. 243-244.

22379. — Réponse de David... aux dix-sept chefs d'accusation portés contre lui par les commissaires de la section du Muséum (prairial an III).

Voyez tome II, n° 8429.
Réimp. par Jules David, pp. 269-292.

22380. — David (de Paris), représentant du peuple, à la section du Muséum (14 floréal an III-3 mai 1795).

Voyez tome II, n° 8428.

22381. — Section du Muséum. Rapport et arrêtés relatifs à David, citoyen de cette section et représentant du peuple (20 floréal an III-9 mai 1795).

Voyez tome II, n° 8426.

22382. — Pétition des commissaires de la section du Muséum. Rapport et arrêtés relatifs à David... (floréal an III).

Voyez tome II, n° 8427.

22383. — Lettre de C. Guillaumot aux rédacteurs du « Journal des Arts ». Extrait du « Journal des Arts », n° 46. *S. l. n. d.* (1800), in-8°, 4 p. [N. Vp. 7539.]

Au sujet du bruit qui avait couru de la nomination de David au poste d'*administrateur des arts;* réponse à un article paru dans le n° 44 du même journal.

22384. — Notice sur la vie et les ouvrages de M. J.-L. David, avec portrait. *Paris, Dondey-Dupré père et fils,* 1824, in-12, 84 p. [N. Ln²⁷ 5447.]

Le portrait lithographié par Bour et représentant le modèle en buste est de format in-folio et par suite très rogné pour servir de frontispice à la *Notice*.

22385. — Catalogue des tableaux de galerie et de chevalet, dessins, études, livres de croquis de M. Louis David, peintre d'histoire, et d'estampes tant anciennes que modernes, dont la vente publique et aux enchères aura lieu par suite de son décès, le 17 avril 1826 et j. s., dans la salle de la rue du Gros-Chenet... *Ce catalogue, rédigé par M. Pérignon, se distribue à Paris, chez M. David fils, rue Cadet,* n° 11; M. Monteaud, notaire, rue Louis-le-Grand, n° 11; M. Fleuriau de Ponfol, commissaire-priseur, rue Beaubourg, n° 52; M. Pérignon, rue du Dauphin, n° 1; M. Delaunay, libraire, galeries du Palais-Royal; à Bruxelles, chez M. Michel Stapleaux, élève de M. David, Marché aux herbes. S. d., in-8°, 2 ff. et 24 p.; 140 numéros.

Les n°ˢ 9 et 10 (*Marat et Le Peletier*) ne devaient pas être exposés, mais ils étaient visibles au domicile de David fils. Voyez au sujet du premier le n° 22392 ci-dessous.

22386. — Vie de David, par M. A. Th***. *Paris, chez les marchands de nouveautés,* 1826, in-8°, 2 ff. et 168 p. [N. Ln²⁷ 5448.]

Par Antoine Thomé, neveu d'Antoine-Clair Thibaudeau, à qui Delécourt avait attribué ce petit volume qu'on a parfois aussi porté au compte d'Adolphe Thiers, et même de Thoré (Théophile) qui avait alors dix-huit ans.

22387. — Vie de David, premier peintre de Napoléon, par M. A. Th***. *Bruxelles, H. Tarlier et Grignon, maison Baudouin frères,* MDCCCXXVI, in-18, 2 ff. et 245 p.

En regard du titre, portrait en buste lithographié par Madou, d'après Rouget (lith. Jobard).

22388. — Essai sur J.-L. David, peintre d'histoire, par M. P.-A. Coupin, l'un des rédacteurs de la « Revue encyclopédique » et du « Kunst Blatt (Journal des arts) », publié à Stuttgart. *Paris, J. Renouard,* 1827, in-8°, 59 p. [N. Ln²⁷ 5449.]

« Cet Essai, dit un *Avertissement,* a été composé pour la *Revue encyclopédique* où il a paru sous le titre de *Notice nécrologique* dans le cahier d'avril 1827. En le faisant réimprimer à part, j'y ai ajouté quelques développements qui sortaient des limites du recueil littéraire auquel il avait été d'abord destiné et qui m'ont paru propres soit à en augmenter l'intérêt, soit à compléter l'opinion que j'ai exprimée. »
Dans la *Revue encyclopédique* cette notice était ornée d'un portrait lithographié de David, avec fac-similé de sa signature (Langlois pinxit; M¹¹ᵉ A. Le Bot del.). Cette pl. n'a pas reparu dans la réimpression du travail de Coupin.

22389. — Extrait de la « Biographie universelle et portative des contemporains ». Notice sur Jacques-Louis David, par l'auteur de la « Notice sur Canning »

(ALPH. RABBE). *Paris, bureau de la Biographie,* 1827, in-8°, 1 f. et 12 p. [N. Ln²⁷ 5450.]

L'ex. de la B. N. est précédé du prospectus de la publication.

22390. — David. *Paris, imp. P. Baudouin.* S. d. (1835), in-8°, 13 p. [N. Ln²⁷ 5452.]

Le titre de départ, page 1, porte en plus : *Extrait de la 1ʳᵉ livraison du 3ᵉ volume du « Journal de l'Institut historique », Souvenirs historiques, par M. le Chᵉʳ* ALEX. LENOIR, *créateur du Musée des Monuments français, administrateur des monuments de l'église royale de Saint-Denis, membre de la 1ʳᵉ classe de l'Institut historique...*

22391. — David (Jacques-Louis), né à Paris le 30 août 1748, mort à Bruxelles le 29 décembre 1825. *S. l. n. d.*, gr. in-8°, 23 p.

Signé, p. 23 : MIEL.
En tête du texte, portrait en pied de David par GROS, gravé sur acier par MIGNERET.
Extrait de la 1ʳᵉ édition (1835) du *Plutarque français*, publié sous la direction d'Edouard Mennechet.
Bibliothèque de M. Paul Lacombe.

22392. — Catalogue de tableaux de galerie et de chevalet, études, livres de croquis de Louis David, premier peintre de l'empereur Napoléon, dont la vente aura lieu le deuxième mercredi de mars 1835, par le ministère de Mᵉ Bonnefons de Lavialle. *Paris, imp. J.-A. Boudin,* 1835, in-8°.

D'après le *Dictionnaire des artistes de l'Ecole française* de Bellier de La Chavignerie.
Voyez le n° 22385 ci-dessus.

22393. — Notice historique sur J.-L. David. Extrait de la « Biographie universelle »... *Paris, imp. P. Dupont. S. d.* (1837), in-8°, 33 p. [N. Ln²⁷ 5451.]

Signé : MONTABERT et PARISOT.
L'ex. de la B. N. est incomplet des pp. 17-32.

22394. — Mémoires de David, peintre et député à la Convention, par M. MIETTE DE VILLARS, auteur de plusieurs écrits politiques et du « Manuel de l'émigrant en Californie ». *Paris, chez tous les libraires,* 1858, in-8°, 2 ff. et 232 p. [N. Ln²⁷ 5453.]

22395. — Louis David, son école et son temps. Souvenirs, par M. E.-J. DELÉCLUZE. *Paris, Didier,* 1855, in-8°, 2 ff. et IV-452 p. [N. Ln²⁷ 5454.]

22396. — Le Mouvement moderne en peinture. Louis David, par ERNEST CHESNEAU. Extrait de la « Revue européenne ». *Paris, typ. E. Panckoucke,* 1861, in-8°, 32 p. [N. Ln²⁷ 5455.]

Réimp. dans le volume du même auteur intitulé : *les Chefs d'école* (Paris, Didier, 1862, in-12).

22397. — Notice sur le « Marat » de Louis David, suivie de la liste de ses tableaux dressée par lui-même. *Paris, imp. Jouaust,* 1867, in-32, 44 p.

Papier vergé. Titre rouge et noir. Cette notice est précédée d'un court avertissement signé L.-J. DAVID et datée du 30 novembre 1867.
De ce tableau célèbre il existe trois exemplaires : l'original et deux copies exécutées sous les yeux du maître, l'une, dit-on, par Serangeli, l'autre par Langlois ou Gérard, destinées à servir de modèles à la manufacture des Gobelins. Retiré le 20 pluviôse an III (8 février 1795) de la salle des séances de la Convention, en même temps que le *Lepeletier Saint-Fargeau,* le tableau original fut conservé, ainsi que ses deux répétitions, sous une couche de blanc dans l'atelier de David ; puis, après son départ pour l'exil, dans celui de Gros. Lors du règlement de sa succession (1826), les trois toiles du *Marat* restèrent indivises entre les mains de ses héritiers, mais, en 1835, lors de la seconde vente posthume, la baronne Meunier et Mᵐᵉ Vᵉ Eug. David, fille et belle-fille du peintre, acquirent l'original au prix de 4,500 francs, tandis que les copies étaient abandonnées gratuitement à Mᵐᵉ la baronne Jeanin, sœur cadette de la baronne Meunier, et à M. David aîné. La copie, dite de Langlois ou de Gérard, qui était échue à M. David aîné et qui fut, à dire d'expert, estimée 300 francs (1854), passa dans la galerie du prince Napoléon à qui le baron Jérôme David l'avait offerte. Le prince la céda en février 1868 à MM. Brame et Durand-Ruel d'où elle parvint entre les mains d'un amateur lyonnais, M. Terme.
M. Jules David, fils de Mᵐᵉ Vᵉ Eugène David, avait en 1860 racheté de sa tante la baronne Meunier le tableau original qu'elle avait prêté en 1845 à l'Association des artistes peintres, fondée par le baron Taylor, pour une exposition ouverte au bazar Bonne-Nouvelle, et que l'on revit en 1863 à la galerie Martinet, boulevard des Italiens.
En 1885, lors de la seconde exposition des

Portraits du siècle organisée par la Société philanthropique, M. Jules David protesta par une lettre adressée au marquis de Mortemart, président de la Société, contre l'admission à l'Ecole des beaux-arts de la copie attribuée à Gérard et présentée par M. Terme comme l'original. N'ayant pu obtenir gain de cause, Jules David assigna M. Terme et ses cédants devant le Tribunal civil. Des experts furent nommés et l'instance durait encore lorsque Jules David mourut. Mais sa veuve n'abandonna point la partie et obtint, le 24 mai 1889, un jugement qui faisait défense à M. Terme de continuer à se dire propriétaire de l'original et obligeait Durand-Ruel à lui restituer le montant de son acquisition. La Cour d'appel, par arrêt du 16 mai 1890, infirma ce jugement, déchargea MM. Terme et Durand-Ruel des condamnations prononcées contre eux, débouta Mme Vve David-Chassagnolles et laissa à sa charge tous les frais de première instance et d'appel.

On peut consulter sur les péripéties de ce long procès la *Gazette des tribunaux* des 12 et 25 mai 1889 et des 16-17 mai 1890, ainsi que *la Loi* du 4 juin 1890. M. Paul Lacombe possède un factum autographié intitulé : *Dires de Mme David-Chassagnolles* (in-folio, 10 p.) relatif à la même affaire.

Le tableau original, légué par Jules David à la ville de Bruxelles, en mémoire de l'accueil que son aïeul y avait trouvé durant son exil, orne aujourd'hui la section moderne du Musée Royal.

22398. — Le peintre Louis David, 1748-1825. Souvenirs et documents inédits par J.-L.-Jules David, son petit-fils. *Paris, Victor Havard*, MDCCCLXXX, in-folio, 4 ff., 678 p. et 1 f. n. ch. (nom et adresse de l'imprimeur). [N. Ln^{27} 31763.]

Titre rouge et noir. En regard du titre, portrait gravé par Dubouchet d'après un médaillon d'Edme Dumont. Au verso de la dédicace, armoiries de David comme baron de l'Empire. Entre les pp. 622 et 623, fac-similé d'une lettre de David à Wicar (Paris, 14 juin 1789).

Ce premier volume, non tomé, a pour complément un album décrit sous le numéro suivant.

22399. — Le peintre Louis-David, 1748-1825. Suite d'eaux-fortes d'après ses œuvres gravées par J.-L.-Jules David, son petit-fils. *Paris, Victor Havard*, 1882, in-folio, 10 ff. n. ch. et 110 pl. [N. Ln^{27} 31763.]

Les feuillets non chiffrés contiennent un faux-titre et un titre (rouge et noir), la *Justification des tirages*, un avertissement sans titre, daté de Paris, 15 décembre 1882, une *Table chronologique des eaux-fortes et des fac-similés gravés par* Jules David, des *Documents* (sur la translation, en 1882, des restes du peintre dans le nouveau cimetière de Bruxelles), un *Supplément au catalogue des œuvres de Louis David : Dessins*, un tableau généalogique de sa descendance et une *Table des matières*. Suivent 110 planches gravées à l'eau-forte : chacune d'elles est protégée par un papier fin portant l'indication du sujet, ses dimensions et le nom de la galerie publique ou du particulier qui le possède.

En regard du titre, fac-similé héliographique de la lithographie de Madou, représentant David en pied, dessinée à Bruxelles vers 1825.

22400. — Quelques Observations sur les 19 toiles attribuées à Louis David à l'Exposition des portraits du siècle (1783-1883), Ecole nationale des beaux-arts, par L.-J. David, son petit-fils, auteur de l'ouvrage « le Peintre Louis David ». *Paris, Victor Havard*, 1883, in-8° carré, 32 p.

Papier vergé. Titre rouge et noir.

22401. — [**David** (Jean-Michel).] Pétition contenant dénonciation pour Jean-Michel David, citoyen de la section du Contrat-Social et membre du Comité révolutionnaire provisoire. *Imp. Franklin*. S. d., in-8°, 1 f. et 22 p. [N. Ln^{27} 5456.]

Le titre de départ, p. 1, porte en outre : *Pétition... pour* Jean-Michel David... *détenu dans la maison de suspicion, rue de la Bourbe, de l'ordre du soi-disant comité révolutionnaire de la même section.*

22402. — [**David**.] Détail de l'horrible assassinat qui a été commis hier à sept heures du soir, dans la rue du Bac, près du pont ci-devant Royal, sur la personne d'un officier de paix et de plusieurs citoyens connus, à coups de poignard. Arrestation de l'assassin, son interrogatoire à l'état-major de la place, ses réponses et sa traduction à l'Abbaye. Liste et noms des personnes qui ont été blessées. *Imp. des nouveautés*. S. d., in-8°, 4 p. [N. Lk^7 21081.]

Canard signé Piquot.
L'officier de paix se nommait David.

22403. — [**Davy-Chavigné**.] Notice nécrologique sur Fr.-Ant. Davy-Chavigné, ancien auditeur de la Chambre des comptes de Paris, de la Société libre des sciences, lettres et arts et de l'Athénée de Paris, lue à la séance publique de la première de ces deux Sociétés, le 9 août 1807, par Ch.-F. Viel, architecte, l'un de ses membres. *Paris, imp. H.-L. Perronneau, août 1807*, in-4°, 8 p. [N. Ln²⁷ 5471.]

22404. — [**Debar.**] Convention nationale. Présentation par le Comité de salut public à la Convention nationale du général de brigade Debar comme chef de la légion de police générale pour Paris. *Imp. Nationale, thermidor an III*, in-8°, 2 p. [N. Le³⁸ 2471.]

Etat de services de cet officier.

22405. — [**Debucourt** (Philippe-Louis).] L'Art du dix-huitième siècle. Debucourt, par Edmond et Jules de Goncourt, étude contenant deux dessins gravés à l'eau-forte. *Paris, E. Dentu, 1866*, in-4°, 24 p.

Les deux dessins sont : *La Fédération* (J. G. 69), collection Delbergue-Cormont ; la *Noce de village* (J. G. 68), collection Jazet.
Réimp. textuelle dans l'édition collective de *l'Art du XVIII° siècle* (Rapilly, 1873, 2 vol. in-8°) et avec additions dans les éditions revues et augmentées du même ouvrage publiées simultanément chez A. Quantin 1881, 2 vol. in-4°, et chez Charpentier, 1881, 3 vol. in-18.
Voyez le numéro suivant.

22406. — L'Œuvre gravé de P.-L. Debucourt (1755-1832), par Maurice Fenaille. Accompagné d'une préface et de notes par Maurice Vaucaire. *Paris, librairie Damascène Morgand, Ed. Rahir et C°, successeurs, MDCCCXCIX (1899)*, gr. in-8°, XX (XXI)-375 p. et 1 f. n. ch. (nom et adresse de l'imprimeur). [N. Réserve M. V. 100.]

Nombreux fac-similés dans le texte et 14 planches hors texte.

22407. — [**Décavelez.**] A Messieurs les députés de l'Assemblée nationale, composant le comité des Monnaies. *Imp. Guillaume junior. S. d.*, in-4°, 8 p. [Br. M. F. R. 26*, 18.]

Signé : Décavelez.
Demande de récompense pour la recherche de divers faux monnayeurs et fabricants d'assignats en qualité de porte-guidon de la ci-devant prévôté générale des monnaies, gendarmerie et maréchaussée de France. La liste des délinquants qu'il avait découverts et fait arrêter est p. 3-6.

22408. — [**Decourchant.**] Decourchant, ancien juge de paix, à ses concitoyens (23 nivôse an 11-12 janvier 1794). *S. l. n. d.*, in-4°, 4 p. [N. Ln²⁷ 5520.]

Pour solliciter le renouvellement de son mandat. P. 12, *Mémoires du c.* Decourchant *sur la jurisprudence, la finance et le commerce*. P. 34, Note sur sa famille et ses états de service.

22409. — [**Deflers.**] Pétition présentée au corps électoral par A.-C. Deflers contre J. F. (sic) Marat. *Imp. de l'Egalité, ci-devant de Henry IV, rue de Bussy, n° 1504. S. d. (1792)*, in-8°, 4 p. [N. Ln²⁷ 21310.]

Exposé de sa vie en réponse aux dénonciations de Marat.

22410. — [**Deforgues.**] (Fr.-L.-Michel Chemin). Deforgues à ses concitoyens (30 thermidor an III-17 août 1795). *Imp. Guffroy. S. d.*, in-4°, 7 p. [N. Lb⁴¹ 1969.]

Protestation contre toute participation aux massacres de septembre.
Cette circulaire a été réimp. par Alex. Sorel dans *le Séminaire de Saint-Sulpice et le Couvent des Carmes pendant la Terreur* (cf. tome I⁰ʳ de la *Bibliographie*, n° 3506).

22411. — [**Deforis.**] Lettre de Dom Jean-Pierre Deforis à l'auteur de la « Gazette de Paris », sur les odieuses imputations qu'il lui fait et les indignes calomnies dont il s'efforce de noircir les hommes les plus respectables (2 juillet 1791). *S. l. n. d.*, in-8°, 28 p. [N. Ln²⁷ 5530.]

22412. — Aux Ames sensibles, par D. D. F. R. B. D. L. C. D. S. M. *Imp. Guillaume. S. d.*, in-8°, 8 p. [Br. M. F. R. 99, 3.]

Les initiales placées sur le titre doivent se lire ainsi : Dom Deforis, religieux bénédictin de la congrégation de Saint-Maur.
Sur sa renonciation à la congrégation de Saint-Maur.

22413. — [**Dejoux** (Claude).] Lettre de M. Dejoux, membre de l'Institut et de la Légion d'honneur, recteur des écoles spéciales de peinture et de sculpture, sur sa statue colossale du général Desaix.

Paris, imp. H. Perronneau, août 1810, in-8°, 15 p. [N, Vp. 19593.]

Protestation contre la fonte de la statue nue de Desaix, destinée à la place des Victoires, dont il avait exécuté le plâtre en 1806 et qui avait été modifiée sans son consentement.

Sur la statue colossale de la Renommée, modelée par Dejoux pour le Panthéon et détruite en 1814, voyez tome III, n° 16530.

22414. — Institut royal de France. Académie royale des beaux-arts. Funérailles de M. Dejoux (20 novembre 1816). Imp. F. Didot. S. d., in-4°, 3 p. [N. Ln²⁷ 5553.]

Discours de QUATREMÈRE DE QUINCY, secrétaire perpétuel, qui a écrit, l'année suivante, une autre notice que l'on trouvera dans la première série du Recueil de ces Eloges (Paris, Ad. Le Clère, 1834, in-8°).

22415. — [**Delacroix** (Jacques-Vincent).] Désaveu, de M. DELACROIX, d'un libelle qu'on lui a attribué, relativement à M. Charles Lameth. S. l. n. d., in-8°, 7 p. [N. Ln²⁷ 5561.]

Signé (p. 7) : DELACROIX, homme de loi, rue Christine, n° 3.
Le libelle en question était intitulé : Projet de conspiration saisi chez un ami du peuple.

22416. — Lettre de M. DELACROIX fils, homme de loi, à M. Duport, garde du sceau de l'Etat, sur l'injustice qu'il est sur le point de faire éprouver à son père, qui demande une place de commissaire du Roi, après avoir été vingt ans procureur du Roi. A Paris, imp. de la Justice, l'an second de la liberté, in-8°, 1 f. et 18 p. [N. Ln²⁷ 5562.]

P. 17-18, attestations en l'honneur de Delacroix père, signées par M. ACHENEY, juge de paix de la section des Thermes-de-Julien, et par M. LEGRAND DE LALEU, archiviste de la ville de Paris.
Delacroix père sollicitait le poste de commissaire du Roi pour le district de Château-Thierry.

22417. — Mémoire justificatif pour le citoyen DELACROIX, auteur du « Spectateur français pendant le gouvernement révolutionnaire ». Imp. de la citoyenne Hérissant. S. d. (1795), in-8°, 16 p. [N. Ln²⁷ 5563.]

Signé : DELACROIX.
Voyez tome Ier de la Bibliographie, n° 42 et 42^{a-b}; voyez aussi les deux numéros suivants.

22418. — Nouvelles preuves que l'auteur du « Spectateur français » n'est pas royaliste (4 pluviôse an III-22 janvier 1795). Imp. A.-A. Lottin, S. d., in-8°, 27 p. [N. Lb⁴¹ 1600.]

Signé : DELACROIX.
Voyez le numéro suivant.

22419. — Le Contraste de sentiments ou le Citoyen Delacroix en présence d'un démocrate, par P.-A. ANTONELLE (21 pluviôse an III-9 février 1795). Paris, R. Vatar, pluviôse an III de la République, in-8°, 59 p. [N. Lb⁴¹ 1619.]

Voyez le numéro précédent.

22420. — [**Delacroix-Frainville.**] Eloge de M. Delacroix-Frainville, doyen du bureau de Paris, prononcé à la reprise des conférences de l'ordre des avocats, le 26 novembre 1832, par EUG. DE GOULARD, avocat à la Cour royale. Imprimé aux frais de l'Ordre. Paris, imp. Migneret, 1832, in-8°, 2 ff. et 33 p. [N. Ln²⁷ 5565.]

22421. — [**Delafrenaye.**] Discours prononcés à la mairie du 5e arrondissement de Paris, le 14 germinal an IV (4 avril 1800), aux obsèques du citoyen Delafrenaye, en présence du citoyen Nicolas-Thérèse-Benoît Frochot, préfet du département de la Seine. Imp. Pelletié. S. d., in-8°, 8 p. [N. Ln²⁷ 5569.]

P. 1, discours du c. MAUVAGE, adjoint au maire du 5e arrondissement. P. 6, discours du c. F. RICOU, secrétaire de cet arrondissement.
Jean-Pierre de Lafrenaye, ancien notaire à Paris, né le 11 novembre 1738, mort le 12 germinal an IX (2 avril 1800), était maire du 5e arrondissement au moment de son décès.

22422. — [**Delamarre.**] Au Peuple souverain et à ses représentants. Paris, imp. de la rue des Droits de l'homme. S. d., in-4°, 3 p. [N. Lb⁴¹ 2442.]

Défense du sieur Delamarre, accusé d'escroquerie dans un marché de fusils avec le ministre de la guerre.

22423. — [**Delattre.**] Pétition prononcée à la barre de l'Assemblée nationale, par le sieur DELATTRE fils, assisté de sa mère et de son aïeule, le 25 décembre 1791. *Paris, imp. Champigny.* S. d., in-8°, 16 p. [*N.* Ln^{27} 5622.]

Pour demander la grâce de son père accusé d'émigration.

22424. — [**Delestre** (Ch.-L.-Albert.)] Mémoire justificatif de Charles-Louis-Albert DELESTRE, principal et administrateur du collège du Cardinal-Lemoine, contre le sieur Grandvallet, professeur de sixième au même collège, son dénonciateur au département de Paris et de la section des Sans-Culottes. *Imp. A.-C. Cailleau.* S. d., in-4°, 16 p. [*R.* AD. I, 51.]

22425. — [**Delisle de Sales** (J.-B. CLAUDE ISOARD, dit).] Défense de l'auteur de la « Philosophie de la nature », suivie d'une Lettre de Platon à Eponine, qui démontre la pureté de son civisme républicain. *Paris, l'an II de la République,* in-8°, 44 p. [*N.* Lb^{41} 1031.]

Voyez le numéro suivant.

22426. — De la Philosophie du bonheur, ouvrage recueilli et publié par l'auteur de la « Philosophie de la nature ». *A Paris,* 1796, 2 vol. in-8°. [*N.* R. 2109. Réserve.]

En regard du titre gravé, portrait de l'auteur signé BOREL del.; P. DUFLOS sc. et cinq figures de MONGIN gravées par PONCE.

Cette illisible rapsodie n'est mentionnée ici que parce qu'elle renferme (pp. V-XCVI) des *Mémoires préliminaires concernant la détention de l'éditeur de cet ouvrage à Sainte-Pélagie.* L'ouvrage a été remis en circulation en l'an VIII avec un titre portant le nom et l'adresse de *Moutardier,* et une nouvelle introduction comportant 256 p. Delisle de Sales y raconte ses deux emprisonnements, l'un en 1777, après la publication de la *Philosophie de la nature,* l'autre en l'an II, lorsqu'il fut dénoncé par l'ouvrier typographe qui composait *Eponine.* Je n'ai pu voir cette seconde édition et ne la cite que d'après un catalogue.

22427. — [**Dellecourt.**] Les Adieux d'un citoyen-grenadier ou les Dangers d'un zèle outré. Présenté à l'Assemblée nationale et au Roi, *Paris, Fagniart,* 1791, in-8°, 143 p. [*N.* Lb^{39} 11288.]

Signé (p. 134) : DELLECOURT, dit *la Liberté,* grenadier de la 6e division ; SIMIEN DESPREAUX, homme de loi.

Mémoire, suivi de pièces justificatives. P. 47, l'auteur, né à Douai, le 17 mai 1735, et ancien maître-queux chez divers grands personnages, donne sur lui-même des renseignements biographiques.

22428. — [**Delneuf.**] Mémoire du sieur DELNEUF, receveur de l'Université de Paris, présenté, le 14 juillet 1791, au comité ecclésiastique de l'Assemblée constituante, sur la question de savoir s'il était obligé de prêter le serment des fonctionnaires publics ecclésiastiques prescrit par la loi du 22 mars 1791. S. l. n. d., in-8°, 4 p. [*N.* Ld^4 3904.]

Suivi d'un avis du comité ecclésiastique, du 16 juillet 1791, concluant à la négative, et d'une délibération signée : MARTINEAU, BLONDEL, PIET, datée du 4 juin 1792.

Voyez le numéro suivant.

22429. — Mémoire à consulter pour le sieur DELNEUF, receveur de l'Université, sur la question de savoir s'il est obligé au serment prescrit par l'article III de la loi du 22 mars 1791, conçu en ces termes : « Nul agrégé, et, en général, nul individu ne sera appelé à exercer, et nul professeur ne pourra continuer aucune fonction ou remplir aucune place dans les établissements appartenant à l'instruction publique dans tout le royaume, qu'auparavant il n'ait prêté le serment civique, et, s'il est ecclésiastique, le serment des fonctionnaires publics ecclésiastiques ». S. l. n. d., in-4°, 16 p. [*N.* Ld^4 3905.]

22430. — [**Deltufo.**] Paris, ce (*sic*) nivôse an II. « Citoyen représentant, il m'est impossible de te parler assez longtemps... » S. l. n. d., in-folio, 2 p. [*N.* Ln^{27} 5721.]

Circulaire signée DELTUFO, rédacteur-traducteur des séances de la Convention nationale, rue des Deux-Portes-Saint-Sauveur. La signature est en forme de griffe ; l'adresse seule est manuscrite.

Réclamation d'honoraires et rappel des services rendus par le pétitionnaire à la République.

L'ex. de la B. N. est adressé au citoyen Grégoire.

22431. — [**Demandres.**] Mémoire à à nosseigneurs, nosseigneurs de l'Assemblée nationale, à Versailles. S. l. n. d. (1789), in-8°, 11 p. [N. Ln²⁷ 5729.]

L'abbé DEMANDRES, curé de Donneley (évêché de Metz), était l'inventeur d'un levier-moteur dont il avait fait l'application publique à Strasbourg, à Paris dans la cour de l'abbaye de Saint-Victor, sur l'Oise, de Compiègne à Conflans, entre le Pont-Neuf et le Pont-Royal, etc.

22432. — Supplique de l'abbé DEMANDRES, curé de Donneley, évêché de Metz, département de la Meurthe, à l'Assemblée nationale, du 25 janvier 1791. *Imp. Nationale*, 1791, in-4°, 3 p. [N. Ln²⁷ 5730.]

22433. — Précis pour le citoyen DEMANDRES, inventeur d'un nouveau levier à bascule à l'aide duquel on quadruple les forces de l'homme, lequel sera aussi le Prospectus du [Précis] traité de mécanique de ce nouveau levier-moteur prêt à être mis sous presse et dont le détail des chapitres qu'il contient est donné ci-après. *Imp. N. Renaudière. S. d.*, in-4°, 15 p. [N. Ln²⁷ 5731.]

22434. — [**Demerville.**] Procès instruit par le Tribunal criminel du département de la Seine contre Demerville, Ceracchi, Arena et autres, prévenus de conspiration contre la personne du premier consul Bonaparte (an IX).

Voyez le n° 22101 ci-dessus.

22435. — [**Démeunier** (J.-N.).] Notice des principaux articles de la bibliothèque de feu M. le sénateur comte Démeunier, dont la vente se fera le mardi 24 mai 1814 et j. s., en sa maison, rue de Ménars, n° 14. *Paris, De Bure frères*, 1814, in-8°, 18 p. [N. Δ 32829.]

Les trente-cinq « articles » de ce catalogue comportent des lots de 70, 80 et jusqu'à 100 volumes et plus.

22436. — [**Demoustier** (Charles-Albert).] Notice sur feu Demoustier. *Imp. Vᵉ Panckoucke. S. d.*, in-8°, 4 p. [N. Ln²⁷ 5757.]

Signé : VINCENT CAMPENON.

22437. — Notice sur la vie et les ouvrages de Ch.-Albert Demoustier, par F. FAYOLLE. S. l. n. d., in-12, 16 p. [N. Ln²⁷ 5758.]

Lue le 27 germinal an IX (17 avril 1801) à la séance publique du Lycée de Paris. Voir sur cette séance tout entière consacrée à la mémoire de Demoustier une note signée R [ROGER] dans *la Décade philosophique* du 10 floréal an IX (29 avril 1801), pp. 245-246.

22438. — Notice historique sur la vie et les ouvrages de Demoustier, par le cᵉⁿ F.-V. MULOT, ex-législateur, membre du Lycée des arts et de la Société libre des sciences, lettres et arts de Paris. Lue dans la séance publique du Lycée des arts, le 30 floréal an IX (20 mai 1801). *Paris, imp. Gillé fils, an IX*, in-8°, 16 p. [N. Ln²⁷ 21324.]

22439. — Demoustier, sa vie et ses œuvres, par A. MICHAUX, membre de la Société archéologique de Soissons, avec un portrait par M. P. LAURENT. (Extrait du « Bulletin » de la Société archéologique de Soissons, 1887.) *Soissons, imp. typographique A. Michaux*, 1889, in-8°, 2 ff., 100 p. et 1 f. n. ch. (Table des matières). [N. Ln²⁷ 38484.]

Le portrait est placé en regard du titre.

22440. — Demoustier, membre de l'Institut national, auteur des « Lettres à Emilie », par le comte de MARSY. *Compiègne, imp. Henry Lefebvre*, 1890, in-8°, 16 p. [N. Ln²⁷ 39872.]

On lit au verso du titre : Extrait du journal *l'Echo de l'Oise*, octobre 1890.

Compte rendu de la publication décrite sous le numéro précédent.

22441. — [**Demoustier** (Pierre-Antoine).] Notice sur la vie et les ouvrages de Pierre-Antoine Demoustier, ingénieur en chef du département de la Seine, par M. C. LAMANDÉ, ingénieur des ponts et chaussées (9 ventôse an XI-28 février 1803). Imprimé d'après la décision de l'assemblée des ponts et chaussées, en date du 12 ventôse an XI (3 mars 1803). *Paris, imp. P. Benoist, an XI*, in-8°, 15 p. [N. Ln²⁷ 5759.]

Après avoir reconstruit, sous la direction de Perronnet, les ponts de Neuilly et de Pont-

Sainte-Maxence (Oise), Demoustier avait donné les plans et dirigé la construction de ceux des Arts, du Jardin-des-Plantes et de l'île Saint-Louis.

22442. — [**Denoroy.**] Pétition au Conseil des Cinq-Cents. Infraction aux lois des 28 ventôse, 6 floréal et 22 prairial, sur la vente des domaines nationaux (16 messidor an IV-4 juillet 1796). *S. l. n. d.*, in-8° 11 p. [*N.* Ln^{27} 5790.]

Signé : DENOROY et BACOT.

P. 7, *Copie de la réclamation adressée au ministre des finances par le citoyen* DENOROY.

Voyez tome III, n°s 17650-17651 et le numéro suivant.

22443. — Corps législatif. Conseil des Anciens. Rapport fait par BARROT (de la Lozère) sur la résolution relative à des biens soumissionnés par les citoyens Bacot et Denoroy. Séance du 28 frimaire an V (18 décembre 1796). *Paris, imp. Nationale, an V*, in-8°, 15 p. [*N.* Le^{45} 178.]

22444. — [**Deparcieux.**] Notice sur Antoine Deparcieux, professeur à l'Ecole centrale du Panthéon et au Lycée républicain, lue à la rentrée des écoles centrales du département de la Seine et à l'Ecole du Panthéon, le 15 brumaire an VIII (6 novembre 1800), par J.-F.-R. MAHÉRAULT, professeur à l'Ecole centrale du Panthéon. *Paris, imp. Ballard, an VIII*, in-8°, 1 f. et 37 p. [*N.* Ln^{27} 5793.]

22445. — Notice biographique sur les Deparcieux oncle et neveu. *Alais, imp. J. Martin. S. d.*, in-8°, 16 p.

La couverture imprimée sert de titre.

Signé (p. 16) : B^{on} D'HOMBRE-FIRMAS, m^{bre} (sic) correspondant de l'Institut. L'auteur (1776-1857) avait été élu en 1836 correspondant de l'Académie des sciences dans la section d'économie rurale.

22446. — [**Deplagne.**] Lettre de M. DEPLAGNE à l'Assemblée nationale. Paris, le 9 juin 1792, l'an quatrième de la liberté. *Imp. Nationale. S. d.*, in-8°, 3 p. [*N.* Le^{33} 3, n° 37.]

Signé : DEPLAGNE, citoyen-soldat, compagnie Day, hôtel des Etats-Généraux, rue de Richelieu.

Protestation contre l'apposition de la signature de son fils, âgé de quinze ans, sur la pétition demandant la formation d'un corps de réserve de 20,000 gardes nationaux.

22447. — [**Derubigny-Berteval.**] Observations importantes à la patrie, sur l'abus et les devoirs des représentants du peuple. *Paris, imp. Cailleau. S. d.*, in-8°, 203 p. [*N.* Lb^{43} 51.]

Le titre de départ, page 3, porte en plus : *Par* DE RUBIGNY-BERTEVAL, *tanneur de Paris, rue Censier, près Saint-Médard, faubourg Marcel, ancien prisonnier de la Bastille et du Luxembourg, etc.*, *pour avoir fait, au nom du peuple souverain, l'ouverture de la première église, Médard, à Paris, pour le rétablissement du culte décrété libre et réclamé par les cahiers présentés aux Etats-Généraux.*

Enumération très diffuse et très confuse des travaux, motions, plans et projets de l'auteur touchant l'industrie, la voirie, la santé publique de Paris, entremêlée d'apostrophes directes au « brave Buonaparte ». Quelques-unes des réformes qu'il préconise ont été accomplies depuis.

22448. — [**Desault** (P.-J.).] Pétition relative à M. Desault, chirurgien en chef de l'Hôtel-Dieu de Paris, présentée au conseil général de la Commune par 141 étudiants en chirurgie audit Hôtel-Dieu. *Imp. de la Société typographique. S. d.* (1792), in-8°, 12 p. [*N.* Ln^{27} 5839.]

P. 8-10, listes des signataires. P. 11, *Attestation des malades de l'Hôtel-Dieu* (21 août 1792). P. 12, *Lettre de l'assemblée générale fédérative à M. Desault* (21 août 1792).

22449. — Confession générale de M. DESAULT, chirurgien en chef de l'Hôtel-Dieu de Paris, à un prêtre napolitain. *De l'imp. des Amis de l'humanité. S. d.*, in-8°, 8 p. [*N.* Ln^{27} 5840.]

ÉPIGR. :

Tromper l'humanité, c'est se rendre coupable,
Trafiquer de douleurs, c'est d'un monstre exécrable.

Violent pamphlet.

22450. — Notice historique sur la vie de Pierre-Joseph Desault, chirurgien en chef du grand Hospice d'Humanité (ci-devant Hôtel-Dieu), par XAVIER BICHAT, son élève. *S. l. n. d.*, in-8°, 23 p. [*N.* Ln^{27} 5841.]

22451. — [**Descombe.**] DESCOMBE, électeur, membre du conseil général de la

T. IV. 17

Commune de Paris, et secrétaire greffier de la section des Droits-de-l'Homme, aux patriotes. *Imp. Roblot. S. d.*, in-8°, 16 p. [*N.* Ln²⁷ 5894.]

Exposé de son rôle pendant la Révolution et protestation contre son emprisonnement à la Force.

22452. — [**Deseine.**] A la Convention nationale. *S. l. n. d.*, in-4°, 4 p. [*N.* Ln²⁷ 27666.]

Signé : femme DESEINE.

Epouse d'un traiteur, qui avait pris à bail, comme principal locataire, une partie des bâtiments de l'ancien collège d'Harcourt, rue de la Liberté [rue des Fossés-Monsieur-le-Prince], la pétitionnaire demande l'exonération des droits que lui réclamait l'administration des domaines sur des locaux non occupés. Elle rappelle à ce propos qu'elle avait dénoncé et fait traduire au Tribunal révolutionnaire l'ex-ministre des Affaires étrangères Lebrun-Tondu, réfugié dans l'un de ses appartements, ainsi qu'un nommé Donat, au moment où celui-ci venait de procurer à son ancien chef un faux passe-port. Elle ajoute en post-scriptum : « Lebrun et Donat ont été guillotinés. »

22453. — [**Des Essarts** (Nic.-T. **Le Moyne**).] Réponse de N. T. LE MOYNE DES ESSARTS, homme de lettres et électeur du département de Paris, à ses calomniateurs. *Imp. J. Grand, S. d,* (1791), in-8°, 24 p. [*N.* Ln²⁷ 5908.]

Desèze (Romain). — Voyez **Sèze** (Romain DE).

22454. — [**Desfieux.**] DESFIEUX à M. Dulaure, rédacteur du journal intitulé « le Thermomètre du jour » (25 juin 1793). *Imp. patriotique et républicaine. S. d.*, in-8°, 20 p. [*N.* Ln²⁷ 5914.]

Réfutation d'un article paru dans le n° 509 (25 mai 1792) du journal.

22455. — DESFIEUX, détenu dans la prison de Sainte-Pélagie, à ses concitoyens (10 pluviôse an II-29 janvier 1794). *Imp. Guillaume. S. d.*, in-8°, 12 p. [*N.* Ln²⁷ 5915.]

Signé : F. DESFIEUX, jacobin dans l'âme et jusqu'à la mort.

22456. — [**Desmagny.**] JACQUES-GEORGES DESMAGNY, économe de la maison des Elèves de la patrie, à ses concitoyens. *S. l. n. d.*, in-8°, 28 p. [*N.* Ln²⁷ 5954.]

Exposé de son rôle durant la journée du 9 thermidor et depuis.

22457. — [**Desmaret.**] Observation relative au commissaire Desmaret, dans l'affaire de la demoiselle Du Galles (30 mars 1790). *S. l. n. d.*, in-8°, 4 p. [*N.* Ln²⁷ 5961.]

Réponse à un article des *Révolutions de Paris* de Prudhomme.

22458. — [**Desmoulins** (Camille).] Triste Souper chez M. de La Borde fils, le 31 juillet 1790. *S. l. n. d.*, in-8°, 8 p. [*N.* Lb³⁹ 3860.]

Au sujet de l'arrestation de Marat et de Desmoulins.

22459. — Grand Duel entre M. le Procureur général de la Lanterne et deux aristocrates. *S. l.*, 1790, in-8°, 8 p. [*N.* Lb³⁹ 3897.]

Récit d'une agression dont Camille Desmoulins avait été l'objet de la part des acteurs Naudet et Desessarts.

22460. — [Circulaire commençant par ces mots :] « Passants, arrêtez-vous de grâce un moment... *S. l.*, 1791, in-folio plano. [*N.* Lb³⁹ 11139.]

Signée : CAMILLE DESMOULINS, électeur de la section du Théâtre-Français.

ÉPIGR. (en gros caractères) :

Ce sont les despotes maladroits qui se servent des baïonnettes ; l'art de la tyrannie est de faire les mêmes choses avec des juges.
TACITE, *historien factieux et incendiaire.*

Réponse à la citation lancée contre lui après l'affaire de la Pétition du Champ de Mars.

22461. — Correspondance inédite de CAMILLE DESMOULINS, député à la Convention nationale, publiée par M. MATTON aîné, avocat à la Cour royale de Paris. *Paris, Ebrart,* 1836, in-8°, 2 ff. et IV-30-248 p. [*N.* La³² 390. Réserve.]

En regard du titre, lith. de C. BRUNARD, portant en légende : *Seul portrait véritable exécuté sur une miniature de* BOZE *faite à la Conciergerie en* 1794.

Le faux-titre et le titre sont suivis d'une Préface (paginée I-IV), d'un *Essai sur la vie de Camille Desmoulins*, signé MATTON aîné, parent de Camille Desmoulins (30 p.), du *Portefeuille de Camille Desmoulins* (p. 1-238), du décret du Conseil des Cinq-Cents allouant une pension à son fils (p. 239-242) et d'une *Table des matières* (pp. 243-248).

Entre l'*Essai* et le *Portefeuille* est intercalé un *Tableau de fac-similés des principaux personnages de la Révolution de 1789* (in-folio) empruntés aux lettres adressées à Desmoulins.

Dans l'ex. de la Réserve de la B. N., on a relié *le Vieux Cordelier*, seule édition complète, précédée d'un *Essai sur la vie et les écrits de l'auteur*, par M. MATTON aîné (1834, in-8°), déjà décrit sous le n° 10918 de la *Bibliographie* et remis en circulation deux ans plus tard. Voyez le numéro suivant.

22462. — OEuvres de CAMILLE DESMOULINS, député à la Convention nationale et doyen des Jacobins, contenant : 1° « la France libre »; 2° « le Vieux Cordelier »; 3° la « Correspondance »; 4° le portrait de l'auteur; 5° le fac-similé de lettres autographes de Robespierre, Mirabeau, Saint-Just, Barère, Fréron, Billaud-Varenne, Fouquier-Tinville et de beaucoup d'autres célébrités de la Révolution de 1789, dont les lettres sont publiées dans ces OEuvres. Édition publiée au bénéfice de la sœur de Camille Desmoulins. *Paris, Ebrard,* 1838, 2 vol. in-8°. [*N.* Ln³² 393.]

Le tome Ier contient la réimpression de la *France libre* et celle du *Vieux Cordelier* (voyez le numéro précédent); le tome II est constitué avec la *Correspondance inédite* pourvue d'un nouveau titre; le *Tableau des fac-similés* est placé avant la *Table des matières*.

22463. — Les Hommes de la Révolution française, par MM. AYMAR BRESSION et ALF. ROUGEART. Camille Desmoulins. *Paris, au dépôt, rue d'Amsterdam, n° 4,* 1841, in-18, 36 p. [*N.* Ln² 55.]

Épigraphe empruntée à Louis Blanc.

22464. — Biographie de Camille Desmoulins. Études révolutionnaires, par ED. FLEURY. *Laon, imp. E. Fleury et A. Chevergny* (1850), in-8°. [*N.* Ln²⁷ 5966.]

D'après le catalogue de la B. N. Voyez le numéro suivant.

22465. — Études révolutionnaires. Camille Desmoulins et Roch Marcandier. La Presse révolutionnaire, par ED. FLEURY. Deuxième édition. *Paris, Dumoulin,* 1851, 2 vol. in-18. [*N.* Ln²⁷ 5967.]

D'autres ex. ont un titre portant l'adresse de la librairie Didier et la date de 1852, mais c'est le même tirage.

¶ Voyez les études sur Camille Desmoulins écrites à propos de ce livre par Cuvillier-Fleury (cf. n° 20813 ci-dessus) et par Sainte-Beuve (*Causeries du lundi*, tome III) qui avait, dès 1825, consacré dans *le Globe* à la réimpression du *Vieux Cordelier* un article reproduit dans les *Premiers lundis* (tome I).

22466. — Camille Desmoulins, Lucile Desmoulins. Étude sur les Dantonistes d'après des documents nouveaux et inédits, par JULES CLARETIE. *Paris, E. Plon et Ce,* 1875, in-8°, 4 ff. et 492 p. [*N.* Ln²⁷ 28343.]

A l'ex. de la B. N. est joint un prospectus de quatre pages. Titre rouge et noir. En regard du titre, portrait de Camille Desmoulins gravé à l'eau-forte par RAJON d'après une miniature appartenant à M. Claretie. Entre les pp. 144 et 145, fac-similé d'une lettre de Lucile à son mari et d'un croquis d'après elle, par G.-M. BRUNE. P. 146-147, fac-similé d'une lettre avec adresse de Desmoulins à son père. Livre déjà mentionné tome Ier, n° 4227 et rappelé sous le n° 22343 ci-dessus, mais imparfaitement décrit.

22467. — I. Publicisti delle Revoluzione francese. II. Camillo Desmoulins, per l'avvocato GIACOMO PIAZZOLI. *Milano, Levino Robecchi,* 1876, in-18, 166 p. [*N.* Ln² 218.]

22468. — FÉLIX GODART. Camille Desmoulins d'après ses œuvres. Préface : la Déclaration des droits de l'homme. *Paris, E. Dentu,* 1889, in-12, 2 ff. et 162 p. [*N.* Ln²⁷ 38234.]

La *Déclaration des droits de l'homme* (p. 1-16) sert en effet de Préface à cette étude.

22469. — LOUIS ANDRÉ. Camille Desmoulins. *Charles Bayle,* 1890, in-18, 160 p. (la dernière non chiffrée).

Petite bibliothèque populaire.

22470. — Le Cahier rouge de Lucile Desmoulins, publié par GEORGES LECOCQ.

(Extrait du « Bulletin de la Conférence scientifique et littéraire de Picardie », n° III, 1880). *Paris, Raphaël Simon*, 1880, in-8°, 16 p. papier vergé. [*N*. Ye 25901.]

Reproduction d'un cahier où Lucile Desmoulins avait transcrit, avant son mariage, un certain nombre de romances et de poésies sentimentales dont quelques-unes avaient pour auteur Sylvain Maréchal.

22471. — [**Desmousseaux**] (Antoine-Franç.-Evrard-Marie-Catherine).] Compte rendu par M. DESMOUSSEAUX, l'un des administrateurs du district de Sainte-Opportune, suivi de Réflexions sur la situation présente de la capitale. *Imp. Cailleau. S. d.*, in-4°, 24 p. [*P*. 29070*.]

22472. — [**Desorgues**.] Théodore Desorgues, par M. CH. ASSELINEAU. *Caen, A. Hardel, imprimeur de l'Académie*, 1862, in-8°, 24 p. [*N*. Ln^{27} 5975.]

On lit au verso du titre : Extrait des *Mémoires de l'Académie des sciences, arts et belles-lettres de Caen*.

Au sujet de la substitution, lors de la fête du 20 prairial an II, de l'hymne à l'Etre suprême de Desorgues, au lieu et place de celui qu'avait composé Marie-Joseph Chénier, voyez dans *la Révolution française* divers articles de M. A. LIÉBY et de M. J. GUILLAUME, tome XLIII (juillet-décembre 1902, pp. 209-237, 347-357 et tome XLIV (janvier-juin 1903), pp. 13-28.

22473. — [**Despréaux**.] Vente de meubles, linge, livres, objets de curiosité, bijoux, argenterie et autres effets mobiliers, après le décès de M. J.-Etienne Despréaux, ancien professeur de danse et inspecteur général des spectacles de la Cour, boulevard Montmartre, 404, vis-à-vis le Panorama, les 6, 7, et 8 juillet 1820... *C. Ballard, imprimeur du Roi. S. d.*, in-folio plano.

« La notice des livres se distribue chez M. Olivier, commissaire-priseur, et chez M. Brunet, libraire, rue Gît-le-Cœur, 10 », dit une note.
Bibliothèque de M. Paul Lacombe.

22474. — ALBERT FIRMIN-DIDOT. Souvenirs de JEAN-ETIENNE DESPRÉAUX, danseur de l'Opéra et poète-chansonnier. 1748-1820. (D'après ses notes manuscrites.) *Issoudun, imp. Gaignault*, 1894, in-8° carré, 77 p. et 1 f. non chiffré. [*N*. Ln^{27} 42741.]

Despréaux, qui épousa la Guimard le 14 août 1789, fut membre du Conseil d'administration de l'Opéra et directeur de la scène en 1792-1793.

22475. — [**Dessalle**.] Pétition du citoyen DESSALLE, maçon, à la Convention nationale. *S. l. n. d.*, in-4°, 6 p. [*P*. 29070*.]

Requête de l'entrepreneur des travaux du collège de Navarre menacé d'être déchu de sa créance, et attestations diverses en sa faveur.

22476. — [**Detrouville**.] Paris, ce 30 germinal de l'an VIII (20 avril 1800). Au Sénat conservateur. *Paris, imp. Gillé. S. d.*, in-4°, 7 p. [*N*. Ln^{27} 6041.]

Signé : DETROUVILLE, ingénieur, membre de plusieurs Sociétés savantes, rue Notre-Dame-des-Champs, n° 1398.
Candidature à un siège au Tribunat et exposé de ses titres, travaux, inventions et découvertes. Voyez sur quelques-uns de ces projets, tome III de la *Bibliographie*, n°º 11957-11959.

22477. — [**Devienne**.] Musiciens français du XVIII° siècle. Devienne, par ARTHUR POUGIN. Extrait de la « Revue et Gazette musicale de Paris ». *Paris, imp. centrale des chemins de fer, Napoléon Chaix et C°*, 1864, in-8°, 32 p. [*N*. Ln^{27} 21335.]

On lit au verso du faux-titre : Tiré à cinquante exemplaires.

22478. — [**Deville**.] Observations d'un patriote sur ce qu'il a entendu au tribunal du deuxième arrondissement (23 septembre 1793). *Imp. des 86 départements. S. d.*, in-8°, 7 p. [*N*. Ln^{27} 6060.]

Signé : LAPALUS.
En faveur des époux Deville dans leur procès contre le citoyen Chalut.

22479. — [**Didot** (Aristarque ?)] Réponse d'un proscrit échappé à la fureur des derniers tyrans, aux nommés Millet, Tilhard et Dolizy, membre de l'ancien comité révolutionnaire. *S. l. n. d.*, in-4°, 15 p. [*N*. Lb^{41} 4145.]

Signé : ARISTARQUE DIDOT, rue [S^{te}] Avoye, n° 148, section de la Réunion.

22480. — Mémoire justificatif du citoyen Didot, adressé à ses frères de la section de la Réunion. *Imp. bibliographique. S. d.*, in-4°, 16 p. [*N.* Lb⁴¹ 4146.]

22481. — [**Dietrich** (Frédéric).] Département de Paris. Domaine nationaux. Au nom de la République française. Vente après l'émigration du nommé Frédéric Dietrich, ci-devant maire de Strasbourg, en sa maison rue du Faubourg-Poissonnière, n° 54, section du même nom, le vendredi 18 octobre 1793. *Imp. Ballard. S. d.*, in-folio plano. [*N.* Lb⁴⁰ 3295*.]

Signé : Gautron, commissaire aux ventes nommé par le département.
Ancienne collection Paul Dablin.

22482. — [**Dillon** (Arthur).] Lettre d'Arthur Dillon à Camille Desmoulins. (Prison de la Mairie, 8 juillet 1793). *S. l. n. d.*, in-8°, 2 p. [*N.* Lb⁴¹ 3148.]

22483. — Lettre de Camille Desmoulins, député de Paris à la Convention, au général Dillon, en prison aux Madelonnettes (8 juillet 1793). *Paris, Migneret*, 1793, in-8°, 1 f. et 58 p. [*N.* Lb⁴¹ 735.]

P. 1, Lettre d'Arthur Dillon (Prison de la Mairie, 8 juillet). P. 4, Réponse de C. Desmoulins à Arthur Dillon.

22484. — A. Dillon, général de division, au comité de salut public de la Convention nationale. *Paris, imp. Migneret. S. d.*, in-folio plano. [*N.* Lb⁴¹ 4796.]

Daté de la prison des Madelonnettes, 3 août 1793. Demande de mise en jugement après trente-quatre jours d'incarcération.
Le général Dillon fut condamné à mort, en même temps que Gobel, Chaumette, les veuves Hébert et Camille Desmoulins, le 24 germinal an II (13 avril 1794).

¶ L'un de ses frères, portant le même prénom que lui, l'abbé Arthur Dillon, a écrit une relation de son évasion de Paris et de son passage en Angleterre, qui a été publiée par M. Paul Bonnefon dans les *Souvenirs et Mémoires*, tome II (1899), pp. 289-310 et 414-437, sous ce titre : *la Captivité et la fuite de l'abbé Arthur Dillon racontées par lui-même*, d'après l'original appartenant à M. Henry Testard, professeur au Royal naval Collège de Greenwich.

22485. — [**Dithurbide.**] Violation de la loi. *S. l. n. d.*, in-4°. [*N.* Ln²⁷ 6121.]

Réclamation en faveur du sieur Dithurbide.
Signé : Camille Desmoulins.
D'après le catalogue imprimé de la B. N.

22486. — Mémoire à consulter et consultation pour le sieur Martin Dithurbide, capitaine de grenadiers de la garde nationale de Sare, ci-devant maire et député fédéré du district d'Ustaritz et dame Marie-Joseph (sic) Beffroy, appelant d'une sentence du tribunal de police correctionnelle et détenu à Bicêtre et à l'Hopital nonobstant leur appel (30 janvier 1792). *Paris, imp. H.-J. Jansen*, 1792, in-4°, 8 p. [*A. N.* C. 197; 160⁴⁴.]

Consultation signée : Regnaud (sic) de Saint-Jean-d'Angely, Henrion, Martineau, Blondel, Bonnet, Debruge.

22487. — Plaidoyer pour le sieur Dithurbide... et dame Marie-Josèphe Beffroy, appelant d'une sentence du tribunal de police correctionnelle de Paris et de son exécution provisoire et attaquant ladite exécution provisoire. *Imp. du Journal de Paris. S. d.*, in-8°, 22 p. [*A. N.* C 197 160⁴⁴.]

Signé : Regnault de Saint-Jean-d'Angely défenseur officieux; De Bruge, avoué.

22488. — [**Dodoucet** (Melchior Montmignon).] Question législative. Aux citoyens président et membres du Conseil des Cinq-Cents (30 prairial an VI-18 juin 1798). *S. l. n. d.*, in-8°, 11 p. [*R.* AD. VIII, 39.]

Pétition de Melchior-Montmignon Dodoucet.
P. 5, *Analyse des pièces justificatives*.

22489. — Section des requêtes. Aux citoyens membres du Tribunal de cassation. *S. l. n. d.*, in-8°, 16 p. [*R.* AD. I, 52.]

Signé : Dodoucet [Melchior-Montmignon].
Plaintes contre une détention arbitraire.

22490. — Seconde Pétition aux citoyens membres du Conseil des Cinq-Cents. *S. l. n. d.*, in-8°, 8 p. [*N.* Ln²⁷ 6128.]

Datée de la « Bastille du Temple » le 6 fructidor an VII (2 septembre 1799) et signée

(p. 1) : DODOUCET, imprimeur, rue Taranne, n° 35.

22491. — Les Hommes de loi soussignés au Conseil des Cinq-Cents. — 12ᵉ Pétition au citoyen ministre de la police générale (17 fructidor an VII-3 septembre 1799). S. l. n. d., in-8°, 4 p. [N. Lb⁴² 2486.]

Contre une fausse application de la loi dans l'affaire des *Rapsodies du jour*.
La première pièce est signée F.-F. COTTEREL, la seconde est signée DODOUCET.
Sur les *Rapsodies du jour*, voyez tome II, n°ˢ 11033-11035.

22492. — Précis pour MELCHIOR MONT-MIGNON DODOUCET, directeur de l'Imprimerie expéditive, rue Taranne, n° 35, contre l'inculpation d'impression et distribution d'écrits séditieux, en vertu de laquelle on le retient depuis le 7 germinal dans la prison de Sainte-Pélagie (7 germinal-30 prairial an IX [28 mars-19 juin 1801]). *Imp. expéditive.* S. d., in-8°, 11 p. [N. Lb⁴³ 648.]

22493. — [**Dorfeuille** (Pierre-Paul GOBET, dit).] Observation d'un habitué du Théâtre-Français sur le sieur Dorfeuille, débutant actuellement à ce théâtre. S. l. n. d. (1789), in-8°, 14 p. [N. Ln²⁷ 6199.]

22494. — [**Dorvigny** (L. ARCHAMBAULT, dit).] Epître aux mânes de Dorvigny ou l'Apologie des buveurs, par un auteur du boulevard du Temple, président de la Société littéraire du Pré-Saint-Gervais, membre de l'Athénée de Montmartre, de Ménilmontant, etc., membre correspondant de ceux de Gonesse, d'Aubervilliers, et secrétaire perpétuel de l'Académie de la Courtille. *Paris, Nicolas-Vaucluse*, 1813, in-8°, 23 p. [N. Yc 42908.]

Par MICHEL CUBIÈRES-PALMEZEAUX, dit DORAT-CUBIÈRES.
P. 3-4, *Préface* (en prose), signée ALIBORON fils, de l'Athénée de Montmartre et datée du 19 décembre 1812. P. 16-23, *Notes de l'Epître aux mânes de Dorvigny*.

¶ Voyez dans *les Oubliés et les Dédaignés* de Ch. Monselet (n° 20695 ci-dessus) une notice sur Dorvigny et un travail de M. PAUL FROMAGEOT, intitulé : *Un fils de Louis XV auteur dramatique*, publié dans *le Carnet* et réimprimé, avec d'autres études, sous le titre de : *Versaillais d'autrefois*. (Versailles, imp. Aubert, 1902, in-8°, 69 p., tiré à 100 ex.)

22495. — [**Dossonville.**] Réponse de D'OSSONVILLE, inspecteur général adjoint près le ministre de la police générale, aux calomnies de Lebois, rédacteur de l'« Ami du peuple ». *Paris, imp. F. Porte.* S. d., in-8°, 8 p. [N. Lb⁴² 175.]

22496. — DOSSONVILLE, inspecteur général adjoint près le ministère de la police générale, à ses concitoyens. *Imp. Laurens aîné.* S. d., in-4°, 18 p. [N. Lb⁴² 176.]

Le titre de départ, page 3, porte en plus : *En réponse aux mille et une calomnies débitées et imprimées contre lui.*

22497. — [**Doucet.**] Observations de RAPHAEL-PIERRE DOUCET, détenu à Sainte-Pélagie, en vertu d'un arrêté du comité de sûreté générale (25 juillet 1793). S. l. n. d., in-4°, 10 p. [N. Ln²⁷ 6224.]

Au sujet de prévarications relevées dans le service des fournitures d'habillement pour l'armée. Doucet fut mis en liberté le 10 fructidor an II (27 août 1794).

22498. — [**Doucet-Suriny.**] Mémoire sur trois arrestations consécutives (an III).

Voyez tome Iᵉʳ, n° 4346.

22499. — [**Doulcet de Pontécoulant.**] Souvenirs historiques et parlementaires du comte DE PONTÉCOULANT, ancien pair de France, extraits de ses papiers et de sa correspondance. 1764-1848. *Paris, Michel Lévy frères*, 1861-1865, 4 vol. in-8°. [N. La³⁰ 30.]

Épigraphe empruntée à Lucrèce.
En regard du titre du tome Iᵉʳ, portrait du comte de Pontécoulant d'après un physionotrace.
L'*Avertissement* et l'*Introduction* ne renferment aucune allusion permettant de déterminer le nom du rédacteur anonyme de ces quatre volumes qui, « tirés à un très petit nombre d'exemplaires, ne devaient pas tout d'abord franchir le cercle étroit de quelques amis ».

22500. — Charlotte Corday et Doulcet de Pontécoulant, par un collectionneur normand [CH. RENARD] (1860).

Voyez le n° 22264 ci-dessus.

22501. — [**Doyen** (François).] Notice sur François Doyen, peintre, né à Paris en 1726, mort à Pétersbourg en 1806, par C. Lecarpentier, son élève, peintre et professeur de l'Académie de dessin et de peinture de Rouen, membre résident de la Société libre d'émulation de la même ville, correspondant de celle des Sciences, lettres et arts, de l'Athénée des arts, de la Société philotechnique de Paris et de l'Académie de Caen. *Rouen imp. V^t Guilbert*, 1809, in-8°, 19 p. [*N.* Ln^{27} 6235.]

22502. — Le peintre Doyen, propriétaire à Rubelles, près Melun, déclaré émigré en 1793. Simples notes inédites par Th. Lhuillier, officier d'Académie, secrétaire général de la Société d'archéologie de Seine-et-Marne, correspondant du ministère de l'Instruction publique pour les travaux historiques. *Melun, typ. A. Lebrun*, 1878, in-12, 2 ff. et 29 p. [*N.* Ln^{27} 30325. Réserve.]

Titre rouge et noir.
On lit au verso du faux-titre :
« La présente notice a été imprimée à cent ex. numérotés, savoir : 50 ex. sur papier vélin numérotés de 1 à 50 ; 50 ex. sur papier vergé, numérotés de 51 à 100. »
Le travail de M. Th. Lhuillier avait d'abord été publié dans la *Chronique des arts et de la curiosité* de 1871-1872, pp. 341, 349 et 358.

22503. — Le peintre G.-F. Doyen et l'origine du Musée des monuments français, par Henri Stein (1888).

Voyez tome III, n° 20000.

22504. — [**Dromgold**.] Pétition de la citoyenne veuve Dromgold à la Convention nationale (23e jour du 1er mois de l'an II-14 octobre 1793). *Imp. Migneret. S. d.*, in-8°, 6 p. [*N.* Ln^{27} 6259.]

Signée : Ve Dromgold, section des Piques.
La pétitionnaire était veuve d'un littérateur à qui Grimm a consacré une assez longue mention (cf. *Corresp. litt.*, tome X, pp. 36-39) et sur lequel il faut également consulter l'*Examen critique des dictionnaires historiques* d'Ant.-Alex. Barbier.

22505. — [**Drucourt**.] Convention nationale. Rapport fait à la Convention nationale, au nom de la Commission des douze, sur l'arrestation du sieur Drucourt, par le citoyen Boussion, député du département de Lot-et-Garonne, le 31 décembre 1792... Imprimé par ordre de la Convention nationale. *Imp. Nationale. S. d.*, in-8°, 4 p. [*N.* Le^{38} 2235.]

Drucourt avait été arrêté et mis au secret par suite de la saisie de deux lettres adressées à Laporte, intendant de la liste civile, les 20 et 23 février 1790, dans lesquelles il demandait 70,000 livres pour l'exécution d'un projet utile au Roi. Le rapporteur demanda et obtint le même jour un décret de mise en liberté immédiate.

22506. — [**Dubarry**.] Ange-François Dubarry, régisseur des charrois réunis, à un individu se donnant le nom de Rusberg, demeurant, à ce qu'il dit, rue Traversière où il n'est pas connu (10e jour de la 1re décade de la 2e année de la République une et indivisible [1er octobre 1793]). *S. l. n. d.*, feuillet in-4°. [*N.* Ln^{27} 6302.]

Réponse à une dénonciation collective décrite sous le n° 6405 de la *Bibliographie*.

22507. — [**Du Barry** (Jeanne Bécu, plus tard comtesse).] The authentic memoirs of the countess de Barre [Du Barry], the french king's mistress, carefully collated from a manuscript in the possession of the dutchess of Villeroy, by sir Frances N. *London, J. Roson; G. Reily*, 1771, in-12, 2 ff. et 216 p. [*N.* Le^{38} 35.]

Épigr. :
Si l'on se plait à l'image du vrai, comment doit-on rechercher le vrai même ?

Voyez le numéro suivant.

22508. — Mémoires authentiques de Mme la comtesse Du Barry, maîtresse de Louis XV, roi de France: Extraits d'un manuscrit que possède Mme la duchesse de Villeroy. Par le chevalier Fr. N. Traduit de l'anglais. *Londres, aux dépens des éditeurs*, 1775, in-12, 2 ff. et 188 p. [*N.* Lb^{38} 4370.]

Traduction du numéro précédent ; même épigraphe.
Les initiales placées sur le titre de la traduction française ont fait supposer à Vatel (voyez le n° 22538 ci-dessous) qu'elles cachaient Nogaret ; mais celui-ci s'appelait Félix et non

François. De plus, il est à noter que la traduction française est postérieure de quatre ans à l'édition originale de cette rapsodie dont le véritable auteur est demeuré inconnu et qui, selon Œttinger, cité par Vatel (II, p. 192), a été aussi traduit en allemand.

22509. — Précis historique de la vie de M*me* la comtesse Du Barry, avec son portrait. *Paris*, 1774, in-8°, 88 p. [*N*. Ln^{27} 6304 D.]

En regard du titre de départ, très mauvais portrait d'un tirage usé portant en légende sur la tablette : *Madame la comtesse Du Barry.*

22509^a. — Précis historique de la vie de Mad. la comtesse Du Barry, avec son portrait. Nouvelle édition. *Paris*, 1774, in-8°, 88 p. [*N*. Ln^{27} 6304.]

Le portrait est le même que celui du numéro précédent, mais d'un tirage un peu moins défectueux.

22509^b. — Précis historique de la vie de Mad. la comtesse Du Barry. *S. l. n. d.*, in-12, 103 p. [*N*. Ln^{27} 6304 C.]

Titre pris sur un titre de départ.
En regard de ce titre, portrait différent de celui des deux numéros précédents.

22510. — Histoire et vie de Madame la comtesse Du Barry. *Au Pont-aux-Dames*, 1775, in-8°, 72 p. [*N*. Ln^{27} 6305.]

Même ouvrage que le *Précis*; les deux textes sont identiques.

22511. — Gazette de Cythère ou Histoire secrète de Madame la comtesse Du Barry. *A Londres, chez P. G. Wauckner, libraire*, 1775, in-12, 152 p. [*N*. Ln^{27} 6306.]

En regard du titre, portrait dans un cadre ovale portant cette légende : *Printed and sold by Henri Van Diesten in the Strand, London.* 1775.
Le texte de ce pamphlet est exactement conforme à celui des deux numéros précédents.
Un *Avis de l'éditeur*, paginé III-IV, est compris dans la pagination totale. L'auteur de cet *Avis* se plaint qu'on ait répandu sous un titre presque semblable « une mauvaise compilation faite pour être lue dans les antichambres ».
Elle était intitulée, en effet : *Gazette de Cythère ou Aventures galantes et récentes arrivées dans les principales villes de l'Europe, avec le précis de la vie de la comtesse du Barry.* Londres, 1774, in-8°. Barbier lui donne pour auteur le libraire hollandais J.-FR. BERNARD; mais cette attribution est contestable, car J.-Fr. Bernard est, dit-on, mort en 1752. M. Octave Uzanne a publié, en 1881, une réimpression de cette compilation d'anecdotes grivoises lourdement contées et dont l'histoire ne saurait tirer aucun profit. (A. Quantin, in-8°.)

22512. — Anecdotes sur M*me* la comtesse Du Barry. *Londres*, 1775, in-12, 2 ff. et 350 p. [*N*. Ln^{27} 6307.]

Épigraphe empruntée à Horace.
La *Seconde partie* des *Anecdotes* commence p. 203 avec un titre de départ.
Attribuées par Barbier en 1806 à THÉVENEAU DE MORANDE, les *Anecdotes* ont été depuis restituées à PIDANSAT DE MAIROBERT. Le continuateur de Grimm, J.-H. Meister a dit quelques mots de ce livre, mais il n'en nomme pas l'auteur (éd. Garnier frères, tome XI, pp. 398-399).

22512^a. — Anecdotes sur M*me* la comtesse du Barry. Nouvelle édition revue et corrigée, ornée du portrait de l'héroïne. *Londres, John Adamson*, 1776, in-12, 2 ff. et 346 p. [*N*. Ln^{27} 6307 A.]

En regard du titre, portrait assez joli, mais nullement ressemblant, accompagné de six vers :

Sans esprit, sans talent, du sein de l'infamie...

Même épigraphe qu'au numéro précédent. Le texte et la justification typographique sont identiques. La *Seconde partie* commence de même, p. 199, par un titre de départ.

22512^b. — Anecdotes sur M*me* la comtesse Du Barry. *Londres*, 1778, in-12, 416 p. [*N*. Ln^{27} 6307 B.]

Même épigraphe. Le titre est encadré d'un double filet ornementé et reproduit, p. 241, avec les mots : *Seconde partie.*

22512^c. — Anecdotes sur la comtesse Du Barry, publiées par OCTAVE UZANNE, avec préface et index. *Paris, A. Quantin*, 1880, in-8°, 2 ff., XXXII-288 p. et 1 f. n. ch. (marque de l'imprimeur). [*N*. Ln^{27} 32270. Réserve.]

Papier teinté. Titre rouge et noir.
En regard du titre, frontispice dessiné et gravé en couleurs et à l'eau-forte par AD. LALAUZE.
Réimpression du texte de 1775 sans commentaires critiques.

22513. — Les Plaisirs de la ville et de la cour ou Réfutation des « Anecdotes » et

« Précis de la vie de Madame la comtesse Du Barry », écrit par elle-même. *Londres*, 1778, in-12, 201 p.

D'après le catalogue de la vente posthume du baron Pichon, tome Ier, n° 1033.

22514. — Remarques sur les « Anecdotes de [sic] de Madame la comtesse Du Barry » par Mme Sara G..... [Goudar]. *A Londres*, 1777, in-12, 140 p. [*N.* Ln^{27} 6307bis.]

ÉPIGR. :
Bella, horrida bella.
Virg., *Æneid.* VI, v. 86.

22515. — Lettres originales de Madame la comtesse Du Barry, avec celles des princes, seigneurs, ministres et autres qui lui ont écrit et qu'on a pu recueillir. On y a joint une grande quantité de notes amusantes et instructives propres à donner les éclaircissements les plus curieux sur les causes des principaux événements de la fin du règne de Louis XV. *Londres*, 1779, in-12, 1 f. et VIII-205 p: [*N.* Lb^{38} 1371.]

Attribuées à Pidansat de Mairobert par Meister (*Corr. litt.* de Grimm, XII, p. 338-341) qui a consacré à ce livre ou plutôt à la femme dont le nom se lit sur le titre un long et important article.

22516. — Vie de Madame la comtesse Du Barry, suivie de ses correspondances épistolaires et de ses intrigues galantes et politiques. *De l'imprimerie de la cour*, 1790, in-8°, 95 p. [*N.* Ln^{27} 6308.]

En regard du titre, portrait de profil à dr. avec ce quatrain :

La Messaline que tu vois,
Par sa lubrique complaisance
Charma l'âme et l'esprit du plus faible des rois,
Et commença les malheurs de la France.

22517. — Deux mille louis à gagner. Diamants et bijoux perdus. *Imp. Vᵉ Delaguette*. S. d., in-8°, 8 p. [*A. N., C.* 199; 160^{44}.]

Description des bijoux volés au château de Louveciennes dans la nuit du 10 au 11 janvier 1791 et promesse d'une récompense honnête et proportionnée aux objets que l'on rapportera.

22518. — L'Egalité controuvée ou Petite Histoire de la protection, contenant les pièces relatives à l'arrestation de la Du Barry, ancienne maîtresse de Louis XV, pour servir d'exemple aux patriotes trop ardents, qui veulent sauver la République, et aux modérés qui s'entendent à merveille pour la perdre (31 juillet 1793). *Paris, G.-F. Galletti*. S. d., in-8°, 38 p. [*N.* Lb^{41} 763.]

Signé (p. 37) : Grieve, défenseur officieux des braves sans-culottes de Louveciennes, ami de Francklin et de Marat, factieux et anarchiste de premier ordre, et désorganisateur du despotisme dans les deux hémisphères, depuis vingt ans.

ÉPIGR. :

Qu'il est difficile de faire le bien, foutre !
Père Duchesne.

22519. — Acte d'accusation contre Jeanne Vaubernier, femme Dubarry ; Jean-Baptiste Vandenyver, Edme-Jean-Baptiste Vandenyver et Antoine-Augustin Vandenyver, banquiers hollandais (13 frimaire an II-3 décembre 1793). *Imp. du Tribunal criminel révolutionnaire*. S. d., in-4°, 11 p. [*N.* Lb^{41} 918.]

Cet acte d'accusation est textuellement reproduit dans le jugement prononcé le 17 frimaire an II (7 décembre 1793).

22520. — Descente de La Dubarry aux enfers, sa réception à la cour de Pluton par la femme Capet, devenue la favorite de Proserpine. Caquetage entre ces deux catins (1793).

Par H.-G. Dulac.
Voyez le n° 21232 ci-dessus.

22521. — Mémoires historiques de Jeanne Gomart de Vaubernier, comtesse Dubarry, dernière maîtresse de Louis XV, rédigés sur des pièces authentiques, avec des détails sur ce qui s'est passé à la cour de France pendant qu'elle y était en faveur, suivis de sa correspondance avec MM. de Brissac, Rohan, Maussabre, Mme Lebrun et autres personnes, pendant les années 1790, 91 et 92, auxquels on a joint la relation de ses quatre voyages à Londres, ses entretiens avec M. Pitt, son procès et celui de MM. Vandenyver, banquiers, et l'importante déclaration qu'elle fit entre deux guichets de la Conciergerie après le jugement qui la condamnait à mort, par M. DE FAVROLLE. *Paris, Lerouge; Petit, an XI-1803*, 4 vol. in-12. [*N.* Lb³⁸ 36.]

En regard du titre du tome I⁶ʳ, portrait de Mme Du Barry signé BOVINET *sculp.*
En tête de l'ex. de la B. N. est reliée une affiche annonçant la mise en vente de l'ouvrage.
Le tome IV de ces prétendus *Mémoires* renferme des pièces authentiques dont l'auteur avait pu prendre connaissance au greffe du Palais de justice.
M. de Favrolle est l'un des pseudonymes de Mme GUÉNARD, baronne DE MÉRÉ (1751-1829), qui écrivait tour à tour « pour l'instruction de la jeunesse et l'amusement des casernes ».

22522. — Les Illustres victimes vengées des injustices des contemporains et Réfutation des paradoxes de M. Soulavie... (1802).

Par CH.-CL. DE MONTIGNY (voyez le n° 20941 ci-dessus).
L'auteur prend à plusieurs reprises la défense de Mme Du Barry, soit en son nom (lettres III et IV, pp. 35-96), soit en insérant deux lettres à lui adressées, l'une (p. 97-107) datée du château de *** près Fontainebleau, 10 février 1782 (sic : 1802), émanant d'une femme amie de Mme Du Barry ; l'autre (p. 364-371), datée de Versailles, 20 juin 1802, dont l'auteur dit avoir rendu des soins officieux à Mme Du Barry après son retour de Londres et rédigé ses pétitions aux différents comités.

22523. — Mémoires de Madame la comtesse DU BARRI (*sic*). *Paris, Mame et Delaunay-Vallée*, 1829-1830, 6 vol. in-8°. [*N.* Y² 47166-47171.]

Le faux-titre de chaque volume porte : *Mémoires secrets et inédits sur les cours de France aux XV⁶, XVI⁶, XVII⁶ et XVIII⁶ siècles.*
Les *Mémoires de Mme la comtesse Du Barry*, rédigés, selon Quérard, par LAMOTHE-LANGON sous forme de lettres au banquier Vandenyver, ont été divisés en chapitres et refondus par DAMAS-HINARD, HENRI FERRIER, GRIMAUD et AMÉDÉE PICHOT. Ils s'arrêtent au 11 janvier 1791, après le vol des diamants de la comtesse.
Cette misérable compilation, plusieurs fois réimp. depuis, a eu du moins pour résultat de provoquer la publication dans la *Revue de Paris* (1829, tome IV, pp. 43-64) de diverses lettres authentiques de Mme Du Barry au duc de Choiseul, communiquées au d^r Véron par le duc Félix de Choiseul-Praslin et accompagnées d'un fac-similé qui manque dans l'ex. de la B. N. Le même recueil (1836, tome XXXV;

pp. 140-147) a publié trois lettres du comte Jean Du Barry (deux à sa belle-sœur et une à Malesherbes) accompagnées d'une note signée V [VILLENAVE ?]

¶ On trouvera dans la dernière édition de la *Correspondance littéraire* de Grimm (Garnier frères, tome XI, p. 146-148) sous le titre de : *Conversation originale et qui pourra servir à l'histoire du XVIII⁶ siècle*, un dialogue entre Jean Du Barry et M. de Vaines relatif à la belle-sœur du premier. Il a été rédigé par MEISTER et non, comme l'a imprimé Edmond de Goncourt (voyez le n° 22534 ci-dessous), par Mme d'Epinay.

22524. — Mémoires de Pajou et des Drouais pour Mme Du Barry. *S. l. n. d.* (1856), in-8°, 18 p. et 1 f. blanc.

Signé : Bon JÉROME PICHON.
Tirage à part à très petit nombre des *Mélanges de littérature et d'histoire* publiés en 1856 par la Société des Bibliophiles français, pp. 281-298.

¶ Les mémoires reproduits par M. Pichon ont trait à des travaux afférents aux années 1768 à 1774. ETIENNE CHARAVAY a publié depuis, dans la *Revue des documents historiques* (tome Ier, 1873-1874, pp. 129-135), d'autres mémoires de Pajou, de Cafféri et de Ledoux concernant aussi les embellissements de Louveciennes de 1775 à 1783. Ces documents (appartenant alors à Feuillet de Conches) sont accompagnés de fac-similés dans le texte et hors texte (entre autres un billet à ordre de Mme Du Barry et une quittance autographe signée de Zamore).

22525. — Madame Du Barry (1768-1793), par J.-A. LE ROI, conservateur de la bibliothèque de Versailles, correspondant du ministère de l'Instruction publique pour les travaux historiques. *Versailles, imp. Montalant-Bougleux*, 1858, in-8°, 1 f., 106 p. et 1 f. n. ch. (*Erratum*).

Tirage à part, non spécifié, du tome V des *Mémoires de la Société des sciences morales... de Seine-et-Oise*. En regard du titre, fac-similé lithographié des armes de Mme Du Barry d'après la dédicace du livre de Limayrac : *le Royalisme* ou *Mémoires de Du Barry de Saint-Aunez et de Constance Cezelti* (Paris, Valade, 1770, in-12). Entre les pp. 88 et 89, fac-similé de deux lettres du duc de Brissac et de Lavallery à Mme Du Barry et d'une lettre de celle-ci aux administrateurs du district de Versailles (Louveciennes, 27 mars 1793). Ces trois pièces avaient été communiquées par Vatel à J.-A. Le Roi.
Voyez le n° 22529 ci-dessous.

22526. — Madame la comtesse Du Barry, par M. CAPEFIGUE. *Paris, Amyot*, 1858, in-18, 3 ff. et 252 p. [*N.* Ln^{27} 6309.]

Portrait gravé par BAUDRAN.

Le livre a été remis en circulation chez le même éditeur avec un titre portant en haut : *les Reines de la main gauche* et la date de 1862.

¶ Voir un article d'EDOUARD FOURNIER écrit à propos de ce livre et publié dans la *Revue française*, tome XV (nov. 1858-janv. 1859), pp. 481-492.

22527. — Les Maîtresses de Louis XV, par EDMOND et JULES DE GONCOURT (Lettres et documents inédits). *Paris, Firmin Didot frères, fils et Ce*, 1860, 2 vol. in-8° [*N.* Ln^{17} 49.]

Il a été tiré 8 ex. sur papier de Hollande.
Tome II, p. 127-304, *Madame Du Barry*. Voyez le n° 22534 ci-dessous.

22528. — Nouvelles à la main sur la comtesse Du Barry, trouvées dans les papiers du comte de ***, revues et commentées par EMILE CANTREL. Introduction par ARSÈNE HOUSSAYE. Deux portraits et un autographe. *Paris, Henri Plon*, 1861, in-8°, 2 ff. et IV-444 p. [*N.* Ln^{27} 6310.]

Le premier portrait en regard du titre est celui de Mme Du Barry en habit d'homme gravé par DE MONTAUT d'après DROUAIS. Le second (entre les pp. 70-71), anonyme et tiré en rouge, représente « Jeanne Vaubernier dessinée par elle-même » (sic). Entre les pp. 432 et 433, fac-similé d'un billet de Mme Du Barry au duc de Brissac.
Les prétendues *Nouvelles à la main* ne sont qu'un arrangement ou un démarquage de tous les gazetiers et anecdotiers du temps. Voyez le n° 22535 ci-dessous.

22529. — Curiosités historiques sur Louis XIII, Louis XIV, Louis XV, Mme de Maintenon, Mme de Pompadour, Mme Du Barry, etc., par J.-A. LE ROI, conservateur de la bibliothèque de Versailles, correspondant du ministère de l'Instruction publique pour les travaux historiques, précédées d'une introduction par M. THÉOPHILE LAVALLÉE. *Paris, Henri Plon*, 1864, in-8°, 2 ff., XXIII-376 p. et 1 f. n. ch. (*Table des matières*). [*N.* La^{28} 24.]

P. 243-249, Mme Du Barry, réimpression textuelle du travail de l'auteur publié en 1858 (voyez le n° 22526 ci-dessus) et accompagnée des fac-similés des trois lettres mentionnées sous le même numéro.

22530. — GEORGES D'HEILLY. Cotillon III. On le vend à Paris, chez le libraire Achille Faure, 18, rue Dauphine, 18, 1867, in-12, 250 p. et 1 f. n. ch. (nom et adresse de l'imprimeur). [*N.* Ln^{27} 23018.]

La couverture imprimée porte : GEORGES D'HEILLY. *Cotillon III, Jeanne Bequs, comtesse Du Barry. Amours. Règne. Intrigues, dépenses, procès et supplice de la dernière maîtresse de Louis XV*.

22531. — Les Porcelaines de Sèvres de Mme Du Barry, d'après les mémoires de la manufacture royale. Notes et documents inédits sur le prix des porcelaines de Sèvres au XVIIIe siècle, par le baron CH. DAVILLIER. *Paris, Aug. Aubry*, 1870, in-8°, 2 ff. et 75 [76] p. [*N.* 8° V 8303.]

Papier vergé. Titre rouge et noir.
On lit au verso du titre : « Tiré à petit nombre. Quelques exemplaires sur vélin, parchemin, Whatmann et Chine ».

22532. — Notes prises sur l'inventaire de Madame la comtesse Du Barry sous la Terreur. Lettre de M. le baron JÉROME PICHON. *Paris, Auguste Aubry*, 1872, in-8°, 10 p. et 1 f. n. ch. [*N.* Ln^{27} 36025.]

Le feuillet non chiffré contient la liste de quatre publications du baron Davillier en vente chez Auguste Aubry.
On lit au verso du titre : « Extrait du *Bulletin du bouquiniste* du 15 avril 1872. Tiré à petit nombre sur papier vergé et quatre [ex.] sur parchemin » ; mais, suivant M. Georges Vicaire (*Bibliographie des travaux de M. Pichon*, en tête du catalogue de sa vente posthume), il y eut en outre six exemplaires sur papier vélin et deux sur papier chamois.

22533. — Catalogue des livres de Mme Du Barry, avec les prix, à Versailles, 1771. Reproduction du catalogue manuscrit original, avec des notes et une préface par P.-L. JACOB, bibliophile. *Paris, Auguste Fontaine*, 1874, in-12, XVI-149 p. [*N.* Q 877. Réserve.]

Papier vergé. On lit au verso du faux-titre : Cent cinquante exemplaires. Sur la couverture et sur le titre, blason de Mme Du Barry.
L'original de ce catalogue, rédigé par le libraire Blaisot, appartient à la bibliothèque de l'Arsenal et indique les livres dans l'ordre

même où ils étaient disposés sur les tablettes, avec leur prix d'achat et celui de leur reliure. En regard de chaque colonne, Paul Lacroix a placé des *Détails bibliographiques* et, autant que possible, la mention du sort actuel de ces volumes. Il y a joint quelques factures du relieur Bisiaux communiquées par le baron Pichon.

M. E. Quentin-Bauchart (*les Femmes bibliophiles*, tome II, p. 181-215) a utilisé le même document et fait observer que sur 1,068 volumes dont la présence avait été constatée au moment du séquestre, la bibliothèque de Versailles peut représenter 142 ouvrages. Il a de plus signalé comme appartenant aux bibliothèques de Bourges et de Fontainebleau le *Molière* de 1734 (fig. de Boucher) et le *Décameron* de Boccace (1757) dont Paul Lacroix déplorait la disparition.

22534. — La Du Barry, par Edmond et Jules de Goncourt. Nouvelle édition augmentée de lettres et documents inédits tirés de la Bibliothèque nationale, de la bibliothèque de Versailles, des Archives nationales et de collections particulières. *Paris, G. Charpentier*, 1878, in-18, 407 p. [N. Ln^{27} 30361.]

Ainsi que le titre l'indique, cette réimpression de la troisième partie des *Maîtresses de Louis XV* (cf. n° 22527 ci-dessus) est devenue un livre nouveau par les documents qu'elle renferme et les additions qu'ils ont entraînées.

¶ Voyez à propos de cette édition une étude de M. Jules Soury dans ses *Portraits du XVIII° siècle* (G. Charpentier, 1879, in-18).

22535. — La comtesse du Barry. Sa vie amoureuse. Le Gazetier cuirassé. Grimm. Bachaumont. Les chansons. Les épigrammes. Les actes officiels. Les trois amoureux : Louis XV, lord Seymour, le duc de Brissac. Le Tribunal révolutionnaire. La guillotine. Portraits authentiques. Les Maîtresses du Roi, par Paul de Saint-Victor. Histoire de Mme Du Barry, par Arsène Houssaye. *Paris, librairie à estampes,* 1878, in-12, 2 ff., 233 p. et 1 f. n. ch. [N. Ln^{27} 30233.]

Papier teinté. Titre rouge et noir. Un extrait du *Dictionnaire critique* de Jal (pp. 229-232) est imprimé en rouge, ainsi qu'un cul-de-lampe, le titre de la table et la marque de l'imprimeur (Alcan-Lévy). Au verso du titre, une note indique que le tirage a été fait à 500 ex. numérotés, plus 25 sur Hollande et 25 sur Chine ; au verso de la couverture, ce même tirage est indiqué comme de 350 ex. seulement.

Les deux portraits sont, en regard du titre, celui de Gaucher d'après Drouais (voyez le numéro suivant) et celui de Mme Du Barry en habit d'homme, réduction de la planche gravée par M. de Montaut. (Voyez le n° 22528 ci-dessus.)

L'*Introduction* de Paul de Saint-Victor est la réimpression d'un article écrit à propos des *Maîtresses de Louis XV* des Goncourt et déjà reproduit en tête d'un volume de la comtesse Dash : *les Dernières Amours de Mme Du Barry* (Paris, H. Plon, 1864, in-8°). Le texte du volume est un choix pratiqué dans les *Nouvelles à la main* fabriquées par Emile Cantrel (voyez le n° 22528 ci-dessus) et l'*Histoire...* d'Arsène Houssaye est la préface de ce même volume.

22536. — Le Portrait de Pierre Arétin par Marc-Antoine et celui de la comtesse Du Barry par Charles-Etienne Gaucher. *Paris, imp. A. Quantin et C°*, 1880, in-8°, 12 p.

Papier teinté. Titre rouge et noir. Signé, p. 12, Benjamin Fillon et daté de La Court-de Saint-Cyr, 5 avril 1880.

En regard du titre, reproduction héliogravée d'un état très rare du portrait gravé par Gaucher d'après Drouais.

Destiné à la *Gazette des beaux-arts*, cet article n'y fut point inséré et le tirage en fut strictement borné à 25 ex., plus deux pour le dépôt légal.

22537. — Madame Du Barry et son temps. Etude critique et bibliographique d'après les papiers personnels de l'ancienne favorite de Louis XV et les documents de nos Archives publiques, précédée d'une Introduction sur Mme de Pompadour, le Parc aux Cerfs, Mlle de Romans, etc., etc., avec un Album composé de portraits, dessins, plans et autographes inédits, par C. Vatel, légataire universel sous bénéfice d'inventaire de Mlle de La Neuville, héritière de Mme Du Barry. *Versailles, imp. E. Aubert. S. d.* (1880), in-8°, 48 p.

Spécimen, tiré à quelques exemplaires, d'un travail publié sous un autre titre et dans un autre format (voyez le numéro suivant). L'Album annoncé n'a pas paru, mais les planches qui devaient le composer ont été jointes au livre définitif de Vatel.

22538. — Histoire de Madame Du Barry d'après ses papiers personnels et les documents des Archives publiques, précédée d'une Introduction sur Mme de Pompadour, le Parc-aux-Cerfs et M{{lle}} de Romans, par CHARLES VATEL. *Versailles, L. Bernard,* 1883, 3 vol. in-12. [*N.* Ln^{27} 33690.]

L'*Introduction* est la réimpression (sauf quelques légères variantes) du numéro précédent.

En regard du titre du tome I{{er}}, portrait de M{{me}} Du Barry, signé DOUIN *inv.*, CHEVALLIER *fecit*. 1774. Entre les pp. 2 et 3, fac-similé de l'acte de baptême de Jeanne Bécu. Entre les pp. 260 et 261, *Plan du château de Louveciennes en* 1769. Entre les pp. 368 et 369, *le duc d'Aiguillon à Saint-Cast*, héliog. de BAUDRAN d'après une image populaire.

En regard du titre du tome II, *le Pavillon de Louveciennes*, héliogr. de DUJARDIN d'après la gouache de J.-M. MOREAU le jeune appartenant au Musée du Louvre.

En regard du titre du tome III, portrait de M{{me}} Du Barry gravé par J. CONDE d'après R. COSWAY.

Entre les pp. 28 et 29, portrait de lord Seymour (d'après une miniature ?) Entre les pp. 442 et 443, fac-similé (hors texte) d'une supplique de M{{me}} Du Barry à Fouquier-Tinville.

Il a été tiré 50 ex. sur papier vergé.

¶ Sur l'importance et la valeur du livre de Vatel, voyez un compte rendu que j'ai publié dans la *Revue critique* du 19 mai 1884, pp. 402-416.

22539. — Les Maîtresses de Louis XV. La duchesse de Châteauroux et ses sœurs. Madame de Pompadour. La Du Barry, par AUGUSTE DIETRICH. *Vienne, A. Keiss,* 1881, in-8°, 4 ff. n. ch., 58 p. et 1 f. n. ch. [*N.* Ln^{17} 109.]

En traitant cette question (de son propre aveu « tant de fois rebattue »), l'auteur se flatte de l'avoir « envisagée comme un chapitre de psychologie historique, ou, plus justement encore, d'histoire naturelle... En une pareille matière, en effet, la plume est insuffisante : il faut le scalpel » ; mais il n'a guère fait que résumer ou paraphraser Michelet et les Goncourt.

22540. — Les Bijoux de M{{me}} Du Barry, documents inédits publiés par H. WELSCHINGER. *Paris, Charavay frères.* S. d. (1881), in-32, 126 p. et 1 f. n. ch. (table et nom de l'imprimeur).

En regard du titre, dans un cartouche ornementé reproduit sur la couverture, frontispice dessiné et gravé à l'eau-forte par FRÉDÉRIC RÉGAMEY.

Au verso du faux-titre, détail du tirage limité à 235 ex. numérotés.

¶ M. E. COÜARD a depuis publié dans l'*Art* (1{{er}} janvier 1894, pp. 53-60) un article intitulé : *le Vol des diamants de M{{me}} Du Barry* (1791-1793), d'après des documents tirés des Archives départementales de Seine-et-Oise.

22541. — Georges Husson. La Dubarry à Pont-aux-Dames. *Meaux, A. Le Blondel,* 1888, in-12, 15 p.

Papier vergé. La couverture imprimée et le faux-titre portent en outre : *Petit Trésor de pièces rares et curieuses. Ile-de-France, Champagne, Brie, Gâtinais et Senonais.*

L'auteur s'est borné à reproduire les renseignements dus à Vatel sur l'internement de M{{me}} Dubarry à ce couvent après la mort de Louis XV.

22542. — The Life and times of Madame Du Barry, by ROBERT B. DOUGLAS. *Léonard Smithers, London,* 1896, in-8°, VIII-386 p. [*N.* Ln^{27} 44944.]

En regard du titre, portrait de M{{me}} Du Barry gravé sur bois d'après Drouais, par J. NAUMANN. Epigraphe (en grec) tirée d'Agathias. Sur le cartonnage du volume sont reproduits le blason et la devise de M{{me}} Du Barry.

22543. — [**Dubois** (Pierre).] DUBOIS, administrateur du département de Paris, à ses concitoyens. S. *l. n. d.*, in-8°, 3 p. [*N.* Ln^{27} 6335.]

Réponse à une attaque formulée par Robespierre à la tribune des Jacobins, le 28 ventôse an II (18 mai 1794).

22544. — [**Dubois** (Pierre-Henry).] Discours adressé à M. le marquis de La Fayette, par M{{lle}} N... lors de la remise par lui faite à Pierre-Henry Dubois... de la croix de Saint-Louis (1789).

Voyez tome I{{er}}, n° 1149.

22545. — Discours prononcé par M. DELACROIX DE FRAINVILLE, président du district des Barnabites, à l'occasion de la remise faite par M. le marquis de La Fayette à Henri Dubois, ci-devant garde-française, de la croix de Saint-Louis dont il avait été décoré par le peuple le jour de la prise de la Bastille. *Imp. Valleyre.* S. d. (1789), in-8°, 4 p. [*A. S.*]

D'après l'*Inventaire sommaire des Archives de la Seine*, rédigé par M. Marius Barroux (n° 449).

22546. — [**Dubois de Crancé** (Edmond-Louis-Alexis).] Discours de M. Dubois de Crancé, député à l'Assemblée nationale et électeur du département de Paris, imprimé par ordre de la Société des Electeurs et envoyé aux 82 autres départements. *Paris, imp. de la Société des Electeurs du département de Paris*, 1791, in-8°, 7 p. [*N.* Lb⁴⁰ 821.]

22547. — Grande Adresse de 57 volontaires du bataillon des Capucins de la Chaussée-d'Antin, à M. Dubois, dit Crancé, ci-devant grenadier dans celui des Blancs-Manteaux, pour l'informer de sa nomination au commandement dudit bataillon. *Paris, imp. Patriotique.* S. d., in-8°, 4 p. [*N.* Lb³⁹ 9836.]

Pamphlet.

22548. — Questions d'un volontaire à M. Dubois de Crancé. *Froullé.* S. d., in-8°, 4 p. [*N.* Lb³⁹ 9838.]

22549. — Dubois de Crancé à ses concitoyens. *Paris, imp. Nationale.* S. d., in-8°, 4 p. [*N.* Lb³⁹ 4881.]

Imprimé par ordre de la Société des Amis de la Constitution.
Voyez les neuf numéros suivants.

22550. — Dubois de Crancé à ses concitoyens. Réponse à mons Dubois le jacobin, se disant ami de la Constitution. S. l. n. d., in-8°, 15 p. [*N.* Lb³⁹ 4882.]

Violent pamphlet. Le texte de la brochure précédente est placé en regard de la *Réponse*.

22551. — Contre-poison ou Réponse à un imprimé intitulé : « Dubois de Crancé à ses concitoyens ». S. l. n. d., in-8°, 14 p. [*N.* Lb³⁹ 4883.]

Signé (p. 12) : Par un grenadier du bataillon des Blancs-Manteaux, qui soutiendra ses principes non pas *sur l'échafaud* [allusion à un passage de la déclaration de Dubois-Crancé] parce qu'ils ne l'y conduiront jamais, mais partout ailleurs.

22552. — Réponse à M. Dubois, dit Crancé (30 avril 1791). *Imp. Patriotique.* S. d., in-8°, 8 p. [*N.* Lb³⁹ 4884.]

Signé : A... C...T, citoyen soldat du bataillon des Jacobins Saint-Honoré.

22553. — Renaud de S.-Jean d'Angély à ses camarades de la garde nationale. S. l. n. d., in-8°, 8 p. [*N.* Lb³⁹ 9837.]

Contre la motion de Dubois-Crancé; réponse dont la modération contraste avec la violence des pamphlets ci-dessus décrits.

22554. — Réponse d'un grenadier qui l'est toujours, au ci-devant grenadier Dubois de Crancé. S. l. n. d., in-8°, 7 p. [*N.* Lb³⁹ 7839.]

Signée : L. H., volontaire du 3ᵉ bataillon de la 3ᵉ division.

22555. — Réponse de M. Dubois de Crancé à ses improbateurs. *Imp. Nationale.* S. d., in-8°, 3 p. [*N.* Lb³⁹ 4886.]

22556. — Réponse au dernier mot de Dubois de Crancey (sic). S. l. n. d., in-8°, 4 p. [*N.* Lb³⁹ 4887.]

Signé : B**, un des capitaines du bataillon des Blancs-Manteaux.

22557. — Entendons-nous ! Premier (-troisième) dialogue entre deux jacobins, par Dubois-Crancé. *Paris, imp. Guffroy.* S. d., in-8°, 10, 14 et 8 p. [*N.* Lb³⁹ 4890.]

22558. — Duru de Longchamp à Dubois de Crancey (sic). *Imp. L. Jorry*, 1791, in-4°, 4 p. [*N.* Lb³⁹ 4885.]

22559. — Tableau des persécutions que Barrère a fait éprouver à Dubois-Crancé pendant 15 mois. Pièce remise à la commission des 21, le 14 nivôse [an III-3 janvier 1795]. *Paris, Vachot.* S. d., in-8°, 1 f. et 28 p. [*N.* Lb⁴¹ 1567.]

Voyez le numéro suivant.

22560. — Charles Duval à Dubois-Crancé. *Paris*, 20 nivôse, l'an III de la République une, indivisible et démocratique (9 janvier 1795). S. l. n. d., in-8°, 8 p. [*N.* Lb⁴¹ 1578.]

Réponse à un passage de la brochure précédente.

22561. — Extrait du manuscrit : « les Ardennes illustrées ». Dubois-Crancé, mousquetaire, chevalier de Saint-Louis, député du bailliage de Vitry aux Etats-

Généraux, député des Ardennes à la Convention, président de cette assemblée, général de division, membre du Conseil des Cinq-Cents, inspecteur général des troupes, ministre de la guerre, par CHÉRI PAUFFIN (de Rethel), membre de l'Institut des provinces, des Académies impériales de Metz, Reims, etc. *Paris, Ledoyen*, 1854, in-8°, 30 p. [*N*. Ln^{27} 6340.]

22562. — L'Armée et la Révolution. Dubois-Crancé (Edmond-Louis-Alexis), mousquetaire, constituant, conventionnel, général de division, ministre de la guerre (1747-1814), par TH. IUNG, colonel d'artillerie. *Paris, G. Charpentier et Ce*, 1884, 2 vol. in-18. [*N*. Ln^{27} 35294.]

Tome Ier, en regard du titre, portrait de Dubois-Crancé d'après L. DAVID; p. 134, fac-similé de la fin d'une lettre à ses électeurs; p. 374, croquis du château de la Pape, résidence de Dubois-Crancé pendant le siège de Lyon.
Tome II, en regard du titre, vue de la maison de Dubois-Crancé à Rethel; p. 336, vue du château de Balham-sur-Aisne, propriété du général.

22563. — [**Dubois-Thainville.**] Lettre du citoyen THAINVILLE aux membres composant le comité épuratoire des jacobins. Paris, le 6 juin 1793. *Imp. Boulard. S. d.*, in-4°, 3 p. [*N*. Lb^{41} 3058.]

Signée : DUBOIS-THAINVILLE.
Protestation de civisme et résumé de sa carrière politique.

22564. — [**Duboy-Laverne.**] Notices sur Philippe-Daniel Duboy-Laverne, directeur de l'Imprimerie de la République. *Paris, imp. Duverger*, 1826, in-8°, 15 p. [*N*. Ln^{27} 6372.]

P. 3, notice signée : N. FOULON, extraite du *Moniteur* du 29 brumaire an XI (20 novembre 1802). P. 7, notice signée : S. DE S. [SILVESTRE DE SACY] extraite du *Magasin encyclopédique*, 8e année, tome IV, p. 183.

22565. — [**Dubreuil.**] Hommage à la vérité contre l'oppression, l'injustice, l'inhumanité et les rapines du Directoire et de ses représentants au Corps législatif, ou Second et dernier appel à leur cruauté, pour en obtenir la mort, par une famille de rentiers et créanciers de l'Etat, réduits à l'agonie du désespoir par l'extrême besoin S. l. n. d., in-8°, 47 p. [*N*. Lb^{42} 582.]

Pièce d'une violence excessive, suivie de trois pétitions non moins violentes, datées des 6 frimaire, 2 et 14 prairial an VI.
L'*Hommage à la vérité* est signé : SOPHIE DUBREUIL, F^{e} DUBREUIL, née DENIZOT, DUBREUIL, ancien chirurgien-dentiste de tous les établissements impériaux de Saint-Pétersbourg.

22566. — [**Dubu de Longchamp.**] Avis. MM. les journalistes patriotes sont priés d'insérer dans leurs feuilles la note que je soumets au public. *Imp. Jorry*, 1791, in-8°, 4 p. [*N*. Lb^{39} 9913.]

Signé : DUBU DE LONGCHAMP.
Voyez le n° 22558 ci-dessus.

22567. — [**Ducancel.**] DUCANCEL, défenseur et avoué, à ses concitoyens. *Imp. J.-A. Brosson. S. d.*, in-8°, 16 p. [*N*. Ln^{27} 6391.]

Au sujet d'un procès.

22568. — [**Ducellier** (Fr.-J.).] Compte rendu à ses commettants, par F.-J. DUCELLIER, ancien avocat au Parlement de Paris, député des communes de la Vicomté *extra muros*. *S. l. n. d.*, in-8°, 2 p. [*N*. Lb^{39} 2470.]

Désaveu des décrets rendus contre la religion d'Etat, l'inviolabilité du Roi et « la vraie liberté des peuples ».

22569. — [**Du Chastelet** (Achille-François).] Biographies foréziennes. Achille-François de Lascaris d'Urfé, marquis du Chastelet, lieutenant général des armées de la République. 1759-1794, par A. DAVID DE SAINT-GEORGES. *Dijon, imp. Darantière*, MDCCCXCVI, gr. in-8°, XXVII-382 p. et 2 ff. non chiffrés. [*N*. Ln^{27} 43021.]

Au verso du faux-titre, détail du tirage à 400 ex. Titre rouge et noir. P. VII-XII, *Liste des souscripteurs aux deux cents premiers ex.* P. XIII-XVI, *Explication des gravures hors texte et des diverses illustrations contenues dans ce volume*. P. 1, reproduction gravée sur bois d'un médaillon de l'auteur.
La biographie de Du Chastelet ne commence qu'à la page 200. Les premiers chapitres sont consacrés à la maison d'Urfé, au château de La Bastie, aux familles Camus de Pont-Carré et Du Chastelet, aux salons du XVIIIe siècle,

sans parler de nombreuses digressions, de réminiscences personnelles et d'incursions dans l'histoire politique contemporaine.

22570. — [**Du Chastelet** (Marie-Florent, duc du).] Jugement rendu par le Tribunal criminel révolutionnaire... qui, sur la déclaration du juré de jugement portant « qu'il est constant que Marie-Louis-Florent Du Chastelet, ci-devant colonel du régiment qui portait le nom de gardes-françaises, demeurant ordinairement à Paris, est convaincu d'avoir participé aux conspirations qui ont été formées contre la sûreté et l'indivisibilité de la République, soit en provoquant les manœuvres de Nancy, soit en prenant part aux projets liberticides et sanguinaires du tyran dans la nuit du 9 au 10 août 1792, soit en entretenant avec les ennemis de la République des intelligences par le fait d'émigration, soit en préparant et gardant un drapeau couvert de signes de rébellion et de ralliement des royalistes et des contre-révolutionnaires », condamne ledit Du Chastelet à la peine de mort... (23 frimaire an II-13 décembre 1793). *Paris, imp. du Tribunal criminel révolutionnaire. S. d.*, in-4°, 12 p. [*N.* Lb⁴¹ 2232*.]

22571. — [**Duchesne** (A.-S.).] Le Patriotisme opprimé. *Paris, G.-F. Galletti, an II* (1793), in-8°, 14 p. [*N.* Ln²⁷ 6428.]

Épigr. :

Nemo judex in propriâ causâ.

Signé : A.-S. Duchesne, homme de loi.
L'ex. de la B. N. porte des additions et des corrections très probablement autographes.

22572. — Encore un mot à mes vieux et nouveaux calomniateurs, Ch....., Lai...., ex-valet du guillotiné Lavauguion et autres de même étoffe. *Paris, Galletti. S. d.*, in-8°, 16 p. [*N.* Ln²⁷ 6429.]

Signé : A.-S. Duchesne, dit Duquesne, sans-culotte et homme libre.

22573. — Grande Vérité due à mes concitoyens. *Paris, imp. Galletti. S. d.*, in-8°, 4 p. [*N.* Ln²⁷ 6430.]

Signé : Courtenoud, receveur de rentes.
En faveur de Duchesne.

22574. — Le Patriotisme opprimé. *Paris, G.-F. Galletti, l'an deuxième de la République française* (1793), in-8°, 14 p. [*N.* Ln²⁷ 6428.]

Signé : A.-S. Duchesne, homme de loi.

22575. — A.-S. Duchesne-Duquesne aux signataires agitateurs, aux contre-révolutionnaires, déguisés en patriotes, et autres aristocrates de Versailles, le 16 juin 1793... *Versailles, imp. des Beaux-Arts. S. d.*, in-folio plano. [*N.* Lb⁴¹ 3087.]

Au sujet de son arrestation.

22576. — [**Duchesne** (Louis-Henri). A MM. les députés à l'Assemblée nationale (2 mars 1790). *S. l. n. d.*, in-8°, 19 p. [*N.* Ln²⁷ 6430.]

Signé : Duchesne.

22577. — Mémoire au Roi, chef suprême du pouvoir exécutif (1ᵉʳ novembre 1791). *S. l. n. d.*, in-4°, 6 p. non chiffrées. [*N.* Ln²⁷ 6440.]

Signé : L.-H. Duchesne.
Le Mémoire est suivi du *Compte que rend le sieur L.-H. Duchesne aux créanciers qui lui ont prêté pour acquérir son existence*, d'une lettre de M. Trudaine père à M. Duchesne père, le 13 janvier 1771, et d'une autre lettre de MM. Trudaine fils à M. Duchesne (1ᵉʳ décembre 1790).

22578. — Pétition à la Convention nationale. Comité de liquidation (5 juin 1793). *S. l. n. d.*, in-8°, 4 p. [*N.* Ln²⁷ 6441.]

Signée : L.-H. Duchesne, passage de Valois, au Lycée.

22579. — Jugement rendu par le Tribunal révolutionnaire... qui, sur la déclaration du juré de jugement, portant « qu'il est constant que, même postérieurement aux 4 décembre et 29 mars derniers, il a été composé, imprimé et distribué des ouvrages ou écrits et fait des propositions contenant provocation à la dissolution de la représentation nationale et au rétablissement de la royauté en France; que Louis-Henri Duchesne, ci-devant intendant de la femme nommée sous le despotisme Madame, est convaincu d'être l'auteur de ces ouvrages, écrits et propositions », condamne Louis-Henri Duchesne à la peine de mort... (22 brumaire an II (12 novembre 1793). *Imp. du Tribunal révolutionnaire.* S. d., in-4°, 7 p. [N. Lb⁴¹ 2232*.]

22580. — [**Duclos-Dufresnoy.**] Observations du citoyen Duclos-Dufresnoy, ancien notaire à Paris, sur l'interrogatoire secret qu'il a subi au Tribunal révolutionnaire (24 nivôse an II-13 janvier 1794). S. l. n. d., in-8°, 18 p. [N. Ln²⁷ 6463.]

22581. — Jugement rendu par le Tribunal révolutionnaire... qui, sur la déclaration du juré de jugement, portant « qu'il est constant qu'il a existé au mois de décembre 1791 une conspiration contre la sûreté et la liberté du peuple français, en entretenant des intelligences et correspondances avec les ennemis de la France, en leur fournissant des fonds en numéraire, soit pour faciliter leur émigration, soit pour faciliter leur rentrée en France et exécuter leurs complots de contre-révolution, que Charles-Nicolas Duclos-Dufresnoy, ci-devant notaire à Paris, est l'auteur ou complice de ce délit, condamne à la peine de mort ledit Dufresnoy... (14 pluviôse an II-2 février 1794). *Imp. du Tribunal révolutionnaire.* S. d., in-4°, 7 p. [N. Lb⁴¹ 2232*.]

22582. — Catalogue d'une collection précieuse de tableaux originaux de l'Ecole française, peints par S. Vouet, S. Chardin, Ch. Natoire, J. Vernet, J.-B. Le Prince, J.-B. Greuze, J.-H. Fragonard, H. Robert, F. Casanova, Taillasson, Lantara, N. Taunay, L. Bilcoq, J.-F. Hue, Nivard, de Valenciennes, la cⁿᵉ Gérard et autres; peintures en émail par le célèbre Petitot; miniatures, gouaches et dessins; estampes en feuilles et galeries célèbres de l'Europe; figures en bronze, vases en marbre, porcelaines, pendules, girandoles et flambeaux en bronze doré; riches meubles en vieux laque du Japon, autres de boule (sic) et d'acajou; bijoux et boîtes d'or à sujets et paysages et autres objets précieux du cabinet de feu le cᵉⁿ Duclos-

T. IV.

Dufresnoy. Par F.-L. Regnault. Vente les 1ᵉʳ-4 fructidor an III (18-21 août 1795). *Paris, F.-L. Regnault; Baudouin, huissier-priseur; Silvestre,* an III, in-8°, IV-66 p.; 200 numéros. [N. 8° V 8201 (101).]

Le cabinet de Duclos-Dufresnoy est, avec celui de La Live de Jully, l'une des rares galeries du XVIII° siècle formées en l'honneur exclusif de l'Ecole française; on y remarquait *l'Aveugle* de Chardin (aujourd'hui collection Edmond de Rothschild); *la Fontaine d'amour* et *Dites-donc : s'il vous plaît ?* de Fragonard; vingt et un tableaux de Greuze, l'un des clients de Duclos-Dufresnoy, chez lequel il a passé de nombreux actes et dont il a peint le portrait, conservé par le titulaire actuel de l'étude; des vues des environs de Chantilly et de Mello par Nivard, des émaux de Petitot (dont deux d'après Le Nain), etc.

22583. — Notice des livres précieux de la bibliothèque de feu le cit. Duclos-Dufresnoy, ancien notaire, dont la vente se fera rue Montmartre, près la cour Mandar, maison Charost, le 11 fructidor [an III] et j. s. (28 août 1795). *Santus, libraire; Baudouin, priseur-vendeur,* an III, in-8°, 31 p. et 1 f. n. ch.; 305 numéros. [N. Δ 12246.]

Le feuillet non chiffré contient la liste sommaire des classiques français de Didot (25 vol. in-4°) et de la *Gerusalemme liberata* du Tasse, uniformément reliés en maroquin vert : « Ces articles pour lesquels il y avait contestation, dit un *Nota,* n'ont pu être insérés dans une partie de la Notice. »

Dans un autre tirage de celle-ci, cette liste est placée p. 32 (non chiffrée) après l'ordre des vacations.

22584. — [**Du Clozel d'Arnery** (Gaspard-Claude Barbat).] Un Fédéré du 10 août. Barbat Du Clozel d'Arnery, par Francisque Mège. *Paris, H. Champion* (Clermont-Ferrand, typ. Montlouis), 1887, in-8°, 59 p. [N. Ln²⁷ 37007.]

Voyez le numéro suivant.

22585. — [**Du Clozel** (Marie-Catherine-Françoise Barbat).] Mémoire présenté par Mᵐᵉ Duclozel, novice prébendée du monastère de Montmartre, concernant sa pétition présentée à l'Assemblée nationale et renvoyée par décret du 27 août 1790, pour lui en être rendu compte incessamment. *Clermont-Ferrand, imp. An-*

18

toine Delcros, 1791, in-4°, 8 p. [N. Lk⁷ 5080.]

Réclamation d'une pension de 625 livres constituée sur une fondation de Mlle de Guise en faveur de douze demoiselles des duchés de Lorraine et de Bar destinées à être religieuses. La postulante avait été pourvue de ce brevet de pension le 26 octobre 1788 ; elle avait alors dix-huit ans et cinq mois. Bien que rien ne l'indique dans la teneur de sa requête, elle devait être fille du personnage à qui M. Mège a consacré la notice décrite sous le numéro précédent ; à défaut d'autres preuves, le lieu d'impression de son *Mémoire* autoriserait cette présomption.

22586. — [**Ducroisi** (Olivier SAUVAGEOT, dit).] De la Manière de présenter les faits et celle d'envisager les choses (19 décembre 1792). *Paris, imp. Nationale.* S. d., in-8°, 3 p. [N. Ln²⁷ 6485.]

Signé : DUCROISI, l'un des chefs du bureau des procès-verbaux.
Au sujet d'une gratification qui lui avait été accordée, puis retirée.

22587. — [**Ducruix** (François).] La Vérité. Justification des grenadiers de l'Oratoire et Déclaration du sieur FRANÇOIS DUCRUIX... (1791).

Voyez tome II, n° 7308 et les n°ˢ 7309-7310 qui ont trait à la même affaire.

22588. — [**Dufay**.] Examen de ma vie ou Mémoire justificatif en réponse aux calomnies affichées contre moi dans les divers hospices de Paris, et lu à l'amphithéâtre de l'École de médecine, le 28 frimaire an VII (18 décembre 1798), par le citoyen P. DUFAY, officier de santé au Grand Hospice d'humanité et l'un des prosecteurs de l'École de médecine. *Paris, imp. Renaudière.* S. d., in-8°, 23 p. [N. Ln²⁷ 6516.]

22589. — [**Dulac**.] Au Corps législatif, CHARLES-GRÉGOIRE DULAC, ancien volontaire national. *Imp. Baudouin.* S. d., in-8°, 3 p. [N. Ln²⁷ 6604.]

Contre Armand Séguin au sujet de l'acquisition de la maison Ravannes, près Moret (Seine-et-Marne).

22590. — [**Dulac** (H.-G.).] Ce 6 frimaire an III de la République éternelle (26 novembre 1794). Aux représentants du peuple composant le Comité de sûreté générale. H.-G. DULAC, agent du Comité de salut public pour les manufactures d'armes, poudres et salpêtres. *Imp. Renaudière.* S. d., in-4°, 8 p. [R. AD. I, 52.]

P. 2, *Ma conduite dans la Révolution du 9 au 10 thermidor*. P. 4, *Renseignements fixes sur moi que j'oppose aux calomnies quelconques qui peuvent avoir été débitées sur mon compte et dont je garantis la vérité sur ma tête.*

Dans la première partie de cette justification, Dulac prétend avoir arrêté de sa main, le 9 thermidor, Dumas, Saint-Just et Payan ; dans la seconde il énumère les écrits publiés par lui depuis le début de la Révolution, mais dont il ne donne pas pour la plupart les titres exacts : des *Réflexions sur le départ de Louis et la punition à lui infliger* (?) ; un « petit ouvrage sur l'intérêt de la conservation des forêts nationales » (peut-être des *Idées sur la vente des forêts soumises au Corps législatif.* Imp. des frères associés. S. d. (1791), in-8°. [N. Lb³⁹ 5314]) ; *Avantages de la liberté générale et principalement pour nos colonies* (?) ; le *Glaive vengeur de la République* (voyez tome Ier de la Bibliographie, n° 4955) ; l'*Evangile du jour* (?) ; *Descente de la Dubarry aux enfers* (voyez les n°ˢ 21232 et 22250 ci-dessus) ; l'*Ombre d'Hébert sur les bords du Ténare* (peut être est-ce la brochure intitulée : *Arrivée du Père Duchesne et compagnie aux enfers, suivie de sa complainte,* qui sera décrite plus loin) ; le *Bon père la Joie* (voyez les *Soirées du père La Joie*, tome II, n° 11700²) ; une *Vie de Marat*, sous presse au moment de l'arrestation de l'auteur, et un « ouvrage sur la fabrication de la poudre et du salpêtre ».

22591. — [**Dulaure**.] Notices sur la vie et les ouvrages de M. Dulaure. S. l. n. d. (1835), in-8°, XV p. [N. Ln²⁷ 6606.]

Signé : A. T. [ALPH. TAILLANDIER] et A. G. [GIRAULT DE St-FARGEAU].
Tirage à part des préliminaires du catalogue décrit tome Ier, p. LXIV.

22592. — Notice biographique sur M. J.-A. Dulaure, membre honoraire de la Société royale des Antiquaires de France, par M. A. TAILLANDIER, membre résidant de la même Société. Extrait du tome XII des « Mémoires de la Société royale des Antiquaires de France ». *Paris, imp. E. Duverger*, 1836, in-8°, 24 p. [N. Ln²⁷ 6607.]

Réimpression des deux notices décrites sous le numéro précédent.

22593. — Extrait des Mémoires inédits de J.-A. DULAURE, membre de la Convention nationale, etc. *Paris, Fournier*, 1838, in-8°, 75 p. [*N.* Lb⁴¹ 2127.]

Extrait de la *Revue rétrospective*, 3ᵉ série, tome III.

22594. — Notice sur Dulaure, par EDOUARD FOURNIER. *Poissy, imp. Arbieu. S. d.* (1858), gr. in-8°, 47 p.

Cette *Notice*, qui n'a qu'un faux-titre et un titre de départ, a été écrite pour une réimpr. de l'*Histoire physique, civile et morale de Paris...* de Dulaure (1858, 3 vol. gr. in-8°), mais elle manque dans l'ex. de la B. N. et je la décris ici d'après l'ex. de la bibliothèque de M. Paul Lacombe.

22595. — Mémoires de LOUVET, avec une introduction par E. MARON. Mémoires de DULAURE, avec une introduction par M. L. DE LA SICOTIÈRE. *Paris, Poulet-Malassis*, 1862, in-18, 2 ff. et XXV-452 p. [*N.* La³³ 136.]

Les *Mémoires* de Dulaure sont séparés (p. 255) de ceux de Louvet par un faux-titre portant : *Mémoires de* DULAURE, *fragment publié dans le tome XX de la première « Revue rétrospective »* de M. Taschereau.
Voyez le numéro suivant.

22596. — Notice historique et littéraire sur Dulaure. *Paris, imp. Poupart-Davyl. S. d.*, in-12, 23 p. [*N.* Ln²⁷ 6608.]

Signé : LÉON DE LA SICOTIÈRE, 18 mars 1862.
Le titre n'est qu'un titre de départ.
Tirage à part de l'introduction des *Mémoires* décrits sous le numéro précédent.

22597. — MARCELLIN BOUDET. Les Conventionnels d'Auvergne. Dulaure. *Paris, Aubry; Clermont-Ferrand, F. Thibaut*, 1874, in-8°, 2 ff. et 464 p. [*N.* Ln²⁷ 28046.]

22598. — [**Dumarest.**] Institut de France. Funérailles de M. Dumarest, 8 avril 1806. *Paris, imp. Baudouin. S. d.*, in-4°, 3 p. [*N.* Ln²⁷ 6617.]

Discours de HEURTIER, architecte, président de la classe des beaux-arts.

22599. — Eloge funèbre de Rambert Dumarest, de l'Institut national, membre de la R∴ L∴ Ec∴ du Grand Sphinx de Paris, prononcé dans le sein de cette L∴ le 15ᵉ∴ j∴ du 3ᵉ∴ m∴ 5086, ère vulgaire 15 mai 1806, par le V∴ F∴ MAXIMILIEN JAUBERT, Or∴. *Paris, imp. Porthmann. S. d.*, in-8°, 11 p. [*N.* Ln²⁷ 6618.]

22600. — [**Dumas** (Mathieu).] Souvenirs du lieutenant général comte MATHIEU DUMAS, de 1770 à 1836, publiés par son fils. *Paris, Ch. Gosselin*, 1839, 3 vol. in-8°. [*N.* La³⁰ 19.]

En tête de l'ex. de la B. N. est relié un prospectus de 3 p.

22601. — [**Dumas** (René-Marie).] Mémoire sur la charge du maréchal des logis du ci-devant régiment des Gardes-Françaises, dont Dumas est titulaire. *Paris, imp. Prault. D. S. M.*, 1791, in-8°, 8 p. [*N.* Ln²⁷ 6639.]

22602. — A l'Assemblée nationale. Adresse de RENÉ-MARIE DUMAS, chevalier de Saint-Louis, maréchal des logis du ci-devant régiment des gardes-françaises, avec commission de capitaine d'infanterie. *Paris, imp. N. Renaudière. S. d.* (1790), in-4°, 4 p. [*N.* Lf⁵¹ 22.]

Réclamation de 60,000 livres, payées pour le brevet de sa charge.

22603. — [**Dumont-Valdajou.**] Convention nationale. Rapport sur le traitement du citoyen Dumont-Valdajou, présenté au nom des comités des finances et d'instruction publique, par L. BAILLY, député du département de Seine-et-Marne. Lu à la séance du 15 frimaire [an II (15 décembre 1793).] Imprimé par ordre de la Convention nationale. *Imp. Nationale. S. d.*, in-8°, 8 p. [*N.* Le³⁸ 594.]

Continuation de la pension de 2,000 livres accordée à Dumont-Valdajou, « chirurgien-renoueur ».

22604. — [**Dumouchel** (J.-B.).] L'Apothéose de M. Dumouchel, évêque schismatique du département du Gard par la grâce de la Révolution. Par M. BENOIT SAUSSINE, garçon fossoyeur, carillonneur et bedeau de la paroisse Saint-Castor de Nismes (21 mai 1791). *Paris, chez M. Du-*

mouchel, ci-devant commis à la barrière Saint-Jacques, rue des Mauvais-Garçons, n° 20. S. d., in-8°, 43 p. [N. Ld⁴ 3592.]

Violent pamphlet.
Voyez tome III, n°ˢ 17278-17281 et le numéro suivant.

22605. — M. Dumouchel, soi-disant évêque du département du Gard, et tous les autres défenseurs de la religion constitutionnelle de France, convaincus d'ignorance, de mauvaise foi et d'hérésie, par les catholiques du département du diocèse de Nîmes. Paris, Dufresne; Artaud et les marchands de nouveautés. S. d., in-8°, 1 f. et 102 p. [N. Ld⁴ 3593.]

22606. — [Dunouy.] Dénonciation contre MM. les administrateurs des travaux publics de la municipalité, adressée à la Commune de Paris, par JEAN-HONORÉ DUNOUY, citoyen. S. l. n. d., in-8°, 20 p. [N. Ln²⁷ 6708.]

Au sujet des travaux du canal de Saint-Maur.

22607. — Vérités incontestables. S. l. n. d., in-8°, 1 f. et 22 p. [R. AD. I, 50.]

Le titre de départ, p. 1, porte en plus : DUNOUY, appelant au peuple contre Chaumette et consorts.
Apologie de sa conduite.

22608. — [Duparc (Pierre-Charles).] Jugement rendu par le Tribunal révolutionnaire... qui, sur la déclaration du juré de jugement portant : 1° qu'il est constant qu'il a existé un complot entre Capet, sa femme et autres qui a opéré la guerre civile en armant les citoyens les uns contre les autres et a fait périr, le 10 août 1792, une grande quantité de patriotes; 2° que Pierre-Charles Duparc, inspecteur des Tuileries, a été complice de ce complot, condame Pierre-Charles Duparc à la peine de mort... 27 brumaire an II (17 novembre 1793). Imp. du Tribunal révolutionnaire. S. d., in-4°, 4 p. [N. Lb⁴¹ 2232*.]

22609. — [Duplessis (Antoine Pignard-).] Mémoire justificatif pour M. DUPLESSIS, prêtre de la paroisse de Saint-Gervais, électeur de 1790 et 91, aumônier du bataillon et commissaire de la section de l'Hôtel-de-Ville. Paris, imp. de la rue des Nonaindières, 1792, in-8°, 24 p. [N. Ln²⁷ 6777.]

22610. — [Dupont (Pierre-Samuel, de Nemours).] DUPONT de Nemours à ses collègues (an V).

Réponse aux attaques personnelles de Richou et de Brival, dans la discussion ouverte sur l'Imprimerie de la République. Voyez tome III, n° 17855.

22611. — Notice sur la vie de Dupont (de Nemours), conseiller d'Etat, chevalier de l'ordre royal de Vasa et de la Légion d'honneur, par M. DE M...., C. R. en l. c. d. c., électeur du département de la Seine. Paris, Delaunay, 1818, in-8°, 46 p. [N. Ln²⁷ 6800.]

Par M. de MONCHANIN, conseiller référendaire en la cour des Comptes, titre que l'auteur avait reçu en 1807. Il était neveu de Dupont (de Nemours).

22612. — Notice biographique sur M. Dupont (Pierre-Samuel), membre de l'Institut, de la Société royale et centrale d'agriculture et d'un grand nombre d'autres sociétés savantes et littéraires françaises et étrangères, chevalier de la Légion d'honneur et de l'ordre de Vasa, par M. SILVESTRE, secrétaire perpétuel de la Société. Paris, imp. de Mᵐᵉ Huzard, 1818, in-8°, 1 f. et 41 p. [N. Ln²⁷ 6801.]

22613. — Société d'encouragement pour l'industrie nationale. Notice sur M. Dupont, de Nemours, lue à la séance générale, le 23 septembre 1818, par M. le baron DE GERANDO, secrétaire de la Société. Extrait du « Moniteur » du 16 octobre 1818. Imp. Vᵉ Agasse. S. d., in-8°, 10 p. [N. Ln²⁷ 6802.]

22614. — [Duport (Adrien).] Extrait de la « Biographie des contemporains », par MM. ARNAULT, JAY, JOUY, etc. Plassan (1822), in-8°, 7 p. [N. Ln²⁷ 6816.]

Notice sur Adrien Duport.

22615. — [Duport-Dutertre (Marguerite-L.-F.).] Récit de ce qui s'est passé à l'Hôtel de Ville, le mardi soir 23 novembre 1790, relativement à M. le nouveau garde des sceaux. *Paris, imp. Champigny*, in-8°, 7 p. [*Br. M. F. R.* 895, 3.]

Signé : CHARON.
Adieux de Duport-Dutertre, en résignant ses fonctions de substitut adjoint du procureur de la Commune pour prendre celles de ministre de la Justice.
Voyez tome II, n° 5815 et le numéro suivant.

22616. — Discours prononcé, le sceau tenant, par M. LE BLANC DE VERNEUIL, procureur général des requêtes de l'Hôtel, et requérant les publication et enregistrement des provisions de M. Duport, garde des sceaux, le 7 décembre 1790. *S. l. n. d.*, in-4°, 3 p. [*N.* L.n^{27} 6815.]

22617. — Réponse du ministre de la Justice aux différents chefs de dénonciation portés contre lui à l'Assemblée nationale (14 mars 1792). *Paris, imp. Royale*, 1792, in-4°, 40 p. [*P.* Série 140. Recueil général.]

Signé : M.-L.-F. DU PORT.

22618. — Jugement rendu par le Tribunal révolutionnaire... qui, sur la déclaration du juré de jugement portant « qu'il est constant que Louis-François Duport-Dutertre, Antoine-Pierre-Joseph-Marie Barnave ont conspiré contre la liberté et la souveraineté du peuple et contre la sûreté générale de l'Etat », condamne lesdits Antoine-Pierre-Joseph-Marie Barnave et Marguerite-Louis-François Duport-Dutertre à la peine de mort (8 frimaire an II-28 novembre 1793). *Imp. du Tribunal révolutionnaire. S. d.*, in-4°, 4 p. [*N.* Lb^{41} 2232*.]

22619. — [**Du Pouzals**.] Mémoires des services de M. DU POUZALS, commandant et électeur du canton de Chatillon-lès-Paris et chevalier de Saint-Louis, ancien capitaine de cavalerie. *Paris, imp. Nationale. S. d.* (1790), in-4°, 4 p. [*N.* Ln^{27} 6820. — R. AD. VI, 66.]

Demande de la place de colonel de gendarmerie nationale dans la 1re division.
A ce placet est joint, dans l'ex. de la collection Rondonneau, un feuillet in-4° intitulé :

Département de Paris. (Paris, imp. Nationale. S. d.), renfermant des attestations délivrées par le comité provisoire de police (23 juillet 1790) et contresignées par LA FAYETTE et GOUVION.

22620. — [**Dupré** (Augustin).] Institut de France. Académie des beaux-arts. Notice sur la vie et les ouvrages d'Augustin Dupré, graveur général des monnaies de la République, lue dans la séance trimestrielle des cinq classes de l'Institut, le 26 octobre 1870, par M. CHARLES BLANC. *Paris, typ. Firmin Didot frères*, in-4°, 16 p. [*N.* Ln^{27} 25866.]

Réimp. dans *les Artistes de mon temps* (Firmin Didot et Ce, 1876, in-8°).

22621. — CHARLES SAUNIER. Augustin Dupré, orfèvre, médailleur et graveur général des monnaies. Préface de M. O. ROTY, membre de l'Institut. *Paris, Société de propagation des livres d'art, 7, rue Corneille*, 1894, in-8°, XIV (XV)-129 p. [*N.* Ln^{27} 43053.]

Papier teinté. Titre rouge et noir.
Six pl. hors texte (héliogravures) et trente-cinq similigravures dans le texte.

22622. — [**Dupuis** (Ch.-François).] Notice historique sur la vie et les ouvrages de M. Dupuis, par M. DACIER, secrétaire de l'Institut impérial, lue à la séance publique du vendredi 3 juillet 1812. Extrait du « Moniteur », n°s 216 et 217 (an 1812). *S. l. n. d.*, in-8°, 20 p. [*N.* Ln^{27} 6846.]

22623. — Notice historique sur la vie littéraire et politique de M. Dupuis, ancien professeur de rhétorique en l'Université de Paris, avocat au Parlement, député à la Convention nationale, au Conseil des Cinq-Cents, membre du Corps législatif, de l'Institut et de la Légion d'honneur, professeur d'éloquence latine au Collège de France, et de plusieurs Académies, par Mme sa veuve. *Paris, imp. Brasseur aîné*, 1813, in-8°, 26 p. [*N.*Ln^{27}6847.]

22624. — Notice historique sur la vie et les écrits de C.-F. Dupuis. *S. l. n. d.* (1859), in-8°, XVI p. [*N.* Ln^{27} 6848.]

Paginée en chiffres romains, cette notice anonyme, qui n'a qu'un titre de départ, semble avoir été destinée à une réimpression de *l'Origine de tous les cultes* qui n'a pas vu le jour.

22625. — [**Durand** (Antoinette-Emilie).] Jugement du Tribunal criminel du département de la Seine, du 8 nivôse l'an cinq de la République (28 décembre 1796) qui acquitte Antoinette-Emilie Durand et Jacques Igonnette. *Imp. B. Imbert. S. d.*, in-fol. plano. [*N.* Lb^{42} 237.]

L'accusation portait sur la vente d'écrits imprimés sans nom d'auteur ni d'imprimeur, ayant pour titre, le premier : *Révolution des Welches, prédite dans les jours anciens* ; et le second : *la Mort de Louis XVI, tragédie, suivie de son testament et d'une lettre à son confesseur.* (Voyez les n°s 20933-20933^{a-d} ci-dessus).

22626. — [**Duras.**] Journal des prisons de mon père et des miennes, par Mme la duchesse DE DURAS, née NOAILLES (1888).

Voyez tome Ier, n° 4366.

22627. — [**Dusaulx** (Jean).] Réclamation faite au Conseil des Anciens, par J. DUSAULX, le 5 floréal an V (24 avril 1797). *Imp. Baudouin. S. d.*, in-8°, 4 p. [*N.* Lb^{42} 323.]

Au sujet de son rôle dans la journée du 10 août.

22628. — De mes Rapports avec J.-J. Rousseau et notre correspondance, suivie d'une notice très importante. Par J. DUSAULX. *Paris, imp. Didot jeune, l'an VI*, 1798, in-8°, 294 p. [*N.* Ln^{27} 6938.]

Dédicace à l'helléniste Brunck.
P. 192, *Notice de la correspondance de J.-J. Rousseau avec M. de Saint-Germain* ; p. 201-268, lettre à M. de Saint-Germain, datée de Monquin, 17 $\frac{20}{2}$ 70, suivie de réflexions sur cette lettre. P. 278, *Aux mânes de J.-J. Rousseau.* P. 279, *Post-scriptum.* P. 281, *Mes adieux au Conseil des Anciens dans la séance du 7 floréal an VI (26 avril 1798).*
Voyez les deux numéros suivants.

22629. — Lettre au citoyen D****, sur l'ouvrage intitulé : « Mes Rapports avec J.-J. Rousseau », par le citoyen Dusaulx. Extrait de « la Clef du cabinet des souverains ». *Paris, Desenne; Dejour; Levacher. S. d.*, in-8°, 8 p. [*N.* Ln^{27} 6939.]

Signé : GRANIÉ, jurisconsulte.

22630. — Corps législatif. Conseil des Anciens. Discours de J. DUSAULX, membre du Conseil des Anciens, en lui présentant l'ouvrage intitulé : « De mes Rapports avec Jean-Jacques Rousseau et de notre correspondance, suivie d'une notice très essentielle (*sic*) ». Séance du 21 floréal an VI (10 mai 1798). *Paris, imp. Nationale, an VI*, in-8°, 4 p. [*N.* Le^{45} 925.]

22631. — Institut national. Funérailles du citoyen Dusaulx (28 ventôse an VII-18 mars 1799). *Imp. Baudouin. S. d.*, in-4°, 2 p. [*N.* Ln^{27} 6940.]

Discours de VILLAR.

22632. — A la Mémoire de Dusaulx. *S. l. n. d.*, in-8°, XXVIII p. [*N.* Ln^{27} 4941.]

Signé : VILLETERQUE.

22633. — Mémoires sur la vie de J. DUSAULX, écrits par sa veuve. *Paris, imp. Didot jeune, an IX* (1801), in-8°, 2 ff. et IV-147 p. [*N.* Ln^{27} 6942. Réserve.]

N'a pas été mis dans le commerce.
¶ ETIENNE CHARAVAY a publié dans *la Révolution française*, tome III (janvier-juin 1885), pp. 818-820), une lettre autobiographique de Dusaulx datée de Paris, 18 juin 1786.

22634. — [**Dussault.**] Lettre de J.-J. DUSSAULT à J.-B. Louvet, député à la Convention nationale, au sujet de son journal (21 messidor an III-29 juillet 1795). *Paris, Maret, an III* (1795), in-8°, 24 p. [*N.* Ln^{27} 6945.]

ÉPIGR. :

Et jusqu'à *je vous hais*, tout s'y dit tendrement.

22635. — Lettre de J.-J. DUSSAULT au citoyen Fréron (Auteuil, 20 germinal...). *Paris, les marchands de nouveautés, an IV*, in-8°, 16 p. [*N.* Ln^{27} 6948.]

22636. — Réponse du neveu de mon oncle à Réal. *Paris, Maret; Neuville; les marchands de nouveautés. S. d.*, in-8°, 14 p. [*R.* AD. I, 58.]

Réponse de J.-J. DUSSAULT au n° 4 du *Journal de l'opposition.*
Voyez tome II, n° 10983.

22637. — [**Du Tertre** (J.-B.-François).] Très respectueuse Adresse à l'Assemblée nationale, déférée et remise au comité des finances, en mai 1790, par M⁰ Du Tertre, avocat en Parlement, ancien notaire au Châtelet de Paris et premier commis au département des finances récemment supprimé. S. l. n. d., in-4°, 20 p. [R. AD. IX, 546.]

Demande de réintégration.

22638. — [**Du Tremblay** (François-Jean-Louis).] Département de Paris. Domaines nationaux. Vente des meubles et effets de Dutremblay, mort par la loi, rue Notre-Dame-des-Victoires-Nationales, n° 106, près la rue Montmartre, section Le Peletier, 15 ventôse an II (5 mars 1794). Imp. Ballard. S. d., in-folio plano.

Dutremblay, né à Montdidier (Somme), agent de la régie générale des charrois réunis, avait été condamné à mort le 10 nivôse an II (30 décembre 1793).

22639. — [**Duval** (Charles).] Charles Duval à ses collègues et à ses concitoyens. Paris, 25 nivôse, l'an III de la République une, indivisible et démocratique (14 janvier 1795). S. l. n. d., in-8°, 12 p. [N. Lb⁴¹ 1579.]

Réponse à une dénonciation du *Journal des hommes libres* qui l'accusait d'avoir excité des femmes de la rue Saint-Honoré à s'élever contre l'augmentation de l'indemnité accordée aux représentants.

¶ On trouve dans *Charlotte Corday et les Girondins* par Ch. Vatel (voyez tome Iᵉʳ de la *Bibliographie*, n° 521), pp. 535-549, une importante notice biographique sur Charles Duval d'après des documents inédits.

Duval d'Éprémesnil. — Voyez **Eprémesnil** (Duval d'),

22640. — [**Duval** (Georges).] Souvenirs de la Terreur de 1788 à 1793 (1841-1842).

Voyez tome Iᵉʳ de la *Bibliographie*, n° 368, et pour les *Souvenirs thermidoriens*, qui n'ont pas plus de valeur, ibid., 378.

22641. — [**Duval-Destaints** (sic : d'Estaing).] Pièces justificatives de M. Duval-Destaints (17 septembre 1792). Imp. C.-F. Patris. S. d., in-4°, 1 f. et 10 p. [R. AD. I, 52.]

Le titre de départ, p. 1, porte en plus : Commune de Paris. Justification de M. Duval-Destaints, membre de la Commune de Paris, de la section des Gravilliers. Viennent ensuite les *Pièces justificatives*.
Protestation contre une accusation de vol, commis à Chantilly le 17 août 1792, suivie des attestations du curé et de la municipalité.

22642. — [**Duveyrier** (Honoré-Marie-Nicolas).] Anecdotes historiques, par un témoin oculaire, le baron D. V. (Duveyrier). Tiré à 100 exemplaires. *Paris, imp. E. Duverger*, 1837, in-8°, 2 ff. et 396 p. [N. Ln²⁷ 700. Réserve.]

Publié par l'auteur lui-même (1754-1839) et non mis dans le commerce.

22643. — [**Duvivier** (Pierre-Simon-Benjamin).] Institut royal de France. Funérailles de M. Duvivier (12 juillet 1819). S. l. n. d., in-4°, 4 p. [N. Ln²⁷ 7011.]

Discours de Quatremère de Quincy.
Le même a lu, comme secrétaire perpétuel de l'Académie des beaux-arts, à la séance publique du 6 octobre 1821, une notice sur Duvivier réimprimée dans la première série du *Recueil* de ces Eloges (1834, in-8°).

22644. — [**Duvivier.**] Le Triomphe du crime est toujours passager. Ma mère mise au tombeau par l'ancien comité révolutionnaire de Popincourt. *Paris, imp. Charpentier.* S. d., in-8°, 16 p. [N. Ln²⁷ 7013.]

Signé : Duvivier, rue Denis, n° 17, section des Amis-de-la-Patrie.

22645. — [**Duvivier.**] Duvivier à ses concitoyens de la section de la Cité. *Chartres, imp. Labalte.* S. d., in-4°, 19 p. [Br. M. F. R. 54*, 2.]

Réponse à diverses inculpations.
Duvivier avait été capitaine des grenadiers du 3ᵉ bataillon de Paris.

22646. — [**Edgeworth de Firmont.**] Oraison funèbre de très vénérable H.-Essex Edgeworth de Firmont, prêtre de la Sainte Eglise Romaine, confesseur de Louis XVI, prononcée, le 29 juillet 1807, dans la chapelle française de King Street, Portman-Square, à Londres, par M. l'abbé DE BOUVENS. *Londres, imp. R. Juigné,* 17, *Margaret Street, Cavendish Square, et se trouve chez Dulau,* 1807, in-8°, 59 p. [*N.* Ln²⁷ 7027.]

Voyez le numéro suivant.

22646ᵃ. — Oraison funèbre de très vénérable H.-E. Edgeworth de Firmont..., par M. l'abbé DE BOUVENS, suivie de plusieurs pièces officielles relatives à la proposition faite en 1803 par Buonaparte à S. M. Louis XVIII et à tous les membres de sa famille de renoncer en sa faveur au trône de France. *Paris, Goujon; H. Nicolle,* 1814, in-8°, 1 f. et 60 p. [*N.* Ln²⁷ 7027 A.]

¶ Le *Bulletin du comité d'histoire et d'archéologie du diocèse de Paris,* tome II (1884), pp. 135-136, a publié d'après la *Revue de la Révolution* deux rédactions d'une épitaphe de l'abbé Edgeworth rédigée en 1807 par le comte de Lille (Louis XVIII) et amendée par Joseph de Maistre dans les papiers de qui elle avait été retrouvée. Cette épitaphe n'avait pas été apposée sur le tombeau du défunt.
Sur l'exhortation fameuse attribuée à l'abbé Edgeworth au moment de l'exécution de Louis XVI, voyez les divers témoignages recueillis par M. de Beaucourt dans l'ouvrage intitulé : *Captivité et derniers moments de Louis XVI* (cf. n° 20876 ci-dessus), tome Iᵉʳ, pp. LV-LVII et tome II, pp. 353-369.

22647. — Mémoires de l'abbé EDGEWORTH DE FIRMONT, dernier confesseur de Louis XVI, recueillis par C. SNEYD EDGEWORTH, et traduits de l'anglais par le traducteur d'Edmund Burke. *Paris, Gide fils, octobre* 1815, in-8°, 2 ff. et 220 p. [*N.* Lb³⁹ 58.]

22647ᵃ. — Mémoires de M. l'abbé EDGEWORTH... Troisième édition, augmentée d'une notice sur les derniers moments de Marie-Antoinette, reine de France, de son testament, de celui de Louis XVI, et d'une pièce inédite relative à l'évasion de l'abbé Edgeworth. *Paris, Gide fils,* 1817, in-8°, 1 f. et 281 p. [*N.* Lb³⁹ 58 B.]

Le traducteur est DUPONT, conseiller d'État et intendant de la marine, mort à Toulon en 1817.
D'autres ex. à la même date portent : *Nouvelle édition.*

22648. — Lettres from the abbé EDGEWORTH, to his friends, written between the years 1777 and 1807, with memoirs of his life, including some account of the late roman catholic bishop of Cork, Dʳ Moylan, and letters to him from the right hon. Edmund Burke and other persons of distinction. By the rev. THOMAS-R. ENGLAND. *London, Longman,* 1818, in-8°, 222 p. [*N.* Lb³⁹ 6204.]

Voyez le numéro suivant.

22649. — Lettres de l'abbé EDGEWORTH, confesseur de Louis XVI, à ses amis, écrites depuis 1777 jusqu'à 1807, contenant quelques détails sur le défunt évêque catholique de Cork, Dʳ Moylan, et des lettres au très honorable Edmond Burke et d'autres personnes de distinction, par le révérend THOMAS R*** (THOMAS-R. ENGLAND). Traduit de l'anglais par Mᵐᵉ ELISABETH DE BON, auteur des « Douze siècles », traductrice du « Coin de feu du pasteur », etc. *Paris, Eymery,* 1818, 2 ff. et 207 p. [*N.* Lb³⁹ 6202.]

22650. — [**Edouard** (J.-B.).] J.-B. EDOUARD à ses collègues. *Imp. Guérin. S. d.,* in-8°, 1 p. [*N.* Lb⁴¹ 1870.]

Protestation contre le rôle que lui attribuait le *Moniteur* dans la journée du 1ᵉʳ prairial.
J.-B. Edouard Le Flaive, dit Edouard, était entré à la Convention le 26 floréal an II (15 mai 1794) comme suppléant de Basire pour la Côte-d'Or.

22651. — [**Elie.**] L'Achille français, le héros de la Bastille, ou le Brave Elie récompensé (1789).

Voyez tome Iᵉʳ, n° 1150.

22652. — [**Elliott** (Georgina (et non Grâce) DALRYMPLE, dame).] Journal of my life during the french Revolution, by GRACE DALRYMPLE ELLIOTT. *London, Richard Bentley,* 1859, in-8°, XV-206 p. et 1 f. n. c. (nom et adresse de l'imprimeur). [*P.* 11987.]

Portraits de Mᵐᵉ Elliott (COSWAY *pinxit,* J.-B. BROWN sc.), du duc d'Orléans (from an original miniature, J.-B. BROWN sc.) et de lady Charlotte Bentinck enfant (Sir JOSUAH REYNOLDS *pinx.,* J.-B. BROWN sc.).
Texte encadré d'un filet rouge. La table des

chapitres et la Préface, paginées en chiffres romains, sont comprises dans la pagination totale.

Voyez le numéro suivant.

22653. — Mémoires de Mme Elliott sur la Révolution française, traduits de l'anglais par le comte de Baillon, avec une appréciation critique par M. Sainte-Beuve, membre de l'Académie française. *Michel Lévy frères*, 1861, in-18, 2 ff. et 256 p. [N. La^{33} 126.]

L'authenticité de ces *Mémoires* n'est nullement établie et les allégations de l'auteur, même en ce qui la concerne, sont fort sujettes à caution.

On peut lire à ce sujet une lettre de M. Ch. Alleaume dans la *Correspondance littéraire* dirigée par Ludovic Lalanne (10 juillet 1861, p. 396). J'ai traité le même sujet d'après de nouveaux documents dans une lecture faite à la séance publique de la Société de l'histoire de la Révolution, le 29 mars 1903.

22654. — [**Emery** (Jacques-André).] Vie de M. Emery, neuvième supérieur du séminaire et de la compagnie de Saint-Sulpice, précédée d'un précis de l'histoire de ce séminaire et de cette compagnie depuis la mort de M. Olier. *Paris, A. Jouby*, 1861-1862, 2 vol. in-8°. [N. Ln^{27} 7091.]

Par J.-E.-A. Gosselin.

En tête du tome Ier, *Notice sur M. Gosselin, auteur de la « Vie de M. Emery »* (1787-1858).

¶ M.-J.-P. Picot avait écrit au lendemain même de la mort de M. Emery une *Notice* assez étendue destinée à être placée en tête d'une édition posthume des *Pensées de Descartes sur la religion et la morale* (1811, in-8°); mais cette *Notice* fut saisie par la police et mise au pilon. Elle a été toutefois reproduite à peu près intégralement, paraît-il, dans la *Biographie des hommes célèbres du département de l'Ain* (Bourg, 1833-1840, 2 vol. in-8°) publiée par M. Depéry, plus tard évêque de Gap, tome Ier, pp. 232-271.

22655. — M. Emery, par M. F. de Champagny. Extrait du « Correspondant ». *Paris, Ch. Douniol*, 1863, in-8°, 20 p. [N. Ln^{27} 7092.]

Compte rendu de l'ouvrage décrit sous le numéro précédent.

22656. — Histoire de M. Emery et de l'église de France pendant la Révolution, par M. Elie Méric, docteur en théologie et en droit-canon, professeur de théologie morale à la Sorbonne. *Paris, Société générale de librairie catholique, Victor Palmé, directeur général; Bruxelles; Genève*, 1885, 2 vol. in-8°. [N. Ln^{27} 35988.]

Première partie : *la Révolution*. 1732-1799.
Deuxième partie : *l'Empire*. 1810-1811.

En regard du titre du tome Ier, portrait gravé sur bois de *Jacques-André Emery, supérieur général du séminaire et de la congrégation de Saint-Sulpice, né le 26 août 1732, décédé le 28 avril 1811*.

22657. — [**Épellet.**] Réponse du citoyen Épellet, électeur de [17]92, de la section des Gravilliers, à un arrêté de ladite section. *Imp. de la rue Neuve-de-l'Egalité.* S. d., in-8°, 11 p. [N. Ln^{27} 7143.]

Signé : Épellet, ciseleur et électeur, demeurant cour Saint-Martin, n° 10.

22658. — [**Éprémesnil** (Jean-Jacques Duval d').] Déclaration de M. d'Éprémesnil au sujet d'un imprimé faussement répandu sous son nom (13 janvier 1789). S. l. n. d., in-8°, 3 p. [N. Lb^{39} 10988.]

Désaveu d'une prétendue *Lettre à M. Necker*, suivie d'une réponse et d'une autre brochure intitulée : *Réflexions impartiales*. P. 2, l'auteur dit n'avoir rien publié avant ni depuis les *Réflexions d'un magistrat sur la question du nombre et sur l'opinion par ordre et par tête*, parues au moment de la convocation des Etats-Généraux.

22659. — Avertissement de M. d'Éprémesnil, à l'occasion de trois libelles anonymes qu'il a reçus de Beaucaire par la poste (31 janvier 1789). S. l. n. d., in-8°, 4 p. [N. Lb^{39} 6957.]

Voyez le numéro suivant.

22660. — Lettre à M. D'Éprémesnil. *Paris, le 10 février 1789. Réponse de M. D'Éprémesnil...* (11 février 1789). S. l. n. d., in-8°, 8 p. [N. Lb^{39} 6980.]

La *Lettre* est signée, p. 4, le chevalier Rutledge et la *Réponse* de d'Eprémesnil est apostillée d'une note signée de même.

22661. — Supplément aux « Actes des apôtres ». Conversation entre la lanterne et D... D... S. l., in-8°, 16 p. [N. Lc² 2306.]

Pamphlet dialogué contre Duval d'Éprémesnil.

ÉPIGR. :

Et la foudre, grand Dieu ! reste oisive en tes mains !

22662. — Déclaration de M. d'ÉPRÉMESNIL à l'occasion de libelles qui le poursuivent, accompagnées de quelques réflexions sur la progression des décrets et sur le club monarchique. Véritable édition conforme à l'exemplaire déposé chez M. Dufouleur, notaire, rue Montmartre (13 février 1791). S. l. n. d., in-8°, 15 p. [N. Lb³⁹ 9718.]

Signée, p. 15 : DU VAL D'ÉPRÉMESNIL.
Réponse à un article de la *Chronique de Paris*.

22663. — Un Précurseur inconscient de la Révolution. Le Conseiller Du Val d'Éprémesnil, par HENRI CARRÉ, professeur à l'Université de Poitiers, président de la Société des Antiquaires de l'Ouest. Extrait de « la Révolution française » du 14 octobre et du 14 novembre 1897. *Paris, imp. de la Cour d'appel*, L. Maretheux, 1897, in-8°, 59 p. [N. Ln²⁷ 45390.]

22664. — [**Espagnac** (l'abbé d').] Marc-René SAHUGUET à ses concitoyens. A l'Abbaye, le 9 décembre 1792. S. l. n. d., in-8°, 3 p. [N. Ln²⁷ 7181.]

22665. — MARC-RENÉ SAHUGUET ESPAGNAC à ses concitoyens. *Paris, imp. H.-J. Jansen.* S. d., in-folio plano. [N. Ln²⁷ 7182.]

22666. — MARC-RENÉ SAHUGUET ESPAGNAC aux représentants du peuple. S. l. n. d. — M.-R. SAHUGUET ESPAGNAC à ses concitoyens. S. l. n. d., in-4°, 4 et 2 p. [N. Lf²¹⁷ 2.]

Dans l'ex. de la B. N. ces deux pièces sont cartonnées ensemble, mais leur ordre chronologique est interverti.

22667. — Lettre écrite par MARC-RENÉ SAHUGUET ESPAGNAC au comité de défense générale, le 4 avril 1793, l'an deuxième de la République française. *Paris, imp.* H.-J. Jansen. S. d., in-4°, 8 p. [N. Lb⁴¹ 606.]

Exposé de son passé politique et de sa conduite depuis le début de la Révolution.

22668. — Convention nationale. Rapport fait au nom des comités de salut public, des finances et de surveillance, des subsistances militaires, habillements et charrois réunis, sur les traités passés par la Compagnie Masson-d'Espagnac pour le service des charrois militaires des trois armées du Nord, des Pyrénées, du Var et des Côtes maritimes et Projet de décret sur une organisation générale de tous les services de l'armée, par le citoyen DORNIER, négociant, député du département de la Haute-Saône. Imprimé par ordre de la Convention nationale. *Imp. Nationale.* S. d. (1793), in-8°, 55 p. [N. Le³⁸ 2011.]

Voyez les deux numéros suivants.

22669. — Mes Réponses à Dornier (24 juillet 1793). S. l. n. d., in-4°, 4 p. [N. Ln²⁷ 7183.]

Signé : MARC-RENÉ SAHUGUET ESPAGNAC.

22670. — Observations rapides pour la Compagnie des charrois des armées, sur le rapport fait à la Convention nationale par le citoyen Dornier, député. S. l. n. d., in-4°, 27 p. [N. Lf²¹⁷ 3.]

Signé : MICHAUX, employé dans les charrois.
Sahuguet d'Espagnac fut condamné à mort le 16 germinal an II (5 avril 1794), en même temps que Danton et ses amis.

22671. — L'Abbé Marc-René d'Espagnac, par le comte V. DE SEILHAC, avec pièces justificatives inédites et papiers de famille, 1752-1794. *Tulle, imp. Crauffon*, 1881, in-8°, XII-300 p. et 2 ff. non chiffrés (*Errata* et table des matières). [N. Ln²⁷ 32865.]

22672. — [**Essuile** (J.-F. de BARANDIÉRY-MONTMAYEUR, comte d').]. Adresse à MM. composant l'Assemblée nationale, présentée le 5 mars 1791, par le sieur D'ESSUILE, chargé par l'ancien gouvernement, pendant près de vingt ans, d'opérations de bienfaisance, sans en avoir reçu aucuns traitements. *Imp. P. Provost. S. d.*, in-4°, 7 p. [*N.* Ln²⁷ 7221.]

22673. — Adresse présentée à MM. composant l'Assemblée nationale de France, par le sieur D'Essuile, à cause des services qu'il a rendus à l'Etat (16 mars 1791). *Imp. P. Provost. S. d.*, in-4°, 12 p. [*N.* Ln²⁷ 7222.]

22674. — Adresse à MM. composant l'Assemblée nationale de France, présentée par J.-F. de Barandiéry Montmayeur D'Essuile et ses enfants. *Imp. P. Provost. S. d.*, in-4°, 4 p. [*N.* Ln²⁷ 7223.]

22675. — Supplément à l'Adresse présentée à l'Assemblée nationale, le 22 mars 1791, par le sieur D'Essuile, ou Discussion du rapport fait par M. Gros au comité des domaines, le 16 février dernier, sur l'aliénation du sol de la forêt de Beaufort dont il vient seulement d'avoir connaissance. *Imp. P. Provost. S. d.*, in-4°, 8 p. [*N.* Ln²⁷ 7224.]

22676. — Dernières Observations de M. D'Essuile concernant la concession du sol de la forêt de Beaufort en Anjou. *Imp. P. Provost. S. d.*, in-4°, 8 p. [*N.* Ln²⁷ 7225.]

22677. — [**Estaing** (Charles-Hector d').] Confession du comte D'Estaing ou Essais historiques sur son origine et sa vie privée, recueillis par un de ses soi-disant amis. *A Tours, dans son château*, 1789, in-8°, 1 f. et 24 p. [*N.* Ln²⁷ 7226.]

22678. — [**Estienne** (Antoine).] Dénonciation des libelles intitulés « l'Ami du peuple » par Marat, et « l'Orateur du peuple » par Martel, et Réflexions sur la liberté de la presse, par Ant. Estienne, ingénieur et citoyen de la section des Quatre-Nations. *Paris, Weberl et Madame Vaufleuri*, 1791, in-8°, 1 f. et 36 p. [*N.* Lb³⁹ 5213.]

P. 30, Extrait de quelques pièces justificatives (certificats divers en l'honneur de l'auteur). Selon une attestation de l'abbé Armand, chapelain de l'ambassade de Hollande, il appartenait à l'illustre famille des imprimeurs; cette assertion a été mise en doute par A.-A. Renouard,

auteur des *Annales des Estienne*. Né à Millau (Aveyron) le 25 juin 1762, Antoine Estienne qui, en 1825, dans un tableau généalogique dressé par ses soins, prenait les titres de colonel retraité et d'inspecteur de l'imprimerie, mourut à l'hospice du Val-de-Grâce, le 11 décembre 1826.

22679. — Antoine Estienne, l'un des vainqueurs de la Bastille, au très petit nombre des lecteurs du libelliste Marat, salut. *De l'imp. de Raimond Senties. S. d.* (1791), in-8°, 4 p.

Bibliothèque de M. Paul Lacombe.

L'auteur qui ajoute à sa signature et à son titre, officiellement constaté, de vainqueur de la Bastille, le qualificatif de « ami de la Loi et du Roi », reconnaît la paternité des *Cahiers des plaintes et doléances des dames de la Halle* (voyez tome I*er*, n° 978-978*a.-d*) de l'*Interrogatoire de La Fayette* (voyez tome II, n° 6788), de diverses autres brochures, ainsi que de plusieurs feuilles sous le nom de *Père Duchesne*; mais il nie être l'auteur de la *Conspiration contre la famille royale* que lui attribuait Marat.

22680. — [**Ethis de Corny** (Louis-Dominique).] Eclaircissements et détails pour servir à l'exécution de la procuration *ad resignandum* de mes charges d'avocat et de procureur du Roi, que j'ai mise entre les mains de M. le maire de Paris, le 31 août 1789. *Paris, le 9 novembre 1789. S. l. n. d.*, in-8°, 76 p. [*N.* Lb³⁹ 2580.]

Signé : de Corny.

22681. — [**Etienne** (Jean-Claude).] Section de Sainte-Geneviève. Extrait du procès-verbal de l'assemblée générale permanente (11 août 1792).

Justification du commandant du bataillon. Voyez tome II, n° 8857.

22682. — [**Éve-Démaillot.**] A.-F. Éve-Démaillot à ses concitoyens. *S. l. n. d.*, in-8°, 32 p. [*N.* Ln²⁷ 7287.]

P. 7, A.-F. Éve-Démaillot *aux autorités constituées et à tous les citoyens de la commune d'Orléans* (Paris, de la maison d'arrêt de Port-Libre, 20 ventôse an III-10 mars 1795), suivi de pièces justificatives.

22683. — [**Fabre d'Églantine** (François-Nazaire-Philippe Fabre, dit).] Fabre d'Églantine à ses concitoyens, à la Convention nationale et au comité de salut public et de sûreté générale. Précis apologétique. S. l. n. d., in-4°, 22 p. [N. Lb⁴¹ 967.]

22684. — Correspondance amoureuse de Fabre d'Églantine, précédée d'un précis historique de son existence morale, physique et dramatique depuis son premier début au théâtre jusqu'à sa mort et d'un fragment de sa vie écrit par lui-même, suivie de sa « Satire sur les spectacles de Lyon » et d'autres pièces fugitives du même auteur. *A Hambourg et à Paris, Hacquart; Baudouin; Richard; Mercier; Desenne; Maret; Deroy et chez les marchands de nouveautés. S. d.* (1796), 3 vol. in-18. [N. Inv. Z 48860-48862.]

La *Correspondance amoureuse* est attribuée à P.-J.-A. Roussel, d'Epinal, mais les pièces liminaires et annexes ne sont pas apocryphes. Ces trois volumes ont été pourvus en 1799 d'un nouveau titre : *Lettres familières et galantes de Fabre d'Églantine*, portant les noms et adresses de Caille et de Ravier.

22685. — Notice sur Fabre d'Églantine. *S. l.*, 1825, in-8°, 31 p. [N. Ln²⁷ 7322.]

Tirage à part des préliminaires du tome XXXIII de la *Bibliothèque dramatique*, publiée chez la veuve Dabo et contenant : *le Philinte de Molière, l'Intrigue épistolaire et les Précepteurs.*

¶ M. Aulard a publié dans la *Nouvelle Revue* du 1ᵉʳ juillet 1885 une étude sur Fabre d'Eglantine, en partie reproduite dans les *Orateurs de la Convention*. La *Révolution française* s'est occupée à diverses reprises du même personnage : voyez tome IX (juillet-décembre 1885, pp. 240-242) le texte de son extrait baptistaire levé à Carcassonne et rectifiant les dires acceptés jusqu'à ce jour; tome XI (juillet-décembre 1886, pp. 334-339), sous ce titre : *Encore Fabre d'Églantine*, la réimpression, par les soins du dʳ Robinet, de la réclamation adressée par la veuve de Fabre à la Convention de sa bibliothèque et de ses biens, pièces empruntées à l'*Intermédiaire des chercheurs* du 25 août 1886; tome XVIII, pp. 5-33, la réimpression de la préface du *Philinte de Molière*; tome XXXIII, pp. 385-404, *Fabre d'Églantine à la Comédie-Française*, lecture faite par M. Jules Claretie à la séance publique annuelle de la Société, le 14 mars 1897; enfin, sous le titre de : *Fabre d'Églantine posthume*, tomes XL, p. 452 et XLI, p. 68, deux questions restées sans résultat sur le sort des papiers de l'auteur dramatique et notamment de sa comédie de l'*Orange de Malte.*

M. Houben, professeur à Maestricht, a déposé à la Sorbonne le titre d'une thèse de doctorat ès lettres sur Fabre d'Eglantine.

22686. — [**Falque**]. Falque, ci-devant membre du comité civil de la section du Temple, aux citoyens membres du Directoire exécutif de la République française. *Imp. Fauvelle et Sagnier. S. d.*, in-4°, 11 p. [P. 29070*.]

Demande en cassation de deux jugements relatifs à l'enlèvement d'une grille ou barre de fer réclamée par la commission de la fabrication des armes, le 6 vendémiaire an II (27 septembre 1793) et arrachée de la maison du c. Boucheron, architecte, sise boulevard du Temple. Falque assistait à l'opération en qualité de délégué du comité et déclinait toute responsabilité effective.

22687. — [**Fardel**.] Justification du citoyen Pierre Fardel, magistrat de sûreté du premier arrondissement du département de la Seine, substitut du commissaire du gouvernement près le Tribunal criminel, sur une dénonciation portée contre lui par jugement du Tribunal criminel spécial du département de la Seine, du 20 vendémiaire an XII (13 octobre 1803). *Imp. Porthmann. S. d.*, in-4°, 56 p. [N. Ln²⁷ 7363.]

22688. — [**Fauchet** (Claude).] L'Abbé Fauchet peint par lui-même et ses crimes dévoilés. Par l'abbé de Valmeron (Jersey, 2 août 1791). *A Jersey, aux frais des Catholiques réfugiés, la 3ᵉ année de la persécution*, 1791, in-8°, 62 p. [N. Ld⁴ 3685.]

Epigr. empruntée à Jérémie.

Valmeron est le pseudonyme de l'abbé Pierre-François-Théophile Jarry, né à Saint-Pierre-sur-Dives en 1764, mort à Lisieux en 1820.

Voyez les trois numéros suivants.

22689. — Vie de l'abbé Fauchet, par M. l'abbé de Valmeron (17 septembre 1791). *Paris*, 1791, in-8°, 36 p. [N. Ld⁴ 3706.]

Epigraphe empruntée à l'*Apocalypse*.
Cette *Vie* est en réalité la deuxième lettre des *Mémoires...* décrits sous le n° 22691 ci-dessous.
Entre le titre et le titre de départ se trouve un portrait ou plutôt une caricature à l'eau-forte de Fauchet.

22690. — Contraste entre un quaker et l'abbé Fauchet, par M. VALMERON (1er novembre 1791). S. l., 1792, l'an troisième de la persécution, in-8°, 59 p. [N. Ld⁴ 3729.]

Réimp. sous le titre de Troisième lettre dans le numéro suivant.

22691. — Mémoires pour servir à l'histoire des chefs de la Révolution et particulièrement de l'église constitutionnelle ou Lettres à Claude Fauchet, évêque du du Calvados, membre de la Convention, etc., dans lesquelles on trouve un précis de ses crimes et de ses erreurs, par l'auteur de l' « Instruction aux catholiques sur les causes de la Révolution et les moyens d'en arrêter les progrès ». Cinquième édition, revue, corrigée et augmentée. Liège, imp. F. Lemarié, 1793, in-8°, 95 p. [N. Ld⁴ 3685bis.]

Même épigraphe qu'au n° 22689 ci-dessus.

22692. — CLAUDE FAUCHET à trente jacobins qui s'intitulent : la société (27 septembre 1792). Imp. Nationale. S. d., in-8°, 6 p. [N. Lb⁴¹ 84.]

22693. — CLAUDE FAUCHET au Tribunal révolutionnaire et au public. S. l. n. d., in-4°, 8 p. [N. Lb⁴¹ 881.]

22694. — Notes sur Claude Fauchet, évêque constitutionnel et député du Calvados à l'Assemblée législative et à la Convention nationale. Caen, imp. A. Hardel, 1842, in-8°, 1 f. et 52 p. [N. Ln²⁷ 7383.]

On lit au verso du faux-titre : Tiré à 132 ex. dont 12 sur grand papier de Hollande.
Signé : G.-S. TRÉBUTIEN.

22695. — [**Faujas de Saint-Fond** (Barthélemy).] Observations de M. FAUJAS, adjoint à la garde du Cabinet d'histoire naturelle du Roi, spécialement chargé des correspondances, des jardins et du Cabinet, sur le rapport du Comité des finances de l'Assemblée nationale, article « Jardin du Roi et Cabinet d'histoire naturelle », p. 83. Paris, imp. Chalon. S. d., in-4°, 4 p.

Bibliothèque du Muséum.
Sur cet Extrait raisonné des rapports du Comité des finances, voyez tome III, n° 13462.

22696. — Essai sur la vie, les opinions et les ouvrages de Barthélemy Faujas de Saint-Fond, administrateur du Jardin du Roi, professeur de géologie au Muséum d'histoire naturelle, membre de diverses sociétés savantes et chevalier de la Légion d'honneur, par DE FREYCINET, propriétaire. Valence, imp. Jacques Montel, 1820, in-4°, 2 ff. et 56 p. [N. Ln²⁷ 7396.]

EPIGR. :

Le rendez-vous d'honneur est dans un meilleur monde.

(Ode sur l'espérance, par Michelet, officier de la garde royale.)
P. 19, Dernière promenade géologique de Barthélemy Faujas (tirée des notes laissées par ce savant). P. 33, Discours inédit prononcé par B. FAUJAS, le 10 juin 1818, à l'ouverture de son cours de géologie fait au Jardin du Roi. P. 47, Notice bibliographique relative aux ouvrages publiés par B. Faujas de Saint-Fond...

22697. — [**Fausse-Lendry** (Mme de).] Quelques-uns des fruits amers de la Révolution... (1796?).

Voyez tome Ier, n° 3484 et sur les Mémoires... publiés en 1830 sous le nom de cette dame par Lamothe-Langon, voyez ibid.

Favanne ou **Defavanne**. — Voyez **Garin**.

22698. — [**Favras** (Thomas DE MAHY, marquis de).] Procès-verbal du comité des recherches... qui déclare prévenus le marquis de Favras et la dame, son épouse... (1789).

Voyez tome Ier, nos 1627-1661. Voyez aussi les deux numéros suivants.

22699. — Grande Découverte du Père DUCHESNE ou Favras sauvé par les aristocrates. De l'imprimerie du Père Duchesne. S. d., in-8°, 8 p. [N. Lc² 2320.]

Au sujet de la prétendue évasion de Favras après un simulacre de pendaison. (Voyez tome Ier de la Bibliographie, n° 1645.)

22700. — Thomas de Mahy, marquis de Favras und seine Gemahlin. Ein Beitrag zur Geschichte der französischen Revolution aus den Jahren 1789 und 1790, von deren Enkel EDOUARD, freiherrn von STILL-

Fried-Raténic, mit dem Bildnisse des marquis de Favras. *Wien*, 1881, W. Braumüller, in-8°, VI-207 p. [*N.* Ln²⁷ 33029.]

En regard du titre, portrait héliogravé du marquis de Favras.

22701. — [**Fayel** (Louis-Gilles-Camille).] Jugement rendu par le Tribunal criminel révolutionnaire... qui, sur la déclaration du juré de jugement portant qu'il a existé de la part de la ci-devant cour des Tuileries un complot et conjuration tendant à troubler l'État par une guerre civile pour ruiner la liberté, que Louis-Gilles-Camille Fayel, juge de paix de la section des Droits-de-l'Homme, vers le 10 août dernier, et ci-devant procureur au Parlement de Paris, est convaincu d'avoir pris part aux complot et conspiration, condamne Louis-Gilles-Camille Fayel à la peine de mort... (29 frimaire an II-19 décembre 1793). *Imp. du Tribunal criminel révolutionnaire. S. d.*, in-4°, 8 p. [*N.* Lb⁴¹ 2232*.]

22702. — [**Fenouillot de Falbaire de Quingey** (Charles-Georges).] Lettre adressée, le 3 septembre 1790, à M. Necker, encore alors premier ministre des finances, et suivie de quelques réflexions, tant sur sa retraite que sur la continuation de l'existence ministérielle de M. Lambert, encore à présent contrôleur général des finances, par M. Charles-Georges Fenouillot (Falbaire), ci-devant de Quingey, inspecteur général du Roi et ancien chef du bureau pour l'administration des salines des départements du Jura, du Doubs et de la Meurthe. *Imp. Demonville, novembre* 1790, in-8°, 51 p. [*N.* Lb³⁹ 4046.]

Épigraphe empruntée à Racine.
Le post-scriptum de cette lettre est daté du 3 novembre 1790.
Réclamation relative aux revers de fortune de l'auteur.

22703. — [**Ferrières** (Charles-Élie, marquis de).] Mémoires pour servir à l'histoire de l'Assemblée constituante..., par le citoyen C.-E. F*** (an VII).

Voyez tome Iᵉʳ de la *Bibliographie*, nᵒˢ 419-420.

22704. — [**Ferrières-Sauvebœuf** (comte de). Ferrières-Sauvebœuf à Lecointre, de Versailles, rédacteur des vingt-sept articles de la dénonciation qu'il a lue à la Convention nationale, le 12 fructidor, pour inculper quatre membres du comité de salut public et trois du comité de sûreté générale. *Imp. Roblot. S. d.*, in-8°, 8 p. [*N.* Ln²⁷ 7529.]

P. 4-8, attestation du greffier, des gardiens et des concierges de la Force en faveur de Ferrières-Sauvebœuf, datée du 3 fructidor an II (20 août 1794).

22705. — Apostille à l'inventaire de Fouquier-Tinville. *Imp. Roblot. S. d.*, in-8°, 8 p. [*R.* AD. I, 52.]

Signée : Ferrières-Sauvebœuf, maison d'arrêt de la Force, ce 24 vendémiaire an III (15 octobre 1794).
Reproduction d'une lettre à Fouquier-Tinville datée du 2 thermidor an II (20 juillet 1794) et dénonçant les exactions de la femme Joly, chargée de nourrir les détenus de la Force.

22706. — Adieu de Ferrières-Sauvebœuf à Le Cointre, de Versailles. *Paris, Roblot. S. d.*, in-8°, 8 p. [*N.* Lb⁴¹ 1500.]

Daté du Plessis, le 17 frimaire an III (7 décembre 1794).

22707. — Aux citoyens juges et jurés du Tribunal révolutionnaire (21 frimaire an III-11 décembre 1794). *Paris, imp. Roblot. S. d.*, in-4°, 8 p. [*N.* Lb⁴¹ 1513.]

Signé : Ferrières-Sauvebœuf.

22708. — [**Fersen** (Jean-Axel, comte de).] Le comte de Fersen et la cour de France. Extraits des papiers du grand maréchal de Suède... publiés par son petit-neveu, le baron R. M. de Klinckowstroem... (1878).

Voyez les nᵒˢ 21041-21042 ci-dessus et le numéro suivant.

22709. — Paul Gaulot. Un ami de la Reine (1892).

Voyez le nᵒ 21330 ci-dessus.

22710. — [**Fleurieu** (Charles-Pierre Claret de).] Précis de l'affaire de la dénonciation de M. Fleurieu. S. *l. n. d.*, in-8°, 7 p. [*N.* Lb³⁹ 9856.]

Signé : Un commis de la Marine.

22711. — [**Florian** (J.-P. Claris de).] Mort du citoyen Florian tué par les robespierristes. Elégie. *Imp. Guilhemat. S. d.*, in-8°, 8 p. [*N.* Ln²⁷ 23522.]

En vers et en prose.

Épigr. :

> *Multis ille bonis flebilis occidit.*
> Horace.

P. 6-8, *Chanson patriotique* sur l'air de la *Carmagnole* par Florian.

22712. — Vie de J.-P. Florian, par A.-J. Rosny, ornée de quatre figures gravées sur les dessins de Queverdo. Tome XV des « Œuvres complètes ». *Imp. Didot le jeune; Paris, Lepetit*, 1797, in-18, 134 p. [*N.* Inv. Z 29117.]

La *Vie de Florian* est suivie (p. 73-134) de lettres diverses, de son discours de réception à l'Académie française et de la réponse de Sedaine.

22713. — Florian, sa vie, ses œuvres, correspondance, par Albin de Montvaillant. Avec portrait et autographe. *Paris, E. Dentu*, 1879, in-8°, 2 ff. et 228 p. [*N.* Ln²⁷ 31142.]

En regard du titre, portrait de l'auteur lithographié d'après une photographie. Entre le titre et le titre de départ, médaillon de Florian, lithographié d'après Queverdo et fac-similé d'autographe.

¶ La *Révolution française* a inséré deux articles qui, malgré la quasi-similitude de leurs titres, ne font pas double emploi : dans l'un, intitulé *Florian et la Révolution française* (tome X, janvier-juin 1886, pp. 950-958) M. Auguste Dide a reproduit un fragment d'une requête à Boissy d'Anglas et fait connaître une lettre inédite du fabuliste à l'une de ses parentes (2 février 1793); dans l'autre : *Florian pendant la Révolution française* (tome XXIX, juin-déc. 1895, pp. 289-296) M. A. Aulard a mis au jour diverses pièces relatives à l'arrestation et à la libération du poète et, dans le même volume (pp. 565-566), M. A. Corda donne quelques extraits d'une lettre (1788) où Florian témoigne de ses sentiments de vénération à l'égard du duc de Penthièvre.

Le tome II de la nouvelle série des *Mélanges* publiés par la Société des bibliophiles français (1908) renferme des lettres inédites de Florian à Mme de la Briche, dont plusieurs sont datées de la période révolutionnaire.

22714. — [**Foignet** (E.-J.-J.).] Encore une victime ou Mémoires d'un prisonnier de la maison d'arrêt dite des Anglaises, rue de l'Oursine. *S. d.* (an III).

Voyez tome Ier, n° 4356.

22715. — [**Foissey.**] Le Diable boiteux à Bicêtre et la Découverte d'un prisonnier d'Etat, qui y est détenu depuis vingt ans. *Imp. Augustin. S. d.* (1800), in-8°, 29 p. [*N.* Ln²⁷ 31535.]

Réclamation des plus singulières sous forme d'un dialogue entre Cléophas et Asmodée. L'auteur, condamné à mort en 1779 par le parlement d'Aix pour avoir tué son adversaire en duel, avait vu sa peine commuée en une détention perpétuelle. Relâché en 1789, mais, arrêté de nouveau en l'an V, il avait inutilement cherché à obtenir gain de cause auprès de Lambrecht, ministre de la justice, et de Cambacérès; aussi s'adresse-t-il au « restaurateur de la liberté française qui dicte en ce moment la paix à l'Europe ».

22716. — [**Foissin.**] Précis de la vie de M. Foissin (1er frimaire an XII-23 novembre 1803). *S. l.*, in-8°, 16 p.

Dernier supérieur des écoles chrétiennes du faubourg Saint-Antoine, Nicolas-Etienne Foissin, né à Bondy le 26 septembre 1743, avait été ordonné prêtre par Saurine en l'église Notre-Dame le 20 avril 1796; il mourut le 1er décembre 1800.

A l'exemplaire de la collection Grégoire est joint le manuscrit autographe du discours lu par Augustin Bailliet (voyez le n° 21721 ci-dessus) aux obsèques de Foissin.

22717. — [**Fontaine.**] Détail de l'assassinat commis sur la citoyenne Fontaine et son époux, marchand d'indiennes, sur le Pont-Neuf (12 ventôse an X-1er mars 1802). *Imp. Meunier. S. d.*, in-8°, 4 p. [*N.* Ln²⁷ 31481.]

En tête de ce canard criblé de fautes d'impression, bois grossièrement gravé représentant la scène du crime.

22718. — [**Formentin.**] Dénonciation à l'Assemblée nationale et aux 48 sections, des juges et du greffier du tribunal de Sainte-Geneviève, par Denis-Louis Formentin, ancien conseiller en élection, et

Magdeleine-Victoire Lourdet, son épouse, demeurant rue des Postes, n° 40. *S. l. n. d.*, in-8°, 8 p. [*N.* Lb³⁹ 10582.]

Au sujet de la falsification du libellé d'un jugement rendu d'abord en faveur des plaignants dans une question d'héritage.

22719. — [**Foucaud.**] Corps législatif. Conseil des Cinq-Cents. Rapport fait par Béraud au nom de la commission chargée d'examiner la pétition de la veuve et des héritiers Foucaud. Séance du 12 brumaire an VI (2 novembre 1797). *Paris, imp. Nationale, brumaire an VI*, in-8°, 6 p. [*N.* Le⁴³ 1502.]

Etienne Foucaud était membre du Tribunal révolutionnaire. Il fut exécuté avec Fouquier-Tinville le 17 floréal an III.

22720. — [**Fouché** (Joseph, duc d'Otrante).] Notice sur le duc d'Otrante, extraite et traduite de l'ouvrage allemand sous le titre : « Zeitgenossen », c'est-à-dire « Nos Contemporains célèbres, n° III »... *Leipzig, Brockhaus; Amsterdam, Sülpke; Londres, Colburn*, 1816, in-8°, XXIV-124 p. et 2 ff. non chiffrés. [*N.* Ln²⁷ 15573.]

Les feuillets non chiffrés contiennent l'un un *Avertissement* de Brockhaus, l'autre des *errata*.
Attribuée par Barbier (v° *Précis*) à Fouché lui-même, mais plutôt rédigée par Jullian.
Voyez les deux numéros suivants.

22721. — Précis de la vie publique du duc d'Otrante. *Londres, H. Colburn; Leipsick, Brockhaus; Amsterdam, C.-G. Sülpke*, 1816, in-8°, XXVI-174 p. [*N.* Ln²⁷ 15574.]

Même ouvrage que le précédent. Les fautes indiquées par les errata sont corrigées.

22722. — Mémoires de Joseph Fouché, duc d'Otrante, ministre de la police générale. *Paris, Lerouge*, 1824, 2 parties in-8°. [*N.* La³³ 58.]

En regard du titre du tome I⁰⁰, portrait anonyme à l'aquatinte de *Joseph Fouché, duc d'Otrante, ministre de la police générale.*
Le titre de la seconde partie porte à la rubrique : 14 décembre 1824.
Ces *Mémoires* furent saisis dès leur apparition à la requête des enfants de Fouché et leur destruction fut ordonnée par arrêt du 29 décembre 1824, confirmé le 20 mars suivant. Au cours des débats en appel, Berryer, avocat de Lerouge, avoua que les *Mémoires* avaient été rédigés par Alphonse de Beauchamp, et Quérard (*Supercheries littéraires*, v° *Fouché*), ajoute que celui-ci s'était servi des notes de P.-L. Pascal Jullian (cf. n° 20568 ci-dessus), ancien agent de Fouché ; mais des recherches et des comparaisons approfondies auxquelles s'est livré M. L. Madelin (voyez le n° 22725 ci-dessous) il semble résulter que le premier volume de ces *Mémoires* est bien authentiquement l'œuvre de Fouché lui-même, qui fait maintes fois allusion à ce travail dans ses lettres datées de l'exil, et que le second, où l'on constate des inexactitudes et des erreurs qu'il n'aurait pu commettre, serait dû en effet à la collaboration de Beauchamp et de Jullian. L'article de M. Madelin, paru dans la *Révolution française* du 14 septembre 1900 (tome XXXIX, pp. 193-218), n'a pas été réimp. dans le travail définitif de l'auteur sur ce même personnage.

22723. — Types révolutionnaires. Etude sur Fouché et sur le communisme dans la pratique en 1793, par M. le comte de Martel, ancien préfet, ancien chef de cabinet du ministre de l'intérieur. *Paris, E. Lachaud,* 1873, in-12. — Types révolutionnaires. Etude sur Fouché, par M. le comte de Martel, ancien préfet. Deuxième partie. Fouché et Robespierre. Le 9 thermidor. Les rois révolutionnaires. *Paris, E. Plon et Cᵉ*, 1879, in-12. [*N.* Ln²⁷ 27041.]

22724. — P.-J. Proudhon. Commentaires sur les Mémoires de Fouché, suivis du Parallèle entre Napoléon et Wellington. Manuscrits inédits publiés par Clément Rochel. *Paris, Paul Ollendorf*, 1900, in-8°, 2 ff. et LVII-280 p. [*N.* La³³ 58ᵇⁱˢ.]

Il a été tiré cinq ex. sur papier de Hollande.
Le *Parallèle* et des notes de Proudhon sur les traités de 1814-1815 sont suivis d'*Extraits de Mémoires de Fouché* et d'autres notes du commentateur sur les campagnes de Napoléon.

22725. — Louis Madelin, agrégé d'histoire et de géographie, ancien membre de l'Ecole française de Rome. Fouché. 1759-1820. *Paris, Plon-Nourrit et Cᵉ*, 1901, 2 vol. in-8°. [*N.* Ln²⁷ 48106.]

22726. — [**Foullon** (et non Foulon) (Joseph-François).] La Botte de foin ou la Mort de M. Foulon (1789).

Voyez tome Iᵉʳ, n° 1263 et les n⁰ˢ 1264-1293 relatifs aux meurtres de Foullon, de Bertier, de de Launay et de Flesselles.
Voyez aussi le numéro suivant.

22727. — Le Trésor de Foulon et le juif Zacharias, par l'abbé H. Villetard et le père Chérot, S. J. Extrait des « Etudes » du 5 août 1901. (*Imp. J. Dumoulin*). S. d., in-8°, 24 p.

La couverture imprimée n'a qu'un faux-titre répété sur le premier feuillet de la brochure.

La première partie de ce travail est une relation minutieuse du meurtre de Foulon et de l'apposition des scellés sur ses biens ; la seconde est la reproduction commentée d'une lettre adressée de Bicêtre, le 27 juin 1792, à un habitant de Poilly-sur-Serein (Yonne) dont MM. Villetard et Chérot ne font pas connaître le nom. Par son but et son contexte cette lettre offre les plus frappantes analogies avec celles qu'a publiées M. Léon Mirot d'après les originaux retrouvés aux Archives nationales et chez les descendants de Bertier de Sauvigny (voyez le n° 21847 ci-dessus), que MM. Villetard et Chérot ne semblent pas avoir connues ; mais la tradition locale, recueillie à Poilly-sur-Serein, veut que cette lettre n'ait pas été une simple mystification et que son destinataire ait profité des indications qu'elle contenait. Quant à Abraham Zacharias, il était bien effectivement détenu à cette date au château de Bicêtre et les auteurs publient le libellé d'écrou qui le concerne, fourni par le registre échappé à l'incendie de 1871.

22728. — [**Fouquier-Tinville** (Antoine-Quentin).] Mémoire pour Antoine-Quentin Fouquier, ex-accusateur public près le Tribunal révolutionnaire établi à Paris, et rendu volontairement à la Conciergerie le jour du décret qui a ordonné son arrestation (an III).

Voyez tome Ier, n° 4445 et la note qui l'accompagne, ainsi que les n°s 4446-4454 ; voyez aussi les deux numéros suivants.

22729. — Réponse d'Antoine-Quentin Fouquier, ex-accusateur public près le Tribunal révolutionnaire de Paris, accompagnée de ses pièces justificatives, quittances, décharges, arrêtés des anciens comités de gouvernement, lois et décrets de la Convention nationale, etc. (15 pluviôse an III-3 février 1795). *Imp. Marchant.* S. d., in-8°, 88 p. [*N.* Lb^{41} 1608.]

La couverture imprimée sert de titre.
Les *Pièces justificatives* commencent p. 69.

22730. — Apostille à l'inventaire de Fouquier-Tinville, par Ferrières-Sauveboeuf (an III).

Voyez le n° 22705 ci-dessus.

22731. — Fouquier-Tinville et le Tribunal révolutionnaire, par M. Domenget, docteur en droit, juge d'instruction près le tribunal de première instance de Bergerac, auteur du « Mandat, de la commission et de la gestion d'affaires », l'un des auteurs des « Répertoires », du « Journal du Palais » et de « Dalloz », etc., etc. *Paris, Paul Dupont,* 1878, in-8°, X-413 p. [*N.* Lb^{41} 4960.]

22732. — Fouquier-Tinville, par Louis Teste. *Paris, librairie de la Société bibliographique,* 1878, in-18, 36 p. [*N.* La^{32} 501*.]

La couverture imprimée sert de titre.
Brochures populaires sur la Révolution française, n° 19.

22733. — Notes et documents sur Fouquier-Tinville publiés par Georges Lecocq. Avec trois pièces reproduites en fac-similé. *Paris, librairie des bibliophiles,* MDCCCLXXXV (1885), in-8°, 2 ff., 61 p. et 3 pl. [*N.* Ln^{27} 35763.]

Titre rouge et noir. On lit au verso du faux-titre : Tiré à 150 ex. sur papier vélin et 25 sur vergé de Hollande.

Les trois pl. reproduites en héliogravure sont une autorisation de communiquer avec un détenu, écrite et signée par Fouquier-Tinville, une lettre du même à Coulombeau, secrétaire de la Commune, lui recommandant une mère de famille dans la détresse et l'ordre donné au charpentier du Tribunal révolutionnaire, le 17 floréal an III (6 mai 1795), de dresser l'échafaud destiné à l'ex-accusateur public et aux jurés condamnés en même temps que lui.

¶ M. Ernest Lehoult a publié sans commentaires dans les *Mémoires* de la Société académique de Saint-Quentin (4e série, 1879, p. 511) une lettre adressée de Paris, le 10 octobre 1769, par Fouquier-Tinville, alors clerc de procureur, à sa mère, pour lui demander de l'aider dans son entretien et celui de ses frères. M. Auguste Dide a donné dans la *Révolution française* (tome IX, juill.-déc. 1885, pp. 568-570), une lettre de l'ex-accusateur public à sa femme, datée du Plessis, 22 brumaire an III (12 novembre 1794) d'après l'original provenant de la collection Walferdin.

22734. — [**Fourcade** (Pascal-Thomas).] Le Patriote Palloy et l'Exploitation de la Bastille (avec un portrait et un fac-similé). L'Orateur du peuple Gonchon, par Victor Fournel. *Paris, Honoré Champion,*

1892, in-8°, 2 ff.; 363 p. et 1 f. non chiffré (*Table des matières*). [*N.* Ln²⁷ 40777.]

Le fac-similé du portrait de Palloy peint par Mlle PANTIN et gravé par RUOTTE fils et celui d'une lettre au « législateur » Marat sont placés entre le faux-titre et l'*Avant-propos*.

Le véritable titre de la seconde partie du livre est (p. 259) : *Gonchon, l'Orateur du faubourg Saint-Antoine, et son collaborateur Fourcade*. Pour obéir aux exigences de l'ordre alphabétique, je crois donc devoir placer ici la description de ce livre qui eut dû logiquement prendre prendre place à l'article Palloy.

Pascal-Thomas Fourcade, né à Pau le 2 juin 1768, rédacteur, avec Julien et Payan, de l'*Antifédéraliste* (voyez tome II, n° 10904); mourut à Salonique (Turquie d'Asie) le 10 septembre 1813. La 3ᵉ classe de l'Institut (ancienne Académie des inscriptions) l'avait élu correspondant en 1811.

22735. — [**Fourcault de Pavant** (René-François).] Jugement rendu par le Tribunal révolutionnaire qui, sur la déclaration du juré de jugement, portant qu'il est constant qu'en 1792 et 1793 il a été entretenu de Paris, avec les ennemis intérieurs et extérieurs de l'Etat, des correspondances et intelligences tendant à favoriser leurs projets hostiles et contre-révolutionnaires contre la France en leur fournissant des secours en argent; que René-François Fourcault de Pavant, notaire à Paris, est auteur de ces correspondances et intelligences, condamne René-François Fourcault de Pavant à la peine de mort... (2 ventôse an II-20 février 1794). *Paris, imp. du Tribunal révolutionnaire. S. d.*, in-4°, 7 p. [*N.* Lb⁴¹ 2232ᵃ.]

22736. — [**Fourcroy** (Antoine-François de).] Eloge historique de Fourcroy, conseiller d'Etat à vie, directeur général de l'Instruction publique, commandant de la Légion d'honneur, comte de l'Empire, professeur de chimie à l'Ecole polytechnique, à l'Ecole de médecine, au Muséum d'histoire naturelle, membre de l'Institut de France, de l'Athénée des arts et de presque toutes les sociétés savantes, par M. PALISOT DE BEAUVOIS, membre de l'Institut, de l'Athénée des arts, etc. *Paris, imp. Fain* (1810), in-4°, 38 p. et 1 f. n. ch. (*Errata, corrections*). [*N.* Ln²⁷ 7827.]

P. 20-38, *Notes*.

Cet éloge n'échappa pas à la vigilance des censeurs institués par le décret du 5 février 1810 : « On en a retranché quelques louanges déplacées données à la mémoire de Louis XVI dont, en vérité, il faut convenir qu'on n'a guère lieu de s'occuper en faisant scientifiquement l'éloge d'un grand chimiste. » (*Documents relatifs à l'exécution du décret du 5 février 1810*, publiés par M. Ch. Thurot, libr. A. Franck, 1872, in-8° [extrait de la *Revue critique*], p. 13.)

22737. — Catalogue des livres de la bibliothèque de feu M. A.-F. DE FOURCROY, conseiller d'Etat, comte de l'Empire, l'un des commandants de la Légion d'honneur; membre de l'Institut de France, etc.; professeur au Muséum d'histoire naturelle. Vente le 19 novembre 1810 et j. s., rue des Bons-Enfants. *Paris, Tilliard frères,* 1810, in-8°, XX-338 p., y compris la table des auteurs et celle des anonymes; 2,781 numéros. [*N.* Δ 13297.]

22738. — Eloge historique de M. le comte de Fourcroy prononcé dans la séance publique de l'Institut, le mardi 7 janvier 1814, par M. CUVIER, secrétaire perpétuel pour les sciences physiques. *S. l. n. d.*, in-4°, 1 f. et 34 p. [*N.* Ln²⁷ 29993.]

22739. — [**Fournier** (Claude FOURNIER-LHÉRITIER, dit FOURNIER l'*Américain*).] Aux représentants de la nation. Dénonciation contre M. le maréchal de Castries, ancien ministre de la marine. *Imp. Caillot et Chevée. S. d.*, in-4°, 6 p. [*N.* Ln²⁷ 7884.]

Signé : FOURNIER.

22740. — Dénonciation aux Etats-Généraux des vexations, abus d'autorité et déni de justice commis envers le sieur CLAUDE FOURNIER, habitant de l'île Saint-Domingue. *S. l.*, 1789, in-4°, 1 f. et 45 p. [*N.* Ln²⁷ 7885.]

22741. — C. FOURNIER (Américain) à Marat. Paris, 14 mars l'an 2 de la République française. *Imp. Mayer et Cᵉ. S. d.*, in-4°, 8 p. [*N.* Ln²⁷ 7886.]

Réponse à une dénonciation formulée par la section Poissonnière; voyez tome II, n° 8711.

22742. — A Marat journaliste. *Imp. Lottin. S. d.*, in-4°, 7 p. [R. AD. I, 55.]

Lettres de FOURNIER l'Américain et de GARIN datées du 14 et du 16 mai l'an 2 de la République française (1793).

22743. — Aux honorables Membres de la Chambre des députés pour la présente session. Mémoire présenté par le sieur FOURNIER-LHÉRITIER, dit l'Américain, demeurant à Paris, rue Perdue, n° 6, place Maubert. Imp. Cosson, 1822, in-8°, 23 p. [N. Ln27 7887.]

22744. — Société de l'histoire de la Révolution française. Mémoires secrets de FOURNIER l'Américain, publiés pour la première fois d'après le manuscrit des Archives nationales, avec introduction et notes, par F.-A. AULARD. Paris, au siège de la Société, 4, rue de Furstenberg, 1890, in-8°, 2 ff., XX-100 p. [N. La33 186.]

Ces tentatives d'apologie sont publiées d'après un brouillon et une mise au net conservés dans le carton F7 6504 des Archives nationales.

22745. — [**Fragonard** (Honoré).] L'Art du XVIIIe siècle. Fragonard. Etude par EDMOND et JULES DE GONCOURT, contenant quatre dessins gravés à l'eau-forte. Paris, E. Dentu, 1865, in-4°, 40 p.

Les quatre dessins sont : la Lecture (J. G. 67), musée du Louvre; l'Abreuvoir (J. G. 23), collection de Goncourt; une femme assise sur une chaise (J. G. 66), même collection ; la Leçon de danse (J. G. 62), collection Camille Marcille. L'Abreuvoir accompagnait dans la Gazette des Beaux-Arts la première publication de cette notice.
Sur les réimpressions de l'Art du XVIIIe siècle, voyez la note du n° 22405 ci-dessus.

22746. — Baron ROGER PORTALIS. Honoré Fragonard, sa vie et son œuvre. 210 planches et vignettes d'après les peintures, estampes et dessins originaux. Eaux-fortes par LALAUZE, CHAMPOLLION, COURTRY, DE MARE, WALLET, GREUX, VEYRASSAT, BOILVIN, MONZIÈS, SALMON et JAZINSKI. Paris, J. Rothschild, 1889, gr. in-8°, 2 ff. et XX-348 p. [N. Ln27 38589.]

22747. — Les Artistes célèbres. Fragonard, par FÉLIX NAQUET. Paris, librairie de l'Art. S. d. (1890), in-4°, 2 ff., 78 p. et 1 f. n. ch. (Table des matières). [N. Ln27 38942.]

Titre rouge et noir. Nombreuses pl. dans le texte.

22748. — VIRGILE JOSZ. Fragonard. Mœurs du XVIIIe siècle. Société du Mercure de France, MCMI, in-12, 339 p. et 2 ff. n. ch. (Table et achevé d'imprimer). [N. Ln27 48343.]

Il a été tiré sept ex. numérotés sur papier de Hollande.

¶ Sur le rôle longtemps mal connu de Fragonard pendant la Révolution, soit à propos d'un séjour à Grasse, dont la date exacte est encore à déterminer, soit comme membre du Conservatoire du Muséum, voyez dans la Révolution française, tome XXXVIII, p. 256, une note de M. F. RABBE et p. 470, une lettre signée : Un lecteur ; tome XXXIX, pp. 278 et 382, deux lettres de MM. VICTORIEN SARDOU et FÉLIX BOUVIER; pp. 462-467, deux autres lettres de MM. J. GUILLAUME et G. ISAMBERT. Voyez aussi un compte rendu du livre de M. Josz dans la Chronique des arts du 20 décembre 1902, p. 322.

22749. — [**François de Neufchâteau** (Nicolas-Louis).] Epître au citoyen François (de Neufchâteau) sur sa renonciation au ministère de la justice. Paris, imp. Nationale, 1792, in-8°, 12 p. [N. Ye 20676.]

En vers octosyllabiques.
Signée, p. 10 : Par le citoyen DUCROISI, secrétaire commis à la Convention nationale. P. 11-12, Notes.

22750. — N. FRANÇOIS (de Neufchâteau), auteur de « Paméla », à la Convention nationale (1793).

Voyez tome III de la Bibliographie, n° 18483. La même pièce existe à la B. N. sous la cote Ln27 7965. Sur deux éditions de Paméla ou la Vertu récompensée, dont l'une (1823) est précédée d'une notice sur l'auteur, voyez également tome III, nos 18482-18482a.

22751. — Essai historique sur la vie et les écrits de François (de Neufchâteau), entremêlé de quelques conseils qu'on lui adresse sur son ministère, par un ermite de Seine-et-Marne (MICHEL CUBIÈRES DE PALMÉZEAUX). Paris, J.-B. Chemin, an VII, in-8°, 1 f., VII [VIII]-56 et 6 p. [N. Ln27 7966.]

Les Notes de cet Essai ont une pagination distincte.
Le catalogue de la bibliothèque O. Grandjean d'Alteville, vendue par Aug. Aubry le 24 avril 1862 et j. s., signale (n° 1436) un ex. de cet Essai portant au faux-titre deux notes

attribuées par erreur, sans doute, à François de Neufchâteau. « Il n'existe qu'un très petit nombre d'ex. de cette brochure, François de Neufchâteau l'ayant fait supprimer après avoir envoyé vingt-cinq louis à son panégyriste qui le dénonça après la journée de fructidor », puis : « Cette notice ci-dessus, qui m'avait été fournie par M..., est de toute fausseté. »

22752. — Opinion de MARBOT, membre du Conseil des Anciens, sur la résolution relative au complément de deux cent mille conscrits. Séance du 28 germinal an VII (17 avril 1799). *Baudouin, imp. du Corps législatif. S. d.*, in-8°, 6 p. [N. Le[45] 2219.]

P. 5-6, reproduction commentée des strophes 10 à 12 de l'*Hymne à la liberté*, lu le 26 brumaire an II (14 novembre 1793) par N. FRANÇOIS (de Neufchâteau) dans la section de l'Observatoire, en la ci-devant église Saint-Jacques (voyez tome III de la *Bibliographie*, n° 16618). Voyez aussi le numéro suivant.

22753. — Observations sur une dénonciation que les papiers publics disent avoir été faite au Conseil des Anciens, le 28 germinal an VII (17 avril 1799). *Paris, imp. de la République, floréal an VII*, in-8°, 3 p. [N. Lb[42] 669.]

Voyez le numéro précédent.

Défense de FRANÇOIS [de Neufchâteau], ministre de l'intérieur, comme ministre, comme poète, comme montagnard à la Législative et comme républicain.

22754. — Recueil des lettres, circulaires, discours et autres actes publics émanés du c⁰ FRANÇOIS (de Neufchâteau), pendant ses deux exercices du ministère de l'Intérieur (thermidor an V-1800).

Voyez tome III, n° 12619 et pour la *Table chronologique et alphabétique* de ce recueil, voyez *ibid.*, n° 12621.

22755. — Institut royal de France. Académie française. Funérailles de M. le comte François de Neufchâteau. Discours de M. DE FÉLETZ, directeur de l'Académie française, prononcé aux funérailles de M. le comte François de Neufchâteau, le 11 janvier 1828. *Paris, imp. F. Didot. S. d.*, in-4°, 5 p. [N. Ln[27] 7967.]

22756. — Notice biographique sur M. le comte François de Neufchâteau, grand-officier de la Légion d'honneur, membre de l'Académie française, de la Société royale et centrale d'horticulture et de plusieurs autres sociétés savantes ou littéraires françaises ou étrangères, lue à la Société royale et centrale d'agriculture, le 15 avril 1828, par le baron A.-F. DE SILVESTRE, secrétaire perpétuel de la Société royale et centrale d'horticulture, membre de l'Institut, etc., etc. *Paris, imp. Mme Huzard*, 1828, in-8°, 32 p. [N. Ln[27] 7968.]

22757. — Notice historique et littéraire sur la vie et les écrits du comte François de Neufchâteau. *Paris, Techener*, 1843, in-8°, IV-74 p. [N. Ln[27] 7969. Réserve.]

Par J.-B. JUSTIN LAMOUREUX.

On lit au bas du verso du faux-titre : *Imprimé à cent exemplaires par Ch. Raybois à Nancy*. C'est en réalité un tirage à part des *Mémoires de la Société royale des sciences, lettres et arts de Nancy* (1841), qui était lui-même le développement d'un article de la *Biographie* Michaud.

22758. — François de Neufchâteau ministre de l'intérieur (17 juin 1798-22 juin 1799). *Epinal, imp. Busy frères*, 1874, in-18, 12 p. [N. Ln[27] 27987.]

Signé (p. 12) : CH. CONUS, chef de bureau à la mairie d'Epinal.

22759. — Etude historique et biographique sur les Lorrains révolutionnaires, Palissot, Grégoire, François de Neufchâteau, par EDOUARD MEAUME. *Nancy, René Wiener. S. d.* (1882), in-8°, 55 p. [N. Ln[20] 189.]

22760. — Nicolas François de Neufchâteau. *Nantes, V. Forest et Emile Grimaud, imprimeurs brevetés. S. d.* (1883), in-8°, 11 p. [N. Ln[27] 34017.]

Signé, p. 11 : L. MAGGIOLO.
Au-dessous : Extrait de la *Revue de la Révolution*, février 1883.

22761. — CH. SIMIAN. François de Neufchâteau et les Expositions (1889).

Voyez tome III, n° 15005.

22762. — [**Fraumont.**] Au Corps législatif. La citoyenne MARIE-JEANNE BLANCHEtête, femme Fraumont. *Imp. V° Valade.* S. d., in-4°, 10 p. [R. AD. II, 39.]

Protestation contre la condamnation de Fraumont à dix-huit ans de fers pour complicité dans la fabrication de faux assignats.

22763. — [**Fréron** (Stanislas-Louis-Marie).] État de l'actif et du passif de tous les journalistes dans le sens de la Révolution. N° 1. Appel nominal des créanciers de l'Orateur du peuple, précédé de son discours pour les exhorter à la patience. S. l., in-8°, 8 p. [N. Lc² 2355.]

Pamphlet contre Stanislas Fréron.
P. 1, discours annoncé par le titre. P. 5, *État de mon passif.* P. 6, *État de mon actif.*

22764. — Acte d'accusation contre Tallien et Fréron, avec les pièces justificatives. *Paris, chez les marchands de nouveautés (imp. Glisau et Pierret).* S. d., in-8°, 55 p. [N. Lb⁴¹ 1388.]

Le titre et l'*Avertissement de l'éditeur* (paginé III-IV) sont compris dans la pagination totale.
Recueil apologétique comprenant (p. 1) : discours de Tallien dans la séance du 9 thermidor; (p. 9), discours de Fréron sur la liberté de la presse, dans la séance du 9 fructidor; (p. 29), discours de Tallien, dans la même séance, sur les principes du gouvernement révolutionnaire; (p. 48), discours de Tallien en donnant sa démission de membre du Comité de salut public; (p. 49), discours de Tallien aux Jacobins, le jour de sa radiation; (p. 53), discours de Fréron aux Jacobins, le jour de sa radiation.

22765. — Le Grand Rappel à l'ordre de Fréron, par un ami de la liberté, membre du Club électoral. S. l. n. d., in-8°, 8 p. [N. Lb⁴¹ 1387.]

Signé : Philippe.
Epigraphe empruntée à Cicéron (*De officiis*), avec sa traduction.

22766. — Grande Leçon donnée à Fréron. *Imp. Pain.* S. d., in-8°, 7 p. [N. Lb⁴¹ 1592.]

Signé : Fleix.

Épigr. :

Souviens-toi de ton nom, reprends ton caractère.
Sois semblable à toi-même et semblable à toi père.
Philoctète.

22767. — Fréron dénoncé et mis en jugement par le peuple pour avoir conspiré contre l'égalité, la liberté, les droits de l'homme et du citoyen et la constitution démocratique de 1793 et pour avoir prêché dans ses États la guerre civile, l'assassinat et l'avilissement des grands hommes, notamment dans les n°⁸ 59, 60, 61, 62 et 63 du nouvel « Orateur du peuple ». S. l. n. d., in-8°, 24 p. [N. Lb⁴¹ 1593.]

Signé : S. Maurice.
Epigraphe (en français) empruntée à Salluste (*Conjuration de Catilina*).

22768. — Le Dernier Coup de tocsin de Fréron. S. l. n. d., in-8°, 16 p. [N. Lb⁴¹ 1606.]

Signé : Philodème.

22769. — Chales, représentant du peuple, à son collègue Fréron. *Paris, 19 pluviôse an III (7 février 1795).* S. l. n. d., in-8°, 7 p. [N. Lb⁴¹ 4247.]

Au sujet de la brochure décrite sous le numéro précédent et dont Chales se défend d'être l'auteur.
Voyez le numéro suivant.

22770. — Réponse de l'Orateur du peuple aux calomnies du prêtre Chales et compagnie. S. l. n. d., in-8°, 7 p. [N. Lb⁴¹ 1623.]

22771. — A Sa Majesté Stanislas, I⁸ʳ du nom. Très humbles et très respectueuses remontrances de vingt-quatre millions de sans-culottes et d'un million de soldats victorieux. *Imp. de la rue Jocquelet.* S. d., in-8°, 8 p. [N. Lb⁴¹ 1626.]

Épigr. :

Vous nous faites, Seigneur,
En nous croquant beaucoup d'honneur !
La Fontaine.

Signé : Ganoi.

¶ La *Revue rétrospective* de J. Taschereau a publié (1ʳᵉ série, tome III, pp. 97-110), d'après les originaux appartenant à M. de Cayrol, une curieuse correspondance, échangée de ventôse an IV à nivôse an V, entre Stanislas Fréron, Pauline et Lucien Bonaparte, au sujet d'un projet de mariage entre l'ancien représentant du peuple et la future princesse Borghèse. L'une des lettres de Stanislas Fréron est adressée à Napoléon Bonaparte, qu'il tutoyait.

22772. — [**Fresneau**.] Mémoire instructif pour Louis Fresneau, épicier, place de l'Ecole, détenu à la Conciergerie comme suspecte d'accaparement et traduit au tribunal criminel du département de Paris (19 brumaire an II-9 novembre 1793). *Imp. V.º Hérissant*, in-4°, 4 p. [*Br. M. F. R.* 40*, 8.]

Signé : Louis-François Fresneau.

22773. — [**Fréville**.] Vie et mort républicaines du petit Emilien, suivies de moralités instructives, du jeu de la Pirouette géographe, de celui de l'Alphabet et de l'Apologue du décadi, pour servir à l'éducation des enfants. Par le C. Fréville. *Paris, Gueffier jeune, an II*, in-18, XII-204 p. [*N.* Ln^{27} 8022.]

Épigr. :
Ce fils chéri vécut trop peu pour mon bonheur,
Mais assez pour servir de modèle à l'enfance.

En regard du titre, frontispice fort joli dessiné et gravé par Queverdo, représentant le tombeau du petit Emilien et accompagné de cette légende : *Né le 24 octobre 1786 et mort le 22 brumaire an II R. F.* [14 novembre 1793] *sur la S[ection] de l'Arsenal, en prononçant ces paroles* : « *Ce qui me fait le plus de peine, c'est de quitter maman et de ne pouvoir être utile à la République.* » Ce frontispice a de ouveau servi pour les *Vies des enfants célèbres*... du même auteur (voyez le n° 21377 ci-dessus et la note qui l'accompagne).

P. 191-204, sous le titre de : *Funeste aventure qui m'arrive en terminant cet ouvrage*, Fréville raconte comment il fut arrêté le 25 ventôse an II (15 mars 1794), traduit devant le Tribunal révolutionnaire et acquitté le 14 floréal suivant (3 mai 1794).

22774. — [**Frochot** (Nicolas-Thérèse-Benoît). Histoire administrative (1789-1815). Frochot préfet de la Seine, par Louis Passy. *Evreux, imp. Auguste Hérissey*, 1867, in-8°, VIII-572 p. [*N.* Ln^{27} 23642.]

22774ª. — Histoire administrative (1789-1815). Frochot, préfet de la Seine, par Louis Passy, membre de l'Assemblée nationale. Deuxième édition. *Evreux, imp. Aug. Hérissey*, 1874, in-8°, XII-572 p. [*P.* 3926 A.]

En regard du titre, portrait de Frochot gravé à l'eau-forte par P. Chardin, d'après Prudhon. Entre les pp. 228-229, projet de médaille commémorative de la paix d'Amiens (face et revers), croquis inédits gravés à l'eau-forte par Grenaud d'après Prudhon.

Ces planches et un avertissement nouveau constituent la différence existant entre ce tirage et le précédent. Le texte même du volume n'a pas été modifié.

La couverture imprimée porte l'adresse de la librairie Durand et Pédone-Lauriel.

22775. — [**Froullé** (Jacques-François)].] Jugement rendu par le Tribunal révolutionnaire... qui, sur la déclaration du juré de jugement, portant « qu'il est constant qu'il a été composé et imprimé à Paris, au mois d'avril et suivants de l'anné 1793 (vieux style) un ouvrage in-8° intitulé : « Liste comparative des cinq appels nominaux... dans lequel se trouve la relation des vingt-quatre heures d'angoisse qui ont précédé la mort de Louis XVI », lequel ouvrage provoque [à] la dissolution de la représentation nationale et le [au] rétablissement de la royauté en France ; que Jacques-François Froullé, imprimeur-libraire à Paris, a composé et imprimé cet ouvrage et que Thomas Levigneur, libraire à Paris, a coopéré à la composition et impression de cet ouvrage, condamne lesdits Jacques-François Froullé et Thomas Levigneur à la peine de mort... (13 ventôse an II-3 mars 1794). *Paris, imp. du Tribunal révolutionnaire*. S. d., in-4°, 8 p. [*N.* Lb^{41} 2232*.]

Sur la *Liste comparative des cinq appels nominaux*..., voyez tome Ier de la *Bibliographie*, le n° 3675 et la note qui l'accompagne.

22776. — [**Gachet de Sainte-Suzanne**.] A Messieurs de l'Assemblée nationale. *Imp. C.-J. Gelé*, décembre 1790, in-4°, 3 p. [*R. AD.* I, 64.]

Pétition du sieur Gachet, ci-devant de Sainte-Suzanne, prévôt général des maréchaussées de la généralité de Paris au sujet des 42,500 livres qu'il avait dû payer à son prédécesseur, Jouilly de Varennes, et que le nouvel ordre de choses ne permettait pas de lui rembourser.

22777. — [**Gadolle** (Pierre).] Tu en as menti, Billaud. Tu dis dans ton affiche que jamais tu n'as commis ou provoqué un seul acte tyrannique : voici le mal irréparable que tu m'as fait. *Imp. Guffroy*, S. d., in-8°, 8 p. [N. Lb⁴¹ 4144.]

Signé : P. GADOLLE.

22778. — [**Galiffet.**] Département de Paris. Domaines nationaux. Vente de meubles et effets après l'émigration du nommé Galiffet, en sa maison rue du Bacq, près celle de Grenelle, n° 471 (28 ventôse an II-18 mars 1794). *Imp. Ballard. S. d.*, in-folio plano.

Voyez le numéro suivant.

22779. — Département de Paris. Domaines nationaux. Vente par continuation des meubles et effets après l'émigration du nommé Galiffet... (21 germinal an II (10 avril 1794). *Imp. Ballard. S. d.*, in-folio plano.

Cette pièce et la précédente faisaient partie de l'ancienne collection Paul Dablin.

22780. — [**Galimard.**] Lettre au citoyen procureur de la Commune. *S. l. n. d.*, in-8°, 3 p. [N. Ln²⁷ 8147.]

Signé : GUILLAUME GALIMARD.
Contre l'architecte Poyet.

22781. — [**Gallais** (P.-J.).] Catalogue des livres de feu M. Gallais, homme de lettres, dont la vente se fera le 21 février 1821 et j. s., rue des Bons-Enfants, n° 30. *Paris, Merlin, février* 1821, in-8°, 1 f., 32 p. et 1 f. non chiffré. [N. Δ 34161.]

Le feuillet non chiffré contient l'annonce de deux manuscrits que les héritiers désiraient céder à l'amiable (voyez tome Iᵉʳ de la *Bibliographie*, p. LXI) et dont le sort est présentement inconnu.

¶ Beuchot a publié dans le *Journal de la librairie* de 1821, p. 261-263, une intéressante notice sur Gallais, tour à tour bénédictin, publiciste politique, membre du Caveau et reviseur ou « teinturier » des écrits de Quentin Crawfurd (voyez les nᵒˢ 22305-22307 ci-dessus) rédigés en français.

22782. — [**Galle.**] Institut royal de France. Académie royale des beaux-arts. Funérailles de M. Galle. Discours de M. RAOUL ROCHETTE, secrétaire perpétuel de l'Académie, prononcé aux funérailles de M. Galle, le 24 décembre 1844. *Paris, imp.* F. *Didot frères. S. d.*, in-4°, 4 p. [N. Ln²¹ 8158.]

22783. — M. Galle (André), graveur en médailles, membre de l'Institut (Académie des beaux-arts) et de la Légion d'honneur. *Imp. de M*ᵐᵉ *Lacombe*, 1848, in-8°, 8 p. [N. Ln²⁷ 8159.]

Extrait des *Archives des hommes du jour*.
Signé : DE VAUCHER.

22784. — [**Gallet** (Jean-Pierre, dit Gallet l'aîné).] L'Intrigue du comité des subsistances dévoilée, la condamnation du sieur Gallet et les amours criminelles de ses juges avec son épouse. *Peterborough*, 1789, in-8°, 32 p. [N. Lb³⁹ 2345.]

22785. — Fermez les yeux. *S. l. n. d.*, in-8°, 32 p. [N. Lb³⁹ 2734.]

Par ANT. ETRABAC (CABARET).
Au sujet de l'affaire Gallet.

22786. — Réponse adressée à M. Vauvilliers, chef du département des Subsistances, par M. GALLET aîné, à un rapport du même département, lu le 30 mai 1790, à l'Assemblée des représentants de la Commune de la ville de Paris, avec quelques réflexions sur l'approvisionnement, fait au nom de la municipalité de Paris et sur la diminution du prix du pain. *Paris, imp.* F. *Didot jeune*, 1790, in-8°, 45 p. [N. Lk⁷ 6603.]

ÉPIGR. :

La publicité est la sauvegarde du peuple.

Je n'ai pas retrouvé le Rapport visé dans cette *Réponse*.

22787. — Récrimination en faveur de M. GALLET l'aîné, accusé d'avoir accaparé des grains, et Vauvillers (sic), chef du département des Subsistances, traité comme il le mérite. *Paris, imp. Michel*, 1790, in-8°. [N. Lb³⁹ 3972.]

D'après le catalogue de la B. N.

22788. — Mémoire pour M. GALLET l'aîné, négociant, présenté à la municipalité de Paris, le 22 novembre 1790. *Imp. Dumaka. S. d.*, in-8°, 1 f. et 30 p. [N. Lb³⁹ 4383.]

22789. — Note additionnelle pour servir au mémoire de M. GALLET l'aîné, négociant, rue Saint-Denis, présenté à la municipalité de Paris, le 22 novembre 1790. — Mémoire pour le sieur GALLET l'aîné... présenté à la municipalité de Paris, le 22 novembre 1790. Seconde édition. *Paris, imp. Chalon,* 1791, in-8°, 32 p. [*N.* Lb^{39} 4384.]

22790. — **Gallet** (J.-B.).] Réponse du citoyen GALLET, officier de paix, à la calomnie dirigée contre lui (14 nivôse an VI-3 janvier 1798). *Imp. Fauvelle et Sagnier. S. d.,* in-4°, 8 p. [*N.* Ln^{27} 8164.]

Voyez le numéro suivant.

22791. — Tableau précis de la vie morale du citoyen GALLET, officier de paix (3 messidor an VI-21 juin 1798). *Paris, imp. Fauvelle et Sagnier. S. d.,* in-4°, 8 p. [*N.* Ln^{27} 8165.]

22792. — [**Gamain.**] Dissertations sur quelques points curieux de l'histoire de France et de l'histoire littéraire, par PAUL-L. JACOB, bibliophile. *Paris, Techener,* 1838-1842, in-8°. [*N.* L^{46} 18. Réserve.]

Le n° II de ces *Dissertations* porte au titre de départ, p. 3 : *Evocation d'un fait ténébreux de la Révolution française* et comporte 51 pages.

L'auteur rappelle dans quelles circonstances Gamain avait été mis en rapports avec Louis XVI, et sa conclusion est qu'il a été réellement victime d'un empoisonnement dont les auteurs ne sont pas connus. Cette *Dissertation* a été réimprimée sans changement dans les *Curiosités de l'histoire de France* de l'auteur (Paris, A. Delahays, 1858, 2 séries in-12) que j'ai déjà eu l'occasion de mentionner sous le n° 20670 ci-dessus.

L'édition originale des douze *Dissertations...* a été décrite par M. Georges Vicaire (*Manuel de l'amateur des livres du XIXe siècle*, v° Lacroix).

22793. — Louis XVI et le serrurier Gamain, par J.-A. LE ROI. Extrait de la « Revue des questions historiques ». *Paris, Palmé,* 1867, in-8°, 23 p. [*N.* Lb^{39} 6184.]

On lit au verso du titre : « Tiré à 50 exemplaires. »

Réimp. la même année à la suite d'un autre travail de l'auteur intitulé : *Récit des journées des 5 et 6 octobre à Versailles* (voyez tome Ier de la *Bibliographie*, n° 1415).

Les conclusions auxquelles s'arrête J.-A. Le Roi sont toutes différentes de celles de Paul Lacroix.

¶ Voyez dans *la Révolution française*, tome VIII, p. 661, l'acte de décès de Gamain, relevé sur les registres de l'état civil de Versailles par M.-THÉNARD, et tome XLIII, pp. 83-86, un article de M. CL. PERROUD, intitulé : *A propos de l'armoire de fer* (dépositions de l'architecte Heurtier et du serrurier Gamain au sujet de l'enlèvement des papiers opéré par Roland, ministre de la Justice).

22794. — [**Gambs.**] L'Eglise luthérienne de Paris et le chapelain Gambs, par ARMAND LODS (1892).

Voyez tome III, n° 16014.

¶ M. E. ARNAUD a publié depuis dans le *Bulletin de la Société de l'histoire du protestantisme français* de 1898, pp. 554-559, le récit du sauvetage du comte de Narbonne par les soins de Gambs, d'après un récit de son petit-fils, le pasteur EMILE FROMMEL, ancien prédicateur de la cour de Berlin. Ce récit est orné de la reproduction dans le texte d'un portrait de Gambs.

22795. — [**Garat** (Dominique-Joseph).] Mémoires sur la Révolution ou Exposé de ma conduite dans les affaires et dans les fonctions publiques [par] D.-J. GARAT. *Paris, imp. J.-J. Smits, l'an III de la République,* in-8°, XV-224 p. [*N.* La^{33} 59.]

Réimp. dans l'*Histoire parlementaire...* de Buchez et Roux (voyez tome Ier de la *Bibliographie,* n° 173), tome XVIII, pp. 287-477. Voyez aussi le numéro suivant.

22796. — Mémoires de GARAT, avec une préface, par E. MARON. *Paris, Poulet-Malassis,* 1862, in-18, 2 ff. et XLVI-378 p. [*N.* La^{33} 129.]

La couverture imprimée porte en plus : *Mémoires et documents sur la Révolution française.*

22797. — DOMINIQUE-JOSEPH GARAT à Henri Larivière, membre du Conseil des Cinq-Cents (6 thermidor an V-24 juillet 1797). *S. l. n. d.,* in-8°, 2 p. [*N.* Lb^{42} 1491.]

Accusé par Henri Larivière d'avoir, lors des massacres de septembre, dit le lendemain, comme ministre de la Justice, qu'il fallait jeter un voile sur ces événements et d'avoir parlé le 3 novembre suivant en faveur des septembriseurs, Garat répond qu'il fut nommé ministre le 9 octobre, que la phrase incriminée est de Roland et que, dans son discours du 13 novembre, il avait imploré la miséricorde nationale en faveur de quelques infortunés exposés pendant plusieurs jours et plusieurs nuits à la hache des septembriseurs (voyez tome Ier, n° 3473).

22798. — [**Garat** (Pierre).] Extrait de la « Revue encyclopédique » (55e cahier, tome XIX), juillet 1823. Cinquième année. Notice sur Garat, professeur de la classe de perfectionnement du chant au Conservatoire de musique. *Imp. Plassan. S. d.*, in-8°, 15 p. [*N.* Ln^{27} 31550.]

Suivant M. Paul Lafond (voyez le numéro suivant), cet article serait de Dominique-Joseph Garat, oncle de l'artiste.

22799. — Paul Lafond. Garat. 1762-1823. *Paris, Calmann-Lévy. S. d.* (1900), 2 ff. et XI-363 p. [*N.* Ln^{27} 47830.]

En regard du titre, portrait gravé à l'eau-forte par l'auteur du livre.

22800. — [**Garin** (François-Etienne).] Réponse de Garin, administrateur des subsistances de la Commune de Paris, à une lettre de Cor, procureur syndic du district de Corbeil, écrite à Garat, ministre de l'intérieur. Paris, 1er juillet, l'an II... *Imp. Lottin*, 1793, in-4°, 4 p. [*N.* Lb^{41} 3138.]

22801. — François Bouchot et Norbert Chaudouet à leurs concitoyens. *S. l. n. d.* (1793), in-4°, 22 p. [*N.* Lb^{41} 2963.]

Contre Garin. Voyez le numéro suivant.

22802. — Favanne, administrateur-adjoint des subsistances, aux 48 sections, prenant le fait et cause de Garin, son collègue, attaqué dans un second libelle de deux ex-commis, expulsés par lui pour motif de défaut de confiance (6 juillet 1793). *Paris, imp. Lottin*, 1793, in-4°, 27 p. [*N.* Lb^{41} 731.]

Voyez le numéro précédent.

22803. — Paris sauvé par l'administration des subsistances... — Suite de Paris sauvé par l'administration des subsistances (18 juillet-10 août 1793).

Par Garin et Defavanne. Voyez tome II, n°^{s} 6375-6376.

22804. — Réponse à la dénonciation faite à la section des Sans-Culottes par Marchant, citoyen de cette section, contre Garin, administrateur des subsistances. (Paris, 25 août, l'an II de la République française une et indivisible). *Imp. Ve Delaguette. S. d.*, in-8°, 20 p. [*R.* AD. I, 55.]

Signée : Garin, officier municipal.
Cette *Dénonciation* est décrite tome II, n° 8337.

22805. — [**Garnerin** (J.-B.-Olivier).] Jean-Baptiste-Olivier Garnerin, électeur de la section de Bon-Conseil de 1792, aux membres composant la Société électorale. *Imp. Pelletié. S. d.*, in-8°, 8 p. [*N.* Ln^{27} 8243.]

Dénonciation de Phulpin, juge de paix de la section des Arcis, et exposé de ses propres titres à la confiance des électeurs.

22806. — Extrait du 29e « Bulletin du tribunal révolutionnaire », contenant le témoignage fait à charge de l'infortunée reine de France, par Jean-Baptiste-Olivier Garnerin aîné. *Imp. David. S. d.*, in-4°, 2 p. [*N.* Ln^{27} 8244.]

Publié par A.-Jacques Garnerin jeune.

22807. — [**Garnerin** (André-Jacques, dit Garnerin jeune).] Voyage et Captivité du citoyen Garnerin, ex-commissaire de la République française, prisonnier d'État en Autriche. Nouvelle édition. *Paris, imprimerie-librairie du Cercle social* (1797), an VI de la République française, in-8°, 160 p. [*N.* Ln^{27} 8241.]

P. 144-152, *Pièces justificatives*. P. 153-160, note sur la construction et l'emploi des parachutes dont Garnerin avait conçu le plan durant sa captivité.

22808. — [**Garran de Coulon** (Jean-Philippe).] Catalogue de la bibliothèque de feu M. le comte Garran de Coulon, grand officier de la Légion d'honneur, membre de l'Académie des inscriptions et belles-lettres, etc., etc., dont la vente se fera le mardi 8 avril 1867 et j. s., en son hôtel rue Cassette, n° 26, faubourg Saint-Germain. *Paris, J.-S. Merlin*, 1817, in-8°, 2 ff. et 99 p.; 1768 numéros. [*N.* Δ 34140.]

22809. — [**Gaston-Rosnay.**] Les fourberies de Gaston-Rosnay... dévoilées et comparées à celles des prêtres, par Jacques Mignard, du département de l'Yonne (an II).

Voyez tome III, n° 14993, ainsi que les n°s 14994-15002, relatifs au même personnage.

22810. — [**Gatteaux** (Nicolas-Marie).] Notice sur N.-M. Gatteaux, graveur en médailles, par Miel. Paris, imp. Ducessois, 1832, in-8°, 15 p.

22811. — [**Gattey** (François-Jacques).] Jugement rendu par le Tribunal révolutionnaire qui, sur la déclaration du jury de jugement, portant qu'il est constant que François-Charles Gattey est complice de la conspiration tendant à troubler l'Etat et les colonies par une guerre civile, en armant les citoyens les uns contre les autres et contre l'exercice de l'autorité légitime, en imprimant, vendant et expédiant pour les colonies des écrits contre-révolutionnaires tendant à l'avilissement de la représentation nationale et au rétablissement de la royauté, condamne ledit Gattey à la peine de mort (25 germinal an II-14 avril 1794). S. l. n. d., in-4°, 7 p. [N. Lb⁴¹ 2232*.]

Voyez le numéro suivant.

22812. — [**Gattey** (Marie-Claudine).] Jugement rendu par le Tribunal révolutionnaire... qui, sur la déclaration du jury de jugement, portant qu'il est constant que Marie-Claudine Gattey, le 25 germinal courant, dans l'audience du Tribunal et ensuite dans l'enceinte du Palais, a poussé des cris et tenu des propos séditieux tendant à provoquer le rétablissement de la royauté, condamne ladite Gattey à la peine de mort... (26 germinal an II-15 avril 1794). Imp. du Tribunal révolutionnaire. S. d., in-4°, 4 p. [N. Lb⁴¹ 2232*.]

22813. — [**Gauche** (Etienne).] Aux citoyens composant le comité révolutionnaire et l'assemblée générale de la section des Sans-Culottes. Imp. de l'Union. S. d., in-4°, 3 p. [N. Ln²⁷ 8326.]

Signé : Driot, femme du citoyen Gauche.
Protestation contre l'arrestation de son mari, dénoncé pour n'avoir pas voulu donner l'adresse d'un locataire absent, mais non émigré.

22814. — [**Gaucher** (Ch.-E.).] Charles-Etienne Gaucher, graveur. Notice et catalogue par le baron Roger Portalis et Henri Draibel [Beraldi]. Paris, Damascène Morgand et Charles Fatout, 1879, in-8°, 2 ff., 150 p. et 1 f. non chiffré. (Table des matières.)

En regard du titre, portrait ovale signé : Masson, sculp.

22815. — [**Gaudefroy.**] J.-J. Gaudefroy à Son Excellence Cl.-Am. Regnier, grand juge et ministre de la Justice. Imp. Berthomier, brumaire an XII, in-4°, 11 p. [P. 29070*.]

Protestation contre sa radiation du tableau des jurisconsultes défenseurs. Gaudefroy, qui s'était livré spécialement à la « partie consultative », donne la liste des soixante-quatorze mémoires ou consultations qu'il avait rédigés de 1783 à l'an II. Il n'a point d'article dans Ersch, ni dans Quérard.

22816. — [**Gaudot.**] Pétition du sieur Gaudot, receveur au port Saint-Paul, capitaine de la 2ᵉ compagnie volontaire de la section de l'Arsenal. A ses frères d'armes et à tous les citoyens. Imp. Dumaha. S. d., in-4°, 8 p. — Extrait du cahier des délibérations de l'assemblée générale de la section de l'Arsenal, du 19 avril 1790. Paris, Dumaha. S. d., in-4°, 4 p. [N. Ln²⁷ 8341.]

Voyez tome II, n° 7858.

22817. — [**Gauguery.**] Liberté. Egalité. Précis pour Pierre-Nicolas Gauguery, commissaire aux inventaires et ventes du département de Paris. Imp. Quillau. S. d., in-4°, 10 p. [Br. M. F. R. 44*, 11.]

Réponse à une accusation de vol commis dans la maison du ci-devant petit Calvaire, le 10 mars 1793.
Signé : Gauguery ; Taine, défenseur officieux.

22818. — [**Gaulard de Saudray.**] Aux augustes Représentants de la nation, à MM. les chefs civils et militaires, et à tous mes concitoyens convoqués au Champ-de-Mars pour le 14 juillet 1790. *Imp. P.-F. Didot jeune*, 1790, in-4°, 12 p. [*N.* Ln27 18538.]

Signé : CH.-E. GAULARD DE SAUDRAY.
Exposé de son rôle depuis le début de la Révolution et résumé de ses services antérieurs.

22819. — Notice sur Gaulard de Saudray, fondateur en 1792 du Lycée, aujourd'hui Athénée des Arts. Par MIRAULT. *Imp. Carpentier-Méricourt* (1834), in-8°, 12 p.

D'après le *Journal de la librairie* de 1834, n° 4095. Extrait du *Procès-verbal de la 100e séance publique de l'Athénée des Arts* (1834). [B. N. Inv. Z 41027.]

22820. — [**Gaultier de Biauzat** (Jean-François). Gaultier de Biauzat, député du tiers-état aux Etats-Généraux de 1789, sa vie et sa correspondance, par FRANCISQUE MÈGE. *Paris, Emile Lechevalier*, 1890, 2 vol. in-8°. [*N.* Ln27 40477.]

22821. — [**Gautier.**] Etat des services du C^{en} J.-J. GAUTIER (Paris, 12 brumaire an III-2 novembre 1794). S. l. n. d., in-4°. [*N.* Ln27 8393.]

D'après le catalogue imprimé de la B. N.
Je suppose que cette pièce a trait au métallurgiste Joseph Gautier, auteur d'un projet de refonte du métal des cloches (voyez tome II, n° 8732 et tome III, n° 13299).
Voyez aussi le numéro suivant.

22822. — Pétition à la Convention nationale par JOSEPH GAUTIER, fondeur des déchets métalliques. *J.-B. Hérault, impr.* S. d., in-8°, 8 p. [*R.* AD. II, 40.]

Réclamation de la valeur de deux lingots d'argent chargés d'or remis à la Monnaie et volés par un employé.

22823. — [**Gautier de Syonnet** (Jacques-Louis).] Mémoire à consulter et Consultation pour le sieur Gautier, auteur du « Journal général de la cour et de la ville », défendeur, contre le comte de Mirabeau, député à l'Assemblée nationale, demandeur. *Au bureau du Journal*, 1790, in-4° (?).

D'après le *Journal général...* du 17 avril 1790, p. 136.

22824. — [**Gavoty de Berthe.**] Mémoire à MM. les députés à l'Assemblée nationale, par JEAN-FRANÇOIS GAVOTY, ci-devant DE BERTHE, créateur et propriétaire de la manufacture de sparterie, la première en France, établie à Paris, rue de Popincourt, faubourg Saint-Antoine, sous l'autorisation d'un arrêt du Conseil du 1er octobre 1775 (1er janvier 1792). *Paris, imp. du Patriote français.* S. d., in-4°, 16 p. [*N.* Ln27 8407.]

Voyez le numéro suivant.
Voyez aussi tome III, n°s 17986-17987.

22825. — SALVATOR BERTEZEN à J.-F. Gavoty, membre de la Société du Point central des arts et métiers. S. l. n. d., in-8°, 12 p. [*N.* Sp. 3785.]

Réponse à des attaques personnelles formulées par Gavoty touchant les découvertes de Bertzen sur l'éducation des vers à soie.

22826. — [**Genlis** (de).] Vie privée de Mme de Sillery. *Imp. Chaudriet.* S. d., in-8°, 8 p. [*N.* Ln27 8490.]

Pamphlet.

22827. — Précis de la conduite de Mme DE GENLIS depuis la Révolution, suivi d'une lettre à M. de Chartres et de réflexions sur la critique. *Hambourg, Hoffmann*, 1796, in-8°, 206 p. [*N.* Ln27 8491.]

ÉPIGR. :

On ne triomphe de la calomnie qu'en la dédaignant,
Lettres de Mme de Maintenon.

Une noble fierté n'admet point de contrainte ;
Tel qu'il est, un grand cœur doit se montrer sans crainte.
NADAL.

Voyez le numéro suivant.

22827^a. — Précis de la conduite de Mme DE GENLIS depuis la Révolution... *Hambourg, Hoffmann et Paris, Cérioux.* S. d., in-12, 335 p. [*N.* Ln27 8491 A.]

Mêmes épigraphes qu'au numéro précédent.
Pour les diverses éditions de la *Lettre de M. de Chartres*, voyez les n°s 21603-21607 ci-dessus.

22828. — La Nouvelle Sainte, épître de Saint-Roch à Mme R.... *Paris, Dabin, an IX*, in-12, 10 p. [*N.* Ye 48464.]

Contre Mme de Genlis.

22829. — Genlisiana ou Recueil d'anecdotes, bons mots, plaisanteries, pensées et maximes de Mme la comtesse de Genlis, précédé d'une notice sur sa vie et ses ouvrages, par Cousin, d'Avallon. *Paris, librairie politique*, 1820, in-18, 180 p. [*N.* Ln^27 8492.]

En regard du titre, portrait lithographié anonyme.

22830. — Mémoires inédits de Mme la comtesse de Genlis sur le dix-huitième siècle et la Révolution française, depuis 1756 jusqu'à nos jours. *Paris, Ladvocat*, 1825, 10 vol. in-8°. [*N.* La^33 60.]

Le faux-titre porte en plus : *Mémoires sur le dix-huitième siècle et la Révolution française.*

En tête de l'ex. de la B. N. sont reliés quatre tirages différents d'un prospectus annonçant six, puis huit volumes ornés du portrait de l'auteur. L'un de ces tirages porte une épigraphe qui n'a pas été reproduite dans la publication :

J'ai vieilli au milieu de mes ennemis.
Psaume 6e.

Le tome Ier est orné de deux portraits de l'auteur à vingt-cinq ans et à quatre-vingts ans, gravés par Coupé d'après Devéria et d'un fac-similé placé entre le titre et l'*Avis du libraire-éditeur*.

Chaque volume comporte une table alphabétique et analytique et le tome VIII renferme une table générale des matières. Les deux derniers volumes sont remplis par la réimpression de divers écrits de Mme de Genlis qui, sauf les *Souvenirs de Félicie L**** (1804), n'ont aucun titre à figurer dans ses *Mémoires*, tels que la *Correspondance de deux jeunes amis*, le *Médecin*, l'*Anglomane*, et par un long extrait du *Dictionnaire critique et raisonné des étiquettes de la cour*...

22831. — Mémoires de Mme de Genlis sur la cour, la ville et les salons de Paris, illustrés par Janet-Lange et V. Foulquier, publiés avec le concours de Mme Georgette Ducrest. *Paris, Barba*, 1856, in-4°, 406 p.

La couverture imprimée et ornée d'un portrait de Mme de Genlis sert de titre, L'*Avant-propos* de Mme Ducrest (nièce de l'auteur) est datée d'octobre 1855. Les notes assez nombreuses qu'elle a jointes aux *Mémoires* de sa tante sont signées G. D. Les appendices de l'édition de 1825 sont supprimés, mais la *Table des chapitres* est reproduite.

Une édition très abrégée de ces mêmes *Mémoires* a été publiée en 1857 dans la *Bibliothèque des mémoires relatifs à l'histoire de France pendant le XVIIIe siècle*, dont elle forme le tome XV.

Voyez le numéro suivant.

22832. — Mme la comtesse de Genlis en miniature ou Abrégé critique de ses « Mémoires », par M. L. de Sevelinges, chevalier de l'ordre royal et militaire de Saint-Louis. *Paris, J.-G. Dentu*, 1826, in-8°, 2 ff. et III-359 p. [*N.* La^33 61.]

22833. — Madame la comtesse de Genlis, sa vie, son œuvre, sa mort (1746-1830), d'après des documents inédits, par Honoré Bonhomme. *Paris, librairie des Bibliophiles*, 1885, in-12, 2 ff., 140 p. et 1 f. non chiffré. [*N.* Ln^27 30604.]

Au verso du faux-titre, détail du tirage de 140 ex. de luxe (100 sur Hollande, 20 sur Whatman, 20 sur Chine).

Le feuillet non chiffré contient la *Table* et la rubrique des imprimeurs.

22834. — Gouverneur de princes (1737-1830), par M. de Chabreul [Mlle Marguerite Du Parquet]. *Paris, Calmann-Lévy*. S. d. (1901), in-8°, 2 ff. et 380 p. [*N.* Ln^27 48367.]

En regard du titre, portrait héliogravé de Mme de Genlis d'après un original appartenant au musée de Versailles.

22835. — [**Génois.**] Mémoire du citoyen Génois, défenseur officieux, sur les arrestations arbitraires des juges de paix, adressé au Corps législatif, au Directoire et aux tribunaux. S. l. n. d., in-8°, 8 p. [*N.* Ln^27 31703.]

Épigr. :
Veni, vidi.

Signé : Génois, défenseur officieux, maintenant détenu à la Force, ayant son domicile rue de Grenelle, fbg. Germain, en face la fontaine, n° 1108.

22836. — [**Geoffroy** (Ch.-Fr.).] [Pétition à la Convention en faveur de Charles-Geoffroy, dénonciateur de faux-assignats, commençant par ces mots :] Législateurs, par votre décret du 27 mars dernier... S. l. n. d., in-4°, 2 p. [N. Lb⁴¹ 3230.]

Signée : GUELLARD, commissaire de police de la section du Théâtre-Français, dite de Marseille.

22837. — [**Geoffroy** (Julien-Louis).] Aux Citoyens membres du directoire du Département de Paris. S. l. n. d., in-8°, 3 p. [N. Ln²⁷ 8520.]

Signé : L'épouse du citoyen GEOFFROY, professeur d'éloquence au collège Mazarin.
Justification de son mari et désaveu de sa collaboration à l'*Ami du roi* de Royou.

22838. — Trait de reconnaissance de Julien-Louis Geoffroy, ancien professeur de rhétorique au collège Mazarin, ancien et actuel rédacteur de « l'Année littéraire », l'un des anciens coopérateurs de « la Quotidienne ou Feuille du jour », du « Bulletin de l'Europe », du « Véridique », « du Courrier universel », de « l'Ami du Roi » et du « Journal des défenseurs de la patrie » et enfin l'un des rédacteurs actuels du « Journal des Débats »... Paris, ce 10 pluviôse an X... *Chez les marchands de nouveautés.* S. d., in-8°, 16 p. [N. Ln²⁷ 8521.]

Par GOBET, avocat.

22839. — Le Journaliste corrigé ou Geoffroy confondu par une ombre. *Paris, Dabin, an X*-1802, in-8°, 8 p. [N. Ye 45238.]

Epigraphe empruntée à Voltaire.
P. 8, *Notes en prose.*

22840. — Etrennes à Geoffroy offertes par CHAZET. *Paris, chez les marchands de nouveautés, an X*-1802, in-8°, 36 p. [N. Ye 40352.]

ÉPIGR. :
Les petits présents entretiennent l'amitié.

22841. — Calembourgs de l'abbé Geoffroy, faisant suite à ceux de Jocrisse et de Mme Angot, ou les Auteurs et les acteurs corrigés avec des pointes, ouvrage piquant, rédigé par G...... D....L (GEORGES DUVAL). *Paris, Capelle, an XI*-1803, in-18, 182 p. [N. Ln²⁷ 8522.]

En regard du titre, frontispice anonyme avec cette légende : « Grâce, grâce, Monsieur l'abbé, on ne jouera pas *les Eaux de Spa.* »

22842. — L'Innocence reconnue ou Preuves de la bonté du cœur, de l'infaillibilité du goût, de la justesse de l'esprit et de la rectitude du jugement de M. Geoffroy. *Paris, chez les marchands de nouveautés, an XI*, in-8°, XXIV-263 p. [N. Ln²⁷ 8523.]

ÉPIGR. :
Le pauvre homme !
Tartuffe.

En regard du titre profil au pointillé, avec cette légende :

On prise sa candeur et sa civilité;
Il est doux, complaisant, officieux, sincère.
BOILEAU, sat. IX.

Par ANTOINE ANNÉE, d'après Barbier.

22843. — L'Esprit de Geoffroy ou Jugements irrévocables sur les pièces montées et reprises dans le courant de l'an X, aux différents théâtres de Paris, prononcés d'après le feuilleton du « Journal des Débats ». *Paris, les marchands de nouveautés, an XI* (1803), in-18, xxviij-204 p.

ÉPIGR. :
Fouettons d'un mot sanglant ces grands hommes d'un jour.
GILBERT.

L'Epître dédicatoire à Madame de G[ENLIS] et Monsieur CHA[TEAU] BRI[ANT] est signée, p. VIII : FEUILLETONPHILE.

22844. — Il est Dieu. Réponse à l'énigme à Geoffroy. S. l. n. d., in-8°, 4 p. [N. Ye 44880.]

Pot-pourri en six couplets sur des airs variés, suivis de : *Vers à M. Benoît-César de N.*

22845. — Epître d'un journaliste à l'Empereur. *Imp. de la rue de la Harpe, n° 93.* S. d., in-8°, 7 p. [N. Ye² 1439.]

Voyez le numéro suivant.

22846. — Réponse à l'Epître d'un journaliste adressée à l'Empereur. *Imp. Gauthier.* S. d., in-8°, 8 p. [N. Ln²⁷ 8524.]

Voyez le numéro précédent.

22847. — Geoffroy, rédacteur du « Journal de l'empire », condamné à la diète par la « Gazette de santé ». *Imp. Gauthier.* S. d., in-8°, 8 p. [N. Ln²⁷ 8525.]

Signé : MARIE DE SAINT-URSIN.

22848. — La Revue des feuilletons du « Journal de l'empire » ou Critique des critiques de M. Geoffroy. *Paris, Dabin,* 1807, in-8°, VIII-131 p. [N. Ln^{27} 8526.]

22849. — Correspondance ou Lettres inédites du révérendissime Père Feuilleton, dit Cafardini, capucin condigne et concave. Première édition, qui sera suivie de plusieurs autres. *Paris, Sabot,* 1808, in-8°, 63 p. [N. Ln^{27} 8527.]

Prose et vers.
Par J.-Fr.-M. VIEILH DE BOISJOLIN, suivant les *Supercheries littéraires* de Quérard.

22850. — Epigrammes faites dans un bon dessein. S. *l.,* 1809, in-8°, 15 p. [N. Ye 23811.]

Épigr. :
Honni soit qui mal y pense.
Par J.-Fr. GUICHARD, suivant Barbier.

22851. — Epître d'un Berlinois à l'auteur du feuilleton. *Berlin,* 1809, in-8°, 1 f. et 9 p. [N. Ye 21430.]

22852. — La Mort de Geoffroy, poëme héroï-tragi-comico-burlesque, divisé en trois chants, par ******, auteur tombé, docteur ès rimes, membre de plusieurs Athénées des environs de Paris, associé de plus de cent Académies nationales et étrangères, des Sociétés littéraires de Bourges, Beaune, Pézénas, Cracovie, Montmartre, etc., etc. *Bordeaux, Lassalle jeune,* 1824, in-8°, 90 p. et 1 f. non chiffré. [N. Ye 28187.]

22853. — Observations sur le caractère et le talent de feu Geoffroy, l'un des principaux rédacteurs de l'ancien « Journal des débats » chargé dans le feuilleton de la partie des spectacles. *Lyon, imp. J.-B. Barret,* 1827, in-8°, 28 p. [N. Ln^{27} 8528.]

Signé : JEAN PASSERON.
L'ex. de la B. N. porte un envoi signé du nom de l'auteur à M. Tenant de Latour.

22854. — Geoffroy et la critique dramatique sous le Consulat et l'Empire (1800-1814). Thèse présentée à la Faculté des lettres de l'Université de Paris, par CHARLES-MARC DES GRANGES, ancien élève de la Faculté des lettres et de l'Ecole des hautes études, agrégé des lettres. *Paris, Hachette et Ce,* 1897, in-8°, VIII-516 p. [N. Ln^{27} 44760.]

¶ Voyez dans le *Livre du centenaire du « Journal des débats »* (cf. tome II de la *Bibliographie,* n° 10119) une notice de M. JULES LEMAÎTRE sur Geoffroy.

22855. — [Geoffroy Saint-Hilaire (Etienne).] Enfance et première jeunesse d'Etienne Geoffroy Saint-Hilaire. 1772-1793. *Paris, imp. Fain et Thunot,* 1845, in-8°, 23 p. [N. Ln^{27} 8535.]

Une note au verso du faux-titre (il n'y a pas de titre) prévient que c'est le premier chapitre de l'ouvrage décrit sous le numéro suivant.

22856. — Vie, travaux et doctrine scientifique d'Etienne Geoffroy Saint-Hilaire, par son fils M. ISIDORE GEOFFROY SAINT-HILAIRE, membre de l'Institut (Académie des sciences), conseiller ordinaire et inspecteur général de l'Université, professeur-administrateur au Muséum d'histoire naturelle. *Paris, P. Bertrand; Strasbourg, Ve Levrault,* 1847, in-8°, 3 ff. et 479 p. [N. Ln^{27} 8536.]

Epigraphe empruntée à Gœthe.
En regard du titre, portrait en médaillon d'Etienne Geoffroy Saint-Hilaire, gravé par MOREAU et LE ROY.
La même année a paru chez les mêmes éditeurs un tirage in-12 de la *Vie... d'Etienne Geoffroy-Hilaire;* le cadre du portrait a été supprimé.
Voyez le numéro précédent.

22857. — Extrait du « Journal général de l'instruction publique ». Monument à élever à la mémoire de Geoffroy Saint-Hilaire. *Paris, imp. Dupont,* 1847, in-8°, 4 p. [N. Ln^{27} 8537.]

22858. — Institut national de France. Académie des sciences. Eloge historique d'Etienne Geoffroy Saint-Hilaire, par M. FLOURENS, secrétaire perpétuel, lu dans la séance publique annuelle du 22 mars 1852. *Paris, typ. Firmin Didot frères,* 1852, in-4°, 1 f. et 40 p. [N. Ln^{27} 8538.]

22859. — Extrait de la « Biographie universelle »...Geoffroy Saint-Hilaire (Etienne). Par M. Joly, professeur à la Faculté des sciences de Toulouse. *Paris, imp. H. Plon,* 1856; gr. in-8°, 20 p. [*N.* Ln²⁷ 8539.]

Suivi (pp. 19-20) de la notice de *Geoffroy-Château (Marc-Antoine)*, frère puîné d'Etienne Geoffroy Saint-Hilaire, par Moquin-Tandon.

22860. — Notice sur Etienne Geoffroy Saint-Hilaire, par L.-A. Bourguin. Un extrait de cette notice a été lu à la séance de la Société philotechnique, le 2 mai 1858. *Paris, imp. F. Malteste,* 1858, in-8°, 32 p. [*N.* Ln²⁷ 8540.]

La couverture imprimée sert de titre.

22861. — [George.] Pièces justificatives qui prouvent que les sieurs Tailleur et George n'ont pas perdu leurs places aux travaux des carrières (1790).

Voyez tome III, n° 11890, ainsi que les n°⁸ 11891-11893, 11806-11898 et 20501 qui ont trait aux mêmes démêlés.

22862. — [Gérard (l'abbé Philippe).] Liberté. Egalité. La citoyenne Gérard aux représentants du peuple composant le Comité de sûreté générale (Passy-lès-Paris, 26 vendémiaire an III-17 octobre 1794). *Paris, G.-F. Galetti. S. d.,* in-4°, 4 p. [*P.* 29070*.]

Demande de mise en liberté de son frère l'abbé Gérard, chanoine de l'église Saint-Louis-du-Louvre, futur auteur du *Comte de Valmont,* arrêté pour avoir dit la messe à Passy en présence de sa sœur et de leur servante.

22863. — [Gérard Desrivières (Jacob).] Mémoire pour le citoyen Gérard-Desrivières, membre du Conseil des Anciens, contre Boutin et Vernèges, son gendre.

Voyez tome III, n° 20314 et le n° 20315 qui est le *Résumé* du même *Mémoire.*

22864. — Réponse de Gérard-Desrivières, ex-conventionnel, membre sorti du Conseil des Anciens le premier prairial dernier, instituteur des fêtes de Tivoly, à ses détracteurs et ennemis (2 germinal an VII-22 mars 1799). *Baudouin. S. d.,* in-8°, 8 p. [*N.* Lb⁴² 658.]

Au sujet de la réunion dite de Clichy.

22865. — Gérard-Desrivières au citoyen ministre des finances. *Imp. Hacquart, floréal an VII,* in-8°, 4 p. [*A. S.* Domaines, carton 461, dossier « Tivoli ».]

Contre Boutin.

22866. — [Gérardin:] Gérardin à ses concitoyens de la section de Marat et de Marseille. *S. l. n. d.,* in-8°, 20 p. [*N.* Ln²⁷ 8586.]

Au sujet de son rôle dans la journée du 2 juin 1793.

22867. — [Géraud (Edmond).] Gaston Maugras. Journal d'un étudiant pendant la Révolution (1789-1793), 1890.

Voyez tome II, n° 5246 et la note qui l'accompagne.

Deux autres volumes ont été depuis également extraits des papiers d'Edmond Géraud et ne sont rappelés ici que pour mémoire : *Un homme de lettres sous l'Empire et la Restauration* (Edmond Géraud). *Fragments de journal intime* publiés par Maurice Albert (Flammarion, 1893, in-12) et *Un Témoin des deux Restaurations* (Edmond Géraud). *Fragments de journal intime* publiés par Charles Bigot (Flammarion, 1892, in-12).

22868. — [Gerdret (Antoine-Christophe).] Section de l'Oratoire. Extrait des registres des délibérations des assemblées primaires (16 novembre 1790).

Voyez tome II, n° 8557.

22869. — Gerdret à ses concitoyens et collègues (24 septembre 1791). *Imp. Sallière. S. d.,* in-8°, 15 p. [*N.* Lb³⁹ 10241.]

Protestation contre les attaques dont ce candidat avait été l'objet et accessoirement renseignements biographiques intéressants. Gerdret avait reconstitué rue Bordet (derrière Sainte-Geneviève) la manufacture de draps de M. de Jullienne et créé une fabrique d'armes et d'outils à Moulin-Galant, près d'Essonnes.

22870. — Gerdret à la Convention nationale. *Imp. Vezard et Le Normant. S. d.* (1792), in-8°, 8 p. [*N.* Ln²⁷ 8603.]

Voyez le numéro suivant.

22871. — Gerdret à ses concitoyens. *Paris, imp. Vezard et Le Normant,* 1792, in-folio plano. [*N.* Lb⁴¹ 2443.]

Même pièce que la précédente.

22872. — Rapport fait à la Convention nationale le 8 décembre, par le citoyen Ruault, député de la Seine-Inférieure, sur un décret d'accusation prononcé contre le citoyen Gerdret, le 20 novembre dernier et rapporté le 8 décembre. *Imp. Vezard et Le Normant. S. d.*, in-8°, 10 p. [*N.* Le[38] 2172. — *R.* AD. I, 52.]

Gerdret s'était engagé avec Derenty l'aîné et Frioud, de Lille, à fournir 300,000 paires de souliers, 150,000 chemises, 300,000 paires de bas et 120,000 sacs de distribution. Il avait été accusé de malversations dont le rapporteur fait justice.

22873. — [**Gernon.**] Précis pour le citoyen Gernon. *S. l. n. d.*, in-4°, 8 p. [*N.* Ln[27] 8637.]

Protestation contre une double accusation d'agiotage et d'accaparement.

22874. — [**Gersin.**] Aux Amis de la République française, une et indivisible. *Imp. de l'institution nationale des Enfants-Aveugles. S. d.*, in-folio plano. [*N.* Lb[41] 3357.]

Défense de Gersin, second instituteur des Enfants-Aveugles, contresignée par Haüy.

22875. — [**Gervais** (E.-E.).] Jugement prévôtal, rendu en la chambre criminelle du Châtelet de Paris, qui condamne Eugène-Eléonore Gervais, cuisinier, à être attaché au carcan dans la place du Palais-Royal, et y demeurer depuis midi jusqu'à deux heures, ayant un écriteau devant et derrière portant ces mots : « Perturbateur du repos public »; de suite flétri des lettres G. A. L. sur l'épaule droite, et aux galères pour neuf ans. Extrait des registres du greffe de la prévôté et maréchaussée générale de l'Ile de France. Du dix septembre mil sept cent quatre-vingt-neuf. *Paris, imprimerie de la prévôté et maréchaussée générale de l'Ile de France. S. d.*, in-4°, 3 p. [*N.* Lb[39] 2337.]

Pour avoir « tenu, dans le jardin du Palais-Royal, des propos séditieux tendant à soulever les domestiques et les ouvriers contre la garde nationale parisienne ».

22876. — [**Geslin de Villeneuve** (René-Guillaume-Paul-Gabriel-Etienne, comte).] Recueil de pièces relatives à l'émigré Geslin, condamné à mort et exécuté à Paris le 6 nivôse de l'an IV (27 décembre 1795), ou trouvées sur lui lors de son arrestation à Tillières, le 2 du même mois. *Paris, imp. de la République, nivôse an IV*, in-8°, 36 p. [*N.* Lb[42] 50.]

22877. — [**Gibelin.**] Le chevalier Victor de Gibelin, dernier officier de la garde suisse de Louis XVI. Documents historiques sur la sanglante journée du 10 août 1792, par Anicet. *Paris et Genève, J. Cherbuliez*, 1866, in-12.

Annoncé sur la couverture du numéro du 25 décembre 1866 de *l'Intermédiaire des chercheurs*.

22878. — [**Gilbert de Voisins.**] Jugement rendu par le Tribunal révolutionnaire... qui condamne Pierre Gilbert de Voisins à la peine de mort, conformément à l'article LXXVIII de la 12e section de la loi du 28 mars 1793 sur les émigrés (25 brumaire an II-15 novembre 1793). *Imp. du Tribunal criminel du Département de Paris. S. d.*, in-4°, 4 p. [*N.* Lb[41] 2232*.]

Voyez le numéro suivant.

22879. — Département de Paris. Domaines nationaux. Au nom de la République française. Vente des meubles et effets du nommé Gilbert de Voisins, condamné, rue d'Enfer, n° 152, section de l'Observatoire, le 9 floréal an II (28 avril 1794). *Imp. Ballard. S. d.*, in-folio plano.

Ancienne collection Paul Dablin.

22880. — [**Gilles** (J.-B. Lauchard, dit).] Mémoire à la Convention nationale par la citoyenne Lauchard, épouse de Jean-Baptiste Gilles, contenant des éclaircissements importants sur un des chefs d'accusation contre Louis Capet. *Imp. Noireuil. S. d.*, in-4°, 8 p. [*R.* AD. I, 52.]

22881. — [**Gilles** (François-Bernard ou Bertrand).] Lettres du citoyen Gilles, l'un des aveugles membres de l'hospice des Quinze-Vingts, au citoyen François de Neufchâteau, ministre de l'intérieur (Paris,

3 germinal an VII-23 mars 1799). *Imp. Ramet. S. d.*, in-4°, 12 p. [*R.* AD. XIV, 9.]

Rappel de l'envoi au Directoire d'une brochure intitulée : *Exemple d'émulation et récriminations contre l'administration des Quinze-Vingts.*
Voyez le numéro suivant.

22882. — Seconde lettre du citoyen GILLES, l'un des Aveugles membres de l'hospice des Quinze-Vingts, au citoyen François de Neufchâteau, ministre de l'intérieur (Paris, 15 prairial an VII-3 juin 1799). *Imp. Ramet. S. d.*, in-4°, 12 p. [*R.* AD. XIV, 9.]

Même objet.
Ces deux *Lettres* ne sont point citées dans la *France littéraire* de Quérard qui a enregistré un certain nombre d'opuscules du même auteur. Quérard lui attribue les prénoms de François-Bernard ou Bertrand et le dit né à Amboise.

22883. — [**Gillot** (N.-J.).] Mémoire au Comité de sûreté générale de la Convention pour le citoyen GILLOT (Nicolas-Joseph), marchand épicier, demeurant à Paris, rue Phélippeaux, section des Gravilliers et détenu prisonnier en la maison d'arrêt des Madelonnettes. *Paris, Quillau. S. d.*, in-4°, 7 p. [*P.* 29070*.]

Epigraphe empruntée à un discours de Robespierre du 17 pluviôse an II.

22884. — [**Ginguené** (P.-L.).] Garat et Ginguené, membres de la commission de l'instruction publique, intrigants et dilapidateurs, ou Lettre de J.-J. CHALMEL, ex-secrétaire général de la commission de l'instruction publique, à Garat et Ginguené. *Imp. V° A.-J. Gorsas. S. d.*, in-8°, 16 p. [*N.* Lb⁴¹ 1654.]

Voyez les deux numéros suivants.

22885. — GINGUENÉ au comité d'instruction publique, sur un libelle publié par Chalmel, le 3 ventôse (4 ventôse an III-22 février 1795). *Imp. rue du Théâtre de l'Egalité, n° 4. S. d.*, in-8°, 24. p. [*N.* Lb⁴¹ 1655.]

22886. — Extrait de l'Adresse de GINGUENÉ au comité d'instruction publique, sur le libelle publié par Chalmel, p. 18, T. IV.

19, 20 et 21. *Imp. de la rue du Théâtre Français. S. d.*, in-8°, 4 p. [*N.* Lb⁴¹ 4261.]

22887. — Catalogue des livres de la bibliothèque de feu M. P.-L. Ginguené, membre de l'Institut royal de France, de l'Académie della Crusca, de l'Académie de Turin, etc. *Paris, Merlin,* 1817, in-8°, XXIV-352 p. [*N.* Δ 33258.]

P. V-XV, *Notice sur M. Ginguené et ses ouvrages* [par D.-J. GARAT]. P. XVII-XVIII, *Discours prononcé par M.* DAUNOU *aux funérailles de M. Ginguené, le 18 novembre 1816.* P. XIX, *Avis* sur la composition de la bibliothèque et sa cession éventuelle en totalité ou en partie avant la vente aux enchères, alors fixée au mois de février 1818. P. XXI-XXIV, *Table des divisions.* La première partie (2,886 numéros) contient les livres de tout genre rangés par matières ; la seconde partie comprend les livres italiens et relatifs à l'histoire et à la littérature de l'Italie ; elle forme 1,675 articles et un supplément de 10 numéros.
Il existe un second titre indiquant la vente aux enchères pour le 2 mars 1818 et donnant l'ordre des vacations ; mais, dans l'intervalle, la bibliothèque fut achetée en bloc pour le British Museum où elle a été répartie suivant les règles adoptées par cet établissement.
Selon l'*Avis* de la p. XIX, le catalogue avait été rédigé par Ginguené lui-même, tandis que Merlin déclare, au verso du second titre, qu'il était resté étranger à une rédaction dont un ami du défunt avait bien voulu se charger.
Outre la notice de Garat et le discours de Daunou cités plus haut, on peut encore consulter les éloges dus à DACIER (*Histoire de l'Acad. des Inscriptions,* tome VII, pp. 147-159), à AMAURY-DUVAL (*Histoire littéraire de la France,* tome XIV, p. III-VIII) et à SALFI, en tête du IX° volume de l'*Histoire littéraire de l'Italie* qu'il s'était chargé de terminer.

22888. — [**Girard**.] Maison commune de la ville de Paris. Tribunal de police municipale. Jugement qui enjoint au citoyen Girard de porter honneur et respect aux officiers publics en fonctions et pour avoir injurié le citoyen Raffi, commissaire de la section de Mil-sept-cent-quatre-vingt-douze, le condamne en 5 livres d'amende, lui fait défenses de récidiver sous plus grandes peines, ordonne l'impression et l'affiche en ses frais (7 décembre 1792). *Imp. C.-F. Patris. S. d.*, in-4°, 4 p. [*N.* Lb⁴⁰ 1168.]

Le sieur Girard est qualifié dans le jugement de piqueur aux écuries de la feue dame de Lamballe, demeurant rue de Richelieu.

22889. — [**Girard-Laperrotière.**] Exposé de ma conduite depuis le commencement de la Révolution. A mes concitoyens. *Imp. Quillau,* 1792, in-8°, 8 p. [*N.* Ln^{27} 8754.]

Signé : GIRARD-LAPERROTIÈRE.

ÉPIGR. :
C'est par des faits prouvés qu'on détruit les soupçons et la calomnie.

22890. — [**Girardin.**] Projet de décret proposé à l'Assemblée nationale au nom du comité de surveillance par le citoyen LAURENT LECOINTRE, du département de Seine-et-Oise, relatif à une récompense à accorder au citoyen Girardin, à sa femme et à leur fils, pour découverte de faux assignats qui se fabriquaient au Châtelet et à la Force. Séance du août 1792. *Paris, imp. Nationale.* S. d., in-8°, 2 p. [*N.* Le^{38} 2163.]

22891. — [**Girardin** (Louis-Stanislas).] Discours et opinions, journal et souvenirs de S. GIRARDIN. *Paris, Moutardier,* 1828, 4 vol. in-8°. [*N.* La^{33} 62.]

Les *Souvenirs* ou *Mémoires* de l'auteur occupent les tomes III et IV et sont précédés d'une déclaration d'authenticité signée de sa veuve et de ses enfants.

22892. — Mémoires, journal et souvenirs de S. GIRARDIN. Deuxième édition. *Paris, Moutardier,* 1829, 2 vol. in-8°. [*N.* La^{33} 63.]

Remise en circulation, au moyen d'un nouveau titre, des tomes III et IV de l'édition parue l'année précédente. La signature typographique est demeurée la même et la déclaration de la famille a été maintenue.

22893. — Mémoires de S. GIRARDIN. Nouvelle édition, ornée d'un fac-similé de la veuve de J.-J. Rousseau. *Paris, E. Michaud,* 1834, 2 vol. in-8°. [*N.* La^{33} 64.]

Cette « Nouvelle édition » est en réalité conforme aux deux précédentes; toutefois la déclaration de la famille est supprimée. Entre les pp. 44-45 du tome Ier, fac-similé du billet presque illisible et inintelligible par lequel Thérèse Levasseur annonçait qu'elle quittait Ermenonville avec le palefrenier anglais dont elle était devenue la maîtresse.

22894. — [**Girardot-Marigny.**] GIRARDOT-MARIGNY, de la section de Guillaume-Tell, à ses concitoyens (16 décembre 1793). *Paris, imp. Masset.* S. d., in-8°, 16 p. [*N.* Lb^{41} 3588.]

Protestation contre une accusation contenue dans un Mémoire du citoyen Héron et qui avait entraîné son arrestation.

22895. — [**Giraud** (Pierre).] Précis rapide pour P. GIRAUD, ci-devant architecte du département de Paris, destitué par un décret du 22 pluviôse l'an II (10 février 1794). *Imp. Ve A.-J. Gorsas.* S. d., in-8°, 24 p. [*N.* Ln^{27} 8779.]

ÉPIGR. :
Ravir l'honneur à un citoyen, c'est plus que le tuer.

22896. — Pétition du citoyen GIRAUD, ci-devant architecte du département de Paris, à la Convention nationale. *Imp. Ve Hérissant,* 15 ventôse an II (5 mars 1794), in-4°, 15 et 15 p. [*N.* Ln^{27} 8780.]

P. 3-15, Mémoire pour PIERRE GIRAUD... destitué par un décret de la Convention nationale du 22 pluviôse an II (10 février 1794).
P. 1-15, Pièces justificatives.

22897. — Mémoire de P. GIRAUD, ci-devant architecte, au département de Paris. S. *l. n. d.*, in-8°, 14 p. [*Br. M. F. R.* 481, 2.]

Protestation contre les arrêtés des 25 pluviôse et 29 fructidor an II.

22898. — [**Girey-Dupré** (Jean-Marie).] Convention nationale. Procès-verbal d'arrestation de Biroteau et de Girey-Dupré (du 2 brumaire an II-23 octobre 1793). Imprimé par ordre de la Convention nationale (du 23 frimaire-13 décembre 1793). *Paris, imp. Nationale, an II,* in-8°, 9 p. [*N.* Le^{38} 602.]

22899. — Jugement rendu par le Tribunal révolutionnaire... qui, sur la déclaration du juré de jugement, portant « qu'il est constant qu'il a existé une conjuration contre l'unité, l'indivisibilité de la République, la liberté et la sûreté du peuple français; que Jean-Marie Girey-Dupré, sous-garde des manuscrits de la Bibliothèque nationale, l'un des rédacteurs du journal « le Patriote français », né à Paris, domicilié dans cette commune, est un des complices de cette conspiration; que Gabriel-Nicolas-François Boisguyon, né à Châteaudun, ci-devant adjudant général de l'armée et des côtes de Brest, domicilié à Paris, est un des complice de cette conspiration », condamne Jean-Marie Girey-Dupré et Gabriel-Nicolas-François Boisguyon à la peine de mort (1er frimaire an II-21 novembre 1793). Imp. du Tribunal révolutionnaire. S. d., in-4°, 8 p. [N. Lb⁴¹ 2232*.]

¶ G. ISAMBERT a publié dans la Révolution française, tome XLI (juill.-déc. 1901), pp. 105-122, un article intitulé : Girey-Dupré, chansonnier.

22900. — [Girouard (Joseph).] Copie d'une lettre envoyée à M. de Silly, commandant du bataillon Saint-Honoré, par le sieur GIROUARD, ancien sergent-major de la compagnie de Falkenberg, pour demander sa démission. S. l. n. d., feuillet in-4°. [N. Ln²⁷ 8805.]

22901. — Jugement rendu par le Tribunal révolutionnaire... qui, sur la déclaration du juré de jugement, portant qu'il est constant qu'il a existé une conspiration tendant à troubler la tranquillité et la sûreté de la République française et à rétablir la royauté en France, en opérant la dissolution de la représentation nationale et pour y parvenir à faciliter par tous les moyens possibles l'entrée des troupes des tyrans coalisés sur le territoire de la République; que Marie-Aimée Leroy, femme Feuchère, et Joseph Girouard sont convaincus d'être auteurs ou complices de cette conspiration, condamne Marie-Aimée Leroy, femme Feuchère et Joseph Girouard à la peine de mort... (19 nivôse an II-8 janvier 1794). Paris, imp. du Tribunal révolutionnaire. S. d., in-4°, 10 p. [N. Lb⁴¹ 2232*.]

¶ M. ALFRED BÉGIS a publié dans le Livre du 10 juin 1884 (pp. 177-190) les procès-verbaux des perquisitions et des interrogatoires que renferme le dossier du Tribunal révolutionnaire. Il résulte de ces documents que Girouard avait imprimé divers ouvrages du marquis de Sade,

de Mercier de Compiègne, de Du Rosoy et que la femme Feuchère percevait les abonnements de la Gazette de Paris.

22902. — [Gislain.] Au nom de la République française une, indivisible et impérissable. Pour l'intérêt social, la sûreté publique et l'intégrité de mon honneur (an II). Imp. Laurens aîné. S. d., in-4°, 7 p. [N. Ln²⁷ 8819.]

Signé : GISLAIN.
Protestation contre son remplacement comme payeur principal à la Trésorerie nationale.

22903. — Protestation de GISLAIN, payeur principal des dépenses diverses de la Trésorerie nationale, suivi du rapport fait à la Société populaire de la section de la Montagne de Paris, le 19 ventôse an II (9 mars 1794), par quatre commissaires qu'elle a nommés dans l'affaire de Gislain et des commissaires de la Trésorerie nationale. Imp. Laurens aîné. S. d., in-4°, 31 p. [Br. M. F. R. 27*, 17.]

Une liste d'errata est intercalée entre le titre et le faux-titre portant : Protestation de GISLAIN... contre sa destitution arbitraire notifiée et exécutée par les commissaires de la Trésorerie nationale.

22904. — [Gisors (Alex.-J.-B. GUY DE).] Observations rapides sur les suppressions proposées par la commissions des inspecteurs au Conseil des Cinq-Cents, par GISORS, architecte du Conseil, nommé par décret de la Convention du 1er octobre 1792. Imp. Hacquart. S. d., in-8°, 2 p. [N. Ln²⁷ 8820.]

Protestation contre une menace de suppression d'emploi.

22905. — [Gobel.] Lettre à J.-B.-J. Gobel, évêque de Lydda in partibus, usurpateur du siège métropolitain de Paris (1791).

Voyez tome III, n° 16171, ainsi que les n°s 16144-16146 relatifs à l'élection de Gobel, et les n°s 16172-16210, donnant le détail de ses actes, ainsi que celui des écrits qu'ils ont provoqués.

22906. — Mémoire justificatif pour le citoyen Gobel, évêque métropolitain de Paris. Imp. Cl. Simon, 1793, in-8°, 27 p. [R. AD. I, 52.]

22907. — [**Godart**.] Réponse des fidèles serviteurs du Roi aux injustes préventions élevées contre M. l'abbé Godart, condamné trois fois à la peine de mort pendant la Révolution, nommé aumônier des gardes-du-corps de S. M. Louis XVIII, le 9 juillet 1814 (15 novembre 1816). *Imp. J.-L. Scherff.* S. d., in-8°, 11 p. [N. Ln^{27} 8842.]

Signé : MANDAR ; PAULMIER.

22908. — [**Goguelat** (François, baron de).] Mémoires de M. le baron de GOGUELAT... sur les événements relatifs au voyage de Louis XVI à Varennes... (1823).

Voyez tome Ier, n° 3005. Voyez aussi, sous le n° 20580 ci-dessus, le tome III des *Mémoires de tous*, contenant un fragment d'autres mémoires du même auteur relatif aux menées du duc d'Orléans et des frères de Louis XVI.

22909. — [**Gohier** (L.-J.).] Mémoires des contemporains pour servir à l'histoire de France et principalement à celle de la République et de l'Empire. Troisième livraison. *Paris, Bossange frères,* 1824, 2 vol. in-8°. [N. La^{33} 131.]

Un premier faux-titre porte : *Mémoires des contemporains.* Un second est intitulé : *Mémoires de* LOUIS-JÉROME GOHIER, *président du Directoire au 18 brumaire.*

En regard du titre du tome Ier, portrait de Gohier gravé sur acier, signé H.-F. ROSE sc.

Entre le second faux-titre et le titre de départ du tome II, fac-similé d'un billet signé LAPAGERIE-BONAPARTE, daté du 17 brumaire an VIII, invitant Gohier à déjeuner pour le lendemain à huit heures du matin.

22910. — Au Profit d'Hippolyte Raynal. Notice nécrologique sur L.-J. Gohier, dernier président du Directoire exécutif de la République française, mort à Paris le 29 mai 1830. *Paris, au bureau du Cabinet de lecture,* 1830, in-8°, 24 p. [N. Ln^{27} 8875.]

Un *Avis* signé DARTHENAY, gérant du *Cabinet de lecture,* prévient que cette notice a été insérée dans les numéros des 19 et 24 juin et qu'elle est « due à un homme de talent, ami de feu M. Gohier et plus que personne à portée de le bien connaître ».

Né à Paris en 1805, Hippolyte Raynal fut amené par la misère à commettre un délit qui lui valut une condamnation à plusieurs années de prison; mais, par l'entremise de Béranger et de quelques autres notabilités du parti libéral, il fut gracié sous la monarchie de juillet. Il a publié deux récits autobiographiques : *Malheur et Poésie* (1834, in-8°) et *Sous les verroux* (1836, in-8°), ainsi que divers opuscules en vers.

22911. — Catalogue des livres grecs, latins, arabes, espagnols, beaucoup en éditions des XV° et XVI° siècles, d'ouvrages à figures et de manuscrits en diverses langues et de différents âges, remontant au X° siècle, composant la bibliothèque de feu M. L.-J. Gohier, ancien membre du Directoire exécutif, dont la vente aura lieu le lundi 14 mars 1831 et j. s., maison Silvestre... *Paris, J.-S. Merlin,* 1831, in-8°, 2 ff., 236 p. et 2 ff. non chiffrés; 2,508 numéros. [N. Δ 34207.]

Les premiers feuillets non chiffrés sont occupés par le titre et l'*Avertissement,* les derniers par la table des matières et l'*Ordre de la vente.*

Gohier avait acquis, selon l'*Avertissement,* la plupart des classiques grecs et latins, dont la série est très riche, pendant le long séjour qu'il avait fait en Hollande comme consul général de l'Empire français.

Suivant Gustave Brunet (*Dict. de bibliologie catholique,* col. 467-468), à la bibliothèque de Gohier on avait joint un certain nombre de livres appartenant à un autre amateur.

En tête de l'ex. de la B. N. est relié un fragment de consultation juridique (quatre pages in-4°) de la main de Gohier.

22912. — [**Gomaire** (Jean-René).] Suis-je assez puni? ai-je mérité de l'être? Au Luxembourg, 15 août 1793. S. *l. n. d.,* in-8°, 2 p. [N. Lb^{41} 3252.]

Signé : JEAN-RENÉ GOMAIRE, député du Finistère. Protestation contre son arrestation et sa mise au secret comme membre de la commission des Douze.

22913. — [**Gonchon**.] GONCHON aux citoyens de la section de Bonne-Nouvelle. S. *l. n. d.,* in-8°, 15 p. [N. Lb^{41} 3055.]

Réfutation des imputations répandues par le journal d'Audouin contre son civisme.

22914. — Donnons tout à la justice et rien à la vengeance ou Projet de pétition à présenter à la Convention nationale, qui doit servir de justification au patriote Gonchon (29 vendémiaire an III-20 octobre 1794). *Imp. de la citoyenne Roudier.* S. d., in-8°, 8 p. [N. Lb^{41} 1395.]

Signé : MELLETIER.

22915. — Le Patriote Palloy et l'exploitation de la Bastille... L'Orateur du peuple Gonchon, par Victor Fournel (1892).

Voyez le n° 22734 ci-dessus.

22916. — [Goret.] Ch. Goret aux vrais sans-culottes de Pontoise. *Pontoise, imp. Dufey. S. d.*, in-4°, 8 p. [N. Ln²⁷ 8926.]

Au sujet de son rôle comme inspecteur de l'approvisionnement de Paris.

22917. — Très humble Supplique présentée au Roi en 1817 par Ch. Goret, employé, augmentée de notes explicatives et précédée d'une notice concernant MM. Séguier, l'un baron, pair de France et premier président à la Cour Royale de Paris, et l'autre préfet du département de la Meurthe. *Paris, Delaunay*, 1819, in-8°, 55 p. [N. Ln²⁷ 8927.]

Voyez le numéro suivant.

22918. — Très humble Supplique adressée au Roi, dans le courant du mois de décembre 1819, par Charles Goret, employé, concernant MM. Séguier frères, l'un pair de France et premier président à la Cour royale de Paris et l'autre préfet du département de la Meurthe. *Paris, Delaunay; Pelicier*, 1820, in-8°, 42 p. [N. Ln²⁷ 8928.]

Pièce différente du numéro précédent.

22919. — Lettre à M. le comte de Chabrol, conseiller d'Etat, préfet du département de la Seine, par Ch. Goret, ancien sous-chef vérificateur à la commission des contributions directes de Paris, pensionné, et terminé par l'hommage de l'auteur à ce magistrat. *Paris, imp. J. Tastu*, 1824, in-4°, 43 p. [N. Ln²⁷ 8929.]

Épigr. :
Dicere verum quid vetat ?

Récriminations contre ses supérieurs hiérarchiques et notamment contre Miel, critique et historien d'art, alors chef de division à la Préfecture de la Seine.

22920. — Mon Témoignage sur la détention de Louis XVI et de sa famille dans la tour du Temple, par Ch. Goret (1825).

Voyez tome I*er*, n° 3578.

22921. — Mes Souvenirs, réflexions et poésies diverses, par Ch. Goret, élève d'un ancien petit séminaire. *Paris, imp. Dondey-Dupré*, 1826, in-8°, 36 p. [N. Ln²⁷ 8930.]

En vers et en prose.

22922. — [Gorsas (Antoine-Joseph).] Grande Dénonciation à la tribune des Jacobins d'un libelle intitulé : « les Sabbats jacobites », par Jean Gorsas... (1791).

Voyez tome II, n° 9502.

22923. — Dialogue entre un garde national et un jacobin. *S. l. n. d.*, in-8°, 12 p. [N. Lb³⁹ 4601.]

Contre Gorsas.

22924. — La Mouche du coche. Que de petits hommes qui crient que sans eux la Constitution n'arriverait point à son terme! *S. l. n. d.*, in-8°, 8 p. [N. Lb³⁹ 4602.]

Contre Gorsas.

22925. — Nous devenons capricieux comme les filles entretenues. *S. l. n. d.*, in-8°, 8 p. [N. Lb³⁹ 4603.]

Contre Gorsas.

22926. — Nouvelle toute nouvelle. Suivie de réflexions utiles pour chaque jour de la semaine. *S. l. n. d.*, in-8°, 8 p. [N. Lb³⁹ 4604.]

Contre Gorsas.

22927. — Je saisis la main d'un fripon, mais je ne la coupe pas. *Imp. de l'Ami de l'ordre. S. d.*, in-8°, 8 p. [R. AD. I, 52.]

Contre Gorsas.

22928. — Les Quand. Recette infaillible pour découvrir la vérité dans les circonstances importantes. *Imp. de l'Ami de l'Ordre. S. d.*, in-8°, 8 p. [N. Lb³⁹ 4733.]

Voyez le n° 22930 ci-dessous.

22929. — Relation du grand accident arrivé rue Tiquetonne, adressée à M. Gorsas. *S. l. n. d.*, in-8°, 7 p. [N. Lb³⁹ 4745.]

Signée : Silvestre.

22930. — La grande Colère de l'honnête homme Gorsas, contre l'auteur des « Quand » et de « l'Anti-Carra-Gorsas ». S. l. n. d., in-8°, 8 p. [N. Lb^{39} 9844.]

Voyez le n° 22928 ci-dessus. Je ne connais point la seconde pièce rappelée par le titre de celle-ci.

22931. — Réponds-moi, Gorsas, l'honnête homme. Imp. de l'Ami de l'ordre. S. d., in-8°, 7 p. [N. Lb^{39} 9845.]

22932. — Jugement rendu par le Tribunal criminel révolutionnaire... qui ordonne qu'Antoine-Joseph Gorsas, ci-devant député à la Convention nationale, déclaré traître à la patrie par décret du 28 juillet dernier, sera livré à l'exécuteur des jugements criminels pour lui faire subir la peine de mort, infligée à tout traître à la République et ce, dans les vingt-quatre heures, sur la place publique de la Révolution de cette ville (7 octobre 1793). Imp. du Tribunal criminel révolutionnaire. S. d., in-4°, 4 p. [N. Lb^{41} 2232*.]

Une notice anonyme sur Gorsas, peut-être rédigée par sa veuve, se trouve à la suite de certains ex. du *Précis rapide des événements qui ont eu lieu à Paris dans les journées du 30 et du 31 mai, 1er et 2 juin 1793*... (Voyez tome Ier, n°s 4018-4018^a).

22933. — Département de Paris. Domaines nationaux. Vente après le décès de feu Gorsas, ex-député à la Convention nationale, condamné, en sa maison rue Tiquetonne, n° 108, section du Contrat-Social, 12 floréal an II (1er mai 1794). Imp. Ballard. S. d., in-folio plano.

Ancienne collection Paul Dablin.

22934. — Louis GUIBERT. Un journaliste girondin. Limoges, imp. Sourillas, Ardellier fils et Ce. S. d. (1874), in-12, 244 p. [N. Ln^{27} 26036.]

Tirage à part à 50 ex. sur la composition du journal *la Discussion*.

22935. — [Gossec.] Gossec, sa vie et ses ouvrages, par P. HÉDOUIN, membre des Académies des Enfants d'Apollon et de Ste Cécile de Paris, ancien chancelier des Phylharmoniques de Boulogne. (Extrait des « Archives du Nord ».) *Valenciennes, imp. Ve Prignet*, 1852, in-8°, 31 p. [N. Ln^{27} 26374.]

Entre les pp. 8 et 9, profil de Gossec, gravé à l'eau-forte par M. CH. COURTIN, secrétaire général des mines d'Anzin, d'après un physionotrace de QUENEDEY et fac-similé d'une lettre à Mme Cretu (1806).

Réimp. sans portrait et sans fac-similé dans un volume du même auteur intitulé : *Mosaïque, peintres, musiciens, littérateurs*, etc. (Valenciennes, imp. E. Prignet, 1856, in-8°).

22936. — [Gouges (MARIE GOUZE, veuve AUBRY, dite OLYMPE DE).] Les Comédiens démasqués ou Mme de Gouges ruinée par la Comédie-Française, pour se faire jouer. *Paris, imp. de la Comédie-Française*, 1790, in-8°, 1 f., IV-50 p. et 2 ff. non chiffrés. [N. Ln^{27} 8953.]

ÉPIGR. :
    Dans une société licencieuse par nature,
    n'espérez point trouver de la délicatesse.

22937. — Adresse aux représentants de la nation. Mémoire pour Mme DE GOUGES, contre la Comédie-Française. S. l. n. d., in-4°, 2 ff., 44 p. et 1 f. n. ch. [N. Ln^{27} 8954.]

Le feuillet non chiffré contient des *Extraits de plusieurs ouvrages de Mme de Gouges*.

22938. — Lettre aux littérateurs français, par Mme DE GOUGES. S. l. n. d., in-8°, 7 p. [N. Ln^{27} 8955.]

Contre la Comédie-Française et contre la municipalité parisienne.

22939. — Repentir de Mme DE GOUGES (5 septembre 1791). S. l. n. d., in-8°, 4 p. [N. Ln^{27} 8956.]

22940. — Œuvres de la citoyenne DE GOUGES en deux volumes formant le recueil de ses œuvres dramatiques et politiques. Se trouvent (sic) chez Le Jay père, rue Neuve-des-Petits-Champs et chez les marchands de nouveautés. Prix : Six livres. Dédiées à Philippe. S. l. n. d., in-8°, 16 p. [R. AD. VIII, 14.]

Signé : MARIE-OLYMPE DE GOUGES. Ce n'est point un prospectus, comme l'intitulé pourrait le faire croire, mais une brochure politique. P. 11, l'auteur reproduit le procès-verbal dressé le 20 mars 1791 par le comité de la section des Quatre-Nations, contre un individu qui avait suivi Olympe de Gouges sans vouloir faire connaître le motif de sa curiosité.

22941. — Correspondance de la cour. Compte moral rendu et dernier mot à mes chers amis, par OLYMPE DE GOUGES, à la Convention nationale et au peuple, sur une dénonciation faite contre son civisme, aux Jacobins. S. l. n. d. (1792), in-8°, 24 p. [N. Lb⁴¹ 207.]

Réponse à la dénonciation de Bourdon (de l'Oise), formulée le 28 octobre 1792 à la tribune des Jacobins.

22942. — Testament politique d'OLYMPE DE GOUGES (4 juin 1793). S. l. n. d., in-8°, 12 p. [N. Lb⁴¹ 3049.]

22943. — Jugement rendu par le Tribunal révolutionnaire... qui, sur la déclaration du juré de jugement, portant « qu'il est constant qu'il existe au procès des écrits tendant au rétablissement d'un pouvoir attentatoire à la souveraineté du peuple; que Marie-Olympe de Gouges, se disant veuve Aubry, est convaincue d'être l'auteur de ces écrits, condamne ladite Marie-Olympe Degouges, veuve Aubry, à la peine de mort... (12 brumaire an II-2 novembre 1793). *Imp. du Tribunal criminel du Département de Paris.* S. d., in-4°, 7 p. [N. Lb⁴¹ 2232*.]

22944. — Les Oubliés et les Dédaignés, figures littéraires de la fin du XVIII° siècle, par CH. MONSELET (1857).

Voyez les n°ˢ 20695-20695ᵃ⁻ᶜ ci-dessus.
L'étude consacrée par Monselet à *Olympe de Gouges* a été l'objet de nombreuses réserves de la part de MM. Lacour et Forestié; voyez les deux numéros suivants.

22945. — Les Origines du féminisme contemporain. Trois femmes de la Révolution : Olympe de Gouges, Théroigne de Méricourt, Rose Lacombe, par LÉOPOLD LACOUR (1901).

Voyez ci-dessus, n° 20770.

22946. — EDOUARD FORESTIÉ. Olympe de Gouges (1748-1793). *Montauban, imp. et lith. Ed. Forestié,* 1901, in-8°, 108 p.

22947. — [**Gouget-Deslandres.**] Résistance à l'oppression. Appel à mes concitoyens. Mémoire présenté aux citoyens du comité de sûreté générale de la Convention, aux citoyens de la section de l'Unité et à ceux composant le comité révolutionnaire de la même section, par MAURICE GOUGET-DESLANDRES, membre du Tribunal de cassation, mis en état d'arrestation par le comité révolutionnaire de la section de l'Unité, sans communication préalable d'aucun arrêté d'autorité civile, judiciaire et même révolutionnaire, sans communication des motifs de son arrestation, sans communication d'aucun procès-verbal, sans communication de l'écrou en vertu duquel il est incarcéré; enfin, détenu en contravention de toutes les lois, même révolutionnaires, desquelles à l'égard du réclamant on a excédé la rigueur (2 brumaire an II-23 octobre 1793). S. l. n. d., in-4°, 13 p. [N. Ln²⁷ 8957.]

22948. — [**Gouilly.**] Justification du sieur GOUILLY, dans l'affaire du chevalier de Laizer (8 avril 1790). S. l. n. d., in-8°, 16 p. [N. Ln²⁷ 8958.]

22949. — [**Gouin** (Nicolas-Louis).] Protestation de M. GOUIN, inspecteur du bureau du départ général des postes à Paris, contre sa destitution... (1792).

Voyez tome III, n° 14535 et les n°ˢ 14536-14537 qui ont trait à la même affaire; l'un d'eux a été rappelé sous le n° 22362 ci-dessus.

22950. — [**Goujon** (J.-M.-Claude-Alex.).] Aperçu de défense pour GOUJON, représentants du peuple... (An III).

Voyez tome Iᵉʳ, n° 4476, et les n°ˢ 4477-4483 relatifs à la comparution de Goujon devant la commission militaire, à sa condamnation et à la glorification de sa mémoire.

22951. — [**Goussu.**] Municipalité de Paris. Rapport fait au Corps municipal par M. CHARRON..., de l'action courageuse de M. Goussu qui a sauvé la vie à un citoyen (10 août 1791).

Voyez tome II, n° 5948.

22952. — [**Gouvion.**] Oraison funèbre de J.-B. Gouvion, maréchal de camp, prononcée dans l'église paroissiale et métropolitaine Notre-Dame, à Paris, le jeudi 21 juin 1792, par François-Valentin Mulot, docteur en théologie, député de Paris à l'Assemblée nationale. Imprimé d'après l'arrêté de la section du 23 juin 1792. *Paris, imp. Cl.-F. Cagnion, an IV de la Liberté*, in-8°, 24 p. [*N.* Ln^{27} 9006.]

22953. — Discours du curé de Saint-Médard [Philémon-Joseph Dubois] après avoir annoncé le service de M. de Gouvion et des braves soldats qui ont péri avec lui pour la défense de la patrie. *Imp. Chardon*, 1792, in-4°, 3 p. [*P.* 29070*.]

22954. — [**Gramont** (Noël-Guillaume).] Jugement prévôtal, rendu publiquement en la chambre criminelle du Châtelet de Paris, qui condamne Noël-Guillaume Gramont, compagnon vitrier, et Catherine Drouet, culottière, à être attachés au carcan dans la place de Grève, et y demeurer depuis midi jusqu'à deux heures, ayant écriteaux devant et derrière portant ces mots, à l'égard dudit Gramont : « Homme tenant des propos séditieux » ; et à l'égard de ladite Drouet : « Femme tenant des propos séditieux » ; décharge Nicolas Grenon, horloger mécanicien, et Louis Pruvost, maître tonnelier et fruitier, des plaintes et accusations contre eux intentées, et dit que leur écrou sera rayé et biffé. Extrait des registres du greffe de la prévôté et maréchaussée générale de l'Ile de France. Du vingt-sept novembre mil sept cent quatre-vingt-neuf. *Paris, de l'imprimerie de la prévôté et maréchaussée générale de l'Ile de France. S. d.*, in-4°, 3 p. [*N.* Lb^{39} 2602.]

22955. — [**Grandchamp** (Sophie).] Une Amie de Mme Roland. Souvenirs inédits de Sophie Grandchamp, publiés par Cl. Perroud. Extrait de la « Révolution française » des 14 juillet et 14 août 1899. *Paris, imp. de la Cour d'appel, L. Maretheux*, 1899, in-8°, 44 p.

22956. — [**Grandmaison** (Pierre Caneva de).] A Messieurs composant le IVe tribunal provisoire établi par la loi du 14 mars 1791. *Paris, imp. Laurens jeune*, 1791, in-4°, 36 p. [*R.* AD. I, 53.]

Requête de Pierre Caneva-Grandmaison, accusé de fabrication de faux billets de la Caisse d'Escompte.
Voyez le numéro suivant.

22957. — Défense pour le sieur Caneva de Grandmaison, accusé, détenu dans les prisons de l'Abbaye, contre Monsieur l'accusateur public en présence du sieur Champclos, de la demoiselle Cheret et autres co-accusés. *S. l. n. d.*, in-4°, 25 p. [*N.* 4° F^3 14255.]

Signé : Hurart, rapporteur ; Brunetière, avoué.

22958. — [**Grandpré.**] Réponse aux calomnies dirigées contre moi, relativement à l'évasion des prisonniers de Bicêtre, et observations sur les causes de mon arrestation, par suite de cette évasion. *Imp. du Journal du matin de la République française et du Tribunal révolutionnaire. S. d.*, in-4°, 12 p. [*N.* Lb^{41} 1772.]

Signée : Grandpré, chef de la 4e division à la Commission des administrations civiles de police et des tribunaux.

22959. — [**Grapin.**] Egalité. Liberté. De la maison d'arrêt des Madelonnettes, le 12 octobre 1793... Mémoire justificatif du citoyen Grapin. Hérault. *S. d.*, in-4°. [*N.* Ln^{27} 9063.]

D'après le catalogue imprimé de la B. N.

Gratiot (Jean). — Voyez **Lagarde**.

22960. — [**Gravier.**] Aux Citoyens représentants du peuple, membres des comités de salut public et de sûreté générale. *S. l. n. d.*, in-8°, 7 p. [*N.* Lb^{41} 3945.]

Signé : Femme Gravier.
Défense de son mari, ancien domestique du duc de la Rochefoucault, dénoncé le 19 messidor à la Société des Jacobins, par la citoyenne Viala, dite *la Douceur*.

22961. — [**Grégoire** (Henri).] De l'opinion de M. Grégoire, ancien évêque de Blois et sénateur, dans le procès de Louis XVI. S. l. (1810), in-8°, 14 p. [N. Lb⁴¹ 361.]

Reproduction de divers passages de ses motions ou discours attestant qu'il n'avait point voté la mort du Roi.

22962. — Notice biographique sur M. Grégoire, ex-sénateur. *Metz, Lamort*, 1818, in-8°, 8 p. [N. Ln²⁷ 9091.]

Epigr. empruntée au *Dictionnaire critique des 700 auteurs vivants*.

22963. — Notice sur Henri Grégoire, ancien curé d'Embermesnil, député de la Lorraine aux Etats-Généraux, à l'Assemblée constituante, évêque constitutionnel de Loir-et-Cher (Blois), député de ce département à la Convention nationale, au Conseil des Cinq-Cents, membre du Corps législatif et de l'Institut, sénateur, etc., par J. LAVAUD. *Paris, Corréard; Brissot-Thivars; Grenoble, Falcon*, 1819, in-8°, 2 ff. et 102 p. [N. Ln²⁷ 9092.]

EPIGR. :

Plus on le connaît, plus on l'estime.

22964. — Gregoireana ou Résumé général de la conduite, des actions et des écrits de M. le comte Henri Grégoire, ancien curé d'Embermesnil, député de Lorraine aux Etats-Généraux et à l'Assemblée nationale constituante, évêque constitutionnel de Loir-et-Cher (Blois), député de ce département à la Convention nationale, au Conseil des Cinq-Cents, membre du Corps législatif, sénateur, etc., précédé d'une notice sur sa vie polique, littéraire et religieuse, contenant quelques anecdotes propres à faire connaître ce prélat. Par COUSIN, d'Avalon. *Paris, Plancher*, 1821, in-18, 2 ff. et 178 p. [N. Ln²⁷ 9093.]

22965. — Abdication volontaire et motivée du titre de commandeur dans la Légion d'honneur. Nouvelle édition. Paris, 19 novembre 1822. *Paris, imp. Fain. S. d.*, in-8°, 6 p. [N. Ln²⁷ 9094.]

Signé : GRÉGOIRE, ancien évêque de Blois.

22966. — Première et dernière Réfutation de la calomnie éternelle de « l'Ami de la religion » et des Jésuites. (Extrait de la « Gazette des cultes » du 20 octobre 1829). *Paris, imp. Pihan Delaforest. S. d.*, in-8°, 7 p. [N. Ln²⁷ 9095.]

22967. — Relation des événements qui viennent d'avoir lieu dans Paris à l'occasion de l'enterrement du sieur Grégoire, ci-devant évêque constitutionnel de Loir-et-Cher (31 mai 1831). *Paris, imp. G.-A. Dentu. S. d.*, in-8°, 8 p. [N. Lb⁵¹ 687.]

22968. — Derniers Moments de M. Grégoire, ancien évêque de Blois, et Relation exacte de tout ce qui a eu lieu au sujet des sacrements et honneurs funèbres refusés par M. l'archevêque de Paris, suivie des lettres de ce prélat à M. Grégoire, des réponses faites par celui-ci, du procès-verbal de M. Guillon, évêque nommé de Beauvais, et autres pièces justificatives. Par l'abbé BARADÈRE. *Paris, Delaunay*, 1831, in-8°, 59 p. [N. Ld⁴ 4678.]

22969. — Eclaircissements sur une question importante relative à la mort de M. Grégoire, ancien évêque constitutionnel du département de Loir-et-Cher, avec les pièces justificatives. *Paris, A. Le Clère*, 1831, in-8°, IV-105 p. [N. Ln²⁷ 4679.]

22970. — Exposé de ma conduite auprès de M. Grégoire : MARIE-NICOLAS-SILVESTRE GUILLON. *Paris, Delaunay, juin* 1831, in-8°, 43 p. [N. Ld⁴ 4680.]

D'autres ex. portent l'adresse de *Levavasseur, libraire, Palais-Royal*,
Voyez le n° 22999 ci-dessous.

22971. — Recueil de pièces relatives aux obsèques de M. Grégoire et à la nomination de M. Guillon à l'évêché de Beauvais. Publié par l'Agence générale pour la défense de la liberté religieuse. *Paris, au bureau de l'Agence générale*, 1831, in-8°, 1 f. et II-37 p. [N. Ld⁴ 4681.]

22972. — Le Clergé de Napoléon opposé au clergé de Charles X et de Louis-Philippe ou Défense complète de MM. Grégoire, de Berthier et Baillet, à l'auteur des deux brochures sur les refus de sépulture, par un prêtre ami de la vérité, ennemi du fanatisme et de la mauvaise foi (14 janvier 1832). *Paris, Delaunay; Jérôme, janvier,* 1832, in-8°, 16 p. [*N.* Ld⁴ 4697.]

22973. — Un Mot à M. l'abbé Guillon, professeur d'éloquence sacrée, aumônier de la reine des Français, etc., en réponse à sa rétractation dans l'affaire de M. Grégoire, ancien évêque constitutionnel de Blois. *Paris, Jérôme,* 24 mai 1832, in-8°, 20 p. [*N.* Ld⁴ 4707.]

Voyez le n° 22970 ci-dessus.

22974. — Histoire patriotique des arbres de la liberté, par Grégoire..., précédée d'un Essai sur sa vie et ses ouvrages, par Ch. Dugast... (1833).

Voyez tome III, n° 15894.

22975. — Lettres et Réflexions adressées à M. Double, évêque de Tarbes, par un de ses diocésains, sur la conduite de M. de Quélen, archevêque de Paris, à l'égard de M. Grégoire, ancien évêque de Blois. Réponse de M. l'évêque. *Tarbes, imp. F. Lavigne,* 1836, in-8°, 39 p. [*N.* Ld⁴ 4733.]

La *Réponse de M. l'Évêque* (p. 30) est suivie elle-même de la *Réponse* de l'auteur à cette lettre.

Le « diocésain » ne serait-il pas l'abbé Baradère, devenu chanoine de Pau, qui, en 1831, avait signé comme témoin des derniers moments de Grégoire l'une des pièces contenues dans les *Eclaircissements* mentionnés sous le n° 22968?

22976. — Mémoires de Grégoire, ancien évêque de Blois, député à l'Assemblée constituante et à la Convention nationale, sénateur, membre de l'Institut, précédés d'une notice historique sur l'auteur, par M. H. Carnot, ornés d'un portrait gravé par M. A. Fauchery, *Paris, A. Dupont; E. Legrand et Ducauriet,* 1837, 2 vol. in-8°. [*N.* La³³ 65.]

La *Table des matières* des deux volumes est à la fin du tome II.

La notice d'Hipp. Carnot occupe les pp. 1-312 du premier volume. Une esquisse de ce travail avait paru dans *le Globe* du 2 juin 1831 et avait été aussitôt traduite dans *The Monthly Repository and Review of the theological and general literature.*

Les *Mémoires* proprement dits comportent en tout cinq chapitres, dont quatre dans le tome Ier et un seul dans le tome II, qui renferme en outre une *Histoire de l'émigration ecclésiastique* et une étude sur la *Révolte du clergé dissident contre le Concordat.*

Le mss. autographe de Grégoire, déposé par Hipp. Carnot à la bibliothèque de l'Arsenal, où il porte actuellement la cote 5290 (voyez le *Catalogue* rédigé par M. Henry Martin, tome V, pp. 193-194), comporte le texte des *Mémoires de ma vie* (333 feuillets) et celui de la *Révolte du clergé dissident contre le Concordat* (84 feuillets). Grégoire se servait volontiers, pour ses travaux personnels, du verso des lettres ou des imprimés qu'il recevait et M. Henry Martin a signalé les pièces les plus intéressantes qui nous ont été ainsi conservées.

Au mss. des *Mémoires* était jointe une mise au net avec corrections autographes de Grégoire qui a reçu à l'Arsenal la cote 5291.

22977. — Heinrich Gregoire, Bischof von Blois und haupt des constitutionnellen Clerus in Frankreich, nach seinen eignen Denkwurdigtciten geschildert von Dr. Gustav Krüger, Pfarrer zu Schennenberg, mit einer Borrede von Dr Karl Hase, H. S. A. Kirchenrathe und ord, Prof. der Theol. an der Universität Iena. Mit dem Bildnis Gregoire's. [Henri Gregoire, évêque de Blois et chef du clergé constitutionnel de France, peint d'après ses propres Mémoires, par M. Gustave Kruger, pasteur de Schennenberg, avec une préface du Dr Charles Hase, conseiller théologique et professeur de théologie à l'Université d'Iéna. Avec le portrait de Grégoire.] *Leipzig, Breitkopf et Hartel,* 1838, in-8°, VIII-412 p. [*N.* Ln²⁷ 9096.]

22978. — Rapports de Henri Grégoire... sur la bibliographie, la destruction des palais et les excès du vandalisme réédités... par un bibliophile normand [Ch. Renard] (1867).

Voyez tome III, n° 17722 et pour les éditions originales de divers rapports de Grégoire, voyez *ibid.* n°^s 11714-11714ᵃ⁻ᵇ, 11716, 11719, 11721.

¶ M. J. Guillaume a réimprimé avec une annotation copieuse le rapport du 14 fructidor an II dans *la Révolution française,* tome XLII (juill.-déc. 1901), pp. 155-180 et 242-269, sous ce titre : *Grégoire et le vandalisme.*

22979. — La Vie et les œuvres de l'abbé Grégoire (1re partie, 1750-1789). Discours de réception à l'Académie de Stanislas, accompagné de notes et d'appendices, par

M. L. Maggiolo, recteur honoraire. *Nancy, imp. Berger-Levrault et C*, 1873, in-8°, 77 p. et 1 f. non ch. (*Erratum important.*) [*N.* Ln²⁷ 27613.]

On lit au verso du faux-titre : Extrait des *Mémoires de l'Académie de Stanislas.*

22979ᵃ. — La Vie et les œuvres de l'abbé Grégoire (1789-1831), par L. Maggiolo, recteur honoraire. *Nancy, imp. Berger-Levrault*, 1884, in-8°, 77 p. [*N.* Ln²⁷ 27613.]

Extrait, comme la première partie, des *Mémoires de l'Académie de Stanislas.*
La couverture imprimée porte par erreur : 1ᵉʳ fascicule.
Malgré l'énoncé du titre, cette seconde partie n'embrasse que les années 1789-1793.
Voyez le numéro suivant.

22979ᵇ. — La Vie et les œuvres de l'abbé Grégoire (1794-1831), *Nancy, imp. Berger-Levrault.* S. d. (1885), in-8°, 145 p. [*N.* Ln²⁷ 27613.]

Au bas du titre de départ (il n'y a ni titre, ni couverture imprimée) une note annonce que cette troisième partie fait suite aux deux autres publiées en 1873 et en 1883. Elle est, comme les précédentes, extraites des *Mémoires de l'Académie de Stanislas.*
L'auteur se proposait d'ajouter quelques pages où il résumerait son opinion personnelle et citerait divers jugements sur Grégoire, mais il est mort en 1894 sans les avoir publiées.

22980. — Etude historique et biographique sur les Lorrains révolutionnaires. Palissot, Grégoire, François de Neufchâteau, par Édouard Meaume (1882).

Voyez le n° 22759 ci-dessus.

22981. — Henri Grégoire, évêque républicain, par H. Carnot, sénateur, membre de l'Institut. *Paris, librairie centrale des publications populaires*, 1882, in-12, 142 p. et 1 f. de table. [*N.* Ln²⁷ 33381.]

La couverture imprimée et le faux-titre portent en plus : *Education morale et civique. Bibliothèque de la jeunesse française.*
Vignettes dans le texte, en partie emprunté à la notice préliminaire des *Mémoires* (voyez le n° 22976 ci-dessus).

22982. — Etudes sur l'histoire religieuse de la Révolution française... par A. Gazier... (1887).

Voyez tome III, n° 15394.

¶ Voyez, au sujet de ce livre, une étude d'Eugène Bersier sur *Grégoire et la politique religieuse de la Révolution* dans la *Revue chrétienne* de 1888, pp. 275-283, 321-330 et 561-572.

22983. — Henri Grégoire, son rôle dans l'histoire religieuse de la Révolution. Thèse présentée à la Faculté de théologie de l'Eglise évangélique libre du canton de Vaud, par Henri Hollard. *Alençon, imp. typographique Guy veuve, fils et C*, 1895, in-8°, 3 ff., 106 p. et 2 ff. (table des matières et nom de l'imprimeur). [*N.* Inv. D² 1663.]

22984. — [**Grenier.**] A.-B.-J. Grenier, propriétaire, à ses persécuteurs de la section de la Réunion. *Imp. Renaudière.* S. d., in-8°, 8 p. [*N.* Lb³⁹ 9101.]

22985. — [**Greuze (J.-B.).**] Greuze ou l'Accordée de village, comédie-vaudeville en un acte, par Mᵐᵉ de Valori. Représenté pour la première fois à Paris sur le théâtre du Vaudeville, le 31 mai 1813. *Paris, Fages*, 1813, in-8°, 1 f., 28 et 25 p.

En regard du titre, médaillon de Greuze gravé au trait et accompagné de ce distique :

Ses ouvrages pour nous sont des contes moraux ;
Le genre humain s'estime en voyant ses tableaux.

La *Notice sur Greuze et sur ses ouvrages*, par Mᵐᵉ de Valori, a une pagination distincte de celle de la pièce. Celle-ci met en scène Greuze et Lemierre ; la scène se passe dans une ferme dépendant du château du marquis de Marigny.

¶ A. de Montaiglon a réimprimé et annoté dans la *Revue universelle des arts* (tome XI (1860), pp. 248-261 et 362-377) la notice de Mᵐᵉ de Valori et l'a fait suivre de la réimpression du catalogue des tableaux et dessins provenant de Mˡˡᵉ Greuze, vendus en 1843 par l'Alliance des arts. Ce catalogue avait été rédigé par T. Thoré.

22986. — L'Art du dix-huitième siècle. Greuze, par Edmond et Jules de Goncourt. Etude contenant quatre dessins gravés à l'eau-forte. *Paris, E. Dentu*, 1863, in-4°, 32 p. [*N.* Ln²⁷ 9132.]

Les quatre dessins sont : Etude pour le portrait du duc d'Orléans (J. G. 59), musée du Louvre ; *la Consolation de la vieillesse* (J. G. 43), collection de Goncourt ; étude pour la *Dame de charité* (J. G. 51), même collection ; tête de femme (J. G. 54), collection Eudoxe Marcille,

Sur les diverses réimpressions de *l'Art du dix-huitième siècle*, voyez la note du n° 22405 ci-dessus.

22987. — [**Grosley** (Louis-François).] Le Neveu de Grosley, par M. ALBERT BABEAU, membre de l'Institut, président de la Société académique de l'Aube. *Troyes, imp. et lith. Paul Nouel*, 1902, in-8°, 12 p.

Extrait des *Mémoires de la Société académique de l'Aube*, tome XLV (1901).

L.-F. Grosley avait rédigé, semble-t-il, de concert avec Lemaire, le premier *Père Duchesne* auquel il tenta de susciter une concurrence (voyez tome II, n° 11524) et l'*Aurore ou Journal des nouveautés* (voyez *ibid*., n° 11107).

22988. — [**Grouber de Groubentall.**] Mémoire à MM. les membres de l'Assemblée nationale composant le comité des pensions, pour MARC-FERDINAND GROUBER DE GROUBENTALL, avocat (23 novembre 1790). *Paris, imp. J.-J. Rainville*, 1790, in-8°, 1 f. et 23 p. [*N*. Ln²⁷ 9192.]

Demande de secours.

22989. — [**Grouvelle** (Jean-François).] Section Notre-Dame. Extrait des délibérations de l'assemblée générale du 20 août 1790.

Au sujet d'un libelle publié contre lui par un nommé Sciard et dont le titre n'est pas connu. Voyez tome II, n° 8513.

22990. — [**Gudin de La Brenellerie** (Paul-Ph.).] P.-A. CARON DE BEAUMARCHAIS, aux électeurs, ses collègues. *S. l. n. d.*, in-8°, 4 p. [*Br. M. F. R. 292, 22.*]

Présentation de Paul-Philippe Gudin de La Brenellerie comme candidat aux élections du tiers-état. Réimp. pp. XXII-XXIV de la *Notice préliminaire* de l'*Histoire de Beaumarchais* par Gudin, publiée pour la première fois en 1888 voyez le n° 21814 ci-dessus).

22991. — Notice sur Gudin de La Brenellerie, correspondant de l'Institut, membre de plusieurs Académies de France. *Paris, imp. F. Didot*, 1812, in-8°, 31 p. [*N*. Ln²⁷ 9215.]

Attribuée à la veuve du défunt.

22992. — Notice sur M. Gudin. Extrait du « Mercure de France » du samedi 7 mars 1812. *S. l. n. d.*, in-8°, 8 p. [*N*. Ln²⁷ 9214.]

Signé : DU PONT, de Nemours.

22993. — [**Guerin** (Jean-Urbain).] Une famille de peintres alsaciens. Les Guerin (1734-1846), par ETIENNE CHARAVAY, archiviste paléographe. *Paris, Charavay frères*, 1880, in-4°, 26 p. et 1 f. non chiffré.

On lit au verso du faux-titre : « Tiré à soixante-quinze ex., dont cinquante mis dans le commerce. »

Deux portraits hors texte et fac-similé d'autographes dans le texte.

Tirage à part (non spécifié) de la *Revue des documents historiques*, avec imposition nouvelle sur papier vergé de format in-4°.

Né à Strasbourg en 1761, mort à Obernai en 1835, Jean-Urbain Guerin, fils et frère de graveurs et oncle d'un peintre de talent, Gabriel Guerin (1790-1846), fut lui-même l'un des plus habiles miniaturistes de son temps. Il habitait Paris au moment de la Révolution et il a laissé sur les événements dont il fut le témoin (entre autres les meurtres de Foullon et de Berlier et la journée du 20 juin 1792) des notes précieuses extraites d'un journal intime confié par sa famille à Etienne Charavay. On peut consulter aussi sur Jean Guerin un article de L. Levrault dans la *Revue d'Alsace* de 1836 et le *Catalogue des dessins, pastels, miniatures... du musée du Louvre*, par F. Reiset.

22994. — [**Guffroy** (Armand-Benoît-Joseph).] GUFFROY, député à la Convention nationale par le département du Pas-de-Calais, rédacteur du journal intitulé : « Rougyff ou le Franc en vedette », à ses concitoyens. *Paris, imp. Rougyff. S. d.*, in-4°, 7 p. [*N*. Lb⁴¹ 1006.]

Au sujet de sa radiation de la liste des jacobins.

22995. — Soufflet à l'imposture par la presse libre. A.-B. GUFFROY à ses concitoyens. Salut. *Imp. Guffroy. S. d.* (1794), in-8°, 16 p. [*N*. Lb⁴¹ 1385.]

Désaveu de toute collaboration au *Tribun du peuple* auquel il avait seulement prêté ses presses et (p. 4-14), lettre à Babeuf (21 vendémiaire an III-12 octobre 1794), relative à des règlements de comptes.

22996. — La Vérité sur Armand Guffroy, par son petit-fils. LOUIS-MAXIME GUFFROY. *Saint-Etienne*, 1881, in-8°.

D'après la *Grande Encyclopédie*, v° *Guffroy* (L.-M.).

22997. — [**Guignard.**] Mémoire pour le sieur Guignard, propriétaire des bains connus sous le nom de bains Poitevin, contre Nicolas Albert, propriétaire des bains médicinaux (1787).

Rédigé par FOURNEL, avocat, et contresigné par FORMEY, procureur. Voyez tome III, n° 12020.

22998. — [**Guillaumot** (Charles-Axel).] Mémoire instructif adressé au Comité de de liquidation de l'Assemblée nationale sur l'administration des carrières... (1790).

Voyez tome III, n° 11888, ainsi que les n°s 11889, 11899-11900 relatifs aux mêmes travaux.

22999. — [**Guillon** (M.-N.-S.), dit GUILLON PASTEL (l'abbé).] Exposé de ma conduite auprès de M. Grégoire... (1831).

Voyez le n° 22970 ci-dessus.

23000. — Recueil de pièces relatives aux obsèques de M. Grégoire et à la nomination de M. Guillon à l'évêché de Beauvais... (1831).

Voyez le n° 22971 ci-dessus.

23001. — Un Mot à M. l'abbé Guillon... (1832).

Voyez le n° 22973 ci-dessus.

23002. — Extrait de la « Biographie universelle »... L'abbé Guillon(Marie-Nicolas-Silvestre), évêque de Maroc, par JULES JANIN. *Paris, imp. H. Plon*, 1857, gr. in-8°, 18 p. [*N.* Ln^{27} 9363.]

La couverture imprimée sert de titre.

23003. — [**Guillot.**] Jugement rendu par le Tribunal criminel du département de Paris, qui, sur la déclaration du juré spécial de jugement portant qu'il y a eu contrefaçon du papier national ayant cours de monnaie; que Jean-Blaise Vimal, Benoît Sauvade et Jean-François-Hubert Guillot sont convaincus d'y avoir coopéré, mais que François Dufour n'est pas convaincu d'y avoir coopéré, condamne Jean-Blaise Vimal, Benoît Sauvade et Jean-François-Hubert Guillot à la peine de mort (29 juin 1792). *Imp. Cl. Simon. S. d.*, in-4°, 7 p. [*N.* Lb^{39} 18669.]

Le libellé du jugement nous apprend que Blaise Vimal était marchand de papiers, rue Pierre-Sarrazin; Benoît Sauvade, prêtre, demeurant même rue; François Dufour, fabricant de papiers, rue des Déchargeurs et Guillot, libraire, rue des Bernardins.

23004. — [**Guillotin** (Joseph-Ignace).] Grande découverte d'un vol considérable fait à un membre de l'Assemblée nationale. *Imprimé par les soins d'une société de gens de lettres, pour l'instruction de plusieurs et au profit du membre volé. S. d.*, in-8°, 7 p. [*N.* Lb^{39} 3934.]

Le titre de départ, page 3, porte : *Histoire de la vie de Louis XII, pages 220 et 230, in-quarto, trouvées enveloppant sept livres de tartre stibié, envoyé le 17 août au matin à M. l'abbé Perrotin, dit Barmond.*

« On a voir, dit l'*Avant-propos*, comment l'auteur de la belle et grande histoire de Louis XII, écrite en 1507, a traîtreusement et déloyalement escroqué et volé les idées et belles pensées mises au jour en l'année 1790 par le sage, lumineux et auguste membre Monsieur (ci-devant Monseigneur) Guillottin (sic). »

Suit un extrait de l'*Histoire de Louis XII* par Claude de Seyssel et Jean d'Auton, complétée par Th. Godefroy (tome II, 1515) renfermant le récit d'une exécution capitale à Gênes par un procédé presqu'identique à celui qu'avait préconisé le célèbre docteur.

Dans l'ex. annoté par Mercier de Saint-Léger et conservé à la réserve de la B. N. de la *Bibliothèque française* de Lacroix Du Maine et de Du Verdier (1772) réédité par Rigoley de Juvigny, est relié tome I, p. 484, un ex. de la *Grande découverte... sur lequel Mercier a écrit :* « fin août 1790 ».

23005. — Discours prononcé, le 28 mars 1814, jour des obsèques de M. Guillotin, docteur régent de l'ancienne Faculté de médecine en l'Université de Paris, membre du comité de vaccine et président de la Société académique de médecine de Paris, par M. E.-C. BOURRU, ancien et dernier doyen de l'ancienne Faculté de médecine en l'Université de Paris, etc., etc. *Imp. Plassan. S. d.*, in-4°, 8 p. [*N.* Ln^{27} 9371.]

En tête de l'ex. de la B. N. est relié le beau portrait de Guillotin dessiné par MOREAU le jeune et gravé par B.-L. PRÉVOST (1785).

23006. — Notice des principaux articles de la bibliothèque de feu M. J.-J. Guillotin, docteur régent de l'ancienne Faculté de médecine en l'Université de Paris, membre du comité de vaccine et président de la Société académique de médecine de Paris, dont la vente se fera le lundi 28 juin 1814 et j. s., en sa maison, rue Saint-Honoré, n° 333. *Paris, De Bure frères*, 1814, in-8°, 21 p. et 35 « articles ». [*N.* Δ 13525.]

23007. — Extrait du « Moniteur universel »... des 25 février et 10 mars 1851. Etude biographique. Guillotin (Joseph-Ignace). *Paris, imp. Panckoucke. S. d.*, in-8°, 23 p. [*N.* Ln^{27} 9372.]

Signé : R. P. [RÉVEILLÉ-PARISE].

23008. — Le docteur Guillotin, épisode du régime de la Terreur, par ALPHONSE CORDIER. *Paris, bureau des publications de la « Bibliothèque populaire »*, 4, *boulevard Saint-André. S. d.* (1869), in-12, 2 ff. et 188 p. [*N.* Ln^{27} 24763.]

Roman historique qui n'est rappelé ici qu'en raison de son titre.

23009. — Guillotin et la guillotine, par ACHILLE CHEREAU, docteur en médecine (1870).

Voyez tome III, n° 14168. La lecture faite à l'Académie de médecine par le Dr Dubois, d'Amiens, sur le même sujet et rappelée dans la note qui accompagne ce numéro, a été l'objet d'une réfutation du Dr Chereau intitulée : *le Guillotin de M. Dubois d'Amiens et le Guillotin de l'histoire*, publié dans le *Journal des connaissances médico-chirurgicales* du 20 février 1867.

23010. — Joseph-Ignace Guillotin (1738-1814). Ein Beitrag zur Geschichte der Medicin und des ærztlichen Standes. Inaugural dissertation welche zur Erlangung der Doctorwürde in der Medicin und Chirurgie, mit Zustimmung der Medicinischen Facultæt der Friedrich-Wilhelms Universitæt zu Berlin, am 18 juillet 1891, nebst den Angefügten Thesen œffentlich vertheidigen wird der Verfasser GEORG KORN, aus Berlin. *Berlin, Gustav Schad (Otto Francke). S. d.* (1891), in-8°, 30 p. et 1 f. non chiffré. [*N.* 8° Th. Berl. Med. 1121.]

Ce travail a été longuement analysé et complété en ce qui concerne le rôle politique de Guillotin, par M. E. PARISET dans un article intitulé : *Guillotin, à propos d'une récente thèse allemande* (*la Révolution française*, tome XXV (juill.-déc. 1893), (pp. 437-462).

23011. — [**Guillotte.**] Mémoire justificatif pour le chevalier GUILLOTTE, commandant du bataillon de Saint-Victor dans la garde nationale parisienne. *S. l. n. d.*, in-8°, 59 p. [*N.* Ln^{27} 9373.]

Voyez tome II, n°^{s} 7801-7804 et le numéro suivant.

23012. — Observations, suivies de pièces justificatives pour le chevalier GUILLOTTE, commandant du bataillon de Saint-Victor. *Imp. Ballard*, 1790, in-8°, 72 p. [*N.* Ln^{27} 9374.]

23013. — [**Guimard-Despréaux.**] Deux Billets de la loterie de la maison de Mlle Guimard, tirée le 1er mai 1786. *S. l. n. d.*, feuillet in-8°. [*N.* Ln^{27} 9380. Réserve.]

Les deux ex. de la B. N. portent la signature autographe de Mlle Guimard.

23014. — Les Actrices du XVIIIe siècle. La Guimard, d'après les registres des Menus-Plaisirs de la bibliothèque de l'Opéra, etc., etc., par EDMOND DE GONCOURT. *Paris, Charpentier*, 1893, in-18, 2 ff. et II-331 p. [*N.* Ln^{27} 41437.]

Il a été tiré 50 ex. numérotés sur papier de Hollande.

⊄ M. GASTON CAPON a publié dans *le Vieux Montmartre, bulletin de la Société historique du XVIIIe arrondissement* (1900, pp. 288-291) un article sur la *Guimard et Despréaux à Montmartre* (1794-1797), d'après deux chansons recueillies par Despréaux (voyez les n°^{s} 22473-22474 ci-dessus) dans *Mes Passe-temps* (1806, 2 vol. in-8°).

23015. — [**Guiraudet.**] Le citoyen GUIRAUDET, apothicaire en chef du Grand Hospice d'humanité, aux citoyens administrateurs des hospices civils de Paris. *Imp. Plassan. S. d.*, in-4°, 4 p. [*N.* Ln^{27} 9389.]

Protestation contre une accusation de gaspillage.

23016. — [**Guiraut.**] GUIRAUT au calomniateur Chéry, membre du comité de surveillance, et à ses co-dénonciateurs Balardelle, Paly, Robert, Gentil et Potet, tous de la section du Contrat-Social, sur leur acte énonciatif. 15ᵉ jour du 2ᵉ mois, l'an IIᵉ (5 novembre 1793). S. l. n. d., in-4°, 12 p. [N. Ln²⁷ 9393.]

Signé : F.-E. GUIRAUT, section du Contrat-Social.

23017. — [**Guyton de Morveau.**] Bewegen der angeblichen Miturheber von Lavoisier's Tode. Aus einem Schreiben an den B. R. von Crell. [Rectification relative à ceux qui passent pour avoir contribué à la mort de Lavoisier, par GUYTON-MORVEAU. Tiré d'une lettre à B.-R. de Crell.] S. l. n. d., in-8°, 4 p. non chiffrées. [N. Ln²⁷ 9473.]

23018. — An Account of the life and writings of baron Guyton de Morveau, F. R. S. member of the Institute of France, etc., etc., by A.-B. GRANVILLE, M. D. F. L. S. M. R. C., etc., foreing secretary of the Geological Society. From the « Journal of science and the arts ». *London, printed by W. Bulmer*, 1817, in-8°, 1 f. et 48 p. [N. Ln²⁷ 9474.]

23019. — Discours sur la vie et les ouvrages de Guyton de Morveau, prononcé dans une conférence littéraire à Dijon, le 16 avril 1869, par EMMANUEL LAGIER. *S. l.* [Dijon, imp. Jobard], 1871, in-8°, 52 p. [N. Ln²⁷ 26048.]

Publication posthume faite par les soins du père de l'auteur, mort à vingt ans au mois d'avril 1871.

Hacquart (André-François). — Voyez **Lagarde.**

23020. — [**Haindel.**] HAINDEL aux membres du Comité de salut public. S. l. n. d., in-4°, 8 p. [N. Ln²⁷ 9497.]

Protestations du chef de la Légion germanique contre les inculpations dont il était l'objet et (p. 6-8) attestations en faveur de son civisme par Moïse Bayle, Sergent, Augereau, Jean Bon Saint-André, Ch. Duval, etc.

23021. — [**Hamelin.**] Discours de M. HAMELIN, commandant du bataillon des Récollets, prononcé par lui à l'assemblée de sa section (3 janvier 1794).

Voyez tome II, n° 7956, ainsi que les n°ˢ 5855, 7955, 7957-7959 relatifs à l'accusation formulée contre Hamelin et à sa justification.

23022. — [**Haniet.**] HANIET à ses concitoyens. *Imp. Renaudière.* S. d. (1793), in-8°, 8 p. [N. Ln²⁷ 9529.]

Réponse à diverses inculpations. Haniet était agent de change et habitait sur la section des Sans-Culottes.

23023. — [**Harger.**] A.-J. HARGER, expert-écrivain-vérificateur, membre du Bureau académique d'écriture, citoyen de la section des Droits-de-l'Homme, à ses concitoyens (24 juillet 1793). *Paris, imp. Mayer.* S. d., in-8°, 64 p. [N. Ln²⁷ 9535.]

Protestation contre le rôle qu'on lui attribuait dans diverses affaires d'expertise.

23024. — [**Hassenfratz** (Jean-Henri).] Quelques vérités sur un proscrit qui, mieux connu, doit cesser de l'être. S. l. n. d., in-8°, 6 p. [N. Lb⁴¹ 1872.]

Précis apologétique de sa conduite depuis le commencement de la Révolution.

23025. — Catalogue des livres de la bibliothèque de feu M. Jean-Henri Hassenfratz, professeur émérite de physique à l'Ecole royale polytechnique, inspecteur divisionnaire en retraite au Corps royal des Mines, ancien professeur à l'Ecole des mines et membre de plusieurs Sociétés savantes, précédé de la notice de ses principaux ouvrages, rédigé par JULES FONTAINE. Vente les 2, 3, 4 et 5 juillet 1829... Cette vente sera suivie de celle d'une collection de minéraux qui aura lieu le 6 juillet, à 11 heures du matin, en la maison de M. Hassenfratz, rue des Fossés-Saint-Victor, n° 12. *Paris, Alexandre, cʳᵉ priseur; Chimot, libraire; Roussel, naturaliste; Jules Fontaine*, 1827, in-8°, VII-52 p.; 452 numéros.

23026. — [**Haüy** (René-Just).] Institut royal de France. Académie royale des sciences. Funérailles de M. l'abbé Haüy (3 juin 1822). *Paris, imp. F. Didot. S. d.,* in-4°, 4 p. [*N.* Ln²⁷ 9619.]

Discours de CUVIER.

23027. — [**Haüy** (Valentin).] Première note du citoyen HAÜY, auteur de la manière d'instruire les aveugles, en réponse aux insinuations défavorables répandues dans la société sur sa conduite politique. *Imp. de l'Institut des aveugles travailleurs. S. d.,* in-4°, 8 p. [*Br. M. F. R.* 45*, 20.]

P. 4, Seconde note du citoyen HAÜY..., en réponse à ceux qui le supposent animé d'une basse jalousie contre les talents qu'il n'a cessé d'admirer et de préconiser.

Voyez le numéro suivant.

23028. — Troisième note du citoyen HAÜY, auteur de la manière d'instruire les aveugles ou Court exposé de la naissance, des progrès et de l'état actuel de l'Institut national des aveugles travailleurs au 19 brumaire an IX (10 novembre 1800), entremêlé de quelques observations relatives à cet établissement. *Imp. des Aveugles travailleurs. S. d.,* in-4°. [*Br. M. F. R.* 45*, 20.]

Paginée 9-16. Voyez le numéro précédent.

23029. — Notice sur Valentin Haüy, créateur des procédés spéciaux d'enseignement à l'usage des aveugles, suivie d'un chant en son honneur. Par M. P.-A. DUFAU, directeur de l'Institut royal des Aveugles de Paris. Séance d'inauguration du bâtiment actuel de l'institution, le 22 février 1844. (Extrait des « Annales de l'éducation des sourds-muets et des aveugles ».) *Paris, imp. Fain et Thunot,* 1844, in-8°, 16 p. [*N.* Ln²⁷ 9620.]

23030. — HENRI MAÎTRE. Valentin Haüy et ses fonctions d'interprète. *Saint-Denis, imp. Bouillant.* 1901, in-8°, 14 p. et 1 f. non ch. (adresse de l'imprimeur).

On lit au verso du faux-titre : « Extrait de la *Correspondance historique et archéologique* (année 1901). Tiré à cent ex. »

Papier vergé. Entre les pp. 12 et 13, fac-similé d'une quittance de trente sols délivrée par V. Haüy à Beaumarchais pour honoraires de la traduction d'une lettre (9 octobre 1792).

23031. — [**Hay**.] Mémoire justificatif présenté par M. HAY, colonel des gardes de la ville de Paris à le Maire et à Messieurs les représentants de la Commune. *Imp. Desprez,* 1789, in-4°, 32 p. [*A. S.* VD*10.]

23032. — [**Hébert** (Jacques - René).] J.-R. HÉBERT, substitut du procureur de la Commune à ses concitoyens (lundi 27 mai an II [1793]). *Imp. de la rue Neuve-de-l'Egalité. S. d.,* in-folio plano. [*N.* Lb⁴¹ 4754.]

Compte rendu de son interrogatoire par le comité des Douze, le vendredi 24 mai.

23033. — J.-R. HÉBERT, auteur du « Père Duchesne », à Camille Desmoulins et compagnie. *Imp. de la rue Neuve-de-l'Egalité. S. d.,* in-8°, 12 p. [*N.* Lb⁴¹ 3615.]

Réponse au *Vieux Cordelier* du 5 nivôse an II (25 janvier 1794). Voyez tome II, n° 10916.

23034. — Réponse de J.-R. HÉBERT, auteur du « Père Duchesne », à une atroce calomnie (18 ventôse an II-8 mars 1794). *S. l. n. d.,* in-folio plano. [*N.* Lb⁴¹ 4809.]

Accusé d'accaparement pour avoir reçu par la diligence vingt-quatre livres de lard salé. Hébert, après une perquisition du comité révolutionnaire de la section Bonne-Nouvelle, déclare abandonner le produit de la vente aux indigents de la section. Il se défend aussi d'avoir fait voiler la Déclaration des droits de l'homme dans la salle des délibérations des Cordeliers.

23035. — Journal du Tribunal révolutionnaire... Procès d'Hébert, dit Père Duchêne, et consorts (1794).

Voyez tome Ier, n° 4205 et les n°s 4206-4207 qui sont des réimpressions de cette pièce.

23036. — Comparution, Interrogatoire et Jugement d'Hébert, dit le Père Duchêne, au tribunal de l'Eternel (1794).

Par SÉRIEYS. Voyez tome Ier, n° 4208.

23037. — Arrivée du Père DUCHESNE et compagnie aux enfers. Suivie de sa complainte. *Imp. Chemin. S. d.,* in-8°, 8 p. [*N.* Lc² 2598.]

Sur une autre complainte et sur des couplets de circonstance improvisés par le citoyen THIBOU, voyez tome III, n° 10742.

23038. — La Grande Colère du Père Duchesne, en voyant tomber sa tête par la fenêtre nationale. Sa rage de n'avoir pu égorger nos braves montagnards et jacobins et de ne s'être point baigné dans le sang de tous les vrais patriotes. Sa réception aux enfers et ses colloques avec Pluton. *Paris, Galletti. S. d.*, in-8°, 7 p. [*N*. Lc² 2599.]

23039. — Vie privée et politique de J.-R. Hébert, auteur du « Père Duchêne », pour faire suite aux Vies de Manuel, Pétion, Brissot et d'Orléans. *Paris, imp. de Francklin, l'an II de la République*, in-8°, VI-35 p. [*N*. Lb⁴¹ 1034.]

ÉPIGR. :

Jamais l'homme immoral ne fut républicain.

Sur le titre, griffe aux initiales D. T. entourées d'un paraphe.

La pagination en chiffres arabes continue la pagination en chiffres romains.

Les *Vies de Manuel* et de *Pétion* ont été publiées ensemble sous le titre de : *Histoire de deux célèbres législateurs du XVIII° siècle...* et seront décrites plus loin, v° *Manuel*.

Sur la *Vie de L.-P.-J. Capet* et sur celle de *Brissot*, voyez les n°⁸ 21570 et 21990-21991 ci-dessus.

Ces diverses *Vies...* sont attribuées par Barbier à D. TURBAT, du Mans.

La veuve d'Hébert (Marguerite-Marie-Françoise Goupil), impliquée, ainsi que Lucile Desmoulins, dans le procès de Chaumette, Gobel, etc., fut condamnée et exécutée le 24 germinal an II (13 avril 1794).

23040. — Le « Père Duchesne » d'Hébert ou Notice historique et bibliographique sur ce journal... précédée de la vie d'Hébert, son auteur et suivie de l'indication de ses autres ouvrages, par M. CHARLES BRUNET (1859).

Voyez tome II, n° 10129.

23041. — Les Hébertistes, plainte contre une calomnie de l'histoire, par G. TRIDON (1864).

Voyez tome Iᵉʳ, n°ˢ 504-504ᵃ.

23042. — J.-R. Hébert, l'auteur du « Père Duchesne », avant la journée du 10 août 1792. Etude biographique et bibliographique, par D. MATER, président de la commission du Musée de Bourges, membre de la Société historique du Cher. *Bourges, typog. et lithog. H. Sire*, 1888, in-8°, 126 p.

En regard du titre, portrait d'Hébert, héliogr. par Dujardin, d'après une miniature.

Tirage à part des *Mémoires de la Société historique, littéraire, artistique et scientifique du Cher*.

¶ M. LOUIS DUVAL, archiviste de l'Orne, a publié en 1887 dans *la Révolution française*, tomes XII, pp. 961-981, 1077-1095 et XIII, pp. 41-65, trois articles intitulés : *Hébert chez lui*, relatifs à sa famille, à son adolescence et aux premières années de son séjour à Paris.

23043. — [**Hébert** (Louis-Charles).] Adresse et dénonciation de LOUIS-CHARLES HÉBERT, citoyen de Paris, à MM. les administrateurs de la police et sûreté publique, envoyées le 23 décembre dernier et par duplicata, le 15 février 1791, au comité de police, à celui des recherches, à la section de la Rue-Beaubourg, à celle des Petits-Pères et à la Municipalité. *S. l. n. d.*, in-4°, 2 p. [*N*. Ln²⁷ 9635.]

Plaintes contre un sieur Brière-Decoudray qu'Hébert accuse d'escroqueries.

23044. — [**Hennequin** (Philippe-Auguste).] Le Maître de Gallait. Autobiographie par (sic) ALEXANDRE HENNE. Extrait de la « Revue de Belgique ». *Bruxelles, P. Weissenbruch*, 1893, in-8°, 39 p.

Mise en œuvre de documents communiqués par le colonel Hennequin, directeur de l'Institut cartographique de Bruxelles. L'auteur signale une autre notice sur Hennequin par le chanoine HUGUET dans le *Bulletin de la Société artistique et littéraire de Tournai*, tomes XXI et XXIV.

¶ M. TH. DEVAULX a publié dans *la Curiosité universelle* de 1893 (n°ˢ 371 et 390) un travail sur les eaux-fortes de Hennequin et en promettant un autre sur ses lithographies qui n'a pas, je crois, paru.

Louis Gallait (1810-1887), élève de Hennequin et de Delaroche, a été considéré comme le restaurateur de la peinture d'histoire en Belgique où sont conservés presque tous ses tableaux les plus célèbres.

23045. — [**Hennique de Chevilly** (Jeanne AGRON DE MARSILLY, veuve de Pierre-Armand).] Supplique de la dame veuve

DE CHEVILLY à l'Assemblée nationale. *S. l. n. d.*, in-8°, 8 p. [*R.* AD. I, 50.]

Demande de secours et rappel des circonstances tragiques dans lesquelles avait péri son mari (voyez tome III, n° 16284).
Voyez aussi le numéro suivant.

23046. — Jugement rendu par le Tribunal révolutionnaire... qui, sur la déclaration du juré de jugement, portant qu'il est constant qu'il a existé une conspiration contre la liberté et la sûreté du peuple français, en entretenant des intelligences et des correspondances tant avec les ennemis extérieurs qu'intérieurs de la République et en fournissant des secours en argent aux émigrés pour faciliter leur invasion sur le territoire français..., que Jeanne Ayron (*sic*) de Marsilly, veuve de Pierre-Armand Hennique de Chevilly, ci-devant avocat et commissaire du tyran Capet, est convaincue d'être auteur ou complice de ces manœuvres ou conspirations, condamne ladite Marsilly à la peine de mort... (19 germinal an II-8 avril 1794). *Paris, imp. du Tribunal révolutionnaire. S. d.*, in-4°, 8 p. [*N.* Lb⁴¹ 2232*.]

23047. — [**Henriot.**] Exposé justificatif pour le sieur Henriot, salpêtrier du Roi, faubourg Saint-Antoine (1789).

Voyez tome Iᵉʳ, n° 992.

Henriot (François). — Voyez ci-dessous **Héron.**

23048. — [**Herbault-Despavaux** (Nicolas-Alexandre).] HERBAULT à ses collègues (27 septembre 1791). *S. l. n. d.*, in-8°, 3 p.

Signé : HERBAULT-DESPAVAUX, juge de paix.
L'auteur se félicite d'avoir, par son opposition, empêché l'admission de Gerdret (voyez le n° 22849 ci-dessus) au club des Electeurs de Sainte-Chapelle.
L'impression de ce factum est tellement défectueuse qu'elle semble sortir d'un atelier privé.

23049. — [**Herbin.**] Pétition à la Convention nationale (16 septembre 1793). *Imp. du Lycée des arts. S. d.*, in-4°, 4 p. [*N.* Lb⁴¹ 807.]

Signée : HERBIN et Cᵉ. Les pétitionnaires avaient créé à Bercy une manufacture de savon et s'étaient vus saisir, sous prétexte d'accaparement, les matières premières et les échantillons du produit qu'ils en avaient tiré.

23050. — [**Herman.**] Mémoire justificatif pour le citoyen HERMAN, commissaire des administrations civiles (thermidor an II). A la Convention nationale. *S. l. n. d.*, in-8°, 36 p. [*N.* Lb⁴¹ 1206.]

Signé : HERMAN.
Réimp. par M. E. Campardon dans *le Tribunal révolutionnaire de Paris* (1866), tome II, pp. 332-350.
Herman fut condamné et exécuté en même temps que Fouquier-Tinville (17 floréal an III-6 mai 1795).

23051. — [**Héron.**] A la Convention pour le citoyen HÉRON. *S. l. n. d.* (1794), in-4°, 7 p. [*N.* Lb⁴¹ 1182.]

P. 5-7, *Rapport au Comité de sûreté générale par le citoyen* HÉRON, *chargé de l'arrestation de Henriot, général en chef de la garde nationale.*
Héron avait été lui-même arrêté le 15 thermidor an II (2 août 1794) sur la dénonciation de Bourdon de l'Oise.

23052. — Au peuple souverain. HÉRON détenu à Chartres. *Imp. R. Vatar. S. d.*, in-4°, 11 p. [*N.* Lb⁴¹ 2051.]

ÉPIGR. :

Avant de me juger, connaissez la justice.

23053. — L.-J.-S. HÉRON au peuple français (11 vendémiaire an IV-3 octobre 1795). *Chartres, imp. Lacombe. S. d.*, in-folio plano. [*N.* Lb⁴¹ 2054.]

23054. — Assassinat juridique prémédité par Dinand, accusateur public près le Tribunal criminel du département d'Eure-et-Loir (Chartres, 20 vendémiaire an IV-12 octobre 1795). *Chartres, imp. Lacombe. S. d.*, in-4°, 12 p. [*N.* Lb⁴¹ 2072.]

Protestation de HÉRON contre le décret du 5 prairial qui avait ordonné son transfert à Chartres et (p. 16, note) dénonciation contre divers individus qu'il accusait à son tour.

23055. — [**Hervagault.**] Le faux Dauphin en France ou Histoire d'un imposteur, se disant le dernier fils de Louis XVI, rédigée sur des pièces authentiques, et notamment sur le jugement du Tribunal criminel du département de la Marne, du 13 germinal dernier, précédée d'une analyse rapide des révolutions occasionnées par les imposteurs les plus célèbres qui ont usurpé la qualité de prince, de roi ou d'empereur. Par ALPHONSE B. (DE BEAUCHAMP). *Paris, Lerouge, an XI* (-1803), 2 vol. in-12. [*N.* Ln^{27} 9762.]

ÉPIGR. :
Possideo quia possideo.

En regard du titre, portrait anonyme de profil à dr. Au bas de ce portrait, un masque dont le profil rappelle celui du Dauphin.

23056. — Louis XVII en Champagne (an VI-an X), d'après les documents originaux, par HÉRELLE. *Paris, L. Hurtau,* 1878, in-8°, 103 p. [*N.* Ln^{27} 30500.]

Récit que l'auteur lui-même, dans un court *Avertissement,* qualifie de « petit roman » en ajoutant qu'il est « vrai dans ses moindres détails et parfaitement conforme aux faits établis par les enquêtes judiciaires ».

23057. — GUSTAVE LAURENT. Un faux Dauphin dans le Département de la Marne. Jean-Marie Hervagault d'après des documents inédits (1781-1812). *Châlons-sur-Marne, imp. de l'Union républicaine,* 1899, in-8°, 113 p. [*N.* Ln^{27} 46691.]

¶ Dans la *Récolution française,* tome XXXVII (juillet-décembre 1899), pp. 101-129, M. Laurent a reproduit *in extenso* le réquisitoire du commissaire du gouvernement, le citoyen CHAIX, près le tribunal criminel de la Marne.

23058. — [**Hesmart.**] Mélanges historiques. Un chapitre inédit du 9 thermidor. Un général en chef oublié par les historiens (1885).

Voyez tome Ier, n° 4309.

23059. — [**Hesse** (Charles, prince de).] Département de Paris. Domaines nationaux. Vente de meubles, linge, garderobe et vins de Charles Hesse, ci-devant prince allemand, rue et section des Piques, n° 16. 11 germinal an II (31 mars 1794). *Imp. Ballard. S. d.,* in-folio plano.

Ancienne collection Paul Dablin.

23060. — [**Heurtault - Lamerville** (Jean-Marie).] Tableau de la vie, durant la Révolution, du citoyen HEURTAULT-LAMERVILLE, commissaire du Directoire exécutif près l'administration du département du Cher (21 frimaire, l'an IV-12 décembre 1795). *Paris, imp. Nationale, frimaire an IV,* in-8°, 23 p. [*N.* Lb^{42} 884.]

23061. — [**Hézecques** (d').] Souvenirs d'un page de la cour de Louis XVI, publiés par le comte D'HÉZECQUES (1873).

Voyez le n° 21040 ci-dessus.

23062. — [**Hion.**] Grand Trait de prudence de M. Hyon (*sic*), ex-pâtissier, et maintenant lieutenant des grenadiers soldés de l'Oratoire, place qu'il doit aux bontés de M. de La Fayette. *S. l. n. d.,* in-8°, 7 p. [*N.* Ln^{27} 10042.]

Signé, p. 6 : SAINT-PAUL, ci-devant chevalier de..., capitaine d'infanterie.
Voyez les deux numéros suivants.

23063. — Précis historique de faits explicatifs de la cause et du prétexte de la conduite de M. Beauregard, officier de la garde nationale à cheval, envers M. Hion, lieutenant de la compagnie du centre du bataillon de l'Oratoire, ou Mémoire à ses concitoyens pour les éclairer sur la conduite persécutrice exercée contre lui par quelques personnes de l'état-major général de la garde nationale et dont M. Beauregard s'est déclaré l'instrument. *Paris, imp. Nationale,* 1791, in-4°, 35 p. [*R.* AD, VI, 51.]

Signé : HION.
Voyez le numéro suivant.

23064. — L.-N. HION à ses concitoyens, en leur adressant son mémoire contre le sieur Beauregard. *Paris, imp. Nationale,* 1791, in-4°, 4 p. [*N.* Ln^{27} 9840.]

23065. — [**Hooke** (l'abbé). Requête au Roi. *Paris, imp. N.-H. Nyon,* 1791, in-4°, 15 p. [*N.* Ld^{4} 3633.]

Requête de l'abbé HOOKE, destitué par le directoire du Département de Paris de sa place de bibliothécaire en chef de la Bibliothèque Mazarine pour défaut de prestation de serment civique.

P. 8-15, *Pièces justificatives* : Lettres de l'abbé HOOKE à M. Pastoret, procureur général syndic et au Département de Paris (28 avril et 8 mai 1791). Lettre de M. PASTORET (20 mai 1791). Extrait des registres des délibérations du Directoire (19 mai 1791). Déclaration et protestation du sieur abbé HOOKE au bureau des commissaires de l'Instruction (23 mai 1791).
Voyez les deux numéros suivants.

23066. — A MM. les Députés de l'Assemblée nationale. *Paris, imp. N.-H. Nyon*, 1791, in-4°, 3 p. [*N.* Ln^{27} 9866.]

Signé : HOOKE.

23067. — Au Conseil exécutif provisoire de la République française. — Mémoire à consulter et consultation pour le citoyen HOOKE, ci-devant docteur de la Maison et Société de Sorbonne, ancien professeur royal en théologie et des langues hébraïque et chaldaïque en la chaire d'Orléans, fondée ès-écoles de Sorbonne pour l'interprétation du texte original des livres saints de l'Ancien Testament, bibliothécaire en chef de la bibliothèque publique dite Mazarine, fondée en 1648, unie, sous le bon plaisir du Roi, au collège Mazarin depuis l'ouverture dudit collège en 1688. *Paris, N.-H. Nyon*, 1792, in-4°, 12 p. [*N.* Ln^{27} 9867.]

La première pièce est signée HOOKE.
Le pétitionnaire n'obtint point gain de cause et mourut à Saint-Cloud en 1796 (cf. Alfred Franklin, *Histoire de la bibliothèque Mazarine* (2° éd., 1901, in-8°), pp. 229-246, 334 et 337 et plus particulièrement p. 236.
Voyez aussi le n° 22099 ci-dessus.

23068. — [**Houdon** (Jean-Antoine).] Copie de la lettre de HOUDON, sculpteur, à M. le Président de la Société des Amis de la Constitution (5 juin 1791).

Voyez tome II, n° 9146.

23069. — Catalogue de quelques tableaux peints par le Bourguignon, Oudry, Vanloo [Carle], Robert, Vincent, Lagrenée, Mayer et autres; dessins par P. Teste, Boucher, Lépicié, Clérisseau, Danloux, etc.; estampes encadrées et en feuilles, la plupart gravées par Ryland, Bartolozzi, Green, Watson, Stranger, Flipart, Ficquet, Porporati et Miger; autres en volumes, dont « la Colonne Trajane », par P.-S. Bartoli et la « Galerie de Rubens ». Statues et figures de petites proportions et bustes en bronze, en marbre et en terre cuite, par le c^{en} Houdon. On distingue dans ce nombre la Diane, la Vestale et la Frileuse; les bustes de Molière, Paul Jones, Buffon, Francklin, Voltaire et Mirabeau, plusieurs têtes d'Amours et de jeunes filles; vases de vert antique, tables en acajou avec tablettes d'échantillons de marbre et pierre dure; riches bras et bordures en bronze doré, lunettes anglaises, fusils et pistolets damasquinés et autres objets du cabinet du c^{en} Houdon, sculpteur. Vente le 16 vendémiaire [an IV] (8 octobre 1796, v. st.)... dans son atelier à la Bibliothèque nationale, rue de la Loi... *Paris, F.-L. Regnault, peintre et graveur; Thierry, expert-vendeur; Silvestre, in-8°*, 19 p.; 114 numéros. [*N.* 8° V 36, 2077.]

¶ *L'Intermédiaire des chercheurs et curieux* du 25 mai 1886 a publié une curieuse lettre autobiographique de HOUDON (20 vendémiaire an III-11 octobre 1794), d'après une copie contemporaine conservée aux Archives nationales.

23070. — Notice des objets d'art qui seront vendus après le décès de M. J.-A. Houdon, statuaire, chevalier de la Légion d'honneur, membre de l'Académie des beaux-arts, de l'Institut de France, professeur émérite à l'Ecole royale des beaux-arts, etc. Vente le 15 décembre 1828 et j. s., dans l'atelier de feu M. Houdon, cour de la Bibliothèque du Roi... *La notice se distribue chez Me Fournel, c^{re}-priseur; Henri, expert-appréciateur*, 1828, in-8°, 20 p.; 74 numéros.

P. 5-12, *Avertissement* [Notice anonyme sur Houdon et ses ouvrages, par RAOUL ROCHETTE, son gendre, terminée par ces mots : (Article communiqué)].

23071. — Institut royal de France. Académie royale des beaux-arts. Séance publique du 3 octobre 1829, présidée par M. HUYOT. *Paris*, 1829, in-4°, 26 p.

D'après la *Bibliographie...* de M. R. de Lasteyrie, tome III, n° 54534.

P. 1-10, *Notice historique sur la vie et les*

ouvrages de M. Houdon, par QUATREMÈRE DE QUINCY, secrétaire perpétuel.

Réimp. dans la première série du *Recueil de notices historiques...* du même auteur (1834, in-8°).

23072. — Notice sur J.-A. Houdon, de l'Institut (1841-1828), par MM. E. DÉLEROT et A. LEGRELLE. Extrait des « Mémoires de la Société des sciences morales, des lettres et des arts de Seine-et-Oise ». *Versailles, imp. Montalant-Bougleux*, 1856, in-8°, 2 ff. et 192 p. [*N.* Ln^{27} 9890.]

Notice écrite à l'occasion d'un concours ouvert par la Société des sciences morales... de Seine-et-Oise et couronnée par elle. ANATOLE DE MONTAIGLON et GEORGES DUPLESSIS avaient pris part à ce même concours par un travail qui n'a malheureusement pas été publié en volume, mais qui, sous le titre de : *Houdon, sa vie et ses ouvrages (1741-1828)*, a paru dans la *Revue universelle des arts*, tome Ier (1855), pp. 157-185, 237-267, 317-350, 397-420 et tome II (*Catalogue de l'œuvre de Houdon*, pp. 441-451).

23073. — Houdon. Leben und Werke. Eine kunsthistorische Studie, von Dr HERMANN DIERKS, dozent der Kunstgeschichte an der Universitæt zu Iena. *Gotha, E.-F. Thienemanns*, 1887, in-8°, 4 ff. et 147 p. [*N.* Ln^{27} 37410.]

Photographies (hors texte) d'après les bustes de Voltaire, Diderot, Molière, Rousseau, et d'après les statues de Diane et de saint Bruno.

23074. — [**Hu**.] CHARLES-LOUIS-MATHIAS HU, électeur en 1791, à ses concitoyens. *Imp. Momoro. S. d.*, in-8°, 8 p. [*N.* Ln^{27} 9906.]

Réponse à une dénonciation de Méhée de La Touche, chirurgien (père du futur secrétaire de la Commune du 10 août) qui l'avait assigné devant le tribunal du 5e arrondissement.
Né à Armentières (Nord) en 1767 et fils d'un lieutenant bailli de cette ville, Hu exerçait à Paris la profession d'épicier. Il était électeur de la section Sainte-Geneviève.

23075. — [**Hua** (Eustache-Antoine).] Mémoires d'un avocat au Parlement de Paris, député à l'Assemblée législative (E.-A. HUA), publiés par son petit-fils, E.-M. FRANÇOIS SAINT-MAUR. *Poitiers, H. Oudin; Paris, Victor Palmé*, 1871, in-8°, 2 ff., XV-213 p. [*P.* 6045.]

23076. — **Huber** (Barthélemy).] Mémoire à consulter et consultation pour le sieur HUBER, nommé à l'une des places de commissaire de la Trésorerie nationale (19 avril 1791). *Paris, imp. Prault*, 1791, in-4°, 25 p. [*N. F.* 14361.]

P. 5-19, Consultation signée DESÈZE, suivie de *Pièces justificatives*.

Barthélemy Huber, né à Lyon le 11 janvier 1748, issu d'une famille originaire de Schaffouse établie en France depuis cent cinquante ans, était dénoncé comme étranger et comme failli; il établit sur preuves que cette faillite ne lui était pas personnelle et qu'il avait été réhabilité quelques mois plus tard.

23077. — [**Huet**.] Extrait des délibérations de l'assemblée générale de la section du Muséum (10 juin 1793).

Voyez tome II, n° 8415.

23078. — [**Huguenin** (Sulpice).] SULPICE HUGUENIN, administrateur de l'habillement des troupes de la République, à ses concitoyens. *Imp. patriotique et républicaine. S. d.*, in-8°, 3 p. [*N.* Lb^{41} 730.]

Reproduction d'un article de Marat en sa faveur.

23079. — Pétition adressée au président de la Convention nationale pour servir de réponse aux diatribes lues à la barre dans la séance du 20 (23 août 1793). *Imp. patriotique et républicaine. S. d.*, in-folio plano. [*D.*]

Signée : HUGUENIN, ci-devant administrateur [de l'habillement; il avait démissionné le 31 juillet précédent].

23080. — [**Huguet**.] T.-F. HUGUET, député de la Seine au Conseil des Anciens, à ses collègues. *Imp. Baudouin. S. d.*, in-8°, 4 p. [*N.* Ln^{27} 9972.]

Au sujet de son rôle dans la journée du 13 vendémiaire.

23081. — [**Humbert**.] Journée de JEAN-BAPTISTE HUMBERT qui, le premier, a monté sur les tours de la Bastille (1789).

Voyez tome Ier, n° 1103.

23082. — [**Hurel**.] Aux Citoyens de la section du Marais, ci-devant des Enfants-

Rouges. *Paris, imp. Mayer.* S. d. (1792), in-8°, 4 p. [*N.* Ln²⁷ 10008.]

Signé : HUREL.
Exposé de son rôle.

23083. — Que faut-il donc avoir été et être... pour être...? S. l. n. d., in-8°. [*N.* Ln²⁷ 10009.]

Signé : HUREL.
D'après le catalogue imprimé de la B. N.

23084. — [**Hyde de Neuville** (J.-G.).] Réponse de J.-GUILLAUME HYDE-NEUVILLE, habitant de Paris, à toutes les calomnies dirigées contre lui, à l'atroce et absurde accusation d'avoir pris part à l'attentat du 3 nivôse an IX (17 février 1801). S. l., 1801, in-8°, 53 p. [*N.* Lb⁴³ 456.]

Epigr. empruntée au testament de Louis XVI.
Publié par DE LA VERSANE.
Voyez le numéro suivant.

23085. — Observations sur le rapport fait aux Consuls, dans la séance du 11 pluviôse, par le ministre de la police, en ce qui concerne M. HYDE. S. l. n. d., in-8°, 4 p. [*N.* Ln²⁷ 10035.]

Voyez le numéro précédent.

23086. — M. Hyde de Neuville, par M. H. DE VATIMESNIL. Extrait du « Correspondant ». *Paris, C. Douniol*, 1857, in-8°, 16 p. [*N.* Ln²⁷ 10036.]

23087. — Extrait de la « Biographie universelle »... Hyde de Neuville (Jean-Guillaume), par M. A. BOULLÉE. *Paris, imp. H. Plon*, 1858, gr. in-8°, 7 p. [*N.* Ln²⁷ 10037.]

23088. — Mémoires et Souvenirs du baron HYDE DE NEUVILLE. *Paris, E. Plon, Nourrit et Cᵉ*, 1888, 3 vol. in-8°. [*N.* La³² 609.]

Le titre du tome Iᵉʳ porte en plus : *La Révolution. Le Consulat. L'Empire*. En regard du titre, héliogravure représentant l'auteur à l'âge de vingt ans, d'après une miniature de DUBOIS.
Le titre du tome II porte en plus : *La Restauration. Les Cents Jours. Louis XVIII*. En regard du titre, héliogravure d'après un portrait peint par PAULIN GUÉRIN. Entre les pp. 98 et 99, fac-similé d'un laisser-passer autographe de Marie-Thérèse (duchesse d'Angoulême) écrit et signé à Londres le 26 juin 1815.

Le titre du tome III porte en plus : *Charles X. La duchesse de Berry. Le comte de Chambord. Héliogravure et fac-similé d'autographes*.
L'héliogravure représente le château de l'Etang, près de Sancerre, propriété patrimoniale d'Hyde de Neuville. Les fac-similé sont ceux de la lettre de démission de Hyde de Neuville au comte Molé (21 septembre 1830), lorsqu'il abandonna son siège de député, et d'une lettre de la duchesse de Berry, écrite en encre sympathique (30 juillet 1832).
Hyde de Neuville n'avait laissé que des notes plus ou moins développées que deux de ses nièces, la vicomtesse de BARDONNET et la baronne LAURENCEAU avaient coordonnées et reliées par un commentaire continu. La seconde de ces dames était morte avant la publication des *Mémoires et Souvenirs* de leur oncle.

Hyon. — Voyez **Hion**.

23089. — [**Hyver**.] Pétition présentée à la Convention nationale par la citoyenne HYVER, le 29 nivôse l'an IIᵉ (18 janvier 1794). S. l. n. d., in-8°, 4 p.]*N.* Lb⁴¹ 10044.]

Au sujet de l'incarcération de son mari.
Voyez le numéro suivant.

23090. — Adresse de la citoyenne PENON, femme HYVER, à la Convention nationale. *Imp. de la Vᵉ d'Ant.-Joseph Gorsas*. S. d., in-8°, 20 p. [*N.* Lb⁴¹ 1396.]

Voyez le numéro précédent.

23091. — [**Igonnette** (Jacques).] Jugement du Tribunal criminel du département de la Seine... qui acquitte Jacques Igonnette (an V).

Voyez le n° 22625 ci-dessus et la note qui l'accompagne.

23092. — [**Imbert**.] A Paris, le 13 brumaire an V républicain (3 novembre 1796). Au Directoire exécutif. *Imp. Laurens aîné*. S. d., in-4°, 23 p. [*N.* Ln²⁷ 31912.]

Protestation d'Imbert contre le retrait de son emploi de sous-chef de la 1ʳᵉ division de l'artillerie au ministère de la Guerre. P. 13, *Pièces à l'appui du Mémoire*.

23093. — [**Isabey**.] Extrait de la « Biographie universelle » (Michaud) publiée par Mᵐᵉ C. Desplaces... Isabey (Jean-Baptiste), par Ch. Lenormant. *Paris, imp. H. Plon,* 1858, gr. in-8°, 5 p. [*N.* Ln²⁷ 10078.]

Réimp. dans un recueil posthume intitulé : *Beaux-arts et voyages* (Paris, Michel Lévy, 1861, 2 vol. in-8°).

23094. — J.-B. Isabey, sa vie et ses œuvres, par M. Edmond Taigny. Extrait de la « Revue européenne ». *Paris, typ. E. Panckoucke,* 1859, in-8°, 55 p. [*N.* Ln²⁷ 10079.]

Réimp. dans un volume intitulé : *Mélanges, études littéraires et artistiques* (Hachette, 1869, in-18).

¶ Voyez aussi une étude de Paul Mantz sur Isabey dans *l'Artiste* du 6 mai 1855.

23095. — [**Isnard** (Maximin).] Proscription d'Isnard. *Paris, chez l'auteur et les marchands de nouveautés, l'an III de la République,* in-8°, 98 p. [*N.* Lb⁴¹ 1517.]

Le titre de départ, page 3, porte : *Lettre écrite par M.* Isnard *à la Convention nationale, lue dans la séance du 24 frimaire, l'an troisième de la République* (14 décembre 1794).

23096. — [**Jalla.**] A la Nation. *Paris, imp. Millet. S. d.,* in-8°, 4 p. [*N.* Ln²⁷ 10174.]

Signé : Jalla.
Plaintes d'un guérisseur de maladies réputées incurables contre Amelot, ancien ministre, Le Noir, ancien juge [sic : lieutenant] de police et Viq d'Azyr, membre de la Société de médecine qu'il poursuivait devant le tribunal du 6ᵉ arrondissement à raison des obstacles apportés par eux à son industrie.

23097. — [**Jallaguier.**] Jallaguier à ses concitoyens de la section des Plantes. *S. l. n. d.,* in-8°, 3 p. [*P.* 10065*.]

Réponse aux calomnies répandues contre lui par Gallais dans la *Quotidienne* du 27 prairial, n° 117.

23098. — [**Jannot.**] Paroles de M. Legentil, maître de pension et officier municipal, au nom de la commune de Saint-Pierre de Montmartre, au moment où M. Jean Jannot, juge de paix du canton de Clichy, allait être inhumé dans l'église de la susdite paroisse de Saint-Pierre de Montmartre. *Paris, imp. de la Jussienne,* 1794, in-8°, 2 p. [*N.* Ln²⁷ 10198.]

23099. — [**Jardin.**] Observations de de J.-L.-C. Jardin, rédacteur du « Courrier républicain », sur un écrit publié contre lui et adressé au Corps législatif par le citoyen Le Couteulx-Canteleu, membre du Conseil des Anciens. *Imp. Debarle. S. d.,* in-8°, 14 p. [*N.* Ln²⁷ 10211.]

L'écrit auquel répond Jardin est intitulé : Lecouteulx de Canteleu *à ses collègues* (imp. Baudouin. S. d., in-4°, 12 p. [B. N. Le⁴⁵ 137]). Les *Observations* que présenta Jardin provoquèrent de la part de son adversaire une *Suite de l'écrit intitulé* Lecouteulx de Canteleu *à ses collègues* (paginé [13]-20, imp. Baudouin, même cote à la B. N.). Le point de départ de cette polémique était un article paru dans le *Courrier républicain* (cf. tome II de la *Bibliographie,* n° 10224) du 28 brumaire an V (18 novembre 1796) sur les opérations de la maison de banque de Lecouteulx.

23100. — [**Jauffret.**] Louis-François Jauffret, sa vie et ses œuvres, par Robert-Marie Reboul. Orné d'un portrait photographié. *Paris, J. Baur et Détaille; Marseille, Marius Lebon; Aix, Achille Makaire,* 1869, in-8°, XI-147 p. [*N.* Ln²⁷ 25293.]

En regard du titre, photographie d'après un original non spécifié.
Au verso du faux-titre, détail du tirage : 120 ex. sur papier vélin, 30 sur papier de Hollande, 4 sur papier chamois, 1 sur papier gris.

23101. — [**Jeaurat** (Edme-Sébastien).] Le citoyen Edme-Sébastien Jeaurat à ses concitoyens de l'Observatoire (25 thermidor an II-12 août 1794).

Voyez tome II, n° 8551.

23102. — Notice et réclamation de l'astronome Edme-Sébastien Jeaurat, suivie d'une lettre adressée à l'astronome Lalande et de deux extraits de journaux. *S. l. n. d.* (1801), in-4°, 4 p. [*N.* Ln²⁷ 31839.]

Le titre de départ, p. 2, porte en plus : *Notice succincte des ouvrages de science publiés à Paris pendant cinquante ans par le citoyen* Edme-Sébastien Jeaurat, *de l'Institut national, de la Société libre des sciences, lettres et arts de Paris, fondateur de l'Observatoire de l'Ecole militaire et doyen des astronomes du grand Observatoire de Paris.*

23103. — [**Jeaurat de Bertry** (Nicolas-Henri).] Adresse à l'Assemblée nationale. S. l. n. d., in-4°, 1 p. [*R.* AD. IX, 548.]

Réclamations par JEAURAT DE BERTRY, de l'Académie de peinture, du maintien de la pension que lui avait accordée la « feue Reine » (Marie-Leczinska) et demande d'un logement au Louvre.

23104. — [**Jollivet**, dit BARALÈRE.] Liberté, égalité. Les citoyens CHOL et LEROUGE, de la section de Brutus, à Y. Baralère, rédacteur du journal intitulé : « l'Ami de la Convention et le Défenseur du peuple », en réponse à un paragraphe de son n° 3 (10 vendémiaire an III-1er octobre 1794). Imp. de la rue Fiacre, n° 2. S. d., in-8°, 3 p. [*N.* Lb41 1327.]

Jollivet avait inséré dans *l'Ami de la Convention...* (cf. tome II de la *Bibliographie*, n° 10950ª) une lettre d'un c. MARY, datée de la 5e sans-culottide an II (21 septembre 1794), détenu à Port-Libre depuis le 9 germinal précédent, dénonçant les cc. Lerouge et Chol, de la section de Brutus, et les cc. Guénant et Théot, se disant agents du Comité de sûreté générale, dont il avait été la victime.

23105. — JOLLIVET, dit BARALÈRE, aux membres de la Convention. Soufflet à l'imposture. Imp. Ve d'A.-J. Gorsas. S. d., in-8°, 4 p. [*N.* Lb41 2023.]

Jollivet désavoue toute participation à une adresse de la section du Mail (cf. tome II, n° 8639) improuvée par la Convention et se défend d'être le porte-parole de Rovère.

23106. — [**Joly** (H.-A.).] Nécrologie. A la mémoire de Hugues-Adrien Joly, ancien garde du Cabinet des estampes et planches gravées de la Bibliothèque nationale, mort à Paris le 7 ventôse an VIII (26 février 1800). S. l. n. d., in-8°, 7 p. [*N.* Ln27 10326.]

D'après quelques mots où l'auteur fait allusion à sa jeunesse et à son inexpérience, on peut attribuer cet éloge à JEAN DUCHESNE, dit DUCHESNE aîné (1779-1855) qui fut plus tard le successeur de Joly comme conservateur du Cabinet des Estampes.

23107. — [**Joly** (Marie-Elisabeth).] Aux Mânes de Marie-Elisabeth Joly, artiste célèbre du Théâtre-Français, par N.-F.-R.-F. DULOMBOY, ancien capitaine de cavalerie, etc. Paris, imp. Delance, an VII, in-18, 19-178 p., 1 f. et 16 p. (musique gravée). [*N.* Ln27 10327.]

ÉPIGR. :

Content de peu, libre d'ambition,
A mes devoirs, à l'amitié fidèle,
Mettant d'accord mon cœur et ma raison,
Je ne prenois que *Joly* pour modèle.

Le faux-titre porte : *Aux mânes de Joly, mon amante, mon épouse et mon amie.*
En regard du titre, frontispice intitulé : *la Plume de l'amour* (dessiné d'après nature par DUGOURC, gravé par FORTIER), avec ce quatrain :

Joly dans la tombe enfermée,
Près de son cœur a mes cheveux.
Dans cette urne j'ai sous les yeux
Les cheveux de ma bien aimée.

En regard du titre de départ des *Observations préliminaires sur l'art dramatique* (p. 1), autre planche signée DUGOURC del., C. FORTIER sculp., avec cette légende : *A la mémoire de M.-E. Joly, née à Versailles le 8 avril 1761*, et ce distique :

Joly qui dans la tombe emporta nos hommages,
Est toujours dans nos cœurs et vit dans ses ouvrages.

Entre les pp. 84 et 85, troisième pl. (*l'Hymen consacre ce monument*) et ce distique dû à ECOUCHARD-LEBRUN :

Eteinte dans sa fleur, cette actrice accomplie
Pour la première fois a fait pleurer Thalie.

La musique gravée est précédée d'un faux-titre intitulé : *Romances de cet ouvrage mises en musique par les citoyens* GRÉTRY, FOIGNET, LAVOIGILLE [sic : NAVOIGILLE], LEVACHER, GAVEAUX.
Le tombeau représenté sur la troisième pl. existe encore au lieu dit le Mont-Joly dans les environs de Falaise.

23108. — [**Joninon**.] A Nosseigneurs de l'Assemblée nationale. Imp. Momoro. S. d., in-8°, 3 p. [*N.* Ln27 10345.]

Plainte d'un journalier, JEAN JONINON, détenu à Bicêtre en vertu d'un arrêt du Parlement de Paris, du 11 août 1787, sur une inculpation de vol et de tentative d'assassinat.

23109. — [**Josset Saint-Laurent** (J.-L.).] Jugement rendu par le Tribunal révolutionnaire... qui, sur la déclaration du juré de jugement, portant qu'il est constant qu'il a été conspiré contre le peuple français, en entretenant des correspondances et intelligences avec les ennemis extérieurs de la République à l'effet de favoriser leur entrée sur le territoire français et notamment avec l'infâme Condé, et en recélant des meubles, effets, livres, papiers, manuscrits, lettres de propriété et autres effets provenant dudit Condé et appartenant à la Nation; qu'il est constant que Louis-Jean Josset, dit Saint-Laurent, est auteur ou complice, condamne ledit Louis-Jean Josset, dit Saint-Laurent, à la peine de mort... 8 pluviôse an II (27 janvier 1794). *Imp. du Tribunal révolutionnaire. S. d.*, in-4°, 6 p. [*N.* Lb⁴¹ 2232ᵃ.]

Josset Saint-Laurent, natif de Paris, ancien commissaire des guerres, âgé de quarante-huit ans, demeurant rue Saint-Pierre, 13, au Pont-aux-Choux (section Popincourt), avait été dénoncé en raison de fréquents voyages à l'étranger pour lesquels il s'était muni d'un passeport de négociant. On avait saisi chez lui quantité de draps de lit marqués R. C. P. avec une couronne, deux « parties » (ou corps?) de bibliothèques contenant environ trois cents volumes presque tous sur vélin, avec dessins arabesques (sic), beaucoup d'objets précieux, cent aunes de velours cramoisi et autres étoffes, enfin quatre malles contenant des titres de propriété et des papiers de Condé, etc. Il serait curieux de retrouver aujourd'hui la trace de ces volumes et de ces papiers; mais la Commissions des Monuments, avisée de cette trouvaille, ne put obtenir aucune réponse de la section Popincourt (cf. *Procès-verbaux de la Commission des Monuments*, publiés par M. Louis Tuetey pour la Société de l'histoire de l'art français, tome II (1903), pp. 59 et 136).

23110. — [**Jourdain-Berteaux** (Marie-Anne).] Jugement rendu par le Tribunal révolutionnaire... qui, sur la déclaration du juré de jugement portant que, dans les mois de mars, avril, mai et juin dernier (v. st.), il a été méchamment et à dessein provoqué l'avilissement et la dissolution de la représentation nationale, l'assassinat des représentants du peuple, applaudi à celui de Marat et tenté par là de rétablir la royauté ou tout autre pouvoir attentatoire à la souveraineté du peuple, que Marie-Anne Jourdain-Berteaux est auteur ou complice de ces provocations et applaudissements, condamne Marie-Anne Jourdain-Berteaux à la peine de mort... 28 ventôse an II (18 mars 1794). *Paris, imp. du Tribunal révolution- S. d.*, in-4°, 7 p. [*N.* Lb⁴¹ 2232ᵃ.]

Marie-Anne Jourdain-Berteaux, âgée de quarante-deux ans passés, née à Paris, était femme de charge chez le citoyen Morel, vivant de son bien à Vaugirard,

23111. — [**Jourgniac Saint-Méard** (François).] Mon Agonie de trente-huit heures... par Jourgniac Saint-Méard (1792).

Voyez tome Iᵉʳ, nᵒˢ 3480-3483.

23112. — Ordre du jour ou Salmigondis ministériel et bureaucratique, pour servir de supplément et de consolation à « Mon agonie » du 2 septembre 1792, par le vétéran valide Jourgniac Saint-Méard. *Paris, chez l'auteur qui en fait présent et chez le libraire Petit qui le vend*, 1821, in-8°, 46 et 24 p. [*N.* Lb³⁹ 6144.]

A la p. 24 de la seconde partie, après la signature et le mot *gobe*, est représentée une mouche; au-dessous : « le président en fonction permanente pour avoir fait son devoir. »

Ce rébus et sa légende font à la fois allusion aux mécomptes de l'auteur sollicitant une pension et à une association gastronomique, dite des *Dîners du mercredi* ou des *Gobe-Mouches*, dont Jourgniac fut président sous la Restauration, et sur laquelle on peut consulter *les Sociétés badines* d'Arthur Dinaux, tome Iᵉʳ, pp. 371-381.

23113. — Pétition présentée à S. Exc. Mᵍʳ le Maréchal duc de Bellune, pair de France, ministre secrétaire d'État de la guerre, par Jourgniac Saint-Méard, ancien militaire. *Paris, chez l'auteur, qui en fait présent, et chez les libraires Petit, Dentu, Hubert et Cᵉ, qui le vendent au profit d'un père de famille malheureux*, 1822, in-8°, 64 p. [*N.* Ln²⁷ 10413.]

Épigr. :

Avec les royalistes... toujours !

23114. — Ainsi soit-il ! ou *Nec plus ultra* du vieux royaliste Jourgniac Saint-Méard. *Paris, chez l'auteur qui en fait présent et chez MM. Petit, Dentu, Hubert, libraires, qui le vendent au profit d'un père de famille malheureux*, 1824, in-8°, 60 p. (la dernière non chiffrée, intitulée : *Post-scriptum*). [*N.* Ln²⁷ 10414.]

Voyez le numéro suivant.

23115. — *Amen* ou Supplément à ma brochure intitulée : « Ainsi soit-il ! » Paris, à la volonté de l'acheteur et au profit d'un père de famille. *Paris, imp. C.-J. Trouvé*, 1824, in-8°, 15 p. [*N*. Ln²⁷ 10414.]

Signé : JOURGNIAC SAINT-MÉARD.
Dans l'ex. de la B. N., le numéro précédent et celui-ci sont reliés ensemble.

23116. — Epitaphe et portrait de Jourgniac Saint-Méard. *Paris, imp. J. Pinard. S. d.*, in-4°, 2 p. [*N*. Ln²⁷ 10415.]

Signé : P. P.
En vers. Epitaphe facétieuse.

23117. — [**Juigné** (de).] Oraison funèbre de Mgr Antoine-Eléonor-Léon Leclerc de Juigné, ancien archevêque de Paris, chanoine du Chapitre impérial de Saint-Denis, comte de l'Empire, prononcée dans la basilique métropolitaine de Paris, le 3 avril 1811, par M. l'abbé JALABERT, vicaire général du diocèse. *Paris, A. Le Clere*, 1811, in-4°, 20 p. [*N*. Ln²⁷ 10474.]

23118. — Vie de messire Antoine-Eléonor-Léon Leclerc de Juigné, archevêque de Paris, duc et pair de France et ancien évêque de Châlons, par M. l'abbé LAMBERT, ancien vicaire général. *Paris, A. Le Clere*, 1821, in-8°, VIII-112 p. (la dernière non chiffrée). [*N*. Ln²⁷ 10475.]

Voyez le numéro suivant.

23118ª. — Vie de messire Antoine-Eléonor-Léon Leclerc de Juigné…, par M. l'abbé LAMBERT, ancien secrétaire intime du Prélat, grand vicaire, membre du comité des secours et agent de la correspondance des Bourbons en Angleterre, archidiacre de Champagne (Reims et Châlons), vicaire général et chanoine de Meaux, membre associé correspondant de la Société d'agriculture, commerce, sciences, arts et belles-lettres du département de la Marne. Nouvelle édition augmentée de pièces justificatives et d'une notice sur la conduite de la nation anglaise envers les émigrés français pendant la Révolution, suivie d'anecdotes curieuses et intéressantes, etc., etc., pour servir à l'histoire des temps. *Paris, Ad. Le Clere*, 1823, in-8°, 2 ff., XIII (XVI)-322 p. et 1 f. non ch. (Table). [*N*. Ln²⁷ 10475 A.]

Avant le faux-titre, portrait lithographié signé MARESCHAL del. Litho. de C. Motte.

¶ Le *Bulletin d'histoire et d'archéologie du diocèse de Paris* (tome Iᵉʳ (1883), pp. 73-88) avait commencé la publication d'un travail de M. l'abbé DE MADAUNE sur *M. de Juigné, archevêque de Paris* (1782-1802), mais il n'a paru qu'un premier article intitulé : *Ses premières années* (et à la table du volume, *Jeunesse et grades universitaires*).
Sur le rôle de M. de Juigné à Paris pendant la Révolution, voyez tome III, nᵒˢ 16095-16118.

23119. — [**Julian**, dit de Carentan.] Conduite privée et révolutionnaire de JULIAN, de Carentan, et sa justification sur les faits à lui imputés. *Imp. Rougyff. S. d.*, in-4°, 18 p. [*N*. Lb⁴¹ 4013.]

L'ex. de la B. N. porte des corrections typographiques et contient en outre une lettre d'envoi autographe au représentant Laloy, en date du 2 fructidor an II (19 août 1794) où se lit ce passage : « Je t'envoie un aperçu de ma vie. J'ai eu le bonheur d'en faire parvenir le manuscrit à mon frère. Je n'ai pu en corriger les épreuves; il y a beaucoup de fautes. »

23120. — Pétition de JULIAN, de Carentan, professeur de la ci-devant Université de Paris, électeur du département de la Manche et premier secrétaire général du Comité de salut public à la Convention nationale. *Imp. du bureau général des journaux. S. d.*, in-8°, 6 p. [*N*. Lb⁴¹ 1518.]

Datée de l'Hospice [du Tribunal révolutionnaire] 24 frimaire an III (14 décembre 1794). Au sujet de son incarcération.

23121. — [**Julien** (Jean).] JEAN JULIEN, dit JULIEN de Toulouse, député proscrit, à ses dénonciateurs (20 germinal an III - 9 avril 1795). *Paris, Du Pont, l'an III de la République*, in-8°, 67 p. [*N*. Lb⁴¹ 1733.]

23122. — [**Julien** (Pierre).] Notice historique sur la vie et les ouvrages de Pierre Julien, statuaire, de l'ancienne Académie de peinture et sculpture, membre de l'Institut national et de la Légion d'honneur, lue à la séance publique de l'Institut du 6 vendémiaire an XIV (28 septembre 1805), par M. JOACHIM LEBRETON, secrétaire perpétuel de la classe des

Beaux-Arts, membre de la classe d'Histoire et de littérature ancienne et de la Légion d'honneur. *Paris, Baudouin, imprimeur de l'Institut, vendémiaire an XIV,* in-8°, 28 p. [*N.* Ln^{27} 10489.]

¶ M. [l'abbé] ANDRÉ PASCAL a publié dans la *Gazette des beaux-arts* des 1er avril et 1er mai 1903 une étude sur *Pierre Julien, sculpteur.*

23123. — [**Jullian** (Pierre-Louis-Pascal).] Souvenirs de ma vie, depuis 1774 jusqu'en 1814, par M. DE J*** (JULLIAN). *Paris et Londres, Bossange et Masson,* 1815, in-8°, XVI-365 p. [*N.* Ln^{27} 10495.]

Sur ce personnage qui mériterait, semble-t-il, une étude détaillée, voyez un article du baron de Reiffenberg signalé sous le n° 20568 ci-dessus et la note du n° 22722.
Jullian est mort en janvier 1833, à Lille, où il collaborait à un journal intitulé : *l'Argus du Nord.* Un ex. de *Souvenirs* a figuré sous le n° 788 d'une vente faite à Lille le 28 avril 1834 et j. s. par un libraire nommé Martin Delahaye, éditeur de l'*Argus du Nord.* A cet ex. était jointe une clé imprimée, tirée à très petit nombre et non mise dans le commerce, des initiales dont ce livre fourmille et qui sont pour la plupart, d'ailleurs, assez transparentes.
Quérard (*France littéraire,* tome XI) a enregistré des *Considérations politiques sur les affaires de France et d'Italie pendant les trois années du rétablissement de la maison de Bourbon sur le trône de France ou Suite des « Souvenirs de ma vie »...* (Bruxelles, 1817, in-8°, VI-212 p.

23124. — [**Jullien** de la Drôme (Rosalie DUCROLAY, dame).] Journal d'une bourgeoise pendant la Révolution (1791-1793) publié par son petit-fils, EDOUARD LOCKROY (1881).

Voyez tome Ier, n° 334 et les six numéros suivants.

23125. — [**Jullien** (Marc-Antoine), dit JULLIEN de Paris.] Réponse provisoire à quelques articles des répertoires de mensonges, de diffamations et de calomnies, intitulés : « Biographie des hommes vivants », « Biographie moderne », « Nouvelle Biographie », etc., tirée en partie d'une note de l' « Essai sur la philosophie des sciences », par M. M.-A. JULLIEN, de Paris (20 décembre 1821). *S. l. n. d.,* in-8°, 4 p. [*N.* Ln^{27} 10498.]

Considérations générales.

23126. — Lettre de M. M.-A. JULLIEN, de Paris. A MM. les éditeurs de la « Collection des mémoires relatifs à la Révolution française », au sujet d'une imputation calomnieuse dirigée contre lui dans les « Mémoires de Louvet », et reproduite depuis dans plusieurs biographies modernes et des hommes vivants. Paris, 22 septembre 1823. *Imp. J. Tastu. S. d.,* in-8°, 8 p. [*N.* Ln^{27} 10499.]

Au sujet de son rôle à Bordeaux pendant la Terreur.

23127. — Notice biographique sur MARC-ANTOINE JULLIEN, sous-intendant militaire, auteur de l' « Essai sur l'emploi du temps » et de plusieurs autres ouvrages, fondateur-directeur de la « Revue encyclopédique », membre de plusieurs Sociétés savantes françaises et étrangères, précédée d'un coup d'œil sur la situation politique et les besoins de la France, et sur les vues qui doivent présider au choix des députés, et suivie de documents inédits, de lettres et de pièces justificatives. *Paris, Sedillot,* 1831, in-8°, XV [XVI]-73 p. et 1 f. non ch. (Table des matières). [*N.* Ln^{27} 10500.]

Extrait de la *Biographie universelle... des contemporains.*

23128. — Le Biographe universel. Publications de la « Revue générale biographique, politique et littéraire ». Galerie politique, XVII. Jullien, de Paris. *Paris, bureau central de la Revue...,* 1842, in-8°, 94 p. [*N.* Ln^{27} 10501.]

Signé : BOILEAU D'AUXY.
La couverture imprimée sert de titre.

23129. — Biographie de M. Jullien, de Paris (Marc-Antoine), extraite de la « Biographie des hommes du jour », par MM. GERMAIN SARRUT et B. SAINT-EDME, tome VI, 1re partie. *Paris, imp. P. Baudouin,* 1842, in-8°, 46 p. [*N.* Ln^{27} 10502.]

23130. — Notice biographique sur M. Jullien, de Paris. Extrait de la « Revue des contemporains », par une Société de gens de lettres et de savants français et étrangers. *Paris, Galliot,* 1847, in-8°, 53 p. [*N.* Ln^{27} 10503.]

23131. — [**Jumel** (Jean-Charles).]. J.-C. Jumel, le Père Duchesne de la Corrèze, par M. Clément-Simon. Extrait de la « Biographie tulloise ». *Paris, Honoré Champion* [*Tulle, imp. Crauffon*], 1889, in-8°, 58 p. [*N.* Ln²⁷ 38462.]

Le nom du libraire dépositaire ne figure que sur la couverture imprimée.

Avant de devenir vicaire général de l'évêque Brival, puis terroriste dans le département de la Corrèze, l'abbé Jumel avait pris part au mouvement révolutionnaire à Paris, soit comme orateur (cf. tome II, nᵒˢ 7637 et 9167, et tome III, n° 16654), soit comme rédacteur du « Père Duchesne » de la rue du Vieux-Colombier (cf. tome II, n° 11510). Outre la notice décrite sous le présent numéro, on peut consulter sur son compte une longue note dans le *Journal intime de l'abbé Mulot* publié par mes soins (*Mémoires de la Société de l'histoire de Paris et de l'Ile de France*, tome XXIX (1902), pp. 99-100 et pp. 83-84 du tirage à part).

23132. — [**Jussieu** (Antoine-Laurent de).] Institut royal de France. Académie royale des sciences. Funérailles de M. de Jussieu. Discours de M. de Mirbel, prononcé aux funérailles de M. de Jussieu, le 19 septembre 1836. *Imp. F. Didot frères. S. d.*, in-4°, 6 p. [*N.* Ln²⁷ 10513.]

Suivi (p. 3) du discours de M. Chevreul.

23133. — Éloge historique d'Antoine-Laurent de Jussieu, par M. Flourens, secrétaire perpétuel, lu à la séance publique du 13 août 1838. *S. l. n. d.*, in-4°, LX p. [*N.* Ln²⁷ 10814.]

Extrait du tome XVII (1838) des *Mémoires de l'Académie des sciences*.

23134. — Notice sur Antoine, Bernard et Laurent de Jussieu, par M. Achille Comte. Extrait du « Plutarque français ». *Imp. Plon frères*, 1845, gr. in-8°, 16 p. [*N.* Ln²⁷ 10512.]

23135. — [**Kabers**.] Le Cri de l'innocence opprimée (25 mai 1791). *S. l. n. d.*, in-8°, 7 p. [*N.* Ln²⁷ 10522.]

Signé : Kabers, dit Louvain.

Keralio (Louise-Félicité Guynement de). — Voyez **Robert** (François).

23136. — [**Kersaint** (Armand-Guy-Simon, comte de).] Seconde lettre de A.-Guy Kersaint, député de Paris, à ses commettants (10 septembre 1792). *Imp. Nationale. S. d.*, in-8°, 7 p. [*N.* Lb³⁹ 10916.]

Justification d'un discours prononcé le 24 juillet 1791 à la tribune des Jacobins. (Voyez tome II, n° 9181). Kersaint avait déposé chez Mᵉ Bonhomé, notaire, rue de Chabanais, le seul ex. qui lui restait de ce discours.

Je n'ai pas retrouvé la première lettre à laquelle le titre, mais non le contenu de celle-ci, fait allusion.

23137. — Pétition au roi des Français, trouvée dans les papiers du Roi, lue à la séance du 6 décembre 1792, imprimée par ordre de la Convention nationale, et envoyée aux 84 départements, *Paris, imp. Nationale. S. d.*, in-8°, 6 p. [*N.* Le³⁸ 2578.]

Signée : Kersaint, l'aîné, administrateur du département de Paris.

23138. — Armand-Guy Kersaint au président de la Convention nationale (18 janvier 1793). *Imp. Nationale. S. d.*, in-8°, 2 p. [*N.* Lb⁴¹ 2616.]

Démission de ses fonctions de représentant.

23139. — Laurent Lecointre, député à la Convention nationale du département de Seine-et-Oise, au citoyen Monge, ministre de la marine (23 janvier 1793). *Imp. Nationale. S. d.*, in-8°, 2 p. [*N.* Lb⁴¹ 2724.]

Au sujet d'un commandement que Monge voulait confier à Kersaint.

Voyez le numéro suivant.

23140. — Réponse du citoyen ministre de la marine au citoyen Laurent Lecointre, député à la Convention nationale du département de Seine-et-Oise (25 janvier 1793). *Paris, imp. Nationale. S. d.*, in-8°, 3 p. [*N.* Lb⁴¹ 2730.]

Suivie de la réponse de Lecointre, en date du 26 janvier. Voyez le numéro précédent.

23141. — Jugement rendu par le Tribunal révolutionnaire... qui, sur la déclaration du juré de jugement, portant qu'il est constant qu'il a existé une conspiration contre l'unité et l'indivisibilité de la République, contre la liberté et la sûreté du peuple français ; qu'Armand-Guy Kersaint est convaincu d'avoir participé à cette conspiration, condamne ledit Kersaint à la peine de mort (14 frimaire an II- 4 décembre 1793). *Imp. du Tribunal révolutionnaire.* S. d., in-4°, 8 p. [*N.* Lb⁴¹ 2232*.]

¶ AGÉNOR BARDOUX a consacré les deux premiers chapitres de son livre sur *la Duchesse de Duras* (Paris, Calmann-Lévy, 1898, in-8°) au père de la duchesse, Armand-Guy de Kersaint. Sa fille (Claire-Louise-Rose-Bonne), née à Brest en 1777, avait épousé à Londres, en 1797, Amédée de Duras.

23142. — [**Kœnig.**] Précis de ce qui s'est passé à l'occasion de l'enterrement de feu M. Charles-Louis Kœnig, en son vivant marchand-joaillier, et capitaine de chasseurs volontaires de la garde nationale parisienne, bataillon de Henri IV, et de la cérémonie funèbre par laquelle la section d'Henri IV a célébré la mémoire de ce citoyen. *Paris, imp. Prault*, 1790, in-8°, 46 p. [*N.* Ln²⁷ 10586.]

Discours de l'abbé ROUSSINEAU, curé de la Sainte-Chapelle, président du district, d'ETIENNE DE LA RIVIÈRE, avocat, électeur et juge de paix, et de GAMBS, chapelain de la chapelle royale de Suède.

23143. — [**Kolly** (Pierre-Paul).] [Pétition du sieur KOLLY à l'Assemblée nationale, commençant par ces mots :] Messieurs, je ne me permettrais pas de vous parler… S. *l. n. d.*, in-4°, 3 p. [*N.* Ln²⁷ 10587.]

Récriminations contre Calonne qui avait supprimé sa charge de fermier général et contre un particulier, non désigné, qui avait présenté comme sien à l'Assemblée nationale un projet de refonte des monnaies de billon dont il était l'auteur.

Kolly fonda plus tard, avec Fr.-Auguste Renaud-Beauvoir et Jean-Nicolas Bréard, une Caisse de Commerce dite de la rue de Bucy, qui avait en réalité pour but de fournir des fonds à l'émigration et notamment aux princes (voir à ce sujet les *Procès fameux…* de Desessarts (cf. n° 20791 ci-dessus), tome VIII, pp. 134- 174 et *l'Histoire du Tribunal révolutionnaire* de M. H. Wallon, tome I⁽ᵉʳ⁾, pp. 112-130). Je n'ai pas retrouvé le texte imprimé du jugement qui envoya, le 3 mai 1793, Kolly, Beauvoir et Bréard à l'échafaud et qui accorda un sursis à Mᵐᵉ Kolly en vertu d'une déclaration de grossesse non confirmée depuis.

Voyez le numéro suivant.

23144. — [**Kolly** (Victoire-Sophie-Madeleine-Françoise-Joséphine DE RABECK, femme).] Jugement rendu par le Tribunal révolutionnaire…, sur le réquisitoire par écrit de l'accusateur public qui ordonne l'exécution du jugement rendu par le Tribunal, le 3 mai 1793, portant peine de mort contre la veuve Kolly et auquel il avait été sursis à cause de sa déclaration de grossesse. Du 15 brumaire [5 novembre] 1793. *Imp. du Tribunal révolutionnaire.* S. d., in-4°, 12 p. [*N.* Lb⁴¹ 2232*.]

Le texte du jugement est suivi des rapports de NOURY et SOUBERBIELLE, chirurgiens, et des citoyennes PAQUIN et BELLAMY, « matrones », délégués à l'examen de la veuve Kolly.

23145. — [**Kuntz**, dit Bélisaire.] Précis sur l'affaire du sieur Kuntz, dit *Bélisaire*, garde de la connétablie, ancien tambour-major du régiment de Flandre, élu deux fois au scrutin capitaine de la troupe soldée du district de Bonne-Nouvelle. *Paris, Knapen et fils*, 1789, in-4°, 19 p. [*N* 4° F³ 35157.]

Labille-Guyard (Mᵐᵉ). — Voyez **Vincent** (Mᵐᵉ).

23146. — [**Lablée** (Jacques).] Mémoire destiné à être mis sous les yeux du Roi et de la famille royale, par M. LABLÉE, chevalier de la Légion d'honneur, ancien avocat au Parlement, un des soixante administrateurs de la Commune de Paris et président de la section du Luxembourg en 1791, ancien administrateur général des Subsistances militaires, ex-contrôleur général des services de la Guerre, de l'Académie de Lyon, etc. *Imp. N. Vaucluse.* S. d. (1815), in-4°, 8 p. [*N.* Ln²⁷ 10657.]

Sur le rôle que s'attribuait Lablée dans un mouvement populaire provoqué par le bruit du départ de Monsieur, frère du Roi [Louis XVIII], en février 1791, voyez tome I⁽ᵉʳ⁾, nᵒˢ 2069-2071. Voyez aussi le présent article et le numéro suivant.

23147. — Lettre adressée à M. le vicomte de Sénones, secrétaire général du ministère de la maison du Roi, etc., par J. LABLÉE, chevalier de l'Ordre royal de la Légion d'honneur, ancien avocat en Parlement, ancien chef d'administrations civiles et militaires, de l'Académie de Lyon, de la Société royale des sciences d'Orléans, etc. Paris, le 24 février 1822. *Imp. E.-P. Hardy. S. d.*, in-4°, 8 p. [*N.* Ln^{27} 10658.]

23148. — Mémoires d'un homme de lettres. *Paris, chez l'auteur, rue Montmartre, n° 13*, 1824, in-8°, 2 ff. et V-352 p. [*N.* La^{33} 68.]

Par JACQUES LABLÉE.

23148a. — Mémoires d'un homme de lettres. Ouvrage anecdotique, faisant suite aux Mémoires sur la Révolution française. Deuxième édition. *Paris, Vernarel et Tenon; Eymery; Ponthieu et chez l'auteur, 13, rue Montmartre*, 1825, in-8°, 2 ff. et V-352 p. [*N.* La^{33} 68 A.]

Les faux-titre et titre sont seuls changés. Dans le texte, les noms propres d'hommes et de lieux sont abrégés ou désignés par des initiales.

23149. — Biographie de Jacques Lablée, ancien chef d'administrations civiles et militaires, doyen des hommes de lettres, extraite de diverses biographies et de mémoires particuliers. *Paris, Dumont*, 1838, in-8°, 43 p. [*N.* Ln^{27} 10659.]

Les pp. 41-43 sont remplies par une liste des ouvrages imprimés ou inédits de l'auteur.

23150. — Supplément à la Biographie de M. Lablée. *Paris, imp. E.-B. Delanchy. S. d.* (1838), in-8°, 16 p. [*N.* Ln^{27} 10659.]

Ce *Supplément* est exclusivement rempli par des poésies de l'auteur.

23151. — [**Laborde** (Jean-Benjamin de).] Pensées et maximes de J.-BENJAMIN DE LABORDE, précédées d'une notice historique sur la vie et les ouvrages de ce littérateur. Seconde édition. *Paris, Lamy, an X-1802*, in-18, 2 ff. et LX-80 p.

En regard du titre, portrait ovale portant en légendes : *Peint par* DU RAMEAU *en 1768, gravé par* C.-E. GAUCHER. — *Jean-Benjamin Laborde, né en septembre 1734, mort victime de la Révolution, le 4 thermidor 1794.*

P. I-IV, *Avertissement*. P. V-XXXIII, *Notice historique sur la vie et les ouvrages de Laborde*. P. XXXIV-LX, *Catalogue analytique des ouvrages de Laborde*. P. 1-72, *Pensées et Maximes*. P. 73-80, *Catalogue des principaux articles du fonds de librairie de Lamy*.

La première édition des *Pensées et Maximes* avait paru en 1791.

23152. — Notice sur J.-B. de La Borde. *Nantes, imp. C. Mellinet*, 1839, in-8°, 22 p. [*N.* Ln^{27} 10670.]

Signé : CAMILLE MELLINET.

23153. — [**Laborde** (Joseph de).] Joseph de Laborde et ses fils, par M. PAUL LACROIX, conservateur à la bibliothèque de l'Arsenal. *Paris, imp. H. Plon*, 1858, gr. in-8°, 16 p. [*N.* Ln^{27} 10671.]

Extrait de la *Biographie universelle*. La couverture imprimée sert de titre.

23154. — [**Labrousse** (Suzette).] La Dinde aux truffes ou le Don patriotique des Périgourdins à l'Assemblée nationale. *S. l. n. d.*, in-8°, 16 p. [*N.* Lb^{39} 3117.]

23155. — Renseignements donnés au public par Dom GERLE, prieur de la Chartreuse du Port Sainte-Marie, sur des faits relatifs à Mlle La Brousse, de Vanxains en Périgord. *Imp. Devaux. S. d.*, in-8°, 7 p. [*N.* Lb^{39} 8904.]

Signé : F.-C.-A. GERLE, chartreux.

23156. — Le Pucelage ou la France sauvée. *Imp. L.-L. Girard. S. d.*, in-8°, 4 p. [*N.* Lb^{39} 8905. — *R.* AD. I, 70.]

Facétie sur Suzette Labrousse.

23157. — Prophéties de Mlle de Labrousse, par l'abbé FAUCHET. *De l'imp. de Bonnefoi, rue de la Sincérité. S. d.*, in-8°, 8 p. [*N.* Lb^{39} 8906.]

Le titre de départ, p. 3, porte en outre..., *sur la révolution pour le mois de mai*, et ces deux épigraphes :

Et erunt signa in cœlo et in terra.
Apocalypse.

Eh! quel temps fut jamais si fertile en miracles ?
RACINE. *Athalie.*

Apocryphe.

23158. — Prophéties de Mademoiselle de la Brousse concernant la Révolution française, suivies d'une prédiction qui annonce la fin du monde. N° 1er. S. l., 1790, in-8°, 16 p. [N. Lb39 8907.]

23159. — Lettre de l'abbé MAURY à l'incomparable demoiselle Suzette Labrousse, prophétesse périgourdine, résidante à Paris, chez Mme la duchesse de Bourbon (10 janvier 1792). *Imp. Crapart. S. d.*, in-8°, 16 p. [N. Lb39 5677.]

Signée : M. L. D. V., datée de Rome, au palais de S. E. Monseigneur le cardinal Zelada, ce 10 janvier 1792.

23160. — Recueil des ouvrages de la célèbre Mlle LABROUSSE, du bourg de Vanxains en Périgord, canton de Ribérac, département de la Dordogne, actuellement prisonnière au château Saint-Ange à Rome. On y a joint deux lettres très intéressantes concernant sa détention. *Se vend à Bordeaux, chez Brossier et Cie, marchands de papiers, rue de la Liberté, ci-devant Royale, au coin de celle des Capucins,* n° 40, 1797, in-8°, 296 p. [N. Ld4 6887.]

23161. — L'abbé CHRISTIAN MOREAU. Une mystique révolutionnaire, Suzette Labrousse, d'après ses manuscrits et des documents officiels de son époque. Ouvrage précédé d'une lettre-préface de M. H. TAINE, de l'Académie française. *Paris, Firmin Didot et Cie*, 1886, in-8°, 3 ff. et VII-268 p. [N. Ln27 36202.]

La lettre de Taine, à qui le livre est dédié, se trouve p. 5 de la Préface de l'auteur.

23162. — [**Labussière** (Charles-Hippolyte DELPEUCH DE).] Charles ou Mémoires historiques de M. de LA BUSSIÈRE, ex-employé au Comité de salut public, servant de suite à l'Histoire de la Révolution française, avec des notes sur les événements extraordinaires arrivés sous le règne des Décemvirs. Rédigés par M. LIÉNART, jurisconsulte. *Paris, Marchand, an XII*-1804, 4 vol. in-12. [N. Lb41 2446.]

Chaque volume est précédé d'un frontispice non signé.

ÉPIGR. :

Exterminez, grands dieux, de la terre où nous sommes,
Quiconque avec plaisir répand le sang des hommes !
VOLTAIRE. *Mahomet*, acte III, sc. VIII.

Le *Catalogue de l'histoire de France* de la B. N. avait, avec raison, classé ce roman dans les généralités de la période de la Terreur bien avant que le personnage dont il conte les exploits n'ait de nouveau occupé l'attention publique lors de la représentation et de l'interdiction du *Thermidor* de M. Sardou. Ce livre, plus que médiocre, n'a en effet échappé à l'oubli que parce que son auteur raconte dans quelles circonstances invraisemblables Labussière aurait pu non seulement sauver la vie aux vingt-huit artistes de la Comédie-Française incarcérés sur l'ordre du Comité de salut public, mais comment aussi, par des procédés identiques, il aurait anéanti au total les dossiers de onze cent cinquante-trois prévenus !

Bien qu'à plusieurs reprises elle ait fait couler beaucoup d'encre, la question n'est pas et ne sera sans doute jamais élucidée et l'identité même de Labussière, ainsi que son *curriculum vitæ*, ne sont pas exactement établis. Il doit suffir ici de recueillir les indications bibliographiques qui permettront au lecteur de connaître tout ce qui a été écrit d'essentiel à ce sujet.

L'*Histoire du Théâtre-Français* d'Etienne et Martainville (voyez tome III de la *Bibliographie*, n° 18278) et la *Revue des comédiens* de 1808 (voyez le n° 20737 ci-dessus) ont relaté aussi comment Labussière aurait opéré ces substitutions et ces destructions. En 1876, MM. Monval et Porel lui ont consacré un chapitre de leur *Histoire de l'Odéon* (voyez tome III, n° 18282). Un roman de M. Jules Claretie, paru en feuilleton sous le titre de *la Messe rouge* et publié en volume sous celui de *Puyjoli* (1890, in-18) avait provoqué une lettre de M. JULES TRUFFIER dans le *Figaro* du 16 avril 1890 ; mais c'est l'année suivante que les incidents soulevés par *Thermidor* donnèrent lieu tour à tour à une polémique entre MM. ARTHUR POUGIN et GEORGES MONVAL (*le Temps*, 15, 17 et 23 janvier 1891), à un article de M. ARMAND LODS : *le Vrai Labussière* (*Revue d'art dramatique*), tome XXI (janvier-mars 1891, pp. 168-175) suivi, dans le même recueil, de deux lettres de MM. H. WALLON et H. WELSCHINGER (pp. 212-214) et d'une note de M. AULARD dans *la Révolution française* (tome XX, pp. 187-188). Il faut encore citer *Un dernier mot sur Labussière* par M. le comte MAURICE FLEURY (*Nouvelle Revue*, 15 juin 1898, pp. 612-653) et *Labussière ou Labuissière*, par M. GEORGES MONVAL dans l'*Amateur d'autographes* de janvier 1901, pp. 9-16, avec fac-similé.

M. ALFRED BÉGIS a publié dans l'*Intermédiaire* du 10 juin 1896, col. 123-125, un curieux rapport de Dubois, préfet de police, au Grand Juge (Régnier, duc de Massa) sur la question savoir si l'on pouvait autoriser la vente d'un livre dont le héros était glorifié pour avoir détourné des papiers du Comité de salut public, « car cette infidélité, de quelque nom qu'on la colore, paraîtra toujours indigne d'un honnête homme » ; mais la sanction donnée à ces faits pour la représentation organisée au bénéfice de Labussière et à laquelle avaient assisté le Premier Consul et Joséphine fit passer outre et, d'ailleurs (toujours selon Dubois), « l'ouvrage est trop misérable pour produire aucun effet dangereux à (sic) la tranquillité publique ».

M. Aulard s'est demandé si « Liénart, jurisconsulte », ne serait pas un pseudonyme de Labussière lui-même; mais il est à noter que dans l'acte de divorce de Louis-Philippe Dumont, membre des Cinq-Cents, ex-conventionnel, daté du 26 frimaire an VII (16 décembre 1798) et publié par M. Nauroy (le Curieux, II, p. 179), l'un des témoins est Nicolas-Julien Liénart, homme de loi, demeurant rue du Jardinet, n° 4 ; il y a là tout au moins une homonymie et une similitude dont il importe de tenir compte.

23163. — [**Lacépède** (de).] Institut royal de France. Académie royale des sciences. Funérailles de M. le comte de Lacépède (8 octobre 1825). *Paris, imp. F. Didot. S. d.*, in-4°. [N. Ln²⁷ 10673.]

Le catalogue de la B. N. a enregistré sous la même cote trois pièces imprimées sous le même titre (4, 3, 3 p.), contenant les discours de CHAPTAL, DUMÉRIL et GEOFFROY-SAINT-HILAIRE.

23164. — Académie royale de médecine. Discours prononcé sur la tombe de Bernard-Germain-Etienne de la Ville-sur-Illon, comte de Lacépède, associé libre de l'Académie royale de médecine, par J.-J. VIREY, l'un des secrétaires particuliers de cette Académie. *Paris, imp. Rignoux. S. d.*, in-4°, 2 p. [N. Ln²⁷ 10764.]

23165. — Notice sur M. de Lacépède, par M. JULIA-FONTENELLE, professeur de chimie médicale, président de la Société royale académique des sciences et de la Société linnéenne médicale de Paris, membre honoraire de la Société royale de Varsovie, de l'Académie royale de médecine et celle des sciences de Barcelone, etc. *Paris, Gabon; Pontieu,* 1825, in-8°, 24 p. [N. Ln²⁷ 10765.]

23166. — Notice historique sur la vie et les ouvrages de M. le comte de Lacépède. *Paris, imp. Rignoux. S. d.*, in-8°, 20 p. [N. Ln²⁷ 10766.]

Signé : D'AMALRIC.
Extrait de la *Revue encyclopédique*, mars 1826.

23167. — Eloge historique de M. le comte de Lacépède, professeur au Muséum d'histoire naturelle, etc. Par M. G.-T. VILLENAVE, secrétaire général de la Société philotechnique. *Paris, Fournier-Favreux,* 1826, in-8°, 76 p. [N. Ln²⁷ 10767.]

23168. — Extrait de la « Biographie universelle »... Lacépède.,... par M. VALENCIENNES, membre de l'Institut. *Paris, typ. Henri Plon,* 1859, gr. in-8°, 11 p. [N. Ln²⁷ 10768.]

La couverture imprimée sert de titre.

23169. — [**La Chabeaussière** (Ange-Etienne-Xavier POISSON DE).] Les Huit mois d'un détenu aux Madelonnettes (an III).

Voyez tome Iᵉʳ, n° 4345.

23170. — « Citoyens, le bonheur de la République française que vous désirez si sincèrement... ». *S. l. n. d.* (1799), in-4°, 2 p. [R. AD. I, 54.]

Dénonciation contre La Chabeaussière à raison de sa gestion de l'Opéra, signée LIGER, fourbisseur des armées de la République et des théâtres.

La Chaume. — Voyez **Thion de La Chaume** (Pierre-Basile).

23171. — [**La Chave.**] Avis à MM. de la Commune et à tous les citoyens actifs et utiles qui ont eu le malheur de perdre leur temps à lire une pitoyable brochure intitulée : « Eclaircissements à MM. de la Commune et à tous les citoyens, etc., signée Cullerier, premier chirurgien de Bicêtre, y gagnant maîtrise ». *S. l. n. d.,* in-8°, 7 p. [N. Ln²⁷ 10784.]

Signé : DE LA CHAVE, imprimeur.
Je n'ai pu voir la brochure dénoncée par La Chave et dans laquelle Cullerier se plaignait d'un abus de confiance dont l'imprimeur se serait rendu coupable.

23172. — [**La Chiche.**] Adresse présentée à l'Assemblée nationale, par C.-Q. LA CHICHE, brigadier des armées du Roi, ancien chef de brigade du corps royal du génie, commandant honoraire des gardes nationales parisiennes du Val-de-Grâce. S. l. n. d. (1790), in-4°, 16 p. [N. Ln27 10790.]

Réclamation au sujet du règlement de sa pension de retraite.
Voyez les trois numéros suivants.

23173. — Précis des mémoires présentés à M. le maréchal de Ségur, à M. le comte de Brienne, à M. le comte de Puységur, par M. LACHICHE... *Imp. Ph. Denys Pierres*, 1790, in-4°, 8 p. [R. AD. I, 54.]

23174. — Adresse présentée à l'Assemblée nationale, par M. LA CHICHE, maréchal de camp, ancien chef de brigade au corps royal du génie (16 septembre 1791). S. l. n. d., in-4°, 2 p. [N. Ln27 10791.]

23175. — Faits relatifs à M. LA CHICHE, ancien brigadier des armées du Roi, chef de brigade du corps royal du génie, commandant honoraire des gardes nationales parisiennes du Val-de-Grâce. S. l. n. d., in-4°, 8 p. [Br. M. F. R. 69°, 31.]

L'ex. du British Museum porte de nombreuses corrections manuscrites.

23176. — [Laclos (Pierre-Ambroise-François CHODERLOS DE).] La Faction d'Orléans mieux dévoilée. Lettre de M. le duc D'ORLÉANS à M. de Laclos (1790).

Voyez tome I*er*, n° 1507 et le n° 1514 qui lui sert de contrepartie. Cette *Lettre* et cette *Réponse*, relatives aux journées d'octobre, sont également apocryphes.

23177. — Lettre de M. de LACLOS à M. d'Orléans (18 avril 1791).

Apocryphe. Voyez tome I*er*, n° 2168 et les n°s 2169-2171 qui ne sont pas plus authentiques.

23178. — [Lacombe (Claire, dite Rose).] Discours prononcé à la barre de l'Assemblée nationale par Madame Lacombe, le 25 juillet 1792. Imprimé par ordre de l'Assemblée nationale. *Imp. Nationale.* S. d., in-8°, 3 p. [N. Le33 3 X.]

« Française, artiste et sans place », Mme Lacombe ne pouvant venir au secours de la patrie par des secours pécuniaires, lui fait hommage de sa personne. Née avec le courage d'une Romaine et la haine des tyrans, elle se tiendrait heureuse de contribuer à leur destruction », et demandait en conséquence à être envoyée aux frontières.

Le président (Viennot de Vaublanc) lui répond galamment : « Plus faite pour adoucir les tyrans que pour les combattre, vous offrez de porter les armes pour la liberté. L'Assemblée nationale applaudit à votre patriotisme et vous accorde les honneurs de la séance. »

Cette pétition et la réplique qu'elle provoqua ont été reproduites par M. Léopold Lacour ; voyez le numéro suivant.

23179. — Les Origines du féminisme contemporain. Trois femmes de la Révolution. Olympe de Gouges, Théroigne de Méricourt, Rose Lacombe, par LÉOPOLD LACOUR (1900).

Voyez le n° 20770 ci-dessus.

23180. — [La Cornée.] A l'Assemblée nationale. *Imp. Vº Hérissant.* S. d., in-8°, 11 p. [N. Ln27 10837.]

Signé à la main : LA CORNÉE.

23181. — Pétition à la Convention nationale (24 février 1793). *Imp. Franklin.* S. d., in-4°, 3 p. [N. Ln27 10838.[

Signé : LA CORNÉE.
A l'ex. de la B. N. est joint le billet suivant : « J'ai des vertus, j'ai des ennemis ; secondez mes efforts pour le bien de mon pays », signé d'un paraphe.
Sur la Caisse de Commerce fondée par La Cornée en 1791 et qu'il ne faut pas confondre avec celle de Kolly (cf. n° 23143 ci-dessus), voyez tome III, n°s 13782-13784.

23182. — [La Coste (Jean de).] Mémoire pour le citoyen LACOSTE, ex-ministre de la marine. *Imp. J. Girouard.* S. d., in-8°, 40 p.

23183. — LA COSTE à ses concitoyens. *Paris, imp. N.-H. Nyon*, 1793, feuillet in-4°. [N. Ln27 10844.]

Annonce de son acquittement prononcé par le Tribunal révolutionnaire devant lequel il avait comparu comme ancien ministre de la marine.

23184. — [Lacretelle (Jean-Charles-Dominique).] Dix années d'épreuves pendant la Révolution, par M. CH. LACRETELLE, membre de l'Académie française et professeur d'histoire à la Faculté des lettres.

Paris, P. Dufart; A. Allouart, 1842, in-8°, 2 fl. et 402 p. [*N.* Ln²⁷ 10855.]

23185. — Notice sur M. Charles de Lacretelle, membre de l'Académie française, commandeur de la Légion d'honneur, chevalier de l'Ordre de Saint-Michel, publiée dans les « Archives des hommes du jour », revue mensuelle, historique et nécrologique par MM. Tisseron et de Quincy. *Paris, imp. de Mᵐᵉ de Lacombe. S. d.*, in-8°, 11 p. [*N.* Ln²⁷ 10856.]

Signé : T. de L***.

23186. — Académie des sciences, arts, belles-lettres et d'agriculture de Mâcon. Inauguration du buste de Charles de Lacretelle. (Séance du 29 juillet 1856.) *Mâcon, imp. E. Protat*, 1856, in-8°, 68 p. [*N.* Ln²⁷ 10857.]

Les discours prononcés à cette occasion sont suivis d'une lettre de Lamartine, d'une méditation philosophique et religieuse (en prose) de Lacretelle, datée du jour anniversaire de ses soixante-dix ans (3 septembre 1837) et des adieux qui lui avaient été adressés lors de ses obsèques.

23187. — Institut impérial de France. Discours prononcé dans la séance publique tenue par l'Académie française pour la réception de M. Biot, le 5 février 1857. *Paris, typ. Firmin Didot frères, fils et Cᵉ*, MDCCCLVII, in-4°, 1 f. et 52 p. [*N.* Z 5053 (252).]

P. 1, discours de M. Biot. P. 33, réponse de M. Guizot.
Eloge de Charles de Lacretelle.
Voyez le numéro suivant.

23188. — Discours de M. Biot, prononcé à sa réception à l'Académie française, le 5 février 1857. *Paris, Didier et Cᵉ*, 1857, in-8°, 56 p. [*N.* Z. 28258 (31).]

Les pp. 33-36 sont remplies par un titre de départ et un titre portant : *Discours de M.* Guizot *en réponse au discours prononcé par M. Biot...* (même rubrique).
Le discours de M. Biot a encore été réimp. au tome III de ses *Mélanges scientifiques et littéraires* (Michel Lévy, 1858, 3 vol. in-8°).

23189. — Extrait de la « Biographie universelle »... Lacretelle (Charles-Joseph), par M. A. Boullée. *Paris, typ: Henri Plon* (1859), gr. in-8°, 4 p. [*N.* Ln²⁷ 10858.]

23190. — [**Lacretelle** (Pierre-Louis).] Le citoyen Lacretelle aîné au citoyen président de l'Institut (1ᵉʳ brumaire an VIII-23 octobre 1791). [*Br. M. F.* R. 24*, 29.]

Exposé de ses titres comme candidat à la place de Baudin (des Ardennes).

23191. — Institut royal de France. Académie française. Funérailles de M. Lacretelle aîné (7 septembre 1824). *Imp. Didot. S. d.*, in-4°, 2 p. [*N.* Ln²⁷ 10859.]

Discours de Bigot de Préameneu.

23192. — Notice nécrologique sur P.-L. Lacretelle, membre de l'Institut (Académie française). *Paris, imp. Rignoux. S. d.*, in-8°, 7 p. [*N.* Ln²⁷ 10860.]

Extrait de la *Revue encyclopédique*, novembre 1824.

23193. — Discours prononcés dans la séance publique tenue par l'Académie française pour la réception de M. Droz, le 7 juillet 1825. *Paris, imp. Firmin Didot*, 1825, in-4°, 1 f. et 23 p. [*N.* Z 5053 (198).]

P. 1, discours de Joseph Droz, successeur de P.-L. Lacretelle; p. 11, réponse de M. Auger.

23194. — [**Ladevèze** (P.-J.-Dorothée Clerc de).] Jugement rendu par le Tribunal révolutionnaire... qui, sur la déclaration du juré de jugement, portant qu'il a existé dans la nuit du 9 au 10 août 1792, au château des Tuileries, entre Capet, sa famille et tous les partisans de la tyrannie retirés auprès du despote, un complot tendant à troubler la tranquillité intérieure de l'Etat, à exciter la guerre civile en armant les citoyens les uns contre les autres, et par l'effet duquel un grand nombre de patriotes, ennemis de l'oppression tyrannique, ont été massacrés ledit jour [du] 10 août; que Pierre-Joseph-Dorothée Clerc-Ladevèze, ci-devant chevalier de Saint-Louis et lieutenant-colonel à la suite de l'infanterie, est convaincu d'être complice de ce complot, condamne Pierre-Joseph-Dorothée Clerc-Ladevèze à la peine de mort... (14 nivôse an II-3 janvier 1794).

Paris, imp. du Tribunal révolutionnaire. S. d., in-4°, 8 p. [N. Lb⁴¹ 2232¹.]

23195. — [**Ladmiral** (Henri).] Convention nationale. Rapport sur l'assassinat de Collot d'Herbois..., lu à la Convention nationale... par BARÈRE (4 prairial an II- 23 mai 1794).

Voyez tome Iᵉʳ, n° 4230. Ladmiral fut compris dans la « fournée » dite des *Chemises rouges*.

23196. — [**La Fayette** (Marie-Joseph-Paul-Yves-Roch-Gilbert DU MOTIER, marquis de).] Le Triomphe du beau sexe ou Epître de M. DE LA FAYETTE à son épouse. *Boston, de l'imprimerie du Congrès*, 1778, in-8°.

D'après un catalogue. Un autre ex. figure sous le n° 576 de la *Description* de la collection La Bédoyère, mais il n'est pas entré à la B. N.

23197. — Lettre d'un correcteur des comptes à M. le marquis de L. F. *S. l. n. d.* (1778), in-8°, 6 p. [N. Lb³⁹ 6319.]

Pamphlet sur le départ et les premiers succès de La Fayette en Amérique.

¶ Je crois superflu de mentionner les travaux français, anglais et américains relatifs à la part de La Fayette dans la guerre de l'Indépendance ou à son voyage triomphal de 1824-1825 aux Etats-Unis, non plus qu'à son rôle dans la révolution de juillet; on trouvera sur les différentes phases de sa vie toutes les références désirables dans Œttinger et surtout dans le livre d'Etienne Charavay (voyez le n° 23293 ci-dessous) ainsi que dans ses appendices, pp. 604-611.

Depuis lors, Mᵐᵉ GASTON PARIS a publié chez Plon, Nourrit et Cᵉ (1903, 2 vol. in-8°) la traduction du livre de M. CHARLEMAGNE TOWER : *The Marquis de La Fayette in the American Revolution, with some account of the attitude of France toward the war of Independence* (Philadelphie, J. B. Lippincott, 1895, 2 vol. in-8°). Les matériaux de cet ouvrage sont empruntés en partie à des documents inédits émanant des archives d'outre-mer, en partie à la publication de M. H. DONIOL : *Histoire de la participation de la France à l'établissement des Etats-Unis d'Amérique*. (Imp. Nationale, 1886-1890, 5 vol. in-4°.)

23198. — Hommage à M. de La Fayette ou le Recruteur patriote (1789).

Voyez tome II, n° 6766.
Pour d'autres écrits apologétiques (1780-1790), voyez aussi les n°ˢ 6767-6770, 6775-6786, 6789-6791.

23199. — Ode à M. le marquis de La Fayette, lieutenant général des armées du Roi et commandant général de la milice nationale parisienne. *S. l.*, 1789, in-4°, 16 p.

EPIGR. :
Dieux, donnez-nous la mort plutôt que l'esclavage !
VOLTAIRE.

P. 3, *Epître* (en prose), signée LACOMBE (du district des Mathurins).
P. 5, *Ode*.
P. 13, *Notes* (en prose).

23200. — Notice historique sur M. le marquis de La Fayette, suivie de la Lettre d'un père à son fils désespéré de n'avoir pas été élu officier dans la garde nationale. *Paris, imp. Vᵉ Delaguette. S. d.* (1789), in-8°, 24 p. [N. Ln²⁷ 10914.]

23201. — Dialogue entre le Dʳ Quickly et M. Amen, patriote impartial de la garde nationale parisienne, touchant M. Motier de La Fayette... (1790).

Voyez tome Iᵉʳ, n° 1566.
Au sujet des journées des 5 et 6 octobre 1789.

23202. — Les Citoyens ou les Sentiments de la Nation à M. de La Fayette... qui... a détruit l'attroupement des Champs-Elysées du mardi 12 janvier 1790..., par M. SAUNIER (1790).

Voyez tome Iᵉʳ, n° 1661 et les n°ˢ 1663-1665 qui ont trait à la même affaire.

23203. — Vie privée, impartiale, politique, militaire et domestique du marquis de La Fayette, général des Bleuets... (1790).

Voyez tome II, n°ˢ 6771 et 6772.

23204. — Interrogatoire de M. Marie-Paul-Joseph-Roch-Yves-Gilbert de La Fayette... par-devant les grands jurés du Palais-Royal et de la terrasse des Feuillants (1790).

Voyez tome Iᵉʳ, n° 6788.
ANTOINE ESTIENNE (voyez le n° 22679 ci-dessus) a réclamé la paternité de ce pamphlet.

23205. — Fédération nationale. Discours prononcé à l'Assemblée nationale par M. DE LA FAYETTE au nom et à la tête de toutes les gardes nationales de France et la Réponse du Roi (13 juillet 1790).

Voyez tome Ier, n°s 1778-1778^a, et les n°s 1779-1782 qui reproduisent ou commentent les mêmes discours.

23206. — Lettre d'un député de Picardie (1790).

Contre la Fédération et surtout contre La Fayette. Voyez tome Ier, n° 1848.

23207. — Les Bassesses de l'armée bleue et Conduite abominable du général La Fayette (1790).

Voyez tome Ier, n°s 1882-1882bis et, sous les n°s 1880-1881, deux autres pamphlets de même nature relatifs à la première fête en l'honneur des soldats de Châteauvieux. Voyez aussi les deux numéros suivants.

23208. — Confession générale de Paul-Eugène Motier, dit La Fayette, à l'abbé de Saint-Martin (1790).

Voyez tome Ier, n°s 1884 et 1884^a, le numéro précédent et le numéro suivant.

23209. — Seconde Révélation des forfaits de Paul-Eugène Motier, dit La Fayette, à l'abbé de Saint-Martin... (1790).

Voyez tome Ier, n° 1885.

23210. — Soirées amoureuses du général Motier et de la belle Antoinette, par le petit épagneul de l'Autrichienne (1790).

Voyez le n° 21184 ci-dessus.

23211. — Lettre de MM. ALEXANDRE D'AUMONT... et AMÉDÉE DE DURFORT... (1er mars 1791).

Affaire dite du donjon de Vincennes.
Voyez tome Ier, n° 2099 et les n°s 2100-2111 qui ont trait au rôle de La Fayette dans la même affaire.

23212. — Grand projet d'une contre-révolution qui se prépare dans les murs de Paris, dénoncé par le nommé Charpentier, caporal des grenadiers de la quatrième division, à M. de La Fayette, et à MM. Goutte, Bouche et d'André, députés à l'Assemblée nationale. Imp. Chaudrillier. S. d., in-8°, 8 p. [N. Lb^{39} 4349.]

23213. — Conspiration du Club des Jacobins contre M. de La Fayette (1791).

Voyez tome II, n°s 9484-9484^a.

23214. — Mémoires historiques et pièces authentiques sur M. de La Fayette, pour servir à l'histoire des révolutions. *Paris, Le Tellier, l'an second de la liberté française*, in-8°, VI-303 p. [N. Lb^{39} 4353.]

Par L.-P. DE BÉRENGER, d'après Quérard.
Voyez le numéro suivant.

23215. — La Fayette als Staatsmann, Krieger und als Mensch. *Magdebourg*, 1794, in-8°.

Traduction du numéro précédent, par HEINRICH-LUDWIG VON ROHR, avec préface par JOHANN-REINHOLD FORSTER.
D'après Œttinger.

23216. — L'Ami de M. de La Fayette (1791).

Affaire du premier voyage du Roi à Saint-Cloud. Voyez tome Ier, n° 2150, les n°s 2151-2165 qui ont trait à la démission offerte, puis reprise par La Fayette au sujet de la même affaire, ainsi que les quatre numéros suivants.

23217. — Le Général jugé par ses propres actions. S. l. n. d., in-8°, 16 p. [N. Lb^{39} 9878.]

Signé : Par un bon citoyen.

23218. — Au revoir. Je pars demain. Epître d'un ci-devant volontaire de Rouen aux Parisiens concernant M. de La Fayette. *Imp. Laillet et Garnery*. S. d., in-8°, 15 p. [N. Lb^{39} 9884.]

Signé : L. B***, ci-devant volontaire de Rouen.
En faveur de La Fayette.

23219. — La Fayette traité comme il le mérite par la patrie. *Imp. de la « Soirée des patriotes »*. S. d. (1791), in-8°, 7 p. [N. Lb^{39} 9877. — R. AD. I, 54.]

Pamphlet.
Sur la *Soirée des patriotes*, journal dont la B. N. ne possède que deux numéros, voyez tome II, n° 10720.

23220. — Apologie de M. de La Fayette (en supposant qu'il en ait besoin). *Paris, imp. Boulard*. S. d., in-8°, 11 p. [*N.* Ln^{27} 10913.]

Signé : DESFORGES.

23221. — Vie publique et privée de M. le marquis de La Fayette, avec des détails sur l'affaire du 6 octobre, etc. S. l., 1791, in-8°, 69 p. [*N.* Ln^{27} 10915.]

23222. — Procès-verbal de la séance du 21 juin 1791 de la Société des Amis de la Constitution...

Dénonciation par Danton de La Fayette et réponse de celui-ci au sujet de sa conduite lors de la fuite de Varennes.
Voyez tome II, n° 9156.

23223. — Crimes de La Fayette en France seulement depuis la Révolution et depuis sa nomination au grade de général (1791).

Au sujet de l'affaire dite du Champ de Mars et de la proclamation de la loi martiale. Voyez tome Ier, n° 3063, ainsi que les n°s 3064-3065 qui ont trait à la même affaire.

23224. — Lettre de M. LA FAYETTE à l'Assemblée nationale, lue à la séance du 18 juin 1792, imprimée par ordre de l'Assemblée nationale. *Imp. Nationale*. S. d., in-8°, 7 p. [*R.* AD I, 102.]

Datée du camp retranché de Maubeuge, ce 16 juin 1792.

23225. — Société des Amis de la Constitution... Discours de M. SILLERY sur les sociétés populaires et sur la lettre de M. La Fayette au Corps législatif... (25 juin 1792).

Voyez tome II, n°s 9303-9303^a, ainsi que les n°s 9304 (discours de BILLAUD-VARENNE) et 9306 (discours de COLLOT D'HERBOIS), prononcés le 29 juin et le 1er juillet 1792.

23226. — Adresses présentées par l'armée du centre au général La Fayette, les 25 et 26 juin 1792, et Ordres donnés par le général à cette armée. *Imp. du Journal de Paris*, 1792, in-4°, 16 p. [*N.* Lb^{39} 6014.]

23227. — Opinion prononcée à l'Assemblée nationale par JOSEPH DELAUNAY, d'Angers, député du département de Mayenne-et-Loire, sur la pétition du général Lafayette, en la séance du 20 juillet. *Paris, imp. G.-F. Galetti*, 1792, in-8°, 24 p. [*N.* Lo^{34} 111.]

23228. — Opinion de M. COURTOIS, député du département de l'Aube, sur le général La Fayette. *Imp. A.-J. Gorsas*. S. d. (1792), in-8°, 15 p. [*N.* Le^{34} 181.]

On lit au verso du faux-titre (servant de titre) : « Cette opinion devait être présentée à la tribune de l'Assemblée nationale immédiatement après le discours de M. Vaublanc ; mais M. Brissot, qui m'avait cédé sa place, jugea à propos de la revendiquer et la discussion fermée après son discours m'obligea de me retirer de la tribune. »

23229. — Opinion de J.-V. DUMOLARD, député du département de l'Isère, sur les dénonciations présentées contre le général La Fayette. Extrait du « Logographe », n° 296. *Paris, imp. Nationale*, 1792, in-8°, 1 f. et 17 p. [*N.* Le^{33} 3 X (119).]

23230. — Opinion de JOSEPH HENNEQUIN, député du département de l'Allier, sur les dénonciations relatives à la pétition et aux lettres du général La Fayette. *Imp. Nationale*. S. d. (1792), in-8°, 11 p. [*N.* Le^{33} 3 X (121).]

23231. — Opinion de MARC-DAVID ALBA-LASOURCE, député du Tarn, sur l'ordre à l'armée, la lettre et la pétition de M. Lafayette, prononcée à l'Assemblée nationale, dans la séance du 21 juillet 1792. *Paris, G.-F. Galletti*. S. d., in-8°, 16 p. [*N.* Le^{34} 112.]

23232. — Opinion de M. QUATREMÈRE DE QUINCY, député du département de Paris, sur les dénonciations dirigées contre M. de La Fayette. *Paris, imp. Nationale*, 1792, in-8°, 12 p. [*Br. M.* F. R. 120 (57).]

L'ex. enregistré par le catalogue imprimé du British Museum est un ex. d'épreuves avec corrections manuscrites.

23233. — Opinion de M. ROBÉCOURT, député du département de la Somme, sur les dénonciations contre M. de La Fayette.

Imp. Nationale. S. d., in-8°, 7 p. [*N.* Le³³ 3 V., R2.]

23234. — Discours de M. Torné, évêque et député du département du Cher, sur la conduite du général La Fayette, prononcé le 21 juillet 1792, l'an quatrième de la liberté. *Imp. Nationale. S. d.*, in-8°, 26 p. [*N.* Le³³ X (120).]

23235. — Opinion de M. Voysin, député du département de la Creuse à l'Assemblée nationale, sur le rapport de la commission extraordinaire relativement aux pétitions présentées par le général La Fayette. *Paris, imp. Nationale*, 1792, in-8°, 12 p. [*N.* Le³³ 3 X (118).]

23236. — Déclaration du général La Fayette concernant la dénonciation de MM. Lasource, Brissot, Guadet, Gensonné, Lamarque et Delmas, députés. Imprimée par ordre de l'Assemblée nationale (Longwy, 26 juillet 1792). *Imp. Nationale. S. d.*, in-8°, 2 p. [*N.* Le³³ 3 V., n° 83.]

Etienne Charavay (cf. n° 23293 ci-dessous) a reproduit dans les pièces justificatives (p. 580) d'après l'original des Archives nationales, le texte de la dénonciation à laquelle répond La Fayette.

Voyez aussi le numéro suivant.

23237. — Discours de M. Bureau-Puzy, prononcé à la barre de l'Assemblée nationale, le 29 juillet 1792..., précédé de la déclaration remise sur le bureau de l'Assemblée nationale par MM. Brissot, Guadet, Gensonné, Lasource, Lamarque et Delmas, députés; de celle de M. Hérault [de Sèchelles], député et suivi de lettres de MM. [le] maréchal Luckner et La Fayette. Imprimés par ordre de l'Assemblée nationale. *Paris, imp. Nationale*, 1792, in-8°, 32 p. [*N.* Le³³ 3 V., n° 82.]

23238. — Rapport au nom de la Commission extraordinaire, sur les dénonciations contre le général Lafayette, par Jean Debry, député du département de l'Aisne, le 8 août 1792... Imprimé par ordre de l'Assemblée nationale. *Imp. Nationale. S. d.*, in-8°, 12 p. [*N.* Le³³ 3 V., n° 89.]

23239. — Discours de P.-J. Brissot, député du département de Paris, sur les dénonciations relatives au général La Fayette, prononcé le 10 août 1792... Imprimé par ordre de l'Assemblée nationale. *Imp. Nationale. S. d.*, in-8°, 27 p. [*N.* Le³³ 3 V., n° 91.]

23240. — Liste de MM. les députés à l'Assemblée nationale législative, qui ont voté (le 8 août 1792) dans la question de savoir si on prononcerait le décret d'accusation contre le général La Fayette. *Paris, Chaudrillié. S. d.*, in-8°, 8 p. [*N.* Le³⁴ 114.]

Voyez le numéro suivant.

23240ª. — Liste de MM. les députés à l'Assemblée nationale législative qui ont voté, le 8 août 1792, sur la question de savoir : le ministre sera-t-il tenu de déclarer si M. de La Fayette a reçu un congé pour s'absenter de son armée ou s'il n'en pas reçu ? *Paris, imp. Chaudrillié. S. d.*, in-8°, 8 p. [*N.* Le³⁴ 115.]

On lit au-dessus du titre : *revue et corrigée.*

23241. — Acte du Corps législatif (n° 89) du 19 août 1792. Décret de l'Assemblée nationale... *Paris, imp. Nationale*, 1792, in-4°, 2 p. [*R.* AD. I, 54.]

Mise en accusation de La Fayette.

23242. — De la Vie politique, de la fuite et de la capture de M. La Fayette. Morceau tiré de l'« Histoire de la Révolution », par M. le c. de Rivarol. *S. l.* (1792), in-8°, 16 p. [*N.* Ln²⁷ 10916 A.]

Épigr. :
> En vain il se fit une conspiration en sa faveur ; il vint à bout de ses amis à force de sottises et sa nullité triompha de sa fortune. (*Histoire de la Révolution.*)

Voyez le numéro suivant.

23242ª.— De la Vie politique, de la fuite et de la capture de M. La Fayette. Morceau tiré de l'« Histoire de la Révolution ». Par M. de Rivarol l'aîné. Prix, vingt sols. *Liège*, 1792, in-8°, 16 p. [*N.* Ln²⁷ 10916.]

Voyez le numéro précédent.
L'épigraphe est supprimée.
L'*Histoire de la Révolution*, annoncée par le titre, n'a jamais été écrite.

Ce pamphlet a été réimp. dans le *Dernier Tableau de Paris* de Peltier (voyez tome Ier de la *Bibliographie*, n° 3415) avec la réplique de d'Arblay (voyez le numéro suivant) et dans l'édition des *Œuvres complètes* de Rivarol (1808, tome V, pp. 305-328), sous le titre de *Vie politique de M. de la F****.

23243. — Sur le pamphlet de M. de Rivarol contre M. de La Fayette inséré dans le premier numéro de l'ouvrage de M. Peltier. S. l. n. d. (1792), in-8°, 20 p. [*Br. M. F. R.* 1104, 3.]

Signé (p. 20) : ALEXANDRE D'ARBLAY, ci-devant premier adjudant général de l'armée aux ordres de M. de La Fayette.
Voyez le numéro précédent.

23244. — Mémoire de LALLY-TOLENDAL au roi de Prusse, pour réclamer la liberté de La Fayette, suivi d'une lettre de LALLY-TOLENDAL à Louis XVI, d'une réponse de Louis XVI, d'un plan concerté entre les généraux constitutionnels pour faire retirer la Cour à Compiègne et de plusieurs pièces intéressantes pour servir à l'histoire de la Révolution. *Paris, chez les marchands de nouveautés*, 1795, in-8°, 51 p. [*N.* Ln²⁷ 10917.]

23245. — Motion faite, le 16 décembre 1796, dans la Chambre des Communes du parlement de la Grande-Bretagne, en faveur du général La Fayette et de ses compagnons d'infortune, par le très honorable général FITZPATRICK, conseiller privé de S. M. B., etc., etc., suivie des discours de MM. PITT, FOX, WILBERFORCE, SHERIDAN, GREY, WINDHAM, etc. Traduit de l'anglais. *Hambourg*, 1797, in-8°, VII-104 p. [*N.* 8° Ng 471.]

L'*Avertissement du traducteur* est daté de Hambourg, 28 décembre 1796 et signé O. M.

23245ª. — Motion faite le 16 décembre 1796... en faveur du général La Fayette et de ses compagnons d'infortune, par le... général FITZPATRICK... *Paris, imp. du Journal d'économie publique, de morale et de politique*, an V, 1797, in-8°, 108 p. [*N.* 8° Ng 471 A.]

Réimpression de l'article décrit sous le numéro précédent.

23246. — Affaire du général La Fayette ou Recueil des discours pour et contre prononcés au Parlement d'Angleterre, pendant les débats qui ont eu lieu à ce sujet, dans la séance du 16 décembre. Traduit de l'anglais. *Paris, Huet et chez les marchands de nouveautés*, an V ou 1797, in-8°, 32 p. [*N.* 8° Ng 573.]

Traduction différente de celle que décrit le précédent numéro.

23247. — Lettre d'un officier autrichien à son frère. *Paris, Huet*, an V ou 1797, in-8°, 15 p. [*N.* Ln²⁷ 10918.]

Le titre de départ, p. 7, porte en plus : Traduit du « *Morning Chronicle* », nov. 4. Olmütz, 15 août 1796.
Ce fut Joseph Masclet, Douaisien réfugié à Londres, qui fit insérer dans le *Morning Chronicle* cette lettre, émanée de CÉSAR DE LATOUR-MAUBOURG, l'un des compagnons de captivité de La Fayette et soumis, comme lui, aux plus mauvais traitements.

23248. — Captivité de La Fayette, héroïde, avec figures et des notes historiques non encore connues du public sur les illustres prisonniers d'Olmütz en Moravie, par CHARLES D'AGRAIN. *Paris, Cocheris*, an cinquième de la République (1797, *vieux style*), in-4°. [*N.* Ye 1642.]

Épigraphe empruntée à Tacite.
P. 1-6, *A ma patrie* (en prose). Feuillet non chiffré portant au verso la strophe d'Horace :

Justum ac tenacem propositi virum...

et un fragment de la *Vie d'Agricola* de Tacite. P. 1-60, *Captivité de La Fayette, héroïde*, suivie (p. 19-60) de *Notes* et d'un feuillet non chiffré contenant une annonce de librairie, des errata et une déclaration de propriété du libraire Cocheris, signée de sa griffe et datée du 18 prairial an V (6 juin 1797).
En regard du titre de départ du poème, pl. à l'eau-forte représentant l'entrée de Mme de La Fayette et de ses deux filles dans le cachot d'Olmütz, signé P.-C. D'AGRAIN *del.* E. HENNE *sc.* P. 60, cul-de-lampe carré portant les mêmes signatures.

23249. — Le Prisonnier d'Olmütz ou le Dévouement conjugal, drame en un acte en prose, par P.-A. PRÉFONTAINE. Représenté le 1er prairial an V (20 mai 1797).

Voyez tome III, n° 18784.
Dédicace (en vers) à Mme de La Fayette, qui

est mise en scène, ainsi que ses filles, Anastasie et Virginie. Les deux autres principaux personnages sont La Fayette et « Bonaparte » qui vient en personne lui annoncer sa délivrance!

23250. — Notice biographique sur le général La Fayette. *Paris, Baudouin frères*, 1818, in-8°, 11 p. [*N.* Ln²⁷ 10919.]

23251. — Mémoires pour servir à la vie du général La Fayette et à l'histoire de l'Assemblée constituante, rédigés par M. REGNAULT-WARIN. *Paris, Hesse*, 1824, 2 vol. in-8°. [*N.* Ln²⁷ 10920.]

Les faux-titres portent : *Mémoires relatifs à la Révolution française*.

23252. — Histoire du général de La Fayette, par un citoyen américain, traduite de l'anglais, par M. ***. *Paris, Ponthieu; Jehenne*, 1825, in-8°, 104 p. [*N.* Ln²⁷ 10924.]

La couverture imprimée porte : *Par M. B****.

23253. — Notice sur la vie du général La Fayette. *Lyon, imp. Louis Perrin. S. d.* (1829), in-8°, 8 p. [*N.* Ln²⁷ 10926.]

23254. — Histoire du général Lafayette, commandant général de la garde nationale du royaume, dédiée à la brave garde nationale parisienne. *Paris, Lemoine*, 1830, in-32, 96 p. [*N.* Ln²⁷ 10927.]

23255. — Histoire complète de la vie civile, politique et militaire du général Lafayette, contenant de longs développements sur la Révolution de 89, première époque de la régénération de la France. Ornée de son portrait. Par M. B....... [BÉCHERAND]. *Paris, chez l'éditeur, Montagne Sainte-Geneviève, n° 77; Audin; A. Leclaire*, 1831, in-8°, 394 p. et 1 f. non ch. (*Errata*). [*N.* Ln²⁷ 10928.]

Le portrait annoncé sur le titre manque dans l'ex. de la B. N.

23256. — Histoire de La Fayette. *Marseille, imp. P. Terrasson. S. d.* (1831), in-24, 24 p. [*N.* Ln²⁷ 10929.]

Le titre de départ, page 1, porte : *Vie du général La Fayette*. La couverture imprimée sert de titre.

23257. — Le général Lafayette. Mémoires authentiques, écrits par A. CHATEAUNEUF. *Paris, Dumont*, 1831, in-8°, 4 ff. et 80 p. [*N.* Ln²⁷ 10930.]

23258. — Histoire politique et militaire du général La Fayette, par M. REGNAULT-WARIN, avec des notes et documents du général lui-même. *Paris, L. Janet; V° Th. Desoer* (1831), in-8°. [*N.* Ln²⁷ 10931.]

La première livraison, comportant 192 pages, a seule paru. On en annonçait huit dont le contenu est détaillé dans un « programme » ou prospectus de 8 pages joint à l'ex. de la B. N.

23259. — Vie politique de Marie-Paul-Jean-Roch-Yves-Gilbert Motié, marquis de Lafayette, né à Chavagniac (Haute-Loire), le 6 septembre 1757. Par E. GIGAULT. *Paris, Delaunay*, 1833, in-8°, 2 ff. et 52 p. [*N.* Ln²⁷ 10933.]

ÉPIGR. :

Rompez, rompez tout pacte avec l'impiété !
RACINE.

23259ᵃ. — Vie politique de... Gilbert Motié, marquis de La Fayette... par E. GIGAULT. Troisième édition. *Paris, chez tous les marchands de nouveautés*, 1833, in-18, 120 p. et 1 f. non chiffré. [*N.* Ln²⁷ 10933 B.]

Le feuillet non chiffré est intitulé : *Postface ou Dernier avis aux prolétaires*.

L'auteur de ce pamphlet s'est depuis fait connaître par une collaboration assidue au *Siècle* sous la signature de E. ou ÉMILE [GIGAULT] DE LA BÉDOLLIÈRE.

23260. — Mort du général Lafayette et notice sur sa vie. *Rouen, imp. F. Marie. S. d.* (1834), in-8°, 8 p. [*N.* Ln²⁷ 10935.]

23261. — Notice sur le général Lafayette, par REGNAULT-WARIN. *Paris, L. Janet* (1834), in-8°, 2 ff. et XXXII p. [*N.* Ln²⁷ 10936.]

Publication à part des préliminaires de l'ouvrage intitulé : *Histoire du général La Fayette en Amérique, précédée d'une notice sur sa vie...* (Paris, L. Janet, 1832, in-8°).

23262. — Notice historique sur le général Lafayette, mort à Paris le 20 mai 1834. *Lyon, J.-M. Boursy. S. d.* (1834), in-8°, 4 p. [*N.* Ln²⁷ 10937.]

23263. — Traits les plus remarquables de la vie privée et politique du général Lafayette, son départ pour l'Amérique, ses hauts faits d'armes, sa conduite en France, et particulièrement depuis la Révolution de juillet 1830, suivi de ses Adieux à la France, à la garde nationale et de ses derniers conseils à son fils et à ses amis. *Jules Berrier*, 21 mai 1834, in-8°, 8 p. [*N.* Ln^{27} 10938.]

23263a. — Traits les plus remarquables de la vie privée et politique du général La Fayette... *Saint-Quentin, imp. Cottenest*. S. d. (1834), in-8°, 8 p. [*N.* Ln^{27} 10938 A.]

P. 8, complainte, sur l'air de *Zélie*, par Hubert, de Saint-Quentin.

23264. — Vie privée, politique et militaire du général Lafayette. *Imp. Chassaignon*. S. d. (1834), in-12, 12 p. [*N.* Ln^{27} 10939.]

Au verso du faux-titre (tenant lieu de titre) mauvais portrait gravé sur bois.

23265. — Edition populaire, tirée à 100,000 ex. Vie de Lafayette avant, pendant et après la Révolution de 1830. *Paris, chez l'éditeur, rue de Hanovre*, 21; *J. Bréauté*, 1834, in-8°, 16 p. [*N.* Ln^{27} 10940.]

Voyez le numéro suivant.

23266. — Vie du général Lafayette. *Lyon, imp. G. Ayné neveu*. S. d. (1834), in-folio plano. [*N.* Ln^{27} 10941.]

Même pièce que la précédente, ornée de trois portraits lithographiés tirés dans le texte, représentant La Fayette en 1778, en 1830 et en 1834.

23267. — Vie du général Lafayette, sa conduite privée et politique depuis l'insurrection américaine jusques et y compris la Révolution de 1830. *Paris, imp. Sétier*, 1834, in-12, 12 p. [*N.* Ln^{27} 10942.]

23268. — Vie de Lafayette. *Nantes, imp. V. Mangin et W. Busseuil*, 1834, in-12, 12 p. [*N.* Ln^{27} 10953.]

23269. — Mémoires de tous, collection de souvenirs contemporains tendant à établir la vérité dans l'histoire (1834-1837).

Voyez le n° 20580 ci-dessus. La Fayette y est représenté au tome Ier par une lettre datée de 1799, sur son rôle jusqu'à la fuite de Varennes et, tome IV, par une *Esquisse de ses Mémoires tracée par lui-même*. Selon Quérard, cette Esquisse serait de Lhéritier, de l'Ain, mais on aurait réussi à persuader à Lafayette qu'elle émanait bien de lui et qu'on l'avait retrouvée dans les archives de la Préfecture de police.

23270. — Mémoires, Correspondances et Manuscrits du général Lafayette, publiés par sa famille. *Paris, H. Fournier aîné; Londres, Saunders et Ottley*, 1837-1838, 6 vol. in-8°. [*N.* La^{33} 70.]

A proprement parler, La Fayette n'a laissé que quelques fragments autobiographiques (indiqués plus bas en caractères italiques), reliés entre eux par une correspondance très considérable et complétés par des notes sur divers témoignages émanés de ses contemporains dont il a contesté ou approuvé les dires. Le surplus de la publication est formé par les nombreux discours qu'il prononça sous le régime parlementaire de la Restauration et des premières années de la monarchie de juillet. Le tout a été mis en ordre, annoté et publié par François de Corcelle, petit-gendre du général, mais l'avertissement du tome Ier est signé par son fils, George-Washington La Fayette.

Voici, au surplus, les principales divisions de chacun de ces six volumes dont les trois premiers ont paru en avril 1837 et les trois derniers en juillet 1838.

Tome Ier. — Révolution d'Amérique. — Premier voyage et première campagne d'Amérique, 1777-1778. — *Mémoires de ma main jusqu'en 1780*. — Fragments extraits de divers manuscrits. — Correspondance, 1777-1778. — Second voyage en Amérique et campagnes de 1780 et 1781. — *Mémoires historiques sur les années* 1779, 1780 *et* 1781. — Correspondance, 1779, 1780, 1781.

Tome II. — Révolution d'Amérique. Sur les années 1782, 1783 et 1784 et sur le troisième voyage en Amérique. — Correspondance, années 1782, 1783, 1784. — Assemblée des Notables de 1787. — Correspondance depuis l'année 1787 jusqu'à l'ouverture des Etats-Généraux. — Révolution française. — Correspondance depuis le 5 mai jusqu'au 5 octobre 1789. — *Deux récits des événements du 5 et du 6 octobre*. — Correspondance depuis le 5 octobre 1789 jusqu'au 14 juillet 1790.

Tome III. — Révolution française. — Correspondance, 1790-1791. — Sur la démocratie royale de 1789 et le républicanisme des vrais constitutionnels. — Guerre et proscription

(1792-1794). — Correspondance depuis le mois de janvier jusqu'au mois de septembre 1792.
Tome IV. — Révolution française. — Notice sur la vie de Sieyès. Sur Mirabeau, Necker, Mounier, Malouet, Mme Roland, Carnot, Ferrières, Bertrand de Moleville, sur l'*Histoire de la Révolution française* par M. Thiers, sur l'ouvrage de l'abbé de Montgaillard. — Correspondance de prison, 1792-1797. — *Souvenirs en sortant de prison*. — Correspondance 1797.
Tome V. — Correspondance depuis le mois de février 1799 jusqu'au 18 brumaire, — *Mes rapports avec le Premier Consul*. — Correspondance depuis le mois de novembre 1799 jusqu'au mois de novembre 1813. — Correspondance depuis le mois d'avril 1814 jusqu'au mois de décembre 1815.
Tome VI. — Seconde Restauration. — Correspondance, 1816. — Correspondance et discours pendant les sessions de 1818 à 1822. — Notes et correspondance, 1823-24. — Visite aux Etats-Unis. — Correspondance, discours, 1825 à 1828. — Voyage en Auvergne et dans le Dauphiné, 1829. — Correspondance et discours, 1829-1830. — Révolution de 1830. — Correspondance et discours, 1831 à 1834.

Il y a eu deux contrefaçons des *Mémoires* à Bruxelles, l'une en deux volumes in-8° à deux colonnes (1837), l'autre (1837-1839) en douze volumes in-18. Ils ont été traduits en allemand par Ed. Brinkemeier (Brunswick, 1837, 3 vol. in-8°) et en italien (1840, 5 vol. in-18).

Un bibliographe et bibliophile russe, Serge Poltoratzki a consacré un article fort long et singulièrement diffus aux *Mémoires* de La Fayette dans le premier (et unique) fascicule du *Catalogue* de sa bibliothèque (Moscou, imp. W. Gautier, décembre 1862, in-8°), pp. 27-43. On lira avec plus de profit ce que dit Charavay de ces *Mémoires* dans les appendices de son livre (pp. 601-604).

Parmi les études qui leur furent consacrées dès leur apparition, il faut signaler celles de Sainte-Beuve dans la *Revue des Deux-Mondes* (15 juillet et 1er août 1838), réimp. au tome II des *Portraits littéraires*, de Saint-Marc-Girardin dans le *Journal des débats* (1837-1840), réimp. dans ses *Essais de littérature et de morale* (Charpentier, 1845, 2 vol. in-18), et d'Auguste Bussière dans la *Revue de Paris* (décembre 1838, tome LX). Voyez aussi le numéro suivant.

23271. — Réponse d'un Auvergnat aux articles du « National », sur les « Mémoires » du général Lafayette. *Clermont, imp. Thibaud-Landriot. S. d.* (1838), in-8°, 8 p. [N. La{33} 71.]

Signé : Doniol.
Le *National* a publié le 8 juin 1837 un article signé J. B. [Jules Bastide] sur les *Mémoires de La Fayette* et, le 1er juillet, une réponse du même à un article du *Siècle* au sujet de l'*Histoire parlementaire* de Buchez et Roux, à propos de laquelle Bastide avait de nouveau sévèrement apprécié La Fayette et Bailly.

23272. — Souvenirs sur la vie privée du général La Fayette, par M. Jules Cloquet. *Paris, A. et W. Galignani*, 1836, in-8°, 1 f. et XVI-394 p. [N. Ln{27} 10946.]

Ces *Souvenirs* comportent quatorze lettres adressées à M. Isaiah Townsend et publiées primitivement dans l'*Evening Star* de New-York ; elles y étaient accompagnées de croquis de l'auteur, de Th. Gudin et de James Pradier, mis ici sur bois par Letellier, gravés par Andrew, Best et Leloir et tirés dans le texte. Le volume est terminé par deux tables des matières et des noms propres.

23273. — Notice sur le général Lafayette. (Imprimée par extrait dans la « Biographie universelle ».) Par M. A. Boullée, ancien magistrat, membre titulaire de l'Académie de Lyon, etc. *Paris, Desenne*, 1841, in-8°, 2 ff. et 167 p. [N. Ln{27} 10947.]

Voyez le n° 23278 ci-dessous.

23274. — Galerie des contemporains illustres, par un homme de rien [Louis de Loménie]. *Paris, au bureau central, rue des Beaux-Arts*, 13, 1840-1847, 10 vol. in-18. [N. G. 23746-23755.]

Tome V (1842), M. de Lafayette (120 p. y compris les faux-titre et titre d'un Avertissement) ; la dernière page est chiffrée, par erreur, 220. Deux portraits lithographiés.

23275. — Chambres des députés. Session de 1845. Pétition. (Décembre 1844.) *Imp. E. Proux. S. d.*, in-4°, 8 p. [N. Ln{27} 10948.]

Pour l'érection d'une statue au général La Fayette. La couverture imprimée sert de titre.
Signé : Sénépart, fils de l'ancien colonel de la 6e légion de la garde nationale de Paris, éligible du deuxième arrondissement, 274, rue Saint-Honoré.

23276. — Eloge funèbre du général de Lafayette. Dédié à M. George de La Fayette, à l'armée française, à MM. les élèves de l'Ecole polytechnique et à l'Ecole Saint-Cyr, à l'Ecole de médecine. Par

M. Philippe Barthou. *Metz, imp. Verronnais*, 1849, in-8°, 7 p. [*N.* Ln²⁷ 10949.]

La couverture imprimée sert de titre.

23277. — Portraits historiques au XIX° siècle. La Fayette, par Hippolyte Castille. *Paris, Ferdinand Sartorius*, 1858, in-16, 63 p. [*N.* G. 21035.]

Avant le titre sont intercalés le fac-similé d'un billet de La Fayette et un portrait gravé sur acier par E. Leguay d'après celui d'Ary Scheffer.

23278. — Extrait de la « Biographie universelle »..., Lafayette (M.-P.-J.-G. Motier, marquis de), par A. Boullée. *Paris, imp. Henri Plon. S. d.* (1859), gr. in-8°, 27 p. [*N.* Ln²⁷ 10950.]

Voyez le n° 23273 ci-dessus.

23279. — Le Château de la Grange. *Coulommiers, librairie Alex. Brodard*, 1866, in-18, VIII-228 p. [*N.* Lk⁷ 12874.]

La dédicace à M. Louis de Lasteyrie est signée Eug. L. [Liébert], selon M. L. Olivier (voyez le n° 23286 ci-dessous).

23280. — La Fayette en Amérique et en France, par le comte Pelet, de la Lozère. *Paris, Grassart*, 1867, in-12, 2 ff., 210 p. et 1 f. non chiffré (Table des matières). [*N.* Ln²⁷ 23454.]

23281. — La Fayette. Ein Lebensbild, von Max Büdinger. *Leipzig, B.-G. Teubner*, 1870, in-8°, 116 p. (la dernière non chiffrée). [*N.* Ln²⁷ 26208.]

23282. — La Famille, l'enfance et la première jeunesse du marquis de La Fayette, par H. Doniol, correspondant de l'Institut. *Orléans, imp. Ernest Collas*, 1876, in-8°, 29 p. [*N.* Ln²⁷ 29502.]

On lit au verso du faux-titre : Extrait du compte rendu de l'Académie des sciences morales et politiques, rédigé par M. Ch. Vergé, avocat, docteur en droit, sous la direction de M. le secrétaire perpétuel de l'Académie.

23283. — La Fayette in Oesterreich, eine historische Untersuchung, von Max Büdinger, wirklichem Mitgliede der Kais. Akademie der Wissenschaften. *Wien*, 1878, in-8°.

Tirage à part brièvement indiqué par Charavay, et que je n'ai pu voir, d'un travail publié dans les *Sitzungsberichte der Philosophisch Historischen Classe der Kaiserlichen Akademie der Wissenschaften* (année 1878). [*B. N.* 8° R. 78.]

23284. — Les Hommes de la Constituante. Le général Lafayette, par Anatole de Gallier. Extrait du « Contemporain », 1ᵉʳ juillet 1882. *Paris, imp. F. Levé*, 1882, in-8°, 40 p. [*N.* Ln²⁷ 33646.]

La couverture imprimée sert de titre.

23285. — Henry Mosnier. Le château de Chavaniac-Lafayette. Description. Histoire. Souvenirs. *Le Puy, imp. Marchessou fils*, 1883, in-8°, 2 ff., 67 p. et 3 ff. non chiffrés. [*N.* Lk⁷ 23533.]

En regard de la p. 1, vue du château de Chavaniac. Entre les pp. 44 et 45, portrait de La Fayette d'après Ary Scheffer. Une lettre de La Fayette à Mᵐᵉ de Pougens (Julia Sayer) et un billet de Mᵐᵉ de La Fayette sont reproduits en fac-similé sur deux des feuillets non chiffrés ; le troisième contient la *Table des matières*.

L'*Appendice* (pp. 45-67) comporte cinq pièces : l'une d'elles est un *Etat des sommes qu'ont coûtées à La Fayette la guerre d'Amérique et la Révolution française* ; elle a été en partie reproduite dans l'*Intermédiaire* du 10 septembre 1887, col. 543-544.

23286. — Discours prononcé par M. Waldeck-Rousseau, ministre de l'Intérieur, à l'inauguration de la statue du général La Fayette au Puy. *Paris, imp. du Journal officiel*, 1883, in-8°, 23 p. [*N.* Lk⁷ 23544.]

23287. — La Fayette. Sa statue au Puy-en-Velay. 6 septembre 1883. *Le Puy, imp. L. et R. Marchessou fils*, juin 1884, in-8°, 86 p. et 1 pl. [*N.* Lk⁷ 24110.]

Compte rendu de l'inauguration de la statue due au statuaire Hiolle et texte des discours prononcés à cette occasion. Une photographie est jointe à la brochure. Elle manque dans l'ex. de la B. N.

23288. — The Life of La Fayette, the Knight of liberty in two worlds and two centuries, by Lydia Hoyt Farmer, author of « The Boys book of famous rulers », « Girls book of famous queens », « A Story book of science », « The Prince of the flaming star », etc. *New York, Thomas y Crowell and C°. S. d.* (1888), in-16, X-472 p. [*N.* Ln²⁷ 38247.]

Biographie populaire ornée d'illustrations nombreuses, mais médiocres, et dépourvue de références au bas des pages.

23289. — Life of general La Fayette, with a critical estimate of his character and public acts, by BAYARD TUCKERMAN. *New York, Dodd, Mead and company,* 1889, 2 vol. in-12. [*N.* Ln²⁷ 38735.]

Travail dépourvu de références et orné de trois portraits héliogravés.

23290. — Etudes sociales et politiques. La Jeunesse de La Fayette (1757-1792), par A. BARDOUX, de l'Institut. *Paris, Calmann-Lévy,* 1892, in-8°, 2 ff. et XII-409 p. [*N.* Ln²⁷ 40700.]

Voyez le numéro suivant.

23291. — Etudes sociales et politiques. Les Dernières années de La Fayette (1792-1834), par A. BARDOUX, de l'Institut. *Paris, Calmann-Lévy,* 1893, in-8°, 2 ff. et III-431 p. [*N.* Ln²⁷ 40700ᵇⁱˢ.]

Voyez le numéro précédent.

¶ Ces deux volumes ont fait l'objet d'études de EUGÈNE SPULLER et de M. A. MÉZIÈRES, réimp. l'une dans *Hommes et choses de la Révolution* (Paris, Alcan, 1896, in-18), l'autre dans *Morts et vivants* (Paris, Hachette, 1897, in-18).

23292. — The Household of the La Fayettes, by EDITH SICHEL. With twelve portraits. *Westminster, Archibald Constable and C°,* 1897, in-8°, 4 ff. non chiffrés, 354 p. et 10 pl. [*N.* Ln²⁷ 45728.]

23293. — Société de l'histoire de la Révolution française. Le général La Fayette (1757-1834), par ETIENNE CHARAVAY, archiviste paléographe. *Paris, au siège de la Société,* 1898, in-8°, VIII-653 [654] p. et 1 f. non chiffré (Erratum et nom de l'imprimeur). [*N.* Ln²⁷ 46199.]

Très nombreuses illustrations hors texte et dans le texte (portraits, caricatures, images populaires, fac-similé divers) dont on trouve la table, pp. 652-653.

Dans la pensée de l'auteur, ce travail très étendu n'était primitivement qu'un article destiné à *la Grande Encyclopédie* où il a paru, en effet, mais abrégé; le texte intégral en a été donné dans *la Révolution française,* tome XXVIII, pp. 97-118 et 200-233. Charavay l'avait depuis entièrement refondu et développé.

23294. — Le général La Fayette en Seine-et-Marne, par LÉOPOLD OLIVIER. *Paris, Henri Leclerc,* 1901, in-8°, 2 ff. et 61 p., plus un feuillet non chiffré (nom et adresse de l'imprimeur). [*N.* Ln²⁷ 48191.]

Au verso du faux-titre, dédicace, datée de Dammarie-les-Lys (S.-et-M.), le 19 octobre 1900, à MM. les membres du Comité à former pour l'érection d'une statue de La Fayette en Seine-et-Marne.

23295. — Correspondance inédite de LA FAYETTE (1793-1801). Lettres de prison, lettres d'exil, précédées d'une étude psychologique, par JULES THOMAS, professeur agrégé de philosophie au lycée de Pau. *Paris, Delagrave. S. d.* (1903), in-8°, 389 p.

Portrait gravé à l'eau-forte par A. HOTIN.

Ces lettres, au nombre de cinquante-six, avaient été recueillies sur la prière de leur auteur, par son aide de camp Louis de Romeuf qui se proposait de les publier; mais il fut tué en 1812 à la bataille de la Moskova; elles ont été communiquées pour sa famille à M. Jules Thomas. (*La Révolution française,* 14 nov. 1903, p. 475-476.)

¶ La Fayette a durant toutes les périodes de sa vie, y compris même sa pure captivité d'Olmütz, entretenu une correspondance très considérable et qui mériterait d'être coordonnée suivant les méthodes exigées aujourd'hui, au même titre que celles de Carnot et de Mᵐᵉ Roland; l'édition des *Mémoires* de 1837 en renferme une notable partie et, bien qu'elle n'ait point été établie selon les règles de la critique moderne, il serait prudent de toujours la consulter : c'est ainsi que M. H. DONIOL a publié dans la *Revue historique* (1888, tome XXXVIII, pp. 85-88) comme « tout à fait inédite » une lettre de La Fayette à son aide de camp La Colombe, datée de Brouelles, près Sedan, le 3 août 1792, d'après l'original appartenant à M. Fr. Boyer, de Volvic : or, cette lettre se trouve textuellement (moins deux paragraphes) au tome III, pp. 448-452 des *Mémoires.* M. Ch. Nauroy (*le Curieux,* tome I, pp. 91-96 et 123-126) a présenté aussi comme inédites dix-huit lettres à César de Latour-Maubourg, d'après les originaux appartenant aux Archives nationales et dont plusieurs avaient été utilisées par Mortimer-Ternaux dans le tome Iᵉʳ de l'*Histoire de la Terreur.*

On trouve dans *le Curieux* (tome II, pp. 123-127), l'acte de mariage et l'acte de décès de La Fayette, ainsi que la généalogie de ses descendants.

23296. — **La Fayette** (Marie-Antoinette-Françoise DE NOAILLES, marquise de).] Vie de Mme de La Fayette, par Mme DE LASTEYRIE, sa fille (1868).

Voyez le n° 21713 ci-dessus.

¶ *Les Grandes Epouses*, par M[ATHURIN] DE LESCURE (Firmin Didot, 1884, in-8°) renferment (pp. 391-431) une notice sur Mme de La Fayette, accompagnée d'un portrait gravé sur bois d'après un pastel appartenant à M. Edmond de La Fayette.

M. Paul Le Blanc, de Brioude, a communiqué à M. Paul Cottin, qui l'a inséré dans la *Nouvelle Revue rétrospective* (2° série, tome II, juill.-déc. 1900, pp. 363-406), un récit de l'arrestation de Mme de La Fayette et de ses filles au château de Chavaniac en 1792, d'après un manuscrit de Mlle ANASTASIE DE LA FAYETTE (plus tard comtesse CÉSAR DE LATOUR-MAUBOURG). Cette relation est accompagnée d'une vue du château de Chavaniac (état actuel).

23297. — [**Laflotte** (Alexandre).] LAFLOTTE à ses concitoyens. *Imp. Cl.-F. Forget. S. d.*, in-4°, 7 p. [R. AD. I, 54.]

Tentative de justification de son rôle dans la « conspiration » du Luxembourg.
Voyez tome Ier, n° 4223.

23298. — [**Lafosse** (Jacques-Geneviève).] Jugement rendu par le Tribunal criminel révolutionnaire... qui, sur la déclaration du juré de jugement portant qu'il est constant qu'il a été fait à la République une fourniture en usant de manœuvres frauduleuses et corruptives ; que Jacques-Geneviève Lafosse, marchand mercier, rue Saint-Martin, est convaincu d'avoir employé ces manœuvres et cette corruption pour opérer cette fourniture, condamne Jacques-Geneviève Lafosse à la peine de mort... 3 nivôse an II (23 décembre 1794). *Imp. du Tribunal révolutionnaire. S. d.*, in-4°, 7 p. [N. Lb^41 2232*.]

23299. — [**Lafosse** (Philippe-Etienne).] Précis pour le citoyen LAFOSSE, inspecteur général des remontes de la cavalerie républicaine (4 octobre 1793). *Paris, imp. de la Jussienne. S. d.*, in-4°, 16 p. [N. Ln^27 11021.]

23300. — [**Lagarde** (Joseph-Jean).] Le Trône du Luxembourg renversé. Grande conversation entre Jean-Bart et le Père DUCHESNE, sur les vols, dilapidations, exactions, prévarications, infidélités et autres délits capitaux du petit empereur du Luxembourg, roi de Suresnes, complice secret, espion et mouchard de Rewbell, La Revellière-Lépeaux, Merlin, Scherer et autres grands conspirateurs contre la République, déjoués par les bons citoyens du Corps législatif, dans leurs séances permanentes des 27, 28, 29 et 30 prairial an-VII (15-18 juin 1799) et sur l'établissement des nouvelles sociétés patriotiques. Ouvrage dédié à la Société patriotique du Manège, à Paris (messidor an VII). *Imp. Glisau. S. d.*, in-8°, 8 p. [N. Lb^42 2740.]

Signé : GARDES.

23301. — Corps législatif. Conseil des Cinq-Cents. Motion d'ordre faite par A.-J. FRISON (des Deux-Nèthes) sur quelques abus dont la réforme produira des économies réelles dans les dépenses de l'an VIII, et sur quelques dilapidations. Séance du 21 messidor an VII (9 juillet 1799). *Paris, imp. Nationale, messidor an VII*, in-8°, 16 p. [N. Le^42 3335.]

Dénonciation des dépenses illicites de Lagarde, secrétaire général du Directoire et de son rôle dans l'adjudication des journaux *le Rédacteur* et le *Journal des défenseurs de la patrie*, pour lesquels l'imprimeur Gratiot n'aurait été que son prête-nom.
P. 7-16, *Pièces justificatives.*

23302. — Réponse du citoyen LAGARDE, secrétaire général du Directoire exécutif, aux inculpations transmises au Directoire par le message du Conseil des Cinq-Cents, en date du 21 messidor an VII (9 juillet 1799). *Imp. J. Gratiot. S. d.*, in-8°, 14 p. [N. Ln^27 11033.]

23303. — Aux membres du Corps législatif et du Directoire exécutif sur la réponse du citoyen Lagarde, p. 8, 9, 10, 11 et 12 de son Mémoire. *S. l. n. d.*, in-8°, 8 p. [R. AD. I, 54.]

Signé : HACQUART.

23305. — Hacquart reconnu pour un calomniateur. *Imp. J. Gratiot.* S. d., in-8°, 4 p. [*N.* Ln^{27} 9076.]

Signé : J. Gratiot.

23305. — Hacquart se reconnaissant lui-même pour un vil calomniateur (17 thermidor an VII-4 août 1799). *Imp. J. Gratiot.* S. d., in-8°, 4 p. [*N.* Ln^{27} 9077.]

Signé : J. Gratiot.

23306. — Mémoire à consulter et Consultation pour les citoyens Gratiot et Périès, propriétaires en partie du journal intitulé « des Défenseurs de la patrie » (an VIII).

Voyez tome II, n° 10120.

23307. — Observations du citoyen Lagarde sur la plainte rendue contre lui par les c^{ns} Périès et Gratiot, suivies de jugements et décisions rendus contre ces derniers. S. l. n. d., in-8°, 77 p. [*R.* AD. III, 47.]

Précédées d'une lettre de Lagarde au C. Bonaparte, Premier Consul.

23308. — Première Lettre du C. Wolcher à son ami ***, à Bruxelles. De Paris, 25 fructidor [an VII (11 septembre 1799)]. S. l. n. d., in-8°, 15 p. [*N.* Lb^{43} 558.]

Pamphlet contre Lagarde.

23309. — Mémoire pour M. Lagarde (préfet de Seine-et-Marne) contre M. Bourrienne. S. l. n. d., in-4°, 31 p.

D'après un catalogue, cette pièce aurait trait au *Journal des défenseurs de la patrie* dont le Premier Consul aurait été, sous le prête-nom de Bourrienne, l'un des bailleurs de fonds. Elle fut sans doute rigoureusement supprimée et je n'ai pu parvenir à en voir un ex. Il n'est pas question de ce démêlé dans les *Mémoires* de Bourrienne fabriqués par Villemarest.

23310. — Un Préfet de Seine-et-Marne sous le Consulat et l'Empire. Le baron Lagarde. *Melun, imp. A. Lebrun,* 1877. in-16, 15 p. [*N.* Ln^{27} 29714.]

Signé (p. 15) : Th. Lhuillier.

23311. — [**Lagrange** (Joseph-Louis).] Institut impérial de France. Funérailles de M. le comte Lagrange, le 13 avril 1813. *Imp. Didot.* S. d., in-4°, 4 p. [*N.* Ln^{27} 11057.]

Discours de Lacépède et de Laplace.

23312. — Précis historique sur la vie et la mort de Joseph-Louis Lagrange, sénateur, comte de l'Empire, grand-officier de la Légion d'honneur et grand'croix de l'Ordre impérial de la Réunion, membre de l'Institut et du Bureau des longitudes, des Académies des sciences de Turin, de Berlin, de Pétersbourg, de Gœttingue, etc., etc. Par MM. J.-J. Virey, l'un des auteurs du « Dictionnaire des sciences médicales », etc., membre de plusieurs sociétés savantes, et Potel, docteur en médecine de la Faculté de Paris. *Paris, Ve Courcier,* 1813, in-4°, 22 p. [*N.* Ln^{27} 11059.]

23313. — Notice sur la vie et les ouvrages de Lagrange. (Extrait de la « Biographie universelle ». *Imp. A. Boucher* (1819), in-8°, 19 p. [*N.* Ln^{27} 11060.]

Signé : Maurice.

23314. — [**Lagrenée** (Augustin-Elie). Adresse à l'Assemblée nationale. *Paris, imp. Clousier.* S. d., in-8°, 16 p. [*N.* Ln^{27} 11067.]

Requête présentée par Augustin-Elie Lagrenée, avocat en Parlement, agent des six-corps, du corps particulier de la Draperie-Mercerie et de la régie de la Halle aux draps, que le décret sur l'abolition des jurandes et communautés privait des trois modiques places dont il remplissait les fonctions depuis trente-quatre ans. La requête est suivie de pièces justificatives et de la correspondance échangée entre Lagrenée et la mairie de Paris.

23315. — [**La Grey** (Isidore Broussais de).] Extrait des registres du greffe criminel du Châtelet de Paris. Jugement provisoire du 26 mars 1790, entre M. le procureur du Roi et le sieur de La Grey, administrateur de la commune de Paris. *Paris, Nyon,* 1790, feuillet in-4°. [*N.* Lb^{39} 8588.]

23316. — Municipalité de Paris. Conseil de Ville. 7-15 avril 1790. In-4°, 8 p. [*N.* Lb⁴⁰ 1172'.]

Arrêtés relatifs à l'affaire de M. Isidore Broussais de La Grey, avocat au Parlement, suspendu de ses fonctions d'administrateur du district des Carmes et d'administrateur de l'hospice de la garde nationale.

23317. — [**La Harpe** (Jean-François de).] Correspondance turque, pour servir de supplément à la correspondance russe de J.-F. Laharpe, contenant l'histoire lamentable des chutes et rechutes tragiques de ce grand homme. Ouvrage curieux, enrichi d'anecdotes et d'épigrammes piquantes. *Paris, Colnet; Debray; Mongie, an IX*-1801, in-8°, 2 ff. et IV-87 p. [*N.* Ln²⁷ 11075.]

Rédigé par COLNET, d'après Barbier.

Les mots « Correspondance russe » sont une allusion au titre de la *Correspondance littéraire adressée à S. A. I. Mgr le Grand-Duc, aujourd'hui (Paul Iᵉʳ), empereur de Russie...* (Paris, Migneret, an IX (1801), 4 vol. in-8°) dont la première édition venait de paraître.

23317ᵃ. — Correspondance turque... Seconde édition, enrichie d'anecdotes et d'épigrammes piquantes. *Paris, Colnet; Debray; Mongie, an X*-1801, in-8°, 2 ff., 310 p. et un feuillet non chiffré (annonces de librairie).

L'*Avertissement*, chiffré en chiffres romains, est compris dans la pagination totale.

23318. — Etrennes à M. de Laharpe, à l'occasion de sa brillante rentrée dans le sein de la philosophie. *Paris, Dabin, an X-*1802, in-12, 72 p. [*N.* Ln²⁷ 11076.]

Par PALISSOT, d'après Barbier.

23319. — Eloge de La Harpe, membre de l'Académie française, de toutes les Académies de l'Europe et professeur de littérature au Lycée de Paris, prononcé à l'ouverture des séances par R. CHAZET. *Paris, Léopold Collin, an XIII*-1805, in-8°, 48 p. (les trois dernières non chiffrées). [*N.* Ln²⁷ 11077.]

ÉPIGR. :
Je brûle mon encens sur l'autel du mérite.

Les pages non chiffrées contiennent une liste d'ouvrages nouveaux en vente chez L. Collin.

23320. — Lettre adressée au rédacteur du « Moniteur », par A.-M.-H. BOULARD, sur M. de Laharpe et sur son poème du « Triomphe de la religion ». *Paris, Vᵉ Agasse, mai* 1814, in-8°, 11 p. [*N.* Ln²⁷11078.]

Boulard était l'un des exécuteurs testamentaires de La Harpe et l'éditeur du *Triomphe de la religion ou le Roi martyr, poème épique* (en six chants). Paris, Vᵉ Migneret, 1814, in-8°.

23321. — La Harpe peint par lui-même, ouvrage contenant des détails inconnus sur sa conversion, sur son exil à Corbeil en 1804; ses jugements sur les écrivains les plus distingués de son temps, etc.; terminé par une exposition impartiale de la philosophie du XVIIIᵉ siècle, par un membre de l'Académie française. Par ***. *Paris, Plancher,* 1817, in-18, 6 et 220 p. [*N.* Ln²⁷ 11079.]

Par ANTOINE SERIEYS, d'après Quérard.

23322. — Recherches historiques, littéraires et bibliographiques sur la vie et les ouvrages de M. de La Harpe, par GABRIEL PEIGNOT. *Dijon, imp. Frantin,* 1820, in-12, 160 p. (la dernière non chiffrée). [*N.* Ln²⁷ 11080.]

Tirage à part des préliminaires du *Cours de littérature* publiée la même année par le même libraire.

23323. — Notice sur La Harpe, suivie de pièces justificatives. *Paris, Verdière,* 1822, in-8°, 2 ff. et CXIV p. [*N.* Ln²⁷ 11081.]

Signée (p. LXXIII) : SAINT-SURIN.
Tirage à part des préliminaires des *Œuvres de La Harpe,* publiées chez le même éditeur (16 vol. in-8°).
Les pp. LXXIV-CXIV sont remplies par des *Pièces justificatives.*
En regard du titre, portrait (peint par DUCREUX; *dessiné et gravé par* A. MIGNERET, 1820).

23324. — Institut royal de France. Académie française. Translation des restes de La Harpe du cimetière de l'Ouest au cimetière de l'Est, le 29 décembre 1838. Discours de M. TISSOT, directeur de l'Académie. *Imp. F. Didot frères. S. d.,* in-4°, 4 p. [*N.* Ln²⁷ 11082.]

¶ L'*Intermédiaire des chercheurs* du 10 janvier 1887 (col. 30-32) a reproduit la correspondance échangée du 22 au 30 germinal an IV (11-19 avril 1796) dans le *Journal de Paris* entre La Harpe et d'obligeants anonymes au sujet de l'acquisition des principaux livres de sa bibliothèque ; en annonçant l'intention de s'en défaire, La Harpe ajoutait qu'il en avait déjà vendu quelques autres à l'hôtel Bullion, mais que les frais de vente avaient absorbé une partie du produit.

23325. — [**Laizer** (Jean-François-Félix, chevalier de).] Affaire de M. le chevalier de LAIZER. *Imp. Hérault. S. d.* (1790), in-8°, 4 p. [*N.* Ln²⁷ 11102.]

Poursuites dirigées contre le chevalier de Laizer, le sieur Gouilly, libraire et J.-B. Cérioux, imprimeur, au sujet d'une brochure intitulée : *Protestation de MM. de Mirabeau, [Le] Chapelier, Clermont-Tonnerre sur quelques décrets de l'Assemblée nationale,* dont le premier passait pour être l'auteur. Le district des Minimes, sur lequel il était domicilié, protesta aussitôt contre son arrestation (voyez tome II, nᵒˢ 7272 et 7275) et obtint, le 13 mars, la liberté du principal inculpé, mais Gouilly, qui avait réclamé de son côté (voyez n° 22948 cidessus) ; et Cérioux ne furent point immédiatement relâchés (cf. *Répertoire* de M. Alex. Tuetey, tome Iᵉʳ, nᵒˢ 1349-1361).

Dans la première édition du *Dictionnaire des anonymes,* Barbier avait indiqué la *Confession générale de M. Necker* comme l'origine du procès intenté à M. de Laizer, mais à la table de la deuxième édition il a, sur les observations d'Eusèbe Salverte, rectifié ses dires et mentionné la *Protestation* comme la véritable cause de ces poursuites.

La rectification de Barbier a été insérée dans la nouvelle édition des *Supercheries* (vᵒ *Bailli*), tandis que l'assertion reconnue fautive était maintenue sous les mots *Confession générale* dans la nouvelle édition du *Dictionnaire des anonymes,* publiée par MM. Billiard et Olivier Barbier.

Voyez le numéro suivant.

23326. — Observations et résultats de l'affaire du chevalier de Laizer contre M. le Procureur du Roi au Châtelet de Paris. *Imp. Hérault. S. d.,* in-8°, 11 p. [*N.* Lb³⁹ 8510.]

Signées : ANTOINE-MARCEL DE BRUGE, procureur-conseil [de l'accusé].

23327. — [**Lajard** (Pierre-Auguste).] Acte du Corps législatif portant qu'il y a lieu à accusation contre le sieur A. Lajard (28 août 1792). *Paris, imp. Nationale du Louvre,* 1792, in-4°, 2 p. [*R.* AD. I, 54.]

23328. — [**Lakanal** (Joseph).] Un Mot de LAKANAL, représentant du peuple, à quelques folliculaires qui ne sont pas avares de mots. *Paris, imp. Guerburt. S. d.* (1794), in-folio plano. [*N.* Ln²⁷ 11105.]

Défense des actes de sa vie politique et rappel des mesures prises ou provoquées par lui en faveur des sciences et des lettres.

23329. — Notice sur J. LAKANAL, membre de l'Institut national et de plusieurs autres sociétés savantes. *Imp. Boulard. S. d.* (1801), in-8°, 28 p. [*N.* Ln²⁷ 11101.]

ÉPIGR. :

Nihil metuere, nisi turpem famam.
Bell[um] *Jugurth.*

Notice anonyme, mais visiblement rédigée par LAKANAL lui-même. Nombreuses citations de lettres de savants (Lavoisier, Vicq-d'Azyr, Daubenton) à lui adressées ; énumération de ses travaux et missions comme représentant, suivie de deux lettres de Bonaparte et de Cambacérès.

23330. — Exposé sommaire des travaux de JOSEPH LAKANAL, ex-membre de la Convention nationale et du Conseil des Cinq-Cents, pour sauver, durant la Révolution, les sciences, les lettres et ceux qui les honoraient par leurs travaux. *Paris, typ. Firmin Didot frères,* 1838, in-8°, 1 f. et 231 p. [*N.* Ln²⁷ 11107.]

Entre les pp. 78-79, tableau plié des jugements du jury d'examen des mémoires et manuscrits présentés au concours des livres élémentaires.

23331. — « Suum cuique » (1840).

Par LAKANAL. A propos de la médaille commémorative de la fondation de l'Institut, frappée en l'honneur de Daunou.

Voyez tome III, n° 17882 et les nᵒˢ 17883-17884 qui ont trait à la même revendication.

23332. — Institut royal de France. Académie royale des sciences morales et politiques. Funérailles de Lakanal. Discours de M. DE RÉMUSAT, président de l'Académie, le 16 février 1845. *Paris, imp. Didot frères. S. d.,* in-8°, 13 p. [*N.* Ln²⁷ 11111.]

Suivi des discours d'AD. BLANQUI et de FRANÇOIS LÉLUT.

23333. — Lakanal, sa vie et ses travaux à la Convention et au Conseil des Cinq-Cents, par M. ISIDORE GEOFFROY SAINT-HILAIRE. Extrait de la « Liberté de penser », nos 17 et 18, avril et mai 1849. *Paris, au bureau de la Revue*, 1849, in-8°, 36 p. [N. Ln^{27} 11112.]

23334. — Institut impérial de France. Notice historique sur la vie et les travaux de M. Lakanal, par M. MIGNET, secrétaire perpétuel de l'Académie des sciences morales et politiques, lue à la séance annuelle publique du 2 mai 1857. *Paris, typ. Firmin Didot frères, fils et C*^{e}, 1857, gr. in-8°, 1 f. et 32 p. [N. Ln^{27} 11113.]

Réimp. dans les *Éloges historiques* de l'auteur (Didier et Ce, 1863, in-8°).

23335. — Lakanal, notice biographique par ÉMILE DARNAUD, avocat, décoré du Medjidié, officier de la Légion d'honneur, membre correspondant de l'Académie de législation. *Paris, Ernest Leroux*, 1874, in-8°, 71 p. [N. Ln^{27} 28221.]

23336. — MARCUS. Lakanal, avec préface par PASCAL DUPRAT. Édition ornée d'un portrait et d'un autographe. *Paris, C. Marpon et Flammarion*. S. d., in-8°, 2 ff. et 160 p. [N. Ln^{27} 31234.]

Le titre reproduit ci-dessus est précédé d'un feuillet portant : *Lakanal*, par MARCUS, Foix, imp. typ. Barthe et Ce, 1879.
Le portrait et le fac-similé sont intercalés entre Un mot aux lecteurs par Pascal Duprat et le titre de départ du texte.

23337. — Lakanal et l'instruction publique sous la Convention, par E. GUILLON, ancien élève de l'École normale, professeur d'histoire. Illustré par A. DENIS. *Paris, librairie d'éducation laïque*. S. d. (1881), in-12, 155 p. (la dernière non chiffrée). [N. Ln^{27} 32782.]

Bibliothèque laïque de la jeunesse.

23338. — Les Hommes de la Révolution. Lakanal par PAUL LEGENDRE, avec une préface de M. PAUL BERT. *Paris, Eugène Weill et Georges Maurice*, 1882, in-8°, 144 p. [N. Ln^{27} 33087.]

Vignettes hors texte signées F. CLASQUIN.
Bibliothèque française.

23339. — Lakanal. Discours prononcé à la distribution des prix faite aux élèves des écoles laïques municipales, le 1er octobre 1885, par ADELPHE TESTON, adjoint au maire de la ville de Montpellier. *Montpellier, imp. Cristin, Serre et Ricome*. S. d., in-8°, 19 p. [N. Ln^{27} 36136.]

23340. — [**Lalande** (Joseph-Jérôme LE FRANÇAIS DE).] Extrait de la « Revue philosophique, littéraire et politique ». Notice biographique sur M. de Lalande. S. l. n. d., in-8°, 16 p. [N. Ln^{27} 11117.]

Signé : A.-J.-Q. B. [BEUCHOT].

23341. — Éloge historique de M. de Lalande, par Mme la comtesse CONSTANCE DE S.[ALM]. *Paris, imp. J.-B. Sajou*, 1810, in-8°, 46 p. [N. Ln^{27} 11118 A.]

Extrait du *Magasin encyclopédique*, avril 1810.

23342. — Le Franc-Maçon Jérôme Lalande, par le F.·. LOUIS AMIABLE, Grand Orateur du Grand Collège des Rites et ancien membre du Conseil de l'Ordre du Grand Orient de France, Vén.·. de la R.·. L.·. Isis-Monthyon (O.·. de Paris), ancien président et président d'honneur d'Ateliers Symb.·. Capit.·. et Philos.·.. Avec trois portraits. *Paris, Charavay frères*, 1889, in-8°, 54 p. et 1 f. non chiffré (Table des matières).

Les trois portraits sont ceux de PUJOS, d'AUGUSTIN DE SAINT-AUBIN et de HOUDON.
Le texte de ce discours est suivi (p. 39-54) d'*Appendices* renfermant de nombreux renseignements biographiques et bibliographiques.

23343. — FÉLIX CHAMBON. À travers les autographes. Une page inconnue de l'histoire du Collège de France (1774-1807). Extrait de la » Revue internationale de l'enseignement ». *Paris, A. Chevalier-Maresq et Ce*, 1903, in-8°, 12 p.

Fragments d'un carnet intime où Lalande, professeur au Collège de France, avait noté à partir de 1772 jusqu'à sa mort les menus faits concernant son enseignement et celui de ses collègues. Le document original avait été offert à Victor Cousin dans la bibliothèque duquel il est conservé.

M. JULES CLARETIE a cité d'autres fragments d'un autre carnet intime de Lalande, retrouvé en 1870 parmi les papiers des Tuileries (*l'Empire, les Bonaparte et la Cour*, Paris, E. Dentu, 1871, in-18, pp. 228-237).

23344. — [**Lally-Tolendal** (Trophime-Gérard, comte de).] Lettre du comte DE LALLY-TOLENDAL au président de l'Assemblée nationale. De Saint-Germain-en-Laye, ce 10 octobre 1789. — Lettre du même à ses commettants. De Neufchâtel, le 17 octobre 1789. *S. l. n. d.*, in-8°, 7 p. [*N.* Lb^{39} 2452.]

Démission de ses fonctions de député « aux Etats libres et généraux de la France » et exposé des motifs qui dictaient sa conduite.
Voyez les trois numéros suivants.

23345. — A Monsieur le comte de Lally-Tolendal, en réponse à sa Lettre à ses commettants. *S. l. n. d.*, in-8°, 55 p. [*N.* Lb^{39} 2453. — *R.* AD. I, 54.]

23346. — Extrait d'une lettre de M. DE LALLY-TOLENDAL à Mme la comtesse *** pour servir à sa justification. *S. l.*, 1790, in-8°, 7 p. [*N.* Lb^{39} 2454.]

23347. — Mémoire de M. le comte DE LALLY-TOLENDAL ou Seconde lettre à ses commettants. *Paris, Desenne*, 1790, in-8°, 192 et 143 p. [*N.* Lb^{39} 2898.]

Les *Pièces justificatives* ont une pagination séparée. Un ex. en papier fort de ce *Mémoire* est placé dans la réserve de la B. N.

23348. — Réponse du comte DE LALLY-TOLENDAL à M. l'abbé D....., grand vicaire, auteur de l'écrit intitulé : « Lettre à M. le comte de Lally, par un officier français », suivie de sa profession de foi politique. *Londres*, 1793, in-8°, 38 p. [*N.* Ln^{27} 11139.]

Je n'ai pas retrouvé la *Lettre* que vise cette *Réponse*.

23349. — Pièces produites par TROPHIME-GÉRARD DE LALLY-TOLENDAL, sujet de S. M. Britannique, et sur le vu desquels le préfet du département de Seine-et-Oise lui a expédié, le 5 fructidor dernier [an X-12 septembre 1802], en sa qualité d'étranger, un arrêté de levée de séquestre. *Imp. Baudouin. S. d.*, in-4°, 24 p. [*N.* Ln^{27} 11140.]

23350. — Institut royal de France. Académie française. Funérailles de M. le marquis de Lally-Tolendal. Discours de M. ARNAULT, directeur de l'Académie française (13 mars 1830). *Imp. A.-F. Didot. S. d.*, in-4°, 4 p. [*N.* Ln^{27} 11141.]

Le *Recueil des discours, rapports et pièces diverses lus dans les séances publiques et particulières de l'Académie française* [1830-1839] (Paris, typ. F. Didot frères, 1841. in-4°) renferme (pp. 67-76) le discours de réception de M. DE PONGERVILLE, successeur de Lally-Tolendal, et (pp. 77-85) la réponse de M. DE JOUY (29 juin 1830). Lally-Tolendal, nommé par l'ordonnance royale de 1816, n'avait pas eu à remplir la même formalité.

23351. — Nécrologie. M. le marquis de Lally-Tolendal (25 mars 1830). *Paris, imp. Locquin. S. d.*, in-8°, 4 p. [*N.* Ln^{27} 11142.]

Signé : Le vicomte GAUTHIER DE BRÉCY, doyen des lecteurs du Roi.
La signature et la date sont suivies de ce *Nota* : « Cet article a été envoyé à *la Quotidienne*, le 25 mars ; comme il paraît y avoir été oublié, son auteur en a fait imprimer un certain nombre d'exemplaires pour être distribués aux amis communs de M. le marquis de Lally et de M. le vicomte de Brécy. »

23352. — [**Lamarche** (Simon-François)] Eclaircissements pour servir de base à l'opinion qu'on doit avoir sur le citoyen Lamarche, directeur de la confection des assignats (13 octobre-25 novembre 1792).

Par JAMES RUTLEDGE et LARCHER. Voyez tome III, n° 13175 et, pour les autres pièces relatives à la même polémique, les n°s 13176-13189.

23353. — Jugement rendu par le Tribunal révolutionnaire... qui, sur la déclaration du jury de jugement, portant : 1° qu'il est constant qu'un complot tendant à provoquer la guerre civile en armant les citoyens les uns contre les autres et dont les suites ont coûté la vie à un grand nombre de citoyens dans la journée du 10 août 1792 ; 2° que Simon-François Lamarche a été l'un des complices de ce complot, condamne ledit Lamarche à la peine de mort... (18 brumaire an II-8 novembre 1793). *Imp. du Tribunal révolutionnaire.* S. d., in-4°, 8 p. [N. Lb⁴¹ 2232*.]

23354. — [**Lamarck** (J.-B.-P.-Antoine DE MONET DE).] Mémoire sur le projet du comité des finances relatif à la suppression de la place de botaniste attaché au Cabinet d'histoire naturelle (1789).

Voyez tome III, n° 17630 et le numéro suivant.

23355. — Considérations en faveur du chevalier DE LAMARCK, botaniste du Roi, attaché au Cabinet d'histoire naturelle (1789).

Voyez tome III, n° 17631, et le numéro précédent.

23356. — Discours prononcés sur la tombe de M. le chevalier de Lamarck, membre de l'Académie royale des sciences, par MM. LATREILLE et GEOFFROY SAINT-HILAIRE (20 décembre 1829). *Imp. A.-F. Didot.* S. d., in-4°, 1 f. et 12 p. [N. Ln²⁷ 11157.]

23357. — Illustrations picardes. Le chevalier de Lamarck, sa vie et ses œuvres, suivies de la bibliographie complète de ses ouvrages, par MOREL. *Paris, E. Lechevalier*, 1884, in-18, 78 p.

D'après le *Catalogue général* de M. D. Jordell et d'après un renseignement de M. Lechevallier.

23358. — Notice biographique sur Lamarck, sa vie et ses œuvres, par F.-J.-F. HERMANVILLE, instituteur public à Héricourt-Saint-Samson (Oise), membre de la Société académique de l'Oise, membre de la Société d'horticulture, de botanique et d'apiculture de Beauvais, etc. *Beauvais, imp. du « Moniteur de l'Oise »*, 1898, in-8°, 46 p. [N. Ln²⁷ 46562.]

On lit au verso du faux-titre : Extrait du *Bulletin de la Société académique de l'Oise*, tome XVII, 2ᵉ partie.
En regard du titre de départ, héliogravure d'après le portrait dessiné par JULES BOILLY pour la collection dite des membres de l'Institut.

23359. — [**Lamarck** (Marie-Anne-Françoise DE NOAILLES, comtesse de).] Observations de Mᵐᵉ DE LAMARCK sur une assertion de M. Camus. S. l. n. d. (1790), in-8°, 6 p. [N. Ln²⁷ 11158.]

Camus avait allégué à la tribune que Mᵐᵉ de Lamarck avait reçu de la Liste civile 120,000 livres pour la cession, après les journées d'octobre, de l'appartement qu'elle occupait aux Tuileries. Mᵐᵉ de Lamarck lui répond que cette reprise avait été gratuite, mais que le Roi avait racheté le mobilier de cet appartement (estimé, à dire d'expert, 117,000 livres), moyennant 30,000 livres une fois payées et neuf annuités de 10,000 livres non reversibles, en cas de décès, sur les héritiers de la comtesse. Elle avait alors soixante et onze ans et n'avait touché que les 30,000 livres du premier terme.

23360. — [**Lamballe** (Marie-Thérèse DE SAVOIE-CARIGNAN, princesse de).] Grand détail exact de la réception de Mᵐᵉ de Lamballe à la cour, le mercredi 12 de ce mois (octobre) et l'agréable accueil qu'elle a reçu du Roi et de la Reine, avec le superbe discours de Leurs Majestés, ainsi que celui de cette ci-devant princesse, concernant les émigrants et leurs intentions envers la France. *Imp. Pellier.* S. d., in-8°, 8 p. [N. Lb³⁹ 5510.]

Suivi d'une lettre d'envoi aux rédacteurs du *Courrier des frontières*, signée : DAVID, citoyen de la section des Tuileries, et datée du 14 octobre 1791.

23361. — La Nation et la Loi. Liberté. Egalité. Le Testament de la ci-devant princesse Lamballe, écrit de sa main pendant son séjour dans la prison de La Force et rendu public le jour que le peuple a massacré les brigands dans toutes les prisons de Paris; son corps traîné dans toutes les rues de la capitale et sa tête portée au bout d'une pique. *Imp. de la Liberté.* S. d., in-8°, 8 p. [Br. M. F. R. 931, 4.]

23362. — Décret (n° 1324) de la Convention nationale du 3 août 1793... qui ordonne la saisie, le séquestre et l'inventaire de la succession de la ci-devant princesse Lamballe et la déclare reversible au Trésor national. *Paris, imp. Nationale exécutive du Louvre*, 1793, in-4°, 2 p. [R. AD. X, 18.]

¶ Sous ce titre : *la Princesse de Lamballe bibliophile*, M. ÉMILE MAHÉ a publié dans la *Gazette des beaux-arts* du 1ᵉʳ novembre 1898 (pp. 379-388) un article où il signale, sans le décrire, un catalogue anonyme (in-8°, 51 p.) qui, selon une note de la main de Parison, serait celui des livres de la princesse.

Sur une condamnation prononcée, après la mort de Mme de Lamballe, contre un piqueur de son écurie nommé Girard, voyez le n° 28828 ci-dessus.

23363. — Mémoires historiques de Marie-Thérèse-Louise de Carignan, princesse de Lamballe, une des principales victimes immolées dans les horribles journées des 2 et 3 septembre 1792, publiés par Mme Guénard. *Paris, Lerouge,* 1801, 4 vol. in-12. [*N.* La^{33} 67.]

Au tome Ier et au tome II, portraits de Mme de Lamballe et du duc de Penthièvre; le frontispice du tome III représente la princesse au chevet de son mari et celui du tome IV sa comparution devant « le tribunal » de la Force.

23364. — Vie de Mme la princesse de Lamballe, avec plusieurs anecdotes relatives à la famille de Penthièvre, contenant les traits de bonté, de bienfaisance, d'humanité et de dévouement héroïque de cette auguste victime, terminée par la liste des infortunés qui périrent avec elle dans les affreuses journées des 2 et 3 septembre 1792, publiée par J.-M. Gassier. *Paris, Montaudon,* 1814, in-18, 406 p. [*N.* Ln^{27} 11198.]

Épigraphe empruntée à *la Henriade*.
En regard du titre, portrait ovale au pointillé avec six vers tirés de la Xe des *Odes sacrées* de J.-B. Rousseau.

23365. — Mme de Carignan, princesse de Lamballe, détails de ses longues infortunes et de son courageux dévouement à la famille royale. Par M. de Vouziers. *Paris, Tiger.* S. d. (1815), in-18, 108 p. [*N.* Ln^{27} 11199.]

En regard du titre, portrait anonyme au pointillé, avec cette légende : *Marie-Louise de Carignan, princesse de Lamballe.*
Le véritable nom de l'auteur est P.-J. Moithey, de Vouziers.

23366. — Secret Journal of the Royal family of France during the Revolution... now first published from the Journal, letters and conversations of the Princess Lamballe... (1826).

Voyez le n° 20847 ci-dessus et le numéro suivant.

23367. — Mémoires relatifs à la famille royale de France pendant la Révolution... publiés pour la première fois d'après le journal, les lettres et les entretiens de la princesse de Lamballe... (1826).

Traduit de l'anglais de Catherine Hyde, marquise Govion Broglio Solari, par Théodore Licquet.
Voyez le n° 20848 ci-dessus et le numéro précédent.

23368. — La Princesse de Lamballe, Marie-Thérèse-Louise de Savoie-Carignan, sa vie, sa mort (1749-1792), d'après des documents inédits, par M. de Lescure. Ouvrage orné d'un portrait de la princesse, gravé par M. Fleischmann, sous la direction de M. Henriquel Dupont, d'une vue de la Force en 1792, gravée par M. Laurence, et de quatre fac-similé d'autographes. *Paris, Henri Plon,* 1864, in-8°, 2 ff. et 480 p. [*N.* Ln^{27} 11200.]

L'ex. de la B. N. est précédé d'un prospectus de quatre pages.

¶ Sous ce titre : *A propos d'une fausse lettre de Mme de Lamballe* (*Revue historique,* tome XLIII (1890), pp. 77-86, Jules Flammermont a signalé qu'une lettre publiée comme inédite par M. Thédenat dans *la Nouvelle Revue* du 1er mai 1889 se trouvait, à quelques variantes près, dans un pamphlet intitulé : *la Cassette verte de M. de Sartine* (1779, in-8°). A ce propos, il avait rappelé quelques-unes des falsifications historiques de Soulavie et celles d'un amateur d'autographes très connu.

M. Ch. Schmidt a publié depuis huit lettres, parfaitement authentiques, adressées par la princesse de 1784 à 1792 à la landgrave de Hesse-Rothenbourg, née princesse Lichtenstein (*la Révolution française,* tome XXXIX (juillet-décembre 1900), pp. 271-277.

23369. — Épisodes de l'histoire de Paris sous la Terreur. Louise de Savoie-Carignan, princesse de Lamballe, et la prison de la Force, par Paul Fassy, membre correspondant de l'Académie impériale de Reims. *Paris, librairie du Petit Journal,* 1868, in-8°, 2 ff. et 111 p. [*N.* Lb^{39} 40891.]

Portrait gravé par Flameng.

23370. — Madame de Lamballe d'après des documents inédits tirés des Archives nationales, de l'inventaire de sa succession de la bibliothèque de Saint-Germain-en-Laye, des archives du département d'Ille-et-Vilaine, du greffe de Saint-Malo, de pièces notariales, de diverses collections particulières, etc., etc., par GEORGES BERTIN, directeur de la «Revue rétrospective». Ouvrage orné d'un magnique portrait de Mme de Lamballe, gravé par DUJARDIN, imprimé par la maison Quantin. *Paris, aux bureaux de la Revue rétrospective*, 1888, gr. in-8°, 2 ff. et 431 p. [*N*. Ln^{27} 37613.]

Le portrait est reproduit d'après celui du musée de Versailles.

23370^a. — Madame de Lamballe d'après des documents inédits, par GEORGES BERTIN. Deuxième édition. *Paris, Ernest Flammarion*, 1894, in-12, 2 ff. et 382 p. [*N*. Uu. 1686 D.]

Portrait en médaillon sur le titre. La couverture imprimée reproduit le contexte de celle de 1888, sauf la mention du portrait qui n'est que dans celle-là.

23371. — Curiosités révolutionnaires. Le Massacre de la princesse de Lamballe dans la prison de la Force, le 23 septembre 1792. Renseignements et détails inédits publiés sur des documents officiels, par ALF. BÉGIS, secrétaire de la Société des Amis des livres, avec le fac-similé d'une lettre de Marie-Antoinette. *Paris, imprimé pour les Amis des livres*, 1891, in-8°, 25 p. [*N*. Lb^{39} 11491.]

On lit au verso du faux-titre : « Extrait de l'« Annuaire de la Société des Amis des livres ». Imprimé à 25 exemplaires. »

La lettre reproduite en regard du titre fait partie des collections de l'auteur. P. 18 et suivantes, procès-verbal d'interrogatoire subi le 11 floréal an III (30 avril 1795) par le nommé Jacques-Charles Hervelin, tambour de la force armée de la section des Arcis, inculpé d'avoir pris part aux raffinements de cruauté et d'obscénité qui signalèrent le meurtre de Mme de Lamballe. Détenu à Bicêtre, il bénéficia de l'amnistie du 4 brumaire an IV (26 octobre 1795). Le document retrouvé par M. Bégis appartient aux Archives nationales. La lettre de Marie-Antoinette qui l'accompagne a été arguée de faux par Flammermont.

23372. — LUCIEN LAMBEAU. Essai sur la mort de Madame la princesse de Lamballe. *Lille, imp. Lefebvre-Ducrocq*, 1902, in-8°, 53 p.

On lit au verso du titre : Cette brochure a été tirée à 100 exemplaires. Elle est signée, p. 53, LUCIEN LAMBEAU, secrétaire de la commission municipale du Vieux Paris.

Extrait non spécifié de *la Cité, bulletin de la Société historique et archéologique du IVe arrondissement*.

23373. — [**Lambert.**] Précis de la vie du citoyen LAMBERT, depuis sa naissance jusqu'à ce jour, suivi de quelques lettres de J.-J. ROUSSEAU, qui n'ont point encore été imprimées. S. l. n. d., in-8°, 1 f. et 36 p. [*N*. Ln^{27} 11217.]

Originaire d'une famille chassée par la révocation de l'édit de Nantes, Lambert avait épousé une fille de Lenieps, l'ami intime de J.-J. Rousseau. De ce mariage était né un fils élevé en Angleterre et qui avait pris du service dans l'armée anglaise. Son père revendique cependant pour lui la qualité de Français et se défend personnellement lui-même d'être parent d'émigré. Il cite à l'appui de sa requête diverses lettres de J.-J. Rousseau à son beau-père, et ajoute qu'il en possédait d'autres à lui adressées, relatives à l'éducation de son fils. Lambert se flatte aussi d'avoir eu le premier l'idée de traduire la *Cyclopædia* de Chambers, prototype de notre *Encyclopédie*. Plus tard, il s'était livré à des opérations de banque.

Lambert n'a point d'article dans *la France protestante* des frères Haag.

23374. — [**Lambert** (Pierre-Thomas).] Mémoires de famille, historiques, littéraires et religieux, par l'abbé LAMB... [LAMBERT], dernier confesseur de S. A. S. Mgr le duc de Penthièvre, aumônier de feue Mme la duchesse douairière d'Orléans. *Paris, C. Painparré*, 1822, in-8°, XX-391 p. et 1 f. non chiffré. (*Errata*). [*N*. Ln^{27} 11216.]

23374^a. — Mémoires de famille de l'abbé LAMBERT, dernier confesseur du duc de Penthièvre, aumônier de la duchesse douairière d'Orléans, sur la Révolution et l'émigration (1791-1799), publiés pour la Société d'histoire contemporaine, par GASTON DE BEAUSÉJOUR, son arrière-petit-neveu, ancien élève de l'École polytechnique. *Paris, Alph. Picard et fils*, 1894, in-8°, XIX-330 p. [*N*. L^{46} 63 (6).]

Publication de la Société d'histoire contemporaine.

Réimp. du numéro précédent, avec quelques suppressions et une annotation qui n'existait pas dans l'édition originale.

23375. — [**Lambesc** (Charles-Eugène DE LORRAINE, prince de).] Le Sabreur des Tuileries dans l'embarras (1789).

Voyez tome Ier, n° 1078, ainsi que les n°s 1079-1092 et les numéros suivants qui les complètent.

23376. — Résumé général du procès du prince de Lambesc, fait sur le procès lui-même, ou Résultat des réflexions que fait naître le procès d'après le rapprochement de chaque déposition. *S. l. n. d.*, in-8°, 30 p. [*N*. Lb^{39} 8738.]

En faveur du prince et probablement rédigé par lui-même ou par ses ordres.

23377. — [**Lamblardie**.] Notice historique sur Jacques-Elie Lamblardie. Extrait de la « Décade philosophique ». *S. l. n. d.*, in-8°, 12 p. [*N*. Ln^{27} 11222.]

Signé : J. SGANZIN.

23378. — Mémoire pour la veuve Lamblardie. *S. l. n. d.*, in-4°, 2 p. [*N*. Ln^{27} 11223.]

23379. — Corps législatif. Conseil des Cinq-Cents. Rapport fait par M. FAUVEL, député du département du Nord, au nom d'une commission spéciale chargée d'examiner la demande de la veuve et des enfants du citoyen Lamblardie. Séance du 15 ventôse an VI (5 mars 1798). *Paris, imp. Nationale, ventôse an VI*, in-8°, 6 p. [*N*. Le^{13} 1808.]

Pension de 1,500 francs à la veuve de Lamblardie (Marguerite-Hélène Bérigny) et rente de 300 francs à chacun des enfants jusqu'à sa majorité.

¶ M. FRANÇOIS FILON a publié dans la *Revue de géographie*, tome XLI (juillet-déc. 1897), pp. 116-127, 172-185, 245-255, un travail intitulé : *l'Ingénieur Lamblardie, successeur de Perronnet à l'Ecole des Ponts et Chaussées et fondateur, avec Monge, de l'Ecole des travaux publics* [Ecole polytechnique] (1747-1797). Ce travail n'a point été tiré à part.

23380. — [**Lameth** (Charles, Alexandre et Théodore de).] Les Lameth, par feu MARÉCHAL, ci-devant marquis DE BIÈVRE. *S. l. n. d.*, in-8°, 4 p. [*N*. Lb^{39} 1787.]

23381. — Défiez-vous des nouveaux convertis ou Fi! les vilains! ils ont mordu jusqu'au sang le téton de leur nourrice. *S. l. n. d.*, in-8°, 8 p. [*N*. Lb^{39} 1788.]

Contre les Lameth.

23382. — Garde à vous, Parisiens, par un ami de la liberté (1789).

Voyez tome Ier, n° 1515.
Contre les Lameth, après les journées d'octobre.

23383. — Lettre de CHARLES LAMETH à son correspondant de Versailles (1789).

Voyez tome Ier, n°s 1537 et 1539.
Apocryphe. A propos des journées d'octobre.

23384. — Expédition du général [Charles] Lameth au couvent des Annonciades célestes, le 26 octobre (1789).

Voyez tome III, n°s 16363-16363^{a}, et les n°s 16364-16368 qui ont trait à la même affaire.

23385. — Récit fidèle et exact de ce qui s'est passé entre M. Castries et M. Charles de Lameth (12 novembre 1789).

A propos du duel qui avait eu lieu entre les deux députés.
Voyez tome Ier, n° 2019 et les n°s 2020-2036 qui ont trait à la même affaire. Voyez aussi le n° 22090 ci-dessus.

23386. — Fureur du Père DUCHÊNE, sur l'assassinat commis par M. de Castries, envers le patriote Lameth. *De l'imprimerie du Père Duchesne. S. d.*, in-8°, 8 p. [*N*. Lc^2 2443.]

P. 8, deux croix de Malte.

23387. — Visite du Père DUCHÊNE à M. de Lameth et leur conversation. *De l'imprimerie du Père Duchêne. S. d.*, in-8°, 8 p. [*N*. Lc^2 2444.]

P. 8, deux croix de Malte.

23388. — Tout se découvre à la fin. S. l. n. d., in-8°, 8 p. [N. Lb³⁹ 3193.]

Pamphlet particulièrement dirigé contre Charles Lameth.

Voyez les trois numéros suivants.

23389. — Grand discours de M. Charles Lameth aux Jacobins, en annonçant qu'il va remettre au Trésor royal les soixante mille livres que sa mère avait reçues pour son éducation. S. l, n. d., in-8°, 6 p. [N. Lb³⁰ 3194.]

Réimp. par M. Aulard dans la *Société des Jacobins*, II, 236.

23390. — Voilà une restitution qui vient bien tard. S. l. n. d., in-8°, 8 p. [N. Lb³⁹ 3195.]

Même sujet.

23391. — Les Ennemis de Charles Lameth confondus. S. l. n. d., in-8°, 7 p. [N. Lb³⁹ 8882.]

Pamphlet en forme de défense satirique à propos de la même restitution.

23392. — Grand châtiment des conspirateurs et nouvel hommage à M. Charles Lameth sur les soixante mille livres qu'il vient de verser dans la caisse nationale. *De l'imprimerie des Jacobins*. S. d., in-8°, 8 p. [N. Lb³⁹ 3196.]

23393. — Remontrances à mon neveu Charles de Lameth. S. l. n. d., in-8°, 7 p. [N. Lb³⁹ 8879.]

Au sujet d'une lettre de Lameth insérée dans le *Journal de Paris* du 28 mai 1790.

23394. — District des Prémontrés. Assemblée générale du 4 juin 1790.

Voyez tome II, n° 7439. Dénonciation de divers libelles contre les Lameth et Barnave, citoyens de ce district. Le premier de ces libelles (*la Cabale d'Orléans ressuscitée et dévoilée*) a été décrit tome I⁵ʳ, n° 1512; pour les autres, voyez les trois numéros suivants.

23395. — Les Tribuns du peuple habillés à la française. S. l. n. d., in-8°, 28 p. [N. Lb³⁹ 3457.]

Pamphlet contre Charles et Alexandre de Lameth, Barnave, etc. Voyez le numéro précédent.

23396. — Grande Dénonciation de MM. Charles et Alexandre de Lameth, Barnave, Duport, d'Aiguillon, Laborde, conspirateurs en chef, et de MM. Muguet de Rasthou [*sic* : de Nanthou], Cottin, Verchère de Reffies et autres jockeis et aboyeurs à la suite de la conspiration. S. l. n. d., in-8°, 8 p. [N. Lb³⁹ 3483. — [R. AD. I, 54.]

23397. — Lettre du Père éternel à M. de Lameth. S. l., 1790, in-8°, 15 p. [N. Lb³⁹ 8880.]

Le titre de départ, page 3, porte en plus : *tant pour lui que pour son frère*, MM. Duport, Barnave, Delaborde, le duc d'Aiguillon et consorts.

J.-V. Delacroix s'est défendu d'être l'auteur d'un pamphlet contre Charles de Lameth intitulé : *Projet de conspiration saisi chez un ami du peuple* et que je ne connais pas. (Voyez le n° 22415 ci-dessus.)

23398. — Consultons le valet de chambre, si nous voulons bien connaître son maître. Conversation secrète entre la femme de chambre de confiance de Mᵐᵉ de Staël et le bonneau de M. Charles de Lameth. S. l. n. d., in-8°, 8 p. [N. Lb³⁹ 8881.]

« La scène se passe chez l'illustre fille de l'illustre Necker. »

Signé : Silvestre.

23399. — Collection de belles lettres. S. l. n. d. (1790), in-8°, 8 p. [N. Lb³⁹ 8883.]

Pamphlet sous forme de lettres adressées par Ch. de Lameth à La Fayette, par Adrien Duport à Bailly, par Joseph de Laborde à Necker, par Alexandre de Lameth à La Tour-Dupin, par Barnave au comte de Saint-Priest.

Les prétendus auteurs de ces lettres déclarent tous qu'ils n'ont jamais songé à supplanter dans les fonctions ou les places qu'ils occupent les destinataires de leurs épîtres.

23400. — Lettre écrite par M. Al... de L...h à ses correspondants dans les différentes garnisons du royaume et trouvée parmi les indices recueillis à Perpignan par M. le v... de M... [vicomte de Mirabeau] sur les auteurs de l'insurrection du régiment de T... [Touraine] (Paris,

3 juin 1790). *S. l. n. d.*, in-8°, 8 p. [*N.* Lb³⁹ 3497.]

Epigr. :

Soldats ! voici la main qui mettait Rome en cendres !
Catilina, acte 4.

23401. — Grand Dîner donné au bois de Boulogne aux bons citoyens, par MM. Lameth, etc., etc. (25 juin 1790). *S. l. n. d.*, in-8°, 8 p. [*N.* Lb⁴⁹ 3628. — *R.* AD. I, 54.]

23402. — Lettre de M. le comte Charles de Lameth à M. le chevalier de B. Adressée à l'Assemblée nationale par un citoyen de l'Anjou à la suite d'un don patriotique. *S. l. n. d.*, in-8°, 16 p. [*R.* AD. I, 54.]

P. 6, *Lettre de M. le comte C. de L.* [Charles de Lameth] *à M. le chevalier de B... à B...* (Paris, 30 novembre [1790]). Il va sans dire que cette lettre est apocryphe.

23403. — Lettre à M. Alexandre Lameth, par un membre de la Société patriotique et de l'Assemblée nationale. Le 23 décembre 1790. *Imp. du Postillon. S. d.,* in-8°, 1 f. et 26 p. [*N.* Lb³⁹ 4433.]

Le titre de départ, p. 1, porte : *Copie de la lettre écrite à M. Alexandre de Lameth...*

23404. — Les Visites du matin de M. Charles de Lameth. *S. l. n. d.*, in-8°, 8 p. [*N.* Lb³⁹ 4434.]

23405. — Grand Assassinat de M. Charles Lameth dénoncé par lui-même à l'Assemblée nationale ou Mémoire à consulter et Consultation pour un grenadier de la garde nationale (29 janvier 1791). *De l'imprimerie des Jacobins,* in-8°, 8 p. [*N.* Lb³⁹ 4569.]

Signé : Verraciterre, grenadier de la garde nationale.
Pamphlet au sujet d'une altercation de Ch. Lameth et d'une sentinelle qui lui avait réclamé l'exhibition de sa carte de député.

23406. — Avis au cousin Alexandre Lameth. *Imp. Chaudrillier. S. d.*, in-8°, 7 p. [*N.* Lb³⁹ 4610.]

Signé : Abassal.
Félicitations satiriques sur son élection comme administrateur du département de Paris, le 12 février 1791.

Pièce déjà signalée tome Ier, n° 1516, et qui a été remise en circulation sous un nouveau titre ; voyez le numéro suivant.

23407. — Grand Rôle du cousin Alexandre Lameth, qui joue le ministre. *Imp. Chaudrillier. S. d.*, in-8°, 7 p. [*N.* Lb³⁹ 4611.]

Même ouvrage que le précédent.
La lettre de remerciement d'Alex. de Lameth aux électeurs a été imprimée (voyez tome II, n° 5442) et réimp. par Charavay, *Assemblée électorale* [1re série], p. 460).

23408. — La Résurrection du Collier, par M. Lameth et compagnie. *Imp. Chaudrillier. S. d.*, in-8°, 7 p. [*N.* Lb³⁹ 4612.]

Prétendue offre faite au joaillier Bossange (appelé ici Bassanges) de lui obtenir le remboursement par la nation des 60,000 livres auxquelles l'arrêt du Parlement avait fixé l'indemnité due par le cardinal de Rohan et dont la provision avait été assignée sur les revenus de son abbaye de Saint-Vaast, devenue bien national. Un mémoire conçu dans ce sens devait être présenté au club des Jacobins par les frères Lameth et leurs amis politiques.

23409. — Grandes lettres des bons citoyens sur M. Alexandre Lameth. *S. l. n. d.*, in-8°, 4 p. [*R.* AD. I, 54.]

Lettres de [Bruneau de] Beaumetz, Le Chapelier, Adrien Duquesnoy et d'André, adressées au *Journal de Paris* (1er et 2 mars 1791).

23410. — Lettre adressée aux Amis de la Constitution de Paris (2 mars 1791).

Par Adrien Duquesnoy contre Alex. de Lameth. Voyez tome II, n° 9125.

23411. — Mères, ne gâtez pas vos enfants, car ils finiraient par vous battre. Histoire très morale, presque sans réflexions. *S. l. n. d.*, in-8°, 8 p. [*N.* Lb³⁹ 9814.]

Pamphlet allégorique contre les Lameth (*Mateth*), Gorsas (*Sagors*), etc.

23412. — Grande Motion de M. de Chartres au Club des Amis de la Constitution en faveur des artistes peintres et sculpteurs de la ville de Paris (1791).

Pamphlet sur les Lameth et leurs amis politiques.
Voyez tome II, n° 9540.

23413. — Réponse au rapport de M. Alexandre Lameth, imprimée par ordre de l'Assemblée nationale. S. l. n. d., in-8°, 16 p. [N. Lb^{39} 4568. — R. AD. I, 54.]

Ce Rapport (coté à la B. N. Le^{29} 1661), présenté le 22 juillet 1791, a trait à la sûreté de l'Etat.

Le titre de la *Réponse* porte bien « imprimée », mais elle n'a néanmoins aucun caractère officiel.

23414. — Société des Amis de la Constitution... Extrait du procès-verbal... du 25 septembre 1791.

Voyez tome II, n° 9204. Radiation de Charles et Alexandre Lameth, Barnave, Adrien Duport, Goupil de Préfeln.

23415. — Acte du Corps législatif donné à Paris le 16 août 1792... Décret de l'Assemblée nationale du 15 août 1792... *Paris, imp. Nationale*, 1792, in-4°, 2 p. [R. AD. I, 54.]

Mise en accusation d'Alexandre de Lameth.

23416. — Extrait de la « Biographie des contemporains », par MM. Jay, Arnaud, de Jouy et de Norvins. *Imp. Gaultier-Laguionie*. S. d., in-8°, 13 p. [N. Ln^{27} 11243.]

Le titre de départ porte seulement : *Biographie*.

Notice sur Alex. Lameth.

23417. — Observations de M. le général comte Th. de Lameth relatives à des notices qui se trouvent dans la « Biographie universelle » sur ses frères Charles et Alexandre. *Paris, au Comptoir des Imprimeurs*, 1843, in-8°, 2 ff. et 76 p. [N. Ln^{27} 11244.]

23418. — [**Lami-Evette** (Charles-François Evette, dit).] Crime du comité des recherches de l'Assemblée nationale constituante et de plusieurs faussaires créés et salariés par lui ou Défense des sieurs Lami-Evette et Dunand, impliqués dans la fabrication de faux assignats des sieurs Marcon et Vidaud, et condamnés à mort. *Paris, Rozé, au Palais de Justice et chez les marchands de nouveautés*, 1792, in-4°, 98 p. [N. Lb^{39} 10549.]

Signé : Maton de La Varenne, ancien avocat, conseil.

Épigr. :

O honte ! ô mœurs !

Le titre de départ, p. 3, porte : *Plaidoyer pour Charles-François Evette, dit Lami, et Antoine Dunand, prisonniers, contre M. l'accusateur public.*

23419. — [**Lamoignon** (Chrétien-François de).] Testament de M. Chrétien-François de Lamoignon, chevalier, marquis de Bâville, ancien président à mortier au Parlement de Paris et ancien garde des sceaux de France, écrit de sa main, la surveille de sa mort, et communiqué par le sieur de Lorger, son homme de confiance. Seconde édition (12 mai 1789). S. l. n. d., in-8°, 36 p. [R. AD. I, 54.]

Pièce apocryphe et satirique.

Lamoignon de Malesherbes (Chrétien-Guillaume de). — Voyez **Malesherbes**.

23420. — [**La Motte** (Emmanuel-Paul-Vincent de Cahideuc, marquis Du Bois de).] Procès-verbal de la section de la Place-Vendôme (28 février 1791).

Voyez tome II, n° 8660. Interrogatoire d'un « chevalier du poignard », l'un des signataires de la protestation intitulée : *Récit exact de ce qui s'est passé au château des Tuileries le 28 février* (voyez tome Ier, n° 2076)..

23421. — [**Lamotte** (M.-A.-N., comte de).] Mémoire pour M. Marc-Antoine-Nicolas de La Motte, ancien officier de cavalerie, détenu dans les prisons de la Conciergerie du Palais, à Paris, contre la plainte du procureur général du ci-devant Parlement de Paris, et la procédure qui l'a suivie, sur les faits du marché du Collier et de la supposition d'écriture et de signature de la Reine. *Langlois fils; Desenne; Planche*, 1792, in-4°, 1 f. et 45 p. [Br. M. F. R. 37* (19).]

A côté de la signature de La Motte figure la griffe de Riston.

23422. — Affaire du Collier. Mémoires inédits du comte de Lamotte-Valois, sur sa vie et son époque (1754-1830), publiés d'après le manuscrit autographe, avec un historique préliminaire, des pièces justificatives et des notes, par Louis Lacour. Paris, Poulet-Malassis et de Broise, 1858, in-12, 2 ff. et XXXIX-398 p. [N. La³⁰ 29.]

23423. — [**La Motte** (Jeanne de Saint-Rémi de Valois, comtesse de).] Histoire véritable de Jeanne de S.-Remi ou les Aventures de la comtesse de La Motte. *Villefranche, chez la V° Liberté*, 1786, in-8°, VII-72 p. [N. Ln²⁷ 11286.]

23424. — Observations de P. Tranquille sur le premier Mémoire de Mᵐᵉ la comtesse de La Motte. *A la Mecque*, 1786, in-8°, 56 p. [N. Ln²⁷ 11287.]

L'ex. de la B. N. porte cette note manuscrite : « Pris à la Bastille par mes fils, le 16 juillet 1789. »

23425. — Mémoires justificatifs de la comtesse de Valois de La Motte écrits par elle-même (1788).

Voyez les nᵒˢ 21141, 21141ᵃ⁻ᶠ et 21144-21145 ci-dessus.

23426. — Second Mémoire justificatif de la comtesse de Valois de La Motte écrit par elle-même (1789).

Voyez le n° 21143 ci-dessus.

23427. — Detection or a Scourge for Calonne, containing the reply of the countess de Valois de La Motte to the calumnies propagated by that dating fugitive and the most authentic and irrefragable Proofs of his falshood and despicable duplicity. *London, printed for the author and sold by J. Ridgway, York street, St James square*, MDCCLXXXIX, in-8°, 120 p. (la dernière non chiffrée). [N. Ln²⁷ 22507.]

A la suite de l'ex. de la B. N. est relié un catalogue de livres nouveaux en vente chez Ridgway (8 p.).

23428. — Memoirs of the Countess de Valois de La Motte, containing a compleat justification of her conduct, and an explanation of the intrigues and artifices used against her by her enemies relative to the diamond necklace; also the correspondence between the queen and the Cardinal de Rohan; and concluding with an address to the king of France supplicating a re-investigation of that apparently mysterious business... (1790).

Voyez le n° 21142 ci-dessus.

23429. — Supplique à la nation et Requête à l'Assemblée nationale, par Jeanne de Saint-Rémy de Valois, ci-devant comtesse de La Motte, en revision de son procès (1790).

Voyez le n° 21148 ci-dessus.

23430. — Réponse à la requête de Jeanne de La Motte (1790).

Voyez le numéro 21149 ci-dessus.

23431. — Adresse de la comtesse de La Motte-Valois à l'Assemblée nationale, pour être déclarée citoyenne active (1790).

Voyez le n° 21150 ci-dessus.

23432. — Déclaration d'amour du Père Duchêne à Mᵐᵉ La Motte-Valois, trouvée dans une tabagie de la rue Mouffetard. *De l'imprimerie du Père Duchêne. S. d.*, in-8°, 8 p. [N. Lc² 2413.]

23433. — Les Lettres de cachet presque ressuscitées ou Enlèvement nocturne de Mᵐᵉ La Motte. *S. l., de l'imp. d'un ami de la liberté. S. d.*, in-8°, 6 p. [N. Ln²⁷ 11293.]

23434. — Vie de Jeanne de Sᵗ-Remy de Valois, ci-devant comtesse de La Motte, contenant un récit détaillé et exact des événements extraordinaires auxquels cette dame infortunée a eu part depuis sa naissance et qui ont contribué à l'élever à la dignité de confidente favorite de la reine de France, avec plusieurs particularités ultérieures propres à éclaircir les transactions mystérieuses relatives au collier de diamants, à son emprisonnement, à son évasion... (1791).

Voyez les nᵒˢ 21152-21153 ci-dessus.

23435. — Vie et Aventures de la comtesse de Valois de Lamotte écrits par elle-même (1793).

Voyez le n° 21144 ci-dessus et le numéro suivant.

23436. — Supplément à la Vie et aux Aventures de la comtesse de Valois de La Motte... (1793).

Voyez le n° 21145 ci-dessus et le numéro précédent.

23437. — Mémoires de la comtesse DE VALOIS DE LA MOTTE, écrits par elle-même. *Paris, Recoules*, 1846, 2 vol. in-8°. [*N*. Ln^{27} 11297.]

Attribués par Quérard au baron D'AGIOUT et classés sous son nom par le *Catalogue général des livres imprimés de la Bibliothèque nationale*.
Sur les travaux de la critique moderne touchant l'affaire du Collier et le rôle qu'y joua Mme de La Motte, voyez les n°s 21154-21162 ci-dessus.

23438. — [**La Neufville**]. Pétition adressée à l'Assemblée nationale par M. DE FAVRE en qualité de défenseur officieux de M. de La Neufville, ancien officier de cavalerie, détenu en arrestation depuis sept mois sans décret. *Imp. Vézard et Le Normant, février* 1792, in-4°, 12 p. [*N.* Ln^{27} 11332.]

La Neufville, grenadier dans la garde nationale, était accusé d'avoir sciemment mis de faux assignats en circulation.

23439. — [**Langlès** (Louis-Mathieu).] Lettre écrite de Lintz par un orientaliste allemand, au sujet d'un orientaliste français célèbre par ses traductions, ses rédactions, ses éditions, ses notes, etc., etc. Traduite sur l'original antique, par F. P. J. (24 juin 1814). *Strasbourg, chez Frédéric Offenhertzig et se trouve à Paris chez les marchands de nouveautés. S. d.* (1814), in-8°, 43 p. [*N.* Ln^{27} 11352.]

Pamphlet signé : V. M.

23440. — Institut royal de France. Académie des inscriptions et belles-lettres. Funérailles de M. Langlès (30 janvier 1824). *S. l. n. d.*, in-4°, 6 p. [*N.* Ln^{27} 11353.]

P. 1, discours de CAUSSIN [DE PERCEVAL] au nom de l'Académie des inscriptions; p. 3, discours de GAIL, au nom de la Bibliothèque royale.

23441. — Notice sur la vie et les ouvrages de M. L.-M. Langlès, par A. R. [ABEL RÉMUSAT]. *Paris, imp. Dondey-Dupré*, 1824, in-8°, 12 p.

Extrait du *Journal asiatique*.
D'après le *Dictionnaire des anonymes* de Barbier.

23442. — Catalogue des livres imprimés et manuscrits composant la bibliothèque de feu M. Louis-Mathieu Langlès, chevalier des ordres de la Légion d'honneur et de Saint-Wladimir, administrateur conservateur des manuscrits orientaux de la Bibliothèque du Roi, professeur de persan et administrateur de l'Ecole royale et spéciale des langues orientales, membre de l'Institut royal de France (Académie des inscriptions et belles-lettres), de la Société de géographie, de la Société royale des antiquaires de France, de la Société asiatique de Calcutta, de l'Académie impériale de Saint-Pétersbourg, de la Société philosophique de Philadelphie, des Académies royales de Gœttingue, de Munich, etc., etc., dont la vente se fera le 24 mars 1825 et j. s. *Paris, J.-S. Merlin*, 1825, in-8°, 2 ff., XVIII-556 p. [*N.* Δ 33710.]

P. I-VII, *Notice sur M. Langlès*, signée ED. GAUTTIER. P. VIII-XI, *Catalogue des ouvrages composés par M. Langlès ou annotés par lui*. P. XIII-XVIII, *Avertissement*. Le catalogue est suivi de *Tables alphabétiques* (LXXXIX p.) et des *Prix des livres de la bibliothèque de feu M. Langlès* (31 p.).

23443. — Notice sur Louis-Mathieu Langlès, membre de la Société des bibliophiles françois. *Imp. F. Didot* (1826), in-8°, 9 p.

Signée (p. 9) : WALCKENAER.
Le faux-titre tient lieu de titre.
Cette *Notice* forme la première pièce du tome V des *Mélanges* publiés par la Société (B. N. Z 3269. Réserve).

23444. — [**Langlois** (Eustache-Hyacinthe).] Souvenirs de l'Ecole de Mars et de 1794 (1836).

Voyez tome III, n° 14394.

23445. — [**Langlois** (Isidore).] ISIDORE LANGLOIS, né à Rouen, le 18 juin 1770, demeurant sur la section de Bon-Conseil, traduit devant le tribunal criminel du département de la Seine, comme l'un des conspirateurs de vendémiaire, à ses juges et à ses concitoyens. *Paris, Maret; Brigitte Mathé; Dupont. S. d.*, in-8°, 1 f. et 37 p. [*N.* Lb⁴² 844.]

23446. — Jugement rendu par le tribunal civil du département de la Seine, séant au Palais de justice à Paris, qui déclare J.-B. Louvet, représentant du peuple français et rédacteur de journaux, calomniateur; lui fait défenses de plus à l'avenir diffamer les citoyens dans sa « Sentinelle » et, pour l'avoir fait, le condamne en cinq cents livres de dommages et intérêts envers les pauvres de Paris et en l'affiche du jugement (5 ventôse an V- 23 février 1797). *Imp. Fauvelle et Sagnier. S. d.*, in-4°, 4 p. [*P.* 29070*.]

A la requête et en faveur d'Isidore Langlois.

23447. — [**Langlois** (Jean-Luc).] Précis des faits ou Premier Mémoire pour le sieur Jean-Luc Langlois, administrateur, seul régisseur de la maison de confiance, ci-devant Encan national, rue Thomas-du-Muséum, n° 270, maison Longueville, contre les citoyens Famin et Fauvelet, associés et intéressés dans le même établissement. *S. l., an III de la République, imp. Valade*, in-4°, 32 p. [*R.* AD. II, 41.]

Plaintes en escroquerie déposées par Langlois au sujet des sommes qui lui étaient dues et d'objets soustraits par ses associés. Voyez tome III, n°ˢ 14978-14981.

23448. — [**La Palun** (PINCHINAT DE).] Plainte des sieur et dame DE LA PALUN au premier tribunal du département de Paris, séant au Palais, contre le sieur Calonne, ancien contrôleur général, le sieur Le Noir, ancien lieutenant de police, le sieur Marquet, ancien receveur général des finances, beau-frère du sieur de Calonne, et contre leurs complices, fauteurs, participes (*sic*) et adhérents. *Paris, imp. patriotique. S. d.*, in-8°, 16 p. [*N.* Ln²⁷ 11395.]

Les signatures des plaignants sont accompagnées de celles de VERRIÈRES, défenseur officieux, et de RÉNAST, avoué.

23449. — [**Laplace** (Pierre-Simon de).] Institut royal de France. Académie française. Funérailles de M. le marquis de Laplace. Discours de M. le comte DARU, chancelier de l'Académie française, prononcé aux funérailles de M. le marquis de Laplace, le 7 mars 1827. *Imp. F. Didot. S. d.*, in-4°, 3 p. [*N.* Ln²⁷ 11427.]

23450. — Institut royal de France. Académie royale des sciences. Funérailles de M. le marquis de Laplace, le 7 mars 1827. *Imp. F. Didot. S. d.*, in-4°, 9 p. [*N.* Ln²⁷ 11428.]

Discours de POISSON et de BIOT.

23451. — Institut royal de France. Académie des sciences. Funérailles de M. le marquis de Laplace. Discours de M. MAURICE, membre de l'Académie, prononcé aux funérailles de M. le marquis de Laplace, en remplacement de M. le secrétaire perpétuel de l'Académie des sciences, absent pour cause de maladie, le 7 mars 1827. *Imp. F. Didot. S. d.*, in-4°, 4 p. [*N.* Ln²⁷ 11429.]

23452. — Chambre des Pairs. Séance du 2 avril 1827. Discours prononcé par M. le marquis DE PASTORET, à l'occasion de la mort de M. le marquis de Laplace. *S. l. n. d.*, in-8°, 7 p. [*N.* Lc⁵⁸ 2, 1827, n° 89.]

23453. — Institut royal de France. Éloge historique de M. le marquis de Laplace, prononcé dans la séance publique de l'Académie royale des sciences, le 15 juin 1829, par M. le baron FOURIER, secrétaire perpétuel. *Imp. A.-F. Didot. S. d.*, in-4°, 22 p. [*N.* Ln²⁷ 11430.]

23454. — Laplace, né à Beaumont-en-Auge, le 23 mars 1749, mort à Paris le 5 mars 1827. *Paris, imp. Crapelet*, 1844, in-4°, 8 p. [*N.* Ln²⁷ 11431.]

Le verso des titres courants porte : *le Plutarque français*.

C'est un tirage à part de la première édition de cette publication.

Signé : MAX. KAUFMANN.

23455. — [**La Revellière-Lépeaux**.] Revellière (*sic*)-Lépeaux, essai sur sa vie et ses œuvres. *Angers, Cosnier et Lachèse,*

1840, in-8°, 2 ff. et III-24 p. [*N.* Ln²⁷ 11472.]

Signé : F. Guille.

23456. — Larevellière-Lépeaux, par M. Gubler. *Paris, H. Plon,* 1859, gr. in-8°. [*N.* Ln²⁷ 11473.]

Extrait de la *Biographie universelle*.

23457. — Mémoires de Larevellière-Lépeaux, membre du Directoire exécutif de la République française et de l'Institut national, publiés par son fils sur le manuscrit autographe de l'auteur et suivis de pièces justificatives et de correspondances inédites. *Paris, J. Hetzel et Cⁱᵉ,* MDCCCLXXIII (1873), 3 vol. in-8°. [*N.* La³³ 165. Réserve.]

Communiqués en manuscrit à Thiers et plus tard à Lamartine, les *Mémoires* de Larevellière-Lépeaux avaient été imprimés à Paris par les soins de son fils Ossian conformément aux volontés paternelles, ainsi qu'en fait foi une *Introduction de l'éditeur* datée de Thouarcé (Maine-et-Loire), 15 mars 1873 ; mais, au moment de la mise en vente, des scrupules survinrent au fils et à la belle-fille de l'auteur et l'édition toute entière (moins les ex. du dépôt légal) furent empaquetés en ballots dans une resserre de leur maison. Ossian La Revellière-Lépeaux mourut en 1876 et sa veuve lui survécut jusqu'en 1891. Les violentes attaques de l'ancien Directeur contre son collègue Carnot firent ajourner de nouveau la publication jusqu'au lendemain de la mort tragique de M. Sadi-Carnot ; mais la Bibliothèque nationale avait reçu, conformément à la loi, l'un des ex. déposés par l'imprimerie Claye et cet ex., placé dans la Réserve, avait été fréquemment consulté par les historiens.

Voyez le numéro suivant.

23457ᵃ. — Mémoires de Larevellière-Lépeaux, membre du Directoire exécutif de la République française..., publiés par son fils... *Paris, E. Plon, Nourrit et Cⁱᵉ.* S. d. (1895), 3 vol. in-8°. [*N.* La³³ 165 A.]

En regard du titre du tome Iᵉʳ, portrait héliogravé d'après un original de François Gérard.

Les faux-titre et titre sont suivis d'un Avis des éditeurs (sans titre) et d'une note explicative de M. Robert David d'Angers, datée d'Angers, 1ᵉʳ janvier 1895. A l'exception du portrait et de ces deux avertissements, l'édition de 1895 n'est en réalité que celle de 1873 pourvue de nouveaux titres.

23458. — Etienne Charavay. La Revellière-Lépeaux et ses mémoires. *Paris, bureaux de la Revue bleue,* 1895, in-8°, 46 p.

On lit au verso du faux-titre : « Tiré à cent ex., dont deux sur papier du Japon, deux sur papier de Chine et dix sur papier de Hollande. Offert par MM. Jules Hetzel et Etienne Charavay. »

Au verso du titre : « Extrait de la *Revue bleue* des 26 janvier et 2 février 1895. »

23459. — [**La Reynie de La Bruyère** (J.-B.-M. L. de).] A mes Concitoyens et à mes camarades. *Paris, imp. N.-H. Nyon,* 1789, in-4°. [*N.* Ln²⁷ 11474.]

Signé : La Reynie.
D'après le catalogue de la B. N.

23460. — A mes concitoyens et à mes camarades. S. l. n. d., in-8°, 39 p. [*N.* Ln²⁷ 11474 A.]

Signé : La Reynie.

23461. — [**Larivière** (J.-B. Etienne de).] Opinion de M. Rombcourt, député du département de la Somme, sur le décret d'accusation proposé contre le juge de paix de la section d'Henri IV, pour avoir décerné un mandat d'amener contre MM. Basire, Chabot et Merlin, députés de l'Assemblée nationale. Séance du 20 mai 1792. *Imp. Nationale.* S. d., in-8°, 8 p. [*N.* Le³³ 3 S.]

23462. — Acte du Corps législatif, non sujet à la sanction du Roi, donné à Paris le 20 mai 1792, l'an 4 de la Liberté. *Paris, imp. Royale,* 1792, in-4°, 2 p. [*R.* AD 1, 54.]

Mise en accusation d'Etienne Larivière.

23463. — Lettre de Georges-Victor Vasselin à l'Assemblée nationale, sur le décret d'accusation rendu contre le juge de paix de la section d'Henri IV. *Paris, ce 21 mai 1792.* S. l. n. d., in-8°, 8 p. [*N.* Lb³⁹ 5935.]

23464. — Acte du Corps législatif, non sujet à la sanction du Roi, portant accusation contre le sieur Etienne Larivière, juge de paix de la section Henri IV (2-5 juin 1792). *Paris, imp. Royale,* 1792, in-4°, 3 p. [R. AD. I, 54.]

23465. — Interrogatoire de M. Larivière, juge de paix de la section de Henri IV, à la haute cour nationale. *Imp. Langlois fils,* 1792, in-8°, 8 p. [N. Lb³⁹ 5936.]

23466. — [**Laroche** (de).] Dénonciation au public et à l'Assemblée nationale, au sujet d'un particulier détenu à Charenton depuis trente ans. *Paris, imp. L. Potier de Lille,* 1790, in-8°. 6 p. [N. Ln²⁷ 11491.]

23467. — [**La Rochefoucauld** (Louis-Alexandre, duc de).] Louis-Alexandre La Rochefoucauld à ses concitoyens (27 juillet 1792). *Imp. Dupont. S. d.,* in-8°, 11 p. [N. Lb³⁹ 6084.]

Motifs de sa démission d'administrateur du département de Paris.

23468. — [**La Rochefoucauld-Bayers** (Pierre-Louis et François-Joseph de).] Louis Audiat. Deux victimes des septembriseurs. Pierre-Louis de La Rochefoucauld, dernier évêque de Saintes, et son frère, évêque de Beauvais. *Société de Saint-Augustin, Desclées de Brouwer et Cⁿ, Lille-Paris,* 1897, in-8°, 3 ff. et 451 p. [N. Ln²⁷ 44730.]

23469. — [**La Rochefoucauld-Liancourt** (François-Frédéric-Alexandre, duc de).] Lettre à MM. du comité des pensions (5 avril). *S. l. n. d.,* feuillet in-8°. [N. Lb³⁹ 3198.]

Signé : le duc DE LIANCOURT.
Au sujet des 370,000 livres versées à M. et Mᵐᵉ de Liancourt pour l'achat de la forêt de Camors.

23470. — Institut royal de France. Eloge du duc de La Rochefoucauld-Liancourt, membre de l'Académie des sciences et pair de France, prononcé par le baron Charles Dupin, membre de l'Académie des sciences, aux obsèques qui ont eu lieu le vendredi 30 mars 1827. *Imp. Firmin Didot. S. d.,* in-4°, 19 p. [N. Ln²⁷ 11527.]

23471. — Chambre des Pairs. Séance du 2 avril 1827. Rapport fait à la Chambre par M. le marquis DE Sémonville, sur les événements qui se sont passés aux obsèques de M. le duc de La Rochefoucauld. *S. l. n. d.,* in-8°, 12 p. [N. Le⁵⁸ 2 (n° 91).]

Les discours du duc DE Doudeauville, du baron Pasquier, du comte DE Corbière, du marquis DE Lally-Tolendal, du duc DE Broglie, du vicomte Lainé et du comte Mollien, relatifs aux mêmes incidents et portant tous le même titre, figurent sous les n°⁸ 92-97 et 128 de la même session.

23472. — Aux Mânes de Larochefoucauld. Hommage d'un ancien élève de l'Ecole de Châlons. *Paris, chez les marchands de nouveautés. S. d.* (1827), in-8°, 13 p. [N. Ln²⁷ 11528.]

Par Armand Duchatellier, d'après Quérard.

23473. — Vie du duc de La Rochefoucauld-Liancourt (François-Alexandre-Frédéric), par Frédéric-Gaetan, comte DE La Rochefoucauld, son fils. *Paris, Delaforest,* 1827, in-8°, 108 p. [N. Ln²⁷ 11529.]

En regard du titre, portrait lithographié anonyme.

23473ᵃ. — Vie du duc de la Rochefoucauld-Liancourt, par... son fils. *Paris, imp. A. Henry,* 1831, in-8°, 108 p. [N. Ln²⁷ 11529 A.]

Le portrait est supprimé.

23474. — Eloge historique de François-Alexandre-Frédéric, duc de La Rochefoucauld-Liancourt, pair de France, membre de l'Académie des sciences, par M. J. Doublet de Boisthibault, avocat, membre correspondant de la Société royale des antiquaires de France et de plusieurs Sociétés savantes. *Paris, H. Verdière,* 1830, in-8°, 46 p. [N. Ln²⁷ 11530.]

Epigr. :

Il est de ceux dont le peuple a gardé la mémoire.

Eloge couronné par l'Académie d'Arras.

23475. — Vie et bienfaits de La Rochefoucauld-Liancourt, par A.-Prosper Faugère. *Paris, Ledoyen,* 1835, in-8°, 36 p. [N. Ln²⁷ 11531.]

23476. — Notice sur M. le duc de La Rochefoucauld, ancien pair de France, membre du Conseil général de l'Oise, par Victor Tremblay. *Beauvais, imp. A. Desjardins*, 1856, in-8°, 14 p. et 1 f. non chiffré. [*N.* Ln²⁷ 11532.]

Le feuillet non chiffré contient une liste des travaux imprimés et manuscrits de l'auteur.

23477. — Le Duc de La Rochefoucauld-Liancourt, sa vie et sa statue. Ode et notice, par Henri Dottin. *Clermont (Oise), imp. A. Daix*, 1861, in-12, 20 p. [*N.* Ln²⁷ 11533.]

23478. — Un Philanthrope d'autrefois. La Rochefoucauld-Liancourt (1747-1827), par Ferdinand Dreyfus. *Paris, Plon, Nourrit et Cⁱᵉ*, 1903, in-8°, 2 ff. et XVI-547 p. et 1 f. n. ch. (Errata).

En regard du titre, fac-similé du dessin original de Moreau le jeune, pour la collection Dejabin (Cabinet des Estampes).

23479. — [Larochelle (Barthélemy).] Quelques mots encore sur l'étrange début du nouvel acteur au théâtre de la République (Sextidi 6 ventôse, 9 heures soir). *S. l. n. d.*, in-8°. [*N.* Lb⁴¹ 1735.]

Paginée 73-76, à la suite des *Déclarations motivées* d'Antonnelle. (Voyez le n° 21685 ci-dessus).

23480. — [La Salle d'Offémont (Adrien-Nicolas, marquis de).] A mes Concitoyens (14 août 1789). *S. l. n. d.*, in-8°, 6 p. [*N.* Ln²⁷ 11589.]

Signé : le marquis de La Salle.
Au sujet de l'affaire dite du « bateau de poudre ». (Voyez tome Iᵉʳ, nᵒˢ 1398-1400.) Pièce déjà décrite sous le n° 1400 d'après un ex. du British Museum. Voyez aussi le numéro suivant.

23481. — Lettre du marquis de La Salle à ses concitoyens (août 1789). *S. l. n. d.*, in-8°, 8 p. [*N.* Ln²⁷ 11589.]

Le faux-titre porte : *Justification du marquis de La Salle*.
Même texte que celui du numéro précédent, mais la signature : le marquis de La Salle est suivie de ces mots : « a la prison de l'Abbaye où je me suis rendu ».
Les deux pièces portent la même cote dans l'ex. de la B. N.

23482. — A M. le marquis de La Salle, lieutenant général des armées du Roi, chevalier de ses ordres, ancien commandant de Strasbourg, gouverneur de la Marche, etc. (26 août 1789). *S. l. n. d.*, in-8°, 2 p. [*N.* Ln²⁷ 11611.]

Signé : le marquis de La Salle d'Offémont.
Distinction ironique établie entre les services rendus par le destinataire de la lettre et ceux de son auteur.

23483. — Mémoire justificatif pour le marquis de La Salle. *Paris, N.-H. Nyon*, 1789, in-4°, 12 p. [*N.* Ln²⁷ 11590.]

23484. — Justification du marquis de La Salle. *Paris, N.-H. Nyon*, 1789, in-4°, 7 p. [*N.* Ln²⁷ 11591.]

23485. — Lettre au peuple parisien sur l'imputation grave faite à M. le marquis de La Salle, sa justification prouvée et reconnue, et son glorieux triomphe, par un citoyen de Paris. *Paris, à l'ancien collège du Trésorier, rue Neuve-de-Richelieu (imp. Momoro) près la Sorbonne, premier imprimeur de la liberté*. *S. d.*, in-8°, 11 p. [*N.* Ln²⁷ 11592.]

Épigr. :
Periculosum credere.
Il est dangereux de croire.

23486. — Pétition présentée à MM. les députés de l'Assemblée nationale. *Imp. Vézard et Lenormant. S. d.*, in-8°, 2 p. Ln²⁷ 11594.]

Signée : A.-N. de La Salle.

23487. — « Messieurs, j'ai eu le bonheur de vous prouver mon zèle... » (4 janvier 1790). *S. l. n. d.*, in-4°, 3 p. [*N.* Ln²⁷ 11595.]

Nouvelle pétition du marquis de La Salle.

23488. — « Monsieur, vous connaissez mon zèle... » (14 décembre 1790). *S. l. n. d.*, in-4°, 2 p. [*N.* Ln²⁷ 11596.]

Troisième pétition du marquis de La Salle.

23489. — A Monsieur le président et à Messieurs les membres de la Société des Amis de la Constitution séante aux Jacobins (14 décembre 1791). S. l. n. d., in-8°, 3 p. [Br: M. F. R. 333 (37).]

Signé : A.-N. DE LA SALLE.
Justification.

23490. — [**La Touche-Besnardais** (de).] Lettre écrite à S. A. S. Mgr le duc d'Orléans, premier prince du sang, où se trouvent exposées quelques gentillesses des Srs Bachois de Villefort, lieutenant criminel; Flandre de Brunville, procureur du Roi; Le Noir, ancien lieutenant général de police, encore conseiller d'Etat, encore bibliothécaire du Roi, et Shée, secrétaire général des hussards. Par M. DE LA TOUCHE, officier réformé de hussards. S. l., 1789, in-8°, 42 p. [N. Ln^{27} 11639.]

Signé : THÉBAULT DE LA TOUCHE-BESNARDAIS.
Plainte contre une séquestration de trois mois subie à la maison de correction de Maréville, près de Nancy.

23491. — [**La Tour** (l'abbé Noël de).] Adresse aux représentants de la République française et à tous les défenseurs des droits de l'homme. S. l. n. d. (1792), in-8°, 15 p. [N. Ln^{27} 30977.]

ÉPIGR. :
Vitam impendere vero.

Signé : Par un républicain français.
En faveur d'un prêtre, ancien boursier du séminaire de Saint-Magloire, transféré à l'Hôtel-Dieu comme aliéné, sur la requête de l'abbé de Saint-Simon, ci-devant membre du « corps » de l'Oratoire.
Par un jugement en date du 16 août 1793, le tribunal du 6e arrondissement donna gain de cause à Noël de La Tour contre ses persécuteurs et les condamna à des dommages-intérêts à percevoir sur les biens du séminaire de Saint-Magloire. (A. Douarche, *les Tribunaux civils de Paris pendant la Révolution*, tome Ier, p. 549-550.)

23492. — [**La Tour du Pin Gouvernet** (Jean-Frédéric DE PAULIN, comte de).] Dénonciation du sieur La Tour Dupin par la Commune de Paris, suivant l'engagement qu'elle a pris par l'adresse qu'elle a présentée à l'Assemblée nationale le 10 novembre 1790. *Imp. Chalon*, 1790, in-8°, 1 f. et 47 p. [R. AD. I, 54.]

23493. — Dénonciation du sieur Latour, ci-devant dit Dupin, ministre de la guerre (22 août an II). *Paris, imp. Chalon. S. d.*, in-8°, 8 p. [N. Lb^{39} 9261.]

Signée : BAILLIO, volontaire de la garde nationale parisienne, de la Société des Amis de la liberté de la presse.

23494. — [**Latour-Maubourg** (César de).] Département de Paris. Domaines nationaux. Vente par continuation après l'émigration du nommé Latour-Maubourg, rue de Lille, 640, section de la Fontaine-Grenelle (13 germinal an II-2 avril 1794). *Imp. Ballard. S. d.*, in-folio plano.

Ancienne collection Paul Dablin.

23495. — [**Laugé.**] Paris, ce 12 janvier 1793. Au citoyen président la Convention nationale et aux membres d'icelle. *Imp. Knapen. S. d.*, in-8°, 4 p. [N. Ln^{27} 11707.]

Signé : ANT. LAUGÉ et femme BONTEMPS.
Plainte contre Garat, ministre de la justice. Lauge appartenait à la section des Piques (ou de la Place-Vendôme).
Par un décret du 10 juin 1793, la Convention déclara qu'il n'y avait aucun motif d'inculpation contre Garat, ni contre le directeur du jury du 2e arrondissement et le tribunal du 5e arrondissement.

23496. — [**Laugier.**] Le vrai Patriotisme ou Services rendus à la patrie, avec les pièces authentiques qui le prouvent, par ESPRIT-MICHEL LAUGIER, docteur en médecine de l'Université de Montpellier, membre de plusieurs Académies, professeur au collège de Marseille, auteur et directeur général des bains hydrauliques médicinaux à vapeur de Paris, de la France, etc. *Paris, chez l'auteur, rue et cul-de-sac Saint-Dominique-d'Enfer*, 1791, in-8°, 31 p. [N. Ln^{27} 11709.]

23497. — [**Launay** (Bernard-René JOURDAN, marquis de).] Testament de CHARLES DE LAUNAY, gouverneur de la Bastille, trouvé à la Bastille le jour de l'assaut. S. l. n. d., in-8°, 8 p. [N. Ln^{27} 11713.]

Apocryphe et satirique. Le prétendu testateur fait un certain nombre de legs à Cagliostro, Beaumarchais, Mme de Polignac, etc.

23498. — [**Laurent** (l'abbé (Claude-Ignace).] Recueil de pièces relatives à la fête de famille qui a été célébrée dans l'église de Saint-Leu le 24 janvier 1809. Paris, imp. H. Perronneau, MDCCCIX, in-8°, 39 p. [N. Ln^{27} 31695.]

Célébration de la cinquantaine du père et de la mère de l'abbé Laurent, curé de Saint-Leu, et des noces de diamant et de M. et Mme Legros, père et mère du curé de Saint-Jacques-du-Haut-Pas.
P. 24-28, couplets chantés par divers convives du banquet qui suivit la cérémonie religieuse.

23499. — [**Lauron**.] Extrait du rapport fait au nom de la commission d'inspection du palais du Conseil des Cinq-Cents, par DAUBERMESNIL, sur l'incendie qui s'est manifesté à la maison formant l'encoignure des rues Neuve-Roch et Honoré, le 28 pluviôse an V (16 février 1797). S. l. n. d., in-8°, 6 p. [N. Le^{43} 4060.]

Relation de l'acte de dévouement accompli par Lauron, lieutenant de vétérans de la 175e compagnie, mort victime de son courage et nomination en son lieu et place de son fils, ancien aide de camp du général Beaupuy.

23500. — [**Lauzier** (Charles-Antoine).] Hôtel de Ville de Paris. Comité de la Bastille. Déclaration authentique des services rendus à la chose publique pendant la Révolution de France, par CHARLES-ANTOINE LAUZIER, vainqueur de la Bastille et commissaire vérificateur, lieutenant de cette compagnie, membre de la Société des Amis de la Constitution, etc., etc. (20 septembre 1790). S. l. n. d., in-folio plano.

D'après la teneur de cette pièce, Ch.-Ant. Lauzier était fils de l'ancien président de l'élection de Grenoble, âgé de vingt-six ans, natif de Die (Drôme) et membre du district de Saint-Honoré.
Collection particulière de M. Edmond Maignien, conservateur de la bibliothèque publique de Grenoble.

23501. — [**Lauzun** (Armand-Louis DE BIRON, duc de).] Jugement rendu par le Tribunal révolutionnaire... qui, sur la déclaration du juré de jugement, portant qu'il a existé une conspiration contre la sûreté intérieure et extérieure de la République; qu'Armand-Louis Biron, ex-général d'une des armées de la République, est convaincu d'avoir participé à cette conspiration, condamne Armand-Louis Biron à la peine de mort... (10 nivôse an II-30 décembre 1793). Imp. du Tribunal criminel révolutionnaire. S. d., in-4°, 8 p. [N. Lb^{41} 2232*.]

23502. — Mémoires de M. le duc DE LAUZUN (1822).

Pour cette édition et pour les réimp. données par Louis Lacour, François Barrière et G. d'Heylli, voyez les n°s 21036-21036^{a-f} ci-dessus.

23503. — La Fin d'une société. Le duc de Lauzun et la cour intime de Louis XV, par GASTON MAUGRAS. Paris, E. Plon, Nourrit et Co, 1893, in-8°, 2 ff. et VII-469 p. [N. Ln^{27} 41527.]

En regard du titre, portrait héliogravé représentant Lauzun enfant, d'après une peinture anonyme.

23504. — La Fin d'une société. Le duc de Lauzun et la cour de Marie-Antoinette, par GASTON MAUGRAS (1895).

Voyez le n° 21334 ci-dessus.

23505. — [**Lavau** (Jean-Antoine).] J.-A. LAVAU, défenseur officieux, à ses concitoyens. S. l. n. d., in-4°, 10 et 2 p. [Br. M. F. R. 35* (23).]

Réponse à diverses accusations et exposé de son rôle depuis le commencement de la Révolution.
Les deux pages supplémentaires renferment des pièces justificatives.

23506. — Extrait des registres des délibérations (27 septembre 1793). S. l. n. d., in-4°, 2 p. [R. AD. I, 54.]

Déclaration du président et des juges du tribunal d'appel de police correctionnelle au sujet d'un certificat accordé à Lavau, défenseur officieux et dont celui-ci avait, au dire du tribunal, dénaturé le sens.

23507. — [**Lavaux** (Christophe).] Notice. Imp. Crapelet. S. d., in-8°, 3 p. [N. Ln^{27} 11792.]

Réclamation de LAVAUX contre l'omission de son nom dans le livre intitulé Louis XVI et ses défenseurs (cf. tome Ier de la Bibliographie, n° 3592). Il cite à l'appui de son dire le texte de la lettre qu'il avait adressée à la Convention nationale et dont il s'était fait délivrer copie par le directeur des Archives du royaume.

T. IV.

23508. — Les Campagnes d'un avocat ou Anecdotes pour servir à l'histoire de la Révolution (1816).

Voyez tome Ier, n°s 106-106^a.

23509. — [**Laveaux** (Ch. Thiébault de).] Portrait de Laveaux, rédacteur du journal dit « de la Montagne ». S. l. n. d., in-8°, 8 p. [R. AD. I, 54.]

Voyez le numéro suivant.

23510. — Réponse de J.-Ch. Laveaux à un écrit anonyme intitulé : « Portrait de Laveaux », etc. Imp. des 86 départements et de la Société des Jacobins. S. d., in-8°, 8 p. [N. Ln^{27} 11795.]

23511. — [**Laverdy** (Clément-Ch.-Fr. de).] Jugement rendu par le Tribunal révolutionnaire... qui, sur la déclaration du juré de jugement, portant « qu'il est constant qu'il a existé un complot tendant à livrer la République aux horreurs de la famine en jetant et en faisant pourrir dans des étangs ou pièces d'eau les grains nécessaires à l'existence du peuple, pour parvenir par ce moyen à opérer la contre-révolution et la guerre civile en armant les citoyens les uns contre les autres et contre l'exercice de l'autorité légitime; que Clément-Charles-François Laverdy, ex-contrôleur général des finances, est convaincu d'être l'un des auteurs ou complices desdits faits, condamne Clément-Charles-François Laverdy à la peine de mort... (3 frimaire an II-23 novembre 1793). Imp. du Tribunal révolutionnaire. S. d., in-4°, 7 p. [N. Lb^{41} 2232*.]

23512. — [**Lavilleurnoy** (Charles-Honorine Berthelot de).] Mémoire sur la compétence du conseil de guerre permanent, pour Ch.-H. Berthelot de Lavilleurnoy (1797).

Voyez tome Ier, n° 4750, ainsi que le Plaidoyer de Dommanget. Sur le procès auquel se rattachent ces deux pièces, voyez ibid., n°s 4728-4776.

23513. — [**Lavirotte**.] Réponse du citoyen Lavirotte, entrepreneur de la fabrication des sols de cloches des départements de la Côte-d'Or et de Saône-et-Loire, aux calomnies imprimées contre lui sous le nom des artistes réunis de Lyon. S. l. n. d., in-8°, 8 p. [N. Ln^{27} 11821.]

Voyez tome III, n° 13310.

23514. — [**Lavisé** (J.-B.).] J.-B. Lavisé, citoyen français, à ses concitoyens (12 septembre 1792). Imp. Guillaume junior. S. d., in-8°, 16 p. [N. Lb^{39} 10923.]

Protestations de J.-B. Lavisé, greffier de la municipalité de Vincennes, contre son inscription sur une Liste civile militaire en qualité d'ancien sergent de section aux Gardes-Françaises. P. 13, il se flatte d'avoir fait rejeter par le Directoire du Département de Paris une pétition de l'entrepreneur du canal de l'Yvette qui voulait détourner les eaux de la Bièvre et ruiner ainsi les manufacturiers et blanchisseurs qu'elle alimente.

23515. — [**Lavoisier** (Antoine-Laurent).] Notice sur la vie et les travaux de Lavoisier, par Fourcroy, précédée d'un discours sur les funérailles (par Mulot), et suivies d'une ode sur l'immortalité de l'âme (an IV).

Voyez tome III, n° 17945.

23516. — Notice sur la vie et les ouvrages de Lavoisier, par Jérôme Lalande. Imp. du Magasin encyclopédique. S. d., in-8°, 15 p. [N. Ln^{27} 11825.]

Extrait du Magasin encyclopédique.

23517. — Lavoisier (1743-1794), d'après sa correspondance, ses manuscrits, ses papiers de famille et d'autres documents inédits, par Edouard Grimaux... (1888).

Voyez tome Ier, n° 4219.

23518. — [**Laya**.] Institut de France. Académie de France. Funérailles de M. Laya. Discours de M. de Jouy, membre et directeur de l'Académie, prononcé aux funérailles de M. Laya, le mardi 27 août 1833. Imp. Firmin Didot frères. S. d., in-4°, 2 p. [N. Ln^{27} 11835.]

23519. — Discours prononcés dans la séance publique tenue par l'Académie française pour la réception de M. Charles Nodier, le 26 décembre 1833. Paris, imp.

Firmin Didot frères, 1833, in-4°, 2 ff. et 24 p. [N. Z. 6053 (213).]

P. 1, discours de Ch. Nodier. P. 17, réponse de M. de Jouy.
Éloge de Laya.

23520. — [**Lays** (François Lay, dit).] Lays, artiste du théâtre des Arts, à ses concitoyens. *Paris, imp. Guffroy. S. d.*, in-8°, 23 p. [N. Lb⁴¹ 1914.]

Au sujet de son arrestation. Le mandat de libération est daté du 15 messidor an III (3 juillet 1795).

23521. — « La Marseillaise » et Lays! *Rouanet. S. d.*, in-8°, 12 p. [N. Ln²⁷ 11837.]

Anecdote romanesque qui semble cependant offrir quelque vraisemblance.

23522. — [**Lazowski**.] Section du Finistère. Procès-verbal de l'ouverture du corps du citoyen Lazowski (24 avril 1793).

P. 4, liste des témoins de l'autopsie.
Voyez tome II, nᵒˢ 8163 et 8164 (convocation aux funérailles). L'autopsie eut lieu le 24 avril et non le 30, comme le porte par erreur le n° 8164.

23523. — Discours sur la mort de Lazowski, prononcé à ses obsèques, dans la salle du Conseil général de la Commune, le dimanche 28 avril 1793, l'an second de la République française, par Destournelles, vice-président du Conseil et jacobin depuis l'origine de la Société. *Imp. C.-F. Patris. S. d.*, in-8°, 24 p. [P. 23959*.]

23524. — [**Lebas** (Philippe-François-Joseph).] Correspondance inédite de Ph.-F.-J. Lebas, membre de la Convention nationale. Extrait de l'« Histoire parlementaire de la Révolution française ». *Paris, imp. A. Everat*, 1837, in-8°, 53 p. [N. Lb⁴¹ 50.]

23525. — Stéfane Pol. Autour de Robespierre. Le conventionnel Le Bas, d'après des documents inédits et les mémoires de sa veuve. Préface par Victorien Sardou, de l'Académie française. *Paris, Ernest Flammarion. S. d.* (1901), in-8°, XXVI-340 p. [P. 35741.]

Sur la couverture imprimée, profil de Le Bas en forme de médaillon, d'après un croquis de Louis David, réduit et intercalé p. 29.

Dédicace de l'auteur à ses filles Marie-Aimée et Marcelle Coutant-Le Bas.
Stéfane Pol est le pseudonyme de M. Paul Coutant, docteur en droit, greffier de la chambre des requêtes de la cour de Cassation.

23526. — [**Leblanc de Guillet** (Antoine).] Notice sur Antoine Leblanc, professeur à l'École centrale de la rue Antoine, membre de l'Institut national et de la Société libre des lettres, sciences et arts, lu à la rentrée des Écoles centrales du département de la Seine, le 1ᵉʳ brumaire [23 octobre 1799] et à l'École centrale de la rue Antoine, le 30 vendémiaire an VIII [22 octobre 1799], par J.-F.-R. Mahérault, professeur à l'École centrale du Panthéon. *Paris, imp. Ballard, an VIII*, in-8°, 1 f. et 80 p.

Tirage à part d'un *Recueil*, décrit tome III, n° 17378.

¶ Le *Journal de Paris* du 14 floréal an VIII (4 mai 1800) contient sur Leblanc une notice nécrologique dans laquelle est cité un buste exécuté par le citoyen Gois père, d'après les indications de la veuve « et très ressemblant, bien qu'il n'existât aucun portrait de Leblanc ».

23527. — Notice biographique sur Antoine Le Blanc de Guillet (1730-1799), par M. Cl. Perroud, professeur d'histoire, membre non résidant de la Société académique du Puy. *Le Puy, typ. M.-P. Marchessou*, 1864, in-8°, 62 p.

Extrait des *Annales de la Société académique du Puy*, tome XXV.
L'auteur a surtout fait usage des papiers de Le Blanc conservés au grand séminaire du Puy auquel ils ont été légués par un de ses neveux, M. Gouilly, ingénieur des ponts et chaussées.

23528. — [**Leblond** (Gaspard Michel, dit).] Catalogue des livres de la bibliothèque de feu M. Leblond, membre de l'Institut et conservateur de la Bibliothèque Mazarine. *Paris, De Bure père et fils, octobre 1810*, in-8°, 3 ff., 134 p. et 1 f. n. c., 1009 et 233 numéros. [N. Δ 13292.]

La p. 134 (non chiffrée) contient la description de quatre instruments d'astronomie; le feuillet non chiffré énumère les livres nouvellement publiés chez De Bure.
La vente eut lieu du 29 octobre au 15 novembre 1810.

Sur le feuillet de garde d'un ex. en grand papier coté Inv. Q. 8811 et provenant du legs des frères de Bure à la Bibliothèque, on lit cette note de la main de l'un d'eux :

« *Nota*. Le Supplément est en très grande partie à M. Huet de Froberville, d'Orléans ; tous ses articles sont marqués *f.* ; le reste est à différentes personnes. »

Un *Avertissement* signale les principales curiosités de la bibliothèque de Leblond, nommément une belle suite de livres sur les pierres gravées, les médailles et toutes les parties des sciences qui y ont rapport, dont beaucoup étaient annotés par le fameux numismate Pellerin.

Parmi les livres les plus précieux, plusieurs provenaient des bibliothèques de Grolier, des de Thou et comte d'Hoym. La littérature italienne y comptait aussi quelques hautes raretés, telles que les *Canti XI* de Bandello, le *Boccace des Juntes* de 1527 et l'édition originale (1652) de l'*Alcibiade fanciullo a scola*, etc. ; enfin, dans l'histoire littéraire et la bibliographie, divers ouvrages avaient appartenu à Mercier de Saint-Léger et portaient des annotations de sa main.

23529. — [**Lebois** (René-François).] Lisez et vous verrez la vérité. Paris, des Magdelonnettes, le 10 frimaire l'an II (30 novembre 1793) de la République française une et indivisible, le premier de la mort du tyran, de la Constitution républicaine et de la Raison. Ré-Fs Lebois, l'ami des Sans-Culottes et de la Raison, commissaire civil, membre de la Société des sans-culottes révolutionnaires du 31 mai et secrétaire de l'assemblée générale de la section régénérée de Beaurepaire, à ses concitoyens. *Imp. Lebois. S. d.*, in-8°, 15 p. [*N.* Lb⁴¹ 3556.]

23530. — R.-F. Lebois au prêtre Châles et à ses concitoyens. *S. l. n. d.*, in-8°, 4 p. [*N.* Lb⁴¹ 4191.].

Discussion au sujet de la propriété du journal l'*Ami du peuple* (voyez tome II, n° 10990) que se disputaient les deux anciens associés.

23531. — Mise en jugement de Ré-Fs Lebois (l'ami du peuple) au Tribunal criminel du département de la Seine. Sa comparution à ce tribunal comme prévenu d'avoir provoqué le renversement du Corps législatif et du Directoire, le rétablissement de la Constitution de 1793 et le partage des propriétés particulières. Discours prononcé par lui audit tribunal et ses moyens de défense sur les délits qui lui sont imputés. *S. l. n. d.*, in-8°, 2 p. [*N.* Lb⁴² 1543.]

Titre de départ, suivi d'un sommaire de deux pages. Au bas de la p. 2, on lit en forme de réclame : *Acte d'accusation*. Voyez les deux numéros suivants.

23532. — Défense de Ré-Fs Lebois (l'ami du peuple) au Tribunal criminel du département de la Seine ou Réponse au nouvel acte d'accusation dressé contre lui par le citoyen Malbête-Champertois, l'un des directeurs du jury d'accusation dudit tribunal. *S. l. n. d.*, in-8°, 12 p. [*N.* Lb⁴² 1543.]

La signature, en forme de griffe, est suivie de ces mots entre parenthèses : « Embastillé 22 mois et réembastillé à la Conciergerie » et de la réclame : *Acte d'accusation*. Voyez le numéro suivant.

23533. — Acte d'accusation dressé contre Ré-Fs Lebois (l'ami du peuple), par Monsieur Clozier, l'un des directeurs du jury d'accusation du Tribunal criminel du département de la Seine. Cassé et annulé par jugement dudit tribunal. *De l'imp. de l'Ami du peuple (R.-F. Lebois). S. d.*, in-8°, 2 p. [*N.* Lb⁴² 1543.]

Voyez les deux numéros précédents.
Dans l'ex. de la B. N. ces trois pièces portent la même cote et sont reliées ensemble.

23534. — Plaidoyer [-2° plaidoyer] de R.-F. Lebois, l'ami du peuple, contre Jean-Baptiste Dossonville, inspecteur général adjoint au ministre de la police générale Cochon (5 thermidor an V-23 juillet 1797). *Imp. Lebois. S. d.*, in-8°, 16 et 16 p. [*N.* Lb⁴² 1490.]

Le premier Plaidoyer est signé au moyen d'une griffe. Sur le second, la signature est imprimée.

23535. — Henri Welschinger. Le journaliste Lebois et l'« Ami du peuple » (an III-an VIII). Extrait du « Livre », livraison du 10 décembre 1885. *Paris, imp. A. Quantin*, 1885, in-8°, 20 p. [*N.* Ln²⁷ 36236.]

Réimp. dans un recueil d'études historiques intitulé : *le Roman de Dumouriez* (Plon, Nourrit et Cᵉ, 1890, in-18).

23536. — [**Lebreton** (Joachim).] Joachim Lebreton, premier secrétaire perpétuel de l'Académie des beaux-arts, par M. Henry Jouin, secrétaire de l'Ecole des beaux-arts. Avec un portrait hors texte. (Tiré à petit nombre). *Paris, aux bureaux de l'Artiste*, 1892, in-8°, 42 p. (la dernière non chiffrée). [*N.* Ln^{27} 40600.]

Le portrait manque dans l'ex. de la B. N.

23537. — [**Lebrun.**] Interpellations de P. Chappon, méd[ecin], à Lebrun jeune, ex-adjudant et commandant en second de la force armée de la section du Bonnet-Rouge, faites à la séance de l'assemblée générale du 20 nivôse an III (9 janvier 1795). *Paris, imp. V° Delaguette.* S. d., in-8°, 25 p. [*R.* AD. I, 71.]

23538. — [**Lebrun** (Baldran, dit).] Liberté. Egalité. « L'administration de police m'a fait arrêter comme suspect, le 7 septembre (vieux style)... ». S. l. n. d. (1793), in-8°, 2 p. [*R.* AD. I, 54.]

Signé : Baldran, dit Lebrun.

23539. — [**Lebrun** (Charles-François), plus tard duc de Plaisance.] Dénonciation de M. Lebrun, rapporteur du comité des finances de l'Assemblée, sur une injustice qu'il a commise et qui cause la ruine de 4,000 pères de famille. *Paris, imp. Chalon, l'an deuxième de la liberté* (1790), in-8°, 8 p. [*R.* AD. I, 54.]

Au sujet de son projet de suppression des jurés-priseurs.

23540. — Chambre des Pairs de France. Session de 1824. Séance du lundi 21 juin 1824. Discours prononcé par M. le marquis de Marbois, à l'occasion de la mort de M. le duc de Plaisance. Imprimé par ordre de la Chambre. S. l. n. d., in-8°, 13 p. [*N.* Le^{58} 2, session de 1824, tome V, n° 110.]

23541. — Mémoire sur le prince Le Brun, duc de Plaisance, et sur les événements auxquels il prit part sous les Parlements, la Révolution, le Consulat et l'Empire, par M. Marie Du Mesnil, membre de plusieurs Académies. *Paris, Rapilly; Letièvre*, 1828, in-8°, VII-420 p. [*N.* Ln^{27} 16390.]

23542. — Opinions, Rapports et Choix d'écrits politiques de Charles-François Lebrun, duc de Plaisance, recueillis et mis en ordre par son fils aîné et précédés d'une notice biographique. *Paris, Bossange père*, 1829, in-8°, XV-463 p. [*N.* La^{33} 508.]

En regard du titre, beau portrait gravé par Henriquel-Dupont, d'après P. Franque (1828). La *Notice biographique* (pp. 3-157) est suivie (pp. 157-168) d'une lettre adressée à l'auteur par M. Valette, professeur de philosophie au collège Saint-Louis et datée du 1er décembre 1828.

23543. — « Une Statue du duc de Plaisance sera inaugurée le 10 octobre 1847 à Coutances. J'ai pensé que, dans cette circonstance, il serait convenable de faire imprimer une biographie très courte sur mon père; elle ne contient que des faits et répondra en partie à des erreurs contenues dans différents ouvrages » (5 octobre 1847). *Paris, imp. Maulde et Renou.* S. d., in-8°, 19 p. [*N.* Ln^{27} 16392.]

Pièce signé : Le duc de Plaisance (Anne-Charles Lebrun, général de division [1775-1859)].

La statue était l'œuvre d'Antoine Etex.

23544. — [**Le Brun** (J.-B.-P.).] Catalogue des livres du cabinet de feu M. Le Brun, peintre, commissaire-expert du Musée Napoléon, membre des Académies de San Carlos à Valence, de Florence, de celle Ligustrique, etc., dont la vente se fera en sa maison, rue du Gros-Chenet, n° 4, le lundi 29 novembre 1813 et j. s. *Paris, De Bure frères*, 1813, in-8°, 1 f. et 19 p.; 209 numéros. [*N.* Δ 13502.]

Le Catalogue est suivi d'annonces de livres nouveaux en vente chez les libraires experts.

23545. — [**Le Brun** (Elisabeth-Louise Vigée, dame).] Précis historique de la vie de la citoyenne Le Brun, peintre, par le citoyen J.-B.-P. Le Brun. *Paris, gratis chez le citoyen Lebrun, peintre, rue du Gros-Chenet*, 488, an II, in-8°, 22 p. [*N.* Ln^{27} 11899.]

23546. — Notice sur la vie et les ouvrages de Mme Le Brun, par J. T. L. F. (J. Tripier Le Franc). S. l. n. d. (1828), in-8°, 16 p.

Tirage à part, que je n'ai pu voir, d'une notice parue dans le tome Ier (pp. 177-192) du *Journal-Dictionnaire de biographie moderne*, annexe de *l'Oracle européen*. Sous sa première forme, la pièce n'a qu'un titre de départ : *Madame Lebrun*, et ne porte aucune signature, mais seulement, au moyen d'une griffe, l'adresse de l'impr. Béthune, 5, rue Palatine, à Paris. Le *Dictionnaire des anonymes* ne la cite que d'après un ex. signalé au catalogue de vente de Duchesne aîné (P. Jannet, 1855), n° 411.

23547. — Souvenirs de Madame Louise-Elisabeth Vigée-Lebrun, de l'Académie royale de Paris, de Rouen, de Saint-Luc de Rome et d'Arcadie, de Parme et de Bologne, de Saint-Pétersbourg, de Berlin, de Genève et d'Avignon. *Paris, librairie de H. Fournier*, 1835, 3 vol. in-8°. [*N*. Ln^27 11900.]

Épigraphe empruntée à J.-J. Rousseau.
Chaque volume a pour appendice une liste des portraits exécutés par l'auteur, correspondant aux époques retracées dans ses *Souvenirs*.

23547^a. — Souvenirs de Madame Vigée-Lebrun... *Paris, Charpentier*, 1869, 2 vol. in-18. [*N*. Ln^27 11900 A.]

Même épigraphe qu'au numéro précédent.
Les diverses listes des portraits peints par l'auteur sont réunies en une seule à la fin du tome II. Aucune correction n'a été apportée à ces listes dont l'orthographe informe rend les identifications très difficiles.
Mme Vigée-Lebrun avait certainement pris des notes en vue de la rédaction de ses *Mémoires*; on le sait par son propre témoignage (cf. une lettre publiée dans *l'Amateur d'autographes* de septembre 1875, pp. 139-140) et d'ailleurs, la première édition de ses *Souvenirs* a paru de son vivant, c'est-à-dire avec son aveu; mais le nom du metteur en œuvre de ces notes est inconnu et l'on a tour à tour désigné, sans preuves, Aimé Martin et J.-C. Tripier Le Franc, neveu par alliance de l'artiste.
La seconde édition offre, comme la première, de nombreuses erreurs matérielles qu'il eût été facile de faire disparaître, et l'annotation se borne à l'adjonction (tome II, pp. 290-304) d'une longue note signée Ch. [Charpentier] sur Mme d'Houdetot et sa famille, note dont la présence, suivant la remarque de M. Jules Guiffrey (*Revue critique*, 12 février 1870, pp. 109-112), n'est guère justifiée.

23548. — [**Lebrun-Tondu** (Pierre-Marie-Henri Tondu, dit).] Jugement rendu par le Tribunal criminel révolutionnaire... qui, sur la déclaration du juré de jugement portant que : Pierre-Marie-Henri Tondu, dit Lebrun, né à Noyon, département de l'Oise, imprimeur, ci-devant ministre des affaires étrangères, domicilié à Paris, a été l'un des auteurs ou complices d'une conspiration qui a existé contre la liberté, la sûreté du peuple français, l'unité et l'indivisibilité de la République, condamne ledit Pierre-Henri Tondu, dit Lebrun, à la peine de mort... (7 nivôse an II-27 décembre 1793). *Imp. du Tribunal criminel révolutionnaire*. S. d., in-4°, 7 p. [*N*. Lb^41 2232*.]

J'ai décrit ci-dessus (n° 22452) la pétition de la femme Descine, se vantant d'avoir fait arrêter Lebrun-Tondu, alors qu'il était réfugié chez elle.

¶ Lebrun-Tondu avait commencé la rédaction de *Mémoires historiques et justificatifs de son ministère*, dont M. Frédéric Masson a publié l'*Avant-propos*, pp. 517-521 du *Département des Affaires étrangères pendant la Révolution* (cf. tome III, n° 12579).

23549. — Catalogue des livres précieux composant le cabinet de feu le citoyen Lebrun, ex-ministre des Relations extérieures, et autres livres rares dont la vente se fera le 15 ventôse an VI (5 mars 1798 v. st.) et j. s., en l'une des salles de vente, rue Neuve-des-Bons-Enfants, n° 2. *Paris, Guillaume De Bure l'aîné*, 1798-an VI, in-8°, 1 f. et 38 p.; 386 numéros. [*N*. Δ 12357.]

A l'ex. de la B. N. (provenant de la collection Jullien) est jointe l'affiche de la vente.

23550. — Lebrun-Tondu, de Noyon, ministre des Affaires étrangères en 1793. *Noyon, typ. D. Andrieux*, 1877, in-8°, 8 p. [*N*. Ln^27 29882.]

La couverture imprimée sert de titre. On lit au bas de la p. 8 : « Extrait de *l'Ami de l'ordre* du 1er mars 1877 ».
L'auteur établit à l'aide de divers actes empruntés aux registres paroissiaux que le nom de *Tondu* était fréquent dans cette région de la Picardie.

23551. — [**Lebrun** (Ponce-Denis Ecouchard).] Institut de France. Funérailles de

M. Le Brun, le 3 septembre 1807. *Imp. Baudouin. S. d.*, in-4°, 3 p. [*N.* Ln²⁷. 11901.]

Discours de MARIE-JOSEPH CHÉNIER.

23552. — Discours de M. CHÉNIER, membre de l'Institut de France, prononcé aux funérailles de M. Le Brun, le 3 septembre 1807. *Paris, Dabin*, 1807, in-8°, 5 p. [*N.* Ln²⁷ 11902.]

23553. — OEuvres de PONCE-DENIS (ECOUCHARD) LEBRUN, membre de l'Institut de France et de la Légion d'honneur, mises en ordre et publiées par P.-L. GINGUENÉ, membre de l'Institut, et précédées d'une Notice sur sa vie et ses ouvrages, rédigée par l'éditeur. *Paris, Gabriel Warée*, 1811, 4 vol. in-8°. [*N.* Z. 29382-29385.]

En regard du titre, buste de Lebrun dessiné par CHOQUET et gravé par MAIRET, d'après l'original d'ESPERCIEUX. La *Notice* occupe les pp. XV-LI du tome Iᵉʳ.

¶ Sainte-Beuve a consacré à Lebrun deux articles, l'un daté de juillet 1829 et paru dans la *Revue de Paris*, réimp. dans les *Portraits littéraires*, tome Iᵉʳ, l'autre écrit en novembre 1851 et faisant partie du tome V des *Causeries du lundi*.

23554. — [**L'Échenard** (Jean-François).] Liberté. Fraternité. Egalité. Mort aux tyrans. Compte de la gestion du citoyen L'ECHENARD, pendant le temps qu'il a exercé les fonctions de syndic de l'hôtel national des militaires invalides de Paris. *Imp. Pelletié. S. d.*, in-4°, 4 p. [*Br. M. F. R.* 59* (7).]

Signé : L'ECHENARD.

23555. — [**Le Chapelier** (Isaac-René-Guy).] Chapeaux à vendre, opuscule dédié à M. Le Chapelier. *Paris, de l'imprimerie des gens sans tête, à l'Assemblée nationale*, 1790, in-8°, 8 p. [*N.* Lb³⁹ 3099.]

23556. — Vie privée et politique du roi Isaac Chapelier, premier du nom, et chef des rois de France de la quatrième race, en 1789, Louis XVI étant roi des Français, précédée d'une introduction, et ornée du portrait de Sa Majesté. *Se trouve à Rennes, chez l'auteur, historiographe de S. M., et chez tous les libraires de province*, 1790, in-8°, XVI-112 p. [*N.* Lb³⁹ 3100.]

23557. — Dialogue entre M. Chapelier et son chien Soliman. *S. l. n. d.*, in-8°, 7 p. [*N.* Lb³⁹ 4122.]

23558. — [**Leclerc.**] Appel de l'injustice de l'aristocratie, par ETIENNE-PIERRE LECLERC, administrateur du département de la police à ses concitoyens (10 novembre 1792). *Imp. P. Duplain. S. d.*, in-8°, 8 p. [*N.* Ln²⁷ 11934.]

23559. — [**Leclerc Saint-Aubin** (Aubin-Marcel).] Adresse présentée au Conseil des Cinq-Cents, par le citoyen LECLERC SAINT-AUBIN, le 13 brumaire, l'an quatrième (4 novembre 1795). *Paris, imp. Testu et Rebour. S. d.*, in-8°, 12 p. [*N.* Lb⁴² 20.]

Sur l'ex. de la B. N. on lit sous le nom de l'auteur ces mots d'une écriture contemporaine : « Commissaire de la comptabilité ».

L'auteur expose son rôle pendant la Révolution et proteste contre les calomnies dont il est l'objet.

23560. — « Leclerc, né à Bayonne... » *S. l. n. d.*, feuillet in-8°. [*N.* Ln²⁷ 11950.]

Candidature du Sʳ Leclerc à l'une des cinq places de commissaire de comptabilité nationale, qui, en vertu de l'article 321 de la Constitution de l'an III, étaient à la nomination du Corps législatif.

23561. — [**Leclercq** (Louis).] Une Victime de la Révolution ou Vie de Louis Leclercq, dit frère Salomon, instituteur congréganiste, massacré à Paris dans la chapelle des Carmes, le 2 septembre 1792. *Paris, Poussielgue frères; Procure générale des frères des Ecoles chrétiennes, rue Oudinot*, 27, 1887, in-8°, VIII-223 p. [*N.* Ln²⁷ 37420.]

23562. — [**Le Cointre** (J.-B., J.-P. et Laurent).] Sentence contradictoire sur délibéré, rendue en la chambre criminelle du Châtelet de Paris, du 7 décembre 1790, entre Mᵉ Perier, ancien notaire à Paris et député à l'Assemblée nationale, et le sieur Jean-Baptiste Le Cointre, ancien négociant et bourgeois de Versailles, qui ordonne la suppression de deux imprimés, le premier intitulé : « Mémoire à l'Assemblée nationale », signé J.-B. LE COINTRE, chargé des intérêts des héritiers Madeline, et de M° MATON DE LA VARENNE, avocat le second intitulé : « Supplément au Mémoire de M. Maton de La Varenne », signé J.-B. LE COINTRE, comme libelles contenant des imputations injurieuses, outrageantes, gratuitement diffamatoires et attentatoires à l'honneur et réputation dudit M° Périer; fait défenses à leurs auteurs d'en faire et publier de semblables sous les peines de droit, condamne ledit sieur Le Cointre à reconnaitre ledit sieur M° Périer pour homme d'honneur et de probité, non entaché de qualifications injurieuses et gratuitement outrageantes répandues ès-dits libelles, à lui en passer acte au greffe, sinon que la sentence le vaudra; condamne ledit J.-B. Le Cointre en 50 livres de dommages et intérêts applicables, du consentement dudit M° Périer, au pain des pauvres prisonniers de Versailles; ordonne l'impression, publication et affiche de ladite sentence au frais dudit Le Cointre, au nombre de deux cents exemplaires, et condamne ce dernier en tous les dépens. *Imp. L. Jorry*, 1790, in-4°, 7 p. [*N*. Lb³⁹ 9590.]

Il m'a été impossible de voir les deux factums supprimés par cet arrêt.

23563. — A nos Concitoyens, membres du directoire du département de Seine-et-Oise et district de Versailles, maire et officiers municipaux de la ville de Versailles (29 octobre an I⁽ᵉʳ⁾ (1792). *Imp. V° Delaguette. S. d.*, in-4°, 36 et 4 p. [*R.* AD. I, 54.]

P. 19-36, *Pièces justificatives de toutes les preuves énoncées dans le Mémoire qui précède.* Les quatre pages chiffrées à part sont intitulées : *Suite des Pièces justificatives*.

Au sujet d'une contestation de famille soulevée par la disparition prolongée de Jean-Robert Le Cointre dont Laurent et Jean-Pierre Le Cointre s'étaient fait adjuger l'héritage.

Voyez le numéro suivant.

23564. — Pétition à la Convention nationale, pour JEAN-PIERRE LE COINTRE l'aîné et LAURENT LE COINTRE, député à la Convention nationale (16 août 1793). V° Delaguette. *S. d.*, in-8°, 32 p. [*N*. Ln²⁷ 11970.]

Au sujet de la revendication d'un autre héritage. Voyez le numéro précédent.

23565. — LAURENT LE COINTRE, député à la Convention nationale, à ses concitoyens. Paris, 15 frimaire an II (5 décembre 1793). *Paris, imp. de la rue Mignon, an II*, in-8°, 31 p. [*R*. AD. I, 54.]

Etat de sa situation de fortune et de ses affaires domestiques, en vue de la liquidation de ses dettes.

23566. — LAURENT LECOINTRE au peuple souverain. 24 fructidor an II (10 septembre 1794). *Imp. Guffroy. S. d.*, in-8°, 9 p. [*R*. AD. I, 54.]

Réponse à Billaud-Varenne et à Bourdon de l'Oise, qui l'avaient dénoncé comme accapareur.

23567. — Convention nationale. Rapport et Projet de décret présentés au comité de législation par le citoyen BERLIER, député de la Côte-d'Or, sur une réclamation de la famille Lecointre, de Versailles. Imprimés par ordre de la Convention nationale. *Imp. Nationale. S. d.*, in-8°, 8 p. [*R*. AD. I, 54.]

Au sujet et en faveur de la radiation de J.-P. Lecointre porté sur la liste des émigrés.

23568. — Compte rendu par LE COINTRE (de Versailles), député aux Assemblées législative et conventionnelle, proscrit le 16 germinal an III, rendu à la liberté le 15 vendémiaire an III, au peuple français. Ce 4 brumaire (-30 frimaire) an IV (26 octobre-21 novembre 1795). *S. l. n. d.*, in-8°, 32 p. [*N*. Lb⁴² 889.]

Sur son passé et l'état de sa fortune.

23569. — Guignes-Libre, ce 15 pluviôse an V de la République une et indivisible. LECOINTRE, de Versailles, au Conseil des Cinq-Cents (3 février 1797). *Paris, imp. Thomassin. S. d.*, in-8°, 22 p. [*N*. Lb⁴² 259.]

Réponse aux accusations de Léonard Bourdon.

23570. — P. FROMAGEOT. Laurent Le Cointre, député de Seine-et-Oise à la Législative et à la Convention (1742-1805).

Revue de l'histoire de Versailles et de Seine-et-Oise. Versailles, librairie Léon Bernard; Paris, librairie Honoré Champion, 1899, in-8°, 1 f. et 64 p. [*N.* Ln^{27} 46801.]

Entre les pp. 2 et 3, fac-similé hors texte d'un portrait de Lecointre en costume de représentant du peuple.

¶ M. Th. Lhuillier a publié dans la *Révolution française*, tome XXVIII, pp. 234-256 (janvier-juin 1895) un article intitulé : *Laurent Le Cointre, de Versailles, député à la Convention nationale.*

23571. — [**Ledéist-Botidoux** (Jean-François).] A Marat. Imp. Nationale. S. d., in-8°, 2 p. [*N.* Ln^{27} 12012.]

Signé : J. LEDÉIST-BOTIDOUX, ex-député de l'Assemblée constituante.
Réponse à une dénonciation de Marat touchant la candidature de Ledéist-Botidoux à la succession de Raphaël Carle, commandant du bataillon de Henri IV.

23572. — [**Lefébure** (Louis).] Justice contre Maignet, député à la Convention, destructeur de Bédouin. S. *l. n. d.*, in-8°, 18 p. [*N.* Lb^{41} 4184.]

Signée, p. 16 : LEFÉBURE, dit *Pot-de-fer*. P. 16-18, *Note sur la délation d'un individu méprisable* [Magnon, complice de Jourdan Coupe-Tête].
Rappel par Lefébure de son rôle au 14 juillet 1789, aux journées d'octobre et au 10 août 1792, et dénonciation des sévices exercés contre lui lors de la répression de la révolte d'Orange dans laquelle il avait été impliqué.

23573. — [**Le Fébure-Lamaillardière** (Ch.-Fr.).] A la Convention nationale. Pétition avec observations d'intérêt public ainsi que particulier : 1° sur le changement de certains noms trop discordants avec, soit notre heureuse régénération, soit le patriotisme et l'honnêteté de tel qui les porte ou qui, communs à trop de citoyens, ne sont pas assez distinctifs des bons et des mauvais ; 2° sur la revivification du nom de Fabert, issu d'imprimeur-libraire et devenu soldat, puis caporal, etc. maréchal de France, pour prix de ses vertus civiques et guerrières. Par CH.-FRANÇOIS LEFÉBURE-LAMAILLARDIÈRE, ancien cavalier, cultivateur propriétaire à la montagne du Petit-Montrouge, district du Bourg-de-l'Egalité. 5 pluviôse an II (24 janvier 1794). Imp. Quillau. S. d., in-8°, 16 p. [*N.* Lb^{41} 3860.]

L'auteur entasse raisonnements et digressions pour obtenir de s'appeler désormais *Fabert*.

23574. — [**Lefebvre de Corbinière** (Jean-François).] Eloge funèbre de J.-F. Lefebvre de Corbinière, administrateur du Prytanée et vice-président du tribunal d'appel séant à Paris, prononcé le 13 nivôse an XI (3 janvier 1803), dans le chef-lieu de Prytanée, en présence de l'administration générale, d'une députation des divers tribunaux et des collèges de Paris, de Saint-Cyr et de Compiègne, par le citoyen CROUZET, directeur du collège de Saint-Cyr, membre associé de l'Institut national, de la Société d'agriculture et beaux-arts de Calais, ancien professeur de rhétorique et principal du collège de Montaigu en l'Université de Paris. Paris, imp. Gillé fils. S. d., in-8°, 17 p. [*N.* Ln^{27} 12037.]

23575. — [**Lefebvre La Boulaye.**] Réponse de LEFEBVRE LA BOULAYE, ancien notaire à Paris, à un libelliste échappé des Petites-Maisons. S. l., an X (-1802), in-8°, 30 p. [*N.* Ln^{27} 12041.]

Voyez le n° 21711 ci-dessus.
A la suite de la *Réponse* est reliée, dans l'ex. de la B. N., une autre pièce intitulée : LEFEBVRE LA BOULAYE à ses concitoyens (S. l. n, d., in-8°, 4 p.), renfermant une rétractation signée d'AUZAT, auteur du pamphlet susvisé et d'un *Aperçu d'une cause renvoyée à l'audience en référé entre Antoine Auzat et Pierre Garcelon, chaudronnier de Vigier...*, que je ne connais pas.

23576. — [**Lefèvre** (l'abbé Guillaume-Louis).] Jugement souverain de NN. SS. les maîtres des requêtes de l'hôtel du Roi, qui décharge Me Guillaume-Louis Lefèvre, titulaire des chapelles de Sainte-Marie-l'Egyptienne et de Saint-Nicolas, la dame Ve Gallet et le chevalier de Sarreau, de l'accusation contre eux intentée... (1788).

Voyez tome III, n° 16697.

23577. — Adresse à l'Assemblée nationale (1791).

Voyez tome III, n° 16698.
Requête de l'abbé Guillaume-Louis Le Fèvre,

chapelain de Notre-Dame, pour obtenir la jouissance des revenus dont il était titulaire. Suivent les attestations favorables de Bailly, de Duport, de La Fayette, de Gouvion et de Lajard.

23578. — [**Lefèvre**.] Exposé de M. Lefèvre, de la communauté de Saint-Roch. S. l. n. d., in-8°, 6 p. [N. Ln^{27} 12049.]

Supplications et excuses présentées à la municipalité par un prêtre qui avait insulté la cocarde nationale.

23579. — [**Lefèvre** (Victor).] La Loi. Pétition à la Convention nationale. Imp. Célère. S. d., in-4°, 4 p. [Br. M. F. R. 64* (5).]

Par Victor Lefèvre, commis des huissiers au Tribunal révolutionnaire, détenu à la Force pour une accusation de fausse déclaration et d'accaparement de six ballots de drap.

23580. — [**Lefort**.] Adresse à MM. composant les 60 districts de la ville de Paris. S. l. n. d., in-4°, 4 p. [N. Lb^{39} 7700.]

Signé : Lefort.
Protestation du sieur Lefort, maître d'hôtel dans la rue de Grenelle-Saint-Honoré, contre son exclusion de la garde nationale sous prétexte qu'il avait appartenu à la police.

23581. — [**Legendre** (Louis).] Invitation à toutes les âmes honnêtes et Défi porté aux méchants par Legendre, marchand boucher, électeur de la section du Luxembourg (30 juillet 1791). Imp. de P......, rue Cassette, in-folio plano. [N. Lb^{39} 11177.]

L'un des promoteurs de la Pétition dite du Champ de Mars, Legendre, avait pris la fuite après la proclamation de la loi martiale, et c'est de sa retraite qu'il adressa cette justification. Dans l'ex. de la B. N., plusieurs mots du texte et la rubrique de l'imprimeur sont mutilés.

23582. — Évreux, ce 1er frimaire de l'an II (21 novembre 1793). Legendre, de Paris, représentant du peuple français, dans le département de la Seine-Inférieure et circonvoisins, à ses frères et amis, les Jacobins de Paris. — Legendre, député de Paris à la Convention nationale, à ses collègues composant le comité de salut public. S. l. n. d., in-4°, 4 p. [R. AD. I, 55.]

Protestation contre une motion d'Hébert qui, le 26 brumaire, avait demandé son rappel à la tribune des Jacobins.

23583. — Legendre, représentant du peuple, membre des Anciens, au président du Conseil des Anciens et à ses collègues (Paris, 8 brumaire an VI-29 octobre 1797). Baudouin. S. d., in-8°, 2 p. [N. Lb^{42} 467.]

Annonce de son retour à la santé. (Il mourut le 13 décembre suivant.)

23584. — [**Legendre** (J.-B.-Emmanuel).] Discours prononcé en l'assemblée générale de la section du Muséum, par le citoyen Legendre, administrateur des postes et officier municipal, mis en état d'arrestation par le comité révolutionnaire de la section du Contrat-Social, sans avoir été ni mandé, ni entendu, sur une dénonciation vague faite par l'intrigant Fain qui se dénomme le surveillant républicain, ledit discours imprimé en vertu de l'arrêté pris en l'assemblée générale de la section du Muséum, le 15 nivôse, depuis la mise en liberté du citoyen Legendre. Imp. Vezard et Lenormant. S. d., in-4°, 4 p. [R. AD. I, 55.]

23585. — [**Léger** (J.-B.-Pierre-Ch.).] Note préliminaire pour le sieur Léger, contre le sieur Gallet l'aîné (31 décembre 1790). S. l. n. d., in-8°, 4 p. [N. Ln^{27} 12093.]

Protestation par devant un commissaire du Châtelet contre une imputation contenue dans le Mémoire... décrit sous le n° 22789 ci-dessus et dans la Note additionnelle qui l'accompagne.
Léger était inspecteur général de l'approvisionnement de Paris et demeurait rue de Seine-Saint-Victor, paroisse Saint-Nicolas du Chardonnet.

23586. — [**Legray**.] Section du Museum. Extrait du registre des délibérations... 30 vendémiaire an III (21 octobre 1794).

Lecture d'un mémoire de Saint-Omer en faveur de Legray.
Voyez tome II, n° 8425.

23587. — [**Legris-Duval** (René-Michel).] A la Mémoire de M. l'abbé Legris-Duval, prédicateur du Roi, mort le 18 janvier 1819, à l'âge de cinquante-trois ans (19 janvier 1819). Imp. Le Normant. S. d., in-8°, 7 p. [N. Ln^{27} 12123.]

Signé : S.... L. R.

23588. — « Le Clergé, les Lettres, l'Humanité... » S. l. n. d., in-4°, 4 p. [N. Ln27 12124.]

Texte lithographié. Notice nécrologique sans titre ni signature.
En regard de la première page, portrait lithographié anonyme portant cette légende : *L'abbé Legris-Duval, né le 16 août 1765, mort le 18 janvier 1819.*

23589. — Notice sur l'abbé Legris-Duval. *Paris, Adrien Leclere*, 1819, in-8°, 34 p.

Par MICHEL-JOSEPH-PIERRE PICOT, d'après la France littéraire de Quérard.

23590. — Notice historique sur M. l'abbé Legris-Duval, prédicateur ordinaire du Roi, pour servir de préface à ses Sermons, par L. C. D. B. [le cardinal DE BAUSSET]. *Paris, A. Le Clere*, 1820, in-8°, 2 ff. et 219 p.

Tirage à part, de format in-8°, d'une partie des liminaires des *Sermons* de l'abbé Legris-Duval (A. Le Clère, 1820, 2 vol. in-12) dont le tome Ier est orné d'un portrait gravé d'après HERSENT par DEQUEVAUVILLER.

23591. — [**Lehodey** (Etienne).] ETIENNE LEHODEY à ses concitoyens. *Imp. N. Renaudière*. S. d. (1792), in-8°, 4 p. [N. Ln27 12145.]

Désaveu de toute participation au *Logographe* (voyez tome II, n° 10663) depuis qu'il en avait abandonné la propriété à une date et à des concessionnaires qu'il ne fait pas connaître, mais d'après cette déclaration même, l'acte avait été passé chez Me Silly, notaire, rue du Bouloi, et l'on pourrait probablement le retrouver chez son successeur actuel.

23592. — [**Lejeune** (Augustin-Laurent).] Conduite politique de LEJEUNE, natif de Soissons, ci-devant chef des bureaux de la surveillance administrative et de la police générale, près l'ancien Comité de salut public. A ses concitoyens de Soissons. *Imp. Mayer*. S. d., in-8°, 8 p. [N. Ln27 12160.]

Voyez le numéro suivant.

23593. — Curiosités révolutionnaires. Saint-Just et les bureaux de la police générale au Comité de salut public en 1794. Notice historique, par AUGUSTIN LEJEUNE, chef des bureaux. Documents inédits publiés par ALFRED BÉGIS. *Paris, imprimé pour les Amis des livres*, 1896, in-8°, 40 p.

On lit au verso du faux-titre : Extrait de l'Annuaire de la Société des Amis des livres, tiré à 30 exemplaires.
Réimp. de la pièce décrite sous le numéro précédent, suivie de notes biographiques et bibliographiques sur l'auteur.

23594. — [**Le Jour** (Séverin).] Mémoire à MM. les députés de l'Assemblée nationale, au comité ecclésiastique. *Vezard et Le Normant*, 1791, in-8°, 4 p. [N. Ln27 12163.]

Signé : SÉVERIN LE JOUR.
Ancien religieux augustin du couvent de la place des Victoires qu'il avait quitté en 1790, le pétitionnaire réclame contre la privation de traitement dont il était victime.

23595. — [**Le Joyand** (Claude-François).] Mémoire à l'Assemblée nationale, pour CLAUDE-FRANÇOIS LE JOYAND, médecin pensionnaire du Roi, ancien médecin de l'hôpital militaire de Brest. *Imp. Pellier*. S. d., in-8°, 40 p. [N. Ln27 12164.]

Exposé de sa conduite durant diverses épidémies.

23596. — Services rendus à l'humanité et à la maison de Bourbon par M. LE JOYAND, depuis 1779 jusqu'au 8 juillet 1815. *Paris, imp. C.-F. Patris*, 1815, in-8°, 114 p. [N. Ln27 12165.]

Suivi d'un *Post-scriptum* (S. l. n. d., in-8°, 6 p.) relié dans l'ex. de la B. N. avec les *Services rendus*...

23597. — Services rendus par M. LE JOYAND, depuis 1776 jusqu'en 1815. *Imp. P. Didot aîné*. S. d., in-8°, 52 p. [N. Ln27 12166.]

Pièce différente de la précédente.

23598. — Appel au Roi, par M. LE JOYAND. *Paris, J.-G. Dentu*, 1820, in-8°, 59 p. [N. Ln27 12167.]

23599. — [**Lemercier** (Népomucène-Louis).] La Vérité sur M. Lemercier et ses ouvrages, suivie de quelques observations littéraires sur « Pinto », par CH. P..., auteur d'un « Dialogue sur le Charles VI », de M. Laville de Miremont et celui de

M. Lemercier, comédie historique en cinq actes et en prose. *Paris, au Palais-Royal; chez tous les marchands de nouveautés,* 1827, in-8°, 16 p. [N. Yf. 13057.]

Composée en 1806, la *Démence de Charles VI* de N. Lemercier, imprimée pour la première fois en 1814 seulement, fut interdite par décision ministérielle, au moment où elle allait être jouée à l'Odéon (25 septembre 1820). Elle eut alors deux éditions; dans la troisième (1826), N. Lemercier avait formulé contre La Ville de Mirmont, auteur d'un *Charles VI* (Théâtre-Français, 6 mars 1826), des accusations de plagiat qui n'étaient point, paraît-il, justifiées.

Sur *Pinto ou la Journée d'une conspiration,* voyez tome III, n° 18545.

Le *Dialogue,* annoncé sur le titre de cette brochure, avait, d'après le catalogue Soleinne (tome V, n° 470), paru chez Ponthieu, le 20 mars 1826.

23600. — Institut royal de France. Discours prononcé dans la séance publique tenue par l'Académie française pour la réception de M. Victor Hugo, le 4 juin 1841. *Paris, typ. Firmin Didot frères,* 1841, in-4°, 64 p.

P. 3-34, discours de VICTOR HUGO; p. 35-65, réponse de M. DE SALVANDY.
Éloge de Népomucène Lemercier.

23601. — Extrait de l'« Encyclopédie des gens du monde »... Notices biographiques sur N.-L. Lemercier et Lemierre, membre de l'Académie française. Par P.-A. VIEILLARD. *Imp. E. Duverger. S. d.* (1842), in-8°, 8 p. [N. Ln²⁷ 12220.]

La dernière page (non chiffrée) est un *Avis des éditeurs* sur le plan de l'*Encyclopédie des gens du monde.*

23602. — Biographie de Népomucène Lemercier, par M. DE PONGERVILLE, de l'Académie française. *Marseille, Vᵉ Marius Olive,* 1859, in-8°, 16 p. [N. Ln²⁷ 12221.]

23603. — [**Lemit** (Louis).] L. LEMIT, administrateur du département de Paris, à ses concitoyens. *Imp. Ballard. S. d.,* in-4°, 15 p. [N. Ln²⁷ 12233.]

Réponse aux attaques de Pierre Giraud.
Voyez le n° 22895 ci-dessus.

23604. — [**Lemonnier** (Anicet-Charles-Gabriel).] Notice historique sur la vie et les ouvrages de A.-C.-G. Lemonnier, peintre d'histoire, de l'ancienne Académie royale de peinture, etc., chevalier de la Légion d'honneur, membre de l'Académie royale des sciences, belles-lettres et arts de Rouen, de la Société philotechnique, de la Société académique des Enfants d'Apollon, etc. *Paris, imp. Crapelet,* septembre 1824, in-8°, 23 p.

ÉPIGR. :

Pictor in tabulis vivit et loquitur.

Par ANDRÉ-HIPPOLYTE LEMONNIER, avocat à la cour royale de Paris et fils du peintre. Suivant G. Duplessis (*Essai d'une Bibliographie générale des beaux-arts*), cette *Notice* a eu, en 1838, une seconde édition extraite de la *Mosaïque littéraire* publiée par le même écrivain.

23605. — [**Lenfant** (Alexandre-Charles-Anne).] Mémoires ou Correspondance secrète du Père LENFANT, confesseur du Roi, pendant trois années de la Révolution, 1790, 1791, 1792. *Paris, L. Mame,* 1834, 2 vol. in-8°. [N. Lb³⁹ 61.]

L'éditeur anonyme de cette *Correspondance* la donne comme émanant d'un père jésuite, né à Lyon le 6 septembre 1726, d'une famille noble originaire du Maine, massacré le 2 ou 3 septembre 1792, dans le jardin des Carmes.

Ces lettres, dont l'authenticité est sujette à caution, auraient été adressées au beau-frère et à la sœur du P. Lenfant, M. et Mᵐᵉ de Saint-Ouen, résidant à Nancy, et les originaux auraient appartenu à leur fils, M. Urguet de Saint-Ouen, ancien magistrat, secrétaire général de la Cour de cassation, mort du choléra en 1832 ; ils étaient déposés chez un notaire dont le nom n'est pas spécifié.

La *France littéraire* de Quérard (tome IV, v° Lacroix [Paul], annonce que l'impression de cette *Correspondance* avait été interrompue à la 10ᵉ feuille, mais elle fut reprise, sans doute après la Révolution de juillet; toutefois un troisième volume, qui était annoncé, n'a pas paru.

23606. — [**Lenoir** (Marie-Alexandre).] Calomnie repoussée. Réponse à l'article du « Nain rose » du 10 mars 1816, intitulé : « Biographie ». *Paris, Hacquart,* 1816, in-8°, 8 p.

D'après la *France littéraire* de Quérard. Cette brochure n'a pas été enregistrée par Beuchot et la B. N. ne la possède pas. Elle réfutait un article intitulé : *Biographie des hommes vivants. Il Negro* (pp. 411-414), violente et injurieuse diatribe sous des noms supposés et des allusions transparentes contre le fondateur du Musée des Monuments français.

23607. — Notice sur la vie et les travaux d'Alexandre Lenoir, par M. ALLOU. Extrait du XVI⁰ volume des « Mémoires de la Société royale des antiquaires de France ». *Paris, imp. E. Duverger*, 1842, in-8°, 24 p. [*N*. Ln²⁷ 12272.]

23608. — Alexandre Lenoir, son journal et le Musée des Monuments français, par LOUIS COURAJOD (1878-1887).

Voyez tome III, n° 19997.

23609. — [**Lenoir** (Jean-Charles-Pierre).] Catalogue des livres qui composent la bibliothèque de M. Le Noir, conseiller d'Etat, lieutenant général de police. *A Paris, de l'imp. de Valade, imprimeur-libraire de Mgr le lieutenant général de police*, MDCCLXXXII (1782), in-4°, 1 f. (titre), V p. (table des matières), 1 f. (faux-titre) et 161 p. [*N*. Q. 2038.]

Au verso du faux-titre, dédicace de Valade à Lenoir. Les livres sont distribués par matières dans l'ordre qu'ils occupaient sur les tablettes. L'ex. de la B. N. renferme de nombreuses additions et quelques corrections manuscrites sur les bas de pages réservés à la fin de chaque série. P. 129-161, *Catalogue de toutes les brochures qui sont mises en liasses par lettres alphabétiques au Dépôt*. Beaucoup d'entre elles provenaient de saisies opérées par la police et la liste en est fort curieuse.
Ch. Nodier a présenté en 1827, lors de sa première vente, ce catalogue comme « le plus rare des livres », mais cette assertion fut relevée dans la *Revue française* (n° XI, p. 200) par un anonyme (JULES TASCHEREAU) qui signala l'existence d'autres ex. de ce même catalogue entre les mains de Renouard, de Beuchot et de Barbier (n° 1534 de sa vente posthume).

23610. — Eloge de M. Le Noir, chevalier, conseiller d'Etat ordinaire et au Conseil royal, président du comité des finances, bibliothécaire du Roi, par C.... DE V... [CADET DE VAUX], censeur royal. *Paris, imp. P.-D. Pierres*, 1786, in-8°, 21 p. [*N*. Ln²⁷ 12275.]

23611. — Mémoire présenté au Roi par M. LE NOIR, conseiller d'Etat. *Paris*, 1787, in-8°, 30 p. [*N*. Ln²⁷ 12276.]

Exposé de son rôle dans l'affaire Kornmann.

23612. — L'An 1787, précis de l'administration de la Bibliothèque du Roi sous M. Le Noir (1788).

Par J.-L. CARRA.
Voyez tome III, n° 17762.

23613. — Apologie de messire Charles-Jean-Pierre Le Noir, chevalier, conseiller d'Etat, ancien commissaire pour le Roi dans l'affaire de La Chalotais, ancien conseiller au Parlement, ancien lieutenant criminel du Châtelet de Paris, lieutenant général honoraire de la police de la Prévôté et vicomté de Paris, grand mandataire pour la prompte expédition, distribution et mise à exécution des lettres de cachet par toute l'étendue du royaume; président de toutes les commissions — Calonne et autres; ancien proviseur des directions Guéménée, Saint-James, etc.; surintendant de l'agio, ancien administrateur des jeux de la belle, du biribi, pharaon et autres; bibliothécaire du Roi, marguillier honoraire de Saint-Roch, deux fois notable, futur représentant aux Etats-Généraux et intéressé dans l'entreprise des boues et lanternes, pour servir de contrefort à un arrêt du Conseil, de réponse à tous mémoires, pamphlets, libelles, plaidoyers présents, passés et futurs, et de dernière couche à sa réputation. Ornée de gravures et dédiée à Mme la duchesse de Grammont, par son très humble et très obéissant serviteur SUARD, l'un des Quarante. *De l'imp. de la Bibliothèque du Roi*, 1789, in-8°, VIII-88 p. [*N*. Lb³⁹ 1252.]

ÉPIGR. :

Chacun tombe sur ce pauvre animal et moi je le prends sous ma protection; PLUCHE, *Spectacle de la nature*, vol. I, entretien XII (*Apologie de l'Ane*).

En regard du titre, frontispice satirique dont l'explication est p. 12. Une autre gravure, décrite pp. 13-18, est intercalée entre les pp. 82 et 83.

23614. — L. DE LA BRIÈRE. Un Edile de Paris il y a cent ans. Extrait du « Correspondant ». *Paris, Jules Gervais*, 1887, in-8°, 19 p. [*N*. Ln²⁷ 37002.]

Le récit s'ouvre par deux dialogues supposés de Le Noir avec Bonaparte, Premier Consul, et avec Fouché, ministre de la police.
L'auteur, dans le cours de son étude, n'allègue aucune référence.

23615. — [**Lenoir.**] Vie privée et politique du citoyen Lenoir à ses concitoyens. *Imp. Clément. S. d.*, in-8°, 16 p. [R. AD. I, 55.]

Le titre de départ, p. 3, porte en note : « Garde magasin de l'Oratoire ».
Justification d'une accusation de détournement de toile.

23616. — [**Léonard** (J.-Fr. AUTIÉ, dit).] Souvenirs de LÉONARD, coiffeur de la reine Marie-Antoinette (1838).

Attribués à LAMOTHE-LANGON.
Voyez le n° 21045 ci-dessus.

23617. — [**Le Peletier de Saint-Fargeau** (Louis-Michel).] Projet de décret proposé à l'Assemblée nationale, par M. LE PELETIER, ci-devant SAINT-FARGEAU. *Paris, imp. Nationale. S. d.*, in-8°, 3 p. [N. Lb³⁹ 4397.]

Pamphlet contre Le Peletier de Saint-Fargeau, à qui ce projet de décret propose de rembourser, moyennant 500,000 livres, sa charge de président à mortier du Parlement de Paris, par reconnaissance pour ses loyaux et généreux services et pour ceux de son père « célèbre par son patriotisme, sa popularité et l'humanité qu'il déploya en faisant rouer vif le chevalier de La Barre ».

23618. — Décret (n° 324) de la Convention nationale, du 21 janvier 1793, relatif à l'assassinat commis en la personne de Michel Le Peletier.

Voyez tome Ier, n° 3898 et les n°s 3899-3904 relatifs aux funérailles de la victime.

23619. — Convention nationale. Discours prononcé... le 29 mars 1793 par le citoyen DAVID... en offrant un tableau de sa composition représentant Michel Le Peletier au lit de mort.

Voyez tome Ier, n° 3910 et la note qui l'accompagne.

23620. — Fête civique donnée par le bureau de comptabilité nationale, pour l'inauguration des bustes de Le Peletier et de Marat, et la consécration d'un arbre à la liberté, le 14 brumaire de l'an deuxième de la République (4 novembre 1793). *Paris, imp. Prault aîné*, 1793, in-8°, 17 p. [N. Lb⁴¹ 886.]

P. 1, *Éloge funèbre de Michel Le Peletier et de Marat*, par PAULIN CRASSOUS, du département de l'Hérault, employé au bureau de comptabilité, à l'occasion de la fête de ces deux martyrs de la Liberté. P. 13, *Hymne chanté à l'occasion de la fête civique*, sur l'air des *Marseillais*, par le citoyen DESTOR, commis au bureau de comptabilité. P. 15, chanson de la *Gamelle*, chantée au banquet civique qui a suivi la fête, sur l'air de *la Carmagnole*, par le citoyen PILLET, employé au bureau de comptabilité et de la première réquisition.
L'*Éloge funèbre...* de Paulin Crassous a été réimprimé à son insu en 1809 (voyez le n° 23304 ci-dessus) et c'est par inadvertance que j'ai dit, en signalant cette réimpression, ne pas connaître l'édition originale.

23621. — Discours prononcé à l'inauguration des bustes de Le Peletier et de Marat, célébrée par les employés du département de l'Intérieur (24 brumaire an II-14 novembre 1793). *Imp. des régies nationales, an IIe*, in-4°, 4 p. non chiffrées. [N. Lb⁴¹ 3499.]

ÉPIGR. :
Le véritable honneur est d'être utile aux hommes.
THOMAS, *Épître au peuple*.

Signé : Par HUGUIER, commis au département de l'Intérieur.

23622. — Apothéose de Marat et de Le Peletier. Scène lyrique, ode, hymnes et couplets chantés ou récités à la fête de la Liberté, de l'Egalité et de l'Indivisibilité dans la ci-devant chapelle du palais national à Versailles, le 30 brumaire (20 novembre 1793) et à Paris, maison de la Révolution, ci-devant Palais-Bourbon, le 15 frimaire de l'an second... (5 décembre 1793). Paroles du citoyen DELRIEU, professeur de rhétorique à Versailles, musique du citoyen GINOUX. *Versailles, se trouve chez l'auteur, au collège, rue Sainte-Geneviève*, n° 2. *S. d.*, in-8°, 16 p. [N. Ye 5587.]

23623. — Vers lus pour la fête de l'inauguration des bustes de Marat et de Le Peletier à la section des Marchés, le 20 frimaire an II (10 décembre 1793) et le 21 à la Société populaire, par le citoyen ROLLAND, employé aux fourrages militaires. *Imp. Fantelin: S. d.*, in-8°, 4 p. [*N.* Ye 51219.]

Voyez pour une pièce de même nature et de la même date, tome II, n° 8471.

23624. — Panégyrique des citoyens Le Peletier et Marat. *Imp. de la section de la Fraternité. S. d.*, in-4°, 4 p. [*N.* Ln²⁷ 12334.]

Signé : Par un membre de la Société populaire de la section de la Fraternité, et imprimé par ordre de ladite Société.

23625. — Les Deux Martyrs de la liberté ou Portraits de Marat et de Le Peletier, par DORAT-CUBIÈRES. *Paris, imp. Ch.-Fr. Patris*, 1793, in-8°, 21 p. [*N.* Ye 20469.]

ÉPIGR. :

Dulce et decorum est pro patria mori.

P. 3, *Commune de Paris*, 11 août 1793 (extrait du compte rendu de la séance).
P. 5, *Poème à la gloire de Marat, lu en la séance du Conseil général*, le dimanche 11 août 1793 et imprimé par son ordre.
P. 9-13, *Notes du poème* (en prose).
P. 15, *la Mort de Le Peletier*. Épigraphe empruntée à Sénèque le tragique.
P. 17, DORAT-CUBIÈRES *à Anaxagoras Chaumette* (sur l'air : *On compterait les diamants*).
P. 19-21, CHAUMETTE, procureur de la Commune, à ses concitoyens. Reproduction d'une circulaire où il se défend d'avoir été prêtre, ni administrateur d'une communauté de prêtres (voyez le n° 22145 ci-dessus).

La mémoire de Le Peletier et de Marat a été l'objet d'innombrables hommages collectifs à Paris et en province; beaucoup de ces pièces ont déjà été décrites dans les tomes II et III de la *Bibliographie*, et il serait superflu d'en donner de nouveau la liste, mais je crois devoir rappeler ici les numéros sous lesquels elles sont classées avec la mention entre crochets des sections, des sociétés populaires ou des administrations par qui ces fêtes funèbres avaient été célébrées : 7941 [section des Champs-Elysées], 7943 [section Le Peletier], 8024 [section du Bonnet-Rouge], 8132 [section de Brutus], 8193 [section du Mont-Blanc], 8420 [section du Muséum], 8498 [section Bon-Conseil], 8534 [section de la Cité], 8581 [section des Gardes-Françaises], 8654 [section de la Place-des-Fédérés], 8693-8696 [section des Piques], 8778 [section de l'Unité], 8872 [Société fraternelle du Panthéon], 8987-8988 [section des Thermes-de-Julien], 9023 [section des Tuileries], 14364-14365ᵃ [Gendarmerie nationale].

23626. — Catalogue du restant des livres rares et précieux de feu le c. Louis-Michel Le Peletier de Saint-Fargeau, dont la vente aura lieu rue des Bons-Enfants, le 7 floréal an IX (27 avril 1801). *Paris, G. de Bure l'aîné*, in-8°, 48 p. [*N.* Δ 12630.]

Sur les ex. que j'ai vus, la date est ainsi modifiée à la main : 21 floréal an IX [11 mai 1801].

Aucune note n'indique si et quand la bibliothèque, représentée par ce « restant », avait été vendue.

Le n° 441 était un ex. du *Dictionnaire de Bayle*, en grand papier, relié en maroquin violet doublé de tabis, lavé et réglé; il provenait des cabinets Randon de Boisset et d'Hangard d'Incourt; adjugé 1,400 livres en 1789, il fut revendu ici 1,055 francs. « Depuis que je suis dans le commerce, dit une note de Debure, je n'ai vu que deux exemplaires aussi complets que celui-ci »; c'étaient ceux de Mel de Saint-Céran et d'Anisson-Duperron.

23627. — Œuvres de MICHEL LE PELETIER SAINT-FARGEAU, député aux Assemblées constituante et conventionnelle, assassiné à Paris, le 20 janvier 1793, par Paris, garde du Roi, précédées de sa vie par FÉLIX LE PELETIER, son frère, suivies de documents historiques relatifs à sa personne, à sa mort et à l'époque. *Bruxelles, Arnold Lacrosse*, 1826, in-8°, 2 ff., 502 p. et 1 f. n. ch. (*Errata*). [*N.* Lb⁴¹ 2269.]

Épigraphe empruntée à la *Vie de Le Peletier* qui suit. En regard du titre, portrait de Michel Le Peletier, signé : LACROIX de Nismes (lith. de Langlumé). Entre l'*Épître dédicatoire au peuple français* et la *Vie...*, portrait de Félix Le Peletier, portant la même signature et sortant de la même imprimerie.

23628. — EDMOND LE BLANT, membre de l'Institut. Le Peletier de Saint-Fargeau et son meurtrier (1874).

Voyez tome Iᵉʳ, n° 3909.

23629. — Episodes de la Révolution. Le Mystère de Forges-les-Eaux. I. Le Peletier de Saint-Fargeau. II. Sa mort. III. Les « Glorieux » de Forges avant et pendant la Révolution. IV. Le suicide de Paris. V. Etait-ce Paris ? Par FÉLIX CLÉREMBRAY. *Rouen, A. Lestringant*, 1891, in-8°, 48 p. [*N.* Lk⁷ 27812.]

On lit au verso du faux-titre : « Tiré à cent exemplaires ».

23630. — [**Le Peletier** (Louise-Suzanne).] Corps législatif. Conseil des Cinq-Cents. Rapport fait par J.-P. Chazal, député du Gard, au nom d'une commission spéciale composée des représentants du peuple Poullain-Grandprey, Laujacq et Chazal, sur les effets de l'adoption et l'affaire particulière de la citoyenne Le Peletier adoptée au nom du peuple français. Séance du 22 frimaire an VI (12 décembre 1797). *Paris, imp. Nationale, frimaire an VI*, in-8°, 32 p. [*N.* Le⁴³ 1615.]

23631. — Observations sur l'adoption. 30 frimaire an VI (20 décembre 1797). *Imp. H.-J. Jansen. S. d.*, in-8°, 15. [*N.* Lb⁴² 484.]

Au sujet de l'adoption de Suzanne Le Peletier par la Convention.
Signé : Rey, bibliothécaire attaché au Conseil des Cinq-Cents.

23632. — Corps législatif. Conseil des Cinq-Cents. Opinion de P.-A. Laloy sur l'adoption nationale et ses effets, et sur le Rapport de la commission spéciale chargée d'examiner le message du Directoire exécutif du 24 vendémiaire dernier, par lequel il demande : 1° quels sont les effets de l'adoption décrétée par la Convention nationale, le 25 janvier 1793 ; 2° et quels droits le gouvernement peut exercer en vertu de la partie de ce décret qui adopta la fille de Michel Le Peletier au nom du peuple français. Séance du 6 nivôse an VI (26 décembre 1797). *Imp. Nationale, nivôse an VI*, in-8°, 27 p. [*N.* Le⁴³ 1655.]

23633. — Opinion de B. Laujacq, député de Lot-et-Garonne, sur le message du Directoire exécutif relatif à la citoyenne Le Peletier. Séance du 3 pluviôse an VI (22 janvier 1798). *Imp. H.-J. Jansen. S. d.*, in-8°, 30 p. [*N.* Le⁴³ 1716.]

Voyez le numéro suivant.

23634. — Réponse à l'opinion du représentant du peuple B. Laujacq, dans l'affaire de la mineure Le Peletier. *Imp. de la rue Cassette, n° 913. S. d.*, in-8°, 15 p. [*N.* Ln²⁷ 12338.]

Signé : Amédée Le Peletier, pour lui et pour son frère Félix.

23635. — Félix et Amédée Le Peletier au Conseil des Cinq-Cents ou Mémoire sur l'affaire de S. Le Peletier, première fille adoptive du peuple français. *Imp. de la rue Cassette, n° 913. S. d.* (1798), in-8°, 1 f. et 48 p. [*N.* Lb⁴² 483.]

23636. — Félix et Amédée Le Peletier au Conseil des Cinq-Cents ou Nouvelles Observations sur l'adoption publique et l'affaire S. Le Peletier. *Imp. de la rue Cassette, n° 913. S. d.*, in-8°, 11 p. [*N.* Ln²⁷ 12339.]

23637. — Observations de Suzanne-Louise Le Peletier, fille unique et héritière de Michel Le Peletier, représentant du peuple à la Convention nationale. *Paris, imp. H.-J. Jansen. S. d.*, in-8°, 3 p. [*N.* Ln²⁷ 12340.]

Signées : Suzanne-Louise Le Peletier.

23638. — Corps législatif. Conseil des Cinq-Cents. Opinion de F.-J. Febvre, député du Jura, sur le message du Directoire exécutif relatif à la citoyenne Le Peletier, et sur l'adoption publique. Séance du 21 pluviôse an VI (9 février 1798). *Imp. Nationale, pluviôse an VI*, in-8°, 12 p. [*N.* Le⁴³ 1752.]

L'Epinard. — Voyez **Paris de l'Epinard.**

23639. — [**Lépine** (Charles-Gédéon de).] Jugement prévôtal, rendu en la chambre criminelle du Châtelet de Paris, qui condamne Charles-Gédéon de Lépine, marchand de chevaux, à être attaché au carcan dans la place de Grève, et y demeurer depuis midi jusqu'à deux heures, ayant écriteau devant et derrière portant ces mots : « Donneur de faux avis ». Extrait des registres du greffe de la prévôté et maréchaussée générale de l'Ile de France. Du vingt-neuf août mil sept cent quatre-vingt-neuf. *Paris, imp. de la prévôté et maréchaussée générale de l'Ile de France. S. d.*, in-4°, 3 p. [*N.* Lb³⁹ 2269.]

23640. — [**Lepitre** (Jacques-François).] Quelques Souvenirs ou Notes fidèles sur mon service au Temple, depuis le 8 décembre 1792 jusqu'au 26 mars 1793... (1814).

Voyez tome Ier, n°^{s} 3374-3374^a. Voyez aussi l'article *Michonis* ci-dessous.

23641. — [**Le Prévot de Beaumont** (Jean-Charles-Guillaume Prévost, dit).] Dénonciation, pétition et rogation du sieur Le Prévot de Beaumont, ancien secrétaire du clergé de France, prisonnier d'Etat en cinq prisons durant vingt-deux ans deux mois pour avoir découvert et dénoncé le troisième pacte de famine depuis 1729, exécuté par le ministère contre la France entière, aux représentants de l'Assemblée nationale (21 mars 1791). S. l. n. d., in-8°, 8 p. [N. Ln^{27} 12356.]

23642. — Le Prisonnier d'Etat ou Tableau historique de la captivité de J.-C.-G. Le Prévot de Beaumont, durant vingt-deux ans deux mois, écrit par lui-même. *Paris, rue Jacob, n° 29*, 1791, in-8°, IV-184 p. [N. Ln^{27} 12358.]

En regard du titre de départ (il n'y a pas de titre), frontispice anonyme gravé représentant l'auteur enchaîné dans son cachot, avec ce titre : *Le Prisonnier d'Etat au donjon de Vincennes* et une légende de cinq lignes : J.-C.-G. Le Prévot de Beaumont... captif... pour avoir dénoncé un pacte de famine concerté entre les ministres *Laverdy, Sartine, Boutin, Amelot, Lenoir, Vergennes*, etc., etc., rendu à la liberté le 5 octobre 1789.

23643. — Dénonciation et pétition du sieur Le Prévot de Beaumont, ancien secrétaire du ci-devant haut clergé de France, prisonnier d'Etat en cinq prisons durant près de vingt-trois ans pour avoir découvert, sans y penser, les quatrième et cinquième pactes de famine générale qui ont été, comme les trois précédents, exécutés depuis 1729 par le Ministère, la Police, le Parlement, contre la France entière, aux représentants de l'Assemblée de la seconde législature (1er novembre 1791). S. l. n. d., in-4°, 8 p. [N. Ln^{27} 12357.]

L'auteur donne aussi son adresse, p. 8 : « A l'Ecole de charité, à côté de l'ancien presbytère, cloître Saint-Germain-l'Auxerrois, au troisième ».

23644. — Rapport de la commission des lettres de cachet sur la pétition de J.-C.-G. Leprévôt, détenu par lettre de cachet en diverses prisons pendant vingt-deux ans, pour avoir voulu révéler un commerce secret de blés, connu depuis sous la dénomination de Pacte de famine. Imprimé par ordre de l'Assemblée nationale. *Imp. Nationale*. S. d., in-8°, 10 p. [N. Le^{33} 3 S, n° 44.]

23645. — Notice sur Prévôt de Beaumont et le pacte de famine. *Cahors, Ve Richard*. S. d., 1848, in-4°, 2 p. [N. Ln^{27} 12359.]

Signé : E. B.

23646. — E. Le Mercier. Le Prévot, dit Beaumont, prisonnier d'Etat, détenu pendant vingt-deux ans et deux mois à la Bastille et dans différentes prisons, pour avoir dénoncé le pacte de famine. *Bernay, Miaulle-Duval*, 1883, in-8°, 360 p. [N. Ln^{27} 34268.]

En regard du titre, reproduction du frontispice décrit sous le n° 23642 ci-dessus.

23647. — [**Leprince** (Simon-Christophe).] Lettres adressées par M. Leprince à l'assemblée générale du district de St-Victor. *Imp. Chardon*, 1790, in-8°, 15 p. [N. Ln^{27} 12360.]

Au sujet de Guillotte et de l'affaire dite du Marché aux chevaux (voyez tome II, n°^{s} 23011-23012 ci-dessus et le numéro suivant).

23648. — Avis du citoyen Leprince à ses concitoyens. *Imp. Prault*. S. d., in-8°, 15 p. [N. Ln^{27} 12361.]

Voyez le numéro précédent.

23649. — [**Leroux** (Etienne).] Etienne Leroux à ses concitoyens (5 décembre 1792). *Imp. Pelletié*. S. d., in-folio plano. [N. Lb^{41} 4739.]

Réponse aux inculpations formulées contre lui au sujet de sa conduite dans la journée du 10 août.

23650. — [**Leroux** (Jean-Jacques).] A Monsieur le Procureur général, syndic du département de Paris. *Imp. civique*, 1791, in-8°, 15 p. [Br. M. F. R. 628 (1).]

Signé : J.-J. LEROUX, administrateur municipal au département des établissements publics. Réponse à l'*Analyse du rapport de M..M.-J.-J. Leroue* (sic)... présentée par le sieur [Bourguignon, dit] Lasalle, secrétaire perpétuel de l'Académie royale de musique (voyez tome III, n° 18264).

23651. — [**Leroy.**] Réclamation contre un nouvel abus du pouvoir et de l'autorité. A MM. les représentants de la Commune de Paris. *Imp. Meymac et Cordier*. S. d. (1790), in-4°, 12 p. [N. Ln^{27} 12397.]

Signé : LEROY.
Cet impresario (qui est peut-être l'acteur dont M. Campardon a relevé le nom en 1784, au théâtre des Variétés-Amusantes) avait loué la salle de la rue Saint-Antoine, connue sous le nom de théâtre Mareux et organisé une troupe lorsque, au moment même du lever du rideau, il se vit interdire toute représentation. Après plusieurs ajournements, il obtint enfin, à titre provisoire, l'autorisation qu'il sollicitait (cf. *Actes de la Commune de Paris*, publiés par M. Sigismond Lacroix, tome III, p. 328 et tome VI, pp. 50, 214, 219, 332, 456, 522, 578). M. Lacroix n'a pas cité la *Réclamation* décrite sous le présent numéro.

23652. — [**Lescaze** (Louis).] Très humbles et très respectueuses supplications et représentations à l'auguste Assemblée nationale, pour LOUIS LESCAZE, étranger de nation, ancien militaire, officier de l'hôtel royal des Invalides et ci-devant conseiller du Roi, inspecteur de sûreté pour la ville de Paris. S. l. n. d. [1790], in-4°, 8 p. [R. AD. VI, 65.]

23653. — [**Lesclapart** (Marie-Pierrette HENNEVEUX, femme).] Jugement rendu par le Tribunal révolutionnaire... qui, sur la déclaration du juré de jugement, portant : qu'il est constant qu'il a été conspiré contre la République, la liberté et la sûreté du peuple français, en composant des ouvrages et écrits contenant des principes contraires au gouvernement républicain, destructeurs de la liberté et provoquant la dissolution de la représentation nationale, l'avilissement des autorités constituées et le rétablissement de la royauté, en imprimant, vendant et distribuant le-dits ouvrages et autres semblables et en [en] conservent des cents (sic) de pareille nature, ainsi qu'en entretenant des intelligences avec les royalistes et en portant le portrait du tyran avec les signes de l'ordre de famille; que François-Alexandre Surmain, Michel Webert, Marie-Claudine Lucas-Deblaire, Marie-Pierrette Henneveux, femme Lesclapart, sont convaincus d'être auteurs ou complices de cette conspiration; condamne lesdits Alexandre Surmain, Michel Webert, Marie-Claudine Lucas-Deblaire et Marie-Pierrette Henneveux, femme Lesclapart, à la peine de mort... 1er prairial an II (20 mai 1794). *Paris, imp. du Tribunal révolutionnaire*. S. d., 15 p. [N. Lb^{41} 2232*.]

L'acte d'accusation qui précède le jugement relève contre les quatre condamnés les charges suivantes : François-Alexandre Suremain, ex-noble, âgé de trente-huit ans, né à Auxonne (Côte-d'Or) était l'auteur d'un travail resté manuscrit, intitulé : *Réflexions sur la nouvelle Constitution donnée à la France par la Convention nationale*, dont le réquisitoire de Fouquier-Tinville cite d'abondants extraits; Michel Webert, natif de Saverne, âgé de vingt-cinq ans, avait fait commerce d'écrits politiques sortis des presses « impures » de Froullé et Levigneur, Gattey, Girouard (qui l'avaient précédé sur l'échafaud; voyez n°s 22775, 22811, 22901 ci-dessus) et de brochures « obscures » [sic ; obscènes] qu'il débitait pour corrompre les mœurs; la veuve Lesclapart s'était rendue coupable du même délit en répandant des écrits contre-révolutionnaires, entre autres « des détails faux et inexacts sur les derniers moments de Capet » (voyez tome Ier, n° 36751); enfin, on avait saisi chez Charlotte Lucas de Blaire, âgée de vingt-sept ans, *les Forfaits du 6 octobre* (voyez tome Ier, n° 1481) dont l'auteur était son propre frère, suivant Barbier, divers numéros de *l'Ami du Roi*, la copie de chansons royalistes et un portrait gravé de Louis XVI entouré de devises où il était question de « l'ordre de famille ».

23654. — [**Lesot** (Eustache-Roland-Roger).] Pétition de EUSTACHE-ROLAND-ROGER LESOT, domicilié à Paris, section du Temple, à la Convention nationale (30 vendémiaire an III-21 septembre 1794). S. l. n. d., in-8°, 4 p. [N. Lb^{41} 1398.]

Exposé de faits propres à combattre des poursuites dirigées contre lui au sujet de ses agissements dans la commune de Gennevilliers, où il s'était dit chargé de diverses « opéra-

23655. — [**Lesueur** (Jean-François).] Lettre en réponse à Guillard, sur l'opéra de « la Mort d'Adam » dont le tour de mise arrive pour la troisième fois au théâtre des Arts, et sur plusieurs points d'utilité relatifs aux arts et aux lettres, par LESUEUR, de plusieurs Sociétés savantes, membre et l'un des inspecteurs de l'enseignement du Conservatoire de musique (ci-devant maître de chapelle de l'ancienne métropole de Paris), pour être distribuée aux autorités. *Paris, Baudouin, brumaire an X*, in-8°, 2 ff., 24 et 111 p.

La Mort d'Adam et son apothéose, tragédie lyrique en trois actes, ne fut représentée que le 21 mars 1809 et sans succès. Guillard était l'auteur du livret.

23656. — Mémoire pour J.-F. Lesueur... en réponse à la partie d'un prétendu Recueil de pièces imprimé soi-disant au nom du Conservatoire et aux calomnies dirigées contre le citoyen Lesueur par le citoyen Sarrette... par le citoyen C.-P. DUCANCEL... (1802).

Voyez tome III, n° 19767.

23657. — [**Levasseur** (René).] Mémoires de R. LEVASSEUR (de la Sarthe), ex-conventionnel, ornés du portrait de l'auteur. *Paris, Rapilly* [et *Levavasseur*], 1829-1831, 4 vol. in-8°. [*N.* La³³ 74.]

En regard du titre du tome Ier, portrait lithographié anonyme (*lith. de Piaget et Laitavoix, passage des Panoramas*).

Epigraphe empruntée à Tacite.

Les deux premiers volumes de ces *Mémoires*, publiés au mois de novembre 1829, furent aussitôt poursuivis comme renfermant des outrages à la dignité royale, à la religion de l'Etat, à la morale publique, ainsi que l'apologie de la souveraineté du peuple, de l'égalité absolue, du régime de 1793, etc. Le rédacteur de ces *Mémoires*, ACHILLE ROCHE et l'éditeur furent, par jugement du 3 mars 1830, confirmé en appel le 13 mai suivant, condamnés, le premier à quatre mois de prison et 1,000 francs d'amende, le second à trois mois de la même peine et 800 francs d'amende; l'imprimeur Gaultier-Laguionie fut mis hors de cause.

Les tomes III et IV, qui parurent en juillet 1831, portent l'adresse du libraire *Levavasseur*.

Le tome III contient une introduction de 8 p. signée FRANCIS LEVASSEUR, fils de l'ancien conventionnel, relatant les circonstances du procès dont le texte, y compris le réquisitoire et les plaidoyers, se trouve tome IV, pp. 291 et suivantes.

Voyez aussi les deux numéros suivants.

23658. — Plaidoyer prononcé par Me BERVILLE, devant la sixième chambre du tribunal civil de première instance, en faveur de M. Achille Roche, éditeur des « Mémoires » de Levasseur, de la Sarthe. *Imp. Everat. S. d.*, in-8°, 28 p. [*N.* Lb⁴⁹ 1180.]

23659. — Discours de M. ACHILLE ROCHE dans l'affaire des « Mémoires » de Levasseur. *Imp. Plassan. S. d.* [1830], in-folio.

D'après la *Bibliographie de la France*, 1830, n° 1103. Ce discours avait été prononcé à l'audience du 19 février.

23660. — [**Levigneur** (Thomas).] Jugement rendu par le Tribunal révolutionnaire... qui... condamne Jacques-François Froullé et Thomas Levigneur à la peine de mort (13 ventôse an II-3 mars 1794).

Voyez le n° 22775 ci-dessus.

23661. — [**Leymerie** (Louis-Julien).] Rapport fait par JUNIUS DUPÉROU au nom de la commission chargée de recueillir des faits et des dénonciations contre Leymerie, médecin, qui ont déterminé l'assemblée générale et la Société populaire de la section de Brutus à lui retirer leur confiance et à lui interdire l'entrée de leurs séances (10 brumaire an II-31 octobre 1793).

Voyez tome II, n° 8135 et le numéro suivant.

23662. — LEYMERIE au peuple sur les inculpations que lui font les royalistes et les Chabotins de la section Molière-et-La-Fontaine, se disant de Brutus, une nouvelle dénonciation, etc. (12 frimaire an II-2 décembre 1793). *S. l. n. d.*, in-8°, 32 p. [*R.* AD. I, 55.]

Voyez le numéro précédent.

23663. — Section de Brutus. Mémoire instructif sur la conduite de Leymerie dans les trois assemblées de sa section depuis sa mise en liberté, présenté aux Comités de salut public et de sûreté générale par les patriotes de la section de Brutus (20 germinal an II-9 avril 1794).

Voyez tome II, n° 8143.

23664. — Liberté. Egalité. Section de Brutus. Rapport sur la conduite de Leymerie dans les séances de l'assemblée générale de la section de Brutus des 5, 10, 15 et 20 germinal; imprimé par ordre de l'assemblée générale. Extrait du registre des procès-verbaux de l'assemblée générale de la section de Brutus. Du 10 floréal an II (29 avril 1794).

Voyez tome II, n° 8146.

23665. — Lettre du citoyen LEYMERIE à l'accusateur public... contre Fouquier-Tinville, David et autres agents de Robespierre... (an II).

Voyez tome Ier, n° 4448 et le numéro suivant.

23666. — Réponse du citoyen CHARDIN... à la lettre vraiment contre-révolutionnaire de Leymerie, ci-devant médecin de Couthon (6 fructidor an II-23 août 1794).

Voyez ci-dessus, n° 22132 et le numéro précédent.

23667. — LEYMERIE, médecin en chef de l'hospice du Sud, à la commission administrative des hôpitaux civils de Paris. *Paris, chez l'auteur, rue de la Harpe, n° 132, et chez les marchands de nouveautés, an V*, in-8°, 52 p. [N. Ln²⁷ 12604.]

Réponse à un blâme des administrateurs.
Voyez le numéro suivant.

23668. — Un Etudiant en médecine à Leymerie, médecin en chef de l'hospice du Sud. S. l. n. d., in-8°, 8 p. [Br. M. F. R., Méth. XIV.]

EPIGR. :

Conticeant omnes, intentique ora teneant.

Violent pamphlet signé JUVÉNAL.

23669. — Au Tribunat. Sur une découverte importante dans les sciences (25 prairial an X-14 juin 1802). S. l. n. d., in-8°, 16 p. [N. Ln²⁷ 12605.]

Signé : J. LEYMERIE, prisonnier d'Etat, ancien médecin en chef de l'hospice du Sud; professeur de chimie expérimentale; de médecine; du Lycée des Arts, etc.
Leymerie avait été arrêté après l'attentat dit de la Machine infernale ou du 3 nivôse et son appartement avait été fouillé par la police; il se plaint d'avoir perdu ainsi le résultat de ses expériences sur les propriétés de l'oxygène.

23670. — [**L'Héritier** (Charles-Louis).] Notice historique sur Charles-Louis Lhéritier, membre de l'Institut national et de la Société libre des lettres, sciences et arts de Paris, lue à la séance publique du 9 germinal an IX (30 mars 1801), par GUYOT DESHERBIERS. *Imp. J.-A. Brosson*. S. d., in-8°, 16 p. [N. Ln²⁷ 12616.]

23671. — Notice historique sur Charles-Louis L'Héritier, par G. CUVIER, lue à la séance publique de l'Institut national, le 15 germinal an IX (5 avril 1801). *Paris, imp. Baudouin, fructidor an X*, in-4°, 21 p. [N. Ln²⁷ 12617.]

23672. — Extrait de l'éloge de Charles-Louis L'Héritier, lu à la séance publique de l'Institut national, le 15 germinal de l'an IX (5 avril 1801), par G. CUVIER, l'un des secrétaires de la classe des sciences mathématiques et physiques. S. l. n. d., in-8°, 20 p. [N. Ln²⁷ 12618.]

23673. — Catalogue des livres de la bibliothèque de feu C.-L. L'Héritier, de Brutelle, membre de l'Institut national, etc., par G. DE BURE l'aîné, avec un extrait de l'« Eloge du citoyen L'Héritier », par le citoyen CUVIER, membre de l'Institut national, etc. La vente se fera dans le courant de germinal de l'an X (mars 1802), maison du c. Silvestre, rue des Bons-Enfants, n° 12... *Paris, G. De Bure l'aîné, 1802*, in-8°, 1 f. et XXXII-360 p. (la dernière non chiffrée) + 4 p. (ordre des vacations). [N. Δ 12697.]

P. 349, errata pour le catalogue et la table des auteurs. Au verso (non chiffré), annonce des livres de fonds de De Bure l'aîné.
La vente était annoncée pour le 20 floréal an X (10 mai 1802) et devait durer jusqu'au

4 messidor (23 juin), mais elle fut ajournée dans l'espoir que l'État ou un particulier se rendrait acquéreur d'un ensemble difficile à reconstituer, comme le faisait observer ANT.-AUG. RENOUARD dans une lettre aux directeurs de *la Décade* (tome XXVII, pp. 119-121). Précisément à la même époque, la bibliothèque spéciale formée par le naturaliste Joseph Banks, ancien compagnon de voyage du capitaine Cook, se trouvait dans le même cas que celle de L'Héritier, à Paris, et Renouard souhaitait que ni l'une ni l'autre ne fussent démembrées; la seconde aurait pu, selon lui, être acquise en bloc pour le Museum du Jardin des Plantes; mais ce vœu ne fut pas entendu, et tandis que le British Museum recueillait dans un local spécial les livres de Joseph Banks, ceux de L'Héritier furent dispersés trois ans plus tard.

Voyez le numéro suivant.

23673a. — Catalogue des livres de la bibliothèque de feu C.-L. L'Héritier, de Brutelle, membre de l'Institut national, etc., etc. Avec un extrait de l'Éloge de M. L'Héritier, par M. CUVIER, membre de l'Institut national. La vente se fera le 1er fructidor an XIII (19 août 1805) et j. s., maison Silvestre. Nouvelle édition. *Paris, G. De Bure père et fils; J.-G. Mérigot, an XIII* (1805), in-8°, XXII-369 p. + 3 ff. pour l'ordre des vacations; 2957 numéros. [N. Δ 12942.]

Au verso du titre on lit cet *Avis* :

« A l'époque de la vente de M. L'Héritier, qui devait avoir lieu le 20 floréal an X (10 mai 1802), M. Mérigot, libraire, acheta cette belle bibliothèque. Son intention était de la vendre en totalité pour empêcher qu'elle ne fût dispersée; mais, ayant attendu trois années et n'ayant plus l'espérance de voir se réaliser son projet, la vente en aura lieu en détail, à l'époque que nous annonçons. Cette nouvelle édition du catalogue est réimprimée exactement sur la première sans aucun changement, de sorte que l'un et l'autre pourront servir indistinctement pour la vente. »

Il n'y a en réalité entre les deux tirages du catalogue que de légères différences; le nom du rédacteur a été supprimé sur le titre, presque tous les errata ont été corrigés et le verso de la page 370 est blanc.

Liancourt (duc de **La Rochefoucauld-**). — Voyez **La Rochefoucauld.**

23674. — [**Libersac** (Alexandre-Maurice).] Détail d'un événement arrivé hier faubourg Antoine, dans un chantier. Autres détails bien plus surprenants d'un crime commis par un jeune homme qui a étranglé sa maîtresse et qui ensuite a été assommé par le père de cette malheureuse victime. Manière incroyable que ce père a employée pour se débarrasser de ces deux cadavres. Son désespoir et la suite de cet événement. *Dumaka, S. d.*, in-8°, 4 p. [N. Ln27 12636.]

Le suicide de Libersac avait eu lieu à la Râpée. Les autres crimes avaient été commis à Berne.

23675. — [**Liége.**] Exposé de la vie politique de JACQUES-LOUIS LIÉGE, juge de paix de la division de Brutus (3e arrondissement de la Commune et canton de Paris, département de la Seine) avant et depuis la Révolution, qu'il adresse aux premières autorités de la République française une et indivisible. *S. l. n. d.*, in-8°, 4 p. [N. Ln27 12697.]

23676. — [**Liendon** (Gilbert).] Tableau de la conduite politique de GILBERT LIENDON, juge au tribunal du 2e arrondissement du département de Paris. *Imp. Plassan. S. d.*, in-4°, 4 p. [N. Lb41 1195.]

23677. — [**Limodin** (Charles-Louis).] Limodin et Bréon peints en miniature, par un amateur. *Imp. de la Cne Limodin. S. d.*, in-8°, 8 p. [N. Lb42 1055.]

Violent pamphlet dirigé surtout contre Limodin, signé (p. 7) : SAINT-GERMAIN. Les *Notes historiques* (p. 8) sont relatives aux origines et au passé de Limodin. La rubrique qu'on lit au bas de cette page est évidemment satirique, puisque l'auteur de ce pamphlet y allègue que Limodin avait épousé une grosse cuisinière devenue imprimeur, bien qu'elle ne sût ni lire ni écrire.

23678. — LIMODIN, électeur de 1792, à ses concitoyens. *S. l. n. d.*, in-8°, 8 p. [N. Ln27 12720.]

Réfutation, avec preuves à l'appui, de diverses accusations d'incivisme et d'improbité. Voyez les trois numéros suivants.

23679. — Représentants du peuple, il vient de vous être remis un mémoire... » *S. l. n. d.*, in-8°, 4 p. [N. Ln27 12720.]

Envoi de la réfutation décrite sous le numéro précédent.

23680. — Citoyens, arrêtez et lisez. *Imp. Limodin. S. d.*, in-8°, 16 p. [*N.* Ln²⁷ 12720.]

Signé : LIMODIN.

23681. — Première Réponse et dernière aux cent mille diatribes imprimées contre moi comme magistrat ou comme citoyen. *S. l. n. d.*, in-8°, 8 p. [*N.* Ln²⁷ 12720.]

Signée : LIMODIN.
Dans l'ex. de la B. N. ces quatre pièces ont été réunies et enregistrées sous une cote unique.

23682. — [**Limon** (Jérôme-Joseph GEOFFROY DE).] Sermon sur l'éternité et la propriété du limon, prononcé dans un cercle de patriotes, le 22 février 1789, et trouvé dans les papiers de feu M. l'abbé de Montléon, grand vicaire du diocèse de Saint-Papoul. *Palais-Royal*, 1789, in-8°, 15 p. [*N.* Lb³⁹ 6998.]

Pamphlet contre Geoffroy de Limon, contrôleur général des finances du duc d'Orléans.

23683. — [**Lindet** (J.-B.-Robert).] Carnot, sa vie politique et privée..., suivie d'un précis de la conduite de Robert Lindet à la Convention nationale (1816).

Voyez le n° 22062 ci-dessus. Par ANTOINE SÉRIEYS, d'après le *Dictionnaire des anonymes*.

23684. — Robert Lindet, député à l'Assemblée législative et à la Convention, membre du Comité de salut public, ministre des finances. Notice biographique, par ARMAND MONTIER, avec une préface de M. ETIENNE CHARAVAY. *Paris, Félix Alcan*, 1899, in-8°, 2 ff. et XIV-444 p. [*N.* Ln²⁷ 46775.]

23685. — [**Linguet** (Nicolas-Henri-Simon).] Qu'est-ce que Linguet? *S. l. n. d.*, in-8°, 20 p. [*N.* Lb³⁹ 2645.]

Signé : VÉRITÉ, soldat citoyen de la garde nationale.

23686. — Qu'est-ce donc que tout ce train-là? pour servir de suite à « Qu'est-ce que Linguet? » *S. l. n. d.*, in-8°, 11 p. [*N.* Lb³⁹ 2646.]

Signé : L'intrépide grenadier volontaire de Paris.

23687. — Essai sur la vie et sur les gestes d'Ariste. *S. l.*, 1789, in-8°, 2 ff., 82 p. et la Table.

Sur le titre, petit portrait finement gravé de profil à gauche dans un ovale; au-dessus on lit le chiffre 6.
Notice très rare dont un ex. a figuré dans la vente posthume d'Eugène Piot (1891), 2ᵉ partie, n° 3322.

23688. — Essai sur la vie et sur les ouvrages de Linguet où ses démêlés avec l'ordre des avocats sont éclaircis et où l'on trouve des notes et des réflexions dont la plupart sont relatives à cet ordre et à l'éloquence du barreau, par F.-M. G....z [GARDAZ]. *Paris, Bruno-Labbe; Louis Fantin; Lyon, Yvernault et Cabin*, 1809, in-8°, 2 ff. et 143 p. [*N.* Ln²⁷ 12745.]

P. 82, *Notes et Réflexions*... annoncées par le titre.

23689. — Un Avocat journaliste au XVIIIᵉ siècle. Linguet, par JEAN CRUPPI. *Paris, Hachette et Cⁱᵉ*, 1895, in-12, 2 ff. et 398 p. [*N.* Ln²⁷ 43299.]

En regard du titre, portrait d'après une gravure du XVIIIᵉ siècle.
Le titre de départ, p. 1, porte : *Un Avocat journaliste au XVIIIᵉ siècle. Henry Linguet.*
Le travail de M. Cruppi s'arrête à la radiation de Linguet du tableau des avocats (1775).

23690. — [**Linossier**.] (Notice sur le faux dauphin Antoine Linossier, datée de Lyon, 1835, et commençant par ces mots :) Louis-Joseph-Xavier-François, dauphin... *Lyon, lith. Boiron. S. d.*, feuillet in-4°. [*N.* Lh²⁷ 12747.]

23691. — [**Livron** (Louis DE RUBAT DE).] Faits justificatifs du sieur DE LIVRON, accusé du crime de lèse-nation et détenu dans les prisons depuis le 6 octobre. *Imp. Letellier et André. S. d.* (1789), in-8°, 14 p. [*N.* Lb³⁹ 3202.]

Livron avait été arrêté sous l'inculpation d'embauchage clandestin pour favoriser la retraite du Roi à Metz. Il fut relaxé le 30 mars 1790 (cf. Sigismond Lacroix, *Actes de la Commune de Paris*, tome III, p. 85). M. Lacroix ne cite pas les *Faits justificatifs*... qui font l'objet du présent article.

23692. — [**Locré de Roissy** (Jean-Guillaume).] Quelques Réflexions sur la téméraire attaque du greffier Blaisel (6 janvier 1827). *Paris, imp. Casimir. S. d.,* in-4°, 24 p. [*N.* Ln²⁷ 12794.]

Signé : Le B⁰ⁿ Locré.
Relatives à un procès.

23693. — Le baron Locré, ancien secrétaire général du Conseil d'État sous le Consulat, sous l'Empire et les Cent-Jours. Sa vie et ses travaux. *Compiègne, typ. Louis Vol,* 1852, in-8°, 15 p.

Signé, p. 15 : Préaux-Locré, colonel d'artillerie, commandeur de la Légion d'honneur, commandant supérieur du palais de Compiègne (gendre du baron Locré).
La couverture imprimée sert de titre.

23694. — [**Loiseau** (Jean-Simon).] Notice sur M. Loiseau (15 février 1824). *Imp. Rignoux. S. d.,* in-8°, VII p. [*N.* Ln²⁷ 12798.]

Signé : Dupin.
Par son contexte comme par sa pagination, cette *Notice* semble être la préface d'une publication dont je n'ai trouvé nulle trace.

23695. — [**Loison** (Jean-Joseph-Marie).] Défense officieuse pour le citoyen Loison. *Imp. Chaudé. S. d.,* in-4°, 20 p. [*R. AD.* I, 55.]

Signée : Diane-Victoire Gallet, femme Loison; Marie-Thérèse-Victoire Loison, âgée de seize ans; Jeanne-Éléonore Loison, âgée de quatorze ans.
Voyez le numéro suivant.

23696. — Supplément à la Défense du citoyen Loison. *Imp. Chaudé. S. d.,* in-4°, 16 p. [*R. AD.* I, 55.]

Signé : Diane-Victoire Gallet, femme Loison.
Jean-Joseph-Marie Loison, procureur syndic du district de Bourg-l'Égalité, avait été condamné à vingt ans de fer pour détournements de meubles et de divers objets en faisant procéder à la vente d'effets saisis chez plusieurs émigrés à Bagneux et à Arcueil.

23697. — [**Loizerolles** (Jean-Simon Aved de).] Tableau de la mort tragique et glorieuse de Loizerolles. *S. l. n. d.,* in-8°, 3 p. [*N.* Ye 52601.]

Signé : Le citoyen L***.

23698. — Mémoire pour la citoyenne Vᵉ Loizerolles, tant en son nom que pour le citoyen François-Simon Loizerolles, son fils, âgé de vingt-deux ans, né à Paris, y demeurant rue Victor, aux autorités constituées qui ont fait en cette commune apposer les scellés sur tous les biens dépendant de la succession du citoyen Jean-Simon Loizerolles père, assassiné le 8 thermidor par l'autorité de quelques individus composant alors le Tribunal révolutionnaire. *Paris, imp. Moutard. S. d.* (1795), in-4°, 8 p.

D'après la notice de M. Robert-Marie Reboul sur *Louis-François Jauffret, sa vie et ses œuvres* (Marseille, 1869, in-8°; voyez le n° 23100 ci-dessus).

23699. — La Mort de Loizerolles ou le Triomphe de l'amour paternel, poème en trois chants, accompagné de notes historiques, par F.-S. de Loizerolles fils. *Paris, J.-G. Dentu,* 1813, in-12, 3 ff., V-212 p. et 1 f. non ch. (*Errata*). [*N.* Ye 26658.]

Le troisième feuillet non chiffré est occupé par une dédicace en vers : *A M. Etienne, de l'Institut.* P. 75-212, Notes.

23699ᵃ. — La Mort de Loizerolles, poème. Nouvelle édition, augmentée d'une notice sur sa vie, et de son portrait, suivie de la Messe des Morts à Picpus, et d'un recueil d'élégies, accompagnée de notes historiques. Par M. le chevalier de Loizerolles. *Paris, Dondey-Dupré fils; Petit; Delaunay; Dentu,* 1828, in-8°.

D'après la *Bibliographie de la France.*
Becq de Fouquières (*Œuvres en prose* d'André Chénier [cf. n° 22182ᵃ ci-dessus]) dit, p. LVII, cette édition très différente de celle de 1813. Dans une vente d'autographes faite par M. Noël Charavay, le 25 février 1904, figure, sous le n° 92, une lettre de Loizerolles datée du 8 août 1833, sollicitant une souscription pour une troisième édition qui n'a pas paru. L'auteur est mort en 1845.

23700. — Une Cause célèbre du temps de la Terreur. Le chevalier Jean-Simon Aved de Loizerolles, ancien avocat au Parlement, par Alphonse Boulé, juge de paix à Saint-Germain-en-Laye. Article extrait de la « France judiciaire ». *Paris, A. Durand et Pedone-Lauriel, G. Pedone-*

Lauriel, successeur, 1881, in-8°, 14 p. et 1 f. non ch. (nom de l'imprimeur). [*N.* Lb⁴¹ 4985.]

¶ Louis Combes a consacré un chapitre de ses *Épisodes et curiosités révolutionnaires* à cette cause célèbre sous ce titre : *Loizerolles est-il mort pour son fils?* Il conclut par la négative.

23701. — [**Loménie de Brienne** (Etienne-Charles de).] Breve summi Pontificis ad E. cardinalem de Lomenie, archiepiscopum Senonensem. Traduction fidèle et littérale du Bref adressé par le souverain pontife à S. E. monseigneur le cardinal de Loménie, archevêque de Sens (23 février 1791). *S. l. n. d.*, in-4°, 8 p. [*N.* Ld⁴ 3374.]

Texte latin et français sur deux colonnes.

23702. — Traduction fidèle et littérale du Bref du pape à monseigneur l'archevêque de Sens. *Paris, au bureau de l'Ami du Roi. S. d.*, in-8°, 19 p. [*N.* Ld⁴ 3375.]

23702ª. — Traduction fidèle et littérale du Bref du pape. *Paris, Guerbart. S. d.*, n-8°, 16 p. [*N.* Ld⁴ 3375 A.]

23703. — Observations sur le Bref du pape à M. le cardinal de Loménie. *Paris, Froullé*, 1791, in-8°, 1 f. et 40 p. [*N.* Ld⁴ 3376.]

23704. — L'Anti-Bref ou Examen d'un prétendu Bref du pape, adressé à l'évêque de Sens. *S. l. n. d.*, in-8°, 8 p. [*N.* Ld⁴ 3377.]

23705. — Lettre de M. le cardinal DE LOMÉNIE au souverain pontife et à M. de Montmorin (26 mars 1791). *Froullé. S. d.*, in-8°, 8 p. [*N.* Ld⁴ 3459.]

Démission de son titre de cardinal.
Voyez le numéro suivant.

23706. — Lettre des professeurs de cinquième et de sixième de l'Université de Paris à M. Loménie, ci-devant cardinal et archevêque de Sens. *De l'imprimerie des frères Son, Sa, Ses, Leur, Leurs; et se vend chez Dufresnes, au Palais; et Picard, au Luxembourg. S. d.*, in-8°, 4 p. [*N.* Ld⁴ 3460.]

Signé : METHODIUS, président; SUPIN, secrétaire.

Pamphlet contre Loménie de Brienne au sujet de la latinité de sa lettre au pape sur sa prestation du serment civique.

23707. — Acte du consistoire secret tenu par notre Saint-Père le pape Pie VI, le 26 septembre 1791, au palais Quirinal, concernant la démission qui a été faite de la dignité de cardinal par Etienne-Charles de Loménie de Brienne, l'acceptation du Saint-Père, et la création secrète d'un nouveau cardinal destiné à le remplacer dans le Sacré-Collège. *Paris, imp. Guerbart*, 1791, in-8°, 1 f. et 38 p. [*N.* Ld⁴ 3708.]

Texte français.

23707ª. — Acte du consistoire secret tenu par notre Saint-Père le pape Pie VI, le 26 septembre 1791, au palais Quirinal, concernant la démission qui a été faite de la dignité de cardinal par Etienne-Charles de Loménie de Brienne, l'acceptation du Saint-Père, et la création secrète d'un nouveau cardinal... *Paris, imp. Guerbart*, 1791, in-8°, 72 p. [*N.* Ld⁴ 3709.]

Texte latin suivi du texte français.

23708. — Lettre de M. l'abbé Royou à M. de Loménie, décardinalisé moitié de gré, moitié de force, mais toujours archevêque de Sens malgré lui, malgré la constitution. *Paris, au bureau de l'Ami du Roi*, 1791, in-8°, 15 p. [*N.* Ld⁴ 7169.]

23709. — Etienne-Charles de Loménie de Brienne, actuellement évêque du département de l'Yonne, ayant prêté son serment dans sa ci-devant métropole. Problème à résoudre. *S. l. n. d.* (1791), in-8°, 8 p.

D'après un catalogue.

23710. — Catalogue d'une partie des livres de la bibliothèque du cardinal de Loménie de Brienne, dont la vente se fera maison de Brienne, rue Saint-Dominique, près la rue de Bourgogne. *Paris*,

Mauger, an V (1797, v. st), in-8°, VIII-252 p.; 2754 numéros. [N. Δ 9837.].

« Le catalogue que j'offre dans ce moment au public, dit le libraire, ne contient que les débris d'une collection infiniment plus nombreuse. Si elle existait entière, ou s'il était possible d'en présenter l'ensemble, on serait étonné que la vie d'un seul homme ait suffi pour la rassembler. Je ne crois pas, en effet, que personne ait jamais porté le goût des livres aussi loin que le cardinal de Loménie. Je me souviens de l'avoir vu dans une grande ville de province, lorsqu'il commençait la carrière ecclésiastique et que, jeune encore, il n'avait, pour ainsi dire, que l'expectative de la fortune; déjà sa passion dominante était pour les livres; il cultivait ceux qui les recherchaient; il devenait leur ami. Si le hasard leur procurait quelqu'objet précieux, il n'avait de repos qu'après l'avoir obtenu; les sacrifices ne l'effrayaient pas; il était né généreux, mais ce qu'on lui accordait, il le devait surtout à ses manières insinuantes. Ses sollicitations étaient toujours assaisonnées d'un ton d'amabilité auquel on résistait difficilement.

« Lorsque le temps et les grâces de la cour eurent agrandi ses moyens, ses vues s'étendirent à proportion. Insensiblement il embrassa tous les genres et sa bibliothèque devint un dépôt universel. Dans ses fréquents voyages, s'il s'arrêtait quelques instant dans une ville, on le voyait visiter lui-même les libraires, s'introduire dans les maisons religieuses, s'insinuer dans les cabinets d'amateurs, chercher partout à acquérir; c'était un besoin pour lui d'acheter sans cesse, d'amasser des volumes. Cette passion a peut-être ses excès; mais du moins elle ne fut pas pour le cardinal de Loménie une manie stérile. Non seulement il aimait, il connaissait les livres, mais il savait s'en servir; sans contredit, il fut un des hommes les plus éclairés du Clergé de France.

« Si son ministère sembla ralentir pendant quelque temps ses recherches bibliographiques, il sut s'en dédommager pendant son voyage d'Italie. Alors, dégagé des affaires qui avaient occupé l'activité de son génie, il revint tout entier à ses premiers goûts et il les suivait avec une ardeur dont lui seul était capable. Devancé par sa réputation, souvent aidé par la faveur des gouvernements, non seulement les littérateurs et les savants s'empressèrent de lui faire hommage du fruit de leurs veilles, mais les cabinets particuliers, les dépôts des maisons religieuses lui furent ouverts et c'est dans ces derniers surtout qu'il recueillit la plus grande partie de cette riche collection d'éditions du XVe siècle dont nous devons le catalogue et la description aux soins éclairés du P. Laire. Cette partie précieuse n'existe plus, il est vrai, et l'immense bibliothèque du cardinal de Loménie, démembrée soit par les dons qu'il a faits de son vivant, soit par les ventes partielles que le changement de circonstances a nécessitées, n'offre plus en quelque sorte que des fragments; mais ces restes ont encore de quoi piquer la curiosité des amateurs, et ce catalogue, s'il n'est pas recommandable par l'importance des grands articles, l'est au moins par le nombre des livres rares et singuliers qu'on y trouvera dans toutes les classes. L'histoire littéraire surtout et particulièrement celle d'Italie fournit des articles qu'on chercherait inutilement à Paris, même dans nos grandes bibliothèques publiques. »

Mauger exprime ensuite le regret de n'avoir pu détailler davantage la partie des livres italiens et notamment douze cents pièces de théâtre qui devaient être vendues en lots au commencement des deux premières vacations.

Une note sur un exemplaire ayant appartenu au baron Pichon porte : « Tous les articles manquans où les prix ne se trouveront pas ont été volés par un des hommes d'affaires de la succession du cardinal. » En effet, sur les marges du même exemplaire, on lit assez fréquemment : M[anque] volé ou M. Vé.

La collection d'incunables de Loménie a été décrite par son bibliothécaire, le P. Laire, dans un travail spécial : *Index librorum ab inventa typographiâ ad annum 1500, chronologice dispositus...* (Senonis, 1791, 2 vol. in-8°) et dispersée, l'année suivante, par G. De Bure l'aîné dont le catalogue forme le tome III de l'*Index*.

23711. — Eloge historique de Mgr de Loménie de Brienne, ancien archevêque de Toulouse, archevêque de Sens. S. l. (*Toulouse*) et S. d. (1809), in-8°.

Par l'abbé ALEXANDRE-AUGUSTE JAMME, d'après Œttinger.

Tirage à part, que je n'ai pu voir, du *Recueil de l'Académie des jeux floraux* pour 1809 (p. 13-43).

¶ Les *Mémoires* de la Société académique de l'Aube (tome XLVI, 1882) renferment un fragment des *Mémoires* de la vicomtesse DE LOMÉNIE (Elisabeth-Louise-Sophie de Vergès, épouse de François-Alexandre-Antoine de Loménie) relatifs aux derniers mois de la vie de son oncle.

23712. — Le Cardinal de Loménie de Brienne, archevêque de Sens, ses dernières années; épisodes de la Révolution, par JOSEPH PERRIN, avocat, vice-président de la Société archéologique de Sens, chevalier de Saint-Grégoire le Grand. Publié sous les auspices de la Société archéologique de Sens. *Sens, imp. Paul Duchemin*, 1896, in-8°, 2 ff. et 318 p. [N. Ln²⁷ 44395.]

Titre rouge et noir. En regard du titre, portrait héliogravé par DUJARDIN, d'après un original appartenant à M. Ch. de Loménie. Entre les pp. 234 et 235, tableau généalogique (plié) de la famille du cardinal, d'après le P. Anselme.

23713. — [**Lomont** (Claude-J.-B. Dobiche de).] Lomont, tyranniquement et injustement dans les fers, membre du Corps législatif, à ses collègues. *Gueffier. S. d.*, in-8°, 8 p. [*N.* Lb⁴² 13.]

Daté de la maison d'arrêt des Quatre-Nations, 9 brumaire an IV (31 octobre 1795). Lomont avait été arrêté à la suite de l'insurrection du 13 vendémiaire.

23714. — Lomont, membre du Conseil des Anciens, à Vardon, ex-membre de la Convention (26 brumaire an IV-17 novembre 1795). *Imp. Gueffier. S. d.*, in-8°, 4 p. [*N.* Lb⁴² 30.]

23715. — [**Longueville-Clémentières**.] Liberté, Egalité, Thomas Longueville-Clémentières, agent du comité de sûreté générale, à la Convention nationale (Maison d'arrêt de Port-Libre, 17 brumaire an III-7 novembre 1794). *Imp. Pougin. S. d.*, in-4°, 45 p. [*N.* Ln²⁷ 12839.]

Exposé de son rôle avant le 9 thermidor.

23716. — [**Lorges** (De).] Le comte de Lorges, prisonnier à la Bastille pendant trente-deux ans, enfermé en 1757, du temps de Damien, et mis en liberté le 14 juillet 1789. *Paris, Poinçot,* 1789, in-8°, 16 p. [*N.* Ln²⁷ 12851.]

Il est aujourd'hui démontré que ce prétendu captif n'a jamais existé. Voyez dans l'*Intermédiaire* du 10 mars 1889, col. 131-132, une question de Victor Fournel et dans le numéro suivant, col. 216-223, une longue réponse de M. Alfred Bégis qui attribue la rédaction de la présente brochure à Carra et fait observer qu'elle a été réimpr. dans les *Mémoires historiques et authentiques sur la Bastille* du même auteur (cf. tome III, n° 12403), avec une curieuse variante au dernier paragraphe.
Victor Fournel a depuis fait usage de ces renseignements dans *les Hommes du 14 juillet* (cf. tome II, n° 6979), pp. 129-135, et mentionné, p. 345, une gravure allemande, que j'avais signalée tome I⁵ʳ, n° 15, représentant la délivrance de cet être imaginaire.

23717. — [**Lorthior** (Pierre-Charles Lorthioir, dit).] P. Lorthior, graveur des médailles du Roi, né à Lille en 1733, et son œuvre, par Ed. Van Hende, officier de l'Instruction publique, président de la Commission historique du Nord, membre honoraire de la Société des sciences de Lille, correspondant du comité des Sociétés des beaux-arts des départements. *Lille, imp. L. Danel*, 1898, in-8°, 76 p. [*N.* Ln²⁷ 46075.]

On lit au verso du faux-titre : Extrait des *Mémoires* de la Société des sciences de Lille; mais ce volume de *Mémoires*, ainsi que les planches visées par feu M. Van Hende, n'ont, en raison de difficulté d'ordre administratif, pas encore paru (mars 1904).
Une esquisse de ce travail avait été présentée en 1894 au Congrès des Sociétés des beaux-arts des départements et imprimée dans le volume des *Mémoires* afférents à ce Congrès, pp. 1446-1458.
M. Van Hende a reproduit en appendices (p. 69) des *Réflexions* de Lorthior sur la nouvelle fabrication des assignats, décrites tome II de la *Bibliographie*, n° 13152, et un autre mémoire sur le même sujet, retrouvé par M. Jules Guiffrey et publié dans la *Revue de l'art français*, dont il est fait mention à la suite de ce même numéro.

23718. — [**Lottin** (Alcime-François).] Discours de MM. les curés de St-André-des-Arcs et de St-Séverin, lors de la présentation à cette dernière église du corps de M. l'abbé Lottin, prêtre, le 15 décembre 1791.

Voyez tome III, n° 16833. Un ex. de ces discours porte à la B. N. la cote Ln²⁷ 12888.

23719. — [**Louet**.] Observations pour M. André-Louis-Alexandre Louet. *Paris, Baudouin*, 1790, in-8°, 3 p. [*N.* Ln²⁷ 12894.]

Au sujet d'un brevet de pension sur les Loteries royales.

23720. — [**Louis** (Nicolas-Jacques).] Jugement prévôtal, rendu publiquement en la chambre criminelle du Châtelet de Paris, qui condamne Nicolas-Jacques Louis, tourneur en fer et en bois, à être attaché au carcan dans la place de Grève, et y demeurer depuis midi jusqu'à deux heures, ayant écriteau devant et derrière portant ces mots : « Homme tenant des propos séditieux. » Extrait des registres du greffe de la prévôté et maréchaussée générale de l'Ile de France, du vingt-sept novembre mil sept cent quatre-vingt-neuf. *Paris, imprimerie de la prévôté et maréchaussée de l'Ile de France,* 1789, in-4°, 3 p. [N. Lb^{39} 2601.]

23721. — [**Louis** (Nicolas-Louis, dit Victor).] Lettre de M. Louis, architecte de la nouvelle salle du Palais-Royal (1790).

Voyez tome III, n° 18358, ainsi que les n°s 13857 et 13859 qui ont trait à la même polémique.

23722. — [**Loustalot** (Elysée).] Précis sur la vie du fameux Loustalot, auteur des « Révolutions de Paris », sous le nom de Prudhomme, en réponse à l'oraison funèbre prononcée devant le club des Jacobins, par Camille Desmoulins, auteur des « Révolutions de France et de Brabant ». *Imp. C.-F. Perlet. S. d.,* in-8°, 15 p. [N. Ln^{27} 13006.]

Le discours de Desmoulins a été imprimé dans le n° 45 de son journal.

23723. — L'Ombre de Loustalot. *S. l. n. d.,* in-8°, 23 p. [N. Lb^{39} 4012.]

Violent pamphlet réactionnaire.

23724. — Elysée Loustalot et « les Révolutions de Paris (juillet 1789-septembre 1790), par Marcellin Pellet (1872).

Voyez tome II, n° 10130.

23725. — [**Louvet de Couvrai** (J.-B.).] Quelques Notices pour l'histoire et le Récit de mes périls depuis le 31 mai 1793. Jean-Baptiste Louvet, l'un des représentants proscrits en 1793. *A Paris, chez J.-B. Louvet; la veuve d'Ant.-Jos. Gorsas; Bailly,* an III, in-8°, 190 p. [N. La^{33} 78.]

Longue épigraphe extraite « littéralement des défenses manuscrites de la citoyenne Roland ». La dernière page, non chiffrée, contient la liste des travaux de l'auteur pendant la Révolution.
Une seconde édition aurait paru sous la même date; je n'ai pu la voir.

23725^a. — Quelques Notices pour l'histoire et le Récit de mes périls depuis le 31 mai. Troisième édition. *Paris, Louvet* (*imp. Anjubault), an III,* 3 vol. in-18. [N. La^{33} 78 A.]

L'épigraphe est supprimée.

23726. — Mémoires de J.-B. Louvet, auteur de « Faublas », membre de la Convention. De la journée du 31 mai, suivi de Quelques Notices pour l'histoire et le Récit de mes périls depuis cette époque jusqu'à la rentrée des députés proscrits dans l'Assemblée nationale. *Paris, librairie historique,* 1821, 2 vol. in-12. [N. La^{33} 135.]

L'ex. de la B. N. est précédé du prospectus de la *Collection des pièces importantes relatives à la Révolution française.*

23727. — Mémoires de Louvet de Couvray, député à la Convention nationale, avec une notice sur sa vie, des notes et des éclaircissements historiques. *Paris, Baudouin frères,* 1823, in-8°, XII-IV-398 p. [N. La^{33} 79.]

Le faux-titre porte : *Collection des mémoires relatifs à la Révolution française.*
Le volume, qui n'a pas de table, est ainsi composé : faux-titre, titre et Notice sur la vie de Louvet (XII p.); Avis des éditeurs (IV p.); p. 1-332, *Quelques Notices...* et annexes; p. 333-398, Eclaircissements historiques et pièces officielles (extraits de discours, motions et brochures de Louvet; note sur sa mort; lettre de Jullien de Paris (22 septembre 1823) à MM. Berville et Barrière, réfutant deux notes des *Mémoires* où son nom était cité.
Barrière a réimprimé le texte seul de Louvet au tome XII de sa *Bibliothèque des mémoires relatifs à l'histoire de France pendant le XVIIIe siècle* (1848). Les *Notes et éclaircissements* sont supprimés et la notice est remplacée par un avant-propos où l'éditeur nous apprend qu'il avait connu personnellement « Lodoïska ».

23728. — Mémoires de Louvet, avec une introduction par E. Maron. Mémoires de Dulaure, avec une introduction par M. L. de La Sicotière (1862).

Voyez le n° 22595 ci-dessus.

23729. — Mémoires de Louvet de Couvrai sur la Révolution française. Première édition complète, avec préface, notes et tables, par F.-A. Aulard. *Paris, librairie des bibliophiles*, MDCCCLXXXIX (1889), 2 vol. in-16. [*N.* La³³ 79 B.]

Les couvertures imprimées portent en haut : *Bibliothèque des mémoires.*

Les éditions précédentes des *Mémoires* de Louvet s'ouvraient par quelques pages datées des « montagnes du Jura » remplaçant celles que l'auteur avait tracées, puis abandonnées à Saint-Emilion. Elles se sont retrouvées plus tard avec les précieux fragments émanés de Buzot, de Pétion, de Barbaroux, de Mme Roland, vendus en 1864 sous le nom de G*** de L.*** (voyez tome Ier de la *Bibliographie*, p. LXXII-LXXIII) et achetés par la Bibliothèque Impériale. M. Aulard a reproduit cette rédaction primitive, après en avoir donné l'analyse dans la *Révolution française* du 14 janvier 1884 et l'a substituée au texte moins développé qui était jusqu'ici seul connu.

Les *Mémoires* proprement dits de Louvet sont suivis de la réimpression de trois pamphlets qui en forment le complément, parce que, dit M. Aulard, « si on ne les a pas lus, il est difficile de comprendre certains passages où Louvet fait allusion aux détails de sa lutte avec Robespierre »; les deux premiers : *Accusation contre Robespierre* et *A Maximilien Robespierre et à ses royalistes,* seront décrits plus loin; le troisième : *A la Convention nationale et à mes commettants sur la conspiration du 10 mars et la faction d'Orléans,* a été cité tome Ier, n° 4055 et de nouveau sous les n°s 21557-21558 ci-dessus.

23730. — Motion d'ordre à l'occasion de la brochure de Louvet, par P. ANTONELLE. *Paris, R. Vatar, pluviôse an III,* in-8°, 26 p. [*N.* Lb⁴¹ 1640.]

23731. — La Petite Chaumière de M. Louvet, député à la Convention nationale, journaliste du gouvernement, libraire, imprimeur, etc... par le citoyen F. J. O., de la section de Brutus. *Paris, Louvet,* 1795, in-8°, 16 p. [*N.* Lb⁴¹ 1904.]

C'est par ironie que la rubrique de ce pamphlet porte le nom de Louvet.

23732. — Jugement rendu par le tribunal civil du département de la Seine... qui déclare J.-B. Louvet..., calomniateur... (5 ventôse an V-23 février 1797).

Voyez le n° 23446 ci-dessus.

Quérard (*France littéraire*, v° *Louvet*) indique un *Plaidoyer pour J.-B. Louvet contre Isidore Langlois, avec une espèce de dédicace (sic) à Boissy d'Anglas* (1797, in-8°) que je n'ai pu voir.

23733. — Testament de J.-B. LOUVET, représentant du peuple. *Imp. du Corps législatif. S. d.,* in-8°, 8 p. [*N.* Ln²⁷ 13016.]

Pièce apocryphe et satirique.

23734. — Le Petit Cocuage du grand Louvet ou le Mariage de Lodoïska avec le révérend Père Dom Poultier. *Paris, chez Mlle Durand; Gilbert; Maret; Desenne, et chez Louvet, libraire-éditeur, hôtel de Sens, rue de Grenelle, faubourg Saint-Germain, an V,* in-8°, 8 p. [*N.* Ye 29929.]

ÉPIGR. :
En faveur du badinage
Faites grâce à la raison.
BEAUMARCHAIS.

23735. — Confession générale de l'archiduc Louvet, avec la pénitence qui lui a été infligée. *De l'imp. du Courrier de Paris. S. d.,* in-8°, 6 p. [*N.* Ln²⁷ 27837.]

Facétie dialoguée.

23736. — Détail de la mort de Louvet, l'empoisonnement de son épouse, ses dernières paroles. *Se distribue chez la citoyenne Prévost. S. d.,* in-8°, 4 p. [*N.* Lb⁴² 416.]

23737. — Oraison funèbre de J.-B. Louvet, ex-représentant du peuple, membre de l'Institut national, prononcée au Cercle constitutionnel, le 5 brumaire an VI (26 octobre 1797), par HONORÉ RIOUFFE. *Paris, Laran. S. d.,* in-4°, 1 f. et XX-70 p. [*N.* Ln²⁷ 13017.]

Quérard, à l'article *Rigaud* (Antoine-François), mentionne un *Eloge funèbre de J.-B. Louvet* (Paris, 1797, in-8°) qui a échappé à toutes mes recherches. Peut-être Quérard a-t-il été trompé par une note inexacte et s'est-il produit par suite une confusion entre *Rigaud* et *Rioufle.*

Le tome II (p. 27-33) des *Mémoires de l'Institut national des siences et arts (Littérature et beaux-arts,* Baudouin, fructidor an VII, in-4°), renferme une *Notice sur la vie et les ouvrages de J.-B. Louvet,* lue par GABRIEL VILLAR le 15 vendémiaire an VI (6 octobre 1797).

La *France littéraire* de Quérard a enregistré parmi les diverses éditions du célèbre roman de Louvet publiées sous le titre de : les *Amours de Faublas,* celle de 1820 (4 vol, in-8°), avec une notice de H. DE LATOUCHE et celle de 1822 (4 vol. in-32), avec une notice de PHILARÈTE CHASLES; je n'ai pu voir la première, mais la B. N. possède la seconde (Réserve Y² 3312-3315) ; elle est en effet précédée de : Considérations sur la vie de J.-B. Louvet, auteur de Faublas, sur l'influence et le mérite de ce roman, sur la vie politique de l'auteur, etc. formant 31 p. et signées PH.[ILARÈTE] E[UPHÉMION] CHASLES et datées de Paris, janvier 1822. Dans ses Mémoires posthumes (Charpentier, 1875, t. I, 264-265) Chasles dit n'avoir jamais pu retrouver un exemplaire de cette édition et donne de souvenir un résumé très différent du texte original de la préface.

23738. — [**Louvrier**.] Récit exact de l'assassinat commis par le nommé Boujeux contre le sieur Louvrier de Saint-Etienne. Garnery et Volland, 1789, in-8°, 7 p. [R. AD. I, 55.]

Signé : DELACHAPELLE.
Querelle de jeu dans un tripot terminée au bois de Boulogne par un duel où Louvrier trouva la mort.

23739. — [**Lubomirska** (Rosalie).] CASIMIR STRYENSKI. Deux victimes de la Terreur. La princesse Rosalie Lubomirska. Madame Chalgrin (1899).

Voyez le n° 22111 ci-dessus.

23740. — [**Lucas** (Antoine).] Mémoire. S. l. n. d. [1791], in-4°, 1 p. [A. N., C 197; 160¹⁴.]

Circulaire du citoyen ANTOINE LUCAS, section du Palais-Royal, sollicitant son élection à l'une des seize places de receveurs des contributions directes de la ville de Paris. A l'ex. des Archives est joint un certificat imprimé (S. l. n. d., in-folio), daté du 20 décembre 1791 et signé par les président, commissaires et citoyens de la section de Saint-Roch.

23741. — [**Lucas de Blaire** (Charlotte).] Jugement rendu par le Tribunal révolutionnaire... qui condamne à la peine de mort... Charlotte Lucas de Blaire... 1ᵉʳ prairial an II (29 mai 1794).

Voyez le n° 23653 ci-dessus.

23742. — [**Lugeac** (Jeanne-Charlotte-Elisabeth DE BASCHI, marquise de GUÉRIN DE).] Département de Paris. Domaines nationaux. Au nom de la République française. Vente après émigration de la femme Lugeac, rue Garancière, n° 1106, section de Mutius-Scævola, le 28 ventôse an II (18 mars 1794). Imp. Ballard. S. d., in-folio plano.

Ancienne collection Paul Dablin.

23743. — [**Lux** (Adam).] Jugement rendu par le Tribunal révolutionnaire... qui, sur la déclaration du juré de jugement, portant qu'il est constant : 1° qu'il a été composé et imprimé des écrits contenant provocation à la dissolution de la représentation nationale et au rétablissement d'un pouvoir attentatoire à la souveraineté nationale ; 2° qu'Adam Lux est l'auteur de ces écrits, condamne Adam Lux à la peine de mort... (14 brumaire an II-4 novembre 1793). Imp. du Tribunal criminel révolutionnaire. S. d., in-4°, 8 p. [N. Lb⁴¹ 2232*.]

23744. — Adam Lux et Charlotte Corday, par HENRI WELSCHINGER (188).

Voyez le n° 22282 ci-dessus et aussi tome Iᵉʳ, n° 4101.

¶ M. ARTHUR CHUQUET a donné une place importante à Adam Lux dans la 2ᵉ série de ses Etudes d'histoire (Paris, A. Fontemoing. S. d. (1903), in-8°, pp. 31-91. L'auteur cite en note (pp. 31-32) les sources françaises et allemandes auxquelles il a puisé.

23745. — [**Luynes** (Louis-Joseph-Charles-Amable D'ALBERT, duc de).] Convention nationale. Mémoire à la Convention nationale, au sujet des domaines volés par le plus indigne favori de nos anciens tyrans, présenté et lu au Comité d'aliénation et domaines réunis, dans les séances de 3 et 5 pluviôse, l'an II de la République française une et indivisible (22 et 24 janvier 1794), et imprimé par son ordre, en vertu de ses arrêtés desdits jours. Imp. Nationale. S. d., in-8°, 15 p. [N. Le³⁸ 667.]

Par le citoyen LEJEUNE, selon l'extrait des registres des délibérations du comité d'aliénation et des domaines réunis (3 pluviôse an II), reproduit p. 13.

23746. — Observations du c. ALBERT LUYNES sur une dénonciation faite contre lui au comité d'aliénation et domaines réunis (24 pluviôse an II-12 février 1794). Paris, Guérin. S. d., in-8°, 8 p. [N. Lb⁴¹ 987.]

23747. — Convention nationale. Réponse aux Observations du citoyen Albert Luynes, lue au comité d'aliénation et des domaines réunis, dans sa séance du 15 nivôse de l'an II de la République française une et indivisible, et imprimée par son ordre, en vertu de son arrêté dudit jour, faisant suite au « Mémoire à la Convention au sujet des domaines volés par le plus indigne favori de nos anciens tyrans... ». *Imp. Nationale.* S. d., in-8°, 23 p. [N. Le^{38} 668.]

L'intitulé de cette *Réponse* porte bien 15 nivôse (4 janvier), mais il faut évidemment lire : 15 ventôse an II (5 mars 1794).

23748. — [**Machet-Vélye.**] La Famille de l'un des cent-soixante conspirateurs du Luxembourg, mis à mort les 19, 21 et 22 messidor, à P. Vigier. S. *l. n. d.*, in-12, 23 p. [N. Ln^{27} 13128.]

Signé : MACHET-VÉLYE, fondé de pouvoirs de la V° Machet-Vélye et curateur de ses enfants.

Le rédacteur de ce factum accuse Vigier, propriétaire, avec Machet-Vélye, des bains connus sous son nom, d'avoir fourni lui-même l'adresse de son ancien associé, lorsqu'il se cachait, en lui donnant de plus un qualificatif auquel il n'avait plus droit et qui avait achevé de le perdre.

23749. — [**Magenthies** (Jean-François).] A Nosseigneurs les députés aux Etats-Généraux. S. *l. n. d.*, in-4°, 14 p. [N. Ln^{27} 13156* (1bis).]

Signé : J.-F. MAGENTHIES et daté des prisons de la Force, le 27 avril 1789.

Né à Saint-Lys (Haute-Garonne) en 1745, Jean-François Magenthies, après avoir, à la suite de mauvaises affaires, passé six ans en Russie (1773-1779), forma une nouvelle association de commerce dans laquelle il s'était réservé les voyages à l'étranger. Arrêté en raison de plaintes formulées par ses clients, il obtint justice, fut relâché, revint en France où il subit un nouvel emprisonnement. Il accusa Magon de La Balue, banquier à Paris, de retenir à son préjudice une somme de 6,262,828 livres argent de France (soit 2,262,123 florins, argent courant de Vienne), montant de l'indemnité qui lui était due par la Chambre de commerce de Fiume pour restitution d'effets, argent et dommages-intérêts. Il poursuivit ses revendications sous tous les régimes, depuis la convocation des Etats-Généraux jusques et y compris la seconde Restauration. Seule, la Convention écouta ses doléances, mais le rapport que lui présenta Delaunay d'Angers, au nom du comité de législation, conclut au rejet des prétentions de Magenthies. J'ignore la date et le lieu de décès de celui-ci.

Le recueil de ses pétitions a été classé à la B. N. dans la série Ln^{27}, sous un numéro collectif unique, mais chaque pièce a reçu dans l'exemplaire ainsi constitué un numéro d'ordre que je reproduis ici. J'ai intercalé dans cette série et à sa date (14 juillet 1791) une pièce dont un ex. est conservé au British Museum et qui a trait à la même affaire.

23750. — Précis adressé à l'Assemblée nationale et à son comité des rapports. *Imp. Pellier.* S. d., in-4°, 3 p. [N. Ln^{27} 13156* (1).]

Signé : J.-F. MAGENTHIES.

23751. — A Nosseigneurs les députés de l'Assemblée nationale (19 octobre 1789). S. *l. n. d.*, in-4°, 48 p. [N. Ln^{27} 13156* (2).]

P. 4-48, *Copie des trente articles qui ont été remis en manuscrit par J.-F. Magenthies à l'Assemblée nationale, séante à Paris, le lundi 19 octobre 1789.*

23752. — A Nosseigneurs les députés à l'Assemblée nationale (18 novembre 1789). S. *l. n. d.*, in-4°, 3 p. [N. Ln^{27} 13156* (3).]

23753. — Procès sans exemple soutenu par JEAN-FRANÇOIS MAGENTHIES, ancien négociant, né à Saint-Lis, diocèse de Toulouse, le 5 avril 1745, à compter du 16 août 1781 jusqu'à ce jour..., savoir à Fiume, sur la mer Adriatique, contre le sieur Marco de Suzanny, négociant de la ville de Fiume, sous accusation de faux et espionnage... (18 novembre 1789). S. *l. n. d.*, in-folio plano. [N. Ln^{27} 13156* (4).]

Énumération de tous les griefs du plaignant contre ses débiteurs.

23754. — Extrait des registres du Comité des rapports de l'Assemblée nationale (26 janvier 1790). *Paris, Baudouin*, 1790, in-4°, 11 p. [N. Ln^{27} 13156* (5).]

P. 3-8, *A Nosseigneurs les députés de l'Assemblée nationale* (Mémoire présenté le 26 janvier 1790).

23755. — Supplément au Mémoire présenté à l'auguste Assemblée nationale, le 26 janvier 1790, par JEAN-FRANÇOIS MAGENTHIES, qui en distribua, le 3 février, douze cent quarante-huit exemplaires aux dignes membres qui la composent (18 février 1790). *Paris, Baudouin,* 1790, in-4°, 8 p. [*N.* Ln²⁷ 13156 (6).]

23756. — Motifs du silence que garde le sieur Magon de La Balue concernant l'affaire Jean-François Magenthies (15 mars 1790). *Paris, Baudouin. S. d.,* in-4°, 11 p. [*N.* Ln²⁷ 13156* (7).]

Par MAGENTHIES.

23757. — Dénonciation sans exemple faite à l'Assemblée nationale par JEAN-FRANÇOIS MAGENTHIES contre le sr Jean-Baptiste Magon de La Balue (31 août 1790). *Imp. Pellier. S. d.,* in-4°, 1 f. et 17 p. [*N.* Ln²⁷ 13156* (8).]

L'intitulé ci-dessus est celui du faux-titre (il n'y a pas de titre); le titre de départ porte : *A Messieurs les représentants de la France à l'Assemblée nationale.*

23758. — Réponse du sr JEAN-FRANÇOIS MAGENTHIES à la lettre que le sieur J.-B. Magon de La Balue a adressée, le 3 novembre 1790, aux auteurs du « Journal de Paris » qui l'ont insérée le vendredi 5 dudit mois. *Imp. Pellier. S. d.,* in-4°, 4 p. [*N.* Ln²⁷ 13156* (9).]

Voyez les trois numéros suivants.

23759. — Supplément à la Réponse du sieur JEAN-FRANÇOIS MAGENTHIES du 6 novembre 1790 contre la lettre insidieuse que le sieur J.-B. Magon de La Balue a eu l'audace d'adresser, le 3 novembre 1790, aux auteurs du « Journal de Paris », qui l'ont insérée dans celui du vendredi 5 dudit mois, à l'effet de séduire et tromper la justice du public au préjudice de Magenthies (9 novembre 1790). *Imp. Pellier. S. d.,* in-4°, 10 p. [*N.* Ln²⁷ 13156* (10).]

23760. — Addition au « Supplément à la Réponse du sieur JEAN-FRANÇOIS MAGENTHIES... contre la lettre insidieuse que le sieur J.-B. Magon de La Balue a eu l'audace d'adresser... aux auteurs du « Journal de Paris »... *Imp. Pellier. S. d.,* in-4°, 8 p. [*N.* Ln²⁷ 13156* (11).]

23761. — Rectification du sieur JEAN-FRANÇOIS MAGENTHIES à la lettre insidieuse que le sieur J.-B. Magon de La Balue a adressée, le 19 du présent mois, aux auteurs du « Journal de Paris », qui l'ont insérée le dimanche 21 du même mois de novembre 1790. Observations et Réflexions à juger par le public (22 novembre 1790). *Imp. Pellier. S. d.,* in-4°, 8 p. [*N.* Ln²⁷ 13156* (12).]

23762. — A M. Péthion (sic) de Villeneuve, président de l'Assemblée nationale (8 décembre 1790). — A M. de La Cour d'Ambézieux, président du Comité des rapports de l'Assemblée nationale (8 décembre 1790). *S. l. n. d.,* in-4°, 2 p. [*N.* Ln²⁷ 13156* (13).]

Ces deux lettres sont signées J.-F. MAGENTHIES.

23763. — Aux législateurs français. Suite à la Réplique du sieur J.-FR. MAGENTHIES, en date du 22 novembre 1790, contre la lettre insidieuse du sr J.-B. Magon de La Balue... Questions et Réflexions à juger par le public (7 décembre 1790). *Imp. Pellier. S. d.,* in-4°, 18 p. [*N.* Ln²⁷ 13156* (13).]

23764. — Précis lu et adressé au club des Jacobins, par JEAN-FRANÇOIS MAGENTHIES, ancien négociant, le vendredi saint, 22 avril 1791, contre le sieur Jean-Baptiste Magon de La Balue, ancien banquier de la cour de France, son dépositaire. *Imp. L. Potier de Lille. S. d.,* in-4°, 23 p. [*N.* Ln²⁷ 13156* (14).]

P. 15-23, *Observations adressées au club des Jacobins... le vendredi 13 mai 1791, contre le sieur J.-B. Magon de La Balue.*

23765. — Supplément au Précis lu le 22 avril 1791, à la Société des Amis de la Constitution, par JEAN-FRANÇ. MAGENTHIES, ancien négociant, ainsi qu'aux observations qu'il y adressa le 13 mai 1791, contre le sieur Jean-Baptiste Magon de La Balue, ancien banquier de la cour de France

(19 juin 1791). *Paris, imp. L. Potier de Lille.* S. d., in-4°, 15 p. [N. Ln²⁷ 13156 (15).]

23766. — A Messieurs les législateurs, les représentants de la France à l'Assemblée nationale, et à la Société des Amis de la Constitution aux Jacobins Saint-Honoré (1ᵉʳ juillet 1791). *Imp. Potier de Lille.* S. d., in-4°, 4 p. [N. Ln²⁷ 13156* (16).]

Signée : J.-F. Magenthies, soldat de la garde nationale parisienne de la section de Bondy, rue Lancry, n° 7.

23767. — Rixe populaire, préméditée, fomentée, suscitée par le sieur Warin, marchand de toiles à Versailles, au mois de novembre dernier, se disant aujourd'hui pensionnaire du Roi, et exécutée conjointement avec trois de ses fils, le mardi 6 juillet 1791, de 9 à 10 heures du matin (14 juillet 1791). *Imp. Potier de Lille.* S. d., in-4°, 11 p. [Br. M. F. R. 47*, 6.]

Signé : J.-F. Magenthies.

23768. — Le Naboth français ou Grands Coupables dévoilés, par Jean-François Magenthies, citoyen (19 octobre 1792). *A Paris, l'an Iᵉʳ de la République française, imp. Mayer et Cᵉ.* S. d., in-8°, 1 f. et 53 p. [N. Ln²⁷ 13156* (17).]

Épigraphe empruntée au *IIIᵉ Livre des Rois*, ch. XXXI, v. 7.
P. 48-53, *Opinion sur cette affaire*, signée J. Rutledge, défenseur officieux et datée du 10 octobre 1792.
Au bas du titre de l'ex. de la B. N. on lit cette note, sans nul doute autographe : « Le citoyen Magenthies est venu pour présenter son hommage au citoyen Grégoire, président de la Convention nationale. »

23769. — Pétition (13 octobre 1792). *S. l. n. d.*, in-8°, 2 p. [N. Ln²⁷ 13156* (18).]

Aux « citoyens mandataires du peuple ».

23770. — A la Convention nationale (28 novembre 1792). *Imp. Mayer et Cᵉ.* S. d., in-8°, 3 p. [N. Ln²⁷ 13156* (19).]

Commence ainsi : « Delaunay le jeune doit vous faire un rapport sur l'affaire de J.-F. Magenthies... »
Voyez les deux numéros suivants.

23771. — Convention nationale. Rapport et projet de décret faits et présentés par Delaunay le jeune, député du département de Mayenne-et-Loire, au nom du comité de législation, sur la réclamation de Jean-François Magenthies. Imprimés par ordre la Convention. *Imp. Nationale.* S. d., in-8°, 8 p. [N. Le³⁸ 692.]

Le catalogue de la B. N. a classé cette pièce au 22 pluviôse an II (10 février 1794), mais c'est une erreur évidente, car Magenthies a daté du 1ᵉʳ janvier 1793 la réfutation de ce rapport où il est question des premières séances de la Convention et de « l'épouse du Roi ». Le 22 pluviôse an II, la Convention décréta que les pétitions de Magenthies aux divers comités seraient centralisées à celui de législation, mais il ne semble pas qu'un second rapport ait été présenté à ce sujet.

22772. — A la Convention nationale (1ᵉʳ janvier 1793). S. l. n. d., in-4°, 12 p. [N. Ln²⁷ 13156* (20).]

Réponse au rapport de Delaunay.

23773. — Magenthies à Magon de La Balue. *Imp. Mayer et Cᵉ.* S. d., in-folio plano. [N. Ln²⁷ 13156* (20ᵇⁱˢ).]

23774. — Pétition à la Convention nationale. *S. l. n. d.*, in-4°, 8 p. [N. Ln²⁷ 13156* (20ᵗᵉʳ).]

Signé : J.-F. Magenthies, section de l'Unité, rue du Colombier, n° 16.
Commence ainsi :
« L'homme qui a toujours reconnu l'Etre Suprême... »

23775. — Pétition à la Convention nationale (21 février 1793). *Imp. L. Potier de Lille.* S. d., in-4°, 16 p. [N. Ln²⁷ 13156* (21).]

Commence ainsi :
« J'ai l'honneur de vous adresser ci-joint... »
Annonce de l'envoi de la pièce suivante qui a une rubrique et une pagination distinctes.

23776. — Pétition au comité de commerce de la Convention nationale. — Au comité de législation de la Convention nationale (12 mars 1793). *Imp. Potier de Lille.* S. d., in-4°, 4 p. [N. Ln²⁷ 13156* (S. n.).]

Les deux intitulés sont séparés par une double accolade.

23777. — Pétition à la Convention nationale (17 mars 1793). *Imp. L. Potier de Lille*. S. d., in-4°, 4 p. [N. Ln²⁷ 13156* (22).]

Commence ainsi :
« Votre décret du 9 du présent mois... »

23778. — Pétition à la Convention nationale (17 mars 1793). *Imp. L. Potier de Lille*. S. d., in-4°, 12 p. [N. Ln²⁷ 13156* (23).]

Même pièce que la précédente, suivie d'une lettre adressée à Lebrun, ministre des Affaires étrangères (1ᵉʳ avril 1793) et d'une réponse de Monge, ministre de la Marine, à Magenthies (11 février 1793).

23779. — Pétition à la Convention nationale pour le citoyen J.-F. Magenthies (13 avril 1793). *Imp. L. Potier de Lille*. S. d., in-4°, 24 p. [N. Ln²⁷ 13156* (24).]

Réimp. augmentée du numéro ci-dessus et de ses annexes.

23780. — Pétition à la Convention nationale (15 avril 1793). *Imp. Potier de Lille*. S. d., in-4°, 3 p. [N. Ln²⁷ 13156* (26).]

Commence ainsi : « Jean-François Magenthies (le citoyen) fut encore admis à la barre du Sénat français, le 21 mars dernier... »

23781. — Pétition aux comités de législation et des finances de la Convention nationale (14 mai 1793). *Imp. L. Potier de Lille*. S. d., in-folio, 8 p. [N. Ln²⁷ 13156* (27).]

Texte sur deux colonnes suivi (p. 78), d'un *Modèle de quittance et de transport à la Nation française fait par J.-F. Magenthies*.

23782. — Pétitions et Collections d'autres pièces adressées à la Convention nationale le 26 mai 1793, l'an IIᵉ de la République, par J.-Fʳ. Magenthies (26 mai 1793). *Imp. L. Potier de Lille*. S. d., in-folio, 1 f., 16 et 2 p. [N. Ln²⁷ 13156* (28).]

23783. — Pétitions et Collections d'autres pièces adressées à la Convention nationale, le dimanche 9 juin 1793, par le citoyen J.-F. Magenthies, Français républicain. *Imp. L. Potier de Lille*. S. d., in-folio, 11 p. [N. Ln²⁷ 13156* (29).]

23784. — Pétitions et Collections d'autres nouvelles pièces adressées à la Convention nationale, aux comités de législation, des finances, de commerce et au Conseil exécutif provisoire, par le citoyen J.-F. Magenthies, sans-culotte dans toute la force du terme (14 septembre-18 octobre 1793). S. l. n. d., in-folio, 2 ff. et 10 p. [N. Ln²⁷ 13156* (30).]

23785. — Pétition à la Convention nationale (1ᵉʳ jour du 2ᵉ mois de l'an II (22 octobre 1793). S. l. n. d., in-folio, 3 p. [N. Ln²⁷ 13156* (31).]

Commence ainsi :
« Votre décret suprême du 23 septembre dernier... »
Annonce de l'envoi du numéro suivant.

23786. — Pétitions, Pièces, Mémoires, Décrets qui sont soumis pour la dernière fois à la Convention nationale par le citoyen J.-F. Magenthies, sans-culotte dans toute la force du terme, contre J.-B. Magon de La Balue, son dépositaire infidèle, ancien banquier de la ci-devant Cour (Paris, 4 nivôse an II-24 décembre 1793). S. l. n. d., in-folio, 1 f. et 28 p. [N. Ln²⁷ 13156* (32).

23787. — Pétition à la Convention nationale pour être renvoyée au comité de législation. Renvoyée au comité de législation par la commission des dépêches (12-20 ventôse an II-10 mars 1794). *Imp. G.-F. Galetti*. S. d., in-folio, 4 p. [N. Ln²⁷ 13156* (33).]

23788. — Liberté, Egalité, Fraternité ou la Mort. A la Convention nationale. Procès sans exemple (4 prairial an II-23 mai 1794). *Imp. G.-F. Galetti*. S. d., in-8°, 4 p. [N. Ln²⁷ 13156* (34).]

23789. — Liberté. Egalité... A la Convention nationale. Procès sans exemple (28 prairial an II-16 juin 1794). *Imp. G.-F. Galetti*. S. d., in-8°, 7 p. [N. Ln²⁷ 13156* (35).]

P. 4-7, *Le citoyen J.-F. Magenthies à tous ses créanciers légitimes.*

23790. — Précis. Tonnez, Solon. Tonnez, Licurgue (*sic*), contre les calomnies et contre les injustices et qu'enfin les calomniateurs et les injustes quelconques soient punis sans pitié et sans rémission comme les grands criminels (10 brumaire an XI-1er novembre 1802, v. st.). S. l. n. d., in-4°, 4 p. [N. Ln27 13156* (36).]

23791. — Pétition au général Napoléon Bonaparte, premier Consul à vie de la République française (10 brumaire an XI-1er novembre 1802, v. st.). S. l. n. d., in-4°, 12 p. [N. Ln27 13156* (37).]

23792. — Communication éclatante à Sa Majesté Louis XVIII, à l'auguste famille royale, au Conseil des Ministres et aux deux Chambres des Députés, mandataires du peuple français et des Pairs de France à la présente session de 1820 (18 mai 1820). Imp. A. Egron. S. d., in-4°, 8 p. [N. Ln27 13156* (38).]

23793. — [**Magon de La Balue.**] Lettre de M. Magon de La Balue à MM. les auteurs du « Journal de Paris », en date du 19 novembre 1790. Paris, imp. du Patriote français, 1790, in-4°, 3 p. [N. Ln27 13175.]

Voyez le n° 23761 ci-dessus.

23794. — Notice des principaux articles de la bibliothèque de feu le c. Magon de La Balue, dont la vente se fera en sa maison place Vendôme, n° 1526, le 5 floréal an V (24 avril 1797, v. st.) et j. s. Paris, Nyon l'aîné, an cinquième, 15 p.; 240 numéros. [N. Δ 2686.]

Magon de La Balue était mort sur l'échafaud le 1er thermidor an II (19 juillet 1794).

23795. — [**Maillard** (Stanislas-Marie).] Section de la Cité. Rapport sur l'affaire de Maillard, fait à l'assemblée générale le 12 août 1793...

Voyez tome II, n° 8532 et le numéro suivant. Voyez aussi sur une autre affaire à laquelle avait été mêlé le même personnage, ibid., nos 7294-7295.

23796. — Réponse de Maillard, président des commissaires des quarante-huit sections à la journée du 31 mai, à ses calomniateurs... (1793).

Voyez tome II, n° 8533 et le numéro précédent.

23797. — Pétition à la Convention nationale par le républicain Maillard. Imp. Clément. S. d., in-folio plano. [D.]

Réponse à la dénonciation formulée dans la séance du 27 frimaire an II (17 décembre 1793) par Fabre d'Eglantine contre Vincent, Ronsin et Maillard « soi-disant agent de police militaire » et suivie d'un décret d'arrestation.

23798. — Le Voile tombe et le calomniateur est découvert. Imp. Chemin. S. d., in-4°, 8 p. [Br. M. F. R. 36*, 35.]

Signé : Maillard.
Réimp. par Alex. Sorel (voyez le numéro suivant), pp. 47-53 de sa brochure, d'après un ex. appartenant à M. Ménétrier.

23799. — Stanislas Maillard, l'homme du 2 septembre 1792. Notice historique sur sa vie, où il est démontré, entre autres choses, qu'il n'a jamais été huissier au Châtelet, publiée d'après des documents entièrement inédits, avec fac-similé de son écriture. Par Alex. Sorel. Paris, A. Aubry, 1862, in-18, 58 p. [N. Ln27 13194.]

Titre rouge et noir.
A la suite du texte est placé un fac-similé de Maillard, daté du 2 septembre 1792, d'après un original appartenant à la Préfecture de police.

23800. — [**Maillé-La Tour-Landry** (J.-B.).] Un Evêque de l'ancien régime sous la Révolution. M. de Maillé-La Tour-Landry, par le vicomte de Broc. Paris, Lamulle et Poisson, 1894, in-8°, 2 ff., VIII-354 p. et 1 f. non ch. (achevé d'imprimer). [N. Ln27 42379.]

Les chapitres III, IV et V sont consacrés au séjour à Paris, pendant la Révolution, de l'ancien évêque de Saint-Papoul.

23801. — [**Maire-Savary.** (Antoine-Marie Maire, dit).] Un Juge de Marie-Antoinette, par Henri Beaune, ancien procureur général à la cour de Lyon. Lyon, Bernoux et Cumin, 1898, in-8°, 68 p. [N. Ln27 46657.]

La couverture imprimée porte : deuxième édition.

23802. — [**Maisonneuve.**] Mémoire pour le citoyen Maisonneuve, détenu à la

Conciergerie depuis le 16 nivôse. *S. l. n. d.*, in-4°, 14 p. [R. AD. I, 55.]

Affaire de chantage.
, Simonnet de Maisonneuve habitait Toussus, district de Versailles, canton de Jouy, et à Paris, rue des Fossés-Saint-Victor.

23803. — Précis pour le citoyen Maisonneuve présenté par son épouse aux citoyens composant le Comité de sûreté générale. *Imp. Célère, rue Galande, maison Chatillon, n°s 68 et 79. S. d.* (1793), in-4°, 8 p. [P. 29070*.]

Signé : CROISEUIL-MAISONNEUVE.

23804. — [**Mala**.] « Messieurs, je crois nécessaire de vous instruire du dommage qu'éprouve un de vos concitoyens dans sa fortune. » *S. l. n. d.*, in-4°, 4 p. [Br. M. F. R. 42*, 7.]

Signé : MALA, marchand tapissier, concierge de l'hôtel Berckheim, rue de Bourbon.
Plaintes contre le chevalier Capello, ci-devant ambassadeur de Venise auprès du Roi, dont il avait meublé l'hôtel et dont il ne pouvait obtenir un règlement de comptes.

23805. — [**Malesherbes** (Chrétien-Guillaume DE LAMOIGNON DE).] Notice historique sur M. de Lamoignon de Malesherbes, insérée dans la « Collection de portraits d'hommes illustres vivants », par M. D. B. *Paris, imp. de Monsieur*, 1788, in-8°, 13 p. [N. Ln²⁷ 13267.]

ÉPIGR. :

Namque erit ille mihi semper Deus.
VIRG.

Par J.-B. DUBOIS, de Jancigny (Côte-d'Or), alors précepteur de Le Peletier de Rosambo, petit-fils de Malesherbes.
Pièce différente de la Notice décrite sous les n°s 23813-23813a ci-dessous.

23806. — Catalogue des livres de la bibliothèque de feu Chrétien-Guillaume Lamoignon-Malesherbes, disposé par JEAN-LUC NYON, avec une table alphabétique des matières et des auteurs. *Paris, J.-L. Nyon l'aîné*, 1797, in-8°, 7413 numéros. [N. Δ 2316.]

Sur le titre, portrait de Malesherbes de profil en médaillon.
Un carton de 8 p. placé après le titre annonce que la vente aura lieu le 12 floréal an V (1er mai 1797) et j. s., en la maison du défunt, rue des Martyrs, n° 59 et donne l'ordre des vacations.
P. 5, *Avertissement*. P. 7-28, *Notice historique sur Chr.-G. Lamoignon-Malesherbes.* P. 21-32, *Table des divisions*. Les pages du catalogue ne sont point chiffrées. Sur le dernier feuillet est un « bon » signé de Nyon l'aîné et daté du 1er janvier 1797 (v. st.) pour la table des auteurs, qui devait être délivrée gratis au porteur.
Le *Magasin encyclopédique* (1797, tome VI, pp. 466-472) renferme un intéressant article de LANGLÈS sur le catalogue de cette bibliothèque et, accessoirement, une note sévère sur une collection de livres en langues étrangères modernes provenant du comte de Catuelan, vendue en pluviôse an V.

23807. — M. Guillaume ou le Voyageur inconnu, comédie en un acte et en prose mêlée de vaudevilles..., par BARRÉ, RADET, DESFONTAINES, BOURGUEUIL (12 pluviôse an VIII-1er février 1800).

Voyez tome III, n° 19654.
Sur le titre de la première édition figure le portrait en médaillon placé sur celui du catalogue de la bibliothèque (voyez le numéro précédent); dans deux tirages subséquents il a été remplacé par deux vers empruntés à l'un des couplets de la pièce.

23808. — Vie de Chrétien-Guillaume Lamoignon-Malesherbes, ancien premier Président de la Cour des Aides, ancien ministre d'État, membre de l'Académie, etc. *Paris, Barba, an X*-1802, in-12, 1 f. et IV-287 p. [N. Ln²⁷ 13268.]

ÉPIGR. :

Ses bourreaux sont flétris ; sa mémoire est chérie,
L'horreur de son supplice a couronné sa vie.

En regard du titre, portrait anonyme au pointillé.
Un catalogue des nouveautés en vente chez Barba est intercalé entre le titre et la Préface.
Attribuée par Quérard à MARTAINVILLE, cette *Vie de Malesherbes* est beaucoup plus vraisemblablement due à ÉTIENNE, suivant une note de Paul Lacroix au n° 1195bis du catalogue Millot (1846).

23809. — Pensées et Maximes de Guillaume-Chrétien Lamoignon-Malesherbes, suivies de Réflexions sur les lettres de cachet, pour faire suite à sa « Vie », recueillies par E. J.*** *Paris, Capelle, an X*-

1802, in-12, 2 ff. et VI-132 p. [*N*. Inv. Z 17810.]

ÉPIGR. :

Plus esse quam videri malebat.

ANT. SERIEYS a signé des initiales E. L. quelques-unes de ses trop nombreuses productions; peut-être pourrait-on lui attribuer celle-ci.

23810. — Malesherbiana ou Recueil d'anecdotes et pensées de Chrétien-Guillaume de Lamoignon-Malesherbes, par C....., d'Aval... [COUSIN, d'Avalon]. *Paris, Pillot frères, an X-1802*, in-18, 143 p. [*N*. Ln^{27} 13269.]

En regard du titre, portrait signé : BONNET, *sculp.*

ÉPIGR. :

Chaque siècle ne produit peut-être que cinq à six hommes sages.
HELVÉTIUS.

23811. — Les Mânes de Lamoignon-Malesherbes, ancien ministre d'État. Ode, suivie d'un extrait de ses pensées mises en vers par J. H. VALANT. *Paris, Bailly et chez l'auteur, rue du Faubourg-Saint-Denis, n° 63, au pensionnat du Musée de la jeunesse, an XI-MDCCCIII*, in-8°, 16 p. [*N*. Ye 53414.]

23812. — Malesherbes. *Paris, L. Duprat-Letellier*, 1803, in-8°, XLV-295 p. [*N*. Ln^{27} 13270.]

La dédicace à S. A. S. le prince héréditaire de Linange est signée : DE L'ISLE DE SALES membre de l'Institut national de France.

ÉPIGR. :

Bonum virum facile crederes magnum libenter...
TACITE, *in Vita Agricolæ.*

23813. — Notice historique sur Chrétien-Guillaume Lamoignon-Malesherbes, par JEAN-BAPTISTE DUBOIS, extraite du « Magasin encyclopédique ou Journal des sciences, des lettres et des arts »... Seconde édition. *Paris, imp. du Magasin encyclopédique. S. d.* (1795), in-8°, 2 ff. et 64 p. [*N*. Ln^{27} 13271.]

La première édition a paru dans le *Magasin encyclopédique*, 1re année (1795) tome IV.
Ouvrage différent du n° 23805 ci-dessus, publié sous le même titre par le même auteur.
Voyez aussi le numéro suivant.

23813ᵃ. — Notice historique sur Chrétien-Guillaume de Lamoignon de Malesherbes, par J.-B. DUBOIS. Troisième édition, corrigée et considérablement augmentée. *Paris, Potey*, 1806, in-8°, 1 f., 186 p. et 1 f. n. ch. [*N*. Ln^{27} 13271 A.]

ÉPIGR. :

*Multis ille quidem flebilis occidit,
Nulli flebilior quam mihi.*
HORAT.

P. 1. Dédicace à M. F. D. N. [François de Neufchâteau]. P. 17. *Notice historique...* P. 168. *Le Songe de Malesherbes* (poème), par un jeune élève du lycée de Dijon. P. 179. *Notes sur la famille des Lamoignon.* Le feuillet non chiffré contient une *Note* relative au *Songe de Malesherbes* et des *Errata.*

23814. — Vie ou Éloge historique de M. de Malesherbes, suivie de la Vie du premier président de Lamoignon, son bisaïeul, écrites l'une et l'autre d'après les Mémoires du temps et les papiers de la famille, par M. GAILLARD, l'un des trois anciens de l'Académie française et doyen de l'Académie des inscriptions et belles-lettres ou Classe d'histoire et de littérature ancienne de l'Institut. *Paris, Xhrouet; Déterville; Lenormant; Petit*, 1805, in-8°, 2 ff. et 224 p. [*N*. Ln^{27} 13272.]

23815. — Éloge de Chrétien-Guillaume Lamoignon-Malesherbes, ancien ministre d'État, par PIERRE CHAS. *Paris, Bossange, Masson et Besson*, 1808, in-8°, 2 ff. et 66 p. [*N*. Ln^{27} 13273.]

Qui connut tes vertus pour toujours est en deuil;
La tendre humanité gémit sur ton cercueil.
A. SÉGUR.

Dédicace à François de Neufchâteau.

23816. — Malesherbes à Saint-Denis, poème élégiaque qui a remporté le prix proposé dans « la Quotidienne » pour le meilleur éloge de Louis XVI, par M. OURRY. *Paris, au bureau de la Quotidienne et chez Eymery; Delaunay; Laurent Beaupré*, 1815, in-4°, 12 p. [P. 29070*.]

Épigraphe empruntée à l'*Énéide.*
P. 12, Notes en prose.

23817. — Essai sur la vie, les écrits et les opinions de M. de Malesherbes, adressé à mes enfants, par le comte DE BOISSY d'ANGLAS, pair de France, membre de l'Académie royale des inscriptions et belles-lettres, grand officier de l'ordre royal de la Légion d'honneur. *Paris, Treuttel et Würtz*, 1819-1821, 3 vol. in-8°. [*N*. Ln^{27} 13277.]

La troisième partie porte en sous-titre : *Supplément contenant une réponse à la « Biographie universelle »*.

23818. — Le Dévouement de Lamoignon-Malesherbes, par M. DUMAS, proviseur du collège royal de Charlemagne. *Paris, Lenormant*, MDCCCXX (1820), in-8°, 27 p. [*N*. Yc 42540.]

Épigr. empruntée à Virgile et au duc de Lévis (*Portraits et Souvenirs*).
En vers. P. 19-27, *Notes*.

23819. — Mémoires sur M. de Malesherbes et sur le XVIII° siècle, dédiés à M. de Lanjuinais, pair de France, par un ancien habitant de Malesherbes. *Imp. Fain*. S. d., in-8°, 8 p. [*N*. Ln^{27} 13278.]

Épigraphe empruntée aux *Remontrances de Malesherbes sur les lettres de cachet* (1775).
Prospectus. Les souscriptions étaient reçues chez M. Méchin, député, faubourg Poissonnière, n° 32. Ces *Mémoires* n'ont pas paru.

23820. — Institut de France. Éloge historique de Chrétien-Guillaume Lamoignon de Malesherbes, discours qui a remporté le prix d'éloquence décerné par l'Académie française, dans sa séance du 9 août 1831, par M. A. BAZIN, avocat à la cour royale de Paris. *Paris, F. Didot frères*, 1831, in-4°, 1 f. et 40 p. [*N*. Ln^{27} 13280.]

ÉPIGR. :

Virtutem videant!...
PERS. *Sat*. III.

¶ A. BAZIN a également écrit pour *le Plutarque français* une notice sur Malesherbes qui a été réimprimée dans ses *Etudes d'histoire et de biographie* (Chamerot, 1844, in-8°).

23821. — Eloge historique de Malesherbes, par M. ROZET. *Paris, T. Barrois et B. Duprat, juin* 1831, in-8°, 1 f. et 52 p. [*N*. Ln^{27} 13281.]

ÉPIGR. :

Incorrupta fides nudaque veritas.
HORACE.

Louis Rozet avait été le concurrent de Bazin dans le concours ouvert par l'Académie française.

23822. — Eloge de Malesherbes. *Toulouse, imp. J.-M. Douladoure*. S. d. (1840), in-8°, 48 p. [*N*. Ln^{27} 13282.]

Le titre de départ, page 3, porte : *Eloge de Lamoignon de Malesherbes*, prononcé par M. PEYRUSSE (Louis-Eugène) de Lézignan (Aude), à la séance solennelle du 3 décembre 1840, et le faux-titre : *Rentrée de la conférence des avocats près la cour royale de Toulouse*.
La couverture imprimée sert de titre.

23823. — Eloge de Chrétien-Guillaume Lamoignon-Malesherbes, l'un des quarante de l'Académie française, prononcé dans la séance de l'Académie du 4 novembre 1841, par M. DUPIN, membre de l'Académie. *Paris, imp. Cosson*, 1841, in-8°, 72 p. [*N*. Ln^{27} 13283.]

ÉPIGR. :

Semper fidelis
Regi suo
In solio veritatem
Præsidium in carcere
Attulit.

P. 48, *Notes* (sur cet Eloge). P. 65, *Ouvrages de M. de Malesherbes*. P. 69, *Ouvrages composés sur M. de Malesherbes*.

23824. — Cour impériale de Paris. M. de Malesherbes. Discours prononcé à l'audience solennelle de rentrée le 4 novembre 1861, par M. OSCAR DE VALLÉE, avocat général. *Paris, E. Donnaud, imprimeur de la Cour impériale*, 1861, in-8°, 53 p. [*N*. Lf^{112} 527.]

23825. — Séance publique de l'Académie impériale de Metz du dimanche 12 mai 1867. Discours prononcé par M. DOMMANGET, président. Lamoignon de Malesherbes. *Metz, J. Blanc, imprimeur de l'Académie impériale*, 1867, in-8°, 47 p. [*N*. Ln^{27} 23333.]

P. 27-47, *Notes*.

23826. — Mémoires sur Lamoignon de Malesherbes, défenseur de Louis XVI, par EUGÈNE VIGNAUX. *Paris, E. Dentu*, 1874, in-8°, 4 ff. n. ch. (annonces de librairie). [*N*. Ln^{27} 28208.]

ÉPIGR. :

La vie d'un sage est la leçon de la postérité.

Dédicace au baron Taylor, suivie d'une lettre de celui-ci.

23827. — Cour d'appel de Caen. La Magistrature française au XVIII° siècle. Etude sur Malesherbes. Discours prononcé à l'audience solennelle de rentrée du 3 novembre 1877, par M. LANFRANC DE PANTHOU, avocat général. Caen, typ. F. Leblanc-Hardel, 1877, in-8°, 92 p. [*N.* L[f]112 1038.]

23828. — [**Mallard** (Marie-Barbe GUILLOT, dame).] Observations pour la dame Mallard, nourrice du Roi. S. *l. n. d.*, in-8°, 4 p. [*N.* Ln27 13308.]

Au sujet de sa pension. Voyez aussi le numéro suivant.

23829. — Mémoire justificatif pour la dame MALLARD, nourrice du Roi. S. *l. n. d.*, in-4°, 8 p. [*N.* Ln27 13309.]

¶ M. TH. LHUILLIER a publié dans l'*Amateur d'autographes* de 1876, pp. 52-55, une intéressante note sur Mme Mallard et surtout sur son mari, ancien officier, originaire de Marseille, décédé le 31 mars 1794 à Nemours (Seine-et-Marne) où il remplissait les fonctions de délégué aux ventes des domaines nationaux.

23830. — [**Mallet**.] Précis pour le citoyen MALLET, garde général des greffes et dépôts des ci-devant Conseils, contre le citoyen Chéré (*sic*), commis du dépositaire particulier du Louvre. *Imp. V° Hérissant.* S. *d.*; in-8°; 8 p. [*R.* AD. XVIII° 173.]

Signé : MALLET.

23831. — Observations à la Convention nationale pour le citoyen MALLET... contre le citoyen Cheyré... *Imp. V° Hérissant.* S. *d.*, in-8°, 15 p. [*N.* Ln27 13317. — [*R.* AD. XVIII° 173.]

Signées : MALLET, homme de loi et ancien avocat.
Sur une autre pièce concernant Cheyré, voyez le n° 22196 ci-dessus.

23832. — [**Mallet du Pan** (Jacques).] Le Mallet Dupan revue et corrigé par M. DUROSEAU, ami du vénérable Père Duchesne. (N° 1.) *Imp. Gueffier*, in-8°, 16 p. [*N.* Lc2 2465.]

23833. — Mémoires et Correspondance de MALLET DU PAN, pour servir à l'histoire de la Révolution française, recueillis et mis en ordre par A. SAYOUS, ancien professeur à l'Académie de Genève. *Paris, Amyot*, 1851, 2 vol. in-8°. [*N.* La33 81.]

« Le cadre un peu insolite de ces *Mémoires* (lit-on p. IX de la *Préface*) présentera à la fois la vie de Mallet du Pan et l'essentiel de son œuvre d'écrivain. Ce mélange de récit et de citations étendues est assez nouveau dans la littérature française, mais cette méthode a en sa faveur l'usage quelquefois heureux qu'en ont fait les biographes anglais ; elle est tout particulièrement convenable pour faire connaître ces écrivains politiques dont les travaux, tout de circonstance, ne peuvent plus avoir qu'un intérêt partiel et demandent, pour être relus avec plaisir et profit, qu'on les replace à leur date et à leur point de vue historique. »
Sous le titre de *Miscellanées*, le tome II (pp. 459-500) renferme un grand nombre d'anecdotes et de particularités extraites des carnets de Mallet du Pan.

23834. — [**Maloët** (Pierre-Louis-Marie).] « Citoyens, le citoyen Pierre-Marie Maloët, médecin, revient de Rome... » *Paris, imp. Limodin.* S. *d.*, in-4°, 8 p. [*N.* Lb41 96.]

Mémoire en faveur de Maloët, médecin de Mesdames, signé, p. 3 : BERGERET.

23835. — [**Malouet** (Pierre-Victor).] Réponse de M. MALOUET à M*** (27 avril 1792). S. *l. n. d.*, in-8°, 16 p. [*Br. M.* F. R. 575, 1°.]

23836. — Lettre de M. MALOUET à M. de Montjoie, auteur de l'« Histoire de la Révolution » (26 mai 1792). S. *l. n. d.*, in-8°, 16 p.

Un ex. de cette *Lettre* est relié dans un ex. de l'*Histoire de la Révolution de France* de Montjoie, formé par M. de La Bédoyère et placé à la B. N. sous la cote Lc2 396. Réserve (cf. tome II de la *Bibliographie*, n° 10520).

23837. — Mémoires de MALOUET, publiés par son petit-fils le baron MALOUET. *Paris, Didier*, 1868, 2 vol. in-8°. [*N.* La30 34.]

En regard du titre du tome 1er, portrait de Malouet, signé : FAIVRE-DUFFER, *del.*; DANGUIN, *sc.*
Epigraphe empruntée aux *Mémoires* eux-mêmes (tome II, p. 66).

23837a. — Mémoires de MALOUET publiés par son petit-fils le baron MALOUET. Deuxième édition augmentée de lettres inédites. *Paris, E. Plon et C*, 1874, 2 vol. gr. in-8°.

Même portrait et même épigraphe qu'au numéro précédent.
P. I-XI, Préface de la deuxième édition. Tome II, pp. 335-534, lettres adressées à Mallet Du Pan par MALOUET, MOUNIER, PORTALIS, le prince de SALM, LALLY-TOLENDAL, le prince DE POIX, le chevalier DE PANAT.

23838. — Un nouveau Témoin de la Révolution, par LE ROUX DE LINCY. Extrait de la « Revue des questions historiques ». *Le Mans, imp. Monnoyer.* S. d. (1868), in-8°, 7 p. [N. La³⁰ 35.]

Compte rendu de la première édition des *Mémoires* décrits sous les deux numéros précédents.

⁋ SAINTE-BEUVE a consacré aux *Mémoires* de Malouet trois articles réimprimés au tome XI des *Nouveaux lundis*.

23839. — [**Malus**.] MALUS, commissaire ordonnateur, à ses concitoyens. *Paris, imp. Mayer.* S. d., in-8°, 4 p. [N. Ln²⁷ 13328.]

23840. — Précis pour le commissaire ordonnateur MALUS (11 décembre 1792). *Imp. du Patriote français.* S. d., in-4°, 12 p. [P. 29070*.]

Désaveu de toute participation aux marchés de la Cⁱᵉ d'Espagnac. (Voyez les nᵒˢ 22644-22671 ci-dessus).

23841. — [**Mami** (Louis).] Hôtel de Ville de Paris. Tribunal de police. Jugement contradictoire qui ordonne l'exécution des règlements de police concernant les cochers de place et pour y être contrevenu par le nommé Pierre-Louis Mami, cocher de fiacre, en se livrant à des menaces, violence et voies de fait répréhensibles envers un citoyen, le condamne à trois mois de prison à Bicêtre, lui fait défense de récidiver sous peine de punition corporelle et ordonne l'impression et l'affiche du jugement (17 avril 1790). *Imp. Lottin aîné et Lottin de Saint-Germain*, in-4°, 4 p. [N. Lb⁴⁰ 1167*.]

Mancini-Nivernois. — Voy. **Nivernois**.

23842. — [**Mangin**.] Adresse du sieur MANGIN père à l'Assemblée nationale (10 juillet 1792). *Knapen.* S. d., in-4°. [N. Lb³⁹ 11395.]

Au sujet d'une offre à la Nation de 10,000 livres en don.
D'après le supplément manuscrit du catalogue de la B. N.

23843. — [**Manini**.] Républicain français ou la Mort. Réclamation et Pétition au peuple libre français, adressée à ses représentants par l'ami et l'émule de Le Peletier et Marat, incarcéré depuis le 25ᵉ jour de vendémiaire aux Madelonettes, où, isolé et privé de toute ressource, on voudrait encore le priver des titres inappréciables de Républicain et Français, le seul bien qui lui reste. S. l. n. d., in-8°, 7 p. [*Br. M. F. R. 843 (19).*]

Signé : le patriote MANINI, artiste.

EPIGR. :

Patriote, mes ennemis sont les tiens.

Protestation contre son incarcération effectuée le 25 vendémiaire an III (16 octobre 1794).

23844. — [**Manuel** (Pierre-Louis).] Résumé pour CHARLES-PIERRE BOSQUILLON, citoyen actif, contre M. Manuel, élu procureur de la Commune de Paris. *Paris, imp. Prault. D. S. M.*, 1791, in-4°, 27 p. Lb³⁹ 5586.]

Bosquillon conteste à Manuel son titre de citoyen actif en tendant d'établir qu'il n'était point inscrit sur les rôles de la garde nationale et qu'il n'habitait pas Paris depuis un an révolu.

23845. — Plaidoyer pour établir l'éligibilité de Manuel à la place de procureur de la Commune, par BERTHELOT. 1792, in-8°, 61 p.

D'après un catalogue.

23846. — Municipalité de Paris. Département de la police. Rapport fait au Corps municipal par le département de police, relativement à M. P. Manuel. *Paris, imp. Lottin l'aîné et J.-R. Lottin*, 1791, in-4°, 8 p. [N. Lb⁴⁰ 184.]

Perquisition faite chez Didot et Garnery au sujet des *Lettres écrites du donjon de Vin-*

cennes par Mirabeau (à Sophie de Ruffey) imprimées par Manuel et réclamées par la famille et les créanciers de Mirabeau.

23847. — Interrogatoire de P. Manuel, procureur de la Commune (22 mai 1792). S. l. n. d., 1 f. et 20 p. [N. Lb^{39} 5939.]

Affaire des papiers de Mirabeau.

23848. — Apologie de M. Manuel, procureur syndic de la Commune de Paris, par M. Bardin. Imp. de Fontenay, citoyen de la section du Jardin-des-Plantes. S. d., feuillet in-4°. [R. AD. I, 55.]

En vers.

23849. — Vie secrète de Pierre Manuel. Se trouve à l'imprimerie de Franklin, rue de Cléry, n° 75, et chez les libraires du Jardin de la Révolution, à Paris. S. d. (1793), in-8°, 63 p. [N. Ln^{27} 13382.]

Épigr. :

> Crimine ab uno
> Disce omnes.
> Virg.

Le titre de départ, p. 7, porte : Vie secrète de Pierre Manuel, ci-devant procureur syndic de la Commune de Paris et député à la Convention nationale. Entre le Discours préliminaire et le titre, est intercalé un portrait au lavis, avec cette légende :

> Je ne suis point né délicat ;
> J'ai l'âme sordide et commune ;
> J'ai pillé les autres, et j'ai trahi l'Etat,
> Pour accélérer ma fortune.

Ce pamphlet est précédé d'un faux-titre faisant partie du premier cahier et intitulé : Histoire de deux célèbres législateurs du XVIIIe siècle, contenant plusieurs anecdotes curieuses et intéressantes. La Vie politique de Manuel est en effet suivie de celle de Pétion qui, ayant un titre et une pagination distincts, sera décrite plus loin.

23850. — Mariage de Manuel avec Mme Elisabeth, sœur de Louis Capet, en récompense des bons services qu'il lui a promis. Suivi de son plan de conspiration. De l'imp. de Manuel, rue Perdu (sic), in-8°, 8 p. [N. Lb^{41} 2613.]

Épigr. :

> Les Grands sont bien petits.

Violent pamphlet au sujet de sa démission de représentant.

23851. — Jugement rendu par le Tribunal révolutionnaire... qui, sur la déclaration du juré de jugement, portant : 1° qu'il est constant qu'il a existé une conspiration infâme contre l'unité et l'indivisibilité de la République, et la liberté et la sûreté du peuple français ; 2° que Pierre Manuel est auteur ou complice de cette conspiration, condamne Pierre Manuel à la peine de mort... 24 brumaire an II (14 novembre 1793). Imp. du Tribunal criminel révolutionnaire. S. d., in-4°, 8 p. [N. Lb^{41} 2232*.]

23852. — Véritable Testament de Pierre Manuel, ci-devant procureur de la Commune et député à la Convention nationale, écrit la veille de sa mort, dans la prison de la Conciergerie, suivi de plusieurs morales touchantes qu'il fit au Tribunal révolutionnaire pour gagner le peuple à son avantage. Imp. de la rue Glatigny. S. d., in-8°, 8 p. [N. Ln^{27} 13381.]

Signé : N. Pervost.
P. 6, Anecdotes sur ce monstre hypocrite.

23853. — [**Marat** (Jean-Paul).] District des Cordeliers. Extrait du registre des délibérations (7 octobre 1789).

Au sujet du décret de prise de corps décerné contre Marat par le Châtelet. Voyez tome II, n° 7073 et les n°s 7074-7075 et 7089 qui ont trait à la même affaire.

¶ Sur la tentative faite le 22 janvier 1790 pour mettre ce décret à exécution, on consultera utilement un article de l'abbé Pêcheur, intitulé : Un Procès de presse de Marat (Bulletin de la Société archéologique et historique de Soissons), tome XIII (1882), pp. 165-179, et un travail de M. E. Babut, paru sous le titre de : Une Journée au district des Cordeliers, dans la Revue historique de mars-avril 1903, pp. 279-300.

L'abbé Pêcheur avait retrouvé un dossier provenant de Me Simon Quinquet, ancien procureur au Parlement et ancien maire d'Oulchy-le-Château (Aisne), chargé des poursuites contre Marat. M. Babut a rédigé son travail d'après des documents conservés dans un carton non numéroté du ministère de la Justice et qui rectifient sur plusieurs points les dires des divers historiens de cet épisode.

23854. — Lettre de Mme Marat à M. L. B. D. B., en faveur de son mari, au sujet de la défense qu'il a prise de M. Necker, premier ministre des Finances, contre M. Marat, son mari, médecin ordinaire de Monseigneur le comte d'Artois, et Réponse en conséquence par M. le B. D. B. (16-17 février 1790). S. l., 1790, in-8°, 12 p. [N. Lb³⁹ 8463.]

Facétie. On sait que Marat n'était point marié.

23855. — Marat devant le juge de paix. S. l. n. d., in-8°, 8 p. [N. Lb³⁹ 8464.]

Signé : Par un chevalier sans peur et sans reproche.
Réponse aux calomnies de Marat, touchant Pastoret, Julien, aide-de-camp de La Fayette, Bouillé, Condorcet, Clermont-Tonnerre, Cahier de Gerville et Desilles.

23856. — Grand Réquisitoire de M. le procureur général de La Lanterne, contre le journaliste Marat et la fille Colomb, criminels de lèse-nation. S. l. n. d., in-8°, 7 p. [N. Lb³⁹ 8465.]

Épigr. :
Il ne peut être heureux qu'à force d'attentats ;
Le coquin se pendrait si l'on ne pendait pas.

Il suffit de parcourir ce pamphlet pour s'assurer qu'il n'est point de Camille Desmoulins, comme le titre le donnerait à entendre.

23857. — Crimes envers le Roi et la nation ou Confession patriotique. S. l. n. d., in-8°, 1 f. et 38 p. [N. Lb³⁹ 8467.]

P. 1-4, *Confession de Necker, des Etats-Généraux, de Ch. Lameth, de Barnave, de La Fayette, de Bailly, de Mirabeau et de l'évêque d'Autun* (Talleyrand). Les pages 5 et 6 manquent dans l'ex. de la B. N. P. 7 et suivantes, *la Guerre des districts ou la Fuite de Marat*, poème héroï-comique en trois chants, accompagnés de notes satiriques.

23858. — Dialogue entre Mar*** (Marat) et Mart*** (Martel). *Imp. Chaudrillier*. S. d., in-8°, 7 p. [N. Lb³⁹ 4889.]

Pamphlet contre Marat.

23859. — Réponse au n° 69 de Marat, soi-disant l'Ami du peuple, par les citoyens soldats des bataillons nationaux, casernés à Paris. *Paris, imp. du Cercle social*. S. d., in-folio plano. [N. Lb⁴¹ 224.]

Au sujet de la garde de « Capet » au Temple et des rassemblements de troupes chargées, selon Marat, d'assurer son évasion.

23860. — Société des Amis de la liberté et de l'égalité, séante aux ci-devant Jacobins-Saint-Honoré... Opinion de Dubois-Crancé... sur le décret d'accusation contre Marat (26 mars 1793).

Voyez tome I⁵ʳ, n° 3885, ainsi que les n°ˢ 3886-3888, et les deux numéros suivants.

23861. — Convention nationale. Rapport fait au comité de législation par P.-M. Delaunay le jeune, député du département de Maine-et-Loire, sur les délits imputés à Marat, membre de la Convention nationale. Imprimé par ordre de la Convention nationale et envoyé aux départements et aux armées. *Paris, imp. Nationale*, 1793, in-8°, 15 p. [N. Le³⁸ 1762.]

23862. — Convention nationale. Appel nominal... sur la question : Y a-t-il lieu à accusation contre Marat?... (12-15 avril 1793).

Voyez tome Iᵉʳ, n° 3989.
Cet *Appel nominal*, devenu très rare, a été réimprimé dans *la Révolution française*, tome XXXII (janvier-juin 1897), pp. 532-560 et tome XXXIII, pp. 70-91 et 153-190.

23863. — Convention nationale. Acte d'accusation contre Marat (20 avril 1793).

Par Delaunay jeune.
Voyez tome Iᵉʳ, n° 3990.

23864. — Tribunal criminel révolutionnaire... Ordonnance du président qui... acquitte Jean-Paul Marat de l'accusation contre lui intentée... (24 avril 1793).

Voyez tome Iᵉʳ, n° 3991.

23865. — Les Amis de la liberté et de l'égalité, de Bordeaux, à Marat. Bordeaux, 29 mai 1793. *Bordeaux, A. Castillon*, 1793, in-folio plano. [N. Ln²⁷ 13393.]

Violente protestation contre un discours de Marat à la Société des Jacobins où il avait fait l'apologie des massacres de septembre.

23866. — Détails de l'assassinat commis samedi 13 juillet 1793 sur la personne de Marat... par Charlotte Cordier (*sic*), de Caen...

Par Lebois. Voyez tome Iᵉʳ, n° 4095, ainsi que les n°ˢ 4096-4098, 4109, 4113, qui ont trait au même événement.

Pour tous les documents relatifs à Charlotte Corday, voyez *ibid.*, nos 4100-4107 et les nos 22248-22288 *passim*.

Le Quérard a enregistré sous le n° 108 et comme une pièce isolée *la Grande Douleur du Père Duchêne au sujet de la mort de Marat, assassiné à coups de couteau par une garce du Calvados...* (20 juillet 1793). C'est en réalité le n° 260 du journal d'Hébert (cf. tome II, n° 11506 de la *Bibliographie*).

23867. — Pétition de la section du Contrat-Social, rédigée et présentée par le citoyen F.-E. GUIRAUT... (1793).

Pour inviter David à « reprendre ses pinceaux » et pour demander que « le supplice le plus affreux » soit infligé à Charlotte Corday.
Voyez tome II, n° 8751.

23868. — Eloge, discours, lettres et vers, adressés à la section du Théâtre-Français, dite de Marseille, sur la mort de Marat, assassiné dans son bain sur les sept heures du soir par Charlotte Corday, le 13 juillet 1793... *Imp. Guilhemat.* S. d., in-4°, 12 p. [*N.* Ln^{27} 13396.]

P. 1, *Lettre aux citoyens composant la section de Marseille, en assemblée générale, jour des obsèques de l'Ami du peuple,* 16 juillet, par le citoyen PALLOY. P. 3, *Seconde lettre à l'assemblée générale, le 20 juillet, en lui remettant le tableau placé sur un des peupliers qui entourent le sarcophage de l'Ami du peuple et* [en] *déposant les pierres de la Bastille où sont gravés les noms de Marat et de* (sic) *l'Ami du peuple.* P. 7, *Copie littérale du tableau par un des citoyens de la section. Marat, du séjour des Immortels, aux Français, l'an Ier de la Constitution française* (voyez le numéro suivant). P. 9-11, *Discours sur l'assassinat de Marat, prononcés par les citoyens* CHAUDOIS *et* LABOUREAU, *commissaires rédacteurs.* P. 12, *Vers posés à la porte de Marat.* (L'original était accompagné de cent vingt signatures).

23869. — MARAT, du séjour des immortels, aux Français. 26 juillet 1793, l'an Ier de la Constitution fraçaise. *Imp. Vézard et Lenormant.* S. d., in-8°, 24 p.

D'après l'*Index* de Chèvremont, p. 283.
Voyez le numéro précédent qui donne un court extrait de cette pièce.

23870. — Oraison funèbre de Marat, l'Ami du peuple. *Paris, Auger.* S. d., in-4° oblong. [*N.* Ln^{27} 13399.]

Signé, certifié conforme à l'original : F.-E. GUIRAUT.

Au centre de la pièce, pyramide grossièrement gravée sur bois et enluminée, portant cette légende : *Une main parricide le ravit à l'amour du peuple. Aux mânes de Marat*, 15 juillet 1793.
Sur une autre *Oraison funèbre de Marat...,* par Guiraut, déjà décrite tome II, n° 8751, voyez le n° 23882 ci-dessous.

23871. — L'Ombre plaintive de Marat aux républicains français (1793).

Voyez tome Ier, n° 4110.

23872. — Comparaison singulière de J.-P. Marat avec Jésus-Christ, les apôtres et les Miracles de ces deux personnages (1793).

Voyez tome Ier, n° 4111.

23873. — Discours sur l'assassinat de Marat, prononcés par les citoyens CHAUDOIS et LABOUREAU (1793).

Voyez tome II, n° 8936 et la note du n° ci-dessus.

23874. — Poème à la gloire de Marat, lu en la séance du Conseil général, le dimanche 11 août 1793 et imprimé par son ordre. Par DORAT-CUBIÈRES. *De l'imp. des « Affiches de la Commune ».* S. d. (1793), in-4°, 4 p. [*N.* Ye 2002.]

23875. — Poème à la louange de Marat. S. l. n. d., in-8°, 4 p. [*N.* Ye 42186.]

Signé, p. 4 : DORAT-CUBIÈRES.
Sur une réimp. de ce poème, voyez le n° 23625 ci-dessus.

23876. — Oraison funèbre de J.-P Marat, par BÉRAUD. *Paris*, 1793, in-8°, 8 p.

D'après *le Quérard*, n° 143 et d'après Chèvremont.

23877. — Vie privée de J.-P. Marat, député à la Convention nationale. *Imp. Lerouge et Berthelot.* S. d., in-8°, 8 p. [*N.* Ln^{27} 13394.]

23878. — Réponse aux détracteurs de l'Ami du peuple, par ALBERTINE MARAT. *Imp. de Marat.* S. d., in-8°, 8 p. [*N.* Ln^{27} 13395.]

23879. — L'Ami du peuple ou la Mort de Marat, fait historique en un acte et en prose..., par J.-M. GASSIER SAINT-AMAND (8 août 1793).

Voyez tome III, n° 19406.

23880. — Interessante Nachrichten von des berüchtigten Johann Paul Marats Leben und Tod, mit einer kurzen Geschichte seiner Mœrderin Charlotte Corday. Nebst Marats Portrait und einer Karrikatur. (Intéressants détails de la vie et de la mort du fameux Jean-Paul Marat, avec une courte biographie de sa meurtrière Charlotte Corday, plus un portrait de Marat et une caricature.) *Stuttgard, bei Johann Friedrich Steinkopf*, 1793, in-8°, 134 p. et 1 f. non ch. (errata). [*N.* Ln²⁷ 27315.]

Dans l'ex. de la B. N. manque le portrait annoncé par le titre.

Pièce déjà citée sous le n° 22252 d'après Œttinger et d'après *le Quérard*, 1856, n° 441, qui l'attribuent à EUGEN-LUDWIG-KARL VON SCHELER; elle a été remise en circulation la même année avec un nouveau titre. Voyez le numéro suivant.

23881. — Leben und Tod Joh. Paul Marats, nebst einer kurzen Geschichte seiner Mœrderin Charlotte Corday, mit Marats Portrait und einer Karrikatur. *Mannheim, bei Tobias Lœffler*, 1794, in-8°, 134 p. et 1 f. non chiffré (errata). [*N.* Ln²⁷ 27320.]

Portrait d'après BONNEVILLE et caricature à l'eau-forte, intitulée : *Marats Triumph*.

Voyez le numéro précédent.

23882. — Oraison funèbre de Marat, l'Ami du peuple, prononcée par le citoyen F.-E. GUIRAUT, membre de la Société des Jacobins, dans la section du Contrat-Social, devant la Convention nationale, les autorités constituées, les sections, les sociétés patriotiques et un grand nombre de députés des assemblées primaires, le 9 août 1793. *Imp. des 86 départements.* S. d., in-8°, 15 p. [*N.* Ln²⁷ 13398.]

Pièce déjà citée tome II, n° 8751, d'après un ex. de la bibliothèque de M. Paul Lacombe.

Le catalogue de la B. N. a de plus enregistré sous la cote Ln²⁷ 13398 A, une réimpr. exécutée à Caen par l'imprimerie de la guerre suivant l'armée (S. d., in-8°, 8 p.).

23883. — Aperçu du discours improvisé par le vice-président de la section du Panthéon-Français [C. DESORMEAUX] (21 septembre 1793).

Lors de la translation des restes de Marat au Panthéon.

Voyez tome II, n° 8871.

23884. — La France libre, poème héroïque, dédié aux braves Parisiens et à tous nos frères des départements qui ont juré sur l'autel de la patrie la République une et indivisible, suivi d'une Ode aux mânes de Marat, par P.-M. BRÉMONT, auteur d'un projet d'éducation nationale et de plusieurs poèmes lyriques reçus à l'Académie de musique. *Paris, Clément*, 1793, in-8°, 24 p. [*N.* Ye 39348.]

P. 3, Préface. P. 7, *La France libre*... P. 22, *Aux mânes de l'Ami du peuple*.

23885. — Aux Mânes de Marat. *Imp. Vezard et Le Normant.* S. d., in-8°, 6 p. [*N.* Ye 53551.]

Signé, p. 6 : Par le républicain VARLET, apôtre de la Liberté.

23886. — Description de la pompe funèbre décernée par la section des Piques aux mânes de Marat et de Le Peletier, le 18 vendémiaire an II (9 octobre 1793), rédigée par le citoyen MOUSSARD. *Paris*, in-8°, 16 p.

D'après *le Quérard* (n° 117).

23887. — Ode funèbre prononcée par le citoyen MOUSSARD au nom de la section des Piques, sur la tombe de Marat, le 9 octobre 1793. *Paris, imp. de la Section des Piques.* S. d., in-8°, 16 p.

D'après un catalogue.

23888. — A Marat, par DUPONT, citoyen de la section des Droits-de-l'Homme. *Paris, de l'imp. conforme à la prononciation, an II*, feuillet in-8°.

D'après *le Quérard*, n° 149, chaque mot des seize vers dont se compose cette pièce est accompagné de plusieurs signes destinés à indiquer l'accentuation.

23889. — Eloge de Marat et Le Peletier, prononcé par le citoyen Pannequin, en présence de l'assemblée populaire de la section des Piques, le 1ᵉʳ jour du 2ᵉ mois de l'an II (22 octobre 1793).

Voyez tome II, n° 8696 et pour tous les autres éloges ou fêtes funèbres dont Le Peletier et Marat ont été collectivement les objets, voyez la note qui accompagne le n° 23625 ci-dessus.

23890. — Eloge funèbre de Marat, lu à la Société populaire de l'Unité, le nonidi de la 1ʳᵉ décade du 2ᵉ mois, l'an IIᵉ (30 octobre 1793), dédié à l'assemblée générale de la section de l'Unité et à la Société populaire, par leur concitoyen Savarre. *Imp. des réfugiés liégeois. S. d.*, in-8°, 14 p. [N. Ln²⁷ 13403.]

23891. — Eloge de Jean-Paul Marat, l'Ami du peuple, par un canonnier de Paris. *Paris, imp. P. Renaudière, an II*, in-8°, 26 p. [N. Ln²⁷ 13401.]

Par Vincent Formaleoni, Vénitien, d'après une note manuscrite sur l'ex. de la B. N. Formaleoni était en réalité un agent secret de la République de Venise.
P. III-VI, *l'Auteur à ceux qui liront cet Avant-propos*. Cet avertissement, quoique paginé en chiffres romains, est compris dans la pagination totale.

23892. — Portrait de Marat, par P.-F.-N. Fabre-D'Eglantine, représentant du peuple, député de Paris à la Convention nationale. *Paris, Maradan, an II*, in-8°, 24 p. [N. Ln²⁷ 13402.]

Épigr. :

Ils ont fait le semblant, moi, j'y vais tout de bon.
Régnier.

23893. — Fête civique donnée par le bureau de comptabilité nationale pour l'inauguration des bustes de Le Peletier et de Marat et la consécration d'un arbre de la Liberté (14 brumaire an II-4 novembre 1793).

Voyez le n° 23620 ci-dessus.

23894. — Description de la fête célébrée par les employés de l'administration des domaines nationaux... (21 brumaire an II-11 novembre 1793).

Suivie d'une *Ode en l'honneur de Marat, Chalier, Le Peletier*, etc., signé : Louis Huet.
Voyez tome III, n° 23695.

23895. — Discours prononcé à la Convention nationale, par David..., en lui offrant le tableau représentant Marat assassiné (24 brumaire an II-14 novembre 1793).

Voyez tome Iᵉʳ, n° 4114 et le n° 22397 ci-dessus où se trouve résumé l'historique de ce tableau célèbre. Aux références qui y sont alléguées, il convient d'ajouter un article signé Georges Dave dans *le Courrier artistique* du 15 avril 1863, pp. 81-84, et une lettre de F. Chèvremont dans le *Courrier français* du 16 avril 1868.

23896. — Liberté, Egalité, Fraternité et Raison. Gendarmerie nationale près les tribunaux. Programme ou prospectus de la fête civique qui doit avoir lieu le 30 brumaire an II (20 novembre 1793).

En l'honneur de l'inauguration des bustes de Brutus, Marat, Le Peletier et d'une pierre de la Bastille.
Voyez tome III, nᵒˢ 14364 et 14365-14365ᵃ.

23897. — Convention nationale. Rapport fait à la Convention nationale... par Marie-Joseph Chénier... le quintidi 5 frimaire an II (25 novembre 1793).

Sur la translation des restes de Marat au Panthéon et l'expulsion de ceux de Mirabeau.
Voyez tome Iᵉʳ, n° 4317, et les nᵒˢ 4318-4322 qui ont trait à la même cérémonie.

23898. — Apologie de Marat et de Le Peletier, scène lyrique... Paroles du citoyen Delrieu..., musique du citoyen Giroux (20 novembre-5 décembre 1793).

Voyez le n° 23622 ci-dessus.

23899. — Discours prononcé à l'inauration des bustes de Le Peletier et de Marat, célébrée par les employés du département de l'Intérieur (24 novembre 1793).

Par Huguier.
Voyez le n° 23621 ci-dessus.

23900. — Stances irrégulières lues à la fête de l'inauguration des bustes de Marat et de Pelletier, célébrée par les employés du département de l'Intérieur, par le citoyen Chauvin. S. l. n. d., in-8°, 3 p.

D'après le Quérard, n° 167.

23901. — Stances pour l'inauguration des bustes de Marat et de Le Peletier dans la maison de l'Intérieur, par le C. G***, de la section du Mont-Blanc. S. l. n. d., in-8°, 4 p.

D'après le Quérard, n° 168.

23902. — Premiers éléments de l'instruction républicaine, par la citoyenne Desmarest. Paris, Cailleau, l'an second de la République française, in-18, 44 et 28p. (la dernière non chiffrée. [N. Lb⁴¹ 916.]

Recueil ainsi composé : P. 3, *Premiers éléments de l'instruction républicaine*... (avec table des chapitres). P. 31 (faux-titre), *Historique abrégé de la vie de Marat depuis 1789*. P. 33 (titre de départ), *Historique abrégé de la vie de Marat depuis 1789, pour servir à son éloge funèbre, prononcé par le citoyen Desmarest, à la Société populaire de Corbeil, le 10 du 3° mois de l'an 2°* (30 novembre 1793). P. 1, *les Trois Evangiles de la veille, du jour et du lendemain, instruction allégorique à l'usage des jeunes républicains*, par Aristide [Plancher] Valcour. *Paris, Cailleau... l'an second de la République française*. P. 28 (non chiffrée), *Prédiction* (en vers; air : *Allons, enfants de la patrie*).

Les *Trois Evangiles* sont rattachés à l'*Historique abrégé* par une réclame typographique.

23903. — Marat dans le souterrain des Cordeliers ou la Journée du 10 août, fait historique en deux actes, par le citoyen Mathelin (17 frimaire an II-7 décembre 1793).

Voyez tome III, n° 18608.

23904. — Ordre de la marche des jeunes citoyens et citoyennes de la section des Piques à l'occasion de la fête décernée aux mânes de Le Peletier, Marat, Chalier et Barra, martyrs de la liberté, le décadi 30 nivôse an II (19 janvier 1794). *Imp. de la section des Piques. S. d.,* in-8°, 8 p.

Suivi de deux pièces lyriques par le républicain Potdevin.

D'après le Quérard, n° 131.

23905. — La Mort de Marat, tragédie en trois actes et en vers, par Jean-François Barrau, citoyen de Toulouse (15 pluviôse an II-3 février 1794).

Voyez le n° 22250 ci-dessus et pour d'autres pièces où le meurtre commis par Charlotte Corday est mis en scène, les n°ˢ 22254 et 22257.

23906. — Hymne aux vertus de Marat présentée à la Société populaire des Gardes-Français par Namy (17 ventôse an II (7 mars 1794). *Imp. Pellier. S. d.,* in-8°, 3 p.

D'après le Quérard, n° 161.

23907. — Projet de la cérémonie funèbre pour l'inauguration des bustes de Le Peletier, Marat et Chalier, présenté à l'assemblée générale de la section Marat, par le citoyen Martin, sculpteur (15 germinal an II-4 avril 1794).

Voyez tome II, n° 8948.

23908. — Discours prononcé au temple de la Raison de la commune d'Aubervilliers, canton et district de Franciade, département de Paris, par le citoyen Julien, membre de la Société populaire de Franciade, le décadi 10 floréal an II (19 avril 1794)... à l'occasion de la fête républicaine célébrée en l'honneur des martyrs de la liberté et de la Convention nationale. *Imp. Vᵉ Hérissant. S. d.,* in-8°, 19 p.

D'après Chèvremont (*Index*, p. 301).

23909. — L'Apparition de Marat (10 floréal an II-29 avril 1794). [N. Ye 19444.]

Par Rabelais-Daquin, ou, plus exactement, P.-L. d'Aquin de Chateau-Lyon. Voyez tome II, n° 8878.

23910. — Œuvres politiques de Marat, l'Ami du peuple. *Imp. de la Vᵉ Marat. S. d.,* in-8°, 4 p. [N. Lb⁴¹ 2270.]

23911. — Œuvres politiques de Marat. *Imp. de la Vᵉ Marat. S. d.,* in-8°, 8 p. [N. Lb⁴¹ 2270 A.]

Sur le contenu de ce prospectus et le sort des ex. qui devaient servir à la réimpression des écrits de Marat, voyez tome II, la note qui accompagne le n° 10829.

23912. — Grande Dispute au Panthéon entre Marat et Jean-Jacques Rousseau. *Imp. des Sans-culottes, rue Perduc. S. d.,* in-8°, 15 p. [*N.* Lb⁴¹ 1347.]

Pièce anonyme présentée à tort par Quérard et Chèvremont comme signée DUBRAIL. Voyez le numéro suivant.

23913. — Marat placé comme il l'a mérité ou Détails de ce qui s'est passé au Panthéon avant et après la sortie de Marat. La grande frayeur de Marat en apercevant Charlotte Corday, etc. La manière dont J.-J. Rousseau et Voltaire ont fait la conduite à Marat, etc. La grande dispute de Marat avec Rousseau, etc. *Imp. de la veuve d'A.-J. Gorsas. S. d.,* in-8°, 8 p.

D'après Chèvremont (*Index*, p. 318) cette pièce serait la réimpression de la précédente, moins l'avant-propos.

23914. — Vie criminelle et politique de J.-P. Marat, se disant l'Ami du peuple, adoré, porté en triomphe comme tel, et, après sa mort, projeté saint par la jacobinaille, ou l'Homme aux 200,000 têtes, le vampire le plus remarquable de la République française, suivi d'un recueil exact de ce qui s'est passé à son sujet sur plusieurs places publiques. *Metz, chez les marchands de nouveautés; et Paris, Prévost. S. d.,* in-12, 36 p. [*N.* Lb⁴¹ 1618.]

Frontispice en trois compartiments, intitulé : *les Trois époques de la vie de Jean-Paul Marat, projeté saint par la jacobinerie. Marat à Metz vendant des phioles* (sic) *en 1787. Marat sortant du tribunal, porté en triomphe. Son buste traîné dans l'égout Montmartre par la jeunesse républicaine.*

23915. — La Maratide et Marat dépanthéonisé, couplets chantés sur le théâtre du Vaudeville, le 21 pluviôse an III (9 février 1795). *Imp. de la veuve d'A.-J. Gorsas,* in-8°, 4 p.

D'après le Quérard, n° 169.

23916. — Panégyrique de Marat, prononcé devant une nombreuse assemblée, le 15 germinal, dans l'antre qui lui servait d'asile dans les temps difficiles, par le docteur CANNIBALE, vice-président perpétuel des Jacobins. Ouvrage où les principes du terrorisme et du jacobinisme sont peints en activité, ainsi que les principales époques de la Révolution française en tableaux rapides. *Paris, A.-C. Forget; Maret; la Vᵉ Dupont; Lebour et les marchands de nouveautés, an III de la République,* in-8°, 1 f. et 70 p. [*N.* Lb⁴¹ 1727.]

23917. — La Dépanthéonisation de J.-P. Marat, patron des hommes de sang et des terroristes, fondée sur ses crimes et sur les forfaits des jacobins, par HENRIQUEZ, citoyen de la section du Panthéon-Fran- *Paris, Prévost. S. d.,* in-8°, 16 p. [*N.* Lb⁴¹ 4252.]

ÉPIGR. :

Exoriare aliquis nostris ex ossibus ultor !
                                    VIRGILE.
Signé : L.-M. HENRIQUEZ.
Le titre de départ, p. 3, porte : *La Dépanthéonisation de J.-P. Marat dans l'opinion d'un homme libre.*

23918. — Assassinat de Marat en vaudevilles. *A Paris, chez Jean, demeurant chez la Vᵉ Cochin, marchande de vins, à la Croix-d'Or, sur le quai de la Ferraille, près la grille de la Morne* (sic : Morgue) *et chez les marchands de nouveautés. S. d.* (1795), in-32, 24 p. (la dernière n. ch.). [*N.* Inv. Ye 14433.]

Chaque couplet est sur un timbre différent.

23919. — Les Crimes de Marat et des autres égorgeurs ou Ma Résurrection..., par P.-A.-L. MATON DE LA VARENNE (an III).

Voyez tome Iᵉʳ, n°ˢ 3490-3490ᵃ.

23920. — Histoire des journaux et des journalistes de la Révolution française, par LÉONARD GALLOIS (1845-1846).

Voyez tome II de la *Bibliographie*, n° 10103. Tome Iᵉʳ de l'*Histoire des journaux...* (pp. 489-532), notice accompagnée d'un portrait.

23921. — L'Ami du peuple. Skizzen aus Marat's journalistichen Leben. *Hamburg,* 1846, in-8°.

D'après Œttinger et d'après le *Quérard* (n° 184).
Traduction probable du chapitre consacré à Marat par Léonard Gallois.

23922. — Réfutation de l'« Histoire des Girondins », par CONSTANT HILBEY, ouvrier (1847).

Epigraphe empruntée à Marat.
Voyez tome Ier, n° 551.

La couverture imprimée porte : *Marat et ses calomniateurs ou Réfutation... Paris, chez tous les libraires.* C'est sous ce titre que cette brochure a été signalée par Quérard et par Chèvremont, mais c'est sous le second titre qu'elle a été enregistrée par le *Catalogue de l'Histoire de France* de la B. N.

23923. — Marat, dit l'Ami du peuple, notice sur sa vie et ses ouvrages, par M. CHARLES BRUNET. Avec un portrait gravé par FLAMENG d'après le dessin de GABRIEL. *Paris, Poulet-Malassis,* 1862, in-12, 57 p. et 1 f. n. ch. (marque de l'éditeur). [N. Ln^{27} 26068.]

Le portrait est celui de la collection annexée à l'*Histoire de soixante ans* d'Hippolyte Castille (voyez tome Ier de la *Bibliographie*, n° 222).
Voyez dans le *Bibliophile français* de Bachelin-Deflorenne, du 15 octobre 1863, pp. 99-106, diverses rectifications de Chèvremont au travail de Ch. Brunet et dans le numéro du 31 octobre, pp. 115-118, une réponse de celui-ci.

23924. — Le Sang de Marat. Fac-similé des numéros 506 et 678 du journal « l'Ami du peuple », teints du sang de Marat, donnés par Albertine Marat, sa sœur, au colonel Maurin, conservés actuellement dans la collection de M. Anatole France. Notice par M. CHÉRON DE VILLIERS. Portrait de Marat, d'après le médaillon de Bonvallet (sic), par M. EMILE BELLOT. *Paris, France,* MDCCCLXVI (sic : 1864), gr. in-8°, 28 p. (le 12 premières non chiffrées). [N. Ln^{27} 13405. Réserve.]

Au verso du faux-titre : « Cette reproduction a été tirée à 50 emplaires. »
Malgré l'intitulé de cette brochure, elle ne renferme point le fac-similé des deux numéros de l'*Ami du peuple*, placés sur la tablette de sa baignoire au moment où Marat fut frappé, mais seulement ceux d'un fragment de son écriture de la première page du n° 678 (13 août 1792), apostillée en marge d'une note du colonel Maurin. Au-dessous du texte, une autre note (également autographiée) de M. Anatole France nous apprend que ces deux numéros avaient été donnés par M. de La Bédoyère, acquéreur de la collection du colonel Maurin à son père et qu'il les tenait de celui-ci.
Le texte de la brochure comprend une notice (non paginée) de M. CHÉRON DE VILLIERS sur J.-P. Marat et la réimpression des n°^s 678 (13 août 1792) et 506 (30 juin), sans que cette interversion chronologique soit justifiée ou expliquée.

Les divers fac-similé mentionnés plus haut et celui du médaillon attribué à Beauvallet (reconnu depuis comme apocryphe) avaient été antérieurement publiés dans le n° 21 (1er octobre 1864) de l'*Autographe* de G. Bourdin et Villemessant, avec d'autres pièces relatives à Marat et à Charlotte Corday.

23925. — Le Département de l'Oise. Compiègne et Marat. Fragment historique par M. ALEXANDRE SOREL, avocat à la Cour impériale de Paris. *Beauvais, Victor Pineau* (imp. Rousseau-Leroy), 1865, in-8°, 16 p.

Extrait non spécifié d'une revue locale intitulée : *le Guetteur du Beauvaisis*.
L'auteur étudie dans ce « fragment » les rapports de la Société des Amis de la Constitution de l'Oise avec le rédacteur de *l'Ami du peuple.*

23926. — Marat, l'Ami du peuple, par ALFRED BOUGEART, auteur des « Documents historiques sur Danton ». *Paris, librairie internationale, A. Lacroix, Verboeckhoven et C°,* 1865, 2 vol. in-8°. [N. Ln^{27} 21542. Rés.]

En regard du titre, portrait gravé sur acier, signé : CASTELLI *del.,* MONNIN *sc.*
Tome II, p. 349 et suiv. : *Revue bibliographique de la collection des Œuvres politiques de Marat ayant appartenu à sa veuve,* travail rédigé par M. F. CHÈVREMONT, ainsi que (p. 361 et suiv.), un Catalogue des Œuvres complètes de Marat. L'auteur a depuis reproduit ces deux études dans son *Index.* Voyez le n° 23933 ci-dessous.
Le livre d'Alfred Bougeart, d'abord librement mis en vente, fut poursuivi devant le Tribunal correctionnel de la Seine et sa destruction ordonnée par jugement du 7 juillet 1865 ; en même temps, l'auteur fut condamné à quatre mois de prison et 150 francs d'amende, Verboeckhoven à 100 francs et Poupart-Davyl, imprimeur, à 150 francs.

23927. — Une Page de l'histoire de Paris sous la Terreur. Marat, sa mort, ses véritables funérailles, par PAUL FASSY (1867).

Voyez tome Ier, n° 4108.

23928. — Marat jurisconsulte, par J.-J. THONISSEN, membre de l'Académie royale de Belgique. *Bruxelles, Heyer,* 1868, in-8°, 37 p.

Extrait des *Bulletins de l'Académie des sciences de Belgique,* 2e série, tome XXV.
D'après la *Bibliographie nationale* [belge].

¶ M. ARTHUR DESJARDINS a publié dans la *Revue du palais,* tome III (1er novembre 1897), pp. 469-506, un travail sur *Marat criminaliste* et M. LÉOPOLD LACOUR a inséré dans la *Grande Revue* du 1er septembre 1902, pp. 572-602, un article sur *Marat féministe.*

23929. — Œuvres de J.-P. MARAT (l'Ami du peuple), annotées par A. VERMOREL. *Paris, Décembre-Alonnier,* 1869, in-18, VII-326 p. [*N.* Lb41 2271.]

Extraits de diverses brochures et des journaux décrits tome II de la *Bibliographie,* nos 10286, 10320 et 10829.

23930. — Marat, l'Amico del popolo e la Revoluzione, studio storico per GIACOMO PIAZZOLI. *Milano,* 1874, in-18, 274 p.

D'après Chèvremont qui indique un compte rendu de ce livre par LOUIS COMBES dans la *République française* du 19 novembre 1874; il m'a été impossible de le retrouver.
Voyez le numéro suivant.

23930a. — I publicisti delle Revoluzione francese. I. Marat per l'avvocato GIACOMO PIAZZOLI. Secunde edizione. *Milano, Levino Robecchi,* 1876, in-12, 1 f. et 288 p. [*N.* Ln2 218.]

Le second volume de cette série est consacré à *Camille Desmoulins.* Voyez le n° 22467 ci-dessus.

23931. — Le docteur Marat, par le docteur H. METTAIS. *Librairie de la Société des gens de lettres.* S. d. (1874), in-18, 2 ff. et 347 p. [*N.* Y2 53240.]

Roman historique qui n'est décrit ici que pour éviter une erreur facile à commettre en raison du titre du livre et de la profession de son auteur.

23932. — Marat, par XAVIER ROUX. *Paris, librairie de la Société bibliographique,* 1875, in-18, 36 p. [*N.* La32 501*.]

La couverture imprimée sert de titre.
Brochures populaires sur la Révolution française, n° 3.

23933. — Marat. Index du bibliophile et de l'amateur de peintures, gravures, etc., par F. CHÈVREMONT, le bibliographe de Marat. *Chez l'auteur,* 56, *avenue de Clichy, Paris,* 1876, in-8°, 2 ff. et 464 p. [*N.* 8° Q2. Réserve.]

On lit au verso du faux-titre : « Cet ouvrage a été tiré seulement à cent exemplaires numérotés sur papier vélin. »

23934. — Marat le révolutionnaire, par HENRI DELAPORTE. *Paris, chez M. Jules de Fermont,* 16, *rue Mayet, et chez tous les libraires,* 1877, in-8°, 80 p. [*N.* Ln27 29788.]

Précédé d'un prospectus annonçant la publication, à partir du 24 mars 1877, par livraisons hebdomadaires de 8 p. à 10 centimes et, à titre de prime, la reproduction photographique du portrait de Marat, peint d'après nature par Boze en 1793. Le portrait n'a pas paru et le texte s'arrête sur une phrase inachevée.

23935. — Jean-Paul Marat, orné (*sic*) de son portrait. Esprit politique accompagné de sa vie scientifique, politique et privée, par F. CHÈVREMONT, le bibliographe de Marat. *Paris, chez l'auteur,* 56, *avenue de Clichy,* 1880, 2 vol. in-8°. [*N.* Ln27 32306.]

Titres rouges et noirs. Epigraphes empruntées à Marat.
En regard du titre du tome Ier, très joli portrait d'après un physionotrace de FOUQUET et CHRÉTIEN, exécuté lui-même d'après un buste modelé par DESEINE, le sculpteur sourd-muet. Dans l'*Index...* (voyez le n° 23933 ci-dessus), Chèvremont avait signalé, p. 381, ce portrait comme « l'un des meilleurs et le plus rare des portraits gravés de Marat ».

23936. — Jean-Paul Marat, the peopl's friend. A biographical sketch, by ERNEST BELFORT-BAX. *London,* 1879, in-8°, 118 p.

Voyez les deux numéros suivants.

23936a. — Jean-Paul Marat. A historico-biographical sketch, by ERNEST BELFORT BAX. New and revised edition. *London, printed and published at the Modern Press,* 1882, in-12, IV-118 p. [*N.* Ln27 35537.]

Dans une courte préface, l'auteur rappelle que les seuls travaux consacrés à Marat et qui ne soient pas déterminément hostiles sont ceux de Bougeart, de Vermorel, éditeur des *Œuvres choisies* du publiciste, et deux articles publiés en Angleterre, l'un dans *The Fortnightly Review* de février 1874 par M. BOWEN GRAVES, l'autre dans *The Gentleman's Magazine* de février 1877 par lui-même.

23936b. — Jean-Paul Marat, the people's friend, by ERNEST BELFORT BAX, with illustrations. *London, G. Richard,* 1900, in-8°, 353 p.

23937. — A. BACHELIN. Marat. Iconographie de l'Ami du peuple. Extrait de « l'Artiste » (année 1881). *Paris, aux bureaux de l'Artiste,* 1881, gr. in-8°, 2 ff. et 80 p. [*N.* 8° V 28715.]

La *Préface* de l'auteur (p. 2) est précédée d'une courte introduction signée P.-L. JACOB, bibliophile, rappelant les principales œuvres de M. Auguste Bachelin, peintre, né à Neufchâtel, élève de Thomas Couture, et qui ont plusieurs fois figuré aux Salons annuels de Paris.

23938. — La Société française pendant la Révolution. L'Amour sous la Terreur, par M. DE LESCURE (1882).

Voyez le n° 20766 ci-dessus.

P. 43-54, *le Cœur de Marat* (au sujet de ses relations avec la marquise de Laubespine, Mlle Fleury, de la Comédie-Française et Simonne Evrard).

23939. — Marat en Angleterre. S. *l. n. d.* (1890), in-8°, 31 p. [*N.* Ln27 40040.]

La couverture n'a qu'un faux-titre.
Signé, p. 24 : H.-S. ASHBEE, et suivi de *Notes* biographiques et bibliographiques.
Extrait non spécifié des *Annales littéraires de la Société des bibliophiles contemporains* pour 1890.

23940. — Dr AUG. CABANÈS. Marat inconnu. L'homme privé, le médecin, le savant, d'après des documents nouveaux et inédits. *Paris, Léon Genonceaux,* 1891, in-12, 3 ff. et VI-328 p. [*N.* Ln27 39569.]

En regard du titre, portrait de MARAT d'après une estampe du temps. Au verso du titre, attestation de l'imprimeur constatant qu'il a été tiré 10 ex. sur Japon impérial et 250 ex. sur Hollande, signés et numérotés.
Epigraphe empruntée aux *Mémoires* de Brissot.

¶ Voyez dans la première série du *Cabinet secret de l'histoire* (cf. n° 20819) du même auteur un chapitre intitulé : *Quelle était la maladie de Marat ?*

23941. — PIERRE DE WITT. La Jeunesse de Marat. Marat romancier. *Paris, Perrin*

et Cie, 1892, in-8°, 60 p. (la dernière non chiffrée). [*N.* Ln27 40839.]

Papier vergé. Titre rouge et noir.

¶ Le manuscrit autographe d'un roman sous forme épistolaire, sans titre et inachevé, retrouvé dans les papiers de Marat avait été donné par sa sœur, suivant Chèvremont (*Index,* p. 31) à un étudiant, M. Goupil-Louvigny, et saisi lors d'une perquisition de la police de Louis-Philippe. Comment vint-il aux mains d'Aimé Martin? Je l'ignore. Toujours est-il que ce manuscrit, relié en maroquin noir par Niédrée et désigné parfois sous le titre de *Lettres polonaises,* a passé en 1847 dans la vente posthume d'Aimé Martin (n° 713). Publié la même année en feuilleton par le *Siècle,* après que Louis Desnoyers, directeur de la partie littéraire du journal, en eut fait disparaître quelques passages trop vifs et quelques expressions surannées, il reparut aussitôt sous le titre de : *Un Roman de cœur* (Paris, Chlendoswki, 2 vol. in-8°), avec une préface de Paul Lacroix, intitulée : *Marat philosophe et romancier,* puis en 1850 dans le *Musée littéraire du Siècle,* mais le titre de la Préface porte : *Marat, philosophe, naturaliste, philanthrope et romancier,* et celui du roman lui-même est devenu : *les Aventures du jeune comte Potowski.* L'étude de Paul Lacroix a été réimp. avec quelques légères variantes au tome II de ses *Curiosités de l'histoire de France* (Paris, Ad. Delahays, 1858, 2 vol. in-16).

23942. — [**Marbeuf** (Henriette-Françoise MICHEL, marquise de).] Précis pour la citoyenne MARBEUF. S. *l. n. d.,* in-4°, 4 et 17 p. [*N.* Ln27 13407.]

Le *Mémoire* qui suit le *Précis* a une pagination particulière.

23943. — Réponse de la citoyenne MARBEUF à une calomnie aussi atroce qu'absurde, insérée dans différents journaux. *Imp. rue Mêlée.* S. d., in-4°, 2 p. [*N.* Ln27 13408.]

Mme de Marbeuf était accusée d'avoir, dans son domaine de Champs (Seine-et-Marne), mis en luzerne et en sainfoin trois cents arpents qui produisaient autrefois du blé et d'avoir fouillé d'autres terrains, également semés en blés, sous prétexte d'en tirer de la pierre.

23944. — Jugement rendu par le Tribunal révolutionnaire... qui, sur la déclaration du juré de jugement, portant qu'il est constant qu'il a existé une conjuration contre la sûreté du peuple français, tendant à favoriser de tous les moyens possibles la rentrée des ennemis sur le territoire français et assurer le succès de leurs armes en leur fournissant des vivres et à priver les Français, et notamment les habitants de la commune de Champs, d'une grande quantité de grains nécessaires à leur existence pour opérer la disette et, par ce moyen, exciter la guerre civile en armant les citoyens les uns contre les autres et contre l'autorité légitime ; qu'Anne (sic) Michel Marbeuf et Joseph Payen sont auteurs et complices de cette conspiration, condamne lesdits Marbeuf et Payen à la peine de mort... (17 pluviôse an II-15 février 1794). *Paris, imp. du Tribunal révolutionnaire.* S. d., in-4°, 8 p. [N. Lb⁴¹ 2232'.]

J'ai décrit tome III, n° 13396, une affiche de l'administration des Domaines mettant en location les jardins de la « femme Marbeuf » aux Champs-Elysées et au faubourg Saint-Honoré.

23945. — [**Marcandier** (Roch). Pétition à la Convention nationale (12 mars 1793). *Imp. du Cercle social.* S. d., in-folio plano.] [N. Lb⁴¹ 4900.]

Signé : ROCH MARCANDIER, ancien secrétaire de Camille Desmoulins, rue de Tournon, n° 1177.
Protestation contre l'arrestation de sa femme au moment où elle prenait livraison chez l'imprimeur du premier numéro du journal intitulé : *le Véritable Ami du peuple* (voyez tome II, n° 10933).
Roch Marcandier et sa femme furent exécutés le 24 messidor an II (12 juillet 1794).

23946. — Roch Marcandier. Etudes révolutionnaires, par ED. FLEURY. *Laon, imp. E. Fleury et A. Chevergny.* S. d. (1850), in-8°, 40 p. [N. Ln²⁷ 13417.]

23947. — Etudes révolutionnaires. Camille Desmoulins et Roch Marcandier... par ED. FLEURY (1851).

Voyez le n° 22465 ci-dessus.

Marceau-Desgraviers (François-Séverin). — Voyez **Sergent-Marceau**.

23948. — [**Marchand** (Guillaume-Simon).] Mémoire justificatif. S. l. n. d., in-8°, 23 p. [N. Lb⁴¹ 4397.]

Signé : MARCHAND.
Le titre de départ, p. 3, porte : *Au peuple français et à mes juges.*
Réponse aux accusations formulées contre Marchand (de la section du Mont-Blanc), soit à raison de diverses missions à Marly, à Senlis, à Luzarche, soit au sujet de sa conduite dans la journée du 9 thermidor.

23949. — Supplément au Mémoire justificatif. S. l. n. d., in-8°, 40 p. [N. Ln²⁷ 13449.]

ÉPIGR. :

Aux violents transports d'une aveugle furie
Je n'oppose qu'un mot : J'ai servi la patrie.

Signé : MARCHAND, ex-juge au tribunal du 1ᵉʳ arrondissement de Paris.
Le titre de départ est le même que celui de la pièce décrite sous le numéro précédent.

23950. — [**Marchena** (José).] Fragmentum Petronii. Texte latin, traduction française et notes par Jos. MARCHENA. Nouvelle édition tirée à cent exemplaires format petit in-12 et 20 exemplaires petit in-8°. *Soleure* (Bruxelles, J. Gay), 1865, in-12, VIII-53 p. et 1 f. n. ch. (table) + 5 p. et 1 f. n. ch. (justification du tirage). [N. Enfer.]

En sus du tirage indiqué par le titre, il y a eu, suivant M. G. Vicaire (*Manuel de l'amateur de livres du XIXᵉ siècle*, v° *Collection Gay*) deux ex. sur peau vélin et 4 ex. sur Chine (in-12):
Cette réimpr. d'un pastiche publié pour la première fois en 1800 n'est citée ici que parce qu'elle est accompagnée d'une préface anonyme qu'on peut attribuer à GUSTAVE BRUNET et d'un fragment de l'*Histoire des mystificateurs* (1856) de Paul Lacroix, relatif à José Marchena. On consultera plus utilement sur ce personnage singulier les *Mémoires d'un détenu* de Riouffe (cf. tome 1ᵉʳ de la *Bibliographie*, nᵒˢ 4332-4332°), une étude d'ANTOINE DE LATOUR parue dans le *Correspondant* du 25 février 1867 et réimp. dans un volume intitulé : *Espagne, mœurs, traditions et littérature* (1868, in-12), un article de M. ALFRED MOREL-FATIO (*Revue historique*, sept.-octobre 1890, pp. 72-87), d'après des documents tirés des archives des Affaires étrangères, enfin la notice de D. MARCELINO MENENDEZ Y PELAYO, publiée en tête du tome II des *Obras literarias* de José Marchena (Séville, 1896, 2 vol. gr. in-8°) et réimprimée au tome III des *Obras completas* de

l'éditeur (Madrid, 1900, in-12). M. Alfred Morel-Fatio a retrouvé depuis dans la correspondance d'Espagne (Affaires étrangères) et publié dans le *Bulletin hispanique* de Bordeaux (1902, tome IV) une lettre de Marchena à Merlin de Douai (13 prairial an VI-1er juin 1798) lui demandant de lui accorder une mission officielle en Espagne pour éviter d'y être inquiété par l'Inquisition. Enfin je signalerai une lettre très violente de Mme TALLIEN contre Marchena dans la *Sentinelle* de Louvet du 6 vendémiaire an IV (28 septembre 1795), n° 97.

23951. — [**Maréchal** (Nicolas).] Notice sur le citoyen Maréchal. *Imp. Beaudouin*, an XI, in-4°, 12 p. [*N*. Ln27 13473.]

Le titre de départ, p. 4, porte en plus : *par* DELEUZE.

Maréchal était peintre et dessinateur du Muséum d'histoire naturelle.

23952. — [**Maréchal** (Sylvain).] Notice sur Sylvain Maréchal, avec des suppléments pour le « Dictionnaire des athées », par JÉROME DE LA LANDE. *S. l. n. d.* (1803), in-8°, 64 p. [*N*. Inv. R. 2494. Réserve.]

On lit au bas de la première page cette note : « L'auteur donnera ce *Supplément* à tous ceux qui lui présenteront un exemplaire du *Dictionnaire*. »

La Notice proprement dite n'occupe que 12 p. Elle est suivie des *Suppléments* annoncés et (pp. 63-64) de *Notes sur quelques endroits du* « Dictionnaire des athées », accompagnées d'*Additions et de Corrections*.

La Lande a donné un *Second Supplément au Dictionnaire des athées*... 1805, paginé 65-120, qui s'ouvre par une petite notice biographique de Sylvain Maréchal, rédigée par lui-même et communiquée par sa veuve.

23953. — Mémoire sur Naigeon, et accessoirement sur Sylvain Maréchal et Delalande (*sic*), par M. DAMIRON, lu à l'Académie des sciences morales et politiques. *Paris, A. Durand*, 1857, in-8°, 120 p. et 1 f. n. ch. (*Table des matières*). [*N*. Ln27 15034.]

Extrait du *Compte rendu de l'Académie*.

23954. — [**Maret** (Hugues-Bernard).] Baron ERNOUF. Maret, duc de Bassano. *Paris, G. Charpentier*, 1878, in-8°, 2 ff. et III-691 p. [*N*. Ln27 30229.]

ÉPIGR. :

> En France l'honneur, le désintéressement, le dévouement et la fidélité sont des titres à une popularité durable.
> MARET.

La majeure partie de ce livre avait été publiée avant la guerre de 1870 dans la *Revue contemporaine*. Les chapitres IV, V et XXX sont consacrés au rôle de Maret comme rédacteur du *Bulletin de l'Assemblée nationale*, du *Moniteur* et du *Journal de Paris*. (Voyez tome II de la *Bibliographie*, nos 10194, 10374 et 10709.)

23955. — [**Marmontel** (Jean-François).] Œuvres posthumes de MARMONTEL, historiographe de France, secrétaire perpétuel de l'Académie française, imprimées sur le manuscrit autographe de l'auteur. Mémoires. *Paris, Xhrouet; Déterville; Lenormant; Petit*, an XIII-1804, 4 vol. in-8°. [*N*. Z 29264-29267.]

Le faux-titre placé après le titre de chaque volume porte : *Mémoires d'un père pour servir à l'instruction de ses enfants*. Il est suivi dans le tome Ier d'un court *Avertissement de l'éditeur*.

Le tome IV renferme en appendice le texte de l'*Opinion sur le libre exercice des cultes* que Marmontel se proposait de lire à la tribune des Anciens et qui n'avait pu être imprimée.

Les *Mémoires d'un père* parurent à la même date et chez les mêmes éditeurs en 4 vol. in-12. Ils furent presque aussitôt traduits en anglais et en allemand (1805) et plus tard (1822) en italien.

Ils ont formé depuis le tome I et II des éditions données par Saint-Surin chez Verdière (1818), par Villenave chez Belin (1819) et par le libraire Amable Costes (1819) des *Œuvres complètes* de Marmontel. Voyez aussi le numéro suivant.

23956. — Mémoires d'un père, par MARMONTEL, de l'Académie française. *Paris, Etienne Ledoux*, 1827, 2 vol. in-8°. [*N*. Z 29295-29296.]

Les faux-titres portent : *Œuvres choisies de* MARMONTEL.

En regard du titre du tome Ier, frontispice anonyme représentant *la Cascade de Bort*; en regard du titre du tome II, portrait de l'auteur d'après ROSLIN ; mais la pl. porte seulement : CHOQUET del^t 1818, *gravé par* LEROUX. *A Paris, chez Verdière*.

Remise en circulation des tomes I et II de l'édition de Verdière des *Œuvres complètes* (voyez le numéro précédent) au moyen de nouveaux faux-titres et titres, et après la suppression d'un *Avis aux souscripteurs*, de l'*Avertissement* de l'édition de 1804 et de l'*Éloge de Marmontel*, par Morellet.

23957. — Mémoires de MARMONTEL, secrétaire perpétuel de l'Académie française, précédés d'une Introduction par M. Fs BARRIÈRE. *Paris, Firmin Didot frères*, 1846, in-12, 2 ff., 446 p. et 1 f. n. ch. (Table des matières). [*N.* L⁴⁵ 24.]

Le faux-titre porte : *Bibliothèque des Mémoires relatifs à l'histoire de France pendant le XVIII*ᵉ *siècle.* Tome V.

Barrière a supprimé les neuf derniers livres des *Mémoires,* parce que, dit-il, « l'auteur de la *Fausse magie* n'avait point le burin de Tacite »; il n'a corrigé aucune des fautes de lecture que présentent les éditions antérieures, surtout en ce qui concerne les noms propres, et son commentaire s'est borné à la reproduction de deux fragments des *Mémoires* de Mᵐᵉ d'Epinay et de Morellet.

25957ᵃ. — Mémoires de MARMONTEL. Nouvelle édition adaptée à l'usage de la jeunesse, avec Introduction et éclaircissements historiques, par M. l'abbé J.-A. FOULON, licencié ès lettres, professeur au Petit Séminaire de Paris. *Paris, Plon frères,* 1850, in-8°, 2 ff. et 434 p. [*N.* Lb³⁸ 1374.]

J'ai cité dans la préface de l'édition décrite sous le numéro suivant divers exemples des suppressions et des adultérations que l'abbé Foulon a fait subir au texte authentique des *Mémoires.*

23957ᵇ. — Mémoires de MARMONTEL, publiés avec préface, notes et tables, par MAURICE TOURNEUX. *Paris, librairie des bibliophiles,* MDCCCXCI (1891), 3 vol. in-16. [*N.* Lb³⁸ 1770.]

Les couvertures imprimées portent en haut : *Bibliothèque des Mémoires* et les titres de départ de chaque volume : *Mémoires d'un père pour servir à l'instruction de ses enfants.* La *Table analytique* et l'*Index alphabétique* font partie du tome III dans lequel sont rétablis les livres supprimés par Barrière.

¶ Au moment de la publication des *Mémoires d'un père,* parurent sur Marmontel et sur cette œuvre posthume divers articles de FIÉVÉE, de Mˡˡᵉ PAULINE DE MEULAN (plus tard Mᵐᵉ GUIZOT) de ROEDERER, dont on trouvera l'indication ou l'analyse dans la préface de l'édition de 1891; en 1850, Sainte-Beuve consacra au même livre et à son auteur une de ses *Causeries du lundi*; plus récemment ils ont fait l'objet de diverses études de M. F. BRUNETIÈRE (les *Mémoires d'un homme heureux*) dans la 6ᵉ série de ses *Études critiques sur l'histoire de la littérature française,* de M. A. AULARD dans la *Révolution française* (tome XXI, pp. 328-337), et de M. E. MEYER (*Marmontel et la Révolution française*) dans la *Revue britannique* de 1901, tome V, pp. 47-83.

23958. — Eloge de M. Marmontel, l'un des Quarante et secrétaire perpétuel de la ci-devant Académie française, prononcé à une séance publique de la 2ᵉ classe de l'Institut, le 12 thermidor an XIII (31 juillet 1805), par M. l'abbé MORELLET, membre de la classe de la Langue et de la littérature française de l'Institut national. *Paris, Xhrouet; Déterville; Lenormant; Petit, an XIII-*1805, in-8°, 1 f. et 41 p. [*N.* Ln²⁷ 13544.]

23959. — Notice sur Marmontel, par M. SAINT-SURIN. *Paris, Verdière,* 1824, in-8°, 2 ff., XLIII p. et 1 f. n. ch. [*N.* Ln²⁷ 13545.]

Tirage à part du tome Iᵉʳ des *Contes moraux* formant la première livraison des *Œuvres choisies* extraites par Verdière de son édition des *Œuvres complètes.*

23960. — Un Homme de lettres au XVIIIᵉ siècle. Marmontel d'après des documents nouveaux et inédits, par S. LENEL, professeur de rhétorique au lycée d'Amiens. *Paris, Hachette et Cⁱᵉ,* 1902, in-8°, 3 ff. et 572 p. [*N.* Ln²⁷ 49673.]

En regard du titre, fac-similé de profil de Marmontel, gravé par A. DE SAINT-AUBIN d'après C.-N. COCHIN.

Thèse de doctorat ès lettres.

23961. — [**Marron.**] PAUL-HENRI MARRON à la citoyenne Hélène-Marie Williams (an III).

Voyez tome Iᵉʳ, le n° 4343 et la note qui l'accompagne.

23962. — [**Marsollier des Vivetières** (Benoît-Joseph).] Marsollier des Vivetières auteur dramatique. Lettres inédites communiquées à la Société littéraire de Lyon par M. C. EMILE PERRET DE LA MENUE, architecte, membre de cette Société et de la Société académique d'architecture. *Lyon, imp. Aimé Vingtrinier,* 1866, in-8°, 22 p.

Ces lettres, datées de Paris, de 1793 à 1802, sont adressées au père de leur éditeur.

23963. — [**Martainville** (Alphonse).] La Nouvelle Henriade ou Récit de ce qui s'est passé relativement à la pièce intitulée « le Concert de la rue Feydeau » (1795).

Voyez tome III, n° 19156.
Voyez aussi l'article *Maubergue* ci-dessous.

23964. — [**Martin** (Jean-Blaise).] Mémoire à consulter et Consultation, pour le sieur Martin, acteur du spectacle de Monsieur, plaignant et demandeur, contre les sieurs Léonard, Chaillat des Avesnes et Viotty, tous trois entrepreneurs de spectacles, accusés et défendeurs. *Imp. Cl. Simon*, 1790, in-4°, 16 p. [*Com.-Fr.*]

Le *Mémoire* est signé, p. 12 : Martin.
La *Consultation* est signée, p. 16 : J.-E. Barré, N.-L. Fontaine.
Martin s'était enfui avec une femme pour échapper à ses créanciers. Arrêté à Nemours le 24 juillet 1790, il avait été conduit à la Force où il était resté six jours. Il demandait dix mille francs d'indemnité et la résiliation de son traité qui datait du 1er octobre 1788.

23965. — Mémoire pour les administrateurs du Théâtre de Monsieur contre le sieur Martin, pensionnaire de ce théâtre. *Imp. Vᵉ Delaguette. S. d.* (1791), in-4°, 12 p. [*N.* 4° F³ 24436.]

23966. — [**Martin** (Jean-Marie).] J.-M. Martin, juge de paix de la section des Gravilliers, nommé administrateur de l'habillement des troupes, aux citoyens représentants du peuple, composant les comités réunis des finances, de la guerre et de l'examen des marchés. *Imp. de la rue Neuve-de-l'Égalité. S. d.*, in-8°, 3 p. [*N.* Lb⁴¹ 771.]

Au sujet de son arrestation opérée le 20 juillet 1793, en vertu du décret du même jour rendu contre les administrateurs et alors qu'il n'était entré en fonctions que la veille.

23967. — [**Martin d'Anzay.**] Observations importantes pour le sieur Martin d'Anzay, ci-devant procureur du ci-devant Parlement de Paris. *Imp. de la Jussienne*, 1791, in-4°, 8 p. [*R. AD.* IX, 540.]

Au sujet de la liquidation de l'office dont il s'était rendu acquéreur en 1780.

23968. — [**Martique.**] Réponse du citoyen Martique, chef de la 5ᵉ division de la Guerre, à plusieurs calomnies publiées contre lui et contre l'administration de la Guerre (15 nivôse an VI-4 janvier 1798). *Imp. Pougin. S. d.*, in-8°, 32 p. [*R. AD*, I, 55.]

23969. — [**Masson.**] « Sur les plaintes que M. Masson, paulmier du Roi... (13 octobre 1789). *S. l. n. d.*, in-4°, 1 p. [*N.* Inv. fr. nouv. acq. 2642, f° 30.]

Certificat de civisme délivré par le district de Saint-Germain-des-Prés.

23970. — [**Masson** (François).] Notice historique sur François Masson, par M. Regnault, membre de l'Institut et de la Légion d'honneur. *S. l. n. d.* (1808), in-8°, 8 p. [*N.* L.n²⁷ 13725.]

Réimp. dans *les Quatre saisons du Parnasse de 1808* (*Printemps*, pp. 284-291).

23971. — [**Masson de Maison-Rouge** (Etienne-Jean).] Cri d'indignation ou Réflexions d'un citoyen, ami de la vérité, sur l'iniquité d'un jugement rendu en la chambre des vacations, le 20 juillet 1790, contre le sieur Etienne-Jean Masson de Maison-Rouge. *S. l. n. d.*, in-8°, 10 p. [*N.* L.n²⁷ 13729.]

23972. — Observations en réponse à un libelle intitulé : « Cri d'indignation ». *Imp. Vᵉ D'Houry. S. d.*, in-8°, 8 p. [*N.* L.n²⁷ 13730.]

Signé : Sohier, procureur au Parlement.

23973. — [**Maton de la Varenne** (Pierre-Anne-Louis).] Les Crimes de Marat et des autres égorgeurs ou Ma Résurrection..., par P.-A.-L. Maton de la Varenne (an III).

Voyez tome Iᵉʳ, n°ˢ 3490-3490ᵃ et le n° 23919 ci-dessus.

23974. — Mémoire pour Pierre-Anne-Louis Maton de La Varenne, opposant à une décision non motivée, non signifiée, prise contre lui par défaut dans le Conseil de discipline de l'ordre des Avocats et, en tant que de besoin, appelant de cette décision en la Cour. *Imp. P. Didot l'aîné. S. d.* (1811 ?), in-4°, 1 f. et 32 p. [*P.* 29070*.]

Épigr. :
Audite, à mentibus æquis.
Vinc. Æneid., lib. X.

Le feuillet non chiffré est intitulé : *Question d'État*.

Protestation de l'auteur contre son exclusion du tableau des avocats et liste de ses travaux.

23975. — [**Maubergue** (Jean-Nicolas).] Ordonnance rendue par le président du Tribunal révolutionnaire... qui, sur la déclaration du juré de jugement, acquitte Alexandre-Philippe Creteaux, Alphonse Martainville, Jean-Thomas [*sic* : Nicolas] Maubergue, Pierre Lefèvre, Alexis-Etienne Millin, Jean-Baptiste Modet et Louis-Michel Lachave (13 ventôse an III-3 mars 1794). *Imp. du Tribunal révolutionnaire.* S. d., in-4°, 4 p. [*N.* Lb⁴¹ 2233*.]

Poursuivis pour la publication et la vente d'un écrit intitulé : *Tableau du maximum*, de huit pages d'impression, divisé en cinq sections et précédé d'un prétendu décret donnant force de loi à ce *Tableau*, les six prévenus furent tous acquittés; trois d'entre eux, Creteaux, Lachave et Modet avaient coopéré en qualité d'imprimeurs ; Pierre Lefèvre était colporteur ; Millin (Alexis-Marie-Etienne), âgé de 25 ans, originaire de Château-Chinon, et Martainville (Alphonse), âgé de dix-sept ans, rédigeaient, l'un le *Journal de politique et de littérature* (cf. tome II, n° 10802), l'autre, l'article *Convention nationale* du *Postillon des armées* (cf. *ibid.*, n° 10887); Maubergue est qualifié dans l'ordonnance de commis aux écritures et désigné comme rédacteur du *Tableau*. Par suite d'une double et singulière confusion, *la France littéraire* d'Ersch a transformé le nom de *Maubergue* en *Monborgne* et le dit guillotiné le 15 ventôse an II ; ces deux erreurs ont été répétées par Quérard qui attribue de plus trois volumes au *Tableau du maximum* ! MM. Campardon et Wallon, qui ont ignoré ces particularités bibliographiques, ont du moins correctement indiqué le nom, la profession et l'acquittement de Maubergue.

Je ne connais point d'ex. du *Tableau du maximum* dont, aux termes de l'ordonnance, les formes furent brisées au greffe, mais dont les caractères et les châssis furent restitués aux imprimeurs.

23976. — [**Maudru**.] Les Pourquoi (17 prairial an VII-5 juin 1799). *Imp. Roblot.* S. d., in-8°, 16 p. [*R.* AD. I, 55.]

Protestation contre la suppression de son emploi au dépôt général de la Guerre.

P. 5-10, *Attestations* (émanant de Condorcet, Barère, Sieyès, Mercier, Meunier, etc.). P. 11-16, *Réflexions*.

A l'ex. de la collection Rondonneau est joint un feuillet in-8° annoncé au bas de la dernière page des *Pourquoi*; ce sont des vers A *Buonaparte*, extraits du n° 26 du *Cercle* (28 ventôse an VI-18 mars 1798). Sur le *Cercle*, *Journal des arts et des plaisirs*, voyez tome II, n° 11204.

23977. — [**Maurel** (Antoine).] Maurel, commissaire des guerres, au citoyen Monnot, représentant du peuple. *Imp. A. Bailleul.* S. d., in-8°, 16 p. [*N.* Lb⁴¹ 1730.]

Réponse à une imputation de vol d'assignats. Voyez le numéro suivant.

23978. — Pétition. Antoine Maurel à la Convention nationale. S. l. n. d., in-4°, 11 p. [*N.* Ln²⁷ 13841.]

P. 5-11, *Pièces justificatives*.

Au sujet d'un vice de forme du jugement du Tribunal de cassation du 17 août 1793 qui avait annulé un arrêt du Tribunal criminel de Seine-et-Oise.

23979. — [**Maurin**.] Maurin, employé au département des Affaires étrangères, à ses concitoyens. S. l. n. d., in-4°, 7 p. [*R.* AD. I, 55.]

Protestation contre son exclusion du club des Jacobins.

23980. — [**Maury** (Jean-Siffrein).] Lettre sur la capture de l'abbé Maury à Péronne. S. l. n. d. (1789), in-8°, 11 p. [*N.* Lb³⁹ 7526.]

Par Antoine Rivarol.

Sur les diverses éditions et réimpressions de cette *Lettre*, voyez tome II, n°ˢ 10241-10248.

23981. — Les Souliers de l'abbé Maury. *De l'imprimerie de Jean-Bart.* S. d., 2 numéros in-8°. [*N.* Lc² 369. — *R.* AD. I, 55.]

Chaque numéro a 8 p.; le second manque dans l'ex. de la B. N.

23982. — Les Miracles de l'abbé Maury et la Résurrection du vicomte de Mirabeau. S. l. n. d., in-8°, 8 p. [*N.* Lb³⁹ 2193.]

Vers et prose.

23983. — L'Abbé Maury aux Enfers. S. l. n. d., in-8°, 8 p. [*N.* Lc² 3931.]

23984. — Visions et réception de l'abbé Maury par les aristocrates français, lors de son entrée dans le sombre empire de

Pluton. *De l'imprimerie de tous les diables.* S. d., 2 numéros in-8°. [*N.* Lc² 2323.]

Chaque numéro a 8 p.
Le second est intitulé : *Suite des visions...*

23985. — La Descente de l'abbé Maury aux enfers ou sa Lettre au clergé chez Pluton. S. *l. n. d.*, in-8°, 8 p. [*N.* Lb³⁹ 2559.]

23986. — Les Délassements comiques de l'abbé Maury aux enfers ou sa Deuxième Lettre au clergé. S. *l. n. d.*, in-8°, 8 p. [*N.* Lb³⁹ 2560.]

23987. — Faites beau cul, vous n'aurez qu'une claque ou Evénement arrivé à l'abbé Maury, dans la cour du collège Mazarin, par les écoliers, le 27 à trois heures. *Paris, imp. Chalon*, 1790, in-8°, 3 p. non chiffrées. [*N.* Lb³⁹ 8590.]

Voyez le numéro suivant.

23988. — La Mère Duchesne corrigeant son mari pour avoir dit du mal de M. l'abbé M..... [Maury], son confesseur. Je suis la Véritable Mère Duchesne. Mon imprimerie est dans la rue des Mauvaises-Paroles. S. *l. n. d.*, in-8°, 4 p. [*N.* Lc² 3884.]

Réponse au numéro précédent.

23989. — Testament de J.-F. Maury, prêtre de la sainte Eglise romaine, abbé commandataire de la Frenade, prieur commandataire de Lihoin (*sic :* Lihons), vicaire général de Lombez, prédicateur ordinaire du Roi, mort civilement. *Paris, imprimerie des excalotins*, 1790, in-8°, 16 p. [*N.* Lb³⁹ 3254.]

23990. — Requête du vicomte DE MIRABEAU et consorts à l'Assemblée nationale, en cassation du testament de l'abbé Maury, mort civilement. *Paris, imprimerie des excalotins*, 1790, in-8°, 8 p. [*N.* Lb³⁹ 3255.]

23991. — Messe de minuit célébrée par le Sʳ abbé Maury, assisté des vicomte de Mirabeau et d'Esprémesnil, ses desservants, en présence de MM. Cazalès, d'Ypres [d'Arberg], Tréguier [Lucas ou J.-M. de Launay], Tournay [Guill.-Fl. Salm-Salm], Laqueuille, Roy, Redon [Gabriel-Mathurin-Joseph Loaisel], de Bats, Bonneval, Folleville, Saint-Simon, de Bonnay, Le Chapellier, Vaudreuil, et soixante-dix autres vrais croyants, en l'église des Capucins, rue Saint-Honoré, la nuit du 12 au 13 avril 1790, à l'occasion du décret sur les biens du clergé. *A Paris, de l'imprimerie du treizième des Apôtres, chez l'abbé Maury*, 1790, in-8°, 28 p. [*N.* Lb³⁹ 8647.]

23992. — Thermomètre des événements de la journée du 13. Complot du clergé et de quelques membres de l'Assemblée nationale. Aventures de l'abbé Maury et du vicomte de Mirabeau. S. *l. n. d.*, in-8°, 8 p. [*N.* Lb³⁹ 8649.]

23993. — La Sangsue et le Brigandeau des Etats-Généraux ou Dispute aristocratique et démagogue entre le comte de Mirabeau et l'abbé Maury. S. *l. n. d.*, in-8°, 16 p. [*R.* AD. I, 56.]

23994. — Nouveau Psautier à l'usage de l'ancien clergé, par M. l'abbé Maury. Dédié aux prélats orthodoxes de l'Assemblée capucinale. *A Rome, de l'imp. du Vatican*, 1790, in-8°, 16 p. [*N.* Lb³⁹ 8653.]

23995. — Petit Carême de l'abbé Maury ou Sermons prononcés dans l'assemblée des enragés. *Paris, rue Git-le-Cœur, hôtel Saint-Louis, n° 4 (imp. J. Grand)*, 10 numéros in-8°, 80 p. [*N.* Lb³⁹ 3019.]

On lit au bas de la p. 80 cette note : « *La Vie privée de l'abbé Maury* est sous presse. Elle est destinée à précéder la collection de son *Petit Carême*. Les collections se distribuent hôtel Chaumont, n° 9, rue du Foin-Saint-Jacques. »
Voyez aussi les trois numéros suivants.

23995ᵃ. — Seconde année. Petit Carême de l'abbé Maury. *Imp. Tremblay.* S. *d.*, 3 numéros in-8°. [*N.* Lb³⁹ 3019.]

Chaque numéro a huit pages, un sous-titre, une épigraphe et une pagination distincts.
[1]. *Sermon pour le mercredi des cendres préché dans la chapelle du nonce du Pape en présence du Père Duchesne.*
[2]. *Sermon pour le premier dimanche de Carême, prononcé en présence de plusieurs*

prélats réfractaires et à l'occasion de la nomination du nouvel Evêque de Paris.

[3]. *Sermon pour le second dimanche de Carême, prononcé dans la chapelle du Louvre, en présence du Roi, pour l'engager à s'enfuir de la capitale et à se joindre au clergé et à la noblesse, afin d'opérer une contre-révolution.*

Dans l'ex. de la B. N. cette « Seconde année » du *Petit Carême* est reliée avec la première et porte la même cote.

23996. — Vie privée de l'abbé Maury, écrite sur des mémoires fournis par lui-même, pour joindre à son « Petit Carême ». *S. l. (imp. J. Grand)*, 1790, in-8°, 1 f. et 28 p. [*N.* Lb^{39} 3256.]

ÉPIGR. :
> Astutam vapido servas sublpectore vulpem.
> PERSE, sat. V.

Sur un ex. de la *Vie privée...* appartenant au British Museum (F. R. 466 [2]), j'ai relevé la note suivante qui émane d'un lettré inconnu et révèle un fait ignoré : « Un nommé sieur Le Moine a été condamné à vingt-quatre heures de prison à la maison de la Force par la Commune de Paris, le 14 mars, pour avoir distribué cette diatribe. Dans la sentence, on cite simplement l'épigraphe ci-dessus pour désigner ce libelle et au lieu du très propre mot *vapido*, la sentence porte *rabido*. Lisez cette cinquième satire de Perse et vous y verrez ce que c'est que la liberté. »

Je ne connais point le texte de cette sentence et les *Actes de la Commune de Paris* publiés par M. Sigismond Lacroix sont muets à ce sujet.

Voyez le numéro suivant et la note qui l'accompagne.

23997. — Suite de la « Vie privée de M. l'abbé Maury ». *Paris, chez les marchands de nouveautés (imp. J. Grand)*, 1790, in-8°, 24 p. [*N.* Lb^{39} 8657.]

ÉPIGR. :
> Ecce iterum Crispinus.
> JUVÉNAL, sat. IV.

Dans la pièce intitulée : J.-R. HÉBERT... à *Camille Desmoulins et compagnie* (cf n° 23033 ci-dessus) Hébert dit expressément qu'il a composé avec un ami le *Petit Carême de l'abbé Maury*, sa *Vie privée, le Chien et le Chat* (cf. tome II, n° 11357) et « une infinité d'opuscules patriotiques. » Néanmoins le bibliophile Jacob (*Bibliographie et iconographie de tous les ouvrages de Restif de La Bretonne*, p. 322 et suiv.), a cru pouvoir attribuer à cet écrivain la *Vie privée...* et d'autres pamphlets visant le même personnage. Plus tard (Cat. de la librairie Aug. Fontaine, 1877, n° 2140) cette supposition lui a paru d'autant plus vraisemblable qu'on aurait retrouvé dans les papiers d'un sieur Fontaine, de Grenoble, ami et correspondant de Restif, quelques-uns de ces pamphlets. Or les lettres de Restif, datées de l'an V à l'an VIII (et imprimées à Nantes en 1883), ne font aucune allusion à ces écrits dont l'orthographe est conforme aux règles usuelles et non à celles que l'auteur du *Paysan perverti* avait adoptées. Cubières-Palmezeaux, dont Paul Lacroix invoquait l'autorité, dit bien que Restif avait imprimé « trois volumes de pamphlets » (*sic*) contre l'abbé Maury, mais non qu'il en soit l'auteur. En tout état de cause, il faut restituer à Hébert la *Vie privée* et le *Petit Carême* dont il a formellement reconnu la paternité et n'accepter que sous bénéfice d'inventaire la part hypothétique prise par Restif aux polémiques du début de la Révolution.

23998. — Les Trois Culottes de l'abbé Maury. *S. l. n. d.*, in-8°, 8 p. [*N.* Lb^{39} 8661.]

23999. — Grand Accident arrivé à l'abbé Maury, occasionné par le tonnerre. *Paris, Sion*, 1790, in-8°, 8 p. [*N.* Lb^{39} 8688.]

24000. — Mariage de M. l'abbé Maury avec l'abbesse de Montmartre, et Détail de la fête qui doit être donnée à ce sujet. *De l'imprimerie de Montmartre*, 1790, in-8°, 8 p. [*N.* Lb^{39} 8659.]

24001. — L'Abbé Maury, poursuivi ses culottes à la main par le Père DUCHÊNE. *De l'imprimerie du Père Duchêne. S. d.*, in-8°, 8 p. [*N.* Lc^2 2285.]

P. 8, deux croix de Malte.
Voyez le numéro suivant.

24002. — L'Abbé Maury surpris par le Père DUCHÊNE dans le boudoir de l'abbesse de Montmartre et le grand combat qui s'est passé entre eux. *De l'imprimerie du Père Duchêne. S. d.*, in-8°, 8 p. [*N.* Lc^2 2286.]

Même pièce que la précédente, sauf les deux derniers paragraphes.

24003. — Détail du combat qui a eu lieu ce matin au bois de Boulogne entre M. l'abbé Maury et M. de Mirabeau. *De l'imprimerie patriotique. S. d.* (1790), in-8°, 8 p. [*N.* Lb^{39} 9538.]

Facétie à propos du duel de Castries et de Ch. de Lameth. Voyez aussi tome III, n°s 15570-15571.

24004. — Le Sabbat de l'abbé Maury, Cazalès, de Mirabeau, etc., etc. ou les Marattes assemblés aux Capucins. *Paris, imp. Girard.* S. d., in-8°, 8 p. [*N.* Lb^{39} 8660.]

24005. — Nouveau Projet de contre-révolution, imaginé après souper par l'abbé Maury et découvert par le Père Duchêne. *De l'imprimerie du Père Duchêne.* S. d., in-8°, 8 p. [*N.* Lc^2 2321.]

P. 8, deux étoiles. Voyez le numéro suivant.

24006. — Départ de l'abbé Maury à cheval sur un cochon, portant la constitution en croupe, arrêté par le Père Duchêne. *De l'imprimerie du Père Duchêne.* S. d., in-8°, 8 p. [*N.* Lc^2 2322.]

Même pièce que la précédente; le titre seul est changé.

24007. — L'Abbé Maury répudié par la négrisse, le lendemain de son mariage. (N° 3.) *De la 60e imprimerie de la Liberté.* L'Abbé Maury aux enfers. (N° 6.) S. l., in-8°. [*N.* Lc^2 2359.]

Chaque pièce a une pagination distincte. Toutes deux semblent sortir d'une imprimerie particulière.

24008. — Le Nouveau Dom Bougre à l'Assemblée nationale ou l'abbé Maury au bordel, suivi de ses Doléances au dieu Priape, et d'une Ode aux Bougres. Par l'auteur du « Bordel national ». S. l. n. d. (1790), in-8°, 16 p. [*N.* Enfer, 140.]

Le premier folio n'a qu'un titre de départ portant la signature typographique AI j.
Sur le *Bordel national*, voyez tome Ier, n°s 1771 et 1772.

24009. — Lettre de M. l'abbé Maury à la comtesse Henriette sur les assignats. Cette lettre a été trouvée dans le gousset d'une culotte envoyée à la ravaudeuse. (Paris, 17 septembre 1790.) S. d., in-8°, 8 p. [*N.* Lb^{39} 9388.]

24010. — La Calotte renversée par les assignats ou la Défaite de l'abbé Mauri (sic), par M. de Mirabeau. *Imp. du Postillon.* S. d., in-8°, 8 p. [*N.* Lb^{39} 9423.]

24011. — Les Adieux de l'abbé Maury à ses huit cents fermes. *Imp. Tremblay.* S. d., in-8°. [*N.* Lb^{39} 9424.]

24012. — Je suis le Véritable Père Duchesne, foutre ! Culotte bas, Jeanfoutre ou la Grande Colère du Père Duchesne qui a encore une fois foutu les étrivières à l'abbé Maury avec le tire-pied d'un savetier du coin, pour le punir de tout le mal qu'il a fait à la nation et de tous les complots qu'il médite encore. *Imp. Tremblay.* S. d., in-8°, 8 p. [*N.* Lc^2 3886.]

Vignette au *Memento mori*.

24013. — Le Père Duchesne en vendange ou sa Rencontre avec l'abbé Maury à Suresne (sic). *Imp. du Père Duchesne.* S. d., in-8°, 8 p. [*N.* Lb^{39} 9540.]

24014. — Lettre du T.-S.-Père le pape Pie VI à l'abbé Maury, en lui envoyant le chapeau de cardinal. *Paris, imp. Langlois fils, l'an troisième de la liberté,* in-8°, 8 p. [*N.* Ld^4 3605.]

Apocryphe.

24015. — Le Pape conduit en enfer par l'abbé Maury, qui lui a servi de postillon. Grand détail de sa conversation avec Lucifer et du pacte qu'ils ont fait ensemble pour faire une contre-révolution en France. La femme du grand Diable devenue tout à coup amoureux (sic) de l'abbé Maury, a fait avec lui cocu Céllzebuth (sic) et est accouchée d'un petit Démon qui ressemble comme deux gouttes d'eau à ce calotin. *Imp. Tremblay.* S. d., in-8°, 8 p. [*N.* Lb^{39} 9922.]

24016. — Esprit, pensées et maximes de M. l'abbé Maury, député à l'Assemblée nationale. *Paris, Cuchet,* 1791, in-8°, VIII-384 p. [*N.* Ln^{27} 13856.]

Par Chas, d'après Barbier.

24017. — Les Rivaux au cardinalat ou la Mort de l'abbé Mauri (sic), poème héroï-comique en trois chants, par Dorat-Cubières. *Paris, imp. Urbain Domergue,* 1792, in-8°, XXI-43 p. [*N.* Ye 20471.]

Épigraphe empruntée à Boileau.

P. III-XXI, *Préface.* P. 1, *les Rivaux au cardinalat*... P. 28-43, *Notes.*

Au verso du titre on lit ce quatrain :

Aux mânes de Dorat.

Pardonne, auteur que je révère,
Pardonne si j'ai pris ton nom !
J'eus toujours le désir de plaire
Et je t'ai choisi pour patron.

24018. — Almanach de l'abbé Maury ou Réfutation de l'Almanach du père Gérard (1792).

Voyez tome II, nos 11741-11741a.

24019. — L'Abbé Mauri (*sic*), général des fanatiques, pris dans ses filets par le Père Duchêne. *Imp. Gouriet. S. d.,* in-8°, 12 p. [*N.* Lc² 2542.]

Signé : Le Vasseur.
Pamphlet postérieur au 10 août, car il y est question des prisonniers du Temple.

24020. — L'Arrivée de l'abbé Mauri (*sic*) à Paris pour prononcer l'oraison funèbre de Louis Capet. Dialogue (1793).

Voyez tome II, n° 3885.
La pièce est antérieure à l'exécution de Louis XVI, contrairement à ce que son titre donne à entendre.
Les deux interlocuteurs sont l'abbé Maury et le Père Duchêne.

24021. — Les Grandes prédictions d'un petit prophète, par J.-S. Maury... (15 décembre 1792).

Apocryphes. Voyez tome Ier, n° 3757.

24022. — Portrait historique du cardinal Maury, député à l'Assemblée nationale, par le citoyen Can......... *Paris, Hugelet, et chez les marchands de nouveautés,* 1798, in-8°, 33 p. [*N.* Ln²⁷ 13857.]

24023. — Vie du cardinal Jean-Sifrein Maury, avec des notes et des pièces justificatives, par Louis-Sifrein Maury, son neveu. *Paris, P.-J. Gayet,* 1828, in-8°, VIII-289 p. [*N.* Ln²⁷ 13858.]

En regard du titre, portrait gravé par Ambroise Tardieu, d'après B. d'Agesci. Entre le titre et l'*Avertissement,* fac-similé d'une lettre du cardinal Maury à Louis XVIII, datée de Rome, 7 décembre 1815.

24024. — J. Le Fèvre-Deumier. Célébrités d'autrefois... L'abbé Maury... (1863).

Voyez le n° 20814 ci-dessus.

24025. — Le Cardinal Maury, sa vie et ses œuvres, par M. Poujoulat. *Paris, J. Vermot,* 1855, in-8°, 2 ff. et 456 p. [*N.* Ln²⁷ 13859.]

24025a. — Le Cardinal Maury..., par M. Poujoulat. *Paris, Ch. Donniol,* 1859, in-18, XIX-412 p. [*N.* Ln²⁷ 13859 A.]

24026. — L'Abbé Maury (1746-1791). L'Abbé Maury avant 1789. L'Abbé Maury et Mirabeau, par Mgr Ricard, prélat de la Maison de Sa Sainteté, professeur honoraire des Facultés d'Aix et de Marseille. *Paris, E. Plon, Nourrit et Cie,* 1887, in-12, 4 ff. et 292 p. [*N.* Ln²⁷ 37297.]

24027. — Correspondance diplomatique et Mémoires inédits du cardinal Maury (1792-1817). L'Election du dernier roi des Romains. Les Affaires de France. Le Conclave de Venise. Le Concordat de 1801. L'Empire. La Restauration. Annotés et publiés par Mgr Ricard, prélat de la Maison de Sa Sainteté, professeur honoraire des Facultés d'Aix et de Marseille. *Société de Saint-Augustin, Desclée, De Brouwer et Cie, Lille,* 1891, 2 vol. in-8°. [*N.* La³³ 187.]

Un portrait gravé sur bois est en tête de chacun des deux volumes.

24028. — [**Mazuel** (J.-B.).] Liberté. Egalité. Mazuel à ses concitoyens (4 nivôse an II-24 décembre 1793). *S. l. n. d.,* in-4°, 7 p. [*Br. M. F. R.* 43 (3).]

Protestation contre un propos prêté à Mazuel par Fabre d'Eglantine et reproduit par le *Journal du soir* de Feuillant, n° 456.
P. 6, lettre d'Aigoin, juré au Tribunal révolutionnaire, à Mazuel, attestant son civisme et son patriotisme.

24029. — Liberté. Egalité. Mazuel, chef d'escadron de la cavalerie révolutionnaire, à ses concitoyens (nivôse an II). *S. l. n. d.,* in-4°, 3 p. [*R. AD.* VI, 52.]

Mazuel fut condamné à mort le 4 germinal an II (24 mai 1794) et exécuté en même temps qu'Hébert, Ronsin, Momoro, etc.

24030. — [**Méchain** (Pierre-François-André).] Catalogue des livres et instruments de feu M. P.-Fr.-And. Méchain, membre de l'Institut impérial et du Bureau des longitudes, directeur de l'Observatoire de Paris, astronome de la Société royale de Londres, des Académies de Stockholm, Berlin, Gœttingue, Harlem, Flessingue, etc., et membre de la Légion d'honneur, dont la vente se fera rue St-André, n° 85, le mercredi 4 floréal [an XIII] (24 août 1805) et j. s. *Paris, Bleuet fils aîné, an XIII-1805*, in-8°, VII (VIII)-76 p., 386 numéros. [*N.* Δ 12920.]

Les instruments d'astronomie sont décrits à la suite des livres et comportent 124 numéros.

Méda. — Voyez **Merda**.

24031. — [**Méhée de La Touche** (Jean-Etienne).] Méhée père à ses concitoyens. Paris, 4 ventôse an II (22 février 1794). *Paris, imp. Glisau et Pierret*; S. d., in-8°, 11 p. [*N.* Ln²⁷ 13931.]

Au sujet de ses démêlés avec Ch.-L. Mathias Hu; voyez le n° 23074 ci-dessus et le numéro suivant, relatif aux mêmes débats.

24032. — La Loi et le Roi. Tribunal criminel provisoire établi par la loi du 14 mars. Plaidoyer pour le sieur Hu, officier municipal, électeur du département de Paris, appelant, contre le sieur Méhée Delatouche, commissaire de la section Sainte-Geneviève, intimé. En présence de Monsieur le commissaire du Roi et en présence de Monsieur l'accusateur public. *Imp. Rochette.* S. d., in-4°, 47 p. [*Br. M. F. R.* 47 (4).]

Voyez le numéro précédent.

24033. — [**Méhée de La Touche** (Jean-Claude-Hippolyte).] Pétition de J.-C. Méhée aux Consuls et aux membres composant le Conseil d'Etat. S. l. n. d., in-4°, 3 p. [*N.* Ln²⁷ 13932.]

Protestation contre le rôle qu'on lui attribuait lors des massacres de septembre.

24034. — Dénonciation au Roi des actes et procédés par lesquels les ministres de Sa Majesté ont violé la Constitution, dénaturé l'esprit et la lettre des nouvelles ordonnances, et détruit l'excellent esprit qui avait accueilli le retour des Bourbons, par M. Méhée Delatouche, ancien chef de division au ministère des Relations extérieures et de la Guerre (15 septembre 1814). *Paris, Blanchard; Mongie jeune; Cerioux jeune*, 1814, in-8°, 32 p. [*N.* Lb⁴⁵ 344.]

Épigr. :

Mea res agitur paries cum proximus ardet.
Horat. Epist.

P. 26, Note de Méhée sur son rôle dans la journée du 10 août.

Voyez les onze numéros suivants.

24035. — Lettre au citoyen Méhée de La Touche (5 et 6 octobre 1814). *Au Palais-Royal, chez tous les marchands de nouveautés*, 1814, in-8°, 18 p. [*N.* Lb⁴⁵ 355.]

Signée : C.

24036. — Réfutation de la « Dénonciation au Roi », de M. Méhée de La Touche, par un baron sans baronnie et non sans épée. *Paris, imp. V° Migneret*, 1814, in-8°, 2 ff. et 120 p. [*N.* Lb⁴⁵ 356.]

Par le baron d'Icher-Villefort.

24037. — Réponse à l'écrit de M. Méhée de La Touche, ayant pour titre : « Dénonciation au Roi des actes et procédés par lesquels les ministres de S. M. ont violé la Constitution », par D. L. M. *Paris, Le Normant*, 1814, in-8°, 1 f. et 38 p. [*N.* Lb⁴⁵ 357.]

Par De La Mothe, suivant la dernière édition des *Supercheries littéraires*.

24038. — Réponse à la Dénonciation de M. Méhée de La Touche, contre les ministres du Roi, par M. Gouin, ancien chef de division des postes. *Paris, imp. Le Normant*, 1814, in-8°, 15 p. [*N.* Lb⁴⁵ 358.]

24039. — Réponse à M. Méhée, dédiée à M. le chevalier de Spies, secrétaire d'ambassade de S. M. l'empereur de toutes les Russies, par Constans. *Paris, Pélicier, octobre* 1814, in-8°, 19 p. [N. Lb⁴⁵ 359.]

24040. — Réponse à M. Méhée de Latouche, dénonçant au Roi les actes et procédés des ministres attentatoires à la Constitution. *Paris, chez les marchands de nouveautés, octobre* 1814, in-8°, 52 p. [N. Lb⁴⁵ 711.]

Signée : Drumare.

24041. — Les Pourquoi à M. Méhée de La Touche, sur sa « Dénonciation au Roi... » *Chez les marchands de nouveautés. S. d.*, in-8°, 8 p. [N. Lb⁴⁵ 735.]

Signé : Santiago Martinez.

24042. — Le Cri de l'indignation. Réponse à M. Méhée de La Touche, par le chevalier de Barrey, mousquetaire noir. Deuxième édition. *Paris, Patris, et au Palais-Royal, chez les marchands de nouveautés*, 17 *octobre* 1814, in-8°, 16 p. [N. Lb⁴⁵ 740.]

24043. — Réponse d'un garde national de la sixième légion, condamné à mort le 13 vendémiaire, à MM. Méhée de La Touche et Carnot, et à M. le comte Félix Le Peletier de Saint-Fargeau, ex-maire, et président du canton de Bacqueville, Seine-Inférieure. *Paris, Delaunay; Lacourière et à Rouen, chez M. Frère aîné*, 1814, in-8°, 16 p. [N. Lb⁴⁵ 360.]

24044. — Mémoire sur procès, avec des éclaircissements sur divers événements politiques, et des pièces justificatives, par M. Méhée Delatouche. *Paris, Vᵉ Villain*, 1814, in-8°, 2 ff. et 156 p. (la dernière non chiffrée (*Erratum*). [N. Lb⁴⁵ 378.]

P. 13, *Notice sur la vie politique du sieur* Méhée Delatouche *et sur les événements auxquels elle a été liée*. P. 107, *Pièces justificatives*, parmi lesquelles figurent, p. 113, *la Queue de Robespierre ou les Dangers de la liberté de la presse* (voyez tome II, n° 9583); p. 120, *Rendez-moi ma queue...* (voyez *ibid.*, n° 9588); p. 130, *Défends ta queue* (voyez *ibid.*, n° 9589); p. 141, *Pétition de J.-C.* Méhée *aux Consuls...* (voyez le n° 24033 ci-dessus); p. 150, *Consultation*, signée Maugeret, avocat, au sujet des attaques dont Méhée avait été l'objet dans le *Journal royal*.

24045. — Mémoire et Dénonciation pour le sieur Gueffier, imprimeur, accusé de calomnie contre le sieur Méhée, accusateur. *Paris, P. Gueffier*, 1815, in-8°, 77 p. [N. Lb⁴⁵ 379.]

Réponse au *Mémoire* décrit sous le numéro précédent.

24046. — Etudes historiques et biographiques. Méhée de la Touche, né à Meaux en 1762, mort à Paris en 1827, par Th. Lhuillier. *Meaux, imp. Destouches*, 1880, in-12, 40 p.

Tirage à part sur la composition d'un journal.

24047. — [**Méhul** (Etienne-Henri).] Institut royal de France. Académie royale des beaux-arts. Funérailles de M. Méhul (20 octobre 1817). *Imp. F. Didot. S. d.*, in-4°, 4 p. [N. Ln²⁷ 13935.]

Discours de Quatremère de Quincy.
Voyez aussi dans le *Recueil de notices historiques... de l'auteur* (1834, in-8°) une *Notice sur la vie et les ouvrages de M. Méhul*, lue à la séance publique de l'Académie des beaux-arts, du 2 octobre 1819.

24048. — Nécrologie. Notice sur M. Méhul. *S. l. n. d.*, in-8°, 4 p. [N. Ln²⁷ 13936.]

Signé : A. V. A. [Antoine-Vincent Arnault.]

24049. — Souvenirs du théâtre. Méhul, sa vie et ses œuvres, par P.-A. Vieillard, bibliothécaire du Sénat, membre des Sociétés Philotechnique, des Enfants d'Apollon et Libre des beaux-arts. *Paris, Ledoyen*, 1859, in-12, 2 ff. et 56 p. [N. Ln²⁷ 13937.]

Épigr. :
Et me meminisse juvabit.
Virgile, Énéide.

24050. — [**Meillan** (Arnaud).] Meillan, représentant du peuple, député par le département des Basses-Pyrénées. *S. l., germinal an troisième*, in-8°, 172 p. [N. Lb⁴¹ 1755.]

Épigr. :
.... Quæque ipse miserrima vidi
Et quorum pars magna fui...

Exposé des persécutions et des dangers auxquels il avait été exposé après le 31 mai. Voyez le numéro suivant.

24051. — Mémoires de MEILLAN, député par le département des Basses-Pyrénées à la Convention nationale, avec des notes et des éclaircissements historiques. *Paris, Baudouin frères*, 1823, in-8°, 2 ff. et 331 p. [R. La³³ 83.]

Le faux-titre porte : *Collection des Mémoires relatifs à la Révolution française*.
Reproduction pure et simple du numéro précédent, suivie de pièces justificatives (pp. 172-331).

24052. — [**Mellet.**] Département de Paris. Domaines nationaux. Vente après l'émigration de Mellet et de sa femme, en leur maison, rue Basse-du-Rempart, n° 16, section des Piques, 21 et 22 germinal an II (10 et 11 avril 1794). *Imp. Ballard*. S. d., in-folio plano.

Ancienne collection Paul Dablin.

24053. — [**Ménière** (Paul-Nicolas).] Pétition (1792).

Voyez tome III, n° 12164. Pièce relative à un logement du Louvre que lui disputait David.

24054. — [**Mennessier** (Claude).] Note historique concernant la famille royale durant son séjour au Temple et particulièrement aux journées des 3 et 4 septembre 1792, par MENNESSIER, membre du Conseil général de la Commune de Paris. Observations sur un passage de l'« Histoire de France contemporaine » par M. Léonard Gallois. *Paris, imp. Lefebvre*, 1830, in-8°, VI-32 p.

On lit au verso du faux-titre : « Tiré à cent ex. sur papier vélin et signé ECKARD ».
P. 29, *Observations...* (relatives à l'autopsie du Dauphin).
Dans ses *Mémoires sur Louis XVII* (cf. n°ˢ 21386-21386ᵃ⁻ᵇ ci-dessus), puis dans le recueil intitulé : *Captivité de Louis XVI* (cf. tome Iᵉʳ, n° 3560), Eckard annonçait l'intention de publier cette *Note* dont il avait le manuscrit entre les mains, mais il ne semblait pas avoir tenu sa promesse : cependant M. Bégis possédait un ex. imprimé provenant d'Eckard lui-même et avait bien voulu me le communiquer.

24055. — [**Menou** (Jacques).] JACQUES MENOU, maréchal de camp des armées de la République française, à ses concitoyens. *Paris, Champigny*. S. d., in-8°, 15 p. [N. Lb⁴¹ 97.]

Justification de sa conduite au 10 août.

24056. — [**Menouvrier.**] Pétition présentée et lue au Conseil des Cinq-Cents le 29 messidor l'an IV (17 juillet 1796) pour réclamer contre les abus du divorce sur la simple allégation d'incompatibilité d'humeur et de caractère, par MARIE-ANNE CAMPION, encore épouse de Claude-Perpétue Menouvrier, demeurant à Paris, rue d'Anjou, n° 12, section de l'Homme-Armé, municipalité du 7ᵉ arrondissement, rue Avoye. S. l. n. d., in-8°, 8 p. [N. Lb⁴¹ 1073.]

24057. — [**Mentelle** (Edme).] Aux Citoyens représentants composant le comité d'instruction publique. *Paris, imp. Hocquet*. S. d., in-8°, 3 p. [N. Ln²⁷ 6482.]

Réclamation du peintre DUCREUX, pour un logement au Muséum que lui disputait Mentelle.

24058. — Institut royal de France. Funérailles de M. Mentelle, le 31 décembre 1815. *Imp. F. Didot*. S. d., in-4°, 3 p. [N. Ln²⁷ 13991.]

Discours de BARBIÉ DU BOCAGE.

24059. — Notice sur la vie et les ouvrages de Mentelle, par Mᵐᵉ la princesse CONSTANCE DE SALM. *Paris, F. Didot frères*, 1839, in-8°, 1 f. et V-40 p. [N. Ln²⁷ 13992.]

24060. — Jany, le dernier correspondant de Mme Roland. S. l. n. d., in-8°, 36 p.

Signé, p. 36 : CL. PERROUD.
Tirage à part, non spécifié, d'un article paru dans *la Révolution française*, tome XXX (janvier-juin 1896), pp. 5-37. Le titre est pris sur un titre de départ et la couverture n'est pas imprimée.
Jany est le pseudonyme sous lequel, dans les derniers mois de sa captivité, Mᵐᵉ Roland désignait Mentelle ou lui écrivait.
M. Perroud a depuis repris, complété et rectifié son travail dans l'appendice S (tome II, pp. 767-777) de son édition des *Lettres de Mᵐᵉ Roland*, qui sera décrite plus loin.
Mentelle, mort en 1815, a encore fait l'objet

d'un *Éloge* de Dacier, imprimé seulement dans le tome VII (1824) de la série *Histoire et Mémoires* de l'Académie des inscriptions. M. Perroud signale également la notice de Depping dans la *Biographie* Michaud et une autre notice « très complète » dans la *Biographie* Rabbe.

24061. — [**Mercier** (Barthélemy), abbé de Saint-Léger.] Notice sur la vie et les écrits de Mercier de Saint-Léger, par Chardon La Rochette. [Extrait du] « Magasin encyclopédique », V^e année, tome II. S. l., *messidor an VII*, in-8°, 30 p. [N. l.n²⁷ 14007.]

Réimp. avec quelques changements au tome II des *Mélanges de critique et de philologie* de l'auteur (Paris, d'Hautel, 1814, 3 vol. in-8°).

24062. — Notice des livres manuscrits et imprimés de feu le cit. Barth[élemy] Mercier, ci-devant abbé de Saint-Léger et ancien bibliothécaire de Sainte-Geneviève, dont la vente se fera le 24 frimaire an VIII (15 décembre 1799) et j. s., en sa maison, rue du Faubourg-Saint-Jacques, au-dessus de la rue Saint-Dominique, n°s 132 et 374. *Paris, Guillaume De Bure l'aîné, an VIII*, in-8°, 2 ff. et 68 p. (la dernière non chiffrée). [N. Δ 7211.]

« La confiance que la famille du citoyen Mercier m'a témoignée en me chargeant de la vente de sa bibliothèque, dit l'*Avertissement* de De Bure, m'aurait fait désirer de pouvoir en faire le catalogue par ordre de matières ; mais le peu de temps que j'ai eu et le grand désordre où étaient les livres m'en ont empêché. Il a fallu donner à l'impression à mesure que je prenais les titres : il n'y aura, malgré cela, de différence que dans l'ordre des matières, car tous les articles qui doivent entrer dans le catalogue se trouvent détaillés dans la notice ». Ces « articles », au nombre de 31, comportaient des lots de trente et quarante ouvrages portant pour la plupart des annotations de leur possesseur. Les manuscrits des travaux inédits de Mercier et les originaux des lettres formant sa correspondance avec toute l'Europe lettrée constituaient le dernier « article » et furent disputés par l'abbé Leblond, le P. Laire, Van Hulthem, Millin, l'abbé de Tersan, Barbier, Marron, Renouard, ainsi que par divers libraires. Beaucoup des dossiers ainsi dispersés manquent aujourd'hui à l'appel.

24063. — Merceriana ou Notes inédites de Mercier de Saint-Léger, publiées par Maurice Tourneux. *Paris, librairie Techener* (H. Leclerc et P. Cornuau), *1893*, in-8°, VIII-100 p. [N. Ln²⁷ 41517.]

Extrait non spécifié du *Bulletin du bibliophile*. Ce « Souvenir » ou « Mémorial » avait été transcrit par Haillet de Couronne d'après l'autographe appartenant à l'abbé Campion de Tersan et dont j'ignore le sort. La majeure partie de ces notes a trait à l'histoire littéraire, mais beaucoup sont personnelles et toutes datent de la dernière période de la vie de Mercier.

24064. — [**Mercier** (Louis-Sébastien).] Institut de France. Funérailles de Louis-Sébastien Mercier, le 27 avril 1814. *Imp. L.-P. Sétier fils. S. d.*, in-4°, 12 p. [N. Ln²⁷ 1400.]

Discours de Delisle de Sales, membre de la classe d'histoire et de littérature ancienne. P. 6, de Mercier considéré comme homme d'État. P. 9-12, Notice raisonnée des ouvrages de Mercier..

24065. — Institut de France. Funérailles de M. Mercier, le 27 avril 1814. *Imp. F. Didot. S. d.*, in-4°, 2 p. [N. Ln²⁷ 14001.]

Discours de Mongez, au nom de la classe d'histoire et de littérature ancienne.

24066. — Tribut de mon dernier hommage aux mânes de M. L.-S. Mercier, auteur du « Tableau de Paris ». Par Varrot. *Paris, G. Mathiot, 1814*, in-8°, 16 p. [N. Ln²⁷ 14002.]

Réponse à un article de Dussault publié dans le *Journal des débats* du 13 mai 1814.

¿ Le *Spectateur* de Malte-Brun (tome III, p. 258-262) a inséré une lettre de Sergent-Marceau, datée de Brescia, 15 novembre 1814, par laquelle l'ancien conventionnel déniait à son ex-collègue Sébastien Mercier la paternité de ses ouvrages les plus célèbres et les attribuait à son frère Charles-André qui n'aurait jamais, prétendait-il, réclamé ses droits sur le *Tableau de Paris* ou *l'An 2440*. Cette assertion, contre laquelle Malte-Brun se contenta d'émettre un doute, fut réitérée lorsque Charles-André Mercier mourut à Chaillot en 1823 ; le *Miroir des spectacles* (20 mai 1823) s'en fit l'écho par un article anonyme, plein d'inexactitudes, contre lequel la fille de Sébastien Mercier, dans le numéro du 1er juin, et Varrot, dans celui du 8, protestèrent énergiquement. Varrot disait en outre avoir entre les mains des lettres de Sébastien Mercier à Thomas, toutes relatives à ses travaux littéraires et annonçait la publication d'une Vie de l'auteur où elles auraient été insérées. Cette publication n'a pas eu lieu et l'on peut, à son défaut, consulter sur Mercier la notice écrite par G. Desnoiresterres pour une édition abrégée du *Tableau de Paris* (1853, in-12), ou un chapitre des *Oubliés et Dédaignés* de Ch. Monselet (cf. n° 20695-20695ᵃ⁻ᶜ).

Voyez aussi le numéro suivant.

24067. — Sébastien Mercier, sa vie, son œuvre, son temps, d'après des documents inédits, avec un portrait en héliogravure, par LÉON BÉCLARD. Avant la Révolution. 1740, 1789. *Paris, H. Champion*, 1903, in-8°, IX-810 p. [*N.* Ln²⁷ 49991.]

En regard du titre, portrait héliogravé par Dujardin, d'après un dessin de PUJOS. Une partie de l'Avant-propos et la table des matières ont été tirées à part sur papier vert, en forme de prospectus.

24068. — [**Mercklein**.] A MM. de l'Assemblée nationale constituante. Vœu d'un citoyen (MERCKLEIN) (1790).

Voyez tome Iᵉʳ, n° 5209.

24069. — [**Merda** (Charles-Antoine).] Précis historique des événements qui se sont passés dans la soirée du 9 thermidor..., par C.-A. MÉDA, avec une notice sur la vie de l'auteur..., par J.-J. B*** [BERVILLE]... (1823).

Voyez tome Iᵉʳ, n° 4304.

¶ M. Aulard a publié dans la première série de ses *Études et Leçons*... (voyez le n° 20818 ci-dessus) un travail sur *Robespierre et le gendarme Me*[*r*]*da*.

24070. — [**Merlet** (J.-B.)]. A Monsieur le Maire et à Messieurs les Officiers municipaux de la ville de Paris. *Imp. Vᵉ d'Houry.* S. d., in-4°, 16 p. [*R.* AD. IX, 546.]

Réclamation du sieur J.-B. MERLET, inspecteur des ports, au sujet du paiement intégral de ses appointements frappés de diverses retenues.

24071. — [**Merlin** (Antoine-Christophe).] Vie et Correspondance de MERLIN DE THIONVILLE, publié (*sic*) par M. JEAN REYNAUD. *Paris, Furne et Cᵉ*, 1860 [1859], in-8°, VIII-225 et 342 p. [*N.* Ln²⁷ 14031.]

P. 1, *Vie de Merlin*. P. 157, *Réponse aux inculpations. Correspondance* de MERLIN de *Thionville*. P. 5, *Correspondance particulière*. P. 73, *Correspondance officielle*. En tête de la seconde partie est intercalé un fac-similé.

P. 323, *Éloge de Merlin de Thionville* (extrait de la *Revue encyclopédique*, septembre 1833).

24072. — [**Merlin** (Philippe-Antoine, dit MERLIN de Douai).] Copie de la lettre de M. MERLIN à MM. les administrateurs composant le Conseil du département du Nord (Paris, 28 novembre 1790). *Douai, imp. Derbaix*. S. d., in-4°, 7 p. [*N.* Ln²⁷ 42226.]

Pour annoncer son élection comme juge à l'un des tribunaux du Département de Paris.

P. 5-7, *Copie de la lettre du Conseil du département du Nord à M. Merlin.*

24073. — DUMONCEAUX (de Douai) au rédacteur du « Gardien de la Constitution » (Paris, 11 nivôse an V-31 décembre 1796). *Imp. Regnard*. S. d., in-4°, 3 p. [*N.* Ln²⁷ 14035.]

Réfutation, point par point, de calomnies sur l'origine de son beau-frère, Merlin (de Douai), sa fortune, son mariage, etc.

24074. — Merlin traité comme il le mérite. *Paris, imp. Chaigneau aîné*. S. d. (1796), in-8°, 16 p. [*N.* Lb⁴² 1052.]

Le titre de départ, p. 3, porte : *Procès-verbal d'un beau dîner...*

En faveur de Merlin.

24075. — Barreau de Paris. Merlin. Éloge historique, prononcé à la séance d'ouverture des conférences de l'ordre des avocats, le 23 novembre 1839, par M. AUGUSTE MATHIEU, avocat à la Cour royale de Paris. Imprimé aux frais de l'Ordre. Extrait du « Droit », journal général des tribunaux. *Paris, imp. Bruneau*, 1839, in-8°, 27 p. [*N.* Ln²⁷ 14036.]

La couverture imprimée sert de titre.

¶ Un autre avocat, M. CH. PAULMIER, a publié dans la *Gazette des tribunaux* des 24 et 31 juillet 1839 une étude sur *Merlin*, envisagé comme homme politique et jurisconsulte qui, selon *la Littérature contemporaine*, aurait été tirée à part (in-8°), mais la *Bibliographie de la France* n'a point enregistré ce tirage et je n'ai pu en voir un exemplaire.

24076. — Institut royal de France. Séance publique annuelle de l'Académie des sciences morales et politiques du samedi 15 mai 1841, présidée par M. Cousin, président. *Paris, typ. Firmin Didot frères*, 1841, in-4°, 1 f., 12 et 48 p. [*N.* R. 4274.]

P. 13-48, *Institut royal de France. Notice historique sur la vie et les travaux de M. le comte Merlin*, par M. Mignet, secrétaire perpétuel de l'Académie des sciences morales et politiques.

Réimp. au tome IV des *Mémoires* de l'Académie et depuis dans les mélanges biographiques de l'auteur successivement intitulés : *Notices et Mémoires historiques* (1843, 2 vol. in-8°), *Notices historiques* (1853, 2 vol. in-8°) et *Portraits et Notices historiques et littéraires* (1854, 2 vol. in-18).

21077. — Extrait de la « Biographie universelle », tome XXVIII. Merlin (Philippe-Antoine), par MM. Faustin Hélie et Cuzon. *Paris, typ. Henri Plon. S. d.* (1860), gr. in-8°, 11 p. [*N.* Ln27 14037.]

24078. — [**Mesnil-Simon.**] Mémoire justificatif pour le citoyen Mesnil-Simon, contre les nommés Dossonville, ci-devant officier de paix, et Pigasse, ci-devant mousquetaire, son dénonciateur. *Imp. L. Potier. S. d.* (1794?), in-4°, 14 p. [*P.* 29070*.]

Signé : Mesnil-Simon ; Taine, défenseur officieux.

24079. — [**Mestivier** ou **Métivier** (François).] Département de Paris. Domaines nationaux. Au nom de la République française... Vente des meubles et effets de Mestivier, condamné, rue des Grands-Augustins, 28, section de Marat, le 23 germinal an II (12 avril 1794) et jours suivants, s'il y a lieu. *Imp. Ballard. S. d.*, in-folio plano. [*P.*]

Mestivier, premier clerc du notaire Brichard, avait été impliqué dans le procès intenté à son patron et condamné à mort en même temps que lui. (Voyez le n° 21983 ci-dessus.)

24080. — [**Méves.**] The « Prisoner of the Temple », an introductory account of the life of Louis-Charles de Bourbon, the legitimate heir of the trone of France, son of Louis XVI and Marie-Antoinette, known as Augustus Meves. This work is respectfully dedicated to the royalists of France and all well-wishers of the cause of Louis XVII, by his two eldest sons William-Aug. Meves and Aug. Meves. *London, Saunders and C°*, 1860, in-8°, 104 p. [*N.* Ln27 14094.]

En regard du titre, portrait lithographié de Louis-Charles de Bourbon..., *know as Augustin Meves*.

24081. — [**Meyère de Laudun** (Jean-Antoine).] Meyère (de Laudun), juge au Tribunal révolutionnaire de Paris, par F. Rouvière. *Paris, Charavay frères*, 1884, in-8°.

Tirage à part, que je n'ai pu voir, d'articles parus dans les tomes III-V de la *Révolution française*.

Micaut d'Harvelay. — Voyez **Trudaine.**

24082. — [**Michaud** (Joseph).] Institut royal de France. Académie française. Funérailles de M. Michaud. Discours de M. Lebrun, chargé des fonctions de secrétaire perpétuel, prononcé aux funérailles de M. Michaud, à Passy, le mardi 1er octobre 1839. *Imp. F. Didot. S. d.*, in-4°, 3 p. [*N.* Ln27 14111.]

24083. — Notice historique sur Joseph Michaud, de l'Académie française et de l'Académie des belles-lettres, président honoraire de l'Institut historique. Par M. Villenave père, président de la seconde classe (langue et littérature). *Paris, imp. Pommeret et Guénot*, 1840, in-8°, 24 p. [*N.* Ln27 14112.]

24084. — Institut royal de France. Discours prononcé dans la séance publique tenue par l'Académie française pour la réception de M. Flourens, le 3 décembre 1840. *Paris, typ. Firmin Didot frères*, 1840, in-4°, 1 f. et 36 p. [*N.* Z 5053 (219).]

P. 1, discours de Flourens ; p. 21, *Réponse de M. Mignet*...
Éloge de Joseph Michaud.

24085. — M. Michaud, de l'Académie française. Quelques particularités de sa vie, de son caractère, et principalement du séjour qu'il a fait pendant plusieurs étés à Boulogne-sur-Mer. *Boulogne, imp.*

Roy-Mabille, mai 1841, in-8°, 16 p. [N. Ln^{27} 14113.]

ÉPIGR. :

L'accord d'un beau talent et d'un beau caractère.
 ANDRIEUX, *Épître à Ducis.*

Signé : P. HÉDOUIN.

24086. — [**Michaud** (Louis-Gabriel).] Extrait de la « Biographie universelle »... Michaud (Louis-Gabriel), par M. A. BOULLÉE. *Paris, typ. Henri Plon.* S. d. (1860), gr. in-8°, 3 p. [N. Ln^{27} 14114.]

24087. — Notice sur L.-G. Michaud, par EM. G..... Extrait de la « Biographie universelle ». *Paris, imp. Poupart-Davyl.* S. d. (1862), in-8°, VIII p. [N. Ln^{27} 14115.]

Tirage à part d'une notice différente du numéro précédent.

24089. — [**Michel** (Etienne).] Pétition du citoyen Michel, administrateur de police, à la Convention nationale. *Imp. Gueffier.* S. d., in-4°, 4 p. [N. Lb^{41} 1183.]

Sur son arrestation opérée le 9 thermidor et sur une tentative de suicide.

24090. — [**Michelin** (Louis).] Mémoire d'un prisonnier de la Bastille. S. l. n. d., in-4°, 7 p. [N. Ln^{27} 14145.]

Signé : LOUIS MICHELIN père, de l'Académie des Apathistes de Florence, imprimeur-libraire de la ville et du district de Provins et daté de Provins, août 1791.
Il avait été une première fois, en 1761, interné à la Bastille et déchu de son brevet d'imprimeur pour avoir imprimé *l'Esprit* d'Helvétius et le *Mémoire pour Abraham Chaumeix;* il y fut enfermé une seconde fois en 1766 pour colportage de livres prohibés (cf. Fr. Funck-Brentano, *les Lettres de cachet à Paris* (Paris, imp. Nationale, 1903, in-folio, n°s 4509 et 4746).

24091. — [**Michelin** (Pierre).] Jugement prévôtal, rendu en la chambre criminelle du Châtelet de Paris, qui condamne Pierre Michelin à être attaché au carcan dans la place de Grève, depuis midi jusqu'à deux heures, avec écriteau devant et derrière portant ces mots : « Perturbateur du repos public », et de suite conduit au château de Bicêtre, pour y être enfermé pendant six mois. Extrait des registres du greffe de la prévôté et maréchaussée générale de l'Ile de France. Du vingt août mil sept cent quatre-vingt-neuf. *Paris, imprimerie de la prévôté et maréchaussée générale de l'Ile de France.* S. d., in-4°, 3 p. [N. Lb^{39} 2220.]

Pour avoir « occasionné un attroupement et une rumeur publique ».

24092. — [**Michonis** (Jean-Baptiste).] Jugement rendu par le Tribunal révolutionnaire... qui, sur la déclaration du juré de jugement, portant : 1° qu'il a existé un complot entre les membres de la famille Capet tendant à provoquer la dissolution de la République et le rétablissement de la royauté en France, en fournissant à la veuve Capet les moyens d'entretenir des correspondances avec ses complices pendant le temps qu'elle a été détenue à la Conciergerie; 2° que Jean-Baptiste Michonis a été complice de cette conspiration; 3° qu'il ne l'a pas fait méchamment et avec des intentions contre-révolutionnaires; 4° que Pierre Fontaine n'est pas complice de cette conspiration; 5° que Sophie Lebon, veuve Dutilleul, n'est pas complice de cette conspiration; 6° sur la seconde série des questions, que François Dangé, Augustin-Germain Jobert, Jacques-François Lepitre, Claude-Antoine-François Moïlle, Nicolas Lebœuf, Nicolas-Marie Bugneau et Jean-Baptiste Vincent n'ont pas participé à ce même complot, ni entretenu dans la tour du Temple où était renfermée la veuve Capet, des intelligences avec les individus de cette famille tendantes à favoriser leurs projets liberticides contre la République et le rétablissement de la royauté; condamne ledit Michonis à la détention jusqu'à la paix et acquitte lesdits Fontaine, veuve Dutilleul, Dangé, Jobert, Lepitre, Moïlle, Lebœuf, Bugneau et Vincent de l'accusation contre eux portée (29 brumaire an II-19 novembre 1793). *Imp. du Tribunal révolutionnaire.* S. d., in-4°, 14 p. [N. Lb^{41} 2232*.]

24093. — **Miger** (Simon-Charles). « Monsieur le comte, un véritable amateur des

T. IV.

beaux arts... » S. l. n. d., in-8°, 4 p. [N. l.n²⁷ 14168.]

Lettre anonyme contre Miger au sujet de sa *Lettre à M. Vien* (voyez tome III, nᵒˢ 19825-19826). Voyez aussi le numéro suivant.

24094. — Biographie et Catalogue de l'œuvre du graveur Miger, membre de l'Académie royale de peinture et de sculpture, son portrait, avec fac-similé de son écriture ; réimpression de sa Lettre à M. Vien, directeur de l'Académie de peinture. Ouvrage suivi de plusieurs tables, par M. Emile Bellier de La Chavignerie. *Paris, J.-B. Dumoulin,* 1856, in-8°, 2 ff. et VIII-164 p. [N. Ln²⁷ 14169.]

En regard du titre, portrait signé : Legenisel, sc. et fac-similé d'un quatrain autographe signé de Miger.

24095. — [**Mignard** (Jacques).] La Morale vengée des nouveaux efforts du fanatisme et de l'hypocrisie. *Imp. J. Mignard.* S. d., in-8°, 16 p. [N. Ln²⁷ 14170.]

Signé : Jacques Mignard.

24096. — Pétition aux citoyens représentants du peuple composant le Conseil des Cinq-Cents (23 messidor an V-11 juillet 1797). S. l. n. d., in-8°, 12 p. [N. Ln²⁷ 14171.]

Signé : J. Mignard.
Au sujet du bail d'une maison sise rue Taranne.

24097. — [**Milcent** (Claude-Michel-Louis).] Jugement rendu par le Tribunal révolutionnaire... qui, sur la déclaration du juré de jugement, portant qu'il est constant que, dans la salle du Tribunal, dite Egalité, il a été fait, le 29 floréal dernier, sur une accusation capitale portée par l'accusateur public contre les citoyens Serre et Bardet-Fromenteau une fausse déposition ; que Claude-Michel-Louis Milcent, créole, né dans les colonies, avant la Révolution capitaine d'une compagnie de milice bourgeoise et d'une compagnie d'hommes de couleur, depuis la Révolution ayant été dans les colonies commandant d'un bataillon de gardes nationales et membre de l'assemblée provinciale du Cap, et enfin, depuis qu'il est en France, rédacteur du journal nommé le « Créole patriote », est convaincu d'avoir fait ladite fausse déposition ; qu'il est constant qu'il a existé une conspiration contre l'unité et l'indivisibilité de la République, contre la liberté et la sûreté du peuple français ; que ledit Claude-Michel-Louis Milcent est convaincu d'être auteur ou complice de cette conspiration, condamne Claude-Michel-Louis Milcent à la peine de mort (7 prairial an II-26 mai 1794). *Paris, imp. du Tribunal révolutionnaire.* S. d., in-4°, 14 p. [N. l.b⁴¹ 2232*.]

Sur les diverses formes du *Créole patriote* et sur son auteur, voyez tome II, nᵒˢ 10778-10780, ainsi qu'une note additionnelle, p. 790.

24098. — [**Millard**.] Extrait d'une cause intéressante et rare, contre l'agiotage des maisons, et conclusions auxquelles on ne s'attend pas, par Milliard le jeune. *On le recevra gratis en donnant son nom, Maison du Commerce, rue Bourg-l'Abbé. A Paris,* an IV, in-8°, 28 p. [N. Ln²⁷ 14189.]

24099. — [**Mille**.] Section armée du Temple. Mille et Dupraz à leurs concitoyens. *Imp. J. B. Héraut.* S. d., in-4°, 4 p. [R. AD. I, 56.]

Protestation contre leur arrestation.

24100. — Ce 25 nivôse l'an II (14 janvier 1794). Mille et Duprat, capitaine et lieutenant, à leurs concitoyens de la section armée du Temple. *Imp. Renaudière jeune.* S. d., in-8°, 7 p. [N. Ln²⁷ 14191.]

Voyez le numéro précédent.

24101. — [**Millin** (Alexis-Marie-Etienne).] Ordonnance rendue par le président du Tribunal révolutionnaire... qui... acquitte Alexis-Etienne Millin (13 ventôse an II-3 mars 1794).

Voyez le n° 23975 ci-dessus.

24102. — [**Millin de Grandmaison** (Aubin-Louis).] Lettre de M. Millin, membre de l'Institut et de la Légion d'honneur, à M. Koreff, médecin (Rome, 15 mars

1812). S. l. (Rome?) n. d., in-8°, 12 p. [N. Ln²⁷ 14193.]

Sur l'incendie d'une partie de sa bibliothèque, allumé, pendant qu'il voyageait en Italie, par un domestique comblé de ses bienfaits et qui se coupa la gorge après avoir mis le feu à l'appartement.
Du Mersan (*Notices des monuments exposés dans le Cabinet des médailles* [1840], p. 184) dit que cette *Lettre* fut supprimée par ordre du ministre de l'Intérieur [Montalivet] et qu'il n'en existe qu'un très petit nombre d'exemplaires.

24103. — Notice sur Aubin-Louis Millin, par CHARLES-GUILLAUME KRAFFT. *Paris, imp. de Mme Hérissant-Le Doux*, 1818, in-8°, 84 p. [N. Ln²⁷ 14194.]

P. 74-84, *Notice des ouvrages de M. Millin* (y compris la liste des articles du *Magasin encyclopédique* et des *Annales encyclopédiques*, ainsi que l'énumération des *ouvrages sous presse, des ouvrages qui seront probablement publiés dans la suite* et des *ouvrages projetés qui ne paraîtront pas*).

24104. — Notice d'estampes anciennes, livres à figures, ouvrages sur l'antiquité et l'architecture, voyages pittoresques, nombreuses collections de mythologie et de topographie, recueil de dessins d'après des monuments anciens, etc., après le décès de M. Millin, membre de l'Institut, conservateur des médailles de la Bibliothèque du Roi, chevalier de la Légion d'honneur. La vente aura lieu les 15 et 16 février 1819, hôtel de Bullion. *Paris, Chariot, commissaire-priseur; Bénard, marchand d'estampes*, 1819, in-8°, 20 p.; 81 numéros. [N. 8° V 36 (52461).]

24105. — Catalogue des livres de la bibliothèque de feu M. Millin, de l'Académie des inscriptions et belles-lettres, l'un des conservateurs du Cabinet des antiques de la Bibliothèque du Roi, chevalier de la Légion d'honneur, etc., dont la vente se fera le lundi 24 mai 1819 et j. s..., en l'une des salles de l'hôtel de Bullion... *Paris, De Bure frères*, 1819, in-8°, VIII-242 p. et 6 ff. n. ch.; 2538 et 18 numéros (*Supplément*). [N. Δ 13910.]

Les feuillets non chiffrés contiennent le catalogue des livres de fonds de la maison De Bure et l'ordre des vacations.
Suivant Dibdin, le produit total de la vente fut de 53,626 francs.

24106. — Souscription pour le monument sépulcral de M. A.-L. Millin, membre de l'Institut, conservateur du Cabinet des médailles de la Bibliothèque du Roi, etc. (13 août 1819). *Imp. de Mme Hérissant-Le Doux*. S. d., in-8°, 4 p. [N. Ln²⁷ 14195.]

Les frais considérables entraînés par la liquidation de la succession de Millin n'ayant laissé aucun fonds disponible, le légataire ouvrait chez Me Cottin, notaire, rue Saint-Antoine, 31, une souscription dont les participants avaient le droit de choisir, au prorata de leurs versements, un ou plusieurs des ouvrages de Millin restant en nombre et dont la liste se trouve p. 3-4.
Un médaillon en bronze de Millin par Depaulis était également mis en vente au prix de cinq francs, en sus de la souscription.

24107. — Eloge historique de L.-A. Millin, membre de l'Institut et de la Société royale des Antiquaires de France, par P.-R. AUGUIS, membre de la même Société. *Paris, imp. J. Smith*, 1819, in-8°, 1 f. et 20 p.

On lit au verso du titre : Extrait des *Mémoires* de la Société royale des Antiquaires de France.

24108. — Notice historique sur la vie et les ouvrages de M. Millin, par M. DACIER, secrétaire perpétuel de l'Académie royale des inscriptions et belles-lettres. Séance publique du 27 juillet 1821. *Paris, imp. Firmin Didot*, 1821, in-8°, 2 ff. et 25 p.

En regard du titre, portrait lithographié anonyme (de face en buste avec cette légende : *Louis-Aubin Millin*).

25109. — [**Milly** (Louis-Lezin).] Adresse et Réclamations de la section de la Bibliothèque en faveur de M. L. Milly, président des assemblées municipales de cette section, assesseur au Tribunal de paix et électeur du département de Paris. A Messieurs du Département, de la Municipalité et du Conseil général de la Commune. *Paris, imp. L. Potier de Lille*, 1791, in-4°, 26 p. [*P.* 40065*.]

Au sujet de sa radiation de la liste des contrôleurs attachés au tirage des loteries.

24110. — [**Minard**.] Eloges funèbres de J.-B. Sanson et de L.-Guillaume Minard, membres du Presbytère de Paris, prononcés... par P. BRUGIÈRE, curé de Saint-Paul (1798).

Voyez tome III, n° 16336.

24111. — [**Mique** (Richard).] Dénonciation faite de Richard Mique, architecte de la Reine, ses cruautés, sa barbarie envers son frère, qu'il a fait mourir à Bicêtre, et présentée à l'Assemblée nationale, par CATHERINE MIQUE, fille de l'infortuné Mique. *Paris, imp. Pougin. S. d.*, in-8°, 16 p. [*N.* Ln²⁷ 14220.]

24112. — Richard Mique, architecte de Stanislas, roi de Pologne et de la reine Marie-Antoinette, par M. P. MOREY, architecte, ancien pensionnaire de l'Académie de France à Rome. *Nancy, imp. Vᵉ Raybois*, 1868, in-8°, 30 p. [*N.* Ln²⁷ 24735.]

En regard du titre de départ, portrait de Richard Mique, par P. MOREY, d'après HEINSIUS (1782). Le texte est suivi d'un plan de casernes projetées pour la ville de Nancy.
Richard Mique fut impliqué, ainsi que son fils, dans la conspiration des prisons et tous deux furent exécutés le 19 messidor an II (7 juillet 1794).

24113. — [**Mirabeau** (Honoré-Gabriel RIQUETTI, comte de).] Conversation du comte DE MIRABEAU avec M. le garde des sceaux de France, au sujet de son procès avec Mᵐᵉ son épouse, suivie du Testament de M. l'abbé POMMIER. *Paris*, 1784, in-8°, 39 p. [*N.* Ln²⁷ 14227.]

Le *Testament* de l'abbé Pommier est une pièce apocryphe et satirique qui ne se rattache point à cette *Conversation*.

24114. — Le Triomphe de la vérité sur Honoré-Gabriel Riqueti (*sic*), comte de Mirabeau, par JACQUES-PHILIPPE HARDY, son secrétaire. *A Maëstricht, chez Dufour, libraire*, 1785, in-8°, 24 p. [*N.* Ln²⁷ 21566.]

ÉPIGR. :

Enthousiaste ou fourbe, il faut cesser de l'être.

24114ᵃ. — Le Triomphe de la vérité..., par JACQUES-PHILIPPE HARDY... *S. l.*, 1785, in-8°, 16 p. [*N.* Ln²⁷ 21566 A.]

Même épigraphe qu'au numéro précédent.

24115. — Lettre à M. M*** sur le comte de Mirabeau. *S. l. n. d.*, in-8°, 16 p. [*N.* Ln²⁷ 14228.]

Signée : DE L***.

24116. — Du comte de Mirabeau, de ses ouvrages, et, entre autres, des correspondances contre la cour de Berlin, et contre M. Necker, sur le « Résultat du Conseil », suivi de la Lettre de M. CÉRUTTI aux auteurs du « Journal de Paris ». *A Aix en Provence et se trouve chez Mᵐᵉ Nhérat, rue de Richelieu, grand hôtel de la Chine meublé*, 1789, in-8°, 54 p. [*N.* Ln²⁷ 14229.]

Sur le *Résultat du Conseil d'Etat du Roi* et sur les observations et pétitions qu'il fit naître, voyez tome Iᵉʳ, nᵒˢ 664-678ᵃ.

24117. — Rendez-nous nos neuf francs, par M. l'abbé ***. *S. l. n. d.*, in-8°, 4 p. [*N.* Lb³⁹ 1701.]

Facétie au sujet de l'abonnement perçu pour les feuilles intitulées *Etats-Généraux* (voyez tome II, n° 10903) supprimées par arrêt du Conseil et qui furent aussitôt remplacées par les *Lettres du comte de Mirabeau à ses commettants*. Voyez le numéro suivant et les nᵒˢ 24122-24124 ci-dessous.

24118. — L'Abbé, j'ai rendu vos neuf francs, moins trente sous, par M. le C.... DE M***. *S. l. n. d.*, in-8°, 7 p. [*N.* Lb³⁹ 1702.]

Pamphlet contre Mirabeau présenté comme sa réponse au numéro précédent.

24119. — Réponse à la Lettre du comte de Mirabeau à ses commettants, par M. l'abbé ***. *S. l.*, 1789, in-8°, 16 p. [*N.* Lb³⁹ 1703.]

ÉPIGR. :

Je ne puis rien nommer, si ce n'est pas son nom.
J'appelle un chat un chat, Mirabeau un fripon.
BOILEAU, *sat*. 1.

24120. — Profession de foi d'un électeur du tiers-état de Paris, en réponse au journal du comte de M.... [Mirabeau] (1789).

Voyez tome II, n° 11280.

24121. — Précis de la vie ou Confession générale du comte de Mirabeau. *A Maroc*, de l'imprimerie impériale, et se trouve en Europe dans les capitales; en France, partout; à Paris, chez Le Jay, au Bonnet de Moïse, à la Grotte flamande, au Palais-Royal; en Provence dans les communautés; à Marseille, au Cercle du Commerce et au parterre de la Comédie. Prix : Rien. MDCCLXXXIX, in-8°, 48 p. [P. 7904.]

Épigraphe tirée de l'*Ecossaise* de Voltaire et commentée par l'auteur.
Voyez le numéro suivant.

24121*. — Précis de la vie ou Confession générale du comte de Mirabeau, François, augmenté d'un arrêt de la cour, contenant les troubles de Marseille, etc., et du Nouveau messie de Provence et de ses douze apôtres. A Maroc, de l'imprimerie impériale, et se trouve en Europe, dans les capitales; en France, partout; Paris, chez Le Jay, au Bonnet de Moyse, à la Grotte flamande, au Palais-Royal; en Provence, dans les communautés; à Marseille, au Cercle du Commerce et au parterre de la Comédie. Prix : rien, 1789, in-8°, 64 p. [N. Lb^{39} 2526.]

24122. — Lettre aux commettants du comte de Mirabeau. S. l. n. d., in-8°, 80 p. [N. Lb^{39} 2528.]

Par Antoine-Joseph Servan, d'après Barbier.
Réponse aux *Lettres du comte de Mirabeau à ses commettants*. Voyez tome II, n°^{s} 10207-10208 et les deux numéros suivants.

24123. — Réponse à un écrit intitulé : « Lettre aux commettants du comte de Mirabeau », par un électeur de la sénéchaussée d'Aix. Imp. des *Révolutions*. S. d., in-8°, 28 p. [N. Lb^{39} 2529.]

24124. — Motion à ajourner le plus promptement possible. S. l. n. d., in-8°, 20 p. [N. Lb^{39} 2530.]

Le titre de départ, page 3, porte en plus : *Ou Observations sur la Lettre aux commettants du comte de Mirabeau.*

24125. — Lettre de Cartouche à ses représentants Mirabeau, Lameth, Barnave, Chapelier, etc. De l'imprimerie du Comité des recherches. S. d., in-8°, 15 p. [N. Lb^{39} 2531.]

Le titre de départ, page 3, porte en plus : *Trouvée à la porte de l'Assemblée, dans un portefeuille qu'on assure être celui de Mirabeau l'aîné, mise au jour par Jacques Clément, président du club des Jacobins.*

24126. — L'Iscariote de la France ou le Député autrichien. Septembre 1789. S. l. n. d., in-8°, 16 p. [N. Lb^{39} 2532.]

Pamphlet violent contre Marie-Antoinette [l'étrangère], l'Assemblée, la Cour, les ministres, la municipalité, terminé par un dialogue entre l'« Autrichienne » et les Parisiens.
Le « député autrichien » est Mirabeau, mais il n'est pas expressément désigné.

24126^a. — L'Iscariote de la France... Octobre 1789. S. l. n. d., in-8°, 16 p. [N. Lb^{39} 2532 A.]

24127. — Le Comte de Mirabeau dévoilé. Ouvrage posthume, trouvé dans les papiers d'un de ses amis qui le connaissait bien. *Se distribue à la porte des États généraux*, octobre 1789, in-8°, 15 p. [N. Lb^{39} 2527.]

Au sujet de cet ouvrage, voyez la note qui accompagne le n° 20636 ci-dessus.

24128. — Mes onze ducats d'Amsterdam, mes quatre cent quatre-vingts livres de Versailles et mes quinze cents livres de Paris. A déposer sur l'autel de la patrie dans la quinzaine de Pâques, par M. le comte de Mirabeau, député de Provence. *Paris, chez les libraires du Palais-Royal*, 1790, in-8°, 1 f. et 198 p. [N. Lb^{39} 3218.]

Par Poupart de Beaubourg.

24129. — Démence, agonie et testament du comte de Mirabeau, ex-gentilhomme, dégradé des honneurs de la bourgeoisie. *Paris, du foulvir du comte de Mirabeau*, 1790, in-8°, 8 p. [N. Lb^{39} 3454.]

24130. — Le Retour de Mir**** [Mirabeau] aux Jacobins, imitation du chant cinquième du poème de « la Pucelle ». S. l. n. d., in-8°, 8 p. [N. Réserve. Ye 3147*.]

Signé : Par Bébé, petit-neveu du nain du feu roi de Pologne, et le plus petit poète de la Révolution.

24131. — Trahison découverte du comte de Mirabeau. *Imp. Guillaume junior.* S. d., in-8°, 8 p. [*N.* Lb³⁹ 3455.]

Signé : Par le rédacteur des *Actes des capucins*, en réponse aux *Actes des apôtres*.

24132. — Nouvelle Trahison de Riquetti l'aîné, ci-devant dit Mirabeau, et des ministériels. *Paris, se distribue rue Gitcœur* (sic), n° 4. S. d., in-8°, 8 p. [*N.* Lb³⁹ 3456.]

Par Baillio.

24133. — Jugement à porter par le public sur M. le comte de Mirabeau. S. l. n. d., in-8°, 4 p. [*N.* Lb³⁹ 3458.]

24134. — Entrevue nocturne de Gabriel-Honoré Riquetti, ci-devant comte de Mirabeau, avec le Roi, à Saint-Cloud, le 2 juillet 1790. S. l. n. d., in-8°, 8 p. [*N.* Lb³⁹ 3675.]

Pamphlet.

24135. — Il n'y a plus d'huile dans la lampe. S. l. n. d., in-8°, 16 p. [*Br. M. F. R.* 373 (10).]

Dialogue entre *d'Armibeau* [Mirabeau] *père et fils*.

24136. — Bulletin de M. Mirabeau l'aîné (1ᵉʳ avril 1791).

Voyez tome Iᵉʳ, n° 2124.

24137. — Dernières paroles prononcées par M. de Mirabeau au moment de sa mort (1791).

Voyez tome Iᵉʳ, n° 2125. ainsi que les n°ˢ 2126-2130 qui ont trait à l'agonie et à l'autopsie de Mirabeau.

24138. — Journal de la maladie et de mort d'Honoré-Gabriel-Victor Riquetti Mirabeau, par P.-J.-G. Cabanis, docteur en médecine et de la Société philosophique de Philadelphie. *Paris, Grabit,* 1791, in-8°, 66 p. [*N.* Lb³⁹ 4964.]

Réimp. dans les *Œuvres complètes et inédites de l'auteur* (1823-1825), tome II, et dans *la Révolution française,* tome II, pp. 841-851, 995-1004, 1051-1075.
Voyez aussi le n° 24252 ci-dessous.

24139. — Bataillon de Saint-Victor (3 avril 1791).

Voyez tome II, n° 7807.
Motion d'un volontaire en faveur d'honneurs exceptionnels à décerner à la mémoire de Mirabeau.

24140. — Détail exact des funérailles et enterrement de M. de Mirabeau (1791).

Voyez tome III, n° 16466, ainsi que les n°ˢ 16467-16468 qui ont trait à la même cérémonie.

24141. — Eloge funèbre de M. de Mirabeau, prononcé le jour de ses funérailles, dans l'église de Saint-Eustache, par M. Cérutti... (1791).

Voyez tome III, n°ˢ 16469-16469ᵃ⁻ᵇ, 16470 et 16471.

24142. — Eloge funèbre d'Honoré Riquetti, ci-devant comte de Mirabeau, fait et prononcé par Sima l'aîné, au premier service que les ouvriers des travaux publics... ont fait faire à la paroisse Sainte-Marguerite... (8 avril 1791).

Voyez tome III, n° 16689.

24143. — Confession générale de feu Honoré-Gabriel Riquetti, ci-devant comte de Mirabeau, de son vivant très infidèle mandataire du tiers état de la sénéchaussée d'Aix, membre du département de Paris, etc... à son féal ami et digne collègue Talleyrand, ci-devant évêque d'Autun, suivie d'une Lettre à Mᵐᵉ Lejay. *De l'imprimerie des Mécontents,* 9 avril 1791, in-8°, 23 p. [*N.* Lb³⁹ 4792.]

24144. — Eloge civique et funèbre d'Honoré Riquetti Mirabeau, prononcé par un membre de la Société fraternelle, séante aux Jacobins, rue Saint-Honoré, dans sa séance du 10 avril de l'an II. *Paris, T. Trasseux,* 1791, in-8°, 20 p. [*N.* Ln²⁷ 14236.]

24145. — Respecte du moins les tombeaux. S. l. n. d., in-8°, 8 p. [*Br. M. F. R.* 287 (4).]

Réponse aux outrages prodigués par Marat à la mémoire de Mirabeau.

24146. — Ode sur la mort de Mirabeau, par Marie-Joseph de Chénier. Paris, imp. P.-Fr. Didot jeune, 1791, in-8°, 11 p. (la dernière non chiffrée). [N. Inv. Ye 18364.]

Epigraphe empruntée à Horace.
La page non chiffrée contient des *Notes*.

24147. — Pompe funèbre de M. le comte de Mirabeau. Avril 1791. S. l. n. d., in-8°, 8 p. [N. Lb³⁹ 4771.]

Le titre de départ, page 3, porte : *Lettre d'un citoyen de la république de Paris à son correspondant, membre de la république du Finistère, sur la mort du tribun Mirabeau*.
Violent pamphlet.

24148. — Mandement de J.-B. Joseph Gobet (sic), évêque de Lidda et de Paris, sur la mort d'Honoré Riquetti-Mirabeau (1791).

Sur cette facétie, prise au sérieux par de graves historiens, voyez tome III, n° 16179 et la note qui l'accompagne.

24149. — Mirabeau aux enfers. S. l. (1791), in-8°, 25 p. [R. AD. I, 56.]

Pamphlet dialogué en prose.

24150. — Notice mortuaire sur M. de Mirabeau. S. l. n. d., in-8°, 12 p. [N. Lb³⁹ 4779.]

Extrait de la *Feuille villageoise*, n° 29, jeudi 14 avril 1791.
Par Cérutti.

24151. — Hommage à la mémoire d'Honoré Riquetti Mirabeau, discours prononcé dans l'église... de Saint-François-d'Assise, le 14 avril 1791, par J.-L. Tallien...

Voyez tome III, n° 16484.

24152. — Eloge funèbre de Honoré-Gabriel Riquetti, ci-devant comte de Mirabeau, prononcé le 14 avril 1791, dans l'église paroissiale de Notre-Dame-de-Lorette, par L.-G. Cahier.

Voyez tome III, n° 16743.

24153. — Honneurs funèbres rendus à Mirabeau, par M. Palloy et les ouvriers de la Bastille, le 14 avril 1791. Imp. A.-J. Gorsas. S. d., in-8°, 4 p. [N. Ln²⁷ 14237.]

24154. — Mirabeau aux Champs-Elysées, comédie en un acte et en prose, par Mᵐᵉ de Gouges (15 avril 1791).

Voyez tome III, n° 18593.

24155. — A M. le maire et à MM. les administrateurs des travaux publics. Discours prononcé dans l'église Saint-Paul... avant le service célébré en l'honneur de M. de Mirabeau, par M. M.-J. de Bras (1791).

Voyez tome III, n° 16772 et le numéro suivant.

24156. — Discours prononcé en l'église Saint-Paul au service que les ouvriers des travaux publics des ateliers de Montmartre ont fait célébrer en mémoire d'Honoré Riquetti-Mirabeau, le 18 avril 1791, par M. P.-E. Coittant...

Voyez tome III, n° 16771 et le numéro précédent.

24157. — Discours prononcé par M. l'abbé Le Roi dans l'église Saint-Gervais... pour le service de M. le ci-devant comte de Mirabeau (1791).

Voyez tome III, n° 16586.

24158. — Discours prononcé dans l'église paroissiale de Saint-Thomas-d'Aquin, au service célébré pour Honoré Riquetti-Mirabeau..., par M. l'abbé Audouin (1791).

Voyez tome III, n° 16906.

24159. — Eloge civique et funèbre d'Honoré Riquetti, ci-devant comte de Mirabeau, prononcé en l'église paroissiale de Saint-Philippe-du-Roule, le mardi 3 mai 1791, jour auquel les ouvriers des travaux de secours de l'atelier de la Pologne... ont fait célébrer un service pour le repos de l'âme de M. Mirabeau, par Madelaine...

Voyez tome III, n° 16787.

24160. — L'Ombre de Mirabeau, pièce épisodique en un acte et en vers libres..., par Claude Bedeno-Dejaure (7 mai 1791).

Voyez tome III, n° 18594.

24161. — Honneur funèbre rendu aux mânes d'Honoré-Gabriel-Victor Rique-

ci-devant comte de Mirabeau, par la Société fraternelle des compagnons maçons de Paris, célébré en l'église épiscopale et paroissiale de Paris, le 9 mai, l'an IIe de la liberté (1791).

Voyez tome III, n° 16319.

24162. — **Epitaphe de Mirabeau placée en l'église de Saint-Eustache, le 12 mai 1791...**

Par PALLOY.

Voyez tome III, n° 16473 et le n° 16472 qui est une lettre d'invitation à la cérémonie organisée pour la circonstance par les « Apôtres de la liberté ».

24163. — **Oraison funèbre du comte de Mirabeau, député aux Etats-Généraux par la ville d'Aix-en-Provence.** (Paris, 20 mai 1791). S. l. n. d., in-8°, 7 p. [N. Ln^{27} 14249.]

Signée : Par un royaliste.

24164. — **Peuple, tu ne sais qu'adorer ou pendre.** S. l. n. d., in-8°, 12 p. [N. Lb^{39} 9852.]

Dialogue entre M. O... et M. Mais, au café de Valois, au sujet des panégyriques de Mirabeau.

24165. — **Eloge d'Honoré Riquetti, ci-devant comte de Mirabeau.** Imp. Langlois fils. S. d., in-8°, 14 p. [N. Ln^{27} 14253.]

Apologie.

24166. — **Mirabeau jugé par ses amis et par ses ennemis.** Paris, L.-P. Couret, 1791, in-12, 1 f. et 142 p. [N. Ln^{27} 14256.]

Epigraphe empruntée à Diderot (Essai sur les règnes de Claude et de Néron).

P. 1, Notice historique de M. de Mirabeau, lue au Lycée le 11 avril 1791, par M. DE LUCHET. P. 12, Notice... tirée du Journal de Paris, n° 93, par M. GARAT. P. 19, Éloge de M. de Mirabeau, tiré de l'Assemblée nationale, journal de M. Perlet, n° 606, par M. LENOIR. P. 23, Notice... tirée de la Chronique de Paris, n° 93, par M. NOEL. P. 26, Notice... tirée du Spectateur national, par M. DE CHARNOIS. P. 30, Notice... tirée du Journal général, n° 63, par M. DE FONTENAY. P. 32, Éloge funèbre tiré de l'Orateur du peuple, n° 33, par M. MARTEL. P. 36, Notice... tirée du Supplément des Petites Affiches de Paris, par M. DUCRAY (sic), co-rédacteur. P. 37, l'Ombre de Mirabeau aux Français libres. P. 43, Oraison funèbre de Riquetti, tirée de l'Ami du peuple, n° 419; par MARAT. P. 44, Notice mortuaire tirée de la Feuille villageoise, n° 29 et (p. 49), Éloge funèbre prononcé le 4 avril 1791... dans l'église Saint-Eustache, par M. CÉRUTTI (voyez les n°s 24141 et 24150 ci-dessus). P. 56, Notice... tirée de l'Ami des patriotes ou le Défenseur de la Révolution, n° 20. P. 66, Nécrologie de M. de Mirabeau, tirée du Journal des mécontents, n°s 35, 36 et 37. P. 81, la Mort de Mirabeau, poème lu au Lycée du Palais-Royal, le 11 avril 1791, avec une préface et des notes renfermant des anecdotes qui lui sont relatives, par A.-M. DE CUBIÈRES. P. 127, Maladie et mort de M. de Mirabeau, opinion de M. MALOUET sur ce député, extrait du Mercure de France, n° 15. P. 133, Ode sur la mort de Mirabeau, par MARIE-JOSEPH DE CHÉNIER (voyez le n° 24146 ci-dessus). P. 137, Complainte sur la mort de Mirabeau (air : O ma tendre musette !), par M. DESTOURNELLES, officier de grenadiers volontaires. P. 142, Vers sur la mort de Mirabeau (quatrain), par M***.

24167. — **Oraison funèbre de M. de Mirabeau, et son épitaphe.** Imp. Renaudière. S. d., in-8°, 3 p. [N. Ln^{27} 14254.]

Signée : PITHOU.
Voyez le numéro suivant.

24168. — **Abrégé de la vie et des travaux de M. de Mirabeau, avec son portrait, suivi de son Testament, de son Oraison funèbre et de son Epitaphe.** Par PITHOU. Paris, chez l'auteur, rue du Plâtre-Saint-Jacques, n° 28; Desenne et les autres marchands de nouveautés. S. d., in-8°, 87 p. [N. Ln^{27} 14257.]

En regard du titre, portrait au lavis portant cette légende : Le Comte de Mirabeau, député d'Aix-en-Provence.

« Le portrait n'est pas ressemblant (disent les Petites Affiches du 22 mai 1791, citées par la Feuille de correspondance du libraire, n° 247) la vie est stérile, le testament est pseudonyme l'oraison funèbre un lieu commun, l'épitaphe une boursoufflure. »

24169. — **Faute d'un moine, l'abbaye ne manque pas.** S. l. n. d., in-8°, 8 p.

A propos de la mort de Mirabeau et en son honneur.

24170. — **Eloge de M. de Mirabeau, député d'Aix en Provence, adressé aux Amis de la Constitution.** S. l. n. d., in-8°, 4 p. [N. Lb^{39} 4776.]

Par P. L. Z.

24171. — Oraison funèbre d'Honoré Riquetti, comte de Mirabeau, prononcée au café Procope. *Imp. Chalon*, 1791, in-8°, 14 p. [*N*. Lb^{39} 4777.]

24172. — Le Tombeau de Mirabeau. S. l. n. d., in-8°, 2 p. [*N*. Lb^{39} 4784.]

Par OLYMPE DE GOUGES.

24173. — Aux Quatre-vingt-trois départements. *Paris, imp. Nationale*, 1791, in-4°, 3 p. [*N*. Lb^{39} 4785.]

Prospectus d'une gravure allégorique représentant le tombeau de Mirabeau.
Par GAULT DE SAINT-GERMAIN, d'après une signature manuscrite.
Les souscriptions étaient reçues chez M* Dehérain, notaire, rue Coquillière et le dessin devait être visible chez M. Gault de Saint-Germain, rue Saint-Honoré, 377, en face de celle de Saint-Florentin.

24174. — Copie de la lettre de M. HOUDON, sculpteur, à M. le président de la Société des Amis de la Constitution (5 juin 1791). S. l. n. d., in-8°, 3 p. [*N*. Lb^{39} 4786.]

Envoi de la brochure de l'auteur sur les concours (voyez tome III, n° 19803) et hommage d'une épreuve en plâtre de son buste de Mirabeau.
Pièce déjà citée tome II, n° 9147, mais avec la cote du British Museum.

24175. — Second avis aux bons patriotes. S. l. n. d., in-8°, 6 p. [*N*. Lb^{39} 4787.]

Contre Philippe d'Orléans et Alexandre de Lameth, que l'auteur accuse de n'être point étrangers à la mort de Mirabeau.

24176. — Hélas! il est mort! S. l. n. d., in-8°, 7 p. [*N*. Lb^{39} 4788.]

24177. — Mirabeau n'est plus ou Complainte sur ce zélé défenseur de la nation, par J.-B. GOURIET. *Imp. J.-B. Gouriet*. S. d., in-8°, 4 p. [*N*. Ye 3462.]

ÉPIGR. :
Largos effundite fletus.

Couplets sur l'air de : *Madame La Valière* (sic). P. 3-4, *Autre* [complainte] *par un auteur anonyme*. Air du *Maréchal de Saxe*.

24178. — Complainte sur la mort de M. de Mirabeau. *Imp. de Henri IV*. S. d., in-8°, 3 p. [*N*. Ye 8900.]

Six couplets sur l'air : *De tous les dieux de la Fable*. Le premier commence ainsi :

Il n'est plus l'homme célèbre,
Ce savant législateur !

24179. — Testament de MIRABEAU. *Imp. patriote*. S. d., in-8°, 8 p. [*N*. Lb^{39} 4790.]

Apocryphe.

24180. — Orgie et Testament de Mirabeau. S. l., 1791, in-8°, 31 p. [*N*. Lb^{39} 4791.]

Le titre de départ de ce pamphlet porte : *Lettre de Mlle COULON, membre de l'Académie royale de musique, à M. Suleau, citoyen très actif de la section Grange-Batelière.*

24181. — L'Ombre de Mirabeau aux Français libres. *Guilhemat*. S. d., in-8°, 8 p. [*N*. Lb^{39} 4793.]

24182. — Dialogue entre Mirabeau et Louis XIV aux Champs-Elysées. *Imp. Cussac*. S. d., in-8°, 16 p. [*N*. Lb^{39} 4794.]

24183. — Deux grands hommes jugés par un bonhomme. S. l. n. d., in-8°, 7 p. [*Br. M. F. R.* 457 (3).]

Contre Mirabeau et contre Sieyès.

24184. — Que fut Mirabeau? *Paris, Lebour*, 1791, in-8°, 1 f. et 114 p. [*N*. Lb^{39} 4795.]

Longue diatribe.

24185. — Mémoires secrets sur la vie civile, morale et politique du ci-devant souverain des Français, grand homme Honoré-Gabriel Riquetti, dévoilés et dialogués par lui-même à la diète générale des rois de France, tenue aux Champs-Elysées, sur les affaires politiques et critiques présentes du royaume, pour servir à l'histoire de la révolution actuelle de la France. Le souverain Mirabeau paraît dans l'aréopage royal, la couronne sur la tête. *Aux Champs-Elysées, de l'imprimerie de l'ami des hommes, des rois et des empires*. S. d., in-8°, 39 p. [*N*. Lb^{39} 4796.]

24186. — Vie publique et privée de Honoré-Gabriel Riquetti, comte de Mirabeau, député du tiers de la sénéchaussée d'Aix, membre du département de Paris et commandant de la milice bourgeoise du district des Capucins, président du club des Jacobins et le premier homme de la nation en qualité de président de l'Assemblée dite nationale. Dédiée aux Amis de la Constitution monarchique. *A Paris, hôtel d'Aiguillon*, 1791, in-8°, 3 ff., 95 et 11 p. (*Pièces justificatives*). [N. Lb³⁹ 4797.]

Portrait de profil à dr. au pointillé et tiré en bistre. Au dessous, des gardes nationales et des poissardes avec ces mots : « Courage, amis, nous sommes pour vous. Le c^{te} de Mirabeau, 6 octobre 1789. »
Voyez le numéro suivant.

24186^a. — Vie publique et privée de Honoré-Gabriel Riquetti, comte de Mirabeau, député du tiers-état de la sénéchaussée d'Aix, membre du Département de Paris et commandant du bataillon de la milice bourgeoise du district des Capucins. Nouvelle édition, corrigée et augmentée depuis sa mort. Dédiée aux Amis de la Constitution monarchique. *A Paris, hôtel d'Aiguillon*, 1791, in-8°, 2 ff. et 122 p. [N. Lb³⁹ 4797 A.]

Portrait d'un meilleur tirage entouré d'une couronne de roses ; au-dessous, dans un cartouche carré, ces quatre vers :

Enfin de Mirabeau le ciel a fait justice :
Il naquit et ce fut une calamité ;
Il meurt et c'est le seul service
Qu'il ait rendu jamais à la société.

24187. — Vie privée, libertine et scandaleuse de feu Honoré-Gabriel Riquetti, ci-devant comte de Mirabeau, député du tiers-état des sénéchaussées d'Aix et de Marseille, membre du Département de Paris, commandant du bataillon de la milice bourgeoise du district de [la] Grange-Batelière, président du club Jacobite, etc., etc., etc. *Paris, rue de l'Echelle, en Suisse, à Londres, en Prusse et en Hollande, chez tous ses créanciers*, 1791, in-8°, IV-192 p. [N. Enfer, 795.]

Ce titre, presque semblable à celui du libelle décrit sous le numéro précédent, cache en réalité la remise en circulation d'un livre licencieux, publié précédemment sous le titre de *le Libertin de qualité* (1784), attribué à Mirabeau et souvent confondu avec une autre production du même genre, intitulée : *Ma Conversion*, dont on a vainement essayé de disculper sa mémoire. La *Vie privée, libertine et scandaleuse...* est ornée d'un portrait en taille-douce de profil à dr. dans un filet carré, d'un frontispice et de cinq figures libres chiffrés de I à VI, plus une autre figure, également libre, portant en légende : *le Rideau cache les mœurs* et chiffrée 1. Ces figures sont décrites dans les *Mémoires secrets* dits de Bachaumont, à la date du 5 janvier 1785 et, pour plus de détails, on consultera la *Bibliographie* Gay, v° *Ma Conversion*.

24188. — Adresse à l'Assemblée nationale législative. S. *l. n. d.* (1791), in-8°, 8 p. [N. Lb³⁹ 10260.]

P. 3, *Discours prononcé... le 7 octobre, troisième année de la Liberté*, par le patriote Palloy. Hommage d'un buste de Mirabeau.

24189. — Pétition de M. Frochot à l'Assemblée nationale, le 20 octobre 1791. Imprimé par ordre de l'Assemblée nationale. S. *d.*, in-8°, 4 p. [N. Le³³ 3 X, n° 1.]

Le pétitionnaire demandait que le Trésor public acquittât les frais de la pompe funèbre de Mirabeau « mort insolvable ». Mme Du Saillant, sœur du défunt, protesta aussitôt contre cette assertion et s'attira une réponse aigre-douce de Frochot (voyez le *Moniteur* des 24 octobre et 8 novembre 1791). Bien que favorablement accueillie en première lecture, la proposition, votée le 3 novembre 1791, ne fut définitivement adoptée que le 12 janvier 1792.

24190. — Municipalité de Paris... Rapport fait au Corps municipal par le département de police, relativement à M. Manuel (1791).

Au sujet de la publication des *Lettres écrites du donjon de Vincennes...* réclamées par la famille et les créanciers de l'auteur ; voyez le n° 23846 ci-dessus et l'*Interrogatoire de P. Manuel* (n° 24847), ayant trait à la même affaire.

24191. — Lettres originales de Mirabeau, écrites du donjon de Vincennes pendant les années 1777, 78, 79 et 80, contenant tous les détails sur sa vie privée, ses amours avec Sophie Ruffei (*sic*), marquise de Monnier, recueillies par P. Manuel, citoyen français. *Paris, J.-B. Garnery ; Strasbourg, Treuttel ; Londres, de Boffe*,

1792, *an 3° de la liberté*, 4 vol. in-8°. [*N.* Inv. Z. 15458-15461.]

Après leur arrestation en Hollande et l'internement de l'un à Vincennes, de l'autre dans un couvent de Gien, Mirabeau et Sophie de Monnier furent autorisés à correspondre, parce que (écrivait Lenoir à Amelot) « ces permissions d'écrire sont un grand secours pour calmer la fermentation des esprits échauffée par la solitude et la captivité »; mais les lettres des deux amants devaient être lues par Boucher, premier commis du Secret, puis envoyées à leurs destinataires respectifs et retournées aux bureaux de la Police qui les conservait. C'est là que Pierre Manuel les découvrit lorsqu'il préparait la publication de *la Police dévoilée* et qu'il se crut en droit de les mettre au jour.

Leur succès fut très grand et des réimpressions intégrales ou partielles en ont été plusieurs fois données, même de nos jours; voyez les n°s 24226 et 24229 ci-dessous. Pour les lettres de Sophie Monnier à Mirabeau, publiées en 1903 par M. Paul Cottin, voyez également le n° 24263 ci-dessous.

24192. — Mirabeau peint par lui-même ou Recueil des discours qu'il a prononcés, des motions qu'il a faites, tant dans le sein des communes qu'à l'Assemblée nationale constituante, depuis le 5 mai 1789, jour de l'ouverture des Etats-Généraux, jusqu'au 2 avril 1791, époque de sa mort, avec un précis des matières qui ont donné lieu à ces discours et motions, le tout rangé par ordre chronologique. *Paris, F. Buisson*, 1791, 4 vol. in-8°. [*N.* Lb39 4798.]

L'ex. de la B. N. renferme un prospectus (1 f. in-4° à deux col.) reproduit en tête du premier volume, sous le titre de : *Avis de l'éditeur*.

Voyez le numéro suivant.

24193. — Hommage à l'Assemblée nationale législative, d'un ouvrage qui a pour titre : « Mirabeau peint par lui-même... » Par P. Labarthe. *S. l. n. d.*, in-8°, 4 p. [*N.* Lb39 9843.]

Voyez le numéro précédent.

24194. — Collection complète des travaux de M. Mirabeau l'aîné à l'Assemblée nationale, précédée de tous les discours et ouvrages du même auteur prononcés ou publiés en Provence pendant le cours des élections, par M. Etienne Méjan. *Paris,* V° *Lejay et Devaux*, 1791-1792, 5 vol. in-8°. [*N.* Lb39 4799.]

Portrait dans un médaillon ovale, profil à dr. Au-dessous du trait carré, ce distique :

J'ai vengé l'univers autant que je l'ai pu ;
La mort en ce dessein m'a seule interrompu.

24195. — Pensées diverses de Mirabeau, tirées de ses « Lettres originales écrites du donjon de Vincennes pendant les années 1777, 78, 79 et 80 ». *S. l.*, 1793, in-8°, XVI-70 p. [*N.* Z. 55338.]

24196. — Mirabeau à la tribune ou Choix des meilleurs discours de cet orateur. Dédié aux jeunes citoyens des 83 départements. *Paris, Pyre, l'an IV de la liberté*, 2 vol. in-12. [*N.* Lb39 4800.]

24197. — Catalogue des livres de la bibliothèque de feu M. Mirabeau l'aîné, député et ex-président de l'Assemblée nationale constituante, dont la vente se fera en l'une des salles de l'hôtel de Bullion, rue J.-J.-Rousseau, le lundi 9 janvier 1792 et j. s. *Paris, Rozet, libraire; Belin junior, libraire*, 1791, in-8°, 1 f., XXVI-440 p.; 2854 numéros. [*N.* Δ 9881 et 12138.]

Les feuillets liminaires comprennent un avertissement des libraires, une note sur un recueil de calques d'après les titres et figures des plus anciens ouvrages imprimés (collection provenant de Mercier de Saint-Léger, qui la tenait de Girardot de Préfond et qui, de chez Mirabeau, passa aux mains de Bolongaro Crevenna), un *Avis* sur la vente des curiosités et objets d'art qui devait suivre celle de la bibliothèque (voyez le numéro suivant) et la *Table des divisions*. Le Catalogue est complété par une *Table des auteurs et des ouvrages anonymes* (LXI p.) et par une liste des *Prix de la vente* (22 p.).

La bibliothèque de Mirabeau était de formation toute récente, car il lui eut été impossible, pendant les années qu'il avait passées tour à tour en exil et en prison, de réaliser un projet dont la mise à exécution ne remontait pas à plus de quinze mois avant sa mort. A de très beaux exemplaires des meilleurs ouvrages en tout genre ou annotés par des hommes célèbres, il avait joint la bibliothèque spéciale de Buffon, renfermant également beaucoup de livres annotés. Mirabeau avait aussi ébauché la création d'une collection spéciale à la littérature orientale et projeté de publier, avec un grand luxe typographique, le catalogue raisonné de toutes ces richesses sur lesquelles, outre le curieux avertissement de Rozet, on peut consulter une note de Gustave Brunet dans le *Supplément du Dictionnaire de bibliologie catholique* (col. 362-364) et un article de M. Aug. Dide (*Mirabeau bibliophile*) dans la *Révolution française*, tome VII, p. 253-258, réimp. dans *Hérétiques et Révolutionnaires* de l'auteur (Charavay frères, 1887, in-12).

Le produit total de la vente atteignit 139,719 livres seize sous et ce fut, dit Etienne Charavay (*Grande Encyclopédie*), le plus clair de la succession de Mirabeau.

Des deux ex. de ce catalogue signalés parmi ceux que possède la B. N. le premier, provenant du legs d'Otrante, renferme la liste manuscrite des prix; le second a été enrichi par le libraire Jullien d'un portrait lithographié de Mirabeau, d'un fragment autographe et de la copie d'une lettre du même de la main de Maret, duc de Bassano.

24198. — Catalogue d'objets précieux en différents genres après le décès de Mirabeau l'aîné, consistant en une collection précieuse de 131 pierres gravées tant en creux qu'en relief, la plus grande partie antiques et montées en bagues; différentes tabatières, dont une d'écaille noire avec portrait du célèbre Mirabeau, entouré de 31 fort brillants; montres, chaînes et boucles d'or; bonbonnières de crystal de roche et autres bijoux; fusils, pistolets et épées, dont une très riche d'acier d'Angleterre; autre en argent, etc. Pendules de cheminées en différents marbres, richement ornées de bronze doré au mat, sur différents modèles de bon goût; girandoles, figures en terre cuite, dont les hommes illustres et autres sur leurs galnes en bois peint, porcelaine de Sèvres et autres, quelques meubles, etc. Par A.-J. PAILLET. Vente le 12 mars 1792 et j. s., hôtel Bullion. *Paris, A.-J. Paillet; Sevreau, huissier-priseur*, 1792, in-8°, 24 p. [*N.* Est. Yd 199.]

Outre une série de pierres gravées acquise en totalité par Mirabeau, le 20 décembre 1790, avant une vente aux enchères qui allait en être faite, ce catalogue renferme la description de divers bustes et figures par Lucas Montigny (entr'autres une statuette de Mme Saint-Huberty dans le rôle de Didon), un grand plan en relief du port de Marseille, des pendules, girandoles, flambeaux, etc., des bijoux, des armes, des meubles, etc. Le 13 mars on devait mettre sur table le portrait en pied de Mirabeau par Boze et un autre portrait aux deux crayons « dessiné avec la plus admirable intelligence » par Mlle Boze.

24199. — « Messieurs, le sieur BOZE ose se flatter que tous les citoyens... ». *S. l. n. d.*, feuillet in-12. [*N.* Vp. 13696.]

Demande de souscription du peintre BOZE à la gravure du portrait de Mirabeau qu'il avait peint « en pied, de grandeur naturelle, au moment où il fait sa sublime réponse à M. de [Dreux] Brézé ».

Cette circulaire était adressée à la Société des Amis de la Constitution, avec prière de la recommander aux Sociétés affiliées. La souscription était ouverte chez Me Rameau, notaire, place des Victoires, n° 7.

24200. — Convention nationale. Rapport fait à la Convention nationale..., par MARIE-JOSEPH CHÉNIER..., le quintidi 5 frimaire an II (25 novembre 1793).

Sur la translation des restes de Marat au Panthéon et l'expulsion de ceux de Mirabeau.

Voyez tome Ier, n° 4317 et les n°s 4318-4322 qui ont trait à cette double cérémonie, déjà rappelée sous le n° 23897 ci-dessus. Voyez aussi dans la *Révolution française*, tome XII, p. 768, le procès-verbal de la « dépanthéonisation » de Mirabeau, daté du 5e sans-culottide de l'an II (21 septembre 1794), retrouvé par M. Aulard dans le carton A F II 60, des Archives nationales. Voyez également à ce propos dans la *Correspondance littéraire* de Lud. Lalanne (25 avril 1862, pp. 176-178) une lettre de FRÉDÉRICK LOCK et un article de M. G. SERVOIS, relatifs à l'emplacement du cimetière où avaient été transférés les restes de Mirabeau et de Marat.

24201. — Lettres de MIRABEAU à Chamfort imprimées sur les originaux écrits de la main de Mirabeau et suivies d'une traduction de la Dissertation allemande sur les causes de l'universalité de la langue française qui a partagé le prix de l'Académie de Berlin, traduction attribuée à MIRABEAU et imprimée sur le manuscrit corrigé de sa main. *Paris, chez le directeur de la Décade philosophique, rue Thérèse, butte des Moulins, an V*, in-8°, 4 ff. n. ch., 142 p. et 1 f. n. ch. [*N.* Z. 15457.]

Le feuillet non chiffré est intitulé : *Catalogue des ouvrages qui se trouvent à la même adresse*.

Les lettres de Mirabeau à Chamfort publiées par Ginguené sont au nombre de vingt et une. P.-J. Sthal (Hetzel) n'en a réimprimé qu'une partie et en y pratiquant de nombreuses sup-

pressions à la suite d'un choix d'écrits de Chamfort publié par lui en 1860.
Voyez le n° 24234 ci-dessous.

24202. — Esprit de MIRABEAU ou Manuel de l'homme d'Etat et du publiciste, précédé d'un Précis historique de sa vie. *Paris, F. Buisson*, 1797, 2 vol. in-8°.

Publié par P.-J. B. (dit PUBLICOLA) CHAUSSARD. D'après Quérard (*France littéraire*, v° *Chaussard*), Cadet de Gassicourt aurait réclamé la paternité de la notice parue en tête de la seconde édition de cet *Esprit* (1804, 2 vol. in-8°), mais ses propres titres à ce travail ont été contestés (voyez le n° 24206 ci-dessous).

24203. — Corps législatif. Conseil des Anciens. Discours prononcé par LENOIR-LAROCHE en offrant au Conseil des Anciens le portrait de Mirabeau. Séance du 15 messidor an VI (3 juillet 1798). *Imp. Nationale, thermidor an VI*, in-8°, 6 p. [*N.* Le⁴⁵ 1046.]

Portrait de BOZE gravé par BEISSON.

24204. — Corps législatif. Conseil des Cinq-Cents. Discours de CABANIS en offrant au Conseil des Cinq-Cents la gravure du portrait de Mirabeau... Discours de CABANIS en offrant au Conseil des Cinq-Cents l'édition des Œuvres de Condillac. Séance du 13 thermidor an VI (31 juillet 1798). *Imp. Nationale, thermidor an VI*, in-8°, 4 p. [*N.* Le⁴³ 2205.]

24205. — Corps législatif. Conseil des Cinq-Cents. Discours de BRIOT (du Doubs) sur l'hommage fait au Conseil des Cinq-Cents de la gravure de Mirabeau. Séance du 13 thermidor an VI (31 juillet 1798). *Paris, imp. Nationale, thermidor an VI*, in-8°, 11 p. [*N.* Le⁴³ 2206.]

24206. — Essai sur la vie privée de Honoré-Gabrielle (*sic*) Riquetti de Mirabeau, par C.-L. CADET-GASSICOURT, membre de la Société des belles-lettres et des deux Lycées de Paris. *Paris, imp. rue des Droits-de-l'Homme, n° 44, an VIII*, in-8°, 44 p. [*N.* Ln²⁷ 14259.]

Suivant la *Biographie* Michaud, Cadet de Gassicourt aurait rédigé cet *Essai* d'après les notes que lui avait communiquées Pierre-Paul de La Fage; voyez le n° 24202 ci-dessus et le n° 24264 ci-dessous.

24207. — Lettres inédites de MIRABEAU. Mémoires et Extraits de Mémoires écrits en 1781, 1782 et 1783 dans le cours de ses procès de Pontarlier (en réhabilitation) et de Provence (en séparation) avec sa femme; le tout faisant suite aux « Lettres écrites du donjon de Vincennes, depuis 1777 jusqu'à 1780 » inclusivement. Publié par J.-F. VITRY, ancien employé au ministère des Relations extérieures. *Imp. Fain et C°; Paris, Lenormant*, 1806, in-8°, XII-484 p. [*N.* Z. 55303.]

24208. — Œuvres oratoires de MIRABEAU ou Recueil de ses discours, rapports, adresses, opinions, discussions, reparties, etc., à l'Assemblée nationale, précédé d'une Notice historique sur sa vie, et terminé par l'Oraison funèbre que CÉRUTTI prononça aux funérailles de l'orateur, orné de son portrait et d'un fac-similé de son écriture. *Paris, P. Blanchard*, 1819, 2 vol. in-8°. [*N.* Le²⁷ 36.]

En regard du titre du tome Iᵉʳ, portrait signé : NARGEOT sculp.
La *Notice biographique* est signée : H. M.
Les deux fac-similé sont placés en tête du tome II.

24209. — Discours et Opinions de MIRABEAU, précédés d'une Notice historique sur sa vie, par M. BARTHE, avocat, et de l'Oraison funèbre prononcée par CÉRUTTI lors de ses funérailles; d'un parallèle de Mirabeau et du cardinal de Retz, par M. le comte BOISSY D'ANGLAS, et des jugements portés sur Mirabeau par CHÉNIER et M. le comte GARAT. *Paris, Kleffer et Aug. Caunes*, 1820, 3 vol. in-8°. [*N.* X 18832-18834.]

Le faux-titre de chaque volume porte : *les Orateurs français*. Voyez le numéro suivant.

24210. — Mirabeau et le cardinal de Retz. Morceau extrait d'un plus long ouvrage. Par M. le comte BOISSY-D'ANGLAS, pair de France, ancien membre de l'Assemblée constituante. *Paris, imp. Plassan. S. d.* (1820), in-8°, 8 p. [*N.* Ln²⁷ 14260.]

Tirage à part des préliminaires du numéro précédent.

24211. — Vie privée, politique et littéraire d'Honoré-Gabriel de Riquety, comte de Mirabeau, par M. Peuchet. 3 vol. in-8°. Imp. Didot jeune. S. d. (1824), in-8°, 15 p. [N. Ln²⁷ 14261.]

Prospectus. L'ouvrage, publié en 1824 seulement et sous un autre titre, est décrit sous le n° 24213 ci-dessous.

24212. — Chefs-d'œuvre oratoires de Mirabeau ou Choix des plus éloquents discours de cet orateur célèbre, précédés d'une Notice biographique et suivis du plaidoyer que Mirabeau prononça à la sénéchaussé d'Aix dans son procès avec sa femme. *Paris, Collin de Plancy; Baroyer et Cⁱᵉ*, 1822, 2 vol. in-18. [N. Le²⁷ 37.]

En tête du premier volume, portrait de Mirabeau (Chasselat del., Rouargue sc.). La *Notice biographique* est signée Hippolyte Legrand.

24213. — Mémoires des contemporains pour servir à l'histoire de France et principalement à celle de la République et de l'Empire. Cinquième livraison. *Paris, Bossange frères*, 1824, 4 vol. in-8°. [N. La³⁹ 3.]

Le faux-titre de chaque volume porte : *Mémoires des contemporains*; le titre de départ : *Mémoires sur Mirabeau et son époque, sa vie littéraire et privée, sa conduite politique à l'Assemblée nationale et ses relations avec les principaux personnages de son temps.*

Voyez le n° 24211 ci-dessus.

D'après Eckard (voyez plus loin l'article Peuchet) celui-ci fut destitué en 1825, à cause de cette publication, des fonctions d'archiviste de la Préfecture de police qu'il occupait depuis 1815 et il ne les recouvra qu'en 1828; mais le chagrin que lui avait causé cette disgrâce hâta sa fin et il mourut en 1830.

24214. — Essai historique sur la vie et les ouvrages de Mirabeau, par Joseph Mérilhou, avocat à la Cour royale de Paris. *Paris, Brissot-Thivars*, 1827, in-8°, 2 ff. et CCXIX p. [N. Ln²⁷ 14262.]

Tirage à part des préliminaires des Œuvres de Mirabeau (1825-1827, 9 vol. in-8°).
En regard du titre, portrait de Mirabeau (Boze pinxit, Bonnet sculp.). Entre le titre et le titre de départ, fac-similé tiré de la réponse aux protestations de la Noblesse et du Clergé des Etats de Provence (Aix, 3 février 1789).

24215. — Souvenirs sur Mirabeau et sur les deux premières Assemblées législatives, par Etienne Dumont (de Genève).

Ouvrage posthume publié par M. J.-L. Duval, membre du Conseil représentatif du canton de Genève. *Paris, C. Gosselin; Hector Bossange*, 1832, in-8°, XXIV-478 p. et 1 f. n. ch. (*Table*). [N. Ln²⁷ 14263.]

24216. — Mirabeau's Letters during his residence in England, with anecdotes, maxims, etc., now first translated from the original manuscripts to which is prefixed an introduction, notice on the life, writing, conduct and character of the author. *London, Effingham Wilson*, 1832, 2 vol. in-12. [N. Ln²⁷ 29160.]

En regard du titre du tome Iᵉʳ, portrait de Mirabeau en pied, signé : C. H. (*Printed by C. Hullmandel*), avec une légende tirée d'un de ses discours et le fac-similé d'une signature.

D'après une note signée W. J. [Jordan] parue dans le *Monthly Magazine* de mai 1832, p. 500, l'auteur de la notice placée en tête des Lettres serait M. Harral, éditeur d'un Keepsake intitulé : *la Belle Assemblée* (dont il existe une édition française, 1835, in-8°). Quant aux Lettres elles-mêmes, elles proviendraient du « Cabinet noir » de Paris et auraient été données en 1806 à une dame Guilleminot, qui faisait collection d'autographes; mais l'authenticité de ces lettres n'est rien moins que démontrée et les références alléguées par l'éditeur ne sont nullement décisives. Dans un article de *l'Amateur d'autographes* (juin 1867, pp. 226-228), intitulé : *Un mystère autographique* et signé E. J. B. R. [Rathery], l'auteur traduit une partie de cet avertissement et expose sommairement ses doutes sur la valeur des assertions qu'il contient.

Le catalogue de la collection d'autographes de Lucas de Montigny, rédigé par Laverdet (1860) donne, sous les n°ˢ 224 et 848, divers extraits de lettres de Mᵐᵉ Swinton-Belloc et de A.-J.-B. Defauconpret relatives à cette correspondance que la première tient pour apocryphe et le second pour authentique.

24217. — Victor Hugo. Etude sur Mirabeau. *Paris, Adolphe Guyot; Urbain Canel*, 1834, in-8°, 2 ff. et 91 p. [N. Ln²⁷ 14264.]

24218. — Mémoires biographiques, littéraires et politiques de Mirabeau, écrits par lui-même, par son père, son oncle et son fils adoptif. [Lucas de Montigny.] *Paris, A. Guyot [et Delaunay]*, 1834-1835, 8 vol. in-8°. [N. La³³ 84.]

Les tomes VI-VIII portent l'adresse de Delaunay, au Palais-Royal.
En tête du tome VI, *Déclaration de l'auteur*

confirmant un avis paru dans le *Journal des débats* du 20 janvier 1834 et spécifiant que la « brochure » de Victor Hugo était complètement étrangère aux *Mémoires*.

Le tome II renferme (pp. 214, 224, 242) trois fac-similé de Mirabeau et le tome IV donne celui d'une lettre du même (18 avril 1788) à Montmorin.

En tête du tome VI, le bailli de Mirabeau (1717-1794), d'après AVED (ADÈLE ETHIOU sc. 1831) ; du tome VII, le marquis de Mirabeau (1715-1789) : THÉRÈSE BOUCHER pinx. 1781 ; ADÈLE ETHIOU sc. 1833 ; du tome VIII, Mirabeau, d'après BOZE, ADÈLE ETHIOU sc.

24219. — La Jeunesse de Mirabeau, par Mme LOUISE COLET. *Paris, Dumont,* 1841, in-8°, XIII-303 p. [*N.* Ln^{27} 27748.]

La *Préface* (p. VII-XIII) est en vers.

24219a. — La Jeunesse de Mirabeau, par Mme LOUISE COLET. Nouvelle édition complétée. *Paris, E. Dentu,* 1874, in-12, 2 ff. et IV-308 p. [*N.* Ln^{27} 27748 A.]

Épigraphes empruntées à Michelet et à Mirabeau.

La *Préface* en vers est supprimée et remplacée par un avertissement en prose.

24220. — Notice sur le comte de Mirabeau et sur sa famille, par M. P.-A. VIEILLARD. *Imp. E. Duverger. S. d.* (1842), in-8°, 20 p. [*N.* Ln^{27} 14265.]

Le titre de départ, p. 3, porte en haut : Extrait de l'*Encyclopédie des gens du monde*.

24221. — Mirabeau à l'Assemblée constituante, tribun du peuple. Orné du portrait de Mirabeau. *Paris, Garnot; Barba,* 1848, in-8°, 14 p. [*N.* Ln^{27} 14266.]

Publication de circonstance. Sur le rôle de Mirabeau à la Constituante on consultera plus utilement les n°s 24237 et 24242 ci-dessous, ainsi qu'un travail de DÉSIRÉ NISARD, intitulé : *Vingt-deux mois de la vie de Mirabeau,* publié en 1846 dans le *Plutarque français* d'Éd. Mennechet et réimp. dans un volume, intitulé : les *Quatre grands historiens latins* (Michel Lévy, 1874, in-18).

24222. — Mirabeau. Eine Lebensgeschichte von FRANÇOIS-ERNEST PIPITZ, docenten an der Universität Zurich. *Leipzig, F.-A. Brockhaus,* 1850, 2 vol. in-8°. [*N.* Ln^{27} 14267.]

Épigraphe empruntée à Schiller.

24223. — Correspondance entre le comte DE MIRABEAU et le comte DE LA MARCK pendant les années 1789, 1790 et 1791, recueillie, mise en ordre et publiée par M. AD. DE BACOURT, ancien ambassadeur de France près la cour de Sardaigne (1851).

Voyez le n° 20853 ci-dessus et la note qui l'accompagne. Il a été fait de cette *Correspondance* une traduction allemande décrite sous le numéro suivant.

24224. — Briefwechsel zwichen dem Grafen VON MIRABEAU und dem Fürsten U. v. ARENBERG, Grafen VON DER MARK... deutsche bearbeitet von J.-PH. STADLER. *Bruxelles et Leipzig, Mayer,* 1851-1852, 3 vol. in-12. [*N.* Lb^{39} 4801bis.]

Cette traduction est augmentée de pièces qui ne se trouvent pas dans l'édition française.

24225. — Mirabeau. Ein Bild seines Lebens, seine Wirkens, seiner Zeit, von Dr FRIEDRICH LEWITZ. [Mirabeau, sa vie, son rôle, son temps, par le Dr FRÉDÉRIC LEWITZ]. *Breslau, F. Hirt,* 1852, 2 vol. in-8°. [*N.* Ln^{27} 14268.]

Chaque volume a un deuxième titre particulier. Celui du tome Ier porte : *Mirabeau's Jugendleben zum Verlændnisz der gesellschaftlichen Zustænde Frankreich's unmittelbar vor der Revolution,* von D^r. FRIEDRICH LEWITZ.

Le tome II manque à l'ex. de la B. N.

24226. — Lettres d'amour de MIRABEAU, précédées d'une étude sur Mirabeau, par MARIO PROTH. *Paris, E. Dentu,* 1864, in-12, 2 ff. et 356 p. [*N.* Inv. Z 55300.]

En regard du titre, portrait gravé sur acier par E. LEGUAY de *Sophie Monnier* (sic) « d'après une peinture du temps », nullement authentique.

Cette édition a été remise en circulation au moyen de titres de relai, d'abord à la *Librairie centrale* (1865), puis à la librairie *Garnier frères* (1874).

24227. — Les Procès de Mirabeau en Provence, d'après des documents inédits, par M. A. JOLY, professeur à la Faculté des lettres de Caen. *Paris, Durand,* 1863, in-8°, 120 p. [*N.* Ln^{27} 14269.]

Tirage à part anticipé et non spécifié des *Mémoires de l'Académie de Caen* pour 1864 (cf. *Bibliographie...* de M. R. de Lasteyrie, tome Ier, n° 3781).

24228. — Feuillets détachés de l'histoire de France. La Trahison du comte de Mirabeau. *Paris, imp. Tinterlin,* 1864, in-8°, 7 p. [*N.* Ln^{27} 14270.]

24229. — Benjamin Gastineau. Les Amours de Mirabeau et de Sophie de Monnier, suivis des lettres choisies de Mirabeau à Sophie, de lettres inédites de Sophie, et du Testament de Mirabeau, par Jules Janin, avec deux magnifiques portraits sur acier de Sophie et de Mirabeau, dessinés et gravés d'après les portraits authentiques du temps. *Paris, chez tous les libraires,* 1865, in-8°, 2 ff., 235 p. et 1 f. n. ch. (Table des matières). [*N.* Ln^{27} 14271.]

24230. — Bibliothèque nationale. Collection des meilleurs auteurs anciens et modernes. Mirabeau, sa vie, ses opinions et ses discours, par A. Vermorel. *Paris, Dubuisson,* 1865, 5 vol. in-32. [*N.* Ln^{27} 14272.]

24231. — Iets over Mirabeau voornamelijk Betreffende zijne Gevanneming te Amsterdam. [Quelques détails sur Mirabeau se rapportant particulièrement à son arrestation à Amsterdam], von Dr Engelbrecht. *Middelbourg, van Benthem et Jutting,* 1865, in-8°, 2 ff. et 118 p. [*N.* Ln^{27} 21925.]

24232. — Mirabeau devant le bailliage de Pontarlier, par M. J. Pothé. *Besançon, imp. Jules Roblot,* 1865, in-32, 208 p. [*N.* Ln^{27} 21934.]

24233. — Cour impériale d'Aix. Discours prononcé à l'audience solennelle de rentrée, le 3 novembre 1866, par M. Arthur Desjardins, avocat général. Mirabeau jurisconsulte. *Aix, typ. Remondet-Aubin,* 1866, in-8°, 51 p. [*N.* Lf^{112} 701.]

24234. — Note sur la correspondance de Mirabeau et de Chamfort, par A. Barnoux, avocat. *Clermont-Ferrand, Ferdinand Thibaud,* 1867, in-8°, 19 p. [*N.* Zp. 2275.]

Voyez le n° 24201 ci-dessus.

24235. — Notice sur Mirabeau, traducteur de Tibulle, par A. Béziers. *Havre, imp. Lepelletier,* 1868, in-8°, 19 p. [*N.* Ln^{27} 24693.]

M. Béziers n'a point cité la réclamation formulée par La Chabeaussière dans *la Décade philosophique* (n° 79, 10 messidor an IV-28 juin 1796, p. 26) touchant la paternité de cette traduction qu'il s'attribuait, lorsqu'elle parut en 3 vol. in-8°, ni le catalogue de la collection d'autographes de Lucas de Montigny où se trouve décrit minutieusement, sous le n° 2098, un manuscrit de cette traduction revue et corrigée par Mirabeau et présentant avec le texte imprimé de notables différences.

24236. — Mes Souvenirs sur Mirabeau, par Mme A. R... [Armandine Rolland]. *Paris, imp. Victor Goupy,* 1869, in-8°, 2 ff. et II-230 p. [*N.* Ln^{27} 24931.]

Publiés par M. Delambre, qui aurait écrit sous la dictée de l'auteur à qui l'on doit un autre récit de même nature et de forme également romanesque : *la Famille Sainte-Amaranthe* (cf. tome Ier, n° 4237).

24237. — Mirabeau et la Constituante, par Hermile Reynald, ancien élève de l'Ecole normale, professeur à la Faculté des lettres d'Aix. *Paris, Didier et C°,* 1872, in-8°, XVI-410 p. [*N.* Ln^{27} 26399.]

24238. — Un Collaborateur de Mirabeau. Documents inédits précédés d'une notice par Ph. Plan. *Paris, Sandoz et Fischbacher,* 1874, in-12, 174 p. et 1 f. n. ch. (Table). [*N.* Ln^{27} 27635.]

P. 51-120, lettres et billets de Mirabeau à Reybaz. P. 127-146, *Discours sur le mariage des prêtres.* P. 147-171, *Discours sur l'égalité des successions en ligne directe,* textes primitifs de Reybaz, avec corrections et additions de Mirabeau.

24239. — Institut de France. Mirabeau et son père à la veille de la Révolution, par M. de Loménie. Lu dans la séance publique annuelle des cinq Académies, le mercredi 28 octobre 1874. *Paris, typ. Firmin Didot frères, fils et C°,* MDCCCLXXIV (1874), in-4°, 24 p. [*N.* Ln^{27} 28191.]

Réimp. dans un volume posthume, intitulé : *Esquisses historiques et littéraires* (Calmann-Lévy, 1879, in-18), avec une autre étude sur *Mirabeau et Mme de Nehra,* publiée en 1858 dans la *Revue des Deux-Mondes.*

24240. — Les Mirabeau. Nouvelles études sur la société française au XVIIIe siècle, par Louis de Loménie, de l'Académie française. *Paris, E. Dentu,* 1879-1891, 5 vol. in-8°. [*N.* Lm³ 1235.]

Œuvre posthume. D'après un *Avertissement* anonyme, dû au fils de l'auteur, celui-ci avait repris et remanié les divers chapitres parus dans *le Correspondant* de 1870 à 1874, de telle façon que l'ouvrage pouvait être considéré comme « complètement inédit ». Les titres des tomes III-V, spécialement consacrés à la biographie du grand orateur, portent après le mot *Etudes...* et le nom de Louis de Loménie : *continuées par son fils*. Le tome V (pp. 391-481) contient des *Pièces justificatives* et un essai de bibliographie des écrits de et sur Mirabeau.

24241. — La Statue de Mirabeau, né au Bignon, arrondissement de Montargis (Loiret), le 9 janvier 1749. Vœu émis à l'unanimité par le Conseil d'arrondissement de Montargis, dans sa séance du 10 août 1889, sur la proposition de M. G. Pallain. *Montargis, imp. E. Grimont,* 1889, in-8°, 1 f. et XXIX p. [*N.* Ln²⁷ 32430.]

Papier vergé.
P. I-XXI, *Mirabeau et le Bignon*, signé : G. Pallain. P. XIII-XXIX, *Pièces justificatives*.

24242. — L'Eloquence parlementaire pendant la Révolution française. Les Orateurs de l'Assemblée constituante, par F.-A. Aulard (1882).

Voyez tome Iᵉʳ de la *Bibliographie*, n° 434.

24243. — Etudes sur les idées politiques de Mirabeau, par Francis Decrue. Extrait de la « Revue historique » (numéros de mars, mai, juillet et novembre 1883). Ce Mémoire, en *manuscrit*, a valu à l'auteur le prix d'histoire de l'Université de Genève (31 décembre 1877). *Paris* (imp. Daupeley-Gouverneur, à Nogent-le-Rotrou), 1883, in-8°, 124 p. [*N.* Ln²⁷ 34357.]

24244. — Barreau de Paris. Mirabeau devant le parlement d'Aix. Discours prononcé à l'ouverture de la conférence des Avocats, le lundi 1ᵉʳ décembre 1884, par Justin Seligmann. Imprimé aux frais de l'Ordre. *Paris, Alcan-Lévy,* 1884, in-8°, 39 p. [*N.* Ln²⁷ 35402.]

24245. — Mirabeau à Pontarlier, étude biographique contenant plusieurs documents inédits, par Georges Leloir. *Pontarlier, imp. et lithog. Vᵉ Emile Thomas,* 1886, in-8°, 95 p. [*N.* Ln²⁷ 42082.]

24246. — L'Abbé Maury (1746-1791). L'abbé Maury et Mirabeau, par Mgr Ricard... (1887).

Voyez le n° 24026 ci-dessus.

24247. — Mirabeau et la Provence, par Georges Guibal, professeur d'histoire à la Faculté des lettres d'Aix. *Paris, Ernest Thorin; Aix-en-Provence, A. Makaire,* 1887, in-8°, VII-311 p. et 3 ff. n. ch. (*Appendice, Errata et Tables*).

Papier vergé teinté.
Au verso du titre on lit : Extrait des *Mémoires* de l'Académie d'Aix.
Voyez le numéro suivant.

24247ᵃ. — Mirabeau et la Provence. Deuxième partie. Du 5 mai 1789 au 4 avril 1791, par Georges Guibal, professeur à la Faculté des lettres d'Aix. *Paris, Ernest Thorin,* 1891, in-8°, 3 ff. et 560 p. [*N.* Ln²⁷ 40048.]

Voyez le numéro précédent. Ni le format, ni le papier de ce volume ne sont semblables à ceux de la première partie.

24248. — A propos de l'acte de naissance de Mirabeau. [*Aix*], *typ. A. Makaire,* 1888, in-8°, 7 p. [*N.* Ln²⁷ 37957.]

Signé, p. 7 : A. Mouttet.
Titre pris sur un titre de départ.
Rectification d'une erreur propagée par la presse quotidienne au sujet de la découverte non de l'acte de naissance, depuis longtemps connu, de Mirabeau, mais de son acte de mariage avec Mlle de Marignane, retrouvé par M. Mouttet. L'auteur de cette note, textuellement reproduite dans *la Révolution française* (tome XIV, pp. 1090-1097), annonçait en terminant, un travail intitulé : *le Mariage et la séparation de Mirabeau* (documents inédits) qui n'a pas vu le jour.

24249. — Das Leben Mirabeaus, von Alfred Stern. *Berlin, Siegfried Cronbach,* 1889, 2 vol. in-8°. [*N.* Ln²⁷ 38886.]

Voyez le numéro suivant.

24250. — La Vie de Mirabeau, par Alfred Stern, professeur d'histoire à l'Ecole polytechnique fédérale de Zurich. Edition revue par l'auteur et précédée d'une préface écrite pour l'édition française. *Paris, Emile Bouillon*, 1895-1896, 2 vol. in-8°. [N. Ln^{27} 38886bis.]

Le titre du tome Ier porte en outre : I. *Avant la Révolution. Traduit de l'allemand par* MM. Lespès, Pasquet et Pierre Perret; celui du tome II : II. *Pendant la Révolution. Traduit de l'allemand par* H. Brisson.

24251. — Inauguration de la statue de Mirabeau au Bignon-Mirabeau, le 29 septembre 1889. Discours prononcé par G. Pallain, maire de Gondreville, président de la Société historique et archéologique du Gâtinais. *Montargis, typ. Paul Carle*, 1889, in-18, 14 p. [N. Lk^7 26701.]

24252. — La dernière maladie de Gabriel-Honoré Riquetti, comte de Mirabeau (1789-1791), d'après le « Journal » de Cabanis, son médecin. (Paris, 1791), par Henry Duchenne, médecin. *Suresnes (près Paris), chez l'auteur, 44, rue Merlin-de-Thionville, et Tours, Deslis frères, imprimeurs-éditeurs*. S. d. (1890), in-8°, 17 p. [N. Ln^{27} 39392.]

Voyez le n° 24138 ci-dessus.

24253. — Les Cendres de Mirabeau. Mémoire adressé à M. Bourgeois, ministre de l'instruction publique et des beaux-arts, par G. Pallain, maire de Gondreville (Loiret), président de la Société historique et archéologique du Gâtinais. *Paris, typ. E. Plon, Nourrit et Ce*, 1890, in-8°, 2 ff. et 15 p. [N. Ln^{27} 39332.]

Entre le titre et le texte est intercalé un Plan reconstitué du cimetière de Clamart.

24254. — Mirabeau und Marie-Antoinette, zwei Charakterbilder aus der franz. Revolution, von Ferdinand Schwarz (1891).

Ce sont deux études distinctes. Voyez le n° 21329 ci-dessus. Un travail de M. Sigmund von Kolisch, décrit sous le n° 21322^a, portant un titre presque identique : *Marie-Antoinette, Mirabeau, Robespierre*, a paru à Vienne en 1880.

24255. — Les Grands Ecrivains français. Mirabeau, par Edmond Rousse, de l'Académie française. *Paris, Hachette et C°*, 1891, in-12, 224 p. [N. Ln^{27} 40291.]

En regard du titre, portrait de Mirabeau d'après le pastel de Michel-Honoré Bounieu. Voyez le numéro suivant.

24256. — C. H. Lettre à M. Edmond Rousse à propos de son livre sur Mirabeau. *Paris, E. Plon, Nourrit et C°*, 1891, in-8° carré, 13 p. [N. 8° Y pièce 2664.]

En vers.
Voyez le numéro précédent.

24257. — Vie de Mirabeau, par A. Mézières, de l'Académie française. *Paris, Hachette et C°*, 1892, in-12, VIII-344 p. [N Ln^{27} 40453.]

24258. — Mirabeau, sa vie et ses œuvres, par I.-A. Rayeur, agrégé d'histoire et de géographie. *Moulins, imp. F. Charmeil*, 1892, in-12, 268 p. [N. Ln^{27} 41151.]

24259. — Ch. de Larivière. Mirabeau et ses détracteurs. *Paris, Fischbacher*, 1892, in-12, 51 p. [N. Ln^{27} 42483.]

Réfutation d'un article de Léo Quesnel paru dans la *Bibliothèque universelle et Revue suisse*.

24260. — Curiosités révolutionnaires. Mirabeau, membre de l'Assemblée constituante. Son interdiction judiciaire, 1774-1791. Documents inédits, publiés par M. Alfred Bégis. *Paris, imprimé pour les Amis des livres*, 1895, in-8°, 41 p. [N. Ln^{27} 43323.]

On lit au verso du faux-titre : Extrait de *l'Annuaire de la Société des Amis des livres*, imprimé à 31 ex.
Requêtes et interrogatoires provenant des dossiers du Châtelet de Paris, mais dont les cotes ne sont point spécifiées.

24261. — Le Marquis de Brézé et Mirabeau. *Paris, imp. de « la Vérité », 15, rue de Valois, G. Sauleau, imprimeur*, 1896, in-8°, 1 f. et 23 p. [N. Lb^{39} 11591.]

Signé, p. 23 : Arthur Loth.

24262. — Mirabeau, by P.-F. Willert, M.-A., fellow and tutor of Exeter College, Oxford. *London, Macmillan and C°*, 1898, in-8°, XI-230 p. et 1 f. n. ch. [N. Ln²⁷ 46264.]

Le feuillet non chiffré contient le prospectus et la liste des *Foreign Statesmen* dont ce volume fait partie.

24263. — PAUL COTTIN. Sophie de Monnier et Mirabeau d'après leur correspondance secrète inédite (1775-1789). Avec trois portraits, dont un en héliogravure d'après HEINSIUS, deux fac-similé d'autographes, une Table déchiffrante et un plan du couvent des Saintes-Claires de Gien. *Paris, Plon, Nourrit et C°*, 1903, in-8°, 2 ff. et CCLX-282 p.

En regard du titre, portrait de Sophie de Monnier, héliog. d'après un tableau attribué à HEINSIUS. Les deux autres portraits sont ceux Mirabeau à trente ans, d'après un buste de Lucas de Montigny (hors texte entre les pp. L et LI) et (p. CXXVIII) la reproduction dans le texte d'une miniature du chevalier Achille-Michel de Rancourt, dont les assiduités auprès de Sophie de Monnier avaient inquiété Mirabeau. Les originaux de ces lettres, provenant de Lucas de Montigny, ont été communiqués à M. Paul Cottin par M. Charles de Loménie. M. Cottin a dû en déchiffrer une partie, parce que Mirabeau exigeait que sa maîtresse employât ce mode de correspondance, et supprimer un certain nombre de passages trop libres. On trouvera dans la *Nouvelle Revue rétrospective* (tomes XIX et XX) d'autres lettres du même fonds qui n'avaient pu prendre place dans le volume décrit ici, ainsi qu'une série de documents relatifs à Mirabeau (mémoires et factums judiciaires, journal du valet de chambre Legrain, lettres du perruquier Bourrier, etc.).

Plusieurs fragments de l'étude préliminaire de M. Paul Cottin ont été publiés en 1902 dans diverses revues et tirés à part ; j'en donne ici l'indication sommaire :

— *Le Roman d'amour de Sophie de Monnier et de Mirabeau (1776-1781) d'après des documents inédits*. Paris, typ. Plon-Nourrit et C°, 1902, in-8°, 2 ff. et 44 p. (Extrait de la *Revue hebdomadaire*).

— *Une Maison de discipline à Paris en 1777. Sophie de Monnier chez Mlle Douay, d'après des documents inédits*. Imp. H. Bouillant, 1902, in-8°, 15 p. (Extrait de la *Correspondance historique et archéologique*).

— *Mirabeau à Vincennes et Sophie de Monnier aux Saintes-Claires de Gien (1777-1781)*. Émile Paul, 1902, in-8°, 32 p. (Extrait du *Carnet*).

— *La Correspondance secrète de Mirabeau et de Sophie de Monnier (1779-1781) d'après des documents inédits*. Paris, bureaux de la Revue biblio-iconographique, 1902, in-8°, 14 p.

Enfin M. Cottin a donné à la *Chronique médicale* de 1902, pp. 613-623, un article intitulé : *Une névrosée mondaine au XVIII° siècle* [Sophie de Monnier] qui n'a pas été, je crois, tiré à part.

24264. — MIRABEAU. Lettres à Julie écrites du donjon de Vincennes, publiées et commentées d'après les manuscrits originaux et inédits par DAUPHIN MEUNIER, avec la collaboration de GEORGES LELOIR. *Paris, Plon-Nourrit et C°*, 1903, in-8°, 2 ff. et III-464 p. [N. Ln²⁷ 49716.]

La destinataire de ces lettres, Julie Dauvers, était fille d'un dentiste de Mesdames, et maîtresse de Pierre-Paul de Lafage, originaire de Bordeaux, dont il a été question dans la note accompagnant le n° 24206 ci-dessus.

¶ Bien qu'il n'entre pas dans le plan de ce chapitre de signaler les articles de dictionnaires, je crois devoir faire une exception en faveur de ceux que la *Biographie portative des contemporains* et la *Grande Encyclopédie* ont consacrés à Mirabeau. Le premier, qui émane visiblement d'ALPH. RABBE lui-même, est plein de détails, parfois sujets à caution, mais qui ne pouvaient être sus que des contemporains immédiats dont il avait recueilli les témoignages ; le second, dû à ETIENNE CHARAVAY, résume fort clairement les travaux modernes dont le grand orateur a été récemment l'objet.

24265. — [Mirabeau (André-Boniface-Louis de RIQUETTI, vicomte de).] Vie privée du vicomte de Mirabeau, député du Limousin. *Londres et se trouve à Paris, chez les marchands de nouveautés*, 1790, in-8°, 47 p.

Epigr. en latin et en français.
D'après les *Annonces de bibliographie moderne*, tome II, p. 360-362, n° 387.

24266. — Copie de la lettre des grenadiers du régiment de Touraine au détachement de la garde nationale parisienne qui a secouru M. le vicomte de Mirabeau, leur colonel, le 13 avril 1790. *S. l. n. d.*, in-8°, 7 p. [N. Lb³⁹ 3251.]

Suivie d'une lettre des mêmes au vicomte de Mirabeau et de la réponse de celui-ci.

24267. — Mort subite, testament et enterrement du vicomte de Mirabeau. *De l'imprimerie des Capucins. S. d.*, in-8°, 23 p. [N. Lb³⁹ 3400.]

24268. — Plaintes de tous les chantres, sonneurs, carillonneurs, bedeaux, sacristains, balayeurs, croque-morts, fossoyeurs, valets d'église, etc., dans tout le royaume, au vicomte de Mirabeau. *A Paris, de l'imprimerie des ex-calotins,* 1790, in-8°, 8 p. [*N.* Lb³⁹ 8690.]

ÉPIGR. :
In vino veritas.

Signé pour tous : BOIVIN. [Au clocher de la cathédrale de Limoges, le 20 avril.]
Pamphlet dont l'auteur propose de décerner à M. Mirabeau cadet le qualificatif de « gentilhomme verrier dans son acception la plus littérale ».

24269. — Justification de M. le vicomte DE MIRABEAU, accusé, par des libelles dont la police souffre la proclamation par suite de la liberté, d'avoir annoncé la guerre civile. *Imp. Vezard et Le Normant,* 1790, in-8°, 4 p. [*N.* Lb³⁹ 3401.]

24270. — Voyage national de Mirabeau cadet. *S. l.,* 1790, in-8°, 52 p. [*N.* Lb³⁹ 3546.]

24271. — Lettre de l'abbé MAURY au vicomte de Mirabeau, à son régiment. *Imp. Laillet et Garnery. S. d.,* in-8°, 8 p. [*N.* Lb³⁹ 3547.]

Apocryphe. Voyez le numéro suivant.

24272. — Véritable réponse du vicomte DE MIRABEAU à la lettre de l'abbé Maury. *S. l. n. d.,* in-8°, 16 p. [*N.* Lb³⁹ 3548.]

Apocryphe. Voyez le numéro précédent.

23273. — Facéties du vicomte DE MIRABEAU. *Côte-Rôtie, imp. de Boivin. S. d.,* 2 vol. in-12. [*N.* Lb³⁹ 3940.]

Frontispice représentant l'auteur sous la forme d'un muid, monté sur deux bouteilles renversées en guise de jambes, tenant de ses deux bras formés par des brocs, un verre et une carafe. Au-dessous cette légende : « Avec autant de matière on peut faire des déjeuners » (allusion aux *Déjeuners ou la Vérité à bon marché,* 1790, 7 numéros in-8°).
Le tome I⁰ʳ renferme la réimpression des *Déjeuners ou la Vérité à bon marché* et des *Dîners ou la Vérité en riant.* Le tome II contient les quatre *Bulletins des couches de M*ᵐᵉ *Target,* ceux de sa mort, de son *testament et enterrement* (voyez ci-après, v° *Target*), des *Réflexions sur l'évènement du 13 avril,* la *Dénonciation de quelques extraits des* Révolutions de France et de Brabant, *le Nouveau pot-pourri national,* la *Lettre d'un capucin à M. Necker* et les *Très humbles remontrances présentées à la nation par les colombiers de toutes les provinces.*

24274. — Mirabeau-Tonneau, ein condottiere aus der Revolutionszeit, von Dʳ JOSEPH SARRAZIN. *Leipzig, Reugersche Buchhandlung (Gebhardt und Wilisch),* 1893, in-8°, 85 p. [*N.* Ln²⁷ 41967.[

Entre la couverture et le titre, fac-similé d'une planche intitulée : *Mirabeau-Tonneau und sein Stab.* Après le texte, croquis d'après le tombeau de Mirabeau au cimetière de Fribourg-en-Brisgau.

¶ M. LÉONCE PINGAUD a publié dans la *Revue de Paris* du 1ᵉʳ décembre 1902 un article sur *les Dernières campagnes de Mirabeau le cadet.*

24275. — EUGÈNE BERGER, ancien député de Maine-et-Loire. Le vicomte de Mirabeau (Mirabeau-Tonneau). 1754-1792. Années de jeunesse. L'Assemblée constituante. L'Emigration. *Paris, Hachette et Cⁱᵉ,* 1904, in-12, 2 ff. et 394 p.

Œuvre posthume, publiée par les soins de la famille de l'auteur. P. 387-389, *Note bibliographique* des sources consultées ; plusieurs titres et noms propres y sont défigurés et le travail de J. Sarrazin n'y est pas cité.

24276. — [**Mirbeck** (Ignace-Frédéric).] Le C. MIRBECK demande la place de juge vacante au Tribunal de cassation. Motifs de sa demande. *Paris, imp. Clousier. S. d.,* in-8°, 7 p. [*N.* Ln²⁷ 14277.]

24277. — [**Mittié** (Stanislas).] Pétition et observation sur les cautionnements adressées aux Consuls, par MITTIÉ père, ancien receveur des domaines. *Paris, imp. L. Prudhomme, an VIII,* in-8°, 11 p. [*N.* Ln²⁷ 14313.]

P. 9-11, l'auteur donne la liste de ses « principaux ouvrages d'utilité publique ».

24278. — [**Moelle** (Claude-Antoine-François).] Six journées passées au Temple et autres détails sur la famille royale qui y a été détenue (1820).

Voyez tome Iᵉʳ, n° 3577.
L'auteur, d'après une note communiquée par

M. Bégis à M. de Beaucourt (cf. le n° 20876 ci-dessus), était né à Dieuze (Meurthe) en 1759; il est mort à Paris, à l'hôpital Saint-Louis, le 10 juin 1832.

Dans le jugement du Tribunal révolutionnaire, cité sous le n° 24392 ci-dessus, Moelle est appelé *Moille*.

24279. — [**Mogue**.] Mogue, propagateur des droits de l'homme, envoyé par le Comité de salut public près l'armée de l'Ouest et dans les départements circonvoisins, à la Convention nationale (2 ventôse an II-20 février 1794). *Imp. rue du Théâtre-Français*, n° 4. S. d., in-4°, 8 p. [N. Ln²⁷ 14320.]

Réponses aux inculpations formulées par Bourdon (de l'Oise).

24280. — [**Moitte** (Jean-Guillaume).] Institut de France. Funérailles de M. Moitte, le 3 mai 1810. *Imp. Baudouin*, 1810, in-4°, 6 p. [N. Ln²⁷ 14327.]

Discours de Quatremère de Quincy, membre de la classe des beaux-arts.

24281. — Notice des travaux de la classe des beaux-arts de l'Institut impérial de France pour l'année 1812, par Joachim Lebreton, secrétaire perpétuel de la classe, membre de celle d'histoire et de littérature ancienne et de la Légion d'honneur. Lue à la séance publique du samedi 3 octobre 1812. *Imp. Firmin Didot*, 1812, in-4°, 46 p. [N. Vp. 3441.]

P. 26-34, *Notice historique sur la vie et les ouvrages de M. Moitte, membre de l'Institut impérial de France et de la Légion d'honneur, professeur aux écoles spéciales de peinture et de sculpture, lue dans la séance publique du 3 octobre 1812, par* Joachim Le Breton...
Réimp. dans la *Revue universelle des arts*, tome VIII, pp. 419-424.

¶ M. Paul Cottin a publié dans la *Revue rétrospective* (tome Iᵉʳ, 1885), un journal intime de Mᵐᵉ Moitte (1806-1807). Née à Paris en 1717, Mᵐᵉ Moitte (Adélaïde-Marie-Anne Castellas), mariée en 1781, mourut à Paris le 18 mars 1807, laissant une petite collection de tableaux, de dessins et d'estampes, dispersée les 20 et 21 août suivants par les soins de Regnault-Delalande; ce fut également lui qui rédigea le catalogue des objets d'art garnissant l'atelier de Moitte (7-8 juin 1810); mais je n'ai pu voir le premier de ces deux catalogues et du second la B. N. ne possède que la notice préliminaire rédigée par l'expert et résumée dans le *Trésor de la curiosité* de Ch. Blanc, tome II, pp. 268-269.

24282. — [**Molé** (François-René).] Molé aux Champs-Élysées, hommage en vers, par René Périn et Pillon (25 nivôse an XI-15 janvier 1803).

Voyez tome III, n° 19356.

24283. — Vie de François-René Molé, comédien français et membre de l'Institut nationale de France. *Paris, Desenne; Martinet*, an XI-1803, in-12, 223 p. et 1 f. n. ch.

Portrait gravé en fleuron sur le titre.
Par Ch.-G. Etienne et Gaugiran-Nanteuil.

24284. — Mémoires de Molé, précédés d'une notice sur cet acteur, par M. Etienne. Le Comédien, par M. Remond de Sainte-Albine. *Paris, Et. Ledoux*, 1825, 2 ff., LXIV-335 p. [N. 8° Y 294.]

La *France littéraire* de Quérard reproduit une note de Beuchot sur la composition de ce volume où la part personnelle de Molé se réduit à quelques discours d'ouverture et de clôture, à deux lettres au *Journal de Paris* et à deux chansons.

Moleville (Bertrand de). — Voyez **Bertrand de Moleville**.

24285. — [**Molinos** (Jacques).] L'Égalité n'est-elle qu'un mot? (1797).

Plainte de l'architecte Callet contre Molinos qui l'avait supplanté dans les travaux d'agrandissement du Jardin des Plantes.
Pièce déjà citée tome III, n° 17655 et ci-dessus, n° 22029.

24286. — Catalogue des tableaux et dessins de l'École moderne, estampes encadrées et en feuilles, vases en marbre, en albâtre, en rouge antique, terre cuite, biscuit de Sèvres, échantillons de marbre et de bois, monuments, modèles en plâtre moulés sur nature et objets curieux, composant le cabinet de feu M. J. Molinos, chevalier des ordres du Roi, de la Légion d'honneur et de Saint-Michel, membre de l'Institut, architecte de la Ville, inspecteur général des travaux publics du département de la Seine, membre du comité consultatif des bâtiments de la Couronne, suivi du catalogue des livres composant sa bibliothèque, dont la vente aura lieu, rue de la Villevêque (sic), n° 13, le lundi 16 mai 1831 et j. s. *Galliot; Ch. Paillot*, 1831, in-8°, XV et 48 p.

Le catalogue des tableaux et objets d'art est paginé en chiffres romains, celui des livres en chiffres arabes ; ils comportent, l'un 127 numéros et l'autre 412.

24287. — [**Mollien** (François-Nicolas, comte).] Mémoires d'un ancien ministre du Trésor public de 1800 à 1814. *Paris, imp. H. Fournier et C*, 1837, 4 vol. in-8°. [*N.* Lb^{44} 289. Réserve.]

Tirés à très petit nombre et non mis dans le commerce. Voyez le numéro suivant.

24288. — Mémoires d'un ministre du Trésor public. 1780-1815. *Paris, imp. H. Fournier et C*, 1845, 4 vol, in-8°. [*N.* Lb^{44} 290.]

Réimp. augmentée de l'édition décrite sous le numéro précédent.
Le *Catalogue de l'histoire de France* de la B. N. avance que la première édition de ces *Mémoires* avait été détruite par leur auteur. Celui-ci, dans une note de l'*Avertissement* de la seconde édition, dit qu'il les avait d'abord communiqués à différents historiens à titre confidentiel et que, sur leurs sollicitations, il s'était décidé à les mettre en circulation.

24289. — [**Momoro** (Antoine-François).] Pétition à l'Assemblée nationale. *S. l. n. d.*, in-8°, 3 p. [*N.* Ln^{27} 14429.]

Signé : MOMORO, premier imprimeur de la liberté nationale, électeur du département de Paris.
Après la journée du 17 juillet 1791 et la proclamation de la loi martiale. Momoro réclame contre le décret mettant à néant la procédure commencée.

Monborgne. — Voyez **Maubergue** (Jean-Nicolas).

24290. — [**Monge** (Gaspard).] Eloge funèbre de M. Monge, comte de Peluze, ancien sénateur, grand officier de la Légion d'honneur, ex-membre de l'Institut, par un élève de l'Ecole polytechnique, précédé d'une notice sur la vie et les ouvrages de cet homme célèbre. *Paris, Plancher*, 1818, in-8°, 16 p. [*N.* Ln^{27} 14444.]

Par GUYON qui, d'après Quérard (*Supercheries littéraires*), prenait un titre auquel il n'avait point droit; mais le *Répertoire* de Marielle enregistre un GUYON (Louis-G.-Th.) entré à l'Ecole en 1799, à l'âge de dix-sept ans, aspirant de marine, prisonnier de guerre après l'expédition de Saint-Domingue et retiré plus tard à Soissons, qui pourrait fort bien être l'auteur de cet *Eloge*.

24291. — Notice historique sur Gaspard Monge. *Paris, Plancher*, 1818, in-8°, 27 p. [*N.* Ln^{27} 14445.]

Par BARNABÉ BRISSON (1777-1828), ingénieur en chef des ponts et chaussées, neveu par alliance de Monge.

24292. — Essai historique sur les services et les travaux scientifiques de Gaspard Monge, ancien professeur à l'Ecole du génie militaire, à l'Ecole normale, à l'Ecole polytechnique, ancien membre de l'Académie des sciences, de l'Institut de France et de l'Institut d'Egypte, par CHARLES DUPIN, élève de Monge et membre de l'Institut. *Paris, Bachelier*, 1819, in-4°, VIII-174 p. et 1 f. n. ch. (table des matières). [*N.* Ln^{27} 14446.]

24292^a. — Essai historique sur les services et les travaux scientifiques de Gaspard Monge..., par CHARLES DUPIN... *Paris, Bachelier*, 1819, in-8°, VIII-316 p., la dernière non chiffrée (*table des matières*). [*N.* Ln^{27} 14446 A.]

24293. — Notice sur Gaspard Monge, par J.-F. JULES PAUTET. *Beaune, imp. Blondeau-Dejussieu*, 1838, in-8°, 27 et 4 p. [*N.* Ln^{27} 14447.]

On trouve imprimé après la page 27 : *Une statue à Gaspard Monge sur la place Saint-Pierre de Beaune* (Lettre au rédacteur en chef de la *Revue de la Côte-d'Or* signée Z. Z. et deux extraits des numéros du 5 et du 15 mars de la même *Revue*).
Voyez le numéro suivant.

24294. — Eloge de Gaspard Monge, par JULES PAUTET..., des Académies de Dijon et de Besançon..., bibliothécaire de la ville de Beaune. Quatrième édition avec lithographie. *Beaune, Blondeau-Dejussieu,* 1849, in-8°, 26 p. [*N.* Ln²⁷ 14448.]

En regard du titre, lithographie anonyme d'après la statue de Rude.
P. 11-25, réimpression de la *Notice* décrite sous le numéro précédent.

24295. — Institut de France. Biographie de Gaspard Monge, ancien membre de l'Académie des sciences, par M. ARAGO, secrétaire perpétuel, lue à la séance publique du 11 mai 1846. (Extrait du tome XXIV des « Mémoires de l'Académie des sciences ».) *Paris, typ. Firmin Didot frères,* 1853, in-4°, 1 f. et 157 p. [*N.* Ln²⁷ 14449.]

24296. — Institut national de France. Académie des sciences. Eloge de Gaspard Monge, prononcé le 2 septembre 1849, par M. CHARLES DUPIN, au nom de l'Académie des sciences. *Paris, typ. Firmin Didot frères.* S. d., in-4°, 18 p. [*N.* Ln²⁷ 14450.]

A l'inauguration de la statue de Rude.
Pièce différente du n° 24292 ci-dessus.

24297. — Eloge de Gaspard Monge, par F. RAVAILHE, principal du collège de Beaune, officier de l'Université. Distribution des prix du 13 novembre 1849. *Beaune, imp. Blondeau-Dejussieu,* 1849, in-8°, 27 p. [*N.* Ln²⁷ 14451.]

24298. — Monge et l'Ecole polytechnique, par THÉODORE OLIVIER (1850).

Voyez tome III, n° 17475.

24299. — Souvenirs sur Gaspard Monge et ses rapports avec Napoléon, suivis d'un Appendice relatif au monument qui lui a été élevé par sa ville natale, ainsi qu'à l'expédition d'Egypte et à l'Ecole polytechnique. *Paris, imp. E. Thunot,* 1853, petit in-8°, 3 ff., 174 p. et 1 f. n. ch. [*N.* Ln²⁷ 14452.]

Par EDME-FRANÇOIS JOMARD.
Cet écrit, composé en 1844 à la prière de la veuve de Monge, ne fut imprimé que sept ans plus tard et non mis dans le commerce. Quelques ex. portent cependant sur la couverture imprimée une collette donnant la rubrique de la librairie Benjamin Duprat.
Au-verso de la dédicace à Mme Monge, une *Note préliminaire* est signée J.-D. et, dans le texte, l'auteur parle plusieurs fois de lui-même à la première personne et de son frère attaché, comme lui, à l'expédition d'Egypte.
Sous un titre presque identique (*Gaspard Monge et l'expédition d'Egypte*), DE PONGERVILLE a publié en 1860 dans la *Revue orientale et américaine* un article emprunté en grande partie à Jomard qu'il ne nomme pas et réimp. avec de légères variantes dans la *Nouvelle biographie générale* Didot, v° *Monge*; il existe de ces deux articles des tirages à part que je crois ne devoir mentionner que pour mémoire.

24300. — [**Mongé** (Denis).] Adresse à MM. du Conseil de la Commune de Paris, pour le sieur DENIS MONGÉ, fils d'entrepreneur de bâtiments, chef d'atelier. *Paris, imp. Nationale.* S. d. (1790), in-4°, 4 p. [*N.* Ln²⁷ 14455.]

Le pétitionnaire dit avoir exécuté divers travaux à Passy, où il avait, en outre, levé le plan de la Trémade(?), et pour le prolongement de la rue Rochechouart jusqu'à Clignancourt.

24301. — [**Mongez** (Antoine).] Institut royal de France. Académie royale des inscriptions et belles-lettres. Funérailles de M. Mongez. Discours de M. DAUNOU, président de l'Académie, prononcé aux funérailles de M. Mongez, le 1er août 1835. *Imp. Firmin Didot frères.* S. d., in-4°, 4 p. [*N.* Ln²⁷ 14457.]

24302. — Institut national de France. Notice historique sur la vie et les ouvrages de M. Mongez, par M. WALCKENAER, secrétaire perpétuel de l'Académie des inscriptions et belles-lettres, lue à la séance publique de l'Académie des inscriptions et belles-lettres du 17 août 1849. *Paris, typ. Firmin Didot frères,* 1849, in-4°, 26 p. [*N.* Ln²⁷ 14458.]

24303. — [**Monnaye**.] Correspondance avec les citoyens Ginguené et Thibaudeau, au sujet des ouvrages dont le citoyen MONNAYE a fait hommage à la Convention nationale, et qu'elle a renvoyés à l'examen de son comité d'instruction publique. *Imp. Limodin.* S. d., in-8°, 8 p. [*N.* Ln²⁷ 14477.]

Monnaye avait présenté à la Convention, le 23 septembre 1793, une traduction de Justin et plus tard un *Dictionnaire complet de mytho-*

logie; ces deux ouvrages ne paraissent pas avoir été imprimés et le nom de l'auteur ne figure ni dans Ersch, ni dans Quérard.

24304. — [**Monnel** (Simon-Edme).] Mémoires d'un prêtre régicide. *Paris, Charles Mary*, 1829, 2 vol. in-8°. [*N*. La³³ 82.]

Avant le faux-titre du tome Ier est intercalé le fac-similé d'un fragment autographe de Camille Desmoulins sur le rapport de Saint-Just qui envoya les Dantonistes à l'échafaud; le texte de cette pièce est imprimé tome II, pp. 383-388.

Au sujet de la rédaction primitive de ces *Mémoires* et des adultérations qu'ils ont subies, voici ce qu'on lit dans la *Vie de Merlin de Thionville* par Jean Reynaud (1859), pp. 188-189 :

« Ces *Mémoires*, publiés sous la Restauration, ont subi à peu près le même traitement que ceux de Levasseur [voyez les n°s 23657-23658 ci-dessus]; mais, tombés en moins bonnes mains, ils s'en sont cruellement ressentis. Le manuscrit de Monnel a été remanié par un homme de lettres, nommé ALEXANDRE MARTIN, auteur d'une multitude d'ouvrages de pacotille, qui, pour augmenter l'intérêt de celui-ci, l'a décoré d'une préface romanesque et, par surcroît, l'éditeur, en vue du débit, a exigé que les mémoires de ce malheureux homme fussent présentés au public sous un titre à effet : *Mémoires d'un prêtre régicide*, ce qui leur a en effet assuré une place dans les catalogues de presque tous les cabinets de lecture. Merlin, qui était en relations avec cet éditeur, lui avait donné sur le 9 thermidor des notes qui ont été utilisées par le metteur en œuvre, et l'histoire de la célèbre journée est effectivement retracée dans l'ouvrage avec des particularités que l'on chercherait vainement ailleurs. Il se rencontre aussi dans les *Mémoires* de Monnel des renseignements intéressants sur divers points et il serait à souhaiter que l'on en publiât une édition critique en leur restituant leur vrai titre. »

24305. — [**Monniotte**.] Mémoire pour le sieur MONNIOTTE, minéralogiste. *Paris, imp. du tribunal de police correctionnelle*, 1792, in-4°, 1 f. et 49 p. (la dernière non chiffrée). [*N*. 4° F³ 22194.]

Au sujet d'une exploitation de mine de charbon de terre à Nanterre, au lieu dit la *Fontaine d'Hérode*, à mi-côte du Calvaire.

L'auteur se dit originaire des forges de Villersexel (Haute-Saône) et issu d'une famille ayant « huit cents ans d'expérience dans cette partie ». Il était sans nul doute très proche parent de D.-J.-Fr. Monniotte (1723-1797), bénédictin de Saint-Germain-des-Prés (véritable auteur, selon Ch. Weiss (*Biog*. Michaud) de *l'Art du facteur d'orgues* (1766-1778, 4 parties in-folio, publié sous le nom de D. Bedos de Celles), et de Claude-Philippe Monniotte, conseiller au présidial de Besançon, condamné à mort par le Tribunal révolutionnaire de Paris, le 15 floréal an II (4 mai 1794), à l'âge de soixante-seize ans.

24306. — [**Monsigny** (Pierre-Antoine).] Institut royal de France. Académie royale des beaux-arts. Funérailles de M. de Monsigny (16 janvier 1817). *Imp. F. Didot*. S. d., in-4°, 3 p. [*N*. Ln²⁷ 14490.]

Discours de QUATREMÈRE DE QUINCY.
Voyez aussi dans le *Recueil des notices historiques* de l'auteur (1834, in-8°) celle qu'il a lue en séance publique le 3 octobre 1818.

24307. — Notice historique sur P.-A. de Monsigny, inspecteur de l'ancien Conservatoire, membre de la Légion d'honneur, de l'Institut et de la Société académique des Enfants d'Apollon. Par P. HÉDOUIN. *Paris, au magasin de musique de la Lyre moderne; Pelicier; Delaunay, octobre* 1821, in-8°, 28 p. [*N*. Ln²⁷ 14491.]

24308. — [**Monsigny** (Mlle de).] Assemblée des représentants de la Commune de Paris. Extrait du procès-verbal du mercredi 3 février 1790. Séance du matin. *Imp. Lottin aîné et Lottin de Saint-Germain*, 1790, in-8°, 13 p. [*N*. Lb⁴⁰ 1152*.]

P. 2, *Adresse de Mlle DE MONSIGNY à l'Assemblée générale des représentants de la Commune*. P. 8, réponse du président. P. 9 et suiv., extrait du procès-verbal de la séance du 5 février.

Remise par Mlle de Monsigny, fille du commandant de la compagnie des invalides de la Bastille, à Aubin Bonnemère, du sabre d'honneur qui lui avait été voté par l'assemblée des représentants de la Commune pour sa belle conduite lors de la prise de la forteresse.

Pièce déjà citée, tome II, n° 5709, mais que je crois devoir rappeler ici.

24309. — [**Montagu** (de).] Anne-Paule-Dominique de Noailles, marquise de Montagu. *Rouen, imp. Alfred Péron*, 1859, in-8°, 2 ff. et 282 p. [*N*. Ln²⁷ 14500. Réserve.]

Edition originale; voyez les trois numéros suivants.

24309². — Anne-Paule-Dominique de Noailles, marquise de Montagu. *Paris, imp. Ad. Lainé et J. Havard*, 1864, in-8°, 2 ff. et 474 p. [N. Ln²⁷ 14500 A.]

P. 1-4, avertissement sans titre. Un portrait, annoncé dans l'*Avertissement*, n'est pas joint à l'ex. de la B. N., mais le Cabinet des Estampes a reçu en 1870 la photographie de Mme de Noailles d'après une peinture de 1783, et c'est là sans doute celui qui devait accompagner l'édition de 1864.

Le chapitre XVI intitulé : *l'Œuvre de Picpus*, est consacré au cimetière édifié par les soins de Mmes de Duras et de Montagu dans l'enclos où étaient enfouis les corps des suppliciés de la barrière du Trône (voyez tome Ier de la *Bibliographie*, n° 4366).

24309^b. — Anne-Paule-Dominique de Noailles, marquise de Montagu. Seconde [troisième] édition. *Paris, Dentu; Douniol*, 1865, in-8°, 2 ff., 446 p. et 1 f. n. ch. (*Errata*). [N. Ln²⁷ 14500 B.]

On lit au verso du faux-titre : « Ce volume se vend au profit des pauvres. »

24309^c. — Anne-Paule-Dominique de Noailles, marquise de Montagu. Troisième [quatrième] édition. Se vend au profit des pauvres. *Paris, Dentu; Douniol*, 1865, in-12°, 2 ff. et 446 p. [N. Ln²⁷ 14500 C.]

Les fautes indiquées dans les *errata* sont corrigées et le feuillet complémentaire est supprimé.

Le texte primitif de cette biographie avait été rédigé à Bruxelles en 1852 par M. Auguste Callet, ancien représentant du peuple, chassé de France par le coup d'État, à qui le général de La Moricière avait communiqué les notes de Mme de Montagu, sa belle-mère, et qui reçut pour ce travail une somme de 4,000 francs. Imprimé à petit nombre en 1859 et non mis dans le commerce, le livre fut plus tard retouché par le duc Paul de Noailles et cette nouvelle édition, ornée du portrait dont il est question plus haut, se vendit au profit des pauvres, sans que les titres des deux nouveaux tirages fissent mention de l'édition originale. De plus, divers comptes rendus, entre autres ceux de Léon Arbaud [Mme Ch. Lenormant] dans le *Correspondant* et de Cuvillier-Fleury dans le *Journal des débats*, faisaient honneur de ce livre au duc de Noailles, à qui M. Callet intenta un procès qu'il perdit. Débouté par les tribunaux, le plaignant exposa les diverses phases de la genèse du livre dans un mémoire intitulé : *De la propriété littéraire. Un Procès contre M. le duc de Noailles (de l'Académie française) et consorts ou Fin de l'histoire de la marquise de Montagu*, par Auguste Callet, ancien représentant du peuple, auteur de « l'Enfer ».

Paris, à la Librairie nouvelle, 1865, in-8°, 164 p. [B. N. Ln²⁷ 21899.]

On peut lire aussi à ce sujet un article de M. A. Benoit dans la *Revue forézienne* (3° année, 1869, pp. 148-152).

24310. — [**Montalembert** (Marc-René de).] Notice sur le général Montalembert, lue à la 62° séance publique du Lycée des arts, le 10 thermidor an VIII (29 juillet 1800). *Imp. du Lycée des arts. S. d.* (1800), in-8°, 15 p. [N. Ln²⁷ 14539.]

Signé : le chef de brigade, ingénieur, Charles Désaudray, rapporteur.

24311. — Éloge historique du général Montalembert. *Paris*, 1801, *an IX de la République française*, in-4°, IX ff. et 75 p. [N. Ln²⁷ 14540.]

Par Sulpice Imbert de Laplatière et Delisle de Sales. Voyez le numéro suivant.

24312. — Vie littéraire du général Montalembert. *Paris*, 1801, *an IX de la République française*, in-4°, 2 ff. et 75 p. [N. Ln²⁷ 14541.]

Même ouvrage que le précédent, le titre seul est changé et l'*Introduction* est supprimée.

Entre le titre et le faux-titre, portrait de Marc-René de Montalembert, gravé par Augustin de Saint-Aubin, d'après La Tour.

On lit au verso du faux-titre : « Les cinquante-deux premières pages de cet écrit sont de J. de l'Isle de Sales, membre de l'Institut national de France; le reste appartient, ainsi que la note de la page 13, à Sulpice Imbert de La Platière. »

24313. — [**Montané** (Jacques-Bernard-Marie).] J.-B.-M. Montané, de Grenade, près Toulouse, président de la première section du Tribunal révolutionnaire de Paris, dénoncé par Fouquier-Tinville à la Convention nationale (21 vendémiaire an III-12 octobre 1794). *Imp. F. Porte. S. d.*, in-8°, 10 p. [R. AD. III, 53.]

24314. — J.-B.-M. Montané à la Convention nationale (27 frimaire an III-17 décembre 1794). *S. l. n. d.*, in-8°, 4 p. [R. AD. III, 53.]

Réponses aux accusations formulées par Fouquier-Tinville. Il avait été président du Tribunal révolutionnaire du 10 mars au 30 juillet 1793.

24315. — J.-B.-M. Montané à la Convention nationale (27 frimaire an III-17 décembre 1794). *S. l. n. d.*, in-8°, 16 p. [*N.* Lb⁴¹ 1537.]

Réclamation de son traitement de président du Tribunal révolutionnaire suspendu depuis son arrestation et son acquittement.

24316. — [**Montansier** (Marguerite Brunet, dite).] La Ribaude du Palais-Royal ou Anecdotes intéressantes et gaillardes tirées de la vie libertine de Marguerite Brunet, dite Montansier, ancienne directrice des spectacles à la suite de la Cour et maintenant la doyenne des matrones du Palais-Royal, rédigées par le sieur Neuville, dit le Roué, coopérateur de la Montansier dans toutes ses entreprises. Paris, 1790, in-18, 60 p. et 8 grav.

Epigr. :

Impudent, fat, escroc, ce fut là mon destin ;
Pour compléter mon sort, je pris uce putain.

D'après la *Bibliographie* Gay. Le même éditeur a donné une réimp. de cette pièce dans la collection intitulée *Bibliothèque libre* (1872, in-18, VIII-39 p.).

24317. — Mémoire justificatif pour la citoyenne Montansier. *Imp. Potier. S. d.*, in-4°, 16 p.

Daté de la Petite Force, 10 frimaire an II (30 novembre 1793) et signé : Montansier.

24318. — Mémoire pour la citoyenne Montansier. *Imp. A.-Cl. Forget. S. d.*, in-8°, 23 p.

Signé : Verteuil.

Voyez tome III, n° 18344 et pour les réclamations soulevées par M¹¹ᵉ Montansier et son associé, Bourdon-Neuville, ou par leurs créanciers, voyez *ibid.*, nᵒˢ 18343-18355.

24319. — La Vie de théâtre. Grandes et petites aventures de M¹¹ᵉ Montansier. Esquisses. Anecdotes. Le Théâtre à Bade, par Victor Couailhac. *Paris, Jules Lecuir* (Bruxelles, typ. Vᵉ Parent et fils). *S. d.* (1863), in-12, 319 p.

Les Grandes et Petites aventures de M¹¹ᵉ Montansier occupent les pp. 9-127 : c'est un récit romanesque, fourmillant d'erreurs et d'anachronismes et qui n'est cité ici qu'en raison de son titre.

24320. — L.-Henry Lecomte. La Montansier, ses aventures, ses entreprises (1730-1820). *Paris, librairie Félix Juven. S. d.* (1904), in-12, 2 ff. et 286 p.

La couverture illustrée et tirée en couleurs porte : *La Montansier, histoire anecdotique d'une comédienne*.

¶ Sous ce titre : *Une campagne en Belgique, la Montansier à Bruxelles*, M. Ch. Gailly de Taurines a publié dans la *Revue des deux-mondes* du 1ᵉʳ avril 1904 un article sur un épisode de la vie de la célèbre actrice dont les détails sont singulièrement suspects. En réalité, une histoire *vraie* de M¹¹ᵉ Montansier est encore à écrire.

24321. — [**Montbarrey** (Alexandre-Marie-Léonor de Saint-Mauris, prince de).] Mémoires autographes de M. le prince de Montbarrey, ministre secrétaire d'État au département de la guerre sous Louis XVI (1826-1827).

Voyez le n° 20846 ci-dessus.

24322. — [**Montesquiou - Fezensac** (Anne-Pierre de).] Éloge historique de Montesquiou, lu au Lycée républicain, le 6 germinal an VII (26 mars 1799), par Rœderer, de l'Institut national. *Paris, imp. du Journal de Paris, an VII*, in-8°, 57 p. [*N.* Ln²⁷ 14627.]

Réimp. au tome IV, pp. 178-193 des *Œuvres* de Rœderer publiés par son fils (1853-1859, 8 vol. gr. in-8°).

24323. — [**Montesquiou - Fezensac** (François-Xavier-Marc-Antoine, abbé de).] Les Amours clandestins ou Parties nocturnes de l'abbé de Montesquiou, député à l'Assemblée nationale, supérieur de Saint-Lazare, et de Mᵐᵉ Le Peintre, la limonadière. *Paris, imp. des démocrates*, 1790, in-12, 35 p. [*N.* Enfer 591.]

Frontispice libre grossièrement gravé.

24324. — Tailleyrand (*sic*) de Périgord et l'abbé de Montesquiou. Vᵉ *Jeunehomme. S. d.* (1815), in-4°, 2 p. [*N.* Ln²⁷ 19319.]

Violente diatribe au sujet de leur défection pendant les Cent-Jours.

24325. — [**Montgolfier** (Joseph-Michel et Jacques-Étienne).] Note sur un article du Livre rouge, concernant M. de Montgolfier, remise au comité des pensions par M. DE BOISSY-D'ANGLAS, membre de l'Assemblée nationale (10 avril 1790). S. l. n. d., in-8°, 4 p. [N. Ln²⁷ 14645.]

Sur une avance de 4,000 livres faites en 1786 par le Roi à MM. de Montgolfier pour la construction d'un aérostat.

24326. — [**Montjallard** (Jean-Joseph-André).] Détail de la mort tragique d'un député à l'Assemblée nationale, qui s'est tué lui-même rue Saint-Marc, avec la déclaration qu'il a laissée par écrit. *Imp. Laurent*, 1791, in-8°, 8 p. [N. Ln²⁷ 14662.]

Député du clergé pour la sénéchaussée de Toulon, l'abbé Montjallard prêta le serment civique, mais pris de remords, il se précipita par une fenêtre.

24327. — [**Montjourdain** (Nicolas-Roland).] Jugement rendu par le Tribunal révolutionnaire... qui, sur la déclaration du juré de jugement, portant qu'il est constant que Nicolas-Roland Montjourdain, ci-devant commandant du bataillon de la section Poissonnière, est complice de la conspiration qui a existé tendant à troubler l'Etat par une guerre civile, en France, dans les journées des 20 juin et 10 août 1792, en armant les citoyens les uns contre les autres et contre l'exercice de l'autorité légitime, condamne Nicolas-Roland Montjourdain à la peine de mort... (16 pluviôse an II-4 février 1794). *Paris, imp. du Tribunal révolutionnaire*. S. d., in-4°, 8 p. [N. Lb⁴¹ 2232*.]

24328. — [**Montlosier** (François-Dominique DE REYNAUD, comte DE).] Mémoires de M. le comte de MONTLOSIER sur la Révolution française, le Consulat, l'Empire, la Restauration et les principaux événements qui l'ont suivie (1829).

Voyez tome I⁽ʳ⁾, n° 421 et la note qui l'accompagne; voyez aussi le numéro suivant.

24329. — Etudes sociales et politiques. Le comte de Montlosier et le gallicanisme, par A. BARDOUX. *Paris, Calmann Lévy*, 1881, in-8°, 2 ff. et VIII-394 p. [N. Ln²⁷ 32788.]

Montmignon-Dodoucet (Melchior). — Voyez **Dodoucet**.

24330. — [**Montmorency** (Mathieu-Jean-Félicité LAVAL, duc de).] Grand Combat national. *Paris*, 1790, in-8°, 29 p. [*Br. M.* F. R. 415, 12.]

Pamphlet dirigé surtout contre Mathieu de Montmorency.
Frontispice au lavis représentant les apprêts d'un duel avec ces mots :
« Aux vertus le malheur, aux crimes le succès. »

24331. — Chambre des Pairs. Séance du 28 mars 1826. Discours prononcé par M. le duc DE DOUDEAUVILLE, à l'occasion de la mort de M. le duc Mathieu de Montmorency. S. l. n. d., in-8°, 8 p. [N. Le⁵⁸ 2, session de 1826, tome I⁽ʳ⁾, n° 17.]

24332. — Hommage public de la Société des bonnes études de Toulouse à la mémoire de M. le duc Mathieu de Montmorency, prononcé dans la séance du 16 juillet 1826, par M. R.-O. BENECH, étudiant en droit, secrétaire de la Société. *Toulouse, imp. J.-M. Douladoure*, 1826, in-8°, 12 p. [N. Ln²⁷ 14714.]

24333. — Eloge de M. le duc Mathieu de Montmorency, prononcé à la séance publique de la Société royale d'agriculture, sciences et arts du Mans, par M. GIRARD, procureur du Roi, président de la Société, chevalier de l'ordre royal de la Légion d'honneur. *Le Mans, imp. Fleuriot*, 1826, in-8°, 14 p. [N. Ln²⁷ 14713.]

24334. — Note sur M. le duc Mathieu de Montmorency. *Imp. de M*ᵐᵉ *Huzard* (1826), in-8°, 19 p. [N. Ln²⁷ 14711.]

EPIGR. :

O et præsidium et dulce decus meum !

24335. — Notice sur la vie de M. le duc Mathieu de Montmorency, par M. VÉTILLART, vice-président de la Société royale d'agriculture, sciences et arts du Mans, chevalier de l'ordre royal de la Légion d'honneur. *Le Mans, imp. Monnoyer*, 1826, in-8°, 19 p. [N. Ln²⁷ 14712.]

24336. — **[Montmorin** (J.-B.-Fr. de).]
Observations sur le chapitre VIII d'un imprimé ayant pour titre : « Livre rouge ». A Paris, chez Baudoin, imprimeur de l'Assemblée nationale (12 avril 1790).

Par le comte DE MONTMORIN.
Pièce déjà citée tome III, n° 13469.

24337. — Observations de M. JEAN-BAPT.-FRANÇ. DE MONTMORIN, lieutenant général des armées du Roi, sur le rapport du comité des pensions, fait dans la séance du 30 janvier 1791, avec les motifs des pensions et traitement dont il jouissait (3 février 1791). *Imp. J. Girouard. S. d.*, in-4°, 8 p. [*N*. Ln^{27} 14719.]

24338. — **[Monvel** (Jacques-Marie Boutet, dit).] Les Variétés amusantes ou les Ribauds du Palais-Royal..., par MONVEL le sodomite... (1791).

Voyez le n° 20742 ci-dessus.
Monvel est spécialement pris à parti dans ce libelle ordurier présenté comme son œuvre personnelle.

24339. — **[Morand** (Sauveur-Jérôme).] Précis sur le citoyen Sauveur-Jérôme Morand, homme de loi, juge de paix de la division Poissonnière. *Paris, imp. du Dépôt des lois. S. d.*, in-8°, 14 p. [*N*. Lb^{42} 493.]

Le titre de départ, page 3, porte en plus : *Demandeur en cassation d'un jugement du tribunal criminel du département de la Seine, du 28 nivôse an VI*.

24340. — **[Moré** (Charles-Albert de MORÉ-PONTGIBAUD, comte de).] Mémoires du comte de M..., précédés de cinq Lettres ou Considérations sur les Mémoires par particuliers. *Paris, Victor Thiercelin* (imp. H. Balzac), 1828, in-8°, 2 ff. et 319 p. [*N*. Ln^{27} 13098.]

EPIGR. :

Je dirai : J'étais là, telle chose m'advint ;
Vous y croirez être vous-même.
LA FONTAINE.

En regard du titre, *Vue du fort de Pierre-Cize* (lith. Engelmann), où le comte de Moré avait été enfermé dans sa jeunesse.
Rédigés, paraît-il, à la sollicitation de Mme Delavau, femme du préfet de police, les *Mémoires* du comte de Moré, tirés à petit nombre, furent distribués dans une loterie de bienfaisance et devinrent ainsi très rares. Les *Lettres ou Considérations* qui les précèdent sont l'œuvre de M. de SALABERRY, beau-frère de M. de Moré, et provoquèrent entre leur auteur et son imprimeur un échange de billets dont deux sont reproduits par MM. G. Hanotaux et G. Vicaire dans leur livre sur *la Jeunesse de Balzac, Balzac imprimeur* (A. Ferroud, 1904, in-8°), p. 241-242.
Voyez le numéro suivant.

24341. — Mémoires du comte DE MORÉ (1758-1837), publiés pour la Société d'histoire contemporaine, par GEOFFROY DE GRANDMAISON et le comte DE PONTGIBAUD. Avec cinq héliogravures. *Paris, Alph. Picard et Ce*, 1898, in-8°, 2 ff. et 343 p. [*N*. L^{45} 63.]

Les héliogravures reproduisent divers portraits et la vue du château de Pierre-Encize déjà publiée dans l'édition de 1828.
Les *Mémoires* proprement dits sont suivis de lettres intimes et de plusieurs appendices.
Le préambule fort piquant, mais assez irrévérencieux, du chapitre premier de l'édition originale, a été supprimé dans celle-ci.
Sous le titre de : *Retour d'un émigré à Paris en 1799*, M. ALBERT MALET a publié dans la *Revue bleue* (4° série, tome X (1898), pp. 530-536), un autre chapitre des *Mémoires*.

24342. — **[Moreau** (Jacob-Nicolas).] Mémoire pour M. Moreau, historiographe de France, à l'occasion de la séance de l'Assemblée nationale du 14 août dernier (1790).

Voyez tome III, n° 17879.

24343. — Mes Souvenirs, par JACOB-NICOLAS MOREAU, né en 1717, mort en 1803, historiographe de France, bibliothécaire de la reine Marie-Antoinette, premier conseiller de Monsieur, frère du Roi (depuis Louis XVIII), secrétaire de ses commandements, conseiller à la Cour des comptes, aides et finances de Provence, collationnés, annotés et publiés par CAMILLE HERMELIN, membre de la Société des sciences historiques et naturelles de l'Yonne. *Paris, Plon-Nourrit et Ce*, 1898, 2 vol. in-8°. [*N*. Ln^{30} 70.]

En regard du titre de chaque volume, portrait de l'auteur, le premier d'après PUJOS, le second d'après un pastel de Mme DE CLÉDAT, élève de Greuze et fille de J.-N. Moreau,

24344. — [**Moreau** (Jean-Michel, dit le jeune).] Notice sur M. Moreau. (Extrait du « Moniteur », n° 355, an 1814.) S. l. n. d., in-8°, 8 p. [N. Ln²⁷ 14787.]

Par Laurent-François Feuillet (1771-1843), bibliothécaire de l'Institut et parent de l'artiste.

24345. — Notes biographiques sur Charles Norry et sur Moreau le jeune. S. l. n. d., in-12, 23 p. [N. Ln²⁷ 15268.]

Le titre ci-dessus est un faux-titre. P. 3, *Notes biographiques sur Charles Norry, architecte, ancien membre de la Société philotechnique*. P. 15, *Notes biographiques sur Moreau le jeune, dessinateur et graveur*. Toutes deux sont signées : H. Lemonnier et extraites de l'*Annuaire de la Société philotechnique, travaux de l'année* 1854 (1855, in-12).

24346. — L'Art du XVIII° siècle. Les Vignettistes: Gravelot, Cochin, Eisen, Moreau, par Edmond et Jules de Goncourt. Etude contenant quatre dessins gravés à l'eau-forte. *Paris, E. Dentu*, 1868-1870, 2 parties in-4°.

La notice sur Moreau est accompagnée d'une eau-forte de Jules de Goncourt représentant une *Petite fille dormant dans son lit* (J. G. 74). Sur les diverses réimpressions de *l'Art du XVIII° siècle*, voyez la note du n° 22405 ci-dessus.

24347. — L'Œuvre de Moreau le jeune. Notice et catalogue, par Henri Draibel [Béraldi]. Portrait gravé d'après Cochin. *Paris, P. Rouquette*, MDCCCLXXIV (1874), in-8°, 2 ff., 80 p. et 1 f. n. ch. (table et nom de l'imprimeur). [N. V 36937.]

On lit au verso du faux-titre : Tiré à 200 ex. Papier vergé.
Le portrait, gravé par Ad. Varin d'après Cochin, faisait partie de la collection éditée par Vignères dont on lit l'adresse au bas de la planche.

24348. — Les Gravures françaises du XVIII° siècle ou Catalogue raisonné des estampes, eaux-fortes, pièces en couleur au bistre et au lavis de 1700 à 1800, par Emmanuel Bocher. Sixième fascicule. Jean-Michel Moreau le jeune. *Paris, D. Morgand et Ch. Fatout*, MDCCCLXXIX (1879),

in-4°, XVI-750 p. et 1 f. n. ch. (table générale des matières). [N. 4° V. 16.]

En regard du titre, portrait de Moreau le jeune.
Tiré à 25 ex. sur papier Whatman et à 500 sur papier vergé, tous numérotés.

24349. — L'Œuvre de Moreau le jeune. Catalogue raisonné et descriptif, avec notes iconographiques et bibliographiques, par M. J.-F. Mahérault, ancien conseiller d'Etat. Orné d'un portrait de l'auteur par Le Rat et précédé d'une notice biographique par Emile de Najac. *Paris, Ad. Labitte*, 1880, in-8°, 2 ff., XI-568 p. et 1 f. n. ch. (adresse de l'imprimeur).

Œuvre posthume. En regard du titre, portrait de M. Mahérault gravé par Le Rat d'après une photographie.

24350. — Les Artistes célèbres. Collection placée sous le haut patronage du ministère de l'instruction publique et des beaux-arts. Les Moreau, par Adrien Moureau. *Paris, librairie de l'Art. S. d.* (1893), in-4°, 147 p. (la dernière non chiffrée). [N. Lm³ 2239.]

Titre rouge et noir. Deux pl. hors texte et nombreuses gravures dans le texte.

24351. — [**Moreau** (Louis-Pierre), dit Moreau-Desproux.] Mémoire pour le sieur Moreau, architecte du Roi, et chevalier de son ordre. *Paris, imp. N.-H. Nyon*, 1790, in-4°, 8 p. [Br. M. F. R. 37*, 8.]

Récriminations contre sa destitution, en 1787, de maître général des bâtiments de la Ville et son remplacement par Poyet.
Moreau-Desproux fut condamné à mort le 21 messidor an II (9 juillet 1794).

24352. — [**Moreau de Saint-Méry** (Médéric-Elie-Louis).] Observations sur la conduite de M. Moreau de Saint-Méry, député à l'Assemblée nationale, à l'égard de M. Le Charton, manufacturier, député. *Paris*, 1791, in-8°, 47 p.

Portrait de l'auteur.
D'après la *Feuille de correspondance du libraire* de 1791, n° 518. Le nom et le rôle de Le Charton ne sont signalés nulle part ailleurs.

24353. — Société royale et centrale d'agriculture. Discours prononcé le 30 janvier 1819, lors de l'inhumation de M. Moreau de Saint-Méry, membre de la Société, par M. SILVESTRE, secrétaire perpétuel. *S. l. n. d.*, in-8°, 4 p. [*N.* Ln^{27} 14809.]

24354. — Discours prononcé aux obsèques de M. Moreau de Saint-Méry, le 30 janvier 1819, par M. FOURNIER-PESCAY, docteur en médecine, secrétaire du conseil de santé militaire. *Imp. de M*^{me} *Huzard. S. d.*, in-8°, 15 p. [*N.* Ln^{27} 14810.]

24355. — Notice biographique sur M. Moreau de Saint-Méry, lue à la séance publique de la Société royale d'agriculture, le 18 avril 1819, par M. SILVESTRE, secrétaire perpétuel de la Société. *Imp. de M*^{me} *Huzard*, 1819, in-8°, 24 p. [*N.* Ln^{27} 14811.]

24356. — [**Morellet** (André).] Quelques Réflexions sur un article du « Journal de l'empire » du 15 juillet 1806, par A. MORELLET. *Paris, Xhrouet; Déterville; Petit*, 1806, in-8°, 1 f. et 46 p. [*N.* Ln^{27} 14287.]

Épigraphe empruntée à Cicéron.
Réponse à un article injurieux de Geoffroy. P. 18-19, Morellet rappelle et résume son rôle pendant la Révolution.

24357. — Institut royal de France. Académie française. Funérailles de M. l'abbé Morellet (14 janvier 1819). *Imp. F. Didot. S. d.*, in-4°, 6 p. [*N.* Ln^{27} 14828.]

Discours de CAMPENON, directeur et LAYA, chancelier de l'Académie française.

24358. — Catalogue des livres de la bibliothèque de feu M. l'abbé Morellet, de l'Académie française, dont la vente se fera le lundi 18 octobre 1819 et j. s., en l'une des salles de M. Silvestre, rue des Bons-Enfants, n° 30. *Paris, Verdière*, 1819, in-8°, 5 ff. et 374 p.; 4718 numéros. [*N.* Δ 13933.]

A l'ex. de la collection Jullien ici décrit sont joints le portrait placé en tête des *Mémoires* de l'auteur (voyez le numéro suivant), un billet autographe signé et une quittance signée de l'abbé Morellet.

24359. — Mémoires de l'abbé MORELLET, de l'Académie française, sur le XVIIIe siècle et sur la Révolution, précédés de l'« Éloge de l'abbé Morellet », par M. LÉMONTEY, membre de l'Institut, Académie française. *Paris, Ladvocat*, 1821, 2 vol. in-8°.

ÉPIGR. :

Veritas omnia vincit.

Publiés par JOSEPH-VICTOR LECLERC. L'*Éloge* de Lémontey est extrait de celui qu'il avait prononcé lors de sa réception à l'Académie française, le 17 juin 1819.
En regard du titre du tome Ier, portrait d'*André Morellet* (1727-1819), *dessiné d'après le tableau original* (?), MASSOL, *sculp*. Entre les pp. 296 et 297, fac-similé de croquis envoyés à Morellet par Franklin et dessinés par le petit-fils de celui-ci. P. 361, *Observations sur la Correspondance littéraire de Grimm*.
Les *Mémoires* proprement dits s'arrêtent à la p. 227 du tome II; ils sont suivis d'un *Supplément* dû à J.-V. Leclerc (p. 228), de *Notes et pièces justificatives* (p. 249), d'une *Liste* rédigée par Morellet des « personnes » de quelque nom avec lesquelles il avait été en relations (p. 437), et de celle de ses ouvrages imprimés et manuscrits (pp. 439-444). Un nouveau *Supplément* (avec titre et faux-titre), daté de 1822 et comportant 135 p., contient les *Lettres de l'abbé* MORELLET *à M. le comte R****** [Rœderer], *ministre des finances à Naples* (1806-1808), et des *Observations sur un article des Archives littéraires* [réfutation d'une opinion de Bernardi sur Voltaire et Beccaria].
Le *Catalogue de l'histoire de France* de la B. N. a enregistré sous la cote La^{33} 89 une « seconde édition augmentée » intitulée : *Mémoires inédits...* Le second supplément y est intitulé : *Lettres inédites de l'abbé* MORELLET, *membre de l'Académie française, sur l'histoire politique et littéraire des années 1806 et 1807, pour faire suite à ses Mémoires*. Selon Quérard, J.-V. Leclerc est resté étranger à la publication de ce Supplément, également tiré à part pour les acquéreurs de la première édition des *Mémoires*.

24360. — [**Morency** (Barbe-Suzanne-Amable GIROUST, dame QUILLET, dite de).] Illyrine ou l'Écueil de l'inexpérience, par G.... DE MORENCY. *Paris, chez l'auteur, rue Neuve-Saint-Roch, n° 111 ; Rainville; M*^{lle} *Durand; Favre; tous les marchands de nouveautés, an VII-an VIII*, 3 vol. in-8°. [*N.* Y^2 55213-55215.]

ÉPIGR. :

Le monde est une comédie
Où chaque acteur vient à son tour
Amuser les hommes du jour
Des aventures de sa vie.

Épître à Sophie, par le citoyen ALIBERT.

En regard du titre du tome Ier, portrait de l'auteur, signé CANU, *inv. et sculp.* Il est accompagné de ce quatrain :

> Docile enfant de la nature,
> L'Amour dirigea ses désirs ;
> De ce dieu la douce imposture
> Fit ses malheurs et ses plaisirs.

Roman par lettres où l'auteur se met en scène sans vergogne et conte ses liaisons successives avec Quinette, Saint-Just, Hérault de Séchelles, Fabre d'Eglantine, Dumouriez, Ronsin, etc., et qui, à ce titre seulement, avait droit de cité dans cette *Bibliographie*. Le livre est d'ailleurs devenu rare et n'a point été réimprimé.

L'auteur, née BARBE-SUZANNE-AMABLE GIROUST, mariée à un avocat de Soissons nommé QUILLET, dont elle avait eu une fille, avait pris le pseudonyme de MORENCY sous lequel elle a publié d'autres livres. Voyez sur sa vie et ses ouvrages, dont la valeur littéraire est absolument nulle, *les Oubliés et Dédaignés* de Ch. Monselet (cf. n°s 20695-20695a-c ci-dessus) et une note signée W. O. [WILLIAM MARTIN] dans la *Gazette bibliographique* de 1869, pp. 38-39.

24361. — [**Moreton-Chabrillan** (Jacques-Henri-Sébastien-César, comte de). Lettre d'un lieutenant général à M. le comte de L.*** (1er août 1788). *S. l. n. d.*, in-8°, 31 p. [*N.* Ln^{27} 14832.]

Sur la destitution du colonel Moreton-Chabrillan.

24362. — Extrait du registre des délibérations de l'ordre de la noblesse du Dauphiné (8 novembre 1788). *S. l. n. d.*, in-8°, 7 p. [*N.* Ln^{27} 14833.]

En faveur du comte de Moreton-Chabrillan.

24363. — A la Nation assemblée dans ses bailliages pour élire ses représentants aux Etats-Généraux. *S. l. n. d.*, in-8°, 8 p. [*N.* Ln^{27} 14834.]

Signé : le comte DE MORETON-CHABRILLAN.

24364. — Aux Assemblées d'élections de Paris. *S. l. n. d.*, in-8°, 8 p. [*N.* Ln^{27} 14835.]

Signé : le comte DE MORETON-CHABRILLAN.
Voyez le numéro suivant.

24365. — Lettre d'un citoyen du tiers-état à M. le Lieutenant civil. *S. l. n. d.*, in-8°, 14 p. [*N.* Lb^{39} 1333.]

Au sujet du Mémoire du comte de Moreton-Chabrillan et sur la discipline.
Voyez le numéro précédent.

24366. — Réclamation présentée à l'Assemblée nationale, par J.-H. MORETON, contre sa destitution arbitraire de la charge de colonel du régiment d'infanterie de La Fère. *Paris, imp. Nationale*, 1790, in-8°, 2 ff. et 96 p. [*N.* Ln^{27} 14836.]

24367. — Premier Mémoire présenté au conseil de guerre assemblé à Toul, par J.-H. MORETON, le 10 novembre 1790. *Toul*, 1790, in-4°, 32 p. [*N.* Ln^{27} 14837.]

24368. — Mémoires et Consultations présentés au conseil de guerre assemblé à Toul, par J.-H. MORETON. *Toul, imp. J. Carez*, 1791, in-4°, 1 f., VIII-308 p. (la dernière non chiffrée. [*N.* Ln^{27} 14838.]

La page non chiffrée contient des *errata*.
Dans le texte sont intercalés de nombreux tableaux repliés.

24369. — Mémoire et Consultation en réponse aux écrits de M. J.-H. de Moreton, présentés au conseil de guerre assemblé à Toul, par le corps des officiers du 52e régiment d'infanterie, ci-devant La Fère. *Metz, imp. J.-B. Collignon*, 1791, in-4°, XX-185 p. et 3 tableaux repliés. [*N.* Ln^{27} 14839.]

Le *Mémoire* est précédé d'un *Supplément nécessaire à la confession générale de M. de Moreton* qui est paginé en chiffres romains.

24370. — Lettre de J.-H. MORETON-CHABRILLAN, l'un des plus anciens colonels en activité de l'armée, à M. Du Portail, ministre de la guerre. *Paris, le 2 juillet 1791. Imp. C. Volland. S. d.*, in-8°, 4 p. [*N.* Ln^{27} 14840.]

24371. — Réclamation contre M. Duportail, ministre de la guerre, adressée à l'Assemblée nationale, par J.-H. MORETON, le 5 septembre 1791. *Imp. du Cercle social. S. d.*, in-4°, 8 p. [*N.* Lb^{39} 5329.]

Voyez le numéro suivant.

24372. — Lettre de J.-H. MORETON à M. Du Portail, en lui envoyant sa Réclamation à l'Assemblée nationale. *Paris, le 5 septembre 1791. S. l. n. d.*, feuillet in-4°. [*N.* Ln^{27} 14841.]

Voyez le numéro précédent.

24373. — A l'Assemblée nationale (9 septembre 1791). *Imp. du Cercle social.* S. d., in-4°, 4 p. [*N.* Ln²⁷ 14842.]

Signé : J.-H. Moreton.

24374. — Précis pour J.-H. Moreton (10 septembre 1791). *Imp. du Cercle social.* S. d., in-4°, 8 p. [*N.* Ln²⁷ 14843.]

24375. — Pétition présentée à l'Assemblée nationale, par J.-H. Moreton, le 31 octobre 1791. *Imp. du Cercle social.* S. d., in-4°, 14 p. [*N.* Ln²⁷ 14844.]

24376. — [**Morizot** (Edme-Etienne).] Placet à la Reine, en invoquant l'attention des augustes maisons de Bourbon et d'Autriche sur la justice qui émanera du trône, par M. Morizot. *Paris, chez les principaux libraires.* S. d., in-8°, 76 p. [*N.* Ln²⁷ 14865.]

24377. — Anecdote intéressante à recueillir pour l'histoire de Louis XVI, roi des Français; arrivée au château des Tuileries, le samedi 28 mai dernier. S. l. n. d. (1790), in-8°, 8 p. [*N.* Lb³⁹ 3473.]

Signée : Gérard, secrétaire de la Société des Amis de l'humanité.
Récit de l'accueil brutal fait par Louis XVI au sieur Morizot, dépouillé de sa place dans les bureaux de la Loterie, par Valdec de Lessart.

24378. — Appel au Roi, en présence de la nation et sous les yeux de l'Europe, d'un déni de justice de l'Assemblée nationale, contenant un essai historique des troubles excités dans tous les empires par les avocats et une discussion abrégée sur la révolution actuelle, ses opérations et ses effets, par M. Morizot. *Paris, au Palais Marchand et quai des Grands-Augustins,* 41, *chez le libraire, septembre* 1790, in-4°, 138 p. et 1 f. d'errata. [*Br. M. F. R.,* 3*, 2.]

24379. — Dénonciation contre le sieur Necker, premier ministre des finances, et contre le sieur Lambert, contrôleur général, remise au comité des rapports de l'Assemblée nationale. S. l., 1790, in-8°, 50 p. [*N.* Lb³⁹ 3970.]

Signée : Morizot, avocat.
Le titre de départ, p. 3, porte : *Mémoire au Roi et à l'Assemblée nationale en dénonciation contre le sieur Necker, premier ministre des finances et en réponse à la défense du sieur Lambert, contrôleur général, envoyée au comité des rapports de l'Assemblée nationale où l'affaire est pendante.*

Épigr. :

Souvent des scélérats ressemblent aux grands hommes.
Voltaire, *Henriade.*

24380. — Dénonciation à l'Assemblée nationale, contre ses bureaux du comité des rapports. S. l. n. d., in-8°, 21 p. [*N.* Ln²⁷ 14866.]

Signé : Morizot, avocat.

24381. — Mémoire aux nations étrangères, par M. Morizot, avocat. *Paris, chez les marchands de nouveautés,* 1791, in-8°, 122 p. [*N.* Ln²⁷ 14867.]

24382. — Placet au citoyen Rolland, ministre de l'intérieur, contre le citoyen Boullanger, juge de paix de la section des Gardes-Françaises, ci-devant de l'Oratoire. S. l. n. d. (1792), in-8°, 11 p. [*N.* Ln²⁷ 14868.]

Signé : Votre concitoyen Morizot, anciennement avocat.

24383. — Notes historiques sur M. Morizot, avocat de Paris, qui, pendant la Révolution de 1789, défendit le roi et la reine de France, etc. Dédiées aux souverains. *Francfort,* 1795, in-8°, 124 p.

Épigr. :

Donec eris felix, multos numerabis amicos.
Ovide.

D'après Barbier (v° *Sacre royal*) qui a tiré de cette brochure les éléments d'une longue et intéressante notice sur l'auteur des divers écrits énumérés ci-dessus et de ceux que je n'avais pas à y faire figurer.

24384. — [**Mortet** (Claude).] Jugement rendu par le Tribunal criminel révolutionnaire... qui, sur la déclaration du jury de jugement, portant qu'il est constant qu'il a été entretenu dans la commune de Chantilly, département de l'Oise, des intelligences et correspondances avec les ennemis de la République, notamment avec le traître Condé, pour favoriser l'invasion du territoire français et faciliter l'entrée des armées ennemies en France; qu'il est pareillement constant que Claude Mortet, ci-devant contrôleur des équipages de Condé, est convaincu d'avoir entretenu des intelligences et correspondances en soustrayant des meubles et effets précieux appartenant à la nation et provenant du mobilier dudit Condé et en émigrant du territoire français, condamne ledit Mortet à la peine de mort... (3 ventôse an II- 21 février 1794). *Paris, imp. du Tribunal révolutionnaire.* S. d., in-4°, 7 p. [*N.* Lb⁴¹ 2232*.]

Mortet était âgé de cinquante-huit ans et demeurait rue de l'Université.

24385. — [**Mosnier** (François-Paul).] Section du Mont-Blanc. Rapport des faits et dénonciations contre Mosnier, commissaire au comité civil et aux accaparements, qui ont déterminé l'assemblée générale à lui retirer sa confiance (15 brumaire an II-5 novembre 1793). *Imp. Quillau.* S. d., in-4°, 14 p. [*R.* AD. XVI, 70.]

Voyez le numéro suivant.

24386. — Mémoire justificatif pour Mosnier, commissaire aux accaparements de la section du Mont-Blanc. *Paris, G.-F. Galetti.* S. d., in-4°, 22 p. [*N.* Ln²⁷ 14901.]

Voyez le numéro précédent.

Mouchy-Noailles. — Voyez **Noailles**.

24387. — [**Mouffle**.] Lettre de M. l'abbé Mouffle, premier vicaire de Saint-Méry, à M. le curé de Saint-Méry en lui envoyant la rétractation de son serment (1791).

Voyez tome III, nos 16911 et 16912.

24388. — [**Moulin** (Jean-François-Auguste).] L'abbé Sieyès, comte de l'Empire, et le général de division Moulin. *Imp. N. Chaix*, 1853, in-4°, 10 p. [*N.* Ln²⁷ 14924.]

Réclamation de Mᵐᵉ DE MAROUZE, fille du général Moulin, contre les héritiers de Sieyès, au sujet d'une somme considérable formant un fond de réserve destiné aux Directeurs sortants et que Sieyès se serait en partie appropriée, au détriment de ses collègues, après le 18 brumaire.

24389. — [**Mounier** (Jean-Joseph).] Exposé de la conduite de M. MOUNIER dans l'Assemblée nationale et des motifs de son retour en Dauphiné (1789).

Voyez tome Iᵉʳ, nos 1432-1432ᵃ⁻ᵈ et les nos 1433-1434 réfutant cet *Exposé*.

24390. — Eloge historique de M. Mounier, conseiller d'Etat, par M. BERRIAT (SAINT-PRIX). *Grenoble, Allier; Paris, Goujon*, 1806, in-8°, 1 f. et 70 p. [*N.* Ln²⁷ 14929.]

24391. — Société des sciences et arts. Séance publique du 15 mars an 1806. Eloge funèbre de M. Mounier, ancien préfet, conseiller d'Etat, président de ladite Société. *Rennes, J. Robiquet.* S. d., in-4°, 10 p. [*N.* Ln²⁷ 14930.]

Le titre de départ, page 1, porte : *Discours prononcé par M.* ROUTHIER, *secrétaire général de la préfecture, membre de l'Académie de législation et de ladite Société.*

ÉPIGR. :

Studio sapientiæ eloquentiæque notus.

TACITE.

24392. — Notice historique sur la vie de Mounier, par M. le marquis DE LALLY-TOLENDAL, extraite de la « Biographie universelle », tome XXX. *Imp. Everat.* S. d. (1821), in-8°, 18 p. [*N.* Ln²⁷ 14934.]

24393. — Un Royaliste libéral en 1789. Jean-Joseph Mounier, sa vie politique et ses écrits, par L. DE LANZAC DE LABORIE, avocat à la Cour d'appel. *Paris, E. Plon, Nourrit et Cᵉ*, 1887, in-8°, 2 ff., 341 p. et 1 f. n. ch. (*Table des matières*). [*N.* Ln²⁷ 36821.]

ÉPIGR. :

C'était un homme passionnément raisonnable.

Mᵐᵉ DE STAEL.

24394. — [**Mulot** (François-Valentin).] Eloge funèbre de François-Valentin Mulot, membre de l'Athénée des arts, de la Société libre des sciences, lettres et arts, de la Société académique des sciences, de l'Académie de législation, prononcé par M. CAILLE, membre de l'Athénée des arts, de la Société libre des sciences, lettres et arts et de l'Académie de législation, dans la séance publique de l'Athénée des arts, le 9 frimaire an XIII, le second de l'Empire (30 novembre 1804). *Paris, imp. Gillé fils*, 1806, in-4°, 10 p. [*N.* Ln^{27} 14959.]

24395. — Journal intime de l'abbé MULOT, bibliothécaire et grand prieur de l'abbaye de Saint-Victor (1777-1782), publié par MAURICE TOURNEUX. *Paris* [Nogent-le-Rotrou, imp. Daupeley-Gouverneur], 1902, in-8°, 112 p.

On lit au verso du faux-titre : Extrait des *Mémoires de la Société de l'histoire de Paris et de l'Ile de France*, tome XXIX (1902).

Tirage à part à cinquante ex., non mis dans le commerce. Dans ce tirage on trouve, pp. 109-112, un « Noël » contre la cour et contre Marie-Antoinette qui ne figure pas dans les *Mémoires* de la Société.

La *Notice préliminaire* sur la vie et les écrits de l'abbé Mulot occupe les pp. 3-20.

Le manuscrit autographe de ce journal appartenait à M. Henry Harrisse qui, depuis la publication, en a fait don à la Bibliothèque nationale.

24396. — [**Muraire** (Honoré).] Éloge funèbre de M. le comte Muraire, prononcé dans la grande loge centrale de France, par le F.·. PH. DUPIN. *Paris, imp. Moreau et Bruneau*. S. d. (1837), in-8°, 20 p. [*N.* Ln^{27} 14965.]

24397. — Le comte Muraire, étude historique de M. PIERRE CLÉMENT, membre de l'Institut et du Conseil général du Var, suivie d'un mémoire de M. MURAIRE en faveur de la fixation, dans la ville de Draguignan, du chef-lieu de la préfecture du Var. *Draguignan, Garcin*, 1858, in-16, 83 p. [*N.* Ln^{27} 14966.]

Voyez le numéro suivant.

24398. — Le comte Muraire, par M. PIERRE CLÉMENT, membre de l'Institut et du Conseil général du Var. Extrait du « Plutarque provençal ». *Marseille, A. Gueidon*, 1859, gr. in-8°, 1 f. et 47 p. [*N.* Ln^{27} 14967.]

Réimpression de la notice décrite sous le numéro précédent.

24399. — [**Muriat** (André).] Jugement prévôtal, rendu publiquement en la chambre criminelle du Châtelet de Paris, qui condamne André Muriat, manœuvre à maçon, à être attaché au carcan dans la place de Grève, et y demeurer depuis midi jusqu'à deux heures, ayant écriteau devant et derrière portant ces mots : « Colporteur criant de fausses nouvelles propres à alarmer ». Extrait des registres du greffe de la prévôté et maréchaussée générale de l'Ile-de-France. Du douze novembre mil sept cent quatre-vingt-neuf. *Paris, imprimerie de la prévôté et maréchaussée générale de l'Ile-de-France*. S. d., in-4°, 3 p. [*N.* Lb^{39} 2583.]

24400. — [**Musquinet de La Pagne** (Louis-Michel). Le Nouveau Prométhée ou le Malheureux MUSQUINET, ci-devant DELAPAGNE, à l'Assemblée nationale. *Paris, Garnéry, l'an Ier de la Liberté*, in-8°, 8 p. [*N.* Ln^{27} 15005.]

Daté de l'hôtel de la Force, le 28 juin 1790.

24401. — Réclamations du moderne Prométhée à tous les districts. S. l., 1790, in-8°, 1 f. et 21 p. [*N.* Ln^{27} 15006.]

Signées : MUSQUINET, ci-devant DE LA PAGNE, datées de l'hôtel de la Force, 9 juillet 1790.

24402. — Prodige de vertu. Innocence reconnue après vingt-deux ans passés, enchaînée par tous les membres, dans des cachots. Mémoire pour Marie Noel, femme de Louis Thomas, tous deux marchands de ptisane (sic) à Paris. *Paris, imp. Trasseux*, 1791, in-8°, 12 p. [*N.* Ln^{27} 15007.]

Voyez aussi tome III, n°s 15252-15253.

Musquinet de La Pagne, arrêté pour avoir, comme maire d'Ingouville (Seine-Inférieure), suscité une insurrection contre la ville du Havre à propos des subsistances, fut incarcéré à la Conciergerie le 13 frimaire an II (3 décembre 1793) et condamné à mort le 26 ventôse suivant (16 mars 1791).

24403. — [**Naigeon** (Jacques-André).] Institut de France. Funérailles de M. Naigeon, le 2 mars 1810. *Imp. Baudouin*. S. d., in-4°, 6 p. [*N.* Ln^{27} 15033.]

Discours de PIERRE-LOUIS LACRETELLE, dit l'aîné.

24404. — Catalogue d'une collection d'estampes rares et précieuses composant le cabinet de M. Naigeon, membre de l'Institut et chevalier de l'Empire, dont la vente après décès se fera le vendredi 23 mars 1810, le matin, en sa maison rue du Bac, n° 86. *Paris, Bénard*, 1810, in-8°, 12 p.; 34 numéros. [N. 8° V 36/2255.]

« La collection dont nous donnons ici le catalogue, dit l'*Avertissement*, n'offre qu'un petit nombre d'articles, le possesseur n'ayant recherché que les objets qui réunissaient la conservation à la beauté et à la rareté, mais on peut assurer qu'il avait été heureux dans son choix. Toutes ses estampes sont en bon état et peuvent être admises dans les cabinets les mieux composés où elle soutiendront la comparaison avec les plus belles. »

24405. — Catalogue des livres très bien conditionnés du cabinet de feu M. J.-A. Naigeon, membre de l'Institut de France et chevalier de l'Empire. *Paris, De Buré père et fils*, 1810, in-8°, 3 ff. et 70 p.; 610 numéros. [N. Δ 13255.]

La vente eut lieu au domicile du défunt, le 25 avril 1810 et j. s. Elle produisit 12,751 fr. 85 c.

L'*Avertissement* des libraires prévient que, pour subvenir aux frais de la maladie à laquelle il devait succomber, Naigeon s'était vu contraint de céder, deux ans auparavant, son cabinet de classiques grecs et latins « en grand papier, de la plus belle condition, à un amateur distingué » [Firmin Didot], mais qu'après ce cruel sacrifice, il était parvenu à reformer une nouvelle collection moins importante, quoiqu'encore digne de solliciter les enchères des curieux.

Déjà, en 1785, Naigeon avait cédé à Dincourt d'Hangard les plus beaux livres d'une autre bibliothèque qui furent revendus par leur acquéreur quatre ans plus tard.

24406. — Discours prononcé (*sic*) dans la séance publique tenue par la classe de la langue et de la littérature française de l'Institut de France, le 15 septembre 1810, pour la réception de M. Lemercier. *Paris, Baudouin, septembre* MDCCCX (1810), in-4°, 34 p. [N. Z 5053 (170).]

P. 3, discours de Népomucène Le Mercier; p. 28, *Réponse* de M. Merlin [de Douai], comte de l'*Empire*, conseiller d'État, procureur général impérial de la Cour de cassation, au discours de M. Le Mercier.

Éloge de Naigeon.

24407. — Mémoire sur Naigeon et accessoirement sur Sylvain Maréchal et Delalande (*sic*), par M. Damiron (1857).

Voyez le n° 23953 ci-dessus.

24408. — [**Naigeon** (Jean).] Notice historique sur Naigeon (Jean), membre de la Légion d'honneur, peintre d'histoire, ancien conservateur du Musée du Luxembourg, né le 19 avril 1757 à Beaune (Côte-d'Or), mort à Paris le 22 juin 1832. *Paris, imp. Vinchon*, 1848, in-8°, 7 p. [N. Ln[27] 15035.]

Par Elzidor Naigeon, peintre comme son père. Voyez le numéro suivant.

24409. — Louis Morand. Une famille d'artistes. Les Naigeon. Notices biographiques et catalogues de leurs œuvres. Portrait de Gaspard Monge, par Jean Naigeon. *Paris, Georges Rapilly* (Bergerac, imp. générale du Sud-Ouest), 1902, in-8°, 64 p.

En regard du titre, portrait de Monge, photographié d'après l'original du Musée de Beaune. On lit au verso du faux-titre : « Tiré à cent ex. numérotés. »

24410. — [**Nailly**.] Nailly à la section Lepelletier. *Imp. V° Potier de Lille. S. d.* (1794), in-8°, 7 p. [N. Ln[27] 15036.]

Explications (postérieures au 9 thermidor) au sujet d'une arrestation dont Nailly avait été la cause involontaire, lors de la tentative d'assassinat de Lamiral sur Collot d'Herbois (4 prairial an II).

24411. — [**Narbonne-Lara** (Louis-Marie-Jacques-Amalric, comte de).] Petit bulletin d'un grand voyage (20 décembre 1791). *S. l. n. d.*, in-8°, 15 p. [N. Lb[39] 3624.]

Facétie sur Narbonne, ministre de la guerre, et sur un projet de fortification de Pantin.

24412. — Compte de l'administration de M. de Narbonne. *Paris, imp. Du Pont, l'an IV* [1792], in-4°, 1 f. et 36 p. [N. Lb[39] 10485.]

24413. — [**Naudet** (Jean-Baptiste-Julien-Marcel).] Réponse de M. Naudet à une lettre de M. Talma, du 27 octobre 1790, insérée dans « la Chronique [de Paris] », le « Journal [de Paris] » et les « Petites-Affiches ». *Imp. L. Potier de Lille. S. d.,* in-8°, 9 p. [*N.* Ln²⁷ 15054.]

24414. — Réponse de M. NAUDET, comédien du Roi, aux injures répandues contre lui dans différents journaux. *Imp. L. Potier de Lille. S. d.* (1790), in-8°, 18 p. [*N.* Ln²⁷ 15055.]

24415. — [**Naüendorff** ou **Naündorff** (Charles-Guillaume).] A Messieurs les jurés appelés à juger le sieur Richemont, soi-disant duc de Normandie (Paris, 28 octobre 1834). *Imp. Bacquenois et Appert. S. d.,* in-4°, 3 p. [*N.* Ln²⁷ 21582.]

Signé : CHARLES-LOUIS, duc DE NORMANDIE. Premier manifeste du prétendant contre son rival. Voyez les trois numéros suivants.

24416. — Lettre de LOUIS-CHARLES (*sic*) duc DE NORMANDIE, à Louis-Philippe, roi des Français (Paris, 27 novembre 1834). *Imp. Bacquenois et Appert. S. d.,* in-4°, 4 p. [*N.* Ln²⁷ 21581.]

24417. — Aux Chambres. A MM. les présidents et membres composant la Chambre des Pairs de France et la Chambre des Députés des départements (18 décembre 1834). *S. l. n. d.,* in-4°, 3 p. [*N.* Ln²⁷ 15070.]

Signé : CHARLES-LOUIS, duc DE NORMANDIE, rue des Postes, n° 29.

24418. — A la France et à l'Europe. *Imp. L.-E. Herhan. S. d.* (1835), in-8°, 2 p. [*N.* Ln²⁷ 15071.]

Signé : CHARLES-LOUIS, duc DE NORMANDIE.

24419. — Existence du fils de Louis XVI, Charles-Louis, duc de Normandie. *Imp. L.-E. Herhan. S. d.* (1835), in-8°, 12 p. [*N.* Ln²⁷ 15072.]

Signé : M....., avocat.

24420. — Le véritable duc de Normandie ou Réfutation de bien des impostures. *Paris, chez les principaux libraires français et étrangers,* août 1835, in-8°, 467 p. [*N.* Ln²⁷ 15073.]

Annoncé comme devant former quatre volumes, paraissant par livraisons de deux ou trois feuilles. Le tome Iᵉʳ a seul paru.

L'ex. de la B. N. n'a qu'une couverture de la première livraison.

Épigraphe empruntée aux *Pandectes*.

Par GABRIEL DE BOURBON-BUSSET, dit BOURBON-LEBLANC.

24421. — Lettre adressée à S. M. le roi des Français par le duc DE NORMANDIE, et protestation de ses avocats (26-28 juin 1836). *Paris, imp. Poussielgue. S. d.* (1836), in-4°, 3 p. [*N.* Ln²⁷ 15074.]

La protestation en forme d'apostille (p. 3) est signée GRUAU, avocat, ancien procureur du Roi; BOURBON-LEBLANC, avocat consultant; XAVIER LAPRADE, avocat; BRIQUET, avocat.

24422. — Observations sommaires sur l'arrestation de M. de Naündorff, en instance devant le tribunal de la Seine pour être reconnu fils de Louis XVI, sauvé du Temple, soumise à la magistrature par les membres présents du conseil judiciaire préposé à sa défense (18 juin 1836). *Paris, rue du Croissant-Montmartre, n° 7,* 1836, in-8°, 14 p. [*N.* Ln²⁷ 15075.]

Signées : GRUAU, ancien procureur du Roi; G. BOURBON-LEBLANC, avocat consultant; BRIQUET, avocat à la Cour royale.

24423. — Motifs de conviction sur l'existence du duc de Normandie, par MM. GRUAU et LAPRADE. *Paris, chez Mᵐᵉ Vᵉ Goullé et chez Montmaur,* 1836, in-8°, 46 p. [*N.* Ln²⁷ 15076.]

P. 28-46, A mes amis de France, lettre datée de Dresde, mai 1836, et signée XAVIER LAPRADE, avocat.

24424. — La Vie du véritable fils de Louis XVI, duc DE NORMANDIE, écrite par lui-même. Juillet 1836. *Paris, Montmaur; Versailles, Portier. S. d.* (1836), in-8°, 47 p. [*N.* Ln²⁷ 15077.]

24425. — Oui, c'est le fils de Louis XVI ! Par A. GOZZOLI. *Paris, chez les principaux libraires,* juillet 1836, in-8°, 52 p. [*N.* Ln²⁷ 15078.]

ÉPIGR. :

Homo sum, humani nil a me alienum puto.

Que demande-t-il ? Son nom, le titre de citoyen français.

24425ª. — Oui, c'est le fils de Louis XVI, par A. Gozzoli. Troisième édition. *Paris, Montmaur*, 1836, in-8°, 48 p. [*N*. Ln²⁷ 15078 A.]

24426. — Le Dernier fils de Louis XVI, par A. Morel de Saint-Didier, commissaire du prince en 1834 auprès de S. A. R. Madame la duchesse d'Angoulême. *Paris, Vᵉ Goulet; Montmaur; Krabbe*, 1836, in-8°, 1 f. et 126 p. [*N*. Ln²⁷ 21580.]

24427. — Abrégé de l'histoire des infortunes du Dauphin, depuis l'époque où il a été enlevé de la tour du Temple, jusqu'au moment de son arrestation par le gouvernement de Louis-Philippe et de son expulsion en Angleterre, suivi de quelques documents à l'appui des faits racontés par le prince et des incidents qui ont si péniblement traversé sa vie, avec son portrait et les fac-similé de son écriture, de celle de la Reine et de la signature de Louis XVI. Novembre 1836. *Londres, C. Armand, imprimeur*. S. d., in-8°, 2 ff., XII-IV-400 p. et 1 f. n. ch. [*N*. Ln²⁷ 15079.]

En regard du titre, portrait du prétendant gr. sur acier, par E. Scriven, d'après Lecourt. L'Introduction (sans titre), signée par Gruau, Xavier Laprade et Briquet, est suivie d'une note datée de Londres 21 septembre 1836 et signée par l'abbé Appert, curé de Saint-Arnoult [en Yveline (Seine-et-Oise)]. Les fac-similé sur une seule page (fragment du testament de la Reine, signatures du Roi et du Dauphin), sont placés après le feuillet non chiffré.

24428. — An abridged Account of the misfortunes of the Dauphin, followed by some documents in support of the facts related by the prince, with a supplement. Translated from the french, by the hon. and rev. C.-G. Perceval, rector of Cawerton. *London, James Fraser*, 1838, in-8°, 714 p. et 1 f. n. ch. (*errata*). [*N*. Ln²⁷ 15080.]

P. 714, fac-similé sur bois de la signature de Charles-Louis, duc de Normandie.

24429. — Lettre [et 2ᵉ Lettre] de Ch. Tenfer à Mᵐᵉ la baronne de ***. *Paris, imp. L.-E. Herhan*. S. d., in-8°, 16 et 7 p. [*N*. Ln²⁷ 15081.]

Contre Naündorff et en faveur de Richemont.

24430. — Pétition à la Chambre des Pairs et à la Chambre des Députés, présentée le janvier 1837. Par S. A. R. le duc de Normandie, connu sous le nom de Naündorff. *Paris, chez Mᵐᵉ Vᵉ Goullé et chez Montmaur*, 1837, in-8°, 30 p. [*N*. Ln²⁷ 15082.]

24431. — Le dernier Fils de France ou le Duc de Normandie, fils de Louis XVI et de Marie-Antoinette, par A. Solaud. *Yssingeaux, imp. Venet*, 1838, in-8°, 155 p. [*N*. Ln²⁷ 15083.]

Épigr. :
Etiamsi omnes, ego non.

24432. — Naündorff ou Mémoire à consulter sur l'intrigue du dernier des faux Louis XVII, suivi des jugements et condamnations d'Ervagault sous le Consulat, de Mathurin Bruneau sous la Restauration, et du baron de Richemont sous le gouvernement actuel, par A.-F.-V. Thomas (1837).

Voyez le n° 21400 ci-dessus et le numéro suivant.

24433. — Réponse au pamphlet intitulé : « Mémoire à consulter », de M. A.-F.-V. Thomas, ex-inspecteur général, etc., par M. Ch. de Tenper. *Imp. Pollet, Soupe et Guillois*, 1838, in-8°, 7 p. [*N*. Ln²⁷ 15084.]

Épigr. :
Ne insultes miseris!

24434. — « Londres, 19 novembre 1838. Mon cher ami, je ne sais comment vous raconter… ». *Saint-Etienne, J.-P. Boyer*. S. d. (1838), in-4°, 7 p. [*N*. Ln²⁷ 15086.]

Récit d'une tentative d'assassinat sur le prétendant, signé : Jean-Baptiste Laprade, prêtre catholique évangélique.

24435. — Le véritable Orphelin du Temple, vivant en 1839, ou Preuves de l'existence actuelle du fils de Louis XVI et de Marie-Antoinette, par M. Emile Sauveur. *Lyon, chez l'éditeur, rue Saint-Marcel, 9, et chez Aynè fils, libraire*, 1839, in-8°, 108 p. [*N*. Ln²⁷ 15087.]

Errata au verso du titre. Dans l'ex. de la B. N. manquent les 16 premières pages.

24436. — Cinq années d'intrigues dévoilées, par M. MORIN DE GUÉRIVIÈRE père, auteur de la brochure intitulée : « Quelques Souvenirs sur l'existence du duc de Normandie, fils de Louis XVI... » Réponse à MM. Gozzoli, Morel de Saint-Didier, Gruau, Xavier Laprade et autres (15 août 1839). Imp. Pollet, Soupe et Guillois. S. d., in-8°, 6 p. [N. Ln²⁷ 15088.]

Contre Naündorff.

24437. — Quelques Mots aux anciens abonnés et lecteurs de « la Voix d'un proscrit » (12 février 1841). — Déclaration relative au personnage se prétendant duc de Normandie, fils de Louis XVI, connu sous le nom de Naündorff, résidant à Camberwell, près de Londres (16 février 1841). Paris, imp. Pollet, Soupe et Guillois. S. d., in-8°, 8 p. [N. Ln²⁷ 15090.]

La première pièce est signée de A. GOZZOLI seul; la seconde par le chevalier DE COSSON, HUGON, ROYDOR, J.-B. LAPRADE, CH. DE COSSON, CHABRON DE JUSSAC, XAVIER LAPRADE, A. GOZZOLI.
Désaveu formel de l'adhésion que les signataires avaient précédemment donnée à Naündorff et à la défense de sa cause. Voyez le n° 24439 ci-dessous.
D'après Quérard (Sup. litt., v° Louis-Charles), la Voix d'un proscrit parut de mars 1839 à avril 1840 et comporte 14 livraisons in-8°. La B. N. ne la possède pas.

24438. — Réponse à M. Gruau de La Barre, par M. MORIN DE GUÉRIVIÈRE père (15 février 1841). Imp. Pollet, Soupe et Guillois. S. d., in-8°, 7 p. [N. Ln²⁷ 15089.]

24439. — Déclaration relative au personnage se prétendant duc de Normandie, connu sous le nom de Naundorff, résidant à Londres (20 février 1841). Paris, imp. Poussielgue. S. d., in-4°, 2 p. [N. Ln²⁷ 15091.]

Signée : A. GOZZOLI, rédacteur gérant de la Voix d'un proscrit; le chevalier ALEX. DE COSSON, J.-B. LAPRADE, HUGON, ROYDOR, LAPRADE, avocat, H. DE CHABRON.
Réimpression d'une partie du n° 24437 ci-dessus.

24440. — Douze petits Chapitres à l'occasion d'une nouvelle à la main qu'on publie imprimée sous ce titre : « Déclaration relative au personnage se prétendant duc de Normandie »... Par le D⁺ LE CABEL. Paris, Carpentier. S. d. (1841), in-8°, 16 p. [N. Ln²⁷ 15092.]

Les Douze petits Chapitres sont signés, p. 14 : LE CABEL, docteur ès-sciences occultes et suivis du Texte de la Déclaration.
D'après Quérard (Supercheries littéraires) Le Cabel est le pseudonyme de Bourbon-Busset, dit Le Blanc. Voy. aussi le n° 24444 ci-dessous.

24441. — Aveu d'une erreur, par A. GOZZOLI, rédacteur-gérant de l'ex-journal (sic) « la Voix d'un proscrit ». Boulogne-sur-Mer, imp. F. Birlé, 1841, in-8°, 40 p. [N. Ln²⁷ 15093.]

24442. — Lettre à M. A. Gozzoli, avocat, par M. MORIN DE GUÉRIVIÈRE père. Paris, imp. Pollet, 1841, in-8°, 16 p. [N. Ln²⁷ 15094.]

Félicitations au sujet de l'Aveu décrit sous le numéro précédent et manifeste en faveur de Richemont.

24443. — Citation à toute la race bourbonnienne et à tous les chefs de peuples sur la terre, pour venir assister, le jeudi 6 juin 1841, en la métropole de Paris, au témoignage rendu par le saint roi martyr en faveur du Dauphin son fils, Charles-Louis, duc de Normandie, connu sous le nom de Naündorff, donnée au nom du Très Haut, par DEMONVILLE, auteur de l'« Explication de l'Apocalypse », des « Vertus de Louis XVI », du « Commentaire des psaumes : Exsurgat Deus et Eripe me; de l'« Exposé des prédictions sur l'avènement du Pontife saint et du Monarque fort », du « Vrai Système du monde ». Paris, Demonville, rue Saint-Lazare, 84. S. d., in-8°, 7 p. [N. Ln²⁷ 15095.]

L'auteur de cet écrit est ANTOINE-LOUIS GUÉNARD-DEMONVILLE, né en 1779, longtemps pourvu d'un brevet d'imprimeur-libraire à Paris. Quérard et Paul Chéron ont enregistré la liste de ses très nombreuses élucubrations et j'ai cité plus haut (n° 20916) les Vertus, esprit et grandeur du bon roi Louis XVI, rappelés dans le contexte du titre de la Citation.

24444. — Sept Chapitres en vers pour faire suite à douze petits chapitres en prose, au sujet d'un certain ouvrage faussement attribué au duc de Normandie et intitulé : « Révélations sur les erreurs de la Bible », par le D^r LE CABEL. *Paris, 58, rue Rochechouart, chez le concierge, et chez tous les libraires, février* 1842, in-8°, 16 p. [*N*. Ye 46054.]

Voyez le n° 24440 ci-dessus.
Le véritable titre des « Révélations » est : *Doctrine céleste ou l'Evangile de N. S. Jésus-Christ dans toute sa pureté primitive* (Genève, 1839, in-12) ; c'est un écrit mystique attribué sans aucune preuve à Naündorff.

24445. — Der Prœtendant, von HEINRICH LAUBE. *Leipzig; B.-G. Teubner*, 1842, in-8°, 219 p. [*N*. Ln²⁷ 26440.]

Biographie de Naündorff.

24446. — Réponse à la lettre de M. de Larochefoucauld, duc de Doudeauville, publiée par la « Gazette de France » du 24 novembre dernier. *Paris, le 2 décembre* 1843. *Imp. Pollet. S. d.*, in-8°, 2 p. [*N*. Ln²⁷ 15096.]

Signé : Un vrai Français.
Sosthène de La Rochefoucauld avait été un moment tenté de se rallier à la cause de Naündorff, mais l'un de ses amis, l'avocat Eugène Janvier, lui ayant fait observer « l'invraisemblance et presque l'extravagance » des arguments allégués en faveur du prétendant, il y avait renoncé. La lettre que vise cette *Réponse*, émanée d'un partisan de Naündorff, est celle par laquelle le duc avait adhéré à la manifestation légitimiste dite de Belgravia-square.

24447. — Intrigues dévoilées ou Louis XVII, dernier roi légitime de France, décédé à Delft, le 10 août 1845, par M. GRUAU DE LA BARRE, ancien procureur du Roi. *Rotterdam, H. Nijgh*, 1846-1848, 3 vol. in-8°. [*N*. Ln²⁷ 15097.]

En regard du titre du tome premier, portrait lithographié du prétendant.
Le troisième volume est divisé en deux tomes.
¶ FRÉDÉRIC BULAU, dans ses *Personnages énigmatiques...* tr. de l'allemand par W. DUCKETT (Poulet-Malassis, 1861, 3 vol. in-12), a consacré (tome III, pp. 271-322), un long chapitre à l'analyse et à la réfutation du livre de Gruau de La Barre.

24448. — En politique point de justice ou Réplique judiciaire dans la cause des héritiers du duc de Normandie contre Mme la duchesse d'Angoulême, M. le duc de Bordeaux et Mme la duchesse de Parme. Par l'auteur des « Intrigues dévoilées »... (MODESTE GRUAU, dit DE LA BARRE). *Bréda, Broese et C°*, 1851, in-8°, 3 ff. et 303 p. [*N*. Ln²⁷ 15098.]

24449. — Les Prétendants au nom et titre de duc de Normandie, fils de Louis VI, curieuse et instructive histoire des variations de l'opinion, de la politique et de la jurisprudence en Europe, de 1788 à 1851, par GABRIEL BOURBON-LEBLANC, auteur de la « Statistique de la législation constitutionnelle de France, en 1788 » (Bordeaux, 1814), des « Vrais Intérêts de la France » (Paris, 1815), de la « Philosophie politique » (Paris, 1816), du « Code du droit public français » (Paris, 1825), d'un « Mémoire pour la France » (Paris, 1833), etc., etc., etc. *Paris, imp. Chaix*, 1851, in-8°, 8 p. [*N*. Ln²⁷ 15099.]

Prospectus. Le livre annoncé n'a pas paru.

24450. — Non ! Louis XVII n'est pas mort au Temple. Réfutation de l'ouvrage de M. de Beauchesne : « Louis XVII, sa vie, son agonie, sa mort ». Par M. le comte GRUAU DE LA BARRE, précédée d'un avant-propos de l'éditeur. *Bruxelles et Leipzig, E. Flatau*, 1858, in-8°, 2 ff. XIX (XX-) 302 p. [*N*. Ln²⁷ 15100.]

Au verso du faux-titre, fac-similé de la signature du Dauphin au Temple d'après Cléry (sic) et de celle de Naündorff. Ces deux fac-similé ont reparu dans un livre de M. Otto Friedrichs. (Voyez le n° 24460 ci-dessous.)
Sur les diverses éditions du livre de A. de Beauchesne, voyez tome Ier, n°s 4493-4493^a.

24451. — Le Royal martyr du 19e siècle. Réplique historique à M. Dupanloup, évêque d'Orléans, apologiste de l'œuvre mensongère de M. de Beauchesne : « Louis XVII, sa vie, son agonie, sa mort », par M. GRUAU DE LA BARRE, ancien procureur du Roi. *Bréda*, 1869-1870, 3 parties in-8°, 286 p. [*N*. Ln²⁷ 42431.]

Le titre de la troisième partie porte en plus : *l'Evasion prouvée par l'histoire et la tradition. Tome premier.*
Les faux-titres et titres de chaque partie sont décorés d'écussons aux armes royales de France.
Voyez le numéro suivant.

24452. — Une Réflexion néerlandaise que me suggère le « Royal martyr du XIX° siècle » par M. Gruau de La Barre, par J.-G. DE DOMPIERRE DE CHAUFFEPIÉ. Dédiée à l'Etat néerlandais. *Amsterdam, S. Van Helden*, 1869, in-8°, 14 p. [N. Ln²⁷ 42432.]

Plus que bizarre. L'auteur dénonce comme un attentat au droit des gens l'emploi par Gruau des écussons signalés dans le numéro précédent.

24453. — Louis XVII, sa vie et sa mort, par MAXIME DURANT. *J.-J. Van Brederode, éditeur à Haarlem (Pays-Bas). En vente à Paris, chez Sagnier*, 7, carrefour de l'Odéon; *à Bruxelles, C. Muquardt; à Fribourg (Suisse), A. Borel*, 1873, in-16, 64 p. [N. Ln²⁷ 28160.]

Titre pris sur une couverture servant de titre. En faveur de Naündorff.

24454. — L'Evasion du Temple du dauphin (Louis XVII) établie par l'histoire. *Paris, Le Chevalier*, 1874, in-12, 24 p. [N. Lb⁴¹ 4636.]

Signée : HORACE EDMÉE.

24455. — Polémique historique. L'Evasion de Louis XVII défendue contre les attaques de la presse, par un Ami de la vérité. *Paris, A. Ghio*, 1882, in-12, 64 p. [N. Lb⁴¹ 5030.]

L'*Avant-propos* est signé H. D.
Les articles réunis dans cette brochure avaient d'abord paru dans *la Liberté* des 9, 10 et 11 avril 1882.
Selon M. Nauroy (*le Curieux*, I, 190), l'auteur serait M. HENRI DUPUY, prêtre à Saint-Vincent de Donnezac (Dordogne), puis vicaire à l'église Notre-Dame de Bergerac.

24456. — Les Secrets des Bourbons, par CHARLES NAUROY (1882).

Voyez le n° 21408 ci-dessus.
Pour M. Nauroy, le « vrai Louis XVII » serait un individu décédé en 1872 à l'hospice de Savenay (Loire-Inférieure) où il avait été admis en 1871 ; c'était un vieillard tombé en enfance et dont il était impossible d'obtenir le moindre éclaircissement. Cette supposition a été vivement combattue par LÉON DE LA SICOTIÈRE (voyez le numéro suivant), par CHANTELAUZE (*le Correspondant*, 10 et 25 août 1882 et *Revue des questions historiques*, 1ᵉʳ juillet 1883), et par M. GUSTAVE BORD dans deux lettres à la *Gazette de France* (22 février et 2 mars 1882). M. Nauroy a repris cette polémique dans le *Curieux* (1ᵉʳ nov. 1883, pp. 17-24) et discuté à son tour les arguments de ses adversaires.

24457. — Les Faux Louis XVII, par L. DE LA SICOTIÈRE (1882).

Voyez le n° 21409 ci-dessus et le numéro précédent.

24458. — Histoire populaire de Louis XVII, par E. DE FERTIN. *Paris, librairie internationale*, 1884, in-12, VIII-64 p. [N. Lb³⁹ 11340.]

Selon M. Nauroy (*le Curieux*, II, 212), l'auteur serait Mᵐᵉ VÉRITÉ DE SAINT-MICHEL.

24459. — Imposture ou Vérité ? Solulution en quelques pages de la question Louis XVII. *Toulouse, chez les principaux libraires et au bureau de la « Légitimité »*, 1884, in-8°, 32 p.

D'après *le Curieux*, I, p. 328, M. Nauroy attribue cette brochure à l'abbé AUG. BERTON, curé (en 1885) de la paroisse de Saint-Martin d'Abbat (Loiret).

24460. — OTTO FRIEDRICHS. Un crime politique ; étude historique sur Louis XVII. *Bruxelles, A. Tilmont*, 1884, in-8°, 5 ff. et 626 p. [N. Lb³⁹ 11348.]

En regard du titre, portrait sur le même feuillet du Dauphin à l'âge de sept ans, d'après Mᵐᵉ LE BRUN et de Naündorff à cinquante ans, d'après LECOURT. Entre le titre du volume et le faux-titre de la première partie, fac-similé des signatures du Dauphin et de Naündorff déjà publiés ; voyez le n° 24450 ci-dessus.

24461. — Encore les Nauendorff et le faux Louis XVII, par P. DE LA BIGUE-VILLENEUVE, membre de plusieurs sociétés savantes, correspondant du ministère de l'Instruction publique pour les travaux historiques. Mars 1884. *Rennes, H. Caillères. S. d.*, in-8°, 23 p. [N. Ln²⁷ 34962.]

Violente protestation formulée par un royaliste.
¶ JULES LOISELEUR a publié à la même époque (*le Temps*, 1ᵉʳ, 3, 7 et 10 avril 1884) quatre articles sur *Louis XVII, à propos du dernier livre de M. Chantelauze*, dont il adopte les conclusions.
ERNEST BERTIN a également donné, au *Journal des débats* des 12, 27 et 31 janvier 1885, une étude à propos du même livre.

24462. — Conférence sur Louis XVII, faite à Lyon, le 8 février 1885 (grande salle de l'avenue de Noailles), par M. DAYMONAZ, docteur en droit, sous la présidence de M. de Merkenheim. *Paris, librairie internationale, 6, rue Cassette et rue de Mézières*, 14, 1885, in-8°, 40 p. [*N.* Ln27 35685.]

24463. — L'Imposture des Naündorff, par PIERRE VEUILLOT, avec préface par EUGÈNE VEUILLOT. *Paris, Victor Palmé*, 1885, in-18, 2 ff. et III-172 p. [*N.* Ln27 35799.]

Voyez le numéro suivant.

24464. — Réplique à « l'Univers » ou Louis XVII vengé des impostures de P. Veuillot, par B. DAYMONAZ, docteur en droit, auteur de : « Où est la maison de France ? » *Paris, librairie internationale, 14, rue de Mézières*, 1885, in-8°, XII-143 p. et 1 f. n. ch. (Errata). [*N.* Ln27 35820.]

Voyez le numéro précédent,

24465. — Le Vrai Roi de France ou Louis XVII et ses enfants, par JUSTE DE LACROIX. *Paris, Auguste Ghio*, 1885, in-8°, 64 p. [*N.* Ln27 35631.]

24466. — Comte DE DURANTI. Recherches sur Louis XVII. *Paris, E. Voreaux*, 1885, in-18, 139 p.

D'après *le Curieux*, I, p. 371.

24467. — OTTO FRIEDRICHS. Le Journal de M. de Cassagnac et Louis XVII, réponse à un article paru dans « l'Autorité » du 26 janvier 1887. *Paris, A. Soirat*, 1887, in-8°, 44 p.

D'après *le Curieux*, II, p. 230. M. Nauroy cite un fragment d'une lettre de M. VICTORIEN SARDOU à l'auteur, reproduite p. 26 de cette brochure.

24468. — Le Frère de la duchesse d'Angoulême, par [l'abbé] HENRI DESPORTES. *Paris, A. Ferroud*, 1888, in-8°, XVI-274 p., 1 f. n. ch. (Table des matières) et un tableau généalogique. [*N.* Ln27 37546]

Titre rouge et noir.
En faveur de Naündorff et de sa descendance.

24469. — Louis XVII, roi de France et Navarre. Essai historique sur son évasion du Temple et son identité avec Naündorff. Premier fascicule. *Bruges*, 1886, VII-121 et XII p.

D'après *le Curieux* (tome II, p. 212) ce livre, signé P. L., docteur en droit et en sciences politiques et administratives, serait du vicomte PATIN DE LANGEMARK.

24470. — Le Cabinet noir. Louis XVII. Napoléon. Marie-Louise, par le comte D'HÉRISSON. *Paris, Paul Ollendorff*, 1887, in-12, VIII-350 p. [*N.* Lb44 1410.]

Il a été tiré de ce livre vingt ex. numérotés sur papier de Hollande.
Les chapitres I-IV ont trait à Naündorff, en faveur duquel l'auteur allègue des documents extraits des papiers de Mounier fils et des Archives secrètes de Berlin.
Voyez le numéro suivant.

24471. — R. CHANTELAUZE. Les Derniers chapitres de mon « Louis XVII » (1887).

Voyez tome Ier, n° 4495 et le n° 21411 ci-dessus.
L'auteur y a réfuté les documents mis en œuvre par M. d'Hérisson.

24472. — HENRI PROVINS. Le Dernier roi légitime de France. *Paris, Paul Ollendorff*, 1889, 2 vol. in-12. [*N.* Lb39 11446.]

HENRI PROVINS est le pseudonyme de M. ANDRÉ FOULON DE VAULX.

24473. — I Misteri del Tempio ovvero Luigi XVII e i falsi delfini, di LICURGO CAPPELLETTI, prof. di storia nel R. Instituto Tecnico di Livorno. *Milano, tipografia della Perseveranza*, 1889, in-8°, 3 ff. et 186 p. [*N.* Lb39 11465.]

P. 172-182, *Bibliografia delle principali opere riguardanti Luigi XVII e i falsi Delfini*.

24474. — La Question Louis XVII, simple memento chronologique, par F. DELROSAY. *Paris, librairie de l'Art indépendant, 11, rue de la Chaussée-d'Antin; Lyon, Stéphane Gaillard; Bordeaux, bureaux de la Légitimité*, 1890, in-12, 8 ff. et 208 p. [*N.* Ln27 39353.]

24475. — ALBERT LÉPINGLEUX-DESHAYES, directeur de la « Revue contemporaine ». Le Secret d'Henri V. Naündorff était Louis XVII. Révélations historiques, précédées d'une lettre de Louis-Charles de Bourbon, duc de Normandie. *Paris, Albert Savine*, 1892, in-8°, 3 ff. et 10 p. [*N.* Ln^{27} 43333.]

Les « révélations » annoncées n'existent que sur le titre. L'auteur s'est borné à rédiger, d'après ses souvenirs d'adolescence, le récit d'une entrevue de Naündorff et de la duchesse d'Angoulême dont le général de Girardin aurait été le témoin, mais la mémoire de l'auteur n'est pas impeccable, car, selon lui, ce récit aurait été fait « vers 1860 » par le général, « père du célèbre publiciste et conservateur du musée de Saint-Germain. » Or le général de Girardin, ancien grand veneur de Charles X et resté fidèle à la branche aînée, est mort en 1855 et le musée de Saint-Germain n'a été créé que par un décret du 8 novembre 1862.

24476. — Baron DE GAUGLER. L'Enfant du Temple, étude historique. *Paris, Albert Lanne*, 1891, in-12, 2 ff., 394 p. [*N.* Ln^{27} 40436.]

En faveur de Naündorff.

24477. — Correspondance intime et inédite de Louis XVII, Charles-Louis, duc de Normandie. « Naündorff » avec sa famille (1834-1838), avec introduction, notes et éclaircissements historiques en partie tirés des Archives secrètes de Berlin, par OTTO FRIEDRICHS. Préface par JULES BOIS. Ouvrage orné de 12 planches hors texte et de deux fac-similé d'écriture. Tome premier (1834). *Paris, H. Daragon*, MDCCCCIV (1904), in-8°, 3 ff., X-342 p.

Épigraphes empruntées à Montaigne et à Jules Vallès.

Les illustrations de ce premier volume comportent un portrait en regard du titre, trois autres portraits sur la même pl. (le Dauphin à trois et à sept ans et Naündorff à cinquante ans), une vue de la pierre tombale du cimetière de Delft, l'habit de Louis XVII, Agathe-Rosalie de Rambaud (1764-1853), ancienne femme de chambre du Dauphin, J.-Christophe Fustier, vicaire général de Tours, et le fac-similé d'une lettre en allemand écrite de Chartres par le prétendant à sa femme.

Il a été tiré de cet ouvrage dix ex. sur papier impérial du Japon, quinze sur hollande Van Gelder et à chacun des cinq ex. (marqués A.-E.) a été jointe « une mèche des cheveux de Louis XVII ».

24478. — [**Necker** (Jacques).] La Neckriade provinciale, par un vieux citoyen d'une province très éloignée de la capitale, qui l'a déposée dans ses archives pour apprendre à ses descendants qu'il n'avait jamais été la dupe, comme tant d'autres de ses contemporains, de la charlatanique éloquence du célèbre Necker. S. l. n. d., in-8°, 23 p. [*N.* Lb^{39} 942.]

En vers et en prose.

Par PIERRE-ARMAND, vicomte D'AUBUSSON, d'après le *Catalogue général des livres de la Bibliothèque nationale*.

Voyez aussi le numéro suivant.

24479. — Jugement impartial sur M. N***, en stances irrégulières. S. l. n. d., in-8°, 11 p. [*N.* Lb^{39} 6374.]

« Les mots soulignés sont les propres expressions de M. N*** », dit une note sous le titre de départ. P. 5-11, Notes en prose.

Par PIERRE-ARMAND, comte D'AUBUSSON.

Voyez le numéro précédent.

24480. — Nouveau conte arabe. S. l. n. d. (1789), in-8°, 15 p. [*N.* Lb^{39} 944.]

Pamphlet en style oriental contre Necker.

24481. — Le Prestige détruit ou la Crédulité désabusée. *Besançon*, 1789, in-8°, 105 p. [*N.* Lb^{39} 947.]

ÉPIGR. :

Loquela tua manifestum te facit.

A propos du *Résultat du Conseil d'État du Roi* (voyez tome Ier, n° 664.)

24482. — Harangue miraculeuse ou le Muet devenu orateur (1789).

Voyez tome Ier, n° 666.

24483. — Qui mettriez-vous à sa place? S. l., 1789, in-8°, 16 p. [*N.* Lb^{39} 948.]

Par L.-A. CARACCIOLI, d'après Barbier. Panégyrique de Necker.

24484. — Les Oiseaux échappés, les Paons et l'Oiseleur, fable, par l'auteur du « Cri de l'honneur ». S. l. n. d., in-8°, 8 p. [*N.* Lb^{39} 949.]

Allégorie en l'honneur de Louis XVI et de Necker.

24485. — Dialogue entre Phocion et Mably, aux Champs-Elysées, à l'occasion des États-Généraux de la France, suivi de l'Idée d'un ministre patriote ou du portrait de M. Necker, tracé en 1757 par un auteur anglais, ainsi que du caractère d'un écrivain politique impartial, tiré du même auteur. *Paris, chez les marchands de nouveautés*, 1789, in-8°, 27 p. [*N.* Lb³⁹ 950.]

P. 19, *Portrait anticipé de M. Necker ou Caractère d'un bon ministre tracé en 1757 par un auteur anglais*. Voyez le n° 24518 ci-dessous.

D'après le catalogue imprimé du British Museum, les extraits allégués sur le titre sont empruntés à un livre de John Brown, ministre de Newcastle-upon-Tyne, intitulé : *An Estimate of the manners and principles of the times* (1859, in-8°). Ce livre a été traduit en français sous le titre de : *Considérations sur les rapports qui lient les hommes en société ou Eléments de l'organisation sociale* (Paris, 1800, in-8°), par D.-Fr. Donnaut.

24486. — Principes positifs de M. Necker, extraits de tous ses ouvrages. *S. l.*, 1789, in-8°, 20 p. [*N.* Lb³⁹ 951.]

24487. — M. Necker traité comme il le mérite. *Paris, imp. Champigny. S. d.* [1788], in-8°, 7 p. [*N.* Lb³⁹ 954.]

Signé : l'abbé Perchenon, membre du Musée. Dans l'ex. de la B. N. manquent les pp. 3 à 6.

24488. — Lettre d'un savetier à un autre (16 juin 1789). *Lagrange. S. d.*, in-8°, 4 p. [*Br. M. F. R.* 420 (13).]

Sur le renvoi de Necker, les réformes, etc. En vers et en prose.

24489. — Récit de ce qui s'est passé à Versailles, le 23 juin 1789... au sujet de M. Necker.

Voyez tome Ier, n° 1009.

24490. — Dialogue entre un noble et sa femme qui fut fessée au Palais-Royal pour avoir osé conspuer le portrait de M. Necker... (juin 1789).

Voyez tome Ier, n° 1046.

24491. — Le Ministre national ou Portrait de M. Necker, par M. de La Thuilerie, chevalier de Saint-Louis, ancien capitaine de cavalerie. *Paris, Blanchon*, 1789, in-8°, 36 p. [*N.* Lb³⁹ 6834.]

Épigr. :
*Si fractus illabatur orbis,
Impavidum ferient ruinæ.*
Horat.

24492. — Le Tête-à-tête ou le Quart d'heure bien employé par Sa Majesté Louis XVI, roi de France et de Navarre, et M. Necker, ministre d'Etat et directeur général des finances. Dédié à M. Necker. *A Versailles*, 1789, in-8°, 16 p. [*N.* Lb³⁹ 1634.]

Épigr. :
Omnia vincit amor et nos cedamus amori.
Virg.
Pourquoi ne pas l'aimer lorsque le peuple l'aime ?

24493. — Correctif à l'opinion publique sur M. Necker. *S. l. n. d.*, in-8°, 15 p. [*N.* Lb³⁹ 1656.]

Voyez les deux numéros suivants.

24494. — Nouveau Correctif à l'opinion publique sur M. Necker. *S. l. n. d.*, in-8°, 19 p. [*N.* Lb³⁹ 1657.]

24495. — Le Secret découvert ou Troisième Correctif à l'opinion publique. *S. l. n. d.*, in-8°, 13 p. [*N.* Lb³⁹ 7163.]

24496. — Le Rocher de la nation découvert par M. Necker ou Exhortations aux Etats-Généraux, par M. G******, citoyen français. *S. l. n. d.* (1789), in-8°, 8 p. [*N.* Lb³⁹ 1802.]

Épigr. :
Aux cœurs bien nés que la patrie est chère !
Voltaire.

24497. — Lettre d'un citoyen de Paris à M. Necker, ancien intendant des finances, en son charmant château de Copet en Suisse. *Paris, le 25 juillet 1789. Vidaillet. S. d.*, in-8°, 7 p. [*N.* Lb³⁹ 7486.]

P. 5-7, *Hommage à la mémoire de M. Necker, ami des Français* (en vers).

24498. — Relation de ce qui s'est passé dans la ville de Bâle, au passage de M. Necker, le 20 juillet. *Paris, Maradan. S. d.* (1789), in-8°, 4 p. [*N.* Lb³⁹ 2021.]

24499. — Dialogue entre M. Necker et Mme de Polignac, lors de leur entrevue à Bâle en Suisse. *Paris, Maradan.* S. d. (1789), in-8°, 7 p. [*N.* Lb{39} 2022.]

Le dialogue est supposé, mais l'entrevue eut bien réellement lieu. Voyez le numéro suivant.

24500. — Entretien de M. Necker avec Madame la comtesse de Polignac, M. le baron de Breteuil et l'abbé de Vermond. *Londres*, 1789, in-8°, 1 f. et 108 p. [*N.* Lb{39} 7436.]

Pièce entièrement différente de la précédente.

24501. — Lettre sur le passage de M. Necker à Langres, le dimanche 26 juillet 1789. S. *l. n. d.*, in-8°, 8 p. [*Br. M. F. R.* 574 (6).]

24502. — Relation de ce qui s'est passé à Chaumont en Bassigny à l'arrivée de M. Necker en cette ville (26-27 juillet 1789). *Paris, Vente.* S. *d.*, in-8°, 8 p. [*N.* Lb{39} 7493.]

Signée : LOUET, citoyen de Chaumont.

24503. — Triomphe de M. Necker à l'Assemblée nationale. Suite de nouvelles de Versailles du 29 juillet 1789, publiés le 30, à cinq heures du matin. *Paris, imp. Séguy-Thiboust*, 1789, in-8°, 8 p. [*R.* AD. I, 57.]

24504. — Apparition de l'ange consolateur à un moribond au Palais-Royal et son Epître à M. Necker. S. *l. n. d.*, in-8°, 7 p. [*N.* Lb{39} 7205.]

Insensible à sa chute et grand dans ses misères,
Il n'était attendri que des maux de ses frères.
VOLTAIRE. *Zaïre*, acte II, sc. I.

24504{a}. — Apparition de l'ange consolateur à un moribond au ci-devant Palais-Royal. *A Paris, chez les marchands de nouveautés, l'an IIIe*, in-8°, 7 p. [*N.* Lb{39} 7205 A.]

L'épigraphe est la même, mais à l'exception des deux premières lignes, le texte est entièrement différent et roule sur l'agiotage effréné dont le Palais ci-devant Royal était le théâtre ; il va sans dire que le nom de Necker a disparu de cette rédaction nouvelle.

24505. — Bouquet présenté à M. Necker à son arrivée à Paris, le 30 juillet 1789.

Par l'abbé DE COURCHON.
Voyez tome Ier, n° 1379 et les n{os} 1380-1397 qui ont trait à ce même événement.

24506. — Tribut lyrique ou Vers accompagnés d'une couronne de fleurs et présentés à M. Necker à son arrivée à l'Hôtel de Ville, le jeudi 30 juillet 1789. *Paris, Froullé.* S. *d.*, in-8°, 4 p. [*N.* Ye 55722.]

Signé : Par M. BAVOUZ, citoyen du district de l'Oratoire.

24507. — La Clémence de Louis XVI. *Imp. Cailleau.* S. *d.*, in-8°, 3 p. [*N.* Lb{39} 7492.]

En l'honneur du Roi et de Necker.
Signé : FRAISSINET.

24508. — La Joie des Français ou l'Arrivée de M. Necker. *Momoro.* S. *d.* (1789), in-8°, 3 p. [*N.* Lb{39} 7508.]

Pièce déjà citée tome Ier, n° 1382, mais avec la cote du British Museum.

24509. — La véritable Nouvelle. Arrivée de M. Necker à Versailles. *Imp. Valleyre.* S. *d.* (1789), in-8°, 3 p. [*N.* Lb{39} 7509.]

Signée : FRAISSINET, citoyen du district de l'Oratoire.
Pièce différente du n° 24506 ci-dessus.

24510. — Le Sauveur de la France ou M. Necker à Versailles. *Paris, Cressonnier*, 1789, in-8°, 8 p. [*N.* Lb{39} 7510.]

ÉPIGR. :

Je sais quel est *Necker* ; sa noble intégrité
Sur ses lèvres toujours plaça la vérité.
VOLTAIRE, *Adélaïde Du Guesclin*.

24511. — Lettre des citoyens de Paris à M. Necker, lors de son arrivée à Versailles. *Paris, Lefèvre*, 1789, in-8°, 15 p. [*N.* Lb{39} 7511.]

24512. — Lettre des Parisiens à M. Necker, pour l'inviter à reprendre sa place, par M. R. LEB..s [LEBOIS], impr[imeur]. *Rue de la Parcheminerie*, 1789, in-8°, 4 p. [*N.* Lb{39} 7512.]

24513. — A M. Necker. S. l. n. d., in-8°, 4 p. [N. Lb³⁹ 7513.]

24514. — Compliment à M. Necker, fait et prononcé par un garde-française, au nom des compagnies de Versailles. *Paris, rue du Hurepoix, n° 24*, 1789, in-8°, 4 p. [N. Lb³⁹ 7514.]

Signé : VIALLA, bachelier en droit et garde-française de la compagnie de M. le comte de Roussy.

24515. — La Victoire des Parisiens ou la Liberté française, par G. T......, citoyen. *Paris, Masson. S. d.* (1789), in-8°, 15 p. [N. Lb³⁹ 7515.]

ÉPIGR. :

Le ciel enfin, pour nous devenu plus propice,
A de nos ennemis confondu la malice.

A propos du retour de Necker.

24516. — Les Saturnales parisiennes ou Renaissance du siècle d'or. Le Retour de M. Necker est le retour de l'âge d'or. *Imp. Cellot. S. d.*, in-8°, 8 p. [N. Lb³⁹ 7516.]

Pièce déjà citée tome Iᵉʳ, n° 1389, mais avec la cote du British Museum.

24517. — Sentiments d'une citoyenne sur M. Necker. *Volland*, 1789, in-8°, 4 p. [N. Lb³⁹ 7517.]

24518. — Rapprochement heureux ou Portrait d'un grand ministre, écrit, il y a plus de quarante ans, par le Dʳ BROWN, et dont presque tous les traits sont singulièrement applicables à la circonstance actuelle. *Imp. Valleyre. S. d.* (1789), in-8°, 7 p. [N. Lb³⁹ 7518.]

Voyez le n° 24484 ci-dessus.

24519. — Le Dernier cri du monstre, conte indien. S. l., juillet 1789, in-8°, 15 p. [N. Lb³⁹ 2097.]

Par N.-M.-F. BODARD DE TEZAY, d'après Barbier.

Allégorie remplie d'anagrammes transparentes : *Civis King* (Roi citoyen), roi de *Gallie*, *Etiomen* (Loménie), *Kernech* (Necker), *Sanclor* (Orléans), *Noelac* (Calonne), etc.

24520. — Réjouissance nationale relative à l'arrivée de M. Necker, généreux ami des Français, et de sa visite à l'Hôtel de Ville de Paris (1ᵉʳ août 1789).

Signée : VIDAILLET, hôtel Notre-Dame, rue du Champ-Fleury-Saint-Honoré.

Voyez tome Iᵉʳ, nᵒˢ 1391-1392 et la note qui y est jointe.

24521. — Tribut d'un Parisien à M. Necker, du jeudi 6 août 1789. *Cailleau fils*, in-8°, 8 p. [N. Lb³⁹ 7594.]

Voyez le numéro suivant.

24522. — Tribut de reconnaissance de la nation française au meilleur de ses amis, août 1789. *Cailleau fils. S. d.*, in-8°, 8 p. [N. Lb³⁹ 7595.]

Même pièce que la précédente.

24523. — Observations de M. BOIZOT, sculpteur du Roi, à l'occasion du buste de M. Necker. *Knapen et fils. S. d.* (1789), in-8°, 4 p. [N. Ln²⁷ 45711.]

Boizot avait, paraît-il, proposé aux cent-vingt représentants de la Commune d'exécuter en marbre le buste de Necker, moyennant une souscription individuelle de soixante livres et la remise à chacun d'eux d'une épreuve en plâtre, mais il s'était vu supplanté par Houdon qui avait offert de se charger gratuitement du même travail et l'avait emporté sur son concurrent. Ni les notices sur Houdon par MM. de Montaiglon et Duplessis et par MM. Delérot et Legrelle, ni les *Actes de la Commune* publiés par M. Sigismond Lacroix, ne font mention du différent survenu entre les deux artistes.

24524. — Dénonciation faite au tribunal du public, par M. MARAT, l'ami du peuple, contre M. Necker, premier ministre des finances. S. l. n. d., in-8°, 1 f. et 69 p. [N. Lb³⁹ 2701.]

ÉPIGR. :

Vitam impendere vero.

Voyez les trois numéros suivants et le n° 24524 ci-dessous.

24525. — L'Anti-Marat ou Défense de M. Necker contre le soi-disant Ami du peuple, par M. LE ROU. *Imp. Guillaume junior. S. d.*, in-8°, 30 p. [N. Lb³⁹ 2702.]

ÉPIGR. :

Virtutem ipsam exscindere concupivit.
TACITE.

C'est la vertu même que ce frénétique veut poignarder.

24526. — Adresse d'un véritable ami de la vérité à M. Marat. *Paris, chez la V° Guillaume. S. d.* (1790), in-8°, 15 p. [N. Lb³⁹ 8247.]

Signée : L. B. D. B.

Un second titre porte en plus... *médecin or-ordinaire de Mgr le comte d'Artois et se disant l'Ami du peuple, pour servir de réponse à sa Dénonciation au tribunal du public, contre M. Necker, premier ministre des finances. Le tout orné d'une gravure analogue au sujet.*

Épigraphe empruntée à Horace : *Justum ac tenacem propositi virum...*, avec sa traduction.

Au verso de ce second titre, deux autres épigraphes.

AVIS A LA NATION FRANÇAISE

Patriotes français, unissez vos efforts
Pour chasser loin de vous ces hommes sans remords
Qui, cachés finement sous leur hypocrisie,
Cherchent à vous tromper par leur bonhomie.

Serpens sub floribus et in herbis latet.
Le serpent est caché dans l'herbe et sous les fleurs.

Le titre de départ, p. 5, porte : *Essai d'une réponse à la Dénonciation de M. Marat...*

Entre les pp. 14 et 15, gravure satirique anonyme à l'eau-forte, avec cette légende : *Circum dederunt me canes multi, consilium malignantium obsedit me.* (Psal. 20, v. 17.)

24527. — Lettre de Mᵐᵉ MARAT à M. L. B. D. B., en faveur de son mari, au sujet de la défense qu'il a prise de M. Necker, premier ministre des finances, contre M. Marat, son mari, médecin ordinaire de M. le comte d'Artois, et réponse en conséquence, par M. le B. D. B. (16-17 février 1790).

Lettre (apocryphe) de la soi-disant Mᵐᵉ Marat à l'auteur de la *Justification* et réplique de celui-ci. Pièce déjà citée sous le n° 23854 ci-dessus.

24528. — Confession générale de M. Necker à l'Assemblée nationale, avec les prières analogues aux circonstances corrigées et augmentées par M. Bailly et M. de La Fayette (1790).

Par J.-Fᴿ. FÉLIX, chevalier DE LAIZER.

Voyez tome Iᵉʳ, n° 1899, et la note qui accompagne le n° 23325 ci-dessus.

24529. — Dénonciation sommaire, faite au comité des recherches de l'Assemblée nationale, contre M. Necker, ses complices, fauteurs et adhérents, par JAMES RUTLEDGE, Bᵗ [baronnet]. *Paris, Rozé, mars* 1790, in-8°, 64 p. [N. Lb³⁹ 3062.]

24530. — Necker jugé par le tribunal de la lanterne. *S. l. n. d.*, in-8°, 30 p. [N. Lb³⁹ 3063.]

En regard du faux titre (servant de titre), pl. anonyme au burin portant en légende :

Et ne devrait-on pas à des signes certains
Reconnaître le cœur des perfides humains ?
RACINE, *Phèdre*, acte II.

Au verso du faux titre, *Explication du frontispice*.

24530ᵃ. — Necker jugé par le tribunal de la lanterne. Seconde édition revue et augmentée. *S. l. n. d.*, in-8°, 28 p. [N. Lb³⁹ 3063 A.]

Le frontispice manque dans l'ex. de la B. N.

24531. — L'Anti-Contrôleur ou les Finances dévoilées. *S. l. n. d.* (1790), in-8°, 17 p. [N. Lb³⁹ 3064.]

24532. — Les Quatre Préjugés du ministre ou la France perdue, tragédie welche, en six actes et en prose, attendu que les crimes des enfers ne peuvent se peindre en vers qui sont le langage des dieux. *S. l.*, 1790, in-8°, 90 p. [N. Lb³⁹ 3065.]

24533. — Lettre adressée à M. le chapelain des dames de..., par un citoyen du district d'Henri IV. *Paris, Charbonnier*, 1790, in-8°, 1 f. et 9 p. [N. Lb³⁹ 8559.]

Éloge et extraits de *l'Aministration des finances* de Necker.

24534. — Observations de M. NECKER sur l'avant-propos du « Livre rouge » (1790).

Voyez tome III, n° 13468.

24535. — Vie privée et ministérielle de M. Necker, directeur général des finances, par un citoyen. *Genève, chez Pellet, rue des Belles-Filles*, 1790, in-8°, 96 p. [N. Lb³⁹ 3355.]

ÉPIGR. :

Vitam impendere vero.

En regard du titre, portrait gravé à l'eau-forte, avec cette légende : *M. Necker, Pʳᵉ* (sic) *Ministre des finences* (sic).

P. 96, *Errata*.

Voyez les deux numéros suivants.

24535ᵃ. — Vie privée et ministérielle de M. Necker, directeur général des finances, par un citoyen. *Genève, chez Pellet, imprimeur, rue des Belles-Filles*, 1790, in-8°, 80 p. [*N.* Lb³⁹ 3355 A.]

Même épigraphe qu'au numéro précédent.

En regard du titre, portrait au lavis (ovale dans un t. c.) portant en haut : *M. Necker* et au-dessous de l'ovale : « *J'ai laissé le peuple sans roi et le royaume sans finances.* »

Les fautes signalées dans les errata du premier tirage sont corrigées et par suite ces errata sont supprimés.

Attribuée à Marat qui s'en défendit vivement et mit en cause l'abbé de La Reynie, également désigné par une note de la *Vie privée, impartiale, politique, militaire et domestique du marquis de La Fayette...* (cf. tome II, n°ˢ 6771-6772), la *Vie privée et ministérielle de M. Necker* a été restituée par Barbier, et selon toute vraisemblance, à JAMES RUTLEDGE. On retrouve d'ailleurs en tête d'un autre factum de celui-ci (voyez le n° 24555 ci-dessous), la même légende que celle qui accompagne les deux portraits décrits ici.

Dans le *Bibliophile français* du 31 octobre 1864, Chèvremont a également protesté contre l'attribution par Quérard de la *Vie privée et ministérielle de M. Necker* à Marat et signalé, sans les indiquer expressément, de nombreux emprunts aux divers écrits de l'Ami du peuple pratiqués par l'auteur anonyme de la *Vie... de M. Necker.*

24536. — Supplément à la Vie privée et ministérielle de M. Necker, directeur général des finances, par un citoyen. *Genève, chez Pellet, imprimeur, rue des Belles-Filles*, mai 1790, in-8°, 40 p. [*N.* Lb³⁹ 3356.]

En regard du titre, frontispice allégorique.

24537. — Le Masque brisé ou l'Illusion enfin détruite ou Examen des erreurs les plus dangereuses de M. Necker et des méprises de cet administrateur qui pourraient être les plus funestes aux cultivateurs français, aux Africains qui fertilisent nos colonies et à la plus entière prospérité de l'Etat. *Paris, chez les marchands de nouveautés*, 1790, in-8°, 30 p. [*N.* Lb³⁹ 3341.]

24538. — Le Réveil d'un impartial sur les effets de la Révolution et la conduite irrégulière de M. Necker. *A Genève*, MDCCXC (1790), in-8°, 30 p. [*N.* Lb³⁹ 3374.]

ÉPIGR. :

> Ce n'est pas toujours un grand moyen de gagner que de vouloir tout détruire pour recréer.
> *Ex lib.[ro] Sap.[ientiæ].*

24539. — Mon avis sur Necker, le ministre adoré, et Mirabeau, le patriote, par un citoyen actif. *S. l. n. d.*, in-8°, 34 p. [*N.* Lb³⁹ 3567.]

24540. — Le Klaperman ou Sermon au peuple français, par le colonel HUDIBRAS, neveu de M. Burke. *Londres, de l'imprimerie des libraires associés civiques. S. d.* [1790], in-8°, 19 p. [*N.* Lc² 379.]

Le titre porte en plus : N° Iᵉʳ et l'Avis de l'éditeur annonce comme devant paraître incessamment les nᵒˢ II et III qui devaient renfermer « deux morceaux très curieux traduits d'Æneas le tacticien : l'un qu'on peut traduire en notre langue : *Réveille-matin* et l'autre : *Revire-Marion.* »

Voyez le numéro suivant.

24541. — Le Roi Necker ou Avis charitable à ce pauvre peuple qui me fait pitié, par un neveu de Burke. *Genève, de l'imprimerie du banquier. S. d.*, in-8°, 19 p. [*N.* Lc² 380.]

Remise en circulation sous un nouveau titre du numéro précédent.

24542. — Nouvelle Dénonciation de M. MARAT, l'ami du peuple, contre M. Necker, premier ministre des finances, ou Supplément à la dénonciation d'un citoyen contre un agent de l'autorité. *A Londres et se trouve à Paris, chez les marchands de nouveautés*, 1790, in-8°. 40 p. [*N.* Lb³⁹ 3968. — R. AD. I, 57.]

Chèvremont (*Index*, p. 20) dit que cette brochure semble avoir été publiée dans la première huitaine de mai 1790. Voyez le numéro suivant.

24543. — Justification de M. Necker, premier ministre des finances, ou Réponse à la dénonciation du sieur Marat, par un citoyen du district de Saint-André-des-Arts. *Imp. de la Société typographique. S. d.*, in-8°, 1 f. et 29 p. [*N.* Lb³⁹ 3969.]

Voyez le numéro précédent.

24544. — Lettre de Cérutti à MM. les rédacteurs du « Moniteur universel », au sujet de quatre scènes scandaleuses, arrivées au Palais-Royal, suivie d'une lettre à M. Cérutti, renfermant vingt-un griefs contre M. Necker (1er août 1790). *Desenne*, 1790, in-8°, 1 f. et 27 p. [*N.* Lb^{39} 3862.]

Les « griefs » contre M. Necker sont autant d'éloges sous forme de contre-vérités.

Au sujet de diverses motions proposées contre le Roi, contre Necker, contre les spéculateurs et de l'agression par un soldat d'un prêtre « ami signalé du peuple, philosophe, coopérateur de l'*Encyclopédie* ».

24545. — Apologie de M. Necker par M. Cérutti, et sa justification contre les vingt-un griefs du Palais-Royal, où l'on montre que le ministre a livré le Roi à la nation, par ANDRÉ PÉLIGOT, citoyen de Genève, horloger, cousin de J.-J. Rousseau, dédiée à tous les districts, à tous les collèges et à toutes les maisons d'éducation de l'empire des Français et recommandée à MM. les rédacteurs du « Moniteur universel » et de la « Chronique ». *Paris, chez l'auteur et chez tous les libraires de l'Europe. De l'imprimerie du Temple de la Vérité.* S. d., in-8°, 1 f. et 49 p. [*N.* Lb^{39} 3869.]

24546. — Lettre de M. M** à M. Cérutti, au sujet de M. Necker (25 août 1790). *Au Palais-Royal, chez Petit*, 1790, in-8°, 20 p. [*N.* Lb^{39} 8273.]

Épigraphe empruntée au *De Officiis* de Cicéron.
Signée : MAILLET.

24547. — Petites lettres à un grand ministre, par M. DEVAULX, officier municipal de la ville de Saint-Quentin. S. l., août 1790, in-8°, 44 p. [*N.* Lb^{39} 3902.]

P. 3, *Lettre première sur la Révolution.*
P. 23, *Lettre seconde sur les finances.*
Contre Necker.

24548. — Criminelle neckero-logie ou les Manœuvres infâmes du ministre Necker entièrement dévoilées. *Genève, Pellet*, 1790, in-8°, 69 p. [*N.* Lb^{39} 3966.]

Par J.-P. MARAT.
Même ouvrage que la *Dénonciation faite au tribunal du public...* ; voyez le n° 24523 ci-dessus.

24549. — Grandes questions à résoudre par les amis de MM. Necker, Bailly, La Fayette. S. l. n. d., in-8°, 1 f. et 24 p. [*N.* Lb^{39} 3566.]

Le titre de départ, page 1, porte : *Et par tous ceux qui se piquent un peu d'aristocratie ou de démagogie, d'égalité républicaine ou de royalisme.*

La brochure se termine par un sonnet satirique sur les mêmes rimes que le fameux sonnet de Desbarreaux :

Grand Dieu, tes jugements sont remplis d'équité...

et le tout est signé : Par un Augustin.

24550. — L'Marignier de la Guernouillère aux aristocrates passés, présents et à venir. *Paris, chez les marchands de nouveautés*, 1790, in-8°, 24 p. [*N.* Lb^{39} 8676.]

Pamphlet en langage populaire contre le Châtelet et contre Necker.

24551. — Retirez-vous donc et mourez en paix ou Réponse au dangereux Mémoire présenté par M. Necker à l'Assemblée nationale, le 27 août 1790 (2 septembre 1790). *A Paris, chez les marchands de nouveautés*, 1790, in-8°, 72 p. [*N.* Lb^{39} 4025.]

Épigr. empruntée aux *Lettres* de Mirabeau à ses commettants.

24552. — Copie de la lettre de M. le premier ministre des finances à MM. les députés à l'Assemblée nationale (3 septembre 1790).

Par NECKER, sur sa démission, suivie de son départ pour la Suisse. Voyez tome Ier, n° 1886, et sous les n°s 1887-1898, divers pamphlets provoqués par ce départ.

24553. — Portraits, à la turque, de M. Necker et de plusieurs députés à l'Assemblée nationale, avec quelques éclaircissements sur la vie de ce ministre, sur ses manœuvres secrètes et sur son avancement au ministère, suivis de plusieurs notices intéressantes sur les décrets de cette auguste Assemblée. S. l. n. d., in-8°, 1 f. et 56 p. [*N.* Lb^{39} 4041.]

Allégorie contre Necker, désigné sous le nom d'*Ibrahim* et contre divers autres personnages. « Une clé de cet ouvrage, dit la *Préface*, nous a paru fort inutile, la plus grande partie de nos lecteurs connaît si bien les différents caractères des héros qui vont passer sous ses yeux que nous nous dispenserons de les nommer et leurs actions suffiront pour les faire reconnaître. »

24554. — Considérations sur M. Necker. *Paris, Gueffier le jeune*, 1790, in-8°, 13 p. [*N.* Lb³⁹ 4042.]

En faveur de Necker.

24555. — L'Astuce dévoilée ou Origine des maux de la France, perdue par les manœuvres du ministre Necker, avec des notes et anecdotes sur son administration, par M. RUTOFLE DE LODE (JEAN-JACQUES RUTLEDGE). *S. l.*, année 1790, in-8°, 114 p. [*N.* Lb³⁹ 4043.]

Portrait anonyme gravé à l'eau-forte avec cette inscription :

J'ai laissé le peuple sans roi
Et le royaume sans finances.

Voyez les nºˢ 24535-24535ᵃ ci-dessus.

24556. — Dénonciation contre le sieur Necker, premier ministre des finances, et contre le sieur Lambert, contrôleur général... (1790).

Par EDME-ETIENNE MORIZOT.
Voyez le nº 24379 ci-dessus.

24557. — De la révolution en France, sous le ministère de M. Necker. *Paris, Pain*, 1790, in-8°, 24 p. [*N.* Lb³⁹ 4044.]

24558. — Sur l'administration de M. NECKER par lui-même. *Amsterdam, D.-J. Changuion et Gabriel Dufour*, MDCCLXXXXI (1791), in-8°, 2 ff. et 328 p. [*N.* Lb³⁹ 4913.]

24558ᵇⁱˢ. — Sur l'administration de M. NECKER par lui-même (23 avril 1791). *Paris, hôtel de Thou, rue des Poitevins*, 1791, in-8°, 1 f. et 480 p. [*N.* Lb³⁹ 4913 C.]

Epigraphe empruntée à Tacite.
Voyez les quatre numéros suivants.

24559. — Simple extrait du livre de M. Necker sur son administration (10 mai 1791). *Paris, imp. Demonville*, 1791, in-8°, 56 p. [*N.* Lb³⁹ 4914.]

Entièrement apologétique.

24560. — Compte national ou Méthode facile de compter, qui a échappé au génie de M. Necker. *Paris, imp. du Patriote français, et se vend chez les marchands de nouveautés.* S. d. (1791), in-4°, 41 p. [*N.* Lb³⁹ 8524.]

ÉPIGR. :

Compter est un fait et non pas un verbiage.

P. 9-37, *Compte national qu'un citoyen présente à sa patrie à compter du 1ᵉʳ janvier 1790 jusqu'au 1ᵉʳ janvier 1791*.

24561. — Analyse et Réfutation de l'ouvrage intitulé : « Sur l'administration de M. Necker par lui-même » (1ᵉʳ juin 1791). *Paris, Guillaume junior*, 1791, in-8°, 47 p. [*N.* Lb³⁹ 4981.]

Signée : G** T**R.

24562. — Lettre à M. Necker sur son administration écrite par lui-même (sic), suivie d'Aiglonette et Insinuante, conte, par l'auteur de « Bien-Né »; des Trois Règnes, conte, par M*** et d'un décret sur la constitution civile du clergé. *S. l.*, 1791, in-8°, 28 et 15 p. [*N.* Lb³⁹ 4982.]

P. 1, *Lettre à M. Necker sur son administration*. P. 9, *Aiglonette et Insinuante*, conte. P. 27, *Décret additionnel à la constitution civile du clergé* (en vers libres). Les *Trois règnes* qui suivent ont une pagination distincte.

Le conte allégorique, en prose, intitulé : *Bien-Né*, a été décrit ci-dessus, nº 20857 ; *Aiglonette et Insinuante* semble cacher quelques allusions à Marie-Antoinette.

24563. — Réflexions présentées à la nation française par M. NECKER (30 octobre 1792).

Au sujet du procès de Louis XVI.
Voyez tome Iᵉʳ, nºˢ 3698-3699 ; et les nºˢ 3700-3703 qui réfutent ou corroborent ces *Réflexions*.

24564. — Lettre de M. NECKER à M. Mallet Du Pan, suivie d'Observations sur les dangers qui menacent l'Europe, par M. de MONTLAUSIER (sic). *Leide, chez J. Van Thoir*. S. d. (1793), in-8°, 1 f. et 72 p. [*N.* Lb⁴¹ 797.]

La *Lettre*, datée de Coppet, 6 septembre 1793, est apocryphe. P. 21, *Dangers qui menacent l'Europe*.

T. IV.

24565. — De M. Necker et de son livre intitulé : « De la Révolution française », par P.-L. GINGUENÉ... (an V).

Voyez tome Ier, n° 57.

24566. — Réponse au dernier ouvrage de M. Necker sur la Révolution française. *Se vend au bureau du* Journal de Paris, *rue J.-J.-Rousseau, n° 14, et chez les marchands de nouveautés, an* VI-1797, in-8°, VIII-352 p. [*N.* La³² 329.]

Attribuée, par le catalogue imprimé du British Museum, à P. CHAMBERT, né à Versailles en 1745, mort à Paris en 1805, ex-avocat au Parlement de Paris ; mais Quérard ne signale de lui que *Démétrius ou l'Education d'un prince* (1790, 2 vol. in-8°), pastiche de *Télémaque* approprié aux idées du jour.

¶ Sous le titre : *Necker émigré*, M. PAUL BONNEFON a publié dans la Revue intitulée : *Souvenirs et Mémoires* (1899, tome III, pp. 420-431) un mémoire de NECKER au Directoire, daté de Coppet, 17 juin 1798, dont il ne fait pas connaître la provenance.

24567. — Manuscrits de M. NECKER publiés par sa fille. *Genève, J.-J. Paschoud, an XIII,* in-8°, 2 ff., 354 p. et 1 f. n. ch. (*Errata*). [*N.* Z 24359.]

P. 1-153, *Du caractère de M. Necker et de sa vie privée* (daté de Coppet, 25 octobre 1804). P. 1-195 [Mélanges, dont les titres respectifs sont détaillés à la Table]. P. 207, *Esquisses de pensées.* P. 229, *Suites funestes d'une seule faute* [nouvelle].
Voyez le numéro suivant, qui est la réimpression à peine modifiée de celui-ci.

24568. — Mémoires sur la vie privée de mon père, par Mme la baronne DE STAEL-HOLSTEIN, suivis des Mélanges de M. NECKER. *Paris, et Londres, Colburn,* 1818, in-8°, XVI-373 p. [*N.* Ln²⁷ 15108.]

P. III-XII, *Introduction* (notice sur Mme de Staël-Holstein, extraite du *Mercure de France*, rédigé par MM. Benjamin de Constant, etc.). P. XIII-XVI, Table. P. 1-138, *Vie privée de M. Necker.* P. 139-252, *Mélanges.* P. 253, *Sur la législation du commerce des grains.* P. 287, *Suite funeste d'une seule faute* [nouvelle].
Réimpression exécutée à Londres du numéro précédent. La date placée à la fin de la *Vie privée* est supprimée et le morceau *sur la législation du commerce des grains* est distrait des *Mélanges* dont il faisait primitivement partie.
La *Vie privée de M. Necker* est comprise dans le tome XVII des *Œuvres complètes de* Mme de Staël données par son fils (Treuttel et Wurtz, 1820-1821, 17 col. in-8°).

24569. — Notice sur M. Necker, par A. DE STAEL-HOLSTEIN, son petit-fils. *Paris, Treuttel et Wurtz,* 1820, in-8°, 3 ff. et CCCII p. [*N.* Ln²⁷ 15109.]

Un *Avertissement des éditeurs* prévient que le portrait gravé pour accompagner cette *Notice* laissant à désirer pour la ressemblance, il en serait délivré gratis un autre aux souscripteurs. Il manque dans l'ex. de la B. N., mais il en existe un signé MULLER en tête du tome Ier des *Œuvres* de Necker publiés par le même éditeur (1820-1821, 15 vol. in-8°).

24570. — Etudes biographiques et littéraires sur Antoine Arnauld, Pierre Nicole et Jacques Necker, avec une notice sur Christophe Colomb, par M. le comte LANJUINAIS, pair de France, membre de l'Institut et de la Légion d'honneur. *Paris, Baudouin frères,* 1823, in-8°, 2 ff., 94 p. et 1 f. n. ch. (*Table*). [*N.* Ln²⁷ 637.]

P. 35-70, *Jacques Necker.*

24571. — Mémoire autographe de M. DE BARENTIN, chancelier et garde des sceaux, sur les derniers conseils du roi Louis XVI, publié... par M. MAURICE CHAMPION (1844).

Voyez le n° 20849 ci-dessus.
Le titre du mss. publié par M. Champion (ancien Supplément fr. 1994, aujourd'hui mss. fr. 6576) porte : *Réfutation des erreurs et des faits inexacts ou faux répandus dans un ouvrage publié par M. Necker en 1796, intitulé :* « De la Révolution française », *par* M. DE BARENTIN.

24572. — EMANUEL LESER. Necker's zweite Ministerium. *Mainz,* 1871, in-8°.

D'après le catalogue imprimé du British Museum.

¶ JULES FLAMMERMONT a publié dans la *Revue historique*, tome XLVI (mai-août 1891), pp. 1-67, un article intitulé : *le Second ministère de Necker*, accompagné de cette note : « Fragment d'un ouvrage qui paraîtra prochainement sous ce titre : *le Règne de Marie-Antoinette;* c'est pourquoi on y étudie surtout les affaires auxquelles la Reine prit part... »
Le livre annoncé n'a pas paru et ce chapitre est tout ce qui en subsiste.

24573. — Trois Révolutionnaires : Turgot, Necker, Bailly, par NOURRISSON, membre de l'Institut. *Paris, librairie académique Didier, Emile Perrin*, 1885, in-8°, VI-438 p. [N. Ln⁵ 54.]

Voyez le n° 21743 ci-dessus.

24574. — Collection Picard. Bibliothèque d'éducation nationale. Les Grands Français. Necker, par PAUL BONDOIS, ancien élève de l'Ecole des Hautes-Etudes, agrégé d'histoire, professeur au Lycée de Versailles. *Paris, Alcide Picard et Kaan. S. d.*, 1888, in-8°, 96 p. [N. Ln²⁷ 35809.]

En regard du titre, portrait de Necker gravé sur bois par SOTAIN et emprunté, semble-t-il, à une autre publication.

24575. — Les Causes financières de la Révolution française, par CH. GOMEL. Les Ministères de Turgot et de Necker (1892).

Voyez tome III, n° 12654.

24576. — FRANÇOIS DESCOSTES. Necker écrivain et financier jugé par le comte DE MAISTRE, d'après des documents inédits. *Chambéry, André Perrin*, 1896, in-12, 44 p. [N. Ln²⁷ 44429.]

P. 11-34, lettre de JOSEPH DE MAISTRE, datée de Chambéry, 16 janvier 1785, adressée à M. de Rubat, lieutenant du bailliage de Belley, sur l'*Introduction à l'administration des finances* de Necker (1784).

24577. — [**Néelle.**] Département de Paris. Domaines nationaux. Au nom et au profit de la République française. Vente intéressante, après l'émigration du sieur Néelle, en sa maison à Grenelle, près le Champ de la Fédération, le dimanche 17 février 1793. *Imp. Ballard. S. d.*, in-folio plano. [N. Lb⁴⁰ 3295*.]

24578. — [**Nicoleau** (Pierre).] Section du Bonnet-Rouge, ci-devant de la Croix-Rouge. Arrêté concernant le citoyen Nicoleau... (3 octobre 1793).

Voyez tome II, n° 8022.

24579. — L'An second de la République française. Réponse du citoyen NICOLEAU à toutes les inculpations énoncées dans les nombreux considérants de l'arrêté de la section du Bonnet-Rouge, du 3 octobre 1793, vieux style. *Paris, imp. Mayer. S. d.*, in-8°, 19 p. [N. Lb⁴¹ 1002.]

24580. — Détail très exact des causes, des motifs et des circonstances de l'arrestation du citoyen NICOLEAU, ex-président du Département de Paris. *S. l. n. d.*, in-8°, 16 p. [N. Lb⁴¹ 1003.]

24581. — Convention nationale. Rapport et projet de décret présentés au nom du Comité de sûreté générale par DUBARRAN dans la séance du 7 ventôse [an II-25 février 1794] et imprimés par ordre de la Convention nationale. *S. d.*, in-8°, 11 p. [N. Le³⁸ 1857.]

Rejet de la pétition de Nicoleau.

24582. — Pétition du citoyen NICOLEAU, ci-devant président du Département de Paris. *S. l. n. d.*, in-8°, 1 f. et 6 p. [N. Lb⁴¹ 1004.]

Le titre de départ, page 3, porte en plus : *A la Convention nationale*.
Au sujet de son arrestation.

24583. — Extrait des registres des délibérations de l'assemblée générale de la section du Bonnet-Rouge (10 frimaire an III-30 novembre 1794).

Voyez tome II, n° 8030.
Déclaration en faveur de Nicoleau et désaveu formel de l'arrêté du 3 octobre 1793.

24584. — [**Nicolle** (Gabriel-Henri).] Notice sur M. Henri Nicolle, directeur du collège de Sainte-Barbe, décédé le 8 avril 1829. *Paris, imp. Lachevardière. S. d.* (1829), in-8°, 16 p. [N. Ln²⁷ 15194.]

P. 2, Extrait de la *Biographie universelle classique*. P. 7, Extrait du *Journal des débats* du 11 avril 1829. P. 10, *Oraison funèbre*, prononcée par M. l'abbé FAUDET, premier aumônier du collège [Sainte-Barbe], au service funèbre du 15 avril 1829 dans la chapelle du collège... P. 14-16, Extraits de l'*Universel*, de l'*Echo du jour* de Lyon, et du *Journal des débats*.

24585. — [**Niel.**] Lettre du C. NIEL à l'assemblée générale de la section de la Fontaine-de-Grenelle. Paris, le 16 décembre 1792... S. l. n. d., in-8°, 4 p. [N. Ln²⁷ 15197.]

Protestation contre l'inscription de son nom sur la liste dite des Feuillants, et arrêté de la section de Grenelle, lui donnant acte de sa déclaration (22 décembre 1792).
Pièce déjà citée tome II, n° 8101, mais avec la cote du Britisch Museum.

24586. — [**Ninnin** (Henri).] Pétition à l'Assemblée nationale, pour le sieur NINNIN, docteur en médecine, ancien médecin des armées du Roi et inspecteur général des hôpitaux militaires (21 février 1792). *Imp. Creuze. S. d.*, in-4°, 10 p. [N. Ln²⁷ 15202.]

Au sujet de son brevet de pension.

24587. — [**Nivernois** (L.-J.-H. BARBON MANCINI MAZARINI, duc de).] Eloge du duc de Nivernois. S. l. n. d., 31 p. [N. Ln²⁷ 15208.]

Le titre de départ, page 3, porte en plus : *l'un des quarante de l'Académie française, honoraire de l'Académie des inscriptions et belles-lettres et qui est mort doyen de ces deux compagnies, lu à l'assemblée publique et extraordinaire de l'Institut de France, classe de la Langue et de la Littérature française, le 26 août 1807*, par N. FRANÇOIS DE NEUFCHATEAU.
Extrait des nᵒˢ 244 et 265 du *Moniteur* de 1807.

24588. — Eloge de M. le duc de Nivernois, l'un des quarante de l'Académie française, prononcé, dans la séance de l'Académie du 21 janvier 1840, par M. DUPIN, député de la Nièvre, directeur de l'Académie française. *Paris, imp. Crapelet*, 1840, in-8°, 2 ff. et 56 p. [N. Ln²⁷ 15209.]

ÉPIGR. :
La vertu fut ma seule loi ;
Etre aimé fut ma seule envie.

P. 33-56, *Notes contenant des éclaircissements historiques et quelques citations empruntées aux œuvres de M. le duc de Nivernois.*

24589. — Le duc de Nivernois ou Un grand seigneur au XVIIIᵉ siècle, d'après sa correspondance inédite avec les principaux personnages de son temps, par M. [l'abbé] BLAMPIGNON. *Paris, librairie académique Didier, Perrin et Cᵉ (Bruges, imp. de la Société de Saint-Augustin)*. S. d. (1888), in-8°, 2 ff., IV-VI-380 p. [N. Ln²⁷ 38003.]

Texte encadré d'un quadruple filet rouge. La *Table des lettres inédites* et la *Préface* ont chacune une pagination distincte.

24590. — Un petit-neveu de Mazarin. Louis-Jules-Henri Barbon Mancini-Mazarini, duc de Nivernois, par LUCIEN PEREY. *Paris, Calmann-Lévy*, 1890, in-8°, 2 ff. et VI-578 p. [N. Ln²⁷ 39170.]

En regard du titre, portrait héliogr. d'après RAMSAY.
Voyez le numéro suivant.

24591. — La Fin du XVIIIᵉ siècle. Le duc de Nivernois (1754 [1764]-1798), par LUCIEN PEREY. *Paris, Calmann-Lévy*, 1891, in-8°, 2 ff. et 475 p. [N. Ln²⁷ 39170ᵇⁱˢ.]

En regard du titre, héliogravure d'après un portrait dont l'auteur n'est pas connu.
Voyez le numéro précédent.
LUCIEN PEREY est le pseudonyme de Mˡˡᵉ LUCE HERPIN.

24592. — [**Noailles-Mouchy** (Philippe, duc et maréchal de).] Catalogue abrégé des livres de la bibliothèque de Noailles, dont la vente se fera, rue des Pères, n° 29, le 22 vendémiaire an IV (13 octobre [1795] v. st.) et j. s. *Paris, Mauger. S. d.*, in-8°, VIII-91 p. et 1 f. n. ch. (Table des vacations); 1166 numéros. [N. Δ 12253.]

« Nous annonçons, dit l'*Avertissement* du libraire, un extrait de catalogue ; quel autre titre, en effet, pouvions-nous donner à une notice de douze cents articles environ tirés d'une bibliothèque qui, malgré les démembrements qu'elle a éprouvés, contient environ onze mille volumes ?... »
Pour remédier à cette abondance même, on avait formé des lots de livres assortis qui devaient être vendus au commencement des vacations et Mauger ajoute : « S'il arrivait même qu'on nous demandât séparément quelques ouvrages particuliers, nous nous ferions un plaisir de les détacher et de les vendre seuls. »

24593. — Journal des prisons de mon père, de ma mère et des miennes, par Mᵐᵉ DE DURAS, née NOAILLES (1888).

Voyez tome Iᵉʳ, n° 4366.

24594. — [**Noailles** (Louis-Marie, vicomte de).] Pièces relatives à la démission du maréchal de camp Louis de Noailles. Imp. Dupont. S. d. (1792), in-8°, 12 p. [N. Ln27 15219.]

24595. — [Noel (Marie-Anne).] Précis pour demoiselle Marie-Anne Noel, demeurant aux Filles-de-la-Croix-de-Saint-Gervais, contre le sieur Toussaint-Léon (cidevant soi-disant baron de) Wisnick, depuis lieutenant au bataillon de Saint-Gervais, électeur, juge de paix de la section de l'Hôtel-de-Ville et vice-président du comité de ladite section. Imp. Lamesle, 1791, in-4°, 21 p. [Br. M. F. R. 44* (8).]

Accusation d'escroquerie.
Voyez le numéro suivant.

24596. — Réponse au calomnieux libelle, profusément publié sous le nom de la demoiselle Noel, avec le titre de « Précis », pour Toussaint-Léon de Wisnick, juge de paix de la section de l'Hôtel-de-Ville, à Paris, contre demoiselle Marie-Anne Noel. Imp. de la rue de Nonaindières. S. d., in-4°, 31 p. [Br. M. F. R. 45* (10).]

Voyez le numéro précédent.
D'après Etienne Charavay (Assemblée électorale [1re série], p. 50), Toussaint-Jean (sic) Wisnick, bourgeois, électeur de la section de l'Hôtel-de-Ville, fut tour à tour juge de paix de la section du Roi-de-Sicile, en 1790, et de la Maison-Commune, en 1792, emprisonné aux Carmes, du 23 floréal au 9 fructidor an II (12 mai-26 août 1794), électeur, en 1796, et notable en 1801.

24597. — [Norbert.] Liberté, égalité. Administration municipale du 7° arrondissement. Discours prononcé au mariage du citoyen Norbert et de la citoyenne Rougeault, le 20 thermidor an VI (7 avril 1798). Imp. Desveux. S. d., in-4°, 3 p. [N. Lb42 1957.]

Normandie (duc de). — Voyez **Nauendorff** et **Richemont**.

24598. — [**Norvins** (Jacques Marquet de Montbreton de).] Souvenirs d'un historien de Napoléon. Mémorial de J. de Norvins, publié avec un avertissement et des notes par L. de Lanzac de Laborie. Paris, E. Plon, Nourrit et C°, 1896-1897, 3 vol. in-8°. [N. La30 66.]

Tome Ier, 1769-1793. En regard du titre, héliogravure d'après un portrait peint par Ingres à Rome.
Tome II, 1793-1802. En regard du titre, J. de Norvins en 1811, héliogravure d'après un dessin d'Ingres.
Tome III, 1802-1810. En regard du titre, héliogravure d'après un portrait (daguerréotype) de J. de Norvins à quatre-vingt-quatre ans.

24599. — [**Oberkirch** (Henriette-Louise de Waldner, baronne d').] Mémoires de la baronne d'Oberkirch, publiés par le comte de Montbrison, son petit-fils, et dédiés à S. M. Nicolas Ier, empereur de toutes les Russies, avec un fac-similé de l'écriture de S. M. Marie Feodorowna. Paris, Charpentier, 1853, 2 vol. in-18. [N. Lb39 66.]

Les couvertures imprimées portent : *Mémoires... sur la cour de Louis XVI et la société française avant 1789.*

24599a. — Mémoires de la baronne d'Oberkirch... publiés par le comte de Montbrison... Paris, Charpentier, 1869, 2 vol. in-18. [N. Lb39 66 A.]

Dans cette nouvelle édition, on a supprimé du chapitre XXIX une anecdote relative à une parente du dessinateur et découpeur de silhouettes Huber, de Genève; une note de l'éditeur avertit de cette suppression.
Les *Mémoires* ont été remis en circulation avec de nouveaux titres et de nouvelles couvertures portant la date de 1880.

24600. — [**Ogier** (Claude-Jacques).] Jugement du Tribunal révolutionnaire... qui, sur la déclaration du juré de jugement, portant qu'il est constant qu'il a existé au procès des écrits et qu'il a été entretenu des correspondances tendantes à provoquer l'anéantissement de la République, la dissolution de la représentation nationale et le rétablissement de la royauté en France; que Claude-Jacques Ogier, conseiller du ci-devant Roi et auditeur en la ci-devant Chambre des comptes de Paris, est auteur desdits écrits et a entretenu lesdites correspondances, condamne ledit Claude-Jacques Ogier à la peine de mort... (24 pluviôse an II-12 février 1794). *De l'imprimerie du Tribunal révolutionnaire.* S. d., in-4°, 7 p. [N. Lb⁴¹ 2232*.]

On avait saisi chez Ogier, réfugié à Sens et âgé de soixante-treize ans, un manuscrit intitulé : *Adresse aux Français de la part de tous les chefs des vrais catholiques et royalistes, au nom de S. M. T. C. le dix-septième roi de France et de Navarre*, ainsi qu'un ex. du *Récit exact et circonstancié de ce qui s'est passé au château des Tuileries le mercredi 20 juin 1792* (voyez tome I*er*, n° 3231) qu'il avait apostillé d'une note en l'honneur de Du Rozoy.

24601. — [**Ollivault-Duplessis** (Vincent-Jean).] Invitation à MM. les électeurs des départements de l'Empire français de former dans chaque département une liste des candidats sur laquelle viendront s'inscrire tous les aspirants à l'honneur de défendre la patrie dans la prochaine législature. *Imp. Provost.* S. d. [1791], in-8°, 4 p. [N. Le³¹ 1*.]

Signée : VINCENT-JEAN OLLIVAULT-DUPLESSIS, né à Saint-Brieuc (département des Côtes-du-Nord), ci-devant province de Bretagne, garde national, demeurant à Paris, rue Mazarine, n° 92.
Circulaire électorale en vue des élections à la Législative, mais sans spécification de collège.
P. 3, l'auteur désigne vaguement deux de ses écrits dont voici les titres exacts : *Réponse à M. Necker sur le mémoire qu'il a lu à l'Assemblée nationale, le 20 mai 1790, ou Plan d'impositions uniformes...* S. l. n. d. [B. N. Lb³⁹ 8884] et *Modèles d'assignats considérés sous tous leurs rapports*, Paris, Gattey. S. d. (1790), in-4°. [B. N. Lb³⁹ 3096]; il donne également le chiffre de son revenu personnel : 6,570 livres par an.

24602. — V.-J. OLLIVAULT, inspecteur des Contributions directes, au citoyen..., électeur du département de la Seine (20 germinal an VI-9 avril 1798). S. l. n. d., in-4°, 4 p. [R. AD. XI, 58.]

Circulaire autobiographique accompagnant les exemplaires du *Coup d'œil sur les assemblées primaires et électorales* (voyez tome II de la *Bibliographie*, n° 5497).
L'ex. de la collection Rondonneau porte la signature autographe d'Ollivault et son adresse : rue Montmartre, 129, division Le Pelletier.

24603. — [**Opoix** (Christophe).] Notice nécrologique sur M. Opoix. *Provins,* imp. Lebeau, 1841, in-8°, 12 p. [N. Ln²⁷ 15390.]

Le titre de départ, page 1, porte en plus : *lue à la séance publique de l'Athénée des arts de Paris, le dimanche 9 mai, par M.* RAMON, son compatriote.
La couverture imprimée sert de titre.

24604. — [**Ormesson de Noyseau** (Anne-Louis-François-de-Paule LEFEBVRE d')]. Catalogue de la bibliothèque de feu le c. d'Ormesson de Noyseau, dont la vente se fera le 12 pluviôse [an IV-1er février 1796] et j. s., en sa maison, rue Guillaume, faubourg Germain, section de la Fontaine-de-Grenelle. *Paris, Santus, libraire; Alexandre et Florentin, huissiers-priseurs*, an 4° de la République, in-8°, 46 p.; 506 numéros. [N. Δ 12269.]

« La bibliothèque de feu le citoyen d'Ormesson de Noyseau dont nous publions la notice (dit un avertissement imprimé au verso du titre) est composée de dix mille volumes; des raisons particulières et le peu de temps que nous avons avons eu nous ont empêché de faire un catalogue général, mais on trouvera dans cette notice un choix intéressant de cette bibliothèque. » Suit une énumération des principales curiosités qu'elle renfermait, terminée par l'annonce d'une seconde vente qui devait avoir lieu prochainement; mais, pour des raisons que j'ignore, la première fut ajournée et la notice en fut réimprimée; voyez le numéro suivant.

24604ᵃ. — Catalogue des livres de la bibliothèque de feu le c. d'Ormesson de Noyseau, dont la vente se fera le 2 messidor [an IV-20 juin 1796] et j. s., en sa maison, rue Guillaume... *Se distribue à Paris, chez les cc. Santus, libraire; Alexandre et Florentin, huissiers-priseurs. Imp. Belin*, an IV, in-8°, 24 p.; 506 numéros. [N. Δ 12277.]

L'avertissement du libraire est réimp. à la fin de la notice.
A l'ex. de la B. N., provenant de la collection Jullien, est annexée une table manuscrite des prix en « mandats ».

24605. — [**Osmont** (Antoine-Joseph).] Ordonnance rendue par le président du Tribunal révolutionnaire qui, sur la déclaration du juré de jugement, acquitte Joseph Osmont (13 ventôse an II-3 mars

1794). *Imp. du Tribunal révolutionnaire.* S. d., in-4°, 2 p. [N. Lb⁴¹ 2233*.]

Antoine-Joseph Osmont, ci-devant clerc de notaire et depuis commis dans un bureau d'agence (?) à Paris, était inculpé de propos inciviques tenus dans une boutique du Jardin-Egalité, le 21 pluviôse précédent (9 février 1794).

24606. — [**Osselin** (Charles-Nicolas).] Jugement rendu par le Tribunal révolutionnaire qui, sur la déclaration du juré de jugement, portant qu'il a été entretenu des intelligences et correspondances avec les ennemis de la République, à l'effet de favoriser les attentats contre la sûreté et la tranquillité de l'Etat; que Charlotte-Félicité Luppé, femme du ci-devant marquis de Charry, est convaincue d'être coupable de ces intelligences et correspondances; qu'il est constant que ladite femme Charry est sortie du territoire français et qu'elle n'y est rentrée que du 14 au 17 mai dernier ; qu'il est constant que Charles-Nicolas Osselin, député à la Convention nationale, a prévariqué dans ses devoirs en abusant de son caractère et de sa qualité de membre du Comité de sûreté générale de la Convention nationale, pour prêter secours et protection à une émigrée en la cautionnant, au lieu de concourir, comme fonctionnaire et comme citoyen, à l'exécution stricte des lois relatives aux émigrés et aux contre-révolutionnaires, en faisant mettre en liberté la femme Charry et en la soustrayant par ce moyen à la recherche et à la punition du crime, en refusant d'exhiber aux commissaires les papiers qu'il avait sur lui et soustrayant à leur examen ceux qui étaient sur le bureau de ladite Charry, sous prétexte qu'ils appartenaient au Comité de sûreté générale, en donnant, enfin, par son cautionnement, aux administrateurs de la police l'exemple de la violation de la loi; qu'il a méconnu les intérêts les plus sacrés de la représentation nationale, ainsi que la dignité attachée au caractère de représentant du peuple, en engageant sa propre liberté pour une ennemie de la patrie; condamne Charlotte-Félicité Luppé à la peine de mort... et Charles-Nicolas Osselin, député à la Convention nationale, à être déporté... (15 frimaire an II-5 décembre 1793). *Imp. du Tribunal révolutionnaire.* S. d., in-4°, 23 p. [N. Lb⁴¹ 2232*.]

Enfermé à Bicêtre, Charles-Nicolas Osselin fut impliqué dans la « conspiration » imaginée par Valagnos et condamné à mort avec trente-cinq autres prévenus, le 8 messidor an II (26 juin 1794).

Voyez le numéro suivant.

24607. — [**Osselin** (François-Nicolas).] Ordonnance rendue par le président du Tribunal révolutionnaire... qui, sur la déclaration du jury de jugement, acquitte Antoine-Pierre-Guillaume Desplasses, Françoise-Charlotte Deliège, Denis Grivelet, Antoine-François Gailhac-Lagardie, Antoine-Prosper Soulès, Nicolas-Marie-André Froidure et François-Nicolas Osselin (11 frimaire an II-1ᵉʳ décembre 1793). *Paris, imp. du Tribunal révolutionnaire.* S. d., in-4°, 4 p. [N. Lb⁴¹ 2233*.]

Cet arrêt a trait à la même affaire que celle qui fait l'objet du précédent numéro. L'abbé Osselin, frère du conventionnel, était curé de Saint-Aubin (Seine-et-Oise).

24608. — [**Oudot** (Charles-François).] Notice concernant le citoyen Oudot, membre du tribunal de cassation. *Imp. Baudouin.* S. d., in-8°, 4 p. [N. Ln²⁷ 15585.]

Protestation contre l'accusation d'avoir fait guillotiner le notaire Chaudot (voy. les nᵒˢ 22139-22143 ci-dessus). Cette *Notice* est sans date, mais l'auteur dit avoir déposé ses pièces justificatives entre les mains du sénateur Garran de Coulon ; elle doit donc dater des débuts de l'Empire.

24609. — [**Pache** (Jean-Nicolas).] PACHE à Cambon (2 brumaire an II-23 octobre 1793).

Voyez tome Iᵉʳ, nᵒ 4068 et pour d'autres pièces de même date et de même nature, voyez *ibid.*, nᵒˢ 4069-4072.

24610. — J.-N. PACHE sur une affaire pendante à la troisième section du Tribunal civil de la Seine (Thin-le-Moutier, 18 germinal an V-7 avril 1797). *Imp. R. Vatar.* S. d., in-8°, 23 p. [N. Lb⁴²·310.]

Un batelier de la Loire nommé Touchet avait proposé à Pache, en nivôse an II, d'assurer

l'approvisionnement de Paris au risque d'affamer les départements limitrophes; Pache l'avait fait arrêter et Touchet le poursuivait pour détention arbitraire.
Voyez le numéro suivant.

24610*. — J.-N. PACHE sur une affaire pendante à la troisième section du Tribunal civil de la Seine. Second Mémoire. *Imp. Vatar. S. d.*, in-8°, 1 f. et 86 p. [*R.* AD. II, 41.]

Signé : PACHE, à Thin-le-Moutier, 13 floréal an V (2 mai 1797).

24611. — LOUIS PIERQUIN. Mémoire sur Pache, ministre de la guerre en 1792 et maire de Paris sous la Terreur. Sa retraite à Thin-le-Moutier. Ouvrage orné de quatre planches hors texte en phototypie et suivi d'une Etude sur l'« Introduction à la philosophie » de Pache, par J. LEBLOND, professeur agrégé au lycée de Charleville. *Charleville, Ed. Jolly,* 1900, in-8°, 276 p. et 1 f. n. ch. (achevé d'imprimer). [*N.* Ln^{27} 46997.]

Au verso du faux-titre, l'auteur annonce deux autres études : *Pache, ministre de la guerre* et *Pache, maire de Paris*, qui n'ont point paru jusqu'à ce jour. Au verso du titre, on lit : Tiré à 100 ex.
P. 11, sonnet de PAUL VERLAINE sur Pache. Les quatre pl. annoncées par le titre sont un portrait de Pache (lith. de DELPECH, avec un fac-similé de signature); p. 225, la *Place de l'ancien cimetière à Thin-le-Moutier* (sépulture de Pache); p. 249, le *Pavillon de l'ancien prieuré* (reste des bâtiments de la ferme de Pache) et, p. 253, la « *Cour Pache* », à Thin-le-Moutier.
Dans le texte sont réimp. les deux *Mémoires* de Pache sur l'affaire Touchet et divers autres écrits, entre autres une *Introduction à la philosophie*, imp. en 1844 à 150 ex. et non mise en vente.

⊿ GEORGES AVENEL avait commencé un travail sur *Pache*, publié dans *la République française* (nos des 20-22 octobre, 3 et 4 novembre 1874, 5 et 19 octobre 1875, 23 mai, 7, 21 et 25 juin 1876) que la mort l'empêcha d'achever et qui n'a pas été réimprimé.
Une autre étude sur Pache, conçue dans un esprit tout différent, a été signalée dans la note qui accompagne le n° 21751 ci-dessus.

24612. — [**Paine** (Thomas).] MONCURE DANIEL CONWAY. Thomas Paine (1737-1809) et la Révolution dans les deux mondes, traduit de l'anglais par FELIX RABBE. Avec un portrait en héliogravure. *Paris, Plon-Nourrit et Cⁱᵉ,* 1900, in-8°, XL-460 p. [*N.* Nx 2766.]

En regard du titre, héliogr. d'un portrait de Thomas Paine, d'après un tableau de LAURENT DABOS, peintre toulousain (1761-1839), appartenant à Mrs. Alfred Morrison, à Londres.

24613. — [**Pajou** (Augustin).] Notice inédite et historique sur la vie et les ouvrages d'Augustin Pajou, statuaire. *Paris,* 1808, in-8°.

Extrait du *Pausanias français ou Description du Salon de 1806*... par un observateur impartial [P.-J.-B. CHAUSSARD] (Paris, Buisson, 1808, in-8°) où cette Notice, que je cite d'après G. Duplessis (*Essai d'une bibliographie générale des beaux-arts*) occupe les pp. 462-474. Elle y est accompagnée d'une pl. au trait d'après le buste de Pajou, par Roland, et suivie de la liste des ouvrages de l'artiste, de 1757 à 1805.

24614. — Institut de France. Notice historique sur la vie et les ouvrages de M. Pajou, de l'ancienne Académie de peinture et sculpture, l'un des recteurs de l'Ecole, membre de l'Institut de France et de la Légion d'honneur, lue, dans la séance publique du 6 octobre 1810, par JOACHIM LEBRETON, secrétaire perpétuel de la Classe, membre de celle d'histoire et de littérature ancienne et de la Légion d'honneur. *Imp. Baudouin. S. d.*, in-4°, 8 p. [*N.* Ln^{27} 15652.]

24615. — [**Palissot de Montenoy** (Charles).] Réclamation d'un homme de lettres contre MM. Romilly, Cadet, Corancet [*sic* : Corancez], Xhrouet, entrepreneurs associés du « Journal de Paris ». *Imp. Moutard. S. d.*, in-4°, 6 p. [*N.* Lc² 80ᵇⁱˢ.]

Signée : PALISSOT.
Au sujet de la pension que lui devaient les fondateurs du *Journal de Paris* auxquels Palissot avait cédé, en 1782, le privilège du *Journal des deuils* et du *Nécrologe universel* dont il était concessionnaire.

24616. — Lettre adressée par le C. PALISSOT à la Classe de littérature et beaux-arts de l'Institut national, le 18 frimaire an VI (8 décembre 1797). *Imp. Stoupe,* 1797, in-8°, 8 p. [*N.* Ln²⁷ 15662.]

Réfutation d'un article paru dans *la Sentinelle* de Louvet, du 13 frimaire, au sujet de la comédie des *Philosophes* et du rôle que Palissot y avait fait jouer à Jean-Jacques.

Voyez le n° 24619 ci-dessous.

₵ En 1793, Palissot s'était vu refuser, à cause de cette même comédie, un certificat de civisme par Chaumette, qui le lui accorda ensuite lorsqu'il eut formellement désavoué *les Philosophes* (cf. *Affiches de la Commune*, n°⁸ 86 et 102, 13 sept. et 1ᵉʳ oct. 1793). La lettre de Palissot, dont l'original a fait partie de la collection de Châteaugiron, a été publiée en 1836 par Péricaud dans la *Revue du Lyonnais*.

24617. — Ce 4 germinal an VII (24 mars 1799). Lettre du citoyen S** (Sélis) au citoyen Palissot. Réponse du citoyen Palissot au citoyen S**. *S. l. n. d.*, in-4°, 2 p. [*N.* Ln²⁷ 15663.]

Correspondance échangée au sujet de la candidature et de l'échec de Palissot à la 2ᵉ classe de l'Institut.

24618. — Notice sur Palissot extraite du « Journal royal » (19 octobre 1814). *S. l. n. d.*, in-8°, 3 p. [*N.* Ln²⁷ 15664.]

Le *Journal royal* parut du 1ᵉʳ octobre 1814 au 20 mars 1815 et comporte 171 numéros in-folio.

24619. — Palissot et les philosophes, par E. Meaume, membre de l'Académie de Stanislas, chevalier de la Légion d'honneur. *Nancy, Vᵉ Raybois,* 1864, in-8°, 2 ff. et 92 p. [*N.* Ln²⁷ 15665.]

P. 78-84, E. Meaume a donné, comme inédite et d'après l'original faisant partie de ses collections, la lettre de Palissot à ses collègues de la classe de littérature et des beaux-arts de l'Institut national, datée du 18 frimaire an VI (voyez le n° 24616 ci-dessus).

24620. — Etude historique et biographique sur les Lorrains révolutionnaires : Palissot, Grégoire, François de Neufchâteau, par Edouard Meaume (1882).

Voyez le n° 22759 ci-dessus.

24621. — [**Palloy** (Pierre-François).] Récit des détails qui ont précédé, suivi et accompagné l'introduction de Pierre-François Palloy, le patriote, dans le conseil du Roi, le 3 juillet 1792. *S. l. n. d.*, in-8°, 8 p. [*N.* Ln²⁷ 15672.]

24622. — Discours prononcé en présence des bataillons de volontaires et citoyens d'Epernay, le 23 septembre 1792... pour répondre aux calomnies répandues par le ministre Roland et autres contre le patriote Palloy. *S. l. n. d.*, in-4°, 73 p. [*N.* Lb⁴¹ 2290.]

24623. — Le patriote Palloy à ses concitoyens. Mémoire soumis à l'examen du peuple et au rapporteur du Comité de surveillance et ministre de la guerre à son retour de l'armée. Pièces justificatives sur la conduite des bataillons républicains du Bon-Conseil, décret rendu en faveur de ces bataillons, le 18 décembre 1792... *Imp. des sans-culottes. S. d.*, in-4°, 44 p. [*N.* Lb⁴¹ 2497.]

24624. — Liberté, égalité, 30 nivôse an II (19 janvier 1794). « La femme Palloy éprouve, citoyen, la plus vive douleur... ». *S. l. n. d.*, feuillet in-4°. [*N.* Ln²⁷ 15673.]

Lettre en faveur de son mari incarcéré à la Force.

24625. — Liberté, égalité. Ce 5 pluviôse l'an II (24 janvier 1794). « Quel baume consolateur, citoyen... » *S. l. n. d.*, feuillet in-4°. [*N.* Ln²⁷ 15674.]

Lettre de Palloy au sujet de son emprisonnement.

24626. — Ce 9 pluviôse, l'an II de l'ère républicaine (28 janvier 1794). Palloy à ses frères de la Société des amis de la constitution républicaine de Sceaux-l'Unité. *Imp. Renaudière jeune. S. d.*, in-4°, 32 p. [*N.* Lb⁴¹ 975.]

Au sujet de son arrestation.

24627. — Maison d'arrêt de la Force, chambre de la Montagne, ce 24 pluviôse an II (12 février 1794). « Je t'envoie ci-joint, citoyen représentant... » *S. l. n. d.*, feuillet in-4°. [*N.* Ln²⁷ 15675.]

Circulaire de Palloy aux membres de la Convention en leur envoyant un exemplaire de sa lettre à la Société populaire de Sceaux.

24628. — Liberté, égalité. Maison d'arrêt de la Force, chambre de la Montagne, 6 ventôse an II (24 février 1794). Deuxième lettre de Palloy à ses frères de la Société républicaine de Sceaux-l'Unité. S. l. n. d., in-4°, 23 p. [N. Ln^{27} 15676.]

24629. — L'Epouse de Palloy au peuple toujours juste. Imp. L.-P. Couret. S. d. (1792), 7 p. [N. Ln^{27} 15677.]

P. 5, Copie de la lettre adressée à M. Roland, ministre de l'intérieur, par l'épouse de Palloy (24 septembre 1792). P. 7; Copie de la lettre de M. le ministre de l'intérieur, en réponse à celle de Mme Palloy.

24630. — Adresse à la Convention nationale, le 26 ventôse, l'an deuxième de la République française (16 mars 1794), par la famille Palloy, le lendemain de sa mise en liberté par les huissiers de la Convention, qui ont brisé ses chaînes dans son cachot, où l'intrigue et les ennemis du peuple l'avaient plongé depuis trois mois. Imp. Renaudière jeune. S. d., in-4°, 7 p. [N. Lb^{41} 1025.]

24631. — Pierre de la Bastille. S. l. n. d., in-4°, 1 p. [N. Lb^{41} 4614.]

Signé : Palloy, patriote pour la vie.
Elucubration sur les souvenirs et les sentiments que la vue de cette pierre devait éveiller chez chaque citoyen.

24632. — Liberté, égalité. Troisième lettre de Palloy, libre, à ses frères de la commune et Société républicaine de Sceaux-l'Unité, le 1er germinal an II de l'ère républicaine (21 mars 1794), époque du rétablissement des mœurs. S. l. n. d., in-4°, 86 p. [N. Lb^{40} 2962.]

24633. — Sceaux-l'Unité, ce 13 germinal an II de la République (2 avril 1794). Palloy à . S. l. n. d., in-4°, 4 p. [N. Ln^{27} 15678.]

Circulaire à ses créanciers.

24634. — Aux Citoyens représentants du peuple. S. l. n. d., in-4°, 2 p. [N. Lb^{41} 4405.]

Signé : Palloy, patriote pour la vie ; Sceaux-l'Unité, 26 prairial an III (14 juin 1795).
Justification de la présence d'un glaive entre les deux colonnes de la Déclaration des droits qu'il avait offerte à la Convention.

24635. — 20 fructidor [an III-6 septembre 1795]. « Citoyen président, l'amour de ma patrie m'a inspiré quelques réflexions... ». S. l. n., feuillet in-4°. [N. Lb^{41} 4568.]

Lettre de Palloy aux bureaux d'assembléss primaires, portant envoi de cinq exemplaires de la constitution, signée : P.-F. P.

24636. — Ce 15 messidor l'an IV (3 juillet 1796). Un Républicain français, père d'une respectable fille, aux citoyens directeurs, ministre de la guerre et généraux en chef des armées. S. l. n. d., 8 p. non chiffrées. [N. Ln^{27} 15679.]

Signé : Palloy.
P. 7-8, Demandes et propositions.
L'auteur sollicite le concours des fonctionnaires désignés par l'intitulé de sa circulaire pour le choix d' « un honnête et vertueux guerrier qui ait constamment combattu pour sa patrie à l'extérieur depuis la Révolution » et qui deviendrait l'époux de sa fille. L'appel de Palloy fut entendu : j'ai sous les yeux une lettre de part ornée d'une jolie vignette à l'eau-forte et ainsi conçue :
« Le citoyen et la citoyenne Monvoisin vous font part du mariage contracté sous les auspices de la Divinité et de la Loi entre Antoine-François Monvoisin, leur fils, capitaine, aide de camp du général de division Hatry, et Louise-Charlotte, fille du citoyen Palloy, architecte-entrepreneur, domicilié à Sceaux-l'Unité, département de la Seine. Paris, le 5 fructidor an 5e de la République française [22 août 1797.] »

24637. — Un Français à sa patrie et à son empereur, le 1er mai 1806. S. l. n. d., in-8°, LIV p. [N. Lb^{44} 987.]

Signé (p. LIV) : P.-F. Palloy.
Dans l'ex. de la B. N., qui porte des corrections et additions autographes, manquent le titre et une gravure dont l'Explication occupe les pp. III-IV. Le feuillet de départ est orné d'un fleuron représentant un aigle tenant un glaive dans ses serres et portant sur une banderolle ornée les devises ou inscriptions suivantes : Heroem cantat pietas, Præsidium, Robur, Gallia, Mars, Fulmen, Apollo, terræ decus.
Les titres courants portent : Discours ; c'est la préface d'un recueil de flagorneries à Napoléon Ier, qui ne fut pas achevé.
Dans ce discours, Palloy rappelle les titres qu'il se flattait de s'être créés à la bienveillance du souverain, expose son état de gêne et demande un emploi conforme à ses talents.

24638. — Pétition présentée à la Chambre des députés par P.-F. PALLOY, architecte, pour obtenir l'effet de la concession à lui faite, à titre de récompense nationale, par la loi du 27 juin 1792, d'un terrain à prendre dans l'ancien emplacement de la Bastille (10 mars 1819). *Imp. Dondey-Dupré. S. d.*, in-4°, 1 f. et 24 p. [*N.* Ln^{27} 15680.]

La même pièce a été imprimée dans le format in-8°.

24639. — Nécrologie de Pierre-François Palloy, ancien architecte et entrepreneur, décédé à Sceaux-Penthièvre, le 19 janvier 1835. *Sceaux, imp. Baudouin. S. d.*, in-8°, 4 p. [*N.* Ln^{27} 15681.]

Signée : HENÉE, typographe, à Sceaux. P. 4, *Discours prononcé, le 21 janvier 1835, sur la tombe du T.·. Ch.·. F.·. Palloy, S.·. P.·. R.·. C.·., décédé à Sceaux, par le F.·. COLLIN, homme de lettres, professeur de rhétorique et de philosophie, chev.·. Kad.·.*.
A l'ex. de la B. N. sont joints deux ex. du portrait de Palloy peint par Mlle PANTIN et gravé par RUOTTE. Sur le second ex., les inscriptions de la tablette sont cachées par une déclaration et une demande de rendez-vous à laquelle la destinataire a répondu en termes fort secs au verso même du portrait. Cet ex., provenant de La Bédoyère, contient également l'original d'une lettre de réconciliation adressée par Palloy à sa femme et reproduite par V. Fournel, p. 219 de son livre. (Voyez le numéro suivant.)

24640. — Le Patriote Palloy et l'exploitation de la Bastille..., par VICTOR FOURNEL (1892).

Voyez le n° 22734 ci-dessus.

24641. — [**Panckoucke** (Charles-Joseph).] Lettre de M. PANCKOUCKE à MM. le Président et électeurs de 1791. *Paris,* 1791, in-8°, 29 p. [*N.* Lb^{39} 5332.]

L'auteur pose sa candidature aux élections pour l'Assemblée législative.

24642. — Mémoire en faveur de M. PANCKOUCKE, relatif aux journaux dont il est propriétaire. *S. l. n. d.*, in-12, 9 p. [*N.* Ln^{27} 15700.]

P. 8, liste des écrits publiés par l'auteur depuis le début de la Révolution.

24643. — [**Pange** (François de).] OEuvres de FRANÇOIS DE PANGE (1789-1796), recueillies et publiées, avec une étude sur sa vie et ses œuvres, des notes et une table analytique, par L. BECQ DE FOUQUIÈRE. *Paris, Charpentier et Ce,* 1872, in-18, 2 ff. et 278 p. [*N.* Z 57194.]

24644. — [**Panis** (Etienne-Jean).] Décret de la Convention nationale du 31 octobre 1792. Refus fait par un juge de recevoir une plainte contre le citoyen Panis, membre de la Convention nationale, et d'y donner suite. *Paris, imp. Nationale exécutive du Louvre,* MDCCXCII (1792), in-4°, 2 p. [*R.* AD. I, 57.]

La Convention décide que la plainte déposée par le citoyen Goret aurait dû être reçue par le juge de paix et que celui-ci aurait dû y donner suite, jusqu'au mandat d'amener exclusivement, sauf à rendre compte de l'affaire à la Convention nationale avant de donner ce mandat d'amener, s'il y avait lieu de le prononcer.

24645. — Chiquenaude à Audouin. *Paris, imp. Vachot. S. d.*, in-8°, 12 p. [*N.* Lb^{41} 1475.]

Signée : PANIS.
P. 5, Note sur la circulaire du 3 septembre 1792 (voyez tome Ier, n°s 3491 et 3496). Panis donne ici une explication différente de celle qu'il proposait en 1814. Voyez le numéro suivant.

24646. — Défense légitime (1814).

Voyez tome Ier, n° 3496.

24647. — [**Papillon dit de La Ferté** (Denis-Jean-Pierre).] ADOLPHE JULLIEN. Un potentat musical. Papillon de La Ferté, son règne à l'Opéra de 1780 à 1790, d'après ses lettres et ses papiers manuscrits, conservés aux Archives de l'Etat et à la Bibliothèque de la ville de Paris. *Paris, A. Detaille,* 1876, gr. in-8°, 57 p. [*N.* Ln^{27} 29910.]

On lit au verso du faux-titre :
Tiré à 300 ex., dont 25 sur papier vergé.
Extrait non spécifié de la *Revue et Gazette musicale de Paris*.

24648. — [**Parent** (Louis, dit PARENT DE CHASSY).] Mémoire à la Convention nationale, pour le citoyen PARENT, ex-constituant. *Paris, imp. Guérin*, 1793, in-8°, 16 p. [*N.* Ln²⁷ 15738.]

Parent, ex-député du tiers pour le bailliage de Nivernois et Donziois, expose son rôle au comité des domaines de l'Assemblée nationale et notamment lors de la répartition des châteaux et des chasses dont Louis XVI entendait se réserver la jouissance.

24649. — Convention nationale. Rapport fait à la Convention nationale, au nom de la commission de Vingt et un, sur l'arrestation du citoyen Parent, ci-devant député de l'Assemblée constituante, par J. BORIE, député de la Corrèze, président du Comité de l'examen des comptes. Imprimé par ordre de la Convention nationale (7 mai 1793). *Imp. Nationale.* S. d., in-8°, 6 p. [*N.* Le³⁸ 1901. — R. AD. I, 57.]

Parent fut condamné à mort le 14 pluviôse an II (2 février 1794).

24650. — [**Paris** et **Boulland.**] Rapport et Projet de décret sur l'arrestation des sieurs Paris et Boulan (*sic*), présentés à l'Assemblée nationale au nom du Comité de législation, par A.-J. GUITARD, député du département du Cantal, le 19 juillet 1792. Imprimés par ordre de l'Assemblée nationale. La discussion ajournée à trois jours. *Imp. Nationale.* S. d., in-8°, 6 p. [*N.* Le³³ S, n° 31.]

Voyez le numéro suivant.

24651. — Précis pour les citoyens PARIS et BOULLAND, détenus à l'Abbaye depuis le 26 juin dernier pour avoir émis librement leur opinion dans une assemblée de commune. S. l. n. d., in-8°, 4 p. [*N.* Lb³⁹ 10747.]

24652. — [**Paris** (Philippe-Nicolas-Marie).] Brevet de jean-foutre au nommé Pâris, garde du Roi (24 mars 1791). S. l. n. d., feuillet in-4°. [*N.* Lb³⁹ 10503.]

Signé : LAMANDINIÈRE.
Paris, « écrivassier aristocrate, ci-devant caporal au 3ᵉ bataillon de la garde nationale, puis garde du Roi à pied », s'était dérobé à un duel avec le sieur Boyer.

24653. — Ministère de la justice. Paris, le 26 janvier 1793... « Citoyens, un représentant du peuple... »

Voyez tome Iᵉʳ, n° 3905.
Circulaire de GARAT, ministre de la justice, prescrivant la recherche du garde du corps Paris, auteur du meurtre de Michel Le Peletier.
Un décret de la Convention (voyez tome Iᵉʳ de la *Bibliographie*, n° 3906) accordait 10,000 livres à la personne qui aurait découvert, arrêté ou fait arrêter Paris.

24654. — Arrestation de Paris, l'assassin du brave citoyen Le Peletier de Saint-Fargeau (1793).

Voyez tome Iᵉʳ, n° 3907.

24655. — Convention nationale. Rapport des commissaires envoyés à Forges-les-Eaux... pour constater des faits relatifs au suicide de l'assassin Paris, par J.-L. TALLIEN (1793).

Voyez tome Iᵉʳ, n° 3908.

24656. — Quelques Observations sur le 77ᵉ tableau extrait de la « Collection complète des tableaux historiques de la Révolution française, de l'imprimerie de P. Didot l'aîné, 1798 » ou Faible monument élevé par un ami de la vérité à la mémoire de P.-N.-M. Deparis, garde du Roi, mort en 1793, à l'âge de trente ans, pour la cause sacrée de l'infortuné Louis XVI et de l'auguste maison des Bourbons. S. l. n. d., in-4°, 1 f. et 15 p. [*N.* Ln²⁷¹ 5763.]

Reproduction du texte des *Tableaux* mis en regard des annotations de l'auteur. « Cet ouvrage, chef-d'œuvre de l'immoralité et de l'esprit révolutionnaire, dit celui-ci en parlant des *Tableaux*, est un hommage rendu par les monstres de 1793 à la révolte contre l'autel et le trône. Le crime y est honoré et la vertu persécutée. » Toute la réfutation est sur ce ton. Elle est postérieure au premier Empire, puisqu'il y est question (p. 4) de la croix de « Buonaparte ».

34657. — EDMOND LE BLANT, membre de l'Institut. Le Peletier de Saint-Fargeau et son meurtrier. Documents inédits (1874).

Voyez tome Iᵉʳ, n° 3909.

24658. — Episodes de la Révolution. Le Mystère de Forges-les-Eaux, par FÉLIX CLÉREMBRAY (1891).

Voyez ci-dessus, n° 23629. Dans ce travail, M. Clérembray a réfuté les documents allégués par M. Nauroy (*le Curieux*, tome II, pp. 226-228) qui tendraient à prouver que Paris ne s'était pas suicidé à Forges et qu'il s'était réfugié en Suisse.

24659. — [**Paris de l'Epinard** (Joseph).] Mon Retour à la vie après quinze mois d'agonie (an III).

Voyez tome Ier, n° 4347 et le numéro suivant.

24660. — Réponse pour les officiers de santé de l'Hospice national, au libelle intitulé : « Mon retour à la vie... » (an III).

Voyez tome Ier, n° 4348.

24661. — Causeries d'un bibliophile savoisien. Joseph Pâris de l'Epinard. *Annecy, F. Abry. S. d.* (1888), in-8°, 14 p. [*N.* Ln[20] 231.]

Le faux-titre tient lieu de titre. On lit au verso : Extrait de la *Revue savoisienne*.
Cette notice est signée, p. 14 : E. LEVET.

24662. — [**Parny** (Evariste-Désiré DE FORGES, comte de).] Quelques notes sur les premières années d'Evariste Parny, lues à la Société des sciences et arts de l'île Bourbon, dans sa séance du 26 juin 1870, par M. ELIE PAJOT. *Saint-Denis (Réunion), imp. lithographique et typographique A. Roussin*, 1870, in-8°, 30 p. et 1 f. n. ch. (Erratum).

24663. — [**Paroy** (Jean-Philippe-Guy LEGENTIL, comte de).] Mémoires du comte de PAROY. Souvenirs d'un défenseur de la famille royale pendant la Révolution (1789-1797), publiés par ETIENNE CHARAVAY, archiviste paléographe. Avec un portrait en héliogravure et un fac-similé d'autographe. *Paris, E. Plon, Nourrit et C°*, 1895, in-8°, 2 ff. et XLII-480 p. (la dernière non chiffrée. [*N.* La[32] 703.]

Un fragment de ces *Mémoires* avait été publié par VILLENAVE, possesseur du manuscrit original, dans la *Revue de Paris* (1836, tome XXXIII, p. 97 et suiv.). Il n'a pas été reproduit par Etienne Charavay qui signale cette omission (p. XXXVII) sans en donner le motif. D'autres fragments, réimprimés ici, avaient été publiés en 1884 par M. FRÉDÉRIC MASSON dans la *Revue de la Révolution*, d'après des copies de la main de Villenave.

Il ne faut pas confondre les *Mémoires* du comte de Paroy avec les *Souvenirs* de son père, GUY LE GENTIL, marquis DE PAROY, député de la noblesse du bailliage de Provins aux Etats-Généraux : signalés par le marquis PHILIPPE DE CHENNEVIÈRES dans deux articles de la *Revue des provinces* (15 octobre et 15 décembre 1864), ils n'ont été publiés par ses soins qu'en 1883 dans la *Revue de la Révolution* après qu'il en eut revisé le style ; précaution que dut prendre également Charavay pour les *Mémoires* du fils.

24664. — [**Pasquier** (Etienne-Denis).] Discours sur la vie de M. le duc Pasquier, l'un des fondateurs de la Société de l'histoire de France, par M. DE BARANTE, de l'Académie française, président de la Société, lu dans l'assemblée générale du 28 avril 1863. *Paris, imp. C. Lahure. S. d.*, in-8°, 14 p. [*N.* Ln[27] 15848.]

24665. — ESTIENNE (*sic*)-Denis Pasquier, chancelier de France (1767-1862). Souvenirs de son dernier secrétaire, par LOUIS FAVRE. *Paris, Didier et C°*, 1870, in-8°, 2 ff. et III-475 p. [*N.* Ln[27] 25374.]

24666. — Histoire de mon temps. Mémoires du chancelier PASQUIER, publiés par M. le duc D'AUDIFFRET-PASQUIER, de l'Académie française. *Paris, E. Plon, Nourrit et C°*, 1893-1895, 6 vol. gr. in-8°. [*N.* La[33] 188.]

— *Première partie. Révolution. Consulat. Empire.* Tome Ier, 1789-1810. Portraits en héliogravure.
Ces portraits sont ceux du chancelier Pasquier (en regard du titre) en grand costume et du même lorsqu'il était préfet de police (1810).
— *Première partie. Révolution. Consulat. Empire*, II, 1812-1814. Tome deuxième.
— *Première partie. Révolution. Consulat. Empire*, III, 1814-1815. Tome troisième.
La seconde partie comprenant la seconde Restauration forme également trois volumes et n'est mentionnée ici que pour mémoire.
Antérieurement à leur publication, les manuscrits du chancelier Pasquier avaient été communiqués à Hipp. Taine, qui les a souvent allégués dans les *Origines de la France contemporaine*, en les désignant ainsi : *Mémoires de M. X.*

24667. — [**Pasquin** (Nicolas).] Jugement rendu par le Tribunal révolutionnaire... qui, sur la déclaration du juré de jugement, portant qu'il est constant que Nicolas Pasquin, ci-devant valet de pied d'Elisabeth, sœur de Louis Capet, est complice de la conspiration qui a eu lieu le 10 août 1792, tendant à faire assassiner le peuple et anéantir la liberté en France, condame Nicolas Pasquin à la peine de mort... (18 pluviôse an II-6 février 1794). *Imp. du Tribunal révolutionnaire. S. d.*, in-4°, 7 p. [*N.* Lb⁴¹ 2232*.]

24668. — [**Pastoret** (Claude-Emmanuel-Joseph-Pierre, marquis de).] Discours de réception prononcé à l'Académie française, le 8 juillet 1841. *Imp. Vᵉ Dondey-Dupré. S. d.*, in-8°, 16 p. [*N.* Z 5053 (222).]

Titre pris sur un faux-titre.
Texte encadré d'un double filet.
Eloge par Louis-Clair de Beaupoil, marquis de Sainte-Aulaire, de son prédécesseur, le marquis de Pastoret.

24669. — Notices historiques sur la famille Pastoret, par MM. le chevalier Artaud de Montor et le vicomte Ernest de Blosseville. Extrait de la « Biographie universelle », t. LXXVI. *Imp. Bruneau. S. d.* (1844), in-8°, 24 p. [*N.* Lm³ 720.]

P. 3, *Notice sur le marquis de Pastoret, chancelier de France*, par M. le chevalier Artaud de Montor. P. 25, *Notice sur Mᵐᵉ la marquise de Pastoret* (Adélaïde-Louis Piscatory), par M. le vicomte Ernest de Blosseville.

24670. — [**Patris** (Charles-Frobert).] A Camille Desmoulins. La justification de M. Patris n'ayant pu être lue en entier à la tribune des Jacobins, il a cru devoir la faire imprimer et distribuer afin d'éclairer les bons citoyens que des intrigants ont égarés. *Imp. Patris. S. d.*, in-8°, 8 p. [*N.* Ln²⁷ 15879.]

Signé : Patris, officier municipal.

24671. — [**Patte** (Pierre).] Enumération des ouvrages de M. Patte, architecte, adressée aux différents membres de l'Institut national des sciences et des arts. *Imp. Langlois. S. d.*, in-8°, 15 p. [*N.* Ln²⁷ 15882.]

Patte sollicitait une place d'associé libre vacante dans la section d'architecture. P. 3-15, liste de ses ouvrages, complétée dans l'ex. de la B. N. par deux additions manuscrites et probablement autographes.

24672. — [**Paulze** (Jacques).] Notice des principaux articles rares et précieux de la bibliothèque de feu le c. Paulze, ex-fermier général, dont la vente se fera le 21 fructidor [an IV (7 septembre 1796)] et j. s... en sa maison, place Vendôme, n° 2, près le Département. *Paris, Lamy, Santus, libraires ; Vallet et Commandeur, huissiers-priseurs, an IV* (1796), in-8°, 40 p.; 192 articles. [*N.* Δ 12289.]

Jacques Paulze avait été condamné en même temps que les autres fermiers généraux, le 19 floréal an II (8 mai 1794).

24673. — [**Payen** (Jean-Joseph).] Jugement rendu par le Tribunal révolutionnaire... qui condamne... Payen à la peine de mort (17 pluviôse an II-5 février 1794).

Voyez le n° 23944 ci-dessus.
Payen, originaire d'Avignon, était cultivateur et régisseur des domaines de Mᵐᵉ de Marbeuf, condamnée en même temps que lui et pour la même cause.
¶ Sous ce titre : *Un régisseur infidèle*, l'*Almanach historique de Seine-et-Marne pour* 1902 (pp. 178-185) a publié un récit anonyme des circonstances qui coûtèrent la vie à Mᵐᵉ de Marbeuf et à Joseph Payen ; leurs trois dénonciateurs s'appelaient Rolepeau, Loiseleur et David ; le premier avait été congédié par Mᵐᵉ de Marbeuf pour malversations.

24674. — [**Pellerin** (Pierre) et **Pothier** (Pierre).] Ordonnance rendue par le président du Tribunal révolutionnaire... sur la déclaration du juré de jugement, acquitte Jean-Pierre Pellerin, dit *Chanteraine*, et Pierre Pothier, de l'accusation portée contre eux, ordonne qu'ils seront mis en liberté sur le champ, si toutefois ils ne sont détenus pour autres causes (9 ventôse an II-27 février 1794). *Paris, imp. du Tribunal révolutionnaire. S. d.*, in-4°, 4 p. [*N.* Lb⁴¹ 2233*.]

Pellerin, ci-devant contrôleur du Garde-Meuble, puis entrepreneur de la fabrique des plaques (?) à Paris, et Pierre Pothier, ci-devant employé au Garde-Meuble et actuellement limonadier à la plaine des Sablons, étaient inculpés de propos inciviques et d'intelligences avec les ennemis extérieurs de la République.

24675. — [**Pelletan** (Philippe-Jean).] Le citoyen Pelletan, membre de l'Institut national, chirurgien en chef du Grand

Hospice d'Humanité (ci-devant Hôtel-Dieu) et professeur de clinique chirurgicale dans le même Hospice, aux citoyens membres du Corps législatif (11 germinal an IV-31 mars 1798). S. l. n. d., in-4°, 4 p.]N. Ln27 15980.]

Pièce déjà citée tome III, n° 17428, mais avec la cote de la collection Rondonneau.

24676. — Académie royale de médecine. Discours prononcé sur la tombe de M. Pelletan, par M. le baron LARREY, le 28 septembre 1829. Paris, imp. Rignoux. S. d., in-4°, 3 p. [N. Ln27 15981.]

24677. — [**Pelletier** (Bertrand).] Eloge de Pelletier, le 8 frimaire an VI (28 novembre 1797), à la séance publique de la Société des pharmaciens de Paris, par E.-J.-B. BOUILLON-LAGRANGE, professeur de chimie à l'Ecole de pharmacie, des Sociétés philomatique et de médecine de Paris, membre de la Société de médecine de Bruxelles, etc., etc. Paris, Quillau, an VI, in-8°, 22 p. [N. T7 541.]

24678. — [**Pellissery** (Roch-Antoine).] Lettres de M. DE PELLISSERY, prisonnier onze ans et deux mois à la Bastille et treize mois à Charenton, que les sieurs Le Noir, Necker, Delaunay, de Crosne, alliés et consorts, faisaient passer pour fou, pour que le Roi ne lui rendît plus sa liberté. Paris, imp. P. Provost; Cussac, libraire, 1791, in-8°, 376 p. [N. Lb39 5424.]

Le livre a été remis en circulation l'année suivante avec un titre portant le nom et l'adresse de Desauges.
M. Fr. Funck-Brentano a donné le fac-similé de la lettre de cachet décernée, en 1777, contre Pellissery dans les Lettres de cachet à Paris (1903, in-folio), pp. 401-403.

24679. — [**Peltier** (Jean-Gabriel).] The Trial of JOHN PELTIER, esq., for a libel against Napoleon Buonaparte, first consul of the French Republic, at the court of King's Bench, Middlesex, on monday the 21 stof february 1803, taken in shorthand by Mr. ADAMS, and the defence revised by Mr. MACKINTOSH. London, printed by Cosson and Baylis, for Mr. Peltier, 1803, in-8°, XXXII-312 p. [N. Lb43 232.]

Entre le titre et l'Introduction est reproduit le frontispice de l'Ambigu, variétés atroces et amusantes... que Peltier publiait à Londres : Bonaparte sous les traits d'un sphinx.
Le Procès... est suivi d'un Appendix (CLII p.) relié à sa suite dans l'ex. de la B. N.

24680. — [**Penavère** (Charles).] Mémoire à MM. du comité des pensions, pour Charles Penavère, ci-devant chargé de la fourniture du pain de l'hôtel royal des Invalides. Imp. Buisson et Chaudé. S. d., in-4°, 5 p. [N. Ln27 16009.]

Signé : THÉRÈSE-FRANÇOISE-MARIE-MAGDELEINE PENAVÈRE, pour mon père.

24681. — [**Penthièvre** (Louis-Jean-Marie DE BOURBON, duc de).] Vie du duc de Penthièvre, par Mme GUENARD, auteur d'« Irma », des « Mémoires de Mme de Lamballe », etc. Paris, Dujardin, an XI-1803, 2 vol. in-12. [N. Ln27 16012.]

En regard du titre du tome Ier, portrait de L.-J.-M. de Bourbon, né à Rambouillet, le 16 novembre 1723 [sic : 1725], mort à Vernon, le 4 mars 1793.
Irma ou les Malheurs d'une jeune orpheline, histoire indienne (Paris, 1801, 2 vol. in-12 ou 4 vol. in-18) est un roman dans lequel le public vit des allusions à Madame Royale et dont les réimpressions furent, pour cette cause, plusieurs fois saisies par la police impériale; en 1815, l'auteur put en donner une sixième édition, augmentée d'une conclusion inédite.
Les Mémoires historiques de Mme de Lamballe ont été décrits sous le n° 23363 ci-dessus.

24682. — Mémoires pour servir à la vie de M. de Penthièvre, par M. FORTAIRE. Paris, imp. Delance, 1808, in-12.

D'après une note de Paul Lacroix dans le Bulletin du bibliophile (1852, p. 418), ce livre aurait été supprimé par la famille d'Orléans parce que Philippe-Egalité et son fils n'y étaient pas nommés; mais le rédacteur du Catalogue des bibliothèques de Louis-Philippe (1re partie, n° 2174) a protesté contre cette allégation. Toujours est-il que ce livre est devenu rare et que sa disparition est probablement due à une mesure de police impériale.

24683. — Le duc de Penthièvre (Louis-Jean-Marie de Bourbon), sa vie, sa mort (1725-1793), d'après des documents inédits, par HONORÉ BONHOMME. Paris, Firmin

Didot frères, fils et C, 1869, in-12, 2 ff. et 348 p. [*N.* Ln²⁷ 25069.]

24684. — Le duc de Penthièvre. Mémoire de Dom Courdemanche. Documents inédits sur la fin du XVIII° siècle [publiés] par Etienne Allaire. *Paris, Plon, Nourrit et C°*, 1889, in-8°, VII-399 p. [*N.* Ln²⁷ 38581.]

24685. — [**Pepin.**] L'Intrigant diffamateur démasqué par lui-même ou Réponse du citoyen Pepin, juge au Tribunal civil du département de la Seine, au mot du calomniateur Prault-S.-Germain. *S. l. n. d.*, in-8°, 38 p. [*N.* Ln²⁷ 16013.]

24686. — De l'Impunité du plus grand des crimes. *S. l. n. d.*, in-4°, 3 p. [*N.* Ln²⁷ 16014.]

Signé : Pepin, homme de loi, ex-juge au Tribunal civil du département de la Seine.

24687. — « [Citoyens], Prault (dit Saint-Germain) pour donner le change à l'opinion publique... » *S. l. n. d.*, in-4°, 3 p. [*R.* AD. I, 57.]

Signé : Pepin, homme de loi, ex-juge au Tribunal civil du département de la Seine.

24688. — Le Triomphe de la justice ou le Vœu d'un ancien magistrat victime de son dévouement, adressé au Premier Consul de la République française, par le citoyen J.-M. Pepin (de l'Ille-et-Vilaine), jurisconsulte, ex-juge au Tribunal civil et criminel du département de la Seine, supprimé après le 18 brumaire. *Paris, imp. expéditive, an XI-1803*, in-8°, 24 p. [*N.* Ln²⁷ 16015.]

24689. — [**Perbald** (Jean-François).] Dénonciation des tribunaux de Paris à l'Assemblée nationale et à tous les Parisiens ou Pétition d'une mère et de dix-sept enfants qui réclament justice contre la coupable inaction des tribunaux, qui a assassiné son mari, leur père, mort dans les prisons de la Conciergerie du Palais, le vendredi 9 mars 1792. *S. l. n. d.*, in-8°, 4 p. [*A. N.*, C 199, 160⁴⁴.]

Signée : Buirette-Verrières, défenseur officieux, rue de l'Egalité, section du Théâtre-Français. En faveur de la veuve et des neuf enfants survivants de Jean-François Perbald, boucher, rue Sainte-Marguerite, faubourg Saint-Antoine ; arrêté le 4 décembre 1791, pour avoir reçu et fait circuler un faux coupon d'assignat, il était mort en prison, le 9 mars suivant, sans avoir pu se faire entendre de ses juges.

24690. — [**Périer** (Claude).] Corps législatif. Discours prononcé par A.-F. Pison Dugalland, à l'occasion du décès du citoyen Périer, membre du Corps législatif. Séance du 18 pluviôse an IX (7 février 1801). *Imp. Nationale, pluviôse an IX*, in-8°, 3 p. [*N.* Le⁵⁰ 42.]

24691. — [**Périer** (Jacques-Constantin).] Institut royal de France. Académie royale des sciences. Funérailles de M. Périer (18 août 1818). *Imp. F. Didot. S. d.*, in-4°, 4 p. [*N.* Ln²⁷ 16045.]

Discours de Prony.

24692. — [**Perlet** (Charles-Frédéric).] Mémoire pour Louis Fauche-Borel contre Charles Perlet, ancien journaliste. *Paris, L.-G. Michaud, avril 1816*, in-4°, 102 p. [*N.* Lb⁴⁸ 2901.]

Voyez le numéro suivant.

24693. — Exposé de la conduite de Perlet, ci-devant imprimeur-libraire et journaliste, relativement à l'auguste famille des Bourbons, depuis 1789 jusqu'à ce jour, et Réfutation des calomnies de Fauche-Borel, publiées dans un libelle imprimé au mois d'octobre 1815. *Paris, Foucault, 1816*, in-8°, 1 f. et 59 p. [*N.* Ln²⁷ 16057.]

Le « libelle » mentionné dans l'intitulé de cet *Exposé* est le *Précis historique des différentes missions dans lesquelles M.* Fauche-Borel *a été employé pour la cause de la monarchie, suivi de Pièces justificatives.* Paris, imp. aux frais de l'auteur, octobre 1815, in-8°. [*B. N.* La³³ 52 et 52 A.-B.]
D'après une note de Beuchot, reproduite par Quérard, le *Précis* avait été cartonné aux pp. 27-38, 96-97, 99-100, mais il en est échappé quelques ex. qui n'ont pas subi cette mutilation.
Voyez aussi le numéro suivant.

24694. — Réponse de Fauche-Borel à M. Riffé, substitut de M. le Procureur du Roi, et en cette qualité ayant porté la parole dans l'affaire contre Perlet, suivie du jugement rendu contre ce dernier. *Paris, L.-G. Michaud et Gide fils, juin* 1816, in-8°, 30 p. [*N.* Lb[48] 83.]

En regard du titre, portrait de *Ch.-Samuel Vitel, neveu de M. Fauche-Borel, officier au service de S. M. B.* [Sa Majesté britannique], *né en* 1780 *à Neufchâtel, en Suisse, fusillé à Paris, le* 4 *avril* 1807, *par ordre de Buonaparte.*

24695. — [**Perraud** (Antoine de).] Plainte rendue au Châtelet contre MM. l'abbé Maury, Despréménil et le vicomte de Mirabeau, par M. PERRAUD, avocat (9 avril 1790). *S. l.*, 1790, in-8°, 16 p. [*N.* Lb[39] 8634.]

Le titre de départ porte en plus : ... *arrêté par la garde dans la tribune de l'Assemblée nationale qui est à la droite de M. le président, à la réquisition de MM. l'abbé Maury, Desprémesnil et le vicomte de Mirabeau, par une fausse accusation de M. l'abbé Maury et après avoir essuyé les injures et les outrages les plus sanglants.*

P. 13-16, *Lettre à M. le baron de Menou, président de l'Assemblée nationale*, signée : PERRAUD, avocat.

24696. — [**Perret** (Jean-Marie).] Projets de décrets présentés au nom du comité des secours publics par J. TARTANAC, député du département du Gers, sur la pétition du sieur Perret, détenu à la Bastille et à Charenton pendant les années 1787, 1788, 1789, 1790 et 1791. Imprimés par ordre de l'Assemblée nationale. Avec divers extraits de procès-verbaux. *Imp. Nationale. S. d.*, in-8°, 14 p. [*N.* Le[33] 3.]

Perret avait été arrêté et détenu sous l'inculpation de contrefaçon de billets de la Caisse d'escompte.

24697. — [**Perrier** (l'abbé).] Assassinat commis par un ci-devant curé de Paris, rue Saint-Eloi, qui a fait semblant d'être malade, pour faire venir un prêtre-citoyen pour le confesser et l'a frappé de plusieurs coups de poignard. *Imp. Tremblay. S. d.*, in-8°, 4 p.

Récit d'une agression dont un ancien vicaire de Saint-Sulpice, nommé l'abbé Perrier, domicilié sur la paroisse de Saint-Pierre-aux-Bœufs, aurait été victime de la part d'un de ses confrères non assermenté et de quelques-unes des religieuses fustigées par les dames de la Halle.

L'abbé Delarc (*Histoire de l'église de Paris pendant la Révolution*) ne signale qu'un prêtre assermenté du nom de Perrier d'Attainville (Claude-Etienne) et le dit vicaire à Saint-Laurent.

24698. — [**Perrotin de Barmond** (Charles-François).] Discours de M. l'abbé DE BARMOND à l'Assemblée nationale (18 août 1790).

Voyez tome Ier, n° 1234 et les n°s 1235-1240 qui ont trait à la même affaire.

24699. — [**Persan** (De).] Copie de la lettre écrite à M. le président de l'Assemblée nationale par Mme DE PERSAN; arrêtée dans la nuit du 8 septembre, par ordre du comité des recherches. *S. l. n. d.* (1789), in-8°, 3 p. [*N.* Ln[27] 16012.]

Signée : LE FOURNIER WARGEMONT DE PERSAN.

24700. — [**Persat** (Victor).] MARC DE VISSAC. Victor Persat ou Mémoires d'un faux Dauphin. *Riom, Ulysse Jouvet*, 1899, gr. in-8°, 64 p. [*N.* Ln[27] 48755.]

Extrait de *l'Auvergne historique* (6e année).

24701. — [**Pétion de Villeneuve** (Jérôme).] Règles générales de ma conduite (1792).

Voyez tome Ier, n° 3263, ainsi que les n°s 3264-3278 qui ont trait à la suspension de Pétion, comme maire de Paris, après la journée du 20 juin. Il existe une autre édition des *Règles générales*... décrite tome II, n° 9309.

Sur la polémique engagée à la fin de 1791 entre Pétion et le club des Feuillants, voyez également tome II, n°s 9865-9871[a].

24702. — Le Père DUCHÊNE donnant des culottes à Péth...ion. *S. l. n. d.*, in-8°, 8 p.

D'après *les Supercheries littéraires* de Quérard, 1869, col. 1006.

24703. — Compte rendu par JÉROME PÉTION à ses concitoyens. *Imp. Nationale. S. d.*, in-8°, 28 p. [*N.* Lb[41] 2293.]

24704. — Discours de JÉROME PÉTION sur l'accusation intentée contre Maximilien Robespierre. *Imp. C.-F. Patris. S. d.*, in-8°, 28 p. [*N.* Lb[41] 162.]

P. 26-28, *Lettre de* JÉROME PÉTION *à la Société des Jacobins.*

Au sujet des rôles respectifs de Pétion et de Robespierre depuis le 10 août. Robespierre répondit à Pétion par une lettre formant le n° 7 de ses *Lettres à ses commettants* (p. 287-336), mais Pétion ne se tint pas pour battu et les deux adversaires se trouvèrent aux prises de nouveau. Voyez les deux numéros suivants.

Le contexte du titre de ce *Discours* fait allusion à l'accusation intentée par Louvet à Robespierre dans la séance de la Convention du 29 octobre 1792 et dont il sera question plus loin.

24705. — Observations de Jérome Pétion sur la lettre de Maximilien Robespierre. *A Paris, chez Zoppi, café Procope, rue des Fossés-Saint-Germain-des-Prés ; Devaux ; Hemot et chez tous les marchands de nouveautés*, 1792, in-8°, 1 f. et 30 p. [N. Lb⁴¹ 2358.]

Robespierre répondit à ces *Observations* par une lettre, encore plus longue que la première, qui remplit tout le n° 10 de ses *Lettres à ses commettants* (p. 433-484) et à laquelle Pétion répliqua par le numéro suivant.

24706. — Réponse très succincte de Jérome Pétion au long libelle de Maximilien Robespierre. *Imp. Ant.-Joseph Gorsas*, 1793, in-8°, 14 p. [N. Lb⁴¹ 630.].

« L'incertitude de lire à la tribune et surtout le désir de fixer les faits qui touchent à la moralité de ma conduite m'ont déterminé à faire imprimer ces explications », dit l'auteur (p. 1, note).

24707. — Œuvres de Jérome Pétion, membre de l'Assemblée constituante, de la Convention nationale et maire de Paris. *Paris, Garnery, l'an premier* [*l'an deuxième*] *de la liberté* (1792-[1793]), 4 vol. in-8°. [N. Z 57450-57453.]

Tome Ier. *De l'Infanticide. Des lois civiles. Essai sur le mariage.*
Tome II. *Lettre d'un citoyen de l'ordre du tiers à l'assemblée des Notables, servant de réponse aux observations du Parlement. Instructions, opinions et discours divers* [détaillés à la table du volume].
Tome III. *Instructions, opinions et discours* [détaillés à la table du volume].
Tome IV. Le faux-titre seul porte : *Œuvres de* Jérome Pétion, *tome IV*, et le titre : *Pièces intéressantes servant à constater les principaux événements qui se sont passés sous la mairie de Pétion…*
Pour le détail du contenu de ce volume, voyez tome II de la *Bibliographie*, n° 6154.

24708. — Vie de J. Pétion, maire de Paris, par J.-J. Regnault, auteur de plusieurs ouvrages littéraires et politiques. *Bar-le-Duc, F. Duval, et se trouve à Paris, chez Guillaume junior, an IV de la liberté* (1792), in-8°, 122 p. [N. Ln²⁷ 16129.]

P. 9, *Lettre de* J.-J. Regnault *sur J. Pétion, député à l'Assemblée constituante, membre de la Société des Amis de la Constitution séante aux Jacobins et maire de Paris, adressée aux Sociétés des Amis de la Constitution jacobins en France*.
Panégyrique.

24709. — Vie politique de Jérôme Pétion, ci-devant maire de Paris, ex-député à la Convention nationale et traître à la République française. S. l. n. d. (1793), in-8°, 31 p. [N. Ln²⁷ 13382.]

Épigr. :
Quantum mutatus ab illo !
Virg.

Entre le *Discours préliminaire* et le titre de départ, portrait de Pétion au lavis, accompagné de ce quatrain :

En deux mots, voici mon histoire :
Dans Paris j'étais adoré,
Tout y retentissait de mon nom, de ma gloire ;
Aujourd'hui, j'y suis abhorré.

Voyez le n° 23849 ci-dessus.

24710. — Mémoires inédits de Pétion et Mémoires de Buzot et de Barbaroux…, précédés d'une introduction par C.-A. Dauban (1866).

Voyez le n° 22013 ci-desus et la note qui l'accompagne ; voyez aussi le n° 22014.

24711. — Pétion, par Georges Michel. *Paris, librairie de la Société bibliographique*, 1876, in-18, 36 p. [N. La³² 501*.]

La couverture imprimée sert de titre.
Brochures populaires sur la Révolution française, n° 10.

24712. — [**Pétré.**] Requête à Nosseigneurs de l'Assemblée nationale, par leur très humble, très obéissant et très soumis serviteur Fr.-L. Pétré, sous-diacre de Paris. Ce 2 mars 1790. *Imp. L. Jorry*, 1790, in-4°, 8 p. [R. AD. I, 57.]

Demande de secours, en vers.
Le nom de Pétré n'est point cité par l'abbé Delarc dans son livre sur *l'Église de Paris pendant la Révolution*.

24713. — [**Peuchet** (Jacques).] Exposé de la gestion de Peuchet, administrateur provisoire de la Municipalité, pendant le temps de son administration au département de police. *Imp. Lottin l'aîné et J.-R. Lottin*, 1792, in-8°, 24 p. [*N.* Ln²⁷ 16181.]

24714. — Notice sur Jacques Peuchet, publiciste et homme de lettres, par M. Eckard. *Paris, imp. Lefebvre*, 1830, in-8°, 15 p. [*N.* Ln²⁷ 16182.]

On lit au verso du titre : Tiré à 100.

24715. — [**Philippeaux** (Pierre).] Discours de Philippeaux à la séance des Jacobins (16 nivôse an II-5 janvier 1794).

Voyez tome II, n° 9424 et les deux numéros suivants.

24716. — Philippeaux, député à la Convention nationale, jugé par lui-même dans son n° 43, intitulé : « le Défenseur de la liberté ou l'Ami du genre humain [8] décembre 1792 (vieux style). *Paris, imp. Momoro. S. d.*, in-8°. [*N.* Lb⁴¹ 932.]

Le titre et un court avertissement sont suivis de la réimp. du n° 43 du *Défenseur de la liberté* (paginé 421-428) et d'une préface formant 3 p. (chiffrées 2-4).

Au sujet du *Défenseur de la liberté* et de la série publiée au Mans en 1792, voyez tome II, n° 10869.

24717. — Philippeaux aux amis de la justice et de la vérité (6 pluviôse an II-25 janvier 1794). *S. l. n. d.*, in-8°, 8 p. [*N.* Lb⁴¹ 973.]

Réponse au numéro précédent.

24718. — Réponse de Philippeaux à tous les défenseurs officieux des bourreaux de nos frères dans la Vendée..., suivie de trois lettres écrites à sa femme de sa prison. *Paris, imp. des femmes, an III*, in-8°, 97 p. [*N.* Lb⁴¹ 1040.]

Pièce déjà citée tome Iᵉʳ, n° 4224, mais avec une cote du British Museum. Les lettres de Philippeaux ont été réimp. dans l'*Almanach* et dans le *Tableau des prisons* (cf. également tome Iᵉʳ de la *Bibliographie*, n° 4367-4368 et 4372-4373).

24719. — Bibliothèque d'histoire moderne et contemporaine. Le conventionnel Philippeaux, par Paul Mautouchet, ancien élève de l'Université de Paris, docteur ès lettres. *Paris, Société nouvelle de librairie et d'édition (librairie Georges Bellais)*, 1900, in-8°, XLII-408 p. [*N.* Ln²⁷ 49276.]

En regard du titre, portrait de Philippeaux, d'après la pl. de la collection Bonneville.

Entre le titre et l'introduction, fac-similé d'une lettre de Philippeaux à la Société populaire du Mans.

Le chapitre V de la première partie (*Philippeaux journaliste*) avait paru dans la *Révolution française*, tome XXXVII, pp. 401-427.

24720. — [**Phulpin** (Florentin).] Réponse de Florentin Phulpin, juge de paix de la section des Arcis, aux calomnies imprimées contre lui par Jean-Baptiste-Olivier Garnerin. *S. l. n. d.*, in-8°, 16 p. [*N.* Ln²⁷ 16222.]

Voyez le n° 22805 ci-dessus.

24721. — [**Picard** (Louis-Benoît).] Discours prononcé dans la séance publique tenue par l'Académie française pour la réception de M. Arnault, le 24 décembre 1829. *Paris, imp. A.-Firmin Didot*, 1829, in-8°, 1 f. et 51 p. [*N.* Z 28258 (617).]

P. 41, Réponse de M. Villemain.
Éloge de Picard.

24722. — Théâtre de L.-B. Picard, de l'Académie française. Nouvelle édition, précédée d'une biographie de l'auteur, par M. Edouard Fournier, ornée du portrait en pied colorié des principaux acteurs qui ont joué d'original. *Paris, Laplace, Sanches et Cⁱᵉ*, 1880, gr. in-8°, 2 ff., XIV-776 p. et 1 f. n. ch. (Table des matières). [*N.* Yf 1238.]

Douze pl., dont un portrait de Picard en regard du titre, signées Ed. Follet et gravées par Allouart, Maleuvre, D.-B. Gilbert, etc.

24723. — [**Pie.**] Adresses du bataillon de Saint-Joseph et du quatorzième bataillon d'infanterie légère à l'Assemblée nationale, lues à la séance du 13 mai 1792... Imprimées et envoyées à l'armée par ordre de l'Assemblée nationale. *Imp. Nationale. S. d.*, in-8°, 3 p. [*N.* Le³³ 3 V, II.]

Envoi d'un sabre d'honneur au grenadier Pie.

24724. — [**Pierret** (Nicolas-Joseph).] Pierret, représentant du peuple, en réponse à une [lettre] anonyme insérée dans le « Journal des hommes libres », n° 135. S. l. n. d., in-8°, 6 p. [N. Ln²⁷ 16295.]

24725. — [**Pierret.**] Pétition pour le citoyen Pierret, rédacteur des « Annales politiques, civiles et littéraires ». Au Conseil des Cinq-Cents. Paris, imp. J.-F. Sobry. S. d., in-4°, 4 p. [N. Ln²⁷ 16296.]

Voyez tome II, n° 11068.

24726. — [**Pigault-Lebrun.**] Vie et Aventures de Pigault-Lebrun, publiées par J.-N. B... [Barba]. Paris, G. Barba, 1836, in-8°, 2 ff., 376 p. et 1 f. n. ch. (Table des matières). [N. Ln²⁷ 16310.]

Épigraphe empruntée à M. Botte.
Attribuées par Quérard à Horace Raisson dans les Supercheries littéraires [v° B. (J. N.)] et, d'après une note manuscrite trouvée dans ses papiers, à Raban. C'est un très médiocre roman dont la forme et la trame sont une imitation sensible des procédés de Pigault-Lebrun lui-même. Selon Quérard, il a été remis en circulation sous le titre de : Joyeux Testament, par Pigault-Lebrun.

24727. — Hommage à la mémoire de Pigault-Lebrun, par E.-F. Grimaldi (avril 1840). Paris, imp. E. Thunot. S. d., in-8°, 21 p. [N. Ln²⁷ 16311.]

24728. — [**Pignère La Boulloy.**] Montlhéry, le 27 fructidor an VIII. Pignère La Boulloy, ci-devant chef de la 5ᵉ division de la guerre, à ses concitoyens. S. l. n. d., in-8°, 7 p. [N. Ln²⁷ 16313.]

Pièce déjà citée tome III, n° 14456, avec la cote des Archives nationales dont l'ex. contient des annexes qui manquent à celui de la B. N.
Sur les différentes formes sous lesquelles on rencontre le nom de l'auteur, voyez également la note qui accompagne le n° 14456.

24729. — [**Pinet.**] Lettre envoyée par M. Legendre à l'auteur du « Journal des révolutions de Paris », à l'occasion de l'article que ce journaliste s'est permis, dans son n° III, concernant M. Pinet, agent de change. Paris, le 5 août 1789. S. l. n. d., in-4°, 7 p. [N. Ln²⁷ 16346.]

Signée : Legendre, avocat en Parlement, agent de change, rue du Four-Saint-Germain, n° 12.
Démenti des bruits de suicide qui avaient couru au moment de la mort de Pinet.

24730. — [**Pingré** (Alexandre-Guy).] Notice sur la vie du citoyen Pingré, lue à la séance publique du Lycée des arts, par Et.-P. Ventenat, bibliothécaire du Panthéon et membre de l'Institut national. Paris, imp. du Magasin encyclopédique. S. d., in-8°, 16 p. [N. Ln²⁷ 16347.]

Extrait du Magasin encyclopédique.

24731. — [**Pinon-Ducoudray** (Pierre).] Jugement rendu par le Tribunal révolutionnaire... qui, sur la déclaration du juré de jugement, portant qu'il est constant que des lettres existantes au procès contiennent des propos tendant à l'avilissement des autorités constituées et surtout de la représentation nationale, au mépris du gouvernement républicain et en général à faire haïr la Révolution et la liberté ; que Pierre Pinon-Ducoudray est auteur de ces lettres, condamne ledit Pinon-Ducoudray à être déporté à perpétuité à la Guyane française... (15 pluviôse an II (3 février 1794). Paris, imp. du Tribunal criminel révolutionnaire. S. d., in-4°, 8 p. [N. Lb⁴¹ 2232*.]

24732. — [**Pitois.**] Exposé justificatif des faits relatifs à l'arrêté des Consuls, qui fait cesser les fonctions du citoyen Pitois, caissier des dépenses de la Trésorerie nationale. Imp. Brosson. S. d., in-4°, 16 p. [N. Ln²⁷ 16379.]

24733. — [**Pitou** (Louis-Ange).] Voyage à Cayenne, dans les deux Amériques et chez les anthropophages. Ouvrage orné de gravures, contenant le tableau général des déportés, la vie et les causes de l'exil de l'auteur ; des notions particulières sur Collot et Billaud ; sur les îles Séchelles et les déportés de nivôse ; sur la religion, le commerce et les mœurs des sauvages, des noirs, des créoles et des quakers, par Louis-Ange Pitou, déporté à Cayenne pendant trois ans, par jugement du Tribunal criminel du département de la Seine et rendu à la liberté par des lettres de grâce de S. M· l'Empereur. *Paris, chez l'auteur, rue des Vieux-Augustins, n° 7, près la place des Victoires, et chez tous les marchands de nouveautés, an XIII*-1805, 2 vol. in-8°. [N. Lk¹² 799.]

ÉPIGR. :

Forsan et hæc olim meminisse juvabit.
VIRG. Æn. lib. 7.
L'innocent dans les fers sème un doux avenir.

En regard du titre du tome Ier, *Prison des déportés sur la frégate La Décade* [coupe de l'entrepont] et signée : MARIAGE. En regard du titre du tome II, *Désert de Konanama dans la Guyane française, cimetière et inhumation des déportés*, pl. signée : MARIAGE.

Chacune de ces planches est accompagnée d'un commentaire emprunté au texte de l'ouvrage.

Publication déjà décrite tome Ier, n° 4874, mais dont les épigraphes avaient été omises et les planches incomplètement signalées.

24733ᵃ. — Voyage à Cayenne... Seconde édition augmentée de notions historiques sur les anthropophages, d'un remerciement et d'une réponse aux observations de MM. les journalistes, par ANGE PITOU (1807).

Voyez tome Ier, n° 4874ᵃ.

24734. — Analyse de mes malheurs et de mes persécutions, depuis vingt-six ans, par L.-A. PITOU, auteur du « Voyage à Cayenne » et de « l'Urne des Stuarts et des Bourbons ». *Paris, L.-A. Pitou; Pélicier; Delaunay*, 1816, in-8°, 1 f. et 108 p. [N. Ln²⁷ 16380.]

24735. — Aux Amis de l'ordre et de la paix, aux Français dignes de ce nom, de quelque opinion qu'ils soient ou qu'ils aient été, sur « l'Urne des Stuarts et des Bourbons ». *Imp. Ant. Béraud. S. d.* (1816), in-8°, 8 p. [N. Ln²⁷ 16381.]

Signé : L.-A. PITOU, libraire de S. A. R. Mme la duchesse d'Orléans, rue de Lulli, 1, près la Bibliothèque du Roi, à Paris.

24736. — Une Vie orageuse et des matériaux pour l'histoire, par L.-A. PITOU, auteur du « Voyage à Cayenne », de « l'Urne des Stuarts et des Bourbons », de l'« Analyse de mes malheurs », etc. *Paris, chez L.-A. Pitou*, 1820, 3 vol. in-8°. [N. Ln²⁷ 16382. Réserve.]

ÉPIGR. :
La première palme pour un historien est la conquête de la croyance; moi, je puis défier l'incrédulité.

L'Avertissement (sans titre) du tome Ier est suivi de *Preuves écrites*, comprenant la réimpression de divers articles du *Publiciste* (29 avril 1805), de FR.-B. HOFFMANN (*Journal des débats*, 22 mars 1808 et 1er février 1809), et de COLMET [sic : COLNET] (*Journal général de France*, 9 octobre 1812), ainsi que des extraits de la *Biographie*, dite de Leipzig ou de Breslau et de celle des *Hommes vivants*, relatifs à Ange Pitou. Le travail personnel de celui-ci, intitulé *Mes collaborateurs et mes témoins* est, dans la première partie, un document des plus curieux pour l'histoire de la presse royaliste avant le 10 août. Il se continue sous le même titre dans le tome II, mais entre les pp. 212 et 213 est intercalé, dans l'ex. de la B. N., un cahier contenant le titre et la préface du *Trône des martyrs du 13 février 1820* (1820). De plus, au tome Ier de ce même ex. est jointe *l'Analyse de mes malheurs* (voyez le n° 24734 ci-dessus).

Le tome III se compose de deux parties ayant chacune une pagination particulière; la première (2 ff. et 151 p.) a un faux-titre et un titre de départ, intitulés : *Toute la vérité au Roi*; la seconde a un titre de départ portant : *Tableau de ma famille et de ma vie, A. S. M. Louis XVIII*, et s'arrête à la p. 320 sur une phrase inachevée.

Selon Beuchot (*Journal général de la librairie*, 1839, n° 331), l'auteur d'*Une vie orageuse* n'en aurait émis que deux ex. destinés, l'un à Louis XVIII, l'autre aux gentilshommes de la chambre du Roi, et il croyait posséder celui-ci; mais M: Engerand (voyez le n° 24738 ci-dessous) fait observer que les deux premiers volumes d'*Une vie orageuse* sont annoncés par Pitou lui-même dans une brochure intitulée : *l'Incrédulité intéressée* (1825) comme étant en vente chez l'auteur, et qu'il ajoutait : « l'impression du troisième est presque finie. » C'est probablement à ce tome III seulement que s'applique l'observation de Beuchot.

L'ex. de la B. N. provient de La Bédoyère.

La B. N. a enregistré, sous la cote Ln²⁷ 16383, un certain nombre de pièces autographiées, sans titres (13 juillet 1825-28 mai 1826) relatives aux réclamations d'Ange Pitou près du ministère de la Maison du Roi. Voyez aussi le numéro suivant.

24737. — Pétition et révélations avec pièces à l'appui, remises en 1837, 1838 et 1839 aux deux Chambres législatives et aux trois pouvoirs réunis, par LOUIS-ANGE

Pitou. *Paris, imp. Herhan et Bimont, rue Saint-André-des-Arcs, n° 9, à Paris,* 12 février 1839, in-8°, 1 f., 105 et 99 p. [*N.* Ln²⁷ 16384.]

24738. — Fernand Engerand. Ange Pitou, agent royaliste et chanteur des rues (1767-1846). *Ernest Leroux,* 1899, in-8°, 3 ff., III-332 p. et 1 f. n. ch. (nom de l'imprimeur). [*N.* Ln²⁷ 46580.]

En regard du titre, fac-similé du frontispice du *Chansonnier parisien* (1809).
P. 289-298, Liste [raisonnée] *des divers ouvrages d'Ange Pitou.* P. 299, *Pièces justificatives.* P. 329-330, *Addenda et errata.*

24739. — [**Pluvier.**] Horrible assassinat commis dans la rue de l'Echelle. *Imp. L.-L. Girard. S. d.,* in-8°, 4 p.

Meurtre de M°° Pluvier, rue de l'Echelle et arrestation de son neveu, auteur présumé du crime. La pièce ne fournit pas de date, mais il y est question de la Constitution de l'an III.

24740. — [**Poiré.**] Appel aux lois ou Avis aux citoyens concernant les abus d'autorité et les actes arbitraires de quelques agents de police. *S. l. n. d.,* in-4°, 4 p. [*R.* AD. I, 86.]

Signé : Garnier, homme de loi, défenseur. Mémoire pour le citoyen Poiré, cordonnier, rue des Ménétriers, accusé d'avoir contrevenu à la loi du 9 vendémiaire an VI sur les loteries.

24741. — [**Poiré** (Louis-François).] Jugement rendu par le Tribunal révolutionnaire... qui, sur la déclaration du juré de jugement, portant qu'il est constant qu'il a été entretenu des intelligences et correspondances avec les ennemis extérieurs de la République, notamment avec les Anglais, au moyen desquelles ces derniers ont été instruits de plusieurs plans du gouvernement français et des mesures de sûreté de la Convention et du pouvoir exécutif, et tendantes à favoriser le succès des ennemis et leurs projets criminels contre la France ; que Louis-François Poiré, ci-devant domestique de Talleyrand-Périgord et de l'infâme Diane Polignac et huissier de l'Assemblée législative et de la Convention nationale, est convaincu d'avoir entretenu lesdites intelligences et correspondances, condamne Louis-François Poiré à la peine de mort... (9 germinal an II-29 mai 1794). *Imp. du Tribunal révolutionnaire. S. d.,* in-4°, 10 p. [*N.* Lb⁴¹ 2232*.]

24742. — [**Poirier** (Germain).] Notice historique sur la vie et les ouvrages de Germain Poirier, membre de la classe d'histoire et de littérature ancienne de l'Institut national, par le Cᵉⁿ Dacier, secrétaire perpétuel de la classe, lue dans la séance publique du vendredi 2 germinal an XII (23 mars 1804). *Paris, imp. de la République, an XII* (-1804, v. st.), in-8°, 23 p. [*N.* Ln²⁷ 16415.]

¶ Sur le rapport de M. L. Delisle, le Comité des travaux historiques a autorisé l'insertion dans le *Bulletin historique et philologique* (1814, p. 538-543) d'une notice de Dom Brial sur Dom Poirier, communiquée par son auteur à Dacier et retrouvée par M. Pierre Vidal, correspondant du ministère à Perpignan. Dacier a fait usage de cette notice, mais en négligeant ou en adoucissant les insinuations malveillantes qu'elle renferme (cf. Paul Lacombe, *Bibliographie des travaux de M. L. Delisle,* imp. Nat., 1902, in-8°, n° 1411).
La notice de Dacier est extraite des *Mémoires de la classe d'histoire et de littérature ancienne,* tome Iᵉʳ, pp. 285-299.

24743. — [**Poissonnier** (Pierre-Isaac).] Eloge de Pierre-Isaac Poissonnier, prononcé à la séance publique de la Société de médecine, le 22 brumaire an VII (12 novembre 1798), par le citoyen Sue, secrétaire général de la Société, professeur et bibliothécaire de l'Ecole de médecine, membre du jury d'instruction publique pour les écoles primaires, membre de plusieurs Sociétés nationales et étrangères. *Paris, Croullebois; Th. Barrois jeune, an VII,* in-8°, 44 p. [*N.* T⁷ 42.]

On lit au verso du titre : Extrait du recueil périodique de la Société de médecine, tome V, nᵒˢ XXVIII et XXIX.

24744. — Notice des principaux articles de la bibliothèque de feu de C*** [Poissonnier] dont la vente se fera le 12 floréal an VII (1ᵉʳ mai 1799) et j. s., maison du c. Paillet, rue du Bouloy. *Paris, Santus, libraire; Girardin, huissier-priseur,* in-8°, 8 p.; 114 articles. [*N.* Δ 12462.]

24745. — [**Poissault**.] Pétition à la Convention nationale, par le citoyen Poissault (2 février 1793). S. l. n. d., in-4°, 4 p. [N. Ln²⁷ 16431.]

Déponciation à la Convention nationale contre Clavière au sujet d'un timbre sec pour les assignats, dont Poissault était l'inventeur et auquel le ministre avait préféré celui des citoyens Besmer et Dupeyrat.

24746. — [**Poix** (Philippe-Louis-Marc-Antoine DE NOAILLES, prince de).] Convention nationale. Explication du Comité de sûreté générale sur l'arrestation du sieur de Poix et la disparition de ses papiers et de sa personne (octobre 1792). *Imp. Nationale. S. d.*, in-8°, 4 p. [R. AD. I, 57.]

24747. — [**Poix** (Antonin-Claude-Dominique-Juste DE NOAILLES, duc de).] Le Duc de Poix (Noailles). Notice extraite de l'« Annuaire historique et biographique » de France... année 1844... *Paris, imp. Maulde et Renou. S. d.* (1844), in-4°, 3 p. [N. Ln²⁷ 16444.]

24748. — [**Poix** (Anne-Louise-Marie DE BEAUVAU, princesse de).] Vie de la princesse de Poix, née Beauvau, par la vicomtesse DE NOAILLES. Iʳᵉ partie, 1750-1789. IIᵉ partie, 1809-1833. *Paris, typ. Ch. Lahure,* 1855, in-8°, 3 ff. et 113 p. [N. Ln²⁷ 16445.]

Papier vergé, titre rouge et noir. Le titre de départ porte : *Ma grand'mère*.
Le texte est précédé d'un court *Avertissement*, signé : duchesse DE MOUCHY.
En regard du titre, portrait lithographié, par LÉON NOËL, d'après V. DELESSERT. Trois autres lithographies de DEROY, d'après RICOIS, représentent Mouchy-le-Châtel (Oise), le château du Val, près Saint-Germain-en-Laye et celui de Circy.

24749. — [**Polignac** (comtesse Diane de).] Journal d'Italie et de Suisse (1789), par Mᵐᵉ la comtesse DIANE DE POLIGNAC. *Paris, aux bureaux de l'*Amateur d'autographes*, 3, rue de Furstenberg. S. d.* (1899), in-8°, 24 p. [N. Ln²⁷ 46850.]

On lit au verso du faux-titre : Extrait de l'*Amateur d'autographes*.
Relation, en forme de lettres adressées à la marquise de Boufflers (ex-comtesse de Sabran), des péripéties qui signalèrent le départ de la famille de Polignac pour l'émigration. Le récit s'arrête à l'arrivée de l'auteur à Parme, après la traversée de la Suisse et du Piémont.
L'éditeur et annotateur anonyme de ce document est M. RAOUL BONNET. Le manuscrit original appartient à M. La Caille.

24750. — [**Polignac** (Armand-Jules-François, comte, puis duc de).] Lettre de M. le duc DE POLIGNAC à M. de Cazalès, écrite de Venise, le 14 mars 1794. *Imp. Grand, et se vend chez Laurent. S. d.*, in-8°, 7 p. [N. Lb³⁹ 4708.]

Protestation contre les attaques dont il était l'objet.

24751. — [**Polignac** (Yolande-Martine-Gabrielle DE POLASTRON, duchesse de).] Maladie de Mᵐᵉ la duchesse de P...... qui a infecté la cour, Versailles et Paris. Extrait du rapport fait au Roi par la Faculté de médecine, au mois de juillet 1789. *S. l.*, 1789, in-8°, 19 p. [N. Lb³⁹ 1993.]

Voyez le numéro suivant.

24752. — Adieux de Mᵐᵉ la duchesse de Polignac aux Français, suivis des Adieux des Français à la même, par l'auteur de sa « Maladie ». *S. l.*, 1789, in-8°, 13 p. [N. Lb³⁹ 1994.]

24753. — Boudoir de Mᵐᵉ la duchesse de P***, et Rapport des scènes les plus curieuses, publiées par un membre de cette académie de lubricité. *S. l. n. d.*, in-8°, 8 p. [N. Lb³⁹ 1995. Réserve.]

24753ᵃ. — Boudoir de Mᵐᵉ la duchesse de P*** et Rapport sur les scènes les plus curieuses... *Paris, chez Desportes, ancien imprimeur de Piron,* 1789, in-8°, 8 p. [Br. M. F. R. 1577 (3).]

24754. — Confession et repentir de Mᵐᵉ de P*** ou la nouvelle Madeleine convertie. *S. l.*, 1789, in-8°, 12 p. [N. Lb³⁹ 1996.]

24755. — Réponse à la Confession de Mᵐᵉ de P*** ou les Mille et un *mea culpa. S. l.*, 1789, in-8°, 13 p. [N. Lb³⁹ 1997.]

24756. — Agonie de Mᵐᵉ de P***, son acte de contrition et son rétablissement par le moyen du vinaigre des quatre voleurs, distillé par G***. *Se vend à Londres; et à Paris, chez le secrétaire des commandements de monseigneur l'archevêque de Paris*, 1789, in-8°, 8 p. [*N.* Lb³⁹ 1998.]

ÉPIGR. :

Ficta voluptatis causa sint proxima veri.

24757. — Dialogue entre M. Necker et Mme de Polignac lors de leur entrevue à Bâle, en Suisse (1789).

Voyez le n° 24499 ci-dessus.

24758. — Entretien de M. Necker avec Madame la comtesse de Polignac... (1789).

Voyez le n° 24500 ci-dessus.

24759. — Lettre de Mme DE POLIGNAC. *Saint-Marcel, éditeur, rue Percée (imp. Valleyre l'aîné). S. d.*, in-8°, 4 p. [*N.* Lb³⁹ 2126.]

Voyez le numéro suivant.

24760. — Réponse à la Lettre de Madame la duchesse de Polignac (6 août 1789). *Volland. S. d.*, in-8°, 8 p. [R. AD. I, 57.].

Signée : C. DE D..., comtesse de D...
Voyez le numéro précédent.

24761. — Conférence entre Mme de Polignac et Mme de La Motte, au parc Saint-James, ou Lettre de M. DE VAUDREUIL à un abbé fort connu. Seconde édition. *Imp. P. de Lormel. S. d.*, in-8°, 15 p. [*N.* Lb³⁹ 2125.]

24762. — Correspondance secrète entre entre l'abbé DE VERMONT, l'abbé MAURI et Mme DE POLIGNAC (août 1789). *Rue Percée. S. d.*, in-8°, 7 p. [*N.* Lb³⁹ 2127.]

Signée : LE FAUCHEUX, éditeur.
P. 6, *l'Homme et l'idole de bois*, par LA FONTAINE.

24763. — Testament de Madame la duchesse de Polignac (3 août 1789). *Imp. Laporte. S. d.*, in-8°, 24 p. [*N.* Lb³⁹ 7551.]

D'après une note de M. M.-L. Polain, rédacteur du *Catalogue de la bibliothèque de M. de La Sicotière* (Alençon, 1902, 2 vol. in-8°), tome II, n° 6276, une partie de ce *Testament* a été reproduite dans le pamphlet intitulé : *Testament de la ci-devant princesse de Lamballe* (cf. n° 23361 ci-dessus).

24764. — Petite Histoire d'une grande dame, connue par ses intrigues dans une grande cour. La fin de sa vie sera prédite par Nostradamus (9 août 1789). *Cailleau. S. d.*, in-8°, 8 p. [*Br. M. F. R.* 377 (8).]

Voyez le numéro suivant.

24765. — Les Intrigues découvertes d'une haute femme de la cour, renommée par ses mauvaises actions, dont la fin de la vie est prédite par Mathieu Laensberg. Paris, ce 10 août 1789. *Cailleau fils. S. d.*, in-8°, 8 p. [*N.* Lb³⁹ 2169.]

Même pièce que la précédente.

24766. — Remède à la guérison entière de la maladie de Mme de Polignac, par un médecin patriote. *Letellier*, 1789, in-8°, 8 p. [*N.* Lb³⁹ 2219.]

Signé : Par M. l'abbé A.·L. L.

ÉPIGR. :

Confide, filia, fides tua te salvam faciet.

Publié le 16 août 1789, d'après une note manuscrite sur l'ex. de la B. N.

24767. — La Dernière Ressource de Mme de Polignac ou Dialogue entre cette dame, son confesseur, un médecin anglais et un baron suisse. *Imp. P. de Lormel, aux dépens de la Société littéraire patriotique et se vend rue du Sépulcre, n° 15, à l'entresol. S. d.*, in-8°, 8 p. [R. AD. I, 57.]

24768. — Arrivée et Confiteor de la Polignac à Bruxelles. Connaissance qu'elle fit du R. P. Cyrille, prieur des Bernardins, qu'elle prit pour confesseur, et qui, par ses ordres, rendit ses fautes publiques. *A Middelbourg, chez la veuve Véridique, rue des Morfondus*, 1789, in-8°.

D'après un catalogue.

24769. — La Messaline françoise ou les Nuits de la duch... de Pol..., et Aventures mystérieuses de la Pr....sse d'He... [d'Hénin] et de la... [reine]. Ouvrage fort utile à tous les jeunes gens qui voudront faire un cours de libertinage, par l'abbé com-

pagnon de la fuite de la duch... de Pol....
A Tribaldis, de l'imprimerie de Priape, 1789,
in-12, 111 p.

Frontispice libre à l'eau-forte (imité de la pl. bien connue sous le titre les Petits pieds) portant au bas : Le Bosquet. Parc de Versailles.
Voyez le numéro suivant.

24769ᵃ. — La Messaline françoise ou les Nuits de la duch... de Pol.... A Tribaldis, de l'imprimerie de Priape, 1789, in-12, 1 f. et 97 p.

Frontispice entièrement différent de celui du numéro précédent. La scène se passe dans un boudoir.

24770. — Les Intrigues du cabinet de la duchesse de Polignac, pièce curieuse, calquée sur la narration d'un valet de chambre de cette duchesse, qui a tout écrit après avoir tout entendu. On trouve à la suite la correspondance du sieur Mounier avec quelques aristocrates et sa réponse, communiquées par une religieuse de Montfleury, près Grenoble. S. l., 1790, in-8°, 32 p. [R. AD. 1, 57.]

24771. — Mémoires sur la vie et le caractère de Mᵐᵉ la duchesse de Polignac, avec des anecdotes intéressantes sur la Révolution française et sur la personne de Marie-Antoinette de France, par la comtesse DIANE DE POLIGNAC. Hambourg, P.-F. Fauche, 1796, in-8°, X-52 p. [N. Ln²⁷ 16455.]

P. V-X, Introduction (en anglais), datée de London, 1 January 1796. P. 1-2, Epître dédicatoire à la duchesse de Polignac, sœur de l'auteur.
Voyez le numéro suivant.

24772. — Mémoires de Mᵐᵉ la duchesse de Polignac, avec des particularités sur sa liaison avec Marie-Antoinette de France, par la comtesse DIANE DE POLIGNAC. Paris, au bureau général des nouveautés, an V, in-18, 108 p. [N. Ln²⁷ 16456.]

Le Discours de l'éditeur (p. 7-12) est la traduction de l'Introduction du précédent numéro.

24773. — Les Derniers jours de Trianon. La duchesse Gabrielle de Polignac et les Amis de la Reine, par CAPEFIGUE (1866).

Voyez le n° 21306 ci-dessus.

24774. — Les Femmes du XVIIIᵉ siècle. La duchesse de Polignac et son temps, par H. SCHLESINGER. Paris, Auguste Ghio, 1889, in-12, 2 ff. et 194 p. [N. Ln²⁷ 38343.]

La couverture imprimée porte en plus :... avec les portraits de la Polignac et de Louis XVI, dessinés par l'auteur et tirés en photogravures, et un portrait de Marie-Antoinette, d'après une photographie (sic) du musée de Versailles.
Le portrait de Marie-Antoinette est placé en regard du titre, ceux de Mᵐᵉ de Polignac et de Louis XVI sont pp. 72-73 et 124 et 125.

24775. — [Pollet.] POLLET, membre du comité de correspondance des Jacobins à ses frères. 30 messidor an II (18 juillet 1794). Imp. Charpentier. S. d., in-8°, 2 p. [Br. M. F. R. 344 (19).]

Protestation contre son ajournement par le scrutin épuratoire.

24776. — Réponse de POLLET aux faits avancés par Lhermina contre le « Journal populaire ou le Catéchisme des sans-culottes », ouvrage entrepris dans l'intention d'instruire cette portion essentielle des citoyens (1794).

Voyez tome II, n° 10863.

24777. — [Poncelin de La Roche-Tilhac (Jean-Charles.)] Véritable Histoire de la flagellation de Poncelin (6 pluviôse an V-25 janvier 1797), avec le fameux interrogatoire qu'un des frères fouetteurs a subi devant le juge de paix. Imp. Coesnon-Pellerin. S. d., in-8°, 8 p.[N. Lb⁴² 1239.]

Signée (p. 5) : Un impartial.
P. 5, procès-verbal facétieux, intitulé : la Vérité toute nue sur la fustigation de monsieur l'abbé (qui aurait eu lieu, selon le déposant imaginaire, place de l'Odéon, sur les marches du théâtre).

24778. — Justification du directeur Barras sur l'attentat commis au Luxembourg (le 7 pluviôse an V-26 janvier 1797). Paris, imp. Chaudrillé. S. d., in-8°, 8 p. [N. Lb⁴² 1240.]

Sur cette affaire qui fit grand bruit, voyez tome II la note accompagnant le n° 10224.

24779. — [**Poncy** (Pierre-Louis).] Requête à l'Assemblée nationale. *S. l. n. d.* (1791), in-4°, 14 p. [*N.* Ln²⁷ 45413.]

Le titre de départ, p. 3, porte : *A Messieurs de l'Assemblée nationale*. P. 11-14, *Pièces justificatives*.

Plaintes d'un contrôleur de la Jauge au port de la Râpée dont le mobilier avait été détruit, le 13 juillet 1789, lors de l'incendie des barrières.

24780. — [**Pons** (Philippe-Laurent), dit Pons de Verdun]. Convention nationale. Rapport fait au nom du comité de sûreté générale (le 24 germinal an II), concernant l'arrestation du citoyen Pons (de Verdun), représentant du peuple, par le citoyen Marino, se disant inspecteur des maisons garnies, qui a refusé reconnaître son caractère de représentant du peuple, malgré l'exhibition de sa carte de député. Par le citoyen Vouland. Imprimé par ordre de la Convention nationale. *Imp. Nationale. S. d.*, in-8°, 8 p. [*N.* Le³⁸ 759.]

Marino fut déféré au Tribunal révolutionnaire qui, le 27 germinal an II, prononça son acquittement et sa détention jusqu'à la paix, mais il fut compris dans la « fournée » du 29 prairial suivant et condamné à mort.

Pons (Mˡˡᵉ de). — Voyez **Tourzel** (Mᵐᵉ de).

24781. — [**Pontard** (Pierre).] Pierre Pontard, évêque constitutionnel de la Dordogne, par P.-J. Crédot, membre de la Société historique et archéologique du Périgord. *Paris, Delhomme et Briguet*, 1893, in-8°, 2 ff. et IV-668 p. [*N.* Ln²⁷ 41514.]

Epigr. empruntée au cardinal Billiet.

Sur le *Journal prophétique* (1792-1793) rédigé à Paris par Pierre Pontard, voyez tome III, nᵒˢ 15414-15414ᵃ.

Pontécoulant (Doulcet de). — Voyez **Doulcet**.

Populus (Marie-Etienne). — Voyez **Théroigne de Méricourt**.

24782. — [**Porché** (Michel-Philippe).] Obsèques du citoyen Porché, administrateur municipal du 5ᵉ arrondissement du canton de Paris, le 23 pluviôse an VII (11 février 1799). *Imp. E. Brosselard. S. d.*, in-8°, 6 p. [*N.* Ln²⁷ 16501.]

24783. — [**Portalis** (Jean-Etienne-Marie).] Corps législatif. Discours de M. Dumolard, relativement au décès de M. Portalis. Séance du jeudi 27 août 1807. *Hacquart, imprimeur du Corps législatif et du Tribunat. S. d.*, in-8°, 4 p. [*N.* Le⁴⁸ 14.]

24784. — Discours en commémoration du décès de Son Excellence Monseigneur Jean-Etienne-Marie Portalis, ministre des cultes, grand-aigle de la Légion d'honneur, membre de l'Institut de France, prononcé à Strasbourg, dans l'église française de la confession d'Augsbourg, le 20 septembre 1807, par J.-J. Goepp, un des pasteurs de ladite église et aumônier du lycée. *Strasbourg, imp. Silbermann. Se trouve chez Treuttel et Würtz. S. d.*, in-4°, 22 p. [*N.* Ln²⁷ 16519.]

24785. — Discours en l'honneur de Jean-Etienne-Marie Portalis, ministre des cultes, prononcé par ordre du directoire de la confession d'Augsbourg, à Strasbourg, le 20 septembre 1807, au Temple-Neuf de cette ville, en présence des autorités civiles et militaires, par Jean-Laurent Blessig, prof[esseur] en théologie, inspecteur ecclésiastique, membre du directoire. Traduit de l'allemand; suivi d'une notice biographique. *Strasbourg, A. Kœnig. S. d.*, in-8°, 46 p. [*N.* Ln²⁷ 16520.]

24786. — Notice sur S. Exc. J.-E.-M. Portalis, ministre des cultes, grand-aigle de Légion d'honneur et membre de l'Institut. *Paris, Vᵉ Nyon; Petit; Cocheris; Galignani; Aix, Ponthier et Mouret*, 25 octobre 1807, in-8°, 12 p. [*N.* Ln²⁷ 26521.]

Epigraphe empruntée à une *Vie inédite de Napoléon le Grand*, par ****-X.

24787. — Portalis, avocat au parlement de Provence, par M. H. Aubépin, docteur en droit, substitut à Nevers. *Paris, Auguste Durand*, 1856, in-8°, 16 p. [*N.* Ln²⁷ 16522.]

Extrait de la *Revue historique de droit français et étranger*.

24788. — Essai sur la vie, le caractère et les ouvrages de J.-E.-M. Portalis, ministre des cultes, membre de l'Académie française, etc., par M. A. Boullée, ancien magistrat, auteur de la « Vie et des ouvrages du chancelier d'Aguesseau », de l' « Histoire des Etats-Généraux de France », etc. *Paris, Didier et C°*, 1859, in-8°, 1 f. et IV-163 p. (la dernière non chiffrée). [*N.* Ln²⁷ 16523.]

Epigraphe empruntée à Tacite.

24789. — Portalis philosophe chrétien, ou Du véritable esprit philosophique, par J.-C. Frégier, juge au tribunal de première instance d'Alger, auteur de la « Paraphrase des Instituts de Justinien par Théophile », traduite du grec et annotée, et de plusieurs ouvrages de droit et de législation. *Paris, Challamel aîné*, 1861, in-8°, XVI-462 p. [*N.* Ln²⁷ 16524.]

Epigraphes empruntées à Damiron et à Claudien.

24790. — Eloge de Jean-Etienne-Marie Portalis, l'un des rédacteurs du Code Napoléon, conseiller d'Etat, ministre des cultes, membre de l'Académie française, par Louis Lallement, avocat à la Cour impériale de Nancy, correspondant de l'Académie de Stanislas et de l'Académie des sciences, agriculture, arts et belles-lettres d'Aix. Mémoire couronné par l'Académie de Toulouse. *Paris, Auguste Durand*, 1861, in-8°, 2 ff. et 134 p. [*N.* Ln²⁷ 16525.]

Extrait des *Mémoires de l'Académie de Stanislas*.

24791. — Extrait de la « Biographie universelle »... Portalis (Jean-Etienne-Marie), par M. A. Boullée. *Paris, imp. H. Plon.* S. d. (1862), gr. in-8°, 3 p. [*N.* Ln²⁷ 16526.]

24792. — Portalis, sa vie et ses œuvres, par René Lavollée, docteur ès lettres, attaché aux Affaires étrangères. *Paris, Didier et C°*, 1869, in-8°, 2 ff. et IV-340 p. [*N.* Ln²⁷ 25046.]

24793. — [**Pothier** (Pierre).] Ordonnance rendue par le Tribunal révolutionnaire... qui... acquitte Pierre Pothier... (9 ventôse an II-27 février 1794).

Voyez le n° 24674 ci-dessus.

24794. — [**Pottin de Vauvineux** (Louis-Philippe).] Requête présentée à nosseigneurs de l'Assemblée nationale, par Louis-Phil. Pottin de Vauvineux. *Imp. Chalon*, 1790, in-8°, 52 p. [*N.* Ln²⁷ 16559.]

24795. — Nouvelle Requête et Lettre de L.-P. Pottin de Vauvineux à l'Assemblée nationale. *S. l. n. d.*, in-8°, 8 p. (la dernière non chiffrée). [*N.* Ln²⁷ 16559.]

Dans l'ex. de la B. N. les deux pièces ont reçu la même cote et sont cartonnées ensemble.

24796. — [**Pougens** (Marie-Charles-Joseph).] Mémoires et Souvenirs de Charles de Pougens, chevalier de plusieurs Ordres, de l'Institut de France, des Académies de la Crusca, de Madrid, de Gœttingue, de Saint-Pétersbourg, etc., commencés par lui et continués par Mᵐᵉ Louise B[rayer] de Saint-Léon. *Paris, H. Fournier jeune*, 1834, in-8°, VII-456 p. [*N.* Ln²⁷ 16570.]

En regard du titre, portrait de Pougens (lith. de Delpech), avec fac-similé de sa signature.

24797. — [**Poultier** (François-Marie Poultier d'Elmotte, dit).] Les Crimes et Forfaits du représentant du peuple Poultier, avec l'acte d'accusation porté contre lui. *Imp. Clermont.* S. d.; in-12, 12 p. [*N.* Ln²⁷ 16589.]

Signé : D**** [Delmotte?]
Apologie qui semble émaner de l'intéressé lui-même.

24798. — Véritable Détail de la mort de Poultier, qui s'est brûlé la cervelle hier au soir, en rentrant chez lui. Motifs qui l'ont porté à se tuer et dernières paroles qu'il a prononcées avant de mourir. *Imp. Gelé.* S. d., in-8°, 4 p. [*N.* Ln²⁷ 16590.]

Facétie. Poultier est mort à Tournai le 6 février 1826.

24799. — La Peur de Poultier. *S. l. n. d.*, in-8°, 8 p. [*R.* AD. I, 57.]

Violent pamphlet au sujet des élections de l'an V.

24800. — [**Poupart de Beaubourg** (J.-B.).] Deux Réflexions au public, sur le libelle diffamatoire intitulé : « Observations sur le marquis de Beaupoil S.-Aulaire », etc., en attendant ma réponse. S. l. n. d., in-8°, 12 p. [N. Ln^{27} 16594.]

Signé : POUPART DE BEAUBOURG (10 décembre 1788).
Voyez le n° 21815 ci-dessus.

24801. — Pétition d'un citoyen opprimé au peuple français, assemblé par ses vrais représentants, l'an mémorable 1789. S. l., mois d'avril, in-8°, 320 p. [N. Ln^{27} 16595.]

Signée : POUPART DE BEAUBOURG.
Entre l'*Epître au Roi* (en vers) et la *Pétition d'un citoyen* (p. 9) sont intercalés un *Avertissement important et fautes à corriger*, paginés 1-8.
Voyez le numéro suivant.

24802. — Observations importantes, pour faire suite à ma Pétition au peuple français, et pour servir de réplique au libelle diffamatoire du sieur Beaupoil, dit marquis de Saint-Aulaire; suivies de mes pièces justificatives. *Paris et Versailles, chez les pricinpaux libraires,* 1789, in-8°, 248 p. [N. Ln^{27} 16595.]

Par J.-B. POUPART DE BEAUBOURG.

24803. — Adresse à M. le président de l'Assemblée nationale (17 août 1789). S. l. n. d., in-4°, 3 p. [N. Ln^{27} 16596.]

Signée : POUPART DE BEAUBOURG.

24804. — Appel à l'Assemblée nationale et aux nations attentives, d'un décret surpris au pouvoir législatif, décret en opposition avec les premiers principes du crédit et de la foi publique et en contradiction avec les précédents décrets. *Paris, se trouve chez les libraires marchands de nouveautés,* mai 1790, in-8°, 34 p. [N. Ln^{27} 16597.]

Signé : POUPART DE BEAUBOURG.
Voyez le numéro suivant.

24805. — Supplément démonstratif à mon « Appel à l'Assemblée nationale »... pour servir de réplique à la proclamation prétendue justificative que MM. de Montmorency et de Beauharnais ont fait insérer dans différents journaux. *Paris, chez les marchands de nouveautés,* juillet 1790, 2 ff. et 32 p. [N. Ln^{27} 16597.]

Signé : J.-B. POUPART DE BEAUBOURG, citoyen passif.

24806. — Mes onze ducats d'Amsterdam, mes quatre-vingt-cinq livres de Versailles (1790).

Voyez le n° 21128 ci-dessus.

24807. — Le Reptile travesti en héros citoyen ou Dénonciation à la patrie d'un des plus odieux criminels qui aient affligé et déshonoré l'espèce humaine. S. l. n. d. (1790), in-8°, 50 p. [N. Ln^{27} 32497.]

Le titre de départ porte : *A mes juges.*
Signé (p. 49) : LOUIS-PHILIPPE DE BRIÈRE, ci-devant chevalier DU COUDRAY.
Violent pamphlet contre Poupart de Beaubourg.

24808. — Dernier Cri d'un citoyen égorgé par le despotisme... A M. le président de l'Assemblée nationale (11 août 1790), l'an second de la liberté et de la régénération française. S. l. n. d., in-8°, 4 p. [N. Ln^{27} 16598.]

Signé : POUPART, ci-devant DE BEAUBOURG, citoyen passif.

24809. — Réclamation de la loi. S. l. n. d., in-8°, 8 p. [N. Ln^{27} 16599.]

Signée : J. RUTLEDGE, défenseur officieux, et invoqué par Poupart de Beaubourg.

24810. — Aux Législateurs (26 octobre 1791). S. l. n. d., in-8°, 4 p. [N. Ln^{27} 16600.]

Signé : J. RUTLEDGE.
Même affaire.

24811. — La Liberté crucifiée ou le Martyre d'un citoyen de Paris, né Breton, dénoncé au peuple français libre et souverain. *Paris, février, an IV de la liberté,* in-8°, 1 f., 164 p. et 1 f. non chiffré (*Errata*). [N. Ln^{27} 16601.]

Signé : J.-B. POUPART-BEAUBOURG.

24812. — Adresse au peuple français, revêtu de la suprématie, l'an premier de la République. *Imp. C.-F. Perlet. S. d.*, in-8°, 27 p. [*N.* Lb⁴¹ 103.]

Justification de Poupart de Beaubourg par lui-même, datée de Sainte-Pélagie, 18 octobre 1792.

24813. — Deux cents louis à gagner. Grand jugement du plus odieux des criminels qui aient désolé la société, de ce fameux conspirateur, chef de tous les fabricants de faux assignats, arrêté le 26 mai 1791, en sortant de la Poste, avec une correspondance de ses fabriques et plus de dix-huit cent mille livres de faux assignats qu'il allait mettre en circulation et qu'on a trouvé chez lui, avec quantité d'or et d'argent; de l'insigne scélérat Jean-Baptiste Poupart-Beaubourg, atteint et convaincu, et dont la sentence de mort prononcée à Coblentz, une des premières en 1789, fut confirmée à Paris, en 1791 et circula par toute l'Europe à l'ombre des décrets de l'Assemblée nationale. *Imp. du Patriote français. S. d.*, in-folio plano. [*N.* Lb⁴¹ 4794.]

Tentative de justification.
Signée : J.-B. Poupart-Beaubourg, vainqueur de la Bastille et l'ennemi de tous les tyrans, datée de l'Abbaye, 8 décembre 1792.

24814. — Jugement rendu par le Tribunal révolutionnaire... qui, sur la déclaration du juré de jugement, portant qu'il est constant qu'à différentes époques de 1792, notamment aux mois de juillet, août et décembre et, en 1793, il a été composé, imprimé et distribué des écrits et entretenus avec Laporte, intendant de la ci-devant Liste civile, des correspondances contenant provocation à la guerre civile, à l'oppression et à l'assassinat des patriotes, à la dissolution de la représentation nationale et à la destruction de la liberté, pour favoriser les conspirations ourdies par le tyran et ses complices; que Jean-Baptiste Poupart-Beaubourg, né à Lorient, domicilié à Paris, se disant écuyer, ci-devant inspecteur du doublage des vaisseaux de la Marine, est convaincu d'être auteur de ces écrits et complice de ces conspirations, condamne Jean-Baptiste Poupart-Beaubourg à la peine de mort... (12 ventôse an II-2 mars 1794). *Imp. du Tribunal révolutionnaire. S. d.*, in-4°, 8 p. [*N.* Lb⁴¹ 2232*.]

24815. — [**Poursin de Granchamp.**] « Messieurs, vous nous avez fait prêter serment... » *Imp. Gueffier. S. d.*, in-8°, 4 p. non chiffrées. [*N.* Lb⁴⁰ 1217.]

Discours de Poursin de Granchamp après son élection à l'Assemblée des représentants de la Commune.

24816. — [**Poyet** (Bernard).] Un Bonhomme aux Etats-Généraux, sur quelques objets relatifs aux arts, sur M. Poyet et les plagiaires, etc., etc., etc. *Londres, décembre* 1788, in-8°, 28 p. [*N.* Lb³⁹ 6750.]

Comme le titre l'indique, cette brochure est un pamphlet contre Poyet que l'auteur accuse d'avoir dérobé le plan de ses hospices au Dʳ Petit (voyez tome III, n° 15141), d'avoir fait rédiger son mémoire explicatif par Coqueau (voyez *ibid.* et le n° 15142), de s'être approprié un projet de salle de spectacle imaginé par Le Doux, etc.

24817. — Observations du sieur Poyet, architecte du Roi et de la ville de Paris, sur le mémoire imprimé et distribué par le sieur Moreau, ci-devant architecte de la ville, à Messieurs les membres qui composent le Conseil général de la Commune (31 décembre 1790). *Imp. Devaux*, 1790, in-4°, 14 p. [*Br. M. F. R.* 11ᵉ (2).]

Voyez le n° 24351 ci-dessus.

24818. — « Le Procureur syndic, Monsieur, a fait mettre sur la porte de la Maison commune.... » *S. l. n. d.*, in-8°, 8 p. [*N.* Lk⁷ 20908.]

Pamphlet sans titre contre Poyet.
Signé : Catalant, du département de Seine-et-Oise.

24819. — Ci-devant Palais-Cardinal, ce 18 sept. 1793... « Citoyen président, des intrigants... » *Imp. Mayer. S. d.*, in-4°, 8 p. [*N.* Lb⁴¹ 3315.]

Protestation de Poyet contre l'accusation d'avoir favorisé certains entrepreneurs chargés de l'établissement des hangars destinés à la fabrication des armes et envoi de l'état des entrepreneurs par lui employés.

24820. — Forges nationales. Poyet, architecte de la Commune, à ses concitoyens. Paris, brumaire, septidi, première décade, l'an II⁰ (28 octobre 1793). *Imp. Mayer*. S. d., in-8°, 16 p. [N. Ln²⁷ 16625.]

Signé : l'architecte de la Commune, POYET. Réponse à une dénonciation de Vincent.

24821. — Institut royal de France. Académie royale des beaux-arts. Funérailles de M. Poyet (9 décembre 1824). *Imp. F. Didot*. S. d., in-4°, 4 p. [N. Ln²⁷ 16628.]

Discours de VAUDOYER.

24822. — Hommage rendu sur la tombe de M. Poyet, ancien architecte du Roi et du Corps législatif, membre de l'Institut royal de France, décédé le 8 décembre 1824 (9 déc. 1824). S. *l. n. d.*, feuillet in-folio. [N. Ln²⁷ 16627.]

Texte autographié et signé d'un B. avec paraphe. L'auteur dit avoir été lié avec Poyet durant quarante ans.

24823. — [**Préville** (Pierre-Louis DUBUS, dit).] Lycée des arts. Eloge de Préville, fait et prononcé par le citoyen MOLÉ, à la séance publique du 11 août 1793. *Paris, imp. du Lycée des arts*. S. d., in-8°, 18 p. [N. Ln²⁷ 16662.]

24824. — Notice historique sur Préville, membre honoraire de l'Institut national et comédien français, par DAZINCOURT, comédien français, lue au Lycée, le 19 nivôse an VIII (9 janvier 1800). *Paris, imp. Ballard, an VIII*, in-8°, 27 p. [N. Ln²⁷ 16663.]

ÉPIGR. :

Quando ullum invenient parem ?
HORAT.

24824ᵃ. — Notice historique sur Préville... par DAZINCOURT... *Paris, imp. Giguet, an VIII*, in-8°, 23 p. [N. Ln²⁷ 16663 A.]

Même épigraphe.

24825. — Le Buste de Préville, impromptu en un acte et en prose..., par EMMANUEL DUPATY et CHAZET (an VIII).

Voyez tome III, n° 18544.

24826. — Mémoires de PRÉVILLE, membre associé de l'Institut national, professeur de déclamation au Conservatoire et comédien français, par K. S. H. *Paris, Guillaume*, 1812, in-8°, 2 ff., 288 p. et 1 f. n. ch. [N. Ln²⁷ 16664.]

ÉPIGR. :

Delectando pariterque monendo.

Par HENRI-ALEXIS CAHAISSE.

Le feuillet non chiffré contient l'annonce des *Mémoires* de Dazincourt et du portrait destiné à les accompagner.

Ces *Mémoires* et ceux de Préville ont été réimprimés, en 1823, avec une notice de E.-T. OURRY, dans la *Collection des mémoires sur l'art dramatique* et, en 1846, avec ceux de Mˡˡᵉ Clairon, de Le Kain, de Molé, de Garrick et de Goldoni, dans le tome IV de la *Bibliothèque des mémoires relatifs à l'histoire de France pendant le XVIII⁰ siècle*, éditée par F. Barrière.

24827. — [**Prévost** (Augustin).] Mémoire pour le sieur AUGUSTIN PRÉVOST, ancien propriétaire et directeur du théâtre Sans-Prétention (ci-devant des Associés), à Paris (21 juin 1828). *Paris, imp. J. Smith*. S. d., in-4°, 20 p. [N. Ln²⁷ 16666.]

24828. — [**Prieur** (Pierre-Louis), dit PRIEUR de la Marne.] Extrait du registre de l'assemblée électorale... Démission de M. Prieur de la place de substitut du président du Tribunal criminel du département de Paris (28 décembre 1791).

Voyez tome III, nᵒˢ 14112-14113.

Elu le 11 novembre 1791, Prieur avait donné sa démission le 15 décembre suivant (cf. Et. Charavay, *Assemblée électorale* (II), pp. 409 et 412).

24829. — [**Prix** (François), dit SAINT-PRIX.] Jugement rendu par le Tribunal révolutionnaire... qui, sur la déclaration du juré de jugement, portant qu'il est constant qu'à différentes époques, depuis 1789 jusqu'à 1793, il a été pratiqué en différents lieux de Paris, et notamment au Palais ci-devant dit Royal, des manœuvres tendant à ébranler la fidélité des citoyens envers la nation française et à troubler l'Etat en armant les citoyens les uns contre les autres; que François Prix, dit Saint-Prix, ci-devant recruteur et depuis pensionnaire de la République comme invalide, demeurant à Paris, rue Saint-

Nicaise, est convaincu d'être auteur ou complice de ces manœuvres, condamne ledit Prix à la peine de mort... (27 brumaire an II-17 novembre 1793). *Imp. du Tribunal révolutionnaire.* S. d., in-4°, 1 p. [*N.* Lb⁴¹ 2232*.]

24830. — [**Prony** (Gaspard-Clair-Fr.-M. Riche de).] Note sur les services et les travaux de M. de Prony, directeur de l'Ecole impériale des ponts et chaussées, vendémiaire an XIII. S. l. n. d., in-4°, 12 p. [*N.* Ln²⁷ 16704.]

Exposé, par Prony lui-même, des principaux faits de sa carrière scientifique et liste de ses travaux, suivi d'une *Récapitulation.*

24831. — Extrait de la « Biographie universelle et portative des contemporains ». Notice sur M. le baron Gaspard-Clair-François-Marie Riche de Prony, par C.-A. Vieilh de Boisjollin, éditeur de la « Biographie universelle des contemporains ». *Paris, au bureau de la Biographie,* 1828, in-8°, 7 p. [*N.* Ln²⁷ 16705.]

24832. — Notice sur le baron de Prony, pair de France. *Imp. Goetschy fils.* S. d., in-8°, 11 p. [*N.* Ln²⁷ 16706.]

Signée : P. de P.
Extrait du *Biographe*, journal mensuel faisant suite à toutes les « Biographies ».

24833. — Chambre des Pairs. Séance du 2 avril 1840. Eloge de M. le baron de Prony, prononcé par M. le baron Ch. Dupin. *Imp. Crapelet.* S. d., in-8°, 38 p. [*N.* Ln²⁷ 16707.]

24834. — [**Prony** (Marie-Pierrette de), née Lapoix de Fréminville.] Notice sur Mᵐᵉ de Prony, par M. Couché. *Imp. Fournier* (1828), feuillet in-8°. [*N.* Ln²⁷ 16708.]

Extrait non spécifié de la *Biographie universelle portative des contemporains.*

24835. — [**Prudhomme** (Louis-Marie).] L. Prudhomme à ses concitoyens (8 février 1793). S. l. n. d., in-folio oblong. [*N.* Lb⁴¹ 4708.]

Réponse aux menaces que lui avait valu un article sur le comité des Douze dans le n° 186 des *Révolutions de Paris.*
La signature est reproduite à l'aide d'une griffe.

24836. — Au calomniateur G.-L. Tallien, secrétaire du Comité de sûreté générale sur le n° 65 de l'« Ami des citoyens » (22 février 1793). S. l. n. d., in-folio plano. [*N.* Lb⁴¹ 4753.]

Signé : L. Prudhomme.
Au sujet d'un article des *Révolutions de Paris* sur l'émeute du Palais-Royal. Prudhomme déclare que cet article n'est pas plus de Sylvain Maréchal que le nouvel *Almanach des honnêtes gens* (voy. tome 1ᵉʳ, n° 3487) et d'autres écrits très peu révolutionnaires.

24837. — L. Prudhomme à ses concitoyens, le 12 juin 1793... S. l. n. d., in-fol. plano. [*N.* Ln²⁷ 16731.]

Protestation contre les dénonciations de Lacroix, de la section de l'Unité, et exposé de sa mission auprès de Dumouriez.

24838. — L. Prudhomme aux patriotes, le 13 juin 1793... Arrestation, emprisonnement, violation de tous les principes dans ma personne et ma propriété, le 2 juin 1793. *Imp. des Révolutions de Paris.* S. d., in-8°, 16 p. [*N.* Ln²⁷ 16732.]

24839. — Portrait en miniature du sieur Prudhomme, en attendant son portrait en grand. Le comité révolutionnaire de la section de l'Unité au calomniateur Prudhomme. *Imp. Guillaume et Pougin.* S. d. (1793), in-4°, 12 p. [*N.* Ln²⁷ 16733.]

24840. — Très haute, très puissante et très grande colère du père Duchêne contre ce foutu drôle de Prudhomme. S. l. n. d., in-8°, 6 p.

D'après les *Supercheries littéraires* de Quérard (1869, I, col. 1006).

24841. — [**Prudhon** (Pierre-Paul).] Institut royal de France. Académie royale des beaux-arts. Funérailles de M. Prudhon (19 février 1823). *Imp. F. Didot.* S. d., in-4°, 4 p. [*N.* Ln²⁷ 16734.]

Discours de Quatremère de Quincy.

24841ᵃ. — Institut royal de France... Funérailles de M. Prudhon. *Toul, imp. Bastien,* 1854, in-8°, 4 p. [*N.* Ln²⁷ 16734 A.]

24842. — Notice historique sur la vie et les ouvrages de P.-P. Prudhon, peintre, membre de la Légion d'honneur et de l'Institut. *Paris, F. Didot*, 1824, in-8°, 46 p. [*N.* Ln^{27} 16735.]

Le portrait placé en regard du titre (lith. de C. Lasteyrie) et la dédicace à M. de Boisfremont sont signés VOÏART.

24843. — Histoire des peintres français au dix-neuvième siècle, par M. CHARLES BLANC. Tome premier. *Paris, Cauville frères*, 1845, in-8°, 4 ff. non ch., 443 p. et 1 f. n. ch. (Table des matières). [*N.* Ln^{10} 11.]

Les tomes suivants n'ont pas paru.
P. 217, Prudhon. P. 262-270, *Catalogue de ses ouvrages*.
Réimp. avec additions dans l'*Histoire des peintres* (École française, tome III).
¶ EUGÈNE DELACROIX a publié dans la *Revue des Deux-Mondes* du 1er novembre 1846 un article sur Prudhon, dont il existe un tirage à part (in-8°, 20 p.), et qui a été réimp. par M. PIRON dans un volume non mis dans le commerce, intitulé : *Eugène Delacroix, sa vie et ses œuvres* (imp. J. Claye, 1865, in-8°).

24844. — L'Art du XVIIIe siècle. Prudhon, par EDMOND et JULES DE GONCOURT. Étude contenant quatre dessins gravés à l'eau-forte. *Paris, E. Dentu*, 1861, in-4°, 40 p.

Les quatre dessins sont : *Marie-Louise* (J. G. 30), coll. Eud. Marcille; fragment de la *Vengeance divine* (E. G. 60), musée du Louvre; *Portrait de Mlle Mayer* (J. G. 36), coll. Laperlier; *Bras du fauteuil de Marie-Louise* (J. G. 37), collection de Goncourt.
Sur les diverses réimpressions de *l'Art du XVIIIe siècle*, voyez la note du n° 22405 ci-dessus.

24845. — Prudhon, sa vie, ses œuvres et sa correspondance, par CHARLES CLÉMENT. Ouvrage orné de trente gravures. *Paris, Didier et Ce*, 1872, in-8°, 2 ff. et 447 p. [*N.* Ln^{27} 26368.]

Le livre a eu deux autres tirages (l'un in-8°, l'autre in-12) sans planches ; on y trouve néanmoins (pp. 445-449) la *Table des gravures* de l'édition originale.

24846. — Catalogue raisonné de l'œuvre peint, dessiné et gravé de Prudhon, par EDMOND DE GONCOURT. *Paris, Rapilly*, 1876, in-8°, VIII-378 p. et 1 f. n. ch. (nom de l'imprimeur).

En regard du titre, portrait de Prudhon gravé par ALPH. LEROY d'après une miniature peinte par l'artiste, donnée par lui à son ami Fauconnier et appartenant alors à M. Alfred Sensier.
Il a été tiré quelques exemp. sur Whatmann.

24847. — Les Artistes célèbres. Prudhon, par PIERRE GAUTHIEZ, ancien élève de l'École normale supérieure, attaché à la bibliothèque de l'Arsenal. Ouvrage accompagné de 34 gravures. *Paris, J. Rouam*, 1886, in-4°, 63 p. (la dernière non chiffrée). [*N.* Ln^{27} 36127.]

24848. — [**Puyforcat.**] Réponse à l'Adresse aux honnêtes citoyens, par M. Carron, procureur (27 juin 1790). *Imp. Chambon et La Chave. S. d.*, in-8°, 8 p. [*N.* Ln^{27} 16768.]

Au verso du faux-titre (tenant lieu de titre) : *Aux citoyens de Choisy-le-Roi*.
Signé : PUYFORCAT.
Polémique au sujet du recrutement de la garde nationale locale.

24849. — [**Py** (l'abbé).] « Je vous envoie, Monsieur, un précis historique de la conduite que j'ai tenue... » *S. l. n. d.*, in-4°, 12 p. [*R. AD. XVII*, 38.]

Mémoire sans titre du sieur PY, curé d'Effiat, accusé de prévarications dans l'exercice de son ministère et arrêté durant un séjour à Paris à la requête d'un de ses créanciers. L'ex. de la collection Rondonneau porte un envoi à Camus et une longue note signée de l'abbé Py et adressée au même.

24850. — [**Pyjeau.**] Aux citoyens représentants du peuple, membres du Comité de sûreté générale. *Imp. de la rue Fiacre. S. d.*, in-8°, 14 p. [*Br. M. F. R.* 577 (14).]

Signé : PYJEAU.
Au sujet de la disparition de quelques feuillets du registre de comptes de la maison d'arrêt de la rue de Sèvres dont Pyjeau était greffier.

24851. — [**Pyrot** (Hubert).] Observations pour le citoyen PYROT, ex-député de l'Assemblée législative et membre de son comité de liquidation. *Imp. Testu. S. d.*, in-4°, 7 p. [*N.* Ln^{27} 16773.[

24852. — [**Quatremère** (Marc-Etienne, dit l'aîné).] Jugement rendu par le Tribunal criminel révolutionnaire... qui, sur la déclaration du juré de jugement, portant que des fournisseurs infidèles, rangés par la loi du 29 septembre dernier au nombre des conspirateurs, ont subi la peine due à leurs crimes; que Marc-Etienne Quatremère, marchand de draps, rue Saint-Denis, est convaincu d'être le complice de ces fournisseurs infidèles en faisant sciemment et dans le dessein de favoriser le crime, comme arbitre du tribunal de commerce, un rapport partial dont le résultat était de faire payer à ces fournisseurs infidèles une somme de 50,000 livres environ, lorsqu'il était sû de l'arbitre Quatremère qu'ils étaient dénoncés au Comité des marchés de la Convention comme fournisseurs infidèles; condamne à la peine de mort ledit Marc-Etienne Quatremère... (2 plùviôse an II-21 janvier 1794). *Paris, de l'imp. du Tribunal révolutionnaire. S. d.*, in-4°, 14 p. [*N.* Lb⁴¹ 2232*.]

Lors du centième anniversaire de la mort de Marc-Etienne Quatremère, sa famille a fait célébrer, le 22 janvier 1894, une messe commémorative en l'église Saint-Germain-l'Auxerrois. Au verso de la carte d'invitation est reproduit en héliogravure un portrait du défunt peint par Lépicié.

Dans une *Notice sur M. Etienne Quatremère* (Paris, Imp. impériale, 1857, in-4°, 20 p., extraite du *Journal des savants*) Barthélemy Saint-Hilaire a donné sur le père de l'orientaliste quelques détails dont Ernest Renan a fait usage à son tour dans un article du *Journal des débats* (20 octobre 1857) consacré au même savant.

24853. — Pétition de la section des Marchés, en masse, à la Convention nationale, le 21 ventôse, 3ᵉ année républicaine [11 mars 1795], tendante, principalement, à rétablir honorablement la mémoire du citoyen Quatremère, marchand de draps, rue Denis, assassiné au Tribunal révolutionnaire par les hommes de sang qui dominaient cette section. *Imp. Pellier*, in-8°, 6 p. et 1 f. blanc. [*N.* Ln²⁷ 16783.]

Voyez le numéro précédent et les deux numéros suivants.

24854. — [**Quatremère** (Anne-Charlotte Bourjot, dame).] Vie de demoiselle Anne-Charlotte Bourjot, épouse de M. Quatremère l'aîné. *Paris, Méquignon junior; Le Clere,* 1791, in-12, VIII-135 p. [*N.* Ln²⁷ 16780.]

Par dom Pierre-Daniel Labat, bénédictin de la congrégation de Saint-Maur, d'après Barbier.

Quérard (*Fr. litt.*) ne mentionne pas ce livre à l'article *Labat*.

24855. — Louis Laroche. Une bienfaitrice de Paris sous la Révolution. Madame Quatremère. *Paris* [imp. des Orphelins apprentis à Auteuil], 1901, in-8°, 139 p. + un tableau généalogique et la *Table des matières*. [*N.* Ln²⁷ 48138.]

Entre l'*Avant-propos* et la notice, portrait (de profil) de *Madame Quatremère, morte à Paris, en odeur de sainteté, le 15 octobre 1790*.

24856. — [**Quatremère de Quincy** (Antoine-Chrysostôme Quatremère, dit).] Discours prononcé par le citoyen Quatremère-Quincy. *Imp. Le Clere. S. d.*, in-8°, 8 p. [*N.* Lb⁴² 1100.]

Le titre de départ, page 3, porte en plus : *au tribunal criminel du département de la Seine, le 22 thermidor an IV* (9 août 1796).

24857. — Opinions religieuses, royalistes et politiques de M. Antoine Quatremère de Quincy, imprimées dans deux rapports faits au Département de Paris, publiées par M. le M... de P**** [le marquis de Paroy]. *Paris, L.-E. Herhan,* 1816, in-8°, 14 p. et 1 pl. [*N.* Ln²⁷ 16784.]

Épigr. :
Scripta manent.

P. 3, *Extrait du premier Rapport présenté au directoire dans le mois de mai 1791 sur les moyens propres à transformer l'église de Sainte-Geneviève en Panthéon français* [voyez tome III de la *Bibliographie*, n° 16501]. P. 7, *Extrait du deuxième rapport fait... le 13 novembre 1791 sur l'état actuel du Panthéon français...* [voyez *ibidem*, n° 16502].

Sur le titre en fleuron, un bonnet phrygien orné de la cocarde. P. 14, en cul-de-lampe, un masque marqué de trois fleurs de lys. La pl. représente un tournesol dont la caisse porte : *Vive le Roi! Vive la Ligue!* qui est entouré de quatre mers : *Mer d'intrigue, mer révolutionnaire, mer royaliste, mer religieuse*.

Bien que tirée sur un feuillet faisant partie du cahier, cette pl. manque dans l'ex. de la B. N., mais elle existe dans un ex. appartenant à M. Paul Lacombe.

24857ª. — Opinions religieuses, royalistes et politiques de M. Quatremère de Quincy... II (sic) édition. *Paris, L.-E. Herhan,* 1816, in-8°, 14 p. [N. Ln²⁷ 16784.]

L'épigraphe est supprimée et remplacée au verso du titre par celle-ci :

Où la loi n'atteint pas, l'opinion publique fait justice.

P. 14, après les derniers mots de l'*Extrait du dernier rapport*... sont ajoutés :

« Cet homme avait alors quarante ans. »

et cette citation, en guise de moralité :

Mon empire est détruit et l'homme est reconnu.
VOLTAIRE, *Mahomet.*

Le fleuron et le cul-de-lampe sont les mêmes ; le feuillet du frontispice est remplacé par un feuillet blanc.

24858. — Institut national de France. Académie des inscriptions et belles-lettres. Funérailles de M. Quatremère de Quincy. Discours de M. MAGNIN, président de l'Académie, prononcé aux funérailles de M. Quatremère de Quincy, le dimanche 30 décembre 1849. *Paris, imp. Didot frères. S. d.,* in-4°, 8 p. [N. Ln²⁷ 16785.]

P. 7, discours de M. RAOUL ROCHETTE, secrétaire perpétuel de l'Académie des beaux-arts.

24859. — Catalogue d'objets d'art, antiquités égyptiennes, grecques et romaines, vases grecs, terres cuites, figurines en bronze, sculptures en marbre, dont deux beaux bustes de Canova, médailles, miniatures, dessins et belles estampes anciennes et modernes, composant le cabinet de feu M. Quatremère de Quincy, en son vivant membre de l'Institut, secrétaire perpétuel de l'Académie des beaux-arts, dont la vente aura lieu le lundi 22 avril 1850... en son domicile, rue de Condé, n° 14. *Fournel, c*ʳᵉ *priseur; Defer, expert,* in-8°, 14 p. ; 93 numéros. [N. 8° V 8201 (301).]

24860. — Bibliothèque de M. Quatremère de Quincy, de l'Académie des inscriptions et belles-lettres, secrétaire honoraire de l'Académie des beaux-arts ; collection d'ouvrages relatifs aux beaux-arts et à l'archéologie, dont la vente aura lieu le 27 mai 1850 et j. s., rue de Condé, 14, par le ministère de M. Fournel, commissaire-priseur, assisté de M. R. Merlin. *Paris, Adrien Le Clere et Cᵉ; J.-F. Delion,* 1850, in-8°, 2 ff., XII-215 p.; 1191 et 9 numéros (ouvrages en nombre).

En regard du titre, portrait gravé de Quatremère (LAGUICHE *del.,* A. SIMONET *sculp.*).

L'avertissement (sans titre), signé R. MERLIN, est suivi d'une note sur les intrigues qui avaient écarté celui-ci du poste laissé vacant par Beuchot à la bibliothèque de la Chambre des députés, et d'une liste des écrits de Quatremère de Quincy postérieurs à la publication du tome VII de *la France littéraire* de Quérard.

24861. — Institut impérial de France. Notice historique sur la vie et les travaux de M. Quatremère de Quincy, par M. GUIGNIAUT, secrétaire perpétuel de l'Académie des inscriptions et belles-lettres, lue dans la séance de cette Académie, le 5 août 1864. *Paris, typ. Firmin Didot frères, fils et Cᵉ,* MDCCCLXVI (1866), gr. in-8°, 1 f. et 84 p. [N. Ln²⁷ 21998.]

P. 57-84, *Notes biographiques et littéraires* qui ne se trouvent pas dans l'édition officielle de cette *Notice* (typ. Firmin Didot frères, 1864, in-4°, 59 p.), extraite du compte rendu de la séance publique du 5 août 1864 (cf. R. de Lasteyrie (*Bibliographie des travaux historiques et archéologiques publiés par les Sociétés savantes de la France,* tome III, n° 50162).

24862. — Antoine-Chrysostôme Quatremère de Quincy, deuxième secrétaire perpétuel de l'Académie des beaux-arts, par M. HENRY JOUIN, lauréat de l'Institut, secrétaire de l'Ecole des beaux-arts, avec un portrait hors texte. (Tiré à petit nombre.) *Paris, aux bureaux de l'Artiste,* 1892, in-8°, 2 ff. et 76 p. [N. Ln²⁷ 40719. Réserve.]

En regard du titre, héliogravure du médaillon de Quatremère par DAVID D'ANGERS.

24863. — Institut de France. Académie des inscriptions et belles-lettres. Centenaire de l'élection de Quatremère de Quincy à l'Institut (classe d'histoire et de littérature ancienne), le 16 février 1804. Notice supplémentaire sur sa vie et ses travaux, par son successeur immédiat, HENRI WALLON, lue dans la séance publique annuelle du 13 novembre 1903.

Paris, imp. *Firmin Didot et C°*, MDCCCCIII (1903), in-4°, 52 p.

Les mots : « Notice supplémentaire » signifient que l'auteur entendait simplement ajouter quelques détails nouveaux à ceux que l'on trouve dans les travaux précédemment énumérés. M. Wallon avait été le « successeur immédiat » de Quatremère de Quincy comme membre de l'Académie des inscriptions, mais non comme secrétaire perpétuel.

A l'occasion du cinquantenaire de cette élection et de la remise de la médaille d'or frappée en son honneur, M. Wallon avait déjà dit quelques mots de son prédécesseur; on les retrouvera dans le compte rendu officiel de cette cérémonie et dans une réimpression à petit nombre de ce compte rendu intitulée : *Académie des inscriptions et belles-lettres. Séance du 23 novembre 1900. Cinquantenaire de M. Henri Wallon*, 1850-1900 (Mâcon, imp. Protat frères. S. d. (1900), petit in-4°, 12 p.).

¶ ETIENNE QUATREMÈRE a publié sur son cousin Quatremère de Quincy un article dans le *Journal des savants* (novembre 1853, pp. 657-669), mais la suite n'en a pas paru et cette biographie ne dépasse pas les premiers mois de la Révolution.

24864. — [**Quatremère-Disjonval** (Denis-Bernard).] Lettre du citoyen QUATREMÈRE-DISJONVAL, adjudant général batave, au citoyen Cochon, ministre de la police générale de la République française. Au Collège de France, le 12 messidor an IV (30 juin 1796). S. l. n. d., in-8°, 43 p. [*N.* Ln27 10786.]

Exposé de ses services militaires, de ses inventions et de ses découvertes.

24865. — [**Rabaut-Pomier** (Jacques-Antoine RABAUT, dit).] Le pasteur Rabaut-Pomier, membre de la Convention nationale (1744-1820), par ARMAND LODS, docteur en droit. *Paris, librairie Fischbacher*, 1893, in-8°, 24 p. [*N.* Ln27 43456.]

On lit au verso du titre : Tiré à cent exemplaires.

P. 11, dans le texte, portrait de Rabaut-Pomier d'après une lith. publiée au moment de sa mort.

24866. — [**Rabaut - Saint - Etienne** (Jean-Paul RABAUT, dit).] Jugement rendu par le Tribunal révolutionnaire... qui ordonne que Jean-Paul Rabault (*sic*), dit Saint-Etienne, ex-député à la Convention nationale, déclaré traître à la patrie par décret du 28 juillet (vieux style), sera livré à l'exécuteur des jugements criminels pour lui faire subir la peine de mort infligée à tout traître à la République et ce, dans les vingt-quatre heures, sur la place publique de la Révolution de cette ville (15 frimaire an II-5 décembre 1793). *Imp. du Tribunal révolutionnaire*. S. d., in-4°, 4 p. [*N.* Lb41 2232*.]

¶ *La Révolution française* a réimprimé, tome XLV (juillet-décembre 1903), pp. 173-174, une lettre de FABIEN PILLET au *Publiciste* (8 germinal an IX-29 mars 1801), accusant Fabre d'Eglantine d'avoir révélé la cachette de Rabaut et une protestation de FABRE D'EGLANTINE fils, accueillie par le *Journal de Paris* du 13 du même mois; sous ce titre : *l'Arrestation de Rabaut Saint-Etienne : Fabre d'Eglantine fut-il le dénonciateur de Rabaut?* M. A. LODS a publié (*ibid.*, pp. 354-364), en l'empruntant au *Bulletin de la Société de l'histoire du protestantisme français*, le récit de cette arrestation retrouvé en copie par M. N. Weiss dans des dossiers provenant de Rabaut lui-même et légués à la Bibliothèque de la Société. Il résulte de ces documents que le but de la perquisition dirigée par Amar, Jagot et Fabre d'Eglantine n'était point de s'emparer de Rabaut, mais de papiers relatifs au fédéralisme dans le département du Gard.

24867. — Essai sur la vie de Rabaut-Saint-Etienne, par ARMAND LODS. *Paris, Fischbacher*, 1893, in-8°, 33 p.

D'après *la Révolution française*, tome XXVI, p. 88.

¶ M. Armand Lods a publié dans la même revue (tome XXXV, juillet-décembre 1898) trois séries de la *Correspondance de* RABAUT-SAINT-ETIENNE *pendant la Révolution* (1789-1793); la première est accompagnée d'une héliogravure d'après une esquisse de LOUIS DAVID appartenant à M. Cheramy.

Deux autres notices ont été publiées sur Rabaut-Saint-Etienne, l'une par BOISSY D'ANGLAS en tête d'une nouvelle édition (1822) du *Précis de l'histoire de la Révolution française* (cf. tome Ier de la *Bibliographie*, n° 28); l'autre par COLLIN DE PLANCY en tête d'une édition des *Œuvres* de Rabaut-Saint-Etienne (1826, 2 vol. in-8°).

24868. — [**Raffet** (Nicolas).] Section de la Butte-des-Moulins. Extrait du registre des délibérations de l'assemblée générale... (24-26 juin 1793).

Page 11, RAFFET *à ses concitoyens*. Voyez tome II, n° 8608.

24869. — Vie politique du citoyen Raffet, ci-devant commandant de la force armée de la Butte-des-Moulins, présentement de la Montagne. *Imp. du Bureau patriotique et de la Correspondance républicaine. S. d.* (1795), in-8°, 23 p. [*N.* Lb⁴¹ 1548.]

Rédigée par RAFFET lui-même ou en son nom, mais à la troisième personne.

⫯ M. H. MONIN a publié dans *la Révolution française* (tome XXV, pp. 527-540) des *Notes sur la famille de Raffet*.

24870. — [**Raffron de Trouillet** (Nicolas).] Lettre au citoyen Brosselard, rédacteur du journal dit « le Républicain français » (Paris, 30 pluviôse an V-18 février 1797). *Imp. Baudouin. S. d.*, in-8°, 4 p. [*R.* AD. I, 50.]

Réplique de RAFFRON au compte rendu de sa motion d'ordre sur la discussion de l'amnistie et la modification de la loi du 3 brumaire.

24871. — [**Raisson** (François-Etienne-Jacques).] Lettre adressée aux Comités de salut public et de sûreté générale, par RAISSON, commissaire par intérim de la commission d'agriculture et des arts, le 14 thermidor, l'an deuxième de la République (1ᵉʳ août 1794). *Imp. Ballard. S. d.*, in-4°, 12 p. [*N.* Lb⁴¹ 1177.]

Raisson avait été dénoncé le 11 thermidor, par Elie Lacoste, comme ayant signé, lorsqu'il était secrétaire général du département de Paris, des certificats de résidence et de non-émigration en faveur d'émigrés et d'ennemis du peuple.

24872. — Aux Electeurs du département de la Seine, 24 germinal an VI (13 avril 1798). *S. l. n. d.*, in-8°, 3 p. [*Br. M.* F. R. 1ᵉ (20).]

Signé : RAISSON, électeur.
Refus de toute candidature.

24873. — [**Ramel** (Jean-Pierre).] Journal de l'adjudant général RAMEL, commandant de la garde du Corps législatif de la République française, l'un des députés à la Guyane française après le 18 fructidor... (1799).

Voyez tome Iᵉʳ, n° 4866, et pour les diverses réimp. de ce livre rédigé, dit-on, par MATHIEU DUMAS, voyez *ibid.*, nᵒˢ 4867-4871.

24874. — [**Ramond** (Louis-François-Elisabeth).] « LOUIS RAMOND, associé de l'Institut national, a obtenu les premières voix... » *S. l. n. d.* (1802), in-4°, 2 p. [*N.* Ln²⁷ 16944.]

Exposé de ses titres à une place vacante dans la section d'histoire naturelle et de minéralogie. Il avait été élu associé non résidant de la 2ᵉ classe de l'Institut (section III) le 12 février 1796.

24875. — Institut royal de France. Académie royale des sciences. Funérailles de M. le baron Ramond, le 16 mai 1827. *Imp. F. Didot. S. d.*, in-4°, 6 p. [*N.* Ln²⁷ 16945.]

Discours de BRONGNIART et DE MIRBEL.

24876. — Institut royal de France. Académie royale des sciences. Séance publique du lundi 16 juin 1828. Eloge historique de Louis-François-Elisabeth baron Ramond, conseiller d'Etat honoraire, commandeur de la Légion d'honneur, chevalier de Saint-Michel, membre de l'Académie des sciences, de l'Académie de médecine et de plusieurs autres Sociétés savantes, par M. le baron CUVIER, secrétaire perpétuel. *Imp. F. Didot. S. d.*, in-4°, 27 p. [*N.* Ln²⁷ 16946.]

C'est à titre de député de Paris à l'Assemblée législative que Ramond figure dans cette *Bibliographie* et, seule, la notice de Cuvier entre dans quelques détails sur cette partie de sa carrière ; les autres éloges ou études dont il a été l'objet n'y font guère que de brèves allusions. Sainte-Beuve a consacré au « peintre des Pyrénées » trois articles (1854) réimp. dans les *Causeries du lundi*, tome XI, et M. Henri Beraldi lui a fait une large place dans la première série (1898) de ses *Cent ans aux Pyrénées*.

24877. — [**Raucourt** (Françoise CLAIRIEN, dite Françoise-Marie-Antoinette SAUCEROTTE, connue sous le nom de Mˡˡᵉ).] La Liberté ou Mˡˡᵉ Raucour [*sic*] à toute la secte anandrine, assemblée au foyer de la Comédie-Française. *A Lèche-Con, et se trouve dans les coulisses de tous les théâtres, même chez Oudinot*, 1791, in-18, 36 p.

Figure libre coloriée.
Le texte n'a aucun rapport avec l'*Apologie de la secte anandryne ou Exhortation à une jeune tribade*, publiée dans l'*Espion anglais*

(tome X, p. 196-215), et dont il existe une réimp. intitulée : la *Nouvelle Sapho ou Histoire de la secte anandryne publiée par la C. R.* (Paris, Didot, 1793, in-18, avec figures libres non signées).

24878. — Mlle Raucourt traitée comme elle le mérite, par une jeune dame. *Paris, germinal an VI*, in-8°, 8 p. [N. Ln²⁷ 17028.]

Apologie du talent dramatique de Mlle Raucourt et accessoirement des autres artistes de l'ancien Théâtre-Français.

24879. — Notice sur l'enterrement de Mlle Raucourt, actrice du Théâtre-Français, morte le 15 janvier 1815. *Paris, imp. P.-N. Rougeron*, 1821, in-4°, 1 f. et 10 p. [N. Ln²⁷ 17029.]

ÉPIGR. :

... Si cet art est impie,
Sans répugnance il le faut abjurer,
S'il ne l'est pas, il le faut honorer.
VOLTAIRE.

En regard du titre, lith. intitulée : *Tombeau de Mlle Raucourt au cimetière du Père-Lachaise* et signée : Aug^{te} GARNEREY.

24880. — [**Raynal** (Guillaume-Thomas).] Lettre de l'abbé RAYNAL à l'Assemblée nationale (Marseille, 10 décembre 1789). S. l. n. d., in-8°, 94 p. [N. Lb³⁹ 2637.]

Apocryphe. Cette *Lettre* est en réalité du comte JACQUES-ANTOINE-HIPPOLYTE DE GUIBERT ; Barbier la lui avait restituée d'après le témoignage de Grimm, ou plus exactement, de Meister (cf. *Correspondance littéraire* de Grimm, (édition Garnier frères, tome XV, p. 565-566). Voyez le numéro suivant.

24881. — Lettre à M. l'abbé Raynal, à l'occasion de celle qu'il a écrite à l'Assemblée nationale, le 10 décembre 1789 (31 décembre 1789). *Paris, chez l'auteur, rue Notre-Dame-de-Nazareth*, 127; *Pissot*, 1790, in-8°, 35 p. [N. Lb³⁹ 8229.]

Signée : SERPAUD.

ÉPIGR. :

Vox clamantis in deserto.

24882. — Motion de M. MALOUET en faveur de M. Raynal (15 août 1790). S. l. n. d., in-8°, 4 p. [N. Le²⁹ 848.]

Pour réclamer la cessation de l'exil auquel le Parlement avait condamné Raynal en 1781. Cette *Motion*, adoptée à la presque unanimité, est textuellement reproduite dans les *Mémoires* de Malouet (2ᵉ édition), tome II, pp. 128-132.

Raynal écrivit à l'Assemblée une lettre de remerciements, publiée dans le *Moniteur* du 6 septembre 1790, et qu'il ne faut pas confondre avec le numéro suivant.

24883. — Lettre de GUILLAUME-THOMAS RAYNAL à l'Assemblée nationale (31 mai 1791). *Imp. C. Volland. S. d.*, in-8°, 14 p. [N. Lb³⁹ 4971.]

Lettre toute politique, en grande partie rédigée par STANISLAS DE CLERMONT-TONNERRE et par MALOUET. Lue à l'Assemblée nationale, dans la séance du 31 mai 1791, elle y provoqua des orages et l'intervention de Robespierre, invitant ses collègues à prendre en pitié l'auteur supposé de ce factum. L'opinion publique ne fut pas moins émue ; voyez les nᵒˢ 24886-24896 ci-dessous.

24884. — Adresse de GUILLAUME-THOMAS RAYNAL, remise par lui-même à M. le président, le 31 mai 1791, et lue à l'Assemblée le même jour... *Paris, imp. Migneret*, 1791, in-8°, 19 p. [N. Lb³⁹ 4972.]

Même ouvrage que le précédent.

24885. — A letter from the abbé RAYNAL to the national assembly of France, on the subject of the revolution, and the philosophical principles which led to it. Reprinted from a correct copy of the original letter read in the Assembly on the 31ˢᵗ of may 1791, and now first published in England, with a faithful translation and some prefatory observations, by the translator of Rousseau's « Social Contract ». With the original french. To which is added the declaration of the chevalier BINTINAYE, on the resignation of his commission and pension. *London, G.-G.-J. et J. Robinson*, 1791, in-8°, 90 p. [N. Lb³⁹ 4973.]

P. 79, *Déclaration du chevalier de* LA BINTINAYE, datée de Bruxelles, 3 mai 1791.

24886. — Extrait raisonné de l'« Histoire philosophique des deux Indes », à l'appui de l'Adresse de Guillaume-Thomas Raynal à l'Assemblée nationale. *Paris, l'an prochain de la vérité*, in-8°, 126 p. [N. Lb³⁹ 4974.]

En faveur de Raynal.

24887. — Thomas qui veut et qui ne veut pas ou Opinions contradictoires de Guillaume-Thomas Raynal. *Garnery*, 1791, in-8°, 48 p. [*N.* Lb³⁹ 4975.]

Signée : BONNEMAIN.

24888. — Réponse à la lettre de M. Guillaume-Thomas Raynal, adressée à l'Assemblée nationale, et qui y a été lue le 31 mai 1791, par M. LOYSEAU, auteur du « Journal de constitution et de législation » (5 juin). *Imp. Moutard. S. d.*, in-8°, 44 p. [*N.* Lb³⁹ 4991.]

¶ Le même jour parut dans le *Moniteur* une Lettre datée du 1ᵉʳ juin, intitulée : ANDRÉ CHÉNIER à *Guillaume-Thomas Raynal*, réimp. dans les diverses éditions de ses *Œuvres en prose*, et notamment dans celle de Becq de Fouquières (voyez le n° 22182ᵃ ci-dessus), avec des notes intéressantes.

24889. — BOISSY D'ANGLAS à Guillaume-Thomas Raynal, sur sa Lettre à l'Assemblée nationale (5 juin 1791). *Paris, Le Boucher. S. d.*, in-8°, 36 p. [*N.* Lb³⁹ 9958.]

24890. — Extrait du « Journal de la société des amis de la constitution, séante à Versailles », en date du 5 juin 1791. Apostrophe à l'abbé Raynal. *Versailles, imp. Cosson et Le Bas. S. d.*, in-8°, 3 p. [*N.* Ye 48336.]

ÉPIGR. :
    Quantum mutatus ab illo !

Strophes signées (p. 3) : FÉLIX NOGARET.

24891. — Lettre à l'Assemblée nationale, en réponse à celle de Guillaume-Thomas Raynal, par J.-M.-C.-A. GOUJON, électeur du département de Seine-et-Oise et de la Société des Amis de la Constitution, séante à Sèvres. Avec les arrêtés des citoyens qui y ont adhéré (Meudon, 12 juin 1791). *S. l. n. d.*, in-8°, 23 p. [*N.* Lb³⁹ 9981.]

P. 22-23, liste des signataires des arrêtés annoncés par le titre.

L'auteur était le futur membre de la Convention, condamné à mort après les journées de prairial (voyez tome Iᵉʳ, les n°ˢ 4476-4483).

24892. — Réponse à la lettre de M. l'abbé Raynal. *Imp. C. Volland. S. d.*, in-8°, 16 p. [*N.* Lb³⁹ 4992.]

24893. — Réponse d'un prêtre patriote à la lettre de Guillaume-Thomas Raynal. *S. l. n. d.*, in-8°, 7 p. [*N.* Lb³⁹ 4993.]

24894. — Lettre d'un homme libre à l'esclave Raynal. *Imp. du Cercle social. S. d.*, in-8°, 8 p. [*N.* Lb³⁹ 4994.]

Signée : CHAUSSARD, auteur de la *Théorie des lois criminelles*.

24895. — La douloureuse Alternative de l'abbé Raynal. *S. l. n. d.*, in-8°, 16 p. [*N.* Lb³⁹ 9954.]

P. 14-16, *Réflexions sur les articles 5 et 8 du Code pénal*.

24896. — G.-T. Raynal démasqué ou Lettres sur la vie et les ouvrages de cet écrivain. *S. l.*, 1791, in-8°, 1 f. et 58 p. [*N.* Ln²⁷ 17070.]

24897. — « Citoyens ! Voici le jour où nous sommes enfin appelés... » *S. l. n. d.*, in-4°, 2 p. [*N.* Le³¹ 8*.]

Circulaire anonyme aux électeurs de Paris en faveur de la candidature de l'abbé Raynal à l'Assemblée législative; cette velléité n'eut pas de suite.

24898. — Éloge philosophique et politique de Guillaume-Thomas Raynal, par CHERHAL MONTRÉAL, auteur du « Gouvernement des hommes libres ». *Paris, Deroy; Nantes, Forest; Lille, Vanackere; Bruxelles, Stapleaux, an IV*-1796, in-8°, 2 ff. et 75 p. [*N.* Ln²⁷ 17072.]

¶ JOACHIM LE BRETON a publié dans la *Décade philosophique*, 3ᵉ trimestre, 20 floréal an IV, pp. 263-273, une *Notice sur la vie et les ouvrages de Raynal*, lue à l'Institut, le 15 germinal précédent; elle a été réimp. dans le tome Iᵉʳ des *Mémoires... de la Classe des sciences morales et politiques* (thermidor an VI-juillet 1796).

24899. — [**Réal** (Guillaume-André).] RÉAL, membre du Conseil des Cinq-Cents, au Corps législatif (28 pluviôse an V-16 février 1797). *Imp. Nationale. S. d.*, in-8°, 7 p.

D'après A. Rochas (*Biographie du Dauphiné*); suivant le même bibliographe, cette brochure serait une réponse à un passage injurieux du pamphlet intitulé : *Manuel des assemblées primaires et électorales de France* (cf. tome Ier de la *Bibliographie*, n°s 4534-4534^a).

24900. — [**Réal** (Pierre-François).] Indiscrétions, 1798-1830. Souvenirs anecdotiques et politiques tirés du portefeuille d'un fonctionnaire de l'Empire, mis en ordre par MUSNIER-DESCLOZEAUX. *Paris, Dufey*, 1835, 2 vol. in-8°. [N. La³³ 153.]

Extraits, dit-on, des papiers de Réal sans aucune certitude d'authenticité, mais renfermant toutefois des particularités que lui seul pouvait connaître et qui avaient pu lui échapper dans la conversation.

Il ne faut pas confondre ce recueil d'Ana avec les *Mémoires* authentiques que Réal aurait, dit-on, rédigés et dont le gouvernement de Louis-Philippe aurait obtenu la destruction.

24901. — Notice historique sur P.-F. Réal, par M. VILLENAVE. Extrait de la « Biographie universelle », tome LXXVIII. *Imp. E. Duverger. S. d.* (1846), in-8°, 23 p. [N. Ln²⁷ 17083.]

24902. — [**Regnault** (J.-B.).] Exposition de trois tableaux dans une des salles du Palais national des sciences et des arts..., par le citoyen REGNAULT (an VIII).

Voyez tome III, n° 19941.

24903. — Funérailles de M. le baron Regnault (14 novembre 1829). *Imp. A.-Firmin Didot. S. d.*, in-4°, 7 p. [N. Ln²⁷ 17164.]

Le titre de départ, page 3, porte : *Institut royal de France. Académie royale des beaux-arts*.

P. 3, discours de HUYOT. P. 6, discours du baron [Pierre] GUÉRIN.

24904. — Catalogue de tableaux, esquisses, dessins et croquis de M. le baron Regnault, peintre d'histoire, chevalier des ordres royaux de Saint-Michel et de la Légion d'honneur, membre de l'Académie royale des beaux-arts, de l'Institut, professeur recteur aux Ecoles royales et spéciales des beaux-arts, de peinture, de sculpture, etc., de quelques tableaux, estampes encadrées et en feuilles, livres à figures, ustensiles de peinture et mobilier de son atelier, une suite d'esquisses peintes des prix remportés par les élèves de M. Regnault et une collection de 140 dessins originaux des « Métamorphoses » d'Ovide, par M. le baron Regnault... La vente aura lieu... en son atelier, rue de l'Ecole-de-Médecine, ancien bâtiment des Cordeliers, vis-à-vis la rue Hautefeuille... le... 1er mars 1830 et j. s. *Bonnefonds de Lavialle, commissaire-priseur; Ch. Paillet*, 1830, in-8°, 39 p.; 288 numéros. [N. 8° V 36 (2783).]

Le catalogue est précédé d'une *Notice biographique* anonyme.

24905. — [**Rémusat** (Pierre-François de).] Mémoire sur ma détention au Temple (1797-1799), publié pour la Société contemporaine, avec introduction, notes et documents inédits, par VICTOR PIERRE. *Paris, Alphonse Picard et fils*, 1903, in-8°, XLII-191 p. [N. L⁴⁵ 63.]

Entre les pp. 24 et 25, plan du Temple avec légende, dressé par Rémusat.

Ce *Mémoire* est la réimp. d'un texte compris dans un recueil posthume décrit tome III, n° 12415. Voyez ce numéro et la note qui l'accompagne.

24906. — [**Renaud** (Jean).] Jugement rendu par le Tribunal criminel du Département de Paris qui, sur la déclaration du juré spécial, donnée à haute voix, conformément à la loi, portant qu'il a été exposé de faux papiers nationaux ayant cours de monnaie; que Jean Renaud est convaincu d'avoir contribué à l'exposition desdits papiers nationaux, qu'il y a contribué sciemment et dans le dessein du crime, condamne Jean Renaud à la peine de mort... (17 pluviôse an II-5 février 1794). *Imp. du Tribunal criminel du Département de Paris. S. d.*, in-4°, 8 p. [N. Lb⁴¹ 2232*.]

Jean Renaud, natif du Blanc (Indre) et âgé de vingt-quatre ans, exerçait la profession de boucher au marché des Innocents.

24907. — [**Renault** (Aimée-Cécile).] Convention nationale. Rapport sur les crimes de l'Angleterre envers le peuple français et sur ses attentats contre la liberté des nations, fait au nom du Comité de salut public, par BARÈRE, dans la séance du 7 prairial, l'an second de la

République une et indivisible (26 mai 1794). Imprimé par ordre de la Convention nationale. *Imp. Nationale. S. d.*, in-8°, 36 p. [*N.* Le³⁸ 796 B.]

P. 2-6, interrogatoire d'Aimée-Cécile Renault.

Voyez aussi tome Iᵉʳ les nᵒˢ 4229-4232 relatifs aux tentatives de Cécile Renault et de Henri Lamiral, rattachés bon gré mal gré à la conspiration dite de « l'Etranger » et au procès dit des « Chemises rouges » (cf. *ibid.*, nᵒˢ 4233-4238).

24908. — [**Regnault de Bissy** (Dˡˡᵉ).] Observations sur la demoiselle Renaut-de-Bissi et le sieur Livron, accusés et défenseurs en crime de lèse-nation. *Imp. Laillet et Garnery. S. d.*, in-8°, 8 p. [*N.* Lb³⁹ 8713.]

Le titre de départ porte en outre : *sur leur demande en liberté provisoire.*

Signé : M. DÉGOUVE, rapporteur ; Mᵉ MONTIGNY, avocat.

24909. — Réclamation très importante de la demoiselle de Régnaud de Bissy, contre la délibération du district des Cordeliers, en date du 20 avril 1790, et protestation du district de Saint-Germain-des-Prés. *S. l. n. d.*, in-8°, 4 p. [*N.* Ln²⁷ 17157.]

Signé : Mᵉ MONTIGNY, avocat.

Sur la délibération du district des Cordeliers relative à Danton, voyez tome Iᵉʳ, nᵒ 1460 et tome II, nᵒˢ 7101-7102.

Le sieur de Rubat de Livron avait été relaxé le 30 mars 1790. (Voyez le nᵒ 23691 ci-dessus).

24910. — [**Renouard** (Antoine-Augustin).] Extrait de la « Bibliographie de la France » du 6 janvier 1854. Nécrologie. M. Antoine-Augustin Renouard, né à Paris le 21 septembre 1765, mort à Saint-Valery-sur-Somme, le 15 décembre 1853. *Imp. Pillet fils aîné. S. d.*, in-8°, 4 p. n. ch. [*N.* Ln²⁷ 17261.]

Signé : JULES TARDIEU.

¶ Sous ce titre : *Un épisode de l'histoire de la Bibliothèque nationale sous la Terreur*, M. CH. RICHET a publié dans *le Livre* (1885, pp. 249-253) une étude sur la protestation de Renouard contre la mutilation des reliures armoriées, voyez à ce sujet tome III, les nᵒˢ 17696-17697 et les notes qui les accompagnent.

24911. — [**Restif de La Bretonne** (Nicolas-Edme).] Rétif de La Bretonne, sa vie et ses amours, documents inédits, ses malheurs, sa vieillesse et sa mort ; ce qui a été écrit sur lui ; ses descendants ; catalogue complet et détaillé de ses ouvrages, suivi de quelques extraits, par CHARLES MONSELET ; avec un beau portrait gravé par NARGEOT et un fac-similé. *Paris, Alvarès fils*, 1854, in-12, 1 f. et 212 p. [*N.* Ln²⁷ 17284.]

Le portrait reproduit est celui de BINET, daté de 1785 ; le fac-similé est placé entre la dernière page du texte et la *Table des matières.*

Au verso du faux-titre, justification du tirage : 400 ex. sur vergé, 60 sur vélin, 4 sur papier de Hollande, 20 sur papier rose ; plus un ex. sur papier bleu donné par Monselet à Malassis, et qui a figuré dans la vente posthume de celui-ci (1878).

En 1858, le livre a été remis en circulation avec de nouveaux titres portant le nom et l'adresse d'Auguste Aubry.

24912. — Bibliographie et iconographie de tous les ouvrages de Restif de la Bretonne, comprenant la description raisonnée des éditions originales, des réimpressions, des contrefaçons, des traductions, des imitations, etc., y compris le détail des estampes et la notice sur la vie et les ouvrages de l'auteur, par son ami CUBIÈRES-PALMEZEAUX, avec des notes historiques, critiques et littéraires, par P.-L. JACOB, bibliophile. *Paris, Auguste Fontaine*, 1875, in-8°, 2 ff., XV-510 p., 1 f. n. ch. et et 8 p. (annonces de librairie).

Titre rouge et noir.
Portrait de N.-F. Restif de la Bretonne gravé par E. LOIZELET d'après L. BERTHET.

Tiré à 500 ex. numérotés sur papier de Hollande ; 50 ex. numérotés sur papier Whatman avec le portrait avant la lettre et eau-forte.

La notice de Cubières-Palmezeaux avait paru en tête d'un livre posthume de Restif intitulé : *Histoire des compagnes de Maria ou Episodes de la vie d'une jolie femme* (1811, 3 vol. in-12). En la réimprimant, le bibliophile Jacob déclare en avoir supprimé quelques longueurs.

¶ Sur la vie de Restif pendant la Révolution, il faut consulter spécialement les tomes XV et XVI des *Nuits de Paris* qui forment une sorte de journal personnel, du 23 avril 1789 au 31 octobre 1793, et aussi le tome XV de *Monsieur Nicolas.* Paul Lacroix a fait (pp. 297-300) des deux derniers tomes des *Nuits* une longue analyse à laquelle je ne puis que renvoyer le lecteur ; il a signalé les particularités bibliographiques qui s'y rattachent.

J'ai dit plus haut (n° 23997) ce qu'il fallait penser de l'assertion de Paul Lacroix touchant les pamphlets contre l'abbé Maury attribués à Restif, et j'ai décrit (tome Ier, n° 1769) une brochure qui n'avait pas encore été signalée, ni restituée à son véritable auteur.

24913. — Lettres inédites de RESTIF DE LA BRETONNE pour faire suite à la collection de ses œuvres. *Imprimé à Nantes, chez Vincent Forest et Emile Grimaud*, 1883, petit in-8°, 2 ff., 64 p. et 1 f. n. ch. (Table des matières).

En regard du titre, fac-similé du portrait de Restif gravé par L. BERTHET d'après BINET.

Les lettres, au nombre de quinze, sont datées de Paris, du 25 ventôse an V au 5 frimaire an VII (une seule est sans date) et sont adressées au citoyen ou à la citoyenne Fontaine, à Grenoble (voyez le n° 23997 ci-dessus). Le nom de l'éditeur n'est pas connu.

24914. — [**Reubell** (Jean-François).] Corps législatif. Conseil des Anciens. Discours prononcé par REUBELL. Séance du 24 messidor an VII (12 juillet 1799). *Paris, imp. Nationale*, messidor an VII, in-8°, 7 p. [*N.* Le⁴⁵ 1741.]

Au sujet des attaques dirigées contre lui.

24915. — Observations de REUBELL, membre du Conseil des Anciens, sur le rapport fait par HOUSSET, au nom d'une commission spéciale, à la séance du Conseil des Cinq-Cents, le 12 thermidor an VII (20 thermidor an VII-7 août 1799). *S. l. n. d.*, in-8°, 3 p. [*N.* Ln²⁷ 17304.]

Reubell était accusé par Housset d'avoir participé sous un prête-nom à un marché frauduleux de chevaux achetés pour les charrois et les remontes.

¶ M. FRÉDÉRIC MASSON a publié dans la *Nouvelle Revue rétrospective* (tome XX, pp. 361-413), d'après un manuscrit autographe appartenant à M. Victorien Sardou, une conversation de Reubell et de Bonaparte qui eut lieu le 3 ventôse an X (22 février 1802).

24916. — [**Réveillon** (Jean-Baptiste).] Exposé justificatif pour le sieur Réveillon... (avril 1789).

Voyez tome Ier, nos 991-991ᵇ.

24917. — Mémoire pour le sieur Réveillon..., plaignant en faux principal contre l'abbé Roy... (1789).

Voyez tome Ier, n° 1002.

24918. — Discours de M. BOULLANGER à Mesdames du faubourg Saint-Antoine. Lettre de M. RÉVEILLON et délibération de Mesdames du faubourg Saint-Antoine. *Paris, Knapen et fils*, 1789, in-8°, 8 p. [*N.* Lb³⁹ 2348.]

P. 3, *Discours de M. BOULLANGER à Mesdames du faubourg Saint-Antoine avant la lecture de la lettre que M. Réveillon lui a adressée, en le chargeant de faire à ces dames l'hommage du drapeau de la Commune* (signé : BOULLANGER, caissier de M. Réveillon). P. 4, *Extrait de la lettre de M.* RÉVEILLON, *datée de Londres, le 8 septembre 1789...* P. 6, *Délibérations de Mesdames du faubourg Saint-Antoine au sujet de la lettre ci-dessus*.

Revellière-Lepaux. — Voyez **La Réveillère-Lépeaux**.

24919. — [**Reybaz** (Etienne-Salomon).] Un collaborateur de Mirabeau. Documents inédits précédés d'une notice, par PH. PLAN (1874).

Voyez le n° 24238 ci-dessus.

24920. — [**Reymond**.] Appel à la raison, par le citoyen REYMOND, presque sexagénaire, homme de loi, défenseur au Tribunal de cassation, illégalement détenu à la Force, contre les citoyens Bréon et Limodin, membres très connus du Bureau central de police (28 pluviôse an V-16 février 1797). *Imp. Honnert. S. d.*, in-4°, 7 p. [*N.* Ln²⁷ 17316.]

24921. — [**Richard de Saint-Non**.] Notice sur Jean-Claude Richard de Saint-Non, abbé commandataire de l'abbaye de Poultières, diocèse de Langres, amateur honoraire de l'Académie de peinture (10 décembre 1791). Par GABRIEL BRIZARD. *Imp. Clousier*, 1792, in-8°, 36 p. [*N.* Ln²⁷ 17376. Réserve.]

Tiré à petit nombre et non mis en vente.

24921a. — Notice sur Jean-Claude Richard, abbé de Saint-Non..., par GABRIEL BRIZARD. Imp. Crapelet, 1829, in-8°, 22 p. [N. Ln^{27} 17376 A.]

24922. — [**Richart.**] Réponse à la pétition présentée à la Convention nationale par Pierre-Martin-Dominique Boissier, sous-officier invalide et entrepreneur de la tournerie et de la menuiserie de l'hôtel, par RICHART, inspecteur des bâtiments des Invalides, inculpé. S. l. n. d., in-8°, 14 p. [N. Ln^{27} 17384.]

24923. — [**Richemont** (Henri-Ethelbert-Louis-Hector-Albert HÉBERT, connu sous le nom de).] Luxembourg, le 6 janvier 1830. LOUIS-CHARLES DE BOURBON, duc de Normandie, fils de l'infortuné Louis XVI, à ses concitoyens. S. l. n. d., in-folio, 2 p. [N. Ln^{27} 29749.]

Signé à la main : le duc DE NORMANDIE.
Pièce imprimée au frotton et sortant visiblement d'un atelier clandestin.
L'auteur fait allusion à diverses pétitions adressées par lui aux deux Chambres, le 2 février 1828, les 29 janvier et 6 mars 1829, dont il n'avait point été tenu compte, et proteste contre une motion du baron Mounier à la Chambre des Pairs, tendant à ce qu'aucune pétition n'y soit admise qu'après avoir été légalisée par qui de droit et présentée par un pair : « On devine facilement, ajoute l'auteur de la circulaire, la source et le motif de cette mesure. »
Il se plaint également que son rôle et son nom aient été usurpés par Mathurin Bruneau, Persat (voyez ces noms) et le maçon Fontolive, de Lyon.

24924. — Bruxelles, le 31 mars 1831. « Français, le 6 janvier 1830, j'ai fait un appel à mes compatriotes... » S. l. n. d., feuillet in-4°. [N. Ln^{27} 17433.]

Voyez le numéro précédent.
Autre proclamation émanant du même personnage et formulant les mêmes revendications.

24925. — Révélations sur l'existence de Louis XVII, duc de Normandie, par M. LABUTI DE FONTAINE... (1831).

Voyez les n°° 21389-21389a ci-dessus et les n°° 21391-21393, 21395, 21397 dans lesquels Eckard a réfuté tous les arguments des premiers partisans du duc de Normandie.

24926. — Mémoires du duc DE NORMANDIE, fils de Louis XVI, écrits et publiés par lui-même. Paris, chez les marchands de nouveautés, juillet 1831, in-8°, 248 p. [N. Ln^{27} 15061.]

Au verso du faux-titre, signature manuscrite du « duc de Normandie » ; en regard du titre, lithogr. anonyme ayant en légende : *Portrait de l'auteur.* Le véritable rédacteur de ces *Mémoires* était, selon Quérard, EDMOND-THÉODORE BOURG, dit SAINT-EDME.

24927. — Apparition d'un nouveau prétendu Dauphin, soi-disant fils de Louis XVI. Paris, rue Dauphine, n° 24. S. d. (1834), in-8°, 4 p. [N. Ln^{27} 15062.]

24928. — Le Duc de Normandie. Paris, imp. J.-L.-M. Balary. S. d. (1832), in-8°, 4 p. [N. Ln^{27} 15066.]

Dialogue en langage populaire contre Hébert.

24929. — L'Existence de Louis XVII prouvée par les faits et les prophéties..., par M. FORTIN (janvier 1832).

Voyez le n° 21394 ci-dessus.

24930. — Quelques Souvenirs destinés à servir de complément aux preuves de l'existence du duc de Normandie..., par A.-J. MORIN DE GUÉRIVIÈRE (novembre 1832).

Voyez le n° 21396 ci-dessus.

24931. — Nouveaux Documents relatifs au duc de Normandie, fils de Louis XVI, et contenant de précieux détails sur la détention de ce prince à Milan, sur le bruit généralement répandu de son mariage avec la duchesse de Berry, etc., etc. Par une Société de vrais croyants. *Paris, chez Mme Goullet, et chez MM. Lecointe et Pangin* [sic : Pougin], *avril* 1833, in-8°, 28 p. [N. Ln^{27} 15069.]

24932. — Déclaration de M. CHAMBLANT, ingénieur opticien, demeurant à Paris, rue Mazarine, n° 48, par laquelle il reconnaît le fils de Louis XVI dans la personne de M. le baron de Richemont (1er septembre 1839). Imp. Pollet, Soupe et Guillois. S. d., in-8°, 8 p. [N. Ln^{27} 17434.]

24933. — « Paris, le 10 mars 1841. Indignement et outrageusement calomnié... » Imp. Pollet, Soupe et Guillois. S. d., feuillet in-8°. [N. Ln²⁷ 17435.]

Réponse aux Mémoires de Gisquet, signée : l'ex-baron DE RICHEMONT, condamné le 4 novembre 1834, par la Cour d'assises de la Seine, à douze années de détention pour complot et délits de presse.
Voyez le numéro suivant.

24934. — « Après avoir fait toutes les tentatives... » (15 mai 1841). Imp. Pollet, Soupe et Guillois. S. d., feuillet in-8°. [N. Ln²⁷ 17436.]

Voyez le numéro précédent.
Note sur le même objet, signée : l'ex-baron DE RICHEMONT.

24935. — Mémoire d'un contemporain que la Révolution française fit orphelin en 1793 et qu'elle raya du nombre des vivants en 1795, pour servir de pièce à l'appui de la demande en reconnaissance d'état qu'il se propose de présenter. Paris, imp. Vassal frères, 1843, in-8°, 4 ff. et 232 p. [N. Ln²⁷ 17437.]

Epigr. empruntée à Télémaque.

24935ᵃ. — Mémoires d'un contemporain que la Révolution française fit orphelin... Paris, Maistrasse et Viart, 1846, in-8°, 424 p. N[. Ln²⁷ 17437 A.]

Daté du 1ᵉʳ novembre 1846 et signé : l'ex baron DE RICHEMONT.

ÉPIGR. :

La justice est muette où la force domine.

24936. — « Citoyens représentants, le 12 juin 1795, un acte irrégulier en la forme... » (25 mai 1848). Imp. Soupe. S. d., in-4°, 2 p. [N. Ln²⁷ 17438.]

Pétition d'HÉBERT à l'Assemblée constituante, pour l'inviter à reconnaître ses « droits ». Il existe deux réimp. de cette pièce cartonnées dans l'ex. de la B., à la suite de celle qui est ici décrite.

24937. — Biographie de Louis-Charles de France, ex-duc de Normandie, fils de Louis XVI, connu sous le nom de l'ex-baron DE RICHEMONT, tirée des « Mémoires d'un contemporain », qui se trouvent rue Neuve-Saint-Merry, 35. Paris, 1848, in-12, 24 p. [N. Ln²⁷ 17439.]

Un second tirage porte sur le titre l'annonce de la vente en gros des Mémoires d'un contemporain chez Boucher-Lemaitre, rue Neuve-Saint-Merry, 35.

24938. — Extrait de la « Revue catholique » du 15 novembre 1848. Le Fils de Louis XVI. Bordeaux, imp. Causserouge. S. d., in-8°, 8 p. [N. Ln²⁷ 17440.]

Signé : H.-M. DE LA SALETTE.

24939. — Le Fils de Louis XVI. Lyon, imp. Dumoulin et Ronet. S. d., in-8°, 8 p. [N. Ln²⁷ 17440 A.]

Signé : H. M.

24940. — L'ex-baron de Richemont, fils de Louis XVI, par M. DE LA SALETTE. Paris, Boucher-Lemaistre, 28 février 1849, in-8°, 32 p. [N. Ln²⁷ 17441.]

La couverture imprimée sert de titre.

24941. — Extrait de la « Revue catholique » du 15 mars 1849, contenant des lettres de l'ex-baron de Richemont, la relation de son voyage à Naples et à Gaëte, et la copie de la demande en réclamation d'état civil dûment enregistrée, qui a été déposée au parquet du procureur de la République. Paris, le 27 mars 1849. Paris, imp. Lacour. S. d. (1849), in-8°, 15 p. [N. Ln²⁷ 17442.]

Suivi d'Extraits de journaux (Bordeaux, imp. Causserouge. S. d., in-8°) contenant une lettre de l'ex-baron DE RICHEMONT à la Démocratie pacifique et un article intitulé le Fils de Louis XVI, signé : H. M. de La Salette.

24942. — Appel à l'opinion publique sur la conduite de certains hommes et de certains journaux envers l'ex-baron DE RICHEMONT, depuis son voyage de Gaëte (15 août 1849). Paris, Boucher-Lemaistre, 1849, in-12, 23 p. [N. Ln²⁷ 17443.]

24943. — La Vérité sur le fils de Louis XVI, brochure intéressante, contenant : 1° une lettre du fils de Louis XVI, connu sous le nom de l'ex-baron de Richemont, Paris, 6 janvier 1849; 2° deux articles remarquables sur ce prince infortuné, faits par

M. de La Salette et insérés dans la « Revue catholique », numéros des 15 novembre et 15 décembre dernier; 3° un dialogue d'un noble Milanais sur les événements arrivés en Europe et en France, surtout depuis 1800 jusqu'à 1849; 4° la prophétie d'Orval, texte et commentaire par le noble Italien; 5° quelques réflexions faites à ce sujet par un montagnard du Dauphiné et quelques faits nouveaux ajoutés sur le fils de Louis XVI. *Grenoble, Baratier frères et fils,* 1849, in-18, 52 p. [*N.* Ln^{27} 17444.]

24944. — Vie de Mgr le duc de Normandie, fils de Louis XVI et de Marie-Antoinette, roi et Reine de France, que la Révolution fit orphelin et 1793 et qu'elle raya du nombre des vivants en 1795, connu dans le monde sous le nom de M. l'ex-baron de Richemont, par M. L.-Esp.-J.-V. Claravali, de l'Anso. *Paris, chez tous les libraires; Lyon, imp. Dumoulin et Rouet, libraires,* 1850, in-8°, XL-575 p. [*N.* Ln^{27} 17445.]

24945. — La Restauration convaincue d'hypocrisie, de mensonge et d'usurpation, de complicité avec les souverains de la Sainte-Alliance, ou Preuves de l'existence du fils de Louis XVI, réunies et discutées par J. Suvigny, avocat. *Paris, au bureau de l'Inflexible,* 1851, in-12, 4 ff., IV-270 p. et 1 f. n. ch. (Errata). [*N.* Ln^{27} 17446.]

Le faux-titre porte : *Preuves de l'existence du fils de Louis XVI.*

Épigr. :

La vérité à tous, en tout, partout, toujours.

24946. — Fils de Louis XVI. Rectification d'erreurs répandues par les journaux sur la mémoire de feu M. le baron de Richemont. Imprimée par suite de refus d'insertion (janvier 1855). *Paris, imp. Lacour.* S. d. (1855), in-8°, 3 p. [*N.* Ln^{27} 17447.]

Signé : Suvigny, avocat; Foyatier, statuaire, et Pascal, médecin.

24947. — Louis XVII vengé ou le Dernier mot de l'histoire sur le vrai Dauphin (baron de Richemont), d'après des documents authentiques et inédits, par Victor de Stenay. *Dépôt général chez M. Collin La Herte, à Vendôme (Loir-et-Cher),* décembre 1875, in-12, 2 ff., 304 p. et 1 f. n. ch. (*Table des matières*). [*N.* Ln^{27} 28918.]

D'après M. Nauroy (*le Curieux,* I, 206), l'auteur et le dépositaire ne seraient qu'un seul personnage habitant à cette époque Montargis (Loiret).

24948. — Edouard Burton. Le Dernier Dauphin de France. *Orléans, dépôt chez tous les libraires,* 1884, in-16, 2 ff. et XXXVI-115 p. [*N.* Ln^{27} 34900.]

Tirage à part sur la composition d'un journal.

24949. — Histoire de Louis XVII d'après des documents inédits, officiels et privés, par Ed. Le Normant des Varannes (Edouard Burton). *Orléans, Herluison,* 1890, in-8°, XIV-472 p. [*N.* Ln^{27} 11468.]

En regard du titre, reproduction sur bois du médaillon connu représentant de profil le Roi, la Reine et le Dauphin.
Papier teinté.
Épigraphe empruntée à une lettre du « Dauphin » [Mathurin Bruneau] à la duchesse d'Angoulême.

24950. — [**Richer de Serisy** (Jean-Thomas-Elisabeth).] Mémoire à consulter pour Richer-Serisy, citoyen français et rédacteur du journal intitulé « l'Accusateur public », appelant du jugement prononcé contre lui par le jury spécial qui déclare qu'il y a lieu d'accusation pour la conduite qu'il a tenue le 13 vendémiaire. S. l. n. d., in-8°, 8 p. [*N.* Lb^{42} 846.]

Un autre ex. de ce *Mémoire* est relié à la suite de l'ex. de *l'Accusateur public* formé par M. de La Bédoyère et appartenant aujourd'hui à la B. N. (voyez tome II de la *Bibliographie,* n° 10955).

24951. — Eloge de Richer-Serisy... Conséquences immédiates des écrits de « l'Accusateur public »... (1817).

Voyez tome II, n° 10957.
Par le chevalier Augustin d'Aulnois.

24952. — [**Richou.**] Louis-Joseph Richou, député de l'Eure, à ses collègues (5 octobre 1793). *S. l. n. d.*, in-4°, 4 p. [*N.* Ln²⁷ 17471.]

Exposé de sa conduite avant le 31 mai. Richou se vante d'avoir été le premier à réclamer l'arrestation des « trente-deux ».

Riolle (Trouard de). — Voyez **Trouard de Riolle.**

24953. — [**Riouffe** (Honoré).] Mémoires d'un détenu (an III-1795).

Voyez tome I⁰ʳ, n⁰ˢ 4332-4332ᵃ.

24954. — Extrait du « Journal de la Côte-d'Or », feuille du 23 décembre 1813. Nécrologie. *Dijon, imp. Frantin,* 1813, in-8°, 3 p. [*N.* Ln²⁷ 17530.]

Notice sur le baron Riouffe.
Signé : A. [AMANTON].

24955. — Notice sur le baron Riouffe. *L.-P. Sétier fils. S. d.* (1814), in-8°, 1 f. et 17 p. [*N.* Ln²⁷ 17531.]

Le titre de départ porte : *Notice sur Monsieur le baron Riouffe, préfet de la Meurthe, membre de la Légion d'honneur et des Sociétés académiques de Dijon et de Nancy.*
Signé, p. 12 : Par un membre de la Société académique de Nancy, de l'Académie des antiquaires de France, etc. [MICHEL BERR].
P. 13-17 : *Notes.*

24956. — [**Riqueur.**] Ecoutez, hommes libres, et jugez ! *S. l. n. d.*, in-4°, 4 p. [*N.* Ln²⁷ 17541.]

Signé : RIQUEUR, de la section Guillaume-Tell.
Exposé de son rôle dans la journée du 9 thermidor.

24957. — [**Riston** (Jacques-César).] Requête en plainte pour M. RISTON. A nosseigneurs, nosseigneurs les maîtres des requêtes de l'hôtel du Roi, juges souverains en cette partie. *Imp. Buisson et Chaudé. S. d.* (1789), in-4°, 14 p. [*N.* Ln²⁷ 17546.]

24958. — Mémoire justificatif, pour Mᵉ RISTON, au Roi, à l'Assemblée nationale, et à toutes les sections, ou Dénonciation du Tribunal d'attribution des requêtes de l'Hôtel au souverain, notamment de MM. Le Blanc, de Bertrand, Charles Gravier, de Vergennes et Grégoire, de Rumar (ces deux derniers affectent de signer ainsi, depuis le décret de l'Assemblée nationale, sanctionné par le Roi) (8 juillet 1789). *Petit; Desenne; Chaudé. S. d.*, in-4°, 1 f. et 46 p. [*Br. M. F. R.* 37° (20).]

24959. — Plaidoyer de M. MATON DE LA VARENNE, en faveur du sieur Riston, victime célèbre du despotisme judiciaire, avec le jugement rendu sur les accusations intentées contre ce citoyen patriote, dont le ministère public du vieux régime a demandé la mort. *Paris, Senties père,* 1790, in-4°, 1 f. et 54 p. [*N.* Ln²⁷ 17548.]

ÉPIGR. :
Quis talia fando
Temperet a lacrymis ?...

24960. — Observations d'un ami des principes constitutionnels sur l'avis du comité des rapports de l'Assemblée nationale, dans l'affaire des sieurs Riston et Renaud, contre les Requêtes de l'hôtel. *Imp. N.-M. Dumaha. S. d.*, in-4°, 7 p. [*N.* Ln²⁷ 17549.]

24961. — Plaidoyer de JACQUES-CÉSAR RISTON, prisonnier à la Conciergerie du Palais, à Paris, prononcé par lui-même au Tribunal de cassation, contre la procédure instruite contre lui par le Tribunal d'attribution des ci-devant Maîtres des requêtes de l'hôtel du Roi, et le jugement souverain rendu par le second Tribunal criminel provisoire, établi au Palais par la loi du 14 mars 1791, le 20 juillet de la même année. *Langlois fils,* 1791, in-4°, 1 f. et 38 p. [*Br. M. F. R.* 44 (18).]

ÉPIGR. :
Discite justitiam, moniti, et non temnere Divos.
VIRG. Æneid.

24962. — Second Mémoire pour Mᵉ Riston, avocat et substitut du procureur général au Parlement de Nancy, au Roi, à l'Assemblée nationale et à toutes les sections, ou Réfutation rapide de la Dénonciation du premier mémoire de l'accusé adressée au comité des rapports de l'Assemblée nationale par M. Le Blanc de Verneuil, tant en son nom qu'en sa qualité de procureur général du Tribunal d'attribution des Requêtes de l'hôtel au souverain. *Imp. Buisson et Chaudé. S. d.*, in-4°, 20 p. [*N.* Ln^{27} 17547.]

Signé : M° MATON DE LA VARENNE.

24963. — Précis pour M. RISTON. *Imp. Raymond Senties. S. d.*, in-4°, 4 p. [*Br. M. F. R.* 43 (19).]

24964. — Affaire de M° Riston, avocat au parlement de Nancy, détenu à la Conciergerie. *S. l. n. d.*, in-8°, 8 p. [*N.* Ln^{27} 17550.]

Signé : ROCH MARCANDIER.

24965. — Dernier Mot d'un patriote sur l'affaire de M. Riston. Dénonciation des conclusions iniques du procureur général. *S. l.*, 1790, in-8°, 18 p. [*N.* Ln^{27} 17551.]

Signé : ROCH MARCANDIER.

24966. — Le citoyen RISTON à l'assemblée générale de la section du Luxembourg (1792).

Voyez tome II, n° 8451.

24967. — RISTON au Comité de sûreté générale de la Convention nationale. (A l'Abbaye, 30 du premier mois de la seconde année de la République française (21 octobre 1793). *Imp. Laurens aîné. S. d.*, in-folio plano. [*D.*]

Protestation contre les dénonciations de la section du Luxembourg.

24968. — Preuve de ma résurrection, au Comité de sûreté générale de la Convention nationale (20 fructidor an II-6 septembre 1794). *Imp. Langlois. S. d.*, in-4°, 16 p. [*N.* Lb^{41} 4042.]

Signé : RISTON, à la maison d'arrêt de Sainte-Pélagie. Sur l'ex. de la B. N., ces deux derniers mots sont remplacés à la main par ceux-ci : *des Carmes, rue de Vaugirard.*

24969. — Clichy-la-Garenne, ce 7 vendémiaire, an VIII. Le Citoyen RISTON au C^{en} Sauzay, membre de l'administration centrale du département de la Seine. *S. l. n. d.* (1799), in-4°, 8 p. [*N.* Ln^{27} 17552.]

Contestation au sujet d'un mur de clôture et subsidiairement sur les rapports antérieurs de Riston et de Sauzay.

24970. — [**Rivarol** (Antoine de).] Notice sur la vie et la mort de M. de Rivarol, par Mme DE RIVAROL, sa veuve, en réponse à ce qui a été publié dans les journaux. *Paris, chez les frères Levrault; se trouve à l'imprimerie des Annales des arts et manufactures, an X*, in-8°, 1 f. et 30 p. [*N.* Ln^{27} 17556.]

24971. — Vie philosophique, politique et littéraire de Rivarol, par SULPICE DE LA PLATIÈRE. *Paris, Barba, an X-1802*, 2 vol. in-12. [*N.* Ln^{27} 17557.]

En regard du titre du tome Ier, portrait anonyme au pointillé portant cette légende : *P.* (sic) *de Rivarol, né à Bagnol en Languedoc, le 17 avril 1757, mort à Berlin, le 11 avril 1801.*

24972. — Fontenelle, Colardeau et Dorat, ou Eloges de ces trois écrivains célèbres. Ouvrage renfermant plusieurs anecdotes non connues et pouvant être utiles aux personnes qui étudient la littérature française, précédé d'une Lettre que le célèbre et infortuné BAILLY a écrite à l'auteur, au sujet de l'Eloge de Fontenelle, et suivi d'une Vie d'Antoine Rivarol, par C. PALMEZEAUX. *Paris, Cerioux; Fuchs; Levrault; P. Mongie, an XI-1803*, in-8°, XX-380 p. [*N.* Ln^{2} 37.]

La *Vie d'Antoine Rivarol* occupe les pp. 225-305; elle est elle-même suivie d'appendices contenant la *Confession du comte Griffolin*, attribuée à CUBIÈRES-PALMEZEAUX (cf. le n° 20708) ci-dessus), un article de RIVAROL sur les *Synonymes français* de l'abbé Roubaud et la *Lettre à M. le président de *** sur le globe aérostatique, sur les têtes parlantes et sur l'état présent de l'opinion publique à Paris.*

24973. — Lettre sur M. de Rivarol, adressée à M. Léopold Collin, par Mme DE RIVAROL, sa veuve. *S. l.*, 1808, in-8°, XII p. [*N.* Ln^{27} 17558.]

Voyez sous le n° 20697^t l'édition du *Petit Almanach de nos grands hommes*, en tête de laquelle cette lettre a été intercalée.

24974. — Rivaroliana ou Recueil d'anecdotes, bons mots, sarcasmes, reparties, satires, épigrammes et autres pièces peu connues de Rivarol, avec des notes et éclaircissements, précédés de la vie de l'auteur, par Cousin, d'Avalon. *Paris, J.-M. Davi et Locard*, 1812, in-18, XXII-156 p. [N. Ln^{27} 17559.]

En regard du titre, portrait signé : Compagnie *sculp.*

24975. — Mémoires de Rivarol, avec des notes et des éclaircissements historiques..., par M. Berville (1824).

Sur cette publication dont le titre est absolument inexact, mais qu'il convenait de rappeler ici pour cette raison même, voyez tome II, n° 10247.

24976. — Notice sur Rivarol. *Paris, imp. H. Fournier*, 1829, in-8°, 1 f. et 52 p. [N. Ln^{27} 17560.]

Signé : H. L. [Hipp. de Laporte].

24977. — Œuvres de Rivarol. Etudes sur sa vie et son esprit, par Sainte-Beuve, Arsène Houssaye, Armand Malitourne. *Paris, Eugène Didier*, 1852, in-12, 321 p. (les deux dernières non chiffrées). [N. Z 24389.]

L'étude sur *Rivarol*, par Sainte-Beuve, dont un fragment est emprunté ici au *Constitutionnel* du 27 octobre 1851, fait partie du tome V des *Causeries du lundi*.

24978. — Rivarol, sa vie et ses œuvres, par M. Léonce Curnier, ancien député, receveur général du Gard. Ouvrage couronné par l'Académie du Gard, dans sa séance publique du 28 août 1858. *Nîmes, imp. Ballivet*, 1858, in-12, 333 p. et 1 f. n. ch. (*Erratum*). [N. Ln^{27} 17561.]

Papier fort.
Les *Notes*, avec renvois au texte, remplissent les pp. 281-333.

24979. — « Rivarol..., par M. Léonce Curnier »... Compte rendu de cet ouvrage, ou Coup d'œil philosophique sur les dernières années du XVIII° siècle..., par l'abbé Jouve, chanoine gradué ès lettres et en droit, membre de l'Institut des provinces et de plusieurs Sociétés savantes. *Valence, Marc Aurel*, 1859, in-18, 36 p. [N. Ln^{27} 17562.]

24980. — Rivarol et la société française pendant la Révolution et l'émigration (1753-1801). Etudes et portraits historiques et littéraires d'après des documents inédits, par M. de Lescure. *Paris, E. Plon et C°*, 1883, in-8°, XII-516 p. [N. Ln^{27} 33931.]

24981. — Rivarol, sa vie, ses idées, son talent, d'après des documents nouveaux, par André Le Breton, docteur ès lettres, maître de conférence de littérature française à la Faculté des lettres de Bordeaux. *Paris, Hachette et C°*, 1895, in-8°, 3 ff. et VII-288 p. [N. Ln^{27} 44680.]

En regard du titre, héliogravure d'après le portrait peint par Wyrsch en 1784, appartenant à M. Tollin, descendant de l'écrivain.

24982. — [**Rivey** (Claude).] Supplique très respectueuse présentée à l'Assemblée nationale, par Claude Rivey, artiste et mécanicien, rue Richer, faubourg Montmartre. *Paris, Roland*, 1790, in-4°, 1 f. et 24 p. [N. Ln^{27} 17573.]

Exposé de ses inventions.

24983. — Rapport sur les différentes inventions de M. Rivey, artiste mécanicien (14 juin 1811). *Imp. Renaudière*. S. d., in-4°, 1 f. et 14 p. [N. Ln^{27} 17574.]

Titre pris sur un faux-titre. Le titre de départ porte : *Société des Amis du commerce et des arts de Lyon. Rapport sur les différentes inventions de M. Rivey...*

24984. — [**Robbé de Beauveset** fils).] Le citoyen Robbé à ses concitoyens de Montagne-bon-Air [St-Germain-en-Laye] (4 prairial an II-23 mai 1794). *Montagne-bon-Air, imp. Perrault*. S. d., in-4°, 1 f. et 10 p.]N. Lb^{41} 1096.]

Le faux-titre porte : *Mémoire du citoyen* Robbé.
Protestation contre son arrestation, qui avait eu lieu le 21 nivôse an II (10 janvier 1794).

24985. — [**Robert** (Pierre-François-Joseph).] François Robert à ses frères de la Société des Amis de la Constitution, de la Société fraternelle et du club des Cordeliers. S. l. n. d., in-8°, 8 p. [N. Ln²⁷ 17596.]

Au sujet de ses dettes dont il donne le détail et le montant (24,000 livres) et qu'il se fait fort d'acquitter sans le secours de personne.

24986. — F. ROBERT, député de Paris, à ses concitoyens. *Paris, imp. H.-J. Jansen.* S. d., in-4°, 6 p. [N. Ln²⁷ 17597.]

Réponse à une accusation d'accaparement de rhum et d'eau-de-vie.

24987. — [**Robert** (Louise-Félicité GUINEMENT DE KERALIO, dame).] LOUISE ROBERT à M. Louvet, député à la Convention nationale par le département du Loiret. *Imp. Baudouin.* S. d. (1793), in-8°, 4 p. [N. Ln²⁷ 17612.]

Virulente réponse à Louvet à propos d'un passage de *la Sentinelle* où il dit « qu'en 1791 Robespierre et Marat se réunissaient chez Collot d'Herbois, plus souvent chez Robert, quelquefois chez Danton », et réfutation d'un propos qu'on lui prêtait sur l'élection de son mari.

24988. — [**Robert** (François).] Au Comité d'instruction publique (3 prairial an III-22 mars 1795). *Dijon, imp. P. Causse.* S. d., in-8°, 8 p. [N. Ln²⁷ 17598.]

Signé : FR. ROBERT.
Au sujet de la confusion faite par le Comité entre ses travaux et ceux d'un autre géographe, Robert de Vaugondy fils (1723-1786).

24989. — François Robert, ses travaux scientifiques, son rôle politique, son rôle artistique, par PAUL GAFFAREL. *Dijon, imp. Darantière.* S. d. (1889), in-8°, 97 p. [N. Ln²⁷ 38585.]

La couverture imprimée sert de titre. On lit au verso du faux-titre : Extrait des *Mémoires de la Société bourguignonne de géographie et d'histoire.*

¶ Sous ce titre : *Un tableau du Titien à l'époque de la Révolution*, M. A. BRETTE a publié dans *la Révolution française*, tome XXXVIII (janvier-juin 1900), pp. 47-72, diverses lettres de François Robert à d'Angiviller et au directoire du Département de Paris, datées de 1791 et relatives à un tableau des *Trois Grâces*, attribué au Titien et provenant, paraît-il, de l'ancienne galerie du duc d'Orléans. M. Brette n'a pu identifier ce tableau dont le sort est aujourd'hui inconnu.

24990. — [**Robert** (Hubert).] Notice sur Hubert Robert, peintre, lue à la Société d'émulation, dans la séance du 1ᵉʳ mai 1808, par C. LECARPENTIER, peintre et professeur de l'Académie de dessin et de peinture de Rouen, membre résident de la Société libre d'émulation de la même ville, correspondant de celle des sciences, lettres et arts, de l'Athénée des arts, de la Société philotechnique de Paris et de l'Académie de Caen. (*Rouen*), *imp. V. Guilbert.* S. d., in-8°, 7 p. [N. Ln²⁷ 17600.]

24991. — Catalogue des tableaux, dessins, gouaches, estampes montées et en feuilles, bustes en marbre, groupes, figures en bronze, etc., le tout composant le cabinet et les études de feu Hubert Robert, artiste de l'Académie de France, etc., dont la vente se fera le 5 avril 1809... en la maison de son décès (*sic*), rue Neuve-de-Luxembourg, n° 19. *Alex. Paillet.* S. d., in-8°, VI-59 p. ; 389 numéros. [N. V 51710.]

Le *Trésor de la curiosité* de Ch. Blanc (Vᵉ J. Renouard, 1858) a donné, tome II, p. 251-252, quelques-uns des prix, généralement dérisoires, atteints par les principaux objets de cette vente.

24992. — Les Artistes célèbres... Hubert Robert et son temps, par C. GABILLOT. *Paris, librairie de l'Art.* S. d. (1790), in-4°, 292 p. [N. Ln²⁷ 42984.]

Nombreuses illustrations en noir et en sanguine dans le texte et hors texte.
Le chapitre XII, intitulé : *Sainte-Pélagie et Saint-Lazare*, est orné d'un dessin d'Hubert Robert, communiqué par M. Antoine Guillois, représentant la future duchesse de Fleury [Aimée de Coigny] tenant le fils de Roucher sur ses genoux à l'une des fenêtres de Saint-Lazare.

24993. — [**Robespierre** (Maximilien-Marie-Isidore de).] Réponse de M. DE ROBESPIERRE, membre de l'Assemblée nationale, à une lettre de M. Lambert, contrôleur général des finances. *Paris, imp. L. Potier de Lille*, 1790, in-8°, 7 p. [N. Ln²⁷ 17634.]

Dénégation hautaine au sujet d'une lettre que Robespierre aurait écrite à M. Moreau, chanoine à Paris, frère d'un brasseur de la paroisse de Long, contre qui procès-verbal auraît été dressé par la Régie générale pour une contravention.

Quelques mois plus tard, un incident de même nature amena la publication d'une Correspondance entre le Contrôleur général et M. DE ROBESPIERRE à l'occasion des droits sur la bière (22 avril 1790, in-4°, 8 p.), signalée par Ernest Hamel (Histoire de Robespierre, t. I, p. 209), mais qui s'est dérobée à ses recherches comme aux miennes.

¶ Sur les origines de la famille de Robespierre, on consultera un travail de M. AUGUSTE-JOSEPH PARIS (Mémoires de l'Académie d'Arras, 2° série, tome III, pp. 39-73), présenté comme un fragment d'une étude plus développée, qui devait être intitulée : la Jeunesse de Robespierre et la convocation des Etats-Généraux dans l'Artois, mais qui n'a pas paru. M. Alfred Bégis a donné dans l'Annuaire de la Société des Amis des livres pour 1889 (pp. 28-34) le texte du brevet de la nomination de Robespierre comme « homme de fief » au siège de la prévôté épiscopale d'Arras (1782) d'après le document original de l'ancienne collection La Bédoyère (B. N. Mss. fr. nouv. acq. 323). M. Aulard a publié dans la Révolution française (tome LX, janvier-juin 1901, pp. 358-364), sous le titre de : Impressions de voyage de Robespierre, une lettre en prose et en vers datée de Carvin, 12 juin 1783; il y avait joint le fac-similé d'un croquis fait à la plume par Parseval-Grandmaison durant la séance du 9 thermidor ; ces deux documents provenaient de la collection personnelle d'Etienne Charavay.

Au sujet de l'iconographie de Robespierre, on trouvera dans la même revue (tome XXXVIII, janvier-juin 1900, pp. 256-257) une note posthume de FÉLIX RABBE sur un portrait présumé du tribun, ébauché par Fragonard dans sa maison de Grasse ; cette supposition a soulevé de nombreuses réponses rappelées sous le n° 21748 ci-dessus.

24994. — Les trois régicides : Jacques Clément, Ravaillac et Damien, au club des Jacobins. De l'imp. du club Jacobiste, l'an II° de la tyrannie (1790), in-8°, 55 p. [N. Lb39 4327.]

Pamphlet contre Robespierre, présenté ici comme neveu de Damiens, et contre les principaux membres du club.

24995. — Avis fraternel à M. Robespierre, membre de la Société des Jacobins, par M. LOYSEAU, membre de la même Société (12 mars 1792).

Voyez tome II, n° 9566.

24996. — L'Intrigue dévoilée ou Robespierre vengé des outrages et des calomnies des ambitieux. De l'imprimerie de la Vérité, 1792, in-8°, 23 p. [N. Lb39 5744.]

ÉPIGR. :

Victrix causa Diis placuit, sed victa Catoni.

Signé : DELACROIX, homme de loi, membre de la Société des Amis de la Constitution.

Annonce de la prochaine publication du journal l'Accusateur public pour lequel on s'abonnait chez l'auteur, rue Christine, 3, et qui n'a pas paru.

24997. — Convention nationale. Accusation contre Maximilien Robespierre, par JEAN-BAPTISTE LOUVET. Imprimée par ordre de la Convention nationale. Paris, imp. Nationale, 1792, in-8°, 15 p. [N. Le37 2 G.-M.]

Le titre de départ, p. 2, porte : Accusation contre Maximilien Robespierre, par JEAN-BAPTISTE LOUVET à la Convention nationale, à la séance du 29 octobre 1792.

24998. — Accusation intentée dans la Convention nationale contre Maximilien Robespierre, par JEAN-BAPTISTE LOUVET, le 29 octobre 1792. Paris, chez J.-B. Louvet, libraire, le citoyen Bailly, les marchands de nouveautés, an III, in-8°, 15 p. [N. Lb41 447.]

Voyez le numéro précédent.

On lit au verso du titre : « Je livre ce Discours à mes concitoyens tel qu'il fut prononcé et imprimé par ordre de la Convention. Je ne me suis pas permis d'y changer un mot. ».

24999. — Convention nationale. Réponse de MAXIMILIEN ROBESPIERRE à l'accusation de J.-B. Louvet. Séance du 5 novembre 1792... Imprimée par ordre de la Convention nationale. Paris, imp. Nationale, 1792, in-8°, 1 f. et 28 p. [N. Le37 2 G.-A.]

25000. — Discours de ROBERSPIERRE (sic) prononcé à la Convention nationale au sujet des inculpations qui lui ont été faites. Imp. P. Provost. S. d., in-8°, 8 p. Le38 2257.]

25001. — A Maximilien Robespierre et à ses royalistes, JEAN-BAPTISTE LOUVET, député de France à la Convention par le Loiret. Paris, chez les directeurs de l'imprimerie du Cercle social, et se trouve chez

T. IV.

34

Baudouin (1792), l'an Ier de la République française, in-8°, 55 p. [N. Lb⁴¹ 161.]

Le discours et la brochure de Louvet ont été réimp. par M. Aulard dans le tome II de l'édition des *Mémoires* de Louvet qu'il a donnée (voyez le n° 23729 ci-dessus et la note qui l'accompagne.)

25002. — Opinion de JEAN-BAPTISTE BIROTTEAU, député du département des Pyrénées-Orientales, à la Convention nationale, sur l'accusation de Louvet contre Robespierre et sur la justification de ce dernier. *Imp. Nationale. S. d.*, in-8°, 11 p. [N. Le³⁷ G, n° 306.]

25003. — Discours de JÉROME PÉTION sur l'accusation intentée contre Maximilien Robespierre (1792).

Voyez le n° 24704 ci-dessus et la note qui l'accompagne.

25004. — Observations de JÉROME PÉTION sur la lettre de Maximilien Robespierre. (*Hémot*, 1792).

Voyez le n° 24705 ci-dessus, le numéro précédent et le numéro suivant.

25005. — Réponse à la justification de Maximilien Robespierre, adressée à Jérôme Pétion, par OLYMPE DECOUGES (5 novembre 1792). Pronostic sur Maximilien Robespierre, par un animal amphibie. S. l. n. d., in-8°, 16 p. [N. Lb⁴¹ 2359.]

La seconde pièce est signée POLYME.

Dans la première on trouve ce passage étrange :

« Robespierre, auras-tu le courage de m'imiter ? Je te propose de prendre avec moi un bain dans la Seine, mais pour te laver entièrement des taches dont tu t'es couvert depuis le 10 [août], nous attacherons des boulets de seize et de vingt-quatre à nos pieds, et nous nous précipiterons ensemble dans les flots. Ta mort calmera les esprits et le sacrifice d'une vie pure désarmera le ciel. Je suis utile à mon pays, tu le sais, mais ton trépas le délivrera du moins du plus grand fléau et peut-être ne l'aurai-je jamais mieux servie : je suis capable de cet excès de patriotisme. »

25006. — Réponse très succincte de JÉROME PÉTION au long libelle de Maximilien Robespierre (1793).

Voyez le n° 24706 ci-dessus.

25007. — Maximilian Robespierre in seinem Privatleben geschildert von einem Gefangenen im Pallast Luxemburg. Aus dem Franzœsischen. (Maximilien Robespierre peint dans sa vie privée par un prisonnier du palais du Luxembourg. Traduit du français. Berlin, 1794, in-8°, XXII-226 p. [Br. M. 10703aaa 20.]

D'après le catalogue imprimé du British Museum.

Mentionné d'une façon inexacte et incomplète par Quérard et par Œttinger, le titre de ce livre a été donné *de visu* dans *l'Amateur d'autographes* du 16 juillet 1863 (p. 209-213) par Georges Avenel, qui l'avait fait suivre de la traduction d'un long passage où se trouve tracé le portrait physique et moral de Robespierre. D'après l'avertissement, le livre publié à Paris en mai 1794 aurait disparu dès le lendemain de sa mise en vente. Si le fait est contestable, le texte a été certainement rédigé du vivant même du modèle, car l'auteur parle toujours au présent.

Georges Avenel ajoute que la traduction allemande renferme un portrait à la sanguine représentant Robespierre « avec l'encolure d'un Hercule et la chevelure d'un Mérovingien ».

¶ Le Dr CABANÈS a utilisé quelques passages de la traduction de Georges Avenel dans une étude sur la *Vie intime de Robespierre*, qui fait partie de la seconde série du *Cabinet secret de l'histoire* (1897).

25008. — Véritable portrait de Catilina Robespierre tiré d'après nature (1794).

Par J.-J. DUSSAULT.

Voyez tome Ier, n° 4283 et les n°s 4284-4285, rappelés ci-après, qui, sous des titres différents, présentent le même texte.

25009. — Portraits exécrables du traître Robespierre et ses complices tenus par la Furie, avec leurs crimes et forfaits que l'on découvre tous les jours; suivis de la vie privée du scélérat Henriot (1794).

Voyez tome Ier, n° 4284 et la note qui accompagne le numéro précédent. Voyez aussi le numéro suivant.

25010. — Portrait de Robespierre, avec la réception de Fouquier-Tainville (*sic*) aux Enfers par Danton et Camille Desmoulins, par J.-J. DUSSAULT (an III).

Voyez tome Ier, n° 4285 et les deux numéros précédents.

Réimpression, sous un nouveau titre et avec

adjonctions nouvelles, d'une pièce déjà mise deux fois en circulation.

25011. — Robespierre peint par lui-même et condamné par ses propres principes, par LAURENT LECOINTRE... (1794).

Voyez tome I**er**, n° 4289.

25012. — Capet et Robespierre. *Paris, rue de la Loi,* n° 1232. S. d., in-8°, 8 p. [N. Lb⁴¹ 1155.]

Signé : MERLIN DE THIONVILLE.
Parallèle postérieur au 9 thermidor.
Pour une autre pièce de même nature, mais dont l'auteur véritable s'est tardivement dévoilé, voyez le n° 25018 ci-dessous.

25013. — Dialogue entre Marat et Robespierre. *Paris, Debarle, an II de la République,* in-8°, 16 p. [N. Lb⁴¹ 1156 A.]

Voyez les deux numéros suivants.

25014. — Robespierre aux enfers. Pour faire suite au « Dialogue entre Marat et Robespierre ». *Paris, imp. Poignée et Volland, an II de la République,* in-8°, 16 p. [N. Lb⁴¹ 1157.]

On lit au verso du titre cette *Note :*
« Un graveur avait promis de faire une estampe représentant Robespierre enfermé dans une cage, mais ce graveur a manqué de parole. Nous en sommes fâchés ; au reste, il est aisé de se figurer que Robespierre est enfermé. Ce n'est pas l'image qu'il est le plus essentiel de connaître, mais l'ouvrage ; le malheur, c'est que les sans-culottes, pour lesquels il a été fait, n'ont pas le moyen de l'acheter et nous ne sommes pas en état de leur en faire présent, car si le manuscrit nous a été envoyé gratis de l'enfer, il a fallu faire imprimer à Paris et cela coûte beaucoup par les partisans de l'incorruptible Robespierre pour que les auteurs sans-culottes ne puissent pas instruire leurs frères et pour que ceux-ci restassent dans l'ignorance. Il faut espérer que la Convention réparera cette faute en faisant acheter pour les sans-culottes des ouvrages faits pour les instruire et non pour les endormir. »
Voyez le numéro précédent et le numéro suivant.

25015. — Robespierre en cage. Pour faire suite au « Dialogue entre Marat et Robespierre », et « Robespierre aux enfers ». *Imp. Poignée et Volland.* S. d., in-8°, 8 et 8 p. [N. Lb⁴¹ 1158.]

Deux dialogues chiffrés I et II portant le même titre et ayant une pagination séparée. On lit au bas de la p. 1 du premier dialogue :
« Nous avions compté sur une gravure représentant Robespierre dans une loge grillée, nous l'avions même annoncée, mais le graveur a manqué de parole ; cependant comme Robespierre est véritablement enfermé dans une loge ou cage, sinon pour une éternité, du moins pour un temps très long, nous n'avons pas cru devoir donner un autre titre à cet ouvrage que celui qui lui convient le mieux en attendant la gravure, sauf aux incrédules à se transporter en enfer pour s'assurer de la vérité du fait s'ils le jugent à propos. »

25016. — Testament de I.-M. ROBESPIERRE, trouvé à la maison commune. *Imp. du Journal du soir.* S. d., in-8°, 8 p. [N. Lb⁴¹ 1159.]

Apocryphe et satirique.

25017. — Robespierre chez les orphelins ou Histoire secrète des derniers jours de Robespierre. *Londres,* 1794, in-12, 55 p. [N. Lb⁴¹ 1160.]

Allégorie politique des plus singulières : les « orphelins » sont des abeilles dont Robespierre a enfermé la reine dans sa tabatière et qui se vengent en le criblant de blessures.

25018. — MERLIN DE THIONVILLE, représentant du peuple, à ses collègues. Portrait de Robespierre. *Paris, rue de la Loi,* n° 1232. S. d., in-8°, 16 p. [N. Lb⁴¹ 1349.]

Voyez le n° 25012 ci-dessus et les deux numéros suivants.

25018ᵃ. — MERLIN DE THIONVILLE... Portrait de Robespierre. *Imp. de la Vᵉ Marat.* S. d., in-8°, 12 p. [N. Lb⁴¹ 1349 A.]

25018ᵇ. — Portrait de Robespierre. *Paris, rue de la Loi,* n° 1232. S. d., in-8°, 16 p. [N. Lb⁴¹ 3974.]

Signé : MERLIN DE THIONVILLE.
Même pièce que la précédente.
Réimp. dans les *Œuvres* du comte RŒDERER, publiées par son fils (tome III, 1854, pp. 267-271). Au tome VII, p. 22, l'auteur véritable reconnaît qu'avec son assentiment Merlin de Thionville fit imprimer cette brochure sous son nom « afin de donner plus de valeur à la chose ».

25019. — La Queue de Robespierre ou les Dangers de la liberté de la presse (9 fructidor an II-26 août 1794).

Par MÉHÉE fils.

Pour ce pamphlet, ses suites et les réfutations qu'il provoqua, voyez tome II, n°⁸ 9583-9595. Pour diverses pièces de même nature, voyez également *ibid.*, n°⁸ 9496, 9609, 9634.

25020. — Histoire, caractère de Maximilien Roberspierre (sic) et Anecdotes sur ses successeurs. *Hambourg. S. d.,* in-8°, 52 p. (la dernière non chiffrée). [*N.* Ln²⁷ 17635.]

Epigraphe empruntée à Montaigne.
P. 19-51, *Notes.* P. 52, *Errata.*

25021. — Vita del despota sanguinario della Francia, Massimiliano Roberspierre (sic), tradotta dal francese in italiano. *In Italia,* 1795, in-12, 66 p. (la dernière non chiffrée). [*N.* Ln²⁷ 30223.]

25022. — Vie secrète, politique et curieuse de M.-J.-Maximilien Robespierre, député à l'Assemblée constituante, en 1789, et à la Convention nationale jusqu'au 9 thermidor, l'an deuxième de la République, veille de son exécution et de celle de ses complices, suivie de plusieurs anecdotes sur cette conspiration sans pareille. *Paris, Prévost, an II de la République française,* in-12, 36 p. [*N.* Lb⁴¹ 1162.]

Signé : L. Duperron.

Épigr. :

... Il est donc des forfaits
Que le courroux du ciel ne pardonne jamais.
Voltaire.

Au-dessus, un œil portant sur l'arcade sourcilière le mot : *Surveillance* et entouré de cette légende : « Il se fronce devant la tyrannie. »
En regard du titre, frontispice très brutalement gravé représentant la tête sanglante de Robespierre tenue par un bras ; au-dessus du trait carré cette légende : *M.-J. Maximilien Robespierre, surnommé le Catilina moderne, exécuté le 10 thermidor, an 2ᵉ de la République ;* au-dessous ce distique :

J'ai joué les Français et la Divinité.
Je meurs sur l'échafaud, je l'ai bien mérité.

25023. — Histoire de la conjuration de Maximilien Robespierre (1794). *Paris, chez les marchands de nouveautés. S. d.,* in-8°, 220 p. [*N.* Lb⁴¹ 14.]

Par Christophe-Félix-Louis Ventre de La Touloubre, dit Galard de Montjoye.
Première édition anonyme, ainsi que la seconde. Voyez les trois numéros suivants.

25023ᵃ. — Histoire de la conjuration de Maximilien Robespierre. Nouvelle édition, revue, corrigée et augmentée par l'auteur. *Paris, Maret, an IV-*1796, in-8°, 1 f. et 236 p. [*N.* Lb⁴¹ 14 A.]

25023ᵇ. — Histoire de la conjuration de Maximilien Robespierre, par Montjoie. Nouvelle édition, revue, corrigée et augmentée par l'auteur. *Paris, chez les marchands de nouveautés,* 1801, 2 vol. in-18. [*N.* Lb⁴¹ B.]

Le tome Iᵉʳ a pour frontispice un portrait de Robespierre exprimant le sang d'un cœur dans une coupe, portrait signé : Canu et accompagné de cette légende : *Maximilien Robespierre naquit à Arras et fut guillotiné à Paris le 10 thermidor an II.*

25024. — Sucesos memoriales de Maximiliano Robespierre, traducidos de la Historia de su conjuracion, e ilustrados con notas por su traductor (1802), in-12. [*N.* Lb⁴¹ 15.]

Traduction espagnole du numéro précédent. Potraits anonymes de Robespierre, de Marat et de Charlotte Corday.

25025. — La Journée du 9 thermidor, poème historique contenant des détails sur la conspiration de Robespierre, Couthon, Saint-Just, Henriot et de tous leurs complices, précédé d'une Epitre dédicatoire aux vrais sans-culottes, lu à la Convention nationale et prononcé sur différents théâtres de Paris, par le citoyen Bellement, artiste du Théâtre-Patriotique et volontaire de la douzième compagnie de la section du Temple. *Paris, Demoraine, l'an deuxième de la République,* in-8°, 15 p. [*N.* Ye 35257.]

P. 3-6, *Epître dédicatoire* en prose.

25026. — La Nouvelle Montagne en vaudevilles ou Robespierre en plusieurs volumes. *S. l. n. d.,* in-8°, 13 p. [*N.* Lb⁴¹ 1350.]

Prose et vers.
Signé : A. Martainville.

25027. — Rapport fait au nom de la commission chargée de l'examen des papiers trouvés chez Robespierre et ses complices, par E.-B. Courtois (an III).

Voyez tome Ier, nos 4293-4293ᵃ et, pour les *Papiers inédits trouvés chez Robespierre, Saint-Just, Payan*, etc., supprimés ou omis par Courtois (1828) publiés par Alexandre Martin, voyez ibid., n° 4297.

25028. — Liberté, égalité, justice, humanité. Au Représentant du peuple... (9 thermidor an III).

Voyez tome Ier, n° 4496.
Circulaire de Palloy accompagnant l'envoi d'une médaille commémorative de la chute de Robespierre.

25029. — La Vie et les crimes de Robespierre, surnommé le tyran, depuis sa naissance jusqu'à sa mort, ouvrage dédié à ceux qui commandent et à ceux qui obéissent, par M. Le Blond de Neuvéglise, colonel d'infanterie légère. *Augsbourg, chez tous les libraires et dans les principales villes d'Allemagne*, 1795, in-8°, 1 f. et 370 p. [N. Lb⁴¹ 1163.]

On lit au verso du titre :
« Une édition allemande, actuellement sous presse, paraîtra sous peu de jours. » Quérard signale celle de Carl Eggers (Augsbourg, 1795, in-8°) et une traduction italienne de Gaetano T'anursi (Roma, 1795, in-8°).

Épigr. :
Le bonheur fuit la terre où commande le crime.
P. C.

Par l'abbé Liévin-Bonaventure Proyart, d'après Barbier.
Voyez le n° 25057 ci-dessous.

25030. — Descente de Robespierre aux enfers, poème héroï-comique, par M. le cheᵛ de Faucher. *Hambourg, imprimé chez Jean-Pierre Treder*, 1795, in-8°. [N. Ye 1110. Réserve.]

L'ex. de la B. N., tiré sur grand papier de Hollande in-4°, lui a été offert par le prince Labanoff.

25031. — Des causes qui ont empêché la contre-révolution en France et Considérations sur la Révolution sociale, suivies d'une Notice sur Robespierre et ses complices, par M. de Ferrand, conseiller au Parlement de Paris. *Berne, Ém. Haller*, 1795, in-8°, 240 p. [N. La³² 320.]

Épigr. :
Conturbatæ sunt gentes, inclinata sunt regna;
Ps. 45.

P. 238-240. Note sur Robespierre et ses complices.

25032. — Précis historique de la vie, des crimes et du supplice de Robespierre et de ses principaux complices, par le citoyen Desessarts. *Paris, chez l'auteur, rue et place du Théâtre-Français, imp. Delance*, an V (1797), in-12, 1 f. et 248 p. [N. Lb⁴¹ 3977.]

Extrait de la collection des *Procès fameux* dont il forme le tome XV.
Portrait anonyme de profil, à droite.
Voyez les deux numéros suivants.

25033. — La Vie et les crimes de Robespierre et de ses principaux complices, avec le détail des circonstances qui ont accompagné son supplice, par le citoyen Desessarts. Deuxième édition. *Paris, l'auteur, imp. Delance*, an V (1797, v. st.), in-12, 1 f. et 248 p. [N. Lb⁴¹ 53 A.]

En regard du titre, portrait anonyme de Robespierre. L'auteur dit, dans un *Nota* : « On m'a observé avec raison que le nouveau titre que je donne à cette brochure lui convient beaucoup mieux que celui que j'avais adopté. Tel est le motif qui m'a fait changer le premier titre. Au reste, je préviens que cette deuxième édition est entièrement conforme à la première. »
Un autre *Avis* (au verso de la table) nous apprend que ce volume formait le tome XV de la collection des *Procès fameux jugés avant et depuis la Révolution*.

25033ᵃ. — La Vie, les crimes et le supplice de Robespierre et des principaux conventionnels. *Paris, B. Renault*, 1842, 2 vol. in-18. [N. Lb⁴¹ 53.]

Réimpression anonyme du livre précédent.
Portraits anonymes au trait de Robespierre et de Saint-Just.

25034. — Les Crimes de Robespierre et de ses principaux complices, la mort de Marat, son apothéose, le procès et le supplice de Charlotte Corday (1797).

Par Desessarts.
Voyez les nos 20614-20614ᵃ ci-dessus.

25035. — Robespierre, als Freund seines Vaterlandes, oder Merkwürdige Epochen aus der Geschichte Frankreich. *Leipzig, Sommer,* 1798, in-8°.

D'après Quérard et d'après Œttinger.

25036. — La Mort de Robespierre, tragédie en trois actes et en vers, avec des Notes où se trouvent des particularités inconnues relatives aux journées de septembre et au régime intérieur des prisons, notamment une relation complète de l'abbé SICARD et des anecdotes concernant Gandolphe, secrétaire de M. Montmorin, Mme de Beauharnais, Chatriat, Béhourt et un soldat suisse qui, pour échapper à la mort, le 10 août, s'était caché dans une des cheminées du château, et beaucoup d'autres. Ouvrage précédé du poème de « l'Anarchie en 1791 et en 1792 », et suivi de quatorze dialogues entre les personnages les plus célèbres dans la Révolution par leurs vertus ou par leurs crimes. Par *** [ANTOINE SÉRIEYS]. *Paris, Monory,* 9 thermidor an IX (28 prairial 1802), in-8°, XIV-272 p. [N. Yf 10421.]

Voyez le numéro suivant.

25036ᵃ. — La Mort de Robespierre, drame en trois actes et en vers, publié le 9 thermidor an IX (28 juillet 1801), avec des Notes où se trouvent une relation de M. l'abbé SICARD, instituteur des sourds et muets, sur les journées de septembre et autres pièces intéressantes. Edition renouvelée, corrigée et précédée d'une lettre de ROBERT LINDET, membre du Comité de salut public et ancien ministre des finances, sur la situation de la France dans les temps les plus difficiles de la Révolution et particulièrement sur le siège de Lyon, imprimée sur l'original, et d'un 15ᵉ dialogue entre Charrette et Carrier... par *** [ANT. SERIEYS]. *Paris, Monory.* S. d. (1802), in-8°, XXXVIII-XIII-286 p. [N. Yth 20982.]

ÉPIGR. :
Accablé du passé, le présent le maudit
Et la postérité d'avance le poursuit.
Trag. de *Robespierre*, acte I, sc. V.

En regard du titre, portrait de Robespierre, dessiné par BONNEVILLE, gravé par B. GAUTIER.

25037. — Des französischen Tyrannen M. Robespierre's politischen Leben, merkwürdige Thaten und trauriges, von JOHANN JACOB TRUNK. *Heidelberg,* 1808, in-8°.

D'après Quérard et d'après Œttinger.

25038. — Oraisons funèbres de Louis XVI..., de Marie-Antoinette..., de Madame Elisabeth... et de Louis-Charles, Dauphin de France..., par feu M. l'abbé VITRAC, suivies de « Robespierre aux enfers », poème héroï-comique du même auteur (1814).

Voyez le n° 20889 ci-dessus.

25039. — Précis historique des événements qui se sont passés dans la soirée du 9 thermidor..., par C.-A. ME[R]DA (1825).

Voyez tome Iᵉʳ, n° 4304 et le n° 24069 ci-dessus, ainsi que l'article de M. AULARD sur *Robespierre et le gendarme Meda* rappelé dans la note qui accompagne cette seconde mention.

25040. — Causes peu connues de la Révolution du 9 thermidor, Robespierre (1829).

Par DESCHIENS.
Voyez tome Iᵉʳ, n° 4306.

25041. — Mémoires authentiques de MAXIMILIEN ROBESPIERRE, ornés de son portrait et du fac-similé de son écriture extraits de ses Mémoires. *Paris, Moreau-Rosier,* 1830, 2 vol. in-8°. [N. La³³ 94.]

Le fac-similé placé entre les pp. 296-297 du tome Iᵉʳ est celui de deux couplets de la chanson très connue :

O dieux ! Que vois-je, mes amis ?

Le portrait annoncé n'a pas paru.
L'ouvrage, promis en quatre volumes, fut interrompu par la Révolution de juillet.
Ces *Mémoires,* rédigés par CHARLES REYBAUD, furent désavoués par une lettre de Charlotte Robespierre adressée, le 24 mai 1830, à *l'Universel,* qui refusa de l'insérer, mais elle a été recueillie par la *Revue rétrospective* de Taschereau (tome 1ᵉʳ (1833), p. 405) et depuis plusieurs fois reproduite.

25042. — OEuvres choisies de MAXIMILIEN ROBESPIERRE, avec une notice historique et des notes, par le citoyen LAPONNERAYE. *A Paris, chez la mère de Laponneraye,* faub. Saint-Denis, n° 16, et chez Rouanet, libraire, rue Verdelet, n° 6, 1832, in-8°. [N. Z 30423.]

Titre pris sur une couverture de livraison.

L'ex. de la B. N. est précédé d'un prospectus de quatre pages et composé des livraisons 2, 3 et 4, paginées 65-256. Le texte n'a été non pas reproduit, comme le dit Quérard, mais réimprimé dans le numéro suivant.

25043. — Œuvres de MAXIMILIEN ROBESPIERRE, avec une notice historique, des notes et des commentaires, par LAPONNERAYE, précédées de Considérations générales par ARMAND CARREL. *Paris, chez l'éditeur, faubourg Saint-Denis*, 13, 1840, 3 vol. in-8°. [N. Z 30424-30426.]

Bien que les titres portent la date de 1840, les trois volumes n'ont été annoncés qu'en 1842 dans la *Bibliographie de la France*.

Les *Considérations générales* d'Armand Carrel sont en réalité un article paru le 8 juillet 1836 dans le *National*, en réponse à un article du *Journal des débats* sur l'influence des études classiques au point de vue des idées révolutionnaires. Cet article n'a pas été réimprimé dans l'édition des *Œuvres politiques et littéraires* d'Armand Carrel publiée par Littré et Paulin (1857-1858, 5 vol. in-8°).

Quérard (*France littéraire*, tome XII) a donné le détail de la composition de l'édition Laponneraye et je ne puis que renvoyer le lecteur à ce dépouillement.

La moitié du tome II est remplie par la réimpression des *Mémoires de Charlotte Robespierre sur ses deux frères*, suivie de *Notes et pièces justificatives* dont Quérard donne également le détail.

Voyez les n°s 25054 et 25060 ci-dessous.

25044. — Max. Robespierre dictator von Frankreich, von HEINRICH ELSNER. *Stuttgardt*, 1835, in-8°.

D'après Quérard et d'après Œttinger.

25045. — Observations sur Maximilien Robespierre. S. l. n. d. (*Bruxelles, Demarée*, 1837), in-4°, 4 p. à deux col.

Par PHILIPPE BUONAROTTI.

Publiées par ALEXANDRE et FÉLIX DELHASSE dans le journal *le Radical* de Bruxelles et tirées à part à 10,000 exemplaires, si l'on en croit une note de la *Petite Revue*, tome VI, pp. 5-6, signée R. et que l'on peut attribuer à Poulet-Malassis, qui tenait le renseignement de Félix Delhasse lui-même.

25046. — Robespierre, mit Bezeichnung auf die neueste Zeit, dargestellt von einem Wahrheitsfreunde. (Robespierre apprécié relativement aux opinions modernes, par un ami de la vérité). *Leipzig, F.-A. Brockhaus*, 1837, in-8°, XVI-212 p. et 1 f. n. ch. (*Errata*). [N. Ln^{27} 17637.]

Par F.-A. SCHULZE, d'après Kayser.

25047. — Histoire de Robespierre, de la Convention nationale et des comités, d'après l'« Histoire de la Révolution française », par [DE] M. TISSOT, de l'Académie française. *Paris, B. Renault*, 1844, in-18. [N. Lb^{41} 56.]

Le tome Ier a seul paru à cette date.

25047ª. — Histoire de Robespierre... *Paris, B. Renault*, 1846, 2 vol. in-18. [N. Lb^{41} 56 A.]

Le premier volume est celui de 1844 avec un nouveau frontispice; le tout a été remis en circulation en 1850, sous la rubrique de la *librairie populaire des villes et des campagnes*.

25048. — Notice sur Robespierre, par M. P.-A. VIEILLARD. *Imp. E. Duverger*. S. d. (1844), in-8°, 1 f. et 20 p. [N. Ln^{27} 17638.]

Extrait de l'*Encyclopédie des gens du monde*.

25049. — Maximilien Robespierre (Caen, 20 octobre 1847). *Caen, B. de Laporte*, 1847, in-8°, 166 p. [N. Ln^{27} 17639.]

Extrait du *Journal de Caen*, tiré à 80 ex.

ÉPIGR. :

Son nom paraîtra dans la race future
Aux plus cruels tyrans une cruelle injure.
RACINE, *Britannicus*.

Par JULIEN TRAVERS.

Réponse à des articles apologétiques parus dans *le Haro*, journal de Caen.

25050. — Robespierre. *Paris, imp. Gerdès*, 1847, in-8°, 15 p.

Par ÉDOUARD BERGOUNIOUX, selon de Manne.

Tirage à part d'un article paru dans l'*Artiste*, revue de Paris, du 6 juin 1847, signé de six étoiles et précédé de cette épigraphe :

Il a été condamné, il n'a pas été jugé.
CAMBACÉRÈS.

25051. — Galerie des hommes illustres de la Révolution [par Alfred Meilheurat] (1847).

Voyez le n° 20582 ci-dessus.
Voyez aussi, pour d'autres publications collectives où figure la biographie de Robespierre, les n°⁵ 20585, 20586, 20588, 20796.

25052. — Le Robespierre de M. de Lamartine. Lettre d'un septuagénaire à l'auteur de l'« Histoire des Girondins », par Fabien Pillet (1848).

Voyez le tome Ier de la *Bibliographie*, n° 512.

25053. — The Life of Maximilien Robespierre, with extracts from his unpublished correspondence, by G.-H. Lewes, author of « the Biographical history of philosophy », etc., etc. *Philadelphia, Carey and Hart,* 1849, in-18, 328 p. [*N.* Ln^{27} 17640.]

Épigr. :

Cet homme ira loin, car il croit tout ce qu'il dit.
MIRABEAU.

25054. — Collection complète des opinions de Robespierre et des discours par lui prononcés à l'Assemblée constituante, à la Société des Amis de la Constitution (Jacobins), à la Convention nationale, augmentée des principaux articles de son journal « le Défenseur de la Constitution », le tout formant l'ensemble de la doctrine politique et socialiste, mis en ordre par M. Arthur Guillot. *Paris, chez les marchands de nouveautés,* 1849, in-8°, 32 p.

D'après la *Bibliographie de la France,* 1849, n° 1967.
Arthur Guillot, statuaire et publiciste, collaborateur de *l'Artiste* et de la *Revue indépendante*, annonçait que les trois volumes de cette nouvelle édition contiendraient, outre les textes déjà connus, plus de cent articles, motions ou discours qui avaient échappé à Laponneraye.
Il n'a paru de cette édition que le spécimen signalé ici.

¶ Arthur Guillot avait publié antérieurement dans la *Revue indépendante* de 1846, tome XX, pp. 521-575 et tome XXI, pp. 191-232, deux articles intitulés : Maximilien Robespierre et M. Thiers.

25055. — Robespierre's Triumph und Sturz. Ein Beitrag zur Geschichte der französischen Revolution (Triomphe et chute de Robespierre. Matériaux pour servir à l'histoire de la Révolution française), von Théodore Opitz. *Leipzig, Costenoble et Remmelmann,* 1850, in-18, VI-291 p. [*N.* Lb^{41} 67.]

25056. — Maximilien Robespierre, par J. Lodieu, de Plouvain (près d'Arras), ex sous-commissaire d'arrondissement. *Arras, imp. Ve J. Degeorge,* 1850, in-12, 144 p. (la dernière non chiffrée). [*N.* Ln^{27} 17641.]

Épigr. empruntées à Mirabeau, Lamartine et Robespierre.
La page non chiffrée contient deux *Errata*.

¶ On trouve dans la *Correspondance* de Béranger, publiée par Paul Boiteau (tome IV, p. 79-81), une très remarquable lettre du chansonnier à M. Lodieu, sur Robespierre et son rôle politique.

25057. — La Vie de Maximilien Robespierre. *Arras, Théry,* 1850, in-12, 2 ff. et IV-292 p. [*N.* Ln^{27} 17642.]

Epigraphe empruntée à J. de Maistre.
Réimp. très modifiée du livre de l'abbé L.-B. Proyart (voyez le n° 25029 ci-dessus) par les soins de son neveu, l'abbé Joseph-Marie Proyart (1803-1888), mort vicaire général du diocèse d'Arras : des phrases ont été changées, des paragraphes retranchés ou déplacés, des additions intercalées, etc.
P. 212, *Portrait de Robespierre,* par M. Eugène Pelletan (extrait d'un article publié dans la Presse du 18 janvier 1848). P. 243, *Liste des membres de la Convention nationale,* avec le vote de chacun d'eux, dans le procès de Louis XVI. P. 286, *Appendice* (lettres d'un citoyen Brune, d'Arras, à la citoyenne Robespierre et de celle-ci à son frère Maximilien).

25058. — Ce bon M. de Robespierre!! par Charles Chabot. *Paris, Dentu,* 1852, in-12, 144 p. [*N.* Lb^{55} 2247.]

Épigr. :

Lecteur, ne pleure point son sort,
Car s'il vivait, tu serais mort.

En regard du titre, portrait gravé sur bois, signé : J.-J.-M. et F. Anne.
Violent pamphlet dont une partie seulement a trait à Robespierre ; le surplus est un appel à la réaction en vue des élections générales.

25059. — Les Robespierre, monographie bibliographique, par J.-M. Quérard.

Paris, l'éditeur, quai Saint-Michel, n° 21, mars 1863, in-8°, 44 p. [N. Lm³ 772.]

On lit au verso du faux-titre : Extrait du tome XII de la France littéraire. Tiré à cent.

25060. — Œuvres de ROBESPIERRE, recueillies et annotées par A. VERMOREL. Deuxième édition. Paris, Achille Faure, 1867, in-12, 2 ff., VII-316 p. et 1 f. n. ch. (Table). [N. La³² 450.]

Cette « deuxième » édition est en réalité celle qui avait paru en 1865 chez Cournol et dont on avait renouvelé le titre.
L'*Introduction historique* contenant l'indication des principaux discours et des principales opinions de Robespierre occupe les pp. 1-160; elle est suivie de quelques-uns des discours et rapports de Robespierre les plus connus.

25061. — Histoire de Robespierre d'après des papiers de famille, les sources originales et des documents entièrement inédits, par ERNEST HAMEL. *Paris, librairie internationale, A. Lacroix, Verboeckhoven et Cⁱᵉ, éditeurs; même maison à Bruxelles, à Leipzig et à Livourne*, 1865-1867, 3 vol. in-8°. [N. Ln²⁷ 27788.]

Le titre du tome Ier, imprimé par Poupart Davyl, porte en plus : *La Constituante*.
Le titre du tome II porte en plus : *Les Girondins*.
L'adresse sur ce tome et sur le suivant est ainsi modifiée : *Paris, chez l'auteur*, 31, avenue Trudaine, et chez les principaux libraires et tous deux sont imprimés par Ch. Jouaust.
Le titre du tome III porte en plus : *La Montagne*.
L'ouvrage devait être primitivement intitulé : *Histoire de Robespierre et du coup d'Etat du 9 thermidor*, mais les éditeurs obtinrent de l'auteur qu'il supprimât la seconde partie de ce titre. Frappés à la même époque d'une condamnation tardive pour la publication du *Marat* d'Alfred Bougeart (voyez le n° 23926 ci-dessus), ils refusèrent, après l'apparition du premier volume de l'*Histoire de Robespierre* de continuer la publication. Ernest Hamel obtint contre eux un jugement qui les mettait en demeure d'exécuter leur traité ou de lui payer une indemnité de mille francs, car l'impression du livre était faite à frais communs (cf. *Gazette des tribunaux* du 24 mars 1866 et le n° 25074 ci-dessous) ; mais Ernest Hamel assuma seul la dépense et les risques de la publication qui, d'ailleurs, ne donna lieu à aucune poursuite; en revanche elle souleva de vives polémiques, notamment entre l'auteur et Michelet. Voyez le n° 25062 ci-dessous.

25061ᵃ. — Histoire de Robespierre et du coup d'Etat du 9 thermidor, par ERNEST HAMEL, conseiller général de la Seine, auteur de l'« Histoire du second Empire ». *A. Cinqualbre, éditeur, Paris*. S. d. (1878), 3 vol. in-4°. [N. Ln²⁷ 21788 A.]

Portraits et compositions sur bois provenant de diverses publications.
La Table générale des matières est à la fin du tome III.
Texte encadré d'un double filet.

25062. — M. Michelet historien, par ERNEST HAMEL (1869).

Voyez tome Ier, n° 201.

25063. — Leben Robespierre's. I Theil (1758-1789), nebst Uebersicht über die Quellen. Ein Beitrag zur Geschichte der ersten französischen Revolution, von J. HERMANN. Separatabdruck aus dem Osterprogramm des Kœlnischen Gymnasium zu Berlin 1871. *Druck der Naux'schen Buchdruckerei in Berlin*. S. d., in-4°, 28 p. [N. Ln²⁷ 48772.]

25064. — Maximilien Robespierre. *Paris, imp. Ed. Blot et fils aîné*. S. d. (1873), in-folio. [N. Ln²⁷ 27510.]

Portrait anonyme sur bois, encadré d'un texte signé : H. MAISSIN. On lit au-dessous de ce texte : *Imagerie républicaine*.
Publication de propagande.

25065. — Robespierre, par ADRIEN MAGGIOLO. *Paris, librairie de la Société bibliographique*, 1876, in-18, 36 p. [N. La³² 501ᵃ.]

La couverture imprimée sert de titre.
Brochures populaires sur la Révolution française, n° 12.

25066. — La Révolution de thermidor. Robespierre et le Comité de salut public en l'an II, par CH. D'HÉRICAULT (1876).

Voyez tome Ier, n°ˢ 4307-4307ᵃ.

25067. — Maximilian Robespierre. Ein Lebensbild nach zum Theil noch unbenutzten Quellen. (Maximilien Robespierre d'après des sources encore en partie inexploitées.) Von Dr KARL BRUNNEMANN. *Leipzig, W. Friedrich*, 1880, in-8°, IV-224 p. [N. Ln²⁷ 32121.]

25067ᵃ. — Maximilian Robespierre. Ein Lebensbild..., von Dʳ KARL BRUNNEMANN. II. Auflage. *Leipzig et Berlin, W. Friedrich,* 1885, in-8°, VI-220 p. (la dernière non chiffrée). [*N.* Ln²⁷ 32121 A.]

La préface de cette seconde édition (p. V-VI) est datée d'Elbing, septembre 1884.

25068. — Dʳ KARL BRUNNEMANN. Maximilien Robespierre, traduction et notes de L[OUISE] LÉVI. Tome Iᵉʳ. *Paris, Schleicher.* S. d. (1904), in-8°, XIV-370 p.

La première partie de cette traduction s'arrête au 10 mai 1793.
La traductrice a complété le texte par de très nombreuses notes.
Une partie de cette traduction avait paru dans les *Cahiers de la quinzaine* de janvier 1904.

25069. — L'Éloquence parlementaire pendant la Révolution française. Les Orateurs de l'Assemblée constituante, par F.-A. AULARD... (1882).

Voyez tome Iᵉʳ de la *Bibliographie*, n° 434 et pour les *Orateurs de la Législative et de la Convention* du même auteur, *ibid.*, n° 524.

25070. — La Société française pendant la Révolution. L'Amour sous la Terreur, par M. DE LESCURE (1882).

Voyez le n° 20766 ci-dessus.

25071. — Le Livret de Robespierre, par HENRI WELSCHINGER. Extrait du « Correspondant ». *Paris, J. Gervais,* 1883, in-8°, 31 p. [*N.* Lb⁴¹ 5052.]

Notes prises sur un carnet déposé aux Archives nationales et dont Courtois, dans son rapport du 16 nivôse an III, n'avait cité que quelques lignes. Réimp. dans *le Roman de Dumouriez* de l'auteur (Paris, 1890, in-18), ainsi que l'étude sur le journaliste *Lebois*, décrite sous le n° 23535 ci-dessus.

25072. — JEAN BERNARD [PASSERIEU]. Quelques poésies de ROBESPIERRE. *Paris, Georges Maurice,* 1890, in-16, 69 p. [*N.* 8° Ye 2605.]

Reproduction commentée des diverses pièces de vers authentiques ou douteuses connues sous le nom de Robespierre.

¶ Le sujet avait été déjà traité incidemment par ARTHUR DINAUX dans son opuscule intitulé : *la Société des Rosati d'Arras* (Valenciennes, 1850, in-4°) et par M. VICTOR BARBIER dans une plaquette intitulée : *les Rosati* (Arras, imp. Répessé-Crepel. S. d. (1888), petit in-8°).

25073. — Statskoupet den 9 thermidor aar II Robespierres Fald, studiè fra den franske Revolution. (Le 9 thermidor an II et la chute de Robespierre, étude sur la Révolution française), af Dʳ Med. L. F. TOTT. *Kjobenhaven, Nielsen et Lydiche,* 1890, in-12, 1 f. et VII-371 p. [*N.* Lb⁴¹ 5213.]

Sur la couverture, portrait de Robespierre de profil à dr.

25074. — ERNEST HAMEL. Thermidor, d'après les sources originales et les documents authentiques, avec un portrait de Robespierre gravé sur acier. *Paris, librairie Furne, Jouvet et Cᵉ, éditeurs,* 1891, in-12, 4 ff. et XII-363 p. [*N.* Lb⁴¹ 5201.]

Le portrait, signé GEOFFROY, est emprunté à une autre publication de la maison Furne.
Dans la *Préface* l'auteur donne quelques détails (résumés ci-dessus, n° 25061), sur les difficultés que lui suscita la publication de son *Histoire de Robespierre.*
Le texte du présent volume lui est emprunté pour la plus grande partie et les débuts politiques du tribun sont racontés d'après la notice publiée par l'auteur dans la réimpression de la *Biographie universelle* Michaud.

25075. — La Maison de Robespierre, par M. ERNEST HAMEL, sénateur. *Paris, Al. Charles,* MDCCXCV (1895), in-8°, 1 f. et 32 p.

Tirage à part non spécifié de *la Révolution française,* tome XXVIII, pp. 385-416.
Voyez le numéro suivant et le n° 25078 ci-dessous.

25076. — VICTORIEN SARDOU, de l'Académie française. La Maison de Robespierre. Réponse à M. E. Hamel, sénateur. Avec plans et gravures. *Paris, Paul Ollendorff,* 1895, in-8°, 2 ff., 81 p. et 1 f. n. ch. (nom et adresse de l'imprimeur). [P. 31064.]

On lit au verso du faux-titre : « Il a été tiré à part dix ex. sur papier du Japon numérotés à la presse (1 à 10). »
Les planches et gravures hors texte et dans le texte sont chiffrées de I à X.
Ernest Hamel riposta par un nouvel article intitulé : *la Maison de Robespierre, réplique à M. Sardou, de l'Académie française* (la *Révolu-*

tion française, tome XXIV (juillet-décembre 1795), pp. 113-132). La même revue (tome XXIX, p. 380-381) a inséré une lettre d'Ernest Hamel, motivée par une interview prise à M. Sardou par un rédacteur du *Figaro* (19 septembre 1895) et publié (tome XXXVI, janvier-juin 1899, p. 375-376), le résumé d'une communication faite par M. Ernest Coyecque à la Commission du Vieux Paris touchant un état des lieux (1783) retrouvé dans les archives de la direction départementale des Domaines et donnant gain de cause à la thèse soutenue par Ernest Hamel ; voyez aussi le n° 25073 ci-dessous.

25077. — Robespierre, ses principes, son système politique, par M. Anatole de Gallier. Extrait de la « Revue des questions historiques », juillet 1896. *Paris, bureaux de la Revue*, 1896, in-8°, 74 p. [N. Ln^{27} 44169.]

25078. — Etudes de topographie historique. La Maison mortuaire de Turgot. La Maison de Robespierre, par Ernest Coyecque. *Paris*, 1899, in-8°, 28 p. [N. Lk^{7} 31880.]

On lit, p. 28 : Extrait du *Bulletin de la Société de l'histoire de Paris et de l'Ile de France*, tome XXVI (1899).
Voyez les n°^{s} 25075-25076 ci-dessus.

25079. — M. Koustobourov. Maximilien Robespierre. *Moscou, typ. Borisenko*, 1899, in-12, 48 p. [N.Ln^{27} 47595.]

Publication en langue russe dont le titre est donné ici en français.

25080. — Camille Daux. La Dictature de Robespierre et les mystiques révolutionnaires. (Extrait de « la Science catholique » 1901). *Sueur-Charruey, Arras-Paris*. S. d. (1901), in-8°, 70 p. [N. Lb^{41} 5438.]

20080bis. — Robespierre, a study, by Hilaire Belloc, B. A. *London, Nisbet*, 1901, in-8°.

D'après le *Répertoire méthodique de l'histoire moderne et contemporaine* de MM. Brière, P. Caron et H. Maître (5° année, 1902, n° 895).

25081. — Maximilien de Robespierre héraldiste, par le vicomte Oscar de Poli, président du Conseil héraldique de France. *Paris, Conseil héraldique de France, 45, rue des Acacias*, 1903, in-8°, 24 p. [N. Ln^{27} 50248.]

Sous ce titre, M. de Poli a groupé une généalogie de la famille de Robespierre, sans renvoi au travail de M. A.-J. Paris, que j'ai signalé dans la note du n° 24993 ci-dessus, la reproduction partielle, d'après le journal *l'Eclair*, de la lettre de Robespierre sur son excursion à Carvin (voyez *ibid.*) et enfin la description d'un manuscrit de la B. N. (fr. 14354) contenant des documents généalogiques et nobiliaires relatifs aux Flandres et à l'Artois et qui, suivant une note de Dacier, aurait été confisqué chez Robespierre après le 9 thermidor.

25082. — [**Robespierre** (Bon-Joseph-Augustin de).] Victor Barbier. Lettres inédites d'Augustin Robespierre à Antoine Buissart, précédées de notices biographiques. *Arras*, 1891, in-8°.

Tirage à part, que je n'ai pu voir, d'un travail paru dans les *Mémoires de l'Académie d'Arras* (tome XXI, 1890). Un compte rendu d'Etienne Charavay (*Révolution française*, tome XXI, juillet-déc. 1891, pp. 380-384) signale en outre un portrait de Robespierre jeune dont M. Victor Barbier a donné la reproduction.

25083. — Athénée de Forcalquier. Séance du 28 octobre 1900. Robespierre jeune dans les Basses-Alpes, par Martial Sicard, maire et député. *Forcalquier, Albert Crest, imprimeur*, 1900, in-8°, 32 p. [N. Ln^{27} 48136.]

¶ *La Révolution française* (tome XXXII, 1897, p. 87) a signalé un roman historique de M. Van Ten Brint, intitulé : *Augustin Robespierre, eene novelle uit het tidjvak der Terreur* (Amst. 1895, in-8°).

25084. — [**Robespierre** (Marie-Marguerite-Charlotte de).] Mémoires de Charlotte Robespierre sur ses deux frères, précédés d'une introduction et suivis de pièces justificatives, par Laponneraye. Deuxième édition. *Paris, chez l'éditeur, au dépôt central, faubourg Saint-Denis, n° 16*, 1835, in-8°, 183 p. [N. Ln^{27} 17636.]

Réimpression de ces *Mémoires* et de leurs appendices publiés la même année dans le tome III des *Mémoires de tous* (cf. n° 20580 ci-dessus) ; ils ont été de nouveau réimp. dans le tome II des *Œuvres* de Robespierre publiées par Laponneraye (voyez le n° 25043 ci-dessus).

¶ La comtesse Dash a publié un roman intitulé : *Mademoiselle Robespierre* (1855, 2.vol. in-12) qui n'est rappelé ici que pour mémoire.

25085. — [**Robin** (Léonard).] Tribunat. Discours prononcé par Huguet sur la mort du citoyen Robin, membre du Tribunat. Séance extraordinaire du 26 thermidor an X (14 septembre 1802). *Imp. Nationale, an X*, in-8°, 6 p. [*N.* Le⁶¹ 614.]

25086. — A la mémoire de Léonard Robin, tribun et membre de l'Académie de législation. Discours prononcé à la séance publique du 1ᵉʳ germinal an XI (22 mars 1803) par le citoyen Mulot, ex-législateur. *S. l. n. d.*, in-8°, 16 p. [*N.* Ln²⁷ 17650.]

Rochefort (Desbois de). — Voyez au Supplément **Desbois de Rochefort**.

25087. — [**Rochez** (Pierre-Denis). Pierre-Denis Rochez à ses concitoyens. *Imp. de la Société des Amis du commerce.* *S. d.* (1794), in-4°, 3 p. [*P.* 29070*.]

Dénonciation contre Ronsin au sujet d'un détournement de linge (appartenant à l'état-major de la garde nationale) et dont Ronsin l'accusait de son côté.

25088. — Demande par Pierre-Denis Rochez, sous-lieutenant de cavalerie légère, sans activité, au Conseil des Cinq-Cents, afin d'obtenir une pension en forme de récompense nationale, pour avoir gardé avec succès, à la tour du Temple, le dernier roi des Français et sa famille (2 pluviôse an VII-21 janvier 1797). *S. l. n. d.*, in-4°, 3 p. [*N.* Ln²⁷ 17715.]

25089. — Mémoire pour Pierre-Denis Rochez, sous-lieutenant du onzième régiment de hussards, contre Jacques Savard, se disant architecte, et à ses concitoyens de toutes les autorités constituées et à ses braves frères d'armes. *Paris, imp. J.-B. Maudet.* *S. d.*, in-8°, 7 p. [*N.* Ln²⁷ 17716.]

Plainte en escroquerie et abus de confiance.

25090. — [**Rocquet** (Jacques-Cl.-Martin).] Trait de dévouement du sieur Jacques-Claude-Martin Rocquet, sergent dans la section de la Croix-Rouge, le jour de la Fête-Dieu 1791. *S. l. n. d.* (1803?), in-4°, 8 p. et 1 f. n. ch. [*N.* Ln²⁷ 17718.]

Le titre de départ porte en plus : *horloger, rue de Grenelle-Saint-Honoré, n° 31, sergent en 1791, dans la garde nationale de la section de la Croix-Rouge.*
Signé : Louis Chevalier.

25091. — [**Rœderer** (Pierre-Louis).] Petites lettres à un grand homme ou Riou, représentant du peuple, à M. Rœderer, de l'Institut national de France, littérateur, publiciste, moraliste et économico-politico-journaliste. N° 1 (13-20 vendémiaire an V-4-11 octobre 1796). *Paris, vendémiaire an V*, in-8°, 16 p. [*N.* Lb⁴² 196.]

25092. — Dédicace d'un Errata à un grand homme de seconde origine. *Imprimé sur les bords du lac Léman, avec les presses qui servirent jadis à publier l'Ecossaise et le Pauvre Diable, l'an 1802 de l'ère prohibée*, in-8°, 2 ff. et 24 p. [*N.* Ln²⁷ 17728.]

Signé : Népomucène Abauzit, cousin de Jean-Jacques et ci-devant souverain populaire de Genève quand elle était en République.
Au verso du faux-titre (tenant lieu de titre), dédicace : *A Rœderer, membre (à ce que l'on croit) de l'Institut national, protecteur des journaux qui n'appartiennent non aux hommes, mais aux places et destructeur du Journal de Paris, qui lui appartient à lui-même, l'un des quarante d'une Académie française qui n'a duré qu'un jour, destiné à devenir associé de la Société Royale de Londres s'il avait aimé son Roi et correspondant de la Société républicaine de Philadelphie s'il avait aimé une République.*
Diatribe de Delisle de Sales à propos d'un article de Rœderer sur son *Mémoire en faveur de Dieu*.

25093. — Notice biographique concernant M. Rœderer, extraite de la « Biographie nouvelle des contemporains ». *Paris, Bossange frères, 1825*, in-8°, 51 p. [*N.* Ln²⁷ 17726.]

Publiée par Rœderer lui-même « pour céder aux désirs de sa famille et de ses amis » et accompagnée de quelques notes rectificatives.

25094. — Vie politique du comte Rœderer, tirée de la « Biographie de la Moselle », par E.-A. Bégin, D.-M., associé correspondant de la Société royale des Antiquaires de France et membre de plusieurs Académies nationales et étrangères. *Metz, Verronnais*, 1831, in-8°, 95 p. [*N*. Ln²⁷ 17727.]

25095. — Chronique de cinquante jours, du 20 juin au 10 août 1792..., par P.-L. Rœderer (1832).

Voyez tome I*er* de la *Bibliographie*, n° 342. Réimp. au tome III des *Œuvres* de l'auteur publiées par son fils; on y trouve également deux fragments intitulés, l'un : *Notice de ma vie pour mes enfants*, première [et unique] partie; l'autre : *Notice pour une biographie demandée par mon fils Antoine*.

25096. — Extrait du « Moniteur universel des 18 et 25 juillet et du 1er août 1853. Le comte Rœderer. *Imp. Panckoucke. S. d.* (1852), in-8°, 68 p. [*N*. Ln²⁷ 17728.]

Signé : Sainte-Beuve.
Réimp. dans les *Causeries du lundi* (tome VIII) et dans le tome VIII des *Œuvres* de Rœderer publiées par son fils (voyez le n° 25098 ci-dessous).

25097. — Réfutation d'un passage des « Mémoires » posthumes du comte Miot de Mélito. *Imp. F. Didot frères, fils et Cᵉ* (1859), in-12, 14 p. [*N*. Ln²⁷ 17729.]

Signée : le baron Rœderer et datée du château de Menilles, 4 août 1858.
La couverture imprimée sert de titre.

25098. — Réfutation d'un article du journal le « Messager de Paris » du 19 novembre 1859 concernant le comte Rœderer (20 décembre 1859). *Paris, imp. F. Didot frères, fils et Cᵒ. S. d.*, in-18. [*N*. Ln²⁷ 17730.]

Extrait paginé 13-16.
Ces deux *Réfutations* sont extraites du tome VIII des *Œuvres*.

¶ Aux documents biographiques indiqués ici, il faut joindre l'*Eloge de M. le comte Rœderer*, lu par Mignet dans la séance publique annuelle de l'Académie des sciences morales, le 27 décembre 1837, imprimé dans le compte rendu officiel de cette séance (1837, in-4°), réimp. dans la *Revue des deux mondes* du 1er janvier 1838, sous le titre de : *Rœderer, sa vie et ses travaux* (il existe un tirage à part que je n'ai pu voir), puis dans les *Mémoires* de l'Académie (2e série, tome II, 1839, in-4°), dans les recueils constitués par la réunion des travaux de l'auteur comme secrétaire perpétuel et successivement intitulés : *Notices et mémoires historiques*; *Notices historiques, Portraits et Notices historiques et littéraires* (voyez la note qui accompagne le n° 24076 ci-dessus), enfin dans tome VIII des *Œuvres de Rœderer.*
Le tome XII de *la France littéraire* de Quérard contient une notice bibliographique très étendue des écrits de Rœderer et le dépouillement de l'édition de ses *Œuvres* (1853-1859, 8 vol. gr. in-8°) publiées par son fils, qui n'a pas été mise dans le commerce.

25099. — [**Roget** (Bon-Jean).] Mémoire de Bon-Jean Roget, aveugle, et de sa femme, sur les injustices qui lui ont été faites depuis huit ans et huit mois qu'il est reçu aux Quinze-Vingts. *Imp. J.-B. Colas. S. d.* (1793), in-4°, 8 p. [*R*. AD. XIV, 9.]

Le Mémoire est signé (p. 6) : Marie-Catherine Gouy, femme de Bon-Jean Roget, frère aveugle, reçu aux Quinze-Vingts depuis huit ans et huit mois.

25100. — [**Rohan-Rochefort** (Marie-Henriette-Charlotte-Dorothée d'Orléans Rothelin, princesse de).] Rapport fait au nom de la commission des Vingt-quatre par Poullain-Grandprey... sur les charges et accusations contre la citoyenne Rothelin-Rohan-Rochefort (1795).

Voyez tome I*er*, n° 4235.

25101. — [**Roland** (Charles-Nicolas).] Mémoire au roi Louis XVI, en dénonciation d'abus d'autorité et de mépris des lois, exercés contre moi Roland, ci-devant caissier pour Sa Majesté du produit de la vente des grains qui appartenaient au gouvernement sous le règne précédent, régisseur et caissier du Droit de sortie sur les grains passés à l'étranger, receveur des tailles de l'élection de Chartres, généralité d'Orléans, caissier du Sr Watelet, receveur général des finances de ladite généralité, caissier général des domaines et bois de la généralité de Flandre, ou Journal de mes emprisonnements à la Bastille, Petit Châtelet, Conciergerie et au Temple (car est prison tout lieu d'où l'on ne peut sortir pour suivre ses affaires). Récit des persécutions et injustices que j'ai souffertes depuis le 15 octobre 1779 jusqu'au mois de juillet 1783, par l'abus des ordres du Roi, le mépris des lois par la Chambre des comptes de Paris et par l'incompétence et le mal jugé de cette

Chambre, lesquels elle a elle-même reconnus en partie par ses arrêtés subséquents après avoir assuré ma ruine, ce qui m'a forcé de m'expatrier. Anecdotes, pièces justificatives et projets de finances par moi fournis à M. Necker et par lui exécutés en partie. Le tout relatif audit Mémoire ou Journal. *Londres, 1784, réimprimé en 1789, étant relatif à l'ouvrage intitulé : le Financier patriote,* in-8°, 5 p., 1 f. n. ch., 283 p. et 4 tableaux. [N. Ln^{27} 17776.]

25102. — [**Roland** (Jean-François).] Réponse de Roland, fils aîné, premier commis au département de la guerre, 5e division, aux calomnies imprimées contre lui dans un mémoire distribué au Corps législatif, signé : Vernier, Grenot, Champion, Faivre et Janod, députés du Jura. *Imp. Pougin. S. d.,* in-8°, 7 p. [N. Ln^{27} 17779.]

Cette *Réponse*, qui figure ici à raison de l'emploi de son auteur, a trait à une polémique locale très violente dont on trouvera les éléments sous les cotes Lb^{42} 1729-1731 du *Catalogue de l'histoire de France* de la B. N. Le « Mémoire » que vise J.-F. Roland est en réalité intitulé : *les Députés du Jura soussignés à tous leurs collègues membres des deux Conseils.* (Imp. Baudouin. S. d., in-4°.)

25103. — [**Roland** (Jean-Marie).] Convention nationale. Compte rendu, le 23 septembre [1792], et dont la Convention nationale a ordonné l'impression, l'envoi aux 83 départements et à l'armée. *Imp. Nationale,* 1792, in-8°, 16 p. [N. Le^{37} 2 A.]

Signé : Roland.
Un ex. d'épreuves de cette pièce, avec corrections et remaniements de la main de Mme Roland, est conservé au département des Mss. de la B. N. (Fr. nouv. acq. 7543.)

25104. — Convention nationale. Lettre du ministre de l'intérieur à la Convention nationale, du 30 septembre 1792... Imprimée par ordre de la Convention nationale et envoyée aux 83 départements. *Imp. Nationale. S. d.,* in-8°, 8 p. [N. Le^{37} 2 A.]

Signée : Roland.
Exposé de son rôle et de celui de ses collègues.

D'autres pièces, également relatives au second ministère de Roland, ont été décrites tome III, n°s 12614-12616.

25105. — Rapport fait à la Société des Amis de la liberté et de l'égalité..., par J.-M. Collot d'Herbois..., sur les nombreuses accusations à porter contre le ministre Roland (3 mars 1793).

Voyez tome Ier, n° 3976 et le numéro suivant.

25106. — Roland à Collot. *Imp. Laurens jeune. S. d.,* in-folio plano. [N. Lb^{41} 4803.]

Réfutation des attaques dirigées contre lui.
Le texte est imprimé au recto et au verso de l'affiche.

25107. — L'Ex-ministre de l'intérieur au président de la Convention nationale (10 avril 1793). *S. l. n. d.,* in-8°, 4 p. [N. Lb^{41} 615.]

Signé : Roland.
Envoi de sa démission.

25108. — Dialogues des vivants. *Paris, imp. Mayer. S. d.,* in-8°, 1 f. et 34 p. [N. Lb^{41} 2361.]

Le titre de départ, page 1, porte en plus : *Publiés par un espion émérite de l'ancien régime, enrôlé sous Pétion dans le régime nouveau* et ce *N. B.* : « Ce dialogue et les deux suivants ont été copiés suivant la méthode du tachygraphe Guiraut, n° 25, rue Bergère. »
Premier dialogue : *la Baronne de Coppet* [Mme Necker], *la citoyenne Roland.*
Second dialogue : *les mêmes, Lanthenas.*
Troisième dialogue : *les mêmes, Roland,* Mme *de Staël déguisée en jockey.*

25109. — Les Ministres de la République française. I. Roland et Mme Roland, par le baron de Girardot, secrétaire général du département de la Loire-Inférieure. *Paris, Guillaumin,* 1860, in-8°, 267 p. [N. Ln^5 19.]

Entre le titre et la p. 5, fac-similé des derniers mots écrits par Roland avant son suicide.
Le titre de départ, p. 5, porte : *Études sur les ministres de la République. 1792-An VIII. Circulaires de* Roland *et de* Mme Roland.
M. de Girardot avait recueilli cinquante-six documents émanés de Roland pendant son passage au ministère et dont beaucoup avaient été minutés par sa femme.

25110. — [**Roland** (Mme), née Marie-Jeanne Palipon.] La femme Roland à ses juges. S. l. n. d., in-8°, 11 p. [N. Lb⁴¹ 895.]

Le titre de départ, page 3, porte : *Discours prononcé par* MARIE-JEANNE PHELIPPON (sic), *âgée de* 36 (sic) *ans, femme de* JEAN-MARIE ROLAND, *ex-ministre de l'intérieur, aux juges du Tribunal révolutionnaire, le 18 brumaire, l'an II, jour de sa condamnation à mort, écrit de sa main et joint aux pièces de son procès déposées au greffe de ce tribunal.*

25111. — Copie littérale, prise sur la minute, du style et de la main de MARIE-JEANNE ROLAND, femme du ci-devant ministre de l'intérieur. *Paris, chez la Ve A.-J. Gorsas et chez la citoyenne Mathé, an III de la République*, in-8°, 15 p. [N. Lb⁴¹ 896.]

Même ouvrage que le précédent.

25112. — Jugement rendu par le Tribunal criminel révolutionnaire... qui, sur la déclaration du juré de jugement, portant qu'il a existé une conspiration horrible contre l'unité et l'indivisibilité de la République, la liberté et la sûreté du peuple français; que Marie-Jeanne Phlipon, femme de Jean-Marie Roland, est convaincue d'être l'un des auteurs ou complices de cette conspiration, condamne Marie-Jeanne Phlipon, femme de Jean-Marie Roland, ex-ministre, à la peine de mort (18 brumaire an II-8 novembre 1793). *Paris, imp. du Tribunal criminel révolutionnaire*. S. d., in-4°, 8 p. [N. Lb⁴¹ 2232*.]

25113. — Appel à l'impartiale postérité, par la citoyenne ROLAND, femme du ministre de l'intérieur, ou Recueil des écrits qu'elle a rédigés pendant sa détention aux prisons de l'Abbaye et de Sainte-Pélagie, imprimé de sa fille unique privée de la fortune de ses père et mère, dont les biens sont toujours séquestrés. *Paris, Louvet, an III*, 4 vol. in-8°. [N. Lb⁴¹ 2101.]

Publié par LOUIS-AUGUSTIN-GUILLAUME BOSC, dépositaire des manuscrits de Mme Roland, qu'il avait cachés durant la Terreur, dans l'ermitage de Sainte-Radegonde, près Saint-Prix (Seine-et-Oise).

Voyez les n°s 21925-21926 ci-dessus.

Dans un Avertissement daté du 20 germinal an III (9 avril 1795) Bosc annonçait que le portrait de la citoyenne Roland, gravé par

« l'estimable PASQUIER, le compatriote du mari et l'ancien ami de tous deux », devait être placé en tête de la première partie, mais qu'il ne pourrait être livré qu'avec la dernière ; en publiant celle-ci, le 20 prairial suivant (8 juin 1795), il prévenait qu'un accident arrivé à la planche l'obligeait à en ajourner la distribution. Or, ce portrait, très probablement gravé dès 1792, selon les déductions de M. Perroud, ne fut jamais joint à la première édition des écrits posthumes de Mme Roland. Il existe cependant en deux états, le premier sans aucune lettre, le second portant la signature de Pasquier gravée à la pointe et accompagné de ce quatrain :

J'étais républicaine et j'ai vécu sans crime ;
O mes concitoyens, ne plaignez pas mon sort !
J'étonnai les tyrans dont je fus la victime ;
La femme de Caton devait braver la mort.

M. CL. PERROUD a publié dans le *Bulletin de la Société des sciences et arts du Beaujolais* (1re année, 1900, n° 2) une notice sur *Pierre Pasquier* (1731-1806) ; elle n'a pas été tirée à part.

25114. — Œuvres de J.-M.-Ph. ROLAND, femme de l'ex-ministre de l'intérieur, contenant les mémoires et notices historiques qu'elle a composés dans sa prison, en 1793, sur sa vie privée; sur son arrestation, sur les deux ministères de son mari et sur la Révolution; son procès et sa condamnation à mort par le Tribunal révolutionnaire ; ses ouvrages philosophiques et littéraires faits avant son mariage; sa correspondance et ses voyages, précédés d'un Discours préliminaire par L.-A. CHAMPAGNEUX, éditeur, et accompagnées de notes et de notices du même sur sa détention. *Paris, Bidault, an VIII*, 3 vol. in-8°. [N. Z 23293-23295.]

En regard du titre du tome Ier, portrait de *J.-M.-Ph. Roland...*, signé : B.-A. NICOLLET del. C.-S. GAUCHER inc. an VIII.

ÉPIGR. :

Fortis at infelix et plus quam fæmina.

Voici l'indication sommaire du contenu de ces trois volumes :

Tome Ier (p. I-XC) : *Discours préliminaire ou Notice sur J.-M.-Ph. Roland et sur la présente édition*, par L.-A. CHAMPAGNEUX. Vie privée. *Avis à sa fille sur les devoirs d'une mère. Détails intéressants sur l'attachement des enfants.*

Tome II. *Notices historiques sur la Révolution. Portraits et Anecdotes. Gironde. Observations sur l'acte d'accusation contre les vingt-deux. Dernières pensées. Dernière lettre à sa* fille. *Notes sur le procès de la citoyenne Roland. Notices sur l'arrestation et la prison du c.* CHAMPAGNEUX.

Tome III. *Œuvres de loisir et réflexions diverses. Voyages de* J.-M.-PH. ROLAND.

25115. — Mémoires de Mme ROLAND, avec une notice sur sa vie, des notes et des éclaircissements historiques, par MM. BERVILLE et BARRIÈRE. *Paris, Baudouin fils*, 1820, 2 vol. in-8°. [*N.* La^{33} 96.]

Les faux-titres portent : *Collection des mémoires relatifs à la Révolution française*.
La seconde édition (1821) est en tout conforme à la première.

25115ᵃ. — Mémoires de Madame ROLAND, avec une notice sur sa vie, des notes et des éclaircissements historiques, par MM. BERVILLE et BARRIÈRE. Troisième édition. *Paris, Baudouin frères* (imp. H. Balzac), 1827, 2 vol. in-8°.

Cette réimp. est précédée (t. I, pp. I-VIII) d'un *Avis des libraires-éditeurs sur cette nouvelle édition*; on y trouve reproduit en grande partie un article de LÉMONTEY paru dans le *Constitutionnel* du 4 novembre 1820, où il évoquait le souvenir de ses courtes relations personnelles avec Mme Roland, lors du séjour de celle-ci à Lyon.

25115ᵇ. — Mémoires de Mme ROLAND. Nouvelle édition, accompagnée de notes et d'appendices, précédée d'une notice biographique et ornée d'un beau portrait. *Paris, Rapilly; F. Baroyer; Collin de Plancy*, 1823, 2 vol. in-18. [*N.* La^{23} 96 I.]

La *Notice sur Mme Roland* est signée MARIE ROGER, pseudonyme attribué par Barbier à Mme ANNE-ALEXANDRINE ARAGON et par Quérard (*Supercheries litt.*) à Mme CLOTHILDE-MARIE COLLIN DE PLANCY, dont le pseudonyme habituel était MARIE D'HEURES.
Au bas du portrait, copié sur celui de l'an VIII, réduction du dessin de Levachez, représentant la comparution de Mme Roland devant le Tribunal révolutionnaire (*Tableaux historiques de la Révolution française* (éd. de 1802), tome III ; cf. tome Ier de la *Bibliographie*, p. 54).

25115ᶜ. — Mémoires de Mme ROLAND. Nouvelle édition revue sur les textes originaux, avec notes et éclaircissements, par J. RAVENEL, conservateur à la Bibliothèque du Roi, et précédée d'une notice historique. *Paris, Auguste Durand*, 1840, 2 vol. in-8°. [*N.* La^{33} 96 C.]

L'ex. de la B. N. est précédé d'un prospectus de 4 p.
La Notice historique est signée H. R. [HIPPOLYTE ROLLE, qui avait été le collègue de M. Ravenel à la Bibliothèque de la ville de Paris].
Les notes sont signées R., initiale habituellement employée par M. Ravenel pour le commentaire des textes qu'il a mis au jour; néanmoins, dans une note du *Catalogue de l'histoire de France* de la Bibliothèque (tome Ier, p. 182) il a fait ou laissé imprimer que cette édition (enregistrée sous son nom, en 1840, par Beuchot dont il était le collaborateur), lui avait été « faussement attribuée ».

25115ᵈ. — Mémoires particuliers de Mme ROLAND, suivis des notices historiques sur la Révolution, du portrait et anecdotes, et des derniers écrits et dernières pensées, par la même, avec avant-propos et notes par Fs. BARRIÈRE. *Paris, Firmin Didot frères*, 1847, in-12, 2 ff. et 526 p. [*N.* L^{46} 34.]

Le faux-titre porte : *Bibliothèque des mémoires relatifs à l'histoire de France pendant le 18e siècle...* Tome VIII.

25115ᵉ. — Mémoires de Mme ROLAND. Seule édition entièrement conforme au manuscrit autographe transmis en 1858 par un legs à la Bibliothèque impériale, publiée avec des notes, par C.-A. DAUBAN. Ouvrage orné du portrait de Mme Roland, gravé par ADRIEN NARGEOT et enrichi du fac-similé de fragments du manuscrit autographe de Mme Roland. *Paris, Henri Plon*, 1864, in-8°, 2 ff. et 443 p. [*N.* La^{33} 96 D.]

Le portrait placé en tête de l'ouvrage n'a aucune authenticité puisque, selon une note de Dauban (p. 71), le graveur s'était servi d'un physionotrace, du portrait de Pasquier et de celui de Nicollet gravé par Gaucher.

25115ᶠ. — Mémoires de Madame ROLAND écrits durant sa captivité. Nouvelle édition, revue et complétée sur les manuscrits autographes et accompagnée de pièces inédites, par P. FAUGÈRE. *Paris, L. Hachette et Ce*, 1864, 2 vol. in-12. [*N.* La^{33} 96 E.]

Tels qu'ils nous sont parvenus, les divers fragments manuscrits désignés sous le titre de

Mémoires de Mme Roland, ont tour à tour passé entre les mains de Bosc, de Champagneux, de François Barrière avant de revenir entre celles de la fille unique de l'auteur, Mme Eudora Champagneux. Dans ces pérégrinations multiples plusieurs cahiers furent égarés ou démembrés ; l'un d'eux, tracé aussitôt après l'incarcération de Mme Roland et confié à Champagneux, fut même détruit lorsque le dépositaire vint à son tour grossir le nombre des suspects, et c'est pour remplacer cette rédaction primitive qu'elle récrivit une partie des *Notices historiques* commencées le 1er juin 1793.

En 1846, Mme Champagneux offrit à Prosper Faugère l'ensemble des papiers afférents aux *Mémoires*; après les avoir collationnés sur les éditions antérieures et pour obéir au vœu de sa vieille amie, il déposa ces manuscrits à la Bibliothèque impériale. De cette collation même il était résulté la constatation d'un certain nombre de suppressions et d'altérations de détail dues à des motifs très différents. La principale de ces suppressions portait sur un assez long passage où Mme Roland, s'autorisant de l'exemple donné par Rousseau dans ses *Confessions*, avait conté de quelles sollicitations et tentatives elle avait — encore adolescente — été l'objet de la part d'un apprenti de son père. Ce passage, resté inédit jusqu'en 1864, fut simultanément rétabli par M. Faugère et par Dauban dans leurs éditions respectives; mais le premier, cédant à un scrupule tardif, supprima d'un nouveau tirage ces pages compromettantes pour celle dont Mme Champagneux l'avait chargé de défendre la mémoire. Dauban eut beau jeu à taquiner sur ce point son concurrent, lorsqu'éclata entre eux une polémique dont les éléments sont décrits sous les n°s 25123-25126 ci-dessous. Ce second tirage de l'édition Faugère est d'ailleurs devenu rare et je n'ai pu en voir un exemplaire.

Parmi les nombreuses études auxquelles la publication des *Mémoires* a donné naissance, il convient de rappeler le témoignage même d'un contemporain, GINGUENÉ, qui a écrit dans *la Décade* (10 thermidor an III, tome VI, pp. 33-37) quelques pages émues sur l'*Appel à l'impartiale postérité*; puis, de nos jours, les articles de SAINTE-BEUVE dans les *Nouveaux lundis* (tome VIII), d'EDMOND SCHERER dans les *Etudes critiques sur la littérature contemporaine* (2e série, 1865), de LOUIS COMBES (le *Secret de Mme Roland*, à propos de ses lettres à Buzot) dans les *Episodes et curiosités révolutionnaires* (cf. tome Ier de la *Bibliographie*, n°s 271-271ª).

Les originaux des derniers écrits de Mme Roland ont été successivement déposés à la Bibliothèque, en 1858, par Prosper Faugère, en 1864, par Henri Plon, en 1888 et en 1892, par Mme Ve Faugère et des héritiers Roland. M. Cl. Perroud a consacré aux papiers constitutifs des *Mémoires* une étude critique minutieuse insérée dans *la Révolution française* (tome XXXVI, janvier-juin 1897, pp. 231-270 et 296-315).

25115ᵍ. — Mémoires de Madame ROLAND. Edition conforme au manuscrit déposé à Bibliothèque impériale. *Paris, Lucien Marpon*. S. d. (1865), 4 vol. in-18. [*N.* La³³ 96 G.]

Les titres de chaque volume portent en outre: *La Petite Bibliothèque* [à] 25 *centimes*.

25115ʰ. — Mémoires de Madame ROLAND, avec une préface par JULES CLARETIE. Frontispices gravés par LALAUZE. *Paris, librairie des bibliophiles*, MDCCCXXIV (1884), 2 vol. in-16. [*N.* 8° Z 1628 (9).]

Les couvertures et les faux-titres portent : *Bibliothèque des Dames*.

Le passage relatif à la scène dite de « l'atelier » est rejeté dans les notes du tome Ier.

25115ⁱ. — Collection pour les jeunes filles, couronnée par l'Académie française. Choix de mémoires et écrits des femmes françaises au XVIIe, XVIIIe et XIXe siècles, avec leurs biographies, par Mme CARETTE, née BOUVET. Madame ROLAND. *Paris, Ollendorff*, 1894, in-12, XL-325 p. [*N.* La³³ 191.]

Edition très abrégée et expurgée.

25115ʲ. — Mémoires de Madame ROLAND. Nouvelle édition critique contenant des fragments inédits et les lettres de la prison, publiés par CL. PERROUD, recteur de l'Académie de Toulouse. *Paris, Plon-Nourrit et Cⁱᵉ*, 1905, 2 vol. in-8°.

En regard du titre du tome Ier, portrait héliogravé de Mme Roland d'après un portrait conservé dans sa famille. En regard du titre du tome II, portrait héliogravé de Roland, dessiné d'après nature et gravé par NICOLAS COLIBERT.

25116. — Lettres autographes de Mme ROLAND, adressées à Bancal-des-Issarts, membre de la Convention, publiées par Mme HENRIETTE BANCAL-DES-ISSARTS, et précédées d'une introduction par SAINTE-BEUVE. *Paris, Eugène Renduel*, 1835, in-8°, LX-356 p. [*N.* La³³ 97.]

P. IX-XVI, *Notice sur Bancal des Issarts*, par sa fille aînée. P. XVII-LIX, *Madame Roland*, par SAINTE-BEUVE. La p. LX, non chiffrée, contient des errata qui s'appliquent au texte des *Lettres*.

Voyez le numéro suivant.

25117. — Lettres inédites de Mlle Phlipon, Mme Roland, adressées aux demoiselles Cannet, de 1772 à 1780, publiées par Auguste Breuil, avocat à la cour royale d'Amiens. *Paris, W. Coquebert,* 1841, 2 vol. in-8°. [N. Ln^27 17780.]

Sainte-Beuve a réimprimé dans les *Portraits de femmes* l'introduction aux *Lettres* à Bancal des Issarts et son article de la *Revue des deux mondes* (15 novembre 1840) sur les *Lettres* aux demoiselles Cannet.

25118. — Lettres en partie inédites de Madame Roland (Mademoiselle Phlipon) aux demoiselles Cannet, suivies des Lettres de Madame Roland à Bosc, Servan, Lanthenas, Robespierre, etc., et Documents inédits, avec une introduction et des notes, par C.-A. Dauban. Ouvrage orné d'une photographie et d'une gravure. *Paris, Henri Plon,* 1867, 2 vol. in-8°. [N. Ln^27 22753.]

La photographie placée en regard du titre du tome Ier est celle du portrait du musée de Versailles peint par Heinsius. En regard du titre du tome II, double pl. gr. sur bois, représentant la maison de M. Phlipon sur le Pont-Neuf et le plan de son appartement (dessin de Valton, gr. de Martin ; le plan est signé : H. Duflocq, arch[itecte].

25118^a. — Lettres choisies de Mme Roland, annotées par C.-A. Dauban, conservateur-sous-directeur adjoint à la Bibliothèque impériale. *Paris, Henri Plon; Ch. Delagrave,* 1867, in-12, 2 ff. et 416 p. [N. Ln^27 22753 A.]

25119. — Lettres de Mme Roland, publiées par Claude Perroud, recteur de l'Académie de Toulouse. *Paris, imprimerie Nationale,* MDCCCC-MDCCCCII (1900-1902), 2 vol. gr. in-8°. [N. et P. Usuels.]

Collection des Documents inédits sur l'histoire de France (2e série).
Tome Ier, 1780-1787. Tome II, 1788-1793.
Première édition véritablement critique de la correspondance de Mme Roland depuis son mariage jusqu'à sa mort et comprenant 563 lettres, dont 323 entièrement inédites, 36 dont le texte était en partie publié, et 204 déjà imprimées telles que M. Perroud les a reproduites, d'après les originaux de la Bibliothèque nationale. Dans cette collection ne figurent pas les *Lettres* de Mlle Phlipon aux demoiselles Cannet, ni celles que M. Join-Lambert a données (voyez les n°s 25117 ci-dessous et 25138 ci-dessus) ; mais M. Perroud a dressé de cette partie de la correspondance un tableau chronologique et critique que l'on trouvera tome Ier, pp. XXXV-XLIV.

A la fin du tome II sont groupés vingt-deux *Appendices* marqués de A à V, dont le détail est donné p. LXXXV du tome Ier, sans renvois aux pages auxquelles ces indications correspondent.

L'un de ces *Appendices* consacré à *Mentelle* a été, sous sa première forme, décrit plus haut (voyez n° 24060). M. Perroud a fourni aussi à la *Révolution française* un certain nombre d'articles sur divers points ou personnages se rattachant à la vie publique ou privée de Roland et de sa femme ; il a donné la liste de ces articles p. LXXVII de son *Introduction* ; celui qu'il a intitulé *Une amie de Mme Roland, Sophie Granchamp,* a été aussi l'objet d'un tirage à part (voyez le n° 22955 ci-dessus).

25120. — Les Femmes célèbres de la Révolution, par Dubroca (1802).

Voyez le n° 20753 ci-dessus et les divers autres répertoires ou études, de même nature, décrits sous les n°s 20754-20768 *passim.*

25121. — Madame de Staël et Madame Roland ou Parallèle entre ces deux dames, en présence de quelques événements de la Révolution. Traduit de l'allemand. *Paris, Janet et Cotelle; Francfort-sur-le-Mein, S. Schmerber; Bruxelles, à la librairie parisienne,* 1830, in-8°, 122 p. [N. Ln^27 19164.]

Traduction d'une étude de Fr.-Chr. Schlosser, parue dans les *Archives pour l'histoire et la littérature* (*Archiv für Geschichte und Litteratur*).

25122. — Etude sur Madame Roland et son temps, suivie des lettres de Madame Roland à Buzot et d'autres documents inédits, par C.-A. Dauban. Ouvrage orné d'un portrait inédit de Buzot, gravé par Adrien Nargeot, et enrichi du fac-similé des lettres de Mme Roland à Buzot, de Buzot à Jérôme Le Tellier, et de la notice de Mme Roland sur Buzot. *Paris, Henri Plon,* 1864, in-8°, 2 ff., CCLXXI-72 p. (la dernière non chiffrée). [N. Ln^27 17781.]

En regard du titre, portrait de Buzot et fac-similé de la notice inscrite par Mme Roland derrière une miniature retrouvée par Ch. Vatel. Entre les pp. 22 et 23, fac-similé d'une lettre de Mme Roland à Buzot ; entre les pp. 32 et 33, fac-similé d'une autre lettre au même ; entre les pp. 40-41, autre fac-similé. Entre les pp. 58-59, fac-similé de la lettre de Buzot à Jérôme Le Tellier, à Evreux.

25123. — La Vérité sur Mme Roland et sur les deux éditions de ses « Mémoires » publiées simultanément Imp. Plon. S. d. (1864), in-8°, 32 p. [N. La³³ 155.]

Par C.-A. Dauban.
Voyez les n°s 25115e-25115f ci-dessus et les quatre numéros suivants.

25123a. — La Vérité sur Mme Roland et sur les deux éditions de ses « Mémoires »... Deuxième édition augmentée d'un appendice. Paris, imp. H. Plon. S. d. (1864), in-8°, 36 p. [N. La³³ 155 A.]

25124. — Appendice à « la Vérité sur Mme Roland »,... Paris, imp. Plon. S. d. (1864), in-8°, 4 p. [N. La³³ 156.]

Signé : C.-A. Dauban.
Tirage à part de l'addition signalée dans le numéro précédent.

25125. — La Vérité vraie sur la publication des « Mémoires » de Madame Roland, par M. P. Faugère. Paris, L. Hachette et Cⁱᵉ, 1864, in-8°, 3 ff. et 48 p. [N. La³³ 157.]

Le titre de départ, p. 1, porte : La Vérité vraie ou Lettre à M. T... [Templier], avocat à la cour impériale de Paris, à propos d'un écrit récemment publié à la librairie de M. Plon.
Réfutation du factum précédent.

25126. — Réponse à « la Vérité vraie »... Paris, imp. Plon. S. d. (1865), in-8°, 8 p. [N. La³³ 158.]

Signé : C.-A. Dauban.

25127. — A propos d'autographes. Marie-Antoinette, Mme Roland, Charlotte Corday, par M. de La Sicotière... (1864).

Voyez le n° 20985 ci-dessus.

25128. — Révélation historique au sujet des manuscrits de Mme Roland, de Salle, de Pétion, de Barbaroux, de Buzot, de Louvet, récemment mis en vente, par J. Guadet (1865).

Voyez le n° 22014 ci-dessus.

25129. — Esquisses historiques. Quatre femmes au temps de la Révolution [par Mme Ch. Lenormant] (1866).

Voyez le n° 21307 ci-dessus.

25130. — Deux femmes de la Révolution, par Charles de Mazade (1866).

Voyez le n° 21308 ci-dessus.

25131. — Madame Roland, par Mme Eugène Garcin. Paris, librairie centrale des publications populaires, H.-E. Martin, directeur, 1880, in-16, 160 p. [N. Ln²⁷ 32644.]

Portrait sur bois emprunté à une autre publication.

25132. — Victor Lamy. Deux Femmes célèbres (Madame Roland et Charlotte Corday) (1884).

Voyez le n° 22281 ci-dessus.

25133. — Souvenirs de la Révolution. Madame Roland. Sa détention à l'Abbaye et à Sainte-Pélagie (1793) racontée par elle-même dans ses « Mémoires ». Paris, Georges Hurtrel, artiste-éditeur, 1886, in-16, 239 p. [N. Ln²⁷ 36169.]

Illustrations de V.-A. Poirson, gravées par Jeanjean et Petit.

25134. — Four Frenchwomen, by Austin Dobson (1890).

Voyez le n° 22285 ci-dessus.

25135. — Clarisse Bader. Mme Roland, d'après des lettres et des manuscrits inédits. Extrait du « Correspondant ». Paris, De Soye et fils, 1892, in-8°, 55 p. [N. Ln²⁷ 40993.]

L'auteur a mis en œuvre des papiers restés inemployés entre les mains de François Barrière.

¶ La Révolution française (tome XXVII, juillet-déc. 1894, p. 192) a signalé une étude en langue russe sur Mme Roland et Saint-Just (in-8°, 194 p.) publiée par Mme d'Ivanoff, sous le pseudonyme de Micovich.

25136. — A propos du monument des Girondins. Les Trois Girondines : Madame Roland, Charlotte Corday, Madame Bouquey et les Girondins..., par ARMAND DUCOS (1895).

Voyez le n° 22286 ci-dessus.

25137. — Madame Roland, a biographical study, by IDA M. TARBELL. *London, Laurence and Bullen*, 1896, in-8°, XIII-328 p. [*N.* Ln[27] 44394.]

Parmi les quatorze illustrations qui accompagnent ce volume, les portraits n'ont, pour la plupart, aucune authenticité, mais les vues de la maison du Pont-Neuf, de la place Dauphine, de l'Abbaye, de la Conciergerie, du clos de la Plâtière sont empruntées à des documents sérieux.

25138. — Le Mariage de Madame Roland. Trois années de correspondance amoureuse (1777-1780). Publié avec une introduction et des notes, par A. JOIN-LAMBERT. Deux portraits en héliogravure. *Paris, E. Plon, Nourrit et C°*, 1896, in-8°, 3 ff., LXXX-335 p. et 1 f. n. ch. (*Table des matières*). [*N.* Ln[27] 43886.]

En regard du titre, profil gr. à l'eau-forte, avec cette légende : *A* (?) *Phlipon gravée par son père à 19 ans. J*[r] *1773. Née en mars 1754*. Entre les pp. XXXII, portrait de J.-M. Roland, gravé par HILLEMACHER, en 1849, d'après un dessin de JACQUES-MARIE-ANTOINE LEMOINE, daté de 1779, ayant fait partie du cabinet de l'antiquaire et marchand d'autographes Danquin. Dans la *Revue critique* du 25 mai 1896, M. Perroud a formulé diverses réserves au sujet de ces deux portraits : celui de Mme Roland lui paraît surtout sujet à caution. De quelle main est l'inscription tracée sur l'épreuve du musée Carnavalet? Si ce portrait était l'œuvre de Phlipon, comment supposer qu'il se serait trompé sur l'initiale du premier prénom de sa fille et sur la date de sa naissance? Le modèle n'a d'ailleurs aucun des traits connus de la future Égérie de la Gironde et je serais, pour ma part, tenté de voir dans cette petite planche la réminiscence d'une de ces nombreuses têtes de femmes gravées aux frais de M. de Julienne d'après les croquis de Watteau.

ᚚ Les *Miscellanies of the Philobiblon Society* (tome XIV, 1872-1876) ont publié le texte d'une note tracée par Mlle Phlipon après la lecture d'une relation que Roland aurait écrite d'un voyage en Angleterre avant 1777. Cet autographe, provenant du Dr Spurzheim, appartenait à Mrs. Daniel Gaskell, veuve d'un membre du Parlement.

25139. — [**Roland** (Philippe-Laurent).] Institut royal de France. Académie royale des beaux-arts. Funérailles de M. Roland (12 juillet 1816). *Imp. F. Didot. S. d.*, in-4°, 4 p. [*N.* Ln[27] 17782.]

Discours de QUATREMÈRE DE QUINCY.

Le même a lu en séance publique de l'Académie des beaux-arts, le 2 octobre 1819, un éloge de Roland imp. dans la première série de son *Recueil de notices historiques*... (1834, in-8°.

25140. — Société royale des sciences, de l'agriculture et des arts de Lille. Rapport lu, en séance publique, le 20 juillet 1846, par M. PIERRE LEGRAND, au nom de la commission chargée d'examiner les mémoires des concurrents à la médaille d'or offerte à l'auteur de la meilleure notice sur la vie et les ouvrages du statuaire Roland (27 juillet 1846). *Lille, imp. Leleux. S. d.*, in-8°, 19 p. [*N.* Ln[27] 17783.]

La couverture imprimée sert de titre.

25141. — Roland et ses ouvrages, par DAVID (d'Angers). *Paris, Pagnerre*, 1847, in-8°, 40 p. [*N.* Ln[27] 17784.]

Mémoire couronné par la Société royale des sciences de Lille.

En regard du titre, médaillon de Roland, par DAVID d'Angers, gravé sur bois par POIRET.

ᚚ M. HENRY MARCEL a publié dans la *Gazette des beaux-arts* du 1er mars 1901 un article sur *Quelques œuvres inédites de Philippe Roland*, accompagné de reproductions dans le texte.

Voyez également tome III de la *Bibliographie*, n° 12251, une notice sur Roland contenue dans le travail de M. H. Thirion sur *le Palais de la Légion d'honneur* (1883).

Roland - Montjourdain. — Voyez **Montjourdain** (Nicolas-Roland).

25142. — [**Romme** (Gilbert).] Notice biographique sur Romme, membre et président de la Convention nationale (1791-1795). *Paris, Saintjorre*, 1848, in-8°, 16 p. [*N.* Ln[27] 17830.]

Signé : H. G.

25143. — Un Conventionnel du Puy-de-Dôme. Romme le Montagnard, par MARC DE VISSAC. *En vente chez Dilhan-Vivès*, *libraire-éditeur, Clermont-Ferrand*, 1883, in-8°, VIII-285 p. [*N*. Ln²⁷ 34270.]

A la suite des pièces composant l'*Appendice*, M. de Vissac a donné la *Note des manuscrits de G. Romme* qui sont en sa possession et celle des sources qu'il a consultées, y compris Capefigue et la duchesse d'Abrantès.

25144. — Cᵗᵉ HENRY D'IDEVILLE. Romme le Montagnard, conventionnel du Puy-de-Dôme (1750-1795). Etude critique d'après l'ouvrage de M. Marc de Vissac, de Riom, avec autographe et portrait. Extrait du « Correspondant ». *Paris, librairie Firmin Didot et Cⁱᵉ*, 1884, in-8°, 48 p.

Epigraphes empruntées à Taine et à M. Marcelin Boudet.
Entre le faux-titre et le titre, fac-similé d'une lettre de Romme à Bonnet, de Genève (Zurich, 1787) après une visite à Lavater (2 p. et demie in-8°). Entre le titre et le titre de départ, portrait de Romme, signé : J. P. V. et gravé sur bois.

25145. — Romme et Soubrany. Conférence faite à Riom, le 10 juillet 1896, sous la présidence de M. Delpit, avocat général à la Cour d'appel, par G. DESDEVISES DU DÉZERT, professeur d'histoire à l'Université de Clermont. *Clermont-Ferrand, typ. et lith. G. Mont-Louis*, 1896, 34 p. [*N*. Ln²⁷ 44736.]

25146. — [**Ronot**.] Aux autorités constituées. Vols, dilapidations, concussions, impositions arbitraires impunis. *Imp. Porthmann. S. d.* (1799), in-8°, 19 p. [*R.* AD. XVI, 72.]

Procès-verbal de l'interrogatoire du c. Ronot, ex-secrétaire de l'administration municipale du canton de Clichy-la-Garenne, accusé d'infidélités et de détournements (9 prairial an VII-28 mai 1799) et commentaires sur l'indulgence prolongée des pouvoirs publics à son égard.

25147. — [**Ronsin** (Charles-Philippe).] Correspondance de RONSIN, commissaire ordonnateur en chef de l'armée de la Belgique, avec les commissaires de la Convention nationale, le ministère de la guerre, etc. *Paris, Guillaume jeune et Pougin*, 1793, in-8°, VI-66 p. [*N*. Lb⁴¹ 2091.]

Publication apologétique.
Ronsin fut exécuté le 4 germinal an II (24 mars 1794) en même temps qu'Hébert, Momoro, etc.

25148. — [**Rosny** (Joseph).] Au Gouvernement français. *Autun, imp. Dejussieu, an X*, in-8°, 31 p. [*N*. Ln²⁷ 17864.]

Le faux-titre, servant de titre, est suivi des *Etats de service de* JOSEPH ROSNY et d'une pétition autobiographique. P. 21-31, *Tableau des diverses pièces et certificats qui peuvent constater les principes et les services de Joseph Rosny durant sa gestion des différents emplois qu'il a occupés pendant le cours de la Révolution, tant dans la partie militaire qu'administrative*.

25149. — [**Rossignol** (Jean).] La Vie véritable du citoyen JEAN ROSSIGNOL, vainqueur de la Bastille, général en chef des armées de la République dans la guerre de Vendée (1759-1802), publiée sur les écritures originales, avec une préface, des notes et des documents inédits, par VICTOR BARUCAND. *Paris, E. Plon, Nourrit et Cⁱᵉ*, 1896, in-12, 2 ff. et XXIII-383 p. [*N*. Ln²⁷ 44179.]

L'éditeur ne dit pas où se trouve le manuscrit dont il a fait usage et qui appartient aux Archives de la Guerre.

25150. — [**Rotondo** (J.-B.).] Lettre de M. Rottondo (*sic*) à M. le duc d'Orléans (19 avril 1789). *S. l. n. d.*, in-8°, 4 p. [*N*. Lb³⁹ 1538.]

Apocryphe et satirique.

25151. — Aux Citoyens patriotes des sections de Paris et de toutes les sociétés des amis de la constitution française (1ᵉʳ mai 1791). *Paris, imp. patriotique*, in-8°, 7 p. [*N*. Lb³⁹ 4898.]

Signé : ROTONDO, professeur, membre de plusieurs clubs patriotiques, rue Dauphine, chez M. L'Heureux, au bureau de la Loterie, n° 56, et VERRIÈRES, premier défenseur officieux de la liberté civile, rue de l'Egalité.
Au bas de la p. 1 de l'ex. de la B. N., envoi au crayon ainsi libellé : « M. l'Evech (*sic*) Grégoire. ROTONDO, ami de M. Robert.
Protestation de Rotondo contre ceux qui le représentaient comme un émissaire du duc d'Orléans.

25152. — Adresse du professeur ROTONDO à tous les citoyens français, amis de la liberté. *S. l. n. d.* (1791), in-8°, 7 p. [*N*. Ln²⁷ 17889.]

Signée, p. 7 : ROTTONDO (*sic*), professeur au ci-devant prieuré de Saint-Martin-des-Champs.

Protestation contre son arrestation lors de l'affaire du Champ de Mars.

¶ La *Revue historique vaudoise* de Lausanne (mars 1899) a publié un article de M. ROBERTI, intitulé : *Un septembriseur italien, J.-B. Rotondo*, renfermant quelques renseignements nouveaux sur ce personnage.

25153. — [**Roucher** (Jean-Antoine).] Consolations de ma captivité ou Correspondance de ROUCHER, mort victime de la tyrannie décemvirale, le 7 thermidor an II (an V-1797).

Voyez tome Ier, n° 4360 et la note qui l'accompagne.

¶ *Le Cabinet historique* de Louis Paris (tome IX (*Documents*), 1863, pp. 28-30) contient une lettre de Roucher adressée au c. Desherbiers et datée de Sainte-Pélagie, septidi de la 1re décade du 2e mois de l'an II (28 octobre 1793).

25154. — Eloge de J.-A. Roucher, par J.-C. RIGAUD. *Montpellier*, 1813, in-8°.

D'après le *Catalogue de la bibliothèque d'Arthur Dinaux* (1864), 2e partie, n° 2182.
Tirage à part du *Bulletin de la Société des sciences, lettres et arts* de Montpellier (tome VI). Réimp. dans les *Poésies diverses* de l'auteur (Montpellier, 1821, in-12).

25155. — Le poète Roucher, étude littéraire, par le baron GASTON DE FLOTTE. (Extrait de la « Revue de Paris », septembre 1866). *Paris, Louis Giraud; Nîmes, même maison*, 1867, in-8°, 30 p. [N Ln[27] 22707.]

25156. — Discours sur J.-A. Roucher, prononcé à la rentrée des Facultés de l'Ecole supérieure de pharmacie de Montpellier, le 16 novembre 1868, par M. CH. REVILLOUT, professeur de littérature française à la Faculté des lettres. *Montpellier, Jean Martel aîné, imprimeur de la Faculté des lettres*, 1868, in-8°, 34 p. [N. Ln[27] 24943.]

25157. — ANTOINE GUILLOIS. Pendant la Terreur. Le poète Roucher (1745-1794). Ouvrage orné de deux gravures d'après des dessins originaux. *Paris, Calmann-Lévy*, 1890, in-18, 2 ff. et III-352 p.]N. Ln[27] 39144.]

En regard du titre, héliogravure d'après le dessin original de SÉB. LE ROY, tracé à Saint-Lazare, le 6 thermidor an II, et accompagné du célèbre quatrain d'envoi ; entre les pp. 272 et 273, fac-similé d'un dessin d'HUBERT ROBERT représentant le corridor *Germinal* à Saint-Lazare.

¶ Louis Amiable a publié dans *la Révolution française* (tome XXIX, juill.-déc. 1895, pp. 132-149 et 233-254) une étude sur *Un poème révolutionnaire en 1779*, les Mois *de Roucher*.

25158. — [**Rouget de Lisle** (Joseph).] Montagne du Bon-Air, le   an deuxième de la République. JOSEPH ROUGET DELISLE, capitaine au corps du génie, au peuple et aux représentants du peuple. S. l. n. d., in-4°, 10 p. [N. Lb[41] 1060.]

Au sujet de son arrestation.

25159. — Vente aux enchères publiques de manuscrits autographes de feu M. Rouget de Lille (sic), auteur de la « Marseillaise », à l'Hôtel des ventes mobilières, place de la Bourse, n° 2... les 23 et s. 24 février 1838. Me Lac, commissaire; M. Fontaine, rédacteur du « Bulletin des autographes ». *A. Guyot, imprimeur. S. d.*, feuillet in-8°.

25160. — Département du Jura. Conseil général. Société d'émulation. Monument à élever à Rouget-de-Lisle, auteur de « la Marseillaise ». *Lons-le-Saunier, imp. F. Gauthier*. S. d., in-4°, 4 p. [N. Ln[27] 17908.]

25161. — Rouget de L'Isle. *Paris, Rouanet*, 1840, in-8°, 4 p. [N. Ln[27] 17909.]

25162. — Suppression du dernier couplet de la « Marseillaise », et captivité de Rouget de L'Isle en 1793. *Lyon, imp. L. Boitel*. S. d. (1841), in-8°, 4 p. [N. Ln[27] 17910.]

Par PIERRE-MARIE GONON.

25163. — Biographie de Rouget-Delisle, auteur de la « Marseillaise », chant national et patriotique. Détails peu connus jusqu'à ce jour. *Paris, imp. A. Saintin*. S. d. (1842), in-8°, 16 p. [N. Ln[27] 17911.]

Signé : CORNÈDE-MIRAMONT, ancien capitaine de la garde nationale.

25164. — Notice historique sur Rouget

de Lisle. *Cambrai, imp. Simon.* S. d. (1802), in-4°, 3 p. [*N.* Ln27 17912.]

Extrait des *Girondins* de A. de Lamartine.
Prospectus de la mise en vente d'une gravure au burin de Pierre Cottin d'après le tableau de Pils, représentant Rouget de Lisle chantant la *Marseillaise* devant Dietrich et sa famille.

25165. — J. Poisle Desgranges. Rouget de Lisle et la Marseillaise. Eau-forte par G. Staal. *Paris, M*me *Bachelin-Deflorenne*, 1864, in-16, 122 p. et 1 f. n. ch. (achevé d'imprimer). [*N.* Ln27 17913.]

Papier vergé. Titre rouge et noir. En regard du titre, médaillon accompagné d'allégories dessiné et gravé par G. Staal.
Collection du Bibliophile français.

25166. — La Vérité, par M. Alexis Azevedo, sur Rouget de Lisle et « la Marseillaise ». (Extrait du feuilleton de « l'Opinion nationale » du 18 octobre 1864). *Dieppe, imp. E. Delevoye.* S. d. (1864), in-4°, 4 p. [*N.* Ln27 17914.]

25167. — La Vérité sur la paternité de « la Marseillaise », par A. Rouget de Lisle. Faits et documents authentiques. *Paris, Legouix*, 1865, gr. in-8°, 12 p. [*N.* Ln27 17915.]

Sur la couverture servant de titre, médaillon de Rouget de Lisle, d'après David d'Angers.
Le texte est suivi de la reproduction en fac-similé de diverses éditions de la *Marseillaise* (paroles et musique) accompagnées de notes et de commentaires.

25168. — Le Chant de guerre pour l'armée du Rhin ou la Marseillaise. Paroles et musique de « la Marseillaise », son histoire; contestations à propos de son auteur; imitations et parodies de ce chant national français, par Le Roy de Sainte-Croix. *Strasbourg, Hageman et C*e, 1880, gr. in-8°, 212 p. [P. 17420.]

Titre rouge et noir.
Six pl. hors texte (portraits, fac-similé de morceaux de musique et d'autographes).
Voyez les deux numéros suivants.

25169. — La Marseillaise et Rouget de Lisle. Notice historique sur des documents inédits ou peu connus, par Le Roy de Sainte-Croix, membre du comité pour l'érection, à Lons-le-Saulnier, d'une statue à Rouget de Lisle. Conférence donnée à Lons-le-Saulnier le 8 novembre 1880. *Strasbourg, Hagemann et C*e; *Paris, J. Routier*, 1880, in-8°, 41 p. et 1 f. n. ch. (achevé d'imprimer). [P. 17420.]

25170. — Encore la Marseillaise et Rouget de Lisle. Imitations, réminiscences et parodies du chant national de France, par Le Roy de Sainte-Croix. Conférence faite à Choisy-le-Roi, le dimanche 14 novembre 1880. *Strasbourg, Hagemann et C*e; *Paris, J. Routier*, 1880, gr. in-8°, 29 p. et 1 f. n. ch. (achevé d'imprimer). [P. 17420.]

25171. — Le Chant de la Marseillaise, son véritable auteur, avec fac-similé original du manuscrit, par Arthur Loth. *Paris, Victor Palmé; Bruxelles, Société belge de librairie; Genève, Henry Tremblay*, 1886, in-8°, 2 ff. et 99 p. [*N.* 8° Ye 1350.]

Entre les pp. 62 et 63, fac-similé sur deux pages de deux fragments en prose écrits et signés par Grisons. Après le texte est intercalé un autre fac-similé intitulé : *Esther, musique de M.* Grison (sic), chef de maîtrise à la cathédrale de Saint-Omer.

25172. — La Marseillaise et Rouget de Lisle, par E. de Saint-Martin. *Besançon, imp. Millot frères*, 1892, in-16, 30 p. [*N.* Ln27 41242.]

De l'aveu de l'auteur « ces quelques pages, écrites sans la moindre prétention » à l'occasion du centenaire de *la Marseillaise*, avaient pour but « de répandre l'histoire encore trop peu connue de notre chant national ».
P. 27-30, *la Marseillaise.*

25173. — Julien Tiersot. Rouget de Lisle, son œuvre, sa vie. *Paris, Ch. Delagrave*, 1892, in-12, XII-435 p. et 1 f. n. ch. (Table des matières). [*N.* Ln27 40770.]

En regard du titre, portrait de Rouget de Lisle. Entre les pp. 60 et 61, fac-similé du *Chant de guerre pour l'armée du Rhin*, « tel que l'original a été imprimé à Strasbourg ».

25174. — Alfred Leconte. Rouget de Lisle, sa vie, ses œuvres. « La Marseillaise ». Préface de M. Victor Poupin, député. *Paris, ancienne maison Quantin, librairies-imprimeries réunies, May et Mot-*

teroz, *directeurs*, 1892, in-12, XX-303 p. [*N.* Ln²⁷ 40771.]

Epigraphe empruntée à Tacite.
En regard du titre, portrait de Rouget de Lisle, d'après DAVID d'Angers (cliché prêté par *le Ménestrel*).
Les *Tables* sont placées en tête du volume.

25175. — Rouget de Lisle et l'Hymne national, par ER[NEST] CH.[APUIS] GAUDOT. Extrait des « Annales franc-comtoises », livraison de septembre-octobre 1892. *Besançon, imp. et lith. Jacquin*, 1892, in-4°, 17 p. [*N.* Ln²⁷ 41263. Réserve.]

Tiré à cent ex. Quelques-uns sont imprimés sur papier de couleur.
En regard du titre, portrait de Rouget de Lisle.

25176. — [**Rougeville** (Alexandre-Dominique-Joseph GOUSSE de).] Aux membres du Conseil des Cinq-Cents, par le citoyen ROUGEVILLE, détenu arbitrairement depuis deux ans (1ᵉʳ prairial an V-20 mai 1797). *Paris, imp. Demoraine*. S. d., in-4°, 69 p. [*A. N.* F⁷ 6413.]

25177. — A mes concitoyens (20 juin 1797). S. l. n. d., in-4°, 4. [*A. N.* F⁷ 6413.]

ÉPIGR. :

Malgré les cruautés, malgré la tyrannie,
Amis, ne cessons point d'aimer notre patrie :
Et toujours opposant la constance aux fureurs,
Sachons ou mépriser, ou plaindre les erreurs.

A propos des persécutions que Guffroy aurait exercées contre Rougeville et contre son père, domicilié à Arras.

25178. — Pétition aux membres du Conseil des Cinq-Cents. S. l. n. d., in-4°, 12 p. [*A. N.* F⁷ 6413.]

P. 4-11, *Mémoire pour le citoyen* ROUGEVILLE, *détenu depuis près de vingt-quatre mois sur la simple dénonciation de l'ex-conventionnel Guffroy*, daté de la maison d'arrêt de Sainte-Pélagie,.le 1ᵉʳ juin 1797.
Sur le rôle joué par Rougeville dans la conspiration dite « de l'œillet », voyez tome Iᵉʳ, nᵒˢ 4150-4353, et le n° 21252 ci-dessus et le numéro suivant.

25179. — Le Vrai chevalier de Maison-Rouge. A.-D.-J. GONZZE (*sic*) de Rougeville (1761-1814), d'après des documents inédits, par G. LENÔTRE. *Paris, Perrin et Cᵉ*, 1804, in-12, 2 ff., 317 p. et 2 ff. n. ch. [*N.* Ln²⁷ 42449.]

25180. — [**Roulx** (Louis). LOUIS ROULX aux administrateurs de la police de Paris (10 frimaire an II-30 septembre 1793). S. l. n. d., in-4°, 24 p. [*P.* 29070*.]

Plainte contre son arrestation effectuée le 13 septembre 1793.
P. 12-21, *Etat sommaire des pièces justificatives de la conduite patriotique de Louis Roulx depuis la Révolution*. P. 22-24, *Etat sommaire des pièces qui prouvent que les dénonciateurs de Château-Renard ne méritent aucune confiance, qu'ils n'ont agi vis-à-vis de Roulx que par vengeance, récrimination et parce qu'il les a dénoncés lui-même*.

25181. — [**Rousseau** (Jean).] Lettre du citoyen JEAN ROUSSEAU, député suppléant de Paris, à l'assemblée générale de la section de la Fontaine-de-Grenelle (29 thermidor an II-16 août 1794). *Imp. Guilhemat*. S. d., in-8°, 16 p. [*N.* Lb⁴¹ 1203.]

Voyez le numéro suivant.

25182. — Addition et Réponse à la lettre de Jean Rousseau, député suppléant de Paris, ancien Oratorien et instituteur du ci-devant duc d'Aiguillon et des mineurs Chabrillant, tous émigrés. S. l. n. d., in-4°, 4 p. [*N.* Lb⁴¹ 2014. — *R.* AD. I, 58.]

Signée : RAISSON, ancien limonadier, rue de Lille.

25183. — [**Rousseau** (J.-J.). THÉRÈSE LEVASSEUR, femme de.] Motion relative à J.-J. Rousseau, par A.-M. EYMAR [D'EYMAR DU BIGNOSC], député de Forcalquier, à l'Assemblée nationale. *Paris, le 29 novembre 1790). Paris, imp. Nationale*, 1790, in-8°, 12 p. [*N.* Le²⁹ 1134.]

L'ex. de la B. N. porte cette note autographe : « Le 21 décembre suivant, je montai à la tribune et j'y renouvelai ma motion en faisant quelques changements aux considérants du décret et en supprimant le second article. [« Un ex. d'*Emile*, offert à l'Assemblée nationale par l'auteur de la motion, est accepté par elle et sera déposé dans ses archives »]. J'ajoutai un second article rédigé comme suit : « Marie-Thérèse Le Vasseur, veuve de J.-J. Rousseau, sera nourrie aux dépens de l'Etat; à cet effet, il lui sera payé annuellement, des fonds du Trésor national, la somme de 1,200 francs. »
Voyez le numéro suivant.

25184. — Recueil des pièces relatives à la motion faite à l'Assemblée nationale au sujet de J.-J. Rousseau et de sa veuve. A Paris, le 7 janvier 1791, in-8°, 27 p. [N. Ln²⁷ 17990.[

L'Avertissement est signé BAUDOUIN, imprimeur de l'Assemblée nationale.

Ces pièces sont : 1° la motion de [d']Eymar; 2° le compte rendu de la séance du 21 décembre 1790, d'après le *Journal de Paris* et le *Moniteur*; 3° la lettre de [d']Eymar à Mme Rousseau; 4° la « petite feuille » distribuée par Barère à l'Assemblée, sous le titre de : *Réponse à la calomnie répandue contre la veuve de J.-J. Rousseau*, suivie de pièces justificatives (extraits de lettres de Jean-Jacques et de ses *Confessions*, et attestations des curés d'Ermenonville et du Plessis-Belleville); 5° lettre de Mme ROUSSEAU (3 janvier 1791) au président de l'Assemblée nationale.

Rousselin (Alexandre-Charles-Omer Corbeau). — Voyez **Saint-Albin**.

25185. — [**Rouvière** (Alexandre-Gabriel).] Lettre à un ami ou Notice sur le prêtre Rouvière (6 fructidor an III-23 août 1795). S. l. n. d., in-8°, 12 p. [N. Ld⁴ 4578.]

Violent pamphlet contre un prêtre constitutionnel de l'église Saint-Paul.

25186. — [**Roux** (Jacques).] L'Apôtre, martyr de la Révolution, ou Discours d'un curé patriote qui vient d'être assassiné par dix-huit aristocrates (25 novembre). *Imp. Henri IV.* S. d., in-8°, 24 p. [N. Lb³⁹ 5568.]

P. 1, Avant-propos. P. 4, *Discours du sieur* JACQUES ROUX, *curé de Massigny, tel qu'il a été prononcé la veille de son assassinat*. P. 21, *les Droits de l'homme et du citoyen*.
Voyez le numéro suivant.

25187. — Discours prononcé dans l'église des Cordeliers, le 19 avril dernier, par M. JACQUES ROUX, qui vient d'être assassiné par dix-huit aristocrates. Les détails du massacre commis sur la personne de ce prêtre patriote sont dans l'avant-propos. Ve *Petit*. S. d. (1793), in-8°, 1 f., 24 p. et 1 f. n. ch. (Errata). [N. Ln²⁷ 18058.]

Remise en circulation, avec un nouveau titre et deux errata au verso du feuillet non chiffré, de la brochure décrite sous le numéro précédent. D'après ces *errata*, c'est le 25 avril 1791 que Roux avait été assailli par ses auditeurs.

25188. — JACQUES ROUX à Marat. *Imp. de la Société typographique*. S. d. (1793), in-8°, 16 p. [N. Ln²⁷ 18057.]

Réponse au n° 233 du *Journal de la République française*, dans lequel Marat avait dénoncé Jacques Roux. Celui-ci lui rappelle qu'il lui avait donné asile lors d'une de ses fugues et il entre à ce sujet dans de curieux et prosaïques détails. Il publie également son extrait baptistaire.

P. 16, certificat de l'imprimeur [Campenon] attestant que cette brochure était imprimée avant l'assassinat de l'Ami du peuple.

25189. — [**Roy** (l'abbé JEAN).] Lettre importante de l'abbé ROY à M. Bailly, maire de Paris... (1790).

Voyez tome Ier, n° 1003 et le n° 1004 qui se rattache à la même affaire. Voyez aussi les deux numéros suivants. Tous trois ont trait à l'action intentée par Réveillon à l'abbé Roy rappelée sous les n°s 24816-24917 ci-dessus.

25190. — La Vérité dévoilée ou Mémoire d'une victime de l'aristocratie (1790).

Par l'abbé ROY.
Voyez tome Ier, n° 1005.

25191. — La Vérité dévoilée. S. l. n. d., in-8°, 1 f. et 26 p. [N. Lb³⁹ 8566.]

Le titre de départ, page 1, porte en plus : *ou Mémoire d'une victime de l'aristocratie. Par l'abbé* ROY, d'après Quérard. Pièce différente du numéro précédent.

25192. — L'Abbé Roy, les dernières années de sa vie et sa mort, à Versailles (1795-1805), par E. COÜARD, archiviste de Seine-et-Oise. *Versailles, imp. Aubert*, 1894, in-8°, 24 p. [N. Lk⁴ 2263.]

Ce travail, extrait des *Mémoires de la Société des sciences morales, lettres et arts de Seine-et-Oise*, tome XVIII (1894) forme le n° 5 d'une série de *Mémoires et recueils composés à l'aide de documents conservés dans les archives du département de Seine-et-Oise*.

25193. — [**Roy** (Nicolas-Jean). Jugement rendu par le Tribunal criminel révolutionnaire... qui, sur la déclaration unanime du juré de jugement, portant : 1° qu'il est constant que, dans le courant du mois d'août dernier, au devant de la porte Saint-Denis, à Paris, il a été fait des propositions ou tentatives de rétablissement de la royauté en France; 2° que Jean Roy est auteur de ces propositions ou tentatives, condamne Nicolas-Jean Roy, ci-devant domestique de Paumier, notaire, à la peine de mort (21 brumaire an II-11 novembre 1793). *Imp. du Tribunal révolutionnaire. S. d.,* in-4°, 6 p. [*N.* Lb⁴¹ 2232*.]

25194. — [**Royer** (Claude).] CLAUDE ROYER, ci-devant substitut de l'accusateur public près le Tribunal révolutionnaire, séant à lParis, à ses concitoyens (19 ventôse an III-9 mars 1795). *Chalon-sur-Saône, imp. Delorme. S. d.,* in-4°, 20 p. [*N.* Ln²⁷ 18088.]

25195. — [**Royer** (J.-B.).] PAUL PISANI, chanoine de Paris. Une élection épiscopale à Paris en 1798. (Extrait de la « Revue des questions historiques », octobre 1904). *Paris, aux bureaux de la Revue, 5, rue Saint-Simon,* 1904, in-8°, 48 p.

25196. — [**Royer** (Louis).] Lettre de M. ROYER, commissaire de la section des Halles, aux journalistes. *Paris, chez les marchands de nouveautés,* 1792, in-8°, 7 p. [*N.* Ln²⁷ 18090.]

Réponse à une accusation d'embauchage.

25197. — [**Royer** (Marc-Louis).] Hommage historique à la mémoire du vénérable Marc-Louis Royer, curé de S.-Jean en Grève, à Paris, et l'un des martyrs du 2 septembre 1792. *Paris, les principaux libraires,* 1796, in-12, 1 f. et 12 p. [*N.* Ln²⁷ 18089.]

Extrait en partie des Annales catholiques, rédigées par l'abbé SICARD.

25198. — [**Royer-Collard** (Pierre-Paul ROYER, dit).] La Vérité biographique, par LOUIS CLOT. *Paris, imp. Henri et Charles Noblet,* 1857, in-8°, 35 p. [*N.* Ln²⁷ 18092.]

Le titre de départ, page 1, porte : ROYER-COLLARD. La couverture imprimée sert de titre.

25199. — Royer-Collard, sa vie publique, sa vie privée, sa famille, par M. A. PHI-LIPPE, chevalier de la Légion d'honneur, chirurgien en chef de l'Hôtel-Dieu, professeur à l'Ecole de médecine de Reims, membre de l'Académie impériale de médecine et de plusieurs Sociétés savantes françaises et étrangères, etc. *Paris, Michel Lévy frères* (Epernay, imp. V. Fiévet), 1857, in-8°, 324 p. [*N.* Ln²⁷ 18093.]

25200. — Vie publique et privée de Royer-Collard — études parlementaires — par LÉON VINGTAIN, avec une préface de M. ALBERT DE BROGLIE. *Paris, Michel Lévy frères,* 1858, in-18, 3 ff. et XIII-363 p. [*N.* Ln²⁷ 18095.]

25201. — La Vie politique de Royer-Collard, ses discours et ses écrits, par M. DE BARANTE, de l'Académie française. *Paris, Didier,* 1861, 2 vol. in-8°. [*N.* Ln²³ 18097.]

Il a paru la même année une édition in-12.

25202. — Les Grands Ecrivains français. Royer-Collard, par E. SPULLER. *Paris, Hachette et Cⁱᵉ,* 1895, in-8°, 216 p. (la dernière non chiffrée). [*N.* Ln²⁷ 43606.]

En regard du titre, reproduction d'un portrait de Royer-Collard par GÉRICAULT (?) appartenant à Mme Andral.

25203. — [**Royol** (Jean-Louis).] L'An Premier de la République française. Compte rendu au département, par le citoyen ROYOL, de la section de la Place-des-Fédérés. *Imp. Mayer. S. d.,* in-4°, 18 p. [*Br. M. F. R.* 59 (1).]

Signé : ROYOL; J. RUTLEDGE, défenseur officieux.
Réponse à plusieurs imputations graves auxquelles Royol s'était exposé en visitant, à titre de commissaire adjoint, diverses maisons d'émigrés.
L'ex. du British Museum porte plusieurs corrections; p. 17, Royol se disait « tailleur »; le mot est biffé et remplacé par « artisan ».

25204. — [**Rozet de Folmon** (Jean-Marie).] Analyse de la conduite d'un membre de la célèbre Convention nationale. *Paris, imp. Pillet,* 1814, in-8°, 12 p. [*N.* Ln²⁷ 18106.]

25205. — Notice nécrologique (31 octobre 1820). *Imp. P. Gueffier. S. d.*, in-4°, 3 p. [*P.* 29070*.]

Extrait du *Moniteur* du samedi 4 novembre 1820.

Rubigny de Berteval. — Voyez **Derubigny-Berteval.**

25206. — [**Rudemare** (l'abbé Jacques-Henri).] Rudemare. Journal d'un prêtre parisien (1788-1792), avec préface et notes, par Ch. d'Héricault. *Paris, Gaume et C°*, 1896, in-8°, 2 ff. et XXX-121 p. [*N.* Ln^{27} 43887.]

Le manuscrit original appartient aux archives du chapitre de Notre-Dame. L'abbé Rudemare faisait partie du clergé de Saint-Germain-l'Auxerrois.

25207. — [**Rutledge** (James).] Mémoire au Roi, pour le C^{lier} Rutledge, Bnet [baronnet], imprimé en 1787 et publié en 1790. *Paris, Rozé*, 1790, in-4°, VIII-80 p. [*N.* Ln^{27} 18147.]

Démêlés de l'auteur avec Sartine et Lenoir.

25208. — Procès fait au chevalier Rutledge, B^t, avec les pièces justificatives et sa correspondance avec M. Necker (16 avril 1790). *Paris, Rozé et Mlle Vente. S. d.*, in-8°, 140 p. [*N.* Ln^{27} 18148.]

Épigr. :

Quo usque tandem abutere patientiâ nostra!
Cic. Cat. I.

En regard du titre, portrait de Necker au lavis avec la légende : *J'ai laissé le peuple sans roi et le royaume sans finances.*
Voyez n°s 24535^a et 24555 ci-dessus.

25209. — Pétition présentée à la Convention nationale, le décadi 10 (*sic*) de brumaire an II (31 octobre 1793) de la République française une et indivisible. *Imp. Mayer et C°. S. d.*, in-folio plano. [*D*].

Signée : Le Sueur.
En faveur de Rutledge après son arrestation.

25210. — Déclaration du citoyen Boucher Saint-Sauveur, député à la Convention nationale (23 brumaire 1793 [*sic*]). *Imp. Mayer. S. d.*, in-4°, 3 p. [*N.* Lb^{41} 903.]

Au sujet d'une dénonciation faite par Fabre d'Eglantine contre Rutledge et en faveur de celui-ci.

25211. — [**Rutteau** (Louis-François).] A Monsieur le Maire et à Messieurs du Corps municipal (22 septembre 1791). *S. l. n. d.*, in-4°, 4 p. [*P.* 29070*.]

Demande de l'une des vingt-quatre places d'officiers de paix nommés par le corps municipal, apostillée par le comité des recherches de la municipalité.

Sacy (baron Antoine-Isaac **Silvestre** de). — Voyez **Silvestre de Sacy.**

25212. — [**Sade** (Donatien-Alphonse-François, marquis de).] L'Auteur des « Crimes de l'amour » à Villeterque, folliculaire. *Paris, an IX* (1800, in-8°, 19 p.

D'après la *France littéraire* de Quérard.

Violente diatribe en réponse à un article du *Journal de Paris* où, à propos des *Crimes de l'amour ou le Délire des passions* (Paris, an VIII, 4 vol. in-12), Villeterque insinuait que « cet ouvrage détestable venait d'un homme soupçonné d'en avoir fait un plus horrible encore. »
Voyez le n° 25214 ci-dessous.

25213. — Le Marquis de Sade, l'homme et ses écrits, étude bio-bibliographique. *Sadopolis, chez Justin Valcourt, rue Juliette, à l'enseigne de la Vertu malheureuse, l'an 0000* [*Bruxelles, J. Gay*, 1866], in-12, 69 p. et 1 f. n. ch.

Titre rouge et noir.
Par Gustave Brunet.
D'après Georges Vicaire, *Manuel de l'amateur de livres du XIXe siècle*, v° *Collection Gay*.
Voyez le numéro suivant.

25214. — Le Marquis de Sade. Zoloé et ses deux acolytes. Discours aux mânes de Marat. L'Auteur des « Crimes de l'amour » à Villeterque. Avec notices biographique et bibliographique. *Bruxelles, chez tous les libraires*, MDCCCLXX (1870), in-12, 2 ff., CII-178 p.

Titre rouge et noir. Frontispice anonyme. Au verso du faux-titre, détail du tirage à 130 ex., dont 120 sur papier de Hollande, 6 ex. sur grand papier de Hollande et 4 ex. sur Chine.

Réimp. par les soins de Poulet-Malassis d'un roman allusif à Joséphine Bonaparte et à Mmes Tallien et Visconti, qui fut très probablement l'une des principales causes de l'internement de de Sade à Charenton, d'un discours décrit tome II de la *Bibliographie*, n° 8694 et de la réplique à Villeterque mentionnée sous le n° 25213 ci-dessus.

Le tout est précédé de la notice de Gustave Brunet (voyez le numéro précédent) et de la dissertation de Paul Lacroix, intitulée : *la Vérité sur les deux procès criminels du marquis de Sade*, formant le n° VI de ses *Dissertations sur quelques points curieux de l'histoire de France et de l'histoire littéraire* (1838), réimp. depuis dans les *Curiosités de l'histoire de France* de l'auteur (voyez le n° 20670 ci-dessus).

¶ On peut consulter également sur la vie et les œuvres du trop célèbre marquis les notices préliminaires des deux publications suivantes :

1° D.-A.-F. DE SADE. *Idée sur les romans publiée avec préface, notes et documents inédits par* OCTAVE UZANNE (Paris, Ed. Rouveyre, 1878, in-12). L'*Idée sur les romans* est la réimp. de la préface des *Crimes de l'Amour*.

2° *Dorci ou la Bizarrerie du sort, conte inédit par le marquis* DE SADE, *publié sur le manuscrit, avec une notice sur l'auteur* (Paris, Charavay frères, 1881, in-12 carré).

La notice signée A. F. est de M. ANATOLE FRANCE.

25215. — **Sade** (Renée-Pélagie CORDIER DE MONTREUIL, marquise de).] PAUL GINISTY. La Marquise de Sade. (La Marquise de Sade. Un Amour platonique du marquis de Sade. La Marquise de Frêne. Jacques Joly. Les Dauphins. La Mort de Marie-Louise. Une petite-fille de Napoléon). *Paris, Bibliothèque Charpentier, Fasquelle, éditeur,* 1901, in-18, 2 ff., 226 p. et 1 f. n. ch. (Table des matières). [*N.* Ln^{27} 48105.]

Douze portraits ou fac-similé d'autographes hors texte.

25216. — **Sage** (Balthazar-George).] Observations sur un écrit qui a pour titre : « Vue sur le Jardin royal des Plantes... », par M. SAGE (1790).

Voyez tome III, n° 17626 et la note qui l'accompagne.

25217. — Tableau comparé de la conduite qu'ont tenue envers moi les ministres de l'ancien régime avec celle des ministres du nouveau régime, par B.-G. SAGE, de l'Académie royale des sciences de Paris, fondateur et directeur de la première Ecole des mines. *Paris, imp. Didot aîné,* 1814, in-8°, XIV-80 p. [*N.* Ln^{27} 18184.]

ÉPIGR. :

Post nubila Phœbus.

25218. — B.-G. SAGE, de l'Académie royale des sciences, à M. Héron de Villefosse, inspecteur divisionnaire des Mines, maître des Requêtes (17 avril 1816). *S. l. n. d.,* in-8°, 5 p. [*N.* Ln^{27} 18185.]

25219. — Pétition de B.-G. SAGE, chevalier de l'ordre royal de Saint-Michel, de l'Académie royale des sciences de Paris, fondateur et directeur de la première Ecole des mines, à S. Exc. le ministre de l'intérieur. *Paris, imp. P. Didot aîné,* 1818, in-8°, 14 p. [*N.* Ln^{27} 18186.]

25220. — Notice biographique, par B.-G. SAGE... *Paris, imp. P. Didot aîné,* 1818, in-8°, 37 p. [*N.* Ln^{27} 18187.]

Exposé de sa vie, de ses travaux et de ses découvertes.

Voyez le numéro suivant.

25221. — Supplément à la « Notice biographique » de B.-G. SAGE... *Paris, imp. Didot aîné,* 1820, in-8°, 22 p. [*N.* Ln^{27} 18188.]

25222. — Lettre de B.-G. SAGE... à son ami M. Robert Fergusson, écuyer. *Paris, imp. P. Didot aîné,* 1820, in-8°, 11 p. [*N.* Ln^{27} 18189.]

P. 11, *Noms des personnes qui ont concouru à me dépouiller de ma fortune.*

25223. — Epoque de la fondation de l'Ecole royale des mines, obtenue par B.-G. SAGE, chevalier de l'ordre royal de Saint-Michel. *Paris, imp. P. Didot aîné,* 1822, in-8°, 10 p. [*N.* Ln^{27} 18190.]

25224. — Annotations de B.-G. SAGE..., sur les personnages qui l'ont dépouillé de sa fortune. *Paris, imp. J. Didot aîné,* 1822, in-8°, 22 p. [*N.* Ln^{27} 18191.]

25225. — Lettre de B.-G. SAGE... à S. Exc. Mgr le comte de Corbière, ministre de l'intérieur. *Imp. J. Didot ainé. S. d.* (1823), in-8°, 3 p. [*N.* Ln²⁷ 18192.]

25226. — Notice biographique de B.-G. SAGE. *Paris, imp. J. Didot ainé. S. d.* (1824), in-8°, 5 p. [*N.* Ln²⁷ 18193.]

Rédigé par lui-même.

25227. — Pétition adressée à Sa Majesté, le 6, mai 1824, par B.-G. SAGE... *Imp. J. Didot ainé. S. d.*, in-8°, 4 p. [*N.* Ln²⁷ 18194.]

25228. — Institut royal de France. Académie royale des sciences. Funérailles de M. Sage (10 septembre 1824). *Paris, imp. F. Didot. S. d.*, in-4°, 3 p. [*N.* Ln²⁷ 18195.]

Discours de P.-L.-A. CORDIER.

Sahuguet d'Espagnac (Marc-René). — Voyez **Espagnac** (d').

25229. — [**Saint-Albin** (Alexandre-Charles-Omer ROUSSELIN DE CORBEAU, comte de).] Notice biographique sur A.-R. de Corbeau de Saint-Albin, ancien secrétaire général au ministère de la guerre sous Bernadotte, un des fondateurs du « Constitutionnel », extraite pour parties de la « Biographie universelle » de Michaud-Desplaces et de la « Biographie générale » de Didot. *Paris, imp. Gauthier-Villars*, 1873, in-8°, 24 p.

Dans cette *Notice* sont reproduites les lettres de Quérard confirmant le désaveu de l'article consacré à Rousselin de Saint-Albin dans *la France littéraire* et pour lequel il fut imprimé un carton inséré dans tous les ex. du livre, sauf, semble-t-il, dans les ex. en grand papier; voyez au sujet de cet incident et de ses conséquences typographiques les remarques de M. Paul Lacombe (*Bulletin du bibliophile*, 15 février 1905 : *Flâneries bibliographiques*, IV, *Quérard et ses continuateurs*).

Saint-Albin (l'abbé Louis-Philippe de). — Voyez **Saint-Farre** ou **Saint-Phar** (l'abbé Louis-Etienne de).

25230. — [**Saint-Ange** (Ange-François FARIAU, dit de).] Discours prononcé dans la séance publique tenue par la classe de la langue et de la littérature française de l'Institut de France, le 5 septembre 1810, pour la réception de M. de SAINT-ANGE. *Paris, Baudouin, septembre* MDCCCX, in-4°, 27 p. [*N.* Z 5053 (178).]

P. 18, réponse de DARU lue, en son absence, par François de Neufchâteau.
Eloge d'Urbain Domergue sur lequel on trouve (p. 16-18) une *Note biographique*.

25231. — Institut de France. Funérailles de M. de Saint-Ange, le 10 septembre 1810. *Imp. Baudouin. S. d.*, in-4°, 4 p. [*N.* Ln²⁷ 18223.]

Discours du comte REGNAUD DE SAINT-JEAN-D'ANGELY.

25232. — Discours prononcés dans la séance publique tenue par la classe de la langue et de la littérature françaises de l'Institut impérial pour la réception de M. PARSEVAL-GRANDMAISON, le 10 avril 1811. *Paris, Baudouin, avril* MDCCCXI, in-4°, 23 (24 p.). [*N.* Z 5053 (184).]

P. 3, Discours de PARSEVAL-GRADMAISON.
P. 13, Réponse du comte REGNAUD DE Sᵗ-JEAN D'ANGELY.
Eloge de Fariau de Saint-Ange.
L'ex. de la B. N. est incomplet.
Ces trois discours ont été réimp. dans les préliminaires du tome Iᵉʳ des Œuvres de Saint-Ange (Paris, L.-G. Michaud, 1823, 9 vol. in-12); ils sont précédés d'une *Notice* signée F. S.

25233. — [**Saint-Aubin** (Augustin de).] Catalogue de tableaux, dessins, estampes anciennes et modernes, vignettes, portraits, œuvres, recueils, livres à figures, autres sur les arts, planches gravées et outils de graveur, bronzes, terres-cuites, camées, pièces gravées, médailles, soufres et autres objets de curiosité qui composent le cabinet de feu M. Augustin de Saint-Aubin, graveur de la Bibliothèque impériale et membre de l'ancienne Académie de peinture et sculpture, par F.-L. REGNAULT. Cette vente se fera rue des Prouvaires, n° 31... (4 avril et j. s.). *Debonnaire et Thuret, commissaires-priseurs; Regnault*, 1808, XII-92 p.; 343 numéros. [*N.* 8° V 8201 (326).]

P. III-IX, *Notice* [anonyme] *sur, Augustin de Saint-Aubin*. P. X-XII, *Avertissement*.

Le *Trésor de la curiosité* de Ch. Blanc (tome II, pp. 238-240) donne la liste des principaux prix de cette vente et le catalogue a été intégralement réimp. par M. Emmanuel Bocher (voyez le n° 25235 ci-dessous).

25234. — Le Dix-huitième siècle. Les Saint-Aubin, par Edmond et Jules de Goncourt. Etude contenant quatre portraits inédits gravés à l'eau-forte. *Paris, E. Dentu,* 1859, in-4°, 28 p. [*N.* Ln^{27} 18230.]

Les quatre portraits sont ceux de : *Augustin de Saint-Aubin* (G. 2) ; *Gabriel de Saint-Aubin* (J. G. 6), étude faite d'après nature par Gabriel de Saint-Aubin en 1747, d'après son frère Augustin qui lui servait de modèle (E. G.); *Germain de Saint-Aubin* (G. J.). Les quatre dessins originaux faisaient partie de la collection de Goncourt.

Au verso du faux-titre : « Tiré à 200 exemplaires ».

Sur les réimp. de *l'Art du dix-huitième siècle,* voyez la note du n° 22405 ci-dessus.

25235. — Les Gravures françaises du XVIIIe siècle…, par Emmanuel Bocher. Cinquième fascicule. Augustin de Saint-Aubin. *Paris, D. Morgand et Ch. Fatout,* MDCCCLXXIX (1879), in-4°, X (XII)-270 p. et 1 f. n. ch. (Table des matières et achevé d'imprimer). [*N.* 4° V 16 (5).]

Titre rouge et noir.

Tirage à 25 ex. sur Whatman et 450 sur papier vergé tous numérotés.

25236. — Les Artistes célèbres. Les Saint-Aubin, par Adrien Moureau. Ouvrage accompagné de 119 gravures dans le texte et de 3 gravures hors texte. *Paris, librairie de l'Art,* 1894, in-4°, 148 p. (la dernière non chiffrée). [*N.* Lm^3 2284.]

Titre rouge et noir.

25237. — Le graveur Augustin de Saint-Aubin et la Bibliothèque du Roi, par Henri Maître. *Paris, Henri Leclerc,* 1901, in-8°, 18 p. [*N.* Ln^{27} 48849.]

On lit au verso du faux-titre : Extrait du *Bulletin du bibliophile,* tiré à cent exemplaires.

25238. — [**Saint-Elme** (G. de).] Copie des deux lettres écrites aux grenadiers volontaires des Filles-de-Saint-Thomas et au rédacteur de la « Gazette universelle », servant de justification à M. de Saint-Elme. *Imp. Devaux. S. d.,* in-8°, 4 p. [*N.* Ln^{27} 26357.]

Signée : G. de Saint-Elme.

Les deux lettres annoncées par le titre se réduisent à une seule et je n'ai pas non plus trouvé trace de la seconde dans la *Gazette universelle* (cf. tome II de la *Bibliographie,* n° 10385).

G. de Saint-Elme était un bretteur redouté, cherchant querelle à tout le monde et rivalisant d'arrogance avec un autre duelliste, nommé Sainte-Luce (voyez au sujet de celui-ci le n° 8004 de cette *Bibliographie* et le *Répertoire* de M. Tuetey, tome II, n°^{s} 1343 et 1480).

25239. — [**Saint-Farre** ou **Saint-Phar** (Louis-Etienne, abbé de).] Le Dernier abbé de cour. Etude d'histoire et de mœurs au XVIIIe siècle, d'après des lettres et des documents inédits, par Honoré Bonhomme. *Paris, Didier et C°,* 1873, in-12, 2 ff. et 354 p. [*N.* Ln^{27} 27128.]

L'abbé de Saint-Farre ou de Saint-Phar et son frère jumeau, l'abbé Louis-Philippe de Saint-Albin, étaient fils du duc d'Orléans (père de Philippe-Egalité) et de Mlle Le Marquis, dite *Marquise,* maîtresse du duc, morte en 1806.

25240. — [**Saint-Félix** (Marie-Emmanuel Mesquinet de).] Certificat de civisme du C. Saint-Félix. *J.-B. Hérault. S. d.,* in-8°, 15 p. [*N.* Ln^{27} 18248.]

Exposé de son rôle depuis le début de la Révolution et apologie des actes qui lui avaient valu plusieurs arrestations.

25241. — [**Saint-Huruge** (Victor-Amédée de La Fage, marquis de).] Requête au parlement de Paris par le marquis de Saint-Huruge, contre des calomniateurs et autres gens mal intentionnés, qui ont pendant sept ans abusé de l'autorité pour lui faire un mal inouï (10 mai 1787). *London, by Balcetti and C°. S. d.,* in-4°, 10 p. [*N.* Ln^{27} 18265.]

25242. — Réponse pour Me Denormandie, procureur au Châtelet, contre M. le marquis de Saint-Huruge. *Imp. Clousier,* 1787, in-4°, 12 p. [*Br. M. F. R.* 46 (27).]

25243. — Mémoire succinct du marquis de Saint-Huruge, sergent dans les gardes nationales parisiennes, au district de Saint-Roch, sur sa demande en liberté provisoire, envoyé à Messieurs des districts de la Commune de Paris (20 septembre 1789). S. l. n. d., in-8°, 16 p. [N. Ln²⁷ 18266.]

25244. — Le marquis de SAINT-HURUGE à l'impératrice de Russie. *Imp. P. André.* S. d., in-8°, 8 p. [N. Ln²⁷ 18267.]

Apocryphe.

25245. — Mémoire à consulter et consultation pour le marquis de SAINT-HURUGE contre les sieurs Bailly et La Fayette (28 septembre 1789). *Au Châtelet, imp. de Bruges, geôlier de l'honorable comité permanent,* 1789, in-8°, 20 p. [N. Lb³⁹ 2377.]

25246. — Lettre du marquis de SAINT-HURUGE à M. le gardes des sceaux, pour servir de pendant à celle du comte Charles de Lameth à M. de La Fayette. S. l. n. d., in-8°, 4 p. [N. Lb³⁹ 2378.]

Apocryphe et satirique. Le sous-titre de ce pamphlet fait allusion à la première pièce d'un recueil de même nature décrit sous le n° 23399 ci-dessus.

25247. — Et moi aussi je suis patriote. M. le marquis de Saint-Huruge défendu par un homme qui ne le connaît pas. S. l. n. d., in-8°, 8 p. [N. Lb³⁹ 2379.]

Signé : SAMOHT [THOMAS].

25248. — Réclamations contre de nouveaux abus. Première réclamation en faveur du marquis de Saint-Huruge. S. l. n. d., in-8°, 8 p. [N. Lb³⁹ 2380.]

Signé : Par l'auteur de « La France libre » [CAMILLE DESMOULINS].

25249. — [Saint-Just (Louis-Antoine de RICHEBOURG de).] Fragments sur les institutions républicaines, ouvrage posthume de SAINT-JUST, précédé d'une Notice par CH. NODIER. *Paris, Techener; Guillemin,* 1831, in-8°, 79 p, (la dernière non chiffrée). [N. Lb⁴¹ 3982.]

Épigraphe empruntée à Montesquieu.
La véritable édition originale de ces *Fragments* avait été, selon Nodier (*Mélanges tirés d'une petite bibliothèque*, pp. 319-322), imprimée en l'an VIII à 300 ex. par les soins de M. P.-J. Briot, membre du Conseil des Cinq-Cents, entre les mains de qui le manuscrit de Saint-Just était tombé ; mais, pour des motifs de prudence politique, ce tirage aurait été presque aussitôt « mis à la rame » chez un relieur de Besançon, nommé Noel, et deux ex. seulement auraient survécu ; l'un d'eux a passé sous le n° 157 dans une vente de livres faite par Nodier en 1829, mais il avait gardé du texte une copie sur laquelle fut donnée l'édition Techener.
Les *Institutions républicaines* sont elles-mêmes précédées d'un fragment anonyme attribué à LAMARE, ami de Saint-Just, et reproduit par Nodier.

25250. — Œuvres de SAINT-JUST, représentant du peuple à la Convention nationale. *Paris, Prévôt ; Ad. Havart; Rouanet; Grimprelle,* 1834, in-8°, XVI-424 p. [N. Lb⁴¹ 2292.]

P. V-X, *Notice* (anonyme). P. XI-XVI, *Note relative à Saint-Just, extraite des papiers du citoyen* *** [LAMARE ?]. P. 1-80, *Opinions et discours.* P. 81, *Essai de constitution.* P. 113, *Discours, rapports et lettres à Robespierre.* P. 361, *Fragments d'institutions républicaines.*

25250ᵃ. — Œuvres de SAINT-JUST, représentant du département de l'Ain (sic) à la Convention nationale. *Toulouse, imp. V° Sens et Cⁱᵉ,* 1850, in-4°, 2 ff. et 67 p. [N. Lb⁴¹ 2272 A.]

Texte imprimé sur deux colonnes.
Reproduction littérale de l'édition décrite sous le numéro précédent et qui a été réimprimée de nouveau par M. HIPP. BUFFENOIR, avec une courte notice et quelques notes (Paris, Guyot, 1896, 2 vol. in-16. [B. N. 8° Y² 48312].).

25251. — Études révolutionnaires. Saint-Just, par M. EDOUARD FLEURY. *Paris, Didier,* 1851, 2 vol. in-18. [N. Ln²³ 18272.]

¶ Au sujet ou à l'occasion de ce livre parurent un article de SAINTE-BEUVE dans le *Constitutionnel,* réimp. dans les *Causeries du lundi* (tome V), un article de CUVILLIER-FLEURY, réimp. dans la seconde édition de ses *Portraits politiques et révolutionnaires* (cf. n° 20813 ci-dessus) et un article de LOUIS DE LOMÉNIE dans le *Pays* du 16 septembre 1851, qui n'a point été compris dans le recueil posthume de ses *Esquisses historiques et littéraires* (1879, in-12). Cet article, intitulé : *Un poème de Saint-Just,* a trait à *Organt,* dont Gustave Brunet a cité quelques fragments dans ses *Fantaisies bibliographiques* (Paris, Jules Gay, 1864, in-12), et qui forme les tomes VI et VII de la *Petite bibliothèque de la curiosité érotique et galante,* entreprise en 1867 par Poulet-Malassis.

25252. — Histoire de Saint-Just, député à la Convention nationale, par ERNEST HAMEL. Avec un portrait de Saint-Just d'après le pastel appartenant à M. Philippe Le Bas, membre de l'Institut et un portrait du conventionnel Philippe Le Bas, d'après une esquisse de LOUIS DAVID gravés tous deux par FLAMENG. *Paris, Poulet-Malassis et De Broise,* 1859, in-8°, 628 p. [*N.* Ln^{27} 18273. Réserve.]

L'*Histoire de Saint-Just* était en vente depuis deux mois lorsqu'elle fut dénoncée au parquet. Le 20 juin 1859, le Tribunal correctionnel de la Seine condamna les éditeurs à 100 francs d'amende pour « outrage à la morale publique » (cf. Drujon, *Catalogue des ouvrages poursuivis....*, p. 194-195) et l'auteur dut consentir à la destruction des ex. non encore vendus. Le livre fut réimp. la même année à Bruxelles, chez Méline et Cans (2 vol. in-12), avec une préface nouvelle. Je n'ai pu voir un ex. de cette réimpression, mais M. GUSTAVE LAURENT a résumé les dires d'Ernest Hamel au sujet de cette saisie dans l'*Intermédiaire* du 20 septembre 1903, col. 425.

25253. — Extrait de la « Biographie universelle »... Saint-Just (Louis-Antoine de Richebourg de), par M. ERNEST HAMEL. *Paris, imp. Henri Plon.* S. d. (1863), gr. in-8°, 7 p. [*N.* Ln^{27} 18274.]

25254. — Saint-Just, par EUGÈNE LOUDUN. *Paris, librairie de la Société bibliographique,* 1876, in-18, 36 p. [*N.* La^{32} 501*.]

La couverture imprimée sert de titre.
Brochures populaires sur la Révolution française, n° 8.

25255. — Saint-Just et Mme Thorin. Origines de la famille de Saint-Just, par L.-ABEL PATOUX. *Saint-Quentin, imp. Ch. Poette,* 1878, in-8°, 26 p. [*N.* Ln^{27} 30262.]

ERNEST HAMEL a également publié sous le titre de *Saint-Just et Madame Thorin* dans la *Révolution française* (tome XXXII, janvier-juin 1897, pp. 348-371), un article présenté comme un fragment d'une troisième édition de l'*Histoire de Saint-Just* qui n'a pas paru.

25256. — Curiosités révolutionnaires. Saint-Just membre du comité de salut public de la Convention nationale, 1767-1794. Son emprisonnement sous Louis XVI en exécution d'une lettre de cachet. Documents inédits publiés par M. ALF. BÉGIS, secrétaire de la Société des Amis des livres, avec la reproduction du cachet de la guillotine. *Paris, imprimé pour les Amis des livres,* 1892, in-8°, 50 p.

Le fac-similé du cachet à la guillotine, d'après l'original de la collection des sceaux des Archives nationales (n° 6024) est reproduit en regard du titre et p. 46 du texte. Il avait également paru dans l'*Intermédiaire* du 25 août 1891, col. 654.
On lit au verso du faux-titre : « Extrait de l'*Annuaire* de la Société des Amis des livres, imprimé à 30 exemplaires ».

25257. — Curiosités révolutionnaires. Saint-Just et les bureaux de la police générale au Comité de salut public, en 1794. Notice historique, par AUGUSTIN LEJEUNE, chef des bureaux. Documents inédits publiés par ALFRED BÉGIS (1896).

Voyez le n° 23593 ci-dessus.
Cette pièce a reçu à la B. N. la cote Lb^{41} 5257.

Saint-Léger (Barthélemy **Mercier**, abbé de). — Voyez **Mercier**.

25258. — [**Saint-Martin** (Pierre-Louis MARTIN DE).] A MM. les présidents des 48 sections et MM. les commandants des 60 bataillons de l'armée parisienne (24 septembre 1790). *Paris, imp. Potier de Lille,* 1790, in-8°, 7 p. [*N.* Lb^{39} 9569.]

Signé : L. SAINT-MARTIN, aumônier général de l'armée parisienne.
Réponse à diverses attaques.

25259. — [**Saint-Pierre** (Jacques-Bernardin-Henri de).] Institut impérial de France. Funérailles de M. de Saint-Pierre, le 25 janvier 1814. *Imp. Firmin Didot.* S. d., in-4°, 4 p. [*N.* Ln^{27} 18303.]

Discours de FRANÇOIS-AUGUSTE PARSEVAL GRANDMAISON.

25260. — Discours prononcés dans la séance publique tenue par la classe de la langue et de la littérature françaises de l'Institut impérial pour la réception de M. AIGNAN, le 18 mai 1815. *Paris, imp.*

Firmin Didot. S. d. (1815), in-4°, 23 p. [N. Z 5058 (186).]

P. 18, *Réponse de M.* Parseval-Grand-maison.
Eloge de Bernardin de Saint-Pierre.

25261. — Eloge de Bernardin de Saint-Pierre, par M. Patin, maître de conférences à l'Ecole normale. Discours qui a remporté le prix d'éloquence proposé par l'Académie royale des sciences, belles-lettres et arts de la ville de Rouen. *Paris, imp. Le Normant*, 1816, in-8°, 32 p. [N. Ln^{27} 18304.]

25262. — Essai sur la vie et les ouvrages de Jacques-Henri-Bernardin de Saint-Pierre, par L. Aimé-Martin. *Paris, Méquignon-Marvis*, 1820, in-8°, 1 f. et V-271 p. [N. Ln^{27} 18305.]

Voyez les quatre numéros suivants.

25263. — La Vérité en réponse aux calomnies répandues dans un écrit intitulé : « Essai sur la vie et les ouvrages de Bernardin de Saint-Pierre, par L.-Aimé Martin ». *Paris, Lelong; Pélicier*, 1821, in-8°, 23 p. [N. Lm^3 311.]

Défense de la famille Didot contre les imputations formulées par Aimé-Martin.
Cette polémique aboutit à un procès en diffamation intenté par Léger Didot (connu sous le nom Didot Saint-Léger) à Aimé Martin et que celui-ci perdit en première instance, puis en appel ; mais il ne se tint pas pour battu et continua de défendre en toute occasion la mémoire de Bernardin de Saint-Pierre dont il avait épousé la seconde femme ; voyez les trois numéros suivants.
Voyez aussi le n° 25274 ci-dessous.

25264. — Mémoire sur la vie et les ouvrages de J.-H.-Bernardin de Saint-Pierre, par L. Aimé-Martin, accompagné de lettres du maréchal Munich, de Duval, Taubenheim, Rulhière, d'Alembert, J.-J. Rousseau, baron de Breteuil, Guys, l'abbé Fauchet, de Fontanes, Mme la baronne Krudner, Dupont-de Nemours, M. Maret, Ducis, Bernardin de Saint-Pierre, Louis, Joseph et Napoléon Bonaparte. *Paris, Ladvocat*, 1826, in-8°, 2 ff. et 496 p. [N. Ln^{27} 18306.]

Entre le titre et la préface, fac-similé de lettres de Ducis et de Joseph Bonaparte.
Voyez les deux numéros suivants.

25265. — Correspondance de J.-H. Bernardin de Saint-Pierre, précédée d'un Supplément aux Mémoires sur sa vie, par L. Aimé-Martin. *Paris, Ladvocat*, 1826, 3 vol. in-8°. [N. Z 29671-29673.]

Le premier volume est en partie rempli par le *Supplément* annoncé sur le titre et qui est lui-même ainsi divisé :
P. I-IV, *Préface.* P. V, *Supplément... Réfutation* [d'une notice injurieuse de Ch. Durozoir sur B. de Saint-Pierre, insérée dans la *Biographie Michaud*]. P. LII-CXLIX, *Apologie.*
Ce Supplément a été tiré à part.
Voyez le numéro suivant.

25266. — Supplément à l'« Essai sur la vie et les ouvrages de Bernardin de Saint-Pierre », renfermant l'histoire de sa conduite pendant la Révolution et de ses relations particulières avec Louis, Joseph et Napoléon Buonaparte, par Louis Aimé-Martin. *Paris, imp. J. Tastu*, 1826, in-8°, 2 ff. et XLIX p. [N. Ln^{27} 18305.]

25267. — Vie de Bernardin de Saint-Pierre, par A. Fleury. *Paris, Sagnier et Bray*, 1844, in-18, 2 ff. et 436 p. [N. Ln^{27} 18307.]

P. 423-433, *Bibliographie.*
Collection des *Gloires de la France.*

25268. — Un Mot de Napoléon et Bernardin de Saint-Pierre, lu par M. Nault à l'Académie de Dijon et inséré dans ses Mémoires. *Dijon, imp. Loireau-Feuchot*, 1855, in-8°, 15 p. [N. Ln^{27} 18308.]

25269. — Etude sur la vie privée de Bernardin de Saint-Pierre (1792-1800), par M. E. Meaume, président de l'Académie de Stanislas. *Nancy, Grimblot et Ve Raybois*, 1855, in-8°, 38 p. [N. Ln^{27} 18309.]

Extrait des *Mémoires de l'Académie de Stanislas.*
La couverture imprimée porte 1856.

25270. — Les Grands Ecrivains français. Bernardin de Saint-Pierre, par Arvède Barine. *Paris, Hachette et Cie*, 1891, in-12, 187 p. et 1 f. n. ch. (*Table des matières*). [N. Ln^{27} 39659.]

En regard du titre, reproduction héliogravée du portrait de B. de Saint-Pierre, publié en tête de la célèbre édition Curmer de *Paul et*

T. IV.

Virginie (1838) et reproduisant lui-même le portrait peint par LAFITTE pour l'édition donnée par l'auteur en 1805.

Arvède Barine est le pseudonyme de Mme Cécile Vincens, née Stapfer.

25271. — Collection des classiques populaires. Bernardin de Saint-Pierre, par M. de Lescure, chef des secrétaires-rédacteurs du Sénat, lauréat de l'Académie française. Un volume orné d'un portrait et de plusieurs compositions de Maurice Leloir. *Paris, Lecène, Oudin et Ce, 1892, in-8°, 236 p. et 2 ff. n. ch.* (Table des matières et Table des gravures). [N. Ln²⁷ 40382.]

Le portrait est la reproduction de celui de l'édition Curmer de *Paul et Virginie*.

25272. — Etude sur la vie et les œuvres de Bernardin de Saint-Pierre, par Fernand Maury, maître de conférences à la Faculté des lettres d'Aix, docteur ès lettres. *Paris, Hachette et Ce, 1892, in-8°, IX-675 p.* [N. Ln²⁷ 40775.]

Thèse de doctorat.

25273. — Les Derniers jours du Jardin du Roi et la fondation du Muséum d'histoire naturelle, par le Dr E.-T. Hamy... (1893).

Voyez tome III, n° 17623.

L'auteur a reproduit (pp. 142-145), d'après l'original des Archives nationales, une longue *Adresse de* Bernardin de Saint-Pierre *à la Convention nationale* (7 juillet 1793), où il énumère les services qu'il avait rendus comme intendant du Jardin national des Plantes et demande à en être indemnisé.

¶ M. le lieutenant-colonel Largemain a publié dans la *Revue d'histoire littéraire de la France* (15 avril 1897, pp. 246-282) un article sur *Bernardin de Saint-Pierre, intendant du Jardin des Plantes*, et il a, dans la même *Revue* (1899, pp. 120-132), fait connaître, d'après les lettres et des documents inédits, les démêlés de Bernardin de Saint-Pierre avec le *Journal de Paris* et la *Décade philosophique* au sujet de ses théories sur le flux et le reflux de la mer.

25274. — Jean Ruinat de Gournier. Amour de philosophe. Bernardin de Saint-Pierre et Félicité Didot. *Paris, Hachette et Ce, 1905, in-12, 2 ff., 220 p. et 1 f. n. ch.* (Table des matières).

Le volume est orné de huit pl. dont voici le détail : *Félicité Didot*, fragment d'un tableau de Marchais (en regard du titre) ; *Catherine Godebout*, mère de B. de Saint-Pierre (musée du Hâvre) ; *la Famille Didot*, d'après le tableau de Marchais (appartenant à la famille Gélis) ; fac-similé d'une lettre de Saint-Pierre à Félicité Didot ; *B. de Saint-Pierre*, d'après le portrait de Lafitte ; *la maison de B. de Saint-Pierre à Essonnes*, d'après une photographie de M. P. Darblay ; buste de *Félicité Didot*, terre-cuite exécutée par sa mère ; fac-similé d'une lettre de Félicité Didot à B. de Saint-Pierre.

La correspondance publiée par M. Ruinat de Gournier comporte seize lettres conservées à la bibliothèque publique du Havre et d'autres, beaucoup plus nombreuses, tirées de la collection de M. P. Gélis-Didot ; toutes ont été soigneusement collationnées sur les originaux. Parmi ses lettres, plusieurs avaient été publiées au moins partiellement dans les livres d'Aimé Martin et de M. F. Maury (voyez les n° 25262 et 25272 ci-dessus), ainsi que par M. le lieutenant-colonel Largemain, sous ce titre : *Bernardin de Saint-Pierre, ses deux femmes et ses enfants*, dans la *Revue d'histoire littéraire de la France* (1902, pp. 276-283 et 448-468 ; 1903, pp. 646-670 ; 1904, pp. 654-669).

25275. — [Saint-Priest (François-Emmanuel Guignard, comte de).] Lettre de M. le comte de Saint-Priest à M. le président du comité des recherches de l'Assemblée nationale (10 octobre 1789). *Paris, imp. Royale, 1789, in-4°, 3 p.* [N. Lb³⁹ 2440.]

Sur le propos suivant qui lui avait été prêté pendant les journées des 5 et 6 octobre : « Quand vous aviez un roi, vous aviez du pain ; maintenant que vous en avez douze cents, allez-leur en demander ».

25276. — Lettre du comte de Mirabeau au comité des recherches. *Lejay fils. S. d., in-8°, 16 p.* [N. Lb³⁹ 2441.]

Au sujet de la part attribuée à Saint-Priest dans les intrigues de Bonne-Savardin et de Maillebois (voyez tome Ier, n°ˢ 1210, 1221-1224 et le numéro suivant qui m'avait alors échappé).

25277. — Observations du comte de Lally-Tolendal sur la lettre écrite par M. le comte de Mirabeau, au comité des recherches, contre M. le comte de Saint-Priest, ministre d'Etat (Lausanne, 10 novembre 1789). *Paris, Desenne, 1789, in-8°, 54 p.* [N. Lb³⁹ 2584.]

25278. — Mémoire à consulter et consultation pour M. Guignard Saint-Priest, ministre et secrétaire de Sa Majesté aux départements de l'intérieur du royaume (31 juillet 1790). *Paris, imp. Royale*, 1790, in-4°, 1 f. et 39 p. [*N.* Lb³⁹ 3858.]

La consultation (p. 21-39) est signée : DE SÈZE, LAGET-BARDELIN, FERREY.

Saint-Prix (François **Prix**, dit).
— Voyez **Prix**.

25279. — [**Sainte-Amaranthe**.] La famille Sainte-Amaranthe, par Mᵐᵉ A. R. [ARMANDE ROLAND] (1864).

Voyez tome Iᵉʳ, n° 4237.

Saint-Aulaire (**Beaupoil** de). — Voyez ci-dessus **Beaupoil** et au Supplément.

25280. — [**Saladin** (J.-B. Michel).] SALADIN, député par le département de la Somme à la Convention nationale, sur le décret du 24 août, qui le met en état d'arrestation chez lui et ordonne l'apposition des scellés sur ses papiers (26 août 1793, an II). *S. l. n. d.*, in-8°, 24 p. [*N.* Ln²⁷ 18366.]

Saladin avait été décrété d'arrestation en même temps que ses collègues dits de la Gironde.

25281. — SALADIN, membre du Corps législatif, au peuple français et à ses collègues (4 brumaire an IV-26 octobre 1795). *Imp. C.-F. Patris. S. d.*, in-8°, 23 p. [*N.* Lb⁴¹ 2083.]

Protestation contre sa nouvelle mise en arrestation décrétée le 24 vendémiaire.

25282. — [**Salamon** (Louis-Siffrein-Joseph SALAMON DE FONCROSE, dit de).] Mgr de SALAMON. Mémoires inédits de l'internonce à Paris pendant la Révolution, 1790-1801. Avant-propos, introduction, notes et pièces justificatives, par l'abbé BRIDIER, du clergé de Paris. *Paris, E. Plon, Nourrit et Cᵉ*, 1890, in-8°, 2 ff. et LVI-376 p. [*N.* La³³ 185.]

25283. — Correspondance secrète de l'abbé DE SALAMON, chargé des affaires du Saint-Siège pendant la Révolution, avec le cardinal Zélada (1791-1792), publiée par le vicomte DE RICHEMONT. *Paris, Plon, Nourrit et Cᵉ*, 1898, in-8°, XLIII-551 p. [*N.* Lg³ 29.]

En regard du titre, portrait héliogravé d'après le tableau original du musée Calvet à Avignon. Entre les pp. 384 et 385, fac-similé d'autographe.

Sales (J.-B.-Cl. **Isoard**, dit **Delisle de Sales**). — Voyez **Delisle de Sales**.

25284. — [**Salgues** (Jacques-Barthélemy).] Deux pièces importantes à joindre aux Mémoires et documents historiques sur la Révolution française, par un témoin impartial. *Paris, Houdin; Delaunay; Ponthieu, ainsi que place des Victoires, n° 5, et chez tous les marchands de nouveautés*, décembre 1823, in-8°, 15 p. [*N.* Ln²⁷ 18346.]

Pamphlet contre l'abbé Salgues.
Par MÉHÉE DE LA TOUCHE, d'après Barbier.

25285. — Précis pour M. SALGUES contre le sieur Méhée de La Touche. *Imp. J.-G. Dentu. S. d.*, in-8°, 1 f. et 13 p. [*N.* Ln²⁷ 27810.]

25286. — [**Salle** (J.-B.).] Réponse de SALLE, député de la Meurthe, aux calomnies prononcées contre lui par Robespierre, à la tribune de la Convention nationale. *Paris, imp. Nationale. S. d.*, in-8°, 6 p. [*N.* Lb⁴¹ 2849.]

25287. — Lettre écrite par SALLE, représentant du peuple, député de la Meurthe, à son épouse, au moment de son arrestation (Bordeaux, 30 prairial an II-18 juin 1794). *Imp. du Républicain français. S. d.*, in-8°, 4 p. [*N.* Lb⁴¹ 4423.]

25288. — Biographie de J.-B. Salle, membre de l'Assemblée constituante, député à la Convention pour le département de la Meurthe. Extrait de l'ouvrage intitulé : « Charlotte Corday et les Girondins », par CHARLES VATEL, avocat à la Cour d'appel de Paris. Avec deux fac-siïmité d'autographes. *Paris, Henri Plon*, 1872, in-8°, 2 ff. et CLX p. [*N.* Ln²⁷ 26974..

Tirage à part des préliminaires du tome I*ᵉʳ* de l'ouvrage décrit sous le n° 521 de la *Bibliographie*.

Le premier fac-similé (sur deux pages) est placé entre l'*Avis de l'éditeur* et le texte intitulé *Préface*; le second est intercalé entre les pp. LVI et LVII.

L'édition, donnée par G. Moreau-Chaslon de la tragédie de Salle a été décrite sous le n° 22273 ci-dessus.

25289. — [**Salm-Kyrbourg** (Frédéric-Othon-François-Christian-Philippe-Henri, prince de).] Le Palais de la Légion d'honneur... Etude précédée d'une notice historique sur le prince Frédéric de Salm-Kyrbourg, par H. THIRION (1883).

Voyez tome III, n° 12251.
Le prince de Salm-Kyrbourg fut condamné à mort le 5 thermidor an II (23 juillet 1794).

25290. — [**Salomon** (frère).] Une Victime de la Révolution ou Vie de Louis Leclercq, dit frère Salomon... (1887).

Voyez le n° 23561 ci-dessus.

25291. — [**Sanguin**.] Convention nationale. Rapport et projet de décret sur la réclamation des citoyens Sanguin frères, contre un arrêté du Conseil exécutif provisoire, du 11 frimaire, qui déclare leur mère émigrée, présentés au nom du Comité de législation (le 3 germinal an II - 23 mars 1794), par PH.-ANT MERLIN (de Douai). Imprimés par ordre de la Convention nationale. *Paris, imp. Nationale.* S. d., in-8°, 14 p. [*N.* Le³⁸ 738.]

Merlin conclut en faveur des frères Sanguin et de la légitimité de leurs réclamations.
Voyez le numéro suivant.

25292. — Pièces justificatives à joindre au rapport du citoyen Merlin, de Douai, sur l'affaire des citoyens Sanguin. *Paris, imp. Pain.* S. d., in-4°, 7 p. [*N.* Lb⁴¹ 1007.]

La mère des frères Sanguin, qui était allée consulter un chirurgien célèbre de Bruxelles, était morte dans cette ville, le 24 août 1792, et ses deux fils avaient produit des témoignages formels de sa parfaite bonne foi. L'un habitait Sarcelles (Seine-et-Oise) et l'autre la rue Neuve-Saint-Marc (section de Mil-sept-cent-quatre-vingt-douze).

25293. — [**Sanois** (Jean-François-Joseph de LA MOTTE-GEFFRARD, comte de).] Recueil de quelques lettres sorties du fond d'une prison, écrites et adressées par une victime infortunée des pouvoirs anciens et modernes à sa femme, à sa fille unique et [à] son gendre, qu'il n'a vus depuis onze ans. 1797 et 1798 vieux style. *Nota.* Personne n'est nommé dans ce recueil. S. *l. n. d.*, in-8°, 32 p. [*N.* Ln²⁷ 31693.]

Dans l'ex. de la B. N., le feuillet de garde porte cette note d'une écriture ancienne : « Recueil de lettres de M. DE SANOIS ».

J'ai trouvé dans un catalogue à prix marqués la description sommaire de cet opuscule et de deux autres qui le complètent, mais que je n'ai pu voir et dont voici tout au moins les titres :

— Instruction paternelle, laissée en mourant par un vieillard de 75 ans, à trois jeunes demoiselles de onze, neuf et sept ans, enfants de sa fille unique.

— Relation du petit voyage que j'ai fait, accompagné d'un ci-devant, charitable et bienfaisant, rendant toujours service à quiconque en a besoin, partant le samedi 15 décembre (vieux style) 1798, de Paris, et y rentrant ensemble le lendemain dimanche 16, dix heures du soir ; destinée à servir de supplément indispensable à l'« Instruction paternelle »...

Arrêté à Lausanne en mai 1785, sur la plainte de sa femme et de sa fille, transféré à la citadelle de Besançon, puis interné à Charenton pendant neuf mois, le comte de Sanois, ancien major aux gardes-françaises, fut éloquemment défendu par Lacretelle aîné et gagna son procès au moins devant l'opinion : ses adversaires avaient confié leurs intérêts à l'avocat J.-N. Moreau. Les *Mémoires secrets*, dits de Bachaumont, sont remplis, au cours des années 1786-1787, de détails sur les incidents de ce procès qui fut la dernière cause célèbre de l'ancien régime.

25294. — [**Sanson** (Charles-Henri).] Plaidoyer prononcé au tribunal de police de l'Hôtel de Ville de Paris, le mercredi 27 janvier 1790, pour Charles-Henri Sanson, exécuteur des jugements criminels de la ville, prévôté et vicomté de Paris, contre le sieur Prudhomme, marchand papetier, se disant éditeur et propriétaire du journal intitulé : « Révolutions de Paris, dédiées à la Nation et au district des Petits-Augustins »; le sieur Gorsas, auteur du « Courrier de Paris dans les provinces et des provinces à Paris »; journal ayant pour épigraphe : *Vires acquirit eundo*, et le sieur Quillau, imprimeur dudit journal; le sieur de Beaulieu, auteur d'une feuille périodique ayant pour titre : « Assemblée nationale, 61ᵉ séance dans la capitale, suite des nouvelles de Paris » et le sieur Guillaume *junior*, imprimeur de ladite feuille; ledit sieur Guillaume, imprimeur d'une autre feuille sans nom d'auteur, intitulée : « l'Espion de Paris et des provinces ou Nouvelles les plus secrètes du jour », avec cette épigraphe : « Le mot d'espion ne fait peur qu'aux coupables»; le sieur Descentis, auteur d'un journal ayant pour titre : « le Courrier de Paris ou le Publiciste français, journal politique, libre et impartial », par une Société de gens de lettres, avec cette épigraphe : *Nec lædere, nec adulari;* la veuve Hérissant, imprimeur de ladite feuille périodique; le sieur Camille Desmoulins, auteur des « Révolutions de France et de Brabant », et le sieur Garnery, libraire, distributeur dudit journal, par M. MATON DE LA VARENNE, avocat au Parlement. *Paris, Mᵐᵉ Vente. février* 1790, in-8°, 28 p.

D'après les *Annonces de bibliographie moderne*, tome II, pp. 194-195.

25295. — Mémoire pour les exécuteurs des jugements criminels de toutes les villes du royaume, où l'on prouve la légitimité de leur état. *Paris, Froullé, février* 1790, in-4°, 25 p. [*N.* Lb³⁹ 2969.]

Par MATON DE LA VARENNE.

EPIGR. :

Les hommes sont égaux . . . . . .
C'est la seule vertu qui fait leur différence.

Le titre de départ, p. 3, porte : *Mémoire à Nosseigneurs de l'Assemblée nationale.*

25295ᵃ. — Mémoire pour les exécuteurs des jugements criminels de toutes les villes du royaume, où l'on prouve la légitimité de leur état. *Paris, février* 1790, in-8°, 34 p. [*N.* Lb³⁹ 2969 A.]

Même épigraphe.
Le titre de départ, p. 3, porte : *Mémoire à Nosseigneurs de l'Assemblée nationale*, par CHARLES-HENRI SANSON, *exécuteur des jugements criminels de la ville, prévôté et vicomté de Paris;* LOUIS-CYR-CHARLEMAGNE SANSON, *exécuteur de la prévôté de l'hôtel du Roi, et leurs confrères dans les différentes villes du royaume.*

25296. — Sentence rendue contre l'un des plus respectables citoyens de la capitale, en faveur de Charles-Henri Sanson, bourreau de Paris, suivie de la Rétractation de cet honorable citoyen. Extrait du « Courrier de Paris dans les prov[inces] », n° VIII. S. *l. n. d.*, in-8°, 8 p. [*N.* Lb³⁹ 8350.]

Par GOUSAS. Désaveu d'un passage du *Courrier de Paris*, où il avançait que le bourreau de Paris avait chez lui une presse sur laquelle s'imprimaient les libelles aristocratiques.

25297. — Réclamation pour M. Desmoulins, auteur de la « France libre » et du « Courrier de France et de Brabant », contre le nommé Sanson, exécuteur des jugements criminels, demandeur en réparation et prétendant aux charges municipales, prononcée devant les représentants de la Commune de Paris, au tribunal de police, par M. MONTIGNY, avocat au Parlement; précédée de notes historiques sur l'état de bourreau chez les différentes nations connues et suivies d'une lettre sur les atteintes portées à la liberté, par M. Mitouflet, adjoint au Procureur-Syndic. *Paris, Prudhomme et Bouché,* 1790, in-8°, 56 p. [*N.* Lb³⁹ 8403.]

EPIGR. :

L'office de bourreau est très infâme ; il n'y a que des nations barbares qui puissent en juger autrement.
M. DE FERRIÈRES.

25298. — Événements remarquables et intéressants à l'occasion des décrets de l'auguste Assemblée nationale, concernant l'éligibilité de MM. les comédiens, le bourreau et les juifs. *Paris, chez les marchands de nouveautés,* 1790, in-8°, 37 p.

D'après les *Annonces de bibliographie moderne*, I, 341.

25299. — Requête de l'exécuteur des hautes œuvres aux juges consuls en entherinement (*sic*) de son contract (*sic*) d'union avec ses créanciers. A Messieurs les juges consuls de la ville de Paris. S. *l. n. d.*, in-8°, 4 p. [*N.* Lb³⁹ 6518.]

Facétie signée : SANSON; GORNEAU, procureur. Le texte est entièrement gravé.

25300. — Réclamation de M. Samson (sic), exécuteur des hautes œuvres, contre l'insertion de son nom dans une prétendue liste des membres qui composent la Société des Amis de la Constitution ou Lettre adressée à M. Laclos, rédacteur du « Journal de la Société des amis de la constitution » (11 février 1791). S. l. n. d., in-8°, 6 p. [N. Lb³⁹ 4608.]

Facétie réimp. par M. Aulard dans la *Société des Jacobins*, II, 83.

25301. — Mémoires pour servir à l'histoire de la Révolution française, par Sanson... (1829).

Par Honoré de Balzac et Lhéritier (de l'Ain).
Voyez tome I⁽ᵉʳ⁾, n° 3963 et la note qui l'accompagne.

25302. — Recherches historiques et physiologiques sur la guillotine et Détails sur Sanson..., par Louis Dubois... (1843).

Voyez tome III, n° 14166.

25303. — Histoire de la famille des Sanson, exécuteurs des jugements criminels de Paris, par L.-G. Michaud. (Extrait du tome LXXXI de la « Biographie universelle ».) Imp. E. Duverger. S. d. (1847), in-8°, 8 p. [N. Lm³ 818.]

25304. — Sept Générations d'exécuteurs. 1688-1847. Mémoires des Sanson, mis en ordre, rédigés et publiés par H. Sanson (1862-1863).

Voyez tome I⁽ᵉʳ⁾, n° 3965 et la note qui l'accompagne.

25305. — La Guillotine et les exécuteurs d'arrêts criminels pendant la Révolution..., par G. Lenotre (1893).

Voyez tome III, n° 14169.

25306. — [Sanson (J.-B.).] Eloges funèbres de J.-B. Sanson et de Guillaume Minard, membres du Presbytère de Paris, prononcés... par P. Brugière, curé de Saint-Paul (1798).

Voyez tome III, n° 16336.

25307. — [Santerre (Antoine-Joseph).] Santerre restera-t-il donc sans jugement? (1791).

A propos de l'affaire dite de Vincennes, voyez tome I⁽ᵉʳ⁾, n° 2105 et les n°ˢ 2090-2111 qui ont trait à la même affaire.

25308. — Aux honnêtes gens. S. l. n. d. (1791), in-8°, 16 p. [N. Ln²⁷ 18497.]

Signé : Santerre.
A propos de l'affaire du Champ de Mars; voyez tome I⁽ᵉʳ⁾, n°ˢ 3041-3067.

25309. — Santerre, général de la République française, sa vie politique et privée, écrite d'après des documents originaux laissés par lui, et les notes d'Aug. Santerre, son fils aîné, par A. Carro, rédacteur du « Journal de Seine-et-Marne ». *Paris, Ledoyen, et chez les principaux libraires des départements*, 1847, in-8°, 2 ff. et III-399 p. [N. Ln²⁷ 18498.]

En regard du titre, portrait de Santerre (Toussaint, *lith. Rosselin, éditeur*), avec fac-similé de signature.
Epigraphe empruntée à la déposition du général Berruyer relative au roulement de tambours qui étouffa la voix de Louis XVI, le 21 janvier 1793.
¶ M. Paul Bonnefon a publié, d'après l'original faisant partie de la collection d'autographes léguée par P.-A. Labouchère à la bibliothèque de Nantes, les états de service de Santerre dressés sous sa dictée et signés par lui (*Souvenirs et Mémoires*, tome III (1899), pp. 289-292).

25310. — Documents historiques. Ordres du jour inédits de Santerre... (1792-1793), mis en ordre et annotés par Edmond Dutemple (1875).

Voyez tome I⁽ᵉʳ⁾, n° 3895.

Saron (Bochart de). — Voyez ci-dessus et au Supplément, **Bochart de Saron.**

25311. — [Sarrette (Bernard).] Un ex-membre du ci-devant comité révolutionnaire de la section de Brutus au c⁽ᵉⁿ⁾ Sarrette, directeur du Conservatoire de musique. S. l. n. d., in-8°, 4 p. [N. Ln²⁷ 31327.]

Violent pamphlet; signé : Tirepied.

25312. — B. Sarrette et les origines du Conservatoire national de musique et de déclamation, par CONSTANT PIERRE... (1895).

Voyez tome III, n° 19745.

Sartine (Charles-Marie-Antoine de). — Voyez **Sainte-Amaranthe**.

Saudray (Ch.-Etienne **Gaulard de**). — Voyez ci-dessus et au Supplément, **Gaulard de Saudray**.

25313. — [**Sauvade** (Benoît).] Jugement rendu par le Tribunal criminel du département de Paris qui... condamne... Benoît Sauvade... à la peine de mort (29 juin 1792).

Voyez le n° 23003 ci-dessus.

25314. — [**Saxe** (François-Xavier-Louis-Auguste-Albert, prince de).] Département de Paris. Domaines nationaux. Vente dans la maison de l'émigré Montmorency, rue Saint-Marc, n° 167, section Le Pelletier, des meubles et effets provenant des émigrés Xavier de Saxe, demeurant ci-devant à Pont-sur-Seine, et Pont-Jubau, demeurant ci-devant rue Montmorency, n° 1 (29 germinal an II-18 avril 1794). *Imp. Ballard. S. d.,* in-folio plano.

Ancienne collection Paul Dablin.

25315. — [**Scellier** (Gabriel-Toussaint).] Précis de la vie révolutionnaire de SCELLIER. *Imp. Clément. S. d.,* in-4°, 4 p. [*N.* Lb⁴¹ 4014.]

Signé : SCELLIER, juge du tribunal du 2e arrondissement.
Vice-président du Tribunal révolutionnaire, Scellier fut condamné à mort en même temps que Fouquier-Tinville, le 17 floréal an III (6 mai 1795).

25316. — [**Schérer** (Barthélemy-Louis-Joseph).] Compte rendu par le ministre de la guerre de son administration pendant l'an VI (an VII).

Voyez tome III, n° 12606. La pièce, décrite d'après un ex. de la collection Rondonneau, porte à la B. N. la cote L.f¹⁹⁴ 7.

25317. — [**Scordel** (Vᵉ).] A MM. les présidents et membres de l'Assemblée nationale (Sèvres, 27 février 1791). *Imp. Prault D. S. M.,* 1791, in-4°, 3 p. [*N.* Ln²⁷ 18727.]

Pétition de la veuve SCORDEL, chargée depuis le décès de son mari de la perception des droits d'aides dans la résidence de Sèvres et réduite à la misère par la suppression de ces droits. P. 3, apostille signée par la municipalité et de quelques notables de Sèvres.

25318. — [**Sedaine** (Michel-Jean).] Eloge historique de M.-J. Sedaine, par CONSTANCE D. T. PIPELET, lu par l'auteur à la 54ᵉ séance publique du Lycée des arts, le 30 messidor an V (18 juillet 1797). *Chez Desenne, et au Lycée des arts, Jardin-Egalité, chez le concierge,* 1797, in-8°, 24 p. [*N.* Ln²⁷ 18744.]

¶ J'ai publié dans les appendices de la *Correspondance littéraire* de Grimm (éd. Garnier frères, tome XVI, pp. 234-246) une *Notice* de Mᵐᵉ VANDEUL, née DIDEROT, *sur Sedaine*, écrite également en 1797 et adressée à Meister, continuateur de Grimm.

25319. — [**Séguin** (Armand).] ARMAND SÉGUIN, inventeur du nouveau procédé pour le tannage, aux Représentants du peuple composant les deux Conseils (Sèvres, 8 messidor an VI-28 juin 1798). *Baudouin. S. d.,* in-8°, 2 p. [*R.* AD. XI, 66.]

Protestation contre la vente du terrain de la Gloriette, près Caen, au citoyen Cordel et invitation à venir se rendre compte *de visu* à Sèvres de ses procédés de tannage.

25320. — Aperçu de la conduite et de la science d'Armand Séguin. *Imp. Hacquart, an VII,* in-4°, 19 p. [*N.* Ln²⁷ 18778.]

ÉPIGR. :
Fronti nulla fides.

Signé : CH.-GR. DULAC, ancien défenseur de la patrie, jamais agent civil ni secret.
Voyez aussi le n° 22589 ci-dessus.

25321. — Comptabilité d'ARMAND SÉGUIN. Défense et pièces justificatives. *Imp. Delance. S. d.,* in-4°, 2 ff. et VII-63 p. [*N.* Ln²⁷ 18779.]

25322. — Mémoire à consulter et Première Consultation pour le citoyen SÉGUIN (17 fructidor an VIII-4 septembre 1800).

Imp. Goujon fils. S. d., in-4°, 10 p. [*P.* Série 160, recueil g¹.]

Au sujet de la propriété de l'île de Sèvres qui lui était contestée par les héritiers Vandenyver.
La délibération juridique (p. 3-10) est signée : Ferey, Tronchet, de Bonnières, Portalis, Siméon.

25323. — [**Ségur** (Philippe-Henri, maréchal, comte de).] Lettre de M. [Louis-Philippe, comte] de Ségur, à MM. les membres du conseil des pensions (8 avril 1790).

Au sujet du *Livre rouge* et des pensions attribuées au maréchal, son père. Voyez tome III, n°ˢ 13473, ainsi que les n°ˢ 13464-13464ᵃ et 13474-13477.

25324. — [**Ségur** (Alexandre-Joseph-Pierre, vicomte de).] Ma prison depuis le 22 vendémiaire an III... (an III).

Voyez tome Iᵉʳ, n° 4344.

25325. — [**Séguy**.] « Citoyens, je suis inculpé au tribunal de l'opinion publique... » *Paris, G.-F. Galletti. S. d.*, in-8°, 7 p. [*N.* Ln²⁷ 18796.]

Note justificative au sujet de la négligence qu'il aurait apportée à exécuter les ordres du comité révolutionnaire touchant l'arrestation de Roland.

25326. — [**Seignot**.] Détails de ce qui est arrivé à un coutelier de Paris, que de faux monnayeurs sont venus chercher chez lui sous prétexte de le faire travailler pour le Premier Consul et qu'ils ont conduit dans un souterrain pour y fabriquer des outils pour battre de la fausse monnaie. Détails de ce qui s'est passé dans ce souterrain où il n'a parlé qu'à des hommes masqués. Comment il en est sorti. Mesures prises par ces faux monnayeurs pour que le captif ne puisse reconnaître où il a été détenu. Son nom et demeure. *Paris, imp. Valteri. S. d.*, in-8°, 4 p. [*N.* Ln²⁷ 18797.]

Le héros de cette singulière aventure demeurait rue Sainte-Marguerite, près de Saint-Germain-l'Auxerrois.

25327. — [**Semallé**.] Souvenirs du comte de Semallé, page de Louis XVI, publiés... par son petit-fils (1898).

Voyez le n° 20856 ci-dessus.

25328. — [**Sémonin** (Hélène-Madeleine Jouvencel, veuve de Claude-Gérard).] « A la suite d'un contrat d'échange... » *Paris, imp. du Dépôt des lois. S. d.*, in-8°, 3 p. [*N.* Ln²⁷ 18810.]

Acte de renonciation, par la Vᵉ Sémonin, à la ferme de Vélizy, du 12 thermidor an VI (30 juillet 1798).
Claude-Gérard Sémonin (1723-1793) avait rempli, durant de longues années, les fonctions de garde du Dépôt des Affaires étrangères; Armand Baschet lui a consacré un chapitre de son *Histoire de ce Dépôt* (E. Plon et Cⁱᵉ, 1875, in-8°).

25329. — Corps législatif. Conseil des Anciens. Rapport fait par J.-J.-L. Bosquillon, député de l'Oise, sur la résolution du 28 prairial [an VI-16 juin 1798] relative au contrat d'échange passé entre la nation et la citoyenne veuve Sémonin. Séance du 17 thermidor an VI (4 août 1798). *Paris, imp. Nationale, an VI*, in-8°, 18 p. [*N.* Le⁴⁵ 1099.]

25330. — Observations sur le contrat d'échange passé entre la nation et la citoyenne veuve Sémonin, et sur le rapport fait au Conseil des Anciens, le 17 thermidor, par le représentant du peuple J.-J. Bosquillon. *Paris, imp. du Dépôt des lois. S. d.*, in-8°, 8 p. [*N.* Ln²⁷ 18809.]

25331. — Réflexions de J.-J.-L. Bosquillon, député de l'Oise, au Conseil des Anciens, contenant le résumé de son Rapport fait au nom de la commission spéciale, composée des représentants Musard, Faure et Bosquillon, le 17 thermidor, sur la résolution du 28 prairial relative à la ratification du contrat d'échange entre la nation et la veuve Sémonin, lues en séance du 7 fructidor an VI (24 août 1798), dans laquelle a été proprononcé l'ajournement indéfini. *Imp. Baudouin. S. d.*, in-8°, 12 p. [*N.* Le⁴⁵ 1127.]

25332. — [**Senar** (Gabriel-Jérôme).] Révélations puisées dans les cartons du comité de salut public et de sûreté générale ou Mémoires inédits de Senart (sic), agent du gouvernement révolutionnaire, par Alexis Dumesnil... (1824).

Voyez tome 1er de la *Bibliographie*, n° 495 et le numéro suivant.

25333. — Lettre de M. Alexis Dumesnil, éditeur des Mémoires de Sénar ou de Sénard. On y a inséré un fac-similé de l'écriture et de la signature de l'auteur de ces Mémoires. *Paris, Ch. Gosselin,* 1824, in-8°, 14 p. (la dernière non chiffrée). [N. Ln^{27} 18813.]

Signé : Eckard.
Le fac-similé est p. 8.

25334. — [**Senlisse** (Henri).] Jugement rendu par le Tribunal révolutionnaire... qui, sur la déclaration du juré de jugement, portant qu'il a été tenu chez la femme Thomas, fruitière, des propos inciviques et contre-révolutionnaires ; que Henri Senlis (sic), ci-devant vicaire constitutionnel de la paroisse Saint-Louis, est convaincu d'avoir tenu ces propos, condamne ledit Senlis à être déporté à perpétuité à la Guyane française, conformément à l'article III du titre II de la loi du 10 mars dernier (22 frimaire an II-12 décembre 1793). *Imp. du Tribunal révolutionnaire.* S. d., in-4°, 4 p. [N. Lb^{41} 2233*.]

Détenu à Bicêtre en vertu de ce jugement, l'abbé Senlisse fut impliqué dans la conspiration dite « des prisons » et condamné à mort, le 8 messidor an II (26 juin 1794).

25335. — [**Senonnes** (François-Pierre de Lamotte, marquis de).] Jugement rendu par le Tribunal révolutionnaire... qui, sur la déclaration du jury de jugement, portant qu'il est constant que François-Pierre Lamotte-Senonnes et Suzanne Drouillard ont eu des intelligences avec les ennemis extérieurs et intérieurs de la République, condamne lesdits François-Pierre Lamotte-Senonnes et Suzanne Drouillard, sa femme, à la peine de mort... 18 germinal an II (7 avril 1793). *Imp. du Tribunal révolutionnaire.* S. d., in-4°, 8 p. [N. Lb^{41} 2232*.]

Le marquis de Senonnes, originaire du Maine, et sa femme, originaire de Saint-Domingue, habitaient Bonneuil-sur-Marne, district de Bourg-Egalité (Bourg-la-Reine).

Septeuil. — Voyez **Tourteau de Septeuil.**

25336. — [**Sergent** (Antoine-François et Marie [Emira].) Sergent à ses concitoyens. Paris, le 21 février 1793. *Imp. Nationale.* S. d., in-8°, 4 p. [N. Ln^{27} 18837.]

Au sujet des actes reprochés à Sergent et à Panis pendant les journées de septembre.

25337. — Corps législatif. Conseil des Cinq-Cents. Présentation au Conseil des Cinq-Cents du portrait du général Marceau. Paris, le 22 germinal an VI (11 avril 1798). *Imp. Nationale, floréal an VI,* in-8°, 2 p. [N. Le^{43} 1902.]

Signé : Sergent, Emira Marceau-Sergent.

25338. — Corps législatif. Conseil des Cinq-Cents. Discours prononcé par Julien Souhait sur l'hommage fait au Conseil du portrait du général Marceau. Séance du 26 germinal an VI (15 avril 1798). *Imp. Nationale, floréal an VI,* in-8°, 7 p. [N. Le^{43} 1919.]

25339. — Emira Marceau-Sergent, sœur aînée du général, au citoyen Guillard, député d'Eure-et-Loir, au Conseil des Cinq-Cents, l'un des héritiers du général Marceau, en réponse à un passage de son opinion sur les testaments militaires. *Imp. Vatar-Jouannet.* S. d., in-8°, 18 p. [N. Ln^{27} 18839.]

L'*Opinion* de Guillard avait été présentée au Conseil des Cinq-Cents dans la séance du 1er messidor an VI (19 juin 1798).
L'ex. de la B. N. de la réponse d'Emira Sergent est incomplet des pp. 5-16.

25340. — Réponse d'Emira Marceau-Sergent, sœur aînée du général Marceau, au discours prononcé au Conseil des Cinq-Cents, le 17 messidor, par le citoyen Guillard, député, et imprimée par ordre de l'Assemblée. *Imp. Fauvelle et Sagnier.* S. d., in-4°, 4 p. [N. Ln^{27} 18840.]

25341. — Fragment de mon album et nigrum, écrit en 1811, revu et augmenté de souvenirs en 1836. *Brignolles, imp. Perreymond-Dufort*, 1837, in-8°, 164 p. [*N.* Ln²⁷ 18841. Réserve.]

A l'exemplaire de la B. N. est jointe la copie de notes prises sur un exemplaire ayant appartenu à l'auteur.
Epigraphe empruntée à Cicéron.
On lit à la dernière page : « Imprimé au nombre de 200 exemplaires. Aucun ne sera vendu. »
La couverture du volume porte au recto une lithographie accompagnée de ces deux légendes : « *Emira dessinée à l'âge de vingt et un ans* » et « *Le temps console, il faut savoir l'employer* ». Au verso, une autre lithographie intitulée : *Cimetière de Nice*, avec cette légende : « *L'éternité nous réunira* » et cette date : VI mai MDCCCXXXIV ».
En regard du titre, portrait d'Emira Sergent-Marceau, avec cette légende : *Lith.* par R. MÉREU *d'après un portrait dessiné et gravé par son époux en 1808. Nice, lith. Société typogr.* et trois épigraphes empruntées à *l'Oraison funèbre* de Marceau, prononcée en 1797.
Le texte du volume est suivi d'un feuillet non chiffré contenant le fac-similé d'un billet d'Emira Sergent à une jeune amie.

25342. — Notice biographique sur A.-F. Sergent, graveur en taille-douce, député de Paris à la Convention nationale, par NOEL PARFAIT. *Chartres, Garnier; Paris, Dauvin; Garnier frères*, 1848, in-8°, 98 p. [*N.* Ln²⁷ 18838.]

La partie du texte de cette *Notice* relative aux dessins et aux gravures de Sergent a été reproduite par l'auteur dans le *Bulletin des beaux-arts* de Th. Fabré (2ᵉ année, 1884-1885) et suivie d'un catalogue de l'œuvre de Sergent et de Mᵐᵉ de Cernel [Emira Marceau] rédigé par l'éditeur du *Bulletin*. Ce catalogue est accompagné de pl. et de portraits en noir et en couleur.

25343. — Notice sur Sergent-Marceau, peintre et graveur, par MM. H. HERLUISON et PAUL LEROY, membres de la Société des Amis des arts d'Orléans. *Orléans, H. Herluison*, 1898, in-8°, 71 p. [*N.* Ln²⁷ 46846.]

On lit au verso du faux-titre : « Ce Mémoire a été lu à la réunion des Sociétés des beaux-arts des départements, le 14 avril 1898. »
En regard du titre de départ, fac-similé du frontispice du *Missel* de Chartres, gravé à l'eau-forte par Sergent ; entre les pp. 24 et 25, reproduction du médaillon de Sergent par David d'Angers ; p. 25, croquis de Sergent d'après le général Marceau.

25344. — Reminiscences of a regicide. Edited from the original Mss. of SERGENT MARCEAU, member of the Convention and administrator of police in the french Revolution of 1789, by M.-C.-M. SIMPSON, author of « Letters and Recollections of Julius and Mary Mohl ». *London, Chapman and Hall*, 1889, in-8°, XVI-396 p. [*N.* Ln³³ 182.]

En regard du titre, frontispice en couleur (Sergent recevant une lettre d'Emira en 1795) d'après une aquarelle originale du destinataire. P. 174-175, portrait de Marceau dessiné et gravé par son beau-frère. P. 368-369, portrait de Sergent à quatre-vingt-dix-sept ans, dessiné par Mˡˡᵉ DEMARÇAY et apostillé de la signature du modèle. P. 367 (dans le texte) fac-similé de la lithographie placée au verso de la couverture du *Fragment de mon album et nigrum* (cf. n° 25341 ci-dessus).
L'auteur a fait usage de papiers divers et de fragments autobiographiques conservés au British Museum sous la cote *Add. Mss.* 34410 ; quelques-unes de ces notes avaient été communiquées par Sergent à Taschereau, qui les a insérées dans la *Revue rétrospective*.

25345. — [**Sérilly** (Anne-Marie-Louise THOMAS DE DOMANGEVILLE, dame MÉGRET DE).] Madame de Sérilly échappée à l'échafaud sous la Terreur. (Extrait du « Bulletin de la Société archéologique de Sens »). *Sens, imp. Paul Duchemin*, 1893, in-8°, 2 ff. et 33 p.

Papier vergé.
Signé (p. 30) : FÉLIX CHANDENIER et daté du 21 janvier 1893.
Mᵐᵉ de Sérilly, dont le mari avait péri le 21 floréal an II (11 mai 1794), épousa en 1795 François de Pange, mort l'année suivante, et dix mois plus tard Anne-Pierre, marquis de Montesquiou Fezensac (1741-1798) ; voyez le n° 24322 ci-dessus. Elle mourut elle-même en août 1799.

25346. — [**Serpaud** (Jacques).] Jugement rendu par le Tribunal révolutionnaire... qui, sur la déclaration du juré de jugement, portant qu'il est constant que, depuis 1791 jusqu'en 1793, il a été pratiqué des manœuvres tendant à favoriser les projets hostiles des ennemis de l'Etat contre la liberté et la sûreté du peuple français, et notamment en entretenant des correspondances criminelles avec les émigrés Montmorency, Serpaud et autres et en leur faisant parvenir des secours en argent; que Jacques Serpaud, né à Angoulême, domicilié à Paris, rue Saint-Marc, ci-devant intendant de l'émigré Montmorency, est convaincu d'être auteur et complice de ces manœuvres; que Jacques Husson-Chamour, né à Vignory [Haute-Marne], domicilié à Paris, rue Saint-Marc, ci-devant trésorier de Montmorency, émigré, est convaincu d'être auteur ou complice de ces manœuvres ; que Joseph Blouet, natif de Hanviller [Moselle], domicilié à Paris, même rue, ci-devant concierge de Montmorency, émigré, est convaincu d'être auteur ou complice de ces manœuvres, condamne Serpaud, Jacques Husson-Chamours et Joseph Blouet à la peine de mort... (25 frimaire an II-15 décembre 1793). *Imp. du Tribunal révolutionnaire. S. d.*, in-4°, 8 p. [*N.* Lb⁴¹ 2232*.]

25347. — [**Servan** (Joseph).] Réflexions sur le ministère de M. Servan. *Imp. du Patriote français. S. d.*, in-8°, 7 p. [*N.* Lb³⁹ 6074.]

Une note ms. sur l'ex. de la B. N. porte : Reçu le 20 juillet 1792, en l'église des Jacobins.

25348. — [**Sèze** (Raymond, comte de).] Institut royal de France. Académie française. Funérailles de M. le comte de Sèze. Discours de M. Auger, secrétaire perpétuel de l'Académie française, prononcé aux funérailles de M. le comte de Sèze, le 5 mai 1828. *Imp. F. Didot. S. d.*, in-8°, 3 p. [*N.* Ln²⁷ 5909.]

25349. — Extrait de « l'Ami de la religion et du Roi », 14 mai 1828. *Imp. A. Boucher. S. d.*, in-8°, 8 p. [*N.* Ln²⁷ 5910.]

Signé : le comte DE MARCELLUS.
Notice sur M. de Sèze.

25350. — Discours prononcé à la Chambre des Pairs par M. le vicomte DE CHATEAUBRIAND, à l'occasion de la mort de M. le comte de Sèze, le 18 juin 1828. *Paris, imp. J. Pinard*, 1828, in-8°, 31 p. [*N.* Ln²⁷ 5911.]

25351. — Discours prononcé dans la séance publique tenue par l'Académie française pour la réception de M. le baron DE BARANTE, le 20 novembre 1828. *Paris, imp. Firmin Didot*, 1828, in-4°, 1 f. et 28 p. [*N.* Z 5053 (206).]

P. 19, *Réponse de M.* JOUY.
Eloge de de Sèze.

25352. — Eloge de de Sèze. Discours prononcé à la séance solennelle de rentrée de la conférence de Sèze, au Cercle catholique, par ARNOLD MASCAREL. *Paris, F. Bouquerel*, 1868, in-8°, 24 p. [*N.* Ln²⁷ 24084.]

25353. — Notice sur le premier président R. de Sèze (1748-1828), par FÉLIX GRÉLOT, avocat à la Cour de Paris, attaché au parquet de la Cour de cassation. Extrait de « la France judiciaire ». *Paris, A. Durand et Pedone-Lauriel*, décembre 1876, in-8°, 15 p. [*N.* Ln²⁷ 29666.]

Présentée comme extraite d'un ouvrage inédit, qui devait être intitulé : *Histoire de la Cour de cassation et de ses membres depuis son origine jusqu'à nos jours* et qui n'a pas paru.

25354. — [**Sherlock** (Sauveur-François-Louis).] Aux représentants du peuple français (30 germinal an II-19 avril 1794). *Imp. Le Normant. S. d.*, in-4°, 4 p. [*N.* Lb⁴¹ 4628.]

Signé : L. SHERLOCK, capitaine au second bataillon du 92ᵉ régiment d'infanterie.
Protestation contre la rédaction de son extrait baptistaire qui le qualifiait de « messire ».

25355. — Liberté. Humanité. Vertu. République. Pétition à la Convention nationale (12 ventôse an III-2 mars 1795). *Imp. Le Normant. S. d.*, in-4°, 4 p. [*R.* AD. I, 58.]

Remerciments au sujet de sa mise en liberté.
La même pièce a été imprimée in-folio pour affichage. La Bibliothèque de la Chambre des députés en possède un ex.

25356. — [**Sicard** (l'abbé Roch-Ambroise CUCURON, dit).] Extrait de différents journaux concernant les forfaits des premiers jours de septembre 1792 (1796).

P. 1-41, *Relation authentique du citoyen* SICARD... *sur les dangers qu'il a courus les 2 et 3 septembre 1792, à un de ses amis.*
Voyez tome Iᵉʳ, n° 3492.

25357. — Rentrée du citoyen Sicard à l'institution nationale des Sourds-Muets, nouvelle en prose, lue dans la séance publique de la Société philotechnique du 20 pluviôse an VIII (9 février 1800), par J*** N*** Bouilly, auteur de « l'Abbé de l'Epée ». *Paris, à l'ancienne librairie de Dupont de Nemours, an VIII,* in-8°, 16 p. [*N.* Ln^{27} 18947.]

25358. — Institut royal de France. Académie française. Funérailles de M. l'abbé Sicard (11 mai 1822). *Imp. F. Didot. S. d.,* in-4°, 3 p. [*N.* Ln^{27} 18948.]

Discours de Bigot de Préameneu.

25359. — Discours funèbre prononcé au cimetière de l'Est, en présence et au nom de la Société grammaticale, sur la tombe de l'abbé Sicard, le 11 mai 1823, jour anniversaire de sa mort, par Maximilien Le Roy, membre des Sociétés Grammaticale, Royale, Académique, des des sciences, Médico-philanthropique, etc. Suivi des adieux gesticulés par M. Berthier, sourd-muet de naissance, au nom de ses compagnons d'infortune. *Paris, imp. L.-H. Herhan,* 1823, in-8°, 15 p. [*N.* Ln^{27} 18949.]

25360. — Discours prononcés dans la séance publique tenue par l'Académie française pour la réception de M. l'évêque d'Hermopolis [Frayssinous], le 28 novembre 1822. *Paris, imp. Firmin Didot,* 1822, in-4°, 1 f. et 17 p. [*N.* Z 5053 (124).]

P. 9, Réponse de Bigot de Préameneu.
Eloge de l'abbé Sicard.

25361. — Une Fête de l'abbé Sicard. *Imp. J. Gratiot. S. d.,* in-8°, 22 p. [*N.* Ln^{27} 18950.]

Signé : Paulmier, instituteur des sourds-muets, élève de l'abbé Sicard depuis plus de trente ans.

25362. — [**Sieyès** (Emmanuel-Joseph, comte).] Deux grands hommes jugés par un bonhomme (1791?).

Voyez le n° 24183 ci-dessus.

25363. — Notice sur la vie de Sieyès, membre de la première Assemblée nationale et de la Convention, écrite à Paris en messidor, deuxième année républicaine (vieux style, juin 1794). *En Suisse et Paris, Maradan, an III,* in-8°, 66 p. [*N.* Ln^{27} 18956.]

Réimp. dans *la Révolution française,* tome XXIII (juillet-déc. 1892), pp. 161-181 et 257-278.
Attribuée par Barbier à Constant-Engelbert OElsner, cette *Notice* a été très certainement revue par Sieyès lui-même, ainsi que le n° 25368 ci-dessous.

25364. — Corps législatif. Conseil des Cinq-Cents. Rapport fait par Daubermesnil, au nom de la commission des inspecteurs du palais du Conseil des Cinq-Cents. Séance du 23 germinal an V (12 avril 1797). *Paris, imp. Nationale, germinal an V,* in-8°, 4 p. [*N.* Le^{43} 896.]

Au sujet de la tentative d'assassinat commise sur Sieyès par un prêtre ou moine défroqué, nommé Chrysostôme Poulle.

25365. — Corps législatif. Conseil des Cinq-Cents. Discours de F. Lamarque sur le message du Directoire exécutif et sur la lettre du ministre de la justice relatifs à l'assassinat commis sur le représentant du peuple Sieyès. Séance du 23 germinal an V (12 avril 1797). *Paris, imp. Nationale, germinal an V,* in-8°, 4 p. [*N.* Le^{43} 897.]

25366. — L. Texier-Olivier, député de Loir-et-Cher, membre du Conseil des Cinq-Cents, à son collègue Thibault, au même Conseil (3 fructidor an VII-20 août 1799). *Imp. Charles. S. d.,* in-8°, 8 p. [*N.* Lb^{42} 2460.]

Au sujet de la nomination de Sieyès au Directoire.

25367. — Détail de ce qui s'est passé au Conseil des Cinq-Cents concernant la destitution de Sieyès, membre du Directoire, demandée par des intrigants qui demandaient la division du Directoire au Corps législatif. Evénement arrivé à lui, représentant du peuple, que l'on a traîné chez un commissaire de police et au Bureau central. *Paris, Maison. S. d.,* in-8°, 8 p. [*N.* Lb^{42} 2462.]

Signé : Genthon.

25368. — Des Opinions politiques du citoyen Sieyès, et de sa vie comme homme public. *Paris, Goujon fils, an VIII*, in-8°, VIII-280 p. [*N.* Ln^{27} 18957.]

Par Constant-Engelbert Œlsner, d'après Barbier.
Voyez la note du n° 25363 ci-dessus.

25369. — Institut royal de France. Académie des sciences morales et politiques. Funérailles de M. le comte Sieyès. Discours de M. le comte Siméon, président de l'Académie des sciences morales et politiques, prononcé aux funérailles de M. le comte Sieyès, le 22 juin 1836. *Imp. F. Didot frères. S. d.*, in-4°, 3 p. [*N.* Ln^{27} 18958.]

¶ Une *Notice historique sur la vie et les travaux du comte Sieyès*, par Mignet, lue à la séance publique annuelle de l'Académie des sciences morales, le 28 décembre 1836, a paru dans la *Revue des deux mondes* du 1er janvier 1837 et a été réimp. dans les diverses éditions des *Notices* ou *Portraits* de l'auteur (voyez le n° 24076 ci-dessus).

25370. — Etudes sur Sieyès, par Edmond de Beauverger, docteur en droit. *Imp. Hennuyer*, 1851, in-8°, 31 p. [*N.* Ln^{27} 18959.]

Extrait de la *Revue de législation et de jurisprudence*.

¶ Sainte-Beuve a pris texte de cette courte brochure pour consacrer à Sieyès une étude réimp. dans les *Causeries du lundi* (tome V); il y a fait usage de documents communiqués par Hipp. Fortoul et réunis par celui-ci en vue d'un livre qu'il n'eut pas le loisir d'écrire.

25371. — L'Abbé Sieyès, comte de l'Empire, et le général de division Moulin (1853).

Par Mme de Marouze, fille du général Moulin. Voyez le n° 24388 ci-dessus.

25372. — Bonaparte et Sieyès, épisode inédit de l'histoire de la Révolution française, par G. Du Fresne de Beaucourt. *Lille, imp. Béhague. S. d.* (1862), in-8°, 7 p. [*N.* Ln^{27} 17960.]

Extrait de la *Revue indépendante*.

25373. — Cour impériale d'Aix. Discours prononcé à l'audience solennelle de rentrée, le 3 novembre 1869, par M. Arthur Desjardins, avocat général. Sieyès et le jury en matière civile. *Aix, typ. Remondet-Aubin*, 1869, in-8°, 64 p. [*N.* Lf^{112} 827.]

25374. — A. Bigeon. Sieyès, l'homme, le constituant, avec un portrait et un autographe, suivi d'un Appendice sur les constitutions du 24 juin 1793 et du 22 frimaire an VIII. *Paris, Henri Bécus. S. d.* (1893), in-8°, 4 ff. et 245 p. [*N.* Ln^{27} 42049.]

Le portrait de Sieyès (de profil en buste, avec l'uniforme et le chapeau de membre du Directoire) précède le texte. Le fac-similé est placé entre la dernière page et la *Table des matières*.
Epigraphe empruntée à Mirabeau.

25375. — Albéric Neton. Sieyès (1748-1836) d'après des documents inédits. *Paris, Perrin et C°*, 1900, in-8°, 2 ff. et 460 p. [*N.* Ln^{27} 47461.]

25376. — [**Sillery** (Charles-Alexis-Pierre, comte Brulard de Genlis, marquis de).] Sillery, député à la Convention, à ses concitoyens. *Paris, de l'imprimerie conforme à la prononciation. S. d.*, in-8°, 4 p. [*N.* Ln^{27} 18968.]

Sillery fut condamné à mort en même temps que les Girondins, le 9 brumaire an II (31 octobre 1793).

25377. — [**Silvestre de Sacy** (baron Antoine-Isaac).] Funérailles de M. Silvestre de Sacy. Discours prononcés par MM. Jomard, Hase, Eug. Burnouf et Amédée Jaubert (23 février 1838). *Imp. F. Didot frères. S. d.*, in-4°, 9 p. [*N.* Ln^{27} 18176.]

25378. — Notice historique et littéraire sur M. le baron Silvestre de Sacy, lue à la séance générale de la Société asiatique, le 25 juin 1838, par M. Reinaud, membre de l'Institut, élève de M. de Sacy et son successeur dans la chaire d'arabe à l'Ecole spéciale des LL. OO. *Paris, imp. Royale*, 1838, in-8°, 2 ff. et 83 p. [*N.* Ln^{27} 18177.]

Extrait du *Journal asiatique*.

25378^a. — Notice historique et littéraire sur M. le baron Silvestre de Sacy..., par M. Reinaud... Deuxième édition revue et corrigée. *Paris, imp. Ve Dondey-Dupré*, 1838, in-8°, 2 ff. et 87 p. [*N.* Ln^{27} 18177 A.]

25379. — Notice sur la vie et les ouvrages de M. Silvestre de Sacy. *Imp. Royale*, 1838, in-4°, 1 f. et 26 p. [*N.* Ln²⁷ 18178.]

Le titre de départ, page 1, porte en plus : par *M.* Daunou. On lit en manchette : « Lue à la séance publique [de l'Académie des Inscriptions] du 10 août 1838. »

25380. — Extrait de « l'Ami de la religion »... 2 juin 1840. *Paris, imp. A. Le Clere. S. d.*, feuillet in-4°. [*N.* Ln²⁷ 18179.]

Discours de M. de Joantho, gendre de Silvestre de Sacy, sur les principes religieux et les vertus familiales de son beau-père.

25381. — Silvestre de Sacy. Une esquisse biographique. *S. l. n. d.*, gr. in-8°, XXVIII p.

Titre pris sur un titre de départ. Le texte est signé, p. XXVIII : Hartwig Derenbourg et daté de Paris, ce 11 novembre 1886.
En regard du titre, fac-similé d'un portrait de S. de Sacy, gravé sur acier, et de sa signature.
Tirage à part (*Separat[abdruck]*) de l'*Internationale Zeitschrift für allgemeine Sprachwissenschaft... begründet und herausgegeben von* F. Techmer (Leipzig), tome III, 1ʳᵉ partie.

25382. — [**Simon** (Antoine).] Louis XVII, sa vie, son agonie, sa mort..., par A. de Beauchesne (1852).

Voyez tome Iᵉʳ, n° 4493-4493ᵃ.
Le livre de Chantelauze, où il est question du même personnage (*Louis XVIII, son enfance, sa prison et sa mort au Temple* [1884]) y est également décrit sous le n° 4494.
⁋ L'acte de décès d'Antoine Simon, exécuté le 10 thermidor an II, a été publié par Jal (*Dictionnaire critique*, p. 1136). En 1876, le *Polybiblion* (tome XVII, ou 2ᵉ série, tome VI) inséra une question et deux réponses relatives à la prétendue survie, jusqu'en 1830, du fameux cordonnier ; l'une de ces réponses, due à M. Albert Babeau, contient le texte de l'extrait baptistaire d'Antoine Simon, né à Troyes, sur la paroisse Saint-Jacques, le 5 juillet 1735, et son auteur l'a reproduite, avec quelques différences, dans la *Revue de Champagne et de Brie*, tome I (1876), p. 408.

25383. — [**Simonet**.] Mémoire justificatif de la citoyenne Simonet, marchande épinglière, rue Saint-Martin, 155, adressé aux amis de la liberté, de la vérité, de l'humanité et de l'égalité. *S. l. n. d.*, in-4°, 18 p. [*R.* AD. I, 58.]

L'ex. de la collection Rondonneau ne comporte qu'un faux-titre, tenant lieu de titre, reproduit ci-dessus, et les pp. 17-18.

25384. — [**Simons-Candeille** (Amélie-Julie Candeille, dame Simons, connue sous le nom de).] Réponse de Mᵐᵉ Simons-Candeille à un article de biographie, 17 juin 1817. *Imp. J. Gratiot. S. d.*, in-4°, 8 p. [*N.* Ln²⁷ 19010.]

Réponse à un article de la *Biographie des hommes vivants*, signé : A. J.

25385. — [**Siret** (Pierre-Louis).] Précis de la vie du citoyen Siret. *S. l. n. d.*, in-8°, XXIV p. [*N.* Ln²⁷ 26346.]

Tirage à part non spécifié des préliminaires d'une *Grammaire portugaise* (1799), que je n'ai pu voir.
D'après E. Frère (*Manuel du bibliographe normand*) l'auteur de ce *Précis* serait l'abbé Antoine de Cournand.

25386. — [**Smith** (J. de).] Dénonciation civique par le citoyen Rambourg contre Smith, actuellement à Mézières, département des Ardennes, payeur des armées de la République. *Paris, imp. de la Société des Amis du commerce. S. d.*, in-4°, 4 p. [*R.* AD. I, 58.]

Ex-musicien et intendant de la duchesse de Villeroy, si l'on en croit son adversaire, Smith remplit ensuite les fonctions de caissier des ateliers de charité et son nom apparaît maintes fois dans les deux premiers volumes des documents sur l'*Assistance publique à Paris pendant la Révolution* publiés par M. A. Tuetey.
Rambourg se flatte, dans le même factum, d'avoir dénoncé à diverses reprises les agissements de Vauvilliers, mais ces dénonciations, dont il donne les dates, ne semblent avoir laissé aucune trace dans les *Actes de la Commune* tels que les a reconstitués M. Sigismond Lacroix.

25387. — [**Sombreuil** (Maurille Virot de), plus tard comtesse de Villelume.] Mˡˡᵉ de Sombreuil, épisode de la Terreur, par L. Enduran. *Lille, L. Lefort*, 1860, in-12, 143 p. [*N.* Ln²⁷ 19058.]

En regard du titre, portrait gravé sur acier, signé : Cabasson *del.*, Follet *sculp.*
Petit livre de propagande dénué de toute

valeur critique et qui n'est décrit ici qu'en raison de son titre et de son sujet.

La légende célèbre d'après laquelle Mlle de Sombreuil aurait été obligée de boire le contenu d'un verre rempli de sang pour arracher son père aux assassins de l'Abbaye, n'a été rapportée par aucun des survivants ou des contemporains de ces massacres et l'héroïne de cette scène semble l'avoir elle-même toujours démentie. On peut consulter sur cette question, longtemps controversée, un article de M. ALEXANDRE SOREL, dans le *Droit* du 27 septembre 1863 (compte rendu du tome II de l'*Histoire de la Terreur* de Mortimer-Ternaux), les *Épisodes et curiosités révolutionnaires* de Louis Combes (cf. tome Ier de la *Bibliographie*, n°s 271-271^a), les *Ruines et fantômes* par M. Jules Claretie (Bachelin-Deflorenne, 1874, in-12), l'*Intermédiaire des chercheurs et curieux*, tomes II, III et XXIII, *passim*. Seul M. Alfred Bégis s'était inscrit en faux contre la quasi-unanimité des preuves alléguées, mais le document qu'il a cité dans l'*Annuaire de la Société des Amis des livres* (XIe année, 1890, pp. 27-72) ne semble pas décisif : c'est une lettre sans date de M. Hochet, secrétaire général du Conseil d'État de 1816 à 1840, qui aurait entendu dire à la comtesse de Villelume (morte en 1823) que le verre qu'on lui avait présenté était réellement plein de sang ; assertion absolument contraire à un autre témoignage dont on retrouvera le texte dans *Ruines et fantômes*, p. 96 et qui émanait d'une amie de Mme de Villelume.

25388. — [**Soubrany** (Pierre-Amable).] Dix-neuf Lettres de SOUBRANY, représentant du peuple à la Convention nationale. *Clermont-Ferrand, Boucart*, 1867, in-8°, 2 ff. et 86 p. [*N.* Lb^41 2157. Réserve.]

Tiré à 100 exemplaires. La préface est signée : HENRI DONIOL.
Les initiales de l'éditeur sont imprimées en noir et en bleu sur la couverture et en rouge et en noir sur le titre.

25389. — Romme et Soubrany, conférence faite à Riom..., par G. DESDEVISES DU DÉZERT... (1896).

Voyez le n° 25145 ci-dessus.

25390. — [**Soulavie** (Jean-Louis).] Des Droits de l'ambassadeur. Premier mémoire à Sa Majesté Impériale et Royale Napoléon le Grand, en son Conseil, pour obtenir le retour des papiers et du mobilier de JEAN-LOUIS SOULAVIE l'aîné, ancien ministre résident de France près la République de Genève, envahis par la force armée des clubs insurgés et par divers individus, réclamés par le Directoire et garantis par le Gouvernement genevois, contre la Commission économique chargée de l'administration des biens de l'ancienne République de Genève et de la liquidation de ses dettes. *Paris, chez l'auteur, rue de Verneuil, n° 51, imp. P.-N. Rongeron* (10 *janvier* 1810), in-4°, 1 f. et 16 p. [*N.* Ln^27 19097.]

25391. — Second Mémoire à Sa Majesté impériale Napoléon le Grand, en son Conseil, sur la dispersion, le recouvrement, les périls et l'état actuel des archives et documents du ministère secret de Louis XV, recueillis, acquis et classés, depuis 1782 jusqu'en 1810, par JEAN-LOUIS SOULAVIE, ancien ministre résident de France près les Républiques de Valais et de Genève, pour obtenir de Sa Majesté le retour en nature de la douzième partie, ou environ, de ces archives envahies les cinq premiers jours de l'an III par la force armée des clubs genevois insurgés. *Paris, chez l'auteur, rue de Verneuil*, n° 51. De l'imp. *P.-N. Rongeron* (10 *janvier* 1810), in-4°, 1 f. et 24 p. [*N.* Ln^27 19097.]

25392. — Histoire de Soulavie (naturaliste, diplomate, historien), par A. MAZON. *Paris, Fischbacher*, 1893, 2 vol. in-8°. [*N.* Ln^27 41173.]

En regard du titre du premier volume, fac-similé d'un petit portrait de Soulavie.
Voyez le numéro suivant.

25393. — Appendice à l'« Histoire de Soulavie » (1901), par A. MAZON. *Privas, imprimerie centrale de l'Ardèche*, 1901, in-8°, 26 p. et 1 f. n. ch. (Addition à la p. 53 et Errata). [*N.* Ln^27 41173bis.]

25394. — Catalogue de la collection d'estampes formée par J.-L. Soulavie (1783-1811), dont la vente aura lieu à Paris, hôtel Drouot..., par le ministère de Me Maurice Delestre, commissaire-priseur..., assisté de M. LOYS DELTEIL, artiste-graveur, expert. *Paris*, 1903-1904, 4 parties gr. in-8°.

La première partie est précédée d'un avertissement sans titre, signé : L. D. (LOYS DEL-

TEIL) résumant l'origine et les vicissitudes de la collection. La troisième partie, composée exclusivement de dessins originaux relatifs aux personnages et aux événements de la Révolution, a été acquise en bloc par le baron Edmond de Rothschild. Chacune de ces quatre parties est ornée de nombreuses reproductions en noir et en couleur et du fac-similé sur le titre de la carte de sûreté de l'ancien propriétaire.

Sur les diverses tentatives faites par Soulavie pour se défaire de ces estampes, voyez aussi tome Ier de la *Bibliographie*, p. LVI-LVII.

25395. — [**Soulès** (Antoine-Prosper).] Ordonnance rendue par le président du Tribunal révolutionnaire qui... acquitte Antoine-Prosper Soulès... (11 frimaire an II-1er décembre 1793).

Voyez le n° 24607 ci-dessus.

Acquitté, mais « détenu jusqu'à la paix », Soulès fut impliqué dans la conspiration dite « des prisons » et condamné à mort le 29 prairial an II (17 juin 1794).

25396. — [**Staël-Holstein** (Anne-Louise-Germaine NECKER, baronne de).] Grand Combat national. *Paris*, 1790, in-8°, 1 f. et 29 p. [*N.* Lb^{39} 3908.]

Pièce déjà décrite sous le n° 24330 ci-dessus et avec la cote du British Museum. Elle est rappelée ici parce qu'elle vise également Mme de Staël et Mathieu de Montmorency (sous le nom de *petit père Mathieu*).

25397. — Consultons le valet de chambre si nous voulons connaître le maître. Conversation secrète entre la femme de chambre de confiance de Mme de Staël et le bonneau de M. Charles de Lameth (1790).

Voyez le n° 23398 ci-dessus.

25398. — Lesta. Opuscule national dédié à Monseigneur Charles Voydel, grand inquisiteur de France. *S. l.*, 1791, in-8°, 46 p. [*N.* Lb^{39} 4693.]

Poème satirique en prose.
Lesta est l'anagramme de Staël.

25399. — Les Intrigues de Madame de Staël à l'occasion du départ de Mesdames de France, comédie en trois actes et en prose (1791).

Voyez tome Ier, n° 2050.

25400. — Lettre d'un Welche à Mme la de baronne Staël de Holstein, à l'occasion de la profession de foi que Son Excellence a fait insérer au n° 255 du « Journal des nouvelles politiques, nationales et étrangères », du 15 prairial, 3e année républicaine. *Paris, imp. républicaine. S. d.*, in-8°, 16 p. [*N.* Ln^{27} 19158.]

Signé : J. B. P.

La lettre de Mme de Staël répondait à un entrefilet anonyme présenté comme un « article communiqué » et dénonçant ses entrevues en Suisse avec Narbonne, Mathieu de Montmorency et Jaucourt; il avait paru dans les *Nouvelles politiques* du 11 prairial an III (31 mai 1795).

Sur les *Nouvelles politiques*, devenues plus tard le *Publiciste*, voyez tome II, n°s 10846, 11153, 11159, 11199, 11200.

25401. — Notice sur la maladie et la mort de Mme la baronne de Staël, par M. PORTAL. *Imp. Fain. S. d.* (1817), in-12, 12 p. [*N.* Ln^{27} 19159.]

Consultation exclusivement médicale.
Cette *Notice*, dit Quérard, avait été en très grande partie insérée dans les *Annales politiques, morales et littéraires* du 2 août 1817.

25402. — Hommage à la mémoire de Mme la baronne de Staël, en forme de réflexions générales sur ses écrits, par J.-B. FORSE, étudiant en droit. *Paris, Delaunay*, 1818, in-8°, 1 f. et 20 p. [*N.* Ln^{27} 19160.]

Épigraphe empruntée à Mme de Staël.
P. I-II, *Epître dédicatoire aux femmes* (en vers).

25403. — Notice sur le caractère et les écrits de Mme de Staël, par Mme NECKER DE SAUSSURE. Avec le portrait de Mme de Staël. *Paris, Treuttel et Würtz*, 1820, in-8°, 2 ff. et CCCIXXII p. [*N.* Ln^{27} 19162.]

Tirage à part de la *Notice* imprimée en tête de l'édition des *Œuvres complètes* publiée par les mêmes libraires (1820-1821, 19 vol. in-8° ou in-12); elle a été tirée également dans ce même format.

25404. — Staëlliana ou Recueil d'anecdotes, bons mots, maximes, pensées et réflexions de Mme la baronne de Staël-Holstein, enrichi de notes et de quelques pièces inédites de cette femme célèbre, par COUSIN, d'Avalon. *Paris, librairie poli-*

tique, 1820, in-18, 2 ff. et 194 p. [*N.* Ln²⁷ 19163.]

25405. — Madame de Staël et Madame Roland ou Parallèle entre ces deux dames..., par Fr.-Chr. Schlosser (1830).

Voyez le n° 25121 ci-dessus.

25406. — Lady Blennerhassetth, née comtesse de Leyden. Madame de Staël et son temps (1766-1817), avec des documents inédits. Portrait d'après Gérard. Ouvrage traduit de l'allemand par Auguste Dietrich. *Paris, Louis Westhauser,* 1890, 3 vol. in-8°. [*N.* Ln²⁷ 37510ᵗᵉʳ.]

L'héliogravure du portrait de Gérard, gravé par Laugier (1818) est placée en regard du titre du tome Iᵉʳ.

Le texte original de ce livre a paru à Berlin (1887-1889, 3 vol. in-8°) et a été aussitôt traduit en anglais (London, 1889, 3 vol. in-8°).

25407. — Les Grands Ecrivains français. Mᵐᵉ de Staël, par Albert Sorel, de l'Institut. *Paris, Hachette et Cⁱᵉ,* 1890, in-8°, 216 p. [*N.* Ln²⁷ 32294.]

25408. — Notes sur Madame de Staël, ses ancêtres et sa famille, sa vie et sa correspondance, par Eugène Ritter, professeur à l'Université de Genève. *Genève, librairie H. Georg,* 1899, in-8°, 110 p. [*N.* Ln²⁷ 47593.]

25409. — [**Steen** (Gysbert).] Facétie inquisitoriale. *Imp. Meyer. S. d.,* in-8°, 6 p. [*Br. M. F. R.* 403 (7).]

Signé : Gysbert Steen.

Plaintes au sujet de son arrestation. Steen avait offert au comité militaire la fourniture de 50,000 fusils pour armer les gardes nationaux des départements.

25410. — [**Suard** (J.-B.-Antoine).] Ninon Lenclos à M. S...d, de l'A.a.é.ie.f.a.ç.i.e, auteur d'un mémoire signé : Lenoir, et d'un mémoire encore relatif à la dame Kornmann (Aux Champs-Elysées, 12 juillet 1787). 1787, in-8°, 23 p. [*N.* Ln²⁷ 19208.]

Voyez le numéro suivant.

25411. — Lettre de Mᵐᵉ Delaunay, appareilleuse, à M. Su...d, de l'Académie française. *S. l.,* feuillet in-8°. [*N.* Ln²⁷ 1314.]

Signée : de Launay, rue Croix-des-Petits-Champs, au Grand Balcon, ce 14 juillet 1787.

Autre pamphlet également relatif à l'affaire Kornmann, et réimp. avec la *Confession générale d'un homme exécuté au Caveau du Palais-Royal.* [*B. N.* Ln²⁷ 1315.]

25412. — Institut royal de France. Académie française. Funérailles de M. Suard (22 juillet 1817). *Imp. F. Didot. S. d.,* in-4°, 4 p. [*N.* Ln²⁷ 19206.]

Discours d'Auger.

25413. — Institut Royal de France. Discours prononcé dans la séance publique tenue par l'Académie française pour la réception de M. Roger, le 30 novembre 1817. *Paris, imp. Firmin Didot,* 1817, in-4°, 1 f. et 21 p. — Réponse de M. le duc de Lévis, directeur de l'Académie française, à M. Roger, successeur de M. Suard. *Imp. Firmin Didot. S. d.,* in-4°, 10 p. [*N.* Z 5053 (139).]

La seconde pièce n'a qu'un titre de départ.

25414. — Catalogue des livres de la bibliothèque de feu M.-J.-B.-A. Suard, secrétaire perpétuel de l'Académie française, de l'ordre royal de la Légion d'honneur, dont la vente se fera le mercredi 7 janvier 1818 et les vingt-six jours suivants, en sa maison, rue Royale, n° 13, près la rue Saint-Honoré. *Paris, Tilliard frères,* 1817, in-8°, 2 ff. et XII-179 p.; 2161 numéros. [*N.* Δ 13798.]

Bien que Suard eut vendu au duc de Coigny une partie de ses livres anglais, cette section de sa bibliothèque était néanmoins encore très considérable.

25415. — Mémoires historiques sur la vie de M. Suard, sur ses écrits et sur le XVIIIᵉ siècle, par Dominique-Joseph Garat. *Paris, A. Belin,* 1820, 2 vol. in-8°. [*N.* Ln²⁷ 19208.]

Epigraphe empruntée à Suard.

La même année, les titres ont été imprimés au nom des frères Baudouin et sous un libellé un peu différent : *Mémoires historiques sur la vie et les écrits de M. Suard, sur le XVIIIᵉ siècle et sur la Révolution française,* par

D.-J. GARAT, de façon à rattacher ces deux volumes à la collection des Mémoires sur la Révolution entreprise par ces mêmes éditeurs. Dans l'ex. de la B. N. ces titres ont été reliés à la suite des volumes ici décrits.

25416. — Mémoires historiques sur le XVIIIe siècle et sur M. Suard, par DOMINIQUE-JOSEPH GARAT. Deuxième édition. *Paris, A. Belin,* 1821, 2 vol. in-8°. [*N.* Ln[27] 19209.]

Remise en circulation, au moyen d'une interversion dans le titre et d'un nouveau nom d'éditeur, de l'édition décrite sous le numéro précédent. Elle a subi un troisième changement lorsque les ex. invendus furent intitulés : *Mémoires historiques sur le XVIIIe siècle et les principaux personnages de la Révolution française, ainsi que sur la vie et les écrits de Suard, secrétaire perpétuel de l'Académie française,* par D.-J. GARAT, ministre, directeur de l'Ecole normale, comte de l'Empire et ambassadeur sous Napoléon (Paris, Prudhomme [1828] ou Philippe [1829]).

Voyez le numéro suivant.

25417. — Essais de mémoires sur M. Suard. *Paris, imp. P. Didot aîné,* 1820, in-12, IV-322 p. [*N.* Ln[27] 19207. Réserve.]

Par Mme AMÉLIE SUARD, née PANCKOUCKE. Tiré à 300 exemplaires pour les amis de l'auteur.

« Ces *Essais de mémoires,* dit Mme Suard, auxquels j'aurais voulu donner un titre plus modeste, ne sont destinés qu'aux amis de M. Suard et aux personnes qui l'ont connu. Une plume beaucoup plus habile avait désiré se charger de ce soin ; la connaissance parfaite que cet écrivain avait du caractère et des vertus de M. Suard, les larmes abondantes qu'il répandait sur sa tombe m'ont fait céder à ses vœux ; mais, ni mes intentions, ni celles que je lisais dans les dernières volontés de M. Suard, n'ayant été remplies par cet écrit dont à peine quelques fragments m'ont été communiqués, des considérations très puissantes à mes yeux, et dont je ne dois compte à personne, me décident à les désavouer auprès de mes amis. »

Ces essais ont été réimp. par M. de Lescure dans le volume intitulé : *Mémoires biographiques et littéraires,* formant le tome XXXVII et dernier de la *Bibliothèque des mémoires relatifs à l'histoire de France pendant le XVIIIe siècle* (nouvelle série).

25418. — Eloge de Suard, secrétaire perpétuel de l'Académie française, par FRANÇOIS PÉRENNÈS, discours auquel l'Académie des sciences, belles-lettres et arts de Besançon a décerné une médaille de deux cents francs dans sa séance du 24 août 1841. *Besançon, C. Deis,* 1841, in-8°, 1 f. et 70 p. [*N.* Ln[27] 19210.]

25419. — [**Sue** (Pierre).] Le citoyen SUE, professeur bibliothécaire de l'Ecole de santé de Paris, membre du jury d'instruction publique pour les écoles primaires, aux citoyens membres du Corps législatif (27 germinal an VI-16 avril 1798).

Voyez tome III, n° 17431.

25420. — [**Suleau** (François).] Etudes littéraires sur la Révolution française, par AUGUSTE VITU. François Suleau. *Paris, France ; Grenoble, Baratier,* 1854, in-18, 114 p. et 1 f. n. ch. [*N.* La[32] 408.]

On lit sur le feuillet non chiffré :
« Tiré à 150 exemplaires, 19 août 1854. »
Réimp. dans les *Ombres et vieux murs* de l'auteur (Poulet-Malassis et De Broise, 1860, in-12).

25421. — [**Talbot.**] Quelques Mots à Mallais, sur sa dénonciation faite contre moi au Conseil général de la Commune, le 13 frimaire l'an IIe (3 décembre 1793). *Imp. Prault. S. d.,* in-8°, 7 p. [*N.* Ln[27] 19306.]

ÉPIGR. :
Calomniez, dit le méchant, si la blessure guérit, la cicatrice reste toujours.
PILPAI.

Signé : TALBOT, membre du Conseil général de la Commune et administrateur des Quinze-Vingts.

25422. — TALBOT, membre du Conseil général de la Commune et administrateur des Quinze-Vingts, aux quarante-huit sections et aux Sociétés populaires, en réponse à l'adresse envoyée par des citoyens de la section du Temple. *Imp. Prault. S. d.,* in-8°, 23 p. [*R.* AD. XVI 72.]

Voyez tome II, n° 8891.
Réponse à diverses accusations d'incivisme et notamment au sujet d'un propos tenu contre Marat, qu'il aurait traité de « f...gueux ». P. 10-14, reproduction (en note) de la réponse de Talbot à Mallais.

25423. — [**Talleyrand-Périgord** (Charles-Maurice de).] Précis de la vie de l'évêque d'Autun. S. l. n. d., in-4°, 4 p. [N. Ln²⁷ 19314.]

Épigraphe empruntée au cardinal de Retz.
Violent pamphlet.
Voyez le numéro suivant.

25424. — Précis de la vie du prélat d'Autun, digne ministre de la Fédération. Paris, 1790, in-8°, 14 p. [N. Ln²⁷ 19315.]

Réimpression du numéro précédent.

25425. — TALLEYRAND, ancien évêque d'Autun, à ses concitoyens (12 décembre 1792). Imp. Plassan. S. d., in-folio plano. [N. Ln²⁷ 19316.]

25426. — A Catalogue of the library of M. de Talleyrand-Périgord. London, 1793, in-8°. [Br. M. 272 K. 21.]

D'après le catalogue du British Museum.
L'ex. qu'il enregistre est complété par une liste manuscrite des prix.
Voyez aussi les n°ˢ 25432-25438 et 25444 ci-dessous.

25427. — Pétition de MAURICE TALLEYRAND, ancien évêque d'Autun, à la Convention nationale (Philadelphie, 28 prairial an III-16 juin 1795). Imp. Vᵉ A.-J. Gorsas. S. d., in-4°, 4 p. [N. Ln²⁷ 19317.]

P. 1, Note de DESRENAUDES, professeur aux Écoles centrales de Paris, fondé de pouvoir de Talleyrand, ci-devant évêque d'Autun.

25428. — Convention nationale. Motion d'ordre faite à la Convention nationale, le 18 fructidor, l'an III de la République française (4 septembre 1795), en faveur de Talleyrand-Périgord, ancien évêque d'Autun, par MARIE-JOSEPH CHÉNIER. Imprimée par ordre de la Convention nationale. Imp. Nationale, fructidor an III, in-8°, 4 p. [N. Le³⁸ 1645.]

Chénier réclame pour Talleyrand sa radiation de toute liste d'émigrés et l'autorisation de rentrer en France.

25429. — Masque arraché ou Ma pensée contre Talleyrand-Périgord, encore ministre des Relations extérieures!!! Par un républicain de Mâcon. S. l. n. d., in-8°, 8 p. [N. Ln²⁷ 19318.]

Signé à la main sur l'ex. de la B. N. : DANDELOT aîné.

Au sujet de la radiation de Talleyrand comme émigré et de son retour aux affaires.

25430. — Éclaircissements donnés par le citoyen TALLEYRAND à ses concitoyens (25 messidor an VII-13 juillet 1799). Paris, Laran, an VII, in-8°, 1 f. et 35 p. [N. Lb⁴² 721.]

25430ᵃ. — Éclaircissements donnés par le citoyen TALLEYRAND à ses concitoyens. Nouvelle édition. Paris, 1814. Paris, Laran, an VII, in-8°, 8 p. [N. Lb⁴² 721 A.]

Réimp. abrégée du numéro précédent, mais augmentée de cette épigraphe significative :

Vendidit hic auro patriam dominumque potentem,
Imposuit, fixit leges pretio atque refixit.
            VIRG. Æneid., liv. VI.

Les Éclaircissements... ont été de nouveau réimp. dans le tome VI des Mémoires de tous (voyez le n° 20580 ci-dessus).

25431. — Memoirs of C.-M. DE TALLEYRAND-PÉRIGORD..., containing the particulars of his private and public life, by the author of « the Revolutionnary Plutarch ». London, 1805, 2 vol. in-12. [Br. M. 283, c. 7.]

D'après le catalogue du British Museum.
The Revolutionnary Plutarch, décrit sous le n° 20563 ci-dessus, est attribué par Halckett et Laing à LEWIS GOLDSMITH et par le catalogue imprimé du British Museum à STEWARTON; mais peut-être ce nom n'est-il qu'un pseudonyme du même pamphlétaire, longtemps aux gages de la police française et chargé, sous le Consulat, de rédiger deux journaux hostiles à la politique anglaise, The Argus et le Mémorial antibritannique.
¶ M. PAUL BONNEFON a publié dans Souvenirs et Mémoires (15 octobre 1899) une longue note de Lewis Goldsmith, datée du 7 ventôse... et adressée à Talleyrand, alors ministre des Affaires étrangères, pour se plaindre des procédés de l'administration à son égard; il est probable que les Mémoires... sont nés de cette rupture, car Lewis Goldsmith rentré en Angleterre, retourna contre ses anciens protecteurs toute l'acrimonie de sa verve.

25432. — Catalogue des livres très bien conditionnés du cabinet de M*** [Talleyrand] dont la vente se fera... le 30 avril 1811... Paris, De Bure père et fils, 1811, in-8°, 13 p.; 88 numéros. [N. Δ 13336.]

L'ex. de la B. N., provenant de la collection Julien, est enrichi de plusieurs portraits, ainsi que d'un billet et d'une lettre autographe signés.

25433. — Tailleyrand (sic) de Périgord et l'abbé de Montesquiou (1815).

Voyez le n° 24824 ci-dessus.

25434. — Le Nouveau Charles le Boiteux ou le Prince de Bienauvent. A M***, ancien chanoine, comte de Lyon et depuis hermite dans les monts Crapacks (18 mai 1815). *Imp. Laurent ainé. S. d.*, in-8°, 8 p. [*N*. Lb⁴⁶ 274.]

Lettre apocryphe et satirique contresignée : « Par M., sergent-major au 1ᵉʳ régiment d'infanterie de ligne. »

25435. — Quelques Mots sur deux ex-ministres (7 octobre 1815). *Imp. Lanoé. S. d.* (1815), in-8°, 30 p. [*N*. Lb⁴⁸ 2827.]

Signé : Liébaud (du Jura).
Contre Talleyrand et contre Fouché.

25436. — Le Cerf-volant aux six têtes ou l'Homme du jour, Tailleyrand (sic) -Périgord. *Imp. L.-P. Setier fils. S. d.* (1815), in-8°, 8 p. [*N*. Lb⁴⁶ 275.]

Signé : Guillaume.

25437. — Le Masque tombé ou Talleyrand-Périgord, ce qu'il est, ce qu'il fut, ce qu'il sera toujours. *Imp. Vᵉ Perronneau. S. d.* (1815), in-8°, 8 p. [*N*. Lb⁴⁶ 276.]

Signé : C. P.

25438. — Bibliotheca splendidissima. A Catalogue of a superlatively splendid and extensive library consigned from the continent, containing many very rare specimens of the earliest typography ; most the *editiones principes* of the classics in the finest condition possible; the octavo and quarto *variorum* classics, the latter chiefly on large paper; also the elegant works printed by the Elzevir, the best French Historical and dramatic writers chiefly on large paper; the beautiful works printed at Parma by Bodoni, and by Didot at Paris; the various works published by the foreign Academies; the fine works recently published by order of Bonaparte at Paris; also a rare assemblage of maps and charts including the earliest impression of the entire collection published by Cassini; likewise a very good selections of books in english littes ratur and a choice collection of curiou- manuscripts, among which will be found some of high antiquity. The whole most superbly bound and the greater part either in Morocco or Russia leathers. Which will be sold by auction by Leigh and Sotheby. *London. S. d.* (1816), in-8°, V [VI]-198 p. et 1 f. n. ch.; 3465 numéros. [*N*. Δ 20109.]

La vente eut lieu du 8 au 28 mai 1816 et produisit 8,899 livres sterling (222,475 francs).
Le catalogue avait été rédigé par le libraire Thomas Payne.

25439. — Album perdu. *Paris, chez les marchands de nouveautés*, 1829, in-12, 1 f. et 204 p. [*N*. Ln²⁷ 19320.]

Attribué par Quérard (*France littéraire*, v° *Talleyrand*) à Henri de Latouche et réimp. en partie par Amédée Pichot, sous le titre de : *Souvenirs intimes* (1870); voyez le n° 25462 ci-dessous.
Voyez aussi le numéro suivant.

25440. — Pensées et Maximes de M. de Talleyrand, précédées de ses premières amours et suivies de l'Opinion de Napoléon sur ce grand diplomate. *Paris, chez tous les libraires de Paris et des départements*, 1835, in-12, 2 ff. et 204 p. [*N*. Z 61413.]

Remise en circulation du numéro précédent moyennant un simple titre de relai.

25441. — Vie politique de Charles-Maurice, prince de Talleyrand, par Alexandre Sallé. *Paris, L.-F. Hivert*, 1834, in-8°, 1 f. et 395 p. [*N*. Ln²⁷ 19321.]

Épigraphe empruntée à la *Némésis* de Barthélemy.

Le mensonge incarné, le parjure vivant,
Talleyrand-Périgord, prince de Bénévent ;
Judas impénitent, le front oint du saint chrême,
Il ouvrit sa carrière en trahissant Dieu même ;
Aux autels, à la cour doublement apostat,
Comme il traita l'Église, il a traité l'État.

25442. — M. de Talleyrand. *Paris, J.-P. Roret*, 1834-1835, 4 vol. in-8°. [*N*. Ln²⁷ 19322.]

Par Charles-Maxime de Villemarest.

Épigr. :
Ni pamphlet, ni panégyrique.

25443. — Chambre des pairs. Séance du 8 juin 1838. Discours prononcé par le baron DE BARANTE à l'occasion du décès de M. le prince duc de Talleyrand. S. l. n. d., in-8°, 22 p. [N: Le⁵⁸ 2*.]

Voyez le n° 25449 ci-dessous.

25444. — Catalogue des livres provenant des bibliothèques de feu M. le prince de Talleyrand, dont la vente se fera le lundi 9 juillet 1838 et j. s... en son hôtel, rue Saint-Florentin, n° 2... *Paris, Benjamin Précieux*, 1838, in-8°, 2 ff. et 40 p.; 412 numéros. [N. Δ 35145.]

Le n° 412 est une collection d'environ mille catalogues de tableaux, dessins, objets d'art (1730-1812), comportant 120 vol. in-8° et in-12, avec prix et noms des acquéreurs et provenant en grande partie du peintre-expert Le Brun.

25445. — Le prince de Talleyrand, sa vie et ses confessions. *Paris, chez l'éditeur, rue des Deux-Ecus, 33, et chez Pougin, quai des Grands-Augustins, 49*, 1838, in-8°, 46 p. [N. Ln²⁷ 19323.]

Les seize premières pages sont remplies par un opuscule intitulé : *Examen de conscience ou entretien politique et religieux entre deux théologiens*, par l'abbé de...; *le Prince de Talleyrand, sa vie et sa confession*, est signé F. D., comte DE...

25446. — Vie religieuse et politique de Talleyrand-Périgord, depuis sa naissance jusqu'à sa mort, par LOUIS BASTIDE. *Paris, Faure*, 1838, in-8°, 479 p. [N. Ln²⁷ 19324.]

En regard du titre, portrait lithographié anonyme de Talleyrand en habit ecclésiastique et en surplis.

Œttinger signale de cette *Vie*... une traduction allemande (Cassel et Leipzig, 1838, in-8°).

25447. — Histoire de la vie et de la mort de M. de Talleyrand-Périgord, prince de Bénévent, évêque d'Autun en 1788, député aux Etats-Généraux en 1789, ministre des Relations extérieures sous le Directoire et sous l'Empire, grand chambellan de Napoléon, président du gouvernement provisoire en 1814, ministre des Affaires étrangères en 1814 et 1815, pair de France, ambassadeur à Londres en 1830, etc., etc., décoré de presque tous les ordres d'Europe, etc., avec un grand nombre de documents et de notes historiques, par S. D****. *Paris, librairie de la Société de Saint-Nicolas* (1838), in-8°, 2 ff. et 332 p.]N. Ln²⁷ 19325.]

Par SOSTHÈNE DUFOUR DE LA THUILERIE.

25448. — Mémoire sur M. de Talleyrand, sa vie politique et sa vie intime, suivi de la Relation authentique de ses derniers moments et d'une Appréciation phrénologique sur le crâne de ce personnage célèbre, faite peu d'heures après sa mort, par CH. PLACE et J. FLORENS, rédacteurs en chef du journal « la Phrénologie ». *Paris, bureau de la Gazette des familles et du Paris élégant, et chez tous les libraires de Paris et de la province*, 1838, in-8°, 171 p. [N. Ln²⁷ 19326.]

P. 153-171, réimp. de l'*Eloge de Reinhard*, prononcé par Talleyrand, le 30 mai 1838.

Voyez le numéro suivant.

25449. — Notizie sulla vita publica et privata del principe Talleyrand di Perigord, con l'esame frenologico del suo cranio [del C. PLACE et J. FLORENS] et con elogio suo del barone DI BARANTE. *Milano*, 1838, in-8°.

Par FRANCESCO SALA, d'après Œttinger.

Voyez le numéro précédent et le n° 25443 ci-dessus.

25450. — Biographie des contemporains. Talleyrand-Périgord, prince de Bénévent, par ANDRÉ G... *Paris, Gouaille et chez tous les libraires*, 1838, in-8°, 4 p. [N. Ln² 80.]

La couverture imprimée sert de titre. En regard du titre de départ, portrait anonyme de Talleyrand (lith. de Caboche).

25451. — Extraits des « Mémoires » du prince de Talleyrand-Périgord, ancien évêque d'Autun, membre de l'Assemblée nationale, ministre, ambassadeur, prince souverain de Bénévent, vice-grand-électeur et grand chambellan de l'Empire, sénateur, prince, pair, grand chambellan de France, grand aigle de la Légion d'honneur, chevalier du Saint-Esprit, de la Toison-d'Or, etc., etc., recueillis et mis en ordre par Mme la comtesse O.... DU C...., auteur des « Mémoires d'une femme de qualité ». *Paris, Ch. Le Clére, 1838-1839*, 4 vol. in-8°. [*N.* La³³ 106.]

Par ETIENNE-LÉON DE LAMOTHE-LANGON.

Les initiales placées sur le titre sont celles qu'on attribuait, à tort, d'ailleurs, à Zoé-Victoire (et non Olympe) Talon, comtesse du Cayla, favorite de Louis XVIII, et qui n'avait pas plus contribué à ce livre qu'aux *Mémoires d'une femme de qualité*.

Œttinger signale deux traductions de ces prétendus *Extraits...*, l'une en allemand, par EDOUARD BRINKMEIER (Quedlimbourg, 1840, 2 vol. in-8°); l'autre, en italien, par A. PIAZZA (Milan, 1839, 4 vol. in-18).

25452. — Le Prince de Talleyrand. *Imp. H. Fournier. S. d.*, in-8°, 35 p. [*N.* Ln²⁷ 47255.]

Signé : MIGNET.

Titre pris sur un titre de départ, précédé d'un faux-titre portant : *Extrait de la* Revue des deux mondes, *livraison du* 15 mai 1839.

Lue à la séance publique annuelle de l'Académie des sciences morales, le 11 mai 1839, cette notice a été réimp. dans les *Mémoires* de l'Académie et dans les diverses éditions des *Notices* ou *Portraits* historiques de l'auteur (voyez le n° 24076 ci-dessus).

25453. — GUSTAV ADOLPH VOGEL. Talleyrand, der Grœsste Diplomat seiner Zeit. Skizze seines Lebens, Wirken und Characters. *Leipzig*, 1838, in-8°.

D'après Œttinger.

25454. — Galerie des contemporains illustres, par un homme de rien [LOUIS DE LOMÉNIE]. *Paris, au bureau central, rue des Beaux-Arts*, 13, 1840-1847, 10 vol. in-18. [*N.* G. 23746-23755.]

Tome VII (1844), pp. 7-76, *Monsieur de Talleyrand*.

En regard du titre, portrait gravé sur acier (FORLET, acq. f. 1843).

25455. — Histoire politique et vie intime de Ch.-M. de Talleyrand, prince de Bénévent, par G. TOUCHARD-LAFOSSE. *Paris, au bureau de l'administration, rue Pinon*, 22, 1848, in-18, 2 ff. et 338 p. [*N.* Ln²⁷ 19327.]

Le faux-titre porte : *Le Plutarque de la Révolution française (1789-1847) publié sous la direction de* G. TOUCHARD-LAFOSSE.

En regard du titre, portrait gr. sur acier de Talleyrand assis auprès d'une table, signé : CH. HUGOT del., JULES PORREAU [sc.] 1847.

25456. — Reminiscences of prince Talleyrand, edited from the papers of the late M. Colmache, private secretary to the prince (publiées par Mᵐᵉ Colmache). *London*, 1848, 2 vol. in-8°.

D'après Œttinger.
Voyez le numéro suivant.

25457. — Revelations of the life of the prince Talleyrand, edited from the late M. COLMACHE, private secretary of the prince. *London, Colburn*, 1850, in-12.

D'après M. Frédéric Masson (*le Département des Affaires étrangères pendant la Révolution*, p. 399).

Réimp. du numéro précédent.

Œttinger en signale une traduction allemande par HERMANN BARTOLDI (Grimma, 1850, in-8°).

25458. — Histoire politique et privée de Charles-Maurice Talleyrand, ancien évêque d'Autun, prince de Bénévent, suivie d'un extrait des Mémoires inédits de M. DE SEMALLÉ, commissaire du Roi en 1814, de nouveaux documents sur la mission qui fut donnée à Maubreuil pour assassiner Napoléon, sur la déportation de la famille royale en 1830, par L.-G. MICHAUD, auteur principal et éditeur propriétaire de la « Biographie universelle ». *Paris, bureau de la Biographie universelle*, 1853, in-8°, 205 p. (la dernière non chiffrée) et 1 f. (annonces de librairie). [*N.* Ln²⁷ 19328.]

ÉPIGR. :

Nil conscire sibi, nulla pallescere culpâ.

Les *Souvenirs du comte de Semallé* ont été publiés depuis par son petit-fils (voyez le le n° 20856 ci-dessus).

25459. — Talleyrand-Périgord (Charles-Maurice de), par M. A. BOULLÉE. Extrait du tome XLIV de la « Nouvelle biographie générale », publiée par MM. Firmin-Didot frères et fils. *Paris, typ. Firmin Didot frères, fils et Cᵉ*, 1865, in-8°. [*N.* Ln²⁷ 34613.]

Tirage à part précédé d'un titre imprimé, mais dont la pagination n'a pas été modifiée.

25460. — Essai sur Talleyrand, par Sir HENRY LYTTON BULWER G.-C.-B., ancien ambassadeur, traduit de l'anglais, avec l'autorisation de l'auteur, par M. GEORGES

PERROT. *Paris, C. Reinwald,* 1868, in-8°, 2 ff. et XVI-396 p. [*N.* Ln²⁷ 24420.]

L'original anglais avait paru sous le titre de : *Historicals Characters* [Talleyrand, Cobbet, Mackintosch et Canning], London, 1867, 2 vol. in-8°.
Voyez le numéro suivant.

25461. — Monsieur de Talleyrand, par C.-A. SAINTE-BEUVE, de l'Académie française. *Paris, Michel Lévy frères,* 1870, in-18, 2 ff. et 243 p. [*N.* Ln²⁷ 25721.]

Etude écrite à propos du livre précédent et publiée en cinq articles dans le *Temps,* de janvier à mars 1869 ; la réimpression (posthume) est augmentée de diverses notes et d'appendices que l'on retrouve également au tome XII des *Nouveaux lundis.*

25462. — Souvenirs intimes sur M. de Talleyrand recueillis par AMÉDÉE PICHOT. *Paris, E. Dentu,* 1870, in-18, 2 ff. et 329 p. [*N.* Ln²⁷ 25678.]

Réimp. de *Un Album perdu* (voyez le n° 25439 ci-dessus) et compilation de nombreux fragments empruntés aux divers ouvrages énumérés plus haut.

25463. — A. MARCADE. Talleyrand prêtre et évêque. *Paris, Ed. Rouveyre et G. Blond,* 1883, in-12, 180 p. et 1 f. n. ch. (achevé d'imprimer). [*N.* Ln²⁷ 33922.]

Tiré à petit nombre sur papier vergé, plus 10 ex. sur papier de Chine et 50 ex. sur papier du Japon. Titre rouge et noir.
A. MARCADE est le pseudonyme de AUGUSTE MASCARADE.

¶ M. PAUL MONTARLOT a publié dans les *Mémoires* de la Société Eduenne (année 1894, tome XXII, pp. 83-156) un travail sur *l'Episcopat de Talleyrand* d'après des documents inédits. Voyez également le n° 25480 ci-dessous.

¶ *L'Intermédiaire* du 30 novembre 1892 (col. 599-600) a réimprimé par mes soins une lettre de Talleyrand à la *Chronique de Paris,* du 8 février 1791, déclinant toute candidature à l'évêché de Paris et désignant Sieyès aux suffrages de l'assemblée électorale. Talleyrand eut néanmoins une voix et Sieyès en recueillit vingt-six (cf. Et. Charavay, *Assemblée électorale* [1ʳᵉ série], p. 552).

25464. — Correspondance diplomatique de TALLEYRAND. La Mission de Talleyrand à Londres en 1792. Correspondance inédite de TALLEYRAND avec le département des Affaires étrangères, le général Biron, etc. Ses Lettres d'Amérique à lord Lansdowne. Avec introduction et notes, par G. PALLAIN. Portrait de Talleyrand d'après une miniature d'ISABEY. *Paris, E. Plon, Nourrit et C°,* 1889, in-8°, 2 ff., XXXII-479 p. [*N.* Lg² 77.]

La miniature reproduite en regard du titre appartient à M. Paul de Rémusat.

25465. — Les Justifications de Talleyrand pendant le Directoire, par le comte BOULAY DE LA MEURTHE. (Extrait de la « Revue d'histoire diplomatique ».) S. l., octobre 1889 [Angers, imp. A. Burdin et C°], in-8°, 23 p. [*N.* Ln²⁷ 40860.]

25466. — Correspondance diplomatique de Talleyrand. Le ministère de Talleyrand sous le Directoire, avec introduction et notes, par G. PALLAIN. *Paris, E. Plon, Nourrit et C°,* 1891, in-8°, 2 ff., LVI-465 p. et 1 f. n. ch. (nom de l'imprimeur). [*N.* Lb⁴² 2735.]

25467. — Talleyrand. Mémoires, lettres inédites et papiers secrets, accompagnés de notes explicatives, par JEAN GORSAS. Lettre autographe fac-similé. *Paris, Albert Savine,* 1891, in-12, XII-291 p. [*N.* Ln²⁷ 39567.]

Entre le titre et l'*Avant-propos,* fac-similé d'une lettre de Talleyrand au harpiste Nadermann, datée de Valençay, 22 août 1825.
Les prétendus extraits de *Mémoires* sont empruntés à l'*Album perdu* (voyez le n° 25439 ci-dessus) et aux *Souvenirs intimes* d'Amédée Pichot (voyez le n° 25463 ci-dessus) qui l'avait déjà lui-même mis à contribution. Les lettres sont adressées à la duchesse de Dino, à Mmes de Staël, de Chavagnac et de Flahaut, et ne sont pas toutes inédites ; les « papiers secrets » sont des rapports de police rédigés sous la Restauration et tirés pour la plupart de la série F7 des Archives nationales.
Je n'ai pu savoir le nom de l'écrivain caché sous le pseudonyme de Jean Gorsas.

25468. — La Confession de Talleyrand. 1754-1838. *Paris, L. Sauvaitre,* 1891, in-12, XVII-240 p. [*N.* Ln²⁷ 40267.]

Apocryphe et fabriquée à l'aide des publications de tous genres sur le même sujet énumérées plus haut.

25469. — M. le baron DE X... Les Femmes de M. de Talleyrand: *Paris, Ernest Kolb. S. d.* (1891), in-12, 2 ff. et 308 p. [*N.* Ln²⁷ 40169.]

La couverture imprimée porte en haut : B⁰ⁿ VALENTIN DE VARS.

¶ Mᵐᵉ MARY SUMMER (Mᵐᵉ FOUCAULT, née FILON) a publié un roman intitulé : *les Belles amies de M. de Talleyrand* (C. Lévy, 1880, in-18) qui n'est rappelé ici que pour mémoire.

25470. — L'Ambassade de M. de Talleyrand à Londres, d'après ses mémoires et sa correspondance, par JEAN DARCY. Extrait du « Correspondant ». *Paris, De Soye et fils, imprimeurs,* 1891, in-8°, 28 p. [*N.* Lg⁶ 878.]

Il s'agit de la seconde mission de Talleyrand à Londres (1830-1834) et non de celle de 1792. Je crois devoir néanmoins signaler ici ce travail dont le titre pourrait égarer un chercheur.

25471. — Mémoires du prince DE TALLEYRAND, publiés avec une préface et des notes, par le duc DE BROGLIE, de l'Académie française. *Paris; Calmann-Lévy,* 1891-1892, 5 vol. in-8°. [*N.* La³⁰ 57.]

En regard du titre de chaque volume, portraits de Talleyrand d'après ISABEY (déjà publié par M. Pallain), PRUDHON, FR. GÉRARD, une lith. présentée comme anonyme, mais de ZOELTNER d'après C. VOGEL, et ARY SCHEFFER.

Le cinquième volume contient une table alphabétique des noms cités.

L'existence des *Mémoires* de Talleyrand était connue de ses contemporains et quelques privilégiés, tels que Châteaubriand, lord Holland, le baron de Vitrolles, le général de Lamarque, Prosper de Barante et probablement François Mignet lui en avaient entendu lire divers chapitres ; mais, par son testament, l'auteur avait, pour la mise au jour de ses révélations, fixé un délai de trente années après son décès.

En 1868, MM. Andral et Chatelain, dépositaires des manuscrits confiés par Mᵐᵉ de Dino (morte en 1862) à M. Ad. de Bacourt (mort en 1865) décidèrent de proroger durant vingt autres années le délai primitif. Quand celui-ci expira, M. Chatelain avait été remplacé par son fils et M. Andral par le duc de Broglie. Trois autres années s'écoulèrent avant qu'à cette longue attente du public, excitée par tant de précautions et d'atermoiements ne succédât une déception à peu près générale. Non seulement, en effet, ces *Mémoires* si longtemps dérobés aux yeux de tous, n'apportaient pas vraiment nouveau, mais il parut à plusieurs érudits que les manuscrits originaux avaient dû subir de nombreuses mutilations, sans parler de lacunes et d'erreurs inadmissibles de la part de Talleyrand. A ces attaques, M. de Broglie répondit qu'il n'avait eu entre les mains que la copie exécutée par M. de Bacourt lui-même et à laquelle manquaient huit feuillets visiblement arrachés, qu'il avait publié cette copie sans en retrancher une syllabe et qu'aussitôt l'impression achevée, il la déposerait à la Bibliothèque nationale, ce qui fut ponctuellement exécuté. Les cinq volumes transcrits par M. de Bacourt portent aujourd'hui la cote Fr. nouv. acq. 6360-6363 du département des Manuscrits et il est loisible à chacun de les consulter.

Sans insister ici sur le fond d'un débat insoluble, puisque les originaux de la main de Talleyrand ou de ses secrétaires semblent avoir été détruits par M. de Bacourt ou par ses mandataires jusqu'au dernier feuillet, il convient de relever la mention des principaux articles relatifs à l'authenticité et à l'intégralité des *Mémoires* tels qu'ils ont été livrés à l'impression. Plusieurs de ces études ont été tirées à part et seront décrites ci-après sous cette nouvelle forme. L'ordre chronologique que je me suis efforcé de suivre dans cette énumération n'est pas absolument rigoureux, parce que la plupart des auteurs de ces comptes rendus ou de ces études ont eu à revenir sur le même sujet à des dates ultérieures et que, d'autre part, pour la facilité des recherches, j'ai rapproché dans un même paragraphe tout ce qui était sorti de leur plume.

a) LARCHEY (Lorédan). *Les Mémoires de Talleyrand d'après lui-même et* [d'après] *les Mémoires contemporains* (*Revue bleue,* 19 juillet 1890).

Article antérieur, comme on le voit, à la publication de M. de Broglie, mais où sont reproduits divers passages des *Mémoires de Vitrolles* (édités en 1884 par M. Eugène D. Forgues), et des *Souvenirs* du général Lamarque (1835) relatifs aux Mémoires de Talleyrand, tels que pouvaient les connaître les contemporains du prince.

b) AULARD (Alphonse). *Les Mémoires de Talleyrand sont-ils authentiques ?* (*Revue bleue,* 14 mars 1891). Réimp. dans *la Révolution française,* tome XX (janvier-juin 1891), pp. 336-375, sous le titre de : *les Mémoires de Talleyrand.* Cette réimpr. est suivie des documents suivants : interview de Mᵐᵉ de Martel [Gyp], petite-nièce de M. de Bacourt (d'après le journal *Paris* du 26 mars 1891) ; lettres du duc DE BROGLIE à ce même journal et à la *Revue bleue* (20 et 25 mars 1891) ; nouvel article de M. AULARD répondant aux arguments de son contradicteur ; lettre d'EUGÈNE ASSE au *Figaro* (29 mars 1891) ; *Une Explication* [au sujet des papiers subsistants de Talleyrand], par PH. DE GRANDLIEU [LÉON LAVEDAN], extraite du *Figaro* du 2 avril 1891 ; lettre de Mᵐᵉ DE MIRABEAU (nièce de M. de Bacourt et mère de Mᵐᵉ de Martel) au journal *la France;* article de M. HENRI WELSCHINGER (*le Monde,* 6 avril

1891), faisant ressortir les invraisemblances et les contradictions flagrantes des diverses déclarations recueillies dans ce débat au sujet du sort des papiers légués à M. de Bacourt.

M. Aulard a réimprimé ses deux articles dans ses *Etudes et Leçons sur la Révolution française* (2ᵉ série) sous ce titre : *l'Authenticité des Mémoires de Talleyrand*, mais il n'y a pas fait figurer *Un dernier mot* sur le même sujet (*Revue bleue*, 30 avril 1892 et *Révolution française*, tome XXII, pp. 475-477), réplique à la préface du tome V des *Mémoires*.

c) SOREL (Albert). *Le Temps*, 27 mars 1891. Réimp. dans les *Lectures historiques* de l'auteur (Plon, Nourrit et Cⁱᵉ, 1894, in-12), avec quelques additions. M. Sorel est partisan de l'authenticité des *Mémoires* tels qu'ils nous sont parvenus.

d) DARCY (Jean). *Annales de l'Ecole libre des sciences politiques* (tome VI, 15 avril 1891).

L'auteur reconnaît « avoir pris une faible part » à la publication des *Mémoires* en préparant les notes qui les accompagnent, et ajoute qu'il a « vécu huit mois avec les manuscrits ». Il a donné aussi dans la *Revue d'histoire diplomatique* (1891, pp. 438-444) un compte rendu des trois premiers volumes des *Mémoires*.

e) CHUQUET (Arthur). *Revue critique*, 29 mai 1891, pp. 410-419. L'auteur relève en note un grand nombre d'erreurs de détails échappées, soit à Talleyrand, soit à son éditeur. Il est revenu sur ce sujet dans la *Revue critique* du 19 décembre 1892, à propos de la polémique soulevée par Flammermont (voyez ci-après) et déclare qu'on l'a rangé à tort parmi les partisans de l'authenticité absolue.

f) BOURGEOIS (Emile). *Encore les Mémoires de Talleyrand* (Bulletin des travaux de l'Université de Lyon, mars 1891, pp. 113-123).

M. Bourgeois ne partage point l'opinion de M. Aulard sur les mutilations imputées à M. de Bacourt et fait à ce propos quelques remarques sur les procédés de travail personnels à M. de Broglie.

g) FUNCK-BRENTANO (Théophile). *Les Trois Talleyrand* (Nouvelle Revue, 1ᵉʳ juin 1891, pp. 449-468).

Les « trois Talleyrand » sont ceux de la légende, des *Mémoires* et des documents. M. Th. Funck-Brentano déclare (p. 450) « savoir de première main » que le manuscrit original des *Mémoires* a été détruit.

h) BERTRAND (Pierre). *Les Mémoires de Talleyrand, leur authenticité et leur caractère* (Revue encyclopédique, 1ᵉʳ août 1891, pp. 499-504, avec portrait et fac-similé).

En faveur de la thèse soutenue par MM. Albert Sorel et Emile Bourgeois. L'auteur a donné dans la même *Revue* (octobre 1892, pp. 1681-1689) un autre article sur l'ensemble des *Mémoires*, après l'achèvement de leur publication et pris une part active aux polémiques soulevées par Jules Flammermont.

i) FLAMMERMONT (Jules). *Le Manuscrit des Mémoires de Talleyrand* (Revue historique, janvier-février 1892, pp. 72-80). Cet article provoqua une communication de M. ALFRED STERN confirmant par un nouvel exemple les soupçons émis par Flammermont (voyez le n° 25472 ci-dessous) et une réfutation de M. P. BERTRAND sous forme de *Lettre* à M. Monod (voyez le n° 25473 ci-dessous) qui, toutes deux, parurent dans la *Revue historique* de mars-avril 1892, pp. 299-314.

Un second article de Flammermont intitulé : *l'Authenticité des Mémoires de Talleyrand*, fut inséré dans le même recueil (numéro de mai-juin 1892, pp. 69-96) et apostillé d'une *Note de la rédaction* (pp. 96-99) contenant la traduction d'un passage emprunté à un article de M. PAUL BAILLEU (Historische Zeitschrift, tome XLVIII, (1892). Flammermont dont l'article, imprimé pendant une absence, avait subi quelques retranchements, publia un nouveau travail sous le même titre dans la *Révolution française* du 14 novembre 1892 et le fit tirer à part (voyez le n° 25474 ci-dessous). Il revint incidemment à la charge dans une étude intitulée : *Encore une falsification de M. de Bacourt* (Révolution française, tome XXIV, pp. 345-362); il s'agissait cette fois d'une longue note de Mercy-Argenteau sur les progrès et les conséquences de la Révolution (9 octobre 1792), dont la copie, déposée aux Archives de l'Etat à Vienne, offre de notables différences avec le texte édité par M. de Bacourt dans la *Correspondance de Mirabeau et de La March* (cf. nᵒˢ 20853 et 24223-24224 ci-dessus). M. Pierre Bertrand crut devoir encore relever le gant et publia dans la *Revue d'histoire diplomatique* (janvier 1893, pp. 75-123), sous le titre de : *M. de Bacourt et les Mémoires de Talleyrand*, une nouvelle réfutation de la thèse soutenue par M. Aulard et par Flammermont, tandis qu'une note anonyme, parue dans la chronique de la *Revue historique* (janvier-février 1893, p. 212), contenait cet aveu d'où se dégage la moralité de ces longs débats : « Il est certain que les documents mis au jour par M. Flammermont, rapprochés du fait que le manuscrit original des *Mémoires* a disparu et du fait que la famille d'Arenberg met sous séquestre les papiers de La Marck..., rendent très suspecte la manière dont M. de Bacourt a rempli ses devoirs, soit d'éditeur de Mirabeau, soit de copiste de Talleyrand ».

MM. Alfred Stern, Welschinger et Eugène Asse ont de nouveau traité la question à divers points de vue ; voyez les nᵒˢ 25475, 25477-25478 ci-dessous.

j) Parmi les articles étrangers à cette polémique, il convient de citer celui de M. LOUIS FARGES (Revue historique, mai-juin 1891, tome XLVI, pp. 83-87) et celui de M. GEOFFROY DE GRANDMAISON, réimp. dans un recueil d'études historiques, intitulé : *Un demi-siècle de souvenirs* (Perrin et Cⁱᵉ, 1898, in-12). [B. N. La³³ 196.]

25472. — Le Manuscrit des Mémoires de Talleyrand. *Nogent-le-Rotrou, imp. Daupeley-Gouverneur.* S. d. (1892), in-8°, 2 p. [N. La³⁰ 58.]

Signé, p. 2 : ALFRED STERN.
Tirage à part d'une addition à l'article de J. Flammermont publié dans la *Revue historique*, tome XLVIII (1892).
Il s'agit d'un passage des *Mémoires* résumé par Œlsner dans une lettre à Varnaghen von Ense et qui ne se retrouve pas dans la rédaction publiée par le duc de Broglie.

25473. — Lettre à M. Gabriel Monod, directeur de la « Revue historique », sur l'authenticité des « Mémoires » de Talleyrand, par M. PIERRE BERTRAND. Extrait de la « Revue historique », année 1892. *Paris* [Nogent-le-Rotrou, imp. Daupeley-Gouverneur], 1892, in-8°, 16 p. [N. La³⁰ 59.]

La couverture imprimée sert de titre.

25474. — De l'Authenticité des « Mémoires » de Talleyrand, par JULES FLAMMERMONT, professeur d'histoire à la Faculté des lettres de Lille. Extrait de « la Révolution française » du 14 novembre 1892. *Paris, aux bureaux de la Révolution française, 3, rue de Furstenberg,* 1892, in-8°, 29 p. [N. La³⁰ 61.]

¶ Au sujet des suppressions pratiquées par la *Revue historique* dans le second article de Flammermont, M. GABRIEL MONOD avait adressé au directeur de la *Révolution française* une lettre insérée tome XXIII, pp. 564-571, après avoir été communiquée à Flammermont, qui l'avait apostillée de nombreuses notes.

25475. — Talleyrands Memoiren, von ALFRED STERN (Zurich). S. l. n. d. (1893), in-8°, 18 p.

Titre pris sur un titre de départ. La couverture imprimée, servant de titre, porte : *Nord und Süd. Eine deutsche Monaschrift, herausgegeben von* PAUL LINDAU, *gegründet April 1877. Sonderabdruck.* Breslau, S. Schottlænder.

25476. — Talleyrand. Eine Studie, von lady BLENNERHASSETT, geb. Græfin LEYDEN. *Berlin, Baetel,* 1894, in-8°, VI p., 1 f. n. ch. (Table) et 572 p. [N. Ln²⁷ 43413.]

25477. — Communication relative au texte des « Mémoires » de M. de Talleyrand, faite par M. HENRI WELSCHINGER à la Société des études historiques. *Paris, Ernest Thorin,* 1895, in-8°, 8 p. [N. La³⁰ 64.]

La couverture imprimée sert de titre.
Examen du manuscrit des *Mémoires* déposé à la Bibliothèque nationale par le duc de Broglie et les héritiers de M. de Bacourt.

25478. — La Question d'authenticité des « Mémoires » de Talleyrand, par EUGÈNE ASSÉ, sous-bibliothécaire à l'Arsenal. *Paris, bureaux de la* Revue biblio-iconographique, 1897, in-8°, 2 ff., 21 p. et 1 f. n. ch. (nom et adresse de l'imprimeur).

25479. — Talleyrand prince de Bénévent, par GEORGES DE NOUVION. Extrait de la « Revue historique », tome LXXIII, année 1900. *Paris,* 1900, in-8°, 35 p. [N. Ln²⁷ 47591.]

La couverture imprimée sert de titre.
L'auteur a fait usage de documents conservés aux archives des Affaires étrangères.

35480. — BERNARD DE LACOMBE. Talleyrand évêque d'Autun, d'après des documents inédits. *Paris, Perrin et Cⁱᵉ,* 1903, in-18, VIII-302 p. [N. Ln²⁷ 49647.]

Voyez le n° 25463 ci-dessus et la note qui l'accompagne.

25481. — [**Tallien** (Jean-Lambert).] TALLIEN, représentant du peuple, à ses collègues membres du Comité de sûreté générale. *Imp. des femmes.* S. d. (1794), feuillet in-8°. [N. Lb⁴¹ 1489.]

Désaveu d'un article inséré dans le numéro de *l'Ami des citoyens* où il est question du fils de Capet. Tallien annonce en même temps que désormais *l'Ami des citoyens* ne portera plus son nom.

25482. — Convention nationale. La Vérité sur les événements du 2 septembre, par J.-L. TALLIEN... (1795).

Voyez tome Ier, n°s 3478-3479.

25483. — Acte d'accusation contre Tallien et Fréron, avec les pièces justificatives (an III).

Voyez le n° 22764 ci-dessus.

25484. — [**Tallien** (Jeanne-Marie-Ignace-Thérèse CABARRUS, d'abord marquise de

Fontenay, puis dame —, plus tard comtesse de Caraman).] Lettre du diable à la plus grande putain de Paris. La reconnaissez-vous ? *Se distribue rue des Prêtres-Séverin, n° 169; imp. Jean-Rouge. S. d.*, in-8°, 8 p. [*N.* Ln²⁷ 19331. Réserve.]

Signée : Belzébuth, traduit de l'hébreu par Rabin Ismael.

Contre Mᵐᵉ Tallien. Voyez le numéro suivant.

25485. — Réponse du diable Belzébuth au diable Hastaroth... à sa « Lettre à la plus grande putain de Paris »... (1796).

Voyez tome III, n° 11474. Le n° 11458 renferme également un passage sur Mᵐᵉ Tallien.

25486. — Arsène Houssaye. Notre-Dame-de-Thermidor. Histoire de Madame Tallien. Portraits, gravures, autographes. *Paris, Henri Plon*, 1866, in-8°, 4 ff. et 496 p. [*N.* Ln²⁷ 22302.]

Le faux-titre porte : Œuvres de Arsène Houssaye. VII. Un feuillet liminaire donne au recto la liste des œuvres de l'auteur et au verso celle des gravures contenues dans le volume.

Épigr. :

Charité bien ordonnée est de commencer par les autres.

Mᵐᵉ Tallien.

A part une reproduction du calendrier républicain, les autres pl. sont de pure fantaisie. Malgré l'énoncé du titre, il n'y a point de fac-similé d'autographes.

25487. — Souverains et Grandes dames. La citoyenne Tallien, par Joseph Turquan. Témoignages des contemporains et documents inédits. *Paris, Montgredien et Cᵉ, librairie illustrée. S. d.* (1898), in-12, 2 ff. et 356 p. [*N.* Ln²⁷ 45893.]

Portrait de profil gravé en bois sur le titre.

¶ M. Ch. Nauroy a publié dans *le Curieux*, d'après des documents d'archives et d'état civil, une étude sur *Madame Tallien*, réimp. dans *Révolutionnaires* (cf. n° 20817 ci-dessus).

25488. — [**Talma** (François-Joseph).] Exposé de la conduite et des torts du sieur Talma envers les comédiens français. *Paris, imp. Prault*, 1790, in-8°, 30 p. [*N.* Ln²⁷ 19332.]

La B. N. a placé dans la Réserve un ex. de cet *Exposé* annoté par Talma.

25489. — Réponse de François Talma au mémoire de la Comédie-Française. *Paris, Garnery, an II de la liberté* (1790), in-8°, 1 f. et 27 p. [*N.* Ln²⁷ 19333.]

25490. — Réflexions de M. Talma et pièces justificatives sur un fait qui concerne le Théâtre de la Nation (juillet 1790). *Paris, Bossange. S. d.*, in-8°, 7 p. [*N.* Ln²⁷ 27793.]

Reproduction d'une partie du numéro précédent.

Echange de lettres avec Mirabeau au sujet d'une représentation de *Charles IX* donnée en l'honneur des « confédérés de Provence ».

25491. — Considérations importantes sur ce qui se passe, depuis quelque temps, au prétendu théâtre de la Nation, et particulièrement sur les persécutions exercées contre le sieur Talma, par M. de Boizi (15 août 1790). *S. l. n. d.*, in-8°, 24 p. [*N.* Ln²⁷ 19335.]

De Boizi est le pseudonyme de Palissot, d'après une note ms. sur l'ex. de la B. N.

25492. — Dénonciation des comédiens français (24 septembre 1790). *Paris, imp. Laillet et Garnery. S. d.*, in-8°, 7 p. [*N.* Ln²⁷ 19334.]

Signé : Duchosal.

25493. — Rapport sur le projet de décret des comités ecclésiastique et de constitution, concernant les empêchements, les dispenses de la forme des mariages. Par M. Durand de Maillane, commissaire du comité ecclésiastique. Imprimé par ordre de l'Assemblée nationale. — Projet de loi, proposé par le Comité ecclésiastique, sur le mariage et sur les actes et registres qui doivent constater l'état civil des personnes. Imprimé par ordre de l'Assemblée nationale. *Paris, imp. Nationale*, 1790, in-8°, 24 et 16 p. [*N.* Le²⁹ 1199.]

La seconde pièce est signée : Durand de Maillane, Lanjuinais.

Voyez le numéro suivant.

25494. — Rapport sur l'affaire du sieur Talma, comédien français, par M. Durand de Maillane, imprimé par ordre de l'Assemblée nationale. *Paris, imp. Nationale.* S. d., in-8°, 7 p. [*N.* Le²⁰ 1512.]

Sur le refus du curé de Saint-Sulpice de publier les bans du mariage de Talma avec Mˡˡᵉ Julie Carreau.

P. 1 on trouve ce *Nota* : « Ce rapport a une liaison si intime avec le rapport sur les empêchements et dispenses de mariage qu'on ne doit pas le séparer dans l'impression, encore moins les lire séparément, parce que la conclusion sur le rapport de l'affaire du sieur Talma est entièrement fondée sur les rapports établis et développés dans la précédente. »

25495. — A bas la cabale ou Jugement dernier de l'affaire du sieur Talma. S. l. n. d. (septembre 1790), in-8°, 8 p. [*Com. Fr.*]

L'auteur signe ainsi, p. 8 : « ANDRÉ-MARIE-VICTOR, connu de nom, défenseur des comédiens français depuis l'épingle jusqu'au canon. »

25496. — Réponse de M. NAUDET à une lettre de M. Talma, du 27 octobre 1790...

Voyez le n° 24413 ci-dessus et le n° 24414 qui a trait à la même affaire.

25497. — Détail exact du duel qui vient d'avoir lieu entre Larive et Talma, artistes du Théâtre-Français, dans lequel Larive a été dangereusement blessé. *Imp. Renaudière.* S. d., in-8°, 4 p. [*Com. Fr.*]

C'est avec Naudet et non La Rive que Talma s'était mesuré.

₫ M. ED. SELIGMAN a publié dans la *Revue de Paris* (1ᵉʳ avril 1896, pp. 662-672), à propos des démêlés de M. Coquelin aîné avec ses anciens camarades, un article intitulé : *la Comédie-Française contre Talma*.

25498. — Discours prononcé sur la tombe de Talma, le 21 octobre 1826, par M. LAFON, sociétaire du Théâtre-Français, et dont l'impression a été votée en assemblée générale. *Paris, imp. Vᵉ Ballard*, 1826, in-8°, 16 p. [*N.* Ln²⁷ 19336.]

25499. — Discours prononcés sur la tombe de Talma, par MM. JOUY, ARNAULT et LAFON, le 21 octobre 1826. *Paris, librairie moderne*, 1826, in-8°, 24 p. [*N.* Ln²⁷ 19337.]

25500. — De la Liberté religieuse en France, à l'occasion des funérailles de Talma, et sous le rapport des conséquences politiques de cet événement, par L.-F. LESTRADE. *Paris, Pillet aîné*, 1826, in-8°, XVI-48 p. [*N.* Ln²⁷ 19338.]

Les obsèques de Talma avaient été purement civiles.

25500ᵃ. — De la Liberté religieuse en France à l'occasion des funérailles de Talma... Nouvelle édition, augmentée d'un avertissement et de développements considérables. *Paris, Pillet aîné*, 1827, in-8°, XVI-69 p. [*N.* Ln²⁷ 19338 A.]

25501. — De la Tolérance et de l'intolérance ; mention (sic) funèbre de Talma. Extrait du « Gallican ultramontain ». *Paris, Dentu; Ponthieu*, 1826, in-8°. [*N.* Ln²⁷ 19339.]

Sur le titre en fleuron les mots : *Jésus Maria* inscrits dans une couronne d'épines cantonnée de quatre fleurs de lis.
Extrait paginé 185-200. Le titre de départ porte : *Cinquième partie. Du zèle apostolique au XIXᵉ siècle. Art.* 1ᵉʳ. *De la tolérance et de l'intolérance. Mention* (sic) *funèbre de Talma.*
Epigraphes empruntées au ps. XLIII et à Isaïe.

25502. — Souvenirs historiques sur la vie et la mort de F. Talma, par P.-F. TISSOT. *Paris, Baudouin frères*, 1826, in-8°, 77 p. [*N.* Ln²⁷ 19340.]

En regard du titre, portrait anonyme gravé sur bois de Talma dans le rôle d'Henri VIII. P. 77, cul-de-lampe également gravé sur bois, représentant un tombeau.

25503. — Vie de Talma, par M***. *Paris, L'Aisné*, 1826, in-32, 25 p. [*N.* Ln²⁷ 19341.]

25503ᵃ. — Vie de Talma, par M***. *Paris, Guien*, 1826, in-32, 29 p. [*N.* Ln²⁷ 19341 A.]

25504. — Talma. *Imp. Selligue.* S. d. (1826), in-8°, 8 p. [*N.* Ln²⁷ 19342.]

Extrait du *Constitutionnel*.

25505. — Talma. Précis historique sur sa vie, ses derniers moments et sa mort, suivi d'un choix d'anecdotes recueillies d'après des documents authentiques, de quelques jugements portés sur ce célèbre tragédien par nos plus habiles critiques et des discours qui ont été prononcés sur sa tombe, par Emile Duval. *Paris, Mansut fils; Poulton; Sanson,* 1826, in-18, 2 ff. et IV-206 p. [*N.* Ln²⁷ 19343.]

Portrait gravé sur acier par Bertonnier.

25506. — Notice sur Talma, par MM. Ad. Laugier et A. Mottet, auteur de la « Galerie biographique des artistes du royaume ». *Paris, Duvernois,* 1826, in-8°, 2 ff. et II-30 p. [*N.* Ln²⁷ 19344.]

Épigr. :

Un grand homme appartient à l'univers entier.

25507. — Parallèle entre Talma et Lekain. Esquisse. Suivi de quelques réflexions sur l'art dramatique, par M. Firmin aîné. *Paris, Haut-Cœur; Ponthieu et Delaunay,* 1826, in-8°, VI-55 p. [*N.* Ln²⁷ 19345.]

25508. — Mémoires historiques et littéraires sur F.-J. Talma, par M. Moreau. *Paris, Ladvocat,* 1826, in-8°, 1 f. et 112 p. [*N.* Ln²⁷ 19346.]

25508ᵃ. — Mémoires historiques et littéraires sur F.-J. Talma, par M. Moreau. Troisième édition considérablement augmentée. *Paris, Ladvocat; Ponthieu; Delaunay,* 1827, in-8°, 1 f. et 126 p. [*N.* Ln²⁷ 19346 B.]

La seconde édition est fictive et ne consiste qu'en un titre de relai.

25509. — Napoléon et Talma aux Champs-Elysées, dialogue à la manière des anciens, précédé d'une notice historique sur la vie, sur la maladie, les derniers moments, les funérailles, et discours prononcés sur la tombe de ce grand tragédien, par C.-F. Bertu. *Paris, chez les marchands de nouveautés* (imp. Balzac), 1826, in-32, 63 p. [*N.* Lb⁴⁹ 465.]

25510. — Catalogue des livres de la bibliothèque de feu M. François-Joseph Talma, ancien sociétaire du Théâtre-Français, dont la vente se fera en sa maison, rue de la Tour-des-Dames, Chaussée-d'Antin, n° 9, le mardi 17 avril 1827 et j. s. *Paris, Nève,* 1827, in-8°, IV-56 p.; 623 numéros. [Δ 14516.]

M. Henry Lumière a publié quelques lettres de Talma relatives à l'agencement de sa bibliothèque; voyez tome III, n° 18283.

25511. — Mémoires historiques et critiques sur F.-J. Talma et sur l'art théâtral, par M. Regnault-Warin. *Paris, A. Henry; Tétot frères,* 1827, in-8°, 2 ff. et VIII-554 p. [*N.* Ln²⁷ 19347.]

25511ᵃ. — Nouvelle collection de Mémoires sur le théâtre. Regnault-Warin. Mémoires sur Talma avec notices et notes par Henri d'Alméras. *Paris, Société parisienne d'éditions, ancienne maison Chamuel et Cⁱᵉ,* 1904, in-12, 340 p. [*N.* Ln²⁷ 19347 A.]

25512. — Notice sur Talma, par M. Nép. Lemercier, membre de l'Institut. *S. l. n. d.,* in-8°, 23 p.

Titre pris sur un faux-titre.
Le titre de départ porte : Notice sur *Talma, lue à l'Académie française dans sa séance particulière du mardi 3 juillet* 1827, et on lit au verso du faux-titre : Extrait de la *Revue encyclopédique,* tome XXXVI, juillet 1827.
Cette *Notice* y était accompagnée d'un portrait lith. par Bazin jeune d'après l'original peint par Gérard en 1812. Il manque dans l'ex. appartenant à la bibliothèque de la Comédie-Française et faisant partie d'un recueil formé et annoté par le célèbre acteur Régnier.

25513. — Notice sur Talma, dédiée à la Comédie-Française, par Adolphe Laugier. *Paris, Hautecœur; Bezon; Pellicier; Barba,* 1827, in-8°, 3 ff. et 136 p. [*N.* Ln²⁷ 19348.]

En regard du titre de départ, fac-similé d'une lettre autographe signée.

¶ *L'Artiste* (1837, tome XIII, pp. 391-397) a publié une notice intitulée : *Particularités remarquables sur Talma, par son plus ancien ami et camarade d'enfance.* Signée Aubert de Vitry et datée de 1827, cette notice avait été rédigée à la demande d'Antoine-Vincent Arnault, qui rassemblait les matériaux d'une nouvelle histoire du Théâtre-Français.

25514. — Etudes sur l'art théâtral, suivies d'anecdotes inédites sur Talma et de la correspondance de Ducis avec cet artiste, depuis 1792 jusqu'en 1815, par Mᵐᵉ Vᵉ Talma, née Vanhove, maintenant comtesse de Chalot. *Paris, Henri Feret,*

MDCCCXXXVI (1836), in-8°, 2 ff. et XXVIII-363 p. [N. Yf. 11708.]

En regard du titre, portrait lithographié anonyme de l'auteur.

La notice préliminaire intitulée *Madame Talma* et signée M.-G.-T. VILLENAVE, a été tirée à part; voyez le n° 25521 ci-dessous.

25515. — Extrait de l'« Encyclopédie des gens du monde »... Talma, par M. P.-A. VIEILLARD. *Paris, imp. E. Duverger. S. d.* (1844), in-8°, 4 p. (la dernière non chiffrée). [N. Ln^{27} 19352.]

25516. — Mémoires de J.-F. TALMA, écrits par lui-même, et recueillis et mis en ordre sur les papiers de sa famille par ALEXANDRE DUMAS. *Paris, H. Souverain,* 1849-1850, 4 vol. in-8°. [N. Ln^{27} 19353.]

25517. — Notice historique sur F.-J. Talma, par M. RÉGNIER, de la Comédie-Française. Extrait du tome LXXXIII de la « Biographie universelle ». *Paris, imp. Duverger. S. d.* (1853), in-8°, 16 p. [N. Ln^{27} 19355.]

25518. — Réflexions de TALMA sur Lekain et l'art théâtral. *Paris, Auguste Fontaine,* 1856, in-18, 2 ff. et XXIV-95 p.

Titre rouge et noir.
P. III-XXIV, citation empruntée à Mme DE STAEL sur le talent de Talma.
P. 3, *Quelques réflexions sur Lekain et sur l'art théâtral*, d'après le ms. autographe conservé aux archives de la Comédie-Française.
P. 81, liste des rôles de Talma (1788-1826).

25519. — Documents pour servir à l'histoire de nos mœurs. Mémoires de PIERRE LOUETTE, jardinier de Talma. *Paris, Frédéric Henry. S. d.* (1869), in-32, 64 p. [N. Li^3 600 (8).]

Réimp. par les soins de Lorédan Larchey d'un fragment publié par Lœve-Veimars dans la *Revue de Paris* de 1829, d'après le mss. original. Ces souvenirs ont trait au séjour du grand artiste dans sa propriété de Brunoy de 1817 à 1826.

25520. — Etudes dramatiques. Talma et la Révolution, par ALFRED COPIN. *Paris, Frinzine et C°*, 1887, in-18, 2 ff., 318 p. et 1 f. blanc. [N. Ln^{27} 36864.]

Ce volume a été suivi d'un second : *Talma et l'Empire*; un troisième annoncé sous le titre de : *Talma et la Restauration*, n'a pas été publié.

25521. — [**Talma** (Juliette VANHOVE, dame).] Notice sur Madame veuve Talma, née Vanhove, aujourd'hui comtesse de Chalot. *Meudon, imp. J. Delacour,* 1836, in-8°, XXVIII p.

Par M.-G.-T. VILLENAVE.
Tirage à part des préliminaires des *Etudes sur l'art théâtral* (voyez le n° 25514 ci-dessus).

25522. — [**Talon.**] Notices historiques de Antoine-Omer Talon, avocat général au Châtelet en 1790 et du général vicomte Talon, son fils, mort en 1853. (Extraites du tome LXXXIII de la « Biographie universelle »). *Paris, imp. Duverger. S. d.* (1853), in-8°, 11 p. [N. Ln^{27} 19356.]

La première de ces Notices est signée de L.-G. MICHAUD, la seconde de M. DE CIRCOURT.

25523. — [**Tarente** (Louise-Emmanuelle DE CHATILLON, princesse de).] LOUIS DE LA TRÉMOILLE, membre de l'Institut. Souvenirs de la princesse DE TARENTE (1789-1792). Accompagnés de deux portraits inédits de Louis XVII et de la princesse de Tarente. *Paris, Honoré Champion,* 1901, in-8° carré, VI-244 p. et 1 f. n. ch. (Achevé d'imprimer). [N. Ln^{27} 48617.]

Une première édition de ces *Souvenirs* a été imprimée à Nantes en 1897 (in-4°) et non mise dans le commerce; je n'ai pu en voir un exemplaire.

25524. — [**Target** (Guy-Jean-Baptiste).] Réflexions d'un électeur de la paroisse de S......, dépendante de la prévôté et vicomté de Paris hors des murs. *S. l. n. d.*, in-8°, 2 p. [N. Lb^{39} 7094.]

Motion ironique en faveur de Target.
Signé : L. M., cultivateur.

25526. — Naissance de très haute, très puissante et très désirée Mme Constitution. Comédie héroï-comico-lyrique, en trois actes. Représentée aux Tuileries, par les célèbres comédiens de la patrie. *De l'imprimerie constitutionnelle,* 1790, in-8°, 52 p. [N. Lb^{39} 3108.]

Frontispice anonyme représentant la chambre de l'accouchée au moment de sa délivrance.

25025. — [1er-5e] Bulletin des couches de Me Target, père et mère de la constitution des ci-devant Français, conçue aux Menus, présentée au Jeu de paume et née au Manège, par l'auteur de tous les Repas du monde (le vicomte DE MIRABEAU [20-22 mars 1791]). S. l. n. d., 4 parties in-8°. [N. Lb^{39} 3107.]

Voyez le n° 23273 ci-dessus et les huit numéro suivants.

25527. — Mort, testament et enterrement de Me Target. S. l. n. d., in-8°, 27 p. [N. Lb^{39} 3109.]

Le titre de départ porte en outre... : *père et mère de la Constitution des ci-devant Français, conçue aux Menus, présentée au Jeu de paume et née au Manège*. Par le vicomte DE MIRABEAU.

25528. — La nouvelle Constellation ou l'Apothéose de Me Target, père et mère de la constitution des ci-devant Français, conçue aux Menus, présentée au Jeu de paume et née au Manège (7 avril 1791). *De l'imp. d'un royaliste*. S. d., in-8°, 8 p. [N. Lb^{39} 8626.]

25529. — Levée des scellés, mausolée et résurrection de Me Target. S. l. n. d., in-8°, 16 p. [N. Lb^{39} 3110.]

25530. — Inventaire des papiers de Me Target, trouvés chez lui après décès. S. l. n. d., in-8°, 42 p. [N. Lb^{39} 3111.]

25531. — Relevailles, rechute et nouvelle conception de Me Target. S. l. n. d., in-8°, 14 p. [N. Lb^{39} 3112.]

25532. — Départ de la chère maman Target pour les frontières, cérémonies antérieures de ses relevailles en l'église Notre-Dame. S. l. n. d., in-8°, 4 p. [N. Lb^{39} 3113.]

25533. — La Targetade, tragédie un peu burlesque, parodie d'« Athalie », de Racine. *L'an second de la liberté de la presse* (1791), in-8°, 3 ff. et 75 p. [N. Yf. 11719.]

P. 67-70, notes en prose.

L'auteur annonce (p. 66) qu'il donnera « la parodie des deux derniers actes d'*Athalie* au plus tard huit jours après la première séance de la seconde législature ». Cette promesse n'a pas été tenue.

Par PIERRE-MARIE-FRANÇOIS HUVIER DES FONTENELLES, selon Barbier, qui a consacré à l'auteur (cf. *Dictionnaires des ouvrages anonymes*, v° *Soirées amusantes*) une intéressante notice.

25534. — Discours prononcés dans la séance publique, tenue par la classe de la langue et de la littérature françaises de l'Institut de France, le mercredi 6 mai 1807, pour la réception de Son Em. Mgr le cardinal Maury, archevêque-évêque de Montefiascone et de Corneto, premier aumônier de S. A. I. Mgr le prince Jérôme-Napoléon. *Paris, imp de l'institution impériale des sourds-muets de naissance, sous la direction d'Ange Clo, rue et fbg Saint-Jacques, n° 256*, MDCCCVII, in-4°, 1 f. et 98 p. [N. Z 5053 (176).]

Éloges de Target et de l'abbé de Radonvilliers, mort en 1789, sans avoir eu de remplaçant immédiat à l'Académie française. P. 81, réponse de l'abbé SICARD.

25535. — Éloge de G.-J.-B. Target, ancien avocat au Parlement de Paris, magistrat en la cour de cassation, membre de la Légion d'honneur et de la classe de la langue et de la littérature françaises de l'Institut impérial, prononcé en l'audience publique de la cour de cassation, tenue par les sections réunies, le 31 août 1807, pour la réception de M. Guien nommé à la place vacante par le décès de M. Target, par M. MURAIRE, conseiller d'Etat, premier président de la cour de cassation, grand officier de la Légion d'honneur. Imprimé par délibération de la cour de cassation (31 août 1807). *Paris, imp. Xhrouet*, 1807, in-8°, 1 f. et 34 p. [N. Ln^{27} 19383.]

25536. — Notice sur Target. *Paris, imp. E. Duverger*. S. d. (1844), in-8°, 4 p. [N. Ln^{27} 19384.]

Signée : EMILE REGNARD.
Extraite de l'*Encyclopédie de gens du monde*.

25537. — Le Palais à l'Académie. Target et son fauteuil. 1634-1880. Etude critique et bibliographique, par H. MOULIN, ancien magistrat. *Paris, Léon Techener*, 1884, in-8°, 2 ff. et 84 p. [*N*. Ln⁹ 176.]

Extrait non spécifié du *Bulletin du bibliophile*.
J.-B.-G. Target, élu en remplacement de l'abbé Arnaud (1785), avait été inscrit en 1795 parmi les membres de la classe de langue et de littérature française de l'Institut. Son fauteuil a été depuis occupé par l'abbé Maury, Choiseul-Gouffier, Laya; Nodier, Mérimée, L. de Loménie, Taine et M. Albert Sorel.

25538. — Barreau de Paris. Target, avocat au Parlement de Paris. Discours prononcé par PAUL BOULLOCHE, avocat à la cour d'appel, licencié ès-lettres, secrétaire de la Conférence, à l'ouverture de la Conférence des Avocats, le 26 novembre 1892. Imprimé aux frais de l'Ordre. *Paris, Alcan-Lévy*, 1892, in-8°, 43 p. [*N*. Ln²⁷ 41253.]

Voyez le numéro suivant.

25539. — Un Avocat au XVIIIᵉ siècle. Avant-propos. Discours de M. P. BOULLOCHE à la Conférence des avocats sur Target (1787). Notes inédites [du même] sur l'état de la France (1789-1797). Fac-similé d'autographes de Mirabeau, Condorcet, La Harpe, Beaumarchais, Voltaire, etc. *Paris, Alcan-Lévy, imprimeur de l'Ordre des avocats*, 1893, in-8°, 77 p. et 42 p. de fac-similé. [*N*. Ln²⁷ 41330.]

La couverture imprimée porte le nom et l'adresse de Calman Lévy.
Remise en circulation du numéro précédent, précédé d'un *Avant-propos* signé P.-L. TARGET et suivi des documents annoncés par le titre.
Les fac-similé (lettres intégralement reproduites ou simples signatures) sont tous empruntés à la correspondance de Target.

25540. — [**Tassin** (Louis-Daniel et Gabriel).] Jugement rendu par le Tribunal révolutionnaire... qui, sur la déclaration du juré de jugement, portant qu'il est constant que Tassin frères, Weinmaring, Piquet, Engibault, Laurent, Parisot, Tréfontaine, Maulgue, Bérard, Peret, Dhangest et Rougemont ont participé aux complots qui ont existé entre Capet et sa femme, tendant à troubler la sûreté intérieure de l'Etat, à exciter la guerre civile en armant les citoyens les uns contre les autres, en portant atteinte à la liberté du peuple et dont les suites ont coûté la vie à un grand nombre de citoyens au Champ de Mars, le 17 juillet 1791, et dans la journée du 10 août 1792, condamne lesdits Tassin frères, Weinmaring, Riquet, Engibault Laurent, Parisot, Tréfontaine, Maulgue, Bérard, Peret, Dhangest et Rougemont à la peine de mort... (14 floréal an II-3 mai 1794). *De l'imp. du Tribunal révolutionnaire. S. d.*, in-4°, 20 p. [*N*. Lb⁴¹ 2232*.]

Louis-Daniel Tassin, banquier, nommé député suppléant du tiers-état de Paris à la Constituante, et son frère, dit Tassin de l'Etang, associé dans la même maison, commandant de la garde nationale, appartenaient, ainsi que la plupart des condamnés énumérés dans l'intitulé et le texte de ce jugement, au bataillon des Filles-Saint-Thomas, connu par son dévouement à la cause royale; voyez à ce sujet tome II de la *Bibliographie*, nᵒˢ 7927-7928.

25541. — [**Taunay** (Nicolas-Antoine). Institut royal de France. Académie royale des beaux-arts. Funérailles de M. le Chevʳ Taunay (Nicolas-Antoine). Discours de M. CASTELLAN, membre de l'Académie royale des beaux-arts, prononcé aux funérailles de M. le chevalier Taunay, le 22 mars 1830. *Imp. A.-Firmin Didot. S. d.*, in-4°, 4 p. [*N*. Ln²⁷ 19399.]

25542. — Catalogue des tableaux précieux de Taunay, peintre, chevalier de la Légion d'honneur et membre de l'Institut, et de ses études, croquis et esquisses, ainsi que de quelques tableaux, dessins, eaux-fortes par divers maîtres, gravures et recueils, dont la vente aura lieu, par suite de son décès, les 28 février et 1ᵉʳ mars 1831, rue de Cléry, n° 21, salle Lebrun. *Petit et Bataillard, commissaires-priseurs; Debay et Pérignon, experts*, 1831, in-8°, 50 p.; 106 numéros.

P. 3-15, *Notice historique sur Taunay*, anonyme.
Une seconde vente eut lieu par suite du départ de Mᵐᵉ vᵉ Taunay, le 3 juin 1835 ; on y retrouve la plupart des tableaux qui, en raison de l'émeute du 1ᵉʳ mars 1831, avaient dû être retirés par les experts.

25543. — [**Teissier** ou **Teyssier** (Etienne).] Jugement rendu par le Tribunal révolutionnaire... qui, sur la déclaration du juré de jugement, portant qu'il est constant qu'il a été pratiqué des correspondances et intelligences avec les ennemis de la République, tendant à leur fournir des secours en argent pour le succès de leurs armes sur le territoire français; qu'Etienne Teyssier, ci-devant négociant, est convaincu d'être auteur de ces intelligences et correspondances, condamne Etienne Teyssier à la peine de mort... (4 nivôse an II-24 décembre 1793). *Imp. du Tribunal révolutionnaire. S. d.,* in-4°, 4 p. [*N.* Lb⁴¹ 2232*.]

Etienne Teyssier, âgé de cinquante-cinq ans, demeurait rue Croix-des-Petits-Champs, n° 87.

25544. — [**Terrier de Monciel** (Antoine-René-Marie, marquis de).] Un Ministre de Louis XVI. Terrier de Monciel, d'après sa correspondance inédite, par L. PINGAUD. Extrait du « Correspondant ». *Paris, Jules Gervais,* 1879, in-8°, 39 p. [*N.* Ln²⁷ 31674.]

Terwagne (Anne-Josèphe). — Voyez **Théroigne de Méricourt.**

25545. — [**Théot** (Catherine), dite **Théos**.] Vie privée de Catherine Théos, se disant mère de Dieu, âgée de soixante-dix-huit ans, née à Baranton, département de la Manche, près Avranches. *Paris, chez la citoyenne Toubon. S. d.,* in-8°, 8 p. [*N.* Ln²⁷ 19475.]

Pièce déjà citée tome III, n° 16030, d'après une note de *l'Intermédiaire* et avec quelques différences dans l'intitulé et la rubrique.
Sur d'autres pièces relatives à Catherine Théot et à la secte des Adorateurs de la Mère de Dieu, voyez tome III, nᵒˢ 16027-16031, où sont rappelés quelques articles déjà décrits tome Iᵉʳ, nᵒˢ 4299, 4300, 4303.

⚜ M. ALBERT MATHIEZ a publié dans la *Revue de Paris* et réimp. avec additions dans *la Révolution française,* tome XL (janvier-juin 1901, pp. 481-518) une étude sur *Catherine Théot.*

25546. — [**Théroigne de Méricourt** (Anne-Josèphe TERWAGNE, dite).] Précis historique sur la vie de Mˡˡᵉ Téroigne de Méricourt. *S. l.,* 1790, in-8°, 16 p. [*N.* Lb³⁹ 2771.]

Voyez le numéro suivant.

25547. — Théroigne et Populus ou le Triomphe de la Démocratie, drame national, en vers civiques. Corrigé et augmenté de deux actes, servant de suite aux deux premiers qui ont paru dans les « Actes des apôtres », et enrichi de notes instructives et patriotiques. *London,* 1790, in-8°, 123 p. [*N.* Lb³⁹ 4278.]

Dans l'ex. de la B. N., le *Précis historique* décrit sous le numéro précédent est intercalé entre le titre et l'avant-propos.

25548. — Election d'un nouveau roi sur la motion de M. Charles de Lameth à l'assemblée des Jacobins. *S. l. n. d.,* in-8°, 8 p. [*N.* Lb³⁹ 4704.]

Facétie. Populus est proclamé roi et choisit pour reine Théroigne de Méricourt.

25549. — Théroigne de Méricourt, la jolie Liégeoise, correspondance publiée par le vicomte de V....Y. *Paris, Allardin,* 1836, 2 vol. in-8°. [*N.* Y² 71322-71323.]

Epigraphe empruntée à La Bruyère.
Par ETIENNE-LÉON DE LAMOTHE-LANGON, qui a pris pour un autre de ses livres le pseudonyme de vicomte DE VARICLÉRY dont il n'a conservé ici que la première et la dernière lettre. Il est presque inutile d'ajouter que la correspondance, présentée comme adressée à Rose Lacombe, est absolument apocryphe.

⚜ Les *Portraits intimes du XVIIIᵉ siècle* d'Edmond et Jules de Goncourt contiennent une étude sur Théroigne de Méricourt où sont reproduites plusieurs lettres authentiques, ainsi que deux pièces déjà décrites dans cette *Bibliographie*: un discours à la Société fraternelle des Minimes et un appel aux quarante-huit sections (cf. tome II, nᵒˢ 10008-10009).

25550. — Etude historique et biographique sur Théroigne de Méricourt, par MARCELLIN PELLET, avec deux portraits et fac-similé d'autographes. *Paris, maison Quantin. S. d.* (1886), in-8°, 2 ff. et 126 p. [*N.* Ln²⁷ 36345.]

Les deux portraits sont (en regard du titre) une reproduction d'un physionotrace de CHRÉTIEN et (p. 114) une reproduction du profil gravé par AMBROISE TARDIEU pour le traité des *Maladies mentales* d'Esquirol. Le fac-similé est placé entre les pp. 106 et 107.
Réimp. dans la troisième série des *Variétés révolutionnaires* de l'auteur (cf. n° 20816 ci-dessous).

25551. — FERDINAND DE STROHL-RAVERLSBERG. Les Confessions de Théroigne de Méricourt, la fameuse amazone révolutionnaire. Extrait du procès-verbal inédit qui fut dressé à Koufstein (Tyrol) en 1871 [*sic* : 1791]. *Paris, Louis Westhausser*, 1892, in-8°, 2 ff. et 195 p. [*N.* Y² 47290.]

Malgré la forme toute romanesque de ce livre, il convient de le décrire ici, parce que l'auteur y a fait partiellement usage de documents authentiques conservés aux Archives d'État à Vienne et restés jusqu'à ce jour non utilisés d'une façon critique.

25552. — Les Origines du féminisme contemporain. Trois femmes de la Révolution. Olympe de Gouges, Rose Lacombe, Théroigne de Méricourt, par LÉOPOLD LACOUR (1900).

Voyez le n° 20770 ci-dessus.

L'étude sur *Théroigne de Méricourt*, que l'auteur a bien voulu me dédier, occupe les pp. 93-313; elle est ornée de trois portraits dont deux, au jugement même de M. Léopold Lacour, n'ont aucune garantie d'authenticité; le troisième est celui du traité d'Esquirol déjà reproduit dans le livre de M. Pellet. M. Lacour a également fait reproduire le profil du député Populus d'après la gravure de la collection Déjabin.

25553. — La Vraie Théroigne de Méricourt, par le vicomte DE REISET. *Paris, le Carnet, 36, rue Vaneau; Emile Paul*, 100, *fbg Saint-Honoré*, 1903, in-8°, 22 p. et 1 f. n. ch. (adresse de l'imprimeur).

On lit au verso du faux titre :
« Tiré à 60 ex. numérotés. N°... »
Entre le titre et le titre de départ, *Théroigne de Méricourt d'après un dessin aux trois crayons de* DANLOUX. P. 13, autre portrait d'après un dessin de DÉVRITS (1845), tous deux appartenant à l'auteur.
La publication de cette étude a provoqué entre M. Léopold Lacour et M. de Reiset un échange de lettres insérées dans *le Carnet* (février et avril 1903).

25554. — [**Théveneau de Morande** (Charles).] Réplique de CHARLES THÉVENEAU-MORANDE à Jacques-Pierre Brissot sur les erreurs, les oublis, les infidélités et les calomnies de sa «Réponse». *Paris, Froullé*, 1792, in-8°, 1 f. et 109 p. [*N.* Lb³⁹ 10153.]

Au verso du titre, un Avis aux souscripteurs de l'*Argus patriotique* les préviennent que cette *Réplique* a causé le retard des n°ˢ 22 et 23 du journal qui devaient paraître d'ici au lundi suivant.
Voyez les n°ˢ 21984-21986 ci-dessus.

25555. — Variétés bibliographiques. Théveneau de Morande. *Imp. Pillet fils ainé*. S. d., in-8°, 4 p. [*N.* Ln²⁷ 29615.]

Signé : A. ALBRIER, membre de plusieurs Sociétés savantes, et suivi de cette indication : « Extrait du *Bulletin du bouquiniste* (numéro du 15 décembre 1875). Tiré à 50 exemplaires. »
Note biographique et généalogique; l'auteur y a publié pour la première fois les actes de naissance et de décès de Théveneau de Morande.

25556. — Théveneau de Morande, étude sur le XVIIIᵉ siècle, par PAUL ROBIQUET. Portrait et cinq planches hors texte. *Paris, A. Quantin*, 1882, in-12, VIII-320 p. et 2 ff. non ch. (*Errata et Table*). [*N.* Ln²⁷ 33240.]

Titre rouge et noir. Il a été tiré 50 ex. numérotés sur papier de Chine.
Le portrait est gravé par LENAIN d'après un original appartenant à M. Harold de Fontenay, archiviste-paléographe à Autun. Les autres pl. dont le classement est indiqué à la Table reproduisent des estampes du temps.

25557. — [**Thévenin** (Charles).] Institut royal de France. Académie royale des beaux-arts. Funérailles de M. Thévenin. Discours de M. GARNIER, membre de la section de peinture de l'Académie, prononcé aux funérailles de M. Thévenin, le samedi 24 février 1838. *Imp. Didot frères*. S. d., in-4°, 5 p. [*N.* Ln²⁷ 19492.]

Suivi (p. 5) du discours prononcé par M. JOMARD.

25558. — [**Thibaudeau** (Antoine-Claire).] Mémoires sur la Convention et le Directoire (1824).

Voyez tome Iᵉʳ, n°ˢ 484-484ᵃ.
Les chapitres III, V et VIII de ces *Mémoires* ont été réimp. en vue des candidats à l'agrégation d'histoire pour 1892 dans *la Révolution française*, tome XXI (juill.-déc. 1891), pp. 259-284.

25559. — A.-C. THIBAUDEAU. Biographie et Mémoires (1765-1792). *Paris, H. Champion; Niort, L. Clouzot* (Alençon, imp. E. De. Broise), 1875, in-8°, 2 ff. p. t., 146 p.

et 1 f. n. ch., plus un tableau généalogique. [*N.* Ln^{27} 28747.]

Tiré à 250 ex. sur vergé. Portrait gravé à l'eau-forte par M. FRÉDÉRIC RÉGAMEY, d'après le médaillon de DAVID D'ANGERS.
P. 35, bibliographies des biographies de Thibaudeau et, p. 38, bibliographie de ses écrits, motions, rapports et discours.
Publié par les soins et aux frais de Alphonse Wyatt-Thibaudeau.

25560. — [**Thiébault**.] Mémoires du général baron THIÉBAULT, publiés sous les auspices de sa fille, Mlle Claire Thiébault, par FERNAND CALMETTES. *Paris, E. Plon, Nourrit et Ce,* 1893-1895, 5 vol. in-8°. [*N.* Ln^{27} 41895.]

Portraits en héliogravure de l'auteur ou de divers membres de sa famille en regard des titres de chaque volume.
Les tomes I et II ont seuls trait à la période de 1789 à 1799 et aux événements parisiens dont Thiébault put être le témoin.

25561. — [**Thierry** (Marc-Antoine), baron de VILLE-D'AVRAY.] La bonne nouvelle. Le premier valet de chambre, convaincu d'infidélité et de criminelles intelligences avec les principaux traîtres à la patrie, chassé avec indignation. S. l. n. d., in-8°, 4 p. [*N.* Lb^{39} 2011.]

Contre Thierry (de Ville-d'Avray).

25562. — Correspondance infernale ou Épître adressée au Seigneur Lucifer, par son très cher ou féal lieutenant, le sieur Th*** et Réponse dudit Seigneur Lucifer. *De l'imprimerie infernale,* 1789, in-8°, 14 p. [*N.* Lb^{39} 2204.]

Pamphlet contre Thierry (de Ville-d'Avray).
Au sujet de la gestion du garde-meuble de la Couronne, par Thierry, voyez tome III, n°s 12470-12474.

25563. — Pièces justificatives qui constatent la mort du sieur Thierry. *Versailles, imp. Lebas. S. d.,* in-4°. [P. 29076*.]

Paginées 5-16. A l'ex. de la B. V. P., comme à ceux qui figurent dans un dossier conservé aux Archives de Seine-et-Oise, manquent les deux premiers feuillets, visiblement arrachés ou enlevés aux ciseaux.
Thierry avait été massacré à l'Abbaye le 3 septembre 1792.

25564. — Catalogue des livres français et étrangers et des estampes du cabinet de feu le cit. Thierry, de Ville-d'Avray, dont la vente se fera rue des Bons-Enfants, n° 12, le 3 nivôse an V (23 décembre 1796) et j. s... *Paris, Nyon l'aîné. S. d.,* in-8°, 39 p.; 495 numéros. [*N.* Δ 12300.]

« Presque tous ces livres, dit une note imprimée sur le titre, sont très bien conditionnés et ont été reliés par Derome et autres habiles relieurs. »
Les « estampes montées sous verre dans des cadres dorés » sont décrites sous les n°s 477-495.

25565. — [**Thion de La Chaume** (Pierre-Basile).] Discours prononcé à l'Assemblée électorale (1790-1791).

Voyez tome II, n° 5442. La lettre par laquelle Thion de La Chaume acceptait les fonctions d'administrateur du Département est reproduite p. 279. Il fut réélu aux mêmes fonctions le 29 octobre 1791 et obtint des voix pour la députation à l'Assemblée législative.

25566. — [**Thiroux de Crosne** (Louis).] Cour d'appel de Rouen. Audience solennelle de rentrée du 4 novembre 1878. Discours prononcé par M. GAULTIER DE LA FERRIÈRE, substitut. Thiroux de Crosne, intendant de la généralité de Rouen, premier président du Conseil supérieur de Rouen, lieutenant général de police à Paris (1767-1789). *Rouen, J. Lecerf, imprimeur de la Cour d'appel et de la Mairie,* 1878, in-8°, 80 p. [*N.* Lf^{112} 1008.]

¶ M. ARMAND BRETTE a publié dans la *Révolution française* (tome XXVIII, janvier-juin 1895, pp. 161-181) dix-neuf lettres inédites adressées par Thiroux de Crosne à Louis XVI, du 20 au 30 avril 1789.

25567. — [**Thorillon** (Antoine-Joseph).] A.-J. THORILLON, député de Paris à l'Assemblée nationale législative, à ses commettants et à ses collègues, touchant ses principes, que quelques journaux ont défigurés, sur les clubs et sur l'ordre des travaux de l'Assemblée. *Imp. Nationale. S. d.,* in-8°, 15 p. [*N.* Le^{34} 70.]

L'ex. de la B. N. porte la date manuscrite de janvier 1792.

25568. — [**Thouin** (André).] Institut royal de France. Académie royale des sciences. Funérailles de M. Thouin (29 octobre 1825). *Imp. F. Didot. S. d.*, in-4°, 8 p. [*N.* Ln²⁷ 19614.]

Discours de Cuvier et de Cordier.

25569. — Notice nécrologique sur André Thouin, membre de l'Institut, professeur de culture au Muséum d'histoire naturelle, par M. Geoffroy Saint-Hilaire, de l'Institut (Acad. des sciences). *Paris, imp. Rignoux. S. d.*, in-8°, 7 p. [*N.* Ln²⁷ 19615.]

Extrait de la *Revue encyclopédique*, novembre 1824.

25570. — Notice biographique sur M. André Thouin, professeur de culture au Jardin du Roi, membre de l'Institut, de la Société royale et centrale d'agriculture, etc., etc., par A.-F. Silvestre, secrétaire perpétuel de la Société royale et centrale d'agriculture, membre de l'Institut, etc., etc. *Paris, imp. de Mᵐᵉ Huzard*, 1825, in-8°, 27 p. [*N.* Ln²⁷ 19616.]

Extrait des *Mémoires de la Société royale et centrale d'agriculture*.

25571. — Eloge historique de André Thouin, président de la Société linnéenne de Paris, membre de l'Académie des sciences (Institut de France), professeur administrateur du Muséum d'histoire naturelle de Paris, etc., par M. Arsène Thiébaut de Berneaud, secrétaire perpétuel de la Société linnéenne, membre correspondant de plusieurs Académies nationales et étrangères, etc. *Paris, imp. Lebel*, 1825, in-8°, 35 p. [*N.* Ln²⁷ 19617.]

Epigraphe empruntée à Montaigne.

25572. — [**Thouret** (Anne-Marie-Madeleine).] Sœur Charlotte de la Résurrection. Notice sur Anne-Marie-Madeleine Thouret, l'une des seize carmélites de Compiègne envoyées à l'échafaud par le Tribunal révolutionnaire de Paris, le 17 juillet 1794, par l'abbé H. Blond, vicaire général de Beauvais. *Société de Saint-Augustin, Desclée de Brouwer et Cᵉ, Paris, Lille*, 1898, in-8°, 158 p. et 1 f. n. ch. (*Table des gravures*). [*N.* Ln²⁷ 45211.]

25573. — [**Thouret** (Jacques-Guillaume).] Eloge historique de Thouret, lu dans la séance publique de la Société libre d'émulation de Rouen, le 9 juin 1806, par M. Mouard, membre de ladite Société. *Rouen, imp. V. Guilbert*, 1806, in-8°, 37 p.

D'après le *Manuel du bibliographe normand* d'Edouard Frère et la notice de MM. Carette et Sanson (voyez le n° 25578 ci-dessous).

25574. — Notice sur Thouret, lue par M. Dessaux, bâtonnier de l'ordre des avocats à la cour de Rouen, à l'ouverture des conférences, le 26 novembre 1844. *Rouen, imp. I.-S. Lefèvre*, 1845, in-8°, 24 p. [*N.* Ln²⁷ 19623.]

25575. — Chambre des conférences des avocats et stagiaires près la cour impériale de Caen. Procès-verbal de rentrée présidée par M. Blanche, bâtonnier de l'Ordre, 8 décembre 1865. Discours de M. le Bâtonnier. Essai sur Thouret, par M. Albert Clément, avocat près la cour impériale. *Caen, typ. Goussiaume de Laporte*, 1865, in-8°, 37 p. [*N.* Ln²⁷ 22096.]

P. 11-36, *Essai sur Thouret*.

25576. — Cour de cassation. Audience de rentrée du 16 octobre 1885. Présidence de M. le premier président Barbier. Discours prononcé par M. Rousselier, avocat général. Thouret, avocat, publiciste, littérateur et magistrat. *Paris, Marchal et Billard*, 1885, in-8°, 93 p. [*N.* Lf¹¹¹ 104.]

P. 9-64, éloge de Thouret.

25577. — Cour d'appel de Caen. Essai psychologique sur Thouret, d'après son temps et son œuvre. Discours prononcé à la séance solennelle de rentrée du 16 octobre 1883, par J. Lénard, substitut du procureur général. *Caen, Henri Delesques*, 1888, in-8°, 71 p. [*N.* Lf¹¹² 1392.]

P. 5-69, éloge de Thouret.

25578. — Ernest Carette et Armand Sanson. Thouret, député de la ville de Rouen aux Etats-Généraux de 1789, sa vie, ses œuvres (1746-1793). Ouvrage couronné par la Société libre d'Emulation du commerce et de l'industrie de la Seine-Inférieure. *Paris, Alph. Picard; Rouen, A. Lestringant,* 1890, in-8°, carré, 170 p.

Trois portraits (d'après SYMONDS JONES, et celui de la collection Déjabin) et un fac-similé hors texte. La biographie est suivie d'une notice biographique et iconographique.

25579. — [**Thouret** (Michel-Augustin).] Discours prononcé, le 23 juin 1810, sur la tombe de M. Thouret, doyen de la Faculté de médecine de Paris, par J.-J. LEROUX, professeur de clinique interne. *Imp. Migneret. S. d.,* in-4°, 8 p. [*N.* Ln[27] 19624.]

25580. — [**Tilly** (comte Alexandre de).] Mémoires du comte ALEXANDRE DE TILLY pour servir à l'histoire des mœurs à la fin du XVIII° siècle (1828).

Voyez les n°s 21037, 21038-21038ª ci-dessus.

25581. — [**Tisset** (François-Barnabé).] Le Citoyen TISSET aux amis des mœurs et de la vérité, sur une sommation de divorce à lui signifiée le 14 février [1793], au nom de demoiselle Sophie Besongne, son épouse (malheureusement pour lui et ses enfants). *S. l. n. d.,* in-8°, 16 p. [*N.* Ln[27] 19663.]

P. 7, *Supplément intéressant à la liste des exploits amoureux de Sophie Besongne, femme Tisset, et à la somme de mes infortunes, contenant les pièces justificatives que le hasard m'a mises entre les mains, celles que la délicatesse m'a procurées pour en faire usage, afin de prouver que je fus de tout temps un mari pacifique au sein de mon ménage et un citoyen utile à la République française, à mes risques et périls.*

François-Barnabé Tisset, auteur entre autres ouvrages, du *Compte rendu aux sans-culottes par dame Guillotine* (voyez tome Ier, n° 3954), était veuf depuis 1790 lorsqu'il avait épousé en secondes noces Sophie Besongne, fille d'un imprimeur de Rouen et déjà mère d'un enfant déposé par elle à l'hospice général de cette ville. Il énumère complaisamment et avec pièces à l'appui les causes trop justifiées de l'instance en divorce que lui avait signifiées sa femme et donne quelques renseignements utiles pour sa propre biographie.

D'abord occupé d'un commerce de librairie clandestine, il tint le Café anglais, rue Saint-Honoré, près Saint-Roch, puis acheta pour sa femme un fonds de commerce de modes. Ses infortunes conjugales se multiplièrent surtout pendant les missions « patriotiques » dont il s'était chargé. L'un des premiers amants de la femme Tisset aurait été, selon lui, Méjan de la Boissière « occupé à l'Assemblée législative de la rédaction d'un journal ». Il s'agit sans doute de Etienne Méjan, rédacteur du *Bulletin de l'Assemblée nationale* [constituante] décrit sous le n° 10234ª de la *Bibliographie*.

Beuchot a consacré à Tisset, mort à Paris le 29 juin 1814, à cinquante-cinq ans, une notice nécrologique (*Journal de la librairie de* 1814, p. 269) où il ne fait pas mention du *Compte rendu aux sans-culottes* et Ange Pitou a dit quelques mots du même personnage dans *l'Urne des Stuarts et des Bourbons* (1815, in-8°). Voyez aussi le n° 25597 ci-dessous.

25582. — [**Tisset** (Pierre-François).] Réponse de P.-F. TISSOT, successeur de M. Delille au Collège de France, à un article du « Journal de Paris » du 14 février 1821. *Imp. Fain. S. d.,* in-8°, 8 p. [*N.* Ln[27] 19670.]

25583. — P.-F. TISSOT à M. de Puymaurin, membre de la Chambre des députés (19 juin 1821). *Imp. A. Bailleul. S. d.,* in-8°, 2 p. [*N.* Lb[48] 2128.]

Au sujet d'accusations portées contre lui à la tribune par M. de Puymaurin, en raison des « commentaires séditieux » dont son cours du Collège de France lui fournissait le prétexte.

25584. — Institut de France. Académie française. Funérailles de M. TISSOT. Discours de M. le comte DE SALVANDY, directeur de l'Académie, prononcé... le lundi 10 avril 1854. *Paris, typ. Didot frères. S. d.,* in-4°, 12 p. [*N.* Ln[27] 19671.]

25585. — Institut impérial de France. Académie française. Discours de M. DUPANLOUP, évêque d'Orléans, prononcé dans la séance publique du 9 novembre 1854, en venant prendre séance à la place de M. Tissot. *Paris, typ. Firmin Didot frères,* 1854, in-4°, 1 f. et 42 p. [*N.* Z 5053 (246).]

Le défunt est nommé trois fois seulement par son successeur (p. 1, 38 et 39) et SALVANDY, en répondant au récipiendaire, a complètement omis le nom de son prédécesseur.

25586. — P. FROMAGEOT. Pierre-François Tissot (1768-1854). *Revue de l'histoire de Versailles et de Seine-et-Oise. Versailles,*

Léon Bernard; Paris, Alph. Picard, 1902, in-8°, 2 ff. et 42 p. [*N.* Ln²⁷ 49290.]

Entre le titre et le texte, fac-similé d'un portrait de Tissot « l'un des auteurs de la *Minerve* ».

25587. — [**Tobiezen Duby.**] Copie de la lettre écrite à la citoyenne Rolland (*sic*), par le citoyen Tobiezen Duby (Paris, 28 septembre an I [1792]. *S. l. n. d.*, in-8°, 3 p. [*N.* Q 763. Réserve.]

Cette lettre, émanée d'un employé du Cabinet des médailles, renfermait des dénonciations contre l'abbé Barthélemy et son neveu, Barthélemy de Courçay, Joly, Chamfort et Van Praët. Voyez tome III, n° 17767 et ci-dessus, n°ˢ 22124 et 23106.

25588. — [**Topino-Lebrund** (François-Baptiste).] Topino-Lebrund, non jugé, mais condamné à la peine de mort par le tribunal criminel de la Seine, le 19 pluviôse (*sic*), 11 heures du soir. *S. l. n. d.*, in-8°, 22 p. [*N.* Lb⁴³ 147.]

Le titre de départ, p. 3, porte : Topino-Lebrund, *non jugé, mais condamné à la peine de mort par le tribunal criminel de la Seine, le 19 nivôse, 11 heures du soir,* aux citoyens *Moulin, homme de loi; Fouquer, marchand de fer; Levoux, drapier; Callender, banquier; Vigné, épicier; Huguet, corroyeur; Delamarche, géographe; Dorgemont, homme de loi; Desfontaines, professeur de botanique; Desjardins, épicier; Delamarck* (sic), *professeur au Muséum d'histoire naturelle; Darène-Fontaine, propriétaire, jurés spéciaux dans l'affaire du 18 vendémiaire; le citoyen Hémard, président,* 2 pluviôse an IX [22 janvier 1801].

25589. — [**Tort de La Sonde** (Barthélemy).] Arrestation n'est pas payement. Tort de La Sonde, négociant de Bruxelles, au Directoire exécutif (20 germinal an IV-9 avril 1796). *S. l. n. d.*, in-8°, 4 p. [*N.* Ln²⁷ 19698.]

25590. — Procès de Barthélemy Tort-de-Lasonde, accusé de conspiration contre l'Etat et de complicité avec Dumouriez. Acte par lequel Lasonde, acquitté, dénonce et accuse, devant le Conseil des Cinq-Cents, le Directoire exécutif et le ministre de la justice Merlin de Douai, comme coupables, envers lui, de prévarication et d'oppression (15 thermidor an IV-1ᵉʳ août 1796). Paris, *Réal, rue de Lille, n° 499;* Girardin, *et Bruxelles, Hayez,* an V, in-4°, 1 f. et XI-256 p. [*N.* Lb⁴² 162.]

P. I-XI, Barthélemy Tort de La Sonde, *négociant à Bruxelles, aux membres du Corps législatif composant le Conseil des Cinq-Cents.* P. 1, *Plaidoyer prononcé par* P.-F. Réal *devant le tribunal criminel du département de la Dyle séant à Bruxelles aux audiences des* 14 *et* 15 *thermidor an IV* (1ᵉʳ *et* 2 *août* 1796), *pour Barthélemy Tort de la Sonde.* P. 197, *Réplique prononcée à l'audience du* 15 *thermidor.*

25591. — Suite aux Mémoires de Dumouriez. *Paris, Laran, an IV,* in-8°, 3 ff. et 39 p. [*N.* La³³ 48.]

Lettres de Tort de La Sonde à divers personnages, publiées par N. Cornelissen, chef de bureau au département de la Dyle.

25592. — Barthélemy Tort de La Sonde, négociant à Bruxelles, aux membres du Corps législatif composant le Conseil des Cinq-Cents (18 nivôse an V-7 janvier 1797). *Imp. Réal. S. d.*, in-4°, 4 p. [*N.* Ln²⁷ 19699.]

¶ Sur le rôle qu'aurait joué Tort de la Sonde dans l'évasion du Dauphin et sur sa fin misérable, voyez les documents précis publiés par Alfred Bégis dans *l'Intermédiaire* du 20 novembre 1894, col. 539-546 et reproduit dans les appendices de la brochure intitulée : *Louis XVII, sa mort dans la Tour du Temple* (cf. n° 21414 ci-dessus).

25593. — [**Toulan** (François-Adrien).] Paul Gaulot. Un complot sous la Terreur. Marie-Antoinette, Toulan, Jarjayes... (1889).

Voyez le n° 21208 ci-dessus.

Toulan fut condamné à mort, avec dix-neuf autres accusés, le 12 messidor an II (30 juin 1794). Le texte du jugement, copié sur la minute originale, a été publié par Louis Paris dans *le Cabinet historique,* tome VI (1ʳᵉ partie), pp. 135-154.

25594. — [**Tournon** (Antoine).] Révolutions de Paris. Réplique du sieur Tournon contre le sieur Prudhomme. *Imp. Cellot,* 1789, in-4°, 4 p. [*Br. M.* F. R. 56 (13).]

Signé : Tournon, citoyen du district de l'abbaye Saint-Germain, rue Guénégaud, n° 22. Sur les démêlés de Tournon et de Prudhomme, voyez tome II, n°ˢ 10254 et 10255.

25595. — [**Touroude.**] Le C¹ⁿ Touroude, ancien inspecteur des eaux de Paris, à tous ceux qui, sans partialité, prennent quelque intérêt à cet établissement dont l'utilité est reconnue. *S. l. n. d.*, in-4°, 4 p. [*N.* Ln²⁷ 19734.]

Au sujet de la révocation qui lui avait été signifiée le 16 pluviôse an VIII (5 février 1800). Voyez tome III, n° 12000.

25596. — [**Tourteau de Septeuil.**] Commune de Paris. Pièces qui ont rapport à l'affaire de Septeuil (23 août 1792-27 février 1793). *Imp. C.-F. Patris. S. d.*, in-4°, 1 f. et 98 p. [*N.* Lb⁴⁰ 211.]

Voyez le numéro suivant.

25597. — Suite des Pièces relatives à l'affaire de Septeuil (17-22 avril 1793). *Imp. C.-F. Patris. S. d.*, in-4°, 12 p. [*N.* Lb⁴⁰ 211.]

Dans l'ex. de la B. N. les deux fascicules sont réunis sous la même reliure et portent la même cote.
Tourteau de Septeuil était caissier de la Liste civile et en cette qualité il avait eu à mandater ou à endosser de nombreux documents retrouvés dans l'armoire de fer. Aussi, ne pouvant s'assurer de sa personne, — Tourteau de Septeuil avait réussi à gagner Londres, — la Commune de Paris fit procéder à de minutieuses perquisitions, tant à son domicile que chez ses proches à Rueil, à Saint-Firmin, près Chantilly, etc.; l'un de ses délégués était Tisset (voyez le n° 25581 ci-dessus) qui eut à se justifier d'une accusation de bris de scellés. (Voyez à ce sujet tome II, n° 6218.)

25598. — [**Tourton** et **Ravel.**] A l'Assemblée nationale. *Imp. du Postillon. S. d.*, in-4°, 4 p. [*Br.* M. F. R., 65 (12).

Pétition des sieurs Tourton et Ravel au sujet de lettres de change falsifiées qu'ils avaient été forcés d'acquitter.

25599. — [**Tourzel** (Louise-Joséphine de Croy d'Havré, marquise, puis duchesse de).] Mémoires de Mᵐᵉ de Tourzel, gouvernante des Enfants de France..., publiés par le duc des Cars (1883).

Voyez le n° 21043 ci-dessus.
Des détournements avaient été commis dans l'appartement de Mᵐᵉ de Tourzel, aux Tuileries, après le 10 août; voyez à ce sujet le *Précis pour le citoyen Campenon* (n° 22047 ci-dessus).

La comtesse de Béarn, née Pauline de Tourzel, cinquième enfant de la duchesse, a fourni par ses notes et ses écrits les matériaux du livre anonyme intitulé : *Souvenirs de quarante ans...*, décrit sous les n°ˢ 21784-21784ᵃ ci-dessus.

Voyez aussi le numéro suivant.

25600. — [**Tourzel** (Augustine-Eléonore de Pons, marquise de).] Un Episode du temps de la Terreur (1857).

Voyez tome Iᵉʳ, n° 4363 et la note qui l'accompagne.

25601. — [**Tréfontaine** (Charles-Jean-Baptiste Deschamps).] Jugement rendu par le Tribunal révolutionnaire... qui... condamne... Tréfontaine... à la peine de mort... (14 floréal an I-3 mai 1794).

Voyez le n° 25540 ci-dessus.
Tréfontaine était sous-chef au service de l'enregistrement.

25602. — [**Treilhard** (Jean-Baptiste).] Cour d'appel de Limoges. Discours prononcé le 4 novembre 1879 à l'audience de rentrée de la cour d'appel de Limoges, par M. Guyot d'Amfreville, avocat général. Vie de Jean-Baptiste Treilhard (1742-1810). *Limoges, Vᵉ H. Ducourtieux, imprimeur de la Cour*, 1879, in-8°, 44 p. [*N.* Lf¹¹² 1128.]

25603. — [**Trevilliers** (Jean-Louis-Charles-Jacques-Gabriel).] Trevilliers, électeur, commandant de bataillon, à MM. les électeurs ses collègues. 29 septembre 1791. *S. l. n. d.*, in-8°, 4 p. [*N.* Lb⁴¹ 10249.]

Revendication de la part qu'il avait eue à la création des assignats.
Trevilliers, commandant du bataillon de l'Oratoire, avait été agent de change de 1777 à 1786; voyez tome Iᵉʳ, n°ˢ 890-890ᵃ.

25604. — [**Tronchet** (François-Denis).] Sénat-Conservateur. Discours prononcé par S. Exc. M. François (de Neufchâteau), président du Sénat, dans l'église souterraine de Sainte-Geneviève, le lundi 17 mars 1806, avant que le corps de M. le sénateur Tronchet n'ait été déposé dans le caveau. Imprimé par ordre du Sénat:

Imp. P. Didot l'aîné. S. d., in-8°, 21 p. [N. Le⁴⁹ 49.]

25605. — Eloge de M. Tronchet, sénateur, grand officier de la Légion d'honneur, ancien premier président de la Cour de cassation, ancien avocat au Parlement de Paris et dernier bâtonnier de l'ordre des avocats, prononcé le lundi 14 avril 1806, dans la bibliothèque du lycée Charlemagne, après le service que MM. les avocats ont fait célébrer en l'église de Saint-Paul, en présence de S. A. S. Monseigneur le Prince archichancelier de l'Empire, etc., etc., par M. DELAMALLE. *Paris, imp. Delance.* S. d., in-8°, 47 p. [N. Ln²⁷ 19820.]

La B. N. a classé dans la Réserve deux ex. de cet *Eloge* sur papier vélin et de format in-4°.

25606. — Conférence des avocats. Discours sur Tronchet, prononcé à la séance de rentrée des conférences, par Mᵉ GOUSSARD, avocat à la Cour royale de Paris. (Imprimé aux frais de l'Ordre). *Paris, imp. A. Guyot*, 1845, in-8°, 20 p. [N. Ln²⁷ 19821.]

25607. — Cour de cassation. Audience du 3 novembre 1853. Discours prononcé par M. DE ROYER, procureur général. *Paris, imp. Ch. Lahure*, 1853, in-8°, 2 ff. et 76 p. (la dernière non chiffrée). [N. Lf¹¹¹ 29.]

Le titre de départ, p. 1, porte : *Procès-verbal de rentrée de la Cour de cassation. Discours de M. DE ROYER, procureur général, sur la vie et les travaux de M. Tronchet, ancien président du Tribunal de cassation.*
Ce discours remplit les pp. 5-66.

25608. — Cour impériale d'Agen. Discours prononcé à l'audience solennelle de rentrée, le 4 novembre 1856, par M. CHARLES DE PARADES, substitut du procureur général. *Agen, imp. Prosper Naubel*, 1856, in-8°, 29 p. [N. Lf¹¹² 13.]

Le faux-titre porte : *Eloge de Tronchet.*

25609. — Chambre des conférences des avocats stagiaires près la Cour impériale de Caen. Procès-verbal de la séance de rentrée, présidée par M. BAYEUX, chevalier de la Légion d'honneur, bâtonnier de l'Ordre. 28 décembre 1866. Discours de M. le bâtonnier. Essai sur Tronchet, par M. GEORGES COQUERET, avocat près la Cour impériale. *Caen, typ. Goussiaume de Laporte*, 1867, in-8°, 32 p. [N. Ln²⁷ 23424.]

P. 9-31, *Essai sur Tronchet.*

25610. — [**Tronson Du Coudray** (Guillaume-Alexandre).] Notice sur Tronson Du Coudray. *Imp. Migneret.* S. d. (1829), in-8°, 16 p. [N. Ln²⁷ 19827.]

Signé : EDMOND BLANC, avocat.
Tirage à part des *Œuvres choisies* de Tronson Du Coudray (Paris, Pélicier, 1829, in-8°) extraites des *Annales du barreau français*, (tome X) et publiées par Edmond Blanc.

25611. — Eloge de Tronson Du Coudray, par P. DUMÉRIL, ancien magistrat, docteur en droit. Mémoire couronné par l'Académie nationale de Reims, dans sa séance du 7 juillet 1892. *Reims, imp. de l'Académie (N. Monce, dir.).* S. d. (1892), in-8°, 2 ff. et 51 p. [N. Ln²⁷ 41873.]

On lit au verso du faux-titre : « Extrait du tome XCI des Travaux de l'Académie de Reims ». Le titre de départ, p. 1, porte : ... *par* P. DUMÉRIL, *lauréat du concours d'histoire en 1892, membre correspondant de l'Académie de Reims.*

25612. — [**Trouard de Riolle** (Jean-François).] Adresse de Jean-François Trouard, ci-devant de Riolle, et maire de Pont-à-Mousson, à l'Assemblée nationale. *Imp. Quillau*, 1791, in-4°, 16 p. [N. Ln²⁷ 17526.]

Signé : CHAUVEAU-LAGARDE, ci-devant avocat au Parlement et actuellement homme de loi dans les tribunaux de districts.

ÉPIGR. :

Arrêter un Romain sur de simples soupçons,
C'est agir en tyrans, nous qui les punissons.
Brutus, trag. de VOLTAIRE.

25613. — Adresse et pétition à l'Assemblée nationale, par M. TROUARD DE RIOLLE, ancien maire de Pont-à-Mousson (6 septembre 1791). S. l. n. d., in-4°, 2 p. [N. Ln²⁷ 17527.]

Réclamation de dommages-intérêts pour les pertes de toute nature qu'il avait subies durant quatorze mois de détention.

25614. — Mémoire pour Trouard-Itiolle. *Imp. Quillau*, 1791, in-4°, 38 p. [*N.* Ln²⁷ 17528.]

Signé : CHAUVEAU DE LA GARDE.

Trouard de Riolle avait été impliqué dans les poursuites dirigées contre Maillebois, Saint-Priest, Bonne-Savardin, l'abbé Perrotin de Barmont (voyez tome I⁵ʳ, n°ˢ 1219-1241 et spécialement le n° 1225).

25615. — [**Trouvé.**] Notice biographique sur le baron Trouvé (Claude-Joseph). Extrait du « Panthéon biographique universel »... *Paris, au bureau du Panthéon biographique universel*, 1855, in-8°, 16 p. [*N.* Ln²⁷ 19837.]

Trouvé n'est mort qu'en 1860.

25616. — [**Trouvé** (Louis-Michel).] Pétition de LOUIS-MICHEL TROUVÉ à la Convention nationale, et notamment au Comité de sûreté générale (Bicêtre, 20 brumaire an II-12 novembre 1793). *Imp. Chaudé.* S. d., in-4°, 22 p. [*N.* Ln²⁷ 19838.]

Le pétitionnaire, curé constitutionnel de Moissy-Cramayel (Seine-et-Marne), avait été dénoncé et arrêté pour n'avoir pas supprimé, le jour de l'Assomption, du psaume *Exaudiat* l'antienne : *Domine, salvum fac regem* ; il attribue cette arrestation à une vengeance personnelle du citoyen Fontaine, ci-devant seigneur de Moissy-Cramayel. Impliqué dans la conspiration dite « des prisons », Trouvé fut condamné à mort le 8 messidor an II (26 juin 1794).

25617. — [**Truchon** (Germain).] GERMAIN TRUCHON, citoyen de la section des Gravilliers, aux commissaires réunis des 48 sections de Paris à la maison commune, ses collègues, et à tous ses concitoyens (12 septembre de l'an I⁵ʳ de l'Egalité). *S. l. n. d.* (1792), in-8°, 4 p. [*N.* Lb³⁰ 10924.]

Protestation contre une accusation de bigamie.

25618. — [**Trudaine** (Charles-Louis et Charles-Michel).] Mémoire pour les citoyennes Trudaine, veuve Micault, Micault, veuve Trudaine, et le citoyen Viant Micault Courbeton fils. *Paris, Maret, an III*, in-8°, 85 p. [*N.* I.n²⁷ 24647.]

Sur le titre en fleuron, chiffre et devise d'ANDRÉ MORELLET : *Veritas omnia vincit.*

25619. — Catalogue d'une collection de livres précieux et principalement d'auteurs classiques grecs et latins des meilleures éditions, dont plusieurs en grand papier et supérieurement conditionnés, le tout provenant de la bibliothèque d'un amateur. La vente se fera maison Charost, rue Montmartre, le quartidi 24 floréal [an IV] (vendredi 13 mai 1796, v. st.)... *Paris, Mauger; Lejeune, ancien huissier-priseur*, in-8°, 1 f. et 38 p. (la dernière non chiffrée); 434 numéros. [*N.* Δ 3818.]

Sur l'ex. de la B. N., après les mots : « un amateur », on lit entre parenthèses et d'une écriture ancienne : « M. Trudaine ». La bibliothèque de Trudaine père avait été dispersée en 1777 ; il s'agit ici, soit d'un reliquat, soit d'une partie des livres de son fils aîné, qui firent l'objet de deux ventes importantes ; voyez les deux numéros suivants.

25620. — Catalogue des livres de la bibliothèque de feu Charles-Louis Trudaine l'aîné, dont la vente se fera en sa maison rue Taitbout, n° 31, le 14 nivôse an X (4 janvier 1802) et j. s... *Paris, Bleuet fils aîné; Demauroy, commissaire-priseur, an X* (1801), in-8°, VIII-194 p. et 1 f. n. ch. (ordre des vacations) ; 1424 numéros. [*N.* Δ 12684.]

Sous la rubrique : *Romans moraux* (n°ˢ 802-819) figurent quelques-uns des romans les plus célèbres de Restif de La Bretonne : *le Paysan perverti*, la *Malédiction paternelle*, *la Vie de mon père*, les *Contemporaines*, *les Nuits de Paris*, etc.

25621. — Catalogue des livres et manuscrits précieux provenant de la bibliothèque de Ch.-L. Trudaine, après le décès de Mme sa veuve, dont la vente se fera en sa maison, rue Taitbout, au coin du boulevard des Italiens, le 25 nivôse an XII (16 janvier 1804). *Paris, Bleuet, an XII*-1803, in-8°, X-460 p.; 3066 numéros. [*N.* Δ 35244.]

Sous le n° 1677 est annoncé un *Recueil de pièces intéressantes pour servir à l'histoire de France sous Henri IV et* [sous] *Louis XIII*, in-folio de 798 p. « rempli de faits curieux et peu connus et accompagné d'une table des matières » : c'est le manuscrit autographe des *Historiettes* de Tallemant des Réaux, légué en 1718 par sa veuve (Elisabeth de Rambouillet de La Sablière) à son exécuteur testamentaire,

Charles Trudaine, conseiller d'Etat, époux de Renée-Madeleine de Rambouillet, petite-nièce de Mme Tallemant. Après avoir appartenu à M. de Châteaugiron, ce manuscrit a été acquis par le duc d'Aumale et fait aujourd'hui partie du musée Condé.

25622. — Les Trudaine, par ERNEST CHOULLIER, membre de la Société académique de l'Aube et de la Société archéologique de Seine-et-Marne. *Arcis-sur-Aube, Léon Frémont*, 1884, in-8°, 59 p. (*Notes et rectifications*). [*N.* Lm³ 1803.]

On lit au verso du faux-titre : « Extrait de la *Revue de Champagne et de Brie*. »

¶ L'étude de M. Choullier a été analysée et complétée par JULES COUSIN dans un article de la *Feuille de Provins* du 22 novembre 1884 (cf. *Jules Cousin, 1830-1899, Souvenirs d'un ami*, par Paul Lacombe, Henri Leclerc, 1900, in-8°, p. 89, n° 50).

25623. — [**Tuncq** (Augustin).] V. D'AUBIGNY, membre du comité révolutionnaire de la section des Tuileries et adjoint au ministre de la guerre à Philippeaux, député à la Convention nationale (27 frimaire an II-19 décembre 1793). *Imp. du département de la guerre, rue de la Michodière, l'an II républicain*, in-8°, 1 f. et 76 p. [*N.* Lb⁴¹ 931.]

Violent pamphlet contre Augustin Tuncq, suivi de nombreuses pièces justificatives (p. 38-72). Voyez le numéro suivant.

25624. — Le général TUNCQ à ses concitoyens. *Paris, imp. G.-F. Galletti*. S. d., in-8°, 15 p. [*N.* Lb⁴¹ 801.]

Réponse aux accusations de Villain d'Aubigny. Sur une réfutation partielle de cette défense, voyez le n° 21846 ci-dessus.

25625. — [**Turban de Guny**.] Dénonciation à l'Assemblée nationale, contre M. Delessart, ex-ministre, par le sieur TURBAN, auteur du projet de droit d'enregistrement des actes des notaires, adopté par l'Assemblée constituante (20 avril 1792). *Imp. du Cercle social*. S. d., in-4°, 16 p. [*Br. M. F. R.* 47* (19).]

Réclamation d'une récompense nationale pour avoir fourni à la nation « le germe d'un superbe impôt » qui n'avait valu à l'auteur que sa destitution.
Voyez tome III, n° 13983.

25626. — [**Turgy** (Louis-François de).] Fragments historiques sur la captivité de la famille royale à la tour du Temple... (1818).

Voyez tome Ier, n° 3575 et la note qui l'accompagne. L'*Annuaire nécrologique* de Mahul pour 1823 renferme (pp. 281-286) une notice sur Turgy.

25627. — [**Vachette**.] Adresse à l'Assemblée nationale. S. *l. n. d.*, in-4°, 11 p. [*R.* AD. IX, 548.]

Pétition du sieur P. VACHETTE, ancien garde-magasin, comptable des bois et charbons de l'hôtel des Invalides, au sujet de la liquidation de sa pension de retraite.

25628. — [**Vadier** (Marc-Guillaume-Albert).] Extrait de soixante ans de vertus ou Lettres écrites par VADIER à son ami Fouquier-Tinville. *Imp. Guffroy, rue Honoré*. S. *d.*, in-8°, 8 p. [*N.* Lb⁴² 334.]

Les pièces relatives à la violente polémique de Vadier et de Darmaing ont été décrites tome Ier, n°s 4435-4444.

25629. — ALBERT TOURNIER. Vadier, président du Comité de sûreté générale sous la Terreur (d'après des documents inédits). Préface par JULES CLARETIE, de l'Académie française. *Paris, Ernest Flammarion*. S. d. (1896), in-8°, 348 p. [*N.* Ln²⁷ 43917.]

En regard du titre, portrait de Vadier (d'après celui de la collection Bonneville) et fac-similé d'autographe. Entre la préface et le texte, autre portrait d'après le dessin original de GABRIEL et autre fac-similé d'autographe.

¶ Dans les *Mémoires* de Philarète Chasles (G. Charpentier, 1876) on trouve, tome Ier, pp. 47-56, sur la jeunesse de deux anciens collègues et amis de son père, *Amar le voltairien et Vadier le swedenborgien*, quelques pages curieuses déjà publiées dans un volume intitulé : *Etudes sur les hommes et les mœurs du XIXe siècle* (Amyot, 1850, in-12) et reproduites ici avec de légères variantes.

25630. — [**Valant** (Joseph-Honoré).] Aux citoyens électeurs du département de Paris (20 avril 1793).

Voyez tome III, n° 16153; voyez aussi tome II, n° 8333.

25631. — La citoyenne VALANT à ses concitoyens de la section des Sans-Culottes, aux 47 autres sections, aux Jacobins, aux Cordeliers et à toutes les Sociétés populaires (8 pluviôse an II-27 janvier 1794). *De l'Imprimerie conforme à la prononciation, rue des Vieilles-Garnisons, n° 5, près la Grève. S. d.*, in-8°, 4 p. [*N.* Ln²⁷. 19959. — *R.* AD. I, 59.]

Malgré cette rubrique, la réclamation de la citoyenne Valant en faveur de son mari, est imprimée suivant l'orthographe usuelle.

25632. — Au citoyen Fouquier, accusateur public près le Tribunal criminel révolutionnaire, le C. VALANT, retenu dans les fers depuis cinq mois sans avoir été interrogé. *S. l. n. d.*, in-8°, 4 p. [*Br. M. F. R.* 381 (16).

¶ On trouve sur Valant une notice de JOSEPH SIRVEN dans le tome X, pp. 510-512 des *Mémoires* de la Société agricole scientifique et littéraire des Pyrénées-Orientales (Perpignan, 1856); mais cette notice, destinée à rappeler les travaux littéraires et pédagogiques de Valant dont Quérard a donné la liste, ne fait aucune allusion à son rôle pendant la Révolution.

25633. — [**Valazé** (Charles-Eléonore DUFRICHE DE).] Défense de CHARLES-ELÉONORE DUFRICHE-VALAZÉ, imprimée d'après son manuscrit trouvé dans la fente du mur de son cachot. Au profit de sa malheureuse famille. *Paris, chez la V° d'Ant.-Joseph Gorsas et chez tous les marchands de nouveautés, an III*, in-8°, 2 ff. et 80 p. [*N.* Lb⁴¹ 3448.]

L'*Avis de l'éditeur* est signé : J.-A. PÉNIÈRES.

25634. — Notice historique et littéraire sur Valazé, membre de la Convention nationale, condamné à mort par le Tribunal révolutionnaire, le 10 brumaire an II-31 octobre 1793), par LOUIS DUBOIS, bibliothécaire de l'Ecole centrale de l'Orne, membre de la Société d'émulation d'Alençon, correspondant de la Société d'encouragement pour l'industrie nationale à Paris, membre associé de la Société littéraire de Bourges, de l'Académie des sciences, lettres et arts de Caen, et de la Société d'agriculture et de commerce de la même ville. *Paris, Goujon fils, et chez les libraires d'Alençon et de Caen, an XI-1802*, in-8°, 27 p. [*N.* Ln²⁷ 19963.]

25635. — [**Vallée.**] Dénonciation d'un fait de guerre récent du sieur Carle, commandant du bataillon de la section de Henri IV, par S.-C.-F. VALLÉE, citoyen, marchand d'estampes. *S. l. n. d.*, in-8°, 4 p. [*N.* Ln²⁷ 19884.]

Pièce déjà décrite tome Iᵉʳ, n° 1825, mais avec une double erreur dans l'énoncé des prénoms du plaignant et dans celui de la cote de la B. N.

Elle a été aussi rappelée sous le n° 22059 ci-dessus.

25636. — [**Vallière.**] VALLIÈRE, artiste du théâtre Feydeau, à ses concitoyens. *Paris, imp. de la Feuille des spectacles. S. d.* (1795), in-4°, 6 p.

L'intitulé de cette pièce et le résumé de son contenu sont reproduits d'après le *Journal des théâtres* du 6 ventôse an III (25 février 1795) par M. Arthur Pougin dans les appendices de son livre sur *l'Opéra-Comique pendant la Révolution* (cf. tome III de la *Bibliographie*, n° 18336).

25637. — [**Valon.**] Liberté, égalité, impartialité. Cri d'un vétéran invalide. VALON, capitaine de la Maison nationale des militaires invalides, destitué sans avoir été entendu, aux citoyens composant le Comité de sûreté générale de la Convention nationale (Clermont-Ferrand, 10 thermidor an III-28 juillet 1795). *Clermont-Ferrand, imp. J.-B. Berthet. S. d.*, in-4°, 12 p. [*R.* AD. VI, 65.]

L'ex. de la collection Rondonneau est annoté par l'auteur.

25638. — [**Vandenyver** (J.-B., Edme-J.-B. et Antoine).] Jugement rendu par le Tribunal criminel révolutionnaire... qui, sur la déclaration du juré de jugement, portant : « Il est constant qu'il a été pratiqué des machinations et entretenu des intelligences avec les ennemis de l'Etat et leurs agents pour les engager à commettre des hostilités, leur indiquer et favoriser les moyens de les entreprendre et diriger contre la France, notamment en faisant à l'étranger, sous des prétextes préparés, divers voyages pour concerter ces plans hostiles avec ces ennemis en leur fournissant, à eux ou à leurs agents, des secours en argent; que Jeanne Vaubernier, femme séparée de droit de Du Barry, âgée de quarante-deux ans, née à Vaucouleurs, demeurant à Luciennes, ci-devant courtisane, est convaincue d'être l'un des auteurs et complices de ces machinations et intelligences ; que Jean-Baptiste Vandenyver, banquier, âgé de soixante-six ans, né à Amsterdam, domicilié à Paris, rue Vivienne; Edme-Jean-Baptiste Vandenyver, banquier, âgé de trente-deux ans, né à Paris et Antoine-Augustin Vandenyver, âgé de vingt-neuf ans, demeurant tous deux rue Vivienne, à Paris, sont convaincus d'être complices de ces machinations et intelligences », condamne ladite Vaubernier, femme Du Barry, lesdits Jean-Baptiste Vandenyver, Edme-Jean-Baptiste Vandenyver et Antoine-Augustin Vandenyver à la peine de mort... (17 frimaire an II-7 décembre 1793). *Paris, imp. du Tribunal criminel révolutionnaire.* S. d., in-4°, 15 p. [*N.* Lb⁴¹ 2232*.]

Voyez le n° 22519 ci-dessus et la note qui l'accompagne.

25639. — Pétition à la Convention nationale par la citoyenne veuve VANDENYVER (14 pluviôse an III-2 février 1795). *Imp. Du Pont.* S. d., in-8°, 14 p. [*N.* Lb⁴¹ 4244.]

Pièce relative à la liquidation de la maison de banque Vandenyver ; il ne faut pas la confondre avec celle dont il est question dans le numéro suivant et que je ne connais pas.

25640. — Corps législatif. Conseil des Cinq-Cents. Rapport fait par BOURG-LA-PRADE sur la pétition de la citoyenne veuve Vandenyver et du tuteur des enfants de sa fille. Séance du 3 floréal an VI (22 avril 1798). *Paris, imp. Nationale, floréal an VI,* in-8°, 6 p. [*N.* Le⁴³ 1932.]

Cette pétition, signée de la vᵉ Vandenyver et du citoyen VILLEMINOT, tuteur des enfants, avait pour objet la demande en rapport du décret du 14 nivôse an III, portant que la propriété nationale connue à Sèvres sous le nom de maison de Brancas et l'île touchant au port de la petite commune seraient vendues au c. Seguin, sans enchères ni affiches et sur simple estimation.

Vandenyver avait acquis l'île et les bâtiments du pont de Sèvres, le 3 octobre 1793 ; par suite de sa condamnation à mort, ses biens devinrent propriété nationale et Séguin, profitant de ces circonstances, avait provoqué la vente de cette propriété pour y établir une manufacture propre à tanner et à hongroyer les peaux d'après de nouveaux procédés (voyez le n° 25322 ci-dessus). Suspendue par un décret du 30 ventôse an III, la vente des biens confisqués par suite de jugement du Tribunal révolutionnaire fut définitivement interdite par la loi du 21 prairial an III. La citoyenne Vandenyver, après avoir versé à la Trésorerie nationale, le 2 thermidor an III, la somme de 157,196 livres 13 s. 8 d. pour solder l'adjudication faite à son mari, se croyait dûment propriétaire de l'île et de ses dépendances, quand le c. Séguin lui opposa le décret du 14 nivôse an III, qui en permettait la vente en sa faveur sur estimation. Bourg-Laprade demandait le rapport de ce décret.

25641. — [**Van Praet** (Joseph-Basile-Bernard).] Institut royal de France. Académie royale des inscriptions et belles-lettres. Funérailles de M. Van Praet. Discours de M. DUREAU DE LA MALLE, président de l'Académie, prononcé aux funérailles de M. Van Praet, le 7 février 1837. *Imp. F. Didot frères.* S. d., in-4°, 3 p. [*N.* Ln²⁷ 20047.]

25642. — Notice historique sur la vie et les ouvrages de M. Van Praet, par M. DAUNOU, secrétaire perpétuel de l'Académie des inscriptions et belles-lettres, lue à la séance publique du 9 août 1839. *Typ. Firmin Didot frères.* S. d., in-4°, 16 p. [*N.* Ln²⁷ 20048.]

Un ex. imprimé sur vélin et relié en maroquin rouge est classé sous le n° 1216 de la série des Vélins de la Bibliothèque nationale.

Réimp. dans la *Revue bibliographique*, fondée par Quérard (n° 6, 30 juin 1839, pp. 211-218).

25643. — Notice sur M. Van Praet, par M. PAULIN PARIS, membre résidant. (Extrait du XVᵉ volume des « Mémoires de la Société royale des antiquaires de France ».) *Imp. E. Duverger,* 1839, in-8°, 32 p. [*N.* Ln²⁷ 20049.]

Une note, p. 3, prévient que cette *Notice* a été lue dans la séance publique de l'Académie royale des sciences et belles-lettres de Bruxelles, le 16 décembre 1839. L'année suivante, le baron FRÉDÉRIC DE REIFFENBERG publia dans l'*Annuaire* de cette même compagnie une *Notice biographique sur J.-B.-B. Van Praet* qui a été tirée à part (Bruxelles, Hayez, 1840, in-18, 20 p.), mais que je n'ai pu voir.

25644. — Notice historique sur J.-B.-B. Van Praet, par M. Charles Magnin. Extrait de la « Biographie universelle », tome LXXVIII (4 novembre 1845). *imp. E. Duverger. S. d.*, in-8°, 7 p. [*N.* Ln²⁷ 20050.]

25645. — [**Vardon** (Louis-Alexandre-Jacques).] Vardon au représentant Lomont. *S. l. n. d.*, in-8°, 6 p. [*N.* Lb⁴² 31.]

Voyez le n° 23714 ci-dessus.

25646. — [**Varlet** (Jean).] L'Apôtre de la liberté, prisonnier, à ses concitoyens libres. *S. l. n. d.*, in-8°, 19 p. [*N.* Ln²⁷ 20065.]

Signé, p. 12 : Varlet, victime du Comité des Douze. P. 13, *Procès-verbal de la levée de mes scellés, déposé au Comité de sûreté générale de la Convention nationale et au comité révolutionnaire de la section des Droits-de-l'homme.*

Varlet avait été arrêté en même temps qu'Hébert (cf. tome II, n° 9827).

25647. — Du Plessis. Le malheur, quelle école ! ce que j'écris la nuit, à la lueur obscure d'une lampe de prison en est peut-être la preuve. Tyrans ou ambitieux, lisez ! *S. l. n. d.*, in-8°, 5 p. [*N.* Ln²⁷ 20066.]

Signé : Varlet, libre.

25648. — J. Varlet à ses chers concitoyens des tribunes et des Jacobins. *Paris, imp. de la Société typographique. S. d.*, in-8°, 7 p. [*N.* Ln²⁷ 20067.]

25649. — [**Varlet** (Louis-Henri).] Jugement rendu par le Tribunal révolutionnaire... qui, sur la déclaration du juré de jugement, portant qu'il est constant que dans l'administration des charrois des armées et services réunis au dépôt de Franciade, il a été pratiqué des dilapidations et infidélités, notamment en portant sur les états des chevaux au delà de l'effectif, en diminuant frauduleusement d'un cinquième le poids des bottes de foin, en portant sur les ordres de l'étape les employés qui n'étaient point de service, en distrayant au profit des agents, au préjudice de la République, les produits de ces divertissements ; que Louis-Henri Varlet, ci-devant clerc de procureur, natif de Fessot (?), chef du dépôt des charrois des armées et services réunis, domicilié à Franciade, est auteur ou complice de ces infidélités, condamne Louis-Henri Varlet à la peine de mort... (6 nivôse an II-24 février 1794). *Imp. du Tribunal révolutionnaire. S. d.*, in-4°, 8 p. [*N.* Lb⁴¹ 2232*.]

25650. — [**Vaubertrand** (Jean-Claude).] L'Humanité et la Terreur, récit en vers, par F. Vaubertrand. *Paris, Jacques Ledoyen*, 1843, in-8°, 56 p. [*N.* Ye 34437.]

Avant-propos et (p. 52-56), Notes en prose.

25650ᵃ. — L'Humanité pendant la Terreur, récit en vers, avec des notes historiques, par F. Vaubertrand, membre titulaire de la Société philotechnique. *Paris, librairie Firmin Didot frères, fils et Cⁱᵉ*, 1861, in-8°, 2 ff. et 52 p. [*N.* Ye 34438.]

P. 52, *Notes*.

L'auteur de ce poème était fils du greffier de la prison civile de Paris qui, réduit à la gêne par la suppression de son emploi, dut accepter celui de concierge des Madelonnettes. Dans ce poste il réussit à sauver Quatremère de Quincy et adoucit autant qu'il le put la captivité de Malesherbes, d'Augrand, d'Alençon et de beaucoup d'autres. Sainte-Beuve a dit quelques mots de cet homme de bien dans les *Nouveaux lundis* (tome Iᵉʳ, p. 362, article sur Merlin de Thionville).

25651. — [**Vaublanc** (Vincent-Marie, come de Viennot-).] Au Corps législatif. *S. l. n. d.*, in-8°, 7 p. [*N.* Lb⁴² 73.]

Justification de sa conduite au 13 vendémiaire.

Signé : Vaublanc.

25652. — Mémoires sur la Révolution de France, et recherches sur les causes qui ont amené la Révolution de 1789 et celles qui l'ont suivie, par M. le comte de Vaublanc, ministre de l'intérieur sous Louis XVIII. *Paris, G.-A. Dentu*, 1833, 4 vol. in-8°. [*N.* La³³ 109.]

25653. — Souvenirs, par le comte de Vaublanc, ancien ministre de l'intérieur. *Paris, F. Ponce Lebas*, 1838, 2 vol. in-8°. [*N.* La³³ 110.]

25654. — [**Vaudey de Vellexon** (Marie-Antoinette-Elisabeth Le Michaud d'Arçon, baronne de).] Souvenirs du Directoire et de l'Empire, par M**me** la baronne DE V***. *Paris, imp. Cosson*, 1848, in-8°, 2 ff. et 90 p. [*N.* La³³ 117.]

Le *Quérard* (2° année, 1856, pp. 473-479) contient quelques extraits de ce livre et une notice sur l'auteur, fille de l'inventeur des « batteries flottantes » du siège de Gibraltar. Réduite plus tard par la misère à colporter son livre, dont le prix dépendait de la générosité de l'acquéreur, elle n'a dû placer qu'un petit nombre d'ex. de cet opuscule assez curieux. M**me** de Vellexon (ainsi qu'elle signait) a protesté contre certains passages de l'article de Quérard (*ibid.*, pp. 547-548) et déclaré qu'elle avait détruit ses écrits après son admission dans une maison de retraite de Montmartre.

22655. — [**Vaudreuil** (Joseph-Hyacinthe-François-de-Paule Rigaud de).] Le Major général de 24 secondes, 16 tierces ou le comte de Vaudreuil, complice du maréchal de Broglie. Suite du « Ministre de trente-six heures ». *S. l. n. d.*, in-8°, 8 p. [*N.* Lb³⁹ 7404.]

Épigr. :

Brutus pour la patrie a dompté la nature;
Surmontons les égards, faisons ce juste effort,
C'est au coupable enfin à s'imputer sa mort.

Violent pamphlet contre le comte de Vaudreuil que l'auteur accuse de vouloir rétablir le droit de « marquette ».

Pour l'autre pamphlet auquel le titre fait allusion, voir tome I**er**, n° 1198.

¶ M. Léonce Pingaud a publié d'après les originaux la *Correspondance intime du comte* DE Vaudreuil *et du comte* d'Artois *pendant l'émigration* 1789-1815 (Paris, E. Plon, Nourrit et C**ie**, 1889, 2 vol. in-8° [B. N., La³⁴ 51]), et l'a fait précéder d'une importante notice biographique.

25656. — [**Vauvilliers** (Jean-François).] Lettre de M. Vauvilliers à l'Assemblée nationale (12 avril 1790). *Lottin ainé et Lottin de Saint-Germain*, 1790, in-8°, 7 p. [*N.* Ln²⁷ 20140.]

Au sujet de la gratification de 5,000 livres qui lui avait été votée par l'Assemblée nationale. Voyez le numéro suivant.

25657. — Lettre de M. le président de l'Assemblée nationale à M. Vauvilliers, lieutenant de maire. Paris, le 17 avril 1790. *Lottin ainé et Lottin de Saint-Germain. S. d.*, in-8°, 2 p. [*N.* Ln²⁷ 20141.]

Signé : le M**is** de Bonnay.

Accusé de réception de la lettre décrite sous le numéro précédent et félicitations réitérées pour les services rendus par Vauvilliers dans le service des approvisionnements.

25658. — Réclamation aux auteurs du « Journal ». Paris, ce 15 septembre 1791. — Copie de la lettre de M. Vauvilliers, insérée dans le « Journal de Paris », le 15 septembre, à l'auteur du « Compte en finance à rendre par l'Assemblée nationale ». *S. l. n. d.*, in-4°, 3 p. [*N.* Ln²⁷ 20142.]

A l'ex. de la B. N. est jointe une lettre autographe signée de Vauvilliers, datée du 3 octobre 1790 et adressant à un destinataire inconnu quelques ex. de cette *Réclamation*.

L'auteur inconnu de la brochure fort caustique à laquelle répond cette lettre (et qui est cotée à la B. N. Lb³⁹ 5422) accuse Vauvilliers d'avoir présenté ses comptes « en grec ».

25659. — Adresse du c. Vauvilliers aux citoyens Hervo, capitaine rapporteur au conseil de guerre et Auvry, directeur du jury à Versailles (ventôse an V).

Voyez tome I**er**, n° 4745.

Désaveu de toute participation au complot de Brothier, La Villeheurnois, etc.

25660. — Notice biographique sur la vie et les ouvrages de Jean-François Vauvilliers. *S. l. n. d.*, in-8°, 12 p. [*N.* Ln²⁷ 20143.]

Extrait du *Magasin encyclopédique*.
Signé : Duret, neveu de Vauvilliers.

25661. — Catalogue des livres curieux, singuliers et rares provenant des bibliothèques de MM. D** [Dosnier] et de V*** [Vauvilliers], dont la vente se fera le 4 germinal (25 mars [1805] et j. s., rue des Fossés-Montmartre, n° 5. *Paris, Bleuet jeune, an XIII*-1805, in-8°, XIV-254 p. [*N.* Δ 12910.]

25662. — Notice biographique sur Vauvilliers, professeur de littérature grecque au Collège de France, membre de l'Académie des inscriptions et belles-lettres, député au Conseil des Cinq-Cents, etc.,

etc. *Paris, librairie Didot frères, fils et C*[e], 1859, in-8°, 24 p. [*N.* Ln[27] 20144.]

Signée : V.

Tirage à part, non spécifié, de la *Traduction des odes les plus remarquables de Pindare*, par Vauvilliers, réimp. en 1859 par Firmin Didot frères.

Vauvineux (Pottin de). — Voyez **Pottin de Vauvineux** (Louis-Philippe).

25663. — [**Veilly** (Jean-Louis).] « Le citoyen VEILLY, pour conserver l'estime de ses concitoyens... » (10 mars 1793). *Imp. Rohlot*, 1793, in-8°, 7 p. [*N.* Ln[27] 20154.]

Sur son exclusion du corps électoral et sur sa réintégration.
Veilly était maire de Stains.

Vellexon (baronne de). — Voyez **Vaudey.**

25664. — [**Ventenat** (Etienne-Pierre).] Catalogue des livres de la bibliothèque de feu M. E.-P. Ventenat, botaniste de S. M. l'Impératrice et Reine, membre de la Légion d'honneur, de l'Institut de France, de l'Académie impériale des sciences de Turin et de la Société économique de Florence, etc., administrateur perpétuel de la Bibliothèque du Panthéon. Suivi de la description de différents herbiers, graines, fruits étrangers, etc., et objets de curiosités. Avec la table des auteurs et celle des anonymes. *Paris, Tilliard frères, décembre* 1808, in-8°, 14 ff. liminaires et 83 p.; 612 numéros. [*N.* Δ 13200.]

Les feuillets liminaires contiennent une notice biographique anonyme et sans titre, paginée III-X et la *Table des divisions*, paginée XI-XII. L'ordre des vacations occupe un feuillet non chiffré. La vente eut lieu le 28 avril 1809 et j. s.

¶ On trouve une notice sur Ventenat dans le tome Ier du Recueil des *Eloges historiques des membres de l'Académie royale des sciences, lus dans les séances publiques de l'Institut royal de France* (Strasbourg et Paris, Levrault, 1819-1827, 3 vol. in-8°), par GEORGES CUVIER.

25665. — [**Verdier** (Jean).] Au Roi et aux représentants de la nation. Dénonciation contre M. le baron de Breteuil..., M. Leclerc, comte de Buffon..., le sieur Verniquet, architecte..., Leclerc, comte de Buffon fils... (1790).

Voyez tome III, n° 17646 et les n°s 17647-17648, qui ont trait à l'expropriation dont Verdier avait été l'objet.

25666. — [**Verdun.**] Pétition de la commune de Colombes, district la Franciade (*sic*), département de Paris, à la Convention nationale (6 frimaire an II-26 novembre 1793). S. *l. n. d.*, in-4°, 4 p. [*Br. M.* F. R. *64 (13).]

En faveur de Verdun, arrêté comme ci-devant fermier général et qui remplissait depuis 1791 les fonctions d'administrateur des douanes nationales.
F. 3-4, signatures des membres de la municipalité et des principaux habitants de Colombes, suivies d'un certificat des régisseurs des douanes. Selon les pétitionnaires, Verdun était pour la commune qu'il habitait « l'image vivante de la bienfaisance elle-même ».
Serieys, dans les appendices de son livre intitulé : *le Règne de Louis XVII* (cf. n° 21384 ci-dessus), a conté dans quelles circonstances romanesques M. de Verdun, traduit devant le Tribunal révolutionnaire avec les fermiers généraux, aurait échappé à la mort. En 1789, M. de Verdun avait le titre de surintendant (en survivance) des finances de Monsieur, frère du Roi [le comte d'Artois]; en 1817 il occupait, cette fois en pied, les mêmes fonctions.

25667. — [**Vergne** (Jean-Joseph).] Réclamation de M. VERGNE, premier échevin de Paris, pour le rétablissement de ses fonctions (10 septembre 1789). S. *l.*, 1789, in-8°, 11 p. [*N.* Ln[27] 20217.]

25668. — [**Vergniaud** (Pierre-Victurnien).] Au Corps législatif. *Imp. de la rue d'Anjou.* S. *d.*, in-4°, 3 p. [*N.* Ln[27] 35329.]

Pétition signée ALLUAUD, beau-frère de Vergniaud, réclamant de la nation le paiement des dettes honorables contractées par le condamné pour le règlement de la succession paternelle.

25669. — Eloge de Pierre-Victurnien Vergniaud. *Limoges, J.-B. et H. Dalesme.* S. *d.*, in-8°. [*N.* Ln[27] 20218.]

Le titre de départ, page 1, porte en plus : *Ouvrage qui a obtenu la médaille d'or à la* séance du 24 mai 1809 de la Société d'agriculture... de Limoges... Par M. GÉDÉON-GENTY-DE-LABORDERIE...

D'après le *Catalogue de l'histoire de France* de la B. N.

25670. — Notice sur Verguiaud, par M. P.-A. VIEILLARD. *Imp. E. Duverger. S. d.* (1845), in-8°. [*N.* Ln²⁷ 20249.]

Extrait de l'*Encyclopédie des gens du monde*.
D'après le *Catalogue de l'histoire de France* de la B. N.

25671. — Histoire parlementaire et vie intime de Vergniaud, chef des Girondins, par G. TOUCHARD-LAFOSSE. *Paris, au bureau de l'administration*, 1847, in-18, 2 ff. et 317 p. [*N.* Ln²⁷ 20220.]

Le faux-titre porte : Le *Plutarque de la Révolution française* (1789-1847), publié sous la direction de G. Touchard-Lafosse et Paul de Stévens.
En regard du titre, portrait en pied de Vergniaud à la tribune, signé : CH. HUGOT *del.*; JULES POIREAU *sc.* 1847.

25672. — Vergniaud, par le baron GAY DE VERNON. *Limoges, imp. Chapoulaud frères*, 1858, in-8°. [*N.* Ln²⁷ 20221.]

La couverture imprimée sert de titre.
D'après le *Catalogue de l'histoire de France* de la B. N.

25673. — Les Hommes de la Révolution, par A. DE LAMARTINE... Mirabeau, Danton, Vergniaud (1865).

Voyez le n° 20587 ci-dessus.

25674. — Biographie de Vergniaud. Discours prononcé à l'ouverture de la conférence des avocats, le 16 décembre 1865, par L. DE VERDIÈRE, avocat à la Cour impériale, suivi de lettres inédites de VERGNIAUD. *Paris, E. Dentu*, 1866, in-8°, 2 ff. et 110 p. [*N.* Ln²⁷ 21948.]

Les lettres qui suivent ce *Discours* sont des extraits de la correspondance intime de Vergniaud avec son beau-frère Alluand et sa sœur durant les années 1782-1793.

25675. — Eloge de Vergniaud. Discours de rentrée prononcé à l'ouverture des conférences de l'ordre des avocats de Bordeaux, le 4 janvier 1875, par BRUNO LACOMBE, avocat. *Bordeaux, imp. J. Delmas*, 1875, in-8°, 80 p. [*N.* Ln²⁷ 28390.]

25676. — Recherches historiques sur les Girondins. Vergniaud, manuscrits, lettres et papiers, pièces pour la plupart inédites, classées et annotées par C. VATEL, avocat à la Cour d'appel de Paris. Ouvrage accompagné de deux portraits originaux, de deux gravures et d'un fac-similé. *Paris, Dumoulin; Bordeaux, C. Lefebvre; Limoges, Vᵉ Ducourtieux*, 1879, 2 vol. gr. in-8°. [*N.* Lb⁴¹ 4630.]

En regard du titre du tome Iᵉʳ, buste de Vergniaud d'après la statue de CARTELLIER (BAUDRAN *sc.*); entre les pp. 176-177, maison natale de Vergniaud à Limoges, héliogravure également signée BAUDRAN.
En regard du titre du tome II, fac-similé du dessin original de Vergniaud d'après LABADYE, d'un feuillet de la défense manuscrite de Vergniaud (p. 268) et, entre les pp. 328-329 d'un dessin de BOISSEL, représentant les Girondins attablés après leur condamnation autour d'un bol de punch.

25677. — [**Verlac** (Bertrand).] Mémoire présenté à nosseigneurs de l'Assemblée nationale, pour le sieur VERLAC, ci-devant avocat au président de Nîmes et professeur d'anglais à l'Ecole royale de marine établie à Vannes en Bretagne. S. *l. n. d.* (1790), in-8°, 47 p. [*N.* Ln²⁷ 20227.]

25678. — Second Mémoire... pour le sieur VERLAC, avocat et professeur d'anglais... *Paris, imp. Cailleau*, 1790, in-8°, 47 p. [*N.* Ln²⁷ 20225.]

Dans l'ex. de la B. N. ce Mémoire et le précédent sont cartonnés ensemble.

25679. — Pétition à l'Assemblée nationale (22 août 1792). S. *l. n. d.*, in-4°, 4 p. [*R.* AD. VIII, 45.]

Signée : VERLAC, homme de loi, ci-devant professeur à Vannes, citoyen de la section des Quatre-Nations, rue Guénégaud, 34.
Hommage de ces ouvrages et demande de secours.

25680. — [**Vermond** (Jacques-Mathieu, abbé de).] Correspondance secrète entre l'abbé de Vermont (*sic*), l'abbé Mauri (*sic*) et Mᵐᵉ de Polignac (août 1789).

Apocryphe. Voyez le n° 24762 ci-dessus.

¶ M. Paul Bonnefon a publié dans *Souvenirs et Mémoires*, tome Ier (1898), pp. 413-429, le texte d'une notice anonyme attribuée à un membre de la famille de M. de Marbeuf, archevêque de Lyon, et destinée, suivant le vœu de l'auteur, à remplacer celle que Durozoir avait, dans la *Biographie* Michaud, consacrée à l'abbé de Vermond.

D'après cette notice, restée jusqu'alors inédite, les papiers de l'ancien secrétaire intime de Marie-Antoinette avaient été conservés à Brünn (Moravie) où il était mort en 1806 ; mais Feuillet de Conches (*Louis XVI, Marie-Antoinette et Madame Elisabeth*, tome IV, p. XXIX) a prétendu que ces papiers avaient été retrouvés dans une cachette à Bielle (Basses-Pyrénées), où l'abbé possédait une propriété, tandis que, selon un passage d'une longue lettre d'Alex. Moreau de Jonnès à M. Jules Claretie (reproduite par celui-ci dans son feuilleton dramatique de *la Presse* du 11 mars 1878, à propos d'une reprise de *Joseph Balsamo*) les livres et les papiers de l'abbé de Vermond étaient en 1807 à Saint-Pierre de la Martinique, chez Levassor de La Touche. La *Gazette anecdotique* du 15 août 1878 a extrait de cette lettre quelques fragments dont voici, sur un point spécial, les plus essentiels.

« Les liasses de la correspondance renfermaient les brouillons des lettres publiées postérieurement comme l'ouvrage de la reine. Ils étaient écrits de la main de son secrétaire, avec variantes, ratures, interlignes, comme en font tous les auteurs en composant des épîtres sur des matières importantes. Ils avaient généralement pour objet de répondre à des reproches faits à la reine par sa mère ou son frère, et dont ils la disculpaient, avec tant d'habileté, et avec une finesse étrangère à son caractère impétueux.

« Je ne doutai pas un instant que ces lettres n'eussent été composées de toutes pièces par l'abbé de Vermond, et je trouvai la pleine confirmation de ma conviction dans le journal qu'il tenait des actes de sa vie. Dans une foule de passages des nombreux cahiers de ce journal, l'auteur mentionnait ces lettres comme son ouvrage, et il s'en enorgueillissait. Il se plaignait aussi de la peine qu'elles lui causaient, sa royale pupille n'étant pas toujours disposée à s'occuper de leur expédition ou seulement de leur signature.

« Il se plaignait pareillement de cent autres choses, et notamment que le ministre de Loménie de Brienne, qu'il avait fait arriver au pouvoir par l'influence de la reine, en eût été chassé par celle du comte d'Artois, effrayé de la clameur publique. »

Les désastres récents qui ont détruit de fond en comble Saint-Pierre de la Martinique ne laissent aucun espoir de pouvoir contrôler les dires de Moreau de Jonnès, ni de retrouver ces brouillons et ce journal intime, s'ils ont vraiment existé.

Le nom de l'abbé de Vermond a servi de pseudonyme à Honoré-Marie-Nicolas Duveyrier pour un pamphlet dialogué, intitulé : *la Cour plénière* (1788), allusif à la convocation des Notables et qui a été inexactement attribué à Gorsas.

25681. — [**Vernhes** (Marie-Pierre).] Éloge funèbre-civique de Marie-Pierre Vernhes, second chirurgien de la maison nationale de la Pitié, prononcé en l'église Notre-Dame-de-la-Pitié, le 27 avril 1793..., par Joseph-Honoré Valant, ministre du culte catholique, juré de jugement du Tribunal criminel du département de Paris. *Imp. P. Rénaudière jeune. S. d.*, in-8°, 7 p. [*A. N.* W 438, d{r} 30.]

25682. — [**Verniquet** (Edme).] Municipalité de Paris. Observations sur la réclamation de MM. Moreau, Gobert et Girault, ci-devant commissaires-voyers. *Imp. Lottin aîné et J.-R. Lottin*, 1791, in-3°, 3 p. [*N.* Lb{40} 1262.]

Protestation de Verniquet contre les allégations contenues dans le mémoire auquel il répond et que je ne connais pas.

25683. — [**Vestier** (Antoine).] André Foulon de Vaulx. Antoine Vestier (1740-1824). Notes et renseignements. Extrait du « Carnet historique et littéraire ». *Paris, Émile Paul*, 1901, in-8°, 2 ff. et 53 p. [*N.* Ln{27} 48628.]

Entre les pp. 26 et 27, prétendu portrait de Théroigne de Méricourt attribué à Vestier et appartenant au musée Carnavalet ; entre les pp. 42 et 43, portrait de la comtesse d'Arjuzon, née Hostein (appartenant à M. Félix d'Arjuzon).

Parmi les autographes de Vestier passés dans les ventes, l'auteur signale comme perdues deux lettres du peintre à son beau-frère Guilmot, épicier à Avallon (16 décembre 1790 et 4 février 1791) : ces lettres ont été publiées par Étienne Charavay dans la *Révolution française* (tome XV, juillet-décembre 1888, pp. 530-534).

25684. — [**Veymeranges** (Palteau de).] Précis pour le citoyen Palteau, ci-devant Veymeranges, administrateur du district de Gonesse depuis le mois de décembre 1792 (28 nivôse an II-17 janvier 1794). Ve *Delaguette. S. d.*, in-4°, 12 p. [*R. AD.* XI, 58.]

P. 7, Extrait du procès-verbal de la séance de la Société populaire de Gonesse, du 8 nivôse an II, pour la réépuration des autorités constituées de Gonesse par les représentants du peuple Delacroix et Musset. P. 11, Lettre des administrateurs du district de Gonesse (23 nivôse an II-12 janvier 1794) à la Convention nationale, réfutant un passage de la *Gazette générale de l'Europe* relatif à cette visite.

25685. — Corps législatif. Conseil des Cinq-Cents. Rapport fait par Pelet (de la Lozère) sur l'affaire Veymeranges. Séance du 25 prairial an IV (13 juin 1796). *Paris, imp. Nationale, messidor an IV*, in-8°, 16 p. [*N.* Le⁴³ 314.]

25686. — Corps législatif. Conseil des Cinq-Cents. Rapport fait par Dumolard sur l'affaire Veimeranges. Séance du 4 fructidor an IV (21 août 1796). *Paris, imp. Nationale, fructidor an IV*, in-8°, 14 p. [*N.* Le⁴³ 410.]

25687. — Corps législatif. Conseil des Anciens. Rapport fait par Porcher, député du département de l'Indre, sur l'affaire Veymeranges. Séance du [29] vendémiaire an V (20 octobre 1796). *Paris, imp. Nationale, an V*, in-8°, 14 p. [*N.* Le⁴⁵ 126.]

25688. — Courtes observations pour la veuve Veymeranges. *Imp. Cordier. S. d.*, in-8°, 8 p. [*N.* Ln²⁷ 20286.]

25689. — Corps législatif. Conseil des Anciens. Opinion du citoyen Mollevaut sur la résolution relative aux citoyens Biré, Randon La Tour, etc, prononcée dans la séance du 9 brumaire an V (30 octobre 1796). *Paris, imp. Nationale, brumaire, an V*, in-8°, 10 p. [*N.* Le⁴⁵ 129.]

25690. — Corps législatif. Conseil des Cinq-Cents. Rapport par Cholet (de la Gironde) sur l'affaire dite de Veymeranges. Séance du 19 frimaire an V (9 décembre 1796). *Paris, imp. Nationale, frimaire an V*, in-8°, 12 p. [*N.* Le⁴³ 620.]

25691. — [**Vicq d'Azyr** (Félix).] Notice des principaux articles de la bibliothèque du c. Vicq d'Azyr, médecin, dont la vente se fera le 1ᵉʳ vendémiaire an III(22 septembre 1794), cour du Museum (*le Louvre*), la seconde porte à droite, en entrant par la rue du Coq-Honoré. *Cette Notice se distribue à l'adresse ci-dessus et à Paris dans la librairie vétérinaire de J.-B. Huzard, rue Mont-Marat, cour de la Jussienne, n° 38, et au Palais de Justice, salle ci-devant Dauphine, nᵒˢ 1 et 2, an II*, in-8°, 36 p. [*N.* Δ 3948.]

P. 3-4, Notice anonyme et sans titre. Les livres occupent les nᵒˢ 1-1145; p. 34, tableaux, dessins, estampes et bustes (9 numéros); p. 35, état du *Traité d'anatomie et de physiologie* de Vicq d'Azyr (Discours, planches et cuivres); p. 36, *Ordre des vacations*.

25692. — Éloge de Vicq d'Azyr, lu à la la deuxième séance publique de la Société de médecine, le 22 brumaire an VI-12 novembre 1797, par Lafisse. *Imp. de la Société de médecine. S. d.*, in-8°, 27 p. [*N.* T⁷ 41.]

25693. — Éloge de Félix Vicq d'Azyr, suivi d'un Précis des travaux anatomiques et physiologiques de ce célèbre médecin, présenté à l'Institut, par J.-L. Moreau, médecin, sous-bibliothécaire de l'Ecole de médecine de Paris, membre de la Société libre de médecine de la même ville, etc. *Paris, Laurens; Méquignon; Croullebois; Desenne, an VI*, in-8°, 56 p. [*N.* Ln²⁷ 20372.]

Epigraphe empruntée à Tacite.
Dédicace au c. Cuvier et note préliminaire sur l'éloge de Vicq d'Azyr par Lafisse. L'auteur fait également allusion à une notice publiée par Lalande dans la *Décade philosophique*, nᵒˢ 24 et 25 (30 frimaire et 10 nivôse an III), pp. 513-521 et 1-10.

25694. — Institut royal de France. Académie française. Eloge historique de Vicq-d'Azyr, membre de l'Académie française et de l'Académie des sciences, secrétaire perpétuel de la Société royale de médecine, premier médecin de la Reine, prononcé dans la séance publique du 25 août 1825, jour de la saint Louis, par M. Lémontey. *Imp. F. Didot. S. d.*, in-4°, 42 p. [*N.* Ln²⁷ 20373.]

P. 23-42, *Notes*.

¶ Sainte-Beuve a consacré, en 1854 à Vicq-d'Azyr, deux articles des *Causeries du lundi* (tome X).

25695. — [**Vidaud** (Jean-François).] Mémoire justificatif pour Joseph-François

Vidaud, homme de loi, condamné à mort, contre Lamievette, coiffeur et marchand d'argent, qui l'accuse de complicité dans la fabrication des faux assignats par lui entreprise. *Paris, imp. Didot jeune, avril* 1792, in-4°, 1 f. et 84 p. [R. AD. III, 49.]

Le titre de départ porte : *Mémoire pour Joseph-François Vidaud... appelant d'un jugement rendu par le premier tribunal d'arrondissement de Paris, le 19 décembre 1791, contre le sieur Lamievette, en présence de M. l'Accusateur public du 6° tribunal d'arrondissement.* Voyez le n° 23418 ci-dessus.

25696. — [**Vieilh de Varennes** (Raymond-Augustin-Anne).] VIEILH DE VARENNES, ancien ingénieur des ponts et chaussées, citoyen de Paris, aux représentants de la Nation. *S. l. n. d.* (1790); in-8°, 4 p. [*N.* Ln²⁷ 20406.]

Exposé des services rendus par lui depuis le début de la Révolution, à l'effet d'obtenir une pension au même titre que MM. de La Salle et Desaudray.

25697. — VIEILH DE VARENNE, à ceux qui, sur la foi d'un odieux calomniateur, ont accueilli et accrédité le bruit absurde et mensonger qu'il a fait le voyage de Gand dans la criminelle intention de trahir son roi et sa patrie. *Imp. V° Jeunehomme. S. d.* (1816), in-8°, 8 p. [*N.* Lb⁴⁸ 564.]

25698. — [**Vien** (Joseph-Marie).] Sur M. Vien. *S. l. n. d.*, in-8°, 6 p. [*N.* Ln²⁷ 20412.]

Extrait du *Moniteur*, n° 94, 1809.
Par EMERIC DAVID, suivant Georges Duplessis (*Essai d'une bibliographie générale des beaux-arts*).

¶ JOACHIM LE BRETON a publié la même année dans le *Magasin encyclopédique* (tome VI) une notice sur Vien qui ne semble pas avoir été tirée à part et, du vivant même de l'artiste, CHAUSSARD lui avait, dans le *Pausanias français* (1806), consacré un chapitre réimp. par la *Revue universelle des arts* (tome XVII, p. 20-39) où il est accompagné d'un catalogue de son œuvre par JEAN DU SEIGNEUR. Enfin M. FRANCIS AUBERT a extrait des *Mémoires* inédits de Vien et de ses papiers de famille six articles parus en 1867 dans la *Gazette des beaux-arts* (tomes XXII-XXIII).

On trouve dans le *Journal de Paris* du 14 fructidor an V (31 août 1797) une lettre du peintre SAUVAGE, alors chef du 2° bataillon de la 12° brigade, relative à la Fête de la Vieillesse où Vien reçut une couronne; bien que dans le texte de cette lettre on ait imprimé « Dieu », il ne peut y avoir aucune incertitude sur l'identité du lauréat.

Viennot-Vaublanc. — Voyez **Vaublanc.**

25699. — [**Viez** (J.-J.-Louis).] Convention nationale. Adresse des hommes du faubourg Saint-Antoine (1792).

Voyez tome II, n° 8805.
Présentation par Gonchon d'un combattant de Jemappes, couvert de blessures.

25700. — [**Vigée** (L.-J.-B.-Etienne).] La Nouvelle Chartreuse ou Ma Détention à Port-Libre (an II-1794).

Voyez tome I‍ᵉʳ, n° 4342.

Vigée-Lebrun (Elisabeth-Louise). — Voyez **Le Brun** (Elisabeth-Louise Vigée, dame).

25701. — [**Vigier** (Pierre).] La Famille de l'un des cent-soixante conspirateurs du Luxembourg, mis à mort les 19, 21 et 22 messidor [an II], à P. Vigier.

Voyez le n° 23748 ci-dessus et la note qui l'accompagne.

25702. — Plaidoyer sténographié du cⁿ JOUBERT, substitut du commissaire du gouvernement près le tribunal de 1ʳᵉ instance du département de la Seine, prononcé par ce magistrat, le 10 fructidor an X (28 août 1802), dans la cause entre le citoyen Vigier, propriétaire des bains chauds sur la rivière, et le citoyen Margerin et la veuve Velye, son épouse. *Imp. A. Egron. S. d.*, in-4°, 30 p. [*N.* 4° F³ 32536.]

P. 3-4, VIGIER à ses juges et à ses concitoyens. P. 5, *Plaidoyer du commissaire du gouvernement*. P. 27, *Observations du c.* VIGIER. P. 28, *Extrait du jugement du 14 fructidor an X* (1ᵉʳ septembre 1802).

25703. — Partie du plaidoyer sténographié du cⁿ JOUBERT, substitut du commissaire du gouvernement... prononcé par ce magistrat, le 10 fructidor an X (28 août 1802), dans la cause entre les citoyens Vigier, propriétaire des bains chauds sur rivière, et le citoyen Margerin et la veuve Velye, son épouse, relative à la diffamation. *Paris, imp. A. Egron. S. d.*, in-4°, 16 p. [*N.* 4° F³ 32539.]

Voyez le numéro précédent.

25704. — Mémoire pour le citoyen Vigier, propriétaire des bains chauds sur la rivière, contre la veuve Vélye et Margerin, son second mari, appelant. *Paris, imp. Egron. S. d. (an XI)*, in-4°, 1 f. et 64 p. [*N.* 4° F³ 32533. — R. AD. II, 42.]

25705. — Plaidoyer sténographié de M. MERLIN, procureur général de la Cour de cassation, prononcé contre Margerin et son épouse, le 21 messidor an XII (10 juillet 1804). *Imp. Cellot. S. d.*, in-4°, 28 p. [*N.* 4° F³ 32535.]

25706. — Mémoire pour le sieur VIGIER, propriétaire de bains, intimé, contre Bonaventure Margerin et sa femme, appelants. Cour d'appel de Rouen. 1re section. *Imp. Cellot. S. date (an XIII)*, in-4°, 112 p. [*N.* 4° F³ 32534.]

Signé, p. 109 : VIGIER. P. 110-112, *Consultation*, signée par CHAUVEAU-LAGARDE et divers de ses confrères.

25707. — Consultations délibérées en l'an II, en l'an VII et en l'an XI, par MM. LINGUET, PORTALIS, VIEILLARD, COFFINHAL, COURNOT, CHAS, SIMÉON, DAVID PORTALIS, BLACQUE, RIMBERT, PÉRIGNON, CHAUVEAU-LAGARDE, pour le sieur Vigier, propriétaire des bains, intimé, contre le sieur Bonaventure Margerin et sa femme, appelants. *Rouen, imp. F. Baudry, an XIII*, in-4°, 30 p. [*N.* 4° F³ 32537.]

25708. — Extrait de la dernière réplique faite à l'audience du 24 thermidor an XIII (12 août 1805) pour le sieur Vigier, propriétaire des bains, intimé, contre le sieur Bonaventure Margerin et sa femme, appelants. *Rouen, imp. F. Baudry, an XIII*, in-4°, 32 p. [*N.* 4° F³ 32538.]

25709. — [**Vignon** (Alexandre-Pierre).] Pétition présentée à la Convention nationale par P. VIGNON, architecte de sa nouvelle salle. *Imp. Nationale. S. d.*, in-8°, 8 p. [*N.* Ln²⁷ 20435.]

25710. — P. VIGNON, architecte, à la Convention nationale, sur la nouvelle salle dans le palais des Tuileries. *Paris, imp. C.-F. Cagnion, an II*, in-8°, 16 p. [*N.* Ln²⁷ 20436.]

Entre les pp. 8 et 9, deux pl. gravées.
Pièce déjà citée tome III, n° 12133.

25711. — La Vérité sur Pierre Vignon ou Réponse à son écrit, par le rédacteur du rapport fait au Comité d'instruction publique de la Convention nationale par la Société républicaine des arts, le 28 nivôse an III (17 janvier 1795). *Imp. Franklin. S. d.*, in-8°, 23 p. [*N.* Ln²⁷ 20437.]

ÉPIGR. :
Si la délation est odieuse, la dénonciation civique est une vertu.
(3e rapport de Grégoire sur le vandalisme).

Signé : BIENAIMÉ.

Vilain d'Aubigny (Jean-Louis-Marie). — Voyez ci-dessus v° **Aubigny (d')** et au Supplément.

25712. — [**Vilate** (Joachim).] Causes secrètes de la révolution du 9 au 10 thermidor, par VILATE, ex-juré au Tribunal révolutionnaire... (an III).

Voyez tome Ier, n° 4301 et les n°s 4302-4303 qui en forment la suite.
Vilate fut condamné à mort en même temps que Fouquier-Tinville (17 floréal an III-6 mai 1795).

25713. — [**Villambre** (Charles).] Jugement rendu par le Tribunal criminel du département de la Seine... qui, sur les déclarations des témoins, qui constatent l'identité de Charles Villambre, émigré, condamne ledit Charles Villambre à la peine de mort, conformément à la loi. Du 28 floréal an IV (17 mai 1796). *Paris, imp. de la République. S. d.*, in-4°, 4 p. [*N.* Lb⁴² 1034.]

25714. — [**Villemain** (N.-P.-E.-G.).] Observations pour NICOLAS-PIERRE-ELISABETH-GEOFFROI VILLEMAIN, citoyen de la section du Mont-Blanc. *S. l. n. d.* (1793), in-4°, 15 p.

Réponse à une accusation d'accaparement. Le mémoire est signé par l'intéressé et par L.-G. CAHIER, défenseur officieux.

25715. — [**Villeminot** (Louis-Nicolas).] A la Convention nationale. Imp. du Journal de la République. S. d., in-8°, 3 p. [N. Ln^{27} 20845.]

Signé : VILLEMINOT.
Etat de services et demande d'avancement. Villeminot était chef de bataillon et commandait depuis trois ans le corps des grenadiers servant près la Convention nationale.

25716. — [**Villeterque** (Alexandre-Louis de).] Notice des principaux articles du cabinet de feu M. Alex.-L. de Villeterque, ancien capitaine d'infanterie et membre correspondant de l'Institut de France, dont la vente se fera en sa maison, rue d'Aboukir, n° 39..., les 1er, 2 et 3 juillet 1811. *Paris, Tilliard frères, juin 1811*, in-8°, 23 p.; 181 numéros. [N. Δ 13349.]

¶ Le *Magasin encyclopédique* (1811, tome III, p. 152-154) contient une notice nécrologique anonyme sur Villeterque.

25717. — [**Villette** (Charles, marquis de).] Dénonciation du ci-devant marquis de Villette (1790).

Voyez tome Ier, n° 1835.
Au sujet de la proposition faite par Villette de proclamer Louis XVI empereur le jour de la Fédération ; voyez *ibid.*, n° 1834.

25718. — Vie privée et publique du ci-derrière marquis de Villette, citoyen rétroactif et membre du club jacobin. *Paris, an III de la liberté* [1791], in-16, 20 p.]N. Ln^{27} 26917. Enfer.]

Le titre manque dans l'ex. de la B. N. ; je le donne d'après un ex. décrit dans un catalogue à prix marqués.
Figure obscène coloriée.
Pour un pamphlet de même nature et visant le même personnage, voyez tome III, n° 20425.

25719. — [**Villette** (Jean-Ant.-Joseph de).] E. VILLETTE, prêtre de la Mission. Un enfant du Cateau soldat et martyr. Jean-Antoine-Joseph de Villette, massacré en haine de la religion au séminaire de Saint-Firmin, à Paris, le 3 septembre 1792. *Cambrai, imp. F. Deligne et C°; Paris, librairie Ch. Amat*, 1903, in-8°, 54 p., 2 tableaux généalogiques et 1 f. n. ch. (Table des matières). [N. Ln^{27} 49813.]

EPIGR. :
Miles Christi.

Retraité comme capitaine au régiment de Barrois, Villette avait obtenu, quoique simple laïc, de résider au séminaire de Saint-Firmin et c'est là qu'il fut arrêté et détenu à partir du 13 août 1792.

25720. — [**Villiers** (J.-B.-Pierre-Antoine).] Souvenirs d'un déporté, pour servir aux historiens, aux romanciers, aux compilateurs d'Ana, aux folliculaires, aux journalistes, aux faiseurs de tragédies, de comédies, de vaudevilles, de drames, de mélodrames et de pantomimes dialoguées. Œuvre posthume de PIERRE VILLIERS, ancien capitaine de dragons. *Paris, l'auteur, rue du Vert-Bois, n° 11 ; les marchands d'antiquités et de nouveautés, an X-1802*, in-8°, XVI-256 p. [N. Z 62406.]

EPIGR. :
Il n'y a que les petits hommes qui redoutent les petits écrits.

25721. — Est-ce Pierre Villiers ? Couplets chantés au mariage de M. P. Villiers et de Mademoiselle Reine Huon, le samedi 10 juin 1815. *S. l. n. d.* (1815), in-8°, 3 p. [N. Ve 27523.]

Air : *Dans la paix et l'innocence.*
Signé : F. MAYEUR.

25722. — [**Vimal** (Jean-Blaise).] Jugement rendu par le Tribunal criminel du département de Paris qui... condamne Jean-Blaise Vimal... à la peine de mort (29 juin 1792).

Voyez le n° 23003 ci-dessus.

25723. — [**Vincent** (François-André).] Institut royal de France. Académie royale des beaux-arts. Funérailles de M. Vincent, le 5 août 1816. *Imp. F. Didot. S. d.*, in-4°, 4 p. [*N.* Ln²⁷ 20552.]

Discours de Quatremère de Quincy.

25724. — Notice historique sur la vie et les ouvrages de M. Vincent, par M. Quatremère de Quincy, secrétaire perpétuel de l'Académie, lue à la séance publique samedi 4 octobre 1817. *Imp. F. Didot. S. d.*, in-4°, 12 p. [*N.* Ln²⁷ 20553.]

Réimp. dans le *Recueil de notices historiques* de l'auteur (Paris ; Adrien Le Clere, 1834, in-8°).

¶ *Le Pausanias français* de Chaussard (1806) contient sur Vincent un chapitre réimp. dans la *Revue universelle des arts*, tome XVII (p. 40-54) et accompagné d'un catalogue de son œuvre par Jean Du Seigneur.

25725. — [**Vincent** (Adélaïde).] Nécrologie. Notice sur Mᵐᵉ Vincent, née Labille, peintre. *Imp. Chaignieau aîné. S. d.*, in-8°, 8 p. [*N.* Ln²⁷ 20550.]

Signé : Joachim Lebreton, secrétaire perpétuel de la classe des beaux-arts et de l'Institut national.
Extrait du 2ᵉ vol. des *Nouvelles des arts* (an XI-1802).

25726. — Baron Roger Portalis. Adélaïde Labille-Guiard (1749-1803). *Paris, imp. Georges Petit*, 1902, in-8°, 106 p.

Titre rouge et noir. La couverture imprimée porte : *Paris, Georges Rapilly, 9, quai Malaquais*. On lit au verso du faux-titre : « Il a été tiré de cette étude cent exemplaires. (Extrait de la *Gazette des beaux-arts* (1901-1902). »
Quatre pl. hors texte. Nombreuses figures dans le texte.

25727. — [**Vincent** (François-Nicolas).] Maison d'arrêt du Luxembourg, le 6 pluviôse l'an II (25 janvier 1794). « Citoyens représentants, c'est bien assez que l'on ait pu... » *Paris, imp. du département de la guerre. S. d.*, in-folio plano. [*N.* Ln²⁷ 20559.]

Note justificative de Vincent, suivie d'un *Billet de* Vincent *au patriote Vadier, représentant du peuple.*
Vincent fut condamné à mort et exécuté en même temps qu'Hébert (4 germinal an II-24 mars 1794).

25728. — [**Violet** (Philippe).] Philippe Violet à ses juges, les commissaires des quarante-huit sections... (31 janvier 1903).

Voyez tome II, n° 8808.

25729. — [**Viotti** (J.-B.). Arthur Pougin. Viotti de l'école moderne de violon. *Paris, Bruxelles, Londres, Mayence, Schott*, 1888, in-8°, 190 p. et 1 f. n. ch. (*errata*). [*N.* 4° K 502.]

Les pp. 58-71 sont consacrées au rôle de Viotti comme directeur du *Théâtre de Monsieur* (plus tard Théâtre Feydeau) et aux dénonciations dont il fut l'objet dans le *Journal général de la cour et de la ville* de la part du chevalier de Meude-Monpas.

25730. — [**Virchaux** (J.-G.).] Violation de la loi par le comité des recherches de l'Assemblée constituante de France. *S. l. n. d.* (1790), in-4°, 17 p. [*P.* 29070*.]

Signé, p. 16 : J.-G. Virchaux et apostillé, p. 17, d'une note signée : James Rutledge, publiciste.

25731. — [**Vison** (Jean-Jacques-Claude).] Jugement rendu par le Tribunal révolutionnaire... qui, sur la déclaration du jury de jugement, portant qu'il est constant que dans l'année 1793, il a été tenu sur le carreau des Halles des propos inciviques en disant : « Comme on est heureux dans votre République ! Voilà une pauvre République ! » que Jean-Jacques-Claude Vison est convaincu d'avoir tenu ces propos ; qu'il est convaincu de les avoir tenus non avec des intentions contre-révolutionnaires, mais anti-civiques, condamne Jean-Jacques-Claude Vison à la déportation à la Guyane française pour y rester à perpétuité... (26 frimaire an II-16 décembre 1793). *Imp. du Tribunal révolutionnaire. S. d.*, in-4°, 8 p. [*N.* Lb⁴¹ 2232*.]

Vison, natif de Dieppe, préposé des marchands mareilleurs, avait été auparavant attaché aux écuries de la « belle-sœur de Capet, désignée sous le nom de Madame ».

25732. — [**Voidel** (Jean-Georges-Charles).] Mort de M. Ch. Voidel, membre de l'assemblée des Jacobins, en faisant le rapport d'une contre-révolution (1790).

Voyez tome II, n° 9480.

4 La Révolution française (tome XXIII, pp. 36-54 et 124-148) a publié une notice sur *Charles Voidel* par M. JULES D'AURIAC, l'un de ses descendants.

25733. — [**Voilquin** (Rémy).] Mémoire pour le Sr VOILQUIN, l'un des 96 notables du Conseil général de la Commune de Paris, au sujet d'une délibération prise dans la section des Arcis, le 4 septembre 1790. *Imp. de la rue des Nonaindières, n° 31.* S. d., in-8°, 24 p. [N. Ln^{27} 20729.]

25734. — [**Wailly** (Charles de).] Notice historique sur Charles Dewailly, architecte, membre de l'Institut national, de la Société philotechnique, l'un des administrateurs du Musée central des arts, fondateur de la Société des Amis des arts, et l'un des fondateurs du Lycée républicain, mort le 12 brumaire an VII (2 novembre 1798), lue à la séance publique de la Société philotechnique, le 20 brumaire an VII (10 novembre 1798) et à la séance de rentrée du Lycée républicain, le 1er frimaire de la même année (21 novembre 1798), par JOSEPH LAVALLÉE, membre de la Société philotechnique, de la Société des Amis des arts, de celle des sciences, arts et belles-lettres, associé de la Société de commerce, agriculture et arts de la République romaine, etc. *Imp. de la Société des Amis des arts, an VII,* in-8°, 48 p. [N. Ln^{27} 6073.]

P. 33-48, *Notes*, dont quelques-unes ont trait à une polémique de Lavallée avec le citoyen Clément, architecte, auteur d'un article nécrologique sur De Wailly paru dans le *Moniteur* du 4 frimaire an VII. La plupart des autres notes sont relatives aux travaux exécutés ou projetés par de Wailly.

25735. — [**Wailly** (Noël-François de).] Institut national. Funérailles du citoyen de Wailly. *Baudouin.* S. d. (1801), in-8°, 3 p. [N. Ln^{27} 20874.]

Discours de DOMERGUE.

25736. — Notice historique sur la vie et les ouvrages de Noël-François de Wailly, membre de l'Institut national et de la Société libre d'institution, lue à la séance publique de cette Société, le 26 nivôse an X (16 janvier 1802), par AUGUSTE-SAVINIEN LEBLOND, président. *Paris, imp. de Mme Huzard.* S. d., in-8°, 16 p. [N. Ln^{27} 20875.]

25737. — [**Walckiers** (Edouard).] Paris, le 20 mai 1792. « Mes braves camarades, j'ai envoyé au général... » S. l. n. d., feuillet in-4°. [N. Ln^{27} 20881.]

Démission de son grade d'adjudant général de la 5e légion de la garde nationale parisienne, par suite de son élection comme chef de la légion de Noyon (Oise).

25738. — [**Weber** (Joseph).] Mémoires concernant Marie-Antoinette..., par JOSEPH WEBER, frère de lait de cette infortunée souveraine... (1804-1809).

Voyez les n°s 21025-21027 et 21029-21030 ci-dessus; voyez aussi le numéro suivant.

25739. — Cour royale. Chambre des appels de police correctionnelle. 8 août 1823. Appel du chevalier de WEBER contre les frères Baudouin, imprimeurs (1823).

Voyez le n° 21028 ci-dessus.

25740. — [**Webert** (Michel).] Jugement rendu par le Tribunal révolutionnaire... qui condamne... Michel Webert... à la peine de mort... (1er prairial an II-20 mai 1794).

Voyez le n° 23653 ci-dessus et la note qui l'accompagne.

25741. — [**Weinmaring** (Jean-Philippe).] Jugement rendu par le Tribunal révolutionnaire... qui... condamne... Weinmaring... à la peine de mort... (14 floréal an II-3 mai 1794).

Voyez le n° 25540 ci-dessus.
Weinmaring était commis banquier et capitaine au bataillon des Filles-Saint-Thomas.

25742. — [**Westermann** (François-Joseph).] La section des Lombards à la Convention nationale pour lui dénoncer Westermann..., rédigé et prononcé par P.-M. JOLY à la barre de la Convention, le 22 décembre 1792.

Voyez tome II, n° 8384 et la note qui l'accompagne.

25743. — Convention nationale. Rapport fait à la Convention nationale (le 30 juillet 1793), par le citoyen J. Julien, député du département de la Haute-Garonne, membre du comité de sûreté générale, sur la dénonciation faite contre le général Westermann. Imprimé par ordre de la Convention nationale. *Imp. Nationale. S. d.*, in-8°, 11 p. [*N.* Le³⁸ 368.]

Arrêté et traduit devant le Tribunal révolutionnaire avec les Dantonistes, Westermann fut condamné à mort et exécuté comme eux le 16 germinal an II (5 avril 1794).

25744. — [**Wicar** (J.-B.-Joseph).] Notice sur vie et les ouvrages de Wicar, peintre d'histoire, né à Lille, chevalier de l'ordre royal des Deux-Siciles, ex-directeur des beaux-arts de Naples et membre des différentes Académies d'Italie, par J.-C. Dufay, secrétaire de l'intendance militaire, membre correspondant de la Société royale d'émulation de l'Ain, ornée d'une lithographie d'après un portrait original. *Lille, E. Durieux*, 1844, in-8°, 72 p. [*N.* Ln²⁷ 20925.]

Extrait des *Mémoires de la Société royale de Lille*.
La lithographie du portrait de Wicar par lui-même est due à Emile Dupont.

25745. — La Vie, l'œuvre et les collections du peintre Wicar, d'après les documents, par L. Quarré - Reybourbon, membre de la Société des sciences, lettres et arts de Lille, correspondant du comité des Sociétés des beaux-arts des départements à Lille. *Paris, typ. E. Plon, Nourrit et Cⁱᵉ*, 1895, in-8°, 47 p. [*N.* Ln²⁷ 43643.]

Mémoire lu à la réunion des Sociétés des beaux-arts des départements à l'Ecole des beaux-arts, séance du 16 avril 1895, et tiré à part du volume afférent à cette session.
P. 6, M. Quarré-Reybourbon a donné l'indication bibliographique des divers travaux et articles dont Wicar a été l'objet.
En regard du titre, fac-similé d'un portrait de Wicar dessiné par Joseph de Madrazo.

25746. — [**Wille** (Jean-Georges).] Notice sur Jean-Georges Wille, graveur, par C. Lecarpentier, peintre et professeur de l'Académie de dessin et de peinture de Rouen, membre résident de la Société libre d'émulation de la même ville, correspondant de celle des sciences, lettres et arts, de l'Athénée des arts, de la Société philotechnique de Paris et de l'Académie de Caen. *Rouen, imp. V. Guilbert. S. d.*, in-8°, 4 p. [*N.* Ln²⁷ 20934.]

25747. — Mémoires et journal de J.-G. Wille, graveur du Roi, publiés d'après les manuscrits autographes de la Bibliothèque impériale, par Georges Duplessis, avec une préface par Edmond et Jules de Goncourt. *Paris, Vᵉ J. Renouard*, 1857, 2 vol. in-8°. [*N.* Ln²⁷ 26935.]

Il a été tiré quelques ex. sur papier vergé.
La préface avait d'abord paru dans *l'Artiste* du 16 août 1858; elle a été réimp. dans les *Pages retrouvées* des deux frères par les soins du survivant (Charpentier, 1886, in-18) et précédées d'une préface par M. Gustave Geffroy.
Le journal de Wille s'arrête au mois d'octobre 1793.

25748. — [**Williams** (Eléazar).] The Lost Prince, facts tending to prove the identity of Louis the Seventeenth of France, and the Rev. Eleazar Williams, Missionary among the Indians in North America, by John N. Hanson. *New York, G. P. Putnam and Cᵒ*, 1854, in-12, 479 p. [*Br. M.* 10881, c. 12.]

En regard du titre, portrait lithographié d'après Fagnani; entre les pp. 210-211, facsimilé par Fagnani d'un portrait au crayon, dessiné en 1806 par J. Stewart; entre les pp. 390-391, lith. d'après une peinture de la galerie Bryan à New-York.

¶ Prosper Mérimée a écrit à propos de ce livre un article intitulé : *Un faux Dauphin en Amérique*, paru dans la *Revue des deux mondes* du 1ᵉʳ mai 1855, pp. 655-663, et non réimp. jusqu'à ce jour.
Voyez les deux numéros suivants.

25749. — The Story of Louis XVII of France, by Elizabeth E. Evans, author of « The Story of Kaspar Hauser ». With five engraved plates. *London, Swan Sonnenschein and Cᵒ*, 1893, in-8°, VIII-360 p. [*N.* Ln²⁷ 42222.]

En regard du titre, portrait de Eléazer (sic) Williams d'après le portrait peint en 1853 par Fagnani; entre les pp. 8 et 9, le Dauphin, d'après un dessin attribué à Bélanger, fait au Temple le 13 mars 1795; entre les pp. 20 et

21, le même d'après le portrait au crayon, dessiné en 1806 ; entre les pp. 68-69, figure de cire d'après un moulage ; entre les pp. 112-113, Karl-William Naündorff à quarante ans.

25750. — The Lost Dauphin, Louis XVII or Onwarenhiiaki, the Indian Iroquois chief, by A. DE GRASSE STEVENS, author of « Old Boston », « Weighed in the Balance », etc., etc. *George Allen, Sunnyside, Orpington, Kent*, 1887, in-8° carré, 120 p. [*Br. M.* 10883, 669.]

P. 16, 64 et 104, reproductions des trois portraits publiés dans le livre décrit sous le numéro précédent.

25751. — [**Williams** (Héléna-Maria).] Souvenirs de la Révolution française (1827).

Voyez tome Ier, n° 144. Voyez aussi les n°^{s} 390 et 391.

25752. — [**Winckler** (Théophile-Frédéric).] Discours prononcé aux obsèques de M. Winckler, employé au Cabinet des médailles de la Bibliothèque impériale, par M. AUBIN-LOUIS MILLIN, conservateur des médailles de la Bibliothèque impériale, membre de l'Institut et de la Légion d'honneur. *Paris, imp. L. Haussmann.* S. d. (1807), in-4°, 12 p. [*N.* Ln^{27} 20946.]

P. 11-12, *Am Grabe unsers geliebten Winckler*, von D. MAYER (sept strophes).

25753. — [**Wisnick** (Toussaint-Jean).] Précis pour demoiselle Marie-Anne Noël... contre le sieur Toussaint-Léon (*sic*)... Wisnick (1791).

Voyez le n° 24595 ci-dessus et le numéro suivant.

25754. — Réponse au calomnieux libelle profusément publié sous le nom de la demoiselle Noël (1791).

Voyez le n° 24596 ci-dessus.

25755. — [**Wittengsthein** (Georges-Ernest).] Explication du comité de sûreté générale de la Convention nationale sur l'arrestation du général Wittengsthein, tué à l'Abbaye, le 2 septembre dernier. *Imp. Nationale.* S. d., in-8°, 2 p. [*N.* Lb^{39} 10893.]

Copie de la lettre qui avait motivé l'arrestation du général et, par suite, sa mort tragique.

FIN DE LA QUATRIÈME ET DERNIÈRE PARTIE

PARIS HORS LES MURS

(1789)

LE DÉPARTEMENT DE PARIS ET DE LA SEINE

(1790-An VIII)

PARIS HORS LES MURS

LE DÉPARTEMENT DE PARIS & DE LA SEINE

§ 1. — Histoire, topographie et statistique de Paris hors les murs et du département de la Seine.

25756. — Dictionnaire historique, critique, politique et moral des bénéfices..., par M. H. D. C. [Hennique de Chevilly] (1778).

Voyez tome III, n° 16284 et la note qui l'accompagne.

25757. — Nouvelle Description des environs de Paris, contenant les détails historiques et descriptifs des maisons royales, des villes, bourgs, villages, châteaux, etc., remarquables par des usages et des événements singuliers et par des beautés de la nature et des arts. Dédiée au roi de Suède, par J.-A. Dulaure. *Paris, Lejay*, MDCCLXXXVI (1786), 2 vol. in-12. [N. Lk⁷ 7759.]

25757ª. — Nouvelle Description des environs de Paris... Nouvelle édition augmentée d'un plan, par J.-A. Dulaure. *Paris, Lejay*, 1790, in-12. [N. Lk⁷ 7759 B.]

Au verso du faux-titre, avis sur les changements introduits dans cette nouvelle édition, d'après les divisions territoriales décrétées par l'Assemblée nationale et sur la collection de monographies de même nature que Dulaure se proposait de publier.

25758. — Guide des amateurs et des étrangers voyageurs dans les maisons royales, châteaux, lieux de plaisance, établissements publics, villages et séjours les plus renommés aux environs de Paris, avec une indication des beautés de la nature et de l'art qui peuvent mériter l'attention des curieux. *Paris, Hardouin et Gattey*, MDCCLXXXVIII (1788), 2 vol. in-12. [N. Lk⁷ 7760.]

Par Luc-Vincent Thiéry.
L'ouvrage, divisé en deux tomes, comporte XVIII-504 p. et 3 ff. n. ch.

25759. — Dictionnaire de l'Atlas topographique des environs de Paris, en 16 feuilles, par Dom Coutans, donnant le nom de tous les lieux contenus dans cet atlas, au nombre d'environ dix mille, avec les lettres, chiffres et numéros indiquant les carrés de renvois, pour en rendre la recherche aussi prompte que facile. *Paris, Picquet; Deterville, an VIII-1800,* in-8°, VIII-88 p. [*N.* Lk⁷ 7761ᵇⁱˢ.]

Le prospectus de la publication (in-8°, 2 p.) est intitulé : *Atlas topographique...*, *revu, corrigé et considérablement augmenté, d'après nombre de cartes précieuses et plans particuliers tant gravés que manuscrits,* par CHARLES PICQUET, *géographe graveur, dédié et présenté au Premier Consul Bonaparte, d'après un rapport que lui en a fait le Dépôt général de la Guerre...* [*N.* Lk⁷ 7761.]

L'Atlas de dom Coutans, bénédictin de la congrégation de Saint-Maur, avait été publié pour la première fois en 1775, sous le titre de : *Tableau topographique des environs de Paris.* Dans cette refonte du travail primitif, Picquet n'a point tenu compte des divisions territoriales décrétées par l'Assemblée constituante.

Les deux éditions de cet atlas sont conservées à la section des cartes et plans de la B. N. M. GABRIEL MARCEL, conservateur de cette section, a publié dans le *Bulletin de géographie historique et descriptive* (1888) un travail intitulé : *Un bénédictin géographe, Dom Coutans,* qui a été tiré à part (Ernest Leroux, 1888, in-8°).

25760. — Manuel des voyageurs aux environs de Paris, contenant la description historique ancienne et moderne des monuments, châteaux, maisons de plaisance, parcs et jardins situés dans un rayon de vingt lieues, avec leur carte géographique et topographique, par VILLIERS. *Paris, Favre, an X* (1802), 2 vol. in-18. [*N.* Lk⁷ 7762.]

La dédicace au comte de Marcoff, conseiller privé actuel de l'Empereur de Russie, est signée P. VILLIERS, ancien capitaine de dragons.

25761. — Annuaire administratif et statistique du département de la Seine pour l'an XIII-1805, par P.-J.-H. ALLARD, membre du collège électoral du département de Seine-et-Oise, inspecteur suppléant et premier commis de la direction des contributions du département de la Seine. *Paris, imprimerie bibliographique.* S. d., in-8°, 3 ff. n. ch., XLVI-604 p. et 14 tableaux. [*N.* Lc³⁰ 421.]

La *Statistique sommaire du département* (comprenant celle des deux arrondissements de Sceaux et de Saint-Denis) occupe les pp. 318-364.

L'*Annuaire* d'Allard a également paru en 1806 et en 1807.

25762. — Dictionnaire topographique des environs de Paris, comprenant le département de la Seine en entier et partie de ceux de Seine-et-Oise, Seine-et-Marne et de l'Oise, jusqu'à dix lieues et demie à la ronde (environ douze lieues de poste), dans lequel on trouve une nouvelle description de toutes les villes, bourgs et villages renfermés dans cet espace, leurs population, productions, industries et commerce; l'indication du département, de l'arrondissement et du canton dont ils dépendent; la désignation des hameaux, châteaux, maisons de campagne, monastères supprimés et autres lieux à l'écart les plus intéressants à connaître; les manufactures, fabriques et autres établissements d'une utilité générale, avec une carte de démarcation rédigée par CHARLES OUDIETTE, ingénieur géographe, d'après l'approbation du gouvernement. *Imp. J.-G. Dentu,* 1812, in-8°, 2 ff., III-458 p. et une carte. [*N.* Lk⁷ 7763.]

Les pp. 407-458 sont occupées par une *Table supplémentaire* contenant, outre les noms de lieux cités dans le *Dictionnaire*, ceux des propriétaires de manufactures, fabriques et autres établissements non désignés à la description des divers endroits où ils existent. Cette *Table* a été supprimée dans la seconde édition où les renseignements qu'elle renfermait ont été pour la plupart incorporés au texte.

25762ª. — Dictionnaire topographique des environs de Paris jusqu'à vingt lieues à la ronde de cette capitale, comprenant le département de la Seine et celui de Seine-et-Oise en entier, avec partie de ceux de Seine-et-Marne, de l'Oise, de l'Eure, d'Eure-et-Loir et du Loiret; on y trouve une nouvelle description de toutes les villes, bourgs et villages renfermés dans l'espace de seize lieues, les villes jusqu'à vingt...; la distance en lieues moyennes de chaque endroit à Paris, les routes qui y conduisent et les bureaux de poste par où les lettres doivent être adressées; avec une carte. Rédigé par CHARLES OUDIETTE... Seconde édition revue, corrigée et considérablement augmentée. *Paris, chez l'auteur, rue des Mauvais-Garçons,* n° 1, fbg Saint-Germain, 1817, in-8°, VII-698 p. et une carte. [*N.* Lk⁷ 7763 A.]

25763. — Paris et sa banlieue ou Dictionnaire topographique et commercial du département de la Seine. *Paris, Colnet; Debray; Delaunay; Martinet; le portier de la Préfecture de police, près du quai des Orfèvres, rue de Jérusalem, n° 7; Lyon, Maire; Londres, Berthoud et Wheathley,* 1815, in-12, VIII-459 p. [*N.* Lk⁷ 6094.]

L'*Avertissement* est signé F.-V. GOULET, de Coucy-le-Château, employé.

25764. — Dictionnaire historique, topographique et militaire de tous les environs de Paris, contenant : 1° l'historique de toutes les villes, villages, bourgs, hameaux, châteaux, maisons de campagne, fermes, moulins, etc., de tous les événements remarquables qui s'y sont passés et de tous les personnages qui les ont habités ou qui y sont nés; 2° l'indication des manufactures, usines, les noms de leurs fondateurs ou propriétaires; 3° la liste des minéraux et plantes qui se trouvent plus particulièrement dans chaque lieu ; 4° l'étymologie de tous les noms de lieux ; 5° la description des plus beaux paysages; 6° tous les forts militaires depuis la fondation de la monarchie jusques et y compris la campagne de 1815, avec une carte réduite et corrigée sur la grande carte des chasses, offrant de plus le tracé de la marche des armées dans les dernières guerres, par M. P. S*t*-A... [PIERRE PIÉTRESSON SAINT-AUBIN]. *Paris, C.-L.-F. Panckoucke; Delaunay; Pélissier; Petit, au Palais-Royal; Le Normant; Pillet; Verdière.* S. d. (1816), in-8°, 2 ff., VIII (IX)-647 p. et 1 f. n. ch. (*Errata*). [*N.* Lk⁷ 7766.]

La *Carte topographique des environs de Paris, comprenant le département de la Seine et partie de celui et Seine-et-Oise,* est dressée par le chevalier HENRY GUILLOT, ingénieur géographe, et datée de 1816.

25765. — République française. Liberté. Egalité. Fraternité. Département de la Seine. Direction des affaires départementales. Etat des communes à la fin du XIXᵉ siècle, publié sous les auspices du Conseil général. *Montévrain, imprimerie typographique de l'Ecole d'Alembert,* 1896-1905, in-8°. [*N.* Lk⁴ 2333.]

Publication officielle, en voie d'achèvement (décembre 1905), dont chaque fascicule, portant la date respective de sa mise au jour, comprend une *Notice historique* due à M. FERNAND BOURNON et des *Renseignements administratifs,* coordonnés par divers fonctionnaires de la Préfecture de la Seine. Chaque monographie est accompagnée de deux plans donnant l'état ancien et l'état actuel du territoire de la commune décrite. Plusieurs de ces communes n'existaient pas lors de la création du Département de Paris; d'autres, au contraire, ont été englobées dans les annexions décrétées en 1860 et ne figurent point, par suite, dans cet *Etat.* Je ne mentionnerai donc ici que les monographies de celles qui, depuis 1790, n'ont pas cessé de faire partie du département de la Seine et, pour éviter d'inutiles répétitions, je ne donnerai que l'essentiel de leur intitulé, avec renvoi au présent numéro.

Chacune des parties historiques de ces monographies est terminée par l'indication des sources manuscrites et imprimées que l'auteur a consultées : la période révolutionnaire n'y est représentée que par un très petit nombre de mentions.

D'autres notices dues au même érudit seront rappelées plus bas sous forme de tirages à part de la *Correspondance historique,* du *Bulletin de la Société dite « le Vieux-Montmartre »,* des *Rectifications et Additions* par lui publiées à l'*Histoire du diocèse de Paris* de l'abbé Le Beuf (1890-1901), etc., et ne font pas double emploi avec le travail dont il a été chargé par la Ville de Paris.

§ 2. — Elections de la Prévoté et Vicomté de Paris hors les murs aux Etats-Généraux.

A. — DOLÉANCES ET VŒUX

25766. — Mémoire pour les habitants de la banlieue de Paris. *Paris, N.-H. Nyon,* MDCCLXXXIX (1789), in-4°, 2 ff. (le second blanc), IV-48 p. et trois tableaux. [*N.* Lk⁷ 7794.]

P. 48, liste des signataires délégués par diverses communes de la banlieue, suivies de celle de DARIGRAND, avocat conseil.

Le texte de ce très important *Mémoire* a été reproduit en entier, avec le tableau des paroisses et de leurs impositions, par Chassin (tome IV, pp. 189-221), mais les deux autres tableaux (*Perception des droits sur les bois quarrés et à ouvrer* et *Tarif pour la perception des droits dans la banlieue de Paris sur les décharges de bâteaux*, etc.) n'existent que dans l'édition originale.

25767. — Appel au Roi dans son Conseil national des Etats-Généraux, par les gens de la banlieue de Paris. *S. l.*, 1789, in-8°, 32 p. [*N.* Lk⁷ 7795.]

Projets de réformes, signés : R. B. B. B., écuyer, habitant de la banlieue.

25768. — Cahier d'un magistrat du Châtelet de Paris, sur les justices seigneuriales et l'administration de la justice dans les campagnes. *Paris, Clousier; Le Boucher*, 1789, in-8°, 1 f. et 31 p. [*N.* Lb³⁹ 1562.]

Signé : BOUCHER D'ARGIS, conseiller au Châtelet.

B. — ÉLECTIONS ET CAHIERS DES TROIS ORDRES

25769. — Ordonnance pour la convocation des trois états de la prévôté et vicomté hors des murs de Paris. Du samedi 4 avril 1789. *J.-Ch. Desaint*, 1789, in-4°, 15 p. [*N.* F. 23717 (543).]

25769ᵃ. — Ordonnance... Du mercredi 15 avril 1789. *Imp. N.-H. Nyon*, 1789, in-4°, 8 p. [*N.* F. 23717 (544).]

Archives parlementaires, tome I, p. 663.

25770. — Adresse du comte DE SANOIS à l'assemblée générale de la noblesse de la prévôté et vicomté de Paris, hors les murs. *S. l., jeudi 30 avril* 1789, in-8°, 16 p. [*N.* Lb³⁹ 1631.]

25771. — Règlement fait par le Roi pour accorder une quatrième députation à la prévôté et vicomté de Paris, *extra-muros*. Du 2 mai 1789. *Paris, imp. Royale*, 1789, feuillet in-4°. [*N.* F.]

Réimp. dans les *Archives parlementaires*, tome I, p. 666.

25772. — Liste générale des élections faites dans l'assemblée de la prévôté et vicomté hors les murs de Paris. *Imp. Cl. Simon*, 1789, in-4°, 3 p. [*N.* Le²³ 101.]

25773. — Noms de MM. les députés de la prévôté et vicomté de Paris *extra-muros*. *J.-C. Desaint. S. d.*, in-4°, 3 p. [*N.* Le²³ 145.]

25774. — Liste générale des élections faites dans l'assemblée du clergé de la prévôté et vicomté hors les murs de Paris. *Imp. Cl. Simon*, 1789, in-4°, 3 p. [*N.* Le²³ 147.]

25775. — Procès-verbal de l'assemblée de la noblesse de la prévôté et vicomté de Paris hors les murs. *Paris, J.-C. Desaint*, in-8°, 1 f. et 115 p. [*N.* Le²³ 148.]

25776. — Liste de MM. les commissaires nommés pour la rédaction du cahier du tiers-état de la prévôté et vicomté de Paris hors les murs. *Imp. J.-C. Desaint. S. d.*, in-4°, 4 p. [*N.* Le²³ 149.]

25777. — Liste des députés nommés dans l'assemblée préliminaire du tiers-état de la prévôté et vicomté hors des murs de Paris, le 19 avril 1789, pour assister à l'assemblée des trois états, indiquée au 24 dudit présent mois. *Imp. J.-C. Desaint. S. d.*, in-4°, 23 p. [*N.* Le²³ 150.]

P. 1, *noms des paroisses, noms des députés* (sur deux colonnes). P. 19, *liste alphabétique de messieurs les commissaires pour la rédaction du cahier du tiers-état de la prévôté et vicomté de Paris hors les murs imprimée par leur ordre*. P. 23, *commissaires nommés par les bailliages royaux secondaires dans l'assemblée du 24 août 1789 pour assister et coopérer à la refonte et rédaction de leurs cahiers respectifs avec MM. les rédacteurs de celui de la prévôté et vicomté de Paris hors les murs*.

25778. — Liste de MM. les députés du tiers-état de la prévôté et vicomté de Paris hors les murs aux Etats-Généraux. *J.-C. Desaint*, in-4°, 2 p. [*N.* Le²³ 151.]

25779. — Cahier de la noblesse de la prévôté et vicomté de Paris hors les murs, contenant les pouvoirs qu'elle confie à ses députés aux Etats-Généraux. *Paris, imp. Vᵉ Delaguette. S. d.*, in-4°, 12 p. [*N.* Le²⁴ 149.]

25779ᵃ. — Cahier de la noblesse de la prévôté et vicomté de Paris hors les murs... S. l. n. d., in-8°, 16 p. [N. Le²⁴ 149 A.]

Il y a un second tirage in-8° dont la justification typographique est différente. [N. Le²⁴ 149 B.]

25780. — Procès-verbal, noms des éleclecteurs et Cahier de doléances de l'assemblée du clergé et de la prévôté et vicomté hors les murs de Paris. *Paris, Cl. Simon,* 1789, in-8°, 1 f. et 127 p. [N. Le²³ 146.]

Le titre de départ, p. 5, porte : *Procès-verbal de l'assemblée du clergé... pour la confection des cahiers de remontrances, plaintes, doléances, avis et demandes et l'élection des députés aux Etats-Généraux convoqués par le Roi pour le lundi 27 avril 1789, à Versailles.*
P. 63, *liste générale* [alphabétique] *des électeurs de l'assemblée du clergé de la prévôté et vicomté hors les murs de Paris.*
P. 97, *Cahier de l'ordre du clergé de la prévôté et vicomté de Paris hors les murs, pour servir d'instruction à ses députés aux Etats-Généraux de 1789.*
P. 126-127 [Liste des] *Commissaires à la rédaction des cahiers élus le 25 avril 1789* (p. 20 du *Procès-verbal*).
Un second ex. de ce *Procès-verbal* est relié dans un recueil factice coté à la B. N. Le²⁴ 256 et formant dix volumes.

25781. — Cahier des demandes et instructions du tiers-état de la prévôté et vicomté de Paris hors les murs. *Paris, Defer de Maisonneuve,* 1789, in-8°, 154 p. [N. Le²⁴ 150.]

P. 57, liste des députés du tiers-état de la prévôté et vicomté hors des murs (1ᵉʳ mai 1789). P. 59-154, *Cahier des vœux particuliers des habitants de la prévôté et vicomté de Paris hors les murs, contenant leurs demandes locales.*
Rédigé par JEAN-BAPTISTE-GUY TARGET.

25782. — Déclaration des députés de la noblesse de la prévôté et vicomté de Paris hors des murs, au sujet d'une proposition de M. le comte d'Antraigues, renouvelée par la motion de M. le duc de Mortemart en l'assemblée de l'ordre de la noblesse. Du samedi 25 mai 1789. S. l. n. d., in-8°, 3 p. [N. Le²⁹ 7.]

Les députés déclarent ne pouvoir, après vérification des pouvoirs, délibérer sous aucun prétexte sur les subsides, ni sur tout autre sujet avant qu'on ait assuré les bases de la Constitution.

25783. — Les Elections et les Cahier de Paris en 1789, documents recueillis, mis en ordre et annotés par Cʜ.-L. Cʜᴀssɪɴ. Tome IV. Paris hors les murs. Table générale chronologique. *Paris, D. Jouaust; Ch. Noblet; maison Quantin,* 1889, in-8°, 2 ff. et XIX-531 p. [N. et P. Usuels.]

Collection de documents relatifs à l'histoire de Paris pendant la Révolution française publiés sous le patronage du Conseil municipal.
Les trois premiers volumes de cette publication ont été décrits tome Iᵉʳ de la *Bibliographie*, n° 647, et tome II, n° 5577.

25784. — Recueil de documents relatifs à la convocation des Etats-Généraux, par ARMAND BRETTE. *Paris, imprimerie Nationale,* MDCCCXCIV (1894). — MDCCCCIV (1904), 3 vol. gr. in-8°.

Collection de documents inédits sur l'histoire de France [2ᵉ série].
Voyez spécialement tome Iᵉʳ, pp. 108 et suivantes, tome II, p. 482 et tome III, pp. 260-322. Une carte de la ville de Paris, distribuée en 20 départements et 60 districts, est intercalée entre les pp. 304 et 305 de ce volume et fait l'objet d'une note explicative, p. 731-734.
Le *Recueil* de M. Brette est complété par un *Atlas* (in-folio maximo); la cinquième carte de cet atlas est celle de la *Prévôté et vicomté de Paris hors les murs.*

C. — PROTESTATIONS ET RÉCLAMATIONS DIVERSES

25785. — Etat de la recette et de la distribution des sommes déposées entre les mains de M. Trumeau, receveur des décimes, pour les paroisses du diocèse de Paris qui ont été ravagées par la grêle du 13 juillet 1788, et pour le soulagement des pauvres de la campagne pendant les rigueurs de l'hiver dernier. *Paris, Cl. Simon,* 1789, in-4°, 46 p. [N. Lk³ 475. — R. AD. XIV, 1.]

P. 5, *Etat des sommes pour les grêlés.* P. 15, *Paiements faits aux paroisses ravagées par la grêle le 13 juillet 1788.* P. 33, *Etat des sommes perçues par M. Trumeau pour le soulagement des pauvres pendant les rigueurs de l'hiver dernier, conformément à la lettre pastorale de*

T. IV.   40

Mgr l'archevêque de Paris du 31 décembre 1788. P. 38, *Etat de distribution arrêté au bureau de l'Archevêché, le 21 janvier 1789, pour les pauvres de la campagne, suivant la date des paiements.* P. 43, *Dernière distribution des fonds destinés au soulagement des paroisses de la campagne pendant l'hiver, en juin 1789.*

25786. — Compte rendu à ses commettants, par F.-J. DUCELLIER, député des communes de la vicomté, *extra-muros*. S. l. n. d., in-8°, 2 p. [N. Lb^{39} 2470.]

Protestation contre les décrets attentatoires à la religion d'Etat, à l'inviolabilité du Roi et à la vraie liberté du peuple.

25787. — Adresse à Nosseigneurs de l'Assemblée nationale, par les curés de la banlieue ecclésiastique de Paris. *Paris, Ve Hérissant. S. d.* (1790), in-8°, 7 p. [N. Lb^{39} 8149.]

Les pétitionnaires demandent que leur traitement soit assimilé à celui des curés de Paris et font observer que la situation topographique de leurs paroisses met à leur charge un grand nombre de malheureux.

25788. — Adresse à l'Assemblée nationale, contenant les réclamations des 42,000 paroisses du royaume, par M. DE ROMAINVILLE, commandant de la garde nationale de Buc. — Lettre de M. le curé de Buc, vice-président de l'assemblée du clergé de la vicomté de Paris, *extra-muros*, en date du 4 février 1790, à M. de Romainville... *Imp. N.-M. Dumaha. S. d.*, in-8°, 12 p. [N. Lb^{39} 8373.]

En faveur du partage des biens du clergé au bénéfice des communes privées d'hospices et d'écoles.

La *Lettre* (p. 10) de JOLLIVET, curé de Buc, expose la situation misérable de la paroisse qui lui était confiée.

25789. — A Nosseigneurs, Nosseigneurs de l'Assemblée nationale. *Imp. Ve Delaguette*, in-8°, 8 p. [N. Lb^{39} 11071.]

Protestation contre l'arrêt du 18 juin, de la Cour des Aides, donnant un effet rétroactif au décret du 6 juin, qui soumettait aux droits d'entrée les quartiers des Porcherons, de la Nouvelle-France, de la haute et de la basse Courtille, du petit Charonne, de Fontarabie, etc, dépendant des paroisses de Montmartre, Belleville et Charonne, nouvellement comprises dans l'enceinte de Paris. P. 7-8, signatures des délégués de ces paroisses et de leur avocat-conseil PÉPIN DE DÉGROUHETTE.

§ 3. — Le Département de Paris et de la Seine (1790-1800).

25790. — Almanach général du Département de Paris pour l'année 1791 (1791).

Voyez tome III, n° 12633.

25791. — Almanach du département de la Seine pour l'an VII... [et pour l'an VIII]...

Voyez tome III, n°s 12635-12635^a.

25792. — Tableau de MM. les électeurs composant l'assemblée électorale du Département de Paris séante à l'évêché métropolitain (1791).

Voyez tome II, n° 5403.

25793. — Liste de MM. les électeurs du Département de Paris de mil sept cent quatre-vingt-onze (1791).

Voyez tome II, n° 5448 et la note complémentaire du n° 20677 ci-dessus.

25794. — Liste des électeurs du Département de Paris en 1792.

Voyez tome II, n° 5467 et le numéro suivant.

25795. — Noms des électeurs du Département de Paris par ordre alphabétique, avec le numéro de la page où ils se trouvent sur la liste imprimée en 1792. *Paris, G.-F. Galletti, l'an Ier de la République française* (1792), in-8°, 16 p. [N. Le^{35} 21.]

Voyez le numéro précédent.
Une note d'Hennequin sur cet ex. des *Noms*

des électeurs, appartenant à la B. N., signale un second tirage où se trouve corrigé un erratum placé à la fin du premier.

25796. — Liste de toutes les nominations faites par l'assemblée électorale de 1792, réunie tant aux Jacobins-Saint-Honoré qu'à l'Evêché (an II).

Voyez tome II, n° 5475. La pièce rappelée ici porte à la B. N. la cote Le35 18.

25797. — Liste des électeurs du département de la Seine, avec leur âge, leurs demeures et leurs qualités (an IV).

Voyez tome II, n° 5481.

25798. — Liste générale des électeurs nommés par les douze arrondissements de Paris et les seize cantons ruraux, imprimée par ordre de l'assemblée électorale du département de la Seine.

Voyez le n° 20682 ci-dessus.

25799. — Liste des électeurs du département de la Seine en l'an IV, réimprimée par ordre de l'administration centrale du Département.

Voyez le n° 20683 ci-dessus.

25800. — République française. Liste et noms des candidats du Département de Paris pour les places de députés au Corps législatif, d'administrateurs au [du] Département et juges des tribunaux. *Imp. Clermont. S. d.*, in-8°, 4 p. [*N*. Le40 118.]

L'impression de cette *Liste* laisse fort à désirer.

25801. — Liste des électeurs du département de la Seine. Imprimée par ordre de l'assemblée électorale de l'an V.

Voyez tome II, n° 5483 et ci-dessus, n° 20684.

25802. — Nominations faites par l'assemblée électorale du département de la Seine pendant les dix jours fixés par la loi en germinal an V. *S. l. n. d.*, in-folio plano. [*N*. Le40 69.]

25803. — Liste générale des électeurs du département de la Seine pour l'an VI.

Voyez tome II, n° 5494.

25804. — Tableau des électeurs de l'an VI nommés par les assemblées primaires des douze arrondissements de Paris et des cantons ruraux du département de la Seine. *Firmin, éditeur, cul-de-sac de l'Etoile, n° 67. S. d.*, in-8°, 16 p. [*N*. Le40 152.]

Liste donnant les noms, prénoms, professions, demeures et numéros d'ordre des électeurs, mais dont l'exécution typographique est des plus défectueuse.

25805. — Liste alphabétique des électeurs nommés par les municipalités des douze arrondissements et des treize cantons ruraux du département de la Seine, avec leur demeure et leur profession. *Imp. Jacquin. S. d.*, in-8°, 19 p. [*N*. Le40 76.]

Bien que présenté comme « collationnée sur les originaux déposés au département de la Seine », cette liste est très sommaire et incomplète.

25806. — An VII. Liste générale par ordre alphabétique des électeurs du département de la Seine.

Voyez le n° 20687 ci-dessus.

25807. — Liberté. Egalité. Liste complète des noms, qualités et demeures des électeurs nommés par les assemblées primaires du département de la Seine, avec l'indication du local où ils se réuniront.

Voyez le n° 20688 ci-dessus.

25808. — Liste des noms et professions des électeurs du département de la Seine, nommés tant à Paris que dans les cantons ruraux pour l'an VII.

Voyez le n° 20689 ci-dessus.

25809. — République française. Liste générale et complète des électeurs nommés dans le département de la Seine, leurs noms, leurs demeures et numéros de leurs maisons.

Voyez le n° 20690 ci-dessus.

25810. — Liste exacte des notables départementaux du département de la Seine. Elections départementales de l'an IX. *Paris, imp. Chaignieau ainé. S. d.*, in-8°, 35 p. [*N.* Le⁴⁷ 25.]

25811. — Liste générale et complète des notables communaux du département de la Seine dans les trois arrondissements de Paris, Franciade et Sceaux. Elections communales de l'an IX. *Paris, imp. Chaignieau ainé, an IX*, in-8°, 267 p. [*N.* Le⁴⁷ 40.]

A la suite de l'ex. de la B. N. se trouve la *Liste des notables communaux de l'arrondissement de Franciade, département de la Seine* (S. l. n. d., in-8°, 42 p.). Cette liste comprend également les noms des électeurs de l'arrondissement de Sceaux.

25812. — Corps législatif. Conseil des Cinq-Cents. Motion d'ordre faite par POLLART (de la Seine), sur la réduction des cantons de la République française. Séance du 8 fructidor an VI (25 août 1798). *Imp. Nationale, fructidor an VI*, in-8°, 10 p. [*N.* Le⁴³ 2271.]

P. 9-10, projet de division du département de la Seine en quatre cantons, *extra-muros* (Franciade, Neuilly, Bourg-de-l'Egalité et Vincennes).

Voyez le numéro suivant.

25813. — Réponse du citoyen ROUX, commissaire du Directoire exécutif près le canton de Choisy, département de la Seine, à l'opinion du citoyen Pollart, député au Conseil des Cinq-Cents, sur la suppression de douze des cantons ruraux du département de la Seine. S. l. n. d., in-8°, 13 p. [*N.* Lk⁴ 1196.]

Le titre de départ, p. 3, porte en plus : *... qu'il a proposée pour n'en former plus que quatre des seize qui existent.*

25814. — La Création du Département de Paris et son étendue (1789-1790), par FERNAND BOURNON. Extrait de la « Correspondance historique et archéologique » (année 1897). *Paris, librairie H. Champion*, 1897, in-8°, 22 p. [*N.* Lk⁴ 2338.]

Une note annonce que « les quelques pages qu'on va lire sont détachées d'un ouvrage en préparation et presque achevé sur *la Formation territoriale et administrative du département de la Seine* ». Cet ouvrage n'a pas paru.

25815. — Publication du Conseil général de la Seine. Le Conseil général de la Seine (1791-1802). Lois, décrets, rapports officiels et documents divers relatifs à l'organisation et aux attributions de l'assemblée départementale, par H. LANFANT, rédacteur principal au secrétariat du Conseil général de la Seine. *Paris, Combet et C°. S. d.* (1903), in-8°, VIII-446 p. et 3 cartes. [*N.* Lk¹⁶ 2222.]

25816. — Société de l'histoire de la Révolution française. Le Département de Paris et de la Seine pendant la Révolution (février 1791-ventôse an VIII), par SIGISMOND LACROIX. *Paris, au siège de la Société, 3, rue de Furstenberg*, 1904, in-8°, 3 ff. et III-483 p. [*N.* Lk⁴ 2587.]

Il n'a pas été tiré d'ex. sur papier vergé.

Sur l'étendue et la délimitation du Département de Paris, voyez tome II, n°ˢ 5368-5376, un certain nombre de projets émanant de divers particuliers. Voyez aussi dans le même volume au chapitre V, *passim*, les délibérations que prirent la plupart des districts à ce sujet, dans le courant de décembre 1789 et ci-après, aux *Additions et corrections*, quelques-unes de ces délibérations qui m'avaient échappé et que possède M. Paul Lacombe.

§ 4. — Particularités de l'histoire des districts, cantons et communes de « Paris hors les murs », du Département de Paris et de la Seine et des localités limitrophes.

A. — ALFORT

25817. — Observations sommaires présentées à l'Assemblée nationale sur l'Ecole vétérinaire d'Alfort. *Paris, imp. P.-F. Didot le jeune*, 1790, in-8°, 3 p. [R. AD. XVIIIc 85. — N. T⁶ 341.]

25818. — Mémoire sur l'Ecole royale vétérinaire d'Alfort. *Imp. L. Potier de Lille. S. d.*, in-8°, 16 p. [R. AD. VIII, 32. — N. T⁶ 343.]

Le titre de départ, p. 3, porte en outre : *Raisons de l'inutilité de cet établissement et moyens de le remplacer avec beaucoup d'économie pour l'Etat.*
Signé : LAFOSSE.

25819. — Moyens d'exécution du plan présenté à l'Assemblée nationale par LAFOSSE, pour l'établissement d'une Ecole vétérinaire à Paris, en remplacement de celle d'Alfort. *S. l. n. d.*, in-8°, 8 p. [R. AD. VIII, 32. — N. T⁶ 344.]

25820. — Observations en réponse au Mémoire de M. Lafosse sur l'Ecole royale vétérinaire d'Alfort, par M. BREDIN, directeur de l'Ecole royale vétérinaire de Lyon. *Lyon, imp. du Roi*, 1790, in-8°, 14 p. [R. AD. XVIIIc 85.]

« Déposé au Comité, le 24 février 1790 », dit une note mss. sur l'ex. de la collection Rondonneau.

25821. — Séance publique et Prix décernés par l'Ecole royale vétérinaire de Paris établie à Alfort, le 9 mai 1790. *Paris, imp. Cailleau*, 1790, in-8°, 8 p. [N. T⁶ 342.]

25822. — Rapport du Comité des finances, par M. LEBRUN. Ecole vétérinaire à Alfort, paroisse de Maisonville, près de Charenton. *S. l. n. d.*, in-8°, 4 p. — Rapport du Comité des finances. Arriéré de l'Ecole vétérinaire, par M. LEBRUN. Ces dépenses appartiennent à l'administration, de 1782 au 5 juin 1787. — Etat de ce qui reste à payer aux créanciers de l'Ecole vétérinaire d'Alfort. *S. l. n. d.*, in-8°, 6 p. [R. AD. VIII, 32.]

25823. — Mémoire pour JEAN-LOUIS DELHÉRAUD, écuyer, baron de BORMES et ci-devant commandant pour le Roi à Bormes et au Lavandou en Provence, pour instruire le Comité des finances de ce qui s'est passé au sujet de la vente du château d'Alfort au Roi, pour y établir l'Ecole vétérinaire, et de la réunion de la ferme de Maisonville audit château d'Alfort et mettre l'Assemblée nationale en état de rendre au sieur de Bormes la justice qu'il a lieu de se promettre de son équité au sujet de ces deux ventes et servir en même temps à éclairer le Comité des finances au sujet de l'Ecole vétérinaire d'Alfort dans le rapport qu'il en a fait, imprimé par ordre de l'Assemblée nationale, p. 194, 1ʳᵉ partie et dans la seconde partie concernant les dettes publiques, p. 44, 45, 46, 47. *Paris, imp. Prault*, 1790, in-4°, 76 p. [R. AD. VIII, 32. — N. Lk⁷ 10868.]

25824. — Réflexions sur les avantages qui résulteraient de la réunion de la Société royale d'agriculture, de l'Ecole vétérinaire et de trois chaires du Collège Royal au Jardin des Plantes. *Imp. du Journal gratuit. S. d.*, in 8°, 42 p. [R. AD. VIII, 32.]

Les trois chaires visées étaient celles d'histoire naturelle, de chimie et d'anatomie au Collège de France.

25825. — Convention nationale. Projet de restauration et de perfectionnement des écoles vétérinaires et d'éducation animale, présenté à la Convention nationale, le 17 vendémiaire an III (8 octobre 1794) de la République française une et indivisible, par LUDOT, député du département de l'Aube. Imprimé par ordre de la Convention nationale. *Imp. Nationale, brumaire an III*, in-8°, 18 p. [*N.* Le^{38} 984.]

L'auteur proposait de transférer l'Ecole d'Alfort à l'abbaye de Saint-Victor.

25826. — Convention nationale. Rapport et projet de décret sur les écoles vétérinaires, par HIMBERT, député du département de Seine-et-Marne. Imprimés par ordre de la Convention nationale. *Imp. Nationale, ventôse an III*, in-8°, 14 p. [*N.* Le^{38} 1252.]

Himbert proposait de placer l'Ecole « du Nord » non à Alfort, mais à Versailles dans la maison des ci-devant gardes.

25827. — Convention nationale. Observations et projet de décret sur les écoles vétérinaires, par VITET, député du Rhône. Imprimés par ordre de la Convention nationale. *Paris, imp. Nationale, germinal an III*, in-8°, 7 p. [*N.* Le^{38} 1324.]

Réorganisation des écoles vétérinaires de Lyon et d'Alfort.

25828. — Ministère de l'intérieur. Extrait du procès-verbal de la séance qui a eu lieu pour la distribution des prix à l'Ecole vétérinaire d'Alfort, le 10 germinal an V (30 mars 1797), jour de la Fête nationale de la Jeunesse. *Paris, imp. de la République, nivôse an VI*, in-8°, 7 p. [R. AD. VIII, 32. — *N.* T^6 345.]

25829. — Règlement pour les écoles vétérinaires de la République française. Imprimé par ordre du ministre de l'intérieur, sous la surveillance de sa quatrième division, bureau d'agriculture. *Paris, imp. de la République, messidor an V*, in-8°, 1 f. et 53 p. et un tableau. [R. AD. VIII, 32.]

P. 1, Extrait du décret de la Convention, du 29 germinal an III, portant qu'il y aura dans la République deux écoles d'économie rurale vétérinaire. P. 5, Règlement pour les écoles vétérinaires.

25830. — Notice sur l'état actuel de l'Ecole nationale d'économie rurale vétérinaire d'Alfort, par T. HÉROUARD fils et L.-V. COLLAINE, vétérinaires et ci-devant répétiteurs à cette école. *Paris, Belin, an XI* (1803), in-8°, 40 p. [*N.* T^6 346.]

25831. — Notice descriptive de l'Ecole vétérinaire d'Alfort, contenant les conditions de l'admission des élèves, leur entretien, un aperçu de l'enseignement et la description du cabinet, par N.-G. LANGLOIS, vétérinaire du département du Loiret, ex-répétiteur à l'Ecole d'Alfort, et J.-F.-O. LÉVESQUE, vétérinaire du département du Calvados. *Paris, imp. Marchant, vendémiaire an XIII*, in-8°, 2 ff. et 44 p. [*N.* T^6 347.]

La couverture imprimée porte : *Notice descriptive de l'Ecole vétérinaire d'Alfort*. Cette Notice se trouve à Paris chez Marchant, imprimeur-libraire, rue de la Hurpe, collège d'Harcourt et à Charenton, chez le portier de l'Ecole vétérinaire.

25832. — Histoire de Maisons-Alfort et d'Alfortville depuis les temps les plus reculés jusqu'à nos jours, par A. CHENAL, maire de Maisons-Alfort. *Paris, Asselin et Houzeau*, 1898, in-12, 2 ff. et III-288 p. [*N.* Lk^7 31463.]

25833. — Etat des communes... Alfortville... *Montévrain*, 1904, in-8°.

Voyez le n° 25765 ci-dessus.

25834. — Etat des communes... Maisons-Alfort... *Montévrain*, 1904, in-8°.

Voyez le numéro précédent.

B. — ANTONY

25835. — Etat des communes... Antony... *Montévrain*, 1896, in-8°.

Voyez le n° 25765 ci-dessus.

M. Bournon a brièvement résumé le cahier des doléances d'Antony, imprimé dans les *Archives parlementaires* (tome IV) et cité d'après les registres quelques autres documents relatifs à l'administration de cette commune.

C. — ARGENTEUIL

25836. — Hôtel de Ville de Paris. Extrait du procès-verbal de visite et perquisition faites chez les dames Ursulines d'Argenteuil et en une maison particulière dudit lieu. Du 1er août 1789. In-folio plano. [*N*. Lb⁴⁰ 3296*.]

Accusations erronées d'accaparement de farines.

25837. — Motion de M. CHEVALIER, membre de l'Assemblée nationale. *Paris, Chaudrillié*, 1790, in-8°, 17 p. [*N*. Lb²⁹ 8399.]

Le titre de départ, page 3, porte en plus : *faite aux assemblées élémentaires de la commune d'Argenteuil, pour l'élection du corps municipal de ladite ville, le 7 février 1790.*

25838. — Lettre de M. le curé du bourg d'Argenteuil adressée à la municipalité de ladite paroisse, sur le serment qu'il devait faire le dimanche 30 janvier 1791 (Argenteuil, 28 janvier 1791). *Imp. Crapart. S. d.*, in-8°, 8 p. [*N*. Ld⁴ 7563.]

Signée (p. 6) : GAIDECHEN, bachelier en théologie de la Faculté de Paris et curé d'Argenteuil; NATIVELLE, vicaire; CAREL, vicaire de Mérignac, prêtre, et suivie du texte de la rétractation de M. CHEVILLARD, prêtre, natif d'Argenteuil, électeur, officier municipal, aumônier de la garde nationale de ladite paroisse, prononcée le 3 avril 1791.
Voyez le n° 25846 ci-dessous.

25839. — Histoire véritable de l'insurrection arrivée à Argenteuil, le dimanche 3 avril 1791. *S. l. n. d.*, in-8°, 7 p. [*N*. Lk⁷ 408.]

Réponse à une brochure (décrite tome III, n° 16466) qui avait travesti les faits relatés dans l'*Histoire véritable*.
La principale victime de cette attaque à main armée était Mᵐᵉ Hoquet, âgée de quatre-vingt-quatre ans, ancienne propriétaire du château de La Barre, dans la vallée de Montmorency, où elle avait eu pour hôtes ou pour visiteurs J.-J. Rousseau, les Luxembourg, les Boufflers et les d'Houdetot.
Le bruit s'était répandu qu'en apprenant la mort de Mirabeau, Mᵐᵉ Hoquet avait « dansé » avec un vicaire réfractaire d'Argenteuil et un médecin de l'hôtel des Invalides qui dînaient ce jour-là chez elle; la populace avait aussitôt brisé les vitres à coups de pierre et envahi son domicile.
« On a, dit en terminant le rédacteur de l'*Histoire véritable*, des preuves que les chefs de la faction étaient absolument étrangers au bourg d'Argenteuil. »

25840. — Discours sur la nécessité de confesser la religion et de payer les impôts prononcé le 14 juillet 1792 dans l'église paroissiale d'Argenteuil, par FRANÇOIS OZET, curé de ce lieu. Imprimé par ordre de la municipalité. *Imp. Chaudrillié. S. d.*, in-8°, 1 f. et 18 p. [*Br. M. F. R.* 125 (5).]

25841. — Discours sur la solennité paschale et sur l'obéissance que les chrétiens doivent aux lois et aux autorités constituées des pays qu'ils habitent, prononcé le saint jour de Pâques, 27 germinal an V (16 avril 1797), en l'église d'Argenteuil, diocèse et département de Seine-et-Oise, par le C. OZET, curé de ce lieu. *Paris, imp. Gueffier. S. d.*, in-8°, 31 p. [*N*. Lb⁴² 1369.]

25842. — Corps législatif. Conseil des Cinq-Cents. Projet de résolution présenté par ABOLIN sur le placement de l'administration municipale du canton d'Argenteuil. Séance du 17 germinal an VI (6 avril 1798). *Imp. Nationale, germinal an IV*, in-8°, 2 p. [*N*. Le⁴³ 1887.]

L'administration municipale du canton d'Argenteuil devait tenir ses séances dans la commune de Sartrouville.

25843. — Discours prononcé le jour de la fête du 2 pluviôse an VII (21 janvier 1799), par le citoyen ETIENNE CHEVALIER, président de l'administration municipale, ex-constituant et membre correspondant du Lycée des Arts. Imprimé par ordre de l'administration municipale d'Argenteuil. *Imp. Renaudière. S. d.* (1799), in-8°, 60 p. [*N*. Ld⁴ 6025.]

Sur les excès commis de tout temps au nom de la théocratie et de la royauté.

25844. — Discours sur le rétablissement public du culte et sur la paix générale qui doit résulter parmi les chrétiens, par le cit. OZET, curé d'Argenteuil, diocèse de Versailles, département de Seine-et-Oise. *Paris, imprimerie-librairie chrétienne, an X-1802*, in-8°, 30 p. [*N*. Ld⁴ 6024.]

25845. — Discours funèbre qui devait être prononcé par l'abbé Orsini sur la tombe de M. le curé de l'Abbaye-aux-Bois [l'abbé Gaidechen]. *Paris, imp. Beaulé et Jubin. S. d.*, in-8°, 15 p. [*N.* Ln²⁷ 8129.]

Voyez le numéro suivant.

25846. — Discours funèbre et nécrologique à l'occasion de la mort de M. le curé de l'Abbaye-aux-Bois [par M. l'abbé Orsini], enrichi d'une lettre remarquable et inédite de M. le curé, adressée à ses paroissiens d'Argenteuil, en 1791, sur le serment des prêtres. Seconde édition. *Imp. Beaulé et Jubin. S. d.*, in-8°, 16 p. [*N.* Ln²⁷ 8130.]

Cette lettre « inédite » est celle qui est décrite sous le n° 25838 ci-dessus.

25847. — Avis au public. Canal dit d'Argenteuil. *Imp. L. Jorry*, 1791, in-folio plano. [*P.* Affiches.]

Signé : Dubu de Longchamp.
En faveur d'un canal tracé par le sieur de Coucy, ingénieur « hydraulique », qui, partant de Maisons, devait passer devant le Marais, au-dessous d'Argenteuil, longer Colombes et aboutir par Asnières et Clichy jusqu'à Paris par la levée de Monceaux.

25848. — Pétition aux citoyens représentants du peuple. *S. l. n. d.*, in-8°, 6 p. [*N.* Inv. Vp. 6404.]

Signée (p. 6) : Clary, volontaire de la 9ᵉ cⁱᵉ du bataillon de la section de Guillaume-Tell.
Relative à la construction d'un pont jeté au Marais, entre Bezons et Argenteuil et dont le c. Lépine avait dessiné et lavé le plan annexé au mémoire original du pétitionnaire.
Voyez le numéro suivant.

25849. — Aux citoyens représentants du peuple. *S. l. n. d.*, in-8°, 8 p. [*N.* 8° V. 7468.]

Signé (p. 7) : Clary, volontaire de la 9ᵐᵉ compagnie du bataillon de la section de Guillaume-Tell.
Réponse aux objections faites par la commission des travaux publics à la proposition de Clary. P. 7, texte de cette lettre datée du 1ᵉʳ germinal an III (21 mars 1795) et signée : Lecamus.

25850. — Notices sur la commune et sur l'hospice d'Argenteuil, par M. Etienne-Olivier Chevalier, membre de la Légion d'honneur, ancien maire d'Argenteuil et ancien président de la commission administrative de l'hospice. *Saint-Denis, typ. A. Moulin*, 1859, in-12, II-294 p. et 1 f. n. ch. (*Table des matières*). [*N.* Lk⁷ 421.]

Travail posthume publié par A. Giot, maire de Saint-Denis et Mᵐᵉ Giot, née Chevalier.

D. — AUBERVILLIERS

25851. — Arrêt de la Cour de Parlement portant règlement pour l'administration des biens et revenus de la fabrique et de la charité de la paroisse d'Aubervilliers. Extrait des registres du Parlement. Du 22 avril 1785. *Paris, P.-G. Simon et N.-H. Nyon*, 1785, in-4°, 19 p. [*N.* Inv. F. 21213.]

25852. — Doléances de la paroisse d'Aubervilliers, dit Notre-Dame-des-Vertus (14 avril 1789). *S. l. n. d.*, in-8°, 22 p. [*N.* Le²⁴ 14.]

25853. — Discours patriotique pour la prestation du serment civique, prononcé le 16 janvier 1791, par M. Monard, prêtre de l'Oratoire, curé de la paroisse d'Aubervilliers, dit Notre-Dame-des-Vertus, dont l'impression a été demandée par la commune dudit Aubervilliers. *Paris, imp. C.-J. Gelé*, 1791, in-8°, 15 p. [*N.* Ld⁴ 3244.]

Voyez le numéro suivant.

25854. — Avis important d'un honnête paroissien à ses concitoyens et à tous les fidèles ses frères, à l'occasion d'un Discours patriotique prononcé par son curé, le jour de son serment, dans l'église de Notre-Dame-des-Vertus, près de Paris. *Paris, Crapart. S. d.*, in-8°, 27 p. [*N.* Ld⁴ 3245.]

Protestation contre le discours précédent.

25855. — Etat des communes... Aubervilliers... *Montévrain*, 1900, in-8°.

Voyez le n° 25765 ci-dessus.

E. — AUTEUIL

25856. — Inauguration de la maison commune d'Auteuil. *Imp. du Cercle social. S. d.*, in-8°, 15 p. [*N.* Lk⁷ 573.]

Programme de la fête fixée au 5 août 1791 et dans laquelle les bustes de Voltaire, J.-J. Rousseau, Franklin, Helvetius et Mirabeau devaient être transportés à la mairie construite par MM. Molinos et Legrand. P. 11-13, *Hymne* [anonyme] *à la liberté*. P. 14-15, *Note : Description de la maison commune d'Auteuil*.

25857. — Discours du président du comité militaire à la garde nationale d'Auteuil, le jour du transport du plan de la Bastille à l'église de la paroisse. *S. l. n. d.* (1791), in-8°, 4 p. [*N.* Lb³⁹ 1970.]

Un ex. conservé aux Archives nationales porte cette note manuscrite : « Annoncé à l'assemblée électorale le 16 septembre 1791. »

F. — BAGNEUX

25858. — État des communes... Bagneux... *Montévrain*, 1901, in-8°.

Voyez le n° 25765 ci-dessus.
M. Bournon a résumé d'après les *Archives parlementaires*, le cahier des doléances de la municipalité comprise en 1787 dans le département dont Corbeil était le chef-lieu.

G. — BAGNOLET

25859. — Bill des habitants de Bagnolet, Charonne et autres lieux, pour servir de suite à la « Pétition des six corps » (1789).

Facétie. Voyez tome I⁰ʳ, n° 677.

25860. — Pont-Neuf ou Chanson sur l'Assemblée nationale, par M. DE JOYENVAL, du tiers-état de Bagnolet, qui a raté d'être électeur du tiers-état de la prévôté-vicomté de Paris, *extra-muros*. *Imp. Lottin aîné et Lottin de Saint-Germain*, 1789, in-8°, 4 p. [*N.* Y. n. p.]

25861. — État des communes... Bagnolet... *Montévrain*, 1902, in-8°.

Voyez le n° 25765 ci-dessus.

Belle-Epine (La). — Voyez **Villejuif**.

H. — BELLEVILLE

25862. — Réfutation de l'administration et projet d'organisation générale pour la fabrication des monnaies, présenté à la Société des Amis de la liberté et de l'égalité, séante à Belleville près Paris, par C. MILCENT. *Imp. Chemin. S. d.*, in-8°, 29 p. [*N.* Lb⁴⁰ 2544.]

25863. — Offrande à la République d'un cavalier jacobin par la Société populaire de la commune de Belleville (1794), avec le nom des citoyens qui ont participé à la souscription. Publié d'après les documents originaux, par HENRY DARESSY. *Imp. Pillet fils aîné*, 1871, in-8°, 16 p. [*N.* Lb⁴⁰ 9485.]

I. — BERCY

25864. — Proclamation du Roi sur le décret de l'Assemblée nationale, pour la formation d'une municipalité, dont le territoire sera formé des maisons et terrains bornés d'un côté par la rive droite de la Seine, et s'étendant jusqu'au chemin de Picpus à Saint-Maur, et portant réunion de divers maisons et terrains aux municipalités voisines de celles de Paris. Du 23 octobre 1790. *Paris, imp. Royale*, 1790, in-4°, 4 p. [*N.* F. 23631 (1801).]

Le décret sanctionné est du 19 octobre 1790.

25865. — Projets de décrets présentés à l'Assemblée nationale au nom du comité de division par M. DOCHIER sur la demande de la commune de Bercy, tendant à ériger en paroisse la chapelle qu'elle possède dans son sein; lu à la séance du 3 décembre [1791] au soir, ajourné à la séance du 10 au soir. Imprimés par ordre de l'Assemblée nationale. *Imp. Nationale. S. d.*, in-8°, 3 p. [*N.* Le³³ l.]

25866. — Adresse des citoyens de la commune de Bercy, district du Bourg-la-Reine, département de Paris, à l'Assemblée nationale. Présentée le 21 juin 1792, l'an 4ᵉ de la liberté, imprimée par ordre de l'Assemblée nationale. Envoi aux quatre-vingt-trois départements. *Imp. Nationale. S. d.*, in-8°, 3 p.]*N.* Le³³ 3, n° 48.]

Don d'une somme de 600 livres à titre de contribution patriotique et provenant du « surplus » des impôts perçus par la commune.
P. 3, liste des signataires.

25867. — Pétition à la Convention nationale (16 septembre 1793).

Par Herbin et C⁰, manufacturiers de savon à Bercy.
Voyez le n° 23049 ci-dessus.

Billancourt. — Voyez **Boulogne.**

J. — BOBIGNY

25868. — Corps législatif. Conseil des Cinq-Cents. Rapport fait par Pollart (de la Seine) sur la réunion de la commune de Bobigny au canton de Pantin. Séance du 17 pluviôse an VII (5 février 1799). *Paris, imp. Nationale, pluviôse an VII*, in-8°, 6 p. [*N.* Le⁴³ 3946.]

25869. — Bobigny (lez-Paris). La Seigneurie, la commune et la paroisse, de l'an 450 jusqu'à nos jours, par l'abbé Masson, curé de Bagnolet. *Paris, H. Champion*, 1887, gr. in-8°, 2 ff., 477 p. et 2 ff. n. ch. (*Table des planches hors texte et Table des matières*). [*N.* Lk⁷ 27054.]

25870. — État des communes... Bobigny... *Montévrain*, 1899, in-8°.

Voyez le n° 25765 ci-dessus.

K. — BONDY

25871. — État des communes... Bondy... *Montévrain*, 1898, in-8°.

Voyez le n° 25765 ci-dessus.

L. — BONNEUIL-SUR-MARNE

25872. — État des communes... Bonneuil-sur-Marne... *Montévrain*, 1899, in 8°.

Voyez le n° 25765 ci-dessus.
M. Bournon a reproduit en entier d'après les *Archives parlementaires* le cahier des doléances de Bonneuil.

M. — BOULOGNE-SUR-SEINE

25873. — Précis d'une intention proposée pour l'embellissement du bois de Boulogne en réalisant le prix de sa valeur dans la vente des biens nationaux. *S. l. n. d.*, in-8°, 15 p. [*N.* Lk⁷ 1273.]

25874. — Moyens d'augmenter le revenu actuel du domaine de plus de 12,000 livres en rente noble par l'embellissement du bois de Boulogne. *S. l. n. d.*, in-4°, 10 p. [*Br. M. F. R.* 29*, 8.]

25875. — Description du serment et de la fête civiques célébrés au bois de Boulogne par la Société du Jeu-de-Paume de Versailles, des 20 juin 1789 et 1790. *Garnery. S. d.*, in-8°, 8 p. [*N.* Lb³⁹ 8998.]

25876. — Convention nationale. Moyen de regarnir, aisément et avec le moins de frais le bois de Boulogne et les autres forêts nationales, par J.-M. Coupé (de l'Oise). Imprimé en vertu du décret du 25 vendémiaire. *Paris, imp. Nationale, thermidor an III*, in-8°, 4 p. [*N.* Le³⁸ 1575.]

25877. — Liberté, Égalité, Fraternité. Convention nationale. Au nom du peuple français. Duval (de l'Aube), représentant du peuple, chargé de la surveillance des exploitations des bois de Boulogne et de Vincennes. *Imp. Nationale. S. d.*, in-folio plano. [*Br. M. F. R.* Non classés, I.]

Règlement « fait et arrêté à la porte Maillot, le 14 pluviôse an III » (2 février 1795).

25878. — Le Bois de Boulogne, poème suivi de notes historiques et critiques, par Dusausoir, membre de la Société des belles-lettres. *Paris, Rouillet, an IX* (1801), in-8°, 47 p. [*P.* 12251*.]

Les *Notes* (p. 31-42) sont suivies de *Hylas et Chloé* ou *Point de roses sans épines*, idylle en prose, lue à la séance publique de la Société des belles-lettres, le 23 thermidor an VII (10 août 1799).
Dans son avertissement l'auteur dit qu'il a composé son poème en 1775.

25879. — District de Saint-Denis. Biens nationaux à vendre à la folle enchère de M. Nicolas-Jean Leroy, architecte, demeurant à Paris, rue des Prêtres-Saint-Paul, n° 8. Adjudication définitive le vendredi 27 juillet 1792, dix heures du matin. *Imp. V° Hérissant. S. d.*, in-folio plano. [*N*. Lb⁴¹ 4663.]

Vente du château et du parc de Madrid au bois de Boulogne.

25880. — District de Saint-Denis, biens nationaux à vendre. Adjudication définitive, le vendredi 5 juillet 1793, l'an deuxième de la République française, dix heures du matin. *Imp. V° Hérissant. S. d.*, in-folio plano. [*N*. Lb⁴¹ 4663.]

Vente de terrains provenant du domaine de Madrid, et des terrains de Villiers, de Chaillot, de la porte Maillot, etc.

25881. — Notice de VAUDOYER, architecte, membre de l'Académie royale des beaux-arts, sur l'ancien château de Madrid, bâti par François I⁰ᴿ dans le bois de bois de Boulogne et démoli en 1792. *S. l. n. d.* (1839), in-4°.

Paginé 44 (43)-53. On lit au bas du titre de départ : « Cette Notice devait être lue à la séance publique annuelle des cinq Académies, qui s'est tenue au mois de mai de l'année dernière ; mais cette lecture n'ayant pas eu lieu, faute de temps, on a pensé qu'elle trouverait naturellement sa place à la suite des lectures qui ont rempli la séance publique de l'Académie des beaux arts. » Elle figure en effet dans le fascicule consacré à la séance publique tenue le 5 octobre 1839 (cf. *Bibliographie... de MM. de Lasteyrie et Alex. Vidier*, tome III, n° 54554).

25882. — Le Château du bois de Boulogne, dit Château de Madrid, étude sur les arts au seizième siècle, par le cᵗᵉ DE LABORDE, membre de l'Institut. *Paris, Dumoulin*, février 1855 [*sic* : 1855], in-8°, 2 ff. et 80 p. [*N*. Lk⁷ 1276.]

La couverture imprimée porte : *Tiré à cent ex. numérotés*. Tous sont sur papier vergé.

25883. — Histoire complète et inédite, religieuse, politique et sociale de Boulogne-Billancourt depuis les origines jusqu'à nos jours, d'après les documents authentiques, avec renseignements biographiques et autres, listes des curés, maires, notaires, abbesses, etc., résumé des monuments, sociétés, œuvres, table chronologique, calendrier républicain, table générale des personnes et des choses, etc. Par M. PENEL-BEAUPIN, sous-chef de bureau au Ministère des finances, officier d'Académie, officier de l'ordre de Nicham et Assouar, auteur d'ouvrages de littérature et de droit, etc. *Boulogne-sur-Seine, imp. A. Doizelet,* 1904-1905, 2 vol. in-8°.

D'après une communication de M. Fernand Bournon.

25884. — Etat des communes... Boulogne... *Montévrain*, 1905, in-8°.

Voyez le n° 25765 ci-dessus.

M. Bournon a résumé d'après les *Archives parlementaires* le cahier des doléances de la paroisse et signalé diverses particularités de la vie municipale de Boulogne de 1790 à 1799.

Bourg-de-l'Egalité. — Voyez **Bourg-la-Reine.**

N. — BOURG-LA-REINE

25885. — Assemblée électorale du district de Bourg-la-Reine. Procès-verbal de la séance du dimanche 6 février 1791. *Paris, Guillaume junior*, in-8°, 8 p. [*P*, 42251*.]

Signé : FILLASSIER, président ; TREIL, secrétaire.

25886. — Procès-verbal de la séance de l'assemblée électorale du district de Bourg-la-Reine (13-23 février 1791). *Paris,* 1791, in-8°, 83 p.

Signalé par M. Fernand Bournon dans les sources à consulter de la monographie de *Bourg-la-Reine* faisant partie de l'*Etat des communes...* (voyez le n° 25904 ci-dessous).

25887. — Discours prononcé le 21 février 1791, à l'ouverture de la première séance des électeurs du district de Bourg-la-Reine, assemblée pour les administrateurs dudit district, par le sieur ESCHARD, l'un desdits électeurs. *Paris, imp. Pain,* 1791, in-8°, 1 f. et 14 p. [*N*. Lb³⁹ 9736.]

L'auteur prend en signant le titre d'homme de loi.

25888. — La Vérité du fait ou Fidèle récit du malheureux événement arrivé sur le chemin du Bourg-la-Reine, le 26 avril 1791, pour servir à la justification de Prix-Portebois, citoyen de Paris, prisonnier à la Conciergerie du Palais. S. l. n. d., in-8°, 8 p. [N. Lk⁷ 1317.]

Épigr. :
Nemo repente fit malus.

Signé : Prix-Portebois et contresigné Peyre, homme de loi, conseil.

L'auteur était citoyen de la section de la Fontaine-de-Grenelle. Il avait dans une rixe tué l'un de ses agresseurs.

25889. — Tableau du travail du Directoire du district de Bourg-la-Reine, département de Paris, présenté au conseil de ce district, par J.-J. Fillassier, procureur-syndic, en la session du mois de mai 1791. *Imp. Guillaume junior. S. d.*, in-4°, 20 p. [*Br. M. F. R. 9*° (6).*]

25890. — De Bourg-la-Reine, ce 12 juin 1791. Le procureur-syndic à ses concitoyens du district de Bourg-la-Reine. *Guillaume junior. S. d.*, in-4°, 8 p. [N. Lb³⁹ 9984.]

Signé : Fillassier.

25891. — Compte rendu du travail du Directoire du district du Bourg-la-Reine, département de Paris, au Conseil de ce district, par le suppléant du procureur-syndic, en la session du mois d'octobre 1791. *Imp. Guillaume junior. S. d.*, in-4°, 2 p. et un tableau. [*Br. M. F. R. 10*° (4).*]

Signé : le suppléant du procureur-syndic, Préaux.

25892. — Procès-verbaux de l'assemblée électorale du district du Bourg-la-Reine (23 novembre-18 décembre 1791). *Imp. de la V° Hérissant. S. d.*, in-8°, 1 f. et 52 p.

Le titre de départ, p. 1, porte en plus : *... pour le renouvellement de moitié des membres de l'administration du district et le remplacement du procureur-syndic.* P. 41-52, *Liste de MM. les électeurs du Département de Paris, domiciliés dans le district de Bourg-la-Reine, suivant l'ordre de leurs cantons. Année 1791.*

25893. — District du Bourg-la-Reine. Biens nationaux à vendre. Adjudication définitive, le mardi 17 avril 1792. *Imp. V° Hérissant. S. d.*, in-folio plano. [N. Lb⁴¹ 4663*.]

Ferme et couvent de La Saussaye (route de Paris à Fontainebleau), maison et terrain situés derrière la Salpêtrière, à Ivry, et maison à Alfort faisant partie des ci-devant domaines du Roi.

25894. — District du Bourg-la-Reine. Commémoration nationale du 14 juillet 1792. *Imp. V° Hérissant*, 1792, in-8°, 14 p. [N. Lb³⁹ 10708.]

25895. — Bourg-la-Reine, ce... mai 1792... « Je vous adresse, Messieurs, des exemplaires... de la loi du 8 avril 1792 relative aux biens des émigrés... » *S. l. n. d.*, in-4°, 3 p. [N. Lb³⁹ 10573.]

Circulaire signée à la main : Loison, procureur-syndic de Bourg-la-Reine.

25896. — Loi (n° 2436) relative au changement de nom du district de Bourg-la-Reine en celui de Bourg-de-l'Egalité. Du 5 septembre 1792. *Paris, imp. Nationale exécutive du Louvre*, 1792, in-4°, 2 p.

25897. — Département de Paris. District du Bourg-de-l'Egalité. Procès-verbaux de l'assemblée électorale du dictrict pour le 2° renouvellement de l'administration (3-5 février 1793). *Imp. de la V° Hérissant. S. d.*, in-8°, 15 p. et 1 f. n. ch. [P. 12251*.]

Le feuillet non chiffré contient les *Noms des citoyens élus... suivant l'ordre de leur nomination.*

25898. — Bourg-de-l'Egalité, ce (8) mars 1793... Les administrateurs du directoire et procureur-syndic du district du Bourg-de-l'Egalité, aux officiers municipaux. *Imp. V° Hérissant*, 1793, in-8°, 10 p. [N. Lb⁴¹ 2824.]

Convocation des électeurs pour le renouvellement de toutes les municipalités du district, conformément à l'article XII de la loi du 19 octobre dernier.

25899. — District de l'Egalité. Biens nationaux à vendre. Adjudication définitive, le 19 ventôse, l'an deuxième de la

République française, une et indivisible (9 mars 1794), neuf heures du matin. *Paris, imp. du district de l'Egalité. S. d.*, in-folio plano. [*N*. Lb⁴¹ 4663.]

Biens provenant des ci-devant prêtres de la Doctrine de Bercy (deux maisons sises à Bourg-la-Reine).

25900. — Liberté, égalité. District de l'Egalité, département de Paris (18 germinal an II-7 avril 1794). *Imp. Ballard fils. S. d.*, in-4°, 8 p. [*N*. Lb⁴¹ 3798.]

Au sujet des gardiens de scellés et de détenus.

25901. — Liberté, égalité. District du Bourg-de-l'Egalité, département de Paris. Le 23 prairial l'an II⁰ (11 juin 1794). L'agent national près le district, aux municipalités, comités de surveillance et sociétés populaires. *S. l. n. d.*, in-4°, 2 p. [*N*. Lf¹¹¹ 14.]

Circulaire demandant l'état des jeunes gens de chaque commune remplissant les conditions voulues pour la formation de l'Ecole de Mars.
Signé : POUSSIN.

25902. — District du Bourg-Egalité, département de Paris. Extrait du registre des délibérations du département de Paris, du 7 ventôse an III (25 février 1795). *Imp. Renaudière. S. d.*, in-8°, 7 p. [*N*. Lb⁴¹ 4265.]

Rédaction des actes de l'état civil.

25903. — Pèlerinage de Bourg-la-Reine. Les derniers jours de Condorcet, par EMILE ANTOINE (1890).

Voyez le n° 22242 ci-dessus et la note qui l'accompagne.

25904. — Etat des communes... Bourg-la-Reine... *Montévrain*, 1899, in-8°.

Voyez le n° 25765 ci-dessus.

O. — BRY-SUR-MARNE

25905. — Etat des communes... Bry-sur-Marne... *Montévrain*, 1904, in-8°.

Voyez le n° 25765 ci-dessus.

M. Bournon a donné d'après les *Archives parlementaires* de courts extraits des doléances de la municipalité de Bry-sur-Marne, qui faisait partie depuis 1787 de l'éphémère « département » de Corbeil et de l'arrondissement de Lagny.

P. — CHAILLOT

25906. — Couvent des Bons-Hommes de Chaillot. In-4°, 35 p., 4 pl.

Antiquités nationales, par Millin (cf. tome III de la *Bibliographie*, n° 12075), tome II, art. XII.

25907. — Mémoire sur la contestation du village de Chaillot... et des sieurs Périer relativement à un chemin public que ces derniers ont usurpé... (1780).

Voyez tome III, n° 11964.

25908. — Récit de ce qui s'est passé à Chaillot, le soir du 28 juin 1789, à l'occasion de M. Bailly.

Par AUBIN-LOUIS MILLIN; voyez tome I⁰ʳ, n° 1032.

⸎ M. VICTORIEN SARDOU a publié dans le *Bulletin de la Société historique d'Auteuil* (1899), pp. 118-19, une lettre sur la maison de campagne que Bailly possédait à Chaillot.

25909. — Lettre à l'auteur de la feuille intitulé : « l'Avocat du peuple ou le Bon citoyen », par M. LABOUREAU. *Imp. V⁰ Hérissant. S. d.* (1790), in-8°, 4 p. [*N*. Mss. fr. nouv. 2642, f° 38.]

Signée : L. G., paroissien de Chaillot.
Rectification d'un article de *l'Avocat du peuple* [cf. tome II, n° 10399) touchant le curé de Chaillot dont son « paroissien » vante les vertus civiques et la bienfaisance.

25910. — Serment civique, prononcé par un curé de Paris [J.-M. BÉNIÈRE, curé de Chaillot], le dimanche 9 janvier 1791. — Réponse de M. PITRA, officier municipal, l'un des commissaires de la municipalité députés pour recevoir ledit serment. *Imp. V⁰ Hérissant. S. d.*, in-8°, 8 p. [*N*. Ld⁴ 3208.]

Q. — CHAMPIGNY-SUR-MARNE

25911. — Etat des communes... Champigny-sur-Marne... *Montévrain*, 1905, in-8°.

Voyez le n° 25765 ci-dessus.

M. Bournon a reproduit d'après les *Archives parlementaires* le cahier des doléances de la paroisse.

R. — LA CHAPELLE-SAINT-DENIS

25912. — Grand Détail du massacre arrivé aujourd'hui à La Chapelle-Saint-Denis par les contrebandiers et les chasseurs (24 février 1791).

Voyez tome II, n° 5836, ainsi que les n°s 5837-5848 relatifs à la même affaire et les numéros suivants.

25913. — Délibération de la muncipalité et conseil général de la commune de La Chapelle-Saint-Denis, près Paris, et Extrait certifié du procès-verbal du vingt-quatre janvier mil sept cent quatre-vingt-onze, concernant le massacre fait ledit jour par les chasseurs soldés. Imprimée par ordre de la municipalité, au profit des veuves des sieurs Julien et Auvry. *Imp. Tremblay. S. d.*, in-8°, 8 p. [*N.* Lb^{39} 4535.]

25914. — Extrait de délibération du dimanche 20 mars 1791, issue de la grand' messe de la paroisse. *Imp. Tremblay. S. d.*, in-8°, 8 p. [*N.* Lb^{39} 9824.]

Délibération des maire et corps municipal de La Chapelle, au sujet d'une somme de 464 livres 2 sols, donnée par le bataillon de l'Abbaye en faveur des veuves Julien et Auvry.

25915. — Ici reposent les corps de Jean-Baptiste Julien et Pierre-Antoine Aury, citoyens de ce lieu de La Chapelle... morts à la malheureuse affaire du 24 janvier 1791. *S. l. n. d.*, in-folio plano. [*N.* Lb^{39} 9676.]

Reproduction de l'épitaphe placée sur la tombe des deux citoyens morts et gravée aux frais de M. Petit, père, membre de la Société fraternelle des deux sexes.

25916. — La Grande déroute de tous les factieux. *S. l. n. d.*, in-8°, 8 p. [*N.* Lb^{39} 11672.]

Relative à l'affaire de La Chapelle.

25917. — Réclamation des veuves de La Chapelle à l'Assemblée nationale (9 janvier 1792). *Imp. V° Trasseux. S. d.*, in-8°, 8 p. [*N.* Lb^{39} 10391.]

Signée : [BUIRETTE-] VERRIÈRES, défenseur officieux, rue de l'Egalité.

Sous ce titre : *le Massacre de La Chapelle*, M. JULES MAUZIN a reproduit dans le *Bulletin de la Société « le Vieux-Montmartre »* (1897, pp. 262-271) la relation de cette affaire, extraite des *Révolutions de Paris* de Prudhomme et la planche qui l'accompagne, le *Rapport* adressé par Borie au Comité des recherches (cf. tome II, n° 5847) et une *Pétition* de la commune de La Chapelle à l'Assemblée nationale.

25918. — FERNAND BOURNON, archiviste paléographe. La Chapelle-Saint-Denis et la Villette. Extrait des « Additions et Rectifications à l'Histoire de la ville et du diocèse de Paris » de l'abbé Lebeuf. Tiré à 150 exemplaires. *Paris, Honoré Champion*, 1896, in-8°, 16 p. [*N.* Lk^7 30022.]

La couverture imprimée sert de titre.

S. — CHARENTON

25919. — Extrait du rapport fait au nom des commissaires nommés pour visiter la maison des religieux de la Charité de Charenton, en la séance du conseil municipal, du 28 décembre 1790, par M. REGNAULT, l'un des commissaires. *Paris, imp. Champigny. S. d.*, in-4°, 12 p. [*N.* Lb^{40} 1242.]

25920. — Etat des communes... Saint-Maurice... *Montévrain*, 1903, in-8°.

Voyez le n° 25765 ci-dessus.

M. Bournon a reproduit d'après les *Archives parlementaires* le *Cahier des plaintes et doléances de la paroisse de Saint-Maurice*.

T. — CHARONNE

25921. — Cahier de Charonne, des demandes générales et particulières de la communauté des Grand et Petit Charonne, Fontarabie et dépendances, rédigé en l'assemblée tenue, le 15 avril 1789, en l'église paroissiale. Remis à MM. D'Artis de Marcillac, ancien avocat au Parlement, prévôt, Virette, syndic et Aubert, bourgeois, ses députés en la prévôté de Paris. *S. l. n. d.*, in-8°, 26 et 3 p. [*N.* Le^{24} 42.]

Remerciements au duc d'Orléans pour la suppression des droits et règlements des capitaineries.

On trouve après la page 26 une *Délibération des habitants de Charonne, relativement aux* capitaineries royales (15 avril 1789), qui a été tirée à part. Voyez le numéro suivant.

25922. — Délibération des habitants de Charonne relativement aux capitaineries royales (15 avril 1789). S. l. n. d., in-8°, 3 p. [N. Lb³⁹ 7116.]

Voyez le numéro précédent.

25923. — Etablissement d'une institution pour l'éducation de jeunes demoiselles. Prospectus. Imp. Didot l'aîné, an IX (1801), in-8°, 24 p. [Br. M. F. R. 94* (13).]

Pensionnat installé dans l'ancien château du duc d'Orléans à Charonne et tenu par Mmes Dambuis-Dardelle et Delahaye.

U. — CHATENAY

25924. — Etat des communes... Châtenay... Montévrain, 1900, in-8°.

Voyez le n° 25765 ci-dessus.

V. — CHATILLON

25925. — Municipalité de Paris. Département de police (1er mai-23 juillet 1790). Paris, imp. Nationale. S. d., in-4°, 2 p. [N. Lb⁴⁰ 1175.]

Certificat en faveur de M. d'Hebray du Pouzals, chevalier de Saint-Louis, commandant de la garde nationale de Châtillon et Fontenay-aux-Roses. Voyez le n° 26039 ci-dessous.

25926. — Assemblée primaire. Canton de Châtillon. District du Bourg-de-l'Egalité, département de Paris. Paris, imp. Migneret. S. d. (1795), in-8°, 4 p. [N. Le⁴⁰ 72.]

Protestation contre la loi du 5 fructidor an III sur la réélection des deux tiers de la Convention et adhésion à l'arrêté pris dans le même sens par la section de l'Arsenal (cf. tome II, n° 7881).

25927. — Etat des communes... Châtillon... Montévrain, 1901, in-8°.

Voyez le n° 25765 ci-dessus.

Chevilly. — Voyez **Hay (L')**.

X. — CHOISY-LE-ROI

25928. — Cahier du tiers-état du bailliage de Choisy-le-Roi. S. l. n. d., in-8°, 23 p. [Br. M. F. R. 26*, 12.]

25929. — Réponse à l'Adresse aux honnêtes citoyens par M. Carron, procureur (1790).

Par PUYFORCAT, au sujet de la garde nationale de Choisy-le-Roi ; voyez le n° 24884 ci-dessus. Je n'ai pas retrouvé l'Adresse que vise cette Réponse.

25930. — Extrait des registres de la commune de Choisy-sur-Seine. Adresse de la commune de Choisy-sur-Seine à ses concitoyens de Paris. — Discours prononcé lors de l'inauguration de l'arbre vivace de la liberté de la commune de Choisy-sur-Seine, chef-lieu de canton, en présence des communes d'Orly, Thiais, Chevilly, La Rue et La Saussaye, le 5 mai 1793, l'an II... S. l. n. d., in-8°, 8 p. [N. Lb⁴¹ 2956.]

Protestation contre une accusation d'incivisme et contre l'arrestation, faite le 5 avril, de plusieurs citoyens. P. 4, liste des signataires de l'Adresse. P. 5, Discours.

25931. — Extrait des registres de la commune de Choisy-sur-Seine, chef-lieu de canton de l'assemblée primaire, composé de ceux de Thiais, Chevilly, La Rue, Lay, Fresnes-le-Rungis, Rungis et Orly (27 fructidor an III-13 septembre 1795). S. l. n. d., in-4°, 2 p. [N. Mss. fr. nouv. acq. 2697, folio 267.]

Protestation contre les décrets des · 5 et 13 fructidor (voyez le n° 25927 ci-dessus).

25932. — Etat des communes... Choisy-le-Roi... Montévrain, 1902, in-8°.

Voyez le n° 25765 ci-dessus.

Y. — CLAMART-SOUS-MEUDON

25933. — Cahier des doléances, pétitions et vues patriotiques que les habitants de la paroisse de Clamart-sous-Meudon ont établi et arrêté dans leur assemblée générale du 14 avril 1789, et qu'ils ont remis aux sieurs Desprez, syndic municipal, Fillassier, directeur propriétaire de la Pépinière dudit Clamart, membre de plusieurs Académies, Gastineau, greffier municipal, leurs députés au bailliage royal de Meudon. S. l. n. d., in-8°, 30 p. [N. Le²⁴ 52.]

25934. — Règlement pour les chasses, du 23 août 1789. Imp. G. Desprez. S. d., in-8°, 13 p.

Le titre de départ, p. 3, porte en plus : *sur le territoire de Clamart-sous-Meudon*.
Bibliothèque de M. Paul Lacombe.

25935. — Adresse à l'Assemblée nationale, députation et arrêté de la commune de Clamart-sous-Meudon, l'une des quatre communes fédérées qui composent le 7ᵉ canton du district méridional du Département de Paris, au sujet des biens domaniaux demandés pour les plaisirs et chasses du Roi (19 août 1790). *Imp. Calixte Volland et se trouve chez Régent et Bernard.* S. d., in-8°, 16 p. [N. Lk⁷ 2083. — P. 12251*.]

P. 15-16, liste des signataires.

25936. — Mode de travail pour les circonscriptions des sections territoriales et désignations des propriétés contenues en chacune d'elles, conformément au décret sur la contribution foncière, présenté le 17 janvier 1791 à l'assemblée générale de la commune de Clamart-sous-Meudon, par J.-J. FILLASSIER, son procureur et adopté par elle. *Imp. Guillaume junior.* S. d., in-8°, 8 p. [Br. M. F. R. 623 (10).]

25937. — Clamart, son histoire, son bois et ses environs, par ALEXANDRE BARBARROUX. Ouvrage orné d'un dessin et d'un plan colorié. *Paris, imp. E.-A. Rochette,* 1869, in-12, 3 ff. et II-230 p. [N. Lk⁷ 14775.]

Le « dessin » est une vue de l'église de Clamart gr. sur acier par ERHARD.
Les *Appendices* (pp. 155-228) contiennent divers documents de la période révolutionnaire, entre autres le cahier des doléances de la paroisse de Clamart, une adresse à l'Assemblée nationale au sujet des biens domaniaux demandés pour les plaisirs et chasses du Roi et des extraits sommaires des délibérations de la municipalité (2 janvier 1790-23 nivôse an III).

La carte coloriée avait été levée par l'auteur et gravée par ERHARD.

25938. — Clamart de 1789 à 1895, par J.-M. CARITTE, employé à la Préfecture de la Seine. Avec illustrations et cartes. *Paris, 40, faubourg Montmartre; Clamart, imp. Bellenand,* MDCCCXCV (1895), in-8°, 255 p. (les dix premières non chiffrées).

La couverture imprimée sert de titre. Entre le texte d'une délibération du conseil municipal de Clamart accordant une souscription à l'auteur et le faux-titre est intercalé un portrait de M. J. Hunebelle, maire de la commune; le volume contient en outre une carte et une pl. représentant l'arrestation de Condorcet.

25939. — Etat des communes... Clamart... *Montévrain,* 1903, in-8°.

Voyez le n° 25765 ci-dessus.
M. Bournon a reproduit de courts extraits du cahier des doléances déjà réimp. par Barbarroux et par M. Caritte et donné quelques fragments des délibérations de la première municipalité élue de *Clamart-le-Vignoble*, nom que porta la commune de 1794 à 1795.

Z. — CLICHY-LA-GARENNE

25940. — Histoire de Clichy-la-Garenne, par M. l'abbé LECANU, membre de la Société des Antiquaires de Normandie et de plusieurs autres Sociétés savantes. *Paris, imp. Poussielgue,* 1848, in-8°, IX-317 p. et 1 f. n. ch. (*Table des matières*). [N. Lk⁷ 2124.]

Le chapitre VIII est consacré à *La Révolution et la Restauration* [à Clichy].

25941. — Etat des communes... Clichy... *Montévrain,* 1905, in-8°.

Voyez le n° 25765 ci-dessus.
M. F. Bournon a reproduit d'après les *Archives parlementaires* une partie des doléances de la paroisse de Clichy.

Clignancourt. — Voyez **Montmartre.**

AA. — COLOMBES

25942. — Pétition de la commune de Colombes... à la Convention nationale (16 frimaire an II-26 novembre 1793).

Au sujet de M. de Verdun, ancien fermier général et bienfaiteur de la commune de Colombes.

Voyez le n° 25666 ci-dessus, la note qui l'accompagne et le numéro suivant.

25943. — Etat des communes... Colombes... *Montévrain*, 1985, in-8°.

M. Bournon a réimprimé dans la *Notice historique* de cette monographie la pétition en faveur de M. de Verdun ; l'original en est annexé au registre municipal de la période révolutionnaire.

BB. — COURBEVOIE

25944. — Grand Détail de l'insurrection qui a eu lieu hier à dix heures du soir (27 mai 1792) au village de Courbevoie, près Paris, occasionnée par plusieurs Suisses du détachement qui y est en garnison... *Imp. V° Evrard. S. d.*, in-8°, 8 p. [*N.* Lb^{39} 10590.]

P. 8, griffe de Denis Tremblay.

CC. — LA COURNEUVE

25945. — Etat des communes... La Courneuve... *Montévrain*, 1899, in 8°.

Voyez le n° 25765 ci-dessus.

DD. — CRÉTEIL

25946. — Etat des communes... Créteil... *Montévrain*, 1902, in-8°.

Voyez le n° 25765 ci-dessus.

M. Bournon a reproduit d'après les *Archives parlementaires* le cahier des doléances de la paroisse de Créteil.

EE. — DRANCY

25947. — Etat des communes... Drancy... *Montévrain*, 1898, in-8°.

Voyez le n° 25765 ci-dessus.

M. Bournon a reproduit en partie, d'après les *Archives parlementaires*, le cahier des doléances de Drancy qu'il attribue à « quelque avocat de talent ».

FF. — DUGNY

25948. — Etat des communes... Dugny... *Montévrain*, 1896, in-8°.

Voyez le n° 25765 ci-dessus.

M. Bournon a relevé dans les registres de la commune la curieuse relation d'une fête organisée en l'honneur de la reprise de Toulon.

GG. — ÉCOUEN

25949. — Instructions et pouvoirs donnés au sieur Louis Bertin, Pierre-Gilbert de La Chaussée et Charles-Louis Leclerc, députés du bourg d'Ecouen en la prévôté-vicomté hors les murs dans le ressort du Châtelet de Paris, relativement à la convocation des Etats-Généraux de France à Versailles, le 27 avril 1789 (16 avril 1789). *Paris, Esprit*, 1789, in-4°, 24 p. [*N.* Le^{24} 74.]

HH. — FONTENAY-AUX-ROSES

25950. — Etat des communes... Fontenay-aux-Roses... *Montévrain*, 1901, in-8°.

Voyez le n° 25765 ci-dessus.
M. Bournon a donné de curieux extraits des registres municipaux de l'époque révolutionnaire.

Franciade. — Voyez **Saint-Denis**.

II. — FRESNES

25951. — Serment du clergé ou Dissertation théologique et politique en faveur de la constitution civile du clergé, par M. GALPIN, curé de Fresnes, département de Paris, avec l'extrait du procès-verbal de l'Assemblée nationale du 16 janvier 1791, où il est fait une mention honorable de cet ouvrage. *Paris, Croullebois*, 1791, in-8°, 15 p. (la dernière non chiffrée). [*N.* Ld^4 7347.]

25952. — Discours prononcé, le 19 juin 1791, lors de la bénédiction du drapeau de la garde nationale de Fresnes, département de Paris, sous la devise : Union, Prospérité, Sûreté, par l'abbé GALPIN, curé de Fresnes. *Imp. Froullé. S. d.*, in-8°, 8 p. [*N.* Lb^{39} 9998.]

Le drapeau avait été offert par M. Lange, bourgeois de Paris et propriétaire d'une maison de campagne à Fresnes.

25953. — Etat des communes... Fresnes... *Montévrain*, 1897, in-8°.

Voyez le n° 25765 ci-dessus.

JJ. — GENNEVILLIERS

25954. — Mémoire. *S. l. n. d.*, in-8°, 1 f. et 22 p. [*N.* Lb³⁹ 7565.]

Par le syndic de la paroisse de Gennevilliers, au sujet des chasses à la suite de l'abolition des capitaineries.

25955. — Etat des communes... Gennevilliers... *Montévrain*, 1898, in-8°.

Voyez le n° 25765 ci-dessus.

KK. — GENTILLY

25956. — Meurtre excité à la Maison-Blanche par les aristocrates, le 9 février 1791. *Imp. Feret. S. d.*, in-8°, 8 p. [*N.* Lb³⁹ 4599.]

25957. — Serment prononcé à la barre de l'Assemblée nationale, par une députation des gardes citoyennes et bourgeoises des six communes ressortissantes au canton de Châtillon, département de Paris, le samedi 2 juillet 1791, l'an second de la liberté française. *Imp. Prault. S. d.*, in-8°, 3 p. [*N.* Lb³⁹ 5126.]

Signé : M. DÉBOUR, prêtre citoyen, curé du grand et du petit Gentilly, département de Paris, auteur du discours.

25958. — District du Bourg-de-l'Egalité. Biens nationaux à vendre. Première publication, le vendredi 3 mai 1793, l'an deuxième de la République française, neuf heures du matin. *Paris, imp. Guillaume junior. S. d.*, in-folio plano. [*N.* Lb⁴¹ 4663*.]

Vente de trois maisons à Gentilly, l'une d'elles provenant du ci-devant séminaire Saint-Louis. Une autre affiche (même date, même recueil) annonce la vente d'une autre maison, d'un clos et d'un terrain attenant au chemin d'Arcueil.

LL. — L'HAY

25959. — Discours sur le serment civique, par M. MATHURIN-JEAN NAVAILLE, vicaire de Lay, prêtre à Paris, prononcé dans l'église de ce lieu, le 23 janvier 1791 et lu à l'Assemblée nationale en sa séance du soir du 25 du même mois. *Imp. Nationale*, 1791, in-8°, 8 p. [*N.* Ld⁴ 3299.]

25960. — District du Bourg-la-Reine. Biens nationaux à vendre. Adjudication définitive, le mardi 28 février 1792. *Imp. Vᵉ Hérissant. S. d.*, in-folio plano. [*N.* Lb⁴¹ 4663*.]

Bâtiments et terrains divers sis à l'Hay et à Chevilly.

25961. — Département de Paris. Arrêté qui destitue le maire de Lay et prononce des confiscations de grains contre différents cultivateurs du district du Bourg-l'Egalité, pour n'avoir pas obéi aux réquisitions à eux faites en exécution de l'article IX de la loi du 4 mai 1793. *Imp. Ballard. S. d.*, in-folio plano. [*N.* Lb⁴⁰ 3210*.]

25962. — Etat des communes... L'Hay... *Montévrain*, 1900, in-8°.

Voyez le n° 25765 ci-dessus et le numéro suivant.

25963. — Etat des communes... Chevilly... *Montévrain*, 1901, in-8°.

Voyez le numéro précédent.

MM. — ISSY

25964. — Massacres de septembre 1792 dans les prisons de Paris. Arrestation des prêtres et des séminaristes de Saint-Sulpice à Issy, leur emprisonnement dans l'église des Carmes. Relation inédite publiée par ALFRED BÉGIS. *Paris, au siège de la Société d'histoire contemporaine*, 5, *rue Saint-Simon*, 1899, in-8°, 1 f. et 15 p.

Relation due à ANGE DE LÉON DES ORMEAUX (1770-1829) et adressée à l'abbé Barruël qui préparait son *Histoire du clergé pendant la Révolution française* (cf. tome III de la *Bibliographie*, nᵒˢ 15375-15375ᵃ⁻ᶜ).

25965. — Décret (n° 1193) de la Convention nationale du 9 juillet 1793, portant que le canton d'Issy, district du Bourg-de-l'Egalité, portera le nom d'Issy-l'Union. *Paris, imp. Nationale exécutive du Louvre*, 1793, in-4°, 2 p.

25966. — Etat des communes... Issy-les-Moulineaux... *Montévrain*, 1903, in-8°.

Voyez le n° 25765 ci-dessus.

NN. — IVRY-SUR-SEINE

25967. — Etat des communes..., Ivry-sur-Seine... *Montévrain*, 1904, in-8°.

Voyez le n° 25765 ci-dessus.

M. Bournon a résumé, d'après les *Archives parlementaires*, le cahier de la municipalité d'Ivry qui, de 1787 à 1790, fit partie du département de Corbeil.

Lay. — Voyez **Hay (L')**.

Maisons et **Maisonville.** — Voyez **Alfort.**

OO. — MEUDON

25968. — Cahier des doléances et pétitions du tiers-état du bailliage royal de Meudon, arrêté dans l'assemblée générale du ressort, le 23 avril 1789, une heure du matin, et remis au sieur Delaunay, syndic municipal de Meudon, Fillassier, directeur propriétaire de la pépinière de Clamart-sous-Meudon et membre de plusieurs Académies; Nouette, notaire et greffier royal dudit bailliage; Germain le jeune, député de la paroisse de Viroflay, députés-électeurs à l'assemblée générale que la Prévôté et Vicomté de Paris tiendra le 24 dudit mois d'avril. S. l. n. d., in-8°, 61 p. [*Br. M. F. R.* 30° (22).]

P. 59, *Doléances envoyées par un habitant de Viroflay.*

25969. — Motion de MM. les députés du bailliage royal de Meudon. S. l. n. d., in-8°, 7 p. [*N.* Le^{33} 259.]

Le titre de départ, p. 3, porte en plus : *Motion importante adressée à MM. les députés-électeurs qui habitent les campagnes de la Prévôté et vicomté de Paris en l'assemblée du tiers-état, le 29 avril 1789, par MM. les députés du bailliage royal de Meudon, M. Fillassier, leur commissaire, portant la parole.*

Cette Motion, signée par NOUETTE, DELAUNAY, GERMAIN, FILLASSIER, a pour but d'empêcher les doubles candidatures à Paris et à la campagne, parce que, disent ses auteurs, *nul citoyen ne peut être compté pour deux.*

PP. — MONTMARTRE

25970. — Adresse à l'Assemblée nationale pour une partie des habitants de Montmartre *intra-muros. Imp. du Postillon*, S. d., in-4°, 4 p. [Z. U. B.]

Au sujet de la scission de la commune en deux fractions à cause du mur d'enceinte construit par la Ferme générale.

25971. — Mémoire à l'Assemblée nationale pour la municipalité de Montmartre, près Paris hors barrières. *Knapen et fils.* S. d. (1790), in-4°, 10 et 8 p. [*N.* Lk^7 5079.]

La première pièce commence ainsi : « Deux municipalités existent dans la commune de Montmartre... »; la seconde : « L'Assemblée nationale a reçu les justes réclamations de la commune de Montmartre. » Elle est datée du 30 avril 1790 et revêtue des signatures des membres du conseil général qui l'avaient rédigée.

Le premier de ces *Mémoires* réunis sous la même couverture dans l'ex. de la B. N. a été réimp. dans le *Bulletin de la Société* « le Vieux Montmartre » (année 1897, pp. 52-59) sous ce titre : *la Lutte des deux Montmartre.*

25972. — Hôtel de Ville. Comité militaire. Procès-verbal de la visite des travaux et des carrières de Montmartre, le 24 juillet au soir. *Baudouin.* S. d., in-folio plano. [*N.* Lb^{40} 3296*.]

Le Rapport est signé par GABRIEL-ADRIEN POISSONNIER-DESPERRIÈRES, officier d'artillerie, commandant en second du district Saint-Laurent, et ESTIENNE, ingénieur de la milice parisienne.

25973. — Démarches patriotiques de M. de La Fayette, à l'égard des ouvriers de Montmartre (24 août 1789). *Gueffier jeune.* S. d., in-8°, 7 p. [*N.* Lb^{39} 2235.]

25974. — La Retraite des ouvriers de Montmartre. *Au bureau du Journal des entretiens d'un patriote et d'un député sur les bases du bonheur public.* S. d., in-8°, 8 p. [*N.* Lb^{39} 7732.]

Voyez le numéro précédent.

Les *Entretiens d'un patriote et d'un député...* ont été décrits tome III, n° 14676.

25975. — Les Ouvriers de la montagne de Montmartre à Messieurs les habitants de Paris. *Imp. Moutard.* S. d., in-8°, 4 p. [*P.* 29062.]

25976. — Justification sur l'inculpation faite aux ouvriers de Montmartre, relativement à la délivrance d'un prisonnier. *Imp. Tremblay. S. d.*, in-8°, 4 p. [*N.* Lb³⁹ 9863.]

Signé : LACORNÉE, citoyen de la section de la Fontaine-de-Grenelle.

Le prisonnier avait été délivré avec le surplus de la quête faite pour la célébration, à l'église Saint-Paul, d'un service funèbre en l'honneur de Mirabeau (voyez tome III, nos 16771 et 16772).

25977. — Discours prononcés à la Commune de Paris et à M. le doyen du chapitre de Notre-Dame, par M. BARBEY, aumônier des chevaliers de l'Arc. *Imp. Valleyre jeune. S. d.*, in-8°, 8 p. [*N.* Lb³⁹ 9002.]

Le titre de départ, page 3, porte en plus : *en apportant un drapeau que l'on allait déposer aux voûtes de Notre-Dame à Paris, le lundi 21 juin 1790.*

P. 7, *Autre discours du même aumônier à M. le doyen du chapitre de Notre-Dame en lui remettant le drapeau.*

25978. — Discours prononcé à MM. les représentants de la Commune de Paris, par M. DURAND, secrétaire et chevalier de Montmartre, le 21 juin 1790. *Imp. Valleyre jeune. S. d.*, in-8°, 4 p. [*N.* Lb³⁹ 9003.]

25979. — Lettre d'un citoyen actif de Montmartre à un citoyen éligible de Paris. *S. l. n. d.*, in-8°, 8 p. [*N.* Lb³⁹ 9651.]

Signé : L'Ami de la vérité, de la loi et de l'égalité.
Contre Desportes, maire de Montmartre.

25980. — Discours de M. CASTELAN, curé de Montmartre, prononcé par lui le dimanche 23 janvier 1791, lors de la prestation de son serment civique et imprimé par ordre de la municipalité. *Imp. Quillou. S. d.*, in-8°, 6 p. [*N.* Ld 7350.]

25981. — Rapport sur la fête civique que la Société populaire de Montmartre se propose de célébrer sur le territoire de cette commune, le 22 du 1ᵉʳ mois de l'an II (13 octobre 1793), rédigé par le citoyen BENJAMIN DESPORTES, l'un des quatre commissaires qu'elle a nommés pour lui présenter le plan de cette fête. *Imp. de l Union. S. d.*, in-4°, 12 p. [*N.* Lb⁴⁰ 2815.]

Signé (p. 6) : DESPORTES jeune, rapporteur; MARGUERIE, MONBORNE et DUVAL, commissaires.

P. 7-11, *Inscriptions* [en vers] *à placer sur les bannières qui précéderont les différents groupes de la fête proposée à la Société* par le citoyen DESJARDINS, l'un des commissaires adjoints aux quatre ci-dessus.

Réimp. dans le *Bulletin* de la Société « le Vieux Montmartre », année 1895-1896, pp. 16-21.

25982. — La Chemise levée ou Visites faites à l'abbaye de Montmartre, dans plusieurs maisons religieuses, etc., avec une idée sur la nécessité d'une prochaine suppression des monastères, si l'on veut extirper le despotisme. *S. l. n. d.*, in-8°, 8 p. [*N.* Lb³⁹ 7768.]

30 août 1789, d'après une note manuscrite sur l'ex. de la B. N. P. 7, dénonciation contre Beaumarchais et les origines suspectes de sa fortune.

◊ M. GASTON DUVAL a publié dans le *Bulletin* du « Vieux Montmartre » (1896, p. 239-252) un travail sur *la Bibliothèque de l'abbaye de Montmartre*, accompagné de planches et de fac-similé divers et suivis d'une bibliographie de la localité et de l'abbaye. Ce travail a été tiré à part.

M. LUCIEN LAZARD a réimprimé dans le *Bulletin* du « Vieux-Montmartre » (1897-1900, pp. 42-47) l'affiche de vente de l'abbaye de Montmartre (24 floréal an II-13 mai 1794) en y ajoutant, d'après la minute du procès-verbal de vente, les noms des acquéreurs et M. LOUIS TUETEY a publié dans les annexes des *Procès-verbaux de la Commission des monuments* (tome Iᵉʳ, pièce n° XXV) la *Note des objets réservés à la ci-devant abbaye de Montmartre*, par Jollain et Cossard, le 21 vendémiaire an II (12 octobre 1793).

25983. — Détail de l'horrible massacre d'une famille entière arrivée cette nuit à Clignancourt, près Montmartre. *Imp. patriotique. S. d.* (1790), in-8°, 4 p. [*P.* 7599.]

Meurtre d'un nommé Lévêque, employé à la manufacture de porcelaine de Clignancourt, de sa femme et de ses enfants.
Réimp. par les soins de M. Lucien Lazard dans le *Bulletin* de la Société « le Vieux Montmartre », 1895-1896, p. 8-9.

25984. — Deux pages de l'histoire administrative de Montmartre, par Fernand Bournon. Paris (Tours, imp. Arrault), 1897, in-8°, 11 p. [N. Lk⁷ 33722.]

On lit au verso du titre : « Extrait du 30° fascicule de la Revue le Vieux Montmartre, 1ᵉʳ trimestre 1897 ».
Ces deux « pages » ont trait à : 1° Montmartre, paroisse du département de Saint-Germain-en-Laye (1787-1790) ; 2° Montmartre et les Batignolles en 1807 (avec un plan levé par M. Ch. Sellier, d'après une photographie prise par M. Mareuse aux Archives nationales).

QQ. — MONTROUGE

25985. — Municipalité de Montrouge. Extrait du registre. Du dimanche 13 juin 1790. Knapen et fils. S. d. In-folio plano.

Règlement adopté pour la formation et les attributions de la garde nationale locale.
Communication de M. Lechevalier, libraire.

25986. — L'Apologie du serment civique, par M. l'abbé Ferrand, vicaire de Montrouge. Imp. Vᵉ d'Houry. S. d., in-8°, 8 p. [Collection Grégoire.]

25987. — Corps législatif. Conseil des Cinq-Cents. Rapport fait par Rolland (de la Moselle) sur un message du Directoire exécutif, du 9 ventôse dernier, relatif à la réunion du hameau dit Le Petit-Vanvre à la commune de Montrouge, département de la Seine. Séance du 1ᵉʳ floréal an VII (20 avril 1799). Paris, imp. Nationale, floréal an VII, in-8°, 4 p. [N. Le⁴³ 2993.]

25988. — Règlement sur le régime et la police de la maison de retraite de Montrouge (26 prairial an XI-15 juin 1803). S. l. n. d., in-8°, 15 p. [Ec. sc. pol. Hop., tome V.]

L'ex. de la collection Pastoret porte de nombreuses corrections manuscrites.
Voyez le numéro suivant.

25989. — Supplément aux règlements sur le régime et la police de la maison de retraite de Montrouge (15 thermidor an XI-3 août 1803). Imp. des hospices civils. S. d., in-8°, 8 p. [Ec. sc. pol. Hop., tome V.]

RR. — NANTERRE

25990. — Nouvelle Maison d'éducation militaire pour la jeune noblesse, établie à Nanterre, par brevet du Roi et sous la protection du gouvernement. Paris, imp. Valleyre. S. d., in-4°, 4 p. [N. Lf⁶⁰ 21.]

Le permis d'imprimer est du 21 février 1789. Prospectus de la maison d'éducation fondée par l'abbé Hazard.

25991. — Réclamations sur le collège de Nanterre. Paris, imp. A.-J. Gorsas. S. d., in-4°, 8 p. [N. Lb⁶⁰ 22.]

Demande par l'abbé Hazard d'une indemnité.

25992. — La Société républicaine des Amis de la liberté et de l'égalité de Nanterre, district de Franciade, département de Paris, à toutes les Sociétés populaires et à tous les amis de la liberté. Paris, imp. Guérin. S. d., in-8°, 4 p. [N. Lb⁴⁰ 3376.]

Signé : Lescuyer, président ; Sencier, secrétaire.
Profession de foi.

25993. — État des communes... Nanterre... Montévrain, 1903, in-8°.

M. Bournon a reproduit en partie, d'après les Archives parlementaires, le cahier des plaintes et doléances du bourg de Nanterre.

SS. — NEUILLY-SUR-SEINE

25994. — Formation de la municipalité de Neuilly, Villiers, les Ternes, la Porte-Maillot et Madrid. Du 7 février 1790. S. l. n. d., in-4°, 15 p.

P. 1, Discours préliminaire de M. Bonnard, ancien président de la municipalité de Neuilly, nommé par le comité pour ouvrir l'assemblée. P. 5, Procès-verbal de l'assemblée tenue pour la formation de la nouvelle municipalité (liste des citoyens actifs). P. 15, Municipalité de Neuilly (constituée par les suffrages exprimés.

25995. — Requête et observations à MM. les membres composant le Directoire du Département de Paris pour M. Bonnard, contre les officiers municipaux de Neuilly (20 février 1792). Imp. L. Potier de Lille. S. d., in-4°, 1 f. et 15 p.

Le titre de départ porte : Observations pour M. Bonnard en réponse à un Mémoire publié sous le nom des officiers municipaux de Neuilly.

25996. — Requête des habitants de Neuilly-lès-Paris à Nosseigneurs les députés à l'Assemblée nationale, tendant à obtenir le comblement de l'ancien lit de rivière dont les eaux stagnantes causent des maladies épidémiques et des fièvres très dangereuses à tous les propriétaires riverains. *Paris, imp. Delaguette,* 1790, in-4°, 16 p.

D'après M. Bournon (*Rectifications et Additions à l'Histoire du diocèse de Paris,* de l'abbé Lebeuf, p. 514 (H. Champion, 1890, in-8°).

25997. — Requête des habitants de Neuilly (1er mars 1792). *Paris, imp. Potier de Lille,* 1792, in-4°, 8 p. [Z. U. B.]

Le titre de départ porte : *Requête des habitants de Neuilly à MM. le président et administrateurs du Département de Paris.*

25998. — Projet d'établissement d'un nouveau marché sur le territoire de Neuilly, à l'effet de remettre celui de Poissy dans l'étendue du ressort du Département de Paris, suivi de quelques réflexions sur la nécessité de surveiller les marchés destinés à l'approvisionnement des boucheries de la capitale (1791). *Imp. J.-B. Hérault.* S. d., in-4°, 1 f. et 17 p. [R. AD. XI, 67.]

Voyez le numéro suivant.

25999. — Observations servant de réponse à un projet d'établissement d'un nouveau marché sur le territoire de Neuilly. *Saint-Germain-en-Laye, imp. Perreault.* S. d., in-4°, 16 p. [R. AD. XI, 67.]

26000. — Règlement qui doit être observé par la troupe nationale de Neuilly, Villiers, les Ternes, l'Etoile, la porte Maillot et Madrid, commandée par M. Bonnard. *Imp. Ve Delaguette,* 1790, in-8°, 8 p. [Br. M. F. R. 627, 12.]

26001. — Arthur Chuquet. L'Ecole de Mars (1794). Avec une gravure en couleurs. *Paris, E. Plon, Nourrit et Cie,* 1899; in-12; 2 ff. et 363 p. [N. Lf[211] 111.]

La pl. en couleurs est en regard du titre.
Parmi les *Pièces et Notices* qui terminent le volume, il convient de signaler (pp. 253-316) la *Liste des élèves de l'Ecole de Mars par départements et par districts* dressée d'après les registres déposés aux archives du Ministère de la Guerre.

Le livre de M. Chuquet a été l'objet de quatre articles dans *la Révolution française,* savoir : un compte rendu par Etienne Charavay (tome XXXVII, pp. 282-284), un second compte rendu beaucoup plus détaillé et rectifiant sur quelques points les dires de l'auteur, par M. J. Guillaume (*ibid.,* pp. 294-316); deux études, l'une par M. Félix Bouvier, intitulée : *Un Elève de Mars en 1794* (*ibid.,* pp. 449-454), l'autre par M. J. Guillaume (*Deux lettres d'un ancien élève de l'Ecole de Mars* *ibid.,* tome XL, pp. 217-233) toutes deux relatives à J.-B.-Valentin de Lapelouze, plus tard fondateur et directeur du *Courrier français*; ces lettres, adressées à Lamartine, ont trait au rôle que, selon l'auteur de l'*Histoire des Girondins,* l'Ecole de Mars aurait joué dans la journée du 9 thermidor.

L'Ecole de Mars campait dans la plaine des Sablons, entre Neuilly et les Ternes et son histoire se rattache par conséquent à celle de la première de ces deux localités.

Pour d'autres documents relatifs à la même Ecole, voyez tome III, n°s 14388-14394.

26002. — Etat des communes... Neuilly-sur-Seine... *Montévrain,* 1904, in-8°.

Voyez le n° 25765 ci-dessus.

TT. — NOGENT-SUR-MARNE

26003. — Discours prononcé à l'assemblée générale des citoyens de la commune de Nogent-sur-Marne, le 12 prairial de la 2e année de la République française, jour de l'anniversaire du 31 mai 1793 (style esclave), par Aristide Valcour. Imprimé par arrêté de l'assemblée de la commune de Nogent-sur-Marne. *Bourg-l'Egalité, imp. Renaudière,* an II, in-8°, 22 p. [N. Lb[41] 3880.]

26004. — Discours prononcé le 20 prairial, jour de la fête consacrée à l'Etre suprême, à la commune de Nogent-sur-Marne, par Aristide Valcour. *Paris, imp. Millet,* an II, in-8°, 16 p. [N. Lb[41] 3909.]

Aristide Valcour est le nom abrégé de Philippe-Aristide-Louis-Pierre Plancher de Valcour.

UU. — NOISY-LE-SEC

26005. — Extrait des registres de l'assemblée électorale... (7 janvier 1791).

Discours prononcé par M. Thomeret, curé de Noisy-le-Sec (1791).

Voyez tome II, n°s 5430 et 5442 (p. 172). Ce discours reproduit aussi par M. Etienne Charavay (Assemblée électorale [première série], p. 360) a eu deux autres éditions décrites sous les numéros suivants et la B. N. en possède également une traduction allemande.

26006.— Discours prononcé par M. Thomeret... lors de sa prestation de serment... *Charleville, Rancourt,* 1791, in-8°, 7 p. [N. Ld⁴ 7576.]

26006ᵃ. — Discours de M. Thomeret... sur le serment civique. *Montpellier, Tournel,* 1791, in-8°, 12 p. [N. Ld⁴ 7657.]

26007. — Histoire de la ville de Noisy-le-Sec depuis ses origines jusqu'à nos jours, par Hector Espaulard, architecte diplômé par le gouvernement. Notes et documents inédits intéressant les communes de Noisy, Villemomble, Bondy, etc. Ouvrage illustré de plus de quarante dessins, sceaux, écussons, plans, vues, portraits, etc. et de douze planches hors texte. *Paris, Clavreuil,* 1905, in-4°, 4 ff., IV-518 p. et 1 f. n. ch. (nom de l'imprimeur).

VV. — ORLY

26008. — Pétition à Messieurs de l'Assemblée nationale Seconde législature, l'an IV de la liberté, sur l'impôt à payer. *S. l. n. d.* (1792), in-4°, 1 f. et 14 p. [N. Lk⁷ 5958.]

Réclamations de la commune d'Orly.
P. 13-14, liste des signataires.

26009. — Adresse à la Convention nationale présentée par la commune d'Orly. *Paris, chez les directeurs de l'imp. du Cercle social.* S. d., in-8°, 8 p. [N. Lk⁷ 5959.]

Pour obtenir un décret de mise en vente de la ferme seigneuriale appartenant au ci-devant Chapitre de Paris et comprenant 414 arpents de terres labourables.
P. 5-8, liste des signataires.

26010. — Etat des communes... Orly... *Montévrain,* 1896, in-8°.

Voyez le n° 25765 ci-dessus.

XX. — PANTIN

26011. — Etat des communes... Pantin... *Montévrain,* 1901, in-8°.

Voyez le n° 25765 ci-dessus.

YY. — PASSY

26012. — Harangue au Roi prononcée à la porte de l'église de Passy, par le P. Noguère, barnabite, curé de la paroisse, le jour de la grande Fête-Dieu. *Imp. Cailleau. S, d.* (1774), in-8°, 2 p. [N. Lb³⁹ 11662.]

L'approbation de l'abbé Bouillerot, curé de Saint-Gervais, et le permis d'imprimer signé par Sartine, sont datés du 27 juin 1774.
Pièce que sa date aurait dû faire exclure, mais que je crois devoir décrire en raison du nom de l'orateur. Voyez le n° 26016 ci-dessous.

26013. — Avis au public et principalement au Tiers-Etat de la part des solitaires de Passy... *Se vend à Paris, chez Prudence et se distribue gratis à Paris,* 1789, in-8°, 16 p.

D'après le *Catalogue de livres provenant de* M. P. D. [Pochet-Deroche] vendus par A. Chossonery, le 3 mai 1875 et j. s. (n° 1364).

26014. — Motion faite par un bourgeois de Paris (Des Essarts), à l'assemblée municipale de Passy, tenue le 13 avril 1789. *S. l. n. d.,* in-8°, 3 p. [N. Le²³ 153.]

26015. — Discours prononcé dans l'église de Passy avant la bénédiction d'un drapeau, le 9 août 1789, par M. D.-C. Noguères, curé. *Imp. Cl. Simon. S. d.,* in-8°, 4 p. [N. Lf¹³³ 163.]

26016. — Assemblée générale de la commune de Passy-lès-Paris pour la constitution de la municipalité, conformément aux lettres patentes du Roi du mois de décembre 1789 sur le décret de l'Assemblée nationale du 14 du même mois (1ᵉʳ février 1790). *Imp. de la Vᵉ d'Houry et De Burc,* 1790, in-8°. 46 p. [P. 12251*.]

26017. — Discours prononcé dans l'assemblée primaire du canton de Passy-lès-Paris, par N.-T. Lemoyne, ci-devant Des Essarts, avocat, membre de plusieurs Académies, commandant du bataillon de

Passy et président de cette assemblée. S. l. n. d., in-8°, 7 p. [N. Lb³⁹ 9283.]

26018. — Réponse de M. N.-T. LE MOYNE DES ESSARTS, homme de loi et électeur du Département de Paris, à ses calomniateurs. Imp. J. Grand. S. d., in-8°, 24 p. [N. Ln²⁷ 5908.]

Epigraphe empruntée à l'*Essai* de Diderot sur *Sénèque*.
P. 16-24, *Pièces justificatives*; la première est une lettre de Voltaire, datée de Ferney, 16 février 1776; la troisième est un *Discours prononcé à Saint-Denis*, par N.-T. LE MOYNE DES ESSARTS, *au mois de juin* 1790, *le jour de la Fédération préparatoire à celle du 14 juillet*.
Pièce déjà citée sous le n° 22453 ci-dessus.

26019. — Lettre de M. PALLOY à MM. les citoyens composant le canton de Passy, à l'occasion de l'envoi d'une pierre provenant des cachots de la Bastille et sur laquelle est gravé le plan de cette forteresse (13 juin 1791). — Discours prononcé par M. BLONDEAU, apôtre de la liberté et sergent de chasseurs du 9ᵉ bataillon de la 1ʳᵉ division, à la présentation d'une pierre des cachots de la Bastille, donnée par M. Palloy, patriote, à la municipalité de Passy, chef-lieu de canton, le 30 juin 1791. Imp. Desenne. S. d., in-8°, 8 p. [N. Lb³⁹ 10069.]

26020. — Adresse de l'assemblée primaire du canton de Passy, présentée à l'Assemblée nationale, le 29 août 1792... Imprimée par ordre de l'Assemblée nationale. [N. Le³³ X, n° 100.]

P. 3, liste des signataires.
Félicitations au sujet de la réunion d'une Convention nationale et offrande d'une couronne de chêne destinée à être suspendue aux voûtes du « temple de la Liberté », c'est-à-dire dans la salle même des séances de l'Assemblée.

26021. — Discours prononcé à la barre de l'Assemblée nationale au nom des citoyens et citoyennes de Passy faisant offrande aux mânes des citoyens massacrés à la journée du 10 août 1792, pour secourir les veuves et orphelins de ces malheureuses victimes, le 29 août 1792... Imprimé par ordre de l'Assemblée nationale. *Paris, imp. Nationale. S. d.*, in-8°, 3 p. [N. Le³³ 3 U.]

26022. — Département de Paris. District de Franciade. Vente de meubles et effets provenant de la succession de la ci-devant princesse Lamballe, à Passy. Imp. Vᵉ *Hérissant. S. d.*, in-folio plano. [R. AD. XX^c 70.]

Vente le 3 germinal an II (23 mars 1794) et jours suivants de meubles, d'ustensiles et de 3,856 bouteilles de vin de choix.

26023. — Eloge funèbre du citoyen Latour-D'Auvergne, premier grenadier de la République française, prononcé le 22 messidor dans le temple de la commune de Passy, par le cit. LEGARS, ancien membre du Tribunal de cassation. *Paris, imp. C. Pougens, an VIII*, in-8°, 2 ff. et 32 p. [N. Ln²⁷ 11652.]

EPIGR. :

A tous les cœurs bien nés que la patrie est chère !
VOLTAIRE, frag. de *Tancrède*.

Petit-Vanve (le). — Voyez **Montrouge**.

ZZ. — PIERREFITTE

26024. — Etat des communes... Pierrefitte... *Montévrain*, 1896, in-8°.

Voyez le n° 25765 ci-dessus.
M. Bournon a cité d'après les *Archives parlementaires* les observations présentées au nom des vignerons de Pierrefitte par un vétéran de la maison militaire du Roi, J.-B. LARDIER, se disant « seigneur haut justicier territorial du fief de Saint-Gervais de Pierrefitte, près Saint-Denis en France ».

AAA. — LE PLESSIS-PIQUET

26025. — Le Plessis-Piquet, ancien Plessis-Raoul (1112-1885), par GEORGES TEYSSIER. *Paris, Hachette et Cᵉ*, 1885, in-8° cᵃoré. [N. Lk⁷ 24926.]

Papier vergé teinté. Le volume est orné de portraits de Louis Potier de Gesvres, de Colbert, de Jérôme-Frédéric Bignon, de Regnier, duc de Massa, de Louis Hachette et de deux vues, l'une du « Plessis-Piquet, maison de plaisir », d'après la *Topographie françoise* de Claude Chastillon, l'autre du château appartenant à la famille Hachette; cette dernière pl. est gravée à l'eau-forte.

Malgré la rubrique inscrite sur le titre, cette notice, tirée à petit nombre, n'a pas été mise dans le commerce.

26026. — Etat des communes... Le Plessis-Piquet... *Montévrain*, 1898, in-8°.

Voyez le n° 25765 ci-dessus.

M. Bournon a reproduit d'après les *Archives parlementaires* le cahier des doléances de la paroisse.

BBB. — PUTEAUX

26027. — Règlement qui doit être observé par la garde nationale de Puteaux, commandée par M. Gohin. *Paris, imp. du Journal gratuit.* S. d., in-8°, 8 p. [P.12251*.]

CCC. — ROMAINVILLE

26028. — Etat des communes... Romainville... *Montévrain*, 1899, in-8°.

Voyez le n° 25765 ci-dessus.

M. Bournon a reproduit d'après les *Archives parlementaires* le cahier des doléances de la paroisse rédigé, croit-il, par l'abbé Houel, qui fut le premier maire de la commune.

DDD. — ROSNY-SOUS-BOIS

26029. — Etat des communes... Rosny-sous-Bois... *Montévrain*, 1900, in-8°.

Voyez le n° 25765 ci-dessus.

M. Bournon a résumé d'après les *Archives parlementaires* le cahier des doléances qu'il attribue au jurisconsulte Cottereau, avocat au Parlement, domicilié sur la commune.

EEE. — RUNGIS

26030. — Etat des communes... Rungis... *Montévrain*, 1897, in-8°.

Voyez le n° 25765 ci-dessus.

M. Bournon a emprunté aux registres de la municipalité la relation de la fête de la Fédération célébrée le 14 juillet 1790 sur le territoire de la commune, et cite quelques autres particularités provenant de la même source.

FFF. — SAINT-DENIS

26031. — Faits justificatifs pour la mémoire de feu M. Chatelle, lieutenant de maire de Saint-Denis. *Paris, N.-H. Nyon*, 1789, in-4°, 8 p.

Par Chatelle fils.

D'après le *Supplément* de Gustave Brunet au *Dictionnaire des anonymes* et aux *Supercheries littéraires dévoilées*.

Chatelle avait été massacré dans une émeute soulevée le 1er août 1789 par la cherté des subsistances.

26032. — A Nosseigneurs de l'Assemblée nationale. *Imp. V.e Delaguette.* S. d., in-4°. [N. Lk⁷ 8651.]

Requête des habitants de Saint-Denis en vue d'obtenir que leur ville ne soit pas comprise dans la banlieue de Paris.

D'après le *Catalogue de l'histoire de France* de la B. N.

26033. — A Nosseigneurs de l'Assemblée nationale (25 février 1790). *Imp. V.e Hérissant.* S. d., in-8°, 8 p. [N. Lk⁷ 8652.]

Demande d'un tribunal de justice royale en la ville de Saint-Denis.

26034. — Adresse des maire et officiers municipaux de la ville de Saint-Denis à l'Assemblée nationale sur l'établissement d'un tribunal (16 juillet 1790). *Paris, Baudouin.* S. d., in-8°, 6 p. [N. Lk⁷ 8653.]

26035. — Supplique des habitants de la paroisse de Saint-Martin à Saint-Denis près Paris, pour obtenir que leur paroisse soit conservée au moins en annexe de l'unique paroisse dudit Saint-Denis. *Imp. J. Grand.* S. d., in-4°, 4 p. [N. Lk⁷ 8654.]

P. 3-4, liste des signataires.

26036. — Département de Paris. District de Saint-Denis. Pétition pour l'établissement d'un tribunal dans la ville de Saint-Denis en France, en exécution du décret de l'Assemblée nationale sur l'ordre judiciaire. *Imp. V.e Hérissant*, 1790, in-8°, 3 p. [N. Lk⁷ 8655.]

26037. — Pétition à l'Assemblée nationale pour l'établissement d'un tribunal et d'un juré d'accusation dans le district de Saint-Denis. *Imp. V.e Hérissant.* S. d. (1791), in-4°, 12 p. [N. Lk⁷ 8656.]

P. 9-12, liste des signataires, suivie d'un feuillet intitulé : *Assemblée nationale*, contenant une pétition de même nature de la paroisse de La Chapelle, tant au nom de ses habitants que pour les autres paroisses du district.

26038. — Discours prononcé devant le conseil général de la commune de Saint-Denis, en l'église paroissiale des Trois-Patrons de ladite ville, par M. MINÉE, curé, de la Société des amis de la constitution, lors de la prestation de son serment, le 16 janvier de l'an II de la liberté. Imprimé en vertu de la délibération du conseil général de la commune de ce jour. *Imp. V° Hérissant*, 1791, in-8°, 1 f., 30 p. et 1 f. d'errata. [*N.* Ld⁴ 3288.]

26039. — Extrait du procès-verbal de l'assemblée électorale du district de Saint-Denis. Du 13 février 1791. *Imp. V° Hérissant. S. d.*, in-8°, 2 p. [*N.* Lb³⁹ 9710.]

Attestation en faveur de M. d'Hébray du Pouzals, chevalier de Saint-Louis, électeur du canton de Châtillon. Voyez le n° 25925 ci-dessus.

26040. — Première suite du Compte rendu par M. le procureur-syndic du district de Saint-Denis, pour et au nom de MM. les administrateurs composant le Directoire, à MM. les administrateurs composant le conseil de ce district, des opérations faites en Directoire, depuis le 9 mai dernier jusqu'à ce jour (24 octobre 1791). *Imp. Vᵉ Hérissant*, 1791, in-4°, 1 f., 30 p. et 8 tableaux. [*Br. M.* F. R. 60* (3).]

Signé : le procureur-syndic, RÉVILLE.
Je ne connais pas le *Compte rendu* dont ce numéro forme la première suite et que complètent les *Observations* décrite sous le numéro suivant.

26041. — Observations des administrateurs composant le directoire du district de Saint-Denis aux municipalités et administrés de ce district sur les contributions publiques. *Imp. Vᵉ Hérissant*, 1792, in-4°, 27 p. et un tableau. [*N.* Lk⁷ 132.]

Signé : les administrateurs composant le directoire du district de Saint-Denis, BAILLY, président; MAILLET, vice-président: BARAT, MEUSNIER, COTTEREAU, RÉVILLE, procureur-syndic; par MM. les administrateurs : DE FAUCOMPRET, secrétaire du district.
On lit au bas de la p. 1 :
« Ces *Observations* peuvent servir de seconde *Suite* au *Compte rendu* par le procureur-syndic pour le directoire du district. »

26042. — Directoire du district de Saint-Denis. Arrêté pour la demande d'un tribunal dans ce distric-. *Imp. V° Hérissant*, 1792, in-4°. [*N.* Lk⁵ 131.]

D'après le *Catalogue de l'histoire de France* de la B. N., mais porté depuis au « relevé des absents ».

26043. — Projet de décret présenté à l'Assemblée nationale, au nom du comité de division, sur la formation et circonscription d'une seule paroisse dans la ville de Saint-Denis, par M. GASTON, député du département de l'Ariège. Imprimé par ordre de l'Assemblée nationale. *Imp. Nationale. S. d.*, in-8°, 2 p. [*N.* Le³³ 3 L.]

L'ex. de la B. N. porte la date du 12 juin 1792, date de l'arrêté du directoire du département de Paris.

26044. — L'Assemblée générale des citoyens de Saint-Denis aux 48 sections de Paris (22 décembre 1792). *S. l. n. d.*, in-8°, 2 p. [*N.* Lb⁴¹ 2514.]

Signé : BOULAY, président; CONDÉ et MASSET, secrétaires.
Adhésion sans réserves à la République.

26045. — Les Membres du comité de surveillance de la ville de Saint-Denis à leurs concitoyens. *Imp. de la V° Hérissant. S. d*, (1793), in-folio plano. [*N.* Lb⁴¹ 5093.]

Violent appel à la dénonciation « des aristocrates, des royalistes, des fédéralistes, des fanatiques, des accapareurs, des feuillants, des modérés », etc. et promesse aux dénonciateurs de leur garder « le plus inviolable secret, s'ils ne veulent pas être connus ».

26046. — Décret [n° 1780] de la Convention nationale du 30ᵉ jour du premier mois de l'an II (21 octobre 1793) qui changent les noms de la ville de Saint-Denis et des communes de Neauphle-le-Château et de Château-Poinsat en ceux de Franciade, de Neauphle-la-Montagne et Poinsat. Feuillet in-4°. [*N.* Coll. dite du Louvre. Tome XVI.]

Château-Poinsat est la forme altérée de Château-Ponsac (Haute-Vienne).

26047. — Procès-verbal de la fête consacrée à l'inauguration des bustes des grands hommes et des martyrs de la liberté, qui a eu lieu à Franciade; département de Paris, le 30 brumaire et jour suivant de l'an II (20 novembre 1793). Rédigé par M. H. BLANC. Imprimé par ordre de la Société populaire. *Imp. V° Hérissant. S. d.*, in-8°, 35 p. [*N.* Lb⁴¹ 3527.]

26048. — Procès-verbal de célébration de la fête destinée à honorer le malheur. *Franciade, imp. du district. S. d.*, in-8°, 35 p. [*P.* 12272*.]

Le faux-titre porte . *Département de Paris. District de Franciade.* 20 *pluviôse an III* (8 février 1795).

26049. — Corps législatif. Conseil des Cinq-Cents. Rapport fait par CHALLAN, au nom d'une commission spéciale, sur un message du Directoire tendant à autoriser la commune de Franciade, département de la Seine, à aliéner l'ancienne maison commune pour acquitter le prix de celle où est maintenant établie l'administration. Séance du 7 floréal an VII (26 avril 1799). *Paris, imp. Nationale, floréal an VII*, in-8°, 3 p. [*N.* Le⁴³ 3003.]

26050. — La Société des Amis de la Constitution de Saint-Denis en France, aux autres Sociétés du royaume. *S. l. n. d.*, in-4°, 4 p. [*N.* Lb⁴⁰ 2925.]

Circulaire signée : GUILBERT, président ; DEVILLENEUVE fils, secrétaire ; BOISSÉ fils, secrétaire adjoint.

26051. — Idées d'un membre de la Société des Amis de la Constitution sur le gouvernement français. *Imp. V° Hérissant*, 1791, in-8°, 23 p. [*N.* Lb⁴⁰ 2926.]

Le titre de départ, page 3, porte : *Adresse à la Société des Amis de la Constitution, à Saint-Denis.*
Considérations politiques, signées : GUILBERT.

26052. — Franciade (Saint-Denis), le 5° jour du 2° mois de l'an II de la République (26 octobre 1793). La Société républicaine de Franciade à toutes les Sociétés populaires de la République. *S. l. n. d.*; feuillet in-4°. [*N.* Le⁴⁰ 1075.]

Demande d'un local soit domanial, soit communal pour toutes les Sociétés populaires.

26053. — Franciade (Saint-Denis), le 16 brumaire de l'an II de la République (6 novembre 1793). La Société républicaine de Franciade aux autorités constituées du département de Paris, aux 48 sections, à la Société des Jacobins et aux Sociétés populaires du district. *S. l. n. d.*, in-4°, 2 p. [*N.* Lb⁴⁰ 1076.]

Invitation à une fête civique en l'honneur de Marat, Chalier et Le Peletier.

26054. — Règlement de la Société républicaine de Franciade, arrêté dans les séances des 24 et 27 pluviôse an II (12 et 15 février 1794). *Imp. V° Hérissant. S. d.*, in-8°, 20 p. [*Br. M. F. R.* 346 (18).]

26055. — Richesses du trésor de l'abbaye de Saint-Denis, du Garde-Meuble, de la Couronne et de différents artistes de Paris, pour servir au sacre de l'auguste monarque de France, le roi Louis XVI. *Paris, Boudet*, 1775, in-4°, 8 p. [*N.* Lb³⁹ 182.]

Il existe de très nombreuses descriptions du trésor de l'abbaye de Saint-Denis et de l'abbaye elle-même; le tome VII du *Catalogue de l'histoire de France de la* B. N. a enregistré la plupart d'entre elles et leurs divers tirages sous les cotes Lj⁹ 562-570; mais je ne puis les rappeler que pour mémoire et ne mentionner qu'une pièce dont la date est contemporaine du sacre de Louis XVI.

¶ Le 1ᵉʳ octobre 1791, les objets les plus précieux du trésor de Saint-Denis avaient été transférés au cabinet des médailles de la Bibliothèque nationale. M. F. BOURNON a publié dans la *Correspondance historique et archéologique* (1897, pp. 273-276) le texte du procès-verbal de ce transfert d'après une copie provenant de la famille Cretté de Palluel et communiquée par M. l'abbé Michel, curé de Dugny (Seine).
D'autres objets d'or et d'argent, extraits des tombeaux après leur profanation, furent présentés à la Convention nationale le 22 brumaire an II (12 novembre 1793) et envoyés à la fonte; mais il avait été dressé de tout ce que renfermait le Trésor des inventaires établis du 21 brumaire au 27 floréal an II (11 novembre 1793-10 mai 1794) et dont le texte, provenant « d'un des commissaires », a été publié par PAUL LACROIX dans la *Revue universelle des arts* (tome IV, 1856, pp. 123-143).

26056. — A History and Description of the royal abbaye of Saint-Denis, with an account of the tombs of the Kings and Queens of France and other distinguished persons interred there; also of the many splendid decorations pieces of curious workmanship and antiquity, chapels, altars, shrines, crucifixes, etc., together with the holy bodies and various relics of the saints and martyrs. A descriptive enumeration of the vast riches which have been accumulating for ages in the treasury of this celebrated abbaye, with explanatory remarks and a series of historical anecdotes, relative of the Kings of France from the reign of Dagobert, extracted from the records of Saint-Denis. *London, printed for J.-S. Jordan, Fleet street*, 1795, in-8°, IV-96 p. [*N*. Lk⁷ 10551.]

26057. — Description historique et chronologique des monuments de sculpture réunis au Musée des monuments français, par ALEXANDRE LENOIR, augmentée... du Procès-verbal des exhumations de Saint-Denis... (an X).

Voyez tome III, n° 20005ᶜ.
Première publication du journal de ces exhumations rédigé par D. POIRIER et L. DRUON, témoins oculaires, commençant le 12 octobre 1793 et s'arrêtant au 12 novembre suivant, plus une note complémentaire datée du 18 janvier 1794. Il a été maintes fois réimprimé depuis, notamment dans la seconde édition (1803) du *Génie du christianisme*, tome IV, appendice F, pp. 470-500; Châteaubriand n'a nommé ni les auteurs, ni la source à laquelle il avait puisé et n'a cité que des fragments.

Voyez aussi les nᵒˢ 26064 et 26070 ci-dessous.

Lenoir n'a pas non plus dit quelle était la provenance de ce journal, mais il y a joint en note le texte du procès-verbal rédigé par lui du transport (24 germinal an VII-13 avril 1799) du corps de Turenne au Musée des Monuments français, et il ajoute que l'original de cet acte a été déposé chez le c. Potier, notaire, le 29 vendémiaire an VIII (21 octobre 1799). (Sur la translation solennelle des restes de Turenne aux Invalides, voyez tome III, n° 16599 et 16600).

Divers rapports de D. POIRIER relatifs, les uns aux fouilles des tombeaux, les autres aux objets précieux demeurés à l'église abbatiale de Saint-Denis, ont été publiés par M. LOUIS TUETEY dans les *Pièces annexes* jointes aux *Procès-verbaux de la Commission des Monuments* qu'il a édités pour la Société de l'histoire de l'art français. (Voyez ci-après aux *Additions et corrections* du tome III.)

Des ossements provenant de ces mêmes tombeaux avaient été distraits par divers particuliers, mais une vente aux enchères de ces débris, annoncée pour le 22 novembre 1846, fut interdite par la police; voyez à ce sujet dans le *Bulletin des arts* (organe de l'Alliance des arts) du 10 décembre 1846, p. 207, une lettre d'ALFRED BONNARDOT et une note de PAUL LACROIX.

¶ Le procès-verbal officiel de la réédification des tombes détruites en 1793 a été publié dans le *Moniteur universel* du 2 février 1817, pp. 129-131.

26058. — Les Amis de Henri IV, nouvelles historiques, suivies du Journal d'un moine de Saint-Denis, contenant le récit de la violation des tombeaux des rois en 1793, avec des notes historiques et remarques singulières, par M. SEWRIN, auteur de « Brick Bolding », des « Trois Faublas de ce temps-là », etc., ornés de cinq portraits. *Paris, Barba, an XIII-MDCCCV*, 3 vol. in-12. [*N*. Lb³⁵ 1017.]

La tomaison des trois volumes n'est indiquée que sur le faux-titre de chacun d'eux. Les cinq portraits formant frontispice sont placés en regard du titre du tome Iᵉʳ.

Le *Journal* annoncé occupe les pp. 129-186 du tome III.

26059. — Profanation des tombes royales de Saint-Denis en 1793, par Mᵐᵉ DE VANNOZ, née SIVRY. *Paris, Giguet et Michaud*. MDCCCVI (1806), in-8°, 59 p. [*N*. Ye 34419.]

Le faux-titre porte en plus : *poème élégiaque*.
Epigraphe empruntée à Phocylide.

Par décret du 19 février 1806, Napoléon avait ordonné la reconstitution du chapitre de Saint-Denis et la construction de quatre chapelles dont l'une devait être affectée à la sépulture et à celle de sa dynastie; les travaux, d'abord menés activement, restèrent inachevés; voyez à ce sujet un article satirique, mais très curieux, signé F. dans la *Quotidienne* du 5 janvier 1815.

26059ᵃ. — Profanation des tombes royales de Saint-Denis en 1793, par Mᵐᵉ DE VANNOZ, née SIVRY. *Paris, Giguet et Michaud*, MDCCCVI (1806), in-8°, 60 p.

Le faux-titre porte : *Seconde édition, revue et corrigée*.

La 3ᵉ éd. (1807) est en tout semblable à la seconde, mais la justification typographique est différente. La 4ᵉ édition (1810) n'a que 56 p. Ce poème a encore été réimp. dans les *Poésies* de l'auteur (librairie Firmin Didot frères, 1845, in-8°).

26060. — Les Tombeaux de l'abbaye royale de Saint-Denis, par M. Treneuil. *Paris, Giguet et Michaud,* MDCCCVI (1806), in-8°, VIII-48 p. [*N.* Ye 10545.]

Epigraphe empruntée à Plutarque (*Vie d'Alexandre*, trad. d'Amyot).

Le faux-titre porte en outre : *poème élégiaque*.

26060ª. — Les Tombeaux de l'abbaye royale de Saint-Denis, par M. Treneuil. Seconde édition revue, corrigée et augmentée. *Paris, Giguet et Michaud,* MDCCCVI (1806), in-8°, VIII-56 p. [*N.* Ye 34040.]

Même faux-titre et même épigraphe.

La troisième édition sous la même date est entièrement conforme à la seconde.

26060ᵇ. — Les Tombeaux de Saint-Denis et l'Héroïsme de la piété fraternelle, élégies, par M. Treneuil. Nouvelle édition, revue et corrigée. *Paris, Dentu,* 1808, in-8°, 104 p. [*N.* Ye 34043.]

Épigr. :

Sunt lacrymæ rerum et mentem mortalia tangunt.
Virg.
La pitié donne ici des pleurs à l'infortune.

26060ᶜ. — Les Tombeaux de Saint-Denis ou les Autels expiatoires, poème élégiaque proposé par la seconde classe de l'Institut à Sa Majesté l'Empereur et Roi pour l'un des grands prix décennaux de deuxième classe, par M. Treneuil. Cinquième édition, revue et corrigée. *Paris, imp. P. Didot l'aîné,* MDCCCX (1810), in-12, 72 p. [*N.* Ye 20530.]

Epigraphe empruntée à Plutarque (*Vie d'Alexandre*).

26060ᵈ. — Les Tombeaux de Saint-Denis, poème élégiaque, par M. Treneuil. Sixième édition, revue et corrigée. *Paris, Firmin Didot et Petit,* 1814, in-8°, 53 p. [*N.* Ye 34042.]

Même épigraphe qu'au numéro précédent.

On lit, p. 53, ce *N. B.* : « Ce poème élégiaque paraît aujourd'hui pour la première fois tel qu'il fut composé en 1795 ».

Il a été réimp. avec d'autres pièces de même nature dans une édition des *Poèmes élégiaques* de l'auteur (1817, in-8°).

₵ M. Paul Lacombe me signale un article publié par Villenave sur ce poème dans le *Mercure de France* de mai 1814 et tiré à part sous ce titre : *Les Tombeaux de Saint-Denis... par M. Treneuil* (Paris, imp. Fain. S. d., in-8°, 11 p). Quérard ne l'a point mentionné, bien que la notice consacrée à Villenave ait été certainement révisée par l'intéressé.

26061. — Description historique de l'église royale de Saint-Denys (*sic*), avec des détails sur la cérémonie de l'inhumation de Louis XVI et de Marie-Antoinette, reine de France, par A.-P.-M. Gilbert, auteur des Descriptions historiques de Notre-Dame de Paris et de l'église de Chartres. *Paris, Plancher; Eymery; Delaunay,* 1815, in-8°, VII-91 p. [*N.* Lk⁷ 8657.]

En regard du titre, *Façade principale de l'église royale de Saint-Denis*, pl. signée : B. N. del¹, Miller, sculp.

26062. — Récit historique de la violation des tombeaux des rois, à Saint-Denis, en 1793 (12-23 octobre), avec des notes et remarques instructives et singulières, suivi de la notice sur l'exhumation des corps du roi Louis XVI et de la reine Marie-Antoinette, et du procès-verbal de l'exhumation du corps de monseigneur le duc d'Enghien. *Paris, Testu,* 1816, in-4°, 1 f. et 39 p. [*N.* Lb⁴¹ 869.]

Réimpression commentée du journal des fouilles rédigé par D. Poirier et D. Druon.

26063. — Les Tombeaux de Saint-Denis ou le Retour de l'exilé, ode lue, le 24 avril 1817, à la séance générale des quatre Académies composant l'Institut royal de France. *Paris, Le Normant,* 1817, in-8°, 14 p. et 1 f. n. ch. (Notes). [*N.* Ye 33956.]

Par Louis de Fontanes.

« L'auteur, dit un *Avertissement* imprimé au verso du titre, suppose qu'un banni, rentré en France avant le rétablissement du culte, veut revoir l'abbaye et les tombeaux de Saint-Denis; un des religieux qui appartenaient à cette abbaye l'accompagne et lui raconte la violation des sépultures royales. »

26064. — Des Sépultures nationales et particulièrement de celles des rois de France, par Legrand d'Aussy..., suivi des Funérailles des rois, reines, princes et princesses de la monarchie française..., par M. DE ROQUEFORT... (1824).

Voyez tome III, n° 16572 et la note qui l'accompagne.

26065. — Recherches historiques sur les derniers jours des rois de France, leurs funérailles, leurs tombeaux, suivies d'une notice sur Saint-Denis, le sacre des rois et leur couronnement, par BERTHEVIN. *Paris, François Louis,* 1825, in-8°, X-388 p. [*N.* L^{37} 39.]

L'ex. de la B. N. est accompagné d'un prospectus en deux tirages différents.

P. 283-304, reproduction du procès-verbal, rédigé par Dom Poirée (sic) et dom Draon (sic) des exhumations faites du 12 octobre 1793 au 18 janvier 1794, suivi de deux notes sur le trésor de Saint-Denis et sur le transfert des tombeaux au musée des Petits-Augustins.

26066. — Les Tombeaux de Saint-Denis ou Description historique de cette abbaye célèbre, des monuments qui y sont renfermés et de son riche trésor, suivie du récit de la violation des tombeaux en 1793, de détails sur les restaurations de l'église en 1806 et depuis 1814; de notices sur les rois et les grands hommes qui y sont enterrés et sur les cérémonies funèbres qui y ont eu lieu, et précédée de la description des cérémonies usitées aux obsèques des rois de France et de la relation des funérailles de Louis XVIII, par J. A*** [JOSEPH-ABEL HUGO]. *Paris, F.-M. Maurice,* 1825, in-16, VI-276 p. [*N.* Lk^7 8661.]

La table des matières est suivie d'un extrait du catalogue de l'éditeur.

Le texte est accompagné de six pl. hors texte gravées par COUCHÉ fils, représentant le cercueil de Henri IV ouvert le 12 avril 1793, une vue extérieure et intérieure de l'abbaye, un plan et une vue du caveau des Bourbons, le tombeau de Dagobert tel qu'il avait été reconstitué par Lenoir, ceux de Louis XII, de François Ier, de Henri IV, de Louis XVIII et de tous les rois de France.

26067. — Monographie de l'église royale de Saint-Denis, tombeaux et figures historiques, par le b^{on} DE GUILHERMY, membre du Comité des arts et monuments, dessins par CH. FICHOT, correspondant du même comité. *Paris, librairie archéologique de Victor Didron,* MDCCCXLVIII (1848), in-12, 2 ff., 326 p. et 1 f. n. ch. (*Table des matières*). [*N.* Lk^7 8675.]

Épigramme empruntée à Guillaume de Nangis. Trente-et-une pl. hors texte dont une repliée.

Le chapitre V contient la reproduction littérale du journal de dom Poirier, avec les notes de Lenoir, complétées par M. de Guilhermy. Les chapitres VI et VII sont consacrés à l'indication et à la description des tombeaux détruits en 1793, au transport à Paris des monuments conservés et à leur réintégration à Saint-Denis.

26068. — GEORGES D'HEILLY. Extraction des cercueils royaux de Saint-Denis en 1793. Relation authentique. *Paris, imp. Jouaust; librairie Rouquette,* 1866, in-32, 48 p. [*N.* Lb^{41} 3424.]

On lit au verso du faux-titre :

« Tirage limité à 300 exemplaires ».

L'Avertissement de l'éditeur prévient que de cette relation « d'un religieux de Saint-Denis [voyez le n° 26059 ci-dessus] enfouie dans les notes peu lues de certaines éditions d'un livre encore célèbre [*Le Génie du christianisme*] » il a cru devoir retrancher « beaucoup de détails inutiles de nomenclatures sans intérêt et même de puérils commentaires, mais qu'il a rectifié et complété quelques erreurs et quelques oublis ».

Voyez les deux numéros suivants.

26068^a. — GEORGES D'HEILLY. Extraction des cercueils royaux à Saint-Denis en 1793. *Paris, L. Hachette et Cie,* 1868, in-18, 2 ff. et 248 p. [*N.* Lb^{41} 3424 A.]

Réimpression de la pièce décrite sous le numéro précédent, augmentée de documents nouveaux.

Trente ex. de cette nouvelle édition ont été tirés sur divers papiers de luxe et sous un titre ainsi libellé :

GEORGES D'HEILLY. *L'Odieuse profanation faicte des cercveils royavx de l'abbaye de Sainct Denys, en l'année MDCCXIII.* Imprimé à Lutèce, près la bonne ville de Sainct Denys en l'Isle de France [imp. Jouaust], an de grâce MDCCCLXVIII (1868).

On lit au verso du faux-titre :

« Tirage avec ce titre spécial pour trente enragés bibliophiles, 20 ex. sur papier de Hollande, 10 ex. sur papier de Chine numérotés et signés par l'auteur. »

Voyez le numéro suivant.

26069. — GEORGES D'HEYLLI. Les tombes royales de Saint-Denis. Histoire et nomenclature des tombeaux. Extraction des cercueils royaux en 1793. Ce qu'ils contenaient. Les Prussiens dans la basilique en 1871. *Paris, librairie générale*, 1872, in-12, VIII-274 p. [*N.* Lk⁷ 15938. — *P.* 10483.]

Le titre reproduit ci-dessus est précédé d'une lithographie signée R. R., formant couverture et faux-titre. En regard du titre de départ, autre lith. également signée R. R., représentant la façade de la cathédrale de Saint-Denis.

On lit au verso du faux-titre :

« Le présent volume n'est mis en vente qu'au nombre de cinq cents exemplaires. »

De l'aveu même de l'auteur, c'était, sous un nouveau titre, la remise en circulation de l'édition de 1868, augmentée d'une préface nouvelle et de deux appendices, l'un relatif à la découverte du cercueil du cardinal de Retz, l'autre aux déprédations commises dans l'église de Saint-Denis par les Prussiens, en 1870 et 1871.

26070. — Un Chapitre inédit de l'histoire des tombes royales de Saint-Denis, d'après les documents conservés aux Archives nationales, par J.-J. GUIFFREY, avec un plan et deux fac-similé de dessins du temps (1781-1787). *Paris, Henri Menu*, MDCCCLXXVI (1876), in-8°, 2 ff., 121 p. et 1 f. n. ch. (nom de l'imprimeur).

On lit au verso du faux-titre :

« Tiré à 125 ex., dont 25 sur papier vergé ». Extrait non spécifié du *Cabinet historique*.

Correspondance administrative relative à un projet de déplacement ou plutôt de destruction des tombes placées dans le chœur de l'église, formulé par les religieux eux-mêmes et pris en considération par la Direction des Bâtiments du Roi.

26071. — La Sépulture des Valois à Saint-Denis, par A. DE BOISLISLE. *Paris* (imp. G. Daupeley, Gouverneur à Nogent-le-Rotrou), 1877, in-8°, 2 ff. et 52 p.]*N.* Lk⁷ 19346.]

On lit au verso du faux-titre :

« Extrait du tome III des *Mémoires* de la Société de Paris et de l'Ile-de-France (pages 241 à 292). »

26072. — Deux Epaves de la chapelle funéraire des Valois à Saint-Denis, aujourd'hui au Musée du Louvre, par LOUIS COURAJOD. Extrait des « Mémoires de la Société nationale des Antiquaires de France », tome XXXVIII. *Paris* (imp. Gouverneur, G. Daupeley, à Nogent-le-Rotrou), 1878, in-8°, 33 p.

Papier vergé. Voyez le numéro suivant.

26073. — Supplément au mémoire intitulé : « Deux Epaves de la chapelle des Valois, à Saint-Denis, par LOUIS COURAJOD. Extrait des « Mémoires de la Société nationale des Antiquaires de France », tome XLI. *Paris* (Nogent-le-Rotrou, imp. Daupeley-Gouverneur), 1881, in-8°, 16 p.

Papier vergé. Voyez le numéro précédent.

¶ LOUIS COURAJOD a publié aussi dans la *Gazette des beaux-arts* [tome XXVI (1882) et tome XXXII (1885)] sous ce titre : *L'Ancien musée des monuments français, les Fonds de Saint-Denis*, un travail qui a été réimp., avec modifications et adjonctions, au tome III du *Journal* de Lenoir (cf. tome III de la *Bibliographie*, n° 19997).

26074. — Description complète de la ville de Saint-Denis depuis son origine jusqu'à nos jours, de son ancienne abbaye, de l'Ile Saint-Denis et la biographie de tous les hommes célèbres, morts ou vivants qui les ont illustrées, ornée de l'ancien et du nouveau plan de cette ville, des gravures représentant le portail de l'église, les objets précieux qui faisaient la richesse du Trésor et les tombeaux des principaux rois de France, par L.-V. FLAMAND-GRÉTRY, membre de la Société de statistique universelle, de la première classe de l'Institut historique; de l'Académie de l'industrie agricole, de l'Académie ébroïcienne, etc., etc. *Paris, Arthus Bertrand; Delaunay; Saint-Denis, Chichereau et chez l'auteur, M. Flamand-Grétry, à Vitry-sur-Seine*, 1840, in-8°, 2 ff. et 266 p.

Bibliothèque de M. Paul Lacombe.

Tirage à part, avec modifications et suppressions dans les liminaires, de la seconde partie de l'*Itinéraire... de la vallée de Montmorency...*, par L.-V. Flamand-Grétry, 1825-1840, 3 vol. in-8°. [*B. N.* Lk³ 5109.]

L'auteur a reproduit, en le commentant, le journal des fouilles de D. Poirier, mais ce commentaire n'a point de valeur archéologique.

26075. — Histoire de la ville et du canton de Saint-Denis, par FERNAND BOURNON, archiviste-paléographe. *Paris, Ch. Delagrave*, 1892, in-12, 167 p. [N. Lk⁷ 27790.]

Plan en regard du titre de départ et vignettes dans le texte.

26076. — Etat des communes... Saint-Denis... *Montévrain*, 1902, in-8°.

Voyez le n° 25765 ci-dessus.

La note de M. Bournon reproduit, entre autres documents importants de la période révolutionnaire, le projet de Gaston sur la formation et la circonscription d'une seule paroisse dans la ville de Saint-Denis (voyez le n° 26043 ci-dessus).

GGG. — SAINT-MANDÉ

26077. — Notice historique sur Saint-Mandé, par ULYSSE ROBERT, ancien élève de l'Ecole des chartes, inspecteur général des bibliothèques et archives, membre de la Société nationale des Antiquaires de France, etc. Nouvelle édition. *Paturot-Moser, libraire, Saint-Mandé*, 1901, in-12, 170 p. [N. Lk⁷ 26582ᵇⁱˢ.]

Douze photogravures hors texte d'après divers monuments et un portrait de Fouquet d'après une gravure du temps.
La première édition avait été publiée en 1889.

26078. — Etat des communes... Saint-Mandé... *Montévrain*, 1904, in-8°.

Voyez le n° 25765 ci-dessus.

M. Bournon a donné d'après les originaux la pétition des habitants de Saint-Mandé, tendant à former une commune distincte de celle de Saint-Maurice et le procès-verbal d'élection de la nouvelle municipalité (23-30 juin 1790); il a relevé dans les registres municipaux d'autres particularités intéressantes.

HHH. — SAINT-MAUR-LES-FOSSÉS

26079. — Etat des communes... Saint-Maur-les-Fossés... *Montévrain*, 1895, in-8°.

Voyez le n° 25765 ci-dessus.

III. — SAINT-OUEN

26080. — Etat des communes... Saint-Ouen... *Montévrain*, 1902, in-8°.

Voyez le n° 25765 ci-dessus.

M. Bournon a reproduit le très bref cahier des doléances de la paroisse et rappelé que de 1793 à l'an VIII la commune de Saint-Ouen s'attribua le nom bizarre de *Bains-sur-Seine*.

JJJ. — SARCELLES

26081. — Procès-verbal de la prestation du serment civique à Sarcelles. (5 avril 1790). *Paris, imp. Valleyre le jeune. S. d.*, in-8°, 16 p. [N. Lb³⁹ 8620.]

KKK. — SARTROUVILLE

26082. — Discours sur la liberté, prononcé à SARTROUVILLE, le 14 août 1791, par M. CLARY, curé dudit lieu. *S. l. n. d.*, in-8°, 8 p. [N. Lb³⁹ 5261.]

26083. — Discours sur la bonté et les avantages de la Constitution française, prononcé à Sartrouville, par M. CLARY, curé de Sartrouville, membre de la Société des Amis de la Constitution de Saint-Germain-en-Laye. *S. l.*, 1792, in-8°, 14 p. [N. Lb³⁹ 5727.]

26084. — Discours sur la charité évangélique, portant invitation à tous les citoyens de l'empire français de maintenir de toutes leurs forces la nouvelle Constitution, dont les bases reposent sur la morale la plus épurée et sont d'une identité parfaite avec les lois du christianisme, prononcé à Sartrouville, par M. CLARY, curé de la paroisse dudit lieu, membre du club de la Société des Amis de la Constitution de Saint-Germain-en-Laye, avec une explication des moyens propres à remplacer, sans commotion et sans attenter à la propriété, les effets utiles de la loi agraire, ainsi qu'un abrégé des motifs qui l'ont fait adopter et rejeter chez différents peuples et qui l'ont fait demander à plusieurs reprises chez les Romains par la voix des tribuns et des guerriers. *Imp. Knapen*, 1792, in-8°, 15 p. [N. Lb³⁹ 5728.]

ÉPIGR. :
La Constitution ou la mort.

Sur le titre et à la dernière page de l'ex. de la B. N. les mots « membre du club de la Société des Amis de la Constitution de Saint-Germain-en-Laye » ont été biffés à la plume.

LLL. — SCEAUX

26085. — Promenade de Seaux (*sic*)-Penthièvre, de ses dépendances et de ses environs, avec une description de tout ce qu'il y a de remarquable dans chaque village de la dépendance de Sceaux et dans quelques-uns de ses environs. *A Amsterdam et se trouve à Paris, chez P.-Fr. Gueffier*, MDCCLXXVIII (1778), in-12, X-148 p. [N. Lk⁷ 9239.]

Par C.-Fr. GAIGNAT DE L'AULNAYS, de Nantes.

26086. — Mémoire des habitants du bourg de Sceaux, du Plessis-Piquet, Arcueil, Lay (*sic*), Chevilly, Aulnay, Châtenay, Fresnes et autres communes du canton (24 mars 1790). *Imp. Vᵉ Hérissant*, 1790, in-4°, 4 p. [N. Lk⁶ 86.]

Signé pour expédition de la minute... GLOT, maire de la commune de Sceaux, pour et au nom des paroisses de Lay (*sic*), Chevilly, etc.

Les pétitionnaires demandent l'établissement d'un tribunal de justice à Sceaux. Ils revinrent à la charge quelques mois plus tard. Voyez le numéro suivant.

26087. — A Messieurs de l'Assemblée nationale (22 août 1790). *Imp. Vᵉ Hérissant*, 1790, in-4°, 8 p. [N. Lk⁶ 87.]

Signé : pour expédition conforme à la minute, GLOT, maire de Sceaux.

L'ex. de la B. N. contient, p. 1, une longue addition manuscrite.

Voyez le numéro précédent.

26088. — Le 3 frimaire de l'an 2ᵉ (23 novembre 1793). La Société républicaine de Sceaux-l'Unité, district de l'Égalité, département de Paris. *S. l. n. d.*, in-4°. [N. Lb⁴⁰ 2955.]

La B. N. a réuni sous la même couverture quatre autres pièces émanant de Palloy, relatives à la célébration de la fête du 10 frimaire an II (30 novembre 1793) en l'honneur des martyrs de la Liberté.

Le décret de la Convention qui changeait le nom de Sceaux en celui de *Sceaux-l'Unité* est du 22 vendémiaire an II (13 octobre 1793).

26089. — Vaincre ou mourir. Aux citoyens maire et officiers municipaux composant la commune..... (5 frimaire an II-25 novembre 1793). *S. l. n. d.*, in-folio plano. [N. Lb⁴¹ 3539.]

Invitation à la fête de Sceaux.
Signé à la main : PALLOY.

26090. — Du 5 frimaire l'an II (25 novembre 1793). « Citoyen maire, je te fais parvenir la copie... *S. l. n. d.*, feuillet in-4°. [N. Lb⁴⁰ 2956.]

Lettre de PALLOY aux corps municipaux, portant invitation à la fête célébrée par la Société populaire de Sceaux en l'honneur des martyrs de la liberté, et accompagnant l'envoi d'une médaille faite avec les chaînes de la Bastille.

26091. — Du 5 frimaire l'an II (25 novembre 1793). « Citoyens maire et officiers municipaux, le 30 du mois dernier... » *S. l. n. d.*, feuillet in-4°. [N. Lb⁴⁰ 2957.]

Lettre de PALLOY aux corps municipaux, portant invitation à la fête de la Raison, célébrée par la Société populaire de Sceaux.

26092. — Discours prononcé à la Société de Sceaux-l'Unité, le 10 frimaire [an II-30 novembre 1793], jour de la fête de la Raison, en présence de toutes les autorités constituées. *Imp. Renaudière. S. d.*, in-4°, 4 p. [N. Lb⁴⁰ 2958.]

Signé : PALLOY, patriote.

26093. — Discours prononcé à la place de la Raison, devant les statues des grands hommes. *Imp. Renaudière. S. d.*, in-4°, 2 p.

Distribué par la Société populaire de Sceaux, 10 frimaire an II (30 novembre 1793).
Signé : LEBRASSE.

26094. — Discours prononcé aux jeunes citoyennes portant la Liberté, devant la maison du plus ancien d'âge, à la fête de la Raison célébrée à Sceaux-l'Unité, le... 10 frimaire [an II-30 novembre 1793]. *S. l. n. d.*, feuillet in-4°.

Distribué par la Société populaire de Sceaux, 10 frimaire an II.
Signé : LEBRASSE.

26095. — Discours prononcé à la place de la Raison, devant les statues des grands hommes. *Imp. Renaudière. S. d.*, in-4°, 2 p. [P. 29070*.]

Signé : LEBRASSE.

« Distribué par les républicains de la Société de Sceaux-l'Unité, le jour de la fête de la Raison » (10 frimaire an II-30 novembre 1793).

26096. — Discours prononcé aux enfants de la patrie, en plantant l'arbre de la liberté. S. l. n. d., feuillet in-4°. [N. Lb⁴⁰ 2961.]

Distribué par la Société populaire de Sceaux, 10 frimaire an II (30 novembre 1793).
Signé : CHATELAIN.

26097. — Désignation et explication de la fête de la Vertu, exécutée en l'honneur des travaux de la Convention nationale, pour avoir décrété ce principe à l'ordre du jour, et l'inauguration du buste du jeune Barras (sic) par les élèves de la patrie de Sceaux-l'Unité, district de l'Egalité, département de Paris, le 10 de la 1ʳᵉ décade du mois floréal, l'an II (29 avril 1794). S. l. n. d., in-4°, 6 p. [N. Lb⁴¹ 3826.]

Signé : BOYER, LECLERC, THÉELARD, GIROND, MARÉCHAL, BENOIT, commissaires. Au-dessous de ces signatures, on lit ce curieux renvoi : « Les six commissaires font ensemble 86 ans ».

26098. — Commune de Sceaux-l'Unité. Fête des Enfants de la patrie. Extrait du procès-verbal concernant la fête des Enfants de la patrie, déposé au greffe de la municipalité de Sceaux-l'Unité (10 floréal an II-29 avril 1794). S. l. n. d., in-8°, 8 p. [N. Lb⁴¹ 3827.]

26099. — Discours civique sur les mœurs et sur les vertus, prononcé le jour que la fête de l'Être suprême a été célébrée à la commune de Sceaux-l'Unité. Imp. Renaudière jeune. S. d., in-4°, 4 p. [N. Lb⁴¹ 3910.]

On lit au-dessus de la rubrique : « Imprimé aux frais d'un citoyen de la commune de Sceaux-l'Unité. »

26100. — Morale et devoirs des Français. Principes de la liberté, par les hommes du 14 juillet. Serment républicain, par les hommes du 10 août. Prière à l'Être Suprême. Imp. Testu. S. d., in-folio plano. [N. Lb⁴¹ 3846.]

« Les Principes de la liberté et le Serment républicain sont du citoyen PALLOY, qui a fait hommage de cet imprimé de morale au Département de Paris et l'a envoyé aux instituteurs des soixante-dix-huit communes et des quarante-huit sections ».

26101. — « L'Aristocratie et le fanatisme voudraient effrayer les ombres vertueuses de Marat... » S. l. n. d. (1794), in-folio plano. [N. Lb⁴¹ 3847.]

Memento du patriote, par PALLOY.

26102. — Les Vertus républicaines des martyrs de la liberté ou Litanies des sans-culottes, qui ont été récitées sur la Montagne de la Liberté, le 20 prairial, l'an II (8 juin 1794). Imp. Testu. S. d., in-folio plano. [N. Lb⁴¹ 3911.]

Signé : Par un véritable républicain, et propagé par un aussi bon frère, citoyen de Sceaux-l'Unité.

26103. — Aux citoyens de Sceaux-l'Unité... en frimaire an IV. S. l. n. d., in-folio plano. [N. Lb⁴² 890.]

Appel à la clémence.
Signé : PALLOY.

26104. — District de l'Egalité. Canton de l'Egalité. Municipalité de Sceaux-l'Unité. Domaines nationaux provenant d'émigrés à vendre. Première publication le 6 prairial de l'an deuxième de la République française (25 mai 1794), neuf heures du matin. Une belle maison, cours, jardin potager, parterre et petit bois, situés audit Sceaux, provenant de l'émigré Bachis, divisés en trois lots. Imp. Renaudière jeune. S. d., in-folio plano. [N. Lb⁴¹ 4663*.]

26105. — Détail officiel de l'épouvantable incendie qui vient d'éclater à Sceaux, à cinq heures du matin; nom, qualité et demeure du coupable, coups de fusils tirés par lui, son du tocsin, générale battue, victime trouvée avec lui dans les flammes, son cadavre porté au bout d'une fourche et manière dont il a été enterré. Interrogatoire subi par son épouse et déclaration faite par elle sur cet incendie, son emprisonnement. Imp. Augustin. S. d., in-8°, 4 p. [N. Lk⁷ 20875.]

L'incendiaire était un nommé Chauvin, épicier. Les pp. 3-4 de ce canard sont occupées par un arrêté du Directoire exécutif sur le règlement des pensions et secours accordés aux ci-devants ecclésiastiques et religieux.

26106. — Histoire de la ville de Sceaux depuis son origine jusqu'à nos jours, par M. VICTOR ADVIELLE, officier d'Académie, sous la direction de M. Michel Charaire, délégué cantonal, ancien maire de Sceaux. Ouvrage illustré de gravures sur bois, avec une carte de Sceaux et onze vues hors texte. *Sceaux, Charaire et fils; Paris, A. Picard*, 1883, in-8°, 2 ff., III-546 p. et 1 f. n. ch. (*Table des matières*). [*N.* Lk⁷ 23255.]

Couverture imprimée et illustrée.
P. 401-456 (ch. XII) : *Sceaux sous la Révolution*. Le chapitre XI est consacré à Florian.

26107. — Etat des communes... Sceaux... *Montévrain*, 1899, in-8°.

Voyez le n° 25765 ci-dessus.
M. Bournon a cité de courts extraits du cahier des doléances et donné quelques fragments des registres de la municipalité.

MMM. — SÈVRES

26108. — Une Page d'histoire. La Manufacture de Sèvres en l'an VIII, par EDOUARD GARNIER (1888).

Voyez tome III, n° 20035.
¶ M. E.-S. AUSCHER a publié depuis dans la *Revue de l'histoire de Versailles* (1902, pp. 1-15) un article sur *la Manufacture de Sèvres pendant la Révolution*.

26109. — Corps législatif. Conseil des Cinq-Cents. Rapport fait par CHALLAN, sur la situation de la manufacture de porcelaines à Sèvres. Séance du 27 messidor an VII (15 juillet 1799). *Paris, imp. Nationale, thermidor an VII*, in-8°, 6 p. [*N.* Le⁴³ 4103.]

26110. — Observations et Pièces justificatives et Seconde Consultation pour le citoyen Séguin (3 germinal an XI (24 mars 1803). *Imp. Goujon fils. S. d.*, in-4°, 1 f. et 47 p. [*N.* 4° F. 29887.]

Signées : FERÉY, JOLLY, POIRIER, SIMÉON, PÉRIGNON, BERRYER, DEJOLY.
Voyez le n° 25322 ci-dessus (coté à la B. N. 4° F 29886), ainsi que le n° 25640 et le numéro suivant, qui ont également trait à l'affaire de l'île de Sèvres dont les héritiers Vandenyver disputaient la possession à Séguin.

26111. — Mémoire pour Madame Vandenyver. Elle réclame la propriété de l'île de Sèvres, dont le citoyen Séguin s'est emparé sans droit, sans titre, et sur laquelle il usurpe tous les droits d'un légitime propriétaire. Question importante soumise au Conseil d'Etat. Faits. *Imp. Valade. S. d.*, in-4°, 16 p. [*Br. M. F. R.* 37 (1).]

NNN. — STAINS

26112. — Discours de M. VEILLY, cultivateur et marchand boucher, maire de la municipalité de Stains, électeur du canton de Pierrefitte, département de Paris, district de Saint-Denis, prononcé le dimanche 12 décembre 1790, en présence de tous les habitants de la commune, assemblés dans l'église, à l'issue de la grand'messe paroissiale. *Imp. L. Jorry*, 1790, in-8°, 8 p. [*N.* Lb³⁹ 4416.]

Invitation à obéir aux lois.

26113. — Discours de M. VEILLY, maire de la municipalité de Stains, prononcé par lui le 3 octobre 1791, à l'érection et bénédiction d'un calvaire à Stains, pour faire connaître à tous les citoyens quels ont été les sentiments du Conseil général de la Commune pour arrêter de construire ce monument religieux en reconnaissance de la Révolution politique et de la sage Constitution française. *Imp. Roblot. S. d.*, in-8°, 8 p. [*Br. M. F. R.* 175 (12).]

26114. — Etat des communes... Stains... *Montévrain*, 1896, in-8°.

Voyez le n° 25765 ci-dessus.

OOO. — SURESNES

26115. — Discours prononcé au couronnement de la rosière de Suresnes, le 12 août 1787. *S. l.*, 1787, in-8°, 19 p. [*N.* Le³¹ 229.]

Le titre de départ, page 3, porte en plus : *Par M. l'abbé* HAZARD.

26116. — Discours sur les mœurs rurales prononcé dans l'église de Suresnes, le 10 août 1788, pour la fête de la Rosière, en présence de Madame, comtesse d'Artois, Mgr de Puységur, archevêque de Bourges, officiant, par M. l'abbé FAUCHET, prédicateur ordinaire du Roi, vicaire général de Bourges, abbé commandataire de Montfort. *Paris, J.-R. Lottin de Saint-Germain,* MDCCLXXXVIII (1788), in-8°, 46 p. et 1 f. n. ch. (privilège). [*N.* Li³¹. 230.]

26117. — Discours prononcé dans l'église de Suresnes, le 30 août 1789, pour la fête de la Rosière, Mgr de Beauvais, ancien évêque de Senez, officiant, par M. l'abbé Du SERRE FIGON, prédicateur du Roi. *Paris, Eugène Onfroy,* MDCCLXXXIX (1789), in-8°, 1 f. et 23 p. [*N.* Li³¹ 498.]

La quête était faite par Mme de La Fayette et l'une de ses filles avait couronné la rosière.

26118. — Discours prononcé au couronnement de la rosière de Suresnes, 8 août 1790, par M. RAVOISÉ, chanoine régulier, vicaire de la paroisse de Nanterre. *Imp. Cl. Simon. S. d.,* in-8°, 16 p. [*N.* Li³¹ 231.]

26119. — Le Quasimodo de Suresnes ou le Tout comme. *S. l. n. d.* (1789), in-8°, 48 p. [*P.* 12251*.]

Pamphlet politique en forme de récit d'une excursion au Mont-Valérien et dans les villages environnants.

Attribué par Barbier à J.-F. ANDRÉ, des Vosges, qui se met en scène sous son pseudonyme de PUBLIUS et dont, selon Quérard (*Supercheries littéraires*). Prudhomme aurait été l'éditeur; mais l'ex. que j'ai eu sous les yeux est anonyme et ne porte point de nom de libraire.

26120. — Département de Paris. District de Franciade. Biens nationaux à vendre, provenant d'émigrés. Première publication le 12 prairial, l'an deuxième de la République française, une et indivisible (21 mai 1794). *Imp. Hérissant. S. d.,* in-folio plano. [*N.* Lb⁴¹ 4663*.]

* Maison sise à Suresnes, provenant d'Anne de Romance, femme de Cavanac.

26121. — EDGARD FOURNIER. Suresnes. Notes historiques. Dessins de l'auteur. *Paris, imp. de la Bourse du commerce,* mai 1890, in-8°, XIV-302 p., planches. [*N.* Lk⁷ 28714.]

PPP. — THIAIS

26122. — Etat des communes... Thiais... *Montévrain,* 1898, in-8°.

Voyez le n° 25765 ci-dessus.
M. Bournon a reproduit d'après les *Archives parlementaires* le cahier des doléances et donné divers extraits des registres municipaux.

QQQ. — VANVES

26123. — Adresse à MM. les électeurs du Département de Paris et collègues (23 septembre 1791). *S. l. n. d.,* in-8°, 3 p. *P.* 12251*.]

Circulaire anonyme émanant d'un employé « à une des premières places du district du Bourg-la-Reine » et recommandant comme candidat à l'Assemblée législative M. Potin, maire de Vanvres (*sic*), électeur de 1790 et 1791, cultivateur-propriétaire et marchand-épicier à Vanvres.

26124. — Plantation de l'arbre de la liberté par les élèves du Prytanée français à Vanvres (*sic*), le 16 vendémiaire an VII (6 mars 1799).

Voyez tome III, n° 17335.

26125. — Etat des communes..., Vanves... *Montévrain,* 1901, in-8°.

Voyez le n° 25765 ci-dessus.
M. Bournon a résumé les doléances locales d'après les *Archives parlementaires* et publié divers extraits des registres (entre autres la relation de la Fédération de 1790.

RRR. — VAUGIRARD

26126. — Adresse des communes de Vaugirard, Issy, Vanves et Clamart, composant le septième canton du district méridional du département de Paris, à l'Assemblée nationale, le jeudi 2 septembre 1790. *Paris, Regent et Bernard. S. d.,* in-8°, 1 f. et 21 p. [*N.* Lb³⁹ 4031.]

Le titre de départ, page 1, porte : *Adresse du septième canton... à l'Assemblée nationale, en lui présentant l'acte de sa fédération locale, qui a eu lieu le 14 juillet 1790.*

26127. — Lettre et Déclaration de M. le curé de Vaugirard à ses paroissiens. *Paris,* imp. *Crapart*, 1791, in-8°, 30 p. [N. Ld⁴ 7558.]

Signée : GILBERT-JACQUES MARTINANT DE PRÉNEUF, curé.
Rétractation du serment civique.

26128. — Première Lettre patriotique du juge de paix de Vaugirard. S. l. n. d., in-8°, 20 p. [N. Lb³⁹ 9806.]

Signée : FRANÇOIS-JOSEPH MICHAULT DE LANNOY.

26129. — District du Bourg-de-l'Egalité. Biens nationaux à vendre. Première publication, le vendredi 3 mai 1793, l'an deuxième de la République française, neuf heures du matin. *Paris, imp. Guillaume junior. S. d.*, in-folio plano. [N. Lb⁴¹ 4663*.]

Vente des deux maisons sises à Vaugirard et attenant, l'une au séminaire de Laon, l'autre au petit séminaire Saint-Sulpice.

26130. — Discours prononcé par MICHAULT LANNOY, citoyen français, à Vaugirard, le 20 nivôse [an II-9 janvier 1794], à l'occasion de l'inauguration du Temple de la Raison. *Paris, imp. Moutard. S. d.* (1794), in-8°, 15 p. [P. 12272*.]

On lit cette note, p. 15 : « Le citoyen Damien, maire, a fait hommage des frais de l'impression ».

26131. — Discours prononcé par MICHAULT, citoyen français, à Vaugirard. *Imp. Moutard. S. d.*, in-8°, 16 p. [N. Lb⁴¹ 3913.]

Le titre de départ, page 3, porte en plus : *le jour de la fête de l'Etre suprême*.

26132. — Détail d'un affreux incendie arrivé au magasin des fourrages de Vaugirard où deux pompiers ont (sic) tombé dans les flammes. Traits de courage des pompiers qui étaient de garde au Gros-Caillou et aux Petites-Maisons, avec les noms des pompiers qui ont (sic) tombé dans les flammes. *Chez Christophe, imprimeur, rue Zacharie*, n° 6. S. d., in-8°, 4 p. [N. Lk⁷ 10101.]

Canard signé : BOURIENNE, pompier, et criblé de grossières fautes d'impression.

SSS. — VILLEJUIF

26133. — Abus inouïs de force publique ou Nouveaux traits de justice et de modération tels qu'on en a déjà connus, qu'on en connaît et qu'on pourrait sûrement s'en promettre de la part des commis aux Aides, s'ils continuaient de pouvoir violer impunément le domicile des citoyens dénoncés à Monsieur le Maire et à Messieurs du Conseil municipal. *S. l.*, 1790, in-8°, 15 p. [N. Lb³⁹ 4208.]

Signé : HARDON, bourgeois de Paris et propriétaire de la Belle-Epine.
Au sujet de violences commises par des chasseurs de la garde nationale, le 1ᵉʳ octobre, en procédant à la visite des caves et celliers de cet entrepositaire.

26134. — Discours sur l'existence de l'Être suprême et l'immortalité de l'âme, prononcé par le citoyen COLLANDIÈRE, en présence des autorités constituées et de la commune de Villejuif, le 20 prairial de l'an II de la République française, une et indivisible (8 juin 1794). *Imp. Renaudière, an II*, in-8°, 28 p. [N. Lb⁴¹ 1114.]

P. 26, *Ode à l'Eternel*, sur l'air du vaudeville de *l'Officier de fortune*.

26135. — Etat des communes... Villejuif... *Montévrain*, 1901, in-8°.

Voyez le n° 25765 ci-dessus.
M. Bournon a fait connaître le cahier des doléances de la paroisse rédigé, semble-t-il, par FRANÇOIS DE GAULÉE, avocat au Parlement, bailli du bailliage de Villejuif, et il a emprunté aux registres municipaux d'autres extraits intéressants.

TTT. — VILLEMOMBLE

26136. — Etat des communes... Villemomble... *Montévrain*, 1898, in-8°.

Voyez le n° 25765 ci-dessus.
Le cahier des doléances locales ne renferme que treize articles résumés par M. Bournon.

UUU. — VILLETANEUSE

26137. — Etat des communes... Villetaneuse... *Montévrain*, 1896, in-8°.

Voyez le n° 25765 ci-dessus.
M. Bournon n'a retenu du cahier des doléances que deux motions en faveur du transport gratuit des piétons par les charretiers qu'ils

pouvaient rencontrer et de la fermeture des cabarets pendant les offices divins. Les registres des délibérations de 1790 à 1812 ont d'ailleurs disparu.

VVV. — VILLETTE (LA)

26138. — Discours, procès-verbal d'assemblée et cahiers des habitants de la paroisse de La Villette: S. l., 1789, in-8°, 22 p. [N. Le²³ 68.]

XXX. — VILLIERS-LA-GARENNE

26139. — Cahier des doléances, remontrances et instructions de l'assemblée du tiers-état des habitants de la paroisse de Villiers-la-Garenne et Neuilly, près Paris, destinées à être portées aux Etats-Généraux en 1789 (14 avril 1789). S. l., avril 1789, in-8°, 16 p. [N. Le²⁴ 198.]

YYY. — VILLIERS-LE-BEL

26140. — Cahier du village de Villiers-le-Bel, remis à M. Louis-Pascal Letellier, procureur fiscal; Pierre-Victor-Auguste Morillon, négociant; Pierre Gouffé, marchand fruitier; Nicolas-François Gouffé, cultivateur, pour être présenté à l'assemblée générale de la prévôté et vicomté de Paris, le 18 avril 1789. S. l. n. d., in-8°, 29 p. [N. Le²⁴ 199.]

ZZZ. — VINCENNES

26141. — Mémoires d'un prisonnier d'Etat sur l'administration intérieure du château royal de Vincennes, pour servir de suite aux « Mémoires sur la Bastille », publiés par M. Linguet. Londres, 1783, in-8°, 114 p. [P. 5172.]

Reproduction textuelle de la deuxième partie du livre de Mirabeau, intitulé : *Des Lettres de cachet et des prisons d'Etat* (1782, 2 vol. in-8°).

26142. — Dialogue entre le donjon de Vincennes et la Bastille. S. l. n. d., in-8°, 16 p. [N. Lk⁷ 10465.]

Antérieur à la prise de la Bastille.

26143. — Vincennes. In-4°, 79 p., 13 pl.

Antiquités nationales, par Millin (cf. tome III, de la *Bibliographie*, n° 12075), tome II art, X.

26144. — Rapport sur le donjon de Vincennes, fait au conseil municipal, en la séance du lundi 15 novembre 1790, par M. Jallier, architecte, officier municipal, l'un des commissaires nommés pour en faire la visite. *Paris, imp. du* Journal *gratuit. S. d.*, in-4°, 7 p. [N. Lb⁴⁰ 141.]

Appropriation du donjon de Vincennes au logement des prisonniers du Châtelet.
Voyez le n° 26151 ci-dessous.

26145. — Rapport de M. Santerre, commandant du bataillon des Enfants-Trouvés, relativement à l'affaire de Vincennes (28 février 1791).

Voyez tome Iᵉʳ, n° 2090 et les nᵒˢ 2091-2111 qui ont trait à la même affaire, ainsi que les deux numéros suivants.

26146. — Lettre de M. Daiguil [d'Aiguillon], membre du club des Jacobins, à M. D..., officier municipal de la ville de Rouen. S. l. n. d., in-8°, 8 p. [N. Lb³⁹ 4659.]

Apocryphe.

26147. — N'y revenez plus. *Imp. des Frères, rue des Maçons. S. d.*, in-8°, 7 p. [N. Lb³⁹ 11673.]

Affaire de Vincennes.

26148. — Municipalité de Vincennes. Arrêté du Conseil général de la commune de Vincennes, concernant le maintien de l'ordre, la sûreté des personnes et des propriétés, et la propreté des rues. Extrait des registres des délibérations de la municipalité de Vincennes. Du dimanche six novembre mil sept cent quatre-vingt-onze. *Imp. Stoupe*, 1791, in-4°, 13 p.

Signé : Lemaitre, maire, etc. ; Pougny, secrétaire général.
Bibliothèque de M. Paul Lacombe.

26149. — La Double Comparaison ou le Décret des Cinq-Cents adopté à Vincennes. *Imp. de Vincennes. S. d.*, in-folio plano. [N. Lb⁴¹ 4719.]

La scène se passe dans l'assemblée primaire de Vincennes. Protestation contre le décret du 5 fructidor an III sur la réélection des deux tiers de la Convention nationale.

26150. — Discours prononcé à la barre de l'Assemblée nationale, par M. Dubufe, en lui présentant ses élèves. *Paris, imp. Prault,* 1790, in-4°, 6 p. [R. AD. VIII, 29.]

P. 5, prospectus de l'Ecole d'agriculture, du commerce et des arts, sise à Vincennes.

26151. — Histoire du donjon et du château de Vincennes depuis leur origine jusqu'à l'époque de la Révolution, contenant des particularités intéressantes sur les princes, les rois, les ministres et autres personnages célèbres et sur les prisonniers qui y ont été renfermés, principalement pendant les règnes de Louis XIII, Louis XIV et Louis XV, avec un précis historique des guerres civiles dans lesquelles figurèrent les principaux prisonniers du donjon, depuis le règne de Charles V jusqu'à la suppression de cette prison d'Etat, par L. B. *Paris, Brunot-Labbe; Lerouge,* 1807, 3 vol. in-8°. [N. Lk⁷ 10466.]

Compilation attribuée à J.-B.-P. Nougaret et revue par Alphonse de Beauchamp, selon Barbier.

Le rapport de Jallier (voyez le n° 26144 ci-dessus) est reproduit au tome III.

26152. — Etat des communes... Vincennes... *Montévrain,* 1904, in-8°.

Voyez le n° 25765 ci-dessus.
La notice de M. Bournon relate des particularités intéressantes pour l'histoire de Vincennes pendant la Révolution.

AAAA. — VITRY-SUR-SEINE

26153. — Etat des communes... Vitry-sur-Seine... *Montévrain,* 1905, in-8°.

Voyez le n° 25765 ci-dessus.
M. Bournon a reproduit en partie, d'après les *Archives parlementaires,* le cahier des doléances de la paroisse de Vitry-sur-Seine.

ADDITIONS ET CORRECTIONS

TOME PREMIER
NOUVELLES ADDITIONS ET CORRECTIONS

PRÉLIMINAIRES

§ 1er. — Histoires générales, etc.

26154. — Aperçu historique de la Révolution française, par Mme ***. Paris, P. Dupont, 1827, in-8°, 2 ff. et 399 p. [N. La^{32} 156.]

La dernière page non chiffrée contient les errata.
Par Mme Martinet, fille de Creuzé-Latouche.
Cet Aperçu embrasse la période qui s'étend des premières années du règne de Louis XVI à l'abdication de Napoléon Ier.

158 (Nouv. Add.). — Atlas historique et statistique de la Révolution française..., par Arnault Robert (1833).

D'après une note assez confuse de J.-B. Monfalcon (le Nouveau Spon ou Manuel de l'archéologue lyonnais [Lyon, 1856, in-8°, p. 136], le texte de cet Atlas serait son œuvre, mais on ne sait trop s'il ne revendique pas plutôt la paternité de l'Histoire publiée l'année suivante sous le même nom (cf. tome Ier de la Bibliographie, n° 159).

199 B. (Nouv. Add.). — Histoire de la Révolution française, par J. Michelet. Imprimée pour le centenaire de 1789. Paris, imp. Nationale, Paul Ollendorff, éditeur, MDCCCLXXXIX (1889), 5 vol. gr. in-8°. [N. La^{32} 244 I.]

En regard du titre du tome Ier, portrait de Michelet gravé par Dubouchet et accompagné d'une note fac-similée de Mme Michelet sur la date probable du dessin original (1858).
Le texte a été revisé sur celui de l'édition de 1868 (voyez tome Ier de la Bibliographie, n° 199^a) et les sources ont été vérifiées.

227 A. (Nouv. Add.). — Centenaire de 1789. La Révolution, par Edgar Quinet. Paris, imp. Nationale, MDCCCLXXXIX (1889), 2 vol. gr. in-8°. [N. La^{32} 440 J.]

En tête du premier volume est réimp. la Critique de la Révolution (voyez tome Ier de la Bibliographie, n° 231).

26155. — Carlo Tivaroni. Storia critica della Revoluzione francese. Terza edizione. Volume unico. L. Roux, Roma, Torino, Napoli. S. d. (1889), in-8°, VIII-951 p. [N. La^{32} 630.]

26156. — Correspondance inédite de Mallet du Pan avec la cour de Vienne (1794-1798) publiée d'après les manuscrits conservés aux Archives de Vienne, par André Michel, avec une préface de H. Taine, de l'Académie française. *Paris, E. Plon, Nourrit et C*^{e}*, 1884, 2 vol. in-8°.* [*N.* La^{33} 175.]

Mallet du Pan résidait à Berne, Zurich et Fribourg pendant qu'il rédigeait cette correspondance exclusivement politique.

26157. — François Descostes. La Révolution française vue de l'étranger. 1789-1799. Mallet du Pan à Berne et à Londres d'après une correspondance inédite. Préface de M. le marquis de Costa de Beauregard, de l'Académie française. Avec un portrait en héliogravure. *Tours, Alfred Mame et fils*, 1897, in-8°, IX-562 p. et 1 f. n. ch. (*Errata*). [*N.* La^{32} 724.]

En regard du titre, portrait héliogravé d'après une gravure de Heath faisant partie de la collection du baron Chaulin.
Les papiers utilisés par M. Descostes appartiennent au comte de Roussy de Sales et proviennent de la famille de Souza.

26158. — La Revoluzione francese nel carteggio di an osservatore italiano (Paolo Greppi), raccolto e ordinato dal conte Giuseppe Greppi, senatore del Regno. *Ulrico Hoepli, Milano*, 1900-1904, 3 vol. in-12. [*N.* La^{32} 751.]

En regard du titre du tome Ier, portrait de Paolo Greppi; en regard des titres des tomes II et III, portraits des diplomates Manfredini et d'Azara.
Paolo Greppi était consul de l'empereur d'Autriche à Cadix, en 1789, puis à Madrid, en 1790. Il vint en France au moment de la mort de Mirabeau et y séjourna jusqu'en 1799.

26159. — Histoire politique de la Révolution française. Origines et développement de la Démocratie et de la République (1789-1804), par A. Aulard, professeur à la Faculté des lettres de l'Université de Paris. *Librairie Armand Colin*, 1901, in-8°, XII-805 p. et 1 f. n. ch. (*Erratum*). [*N.* La^{32} 762.]

26159^a. — Histoire politique de la Révolution française..., par A. Aulard... Deuxième édition. *Paris, librairie Armand Colin*, 1903, in-8°, XII-805 p.

Les fautes signalées par l'*Erratum* sont corrigées et, par suite, cet *Erratum* est supprimé.

26160. — Histoire socialiste (1789-1900), sous la direction de Jean Jaurès. *Paris, Jules Rouff et C*^{e}*. S. d. (1901-1904).* [*N.* La^{31} 47.]

Tome Ier. *La Constituante* (1789-1791), par Jean Jaurès. Nombreuses illustrations d'après des documents de chaque époque.
Tome II. *La Législative* (1791-1792), par Jean Jaurès. Nombreuses illustrations...
Tome III. *La Convention I. La République*. Les idées politiques et sociales de l'Europe et la Révolution (1792), par Jean Jaurès. Nombreuses illustrations...
Tome IV. *La Convention II. La Mort du Roi. La Chute des Girondins. Idées sociales de la Convention. Gouvernement révolutionnaire* (1793-1794 [9 thermidor]), par Jean Jaurès. Nombreuses illustrations...
Tome V. *Thermidor et Directoire* (1794-1799), par Gabriel Deville. Nombreuses illustrations...

26161. — Vicomte de Grouchy et Antoine Guillois. La Révolution française racontée par un diplomate étranger. Correspondance du bailli de Virieu, ministre plénipotentiaire de Palerme (1788-1793). *Paris, Ernest Flammarion. S. d.* (1903), in-8°, XXXI-504 p. et 1 f. n. ch. (Table des matières). [*N.* La^{32} 771.]

En regard du titre, fac-similé d'un portrait du bailli de Virieu gravé en Italie. Sur la couverture, reproduction de la composition allégorique de Moreau le jeune en l'honneur de Louis XVI, restaurateur de la liberté française.
Les originaux des lettres du bailli de Virieu sont en partie aux Archives nationales, en partie à Parme.

26162. — Alfred Stern. Charles-Engelbert Œlsner. Notice biographique accompagnée de fragments de ses mémoires relatifs à l'histoire de la Révolution française. Extrait de la « Revue historique », tomes LXIII-LXXXVII). *Paris* [Nogent-le-Rotrou, imp. Daupeley-Gouverneur], 1905, in-8°, 1 f. et 144 p.

Tirage à part non mis en vente.
Traduction d'une partie des souvenirs personnels qu'Œlsner avait gardés de son séjour à Paris, de 1790 à 1792, mais qui sont moins

. des *Mémoires* au sens propre du mot qu'un recueil d'impressions. Œlsner les avait publiés en allemand, d'abord sous le titre de : *Bruchstuecke aus den Papieren eines Augenzeugen und unparteiischen Beobachters der französischen Revolution* (1794), puis en 1797 sous celui de : *Luzifer oder gereinigte Beitræge zur Geschichte der französischen Revolution*. M. Stern a laissé de côté les trente-six premiers « articles » qui n'avaient point le caractère d'un témoignage personnel.

26163. — Drs CABANÈS et L. NASS. La Névrose révolutionnaire. Préface de M. JULES CLARETIE, de l'Académie française. Orné de vingt gravures hors texte et dans le texte. *Paris, Société française d'imprimerie et de librairie (ancienne librairie Lecène, Oudin et Cie)*, 1906 [1905], in-8° carré, XI-542 p. (la dernière non chiffrée).

Épigraphe empruntée à Chateaubriand, remplacée sur la couverture imprimée par cette énumération : *La Contagion de la peur. La Folie sadique. Persécuteurs et persécutés. Les Femmes devant l'échafaud. Vandales et iconoclastes. Les Extravagances de la mode. Le Tutoiement égalitaire. Le Théâtre sans-culottiste. La Névrose religieuse.*

---

§ 2. — Recueils iconographiques.

26164. — ARMAND DAYOT, inspecteur des beaux-arts. La Révolution française, Constituante, Législative, Convention, Directoire, d'après des peintures, sculptures, gravures, médailles, objets... du temps. *Paris, Ernest Flammarion*. S. d. (1896), in-folio oblong, 2 ff. et 495 p. [*N.* La³² 722.]

26165. — Tableaux de Paris pendant la Révolution française, 1789-1792. Dessins de J.-L. PRIEUR, publiés par P. DE NOLHAC. *Paris, « Le Livre et l'Estampe »*, 37, quai de l'Horloge, 1902, in-folio, 15 p. et 64 pl., + 3 p. n. ch. (*Liste des dessins*). [*N.*

Au verso du titre, justification du tirage à 600 ex. numérotés. Titre rouge et noir, portant en fleuron le fac-similé d'un croquis de DUPLESSI-BERTAUX d'après Prieur et Châtelet, jurés au Tribunal révolutionnaire (coll. Michel Hennin). Chaque pl. est protégée par un papier de garde sur lequel sont imprimés en rouge le numéro d'ordre et le sujet du dessin.

Lorsque j'ai donné au tome Ier de la *Bibliographie* (n°s 277-287) une description minutieuse des *Tableaux historiques de la Révolution* et de leurs transformations, j'ignorais — et je n'étais pas le seul — que la plupart des dessins originaux de Prieur existaient encore. L'honneur de les avoir retrouvés et signalés appartient à M. Jean Guiffrey qui les a découverts dans un ex. des *Tableaux historiques* appartenant à la bibliothèque du Musée du Louvre où ils étaient librement intercalés en regard des planches gravées. Personne ne l'avait constaté et c'est pour cela sans aucun doute qu'ils ne figurent pas dans l'inventaire numérique dressé en 1866 par M. Frédéric Reiset. Proposés au Conservatoire du Musée central des Arts en nivôse an IX par la veuve de l'artiste, ils furent acquis à une date que ne fournit pas le registre des procès-verbaux, mais qui ne doit pas être de beaucoup postérieure. La collection comprenait soixante-deux dessins de Prieur, plus deux compositions non gravées.

M. JEAN GUIFFREY a longuement étudié dans l'*Art* (octobre et novembre 1901) les particularités qui se rattachent à Prieur et à son œuvre. M. Pierre de Nolhac les a également commentées dans un article de la *Revue de l'art ancien et moderne* (10 novembre 1901) devenu la préface de l'album décrit sous le présent numéro. J'ai rendu compte de cette publication dans la *Gazette des beaux-arts* du 1er février 1902, en formulant des conclusions différentes de celles de M. de Nolhac touchant l'un des deux dessins non gravés qui, selon lui, représenterait les massacres de l'Abbaye, le 2 septembre 1792 et que je considère, quant à moi, comme un épisode du 9 thermidor. Depuis, l'ensemble de ces originaux a fait l'objet d'une exhibition temporaire au Louvre et leur examen m'a confirmé dans l'opinion que les dessins primitivement non gravés n'étaient pas de la main de J.-L. Prieur, mais devaient provenir de la publication concurrente entreprise par Vény et Niquet et demeurée inachevée : il y a du moins de grandes analogies entre ces deux dessins et les quelques planches connues de cette seconde tentative.

L'ex. des *Tableaux historiques* appartenant à M. Destailleur, qui avait bien voulu me le communiquer et dont j'ai signalé l'intérêt (cf. tome Ier de la *Bibliographie*, n°s 277 et 282) a été acquis en 1891 à la vente de cet amateur, par M. Th. Belin, libraire, au prix de 3,000 fr.; celui qui provient de G. de Pixérécourt, de Bertin de Vaux, de M. Emmanuel Martin et M. L. Rœderer, fait actuellement partie des collections de M. Henri Beraldi.

---

§ 3. — Histoire de la Révolution à diverses époques.

26166. — Société de l'histoire de la Révolution française. Correspondance de THOMAS LINDET pendant la Constituante et la Législative (1789-1792), publiée par Armand Montier. *Paris, au siège de la Société, 3, rue de Furstenberg*, 1899, in-8°, 2 ff. et XVI-393 p. [*N.* Lb³⁹ 11746.]

En regard du titre, portrait de Thomas Lindet d'après la gravure de la collection Dejabin.

96ᵇ. (*Nouv. Add.*) — Souvenirs du baron Hüe, officier de la chambre du roi Louis XVI et du roi Louis XVIII (1787-1815), publiés par le baron de Maricourt, son arrière-petit-fils. *Paris, Calmann-Lévy, éditeur*. S. d. (1903), in-8°, 2 ff. et XXVIII-334 p. [*N.* La³¹ 48.]

En regard du titre, fac-similé d'un physionotrace du baron Hüe (1757-1819), par Quénedey.
Cette réimpression des *Souvenirs* du baron Hüe est en réalité la troisième édition d'un texte traduit d'abord en anglais sur ce manuscrit. (Voyez tome Ier de la *Bibliographie*, nᵒˢ 95, 96-96ᵃ.)

26167. — Select document illustrative of the history of the french Revolution. The Constituent Assembly. Edited by L.-G. Wickham Legg. *Oxford, Clarendon press*, 1905, 2 vol. in-8°.

Recueil de citations empruntées aux journaux, aux procès-verbaux de l'Assemblée constituante et de la Municipalité, aux délibérations des clubs, reproduites dans le texte original et reliées par un commentaire continu en langue anglaise. L'éditeur a volontairement laissé de côté les mémoires rédigés pour la plupart longtemps après les événements, ainsi que les pamphlets dont le nombre et l'étendue l'ont effrayé.
En dépit de quelques critiques de détail, ce livre a été très favorablement accueilli par M. Aulard (*Révolution française*, tome XLIX, p. 185-186) et par M. P. Mautouchet (*Revue d'histoire moderne et contemporaine*, janvier 1906, p. 315-316).

26168. — Les Petits Jacobins, par Pierre de Witt. Les grands hommes de la Terreur. *Paris, imprimerie et librairie de la Société anonyme des publications périodiques*, 1887, in-18, 118 p. et 1 f. n. ch. (*Erratum*). [*N.* Lb⁴¹ 5112.]

L'auteur dit n'avoir pris la plume qu'après avoir lu Taine, Macaulay, les procès-verbaux de la Convention, les diverses histoires du Tribunal révolutionnaire, le *Moniteur* et « les remarquables articles de M. Jules Simon dans le *Matin* sur 93 et les révolutionnaires ».

26169. — Paul Gaulot. Les Grandes journées révolutionnaires. Histoire anecdotique de la Convention nationale (21 septembre 1792-26 octobre 1795). *Paris, E. Plon, Nourrit et Cᵉ*, 1897, in-8°, 2 ff., III-392 p. et 2 ff. n. ch. (*Table des matières* et nom de l'imprimeur). [*N.* Lb⁴¹ 5269.]

Planches hors texte d'après des documents du temps.

26170. — François Bournand. La Terreur à Paris. Préface d'Armand Silvestre. *Paris, Albert Savine*, 1891, in-12, XIX-296 p. [*N.* Lb⁴¹ 5199.]

Epigraphe empruntée à la Déclaration des droits de l'homme et à Brissot.

26171. — Ludovic Sciout. Le Directoire. *Paris, librairie Firmin Didot et Cᵉ*, 1895-1897, 4 vol. in-8°. [*N.* Lb⁴² 2764.]

[Tome Ier.] Première partie. *Les Thermidoriens. Constitution de l'an III. 18 fructidor.*
[Tome II.] Première partie. [Mêmes sous-titres].
[Tome III.] Seconde partie. *Les Fructidoriens. Le 30 prairial. Le 18 brumaire.*
[Tome IV.] Seconde partie. Mêmes sous-titres.

26172. — Paris pendant la réaction thermidorienne et sous le Directoire. Recueil de documents pour l'histoire de l'esprit public à Paris, par A. Aulard, professeur à l'Université de Paris. *Paris, Léopold Cerf; Noblet; maison Qvantin*, 1898-1902, 5 vol. in-8°. [*N.* La³² 612.]

— Tome Ier. Du 10 thermidor an II au 29 prairial an III (28 juillet 1794-9 juin 1795).
— Tome II. Du 21 prairial an III au 30 pluviôse an IV (9 juin 1795-19 février 1796).
— Tome III. Du 1er ventôse an IV au 20 ventôse an V (30 février 1796-10 mars 1797).
— Tome IV. Du 21 ventôse an V au 2 thermidor an VI (11 mars 1797-20 juillet 1798).
— Tome V. Du 3 thermidor an VI au 19 brumaire an VIII (31 juillet 1798-10 novembre 1797).

Le tome V renferme une *Table générale alphabétique*.
Collection de documents relatifs à l'histoire de Paris pendant la Révolution française publiés sous le patronage du Conseil municipal.
M. Aulard a entrepris sur le même plan et dans la même collection un *Paris sous le Consulat* dont deux volumes ont paru (décembre 1905).

26173. — Société de l'histoire de la Révolution française. L'Etat de la France en l'an VIII et en l'an IX, avec la liste des préfets et des sous-préfets au début du Consulat. Documents publiés par F.-A. AULARD. *Paris, au siège de la Société,* 1897, in-8°, 2 ff., IV-157 p. et 1 f. n. ch. (*Table des matières*). [*N.* Lb⁴² 2808.]

§ 4. — Histoire des Assemblées.

A. — GÉNÉRALITÉS

26174. — Histoire des assemblées politiques en France, du 5 mai 1789 au 8 mars 1876, par EUGÈNE PIERRE, secrétaire rédacteur de la Chambre des députés. Tome Ier, 1789-1831. *Versailles, Cerf et fils; Paris, J. Baudry,* 1877, in-8°, VII-384 p. [*N.* Le¹ 75.]

Le second volume n'a pas paru.

26175. — VICTOR DU BLED. Orateurs et tribuns (1789-1794), avec une préface de JULES CLARETIE, de l'Académie française. *Paris, Calmann-Lévy,* 1891, in-18, 2 ff. et VI-320 p. [*N.* Ln⁶ 132.]

26176. — Ville de Paris. Publications relatives à la Révolution française. Histoire des édifices où ont siégé les Assemblées parlementaires de la Révolution française et de la première République, par ARMAND BRETTE. Tome premier. *Paris, imp. Nationale,* MDCCCCII (1902), in-folio, 2 ff. et XCII-359 p. [*N.* La³² 650.]

La liste des planches hors texte est donnée à la suite de la *Table des matières*.

B. — ASSEMBLÉE CONSTITUANTE

26177. — Liste de Messieurs les députés à l'Assemblée nationale constituante depuis le 17 juin 1789 au 3 septembre 1791, et Législative jusqu'au 3 septembre de la même année. Dessiné par MONNET, peintre du Roi. Gravé par GODEFROY, de l'Académie royale et impériale de Vienne, de celle de Londres, etc. *Se vend à Paris, chez l'auteur, rue des Francs-Bourgeois, près le Théâtre-Français, vis-à-vis la rue de Vaugirard,* n° 127. S. d., in-folio plano. [*N.* Le²⁶ 32.]

La liste imprimée est placée dans un encadrement gravé dont le centre est formé par un groupe allégorique au-dessus de laquelle est représentée une *Séance de l'Assemblée nationale*. Au bas, en dessous du t. c., on lit : « La Raison, ayant mis un frein à la Force, fait jurer au Pouvoir exécutif d'être soumis aux lois qu'il va faire observer. »

Un nouveau tirage de cette planche (coté à la B. N. Le³² 33) a pour titre : *Assemblée nationale. Seconde Législature du 1er octobre 1791 jusqu'au 1er mai 1793* et les noms des députés classés par départements remplacent ceux de leurs prédécesseurs.

26178. — L'Assemblée constituante de 1789, par ANATOLE DE GALLIER. Extrait de la « Revue des questions historiques » (janvier 1881). *Paris, Victor Palmé,* 1881, in-8°, 70 p. [*N.* Le²⁷ 46.]

On lit au verso du titre :
« Tiré à 50 exemplaires ».

26179. — Journal d'ADRIEN DUQUESNOY, député du tiers-état de Bar-le-Duc, sur l'Assemblée constituante (3 mai 1789-3 avril 1790), publié pour la Société d'histoire contemporaine, par ROBERT DE CRÈVECŒUR. *Paris, Alphonse Picard et fils,* 1894, 2 vol. in-8°. [*N.* L⁴⁵ 63 (7-8).]

Tome Ier, 3 mai-29 octobre 1789.
Tome II, 30 octobre 1789-3 avril 1790.
Cette publication a été l'objet, dans la *Revue critique* du 11 mai 1896 (pp. 363-373), d'un compte rendu de M. ARMAND BRETTE, auquel M. PAUL GUILHIERMOZ, prenant fait et cause pour M. Robert de Crèvecœur qui venait de mourir, crut devoir opposer diverses contestations réfutées à leur tour par M. Brette (*Revue critique* du 12 juin 1896, pp. 492-498).

¶ M. EDME CHAMPION a rendu compte du tome Ier du *Journal* d'Adrien Duquesnoy dans la *Révolution française*, tome XXVII (juillet-décembre 1894), pp. 473-478.

26180. — Histoire financière de l'Assemblée constituante, par CHARLES GOMEL. *Paris, Guillaumin et Cie,* 1896-1897, 2 vol. in-8°. [*N.* Le²⁷ 51.]

Voyez tome III, n°ˢ 12654-12654ᵃ et le n° 26191 ci-dessous.

26181. — Société de l'histoire de la Révolution française. Les Constituants.

Liste des députés et des suppléants élus à l'Assemblée constituante de 1789, précédée d'un Avertissement par ARMAND BRETTE. *Paris, au siège de la Société, 3, rue de Furstenberg,* 1897, in-8°, 2 ff. et 310 p. [*N.* Le²⁶ 33.]

« La liste des Constituants que nous donnons ici, dit l'*Avertissement*..., est un résumé du tome II du *Recueil des documents relatifs à la convocation des Etats-Généraux* [publié dans la collection des documents inédits sur l'histoire de France], mais dans un ordre différent et à un point de vue plus étendu. »

434 (*Nouv. Add.*). — A. AULARD, professeur à l'Université de Paris. Les Orateurs de la Révolution. L'Assemblée constituante. Nouvelle édition revue et corrigée, avec deux portraits en héliogravure et un fac-similé d'autographe. *Paris, Ed. Cornély et C°,* 1905, in-8°, 2 ff. et II-573 [574] p.

Les deux portraits sont ceux de *Mirabeau* d'après JEAN GUÉRIN gr. par FIESINGER et de *Barnave* d'après un buste attribué à HOUDON. Le fac-similé est celui du passage le plus célèbre du discours de Mirabeau sur la banqueroute d'après le mss. autographe appartenant à la bibliothèque de l'Arsenal.

614 (*Nouv. Add.*). — Journal des décrets de l'Assemblée nationale, pour les habitants des campagnes, et de correspondance entre les municipalités des villes et des campagnes du royaume, par M. St M... (27 avril 1789-30 juin 1792). *Paris, Clousier,* 1789-1792, 11 vol. in-8°. [*N.* Lc² 269.]

L'ex. de la B. N., représenté jadis par un simple prospectus, comporte aujourd'hui onze volumes provenant de la collection La Bédoyère, mais qui ne figurent pas au catalogue rédigé par M. N. France. Le premier volume, non tomé, est précédé d'un prospectus de quatre pages. Au verso du titre, *Avis* exposant qu'à la demande de plusieurs abonnés les rédacteurs s'étaient décidés à « faire remonter leur ouvrage au 27 avril 1789, époque de l'arrivée des députés à Versailles, tandis que le *Procès-verbal* de l'Assemblée n'a commencé le récit de ses séances qu'au 17 juin ». Cet *Avis* est suivi d'un appel *Aux habitants des campagnes* (48 p.) et des *Séances tenues à Versailles* du 27 avril au 15 octobre 1789 (260 p.). La première série du *Journal des décrets* proprement dit comporte onze numéros ou « semaines » et va du 19 octobre au 31 décembre 1789. Chaque numéro a une pagination distincte. Le dernier est suivi d'une lettre aux rédacteurs (2 p.), signée DUBOIS DE CRANCEY (sic), député à l'Assemblée nationale, sur « la formation de l'état militaire ».

Les dix volumes qui constituent le surplus du *Journal des décrets* sont répartis en trimestres portant aux titres une épigraphe tirée du *Contrat social*, pourvus de tables alphabétiques des matières et se divisant ainsi :
— 1790, 4 vol. (tomes I-IV).
— 1791, 4 vol. (tomes I-IV).
— 1792, 2 vol. (tomes I-II).

Ces deux derniers volumes portent la rubrique de l'*Imprimerie de la Société des Amis du commerce.*

La *Description* de la collection Deschiens attribuait 30 « volumes » au *Journal des décrets;* il est probable que le propriétaire de cette collection comptait chaque trimestre pour un volume complet.

C. — ASSEMBLÉE LÉGISLATIVE

26182. — Noms de Messieurs les députés et députés suppléants du département de Paris nommés à la nouvelle législature par l'assemblée électorale de mil sept-cent-quatre-vingt-onze. *S. l. n. d.,* feuillet in-8°. [*N.* Le³² 38.]

26183. — Liste de MM. les députés à l'Assemblée nationale législative. *S. l. n. d.,* in-8°, 24 p. [*N.* Le³² 37.]

Par ordre alphabétique du département.
P. 16, réclames pour diverses brochures et pour le Club politique et littéraire établi par le libraire Girardin au Palais-Royal.

26184. — Table des noms des députés à la première législature, contenant l'indication de la date de la vérification de leurs pouvoirs, de la prestation de leur serment et celle du département qui les a nommés. *S. l. n. d.,* in-8°, 24 p. [*N.* Le³² 41.]

Tirage à part du tome Ier du *Procès-verbal de l'Assemblée nationale* [législative] décrit sous le n° 478 de la *Bibliographie.*

26185. — Etat nominatif des commissaires délégués par les comités pour composer la commission centrale, conformément au décret du 10 mai 1792... (28 mai 1792). *S. l. n. d.,* in-4°, 4 p. [*N.* Le³² 40.]

Voyez le numéro précédent.

26186. — Commission centrale. *Imp. Nationale. S. d.*, feuillet in-4°. [*N.* Le^{32} 39.]

Bulletin de vote pour un renouvellement de la Commission. Voyez le numéro suivant.

28187. — Société de l'histoire de la Révolution française. Les Députés à l'Assemblée législative de 1791. Listes par départements et par ordre alphabétique des députés et des suppléants, avec nombreux détails biographiques inédits, par AUGUSTE KUSCINSKI, membre de la Société. *Paris, au siège de la Société*, 3, *rue de Furstenberg*, 1900, in-8°, 2 ff., V-171 p. et 1 f. n. ch. (*Table des matières*). [*N.* La^{32} 42.]

D. — CONVENTION NATIONALE

26188. — La Convention nationale telle qu'elle fût et telle qu'elle est ou Liste alphabétique tant des députés actuellement en fonctions que de ceux qui en sont sortis d'une manière quelconque; leurs noms, qualités et demeures, faisant suite à la « Liste comparative de l'opinion des députés sur les appels et jugement de Louis XVI », *Paris, Levigneur et Froullé*, 1793, *l'an deuxième de la République française*, in-8°, 48 p. [*N.* Le^{36} 17.]

La *Liste comparative des cinq appels nominaux...* a été décrite tome Ier, n° 3675. Sa publication fut la cause de la condamnation à mort des deux éditeurs; voyez, outre la note qui accompagne le numéro précité, les n°^{s} 22775 et 23660 ci-dessus.

26189. — L'Indicateur général des attributions des comités de la Convention nationale et des commissions exécutives dans lequel on trouve : 1° un tableau correspondant des attributions respectives des comités de la Convention nationale et des commissions exécutives, accompagné de notes explicatives des changements survenus dans ces attributions depuis le décret du 12 germinal ; 2° des tableaux particuliers des travaux dont on s'occupe dans chaque commission, avec les noms des commissaires adjoints, agents attachés à ces commissions et ceux des chefs des bureaux, les noms des maisons où elles sont situées. On y a joint les décrets des 14 frimaire, 12 germinal et 7 fructidor qui font mention de ces attributions. Recueil utile aux fonctionnaires publics, aux employés dans les bureaux de la Convention et dans ceux des commissions exécutives et à tous les citoyens enfin qui ont des rapports d'affaires avec ces bureaux. *Paris, Pougin; Rondonneau; Dufart; Petit, an III*, in-12, 2 ff. et 80 p. [*N:* Le^{36} 48.]

26190. — Publié sous les auspices du Ministère de l'Instruction publique. Notes historiques sur la Convention nationale, le Directoire, l'Empire et l'exil des votants, par MARIE-ANTOINE BAUDOT, ex-membre de la Convention nationale. *Paris, imp. D. Jouaust, L. Cerf, successeur*, 1893, in-8°, 2 ff. et XV-356 p. [*N.* La^{33} 189.]

La *Préface* est signée Ve EDGAR QUINET et datée de Paris, 14 juillet 1889.

26191. — Le Comité de salut public de la Convention nationale, par J. GROS. *Paris, E. Plon, Nourrit et Cie*, 1893, in-12, 2 ff. et 352 p. [*N.* Lb^{41} 5231.]

26192. — Histoire financière de la Législative et de la Convention, par CHARLES GOMEL. *Paris, Guillaumin et Cie*, 1902, 2 vol. in-8°. [*N.* Le^{33} 9.]

Tome Ier (1792-1793). Le tome II n'a pas encore paru (décembre 1905).

Voyez le n° 26180 ci-dessus.

E. — CORPS LÉGISLATIF (CONSEIL DES CINQ-CENTS ET CONSEIL DES ANCIENS)

26193. — Corps législatif. Conseil des Anciens. Liste des représentants du peuple qui, ayant été membres de la Convention nationale, siègent au Conseil des Anciens, pour être distribuée au Corps législatif le 10 vendémiaire an V (28 février 1797), en exécution de la loi du 20 nivôse précédent concernant le renouvellement du Corps législatif (9 ventôse an V-27 février 1797). *S. l. n. d.*, in-folio plano. [*N.* Le^{41} 6.]

26194. — Société de l'histoire de la Révolution française. Les Députés au Corps législatif (Conseil des Cinq-Cents, Conseil des Anciens) de l'an VI à l'an VII. Listes, tableaux et lois, par AUGUSTE KUSCINSKI, membre de la Société. *Paris, au siège de la Société, 3, rue de Furstenberg,* 1905, in-8°, 2 ff. et XIX-419 p. [*N.* Le⁴¹ 24.]

Il n'a pas été tiré d'ex. sur papier vergé.

PREMIÈRE PARTIE

CHAPITRE PREMIER
ÉVÉNEMENTS DE L'ANNÉE 1789

26195. — Avis au public. S. l. n. d. (1789), in-8°, 2 p. [*N.* Lb³⁹ 11754.]

Contre Necker, soi-disant investi par le Roi du pouvoir de guérir les écrouelles, contre sa famille et ses familiers. Pièce antérieure à la réunion des Etats-Généraux.

26196. — Instruction et pouvoirs donnés à MM. les ducs de Castries, duc de Liancourt, duc de Coislin, marquis de Montesquiou, marquis de La Queille et prince de Broglie, électeurs du dix-neuvième département de la Noblesse de Paris assemblée aux Petits-Augustins. *S. l. n. d.*, in-8°, 8 p. [*N.* Le³⁴ 241.]

26197. — Idées patriotiques sur les premiers besoins du peuple proposés à l'assemblée des Etats-Généraux, avec un aperçu sur les principaux objets à traiter pendant leur tenue. *S. l. n. d.* (1789), in-8°, 16 p. [*N.* Lb³⁹ 11710.]

ÉPIGR. :

Ecce tempus acceptabile, ecce dies salutis.

Par le comte DE BOISBOISSEL, d'après une note ancienne sur l'ex. de la B: N. provenant de la collection Hennequin ; par DECREMPS, suivant Barbier, s'autorisant d'une note de Maton de La Varenne.

26198. — Extrait d'une lettre de Paris du 15 juillet 1789. *S. l. n. d.*, in-8°, 7 p.

P. 6, *Copie d'une lettre de Nantes du 18 juillet* 1789. Relation de la prise de la Bastille et de la journée du lendemain.
Bibliothèque de M. Paul Cottin.

26199. — Discours au Roi, prononcé le 27 avril 1791, par ANTOINE GIRARD, citoyen actif de Narbonne, à la tête d'une députation des veuves qui ont perdu leur mari au siège de la Bastille. — Discours à M. La Fayette, prononcé par ANTOINE GIRARD... *S. l. n. d.*, in-8°, 4 p. [*N.* Lb³⁹ 9904.]

26200. — Société de l'histoire de la Révolution française. La Journée du 14 juillet 1789, fragment des mémoires inédits de L.-G. PITRA, électeur de Paris en 1789, publié avec une introduction et des notes par JULES FLAMMERMONT, professeur à la Faculté des lettres de Lille. *Paris, au siège de la Société,* 1892, in-8°, 2 ff. et CCLXXIII-68 p. [*N.* Lb³⁹ 11532.]

L'*Introduction* très considérable, comme l'on voit, est divisée en deux parties : *Critique des témoignages* et *Exposé des faits.* Le texte original de la relation de Pitra, dont il existe deux traductions allemandes (cf. tome Iᵉʳ de la *Bibliographie,* nᵒˢ 32 et 1168), a été collationné sur une copie conservée aux archives du duché d'Oldenbourg, provenant d'un manuscrit de la *Correspondance littéraire* de Grimm, continuée par Meister qui, durant ses absences de Paris, se fit plusieurs fois suppléer par Pitra.

26201. — Une nouvelle Relation de la prise de la Bastille. *Nogent-le-Rotrou, imp. Daupeley-Gouverneur. S. d.,* in-8°, 6 p. [*N.* Lb³⁹ 11728.]

Extrait du *Bulletin de la Société de l'histoire de Paris et de l'Ile-de-France,* tome XXVI.
La pièce n'a qu'un titre de départ. L'avertissement est signé : L.-G. PÉLISSIER.
L'éditeur a retrouvé cette relation anonyme en forme de journal (12-16 juillet 1789) dans un recueil manuscrit portant le n° 709 du catalogue des mss. de la bibliothèque d'Arles rédigé par l'abbé Albanès qui ne l'avait pas d'ailleurs signalée.

26202. — Un Patriote au peuple ou Réflexions sur la fin de Foulon et de Bertier. *S. l. n. d.*, in-8°, 4 p. [*N.* Le³⁹ 11663.]

26203. — HENRI COULON, avocat. La Nuit du 4 août 1789, étude historique. Avant. Pendant. Après. *Paris, librairie Paul Ollendorff,* 1902, in-18, 166 p. et 1 f. n. ch. (nom de l'imprimeur). [*N.* Lb³⁹ 11869.]

Epigraphe empruntée à Michelet.

26204. — Les Journées des 5 et 6 octobre 1789 à Versailles, par M. L. BATIFFOL, archiviste-paléographe. Plans de M. PAUL FAVIER, architecte, inspecteur des bâtiments civils. *Versailles, imp. V° E. Aubert,* 1891, in-8°, 78 p. et deux plans repliés. [*N.* Lb^{39} 11578.]

On lit au verso du faux-titre : Extrait des *Mémoires* de la Société des sciences morales, des lettres et des arts de Seine-et-Oise, tome XVII, année 1891.

26205. — Étude critique sur les journées des 5 et 6 octobre 1789, par A. MATHIEZ. Extrait de la « Revue historique », années 1898-1899. *Paris* (Nogent-le-Rotrou, imp. Daupeley-Gouverneur), 1899, in-8°, 104 p. [*N.* Lb^{39} 11714.]

Non mise en vente, comme tous les tirages à part de cette *Revue*.

CHAPITRE II
ÉVÉNEMENTS DE L'ANNÉE 1790

26206. — Détail de l'exécution et de la mort du marquis de Favras, atteint et convaincu du crime de lèse-nation. *S. l. n. d.,* in-8°, 4 p. [*N.* Lb^{39} 10990.]

26207. — C.-R. BUIRETTE-VERRIÈRES, capitaine commandant au district des Cordeliers, le 14 juillet 1789, citoyen actif et commissaire de la section du Théâtre-Français pour l'organisation des ci-devant Gardes-Françaises aux deux cents soldats désarmés, dépouillés et arrêtés aux Champs-Élysées et envoyés au dépôt de Saint-Denis par le général La Fayette. *Imp. de la Société littéraire typographique de l'Estrapade. S. d.* (1790), in-folio plano. [*D.*]

Appel à la révolte, signé : CLAUDE-REMI BUIRETTE-VERRIÈRES, rue de l'Égalité, au-dessus du café du Rendez-vous. Voyez tome Ier, n°s 1662-1665.

26208. — Preuve d'un complot épouvantable formé par une troupe de faux patriotes. *S. l. n. d.,* in-8°, 8 p. [*P.* 7832*.]

On lit au bas de la p. 8 : Extrait du *Contre-poison,* journal patriote et impartial pour lequel on souscrit chez Gattey, libraire au Palais-Royal. (Voyez tome II, n° 10623.)

Au sujet du départ de Monsieur, frère du Roi.

26209. — Municipalité de Paris. Département de police. Du 7 juillet 1790. *Imp. Lottin aîné et J.-R. Lottin,* 1790, in-folio plano.

Défense aux femmes qui se rendent en grand nombre aux barrières de présenter des bouquets aux députés des gardes nationales pour les contraindre « à leur offrir des largesses ». Ancienne collection Paul Dablin.

CHAPITRE III
ÉVÉNEMENTS DE L'ANNÉE 1791

26210. — L'Ordre et la marche des cérémonies qui seront observées aux deux Fêtes-Dieu, à la procession du Saint-Sacrement de l'église royale et paroissiale de Saint-Germain-l'Auxerrois où le Roi des Français doit assister à pied, accompagné de la Reine, Monseigneur le Dauphin et Madame Première, suivis de l'Assemblée nationale et de la Municipalité de Paris, jeudi 23 juin 1791, à neuf heures du matin. *Imp. Labarre. S. d.,* in-8°, 4 p. [*N.* Lb^{39} 10976.]

Le 23 juin 1791, Louis XVI et sa famille étaient en état d'arrestation à Varennes.

26211. — L'Événement de Varennes, avec un plan et une autographie, par VICTOR FOURNEL. *Paris, H. Champion,* 1890, in-8°, 2 ff. et 444 p. [*N.* Lb^{39} 11479.]

Le plan, ou mieux le prospect de Varennes est fac-similé d'après un dessin de A. GEORGE, fils du député [suppléant du tiers-état pour le bailliage de Verdun]; l'« autographie » est la reproduction héliographique des signatures apposées par la Municipalité et les principaux habitants de Varennes au bas du procès-verbal d'arrestation de la famille royale. Refonte et développement de deux études de l'auteur décrites tome Ier, n°s 3012 et 3013.

26212. — Louis XVI. Description de l'original de sa Déclaration adressée à tous les Français, remise au président de l'Assemblée nationale, le 21 juin 1791. *Paris, Noël Charavay. S. d.* (1902), in-4°, 4 p.

P. 4, fac-similé de la dernière page du manuscrit autographe formant 16 pages in-4° et daté de Paris, 20 juin 1791, mis en vente au prix de 10,000 francs.

26213. — La Route de Louis XVI ou De Paris à Varennes à un siècle de distance, par ANDRÉ SCHELCHER, membre de la commission de tourisme de l'Association générale automobile. Photographies, plans et croquis par l'auteur. *Versailles, Société anonyme des imprimeries Gérardin,* 1904, in-8°, 32 p.

M. Schelcher, qui a suivi en automobile aussi exactement qu'il a pu l'itinéraire de la berline royale, a pris tout le long de la route les photographies des localités qui en marquent les étapes et celles des objets contemporains qu'on peut encore y retrouver.

26214. — G. LENÔTRE. Le Drame de Varennes (juin 1791), d'après des documents inédits et les relations des témoins oculaires. Portraits, plans, dessins inédits de GÉRARDIN, gravures sur bois de DELOCHE. *Paris, Perrin et C°,* 1905, in-8°, 2 ff., 403 p. et 1 f. n. ch. (*Table des chapitres*).

P. 399-403, *Table des gravures* (hors texte et dans le texte, au nombre de cinquante-sept).

CHAPITRE IV
ÉVÉNEMENTS DE L'ANNÉE 1792 (JUSQU'AU 21 SEPTEMBRE)

26215. — Adresse au Département de Paris par des volontaires de la seconde légion de la garde nationale parisienne. *Chez Guilhemat, imprimeur du bataillon Saint-André.* S. d. (1792), in-8°, 4 p. [N. Lb^{39} 11711.]

Protestation contre la seconde fête en l'honneur des soldats de Châteauvieux.

26216. — Opinion de JACQUES BOIROT, député de l'Allier, sur ce qui s'est passé le mercredi 20 juin 1792 au château des Tuileries et sur la position actuelle du royaume. *Imp. Nationale.* S. d., in-8°, 11 p. [N. Le^{33} 3 A ff.]

26217. — Pétition présentée à l'Assemblée nationale, le 24 juin 1792 et lue dans la séance du 1er juillet suivant par M. GUILLAUME, avoué près du Tribunal de cassation, ex-député de l'Assemblée nationale constituante, au nom d'un grand nombre de ses concitoyens de Paris, au sujet des événements du 20 juin. S. l. n. d. (1792), in-folio, 2 p. [R. AD. I, 70.]

L'original portait, paraît-il, deux cent-quarante pages de signatures.
L'ex. de la collection Rondonneau est accompagné d'une circulaire imprimée datée du 7 juillet 1792 et signée à l'aide d'une griffe.

26218. — L'Oie du Capitole. *Imp. des bons patriotes.* S. d., in-8°, 7 p. [N. Lb^{39} 11752.]

Avant le 10 août 1792.

3482. (*Nouv. Add.*) — Jourgniac St-Méard devant le tribunal de l'Abbaye... *Paris, librairie du Petit Journal,* 1866, in-8°, 103 p.

La couverture imprimée porte en plus : *Massacres de septembre* 1793 (sic) et cette mention : *Édition de luxe tirée à 300 exemplaires.*
Ces exemplaires sont en effet tirés sur papier vergé et satiné, la justification (réimposée) est la même que celle de l'édition in-16.

26219. — 1792 à propos de 1892. Les Martyrs du 4 septembre, par le P. J. DELBREL, de la compagnie de Jésus, avec une lettre-préface de Mgr D'HULST, recteur de l'Institut catholique de Paris, député du Finistère. *Paris, Tolra,* 1892, in-18, VIII-98 p. et 1 f. n. ch. (*Table*). [N. Lb^{39} 11504.]

P. 95-98, *Appendice. Ouvrages consultés.*

CHAPITRE V
ÉVÉNEMENTS DE L'AN I (1792-1793)

26220. — Le Procès de Louis XVI ou Recueil contenant les décrets qui y sont relatifs, son interrogatoire à la barre, le Mémoire justificatif de M. DE SÈZE, les cinq appels nominaux qui eurent lieu pour le jugement, les noms des membres qui ont voté pour sa mort, la déclaration du Roi interjetant appel à la nation, le discours que M. DE SÈZE prononça à la barre immédiatement après, ainsi que les observations de MM. TRONCHET et LAMOIGNON-MALESHERBES et les vingt-quatre heures d'angoisses qui ont précédé la mort de ce bon Roi. *A Paris, chez les marchands de nouveautés et se trouve à Dusseldorf, chez Perrolla et les principaux libraires de toutes les villes de l'Europe*, 1793, in-8°, XI (XII)-52 et 15 p.

Le *Dictionnaire des tyrans de la France, où l'on trouve de quels départements ils sont et ce qu'ils ont voté contre leur bon Roi assassiné par eux, le 21 janvier 1793*, a une pagination distincte.

Décrit d'après un ex. appartenant à M. M.-L. Polain qui a bien voulu me le communiquer.

D'autre part M. Jules Coüet a eu entre les mains un autre tirage de cette même pièce dont le titre et la rubrique sont identiques, mais qui porte en plus : « Nouvelle édition augmentée » et comporte XI-60 p. Le *Dictionnaire des tyrans...* n'y était pas joint.

Malgré la similitude apparente qui existe entre la composition de cette brochure et la *Liste comparative des cinq appels nominaux...* (cf. tome Ier, n° 3675), il s'agit bien de deux textes différents.

CHAPITRE VI

ÉVÉNEMENTS DE L'AN II (1793-1794)

26221. — Liste générale et alphabétique des noms, âges, qualités, emplois et demeures de tous les conspirateurs qui ont été condamnés à mort par le Tribunal révolutionnaire établi à Paris par la loi du 17 août 1792 et par le second Tribunal établi à Paris par la loi du 10 mars 1793 pour juger tous les ennemis de la patrie, avec l'extrait des motifs d'accusation ou du prononcé des sentences et la date de leur exécution; ensemble l'acte d'accusation contre Carrier, député à la Convention, et contre les membres du comité révolutionnaire de Nantes, la défense dudit Carrier, l'audition des témoins et la sentence de mort contre ce représentant et ses complices. *Londres, J. Johnson; J. de Boffe et J. Remnant*, 1795, in-8°, 1 f.

et 210 p. (la dernière non chiffrée). [*N.* Lb⁴¹ 5425.]

26222. — Le Tribunal révolutionnaire (10 mars 1793-31 mai 1795), par HENRI WALLON, membre de l'Institut. Edition nouvelle. *Paris, E. Plon, Nourrit et C°*, 1900, 2 vol. in-8°. [*N.* Lb⁴¹ 4982bis.]

Réimpression très abrégée dépourvue des références et des tables qui rendent si utile la première édition.

26223. — Avis à ceux qui rentrent dans Paris en vertu du décret du 18 frimaire. *Imp. Limbourg*, 21 *frimaire an III*, in-8°, 8 p. [*N.* Lb⁴¹ 4169.]

EPIGR. :

Utinam !
Plaise à Dieu qu'ils soient bons citoyens !

Signé : ETNIAS-ELUC [SAINTE-LUCE].

Le décret du 18 frimaire an III (8 décembre 1794) rappelait les membres de la Convention proscrits ou arrêtés après le 31 mai 1793. (Voyez tome Ier, n°s 4053-4086.)

CHAPITRE VII

ÉVÉNEMENTS DE L'AN III (1795-1796)

26224. — Proclamation au peuple de Paris, au nom des comités réunis de salut public et de sûreté générale de la Convention nationale. *Paris, imp. de la République, prairial an III*, in-folio plano. [*N.* Mss. fr. nouv. acq. 2716, fol. 84.]

Après l'assassinat de Féraud et l'envahissement de la Convention.

26225. — Egalité. Liberté. Les Représentants du peuple chargés de la direction de la force armée et de la 17e division militaire au président de l'assemblée générale de la section de... (14 prairial an III-2 juin 1795). *S. l. n. d.*, in-4°, 3 p. [*N.* Mss. fr. nouv. acq. 2657, fol. 246.]

Signé : AUBRY, DELMAS, GILLET; pour copie conforme, le général de brigade, chef de l'étatmajor et de la 17e division militaire, BARAGUEY D'HILLIERS.

CHAPITRE IX
ÉVÉNEMENTS DE L'AN IV

26226. — Université de Paris. Bibliothèque de la Faculté des lettres. VI. Le Treize vendémiaire an IV, par HENRY ZIVY, étudiant à la Faculté. *Paris, Félix Alcan,* 1898, in-8°, 2 ff., 132 p. et deux plans repliés. [*N.* 8° Z 14333.]

Le premier plan est la reproduction de celui qu'a donné le baron Fain dans le *Manuscrit de l'an III* (cf. tome Ier de la *Bibliographie*, n° 381); le second est une réduction de celui qu'a édité le Service des travaux historiques de la Ville sous les auspices du Conseil municipal (cf. tome III de la *Bibliographie*, n° 11866).

CHAPITRE XIII
ÉVÉNEMENTS DE L'AN VIII

26227. — L'Avènement de Bonaparte. I. La Genèse du Consulat, Brumaire, la Constitution de l'an VIII, par ALBERT VANDAL, de l'Académie française. *Paris, Plon, Nourrit et C*°, 1903, in-8°, 2 ff. et IX-600 p. [*N.* Lb[44] 1662.]

Le tome II, non encore paru, doit être intitulé : *La République consulaire.*

La légende des deux grenadiers sauveteurs de Bonaparte au 18 brumaire a été réfutée par Louis Combes et par M. Aulard (cf. tome Ier, n° 271 et le n° 2088[b] ci-dessus). Voyez aussi l'*Amateur d'autographes* de mai 1906.

TOME II

NOUVELLES ADDITIONS ET CORRECTIONS

CHAPITRE II
ORGANISATION MUNICIPALE

1. — Personnel.

26228. — Règlement pour l'ordre intérieur de l'assemblée générale des représentants de la Commune de Paris. — Liste générale des représentants de la Commune de Paris convoqués le 11 septembre 1789. *Imp. Lottin l'aîné et Lottin de Saint-Germain,* 1789, in-24, 24 et 36 p. [*N.* Lb^{40} 21.]

26229. — Liste générale des représentants de la Commune librement élus pour administrer provisoirement la municipalité de Paris et leur distribution dans les différents départements. *Imp. Lottin l'aîné et Lottin de Saint-Germain,* octobre 1789, in-4°, 12 p. [*N.* Lb^{40} 33.]

Les divers « départements » et la liste de leurs titulaires occupent les pp. 7-12.

§ 2. — Constitution du Département et de la Municipalité.

26230. — Projet ou Plan de municipalité. *S. l. n. d.,* in-8°, 40 p. [*N.* Lk^7 20906.]

26231. — Réflexions d'un citoyen sur le chapitre 8 du titre 3 du projet d'organisation de la Municipalité (22 janvier 1790). *S. l. n. d.,* in-8°, 4 p.][*N.* Lk^7 21249.]

Signée : JACQUEMARE.

L'auteur réclame la nomination des commis de la comptabilité par le Conseil général et non par le trésorier.

§ 3. — Rôle des électeurs.

26232. — Adresse à tous les citoyens actifs sur la nécessité et la manière de faire de bon choix dans les prochaines élections destinées à former la municipalité de la ville de Paris. *Paris, Lejay fils.* S. d., in-8°, 16 p. [*N.* Lb^{39} 11708.]

26233. — Lettre des districts de Saint-Jean-en-Grève, Saint-Louis-la-Culture, Feuillants, Saint-Merry, Jacobins, Saint-Dominique, Sorbonne, Théatins, Mathurins, Filles-Saint-Thomas, Petits-Pères, Bonne-Nouvelle, Jussienne, Prémontrés, Notre-Dame, Saint-Germain, Carmes et Saint-Jacques-la-Boucherie, aux districts leurs frères (31 janvier 1790). *S. l. n. d.,* in-4°, 3 p. [*N.* Mss. fr. nouv. acq. 2658, fol. 247.]

Au sujet de l'adresse à présenter à l'Assemblée nationale sur le décret dit du « marc d'argent ».

26234. — Discours prononcé la tribune de l'assemblée électorale du Département de Paris, le 3 septembre 1792..., par J.-M. COLLOT-D'HERBOIS, électeur. *Paris, G.-F. Galletti,* 1792, in-8°, 14 p. [*N.* Le^{35} 23.]

Réimp. dans l'*Assemblée électorale...* (2 septembre 1792-17 frimaire an II), préparée par Etienne Charavay et publiée par M. Paul Mautouchet (voyez le n° 22640 ci-dessous), pp. 601-604).

26235. — Aux électeurs du Département de Paris. *Imp. N. Renaudière. S. d.*, in-8°, 7 p. [*N.* Le³⁵ 10.]

Signé : PAULY, électeur du canton de Châtillon.

Plaintes contre la validation hâtive des élections de Sergent, Dusaulx et François Robert à la Convention nationale.

Réimp. par M. Paul Mautouchet dans l'*Assemblée électorale...*, p. 610-611.

26236. — Municipalité de Paris (21 novembre 1792). *Imp. C.-F. Patris. S. d.*, in-folio plano. [*N.* Mss. fr. nouv. acq. 2716, fol. 75.]

Convocation des électeurs pour le 24 novembre 1792 en vue de procéder à l'élection du maire, par suite du refus de Lefèvre d'Ormesson, élu et non acceptant.

26237. — Municipalité de Paris (22 décembre 1792). *Imp. C.-F. Patris. S. d.*, in-folio plano. [*N.* Mss. fr. nouv. acq. 2716, fol. 72.]

Convocation pour le lundi 24 décembre à l'effet d'élire cent quarante-quatre notables en vue du renouvellement de la municipalité.

26238. — Municipalité de Paris (4 avril 1793). *Imp. C.-F. Patris. S. d.*, in-folio plano. [*N.* Mss. fr. nouv. acq. 2716, fol. 64.]

Invitation aux sections à fournir promptement les procès-verbaux d'examen de la nouvelle liste des notables destinée à former le Conseil général de la Commune.

26239. — Assemblée électorale de Paris. 2 septembre 1792-17 frimaire an II. Procès-verbaux de l'élection des députés à la Convention, du procureur général syndic et des administrateurs du Département, des présidents, juges, juges suppléants et greffiers du Tribunal criminel, des Tribunaux civils et du Tribunal de commerce, des commissaires nationaux, des membres des bureaux de paix, du curé de Saint-Augustin, des directeurs des postes, publiés d'après les originaux des Archives nationales, avec des notes historiques et biographiques, par ETIENNE CHARAVAY, archiviste-paléographe. *Paris, Cerf; Ch. Noblet; maison Quantin*, 1905, in-8°, 2 ff. IV-760 p.

Publication posthume.

Dans un court *Avertissement*, M. PAUL MAUTOUCHET fait connaître l'état du manuscrit qui lui avait été remis par la famille d'Etienne Charavay et les adjonctions qu'il a dû y apporter.

§ 4. — **Ecrits et pamphlets pour et contre le régime municipal.**

26240. — Ecartelez le monstre ou l'Imposture dévoilée, pour servir de réponse à l'exécrable auteur du poème menteur et incendiaire (copie originale) intitulé « les Crimes de Paris ». *S. l. n. d.*, in-8°, 16 p. [*N.* Le³⁹ 8119.]

Voyez tome II, n° 5526 et la note qui l'accompagne. Un catalogue à prix marqués de la librairie Lucien Gougy a signalé une édition intitulée : *les Crimes de Paris*, poème, par le citoyen GRANGER, artiste du Théâtre-Italien (1790, in-8°, 16 p.).

CHAPITRE III

ACTES ET DÉLIBÉRATIONS POLITIQUES DE LA MUNICIPALITÉ DE PARIS
(1789-17)

26241. — Actes de la Commune de Paris pendant la Révolution, publiés et annotés par SIGISMOND LACROIX. *Paris, L. Cerf; Ch. Noblet; maison Quantin*, 1894-1905, in-8°. [*N.* et *P.* Usuels.]

— [1ʳᵉ série]. Tome Iᵉʳ. *Première assemblée des représentants de la Commune* (25 juillet-18 septembre 1789).
— Tome II (19 septembre - 19 novembre 1789).
— Tome III. *Deuxième assemblée des représentants de la Commune. Conseil de ville. Bureau de ville* (suite). (20 novembre 1789-4 février 1790).
— Tome IV. *Deuxième assemblée des représentants de la Commune. Conseil de ville. Bureau de ville* (suite). (5 février-14 avril 1790).
— Tome V. *Deuxième assemblée des représentants de la Commune. Conseil de ville. Bureau de ville* (suite). (15 avril-8 juin 1790).
— Tome VI. *Deuxième assemblée des représentants de la Commune. Conseil de ville. Bureau de ville* (suite) (9 juin-20 août 1790).

— Tome VII. *Deuxième assemblée des représentants de la Commune. Conseil de ville. Bureau de ville* (suite et fin). (21 août-8 octobre 1790.)

A cette première série, il faut joindre un *Index alphabétique et analytique* divisé en deux fascicules, le premier comprenant les noms de lieux, villes, départements, etc.; le second, les noms de personnes. Le premier fascicule a paru en 1899; le second, imprimé en partie, n'a pas encore été distribué (novembre 1905).

— [Deuxième série (du 9 octobre 1790 au 10 août 1792)]. Tome Ier. *Conseil général de la Commune. Corps municipal. Bureau municipal* (9 octobre-31 décembre 1790).

— Tome II. *Conseil général de la Commune. Corps municipal. Bureau municipal* (suite) (1er janvier-28 février 1791).

— Tome III. *Conseil général de la Commune. Corps municipal. Bureau municipal* (suite) (1er mars-25 avril 1791).

— Tome IV. *Conseil général de la Commune. Corps municipal. Bureau municipal* (suite) (26 avril-20 juin 1791).

26242. — Société de l'histoire de la Révolution. Procès-verbaux de la Commune de Paris (10 août 1792-1er juin 1793). Extraits en partie inédits, publiés d'après un manuscrit des Archives nationales, par MAURICE TOURNEUX. *Paris, au siège de la Société, 3, rue de Furstenberg*, 1894, in-8°, 2 ff. et VIII-303 p. [*N.* Lb^{40} 3228.]

Entre l'*Avertissement* et le texte des *Extraits des procès-verbaux* est intercalé le fac-similé héliographique (face et revers) de la médaille commémorative du 10 août 1792, composée et modelée par B.-S.-P. Duvivier.

Les extraits publiés ici existent en copie dans les papiers saisis chez Chaumette et conservés dans les cartons du séquestre (T. 604-605); mais ils ne sont pas de sa main.

26243. — Discours justificatif, appuyé de pièces justificatives, de la conduite tenue par M. DIÈRES, commandant du bataillon de la garde nationale parisienne, envoyé par le pouvoir exécutif à la tête de troupes nationales et délégué contre les factieux de la ville de Vernon-sur-Seine, prononcé à l'assemblée générale des trois cents représentants de la Commune de Paris, au milieu d'une affluence considérable de citoyens, le 14 janvier 1790. Manifestation de l'opinion des représentants. *Ve Desaint, imprimeur du Châtelet. S. d.*, in-4°, 48 p. [*N.* Lb^{40} 3338.]

Voyez tome II, n°s 5660-5678 et spécialement le n° 5676 dont celui-ci est la suite.

26244. — Assemblée des représentants de la Commune de Paris. Extrait du procès-verbal du 28 juin 1790. *Paris, imp. Lottin*, 1790, in-8°, 2 p.

Signé : THURIOT, président.
Bibliothèque de M. Paul Lacombe.
Désaveu d'un placard intitulé : *L'Assemblée générale de la Commune. Comité de la Bastille*, contenant un avis aux citoyens vainqueurs de la Bastille, ledit placard signé : DUSSAULX et BOURDON DE LA CROSNIÈRE, imprimé par l'autorisation du Maire, mais non communiqué à l'Assemblée.

Voyez au sujet de cet incident les *Actes de la Commune* publiés par M. Sigismond Lacroix, tome VI, pp. 305 et 309-312. M. Lacroix dit ne pas connaître d'exemplaires de l'imprimé décrit sous le présent numéro.

26245. — Etrennes à la Commune de Paris ou Oraison funèbre de la ci-devant, soi-disant Commune provisoire, par un citoyen actif du ci-devant district de ***. *Paris, imp. de Qui-dit-tout, rue St-Jean-Bouche-d'Or*, 1791, in-8°, 16 p. [*Br. M.* F. R. 42 (12).]

Satire en vers octosyllabiques monorimes (en a).

26246. — Extrait du procès-verbal de la Convention nationale du 29 septembre 1792. *Imp. du Cercle social. S. d.*, in-folio plano. [*N.* Lb^{41} 5173.]

Décret ordonnant la mise en liberté immédiate des sieurs Goubeau et Millier, membres de la Commune de Paris, arrêtés à Lisieux au cours d'une mission.

26247. — Commune de Paris (16 décembre 1792). *Imp. C.-F. Patris. S. d.*, in-folio plano. [*N.* Mss. fr. nouv. acq. 2716, fol. 69.]

Etablissement des dépenses faites par les sections pour l'armement et l'équipement des volontaires envoyés aux frontières.

26248. — Commune de Paris (19 janvier 1793). *Imp. C.-F. Patris. S. d.*, in-folio plano. [*N.* Mss. fr. nouv. acq. 2716, fol. 68.]

Nomination d'une commission de quatre membres chargés de viser les certificats de civisme des notaires.

26249. — Commune de Paris (21 mai 1793). *Imp. C.-F. Patris. S. d.*, in-folio plano. [*N.* Mss. fr. nouv. acq. 2716, fol. 61.]

Lecture, approbation et publication d'une adresse de la Société des amis de la liberté et de l'égalité de *Lons-le-Saunier*, datée du 2 mai 1793.

26250. — Commune de Paris. Extrait du registre des délibérations du Conseil général (26 juin 1793). *Imp. C.-F. Patris. S. d.*, in-folio plano. [*N.* Mss. fr. nouv. acq. 2716, fol. 55.]

Mesures à prendre en cas de mouvements insurrectionnels dans Paris.

26251. — Commune de Paris. Extrait des registres des délibérations du Conseil général de la Commune (19 août 1793). *Imp. C.-F. Patris. S. d.*, in-8°, 8 p. [*N.* Mss. fr. nouv. acq. 2657, fol. 113.]

Lecture d'une adresse de la section des Gravilliers déclarant se rallier à la pétition des trente-six autres sections contre les Girondins (cf. tome II, n° 6322) et délibérations du même jour sur la fixation du *maximum*.

26252. — Commune de Paris. Pétition du Conseil général de la Commune de Paris à la Convention nationale. *Imp. Patris. S. d.*, in-4°, 4 p. [*Br. M. F. R.* 10 (20).]

Pour réclamer la suppression de la fabrique de sols aux ci-devants Augustins qui occupait 900 ouvriers, le remboursement des billets de parchemin et la réfutation des bruits alarmants sur la rentrée des émigrés.

26253. — Convention nationale. Adresse de la Commune de Paris à la Convention nationale. Imprimée par ordre de la Convention nationale. *Imp. Nationale. S. d.*, in-8°, 3 p. [*N.* Le³⁸ 2076.]

Désaveu des agissements de certains commissaires envoyés dans les départements et des actes arbitraires commis par le comité de surveillance à l'insu du Conseil général.

26254. — Département de la Seine. Instruction publique. L'Administration centrale du département de la Seine à ses concitoyens. *Imp. Ballard. S. d.*, in-folio plano. [*N.* Mss. fr. nouv. acq. 2716, fol. 90.]

Sur les bienfaits de l'instruction publique.

26255. — Département de la Seine. L'Administration centrale du Département de la Seine à ses concitoyens. *Imp. Ballard. S. d.*, in-folio plano. [*N.* Mss. fr. nouv. acq. 2716, fol. 91.]

Véhément appel en faveur des préparatifs de la descente en Angleterre.

§ 4. — Questions soumises aux délibérations des districts et des sections.

A. — SUBSISTANCES

26256. — Municipalité de Paris... Recueil des arrêts qui ont été pris depuis le 5 septembre 1791 relativement aux subsistances de la capitale et du Procès-verbal des vérifications, essais et expériences des farines dressé par les commissaires du département de. Paris, d'après les rapports des chimistes et des boulangers experts nommés à cet effet, des 5, 8, 9, 10, 11, 12, 13, 14, 19, 20 et 21 septembre 1791. Imprimé par ordre du Conseil municipal. *Imp. Lottin aîné et J.-R. Lottin. S. d.*, in-8°, 55 p. [*N.* Le⁴⁰ 3375.]

26257. — Commune de Paris (5 octobre 1792). *Imp. C.-F. Patris. S. d.*, in-folio plano. [*N.* Mss. fr. nouv. acq. 2716, fol. 79.]

Injonction aux préposés des halles de ne délivrer de farines qu'aux boulangers présents à la distribution et jamais plus que pour la consommation journalière.

26258. — Proclamation du Conseil exécutif provisoire relative aux subsistances (31 octobre 1792). *Paris, imp. Nationale exécutive du Louvre*, 1792, in-folio plano. [*N.* Lb⁴¹ 2191.]

Signée : ROLAND, MONGE, PACHE, GARAT, CLAVIERE et LE BRUN.

26259. — Rapport des commissaires des quarante-huit sections sur les subsistances. S. l., 1793, in-4°, 1 f. et 10 p. [*N.* Lb⁴⁰ 3334.]

Le titre de départ, p. 1, porte :
Les Commissaires des quarante-huit sections de Paris, convoqués pour obtenir l'état des subsistances, à leurs commettants. Rapport de ce qui s'est passé dans leurs séances et missions depuis le 1ᵉʳ août 1793...

26260. — Pétition républicaine aux représentants du peuple français (5 septembre 1793). Imp. Mayer et C°. S. d., in-8°, 11 p. [N. Lb⁴¹ 3292.]

Signée : CHANTRELLE, garde-magasin des fourrages militaires, rue Quincampoix, n°⁸ 27 et 36, section des Lombards.
Contre les agioteurs et spéculateurs en denrées de première nécessité et (p. 9-11) projet de règlement en douze articles.

26261. — Rapport général des commissaires de quarante sections de Paris à leurs commettants sur les subsistances, mercredi 21 novembre [1792] l'an I⁺ʳ de la République française. Imp. Froullé. S. d., in-4°, 10 p. [N. Lb⁴⁰ 3333.]

Signé : DENIS JULLIEN, président des commissaires; PORCO, secrétaire.

26262. — Municipalité de Paris. Proclamation (4 mars 1793). Imp. Lottin, 1793, in-folio plano. [N. Mss. fr. nouv. acq. 2716, folio 60.]

Sur les causes du renchérissement du charbon de bois.

26263. — Municipalité de Paris (30 août 1793). Imp. C.-F. Patris. S. d., in-folio plano. [N. Mss. fr. nouv. acq. 2706, fol. 62.]

Sur les causes du renchérissement de la viande de boucherie.

26264. — Municipalité de Paris (26 vendémiaire an II-17 octobre 1793). Imp. C.-F. Patris. S. d., in-folio plano. [N. Mss. fr. nouv. acq. 2716, fol. 39.]

Rapport de l'arrêté du 27 septembre précédent touchant le poids des pains et défense d'en faire de moins de deux livres.

26265. — Commune de Paris (5 brumaire an II-26 octobre 1793). Imp. C.-F. Patris. S. d., in-folio plano. [N. Mss. fr. nouv. acq. 2716, fol. 36.]

Saisie de pain ramassé dans l'égout de la rue du Faubourg-du-Temple et traduction devant le Tribunal révolutionnaire d'un individu non dénommé qui envoyait jeter hors barrière du pain moisi, en alléguant que sa santé ne lui permettait de manger que de la pâte sans levain.

26266. — Commune de Paris. Police-Vente de café (5 nivôse an II-25 décembre 1793). Imp. C.-F. Patris. S. d., in-folio plano oblong. [N. Mss. fr. nouv. acq. 2716, fol. 21.]

Annonce de la vente au comptant de plusieurs milliers de café de première qualité par lots de cinq livres.

26267. — Municipalité de Paris (29 nivôse an II-18 janvier 1794). Imp. C.-F. Patris. S. d., in-folio plano. [N. Mss. fr. nouv. acq. 2716, fol. 18.]

Interdiction d'employer le suif pour la fabrication du savon et injonction aux détenteurs de cette matière d'en faire la déclaration.

26268. — Municipalité de Paris. Sucre. Par le maire et les officiers municipaux (19 pluviôse an II-7 février 1794). Imp. C.-F. Patris. S. d., in-folio plano. [N. Mss. fr. nouv. acq. 2716, fol. 16.]

Distribution de mille pains de sucre envoyés par le c. Courmard, raffineur à Villeneuve-Saint-Geórges.

26269. — Liberté, Egalité, Fraternité ou la Mort. Analyse des idées qui ont dirigé le citoyen CHANTRELLE dans la composition de son plan, dédié à la République française, qui a pour but l'établissement des parcs de bestiaux dans les grandes propriétés nationales afin d'obvier aux disettes des viandes de boucherie (30 germinal an II-19 avril 1794). Imp. Mayer et C°. S. d., in-8°, 12 p. [N. 8° S, pièce 7412.]

Projet de création de parcs de bestiaux à Saint-Maur et d'un marché aux bœufs dans la plaine des Sablons.

26270. — Agence des subsistances générales. Extrait du registre des arrêtés du Comité de salut public de la Convention nationale (15 ventôse an III-5 mars 1795). Imp. C.-F. Patris. S. d., in-4°, 3 p. [N. Mss. fr. 2257, fol. 227.]

Recensement « des citoyens de tout sexe et de tout âge » au point de vue de la répartition des subsistances.

CHAPITRE IV

ARMÉE NATIONALE PARISIENNE, CORPS ANNEXES ET FORCE ARMÉE RÉVOLUTIONNAIRE

§ 2. — Particularités de l'histoire de la garde nationale parisienne.

26271. — Districts réunis du Val-de-Grâce et de Saint-Jacques-du-Haut-Pas... Arrêté pris au comité de Saint-Jacques-du-Haut-Pas et du Val-de-Grâce par les membres de ces districts, ceux des Prémontrés et des Récollets, en présence de MM. du district de Saint-Jacques-l'Hôpital (27 octobre 1789). *Imp. Guenier. S. d.*, in-8°, 7 p. [*N.* Lb^{40} 3367.]

Pour réclamer la nomination des officiers de la garde nationale par les districts et non par les représentants de la Commune.

26272. — Comité militaire de l'Hôtel de Ville séant au Palais-Cardinal. Règlement sur la formation des compagnies de grenadiers et chasseurs volontaires (29 mars 1790). *Imp. Lottin l'aîné et Lottin de Saint-Germain*, 1790, in-4°, 7 p. [*N.* Mss. fr. nouv. acq. 2658, fol. 326.]

26273. — Municipalité de Paris. Arrêté portant convocation des 48 sections pour jeudi 2 août 1792, cinq heures du soir, à l'effet de délibérer sur les moyens d'exécution de la loi qui licencie l'état-major de la garde nationale (31 juillet 1792). *Imp. de la Municipalité*, 1792, in-folio plano. [*N.* Mss. fr. nouv. acq. 2691, fol. 2.]

§ 5. — Corps divers et projets de milices particulières.

26274. — Comité militaire. Projet d'un corps de cavalerie provisoire de 600 maîtres qu'il importe d'établir promptement (10-16 août 1789). *Imp. Lottin aîné et Lottin de Saint-Germain, août* 1789, in-folio plano. [*N.* Lb^{39} 11339.]

26275. — Où en sommes-nous? Question par C. Fournier, Américain, à tous les sans-culottes ses frères. *Imp. Mayer. S. d.*, in-folio plano. [*N.* Lb^{41} 4840.]

L'auteur conclut en proposant l'organisation d'une « phalange de sans-culottes » dont le bureau de recrutement était ouvert chez lui, rue du Doyenné, n° 20.

§ 6. — Garde nationale soldée.

B. — ARTILLERIE

26276. — Motion de M. le comte de Luc, chevalier de Saint-Louis, soldat-citoyen de la garde nationale du bataillon de l'Oratoire, compagnie de Busset, membre du comité permanent de ce district, faite à l'assemblée générale, le vendredi 9 avril 1790 au soir, au sujet de l'artillerie, de la formation des canonniers et des munitions de guerre nécessaires à cet égard et à la garde nationale parisienne. *Imp. A.-J. Gorsas. S. d.*, in-4°, 3 p. [*P.* 10065*, 4°.]

L'ex. de la B. V. P. porte une note manuscrite de l'auteur, signée : PIERRE-PAUL LE MARCHANT DE CALIGNY, ci-devant comte DE LUC.

26277. — Rapport sur les canonniers fait au Corps municipal, par M. VIGUIER-CURNY (31 mai 1791). *Imp. Lottin l'aîné et Lottin de Saint-Germain*, 1791, in-4°, 8 p. [*P.* 10409 (ancien 10073).]

§ 7. — Volontaires et vainqueurs de la Bastille.

26278. — Vœu national en faveur des gardes-françaises présenté par un citoyen au tribunal de l'opinion publique. *S. l. n. d.*, in-8°, 7 p. [*N.* Lb^{39} 10964.]

Signé : FABRE, du district de Saint-André-des-Arts.

26279. — « Messieurs, vivement pénétrés de l'inviolabilité de nos serments... » (24 juin 1790). *S. l. n. d.*, in-4°, 3 p. [*P.* 10073*, in-4°, carton 2.]

Protestation véhémente d'une délégation des gardes-françaises, formulée à l'assemblée du district de l'Oratoire, contre les menées et les prétentions « de cette poignée d'assiégeants prétendus qui n'a pas hésité à s'arroger effrontément le titre suprême de Vainqueurs de la Bastille ».

§ 9. — Bataillons des enrôlés volontaires dits « Bataillons de Paris ».

26280. — Département de Paris (15 mai 1792). *Imp. Ballard. S. d.*, in-folio plano. [*N*. Lb⁴⁰ 1156.]

Signé : La Rochefoucauld, président ; Blondel, secrétaire.
Échange de numéraire métallique contre des assignats au pair pour payer en espèces les dépenses de l'armée.

26281. — Municipalité de Paris. Extrait du registre des délibérations du Conseil général (29 avril 1793). *Imp. C.-F. Patris. S. d.*, in-4°, 4 p. [*N*. Mss. fr. nouv. acq. 2657, fol. 96.]

P. 3-4, *Adresse aux Parisiens. Enrôlement passager*, signée Pache.

26282. — Sûreté. Avantages. Célérité. Bureau de remplacement pour les conscrits réquisitionnaires et remplaçants. *Imp. S.-A. Hugelet. S. d.*, in-folio plano. [*N*. Vp. 825.]

Prospectus précédé d'un *Appel aux braves*, en trois couplets, sur l'air de *la Marche liégeoise* et signé Christophe. Les transactions avaient lieu au café Richard, entre la rue de l'Echelle et le Département, chez le c. Christophe fils, au troisième. « On y trouve, dit l'affiche, un notaire dont la modicité des honoraires doit exciter la confiance générale. »

26283. — Département de Paris. Séance publique du 17 vendémiaire an III (8 octobre 1794). *Imp. Ballard. S. d.*, in-folio plano. [*N*. Lb⁴⁰ 1156.]

Appel des jeunes gens de la première réquisition.

26284. — Les Volontaires nationaux pendant la Révolution, par Ch.-L. Chassin et L. Hennet. *Paris, librairie Cerf; librairie Noblet; maison Quantin*, 1899-1902, 2 vol. in-8°. [*N*. et P. Usuels.]

Tome Ier. *Historique militaire et état de service des huit premiers bataillons de Paris, levés en 1791 et 1792, documents tirés des Archives de la guerre et des Archives nationales.*
Tome II. *Historique et états de service du 9ᵉ bataillon de Paris (Saint-Laurent) au 18ᵉ (bataillon des Lombards) levés en 1792.*

Collection de documents relatifs à l'histoire de Paris pendant la Révolution française publiés sous le patronage du Conseil municipal.

§ 11. — Camp sous Paris. Ateliers créés pour la défense du territoire et l'armement des troupes.

26285. — Commission des armes. Règlement pour les ateliers arrêté par les trois administrations réunies de la fabrication extraordinaire des armes dans la séance du 22 frimaire [an II-12 décembre 1793] et présenté le 23 au Comité de salut public de la Convention nationale. *De l'imp. de l'Administration des armes, ancienne maison des Capucins, rue Saint-Honoré. S. d.*, in-folio plano. [*N*. Lb⁴¹ 5067*.]

Signé : Tellier, président; Simonne, secrétaire et approuvé le 24 frimaire par les membres du Comité de salut public : Couthon, Carnot, C.-A. Prieur et Billaud-Varenne.

26286. — Commission des armes. Règlement pour la police intérieure des ateliers arrêté par les trois administrations réunies de la fabrication extraordinaire des armes, dans la séance du 27 frimaire [an II (17 décembre 1793).] *Imp. de l'Administration centrale des armes, ancienne maison des Capucins. S. d.*, in-folio plano. [*N*. Lb⁴¹ 5067*.]

26287. — Le Salpêtrier révolutionnaire ou Essai méthodique et pratique à la portée de tous les citoyens pour faire promptement du salpêtre, adopté et suivi par les membres de la commission des salpêtres de la section des Gardes-Françaises. *Se trouve à Paris, chez Detouche, pharmacien, membre de ladite commission, rue Honoré, vis-à-vis celle du Four*, an II, in-8°, 12 p. [*N*. Vz. 1713.]

Epigr. :

Nos souterrains soutiendront la montagne.

26288. — Situation de la fabrication nationale des armes (10 nivôse an II [30 décembre 1793]-20 nivôse an III [9 janvier 1795]. *S. l. n. d.*, 37 tableaux in-folio. [*N*. Lf²¹³ 2.]

26289. — Commune de Paris. Département des subsistances et approvisionnements de la Commune (22 pluviôse an II-18 février 1794). *Imp. C.-F. Patris. S. d.*, in-folio plano. [*N.* Mss. fr. nouv. acq. 2716, fol. 15.]

Délivrance de combustible aux soumissionnaires de la République pour les ouvrages de fer, de cuivre ou d'acier.

26290. — Extrait du Rapport présenté au Comité de salut public, par Darcet, Pelletier et Lelièvre, sur la fabrication de la soude. Imprimé par ordre du Comité de salut public. *Imp. du Comité de salut public. S. d.*, in-8°, 12 p. [*N.* Vp. 4950.]

26291. — Avis aux ouvriers en fer sur la fabrication de l'acier, publié par ordre du Comité de salut public. *Paris, imp. du département de la Guerre. S. d.*, in-4°, 34 p. et 5 pl. [*R.* AD. VIII, 40.]

26292. — Procédés de la fabrication des armes blanches publiés par ordre du Comité de salut public. *Paris, imp. du département de la Guerre, l'an II républicain*, in-4°, 107 p. (la dernière non ch.) et 10 pl. [*R.* AD. VIII, 40.]

Les planches sont signées : F.-A. Rauch del. Sellier sc.

26293. — Société de l'histoire de la Révolution française. Etat militaire de France pour l'année 1793. Nouvelle édition revue, corrigée et augmentée, par Léon Hennet. *Paris, au siège de la Société, 3, rue de Furstenberg,* 1903, in-8°, XIV-468 p. et 1 f. n. ch. (nom et adresse de l'imprimeur). [*N.* Lc²⁵ 158ᵇⁱˢ.]

Il n'a pas été tiré d'ex. sur papier vergé.

CHAPITRE V
ACTES ET DÉLIBÉRATIONS DES DISTRICTS

26294. — Délibération du district des Blancs-Manteaux (27 mai 1790). *Imp. Prault. S. d.,* in-8°, 4 p. [*P.* 10066*, in-8°, carton 1.]

Le titre de départ, p. 3, porte : *Extrait du registre des délibérations...*

Désaveu des arrêtés pris par les représentants de la Commune touchant la vente des biens ecclésiastiques (voyez tome II, n°ˢ 5743 et 5747).

26295. — District de Bonne-Nouvelle. Comité permanent (8 février 1790). *Imprimé sous la direction de M. Clousier par les Enfants-Aveugles en leur institution, rue N.-D.-des-Victoires, n° 18. S. d.*, in-folio plano. [*N.* Mss. fr. nouv. acq. 2658, fol. 291.]

Protestation contre un article du *Journal général de la cour et de la ville* (n° 39) touchant la prestation du serment civique du curé de Notre-Dame-de-Bonne-Nouvelle (l'abbé Jacques-François Farre).

26296. — District des Capucins-du-Marais (20 mai 1790). *Imp. Clousier. S. d.,* in-8°, 4 p. [*P.* 10065*, in-8°, carton 1.]

Désaveu des arrêtés pris par les représentants de la Commune touchant la vente des biens ecclésiastiques (voyez tome II, n°ˢ 5743 et 5747).

26297. — Section (sic : District) des Carmélites. Extrait du procès-verbal de l'assemblée générale du 27 mai 1790. *S. l. n. d.*, in-8°, 3 p. [*P.* 10065, in-8°, carton 5.]

Désaveu des arrêtés pris par les représentants de la Commune touchant la vente des biens ecclésiastiques (voyez tome II, n°ˢ 5743 et 5747).

26298. — Le District des Enfants-Rouges constitué en assemblée générale (16 décembre 1789). *S. l. n. d.,* feuillet in-4°.

Voyez le numéro suivant.

26299. — District des Enfants-Rouges. Extrait du registre des assemblées générales... du mardi 22 décembre 1789. *Imp. Vᵉ Delaguette. S. d.*, in-4°, 2 p.

Sur l'étendue du Département de Paris. Bibliothèque de M. Paul Lacombe.

26300. — Extrait du registre des délibérations du district des Enfants-Trouvés

(27 mai 1790). *Imp. V° d'Houry et de Bure.* S. d., in-8°, 3 p. [P. 10065*, in-8°, carton 2.]

Désaveu des arrêtés pris par les représentants de la Commune touchant la vente des biens ecclésiastiques (voyez tome II, n°s 5743 et 5747).

26301. — Extrait du registre des délibérations de l'assemblée générale du district des Feuillants (8 février 1798). *Chardon.* S. d., in-4°, 4 p. [N. Mss. fr. nouv. acq. 2658, fol. 289.]

Compte rendu des commissaires chargés de connaître l'état des subsistances et félicitations votées à Vauvilliers.

26302. — Extrait du registre des délibérations de l'assemblée générale du district des Feuillants (12 février 1790). *Chardon,* 1790, in-4°, 2 p. [N. Mss. fr. nouv. acq. 2658, fol. 296.]

Contre le projet d'établissement d'un parc d'artillerie à Paris.

26303. — Extrait du registre des délibérations du district des Mathurins (20 juillet 1790). *Imp. Ballard,* 1790, in-4°, 3 p. [N. Lb40 1446 (31).]

Protestation contre un passage d'un arrêté du Département de police relatif aux réjouissances qui avaient eu lieu le dimanche 18 (voyez tome Ier, n°s 1811-1825) et dont « le ton de protection et d'autorité contrastait avec la hauteur des sentiments d'un peuple libre ».

26304. — District des Minimes (14 octobre 1789). S. l. n. d., feuillet in-4°. [N. Mss. fr. nouv. acq. 2716, fol. 82.]

Mesures à prendre contre les déserteurs et les gens sans aveu.

26305. — District des Minimes. Extrait du registre des délibérations des 16 et 17 du mois de décembre 1789. *Imp. de la V° Delaguette.* S. d., in-4°, 2 p.

Sur l'étendue du Département de Paris. Bibliothèque de M. Paul Lacombe.

26306. — Discours prononcé par M. BROSSELARD, président du district des Minimes, en l'église de RR. PP. Minimes de la Place-Royale, le lundi 8 février [1790], avant la prestation du serment civique. *Imp. Hérault.* S. d., in-4°, 2 p. [N. Mss fr. nouv. acq. 2658, fol. 255.]

26307. — Commentaire de la Pétition prétendue patriotique et non avouée par la majorité du district des Minimes, adressée à l'Assemblée nationale et soumise à l'examen des soixante districts. 1790. *Paris, imp. Hérault.* S. d., in-8°, 14 p. [N. Lb40 3372.]

ÉPIGR. :

Conculcate leones et dracones, aspidem et basiliscum.

Signé (p. 14) : MAUMENÉ, soldat citoyen du district des Minimes.

Voyez tome II, n°s 7274 et 11802.

26308. — Règlement militaire pour le bataillon du district de Notre-Dame arrêté en l'assemblée générale, le jeudi 1er octobre 1789. *Imp. V° Hérissant,* 1789, in-4°, 7 p. [N. Mss. fr. nouv. acq. 2680, fol. 89.]

26309. — Extrait du registre des délibérations de l'Assemblée générale du district de Saint-André-des-Arcs (17 décembre 1789). *Paris, imp. de Monsieur,* 1789, in-folio plano.

Sur l'étendue du Département de Paris. Bibliothèque de M. Paul Lacombe.

26310. — District du Petit-Saint-Antoine. Extrait du registre des délibérations du 9 février 1790. S. l. n. d., feuillet in-4°. [P. 10065*, in-4°.]

Célébration, le samedi 13 du même mois, d'une messe à Saint-Paul en l'honneur « de l'acte paternel du meilleur, du plus chéri des rois », c'est-à-dire du discours de Louis XVI à l'Assemblée nationale, le 4 février 1790 (voyez tome Ier, n°s 1666-1675).

26311. — District du Petit-Saint-Antoine. Extrait du registre des délibérations prises en l'assemblée générale du 13 avril 1790. S. l. n. d., feuillet in-4°. [N. Mss. fr. nouv. acq. 2680, fol. 43.]

Invitation aux deux cent-quarante représentants de la Commune à continuer leurs fonctions jusqu'à l'organisation définitive de la municipalité.

26312. — District des Petits-Pères-de-Nazareth. Rapport des commissaires du district sur la municipalité de Paris, fait à l'assemblée générale du 19 décembre 1789, qui en a ordonné l'impression. *Imp. Momoro. S. d.*, in-8°, 15 p.

Le faux-titre porte seulement : *District des Petits-Pères et de Nazareth.*
Sur l'étendue du Département de Paris.
Bibliothèque de M. Paul Lacombe.

26313. — Bazoche. Extrait du registre des délibérations du comité civil et de police du district des Petits-Pères et des délibérations de la Bazoche (29 mars 1790). *Imp. Ballard. S. d.*, in-4°, 2 p. [N. Mss. fr. nouv. acq. 2658, fol. 325.]

Au sujet de l'arrestation, au Palais-Royal, de deux particuliers qui n'appartenaient point au corps de la Bazoche, comme le bruit s'en était répandu.

26314. — Extrait des délibérations de l'assemblée du district de l'abbaye de Saint-Germain-des-Prés. *S. l. n. d.*, in-4°, 3 p. [N. Le⁴⁰ 1567.]

En faveur de la constitution immédiate d'une municipalité régulière.

26315. — Arrêté (27 août 1789). *Imp. Vᵉ Delaguette. S. d.*, in-4°, 3 p. [N. Mss. fr. nouv. acq. 2680, fol. 223.]

Protestation du district de Saint-Gervais contre le port des épaulettes pour les « citoyens-soldats non soldés ».

26316. — District de Saint-Gervais. Extrait du registre des délibérations... (16 décembre 1789). *S. l. n. d.*, in-4°, 3 p.]N. Mss. fr. nouv. acq. 2680, fol. 236.]

Sur l'étendue du Département de Paris.

26317. — Extrait du registre des délibérations du district de Saint-Gervais (9 janvier 1790). *S. l. n. d.*, in-8°, 2 p. [N. Mss. fr. nouv. acq. 2680, fol. 238.]

Adhésion aux arrêtés des districts des Petits-Pères-de-Nazareth et des Prémontrés (voyez tome II, n° 7429) refusant de prêter main-forte aux gardes du commerce en cas de contrainte par corps et vote d'une Adresse à Bailly pour le prier d'occuper la place de maire « aussi longtemps que les lois constitutionnelles des municipalités pourront le permettre ».

26318. — Extrait du registre des délibérations du district de Saint-Gervais (13-18 janvier 1790). *S. l. n. d.*, in-8°, 4 p. [N. Mss. fr. nouv. acq. 2680, fol. 239.]

Vœux en faveur de l'emploi des ouvriers sans travail, de la transformation du métal des cloches en monnaie de billon et du paiement en espèces des sommes inférieures à deux cents livres.

7570 (*Nouv. Add.*). — District de St-Gervais. Moyen d'occuper 3,000 ouvriers et d'accélérer considérablement la circulation du commerce par l'exécution du canal royal de Paris, adopté par le district de Saint-Gervais, avec invitation aux quarante-neuf autres districts de se réunir à lui pour obtenir l'approbation de l'Assemblée nationale (29 janvier 1790). *S. l. n. d.*, in-8°, 18 p. [N. Lb⁴⁰ 3368.]

Pièce déjà citée sous la cote rappelée ci-dessus, mais que je ne connaissais alors que par un catalogue de librairie où elle était incomplètement décrite.

26319. — Section [*sic* : District] Saint-Honoré. Extrait du registre des délibérations du jeudi 20 mai 1790. *Imp. Girouard, S. d.*, in-8°, 8 p. [Coll. Grégoire.]

Arrêté longuement motivé contre les menées dont les décrets de l'Assemblée nationale touchant les biens ecclésiastiques et les matières religieuses avaient fourni le prétexte.

26320. — District de Saint-Jacques-l'Hôpital (19 mars 1790). *Imp. Cailleau. S. d.*, in-4°, 4 p. [N. Mss. fr. nouv. acq. 2658, fol. 318.]

Motion du c. DEMOGET, en faveur de l'offre à La Fayette d'une épée d'honneur et invitation aux autres districts à manifester un vœu semblable.

26321. — District de Saint-Jacques-la-Boucherie. Extrait du registre des délibérations... du mercredi 16 décembre 1789. *Chez Knapen et fils. S. d.*, in-folio plano.

Sur l'étendue du Département de Paris.
Bibliothèque de M. Paul Lacombe.

26322. — District de Saint-Jacques-de-la-Boucherie. Extrait du registre des délibérations... du samedi 29 mai 1790. *Imp. Knapen. S. d.*, in-8°, 4 p. [P. 10065*, in-8°.]

En faveur de Bailly et contre les représentants provisoires de la Commune.

26323. — District de Saint-Jean-en-Grève. Extrait du registre des procès-verbaux de l'assemblée générale (17 décembre 1789). *S. l. n. d.*, in-4°, 2 p.

Sur l'étendue du Département de Paris.
Bibliothèque de M. Paul Lacombe.

26324. — Extrait du registre des délibérations du district de Saint-Laurent (11 février 1790). *S. l. n. d.*, in-4°, 7 p. [N. Mss. fr. nouv. acq. 2658, fol. 292.]

Motion de BOURDON DE VATRY au sujet de la répartition des paroisses par suite de la transformation imminente des districts en sections et, accessoirement, vœu en faveur de l'établissement d'un collège dans la maison de Saint-Lazare.
Ce vœu a été l'objet de *Remarques* décrites tome III, n° 16653.

26325. — Extrait des délibérations du district de Saint-Lazare (17 décembre 1789). *Imp. V° Delaguette. S. d.*, in-4°, 5 p. [N. Mss. fr. nouv. acq. 2680, fol. 207.]

Sur l'étendue du Département de Paris.

26326. — Extrait des registres des délibérations des assemblées générales de Saint-Louis-de-la-Culture (25 mai 1790). *Imp. J.-B. Hérault*, 1790, in-8°, 8 p. [P. 10065*, in-8°, carton 4.]

Désaveu des arrêtés pris par les représentants de la Commune touchant la vente des biens ecclésiastiques (voyez tome II, n°s 5743 et 5747).

26327. — Extrait des délibérations du district de Saint-Louis-en-l'Ile (11 janvier 1790). *S. l. n. d.*, in-4°, 2 p. [N. Mss. fr. nouv. acq. 2658, fol. 212.]

Protestation contre le paiement en billets de caisse des rentes constituées sur la Ville.

26328. — Extrait des délibérations de l'assemblée générale du district de Saint-Louis-en-l'Ile (22 mars 1790). *Imp. Valleyre aîné*, 1790, in-8°, 3 p. [N. Mss. fr. nouv. acq. 2680, fol. 350.]

Motion en faveur de M. Turquin, propriétaire d'un établissement de bains froids, offrant aux gardes nationaux un abonnement à prix réduits.

26329. — Extrait du registre des délibérations du district de Saint-Marcel (12 mai 1790). *S. l. n. d.*, feuillet in-4°. [N. Mss. fr. nouv. acq. 2680, fol. 204.]

Lecture de l'*Exposé des chirurgiens-majors de bataillons...* (voyez tome II, n° 6660) et confirmation de la nomination de M. Escoubiac comme chirurgien-major du bataillon de Saint-Marcel.

26330. — Extrait du registre des délibérations de l'assemblée générale du district de Saint-Merry (17 décembre 1789). *S. l. n. d.*, in-8°, 12 p. [N. Mss. fr. nouv. acq. 2680, fol. 262.]

Sur l'étendue du Département de Paris.

26331. — Extrait du registre des délibérations du district de Saint-Merry (4 mai 1790). *Imp. Valleyre jeune. S. d.*, in-4°, 4 p. [N. Mss. fr. nouv. acq. 2680, fol. 276.]

Adhésion enthousiaste à l'adresse de l'Assemblée nationale sur l'émission des assignats-monnaie.

26332. — Extrait du registre des délibérations de l'assemblée générale de la section (*sic*) de Saint-Merry (27 mai 1790). *Imp. Valleyre le jeune. S. d.*, in-4°, 4 p. [N. Mss. fr. nouv. acq. 2680, fol. 222.]

Au sujet du conflit survenu à propos de la dénomination de Menou contre les acquéreurs de biens ecclésiastiques et de la lettre de Bailly aux représentants de la Commune (cf. tome II, n° 5743-5750).

26333. — Des registres des délibérations de la section (*sic*) de Saint-Merry a été tiré l'extrait de celle qui suit (27 mai 1790). *Imp. Valleyre le jeune. S. d.*, in-4°, 3 p. [*N. Mss. fr. nouv. acq.* 2680, fol. 280.]

Lecture et adoption d'une motion tendant à faire accorder aux aumôniers de bataillons de la garde nationale les mêmes avantages qu'aux autres ministres de la religion.

26334. — Extrait du registre des délibérations de l'assemblée générale de la section (*sic*) de Saint-Merry (18 juin 1790). *Imp. Valleyre le jeune. S. d.*, in-4°, 4 p. [*N. Mss. fr. nouv. acq.* 2680, fol. 284.]

Délibérations relatives au conflit soulevé entre Bailly et les représentants de la Commune et aux mesures à prendre en vue de la Fédération.

26335. — Section (*sic*) de Saint-Merry. Extrait du procès-verbal de l'assemblée générale (22 juin 1790). *Imp. Valleyre le jeune. S. d.*, in-4°, 3 p. [*N. Mss. fr. nouv. acq.* 2680, fol. 224.]

Protestation contre la motion d' « un sieur Brissot de Warville » sur le mode de vente des biens ecclésiastiques (voyez tome II, n° 6597).

26336. — Adresse à l'Assemblée nationale dans la personne de M. le président de son comité de constitution par les citoyens composant la totalité du bataillon de Saint-Merry (25 juin 1790). *Imp. Valleyre le jeune. S. d.*, in-4°, 4 p. [*N. Mss. fr. nouv. acq.* 2680, fol. 288.]

Protestation contre le décret du 21 juin sur les vainqueurs de la Bastille et leur constitution en corps spécial.

26337. — Extrait des registres des délibérations du district de Sainte-Opportune (10 mai 1790). *S. l. n. d.*, in-8°, 7 p. [*P.* 10065, in-8°.]

Sur la Fédération.

26338. — District de Saint-Philippe-du-Roule. *S. l. n. d.*, feuillet in-4°. [*N. Mss. fr. nouv. acq.* 2658, fol. 71.]

Invitation à un service célébré le 3 septembre 1789 en l'église Saint-Philippe-du-Roule, pour le repos de l'âme des citoyens morts en défendant la patrie et la liberté.
Gossec devait y faire entendre une messe de sa composition; Baignières, président du district, devait prononcer l'oraison funèbre et la comtesse de Montmorin faire la quête.

26339. — District de Saint-Philippe-du-Roule. Extrait du registre des délibérations... du 4 septembre 1789. *S. l. n. d.*, feuillet in-4°. [*N. Mss. fr. nouv. acq,* 2680, fol. 134.]

Au sujet du *veto* royal.

26340. — Délibération de l'assemblée générale du district Saint-Philippe-du-Roule du dimanche 6 septembre 1789. *Imp. Quillau. S. d.*, in-4°, 7 p. [*N. Mss. fr. nouv. acq.* 2680, fol. 137.]

Au sujet d'arrestations arbitraires ordonnées par des « commissions illégales » et dont le district demande la dissolution.

26341. — District de Saint-Philippe-du-Roule. Extrait du registre des délibérations du 7 février 1790. *Imp. Quillau,* 1790, in-8°, 6 p. [*N. Mss. fr. nouv. acq.* 2680, fol. 145.]

Prestation du serment civique.

26342. — Addition à la Motion faite à l'assemblée générale de la Commune, le 20 novembre 1789, par M. l'abbé Fauchet, l'un des représentants du district de Saint-Roch. *S. l. n. d.*, in-8°, 16 p. [*N. Lb*40 3358.]

Voyez tome II, n° 7778; il s'agit de la première des trois motions formulées par Claude Fauchet sur les droits des représentants du peuple dans l'organisation et le régime des municipalités.

26343. — Section (*sic*) de Saint-Roch. Extrait du registre des délibérations... (19 juin 1790). *Imp. Boulard. S. d.*, in-8°, 3 p. [*P.* 12272*, in-8°, carton 1.]

Offre de loger autant de délégués à la Fédération qu'il y aura de chambres disponibles dans le district et invitation aux autres districts à imiter cet exemple.

26344. — District de Saint-Séverin. Extrait des délibérations de l'assemblée générale... (16 décembre 1789), in-4°, 4 p. [*N. Mss. fr. nouv. acq.* 2680, fol. 306.]

Sur l'étendue du Département de Paris.

26345. — Extrait des registres des délibérations du comité général du district de Saint-Séverin (7 février 1790). S. l. n. d., in-8°, 4 p. [N. Mss. fr. nouv. acq. 2680, fol. 812.]

Prestation du serment civique.

26346. — Extrait des registres des délibérations du comité général du district Saint-Séverin (7-13 février 1790). Imp. Quillau. S. d., in-4°, 6 p. [N. Mss. fr. nouv. acq. 2658, fol. 285.]

Prestation du serment civique, discours du président du district (DESROCHES) et renouvellement du serment en présence de l'assemblée des représentants de la Commune.

26347. — Extrait des registres des délibérations de l'assemblée générale du district de Saint-Séverin (7 avril 1790). Imp. Quillau. S. d., in-4°, 3 p. [N. Mss. fr. nouv. acq. 2680, fol. 318.]

Protestation contre le *Règlement général* élaboré par les « prétendus représentants de la Commune ». (Voyez tome II, n° 5348.)

26348. — District de Saint-Séverin. Extrait du registre des délibérations générales... (2 avril 1790). Imp. Quillau. S. d., in-4°, 2 p. [N. Mss. fr. nouv. acq. 2680, fol. 317.]

Protestation contre le renvoi devant la juridiction du Châtelet de la procédure relative aux journées des 5 et 6 octobre.

26349. — Extrait du registre des délibérations du district de Saint-Séverin. Rapport des commissaires nommés par l'assemblée générale, dans la séance du 23 avril 1790, relativement à l'administration de l'Opéra (27 mai 1790). Imp. Quillau. S. d., in-4°, 8 p. [N. Mss. fr. nouv. acq. 2680, fol. 319.]

26350. — District de Saint-Séverin. Extrait des délibérations de l'assemblée générale... du 9 juin 1790. Imp. Quillau. S. d., in-4°, 4 p. [N. Mss. fr. nouv. acq. 2680, fol. 323.]

Désaveu de la *Délibération*.. décrite tome II, n° 7797 et prise à l'insu de la majorité des districts.

26351. — District de Saint-Séverin. Procès-verbal de l'inauguration du buste du Roi dans la salle d'assemblée civile et militaire du district (21 juin 1790). Imp. Quillau, 1790, in-4°, 7 p. [N. Mss. fr. nouv. acq. 2680, fol. 325.]

On inaugura le même jour les bustes de Bailly et de La Fayette, tous deux présents à la cérémonie.

26352. — District de la Trinité. Extrait du registre des délibérations... du 5 janvier 1790. S. l. n., in-4°, 2 p. [N. Mss. fr. nouv. acq. 2680, fol. 61.]

Contre l'agiotage.

CHAPITRE VI
ACTES ET DÉLIBÉRATIONS DES SECTIONS

26353. — Société de l'histoire de la Révolution française. Les Sections de Paris pendant la Révolution française (21 mai 1790-19 vendémiaire an IV). Organisation, fonctionnement, par ERNEST MELLIÉ. *Paris, au siège de la Société*, 3, rue de Furstenberg, 1898, in-8°, 3 ff. et 320 p. [N. Lb40. 3353.]

Entre le feuillet de garde et le faux-titre est intercalé un fac-similé du Plan de la Commune de Paris, divisé en 48 sections, d'après l'*Almanach* de l'an III (voyez tome III de la *Bibliographie*, n° 12565).
Les pp. 307-316 sont remplies par une *Bibliographie* des sources manuscrites et imprimées consultées par l'auteur.

§ 2. — Section de l'Arsenal.

26354. — Section de l'Arsenal. Assemblée primaire. *Paris, imp. de la rue du Bac, n° 610, la deuxième porte à gauche en descendant le ci-devant Pont-Royal.* S. d., in-folio plano. [N. Le40 59*.]

Importante déclaration de principes à laquelle se rallièrent presque toutes les autres sections.

26355. — Section de l'Arsenal. Assemblée primaire. Séance du 21 fructidor an III (7 septembre 1795). Imp. *de la rue du Bacq.* S. d., in-folio plano. [N. Le40 59*.]

26356. — Section de l'Arsenal. Les citoyens de la section de l'Arsenal réunis en assemblée primaire à leurs frères d'armes du camp de Marly (22 fructidor an III-8 septembre 1795). *Paris, imp. de la rue du Bacq. S. d.*, in-folio plano. [N. Le⁴⁰ 59*.]

26357. — Section de l'Arsenal. Extrait des registres des assemblées primaires du 24 fructidor an III (10 septembre 1795). *Paris, imp. de la rue du Bacq. S. d.*, in-folio plano. [N. Le⁴⁰ 59*.]

En faveur de la permanence des assemblées primaires.

28358. — Section de l'Arsenal. Extrait des registres des assemblées primaires du 23 fructidor [an III] (11 septembre 1795). *Paris, imp. de la rue du Bacq. S. d.*, in-folio plano. [N. Le⁴⁰ 59*.]

Protestation contre le décret du 21 fructidor.

§ 3. — Section Beaubourg = Section de la Réunion.

26359. — Convention nationale. Adresse de la section de la rue Beaubourg (actuellement section de la Réunion). Imprimée par ordre de la Convention nationale et envoyée aux 84 départements (24 novembre 1792). *Imp. Nationale. S. d.*; in-8°, 4 p. [N. Le³⁸ 2441.]

Au sujet des défections de certains volontaires des bataillons de Paris.

§ 4. — Section de la Bibliothèque = Section Le Peletier.

26360. — Extrait des registres de l'assemblée générale de la section de la Bibliothèque, tenue en l'église des Filles-Saint-Thomas (30 novembre 1790). *Imp. L. Potier de Lille. S. d.*, in-8°, 9 p. [N. Le⁴⁰ 400.]

Rapport sur l'affaire du sieur Bosque, avocat à Tabago, qui avait été l'objet de sévices de la part du sieur Jobal, commandant de l'île, en l'absence de M. de Dillon, et arrêté en faveur de la victime.

26361. — Extrait des registres des délibérations de l'assemblée primaire de la section Le Peletier (21 fructidor an III-7 septembre 1795). *Imp. Cretot. S. d.*, in-folio plano. [N. Le⁴⁰ 65*.]

Motion en faveur de la nomination de quarante-huit commissaires chargés de rédiger et de présenter à la Convention une déclaration collective.

26362. — Extrait des délibérations de l'assemblée primaire de la section Lepeletier (22-26 fructidor an III-8-12 septembre 1795). *S. l. n. d.*, in-8°, 14 p. [N. Le⁴⁰ 65*.]

§ 5. — Section de Bondy.

26363. — Section de Bondy. Extrait des délibérations prises le 19 avril 1791 en assemblée générale. *Imp. de la Feuille du jour*, 1791, in-4°, 2 p. [N. Mss. fr. nouv. acq., 2656, fol. 213.]

Sur le projet de voyage du Roi à Saint-Cloud et sur la nécessité de proclamer la Constitution avec toutes ses conséquences.

§ 6. — Section de Bonne-Nouvelle.

26364. — Extrait des délibérations de l'assemblée primaire de la section de Bonne-Nouvelle (20 fructidor an III-26 septembre 1795). *Imp. Cretot. S. d.*, in-folio plano. [N. Le⁴⁰ 60.]

Rejet des décrets des 5 et 13 fructidor.

§ 8. — Section de la Croix-Rouge = Section de l'Ouest.

26365. — Les citoyens de la section de l'Ouest réunis en assemblées primaires aux armées de la République (28 fructidor an III-14 septembre 1795). *Paris, imp. de la rue de Varennes. F. G., n° 650*, in-folio plano. [N. Le⁴⁰ 8.]

§ 9. — Section des Enfants-Rouges = Section de l'Homme-Armé = Section du Marais.

26366. — Adresse de la section du Marais, prononcée à l'Assemblée nationale, le mercredi 5 septembre 1792... Imprimée par ordre de l'Assemblée nationale. Paris, imp. Nationale. S. d., in-8°, 3 p. [N. Le³⁴ 160.]

26367. — Section de l'Homme-Armé. Assemblée primaire. Extrait du registre des délibérations... Séance du 22 fructidor an III (8 septembre 1795). Présidence du citoyen Gouniou. Paris, imp. Millet. S. d., in-folio plano. [N. Le⁴⁰ 64.]

Adhésion aux arrêtés des sections de l'Arsenal et du Théâtre-Français.

§ 10. — Section du Faubourg-Montmartre.

26368. — Assemblée primaire de la section du Faubourg-Montmartre. Motion d'ordre pour le choix des électeurs (séance du 26 fructidor [an III-12 septembre 1795)). S. l. n. d., in-folio plano. [N. Le⁴⁰ 35.]

Motion signée CAUDELON adoptée par la section qui en vote l'impression à cent ex. et l'envoi aux quarante-sept autres sections.

§ 11. — Section du Faubourg-Saint-Denis = Section du Faubourg-du-Nord ou Section du Nord.

26369. — Assemblée primaire. Section du Nord. Extrait des délibérations de l'assemblée primaire des 21 et 22 fructidor an III (7 et 8 septembre 1795). A tous les citoyens français réunis en assemblées primaires. Paris, imp. de la section. S. d., in-8°, 11 p. [N. Le⁴⁰ 92.]

§ 12. — Section de la Fontaine-de-Grenelle.

26370. — Adresse de l'assemblée primaire et permanente de la section de la Fontaine-de-Grenelle à ses frères de tous les départements. Paris, imp. de la Section. S. d., in-folio plano. [N. Le⁴⁰ 54.]

26371. — Section de la Fontaine-de-Grenelle. Déclaration. Paris, imp. de la Section. S. d., in-folio plano. [N. Le⁴⁰ 56.]

Au sujet des individus sans aveu ou mis en liberté provisoire à qui l'entrée des assemblées primaires devait être rigoureusement interdite.

26372. — Section de la Fontaine-de-Grenelle. Assemblée permanente du 27 fructidor an III (13 septembre 1795). Paris, imp. de la Section. S. d., in-folio plano. [N. Le⁴⁰ 63.]

Déclaration de principes.

§ 13. — Section de la Fontaine-Montmorency = Section de Brutus.

26373. — Section régénérée de Molière-et-La-Fontaine, 13ᵉ de Paris. S. l. n. d., feuillet in-4°. [N. Le⁴⁰ 1979.]

Invitation à la pompe funèbre de Marat et de Le Peletier, célébrée le 15 septembre 1793 à Saint-Joseph, rue Montmartre.

26374. — Assemblée primaire. Section de Brutus. Extrait du procès-verbal de la séance du 5ᵉ jour complémentaire de l'an III (21 septembre 1795). Imp. de la section de Brutus. S. d., in-folio plano. [N. Le⁴⁰ 61*.]

Démenti formel infligé à un article de l'Ami des lois.

26375. — Assemblée primaire. Section de Brutus. Extrait du procès-verbal de la séance du 5ᵉ jour complémentaire de l'an III (21 septembre 1795). Imp. de la section de Brutus, rue Saint-Fiacre, n° 2, in-folio plano. [N. Le⁴⁰ 61*.]

Protestation contre les arrêtés des sections de Montreuil et des Amis-de-la-Patrie en faveur des scrutins épuratoires.

§ 14. — Section des Gobelins = Section du Finistère.

26376. — Section du Finistère. Assemblée générale permanente. Séance [s] du 12 [et du 16] septembre 1792. Imp. Caillot et Courcier. S. d., in-folio plano. [N. Lb⁴⁰ 1820.]

Violente dénonciation des agissements de Léonard Bourdon de La Crosnière dans les diverses fonctions qu'il avait occupées.

26377. — Section du Finistère. Extrait du procès-verbal de la séance du 5 juin

1793... Imp. de la section du Finistère. S. d., in-folio plano. [N. Le⁴⁰ 1820.]

Arrêté longuement motivé, déclarant que le citoyen Gency a perdu la confiance de la section et réhabilitant le citoyen Queslin par lui calomnié.

§ 15. — Section de la Grange-Batelière = Section du Mont-Blanc.

26378. — Section de la Grange-Batelière. Avis aux citoyens. Nomination de deux notables adjoints (26 mars 1791). S. l. n. d., in-folio plano. [N. Mss. fr. nouv. acq. 2656, fol. 194.]

26379. — Assemblée primaire.. Section du Mont-Blanc. Extrait du procès-verbal de l'assemblée primaire du 3 vendémiaire an IV (25 septembre 1795). Imp. Cretot. S. d., in-8°, 4 p. [N. Le⁴⁰ 149.]

Reproduction et approbation d'un discours du c. LAUGEAC, de la section du Mont-Blanc.

26380. — Déclaration portée à la Convention nationale dans sa séance du 6 vendémiaire an IV (28 septembre 1795) et dont il a été décrété qu'il ne serait point fait lecture. Extrait du procès-verbal de l'assemblée primaire du 5 vendémiaire an IV (27 septembre 1795). Imp. de la section du Mont-Blanc. S. d., in-8°, 4 p. [N. Le⁴⁰ 153.]

§ 17. — Section de la Halle-aux-Blés.

26381. — Section de la Halle-aux-Bleds. Extrait du registre des délibérations de l'assemblée générale... (4 juin 1793). Imp. Renaudière, in-4°, 3 p. [N. Lb⁴⁰ 1873.]

Motion en faveur du comité central révolutionnaire dont les membres devaient être pris dans le comité de surveillance de chaque section et auxquels serait adjointe la commission dite des Neuf.

26382. — Section de la Halle-au-Blé. Assemblée primaire (22 fructidor an III-8 septembre 1795). Imp. Renaudière. S. d., in-folio plano. [N. Le⁴⁰ 46.]

26383. — L'Assemblée primaire de la section de la Halle-au-Blé à la Convention nationale (1ᵉʳ et 2 vendémiaire an IV-23 et 24 septembre 1795). Imp. Renaudière S. d., in-8°, 8 p. [N. Le⁴⁰ 106.]

§ 18. — Section de Henri-IV = Section du Pont-Neuf.

26384. — Déclaration de principes de l'assemblée primaire [de la section] du Pont-Neuf (10 vendémiaire an IV-2 octobre 1795). Imp. de la section. S. d., in-folio plano. [N. Le⁴⁰ 51.]

§ 19. — Section de l'Hôtel-de-Ville = Section de la Fidélité.

26385. — Assemblée primaire. Section de la Fidélité. Extrait du registre des délibérations... Séance du 20 fructidor an III (6 septembre 1795). Paris, imp. Millet. S. d., in-folio plano. [N. Le⁴⁰ 62°.]

Protestation contre l'attitude de la Convention à l'égard des sections de Paris.

26386. — Assemblée primaire. Section de la Fidélité. Extrait du registre des délibérations. Séance du 21 fructidor an III (7 septembre 1795). Imp. Millet. S. d., feuillet in-4°. [N. Le⁴⁰ 62°.]

Défense au commissaire de police et au chef de bataillon de prêter main-forte à toutes réquisitions autres que celles de la section qui se déclare en permanence.

26387. — Assemblée primaire. Section de la Fidélité. Extrait du registre des délibérations. Séance du 21 fructidor an III (7 septembre 1795). Paris, imp. Millet. S. d., in-folio plano. [N. Le⁴⁰ 62°.]

En faveur du respect de la liberté individuelle et de la protection de tous les bons citoyens.

26388. — Assemblée primaire. Section de la Fidélité... Séance du 22 fructidor an III (8 septembre 1795). Paris, imp. Millet. S. d., in-folio plano. [N. Le⁴⁰ 62°.]

Désapprobation longuement motivée des considérants du décret pris le 21 fructidor, à minuit, par la Convention nationale.

26389. — Section de la Fidélité. Assemblée primaire et permanente. Extrait du registre des délibérations. Séance[s] du 25 [et du 26] fructidor an III (11-12 septembre 1795). *Paris, imp. Millet. S. d.*, in-folio plano. [*N.* Le⁴⁰ 62*.]

Dépouillement du scrutin et adresse aux représentants du peuple.

26390. — Section de la Fidélité. Assemblée primaire et permanente. Séance du 2 vendémiaire an IV (24 septembre 1795). *Imp. Millet. S. d.*, in-folio plano. [*N.* Le⁴⁰ 62.]

Refus de se soumettre au décret du 1ᵉʳ vendémiaire.

26391. — Déclaration. Section de la Fidélité. Assemblée primaire et permanente. Séance du 4 vendémiaire an IV (26 septembre 1795). *Imp. Millet. S. d.*, in-folio plano. [*N.* Le⁴⁰ 37.]

26392. — Section de la Fidélité. Extrait du registre des délibérations des assemblées primaires et permanentes... (6 vendémiaire an IV-28 septembre 1795). *Imp. Millet. S. d.*, in-folio plano. [*N.* Le⁴⁰ 62*.]

Protestation contre le décret du 6 vendémiaire.

§ 22. — Section du Jardin-des-Plantes = Section *des Sans-Culottes*.

26393. — Hymne des Républicains pour la fête de la plantation de l'arbre de la liberté de la rue Saint-Victor, célébrée le 9 décembre 1792..., dont l'impression et la distribution ont été ordonnées par l'assemblée générale de la section des Sans-Culottes. *Imp. Cl.-F. Cagnion. S. d.*, in-8°, 3 p. [*A. N.* W 438, Dʳ 30.]

Signé : Joseph-Honoré Valant, commissaire de la section des Sans-Culottes.

§ 24. — Section du Louvre = Section *du Museum*.

26394. — Couplets chantés au banquet civique donné le 12 août 1793, au Jardin de l'Infante, par les citoyens de la section du Museum réunis à leurs frères les députés des assemblées primaires, par Albeltier, officier de paix, citoyen de la section du Museum. *S. l. n. d.*, in-8°, 3 p. [*N.* 8° Ye pièce 4099.]

Sur l'air : « Dans le cœur d'une cruelle », de l'*Amant statue*.

26395. — Assemblée primaire de la section du Museum. Arrêté du 22 fructidor an III (8 septembre 1795). *Imp. Le Normant. S. d.*, in-folio plano. [*N.* Le⁴⁰ 137.

Déclaration de principes.

§ 25. — Section du Luxembourg.

26396. — Assemblée primaire. L'Assemblée primaire de la section du Luxembourg à ses frères de Paris et des départements. *Imp. Ant. Bailleul. S. d.*, in-4°, 4 p. [*N.* Le⁴⁰ 82.]

26397. — Assemblée primaire. L'Assemblée primaire de la section du Luxembourg (Commune de Paris) à l'armée française. *S. l. n. d.*, in-4°, 2 p. [*N.* Le⁴⁰ 84.]

Au sujet des décrets des 5 et 13 fructidor.

§ 28. — Section de la Rue-de-Montreuil.

26398. — Section de Montreuil, faubourg Antoine. Assemblée primaire. Acte de garantie. Extrait du procès-verbal de la séance du 23 fructidor an III (9 septembre 1795). *Imp. Emm. Brosselard. S. d.*, in-folio plano. [*N.* Le⁴⁰ 135.]

§ 29. — Section Notre-Dame — Section *de la Cité*.

26399. — L'Assemblée primaire de la section de la Cité, Commune de Paris, aux défenseurs de la patrie composant les armées de la République française (25 fructidor an III-11 septembre 1795). *S. l. n. d.*, in-4°, 3 p. [*N.* Le⁴⁰ 81.]

§ 30. — Section de l'Observatoire.

26400. — Section de l'Observatoire. Assemblée primaire. Extrait du registre des délibérations du 22 fructidor an III (8 septembre 1795). *Imp. C.-F. Patris. S. d.,* in-folio plano. [*N.* Le⁴⁰ 66.]

Dépouillement et résultat du scrutin.

26401. — Liste des électeurs de la section de l'Observatoire. 6° complémentaire an III (22 septembre 1795). *Imp. C.-F. Patris. S. d.,* in-8°, 4 p. [*N.* Le⁴⁰ 95.]

26402. — Ma profession de foi, par J.-F. LEPITRE, président de l'assemblée primaire de la section de l'Observatoire et l'un de ses électeurs (2 vendémiaire an IV-24 septembre 1795). *Imp. C.-F. Patris. S. d.,* in-8°, 7 p. [*N.* Le⁴⁰ 89.]

§ 31. — Section de l'Oratoire
= Section *des Gardes-Françaises.*

26403. — Hymne chanté dans le temple de la Raison, section du Museum [Saint-Germain-l'Auxerrois], par celle des Gardes-Françaises, décadi 10 pluviôse an II (29 janvier 1794). *Imp. Pain. S. d.,* in-8°, 4 p. [*N.* 8° Ye 3970.]

Signé : par le citoyen CASSAN, de la section des Gardes-Françaises.
Air des *Enfants de la Patrie.*

26404. — Discours prononcé par le président de l'assemblée primaire de la section des Gardes-Françaises lors de la clôture de ses séances, le 10 vendémiaire de l'an 4° (20 octobre 1795). *Imp. Pellier. S. d.,* in-8°, 4 p. [*N.* Le⁴⁰ 114.]

§ 32. — Section du Palais-Royal
= Section *de la Butte-des-Moulins.*

26405. — Section de la Butte-des-Moulins. Extrait du procès-verbal de l'assemblée primaire permanente du 2 vendémiaire an IV (24 septembre 1795). *Imp. Desenne. S. d.,* in-folio plano. [*N.* Le⁴⁰ 44.]

Protestation contre le décret rendu la veille.

§ 33. — Section de la Place-Louis-XIV
= Section *du Mail* ou *des Petits-Pères*
= Section *Guillaume-Tell.*

26406. — Section du Mail. Extrait des délibérations de l'assemblée primaire, séance du 6° jour complémentaire an III (22 septembre 1795). *Imp. Huzard. S. d.,* in-folio plano. [*N.* Le⁴⁰ 47.]

§ 34. — Section de la Place-Royale
= Section *de l'Indivisibilité,*

26407. — Section de l'Indivisibilité. Assemblée primaire. Séance du 22 fructidor an III (6 septembre 1795). *S. l. n. d.,* in-8°, 3 p.]*N.* Le⁴⁰ 71.]

26408. — Au comité de bienfaisance de l'Indivisibilité en 1793, d'après des documents inédits. Conférence, par M. CHIRON, professeur de mathématiques aux Ecoles Arago et Colbert, administrateur du bureau de bienfaisance du XI° arrondissement. *Clermont (Oise), imp. Daix frères,* 1905, in-8°, 12 p.

La couverture imprimée sert de titre.

§ 36. — Section Poissonnière.

26409. — Extrait des délibérations de l'assemblée générale de la section de la rue Poissonnière du 9 septembre 1790. *Imp. V° Delaguette. S. d.,* in-8°, 3 p. [*N.* Mss. fr. nouv. acq. 2680, fol. 210.]

Motion relative aux nombreux militaires en habits bourgeois qui circulaient dans Paris et envoi d'une députation à l'Assemblée nationale pour faire cesser cet état de choses.

§ 37. — Section du Ponceau
= Section *des Amis de la Patrie.*

26410. — Extrait du registre des procès-verbaux des assemblées générales de la section du Ponceau (6 mai 1791). *Imp. de la V° Valade,* 1791, in-4°, 3 p. [*N.* Mss. fr. nouv. acq. 2656, fol. 232.]

Protestation contre les paroles attribuées à Bailly au sujet de l'attitude des commissaires de la section de la Fontaine-de-Grenelle lors de l'affaire dite des Théatins (voyez tome III, n°⁵ 16896-16899).

26411. — Assemblée primaire. Section des Amis de la Patrie. Arrêté de l'assemblée du 23 fructidor an III (9 septembre

1795). *Imp. Charpentier. S. d.*, in-folio plano. [N. Le⁴⁰ 43.]

Contre le décret rendu le 21 fructidor à minuit.

§ 38. — Section de Popincourt.

26412. — « 5ᵉ bataillon, 5ᵉ division. Les officiers du bataillon de Trainel, dit Popincourt... » (2-6 mars 1794). *Imp. Vᵉ Delaguette. S. d.*, in-4°, 3 p. [N. Mss. fr. nouv. acq. 2656, fol. 175.]

Désaveu de la conduite de quelques individus faisant partie du détachement envoyé à Vincennes, le 28 février précédent, et protestation de « l'inaltérable dévouement » du bataillon à La Fayette.

§ 39. — Section des Postes = Section du Contrat-Social.

26413. — Assemblée primaire de la section du Contrat-Social. Aux armées de la République. *Imp. du Contrat-Social. S. d.*, in-folio plano. [N. Le⁴⁰ 45.]

§ 40. — Section des Quatre-Nations = Section de l'Unité.

26414. — Section de l'Unité. Assemblée primaire. Extrait du registre des délibérations... Séance du 21 fructidor an III (7 septembre 1795). *Imp. Langlois. S. d.*, in-folio plano. [N. Le⁴⁰ 42.]

26415. — Les Citoyens composant l'assemblée primaire de la section de l'Unité aux citoyens des armées (4ᵉ complémentaire an III (20 septembre 1795). *Imp. Langlois. S. d.*, in-4°, 2 p. [N. Le⁴⁰ 105.]

26416. — Discours d'encouragement aux électeurs de la section de Popincourt, prononcé dans la séance du 9 vendémiaire an IV (par le c. PERGOND). — Discours lu à l'assemblée primaire de Popincourt (par MONCHANIN, le 9 vendémiaire an IV (1ᵉʳ octobre 1795). *S. l. n. d.*, in-4°, 10 p. [N. Le⁴⁰ 131.]

§ 41. — Section des Quinze-Vingts.

26417. — Section des Quinze-Vingts. Assemblée primaire. Extrait des registres des délibérations... en date du 26 fructidor an III (12 septembre 1795). *Imp. J.-B. Colas. S. d.*, in-folio plano. [N. Le⁴⁰ 67.]

Adhésion à la motion de la section du Temple et réponses du président de la section (COUTIER) aux députations des assemblées primaires des sections des Amis-de-la-Patrie [du Ponceau] et de la Fontaine-de-Grenelle.

§ 42. — Section du Roi-de-Sicile = Section des Droits-de-l'Homme.

26418. — Assemblée de la section des Droits-de-l'Homme au peuple de Paris (27 février 1793). *Paris, imp. Millet. S. d.*, in-folio plano. [N. Mss. fr. nouv. acq. 2716, fol. 65.]

Lecture, adoption et affichage de cette adresse rédigée par le c. DESCOMBES au sujet des désordres des 25 et 26 février (voyez tome Iᵉʳ de la *Bibliographie*, nᵒˢ 3911-3925 et tome II, n° 6298).

26419. — Liberté, Egalité ou la Mort. Section des Droits-de-l'Homme. Procès-verbal de la séance du 20 mai an II. *Paris, imp. Millet. S. d.*, in-4°, 4 p.

Réception des délégués des sections du Contrat-Social, de Bon-Conseil, de l'Unité, des Lombards, des Gravilliers et des Marchés.

26420. — Assemblée primaire. Section des Droits-de-l'Homme. Extrait du registre des délibérations. Séance du 22 fructidor an III (8 septembre 1795). *Paris, imp. Millet. S. d.*, in-folio plano. [N. Le⁴⁰ 36*.]

26421. — Section des Droits-de-l'Homme. Extrait des registres de l'assemblée primaire des Droits-de-l'Homme, portion intégrale du peuple souverain. Séance du 2 vendémiaire an IV (24 septembre 1795). *Paris, imp. Millet. S. d.*, in-folio plano. [N. Le⁴⁰ 36*.]

26422. — Section des Droits-de-l'Homme. Extrait des registres des délibérations de l'assemblée primaire..., portion intégrale du peuple souverain. Séance du 13 vendémiaire an IV (4 octobre 1795). *Imp. Millet. S. d.*, in-folio plano. [N. Le⁴⁰ 36*.]

Protestation contre le réarmement fait le matin même « dans le Jardin national, d'un nombre considérable de brigands et notamment des assassins du représentant Féraud ».

§ 43. — Section du Roule.

26423. — Assemblée primaire de la section du Roule. Déclaration de principes du 7 vendémiaire an IV (29 septembre 1795). Imp. A.-Cl. Forget. S. d., in-folio plano. [N. Le⁴⁰ 136.]

26424. — De l'Influence de la tyrannie sur la morale publique. Discours prononcé dans l'assemblée primaire de la section du Roule. Imprimé par son ordre. Par TOUSSAINT-GUIRAUDET. An IV de la République (imp. A.-Cl. Forget), in-8°, 1 f. et 29 p. [N. Le⁴⁰ 113.]

§ 44. — Section de Sainte-Geneviève = Section du Panthéon-Français.

26425. — Section du Panthéon-Français. Extrait du procès-verbal de l'assemblée primaire du 22 fructidor an III (8 septembre 1795). Imp. Cailleau. S. d., in-folio plano. [N. Le⁴⁰ 49.]

Contre le décret du 21 fructidor. L'ex. de la B. N. est imprimé au verso de deux calendriers de cabinet pour les années 1790 et 1792 ; celui de 1790 est orné des portraits gravés sur bois des rois de France depuis Henri IV et de ceux de la famille royale ; celui de 1792 est accompagné des scènes galantes ou familières en forme d'octogones et commentées par des distiques naïfs.

§ 45. — Section du Temple.

26426. — Assemblée primaire de la section du Temple. Projet de pétition à la Convention nationale, après qu'il aura obtenu l'adhésion de la majorité des assemblées primaires de Paris (22 fructidor an III-8 septembre 1795). S. l. n. d., in-4°, 3 p. [N. Le⁴⁰ 86.]

26427. — Extrait du registre des délibérations de l'assemblée primaire de la section du Temple, séance du 4 vendémiaire an IV (26 septembre 1795). S. l. n. d., in-folio plano et oblong. [N. Le⁴⁰ 52.]

Dépouillement et résultat du scrutin.

26428. — L'Assemblée primaire de la section du Temple à la Convention nationale. S. l. n. d., in-4°, 6 p. [N. Le⁴⁹ 85.]

P. 4, l'Assemblée primaire de la section du Temple aux quarante-sept sections de Paris, aux départements et aux armées de la République.

§ 46. — Section du Théâtre-Français = Section de Marseille.

26429. — Section de Marseille (27 août 1792). Imp. du Cercle social. S. d., in-folio plano. [N. Mss. fr. nouv. acq. 2716, fol. 80.]

Nomination, sur la motion de Danton, de quatre commissaires chargés de prendre connaissance auprès du Conseil exécutif des moyens de défense de la capitale et des frontières.

26430. — Assemblée primaire et permanente du Théâtre-Français. Extrait des registres des délibérations du 3 vendémiaire an IV (25 septembre 1795). Imp. des frères Fleschelle. S. d., in-folio plano. [N. Le⁴⁰ 68*.]

Protestation contre l'accueil fait par le Comité des décrets aux manifestes des sections.

26431. — Assemblée primaire et permanente du Théâtre-Français. Extrait des délibérations de l'assemblée primaire, séance du 5ᵉ jour complémentaire (21 septembre 1795). Imp. des frères Fleschelle. S. d., in-folio plano. [N. Le⁴⁶ 68*.]

Dénonciation des assassins du 2 septembre restés impunis et des fauteurs de la « tyrannie décemvirale ».

26432. — Assemblée primaire permanente du Théâtre-Français. Séance du 7 vendémiaire an IV (29 septembre 1795). Imp. des frères Fleschelle. S. d., in-8°, 6 p. [N. Le⁴⁰ 68*.]

26433. — Assemblée primaire et permanente du Théâtre-Français. Extrait des délibérations du 6 vendémiaire an IV (28 septembre 1795). S. l. n. d., in-folio plano. [N. Le⁴⁰ 68*.]

Protestation contre les « lois barbares » rendues par la Convention dans la séance de nuit du 5 vendémiaire, édictant des peines afflictives contre les auteurs ou promoteurs

§ 47. — Section des Thermes-de-Julien.

26434. — Opinion du citoyen DOILLOT en faveur de la réélection des deux tiers des membres de la Convention nationale, à la prochaine législature, prononcée dans la séance de l'assemblée primaire des Thermes, le 22 fructidor an III (8 septembre 1795). Imp. Moutard. S. d., in-8°, 8 p. [N. Le⁴⁰ 145.]

§ 48. — Section des Tuileries.

26435. — Le Bon vieillard, discours prononcé dans la section des Tuileries, le décadi 30 pluviôse (an II-18 février 1794) à la fête de la Raison et de la Vérité, par le c^en DULAURENT. Paris, imp. Nationale du Louvre, an II, in-8°, 50 p. [N. Lb⁴⁰ 3371.]

Voyez tome II, n°ˢ 9031-9033.

26436. — Hymne à l'Imprimerie, par le citoyen PIIS, chantée à la section des Tuileries, le décadi 30 pluviôse [an II-18 février 1794]. S. l. n. d., in-8°, 3 p. [N. Ye 55950.]

Sur l'air du vaudeville de l'Officier de fortune.

26437. — Assemblée primaire. Section des Tuileries. Extrait des procès-verbaux de l'assemblée primaire des 22 et 23 fructidor an III (6 et 7 septembre 1795). Paris, imp. de la section, in-8°, 8 p. [N. Le⁴⁰ 93.]

26438. — L'Assemblée primaire de la section des Tuileries à la Convention nationale (26 fructidor an III-12 septembre 1795). Paris, imp. de la section. S. d., in-folio plano. [N. Le⁴⁰ 53.]

« L'assemblée primaire des Tuileries a composé sa députation de vieillards, indiquant par ce choix que si quelqu'influence agit sur elle, c'est celle de l'âge, de la sagesse et de la vertu. »

CHAPITRE VII
ACTES ET DÉLIBÉRATIONS DES CLUBS ET SOCIÉTÉS POPULAIRES

26439. — Discours d'un canonnier à cheval, prononcé à la Société des Jacobins, le samedi 30 juin 1792... S. l. n. d., in-8°, 4 p. [N. Lb⁴⁰ 3360.]

26440. — Épître à la Société des Amis de la liberté et de l'égalité séante aux ci-devant Jacobins, à Paris, par GABRIEL BOUQUIER, député du département de la Dordogne à la Convention nationale. Imp. Nationale. S. d., in-8°, 6 p. [N. Ye 16079.]

En vers libres.

9049 (Nouv. Add.). — La Société des Jacobins. Recueil de documents pour l'histoire du Club des Jacobins, à Paris, par F.-A. AULARD... Tome V (janvier 1793 à mars 1794). — Tome VI (mars à novembre 1794). Paris, Léopold Cerf; Noblet; maison Quantin, 1895-1897.

Le tome VI est terminé par quelques additions et corrections, une Liste des présidents et secrétaires de la Société rectifiant celle que renferme le tome Ier, et une Table générale alphabétique.

26441. — Discours sur les causes qui ont produit la Révolution française, prononcé à la Société fraternelle des Patriotes de l'un et de l'autre sexe, séante au Palais-Cardinal, vieille rue du Temple, le 23 janvier 1791, par J.-L. TALLIEN, fondateur de cette Société. Imp. Demonville. S. d., in-8°, 24 p. [N. Lb⁴⁰ 3330.]

26442. — Réunion des Amis de la constitution de l'an III. Paris, imp. Lamberté. S. d., in-8°, 4 p. [N. Lb⁴⁰ 3383.]

Statuts et règlement intérieur.

26443. — Plan d'organisation et Règlement de la Société populaire et fraternelle de l'un et l'autre sexe des Amis de la patrie, arrêtés le 14 du premier mois de l'an II (5 octobre 1793). Imp. Charpentier. S. d., in-8°, 8 p. [N. Lb⁴⁰ 3398.]

Signé : DUROLLET, président ; HUBERT, rédacteur et secrétaire de la Société ; FORTENANT, LAFILLE, VANBROMEUSE, HULOT, secrétaires.

26444. — Hôtel de Ville. Tribunal de Police. Jugement rendu sur le réquisitoire de M⁰ Louis-Charles Mitouflet de Beauvois, procureur-syndic adjoint de la Commune, qui fait défense à la société connue sous le nom de « Sallon Français », de s'assembler à l'avenir dans la maison de la rue Royale, n° 29. Du samedi 15 mai 1790. *Imp. Lottin aîné et Lottin de Saint-Germain*, 1790, in-4°, 6 p. [*Br. M. F. R.* 9 (26).]

Voyez tome II, n° 10074.

CHAPITRE VIII
JOURNAUX, PAMPHLETS ET ALMANACHS POLITIQUES

26445. — Le Régime de la presse pendant la Révolution française, par ALMA SŒDERHJELM. Thèse présentée à la Faculté des lettres de l'Université de Helsingfors et soutenue publiquement dans la salle historico-physiologique le 8 mai 1900, dès 10 h. du matin. *Helsingfors, imprimerie Hufondsadsbladet*, 1900-1901, 2 vol. in-8°. [*N. Lc¹ 75.*]

Les couvertures imprimées portent, outre le titre, le nom de l'auteur de la tomaison, l'adresse de *H. Welter, éditeur*, à Paris.

26446. — GUSTAVE LE POITTEVIN. La Liberté de la presse depuis la Révolution. 1789-1815. *Arthur Rousseau*, 1901, in-12, 2 ff. et 330 p. [*N. Lc¹ 74.*]

26447. — Le Bureau politique du Directoire (notes et documents), par A. MATHIEZ. « Extrait de la « Revue historique », tome LXXXI, année 1902. *Paris* (Nogent-le-Rotrou, imprimerie Daupeley-Gouverneur), in-8°, 1 f. et 25 p. [*N. Lb⁴² 2863.*]

Non mis en vente, comme tous les tirages à part de la *Revue historique*.

26448. — Bibliotheca Lindesiana. Collections and Notes. N° 6. I. « Bulletin de l'Assemblée nationale », 5-21 septembre 1792. II. « Bulletin de la Convention nationale », 22 septembre 1792-4 brumaire an IV (26 octobre 1795). *Privately printed* [*The Aberdeen University Press limited*], MCMII, in-folio, 93 p. [*N. F° Q 52.*],

P. 3, *Préface* signée : CRAWFORD.
P. 5, *Introduction* signée : J.-P. EDMOND, librarian.

Relevé numérique des numéros et des suppléments composant chacun de ces deux journaux, d'après les ex. de la Bibliothèque nationale, de la Chambre des députés et de la collection particulière du comte Crawford.

Voyez tome II, n°ˢ 10819-10819ᵃ.

26449. — Le Patriote français cadet, journal libre, impartial et national. *Troyes, André; Paris, Belin*, in-4°. [*R. AD. XXⁿ 477.*]

Paraissant le mercredi et le samedi.

ÉPIGR. :
Une Gazette libre est une sentinelle qui veille sans cesse sur le peuple.

Elle est suivie de ce *Nota* : « Le lecteur n'oubliera pas que cette feuille n'est destinée qu'à redresser les idées quelquefois outrées de notre frère ainé. C'est un jugement de famille. »
L'ex. de la collection Rondonneau ne comporte que les n°ˢ 7 (24 février 1790), 9 et 10 (3 et 6 mars 1790). Ceux-ci portent en sous-titre : *Journal libre et impartial, par un citoyen français*.
Sur *le Patriote français* de Brissot, voyez tome II, n°ˢ 10196, 10206 et 10273.

26450. — Annales de la confédération universelle des Amis de la vérité. Premier [second] supplément à la « Bouche de fer ». *Imp. du Cercle social* (1791), in-8°, 86 p. [*N. Lc² 317ᵇⁱˢ.*]

Voyez tome II, n° 10425.

26451. — La Semaine politique et littéraire, faisant suite aux « Révolutions de France et de Brabant », par JOSEPH-F.-N. DUSAULCHOY (19 décembre 1791-14 mai 1792). *Paris, au bureau, cloître Saint-Benoît, n° 16, près la rue Saint-Jacques; Marseille, Mossy; Lille, Vanacker, l'an III⁰ de la liberté*, 21 numéros in-8°. [*Ars. Jo. 20137.*]

Le titre du tome I⁰ʳ porte en plus : 1ᵉʳ trimestre formant le 9⁰ des « *Révolutions de France et de Brabant* »; le deuxième trimestre commence au n° 14 (19 mars 1792); l'adresse du journal est ainsi modifiée : *rue Guénégaud, 24,* et indique un nouveau dépositaire : *Dunkerque, Gaspard Grosset.*

ÉPIGR. :

Quid novi ?

Chaque numéro de 48 pages a une pagination distincte; tous (sauf le n° 21) sont accompagnés de planches anonymes le plus souvent allégoriques et satiriques et dont l'exécution est fort inégale.

Les *Révolutions de France et de Brabant,* commencées par Camille Desmoulins et continuées par Dusaulchoy, ont été longuement décrites tome II, n° 10379; le seul ex. que je connaisse de la *Semaine politique et littéraire* est celui de la Bibliothèque de l'Arsenal provenant de la collection Pochet-Deroche.

26452. — Journal des armées et Conduite de la Convention nationale, rédigé par une société d'anciens militaires et de gens de lettres. Imp. *Théodore Gérard,* in-8°. [R. AD. XX² 275.]

L'ex. de la collection Rondonneau comporte les n°s 8 (18 août, l'an 2° de la République) et 33 (10 de la 2° décade de l'an II [11 octobre 1793)].

Les communications devaient être adressées au c. LACHICHE, au monastère des Dames-Sainte-Marie, rue du Bac, où s'imprimait le *Journal des armées.*

26453. — Journal de l'administration intérieure de la République française. Imp. *du Journal, rue Jacques,* 22, in-8°. [R. AD. XX² 267.]

L'ex. de la collection Rondonneau ne renferme que le n° 7 daté de frimaire an VII.

TOME III

NOUVELLES ADDITIONS ET CORRECTIONS

PREMIÈRE DIVISION
HISTOIRE PHYSIQUE

CHAPITRE PREMIER
TOPOGRAPHIE ET HYDROGRAPHIE

26454. — Au Premier Consul, aux membres du gouvernement, les soumissionnaires de partie de l'île des Cygnes. *Imp. des Sciences et Arts. S. d.*, in-4°, 16 p. [*A.* S. Domaines, dossier 718.]

Signé : Piraut-Deschaumes, avoué, défenseur officieux, et suivi des noms d'un certain nombre de ses clients. Une note porte, en outre : « Les soumissionnaires qui n'ont pas signé sont absents ».
Réclamation contre la ville de Paris.

26455. — Corps législatif. Conseil des Anciens. Opinion de Rousseau, député de la Seine, sur la résolution qui excepte de la vente des domaines nationaux le terrain dit l'Ile Louviers, située dans la commune de Paris. Séance du 19 floréal an VII (8 mai 1799). *Imp. Nationale, floréal an VII*, in-8°, 10 p. [*N.* Le⁴⁵ 2180.]

Voyez sur cette même question tome III, n°ˢ 11910-11917.

26456. — Opinion d'un patriote sur la nécessité de construire un canal de Paris à Dieppe et d'ouvrir une communication entre toutes les rivières de l'empire français et tous les ports de mer. *Imp. Sallière. S. d.*, in-8°, 8 p. [*N.* Vp. 15319.]

Signée : J.-B. Cocquard de Saint-Cyr.

26457. — Programme sur la nécessité de construire un canal de navigation depuis Paris jusqu'à Dieppe et Rouen, avec l'exposé des moyens d'exécution (9 janvier 1793). *Paris, chez les directeurs de l'imprimerie du Cercle social; Desenne; la citoyenne Lesclapart; Antoine, à la Convention nationale; Cousin, au Lycée; tous les libraires qui vendent des nouveautés*, 1793, in-4°, 16 p. [*N.* Vz 615.]

Signé, p. 16 : Machet-Vélye, rue du Théâtre-Français, n° 15.

26458. — Lettre du cit. Campmas, ingénieur en hydraulique, sur son projet de deux grands établissements pour la ville de Paris, divisés en six objets d'utilité majeure, au rédacteur du « Moniteur universel » (20 nivôse an VIII-10 janvier 1800). *Imp. H. Agasse. S. d.*, in-8°, 13 p. [*N.* Vp. 13079.]

Réclamation contre Brullée, accusé par l'auteur de s'être inspiré de ses plans, et exposé d'un projet comportant deux canaux d'épuration et de navigation à construire en face de la Salpêtrière et au-dessous du moulin à feu de l'île des Cygnes.

26459. — Observations du cit. Haupois, ingénieur, directeur des pompes à feu : 1° sur quelques passages d'un rapport fait par le citoyen Bruyère, ingénieur en chef des ponts et chaussées, relatif aux moyens de fournir l'eau nécessaire à la ville de Paris; 2° sur l'état actuel de l'établissement des pompes à feu et les ressources qu'il présente pour atteindre le but que ce rapport a pour objet (26 fructidor an XI-13 septembre 1803). *Imp. du Musée des aveugles, rue Saint-Avoye. S. d.*, in 4°, 26 p. [*N.* Vz 883.]

Sur le rapport de Bruyère, voyez tome III, n° 12011.

26460. — Projet d'une école de natation en faveur de la garde bourgeoise nationale de Paris. *Imp. Valleyre aîné. S. d.*, in-8°, 4 p. [*N.* Mss. fr. nouv. acq. 2658, f° 120.]

Signé : TURQUIN, quai Dauphin, n° 3.
Les souscriptions étaient reçues chez Mes Liénard, quai d'Orléans, J.-L. Hua, rue des Fossés-Saint-Germain-des-Prés et Mathieu, place du Palais-Royal, notaires.
Voyez le n° 26328 ci-dessus.

CHAPITRE III
MONUMENTS CIVILS

12374 (*Nouv. Add.*). — Adresse et Projet général dédié à la Nation... par PALLOI (sic)... (1792).

Un second ex. du *Plan général d'un monument à ériger à la gloire de la liberté* contient des corrections manuscrites à la légende et un *Tableau* (également manuscrit) *par ordre alphabétique des renvois portés au plan*. Il a été annexé à l'ex. de la B. N. décrit sous le numéro rappelé ci-dessus.

26461. — Appel aux artistes. *Paris, imp. de la République, floréal an IV,* in-folio plano. [*N.* Lb⁴² 2732.]

Signé : le ministre de l'intérieur, BENEZECH.
Invitation aux artistes à présenter des plans pour la reconstruction d'un autel de la Patrie, d'un monument sur la place des Victoires nationales, et pour l'embellissement des places Vendôme, de la Concorde, de l'Indivisibilité [Place-Royale] et de la Bastille.

26462. — VICTOR CHAMPIER et G.-ROGER SANDOZ. Le Palais-Royal, d'après des documents inédits (1629-1900). *Paris, Société de propagation des livres d'art,* 117, boulevard Saint-Germain, 1900, 2 vol. in-4°. [*N.* Lk⁷ 32525.].

Tome Ier, *Du Cardinal de Richelieu à la Révolution*, par VICTOR CHAMPIER.
Tome II. *Depuis la Révolution jusqu'à nos jours*, par G.-ROGER SANDOZ.
Titre rouge et noir. Nombreuses pl. hors texte en noir et en couleur.

26463. — L'Hôtel de l'administration départementale de la Seine, de 1791 à 1803, par MARIUS BARROUX. *Paris* [Nogent-le-Rotrou, imp. Daupeley-Gouverneur], 1905, in-8°, 18 p.

Tirage à part, non mis en vente, du tome XXXIII (1905) du *Bulletin de la Société de l'histoire de Paris et de l'Ile-de-France*.
L'administration départementale résida successivement à l'hôtel de l'Intendance de Paris (aujourd'hui rue Béranger, n° 11) à l'hôtel de la Première Présidence, au Palais de Justice (1791-février 1792), dans trois hôtels de la place Vendôme portant les n°s 10, 12 et 17, de 1792 à l'an XII (1803). C'est sur le dernier de ces hôtels (appartenant au baron de Schickler) que M. Marius Barroux demande l'apposition d'une plaque commémorative.

DEUXIÈME DIVISION
HISTOIRE ADMINISTRATIVE

CHAPITRE PREMIER
MAISON DU ROI ET APANAGES DES PRINCES

26464. — Histoire des divers corps de la maison militaire des rois de France, depuis leur création jusqu'à l'année 1818, par M. BOUILLIER, garde du corps de Monsieur. *Paris, imp. Le Normant,* 1818, in-8°, 2 ff. et XVI (?)-452 p. [*N.* Lf⁸¹ 5.]

L'ex. de la B. N. est précédé d'un prospectus. Dans cet ex., l'*Introduction* est incomplète.

26465. — Adresse des musiciens du ci-devant Roi à la Convention nationale. *S. l. n. d.*, in-8°, 4 p. [*N.* Vp. 8298.]

Demande de subsides pour compenser la suppression de leur emploi.

CHAPITRE II

ADMINISTRATION DE L'ÉTAT ET DE LA VILLE

26466. — La Montagne, chanson patriotique. — Stances pour l'inauguration des bustes de Marat et Le Peletier dans la maison de l'Intérieur. S. l. n. d., in-8°, 4 p. [N. 8° pièce Ye 5517.]

La chanson de *La Montagne* (sur l'air de *la Croisée*) est signée : Par le citoyen C. G*** [CADET GASSICOUR], de la section du Mont-Blanc; les *Stances* (sur l'air des *Marseillais*) sont signées : Par un employé de l'administration de l'Intérieur. Sur un discours de Huguier, prononcé à l'inauguration des bustes, voyez tome III, n° 12622.

CHAPITRE III

ADMINISTRATION FINANCIÈRE

§ 1. — Généralités de l'histoire financière.

26467. — La Banqueroute du Directoire, par LUDOVIC SCIOUT. Extrait de la « Revue des questions historiques » (août 1893). Paris, bureaux de la Revue, 5, rue Saint-Simon, 1893, in-8°, 51 p. [N. Lb⁴² 2755.]

La couverture imprimée sert de titre.

Ce travail ne fait pas double emploi avec les pages que l'auteur a consacrées au même sujet dans *le Directoire* (voyez le n° 26171 ci-dessus).

26468. — Université de Paris. Faculté de droit. La Contribution personnelle et mobilière pendant la Révolution. Thèse pour le doctorat, présentée et soutenue, le vendredi 8 juin 1900..., par MAURICE MINORET. *Paris, Arthur Rousseau*, 1900, in-8°, 3 ff. et 720 p. [N. 8° F. 13117.]

26469. — L'Impôt progressif et l'impôt arbitraire, en 1793, par CH. GOMEL. Extrait du « Journal des économistes » (15 avril-15 mai 1902). *Paris, librairie Guillaumin et Cⁱᵉ*, 1902, in-8°, 34 p.

§ 4. — Confiscation et vente des biens nationaux.

26470. — Rapport fait par la section centrale de la liquidation des dettes des émigrés du département de la Seine au directeur de cette administration, sur la réclamation du citoyen Baud contre l'union des créanciers de Rohan-Guéménée, et arrêté du directeur du 4 brumaire de l'an VI (25 octobre 1797). *Paris, imp. Bertrand-Quinquet*, brumaire an VI, in-4°, 66 p. [N. Lb⁴² 1652.]

Signé : BERGEROT. Voyez tome III, n° 12918 et les trois numéros suivants.

26471. — Lettre écrite au citoyen ministre des finances, le 16 messidor an VI (4 juillet 1798), par le citoyen BERGEROT, liquidateur de la dette des émigrés du département de la Seine. S. l. n. d., in-8°, 8 p. [N. Lb⁴² 1940.]

P. 8, lettres de D.-V. RAMEL, ministre des finances, en date des 4 messidor et 15 thermidor an VI (22 juin et 2 août 1798).

26472. — Observations du directeur de la liquidation des dettes des émigrés du département de la Seine, sur la pétition adressée au Corps législatif par les administrateurs de ce même département, dans laquelle ils revendiquent la liquidation de la dette des émigrés. *Imp. Bertrand-Quinquet*. S. d., in-8°, 23 p. [N. Lb⁴² 148.]

Signées : BERGEROT.

26473. — Compte rendu des opérations du bureau établi à Paris pour la liquidation des dettes des émigrés du département de la Seine, par le directeur de ce bureau, et observations générales sur la liquidation des dettes des émigrés, sur ses progrès, ses difficultés et sur les moyens de la terminer. *Imp. Bertrand-Quinquet*. S. d., in-8°, 82 p. [N. Lb⁴² 105.]

Signé : BERGEROT.

§ 7. — Service de la dette publique.

26474. — Caisse d'escompte. Extrait des registres des délibérations des assemblées générales des actionnaires de la Caisse d'escompte (8 janvier 1789). *Paris, imprimé sous la direction de M. Clousier, imprimeur du Roi, pour les Enfants aveugles, en leur maison d'institution, rue Notre-Dame-des-Victoires,* n° 18, 1789, in-4°, 12 p. [N. 4° V. pièce 4206.]

P. 3, *Motion faite par M.* POSCARY *l'aîné, en l'assemblée générale des actionnaires de la Caisse d'escompte, du 8 janvier 1789.* P. 11-12, liste des actionnaires présents et des administrateurs.
Proposition d'offrir au Roi un prêt de vingt-cinq millions, remboursables en quinze mois, à 5 0/0.

26475. — Vues d'un citoyen sur l'établissement d'une Caisse de secours dans les marchés de Sceaux et de Poissy, proposé par le département des Subsistances. S. l. n. d., in-4°, 16 p. [N. 4° R. pièce 1030.]

26476. — Réflexions ultérieures sur l'établissement de la Caisse de Poissy. *Imp. Lamesle,* 1791, in-4°, 9 p. [N. 4° R. pièce 1062.]

§ 8. — Gestion financière de la Ville et du Département.

26477. — Assemblée générale des préposés à la perception des droits nationaux. Extrait du registre des délibérations des assemblées des ci-devant commis aux fermes du Département de Paris (20 février 1791). *Imp. Raimond Senties.* S. d., in-folio plano. [N. Lb³⁹ 11408.]

Appel au calme et à l'union de la situation faite au personnel des fermes par la suppression prochaines des droits d'entrée.

§ 9. — Institutions de crédit.

26478. — Banque du commerce pour la vente en commission des marchandises de Paris, des départements et de l'étranger. Prospectus précédé d'une lettre adressée aux ministres de l'intérieur, des finances et de la police, par BOUCHER, ancien directeur de l'Agence commerciale et maritime de Bordeaux. S. l., an IX, in-8°, 14 p. [N. Vp 20147.]

Suivi d'un *Premier supplément du Prospectus de la Banque du commerce.* (Se vend chez Desenne, au Palais du Tribunal), in-8°, 4 p.
Épigraphe empruntée à Cérutti.

26479. — Société patriotique d'agence et commission, établie à Paris, rue Platrière, hôtel d'Henri IV, vis-à-vis la grande Poste aux lettres (27 novembre 1790). *Imp. des frères Chaigneau.* S. d., in-8°, 7 p. [N. 8° V pièce 11839.]

Signée : CALMEAU et C°.
Prospectus d'une agence de contentieux, de placements, de recouvrements et d'assistance judiciaire.

26480. — Par brevet d'invention. Caisse d'emprunts et de prêts publics établie à Paris, rue des Bons-Enfants, n° 42. Nouveau prospectus (publié en juin 1792). *Imp. Fonrouge et C°.* S. d., in-4°, 6 p. et 1 f. n. ch. [N. Vz 950.]

Le f. n. ch. est intitulé : *Figures des cases qui seront disposées au dos de l'action pour constater par une estampille le paiement de chaque semestre d'arrérages.*
Entre les pp. 4 et 5 de l'ex. de la B. N. est intercalé un feuillet in-8°, contenant des *Additions et changements que les actionnaires de cette Caisse, réunis en assemblée générale, les 19 juillet et 8 novembre 1792, ont cru devoir faire à quelques articles du prospectus, publié au mois de juin de la même année.*
Le titulaire du brevet de cette Caisse s'appelait A. CAMINADE-CASTRES ; ce prospectus se distribuait aussi chez M° Demautort, notaire, rue Vivienne, vis-à-vis la Bourse.

26481. — Plan pour assurer l'existence des rentiers et pensionnaires de l'Etat, en amortissant une certaine portion de la dette publique, suivi de l'extrait d'un projet de finances pour la construction des canaux de navigation de la France qui doit faire le bonheur des familles peu fortunées, avec les lettres de deux ex-ministres, relatives à son adoption. Dédié et présenté au général Bonaparte, premier Consul de la République française, membre de l'Institut national, par FRANÇOIS CHAMOULAUD, auteur d'une Banque générale du commerce de France, etc. *Paris, l'auteur, rue Chabanais, vis-à-vis le notaire; Baudouin; Rondonneau; Desenne,* an VIII, in-8°, 46 p. [N. Rp. 7616.]

P. 30-40, lettres de FRANÇOIS DE NEUFCHATEAU et de QUINETTE. P. 45, lettre de BERNARDIN DE SAINT-PIERRE, datée d'Essonnes, 18 frimaire an II (8 décembre 1793).
Le *Plan d'une Banque du commerce général de France* a été décrit tome III, n° 13762.

26482. — Caisse d'emploi et d'échange en immeubles de créances sur l'Etat. Prospectus d'un établissement basé sur la loi du 16 brumaire an V et autres subséquentes relatives au nouveau mode de paiement des domaines nationaux. *Imp. Du Pont. S. d.*, in-4°, 20 p. [*N.* Vz 951.]

Signé, p. 19 : CHRISTOPHLE frères.
Leur agence était établie rue Quincampoix, n° 38.

26483. — Banque. SAINT-AUBIN sur le nouveau « Projet de Caisse des propriétaires », publié par le citoyen Gabiou, notaire, à Paris. *Imp. Meimat. S. d.* (1799), in-4°, 8 p. [*N.* Vz 949.]

Voyez tome III, nos 13778-13779.
Le nom de l'auteur de ce « Projet » est GABIOU et non GABION.

26484. — Suite d'Observations sur l'établissement de la Caisse de commerce. *Imp. de Franklin. S. d.*, in-4°, 3 p. [*N.* Vz 978.]

Signé : L'ACORNÉE, auteur et administrateur de la Caisse de commerce. (Voyez tome III, nos 13782-13784.)

26485. — Analyse de la Banque française. *S. l. n. d.*, in-4°, 16 p. [*N.* Vz 614.]

Le titre de départ, p. 3, porte en plus : *par M.* SATUR et la signature manuscrite de l'auteur, suivie de son adresse (rue Saint-Denis, près Saint-Leu, n° 198), figure p. 16.
Entre les pp. 3 et 4 : *Plan général de la Banque française considéré sur tous ses rapports*, feuillet oblong replié.
Sur la Banque française de Pottin de Vauvineux, voyez tome III, nos 13790-13793.

26486. — Caisse de négoce à Paris, rue du Plâtre-Saint-Jacques, n° 6. *S. l. n. d.*, 4 p. [*N.* Vz 942bis.]

Prospectus, signé : GEORGE fils, BLANCHARD, FALLOT aîné.

26487. — Bref Exposé du Lombard Sérilly et des effets sensibles qu'il a opérés sur le taux de l'argent qu'il est parvenu à faire baisser en peu de temps dans une progression étonnante comparée à celui où il était lors de l'ouverture de cette maison. *Imp. Plassan. S. d. (an VI)*, in-4°, 4 p. [*N.* Rp. 344.]

Signé : BOSSE, administrateur du Lombard Sérilly.
Voyez tome III, n° 13846, une autre pièce relative à la même maison de prêt : le nom de l'auteur a y été défiguré par une erreur typographique.

CHAPITRE IV

ADMINISTRATION JUDICIAIRE

§ 1. — Généralités de l'histoire judiciaire.

26488. — Les Tribunaux civils de Paris pendant la Révolution (1791-1800), documents inédits recueillis avant l'incendie Palais de Justice de 1871, par CASENAVE, conseiller à la Cour de cassation, publiés et annotés par A. DOUARCHE, docteur en droit, docteur ès-lettres, conseiller à la Cour de cassation. *Paris, librairie Léopold Cerf; librairie Noblet; maison Quantin,* 1905, 2 vol. in-8°.

Collection de documents relatifs à l'histoire de Paris pendant la Révolution française, publiés sous le patronage du Conseil municipal.
Sur la publication commencée par M. Casenave et restée inachevée, voyez tome III, n° 13852.

26489. — La Législation civile de la Révolution française (1785-1804). Essai d'histoire sociale, par PH. SAGNAC, agrégé de l'Université, docteur ès-lettres. *Paris, Hachette et Cᵉ,* 1898, in-8°, 3 ff., XX-446 p. (la dernière non chiffrée). [*N.* 8° F 10463.]

P. V-XX, *Bibliographie* du sujet. La page non chiffrée contient des *Errata*.

26490. — EDMOND SELIGMAN. La Justice en France pendant la Révolution (1789-1792). *Paris, Plon-Nourrit et Cᵉ,* 1901, in-8°, XI-600 p. [*N.* Lf^{108} 93.]

§ 3. — Nouvelle organisation judiciaire.

26491. — Liste des jurés d'accusation et de jugement. *Imp. Guffroy. S. d.*, in-4°,

1 f. et 38 p. [*N.* Mss. fr. nouv. acq. 2691, fol. 42.]

Le titre de départ, p. 1, porte : *Liste des jurés d'accusation et de jugement formée par l'administration du Département de la Seine, en exécution de la loi du 3 brumaire an IV (25 octobre 1795) pour le service au Tribunal criminel et au jury d'accusation pendant les mois de nivôse, pluviôse et ventôse de l'an IV.*

Cette Liste est classée par ordre alphabétique.

26492. — Liste des jurés d'accusation et de jugement formée... pour le service du Tribunal criminel et du juré d'accusation pendant les mois de vendémiaire, brumaire et frimaire de l'an VI. *Imp. Ballard. S. d.,* in-4°, 43 p. [*N.* Mss. nouv. acq. fr. 2691, fol. 98.]

Classée par ordre alphabétique.

26493. — Liste des trente citoyens choisis par le président de l'administration du Département de la Seine pour former pendant la session de nivôse le jury spécial de jugement dans les affaires relatives aux attentats contre la sûreté intérieure de la République. *Imp. Ballard. S. d.,* in-4°, 6 p. [*N.* Mss. fr. nouv. acq. 2691, fol. 120.]

Le même recueil (fol. 123) contient un *Supplément à la liste du jury spécial du trimestre de vendémiaire an VI...* (Imp. Ballard. S. d., in-4°, 7 p.).

26494. — Liste des jurés d'accusation et de jugement formée par l'administration du Département de la Seine... pour le service du Tribunal criminel et du jury d'accusation pendant les mois de germinal, floréal et prairial de l'an VI. *Imp. Ballard. S. d.,* in-4°, 43 p. [*N.* Mss. fr. nouv. acq. 2691, fol. 58.]

Classée par arrondissements.

26494ª. — Liste des jurés d'accusation et de jugement... pour le service du Tribunal criminel et du jury d'accusation pendant les mois de messidor, thermidor et fructidor de l'an VI. *Imp. Ballard. S. d.,* in-4°, 35 p. [*N.* Mss. fr. nouv. acq. 2691, fol. 80.]

Classée par arrondissements.

26495. — Organisation judiciaire du territoire du Tribunal d'appel de Paris, comprenant les justices de paix, les tribunaux de première instance et ceux de commerce de son ressort : indiquant les changements divers que ce territoire a éprouvés par l'effet des divisions opérées depuis 1790 et contenant une table alphabétique des cantons du ressort servant à faire connaître le district, le tribunal correctionnel auquel ils ont successivement appartenu, et enfin l'arrondissement communal où maintenant chacun d'eux se trouve placé ; avec une carte générale de l'arrondissement de ce tribunal d'appel, et des cartes particulières de chaque département, sur lesquelles sont désignés tous les chefs-lieux de cantons et les arrondissements communaux, conformément aux lois des 28 pluviôse et 27 ventôse VIII. Ouvrage utile aux juges, hommes de loi, notaires, avoués, greffiers, huissiers, gens d'affaires. Dédié et présenté aux Conseils et déposé à la Bibliothèque nationale, par P.-G. CHANLAIRE, l'un des chefs adjoints de la division civile du ministère de la Justice. *Paris, chez l'auteur, rue Geoffroy-Langevin, n° 328; Rondonneau. S. d.* (1800), in-8°, 2 ff., X-33 p. et 8 cartes. [*N.* (Section de géographie), Ge. F. F. 5541.]

CHAPITRE V
POLICE ET ESPRIT PUBLIC

§ 3. — Attributions diverses.

26496. — Municipalité de Paris. Par le maire et les officiers municipaux (11 mai 1793). *Imp. C.-F. Patris. S. d.,* in-folio plano. [*N.* Mss. fr. nouv. acq. 2716, fol. 58.]

Établissement d'une place de fiacres sur le quai des Orfèvres.

26497. — Municipalité de Paris. Administration de police (19 vendémiaire an II- 10 octobre 1793). *Imp. C.-F. Patris. S. d.,* in-folio plano. [*N.* Mss. fr. nouv. acq. 2716, fol. 40.]

Suppression de la place de fiacres du quartier de la Vallée.

26498. — Ass. Rép. comm. Règlement concernant la police militaire des recrues pour l'armée et des soldats de toutes les armes en semestre dans la ville de Paris (9 janvier 1790). Imp. *Lottin l'ainé et Lottin de Saint-Germain,* 1790, in-4°, 7 p. [N. Mss. fr. nouv. acq. 2658, fol. 134.]

Voyez le numéro suivant.

26499. — Hôtel de Ville de Paris. Extrait du règlement de la Commune de Paris concernant la police militaire (17 février 1790). Imp. *Lottin l'ainé et Lottin de Saint-Germain,* 1790, in-4°, 2 p. [N. Mss. fr. nouv. acq. 2658, fol. 306.]

Ordre aux bas-officiers et soldats en congé à Paris de déposer leur permission au bureau de M. Sommelier, lieutenant à la suite de l'état-major de la garde nationale, chargé spécialement de la police militaire.

26500. — Commune de Paris (14 nivôse an II-3 janvier 1794). Imp. *C.-F. Patris.* S. d., in-folio plano. [N. Mss. fr. nouv. acq. 2716, fol. 19.]

Interdiction aux voitures publiques et particulières de transporter des voyageurs non munis de passeports.

26501. — Municipalité de Paris (29 brumaire an II-19 novembre 1793). Imp. *C.-F. Patris.* S. d., in-folio plano. [N. Mss. fr. nouv. acq. 2716, fol. 38.]

Enlèvement de bois de charpente déposés à l'extrémité sud du Pont-au-Change et suppression des échoppes qui s'étaient construites sur le même emplacement.

CHAPITRE VI
INSTITUTIONS MILITAIRES

26502. — Projet de décret sur la conservation et la réformation de l'hôtel des Invalides. Imp. *du Patriote français.* S. d. (1791), in-8°, 15 p.

Bibliothèque de M. Paul Lacombe.
Voyez tome III, n°s 14409-14416.

26503. — Arthur Chuquet. L'Ecole de Mars (1899).

Voyez le n° 26001 ci-dessus et la note qui l'accompagne.

26504. — « Messieurs et chers camarades, nous avons beaucoup d'ennemis... » S. l. n. d., in-8°, 4 p.

Circulaire, signée à la main, Ricard, chancelier de la Compagnie [des Arquebusiers] de Paris et secrétaire du Conseil permanent des compagnies unies en concordat, rue de la Mortellerie, n° 150.

CHAPITRE VII
SERVICES ET TRAVAUX PUBLICS

§ 1. — **Moyens de transports et de communications.**

26505. — Adresse des citoyens du quartier Saint-Paul à M. le Maire et à Messieurs les représentants de la Commune de Paris. *Paris, N.-H. Nyon,* 1789, in-4°, 1 f. et 31 p. [A. S. V. D. 1°.]

P. 29-31, liste des signataires.
Voyez tome II, n° 7673 des *Réflexions d'un citoyen du district de Saint-Louis-la-Culture...* qui sont une réponse à ce « Mémoire imprimé en forme d'Adresse » que je ne connaissais pas alors; voyez aussi *ibid.*, n° 7740. Un arrêt du Conseil d'Etat, relaté tome III, n° 14612, était l'origine de ce débat.

CHAPITRE VIII
COMMERCE ET INDUSTRIE

§ 3. — **Approvisionnement et consommation.**

26506. — Réflexions sur la cherté des bœufs et sur le moyen d'y remédier, par le citoyen Brisset, md-boucher, section de Bondy. Imp. *J.-B.-J.-P. Berthomier.* S. d., in-4°, 4 p. [P. 29070*.]

26507. — Suite de la Réclamation contre les atteintes au droit des citoyens sur le bois de chauffage et Moyens d'en pourvoir la capitale à un prix modéré, par M. Lair-Duvaucelles, citoyen du district de Saint-Gervais. Imp. *Valleyre ainé.* S. d., in-8°, 15 p. [N. Mss. fr. nouv. acq. 2680, fol. 241.]

Le titre de départ, p. 3, porte : *Mémoire sur délibéré ordonné par la sentence de la Ville,* du 15 janvier 1790, au rapport de M. Minier, avocat au Parlement et procureur du Roi, député à la Ville, pour les sieurs Gontier et Lair-Duvaucelles, parties intervenantes contre M. le Procureur syndic de la Commune et les marchands de bois de l'île Louviers intervenant, en présence du sieur Charles, marchand de bois forain.

La *Réclamation* dont ce Mémoire forme la suite a été décrite tome III, n° 14804.

26508. — Adresse de plusieurs négociants de la province de Normandie et de la ville de Paris à l'Assemblée nationale. S. l. n. d., in-4°, 6 p. [N. Vz 607.]

Au sujet de l'impôt dont la Ferme générale avait frappé les eaux-de-vie de toute provenance.

26509. — Pétition au Conseil des Cinq-Cents. *Imp. Honnert.* S. d., in-4°, 4 p. [N. Lk⁷ 32242.]

Signée : BRONDEX, ancien premier commis à la Régie des domaines.

Demande de concession des terrains des Célestins de Paris pour y établir une nouvelle halle aux vins. L'auteur avait, dès 1792, établi le plan de cette halle, mais l'abbé Sicard avait réclamé cet emplacement pour l'Institut des Sourds et Muets ; le décret qui le lui avait concédé venait d'être rapporté.

§ 4. — Halles, foires et marchés.

26510. — Département de la Seine. Bureaux de police administrative, civile et militaire (29 germinal an V-18 avril 1797). *Paris, imp. Vigouroux.* S. d., in-folio plano. [A. S. Domaines, carton 383, dʳ M. 13ᵗ.]

Règlement donnant gain de cause à Cantin, principal locataire de la foire Saint-Germain, contre les autres tenanciers du marché.

§ 6. — Professions diverses.

26511. — Imprimerie de Du Pont, député de Nemours à l'Assemblée nationale (8 juin 1791). S. l. n. d., in-8°, 6 p. [N. Vp. 21199.]

Curieux prospectus. Du Pont avait acquis de Lamesle le fonds de l'imprimerie qu'il avait montée à l'usage de la Ferme générale et des autres compagnies de finance, à l'hôtel de Bretonvilliers, dans l'île Saint-Louis. Il y avait ajouté une belle collection des caractères de Didot et de Baskerville.

26512. — Mémoire pour les imprimeurs et libraires de Paris sur un arrêté du ministre des finances Ramel, du 17 prairial an VII (5 juin 1799), qui applique les dispositions de la loi sur le timbre des avis qui se crient et se distribuent dans les rues, aux catalogues, prospectus, avis avec notices, lettres, circulaires imprimées que les imprimeurs et libraires expédient à l'étranger et dans tous les départements de la République française par les commis de l'administration des postes. S. l. n. d., in-4°, 26 p. [N. Inv. Q 1526.]

Signé, p. 26 : P.-J.-J. LUNEAU DE BOIS-JERMAIN.

26513. — Observations à l'Assemblée nationale par les négociants de la capitale de France et les négociants des provinces belges, relatives au droit projeté sur les toiles et dentelles (1ᵉʳ décembre 1790). S. l. n. d., in-4°, 8 p. [N. Vz 960.]

26514. — Pétition du commerce de Paris. Adhésion à cette pétition des [sic : par les] députés extraordinaires du commerce de France, présentée à l'Assemblée nationale, à la séance du 10 février 1790 au soir, par M. LECOUTEULX, député de Rouen. *Paris, imp. Nationale.* S. d., in-4°, 7 p. [N. Vz 969.]

Au sujet de l'enregistrement des billets à ordre stipulé par une loi du 5 décembre 1789.

26515. — Municipalité de Paris. Cuirs. Les administrateurs des subsistances et approvisionnements de la Commune de Paris à leurs concitoyens (7 pluviôse an II-26 janvier 1794). *Imp. Lottin.* S. d., in-folio plano. [N. Lb⁴⁰ 3297.]

Vente de lots de cuirs mis en réquisition dans les tanneries de divers départements.

CHAPITRE IX
ASSISTANCE PUBLIQUE

§ 1. — Généralités de l'histoire de l'assistance publique.

26516. — Travaux du comité d'extinction de la mendicité dans la première

Assemblée constituante, par Martin-Doisy. (Extrait des « Annales de la charité », numéros de juin et de juillet 1849.) *Paris, imp. Plon frères. S. d.* (1849), in-8°, 1 f. et 37 p. [*N.* Le²⁷ 44.]

Le faux-titre tient lieu de titre.

26517. — La Révolution et les hôpitaux de Paris — années 1789-1790 — par le d' Léon Mac-Auliffe, ancien externe des hôpitaux de Paris. *Paris, Société nouvelle de librairie et d'édition (librairie Georges Bellais)*, 1901, in-8°, 2 ff., 242 p. et 1 f. n. ch. (adresse de l'imprimeur).

Thèse de doctorat.

26518. — L'Assistance sous la Législative et la Convention (1791-1798), par Ferdinand-Dreyfus. *Paris, Bellais*, 1905, in-8°, 184 p.

Bibliothèque d'histoire moderne, publiée sous les auspices de la Société d'histoire moderne, tome II, fascicule 1ᵉʳ.
D'après la *Bibliographie de la France*.

§ 2. — Opinions, rapports et discours sur le paupérisme, la mendicité et le vagabondage.

26519. — District des Carmélites-du-Marais. Etablissement de bienfaisance des dames citoyennes, proposé par Mᵐᵉ Delaroche, citoyenne du district (6 février 1790). *Imp. Vᵉ Delaguette. S. d.*, in-4°, 5 p. [*N.* Mss. fr. nouv. acq. 2658, fol. 279.]

P. 1, *Adresse de Mᵐᵉ* Delaroche *au district en la personne du président*. P. 5, *délibération prise par le district sur cette adresse* (9 février 1790).

26520. — Discours relatif aux moyens d'activer toute espèce de souscriptions ouvertes pour des objets d'utilité publique, lu à la première assemblée générale des souscripteurs pour l'établissement des Soupes économiques à la Rumford, par François Chamoulaud, auteur d'une Banque générale du commerce de France... *Paris, chez l'auteur, rue Chabanais*, 651, *vis-à-vis le notaire, et chez les principaux libraires de Paris et des départements, vendémiaire an IX*, in-8°, 8 p. [*N.* 8° R pièce 7265.]

§ 3. — Opinions, rapports et discours sur le régime et la réforme des hôpitaux de Paris.

26521. — Plan d'économie pour les hospices et prisons de Paris par ordre du gouvernement. Au citoyen François (de Neufchâteau), ministre de l'intérieur, par Enguehard, ancien médecin des hôpitaux de l'armée et des prisons de Paris. *Imprimerie-librairie du Cercle social. S. d. (an VII)*, in-4°, 22 p. [*N.* 4° R. 1019.]

Épigr. :
Salus pauperum.

L'auteur renvoie plusieurs fois à la *Réponse pour les officiers de santé de l'Hospice national* [du Tribunal révolutionnaire] ; cf. I, n° 4348.

26522. — Examen approfondi et Réfutation des « Réflexions sur les établissements de bienfaisance » du cᵉⁿ Gérard Demelcy, ex-homme de loi et ex-administrateur des hospices civils, et des résultats qu'il en tire pour la partie seulement qui concerne la maison nationale de Scipion, Boulangerie générale des hospices civils de Paris (p. 56), par le citoyen Regnard, ex-commissaire enquêteur au ci-devant Châtelet de Paris, agent actuel de surveillance de la maison nationale de Scipion. *Imp. Moller. S. d.*, in-4°, 12 p. [*N.* 4° R pièce 991.]

Voyez tome III, n° 15055.

26523. — L'Hôpital de la Charité. Etude historique depuis sa fondation jusqu'en 1900, par Fernand Gillet, directeur de l'hôpital. Photogravures... d'après les clichés de l'auteur. *Montévrain, imp. typogr. de l'Ecole d'Alembert*, 1900, gr. in-8°, 127 p. et 1 f. (table), plans, planches et vignettes.

TROISIÈME DIVISION
HISTOIRE RELIGIEUSE

CHAPITRE PREMIER
GÉNÉRALITÉS DE L'HISTOIRE RELIGIEUSE

26524. — A la recherche d'une religion civile, par M. l'abbé Sicard. *Paris, librairie*

Victor Lecoffre, 1895, in-12, 2 ff. et 308 p. [N. Ld³ 388.]

Etude sur les divers cultes intronisés pendant la Révolution.

26525. — Les Juifs de Paris pendant la Révolution, par Léon Kahn. *Paris, Paul Ollendorff*, 1898, in-8°, VII-369 p. [N. Ld¹⁸⁴ 287.]

26526. — Histoire des rapports de l'Eglise et de l'Etat en France, de 1789 à 1870, par A. Debidour. *Paris, Félix Alcan*, 1898, in-8°, 2 ff. et II-740 p. [N. Ld⁶ 75.]

26527. — Edme Champion. La Séparation de l'Eglise et de l'Etat en 1794. Introduction à l'Histoire religieuse de la Révolution française. *Librairie Armand Colin*, 1903, in-12, XIII-279 p. et 1 f. n. ch. (*Table des matières*). [N. Ld³ 464.]

26528. — A. Aulard. La Révolution française et les congrégations. Exposé historique et documents. *Paris, Edouard Cornély*, 1903, in-12, 325 p. [N. Ld³ 462.]

26529. — La Théophilanthropie et le Culte décadaire, 1796-1801. Essai sur l'histoire religieuse de la Révolution, par Albert Mathiez, ancien élève de l'Ecole normale supérieure, ancien pensionnaire de la Fondation Thiers. *Paris, Félix Alcan*, 1904, in-8°, 4 ff. n. ch. et 755 p. (la dernière non chiffrée).

Les titres de la couverture et du volume portent en haut : *Bibliothèque de la Fondation Thiers*, IV et sur le premier on lit en plus : *Bibliothèque d'histoire contemporaine.*
Thèse de doctorat.

26530. — Les origines des cultes révolutionnaires (1789-1792), mémoire présenté comme seconde thèse de doctorat à la Faculté des lettres de l'Université de Paris, par Albert Mathiez, ancien élève de l'Ecole normale supérieure, professeur d'histoire au Lycée de Caen. *Paris, Société nouvelle de librairie et d'édition (librairie Georges Bellais)*, 1904, in-8°, 2 ff., 150 p. et 1 f. n. ch. (visa de l'Université et nom de l'imprimeur). [N. Ld³ 467.]

CHAPITRE II
LA QUESTION RELIGIEUSE DE 1789 A 1802

26531. — Un Patriote chrétien à un prêtre philosophe ou Réponse à la lettre de M. l'abbé Fauchet, insérée dans le « Journal de Paris », le 21 août 1789 et à ses deux discours sur la liberté française, l'un du 5 et l'autre du 31 août 1789. *Langlois fils*, 1789, in-8°, 31 p. [N. Lb³⁹ 11664.]

Sur les deux discours visés par cette *Réponse*, voyez tome III, nᵒˢ 16614 et 16684.

26532. — Justice, Egalité, Bien public. Pétition à la Convention nationale par des citoyens et citoyennes, ci-devant religieux et religieuses (14 janvier-30 avril 1793). *Imp. Chemin*. S. d., in-8°, 8 p. [N. Lb⁴¹ 634.]

Le *Discours de l'auteur des plans ci-dessus* (p. 8) est signé : Chamoulaud, rue de la Verrerie, près celle des Coquilles, n° 131.
Voyez le numéro suivant.

26533. — Plan d'un établissement national d'humanité en faveur des individus de tout âge, présenté à la Convention nationale, le 5 mai 1793, et renvoyé aux comités de législation et finances réunis, par F. Chamoulaud (11 mai 1793). *Paris, imp. du Cercle social*. S. d., in-8°, 16 p. [N. 8° R pièce 7231.]

Voyez le numéro précédent. L'auteur a rappelé le titre de cette brochure sur celui de son *Plan pour la régénération des mœurs en France*, décrit tome III, n° 14641.

26534. — Département de la Seine. Extrait des registres des délibérations de l'administration centrale du Département de la Seine (18 nivôse an VII-7 janvier 1799). *Imp. Ballard*. S. d., in-4°, 14 p. [N. Mss. fr. nouv. acq. 2657, fol. 282.]

Réglementation et cérémonial des fêtes décadaires.

26535. — Le Culte catholique à Paris de la Terreur au Concordat, par Joseph Grente, deuxième vicaire de Saint-Denis-du-Saint-Sacrement. *Paris, P. Lethielleux*. S. d. (1903), in-8°, 2 ff. et III-487 p. [N. Ld³ 460.]

CHAPITRE IV
ÉTABLISSEMENTS ET MONUMENTS RELIGIEUX

26536. — J. MEURET. Le Chapitre de Notre-Dame-de-Paris en 1790. *Paris, librairie Alphonse Picard et fils. S. d.* (1904), in-8°, VIII-297 p. [*N.* Lk³ 1508.]

Titre rouge et noir. En regard du titre, reproduction en héliotypie d'un médaillon représentant un *chanoine de N.-D. de Paris au XVIII*ᵉ *siècle*, dans l'attitude de la prière. Quatre autres pl. hors texte, non signalées à la table des matières, ornent ce volume, savoir : entre les pp. 54-55, *le Spé* [ou premier] *des enfants de chœur*, d'après une gravure de BERNARD PICARD; entre les pp. 66-67, *Plan du cloître Notre-Dame en 1790*; entre les pp. 214-215, *Bénédiction des drapeaux de la garde nationale* (27 septembre 1789) [d'après les *Tableaux historiques de la Révolution*]; entre les pp. 266-267, *ostensoir offert à l'église Notre-Dame par le chanoine De La Porte en 1708.*

26537. — L'abbé BAHÈZRE, aumônier des Filles de la Croix. Les Filles de la Croix de Paris pendant la Révolution. Persécution. Dispersion. Renaissance. 1789-1814. *Paris, Victor Retaux*, 1903, in-12, VIII-158 p. [*N.* Ld⁹¹ 14.]

Entre le faux-titre et le titre, portrait de Mᵐᵉ Marie Lhuillier de Villeneuve (1597-1680), institutrice de la congrégation des Filles de la Croix. P. 25, croquis (dans le texte) du plan du couvent (situé entre la rue des Tournelles et la rue Saint-Antoine), en 1789.
Sur deux autres couvents de la même congrégation, voyez tome III, nᵒˢ 16444-16445.

QUATRIÈME DIVISION
HISTOIRE DES LETTRES, DES SCIENCES ET DES ARTS

CHAPITRE II
ENSEIGNEMENT PRIMAIRE, SECONDAIRE ET SUPÉRIEUR

§ 1. — **La Sorbonne et l'Université.**

26538. — Observations présentées à Messieurs du Comité d'instruction publique au sujet de l'emploi provisoire d'une partie des revenus de l'Université de Paris proposé par le Département (27 février 1792). *Imp. Séguy-Thiboust. S. d.*, in-4°, 8 p. [*N.* Rp. 13921.]

Signées : BINET, faisant les fonctions de recteur de l'Université.

§ 2. — **Enseignement primaire.**

26539. — Plan d'établissement d'écoles publiques dédié à l'Assemblée nationale. A Nosseigneurs de l'Assemblée nationale. *Paris, Baudouin*, 1790, in-4°, 12 p. [*N.* Rp. 12438.]

Signé, p. 12 : LANGELÉ, citoyen du district de Sainte-Opportune.
P. 3-5, l'auteur indique les emplacements qu'il estimait les plus favorables pour la distribution proportionnelle des écoles publiques dans les divers quartiers de Paris.

26540. — La Philosophie des Sans-culottes ou Essai d'un livre élémentaire pour servir à l'éducation des enfants, présenté le 3 brumaire au Comité d'instruction publique de la Convention nationale, corrigé et augmenté, par NICOLAS PETTERSON. *Paris, Fuchs, an III*, in-24, 123 p. [*N.* R. 46444.]

ÉPIGR. :
Vitam impendere vero.
Symbole de Marat.

26541. — Avis sur les écoles primaires. Adresse aux communes et sociétés populaires. *Imp. des Sans-Culottes. S. d.*, in-4°, 2 p. [*N.* 4° R, pièce 1047.]

Programme d'une nouvelle méthode d'enseignement primaire imaginé par le c. MAMERT.

§ 3. — **Collèges et autres établissements similaires.**

26542. — Aux citoyens membres du directoire du Département de Paris, le citoyen principal du collège de Navarre, à Paris. Section du Panthéon-Français (an II-novembre 1793, vieux style). *S. l. n. d.*, in-4°, 2 p. [*A. S.* Domaines. Dʳ 53, n° 605.]

Exposé par DUBERTRAND des améliorations qu'il avait introduites depuis 1766 et réclamation de ses déboursés en argent et en meubles. La pièce n'est pas signée, mais le nom de l'auteur est révélé par les documents manuscrits au milieu desquels elle figure.

26543. — Instruction réglementaire pour les maîtres intérieurs du Collège de Paris, division du Prytanée (26 vendémiaire an IX-18 octobre 1800). *Imp. Setier et C*, in-4°, 1 f. et 10 p. [*N*. Rp. 14178.]

Signée : CHAMPAGNE, directeur du Collège de Paris.

26544. — Instruction réglementaire pour les domestiques du Collège de Paris, division du Prytanée (26 vendémiaire an IX-18 octobre 1800). *Imp. Setier et C*, in-4°, 8 p. [*N*. Rp. 14179.]

Signée : CHAMPAGNE, directeur du Collège de Paris.

26545. — Plan d'un hospice d'éducation (*sic*) pour les jeunes demoiselles dénuées de fortune, sous la protection de la nation et approuvé par l'Assemblée nationale. Fait par Mme Ve AMIARD. S. l. n. d., in-4°, 4 p. [*N*. 4° R, pièce 1090.]

P. 4, *Noms des députés qui ont signé le plan.*

26546. — Institution libre. *Paris, imp. Fantelin*. S. d., in-4°, 3 p. [*N*. 4° R, pièce 999.]

Epigr. empruntée à Virgile (*Géorgiques*, livre III).
Prospectus de l'institution du c. OUSOUF, ouverte dans le ci-devant couvent de la Conception, rue Honoré.

26547. — Lettre d'un officier anglais à un de ses camarades à Londres ou Relation de ce qui s'est passé à la prestation du serment civique au faubourg Saint-Antoine, *Paris, imp. Rainville*. S. d. (1791), in-8°, 7 p.

A propos de la prestation du serment civique dans l'église de Popincourt et où le service d'ordre était fait par les Orphelins militaires du comte de Pawlet, auxquels cette *Lettre* est surtout consacrée. Sur cette même École, sise à l'extrémité droite de la rue de Sèvres, près du boulevard, on peut lire une longue et curieuse réclame de Thierry dans le *Guide des étrangers voyageurs* à Paris, tome II, pp. 554-559.

§ 6. — **Enseignement supérieur.**

17472 (*Nouv. Add.*). — Notice historique sur l'École spéciale de langues orientales vivantes (1883).

Cette Notice [due à M. CARRIÈRE], est un tirage à part des p. III à LV de : *Mélanges orientaux. Textes et traductions publiés par les professeurs de l'Ecole spéciales* (sic) *des langues orientales vivantes, à l'occasion du sixième Congrès international des orientalistes réuni à Leyde* (septembre 1883). Paris, Leroux, 1883, gr. in-8°. [B. N. O² 545.]

CHAPITRE III
CRÉATIONS ET RÉFORMES SCIENTIFIQUES

26548. — Le Calendrier républicain et les changements de noms pendant la Révolution française, par L. GUILLEMAUT. *Louhans*, 1901, in-8°, 36 p.

D'après un catalogue.

26549. — Le Système métrique des poids et mesures, son établissement et sa propagation graduelle, avec l'histoire des opérations qui ont servi à déterminer le mètre et le kilogramme, par G. BIGOURDAN, astronome titulaire à l'Observatoire de Paris. *Paris, Gauthier-Villars*, 1901, in-8°, VI-458 p. [*N*. 8° V 28804.]

Planches et portraits hors texte dont la liste est donnée dans une table spéciale.

26550. — Publication de la Société d'histoire moderne. Concordance des calendriers républicain et grégorien, avec une notice préliminaire, par PIERRE CARON. *Paris, Société nouvelle de librairie et d'édition* (librairie Georges Bellais), 1905, in-8°, 39 p.

CHAPITRE IV
ÉTABLISSEMENTS SCIENTIFIQUES ANCIENS ET NOUVEAUX

26551. — Décret (n° 1182) de la Convention nationale du 12 juillet 1793... qui ordonne le transport des livres de jurisprudence de la Bibliothèque des ci-devants Avocats dans celle du Comité de législation et accorde des récompenses aux auteurs d'ouvrages utiles sur les lois civiles et criminelles. *Paris, imp. Nationale et exécutive du Louvre,* 1793, in-folio plano.

Bibliothèque particulière de M. Léopold Delisle.

17696-17697 (*Nouv. Add.*). — Observations de quelques patriotes sur la nécessité de conserver les monuments de la littérature et des arts. *A Paris, l'an deuxième de la République française une et indivisible,* in-8°, 1 f., 18 et 5 p.

La seconde pièce est intitulée : *Au Comité d'instruction publique*.

On lit au verso du titre : « Réimpression à 30 exemplaires numérotés [des n°s 17696 à 17697 de la *Bibliographie*]. N° . . . ». Elle a été exécutée aux frais et par les soins de M. Philippe Renouard, imprimeur à Paris.

26552. — Rapport sur la Bibliothèque nationale fait à la commission d'instruction publique de la Convention nationale, en 1794-1795, publié par Henri Omont, membre de l'Institut, conservateur du département des manuscrits de la Bibliothèque nationale. *Paris, librairie Emile Bouillon,* 1905, in-8°, 36 p.

On lit au verso du faux-titre : Extrait de la *Revue des bibliothèques,* 1905, p. 67-98.

Rapport anonyme attribué par M. Omont à Grégoire et dont la mise au net, de la main d'un copiste, fait partie d'un recueil de pièces manuscrites provenant de R. Merlin, qui portent aujourd'hui le n° 2836 des Nouvelles acquisitions françaises.

CHAPITRE V
ACADÉMIES ET SOCIÉTÉS SAVANTES

§ 1. — Anciennes Académies.

26553. — Requête de l'Académie française à l'Assemblée nationale, par M. Suard. *S. l. n. d.,* in-8°, 15 p. [*N.* Z p. 2628.]

Pamphlet au sujet de la suppression du traitement des Académiciens par l'Etat. Le nom du signataire est apocryphe. P. 11-15, *Notes* également satiriques.

§ 2. — Institut national des sciences et arts.

26554. — Mémoire de La Porte du Theil pour la continuation des « Notices et Extraits des manuscrits » en 1790. *Paris, Emile Bouillon,* 1905, in-8°, 11 p.

On lit au verso du faux-titre : « Extrait de la *Revue des bibliothèques,* mai-juin 1905 ».

Travail inédit publié par M. Henri Omont, d'après l'original faisant partie du Mss. fr. nouv. acq. 5853 de la B. N. La Porte du Theil avait rédigé ce mémoire lorsque le crédit afférent à l'entreprise fut supprimé par l'Assemblée nationale ; voyez tome III de la *Bibliographie,* n° 17881, des *Eclaircissements* fournis à ce sujet par l'Académie, dont le texte, sauf les premiers mots, est tout différent de celui que M. Omont a mis au jour.

§ 3. — Sociétés scientifiques et littéraires.

26555. — Société des Amis des lettres et des arts. *S. l. n. d.* (1790), in-8°, 3 p. [*N.* Inv. Z, p. 2694.]

Signé : Knapen, libraire-imprimeur, membre de plusieurs Académies et Sociétés littéraires, rue Saint-André-des-Arts, n° 1, en face du pont Saint-Michel.

Prospectus d'une Société d'exposition et d'édition par souscriptions individuelles de quatre louis.

26556. — Académie des Arts, proposée par une Société d'artistes, à l'Assemblée nationale. *Imp. Borniche. S. d.,* in-8°, 8 p. [*N.* Vp 19097.]

Signé : Chardon, de la section de l'Oratoire, rue des Fossés-Saint-Germain-l'Auxerrois ; Perny, astronome de l'Académie de Vergara, à l'Observatoire.

Demande d'encouragements pécuniaires pour une société qui examinerait et ferait connaître les découvertes, expériences et inventions nouvelles.

26557. — Mémoire sur l'utilité du Musée de Paris, adressé par cette Société à l'Assemblée nationale, en remettant ses règlements au comité de constitution, en vertu du décret du 20 août 1790. *Imp. Cailleau. S. d.* (1790), in-8°, 18 p.

Signé : Ponce, président ; Simon, D. M., secrétaire.

Voyez tome III, n°s 17957 et 19759. Bibliothèque de M. Paul Lacombe.

26558. — Etablissement national du Lycée des arts (30 pluviôse an IV-19 février 1796). *S. l. n. d.*, in-4°, 7 p. [A. S. Domaines. D^r 327, liasse 46.]

Réclamations diverses concernant le local, les cours, le journal, les livres, les instruments de physique et de musique, le jury des arts, connu sous le nom de Bureau de consultation des Arts-et-Métiers, etc., et concluant à une prolongation de bail avec jouissance gratuite.

26559. — Lycée des arts. Au Corps législatif. Renvoi fait par la commission des dépenses. Domaines nationaux. Prolongation de bail avec jouissance gratuite (25 nivôse an V-14 janvier 1797). *Imp. du Lycée des arts. S. d.*, in-4°, 4 p. [A. S. Domaines. D^r 320.]

Signature manuscrite de CHARLES DESAUDRAY, administrateur général et fondateur.
Au sujet des dégâts causés dans le jardin du Palais-Egalité par l'infiltration des eaux et l'explosion de la poudrière de Grenelle.

26560. — Aux Arts utiles. 60e séance publique du Lycée des arts, fondé l'an Ier de la République, incendié l'an VII. Extrait des travaux. *Imp. Gillé. S. d.*, in-4°, 4 p. [A. S. Domaines. D^r 320.]

26561. — Aux Arts utiles. Institution nationale du Lycée des arts. 61e séance (24 pluviôse an VIII-13 février 1800). *S. l. n. d.*, in-4°, 3 p. [A. S. Domaines. D^r 320.]

CHAPITRE VII
HISTOIRE DU THÉATRE

26562. — ARTHUR POUGIN. La Comédie-Française et la Révolution. Scènes, récits et notices. *Paris, Gaultier, Magnier et Co. S. d.* (1902), in-12, 3 ff. n. ch., 332 p. et 1 f. n. ch. (*Table*). [N. 8° Vf 1274.]

Les quatre chapitres et l'appendice consacrés à la Comédie-Française sont suivis de deux notices : *Vie et mort tragiques d'une tragédienne* [Mlle Desgarcins] et *Un comédien révolutionnaire* [J.-B.-Jacques Nourrit, dit Roselli, puis Grammont].

26563. — Ville de Paris. Publications relatives à la Révolution française. Les Hymnes et Chansons de la Révolution. Aperçu général et catalogue, avec notices historiques, analytiques et bibliographiques, par CONSTANT PIERRE, sous-chef du secrétariat du Conservatoire national de musique. *Paris, imp. Nationale*, 1904, in-4°, 4 ff. et XIV-1040 p.

CHAPITRE VIII
HISTOIRE DES BEAUX-ARTS

26564. — Les Conquêtes artistiques de la Révolution et de l'Empire. Reprises et abandons des Alliés en 1815, leurs conséquences sur les musées d'Europe, par CHARLES SAUNIER. Douze planches hors texte. *Paris, librairie Renouard; H. Laurens, éditeur*, 1902, in-8°, 189 (190) p. et 1 f. n. ch. (*Table des chapitres*). [N. La³² 764.]

Réunion des articles signalés dans la note qui accompagne le n° 19981.

26565. — Procès-verbaux de la Commission des monuments (1790-1794), publiés et annotés par LOUIS TUETEY. *Paris, Noël Charavay*, 1902-1903, 2 vol. in-8°.

Tirage à part, à cent ex. et avec un titre spécial reproduit ci-dessus, des tomes XVII et XVIII de la *Revue de l'art français ancien et moderne*, organe de la Société de l'histoire de l'art français.
— Tome Ier. 8 novembre 1790-27 août 1793.
— Tome II. 1er septembre 1793-16 mars 1794. Table générale.
A la suite de ces *Procès-verbaux* très soigneusement annotés se trouvent des *Pièces annexes* (rapports, états, inventaires, etc.) constituant pour l'histoire de l'art civil et religieux à Paris, à Saint-Denis, à Chartres, etc. des documents du plus haut intérêt. Chacun des deux volumes comporte cinquante et une *Pièces annexes*.
Sur les travaux et les vicissitudes de la Commission des monuments, voyez tome III de la *Bibliographie*, n°s 17723-17732^a.

26566. — Procès-verbaux de la Commune générale des arts de peinture, sculpture, architecture et gravure (18 juillet 1793-tridi de la 1re décade du 2e mois de mois de l'an II) et de la Société populaire et républicaine des arts (3 nivôse an II-28 floréal an III), publiés intégralement pour la première fois, avec une introduction et des notes, par HENRY LAPAUZE. Paris, imp. Nationale; J.-E. Bulloz, éditeur, 1903, in-8°, LXXVII-540 p. [N. 4° V 5452.]

Les registres originaux de ces procès-verbaux appartiennent aux Archives de la Seine et proviennent de la vente posthume d'Eugène Piot.
Sur la publication qu'en a faite M. Henry Lapauze, on peut consulter un article paru dans la *Révolution française*, tome XLVI (1904), pp. 282-287.

26567. — MAURICE DREYFOUS. Les Arts et les Artistes pendant la période révolutionnaire (1789-1795), d'après les documents de l'époque. *Paris, Paul Paclot. S. d.* (1905), in-12, VIII-471 p.

Une reproduction, tirée en rose, de la planche des *Tableaux historiques de la Révolution* représentant la translation des restes de Voltaire au Panthéon (12 juillet 1791) couvre les deux plats et le dos de la couverture imprimée.

CINQUIÈME DIVISION
HISTOIRE DES MŒURS

CHAPITRE II
INSTITUTIONS CIVILES

26568. — Faculté de droit de Bordeaux. Les Origines du divorce en France, étude historique sur la loi du 20 septembre 1792. Thèse pour le doctorat, soutenue devant la Faculté de droit de Bordeaux, le 30 juin 1797, par PIERRE DAMAS, avocat attaché au Parquet de la Cour. *Bordeaux, imp. Gounouilhou*, 1897, in-8°, 166 p. et 1 f. n. ch. (*Table des matières*). [N. 8° F 9738.]

26569. — Le Divorce et la Révolution, par GEORGES MALLET, docteur en droit, avocat à la Cour d'appel. *Paris, L. Larose*, 1900, in-8°, 2 ff., 209 p. et 1 f. n. ch. (*Table des matières*). [N. 8° F 11834.]

26570. — Université de Paris. Faculté de droit. La Crise du mariage dans la législation intermédiaire, 1789-1804. Thèse pour le doctorat, présentée et soutenue le jeudi 19 décembre 1901..., par OLIVIER MARTIN. *Paris, Arthur Rousseau*, 1901, in-8°, 2 ff., VII-263 p. [N. 8° F 13372.]

Les liminaires paginés en chiffres romains sont consacrés à la *Bibliographie* du sujet.

26571. — Faculté de droit de l'Université de Paris. Les Tribunaux de famille dans le droit intermédiaire. Thèse pour le doctorat, présentée et soutenue le mercredi 1903, à une heure, par LUCIEN DARNIS. *Paris, imp. Henri Jouve*, 1903, in-8°, 138 p. et 1 f. n. ch. (*Table des matières*). [N. 8° F 16047.]

26572. — Université de Paris. Faculté de droit. Les Successions dans le droit de la Révolution. Thèse pour le doctorat, présentée et soutenue, le jeudi 9 juin 1904..., par EDMOND NADAUD, avocat à la Cour d'appel de Limoges. *Paris, imp. Henri Jouve*, 1904, in-8°, 2 ff. et 216 p.

26573. — Etude sur le droit civil de la Révolution. Les Successions, par GUSTAVE ARON, ancien chargé de cours à la Faculté de droit de l'Université de Caen, chargé de conférences à la Faculté de droit de Paris. *L. Larose et L. Tenin*, 1904, in-8°, VIII-140 p. [N. 8° F 13382.]

CHAPITRE III
MŒURS ET USAGES

26574. — Loterie patriotique. Avances et ventes publiques ouvertes au Bureau général, rue du Bac, n° 844, section de la Fontaine-de-Grenelle. *S. l. n. d.*, in-4°, 1 f. et 6 p. [N. Vz 953.]

Entre les pp. 2 et 3 est intercalé un feuillet intitulé : *Tarif des droits qui seront perçus par l'Administration*.

26575. — Satire contre le ridicule des coquettes du siècle et les perruques des élégantes du jour, par le citoyen T.-L. B. *Paris, Bailly, an VI* (imp. Boulard), in-4°, 1 f., 6 p. et 1 f. n. ch. [N. Vélins 1115.]

ÉPIGR. :

Cloris offre à nos yeux sous sa toison postiche,
Sur le corps de Vénus la tête d'un caniche.

Le feuillet n. ch. contient un *Epithalame au*

citoyen Cavillier et à la citoyenne Vignon le jour de leur mariage.

Attribuée par Van Praet (*Catalogue des livres imprimés sur vélin*, tome IV, p. 213, n° 305) à T.-L. BOULARD, imprimeur du livre.

26576. — Opinion sur le duel, par ETIENNE BARRY, de la Société des Amis de de la Constitution de Paris, séante aux Jacobins, et de celle de Toulon. *Imp. de Henri IV, rue de Bussy, n° 8. S. d.*, in-8°, 7 p. [*N.* Inv. 8° R. 7226.]

Discours préparé pour être lu le 14 juin 1791 devant les communiants de Notre-Dame et du bataillon Henri IV, et qui n'avait pu être prononcé.

26577. — Réflexions sur le duel et sur les moyens les plus efficaces de le prévenir, opuscule traduit de l'anglais [de JOHN GEDDES], par le feu c. GODESCARD, chanoine de Saint-Honoré, à Paris. *Paris, Fuchs; imp. Didot jeune, an IX-1801*, in-8°, 8 et 64 p. (la dernière non chiffrée). [*N.* R. 54794.]

Epigraphe empruntée à Virgile.

L'*Avis de l'éditeur* (p. 5-8) signé : A. M. H. B. [BOULARD], est suivi d'une note où il recommande diverses personnes dignes d'estime par leur charité, leurs travaux ou leurs talents.

TOME IV

ADDITIONS ET CORRECTIONS

CHAPITRE PREMIER
BIOGRAPHIES GÉNÉRALES ET SPÉCIALES

26578. — Beaux traits de dévouement, d'attachement conjugal, de piété filiale, de courage, de magnanimité, de sentiments généreux etc., etc., etc., qui ont eu lieu pendant la Révolution française, jusqu'après le 18 fructidor (5 septembre 1797); avec les discours les plus remarquables, prononcés en diverses circonstances, le plaidoyer en faveur de Louis XVI, le testament du roi-martyr, la lettre de Marie-Antoinette à Madame Elisabeth, et un grand nombre d'anecdotes peu connues. Ouvrage orné de huit gravures en taille-douce, rédigé par P.-J.-B. Nougaret, de l'Athénée des sciences, lettres et arts de Paris. *Paris, Crété*, 1819, 2 vol. in-12. [*N.* La^{32} 118.]

26578^a. — Beaux traits de dévouement... par P.-J.-B. Nougaret... Seconde édition, revue avec soin, corrigée et augmentée. *Paris, Crété*, 1828, 2 vol. in-12. [*N.* La^{32} 118 A.]

26579. — Biographies contemporaines, par M. A. Boullée, ancien magistrat. *Paris, Auguste Vaton*, 1863, 2 vol. in-8°. [*N.* Ln^2 138.]

L'auteur dit au début de la *Préface* qu'il cède à d'indulgents conseils en publiant « sous une meilleure forme et avec d'importantes additions, les principaux articles » qu'il avait fournis « aux trois plus considérables de nos collections biographiques ».

Parmi ces notices, je signalerai les suivantes :
Tome Ier, *Louis XVII* (voyez le n° 21403 ci-dessus) ; *le comte et le chevalier de Vaublanc; Hyde de Neuville* (voyez le n° 23087 ci-dessous) ; *Dupont* (*de Nemours*).
Tome II. *Le général La Fayette* (voyez les n°^{s} 23273 et 23278 ci-dessus) ; *Varicourt, garde du corps; Charles Lacretelle* (voyez le n° 23189 ci-dessus); *Villenave; Gabriel Michaud* (voyez le n° 24086 ci-dessus).

26580. — Charaktebilder aus der Französischen Revolution, von Arthur Kleinschmidt, ausserordentlichem professor der geschichte an der Universitæt Heidelberg. Mit acht portræts. *Wien, Pest, Leipzig, Hartleben*, 1889, in-8°, 3 ff. et 168 p. [*N.* La^{32} 627.]

Montesquieu. La Révolution. Louis XVI et Marie-Antoinette. Mirabeau. Jacques Necker. Danton. Louis XVII. La duchesse d'Angoulême.
Portraits hors texte sur papier teinté d'après des documents contemporains.

26581. — G. Lenotre. Paris révolutionnaire. Ouvrage illustré de 60 dessins et plans inédits, d'après des documents originaux. *Firmin Didot et C°*, 1895, in-8°, XV-420 p. [*N.* Lk^7 29403.]

Titre rouge et noir. Papier teinté.
Chez Robespierre. Les Tuileries. L'Abbaye. Le salon de Mme Roland. Trois journées de Charlotte Corday. Chez Danton. Le club des Jacobins. Les Cordeliers. La Conciergerie.
Presque tous ces chapitres comportent plusieurs subdivisions mentionnées à la *Table des matières.*

26582. — Paris révolutionnaire. Vieux papiers, vieilles maisons, par G. Lenotre. *Paris, Perrin et Cⁱᵉ, 1900, in-8°, 3 ff., 362 p. et 1 f. n. ch. (Table des chapitres).* [*N.* Lk⁷ 32514.]

Le Roman de Camille Desmoulins. Mˡˡᵉ de Robespierre. Deux policiers [Héron, Dossonville]. Les Derniers jours d'André Chénier. Autour de la Dubarry [M. Du Barry. La fin de Zamor]. La Vieillesse de Tallien. Papa Pache. La Brouette de Couthon. Saint-Just à Blérancourt. M. le comte de Folmon.
En regard du titre, portrait présumé de Lucile Desmoulins attribué à BOILLY (musée Carnavalet).

26582ᵃ. — Paris révolutionnaire. Vieux papiers, vieilles maisons, par G. Lenotre. Deuxième série. *Paris, Perrin et Cⁱᵉ, 1903, in-8°, 3 ff., 384 p. et 1 f. n. ch. (Table des matières).* [*N.* Lk⁷ 32514.]

La Femme Simon. Un Breton [Greive, Blache, Rotondi-Rotondo). Portraits de femmes [La Montansier, Mᵐᵉ Vᵉ Fouquier-Tinville]. Gamain. Le Roman d'une carmélite [Mˡˡᵉ de Soyecourt]. La Mère Duchesne [Françoise Goupil, femme Hébert].
En regard du titre, un portrait en médaillon du Dauphin au Temple par MOITTE, d'après un original du cabinet de M. Henri Lavedan. Le volume contient en outre diverses autres planches : le Cordonnier Simon et sa femme, d'après un tableau inédit de BOILLY [?] (musée Carnavalet) ; Mᵐᵉ Du Barry, d'après l'estampe de DAGOTY ; Fouquier-Tinville, d'après un croquis pris au Tribunal révolutionnaire (coll. Henri Lavedan) ; Le Rᵈᵉ mère de Soyecourt, d'après une lithographie ; Hébert, d'après le croquis de GABRIEL (musée Carnavalet).
D'autres chapitres sont consacrés à divers personnages contemporains de l'ancien régime, du Consulat et de l'Empire ; je n'en ai pas fait mention.

26583. — Dʳ MIQUEL-DALTON, de Cauterets. Les Médecins dans l'histoire de la Révolution. *Paris, Société française d'imprimerie et de librairie, 1902, in-8°, 114 p.* [*N.* Ln¹¹ 37.]

26584. — MAURICE DREYFOUS. Les Femmes de la Révolution française (1789-1795). Edition illustrée de nombreuses gravures, d'après des documents authentiques. *Paris, Société française d'éditions d'art, collection L.-H. May, G. Mantoux. S. d. (1903), in-4°, 319 p. (la dernière non chiffrée).* [*N.* Ln¹⁷ 214.]

26585. — PAUL GAULOT. Amours d'autrefois. *Paris, Société d'éditions littéraires et artistiques, librairie Paul Ollendorff, 1903, in-18, VI-428 p.* [*N.* Li² 150.]

Un Ménage royal [Louis XVI et Marie-Antoinette]. Les dernières amours de la comtesse Du Barry [le duc de Brissac]. L'affaire Favras. Un amoureux de Charlotte Corday, Adam Lux. Les amours d'un Girondin [J.-Fr. Ducos]. Madame de Kolly. Conventionnel et marquise [Osselin et Mᵐᵉ de Charry].

20818ᶜ. — Etudes et Leçons sur la Révolution française, par ALPHONSE AULARD, professeur à l'Université de Paris. Quatrième série. *Paris, Félix Alcan, 1904, 2 ff., 316 p. et 1 f. n. ch. (Table des matières).* [*N.* La³² 695.]

L'éducation scolaire des hommes de la Révolution (discours prononcé à la distribution des prix du lycée Janson de Sailly, le 4 août 1885). Les origines du socialisme français (1899). L'enfance et la jeunesse de Danton. Danton au district des Cordeliers et à la Commune de Paris. Danton au club des Cordeliers et au Département de Paris. Danton en 1791 et en 1792. Danton et la Révolution du 10 août 1792. Danton à la Convention nationale. (Réimp. d'une partie des articles signalés dans la note accompagnant le n° 22352 ci-dessus). Le Centenaire de la Légion d'honneur. Napoléon et l'athée Lalande.

26586. — Baron DE MARICOURT. En marge de notre histoire. *Paris, Emile-Paul, 1905, in-8°, VII-309 p. et 1 f. n. ch. (Table des matières).*

Un confesseur du Roi [Instructions données par l'abbé Soldini à Louis XVI, alors duc de Berry]. Louis XVI, Malesherbes, Journées révolutionnaires (1789-1792). La Place de la Bastille depuis 1789. Les autres chapitres de ce livre ont trait à des périodes antérieures à la Révolution ou plus immédiatement contemporaines.

CHAPITRE II

LOUIS XVI ET LA FAMILLE ROYALE

20857 (*Add.*). — Bien-né. Nouvelles et Anecdotes (1788).

Par Mᵐᵉ DE CHARRIÈRE, née DE ZUYLEN, d'après M. Ph. Godet. Réimpression partielle d'un opuscule intitulé : Observations et conjectures politiques (Aux Verrières, 1788, in-8°,

80 p.; cf. Ph. Godet, *Madame de Charrière*, Genève, 1905, 2 vol. in-8°, tome Ier, p. 397, et la *Bibliographie* jointe au tome II de cet ouvrage).

26587. — Les Reliques de la famille royale et les descendants rouennais de Cléry, par P. LE VERDIER. Extrait de la « Revue des questions historiques ». Juillet 1896. *Paris, bureaux de la Revue*, 1896, in-8°, 20 p. [*N*. Lb[39] 11861.]

26588. — Cléry, son journal et son fils (1798-1810), publié par M. LÉONCE GRASILLIER. Extrait de la « Nouvelle Revue rétrospective » du 10 juillet 1901. *Paris, aux bureaux de la Nouvelle Revue rétrospective*. S. d. (1901), in-8°, 22 p. et 1 f. n. ch. (nom de l'imprimeur). [*N*. Ln[27] 48541.]

Titre pris sur la couverture. Le titre de départ, p. 1, porte en outre : *Lettres du comte* DE PROVENCE, *du citoyen* GORET, *membre de la Commune du 10 août, chargé de la surveillance au Temple et de* CHARLES CLÉRY *fils*.

Les pp. 13-22 sont relatives à Saliceti et à la campagne de 1796.

26589. — MAURICE TOURNEUX. La Médaille de mariage de Louis-Auguste, Dauphin, et de Marie-Antoinette. *Chalon-sur-Saône, Émile Bertrand, imprimeur-éditeur*, 1903, in-8°, 21 p. [*N*. Lj[37] 119.]

On lit au verso du titre : Tirage à part de la *Gazette numismatique française*, 1903.

Listes de distribution de la médaille frappée en l'honneur de l'union des maisons de France et d'Autriche. Ces Listes ont été extraites par M. le vicomte de Grouchy d'un de quatre ex. connus de la *Description* manuscrite des fêtes organisées par Papillon de La Ferté (cf. n° 21062 ci-dessus). Ce manuscrit, provenant du baron Pichon, qui lui avait emprunté *l'État de distribution des présents de la corbeille*... (cf. n° 21063), appartient aujourd'hui à M. Victorien Sardou.

26590. — Bibliographie de la Révolution. Louis XVI et la famille royale. Catalogue énonçant les titres de 3,000 volumes, par ARMAND GRANEL. *Paris, Alph. Picard et fils; Toulouse, Édouard Privat*, 1905, in-12, XIV-348 p.

Cette *Bibliographie* a été rédigée en partie d'après la collection personnelle de l'auteur, qui habite le département de l'Hérault, en partie d'après un dépouillement du *Catalogue de l'histoire de France* de la Bibliothèque nationale exécuté pour lui par un tiers. Les pièces sont groupées selon les premiers mots du titre sous le millésime de l'année dont elles portent la date et suivies d'une liste alphabétique des *Ouvrages sans date*, dont beaucoup sont défigurés par des fautes d'impression. L'auteur a d'ailleurs enregistré des documents manuscrits, des articles de journaux ou de revues et des recueils factices. Le livre se termine par une liste de *Sources* qui n'est pas exempte d'erreurs.

CHAPITRE III
MARIE-ANTOINETTE

26591. — MAURICE TOURNEUX. Marie-Antoinette devant l'histoire. Essai bibliographique. *Paris, librairie Techener (H. Leclerc et P. Cornuau, s[rs])*, MDCCCXCV (1895), in-8°, 2 ff. et VII-88 p. (la dernière non chiffrée, nom et adresse de l'imprimeur). [*N*. 4° Q 690.]

Couverture et titre imp. en rouge et en noir. Extrait non spécifié à cent ex. du *Bulletin du bibliophile*. Il a été tiré en outre quelques ex. sur papier vergé.

26591[a]. — MAURICE TOURNEUX. Marie-Antoinette devant l'histoire. Essai bibliographique. Seconde édition, revue, très augmentée et ornée de gravures. *Paris, librairie Henri Leclerc*, MDCCCCI (1901), in-4°, 2 ff., XVI-164 p. et 2 ff. n. ch. [*N*. 4° Q 927.]

Texte encadré d'un quadruple filet bleu perdu dans les marges. La pagination est placée au bas des pages en dehors du filet. Le titre de la couverture est tiré en bistre sur papier bleu pâle semé de fleurettes.

Les pl. annoncées par le titre sont les suivantes : p. 48, *Sceau de Marie Antoinette*; p. 112, *Marie-Antoinette conduite à l'échafaud*, croquis de DAVID; p. 80, *Soulier de la reine Marie-Antoinette*. Ces trois pl. gravées par AUGUSTE GUILLAUMOT, en 1859, étaient destinées à une publication de M. de Viel-Castel qui n'eut pas lieu. (Voyez le n° 21299 ci-dessus.)

Il y a en outre dans le texte, p. 89, le fac-similé d'un fleuron représentant une exécution par la guillotine et qu'on retrouve au titre de départ de divers pamphlets contre Louis XVI et Marie-Antoinette publiés après le 10 août 1792. (Voyez tome Ier de la *Bibliographie*, n° 3541.)

CHAPITRE IV

MADAME ROYALE ET LE DAUPHIN

26592. — Ad. Lanne. Une Officine royale de falsifications. Le Cachet de Louis XVI. Le Récit d'une sœur. Préface par Albert Savine. *Paris, Dujarric et C°. S. d.* (1903), in-8°, 2 ff., XIII-130 p.

L'auteur conteste l'authenticité du cachet confié à Cléry par Marie-Antoinette pour être remis au comte de Provence et dénie toute valeur à la relation que Madame Royale a laissée de sa captivité.

26593. — L. de La Sicotière. Louis XVII en Vendée. *Vannes, librairie Lafolye*, 1895, in-8°, 45 p. [N. La³⁵ 144.]

On lit au verso du faux-titre : « Extrait de la *Revue du Bas-Poitou* ».
La couverture imprimée porte : 1896.
Réfutation des erreurs répandues par les partisans de la survivance touchant le séjour du Dauphin en Vendée après sa prétendue évasion du Temple.
Dernier travail de l'auteur.
Le tirage à part ne fut distribué qu'après sa mort (28 février 1895).

26594. — Le Mystère du Temple (1794-1795), par le dʳ L. de Santi. *Toulouse, imp. Douladoure-Privat. S. d.* (1905), in-8°, 32 p.

La couverture imprimée sert de titre. Au verso du faux-titre on lit : Extrait des *Mémoires de l'Académie des sciences, inscriptions et belles-lettres de Toulouse*, Xᵉ série, tome V.
Réfutation d'un article de M. G. Lenôtre paru dans les *Lectures pour tous* d'octobre 1904.

CHAPITRE V

PRINCES ET PRINCESSES DU SANG

21427 (*Add.*). — Départ précipité de Monsieur, frère du Roi, et de Madame, comtesse d'Artois (1789).

Cette brochure fut dénoncée à l'Assemblée des représentants de la Commune (cf. S. Lacroix, *Actes de la Commune*, I, pp. 395-396), et l'imprimeur, mandé devant elle, déclara que le manuscrit lui avait été apporté par le chevalier d'Antibes, demeurant rue Saint-André-des-Arcs et qui se prétendait membre du district des Récollets, qu'on avait, à son insu, livré mille ex. à l'auteur, mais qu'il avait refusé de lui remettre un second mille. L'affaire ne semble pas avoir eu d'autres suites.

21428 (*Add.*). — Relation d'un voyage à Bruxelles et à Coblentz, 1791 (1822).

¶ Sur cet écrit et sur les poésies fugitives attribuées au comte de Provence, on peut consulter un article d'Amédée Rénée (*Revue de Paris*, mars 1841, pp. 228-253) intitulé : *Louis XVIII littérateur*.

26595. — La Vérité ou Petite Brochure pour servir à une grande histoire, avec le portrait du comte de Lille, ouvrage qui a été le motif de l'arrestation et du jugement de plusieurs imprimeurs, libraires et hommes de lettres. *A Paris, chez les marchands de nouveautés, au dépôt de la librairie, rue Serpente, n° 14*, 27 mars 1815, in-8°, 24 p. [N. Lb⁴⁶ 69.]

26595ᵃ. — La Vérité ou Petite Brochure pour servir à une grande histoire... *Paris, chez les marchands de nouveautés*, 29 mars 1815, in-8°, 18 p. [N. Lb⁴⁶ 69 A.]

26595ᵇ. — La Vérité ou Petite Brochure pour servir à une grande histoire... *Paris, chez les marchands de nouveautés*, 15 avril 1815, in-8°, 32 p. [N. Lb⁴⁶ 69 B.]

26595ᶜ. — La Vérité ou Petite Brochure pour servir à une grande histoire... Seconde édition. *Paris, Charles, imprimeur, rue Thionville, 36 ; F. Béchet, libraire, quai des Augustins, n° 63 ; avril* 1815, in-8°, 24 p. [N. Lb⁴⁶ 69 C.]

Réimpressions du pamphlet publié tour à tour sous les titres de *la Vérité !!!* et des *Extraits du « Moniteur »* (voyez les nᵒˢ 21441 et 21442 ci-dessus et la note qui les accompagne) ; voyez également les nᵒˢ 21443 et 21445 qui se rattachent à la même série d'attaques contre Louis XVIII.

21526-21526ᵃ⁻ᶜ. (*Add.*). — Vie de Louis-Philippe-Joseph d'Orléans (1789-1790).

Rodolphe de Weiss n'est pas, comme j'ai eu le tort de le dire, « absolument inconnu », mais le rôle qu'il a joué entre sa véritable patrie, la Suisse, et sa patrie d'adoption, la France, n'a point porté bonheur à sa mémoire. Sur ce rôle équivoque on consultera le *Dictionnaire biographique des Vaudois et des Genevois...* par M. Albert de Montet (Lausanne, 1877-1878,

2 vol. in-8°) et un travail de M. Johann Strickler, paru en 1897 dans le *Neujahrsblatt den Litterarischen Gesellschaft* de Berne. (Renseignements communiqués par M. Eugène Ritter, de Genève, et par M. P. Maillefer, directeur de la *Revue historique vaudoise*.)

26596. — Avis aux citoyens. S. *l. n. d.*, in-8°, 4 p. [N. Lb³⁹ 11755.]

Contre le duc d'Orléans.

26597. — AMÉDÉE BRITSCH. Philippe-Egalité avant la Révolution. Extrait de la « Revue des études historiques » (juillet-août, septembre-octobre 1904). *Paris, Alph. Picard et fils. S. d.*, in-8°, 54 p.

La couverture imprimée sert de titre.
P. 54, une note de l'auteur présente cette étude comme le « raccourci » d'un travail plus développé qu'il poursuivra « au gré de ses loisirs ».

CHAPITRE VI
BIOGRAPHIES INDIVIDUELLES

26598. — **Arcet** (Jean D'). Eloge funèbre prononcé en présence du Sénat, de l'Institut national et d'un grand nombre de membres de diverses autorités constituées et Sociétés savantes, aux obsèques du citoyen Darcet, sénateur et membre de l'Institut, par le citoyen FOURCROY, du Conseil d'Etat et de l'Institut national, le 26 pluviôse an IX (15 février 1801). — Nécrologie. Extrait du « Journal de Paris » du 23 pluviôse an IX (12 février 1801). *S. l., pluviôse an IX*, in-8°, 6 p. [N. Ln²⁷ 580.]

26599. — Lettres aux CC. Lebreton et Cuvier, de l'Institut national, à l'occasion de l'Eloge du C. Darcet. Par L. BRANCAS-LAURAGUAIS. *Paris, Mᵐᵉ Huzard; Henrichs; Desenne; les marchands de nouveautés, an X*, in-8°, 22 p. [N. Ln²⁷ 581.]

26600. — Notice historique sur Jean Darcet, par G. CUVIER, lue à la séance publique de l'Institut national, le 15 nivôse an X (15 janvier 1802). *Paris, Baudouin, fructidor an X*, in-4°, 8 p.

Après avoir fait partie sans changement de pagination du *Recueil des éloges historiques* prononcés à *l'Institut national par* G. CUVIER *pendant son premier secrétariat* (Paris, Baudouin, an XI, in-4°), cette notice a été réimp. dans le tome Iᵉʳ du nouveau Recueil des *Eloges historiques...* du même écrivain (1819, 3 vol. in-8°).

26601. — Précis historique sur la vie et les travaux de Jean D'Arcet, membre du Sénat conservateur, de l'Institut national, etc., lu à la séance publique du Lycée des Arts, le 10 germinal an X (31 mars 1802), par MICHEL-J.-J. DIZÉ, affineur national des Monnaies, membre du Lycée des arts, de la Société académique des sciences, de la Société de médecine, de celle des inventions et découvertes, correspondant de la Société d'agriculture, commerce et arts du département des Landes, du Collège de pharmacie de Paris, ex-directeur en chef du Magasin général des médicaments établi à l'Ecole de médecine. *Paris, imp. Gillé, an X*, in-8°, 36 p. [N. Ln²⁷ 582.]

26602. — [**Atkyns** (Charlotte WALPOLE, dame).] Une amie de Marie-Antoinette. Madame Atkyns et la prison du Temple (1758-1836), d'après des documents inédits, par FRÉDÉRIC BARBEY. Préface de M. VICTORIEN SARDOU, de l'Académie française. *Paris, Perrin et Cᵉ*, 1905, in-8°, 3 ff., XVI-454 p. et 1 f. n. ch. (*Table des chapitres*).

En regard du titre, héliogravure d'après une miniature représentant Charlotte Atkyns et appartenant à M. le comte Lair. Le volume renferme en outre trois autres pl. (hors texte), savoir : entre les pp. 16-17, *Charlotte Walpole* [plus tard Mrs. Atkyns] en soldat lorsqu'elle appartenait au théâtre de Drury Lane et jouait dans une sorte d'opérette intitulé : *le Camp* (d'après une estampe du British Museum); entre les pp. 62-63, *J.-G. Peltier*, d'après une estampe connue; entre les pp. 236-237, *le comte de Frotté*, héliogr. d'après un portrait appartenant à l'un de ses descendants.

La publication de ce livre a provoqué une polémique entre M. ERNEST DAUDET et l'auteur (voyez *le Temps* du 21 et du 31 mai 1905); voyez également dans *la Révolution française* des 14 mai et 14 juin 1905 un article de M. AULARD et une réponse de M. FRÉD. BARBEY.

Mᵐᵉ Atkyns avait déjà été l'objet d'un premier travail décrit sous le n° 21688 ci-dessus.

26603. — [**Aubigny** (Jean-Louis-Marie VILAIN D').] Adresse à tous les membres des sociétés des Amis de la Constitution affiliées à celle de Paris. *Paris, imp. Nationale.* S. d. (1791), in-8°, 8 p. [*N.* Ln[27] 20446.]

Circulaire relative à l'ouverture, par Vilain d'Aubigny, d'un cabinet de consultations pour les litiges, soit en matière civile, soit en matière criminelle, pendants devant les tribunaux de Paris et soumis, s'il y avait lieu, à l'examen d'un comité composé de « MM. Danton, avocat aux Conseils, ancien président du célèbre district des Cordeliers, Le Grand de Saint-René, électeur de 1789 et Legendre ».

26604. — Principaux Evénements pour et contre la Révolution, dont les détails ont été ignorés jusqu'à présent, et Prédiction de Danton au Tribunal révolutionnaire accomplie. *Paris, chez les marchands de nouveautés, an III*, in-8°, 2 ff. et 129 p. [*N.* Lb[41] 2105.]

Une lettre à Billaud-Varennes est signée : V. D'AUBIGNY, maison d'arrêt de Port-Libre, 2 ventôse an III (20 février 1795).

Le titre de départ porte : *Précis justificatif et historique pour* J.-L.-M. VILLAIN-DAUBIGNY, *ex-adjoint au ministre de la guerre et l'un des agents généraux de la Commission des transports militaires, postes et messageries de la République.*

La table des matières est imprimée au verso du titre. En voici le résumé :

P. 1. *Décret qui ordonne mon arrestation. Ma justification. Ma conduite après ce décret.*
P. 21. *Observations et réponse à l'écrit imprimé sous le titre de* Mémoires posthumes de Philippeaux sur la Vendée *et à M. le comte de Tuncq* [voyez n°s 21846 et 25623 ci-dessus]. *Vie privée et anecdotes piquantes sur cet homme.*
P. 33. *Conduite de Westermann dans la journée du 10 août.* P. 45. *Réponse à M. l'ex-abbé Vilate sur les prétendues Causes secrètes de la journée du 9 thermidor* [voyez tome Ier, n°s 4301-4303]. *Sa conduite au Tribunal révolutionnaire.*
P. 49. *Anecdote très importante sur Robespierre et Danton.* P. 54. *Fleuriot et Lumière expliquent ce que c'est que le Tribunal révolutionnaire.* P. 58. *Procès de Danton, Camille* [Desmoulins], *Phélippeaux, Westermann et autres, etc.* P. 99. *Journée du 10 août, etc.*
P. 121. *Un mot sur les prisons et les détenus. Conclusion.*

P. 77-91, l'auteur a reproduit la majeure partie des pièces justificatives concernant Tuncq qu'il avait déjà données dans la brochure : V. D'AUBIGNY... à *Phélippeaux* (voyez ci-dessus, n° 21691).

26605. — [**Aude** (Joseph).] Notice sur Joseph Aude, chevalier de Malte, poète, auteur dramatique, dit le secrétaire de Buffon, présentée à la Société littéraire et scientifique d'Apt, par A. DUREAU, membre correspondant de la Société (Extrait du 3° volume des « Annales » de la Société littéraire, scientifique et artistique d'Apt). *Apt, imp. J.-S. Jean; Paris, Joubert*, 1871, in-8°, 70 p. [*N.* Ln[27] 26823.]

La couverture imprimée sert de titre.
P. 48-57, *Liste des pièces du chevalier Aude.*

26606. — [**Barré** (Alexandre).] Exposé succinct des torts du sieur Alexandre Barré, ancien garçon boucher, aujourd'hui capitaine de grenadiers du district de l'Ile-Saint-Louis et membre du comité militaire de l'Hôtel de Ville de Paris, envers le sieur PELLETIER, ingénieur machiniste, pensionné du roi d'Espagne, avec un court abrégé de la vie du premier. S. l. n. d. (1790), in-4°, 13 p. [*N.* Mss. fr. nouv. acq. 2680, fol. 330.]

Pelletier était le beau-frère de Barré.

26607. — [**Beaugeard** (Nicolas).] Comte DE BELLEVUE. Un héros malouin. Nicolas Beaugeard. Episode de la Révolution. *Fr. Simon* [imp.] *Rennes.* S. d. (1904), in-8°, 34 p. et 1 f. n. ch. (adresse de l'imprimeur).

En regard du titre, reproduction d'un portrait au pastel existant au château de Lemo.
Voyez le n° 21785 ci-dessus.

26608. — [**Beaupoil de Saint-Aulaire** (DE). Le Pour et le Contre, dans l'affaire qui fait tant de bruit, entre M. de Beaupoil-Saint-Aulaire et M. Poupart de Beaubourg. Par un vieux militaire impartial, qui se nommerait s'il était encore d'un âge à se donner en spectacle au public, mais qu'au besoin l'on devinera aisément. *S. l., en décembre* 1788, in-8°, 176 p. [*N.* Ln[27] 18333.]

Voyez le n° 21815 ci-dessus.

26609. — [**Boissy d'Anglas** (Fr.-Ant., comte).] Boissy d'Anglas et les Régicides, par BOISSY D'ANGLAS, sénateur, ancien ministre plénipotentiaire, son petit-fils, d'après des documents officiels et des pa-

T. IV.

46

piers de famille. *Annonay, Élie Sellier, imprimeur*, 1905, gr. in-8°, 58 p.

La couverture imprimée porte sur une collette l'adresse de la librairie Honoré Champion, à Paris.

Sur cette couverture et sur le titre, reproduction du médaillon de Boissy d'Anglas, par DAVID d'Angers, également tiré hors texte après le titre. P. 6, autre portrait d'après un original non désigné.

Documents inédits relatifs à l'intervention de Boissy d'Anglas, devenu pair de France, en faveur de ses anciens collègues frappés par la loi de 1816, qui exilait les « votants ». S'il ne réussit point à faire excepter de cette mesure ceux qui, au nombre de quarante-six, ne s'étaient prononcés que conditionnellement pour la peine de mort, il reçut du moins de la plupart d'entr'eux des témoignages de gratitude révélés ici pour la première fois.

26610. — [**Boncerf** (Paul-François).)] CH. THURIOT. Boncerf, portrait historique. *Besançon, imp. Paul Jacquin*, 1902, in-8°, 22 p. [*N*. Ln²⁷ 49287.]

26611. — [**Bonneville** (Nicolas).] NICOLAS BONNEVILLE, électeur du Département de Paris, aux véritables amis de la liberté. *Imp. du Cercle social*. S. d., in-8°, 12 p. [*N*. Le³¹ 39.]

Exposé de sa vie antérieure et de sa conduite depuis la Révolution en vue de briguer « l'une des vingt-quatre couronnes civiques » que Paris allait décerner, c'est-à-dire l'un des sièges de députés à l'Assemblée législative.

26612. — [**Boudier** (Jacques-François-Sébastien).] A Messieurs les électeurs du Département de Paris pour la Convention nationale. *Chez J.-F. Galletti*. S. d. (1792), in-8°, 4 p. [*N*. Le³⁵ 8.]

Signé : BOUDIER, électeur du canton de Clichy.
Circulaire électorale exposant le *curriculum vitæ* du candidat, âgé de trente-huit ans, cultivateur à Saint-Ouen, dont il fut plus tard maire.

26613. — [**Bouquier** (Gabriel).] G. Bouquier, député à la Convention nationale, peintre de marines et de ruines, membre de l'Institut de Bologne, de l'Académie des Arcades de Rome, de l'Académie de peinture de Bordeaux. Notes sur l'état de la peinture en France et en Italie à la fin du XVIII° siècle, par M. le Dr E. GALY, chevalier de la Légion d'honneur, directeur du Musée départemental de la Dordogne, correspondant du ministère de l'instruction publique pour les travaux historiques, etc. *Périgueux, imp. Dumont et Ce*, 1867, in-8°, 72 p.

En regard du titre, portrait lith. dessiné par P. RAYMOND d'après l'original appartenant au d^r Galy.

21939 (*Add.*). — [**Bourbon-Conti.**] Mémoire de STÉPHANIE-LOUISE DE BOURBON [CONTI-MONCAIR-ZAIN], fille majeure légitimée… (An IV).

¶ Voyez sur cette femme, que les contemporains tinrent pour une aventurière, mais qui semble aujourd'hui avoir été fondée à se réclamer de ses origines princières, un travail de M. MICHEL BRÉAL : *les Personnages originaux de « la Fille naturelle »*, reproduit dans un volume intitulé : *Deux études sur Gœthe* (Hachette, 1898, in-18). Ce furent les *Mémoires historiques* de la princesse rédigés, dit-on, par Corentin Royou (cf. n° 21940) qui fournirent à Gœthe l'idée première de ce drame auquel il se proposait de donner la forme d'une trilogie, demeurée inachevée.

26614. — [**Bourguignon**, dit **Dumolard** (Claude-Sébastien-Louis-Félix).] Bourguignon jurisconsulte, discours prononcé par M. CLÉMENT, avocat général. *Poitiers, imp. A. Laurent*, 1898, in-8°, 48 p.

D'après *la Révolution française*, tome XXXVI (janvier-juin 1899), p. 94.
Bourguignon fut ministre de la justice du 5 messidor au 2 thermidor an VII (23 juin-20 juillet 1799) et il eut Fouché pour successeur.

¶ AD. ROCHAS lui a consacré dans la *Biographie du Dauphiné* (1860) une notice bio-bibliographique très complète.

26615. — [**Boyer** (Claude).] Réponse aux prétendus faits dénoncés à la Convention nationale dans un rapport particulier fait par Laurent Lecointre. *Imp. du Journal des hommes libres, chez R. Vatar*. S. d., in-8°, 13 p. [*R*. AD. I, 54.]

Le titre de départ, p. 3, porte en plus : *Au citoyen Laurent Lecointre*… CLAUDE BOYER, *homme libre, électeur de 1792, administrateur général des relais militaires. Réponse aux prétendus faits*…

ÉPIGR. :

Le sang républicain circule dans mes veines.

26616. — [**Brissac** (Louis-Hercule-Timoléon de Cossé, duc de).] Une Victime de la Haute-Cour (1792). Le duc de Brissac, documents recueillis par Mᵐᵉ la duchesse de Brissac. *Paris, librairie Lucien Gougy*, 1900, in-8°, 52 p. [*N.* Ln²⁷ 47230.]

Papier vergé. On lit au verso du faux-titre : Tirage à cinquante ex. non mis dans le commerce. Ex. n° ... Extrait de la Revue : « Souvenirs et Mémoires ».
Voyez le numéro suivant.

26617. — Pendant la tourmente (1789-1792), par Mᵐᵉ la duchesse de Brissac, née de Crussol d'Uzès. *Paris, Ernest Flammarion. S. d.* (1901), in-12, XI-250 p. [*N.* Lb³⁹ 11864.]

En regard du titre, portrait du duc de Brissac massacré à Versailles, le 19 septembre 1792.
Refonte du travail décrit sous le numéro précédent.

26618. — [**Brissot de Warville** (Jean-Pierre).] Aux électeurs du Département de Paris (vendredi soir, 26 août 1791). *S. l. n. d.*, feuillet in-8°. [*N.* Le³¹ 32.]

Signé : J.-P. Brissot, électeur.
Réponse à la *Réplique* de Théveneau de Morande (voyez le n° 25554).
Par sa date cette pièce eût dû être intercalée entre les n°⁸ 21984 et 21985 ci-dessus.

21955 (*Add.*). — Mémoires de Brissot (1830-1832).

Comme complément aux indications que j'ai données touchant les retouches, suppressions et intercalations dont ces *Mémoires* ont été l'objet, on lira un important article de M. Claude Perroud *Sur l'authenticité des Mémoires de Brissot* dans la *Révolution française* du 14 août 1904, pp. 121-134.

26619. — [**Brunot** (Charles).] Paris, le .. pluviôse an X... Charles Brunot, ex-commissaire du gouvernement près le 5ᵉ arrondissement de Paris, au Premier Consul de la République française. *S. l. n. d.*, in-4°, 2 p. [*N.* Ln²⁷ 33430.]

Demande d'emploi.
L'ex. de la B. N. porte après la signature imprimée de l'auteur ces mots manuscrits : « jurisconsulte, rue Saint-Thomas-du-Louvre, hôtel de Bourgogne ».

26620. — [**Buchot** (Philibert).] Ch. Thuriet. Profil d'un ministre de la Terreur. Extrait de la « Revue idéaliste ». *Besançon, imprimerie-lithographie Dodivers*, 1899, in-18, 22 p. [*N.* Ln²⁷ 46967.]

26620ᵇⁱˢ. — [**Cambon** (Pierre-Joseph).] Cambon et la Révolution française. Thèse présentée pour le doctorat ès-lettres à la Faculté des lettres de l'Université de Paris, par F. Bornarel, ancien élève de Sorbonne, agrégé de l'Université. *Paris, Félix Alcan*, 1905, in-8°, 2 ff., XV-442 p. et 2 ff. n. ch. d'*errata*.

Les deux *errata* sont sur feuilles volantes.
L'*Introduction* contient (p. VI-XV) une copieuse bibliographie des sources manuscrites et imprimées.

26621. — [**Clavière** (Etienne).] Exposé sommaire de la conduite de Clavière, ex-ministre des Contributions, fait par lui-même, adressé à ses juges, à ses concitoyens et à ses ennemis. *Paris, l'an II de la République française*, in-4°, 1 f. et 54 p. [*N.* Lb⁴¹ 878.]

26622. — [**Condorcet** (M.-J.-A.-N. Caritat de).] Les Grands éducateurs. Condorcet et l'éducation démocratique, par Francisque Vial, professeur au Lycée Lakanal et à l'Ecole normale supérieure d'enseignement primaire, docteur ès-lettres. *Paris, Paul Delaplane. S. d.* (1903), in-18, 124 p. [*N.* 8° R 18353.]

26623. — Condorcet et la Révolution française, thèse présentée pour le doctorat à la Faculté des lettres de l'Université de Paris, par Léon Cahen, agrégé d'histoire, ancien élève de la Faculté des lettres de Paris. *Paris, Félix Alcan*, 1904, in-8°, XXXI-592 p. [*N.* Ln²⁷ 50828.]

26624. — Condorcet, guide de la Révolution française, théoricien du droit constitutionnel et précurseur de la science sociale, par Franck Alengry, docteur en droit, docteur ès-lettres, ancien professeur agrégé de philosophie au Lycée de Paris, inspecteur d'Académie de la Haute-Vienne. *Paris, V. Giard et E. Brière*, 1904, in-8°, XXIII-891 p. et 1 f. n. ch. (*Errata et Addenda*). [*N.* Ln²⁷ 50348.]

Epigraphes empruntées à Condorcet.

26625. — [**Corbet.**] Mémoire ou Réclamation pour le sieur Corbet, architecte, adressé à M. le maire, Messieurs les lieutenants de maire, les conseillers administrateurs, les députés représentant la Commune, aux soixante districts et à tous les citoyens de la ville de Paris. *Imp. Ballard,* 1790, in-4°, 10 p. [A. S., V. D 1°.]

Plainte au sujet de sa destitution prononcée en 1786 et demande de réintégration ou d'une compensation équivalente.

22354 (*Add.*). — ... Les Grands Français. Danton, par F.-A. Aulard... (1881).

Dans un discours prononcé au banquet de l'Association amicale des instituteurs de la Somme, le 9 juillet 1904, et reproduit par *la Révolution française* du 14 septembre suivant (pp. 232-239), M. Aulard a fait connaître pour quelles raisons il a supprimé du texte primitif de son travail cette phrase de Danton : « L'ennemi est à nos portes et nous nous déchirons les uns les autres. Toutes nos altercations tuent-elles un Prussien » ?

Les tirages récents et ainsi modifiés de cette brochure ne sont pas entrés à la B. N. par le dépôt légal.

26626. — Sénat. Extrait du « Journal officiel » du 25 juillet 1890. Interpellation adressée au ministre de l'intérieur, par M. H. Wallon, sur quelques arrêtés du Préfet de la Seine relatifs à la dénomination des rues de Paris. *Paris, imp. des « Journaux officiels »,* 1890, in-8°, 1 f. et 36 p.

L'orateur s'attaque particulièrement au nom de Danton proposé pour la voie nouvelle entre le boulevard Saint-Germain et le boulevard Saint-André-des-Arts.

26627. — Sénat. Extrait du « Journal officiel » du 8 juillet 1891. Interpellation adressée au ministre de l'intérieur, par M. H. Wallon, sur l'inauguration à Paris de la statue de Danton pour le 14 juillet. Séance du 7 juillet 1891. *Paris, imprimerie des « Journaux officiels »,* 1891, in-8°, 29 p. et 1 f. n. ch. (adresse de l'imprimerie).

¶ M. E. Couard a retrouvé aux Archives départementales de Seine-et-Oise et communiqué à *la Révolution française* (14 juillet 1905, pp. 79-88) les procès-verbaux de vente à Sèvres, en prairial an II et vendémiaire an III, d'effets et de biens immeubles provenant de Danton et déposés chez le citoyen Charpentier, son beau-père.

26628. — [**David** (Jacques-Louis).] Les Grands Artistes. Leur vie. Leur œuvre. Louis David, par Charles Saunier. Biographie critique et illustrée de vingt-quatre reproductions hors texte. *Paris, librairie Renouard, Henri Laurens, éditeur.* S. d. (1904), in-12, 128 p. [N. Ln27 21013.]

26629. — Les Maîtres de l'art. Louis David, par Léon Rosenthal, docteur ès-lettres, professeur au Lycée de Dijon. *Paris, librairie de l'Art ancien et moderne, ancienne maison J. Rouam.* S. d. (1905), in-12, IV-175 [177] p.

26630. — [**Desault** (Pierre-Jean).] Etude sur la vie et les travaux de Desault, chirurgien célèbre du XVIIIe siècle, né en Franche-Comté, par le dr Labrune. Travail qui a obtenu le prix d'éloquence proposé par l'Académie des sciences, lettres et arts de Besançon, en 1867. *Besançon, imp. et lith. J. Jacquin,* 1867, in-8°, 118 p. [N. Ln27 23831.]

26631. — [**Desbois de Rochefort** (Eléonore-Marie).] Hommage rendu à la vérité, sur la tombe de feu messire Eléonore-Marie Desbois de Rochefort, docteur de la Maison et Société de Sorbonne, ancien évêque d'Amiens, le lundi 7 septembre 1807, au moment de l'inhumation dans le cimetière de Montmartre, précédé d'une courte notice sur les obsèques de ce prélat, par Mgr G. Mauviel, ancien évêque de Saint-Domingue. *Paris, imp. Farge,* 1807, in-8°, 30 p. [N. Ln27 17701.]

26632. — [**Deseine** (Claude-André).] Deseine le sourd-muet. Claude-André Deseine, statuaire (1740-1823). Notice biographique, par Georges Le Chatelier. *Paris, atelier typographique de l'institution nationale des Sourds-Muets,* 1903, in-8°, 19 p.

En regard du titre de départ, fac-similé d'un portrait au crayon noir de Deseine par lui-même.

26633. — [**Dubois de Crancé** (Edmond-Louis-Alexis).] Avis au public et surtout à l'armée parisienne. S. l. n. d., in-8°, 8 p. [N. Lb39 9595.]

Contre Dubois-Crancé.

26634. — [**Dumouriez** (Charles-François).] Mémoires du général Dumouriez, écrits par lui-même. Edition conforme à l'original, ornée du portrait de l'auteur. *Hambourg, B.-G. Hoffmann,* 1794, 2 vol. in-12. [*N.* La³³ 44.]

ÉPIGR. :
Vitamque impendere vero.

Le portrait de profil à dr. dans un ovale est signé : J.-B. LOUVION, *sculpt.*

Dans ces *Mémoires*, l'auteur parle de lui à la troisième personne, mais ils sont suivis d'un *Précis de la vie du général Dumouriez, extrait d'une lettre à un de ses amis* où il prend la parole en son propre nom.

Dans l'article éminemment tendancieux des *Supercheries littéraires* consacré à Louis-Philippe, Quérard allègue que la rédaction primitive de ces *Mémoires* serait l'œuvre du jeune prince, mais il ne cite aucun témoignage probant à l'appui de son dire.

26634ᵃ. — Mémoires du général Dumouriez écrits par lui-même. *Hambourg et Leipzig,* 1794, 2 vol. in-8°. [*N.* L³³ 44 G.]

Même épigraphe et même *Précis.*

26634ᵇ. — Mémoires du général Dumouriez écrits par lui-même. *A Londres et se trouve à Paris, chez Mallet, commissionnaire en librairie, rue d'Antin, n° 8, et chez les marchands de nouveautés,* 1794, 2 vol. in-8°. [*N.* La³³ 44 A.]

Même épigraphe qu'au numéro précédent et même *Précis.* Le portrait manque.

Cette édition ne renferme que les livres VII et VIII des *Mémoires.*

26634ᶜ. — Mémoires du général Dumouriez écrits par lui-même. *A Londres, chez P. Elmsly, libraire, dans le Strand, et on trouve quelques exemplaires à Bruxelles, chez B. Lefrancq, libraire, rue de la Magdelaine,* 1794, 2 vol. in-8°. [*N.* La³³ 44 E.]

Même épigraphe.

26634ᵈ. — Mémoires du général Dumouriez écrits par lui-même. *Paris, Michel, an III,* 2 vol. in-12. [*N.* La³³ 44 B.]

Même épigraphe.

26635. — Vie privée et politique du général Dumouriez, pour servir de suite à ses « Mémoires ». *Hambourg, B.-G. Hoffmann,* 1794, 2 parties in-12. [*N.* La³³ 45.]

ÉPIGR. :
Non omnis moriar.

Il y a sous la même date, chez le même éditeur. et avec la même épigraphe, une autre édition de la *Vie privée et politique...* Dans cette réimpression, la première partie a 200 pages au lieu de 192 et la seconde 170 au lieu de 176. Elle est cotée à la B. N. La³³ 45 B.

26636. — Mémoires du général Dumouriez écrits par lui-même. Nouvelle édition conforme à celle de Londres, augmentée de la Vie de ce général. *Paris, à la librairie historique,* 1821, 2 vol. in-12. [*N.* La³³ 44 C.]

En regard du titre, portrait anonyme de profil à gauche, avec cette légende : *Dumouriez, g*l en chef des armées françaises.*

Les couvertures et les liminaires portent : *Collection de pièces importantes relatives à la Révolution française.*

26637. — La Vie et les Mémoires du général Dumouriez, avec des notes et des éclaircissements historiques, par MM. BERVILLE et BARRIÈRE. *Paris, Baudouin frères,* 1822-1823, 4 vol. in-8°. [*N.* La³³ 46.]

26638. — Mémoires et Correspondance inédits du général Dumouriez, publiés sur les manuscrits autographes déposés chez l'éditeur, et précédés d'un fac-similé. *Paris, Eugène Renduel, décembre* 1834, 2 parties in-8°. [*N.* La³³ 47.]

Le fac-similé est en tête de la première partie.

26639. — Suite aux « Mémoires » de Dumouriez (an IV).

Correspondance de TORT DE LA SONDE, publiée par N. CORNELISSEN.
Voyez le n° 25591 ci-dessus.

26640. — Le général Dumouriez et la Révolution française, par M. LEDIEU. *Paris, Ponthieu; P. Dupont et les marchands de nouveautés,* 1826, in-8°, 2 ff. et 511 p. [*N.* La³³ 50.]

L'ex. de la B. N. est précédé d'un prospectus de deux pages, commençant ainsi : « Le général Dumouriez a sauvé la France aux défilés de l'Argonne et à Jemmapes; il est mort dans son exil, quand la Restauration avait

26641. — [**Genlis** (Mme de).] L'Idylle d'un « gouverneur ». La comtesse de Genlis et le duc de Chartres, par Gaston Maugras. *Paris, Plon-Nourrit et Ce, 1904*, in-8°, 2 ff. n. ch., 66 p. et 1 f. n. ch. (nom de l'imprimeur). [*N.* Ln^27 50614.]

Titre rouge et noir. En regard du titre, fac-similé du portrait de Mme de Genlis, peint par Minis, gravé par Copia.

L'auteur a mis en œuvre une correspondance provenant d'un recueil d'extraits transcrits par le « Cabinet noir » pour Louis XV et appartenant aux archives des Affaires étrangères.

26642. — [**Godard** (Joseph).] Jugement rendu par le Conseil militaire qui condamne à deux ans de fers le nommé Joseph Godard, né à Paris, section du Louvre, haut-le-pied des charrois, brigade du citoyen Oudin, prévenu de vol d'effets appartenant à l'un de ses camarades (27 vendémiaire an IV-19 octobre 1795). *Paris, imp. de la République, frimaire an IV*, in-folio plano. [*N.* Lb^42 2718.]

26643. — [**Gouges** (Marie Gouze, veuve Aubry, dite Olympe de).] Etude médico-psychologique sur Olympe de Gouges. Considérations générales sur la mentalité des femmes pendant la Révolution française, par le d^r Alfred Guillois, élève de l'Ecole du service de santé militaire. *Lyon, A. Rey, 1904*, in-8°, 92 p. (la dernière non chiffrée). [*N.* T^21 773.]

Thèse de doctorat.

26644. — [**Hérault de Séchelles** (Marie-Jean).] Le Roman d'un conventionnel. Hérault de Séchelles et les dames de Bellegarde, d'après des documents inédits, par Ernest Daudet. Ouvrage orné de huit gravures hors texte. *Paris, Hachette et Ce, 1904*, in-12, VIII-294 p. [*N.* Ln^27 50912.]

26645. — [**Jarjayes** (François-Augustin de Reynier de).] Le chevalier de Jarjayes, par M. l'abbé F. Allemand. *Gap, E. Jouglard, imprimeur de la Société d'études, 1896*, in-8°, 39 p. (la dernière non chiffrée). [*N.* Ln^27 46023.]

On lit au verso du titre : Extrait du *Bulletin de la Société d'études des Hautes-Alpes*, 2e trimestre, 1896.

26646. — [**Joly** (Marie-Elisabeth).] Henry Lumière. Marie Joly, sociétaire de la Comédie-Française. 1761-1798. *Paris, Tresse et Stock (Caen, imp. Delesques), 1891*, gr. in-8°, 29 p. [*N.* Ln^27 40233.]

La couverture imprimée sert de titre. Le faux-titre est inscrit sur une héliogravure représentant la Brèche-au-Diable ou Mont-Joly, au sommet duquel est bâti le tombeau de l'artiste (voyez le n° 23107 ci-dessus). Entre les pp. 18-19, et sur la même planche, deux autres vues héliogravées de ce tombeau.

26647. — [**Kabers**, dit **Louvain**.] Grand Détail de la révolution arrivée hier [31 décembre 1790] au faubourg Saint-Antoine, dans laquelle un mouchard a été massacré par le peuple. *Imp. Tremblay. S. d.*, in-8°, 4 p. [*N.* Lb^39 2553.]

26648. — Mémoire pour le sieur Kabers, dit Louvain, marchand ébéniste, l'un des vainqueurs brevetés de la Bastille, et Millet l'aîné, sculpteur, détenu à la Force, contre M. le Procureur syndic de la Commune, et encore pour lesdits sieurs Kabers et Millet l'aîné; Millet cadet, menuisier, Dubois, serrurier et Rouillard, ancien canonnier, contre les sieurs Marat, auteur du journal « l'Ami du peuple », Fréron, auteur de « l'Orateur du peuple ». Rossignol, orfèvre et Dugeon, menuisier. *Roze et Ce, imprimeurs nationaux. S. d.* (1790), in-4°, 24 p. [*N.* 4° F^3 16436.]

Rédigé par Maton de La Varenne. La cause devait être plaidée au Tribunal de police, le 19 janvier 1791.

26649. — [**Kersaint** (Armand-Guy Simon, comte de).] Pétition au roi des Français, trouvée dans les papiers du Roi, lue à la séance du 6 décembre 1792, imprimée par ordre de la Convention nationale, et envoyée aux 84 départements.

Paris, imp. Nat. S. d., in-8°, 6 p. [R. AD. I, 65.]

Pétition signée : KERSAINT l'aîné, administrateur du département de Paris.

26650. — [**Kolly** (V.-S.-M.-Fr.-Jos. de RABECK, femme).] EDMOND SELIGMAN. Madame de Kolly. Une conspiration politique et financière. *Paris, Félix Juven. S. d.* (1905), in-12, VI-286 p.

Voyez les n°ˢ 23143-23144 ci-dessus.

26651. — [**La Chaume** (P.-J.-N.).] Extraits des arrêtés de l'assemblée générale du district de Saint-Jacques-l'Hôpital, des 7 et 13 janvier 1790, et copies tant du procès-verbal des commissaires permanents du district, alors de service, en date du 13 novembre précédent, que des procès-verbaux et délibérations du comité civil général, extraordinairement assemblé en date des 14 et 15 dudit mois de novembre, le tout relatif au sieur de La Chaume et autres. *Imp. Cailleau. S. d.* (1790), in-4°, 16 p. [*N.* Mss. fr. nouv. acq. 2696.]

Affaire d'escroquerie.

26652. — [**Laclos** (P.-Amb.-Fr., CHODERLOS DE).] Un Acteur caché du drame révolutionnaire. Le général Choderlos de Laclos, auteur des « Liaisons dangereuses » (1741-1803), d'après des documents inédits, par EMILE DARD. Ouvrage orné d'un portrait par CARMONTELLE. *Paris, Perrin et Cᵉ*, 1905, in-8°, IX-516 p.

Le portrait placé en regard du titre est le fac-similé de celui que MOREL a gravé d'après CARMONTELLE.

26653. — FERNAND CAUSSY. Laclos (1741-1803), d'après des documents originaux, suivi d'un Mémoire inédit de LACLOS. *Paris, Société du Mercure de France*, MCMV, in-12, 365 p. et 1 f. n. ch. (achevé d'imprimer). [*N.* Ln²⁷ 51778.]

Il a été tiré cinq ex. sur papier de Hollande numérotés.

26654. — [**Legros.**] Exposé succinct de ma conduite à mes concitoyens (21 février 1791). *Imp. de la section de l'Oratoire.*

S. d., in-8°, 8 p. [*N.* Mss. fr. nouv. acq. 2656, fol. 145.]

Signé : P. LEGROS, capitaine des grenadiers de la sixième division.

26655. — [**Letellier** (Jean-Joachim).] Objections de Jean-Joachim LETELLIER, licencié ès-loi de la Faculté de Paris, ancien avoué, ex-juge de paix de la division des Gravilliers, du canton de Paris, au second écrit intitulé : « Justification de Pierre Fardel, substitut du commissaire du gouvernement près le Tribunal criminel et officier de police judiciaire du premier arrondissement du département de la Seine ». *Imp. Porthmann. S. d.* (1803), in-4°, 19 p. [*Br. M. F. R. 49* (14).*]

Voyez le n° 22687 ci-dessus.

26656. — [**Lalande** (Joseph-Jérôme LE FRANÇAIS de).] Le Grand Conseil tenu par les sylphes pour recevoir dans les airs et complimenter dignement le plus grand de tous les astronomes du monde. *Imp. des Sourds-Muets. S. d.* (1799), in-8°, 8 p. [*N.* Ln²⁷ 11115.]

ÉPIGR. :

Et l'ami Pompignan pense être quelque chose.

Pamphlet contre Lalande ; M. Aulard en a cité quelques lignes dans le chapitre de ses *Études et leçons...* (4ᵉ série), intitulé : *Napoléon et l'athée Lalande* (voyez le n° 20818ᶜ ci-dessus).

26657. — Catalogue de livres composant la bibliothèque de feu M. Joseph-Jérôme Lefrançais de La Lande, professeur d'astronomie au collège de France, membre de l'Institut et de toutes les Académies de l'Europe, dont la vente aura lieu dans le courant du mois de mars 1808, au Collège de France, place Cambrai. *Paris, Leblanc, imprimeur-libraire*, 1808, in-8°, XII-218 p.; 2000 numéros.

Les deux dernières pages contiennent une liste non chiffrée d'instruments de physique et l'annonce de différents instruments d'astronomie qui ne sont point détaillés.

26658. — [**La Revellière-Lépeaux** (L.-M.).] ALBERT MEYNIER, professeur agrégé d'histoire au lycée David d'Angers et aux cours municipaux de la ville d'Angers. Un représentant de la bourgeoisie angevine à l'Assemblée constituante et à la Convention nationale. L.-M. La Révellière-Lépeaux (1753-1795). Thèse principale pour le doctorat ès-lettres. *Angers, Germain et Grassin*, 1905, in-8°, 539 p. et 2 ff. n. ch. (*Table des chapitres, Errata et Addenda*). [*N*. Ln²⁷ 52019.]

26659. — [**La Salle d'Offémont** (Antoine-Nicolas, marquis de).] « Messieurs, vous avez à faire un choix entre deux candidats qui se présentent pour obtenir le commandement du corps de l'artillerie » (1ᵉʳ février 1790). *S. l. n. d.*, in-4°, 4 p. [*N*. Mss. fr. nouv. acq. 2658, fol. 256.]

Circulaire signée : le marquis DE LA SALLE. Exposé de ses titres au poste que lui disputait M. Desperrières.
A l'ex. de la B. N. est annexé un certificat imprimé (in-4°, 2 p.) signé par un grand nombre d'électeurs ou de représentants de la Commune et authentiqué par un notaire (28 janvier 1790).

26660. — [**Lemercier** (Népomucène-Louis).] Essai sur la vie et les œuvres de Népomucène Lemercier, par G. VAUTHIER. *Toulouse, imp. A. Chauvin et Cⁱᵉ*, 1886, in-8°, 3 ff. et 242 p. [*N*. Ln²⁷ 37056.]

26661. — [**Méhul** (Etienne-Henri).] Méhul, sa vie, son génie, son caractère, par ARTHUR POUGIN. Avec un portrait de Méhul, d'après le pastel de DUCREUX. *Paris, librairie Fischbacher*, 1889, in-8°, 3 ff. et 399 p. [*N*. Ln²⁷ 38974.]

En regard du titre, portrait en simili-gravure.

26662. — [**Merlin** (Philippe-Antoine).] Cour d'appel de Douai. Audience solennelle de rentrée du 16 octobre 1888. Merlin (de Douai). Discours de rentrée prononcé par M. DAGALLIER, substitut du Procureur général.. *Douai, L. Crépin*, 1888, in-8°, 35 p. [*N*. Lf¹¹² 4389.]

26663. — [**Monneron** (Augustin).] J.-B. LAFFITTE, électeur, à M. Jean Rousseau, électeur (28 septembre 1791). *Imp. Momoro. S. d.*, in-8°, 11 p. [*N*. Le³¹ 34.]

Au sujet de l'élection d'Augustin Monneron comme vingt-quatrième député de Paris à l'Assemblée législative.

26664. — [**Moreau de Saint-Méry** (M.-L.-E.).] Mémoire justificatif pour M. MOREAU DE SAINT-MÉRY, avocat au Parlement de Paris, ancien président de MM. les électeurs et de MM. les Représentants de la Commune de Paris, député de la colonie de la Martinique à l'Assemblée nationale, des Académies de Rouen, La Rochelle, Arras, Orléans, Marseille, Richemont en Virginie, etc. ; président perpétuel du Musée de Paris, de la Société royale des sciences et arts du Cap-Français, correspondant de la Société royale d'agriculture de Paris et des musées de Bordeaux et de Toulouse, etc., etc., etc. *S. l. n. d.* (1790), in-4°, 152 p., la dernière non chiffrée (*fautes essentielles à corriger*). [*N*. Lk⁹ 83.]

Factum relatif à la querelle suscitée à Moreau de Saint-Méry pour une prétendue motion en faveur de l'affranchissement des noirs, dénoncée par LOUIS CHARTON, fabricant de draps, représentant du district des Récollets, et non Le Charon, comme je l'ai dit sous le n° 24352, d'après la *Feuille de correspondance du libraire*.
Sur cet incident, voyez les *Actes de la Commune* de M. Sigismond Lacroix, tome V, pp. 10-11 et le *Procès-verbal des électeurs... de Bailly et Duveyrier*, tome III, p. 1.
Charton a répondu à ce *Mémoire* par des *Observations sur la conduite de M. Moreau, dit Saint-Méry...* (S. l. n. d., in-8°, 46 p. [B. N. Lk⁹ 135.]

24562 (*Add.*). — [**Necker** (Jacques).] Lettre à M. Necker sur son administration, écrite par lui-même, suivie d'« Aiglonette et Insinuante », conte, par l'auteur de « Bien-Né »... (1791).

Par Mᵐᵉ DE CHARRIÈRE, née DE ZUYLEN, d'après M. Ph. Godet (cf. la note rectificative du 20857 ci-dessus, p. 717).

24572 (*Add.*). — Neckers Zweites Ministerium, von Dʳ EMANUEL LESER. *Mainz, Victor V. Zabern*, 1871, in-8°, VI-164 p. [*N*. Lb³⁹ 10966.]

Pièce déjà signalée d'après le catalogue imprimé du British Museum et dont j'ai depuis constaté la présence à la Bibliothèque nationale.

26665. — [**Palloy** (P.-F.).] Le pseudo-patriote Palloy et les administrateurs du Calvados de 1790 à 1794, par T. RAULIN, docteur en droit, ancien président de la

Société des Antiquaires de Normandie. *Caen, Henri Delesques*, 1903, in-8°, 72 p. [*N*. Ln²⁷ 49812.]

En regard du titre, phototypie de la Déclaration des droits de l'homme du 24 juin 1793, encadrée dans une pierre de la Bastille; entre les pp. 30 et 31, fac-similé d'une lettre de Palloy au directoire du département du Calvados (25 août 1793).

26666. — [**Pitou** (Louis-Ange).] HENRY LUMIÈRE. Ange Pitou au théâtre et dans l'histoire. *Caen, Henri Delesques*, 1897, in-8°, 33 p. [*N*. Ln²⁷ 45306.]

On lit au verso du titre : Extrait des *Mémoires de l'Académie nationale des sciences, arts et belles-lettres de Caen* (1897).
P. 31, *Appendice* (lettre inédite d'Ange Pitou datée de Coroni, anse de Kourou, ce 23 vendémiaire an VIII).

26667. — [**Ragondet** (Etienne).] Jugement rendu par le Tribunal révolutionnaire... qui, sur la déclaration du juré de jugement, portant qu'il est constant que les 20 juin et 10 août 1792 (vieux style) il a existé une conspiration formée par le tyran, son infâme épouse et autres contre la liberté, la sûreté et la souveraineté du peuple français, par l'effet de laquelle la guerre civile a été excitée, les ennemis de la liberté ont été armés contre le peuple et un grand nombre de patriotes a été tué le 10 août dans la place du ci-devant Carrousel et autres endroits; que Etienne Ragondet, avant la Révolution maréchal-des-logis du régiment ci-devant Mestre-de-camp-dragons, depuis la Révolution marchand de chevaux, ensuite aide-major, puis commandant de la section ci-devant du Roule, actuellement de la République, et depuis le 10 août 1792 (vieux style) inspecteur des charrois des armées, est convaincu d'avoir participé à ladite conspiration, en se récriant contre la suppression de l'état-major formé par l'infâme La Fayette et vendu à la cour, en annonçant qu'on formerait des pelotons qui anéantiraient les patriotes et rétabliraient l'état-major, en se transportant aux Tuileries, le 20 juin 1792, et se plaignant de n'avoir pas d'ordre pour tirer sur le peuple, en allant le 10 août [à] cinq heures du matin avec une portion de son bataillon, l'invitant à se ranger du côté du tyran, criant : Vive le Roi! ensuite voulant faire entrer les citoyens qu'il commandait dans le château pour y assassiner les patriotes; enfin, en refusant des cartouches aux citoyens qui voulaient défendre leur patrie contre la tyrannie, condamne Etienne Ragondet à la peine de mort... (24 germinal an II-13 avril 1794). *Paris, imp. du Tribunal révolutionnaire. S. d*., in-4°, 8 p. [*N*. Lb⁴¹ 2232*.]

26668. — [**Robespierre** (Maximilien-Marie-Isidore de).] La Jeunesse de Robespierre et la convocation des Etats-Généraux en Artois, par J.-A. PARIS, bâtonnier des avocats, licencié ès-lettre, docteur en droit, membre de l'Académie d'Arras. Ouvrage couronné au concours académique de 1869 (Douai). *Arras, Mᵐᵉ Vᵉ Rousseau-Lévy, éditeur*, MDCCCLXX (1870), in-8°, 2 ff., III-416 (?)-XIV pp. et 2 ff. n. ch. (*Table des matières et Erratum*).

Titre rouge et noir. Papier vergé fin.
En regard du titre, portrait de Robespierre photographié d'après un original de BOILLY, point en 1783; entre les pp. 280 à 281, est intercalé le fac-similé des *Doléances du corps des cordonniers mineurs de la ville d'Arras*, rédigées par Robespierre.
Dans la note qui accompagne le n° 24993 ci-dessus, j'ai signalé un fragment du travail de A.-J. Paris inséré dans les *Mémoires* de l'Académie d'Arras; mais j'ai dit à tort que le livre complet n'avait pas paru et cette erreur m'avait été confirmée par une lettre du bibliothécaire municipal de la ville d'Arras. Pour des motifs que j'ignore, ou peut-être en raison des événements qui se précipitaient dès les premiers mois de 1870, la publication fut en réalité comme non avenue et personne, que je sache, n'en fit un compte rendu. Elle ne parvint pas à la B. N. par le dépôt légal et je n'en ai jamais rencontré un ex. sur les catalogues de ventes publiques ou à prix marqués. Celui qui m'a été communiqué par M. Edouard Champion est incomplet d'un ou plusieurs feuillets formant sans doute la conclusion du livre.
L'*Appendice*, paginé en chiffres romains, renferme, entre autres documents, neuf lettres inédites intéressantes de Robespierre, datées de Paris (24 mars 1789-30 novembre 1791), adressées à un destinataire non dénommé.

26669. — [**Sainte-Amaranthe**.] Les Romans de l'histoire. HENRI D'ALMÉRAS. Emilie de Sainte-Amaranthe. Le Demi monde sous la Terreur. *Paris, Société française d'imprimerie et de librairie*, 1904, in-12, 313 p. et 1 f. n. ch. (*Table des matières*).

En regard du titre, médaillon reproduit en réduction sur la couverture.

26670. — [**Sicard** (l'abbé Roch-Ambroise Cucurron, dit).] L'Abbé Sicard, célèbre instituteur des sourds-muets, successeur immédiat de l'abbé de l'Epée. Précis historique sur sa vie, ses travaux et ses succès; suivi de détails biographiques sur ses élèves sourds-muets les plus remarquables, Jean Massieu et Laurent Clerc, et d'un appendice contenant des lettres de l'abbé Sicard au baron de Gérando, son ami et son confrère à l'Institut, par Ferdinand Berthier, sourd-muet, professeur à l'institution nationale des Sourds-Muets de Paris, l'un des vice-présidents de la Société centrale d'éducation et d'assistance pour les sourds-muets de France, président-fondateur de la Société universelle des sourds-muets, chevalier de la Légion d'honneur, membre de la Société des études historiques (ancien Institut historique) et de la Société des gens de lettres. *Paris, Charles Douniol et C*^{e}, 1873, in-8°, 2 ff. et 259 p. [*N.* l.n°7 27278.]

25441 (*Add.*). — [**Talleyrand.**] Vie politique de Charles-Maurice, prince de Talleyrand, par Alexandre Sallé (1834).

Le texte exact du dernier vers de l'épigraphe est celui-ci :

Comme il trahit l'Eglise, il a trahi l'Etat.

26671. — [**Théot** (Catherine).] Les Romans de l'histoire. Henri d'Alméras. Les Dévotes de Robespierre. Catherine Théot et les Mystères de la Mère de Dieu. Le Déisme et le culte de la Raison pendant la Révolution. *Paris, Société française d'imprimerie et de librairie.* S. d., in-12, 306 p. [*N.* L.b^{41} 5467.]

En regard du titre, Robespierre exprimant le sang d'un cœur dans une coupe, reproduit en réduction sur la couverture. L'original très connu de cette allégorie, postérieure au 9 thermidor, est du graveur J.-J.-François Tassaert.

25650^a (*Add.*). — [**Vaubertrand.**] L'Humanité pendant la Terreur, par F. Vaubertrand (1864).

Lire dans la note « d'Angran d'Alleray » et non « d'Augrand, d'Alençon ».

26672. — [**Waudin.**] Hôtel de Ville de Paris. Tribunal de police. Sentence qui ordonne la suppression du paragraphe *Palais Royal* du n° 16 d'une feuille périodique intitulée : « le Parisien nouvelliste et critique, journal antiaristocratique, par une société d'hommes libres et vrais », avec cette épigraphe : *Patriotisme et véracité*, comme injurieux et calomnieux pour la garde nationale, notamment pour le bataillon de Saint-Roch et pour s'être permis de faire publier et imprimer ce paragraphe, condamne le sieur Waudin, auteur de cet écrit, en cent livres d'amende, lui fait défense de récidiver, avec injonction de porter à l'avenir honneur et respect à la garde nationale, le tout sous telle autre peine qu'il appartiendra, ordonne l'impression du jugement (13 février 1790). *Imp. Lottin l'aîné et Lottin de Saint-Germain*, 1790, in-4°, 8 p. [*N.* Mss. fr. nouv. acq. 2658, fol. 296.]

Le *Parisien nouvelliste* est décrit tome II, n° 10334.

FIN DES ADDITIONS ET CORRECTIONS

TABLE DES MATIÈRES

	Pages.
Notice préliminaire	j
Note a consulter	xxxix

CHAPITRE PREMIER

BIOGRAPHIES GÉNÉRALES ET SPÉCIALES

§ 1. — Dictionnaires, répertoires et pamphlets généraux :
- A. Recueils biographiques ... 1
- B. Recueils iconographiques ... 11
- C. Recueils satiriques et facétieux ... 12

§ 2. — Dictionnaires, répertoires et pamphlets spéciaux :
- A. Assemblées délibérantes ... 17
- B. Etats-Généraux et Assemblée constituante ... 17
- C. Assemblée législative ... 19
- D. Convention nationale ... 19
- E. Corps législatif (Anciens et Cinq-Cents) ... 20
- F. Ministres et chefs du pouvoir exécutif ... 20
- G. Clergé ... 21
- H. Noblesse ... 22
- I. Listes électorales et municipales ... 23
- J. Ecrivains et publicistes ... 24
- K. Auteurs et artistes dramatiques ... 30
- L. Médecins et chirurgiens ... 32
- M. Femmes ... 32
- N. Emigrés et condamnés ... 36
- O. Personnages divers ... 40

CHAPITRE II

LOUIS XVI ET LA FAMILLE ROYALE

	Pages.
§ 1. — Ecrits authentiques et apocryphes de Louis XVI	44
§ 2. — Mémoires et témoignages contemporains sur Louis XVI et la famille royale	48
§ 3. — Particularités sur la vie privée, le règne et la mort de Louis XVI.	51
§ 4. — Hommages posthumes	54
§ 5. — Historiens modernes	63

CHAPITRE III

MARIE-ANTOINETTE

§ 1. — Ecrits authentiques et apocryphes de Marie-Antoinette	69
§ 2. — Particularités relatives à la personne et à la vie privée de Marie-Antoinette :	
A. Iconographie	74
B. Résidences et distractions favorites	75
C. Bibliothèques	76
D. Objets d'art, bijoux et mobilier	78
§ 3. — Vie publique, règne et mort de Marie-Antoinette :	
A. Correspondances diplomatiques	79
B. Mémoires et témoignages authentiques et apocryphes.	79
C. Pamphlets et satires en vers et prose	86
D. Arrivée en France et mariage de la Dauphine (mai 1770)	92
E. Résidences officielles	97
E [bis]. Visite au château de Chilly-Mazarin	98
F. Séjour à Paris (juin 1773)	98
G. Avènement au trône (10 mai 1774)	98
H. Naissance de Madame (19 décembre 1778)	99
I. Naissance du premier Dauphin (22 octobre 1781)	100
J. Naissance du second Dauphin (27 mars 1785)	101
K. Procès du Collier	101
L. De la convocation des Etats-Généraux au 10 août 1792.	103
M. Captivité au Temple (14 août 1792-1er août 1793)	109
N. Transfert de la Reine à la Conciergerie	111
O. Procès, condamnation et dernière lettre de la Reine..	112
P. Outrages et hommages posthumes	114
Q. Relations contemporaines et travaux modernes	115
§ 4. — Historiens de Marie-Antoinette	117

CHAPITRE IV

MADAME ROYALE ET LA DAUPHINE

Pages.
§ 1. — Madame Royale, plus tard duchesse d'Angoulême (1778-1851).... 129
§ 2. — Louis-Charles, second Dauphin (1785-1795)..................... 132

CHAPITRE V

PRINCES ET PRINCESSES DU SANG

§ 1. — Généralités de l'histoire des princes de Bourbon (1789-1815)...... 139
§ 2. — Monsieur, comte de Provence (plus tard Louis XVIII)............. 140
§ 3. — Monsieur, comte d'Artois (plus tard Charles X) 144
§ 4. — Madame Élisabeth (1764-1794)................................ 147
§ 5. — Le duc d'Orléans [Philippe-Egalité] (1747-1793) :
      A. Apanages et fortune privée 151
      B. Vie publique et privée du duc d'Orléans 152
      C. Historiens modernes............................. 157
§ 6. — La duchesse d'Orléans et ses enfants :
      A. Louise-Marie-Adélaïde de Bourbon-Penthièvre, duchesse d'Orléans (1753-1821) 160
      B. Le duc de Chartres [Louis-Philippe Ier] (1773-1850)... 161
      C. Le duc de Montpensier (1775-1807)................. 162
      D. Madame Adélaïde (1774-1847) 162
§ 7. — Les princes de Condé [Louis-Joseph de Bourbon (1737-1818) et Louis-Henri-Joseph de Bourbon] (1756-1830). — Le prince de Conti [Louis-François-Joseph] (1734-1814)... 163
§ 8. — Mesdames, tantes du Roi.................................... 165

CHAPITRE VI

BIOGRAPHIES INDIVIDUELLES............................... 167

PARIS HORS LES MURS

LE DÉPARTEMENT DE PARIS ET DE LA SEINE (1790-AN VIII)

Pages.

§ 1. — Histoire, topographie et statistique de Paris hors les murs et du département de la Seine 621
§ 2. — Elections de la Prévôté et Vicomté de Paris hors les murs aux Etats-Généraux :
    A. Doléances et vœux 623
    B. Elections et cahiers du tiers-ordre 624
    C. Protestations et réclamations diverses............. 625
§ 3. — Le Département de Paris et de la Seine (1790-1800).............. 626
§ 4. — Particularités de l'histoire des districts, cantons et communes de « Paris hors les murs », du Département de Paris et de la Seine et des localités limitrophes :
    A. Alfort..................................... 629
    B. Antony 630
    C. Argenteuil 631
    D. Aubervilliers 632
    E. Auteuil 633
    F. Bagneux 633
    G. Bagnolet.................................. 633
    Belle-Epine (la). — Voyez *Villejuif.*
    H. Belleville 633
    I. Bercy..................................... 633
    Billancourt. — Voyez *Boulogne.*
    J. Bobigny................................... 634
    K. Bondy 634
    L. Bonneuil-sur-Marne......................... 634
    M. Boulogne-sur-Seine 634
    Bourg-de-l'Egalité. — Voyez *Bourg-la-Reine.*
    N. Bourg-la-Reine............................. 635
    O. Bry-sur-Marne............................. 637
    P. Chaillot................................... 637
    Q. Champigny-sur-Marne....................... 637
    R. La Chapelle-Saint-Denis..................... 638
    S. Charenton................................ 638
    T. Charonne 638
    U. Châtenay 639
    V. Châtillon................................. 639
    Chevilly. — Voyez *Hay (l').*

		Pages.
X.	Choisy-le-Roi................................	639
Y.	Clamart-sous-Meudon............,.............	639
Z.	Clichy-la-Garenne	640

Clignancourt. — Voyez *Montmartre*.

AA.	Colombes.......................................	640
BB.	Courbevoie.....................................	641
CC.	La Courneuve	641
DD.	Créteil...	641
EE.	Drancy...	641
FF.	Dugny..	641
GG.	Ecouen...	641
HH.	Fontenay-aux-Roses	641

Franciade. — Voyez *Saint-Denis*.

II.	Fresnes	641
JJ.	Gennevilliers	642
KK.	Gentilly	642
LL.	L'Hay	642
MM.	Issy..	642
NN.	Ivry-sur-Seine..................................	642

Lay. — Voyez *Hay (l')*.

Maison et *Maisonville*. — Voyez *Alfort*.

OO.	Meudon	643
PP.	Montmartre.....................................	643
QQ.	Montrouge......................................	645
RR.	Nanterre	645
SS.	Neuilly-sur-Seine................................	945
TT.	Nogent-sur-Marne	646
UU.	Noisy-le-Sec....................................	646
VV.	Orly..	647
XX.	Pantin	647
YY.	Passy	647

Petit-Vanve (le). — Voyez *Montrouge*.

ZZ.	Pierrefitte......................................	648
AAA.	Le Plessis-Piquet...............................	648
BBB.	Puteaux..	649
CCC.	Romainville....................................	649
DDD.	Rosny-sous-Bois	649
EEE.	Rungis...	649
FFF.	Saint-Denis.....................................	649
GGG.	Saint-Mandé	656
HHH.	Saint-Maur-les-Fossés...........................	656
III.	Saint-Ouen.....................................	656

	Pages.
JJJ. Sarcelles	656
KKK. Sartrouville	656
LLL. Sceaux	656
MMM. Sèvres	659
NNN. Stains	659
OOO. Suresnes	659
PPP. Thiais	660
QQQ. Vanves	660
RRR. Vaugirard	660
SSS. Villejuif	661
TTT. Villemomble	661
UUU. Villetaneuse	661
VVV. La Villette	661
XXX. Villiers-la-Garenne	661
YYY. Villiers-le-Bel	662
ZZZ. Vincennes	662
AAAA. Vitry-sur-Seine	663

ADDITIONS ET CORRECTIONS

TOME PREMIER

NOUVELLES ADDITIONS ET CORRECTIONS

Préliminaires	665

PREMIÈRE PARTIE

Chapitre Ier. — Evénements de l'année 1789	672
Chapitre II. — Evénements de l'année 1790	673
Chapitre III. — Evénements de l'année 1791	673
Chapitre IV. — Evénements de l'année 1792 (jusqu'au 21 septembre)	674
Chapitre V. — Evénements de l'an I (1792-1793)	674
Chapitre VI. — Evénements de l'an II (1793-1794)	675
Chapitre VII. — Evénements de l'an III (1795-1796)	675
Chapitre IX. — Evénements de l'an IV	676
Chapitre XIII. — Evénements de l'an VIII	676

TOME II
NOUVELLES ADDITIONS ET CORRECTIONS

	Pages.
Chapitre II. — Organisation municipale	677
Chapitre III. — Municipalité de Paris	678
Chapitre IV. — Armée nationale parisienne, etc.	682
Chapitre V. — Actes et délibérations des districts	684
Chapitre VI. — Actes et délibérations des sections	689
Chapitre VII. — Actes et délibérations des clubs et sociétés populaires	697
Chapitre VIII. — Journaux, pamphlets et almanachs politiques	698

TOME III
NOUVELLES ADDITIONS ET CORRECTIONS

PREMIÈRE DIVISION
HISTOIRE PHYSIQUE

Chapitre Ier. — Topographie et hydrographie	700
Chapitre III. — Monuments civils	701

DEUXIÈME DIVISION
HISTOIRE ADMINISTRATIVE

Chapitre Ier. — Maison du Roi et Apanages des princes	701
Chapitre II. — Administration de l'Etat et de la Ville	702
Chapitre III. — Administration financière	702
Chapitre IV. — Administration judiciaire	704
Chapitre V. — Police et Esprit public	705
Chapitre VI. — Institutions militaires	706
Chapitre VII. — Services et travaux publics	706
Chapitve VIII. — Commerce et industrie	706
Chapitre IX. — Assistance publique	707

TROISIÈME DIVISION
HISTOIRE RELIGIEUSE

Chapitre Ier. — Généralités de l'histoire religieuse	708
Chapitre II. — La Question religieuse de 1789 à 1802	709
Chapitre IV. — Etablissements et monuments religieux	710

QUATRIÈME DIVISION

HISTOIRE DES LETTRES, DES SCIENCES ET DES ARTS

Pages.

Chapitre II. — Enseignement primaire, secondaire et supérieur 710
Chapitre III. — Créations et réformes scientifiques 711
Chapitre IV. — Établissements scientifiques anciens et nouveaux 711
Chapitre V. — Académies et Sociétés savantes 712
Chapitre VI. — Histoire du Théâtre 713
Chapitre VII. — Histoire des beaux-arts 713

CINQUIÈME DIVISION

HISTOIRE DES MOEURS

Chapitre II. — Institutions civiles 714
Chapitre III. — Moeurs et usages 714

TOME IV

ADDITIONS ET CORRECTIONS

Chapitre Ier. — Biographies générales et spéciales 716
Chapitre II. — Louis XVI et la famille royale 717
Chapitre III. — Marie-Antoinette 718
Chapitre IV. — Madame Royale et le Dauphin 719
Chapitre V. — Princes et princesses du sang 719
Chapitre VI. — Biographies individuelles 720

FIN DE LA TABLE DU TOME QUATRIÈME

Paris. — Imprimerie Nouvelle (association ouvrière), 11, rue Cadet. — A. Mangeot, directeur. — 1815-G

www.ingramcontent.com/pod-product-compliance
Lightning Source LLC
Chambersburg PA
CBHW061734300426
44115CB00009B/1218